摄影 / 李军

2018

中共山西年鉴

中 共 山 西 省 委 主办
中共山西省委党史办公室　编

中 央 文 献 出 版 社

《中共山西年鉴》编审委员会

《中共山西年鉴》编辑委员会

省市篇编委

省委篇	曹荣湘	曹　进	高一钧
政府篇	李树恩	吴　巍	郭宏伟
太原市	李京京	乔大江	张晓茜
大同市	宋　涛	史　波	王树鑫
朔州市	任　宪	贾尚福	李　飞
忻州市	崔建新	赵力军	赵　芳
吕梁市	李小明	许少东	王　岳
晋中市	鹿建平	李新文	杜晓凤
阳泉市	赵俊明	郭玉珠	刘玉林
长治市	刘卓良	常惠军	陈青会
晋城市	张全胜	李靖芳	李　超
临汾市	韩振钢	陈波轶	屈　波
运城市	乔登州	骆新爱	张建国

2017年7月1日，中共山西省委书记、省人大常委会主任骆惠宁在忻州市静乐县神峪沟乡神峪沟村看望96岁的老党员李润林。（李联军）

2017 年 5 月 13 日，中共山西省委副书记、省长楼阳生在新疆阜康市看望山西省援疆干部人才。

2017年3月13日，中共山西省委副书记黄晓薇（左三）在临汾市翼城县南唐乡晓史村调研。

2017年5月19日，中共山西省委常委、常务副省长高建民（右二）在助残日前夕赴太钢福利总厂走访慰问残疾人。

2017年2月13-14日，中共山西省委常委、副省长孙绍骋(前左二)在潞安煤基油工业园区调研。

2017年9月27日，中共山西省委常委、省纪委书记、省监察委员会主任任建华(左三)在运城市调研。

2017 年 10 月 12 日，中共山西省委常委、太原市委书记罗清宇（前左一）在太原市清徐县马峪乡西迎南风村调研。

2017 年 11 月 20 日，中共山西省委常委、组织部部长吴汉圣（中）在太原市娄烦县云顶山天然食品有限公司调研。

2017年6月15日,中共山西省委常委、大同市委书记张吉福(左四)在大同市南郊区牧同乳业有限公司调研。

2017年5月18日,中共山西省委常委、宣传部部长王清宪(左二)在山西广播电视台调研。

2017年11月15日，中共山西省委常委、统战部部长廉毅敏（左三）在晋城海诺科技有限公司调研。

2017年7月5日，中共山西省委常委、政法委书记商黎光（左四）在临汾市襄汾县邓庄司法所调研。

2017 年 10 月 19 日，中共山西省委常委、秘书长王赋（右四）在忻州市宁武县东马坊乡西沟村调研。

2017 年 5 月 23 日，中国共产党山西省代表会议在太原举行，会议在充分酝酿的基础上选举产生了 43 名山西省出席中国共产党第十九次全国代表大会代表。

编 辑 说 明

《中共山西年鉴》是中共山西省委主办的一部大型资料工具书，按年度连续出版，及时跟进、准确忠实记录和全面反映中共山西省委在习近平新时代中国特色社会主义思想指引下，召开的重要会议、发布的重要文件、举行的重大活动、开展的重要工作和全省各市县、省直各部门党的建设及其他重要工作情况，为领导干部科学决策、指导工作提供借鉴，同时为广大读者了解山西、研究山西、建设山西提供服务。

《中共山西年鉴(2018)》记录的时限范围是2017年1月1日至2017年12月31日。所收资料采用分类编排法，共设置13个栏目。本书资料主要由省委办公厅、各部门党委办公室和各市县提供，部分转载自《山西日报》，省委常委调研照片(署名的除外)均由常委所在单位或省委办公厅提供。"附录"部分由省市统计部门供稿。"中央领导关注山西"专栏内容排序按照中央政治局常委在前、其他中央领导按时间先后顺序编排，省直各部门工作概况中统计数字和领导成员名单以各部门所报资料为准。全书内容由省国家保密局进行了保密审查。本年鉴只记载2017年发生的事件，动态变化将在下一年度年鉴中体现。

在本书进入出版阶段时，恰逢山西省机构改革，中共山西省委党史办公室与山西省地方志办公室合并，组建为中共山西省委党史研究院(山西省地方志研究院)。本书的后续编校工作由中共山西省委党史研究院(山西省地方志研究院)完成。

由于《中共山西年鉴(2018)》内容涉及面广，加之编辑水平所限，所收资料难免有疏漏之处，恳请广大读者批评指正，以便在今后的编辑工作中加以改进。

卷首语

2017年，是我们经历重大转折、奋力开创新局的一年，也是令人振奋、让人难忘的一年。

这一年，党的十九大胜利召开，中国特色社会主义新时代展现出前所未有的光明前景，中华民族伟大复兴踏上新的征程，学习宣传贯彻十九大精神热潮在三晋大地蓬勃兴起。

这一年，习近平总书记亲临山西视察并发表重要讲话，指出山西政治生态已经由“乱”转“治”，山西发展已经由“疲”转“兴”，为山西工作进一步指明了前进方向，极大增强了全省人民的信心，在山西发展史上具有重要里程碑意义。

这一年，我们坚定贯彻新发展理念，以转型综改试验区建设为战略牵引，推动经济持续稳步向好，转型发展呈现强劲态势。

这一年，我们坚定不移全面从严治党，持之以恒正风肃纪反腐，严肃党内政治生活，不断构建良好政治生态。

这一年，我们在全面深化改革中攻坚克难，推动各项事业迈上新台阶，人民生活水平有了新提高，全省内生动力和外部形象发生深刻变化。

山西的发展进步，根本在于习近平新时代中国特色社会主义思想的科学指引，在于以习近平同志为核心的党中央的正确领导。

——骆惠宁同志在2018年2月13日省委省政府春节团拜会上的讲话（摘录）

目　录

习近平总书记在山西视察

中央领导关注山西

中共山西省委工作概况

省委书记骆惠宁调研记录

重 要 会 议

一、十一届省委全体会议

二、省委常委会议

三、省委全面深化改革领导小组会议

四、省委中心组会议

五、其他重要会议

重 要 文 献

深入推进“两学一做”学习教育常态化制度化、开展维护核心见诸行动主题教育

转型综改和供给侧结构性改革

国家监察体制改革试点工作

脱　贫　攻　坚

省委工作部门工作概况

省人大常委会党组工作概况

省人民政府党组工作概况

省政协党组工作概况

省纪委、省监委工作概况

省高级人民法院党组工作概况

省人民检察院党组工作概况

省人民政府厅局党组（党委）工作概况

省直属事业单位党组（党委）工作概况

群团组织党组工作概况

省管国有企业党委工作概况

中央驻晋单位党组（党委）工作概况

驻晋部队党委工作概况

高等院校党委工作概况

市、县（市、区）委工作概况

人　　物

大事记

附　　录

习近平总书记在山西视察

一、习近平总书记在山西视察纪实

习近平总书记
在山西考察工作时强调
扎扎实实做好改革发展稳定各项工作 为党的十九大胜利召开营造良好环境

中共中央总书记、国家主席、中央军委主席习近平在山西考察时强调，召开党的十九大，是党和国家政治生活中的一件大事。各级党委要守土有责、守土尽责，扎扎实实做好改革发展稳定各项工作，为党的十九大胜利召开营造良好环境。

三晋大地，生机盎然。6月21日至23日，习近平在山西省委书记骆惠宁、省长楼阳生陪同下，来到吕梁、忻州、太原等地，瞻仰革命纪念馆、革命旧址，深入农村、企业，就当前经济社会发展和贯彻落实党的十八届六中全会精神进行考察调研。

位于吕梁山区的吕梁市兴县，在中国人民抗日战争和解放战争时期，是晋绥边区首府所在地和八路军一二〇师主战场之一。21日上午，习近平从北京到吕梁一下飞机，就驱车近两个小时来到兴县蔡家崖村，向晋绥边区革命烈士敬献花篮，瞻仰晋绥边区革命纪念馆，参观晋绥边区政府、晋绥军区司令部旧址。一幅幅图片、一件件实物，展现了我们党领导人民开展革命斗争的情景。习近平不时驻足凝视，询问有关细节。他指出，来到这里深受感动、深受教育。我们党的每一段革命历史，都是一部理想信念的生动教材。全党同志一定要不忘初心、继续前进，永远铭记为民族独立、人民解放抛头颅洒热血的革命先辈，永远保持中国共产党人的奋斗精神，永远保持对人民的赤子之心，努力为人民创造更美好、更幸福的生活。

参观结束时，习近平同晋绥边区的老战士老同志代表一一握手，亲切交谈，充分肯定他们的贡献，祝他们健康长寿、晚年幸福，并同他们合影留念。闻讯等候在这里的群众高声欢呼"总书记好！""总书记辛苦了！"习近平迎上前去同乡亲们握手，向大家致意。

老区人民生活怎么样？老区脱贫攻坚工作怎么样？习近平十分关心。21日下午，他驱车1个多小时，来到忻州市岢岚县赵家洼村考察。

赵家洼村是吕梁山集中连片特困地区的深度贫困村。习近平到特困户刘福有、曹六仁、王三女家中看望。每到一户，他都仔细察看生活设施，询问家庭人员构成及基本情况，同主人一起算收入支出账，详细了解致贫原因和扶贫措施落实成效。得知刘福有和自己71岁的妻子、92岁的母亲一家3口都有病在身，习近平要求有关负责同志高度重视因病致贫、因病返贫问题。曹六仁告诉总书记，特困户能得到党和政府这么多扶助，过去做梦都不敢想。习近平对他说，党和政府就是为老百姓服务的，让大家生活越过越好是我们的职责。王三女的丈夫、儿子已经去世，孙子、孙女有残障，习近平安慰她好好生活，叮嘱当地干部安排好她孙子和孙女的特殊教育。总书记温暖亲切的话语和无微不至的关怀，让特困户和在场所有人深受感动。

随后，习近平察看了作为全村唯一生产生活水源的浅层渗水井，蹲到玉米地边揭开间作红芸豆所用薄膜了解抗旱保墒措施，前往驻村扶贫工作队办公地看望县里派驻的扶贫工作队员。习近平指出，让贫困人口和贫困地区同全国人民一道进入全面小康社会，是我们党的庄严承诺，不管任务多么艰巨、还有多少硬骨头要啃，这个承诺都要兑现。他希望各级扶贫工作队员扑下身子扎实工作，在为贫困群众排忧解难中实现价值、增长才干。离开时，全村人都来为总书记送行，掌声、欢呼声响彻整个村子。

宋家沟新村是岢岚县一个易地扶贫搬迁的集中安置点，村民新居已经建好，村民正陆续搬迁。习近平来到这里，听取了岢岚县精准扶贫工作及易地扶贫搬迁整体情况介绍，了解宋家沟新村规划及建设情况。他到已搬入新居的贫困户张贵明家具体察看，问一家人搬迁享受了多少补贴，现在生活怎么样，还有哪些困难。习近平强调，脱贫攻坚工作进入目前阶段，要重点研究解决深度贫困问题。实施整村搬迁，要规划先行，尊重群众意愿，统筹解决好人往哪里搬、钱从哪里筹、地在哪里划、房屋如何建、收入如何增、生态如何护、新村如何管等具体问题。习近平对村民们说，希望乡亲们同党中央一起撸起袖子加油干，让好日子芝麻开花节节高。

22日下午，习近平在太原考察了太原重工轨道交通设备有限公司和山西钢科碳材料有限公司。在太原重工轨道交通设备有限公司，习近平察看车轮车间、盾构机车间，同锯切线控制室、锻轧控制室和作业现场的职工交流，了解企业提升轨道交通装备研发、设计、制造能力情况。随后视察山西省在装备制造、电子信息、节能环保、新材料、现代煤化工等方面的企业自主创新成果展示，听取全省推动资源型经济转型发展、培育创新体系整体情况汇报。习近平指出，推动传统产业转型升级，必须坚持以企业为主体，以市场为导向，以技术改造、技术进步、技术创新为突破口。要支持企业创新产业组织形态，瞄准国际国内先进标杆全面提高产品技术、工艺装备、能效环保等水平。习近平希望该企业用好我国交通发展和推进"一带一路"建设的历史性机遇，在技术创新和品牌建设上创出更大的天地。

在山西钢科碳材料有限公司，习近平通过视频了解高端碳纤维研发、生产、应用情况，视察T800级高性能碳纤维生产线，了解生产工艺，察看成品展示，同现场科技人员交流。习近平指出，新材料产业是战略性、基础性产业，也是高技术竞争的关键领域，我们要奋起直追、迎头赶上。他强调，科技创新是提高供给质量和水平最重要的发力点。要强化要素投入和政策配套，推动产学研一体化，真正把企业、科研单位特别是广大科研人员的积极性和创造性激发出来，让他们既有科技创新的成就感，又有成果转化收益分享的获得感。

考察期间，习近平听取了山西省委和省政府工作汇报，对山西经济社会发展取得的成绩和各项工作给予肯定。他希望山西广大干部群众紧紧抓住机遇，勇于改革创新，果敢应对挑战，善于攻坚克难，不断推动各项事业向前发展。

习近平指出，实现资源型地区经济转型发展，形成产业多元支撑的结构格局，是山西经济发展需要深入思考和突破的重大课题。党中央赋予山西建设国家资源型经济转型综合配套改革试验区的重大任务。山西要用好这一机遇，贯彻新发展理念，着力解决制约发展的结构性、体制性、素质性矛盾和问题，以深化供给侧结构性改革推动经济转型发展，以创新驱动推动经济转型发展，以营造良好营商环境推动经济转型发展，以全面深化改革推动经济转型发展，真正走出一条产业优、质量高、效益好、可持续的发展新路。

习近平强调，要坚持把解决好农业、农村、农民问题作为全党工作重中之重。要以构建现代农业产业体系、生产体系、经营体系为抓手，加快推进农业现代化。要通过发展现代农业、提升农村经济、增强农民工务工技能、强化农业支持政策、拓展基本公共服务、提高农民进入市场的组织化程度，多途径增加农民收入。要深入推进社会主义新农村建设，推动公共服务向农村延伸，全面改善农村生产生活条件。要完善农村工作领导体制机制，建设一支懂农业、爱农村、爱农民的干部队伍，坚持工业农业一起抓、城市农村一起抓。

习近平指出，我们党干革命、搞建设、抓改革，都是为了让人民过上幸福生活。要在抓好脱贫攻坚这个第一民生工程的同时，统筹做好就业、收入分配、教育、社会保障、医疗卫生、住房、食品安全、生产安全、公共治安等各项民生的保障和改善工作，确保人民安居乐业、社会安定有序。推出的每件民生实事都要一抓到底，一件接着一件办，一年接着一年干。

习近平强调，坚持绿色发展是发展观的一场深刻革命。要从转变经济发展方式、环境污染综合治理、自然生态保护修复、资源节约集约利用、完善生态文明制度体系等方面采取超常举措，全方位、全地域、全过程开展生态环境保护。要广泛开展国土绿化行动，每人植几棵，每年植几片，年年岁岁，日积月累，祖国大地绿色就会不断多起来，山川面貌就会不断美起来，人民生活质量就会不断高起来。

习近平指出，严肃党内政治生活，是全面从严治党的根本性基础工作。各级党组织务必认真贯彻落实《关于新形势下党内政治生活的若干准则》，切实增强党内政治生活的政治性、时代性、原则性、战斗性。要教育党员干部自觉加强党性锻炼和自我省察，不折不扣执行党的各项制度和纪律，及时发现和解决自身存在的问题。要融通党的优良传统、中华优秀传统文化、革命文化、社会主义先进文化，建设正气充盈的党内政治文化，努力实现党内政治生态风清气正。

习近平强调，各级党组织要着力把严肃党内政治生活的成果转化为促进党的事业发展的持续动力，把广大党员干部的精气神引导到改革发展上来，让干净的人有更多干事的机会，让干事的人有更干净的环境，让那些既干净又干事的人能够心无旁骛施展才华、脱颖而出，真正实现党的建设和党的事业互促共进。

王沪宁、汪洋、栗战书和中央有关部门负责同志陪同考察。

(据新华社太原2017年6月23日电)

习近平总书记在山西主持召开深度贫困地区脱贫攻坚座谈会

6月23日，中共中央总书记、国家主席、中央军委主席习近平在山西太原市主持召开深度贫困地区脱贫攻坚座谈会，听取脱贫攻坚进展情况汇报，集中研究破解深度贫困之策。他强调，脱贫攻坚工作进入目前阶段，要重点研究解决深度贫困问题。各级党委务必深刻认识深度贫困地区如期完成脱贫攻坚任务的艰巨性、重要性、紧迫性，以解决突出制约问题为重点，强化支撑体系，加大政策倾斜，聚焦精准发力，攻克坚中之坚，确保深度贫困地区和贫困群众同全国人民一道进入全面小康社会。

习近平是在山西考察期间召开这次座谈会的。座谈会上，山西省委书记骆惠宁、云南省委书记陈豪、西藏自治区党委书记吴英杰、青海省委书记王国生、新疆维吾尔自治区党委书记陈全国参加并提供书面发言，山西吕梁市委书记李正印、江西赣州市委书记李炳军、湖北恩施州委书记李建明、湖南湘西州委书记叶红专、四川凉山州委书记林书成、甘肃定西市委书记唐晓明、河北康保县委书记杜平、内蒙古科尔沁右翼中旗旗委书记白云海、广西都安县委书记陈继勇、陕西山阳县委书记张国瑜、宁夏同心县委书记马洪海等11位深度贫困地区的市州和县旗党委书记代表发言。他们从不同角度介绍深度贫困情况，交流脱贫攻坚工作体会，提出攻克坚中之坚的意见和建议，习近平边听边记，不时同他们讨论有关问题。

在听取大家发言后，习近平发表重要讲话。他指出，党的十八大以来，党中央把贫困人口脱贫作为全面建成小康社会的底线任务和标志性指标，在全国范围全面打响了脱贫攻坚战。脱贫攻坚力度之大、规模之广、影响之深，前所未有。现在，各方面都行动起来了，党中央各项决策部署得到较好落实，贫困群众生活水平明显提高，贫困地区面貌明显改善。

习近平强调，我国脱贫攻坚任务仍然十分艰巨。现有贫困大多集中在深度贫困地区。这些地区多是革命老区、民族地区、边疆地区，基础设施和社会事业发展滞后，社会文明程度较低，生态环境脆弱，自然灾害频发，贫困人口占比和贫困发生率高，人均可支配收入低，集体经济薄弱，脱贫任务重，越往后脱贫成本越高、难度越大。脱贫攻坚本来就是一场硬仗，深度贫困地区脱贫攻坚更是这场硬仗中的硬仗，必须给予更加集中的支持，采取更加有效的举措，开展更加有力的工作。

习近平指出，加快推进深度贫困地区脱贫攻坚，要按照党中央统一部署，坚持精准扶贫精准脱贫基本方略，坚持中央统筹、省负总责、市县抓落实的管理体制，坚持党政一把手负总责的工作责任制，坚持专项扶贫、行业扶贫、社会扶贫等多方力量、多种举措有机结合和互为支撑的“三位一体”大扶贫格局，以解决突出制约问题为重点，以重大扶贫工程和到村到户帮扶措施为抓手，以补短板为突破口。近年来我们在解决深度贫困问题上有很多成功经验和典型，实践证明只要高度重视、思路对头、措施得力、工作扎实，深度贫困是完全可以战胜的。

习近平为此提出8条要求。第一，合理确定脱贫目标。党中央对2020年脱贫攻坚的目标已有明确规定，即到2020年，稳定实现农村贫困人口不愁吃、不愁穿，义务教育、基本医疗和住房安全有保障；实现贫困地区农民人均可支配收入增长幅度高于全国平均水平，基本公共服务主要领域指标接近全国平均水平；确保我国现行标准下农村贫困人口实现脱贫，贫困县全部摘帽，解决区域性整体贫困。深度贫困地区也要实现这个目标，同时要坚持实事求是，不好高骛远，不吊高各方面胃口。

第二，加大投入支持力度。要发挥政府投入的主体和主导作用，发挥金融资金的引导和协同作用。新增脱贫攻坚资金主要用于深度贫困地区，新增脱贫攻坚项目主要布局于深度贫困地区，新增脱贫攻坚举措主要集中于深度贫困地区。各部门安排的惠民项目要向深度贫困地区倾斜，深度贫困地区新增涉农资金要集中整合用于脱贫攻坚项目。各级财政要加大对深度贫困地区的转移支付规模。要通过各种举措，形成支持深度贫困地区脱贫攻坚的强大投入合力。

第三，集中优势兵力打攻坚战。要发挥集中力量办大事的制度优势，重点解决深度贫困地区公共服务、基础设施以及基本医疗有保障的问题。对居住在自然条件特别恶劣地区的群众加大易地扶贫搬迁力度，对生态环境脆弱的禁止开发区和限制开发区群众增加护林员等公益岗位，对因病致贫群众加大医疗救助、临时救助、慈善救助等帮扶力度，对无法依靠产业扶持和就业帮助脱贫的家庭实行政策性保障兜底。

第四，区域发展必须围绕精准扶贫发力。深度贫困地区的区域发展是精准扶贫的基础，也是精准扶贫的重要组成部分，必须围绕减贫来进行。要重点发展贫困人口能够受益的产业，交通建设项目要尽量向进村入户倾斜，水利工程项目要向贫困村和小型农业生产倾斜，生态保护项目要提高贫困人口参与度和受益水平。

第五，加大各方帮扶力度。对东西部扶贫协作和对口支援、中央单位定点帮扶的对象在深度贫困地区的，要在资金、项目、人员方面增加力度。东部经济发达县结对帮扶西部贫困县“携手奔小康行动”和民营企业“万企帮万村行动”，都要向深度贫困地区倾斜。要通过多种形式，积极引导社会力量广泛参与深度贫困地区脱贫攻坚。

第六，加大内生动力培育力度。要坚持扶贫同扶智、扶志相结合，注重激发贫困地区和贫困群众脱贫致富的内在活力，注重提高贫困地区和贫困群众的自我发展能力。要改进工作方式方法，多采用生产奖补、劳务补助、以工代赈等机制，教育和引导贫困群众通过自己的辛勤劳动脱贫致富。

第七，加大组织领导力度。深度贫困地区党委和政府要坚持把脱贫攻坚作为“十三五”期间头等大事和第一民生工程来抓，做到人员到位、责任到位、工作到位、效果到位。县委书记要统揽脱贫攻坚，统筹做好进度安排、项目落地、资金使用、人力调配、推进实施等工作。脱贫攻坚期内贫困县县级党政正职要保持稳定。要夯实农村基层党组织，选好书记，配强领导班子，发挥好村党组织在脱贫攻坚中的战斗堡垒作用。要把深度贫困地区作为锻炼干部、选拔干部的重要平台。

第八，加强检查督查。要坚持年度脱贫攻坚报告和督查制度，实施最严格的考核评估，对不严不实、弄虚作假的严肃问责，对挪用、贪污扶贫款项的严肃处理。扶贫工作必须务实，脱贫过程必须扎实，脱贫结果必须真实，脱贫计划不能脱离实际随意提前，扶贫标准不能随意降低，决不能搞数字脱贫、虚假脱贫。

王沪宁、汪洋、栗战书、周小川参加会议,中央和国家机关有关部门负责同志、有关省区负责同志、有关市州党委书记、有关县旗党委书记参加会议。

(新华社太原2017年6月24日电)

习近平总书记视察驻晋部队某基地

6月22日,正在山西省考察工作的中共中央总书记、国家主席、中央军委主席习近平来到驻晋部队某基地视察调研,代表党中央和中央军委,向基地组建50周年致以热烈的祝贺,向老一辈创业者、广大基地官兵致以崇高的敬意和诚挚的问候。他强调,要以党在新形势下的强军目标为引领,贯彻新形势下军事战略方针,坚持政治建军、改革强军、依法治军,全面提高遂行发射和试验任务能力,为发展我国航天事业作出更大贡献。

仲夏时节,晋西北大地草木葱绿、生机盎然。上午9时许,习近平驱车来到基地军史馆。该基地创建于上世纪60年代,是我国首个自主设计建造的重点国防工程试验场,创造了一年组建、两年试验、首战告捷的优异成绩。在一幅幅照片、一件件实物前,习近平不时停下脚步,了解基地建设发展历程和取得的重要成果。他指出,50年来,基地筚路蓝缕、艰苦创业,出色完成了党和人民赋予的各项任务,为提升我国战略能力和国防实力作出了突出贡献,党和人民感谢你们。

"天是罗帐地是床,安家山沟扎营房,三块石头架口锅,土豆白菜下干粮。"这句流传至今的顺口溜,生动反映了老一辈基地人白手起家、战天斗地的场景。习近平对这种精气神表示赞许。他叮嘱各级要关心基地、关爱官兵,满腔热情为官兵排忧解难。

离开军史馆,习近平来到一处技术厂房。基地的同志向习近平介绍产品测试流程和任务情况,他一边听一边询问相关领域的技术发展水平和应用前景。习近平要求基地再接再厉,加大科研攻关力度,加紧在关键领域实现跨越发展。

长空旷野下,一座现代化的火箭发射塔架巍然矗立。习近平来到发射场坪,了解发射工位的布局、结构和功能,得知这个塔架能满足多型运载火箭的测试发射需求,多次成功完成卫星发射任务,他很高兴,勉励基地发射更多"争光星",努力创造我国航天事业新纪录。

10时许,习近平前往基地文体中心,接见基地副团职以上干部,现场响起经久不息的热烈掌声。习近平同大家亲切握手、合影留念。

随后,习近平发表重要讲话。他指出,要胸怀航天强国梦想,强化使命担当,加强技术创新和实践创造,不断刷新进军太空的中国高度。要着力推进部队转型发展,加速发展新型作战力量,加快融入全军联合作战体系,做到召之即来、来之能战、战之必胜。

习近平强调,要着力深化军民融合发展,抓住党中央推进军民融合发展的战略契机,加快探索实践脚步,在技术、产业、设施、人才等方面走开深度融合路子,努力使太空领域的军民融合发展走在全国全军前列。

习近平指出,要着力弘扬优良传统,加强思想政治建设,保持自力更生、艰苦奋斗的革命干劲,保持创新超越、勇攀高峰的事业追求,保持严慎细实、精益求精的工作作风,为建设世界一流军队、建设航天强国再立新功,以优异成绩迎接党的十九大胜利召开。

22日上午,习近平还在太原接见驻晋部队师以上领导干部和建制团单位主官,同大家合影留念。

中共中央政治局委员、中央军委副主席许其亮等参加有关活动。

(新华社太原2017年6月24日电 记者李宣良 李国利)

情牵黄土地 心系老区人

——习近平总书记在山西考察工作纪实

盛夏时节,绿染三晋;生机盎然,希望无限。

山西正在进一步全面走向"大治",全省上下以优异成绩喜迎党的十九大胜利召开的重要时刻,6月21日至23日,中共中央总书记、国家主席、中央军委主席习近平踏上这片他深情牵挂的黄土地考察指导工作,这是党中央和总书记对山西发展大业的高度重视,是对山西干部群众的亲切关怀!从吕梁山到太行山,从雁北大地到河东盆地,3600万三晋儿女欢欣鼓舞、无比振奋!

3天时间里,习近平总书记在省委书记骆惠宁、省长楼阳生陪同下,来到吕梁、忻州、太原等地,瞻仰革命纪念馆、革命旧址,深入农村、企业,就当前经济社会发展和贯彻落实党的十八届六中全会精神进行考察调研。

总书记一路轻车简从,一路亲民务实。蹲在地里察看玉米长势、俯身看村民饮水井、坐土炕沿上和贫困农民促膝交谈……一个个细节,一句句话语,深深印在三晋儿女心中。总书记亲民为民的情怀、求真务实的作风、夙夜在公的精神,播撒在三晋大地上,镌刻在老区人民心中!

王沪宁、汪洋、栗战书和中央有关部门负责同志陪同考察。

"永远铭记为民族独立、人民解放抛头颅洒热血的革命先辈,努力为人民创造更美好、更幸福的生活"

吕梁精神,光耀千秋;天地沧桑,丰碑不朽。

吕梁在革命战争年代,是圣地延安的东部屏障,是红军东征主战场,是晋绥边区首府和中央后委机关所在地。吕梁人民养兵十万、牺牲一万,吕梁儿女用鲜血和生命铸就了伟大的吕梁精神。

习近平总书记莅晋考察的第一站，就是革命老区吕梁市兴县晋绥边区革命纪念馆。

21日上午，习近平总书记从北京到吕梁一下飞机，就驱车近两小时来到兴县蔡家崖村，向晋绥边区革命烈士敬献花篮，瞻仰晋绥边区革命纪念馆，参观晋绥边区政府、晋绥军区司令部旧址。

兴县在中国人民抗日战争和解放战争时期，是晋绥边区首府所在地和八路军一二〇师主战场之一。晋绥边区革命纪念馆坐落在蔡家崖村，北倚元宝山，南襟蔚汾河，由晋绥边区政府、晋绥军区司令部旧址和新馆两部分组成，是反映晋绥边区党政军民革命斗争史的综合性纪念馆。

是日上午，风和日丽，朵朵白云飘在蓝色天空。新馆上悬挂着“晋绥边区革命纪念馆”匾，鎏金大字熠熠生辉，屹立在馆前的晋绥边区革命烈士群雕高大雄伟，纪念馆四周苍松翠柏点缀，越发显得庄严肃穆。

敬献花篮仪式在纪念馆广场上举行。两名武警战士抬起1米多高的花篮，正步来到纪念馆前的革命烈士群雕前，将花篮安放在群雕基座前。习近平总书记缓缓走上前去，悉心整理花篮缎带，红色缎带上写着“晋绥边区革命烈士永垂不朽”。面向革命烈士群雕，习近平总书记深深三鞠躬，表达了对晋绥革命烈士的深切缅怀和无限敬仰。

晋绥边区革命纪念馆新馆，一幅幅图片、一件件实物，以及蜡像复原场景、电子书幻影场景演示，展现了我们党领导人民开展革命斗争的情景。瞻仰中，习近平总书记不时驻足凝视，询问有关细节。他指出，来到这里深受感动、深受教育。我们党的每一段革命历史，都是一部理想信念的生动教材。全党同志一定要不忘初心、继续前进，永远铭记为民族独立、人民解放抛头颅洒热血的革命先辈，永远保持中国共产党人的奋斗精神，永远保持对人民的赤子之心，努力为人民创造更美好、更幸福的生活。

习近平总书记移步来到晋绥边区政府、晋绥军区司令部旧址参观。司令部小院内绿柳成荫，正面是一排黄土高原特有的6孔窑洞，西面是晋绥军区礼堂和警卫室，院中有贺龙亲手种植的柳树。1948年春，毛泽东等中央领导同志渡过黄河后路居在司令部。

习近平总书记步入军区礼堂和毛主席路居窑洞参观。在小院里，当年在晋绥边区参加对敌斗争的老战士老同志代表等候着总书记。年逾八旬的老战士身着八路军军装，胸前佩戴勋章纪念章，面色红润、精神矍铄，列队来到总书记面前，挺胸抬头，向总书记敬军礼，“总书记好！”“主席好！”“感谢您远道而来！”……总书记同老战士老同志代表一一握手，问候“你们好！”“谢谢你们！”“你们辛苦啦！”并同老战士们亲切交谈。88岁的刘丙涛身体硬朗，总书记端详他的奖章说，你的奖章很多。总书记充分肯定了晋绥边区老战士老同志们的贡献，祝他们健康长寿、晚年幸福，并同他们合影留念。总书记饱含深情的话语，使在场每个人都深受感染和鼓舞。

总书记到来的喜讯，传遍了整个村里，干活归来的乡亲、放学的娃娃、下班的人们闻讯而来，自发等候在纪念馆大门外。高大伟岸的身影出现在门口，雷鸣般的掌声顿时响起，“总书记好！”“总书记辛苦了！”欢呼声一浪高过一浪。习近平总书记迎上前去同乡亲们握手，向大家致意。总书记的平易近人、对吕梁老区的亲切关怀，久久温暖着老区人民的心。

“党中央就是要带领大家一心一意脱贫致富，让人民生活芝麻开花节节高”

我省是全国扶贫开发任务最重的省份之一。全国14个集中连片特困地区中，我省就有吕梁山、燕山—太行山两个。省委省政府坚决贯彻习近平总书记关于扶贫开发重要战略思想，全面落实中央打赢脱贫攻坚战的决策部署，把脱贫攻坚作为“十三五”头等大事，强力推动、持续发力。2016年，我省脱贫攻坚取得首战首胜，57万贫困人口脱贫，1900个贫困村有序退出。2017年，瞄准10个深度贫困县、3350个深度贫困村及深度贫困群众，以超常之力攻克深度贫困。

深度贫困地区是脱贫攻坚的“重中之重，坚中之坚”。老区人民生活怎么样？老区脱贫攻坚工作怎么样？习近平总书记十分关心。不顾路途遥远、不顾山路坎坷，21日下午，他驱车1个多小时，来到忻州市岢岚县赵家洼村考察。

坐落在山沟沟里的赵家洼村，地处晋西北黄土高原中部，山大沟深、土地贫瘠，一间间土坯房依山而建，一些村民外迁后废弃的房子有的墙体开裂、屋顶塌陷，生态脆弱和深度贫困交织，“一方水土养不好一方人”。

沿着村里崎岖不平的土路，习近平总书记先后来到特困户刘福有、曹六仁、王三女家中看望。每到一户，他都仔细察看生活设施，询问家庭人员构成及基本情况，同主人一起算收入支出账，详细了解致贫原因和扶贫措施落实成效。

刘福有和71岁的老伴杨娥子等候在院子外，看到总书记从坡下走上来时，杨娥子激动地拉住总书记的手，把总书记迎进家里。昏暗的房子里，摆放着老式柜子。刘福有92岁的老母亲坐在轮椅上，总书记问候说“你好！”刘福有对老母亲说“这是总书记！”听力有困难的老人听不懂，刘福有大声说“就和毛主席那会儿一样。”老人高兴地说：“你也好啊！”总书记和老刘老两口坐在炕沿上拉起家常，详细了解刘福有家的情况：家里还有地吗、还种得动吗、种些什么、自己吃还是卖、家里收入多少……

老两口加上老母亲，去年全家收入不足7000元，其中种粮收入550元，大部分收入来自国家给的种粮补贴和退耕还林补贴，以及老母亲的高龄补助和失能补助。除了向贫困户了解情况外，习近平总书记还对贫困户怎么评定的、下一步准备采取什么脱贫措施、像这种情况县里还有多少等问题，详细询问了县里干部。在刘福有家里，一场生动的脱贫攻坚现场会在总书记和干部群众中展开。听说村里准备整村搬迁时，总书记询问刘福有说，你们愿意搬吗？搬出去有什么好处？刘福有一一回答着迁出去的好处。搬迁要花多少钱、新的住房面积多大、搬出去以后做些什么……总书记问得十分细，都是贫困群众最关切的问题。刘福有一家高兴地说，共产党做得很好啦！得知一家三口都有病在身，习近平总书记要求有关负责同志要高度重视因病致贫、因病返贫问题。

从刘福有家出来，习近平总书记来到曹六仁家。老屋面积不大，拾掇得干净整洁，摆放着黑瓮水缸、老式电视机，最显眼的是柜子上摆放的“光荣之家”红牌。老曹告诉总书记，家里6口人，去年收入有好转，刚刚够上1万元，但粮食价格不景气，只收了2000多元，女儿上学需要费用，但针对贫困家庭的“雨露计划”，大大减轻了负担。坐在老曹家土炕沿上，总书记看到地上只铺了一半砖头，一半却没有铺。总书记特意询问了原因。总书记观察得这么细，老曹压根没想到。除了地面，总书记还起身走到放粮的地方、锅台，察看了米面和锅里饭菜……老曹高兴地给总书记说着搬迁愿望，搬迁后的打算……他说，特困户能得到党和政府这么多扶助，过去做梦都不敢想。习近平总书记对他说，党和政府就是为老百姓服务的，让大家生活越过越好是我们的职责。

总书记一连走访了3户人家，穿过逼仄的巷子，来到第3户王三女家。这户最为贫困，因病因残没有劳力，近70岁的老人独自带着智障的孙子、孙女生活。不大的土屋里，炕占了一多半，屋顶裱糊着报纸。王三女说自己68岁，总书记说，你是我的一个大姐，比我大4岁。王三女拉着总书记的手说，你来看我，我很感动。这个家庭很是不幸，但又很幸运，在党和政府关怀下，有了低保、养老保险和特困救助，两个孙儿每年有2万块孤儿补助。王三女一一指着照片，给总书记介绍孙儿在学校生活情况。两个娃娃过得好不好、有没有学上、学校条件好不好，总书记一一和王三女了解，这些家常唠到了老人的心里，一下子拉近了老人和总书记的距离。习近平总书记安慰她好好生活，叮嘱当地干部安排好她孙子和孙女的特殊教育。王三女说，电视上常看到你。总书记笑着说，像吗？王三女乐呵呵地说，一样样的。送别时，王三女对总书记说，现在党的政策好，吃喝穿的大部分是政府给的，我过得很知足很幸福。总书记握着王三女的手说，将来的生活还能过得越来越好。有什么困难，和驻村干部、村支部说，他们会关心你。总书记温暖亲切的话语和无微不至的关怀，让特困户和在场所有人深受感动。

种地难、吃水难、就医难、交通难……这是生活在深度贫困地区的老百姓面临的现实困难问题。总书记风尘仆仆来到这里，就是要看最贫困、根治最贫困。在赵家洼村走访过程中，总书记详细询问村里贫困户的情况、家庭收入和支出、致贫的主要原因、脱贫计划和稳定增收的可行性，同中央有关部门同志和当地干部群众一起商议脱贫攻坚的大计。

当总书记了解到赵家洼村只有一口水井，就特意来到村里唯一的一口饮水井旁，登上用石块垒起的井台，仔细察看井里蓄水的情况。赵家洼村前的一片农田里覆盖着地膜，玉米已一尺多高，长叶飞舞，长势喜人。习近平总书记走进农田，蹲到玉米地边，揭开间作红芸豆所用薄膜，了解抗旱保墒措施。村党支部书记告诉总书记说，因为干旱，庄稼植株矮小，产量很低，村民们靠天吃饭。

赵家洼村在省市县支持下，县里派驻村扶贫工作队帮扶，在尊重群众意愿的基础上，决定2018年实施易地扶贫整村搬迁。习近平总书记踏上土路，进入驻村工作队的土坯房，看望赵家洼村的扶贫工作队队员。扶贫工作队向总书记汇报了赵家洼村的扶贫思路。总书记勉励他们深入农户、扶贫助困，肯定了当地通过易地搬迁改善村民生活条件的思路，要求配套扶贫措施要跟上，使贫困群众不仅改善居住条件，还能稳定增收。习近平总书记指出，让贫困人口和贫困地区同全国人民一道进入全面小康社会，是我们党的庄严承诺，不管任务多么艰巨、还有多少硬骨头要啃，这个承诺都要兑现。他希望各级扶贫工作队员扑下身子扎实工作，在为贫困群众排忧解难中实现价值、增长才干。

离别的时刻到了，赵家洼村人都聚集在村口，依依不舍，向总书记道别，“总书记好！”“总书记辛苦了！”，掌声、欢呼声响彻整个村子。对于祖祖辈辈生活在大山里的农民，易地搬迁让他们看到了摆脱贫困的希望。总书记鼓励说，希望看到你们的生活越过越好，党和政府都关心你们！

搬迁后老百姓生活到底好不好、能不能脱贫，也是习近平总书记念念不忘的。离开赵家洼村时，干旱少雨的岢岚，喜逢天降甘霖。总书记冒着蒙蒙细雨，又来到宋家沟新村考察。

宋家沟新村是岢岚县一个易地扶贫搬迁的集中安置点，村民新居已经建好，村民正陆续搬迁。习近平总书记来到这里，听取了岢岚县精准扶贫工作及易地扶贫搬迁整体情况介绍，了解宋家沟新村规划及建设情况。

贫困户张贵明刚刚乔迁新居。小院里干干净净，新居整整洁洁，雪白墙壁、透亮地砖，沙发、电视、洗衣机等设施齐全。总书记走进小院、进入家里，具体察看搬迁后的生活。总书记询问说，住得习不习惯，搬迁享受了多少补贴，现在生活怎么样，还有哪些困难，特意看了看张贵明挂在家里的老房子的照片，旧村的破房子和今日的新居有天壤之别，总书记说，这房子盖得挺漂亮。张贵明对现在的生活很是满意，他满脸笑容地说，我是老党员，共产党关心我，我与党一条路、一条心。习近平总书记强调，脱贫攻坚工作进入目前阶段，要重点研究解决深度贫困问题。实施整村搬迁，要规划先行，尊重群众意愿，统筹解决好人往哪里搬、钱从哪里筹、地在哪里划、房屋如何建、收入如何增、生态如何护、新村如何管等具体问题。

宋家沟新村与山沟沟里的赵家洼村形成了鲜明对比。柏油路、自来水、宽带网、有线电视……基础设施相当齐整；学校、卫生院、文化广场、图书室、党员活动室……公共服务设施一应俱全。习近平总书记看着干净整洁的村容村貌和村民们家中良好的生活条件，十分高兴。闻讯而来的村民在雨中排起长长的队伍，纷纷向总书记问好。临别时，总书记对围拢过来的村民们说，人民群众对美好生活的向往就是我们的奋斗目标。党中央就是要带领大家一心一意脱贫致富，让人民生活芝麻开花节节高。请乡亲们同党中央一起，撸起袖子加油干！

庄严承诺、激励期许，总书记给了贫困地区干部群众巨大鼓舞，乡亲们发自内心感谢党中央、感谢总书记……乡亲们说，习总书记到俺村，是俺们一辈子的幸福！

“推动传统产业转型升级，必须坚持以企业为主体，以市场为导向，以技术改造、技术进步、技术创新为突破口”

22日下午，习近平总书记在太原考察了太原重工轨道交通设备有限公司和太钢钢科碳材料有限公司。

中国高铁是“中国制造”的名片。太原重工轨道交通设备有限公司生产的轮对，是高铁的关键零部件。这条车轮生产线，让高速列车关键零部件实现了国产，是太重转型升级的亮点。这是当今世界上技术最先进、自动化和智能化程度最高的生产线。截至去年，公司生产车轮80余万片，其中60%出口。

下午3时30分许，习近平总书记步入车轮二车间。车间内机声隆隆，热轧生产线上钢坯烧得通红，热浪逼人。总书记沿着高空走廊，察看高铁车轮锯切线、锻轧线、热处理线、机加工线、检测线生产流程，同锯切线控制室、锻轧控制室和作业现场的职工交流，了解企业提升轨道交通装备研发、设计、制造能力情况。习近平总书记希望企业用好我国交通发展和推进“一带一路”建设的历史性机遇，在技术创新和品牌建设上创出更大的天地。习近平总书记还来到盾构机生产车间，考察了太重为太原地铁轨道交通2号线设计生产的盾构机。

近年来，省委省政府坚决贯彻落实习近平总书记治国理政新理念新思想新战略，特别是深入贯彻落实习总书记2014年5月在河南考察时提出的“推动中国制造向中国创造转变、中国速度向中国质量转变、中国产品向中国品牌转变”“三个转变”要求，坚持以供给侧结构性改革为主线，推动制造业转型升级，振兴发展实体经济。盾构机车间西侧百余米的通道上，展示了近两年我省战略性新兴产业部分代表性产品，双锚掘进机、重卡发动机、碳化硅材料、LED显示屏、安全可靠可信计算机、超高效异质结单晶太阳能组件、生态环境大数据服务平台和生态环境微观监测站、煤制油……新产品琳琅满目，新技术日新月异，新产业蓄势待发，这既是我省工业转型升级的成果，也展示了我省推动工业创新转型发展的信心和决心。

习近平总书记驻足观看、询问有关情况，视察了我省在装备制造、电子信息、节能环保、新材料、现代煤化工等方面的企业自主创新成果展示，听取全省推动资源型经济转型发展、培育创新体系整体情况汇报。习近平总书记指出，推动传统产业转型升级，必须坚持以企业为主体，以市场为导向，以技术改造、技术进步、技术创新为突破口。要支持企业创新产业组织形态，瞄准国际国内先进标杆全面提高产品技术、工艺装备、能效环保等水平。离开太重轨道交通公司时，正在厂里作业的工人看到总书记来了，激动地围拢过来向总书记问好。习近平总书记同工人们亲切握手、挥手告别。

雨后的龙城，花艳叶绿，碧空如洗。习近平总书记乘坐中巴车，经过宽阔的龙城大街，穿过绿树鲜花中的滨河东路，来到位于阳曲县的太原市转型发展产业园区内的太钢钢科碳材料有限公司，视察T800级高性能碳纤维生产线。

碳纤维是一种含碳量在90%以上的强度高、重量轻、耐腐蚀、热膨胀系数极小的新型纤维材料，广泛应用于航空航天、交通运输等领域，在工业界享有“黑色黄金”盛誉。太钢在做强做优做精传统钢铁主业的同时，瞄准高端碳纤维这一转型升级方向奋力攻关，仅一年半时间就携手中科院山西煤化所突破关键技术瓶颈，建成了一条T800级高性能碳纤维生产线。

现代化的车间整洁有序，缔造着令人惊叹的业界奇迹。习近平总书记通过视频了解高端碳纤维研发、生产、应用情况，视察T800级高性能碳纤维生产线，了解生产工艺，察看成品展示，同现场科技人员交流，勉励他们发扬工匠精神，为“中国制造”作出更大贡献。太钢“中华技能大奖获奖者”吕涛信心满满地说：“我是一名炼钢工人，要发扬工匠精神，精益求精，炼好每一炉钢。请总书记放心。”总书记微笑赞许。习近平总书记指出，新材料产业是战略性、基础性产业，也是高技术竞争的关键领域，我们要奋起直追、迎头赶上。他强调，科技创新是提高供给质量和水平最重要的发力点。要强化要素投入和政策配套，推动产学研一体化，真正把企业、科研单位特别是广大科研人员的积极性和创造性激发出来，让他们既有科技创新的成就感，又有成果转化收益分享的获得感。

“山西广大干部群众紧紧抓住机遇，勇于改革创新，果敢应对挑战，善于攻坚克难，不断推动各项事业向前发展”

6月23日下午，习近平总书记听取了省委省政府工作汇报。总书记主持并作了重要讲话。省委书记骆惠宁代表省委省政府汇报。

习近平总书记对我省经济社会发展取得的成绩和各项工作给予肯定。他希望山西广大干部群众紧紧抓住机遇，勇于改革创新，果敢应对挑战，善于攻坚克难，不断推动各项事业向前发展。

习近平总书记指出，实现资源型地区经济转型发展，形成产业多元支撑的结构格局，是山西经济发展需要深入思考和突破的重大课题。党中央赋予山西建设国家资源型经济转型综合配套改革试验区的重大任务。山西要用好这一机遇，贯彻新发展理念，着力解决制约发展的结构性、体制性、素质性矛盾和问题，以深化供给侧结构性改革推动经济转型发展，以创新驱动推动经济转型发展，以营造良好营商环境推动经济转型发展，以全面深化改革推动经济转型发展，真正走出一条产业优、质量高、效益好、可持续的发展新路。

习近平总书记强调，要坚持把解决好农业、农村、农民问题作为全党工作重中之重。要以构建现代农业产业体系、生产体系、经营体系为抓手，加快推进农业现代化。要通过发展现代农业、提升农村经济、增强农民工务工技能、强化农业支持政策、拓展基本公共服务、提高农民进入市场的组织化程度，多途径增加农民收入。要深入推进社会主义新农村建设，推动公共服务向农村延伸，全面改善农村生产生活条件。要完善农村工作领导体制机制，建设一支懂农业、爱农村、爱农民的干部队伍，坚持工业农业一起抓、城市农村一起抓。

习近平总书记指出，我们党干革命、搞建设、抓改革，都是为了让人民过上幸福生活。要在抓好脱贫攻坚这个第一民生工程的同时,统筹做好就业、收入分配、教育、社会保障、医疗卫生、住房、食品安全、生产安全、公共治安等各项民生的保障和改善工作,确保人民安居乐业、社会安定有序。推出的每件民生实事都要一抓到底,一件接着一件办,一年接着一年干。

习近平总书记强调,坚持绿色发展是发展观的一场深刻革命。要从转变经济发展方式、环境污染综合治理、自然生态保护修复、资源节约集约利用、完善生态文明制度体系等方面采取超常举措,全方位、全地域、全过程开展生态环境保护。要广泛开展国土绿化行动,每人植几棵,每年植几片,年年岁岁,日积月累,祖国大地绿色就会不断多起来,山川面貌就会不断美起来,人民生活质量就会不断高起来。

习近平总书记指出,严肃党内政治生活,是全面从严治党的根本性基础工作。各级党组织务必认真贯彻落实《关于新形势下党内政治生活的若干准则》,切实增强党内政治生活的政治性、时代性、原则性、战斗性。要教育党员干部自觉加强党性锻炼和自我省察,不折不扣执行党的各项制度和纪律,及时发现和解决自身存在的问题。要融通党的优良传统、中华优秀传统文化、革命文化、社会主义先进文化,建设正气充盈的党内政治文化,努力实现党内政治生态风清气正。

习近平总书记强调,各级党组织要着力把严肃党内政治生活的成果转化为促进党的事业发展的持续动力,把广大党员干部的精气神引导到改革发展上来,让干净的人有更多干事的机会,让干事的人有更干净的环境,让那些既干净又干事的人能够心无旁骛施展才华、脱颖而出,真正实现党的建设和党的事业互促共进。

骆惠宁表态说,我们要以习近平总书记重要讲话为指引,动员全省人民在新征程上创造新业绩。要以国家资源型经济转型综合配套改革试验区为牵引,扎实转变经济发展方式,推动新发展理念在山西落地生根;以发展现代农业、增加农民收入、建设社会主义新农村三大任务为主攻方向,开创“三农”工作新局面;以吕梁山、燕山—太行山两大集中连片特困地区为主战场,坚决把深度贫困这个“硬骨头”啃下来,更好保障民生;以弘扬“右玉精神”为激励,大力建设绿色山西;以永远在路上的定力和决心,进一步打造风清气正党内政治生态。全省上下要勇于改革创新,善于攻坚克难,以优异成绩迎接党的十九大胜利召开。

省委、省人大、省政府、省政协及省直有关部门负责同志参加。

晚6时30分许,日理万机、以身许党许国的总书记与大家挥手告别。对于治党治国治军异常繁忙的总书记来说,用3天时间来山西考察指导,实在已是非常不容易了。但对于山西干部群众来说,这短暂的时间又怎够表达对总书记的深情热爱!

一枝一叶总关情。一路走来,习近平总书记心系民生情切切,指点脱贫意深深,把脉发展语殷殷,对山西干部群众充满无限深情,为山西工作倾注无数心血。习近平总书记对山西人民的关爱之情,对山西工作的重要指示,对山西干部群众的殷切期望,都留在了山西这片黄土地上,给三晋儿女带来了巨大信心和希望,大家深受感动、倍感温暖、备受鼓舞!全省党员干部群众表示,要在政治上维护核心,在行动上紧跟核心,坚决与以习近平同志为核心的党中央保持高度一致,坚决维护以习近平同志为核心的党中央权威,坚决贯彻落实党中央确定的路线方针政策,坚决打赢脱贫攻坚这场硬仗,向着全面建成小康社会奋勇前进,努力实现山西全面走向“大治”的目标,以优异成绩迎接党的十九大胜利召开!

(2017年6月26日《山西日报》 赵向南)

二、深入学习贯彻落实习近平总书记视察山西重要讲话精神

(一)省委对深入学习贯彻习近平总书记视察山西重要讲话精神作出全面部署

省委召开常委扩大会议 传达学习习近平总书记视察山西重要讲话精神

6月26日,省委书记骆惠宁主持召开省委常委扩大会议,传达学习习近平总书记视察山西重要讲话精神,并就抓好贯彻落实作出部署。骆惠宁强调,习总书记亲临山西视察并发表重要讲话,为全省人民指明了前进方向,在山西发展史上具有重要里程碑意义。要把习总书记的勉励和期望铭记在心,在全省迅速兴起学习宣传、贯彻落实习总书记重要讲话精神的热潮,增强维护核心、干事创业的信念和力量,进一步走好新征程、探出新路子、创造新业绩。

与会同志围绕学习贯彻习总书记重要讲话,谈认识体

会，结合分工提出落实措施。大家一致认为，习总书记在山西发展的关键时期深入我省视察，访农户、察真贫，进企业、话创新，瞻仰革命旧址，看望老战士，处处体现了对山西这块红色土地的深厚感情，对山西人民的深切关怀。习总书记重要讲话对山西经济社会发展取得的成绩和各项工作给予充分肯定，指出现在山西省委坚决贯彻落实党中央决策部署，山西各方面建设和发展迈上新征程，山西政治生态已经由“乱”转“治”，山西发展已经由“疲”转“兴”，希望山西党员干部大有作为，山西人民幸福安康，极大增强了全省人民的奋进信心。习总书记对山西工作提出总体要求和五项重大任务，明确了山西今后发展的大方向和大格局，为我们把握大局、抓好重点、继续前进提供了根本遵循。习总书记在山西主持召开深度贫困地区脱贫攻坚座谈会，对全党共同努力解决深度贫困作出战略部署，给我省攻克深度贫困堡垒增添了强大动力。大家一致表示，要带头学习贯彻落实习总书记重要讲话精神，切实把讲话精神体现到实际工作中，把山西的事情办好，决不辜负习总书记对山西的期望和嘱托。

骆惠宁指出，习总书记重要讲话的政治性思想性指导性极强，我们要认真学习、深刻领会，切实把全省党员干部群众的思想和行动统一到讲话精神上来。要深入学习贯彻习总书记提出的总体要求，坚决落实党中央决策部署，坚持稳中求进工作总基调，牢记守土有责，做到守土尽责，扎扎实实做好改革发展稳定和党的建设各项工作，为党的十九大胜利召开营造良好环境。要扎实推进经济发展方式转变，履行好建设资源型经济转型综合配套改革试验区这一重大使命，通过深化供给侧结构性改革、创新驱动、营造良好营商环境、全面深化改革推动经济转型发展，争当全国能源革命排头兵，真正走出一条产业优、质量高、效益好、可持续的发展新路，打造内陆地区对外开放新高地，推动新发展理念在山西落地生根。要扎实做好“三农”工作，紧紧扭住和切实抓好发展现代农业、增加农民收入、建设社会主义新农村三大任务，培养一支懂农业、爱农村、爱农民的干部队伍，以有力的领导、创新的理念、完善的政策、持续的投入，开创全省“三农”工作新局面。要扎实推进脱贫攻坚和民生保障，以吕梁、太行两大集中连片特困地区为主战场，强化支撑体系，加大政策倾斜，聚焦精准发力，攻克坚中之坚，使全省脱贫攻坚工作进入全国第一方阵，统筹做好各项民生的保障和改善工作。要扎实推进生态文明建设，牢记绿水青山就是金山银山，从转变发展观念开始建设生态文明，全方位、全地域、全过程开展生态环境保护，形成绿色发展、绿色消费的体制机制和社会氛围，大力学习和弘扬右玉精神，加快建设绿色山西。要严肃党内政治生活，推动全面从严治党向纵深发展，抓好理想信念这个根本，严格执行各项制度规定，积极探索党内政治文化建设，全面加强党内监督，把严肃党内政治生活的成果转化为促进党的事业发展的持续动力，把广大党员干部的精气神引导到改革发展上来，真正实现党的建设和党的事业互促共进。

骆惠宁强调，学习贯彻习总书记视察山西重要讲话精神，是我省当前和今后一个时期的首要政治任务，也是我们做好各项工作的根本保证。要迅速在全省兴起学习宣传、贯彻落实讲话精神的热潮，切实用讲话精神统一思想、武装头脑、推动工作。一要高举旗帜，把牢正确方向。这几年山西之所以发生重大变化、实现重大转折、迈上新的征程，根本在于以习近平同志为核心的党中央正确领导，有习总书记为我们指引方向，也是我们以习总书记系列重要讲话精神和治国理政新理念新思想新战略为指引，学以致用、解决问题的结果。山西要在新征程上迈出新步伐，必须始终坚持以习总书记重要讲话精神为指导，使党中央决策部署在山西全面正确有效地得到贯彻落实。二要保持清醒，坚持问题导向。习总书记对山西工作给予充分肯定，我们要把鼓励作为鞭策，坚定信心，辩证分析，要看到山西发展还面临不少困难与挑战，我们的工作还有不少薄弱环节，实现党中央提出的目标任务还有大量艰苦工作要做。要始终坚持正确的政绩观，保持战略定力，努力实现党内政治生态持久的风清气正，努力实现经济转型发展持久的强劲态势。三要扎实工作，奋力开创新局。全省各项工作都要围绕习总书记提出的总体要求和五项重大任务来展开，不仅要成为今年工作的主线，而且要长期坚持下去。各级领导干部要不断培育与使命责任担当相适应的理念、能力和作风，紧紧抓住机遇，勇于改革创新，果敢应对挑战，善于攻坚克难，团结带领广大群众，以优异成绩迎接党的十九大胜利召开。

会议决定，近日召开全省干部大会，对学习贯彻习总书记重要讲话精神作出总体安排。7月中旬，召开省委十一届四次全会，审议出台学习贯彻习总书记重要讲话精神的实施意见。

省委常委，省人大、省政府、省政协负责同志和省法检“两长”出席会议，有关负责同志列席会议。

（2017年6月27日《山西日报》 尚慧辉）

省委召开全省干部大会 深入学习贯彻习近平总书记视察山西重要讲话精神

6月29日，省委召开全省干部大会，学习贯彻习总书记视察山西重要讲话精神，对全省学习宣传、贯彻落实习总书记重要讲话精神作出总体部署。省委书记、省人大常委会主任骆惠宁作重要讲话。他强调，学习贯彻习总书记视察山西期间重要讲话精神，是我省当前和今后一个时期的首要政治任务，是我们做好各项工作的根本保证，要以实施总体要求和五大任务为抓手，把习总书记重要讲话精神贯彻落实好，带动全省各项工作水平的提升，扎扎实实做好改革发展稳定和党的建设各项工作、为党的十九大胜利召开营造良好环境。省委副书记、省长楼阳生主持会议。

骆惠宁指出，习总书记亲临山西视察并发表重要讲话，在山西发展史上具有重要里程碑意义。习总书记视察期间，处处体现了对人民群众的深切关怀，倾注了对山西这块红色土地和厚重文化的真挚感情，充分体现了党的领袖对人民的深厚感情，三晋大地欢欣鼓舞。习总书记对山西各项工作给予充分肯定，寄予殷切期望，提出明确要求，极大增强了全省人民奋进信心，进一步增强了全省党员干部履行好使命的政治自觉、思想自觉和行动自觉。

骆惠宁强调，习总书记视察我省发表的重要讲话，政治性思想性指导性极强，内涵十分丰富。我们要认真贯彻落实习总书记对山西工作提出的总体要求和五项重大任务，高举中国特色社会主义伟大旗帜，认真学习贯彻习总书记系列重要讲话精神和治国理政新理念新思想新战略，统筹推进“五位一体”总体布局、协调推进“四个全面”战略布局，坚持稳中求进工作总基调，坚决落实党中央决策部署，紧紧抓住机遇，勇于改革创新，果敢应对挑战，善于攻坚克难，扎扎实实做好改革发展稳定和党的建设各项工作，为党的十九大胜利召开营造良好环境，确保习总书记重要讲话精神在山西落地生根、开花结果。

骆惠宁指出，要认真落实习总书记关于扎实转变经济发展方式的指示精神，真正走出一条产业优、质量高、效益好、可持续的发展新路。一要坚定提升经济转型发展思想自觉。旗帜鲜明引领转型，综合施策推动转型，提高标准倒逼转型，创优环境保障转型，实现转型综改试验区的“再出发”。保持转型定力，在经济困难的时候主动转型，在经济向好的时候强力转型，努力开创资源型地区经济转型发展新境界。二要继续抓好经济转型发展重点举措。把深化供给侧结构性改革与深化转型综改试验区建设紧密结合起来，作为经济工作的主线，把煤炭去产能作为主要任务，全面推进“三去一降一补”。横下一条心，着力从煤以外寻找战略支撑点，大力培育战略性新兴产业，大力推动传统产业改造提升，加快构建多元化中高端产业体系。推动各级各类开发区改革创新发展，加大“转型综改示范区”建设力度。大力优化营商环境，全面打造“六最”投资营商环境。加大科技创新力度，扎实推进技术创新成果转移转化、企业创新主体建设等“十大创新行动”。落实好人才发展体制机制改革实施意见，用“一流人才政策”，引进海内外一流人才智力，打造我省一流人才队伍。主动对接、积极参与“一带一路”、环渤海经济圈、京津冀协同发展和雄安新区建设，全面打造内陆地区对外开放新高地。完善并落实区域经济转型升级考核评价办法。三要深入破解经济转型发展重大问题。以全面深化改革推动经济转型发展，加快形成与转型发展相适应的制度安排和政策体系。认真贯彻习总书记关于能源革命的战略思想，使山西实现从“煤老大”到“全国能源革命排头兵”的历史性跨越。深化国企国资改革，抓紧制定配套政策并认真实施。深化转型综改试验区建设，充分发挥对全省的战略牵引作用，加快先行先试，努力探出新路子。深入挖掘弘扬山西重商文化传统和“晋商精神”，扩大对内对外开放，进一步积聚经济转型发展的内力和外力。

骆惠宁指出，要认真落实习总书记关于扎实做好“三农”工作的指示精神，以有力的领导、创新的理念、完善的政策、持续的投入，奋力开创“三农”工作新局面。要真正把解决“三农”问题摆上党委政府的重要议事日程，作为重中之重。要把实现农业现代化作为农业发展的重要目标，大力推进农业供给侧结构性改革；以发展功能农业为引领，打好特色优势牌，打造一批特色农产品生产基地，巩固和提升“小杂粮王国”的地位；完善现代农业产业体系、生产体系、经营体系，在推进农业现代化上迈出坚实步伐。大力完善和推广有机旱作农业，将有机旱作农业打造成我省现代农业的重要品牌。要把增加农民收入作为“三农”工作的中心任务，不断拓宽农民增收渠道。多探索能有效利用农村资源、增加农民收入的好路子。要把建设社会主义新农村作为重大战略举措，推进乡村清洁工程和新的农村“五个全覆盖”建设，改善农村人居环境；加快推进城乡发展一体化，抓好传统村落的保护，推动公共服务向农村延伸，为广大农民建设幸福家园和美丽宜居乡村。要全面加强对“三农”工作的组织领导。主要领导干部要坚持工业、农业一起抓，城市、农村一起抓，不断提高做好农村工作的能力和水平。各级领导干部，无论在什么岗位，都要关心“三农”、支持“三农”。要建设一支懂农业、爱农村、爱农民的干部队伍，大力培养农村工作干部，让年轻干部到农村一线锻炼，吸引更多优秀人才到农村工作。

骆惠宁指出，要认真落实习总书记关于扎实推进脱贫攻坚和民生保障的指示精神，推动深度贫困地区脱贫攻坚进入全国第一方阵，保障和改善民生取得新成效。一要深刻认识深度贫困地区如期完成脱贫攻坚任务的艰巨性、重要性、紧迫性。坚持先难后易、精准发力，以深度举措攻克深度贫困，坚决打赢深度贫困地区脱贫攻坚这场硬仗中的硬仗。二要坚决落实深度贫困地区脱贫攻坚超常举措。深入实施退耕还林奖补、荒山绿化投工、森林管护就业、经济林增收四大项目，在“一个战场”上同时打赢绿化和脱贫“两个攻坚战”。坚持“六环联动”，大力推进深度贫困村整村搬迁和贫困人口转移就业工作。坚持“到村到户”，建立起产业、光伏、金融扶贫与深度贫困人口增收的利益直接联结机制。坚持“政策兜底”，着力构筑健康、社保、教育扶贫等多重防线，破解“支出型贫困”问题。坚持“六个帮扶”，形成攻坚深度贫困的强大合力。坚持“强化一线”，加强扶贫工作队建设，充分发挥党支部的战斗堡垒作用。三要进一步解决攻坚深度贫困的有关问题。新增资金、项目、举措、用地指标等向深度贫困地区和深度贫困人群倾斜；深度贫困县的发展措施都要围绕减贫来推进；充分发挥贫困群众的主体作用，切实把扶贫同扶智扶技扶志结合起来；在脱贫攻坚一线锻炼培养选拔干部。四要统筹做好各项民生保障和改善工作。坚持以人民为中心的发展思想，认真落实习总书记强调的12项民生实事，统筹做好就业、收入分配、教育、社会保障、医疗卫生、住房、食品安全、生产安全、公共治安等工作。

骆惠宁指出，要认真落实习总书记关于扎实推进生态文明建设的指示精神，采取超常规举措，使绿色多起来、山川美起来、生活质量高起来。坚持绿色发展，努力还旧账，坚决不欠新账，既只争朝夕，又久久为功，不断增强人民群众生态福祉。一要切实增强生态文明建设的责任感紧迫感。树立忧患意识，以更大的力度加强生态文明建设，把生态环境这个全面建成小康社会的短板补起来。二要扎实抓好推动形成绿色发展方式和生活方式重点任务。在大力推动转变经济发展方式的同时，加大环境污染综合治理力度，继续抓好大气、水和土壤污染防治三项行动，实施采煤沉陷区治理提速工程。推进生态保护修复，实施"两山七河"生态修复工程，实施山水林田湖一体化生态保护修复，构建京津冀生态屏障。促进资源节约集约利用，加快传统产业循环化发展、新兴产业集群化发展步伐。积极倡导绿色消费，推动形成节约适度、绿色低碳、文明健康的生活方式和消费模式。不断完善生态文明制度体系，加大环保倒逼转型力度。三要大力学习和弘扬右玉精神。牢固树立为人民谋利益的发展观、政绩观，以"功成不必在我"的境界，一棒一棒接着干下去，使右玉精神在全省发扬光大，成为建设绿色山西和推动各项事业发展的强大精神力量。

骆惠宁指出，要认真落实习总书记关于严肃党内政治生活的指示精神，努力实现党内政治生态持久的风清气正。一要始终保持全面从严治党的政治定力。要警惕"减减压、松口气、歇歇脚"心态，警钟长鸣、毫不松懈，以永远在路上的定力和决心，以更严的要求、更高的标准、更实的举措，坚定不移推动全面从严治党向纵深发展。二要认真落实习总书记对严肃党内政治生活提出的重大要求。要严格执行《关于新形势下党内政治生活的若干准则》，以坚强的意志坚定理想信念，把讲政治贯穿于党性锻炼和开展工作全过程。大力弘扬革命精神，用红色基因固本培元。要以改革创新精神加强管党治党制度建设，全方位扎紧制度笼子，切实做到用制度治党、管权、治吏。要创新党内政治文化建设的载体、形式、方法和手段，把党内政治文化融入"三会一课"等党内生活中，挖掘转化裴氏家训、廉吏于成龙等优秀传统廉政文化资源，讲好政治文化建设的"山西故事"，探索建立党内政治文化建设考核制度。要深入贯彻党内监督《条例》，做到监督无禁区、无死角，扎实开展巡视整改自行"回头看"。深入推进监察体制改革试点工作，有力促进党风廉政建设和反腐败斗争。要让干净的人有更多干事的机会，让干事的人有更干净的环境，让那些既干净又干事的人能够心无旁骛施展才华、脱颖而出，落实"三基"建设政策措施，在全省形成想作为、敢作为、善作为的良好风尚。三要坚决扛起全面从严治党主体责任。从省委带头，各级党组织都要认真履行全面从严治党主体责任，真管真严、敢管敢严、长管长严，把全面从严治党各项任务落到实处。党委(党组)书记要负好主责、首责、全责，领导班子其他成员要牢记自己的党内职务，各级党组织要对本地本部门的政治生态负责，坚持抓书记书记抓，一级抓一级，层层传导压力。

骆惠宁强调，要加强组织领导，在全省兴起学习宣传、贯彻落实习总书记重要讲话精神的热潮。各级党组织要始终高举旗帜，把牢正确方向；时刻保持清醒，坚持问题导向；继续扎实工作，奋力开创新局。一要采取多种方式，深入学习宣传。组织广大党员干部深入学习讲话，逐字逐句领会，把握核心要义，在融会贯通、学思践悟上下一番苦功夫。省委中心组带头，各级党委(党组)中心组都要对习总书记重要讲话进行系统深入的学习研讨。各级党校、行政学院、干部学院要开展对党员干部的培训。社科部门要组织力量进行研究阐释。通过持续深入的学习宣传，让习总书记讲话精神家喻户晓、深入人心，把习总书记的关怀和期望传递给全省人民群众。二要认真贯彻落实，注重实际成效。对照习总书记提出的总体要求和五项重大任务，完善思路、目标、任务和举措，确保把习总书记重要讲话精神贯彻落实到各项工作中。对习总书记在讲话中提出的重大思想观点、重大工作要求和需要破解的重大课题，要梳理研究、深刻领悟，提出相应的政策举措。要把学习贯彻习总书记视察山西重要讲话精神，作为"两学一做"学习教育常态化制度化和维护核心、见诸行动主题教育的重要内容，把学用习总书记系列重要讲话精神全面提高到新水平，牢固确立习总书记系列重要讲话的指导思想地位，把信仰信念建立在对讲话的思想认同和情感认同上，确保党中央决策部署不折不扣落到实处。三要坚持心无旁骛，抓好当前工作。坚持用习总书记系列重要讲话指导决策部署、衡量工作成效、坚定理想信念，自觉拥戴核心，坚定维护核心，绝对服从核心，始终紧跟核心，打牢迎接十九大召开的思想政治基础。坚持稳中求进工作总基调，继续促进经济稳步向好。做好保障和改善民生各项工作，解决好困难群众生产生活问题。加强宣传思想工作，弘扬主旋律，传播正能量。统筹抓好政治安全、经济安全、社会安全、网络安全等各方面工作，加强安全生产管理和矛盾纠纷排查化解，举全省之力当好首都"护城河"。四要精心组织领导，提供坚强保障。各级党委(党组)要高度负责地抓好习总书记重要讲话的学习宣传、贯彻落实工作。要把学习贯彻习总书记重要讲话的情况作为党委(党组)目标考核的重要内容，作为评判党组织书记履行管党治党责任情况的重要依据。

骆惠宁号召，让我们更加紧密地团结在以习近平同志为核心的党中央周围，深入学习贯彻习总书记视察山西重要讲话精神，紧紧抓住机遇，勇于改革创新，果敢应对挑战，善于攻坚克难，团结带领全省干部群众走好新征程、探出新路子、创造新业绩，努力实现党内政治生态持久的风清气正，努力实现经济转型发展持久的强劲态势，进一步把山西的事情办好，以优异成绩迎接党的十九大胜利召开！

楼阳生在主持大会时指出，全省上下要把思想和行动统一到习总书记视察山西重要讲话精神上来，按照骆惠宁书记提出的始终高举旗帜、把牢正确方向，时刻保持清醒、坚持问题导向，继续扎实工作、奋力开创新局的部署和要求，进一步抓好学习贯彻落实工作。要学深悟透、融会贯通，深刻领会和全面落实习总书记对山西工作提出的总体要求和五项重大任务。要坚持稳中求进工作总基调，坚定贯彻新发展理念，扎扎实实抓好改革发展稳定和党的建设各项工作，用非常之力、恒久之功确保习总书记提出的各项指示要求在山西落地生根、开花结果，以优异成绩迎接党的十九大胜利召开。

全省干部大会以电视电话会议的形式召开。主会场设在省委，省委常委，省人大常委会、省政府、省政协负责同志，省法院院长、省检察院检察长出席会议。省直各部门(含二级局、省政府驻外办事处)、中央驻晋单位主要负责同志；省人大、省政协各专门委员会、工作机构主要负责同志；驻并省管本专科院校、省管国有企业主要负责同志；省委脱贫攻坚督导组、省扶贫办有关负责同志；各民主党派、工商联负责人，无党派代表人士在主会场参加会议。各市、县(市、区)设分会场，参会人数达到2.35万人。

(2017年6月30日《山西日报》 尚慧辉)

中共山西省委十一届四次全体会议在太原召开

7月12日，中国共产党山西省第十一届委员会第四次全体会议在太原召开。会议由省委常委会主持。省委书记骆惠宁讲话。会议深入学习贯彻习总书记视察山西重要讲话精神，审议通过《中共山西省委关于深入学习贯彻习总书记视察山西重要讲话精神的实施意见》《中共山西省委关于深入学习贯彻习总书记在深度贫困地区脱贫攻坚座谈会上重要讲话精神的实施意见》，对进一步做好下半年重点工作作出部署。

出席会议的省委委员72人，候补委员15人。

会议指出，习总书记视察我省发表的重要讲话，是系列重要讲话的组成部分，是指引我们走好新征程、探出新路子、创造新业绩的科学指南，全省各级领导干部都要在学思践悟上下一番苦功夫，不仅要领会讲话的重大工作要求，还要领会蕴含其中的马克思主义立场、观点、方法，进一步以理论的彻底增强实践的自觉。要认真学习习总书记重要讲话体现的人民至上的宗旨情怀，牢记习总书记的教诲，始终坚持人民立场这一我们党的根本政治立场，始终同群众坐在一条板凳上，始终把人民放在心中最高位置，为让群众过上更加美好的生活不懈奋斗。要认真学习习总书记重要讲话体现的抓住关键带动全局的科学方法，坚持问题导向，抓住主要矛盾，以抓好五项重大任务为重点，带动全省各项工作水平的提升，不断开创发展新境界。要认真学习习总书记重要讲话体现的贯通古今放眼中外的宏大视野，进一步把山西优秀历史文化资源和优良革命传统利用好、传承好，坚持党的思想路线，更好顺应发展大势、拓宽发展思路，始终走在时代前列。要认真学习习总书记重要讲话体现的把握事物发展规律的战略思维，在制定决策和推进工作上更好地体现时代性、把握规律性、富于创造性。要认真学习习总书记重要讲话体现的求真务实的工作作风，树立为人民谋利益的政绩观，自觉践行“三严三实”，任何时候都要察真情、讲真话，办实事、求实效。要认真学习习总书记重要讲话体现的对党的事业高度负责的担当精神，进一步增强责任意识，更好激发干事创业的信念和力量，自觉为党分忧、为民尽责，在全省进一步形成想作为、敢作为、善作为的良好风尚。学习贯彻习总书记重要讲话，是一个不断深刻把握、融会贯通、学以致用、解决问题的过程，要把学习成果体现到政治能力的提高上、主观世界的改造上、领导水平的提升上，确保习总书记重要讲话精神在山西落地生根、开花结果。

会议指出，要坚持守土有责、守土尽责，扎扎实实做好下半年工作。今年以来，全省上下深入贯彻落实习总书记系列重要讲话精神和中央决策部署，贯彻落实省第十一次党代会、省委十一届二次全会暨经济工作会议精神和省委一系列工作安排，各项事业在去年工作基础上取得新进步。习总书记在视察我省时指出，山西政治生态已经由“乱”转“治”，山西发展已经由“疲”转“兴”。这是习总书记对山西总体工作的充分肯定和发展阶段的科学判断。我们要乘势而上，抓住实现“两个持久”这个关键，全面把握“五位一体”总体布局和“四个全面”战略布局，把中国特色社会主义在山西坚持和拓展好。各地各部门要按照中央和省委的部署，扎实做好下半年工作，确保践行好以习总书记系列重要讲话精神为指引这一根本要求，履行好为十九大胜利召开营造良好环境这一政治责任，完成好年度目标任务这一重要职责。会议就全省需要重视和把握好的重大问题、工作着力点，提出八个方面要求。一是巩固和扩大经济稳步向好态势。在继续稳增长的同时，统筹做好调结构、促改革、惠民生、防风险各项工作，尤其要在调结构上下更大功夫、在促转型上有更大作为。看一个地方发展得怎么样，不仅要看经济增长的即期速度和效益，更重要的是看抓转型的举措和成效，是不是可持续发展。这要成为一个鲜明的导向。二是高起点推进转型综改试验区建设。站在全局和历史的高度，坚持把深化供给侧结构性改革与深化转型综改试验区建设紧密结合起来，作为经济工作的主线，充分发挥转型综改试验区的战略牵引作用。坚持以“改”促“转”，围绕制约我省转型发展的突出问题，再深入谋划一批引领性强、带动面大的先行先试事项，在更高起点上实现转型综改的“再出发”。三是抓紧抓好“三农”工作。完善农村工作领导体制机制，大力推进城乡一体化发展，深化农业供给侧结构性改革，围绕落实习总书记指出的三大任务，始终唱响重农强农惠农的调子，真正把“三农”工作各项政策措施落实到村到户到人，落实到各类农业生产主体，向着农业现代化和农民增收大步迈进。四是做好攻坚深度贫困和保障改善民生工作。发挥领导体制优势，把我省攻坚深度贫困举措执行好。省里负起总责，市县全力抓落实。各级领导干部都要在脱贫攻坚上当明白人。牢固树立以人民为中心的发展思想，逐项对照习总书记强调的12项民生改革和民生工程，做得好的要继续巩固，效果一般的要加大力度，明显滞后的要尽快赶上来。扎实推动两个实施意见中关于保障和改善民生举措的落地，扎实推进各级政府年初确定要办实事的落地。五是以环保督察整改为契机着力推动绿色发展。牢固树立以环保倒逼转型的理念，以高度的自觉全力抓好环保督察整改，推动标本兼治。扎实开展取缔“散乱污”企业等4个专项行动，敢于动真碰硬，坚决淘汰落后产能。我省集生态脆弱和发展粗放于一体，一定要把转方式与抓环保紧密结合起来，一定要坚持以生态文明理念统领经济社会发展，一定不能干以牺牲生态环境换取经济一时增长的事。六是切实增强改革的责任感和实效性。各级领导干部都要亲力亲为抓改革、扑下身子抓落实。以各级党政主要负责同志领衔的改革为突破口，带动各项改革全面深化。改革是一项硬任务，也是一块试金石，希望有一批干部能在改革中脱颖而出。七是打造内陆地区对外开放新高地。树立全球视野，确立以开放促改革、促转型、促发展的理念，彰显晋商的开放精神，坚持引进来和走出去协同，大力发展外向型经济，深度参与“一带一路”建设，开展国际产能合作，在“两个市场、两种资源”的大格局中推进转型发展。八是努力实现党内政治生态持久的风清气正。时刻牢记并坚决扛起全面从严治党主体责任，在“修复生态、培植土壤”上综合施策、持之以恒。深入贯彻十八届六中全会精神，认真执行《准则》和《条例》，持续推进正风肃纪反腐，落实省委出台的加强党内政治文化建设的意见。各地各部门要按照省委部署开展的巡视整改自行“回头看”要求，高质量完成“四对照”“三清单一制度”，确保“对照”到位，“清单”明晰，“制度”管用。要全面领会省委关于加强“三基建设”的意见，结合实际抓好落实。各级党委(党组)尤其是“一把手”要坚持从政治上看待全面从严治党，切实做到真管真严、敢管敢严、长管长严。

会议强调，各地各部门要增强“四个意识”，认真履职尽责，为十九大胜利召开营造良好环境。一要打牢维护核心、看齐紧跟的思想政治基础。进一步加强组织领导，把维护核心、见诸行动主题教育作为今年“两学一做”学习教育常态化制度化的鲜明主题，教育引导广大党员干部充分认识确立和维护核心的极端重要性，把维护核心体现在行动上、融入到工作中，通过真抓实干，使中央决策部署在山西全面正确有效地得到贯彻落实。二要营造团结奋进、喜迎盛会的舆论氛围。紧密联系山西的重大变化，充分宣传习总书记系列重要讲话精神的真理力量和实践力量，充分展示十八大以来党和国家事业发展的生动实践和巨大成就，充分反映人民群众生活的新变化和实实在在的获得感，激发人们爱党爱国爱社会主义的情感。办好首届山西艺术节和第三届山西文博会，丰富人民群众精神文化生活。三要构建文明有序、安全稳定的社会环境。把“三个坚决防止”作为必须守住的底线，统筹抓好政治安全、经济安全、社会安全、网络安全等各方面安全工作。深化“重点信访问题源头化解”专项行动。在全省范围内开展安全生产大检查。要时刻绷紧安全稳定这根弦，切实增强忧患意识，牢牢掌握工作主动权，实现全省大局稳定，保障人民安居乐业，当好首都“护城河”。

会议指出，全省各级领导干部要把习总书记“大有作为”的指示铭记在心，以崭新姿态干事创业、狠抓落实。全身心投入工作，把精力用在深入基层上，用在解决改革发展稳定和党的建设面临的突出问题上。不断培育与使命责任担当相适应的理念、能力和作风，大力弘扬太行精神、吕梁精神、右玉精神。倡导亲自动手，反对当甩手掌柜；倡导深入具体抓工作，反对一般性号召部署；倡导改革创新破难题，反对因循守旧度日子；倡导钉钉子精神，反对浅尝辄止；倡导勇于担当，反对敷衍推责。要坚持“好干部标准”，让干净的人有更多干事的机会，让干事的人有更干净的环境，让既干净又干事的人能够心无旁骛施展才华、脱颖而出，努力建设一支高素质干部队伍。

《中共山西省委关于深入学习贯彻习总书记视察山西重要讲话精神的实施意见》，共7个部分36条。实施意见紧紧围绕五项重大任务，坚持问题导向和目标导向相结合、当前工作和长远工作相结合、改革创新和求真务实相结合、重点突破和全面推进相结合，提出贯彻落实意见，强调要在已有工作基础上自我加压，高标准推进事业发展。对每一条贯彻落实意见，都明确了牵头单位和配合单位，压实了工作责任，便于实施与考核。《中共山西省委关于深入学习贯彻习总书记在深度贫困地区脱贫攻坚座谈会上重要讲话精神的实施意见》，分为4个部分21条，按照习总书记“解决深度贫困，要有深度举措”的指示，决心态度更加坚定明确，政策举措更加倾斜有效，工作保障更加扎实有力，体现了扶贫的政策、资源、力量都向深度贫困地区倾斜集中，通过超常规举措攻克深度贫困堡垒。

会议强调，习总书记视察山西，开启了山西发展的新阶段。对来之不易的好局面，我们要倍加珍惜；对已经开启的新征程，我们要倍加努力。落实习总书记重要讲话精神特别是五项重大任务，全省人民要众志成城、团结奋进，要把党内党外、省内省外的一切积极因素都充分调动起来，形成关心山西发展、参与山西发展、助力山西发展的大氛围，汇聚起走好新征程、探出新路子、创造新业绩的强大力量。全省各级领导干部和广大党员要多做凝聚人心的工作，人人传递正能量，上下同心、负冀前行，一起谋新篇、一起开新局，以优异成绩迎接党的十九大胜利召开。

不是省委委员、省委候补委员的现职省级领导同志，省军区、省武警总队主要负责同志；省委、省政府副秘书长；省纪委常委；省直各部门、中央驻晋单位主要负责同志；各市、县党政主要负责同志；省人大、省政协各专门委员会和工作机构主要负责同志；省管本专科院校、国有企业主要负责同志；省委脱贫攻坚督导组正副组长，省扶贫办班子成员；省级以上开发区主要负责同志；部分在晋党的十八大基层代表、省第十一次党代会基层代表；部分深度贫困村党支部书记或第一书记列席会议。

（2017年7月13日《山西日报》 尚慧辉 杨 文）

牢记殷切教导 走好山西新的征程

骆惠宁

6月21日至23日，习总书记亲临山西视察并发表重要讲话，充分体现了党的领袖对老区人民的深切关怀，在山西发展史上具有重要里程碑意义。习总书记提出山西今后发展的总体要求和扎实推进经济发展方式转变、严肃党内政治生活等5项重大任务，为我们指明了前进方向。近年山西政治生态由“乱”转“治”，山西发展由“疲”转“兴”，党的建设和党所领导的各项事业迈上新的征程，根本在于以习近平同志为核心的党中央的正确领导，在于有习总书记作为核心为我们掌舵。山西的历史性变化，从一个区域印证了习总书记系列重要讲话精神和治国理政新理念新思想新战略的真理力量和实践力量。

深入贯彻习总书记视察山西重要讲话，始终把习总书记系列重要讲话精神作为根本指引。近年来，全省党员干部群众对习总书记系列重要讲话是一路学过来的，也是紧密结合正在做的事情一路用过来的。在面临严峻困难和挑战的情况下，我们坚持用讲话精神坚定理想信念、指导决策部署、衡量工作成效，领导干部注重融会贯通，普通党员掌握应知应会，广大群众知晓重大观点。山西经历了一次极不平常的重大转折，各级党组织和广大干部经历了一次极不平常的政治考验，是系列重要讲话给了我们信念和力量。党员干部说，学用越深入，越感到系列重要讲话是改造主客观世界的“金钥匙”，从而在实践中牢固确立了系列重要讲话的指导思想地位。我们在全省开展维护核心、见诸行动主题教育，作为今年“两学一做”学习教育常态化制度化的鲜明主题，增强“四个意识”，把维护核心体现在行动上、融入到工作中，确保中央决策部署在山西全面正确有效地贯彻落实。习总书记视察山西重要讲话，为我们推进各项事业提供了科学指南。省委召开省委常委扩大会议、全省领导干部大会、省委十一届四次全会进行学习贯彻，出台实施意见。我们要继续组织引导全省党员干部在学思践悟上狠下功夫，学习讲话提出的重大工作要求，领会蕴含其中的马克思主义立场观点方法，感悟讲话体现的人民至上的宗旨情怀、抓住关键带动全局的科学方法、贯通古今放眼中外的宏大视野、把握事物发展规律的战略思维、求真务实的工作作风和对党的事业高度负责的担当精神，沿着习总书记指引的新征程创造新的业绩。

推动全面从严治党向纵深发展，努力实现党内政治生态持久的风清气正。习总书记视察山西期间，要求努力实现党内政治生态风清气正。全省人民深切感到，全面从严治党就像一场洗刷雾霾的春雨，使山西从一度政治生态退化的受害者，变为现在全面从严治党的受益者。省委深刻汲取前几年系统性塌方式腐败沉痛教训，坚决扛起全面从严治党主体责任，着力落实准则和条例，采取组合拳措施严肃党内政治生活。我们以壮士断腕的决心惩治腐败，在重典治乱、猛药去疴的同时，注重关口前移、抓早抓小；坚持“好干部标准”，去年省市县乡四级换届是多年来风气最好的，确立了正确的用人导向；出台激励干部担当作为干事创业、支持干部改革创新合理容错等政策措施，把严肃党内政治生活的成果转化为促进党的事业发展的持续动力；大力弘扬革命精神，出台加强党内政治文化建设的实施意见，发挥领导干部的表率作用；在县以上党组织部署开展巡视整改自行“回头看”，以分析解决问题为切入点和主抓手，推动党的十八届六中全会精神落地；监察体制改革试点工作取得明显成效，制度优势正在转化为治理效能；推出加强“基层组织、基础工作、基本能力”建设的25条政策举措，不断夯实党的执政根基。6月30日，在中联部举行的专题宣介会上，山西“风清气正、奋发有为”的实践成效，为“中国共产党的故事——全面从严治党”提供了鲜活例证。我们清醒认识到，一些深层次问题还未完全解决，新情况新问题不断出现。要以永远在路上的定力和决心，以更加科学、更加严密、更加有效的思路举措深化全面从严治党，注重在“修复生态、培植土壤”上综合施策、持之以恒。建设既干净又干事的高素质专业化干部队伍，不断实现党的建设和党的事业互促共进。

推动转型综改试验区“再出发”，努力实现经济转型发展持久的强劲态势。习总书记明确要求我们，加快推动经济转型发展，真正走出一条产业优、质量高、效益好、可持续的发展新路。建设国家资源型经济转型综合配套改革试验区是习总书记和党中央赋予山西的重大使命。去年以来，我们把深化供给侧结构性改革与深化转型综改试验区建设紧密结合起来，作为经济工作的主线，特别是坚定推进煤炭减产量、去产能。去年压减煤炭产量1.4亿吨，退出煤炭产能2325万吨，均为全国第一，促进了煤炭供求关系的平衡，扭转了山西经济困难局面。我们正确处理“老饭碗”和“新饭碗”的关系，把握科技和产业变革趋势，推动煤炭清洁高效利用，从煤以外寻找战略支撑点。开展“十大创新活动”，实施千企技改工程。国企国资、开发区、人才发展体制机制、投融资体制等改革和优化营商环境取得新突破，建立起转型导向鲜明的考核评价体系。今年上半年，经济增速和经济总量大幅上升，GDP增长自2014年一季度以来首次实现与全国同步；企业效益和财政收入显著提高，规上工业企业同比扭亏增盈416.3亿元；经济结构和发展动能持续改善；供求对接和市场预期稳定向好；先导性指标大幅上升。制约山西经济发展的结构性、体制性、素质性矛盾依然突出，转型任重道远。我们要以“改”促“转”，出台推进转型综改先行先试清单，制定能源革命行动方案，由“煤老大”向全国能源革命排头兵转变，构建多元化中高端现代产业体系。坚持以环保倒逼转型，加大环境污染综合治理力度，推进汾河等7河生态修复保护工程，推进资源节约集约利用和循环型经济发展，还旧账，不欠新账，建设绿色山西。克服资源型地区眼睛向内的习惯，整体上转过身来，眼睛向外，形成开放发展的大氛围大格局，打造内陆地区对外开放新高地。

以“八个更”的群众期盼为奋斗目标，在决胜全面建成小康社会中增进人民福祉。习总书记指出，我们党干革命、搞建设、抓改革，都是为了让人民过上幸福生活，并亲自在晋主持召开深度贫困地区脱贫攻坚座谈会。山西去年贫困发生率为5.94%，高于全国平均水平。脱贫攻坚是第一民生工程，深度贫困是必须攻克的堡垒。我们认真落实习总书记讲话精神，以吕梁、太行两个集中连片特困地区为主战场，聚焦10个深度贫困县、3350个深度贫困村、28.47万深度贫困人口，以超常举措，实现增绿和增收、生态和生计的有机统一，推进易地扶贫搬迁和贫困人口转移就业，发挥产业、光伏、金融扶贫带动作用，构筑健康、社保、教育扶贫等多重防线，形成攻坚深度贫困的强大合力，充分发挥党支部的战斗堡垒作用。同时以绣花功夫统筹推进全省脱贫攻坚。我们倾心倾力做好教育、就业、收入、社保、医疗卫生、食品安全等民生工作。山西民生整体水平不高，我们要始终坚持以人民为中心的发展思想，在改善民生福祉上下更大气力，全面提高公共服务和社会保障水平，激发全省人民创造美好生活的内生动力，增强广大群众的获得感幸福感。

习总书记在省部级主要领导干部专题研讨班上的重要讲话，指明了全党的奋进方向和中华民族的光辉前景。我们要把学习贯彻习总书记视察山西重要讲话与学习贯彻习总书记在专题研讨班上的重要讲话结合起来，紧紧抓住机遇，勇于改革创新，果敢应对挑战，善于攻坚克难，在践行新发展理念中不断开创资源型地区发展新境界，在深化全面从严治党中持续打造政治生态的绿水青山，在统一思想、凝聚力量中切实增强维护核心的思想自觉和行动自觉，以优异成绩迎接党的十九大胜利召开。

（2017年8月10日《人民日报》09版）

（二）习近平总书记视察山西在干部群众中引起强烈反响

扎实推进深度贫困地区脱贫攻坚

习近平总书记考察山西，在全省干部群众中引起强烈反响。特别是总书记走过的吕梁山区，更是沉浸在无比的喜悦之中，“撸起袖子加油干”成为当地干部群众最热门的话题。6月25日，正在部署扶贫工作的吕梁市委书记李正印接受了本报记者的采访。

他说，总书记对革命战争年代，吕梁儿女用鲜血和生命铸就的“吕梁精神”予以高度评价，这是我们最宝贵的精神财富，尤其是对近年来山西的政治生态由“乱”到“治”，山西经济由“疲”到“兴”等各项工作给予充分肯定，使我们倍感温暖，备受鼓舞，我们要认真落实总书记考察山西时的重要讲话精神，聚焦深度贫困，精准发力，啃下最难啃的骨头。

李正印说，吕梁作为集中连片特困地区，生态脆弱和深度贫困相互交织，互为因果。去年以来，吕梁认真贯彻落实省委“一个指引、两手硬”工作思路和要求，经过艰苦努力，精准扶贫取得了很大成效。但是眼下尚有31.58万贫困人口散布于山梁沟壑之间，其中，丧失劳动能力、患长期慢性病和大病等深度贫困人口约14.1万人，占未脱贫人口总数的44.6%。越往后走，脱贫的难度越大。我们感到肩头的担子沉甸甸的。我们将牢记总书记的重托，坚决扛起这副重担，用伟大的“吕梁精神”推进深度贫困地区的脱贫攻坚工作。

弘扬“吕梁精神”，破解深度贫困难题不是一句空话，必须脚踏实地做好每项具体工作。总书记对吕梁的生态扶贫工作给予了充分肯定，李正印表示，吕梁要进一步强化“绿水青山就是金山银山”的绿色发展理念，继续突出抓好生态保护修复工程，让老百姓在生态建设中得到更大的实惠，把生态修复的过程，作为老百姓脱贫致富的过程；继续抓好易地扶贫搬迁工作，从根本上改善贫困人口的生产和生活条件；继续抓好红枣核桃小杂粮食用菌、乡村旅游和光伏发电等特色产业，加大力度做好吕梁山护工培训转移就业和社会保障兜底等工作，埋头苦干，扎实工作，不让一个贫困户掉队，确保吕梁老区实现如期脱贫。

（2017年6月26日《山西日报》 赵峻青）

啃下深度贫困这块硬骨头

全国14个集中连片特困地区中，我省就有吕梁山、燕山—太行山两个，脱贫攻坚任务十分艰巨。6月25日上午，记者见到了正准备去外地开会的省扶贫办主任刘志杰。

“习近平总书记来山西考察调研，召开深度贫困地区脱贫攻坚座谈会并发表重要讲话，不辞辛劳访真贫，亲力亲为促攻坚。从了解每家每户面临的困难，到关注生产生活的每一个细节，充分体现了对深度贫困的高度重视、对老区群众的真切关怀。”刘志杰动情地说，总书记这次考察调研，对山西工作予以充分肯定，是对我们的鼓舞和激励。全省扶贫系统党员干部要牢固树立看齐意识，带头贯彻落实总书记的指示精神，撸起袖子加油干，啃下深度贫困这块硬骨头，确保脱贫攻坚再战再胜。

“总书记深厚的为民情怀和强烈的使命担当，为全省扶贫干部树立了榜样，做出了表率。”刘志杰表示，贯彻落实好总书记重要讲话精神，就是要进一步强化使命担当，始终坚持以人民为中心的发展思想，聚焦深度贫困，集中力量攻坚，以帮扶工作精准度提升群众的满意度，以干部帮扶责任感提升群众的获得感。要进一步落实精准方略,找准最困难的地方,紧盯最困难的人群,扭住最急需解决的问题,“五大项目”并举推进生态扶贫,“六环联动”实施易地扶贫搬迁,以收益分配为核心抓好光伏扶贫;要进一步下足“绣花”功夫,重点从打造产业扶贫新业态、贫困劳动力转移就业、社会保障政策落实等方面,深化改革创新,破解突出难题。要进一步压实攻坚责任,抓好“六个帮扶”,强化“三基”建设,凝聚攻坚合力。较真碰硬考核督查,以真督实查倒逼真抓实干,确保扶贫工作务实、脱贫过程扎实、脱贫结果真实。要进一步激发群众内生动力,用“吕梁精神”“太行精神”,提振脱贫攻坚“精气神”,调动贫困地区干部的工作积极性、主动性,提高贫困群众自我发展能力,坚定信心奔小康。

(2017 年 6 月 26 日《山西日报》 赵建军)

把民生当头等大事来抓

“习近平总书记对山西工作给予了高度评价和充分肯定,对山西提出了殷切希望,我们倍感欢欣鼓舞,倍感责任重大。”6 月 23 日,习近平总书记在太原主持召开深度贫困地区脱贫攻坚座谈会,省委组织部副部长、省人社厅厅长白秀平亲耳聆听了总书记重要讲话。6 月 25 日,与记者谈到总书记的深情嘱托,依然难掩激动。

去年以来,省人社厅认真贯彻落实省委“一个指引、两手硬”工作思路和要求,在劳动就业、社会保障、人才发展、薪酬制度、落实用人单位自主权以及解决贫困人口稳定就业、破解因病致贫、因病返贫问题等诸多方面,推出了近 50 项改革举措,得到社会各界好评。

白秀平说,这次习近平总书记对山西工作给予高度评价和充分肯定,人社干部职工倍感欢欣鼓舞。在考察中,总书记对山西寄予了殷切期望,要求高度重视因病致贫、因病返贫问题,强调要重点研究解决深度贫困问题,并指出,要在抓好脱贫攻坚这个第一民生工程的同时,统筹做好就业、收入分配、社会保障、医疗卫生等各项民生的保障和改善工作,确保人民安居乐业、社会安定有序。白秀平表示,总书记的讲话为我们做好人社工作指明了方向,我们一定要牢固树立“民生无小事”的改革理念,把民生工作当头等大事来抓,对标一流,突出重点,当好“施工队长”,坚持问题导向,全面推进人社领域改革,打通“最后一公里”,让全省人民共同分享改革红利;全面推进人社事业健康可持续发展,让人民群众有更多获得感,向党中央、总书记和三晋人民交一份满意的答卷。

(2017 年 6 月 26 日《山西日报》 高建华)

加快推动资源型经济转型发展

6 月 22 日下午,习近平总书记来到太重集团铁路工业园考察调研,视察了我省企业自主创新成果展示,勉励山西工业战线加快推动“资源型经济转型发展”,大力“培育创新体系”。

6 月 25 日,省经信委党组书记、主任张华龙回忆起当时的场景,仍很激动。他表示,总书记视察我省企业自主创新成果展示,是对全省工业和信息化系统莫大的关心和鼓舞,寄托着总书记的殷切关怀和厚望。

张华龙告诉记者,在视察我省企业自主创新成果展示时,总书记显得非常有兴致,他在煤炭机械装备、重型汽车发动机前驻足询问,频频点头。在环境监测大数据服务平台前,总书记饶有兴趣地询问如何对污染源进行分析和靶向治理。对于山西发展新兴产业,总书记给予了肯定,也提出了希望,他特别提到,山西要在改造传统产业上加把力,在去产能、提质增效等方面,多措并举,推动山西经济结构进一步优化,使产业更加现代化。

张华龙表示,全省经信系统一定要以实际行动学习好、领会好、贯彻好习总书记的重要讲话精神,一方面自觉践行新发展理念,以创新驱动为引领,全面实施“中国制造 2025”,着力培育新发展动能,推进新兴产业规模化、智能化、服务化发展。另一方面,紧紧围绕党中央赋予山西建设国家资源型经济转型综改试验区的重大任务,坚持以供给侧结构性改革为统领,坚定不移去产能,多措并举促进煤焦冶电等传统产业提质增效,推动传统产业循环化、高端化、绿色化发展。

(2017 年 6 月 26 日《山西日报》 冷 雪)

把革命精神转化为山西发展的强大动力

6 月 21 日上午,习近平总书记到山西考察,一下飞机,风尘仆仆第一站就驱车到晋绥边区革命纪念馆参观。作为一名党史研究工作者,省委党史办于若洁主任告诉记者,他怀着万分激动和崇敬的心情,为习总书记具体讲解了展览内容。在讲解中,他切身感受到了习总书记对党的历史的高度重视。总书记不时插话提示阐释党史的要点,他自己也受到一次党的历史和革命传统的深刻教育。

晋绥边区革命纪念馆全面展示了晋绥革命根据地在中国革命中的重要地位和突出贡献,党领导人民开展革命斗争的艰难奋进历程,一大批老一辈无产阶级革命家、我党我军领导人和高级将领在晋绥工作战斗建立的丰功伟绩。于若洁告诉记者,在一幅幅图片、一件件实物前,习总书记不时驻足凝视,询问有关细节。总书记指出,来到这里深受感动、深受教育。我们党的每一段革命历史,都是一部理想信念的生动教材。全党同志一定要不忘初心,继续前进,永远铭记为民族独立、人民解放抛头颅洒热血的革命先辈,永远保持中国共产党人的奋斗精神,永远保持对人民的赤子之心,努力为人民创造更美好、更幸福的生活。

历史与现实和未来相通。2014 年 9 月,中央对山西省委进行改组式调整以来,省委认真贯彻习总书记指示要求,坚持全面从严治党,山西全面构建良好政治生态的大环境已经形成。

革命战争年代和社会主义建设、改革开放新时期,山西热土孕育形成的“太行精神”、“吕梁精神”和“右玉精神”,是与“井冈山精神”、“长征精神”、“延安精神”一脉相承的。把这种革命精神运用到当今时代，就是要不忘初心，继续前进，开拓奋进，走向未来。

于若洁说，习近平总书记在山西考察调研时的重要讲话，对山西工作给予了充分肯定，使我们深受鼓舞，备受感动。我们要牢记习总书记的嘱托，把讲话精神转化为做好各项工作的强大动力，奋力干事创业，不断开创事业发展的新局面。

（2017年6月26日《山西日报》 李 炼）

总书记给我们上了一堂生动党课

6月24日，星期六。赵家洼村。记者见到忻州市委常委、岢岚县委书记王志东，他快人快语道：“总书记朴实、务实的工作作风和为民情怀，给我们上了一堂生动党课。他对革命老区人民群众天然而深厚的感情，决战决胜贫困的坚定信心，给我们注入了无穷的力量。”

驻村扶贫工作队一心一意帮扶，搬迁群众不花钱就能住上新房子、过上好日子。从赵家洼到宋家沟，新旧对比，蓝图落地，成为我省脱贫攻坚取得巨大变化的一个缩影。习近平总书记考察岢岚时，肯定了岢岚这种易地扶贫搬迁的做法。王志东说：“这是省委领导决策、市委指导支持和岢岚县全体干部群众真扶贫、扶真贫的结果。总书记的肯定既是鼓励，也是鞭策，让我们更加坚定了持续把力量和重点集中在解决深度贫困问题上，我们有信心和决心确保全县1924名深度贫困人口如期脱贫。”

移步到路旁一株大榆树的绿荫下，谈起了落实习总书记考察时的指示精神。王志东表示，首先是加大力度攻坚，解决深度贫困。搬得出，能致富，建设美丽乡村。我们将倾全力以机关帮建，干部帮户活动，提升村党支部的凝聚力，提升搬迁群众的获得感。其次就是大力发展六大农牧产业和光伏、旅游新兴产业。为了使贫困户能“就业富”，县里实施技能大培训，企业能吸纳的进企业，有创业意愿的免费提供市场经营摊位，再加上开发的公益岗位，保证有劳动能力的搬迁户一家有一人以上稳定就业。

搬迁户的原承包地怎么处理？王志东笑着说，对搬迁户原承包地、山林地和宅基地，岢岚县准备进行复垦、生态修复，实现搬迁农户多形式多渠道增加收益。他还告诉记者，县里正在实施“15个小康行动”，将做到一家不落下，一人不掉队，目的就是让全县贫困群众都过上宋家沟一样的美好生活。

（2017年6月26日《山西日报》 班彦钦 王利强）

让好环境成就更多好企业

“优化营商环境省里正在搞大动作，我们要抓住这一重大机遇积极走出去，带着产品主动和有关部门对接……”6月25日，尽管是周末，但山西今耐科技有限公司仍一片忙碌：下半年的营销方案还在讨论修改中。

该公司总经理姜文成说：“以营造良好营商环境推动经济转型发展，习总书记的讲话说到了我们民营企业的心坎里了！”

今耐科技有限公司是我省一家创新型高科技小微企业，以自有“翅片节能炊具专利技术”为基础，研发了系列节能炊具产品。该公司的一款节能锅产品，作为全国炊具行业唯一入选技术、我省唯一企业，于2016年、2017年连续两次入选《国家重点节能低碳技术推广目录》。

从提出打造“六最”营商环境，到企业投资项目试行承诺制实行无审批管理等一系列具体措施的陆续出台，姜文成对我省在优化营商环境上持续努力感触颇深。他说，这些措施对企业尤其是民营企业来说是极大的利好，曾经的“玻璃门”“旋转门”现象即将成为历史，新办企业、批项目都会非常便捷。

姜文成说，对于优化营商环境，以今耐公司为例，现在还有两个企盼。第一，融资再方便些、渠道再畅通些。这几年公司陆续参加了一些银企对接活动，但是由于公司规模小和企业性质关系，拿不出更多银行认可的不动产等传统抵押物，融资比较困难。第二，对低碳节能等特殊产品多一些引导扶持。仅凭市场之力推广节能产品，效果有限。如果能像汽车、节能灯、家电行业那样，通过政策引导、专项节能补贴等多种方式推进，一定会取得多赢的良好局面。

（2017年6月27日《山西日报》 常慧忠）

深化改革凝聚强劲动力

“以全面深化改革推动经济转型发展。”6月24日，习近平总书记的讲话在省社科院研究人员中产生了强烈共鸣。他们表示，总书记的讲话，为山西加快转型发展指明了航向、注入了动力。

“全面深化改革是总书记为山西经济社会发展规划的根本路径，是山西转型发展能否成功的关键一招。”省社科院科研处处长王云研究员表示，去年以来，省委、省政府将改革作为重中之重，一大批夯基垒台、立柱架梁的改革方案相继出台：

经济转型方面，成立山西转型综改示范区，打造我省产业转型的主战场；开发区建设方面，用全新的体制机制增强活力；国企国资方面，发布山西国企国资改革“1+3”指导意见，为我省国企改革加油提速；人才战略方面，实施一流的人才政策，为转型升级提供智力支持；产业政策方面，启动旅游景区景点体制机制改革创新，发展战略性新兴产业；环境优化方面，实施“九大专项行动”，抓住“四个结合”，打造“六最”营商环境……改革呈现出全面发力、多点突破、蹄疾步稳、纵深推进的良好态势。

王云表示，围绕深化改革，需要抓住重点，持续精准发力。紧紧抓住综改试验区建设的政策机遇，切实转变政府职能，加大简政放权力度，加强公共服务能力；积极推动基层组织、基础工作、基本能力的“三基”建设，夯实党的改革发展事业的根基；完善资源型产业转型机制，深入推进人才、金融、土地等要素市场改革，优化资源配置效率；深入推进社会领域改革,完善民生制度安排,增进居民获得感;加强干部人才队伍建设,建立改革激励机制和容错纠错机制,强化敢于担当、攻坚克难的用人导向;实施生态文明建设,着眼于提高生态竞争力,实现绿色发展、循环发展、低碳发展。

(2017年6月27日《山西日报》 常慧忠)

全面推进特色农业绿色发展

农业、农村、农民问题一直牵动着习近平总书记的心。6月21日至23日,总书记在山西考察时再次强调,要坚持把解决好农业、农村、农民问题作为全党工作重中之重。要以构建现代农业产业体系、生产体系、经营体系为抓手,加快推进农业现代化。6月25日,记者采访了省农业厅厅长关建勋。

他说,总书记关于"三农"的重要讲话,系统阐述了山西农业发展的传统和优势,科学指明了山西农业的战略定位和方向路径,是新形势下山西"三农"工作的根本遵循、行动指南和有力武器,对开创我省"三农"发展新局面具有重大而深远的意义。

谈到现代农业的发展,关建勋认为,山西复杂的地形和多样的气候,决定了农业要以"特色"为方向。在山西就是要坚持走有机旱作农业的路子,围绕有机旱作农业产业体系、生产体系、经营体系,以产业园区为载体,以产品为着力点,全面推进特色农业绿色发展。他说,下一步将从四个方面发力:一是在全省划定特色农产品优势区;二是建成一批"生产+加工+营销+科技"的现代农业产业园;三是抓功能产品开发,制定完善涵盖生产、加工、储存、包装、运输、流通等环节的标准体系,培育打造一批区域公共品牌、企业品牌和产品品牌,用品牌占领市场、引领生产;四是把有机旱作农业与农业标准化相结合,与现代农机农艺相结合,创新完善技术路径,把山西有机旱作农业打造成全国现代农业的重要品牌。同时还要稳妥推进农村集体产权制度改革,推动农民合作组织方式创新,培育新型经营主体和服务主体,用改革的办法破解发展的难题。

(2017年6月28日《山西日报》 康梅芗 张晓敏)

农民的日子会越来越好

习近平总书记考察山西在三晋大地引起了强烈反响,特别是在那些贫困山区的农村,老百姓欢欣鼓舞。6月25日,记者见到方山县麻地会乡郝家庄村第一书记闫保全时,他正和村"两委"班子党员干部认真学习习近平总书记在山西考察的重要讲话精神,并围绕村里实际进行着热烈的讨论。

闫保全是省科协驻方山县麻地会乡扶贫工作队队长,也是郝家庄村第一书记。从2012年起就一直奋战在扶贫一线。刚驻村时,村里基础设施落后,人均年纯收入不足2000元……几年来,他扑下身子,与村"两委"班子一道带领群众树立信心、发展养殖业和种植业、调整产业结构,让村集体经济靠自身发展成功破零,也开辟了群众增收致富的新渠道。

闫保全说,总书记要求要加大内生动力培育力度,坚持扶贫同扶智、扶志相结合,注重激发贫困地区和贫困群众脱贫致富的内在活力,注重提高贫困地区和贫困群众的自我发展能力。点到了当前农村脱贫攻坚过程中存在的部分群众"等、靠、要"的弊端和痛点。下一步,我要以更加饱满的工作斗志带好这支队伍,继续把扶贫当做崇高而神圣的事业去奋斗,扎实做好每一件事。在带领群众脱贫攻坚的过程中立足实际,在激发和激励广大群众参与脱贫攻坚的内生动力和信心上多下工夫,多想办法,多出实招,真正让广大人民群众参与进来,过上好日子。他告诉记者,今年村里已规划发展鱼塘养殖、黑鸡养殖、高端奶牛示范养殖等,着力建设种薯、商品薯基地,发展生态、休闲农业和农村电子商务等,农民的日子会越来越好。

(2017年6月28日《山西日报》 康梅芗 张晓敏)

整治环境 建好社会主义新农村

6月26日,记者走进长治市沁县牛寺乡走马岭村,看到路边的花坛、潺潺的小河美不胜收,平展展的马路直通茶马古道。再向上,是已成为历史记忆园的红色旅游地。"我们抓脱贫攻坚、抓面向农村的公共服务,就是为了让人民群众生活得更好。社会主义新农村建设,就要从老百姓最关心的农村环境入手,以治乱、治垃圾、治污水、治农业面源污染为重点,把农村环境集中整治行动引向深入。"沁县县委书记卢展明这样说。

习近平总书记在山西考察时强调,要深入推进社会主义新农村建设,推动公共服务向农村延伸,全面改善农村生产生活条件。在新农村建设中,沁县从农村环境整治入手,一是突出规划引领,在基本完成国省道两侧清理整治的基础上,规划以路面、护坡、水渠整治为重点,向县乡村道和河道、铁道拓展;二是突出督查问责,专门成立了督查组,实行"一日一督查、一日一汇总",建立台账、逐项督办、销号整改;三是突出建章立制,对空中网线路整治、集贸市场设置、停车场停车点设置、公交全覆盖等均建立了相关机制和制度,努力实现短期整治与长效治理的有机结合。在城乡环境卫生上,推进公路养护与环境卫生队伍"二合一"市场化管理机制;四是突出文化特色,聚焦生态和文化旅游优势,重点推进"一村一韵、一道一品、一路一景"。

卢展明表示,学习贯彻习总书记考察山西重要讲话精神,是我们做好各项工作的根本保证。眼下我们正按照全省农村环境整治和长治"五道五治"行动的部署安排,坚持抓规划、抓督查、抓机制、抓文化,全面建设社会主义新农村。

(2017年6月28日《山西日报》 康梅芗 张晓敏)

生活一天比一天更幸福

百姓的小事就是国家的大事,人民的期盼就是经济社会发展的"指南针"。习近平总书记在山西考察时强调,要在抓好脱贫攻坚这个第一民生工程的同时，统筹做好就业、收入分配、教育、社会保障、医疗卫生、住房、食品安全、生产安全、公共治安等各项民生的保障和改善工作、确保人民安居乐业、社会安定有序。

能过上幸福生活，这是我们老百姓最大的愿望。你现在的生活幸福吗？太原市迎泽区青年东街并州二社区居民张清云的回答非常肯定——很幸福。绿树成荫，芳草萋萋，花池中的月季摇曳着身姿，静静吐露着芳香。傍晚时分，社区广场里已经坐着不少纳凉聊天的人们。张清云笑眯眯地说："如今的生活，不愁吃穿，生活无忧，而且住在这么优美的环境中，当然很幸福。"阳煤集团退休工人王子清尝到了退休金"年年涨"的好滋味，"前些天从报纸上看到今年企业退休人员养老金还能再涨10%，虽然现在每个月不到3500元，但是逐年上调，已经连着涨了十几次，想着退休了，政府还能年年给涨工资，从心底里高兴。"

在阳泉经营批发日用品生意的个体户沈志兵通过网络关注习近平总书记在考察山西时的重要讲话。他说，如今政府的服务意识越来越强，营业证审核变更在家通过网络就能申请，只要跑一次就能把所有的事情办好，为了支持创业就业，对于个体户的税收也在减免。老百姓的钱袋子一天天鼓起来了，生意肯定会更红火。平均月收入上万元的沈志兵对未来充满信心。

（2017年6月29日《山西日报》 王早霞 郭 艳）

让贫困群众更有奔头

百姓心声，民生为大。全面建成小康社会到了决战决胜的关键时刻，脱贫攻坚进入啃硬骨头、攻坚拔寨的冲刺阶段。过去是一方水土养不了一方人，现在干净整洁的街巷、随处可见的大型盆栽箱和体育器材、一排排整齐的移民新居构成了一幅和谐的现代新农村图景。平顺县杏城镇岭后村第一书记王国彦说："习近平总书记专门看望了岢岚县人大派驻到赵家洼村的扶贫工作队队员，这对我们基层干部是一种莫大的鼓舞与激励，我们将按照总书记的号召继续做好扶贫工作，让贫困群众生活一天比一天更幸福。"

娄烦县米峪镇乡白刁岭村张忠生坐在自家的小桌前逐字逐句地读着总书记的深情话语，心情久久不能平静："在这一轮脱贫攻坚中，国家给的政策是历史上最好的，群众得到的实惠满满当当。"张忠生说，"我们村的地适合种土豆，但产量一直上不去，村民也无法摆脱贫困的生活。这几年县里抓精准扶贫，扶持发展马铃薯产业，为贫困户提供优质籽种，针对贫困户还出台了一系列奖励办法，把村民脱贫致富奔小康的积极性都激发起来了。"2016年底，白刁岭村整村脱贫，老张家也摘掉了贫困户的帽子。如今的老张家不仅地里种着土豆、谷子、玉米，羊圈里还养着40多只羊，十几亩的油用牡丹正长得郁郁葱葱，一派生机。老张笑着说："如今的日子就像喝了蜜，只要肯出力气，好日子还在后头！"

（2017年6月29日《山西日报》 王早霞 郭 艳）

开展生态绿化 提升人民生活质量

6月27日，长治市平顺县苗庄镇东安善村村委会主任段先明正领着村民们在田里忙着锄草，眼前的田地郁郁葱葱，沟沟坎坎苗木茂密。段先明告诉记者，这里是该村新近建起的"绿色银行"，目前已种下12万株珍稀树木白皮松。

段先明告诉记者："习近平总书记在山西考察时说，每人植几株，每年植几片，年年岁岁，日积月累，祖国大地绿色就会不断多起来，山川面貌就会不断美起来，人民生活质量就会不断高起来。在我们村确实如此。"

东安善村是一个有204户、546人的小山村，这里气候独特，拥有适宜白皮松生长的气候和土壤。去年村里引资400万元，一次性引进白皮松8万株进行种植，在技术人员的精心指导下，白皮松当年成活率高达97%。段先明告诉记者，由于白皮松吸收二氧化碳能力较强，也是各地植树的常选树种。

村里人告诉记者，以前一到冬天，庄上连一片绿叶也见不到，现在，冬天也有满眼绿色，种植白皮松不仅起到了美化环境的作用，而且提升了人居环境质量。段先明说："听说白皮松在陕北等地还可以挡风防沙，作用大着呢，明年我们计划还要种200多亩。"

这些年，东安善村十分重视生态绿化工作，村前村后种起了松树、杨树等，还进行了农村环境综合整治，老百姓的生活质量越来越高了。

（2017年6月30日《山西日报》 程国媛）

精准监督执纪问责 强力助推脱贫攻坚

习近平总书记在山西考察时指出，要不折不扣执行党的各项制度和纪律，及时发现和解决自身存在的问题。吕梁市委常委、市纪委书记、市监委主任张稳科说，这为我们今后工作进一步指明了方向，特别是在吕梁这个深度贫困地区，更应精准监督执纪问责，助力脱贫攻坚。

习近平总书记在山西考察时指出，脱贫攻坚本来就是一场硬仗，深度贫困地区脱贫攻坚更是这场硬仗中的硬仗。张稳科说，吕梁是山西脱贫攻坚的主战场，要打赢这场硬仗，纪检监察机关必须紧紧围绕脱贫攻坚这个中心工作，充分发挥职能作用，为打赢脱贫攻坚战提供坚强的纪律保障。要坚持把扶贫领域的正风反腐作为监督执纪问责的重中之重，重点加强对扶贫政策落实、扶贫资金管理和扶贫脱贫领域工作作风、工作纪律等情况的监督检查，持续向基层传导压力，延伸监督触角。要深入开展扶贫领域专项整治，对涉及扶贫领域的问题线索优先处置；对那些胆敢向扶贫款物动心眼、下黑手的，对那些"小官大贪"、侵吞挪用、克扣强占、虚报冒领、挥霍浪费的，对那些横行乡里、欺压百姓、侵蚀基层政权的"村霸"和宗族恶势力，要从严从快坚决查处，绝不放过。要加强督查问责，对那些片面追求政绩、擅自降低标准，搞数字脱贫、弄虚作假的要严肃问责,绝不留情。

如何做到监督无禁区、无死角,张稳科说,要全面加强党内监督,着力把严肃党内政治生活的成果转化为促进脱贫攻坚的持续动力,把广大党员干部的精气神引导到脱贫攻坚上来,真正实现党的建设和脱贫攻坚互促共进。要深入挖掘于成龙、孙嘉淦等廉政文化内涵,着力打造全省乃至全国的廉政文化教育基地,用优秀廉政文化涵养党内政治文化。

“习总书记的谆谆教导振奋人心、鼓舞士气、激发干劲。”张稳科说,我们要同党中央一起撸起袖子加油干,决战脱贫攻坚,确保到2020年全面完成脱贫任务。

(2017年7月2日《山西日报》 刘 宇)

教育引导党员干部树牢“四个意识”

习近平总书记在山西考察时指出,严肃党内政治生活,是全面从严治党的根本性基础工作,再次释放了全面从严治党的强烈信号。6月28日,长治市委常委、组织部长姚逊接受记者采访时说,组织部门作为管党治党的重要职能部门,必须认真学习领会习总书记重要讲话精神,以推动《关于新形势下党内政治生活的若干准则》落地落实为抓手,不断增强党内政治生活的政治性、时代性、原则性、战斗性。

习总书记在山西考察时指出,要教育党员干部自觉加强党性锻炼和自我省察,不折不扣执行党的各项制度和纪律,及时发现和解决自身存在的问题。姚逊表示,我们组工干部将深刻学习领会习总书记重要讲话精神,切实增强贯彻落实的自觉性和坚定性,扎实推进“两学一做”学习教育常态化制度化和“维护核心、见诸行动”主题教育,充分发挥党支部的主体作用,以扎实推进“三基”建设为特色载体,认真落实“三会一课”、组织生活会、民主生活会、民主评议党员等制度。要开展好主题党日活动,讲好主题党课,形成维护核心见行动、喜迎盛会作贡献的鲜明导向和浓厚氛围。要抓住严明政治纪律和政治规矩这个关键,教育引导党员干部树牢“四个意识”,在党的指导思想、路线、方针、政策以及关系全局的重大原则问题上旗帜鲜明、立场坚定。要强化政治品质考察考核,对政治上有硬伤,特别是存在“七个有之”的,坚决不能用,已经在领导岗位上的要坚决调整下来。

(2017年7月2日《山西日报》 陈俊琦)

坚定理想信念 勇担时代责任

“习近平总书记在山西发展的关键时期深入我省考察并发表重要讲话,体现了对山西发展的高度重视和对山西人民的深切关怀,作为山西人,我感到非常振奋、备受鼓舞。”太原理工大学团委书记张勇在日前接受记者采访时表示。

张勇说,认真学习了习总书记的重要指示后,深感责任重大,使命光荣。作为高校共青团干部,我们要马上行动起来,组织学校的团员青年认真学习总书记在山西考察时重要讲话精神,引领团员青年积极投身我省转型发展的生动实践,投身到火热的基层一线,让同学们在社会实践中深入了解国情省情,了解我国的发展大势,坚定“四个自信”,帮助同学们牢固树立与时代主题同心同向的理想信念,勇担时代赋予的历史责任,为实现中华民族伟大复兴的中国梦接续奋斗。

“咬定青山不放松,立根原在破岩中”。在学习了习近平总书记的重要讲话后,山西大学文学院广告学专业的学生任超说,我们青年要按照习近平总书记的要求,按照党和人民的要求锤炼自己,在勤学、修德、明辨、笃实上下功夫,在修身、用权、律己,谋事、创业、做人上从严从实,志存高远、情理兼修、明辨是非,立足于做好本职工作,充分发挥自己的才能,挖掘自己的潜力,为实现中国梦贡献自己的力量。

(2017年7月2日《山西日报》 李 炼)

一起撸起袖子加油干

——网友热议习近平总书记考察山西

6月21日至23日,中共中央总书记、国家主席、中央军委主席习近平在山西考察,消息在网络上引起热烈反响。网友们在转发、跟评、点赞之余,纷纷表示深受鼓舞、倍感振奋,要抓住机遇,扎扎实实做好各项工作,不断推动山西各项事业向前发展。

网友“木风吧”发帖说:“山西营造了风清气正的政治生态,激发了干事创业的内生动力,经济已扭转了困难局面。习总书记到山西,为山西指引了一条发展的快速之路。跟着中央,山西加油干!”网友“haohao4032423”的跟帖更直白:“作为一个山西人,看到党中央对山西的关心和支持,真心感到振奋啊。说实话,这两年山西所取得的成绩的确不错,为山西点个赞。”在中央新闻网站、国内商业网站、省内主流新闻网站,以及本报“两微一端”的相关报道之后,很多网友都提到了山西的转型升级加速、经济持续回暖,提得最多的还是信心、谈得更多的还是改变:越来越好的城市环境,稳步提升的居民收入,充满幸福的百姓生活……网友“5738938370”就表示:“偶像终于来山西啦!山西这两年政治生态风清气正,上次去劳动局办事,工作人员态度特别好,交代事情清晰明了,省了很多麻烦事!希望我们大山西越来越好!”

习近平总书记到山西考察调研,第一站就参观晋绥边区革命纪念馆,向革命烈士敬献花篮,同当年在晋绥边区参加对敌斗争的老战士们亲切交谈。很多网友看后激动不已、感慨万分。阳泉网友“鹃鹃”留言:“没有他们,哪有我们今天的幸福生活。总书记没有忘记他们,我们更不能忘记他们的丰功伟绩。”吕梁网友“所以我是宝蓝色”认为:“要发扬老一辈人用鲜血和生命铸就的太行精神和吕梁精神,脚踏实地、持之以恒,守正创新、精益求精……”网友“俺们似山西仁”更是联想到:“发展红色旅游、引进现代农业项目,在这里,可以看见中国脱贫样本之一。在这里,更可以读懂总书记的扶贫情怀。”此条微博说到了很多网友的心坎上,被网民点赞跟评近600次。网友们纷纷留言,表示只有弘扬好吕梁精神这样的革命传统，凝聚撸起袖子加油干的力量源泉，才能让人民生活越过越好，芝麻开花节节高。

当前，脱贫攻坚进入攻城拔寨阶段，深度贫困地区成了脱贫攻坚的“重中之重，坚中之坚”。网友“清以静”认为：“总书记的讲话就是对山西扶贫工作的鼓励。山西的扶贫工作是非常艰难的，但山西人民是有干劲的！就我们这儿来说，是真正的精准扶贫，老百姓是得了实惠的。”网友“故人西辞黄鹤楼”的跟帖说出了很多网友的心声：“总书记来山西，小山村连着中南海，脱贫攻坚对于山西来讲是个硬任务，党中央心系山西贫困群众，关心山西扶贫工作，给我们带来了信心，让我们看到了希望，期盼过上红红火火的日子！”

习近平总书记在山西考察企业，强调发扬工匠精神。报道一出，被网络快速传播，网友们踊跃跟评，纷纷为总书记点赞，为山西制造点赞，为工匠精神点赞。网友“周小轴er”跟评说：“工匠精神，埋头苦干，精耕细作，做任何事都需要这些品质。山西加油！”网友“卫邦仪”跟评说：“总书记来到俺们厂，心里高兴精神爽，同舟共济谋发展，工匠精神要弘扬。”除了激动，网友们更多表达的是理性认知。网友“小小小小小sweetie”就发帖说：“总书记关于工匠精神的倡导特别符合时代要求，一个国家的制造业相当于这个国家的动脉，只有制造业发达强盛了，这个国家的经济才能随之蓬勃发展。工匠精神要求我们对行业抱有热情和专注精神，要勤于钻研，善于动脑创新，只有秉持工匠精神，敬业爱岗，无私奉献，才能在自己的岗位上发光发亮，为中国制造添砖加瓦。”

习近平总书记在山西的考察虽已结束，但网络关注的热度依然持续。在微博、微信、客户端，在视频、专题、图文报道之后，网友们依然在用自己的方式，回应着总书记的殷殷嘱托，谋划着干事创业的美好未来。临汾网友“前夜漫漫游”就留言：“我们的小家庭幸福，大家庭才能更加强大。有国家政策的支持，有领导人的亲民，期盼我们的生活越来越好，撸起袖子加油干。”网友“谜一样的鹏哥哥”更是信心满满：“把山西建设得更加繁荣富裕、和谐安定，是全省人民的热切期盼。为山西加油！祝福山西！我爱山西！”

（2017 年 6 月 26 日《山西日报》 朱　慧）

（三）认真落实习近平总书记视察山西重要讲话精神，进一步把山西的事情办好

扎实转变经济发展方式

——一论认真落实习近平总书记视察山西重要讲话精神，进一步把山西的事情办好

习总书记在山西视察工作时明确要求：“实现资源型地区经济转型发展，形成产业多元支撑的结构格局，是山西经济发展需要深入思考和突破的重大课题。”这一重要讲话，为我们这个典型的资源型地区经济转型发展，把准了脉搏，开出了药方，指明了方向。

省第十一次党代会以来，我省充分发挥转型综改战略牵引作用，坚定不移走转型发展之路，坚定不移推动供给侧结构性改革，推动新发展理念落地生根，经济出现明显向好态势，经济运行质量效益持续改善。

冰冻三尺非一日之寒，经济向好时更要保持头脑清醒。近些年来，山西经济的几番起起伏伏、跌宕波折，在转型发展的道路上付出了艰辛的努力，但并没有取得我们期待的效果，甚至一直没有跳出“市场好时不想转型，市场差时无力转型”的循环，一煤独大、一股独大、产品初级化、主导产业结构单一等问题并没有实质性的改变。目前，山西经济虽稳中向好，但结构性、体制性、素质性矛盾依然严重，产业多元支撑的结构格局远未形成。

化冰解冻也非一日之功。资源型经济转型是一道世界难题，而转型发展更是一个长期的、需要坚持不懈向前推进的过程。深刻汲取历史教训，不能好了伤疤忘了痛，必须坚定不移走转型之路，以新发展理念引领转型发展。只有转型，发展的动力才能更持久、更强劲；只有转型，经济的航船才能抗风浪、更坚强；只有转型，才能变“资源负累”为“资源红利”；只有转型，经济肌体才能更健康、更有生命力。

认真落实总书记关于扎实转变经济发展方式的指示精神，就要横下一条心，坚持新发展理念，着力解决制约发展的结构性、体制性、素质性矛盾和问题，加快推动经济转型发展，实现产业结构全面开放、发展动力深度转换，真正走出一条产业优、质量高、效益好、可持续的发展新路，努力实现经济转型发展持久的强劲态势。

坚定提升经济转型发展的思想自觉。要旗帜鲜明引领转型，综合施策推动转型，提高标准倒逼转型，创优环境保障转型。要保持转型定力，在经济困难时主动转型，在经济好转时强力转型，努力开创资源型地区经济转型发展新境界。

以深化供给侧结构性改革推动经济转型发展。用“三去一降一补”打开经济转型发展新局面。山西供给侧结构性改革的主要任务是煤炭去产能，要在去年的基础上再关 18 座煤矿，退出煤炭产能 1740 万吨，退出钢铁产能 170 万吨。要发展高端装备制造、新材料、现代煤化工等战略性新兴产业，大力发展文化旅游、金融等现代服务业，大力发展大数据、大

宗商品电子交易等新产业新业态,形成多点产业支撑、多元优势互补、多级市场承载、内在竞争力充分的产业体系。

以营造良好营商环境推动经济转型发展。推动经济转型发展,靠内力,也要借外力。要依靠诚实守信的晋商精神,吸引更多的投资、更多的企业参与山西发展。要对政府核准投资项目目录外的企业投资项目试行企业承诺制,探索无审批管理重大改革,开展好"加快招商引资项目落地"9个专项行动,全面打造"六最"投资营商环境,让人们愿意来山西投资、放心在山西发展。

以创新驱动推动经济转型发展。实现经济转型发展,关键在创新。要围绕转型方向打通创新链、产业链、价值链,扎实推进技术创新成果转移转化、企业创新主体建设等"十大创新行动",做好煤炭清洁高效利用这篇大文章,力争在核心关键技术方面实现更多的突破。

以全面深化改革推动经济转型发展。当今,发展与改革高度融合,发展每前进一步就需要改革深化一步。山西发展相对滞后,但改革决不能落后。目前我省改革进入施工高峰期,各级干部要亲力亲为抓改革,全方位推动有利于增强经济发展新动力的改革、有利于促进社会公平正义的改革、有利于增加人民获得感的改革、有利于调动广大干部积极性的改革,确保各项改革高质量落地。

党中央赋予山西建设国家资源型经济转型综合配套改革试验区的重大任务。山西要用好这一机遇,贯彻新发展理念,着力解决制约发展的结构性、体制性、素质性矛盾和问题,推动各级各类开发区改革创新发展,加大"转型综改示范区"建设力度,实现转型综改试验区的"再出发"。

我们要认真落实习总书记关于扎实转变经济发展方式的指示精神,按照省委的决策部署,坚持新发展理念,扭住转型不动摇,以更加开放的心态奋起直追,全面打造内陆地区对外开放新高地。

(2017年7月3日《山西日报》 本报评论员)

扎实做好"三农"工作

——二论认真落实习近平总书记视察山西重要讲话精神,进一步把山西的事情办好

习总书记在山西视察工作时强调:"要坚持把解决好农业、农村、农民问题作为全党工作重中之重。"认真落实习总书记关于扎实做好"三农"工作的指示精神,就要真正把解决"三农"问题摆上党委政府的重要议事日程,以有力的领导、创新的理念、完善的政策、持续的投入,奋力开创"三农"工作新局面。

山西是黄河流域的农业摇篮,传统农业历史悠久。新中国成立后,农业经济获得了长足发展。改革开放后,尤其是党的十八大以来,省委省政府高度重视"三农"工作,粮食生产连年丰收,农民收入稳定增长,特色农业绚丽绽放,脱贫攻坚铿锵前行……"三农"这块"稳定器""压舱石",为全省经济社会发展发挥了举足轻重的作用,也为"十三五"顺利开局奠定了坚实基础。

我们也要清醒地看到,当前我省"三农"工作依然面临一系列新问题、新挑战:农民人均可支配收入低于全国平均水平,农业是"四化同步"的短腿,农村是全面建成小康社会的短板。让144.2万贫困人口如期脱贫,破解农业效益不高、农民增收乏力等突出矛盾,都迫切要求我们把解决"三农"问题作为重中之重,紧紧扭住、切实抓好实现农业现代化、增加农民收入、建设社会主义新农村三大任务。

要把实现农业现代化作为农业发展的重要目标。"小杂粮王国"、特色农业大省,这是山西的荣耀,但荣耀背后也有"小而不强"的尴尬。对我省来说,着眼实现农业现代化,必须大力推进农业供给侧结构性改革,打好"特色""优质"两张牌,优化农业产业体系、生产体系、经营体系。具体来讲,就是要优化产品结构,重点发展小杂粮、设施蔬菜、干鲜果、中药材等特色产业;结合我省干旱缺水、耕作粗放等实际,大力完善和推广有机旱作农业,将有机旱作农业打造成我省现代农业的重要品牌;优化产业结构,扩大农产品精深加工规模,推进全产业链收益;以发展功能性农业为引领,打造一批特色农产品生产基地,建设全国优质杂粮产地交易市场和中药材交易中心,巩固和提升"小杂粮王国"的地位;积极发展乡村旅游、农村电商等新产业新业态,促进一二三产业融合发展;优化经营结构,把促进规模经营与带动一般农户增收结合起来。通过培育新型农业经营主体,带动、激发、增强农业发展的内生动力,切实解决"谁来种地"及经营效益不高问题。

要把增加农民收入作为"三农"工作的中心任务。小康不小康,关键看老乡,关键看老乡的收入。千方百计增加农民收入,就要深挖农业内部增收潜力,大力提升农村经济;拓展农村外部增收空间,提高农民就业创业技能,引导更多农民务工经商;培育新的农民收入增长点,大力发展农村新产业新业态,推进一二三产业融合发展;多探索能有效利用农村资源、增加农民收入的好模式、好路子,不断拓宽农民增收渠道。

要把建设社会主义新农村作为重大战略举措。依托两轮"五个全覆盖"、农村人居环境改善工程,我省农村整体面貌发生了可喜变化。但由于自然和历史原因,农村生产生活条件与农民的需求、与建设美丽山西的目标还有不小差距。为此,我们要深入推进社会主义新农村建设,继续推进乡村清洁工程和新的农村"五个全覆盖"建设,改善农村人居环境;加快推进城乡发展一体化,抓好传统村落保护和农耕文化传承,推动公共服务向农村延伸,加强农村教育、医疗、文化、社会保障体系建设,为广大农民建设幸福家园和美丽宜居乡村。

要全面加强对"三农"工作的组织领导。各级领导干部无论在什么岗位,都要关心"三农"、支持"三农"。主要领导干部要坚持工业农业一起抓、城市农村一起抓,深入农村一线,了解农民诉求和期盼,化解农村社会矛盾,帮助农民解决实际困难,不断提高做好农村工作的能力和水平;要完善农村工

作领导体制机制，强化涉农工作综合部门建设，提升统筹协调、决策服务水平。要建设一支懂农业、爱农村、爱农民的干部队伍，构建重心下移、力量下沉、保障下倾的机制，大力培养农村干部，让年轻干部到农村一线锻炼，吸引更多优秀人才到农村工作。

"重农固本，是安民之基"。我们要以习总书记关于扎实做好"三农"工作的指示精神为指引，坚持把解决好"三农"问题作为各项工作的重中之重，牢牢抓住、紧紧抓好，持之以恒强农业、惠农村、富农民，积极进取，锐意创新，奋力开创"三农"工作新局面。

（2017年7月 4 日《山西日报》 本报评论员）

扎实推进脱贫攻坚和民生保障

——三论认真落实习近平总书记视察山西重要讲话精神，进一步把山西的事情办好

"我们党干革命、搞建设、抓改革，都是为了让人民过上幸福生活。""攻克深度贫困堡垒，是打赢脱贫攻坚战必须完成的任务，全党同志务必共同努力。"认真落实习总书记关于扎实推进脱贫攻坚和民生保障的重要指示精神，就要推动深度贫困地区脱贫攻坚进入全国第一方阵，保障和改善民生取得新成效。

山西是全国扶贫开发工作重点省份。全国14个集中连片特困地区中，山西就有吕梁山、燕山—太行山两个；山西119个县（市、区）中，58个是贫困县，其中36个是国家扶贫开发工作重点县。省委省政府坚决贯彻习总书记关于扶贫开发的重要讲话精神，全面落实中央关于打赢脱贫攻坚战的战略部署，多措并举、持续发力，2016年减贫57万人。2017年至2020年，要实现144.2万贫困人口脱贫、58个贫困县摘帽，解决区域性整体贫困，时间紧迫任务重。

要深刻认识深度贫困地区如期完成脱贫攻坚任务的艰巨性、重要性、紧迫性。我省深度贫困地区基本位于吕梁、太行集中连片特困地区，都是革命老区，生态条件脆弱、耕地质量不高、科教资源匮乏、产业支撑不足、基础设施薄弱、公共服务滞后、部分基层组织软弱，范围涵盖10个深度贫困县、3350个深度贫困村和深度贫困群众，要如期实现脱贫目标，任务十分艰巨。6月23日，习总书记在我省主持召开深度贫困地区脱贫攻坚座谈会，集中研究破解深度贫困之策。习总书记从贫困地区实际出发，明确重点、作出部署，提出合理确定脱贫目标、加大投入支持力度等8条要求，为我们攻克深度贫困提供了重要遵循、指明了实践路径。我们要深刻领会习总书记重要讲话精神，坚持先难后易、精准发力，以超常举措攻克深度贫困，坚决打赢深度贫困地区脱贫攻坚这场硬仗中的硬仗。

要坚决落实深度贫困地区脱贫攻坚超常举措。习总书记在视察山西期间，对我省制定出台的《关于聚焦深度贫困集中力量攻坚的若干意见》予以充分肯定，我们要扎扎实实贯彻落实。深入实施退耕还林奖补、荒山绿化投工、森林管护就业、经济林增收四大项目，在"一个战场"上同时打赢绿化和脱贫"两个攻坚战"；坚持精准识别对象、新区安置配套、旧村拆除复垦、生态修复整治、产业就业保障和社区治理跟进"六环联动"，大力推进深度贫困村整村搬迁和贫困劳动力转移就业；坚持"到村到户"建立起产业、光伏、金融扶贫与深度贫困人口增收的利益联结机制；坚持"政策兜底"，着力构筑健康、社保、教育扶贫等多重防线，破解"支出型贫困问题"；坚持"六个帮扶"，形成攻坚深度贫困的强大合力；坚持"强化一线"，加强扶贫工作队建设，充分发挥党支部的战斗堡垒作用。

要瞄准最困难的地区、最贫困的群众，着力解决好最突出的问题。新增资金、项目、举措、用地指标等向深度贫困地区和深度贫困人群倾斜；深度贫困县的发展措施都要围绕减贫来推进。脱贫攻坚，贫困群众是"主体"，必须充分发挥贫困群众的主体作用，切实把扶贫同扶智扶志结合起来，充分激发贫困群众的内生动力和自力更生脱贫致富的能力本领。啃"硬骨头"须用"硬干部"，要在脱贫攻坚一线锻炼培养选拔干部，充分调动各级干部投身脱贫攻坚的积极性、主动性，以帮扶工作的精准度提升贫困群众的满意度，以干部帮扶的责任感提升贫困群众的获得感。

民生无小事，枝叶总关情。要在抓好脱贫攻坚这个第一民生工程的同时，统筹做好就业、收入分配、教育、社会保障、医疗卫生、住房、食品安全、生产安全、公共治安等各项民生的保障和改善工作。坚持以人民为中心的发展思想，认真落实习总书记强调的户籍制度改革、食品安全监督、养老院服务、垃圾分类处理、家庭医生签约服务等12项民生实事。要把老百姓过上好日子作为一切工作的出发点和落脚点，推出的每件民生实事都要一抓到底，一件接着一件办，一年接着一年干。

全面小康路上的脱贫攻坚战已经进入新的阶段，向深度贫困发起总攻的冲锋号已经吹响。我们一定要发扬太行精神、吕梁精神、右玉精神，带领全省干部群众与党中央一起撸起袖子加油干，确保深度贫困地区和贫困群众同全国人民一道进入全面小康社会。

（2017年7月5日《山西日报》 本报评论员）

扎实推进生态文明建设

——四论认真落实习近平总书记视察山西重要讲话精神，进一步把山西的事情办好

"人说山西好风光，地肥水美五谷香"。这首脍炙人口的歌曲，曾引发了多少人对山西这方表里山河的向往之情。然而，近年来，环境污染却成为我们这个资源大省的心头之患。如何立足省情，走出一条具有山西特色的生态文明建设之

路,是今天摆在我们面前的时代课题。

生态文明,国之大计;环境保护,立省之要。山西生态文明之路究竟该怎么走?对此,习总书记视察山西时关于扎实推进生态文明建设的指示精神,不仅点中了山西生态环境问题的要害,而且指明了山西生态文明建设的根本出路。

习总书记指出,先天条件不足,是山西生态环境建设的难点。同时,由于发展方式粗放,留下了生态破坏、环境污染的累累伤痕,使山西生态建设任务更加艰巨。这一重要论述,点中了山西生态环境问题的要害。习总书记进一步强调,坚持绿色发展是发展观的一场深刻革命。为此,我们一定要切实增强生态文明建设的责任感紧迫感,把生态文明建设摆在全局工作的突出地位,坚决摒弃损害甚至破坏生态环境的发展模式,坚决摒弃以牺牲生态环境换取一时一地经济增长的做法,决不允许任何地方、任何时候再出现破坏生态环境的行为。

去年下半年以来,我省不断加大环境污染综合治理力度,实施大气、水和土壤污染防治三项行动计划,空气平均达标天数增加,地表水环境质量改善,土壤环境质量达标率高于全国平均水平。同时,我省在配合中央环保督察和狠抓整改中取得积极成效。但必须清醒看到,目前,我省产业多元支撑格局尚未形成,山西生态环境严峻形势并未根本转变,与中央要求和群众期盼相比还有不小差距。所以,我们一定要树立忧患意识,以更大的力度加强生态文明建设,把生态环境这个全面建成小康社会的短板补起来。

习总书记指出:"要从转变经济发展方式、环境污染综合治理、自然生态保护修复、资源节约集约利用、完善生态文明制度体系等方面采取超常举措,全方位、全地域、全过程开展生态环境保护。"为此,我们必须扎实抓好推动形成绿色发展方式和生活方式重点任务。对山西而言,就是要大力推动转变经济发展方式。我省环境治理的实践反复证明,任何一劳永逸、毕其功于一役的想法都不现实,小打小闹的环保行为没有出路,末端的烟口控制难以回天。如果没有发展方式的根本转变,环境保护势必逆水行舟、不进则退。只有把生态文明融入经济社会发展全过程,着力解决制约发展的结构性、体制性、素质性矛盾和问题,生态文明建设才能迈入标本兼治的新境界。面对这场绿色发展的深刻革命,依然需要来自更深层面的大破大立。所谓破,就是要坚决打破那些阻碍绿色发展的坛坛罐罐,彻底淘汰落后产能;所谓立,就是要从心底树立起绿色发展的大旗,在转型升级中实现浴火重生。

与此同时,还要加大环境污染综合治理力度,继续抓好大气、水和土壤污染防治三项行动。要重点推进生态保护修复,大力实施"两山七河"生态修复工程;广泛开展国土绿化行动,今年造林面积要高于去年;深入实施山水林田湖一体化生态保护修复,加快水土流失和荒漠化综合治理;构建京津冀生态屏障;要促进资源节约集约利用,加快传统产业循环化发展、新兴产业集群化发展步伐,严控新上高耗能高排放项目;要积极倡导绿色消费,推动形成节约适度、绿色低碳、文明健康的生活方式和消费模式;要不断完善生态文明制度体系,完善相关配套制度。

千里之行,始于内心;百年大计,成于实干。目前,我省已按照中央要求出台了《山西省生态文明体制改革实施方案》,下一步关键是,要以不动不摇的战略定力、撸起袖子的实干精神,让方案在三晋大地落地生根。

习总书记深刻揭示了右玉精神的本质内涵,强调右玉精神是宝贵财富,一定要大力学习和弘扬。这是山西人民的光荣,更是我们前进的不竭动力。我们一定要使右玉精神在全省发扬光大,成为建设绿色山西和推动各项事业发展的强大精神动力。

让我们牢固树立为人民谋利益的发展观、政绩观,以"功成不必在我"的境界,像接力赛一样一棒一棒接着干下去,年年岁岁,日积月累,只争朝夕,久久为功,在绿色革命中建设绿色山西。

(2017 年 7 月 6 日《山西日报》 本报评论员)

严肃党内政治生活

——五论认真落实习近平总书记视察山西重要讲话精神,进一步把山西的事情办好

习总书记在视察山西重要讲话中用由"乱"转"治"充分肯定了我省全面从严治党取得的成效,强调:"严肃党内政治生活,是全面从严治党的根本性基础工作。"认真落实习总书记关于严肃党内政治生活的指示精神,就要以永远在路上的定力和决心,夯实严肃党内政治生活这个根本性基础,努力实现党内政治生态持久的风清气正。

党要管党必须从党内政治生活管起,从严治党必须从党内政治生活严起。严肃党内政治生活,是我们党的优良品格、光荣传统、政治优势。毛泽东同志要求:"使党员的思想和党内的生活都政治化、科学化。"邓小平同志说过:"有很多同志都怀念过去我们的党内生活。既然怀念,就说明大家还记得,那就恢复起来吧。"习近平同志在视察山西时指出:"各级党组织务必认真贯彻落实《关于新形势下党内政治生活的若干准则》,切实增强党内政治生活的政治性、时代性、原则性、战斗性。"党的建设的长期实践充分证明,严肃党内政治生活,是坚持党的性质和宗旨的"指南针",是保持先进性和纯洁性的"定盘星",是解决党内矛盾和问题的"金钥匙",是锤炼党性的"大熔炉",是纯洁党风的"净化器"。

习总书记在关于严肃党内政治生活的重要讲话中要求:"要融通党的优良传统、中华优秀传统文化、革命文化、社会主义先进文化,建设正气充盈的党内政治文化,努力实现党内政治生态风清气正。"建设正气充盈的党内政治文化,就要大力弘扬革命精神,用红色基因固本培元。要创新党内政治文化建设的载体、形式、方法和手段,把党内政治文化融入"三会一课"等党内生活中。挖掘转化裴氏家训、廉吏于成

龙等优秀传统廉政文化资源，用以涵养党内政治文化。采用多种形式，讲好政治文化建设的“山西故事”。建设一批用得上、有吸引力的政治文化教育基地。考察识别干部要把政治文化素养作为重要标尺。探索建立党内政治文化建设考核制度。

夯实严肃党内政治生活这个根本性基础，就要始终保持全面从严治党的政治定力。要持续推进正风肃纪反腐，做到力度不减、关口前移、标本兼治。秉持“巩固、深化、提高”的理念，进一步明确构建党内良好政治生态的努力目标和举措。要警惕“减减压、松口气、歇歇脚”心态，警钟长鸣、毫不松懈，教育党员干部自觉加强党性锻炼和自我省察，不折不扣执行党的各项制度和纪律，及时发现和解决自身存在的问题。有了这样“抓铁有痕”的决心和意志力，我们必能以更严的要求、更高的标准、更实的举措，坚定不移推动全面从严治党向纵深发展。

夯实严肃党内政治生活这个根本性基础，就要认真落实习总书记关于严肃党内政治生活的重大要求。要严格执行《关于新形势下党内政治生活的若干准则》，以坚强的意志坚定理想信念，把讲政治贯穿于党性锻炼和开展工作全过程。要以改革创新精神加强管党治党制度建设，全方位扎紧制度笼子，切实做到用制度治党、管权、治吏，坚决维护制度的严肃性。要深入贯彻《中国共产党党内监督条例》，做到监督无禁区、无死角，扎实开展巡视整改自行“回头看”。深入推进监察体制改革试点工作，有力促进党风廉政建设和反腐败斗争。要落实“三基”建设政策措施，在全省形成想作为、敢作为、善作为的良好风尚。有了这样“踏石留印”的决心和意志力，我们必能纯洁严肃认真的党内政治生活、光大正气充盈的党内政治文化、涵养风清气正的党内政治生态。

夯实严肃党内政治生活这个根本性基础，就要坚决扛起全面从严治党主体责任。从省委带头，各级党组织都要认真履行全面从严治党主体责任，真管真严、敢管敢严、长管长严，把全面从严治党各项任务落到实处。党委(党组)书记要负好主责、首责、全责，领导班子其他成员要牢记自己的党内职务，各级党组织要对本地本部门的政治生态负责，坚持书记抓、抓书记，一级抓一级，层层传导压力。有了这样“钉钉子”的决心和意志力，我们必能极大激发全省党员干部“担当作为方显党性，埋头苦干才是正道”的内生动力。

我们要以习总书记关于严肃党内政治生活的重大要求为根本指针，着力把严肃党内政治生活的成果转化为促进党的事业发展的持续动力，把广大党员干部的精气神引导到改革发展上来，让干净的人有更多干事的机会，让干事的人有更干净的环境，让那些既干净又干事的人能够心无旁骛施展才华、脱颖而出，真正实现党的建设和党的事业互促共进，使风清气正成为山西新的“名片”。

(2017 年 10 月 7 日《山西日报》 本报评论员)

(四)为了总书记的嘱托

步履铿锵
在转型发展新路上疾行

——再访太重、太钢

习近平总书记在我省视察时指出：“实现资源型地区经济转型发展，形成产业多元支撑的结构格局，是山西经济发展需要深入思考和突破的重大课题。”他殷切希望我省用好党中央赋予山西建设国家资源型经济转型综合配套改革试验区重大任务的机遇，“真正走出一条产业优、质量高、效益好、可持续的发展新路”。这是 3600 万三晋儿女必须担当的重大使命。

谆谆重托，激起深深回响。十九大召开前夕，循着总书记的足迹，记者再访太重铁路工业园区和太钢旗下山西钢科碳材料有限公司。目之所及，耳之所闻，这些企业正与全省上下一道，以巨大热情和磅礴之力为完成总书记交办的重大课题，重构山西经济结构新格局而不懈奋斗。

太重，作为老牌重工企业，在打造全球最先进铁路车轮生产线，自主生产“工程机械之王”的盾构机方面越走越快；太钢，作为传统钢企，全力挺进国内领先、世界一流碳纤维产业基地。

铆足干劲，传统产业昂首阔步转型升级

太重，新中国自行设计和建造的第一个重型机器厂。新形势、新挑战、新机遇，这家特大型企业主动迈出了转型升级的铿锵脚步，去年 7 月全面建成重大转型项目之一：我国轨道交通装备关键零部件国产化研发制造基地——铁路工业园区。

“总书记牵挂着老工业企业的转型升级，叮嘱我们用好我国交通发展和推进‘一带一路’建设的历史性机遇，在技术创新和品牌建设上创出更大的天地。”入驻铁路工业园区的太重轨道交通设备有限公司总经理闫耀洲回忆。

嘱托就是动力。备受鼓舞的太重员工铆足干劲，再接再厉，在已经建成当今全球最先进铁路车轮生产线的基础上，奋力开创一片更加广阔的转型升级新天地。

3 个多月，捷报频传：太重自主研发的 350km/h 中国标

准动车组轮轴成功装配到了“复兴号”高铁列车上，风驰电掣般穿梭于大江南北；自主研制的大功率牵引机车轮装车路考，将极大推动中国铁路客运高速化、货运快速重载化步伐；他们还一举拿下全球质量要求最严苛的德国铁路成套供货资质，太重具备了按世界上任意一种铁路轮轴产品标准组织生产的实力……

“一带一路”战略，让太重捕捉到了新机遇。闫耀洲表示，他们正谋划在“一带一路”沿线设立子公司，助力中国高铁这张“中国制造”的名片在全球闪闪发光。

同样位于铁路工业园区的太重盾构机生产车间，开阔明亮，一尘不染。两台分别长达84米、重约460吨的“巨无霸”并排而卧，即将交付验收。

太重轧钢设备分公司矫正机厂副厂长聂海雄介绍，他们原先只生产传统轧钢产品，如今已成功转型为盾构机制造基地，从这里制造生产的多台盾构机正在太原轨道交通2号线上大显身手。

聂海雄激动地说：“总书记入企视察后，全厂职工士气更加高涨。我们总结经验、再造流程，使盾构机的制造生产效率进一步大幅提升，从开始投料到成品下线的整个生产工期由5个月缩短至4个月。”

撸起袖子，在创新发展道路上加速前进

土建施工接近尾声，已进入设备、管线全面安装阶段。走进山西钢科碳材料有限公司，高端碳纤维二期工程推进得热火朝天。

“总书记视察时我们只有一条高端碳纤维百吨级生产线，随着二期工程今年年底建成投产，太钢将进一步形成千吨级的生产能力，继世界不锈钢‘领跑者’之后再添一顶全球高端碳纤维领军企业的‘桂冠’。”公司经理常春报兴奋地说。

碳纤维，一种在航空航天等国防工业中具有重要用途的新型材料，其核心技术被少数国家垄断。太钢携手中科院山西煤化所奋力攻关，仅一年半时间就突破关键技术瓶颈，建成了一条拥有完全自主知识产权的T800级高性能碳纤维生产线。

“总书记勉励我们，新材料产业是战略性、基础性产业，也是高技术竞争的关键领域，一定要奋起直追、迎头赶上。”常春报说，过去3个多月，公司全体员工时刻牢记总书记嘱托，在科技创新的道路上加速前进。“二期项目投产后，太钢提供的高端碳纤维产品可保障我国航空航天未来需求30年。”

杨晗，公司一名“80后”工程师。总书记的话让他念念不忘：“要强化要素投入和政策配套，推动产学研一体化，真正把企业、科研单位特别是广大科研人员的积极性和创造性激发出来。”

以总书记的嘱托为行动指南，山西钢科碳材料有限公司出台动态质量激励政策、定期评选岗位操作能手，还启动公司上市准备工作，在上市方案中拟实施科研人员期权分配、关键人员自愿持股、全员效能挂钩等制度。

公司全员攀登技术高峰的积极性变得空前高涨。杨晗带领技术团体夜以继日，执著攻关，使碳纤维线密度合格率提高近20个百分点、碳纤维优级品率提高13个百分点，他本人也获得了近万元的动态质量激励奖金。

靠着这样一支勇于创新的技术人才队伍，太钢在高端碳纤维领域不断取得突破性进展。3个多月来，他们与国内知名科研院所联合攻关，国产T800H碳纤维工程化研制及航天应用项目已编制完成了5项专题研究报告。

攻坚克难，为“中国制造”作出更大的贡献

半煤岩电牵引采煤机、无铁芯盘式电机、高品质石墨烯材料……在山西期间，习近平总书记饶有兴趣地视察了我省在装备制造、节能环保、新材料、现代煤化工等方面的企业自主创新成果展示。

他勉励山西加快推进资源型经济转型发展，大力培育创新体系，广大干部职工要为“中国制造”作出更大贡献。

殷殷厚望化作了激情行动。越来越多的山西企业奋勇争先，攻坚克难，让更多“中国制造”打上山西烙印。

今年8月底，太重轨道交通设备有限公司生产的一批车轮产品运抵英国，这是中国企业从世界三大轨道交通供应商之一庞巴迪公司手中首次拿到的批量订单。再加上该公司此前刚获得的德国铁路成套供货“入场券”，太重已经全方位挺进欧洲客、货列车轮轴市场。不仅如此，这家公司还是北美本土之外最大的轮轴供应商，印度、土耳其以及东南亚国家的轮轴产品也主要由他们供应。

“毫不夸张地说，太重制造重构了世界轮轴供应新格局。”闫耀洲自豪之情溢于言表。

看似一根根普通的细线，却是高科技的结晶，成为了国内外航空航天领域的抢手材料。在山西钢科碳材料有限公司，常春报拿起一轴12KTG800碳纤维产品说，在这束幅宽只有4毫米的高端碳纤维产品里面含有1.2万根碳纤维，单丝直径仅5微米，各项性能指标均达到国际最高水平。

“总书记对我们在新材料制造上取得的自主创新成果感到欣慰，参观完整条生产线一般不超过10分钟，但他停留了20分钟左右。”常春报信心十足地表示，“随着二期工程的建成投产，太钢高端碳纤维的品种规格将进一步丰富、质量将进一步提高、应用领域也得到新拓展。”

重托催奋进，厚望燃豪情。其实，不只是太重、太钢，为了总书记的嘱托，目前我省正紧紧抓住国务院新近出台的《关于支持山西省进一步深化改革促进资源型经济转型发展的意见》这一重大机遇，举全省之力推动传统产业向高端、智能、绿色方向转型升级。

最新统计显示，今年1—8月，全省战略性新兴产业工业增加值同比增长10.4%，高于全省工业平均增速2.5个百分点。转型综改示范区、开发区、工业园区、产业集聚区等载体已占到我省全部新兴产业产值的60%以上。传统制造业转型升级的冲锋号也已经激越吹响，到2020年山西将初步建成全国重要的现代制造业基地，到2030年全省力争培育一批具有国际影响力的制造业企业和品牌，融入国际先进制造业

分工协作体系。

放眼山西的今天，总书记的深情嘱托，转化成砥砺奋进的行动，呈现出振奋人心的变化。

展望山西的明天，走在充满希望的转型发展新路上，三晋大地必将绘就新的壮美画卷。

（2017 年 10 月 14 日《山西日报》 范 非 刘瑞强）

坚定信念
在决战深度贫困路上奋进

——再访赵家洼、宋家沟

同样的日出日落，有了不同的故事；同样的人们，过上了不一样的日子。

今年 6 月，习近平总书记视察我省期间不顾路途遥远、山路坎坷，来到深度贫困地区岢岚县看望贫困群众。

3 个多月后，还是那片地，还是那座山，温热依然。这些地方以总书记的嘱托为行动指南，脱贫攻坚如火如荼。那一张张喜悦的笑脸、一处处喜人的变化，让我们仿佛听到了深度贫困地区群众决战贫困的铿锵足音。

聚焦深度贫困
坚决打赢“硬仗中的硬仗”

九月的岢岚，秋韵阑珊，天气渐凉。

9 月 22 日，刘福有站在旧村的家门口，亲眼看着施工队将“服役”几十年的老房推倒铲平，虽有不舍，但满怀憧憬。

刘福有所在的旧村叫赵家洼，位于岢岚县吕梁山大山深处。山大沟深，土地贫瘠，生存环境恶劣，村民们世代辛劳，世代贫苦。

今年 6 月，习近平总书记来到赵家洼村看望刘福有等 3 户深度贫困户。回忆起总书记来到家中的情形，刘福有觉得一切就像发生在昨天：“就像亲戚来了一样，总书记非常亲切。看见我 92 岁的老母亲坐在轮椅上，就走过去握手，话语温暖，平易近人！”

刘福有两口子已年逾古稀，92 岁的老母亲与他们生活在一起，5 个孩子成家后都搬出了穷山沟。

脚下是贫地，背后是山峦。老刘一直在村里种地养牛，哪座山上长啥草他都一清二楚。他说，辛苦一年，勉强够吃喝！去年全家收入不到 7000 元。种粮收入只有 500 多元，大部分是种粮补贴和退耕还林补贴。每年秋收就靠一条大绳两条腿，脚底板磨破是常事！

绵延的大山犹如一道屏障，贫困赶不走，小康进不来。怎么脱贫成了赵家洼村民们的一块心病。

事实上，在我省像赵家洼村这样的贫困村共有 3350 个，都是我省脱贫攻坚的“贫中之贫、坚中之坚”。

如何让这些地方实现脱贫？省委省政府一直努力求解。

今年 6 月，省委省政府出台《关于聚焦深度贫困集中力量攻坚的若干意见》，瞄准 10 个深度贫困县、3350 个深度贫困村、28.47 万深度贫困群体，提出了 10 个方面的超常规政策举措，并进一步实现优化，细化具体到 21 条。既有在原先基础上的“加强版”“升级版”，也有“创新版”，打出了攻克深度贫困的强劲“组合拳”。

在省扶贫办主任刘志杰看来，向深度贫困宣战，必须按照总书记的重要指示，进一步优化、深化、实化各类帮扶措施，进一步加大对贫困地区的财力倾斜支持，人力倾斜帮助，政策进一步聚集，确保全省如期实现全面小康目标。

推进整村搬迁
攻克深度贫困的超常举措

9 月 29 日下午，岢岚县广惠园小区阳光明媚，天空晴朗。

走进曹六仁家时，他与习总书记交谈的照片一下扑入眼帘。家里装修温馨舒适，家具电器一应俱全，这种城里人的生活，半年前曹六仁还无法想象。

下午 3 时，21 岁的女儿曹红艳从天津放假归来，一进门大吃一惊，说绝对是鸟枪换炮了！

老曹说，他家是 9 月 22 日喜迁广惠园小区的，两室一厅、总面积 82 平方米。搬家的日子是专门选的！搬家前，村里人还按当地习俗聚在一起吃了顿油糕！

“冬天不用再生火，水龙头一拧开就有哗哗的自来水，好日子终于来了！”曹六仁感慨道，“眼前的变化和以往相比，就是天上和地下。做梦也没想到这辈子会住上楼房！”

告别穷沟沟，开启新生活。与曹六仁一样，村里的刘福有、王三女等 6 户 21 位村民也相继搬入广惠园小区。住上新楼房，68 岁的王三女难抑喜悦，从户型选择到装修布置，都是驻村工作队员给拿的主意，家里置办的比较齐全，没操一点心！说起见总书记时的情景，王三女感觉就两个字：亲切！

赵家洼属于典型的“一方水土养不了一方人”的自然村，按照我省的易地扶贫搬迁政策，这里需要整村搬迁。

说到搬迁，资金是一大“瓶颈”。通过整合资金，岢岚县一户 3 口人的贫困户搬迁安置费达 11.4 万元，基本实现了搬迁群众不花一分钱。仅仅 3 个月时间，赵家洼村的贫困户就全部搬进了移民新村和中心村，旧村被推平复垦。

党的十八大以来，我省把易地扶贫搬迁作为“一把手”工程，在精准识别搬迁对象、新区安置配套、旧村拆除复垦、生态修复整治、产业就业保障和社区治理跟进等六个关键环节细化措施，环环相扣，确保搬得出、稳得住、能致富。

和山沟沟里的赵家洼村相比，位于南山脚下、岚漪河畔的宋家沟移民新村，是岢岚县规划的 8 个易地扶贫搬迁集中安置点之一，对彻底解决贫困问题，作了非常有效的探索，受到习总书记的肯定。

漫步新村，目光所及满是青灰色的砖瓦，古朴而宁静。一座座民居错落有致，一条条街道宽敞整洁，一张张笑脸幸福绽放，处处散发着生机与活力。

今年 5 月，王俊生从山沟里搬到宋家沟新村，冬天就能分到2亩蔬菜大棚,眼下他正忙着自学相关技术。“有总书记的关心,有好的扶贫政策,有干部们倾情帮扶,我们的日子会越过越红火!”

8月16日,全省“践行习总书记视察山西重要讲话精神抓党建促脱贫攻坚暨深度贫困村整体搬迁”现场推进会召开,把总书记解决好“人钱地房树村稳”等7个问题的重要指示逐项细化落实。到8月底,全省开工建设集中安置点1102个,竣工596个。

树立必胜信念
深度贫困完全可以战胜

多少年来,赵家洼村与贫困落后相伴。总书记的到来,坚定了村民们过上好日子的信念。

在城里安了家,生活靠什么呢?搬迁前,刘福有心里一直没底。

搬家后的第二天,老刘签下了人生中的第一份保洁员就业协议,月工资1050元。和他一起签下就业协议的还有邻居王三女。老刘说:“有党的好政策,俺们后头的好日子多着呢!总书记放心,我们一定撸起袖子加油干!”

由于相对年轻,62岁的曹六仁被安置在一家玻面厂打零工,月工资1500元。老曹说,脱贫致富不能等靠要,政府政策这么好,只要勤快点就能脱贫!

因为习近平总书记的视察,岢岚县宋家沟新村的人气暴涨。十一黄金周期间,来这里观光的游客络绎不绝。

刘改秀是从鞍子村搬到宋家沟新村的,今年开了一家小卖部。“月进项已超过过去种地一年的收入!”这几天虽然忙碌,但刘改秀脸上一直挂着笑。

“实践证明,深度贫困并不可怕。只要高度重视,思路对头,措施得力,工作扎实,深度贫困是完全可以战胜的。”习总书记的话语,深深镌刻在宋家沟村委会主任游存明心中。

“习总书记的指示温暖着宋家沟新村,更深深鼓舞和振奋着深度贫困地区的干部群众!”游存明说:“现在村里变化的不仅仅是村容村貌和村民们的生活舒适度,更重要的是大家脱贫致富的心气足了、干劲大了!”

谈到宋家沟村的未来,游存明计划依托当地旅游资源优势,大力发展乡村旅游,吸引更多的游客进村观光。他坚定地说:“总书记的嘱托,一定要牢记!和党中央一起撸起袖子加油干,让好日子芝麻开花节节高!”

“今年,全村165户贫困户脱贫增收不是问题。”游存明信心满满。

贫困在我省版图上逐渐缩小。2017年我省脱贫攻坚的目标任务是,14个贫困县摘帽,2270个贫困村退出,66万贫困人口脱贫。

肩负嘱托,铿锵前行。省委省政府以“打不赢脱贫攻坚战,就对不起这块红色土地”的态度和决心,高位推动、持续发力,狠抓突出问题整改,先难后易、集中攻坚,推动各项政策措施落实。从前半年情况来看,贫困地区农民人均可支配收入3492元,同比增长9.7%,高出全省3.5个百分点。以技能培训转移就业为例,到8月底,全省贫困劳动力免费职业培训完成4.8万人,完成年度任务的80%。

(2017年7月15日《山西日报》 赵建军)

不忘初心
创造老区幸福生活

——再访蔡家崖

金秋时节,硕果飘香;英雄吕梁,分外妖娆。

9月29日,在习近平总书记视察山西近百日的时候,记者再次走进兴县蔡家崖,重温总书记留下的谆谆嘱托,感受老区人民对领袖的殷殷思念,触摸这片红色土地上发生的深刻变化……

客流井喷,大力弘扬红色文化

“客流量激增。最高纪录日接待量达到5000人次,是去年同期的两到三倍。”谈到总书记视察后发生的变化,晋绥边区革命纪念馆的工作人员感受最直接。馆里资深讲解员康彦红说,总书记参观、瞻仰晋绥边区革命纪念馆后,纪念馆客流一直呈现井喷式增长。

康彦红展示了一份最新的客流统计表,“2017年1月1日至6月21日,游客数量64620人次;6月21日至9月27日,游客数量127273人次。”6月21日,是习总书记参观晋绥边区革命纪念馆的日子。这之后3个多月的客流量,几乎是前面近7个月的2倍。

兴县蔡家崖村晋绥边区革命纪念馆,由晋绥边区政府、晋绥军区司令部旧址和新馆两部分组成,是全国唯一的全面反映晋绥党政军民12年光辉斗争史的多功能、综合性的革命纪念馆。

6月21日,习近平总书记在晋绥边区革命纪念馆视察时,不仅向革命烈士敬献了花篮,他还深情指出,我们党的每一段革命历史,都是一部理想信念的生动教材。

总书记视察后,晋绥边区革命纪念馆把馆内一幅幅图片、一件件实物充分利用起来,作为宣传红色文化的生动教材。9月中旬,纪念馆在“不忘初心,走向未来”的篇章中,加挂了总书记向革命烈士敬献花篮和亲切接见老战士的大幅图片。

记者在现场看到,参观至此的游客很多都要拍照留念。

习总书记亲临视察,对纪念馆工作人员激励巨大。面对激增的客流,全馆11名讲解员每人每天都要完成五六批的讲解任务,大家在新馆和旧址之间来回跑,一天下来每人至少要倒着走3万多步。虽然很累,但大家积极性很高,每个讲解员都觉得讲解总书记视察这里时非常自豪。

为了提高红色文化的宣传效果,晋绥边区革命纪念馆最近组建了一批优秀讲解员为党员游客团队上党课。康彦红已经为游客上了3次党课。“每次上课都有四五十名学员,时间大约1小时。”康彦红说，“我们提前认真备课，学习研究史料。虽然劳动量不小，但课后学员们表示很受教育，我自己也非常欣慰，也是再接受教育。”

铭记英雄，让红色基因代代传承

6月21日，习总书记同晋绥边区的15位老战士老同志代表一一握手，亲切交谈，祝他们健康长寿，并同他们合影留念。老战士老同志的激动心情，久久难以平静。

刘丙涛老人15岁参加八路军一二〇师，生活阅历丰富，对党和国家的政策方针也非常熟悉。这次受到总书记亲切接见后，成了县里的义务宣传员。刘丙涛和老伴每天都要上街遛弯、买菜，这段时间认识的、不认识的都要和他打招呼，问他总书记接见时的情况。刘丙涛老人就会停下脚步，热情地向大家讲解总书记如何牵挂老区、如何关心老战士、怎样平易近人、怎样热情亲切……刘丙涛还告诉大家，党中央确立了“两个一百年”的奋斗目标，未来生活会越来越好，从总书记身上看到了中国共产党人的优良传统在延续。

家住蔡家崖村的温守慧老人，1947年参加革命，跟着部队南下临汾，西进成都，解放后复员回村务农。虽然已年过八旬，温守慧依然坚持下地劳动。记者见到他时，老人手里正提着一束毛豆从地里往家赶。

回忆起总书记的接见，老人分外激动。老人说，自己现在的生活很幸福，国家给复员军人每月都有近千元的生活补贴，农民也有了医保。前不久，温守慧老伴生病，在省城一家大医院动了手术，但大部分医疗费用都能报销。

位于兴县的一二〇师学校是一所为改善老区办学条件而建设的九年一贯制学校。这所学校高度重视传承老一辈革命家们的光荣传统，着力培养共产主义接班人。习近平总书记在兴县视察期间，该校的4名小学生站在欢迎总书记的队伍中间。13岁的赵子瑄在上学期期末考试时，拿到了班级第一、年级第二的好成绩。赵子瑄说：“每当我学习感觉烦恼时，就会想起习爷爷的鼓励，一下子就有劲了。”

“总书记说要永远铭记为民族独立、人民解放抛头颅洒热血的革命先辈。”一二〇师学校校长冯冬生说：“我们一定要坚定理想信念，打造学校特色，把红色基因传承好，不让老区孩子输在起跑线上。”

勠力攻坚，为老区创造更美好生活

蔡家崖村，北倚元宝山，南襟蔚汾河。因为总书记的视察，这里成了众多游客向往的地方。

村中新修的窑洞，青砖灰瓦，白色墙壁，冬暖夏凉。古色古香的民俗一条街上，小吃摊边游人不断。街边摆摊的村民告诉记者：“环绕晋绥边区革命纪念馆是我们蔡家崖村最大的旅游资源。我们要以此为依托，让更多的游客既能感受到革命传统，又能品尝到我们的美食。”

近年来，蔡家崖村基本解决了吃水、住房和新建公益事业等三件大事，2015年实现整村脱贫，2016年人均纯收入达到6107元。蔡家崖村党支部书记温湜提告诉记者，“习总书记亲临蔡家崖，给全村干部群众带来了无穷力量、冲天干劲和莫大鼓舞。全村在北山种植杏树1258亩，核桃树500多亩，试种桃树30多亩。现在已有部分杏树开始产果销售，预计今年将增收100多万元。”

在蔚汾河南岸，占地100多亩、设施先进的一排排现代化温室大棚已经成了蔡家崖村又一道靓丽风景。温室大棚里种了蔬菜和草莓等水果，供游客采摘。村民通过这个项目的土地流转，一亩地年收入可达2000多元。在园区打工，每月又能赚2000多元。

光伏发电是一项既增加贫困农民收入，又增加集体收入的好项目。蔡家崖村建起了300千瓦光伏电站，仅此一项，每户每年增收800元，集体每年增加收入36万元。温湜提说：“全村预计今年集体经济收入可达60万元，村民人均可支配收入有望突破8000元。这将是具有历史性意义的一年。”

蔡家崖村的飞速发展，不仅村里人满怀憧憬，就是城里人也心生羡慕。在本土人才回引工程的号召下，毕业于山西财经大学、山西农业大学的3名大学生离开省城，回到了蔡家崖村。他们一边协助村“两委”主干开展工作，一边负责电商平台的运营。现在，通过这些大学生在网上经销，村民将吕梁核桃卖到了天南海北。

兴县是国家扶贫开发工作重点县，被国务院列入吕梁山集中连片特困县。兴县确立了包括产业扶贫、生态脱贫、易地扶贫搬迁、光伏扶贫等在内的“三五工程”攻坚深度贫困行动方案，一件一件抓好落实，一项一项兑现承诺，坚决把任务落到实处、进度落到实处、责任落到实处、效果落到实处。县里主要领导说，牢记总书记的嘱托，举全县之力，众志成城、开足马力啃下深度贫困这块硬骨头。

记者在兴县采访时，已临近国庆、中秋长假，但县城中央的蔚汾河湿地公园工地上，工人们依然在加班加点，热火朝天地进行混凝土浇灌。工地项目负责人告诉记者：“兴县牢固树立‘绿水青山就是金山银山’的发展理念，把环境综合整治作为革新兴县形象，提高民生福祉的重要工作，以前所未有的力度，铺开了城区美化、亮化、净化、绿化、细化等一系列民生工程和城乡环境整治行动。”近3年来，兴县已累计投资3.3亿元，实施城区新增绿化45万平方米，提质3000亩。投资近6亿元，实施高速公路两侧、城区及城郊接合部周边山体和重要通道绿化6.4万亩……一个绿色宜居美丽的兴县将崛起在吕梁山。

（2017年10月16日《山西日报》　陈俊琦）

中央领导关注山西

李克强在山西考察时强调 加快新旧动能转换促进经济转型升级着力脱贫攻坚推动民生改善

9月4日至5日，中共中央政治局常委、国务院总理李克强在山西省委书记骆惠宁、省长楼阳生陪同下，在长治、临汾考察。

潞安集团石圪节煤矿是有着近百年历史的国有企业。李克强来到这里察看矿井关闭情况，并听取了山西煤炭行业去产能和发展新兴产业进展汇报。他说，对煤质差等落后产能必须坚决淘汰，这样可以为优质先进产能腾出更大发展空间。在煤价回升的情况下，尤其要防止落后产能死灰复燃。李克强十分牵挂转岗职工就业和生活情况，他强调，只有落后产能，没有落后劳力，人是最宝贵的财富。他登门走访几户工人家庭，得知他们已找到了新工作，李克强详细询问收入和以前比怎么样，上班远不远，国家"对人不对矿"的转岗补助资金是否都落实到职工身上。看到围拢过来的工人们，他反复核实职工转岗工作是否都已落实。他说，矿工常年在井下工作，为国家作出了贡献，党和政府一定会保证大家转岗不下岗。他对潞安集团将转岗职工在集团内异地安排、较快重新就业的做法予以肯定，鼓励通过发展非煤产业、促进转岗职工自己创业等拓展就业岗位。今天退去落后产能，未来必将海阔天空。

沿着蜿蜒曲折的山路，李克强来到太行山深处的五龙山乡程庄村，入户看望贫困群众，登上土坡察看庄稼长势，与村民拉起家常，详细了解口粮饮水情况、看病报销比例多少、打工收入如何等。他说，要贯彻习近平总书记在山西主持召开的深度贫困地区脱贫攻坚座谈会上的讲话要求，把工作做实做细，解决深度贫困问题，坚决打赢脱贫攻坚战。李克强十分关心农村因病致贫返贫问题，这是扶贫工作要攻克的难点。他来到村卫生室，听到村医介绍这里和县、乡医院结成医疗联合体，可以及时向上转诊病人，也能接受上级医院的指导。他又仔细察看卫生室的药品，看到都是正规大厂生产的，而且品种丰富，他对医改成效惠及基层群众由衷感到高兴。他勉励村医，要站好守护村民健康的第一道岗，防止因病致贫返贫。

在唯美诺创业创新基地，李克强对这里聚焦为制造业小微企业提供厂房、融资、销售等全方位服务，实现研发生产一体化的模式表示赞许。他说，汇集众小，方成众大，你们和基地里的企业各有所长，结合起来不仅使创新有了载体，还能创造可观的市场价值和社会价值。他观看和详细询问创客们的创新成果，夸奖民间有高手、小创意解决大问题，大众创业、万众创新将激发人民群众无穷的创造力，把创意与市场紧密结合，会形成强大的新动能，有力促进经济转型升级。

李克强来到太钢集团临汾钢铁公司，听取了集团淘汰落后产能和山西省推进国有企业改革的汇报。听到临钢落后产能已全部淘汰，1万多职工平稳转岗重新就业，其中超过1/4的职工自主创业。李克强说，化解淘汰过剩落后产能是供给侧结构性改革的重要内容，要坚定不移地持续推进，在促进企业兼并重组中注重向社会资本开放，引导企业着力发展高端精品，减少人员冗余，提高劳动生产率。落后产能中的员工，在原来的企业中可能会是"包袱"，腾挪到新的企业就可能变成人才，激发更大潜能，创造更多财富。

在民营企业华翔集团，负责人介绍企业突出为国内外客户提供专门零部件的主业，实行全员"双创"，人人都是创客，个个都入团队，与市场紧密对接，全部实现定制化、个性化生产。李克强与正在进行技术研讨的技工交流，听说企业对技能突出的工匠人才给予高薪重奖，有些年薪达到企业总经理的4倍，李克强赞赏说，实施创新驱动发展战略，人才是第一要素，转变体制机制是关键。不光是中小企业，大企业通过搞"双创"同样能更好调动人的积极性和创造力，提高核心竞争力。

他勉励大工匠要以师带徒、薪火相传，弘扬精益求精的工匠精神，使中国制造不仅有价格竞争力，更有质量竞争力。

李克强充分肯定山西经济社会发展取得的成绩，希望山西在以习近平同志为核心的党中央坚强领导下，贯彻新发展理念，加大改革创新力度，加快新旧动能转换，促进经济稳定增长和民生不断改善，以优异成绩迎接党的十九大胜利召开。

国务委员兼国务院秘书长杨晶、国务院常务副秘书长丁学东、发展改革委副主任张勇、工业和信息化部部长苗圩、环境保护部部长李干杰、国研室主任黄守宏、国务院副秘书长兼国办秘书一局局长孟扬、煤矿安监局局长黄玉治、扶贫办主任刘永富、总理办公室主任石刚陪同考察。省委常委、秘书长王赋，副省长郭迎光，副省长、省国资委党委书记王一新和副省长贺天才参加有关考察活动。

（2017 年 9 月 6 日《山西日报》 陈俊琦）

刘云山参加山西代表团审议时强调以良好的党内政治文化纯洁党内政治生活涵养风清气正的政治生态

山西团代表、中共中央政治局委员、国务院副总理马凯参加审议

3 月 8 日上午，中共中央政治局常委、中央书记处书记刘云山参加十二届全国人大五次会议山西代表团全体会议，与代表一起审议政府工作报告，审查计划报告和预算报告。

山西团代表、中共中央政治局委员、国务院副总理马凯参加审议。山西代表团团长骆惠宁主持并发言，副团长楼阳生、高建民和申纪兰、王安庞、韩长安、栗翠田、王宇燕、李政文、李晋平、郑连生等代表结合山西实际先后发言。

在听取代表发言后，刘云山对山西工作给予充分肯定。他说，中国共产党的领导是中国特色社会主义最本质的特征，落实好全面从严治党部署，一个重要方面是加强党内政治文化建设，解决好思想源头和价值观念上的问题，以良好的党内政治文化纯洁党内政治生活、涵养风清气正的政治生态。领导干部要旗帜鲜明讲政治，牢固树立“四个意识”，严守党的政治纪律，自觉维护以习近平同志为核心的党中央权威。要带头坚定政治理想、锤炼政治品格、坚守政治价值、弘扬自我革命精神，发挥引领示范作用。要主动经常接受党内政治生活锻炼，增强严格自律、慎独慎微的自觉性，以刀刃向内的勇气解决自身存在的问题，不断实现自我完善、自我提高，始终保持共产党人的先锋本色。

骆惠宁就贯彻落实刘云山同志重要讲话提出要求。

副团长胡苏平、王清宪、廉毅敏、刘杰、王赋参加审议。

（2017 年 3 月 9 日《山西日报》 尚慧辉 杨 文）

赵乐际在太原出席全国推开国家监察体制改革试点工作动员部署电视电话会议并讲话

经党中央批准，全国推开国家监察体制改革试点工作动员部署电视电话会议 11 月 11 日在太原召开。中共中央政治局常委、中央纪委书记赵乐际出席会议并讲话。他强调，要深入学习领会、贯彻落实党的十九大精神，深入学习贯彻习近平新时代中国特色社会主义思想，牢固树立“四个意识”，以强烈政治责任感和历史使命感，扎实有序做好全面推开国家监察体制改革试点工作，努力走出一条符合历史传统和现实国情的中国特色社会主义监督道路。

赵乐际指出，深化国家监察体制改革，将试点工作在全国推开，是党的十九大作出的重大战略部署。各级党委和纪委要提高政治站位和政治觉悟，深刻认识全面推开改革试点工作是推动全面从严治党向纵深发展、夺取反腐败斗争压倒性胜利的必然要求，是健全党和国家监督体系的有力举措，是推动改革持续有序深入、与地方人大换届工作紧密衔接的务实决策，对于实现全面深化改革、全面依法治国和全面从严治党有机统一，推进国家治理体系和治理能力现代化具有重大意义。要全面准确把握党中央部署要求，统一思想行动，确保各项任务落实到位。

赵乐际强调，全面推开改革试点工作，要按照中央办公厅印发的试点方案和全国人大常委会通过的决定要求，充分总结运用先行试点的三省市经验，密切联系本地区实际，不折不扣狠抓任务落实。要牢牢把握总体目标，完成省、市、县三级监委组建工作，建立党统一领导的反腐败工作机构，实现对所有行使公权力的公职人员监察全覆盖；牢牢把握关键环节，集中力量抓好转隶，完成监委组建挂牌，确保过渡期各项工作有机衔接；牢牢把握监委职能职责，认真履行监督调查处置责任；牢牢把握权限手段，全面试用全国人大常委会授权赋予监委的 12 项调查措施；牢牢把握形成高效顺畅体制机制的任务，加强监察机关与执法司法机关的统筹协作。要切实强化对监察委员会的监督制约，建设让党放心、人民信赖的纪检监察队伍。中央深化国家监察体制改革试点工作领导小组要加强指导、协调和服务；试点地区党委要切实担当起主体责任，党委书记要当好“施工队长”；纪委和有关单位要抓好组织实施，有力有序推进试点工作，把改革蓝图转化为生动实践，圆满完成党中央交给的光荣任务。

会上,北京、浙江、山西纪委监委有关同志介绍了做法经验,最高人民检察院有关同志对检察机关做好监察体制改革试点工作提出明确要求。

中共中央政治局委员、中央纪委副书记杨晓渡主持会议。

在山西期间,赵乐际深入到晋中市和祁县纪委、监委以及祁县东观镇纪委进行调研,与纪检监察干部亲切交流,深入了解改革试点工作情况。

(据《山西日报》11月12日报道,标题略有改动)

汪洋在山西调研脱贫攻坚工作时强调 较真碰硬做好扶贫考核评估

中共中央政治局委员、国务院副总理、国务院扶贫开发领导小组组长汪洋在山西调研脱贫攻坚工作时强调,今年是正式进行省级扶贫考核评估工作的第一年。要贯彻落实党中央、国务院决策部署,用好考核评估指挥棒,较真碰硬开展扶贫工作成效考核和第三方评估,使之真正成为明确脱贫实效导向、促进扶贫工作落实的重要制度保障,进一步传导压力、压实责任、形成导向,推动精准扶贫、精准脱贫各项政策措施落地生根,促进真扶贫、扶真贫、真脱贫。省委书记骆惠宁、省长楼阳生参加座谈会。

1月14日,汪洋来到武乡县,深入贫困村贫困户,慰问太行山革命老区贫困群众和基层扶贫干部,详细询问群众生产生活情况,了解产业扶贫、电商扶贫、光伏扶贫、旅游扶贫等工作进展。调研期间,汪洋还与省际交叉考核组和第三方评估组进行座谈,听取对扶贫考核评估工作情况汇报和意见建议。他强调,考核评估要真正深入扶贫一线,排除干扰,实地查核,确保结果准确可靠。要敢于揭短亮丑,如实反映扶贫工作中的问题,推动早发现、早解决,以真考实评促真抓实干。要注重发现工作先进典型,总结可复制可推广经验,推动脱贫攻坚有力有效推进。要用好考核评估结果,对任务完成不好的,该约谈要约谈,该通报要通报,对搞形式主义、弄虚作假、数字脱贫的,要严肃问责。

1月14日晚,汪洋主持召开座谈会,听取山西省脱贫攻坚工作情况汇报。汪洋对山西脱贫攻坚进展予以肯定。他强调,贫困地区要牢固树立“四个意识”,切实以脱贫攻坚统揽经济社会发展全局,加大工作落实力度,强化产业和劳务输出扶贫,培育壮大贫困村集体经济,管好用好扶贫资金,加强干部作风建设,激发贫困群众内生动力,加快推进精准脱贫、稳定脱贫。骆惠宁在发言中说,我们一定认真贯彻落实汪洋副总理重要讲话精神,以高度的政治自觉,切实履行主体责任,全力抓好脱贫攻坚。楼阳生汇报了山西省脱贫攻坚有关工作情况。

郭迎光陪同调研并参加座谈。

(2017年1月16日《山西日报》 陈俊琦)

汪洋在山西出席易地扶贫搬迁工作推进会时强调 坚持问题导向全面深入整改 提升工作质量和成效

5月8日,部分省份易地扶贫搬迁工作推进会在太原召开,中共中央政治局委员、国务院副总理汪洋出席会议并讲话。他强调,易地扶贫搬迁是脱贫攻坚的标志性重大工程。要认真贯彻落实党中央、国务院决策部署,强化问题导向,坚持精准扶贫、精准脱贫基本方略,因地制宜、因人施策,精心组织、规范管理,扎实稳妥推进搬迁项目建设和后续帮扶等各项工作,确保“搬得出、稳得住、逐步能致富”。省委书记、省人大常委会主任骆惠宁陪同调研,省委副书记、省长楼阳生参加座谈会。

汪洋指出,易地扶贫搬迁工作取得阶段性进展,但从国家发展改革委组织的易地扶贫搬迁专项稽察中,也发现存在一些亟待整改的突出问题,主要包括搬迁对象不精准、住房面积超标、部分搬迁户大额举债、安置区选址不合理、项目资金管理不规范、后续脱贫措施不落实等。各地各有关部门要树立问题意识,坚持问题导向,全面查摆整改。

汪洋强调,做好易地扶贫搬迁问题整改,要树立正确的政绩观,把贫困群众长远利益放在首位,准确把握政策实质,下足绣花功夫。要始终把脱贫作为搬迁工作目的,纠正重搬迁轻脱贫的倾向,以产业就业为重点做好后续帮扶工作,使搬迁贫困群众逐步走上致富道路。要通过搬迁解决“一方水土养不了一方人”问题,科学规划安置点,细致耐心做好搬迁动员,实质改善贫困群众生产生活条件。要把精准贯穿搬迁全过程,严控住房面积标准,严守搬迁不举债底线,严格规范资金使用和项目管理,做好旧房拆除和宅基地复垦,不断提高易地扶贫搬迁工作质量和成效。

会前,汪洋来到吕梁市交城县的两个搬迁安置点,了解搬迁项目建设进展情况,详细询问贫困群众搬迁前后生产生活状况,并到交城县现代农业园区调研搬迁后续产业就业帮扶工作。

省领导张吉福、郭迎光出席座谈会或参加调研。

(2017年5月9日《山西日报》 尚慧辉)

张春贤在山西调研时强调切实强化农村基层党组织政治引领功能

6月2日至5日，中共中央政治局委员、中央党的建设工作领导小组副组长、中央新疆工作协调小组副组长张春贤来到山西长治、吕梁等地就农村基层党建工作进行调研。

在武乡县故县乡五村、蟠龙镇砖壁村和汾阳市栗家庄乡栗家庄村、贾家庄镇贾家庄村，张春贤走访老党员、慰问贫困农户并与基层党员干部广泛交流，深入了解基层支部“两学一做”学习教育和脱贫攻坚工作情况，详细询问在开展“三会一课”、流动党员管理、发展致富产业、宣传教育群众以及培育壮大集体经济等方面的做法。他指出，党的十八大以来，全面从严治党的重要经验就是坚持领导带头、以上率下，突出“关键少数”并不断向基层延伸。加强农村基层党建也要发挥好带头人示范引领作用。要心里装着群众，始终保持干事创业的精气神，敢于担当、严格自律、与时俱进、久久为功，真正为群众做表率。

调研中，张春贤还主持召开农村基层党建工作座谈会，深入听取12位基层党组织负责人关于加强农村基层党建工作的意见建议。他强调，要切实强化农村基层党组织政治引领功能，把学习贯彻好习近平总书记系列重要讲话精神和治国理政新理念新思想新战略作为首要任务，不断增强“四个意识”，坚决维护以习近平同志为核心的党中央权威和集中统一领导。要配强贫困村党组织带头人，选好致富产业，提升带富能力，发挥好基层党组织战斗堡垒作用和党员先锋模范作用。要结合农村基层实际抓好“两学一做”学习教育常态化制度化，树立一切工作到支部的鲜明导向，坚决防止形式化和“两张皮”。要重视研究新情况新问题，尊重基层首创精神，与时俱进推进党建工作理念创新、机制创新、手段创新，在解决实际问题中不断提升农村基层党建工作水平。

省委常委、组织部长吴汉圣陪同调研。

（2017年6月6日《山西日报》 杨 文）

杨晓渡在太原宣讲党的十九大精神

按照中央统一部署，11月9日上午，学习贯彻党的十九大精神中央宣讲团报告会在太原举行。中央宣讲团成员、中央政治局委员、中央书记处书记、中央纪律检查委员会副书记、监察部部长杨晓渡作宣讲报告。省委书记、省人大常委会主任骆惠宁主持报告会并讲话。

在近3个小时的宣讲报告会上，杨晓渡紧扣党的十九大报告原文，紧紧围绕习近平新时代中国特色社会主义思想这个主线，理论联系实际，深入浅出地对党的十九大提出的新思想、新论断、新要求、新任务作了系统深刻的生动解读。他首先给大家回顾了出席十九大的感受，指出党的十九大举世瞩目、圆满成功，会内会外全党全民思想统一、意志凝聚，是伟大的历史里程碑，意义极其重大深远、精神博大精深。深入学习贯彻十九大精神，要高度重视学习宣传，全面系统准确领会，学悟在前、融会贯通、武装思想、入脑入心，正确用于实践。

随后，杨晓渡讲了五个方面的重大认识。第一是要自觉维护习近平总书记在党中央、全党的领袖核心地位；自觉维护以习近平同志为核心的党中央权威和集中统一领导；自觉同以习近平同志为核心的党中央在思想上、政治上、行动上保持高度一致。党的十八大以来的历史性变革，让我们深刻认识到领袖和核心的重要性，认识到习近平同志对于党和国家、对于民族的重要性，要不断增强“四个意识”，自觉地、坚决地维护核心维护领袖，维护以习近平同志为核心的党中央权威和集中统一领导，真正地同党中央保持高度一致。第二是学习遵循习近平新时代中国特色社会主义思想的特殊重大意义。习近平新时代中国特色社会主义思想在我们党的发展历史上具有非常重要的地位，内涵极其丰富，深刻地把握了世情、国情、党情，着眼于中国特色社会主义事业长远的发展，不断指引我们走向成功的实践。对此，我们要全面地学、系统地学，结合我们的实践、结合我们未来要实现的目标融会贯通。第三是关于“两个一百年”奋斗目标和“三步走”战略。从全面建成小康社会到基本实现现代化，再到全面建成社会主义现代化强国，是新时代中国特色社会主义发展的战略安排。要按照习近平总书记的部署，一步一步走，稳扎稳打，经得起历史检验。第四是从经济建设、社会主义民主政治、坚定文化自信、保障改善民生、加强生态文明建设等方面详细阐述了十九大报告中关于中国特色社会主义事业的重大战略部署，既有理论上的概括，又有实践上的指导，具有很强的针对性和感染力。第五是坚定不移推进全面从严治党，必须把党的政治建设放在首位，用习近平新时代中国特色社会主义思想武装全党，建设高素质专业化干部队伍，加强基层党组织建设，持之以恒正风肃纪，夺取反腐败斗争压倒性胜利，健全党和国家监督体系，全面增强执政本领。

骆惠宁在主持报告会时指出，杨晓渡同志的报告深入浅出，严谨生动，具有很强的思想性和感染力，对我们学习领会党的十九大精神是一次很好的辅导，对我们贯彻落实十九大精神是一次很好的指导，也是一堂生动的党课。

骆惠宁强调，学习宣传贯彻党的十九大精神是当前和今后的重大政治任务和工作主题。全省各级党组织和广大党员干部要按照习总书记提出的“学懂”“弄通”“做实”的要求，紧紧围绕习近平新时代中国特色社会主义思想这个主线，对十九大精神进一步学深悟透、融会贯通，坚决维护习总书记在党中央、在全党的核心地位，坚决维护党中央权威和集中统一领导,坚决在思想上政治上行动上同以习近平同志为核心的党中央保持高度一致,切实把思想和行动统一到党中央决策部署上来。要把学习宣传贯彻党的十九大精神与深入贯彻落实习总书记视察山西重要讲话精神结合起来,发扬理论联系实际的学风,保持高度清醒,注重解决问题,不断提高山西党建和各项事业发展水平,推动十九大精神在三晋大地生根开花结果,奋力谱写新时代中国特色社会主义的山西篇章。

省委常委,省人大常委会、省政府、省政协负责同志;省军区、武警山西总队负责同志;省法院院长,省检察院检察长;省级老同志;省直各单位副厅以上领导干部(含二级局主要负责同志)和中央驻晋单位主要负责同志;省人大、省政协各工作机构和专门委员会主要负责同志;驻太原省管本专科院校、省管国有企业负责同志;学习贯彻党的十九大精神省委宣讲团成员;党政机关、企事业单位干部和理论工作者、高校师生代表等1100多人现场聆听了宣讲报告。

9日下午,杨晓渡还专程前往太原市亲贤社区,深入社区卫生服务站、养老中心、党群服务中心考察,并与基层党员干部群众就学习贯彻党的十九大精神进行面对面的交流。

(2017年11月10日《山西日报》 杨 文)

中共山西省委工作概况

省委书记　骆惠宁

2017年，是山西经历重大转折、奋力开创新局的一年。6月21日至23日，习近平总书记亲临山西视察并发表重要讲话，充分体现了党和人民领袖对山西的深切关怀。习近平总书记对省委工作给予充分肯定，指出山西政治生态已经由“乱”转“治”，山西发展已经由“疲”转“兴”，各方面建设和发展迈上新的征程，对山西工作提出总体要求和五项重大任务，为我们把握大局、抓好重点、继续前进提供了根本遵循。在以习近平同志为核心的党中央关心支持下，山西翻开了新的一页。

一年来，省委团结带领全省干部群众，高举习近平新时代中国特色社会主义思想伟大旗帜，认真学习贯彻党的十九大精神和习近平总书记视察山西重要讲话精神，统筹推进“五位一体”总体布局，协调推进“四个全面”战略布局。全面从严治党向纵深发展，正风肃纪反腐不断深入，政治生态向持久的风清气正迈进；经济发展扭转了一个时期的困难局面，步入合理增长区间，转型发展呈现强劲态势；重点领域和关键环节改革取得突破，改革红利持续释放；三大攻坚战取得阶段性成果，民生明显改善，各项事业呈现新气象；干部队伍建设全面加强，干部群众的精气神进一步凝聚到改革发展上来，焕发出奋发有为、干事创业的昂扬面貌，全省的内生动力和外部形象都发生深刻变化。

一、深入学习贯彻习近平总书记视察山西重要讲话精神和党的十九大精神，推动全省各项工作迈上新台阶

坚持把学习贯彻习近平新时代中国特色社会主义思想与深入贯彻习近平总书记视察山西重要讲话精神结合起来，持续在“融会贯通、学以致用、全面覆盖”上下功夫，把习近平总书记重要思想和重要讲话转化为思想自觉、党性观念和实际行动，引领各项工作呈现新的气象。

一是认真传达部署，不断增强学习贯彻的行动自觉。召开省委常委扩大会议、全省干部大会、省委十一届四次全会进行传达贯彻，对学习贯彻习近平总书记重要讲话作出总体部署。制定《关于深入学习贯彻习近平总书记视察山西重要讲话精神的实施意见》《关于深入学习贯彻习近平总书记在深度贫困地区脱贫攻坚座谈会上重要讲话精神的实施意见》。二是深入宣传宣讲，使讲话精神家喻户晓、深入人心。全省主流媒体开设专题专栏专版，刊播原创类新闻报道近1万篇。组织开展“习近平总书记视察山西讲话进基层”主题宣讲3万余场，直接受教育党员群众超过300万人次。编印《习近平总书记视察山西重要讲话精神应知应记要点》。9月秋季开学之际，以习近平总书记视察山西重要讲话精神为主题，按照小学讲故事、中学讲常识、大学讲理论的方法，同上“开学第一课”。三是对标讲话精神，完善工作思路部署。围绕扎实转变经济发展方式，制定了建设国家“资源型经济转型发展示范区”、打造全国“能源革命排头兵”、构建“内陆地区对外开放新高地”三个行动方案，落实了中央对山西在全局发展中的战略定位和要求。围绕扎实做好“三农”工作，出台深入推进农业供给侧结构性改革的实施方案、加快有机旱作农业发展的实施意见等政策措施，为农村改革发展提供政策支撑。围绕扎实推进脱贫攻坚和民生保障，出台聚焦深度贫困集中力量攻坚的若干意见等政策措施，打好攻坚深度贫困组合拳；出台做好创业就业工作的实施意见、统筹推进县域内城乡义务教育一体化改革发展的实施意见等，按照尽力而为、量力而行的原则，统筹解决民生问题。围绕扎实推进生态文明建设，出台生态文明建设目标评价考核办法、全面推行河长制实施方案等政策措施，推动以生态文明理念统领经济社会发展全局全域。围绕严肃党内政治生活，出台进一步贯彻落实中央八项规定精神的实施办法、坚决维护党中央集中统一领导的规定等制度方案，落实加强党的领导和党的建设各项工作。四是层层压实责任，确保讲话精神落地见效。建立五项重大任务台账，将落实情况作为党委（党组）目标考核的

重要内容。对习近平总书记视察点进行回访,组织专项督查。组织开展省市县万名干部大调研,把实地检查五项重大任务落实情况作为重要内容,推动习近平总书记视察山西重要讲话精神深入贯彻落实。

二、全面落实五项重大任务,实现党的建设和党的事业互促共进

(一)扎实推进经济发展方式转变,在新起点上开创转型发展新局面。深入贯彻新发展理念,把深化供给侧结构性改革与深化转型综改试验区建设紧密结合起来,作为经济工作的主线。积极争取和全力配合国务院出台《关于支持山西省进一步深化改革促进资源型经济转型发展的意见》,确立了“示范区”“排头兵”“新高地”三大目标,推动山西资源型经济转型全面上升为国家战略,形成了强劲的转型态势。一是持续深化供给侧结构性改革,推动经济增长进入合理区间。认真落实“三去一降一补”重点任务,坚决去产能,在2016年退出煤炭产能2325万吨的基础上,新完成煤炭2265万吨去产能任务。有效去库存,稳步去杠杆,多方降成本,着力补短板,依靠供给侧结构性改革,山西扭转了经济困难局面。二是加快建设资源型经济转型发展示范区,有效搭建起了转型发展新体制政策的“四梁八柱”。大力发展新兴产业,加速培育新的市场主体,设立战略性新兴产业投资基金、民营企业创新转型投资基金,重点推进213个战略性新兴产业项目,总投资3410亿元。大力改造提升传统产业,实施智能制造示范等8项技改工程,新设10亿元技改专项资金,工业技改投资增长14.9%。大力推动国企国资改革,重点推进21项改革任务;成立省国有资本投资运营公司,实现了由管资产向管资本的转变。大力推进开发区二次创业,“三制”改革基本完成,“三化”改革稳步推进,新上项目比上年增长22%。出台科技创新促进条例,制定14个配套政策和法规,设立科技成果转化引导基金,全省高新技术企业总数增加19.3%。大力打造“一流人才政策”,集中推出31条人才体制机制改革举措,出台关于营造企业家健康成长环境、弘扬优秀企业家精神38条措施。大力打造“六最”营商环境,开展涉企合同执行难整治等九个专项行动,在全国率先进行企业投资项目承诺制改革试点,新登记市场主体比上年增长16.36%。出台区域经济转型升级考核评价办法,以转型为导向的政绩观不断强化。三是着力打造能源革命排头兵,全面推进能源“四个革命”和对外合作。优化能源供给结构,推动煤炭产业走上“减”“优”“绿”发展之路,煤炭先进产能占比由36%提高到42%,新能源装机容量占比由22.9%提升到26.8%。调整能源消费结构,全省城市(含县城)热电联产集中供热率由62%提高到64%。促进能源技术创新,实施煤炭清洁高效开发利用领域的国家重点研发计划。深化能源体制改革,中国(太原)煤炭交易中心“能源大数据平台”上线,输配电价、电力市场交易等8项电力体制改革任务深入推进,市场化交易电量占到全社会用电量的30%。扩大能源开放合作,晋电外送能力新增1000万千瓦。四是全面构建内陆地区对外开放新高地,努力形成对内对外开放新格局。依托“山西转型综改示范区”,复制推广54项自贸试验区改革试点经验,启动自贸试验区申报工作。实施晋商晋才回乡创业创新工程。实施海外高层次人才引进计划,引进101名海外高层次人才和2个创新团队。组织央企助力山西转型综改,签约总投资601.67亿元的项目协议。全年进出口总额完成1161.9亿元,增长5.6%。

2017年我省经济实现了稳步向好、好中提质。GDP增长7%,较上年增加1923.1亿元,相当于过去五年增量的总和。全社会固定资产投资完成6140.9亿元,增长6.3%。一般公共预算收入完成1867亿元,增长20%;规上工业实现利润1024.5亿元,增长3.5倍。城乡居民人均收入分别增长6.5%和7%。

(二)把“三农”工作摆上更加突出的位置,促进农业增效农民增收农村美丽。挖掘弘扬山西传统农业文化,不断提升抓“三农”工作水平。一是深化农业供给侧结构性改革,大力发展现代农业。实施特色现代农业增效工程,启动雁门关农牧交错带示范区、“山西农谷”等省级战略,特色农业产值占比达到75%。新创建4个国家级、14个省级出口农产品质量安全示范区,新认证“三品一标”产品1269个,举办全省农业品牌大会。农产品出口5.91亿美元,增长36.7%。实施旱作良种攻关、耕地质量提升等六大旱作农业工程,逐步把山西有机旱作农业打造成全国现代农业的重要品牌。二是坚持多措并举,千方百计增加农民收入。出台促进农民持续增收的实施意见,将增收指标列入区域经济转型升级考核体系。促进经营性收入增长,农产品加工企业完成销售收入1627亿元,增长7.04%。促进工资性收入增长,组织各类职业培训87.29万人,农村劳动力转移就业40.21万人,完成年度目标任务的121.85%。促进财产性收入增长,在58个贫困县铺开资产收益扶贫改革,在13个县开展农村集体产权制度改革试点。促进农民转移性收入增长,推进农村低保线与扶贫线“两线合一”,发放各类社会救助资金64.7亿元。三是推进美丽宜居乡村建设,创新乡村治理体系。开展农村人居环境集中整治行动,1900个村基本达到美丽宜居乡村建设规范。改建农村公路1.4万公里,完成26.5万户农村饮水安全巩固提升和17万座卫生厕所改造任务,完成603个村燃气入户,新建600个农村社区老年人日间照料中心。选派万名干部到农村挂职帮助工作,覆盖全省1196个乡镇。以第十一届村“两委”换届为契机,推进“并村简干提薪招才建制”。实施农村本土人才回归工程和村级集体经济“破零”工程,新吸引回乡创业人才8084人,有集体经济收入的村占到行政村总数的94.7%。

(三)重点攻克深度贫困,民生保障持续改善。带头落实习近平总书记在太原主持召开的深度贫困地区脱贫攻坚座谈会上的重要讲话精神,党中央精准扶贫决策部署得到了认真贯彻,脱贫攻坚制度设计基本到位,各项政策措施正在落地见效。在吕梁召开“践行总书记讲话、深化脱贫攻坚”现场推进会,组建7个省委脱贫攻坚督导组,实行市县委书记向省委述职脱贫攻坚制度。2017年,完成2500个贫困村退出,74万贫困人口脱贫,贫困发生率降到4%。一是破解整村搬

迁难题。统筹解决“人钱地房树村稳”7个问题，新建集中安置点658个，涉及贫困人口14.9万人。二是强化产业扶贫。设立21.6亿扶贫周转金，实施杂粮、中药材等8大特色农业产业工程，带动32万贫困人口增收。建成光伏扶贫村级电站713座，惠及2000多个贫困村。21个贫困县进入全国电子商务进农村综合示范县。三是扩大生态脱贫。综合实施退林还林奖补、荒山绿化投工、森林管护就业、经济林提质增效和特色林产业增收五大项目，实现增绿和增速、生态和生计的有机统一。10个深度贫困县新启动50万亩人工造林、10.7万亩沙棘林改造工程。全国林业扶贫现场观摩会在吕梁市召开。四是强化政策保障。对55.19万因病致贫返贫群众实行健康扶贫“双签约”，省级投入11.7亿元进行医疗保障帮扶，贫困人口义务教育得到保障。五是建强帮扶队伍。省委建立省领导联系帮扶、省直厅局包村帮扶、经济强县结对帮扶、各类企业合作帮扶、专业人才挂职帮扶、学校医院对口帮扶的机制，1.16万包村干部、2.8万名工作队员、9393名第一书记奋战在脱贫攻坚第一线。六是开展专项治理。制定《关于开展扶贫领域不正之风和腐败问题专项治理的工作方案》。围绕资金项目、政策落地、领导责任、干部作风等4个方面开展专项治理，覆盖有脱贫攻坚任务的11个市、102个县（市、区）及所有贫困乡镇。

践行以人民为中心的发展思想，不断增强人民群众获得感幸福感安全感。全省11个市均出台燃煤污染控制方案，完成清洁取暖工程100万户以上的年度目标。16个畜禽规模养殖场取得国家标准化示范场称号。食品安全监管体系更加完善，建成“智慧食药”监管平台。全面开通省内和跨省居民身份证异地办理。投资13.4亿元改造农村薄弱学校。县乡医疗卫生机构一体化改革成效明显，全民覆盖的医保体系和养老保险体系基本建成。落实省、市、县、乡四级河长制。提高养老院服务质量、规范租赁住房市场等民生实事取得新进展。统筹做好了就业、社会保障、养老院服务、棚户区改造等工作。

（四）践行绿色发展理念，迈出建设美丽山西的坚实步伐。坚持节约优先、保护优先、自然恢复的方针，把生态文明建设融入经济社会发展全过程。一是形成铁腕治污常态化工作机制。坚持以环保倒逼转型。抓住中央环保督察整改契机，开展整治工业企业违法排污等4个专项行动，解决了一批生态环保突出问题。燃煤机组超低排放改造由原定的2020年提前到2017年基本完成。促进资源节约集约利用，2017年大宗工业固废综合利用率达到67.2%。倡导推广绿色消费，全省新能源公交车超过6500辆，占到城市公交车辆的一半。二是加快推进生态保护修复。完成营造林任务468万亩，在全国率先划定5600万亩永久生态公益林。启动吕梁山、太行山重大生态修复工程。建设机制创新先导区、生态扶贫样板区、“两山”理论示范区。启动汾河等“七河”流域生态修复工程，涉及全省国土面积的72%。完成水土流失治理面积553万亩。三是着力完善生态文明制度体系。出台生态文明体制改革实施方案和50多个配套文件，颁布《山西省城乡环境治理条例》，建立省市县三级党政领导干部领办包办重点环保工程和重点环保问题长效机制。对市督察全覆盖。四是大力学习弘扬右玉精神。新建右玉干部学院，培训党员干部8584人。打造大型音乐舞蹈史诗《为有牺牲多壮志——右玉和它的县委书记们》，再现迎难而上、艰苦奋斗，久久为功、利在长远的右玉精神。出台《关于支持右玉县绿色发展暨生态文化旅游开发区建设的若干措施》，从生态建设、绿色产业、特色城镇化等方面给予扶持。

（五）落实加强党的全面领导和新时代党的建设总要求，着力提高党的建设质量。坚持思想从严、管党从严、执纪从严、治吏从严、作风从严、反腐从严，把政治建设放在首位，构建良好政治生态工作进一步“巩固、深化、提高”，严肃党内政治生活的成果转化为促进党的事业发展的持续动力。在中联部举行的“中国共产党的故事——全面从严治党”专题宣介会上，全面展示了山西“风清气正、奋发有为”的做法和成效，受到各方面一致好评。一是坚持和完善党的领导。制定坚决维护党中央集中统一领导的规定，明确了对包括省委常委会和省委书记在内的各级党组织、全体党员的政治要求。省委常委会定期听取省人大、省政府、省政协和省法院、省检察院党组的汇报，把党的领导体现到各领域各方面。二是坚定扛起管党治党主体责任。加强理想信念和党性教育，引导党员干部增强“四个意识”、坚定“四个自信”，把讲政治贯穿于党性锻炼和开展工作全过程。严格执行各项制度规定，学习贯彻《准则》《条例》，举办省管干部专题研讨班，引导党员干部维护制度的严肃性。加强党内政治文化建设，在全国率先出台《关于加强党内政治文化建设的意见》。在全省11.5万个基层党组织普遍开展弘扬“红船精神”主题党日活动。命名晋绥边区革命纪念馆等11个首批党员干部教育基地。十一届省委已开展三轮巡视。省市县巡视巡察一体化格局已经形成。反腐败斗争压倒性态势巩固加强。三是全面加强领导班子和干部队伍建设。坚持“不干净的干部不能用、不干事的干部也不能用”，树立激励干事创业的用人导向。实施党政领导干部履职能力提升工程，培训党员干部21.8万人次。大力度加强基层组织、基础工作、基本能力建设，出台落实25条措施。省委常委会认真学习贯彻习总书记关于大兴调查研究之风和进一步纠正“四风”、加强作风建设的重要指示，部署开展50天的万名干部大调研，拿出了一批高质量调研成果、破解了一批发展环境中存在的突出问题、解决了一批群众关心的具体困难、形成了一批推进各方面工作的硬举措。鲜明提出“五个倡导、五个反对”。推进各级领导干部树立起与使命责任担当相适应的理念、能力和作风。

党中央将山西确定为深化国家监察体制改革试点省以来，严格按照中央绘制的“蓝图”推进改革，经过一年努力，党中央确定的改革目标任务已经实现，制度优势不断转化为治理效能。中纪委在山西召开全国推开国家监察体制改革试点工作动员部署电视电话会议后，又制定了进一步深化监察体制改革试点工作实施方案，更好发挥“试验田”作用，持续为监察体制改革试点在全国推开提供借鉴，持续为制定国家监察法提供实践支撑。

三、统筹推进全面深化改革和各项事业发展，营造团结奋进、充满活力的发展环境和社会氛围

一是加强对改革的组织领导，形成改革攻坚强劲态势。把“四个亲自”作为重大政治要求和根本工作方法，坚持突出重点、以点带面，统筹推进“五位一体”和党的建设各领域改革，基本搭建了“四梁八柱”性质的改革主体框架，一批重要领域和关键环节改革取得重大突破，以改革促转型、促民生、促党建的工作氛围日益浓厚。建立省领导分工负责、主要负责人直接抓重大改革、改革台账动态管理、督察考核等工作机制。保护干部投身改革的积极性，在全省形成允许改革有失误、但不允许不改革的鲜明导向。实行省委政研室、省委改革办、省转型综改办机构和职责“三合一”，进一步强化了省委对改革工作的统一领导。二是加强民主政治建设，全省生动活泼、安定团结的政治局面不断巩固发展。支持和保证人大及其常委会依法履职，召开省委推进县乡人大建设会议，出台加强县乡人大工作机构建设的若干规定。坚持和完善中国共产党领导的多党合作和政治协商制度，出台完善工作机制加强人民政协协商民主建设的意见。出台加强新的社会阶层人士统战工作的实施意见，构建“亲”“清”政商关系。加强新形势下民族宗教工作，扎实做好五台山涉藏维稳工作和道风教风建设。成立山西省军民融合发展委员会，积极谋划推进军民融合发展。三是贯彻落实习近平总书记关于意识形态工作的重要讲话精神，牢牢把握宣传思想工作的领导权、主动权和话语权。将意识形态工作纳入党建工作责任制、党委(党组)述职、年度目标责任考核和省委巡视范围。出台贯彻落实党委(党组)理论学习中心组学习规则的实施办法。深入宣传党的十八大以来党和国家事业取得历史性成就、发生历史性变革，宣传党的十九大精神特别是习近平新时代中国特色社会主义思想，宣传中央的重大战略部署，加强对经济社会热点问题的舆论引导，促进媒体深度融合发展，凝聚起团结奋进的正能量。加强领导干部互联网条件下工作能力建设，坚持马克思主义在哲学社会科学中的指导地位，出台加强和改进高校思想政治工作的实施意见。大力弘扬社会主义核心价值观，传承红色基因，深化拓展精神文明创建活动。举办首届山西艺术节。四是推进法治山西建设，确保社会大局稳定。出台党政主要负责人履行法治建设第一责任人职责实施办法，进一步提高领导干部法治思维和依法办事能力。开展法治专项攻坚和法治创建活动。司法体制改革试点完成面上改革任务。强化政府债务管理措施，全省政府债务风险可控。落实安全生产党政同责“五级全覆盖”，全年事故起数和死亡人数分别下降18.4%和15%。扎实开展军队退役人员、城乡建设领域、企业拖欠社保信访问题源头化解专项行动。全年信访总量下降14.68%，驻京信访维稳工作取得历史最好成绩。全省社会大局稳定，保障了人民群众安居乐业。

(张彦超)

附一：

中国共产党山西省第十一届委员会组成人员名单

（2017.1.1—2017.12.31）

书　记：骆惠宁

副书记：楼阳生　黄晓薇（女）

常　委：高建民　孙绍骋（2月调离）　王伟中（3月调离）

盛茂林（3月调离）　任建华　罗清宇

吴汉圣（3月任职）　张吉福　王清宪（11月调离）

廉毅敏　商黎光（5月任职）　王　赋（6月任职）

委　员：（按姓氏笔画为序）

马彦平	王　亚	王　成	王　宏	王　纯
王　赋	王一新	王立业	王立伟	王伟中（3月调离）
王宇燕（女，5月调离）		王安庞	王利波	王秀文
王建明	王清宪（11月调离）		王联辉	卢建明
白秀平	师　帅	朱先奇	任建中	任建华
向二牛（土家族）		刘　杰	刘予强	刘志宏
刘志杰	刘润民	闫喜春	关建勋	江　涛（11月调离）
许大纯（9月调离）		孙大军	孙绍骋（2月调离）	
孙海潮	李凤岐	李正印	李建刚	李俊明
李晓波	李福明	杨　司	吴汉圣（3月任职）	
吴俊清	张　葆（女）	张九萍（女）	张文栋	张吉福
张志川	张金旺	张建欣（女）	张瑞鹏	陈永奇
陈学东	陈振亮	武　涛	武宏文	罗清宇
岳普煜	郑连生	赵建平	赵雁峰	胡玉亭
胡苏平（女）	贺天才	骆惠宁	耿彦波	高建民
郭长青	郭迎光	郭保民	郭海刚	席小军
黄晓薇（女）	盛佃清	盛茂林（3月调离）		商黎光（5月任职）
董一兵	楼阳生	廉毅敏	薛延忠	薛维栋

候补委员：（按得票多少为序，得票相同的按姓氏笔画为序）

吴海平	符惠明	汪　凡	张安顺	翟振新
霍红义	王　震	姜四清	阎俊生	翟　红
刘宏新	李中元	李晋平	王创民	郭　健
薛永辉				

附二:

中国共产党山西省第十一届纪律检查委员会组成人员名单
(2017年1月1日—2017年12月31日)

书　记: 任建华

副书记: 陈学东　郝　权　孟　萧

常　委: 李吉山　何　青　高金喜　王帅红　王成禹　孙京民

委　员: (按姓氏笔画为序)

马　彪	王　珍	王建成	王晓鹏	王增信
牛榆生	朱晓东	刘英魁	刘冀民	那志茂
李　政	李江龙	李曾贵	杨　宏	吴纪平
吴跃平	宋文斌	张晓永	张晓玲(女)	张稳科
范晋昌	周计伟	周培斌	赵建平	赵建华
荣　彰	荣奋刚	相里岩	姚安政	党志峰
高向新	郭英杰	康吉仁	董赤凡	

附三：

山西省出席党的十九大代表名单（43名）

按姓氏笔画为序：

王创民　王安庞　王清宪　牛国栋　毕腊英（女）　师　帅　任红梅（女）
任建华　向二牛（土家族）　江　涛　李正印　李丽珠（女）　李俊明
吴汉圣　吴秀玲（女）　沙万里　张九萍（女）　张玉柱　张吉福　陈永奇
罗清宇　岳普煜　周建民　郑仙荣（女，哈萨克族）　赵月芳　赵洪祝
胡玉亭　胡富国　侯占平　贺星龙　骆惠宁　袁子捷　原贵生
高建民　席小军　黄晓薇（女）　续　烨（女）　韩利萍（女）　谢　涛（女）　楼阳生
廉毅敏　翟　红　薛晨阳

附四：

2017年山西省党员队伍建设情况和党组织情况

党员队伍建设情况。截至2017年底，全省共产党员总数244.7万名，比上年净增1.07万名。其中：妇女党员57.31万名，占党员总数23.43%，比上年增长0.91个百分点；大专以上文化程度党员105.78万名，占党员总数43.23%，比上年增长2.06个百分点；35岁以下青年党员52.87万名，占党员总数21.61%，比上年降低0.6个百分点。从职业分布上看，农牧渔民党员78.43万名，占党员总数32.05%；企事业单位管理人员、专业技术人员和工人党员81.04万名，占党员总数33.12%；党政机关党员20.72万名，占党员总数8.47%；学生党员3.05万名，占党员总数1.25%；离退休党员47.59万名，占党员总数19.45%；其他党员13.58万名，占党员总数5.55%。2017年，全省申请入党人数106.48万人，其中被党组织确定为入党积极分子的26.36万名，列为发展对象的7.23万名。

党组织情况。山西省党的各级地方委员会共有131个，其中，省级党委1个，市级党委11个，县（市、区）党委119个。党的基层党组织共有13万个，其中党委0.51万个，党总支0.67万个，支部11.83万个。全省共有农村基层党组织30309个，农民党员数96.48万名，占全省党员总数39.43%。全省共有非公企业6.47万个，建立党组织1.4万个（单独建立党组织7875个、建立联合党组织6095个），覆盖非公企业4.66万个，党组织覆盖率为72.1%。全省共有社会组织1.1万个，建立党组织3073个，覆盖社会组织7836个，党组织覆盖率为73.41%。

省委书记骆惠宁调研记录

骆惠宁在吕梁临县调研时强调

抓住脱贫攻坚机遇　带动产业结构调整

1月11日，省委书记骆惠宁深入吕梁市临县调研产业扶贫，看望慰问贫困户。他强调，要贯彻落实省第十一次党代会、省委十一届二次全会暨经济工作会议精神，夯实领导责任，落实精准方略，大力转变作风，着力解决问题，坚决打赢脱贫攻坚战。要抓住机遇，加大投入，创新方式，大力推动产业扶贫，助推农业供给侧结构性改革，大力发展功能性农业。临县是国家级贫困县，贫困人口多、脱贫任务重。骆惠宁把临县作为自己的联系县，2016年吕梁调研第一站就选在临县，倡导并带头落实责任制“双签”。2016年四季度以来，临县县委、县政府进一步把扶贫攻坚放在战略位置来抓，层层落实责任，扶贫工作步伐明显加快。

没有提前安排、不打招呼，骆惠宁轻车简从，驱车径直来到三交镇武家沟村，进村入户，访贫问贫。他随机走进一户贫困户，83岁的高玉兰老人耳朵有些失聪，坐在炕上，骆惠宁向村干部了解贫困识别、帮扶措施、低保医保等情况，摸摸炕，感受暖不暖；提起炉盖，看灶火旺不旺；打开橱柜，看米面油多不多……他说，要把精准扶贫政策落实到户到人，用好养老和医疗保险，同时要倡导子女孝敬老人，营造良好社会风尚。在武文玉老人家，骆惠宁关切地询问他的身体和生活，拿起帮扶手册一页一页、一栏一栏仔细看、详细问，并送上慰问金，在他耳边大声说，“快过年了，老人家买些年货、过好年。”产业扶贫是带动贫困户增收的有效措施。在朝阳农牧公司，骆惠宁听取牧草种植、舍饲养牛、牧光结合等扶贫产业项目介绍，了解贫困户小额贷款入股、股金收益分红模式，询问光伏发电运营和收益分配。他指出，以龙头企业带动，建立新型合作组织，把贫困户组织起来种饲草、搞养殖，发展配套加工，参与光伏设施清洗维护等劳务，是产业扶贫的有效做法，可以推广。在丰林现代农业公司，骆惠宁走进蔬菜、食用菌大棚，了解作物栽培、技术服务、带动贫困户增收等情况，在大棚外，他与来自贫困户的摘菇工亲切交谈，大家告诉书记，“家门口打工收入不错，按时上下班，我们和工人一样啦”，骆惠宁风趣地说，发展现代农业，你们也是产业工人啊。乔伟顺五年前来到村里担任第一书记，带领村民办起合作社，发展食用菌和蔬菜种植等扶贫产业，带动4个村92户贫困户脱贫。骆惠宁对他的出色工作给予高度评价，并希望“第一书记”们向他学习。

调研中，骆惠宁听取了临县脱贫攻坚工作汇报，肯定了去年四季度以来的进步。他强调，要坚持问题导向，总结梳理2016年脱贫攻坚，谋划好2017年工作。要始终把脱贫攻坚摆在突出位置，落实精准扶贫方略，加快易地扶贫搬迁项目建设，全面完成年度攻坚任务。要把脱贫攻坚作为产业转型、发展功能性农业、推进农村全面振兴的重要机遇，大力发展特色种养业，加快推进植树造林、退耕还林，改变生态环境。要夯实领导责任，继续转变作风，坚持在一线解决问题。反对形式主义，不搞“面子工程”，让更多接地气、有特色的产业和项目遍地开花、涌现在村头田边。

调研期间，骆惠宁专程看望了“刘胡兰英雄民兵班”的战士们。他认真观看刘胡兰事迹等，在民兵宿舍与“胡兰班”的战士们围坐一起，了解学习教育、参建训练等情况，听取大家的感受体会。他说，1月12日是刘胡兰烈士英勇就义70周年纪念日。我们今天来到刘胡兰烈士的故乡看望大家，缅怀革命先烈，就是要进一步弘扬革命精神，凝聚奋进力量。骆惠宁高度评价“胡兰班”不断提高军事素质和战斗精神，积极参与抢险救灾、应急维稳和参战支前演练任务取得的出色成绩，勉励她们继续学习弘扬“胡兰精神”，在服务国防建设和地方经济社会发展中再立新功，以青春行动赋予“胡兰精神”新的时代内涵，不断增光添彩。

罗清宇参加调研。

骆惠宁在晋城调研时强调

深化国企国资改革 促进经济转型发展

时值立春，春满太行。2月3日至4日，春节假日后第一天，省委书记、省人大常委会主任骆惠宁深入晋城市县和经济开发区调研。他强调，领导干部带头，进一步行动起来，以过硬作风抓好省第十一次党代会、省委十一届二次全会暨经济工作会议精神和省委重大决策部署的贯彻落实。转型发展的大方向和目标任务已确定，现在要下气力深化国企国资改革，这是关键一招；要以改革的精神推动重大问题的解决，促进经济转型升级。

深化国企国资改革是骆惠宁此次调研的重要内容。兰花科创年产20万吨己内酰胺是在传统产业基础上运用先进技术装备延伸发展的项目，工艺水平国内领先。该企业还与国内科研机构联手开发出了系列纳米级碳酸钙产品。目前，两类产品的市场需求和经济效益均很好。骆惠宁充分肯定了企业的创新精神，他指出，传统产业改造升级潜力很大，原料型产业要坚持走循环经济的路子，产业链条延伸的过程，也就是开发新技术、新产品、新市场的过程。他说，可联合民营企业，将己内酰胺向锦纶、拉丝、面料、服装或用品一路往下走。国有企业改革应向民营企业开放，共同发展股份制企业，实现优势互补。在高平经济技术开发区，骆惠宁听取了项目建设和招商引资介绍，他说，促进新项目落地，关键在提供优质服务，而优质服务又来源于深化改革。要解放思想，勇于担当，按照省委省政府部署，全面推动开发区改革创新，特别要坚定不移推进任期制、绩效制、聘用制“三制”改革，激发内部活力与动力。晋煤集团积极培育煤层气特色产业，创立了“采煤采气一体化”新模式。骆惠宁先后来到寺河瓦斯发电厂、蓝焰煤层气公司，认真考察煤层气抽采和利用，就国企股份制改造、专业化重组等听取企业负责人的意见，希望晋煤集团把深化国企改革与转型升级结合起来，争当排头兵。在晋煤集团煤与煤层气共采国家重点实验室，骆惠宁就煤地质微生物成气等国际前沿课题研究、创新企业科研成果报酬制度等与科技人员深入交流，他说，要坚持科技创新和制度创新协同发力，完善以增加知识价值为导向的分配政策，充分激发人才创新的积极性。在中船重工特种设备公司，骆惠宁希望企业依托风电装机成套、成系列产品，创新军民融合深度发展机制，发挥龙头作用，带动地方配套产业和企业发展。在富士康晋城科技工业园，骆惠宁希望地企联手，抓紧新的高新技术项目落地。他还就创造良好环境、吸引留住人才听取了企业意见。

在4日下午的汇报会上，骆惠宁对晋城市认真贯彻省委决策部署、对晋煤集团推进创新转型取得的成绩给予了肯定，对深化国企国资改革工作提出了新的要求。他指出，加快转型发展，既要抓新兴产业培育，又要抓传统产业改造升级，包括煤炭产业的结构优化；既要引进和培育新企业，又要支持和依靠现有企业，尤其是要深化国企国资改革，这是决定山西转型前途的关键一招。全省上下、各个方面必须清醒看到，国企国资已经到了非改不可、不彻底改不行、不抓紧改不行的历史关口。只有国企国资带头改好改到位，转型发展才有最大的动力和希望。各级党委政府及国资管理部门要提高政治站位，按照省委关于深化国企国资改革方向、原则、重大目标、重要关系的部署要求，坚决扛起主体责任，积极行动起来，营造解放思想、深化改革的大环境，分级深入调查研究，认真分析本地国企国资的现状、存在的问题，切实吃透情况、找准问题、拿好对策、统筹推进。国有企业要以高度的自觉，充分发挥主观能动性，深入研究改革的相关问题，不等待不观望，把内部改革抓好，对面上改革提出建议，充分激发企业干部职工、各类人才的改革积极性和创造力。

罗清宇、王一新参加有关活动。

骆惠宁在太原晋中调研时强调

推动“两学一做”常态化制度化 加快电力供给侧结构性改革步伐

2月28日至3月1日，省委书记、省人大常委会主任骆惠宁深入太原市阳曲县、晋中市祁县、省电力公司，就“两学一做”学习教育、电力体制改革等进行调研。他强调，要认真贯彻中央《意见》，推进“两学一做”学习教育常态化制度化，以党的建设的新成效促进各项事业新发展。要深化电力供给侧结构性改革，勇于攻坚克难，争当全国能源革命排头兵，为我省经济转型升级提供有力支撑。

2016年以来，我省各级党组织开展了“两学一做”学习教育，并取得了积极成效，各级党组织的战斗力进一步提升。为推动“两学一做”学习教育常态化制度化，骆惠宁不打招呼来到祁县昭馀镇下申村和民营企业红海玻璃公司调研。他与县乡村和企业党组织负责人、城乡基层党员亲切交流，从党建制度、力量配置到组织生活，从学习内容、开展批评到民主评议、学以致用、解决问题，一一详细询问，要求基层党组织负责人进一步履职尽责，勉励基层党员立足岗位更好发挥先锋模范作用，把思想建党、制度建党有机结合起来，推动“两学一做”学习教育常态化制度化。他说，“两学一做”是全面从严治党的战略性、基础性工程，各级党组织要把它作为长期任务，切实履行好主体责任。领导干部要带头学、带头做，为广大党员当好表率。要把思想教育放在首位，运用好中心组和组织生活会，坚持用习近平总书记系列重要讲话精神武装党员干部。要把“两学一做”学习教育与学习贯彻《准则》《条例》结合起来，发挥党支部教育管理党员的主体作用，把“两学一做”纳入“三会一课”等基本制度，融入日常、抓在经常。要从基层实际出发，区分农村、社区、企业等不同类型加强分类指导。要坚持学做结合、以学促做，解决问题、推动工作，让群众看到新气象新面貌。

我省是国家电力体制综合改革试点省。推进电力供给侧结构性改革，是骆惠宁此次调研的又一个重点。在阳曲县东铝铝材公司，骆惠宁了解用电大户直供改革情况，他希望企业在享受降低电价改革效益的同时，加快技术改造，降低能耗，发展铝材深加工，提高市场竞争力。在省电力公司，骆惠宁听取山西电力发展情况汇报，就电力体制改革要进一步解决的问题与有关部门和企业座谈，听取意见。他指出，山西是能源大省，要按照省委十一届二次全会暨经济工作会议的部署，深入推进电力供给侧结构性改革，切实把山西的能源优势转化为发展优势。一要从源头上推动电力供需动态平衡。严控新上火电项目，优化电力供应结构，提高机组发电小时数和效益。二要扩大电力外输。加强外送能力通道建设，以改革思路优化电源点布局，积极拓展省内外用电市场，尤其要大力拓展华北、华中、华东电力市场。三要通过改革进一步培育我省电力竞争优势。放宽电压等级限制，降低直供电门槛，继续扩大省内电力直接交易规模。鼓励用电企业与发电企业建立长期合作关系，改进电费结算方式。省电力交易中心实行公司制，是我省混合所有制改革的一个亮点。要加快电力交易平台建设，及时发布交易信息，完善交易规则，主动接受监督，为各类市场主体提供优质交易服务。骆惠宁指出，国家已明确，2017年至2019年我省输变电价将下调1分多，这是国网山西电力公司为全省大局做出的突出贡献，我省各方面也要积极支持电力部门持续健康发展。骆惠宁强调，全省上下要通过深化包括电力体制改革在内的供给侧结构性改革，努力把山西打造成为我国能源革命的排头兵。

王伟中、罗清宇、王一新参加调研。

骆惠宁在临汾调研时强调

深化改革激活力　铁腕治污逼转型

4月18日至19日，省委书记、省人大常委会主任骆惠宁深入临汾侯马市、曲沃县、襄汾县和尧都区进行调研。他强调，要用创新的思维、改革的办法破解难题，铁腕治污，倒逼经济转型升级，加强“三基”建设，保障改善民生，以优异成绩迎接党的十九大胜利召开。

4月尧乡，满目葱茏，处处生机。骆惠宁深入农村、企业、学校、生态工程现场，实地考察改革攻坚和环保整治进展情况，推动重大改革举措落实落地。临汾市通过改善法治、金融和服务环境，促进民营经济活跃度大幅提升。立恒钢铁集团抓住供给侧结构性改革机遇，牵头组建钢企联合体，实现购销合作经营，打造电商云平台，加入联合体的企业效益明显提升。骆惠宁肯定他们的发展路子，鼓励企业把改造和改组结合起来，依据市场需求，强化科技创新，优化企业管理，提高综合竞争力。在侯马方略保税物流中心，骆惠宁了解服务平台建设情况，肯定中心的发展思路和业绩，指出要用改革的思路打通制约节点，应用互联网、大数据拓展服务功能，打造黄河金三角工业品交易中心及中西部快消品批发集散基地。骆惠宁十分关注临汾环保治污情况，重点考察了立恒钢铁焦化厂全封闭料场项目、污水处理设施，汾河城区段、涝洰河生态治理工程，观看了临汾市生态环境治理攻坚清洁取暖展示，要求进一步大力推进环境整治，实施好煤改气、煤改电等清洁取暖工程，让人民群众共享生态文明成果。在曲沃县曲村镇便民服务中心，骆惠宁在办事窗口与工作人员、办事群众和乡村干部深入交流，了解乡村政权运行情况，强调要把“三基”建设作为深化改革的重要内容，进一步构建重心下移、力量下沉、保障下倾的体制机制，把窗口服务与进村服务结合起来，更好服务人民群众。在曲沃县史村镇郇村，骆惠宁来到田间地头，查看麦苗长势，与正在劳作的农民亲切交谈，他嘱咐市县农业部门负责人，要不失时机地推进农业供给侧结构性改革，曲沃农业立地条件好，要瞄准市民消费，把种养业结合起来抓，增加农产品供给，促进农业增效农民增收。在考察襄汾丁村民居时，骆惠宁指出，要深化旅游体制机制改革，创新景区景点管理模式，引入企业与社会资本，实施专业化运营，增强文化旅游产业发展活力。骆惠宁还深入侯马垤上小学、临汾红丝带学校调研，强调要进一步促进公平教育，深化医药卫生、社会保障等民生领域改革，让人民群众有更多改革获得感。

调研期间，骆惠宁听取了临汾市工作汇报，对临汾市委认真贯彻中央和省委决策部署，推动各项工作取得新的进步给予充分肯定。他强调指出，面对去年冬季以来多次出现的雾霾重污染，临汾市委市政府直面问题，坚决整改，工作是有力的，采取的措施是有效的。骆惠宁着重就铁腕治污倒逼转型提出三点要求。一要把握正确发展方向。牢记临汾过去因安全、环境问题损害经济发展的切肤之痛，特别要深刻吸取此次环境污染的深刻教训，无论是经济下行压力加大的时候，还是经济形势逐步向好的时候，都要坚持新发展理念并体现到行动上，坚持铁腕治污，严格环保、能耗、质量、安全门槛和标准，实施好重点生态环境治理工程，通过主动治理推动转型发展，坚定不移走绿色发展道路。二要以改革推动环境治理。不论是开展集中整治，还是发挥企业作用、动员群众参与，都要注重用改革的办法、市场的办法，创新生态建设和环保体制机制，充分调动各方面积极性。要加快焦化行业改造升级，对排放不达标的企业要深度治理，限期达标；加强散煤污染治理，加快实施煤改气、煤改电清洁取暖改造，消除重点污染源。要创新融资模式，支持和推广第三方治理，培育节能环保产业，应用信息和技术手段提高环境治理水平。环境治理最终是为了改善民生，要创新机制，让群众参与、让群众监督，形成共治共享的浓厚氛围。三要加强领导抓环保。各级党委政府要负起主体责任，主要负责同志要亲力亲为，冲在一线。要把环保攻坚作为系统工程，以此为契机全面提高工作标准，打造过硬干部队伍，以良好政治生态，推动各项工作落实，使环境治理的过程，成为转变发展理念、锤炼干部作风、提升工作能力的过程。骆惠宁强调，解放战争时期我们打了一场临汾攻坚战，诞生了一个“临汾旅”。希望临汾在这次治污中再打一次攻坚战，闯出一个临汾品牌。

19日上午，骆惠宁还主持召开了部分市和企业负责人座谈会，研判一季度经济形势，对下一步工作提出要求。

罗清宇陪同调研。

骆惠宁在忻州吕梁贫困地区驻村调研时强调

聚焦深度贫困　下足绣花功夫

5月5日至7日，省委书记、省人大常委会主任骆惠宁深入忻州、吕梁贫困地区驻村调研。他强调，要认真落实中央及省委脱贫攻坚的决策部署，聚焦深度贫困，强化问题导向，压实领导责任，下足绣花功夫。

吕梁山是我省两大集中连片特困地区之一，贫困人口多、贫困程度深、脱贫难度大。三天来，骆惠宁深入临县、兴县、岢岚深度贫困地区，轻车简从，翻山越岭，钻山沟、进农家，下田头、入企业，考察易地扶贫搬迁、退耕还林、植树造林、产业扶贫、基层建设，看望贫困群众，在脱贫攻坚一线发现问题，推动解决问题。

实施易地扶贫搬迁是解决“一方水土养不了一方人”问题的治本之策。骆惠宁重点考察了向城镇、向中心村安置的移民搬迁模式，了解搬迁项目进展，详细了解搬迁群众是否自愿、土地利用率高不高、新房面积有没有超标、搬迁户是否大额举债、项目资金管理规范不规范等方面的情况。他强调，搬迁工作首先要科学规划，合理选址，落实就业措施，同时要抓好配套设施和公共服务体系建设，切实改善搬迁群众的生产生活条件。对于搬迁后的管理工作，骆惠宁指出，群众搬迁后面临城镇、新村等新的环境，要加强搬迁区基层组织和精神文明建设，推进社会管理创新，使搬迁群众更好融入当地生活。

实施生态扶贫是解决深度贫困，实现我省贫困地区可持续发展的必由之路。临县李家湾村通过村委发动、造林合作社组织、贫困群众参与，两个月造林4000亩。骆惠宁驱车登上山顶，远眺层层坡梁上一排排的生态林、经济林，他高兴地说，就是要把生态扶贫作为脱贫攻坚的战略工程来抓，贫困村整村搬迁后，原宅基地要复垦，25度以上坡地要退耕还林、植树造林，因地制宜发展经济林和中草药，在贫困户中建立生态公益管护岗位，实现增绿与增收同步。要用好城乡建设用地增减挂钩，节余指标全省域交易，土地出让形成的纯收益优先用于还款。

加强产业和金融扶贫是深度贫困地区脱贫攻坚必须补上的关键短板。骆惠宁在调研中考察了以龙头生产企业带动贫困户、以繁育中心带动贫困户、以植树造林带动贫困户等多种产业扶贫模式，他说，要把产业精准扶贫作为脱贫攻坚的主攻方向，做到帮扶措施到户，下足绣花功夫。关于金融扶贫，骆惠宁指出，“五位一体”精准扶贫小额信贷要进一步完善机制，可探索以合作社形式把贫困人口组织起来，以投资或资产委托经营的方式与企业合作，使贫困户在获得合理资产收益回报的同时，不断提高经营能力。

基层党组织是组织动员贫困地区群众脱贫攻坚的坚强战斗堡垒。调研期间，骆惠宁指出，基层干部工作辛苦，要从各方面关心他们。基层党组织要带领群众艰苦奋斗，以改革创新精神破解工作难题。他强调，在全省各级党组织中开展维护核心、见诸行动主题教育，是今年推进“两学一做”学习教育常态化制度化的鲜明主题。各级领导干部要把打赢脱贫攻坚战作为向党中央看齐的具体体现，以脱贫攻坚的新突破检验主题教育的实际成效。

调研期间，骆惠宁还自带被褥，住在老乡家。为了尽量减少给老乡添麻烦，他与几名工作人员住在一个窑洞。利用吃饭时间和晚上，骆惠宁与乡亲们、村两委干部深入交谈，喝着小米稀饭，聊着乡村发展，欢声笑语回荡在山乡小院。离开时，骆惠宁坚持交了伙食费，他握着房东的手说：“给你们添麻烦了。”听说书记住到了村里，乡亲们自发聚集到村口送行。

罗清宇参加调研。

骆惠宁在太原市检查环保督导整改工作

5月9日下午，省委书记、省人大常委会主任骆惠宁深入太原市，就环保督导整改工作进行检查。看到汾河南延治理美化三期工程起点污水直排，骆惠宁强调，汾河流域生态修复保护是一个系统工程，要按照省政府部署全面把握，尤其要重视对工业和生活污水的治理，在治本上下功夫。要科学规划，运用市场机制，加快排污管网建设，让污水处理厂充分运转起来，实现生产生活废水达标排放，这是改善汾河水质的关键一招，2017年底前太原市要基本完成黑臭水体治理任务。对于散煤清洁治理，骆惠宁要求加快燃煤锅炉淘汰，大力推进煤改气、煤改电，太原市在今年冬季要全面实现清洁取暖，为大气污染防治、雾霾治理作出积极贡献。关于群众反映的晋祠宾馆污水直排农田问题，骆惠宁要求市里统筹协调，宾馆积极配合，5月底前先解决污水向农田直排问题，年底前解决好污水处理问题。对黑臭水体治理、散煤清洁治理、污水直排农田三件整改事项，骆惠宁表示要亲自领办，推动整改到位。

骆惠宁在忻州调研并与基层党员共庆“七一”

7月1日，是中国共产党成立96周年纪念日。省委书记、省人大常委会主任骆惠宁深入忻州市静乐县，调研深度脱贫攻坚，慰问老党员、生活困难党员，与基层党员共庆“七一”。他强调，要深入贯彻习总书记视察山西重要讲话、深度贫困地区脱贫攻坚座谈会重要讲话精神，充分发挥各级党组织的战斗堡垒作用和广大党员的先锋模范作用，汇聚起走好新征程、探出新路子、创造新业绩的强大力量。

沿着崎岖的盘山路，骆惠宁来到位于深山的丰润镇岩子村。沿途道道沟壑、层层坡地，村民靠天吃饭，生活贫困。骆惠宁认真听取岩子村脱贫攻坚、整村搬迁推进情况介绍，与扶贫工作队员、第一书记深入交流，实地察看村卫生室。扎根农村的生活，使第一书记赵建清的脸庞晒得黝黑。骆惠宁勉励他始终把人民放在心中，带领群众把脱贫致富的路子走出来。目前我省新一轮派驻第一书记的工作正提前进行，骆惠宁希望新任第一书记尽快熟悉农村，在原有的基础上，进一步把扶贫工作往深里做、往细里做、往优里做，为打赢脱贫攻坚战作出贡献。

在村头空地上，骆惠宁与全村党员围坐在一起亲切交谈。他详细询问村里有多少地、都种些什么、收入怎样、退耕还林了没有，与大伙一道商量脱贫的思路和办法。大家争着发言，有的说想搞提灌引水上山，有的说想建淤地坝，有的说发展养殖，有的说计划建村级光伏电站。得知该村已列入整村搬迁规划，骆惠宁征求大家对搬迁的意见，看到群众积极性很高，他说，搬迁后各方面条件会好一些，要把后续产业发展起来，同步进行旧村复垦、退耕还林，多措并举增加群众收入。骆惠宁指出，农村要发展，关键要有一个好的带头人。一线党员就在群众当中，党的政策要靠你们落实，要把党支部建设好，把党员的先锋模范作用发挥好。要认真学习贯彻习总书记关于“三农”工作的重要指示精神，防止重工轻农、重城轻乡偏向，熟悉农业、热爱农村、关爱农民，切实把“三农”工作抓实抓好。言语之间充满着对人民群众的深情，感染着现场每一个人。

随后，骆惠宁来到神峪沟村，看望老党员李润林。96岁的李润林参加过解放战争、抗美援朝，已有近70年党龄。骆惠宁拉着他的手，关切地询问老人生活，送上节日祝福。骆惠宁说，今天是党的生日，我代表省委来看望老党员，感谢你们为党的事业作出的贡献。李润林一个劲说，感谢党，你们辛苦了。骆惠宁动情地说，贯彻落实习总书记重要讲话精神，走好新征程，我们一定要把各级党组织建设好，努力让全省人民群众过上好日子。骆惠宁牵挂着生活困难党员。在李海存家里，骆惠宁逐屋查看居住条件，了解生活身体状况，询问低保、医保、养老保险享受情况。

他说，各级党组织要扎实做好关心生活困难党员工作，让他们感受到党组织的温暖。骆惠宁向乡、村党支部书记了解开展组织生活、学习教育等情况，指出，各级党组织要认真学习贯彻习总书记视察山西重要讲话精神，把总书记的关心关怀传达到基层，传达到人民群众当中，把服务群众的实事一件一件做好。要扎实推进“两学一做”学习教育常态化制度化，深入开展“维护核心、见诸行动”主题教育，不忘初心，攻坚克难，以实干诠释担当忠诚，以实绩为党旗增光添彩。

骆惠宁在运城调研时强调

深入贯彻习总书记视察山西重要讲话精神
不断开创“三农”工作新局面

7月19日至20日，省委书记、省人大常委会主任骆惠宁深入运城市盐湖区、芮城县和永济市进行调研。他强调，要深入贯彻习总书记视察山西重要讲话精神，全面落实省委十一届四次全会部署，在实现“两个持久”上下功夫、见实效，扎实做好下半年各项重点工作。他希望运城市在做好“三农”工作上走在全省前列，以优异成绩迎接党的十九大胜利召开。

两天来，骆惠宁冒着酷暑，深入农村、企业一线，与基层干部群众亲切交流，共商转型发展和群众增收之策。贯彻落实习总书记重要指示精神，扎实做好“三农”工作，是骆惠宁此次调研的重点。在盐湖区万亩双季槐基地，骆惠宁登高远眺，一望无际的槐树林郁郁葱葱，满目生机。他仔细了解基地经营模式，察看槐米深加工产品，赞许双季槐集中连片种植增收又增绿。随后，骆惠宁走进槐树林，与正在劳作的农户亲切交谈，了解种植双季槐的生产成本与收益。他对随同调研的有关负责同志说，要打造区域性槐米交易市场，对接龙头企业，支撑槐米基地能够持久稳定发展。

芮城是我省苹果出口量最大的县。三道斜村现代苹果示范园内，套袋苹果果实累累，骆惠宁走进果园察看苹果长势，了解农技推广服务情况。强调要推广绿色种植技术，培养更多新型职业农民。要深化农业科技服务改革，充分调动科技人员的积极性，依靠科技提高苹果收益水平。在与惠丰果业合作社负责人王亚平的交谈中，骆惠宁详细询问外贸出口等情况，鼓励企业加强品牌建设，用品牌更好占领国内外市场。

永济市太宁村引进优势企业，发展葫芦种植、雕刻、旅游于一体的特色文化创意产业。骆惠宁观看形态各异的葫芦创意产品，并与村里的干部群众围坐拉家常，聊农情，话增收，问的都是群众关心的身边事。当他说到希望葫芦产业真正成为群众增收致富的“宝葫芦”时，大家发出欢快的笑声。

当前正值主汛期。骆惠宁来到大禹渡扬水工程一级泵站，考察引黄提水灌溉、防汛抗旱措施落实情况，听取全省防汛形势和防汛工作汇报。他指出，防汛任何时候都不能大意。要进一步强化防汛减灾措施，加强重点部位巡查防守，加强堤坝、水库等重要设施除险加固，有效处置突发险情，严密防范山洪等灾害，确保全省安全度汛。

在亚宝药业集团，骆惠宁察看了公司研发的特色药品和生产线，他对企业充分利用国内外优秀人才建立研发平台，不断推出新产品给予充分肯定，希望企业充分利用市场机制参与扶贫，实现企业发展与农民脱贫的双赢。在中车永济电机公司考察时，骆惠宁希望企业发挥创新优势、龙头效应，进一步融入山西经济转型，带动配套产业集群发展。

7月20日下午，骆惠宁主持召开座谈会，听取运城工作汇报。他对运城市委市政府坚决贯彻中央大政方针和省委决策部署，各方面工作取得新进展给予充分肯定。骆惠宁希望运城全面把握、认真贯彻省委十一届四次全会各项部署，把实现“两个持久”的工作目标，作为贯彻落实习总书记视察山西重要讲话精神的关键来抓。他要求运城以永远在路上的精神，坚持全面从严治党，在努力实现党内政治生态持久的风清气正上下功夫、见实效；坚持创新驱动，走出无煤少煤市经济转型发展的新路子，在努力实现经济转型发展持久的强劲态势上下功夫、见实效。

骆惠宁强调，运城是农业大市，做好“三农”工作具有特殊重要意义。要高度自觉地坚持把“三农”工作作为重中之重，在解决“三大任务”方面走在全省前列。一要扎实推进农业供给侧结构性改革，以发展功能农业为引领，围绕苹果、粮油、中药材以及食品加工等产业，打好特色优势牌，打造一批特色农产品生产基地，实施品牌战略，加强标准化建设，加快培育壮大农业龙头企业及各类市场主体。二要扎实推动农民大幅增收，把劳务输出放到战略位置，深化农村改革，壮大集体经济，补上农民收入的短板。三要扎实推进幸福宜居新农村建设。统筹城乡发展，加快县域经济发展，提升县城对农村的带动力，不断提高城镇化水平。抓好农村环境集中整治，解决好农村环境“脏乱差”的问题；加强农村基础设施建设，着力解决农民群众最急需的饮水安全、道路硬化、房屋改造等突出问题，注意保持村庄民居特色；扎实推动公共服务向农村延伸，加强农村教育、医疗、文化和社会保障体系建设；充分挖掘利用运城农村深厚的文化积淀，打造乡村文化旅游品牌，留住乡风、乡愁、乡韵。要全面落实省委加强“三基建设”的部署，抓好农村基层组织建设，打造一支适应农业现代化要求、适应新农村建设的农村干部队伍。

期间，骆惠宁还主持召开座谈会，与省直有关部门、部分市县党委主要负责同志共同分析经济形势。

王赋参加调研和座谈。

骆惠宁在大同调研时强调

克服资源型地区眼睛向内的习惯 整体上转过身来 眼睛向外 登高望远 以开放的心态推进转型发展 争当对外开放和能源革命“尖兵”

8月3日晚至6日，省委书记、省人大常委会主任骆惠宁深入大同市进行调研。他强调，要坚持以习总书记视察山西重要讲话精神为指引，全面贯彻省委十一届四次全会作出的部署，聚焦“两个持久”工作目标，加快经济转型步伐，打造内陆地区对外开放新高地，争当能源革命排头兵，扎扎实实做好改革发展稳定和党的建设各项工作，为党的十九大胜利召开营造良好环境。他要求大同把发展非煤现代产业作为主攻方向，在转型发展上取得新突破，争当对外开放和能源革命“尖兵”。

骆惠宁深入位于燕山—太行山连片特困地区的广灵、灵丘、浑源、阳高、天镇等国定贫困县，考察调研深度贫困地区脱贫攻坚。在广灵县南村镇周图寺村，骆惠宁走访贫困家庭，看望驻村扶贫工作队和第一书记。在浑源县永安镇易地扶贫搬迁集中安置点，骆惠宁实地察看正在施工的新社区，强调整村搬迁要坚持“六环联动”，新区安置配套、产业就业保障、社区治理跟进、旧村土地复垦利用等工作要统筹谋划，做到环环相扣。在天镇县考察晋能集团光伏扶贫电站时，骆惠宁嘱咐企业探索在太阳能电池板下板边种草和中药材，带动周边贫困群众增收。在阳高县，骆惠宁实地考察生态治理成效，勉励当地干部弘扬大泉山精神，走出生态扶贫新路子，把增绿和增收更好统一起来。骆惠宁十分关注大同转型发展和生态修复保护情况。他考察了大同国际陆港、通用航空产业园项目，希望加快建设步伐，打造大同对外开放新平台、转型升级新引擎。在同煤集团恒安新区，骆惠宁了解“三供一业”分离移交情况，指出要用改革的办法发展社区服务业，更好满足居民多样化、个性化需求。在同煤国电同忻煤矿，骆惠宁希望企业加快技术创新步伐，提升智能化装备集成配套能力，培育竞争新优势。骆惠宁实地察看了桑干河流域生态修复治理，强调牢固树立生态文明理念，把“七河整治”这一战略任务抓好。骆惠宁还到位于灵丘县的宗银银制品制造公司进行调研，鼓励企业开发新产品，促进旅游业发展。

8月6日上午，骆惠宁主持召开座谈会，听取大同市和同煤集团工作汇报。他对大同市坚决贯彻中央大政方针和省委决策部署，各方面工作取得的新进展新成效给予充分肯定，希望大同市深入贯彻落实省委十一届四次全会精神，坚持以习总书记系列重要讲话精神和视察山西重要讲话为指引，落实好省委制定的两个实施意见，做好当前各项重点工作，为党的十九大胜利召开营造良好环境。要抓住机遇，用非常之力、恒久之功推动转型发展，摆脱煤炭依赖的思维方式，坚持环保倒逼转型，深化供给侧结构性改革，做能源革命的“尖兵”，把发展非煤现代产业作为转型发展的主攻方向，实现多点产业支撑、多元优势互补。要抓紧补上县域经济短板，高度重视并大力推进农业供给侧结构性改革。要坚持以超常举措攻坚深度贫困，注重抓好易地扶贫搬迁和特色产业扶贫。要推动全面从严治党向纵深发展，打好净化政治生态组合拳，扎实推进“维护核心、见诸行动”主题教育，搞好巡视整改自行“回头看”，下功夫抓好“三基建设”。领导干部要自觉践行“五倡导五反对”，带头转变作风。要把严肃党内政治生活的成果转化为促进党的事业发展的持续动力，把广大党员干部的精气神引导到改革发展上来。

骆惠宁对大同做好对外开放工作提出要求。希望把握战略定位，把大同打造成山西对外开放的桥头堡，发挥引领作用。一要不断优化营商环境。通过全面深化改革，建设“制度高地”“环境高地”和“创新高地”，打造稳定公平透明、可预期的营商环境，降低企业经营成本，集聚更多创新要素。既要对外资开放，也要对民间资本开放。用开放倒逼改革，用好转型综改试验区先行先试的政策优势。借助晋商晋才回乡创业创新工程引资引智，完善扩大开放的支撑条件。要形成与开放发展相适应的思想观念、工作导向、政策举措和制度安排，提升领导干部的开放本领，增强全社会的开放意识，形成开放发展的大氛围、大格局。二要以开放助推转型。由于长期以来发展路径的依赖，资源型地区容易养成眼睛向内的习惯。关起门来不可能转型。大同要整体上转过身来，眼睛向外，登高望远，以开放的心态推进转型发展。要深度融入京津冀协同发展战略，把服务和对接雄安作为融入京津冀协同发展的战略切入点，积极融入“一带一路”国家战略。把扩大招商引资与构建多元化中高端产业体系结合起来，加快开发区“三制三化”改革，探索与京津联办园区，提升招商引资能力和有效性。三要用好文化旅游这张开放“名片”。以建设国际一流全域旅游目的地为战略目标，抓住大同建设国家级旅游业改革先行区的重大机遇，进行系统的顶层设计，用高端策划、战略投资，抓好云冈石窟、悬空寺等旅游景区集成建设，激活古长城、古城墙、火山群等资源，做大冰雪产业，开发红色旅游资源，提供更多优质文化旅游产品。加快文化旅游业提档升级步伐，使文化旅游业真正成为拉动地方经济的重要支柱产业。骆惠宁充分肯定同煤集团长期以来为地方发展作出的突出贡献，希望同煤集团深化供给侧结构性改革，带头推进国企改革，加快能源革命和创新发展步伐，为大同经济转型升级作出新贡献。

张吉福、王赋参加调研和座谈。

骆惠宁在山西大学太原理工大学慰问教师进行调研时强调

加快高校改革发展步伐
建设特色鲜明优势突出高水平大学

9月9日，在第33个教师节来临之际，省委书记、省人大常委会主任骆惠宁来到山西大学、太原理工大学，看望慰问人民教师，向全省广大教师和教育工作者致以崇高敬意和节日问候，并就高校改革发展进行调研。

金秋的大学校园，绿草茵茵，生机勃发。骆惠宁看望慰问了山西大学乔全生教授、张靖教授，太原理工大学许并社教授、赵阳升教授等学科带头人。在山西大学语言科学研究所，骆惠宁对他们潜心晋方言研究，在人文学科领域取得丰硕成果表示赞赏；在量子光学与光量子器件国家重点实验室，得知他们正与企业联合开展量子通讯试验，骆惠宁指出，要支持创新技术推广应用，加快产业化步伐。在太原理工大学新材料工程技术研究中心，骆惠宁了解新型光电材料产品和产业化情况，嘱咐随行有关负责人，要用政策引导企业与高校联合开展中试，完善产学研联动机制；太原理工大学在原位改性采矿科学的前沿领域持续攻关，探索采矿采油采气的革命性变革，骆惠宁对此感到十分高兴。强调指出，建设优势学科既要有高原，又要有高峰，对有基础、有前景的重点优势学科，要给予大力支持，鼓励其在转型发展中发挥更大作用。

骆惠宁主持召开山西大学、太原理工大学领导班子成员座谈会，逐一听取大家的意见建议，就一些重点问题进行交流探讨。骆惠宁指出，一个地区的综合实力、竞争力、发展潜力离不开教育的支撑，高水平大学是创新的重要引擎。山西大学、太原理工大学是我省高等教育的领头羊，要放眼全球全国高等教育发展趋势，立足山西实际和两校特点，把准比较优势和发展潜力，建设特色鲜明、优势突出，在全国有一定影响的高水平大学。当前，山西整体发展进入一个新的阶段，转型处于关键时期。两所大学要更好把握大势、抓住机遇，明确定位、锁定目标，坚韧不拔、持续奋斗。要在建设转型综改试验区和争当能源革命排头兵中发挥引领作用，在高等教育改革创新中发挥先行作用，在打造一流学科和学术带头人中发挥示范作用，在加强高校思想政治工作中发挥表率作用。

骆惠宁指出，要认真贯彻中办、国办《关于深化教育体制机制改革的意见》和教育部等五部委《关于深化高等教育领域简政放权放管结合优化服务改革的若干意见》，深入推进高校体制机制改革。要转变思想观念，有刀刃向内的精神，有啃硬骨头的劲头，敢于和善于改革，通过改革弥补短板，为百年老校增添新的光彩。要抓住用好国务院出台支持山西省进一步深化改革促进资源型经济转型发展意见的历史性机遇，加强与京津地区高水平大学的合作，通过借力发展增创新的优势。

骆惠宁指出，要按照中央和省委的部署要求，扎实抓好高校思想政治工作。把思想政治工作贯穿教育教学全过程，把立德树人作为中心环节，教育引导大学生树立正确的世界观、人生观、价值观。要以改革创新精神，把思想政治教育融入专业课程，让思政课真正活起来。要加强和改善党委对高校思想政治工作的领导，加强高校“三基”建设和思想政治工作队伍建设。

骆惠宁指出，要把高校改革发展摆在全局和战略位置，进一步加大对高校改革发展的领导和支持力度，及时研究解决重大问题，各地各部门要积极支持配合高校工作。要配好建强高校领导班子，支持高校深化体制机制改革，落实高校办学自主权，走出高校改革发展新路，实现两校的奋斗目标。

王清宪、王赋、张复明参加有关活动。

骆惠宁在省政法单位调研时强调

让人民群众切实感受到公平正义就在身边

9月27日，省委书记、省人大常委会主任骆惠宁深入省法院、省检察院、省司法厅调研，并召开政法工作座谈会。他强调，全省政法战线要始终自觉践行习总书记对政法工作的指示精神，把促进公平正义作为核心价值追求，认真履行职责，坚持秉公用权，让人民群众切实感受到公平正义就在身边。

在省法院，骆惠宁指出，要坚持公正司法、执法为民，拓展诉讼服务功能，解决好老百姓打官司难的问题。在省检察院，骆惠宁希望进一步深化司法体制改革，更好履行法律监督职责，不断提高公诉质量和效率。在省司法厅，骆惠宁详细了解法律援助情况，指出，要不断完善便民利民措施，为群众提供更便利更有效的法律援助服务。骆惠宁强调，党的十九大即将召开，全省政法机关要坚持守土有责、守土尽责，全力维护大局稳定，保障人民安居乐业，为党的十九大胜利召开营造安全稳定的社会环境。

在随后召开的座谈会上，骆惠宁对2017年以来全省政法工作给予充分肯定。他强调，要按照习总书记“肩扛公正天平、手执正义之剑，以实际行动维护社会公平正义”的谆谆教诲，把公平正义作为政法工作的生命线，守好维护社会公平正义的最后一道防线。

骆惠宁指出，要弘扬法治精神，坚决捍卫法律权威。坚持把法治精神当作主心骨，带头遵守法律、厉行法治，做知法、懂法、守法、护法的执法者。坚持法律面前人人平等，推动社会信用体系建设，认真解决执行难问题，切实做到有法必依、执法必严、违法必究。要完善公共法律服务体系建设，大力加强和改进法律援助工作，深化法制宣传，努力形成尊重法律、崇尚法治的良好社会氛围。

骆惠宁指出，要扎紧制度笼子，切实规范权力运行。以解决影响司法公正、制约司法能力的体制性、机制性、保障性障碍为突破口，继续深化司法体制改革，创新法官检察官监管方式，进一步提高司法质量效率和公信力。要以解决群众反映强烈的随意执法、粗放执法和“关系案、人情案、金钱案”等突出问题为着力点，健全完善执法司法规范化长效机制，健全违反法定程序干预司法的登记备案通报制度和责任追究制度，努力使每一起案件的办理都成为维护促进社会公平正义的具体实践，努力让人民群众在每一起司法案件中都感受到公平正义。

骆惠宁指出，要坚持公开透明，着力强化监督制约。健全权力运行制约和监督体系，坚持有权必有责、有责要担当，用权受监督、失责必追究，拓宽人民群众依法参与司法、监督司法的渠道，更好发挥律师对司法的专业监督作用，自觉接受媒体监督，最大限度地减少权力出轨、寻租机会。要按照公开是常态、不公开是例外的原则，能公开的全部公开，着力推进审判公开，大力推进检务公开，不断推进警务公开，真正让暗箱操作没有空间、司法腐败无法藏身。

骆惠宁指出，要加强队伍建设，始终保持清正廉洁。按照政治过硬、业务过硬、责任过硬、纪律过硬、作风过硬的要求，加强正规化、专业化、职业化建设，把思想教育与严格自律结合起来，把正风肃纪与关心厚爱结合起来，把以上率下与担当责任结合起来，深化政法干警核心价值观教育，坚决扫除政法领域的腐败现象，努力建设一支信念坚定、执法为民、敢于担当、清正廉洁的政法队伍。政法各单位主要负责同志要扛起全面从严治党主体责任，推动本单位本系统形成风清气正的执法司法生态。

骆惠宁在讲话中强调，全省政法综治战线要带头贯彻落实习总书记会见全国社会治安综合治理表彰大会代表时的重要讲话精神，坚定不移走中国特色社会主义社会治理之路，把专项治理和系统治理、综合治理、依法治理、源头治理结合起来，着力推进社会治理系统化、科学化、智能化、法治化，努力建设更高水平的平安山西。

商黎光、王赋、邱水平、杨司参加有关活动。

骆惠宁在省直宣传文化单位调研时强调

以改革精神加快媒体深度融合发展

9月29日，省委书记、省人大常委会主任骆惠宁深入省直宣传文化单位调研。他强调，要深入学习贯彻习总书记关于宣传思想文化工作的重要讲话精神，牢牢把握正确政治方向和舆论导向，加快推进媒体深度融合创新发展，为走好新征程、探出新路子、创造新业绩提供强大精神力量。在省委网信办，骆惠宁了解网络舆情有关情况，强调要依法管网治网，大力弘扬正能量，维护网络和信息安全。在山西广播电视台、山西演艺集团、山西日报报业集团，骆惠宁与演播人员、编辑记者亲切交流，了解文艺体制改革、媒体融合发展情况，勉励他们深化改革、深入群众，传播党的声音，表达人民心声，以优秀作品鼓舞人，推出更多有影响的融媒体产品，打造主流媒体和新兴媒体舆论强势，丰富群众精神文化生活。

期间，骆惠宁主持召开座谈会，听取今年以来我省宣传工作及省内媒体融合发展情况汇报，对宣传战线取得的成绩给予充分肯定。他指出，要深入贯彻落实习总书记关于宣传思想文化工作的重要讲话精神，按照已定部署，继续扎实做好各方面工作。要进一步深化对习总书记系列重要讲话精神的学习研究宣传，大力营造团结奋进的舆论氛围，培育践行社会主义核心价值观，推动文艺繁荣发展，深化文化体制改革，牢牢掌握意识形态工作领导权管理权话语权。他强调，当前，要坚持正确导向，唱响主旋律，为党的十九大胜利召开营造良好舆论环境。

骆惠宁指出，随着网络和数字技术迅猛发展，媒体格局发生了深刻变革，加快媒体融合发展是世界潮流、时代大势。近年来，省主要新闻单位都在探索适合自身的融合发展路径，取得了一定成效。要进一步把握大势，增强危机感和紧迫感，加快融合发展这场革命性变革的步伐，不断提升传播能力、业务能力和创新能力，努力走出一条体现时代要求、符合山西实际的媒体融合之路。为此他提出四条要求。一是发展战略要移动优先。紧跟潮流和方向，顺应移动化大趋势，强化移动优先意识，实施移动优先战略，抢抓移动互联网入口，让新闻产品从“桌面上”走向“手指间”。二是采编发方式要全面再造。按照“融为一体、合而为一”的要求，重构策划、采访、编辑、播发等运行方式，实现“全媒体采集、全品类生成、全终端传播”的工作格局。三是体制机制要大力创新。科学建设主流媒体生产加工新闻资源的“公共厨房”，逐步带动全省各级媒体，实现生产传播系统、技术应用、平台终端等互通共享，转型升级。探索与国有企业“结亲”联姻；改制上市，向资本市场融资。加强与中央主流媒体、国内知名商业网站合作，达到互利共赢。四是队伍建设要着眼全媒。结合“三基建设”，强化专业培训，加大人才培养与引进力度，建立与媒体融合发展相适应的激励约束机制，打造全媒记者、全媒编辑、全媒管理人才，组建一支数量充足、素质过硬的全媒化、复合型“集团军”。

骆惠宁强调，媒体深度融合有“变”，也有“不变”。一是政治方向不能变。坚持党管媒体的根本原则不变，特别是党性原则、马克思主义新闻观、正确舆论导向、正面宣传为主基本方针不变。二是内容为王的原则不能变。以“工匠精神”锤炼新闻精品，讲好山西故事，以内容优势赢得发展优势。

骆惠宁强调，加快媒体深度融合必须精心组织、精准发力。省文化体制改革和发展工作领导小组要把融合发展摆在重要位置，加强统筹协调。各地党委要研究重大问题，帮助解决困难。宣传部长要当好“前线指挥”，各媒体主要负责同志要当好“突击队长”，新闻单位广大职工要当好“战斗员”。省级主流媒体应主要依靠自身努力，闯出一条生路，省有关部门也要大力支持，形成共同推进媒体融合创新发展的合力。

王清宪、王赋参加有关活动。

骆惠宁在太原调研民生工作时强调

始终把人民对美好生活的向往作为我们的奋斗目标

党的十九大召开前夕，10月9日，省委书记、省人大常委会主任骆惠宁与部分十九大代表一起深入太原市基层，就民生工作进行调研考察。他强调，要坚持以人民为中心的发展思想，不断保障和改善民生，加快发展各项社会事业，提高公共服务水平，切实增强人民群众获得感幸福感。

骆惠宁十分关注太原市大气污染环境治理。冒着连绵秋雨，他来到尖草坪区南下温村，听取散煤治理、“煤改气”“煤改电”汇报，入户察看取暖设施，与有关部门算工程投入、生态效益的大账，与村民算一家一户的小账。大家说，以前烧煤家里烟雾瘴气还辛苦，煤改气干净省钱还省事。看到群众满意，骆惠宁十分高兴。他叮嘱有关部门要定期检测管网，确保群众用气安全。在太古供热项目中继能源站，骆惠宁了解太原市清洁供热覆盖情况，明确要求保障热源气源供应，按时高质供热，让居民清洁温暖过冬。随后，骆惠宁踏着泥泞来到九院沙河黑臭水体治理工程现场，了解太原市“八河”综合治理工程进展情况，强调要把生态环境综合治理作为重要民生工程，加大力度，全力推进，打造天蓝、水清、地绿的美好环境，让城市更美丽，让群众生活更舒心。

新建的阳曲县首邑国际学校大盂校区实行寄宿制九年义务教育，安置该县200多名贫困户子女入学。骆惠宁听取太原推进教育均衡发展情况介绍，与来自贫困山村的老师和生活管理人员深入交流，希望他们负起立德育人的神圣职责。他指出，要通过集团式发展、委托管理、远程教育、对口支教、教师培训、寄宿制等途径，促进城乡教育均衡发展，实现县域城乡教育一体化。在太原市社保大厦，骆惠宁与前来咨询创业就业政策的大学生亲切交谈，勉励他们用好政策，开拓人生，并对在场的省有关方面负责人说，要实施大学生创业就业培训工程，由企业和园区提出需求，实行定向订单培训，缓解结构性就业矛盾，为经济转型发展提供人力支持。

在北营社区卫生服务中心，骆惠宁了解家庭医生签约服务、医联体建设情况，他说，要通过深化改革，进一步推进县乡医联体全覆盖，探索省市医院与基层医疗机构建立更紧密合作关系，不断提高家庭医生签约率和服务水平，让常见病在家门口就能得到较好的医治。骆惠宁来到亲贤社区养老服务中心，了解养老服务情况，他说，要大力弘扬尊老爱老护老的中华民族传统美德，发挥社会主义制度优越性，加强养老服务体系和产业发展，让老年人老有所养、老有所乐。

随后，骆惠宁与来自社区、企业、学校、农村的基层党员群众座谈，重温习总书记关于“人民对美好生活的向往，就是我们的奋斗目标”的重要指示，倾听民声，感受民意，听取意见建议。激励年青人、大学生到农村创业，运用网络终端推进社会治安综合治理，发动群众开展人民调解，打造新型社区服务中心，加强中小型非公单位党建工作，等等，大家用朴实的语言，通过一个个百姓故事，讲述着山西这一年多发生的巨大变化；表达出自己对党的十九大的期盼，衷心希望党更好国更强民更富。骆惠宁仔细听、认真记，不时与大家交流。他说，大家讲得很好，我们要把大家的心声带到十九大会议上去。每个党员尤其是党员干部一定要牢记“人民对美好生活的向往，就是我们的奋斗目标”。近年来我省民生工作取得重要进展，但也存在不少薄弱环节。无论是经济困难时还是经济好转了，都要坚持不懈抓好民生。他说，改善民生与推动发展是相互促进的，完善惠民政策与发动群众共建共享是相互统一的，落实各项部署包括惠民政策都需要加强“三基建设”，持续转变作风，大家要共同努力。骆惠宁强调指出，即将召开的党的十九大必将把中国特色社会主义宏伟事业全面推向前进，我们有足够理由增强“四个自信”。临别，社区居民纷纷围拢上来，骆惠宁祝愿大家生活越过越好。

在并的基层十九大代表牛国栋、李丽珠、谢涛、薛晨阳一同调研。

罗清宇、王赋参加调研。

骆惠宁在向大学生宣讲十九大精神时强调

进入新时代 努力走在前

11月20日，省委书记、省人大常委会主任骆惠宁深入中北大学，向大学生面对面宣讲十九大精神，强调青年大学生要以习近平新时代中国特色社会主义思想为指引，认清时代变革，走在新时代前列，在实现中国梦的生动实践中放飞青春梦想，在为人民利益不懈奋斗中书写人生华章。

宣讲前，骆惠宁就科技创新做了调研。在超重力化工工程技术研究中心，骆惠宁察看实验装置，了解与企业开展合作情况。在电子测试技术国防科技重点实验室、信息探测与处理省重点实验室，骆惠宁听取新型传感器、在线信息检测、北斗系统位置服务等技术研发、成果应用介绍，观看中北大学大学生创新教育成果展。他指出，要把加快科技成果转化作为深化科技体制改革和高校改革、推动科技创新的重要内容加以深入研究。要通过政策引导、机制创新，引入风投资金等，打通产学研结合的渠道，解决好“桥”和“船”的问题，充分发挥科技创新的引领和战略支撑作用。中北大学要发挥国防军工科研优势，为军民融合发展贡献力量。

学校图书馆里，百余名师生聆听了骆惠宁对十九大精神的深入宣讲。张静雨、阿热孜古丽、吴宗源、洪超、张恩友等五位同学先后发言。他们联系个人成长进步、家乡和山西的巨大变化，畅谈学习十九大报告的体会，表达与山西共发展、与祖国共圆梦的责任担当。骆惠宁认真听取发言，并就新媒体推送、大学生了解时政新闻、生态环保、山西发展等与大学生互动交流，会场气氛热烈活泼。骆惠宁侧重就中国特色社会主义进入新时代向大学生宣讲了十九大的有关精神。他说，作为青年大学生，学习领会十九大精神，一定要搞清楚为什么讲进入了新时代、新时代的内涵和意义是什么、新时代是青年人的时代。他结合十八大以来党和国家大局9个方面的“明显改变”，山西实现重大历史性转折，人们日常生活的感受，指出十八大以来五年的历史性变革，直接催生了中国特色社会主义新时代。进入新时代，根本在于我们党有习总书记这一坚强的领导核心，我们的事业有习近平新时代中国特色社会主义思想的科学指引。他说，十九大报告用“五个时代”对新时代的深刻内涵作了全面阐释，用“三个意味着”阐述了新时代的重大意义。看看今天的中国，我们有一个共同的感受就是祖国的日益强大。青年人是党、国家和民族的希望。赢得青年才能赢得未来。这一代青年大学生人生奋斗最佳的30多年，恰恰也是实现中华民族伟大复兴最为关键的30多年。青年大学生是新时代的建设者，是新时代的见证人。大家生逢其时，要树立远大抱负，为夺取新时代中国特色社会主义伟大胜利不懈奋斗。

骆惠宁勉励青年大学生努力走在新时代的前列。他指出，从老一辈革命家、科学巨匠、无数成功者的人生经历中可以得出一条规律，当青年人把自己的前途与国家、民族、人民联系起来，他的青春、他的人生一定是出彩的、有意义的。青年大学生要先立好志，才能施展大抱负。骆惠宁指出，当前的山西，在全国经济大格局的战略定位已经明确，经济正在步入转型发展的轨道，政治生态总体持续风清气正，山西的明天充满希望。他说，全国包括山西都在大力度推进军民融合发展，这一切都为中北学子施展才华提供了广阔天地。大家要把握好新时代带来的大好机遇，在山西富民强省的进程中，在实现强国梦强军梦的道路上，通过自身努力赢得出彩人生。骆惠宁深情寄语全省大学生要坚定理想信念，增强本领才干，保持拼搏劲头，注重修身养德，走好人生的每一步，勇做时代的弄潮儿。这场充满理论深度、时代高度的宣讲，既是深刻的思想政治课，又是充满正能量的励志教育，在大学生中产生强烈共鸣，会场响起阵阵热烈掌声。

王清宪、王赋参加宣讲活动。

骆惠宁在沿黄贫困县住村调研时强调

扎实推进脱贫攻坚 加快沿黄公路规划建设步伐

当前，全省上下正在按照省委十一届五次全会的部署，深入开展万名干部大调研活动。11月21日至23日，省委书记、省人大常委会主任骆惠宁深入临汾、吕梁沿黄贫困县，在基层听取意见，在一线解决问题。期间，他在临县寨上村住村宣讲党的十九大精神，指导脱贫攻坚工作。

初冬的沿黄山区，气温骤降。三天来，骆惠宁轻车简从，翻山越岭深入吉县、大宁、永和、石楼和临县山区，了解扶贫工作实情，看望当地干部群众。吉县28万亩苹果已成为带动脱贫增收的特色主导产业。达明一派食品公司开发的益生菌发酵果蔬原浆产品为国内首创，正供应多家果品企业，取得良好经济效益。骆惠宁希望企业用好自主知识产权，不断拓展销售市场，更好发挥龙头企业带动作用。骆惠宁肯定了大宁县实行购买式造林的改革举措，强调要把增收和增绿统一起来，创新造林资金投入方式，依托造林合作社带动贫困人口脱贫。他说，修建村间道路、小型饮水工程等应更多吸收群众参与，既为农民解决生产生活困难，又使他们在这一过程中增收。在三多乡岭头村，骆惠宁实地察看易地扶贫搬迁安置点建设，叮嘱一定要抓好旧村复垦、后续产业发展等工作。在永和二中，骆惠宁考察教育扶贫工作，指出，山区人少分散，办好教育必须深化改革，优化资源配置，适当建立寄宿制学校，既不能让一个贫困家庭孩子失学，又充分用好教育资源。

在石楼县薛家垣村，骆惠宁充分肯定当代“吕梁英雄”——已故村党支部书记梁宝29年带领村民艰苦奋斗、脱贫致富的可贵精神，强调脱贫攻坚必须选好带头人，发挥好村党支部的战斗堡垒作用，抓好党建促脱贫。在农户家中、田间地头，骆惠宁坐炕头、看圈舍，考察核桃品种嫁接提质增效，望着辛勤劳作的农户，他动情地说，“我也当过农民。一分耕耘一分收获，你们是土地的脊梁。”大家激动地与书记合影，难忘的瞬间定格在这个劳作的寒冬。

在扶贫包联县——临县，骆惠宁来到深山坳的寨上村住村调研，这是他一年多第四次来临县，第三次住农家。在寨上村，骆惠宁调研光伏扶贫项目，看望驻村工作队员，了解“三基”建设情况，在房东白运祥家简单用过晚饭，踏着夜色走访贫困户，回到房东家又召集村干、工作队员、村民代表座谈，进一步了解村里的情况，倾听大家的想法。第二天一早，骆惠宁继续走访贫困户，在枣林地与农业专家探讨解决枣裂枣烂的办法，与潞安集团技术人员一起研究土壤条件，商讨种植油用牡丹的可行性。解决问题的思路在问计于民中逐渐清晰。乡亲们听说书记来宣讲十九大精神，一起簇拥到村委大院。骆惠宁和乡亲们握手问候。年老体弱的坐前排，激动兴奋洋溢在每个人脸上。骆惠宁先邀请专家现场解答枣裂枣烂的原因和对策，种植油牡丹的模式及良好收益，随后向群众面对面宣讲十九大精神。他从优化主导产业、提高劳务水平、发展深加工业、大力移风易俗、抓好村级党建五个方面谈了对临县、寨上村发展的考虑与要求。讲话紧紧围绕如何解决好大家关心的问题，深入浅出讲思路、讲政策、讲办法，生动鲜活、接地气的讲话赢得阵阵热烈掌声。68岁的冯俊银老人坐在前排，“骆书记讲得很实在很管用，我们听得明明白白。我腿脚不利索，昨天下午在山路上走着，看到有车子来了就招手，没想到车子停下了，招呼我上车，上去骆书记就让我坐身边，问村里的事。没想到这辈子与省委书记同坐车。”老人激动地说。

骆惠宁十分关注沿黄山区旅游公路建设。调研中他专门听取相关部门关于沿黄扶贫旅游公路、黄河旅游板块发展规划汇报，指出，加快沿黄地区公路建设是关系脱贫攻坚、生态保护、文化旅游业发展的大事。目前的整体规划有特色有创新，要抓紧组织论证，按程序报批，早日启动实施，为沿黄地区脱贫攻坚、区域发展提供有力支撑。

王赋参加调研。

骆惠宁在各民主党派省委调研时强调

以习近平新时代中国特色社会主义思想为指引　汇聚起开创山西各项事业发展新局面的强大力量

11月28日，省委书记、省人大常委会主任骆惠宁来到各民主党派省委走访调研。他强调，要深入学习贯彻中共十九大精神，巩固和发展爱国统一战线，以解决问题为导向，深化合作共事，为把新时代中国特色社会主义在山西坚持和拓展好共同努力奋斗。

在各民主党派省委会机关，骆惠宁了解学习贯彻中共十九大精神、参政议政情况，主持召开换届后各民主党派负责人座谈会。民主党派省委会原主委张友君、王宁、周然、刘滇生，民革、民盟、民建、民进、农工党、九三学社省委会新任主委张复明、王维平、薛维梁、卫小春、李思进、李青山等同志先后发言，一致表示紧密团结在以习近平同志为核心的中共中央周围，在中共山西省委领导下，切实履行参政党职能，为推进十九大目标任务在山西落地贡献力量。

骆惠宁在讲话中代表中共山西省委，向各民主党派省委会新一届班子成员表示热烈祝贺，向长期为民主党派建设作出贡献、由于年龄和届期等原因离任的同志致以崇高敬意。他说，近年来，我省各民主党派按照中共山西省委的决策部署，围绕中心，认真履职，较好发挥了参政党职能作用，作出了积极贡献。当前全省正在深入学习宣传贯彻党的十九大精神，奋力谱写新时代中国特色社会主义的山西篇章，各民主党派理应也必将更好发挥独特作用。

骆惠宁指出，要树牢“四个意识”，不断夯实团结奋斗的共同思想基础。要坚定维护核心，自觉维护习近平总书记的核心地位，自觉维护中共中央权威和集中统一领导，不断加深对习近平新时代中国特色社会主义思想的领会和把握，防止学得不够、领悟得不透、联系实际不紧等问题；要坚守政治同心，强化“四个自信”，避免在涉及政治制度、发展道路等问题上产生模糊认识，做到思想上同心同德、目标上同心同向、行动上同心同行；要坚决不忘初心，传承肝胆相照、荣辱与共的优良传统，反对忘却过去、违背初衷的错误言行，始终不渝维护中国共产党的执政地位，始终不渝维护多党合作政治格局，始终不渝做中国共产党的好同志、好伙伴、好朋友。

骆惠宁指出，各民主党派要充分发挥优势，按照中共十九大的部署，积极为我省各项事业发展献计出力。要在提高参政议政水平上下功夫，重视解决有些调研活动挖掘问题欠准确、有的建言献策针对性不强等问题，做到参到恰当处、议在点子上。要在增强民主监督实效上下功夫，敢于讲真话建诤言，着力提高批评性意见建议的数量和质量，帮助我们提升执政水平。要在注重社会服务创新上下功夫，摒弃形式化、低端化、慈善化倾向，找准定位、讲求效果，适应人民日益增长的美好生活需要。

骆惠宁指出，各民主党派要强化自身建设，进一步提高履职水平。以思想和政治建设为中心环节，加强新班子建设；从多党合作和党派长远发展需要出发，抓好队伍建设；坚持日常管理有硬约束、工作推进有硬任务、业绩考核有硬指标，深化作风和能力建设。各主委要带好头、作表率，敢抓敢管、善抓善管，努力解决一些成员和机关干部不思进取、干好干差一个样等问题。要投身“万名干部大调研”活动，把自身建设融入建功立业全过程。

骆惠宁强调，各级党委要加强和改善对统一战线工作的领导，真正把各民主党派作为亲密友党，像对待兄弟一样既充分信任、又严格要求，既在思想上重视、机制上保障、工作上支持、组织上关心，又加强领导、科学分析，不搞例外、不护短，开创我省多党合作事业新局面。

座谈会上，骆惠宁与民主党派负责人真诚相待，不回避问题，深入交流互动，突出政治和政策引领，别开生面，肝胆相照。与会同志都感受到了一股新风扑面而来，会场始终洋溢着团结、生动、活泼、奋进的气氛。

廉毅敏、王赋参加调研。

骆惠宁在省转型综改示范区调研并召开座谈会强调

对标一流　增强活力　引领转型
推动开发区改革创新发展实现更大突破

12月4日，省委书记、省人大常委会主任骆惠宁来到省转型综改示范区调研，考察开发区建设情况，主持召开座谈会。他强调，推动开发区改革创新发展是重大战略举措，要加快改革、有效招商、引领转型，真正使开发区成为全省转型发展的主战场。

推进开发区改革创新发展，对于我省加快创新驱动、转型发展、深化改革、扩大开放具有重大意义。2016年12月初，省委省政府召开开发区改革创新发展会议，出台《关于开发区改革创新发展的若干意见》，开发区二次创新创业的大幕由此拉开。一年来，骆惠宁十分关注开发区改革建设情况。此次，他来到省转型综改示范区，侧重了解项目引进和服务企业情况。他对示范区一枚印章管审批、一支队伍管执法、一个大厅管服务，在不到十个月内引进62个新兴产业项目，以及为企业提供系统化、专业化、便捷化服务的探索和成效给予肯定。骆惠宁还考察了中天信、江铃重汽、中电科新能源等示范区企业，他希望企业坚持创新发展，积极拓展市场。

当天下午，骆惠宁主持召开座谈会，听取全省开发区改革创新发展情况汇报，省开发区工作办公室、省转型综改示范区、晋中、临汾、运城开发区和平定县委主要负责人分别发言。骆惠宁在讲话中指出，一年来，各级党委政府、各开发园区积极努力，抓规划、抓改革、抓项目，开发区改革创新取得突破性进展，为全省转型发展注入新的活力。同时也要看到，全省开发区的改革创新发展还很不平衡，部分地方、开发区还存在思想认识不到位、改革举措不到位、领导工作不到位的问题。他指出，各地各开发区要全面贯彻省委省政府对开发区二次创新创业的部署，主动对标一流，开展“找差距、补短板”活动，用改革的思路和办法，加紧破解存在的问题，“三制”改革年内要到位，以切实增强开发区建设的活力。他指出，要认真谋划，推动明年开发区改革创新发展取得更大成效。各级党委政府要牢牢把开发区改革创新发展抓在手上，真正把开发区作为推动转型发展的重要载体，打造“尖兵部队”。各开发区负责同志要加强学习，积极借鉴先进开发区的做法经验，跟上时代步伐，成为抓开发区建设的行家里手。省各有关部门都要把开发区建设作为分内之事，形成支持开发区的合力。各级党委要加强开发区干部队伍建设，培育引领转型发展的优秀骨干人才。

罗清宇、王赋参加调研座谈。王一新就开发区改革建设中的具体问题作了讲话。太原、晋中两市和全省40家省级以上开发区主要负责人，部分县委书记参加座谈会。

骆惠宁在吉利汽车生产基地调研并主持召开企业家座谈会强调

弘扬企业家精神　造就优秀企业家队伍
形成推动经济转型发展的强大力量

12月7日，省委书记、省人大常委会主任骆惠宁来到晋中市吉利汽车生产基地调研，并主持召开企业家座谈会。他强调，要制定政策、优化环境、鼓励支持，引导全省企业家适应新时代要求，主动对标一流，在转型发展中更好发挥主体作用，不断作出新的贡献。

对企业家队伍建设，骆惠宁始终高度重视。去年以来，省委省政府在深化国企改革、激活民营经济、优化营商环境、开展万名干部入企业服务等方面采取一系列举措，为企业发展和企业家成长创造了良好环境。此次调研旨在进一步推动此项工作。在吉利新能源汽车产业园，骆惠宁考察生产车间，了解企业科研、生产和销售等情况。2016年10月，骆惠宁曾在该企业考察，希望他们加快技术进步，实现规模化、集群化发展。短短一年多，这一要求正在园区变成现实，配套企业陆续入驻，生产能力显著提升，产品供不应求。对此，骆惠宁非常高兴，对企业的发展进步给予肯定，希望进一步加强新能源汽车发展趋势的研究，在千帆竞发的时候就要考虑未来市场整合中的竞争力。骆惠宁充分肯定晋中市大力培育新兴产业的做法成效。他强调，实现山西经济转型发展，必须大力推进资源型产业循环化发展、新兴产业集群化发展，这条路子一定要走出来。

随后，骆惠宁主持召开企业家座谈会，就制定省委省政府贯彻落实中央关于营造企业家健康成长环境弘扬优秀企业家精神更好发挥企业家作用的意见的若干措施，听取意见建议。14家国有企业、民营企业负责人分别发言。骆惠宁认真听、仔细问，就有关问题与企业家深入交流。大家畅所欲言，举事例、提建议，会场气氛热烈。听取发言后，骆惠宁说，各位企业家都讲了很好的意见，有关部门要认真梳理、积极吸纳。他指出，人才资源是我省最紧缺的资源，优秀企业家是人才资源中最重要的资源。要把弘扬企业家精神，建设优秀企业家队伍作为战略任务来抓。对国有企业要注重解决活力问题，对民营企业要注重解决公平问题，对各类企业都要注重营造发展环境。他在讲话中还提出，要在企业家中倡导解放思想、改革创新，倡导坚定信心、转型升级，倡导对标一流、追求卓越，倡导塑造形象、造福社会，激发企业家投身新时代中国特色社会主义事业、促进山西经济转型发展的热情与智慧。骆惠宁强调，要加强宣传引导，在全党全社会形成强有力的弘扬企业家精神的环境氛围，激励更多创业者不断成长为优秀企业家。

王赋、王一新参加调研座谈。

（本栏目内容由省委办公厅供稿）

重要会议

一、十一届省委全体会议

中共山西省委十一届三次全体会议 确定山西省出席党的十九大代表候选人预备人选 审议通过《中共山西省委关于召开中国共产党山西省代表会议的决议》 对推进“两学一做”学习教育常态化制度化、开展维护核心见诸行动主题教育进行动员部署

4月28日，中国共产党山西省第十一届委员会第三次全体会议在太原召开。会议由省委常委会主持。省委书记骆惠宁作重要讲话。会议根据党章有关规定，按照中央部署，圈选确定了山西省出席党的十九大代表候选人预备人选，审议通过了《中共山西省委关于召开中国共产党山西省代表会议的决议》。

出席会议的省委委员77人，候补委员15人，符合规定人数。会议圈选确定了我省出席党的十九大代表候选人预备人选49名，提交省党代表会议进行正式选举。会议决定，2017年5月召开中国共产党山西省代表会议。会议指出，做好十九大代表选举工作是十九大准备工作的重要组成部分，也是开好十九大的重要基础和保证。我省出席党的十九大代表候选人预备人选建议名单，是在充分发扬党内民主的基础上产生的，产生程序和各项构成比例完全符合中央要求。

会议指出，今年以来，全省上下深入贯彻落实党的十八大和十八届三中、四中、五中、六中全会精神，深入贯彻省第十一次党代会和省委十一届二次全会暨经济工作会议部署，按照“一个指引、两手硬”工作思路和要求，巩固和发展了风清气正、干事创业的良好氛围，实现了整体工作的良好开局。学用习近平总书记系列重要讲话精神进一步深化，维护习近平总书记核心地位的政治自觉进一步增强；经济发展延续了稳步向好的态势，转型发展主旋律不断增强；全面从严治党向纵深发展，构建良好政治生态在“巩固、深化、提高”中取得新成效；广大党员干部奋发干事创业，呈现良好精神面貌。这些变化和成效表明，在以习近平同志为核心的党中央坚强领导下，山西在实现由“乱”到“治”的基础上，正在进一步全面走向“大治”。

会议指出，推进“两学一做”学习教育常态化制度化，做好迎接党的十九大召开的思想政治准备，最根本的是不断增强广大党员干部维护核心的思想自觉、政治自觉、行动自觉，最关键的是把维护核心落实到行动上、融入到工作中。要认真贯彻落实中央关于推进“两学一做”学习教育常态化制度化的部署要求，抓住以实际行动维护核心、立足岗位践行讲话这个关键，在全省各级党组织扎实开展维护核心、见诸行动主题教育，形成今年推进“两学一做”学习教育常态化制度化的鲜明主题，把学用习近平总书记系列重要讲话精神全面提高到新水平。会议指出，要在真“学”实“做”上深化拓展，坚持用党章党规规范党组织和党员行为，用习近平总书记系列重要讲话精神武装头脑、指导实践、推动工作，确保党的组织充分履行职能、发挥核心作用，确保党员领导干部忠诚干净担当、发挥表率作用，确保广大党员党性坚强、发挥先锋模范作用。会议指出，推进“两学一做”学习教育常态化制度化、开展维护核心见诸行动主题教育要与中心工作深度融合，自觉把本地本单位工作放到党和国家工作大局中来考量和推进，坚持问题导向、奋力攻坚克难，不折不扣贯彻执行党中央决策部署，不折不扣贯彻执行习近平总书记对山西的指示要求，在统筹推进“五位一体”总体布局、协调推进“四个全面”战略布局上不断取得新进展新成效，以实际行动与党中央保持高度一致。会议强调，各级党委（党组）要把推进“两学一做”学习教育常态化制度化、开展维护核心见诸行动主题教育作为重大政治任务，作为加强党性教育的重要内容，落实省委要求，紧紧抓在手上，精心组织领导，确保取得实效，为全面贯彻党的理论和路线方针政策，不断塑造山西美好形象、逐步实现山西振兴崛起提供坚强政治和组织保证。

会议指出，要坚持稳中求进工作总基调，扎实做好全年

经济工作。全省经济在去年扭转经济下滑局面后，稳步向好态势更加明显，标志着我省经济已经走出了长达两年多的困难时期，为接近全国经济增长态势奠定了坚实基础。当前我省正处于经济步入合理区间的重要节点，处于创新驱动、转型升级的发力阶段，处于全面走向“大治”的关键时期。要认真贯彻4月25日习近平总书记主持召开中央政治局会议对经济形势的分析判断和对经济工作的决策部署，按照省委十一届二次全会暨经济工作会议、4月22日省委常委会作出的重要安排，坚持稳中求进工作总基调，贯彻落实新发展理念，进一步提高执行党中央方针政策的能力和水平，提高领导经济工作的能力和水平，确保全年经济平稳健康发展。要坚定转型信念，切实做到旗帜鲜明引领转型、综合施策推动转型、提高标准倒逼转型、创优环境保障转型。要落实“三去一降一补”重点任务，确保供给侧结构性改革得到深化。精心组织好重大招商活动，通过抓投资、抓项目增强发展后劲。充分发挥转型综改示范区的引领作用，推动更多转型项目落地。落实振兴实体经济的政策措施，加大金融对实体经济支持力度，充分体现干部入企服务常态化的新效应。为民间资本创造更多投资机会，提供公平发展环境。争当全国能源革命排头兵，进一步增强山西的区域发展竞争力。要积极配合中央环保督察组开展工作，认真抓好整改，以督察为契机推动全省环保工作迈上新台阶。

会议指出，要确立“改革决不能落后”的理念，增强各项工作的动力活力。牢牢把握正确改革方向，主动对表中央、对标先进，以实际行动体现改革在“四个全面”战略布局中的突破性和先导性。要深入学习贯彻习近平总书记关于全面深化改革的重要讲话精神，力争有一批改革进入全国第一方阵。“改革决不能落后”，关键在一把手，重点在精心“施工”，根本在扩大改革受益面。各级主要负责同志要主动承担改革主体责任，当好谋划推动改革的“领头羊”，对本地区本系统改革做到心中有数，手中有招。对省委常委会和省委深改领导小组提出的重点改革事项，特别是监察体制改革、国企国资改革、开发区改革、财税金融改革、人才工作改革等事关全局的重大改革，要细化方案、建立台账，有力有序推进。高度重视民生领域改革，从解决人民群众普遍关心的突出问题入手推进全面建成小康社会进程。

会议指出，要履行首都“护城河”重大政治责任，营造安全稳定社会环境。以总体安全观为指导，继续做好各项维稳工作。坚持把维护政治稳定放在首位，落实意识形态主体责任，着力化解经济金融领域风险，抓好社会稳定风险隐患大排查大整治专项行动，完善立体化社会治安防控体系。要全面落实安全生产责任，继续抓好重点行业、领域的隐患排查治理，越是煤炭市场好转，越要高度重视安全生产。要加大对维稳工作的考核力度，注重在维稳第一线和急难险重的关键时刻，锻炼干部、识别干部、检验干部。

会议强调，要对标一流、务实笃行，建设过硬队伍、锻造过硬作风。广大党员干部要不断提高学习研究的能力，加强对理论、政策、新知识、实践经验的学习；不断提高聚焦举纲的能力，善于抓住主要矛盾、盯住突出问题，攻城拔寨式地推进工作；不断提高开拓创新能力，积极与全国先进经验、做法对接。做好全年工作，一定要进一步提升标杆标准，自觉向党中央看齐、向习近平总书记看齐、向党的理论和路线方针政策看齐、向党中央决策部署看齐。紧跟国家大政走向，强化横比意识，对工作的滞后地带、薄弱环节要及时调整和加强。一定要进一步增强工作效能，切实转变作风，实实在在干事创业，真正沉下去出实招、解难题，深化政府“放管服效”改革，进一步优化营商环境。一定要进一步强化目标责任考核，切实体现积极进取精神，以不甘落后、争先进位的状态，确保今年工作取得更好成绩。一定要进一步突出巡视的政治导向，要看被巡视单位落实党中央及省委重大决策部署的情况怎么样，一把手和班子成员履职尽责的情况怎么样，进一步推动全面从严治党向纵深发展，切实把党的十八届六中全会精神贯彻好。

会议强调，山西处于关键时期，面临艰巨任务，各级领导干部必须以舍得的精神、豁得出的精神干事创业、攻坚克难。要大力弘扬革命精神和光荣传统，更好把全省党员干部的内生动力激发出来、调动起来，进一步巩固和发展我省来之不易的良好局面，进一步全面走向“大治”。要更加紧密地团结在以习近平同志为核心的党中央周围，全力做好今年各项工作，以优异成绩和良好风貌迎接党的十九大胜利召开。

中共山西省委十一届四次全体会议　深入学习贯彻习总书记视察山西重要讲话精神　审议通过《中共山西省委关于深入学习贯彻习总书记视察山西重要讲话精神的实施意见》《中共山西省委关于深入学习贯彻习总书记在深度贫困地区脱贫攻坚座谈会上重要讲话精神的实施意见》　对进一步做好下半年重点工作作出部署

(会议内容见本书《习近平总书记在山西视察》栏目)

中共山西省委十一届五次全体会议　深入学习贯彻党的十九大精神和习总书记在十九届一中全会上的重要讲话精神　进一步对全省学习宣传贯彻党的十九大精神作出全面部署　听取讨论省委常委会工作报告

11月6日至7日，中国共产党山西省第十一届委员会第五次全体会议在太原召开。会议由省委常委会主持，省委书记骆惠宁讲话。会议深入学习贯彻党的十九大精神和习总书记在十九届一中全会上的重要讲话精神，进一步对全省学习宣传贯彻党的十九大精神作出全面部署，并就做好当前工作提出要求。会议听取和讨论了骆惠宁受省委常委会委托作的工作报告。

出席会议的省委委员75人，候补委员15人。

会议指出，要深刻把握党的十九大的主题和重大意义，进一步增强在新时代展现新作为的政治责任感和历史使命感。贯彻落实党的十九大精神，第一位的政治要求就是坚定不移维护习总书记在党中央、在全党的核心地位。全省党员干部要坚定理想信念，绝对忠诚于党、更加自觉地维护和紧跟核心。要树牢“四个意识”，严格遵守政治纪律和政治规矩，始终在政治立场、政治方向、政治原则、政治道路上同以习近平同志为核心的党中央保持高度一致，坚决维护党中央权威和集中统一领导。要自觉在党和国家工作大局中谋划和推进山西工作，制定重要决策、开展重要工作都要以贯彻落实习总书记指示要求和党中央决策部署为前提，确保全省各项工作始终坚持正确方向，确保十九大精神在山西落地生根、开花结果。

会议围绕学习宣传贯彻党的十九大精神，提出七个方面的目标任务。一是深刻把握中国特色社会主义进入新时代的新要求，不断提高在山西坚持和发展新时代中国特色社会主义的水平。充分认识中国特色社会主义进入新时代的全局性战略性意义和深刻内涵，全力贯彻十九大确定的大政方针、发展战略、政策措施，以更高的境界、更强的本领、更优的作风、更好的精神状态，更好适应新时代的发展要求。要从新的高度认识党肩负的历史使命，深入贯彻习总书记视察山西重要讲话精神，清醒认识山西的时代坐标和前进方向，把新时代中国特色社会主义在山西不断推向前进。牢牢坚持党的基本路线这个党和国家的生命线、人民的幸福线，以新发展理念为指导，狠抓发展第一要务，下大气力解决我省发展不平衡不充分问题，努力满足人民群众对美好生活多样化、多层次、多方面的需要，更好推动人的全面发展、社会全面进步。二是深刻把握习近平新时代中国特色社会主义思想和基本方略，不断提高广大党员干部的马克思主义理论水平。引导党员干部充分认识习近平新时代中国特色社会主义思想的精神实质、丰富内涵、历史地位和实践要求，全面贯彻党的基本理论、基本路线、基本方略，在学以致用、解决问题上下功夫、求实效，使各方面工作更加符合客观规律、科学规律的要求，把党的创新理论转化为推动山西党的建设和党的事业发展的强大力量，进一步构建全省学用习近平新时代中国特色社会主义思想大格局。党员领导干部要从领袖思想中读懂革命理想高于天，挺起共产党人的精神脊梁，以理论的彻底增强行动的自觉，更加自觉地做共产主义远大理想和中国特色社会主义共同理想的坚定信仰者和忠实实践者。三是深刻把握决胜全面建成小康社会、开启全面建设社会主义现代化国家新征程的战略安排，不断提高全省社会主义现代化建设水平。咬定目标不松劲，统筹推进经济、政治、文化、社会、生态文明建设，坚决打好防范化解重大风险、精准脱贫、污染防治三大攻坚战。按照党中央、国务院要求，山西资源型经济转型任务要在2030年基本完成，这与基本实现现代化大致同步。从一定意义上说，山西转型发展的过程也是实现现代化的过程。我们要如期全面建成小康社会，如期实现经济转型发展目标，如期实现治理体系和治理能力现代化，大力提升山西的综合竞争力、人民生活水平和可持续发展能力，凸现山西对资源型经济转型的示范作用，力争我省整体发展水平在中西部地区位次前移。山西人民素来就有不畏艰险、百折不挠、敢于胜利的决心和勇气，在革命、建设、改革各个时期都作出了重要贡献，在全面建设社会主义现代化国家新征程上也一定会作出新的重要贡献。四是深刻把握贯彻新发展理念、建设现代化经济体系的重要任务，不断提高资源型经济转型发展水平。立足十九大报告关于我国经济已由高速增长阶段转向高质量发展阶段的判断，进一步增强推进资源型经济转型发展的紧迫感。把深化供给侧结构性改革和深化资源型经济转型综合配套改革试验区建设结合起来，切实把提高供给体系质量作为主攻方向，横下一条心，集中力量，着力培育新产业新动能，在优化存量资源配置、扩大优质增量供给上取得新突破。要用建设“资源型经济转型发展示范区”、打造“能源革命排头兵”和构建“内陆地区对外开放新高地”三大目标定位，牵引转型综改，带动整体工作，激励全省干部群众干事创业，凝心聚力跨越转型关口，用非常之力、恒久之功，真正走出一条产业优、质量高、效益好、可持续的发展新路。五是深刻把握全面深化改革的重大举措，不断提高治理体系和治理能力现代化水平。根据中央全面深化改革的大思路、大方向、大布局，结合山西实际积极先行先试，获取更大改革红利，巩固和发展全省来之不易的全面深化改革良好态势。要聚焦习总书记要求破解的资源型地区创新发展难题等“五大难题”，聚焦国发42号文件的部署和授权，尽快取得经验和制度性成果。各级领导干部要增强改革创新本领，提升先行先试能力。省委带头，各级党委要大力支持干部先行先试，坚持在转型综改主战场考验识别干部，为敢于和善于改革创新的干部担当负责。六是深刻把握坚持以人民为中心的发展思想，不断提高保障和改善民生水平。对照十九大报告和习总书记视察山西对改善民生提出的各项要求，把握社会主要矛盾变化提出的新要求，抓住人民群众最关心最直接最现实的利益问题，在幼有所育、学有所教、劳有所得、病有所医、老有所养、住有所居、弱有所扶上不断取得新进展。适应新时代人民群众新期待，把人民对物质文化生活和民主、法治、公平、正义、安全、环境等方面日益增长的要求作为谋发展、定政策的基点，使人民群众获得感、幸福感、安全感更加充实、更有保障、更可持续。充分激发全省人民创造美好生活的内生动力，实现惠民政策与发动群众共建共享相统一。要加强和创新社会治理，构建全民共建共治共享的社会治理格局。七是深刻把握坚持和加强党的全面领导、全面推进党的建设新的伟大工程的重要部署，不断提高全面从严治党水平。全省各级党委（党组）和领导干部要以高度的政治自觉和实际行动，坚决贯彻中央政治局关于加强和维护党中央集中统一领导的若干规定精神，坚决贯彻落实中央各项决策部署。要完善坚持党的领导的体制机制，使党的领导体现在各个领域各个方面。我们要牢记习总书记关于“实现党内政治生态持久的风清气正”的指示，全面落实新时代党的建设总要求和重点任务，不断提高党的建设质量。把政治建设摆在首位。持续正风肃纪反腐，认真贯彻中央对落实八项规定提出的新要求，统筹运用监督执纪“四种形态”，夺取反腐败斗争压倒性胜利。十九大报告提出国家监察体制改革试点工作在全国推开，我省作为试点省份,要继续深化试点工作,努力走在全国前列。要深入推进"三基建设",大力建设高素质专业化干部队伍,更好地适应新时代中国特色社会主义在山西蓬勃发展的需要。各级党组织和广大党员要自觉学习党章,模范贯彻党章,严格遵守党章,坚决维护党章,把党章要求贯彻到党的工作和党的建设全过程各方面。

会议指出,学习宣传贯彻党的十九大精神是当前和今后的重大政治任务和工作主题。要认真贯彻落实习总书记在中央政治局第一次集体学习、在瞻仰中共一大会址时的重要讲话精神,以刻苦钻研的劲头"学懂",以系统全面的方法"弄通",以真抓实干的精神"做实",使十九大精神成为推动各项事业发展的强大思想武器。抓好宣讲工作。分期分批对党员干部进行轮训培训。哲学社科理论界要加强重大观点研究阐释。教育部门要抓好十九大精神进教材、进课堂、进头脑的工作。工会、共青团、妇联等人民团体要开展各具特色的学习教育活动。省委常委要继续走在前列,为全省党员干部作出表率。各级党委(党组)要充分发挥中心组的学习载体作用,以县处级以上领导干部为重点,学深悟透、融会贯通。在全省开展省市县三级领导干部大调研,一方面深入宣讲十九大精神,一方面总结基层新鲜经验,把情况摸透、把问题找准、把举措搞实,进而推进当前工作、谋划明年思路,转变干部作风、提高工作本领。

会议充分肯定省委常委会近一年来的工作。指出,省委十一届二次全会以来,省委常委会高举中国特色社会主义伟大旗帜,深入学习贯彻习近平新时代中国特色社会主义思想,认真落实习总书记视察山西重要讲话精神,统筹推进"五位一体"总体布局,协调推进"四个全面"战略布局,深入实施"一个指引、两手硬"思路和要求,团结带领全省党员干部群众,奋力攻坚克难,锐意改革创新,进一步巩固和发展了去年以来的良好工作态势,推动各项事业取得新进展新成效。

会议认为,2017年,是山西发展进程中极不平常的一年,是山西经历重大转折、奋力开创新局的一年。6月习总书记亲临山西视察并发表重要讲话,为我省进一步指明了前进方向,在山西发展史上具有重要里程碑意义。在以习近平同志为核心的党中央的关心支持下,在全省3680万人民的共同努力下,山西已经翻开新的一页,迈上新的征程。

会议强调,当前山西改革发展处在关键时刻,面对决胜全面建成小康社会、打赢脱贫攻坚战的艰巨任务,面对建设资源型经济转型发展示范区、打造能源革命排头兵、构建内陆地区对外开放新高地的时代使命,面对山西人民日益增长的美好生活需要,全省广大党员干部尤其是领导干部一定要大力弘扬首创精神、奋斗精神、奉献精神,勇于担当、自加压力,迈出适应新时代节拍的铿锵步伐,创造无愧于新时代的业绩。要把雷厉风行和久久为功有机结合起来,以钉钉子精神做实做细做好各项工作。要把立足当前和着眼长远结合起来,盯紧重点目标重点任务,一个时间节点一个时间节点往前推进。要全面落实省委作出的部署,确保完成全年目标任务。要注重抓好脱贫攻坚、生态环保、维护稳定、安全生产、帮扶困难群众等守底线工作,兑现年初对人民群众作出的承诺,以实际成效赢得人民群众的信赖。

会议对做好当前经济工作做出安排。会议按照党中央统一部署,对做好人大、政府、政协换届工作提出要求。

会议号召,站在新的历史起点上,我们要更加紧密地团结在以习近平同志为核心的党中央周围,坚持以习近平新时代中国特色社会主义思想为指引,继续深入贯彻落实习总书记视察山西重要讲话精神,锐意进取、埋头苦干,为实现党的十九大确定的目标任务不懈奋斗,谱写新时代中国特色社会主义的山西篇章。

不是省委委员、省委候补委员的现职省级领导同志,省军区、省武警总队主要负责同志;省委副秘书长,省政府副秘书长,"两办"副主任;省纪委常委;省直各部门(含二级局和省政府驻外办事处)、中央驻晋单位主要负责同志;各市市委书记、市长,各县(市、区)委书记;省人大、省政协各专门委员会和工作机构主要负责同志;省管本专科院校、国有企业主要负责同志;省级以上开发区主要负责同志;我省党的十九大代表,省第十一次党代会部分基层代表列席会议。

二、省委常委会议

省委召开常委会议　深入学习习近平总书记在中央纪委七次全会上的重要讲话　传达中央纪委七次全会精神　研究山西省监察体制改革试点有关工作　讨论政府工作报告等报告

1月9日,省委书记骆惠宁主持召开省委常委会议,深入学习习近平总书记在十八届中央纪委第七次全体会议上的重要讲话,传达十八届中央纪委第七次全体会议精神,传达中央深化国家监察体制改革试点工作领导小组会议精神,研究山西省监察体制改革试点有关工作,讨论政府工作报告等报告。

会议指出,习总书记在中央纪委七次全会上的重要讲话,站在实现党的历史使命的战略全局高度,充分肯定党的十八大以来全面从严治党取得的显著成效,明确提出当前和今后一个时期工作的总体要求和主要任务,丰富和发展了马克思主义建党学说,标志着我们党对党的建设规律的认识达到了新的高度,是指导全面从严治党向纵深发展的锐利思想武器。我们要悉心领会,省委常委会带头,在贯彻落实上做到高度自觉。要以中央纪委七次全会精神为指导,认真开好省纪委十一届二次全体会议。要系统把握党的十八大以来全面从严治党的战略部署,特别是反腐败斗争压倒性态势已经形成的重大判断,辩证分析我省全面从严治党的形势,既看到构建良好政治生态取得的重大阶段性成效,也要清醒认识到“永远在路上”,增强履行管党治党主体责任的主动性和坚定性;要把握“四个相统一”的重要启示,结合省第十一次党代会的总体部署和省委全面构建良好政治生态推进会的要求,紧密联系实际,深思管党治党从宽松软走向严紧硬,需要经历一个砥砺淬炼的过程,以新的认识指导新的实践;要把握增强全面从严治党的系统性、创造性、实效性的要求,坚持标本兼治,深入推进改革,进一步研究谋划推动我省全面从严治党向纵深发展的思路举措,推动构建良好政治生态向着“巩固、深化、提高”的方向迈进。有关方面要在省委的统一领导下,扎实做好省纪委十一届二次全体会议的准备工作,坚持问题导向,深入开展调研,提出针对性强的举措,不断开创我省党风廉洁建设和反腐败工作新局面。

会议指出,深化国家监察体制改革是以习近平同志为核心的党中央作出的重大决策部署。自中央把山西确定为改革试点省份以来,省委把信任作为鞭策,积极担负起试点光荣使命,精心谋划,有序推进,保证了顺利开局、态势良好。省市县三级党委担当主体责任,一把手负总责,成立改革试点工作小组及办公室,确保了组织领导坚强有力。省市县三级纪委担当专责,各涉改单位讲政治、顾大局,形成了改革合力。试点工作中,始终注重提高政治站位,统筹安排部署;在吃透中央精神的前提下,结合实际制定实施方案;组织相关人员进行座谈培训,凝聚了思想共识;深入开展调研,研究制定省监察委员会“三定”试行方案,提出市县改革指导意见;制定完善五项工作制度,为组建后的监察委员会顺畅高效运转奠定了基础。目前,省监察委员会设立准备工作基本就绪,对市县的指导意见总体成熟,改革试点的基础工作比较扎实。下一步,要按照中央确定的改革试点“蓝图”,精心组织“施工”,努力探索可借鉴、可复制的经验,为改革全面铺开和制定国家监察法提供实践基础,向党和人民交出一份满意的答卷。会议审议通过《省纪委省监委职能配置内设机构和人员编制方案(试行)》。

会议指出,2016年,在省委的领导下,全省上下迎难而上、奋力拼搏,统筹做好稳增长、促改革、调结构、惠民生、防风险等各项工作,推动全省经济企稳回升,实现了下半年好于上半年的目标。省政府依法履行职责,做了大量富有成效的工作。实现2017年经济社会发展目标任务,要深入学习贯彻习近平总书记系列重要讲话精神和治国理政新理念新思想新战略,认真贯彻省第十一次党代会精神和省委十一届二次全会暨经济工作会议总体部署,按照“一个指引、两手硬”重大思路和要求,坚持新发展理念,坚持稳中求进工作总基调,坚持深化供给侧结构性改革与深化转型综改试验区建设有机结合,坚持以提高发展质量和效益为中心,全面实施创新驱动、转型升级战略,促进经济稳步向好,加快创新转型步伐,确保社会和谐稳定,以优异成绩迎接党的十九大胜利召开。

会议指出,2016年,省人大及其常委会认真履行宪法和法律赋予的职权,发挥了国家权力机关的职能作用。省政协及其常委会积极开展政治协商、民主监督、参政议政,凝聚了各方面力量。省法院、省检察院全面履行审判和法律监督职责,促进了法治山西建设。

会议听取了省“两会”筹备情况的汇报。同意将政府工作报告、省人大常委会工作报告、省政协常委会工作报告、省法院工作报告、省检察院工作报告,分别提请省十二届人大七次会议和省政协十一届五次会议审议。

会议还研究了其他事项。

省委召开常委会议　听取省人大常委会党组、省政府党组、省政协党组、省法院党组、省检察院党组工作汇报　传达贯彻全国宣传部长会议和全国第十次文代会、第九次作代会精神　传达贯彻全国党内法规工作会议精神

1月10日,省委书记骆惠宁主持召开省委常委会议,听取省人大常委会党组、省政府党组、省政协党组、省法院党组、省检察院党组工作汇报,传达全国宣传部长会议精神和全国第十次文代会、第九次作代会精神,传达全国党内法规工作会议精神,研究我省贯彻落实意见。

会议强调,党的领导是中国特色社会主义最本质的特征,是做好各项工作的根本保证。省委常委会专门听取省人大常委会党组、省政府党组、省政协党组、省法院党组、省检察院党组工作情况汇报,是贯彻《中国共产党地方委员会工作条例》、《中国共产党党组工作条例(试行)》,加强省委对全省工作集中统一领导、发挥省委领导核心作用的制度性安排。会议认为,2016年,省人大常委会党组、省政府党组、省政协党组、省法院党组、省检察院党组,在省委统一领导下,认真落实“一个指引、两手硬”重大思路和要求,贯彻党章要求、增强党的意识,坚持全面从严治党,坚持民主集中制,扎实开展“两学一做”学习教育,加强班子和队伍建设,全面履行职责,保证了中央和省委重大决策部署的贯彻落实,推动各项工作取得新进展,党组自身建设也得到加强。2017年是全面贯彻省第十一次党代会精神的开局之年,供给侧结构性改革的深化之年,特别是将召开党的十九大,做好各项工作意义重大。省人大常委会党组、省政府党组、省政协党组、省法院党组、省检察院党组要坚持以习总书记系列重要讲话精神为指引,进一步增强“四个意识”特别是核心意识、看齐意识,自觉在思想上政治上行动上同以习近平同志为核心的党中央保持高度一致,坚决维护党中央权威,把牢坚定正确的政治方向。要把握省委对做好2017年工作的重大要求,围绕全省工作大局,认真履职尽责,提高工作整体水平,坚决把中央和省委各项决策部署贯彻落实好。要认真履行管党治党主体责任,贯彻落实党的十八届六中全会精神,自觉践行《准则》《条例》,严肃党内政治生活,抓好党组自身建设,健全相关制度机制,指导好机关和系统党的建设,加强干部队伍监督管理。省委将全力支持省人大常委会党组、省政府党组、省政协党组、省法院党组、省检察院党组依照党内法规履行职责,推动各项事业开创新局面。

会议指出,2016年,全省宣传思想文化战线围绕中心、服务大局,理论武装、新闻宣传、文艺创作、精神文明建设等都取得了新进步,扩大了山西文化影响力。做好2017年我省宣传思想工作,要认真贯彻全国宣传部长会议精神,为开好党的十九大、开创各项事业新局面提供有力思想舆论保证和良好精神文化条件。要深化习总书记系列重要讲话精神学习研究宣传,深入反映党中央治国理政新理念新思想新战略在山西的生动实践和取得的成果。要紧扣团结奋进、凝心聚力,加强正面宣传和舆论引导工作,为塑造美好形象、实现振兴崛起营造良好舆论环境。要持续培育和践行社会主义核心价值观,注重深入家庭,融入法治,强化良好政治文化对主流价值的引领。要深化文化体制改革,推进基本公共文化服务标准化均等化,加快发展文化产业,推出更多优秀文化产品,不断改进对外宣传。各级党委要加强对宣传思想文化工作的领导,严格落实意识形态工作责任制,加强重大问题分析研判,下功夫抓好重要阵地和骨干队伍建设,提高领导和驾驭网络新媒体的能力,牢牢掌握意识形态工作主导权。会议同意近期召开全省宣传部长会议。

会议指出,加强党内法规制度建设是全面从严治党的长远之策、根本之策,对提高党科学执政、民主执政、依法执政水平具有重要意义。从省委做起,各级党委要认真学习贯彻习总书记重要批示和全国党内法规工作会议精神,自觉把抓好党内法规制度建设作为一项重要政治任务,把握正确政治方向,纳入党的建设总体安排。要按照力争到建党100周年时形成比较完善的党内法规制度体系的目标要求,围绕党内法规制度体系基本框架和主要任务,抓紧制定我省党内法规制度建设五年规划。要坚持目标导向和问题导向相统一,在进一步梳理的基础上,突出工作重点,完善配套法规制度,统筹推进立改废释工作。要充实党内法规工作力量,加强党内法规建设理论研究,健全党内法规工作联席会议制度,着力提高党内法规制定质量。要抓好党内法规制度的落实,盯住关键少数,把党内法规制度建设和执行情况作为考核评价领导班子和领导干部的重要内容,加快建立法律顾问和公职律师制度。会议同意近期召开全省党内法规工作会议。

省委召开常委扩大会议 学习讨论习近平总书记在中央政治局民主生活会上的重要讲话精神

1月15日,省委书记骆惠宁主持召开省委常委扩大会议,认真学习讨论习近平总书记在中央政治局民主生活会上的重要讲话和《中共中央关于中央政治局民主生活会情况的通报》。他强调,要把思想和行动统一到习总书记重要讲话精神上来,自觉向习总书记看齐、向党中央看齐、向党的理论和路线方针政策看齐、向党中央决策部署看齐,把具有许多新的历史特点的伟大斗争在山西进行好。

与会同志积极发言,交流学习体会。大家一致认为,习总书记在中央政治局民主生活会上的重要讲话,围绕维护党中央权威、贯彻落实党的基本路线、严守政治纪律等重大问题作了深刻阐述,思想深邃,内涵丰富,要求鲜明,为全面从严治党向纵深推进指明了方向,为领导干部加强党性修养提供了重要遵循,展示了马克思主义政治家的领袖风范。通过学习,从思想深处受到一次深刻的党性教育。

骆惠宁指出,习近平总书记作为党中央的核心、全党的核心,是在新的伟大斗争实践中形成的,赢得了全党全军全国各族人民衷心拥护。要把"四个意识"特别是核心意识、看齐意识落实到各项工作中,始终保持对党的绝对忠诚,自觉维护习近平总书记的领导核心地位,自觉与以习近平同志为核心的党中央保持高度一致。要把学习贯彻习总书记系列重要讲话精神和治国理政新理念新思想新战略作为看齐和忠诚的根本功课,在融会贯通、学以致用、全面覆盖上下功夫。要坚持把山西工作放在国家大局中思考谋划,党中央提倡的坚决响应、党中央决定的坚决执行、党中央禁止的坚决不做,保持正确前进方向,以坚定信念和强烈责任感使命感把中国特色社会主义在山西坚持和拓展好。

骆惠宁指出,要以落实《准则》《条例》为抓手,加强和规范党内政治生活,带头执行政治纪律和政治规矩。要始终毫不动摇坚持以经济建设为中心,毫不动摇坚持四项基本原则,毫不动摇坚持改革开放,使我们的总体思路、工作部署、政策措施都符合党的基本路线要求,巩固和发展我省来之不易的良好局面。要把加强党内政治生活和党内监督的各项要求落到实处,推动全面构建良好政治生态向着"巩固、深化、提高"方向迈进。在落实中央八项规定和反对"四风"上要坚持标准不降低、狠抓落实不放松、正风肃纪不手软。要深入挖掘以闻喜裴氏家族清廉持家从政为代表的优秀传统廉政文化,大力弘扬太行精神、吕梁精神、刘胡兰精神、右玉精神等革命精神,继承革命先辈的红色基因,加强党内政治文化建设,依靠文化自信坚定理想信念。从省委常委做起,各级领导干部都要修身慎行、怀德自重、清廉自守,自觉接受党和人民监督,坚决抵制特权思想,以查处的违纪违法案件为镜鉴进行警示教育,牢固树立红线意识。

骆惠宁指出,山西正处于重要历史关头,面临的挑战和风险前所未有,面临的困难和问题前所未有,面临的增长压力、转型任务前所未有,要以前所未有的精神状态,撸起袖子干、咬紧牙关上,崇尚实干、激情干事,在讲实话、干实事中检验和锤炼党性,让改革发展稳定各项任务落下去,让惠及百姓的各项工作实起来。要着力破解全面建成小康社会、加快推进经济转型升级、全面构建良好政治生态等方面的重大课题,坚决打赢脱贫攻坚这场硬仗,在深化转型综改试验区建设上取得更大进展,全面落实省第十一次党代会提出的各项任务。

会议指出,各级党委要以讲话精神为指导,在立标对表上下功夫,按照中央和省委要求,开好民主生活会,深刻领会习总书记重要讲话的深刻内涵,真正融入思想深处,进一步深化对重大问题的认识和把握,在思想认识上达到新境界。要把召开民主生活会的过程变成学习领会贯彻习总书记重要讲话、向习总书记和党中央看齐的过程,通过查摆问题、整改落实,完善工作思路和举措,进而推动全省各项工作迈上新台阶。

省委召开常委会议 传达贯彻中央有关会议精神 传达贯彻汪洋副总理在晋考察调研讲话精神 研究部署山西省扶贫攻坚工作

1月20日，省委书记骆惠宁主持召开省委常委会议，传达贯彻中央政法工作会议、全国统战部长会议、全国组织部长会议精神，传达贯彻中共中央政治局委员、国务院副总理、国务院扶贫开发领导小组组长汪洋在晋考察调研讲话精神，研究部署山西省扶贫攻坚工作。

会议指出，2016年，全省政法战线认真贯彻中央和省委决策部署，忠实履行职责使命，深入推进平安山西、法治山西、过硬队伍建设，为全省保持大局稳定和经济社会发展作出了重要贡献。2017年，全省政法机关和广大干警要以习总书记重要批示精神为指导，认真贯彻中央政法工作会议精神，以为党的十九大胜利召开创造安全稳定社会环境为主线，切实增强忧患意识，增强工作预见性、创新性、实效性，统筹落实政法工作各项任务。会议要求，要积极配合监察体制改革试点工作，深化司法体制改革，运用现代科技手段，推动政法综治工作与时俱进。要认真贯彻落实中央关于新形势下加强政法队伍建设的《意见》，按照“五过硬”要求，深入推进思想政治、纪律作风、业务能力和领导班子建设，造就一支信念坚定、执法为民、敢于担当、清正廉洁的政法队伍。会议强调，各级党委要加强和改善对政法工作的领导，牢牢掌握维护社会和谐稳定的主动权。

会议指出，2016年，全省统战部门坚决落实中央和省委决策部署，民族宗教、民主党派等工作富有成效，“双学一跟”、民企“待批项目大起底”等活动形成亮点，为全省工作大局作出了重要贡献。做好2017年统战工作，要认真贯彻全国统战部长会议精神，深入学习领会习总书记统一战线重要思想，不断提高对新形势下统战工作规律的把握。要多做凝聚人心工作，为党的十九大召开营造良好氛围。要突出工作重点，推进中央及省委关于统一战线决策部署落地。会议要求，要认真做好省级民主党派换届工作，搞好政治交接；引导非公有制经济转型发展，推出好的典型；落实好全国全省宗教工作会议精神，做好少数民族流动人口服务与管理工作；加强党外知识分子和新社会阶层工作。会议强调，各级党委要切实履行好做统战工作的主体责任，进一步加强统战干部队伍建设。

会议指出，2016年，全省组织战线在学用系列讲话、搞好四级换届、创新人才体制、营造干事创业氛围等方面很有成效，为构建良好政治生态、建设高素质干部队伍、保障全省工作大局作出了重要贡献。做好2017年全省组织工作，要以迎接党的十九大胜利召开和学习贯彻党的十九大精神为主线，以严肃党内政治生活和强化党内监督为重点，坚持稳中求进工作总基调，落实全面从严治党要求，全面提升新形势下组织工作水平，为开创我省各项事业新局面提供坚强组织保证。会议要求，要推进“两学一做”学习教育常态化制度化，推动党内政治生活《准则》落实落地。要从严抓好党员干部管理监督，加强后备干部、年轻干部队伍建设，优化干部队伍结构。要以“三基”建设为统领，全面夯实党的执政基础。要深入实施人才强省战略，用一流的政策吸引和培养一流的人才。要加强组工干部队伍建设。会议强调，各级党委要认真学习领会中央对十八大以来党的建设重大成就和宝贵经验的总结，从全面加强党的建设的高度，支持组织部门更好发挥职能作用。

会议指出，1月13日至15日，汪洋副总理深入我省太行老区武乡县调研脱贫攻坚，主持召开座谈会，就做好考核评估和脱贫攻坚作了重要讲话。会议研究了具体贯彻落实意见。一要持续压实领导责任。各级党委政府要把脱贫攻坚作为重大政治责任，始终高位推动、持续发力，坚持五级书记一起抓，各级有关部门、各方面要积极作为。二要抓好重点破解难点。加大产业扶贫力度，推进金融创新扶贫，积极稳妥推进易地搬迁，提高劳务输出组织化程度。三要积极推进制度创新。深化生态保护脱贫、资产收益扶贫等领域改革，最大限度增加贫困户收益。四要严格考核督查机制。较真碰硬，坚持考结果和考过程相统一，加强专项考核和专项督查，在脱贫攻坚第一线考验干部、锻炼干部、使用干部。

会议审议了《省委常委会2017年工作要点》《省政协2017年度协商工作计划》。

会议还研究了其他事项。

省委召开常委会议 传达贯彻全国老干部工作先进集体和先进工作者表彰大会精神 审议通过《“健康山西2030”规划纲要》《关于贯彻落实〈国家创新驱动发展战略纲要〉的实施方案》

2月8日，省委书记骆惠宁主持召开省委常委会议，传达贯彻全国老干部工作先进集体和先进工作者表彰大会精神，审议通过《“健康山西2030”规划纲要》《关于贯彻落实〈国家创新驱动发展战略纲要〉的实施方案》。

会议指出，习近平总书记对老干部工作的重要指示，充分体现了党中央对广大老干部的尊重关心和对老干部工作者的殷切希望。老干部是党执政兴国的重要资源，是推进中国特色社会主义伟大事业的重要力量。山西是革命老区，广大老干部在不同时期为党的事业、为山西发展作出了重要贡献。要全面落实中央要求，以高度责任和深厚感情做好老干部工作，充分发挥老干部在塑造山西美好形象、实现山西振兴崛起中的优势和作用，引导广大老干部关心和支持党内政治文化建设，发挥好老干部对年轻党员干部的传帮带作用。要创新思路、多措并举，加强和改进老干部党建工作、思想政治工作、老年文化工作，认真落实老干部政治待遇，做好特殊困难老干部帮扶工作。要切实加强对老干部工作的组织领导，加强老干部工作队伍建设，不断提升全省老干部工作整体水平。

会议指出，推进健康山西建设，事关全省人民福祉，是省委、省政府对全省人民的郑重承诺。要深入贯彻落实习近平总书记在全国卫生与健康大会上的重要讲话精神，按照省委十一届二次全会暨经济工作会议的部署，牢固树立“健康优先”发展理念,全方位、全生命周期维护和保障人民健康,为全面建成小康社会提供坚实健康基础。要普及健康生活、优化健康服务、完善健康保障、建设健康环境、发展健康产业,全面提升我省健康服务质量和水平。要普及健康知识,加强重大疾病防控,完善医疗卫生服务体系,有效治理和切实解决影响广大人民群众身体健康的突出环境问题。加强食品药品安全监管,提高对卫生突发事件的应急能力。要促进健康与养老、旅游、互联网、健身休闲、食品等行业融合发展,努力把健康产业打造成支柱产业。要深化医药卫生体制改革,创新医保、医药、医疗联动机制。要健全支撑与保障体制,加强健康人力资源建设,有效推进各项政策措施的落实,形成建设健康山西的强大合力和良好氛围。各级党委政府要切实增强推进健康山西建设的责任感和使命感,围绕规划纲要分年度制定目标任务,开展专项行动,抓宣传、补短板、强产业、促改革,不断取得健康山西建设新成效。

会议指出,综改牵引、转型发展的根本出路和第一动力在创新。要认真学习贯彻习近平总书记在全国科技创新大会上的重要讲话精神,按照省委十一届二次全会暨经济工作会议的部署,牢固树立新发展理念,坚定不移实施创新驱动发展战略,努力推动创新驱动发展成为根本动力,新兴产业成长为支柱产业,煤基产业形成新的竞争优势,科技体制和运行机制充满活力,建设具有山西特色的创新体系。要彰显科技创新在全面创新中的核心地位,围绕创新发展建立新机制、打造新引擎、培育新动能,为转型发展提供有力支撑。要依托深化转型综改试验区建设推进创新驱动,坚持对标一流的政策导向,充分发挥企业创新主体作用,培育一批高新技术企业,改造提升传统产业,大力实施产业升级“六大工程”。要深化科技体制改革,推动形成更多科技创新成果,加快科技成果转化步伐。大力发展“双创”,完善激励保障措施,为各类人才提供干事创业平台,把广大科技人员和全社会的创新积极性激发出来。各级党委政府要切实担负起领导推动创新发展的责任,提高领导科技工作的能力,提高干部队伍的科技素养和创新能力,完善以创新发展为导向的考核机制,着力建设创新生态,加快走出创新驱动、转型升级的山西路径。

会议还研究了其他事项。

省委召开常委会议　对贯彻落实全国“两会”精神作出部署　传达贯彻全国新的社会阶层人士统战工作会议精神　研究党建工作、全面深化改革和目标责任考核

3月22日,省委书记骆惠宁主持召开省委常委会议,传达学习全国“两会”精神,研究我省贯彻落实意见,传达贯彻全国新的社会阶层人士统战工作会议精神,研究2017年省委党建工作领导小组工作要点、省委全面深化改革领导小组工作要点和目标责任考核工作。

会议认为,在刚刚闭幕的全国“两会”上,我省代表委员以高度的政治责任感履职尽责,展示了山西风清气正、奋发干事创业的良好形象。会议指出,贯彻全国“两会”精神,首先要学习贯彻习近平总书记在“两会”期间发表的重要讲话。习近平总书记重要讲话强调的都是全党的大事,对做好今年工作具有重要指导意义,我们要积极主动贯彻,把山西工作放到党和国家工作大局中来考量和推进,把“四个意识”转化为实际行动。要把学习贯彻习近平总书记“两会”重要讲话与学习贯彻习近平总书记系列重要讲话精神和治国理政新理念新思想新战略结合起来,更好地用讲话精神指引山西工作,始终把握正确的方向,加大有关重要工作的推进力度,在实践中使工作思路更清晰、举措更有力,把山西的事情办好,让党中央放心,让全省人民满意。会议指出,中共中央政治局常委、中央书记处书记刘云山参加山西代表团审议时对我省工作取得的新进步、呈现出的良好态势给予了充分肯定,并就加强党内政治文化建设作了重要讲话。要把加强党内政治文化建设摆在更加突出的位置,贯穿到全面构建良好政治生态各个方面。省委常委要带头坚定政治理想、带头锤炼政治品格、带头坚守政治价值、带头弘扬自我革命精神,为广大党员干部作出表率,在加强党内政治文化建设中发挥引领示范作用。会议指出,要认真贯彻全国“两会”各项报告和决议,以奋发干事创业的精神状态,巩固和发展我省来之不易的良好局面,以优异成绩迎接党的十九大胜利召开。

会议同意省委统战部提出的贯彻全国新的社会阶层人士统战工作会议精神的意见。强调指出,新的社会阶层人士是建设中国特色社会主义事业的重要力量。各级党委要高度重视做好新的社会阶层人士统战工作,坚持“充分尊重、广泛联系、加强团结、热情帮助、积极引导”的方针,创新工作方法和平台载体,寓思想引导于服务帮助之中,充分调动新的社会阶层人士积极性,使他们更加拥护中国特色社会主义道路,在各个领域进一步发挥聪明才智。

会议审议通过省委党建工作领导小组2017年工作要点。强调指出,做好2017年的党建工作是全省各项事业沿着正确方向不断发展的根本保证。要坚持用习近平总书记系列重要讲话精神武装头脑,进一步提高广大党员的政治觉悟和思想水平,做到学而信、学而思、学而行。统筹推进党的思想、组织、作风、反腐倡廉和制度建设,推进“两学一做”学习教育常态化制度化,推动全面从严治党向纵深发展。各级党委要落实管党治党政治责任,解决突出问题,推出一批有示范意义的好典型,在全面构建良好政治生态上取得新成效。

会议批准省考核办提出的2016年度目标责任考核结果和2017年度考核指标体系设置建议。强调指出,要充分发挥目标责任考核的“指挥棒”作用,按照“五位一体”总体布局和“四个全面”战略布局,突出重点工作任务,完善考评体系,优化指标权重,改进考核方法,强化结果运用,以严格的考核倒逼责任落实,发挥好目标责任考核的激励导向和监督约束作用。

会议听取省委改革办关于我省全面深化改革情况的汇报,审议通过省委全面深化改革领导小组2017年工作要点。强调指出,我省在全面深化改革上取得积极成效,总体态势日益强劲,同时还存在一些差距和薄弱环节。要把深化供给侧结构性改革与深化转型综改试验区建设紧密结合起来,作

为我省改革的主抓手，统筹推进“五位一体”和党的建设各领域改革，着力推进具有引领性、基础性、关键性的重大改革。要增强改革精神，磨砺敢于动真碰硬的政治勇气，锤炼善于攻坚克难的政治智慧，用改革的办法解决制约我省发展的突出问题。要掌握科学方法，对改革推进情况做到心中有数，精确把握改革事项的态势与方位，提高改革的针对性和实效性。要强化领导责任，各级党政主要负责同志要对改革工作负主责，亲自抓在手上，班子成员要对分管领域的改革负责。要抓好督察这个关键环节，推动重大改革事项落地，让人民群众在改革中有更多获得感。

会议还研究了其他事项。

省委召开常委会议　传达学习中央第十二轮巡视工作动员部署会议精神　听取十一届省委第一轮巡视情况汇报　审定第二轮巡视方案

4月1日，省委书记骆惠宁主持召开省委常委会议，传达学习十八届中央第十二轮巡视工作动员部署会议精神，研究我省贯彻落实意见，听取十一届省委第一轮巡视情况汇报，审定第二轮巡视方案。

会议指出，党的十八大以来，以习近平同志为核心的党中央从全面从严治党和治国理政的高度，充分发挥巡视的“尖兵”“利剑”作用。习总书记对巡视工作作出一系列重要指示，为搞好巡视工作指明了方向和着力点。要深入贯彻习总书记对巡视工作的重要指示精神，按照中央第十二轮巡视工作动员部署会议的要求，坚持巡视要旗帜鲜明讲政治，善于从政治上发现问题，以“四个意识”为政治标杆，把贯彻“五位一体”总体布局和“四个全面”战略布局作为基本政治要求，把维护党中央集中统一领导作为根本政治任务，发挥政治“显微镜”、政治“探照灯”的政治导向作用，推动巡视工作向纵深发展。

会议指出，十一届省委首轮巡视认真贯彻了中央巡视工作方针，政治站位高，问题导向明，坚持边巡边改、立行立改，工作深入细致、成效明显。要按照从严从实的要求，原原本本地反馈，传导压力，抓好履责整改，用好巡视成果。推进第二轮巡视，要突出政治导向，做到有的放矢，在深化政治巡视上再着力，根本是要推动习总书记系列重要讲话精神和治国理政新理念新思想新战略在山西落地生根、开花结果。要重点检查被巡视党组（党委）在树立“四个意识”、维护党中央集中统一领导、贯彻党的路线方针政策、贯彻中央及省委决策部署等重大问题上认识如何、行动如何、效果如何。

会议指出，要紧紧牵住主体责任这个全面从严治党的“牛鼻子”，落实好省委提出的“一个指引、两手硬”工作思路和要求，两只手都要发狠力、用狠劲，真正抓出成效。从省委常委做起，各级领导干部要增强思想自觉和行动自觉，积极履行“一岗双责”，切实抓好分管领域、分管部门的巡视整改工作。各级各部门要结合“两学一做”学习教育常态化制度化，围绕巡视中发现的共性问题，查找自身不足，反思剖析、主动整改。各级党组织要进一步压紧压实管党治党政治责任，主要负责同志要履行第一责任人职责，把好政治“方向盘”，系好廉洁“安全带”，同时要做好正向激励工作，带领广大干部奋发干事创业，以巡视巡察工作的新成效推动全面从严治党向纵深发展，推动党领导的各项事业全面进步。

会议还研究了其他事项。

省委召开常委会议　分析一季度全省经济形势　研究部署下一步经济工作　听取全省环境保护工作和援疆工作情况汇报　审议《山西省推进价格机制改革实施方案》

4月22日上午，省委书记骆惠宁主持召开十一届省委18次常委会议，分析一季度全省经济形势，研究部署下一步经济工作，听取全省环境保护工作和新一轮援疆工作情况汇报，审议《山西省推进价格机制改革实施方案》。

会议充分肯定了一季度全省经济工作。一季度我省GDP增长6.1%，一般公共预算收入增长12.6%，战略性新兴产业增加值增长14.9%，总量增长，效益改善，结构优化，主要运行指标好于预期，先行指标大幅回升。全省经济延续了去年下半年以来一季好于一季，持续加快、稳步向好走势，稳的基础进一步巩固，好的态势进一步扩大，转的动能进一步集聚，实现了年初提出的“经济增长预期目标为5.5%左右，在实际工作中争取更好结果”的目标，这标志着全省经济已经走出了长达两年半的最困难时期，为接近全国经济增长态势奠定了坚实基础，必将激励全省人民为实现省第十一次党代会提出的目标继续奋力前行。

会议认为，一季度我省经济出现的积极变化，根本上是全省上下贯彻落实中央决策部署，坚定不移推进供给侧结构性改革、不断推进转型发展的结果，是坚定不移构建良好政治生态、激励干部干事创业的结果。实践证明，省委坚持“一个指引、两手硬”重大思路和要求，加强和改进对经济工作的领导，作出的一系列重大部署，已经在经济社会发展领域取得了重要阶段性成果。立足首季，放眼全年，省委十一届二次全会暨经济工作会议作出的形势判断和工作部署是正确的，对煤价走势、民企态势、改革趋势“三个怎么看”的研判得到了实践验证。去年下半年以来支撑我省经济稳步回升的主客观因素仍将继续发挥作用，有利经济增长的因素还会逐步累积。只要我们把握大势、担当作为，今年经济发展实现更好结果是可能的。同时，我省经济中的总量性、周期性、结构性问题仍然存在，尤其是结构性矛盾尚未得到根本性解决，必须进一步采取有效措施。

会议强调，当前我省正处于经济步入合理区间的重要节点，处于创新驱动、转型升级的发力阶段，处于全面走向“大治”的关键时期，越是经济增速加快，越要自觉推动转型发展。一是旗帜鲜明引领转型。坚持认识引领，深刻汲取历史教训，主动打破固有的路径依赖。坚持改革引领，进一步把深化供给侧结构性改革与深化转型综改试验区建设作为主线，落实好‘三去一降一补’各项任务，加快国资国企等重大改革，用改革的办法推动转型。坚持政策引领，落实支持转型发展的政策,加快制定相关配套措施,大胆借鉴运用省外的好做法好经验。坚持考核引领,发挥好考核对转型发展的“指挥棒”作用。二是综合施策推动转型。要全面推动我省能源革命,争当全国能源革命排头兵;以招商引资为抓手,培育壮大战略性新兴产业;以技术改造为动力,培育传统产业发展新动能;以提高农民收入为中心,深化农业供给侧改革,特别是抓好种养结合,大力发展城郊农业;以促进消费升级为方向,提高服务业发展水平。三是提高标准倒逼转型。落实技术标准,实施标准化战略。坚持环保标准,倒逼企业加大技术改造力度,推进传统产业改造升级。同时进一步做好安全生产各项工作。提高工作标准,牢固树立干工作就要干到最好的理念,在转型发展中创造一流的业绩。四是创优环境保障转型。营造良好政治生态、法治环境、政务环境、舆论环境,在全社会形成抓转型、促转型的良好氛围,进一步激发出全省上下创新驱动、转型发展的积极性和创造力。

会议听取全省环境保护工作情况汇报。指出,党的十八大以来,我省坚持把生态文明建设和环境保护摆在战略位置,工作力度不断加大,取得明显成效,但是生态系统脆弱、环境问题突出的状况尚未根本改变,补齐这个短板仍需付出长期艰苦的努力。要深入贯彻习近平总书记关于生态文明建设的重要思想,以新发展理念引领环境保护工作,正确处理发展与保护生态环境的关系,实现铁腕治污常态化,严格能耗、质量、安全等门槛和标准,以环保倒逼经济转型升级,坚定走绿色发展之路。要以问题为导向推动生态环境治理,打好大气、水、土壤污染治理“三大战役”,推进主要污染物减排,加强散煤污染治理,实施清洁取暖工程,严密防控环境风险,给人民群众创造天更蓝、水更清、环境更美好的生态福祉。要以改革的办法推进环境治理,推进生态环保体制机制创新,推进环保大数据建设,加强环境法治建设,创新第三方治理、融资平台建设、社会广泛参与的环境治理和保护模式。要强化环境保护责任制,坚决落实“党政同责、一岗双责”,完善生态环境损害责任追究办法,加大环保督察力度,对重大环境问题建账督办,以追责压实环保责任,把生态环境培育成新的发展优势。

会议审议并原则通过《山西省推进价格机制改革实施方案》。指出,要围绕使市场在资源配置中起决定性作用和更好发挥政府作用,完善重点领域价格形成机制,健全政府定价制度,加强市场价格监管和反垄断执法,充分发挥价格杠杆作用。抓好水电、热力、医疗服务、公用事业和公益性服务领域的价格改革,增强价格政策制定的透明度和公众参与度,增强人民群众改革获得感。要加快各项改革措施落地,确保2017年底实现阶段性目标,2020年全部完成《实施方案》确定的改革任务。

会议听取我省新一轮对口援疆工作情况汇报。指出,要站在政治和全局的高度,全面落实中央对口支援新疆工作新要求,统筹推进产业援疆、教育援疆、人才援疆、文化援疆等工作,不折不扣完成中央交给山西的援疆任务。要深化晋疆两地多领域多层次的交流,特别是在实施“一带一路”战略中加强合作。要进一步加强对口援疆工作的组织领导,充分调动在一线奋战的援疆人员积极性。

会议决定,4月底召开中共山西省委十一届三次全体会议,审议通过《中共山西省委关于召开中国共产党山西省代表会议的决议(草案)》。

会议还研究了其他事项。

省委召开常委会议 传达贯彻中央有关会议精神 研究山西省贯彻落实意见 审议通过《关于开展维护核心、见诸行动主题教育和推进“两学一做”学习教育常态化制度化的实施方案》

4月22日下午,省委书记骆惠宁主持召开十一届省委19次常委会议,传达学习中央推进“两学一做”学习教育常态化制度化工作座谈会精神,审议《关于开展维护核心、见诸行动主题教育和推进“两学一做”学习教育常态化制度化的实施方案》;传达学习全国宣传部长座谈会、全国创建文明城市工作经验交流会、全国党史研究室主任会议精神,研究我省贯彻落实意见;听取关于网络安全和信息化工作情况汇报,审议《关于加强领导干部互联网条件下工作能力建设的实施意见》。

会议审议通过《关于开展维护核心、见诸行动主题教育和推进“两学一做”学习教育常态化制度化的实施方案》。强调指出,确立和维护习近平总书记为党中央的核心、全党的核心,关乎旗帜道路方向,关乎党运国脉民心。打牢迎接党的十九大召开的思想政治基础,最根本的是不断增强广大党员干部维护核心的思想自觉、政治自觉、行动自觉,把学用习近平总书记系列重要讲话精神全面提高到新水平,最关键的是把维护核心落实到行动上、融入到工作中,坚持问题导向,奋力攻坚克难,更加富有成效地推进党的建设和党领导的各项事业。要牢牢把握维护核心这一根本政治要求,把学习贯彻习近平总书记系列重要讲话精神和治国理政新理念新思想新战略作为看齐和忠诚的根本功课,不折不扣贯彻执行党中央决策部署,不折不扣贯彻执行习近平总书记对山西的指示要求,使增强“四个意识”和维护核心成为广大党员干部的思想自觉、党性观念、纪律要求和实际行动,始终在思想上政治上行动上与以习近平同志为核心的党中央保持高度一致。

维护核心、见诸行动主题教育的总体要求是:围绕迎接十九大胜利召开、学习贯彻十九大精神这条主线,突出以实际行动维护核心、立足岗位践行讲话这个关键,用好宣传崭新成就、解决突出问题、创造一流业绩这个载体,抓住构建良好政治生态、推动经济稳步向好、全面走向“大治”这个落点,与庆祝建党96周年结合起来,引导全省广大党员干部增强“四个意识”,坚定“四个自信”,确保中央各项决策部署在山西全面正确有效地贯彻执行,以优异成绩迎接党的十九大胜利召开,不断展现山西良好风貌。主要内容:一是领会好确立习近平总书记核心地位的重大意义和实践要求,夯实维护核心的思想根基、增强见诸行动的政治自觉。全面深入贯彻党的十八届六中全会精神。二是学用好习近平总书记系列重要讲话精神，在讲话指引下有效解决改革发展稳定党建面临的实际问题。以讲话精神为强大思想武器，提高发现问题、分析问题、解决问题的能力，把学习成果转化为实践成效。三是宣传好党的十八大以来的辉煌成就，增进对党的信赖、对核心的拥戴。从党的十八大以来党和国家的新成果、新变化、新气象，从山西在党中央领导下战胜重大困难，从“乱”到“治”、正在迈向“大治”的历史性变化，从人民群众生产生活和精神面貌发生的新改观，感受习近平总书记系列重要讲话精神的真理力量。四是贯彻好党中央重大决策部署，以实际行动与党中央保持高度一致。要坚定地走转型发展之路，坚定地扛起管党治党政治责任，坚定地按照中央要求抓好监察体制改革试点，坚定地支持雄安新区建设，巩固和发展风清气正、干事创业的良好氛围，在统筹推进“五位一体”总体布局、协调推进“四个全面”战略布局中不断取得新成绩。五是推进好各项事业发展，把维护核心体现到履职尽责、抓好工作中。深入推进供给侧结构性改革，促进转型综改试验区建设加速提档升级，争当全国能源革命排头兵。在全省经济已走出最困难时期、接近全国经济增长态势的基础上，进一步旗帜鲜明引领转型、综合施策推动转型、提高标准倒逼转型、创优环境保障转型。

确立“改革决不能落后”的理念，努力使一些重大改革跻身全国第一方阵。以“绣花”功夫实施精准扶贫，持续改善民生，让人民群众有更多获得感。全力维护社会和谐稳定，当好首都“护城河”。六是落实好省委提出的提升工作标准、争创一流业绩的要求，在拼搏进取、追求卓越中展现忠诚担当。以舍得的精神、豁得出的精神干事创业，把维护核心、见诸行动主题教育变成攻坚克难、争创一流的过程。维护核心、见诸行动主题教育贯穿全年，大体按三个阶段进行。上半年以学习贯彻党的十八届六中全会精神、认清确立和维护核心的重大意义为主要内容；7月至党的十九大召开前，重点抓好党的十八大以来党和国家巨大成就的学习宣传教育，把学用系列讲话全面提高到新水平；党的十九大召开后，重点抓好大会精神的学习宣传贯彻，持续推动我省各项工作取得新进步。开展维护核心、见诸行动主题教育，要运用有效载体，抓好务实举措，开好学用习近平总书记系列重要讲话精神交流会，开展好党的组织生活，发挥媒体和舆论作用，注重典型示范、树立时代楷模，开展以“四个对照”(对照中央上一轮巡视山西指出的问题，对照中央近期巡视中直部门和有关省市指出的共性问题，对照前两轮省委巡视指出的问题，对照本单位民主生活会剖析的问题)为重点的“回头看”，加强党内政治文化建设，加大对重点工作和重要改革的组织推进与督查落实力度。

会议指出，全面推进“两学一做”学习教育常态化制度化，要坚持用党章党规规范党组织和党员行为，用习近平总书记系列重要讲话精神武装头脑、指导实践、推动工作，确保党的组织充分履行职能、发挥核心作用，确保党员领导干部忠诚干净担当、发挥表率作用，确保广大党员党性坚强、发挥先锋模范作用。要认真抓好学习，切实增强学习效果；引导党员做到“四个合格”；经常查找解决问题，坚持把党的组织生活作为查找和解决问题的重要途径；发挥领导干部示范带动作用；着力加强党支部建设，全面推进“三基”建设。会议要求，各级党委(党组)要站在政治和全局的高度，压实主体责任，注重分类指导，强化督查落实，抓好统筹协调，把维护核心、见诸行动主题教育和推进“两学一做”学习教育常态化制度化作为重大政治任务抓紧抓好抓出实效，为全面贯彻党的理论和路线方针政策提供坚强组织保证。

会议原则同意省委宣传部拟定的《关于加强领导干部互联网条件下工作能力建设的实施意见》。指出，要把服务党的十九大贯穿网上宣传管理全过程，强化正面宣传，发挥好凝聚共识、统一思想的积极作用，为党的十九大胜利召开营造安全和谐的网络环境。要统筹推进网络安全和信息化工作，坚持依法管网治网，抓好信息化建设和信息产业发展。各级领导干部要带头学网、懂网、用网，不断提升互联网条件下的工作能力。各级党委(党组)要加强对网信工作的组织领导，承担起主体责任，牢牢掌握工作主动权。

会议同意省委宣传部提出的贯彻全国宣传部长座谈会和全国创建文明城市工作经验交流会精神的意见。指出，要落实好党管意识形态工作责任制，严把政治方向关、舆论导向关，提前抓准并主动化解风险点，确保意识形态安全和政治安全。树立大宣传理念和“一盘棋”思想，统筹安排好迎接十九大宣传和日常宣传，加强对外宣传。市县党委要增强做好文明城市创建工作的责任感紧迫感，对标先进城市，坚持问题导向，发动市民参与，抓好“家庭、家教、家风”基础建设，建立测评制度，以积极争创全国文明城市带动城镇建设和管理水平全面提升。

会议指出，做好新形势下党史工作，要坚持党史研究的正确方向，推进党史工作与时俱进。深入挖掘我省红色文化资源和新的历史条件下全面从严治党的实践，加强重点课题的研究力量，提升党史研究水平，抓好党史宣传教育，更好发挥党史资政育人的作用。各级党委抓党史研究和宣传要有紧迫感，要为党史事业发展创造良好条件。

会议传达了中央关于反腐败国际追逃追赃工作精神。指出，要坚持把反腐败国际追逃追赃工作纳入我省反腐败斗争总体部署，提高政治站位，加强组织领导，锁定目标任务，进一步开展专项行动，不断扩大追逃追赃成果。

会议还研究了其他事项。

省委召开常委会议　听取中央环保督察反馈问题整改工作汇报　研究深化国企国资改革、优化营商环境、巡视整改自行“回头看”等工作

5月15日上午，省委书记骆惠宁主持召开十一届省委21次常委会议，听取中央环保督察反馈问题整改工作汇报，审议讨论深化国企国资改革和加强国有企业党的建设、企业投资项目试行承诺制实行无审批管理、开展优化营商环境专项行动、在全省县以上党组织开展巡视整改自行“回头看”等有关文件和工作。

会议听取中央环境保护督察反馈问题整改工作情况汇报。指出，中央环保督察组进驻我省以来，全省上下高度重

视、全力配合，认真整改、严肃追责，解决了一大批群众反映的问题，全社会环保意识明显增强，人民群众的满意度在提高，环保整改取得阶段性成效。同时要看到，整改任务依然艰巨。会议对继续做好配合保障中央环境保护督察暨反馈问题整改工作作出了部署，强调要抓问题整改，边督边改、立行立改，对领导干部领衔抓整改台账实行动态管理，确保群众反映的问题件件有着落。要抓专项整治，开展解决城乡环保、“散乱污”企业、工业企业违法排污、矿山开采生态破坏和农村畜禽养殖污染等问题专项行动，年内重点解决好散煤治理、黑臭水体治理、垃圾治理，确保大气、水、土壤污染防治“三大战役”取得阶段性成果。要抓督导问政，坚持督政督企并举，年内实现省级环保督察对各市全覆盖，并形成持续强力抓生态环保的工作机制。要抓建章立制，立足解决山西当前生态环保突出问题，总结经验，深化改革，创新机制，制定完善相关法规和制度，提高环保执法监管水平。要抓舆论宣传，进一步发动群众、依靠群众，提高群众参与度和公民文明素质。要抓工作协同，形成抓生态环保工作的强大合力。

会议审议通过《关于深化国企国资改革的指导意见》《关于在深化国有企业改革中坚持党的领导加强党的建设的实施意见》。指出，山西经济发展滞后，根子在改革滞后；国企不改，转型无望。省第十一次党代会对深化国企国资改革作出战略部署，进一步拉开了我省新一轮国企国资改革的大幕。各有关方面要乘势而上，上半年全面推开国企国资改革，下半年进一步形成国企国资改革的总体格局和强劲态势，力争在解决深层次矛盾和问题上取得突破，把国有企业培育为创新驱动、转型发展的生力军。会议强调，在深化国有企业改革中，要坚持党的领导这一重大政治原则，把坚持党的领导、加强党的建设贯穿国企国资改革全过程，充分发挥企业党组织的领导核心和政治核心作用，为深化国企国资改革提供坚强政治和组织保证。

会议审议通过《关于山西省企业投资项目试行承诺制实行无审批管理的决定》《关于2017年开展优化营商环境专项行动的工作方案》。指出，在全省试行企业投资项目承诺制、实行无审批管理，是先行先试的具体体现，是优化营商环境的重大举措。要认真贯彻落实十八届三中全会精神，坚持依法行政、依法办事和改革创新的有机统一，以企业承诺制的形式进行无审批管理，变先批后建为先建后验，进一步确立企业的投资主体地位。政府相关部门要做到放权不放责，变事前审批为事中事后服务和监管，把监管寓于服务之中，有效提高监管服务水平；企业要自觉按法律、法规、政策办事，履行承诺，失信必责。要坚持积极审慎、蹄疾步稳推进，示范区、开发区先行试点，进行负面清单管理，逐步推广，实施流程再造，加强过程服务，细化具体操作，撬动审批制度改革全面取得重大突破。会议强调，2017年要在全省组织开展加快招商引资项目落地、机关干部入企服务常态化、在建重点工程项目无障碍施工、涉企合同“执行难”整治、打击恶意逃废金融企业债务、化解企业担保链风险、企业周边治安环境治理、减证便民、仿制药质量和疗效一致性评价9个专项行动，进一步解决突出问题，优化营商环境，把全省风清气正、干事创业的精神风貌展示出来，把各级各部门的工作效率提升上来，把全社会特别是各类市场主体的创业创新活力激发出来。

会议审议通过《关于在全省县以上党组织中开展巡视整改自行“回头看”的安排意见》。指出，开展巡视整改自行“回头看”，是我省推进“两学一做”学习教育常态化制度化和开展维护核心、见诸行动主题教育的重要载体和创新举措。要通过开展巡视整改自行“回头看”，进一步发现、梳理和解决问题，以此为切入点，推动十八届六中全会精神更好地贯彻落实，把全面从严治党引向纵深，推动各级党组织进一步扛起管党治党的主体责任。

会议还审议通过了《关于完善产权保护制度依法保护产权实施方案》《关于贯彻〈中国共产党问责条例〉实施办法》。

省委召开常委会议　研究服务对接中央关于设立雄安新区决策　做好金融工作和加强政法队伍建设意见　部署在“两学一做”中加强“三基建设”

5月15日下午，省委书记骆惠宁主持召开十一届省委22次常委会议，研究我省坚决拥护中央决策部署在服务和对接雄安中加快创新驱动转型升级初步意见、维护金融安全和金融支持实体经济健康发展意见，部署加强政法队伍建设工作、在“两学一做”中加强“三基建设”工作。

会议指出，设立河北雄安新区，是以习近平同志为核心的党中央作出的一项重大历史性战略选择，是千年大计、国家大事，省委坚决拥护。要把服务雄安对接雄安作为山西融入京津冀协同发展的战略切入点，进一步谋划生态环境保障、洁净能源保障、绿色食品保障，着力打造技术成果转化基地、新兴产业承接基地、旅游休闲度假基地、健康养老养生基地、商贸物流集散基地，实现服务对接雄安新区建设发展与加快我省创新驱动转型升级的有机统一。会议强调，省有关部门要增强“四个意识”，首先抓规划与基础设施的对接，进而适时推进其他工作。

会议原则通过《关于积极维护金融安全着力防范化解金融风险的指导意见》《关于金融支持实体经济健康发展的意见》。指出，要深入贯彻落实习近平总书记关于维护国家金融安全、扭转金融脱实向虚的重要指示精神，把坚决维护金融安全和促进金融服务实体经济作为关系经济社会发展全局的战略性、根本性大事抓紧抓好。要坚持底线思维，进一步深化金融改革，强化金融监管，优化金融生态，逐项防范化解各类金融风险，并健全完善长效机制，牢牢守住不发生系统性区域性金融风险的底线。要引导金融机构确立依托实体经济发展的理念，积极开拓市场，同时发挥财政资金杠杆、增信作用，鼓励金融机构优化进入实体经济的路径，加大对实体经济的资金支持，更好促进供给侧结构性改革和转型综改试验区建设。强调，各级党委政府要高度重视金融工作，加强对领导干部金融知识和能力的培训，深化地方金融机构改革，增强经济发展的活力和动力。

会议原则通过《关于贯彻中共中央〈关于新形势下加强

政法队伍建设的意见〉的实施意见》。指出，要认真学习领会习近平总书记关于政法队伍建设的重要指示，牢牢把握“五个过硬”总要求，坚持把履职能力建设作为重要任务，把人民群众满意作为最高标准，以全面从严治党推动全面从严治警，努力建设一支信念坚定、执法为民、敢于担当、清正廉洁的政法队伍。要全面加强思想政治建设、履职能力建设、纪律作风建设、领导班子和领导干部队伍建设，健全职业保障体系。加强党对政法队伍的思想政治组织领导，选好配强政法单位领导班子，支持政法机关依法履行职责。党委政法委要充分发挥职能作用，提高统筹解决重大问题的能力。会议强调，近年来，全省政法队伍围绕全省发展大局，践行司法为民，维护公平正义，为保障经济社会发展作出了重要贡献。在新形势下，要进一步贯彻落实中央及省委决策部署，不断加强自身建设，不断提高执法司法水平，坚决维护政治安全，为党的十九大胜利召开营造良好社会环境。

会议审议通过《关于在推进“两学一做”学习教育常态化制度化中加强“三基建设”的意见》。指出，全面加强基层组织、基础工作、基本能力建设，提升干部队伍的专业化素养，既是推进“两学一做”学习教育常态化制度化和维护核心、见诸行动主题教育的特色载体和重要抓手，又是提升工作标准、争创一流业绩的基础工程和重要保证。要准确把握“三基建设”的目标要求、主要任务，加强统筹领导，精心组织实施，强化考核督查，总结宣传推广好做法好经验，确保取得实际成效，为构建良好政治生态、推动经济稳步向好、全面走向“大治”提供坚强支撑。

会议还研究了其他事项。

省委召开常委会议　带头主动开展以“四个对照”为重点的巡视整改“回头看”　研究部署聚焦深度贫困推进脱贫攻坚　审议党政领导干部生态环境损害责任追究实施细则和深化国企国资改革配套文件

5月25日，省委书记骆惠宁主持召开十一届省委24次常委会议，审定《省委常委推进“两学一做”学习教育常态化制度化、开展维护核心见诸行动主题教育工作安排》，带头主动开展以“四个对照”为重点的巡视整改“回头看”，研究部署聚焦深度贫困推进脱贫攻坚，审议《山西省党政领导干部生态环境损害责任追究实施细则（试行）》和深化国企国资改革配套文件。

会议审定《省委常委推进“两学一做”学习教育常态化制度化、开展维护核心见诸行动主题教育工作安排》，要求省委各常委认真践行并抓好贯彻落实，在全省发挥示范带动作用。会议听取《关于金道铭等7人严重违纪违法问题及其教训警示》报告，指出，全面彻底肃清金道铭等7人的流毒影响，是贯彻党的十八届六中全会精神、中央关于加强政治巡视精神的具体行动，是省委常委会加强和规范党内政治生活的具体内容。要清醒认识到，反腐败斗争永远在路上，必须坚持问题导向，做到警钟长鸣。要进一步提高政治站位和政治觉悟，增强“四个意识”，切实履行好管党治党主体责任，坚决把中央和省委决策部署落到实处，更好地带动全省全面走向“大治”。要把严的要求贯彻到管党治党全过程、落实到党的建设各方面，坚持有腐必反、有贪必肃，强化警示教育，深化标本兼治，推动全面从严治党向纵深发展。要把纪律规矩挺在前面，严肃党内政治生活，加强党内政治文化建设，进一步净化政治生态。各级领导干部要自觉接受监督，认真贯彻执行民主集中制，确保权力正确规范行使。有关党组织要认真开展彻底肃清流毒警示教育。

会议审议通过《关于聚焦深度贫困集中力量攻坚的若干意见》。指出，要在全面推进脱贫攻坚的同时，以改革的精神，把工作重点进一步向10个深度贫困县、3350个深度贫困村聚焦，紧盯最困难的地方、瞄准最困难的人群、扭住最急需解决的问题。在深度贫困地区推进脱贫攻坚，必须采取超常规举措，集中力量攻坚。要坚持项目联动推进生态脱贫，统筹抓好易地扶贫搬迁和危房改造，着力打造光伏等产业扶贫新业态，精准实施免费培训转移就业，改革创新健康扶贫等社会保障机制，大力实施贫困村提升工程，加大财政金融、土地政策、帮扶力量倾斜支持力度，切实加强贫困乡村“三基”建设。各级党委政府要切实加强组织领导，各相关部门要精准聚焦问题，跟踪跟进抓好落实。会议决定成立省委脱贫攻坚督导组，6月份开始对11个市各贫困县开展督导工作。

会议听取中央环保督察组交办问题整改情况汇报，审议通过《山西省党政领导干部生态环境损害责任追究实施细则（试行）》和取缔“散乱污”企业、工业企业违法排污整治、露天煤矿和非煤矿山开采破坏生态环境百日专项治理整顿、加快推进畜禽粪污处理和资源化等4个专项方案。会议指出，对中央环保督察组交办的群众反映问题，全省上下高度重视，主要负责同志亲自抓，整改工作力度空前，取得阶段性成果。要再接再厉，乘势而上，坚决防止环保督导结束后出现反弹。要真心实意地用环保倒逼转型发展，真正把压力传导下去，各市县都要拿出实招硬招来推进经济转型发展。要认真组织开展各专项整治行动，加快城乡环境综合治理立法步骤。各级党委、政府要对本地区生态环境和资源保护负总责，各级领导干部要认真履行生态环境和资源保护职责，对不认真履职尽责，造成生态破坏、环境污染、资源重大损害，导致恶劣影响的行为，依法依规进行责任追究。会议决定成立省委环保督察组，从6月起开展督察工作，年内实现各市督察全覆盖。

会议审议通过《省属国有企业发展混合所有制经济的实施意见》《山西省国有企业分离办社会职能的实施意见》《关于在深化国有企业改革中激发企业家活力的指导意见》。指出，我省已基本形成深化国企国资改革政策体系，国企国资改革进入全面实施阶段。各地各部门和各国有企业要认真学习领会政策，吃透精神实质，把握思路要求，结合实际研究制定具体贯彻意见和明确时间表。要加强对深化国企国资改革的组织领导，充分调动各方面积极性，妥善化解矛盾问题，形成工作合力和良好氛围，确保改革顺利进行。

会议还研究了其他事项。

省委召开常委会议 传达深入推进军队和武警部队全面停止有偿服务工作电视电话会议精神研究山西省贯彻落实意见 研究推动形成绿色发展方式和生活方式 深化供给侧结构性改革等工作

6月9日，省委书记骆惠宁主持召开十一届省委第27次常委会议，传达深入推进军队和武警部队全面停止有偿服务工作电视电话会议精神，研究山西省贯彻落实意见，研究部署推动形成绿色发展方式和生活方式、深化供给侧结构性改革等工作。

会议指出，军队和武警部队全面停止有偿服务工作，是党中央、中央军委和习近平总书记着眼强军目标作出的重大战略决策。省直各部门和各级党委、政府要把支持部队全面停止有偿服务工作，作为支持军队改革、促进军民融合、巩固军政军民团结的实际行动，积极配合部队完成这项重大政治任务，切实维护部队和社会两个大局稳定。目前，全省第一阶段工作任务如期完成。下一步，军地双方要继续贯彻“坚决全面、积极稳妥”的总要求，迎难而上、积极作为，守住节点、倒排工期，分类施策、加强协调，确保驻晋军队如期实现全面停止有偿服务工作目标，交出高质量答卷。

会议听取关于推动形成绿色发展方式和生活方式情况的汇报，原则同意省政府贯彻习近平总书记提出的六项重点任务的具体意见。指出，习总书记在中央政治局第41次集体学习时的重要讲话，进一步丰富和发展了关于生态文明建设战略思想，为我们推进转变发展方式和生态环境保护提供了基本遵循。推动形成绿色发展方式和生活方式是一场革命，全省要更加自觉地把生态文明建设摆在全局的突出位置，加快构建“四大体系”“三大红线”，采取超常举措，弥补生态欠账，强化创新驱动，减少资源依赖，以铁腕治污倒逼转型发展，全方位、全地域、全过程加强生态环保建设。要主动作为、自加压力，在落实“十三五”规划确定的生态环保目标上力度更大一些、标准更高一些、进度更快一些，让人民群众享受到更多生态福祉。

会议听取关于全省供给侧结构性改革推进情况的汇报。指出，今年以来，我省坚定不移地深化供给侧结构性改革，取得了积极成效。供给侧结构性改革是扭转山西经济困难局面和促进转型发展的“关键一招”，我们依靠供给侧结构性改革已走出经济发展困难时期，还要依靠供给侧结构性改革加快转型发展。要认真贯彻省委二次全会暨经济工作会对深化供给侧结构性改革，深入推进“三去一降一补”重点任务的具体部署，在工作中落实好“五个结合”的要求。要坚持把“供改”与“综改”相结合，作为我省经济工作主线，抓住处置“僵尸企业”、加快国企国资改革、加快开发区改革发展、打造“六最”营商环境、化解金融风险、争当能源革命排头兵等关键问题和重要节点不放手不松劲，全面提升我省经济发展的质量和效益，以“供改”深化“综改”内涵，更好发挥“综改”战略牵引作用，为全省经济全面进入合理增长区间、走出转型发展新路提供强劲动力。

会议审议通过《山西省水资源全域化配置意见》。指出，全省各级各部门要认真学习贯彻习近平总书记治水兴水战略思想，坚持节约优先，统筹规划，深化改革，科学管理，合理利用，破解水制约，强化水保障，确保水安全，支持和倒逼经济转型发展，全面建设节水型社会。

会议听取关于全省农村承包地确权登记颁证工作进展情况的汇报，强调要坚持依法依规，细化工作方案，强化组织保障，确保今年基本完成承包地确权登记颁证工作。

会议还研究了其他事项。

省委召开常委扩大会议 传达学习习近平总书记视察山西重要讲话精神

（会议内容见本书《习近平总书记在山西视察》栏目）

省委召开常委会议 讨论深入学习贯彻习总书记视察山西重要讲话精神的实施意见 传达贯彻中宣部有关会议精神 研究有关改革事项

7月10日，省委书记骆惠宁主持召开十一届省委第31次常委会议，讨论省委关于深入学习贯彻习总书记视察山西重要讲话精神和在深度贫困地区脱贫攻坚座谈会上重要讲话精神两个实施意见，传达中宣部深化文化体制改革座谈会、构建中国特色哲学社会科学工作座谈会精神，研究我省贯彻落实意见，研究部署加强耕地保护和改进占补平衡工作，全省科协系统深化改革、全省侨联改革等工作。

会议讨论了《中共山西省委关于深入学习贯彻习总书记视察山西重要讲话精神的实施意见》《中共山西省委关于深入学习贯彻习总书记在深度贫困地区脱贫攻坚座谈会上重要讲话精神的实施意见》，决定提交省委十一届四次全会审议通过。会议指出，要深刻领会习总书记视察山西的重大意义，深入学习贯彻习总书记对山西工作提出的总体要求和五项重大任务，以习总书记视察山西重要讲话精神为行动指南，统筹推进“五位一体”总体布局、协调推进“四个全面”战略布局，坚持稳中求进工作总基调，坚决落实党中央决策部署，紧紧抓住机遇，勇于改革创新，果敢应对挑战，善于攻坚克难，奋力走好新征程、探出新路子、创造新业绩，努力实现党内政治生态持久的风清气正，努力实现经济转型发展持久的强劲态势，确保习总书记重要讲话精神在山西落地生根、开花结果，以优异成绩迎接党的十九大胜利召开。会议指出，要认真贯彻落实习总书记关于深度贫困地区脱贫攻坚的战略思想，实施超常举措，集中力量攻坚，确保深度贫困地区和贫困群众同全省人民一道进入全面小康社会。

会议指出，要认真贯彻落实中央关于深化文化体制改革的决策部署，牢牢把握文化改革发展的总体目标，坚持正确方向，完善顶层设计，加强统筹协调，释放文化体制改革红利。要推动传统媒体和新媒体融合发展，坚持正确政治方向和舆论导向，更好地唱响主旋律、传播正能量，更好地讲好山西故事。要深化文化国企改革，建立现代企业制度，完善文资监管体制，形成把社会效益放在首位、实现社会效益和经济效益相统一的体制机制，激发国有文化企业发展活力。要加快文化产业发展步伐，完善现代文化市场体系，以办好第三届山西文化产业博览交易会为契机，带动培育文化产业新业态新动能。会议指出，各级党委要加强对哲学社会科学的政治领导和工作指导，围绕习总书记系列重要讲话精神和视察山西重要讲话中提出的重大思想观点、重大工作要求和需要破解的重大课题，开展深入研究，形成一批具有地方特色的研究课题，推出一批优秀学用成果。深入实施哲学社会科学人才工程。各级领导干部要不断提升哲学社会科学素质和领导社科工作的能力。

会议审议通过《关于加强耕地保护和改进占补平衡工作的实施方案》《山西省科协系统深化改革实施方案》《山西省侨联改革实施方案》。会议指出，要建立耕地保护长效机制，统筹规划安排各类用地需求，改进耕地占补平衡管理，完善耕地保护责任目标考核制度，实行耕地保护党政同责，做到保护耕地、保障发展、保护生态有机统一。会议指出，要改革联系服务科技工作者的体制机制，充分发挥科协组织在提供科技类社会化公共服务产品方面的独特优势。各级科协要加强对科技工作者的政治引领，以深化改革为动力，组织广大科技工作者积极投身转型综改试验区建设和转型创新发展。会议指出，要深入推进全省侨联改革，做好“联”的文章，进一步发挥凝聚侨心、汇集侨智、发挥侨力、维护侨益的作用。积极拓展海外工作和新侨工作，加强与“一带一路”沿线国家和地区侨团的合作交流，吸引更多的海外侨胞来山西创新创业。以召开省第十次侨代会为契机，展现新形象、新作为。

会议决定，7 月 12 日召开中共山西省委十一届四次全体会议。

会议还研究了其他事项。

省委召开常委会议　分析上半年全省经济形势　部署下半年经济工作　把握经济由“疲”转“兴”总体态势　用非常之力恒久之功推动转型发展

7 月 23 日，省委书记骆惠宁主持召开十一届省委第 33 次常委会议，听取省政府党组关于上半年经济形势的报告，研究部署下半年经济工作。传达全国人大常委会推进县乡人大工作和建设经验交流会、第六次全国对口支援新疆工作会议、中央纪委扶贫领域监督执纪问责工作电视电话会议、第八次全国信访工作会议精神，研究我省贯彻落实意见。审议《省委设立法律顾问和公职律师工作方案》。

会议充分肯定了上半年全省经济工作。上半年全省地区生产总值增长 6.9%，规上工业实现利润 349.5 亿元(1–5 月)，一般公共预算收入增长 14.8%，非煤产业增加值对规上工业贡献率达到 66.8%，战略性新兴产业增加值增长 9%，用电量、货运量等先行指标走势向好，全面呈现出由“疲”转“兴”的发展态势。

会议认为，习总书记视察山西时指出，山西政治生态已经由“乱”转“治”，山西发展已经由“疲”转“兴”。这是对山西发展态势和发展阶段的科学判断，也是我们分析和把握当前经济形势的根本遵循。山西经济一度时期遭遇断崖式下滑，从去年下半年好于上半年，到今年一季度走出困难时期，再到上半年全面呈现由“疲”转“兴”发展态势，充分表明党中央对山西工作的决策指示是完全正确的，同时也彰显了山西在党中央正确领导下，全面贯彻落实新发展理念，坚定不移推动转型发展的阶段性重大成效。实践证明，省委提出的“一个指引、两手硬”思路和要求，加强和改进对经济工作的领导，作出的决策部署是正确的。

会议指出，分析当前经济形势，关键是要全面准确把握全省经济由“疲”转“兴”的总体态势：一是山西主要经济指标发生了积极变化。经济增速和经济总量大幅上升，企业效益和财政收入显著提高，经济结构和发展动能持续改善，供求对接和市场预期稳定向好。二是对转型发展的指导发生了积极变化。省委坚持从发展战略高度凝聚转型共识，围绕转型发展推出一系列重大政策举措，形成了推动转型新格局。三是转型发展的氛围发生了积极变化。各级主要领导干部抓转型的力度越来越大，企业正向转型寻找新的发展空间，全社会大众创业、万众创新的氛围也日渐浓厚，一大批国内外知名央企、民企、外企入晋，晋商晋才回乡创业，都不再是冲着煤炭资源而来，谈的干的基本上是新兴产业项目。

会议强调，做好下半年经济工作，要坚持以习总书记视察山西重要讲话精神为指导，全面贯彻省委十一届二次全会暨经济工作会议、四次全会部署，最紧要的是进一步认识“转”的规律，强化“转”的举措，担起“转”的责任，保持转型发展的持久强劲态势。一要进一步保持转型发展的高度自觉和战略定力。增强“不转没有出路、转慢就要落后”的忧患意识，更主动地从传统路径依赖中走出来，使转型成为全省上下的共同行动。要处理好稳增长与调结构的关系，在经济速度加快的情况下，防止盲目乐观，更加注重调整结构。要处理好“老饭碗”与“新饭碗”的关系，把新动能的培育和传统动能的提升统筹起来抓。要处理好当前和长远的关系，当下要用非常之力，长远要有恒久之功，以“功成不必在我”的觉悟和定力，推动转型发展不断迈出新步伐。二要进一步坚持问题导向长短结合破解转型发展难题。要把盯住问题、剖析问题、解决问题作为最重要的工作方法，认真落实省委十一届四次全会精神和下半年经济工作举措，努力在打开转型综改试验区建设新天地、积极探索争当能源革命排头兵、攻坚深度贫困跻身全国扶贫工作第一方阵、以广阔的视野谋划军民融合发展大文章、把握“三位一体”主题形成地方金融工作新局面、弘扬晋商开放精神打造内陆地区对外开放新高地等六个方面谋新篇、开新局，不断丰富转型内涵、拓宽转型空间、增强转型后劲。三要进一步狠抓落实推进转型发展各项举措生根开花。要把握趋势抓落实，加强对产业和科技变革细分趋势的调查和研究，在尊重市场配置资源决定作用的过程中，更好地招商引资，更好地服务市场主体。要推动改革抓落实，坚持提高站位，强化改革力量，全面推动与转型直接相关各项改革举措落地，把抓落实的过程变成改革创新的过程，变成树立鲜明工作导向和用人导向的过程。要转变作风抓落实，从省委常委做起，牢固树立转作风、抓转型的思想自觉和行动自觉,盯住问题不放手,扑下身子抓落实,坚定做转型发展的引领者、推动者、实践者。各级党委要跳出经济抓发展,按照省委十一届四次全会部署,为转型提供政治、组织、社会、安全保障。

会议指出,要认真贯彻落实全国人大常委会推进县乡人大工作和建设经验交流会议精神,以改革的精神进一步解决好科学设置县级人大内设机构、规范乡镇(街道)人大工作、加强县乡人大代表和人大干部履职培训等问题,推动我省县乡人大工作迈上新水平。会议指出,要把思想和行动统一到党中央治疆方略和援疆工作决策部署上来,进一步提高政治站位,完善政策措施,强化协调联动,扎实做好脱贫攻坚、产业援疆、教育援疆、干部人才援疆、交往交流交融和基层建设等工作,努力开创援疆工作新局面。会议指出,要加大脱贫攻坚监督执纪问责力度,对扶贫领域的问题线索要优先处置、快查快结,尤其要盯紧资金、项目、举措集中的深度贫困地区,盯紧关键环节和重要领域,做到脱贫攻坚推进到哪里,监督执纪问责就跟进到哪里,为打赢脱贫攻坚战提供纪律保障。会议指出,要推动依法及时就地解决群众合理诉求,把理念提升、机制创新、制度完善和科技应用结合起来,不断提高信访工作专业化、法治化、信息化水平,更好地维护群众合法权益、维护社会公平正义、维护社会和谐稳定,为党的十九大胜利召开营造良好环境。会议同意《省委设立法律顾问和公职律师工作方案》。

会议还研究了其他事项。

省委召开常委扩大会议　就中共中央决定对孙政才同志涉嫌严重违纪问题立案审查进行传达学习　坚决拥护党中央决定自觉同以习近平同志为核心的党中央保持高度一致

7月24日,中共中央决定对孙政才同志涉嫌严重违纪问题进行立案审查。当天下午,省委书记骆惠宁主持召开省委常委扩大会议进行传达学习,与会同志一致表示坚决拥护党中央决定,坚决维护党中央权威和集中统一领导。

会议指出,党中央决定由中央纪委对孙政才同志涉嫌严重违纪问题进行立案审查,全省各级党组织和广大党员干部群众坚决拥护。我们党始终坚持纪律面前一律平等,决不允许党内存在不受纪律约束的特殊组织和特殊党员。党中央的决定,充分表明以习近平同志为核心的党中央坚持党要管党、全面从严治党的鲜明态度和坚定决心,充分体现我们党坚持在纪律面前人人平等的原则,充分表明全面从严治党、加强党风廉政建设和反腐败斗争永远在路上,任何时候都必须严明党的纪律,用铁的纪律从严治党。

会议要求,省委常委和省级负责同志带头,全省各级党组织和广大党员干部要进一步增强政治意识、大局意识、核心意识、看齐意识,坚定政治立场,对党绝对忠诚,把思想认识统一到党中央决定上来,自觉在思想上政治上行动上同以习近平同志为核心的党中央保持高度一致,坚定不移维护党中央权威和集中统一领导。全省各级党组织和广大党员干部要深入贯彻落实习总书记视察山西重要讲话精神,按照中央要求及省委部署,继续扎扎实实做好改革发展稳定和党的建设各项工作,严肃党内政治生活,努力实现党内政治生态持久的风清气正,以良好的精神状态和优异的工作成绩迎接党的十九大胜利召开。

省委常委和省人大、省政府、省政协负责同志以及省法检两长出席会议。

省委召开常委扩大会议　传达学习习总书记在省部级主要领导干部专题研讨班上的重要讲话精神　把思想和行动统一到习总书记重要讲话精神上来　以优异成绩迎接党的十九大胜利召开

7月30日,省委书记骆惠宁主持召开省委常委扩大会议,传达学习习总书记在省部级主要领导干部专题研讨班上的重要讲话精神。他强调,要把深入学习贯彻习总书记重要讲话精神作为当前首要政治任务,把思想和行动统一到习总书记重要讲话精神上来,牢固树立"四个意识",切实增强"四个自信",自觉在思想上政治上行动上同以习近平同志为核心的党中央保持高度一致,奋力走好新征程、探出新路子、创造新业绩,以实际行动决胜全面建成小康社会,以优异成绩迎接党的十九大胜利召开。

会议指出,即将召开的党的十九大,是在全面建成小康社会决胜阶段、中国特色社会主义发展关键时期召开的一次十分重要的大会。

习总书记在专题研讨班上发表的重要讲话,科学分析了当前国际国内形势,深刻阐述了5年来党和国家事业发生的历史性变革,深刻阐述了新的历史条件下坚持和发展中国特色社会主义的一系列重大理论和实践问题,深刻阐明了未来一个时期党和国家事业发展的大政方针和行动纲领,提出了一系列新的重要思想、重要观点、重大判断、重大举措,具有很强的思想性、战略性、前瞻性、指导性。习总书记的重要讲话,是坚持和发展中国特色社会主义的政治宣言和行动纲领,是一篇马克思主义光辉文献,为党的十九大胜利召开奠定了重要的政治、思想和理论基础,为推进中国特色社会主义伟大事业提供了科学指南,具有重大政治意义、理论意义、实践意义。

会议指出,习总书记的重要讲话视野十分开阔,思想十分深刻,内涵十分丰富。我们要深刻领会中国特色社会主义是改革开放以来党的全部理论和实践的主题,坚持高举中国特色社会主义伟大旗帜,牢固树立中国特色社会主义道路自信、理论自信、制度自信、文化自信,确保党和国家事业始终沿着正确方向胜利前进。牢牢把握我国发展的阶段性特征,牢牢把握人民群众对美好生活的向往,继续统筹推进"五位一体"总体布局、协调推进"四个全面"战略布局,决胜全面建成小康社会,夺取中国特色社会主义伟大胜利,为实现中华民族伟大复兴的中国梦不懈奋斗。要深刻领会党的十八大以来的5年,是党和国家发展进程中很不平凡的5年。党中央推出一系列重大战略举措,出台一系列重大方针政策,推进一系列重大工作，解决了许多长期想解决而没有解决的难题，办成了许多过去想办而没有办成的大事，开辟了治国理政新境界，开创了中国特色社会主义事业新局面。党和国家各项事业之所以能取得新的巨大成就，最根本的原因，就在于以习近平同志为核心的党中央的坚强领导，就在于有习总书记这个坚强领导核心为我们掌舵，就在于习总书记系列重要讲话精神和治国理政新理念新思想新战略的科学指引。要深刻领会必须牢牢把握社会主义初级阶段这个最大国情，牢牢立足社会主义初级阶段这个最大实际，更准确地把握我国社会主义初级阶段不断变化的特点，坚持党的基本路线，在继续推动经济发展的同时，更好解决我国社会出现的各种问题，更好实现各项事业全面发展，更好发展中国特色社会主义事业，更好推动人的全面发展、社会全面进步。要深刻领会党的十八大以来，党和国家事业发生历史性变革，我国发展站到了新的历史起点上，中国特色社会主义进入了新的发展阶段。提高战略思维能力，不断增强工作的原则性、系统性、预见性、创造性，完善发展战略和各项政策，以新的精神状态和奋斗姿态把中国特色社会主义推向前进。要深刻领会坚持和发展中国特色社会主义，必须高度重视理论的作用，增强理论自信和战略定力。在进行伟大斗争、建设伟大工程、推进伟大事业、实现伟大梦想中，保持和发扬马克思主义政党与时俱进的理论品格，勇于推进实践基础上的理论创新，不断把马克思主义中国化推向前进。要将习总书记系列重要讲话精神和治国理政新理念新思想新战略作为科学指南长期坚持，自觉武装头脑、指导实践、推动工作。要深刻领会到2020年全面建成小康社会，实现第一个百年奋斗目标，是我们党向人民、向历史作出的庄严承诺。突出抓重点、补短板、强弱项，坚决打好防范化解重大风险、精准脱贫、污染防治的攻坚战，坚定不移深化供给侧结构性改革，推动经济社会持续健康发展，使全面建成小康社会得到人民认可、经得起历史检验。2020年全面建成小康社会后，继续为实现第二个百年奋斗目标而努力，踏上建设社会主义现代化国家新征程，让中华民族以更加昂扬的姿态屹立于世界民族之林。要深刻领会全面从严治党永远在路上，管党治党不仅关系党的前途命运，而且关系国家和民族的前途命运，以更大的决心、更大的勇气、更大的气力抓紧抓好。坚持问题导向，保持战略定力，推动全面从严治党向纵深发展，把全面从严治党的思路举措搞得更加科学、更加严密、更加有效，确保党始终同人民想在一起、干在一起，始终成为中国特色社会主义事业的坚强领导核心。

会议指出，深入学习贯彻习总书记重要讲话精神，以优异成绩迎接党的十九大，是当前的首要政治任务。全省各级党组织和广大党员干部要认真学习领会习总书记重要讲话精神，联系以习近平同志为核心的党中央治国理政实践，联系党和国家的历史性变革和历史性成就，切实把思想和行动统一到讲话精神上来，统一到讲话对世情国情党情的深入分析和科学判断上来，统一到讲话对决胜全面建成小康社会，夺取中国特色社会主义伟大胜利，实现中华民族伟大复兴中国梦的重大决策部署上来。要进一步增强政治意识、大局意识、核心意识、看齐意识，增强维护核心的思想自觉和行动自觉，做到自觉拥戴核心，坚定维护核心，绝对服从核心，始终紧跟核心，自觉在思想上政治上行动上同以习近平同志为核心的党中央保持高度一致。要把学习贯彻习总书记在专题研讨班上的重要讲话与学习贯彻习总书记视察山西重要讲话结合起来，与学习贯彻习总书记系列重要讲话精神和治国理政新理念新思想新战略结合起来，更好地用讲话精神统一思想、凝聚力量，扎扎实实推进改革发展稳定和党的建设各项工作。

会议指出，当前，山西正处于发展的关键时期，面临着难得的战略机遇。各地各部门要按照省委十一届四次全会的部署，认真落实省委深入学习贯彻习总书记视察山西重要讲话精神的两个实施意见，把握好8个重大问题和工作着力点，努力实现党内政治生态持久的风清气正，努力实现经济转型发展持久的强劲态势，为十九大胜利召开打牢维护核心、看齐紧跟的思想政治基础，营造团结奋进、喜迎盛会的舆论氛围，构建文明有序、安全稳定的社会环境。要充分调动全省干部群众的积极性创造性，奋力走好新征程、探出新路子、创造新业绩，以实际行动决胜全面建成小康社会，以优异成绩迎接党的十九大胜利召开。

省委常委，省人大、省政府、省政协负责同志和省法院院长出席会议，有关负责同志列席会议。

省委召开常委会议 审议通过我省贯彻落实中央环保督察反馈意见整改方案 研究巡视巡察、市场监管体制改革和城市基层党建等工作

8月17日，省委书记骆惠宁主持召开十一届省委第36次常委会议，审议我省贯彻落实中央第二环境保护督察组督察反馈意见整改方案、省委贯彻《中国共产党巡视工作条例》实施办法、关于市县市场监督管理体制改革试点工作的指导意见，传达贯彻全国城市基层党建工作经验交流座谈会精神，研究我省贯彻落实意见。

会议审议通过《山西省贯彻落实中央第二环境保护督察组督察反馈意见整改方案》。会议指出，各级各部门要把环保督察整改工作作为贯彻落实习总书记视察山西重要讲话精神的重大举措，按照整改方案和措施清单进一步细化分工，建立台账，切实把责任压下去，把问题解决好。各级党政主要负责同志要对整改工作亲自抓、负总责，带头领办重要整改事项，发挥示范作用。牵头单位要加强组织协调，协同单位不得推诿扯皮，共同保证整改任务如期完成。要坚持标本兼治，当前重点推进取缔“散乱污”企业等四个专项行动，坚决完成年度环保约束性指标，以环保倒逼经济转型，同时要举一反三，完善长效机制，努力构建绿色生产和生活方式。要严格督察考核，强化过程检查，严格落实党政领导干部生态环境损害责任追究制，强化环保督察督政问责，强化生态环保工作考核，积极营造促整改、抓落实的良好氛围。

会议审议通过《关于市县市场监督管理体制改革试点工

作的指导意见》。会议指出,市场监管体制改革是贯彻落实十八届三中全会部署的重要举措,是我省开展先行先试的重要内容。试点市要把握改革要求,坚持问题导向,锐意开拓创新,省有关部门要大力支持,协同一致,共同为在全省推开提供可复制的经验。

会议审议通过《中共山西省委贯彻〈中国共产党巡视工作条例〉实施办法》。会议指出,我省实施办法贯彻中央部署要求,总结我省近年来巡视理论和实践创新成果,重点解决巡视巡察一体化、机构队伍建设、工作程序完善、组织保障、推动整改落实等重大问题,为我省开展巡视巡察工作奠定了制度基础。各级党委要认真践行巡视工作主体责任,充分发挥巡视巡察监督政治作用,扎实推进巡视整改自行"回头看"工作,不断把巡视巡察工作引向深入。

会议同意省委组织部贯彻落实全国城市基层党建工作经验交流座谈会的具体意见。指出,近年来,全省城市基层党建工作不断加强,但也存在一些亟待解决的问题。各级党委要像抓农村基层党建那样抓城市基层党建,坚持政治引领、组织引领、能力引领和机制引领,结合"三基建设",积极探索我省城市基层党建引领基层治理的有效路径。

会议审议通过了《省委中心组2017年下半年学习安排》《关于加强县乡人大工作机构建设的若干规定》《关于加强新形势下引进外国人才工作的实施意见》。

会议还研究了其他事项。

省委召开常委会议 进一步做好民生改善和保障工作 进一步贯彻落实中央八项规定精神

8月30日,省委书记骆惠宁主持召开十一届省委第38次常委会议,研究民生领域有关工作,审议通过《关于进一步贯彻落实中央八项规定精神的实施办法》,研究我省贯彻落实中央群团改革工作座谈会精神的意见,听取太原市大气污染防治工作情况汇报,审议《太原都市区规划(2016–2035年)》等。

会议分别听取省人社厅、省教育厅、省住建厅关于全省城乡居民就业收入、社会保障体系建设、统筹推进城乡义务教育发展、保障性安居工程、采煤沉陷区治理搬迁安置工程推进情况的汇报,对做好下半年民生工作提出要求。会议认为,近年来省委省政府坚持把改善民生摆在突出战略位置来抓,形成了一批特色和亮点。今年上半年,全省城乡居民就业收入、社会保障、义务教育、安居工程和采煤沉陷区治理搬迁安置等民生领域重点工作取得阶段性明显成效,全年相关民生工作目标能够实现。同时也要看到,与全面建成小康社会的目标相比,民生工作还存在一些短板,人民群众生产生活还有不少困难。各级党委政府要牢记习总书记视察山西重要讲话对改善民生的要求,坚持以人民为中心的发展思想,以更大的力度、更实的举措做好民生工作。要以发展夯实民生基础,注重培育能够带动就业创业的产业和商业形态,多措并举提高城乡居民收入。要以攻坚保障民生目标,全面推进习总书记强调的12项民生实事,如期完成省政府承诺的10件实事。要以改革破解民生难题,用改革的办法消除体制机制障碍,加快实现基本公共服务均等化。要以共建推动民生共享,加强政策引导,更多运用市场手段,调动社会力量参与民生建设。要以投入兜住民生底线,坚决打赢脱贫攻坚战,做好困难群体基本生活保障工作。

会议审议通过《关于进一步贯彻落实中央八项规定精神的实施办法》。指出,在总结分析近几年贯彻落实中央八项规定实践的基础上,结合中央新的要求,对相关制度规定加以修改完善,制定我省实施办法,有利于进一步增强贯彻中央八项规定精神的系统性、针对性和有效性,更好地加强作风建设,必将对各级各部门制定贯彻落实中央八项规定精神实施细则起到引领示范作用。省委常委要带头贯彻落实。

会议指出,去年以来,我省群团改革取得积极进展,总体态势良好。进一步深化群团改革工作,要以习总书记关于群团工作的重要指示精神和中央群团改革工作座谈会精神为指引,切实加强党对群团工作的领导,把握群团改革的正确方向,直面突出问题,始终坚持把强"三性"、破"四化"、促创新贯穿群团改革全过程,突出抓好加强群团组织党的建设、转职能转方式转作风、扩大群团组织和群团工作有效覆盖、深化机构人事制度改革等重点工作,以群团改革的新成效推动群团工作迈上新台阶。

会议听取关于太原市大气污染防治工作情况的汇报,指出,近年来,太原市在大气污染防治上采取一系列措施,取得一定成效,但目前环保形势仍然十分严峻。太原市提出的工作措施体现了标本兼治、精准到位,关键是抓好落实。实现太原市环境空气质量明显好转,这是省委的要求,也是全省人民的期盼。整改工作要接受人民群众的监督。

会议审议并原则批准《太原都市区规划(2016–2035年)》。指出,太原都市区规划全面贯彻新发展理念,遵循城市发展规律,具有较强的战略性、前瞻性、实践性。要健全实施机制,定期评估、动态优化,扎实推进规划落地。省政府要加强对太原都市区建设的领导,有关部门和市县都要树立大局观念,共同抓好这项战略工作。

省委召开常委会议 研究贯彻李克强总理在山西考察工作重要讲话精神的重大举措 部署推动经济转型发展重点工作

9月14日,省委书记骆惠宁主持召开十一届省委第41次常委会议,传达学习李克强总理在山西考察工作时重要讲话精神,研究我省贯彻落实意见,就推动经济转型发展进一步作出部署。

会议指出,李克强总理在我省考察期间,围绕新旧动能转换、经济转型升级作了重要讲话,帮助解决了一批重大问题,明确提出了工作要求。近期,国务院出台了《关于支持山西省进一步深化改革促进资源型经济转型发展的意见》。这些充分体现了党中央国务院对山西人民的亲切关怀,对于我省进一步深入贯彻习总书记系列重要讲话精神和治国理政新理念新思想新战略,进一步把山西改革发展推向更加深入的新阶段,进一步激发广大干部群众干事创业热情,具有重大意义。要按照省委具体安排,认真学习贯彻,抓紧推进重大任务、重点事项,确保有关政策举措落到实处。会议决定,近期召开全省进一步深化改革促进资源型经济转型发展大会,深入贯彻习总书记视察山西重要讲话精神,认真落实李克强总理考察山西提出的工作要求,对实施《国务院关于支持山西省进一步深化改革促进资源型经济转型发展的意见》作出全面部署。

会议听取推动经济转型发展重大工作进展情况汇报。指出,山西经济既要稳更要转,在稳中转,以转促稳。各地要进一步在抓转型上下真功夫、大功夫、实功夫。会议对转型发展重点工作提出指导意见。一是关于新兴产业发展。指出目前呈现出规模稳步增长,集聚效应加速形成的态势。下一步,要加强对科技和产业变革趋势的研判,做到有所为有所不为,充分发挥开发区的载体作用,坚持项目、企业、技术、产品、园区(基地)"五位一体"统筹实施,横下一条心,全力以赴,加快把新兴产业打造成转型发展的新引擎。二是关于优化煤炭产业结构。指出去年先进产能有明显提升,目前落后产能在加速退出。下一步,要坚守"稳控规模、优化结构、提升竞争力,推动绿色清洁高效利用"的方针,坚定地完成全年去产能任务,积极处置"僵尸企业",用好减量置换和减量重组政策,探索国家煤矿储备试点。要多用市场和法治办法解决存在的问题,努力为能源革命作贡献。三是关于企业技术改造。指出老饭碗不能丢,必须加速改造。今年实施的技改八大专项工程明显见效,社会资本正向重点技术改造项目集聚,形成一批新的工业经济增长点。下一步,要坚持政策引导、企业主体、市场决定、创新驱动,依托重点产业、重点企业、重点产品、重点园区、关键共性技术有效实施技术改造。要十分重视和大力推进焦化行业改造升级,带动环保突出问题的整改。传统产业与新兴产业之间没有天然鸿沟,技改可以催发新技术、新产品、新产业,只有既抓发展新兴产业,又抓改造传统产业,才能全面把握转型发展的主动权。四是关于招商引资工作。指出招商引资的质量和效益得到重视与提升,开发区招商引资项目落地率好于预期。下一步,要拓展境外招商引资工作,更加注重招商质量,更加注重项目落地。要坚持以改革创新精神改进招商引资工作,注意培育新的产业集群,不断优化营商环境,加速培育新动能。五是关于基础设施建设。指出今年以来,全省铁路、公路、机场、轨道交通、水利、煤层气管网、外送电通道、市政、口岸等9类重大基础设施建设总体进展顺利,完成投资情况较好。下一步,要坚持突出重点、有序推进,用改革的办法破解难题,积极引入社会资金,全力争取国家支持,充分发挥现代基础设施建设对经济转型发展的推动和保障作用。

省委召开常委会议　审议通过《贯彻落实〈国务院关于支持山西省进一步深化改革促进资源型经济转型发展的意见〉行动计划》和打造全国能源革命排头兵　推进大众创业万众创新等文件

9月15日,省委书记骆惠宁主持召开十一届省委第42次常委会议,审议并通过《贯彻落实〈国务院关于支持山西省进一步深化改革促进资源型经济转型发展的意见〉行动计划》《山西打造全国能源革命排头兵行动方案》《关于强化实施创新驱动发展战略进一步推进大众创业万众创新深入发展的实施意见》。

会议指出,制定我省贯彻落实《国务院关于支持山西省进一步深化改革促进资源型经济转型发展的意见》的行动计划,把国务院文件精神细化为具体任务和推进措施,体现了省委省政府推动经济转型发展的信心决心,对于把全省改革发展推向更加深入的新阶段,实现经济转型发展持久的强劲态势,具有重大意义。要突出改革引领、先行先试,注重政策衔接、工作协同,把转型发展的战略部署变成实际行动。会议从全局和政治的高度对贯彻落实国务院文件精神和我省行动计划提出要求。一要增强改革创新的意识。以改革促转型是国务院文件的鲜明特色,也是我们推动转型最需要的品质。落实各项工作,都要坚持问题导向,用改革创新精神破解难题,激发动力活力。二要提高开拓进取的能力。各级领导干部特别是主要负责同志要不断提高研究和解决问题的能力,追求一流工作标准,努力成为以改革促转型的行家里手。三要有盯住不放的劲头。对文件涉及的政策举措都要盯住不放,确保文件精神落地见效。要加强文件的宣传解读和业务培训,推动领导干部吃透文件精神,增强落实自觉,不辱使命。

会议指出,山西"建成资源型经济转型发展示范区"、"打造全国能源革命排头兵",是党中央、国务院赋予山西的重大使命,是准确把握我省在全国经济发展格局中战略地位与作用的战略选择,对于重塑山西形象、增强竞争力和话语权具有重大意义。打造全国能源革命排头兵,要深入贯彻习总书记关于能源革命的战略思想和视察山西重要讲话精神,贯彻新发展理念,坚持市场运作、政府推动、低碳引领、改革创新、重点突破的原则,扎实做好推动煤炭清洁高效开发利用、调整优化能源消费结构、促进新能源产业提质、发展互联网+智慧能源、突破能源关键核心技术、培育能源转型升级新动力、深化能源体制改革、扩大能源开放合作等各项工作,努力走出一条山西特色能源转型之路,引领全国能源革命进程。会议决定成立山西省打造全国能源革命排头兵领导小组,指导全省能源革命工作。

会议指出,推动山西经济转型发展,必须把社会各方面特别是广大人民群众中蕴藏的积极性和创造性充分激发出来。制定我省《关于强化实施创新驱动发展战略进一步推进大众创业万众创新深入发展的实施意见》,具有开拓性意义。近年来,省委省政府围绕"双创"推出一系列举措,全省"双创"氛围日益浓厚,创新创业成效得以显现。要进一步把"双创"作为推动转型发展的有效载体,总结推广我省各地开展"双创"的创新实践,借鉴省外先进经验,强化政府支持引导,发挥企业主力军作用,全线打通从创意到产品到市场的环节链条,探索企业全员创客等有效做法,建立推进"双创"的制度机制,打造山西"双创"升级版,努力建设一支宏大的创客队伍,让党的群众路线在"双创"中焕发生机,让更多创业创新梦想变成美好现实。

省委召开常委会议　研究部署深入推进维护核心见诸行动主题教育　深化监察体制改革试点和国企国资改革等工作

9月22日上午，省委书记骆惠宁主持召开十一届省委第43次常委会议，就深入推进维护核心、见诸行动主题教育，深化监察体制改革试点和国企国资改革等工作进一步作出部署。

会议听取了全省维护核心、见诸行动主题教育总体情况及“三基建设”、巡视整改自行“回头看”等重点工作推进情况汇报。指出，开展维护核心、见诸行动主题教育，是我省今年推进“两学一做”学习教育常态化制度化的鲜明主题，巡视整改自行“回头看”、全面加强“三基建设”是主题教育的重要载体和重要任务。省委加强领导并带头示范，各级党组织扎实推进，主题教育取得明显成效，全省维护核心的坚定信念和社会氛围全面形成，习总书记系列重要讲话的指导思想地位牢固确立。通过主题教育，促进了全省上下深入贯彻习总书记视察山西重要讲话精神，促进了中央重大决策部署在山西全面正确有效落地，广大党员干部焕发出崭新精神风貌，全省党的建设和党领导的各项事业取得新的进步。党的十九大即将召开，要进一步把维护核心、见诸行动主题教育引向深入，在坚持以习总书记系列重要讲话为指引，以问题为导向，继续贯彻好中央大政方针，进一步办好山西的事情，全面完成年度目标任务上下功夫。要把主题教育与实现“两个持久”工作目标紧密结合起来，与建设转型发展示范区、打造能源革命排头兵紧密结合起来，与全面从严治党、建设高素质干部队伍紧密结合起来，进一步动员全省党员干部和人民群众以优异成绩迎接党的十九大胜利召开，深入学习宣传贯彻十九大精神，以新的精神状态和奋斗姿态走好新的征程。会议指出，“回头看”已告一段落，但不代表工作结束，要在整改落实上持续下功夫，进一步把自己摆进去，见人见事、见举措见变化。加强“三基建设”已全面铺开，总体态势很好。要进一步抓细抓实、抓紧抓好，确保实现省委提出的“一年解决突出问题、初见成效”的要求。

会议听取了深化监察体制改革试点工作汇报。指出，监察体制改革是党中央部署的一项重大政治体制改革。省委及各市县委按照党中央要求，在中央深化国家监察体制改革试点工作领导小组的指导下，精心组织实施，狠抓关键环节，改革试点基本实现了中央确定的目标，制度优势不断转化为治理效能，一些工作形成了特色和亮点。试点工作充分印证了党中央关于监察体制改革的重大决策是完全正确的，省委抓试点工作的重大举措是符合中央意图的，各级纪委监委领导班子和干部队伍是过硬的。有关方面给予了大力配合支持。要继续改革探索，在不断深化完善上下功夫，进一步为全国提供可复制、可推广的做法与经验。

会议听取了全省国企国资改革推进情况汇报。指出，国企国资改革事关山西转型前途，事关全省改革发展稳定大局。省委省政府把国企国资改革摆在突出位置，强力推进，国企国资改革的“四梁八柱”政策体系基本搭起，改革进入“施工高峰期”，呈现崭新局面，改革效应已经转化为企业效益，正在成为山西改革的一个亮点，为转型发展带来新的气象。要看到，我省国企国资改革赶考和补考的任务都很重。要把握好这一轮国企国资改革方向明确、聚焦体制机制创新、政策设计具体、改革蹄疾步稳、维护职工合法权益、强调加强党的领导和党的建设等重大要求和特征，抓住用好历史性机遇，坚定信心，谋定后动，重点突破，协同推进，以深化国企国资改革推动转型发展。但也要看到，我省国企国资改革还存在进展不平衡的问题。市县党委要担负起主体责任，书记要亲自抓，勇于攻坚克难，加紧把步子赶上来。省委国有企业改革发展和党建工作领导小组要加强对市县国企国资改革的指导和督查。

省委召开常委会议　传达贯彻中央巡视巡察工作座谈会精神　听取省委第二轮巡视情况汇报　研究纪检监察工作　部署军民融合发展　审议通过《中共山西省委关于完善工作机制加强人民政协协商民主建设的意见》

9月22日下午，省委书记骆惠宁主持召开十一届省委第44次常委会议，传达贯彻中央巡视巡察工作座谈会精神，听取省委第二轮巡视情况汇报，研究纪检监察工作，部署军民融合发展，审议通过《中共山西省委关于完善工作机制加强人民政协协商民主建设的意见》。

会议指出，中央巡视巡察工作座谈会深刻总结了十八大以来巡视巡察工作，提出了搞好巡视巡察工作的新任务新要求。要认真学习贯彻座谈会精神，各级党委书记都要自觉向党中央和习总书记看齐，把巡视巡察工作紧紧抓在手上，推动全面从严治党向纵深发展、向基层延伸，确保党的路线方针政策在基层得到贯彻落实。会议指出，十一届省委第二轮巡视对33个省直单位党组织及所属党组织进行了专项巡视，对2个省直单位党组织进行了机动式巡视，取得明显成效。从巡视情况看，我省政治生态持续好转，有力印证了习总书记指出的“山西政治生态已经由‘乱’转‘治’”这一重大判断是完全正确的。同时，巡视也发现近些年，被巡视党组织都不同程度存在党的领导弱化、党的建设缺失、全面从严治党不力问题。有的党组(党委)核心领导作用发挥不够，有的履职尽责有差距，有的新官不理旧账，缺乏担当精神；有的抓党建不实不力，有的党建“三基”工作薄弱，有的选人用人政策执行不严格；有的主体责任扛得不牢，有的监督工作宽松软，有的不认真执行财经纪律和工作纪律，违反中央八项规定精神的情况时有发生。这说明推动管党治党向纵深发展、向基层延伸的任务依然繁重艰巨，有力印证了全面从严治党永远在路上。要从政治高度审视问题，抓好巡视后续工作，被巡视单位一把手要切实负起主体责任，确保巡视反馈问题件件有着落。要把贯彻落实十九大精神、进一步深化政治巡视体现到第三轮巡视中。巡视机构要认真履行职责，持续发挥优良作风，不负省委信任与重托。

会议听取了省纪委监委工作情况汇报。指出，今年以来，全省纪检监察系统认真贯彻中央纪委七次全会精神和省纪委十一届二次全会部署，紧紧围绕全省工作大局，以深化监察体制改革为牵引，各项工作取得显著成效，为管党治党严紧硬作出了突出贡献。下一步，省纪委监委要紧紧围绕迎接十九大召开和贯彻十九大精神履职尽责，深入贯彻落实习总书记视察山西重要讲话对严肃党内政治生活提出的要求，坚持标本兼治，把严明政治纪律和政治规矩摆在首位，继续用好监督执纪"四种形态"，当好政治生态"护林员"。全省县以上党委（党组）已修订出台贯彻落实中央八项规定精神的实施办法，纪委监委要监督抓好落实。各级党委要坚定支持纪委履行职责，并自觉接受纪委的监督。

会议听取了我省军民融合发展情况汇报。指出，军民融合发展是兴国强军的重大国家战略。山西是国防军工重要省份，军民深度融合创新发展潜力很大。要贯彻落实中央关于军民融合发展的部署要求，放眼国家国防科工大格局，以更大力度推进军民融合发展，在"融"字上做文章、求突破、见实效，积极谋划和推进一批新的军民融合项目。会议决定成立山西省军民融合发展委员会，进一步加强领导，制定规划，完善政策，及时协调解决军民融合发展中的重大问题。

会议指出，社会主义协商民主是我国社会主义民主政治的特有形式和独特优势，是党的群众路线在政治领域的重要体现。政协协商是社会主义协商民主的重要渠道。省委高度重视政协协商民主建设，大力支持政协履行职能、开展工作。省政协认真落实中央和省委的部署要求，推动政协协商取得明显成效，创造了好的经验。要进一步加强和完善党委对政协协商民主建设的领导，及时研究解决工作中的重大问题，更好发挥人民政协建言资政作用。各级各部门要积极支持配合，营造重视支持政协协商民主建设的良好氛围。各级政协组织要把牢正确政治方向，紧扣全省改革发展稳定大局和省委中心工作，进一步提高协商质量成效，商以求同、协以成事，汇聚各方面正能量，为实现"两个持久"工作目标、决胜全面建成小康社会作出新的贡献。

会议决定成立山西省金融稳定发展工作领导组。指出，山西要建成转型发展示范区、打造能源革命排头兵，必须有强有力的金融支持。要大力宣传国务院支持山西资源型经济转型发展的政策举措，大力宣传山西投资环境、金融生态发生的积极变化，吸引更多优质金融资源和要素聚集山西，支持山西转型发展。

会议指出，在新的历史起点上推进山西事业发展，建设一支高素质专业化干部队伍比以往任何时候都更为紧迫，要求也更高。加强后备干部队伍建设是一项关键性基础工作。今年以来，省委组织部坚持好干部标准，在深入调研的基础上掌握了一批优秀后备干部，为全省领导班子建设提供了较为充足的干部储备。要实施精细化培养和锻炼，加强动态管理，条件成熟的及时使用，并及时补充，使后备干部队伍成为"一池活水"。

省委召开常委扩大会议　传达学习党的十九大和十九届一中全会精神　坚持以习近平新时代中国特色社会主义思想为指引　奋力谱写新时代中国特色社会主义山西篇章　会议决定近期召开省委十一届五次全体会议　对学习贯彻党的十九大精神作出全面部署

10月27日，省委书记骆惠宁主持召开省委常委扩大会议，传达学习党的十九大和十九届一中全会精神，研究部署学习宣传贯彻党的十九大精神各项工作。他强调，要把学习宣传贯彻十九大精神作为当前和今后的重大政治任务和工作主题，迅速全面兴起学习宣传贯彻党的十九大精神热潮，高举习近平新时代中国特色社会主义思想伟大旗帜，更加紧密地团结在以习近平同志为核心的党中央周围，推动习近平新时代中国特色社会主义思想在三晋大地化为生动实践、在全省人民中成为自觉行动，在新的伟大征程中把全省各项事业发展提升到新水平，奋力谱写新时代中国特色社会主义的山西篇章。

骆惠宁指出，党的十九大是在全面建成小康社会决胜阶段、中国特色社会主义进入新时代的关键时期召开的一次十分重要的大会，是一次不忘初心、牢记使命、高举旗帜、团结奋进的大会，在党和国家发展史上具有重大里程碑意义。习总书记作的报告描绘了决胜全面建成小康社会、夺取新时代中国特色社会主义伟大胜利的宏伟蓝图，是我们党团结带领全国人民在新时代坚持和发展中国特色社会主义的政治宣言和行动纲领，是闪耀着马克思主义真理光芒的纲领性文献，进一步指明了党和国家事业前进方向。党章修正案体现了党的十九大报告确立的重大理论观点和重大战略思想，特别是把习近平新时代中国特色社会主义思想确立为党必须长期坚持的指导思想，具有重大而深远的意义。中央纪委工作报告充分肯定了在党中央坚强领导下纪律检查工作取得的重大成绩，宣示了我们党深入推进党风廉政建设和反腐败斗争的坚强决心和坚定意志。这些重要报告和文件，为推进新时代中国特色社会主义事业提供了基本遵循，要扎实深入持久地学习领会贯彻，进一步增强在新时代展现新作为的政治责任感和历史使命感。

骆惠宁强调，十九届一中全会选举产生了政治坚定、团结统一、坚强有力、奋发有为的新一届中央领导机构。全会同志一致选举和拥戴习近平同志继续担任中央委员会总书记、中央军委主席，反映了全党全军全国人民的共同心愿。习总书记是全党拥护、人民爱戴、当之无愧的党的领袖。有习总书记领航掌舵，是党和国家取得历史性成就、发生历史性变革的根本原因，是党和人民在新征程中夺取新时代中国特色社会主义伟大胜利的根本保证。只要我们按照习总书记的教导去做，任何困难都能克服，任何挑战都能战胜。贯彻落实十九大精神，首先要高举习近平新时代中国特色社会主义思想伟大旗帜，坚定不移维护习总书记的核心地位。省委常委和各级领导干部要带头坚定理想信念，炼就忠诚品格，更加自觉地从政治和大局上维护核心紧跟核心,团结带领全省人民沿着中国特色社会主义道路阔步前进。

骆惠宁指出,领导干部要时刻牢记在政治上站得稳、靠得住是第一位的素质和能力,树牢"四个意识",始终在政治立场、政治方向、政治路线、政治主张上同以习近平同志为核心的党中央保持高度一致,坚决维护党中央权威和集中统一领导,自觉在党和国家工作大局中谋划和推进山西发展,制定重要决策、开展重要工作都要以贯彻落实习总书记指示要求和党中央决策部署为前提,确保全省各项工作始终坚持正确政治方向。

骆惠宁指出,要深刻领会党的十九大的重要精神,在新的伟大征程中把全省各项事业发展提升到新水平。全面把握中国特色社会主义进入新时代的新要求,牢牢坚持党的基本路线这个党和国家的生命线、人民的幸福线,把握人民日益增长的美好生活需要,着力解决好发展不平衡不充分的问题,打造竞争优势,发挥后发优势,在中部崛起中赢得主动,奋力谱写新时代中国特色社会主义的山西篇章。

骆惠宁指出,习近平新时代中国特色社会主义思想,从理论和实践的结合上系统回答了新时代坚持和发展什么样的中国特色社会主义、怎样坚持和发展中国特色社会主义这个重大时代课题,实现了马克思主义基本原理同中国实际相结合进程中的又一次飞跃。要进一步用习近平新时代中国特色社会主义思想武装头脑、指导实践,在学以致用、解决问题上下功夫,推动习近平新时代中国特色社会主义思想在三晋大地化为生动实践、在全省人民中成为自觉行动,不断彰显真理力量。

骆惠宁指出,党的十九大报告提出决胜全面建成小康社会、分两步走建成社会主义现代化强国的宏伟目标,这是我们党确定"三步走"战略后又一次具有重大意义的战略谋划,使近代以来中国人民梦寐以求的伟大复兴清晰可见,极大增强了全党全军全国人民的民族自豪感和强烈使命感。山西资源型经济转型任务要在2030年基本完成,这与基本实现现代化大致同步。要咬定目标不放松,建设国家资源型经济转型发展示范区,打造全国能源革命排头兵,构建内陆地区对外开放新高地,打好防范重大风险、精准脱贫、污染防治三大攻坚战,确保脱贫攻坚经得起检验,确保与全国同步全面建成小康社会,确保走出具有中国特色山西特点的资源型经济转型发展路子。

骆惠宁指出,党的十九大报告对我国社会主义经济建设、政治建设、文化建设、社会建设、生态文明建设,对国防和军队建设、"一国两制"和祖国统一、外交等作出的重大部署,对新时代党的建设提出的总要求和重点任务,是党的基本理论、基本路线、基本方略在各领域各方面的具体展开,要结合山西实际统筹抓好贯彻落实。要以党的政治建设为统领,全面推进思想建设、组织建设、作风建设、纪律建设,把制度建设贯穿其中,夺取反腐败斗争压倒性胜利,认真学习贯彻党章,一刻也不停歇地推动全面从严治党向纵深发展,为新时代中国特色社会主义事业提供坚强保证。

骆惠宁指出,要把学习宣传贯彻党的十九大精神作为当前和今后的重大政治任务和工作主题,迅速全面兴起学习宣传贯彻党的十九大精神热潮,团结带领全省人民为夺取新时代中国特色社会主义新胜利努力奋斗。省委常委要做到先学一步、学深一层,带头深入基层宣讲,为全省党员干部作出表率。各级各部门要迅速组织学习,推动十九大精神进企业、进农村、进机关、进校园、进社区、进军营。要组建宣讲团面向干部群众开展宣讲,切实把十九大精神讲清楚、讲明白、讲透彻,让干部群众听得懂、能领会、可落实。各级党校、行政学院等干部培训机构要把十九大精神作为教学重要内容,社科理论界要加大十九大精神的研究阐释力度。要充分发挥新闻媒体的作用,采取人民群众喜闻乐见的形式,广泛深入宣传解读十九大精神,大力宣传各地各部门学习贯彻的具体举措和实际行动,大力宣传基层干部群众学习贯彻的典型事迹和良好风貌,使十九大精神家喻户晓、深入人心。

骆惠宁指出,要以党的十九大精神为指导,深入研究解决工作中面临的重大问题,推动各项事业取得新进展。要把贯彻落实十九大精神与深入贯彻习总书记视察山西提出的总体要求和五项重大任务结合起来,与正在做的事情结合起来,与进一步推动山西各项事业发展结合起来。要按照十九大提出的新要求,继续完善思路,推出一批新的政策举措,不断增强工作的原则性、系统性、预见性、创造性。要坚持和加强党的全面领导,在推动经济转型发展、实施乡村振兴战略、加强民主政治建设、抓好意识形态工作、切实保障和改善民生、建设法治山西、推进生态文明建设、全面深化改革和扩大开放、坚持全面从严治党、严肃党内政治生活等方面取得新突破。作为试点省份,在国家监察体制改革试点上要继续勇于探索,努力走在前列。

骆惠宁指出,要按照习总书记关于提高本领和改进作风的指示精神,大力建设高素质专业化干部队伍,努力增强学习本领、政治领导本领、改革创新本领、科学发展本领、依法执政本领、群众工作本领、狠抓落实本领、驾驭风险本领,牢牢把握工作主动权;大力改进作风,想问题、作决策、抓工作都坚持从群众中来、到群众中去,以上率下实干、苦干,坚持"五倡导、五反对",使全省干部队伍的境界、本领、作风更好适应新时代中国特色社会主义事业的需要;大兴调查研究之风,围绕贯彻落实十九大提出的各项目标任务,切实把情况搞透、把思路搞准、把举措搞实,使各项工作更加富有成效。我们要组织动员全省党员干部和人民群众,更加紧密地团结在以习近平同志为核心的党中央周围,沿着党的十九大指引的方向,为全面建成小康社会、全面建设社会主义现代化强国不懈奋斗。

会议决定11月6日召开省委十一届五次全体会议,进一步对学习贯彻党的十九大精神作出全面部署。

省委常委,省人大、省政府、省政协负责同志,省法院院长、省检察院检察长出席会议。

省委召开常委会议 讨论通过关于学习宣传贯彻党的十九大精神的通知 审议拟提请省委十一届五次全会讨论的有关文件 分析今年以来经济形势 研究下一步经济工作 研究部署扶贫领域不正之风和腐败问题专项治理 决定开展省市县万名干部大调研

11月4日，省委书记骆惠宁主持召开十一届省委第46次常委会议，讨论通过《中共山西省委关于全面贯彻〈中共中央关于认真学习宣传贯彻党的十九大精神的决定〉的通知》《学习贯彻党的十九大精神宣讲工作方案》，审议省委常委会向省委十一届五次全会的工作报告，分析前三季度全省经济形势，研究下一步经济工作，部署开展扶贫领域不正之风和腐败问题专项治理，决定开展省市县万名干部大调研。

会议指出，学习宣传贯彻党的十九大精神是当前和今后的重大政治任务和工作主题。全省上下要充分认识学习宣传贯彻十九大精神的重大意义，全面准确学习领会十九大精神，把学习宣传贯彻十九大精神与深入贯彻习总书记视察山西重要讲话精神结合起来，统筹抓好各项工作，不断把学习宣传贯彻十九大精神引向深入。要按照中央要求和省委部署，精心组织党的十九大精神宣讲工作，组建省委宣讲团赴全省各地开展集中宣讲，认真开展"党的十九大精神进基层"主题宣讲，更好把广大干部群众的思想和行动统一到党的十九大精神上来。

会议听取了省政府党组前三季度经济形势汇报。指出，前三季度全省经济运行总的态势稳中向好、好中提质，来之不易。要保持清醒头脑，经济运行中的问题，根子在经济结构上，既要久久为功，又要切实增强解决问题的紧迫感。要进一步向下传导转型发展的压力，加强督促检查，促使干部队伍的理念、能力和作风更好适应转型发展的要求。会议强调，要深入学习贯彻十九大精神，全面完成全年目标任务，积极谋划好明年经济工作。一要狠抓重大改革，进一步推动国发42号文件在山西落地，加快推进国资改革重点工作，年内完成开发区"三化三制"改革，电力体制改革加快破题，抓紧推进军民融合发展，继续争取国家支持我省企业投资项目试行承诺制无审批管理试点，努力形成以改促转的新局面。二要狠抓转型项目，把明年作为"转型项目建设年"，对目前全省转型项目进行梳理和结构性、区域性分析，研究产业和科技变革细分趋势，及早谋划新的重大项目，坚持创新发展，用好深圳高交会平台，筑牢新产业新动能的坚实基础。三要狠抓对外开放，加强顶层设计，在构建内陆地区对外开放新高地上取得实质性突破。四要狠抓环境建设，在全社会弘扬企业家精神，造就一支宏大的优秀企业家队伍，适时召开全省企业家大会。会议对统筹抓好岁末年初各项工作提出明确要求。

会议指出，开展扶贫领域不正之风和腐败问题专项治理，是贯彻落实党的十九大精神的重大举措。要聚焦扶贫领域，围绕资金项目、政策落地、领导责任、干部作风等方面，通过省级督查、市级互查、县级自查，严明工作纪律，坚决整治不正之风，严查失职渎职和腐败行为，确保脱贫成效经得起历史和人民检验。

会议指出，开展省市县万名干部大调研是贯彻落实十九大精神的重大举措。各级领导干部要以习近平新时代中国特色社会主义思想为指引，围绕十九大提出的新目标新任务新要求，明确调研课题，聚焦调研重点，采取多种方式，深入基层、深入群众、深入一线，切实把情况搞透、把思路搞准、把举措搞实，推动当前工作，科学谋划明年各项工作。要坚持群众路线，切实转变作风，注重实际成效，推动十九大精神在山西生根开花结果。

省委召开常委会议 讨论《中共山西省委关于坚决维护党中央集中统一领导的规定》《关于进一步贯彻落实中央八项规定精神的实施办法》《关于认真学习宣传贯彻〈习近平谈治国理政〉第二卷的通知》 传达贯彻全国推开国家监察体制改革试点工作动员部署电视电话会议精神 研究加强新形势下优抚安置工作

11月16日，省委书记骆惠宁主持召开十一届省委第47次常委会议，讨论通过《中共山西省委关于坚决维护党中央集中统一领导的规定》《关于进一步贯彻落实中央八项规定精神的实施办法》《关于认真学习宣传贯彻〈习近平谈治国理政〉第二卷的通知》，传达赵乐际同志在山西调研监察体制改革试点时讲话精神和全国推开国家监察体制改革试点工作动员部署电视电话会议精神，研究我省进一步深化监察体制改革试点工作实施方案。

与会同志学习了《中共中央政治局关于加强和维护党中央集中统一领导的若干规定》。会议指出，制定《中共山西省委关于坚决维护党中央集中统一领导的规定》，是省委自觉向党中央看齐的具体行动和加强自身政治建设的重要举措。全省各级党组织和全体党员要坚决维护习总书记在党中央和全党的核心地位，坚决贯彻习近平新时代中国特色社会主义思想，坚决维护党中央集中统一领导，坚决在思想上政治上行动上同以习近平同志为核心的党中央保持高度一致。省委常委和省级党员领导干部要牢固树立马克思主义政治观，不折不扣贯彻执行以习近平同志为核心的党中央决策部署，不折不扣贯彻落实习总书记和党中央关于山西工作的指示要求，自觉在党和国家工作大局中谋划和推进山西发展。省委常委会要带头从严落实维护党中央权威和集中统一领导的政治责任，把贯彻落实规定与履职尽责结合起来，以办好山西事情的实际成效与党中央保持高度一致。要加强对基层党组织和全体党员的教育引导，团结带领全省人民，高举习近平新时代中国特色社会主义思想光辉旗帜，向着建设社会主义现代化强国的宏伟目标奋勇前进。

与会同志学习了《中共中央政治局贯彻落实中央八项规定实施细则》。会议指出，对照中央实施细则修订我省实施办法，是深入贯彻落实中央八项规定精神、加强作风建设的重要举措。全省各级党组织和党员干部要自觉向党中央对标看齐，认真贯彻党的十九大对持之以恒正风肃纪作出的新部署,巩固和拓展落实中央八项规定精神成果。从省委常委做起,每位省级党员领导干部都要认真学习、严格遵守中央实施细则和我省实施办法,以实际行动为各级党组织、广大党员干部作出表率。要强化监督检查,严肃执纪问责,确保各项要求落到实处。

会议指出,全省各级党组织和广大党员干部,要把认真学习《习近平谈治国理政》第二卷作为深入学习贯彻习近平新时代中国特色社会主义思想的重要内容,与学习贯彻党的十九大精神结合起来,切实在融会贯通、学以致用、全面覆盖上下功夫,更好地用习近平新时代中国特色社会主义思想武装头脑、指导实践、推动工作,奋发有为地开创山西事业发展新境界。

会议指出,中央纪委将全国推开国家监察体制改革试点工作动员部署电视电话会主会场放在山西,会前中共中央政治局常委、中央纪委书记赵乐际同志深入我省市县乡调研监察体制改革试点工作,为我省深化全面从严治党注入强劲动力。会议原则批准我省进一步深化监察体制改革试点工作实施方案,强调要贯彻好中央部署,围绕加强党对反腐败工作统一领导做到常态化制度化长效化、监委履行职能职责做到全覆盖规范化高效能,善于先行先试,全面深化探索实践,继续为制定国家监察法提供实践支撑,继续为在全国推开改革试点工作提供可借鉴的经验。

会议审议通过《关于加强新形势下优抚安置工作的实施意见》。

省委召开常委会议　传达贯彻习总书记关于进一步纠正“四风”　加强作风建设的重要指示　对弘扬“红船精神”“转型项目建设年”和县处级以上领导干部集中轮训作出部署

12月13日,省委书记骆惠宁主持召开十一届省委第49次常委会议,传达贯彻习总书记关于进一步纠正“四风”、加强作风建设的重要指示,学习习总书记撰写的《弘扬“红船精神”走在时代前列》一文,传达贯彻“弘扬‘红船精神’座谈会”精神,审议《山西省转型项目建设年(2018)行动方案》,对举办县处级以上领导干部学习贯彻习近平新时代中国特色社会主义思想和党的十九大精神学习班作出部署。

会议认为,习总书记关于进一步纠正“四风”、加强作风建设的重要指示,一针见血、切中时弊,思想深刻、要求明确,充分表明了以习近平同志为核心的党中央坚定不移全面从严治党、持之以恒正风肃纪的鲜明态度和坚定决心,对各级领导干部是深刻的警示和教育,是加强作风建设、深入纠正“四风”的动员令。我们要自觉站在政治和全局的高度,紧密联系山西实际,立即行动,标本兼治,打好作风建设这场攻坚战和持久战。会议指出,这两年我省党风政风总体上明显好转,但“四风”问题依然存在,在一些地方和领域,在一些领导干部身上,形式主义、官僚主义的表现还比较突出。作风建设关乎党的形象,关乎党的生命,必须以习总书记重要指示为指引,有针对性地、一刻也不放松地去抓。要在进一步调查研究、查摆突出问题、找准原因和对策的基础上,制订深入纠正“四风”的行动方案并付诸实施。在今年的民主生活会和组织生活会上,要认真对照检查省委、省政府贯彻落实中央八项规定精神实施办法的执行情况,查找自身存在的“四风”表现,并切实加以整改。省委常委要带头贯彻落实习总书记重要指示精神,把自己摆进去,给全省各级党员干部作出表率,切实发挥“头雁效应”。要把进一步纠正“四风”特别是整治形式主义、官僚主义,作为贯彻落实党的十九大精神的重要举措,与正在推进的重大工作结合起来,与深入开展万名干部大调研结合起来,推动全年目标任务的完成和对明年工作的科学谋划。

会议指出,“红船精神”集中体现了中国共产党的建党精神,是中国革命精神之源,昭示着中国共产党人的初心,是我们党立党兴国、执政兴国的宝贵精神财富,也是新时代坚持和发展中国特色社会主义的坚强精神支撑。要联系新时代新实践不断赋予“红船精神”新的时代内涵,自觉用“红船精神”滋养我们的思想,坚定我们的信念,引领我们的行动。当前山西改革发展正处于关键时期，十分需要大力弘扬“红船精神”,勇于开拓、担当拼搏、一心为公。全省各党支部要以弘扬“红船精神”为主题开展一次主题党日活动,激励广大党员立足本职岗位,彰显新的作为。

会议指出，省委省政府把明年确定为“转型项目建设年”,是贯彻十九大精神的重大举措,是深入有效推动“示范区”“排头兵”“新高地”建设的重要抓手。要把转型项目建设摆在经济工作的突出位置,着力筑牢新产业、新动能的坚实基础,真正把转型发展落到投资和项目上。要抓好项目谋划储备、招商引资、落地建设、要素支撑、环境优化、开发区承载、激发民间投资活力、定期调度等重点任务。要强化以改促转,坚持先行先试,把抓转型项目与推动国企国资改革、开发区改革、投融资改革、科技人才体制改革、“放管服”改革等结合起来,切实优化项目建设环境。各级党委政府负责同志要扑下身子,深入一线,加强对“转型项目建设年”的领导,有关部门要主动靠前服务,以解决问题来衡量工作状态。

会议批准省委组织部《关于举办县处级以上领导干部学习贯彻习近平新时代中国特色社会主义思想和党的十九大精神学习班的方案》。指出,要紧紧围绕习近平新时代中国特色社会主义思想这个灵魂和主线抓好学习轮训,结合学习贯彻习总书记视察山西重要讲话精神,着力提高党员领导干部的马克思主义理论水平,把学习成效体现到全面加强党的领导和促进经济社会发展各项工作上。

会议还研究了其他事项。

省委召开常委扩大会议　传达学习中央经济工作会议精神　坚持以习近平新时代中国特色社会主义经济思想为指导　推动全省经济在实现高质量发展上不断取得新进展

12月21日,省委召开常委扩大会议,传达学习中央经济工作会议精神,就抓好贯彻落实作出部署。省委书记骆惠宁主持并讲话。

会议认为，这次中央经济工作会议，对于全面贯彻党的十九大精神，做好开局之年经济工作，决胜全面建成小康社会和实施“十三五”规划，推动实现经济高质量发展，具有重大意义。习总书记的重要讲话，全面总结了党的十八大以来我国经济发展取得的历史性成就、发生的历史性变革，深刻阐述了习近平新时代中国特色社会主义经济思想，深入分析了当前国内国际经济形势，明确提出了明年经济工作的总体要求、主要目标和重点任务。讲话具有很强的思想性、战略性和针对性，进一步丰富了习近平新时代中国特色社会主义经济思想，是指导做好明年乃至今后一个时期经济工作的纲领性文献。李克强总理对明年经济工作作出具体部署。我们要把思想和行动统一到中央决策部署上来，结合山西实际把会议精神贯彻落实好。

骆惠宁就学习领会和贯彻落实中央经济工作会议精神提出五点要求。一要深刻领会把握习近平新时代中国特色社会主义经济思想，坚持正确方向、坚定发展信心。习近平新时代中国特色社会主义经济思想，是当代中国的马克思主义政治经济学，是习近平新时代中国特色社会主义思想的重要组成部分，是指引我国经济发展的思想武器和行动指南，是党和国家宝贵的精神财富。山西经济之所以由“疲”转“兴”，转型态势日益强劲，根本在于习近平新时代中国特色社会主义经济思想的指引；山西要真正走出资源型经济转型发展路子，实现高质量发展，必须坚定不移地贯彻好这一重要思想。要坚持以习近平新时代中国特色社会主义经济思想为指导，把学习贯彻中央经济工作会议精神与学习贯彻习总书记视察山西重要讲话精神结合起来，把落实中央关于经济工作的大政方针与落实习总书记对山西提出的五项重大任务结合起来，促进经济社会持续健康发展。二要深刻领会把握新时代我国经济发展特征，扎实践行高质量发展这个根本要求。习总书记深刻阐述了高质量发展的重大意义、深刻内涵和工作要求，指明了推动高质量发展和建设现代化经济体系的方向和路径。当前，山西正处于转型发展攻关期、脱贫攻坚决战期、“十三五”规划关键期。要适应我国经济发展进入新时代的新要求，把推动高质量发展作为确定发展思路、制定经济政策、实施宏观调控的根本要求，把深化供给侧结构性改革与深化转型综改试验区建设结合起来，充分发挥“资源型经济转型发展示范区”“能源革命排头兵”“内陆地区对外开放新高地”的战略牵引作用，推动经济在实现高质量发展上不断取得新进展。要大力推进质量变革、效率变革、动力变革，在提升发展理念、坚定转型信心、培育创新文化上实现新突破，在转变发展方式、优化经济结构、转换增长动力上实现新突破，在发展新兴产业、改造传统产业、推动创新驱动上实现新突破。三要深刻领会把握中央关于明年经济工作的总体要求和政策导向，确保全省经济工作开好局、起好步。要准确把握中央对经济工作指导的重大要求和重大创新，坚持稳中求进工作总基调，认真落实好中央各项政策措施，加强政策协同，激发市场主体的积极性和创造力，为山西转型发展注入新的活力和动力。在经济发展由“疲”转“兴”的基础上，进一步落实新发展理念，进一步释放改革红利，进一步推动产业结构升级，进一步满足人民日益增长的美好生活需要。四要深刻领会把握明年改革发展重点任务，推动全省各项事业取得重大进展。打好防范化解重大风险、精准脱贫、污染防治三大攻坚战，是决战决胜全面建成小康社会必须补上的短板，是新时代的标志性工程。要下更大功夫打好三大攻坚战。要全力做好中央部署的 8 项重点工作，增强人民群众获得感。要认真落实中央提出的各项重大改革任务，结合实际积极先行先试，不断取得突破。五要深刻领会把握坚持和加强党对经济工作的领导，牢牢把握经济工作的主动权。坚持党对经济工作的集中统一领导，是党的十八大以来经济工作的鲜明特点，是经济发展取得历史性成就、发生历史性变革的根本保证，也是推动高质量发展的必然要求。要牢固树立“四个意识”，自觉维护党中央权威和集中统一领导，落实主体责任，敢于攻坚克难，勇于担责负责，确保中央关于经济工作的大政方针在山西全面正确有效地贯彻执行。要大兴调查研究之风，进一步完善党委领导经济工作的制度机制，切实把党对经济工作的领导落到实处。要建设高素质专业化干部队伍，树立正确政绩观，提高领导干部领导经济工作的本领。

会议决定，2018 年 1 月上旬召开省委经济工作会议，对贯彻落实中央经济工作会议精神作出全面部署。

省委召开常委会议　认真学习贯彻习总书记在寻乌扶贫调研报告上的重要批示　传达贯彻加强和改进高校思想政治工作座谈会精神 研究 2018 年全省经济工作主要目标和重大举措 讨论构建内陆地区对外开放新高地和营造企业家健康成长环境政策措施　听取全省万名干部大调研情况汇报

12 月 26 日，省委书记骆惠宁主持召开十一届省委第 51 次常委会议，认真学习贯彻习总书记在寻乌扶贫调研报告上的重要批示，传达贯彻中宣部、中组部、教育部党组召开的加强和改进高校思想政治工作座谈会精神，研究 2018 年全省经济工作主要目标和重大举措，讨论构建内陆地区对外开放新高地和营造企业家健康成长环境政策措施，听取全省万名干部大调研情况汇报。

会议认真学习了习总书记在中宣部呈报的《弘扬脱贫攻坚精神，推动农村物质文明和精神文明协调发展——寻乌扶贫调研报告》上的重要批示，结合我省实际提出贯彻落实意见。会议指出，习总书记在寻乌扶贫调研报告上就大兴调查研究之风作出重要批示，对于深入学习贯彻十九大精神，坚持求真务实作风、大力开展调查研究，具有重要指导意义。要把学习贯彻习总书记重要指示精神与学习习总书记身体力行深入调研的崇高风范结合起来，进一步把调查研究这一党的优良传统发扬好，把这一重要方法运用好。会议听取我省万名干部大调研情况汇报，指出，组织开展万名干部大调研是省委贯彻落实习总书记重要指示的具体举措。省委常委和省级领导同志带头，全省各级干部真正动起来、沉下去，聚焦谋转型、强党建、转作风、抓落实,拿出了一批高质量的调研成果,破解了一批发展环境中存在的突出问题,解决了一批人民群众关心的具体困难,形成了一批推进各方面工作的硬举措,既促进了工作落实,又谋划了2018年工作思路,既密切了干群关系,又增长了干部本领。要贯彻落实习总书记重要指示精神,充分发挥领导干部的表率作用,进一步把大调研引向深入。要围绕学习贯彻十九大精神,聚焦山西改革发展面临的重大问题,进一步扑下身子、沉到一线,问计于民、破解难题。要以好的作风开展调查研究,力戒形式主义、官僚主义,建立健全调查研究常态化制度化机制。

会议指出,一年来,我省认真贯彻落实习总书记在全国高校思想政治工作会议上的重要讲话精神,高校思想政治工作呈现良好态势。要按照中央的新要求,把习近平新时代中国特色社会主义思想进教材进课堂进师生头脑作为中心任务来抓,让习总书记重要思想在大学校园、师生头脑中深深扎根。要按照新时代党的建设总要求,把加强党的全面领导的要求落实到高校思想政治工作中,使高校成为坚持党的领导的坚强阵地,为推动高校改革发展提供坚强保证。要加强督查调研,针对性解决存在的问题,确保中央和省委关于高校思想政治工作的部署要求落到实处。

会议指出,2017年是山西发展进程中极不平常的一年,是山西经历重大转折、奋力开创新局的一年。一年来,全省人民攻坚克难、奋力转型,推动经济发展由“疲”转“兴”,实现了稳中求进、进中提质,转型发展呈现强劲态势。做好2018年全省经济工作,要全面贯彻党的十九大精神,以习近平新时代中国特色社会主义思想为指导,加强党对经济工作的领导,坚持稳中求进工作总基调,坚持新发展理念,紧扣社会主要矛盾变化,按照高质量发展的要求,统筹推进“五位一体”总体布局和协调推进“四个全面”战略布局,坚持把深化供给侧结构性改革与深化转型综改试验区建设结合起来,作为经济工作主线,充分发挥转型综改试验区建设的战略牵引作用,围绕建设“示范区”“排头兵”“新高地”,统筹推进稳增长、促改革、调结构、惠民生、防风险各项工作,大力推进改革开放,推动质量变革、效率变革、动力变革,在打好防范化解重大风险、精准脱贫、污染防治的攻坚战方面取得扎实进展,引导和稳定预期,加强和改善民生,促进经济社会持续健康发展。会议研究了2018年全省经济社会发展主要预期指标、重大举措和财政收支安排。

会议审议通过《山西构建内陆地区对外开放新高地实施意见》。指出,构建内陆地区对外开放新高地对山西具有战略意义。要坚持登高望远、眼睛向外,以更加开放的心态奋起直追,以构建开放型经济新体制为主线,以建设对外开放平台为主战场,以提升对外开放服务水平为主攻方向,着力打造制度建设高地、营商环境高地、服务创新高地,以开放促改革、促转型。要以钉钉子精神持续抓好实施意见的落实,建设一支具有较高开放素质和专业化水平的干部队伍。

会议审议通过《关于营造企业家健康成长环境弘扬优秀企业家精神更好发挥企业家作用的有关措施》。指出,企业家是山西转型发展的重要主体和生力军。要营造依法保护企业家合法权益的法治环境、促进企业家公平竞争诚信经营的市场环境、尊重和激励企业家干事创业的社会氛围。要大力弘扬优秀企业家精神,加强对企业家的优质高效务实服务,加强优秀企业家培育,加强党对企业家队伍建设的领导,更好发挥企业家在经济社会发展中的作用。会议决定近期召开全省企业家大会。

会议还研究了其他事项。

三、省委全面深化改革领导小组会议

省委全面深化改革领导小组第二十三次会议

2月8日,省委书记、省委全面深化改革领导小组组长骆惠宁主持召开省委全面深化改革领导小组第二十三次会议,审议并原则通过《关于深化人才发展体制机制改革的实施意见》。会议强调,要以习总书记关于全面深化改革的重要讲话精神为指导,主动对标和全面贯彻中央重大改革部署,进一步增强改革意识、弘扬改革精神、提高改革能力,在全面深化改革、破解发展难题中开创全年工作和各项事业新局面。省长、省委全面深化改革领导小组第一副组长楼阳生出席会议。

会议指出,山西实现转型创新发展,必须以一流的标准、一流的政策、一流的工作培育和引进一流的人才。《实施意见》坚持用足国家政策,借鉴有益经验,突出我省特色,在深化人才发展体制机制改革上实现多方面突破和创新。要围绕创新驱动、转型升级主战场,继续解放思想,重在解决问题,坚持对标一流,着力构建科学、开放、高效的人才管理体制机制,激发人才创新创造创业活力。要健全人才培养机制,创新人才引进保障机制,改革人才评价机制,完善人才流动机制,强化人才激励机制,形成具有明显竞争力的人才制度优势。要实行以增加知识价值为导向的分配政策,强化人才薪酬激励,创优科研环境,加强各类人才政策统筹,大力培养引进创新型人才和新兴产业领军人才,开发高技能人才,培育企业经营管理人才,支持青年拔尖人才。要完善正向激励机制,引导各类人才为基层服务,在一线和艰苦边远地区建功立业。要加强和改进党对人才工作的统一领导,强化党政“一把手”抓“第一资源”的责任,统筹推进人才工作相关的配套改革和政策衔接,鼓励支持在创新人才管理改革方面先行先试,健全人才工作考核评价机制。要加大人才政策举措、工作经验、成才典型的宣传力度,用政策激励人才、用事业吸引人才、用感情打动人才,形成尊重人才、人尽其才、竞相成才的社会氛围。

会议强调，要认真贯彻落实习总书记在中央深改领导小组第三十二次会议上的重要讲话精神，各级主要负责同志要亲力亲为抓改革，扑下身子抓落实，班子成员都要认真抓好分管领域的改革工作。要按照中央改革总体部署和省委关于今年工作的重大要求，聚焦聚力聚神抓好事关全省发展大局的改革事项。对党中央关于改革的精神要第一时间传达贯彻，对党中央部署的改革任务要第一时间抓紧落地。各地各部门要对出台的改革举措落实情况进行梳理检查，对落实好的要总结经验，对落实不到位的要采取针对性措施加以推进，对涉及发展瓶颈和人民群众切身利益的改革举措要集中攻坚，增强改革实效和人民群众改革获得感。要以深化转型综改试验区建设为主战场和总抓手，在关键领域改革上推出一批硬招实招，打开转型通道、增强发展动力。主要领导要亲自抓重点、难点改革，勇于挑最重的担子、啃最硬的骨头，在改革攻坚中体现宗旨、展示本领、打开局面。要加大对改革的考核督查力度，对勇于担当、积极改革的要给予鼓励，对落实中央和省委改革举措不到位，对属于职责权限内的改革推动不力、导致发展滞后的，要加以鞭策直至问责。

省领导黄晓薇、薛延忠、高建民、孙绍骋、王伟中、盛茂林、任建华、罗清宇、张吉福、王清宪、廉毅敏、胡苏平、王赋、卫小春出席会议，省委全面深化改革领寻小组办公室相关负责同志，省委有关副秘书长、办公厅负责同志，省有关部门负责同志列席会议。

省委全面深化改革领导小组第二十四次会议

2月23日，省委书记、省委全面深化改革领导小组组长骆惠宁主持召开省委全面深化改革领导小组第二十四次会议，审议并原则通过《山西省关于进一步深化医药卫生体制改革的意见》《山西省深化投融资体制改革的实施意见》、《山西省公安机关警务辅助人员管理办法》。会议强调，各级领导干部要认真落实省委提出的深化改革攻坚、激发动力活力的要求，树牢用改革解决问题、推动工作的理念，立足实际，对标一流，精准发力，进一步在全省形成改革合力和创新氛围。省长、省委全面深化改革领导小组第一副组长楼阳生出席会议。

会议指出，深化医药卫生体制改革，关系全省人民福祉和全面小康社会建设。我省新一轮医药卫生体制改革取得积极成效，但还存在一些薄弱环节。要与全国试点省份、先进经验对标，加大改革推进力度，在补短板上下功夫，向创新体制机制要红利，为建设健康山西提供动力和保障。要统筹推进医疗、医保、医药“三医”联动改革，在强化大病医疗保障、建立分级诊疗制度、推进公立医院综合改革、探索县乡一体化改革等关键性改革上取得突破性进展，打造具有山西特色的医改亮点，迈入全国医改先进行列。要推进基本公共卫生服务均等化，提升基层医疗服务水平，让人民群众在医改中得到更多实惠。各级党委政府要加强对医改工作的组织领导，有关部门要完善相关政策，推进配套改革，在解决深层问题上下功夫，确保各项医改政策举措落到实处。

会议指出，投融资体制改革是供给侧结构性改革的重要内容。要通过深化投融资体制改革稳增长、调结构，以投资结构的优化促进产业结构转型升级。要注重提高投资效益和质量，提高投资品和服务的供应水平。要把投资和金融结合起来抓，大力发展直接融资，促进民间投资较快增长。有关部门要加强协调配合，建好用好投资管理服务平台，共同营造良好的投资营商环境。

会议指出，要按照中央要求，结合我省实际，规范公安机关警务辅助人员管理，理顺管理体制，明确岗位职责，保障警务辅助人员合法权益，为维护社会稳定提供有效的人力资源保障。

会议指出，要加强对改革工作的组织领导，完善推进改革工作机制，各级领导班子主要负责同志要亲自抓，其他负责同志要抓好分管领域的改革。要下气力抓好基础性、关键性、牵引性改革。对已经推出的重要改革举措，要进一步分析哪些操作性比较强、落实效果也比较明显，哪些过于原则、不便于操作、收效不大，哪些与群众切身利益关系密切的改革举措接地气不够、群众获得感不强，在此基础上统筹安排新提出的改革事项、需要修订完善的改革方案和需要督办落实的改革任务，以担当精神和务实举措，在深化改革攻坚、激发动力活力中加快转型综改步伐。

省领导黄晓薇、薛延忠、王伟中、盛茂林、任建华、罗清宇、张吉福、王清宪、胡苏平、王一新、王赋、卫小春、邱水平、杨司出席会议，省委全面深化改革领导小组办公室相关负责同志，省委有关副秘书长、办公厅负责同志，省有关部门负责同志列席会议。

省委全面深化改革领导小组第二十五次会议

3月22日，省委书记、省委全面深化改革领导小组组长骆惠宁主持召开省委全面深化改革领导小组第二十五次会议，研究省委全面深化改革领导小组工作要点。

会议听取省委改革办关于我省全面深化改革情况的汇报，审议通过省委全面深化改革领导小组2017年工作要点。强调指出，我省在全面深化改革上取得积极成效，总体态势日益强劲，同时还存在一些差距和薄弱环节。要把深化供给侧结构性改革与深化转型综改试验区建设紧密结合起来，作为我省改革的主抓手，统筹推进“五位一体”和党的建设各领域改革，着力推进具有引领性、基础性、关键性的重大改革。要增强改革精神，磨砺敢于动真碰硬的政治勇气，锤炼善于攻坚克难的政治智慧，用改革的办法解决制约我省发展的突出问题。要掌握科学方法，对改革推进情况做到心中有数，精确把握改革事项的态势与方位，提高改革的针对性和实效性。要强化领导责任，各级党政主要负责同志要对改革工作负主责，亲自抓在手上，班子成员要对分管领域的改革负责。要抓好督察这个关键环节，推动重大改革事项落地，让人民群众在改革中有更多获得感。

会议还研究了其他事项。

省委全面深化改革领导小组第二十六次会议

4月22日上午，省委书记、省委全面深化改革领导小组组长骆惠宁主持召开省委全面深化改革领导小组第二十六次会议，审议《山西省推进价格机制改革实施方案》。

会议审议并原则通过《山西省推进价格机制改革实施方案》。指出，要围绕使市场在资源配置中起决定性作用和更好发挥政府作用，完善重点领域价格形成机制，健全政府定价制度，加强市场价格监管和反垄断执法，充分发挥价格杠杆作用。抓好水电、热力、医疗服务、公用事业和公益性服务领域的价格改革，增强价格政策制定的透明度和公众参与度，增强人民群众改革获得感。要加快各项改革措施落地，确保2017年底实现阶段性目标，2020年全部完成《实施方案》确定的改革任务。

省委全面深化改革领导小组第二十七次会议

5月15日上午，省委书记、省委全面深化改革领导小组组长骆惠宁主持召开省委全面深化改革领导小组第二十七次会议，审议讨论深化国企国资改革和加强国有企业党的建设，审议《关于完善产权保护制度依法保护产权实施方案》。

会议审议通过《关于深化国企国资改革的指导意见》《关于在深化国有企业改革中坚持党的领导加强党的建设的实施意见》。指出，山西经济发展滞后，根子在改革滞后；国企不改，转型无望。省第十一次党代会对深化国企国资改革作出战略部署，进一步拉开了我省新一轮国企国资改革的大幕。各有关方面要乘势而上，上半年全面推开国企国资改革，下半年进一步形成国企国资改革的总体格局和强劲态势，力争在解决深层次矛盾和问题上取得突破，把国有企业培育为创新驱动、转型发展的生力军。会议强调，在深化国有企业改革中，要坚持党的领导这一重大政治原则，把坚持党的领导、加强党的建设贯穿国企国资改革全过程，充分发挥企业党组织的领导核心和政治核心作用，为深化国企国资改革提供坚强政治和组织保证。

会议还审议通过了《关于完善产权保护制度依法保护产权实施方案》。

省委全面深化改革领导小组第二十八次会议

5月25日，省委书记、省委全面深化改革领导小组组长骆惠宁主持召开省委全面深化改革领导小组第二十八次会议，审议《山西省党政领导干部生态环境损害责任追究实施细则(试行)》和深化国企国资改革配套文件。

会议审议通过《山西省党政领导干部生态环境损害责任追究实施细则(试行)》。会议指出，各级党委、政府要对本地区生态环境和资源保护负总责，各级领导干部要认真履行生态环境和资源保护职责，对不认真履职尽责，造成生态破坏、环境污染、资源重大损害，导致恶劣影响的行为，依法依规进行责任追究。会议决定成立省委环保督察组，从6月起开展督察工作，年内实现各市督察全覆盖。

会议审议通过《省属国有企业发展混合所有制经济的实施意见》《山西省国有企业分离办社会职能的实施意见》《关于在深化国有企业改革中激发企业家活力的指导意见》。指出，我省已基本形成深化国企国资改革政策体系，国企国资改革进入全面实施阶段。各地各部门和各国有企业要认真学习领会政策，吃透精神实质，把握思路要求，结合实际研究制定具体贯彻意见和明确时间表。要加强对深化国企国资改革的组织领导，充分调动各方面积极性，妥善化解矛盾问题，形成工作合力和良好氛围，确保改革顺利进行。

省委全面深化改革领导小组第二十九次会议

7月10日，省委书记、省委全面深化改革领导小组组长骆惠宁主持召开省委全面深化改革领导小组第二十九次会议，研究部署加强耕地保护和改进占补平衡工作，全省科协系统深化改革、全省侨联改革等工作。

会议审议通过《关于加强耕地保护和改进占补平衡工作的实施方案》《山西省科协系统深化改革实施方案》《山西省侨联改革实施方案》。会议指出，要建立耕地保护长效机制，统筹规划安排各类用地需求，改进耕地占补平衡管理，完善耕地保护责任目标考核制度，实行耕地保护党政同责，做到保护耕地、保障发展、保护生态有机统一。会议指出，要改革联系服务科技工作者的体制机制，充分发挥科协组织在提供科技类社会化公共服务产品方面的独特优势。各级科协要加强对科技工作者的政治引领，以深化改革为动力，组织广大科技工作者积极投身转型综改试验区建设和转型创新发展。会议指出，要深入推进全省侨联改革，做好“联”的文章，进一步发挥凝聚侨心、汇集侨智、发挥侨力、维护侨益的作用。积极拓展海外工作和新侨工作，加强与“一带一路”沿线国家和地区侨团的合作交流，吸引更多的海外侨胞来山西创新创业。以召开省第十次侨代会为契机，展现新形象、新作为。

省委全面深化改革领导小组第三十次会议

7月23日，省委书记、省委全面深化改革领导小组组长骆惠宁主持召开省委全面深化改革领导小组第三十次会议。会议传达学习了习总书记在中央全面深化改革领导小组第三十七次会议上的重要讲话精神，就贯彻落实工作提出要求；传达了全国司法体制改革推进会精神，研究我省贯彻落实意见；审议并原则通过《关于建立农村建档立卡贫困人口医疗保障帮扶制度的实施方案》《山西省创新政府配置资源方式实施方案》《关于深化统计管理体制改革提高统计数据真实性的实施意见》。会议强调，要提高政治站位，树立鲜明导向，压实工作责任，持续深入推进我省全面深化改革工作。

会议指出，习近平总书记在中央全面深化改革领导小组第三十七次会议上的重要讲话，思想深刻，导向鲜明，对于做好地方改革工作具有重要指导意义。各地各部门要迅速传达学习贯彻，把责任和压力进一步传导下去。要对全省的改革工作进行第二次大督察，进一步查找问题，讲求改革实效。重点对改革推进会精神的落地情况、中央和省委省政府确定改革任务实施情况进行全面分析，补齐短板。要强化改革工作力量。要把改革作为考验和锻炼干部的“赛马场”，加大改革创新在干部考核和提拔任用中的权重，让改革干将脱颖而出。要进一步健全改革容错纠错机制，形成允许有失误、但不允许不改革的鲜明导向。

会议指出，司法体制改革是政治体制改革的重要组成部分。要深刻领会习总书记重要指示精神并贯彻到司法体制改革全过程。要按照全国司法体制改革推进会的部署，进一步深化我省司法体制改革工作，积极探索县级政法机关内设机构改革，统筹推进司法体制改革任务落地见效。各级党委要加强领导，及时研究解决改革中的重大问题，为推进司法体制改革提供有力保障。

会议指出，建立农村建档立卡贫困人口医疗保障帮扶制度，是落实习近平总书记视察我省重要讲话精神的具体举措。要把改革、保障、约束统一起来，有效解决贫困人口因病致贫因病返贫问题，深入推进健康扶贫。

省领导楼阳生、黄晓薇、薛延忠等出席会议。

省委全面深化改革领导小组第三十一次会议

8月17日，省委书记、省委全面深化改革领导小组组长骆惠宁主持召开省委全面深化改革领导小组第三十一次会议，审议《关于市县市场监督管理体制改革试点工作的指导意见》。

会议审议通过《关于市县市场监督管理体制改革试点工作的指导意见》。会议指出，市场监管体制改革是贯彻落实十八届三中全会部署的重要举措，是我省开展先行先试的重要内容。试点市要把握改革要求，坚持问题导向，锐意开拓创新，省有关部门要大力支持，协同一致，共同为在全省推开提供可复制的经验。

省委全面深化改革领导小组第三十二次会议

9月14日，省委书记、省委全面深化改革领导小组组长骆惠宁主持召开省委全面深化改革领导小组第三十二次会议。会议认真贯彻习总书记在中央全面深化改革领导小组第三十七次、第三十八次会议上的重要讲话精神，听取了全省改革工作进展情况汇报，审议通过《关于推进安全生产领域改革发展的实施意见》《关于推进防灾减灾救灾体制机制改革的实施意见》。会议强调，改革重在抓落实，落实必须转作风，各级领导干部要站在一线、扑下身子抓，以过硬作风推动我省改革工作向纵深发展。

会议指出，习总书记在中央全面深化改革领导小组第三十七次、第三十八次会议上的重要讲话，分别就推动地方改革工作和总结运用十八大以来形成的改革经验提出要求、作出部署，为我们进一步深化对改革规律认识、坚定不移将改革进行到底提供了重要指导。要认真贯彻落实，推动我省改革工作向纵深发展。一是改革重在抓落实。各级主要负责同志要坚持"既挂帅又出征"，当好"施工队长"，坚持重大改革"一竿子插到底"。要"以高效推改革，以改革出效率"，注重政策配套，注重形成合力，注重提升标准，注重方法创新，干就要干到最好，改就要改得彻底。要打通"最后一公里"、增强群众获得感，围绕落实习总书记强调的12项民生事项，提高群众对改革的参与度，让人民群众享有更多改革红利。二是落实必须转作风。抓改革抓各项工作都要有过硬作风。当前，我省干事创业的大氛围已经形成。作风建设永远在路上，一刻都松不得。要坚决落实省委四次全会提出的"五个倡导、五个反对"要求，把转作风贯穿改革始终，以作风建设的更高标准、更严要求，推动全面工作。各地各部门要把抓改革的情况作为工作述职的重要内容，对改革督察中发现的问题要认真解决。

会议指出，安全生产对于山西具有特殊意义，没有安全生产，改革发展稳定就没有坚实基础。要深入推进安全生产领域改革，构建起严密完善的安全生产责任体系、法治体系、保障体系、治理体系，大力推进依法治理，加强安全生产监管，不断提升我省整体安全水平。各级党委政府、企业要切实负起安全生产主体责任，坚决守住发展绝不以牺牲安全为代价这条红线。

会议指出，防灾减灾救灾工作事关人民群众生命财产安全，事关社会和谐稳定。要牢固树立灾害风险管理和综合减灾理念，坚持以防为主、防抗救相结合，全面提升全社会抵御自然灾害的综合防范能力。各级党委政府、有关部门要充分发挥组织领导、统筹协调、提供保障等重要作用，进一步完善属地管理、分级负责的管理体制，构建多方参与的社会化防灾减灾救灾格局。

省领导楼阳生、黄晓薇、薛延忠等出席会议。

省委全面深化改革领导小组第三十三次会议

11月16日，省委书记、省委全面深化改革领导小组组长骆惠宁主持召开省委全面深化改革领导小组第三十三次会议。审议通过《山西省从事生产经营活动事业单位改革的实施意见》《山西省矿业权出让制度改革试点工作方案》和《〈关于完善人大代表联系人民群众制度的实施意见〉的实施办法》。楼阳生等出席会议。

会议指出，推进从事生产经营活动事业单位改革，是事业单位改革的突破口，对于深化行政管理体制改革、推进治理体系和治理能力现代化也具有积极意义。要按照中央要求以及我省确定的实施意见和时间节点，坚持区别情况、政策引导、统筹推进，推动从事生产经营活动事业单位改革取得明显进展。要积极推进多种形式的转企改制，严格国有资产处置管理，建立现代企业制度，激励职工创新创业，做好社会保障衔接，切实改出面向市场的发展方向，改出新的市场主体，改出创新发展的新活力。各涉改单位党委（党组）要负起主体责任，把思想和行动统一到省委省政府改革决策部署上来，切实转变思想观念，有效落实改革举措。实行部门分工责任制，鼓励各类市场主体参与改革，形成支持和推动改革的合力。要加强监督检查，保证改革扎实有效进行。

会议指出，推进矿业权出让制度改革，有利于最大限度发挥市场配置资源的决定性作用，最大限度减少权力寻租空间，对山西这样的资源型省份意义重大。党中央、国务院把我省确定为矿业权出让制度改革试点省（区）之一，是对我省的信任，要坚定扛起责任，摆在全省改革发展的重要位置来抓。要通过改革建立起符合市场经济要求和矿业规律的矿业权出让制度，激发各类投资主体的积极性，切实提高矿产资源管理工作的能力和水平，切实营造矿业权管理风清气正的工作环境，为全省转型发展注入活力，为全国创造可复制可推广的经验。

会议指出，密切人大代表与人民群众的联系，是人大工作的重要组成部分，是更好发挥人大作用的内在要求。要完善代表联系人民群众的方式方法，畅通社情民意表达和反映渠道，健全代表反映人民群众意见和要求的处理反馈机制，加强代表联系人民群众的服务保障工作,推进代表联系人民群众工作常态化、制度化、规范化。人大代表要充分发挥联系人民群众的桥梁纽带作用,积极开展专题调研和视察、代表进选区联系选民等活动,以更好反映群众意愿。要加强对人大代表联系人民群众情况的管理与监督,在公示代表信息、代表报告履职情况、对代表履职进行测评和公告等方面积极进行探索,使人大代表更好履行职责。

四、省委中心组会议

省委中心组举行扩大学习会议　传达学习习总书记在省部级主要领导干部专题研讨班上的重要讲话精神

2月20日,省委中心组举行扩大学习会议,传达学习习总书记在省部级主要领导干部学习贯彻党的十八届六中全会精神专题研讨班上的重要讲话精神。省委书记骆惠宁主持并讲话。他强调,要旗帜鲜明讲政治,提高政治自觉和政治站位,以解决突出问题为突破口和主抓手,把十八届六中全会精神的学习宣传贯彻引向深入,落实好全面从严治党各项任务。

学习会上,大家一致认为,习总书记在专题研讨班上的重要讲话,从推进具有许多新的历史特点的伟大斗争、党的建设新的伟大工程、中国特色社会主义伟大事业的战略高度,深入阐述了贯彻党的十八届六中全会精神需要把握的重大问题,提出一系列富有创见的新思想新观点新论断,丰富和发展了马克思主义政治理论和党建学说,是新形势下加强党的建设的纲领性文献,为推动全面从严治党向纵深发展提供了重要遵循。学习习总书记重要讲话,使我们经受了一次深刻的思想政治洗礼,在事关党的建设的重大问题上认识进一步深化,站位进一步提高,方向进一步明确,政治进一步坚定。大家表示,要带头把《准则》《条例》各项规定把握精、把握准,以自身的思想到位、行动对标带动各级领导干部抓好贯彻落实。

骆惠宁在讲话中强调,要深刻领会习总书记阐述的讲政治的重要意义、根本目的、基本内涵和实践要求,提高政治自觉和政治站位,善于从政治上把大局、看问题,善于从政治上谋划、部署、推动工作,把讲政治贯穿于党性锻炼全过程。要深刻领会维护党中央权威与贯彻民主集中制的一致性,增强“四个意识”,把维护好习近平总书记这个核心、维护好党中央权威作为第一位的政治要求,并转化为思想自觉、党性观念、纪律要求和实际行动。要深刻领会党内政治生活的政治性、时代性、原则性、战斗性的丰富内涵,不断提高党内政治生活质量。要深刻领会勇于自我革命是我们党最鲜明的品格,以勇于自我革命精神打造和锤炼自己。要深刻领会强化管党治党政治责任的重要性,进一步把全面从严治党的主体责任扛起来,推动十八届六中全会精神落实到位。

骆惠宁指出,习总书记在讲话中对领导干部严格自律提出了“四个注重”的要求,具有很强的现实针对性。省级党员领导干部要在怎么样对待权位、怎么样对待用人、怎么样对待利益、怎么样对待组织上经得住考验,须臾不可松懈。要带头保持清正廉洁的政治本色,自觉同特权思想和特权现象作斗争,在选人用人上把好方向、守住原则,防范被利益集团“围猎”,自觉主动接受监督,对党组织忠诚老实,积极参加组织生活。要增强政治定力、纪律定力、道德定力、抵腐定力,养成慎独慎微的习惯,铸造修身律己的品格,当好严格自律的表率。

骆惠宁强调,要把深入学习习总书记在专题研讨班上的重要讲话与学习《准则》《条例》贯通起来,与学习习总书记关于全面从严治党的重要论述贯通起来,与学习习总书记系列重要讲话精神和治国理政新理念新思想新战略贯通起来,从整体上理解和把握。要以解决突出问题为突破口和主抓手,紧密联系实际,对照《准则》《条例》逐条进行梳理,对落实不到位的,要列出改进清单,结合“两学一做”学习教育常态化制度化,推动管党治党责任层层落实下去,切实把党内政治生活管起来、严起来,不断增强全面从严治党的系统性、创造性、实效性。要把学习成效落实到政治觉悟和思想境界的提升上,落实到抓党建强党建的行动上,落实到推动改革发展稳定实践中,扎实苦干,奋发进取,抓好党中央各项决策部署落实,汇聚促进改革发展的强大力量,以党的建设新成效推动各项事业发展取得新进步,以优异成绩迎接党的十九大胜利召开。

省委副书记、省长楼阳生,省委副书记黄晓薇,省政协主席薛延忠,省委常委,省人大、省政府、省政协党员负责同志,省法院院长、省检察院检察长出席会议。

省委中心组举行第五次学习会　学习贯彻习近平总书记在中央全面深化改革领导小组第三十三次会议上的重要讲话精神

4月14日,省委中心组举行学习会议,集中学习习总书记在中央全面深化改革领导小组第三十三次会议上的重要讲话精神。省委书记骆惠宁主持,他强调,各地各部门主要负责同志要切实肩负起抓改革落实的领导责任,亲力亲为抓重大改革事项,确保任务落地见效,不断增强人民群众的改革获得感,以优异成绩迎接党的十九大胜利召开。

学习会上,楼阳生、黄晓薇、任建华、罗清宇、张吉福、王清宪作了发言。大家一致认为,习近平总书记的重要讲话思想深刻,高屋建瓴,政治性、针对性、指导性都很强,深受教育启示,深感责任重大。大家一致表示,要进一步增强“四个意识”,坚决向以习近平同志为核心的党中央看齐,自觉从全局高度谋划推进改革,做到实事求是、求真务实,善始善终、善作善成;把准方向、敢于担当,亲力亲为、抓实工作,不断开创我省全面深化改革的新局面。

骆惠宁在讲话中指出,党的十八大以来,习总书记亲任组长抓改革,既抓顶层设计,又抓工作落实,为全党作出了榜样。习总书记就主要负责同志抓改革落实提出明确要求,我们要深刻领悟、熟记于心,自觉体现到行动上。改革是决定当代中国命运的关键抉择,十八大以来取得的一系列重大成就,都同全面深化改革密切相关。继续推进具有许多新的历史特点的伟大斗争,必须进一步全面深化改革,推进国家治理体系和治理能力现代化,加快各项事业发展,让人民群众有更多获得感。

骆惠宁强调,各级主要负责同志要认真落实"四个亲自"等要求,以过硬的作风抓好改革落实。要善于通过抓改革推动工作,在抓改革中提升领导能力和领导水平,锤炼和检验作风。一要抓决策,敢于担当,敢于拍板,加强调查研究,研究具体方案,理清路子,开对方子。二要抓试点,全面落实中央部署的改革试点,加快推进省级层面试点,积极争取新的国家试点,在试点中探出路子。三要抓标准,按照提升工作标准,争创一流业绩的要求,学习借鉴先进经验和成功做法,努力使更多改革事项跻身"全国第一方阵"。四要抓施工,对涉及全局、关乎民生的重大改革,主要负责同志必须亲自担任"施工队长",一竿子插到底,发挥好以点带面的作用。五要抓督察,要按照习总书记"三督三察"的要求,坚持原则、较真碰硬,决不能使督察成为"稻草人"。六要抓干部,把抓改革落实情况作为考核评价领导干部特别是主要负责同志业绩的重要指标,在改革一线识别和使用干部。

骆惠宁指出,各级主要负责同志要牢固树立以人民为中心的发展理念,对脱贫攻坚、社会保障、教育卫生、收入分配、就业创业、社会管理、安全生产、生态环保等改革,要全面推进,重点突破,拿出硬招实招。对习总书记在中央财经工作领导小组第14次会议上强调的北方地区冬季清洁取暖、普遍推进垃圾分类制度、加快推进畜禽养殖废弃物处理和资源化、提高养老院服务质量、规范住房租赁市场和抑制房地产泡沫、加强食品药品监管等6项民生改革,以及习总书记在新年贺词中提到的农村转移人口市民化、农村基础教育、异地身份证办理、无户口人员户口登记、家庭签约医生、河长制等6项民生工程,要加快推进相关工作,部分市县先行,完善改革方案,深入组织实施,发动群众参与,进一步形成深化改革的强大力量和社会氛围。

会议围绕主要负责同志"亲力亲为抓改革、扑下身子抓落实",提出具体工作措施。一是建立主要负责同志抓改革工作台账,省领导带头,投入更多的精力、下更大的气力抓重点改革的突破,对重大改革事项盯住不放,抓出成效。二是迅速在全省展开改革督察,既督察各地各部门改革工作进展情况,又督察主要负责同志抓改革落实的情况。三是召开市(厅)主要负责同志抓改革落实推进会,总结经验,查找问题,明确对策。吸收部分县委主要负责人参会,着力打通改革的"最后一公里"。四是省人大、省政协重点围绕民生领域改革加强调查研究和督促检查,促进形成抓改革的强大合力。

中心组成员、固定列席人员、省委改革办负责人参加了学习会议。

省委中心组举行扩大学习报告会 环保部环境规划院副院长吴舜泽作生态环保专题报告

5月11日,省委中心组举行扩大的学习报告会,环保部环境规划院副院长吴舜泽作生态环保专题报告。省委书记骆惠宁主持并讲话。他强调,要进一步深化对党中央、国务院生态环保重大决策部署的认识和把握,切实增强贯彻落实的思想自觉、政治自觉和行动自觉,提升解决问题的针对性和有效性。

吴舜泽是我国知名生态环保专家。在学习报告会上,他从生态环境形势特征、生态产品重大概念、生态文明责任主体、生态环保主要任务四个方面,系统阐述生态文明建设和生态环境保护的基本主线、核心要求。

骆惠宁在讲话中指出,吴舜泽教授的报告直面问题、深入浅出,旁征博引、见解深刻,有助于我们深入理解和系统把握习总书记关于生态环保的重要讲话精神和党中央、国务院重大决策部署,有助于我们结合山西实际做好生态文明建设和生态环境保护各项工作,有助于我们进一步强化配合保障中央环保督察工作的思想和行动自觉。

骆惠宁指出,中央第二环境保护督察组对我省进行环保督察以来,省委、省政府高度重视,各级各部门全力配合。截至5月9日24时,前7批群众反映问题的总体办结率达到93.66%,整改工作初见成效。骆惠宁强调,山西生态环境脆弱,结构性污染严重,历史欠账较多,一定要抓住督察整改的重大机遇,以人一之我十之的态度,全力解决生态环保突出问题,全面推进我省生态文明建设。一要主动抓。生态环保问题不仅是经济问题、民生问题,也是政治问题。要从"生态兴则文明兴,生态衰则文明衰"的高度,认识并抓好生态环保工作。当前,要把打好大气、水、土壤污染治理三大战役放在突出位置。要清醒看到,粗放的经济增长方式是我省环境问题产生的根本原因,必须在治本上下功夫,以铁腕治污倒逼经济转型升级,绝不以牺牲环境为代价换取一时的经济增长。今年的经济社会发展考核,生态环保权重明显提高,要用好考核这个指挥棒,推动主体责任落实。"十三五"期间要实现环境质量总体向好。二要主动改。民有所求,我有所应。继续认真地及时地抓好群众反映生态环保问题的核实与整改,做到件件有着落。要建立主要负责同志抓整改工作台账,省委、省政府主要负责同志带头,各级党政主要负责同志都要亲自领衔抓二到三件重大整改事项。各有关方面也要从大局出发,主动审视职责范围内的相关环保工作,抓紧补齐短板。全省各级各方面要把配合保障中央环保督察的过程,变成确立生态环保理念的过程、积极整改突出问题的过程、推动经济转型发展的过程、改善人民生活环境质量的过程。三要主动建。坚持标本兼治,举一反三,在建章立制上下功夫。"十三五"期间,要逐步建立健全由自然资产产权制度、国土空间开发保护制度、空间规划体系、资源总量管理和全面节约制度、资源有偿使用和生态补偿制度、环境治理体系、生态环保市场体系、生态文明绩效考核和责任追究制度等构成的生态文明制度体系。当前,要对我省相关制度建设进行全面梳理,围绕解决环保突出问题补齐制度供给短板,推动生态环保工作走上制度化、法治化轨道,以此保障全省不断走向生态文明新时代。

省委常委,省人大、省政府、省政协负责同志,省法院院长,省检察院检察长;省直各单位和中央驻晋单位主要负责同志;省委、省政府副秘书长、办公厅副主任,省环保厅班子成员;驻太原本科院校、省管国有企业主要负责同志;中央驻晋主要新闻媒体负责同志参加学习报告会。

省委中心组举行学习会　认真学习贯彻修改后的巡视工作条例　努力形成多层次全方位深化国企国资改革态势

7月30日,十一届省委举行第11次中心组学习会,围绕学习贯彻修改后的中国共产党巡视工作条例和深化国企国资改革主题,省委书记骆惠宁主持会议并讲话。就学习贯彻修改后的中国共产党巡视工作条例,骆惠宁强调,要把握新内容、贯彻新要求、取得新成效,推动全面从严治党向纵深发展,努力实现党内政治生态持久的风清气正。就深化国企国资改革,骆惠宁强调,国企国资改革是决定山西转型前途的关键一招,要抓住来之不易的改革局面,掀起改革施工高潮,形成多层次全方位深化国企国资改革态势。

学习会上,中央巡视办副局级巡视专员刘华斌、国务院国资委副秘书长彭华岗分别作专题辅导报告。

骆惠宁在讲话中指出,要深刻领会中央修改巡视工作条例的重大意义和条例的丰富内涵,增强思想自觉、政治自觉和行动自觉,认真抓好条例的贯彻执行。要突出政治巡视定位,善于从政治上发现问题、解决问题,聚焦党的领导弱化、党的建设缺失、全面从严治党不力“三大问题”,督促被巡视党组织把政治纪律和政治规矩摆在首位,从“四个意识”上找差距,确保在思想上政治上行动上同党中央保持高度一致。坚持常规巡视与专项巡视有机结合,紧盯重点人、重点事,精准发现问题,及时解决问题。落实好一届党委任期内巡视全覆盖要求,不仅要按时完成,更要高质量实现。各地要把握分级负责原则,不断提升市县巡察工作水平,推进全面从严治党向基层延伸,净化基层政治生态,形成巡视巡察有效衔接、协调联动的工作格局。领导干部要发挥“关键少数”作用,带头学习贯彻条例。各级党校、干部培训学院要把条例作为教学培训的重要内容。新闻媒体要做好学习贯彻条例的宣传报道工作。省委巡视工作领导小组要搞好统筹协调,加强督促检查。

骆惠宁强调,要通过贯彻条例和抓好巡视工作,更好发挥巡视在加强党内监督、推进全面从严治党中的重要作用,推动被巡视单位党组织履行全面从严治党主体责任,把管党治党的各项举措落到实处;严格执行民主集中制,开展批评与自我批评,提高党内政治生活的政治性、时代性、原则性、战斗性;查找制度漏洞,促进问题整改,建立健全并严格执行各方面规定制度;加强党内政治文化建设,教育引导党员干部坚定理想信念、锤炼政治品格、弘扬共产党人价值观,建设正气充盈的党内政治文化;把正确的选人用人导向鲜明地树立起来,建设既干净又干事的干部队伍,努力实现党内政治生态持久的风清气正。要自觉以修改后的巡视工作条例为指导,以“三清单一制度”为载体,扎实开展巡视整改自行“回头看”,以实际行动践行好条例要求,有效推动十八届六中全会精神的贯彻落实。

骆惠宁指出,国企国资改革是决定山西转型前途的关键一招,也是一场攻坚战。省委省政府坚持把国企国资改革摆在全局工作的突出位置,连续作出安排部署,国企国资改革迈出新的步伐。国有企业在改革发展中为全省经济由“疲”转“兴”做出了重要贡献。要抓住目前来之不易的改革局面,掀起改革施工高潮,全面推动党中央国务院以及省委省政府关于国企国资改革的政策高质量落地。要以习总书记关于国企国资改革的重要讲话精神为根本遵循,把握基本经济制度的根本要求,遵循社会主义市场经济改革方向的基本规律,把握增强活力和强化监管相结合的重要关系,坚持市场化取向、竞争力目标、专业化重组、股份制改造、现代化管理、科学化监管,确保我省国企国资改革沿着正确方向前进。要加快完善国企国资改革“1+N”制度体系,在“僵尸企业”市场化出清、完善国有资产监管体制、防止国有资产流失、推动市县国企国资改革等方面搞好制度设计,加强政策供给,进一步解决体制性、机制性、结构性和管理性问题。要深化供给侧结构性改革和转型综改试验区建设,把国企国资改革红利充分体现到转型发展上,推动国有企业在改革中加快创新驱动、转型升级,加快新旧动能转换,重塑在全国产业格局中的比较优势和竞争优势,为全省实现经济转型发展持久的强劲态势做出更大贡献。要始终坚持把党的领导贯穿国企国资改革全过程,严格落实国有企业党建工作责任制,把党的领导融入公司治理各环节,充分发挥党组织的领导核心和政治核心作用。要抓好职工群众思想政治工作,维护合法权益,激发大家投身改革的积极性主动性,确保改革顺利进行。

骆惠宁强调,要强力推进国企国资改革的重点举措,结合实际抓好全国国有企业改革经验交流会精神的贯彻落实。下半年要重点抓好以下工作:全面完成国有企业公司制改革,健全外部董事制度,把加强党的领导和完善公司治理统一起来;抓住经理层任期制和契约制管理“牛鼻子”,推进市场化选人改革,进一步深化企业内部三项制度改革;分层分类多模式促进混合所有制改革,探索员工持股试点;推进瘦身健体,处置“僵尸企业”,量化压缩管理层级,积极分离企业办社会和解决历史遗留问题;深化产融结合,用好上市公司平台,降低企业负债率,为企业提供金融支持,并有效防控风险;优化国有资本布局,有重点地科学推进专业化重组,做强做大优势产业;推进国资监管机构职能转变,运用科技手段加强监管,防止国有资产流失,发挥好国有资本投资运营公司作用;加大对市县国企国资改革的指导督查,形成多层次全方位深化国企国资改革态势。

省委常委，省人大、省政府、省政协负责同志和省法检两长出席会议，有关负责同志列席会议。

省委中心组举行学习会　认真学习贯彻全国金融工作会议精神　扎实推进我省金融改革发展

8月31日，十一届省委举行第12次中心组学习会，进一步学习领会习总书记在全国金融工作会议上的重要讲话精神，为全省金融工作会议奠定思想基础，省委书记骆惠宁主持会议并讲话。他强调，要认真学习贯彻全国金融工作会议精神，加强党对金融工作的领导，认真履行好地方抓金融职责，扎实推进我省金融改革发展。

学习会上，国家外汇管理局副局长陆磊围绕学习内容作了专题报告。

骆惠宁在讲话中充分肯定近年来我省金融工作取得的成效和为经济社会发展作出的贡献，同时指出了存在的问题。他强调，要深刻认识到，山西兴，金融要先兴；山西转，金融要先转；山西稳，金融要先稳。要以习总书记关于金融工作的重要战略思想为基本遵循，坚持回归本源、优化结构、强化监管、市场导向的工作原则，坚持服务实体经济、防控金融风险、深化金融改革的工作主题，不断提高做好金融工作的自觉性、主动性、坚定性，推动金融改革发展各项工作始终沿着正确方向前进。

骆惠宁强调，要认真履行好地方抓金融职责，确保党中央、国务院重大决策部署落地生根。各地金融改革发展的实践证明，哪个地方金融工作做好了，哪个地方就能占有更多金融资源，就能在创新驱动、转型发展中赢得先机。这次全国金融工作会议的一个重要内容，就是明确了地方抓金融的权与责、边与界。要按照中央统一规则，认真履行好地方职责，用好地方事权。一是把服务实体经济作为根本目的。紧紧围绕深化供给侧结构性改革和转型综改试验区建设这条主线，保障资金总量供给，特别是支持经济转型发展，用好资本市场，不断优化融资结构，降低企业杠杆率，大力发展普惠金融，加强金融扶贫力度，全面提高金融服务实体经济的效率和水平，促进金融和实体经济良性互动，双赢发展。二是把防控金融风险作为核心目标。坚持底线思维，突出问题导向，坚持主动防范，加快建立健全监测预警机制、处置化解机制、长效应对机制。要加强风险源头管控，加强互联网金融监管，强化金融机构主体责任，坚持地方政府属地管理，坚决防止发生系统性区域性金融风险，确保我省金融安全高效稳健运行。三是把深化金融改革作为根本动力。按照中央统一部署，加快建立健全省级金融议事协调机制和地方金融监管机构，建立与改革发展相适应的金融监管体系。在有效监管的前提下，积极稳妥推进各项金融改革，不断优化我省金融资源空间配置和金融机构布局，加快建成竞争有序、运行规范、监管科学、功能完善的现代金融服务体系，着力促进金融资本及其它生产要素在山西加快聚集和有效配置，以改革的思维和办法做好我省金融工作。

骆惠宁还对不断加强党对金融工作的领导，加强地方金融机构领导班子建设，加强金融高素质人才队伍建设等提出要求。

省委常委，省人大、省政府、省政协负责同志和省法、检两长出席会议，有关负责同志列席会议。

省委中心组举行第二次学习党的十九大精神专题会议

11月3日，十一届省委中心组举行第二次学习党的十九大精神专题会议。省委书记骆惠宁主持会议。此前，省委中心组第一次专题学习会主要围绕从整体上把握党的十九大精神进行学习。此次学习会，侧重围绕十九大报告关于“五位一体”和党的建设的重大部署进行学习。与会同志联系实际、结合分工交流发言，进一步加深了对十九大精神的理解，提高了用十九大精神更好指导工作的自觉。

骆惠宁在主持会议时指出，近日习总书记在中央政治局第一次集体学习时强调，要在学懂上下功夫、在弄通上下功夫、在做实上下功夫，使党的十九大精神成为推动党和国家事业发展的强大思想武器，把党的十九大提出的各项目标任务落到实处。我们要深刻领会、全面把握“学懂、弄通、做实”的重大要求，并体现到学习宣传贯彻党的十九大精神的全过程。

骆惠宁指出，十九大精神内涵十分丰富，思想十分深刻。我们要坚持原原本本学原文、原汁原味悟原理，认真研读报告和党章，认真学习习总书记在十九届一中全会上的重要讲话，准确领会十九大精神的思想精髓和核心要义，深刻把握十九大提出的新理念、新论断和确定的新任务、新举措，要多思多想，真正做到学懂悟透，进一步提高马克思主义理论水平。

骆惠宁指出，学习宣传贯彻十九大精神，要从政治高度定位，从整体上把握，从大处着眼。我们要坚持联系地而不是孤立地、系统地而不是零散地、全部地而不是局部地来理解和把握。深刻认识十九大作出的各项战略部署的整体性、关联性、协同性，真正做到融会贯通。要把学习宣传贯彻十九大精神与深入领会贯彻习总书记视察山西提出的总体要求和五项重大任务紧密结合起来，清醒认识山西的时代坐标和前进方向，推动习近平新时代中国特色社会主义思想在山西生根开花结果。

骆惠宁强调，学习宣传贯彻十九大精神，要大力弘扬理论联系实际的学风。各级党委、人大、政府、政协，各有关方面都要带着工作中的重大问题、干部群众关心的热点问题，结合谋划明年工作，进一步思考如何用十九大精神指导工作，积极谋划重大举措，在学以致用上取得实效，不断提升全省各项事业发展水平。

省委常委，省人大、省政府、省政协负责同志和省法检两长出席会议，有关负责同志列席会议。

省委中心组举行扩大学习报告会　以新一轮科技革命和产业变革引领山西创新发展

12月5日，十一届省委举行第17次中心组扩大学习报告会。省委书记骆惠宁主持报告会并讲话。这次会议邀请中国科学院党组书记、院长白春礼作了题为《新一轮科技革命与产业变革》的专题报告。报告会以电视电话会议的形式开到市一级,旨在使全省更多领导干部和企业家深刻了解和把握当今科技革命和产业变革趋势,增强创新驱动的紧迫感,奋力抢占产业升级制高点。

报告会上,白春礼结合贯彻落实党的十九大精神,深刻领会习近平新时代中国特色社会主义思想的丰富内涵和精神实质,特别是党中央、国务院关于科技创新的重大部署,深入浅出地介绍了世界科技革命、产业革命的发展规律和新科技革命、产业变革的趋势特征。白春礼说,党的十八大以来,我国科学研究取得了一系列重大成果,整体水平持续提升,在战略性高技术领域快速发展,取得了一批关键核心技术突破,形成了一批具有国际竞争力的产业和企业。我国的科技创新处于历史上最好的发展时期,必须抓住机遇,以全球视野谋划和推动创新,抢占制高点、把握主动权,构建重点领域先发优势,发挥科技创新引领作用。

骆惠宁对白春礼的报告给予高度评价。他指出,历史上每一次科技革命和产业变革都深刻改变世界发展格局。当前我们正处于新一轮科技革命和产业变革进程中,认识和把握好这个进程,事关我国现代化全局,也事关山西转型发展方向。

骆惠宁说,我们能否以新一轮科技革命和产业变革来引领山西创新发展呢?结论是肯定的!因为科技革命和产业变革并不隔世和遥远,并不都是科学家们的事。这种变革不仅体现在科学家的前沿研究过程中,也体现在重大科技成果的转化和运用中,体现在新业态新企业新产品的诞生中,体现在老百姓可感知的新需求中。当然,以科技革命和产业变革引领山西转型发展,我们有很多工作要做,还需要更加关注科技前沿,追踪科技攻关的最新成果,准确把握科技成果转化的时机;还需要更加关注市场需求,深刻了解各领域领军企业的发展状况,科学做好新上项目的论证;还需要更加重视营造发展环境,为创新发展提供体制、政策、融资和人才等支撑。

骆惠宁指出,以新一轮科技革命和产业变革引领山西创新发展,要十分注意把握科技创新“跨界融通”的特征,推动科技创新与实体经济、现代金融、人力资源协同发展,加速数字经济与实体经济深度融合,大力培育中高端消费、绿色低碳、共享经济、现代供应链、人力资本服务等新增长点。

骆惠宁强调,全省各级领导干部、各类企业家、各位科技工作者都要进一步加强学习,以追求新知为荣、以当“新科盲”为耻,以善于创新为荣、以固步自封为耻。我们要全面加强与中科院的合作。要紧盯变革趋势,抢抓战略机遇,主动对标一流,高效实施创新驱动发展战略,正确构建现代化产业体系,走出一条具有山西特色的资源型经济转型发展的新路。

省委常委,省人大、省政府、省政协负责同志和省法检两长,有关负责同志,部分民营企业代表在省主会场参加会议。

五、其他重要会议

省政协十一届五次会议

1月13日,省政协十一届五次会议在太原隆重开幕。

省委书记骆惠宁,省委副书记、省长楼阳生到会祝贺并在主席台前排就座。

省政协主席薛延忠,副主席朱先奇、卫小春、刘滇生、王宁、李悦娥、张友君、张璞、姜新文,秘书长阎根生,作为省政协十一届五次会议全体会议执行主席,在主席台前排就座。

开幕大会由朱先奇主持。本次会议应到委员578人,实到526人,符合法定人数。

上午9时,朱先奇宣布大会开幕。会场全体人员起立,唱响雄壮的中华人民共和国国歌。随后,鼓掌通过了本次会议议程。

薛延忠作了省政协常委会工作报告。报告分2016年工作回顾和2017年工作部署两大部分。在工作回顾部分,他着重报告了五个方面,分别是:加强思想引领,广泛凝聚团结奋斗的思想政治共识;聚焦中心任务,积极致力经济稳步向好、构建良好政治生态;发挥政协优势,促进民生改善、社会和谐稳定;加强民主监督,助力省委、省政府既定重大部署落实;坚持严实精神,着力加强政协自身建设。

薛延忠说,2016年,在中共山西省委正确领导下,省政协及其常委会深入贯彻中共十八大和十八届三中、四中、五中、六中全会精神,深入贯彻习近平总书记系列重要讲话精神和治国理政新理念新思想新战略,全面落实省委“一个指引、两手硬”重大思路和要求、省第十一次党代会精神及各项决策部署,广泛团结参加政协的各党派团体和各族各界人士,紧紧围绕“五位一体”总体布局、“四个全面”战略布局和全省工作大局,认真履行职能,推进工作创新,加强自身建设,积极为我省改革发展、加快全面建成小康社会进程贡献力量,政协事业实现了新的发展。

部署2017年工作时,薛延忠强调,2017年是全面贯彻省第十一次党代会精神的起步之年,是我省经济走出困难局面的攻坚之年,也是构建良好政治生态的深化之年。政协工作的总体要求是:全面贯彻中共十八大和十八届三中、四中、五中、六中全会精神,深入学习贯彻习近平总书记系列重要讲话精神和治国理政新理念新思想新战略,坚持“五位一体”总体布局和“四个全面”战略布局,认真贯彻落实省委“一个指引、两手硬”重大思路和要求、省第十一次党代会和省委十一届二次全会暨经济工作会议精神及各项决策部署,紧紧围绕全面建成小康社会目标,凝聚思想政治共识,增强协商议政实效,强化民主监督职能,持续推进自身建设,为开创全省改革发展和各项事业新局面,不断塑造美好形象、逐步实现振兴崛起贡献智慧和力量,以优异成绩迎接中国共产党第十九次全国代表大会胜利召开。

薛延忠指出,今年省政协要重点做好三个方面工作,分别是深入学习贯彻习近平总书记系列重要讲话精神，始终坚持人民政协事业的正确方向；认真落实省第十一次党代会精神和省委各项部署，为推进改革发展、实现全面小康目标积极贡献力量；对标一流，积极作为，奋力开创我省政协事业新境界。

王宁作了提案工作情况报告。他说，省政协十一届四次会议以来，省政协常委会坚持“围绕中心、服务大局、提高质量、讲求实效”的提案工作方针，引导委员围绕全省改革发展大局和人民群众的普遍关切，广泛开展调查研究，积极建言献策，共提交提案959件，立案862件，作为来信处理97件。在十一届四次会议期间和闭会后，将全部提案向相关承办单位交付办理；作为来信处理的提案，也及时转送有关单位参考。截至去年底，交办提案已全部办复，已经办理和正在办理的816件，列入计划今后办理的40件，因前瞻性较强和政策规定等原因，短期内不具备条件采纳落实的6件。

在大会主席台就座的还有省党政军领导高建民、孙绍骋、王伟中、盛茂林、任建华、罗清宇、张吉福、王清宪、廉毅敏、郭志刚、胡苏平、牛仁亮、周然、张茂才、田喜荣、高卫东、郭迎光、王一新、张复明、王赋，省高级人民法院副院长朱明，省人民检察院副检察长崔国红，省武警总队副政委邹天剑，以及原省级领导郭裕怀、刘泽民、郭良孝、李雁红、李潭生，省人大秘书长李仁和，省政府秘书长王纯和省政协常委。

省十二届人大七次会议

1月14日至18日，山西省第十二届人民代表大会第七次会议在太原召开。

14日上午9时，大会执行主席、主席团常务主席骆惠宁宣布：山西省第十二届人民代表大会第七次会议开幕。会场全体起立，高唱国歌。

骆惠宁主持会议并在主席台前排就座。大会执行主席、主席团常务主席胡苏平、牛仁亮、张建欣、周然、张茂才、田喜荣、高卫东、李仁和在主席台前排就座。

省领导楼阳生、薛延忠、黄晓薇等出席大会并在主席台就座。

本次会议应出席代表551人，出席503人，符合法定人数。

省长楼阳生代表省人民政府向大会作工作报告，回顾总结2016年工作，安排部署2017年工作。

楼阳生在报告中指出，2016年，是充满挑战的一年，也是孕育希望的一年。全省上下深入学习贯彻党的十八大、十八届三中、四中、五中、六中全会精神和习近平总书记系列重要讲话精神，在省委的坚强领导下，认真贯彻落实省第十一次党代会精神，按照“一个指引、两手硬”重大思路和要求，坚定不移推进供给侧结构性改革，坚定不移实施创新驱动、转型升级战略，统筹稳增长、促改革、调结构、惠民生、防风险等各项工作，在压力下砥砺前行、在困难中奋力开拓。

楼阳生指出，一年来，我们坚定推进煤炭钢铁去产能，倾力开辟转型综改主战场，积极培育经济新动能，扎实推进重点领域改革，努力构建开放合作新格局，千方百计扶持实体经济，夺取脱贫攻坚首战首胜，持续改善民生和社会事业，狠抓生态环保和安全生产，着力改善发展环境，全省经济实现了下半年好于上半年的目标，经济运行中的标志性、转折性、趋势性变化显著增加。全省经济虽然呈现低位企稳、稳步向好的态势，但仍没有走出困难时期，多年积累的“一煤独大”结构性矛盾、“一股独大”体制性矛盾、创新不足素质性矛盾远未从根本上解决，企稳向好的基础还不牢固，由此带来的一系列经济社会问题相互交织、错综复杂。解决这些矛盾和问题，唯有加快转型综改、创新驱动，舍此别无他途。

楼阳生指出，山西经济正处于一个重大历史拐点。以省第十一次党代会为标志，山西发展翻开了新的一页。全省上下进一步强化了新发展理念，深化了对省情特点和资源型地区转型发展规律的认识，更加坚定了转型综改、创新驱动的信心和决心。摆脱煤炭过度依赖、加快战略重点转移、全力深化供给侧结构性改革和转型综改，正在成为发展的主旋律、最强音，山西已经开启转型综改、创新驱动、全面小康、振兴崛起的新征程。

楼阳生强调，做好2017年政府各项工作，必须深入学习贯彻习近平总书记系列重要讲话精神和治国理政新理念新思想新战略，统筹推进“五位一体”总体布局，协调推进“四个全面”战略布局，认真贯彻省第十一次党代会和省委十一届二次全会暨经济工作会议总体部署，按照省委“一个指引、两手硬”重大思路和要求，坚持新发展理念，坚持稳中求进工作总基调，坚持深化供给侧结构性改革与深化转型综改试验区建设有机结合，坚持以提高发展质量和效益为中心，全面实施创新驱动、转型升级战略，全力促进经济稳步向好、民生不断改善和社会和谐稳定，为塑造美好形象、实现振兴崛起奠定更加坚实的基础，以优异成绩迎接党的十九大胜利召开。要大力推进“三去一降一补”，更好运用市场化、法治化方式推进煤炭、钢铁行业去产能，抓好房地产去库存和工业品去库存，降低企业杠杆率，多措并举降低实体经济企业成本，加快补齐脱贫攻坚短板，确保如期脱贫、做足“成色”。大力支持做强实体经济，着力发展新一代信息技术产业，加快发展装备制造业，积极发展新材料、新能源、新能源汽车、节能环保、生物医药等新兴潜力产业，改造提升传统产业，推进新型综合能源基地建设，做大做优建筑业。大力推进农业供给侧结构性改革，优化农业产业布局，发展农业产业化经营，增加绿色优质农产品供给，推进农业科技创新，强化农业基础支撑。大力发展服务业，推进金融业、咨询服务业、物流业、会展业、幸福产业等现代服务业发展，优化提升商贸、餐饮、住宿、家政等传统服务业，进一步扩大新兴消费，加快把文化旅游业培育成战略性支柱产业。大力推进重点领域改革，加快推进开发区整合改制扩区调规，抓好山西转型综改示范区体制机制创新，深化国资国企、投融资体制、电力体制、商事制度、农村产权制度等重点领域改革，出台深化转型综改的意见，不断增强改革的系统性、整体性、协同性。大力实施科技创新和人才强省战略，面向经济主战场，聚焦产业、企业、企业家，聚合产业链、供应链、创新链、要素链、制度链，推进十大创新行动，实施一流的人才政策，深化人才发展体制机制改革，加快补齐科技和人才短板。大力提升开放型经济水平,实施“东融南承西联北拓”战略,加快推进基础设施内通外联,优化提升“铁、公、机”,加快建设“岸、港、网”,推动外贸转型升级,高效精准招商引资,启动“晋商晋才回乡创业创新”工程。大力推进大众创业万众创新,多层次培育双创主体,支持创建双创示范基地,加强创业创新政策支持,全力支持民营经济发展。大力培育文化软实力,挖掘文化宝藏,提高文化普惠水平,推进文化产业发展,繁荣发展文化事业。大力推进城乡一体化,推动太原都市区提档升级,加快提升省会城市的核心竞争力和知名度、美誉度,优化城镇空间布局和功能,推进美丽宜居乡村建设,完善城乡一体化体制机制。大力推进生态文明建设,加大环境污染治理特别是雾霾防治力度,实施山水林田湖系统治理,推进能源资源集约节约利用,创新生态文明体制机制,努力建设山清水秀、天蓝地净的美丽家园。大力推进民生改善,牢固树立以人民为中心的发展思想,积极扩大就业,着力增加居民收入,全面加强社会保障,加快发展教育事业,推进健康山西建设,办好六件民生实事。大力抓好安全稳定工作,牢固树立总体安全观,以铁的担当尽责、铁的手腕治患、铁的心肠问责、铁的办法治本,坚持不懈狠抓安全生产,维护社会稳定大局,创造良好金融生态环境,坚决守住“三条底线”。

面对转型综改的繁重任务,楼阳生还对政府自身建设提出要求。他强调,各级政府必须坚持党的领导,强化宗旨意识,忠实履行职责,与中央要求“对表”、与发达地区对标、与国际通行惯例对接,加强人民政府、法治政府、效能政府、担当政府、廉洁政府建设,不断提升政府治理体系和治理能力现代化水平。重点是深化“放管服效”改革,拓展延伸“13710”工作制度,强化政务督查,加强经济领域立法,推进综合行政执法和“双随机、一公开”监管,履行好各级政府党组落实全面从严治党任务的主体责任,深入推进政府系统党风廉政建设和反腐败斗争。紧密团结在以习近平同志为核心的党中央周围,在省委的坚强领导下,忠诚担当、锐意进取,开拓创新、攻坚克难,只争朝夕、狠抓落实,以实际行动和出色业绩迎接党的十九大胜利召开。

会议还审查了省人民政府关于山西省2016年国民经济和社会发展计划执行情况与2017年国民经济和社会发展计划草案的报告,关于山西省2016年全省和省本级预算执行情况与2017年全省和省本级预算草案的报告。

在主席台就座的省党政军领导还有:高建民、孙绍骋、王伟中、盛茂林、任建华、罗清宇、张吉福、王清宪、廉毅敏、郭志刚、王一新、张复明、王赋、朱先奇、卫小春、刘滇生、王宁、李悦娥、张友君、张璞、姜新文、左世忠、胡培禹、曾友成、李清涛,原省级老同志申联彬、杜玉林、杨安和、李政文、靳善忠、安焕晓、郭海亮、王雅安、郭良孝、李雁红、李潭生等。

列席本次会议的有:省军区和省武警总队主要负责同志;省直有关部门主要负责同志,省高级人民法院、省人民检察院负责同志;在晋的十二届全国人大代表;省属事业单位主要负责同志;省人民团体负责人;中央驻晋单位主要负责同志;在并省属国有骨干企业、文化企业、金融企业和本科院校主要负责人;省政府驻外办事处主要负责同志;设区的市人大常委会秘书长、法检两长,县(市、区)人大常委会主任;政协十一届山西省委员会委员。

大会还设有旁听席。省城部分农村、乡镇、街道、社区、政法系统的代表旁听本次会议。

1月18日上午,省十二届人大七次会议举行第五次全体会议,在圆满结束各项议程后,大会闭幕。本次会议执行主席、主席团常务主席骆惠宁主持会议并讲话。

会议应出席代表551人,出席508人,符合法定人数。

省领导楼阳生、薛延忠、黄晓薇等出席会议并在主席台就座。

本次会议执行主席、主席团常务主席胡苏平、牛仁亮、张建欣、周然、张茂才、田喜荣、高卫东、李仁和出席会议并在主席台前排就座。

会议表决通过了关于政府工作报告的决议、关于山西省2016年国民经济和社会发展计划执行情况与2017年国民经济和社会发展计划的决议、关于山西省2016年全省和省本级预算执行情况与2017年全省和省本级预算的决议、关于省人大常委会工作报告的决议、关于省高级人民法院工作报告的决议和关于省人民检察院工作报告的决议。

骆惠宁说,这次大会选举我担任省人大常委会主任,这是党和人民对我的信任,我要忠诚履行宪法和法律赋予的职责,自觉接受党和人民监督,恪尽职守、不负重托,同各位代表、全省人民一起努力,继续把人大工作和全省各项事业推向前进。

骆惠宁指出,今年是全面贯彻省第十一次党代会精神的起步之年,是供给侧结构性改革的深化之年,是山西走出经济困难局面的攻坚之年,特别是要召开党的十九大,做好各项工作具有十分重要的意义。这次省人代会贯彻省委十一届二次全会暨经济工作会议精神,确立了2017年全省经济社会发展的目标任务,进一步凝聚了全省人民的力量。风物长宜放眼量。尽管前进道路上还面临不少困难,解决一些突出问题还需要一个过程,但山西发展的大方向越发明确,干事创业的大氛围已经形成,我们既要保持清醒,又要坚定信心。全省上下要把握省委关于做好2017年各方面工作的四项重大要求,即学用系列讲话、增强“四个意识”,深化改革攻坚、激发动力活力,维护大局稳定、创造良好环境,提升工作标准、创造一流业绩,齐心协力,共同推动各项事业迈出新步伐。

骆惠宁指出,人民对美好生活的向往,就是我们的奋斗目标。做好今年的工作,要全面贯彻习总书记提出的以人民为中心的发展思想,坚持发展为了人民、发展依靠人民、发展成果由人民共享,这是我们夺取新胜利的政治优势和制胜法宝。贯彻以人民为中心的发展思想,必须牢牢把握全面建成小康社会奋斗目标。我省已在一些方面落下了差距,要奋力直追,补齐短板,确保在2020年与全国同步实现全面小康,维护好全省人民的根本利益。贯彻以人民为中心的发展思想,必须充分激发蕴藏在人民群众中的巨大创造力。现在还有一些体制机制不相适应，我们要坚决地破除它，让一切创造社会财富的源泉充分涌流，汇聚起综改牵引、创新转型的磅礴力量。贯彻以人民为中心的发展思想，必须培育能打硬仗的顽强作风。现在公务员队伍中尚有一些人民群众不满意的表现，我们要坚决向乱作为、不作为开刀，着力提高善作为本领，各级领导干部要与群众坐在一条板凳上，深入一线解决问题，在崇尚实干、担当作为中为民造福。

骆惠宁指出，新春佳节将至，各级党委、政府和各部门各单位要高度重视困难群众的生产生活，深入开展送温暖、献爱心和访贫问寒活动，毫不放松抓好安全生产，扎实做好信访和稳定工作，倡导文明过节风尚，确保全省人民过一个欢乐祥和的节日。

骆惠宁指出，山西历史悠久、文化灿烂、资源丰富、前景广阔，在各个时期都做出突出贡献。今天，中华民族伟大复兴的中国梦召唤着我们，振兴崛起的历史使命激励着我们。对伟大的党和祖国，我们要无限忠诚；对山西这片红色的土地，我们要深怀敬畏；对淳朴勤劳智慧的山西人民，我们要充满热爱；对党和人民的崇高事业，我们要无私奉献。山西人民从来就有不畏艰险、百折不挠、敢于胜利的决心和勇气。面对具有许多新的历史特点的伟大斗争，我们要坚持革命理想高于天，坚持奋斗目标不动摇，以铁一般信仰、铁一般信念、铁一般纪律、铁一般担当，积极应对各种困难和挑战，殚精竭虑办好山西的事情，满怀信心创造山西的美好未来。让我们更加紧密地团结在以习近平同志为核心的党中央周围，向着全面建成小康社会，不断塑造美好形象、逐步实现振兴崛起的宏伟目标奋勇前进，以优异成绩迎接中国共产党第十九次全国代表大会召开！

在主席台就座的领导同志还有王云龙、高建民、王伟中、任建华、罗清宇、张吉福、王清宪、廉毅敏、郭志刚、刘杰、郭迎光、王一新、张复明、王赋、朱先奇、卫小春、刘滇生、王宁、李悦娥、张友君、张璞、姜新文、左世忠、邱水平、杨司、胡培禹，原省级老同志申联彬、杨安和、李政文、靳善忠、安焕晓、郭海亮、王雅安等。

山西省监察委员会第一次干部大会

1月18日上午，省十二届人大七次会议选举了山西省监察委员会主任；18日下午，省十二届人大常委会第三十五次会议通过了山西省监察委员会副主任、委员的任命，标志着山西省监察委员会正式成立。1月19日，新成立的省监察委员会召开第一次干部大会。受中共中央政治局常委、中央纪委书记、中央深化国家监察体制改革试点工作领导小组组长王岐山同志委托，中央纪委副书记刘金国参加山西省监察委员会第一次干部大会并讲话。省委书记、省人大常委会主任、省深化监察体制改革试点工作小组组长骆惠宁出席会议并讲话，对进一步深化监察体制改革试点工作，加强监察委员会干部队伍建设，推进市县监察体制改革试点工作提出要求。

骆惠宁在讲话中阐述了深化国家监察体制改革的重大意义。在回顾我省深化监察体制改革试点工作进展情况后指出，省监察委员会的成立，只是试点工作迈出的第一步，还有大量的改革工作要做。要坚守政治站位，深入学习贯彻中央六中全会精神和中央纪委七次全会精神，按照实施方案，继续积极探索，实现深度融合，规范高效运行，全面完成改革试点任务。一要紧紧围绕我省监察体制改革试点目标，加强全员学习培训，强化改革实践，进一步在理念思路和方式方法上实现融合，与时俱进地提高队伍整体水平；二要积极探索纪检监察机关内部运行机制，重点在优化执纪监督和执法监督方法，规范纪律审查和执法调查措施使用，完善工作流程和内控办法等方面建立科学的制度规定，形成衔接有序、监督有力、制衡有效的工作机制；三要积极探索国家监察与巡视监督、派驻监督有效结合的具体办法，把有效监察贯穿于巡视巡察、派驻监督全过程，形成监督合力，提升监察效能；四要积极探索纪法协调衔接机制，在线索处置、证据转换、案件移送等方面，建立监察委员会与执法机关、司法机关的协调衔接机制，提升反腐败工作制度化、规范化和法制化水平；五要积极探索坚持双重领导体制，建立健全向上级监察委员会和同级党委请示报告、对同级人大及其常务委员会负责并接受监督的制度措施，健全党委统一领导监察工作的机制，切实把制度优势转化为治理效能，努力为制定国家监察法和改革在全国推开提供实践经验。

骆惠宁强调，“打铁还需自身硬”。纪检监察部门必须把加强自身建设放在十分突出的位置，努力做到每一位工作人员的思想、工作、作风全面过硬。他提出了对党绝对忠诚、不断锤炼能力、勇于担当作为、严守法纪规定四项要求。

刘金国在讲话中指出，山西省委坚决贯彻落实党中央决策部署，行动果断、勇于担当，统筹推进国家监察体制改革试点工作，认真抓好转隶和监察委员会组建。中央改革试点工作领导小组对山西试点工作给予高度评价、充分肯定。他要求，要牢固树立“四个意识”，切实把思想和行动统一到党中央决策部署上来，认真学习贯彻党的六中全会和中央纪委七次全会精神，确保按照党中央确定的时间表、路线图如期实现，以实际行动维护党中央的集中统一领导。要切实担负主体责任，确保改革试点工作始终在党的领导下开展，坚决维护以习近平同志为核心的党中央权威，省委要继续担负起主体责任，书记负总责，省纪委要在省委统一领导下，精心谋划、扎实推进，抓好试点方案的组织实施和具体落实。省人大、组织部、政法委、检察院和省编办要讲政治、顾大局，各负其责，认真筹划，协同做好相关工作，确保试点任务圆满完成。要坚定不移、稳妥审慎，扎实推进改革试点工作，把握动态平衡，积极探索实践，加强督促指导，强化自我监督，使各项工作经得起历史和人民的检验。

中央纪委案件审理室主任罗东川，省领导黄晓薇、杨司出席会议。任建华主持会议。

省深化监察体制改革试点工作小组成员；省纪委常委、省监委委员，省纪委各派出机构主要负责人；各市纪委书记；省纪委监委机关全体干部、直属事业单位副处级以上干部、省委巡视机构有关干部参加会议。

省委政法工作会议

1月21日，省委政法工作会议在太原召开。省委副书记、省委政法委书记黄晓薇出席会议并讲话，省人大常委会副主任、省公安厅厅长刘杰主持会议，邱水平、杨司、曾友成出席会议。

黄晓薇指出，党的十八大以来，习总书记站在实现党和国家长治久安的战略高度，深刻阐述了事关政法工作全局和长远的一系列重大理论和现实问题，为加强政法工作提供了科学指南。全省各级政法机关和广大干警要坚持以习总书记系列重要讲话精神为指引，不忘初心、锐意进取，推动全省政法事业不断取得新进步。

黄晓薇充分肯定2016年政法工作。她强调，今年是我们党和国家历史上具有特殊重要意义的一年，为党的十九大胜利召开营造安全稳定的社会环境，是政法机关必须肩负起的重大政治责任。全省各级政法机关要深入学习贯彻习总书记系列重要讲话精神和治国理政新理念新思想新战略，坚持稳中求进工作总基调，按照省委“一个指引、两手硬”重大思路和要求、做好2017年工作的四项重大要求，以为党的十九大胜利召开营造安全稳定社会环境为主线，一手抓从严从实从细做好保安全、护稳定工作，一手抓深入解决源头性、基础性问题，推动平安山西、法治山西和过硬队伍建设再上新台阶，切实提高维护安全稳定能力，提高执法司法质量、效率和公信力，增强人民群众安全感和满意度，为全面建成小康社会，不断塑造美好形象、逐步实现振兴崛起提供坚强保障，以优异成绩迎接党的十九大胜利召开。

黄晓薇要求，要坚持以深度的忧患意识把握形势，把工作基点放在应对突发情况、驾驭复杂局面上，牢牢掌握维护社会大局和谐稳定的主动权。要坚持以高度的政治警觉，坚决维护国家政治安全特别是政权安全、制度安全。要坚持狠抓矛盾风险防范化解管控，把专项治理与系统治理、综合治理、依法治理、源头治理结合起来，不断提高预测预警预防各类矛盾风险的能力，有效维护社会大局稳定。要坚持服务大局、保障发展，着力营造公正规范的法治环境、优质高效的服务环境、安全稳定的社会环境。要坚持以深化司法体制改革为重点，全面展开重点领域改革，积极支持配合监察体制改革试点工作，加强执法司法规范化建设，统筹推进法治山西建设。要坚持以信息化、大数据为突破，着力打造“数字政法”“智慧司法”，推动政法工作与时俱进。要坚持全面从严治党、从严治警，严肃党内政治生活，切实强化监督制约，加强履职能力建设、领导班子建设，打造信念坚定、执法为民、敢于担当、清正廉洁的过硬政法队伍。

黄晓薇强调，各级党委要切实加强和改善对政法工作的领导，认真贯彻《党政主要负责人履行推进法治建设第一责任人职责规定》，积极研究解决重大问题，为政法事业发展进步提供支持保障。各级党委政法委要发挥统筹协调优势，善于运用法治思维谋划工作，运用法治方式破解难题，提高领导政法工作法治化水平。

省十一届纪委二次全会

1月23日上午，中共山西省十一届纪委第二次全体会议在太原召开，省委书记、省人大常委会主任骆惠宁在会上作重要讲话。他强调，要深刻领会习总书记在中央纪委七次全会上重要讲话和全会精神，充分认清形势，坚持标本兼治，进一步在解决突出问题上下功夫，推动全面从严治党向纵深发展。

省委副书记、省长楼阳生，省委副书记黄晓薇，省政协主席薛延忠，省委常委高建民、孙绍骋、王伟中、盛茂林、罗清宇、张吉福、王清宪、廉毅敏出席会议。省委常委、省纪委书记、省监察委员会主任任建华主持会议。

骆惠宁指出，习总书记在十八届中央纪委七次全会上发表的重要讲话，站在实现党的历史使命和战略全局高度，充分肯定了党的十八大以来全面从严治党取得的显著成效，总结了宝贵经验，明确提出当前和今后一个时期工作的总体要求和主要任务，为推动全面从严治党向纵深发展指明了前进方向，是新形势下加强党的建设的又一篇马克思主义纲领性文献。王岐山同志的报告回顾总结了过去一年纪律检查工作和十八大以来的体会，对今年任务作出了全面安排，具有很强的指导性和操作性。我们要准确把握党中央对全面从严治党形势的科学判断、准确把握十八大以来全面从严治党的有效做法和启示、准确把握今年反腐倡廉工作的总体要求和重点任务、准确把握标本兼治推进全面从严治党的重大要求，努力增强全面从严治党的系统性、创造性和实效性。

骆惠宁指出，2016年，省委认真贯彻中央管党治党各项决策部署，坚持“一个指引、两手硬”，把全面从严治党作为重大政治责任，摆在治晋理政的根本保障地位来谋划，召开全面构建良好政治生态推进会，确立了“巩固、深化、提高”的方针，党风廉政建设和反腐败工作取得了新进展新成效，全省政治生态明显改观。省委抓正风反腐这一手始终是硬的，对全面从严治党永不放松！全省各级纪检机关和广大纪检干部，坚决贯彻中央要求和省委部署，忠诚履行职责，为深入推进党风廉政建设和反腐败斗争作出重大贡献。他强调，在肯定成绩的同时，也要清醒看到目前我省党风廉政建设和反腐败斗争形势依然严峻复杂。在新的形势下，要警惕那种觉得现在管得太严、管得太死，让党的纪律“松绑”的论调；警惕那种认为反腐败压倒性态势已经形成，应该“减减压、松口气、歇歇脚”的心态；警惕一些地方和部门对主体责任“纸上写写、嘴上讲讲、墙上挂挂”，并没有真正扛在肩上的现象。要进一步深刻认识党风廉政建设和反腐败斗争的长期性、复杂性、艰巨性，强化问题导向，保持战略定力和政治定力，做到力度不减、节奏不变；进一步增强责任感、使命感，以党中央的旗帜立场、决策部署、担当精神为标杆，以更大决心、更大勇气、更大韧劲管党治党建党；进一步增强谋划力、执行力、落实力，在常和长、严和实、深和细上下功夫，在坚持不懈、持之以恒中步步深入、善作善成。

骆惠宁指出，做好今年纪检监察工作，一要认真贯彻中央六中全会精神，确保《准则》和《条例》有效执行。各级党组织和广大党员干部要自觉对照校正自己的思想、作风、行为，严格按照党的组织原则和党内政治生活准则办事，主动接受党的纪律约束和各方面监督，逐步习惯在有约束的环境中工作生活。二要扎实推进监察体制改革试点工作，打造有特色可复制的样板。以省监察委员会组建运行为良好开端，进一步提高政治站位，深化体制机制改革，实现深度融合，切实把制度优势转化为治理效能。各市县党委要紧跟省委步伐，党委书记要当好“施工队长”，确保如期交出改革试点合格答卷。三要深入落实中央八项规定精神，打好作风建设攻坚战持久战。多措并举、综合施治，继续一个节点一个节点抓下去，把纠正“四风”往深里抓、实里做。要督促各级各部门对现有制度执行情况进行“回头看”，实事求是加以修订完善，切实提高制度的整体功能和实际效能。四要有效运用“四种形态”，扩大反腐败斗争成果。持续保持高压态势，做到惩治腐败力度决不减弱、零容忍态度决不改变，减少腐败存量，重点遏制增量，坚决打赢反腐败这场正义之战。要在用好第一形态上下功夫，加大函询、谈话力度。要充分发挥反面教材的作用，用身边事教育身边人。五要推动全面从严治党向基层延伸，维护百姓切身利益。各市、县党委和纪委要把责任压实到基层，确保履行主体责任往下不衰减。要深入开展扶贫领域专项整治，加强对问题反映集中县乡的督查。六要加强巡视巡察工作，充分发挥利剑作用。对照巡视工作条例的要求，进一步完善相关制度，提高精准发现问题的能力，督促整改落实。要深化政治巡视，坚决维护党的领导核心和党中央权威。加强市县巡察工作。七要加大问责力度，让失责必问成为常态。要加强对落实中央和省委决策部署的监督检查，对失职失责盯住不放，问责一起、警醒一片、促进一方工作。纪检监察机关要对问责情况进行盘点，对不敢担当、该问责不问责的也要严肃追责。

骆惠宁指出，要坚持标本兼治，围绕构建不敢腐、不能腐、不想腐的机制，把思想建党和制度治党结合起来，推动全面从严治党向纵深发展。一要加强和规范党内政治生活，切实把自己摆进去，增强党内政治生活的政治性、时代性、原则性、战斗性，形成发现问题、纠正偏差的有效机制。二要严明政治纪律和政治规矩，对党绝对忠诚，把增强“四个意识”最终落实到向核心看齐上，落实到推进山西改革发展稳定各项工作中。三要坚定政治觉悟和文化自信，把加强思想建设放在首位，坚持共产党人价值观，以文化自信坚定理想信念、支撑政治定力，传承红色基因，培厚良好政治生态土壤。四要持续深化纪律检查体制改革，在抓好监察体制改革试点的同时，进一步引深“三转”，聚焦监督执纪问责，推动党内监督与国家监察理念思路、体制机制、方式方法的与时俱进。稳步推进市级纪委派驻全覆盖。五要用严格的标准选对人用好人，把政治标准放在首位，不断优化干部队伍结构，严肃市县人大、政府、政协换届纪律，抓好后备干部队伍建设，坚持严管与厚爱相结合，让良好政治生态成为山西改革发展的“环境名片”。

骆惠宁强调，全面从严治党，核心是加强党的领导。各级党组织要进一步把管党治党责任压紧压实，抓书记、书记抓，层层传导压力。要旗帜鲜明地支持纪检监察机关开展工作。领导干部要充分发挥表率作用，带头讲政治，坚持人民立场，经常同以习近平同志为核心的党中央对表，校准自己的思想和行动，自觉接受监督。纪检监察机关要按照打铁还需自身硬、信任不能代替监督的要求，切实加强自身建设，健全内控机制，全面提高干部思想政治水平和把握政策能力，主动接受党内监督和社会监督，努力建设一支让党放心、人民信赖、忠诚干净担当的队伍。

任建华在主持会议时指出，骆惠宁同志的重要讲话，站在时代发展和战略全局的高度，充分肯定了我省全面从严治党取得的显著成效，辩证地分析了我省管党治党的形势，明确提出了今后工作的总体要求和主要任务，充分体现了省委治晋理政的使命担当和正风肃纪的坚定决心。全省各级党组织要认真学习领会中央纪委七次全会精神，按照骆惠宁同志讲话的部署要求，紧紧围绕党风廉政建设和反腐败工作主要任务，坚持标本兼治，持续精准发力，推动全面从严治党向纵深发展，为我省不断塑造美好形象、逐步实现振兴崛起提供有力保障。

省人大、省政府、省政协负责同志，省法院院长、省检察院检察长在主会场出席会议。省纪委委员、省监委委员；各市市委书记、市长；省直有关单位主要负责同志；驻太原本科院校和省管国有骨干企业主要负责同志；中央驻晋主要新闻媒体负责人；参加省纪委十一届二次全会的全体人员在主会场参加会议。大会还在省、各市县设分会场。

省委常委班子召开 2016 年度民主生活会

按照中央统一部署，1 月 23 日至 24 日，省委常委班子召开 2016 年度民主生活会。会议以习总书记在中央政治局民主生活会上的重要讲话精神为指引，以学习贯彻党的十八届六中全会精神为主题，围绕“两学一做”学习教育要求，重点对照《准则》《条例》，查找差距不足，进行党性分析，在重大问题上进一步深化了认识、强化了举措。省委书记骆惠宁主持会议并作总结讲话。

中央纪委机关、中央组织部派出督导组到会指导，对民主生活会取得的成效给予充分肯定。

省委认为，习总书记在中央政治局民主生活会上的重要讲话，是开好民主生活会的思想政治引领，是加强常委班子建设的根本遵循。要在深刻领会习总书记重要讲话精神中汲取政治营养，提高政治站位，提升政治标杆，把握好中央新要求，展现常委班子新姿态，把开好民主生活会的过程作为践行《准则》《条例》的过程，作为向习总书记看齐的过程，确保中央的决策部署在山西落地生根，把中国特色社会主义在山西坚持和拓展好。

贯彻上述考虑，省委常委会扎实做好民主生活会准备工作。通过发放征求意见表、座谈访谈、设置意见箱、网络征询等方式征求了各方面意见。常委同志在“两学一做”学习研讨基础上，深入学习习总书记在中央政治局民主生活会上的重要讲话，再次温习了党章和《准则》《条例》等。骆惠宁与班子成员逐一谈心谈话，班子成员之间进行谈心谈话。骆惠宁主持常委班子对照检查材料起草工作，审阅常委个人发言提纲。民主生活会上，通报了2015年度省委常委班子民主生活会整改措施落实情况和2016年度省委常委班子民主生活会征求意见情况。骆惠宁代表省委常委班子进行对照检查，从理想信念、政治纪律和政治规矩、作风、担当作为、组织生活、落实全面从严治党责任等方面查摆了问题和不足，深刻剖析了原因，提出努力方向和整改措施。骆惠宁带头，常委同志依次进行对照检查并报告个人事项，开展批评和自我批评。这次民主生活会自始至终体现了对表立标，体现了从严从实，体现了坦诚相见，体现了奋发进取。

大家在发言中指出，要把学习贯彻习总书记系列重要讲话精神和治国理政新理念新思想新战略作为看齐和忠诚的根本功课，在思想上政治上行动上与以习近平同志为核心的党中央保持高度一致，把“四个意识”特别是核心意识、看齐意识内化于心、外化于行，打造纯粹党性，对党绝对忠诚。要做严守党的政治纪律和政治规矩的表率，在重大原则、大是大非问题上旗帜鲜明、立场坚定，做任何工作都要以贯彻党中央决策部署为前提。要更好担负起主体责任，推动全面从严治党向纵深发展，写好全面构建良好政治生态的山西答卷。大家提出，要落实好省委对今年工作提出的重大要求，即学用系列讲话、增强“四个意识”，深化改革攻坚、激发动力活力，维护大局稳定、创造良好环境，提升工作标准、创造一流业绩，以实际行动迎接十九大、服务十九大、贯彻十九大。要崇尚实干、激情干事，褒扬和重用实干的干部，锲而不舍加强作风建设，大兴调查研究之风，把正确的工作导向、用人导向更好地确立起来，围绕省第十一次党代会提出的目标任务，一项一项落实任务，一个一个破解难题。常委同志表示，在山西发展的重要历史关头，要更好担当起时代赋予的使命，严于律己、勤政廉洁，用舍得的精神、豁得出的精神把山西各项事业推向前进，从各方面为全省党员干部作出表率，始终保持良好作风和形象。

骆惠宁在总结讲话中指出，这次民主生活会是十一届省委常委班子的第一次民主生活会，大家经受了一次深刻的思想洗礼和党性锻炼，“四个意识”特别是核心意识、看齐意识进一步增强，规范党内政治生活、加强党内监督的自觉性进一步增强，修炼党性、改进工作、开创全省各项事业发展新局面的责任感和信心进一步增强，达到了预期目的。开好生活会是对党性的检验和锤炼，抓好整改措施的落实更是对党性的检验和锤炼。要狠抓落实整改，建立工作台账，条件具备的要立即整改，难度大的要加大攻坚力度，长期性工作要分阶段制定措施，涉及面广的问题要从制度机制层面进行整改，对重要事项的整改要进行督查，以实际行动让全省干部群众感受到民主生活会的实际成效。

省人大常委会党组、省政协党组主要负责同志列席会议。

省委召开市县监察体制改革试点工作推进会

2月4日，市县监察体制改革试点工作推进会在晋城市召开。省委书记、省深化监察体制改革试点工作小组组长骆惠宁出席会议并讲话。他强调，确立问题导向，协调推进市县监察体制改革；坚持标本兼治，持续加强正风反腐工作；切实加强领导，进一步把全省深化监察体制改革试点工作引向深入。

中央将我省确定为深化监察体制改革试点省份以来，省市县三级党委及有关单位思想认识到位，整体推进有力有序有效，改革试点进展顺利，态势良好。以省监察委员会组建运行为标志，已取得初步成效。

会上，各市汇报了改革试点工作推进情况，省改革试点工作小组办公室对11个市的进展情况进行了点评。会议对推进市县监察体制改革试点工作进一步作出了具体部署。

骆惠宁在讲话中指出，要清醒看到，监察体制改革试点目前只是迈出了第一步，下一步的任务更重。目前看，各市县工作进展尚不平衡。市县党委要进一步增强紧迫感和责任感，加强组织领导，党委书记要当好“施工队长”，亲自调查研究，亲自把握方案，亲自组织协调，亲自破解难题，把设计图变为施工图，打造合格试点样品，确保领导坚强有力有效。各级纪委要担好专责，在党委统一领导下，扎实做好试点方案的组织实施和任务落地。各级试点工作小组及办公室要发挥好指导、协调和服务作用。

骆惠宁强调，各市县要认真落实我省《关于市县深化监察体制改革试点工作的指导意见》，按照省委统一安排，扎实做好基础工作，根据各市实际，分别采取“先县后市”和“先市后县”的办法进行，既要保进度，又要保质量，成熟一家，挂牌一家，确保如期高质量组建起新的监察委员会。

骆惠宁指出，总体上要执行顶层设计，在具体推进过程中要积极探索实践。省级层面已经进入深度融合、规范运行、全面达标阶段，要抓紧探索建立科学严密的协调衔接机制和监督制约机制，为市县两级提供可借鉴、有操作意义的做法经验。市县要以改革精神破解试点工作推进中的难题。提不出问题不能算改革，解决不了问题也不能算改革。

骆惠宁强调，要坚持标本兼治，在改革试点中全面加强正风反腐工作。要全面贯彻落实省委“一个指引、两手硬”重大思路和要求，把握“巩固、深化、提高”方针，全面构建良好政治生态，把省纪委十一届二次全会的决策部署落到实处。要善于把改革试点工作与正风肃纪结合起来抓，并注重把改革成果体现在党风廉政建设和反腐败斗争的成效上。要积极探索国家监察与巡视监督、派驻监督有效结合的具体办法，加大问责力度，切实把制度优势转化为治理效能，更好推动全面从严治党向纵深发展。

省委常委、省纪委书记、省监委主任、省深化监察体制改革试点工作小组副组长任建华主持会议。会议分两个阶段进行，在上午的第一阶段会议上，任建华对推进市县监察体制改革试点工作提出具体要求。他指出，要站在政治和全局的高度推进改革试点工作，着力抓好市县监察委员会领导班子配备，扎实推进转隶和融合，如期完成组建；持续保持惩治腐败高压态势，坚持标本兼治，通过组织制度创新，不断增强全面从严治党的系统性、创造性、实效性。会前，任建华分别和11个市纪委书记进行了谈话，一对一、点对点地研究解决改革推进中的问题。

省人民检察院检察长、省深化监察体制改革试点工作小组副组长杨司出席会议。省纪委监委、省委组织部、省编办有关负责同志，各市纪委书记、检察院检察长及市纪委、市委组织部、市编办有关负责同志参加会议。

全省信访工作电视电话会议

2月22日下午，全省信访工作电视电话会议召开，省委副书记、省委政法委书记黄晓薇出席会议并讲话。省人大常委会副主任、省公安厅厅长刘杰主持会议。会议总结2016年工作，部署2017年任务，并对先进集体和先进个人进行了表彰。

黄晓薇代表省委、省政府对过去一年信访工作取得的成绩给予充分肯定。她强调，今年是党和国家历史上具有特殊重要意义的一年，下半年将召开党的十九大，做好信访工作意义重大。全省各级各部门要把思想和行动统一到中央精神和省委要求上来，强化忧患意识，提高政治警觉，扎扎实实把信访工作各项任务落到实处，进一步维护全省社会大局稳定。要深入学习习近平总书记系列重要讲话精神和治国理政新理念新思想新战略，自觉肩负起为党分忧、为民解难的职责使命，维护好群众权益和社会稳定，推动信访工作不断取得新进步。要准确把握形势，坚持问题导向，强化源头预防，落实社会稳定风险评估机制，加强信访形势分析研判，加大矛盾隐患排查化解力度，努力使矛盾纠纷化解在基层、化解在萌芽状态。

要按照省委和骆惠宁同志对改革工作的基本要求和基本方法，继续抓好诉访分离、网上受理信访、引导群众依法逐级走访、推进依法分类处理等各项改革，为提升信访工作再上新台阶提供强劲动力。

黄晓薇要求，各级党委、政府要树立强烈的宗旨意识，带着感情和责任做好信访工作。各级各部门主要负责同志要狠抓落实，扎实工作，认真履行信访工作“主体责任”，强化督查问责，进一步压实基层和职能部门的责任，推动问题解决、风险消除、矛盾化解，更好维护信访秩序。要加强干部队伍建设，强化作风纪律保障，推动全省信访工作取得新成绩，发挥好首都“护城河”作用，为迎接党的十九大胜利召开作出积极贡献！

山西转型综合改革示范区党工委管委会正式成立

2月25日，中国共产党山西转型综合改革示范区工作委员会、山西转型综合改革示范区管理委员会揭牌仪式在太原举行。

省委书记、省人大常委会主任骆惠宁出席仪式并为示范区党工委、管委会揭牌。省委副书记、省长楼阳生讲话。省委常委、太原市委书记王伟中主持，省委常委、秘书长罗清宇参加，副省长王一新宣读中央编办批复和有关任命。

建设山西转型综改示范区是省委省政府作出的重大决策。省第十一次党代会、省委十一届二次全会暨经济工作会议、开发区改革创新发展会议对创新开发区体制机制、加快示范区推进步伐作出重点部署，先后出台了《关于开发区改革创新发展的若干意见》《关于建设山西转型综改示范区的实施方案》，成立了示范区管委会筹委会，有效推进各项筹备工作。

示范区位于太原都市区的核心区域，横跨太原、晋中两市，由4个国家级开发区、3个省级开发区以及山西大学城，共8个园区整合而成，总规划面积约600平方公里。示范区作为经济转型升级的新动能引擎，将着力打造成新体制新机制新政策先行先试的配套改革先导区；战略性新兴产业创新发展高地；对内对外全面开放的综合平台；智慧化、低碳化的新型城区；管理规范、廉洁高效的样板区，为全省域转型综改试验发挥示范引领作用。

楼阳生在讲话中指出，建设山西转型综合改革示范区，是省第十一次党代会作出的重大决策部署。示范区筹建工作仅用了三个多月的时间就取得重大进展，创造了只争朝夕、倍道而进的“示范区速度”，塑造了敢为人先、追求卓越的“示范区精神”，锻造了担当有为、务实高效的“示范区作风”，这是落实省委“一个指引、两手硬”重大思路和要求的典型示范，是当前全省政通人和、人心思进、干事创业的突出表现。希望示范区党工委、管委会以正式揭牌运行为新的起点，不辱使命、不负重托，再接再厉、一鼓作气，加快推动“专业化、市场化、国际化，任期制、聘任制、绩效工资制”改革落地见效，着力打造集聚先进生产要素的政策洼地和发展高地。太原市、晋中市要举全市之力加快示范区建设，省直各相关部门要全力以赴支持示范区建设，合力推动我省深化转型综改结出更加丰硕的成果。

揭牌仪式结束后，骆惠宁、楼阳生等省领导观看了示范区筹备进展、改制改革、布局规划等展板。

示范区建设领导小组成员单位主要负责同志，太原、晋中市委市政府主要负责同志，示范区管委会筹委会和太原、晋中相关部门、有关区县主要负责同志，示范区各部门、各派驻机构负责同志参加揭牌仪式。

全省党内法规工作会议

2月25日，全省党内法规工作会议在太原召开。会议学习贯彻习总书记重要指示和全国党内法规工作会议精神，学习贯彻省委书记骆惠宁关于做好我省党内法规工作的重要要求，就落实《中共中央关于加强党内法规制度建设的意见》，进一步加强全省党内法规工作进行部署。省委副书记、省委政法委书记黄晓薇出席会议并讲话。省委常委、省委秘书长罗清宇主持会议。

黄晓薇强调，习总书记的重要指示从全局和战略高度充分肯定了党内法规制度建设取得的成绩，深刻阐明了加强党内法规制度建设的重大意义，为我们做好工作指明了方向、提供了遵循。要从推进中国特色社会主义伟大事业、党的建设新的伟大工程、夺取具有许多新的历史特点的伟大斗争胜利的高度，深刻领会、准确把握习总书记的重要指示精神，充分认识加强党内法规制度建设的重要意义。要把正确政治方向作为一条红线贯穿党内法规制度建设始终，体现党章要求，贯彻习总书记系列重要讲话精神，强化“四个意识”特别是核心意识、看齐意识,坚持依法治国与制度治党、依规治党统筹推进、一体建设,推动党的制度优势更好地转化为治晋理政的实际效能。

要坚持目标导向和问题导向相统一,启动制定我省贯彻中央《意见》的工作方案,及时编制党内法规制定五年规划纲要、党内法规和规范性文件年度计划,做好服务党委立法工作,抓好我省党内法规制度的衔接配套和自行制定,严格党内法规草案的前置审核,推行法律顾问制度和公职律师制度,加快建立省委党内法规工作联席会议、规范性文件备案审查联动、规范性文件备案通报、理论研究等工作机制,不断提升党内法规制度建设的工作质量。要加强组织领导,压实领导责任,抓住“关键少数”,强化监督问责,加强队伍建设,为加强党内法规制度建设提供坚强保证。省纪委机关、省委组织部、太原市、大同市、长治市、运城市作了书面交流发言。

省委举办省管干部学习贯彻党的十八届六中全会精神专题研讨班

2月27日至28日,省委举办省管干部学习贯彻党的十八届六中全会精神专题研讨班。省委书记、省人大常委会主任骆惠宁在开班式讲话强调,要站在讲政治的高度,深入学习贯彻习总书记在省部级主要领导干部专题研讨班上的重要讲话精神,抓好领导干部这个“关键少数”,把十八届六中全会精神学深悟透,把《准则》《条例》精准领会,以上率下,进一步推动全面从严治党落到实处。

省委副书记、省长楼阳生主持开班式,省委副书记、政法委书记黄晓薇作研讨班总结,省政协主席薛延忠,省委常委,省人大、省政府、省政协负责同志,省法院院长、省检察院检察长出席开班式。省委常委、组织部长盛茂林主持结业式。

骆惠宁在讲话中指出,习总书记在省部级主要领导干部专题研讨班上的重要讲话,从推进具有许多新的历史特点的伟大斗争、党的建设新的伟大工程、中国特色社会主义伟大事业的战略高度,深入阐述了贯彻十八届六中全会精神需要把握的6个重大问题,丰富和发展了马克思主义政治理论和党建学说,是新形势下加强党的建设的纲领性文献,为推动全面从严治党向纵深发展提供了锐利思想武器。我们要紧密联系实际,悉心学习领悟,以更大决心、更大气力把我省党的建设不断推向前进。

骆惠宁指出,习总书记重要讲话通篇贯穿着讲政治这条主线,体现了从政治高度看待问题、解决问题的坚定立场和态度,把旗帜鲜明讲政治提升到了新的境界。要深刻领会习总书记重要讲话的精神实质,从政治上加深对全面从严治党的认识,加深对维护党中央权威、贯彻民主集中制的认识,加深对增强党内政治生活的政治性、时代性、原则性、战斗性的认识,加深对党必须勇于自我革命、领导干部必须严格自律的认识,进一步增强管党治党的政治责任和领导责任。要善于从政治上观大局、明大势、悟大道,不断提高政治自觉和政治站位,切实把讲政治贯穿于党性锻炼全过程。要牢固树立“四个意识”,把维护好习总书记这个核心、维护好党中央权威作为第一位的政治要求,转化为思想自觉、党性观念、纪律要求和实际行动。要认真践行“四性”基本要求,把遵守党的政治纪律放在首位,不断提升党内政治生活的质量和水平。要始终以正视问题的自觉和刀刃向内的勇气管好自己,一刻不放松地解决自身存在的不足,在革故鼎新中永葆生机活力。要坚持高标准、守底线,强化自我约束,真正从内心深处筑牢拒腐防变的堤坝,以自己的思想到位、行动对标,推动全面形成风清气正的良好政治生态。

骆惠宁指出,实践充分证明,党中央作出全面从严治党的战略抉择是完全正确的,其必要性紧迫性不仅能从十八大以来我们党取得的成就和变化中看到,从党面临的形势和肩负的使命中看到,还可以从苏共垮台、苏联解体的反面教训中看到。山西曾一度发生系统性塌方式严重腐败,通过两年多的持续努力,管党治党取得了显著成效,已经实现了由“乱”到“治”,要进一步实现“大治”。要深入贯彻习总书记关于全面从严治党思想,自觉扛好党委主体责任,坚持“巩固、深化、提高”的要求,更加注重抓思想从严、抓建制从严、抓执纪从严、抓治吏从严、抓作风从严、抓反腐从严,以永远在路上的恒心和韧劲,聚焦重点和难点,持续精准发力,推动管党治党各项部署的落地,进一步从宽松软走向严紧硬。各级党员领导干部都要以贵在自觉的品格把全面从严治党向纵深推进,为全面构建良好政治生态作出不懈努力,在为党的事业而奋斗的同时,也使自己的主观世界不断得到升华。

骆惠宁强调,身体力行是最有效的示范,以上率下是最有力的引导。领导干部要把廉洁自律始终铭记心上,自觉做到慎独慎微,摒弃特权思想,主动接受监督,带头保持清正廉洁的政治本色。凡是要求党员干部做的自己首先要做到,而且应更高标准地做到;凡是要求党员干部不做的自己首先不做。要从被“围猎”的典型案件中汲取深刻教训,时刻保持清醒,坚决把底线封死,不断增强党性和品德修养,守初心、有定力。要用严格的标准选对人用好人,坚持党管干部原则不动摇,模范执行党的干部政策,不断营造干事创业的良好环境,进一步把鲜明的用人导向树起来、亮起来。要把政治文化建设作为全面从严治党的铸魂工程,注重发挥廉政文化和革命文化对党内政治文化的涵养作用,让充分体现党性的政治文化植根于心中,熏陶党性、抵御侵蚀、固本培元,做到“百毒不侵”“金刚不坏”。

骆惠宁强调,全面从严治党是我们必须走的新“长征路”。各级领导干部要坚决带好头,以这次研讨班为新起点,推动管党治党不断呈现新面貌。要在学深悟透上下功夫,把学习贯彻《准则》《条例》与“两学一做”结合起来,真正沉下心、钻进去,学而思、学而行。要在解决问题上下功夫,严查细找党内政治生活和党内监督方面存在的问题,以干部群众看得见的整改成效取信于民、凝聚人心。要在压实责任上下功夫,构建主体明晰、责任明确、有机衔接的责任体系,推动主要负责同志履行好第一责任人职责、班子成员履行好“一岗双责”。要在推动工作上下功夫,通过贯彻落实《准则》《条例》,使党内政治生活正气充沛,使各级党组织坚强有力、充满活力,使广大党员干部的政治觉悟和思想境界大幅提升,担当干事、激情干事、开拓干事，确保今年各项工作目标的实现。要牢牢守住基本路线这个党和国家的生命线、人民的幸福线，更加全面准确有效地贯彻省委“一个指引、两手硬”重大思路和要求，不断开创山西工作新局面。

楼阳生在主持开班式时指出，省委书记骆惠宁的讲话，是学习贯彻十八届六中全会精神的再动员再部署，是领会把握《准则》《条例》特别是习总书记在省部级主要领导干部专题研讨班上重要讲话的精准辅导，是一次生动而深刻的主题党课。在当前我省改革发展稳定任务都非常繁重的情况下，省委下决心把省管干部集中起来轮训一遍，充分体现了省委对学习贯彻六中全会精神的高度重视和高度自觉。大家一定要静下心来，专心致志地学，做到学深悟透；要对照《准则》《条例》的各项要求，真正把自己摆进去，进一步在坚持高标准、守底线上发挥示范作用；要紧密联系本地本部门的实际，切实把学习贯彻十八届六中全会精神的成效体现到干事创业、推动各项事业发展上。

研讨班期间，学员分组进行了深入讨论，5位学员代表在结业式上作了交流发言。大家紧密结合自己的思想和工作实际，讲认识、谈体会、找差距、话整改；一致认为，通过这次专题研讨，在事关全面从严治党的重大问题上站位进一步提高、方向进一步明确、政治进一步坚定；纷纷表示，一定要以身作则、率先垂范，带头把十八届六中全会精神领会好、贯彻好，带头把《准则》《条例》执行好、落实好，更加奋发有为地推动本地本部门本单位各项工作不断迈上新台阶。

黄晓薇在总结讲话中指出，研讨班主题明确、内容集中，纪律严明，展现了良好学风。学员们增强了旗帜鲜明讲政治、维护党中央权威、严肃开展党内政治生活、发扬自我革命精神、加强自律、担负起管党治党政治责任的自觉性。她要求，各级各部门要按照省委书记骆惠宁提出的在学深悟透、解决问题、压实责任、推动工作四个方面下功夫的要求，切实把学习贯彻《准则》《条例》的任务抓紧抓好，推动十八届六中全会精神落到实处。

参加这次专题研讨班的有，各市市委书记、市长，省直有关单位主要负责同志，本科院校党委书记、院(校)长，省管国有骨干企业董事长、党委书记、总经理，各县(市、区)委书记。

全省脱贫攻坚工作会议

2月28日，全省脱贫攻坚工作会议在太原召开。会议分析了当前脱贫攻坚形势，总结了首战之年工作，安排部署今年重点任务。省委书记骆惠宁出席会议并讲话。他强调，要以习总书记扶贫开发重要战略思想为指引，认真贯彻落实中央扶贫开发工作会议精神，坚定决心信心，聚焦精准方略，以改革创新精神破解突出问题，确保脱贫攻坚再战再胜，以脱贫攻坚的优异成绩迎接十九大、贯彻十九大。

会议分析了当前脱贫攻坚形势。中央扶贫开发工作会议以来，省委、省政府贯彻落实精准方略，实施八大工程 20 项行动，开启了新一轮脱贫攻坚的征程。2016 年全省实现 57 万贫困人口脱贫，1900 个贫困村退出，贫困地区农民人均可支配收入 6623 元，增幅高出全省平均水平 2.4 个百分点，脱贫攻坚首战告捷。但我省脱贫攻坚任务还很重。

骆惠宁在讲话中指出，山西是扶贫开发重点省，也是著名革命老区。如果不解决贫困区域和贫困人口的脱贫问题，我们就失守了全面小康底线，就对不起这片红色土地。各级党委政府必须始终把群众的冷暖挂在心上，把脱贫的责任扛在肩上，把攻坚的任务抓在手上，坚决兑现对三晋父老的庄严承诺。

骆惠宁强调，2017 年是我省精准扶贫、精准脱贫的深化之年。去年是首战首胜，今年要再战再胜。全省脱贫攻坚工作的总体要求是，以习总书记扶贫开发重要战略思想为指引，认真贯彻落实中央及省委、省政府关于精准扶贫、精准脱贫的各项部署，把脱贫攻坚摆在全省工作突出位置，牢牢把握脱贫攻坚的正确方向，把脱贫攻坚与生态建设紧密结合起来，以改革精神破解难题，精准发力、先难后易，坚决实现 14 个贫困县摘帽、2270 个贫困村退出、66 万贫困人口脱贫，同时稳定提高已脱贫人口的收入，大力改善已退出村的整体风貌，全面提高扶贫工作水平。

骆惠宁强调，实现 2017 年工作目标和要求，一定要聚焦精准方略、强化问题导向，以改革创新的精神破解重点和难点问题，推动脱贫攻坚迈出更扎实的步伐，取得更大的成效。一是着力破解产业扶贫不够精准的问题。要选准特色产业项目。要引导和支持龙头企业建立与贫困户的利益联结机制，大力创建新型农业合作组织，把贫困户组织起来。要帮助贫困户增加资产性收入。要扩大扶贫小额信贷的投放。二是着力破解易地扶贫搬迁力度不大的问题。要进一步把基础工作搞扎实，进一步吃透和用好搬迁政策，进一步落细多项改革举措．要重点探索向县城和小城镇集中安置，依托立地条件和产业基础较好的村集中安置等搬迁路径，做好配套服务，使搬迁群众权益得到保障，使农村面貌发生新的变化。三是着力破解生态建设与脱贫攻坚结合不紧的问题。牢固确立“绿水青山就是金山银山”的理念，大力实施林业扶贫“五个一批”工程，完善造林扶贫专业合作社组织机制，扩大贫困群众的参与度，协调解决好退耕地块，优先保证贫困户退耕需求。四是着力破解转移就业扶贫不足问题。要分析劳务需求，拓展省内省外两个市场。要加强政策引导，鼓励用工单位积极吸纳贫困家庭劳动力就业。要创新培训方式，更加重视贫困地区年轻劳动力的技能培训，同时搞好跟踪服务，维护外出劳动力合法权益。五是着力破解特殊群体的致贫返贫问题。对老年贫困问题要综合施策，一方面要弘扬德孝文化，教育引导年轻人主动承担起赡养老人的义务，一方面要切实做好社会保障制度和扶贫开发政策的有效衔接，积极探索完善农村养老试点。针对因病因学致贫问题，要加快推进健康扶贫，扎实抓好教育扶贫，同时还要关注边缘贫困问题，通过提高区域整体发展水平，增强边缘群体的抗风险能力。

骆惠宁强调，脱贫攻坚是硬任务，必须有硬责任、硬导向、硬措施、硬作风。全省各级党委、政府要认真贯彻落实习总书记在主持中央政治局第 39 次集体学习时的重要讲话精神，切实加强对脱贫工作的领导，牢牢把握住脱贫攻坚的正确方向。一要强化领导责任,各级各部门要把脱贫攻坚工作摆在全局的突出位置,贫困县要以脱贫攻坚工作统揽经济社会发展全局,坚持省到村五级党组织书记抓扶贫,在脱贫攻坚第一线识别和使用干部。二要强化资金投入,切实执行财政扶贫投入总量和增幅“双增长”机制,扶贫开发任务重的市县,新增财力要重点用于脱贫攻坚。要以贫困县为主体,把“三农”资金统筹整合与完成脱贫任务相挂钩。发挥财政资金引导作用,撬动金融资本投入扶贫领域。三要强化部门协同,脱贫攻坚领导小组成员单位都要当好主角,今年要对各部门的扶贫工作实行专项考核。四要强化社会合力,建立完善区域结对帮扶和系统对口帮扶协作机制,完善社会扶贫机制,动员全社会力量共同参与脱贫攻坚。五要强化基层活力,抓好“三基”工作,突出抓党建促脱贫,选好配强村“两委”班子特别是党组织班子,发挥好包村领导、驻村工作队和第一书记“三支队伍”作用,真情关爱奋斗在一线的农村干部。六要强化任务落实,把握好脱贫攻坚的正确方向,坚决防止层层加码,坚决防止形式主义,坚决防止忽视贫困群众主体作用。要实施最严格的考核评估制度,对搞形式主义、面子工程、弄虚作假、数字脱贫的,要严肃问责。

省委副书记、省长楼阳生主持会议。他指出,骆惠宁书记的讲话,充分体现了实事求是的态度和改革创新的精神,对我们做好今年脱贫攻坚工作具有重要指导作用。各地各部门要进一步把思想和行动统一到省委、省政府决策部署上来,压实责任抓落实,盯住问题抓落实,聚焦精准抓落实,通力协作抓落实,清正廉洁抓落实,以更扎实的作风、更务实的举措把各项目标任务落到实处。

省领导薛延忠、黄晓薇、高建民、王伟中、任建华、张吉福、王清宪、胡苏平、郭迎光、张复明出席会议。省委常委、组织部长盛茂林宣读了《关于表彰2016年全省脱贫攻坚奖的决定》。

会议表彰了首批脱贫攻坚奖获得者。方山县委书记王锦锋、左权县寒王乡党委书记张雪平、2016年全省脱贫攻坚奖获奖代表程玉珍、省直干部驻村帮扶工作队代表郝大庆、市县派驻农村第一书记代表张尚富作了大会发言。

会议以电视电话会议的形式召开,主会场设在省委会议厅,省政府秘书长,省委、省政府有关副秘书长,各市市委书记、市长、扶贫办主任,各县(市、区)委书记,省脱贫攻坚领导小组成员单位主要负责同志,省直干部驻村帮扶工作队驻县大队长,大会发言代表,全省脱贫攻坚奖获得者在主会场参加会议。各市、县设分会场。

晋商晋才回乡创业创新工程启动大会

3月16日,晋商晋才回乡创业创新工程启动大会在京举行,推介山西良好的投资环境和优越的创业创新平台,邀请海内外晋商晋才回乡创业创新,和家乡人一道“塑造美好形象、实现振兴崛起”。省委书记、省人大常委会主任骆惠宁出席并讲话。省委副书记、省长楼阳生作主旨推介。

大会由省委、省政府主办。大会的主题是“新机遇、新晋商、新发展”。这是我省贯彻全国“两会”精神和省第十一次党代会、省委十一届二次全会暨经济工作会议及省“两会”精神的重要举措。大会旨在吸引更多创新要素和优秀人才向我省集聚,充分发挥他们支持我省经济转型升级和创新发展的作用,进一步推动我省扩大开放对外交流,进一步引进培育一批战略性新兴产业项目,进一步破解山西“五大发展难题”、实现“六大转变”,进一步加快走出创新驱动、转型升级新路。

三月首都,柳嫩花黄,微风拂面。是日,“两院”院士、企业家和其他人才等晋商晋才代表齐聚北京国际会议中心出席启动大会。他们有院士学者,有商界精英,有管理高手,有艺术名家,有的是从山西这片黄土地走出去的,有的是在山西工作过或与山西有紧密合作的,都是新时代晋商晋才的优秀代表,都是对山西有感情、有贡献的优秀人才。

骆惠宁在讲话中说,去年10月31日,我在省第十一次党代会报告中,提出实施晋商晋才回乡创业创新工程。当时许多网友评论说,山西省委书记发出了“深情呼唤”。很高兴看到,四个多月来,各方面对这一呼唤给予了积极回应,返晋来晋谋发展的明显增多。今天,京华三月已春意盎然,我们在这里相聚,感到十分亲切。

骆惠宁说,新一代晋商晋才在各个领域创造出辉煌业绩,为国家为民族为人民作出了贡献,为家乡增添了荣光。针对大家关心的怎么看待山西当下形势和未来前景,骆惠宁指出,山西正站在振兴崛起的历史关头,正处于经济转型的历史拐点,正面临干事创业的历史机遇。全国“两会”期间,社会各界和新闻界普遍认为,山西人的精气神发生了可喜而深刻的变化。我们要乘势而上,奋发进取,确保与全国同步全面建成小康社会,书写好中国梦的山西篇章。要举全省之力做好转型发展这篇大文章,牢牢把握供给侧结构性改革这一主线,更加主动、深入、全面、有效地推进经济转型,推动转型综改试验区加速、提档、升级,将山西打造成国内外有影响力的资源型经济转型综改试验区,打造成国家能源革命排头兵。

骆惠宁强调,全省上下要创造良好发展环境,欢迎晋商晋才和各方有志之士来山西发展。要通过改革培育制度优势,创造法治化、国际化、便利化营商环境。要完善创业创新政策,形成有利于转型的政策体系。要吸引集聚一流人才,更加重视促进创新要素向高端人才流动,更加有力促进高端人才向山西集聚,大幅提升山西的软实力和综合竞争力。

骆惠宁对广大晋商晋才提出三点希望。一要放远眼光,积极投资山西。二要贡献智慧,真情创新山西。三要发挥影响,大力宣传山西。他说,晋商晋才都是山西的代言人和形象大使,要身体力行讲好山西故事,塑造山西美好形象。这次大会,吹响了晋商晋才回乡创业创新的“集结号”,希望大家主动踊跃地唱响“凤还巢”,共同助力山西发展,共同助力家乡建设。

赞扬卓越贡献、深情呼唤回乡、鼓励创业创新、殷切寄语希望……引起参会晋商晋才共鸣,会场不时响起热烈掌声。走出会场,晋商晋才们仍热烈交流讨论。大家表示,山西发展翻开了新的一页,勠力转型之际、同心振兴之时蕴含着巨大发展机遇,要通过智力、资金、技术、服务等多种方式的投入,助力家乡、助力山西，再创辉煌、共赢发展，为塑造美好形象、实现振兴崛起做出积极贡献。

楼阳生说，以省第十一次党代会为标志，山西发展翻开了新的一页。省委、省政府坚决贯彻习近平总书记系列重要讲话精神和治国理政新理念新思想新战略，按照"一个指引、两手硬"重大思路和要求，坚持"供改""综改"有机结合，全力实施创新驱动转型升级总战略，大力推进转型升级"六大工程"，加快构建多元化、中高端产业体系。山西创新驱动、转型升级、全面小康、振兴崛起的蓝图已经绘就，这为一切有志向有抱负的人才提供了广阔舞台。他围绕培育壮大战略性新兴产业和改造提升传统产业，就数字经济、高端装备制造、新材料、新能源、新能源汽车、节能环保、生物医药、文化旅游、特色现代农业、现代服务业，以及煤基产业和原材料产业绿色清洁高效循环发展等进行了重点推介。

楼阳生指出，晋商晋才是山西的宝贵财富，是最值得珍惜的人才资源。我们将实施一流的人才政策，落实以增加知识价值为导向的分配政策。开展"优化投资营商环境专项行动年"活动，积极与中央要求对表，与发达地区做法对标，与国际投资贸易通行惯例对接，努力打造审批最少、流程最优、体制最顺、机制最活、效率最高、服务最好的发展环境。通过深化放管服效改革、落实税费优惠政策、实行大用户直供电等措施，进一步降低企业营商成本。在省市县乡四级政府建立"13710"信息化督办平台，并拓展到重点工作任务、重大改革事项、重点工程项目、重点技改项目、重点招商项目，通过信息化手段跟踪服务、跟踪督办、跟踪落实。切实解决后顾之忧，让广大晋商晋才在家乡安心工作、愉快生活。楼阳生向广大晋商晋才发出真诚邀请，期盼各行各业各领域晋商晋才回乡创业创新、大展宏图，欢迎八方有志之士到山西投资兴业、共创美好未来。

大会上，中国科学院病原微生物与免疫学重点实验室主任高福院士，中国机械制造与自动化领域科学家卢秉恒院士，百度网络有限公司总裁张亚勤，香港汉彩投资有限公司董事长董利翔，金花投资控股集团公司董事局主席、总裁吴一坚，福建省山西商会会长、中福实业股份有限公司董事长刘平山代表晋商晋才发言。

大会还举行了 18 个重大项目和战略合作协议签约仪式。这些项目对我省产业转型升级和创新驱动具有战略意义，总投资额 199.65 亿元，涵盖人才引进和技术合作、新一代信息技术、新材料、节能环保、文化旅游、现代农业、社会事业等。其中，省交通厅和交通银行签署了规模为 900 亿元的授信并设立基金项目（协议）。

省委常委、常务副省长高建民主持大会。出席大会的还有省领导盛茂林、王清宪、廉毅敏、周然、王一新、张复明、卫小春。省直相关部门负责人、11 市市长、"老八所"高校校长以及 11 市投资促进（招商）局和工商联负责同志、签约代表也出席大会。

动员大会前，骆惠宁、楼阳生会见了晋商晋才代表并进行座谈。骆惠宁主持座谈会，介绍了山西总体形势、发展思路和机遇前景，对晋商晋才回乡创业创新提出希望。中国工程院院士、清华大学教授、博导吴建平，著名歌唱家阎维文，天津山西商会会长张世伦，重庆市山西商会终身名誉会长陈明亮，中国工程院院士、青海高原医学科学研究院院长吴天一分别发言。

当天下午还举行了"凝聚智慧助力发展"院士专家座谈会，"发力大数据布局晋云端"山西省大数据产业发展主题峰会，"交流互鉴汇智共赢"山西转型综合改革示范区与北京中关村科技园区、晋商晋才合作发展座谈会，"华夏古文明山西好风光"山西文化旅游产业发展座谈会。

省军区党委全体扩大会议

3 月 29 日至 30 日，省军区党委十届八次全体扩大会议在太原召开，传达学习中央军委、中部战区和军委国防动员部党委扩大会议精神，总结部署年度工作。省委书记、省军区党委第一书记骆惠宁出席并讲话。省军区党委书记、政治委员郭志刚作党委工作报告。省军区副政治委员兼纪委书记喻军作纪委工作报告。出席会议的省军区领导还有于占唐、李毅、吴国志、傅永国等。

会议宣读了受到上级表彰奖励的先进单位和个人、省军区关于立功受奖通令，对先进人武部、先进预备役团以及军事训练与安全稳定工作等年度先进单位和个人进行了表彰。

会议指出，2016 年，省军区各级坚持以强军目标为指引，适应新体制、经受新考验，各项工作向举旗铸魂、应急应战、作风建设、军民融合、基层一线聚焦用力，部队建设呈现稳中有进、进中有喜的良好局面。会议强调，2017 年是迎接党的十九大胜利召开、隆重纪念建军 90 周年的政治之年，是省军区部队规模结构和力量编成调整改革实质落地的大考之年，也是按照"5+2"新的职能任务起步运行的开局之年。全区部队要深入贯彻习主席系列重要讲话精神，贯彻政治建军、改革强军、依法治军方略，贯彻军委国防动员部党委、中部战区党委和省委省政府的决策部署，继续坚持稳中求进工作总基调，围绕拥护、支持、落实改革，举旗铸魂把方向、聚焦主业谋打赢、正风肃纪树形象、创新驱动促发展、强基固本保稳定，努力打造全面过硬的国防后备劲旅。要围绕迎接十九大、学习贯彻十九大，更加有力地抓好思想政治建设；要切实聚焦主责主业，深入推进国防动员军事斗争准备；要坚持从严从紧，持之以恒深化作风建设；要加大依法治军从严治军力度，扎实做好抓基层打基础保稳定的工作；要贯彻全面从严治党要求，大力加强党委班子和军事人力资源建设。

骆惠宁对省军区 2016 年工作给予高度评价。他指出，省军区党委团结带领广大官兵，出色完成年度既定任务，部队建设保持了健康有序、安全稳定的发展态势，在参与地方应急维稳、抢险救援、脱贫攻坚等方面，反应迅速、主动请缨，积极作为、成效明显，体现出很强的政治意识、大局观念和担当精神。他代表省委、省政府和全省人民，向战斗在全省国防动员和后备力量建设一线的同志们，向受到表彰的先进单位和先进个人，表示亲切问候。

骆惠宁强调，习主席关于国防和军队建设重要论述，深刻阐明了国防和军队建设带有根本性方向性全局性的重大问题,为在新的历史起点上全面推进国防和军队建设提供了科学指南和根本遵循。要深刻领会习主席关于党在新形势下的强军目标、全面实施改革强军战略、深入推进依法治军从严治军、实施军民融合发展战略、国防动员和后备力量建设等一系列重大战略思想、重大理论观点、重大决策部署,更加自觉地用习主席关于国防和军队建设重要论述统一思想和行动。要坚决维护核心,坚定看齐追随,按照中央军委统一部署,认真开展维护核心、听从指挥主题教育活动,扎实推进“两学一做”学习教育常态化制度化,引导官兵强化“四个意识”、坚定“四个自信”,在任何时候任何情况下都坚决维护党中央和习主席权威,坚决同党中央、中央军委和习主席保持高度一致,坚决听从党中央、中央军委和习主席指挥。要坚持理论联系实际,着力研究破解重点难点问题,切实把学习成果转化为国防建设、强军兴军的新成效。

骆惠宁强调,要立足战略全局,认清形势特征,以强烈的责任担当,推动国防动员和军队改革建设迈出新步伐。认清我国由大向强发展关键阶段的“时势”特征,牢记“能战方能止战,准备打才可能不必打,越不能打越可能挨打”的道理,始终保持战略定力,使军队各项工作向能打仗、打胜仗聚焦用劲,深入实施创新驱动发展战略,以更大决心、更高标准、更有力举措推进国防和军队现代化建设。认清我国军民融合发展由初步融合向深度融合关键阶段的“加快”特征,军地要确立一盘棋观念,科学统筹经济建设和国防建设,打破各种壁垒和障碍,丰富融合形式,拓展融合范围,提升融合层次,齐心协力做好军民深度融合发展这篇大文章。认清国防和军队改革推进关键阶段的“变革”特征,坚持问题导向,深入做好改革中思想政治工作,统筹推动调整改革任务和其他工作落实。要注重建立相关工作运行机制,确保省军区在新体制下顺畅开局,作用更好发挥。

骆惠宁强调,要紧贴“双向”需求,紧盯“双赢”目标,推动经济建设和国防建设在更广范围、更高层次、更深程度上融合发展。围绕强化推进合力,抓住规划引领、需求对接、责任落实三个关键环节,进一步健全军民融合的关键机制。围绕加快转型发展,推进军地产业相互融合、军民两用技术双向转化、军地人才共育共享,进一步提升军民融合的整体效益。围绕提升国防动员能力,坚持军需与民用一体、平时与战时衔接、经济与战备兼容,积极推进重大基础设施建设统建共用,健全军地应急应战协作机制,提高部队社会化保障水平,不断拓展和深化国防动员准备,更好承担“屏护北京、稳定山西”的重大使命。

骆惠宁强调,各级党委特别是主要负责同志,要牢固树立“抓好武装是政绩、不管武装是失职”的观念,认真履行职责,及时研究解决涉及国防和军队建设的重大事项。国动委各成员单位要按照“军队提需求、国动委搞协调、政府抓落实”的思路,将本部门本单位业务工作和国防动员有机结合起来,推动全省国防动员和后备力量建设不断取得新成效。要坚定不移支持国防和军队改革,抓好军队全面停止有偿服务工作,不折不扣落实改革期间军转安置工作各项政策,全力为部队改革创造有利条件。要做好双拥共建工作,积极帮助官兵解决“后路”“后院”“后代”之忧,不断巩固和发展新形势下的军政军民关系。省军区部队要当好维护山西社会稳定的坚强柱石,积极参与脱贫攻坚等重点工作,军地同心、主动作为,为实现振兴崛起和兴武强军共同奋斗,以优异成绩迎接党的十九大胜利召开。

省军区党委委员、各市市委书记(副书记),省国动委部分成员单位、省全面停止有偿服务军地协调领导小组成员单位负责同志,各军分区(警备区)部门以上负责同志、省军区机关副团以上干部参加会议。

全省“践行总书记讲话、深化脱贫攻坚”现场推进会

4月24日至25日,全省“践行总书记讲话、深化脱贫攻坚”现场推进会在吕梁市召开,目的是以习近平总书记3月23日在中央政治局常委会上的重要讲话精神为指引,联系各地工作中存在的问题,进一步提高思想认识,进一步加大整改力度,进一步加强组织领导,推动省委、省政府关于脱贫攻坚的决策部署落到实处,确保今年再战再胜,力争跻身全国第一方阵。省委书记、省人大常委会主任骆惠宁出席会议并讲话。省委副书记、省长楼阳生进一步明确相关政策措施。

会议宣读了《关于2016年市级党委政府和贫困县党委政府脱贫工作成效考核情况通报》,组织观看了脱贫攻坚专题片,学习了习近平总书记近期关于扶贫开发重要讲话和相关政策文件,对县委书记、县长进行了政策测试。参会人员对临县朝阳农牧有限公司、临县白文职业护理护工培训基地、兴县电商公共服务中心、兴县蔡家崖乡张家梁村、北坡村生态建设和移民安置工程等进行了观摩。

会议认为,2016年,全省上下深入学习领会习近平总书记扶贫开发重要战略思想,贯彻落实精准扶贫精准脱贫方略,立足省情,制定脱贫攻坚实施意见和“十三五”规划,启动实施八大工程20项行动,推动扶贫开发重点工作取得新突破。特别是去年底以来,各级党委、政府进一步强化主体责任,对照标准,紧盯问题,坚决整改,调整充实帮扶力量,推进各项政策措施到村到户,脱贫攻坚首战告捷。2016年全省减少贫困人口57万人,11个市全部完成减贫任务。但从考核情况看,各贫困县仍不同程度存在一些问题,有的还比较突出。

会议就学习践行习近平总书记重要讲话精神,进一步深化脱贫攻坚提出五点要求。一是精神要吃透。习近平总书记3月23日在中央政治局常委会上的重要讲话精神,是习近平总书记关于扶贫攻坚战略思想的重要组成部分,充分体现了党的领袖的为民情怀和使命担当,是我们深入推进脱贫攻坚的基本遵循。践行总书记讲话,根本是要增强“四个意识”,提高政治站位,切实增强贯彻各项要求的思想和行动自觉。关键是对照中央要求,主动查摆问题,清醒看到差距,并举一反三,进一步以改革创新精神破解脱贫攻坚中的难题。目标是瞄准全国“第一方阵”,牢固树立逆水行舟、不进则退的紧迫感,以“法乎其上”的高标准,确保高质量完成脱贫攻坚的

各项任务。二是问题要找准。脱贫攻坚要坚持问题导向，有问题不要遮掩，找准问题是解决问题的第一步，回避问题、漠视问题必然贻误战机、贻害大局。各级都要主动把自己摆进去，深挖细找、全面查摆，主动认账，举一反三，既要正视自己存在的问题，也要从别人的问题中得到警示。三是整改要彻底。要追根溯源抓整改，查摆出问题需要分析根源、分清责任。要明确责任抓整改，既要拉出问题清单，也要拉出措施清单，更要拉出责任清单，对每个问题都要明确时间表、任务书和责任状，拿出超常举措，逐事逐人落实到位。要防微杜渐抓整改，对苗头性、倾向性问题，及时发现、及时整改，把问题解决在萌芽状态。要悟透政策抓整改，对专业政策汇编成册、加强解读，帮助各级干部熟悉用好政策，更好推进整改落实。要改革创新抓整改，善于用改革的办法解决问题，善于学习借鉴外省扶贫管理的好经验好做法，完善脱贫攻坚体制机制，适时召开会议交流先进经验。要奖惩分明抓整改，既要抓正面典型，也要抓负面典型，敢于批评问责，让扎实工作、勤勉负责的人得到褒扬，让作风漂浮、弄虚作假的人付出代价。四是功夫要下足。习近平总书记强调的"绣花"功夫是一种扶贫观，一针一线总关情；也是一种方法论，每招每式有特色。扶贫攻坚再战再胜，关键要在扶贫全过程下足"绣花"功夫。要在"扶持谁"上下足"绣花"功夫，坚持贫困标准，对建档贫困户要进一步实施精准识别、动态管理，应进未进和返贫的要一个不落纳进来，应退未退和非贫困人口要一个不留退出去。要在"谁来扶"上下足"绣花"功夫，各级党委政府要发挥责任主体作用。一线基层党组织要推动政策到村到户到人，分工到户；党员干部特别是县乡党员干部要进一步开展结对帮扶；企业帮扶要通过项目带动、组织创新、商业模式创新，把贫困群众组织起来、带动起来，用市场机制实现双赢；各有关部门要把握中央精神，主动提供政策供给和优质服务。要在"怎么扶"上下足"绣花"功夫，全面贯彻省委省政府确定的八大工程20项行动，以及这次会上提出的8个方面的政策措施。要推动产业扶贫，切实做到到户到人。要加强金融扶贫，尽快补上这个短板。扶贫扶智要紧密结合，弘扬革命老区优良传统，激发调动脱贫主体的积极性。要在"怎么退"上下足"绣花"功夫，长短结合，多做打基础利长远的事，严格贫困退出标准，既要帮助贫困群众增加收入、就业创业，也要统筹解决好义务教育、基本医疗和安全住房"三保障"问题，确保脱贫的质量和成色。五是责任要压实。各级党政主要负责同志都要认真落实"双签"责任，亲力亲为抓扶贫，扑下身子抓落实。要坚持一线工作法，省市县乡负责同志每年至少两次进村调研、驻村调研。省和扶贫任务重的市，扶贫机构、人员要尽快配齐，一把手要配强，选调一批厅、处级后备干部到省扶贫办挂职工作。加强"三基"建设，推动政策资源要素向基层倾斜，形成鼓励人才到基层干事创业的制度机制。进一步加强帮扶队伍管理考核，改进结对帮扶机制。加强各专项考核工作，确保完成年度目标任务。抽调干部组成11支督导组，常年赴各市县进行扶贫督查巡查，上半年尽快开展工作。

会议进一步明确了8个方面政策措施。会议指出，各级各部门要切实践行习近平总书记扶贫开发重要战略思想，认真落实省委省政府决策部署，精准发力、先难后易，问题导向、强化举措，亲力亲为、狠抓落实，确保今年再战再胜，力争进入全国第一方阵。一要狠抓产业扶贫，因地制宜发展"一村一品一主体"，通过培育壮大龙头企业，带动贫困群众参与产业链、分享价值链。二要狠抓生态扶贫，采取项目化举措，大力发展造林合作社，把退耕还林、造林绿化、森林保护、经济林增效和林产业发展等工程精准落实到村到人。三要狠抓劳动力转移就业，以考证持证为标准，加强技能培训，打造特色劳务品牌，确保今年完成6万贫困人口免费精准培训、7万劳动力转移就业。四要狠抓健康扶贫，加大政策宣传和落实力度，推动重病、残疾和慢性病人享受大病救治等健康扶贫政策落地，防止因病致贫返贫。五要狠抓资产收益扶贫，以股份合作为抓手，通过要素折股量化实现资产收益，让群众分红得利，推动贫困村集体经济"破零"和发展壮大。六要狠抓贫困村基础设施提升工程，坚持群众缺什么就补什么，着力推动土窑洞等危房改造、垃圾污水治理、村级公路建设、安全饮水改造、村卫生室和薄弱小学提标等任务，切实改善农村生产生活条件。七要狠抓金融扶贫，落实政银企保农"五位一体"机制，扩大扶贫小额信贷覆盖面，提高贫困群众受益面。八要狠抓扶贫资金投入，落实财政扶贫投入总量和增幅"双增长"要求，用好农业扶贫产业发展基金和扶贫周转金；压缩一般性支出，把节约下来的资金用于脱贫攻坚；打破部门藩篱，加大资金统筹整合力度，提高资金使用效益。会议强调，要坚决打好易地扶贫搬迁关键仗，做好精准确定对象、严格落实政策、科学合理选址、发展后续产业、宅基地腾退复垦等工作，尤其要在确保质量和安全的前提下，加快工程建设进度，切实提高易地扶贫搬迁的精准识别率、项目开工率、投资完成率、项目竣工率、居民入住率和群众满意率。会议要求，要同步实施贫困地区脱贫后的奔小康工程，统筹推进支柱产业培育、区域经济振兴、教育均衡发展、人力资本素质提升等重点任务，加快贫困地区全面建成小康社会步伐。

大家表示，通过这次会议，进一步深化了对习近平总书记重要讲话精神，对中央和省委省政府脱贫攻坚重大决策部署的认识，进一步看到了问题和差距，明确了整改方向。要全面贯彻落实会议要求，学深悟透习近平总书记重要讲话精神，切实增强"四个意识"，提高脱贫攻坚的政治自觉和行动自觉，对标先进，坚持问题导向，细化深化政策举措，下足"绣花"功夫，努力破难题补短板，奋力实现脱贫攻坚再战再胜，为进入全国第一方阵作出积极贡献。

省领导罗清宇、吴汉圣、胡苏平、朱先奇出席会议，郭迎光主持会议。11个市市委书记、市长；36个国定贫困县的县委书记、县长，22个省定贫困县的县委书记或县长；省脱贫攻坚领导小组相关成员单位主要负责同志参加会议。

中央第二环境保护督察组督察山西省工作动员会

4月28日，中央第二环境保护督察组督察山西省工作动员会在太原召开，中央第二环境保护督察组组长杨松、副组长黄润秋就做好督察工作分别作了讲话,山西省委书记骆惠宁作了动员讲话,会议由山西省省长楼阳生主持。

杨松指出,党的十八大以来,以习近平总书记为核心的党中央统筹推进“五位一体”总体布局和协调推进“四个全面”战略布局,把生态文明建设和环境保护工作摆上更加重要的战略位置。环境保护督察是党中央、国务院关于推进生态文明建设和环境保护的一项重大制度安排。习近平总书记高度重视环境保护督察工作,要求将环境保护督察作为推进生态文明建设的重要抓手,强化环境保护党政同责和一岗双责。针对河北省环境保护督察试点,习近平总书记作出重要批示,要求坚持问题导向,要在发现问题上下大气力,敢于动真格的,认认真真把这项工作抓实抓好,推动生态文明建设不断取得新成效。2016年12月,针对生态文明建设工作再次作出重要指示,要求加大环境督查工作力度,严肃查处违纪违法行为,着力解决生态环境方面突出问题,让人民群众不断感受到生态环境的改善。

杨松强调,中央第二环境保护督察组这次进驻山西省,重点是督察省委、省政府贯彻落实国家环境保护决策部署、解决突出环境问题、落实环境保护主体责任情况。在督察中将坚持问题导向,重点盯住中央高度关注、群众反映强烈、社会影响恶劣的突出环境问题及其处理情况;重点检查环境质量呈现恶化趋势的区域流域及整治情况;重点督办人民群众反映的身边环境问题的立行立改情况;重点督察地方党委和政府及其有关部门环保不作为、乱作为的情况;重点了解地方落实环境保护党政同责和一岗双责、严格责任追究等情况。山西省各级党委和政府要紧紧围绕“五位一体”总体布局和“四个全面”战略布局,牢固树立“四个意识”,践行新发展理念,确保中央的重大决策部署落地生根,取得实实在在的成效。

骆惠宁表示,环境保护督察是党中央、国务院推进生态文明建设和环境保护工作的一项重大制度安排,是强化地方党委、政府环保主体责任的重要举措。党中央、国务院把山西列为今年开展环境保护督察的省份之一,充分体现了对山西工作特别是生态文明建设和环境保护工作的高度重视和亲切关怀。骆惠宁要求,全省各级党委政府和有关部门要深入学习贯彻习总书记关于生态文明建设的重要战略思想,牢固树立“四个意识”,站在讲政治、讲大局的高度,切实把思想和行动统一到党中央、国务院的决策部署上来,自觉主动接受中央环保督察组的检查。要把配合好环保督察作为当前一项重要政治任务,求真务实,压实责任,查找问题,认真整改,全力做好环保督察的配合保障工作。骆惠宁强调,山西省委、省政府接受环保督察的态度是真诚的,就是要通过环保督察和整改,倒逼经济转型发展,让新发展理念在三晋大地生根结果。

会上,黄润秋还就做好督察配合、边督边改、信息公开、条件保障等工作提出了要求。中央环境保护督察组成员、国家环境保护督察办公室有关人员,山西省党政班子其他领导成员出席会议,山西省人大和政协主要领导、党委和政府有关部门主要负责人,以及省会所在地党政主要领导成员及班子其他领导成员列席会议,其他地市党委和政府主要领导、以及有关部门主要负责人在当地通过视频会议的形式列席会议。

根据安排,中央第二环境保护督察组督察进驻时间约1个月左右。督察进驻期间(2017年4月28日—5月28日)设立专门值班电话:0351—3805000,专门邮政信箱:山西省太原市6103号信箱。督察组受理举报电话时间为每天早8:00—晚20:00。根据党中央、国务院要求和督察组职责,中央环境保护督察组主要受理山西省环境保护方面的来信来电举报。其他不属于受理范围的信访问题,将按规定由被督察地区、单位和有关部门处理。

全省优化营商环境会议

5月21日,全省优化营商环境会议在太原召开。省委书记、省人大常委会主任骆惠宁主持会议,他强调,要坚持改革创新,攻坚克难,对标一流,奋力争先,推动我省营商环境进入全国第一方阵,在唱响“人说山西好风光”的同时,再唱好一曲“人说山西好环境”。省委副书记、省长楼阳生代表省委、省政府对全省优化营商环境进行安排部署。

会议指出,要按照党的十八届三中全会确定的投资审批制度改革方向,对政府核准目录以外的企业投资项目,试行承诺制管理模式,变先批后建为先建后验,变事前审批为事中事后服务监管,变部门审批把关为企业信用约束。相关部门要履行承诺后预审、开工前审验、竣工后验收等职责,抓紧“两清单、一标准”,推进流程再造和机制重构,加强事中事后服务监管。企业要增强法律意识、红线意识、自律意识,认真履行承诺的责任和义务,依法依规建设生产运营。

会议强调,要坚持问题导向,扎实开展优化营商环境九大专项行动。一是开展加快招商引资项目落地专项行动,建立部门统筹、领导联系和承接地代办服务等制度,加强项目落地专项督查。二是开展入企服务常态化专项行动,完善省市县服务企业综合平台功能,实行全天候全方位在线服务,建立困难企业帮扶联络员制度、领导帮扶责任制,推动入企服务覆盖三次产业、各行各业。三是开展在建重点工程项目无障碍施工专项行动,在依法依规依政策保护群众合法权益的前提下,妥善解决征地拆迁、劳资纠纷、设施配套等问题,保障重点工程建设顺利推进。四是开展涉企合同“执行难”整治专项行动,加快建成“点对点”的执行查控网络,加大对“老赖”的曝光力度,构建并用好联合惩戒网络体系。五是开展打击恶意逃废金融企业债务专项行动,建立省市联席会议制度,实行恶意逃废金融企业债务黑名单制度,严厉查处利用重组改制悬空债务、分立重组转移资产、租赁合资重建新企业等行为。六是开展化解企业担保链风险专项行动,成立企业担保链风险处置工作组和金融债委会,完善风险预警监测和会商联动机制,强化债务风险化解排查。七是开展企业周边治安环境治理专项行动,全面摸底、重拳打击各类干扰企业生产经营和正常施工的恶劣行为。八是开展减证便民专项行动,坚决砍掉各种无谓的证明和手续,加快清理审批前置申请材料,大幅削减相关证照年检和与之挂钩的政府指定培训。九是开展仿制药质量和疗效一致性评价专项行动,落实企业主体责任，完善药物临床试验病房、检测分析中心等平台，鼓励对通过评价的药品优先采购、优先临床使用。

会议要求，以法治思维、改革精神、创新办法打造“六最”营商环境。要深入推进简政放权，对保留的行政审批事项逐一对照全国同类地区“审批最少”要求，依法依规“减、并、放”，并对照“流程最优”要求进行流程再造。率先在转型综改示范区组建审批局。年底前建成贯通省市县三级的政务服务一张网，7月底前整合建立省级政务咨询投诉举报平台。要深化商事制度改革，提高企业注册便利度。要借鉴自贸区改革试点经验，尽快在投资管理、贸易便利化、金融创新等方面形成一批可复制、可推广的模式。要创新包容审慎的监管制度，探索制定新兴产业监管规则，量身打造符合新动能特征的监管模式，建立完善公平竞争审查制度。要强化政策支持、要素保障和服务支撑，落实好深化转型综改一揽子政策，加大“铁公机”“岸港网”等基础设施建设力度，加快开发区整合改制扩区调规，加强产业配套能力建设。要全面深化拓展延伸“13710”工作制度，以此牵引效能革命。

会议强调，优化营商环境是系统工程是重大制度创新，要坚持做到“四个结合”。一要把压实责任与形成合力结合起来。各级党委要加强对优化营商环境工作的领导，围绕解决本地区本部门营商环境中存在的突出问题，作出安排并加大督导力度。各级政府要具体推动营商环境的优化。各级各部门都要直面问题、真抓实干、积极整改，鼓励敢作为、善作为，切实形成全方位、各领域共同推动营商环境优化的工作格局。二要把改革创新与依法办事结合起来。要在法治的轨道上，推动试行企业承诺制、探索无审批管理这项重大改革落地见效，通过变先批后建为先建后验，确立企业投资主体地位，提高行政效率，进一步把企业投资发展的活力激发出来。开展九个专项行动要坚持标本兼治，加强制度供给和法规建设，建立完善长效机制。三要把简政放权与加强服务结合起来。优化营商环境必须重塑为政理念，加快政府职能转变。各级政府及有关部门要牢记，审验后置了，但服务要前移。要实施行政流程再造，明确具体操作规范，把更多的精力放到服务企业和群众上来。要强化过程服务，深入企业、深入项目工地，主动上门提供服务。要善于把监管寓于服务之中，有效提高政府监管服务水平，让企业有更多的获得感和更高的满意度。四要把攻坚克难与争创一流结合起来。拿出环保治理的劲头，奖励先进，鞭策落后，推动各级各部门把优化营商环境的责任担起来，坚决破除各类隐性障碍和“潜规则”，让企业和群众看到实实在在的变化。要加强舆论引导，既让企业和群众成为营商环境优化的受益者，又要引导企业和群众成为优化营商环境的参与者、建设者和维护者。要有奋发争先的劲头，主动向国际国内先进地区对标看齐，积极借鉴复制自贸区、国家自主创新示范区、国家各类新区等成功做法，善于从观念、思想上提升，从体制、制度上创新，从监管、服务上突破，不仅能解决自身突出问题，而且能后来居上，推动我省营商环境进入全国第一方阵。

会议号召，当前，山西正处于全面构建良好政治生态、全面实现经济转型发展，全面走向“大治”的关键时期，各级各部门要更好担当作为，在唱响“人说山西好风光”的同时，再唱好一曲“人说山西好环境”，以优异成绩迎接党的十九大胜利召开。

省委常委、省政协主席、省人大常委会主持日常工作的副主任，副省长，省法院院长，省检察院检察长出席会议。省工商局、吕梁市政府、省综改示范区主要负责同志作了大会发言。会议以电视电话会议的形式召开，主会场设在省委会议厅，设省分会场，各市、县(市、区)设分会场。省直各部门和中央驻晋单位主要负责同志，驻太原的中央驻晋企业主要负责同志，省管国有企业主要负责同志，各市委书记、市长，部分民营企业代表在主会场参加会议。驻太原省管本科院校主要负责同志，省直二级局、省政府驻外办事处主要负责同志在省分会场参加会议。

全省改革推进会议

5月21日，省委召开全省改革推进会议，省委书记、省人大常委会主任骆惠宁主持会议并讲话。他强调，要把这次会议作为各级领导干部特别是主要负责同志亲力亲为抓改革、抓落实新的出发点，加快重大改革和惠民改革落地落实，推进我省全面深化改革工作跻身全国“第一方阵”。省委副书记、省长楼阳生，省委副书记黄晓薇出席会议并讲话。

会上，省市(厅)县三级负责同志围绕改革落实面对面进行交流和点评。省委常委、省纪委书记任建华通报了我省监察体制改革试点进展情况；省委常委、常务副省长高建民，副省长王一新、张复明、王赋分别就分管领域改革进行点评；省环保厅厅长郭长青汇报用改革办法打好环境保护攻坚战情况，省国土厅厅长许大纯汇报煤层气矿业权审批改革情况，省政府副秘书长张金旺汇报山西转型综改示范区管理体制改革情况，太原市市长耿彦波汇报推进散煤清洁利用优化城乡环境情况，阳泉市委书记陈永奇汇报创新矿山生态修复治理体制机制情况，临汾市委书记岳普煜汇报以新的发展理念推进治污整改情况，大同市委常委、城区区委书记张韬汇报党政领导干部亲力亲为抓改革情况，吕梁市委常委、孝义市委书记马文革汇报公立医院综合改革情况，忻州市委常委、岢岚县委书记王志东汇报以改革创新精神推进精准扶贫情况，同煤集团党委书记、董事长张有喜汇报深化企业内部改革情况。

会议指出，省委始终把抓改革作为重大政治责任，省第十一次党代会以来，深入贯彻习总书记关于全面深化改革的战略思想和中央决策部署，坚持问题导向和目标导向相结合，布局启动一批重大改革，聚焦引领性、基础性、关键性改革狠抓落实，一些事关全省发展的重点领域和关键环节改革步伐不断加快，一些有利于增强经济发展新动力的改革效益不断显现，一些涉及人民群众切身利益的改革红利不断释放，形成了以改革促转型、谋发展、惠民生、树形象的良好态势。会议强调，要坚持党的领导，坚持正确的改革方向，把增强“四个意识”落实到全面深化改革全过程。要按照省委全面深化改革领导小组2017年工作要点及责任分工的部署，全面抓好6个方面40项改革任务落实,既要蹄疾步稳,又要只争朝夕,创造更多经得起实践、人民和历史检验的改革成效。

会议对各级主要负责同志抓改革落实工作提出四项要求。一要把握大局,强化责任。我省全面深化改革新格局已经塑造,但能够走在全国“第一方阵”的引领型改革还不多,“赶考”“补考”的任务都很重。全面深化改革,对山西这样的资源型地区和内陆省份,是“华山一条路”,唯有改革才能强动力增活力,才能实现创新驱动、转型升级,才能推动党的建设和党所领导的事业全面进步。全省上下要进一步把改革的旗帜举起来,加大改革推进力度,加快改革落地落实。二要亲力亲为,敢于担当。把习近平总书记提出的“四个亲自”作为重大政治要求和根本工作方法,亲力亲为抓好改革任务落地。各级主要负责同志要自觉当好“施工队长”,坚持“一把手抓一把手”,切实把责任和压力一级一级传导下去。要提高政治站位、增强政治自觉,对党中央关于改革的精神要第一时间传达贯彻,对党中央和省委部署的改革任务要积极认真抓好落实。要深入调查研究,精心搞好谋划,找准本地区本单位改革在全局中的方位,做到胸中有数、有的放矢,推出一批能叫得响、立得住、群众认可、带动作用大的硬招实招。要敢于担当,敢于啃硬骨头。改革进入“深水区”,比认识更重要的是决心,比方法更重要的是担当,主要负责同志不仅要亲自抓、带头干,还要敢于挑最重的担子、啃最硬的骨头,以敢破难题、敢战必胜的实际行动作出示范。要增强标准意识,当好改革“领头羊”,各地各部门都要树立改革向高处看的意识,力争有更多改革走在全国、全省前列,形成对标一流的改革氛围。三要善作善成,落地见效。我省改革已经进入“施工高峰期”,关键看落地、看实效。要在发现和解决问题上下功夫,以问题牵引改革,在解决问题中深化改革。要在跟踪问效上下功夫,健全督办督察机制,把改革情况作为目标责任考核的重要内容,表彰先进、鞭策落后。要在增强老百姓改革获得感上下功夫,对重点民生工程和民生领域改革事项,要做到整体推进,力求有所突破。四要统筹协调,形成合力。强化省直部门改革的协调联动,认真抓好中央和我省有关改革试点工作。充分发挥县一级打通改革“最后一公里”的关键作用,县乡主要负责同志要加强对改革操作层面问题的研究,善于引导和依靠群众推进改革。正确处理改革与发展稳定的关系,善于把改革与其他工作紧密结合起来,不断增强各项事业的发展活力。

省领导薛延忠、罗清宇、吴汉圣、张吉福、王清宪、廉毅敏、胡苏平出席会议。省委改革办主任、副主任,2017年度全面深化改革重大任务牵头部门主要负责人,各市市委书记、市长、改革办主任,部分县(市、区)党委或政府主要负责同志参加会议。

中国共产党山西省代表会议

5月23日,中国共产党山西省代表会议在太原举行,会议在充分酝酿的基础上选举产生了43名山西省出席中国共产党第十九次全国代表大会代表。

出席省党代表会议的代表由省第十一次党代会代表和省委换届后交流到我省任职的有关领导同志组成。会议应到代表694人,因病等请假21人,实到673人,符合规定人数。省党代表会议由省委常委会主持。

省委书记、省人大常委会主任骆惠宁在第一次全体会议上,对增强“四个意识”、准确把握党的十九大代表条件和结构比例,共同实现选举圆满成功提出要求。省委常委、组织部长吴汉圣作了关于我省出席党的十九大代表候选人建议人选名单和选举办法的说明,会议表决通过了选举办法和总监票人、监票人人选名单。第二次全体会议上,选举产生了山西省出席党的十九大代表43名,中央提名的代表候选人赵洪祝同志当选。选举结果公布时,会场响起了热烈的掌声。

省党代表会议自始至终洋溢着民主、团结、和谐、奋进的气氛,圆满完成了选举任务,是一次高举旗帜、维护核心的大会,是一次凝心聚力、团结奋进的大会,是一次民主和谐、风清气正的大会。

大会在雄壮的《国际歌》声中胜利闭幕。

省委全面加强“三基建设”和深入开展巡视整改自行“回头看”工作推进会

6月8日下午,按照省委部署,全面加强“三基建设”和深入开展巡视整改自行“回头看”工作推进会在太原召开。省委副书记黄晓薇主持会议并讲话。省委常委、纪委书记、省监委主任任建华,省委常委、组织部长吴汉圣分别进行工作部署。省委常委、秘书长、太原市委书记罗清宇,省委常委、大同市委书记张吉福出席会议,省高院院长、党组书记邱水平,省检察院检察长、党组书记杨司参加会议。

会议强调,要认真贯彻省委《关于在推进“两学一做”学习教育常态化制度化中加强“三基建设”的意见》《关于在全省县以上党组织中开展巡视整改自行“回头看”的安排意见》,教育引导广大党员干部增强“四个意识”,始终在思想上政治上行动上同以习近平同志为核心的党中央保持高度一致。要把解决问题、补齐短板贯穿始终,把提升能力、发挥作用贯穿始终,把对标先进、改革创新贯穿始终,推动“三基建设”全面进步全面过硬。骆惠宁同志主持召开省委常委会议,带头主动开展以“四个对照”为重点的巡视整改“回头看”,为各级领导班子和广大党员干部作出了表率。要坚持深入查摆问题与坚决立行立改相结合,深刻汲取教训与深入肃清遗毒相结合,突出深挖病灶与健全长效机制相结合,推动巡视整改自行“回头看”工作深入开展。

会议强调,各级各部门各单位要牢固树立大抓基层的鲜明导向,直面“三基建设”中存在的突出问题,坚持对标一流、争创一流,切实补齐短板、强基固本。要着力提高政治站位,扛起管党治党主体责任;坚持求真务实,突出解决具体问题;注重改革创新,建立健全长效机制。各相关部门要结合各自职责,迅速行动,全面梳理、逐项明确需要在今年完成的工作任务,倒排时间,做好进度安排,抓紧制定《实施方案》和相关配套政策,保证资金迅速到位,抓好撤并行政村和扶持村级集体经济试点工作,全力打胜今年的“第一战役”。

要加强领导、落实责任,发挥全体干部职工主体作用,加强督查考核,全力以赴抓好这项基础工作,为各项工作提供坚强支撑。

会议强调，深入开展巡视整改自行“回头看”工作，要切实提高巡视整改的政治站位，坚决落实政治要求，真正扛起政治责任，以查摆和解决问题为突破口和切入点，推动党的十八届六中全会精神和中央决策部署落到实处，推动全面从严治党在山西引向纵深、落地生根。要扎实做好肃清流毒影响、分解细化责任、做深“四个对照”、认真建立“三个清单”、完善一项制度、实现标本兼治“六项规定动作”，确保每个环节做细做实，确保查摆和整改任务事事有人抓、件件有着落。要强化整改公开工作，及时向党内、向社会公开整改情况和结果，主动接受各方面监督，倒逼整改落实。强化巡视整改督查，避免“烂尾”现象。加大追责问责力度，确保整改责任落到实处。

会议强调，各地各部门各单位党委（党组）要强化责任担当，主要负责同志要认真履行“第一责任人”职责，切实加强对这两项工作的领导。省“三基建设”领导小组办公室要加大组织实施、统筹协调、督促检查力度。各基层单位要充分发挥主动性，切实抓好“三基建设”各项任务落实。各级党委（党组）要以坚决的态度、严格的标准、有力的措施，真抓真查真改，扎实抓好巡视整改自行“回头看”。要加大督导考核力度，对主体责任不落实、工作敷衍的严肃追究问责，确保这两项工作取得实实在在、群众满意的效果，以优异成绩迎接党的十九大胜利召开。

各市市委书记、纪委书记、组织部长，省直各单位、中央驻晋单位党委（党组）主要负责同志，省纪委、省委组织部、省委巡视办相关负责同志参加会议。

省委召开全省干部大会　深入学习贯彻习近平总书记视察山西重要讲话精神　走好新征程探出新路子创造新业绩

（会议内容见本书《习近平总书记在山西视察》栏目）

中联部举行“中国共产党的故事——全面从严治党”专题宣介会“山西省委的实践——风清气正、奋发有为”

6月30日下午，中共中央对外联络部“中国共产党的故事——全面从严治党”专题宣介会在北京举行。山西省委以“山西省委的实践——风清气正、奋发有为”为主题，向访华的外国政党政要以及驻华高级外交官、国际组织驻华机构代表等宣介习近平总书记治国理政新理念新思想新战略，展示山西省委落实党中央全面从严治党要求的实践和成效。

宣介会上，中联部部长宋涛致辞，省委书记骆惠宁与参会外宾分享了山西省委“风清气正，奋发有为”的精彩故事。正在访华的斯里兰卡、泰国、南苏丹、加蓬、南非、墨西哥、摩尔多瓦等国的政党代表团以及外国驻华高级外交官、国际组织驻华机构代表和外国专家学者等约400人参加宣介会。

宋涛在致辞中指出，“全面从严治党”是习近平总书记治国理政新理念新思想新战略的重要内容，是世界各国各类政党都共同关心的重要议题。中共十八大之后，面对党内存在的问题，中共中央从反对“四风”抓起，以上率下，坚定不移惩治腐败，“老虎”“苍蝇”一起打，形成了反腐败斗争的压倒性态势。与此同时，完善党内法规制度，通过制度举措构筑起制约权力和监督腐败的“防火墙”；组织系列学习教育活动，加强对全党的思想源头引导，营造风清气正的政治生态。经过全党共同努力，党内正气上升，社会风气上扬，为党和国家事业发展积聚了强大正能量。宋涛强调，管党治党、反对腐败，是各国政党面临的共同挑战，存在共性规律。一个国家和社会的风气好坏、廉洁程度，政党承担着重要责任，党要管党、治党务必从严。同时，反腐败没有标准的统一路径，需要各国政党大胆探索符合国情党情的道路。在全球化时代，一党一国很难独善其身，反腐败需要全球联动。中共愿与世界各国分享管党治党、惩治腐败的经验，加强与国际社会反腐败合作，积极推进反腐败全球治理。

骆惠宁说，山西一段时间政治生态出了问题，中央对山西省委进行了改组式调整，对山西工作提出新的明确要求。此后省委班子坚定扛起管党治党的主体责任，全面正确有效贯彻党中央决策部署，推动山西迈上了新的征程。近日，习近平总书记到山西考察，对山西党的建设、经济社会发展和各项工作给予充分肯定。骆惠宁表示，在全面从严治党的实践中，山西省委以壮士断腕的决心，严厉惩治腐败，持续正风肃纪，党风和社会风气明显好转；坚持“好干部标准”，选对人用好人，严肃党内政治生活，培养造就高素质干部队伍；加强基层党组织建设，构建重心下移、力量下沉、保障下倾的工作机制，不断夯实党的执政根基；加强党内政治文化建设，营造干净干事环境，激发干部内生动力，推动形成想作为、敢作为、善作为的良好风尚。在着力构建良好政治生态的同时，山西省委坚持新发展理念，深化供给侧结构性改革，推动了经济稳步向好。许多来晋考察的人认为，政治生态风清气正、经济转型势头强劲，已成为山西新的“名片”。三年来山西之所以发生重大变化，最根本的在于有习总书记为我们指引方向。山西发生重大变化的历程，从一个区域印证了习总书记系列重要讲话精神和治国理政新理念新思想新战略的真理力量和实践力量。山西的实践证明，中央关于全面从严治党的战略抉择是完全正确的，执政党通过自我净化、自我提高，是完全可以永葆生机和活力的。当前和今后，山西省委将按照党中央的部署和习总书记对山西工作的指示，进一步把山西的事情办好，在新的征程上创造新的业绩。

墨西哥众议院领导委员会秘书长亚历杭德拉·雷诺索、斯里兰卡统一国民党总书记卡比尔·哈西姆结合赴山西实地考察情况发言，加拿大资深中国研究专家贝淡宁从学者角度评价中共全面从严治党的成效。他们表示，中国共产党从中央到地方各级党组织直面问题和挑战，大力遏制腐败的勇气、行动和成就令人敬佩，充分体现了中共的政治魄力和政治智慧，向世界贡献了反腐败的宝贵经验，并引领了全球反腐败治理的新潮流。

宋涛和骆惠宁还与外宾进行了热烈的互动交流，就反腐治理是全球治理的重要内容，以及山西省委加强党内政治文化建设、推动经济结构调整与动能转换等现场回答了提问。

主宣介会前,外宾分别参加了"选人用人"模拟研讨会和"万名干部入企"研讨会。再现了选拔任用党员领导干部的场景和我省选派干部入企服务的情况。宣介会期间,山西省委还举办了党的建设和经济社会发展图片展、高精尖产品成果展、山西特色文化美食赏鉴及文艺演出等配套活动。宋涛和骆惠宁一同观摩了上述活动。

据悉,中联部"中国共产党的故事"系列宣介会旨在向外国政党政要等介绍十八大以来地方党委贯彻落实以习近平同志为核心的党中央重大决策部署的积极作为和突出成效,让国际社会更好地理解习近平治国理政新理念新思想新战略,为党的十九大召开营造良好外部环境。山西专题宣介会是其中的一场。

中联部副部长郭业洲,山西省委常委、大同市委书记张吉福出席宣介会。中纪委、中组部、中宣部、全国友协等中央部委代表,中联部有关负责同志,山西各市市委书记、省直有关部门主要负责同志和有关市、企业负责同志参加。

全省优秀村党组织书记座谈会

7月1日,全省优秀村党组织书记座谈会在太原召开,对代县峪口乡段家湾村党支部书记兼村委会主任刘桂珍等优秀村党组织书记进行表彰。会前,省委书记、省人大常委会主任骆惠宁亲切接见了受表彰的优秀村党组织书记,充分肯定他们扎根农村、服务群众作出的突出贡献,向大家表示热烈祝贺,向全省共产党员和党务工作者致以节日的问候。

骆惠宁说,今天是党的生日。大家作为全省优秀村党组织书记,为党添了光彩,我代表省委向你们表示致敬。他指出,当前全省上下正在学习贯彻习总书记视察山西重要讲话精神,走好新征程,探出新路子,创造新业绩。希望大家珍惜荣誉,继续带好头,做到胸中有理想、眼里有大局、手头有办法、心底有群众、身上有形象,凝聚党员队伍、团结带领群众,为推动党的建设和党的事业互促互进再立新功。黄晓薇、任建华、吴汉圣、王赋参加接见。

座谈会上,宣读了《关于表彰全省优秀村党组织书记的决定》,刘桂珍、任忠义、郭应林、原贵生等四位优秀村党组织书记代表发言。吴汉圣指出,基层党员干部要提高对党负责、为党分忧的能力,提高摆脱贫困、兴村富民的能力,提高服务群众、凝聚民心的能力,提高干净干事、清廉自守的能力,团结带领广大党员群众积极投身农村改革发展实践。各级组织部门要切实关心和支持农村干部,努力营造激励扎根基层、干事创业的优良环境。

近年来,在我省建设社会主义新农村、决胜脱贫攻坚、实现农村全面小康的实践中,涌现出一大批带领群众苦干实干的村党组织书记优秀典型。为树立榜样、弘扬先进,经省委同意,省委组织部决定,授予刘桂珍等112名同志"全省优秀村党组织书记"称号,予以表彰。

中央第二环境保护督察组督察山西省情况反馈会

在7月30日召开的中央第二环境保护督察组督察山西省情况反馈会上,省委书记骆惠宁作表态发言时就抓好整改提出明确要求。他强调,要全面贯彻落实党中央、国务院关于环保工作决策部署,通过督察和整改,倒逼经济转型发展,让新发展理念在三晋大地生根结果,以整改的优异成效、生态文明建设的崭新成果,向中央和全省人民交上一份合格的答卷。

骆惠宁代表省委省政府向中央第二环境保护督察组表示衷心感谢。他指出,反馈意见中严肃指出了我省生态环保工作中存在的问题,客观中肯、切中要害,为我省环保工作敲响了警钟。我们要提高政治站位,把环保督察整改作为贯彻落实习总书记视察山西重要讲话的重大举措,以极端负责的态度对待反馈和整改工作,不仅照单全收、而且要举一反三,不仅要抓好半年的集中整改、而且要长期不懈抓好生态环保工作,人一之我十之,自加压力、提高标准,确保生态问题得到较好解决,真正使绿色多起来、山川美起来、生活质量高起来,不断增强人民群众生态福祉。

骆惠宁指出,党的十八大以来,以习近平同志为核心的党中央开辟了生态文明建设新阶段。今年习总书记亲临山西视察并发表重要讲话,把扎实推进生态文明建设作为山西必须抓好的五项重大任务之一,为我们补齐生态环境短板,推动发展方式转变和做好生态环保工作提供了基本遵循。要以习总书记关于生态文明建设战略思想为指导,坚决贯彻落实党中央、国务院的相关重大决策部署,以生态文明建设统揽经济社会发展全局,持续抓好美丽山西建设,走出一条具有山西特色的生态文明建设之路。

骆惠宁对整改工作提出明确要求。一要强化责任落实,以强有力的组织领导推进督察整改。省委省政府已成立环保督察整改领导小组。各地各有关部门都要成立整改领导机构,加强对本区域、本行业问题整改的统筹和督导,抓紧制订整改方案,各级党政主要负责同志要带头领办,专啃整改"硬骨头"。二要强化问题导向,以更严格的工作标准狠抓整改落实。清醒认识我省生态环保严峻形势,在涉及发展观念和发展方式革命这样的重大问题上旗帜鲜明,抓整改的力度一定要大、标准一定要高,半年内集中解决一批突出问题,并按时报告整改结果,把抓整改的过程变成全面提高环保工作水平的过程。三要强化铁腕治污,以超常规的力度举措倒逼转型发展。扎实抓好取缔"散乱污"企业、工业企业违法排污整治等四个专项行动,环保部门要指导和督促各地提出"散乱污"企业名单,不具备治理价值的要彻底关停,有价值有市场的要加大治理技改力度,以生态环保倒逼落后产能退出。要建立完善铁腕治污常态化机制,对破坏生态环境行为零容忍、出重拳,始终保持严惩环境违法高压态势,通过半年时间的集中整改,夯实生态环保工作基础。要全面落实省委省政府对生态建设的各项部署,尤其要抓好"两山七河"生态环境修复工程,限期完成黑臭水体整治任务。要严格坚持环保、能耗、质量和安全标准,强化生产、流通、消费等全过程环境监管,严控新上高耗能高排放项目,加快构建多元支撑的中高端产业体系,从根本上解决好结构性污染问题,坚定不移走绿色发展之路。四要强化制度建设，以全方位的改革创新建立生态环保长效机制。进一步抓好《山西省生态文明体制改革实施方案》《山西省城乡环境综合治理条例》的实施，围绕解决环保突出问题补齐制度供给短板，积极推进生态保护“三大红线”划定等重要任务，严格落实主体功能区规划，健全自然资源节约集约使用制度，加快落实生态环境污染补偿机制，不断完善生态文明制度体系。五要强化督察问责，以更坚定的态度决心确保工作成效。严格落实党政领导干部生态环境损害责任追究制度，对反馈的环保突出问题及相关责任要认真调查，依据事实和法纪严肃处理。强化党政同责、一岗双责，强化环保督察督政，用好考核指挥棒，进一步畅通监督渠道，加强舆论引导，形成促整改、抓落实的良好氛围和政府企业公众共治的行动体系。骆惠宁强调指出，下半年，宁可牺牲点 GDP，也要把环保指标提上来，绝不以牺牲环境为代价换取一时的经济增长。

楼阳生在主持会议时强调，各级各部门各单位要以习总书记视察山西重要讲话精神为根本遵循，认真落实杨松组长宣读的督察反馈意见，按照骆惠宁书记提出的“五个强化”要求和省委省政府工作部署，切实把中央环保督察反馈问题整改作为一项重大政治任务扛在肩上、抓在手上，把推动问题整改与落实省委十一届四次全会通过的两个实施意见结合起来，加强领导、明确责任，紧扣节点、强化举措，从严传导压力，从严督查考核，从严推动落实，切实让人民群众感受到实实在在的整改成效。要以铁的担当尽责、铁的手腕治患、铁的心肠问责、铁的办法治本，扎实做好环境保护各项工作，努力多还旧账，坚决不欠新账，坚持绿色发展理念，坚定不移走转型发展之路，以优异成绩迎接党的十九大胜利召开。

全省“八一”军事日暨人民防空演习总结大会

8 月 1 日上午，全省“八一”军事日暨人民防空演习总结大会召开。省委副书记、省双拥工作领导小组组长黄晓薇出席大会并讲话。省军区司令员邹小平作演习总结。省军区政委郭志刚出席会议。省委常委、常务副省长高建民主持会议。省委常委、太原市委书记罗清宇在分会场出席会议。省党政军领导王清宪、张复明、李毅、喻军在主会场出席会议。国家人防办副主任杨青山作讲话，给予重要工作指导。市、县设置分会场。

7 月下旬，按照省委、省政府、省军区部署，省市县三级开展代号为“太行—2017”的山西省人民防空演习。演习总结大会，是山西省人民防空演习的主要环节，也是全省“八一”军事日活动的重要内容。

在演习总结大会上，黄晓薇代表省委、省政府对这次演习给予充分肯定，向参演人员表示诚挚慰问，向驻晋解放军指战员、武警部队官兵、民兵预备役人员以及国防动员战线上的同志表示节日问候。

她指出，强大国防是实现中国梦的重要基石，人民防空是国防的重要组成部分。军地各级要坚持党对人民防空的绝对领导，时刻保持清醒头脑，自觉强化守卫一方、稳定一方的责任担当，切实把人民防空作为长期战略任务抓实抓好。要提高政治站位，深入学习贯彻习总书记重要讲话精神，深刻认识做好人民防空的重大意义，以强烈的备战、参战、保战、实战意识，履行好“战时防空、平时服务、应急支援”的职责使命。要筑牢护民之盾，健全应急力量体系，加强战备能力建设，增强工程防护能力，持续推进人民防空军事斗争准备。要坚持改革创新，树立和落实新发展理念，深入推进军民融合，加快转变人民防空建设的发展方式。要加强组织领导，把人民防空工作摆上各级党委、政府和军事机关重要议事日程，及时研究解决重点难点问题，各级人防部门要主动搞好军地协调，推动各项工作落实，努力开创全省人民防空事业新局面，以优异成绩迎接党的十九大胜利召开。

省委深化监察体制改革试点暨巡视整改自行“回头看”工作推进会

8 月 18 日下午，省委深化监察体制改革试点暨巡视整改自行“回头看”工作推进会以电视电话会议形式开到县。会前，省委书记骆惠宁提出要求，监察体制改革试点工作要以集中解决评估中发现的问题为契机和关键，采取积极措施，全面深化改革。巡视整改自行“回头看”要坚持时间服从质量，进度服从效果，专项工作时间延长到 9 月中旬。省委副书记黄晓薇出席会议并讲话。省委常委、省纪委书记、省监委主任任建华通报全省深化监察体制改革试点工作分析评估和巡视整改自行“回头看”进展情况。省委常委、太原市委书记罗清宇，省委常委、大同市委书记张吉福在分会场参加会议。省委常委、省委政法委书记商黎光主持会议。

黄晓薇要求，要坚决贯彻习总书记视察山西重要讲话精神，全面落实党中央重大决策部署和省委要求，进一步深化监察体制改革试点工作，扎实开展巡视整改自行“回头看”。全面深化监察体制改革试点工作要抓住关键问题、难点问题、共性问题，继续以案件调查分析深化评估，分类解决突出问题，健全完善和严格执行相关制度，抓好“三试点、一探索、一研究”改革探索，努力拿出高质量的试点“样品”。巡视整改自行“回头看”要坚持时间服从质量、进度服从效果，扛起主体责任，把自己摆进去，深入开展肃清流毒警示教育，做细做实“三清单一制度”，做到巡视整改件件有着落、事事有回音。要加强组织领导，狠抓工作落实，确保深化监察体制改革试点工作和巡视整改自行“回头看”取得新成效，以优异成绩迎接党的十九大胜利召开。

省委举行法律顾问聘任仪式

9 月 4 日，省委法律顾问聘任仪式在太原举行。受省委书记骆惠宁委托，省委副书记黄晓薇出席仪式颁发聘书并讲话。省委常委、宣传部长王清宪宣读《关于聘任中共山西省委法律顾问的通知》。

省委决定聘任 7 名法律顾问，他们是北京大学姜明安教授、中国人民大学王利明教授、中央党校张恒山教授、山西大学陈晋胜教授、山西财经大学郗伟明教授、山西中吕律师事务所高剑生律师、山西华炬律师事务所孙智律师。黄晓薇向各位法律顾问颁发了聘书。姜明安、王利明、张恒山作了发言。

黄晓薇在讲话中指出,推行法律顾问制度和公职律师公司律师制度,是以习近平同志为核心的党中央推进全面依法治国的重要部署。省委高度重视并带头建立法律顾问制度。希望省委法律顾问拥护党的理论和路线方针政策,充分发挥专业优势,积极参与省委重大决策的法律论证,积极参与重要党内法规和规范性文件的论证和起草工作,积极参与省委法治建设重大课题研究,为省委科学决策、民主决策、依法决策提供服务,完成好省委交办的其他法律事务,同时要具有良好职业道德和社会责任感。

黄晓薇强调,各级各部门要认真落实中办、国办要求和我省确定的目标任务,站在协调推进"四个全面"战略布局的高度,加快建立法律顾问和公职律师公司律师制度。要加强与法律顾问和公职律师公司律师的联系,为他们依法履职创造良好条件。

全省进一步深化改革促进资源型经济转型发展大会

9月18日,全省进一步深化改革促进资源型经济转型发展大会在太原召开。会议深入贯彻习总书记视察山西重要讲话精神,认真落实李克强总理考察山西提出的要求,对全面实施《国务院关于支持山西省进一步深化改革促进资源型经济转型发展的意见》作出部署。省委书记、省人大常委会主任骆惠宁讲话。他强调,要以习总书记视察山西重要讲话精神为指引,认真贯彻落实党中央国务院重大决策部署,全面实施国发〔2017〕42号文件,紧紧抓住机遇,勇于改革创新,果敢应对挑战,善于攻坚克难,在新的历史起点上,进一步开创全省转型发展新局面。省委副书记、省长楼阳生主持并对贯彻会议精神提出要求。

骆惠宁指出,党中央国务院十分关心山西工作,高度重视我省资源型经济转型发展。习总书记视察我省时,肯定了我们大力实施供给侧结构性改革、大力促进经济转型发展的做法,肯定了我们不当"煤老大"、争当能源革命排头兵的战略抉择,要求山西加快先行先试,努力探出新路子,由此再塑了转型综改这一金字招牌,为我们深入推进转型发展指明了方向。李克强总理考察我省时,强调要加快新旧动能转换、促进经济转型升级,并对山西转型发展的一些重大问题给予指导和支持。去年以来,省委团结带领全省人民,坚定不移推进全面深化改革,综合施策加快转型发展,全省呈现出主动转型、创新转型、深度转型、全面转型的积极态势。在山西深化转型的关键时期,国务院出台《关于支持山西省进一步深化改革促进资源型经济转型发展的意见》,进一步凸显了我省在全国改革发展大格局中的战略地位和对资源型经济转型的示范意义,充分体现了党中央国务院对山西的巨大支持和殷切期望。

骆惠宁指出,坚定以改革促转型,在更高的战略定位上赢得主动、赢得先机、赢得未来。要深刻认识到,山西资源型经济转型已经全面上升为国家战略,必须不辱使命转,奋力建设资源型经济转型发展示范区、打造全国能源革命排头兵。全省上下在"必须转"这个问题上一定要坚定不移,在"加快转"这个问题上一定要不打折扣。要义无反顾地不当"煤老大",彻底丢掉"煤老大"的惯性思维,坚定担当起"打造能源革命排头兵""把试验区建成示范区"的历史使命,让山西资源型经济转型发展全面破题、走在前列,为整个资源型地区经济转型发展贡献山西智慧。要深刻认识到,通过改革促转型是文件的最大特色和亮点,必须改革引领转,以先行先试实现资源型经济转型发展的新进军。文件构成了山西转型的集成式、升级版政策体系,解决了不少我们想解决而仅靠自身难以解决的问题,充分体现了党中央国务院对山西转型的肯定和期望,对山西几十年来为国家贡献能源的体贴和关心。要紧紧抓住这个重大政策机遇期,大力拓展来之不易的转型发展良好态势,乘势而上,全力以赴,下真功夫、大功夫、实功夫,把国家支持变成山西行动。要深刻认识到,经济发展新常态和新发展理念是推进转型的大逻辑新要求,必须把握规律转,用非常之力、恒久之功趟出具有中国特色山西特点的资源型经济转型之路。进一步把握国内外经济发展走势,进一步把握区域发展规律,进一步把握阶段性发展特征,挖掘比较优势、用好后发优势、打造新的竞争优势,立足当前、着眼长远,走出资源型经济转型发展的山西路径。

骆惠宁强调,要认真贯彻落实国务院文件部署要求,用改革创新和先行先试打开转型综改新天地。要深刻领会国务院文件提出的指导思想、基本原则、主要目标和重点任务,把握改革创新、先行先试这一主线,全面推动各项任务、政策、改革事项落地生根。一要紧扣六大任务这个重点,牢固构建起山西转型发展的四梁八柱。把产业升级作为转型焦点,把创新驱动作为转型动力,把国企改革作为转型关键,把重点领域改革作为转型引领,把深度融入国家战略作为转型潜力,把生态文明体制改革作为转型优先,以六大任务这个转型的"纲",带起168项具体工作这个转型的"目",完成转型综改主体工程。二要放大倾斜政策这个红利,把中央对我省的支持内化为实实在在的转型成果。文件中的支持性政策涉及转型发展各类支撑要素,有很多重大突破。对推进煤炭产能减量置换和减量重组、建设铝镁合金产业基地、提高晋电外送能力、提高煤层气产业发展自主权、加大采煤沉陷区综合治理专项支持力度、重大生产力布局特别是战略性新兴产业布局和大科学装置等重大创新基础设施布局向山西重点倾斜、提高基础设施和生态建设中央预算内投资补助标准等方面的支持政策,要在准确把握、狠抓落实、做好配套上下功夫,使之尽快落地见效。三要凸显改革创新这条红线,着力破除制约转型发展的体制机制障碍。对文件提出的能源体制改革、开发区改革创新发展、生态环境保护和生态文明建设、军民深度融合发展等方面重点改革事项,要率先取得突破,为其他资源型地区提供可复制、可推广的制度性经验。各级领导干部要增强改革创新的意识,提高开拓进取的能力,保持盯住不放的劲头,主动做改革的实干家和促进派,努力成为以改革促转型的行家里手。四要用好解放思想这个法宝,让先行先试成为促进转型的根本方法和不竭动力。率先复制推广全国各类体制机制创新经验,先行布局重大改革试点试验,使山西站在改革的最前沿。各级领导干部要有敢行敢试的担当、善行善试的本领、快行快试的精神,要有世界眼光,掌握转型需要的丰厚知识,汲取广大干部群众的无穷智慧,善借他山之石,让先行先试成为一种常态。坚持处理好改革创新与依法办事的关系,实现有机统一。各地各部门都要加快工作节奏,抓准突破口和关键点,只争朝夕、快马加鞭。山西这片厚重的土地,从来就不乏敢为人先、开拓进取的精神,今天我们要创造以改革促转型的新奇迹。

骆惠宁指出,贯彻落实好文件精神,不仅是转型发展的重大机遇,也是对全省各项事业的有力带动。一要强化主体责任,全面加强组织领导。省委要切实加强对这项工作的领导,省政府要认真组织好实施,各地各部门都要层层压实责任,勇于担当任事。二要强化协调配合,完善上下联动的工作机制。省有关部门要主动对接国家部委,积极作为,做到上下贯通、形成攻坚合力,共同破解难题,形成转型一盘棋。三要强化社会参与,充分激发人民群众的无穷创造力。积极动员各行各业参与转型、服务转型,各类企业要当好转型发展主力军,各类院校、科研院所要为转型提供科技和人才支撑,各社会团体要发挥好推动转型的桥梁纽带作用。大力推进“双创”工作,充分激发人民群众特别是青年人中蕴藏的积极性和创造性。四要强化宣传研究,形成良好舆论环境和智力支持。深入解读宣传文件精神,组织好各级干部政策和业务能力培训,开展国务院支持山西转型发展政策的宣介活动,深入实施晋商晋才回乡创业创新工程。五要强化作风建设,确保各项工作扎实推进。认真落实省委十一届四次全会提出的“五个倡导、五个反对”,深入扎实抓好“三基建设”,始终以党建转作风、促转型。

骆惠宁强调,转型发展是一场深刻的革命,山西要来一次浴火重生。各级领导干部都要在理念、知识、能力、状态等方面加快适应形势的发展,一步跟不上,步步会被动。党委组织部门要在抓改革促转型这个主战场上识别和考察干部。各级都要牢固树立正确政绩观,鼓励和引导广大干部提升“功成不必在我”“一张蓝图绘到底”的精神境界和实战本领。

骆惠宁号召,当前山西已站在以改革促转型的新起点上。让我们更加紧密团结在以习近平同志为核心的党中央周围,深入贯彻习总书记视察山西重要讲话精神,增强“四个意识”,锐意改革创新,狠抓工作落实,以新的精神状态和奋斗姿态走好新的征程,开创山西转型发展光明前景,以优异成绩迎接党的十九大胜利召开。

楼阳生在主持大会时指出,各级各部门各单位要以习近平总书记视察山西重要讲话精神为根本遵循,认真贯彻落实李克强总理在山西考察时的重要讲话精神,按照省委省政府决策部署,进一步提高政治站位,切实增强机遇意识、使命意识、责任意识,坚定转型不放松,锐意改革不懈怠,以改革促转型调结构增动能,加快将我省建设成为创新创业活力充分释放、经济发展内生动力不断增强、新旧动能转换成效显著的资源型经济转型发展示范区。要按照这次会议部署,进一步细化我省行动计划,明确责任分工,强化落实举措,确定时间表、路线图和任务书,加大工作推进力度,加强督查考核,确保国家支持我省转型综改的政策措施落地生根、开花结果,推动转型发展取得实质性突破。要对照省委十一届二次全会暨经济工作会议和政府工作报告部署,突出抓好重点工作、重点改革、重点工程、重点技改、重点招商等“五重”任务落实,确保圆满完成全年目标任务,加快补齐发展短板,夯实转型发展基础。要严格落实“四铁”要求,坚持不懈抓好安全稳定工作,坚决守住“三条底线”,为深化改革、推动转型提供安全保障,以转型综改的优异成绩迎接党的十九大胜利召开。

大会以电视电话会议的形式召开。主会场设在省委会议厅,省委常委,省人大常委会、省政府、省政协负责同志,省法院院长、省检察院检察长出席会议。省委省政府副秘书长、办公厅副主任;省直各部门、中央驻晋单位主要负责同志;省人大、省政协各专门委员会、工作机构主要负责同志;驻并省管本专科院校、省管国有企业主要负责同志;各民主党派、工商联负责人,无党派代表人士;部分民营企业家代表在主会场参加会议。各市、县(市、区)设分会场,参会人数达到2.2万人。

省委推进县乡人大建设会议

9月19日上午,省委推进县乡人大建设会议在太原召开。省委书记、省人大常委会主任骆惠宁出席会议并讲话。他强调,要坚持以习总书记系列重要讲话精神和治国理政新理念新思想新战略为指引,深入贯彻党中央、全国人大关于加强县乡人大工作和建设的决策部署,坚持问题导向,突出工作重点,在新的起点上推动县乡人大工作与时俱进、完善发展。

骆惠宁充分肯定近年来全省县乡人大工作和建设取得的成绩。他指出,省人大常委会认真贯彻中央部署和省委要求,有力推动县乡人大工作和建设。各市县乡党委和人大结合本地实际,突出工作重点,深入贯彻中央18号文件和省委实施意见,人大意识自觉树立,党委领导明显加强;换届选举风清气正,自身建设有效提升;依法履职更加有效,代表作用更好发挥,县乡人大工作水平实现了整体提升。

骆惠宁强调,县级人大及其常委会、乡镇人大是我国地方国家政权的重要基础,各地要认真贯彻中央精神和省委要求,按照“总结、继承、完善、提高”的原则,把县乡人大建设与“三基建设”结合起来,着力补齐工作短板,推动县乡人大工作提高到新水平。一要在健全组织机构上下功夫,不断夯实县乡人大工作的基础。按照省委《关于加强县乡人大工作机构建设的若干规定》要求,在县级行政总编制不增加的前提下,通过县域内调剂,落实好对县级人大编制的要求,10月底前完成县人大“一室五委”调整设置、乡镇人大工作人员配备。二要在增强依法履职的规范性上下功夫,更好发挥基层国家权力机关的作用。积极开展乡镇人大工作条例实施情况督查,启动街道人大工委工作条例立法工作。综合运用多种手段,改进监督方式,健全监督机制,进一步增强监督实效。认真贯彻中央《关于健全人大讨论决定重大事项制度、各级政府重大决策前向本级人大报告的实施意见》,抓紧修订我省相关规定。坚持党管干部和人大依法行使任免权有机统一,确保党组织推荐的人选通过法定程序成为国家政权机关领导人员。三要在加强对下级人大工作指导上下功夫，着力形成县乡人大持续进步的合力。健全省人大常委会与市县人大联动机制，加强业务指导，密切工作协同，支持下级人大搞好培训、代表活动、议案建议办理，加强信息化建设，提升县乡人大的履职能力和水平。省市人大制定地方性法规要认真听取县乡人大代表和群众意见，积极回应群众关切，统筹推进人大各项工作。

骆惠宁强调，党的十八大以来，习总书记对人大工作提出了一系列新思想新论断新要求，为在新的历史条件下长期坚持、全面贯彻、不断发展人民代表大会制度，提供了科学理论指导和行动指南。全省各级党委和人大要深入学习贯彻习总书记系列重要讲话精神和治国理政新理念新思想新战略，牢固树立"四个意识"，把党中央关于人大制度和人大工作的重大决策部署贯彻好落实好。

骆惠宁强调，人民代表大会制度是我国的根本政治制度，是中国人民当家作主的最高实现形式，是坚持党的领导、人民当家作主、依法治国有机统一的根本制度安排，具有鲜明中国特色、巨大制度优势和内在自我完善能力，符合中国国情和实际、体现社会主义国家性质。要坚持和完善人民代表大会制度，始终坚定中国特色社会主义道路自信、理论自信、制度自信、文化自信，始终抓住中国共产党领导是中国特色社会主义最本质的特征这个关键，始终把握人民当家作主这个社会主义民主政治的本质和核心，始终贯彻依法治国这个党领导人民治理国家的基本方略，坚定不移走中国特色社会主义政治发展道路。

骆惠宁强调，全省各级人大及其常委会要切实担负起宪法法律赋予的职责，认真贯彻落实中央和省委关于人大工作的各项决策部署，依法行使职权，积极开展工作，使每一项人大工作都有利于加强和改善党的领导、有利于巩固党的执政地位、有利于保证党领导人民有效治理国家。"国无常强，无常弱。奉法者强则国强，奉法者弱则国弱。"要充分发挥立法的引领推动作用，抓住国家赋予山西建成资源型经济转型发展示范区、打造能源革命排头兵重大使命的历史机遇，围绕省委一系列重大决策部署，谋划相关地方性法规建设，提高立法精细化水平，立符合实际的法、有效管用的法、百姓拥护的法，以良法促进发展、保障善治。依法保证宪法法律、行政法规和上级人大及其常委会决议在本行政区域内得到遵守和执行，是地方人大及其常委会的重要职责。要充分发挥人大监督的整体效应，立足全省工作大局，坚持问题导向，找准监督工作的着力点，完善监督工作方式方法，加强对"一府两院"执法、司法工作的监督，确保法律法规得到有效实施，确保行政权、审判权、检察权得到正确行使，确保公民、法人和其他组织的合法权益得到尊重和维护。人民代表大会制度之所以具有强大生命力和显著优越性，关键在于它深深植根于人民之中。要充分发挥人大代表密切联系群众的天然优势，尊重代表主体地位，完善密切联系代表的机制和制度，加强国家机关同人大代表的联系，虚心听取人大代表、人民群众意见和建议，充分发挥全省 8.8 万多名人大代表的作用，更好地把各方面智慧和力量凝聚到省委确定的工作目标上来。人大代表要忠实代表人民利益和意志，依法参加行使国家权力，无愧"人民代表"的称号。

骆惠宁要求，全省各级党委要坚持把人大工作摆在重要议事日程，健全完善党委领导人大的工作机制，把人大工作纳入总体工作布局，定期听取人大工作汇报，及时研究解决重大问题。各级人大常委会党组要自觉依靠、主动接受同级党委领导，充分发挥领导核心作用，认真履行好把方向、管大局、保落实的重大责任。要加强人大及其常委会自身建设，坚持和完善适合地方国家权力机关特点的运行机制、议事程序和工作制度，按照忠诚干净担当的要求，抓好各级人大常委会领导班子和干部队伍建设。要加大对人民代表大会制度和人大工作的宣传力度，努力形成共同推动人大工作的良好氛围。

骆惠宁强调，目前，市县乡三级人大完成换届，要将发挥人大作用与服务中心工作紧密结合起来，坚持依法按程序办事，全面加强自身建设，充分发挥地方国家权力机关、代表机关和工作机关的作用。明年元月，省级人大将换届。省人大常委会要按照省十二届人大七次会议相关决议的要求，认真履职，善始善终，做好今年各项工作。

会上，大同市委、晋中市人大、太原市小店区委、孝义市人大、曲沃县北董乡党委、阳城县润城镇人大主要负责同志作了交流发言。

会议以电视电话会议的形式召开，主会场设在省委会议厅。省领导黄晓薇、罗清宇、吴汉圣、王赋、张建欣、张茂才、田喜荣、刘杰、高卫东在主会场参加会议。张吉福在大同分会场参加会议。省人大常委会副主任胡苏平主持会议。省人大及其常委会各机构主要负责同志，省直有关部门主要负责同志，省法院、省检察院有关负责同志在主会场参加会议。各市、县(市、区)设分会场。

中共山西省军区第十一次代表大会

9 月 25 日至 27 日，中国共产党山西省军区第十一次代表大会在太原召开。会议总结过去五年工作，部署今后五年任务，审议通过省军区第十届党委、纪委工作报告，选举产生中国共产党山西省军区第十一届委员会和纪律检查委员会。省委书记、省军区党委第一书记骆惠宁出席并讲话。省军区党委书记、政治委员郭志刚作工作报告并作闭幕讲话。

骆惠宁对省军区工作给予充分评价。他指出，五年来，省军区党委坚决贯彻党中央、中央军委和习主席决策部署，团结带领广大官兵，聚焦强军目标，深入推进政治建军、改革强军、依法治军，推动国防动员和后备力量建设创新发展，积极支持和参与地方建设，圆满完成了上级赋予和省委交给的各项任务。

骆惠宁强调，以这次党代会为标志，省军区改革建设站在了新的起点上，新一届党委肩负着上级党委的信任重托和全区广大官兵的殷切期望。这次党代会审议批准的省军区党委工作报告，是一个好报告，下一步要抓好贯彻落实。省军区党委要始终坚定地高举中国特色社会主义伟大旗帜，坚持以习总书记系列重要讲话精神和治国理政新理念新思想新战略为指引，全面学习宣传贯彻即将召开的党的十九大精神，认真落实中央军委国防动员部、中部战区党委的决策部署，大力加强思想政治建设，扭住听党指挥、维护核心这个根本，着力培育“四有”新一代革命军人，锻造“四铁”过硬部队；坚持发扬把驻地当故乡、视人民为亲人的光荣传统和优良作风，立足部队优势，支持地方发展，深入实施军民融合发展战略，发挥好战斗队、工作队和生产队作用；自觉扛起主体责任，持之以恒反“四风”、正作风，大力弘扬太行精神、吕梁精神、右玉精神，推动全面从严治党向纵深发展；切实加强党委自身建设，廉洁自律，率先垂范，永葆革命本色，充分发挥好领导核心作用，团结带领广大官兵，奋力开创省军区部队建设新局面。

骆惠宁强调，省委、省政府将一如既往关心支持省军区改革发展，坚持“心有部队、多办实事”，深化全民国防教育，广泛开展拥军活动，不断巩固和发展新形势下的军政军民关系，续写军民鱼水情新篇章。

在27日召开的省军区十一届党委第一次全体会议上，骆惠宁当选为省军区党委第一书记，郭志刚当选为省军区党委书记，邹小平当选为省军区党委副书记。

省委召开深入学习贯彻习总书记系列重要讲话精神和治国理政新理念新思想新战略经验交流会

9月28日，省委召开深入学习贯彻习总书记系列重要讲话精神和治国理政新理念新思想新战略经验交流会，省委书记、省人大常委会主任骆惠宁出席会议并讲话。他强调，要深入学习贯彻习总书记“7·26”重要讲话精神和视察山西重要讲话精神，不断总结推广用系列重要讲话武装头脑、指导实践、推动工作的做法和经验，牢固确立习总书记系列重要讲话的指导思想地位，在新的起点上进一步把学用系列重要讲话引向深入，为迎接十九大胜利召开、学习宣传贯彻十九大精神筑牢思想政治基础。省委副书记、省长楼阳生主持会议。

骆惠宁指出，习总书记系列重要讲话在马克思主义基本原理与中国实际相结合的进程中具有开创性意义，是我们进行伟大斗争、建设伟大工程、推进伟大事业、实现伟大梦想的科学指南。去年6月底在全省领导干部会议上，省委提出“一个指引、两手硬”工作思路和要求，鲜明确立了系列重要讲话对全省工作的统领地位。去年10月在右玉县召开学习系列重要讲话交流会，起到了示范带动作用。一年多来，省委以高度的政治责任和历史担当，部署在“融会贯通、学以致用、全面覆盖”上狠下功夫，推动学用系列重要讲话不断向广度和深度拓展，全面形成全省学用系列重要讲话的大格局。他从五个方面回顾了省委和全省各级党组织学用系列重要讲话的做法和经验，指出学用系列重要讲话正在转化为广大党员干部的思想自觉、党性观念和有力行动，全省形成了维护核心的坚定信念和社会氛围。

骆惠宁指出，一年多来，我们把系列重要讲话作为指导实践的强大思想武器，使学习贯彻过程成为坚定理想信念、破解发展难题、提升工作水平的过程，推动山西各项事业取得显著进步和重大变化。骆惠宁从八个方面总结了学用系列重要讲话的重大成效。一是切实加强党的领导，坚定维护党中央的领导权威，不断增强各级党委的领导力、凝聚力和战斗力。二是自觉用新理念引领新常态，以供给侧结构性改革扭转经济下行困局，奋力走出资源型经济转型发展新路。三是打好意识形态工作主动仗，巩固思想上的团结统一，增强战胜一切困难的精神力量。四是大力推进法治建设，构建文明有序、安全稳定的社会环境。五是以铁的手腕加强生态环保工作，加快建设美丽山西。六是牢固树立以人民为中心的发展思想，扎实推进民生事业。七是坚持全面深化改革，塑造对外开放的新形象。八是推动全面从严治党向纵深发展，持续构建风清气正的政治生态。骆惠宁概括解读了省委和全省各级党组织以习总书记系列重要讲话为指导，分析形势任务、形成思路举措、解决突出问题的生动实践，并有针对性地提出了下一步工作的着力点。强调指出，山西实现重大转折、经历重大考验、发生重大变化的历程，充分印证了习总书记系列重要讲话的真理力量和实践力量，充分证明了习总书记系列重要讲话是我们克服艰难险阻、不断取得胜利的行动指南和根本保证。

骆惠宁就在新的历史起点上，开辟学用习总书记系列重要讲话精神和治国理政新理念新思想新战略的新境界提出要求。他指出，习总书记“7·26”重要讲话，深刻阐述了新的历史条件下坚持和发展中国特色社会主义的一系列重大理论和实践问题，发出为决胜全面小康社会实现中国梦而奋斗的进军令。习总书记视察山西时要求山西的党员干部大有作为，对山西工作寄予了殷切期望。进一步办好山西的事情，最根本的是要高举习总书记系列重要讲话的光辉旗帜。全省各级党组织和广大党员干部要着力提高政治站位，进一步深化对系列重要讲话政治意义、理论意义、实践意义的认识，肩负起时代赋予我们的崇高使命，不断把学用系列重要讲话提高到新的水平。一要坚持把政治忠诚与理论自觉有机结合起来。二要坚持把领会重大战略部署与掌握立场观点方法有机结合起来。三要坚持把端正学风与转变工作作风有机结合起来。四要坚持把推动事业发展与加强党性修养有机结合起来。五要坚持把以上率下与汲取基层鲜活经验有机结合起来。各级领导干部要真正把自己摆进去，发挥好学用系列重要讲话的引领示范作用。要大力弘扬理论联系实际的优良学风，把学习成效体现在思想政治素养的提升上，体现在改革发展稳定各项工作上，体现在从严管党治党的成效上，努力实现党内政治生态持久的风清气正，努力实现经济转型发展持久的强劲态势，进而推动全省各项事业全面取得新进步。十九大召开后，要按照中央部署，迅速兴起学习宣传贯彻十九大精神的热潮，开辟学用习总书记系列重要讲话精神的新境界。

楼阳生在主持会议时指出，省委召开深入学习贯彻习总书记系列重要讲话精神和治国理政新理念新思想新战略经验交流会，具有十分重要的意义。全省各级党组织要迅速组织传达骆惠宁同志讲话精神，细化贯彻举措，实化学用要求，持续在“融会贯通、学以致用、全面覆盖”上下功夫。要进一步总结本地区本单位学用系列重要讲话的做法和成效,挖掘好典型,推广好经验,相互借鉴,不断提高学用系列重要讲话的水平。要及早谋划并切实抓好党的十九大精神的学习宣传贯彻工作。

省委常委,省人大、省政府、省政协负责同志,省法检两长,省军区、武警总队相关负责同志;各市、省直有关部门负责同志,部分县(市、区)有关负责同志等参加了交流会。

会上,围绕学用系列重要讲话推动事业发展,省纪委监委、省委组织部、省扶贫办、晋中市、太钢集团、山西大学负责同志作了大会发言,省国资委、大同市、忻州市、省转型综改示范区管委会、右玉县、同煤集团作了书面交流。

全省扶贫领域不正之风和腐败问题专项治理工作动员会

11月5日上午,按照省委要求,全省扶贫领域不正之风和腐败问题专项治理工作动员会以电视电话会议形式开到县。省委副书记黄晓薇出席会议并讲话。省委常委、省纪委书记、省监委主任任建华主持会议。省委常委、组织部长吴汉圣就做好专项治理工作的组织保证提出具体要求。副省长郭迎光宣读专项治理《工作方案》。

会议指出,要深入学习贯彻党的十九大精神和习总书记重要批示精神,切实把思想和行动统一到中央和省委要求上来,坚持精准扶贫、精准脱贫,认真抓好专项治理工作,为全面落实中央和省委关于脱贫攻坚的各项决策部署提供坚强保障。

会议强调,要坚持问题导向,突出工作重点,落实好专项治理《工作方案》,着力聚焦和整治资金项目、政策落地、领导责任和干部作风等方面存在的问题,省级层面聚焦重点地区,注重研究基层情况,把握好工作方式方法,通过专项治理进一步密切党群干群关系,确保脱贫攻坚工作经得起历史和人民的检验。要用好“四种形态”,推动各级领导干部特别是扶贫一线的党员干部以求真务实、真抓实干的作风,自觉在脱贫攻坚上下足绣花功夫。要严查失职渎职行为,严惩违法违纪分子,守护好贫困群众的“奶酪”,确保扶贫政策、资金、项目真正惠及贫困群众。

会议要求,各级各有关部门要加强驻村帮扶日常管理工作,进一步强化组织领导、工作统筹、宣传引导、纪律作风,健全完善基层治理机制,推动脱贫攻坚各项决策部署落地生根。

学习贯彻党的十九大精神省委宣讲团动员会

11月9日,学习贯彻党的十九大精神省委宣讲团动员会在太原召开。省委副书记黄晓薇出席会议并讲话。省委常委、宣传部长王清宪主持。

黄晓薇强调,学习宣传贯彻党的十九大精神是当前和今后的重大政治任务和工作主题。要按照中央和省委要求,坚持提高政治站位,切实增强做好党的十九大精神宣讲工作的责任感和使命感,推动党的十九大精神走进基层、走进群众。要讲清楚党的十九大的鲜明主题,讲清楚习近平新时代中国特色社会主义思想的历史地位和丰富内涵,讲清楚中国特色社会主义进入新时代的新要求,讲清楚决胜全面建成小康社会、开启全面建设社会主义现代化国家的战略安排,讲清楚社会主义经济建设、政治建设、文化建设、社会建设、生态文明建设等方面的重大部署,讲清楚坚定不移全面从严治党的重大部署,结合学习贯彻习总书记视察山西重要讲话精神,结合我省正在做的事情,结合推动山西各项事业发展,进一步把广大干部群众的思想和行动统一到党的十九大精神上来。参加宣讲的同志要精心做好宣讲准备,准确把握宣讲口径,努力增强宣讲效果,确保高质量高水平完成宣讲任务。各地各相关部门要加强组织协调,切实保障宣讲工作顺利有序开展。

省管干部学习贯彻党的十九大精神专题研讨班开班

11月16日,省管干部学习贯彻党的十九大精神专题研讨班在省委党校开班。省委副书记黄晓薇出席开班式并作动员讲话。省委常委、组织部长吴汉圣主持。

黄晓薇强调,学习贯彻党的十九大精神是当前和今后的重大政治任务和工作主题。省管干部岗位重要、责任重大,一定要提高政治站位,把学习贯彻党的十九大精神作为政治必修课,坚持先学一步、学深一层,努力带好头、走在前、作表率。要牢牢把握习总书记关于“学懂弄通做实”的要求,把学习贯彻党的十九大精神同学习习总书记系列重要讲话贯通起来,与深入贯彻习总书记视察山西提出的总体要求和五项重大任务结合起来,与深入贯彻省委十一届五次全会精神结合起来,在研读原文、融会贯通、学以致用上狠下功夫,努力在准确掌握十九大精神的思想精髓、核心要义上有新提升,在树牢“四个意识”、坚定“四个自信”上有新提升,在增强解决问题、推动发展的能力上有新提升。

全省县乡医疗卫生机构一体化改革现场推进会

11月22日,全省县乡医疗卫生机构一体化改革现场推进会在吕梁市柳林县召开。会议对下一阶段一体化改革工作作出安排部署。省委书记骆惠宁出席并讲话。他强调,要全面贯彻党的十九大关于医药卫生体制改革的部署,切实加强领导,坚持正确方向,深化制度创新,完善配套举措,着力提升基层医疗卫生服务水平,不断满足人民群众日益增长的健康需求。

骆惠宁指出,深化医药卫生体制改革,是建设健康山西的重大举措,是今年省委省政府抓的一项重要改革。要坚持目标导向和问题导向牵引,在总体把握已有部署的同时,注意研究新情况、解决新问题,县委县政府负主责,推动县乡医疗卫生机构一体化改革不断深化。要把握正确的改革方向,改革后的县乡医疗集团要承担地方公立医院、公共卫生服务职能,推动优质医疗资源下沉,着力提升基层医疗卫生服务水平。要注重设计配套改革政策,规范县医疗集团自主用人的总量、结构和门槛要求，引导激励省市县医院医生到乡镇服务，订单为乡镇培养全科医生，加强县乡医疗人才队伍建设，加强对村医的培训和管理，不断走出走好具有山西特色的县乡医疗卫生体制改革之路。

会前，骆惠宁在吉县壶口镇卫生院，就县乡医联体建设运行情况进行了调研。他向医卫人员详细了解常见病用药、"双签约"覆盖、服务贫困群众等情况，并与前来坐诊的县医院医生交谈，对县乡医联体改革取得的阶段性成效给予充分肯定。

当天的会议上，阳曲县委书记刘晋萍、柳林县委书记郝继平、阳曲县医疗集团院长刘冬分别发言。高建民在主持会议时就贯彻落实骆惠宁讲话精神提出要求。会议要求，要坚持以人民为中心的改革价值取向，把坚持"六位一体"工作思路贯穿改革始终，快速精准、深入扎实地推进一体化改革。要落实强化政府办医责任，理顺管理体制机制，加快县域"三医联动"，做实做细家庭医生签约服务，完善分级诊疗制度，加快信息化建设，建立全方位、全周期健康服务体系，完善医疗集团监管体系，扎实推进健康扶贫工程，加强医疗集团党的建设，推动我省医改工作进入全国第一方阵。要以强化领导包干、专家督导、成效评价、责任追究、典型引领和改革宣传等六项措施为抓手，持续推进改革，着力提升工作，坚决把省委省政府对县乡一体化改革的决策部署和顶层设计落实到位。

2017 年我省全面推行县乡医疗机构一体化改革以来，坚持高位推动、体制创新、"三医联动"、资源下沉，形成了全国医联体建设"四种模式"之一的山西模式，国务院医改办在全国推广我省一体化改革的做法。截至目前，全省 119 个县医疗集团全部挂牌运行，提前两个月实现省委省政府提出的一体化改革目标。从先行两批试点的 39 个县改革成效监测情况看，改革取得了积极成效，优质医疗资源持续下沉，家庭医生签约服务不断拓展，中医药服务能力有新的提升，分级诊疗政策得到落实，健康扶贫工作扎实推进，群众看病就医负担有效减轻、更加方便。

王赋、卫小春出席会议。省医改领导小组部分成员单位负责同志、各市分管卫生工作的副市长和市卫生计生委主任、已成立医疗集团的 69 个县（市、区）的县（市、区）长和卫生计生局长参加会议。

全省进一步深化监察体制改革试点工作会议

11 月 30 日，全省进一步深化监察体制改革试点工作会议在太原召开。省委书记骆惠宁强调，要深入贯彻党中央关于在全国推开国家监察体制改革试点工作的部署，在认真总结经验基础上，继续探索，敬终如始地推动我省监察体制改革试点不断向纵深发展，更好担当起先行先试责任。

骆惠宁指出，以习近平同志为核心的党中央将我省确定为深化国家监察体制改革试点省市以来，省委全面扛起主体责任，按照党中央绘就的蓝图精心组织施工，经过转隶组建、建章立制、评估深化，高质量完成了试点工作目标任务，拿出了合格样品。改革试点取得重大阶段性成效，有力加强了党对反腐败工作的统一领导，建立了集中统一、权威高效的监察体系，实现了对行使公权力的公职人员监察全覆盖，提升了治理能力和治理水平，从一个区域印证了党中央决策部署是英明正确的。

骆惠宁指出，党的十九大作出在全国推开国家监察体制改革试点工作的重大部署。要认识到，试点在全国推开对我省提出了新要求，必须着眼全国大局，不停歇地深化实践探索，深耕细作，不断创造经验，才能更好发挥"试验田"作用；全省试点工作中仍存在一些问题有待解决，必须坚持问题导向，不断补"短板"、填"漏洞"、疏"堵点"、解"难题"，才能使改革达到新水平；推动反腐败斗争压倒性态势转化为压倒性胜利需要把改革试点引向深入，必须保持清醒冷静，防止有"差不多、松口气、歇歇脚"的想法，坚韧执着地反腐败，才能把制度优势不断转化为治理效能。

骆惠宁强调，要认真落实《山西省进一步深化监察体制改革试点工作实施方案》，按照"三步走"部署，找准深化改革的发力点，在加强党对反腐败工作的统一领导上求深化，在继续抓好对有关问题的探索实践上求深化，在推进执纪与执法协调衔接、制约制衡上求深化，在推动监察机关全面履行职能职责上求深化，在完善内控机制、加强自身建设上求深化，在解决改革试点发展不平衡问题上求深化，在运用信息化手段提高监察效能上求深化，在学习借鉴、总结提高上求深化。要倒排工期，挂图作战，有力有序有效推进。要认真学习研究国家监察法（草案），掌握基本规范，把握精神实质；同时依据办案实践，提出有价值的修改建议。

骆惠宁强调，各级党委要把实现党对反腐败工作统一领导的常态化、制度化、长效化作为政治建设的重要内容，进一步健全横向到边、纵向到底的主体责任体系，把反腐败领导权牢牢抓在手上。要形成纪委监委积极主动向党委报告工作机制，切实把党的领导体现在掌握具体案情中、落实到日常监督管理上。要围绕是否加强了党对反腐败工作的统一领导来审视深化试点的方案、举措和效果，保证中央决策部署贯彻落实。党委书记要始终扛起首责主责全责，继续当好"施工队长"，充分发挥试点工作小组的协调指导服务作用，引导有关部门主动作为，形成齐抓共促的合力。

骆惠宁强调，今年以来，省委强力推进正风肃纪反腐，做到了力度不减、关口前移、标本兼治。各级党委要深入落实新时代党的建设总要求，全面提高党的建设质量，为党的事业发展提供不竭动力和坚强保障。要以永远在路上的韧劲，坚决清除腐败这个最致命的"污染源"，实现我省党内政治生态持久的风清气正。要坚持依规治党与依法治国相统一、党的纪律检查与国家监察相结合，更好地以法治思维和法治方式惩治腐败，充分彰显中国特色社会主义监察制度优势。

会议以电视电话会议的形式开到市县。黄晓薇主持会议，任建华宣读实施方案，晋中市、平鲁区、永济市纪委监委作了交流发言。省深化监察体制改革试点工作小组成员，省纪委监委班子成员，各派驻纪检监察组、各市县（市、区）、中央驻晋单位纪委书记（纪检组长）在主会场参加会议。

共青团山西省第十五次代表大会

12 月 24 日上午，共青团山西省第十五次代表大会在太原开幕。省委书记、省人大常委会主任骆惠宁出席并讲话。省领导楼阳生、黄晓薇、薛延忠、任建华、罗清宇、吴汉圣、廉毅敏、商黎光、王赋、胡苏平出席开幕会。

骆惠宁代表省委向大会的召开表示热烈祝贺,充分肯定省第十四次团代会以来我省共青团工作取得的成绩。他指出,青年兴则国家兴,青年强则国家强。展望新时代,广大青年的成长恰与实现中国梦同步,值此历史阶段,必将大有可为。希望全省广大青年坚定理想信念,把牢人生航向。自觉以习近平新时代中国特色社会主义思想为指引,志存高远,脚踏实地,始终同人民一起奋斗,一起前进,勇做时代的弄潮儿,在实现中国梦的生动实践中放飞青春梦想,在为人民利益的不懈奋斗中书写人生华章。希望全省广大青年勤奋学习实践,增强才干本领。树立"梦想从学习开始,事业靠本领成就"的观念,珍惜韶华,上下求索,多读有字之书,也多读无字之书,不断提高与时代发展和事业要求相适应的素质和能力,让勤奋学习成为青春远航的动力,让增长本领成为青春搏击的能量。希望全省广大青年矢志担当作为,努力建功立业。积极投身全省经济社会建设主战场,立足岗位、勇挑重担,为"建设国家资源型经济转型发展示范区""打造全国能源革命排头兵""构建内陆地区对外开放新高地",谱写新时代中国特色社会主义山西篇章创出一番业绩。希望全省广大青年自觉修身养德,引领时代新风。不断汲取优秀传统文化、红色文化和社会主义先进文化中的养分,树立和践行社会主义核心价值观。人生难免有风雨,要始终保持奋发进取精神。遇到困难时,不畏惧后退,不怨天尤人,不心浮气躁,而是要坚定正确方向,脚踏实地奋斗,持之以恒努力。当新时代的新青年,以实际行动促进社会文明进步。

骆惠宁强调,共青团是党领导的先进青年的群众组织。全省各级团组织要不忘初心,牢记使命。树牢"四个意识",坚定"四个自信",坚决维护以习近平同志为核心的党中央的集中统一领导,坚定不移走中国特色社会主义群团发展道路,在为党团结凝聚广大青年的实际行动中展现作为、彰显价值。要围绕中心,服务大局。牢牢把握"为实现中华民族伟大复兴的中国梦而奋斗"这个青年运动的时代主题,找准工作的切入点、结合点、着力点,最大限度激发蕴藏在青年中的创造活力,最大限度汇聚起决胜全面建成小康社会的磅礴青春力量。要深化改革,破解难题。有序有力有效向前推进团的各项改革工作,着力增强政治性、先进性、群众性,不断解决存在的问题,不断夯实共青团工作的基层基础,把根扎在青年群众中,更好发挥党联系青年群众的桥梁纽带作用。要提高标准,从严治团。坚持党建带团建,把听从党的指挥贯穿体现在团的建设各个环节,加强团员教育管理,切实把各级团组织建设得更加充满活力、更加坚强有力。广大团干部要走在前列,作出表率。反对官气很重、高高在上,做到融入青年、赢得信赖;反对志大才疏、眼高手低,做到本领过硬、务实担当;反对追名逐利、触碰底线,做到严以修身、廉洁自律。切实保持先锋本色,树立良好形象。

骆惠宁要求,全省各级党委要切实加强对共青团工作的领导,深刻把握共青团工作规律,多给共青团交任务、压担子,支持共青团创造性地开展工作,真情帮助团干部锻炼成长。要关心爱护青年人,设计政策,搭建舞台,支持广大青年创新创业。

开幕会上,少先队员代表向大会献词,省妇联负责同志代表人民团体向大会致词。黄巍代表共青团山西省第十四届委员会作工作报告。来自全省各条战线的700余名团代表和列席代表参加会议。

重要文献

政府工作报告

——2017年1月14日在山西省第十二届人民代表大会第七次会议上

楼阳生

各位代表：

现在，我代表省人民政府向大会报告工作，请予审议，并请省政协委员和其他列席人员提出意见。

一、2016年工作回顾

2016年，是充满挑战的一年，也是孕育希望的一年。我们深入学习贯彻党的十八大、十八届三中、四中、五中、六中全会精神和习近平总书记系列重要讲话精神，在省委的坚强领导下，认真贯彻落实省第十一次党代会精神，按照"一个指引、两手硬"重大思路和要求，坚定不移推进供给侧结构性改革，坚定不移实施创新驱动、转型升级战略，统筹稳增长、促改革、调结构、惠民生、防风险等各项工作，在压力下砥砺前行、在困难中奋力开拓，全省经济实现了下半年好于上半年的目标。

预计全省地区生产总值增长4.5%左右，低于预期1.5个百分点；全社会固定资产投资增长1%左右，低于预期11个百分点；社会消费品零售总额增长7%左右，高于预期1.5个百分点；一般公共预算收入下降5.2%，好于下降7%的预期；城乡居民人均可支配收入分别增长6%左右、6%以上，实现预期目标；城镇新增就业46.46万人，城镇登记失业率3.52%，控制在预期4.2%以内；居民消费价格涨幅1.1%，控制在预期3%以内。约束性指标中，万元地区生产总值能耗下降幅度、二氧化碳排放量下降幅度、用水量下降幅度，二氧化硫、化学需氧量、氨氮、氮氧化物、烟尘、粉尘减排幅度，劣V类水体比例，农村贫困人口脱贫人数、城镇棚户区住房改造数量等指标均完成年度任务。设区市城市空气质量优良天数比例未完成年度任务，其中，大同、吕梁、忻州三市完成年度任务，阳泉、长治、晋中、太原、晋城、临汾、朔州、运城八市未完成年度任务。

综观2016年，全省经济仍未进入合理增长区间，增速已连续三年低位徘徊，但标志性、转折性、趋势性变化显著增加。地区生产总值一季度、上半年、前三季度、全年分别增长3%、3.4%、4%、4.5%左右，呈现逐季加快、逐步向好的态势。农业稳定发展，全年粮食总产量达131.85亿公斤，夺得历史第二丰收年。从9月份起，工业生产者出厂价格结束了连续54个月的下降趋势，扭转了与购进价格长达66个月的倒挂状态；从10月份起，规模以上工业增加值累计增速结束了连续21个月的负增长，企业效益结束了连续16个月的累计净亏损。这些积极变化，有效改善了市场预期，支撑了经济企稳向好。

一年来，主要抓了以下工作：

——坚定推进煤炭钢铁去产能。认真落实"三去一降一补"重点任务，退出煤炭产能2325万吨，淘汰钢铁产能82万吨，率先实施煤炭减量化生产，全年压减煤炭产量1.43亿吨，占全国煤炭减量的40%左右，为促进工业止跌回升、企业扭亏为盈发挥了关键作用，为改善全国煤炭市场供求关系作出了重要贡献。

——倾力开辟转型综改主战场。破解转型综改空间布局、平台载体等瓶颈制约，推进开发区改革创新发展，按国土面积的2%左右谋划布局全省开发区建设。整合太原都市区的8个产业园区、科技园区和高校新区，成立山西转型综改示范区,打造开发区建设和转型综改的排头兵。

——积极培育经济新动能。抢抓新经济布局、区域竞争力重构机遇,加快布局数字经济、高端装备制造、新材料、新能源汽车等战略性新兴产业,实施云计算、轨道交通装备等一批转型新项目。推进文化旅游、金融、物流、会展等现代服务业发展。加快科技创新城建设,实施T800高端碳纤维、10兆瓦级锂电池储能技术等科技重大专项,引进中科院、浙江大学等科研团队,打造转型升级新引擎。

——扎实推进重点领域改革。开展同煤、焦煤等国企改革试点,推进电力体制改革综合试点,成功争取国土资源部委托我省实施煤层气矿业权审批登记。推进农村集体经营性建设用地入市、集体土地征收制度改革试点,开展集体资产股份权能改革试点,基本完成农村土地承包经营权确权。推广政府与社会资本合作(PPP)模式,设立煤炭供给侧改革基金。全面实施企业"五证合一"和个体工商户"两证整合"。

——努力构建开放合作新格局。实施"东融南承西联北拓"对外开放战略,主动对接京津冀,在科技人才、新兴产业、文化旅游、能源供应、现代农业等方面达成一批重大合作事项。与银行、保险、资产管理公司等金融机构实施战略合作,与华为、阿里巴巴、中铝等一批行业龙头企业开展项目合作。成功举办太原能源低碳发展论坛、民企助推转型创新发展大会等重大活动。

——千方百计扶持实体经济。开展万名干部入企服务和各类项目受理大起底,实施工业提质增效"20条"、降低实体经济企业成本"44条",推动物流业降本增效,开展电力直接交易,落实铁路公路运费优惠政策,缓缴资源价款,有效降低企业成本。开展煤企京城路演,推动金融机构通过贷款重组、"债转股"、资产证券化试点等方式,帮助企业降杠杆、防风险、渡难关。

——夺取脱贫攻坚首战首胜。制定"十三五"脱贫攻坚规划,全面实施精准扶贫八大工程二十个专项行动,加大特色产业扶贫力度,提前启动新一轮退耕还林还草,10万贫困人口实施易地扶贫搬迁,57万贫困人口实现脱贫,1900个贫困村有序退出。

——持续改善民生和社会事业。积极做好高校毕业生、农村转移劳动力、城镇困难人员、退役军人等群体就业工作,安置煤炭钢铁去产能转岗职工3.16万人。提高城乡居民医保、低保标准和退休人员基本养老金。城乡居民大病保险实现全覆盖。完成城镇保障性安居工程建设和农村人居环境改善年度任务。义务教育"全面改薄"与均衡发展取得新进展。

——狠抓生态环保和安全生产。在全国率先对永久性公益林进行立法保护,扎实推进汾河流域综合治理,完成营造林400万亩。加强大气、水、土壤污染治理,淘汰黄标车及老旧车17.2万辆。各类生产安全事故起数和死亡人数分别下降2.46%、2.14%,煤矿百万吨死亡率下降32.9%。加强和创新社会治理,社会保持和谐稳定。

——着力改善发展环境。坚持依法行政,向省人大常委会提请审议地方性法规草案6件,制定政府规章5件,认真办理人大代表建议和政协提案。深化"放管服效"改革,继续取消、下放、清理规范一批行政审批和中介服务事项。省市县三级政务服务平台、省市两级公共资源交易平台基本建成并投入运行,行政审批"两集中、两到位"全面推行。建立"13710"工作制度。扎实开展"两学一做"学习教育,认真贯彻《关于新形势下党内政治生活的若干准则》和《中国共产党党内监督条例》,持续推进政府系统党风廉政建设和反腐败斗争,全面构建良好政治生态,政府自身建设得到进一步加强。

各位代表,山西经济正处于一个重大历史拐点。以省第十一次党代会为标志,山西发展翻开了新的一页。全省上下进一步强化了新发展理念,深化了对省情特点和资源型地区转型发展规律的认识,更加坚定了转型综改、创新驱动的信心和决心。摆脱煤炭过度依赖、加快战略重点转移、全力深化供给侧结构性改革和转型综改,正在成为发展的主旋律、最强音,山西已经开启转型综改、创新驱动、全面小康、振兴崛起的新征程!

困难中的转机来之不易,压力下的收获弥足珍贵。这是党中央、国务院亲切关怀、坚强领导的结果,是省委统揽全局、正确领导的结果,是省人大、省政协大力支持、有效监督的结果,是全省广大干部群众同心同德、攻坚克难的结果。在此,我代表省人民政府,向全省人民,向各民主党派、工商联和无党派人士,向各位人大代表、政协委员,向驻晋人民解放军、武警官兵、公安民警和中央驻晋单位,向所有关心支持山西改革发展的同志们、朋友们,表示崇高的敬意和衷心的感谢!

各位代表,我们清醒地认识到,全省经济虽然呈现低位企稳、稳步向好的态势,但仍没有走出困难时期,多年积累的"一煤独大"结构性矛盾、"一股独大"体制性矛盾、创新不足素质性矛盾远未从根本上解决,企稳向好的基础还不牢固,由此带来的一系列经济社会问题也是相互交织、错综复杂。特别是经济增长还缺乏大项目支撑、新要素新动能支撑和强有力的人才支撑,短期很难实现跳跃式增长;企业负债率偏高、区域性金融风险较大、财政收支不平衡、就业增收困难等问题仍然突出;城乡发展不平衡,脱贫攻坚难度大,民生社会事业欠账较多,补短板任务十分艰巨;安全生产隐患较多,社会管理粗放,维稳压力较大;资源环境约束加剧,大气、水、土壤污染问题突出,尤其是雾霾问题日益成为人民群众关注的焦点;发展环境不优,一些干部不愿为、不敢为、不会为,一些部门和地方服务意识不强、行政效率不高、工作落实不力,等等。解决这些矛盾和问题,唯有加快转型综改、创新驱动,舍此别无他途!

二、2017年工作安排

2017年是全面贯彻省第十一次党代会精神的起步之年,是供给侧结构性改革和转型综改的深化之年,也是山西走出经济困难局面的攻坚之年。政府工作的总体要求是,深入学习贯彻习近平总书记系列重要讲话精神和治国理政新理念新思想新战略,统筹推进"五位一体"总体布局,协调推进"四个全面"战略布局,认真贯彻省第十一次党代会和省委十一届二次全会暨经济工作会议总体部署，按照省委“一个指引、两手硬”重大思路和要求，坚持新发展理念，坚持稳中求进工作总基调，坚持深化供给侧结构性改革与深化转型综改试验区建设有机结合，坚持以提高发展质量和效益为中心，全面实施创新驱动、转型升级战略，全力促进经济稳步向好、民生不断改善和社会和谐稳定，为塑造美好形象、实现振兴崛起奠定更加坚实的基础，以优异成绩迎接党的十九大胜利召开。

主要预期指标是：地区生产总值增长5.5%左右，全社会固定资产投资增长目标根据新的统计口径设置，社会消费品零售总额增长7%左右，一般公共预算收入增速由负转平，城乡居民人均可支配收入分别增长6%左右和6%以上，居民消费价格涨幅控制在3%左右，城镇新增就业45万人，城镇登记失业率控制在4.2%以内。

约束性指标是：资源节约方面，万元地区生产总值能耗下降3.2%，万元地区生产总值二氧化碳排放量下降3.9%，万元地区生产总值用水量下降3%。环境质量方面环境质量方面，包括设区市细颗粒物（PM2.5）浓度下降比例，设区市城市空气质量优良天数比例，达到或好于Ⅲ类水体比例，劣V类水体比例，二氧化硫、化学需氧量、氨氮、氮氧化物减排幅度，完成国家下达任务。民生改善方面民生改善方面，，农村贫困人口脱贫66万人，城镇棚户区住房改造13万套。

2017年指标体系的设定，考虑了转型需要，突出了转型导向，体现了稳中求进。地区生产总值增速预期5.5%左右，旨在为转型和改革留出空间，夯实全面小康、振兴崛起的基础，同时也是一个需要“跳起来”才能“够得着”的目标。一般公共预算收入增速由负转平，主要考虑我省实体经济依然困难，财政增收因素不多，尽管是零增长，但增速要比去年提高5.2个百分点，是一个积极进取的目标。同时，要坚持“紧日子、保基本、调结构、保战略”，调整财政支出结构，发挥好财政资金“四两拨千斤”的作用。固定资产投资工作，要摆脱过分追求增速的惯性，更加注重优化投资结构、提高精准性有效性，把重点放在扩大产业投资、促进民间投资、补齐发展短板上。约束性指标既是转型的标尺，也是基本的民生要求，必须不折不扣完成。

各位代表，经济社会发展指标是重要的风向标和指挥棒。我们还将出台深化转型综改的意见，制定转型综改、创新驱动指标体系，力促各地主动转型、创新转型、深度转型、全面转型。为了明天，为了子孙后代，我们坚决不要带血的GDP、不要污染环境破坏生态的GDP、不要掺假带水分的GDP，要努力创造有质量有效益真金白银的GDP、绿水青山可持续发展的GDP、老百姓有实实在在获得感和幸福感的GDP！

今年，重点抓好以下工作：

（一）大力推进“三去一降一补”。

坚定去产能。重点抓好煤炭去产能，更好运用市场化、法治化方式，严格执行环保、能耗、质量、安全等相关法律法规和标准，推动企业兼并重组，推进产能交易，关闭退出煤炭产能2000万吨左右。多渠道做好职工分流安置工作。坚持淘汰落后产能与发展先进产能相结合，实施减量置换、减量重组、提高单产、减人增效，提升安全生产水平，提高先进产能占比，有序释放先进产能，促进煤炭市场供需关系继续改善。退出钢铁产能170万吨。

努力去库存。加大棚户区改造和城中村改造货币化安置力度，促进库存商品房改造为安置住房。鼓励库存较大的市、县为进城农业转移人口购房提供补贴，逐步推行先租后买。完善住房保障和供应体系，培育住房租赁市场，调整房地产市场结构，还原住房居住属性。力争商品房待售面积消化周期控制在10个月左右。支持企业搞好产销衔接，降低工业产成品库存。

稳步去杠杆。稳妥推进企业债务重组，支持企业市场化、法治化债转股，引导金融机构帮助企业置换债务。支持企业开展资源价格评估，重点开展煤炭企业清产核资。推进资产证券化试点。加大股权融资和应收账款融资。加强企业自身债务杠杆约束。建立企业债务重组和不良资产处置协调机制。

多措降成本。落实减税降费政策，进一步清理不合理收费，努力减轻企业税费负担。利用专项建设基金、应急周转保障资金、信用增进、再担保等方式，支持企业多渠道融取低成本资金。阶段性降低企业社保费、住房公积金缴存比例，合理降低企业人工成本。深化煤炭、电力、土地等领域改革，降低企业用能用地成本。完善物流配送网络，提高物流效率，降低企业物流成本。引导企业眼睛向内挖潜增效。

着力补短板。既补硬短板又补软短板，既补发展短板又补制度短板，着力加强人力资源、科技创新、生态环保、“岸、港、网”建设等薄弱环节。重中之重是加快补齐脱贫攻坚这个短板。坚持精准扶贫、精准脱贫，深入实施精准扶贫八大工程二十个专项行动。推进特色农业扶贫、光伏扶贫、旅游扶贫和电商扶贫，抓好新一轮退耕还林还草和干果经济林提质增效工程。采取政府购买、订单培训、定岗培训、“互联网+培训”等模式，抓好农村贫困劳动力技能培训。到村到户精准落实各项社会保障和社会救助政策措施。全面推进统筹整合财政资金试点工作。开展资产收益扶贫试点。完善财政风险补偿机制，落实小额信贷、扶贫再贷款和保险扶贫等政策，创新精准扶贫小额信贷模式，完善信贷服务体系。健全脱贫攻坚责任制，确保完成14个贫困县摘帽、2270个贫困村有序退出，完成12万贫困人口易地搬迁和3万人同步搬迁。省市县三级已层层立下“军令状”，必须做足“成色”，如期“交账”，在奔小康的路上决不落下一个贫困村、一个贫困户、一个贫困人口！

（二）大力支持做强实体经济。

着力发展新一代信息技术产业。紧跟5G时代，充分发挥我省气候冷凉、区位适中、电力充沛等优势，围绕基础建设、数据应用、产业开发“三维一体”，实施大数据战略，发展数字经济，建设智慧山西，推进智能制造。加强顶层设计和管理，组建大数据产业发展局，出台促进大数据发展政策措施。推进移动、联通、电信、华为、百度、浪潮、吕梁军民融合云计算等数据中心建设，争取国家部委和金融机构在我省布局大数据中心或灾备中心，筹划建设智慧山西云平台，打通信息孤岛，推动数据资源开放共享。构建大数据全产业链，做大做强云计算、物联网、移动互联网、可信计算机等产业；开展大数据招商引资，吸引上下游产业链项目落地我省。实施“互联网+”行动，在政府治理、公共服务和城市建设等领域广泛应用大数据，推动大数据与制造业、现代农业、服务业深度融合，以信息化促进新型工业化、新型城镇化和农业现代化。

加快发展装备制造业。围绕轨道交通装备、重型机械、能源装备、化工装备、电子信息装备、纺机装备等优势领域，着力提升自主研发和系统集成能力，推进制造业与互联网融合发展，加快向“山西智造”转变。创新军民产业融合机制，推进军民融合产业园和产业孵化基地建设。积极争取国家智能制造试点示范，筹划建设省级装备制造业创新中心，重点推进太重风电装备园区、富士康光机电及工业机器人、晋能光伏电池及组件等项目建设。

积极发展新兴潜力产业。依托新材料、新能源、新能源汽车、节能环保、生物医药等新兴潜力产业的既有基础，瞄准发展前沿，强化政策支持，加快占领行业高端，形成新的优势产业。做大做强新型金属材料、新型化工、新型无机非金属和前沿新材料，重点推进太钢350公里轮轴钢、T800高端碳纤维二期和中电科二所碳化硅半导体等项目建设。推动比亚迪新能源汽车二期、吉利新能源汽车、宇航新能源客车、临汾沃特玛新能源汽车产业园等项目建设，实现太原、晋中、晋城全区域新能源汽车充电设施全覆盖。发展风电、光伏发电和生物质能等新能源产业，推动太原西山国家新能源示范区及大同、长治、运城三个新能源示范城市建设，抓好汉能移动能源产业园建设。推进节能装备、环保设施、环保物联网、节能服务等领域重大项目建设。加快晋北原料药、晋中中成药、晋南新特药三大基地建设，筹建太原生物医药研究院和产业园。

改造提升传统产业。推进新型综合能源基地建设，抓好晋煤外运，扩大晋电外输，实施晋气外送，保障国家能源安全。加大传统产业技术改造，加快传统产业与新技术、新工艺、新模式相互嫁接，促进煤基产业和原材料产业绿色清洁高效循环发展。深化煤电联营，推动煤电材、煤焦化、煤焦钢一体化发展，推进中铝吕梁基地50万吨铝合金深加工、银光镁业500万只轮毂生产线等项目建设。发展差异化、高端化煤基化工产业，加快潞安180万吨煤制油等项目建设。深入开展消费品工业“增品种、提品质、创品牌”专项行动，推动食醋、白酒、乳制品、纺织、陶瓷、玻璃器皿、工艺品等产业提档升级。

做大做优建筑业。推动建筑企业整合重组，培育扶持专业资质企业，加快形成一批专业化大型企业集团。支持企业开拓省内外市场。打造省级建筑产业园区，提升钢结构、装配式混凝土和市政构件预制加工能力。支持企业建立全产业链生产体系，实现设计、构配件生产、施工、管理一体化发展。

各位代表，山西转型的希望在战略性新兴产业，潜力也在战略性新兴产业。我们要着力优化产业布局，细化产业目录，集中优势资源，实施“六大工程”，加快构建多元化中高端现代产业体系。力争经过五年、十年甚至更长一段时间的努力，有效破解“一煤独大”的结构性矛盾，使传统产业特别是煤炭产业在自身转型升级、做优做强的同时占比逐年下降，战略性新兴产业占比大幅提升，形成经济增长的多业支撑，让山西经济这座大厦基础更加稳固、结构更加合理、竞争力真正强大，坚实地屹立在中国经济版图上！

（三）大力推进农业供给侧结构性改革。

优化农业产业布局。适应农产品消费升级需要，以增加农民收入、保障有效供给为主要目标，大力发展特色优势产业。稳粮优经扩饲，稳定小麦生产，调减籽粒玉米，做精杂粮、做优果菜、做强畜牧、做好药材。构建汾河平原、上党盆地、雁门关、太行山、吕梁山和城郊农业六大特色农业发展区域。切实抓好雁门关农牧交错带建设，以养定种、种草养畜，推进草畜一体化发展。

发展农业产业化经营。打造一批特色农产品生产基地，建设全国优质杂粮产地交易市场和中药材交易中心，扩大农产品精深加工规模，大力发展休闲农业、农村电子商务、乡村旅游等新产业新业态，拓展农业产业链价值链。实施龙头企业转型升级计划，培育一批种业型、加工型、流通型、服务型农业龙头企业。创新农村集体经济合作组织，通过合作使农民同经济组织及企业结成利益共同体，实现互利共赢。

增加绿色优质农产品供给。加快发展功能农业，面向中高端市场，推进药食同源产品开发，大力发展保健食品等高附加值产品。实施农业标准化战略，推进“三品一标”认证，农业生产标准化率力争提高到30%以上。抓好出口食品农产品质量安全示范区建设，打造运城农产品出口平台，带动全省农产品质量提升。

推进农业科技创新。打造山西“农谷”，组建山西功能食品研究院，建设现代农业创新高地和功能农业示范区。加强新型职业农民培育。实施农业科技创新行动计划，力争在特色优势农业发展、旱作节水农业、农业生态保护等方面取得一批重大科技成果。

强化农业基础支撑。优先保障财政支农支出，改革财政支农投入使用机制，整合出台新的强农惠农政策，重点支持农业基础建设、科技创新、结构调整、农民增收。完成高标准农田建设200万亩，新增高效节水灌溉面积60万亩。建立完善科技、金融、流通、人才、政策五位一体的服务体系，培育多种形式的农业经营性服务组织。推进特色现代农业提质增效，真正让农业成为充满希望的产业。

（四）大力发展服务业。

加快发展现代服务业。推进金融业创新发展。完善地方金融体系，做大做强金控集团，推动晋商银行启动上市，推进农信社改制，组建晋商人寿保险公司，推动组建民营银行。培育壮大天使基金、种子基金、创投基金和私募股权基金，支持战略性新兴产业和现代服务业发展。通过可转债、永续债、企业债、公司债、中期票据等融资工具，促进能源产业升级改造。健全金融中介体系，规范发展互联网金融。推进咨询服务业快速发展。制定支持咨询服务业发展的政策措施，加快发展以会计、法律、审计、评估、专利代理为重点的咨询服务业，拓展商务咨询服务领域，引入政府采购机制，积极推动重大决策、重大项目和工程技术等领域引入咨询服务。推进物流业智慧发展。围绕能源矿产品、农产品、大宗工业品、生活日用品等，大力发展智慧物流、多式联运、城乡快递、冷链物流，培育现代物流企业集团，建设重要物流设施，规划建设全省智慧物流云平台，推进太铁中鼎物流园等项目建设，加快构建立体式现代物流产业格局。推进会展业提速发展。加快完善会展设施，在太原规划建设大型会展中心，引入市场化办会机制，培育会展市场主体，延伸会展产业链。办好太原能源低碳发展论坛等重点展会，鼓励各部门各行业积极引进本领域重要展会。推进幸福产业提质升级。发展文化、教育、体育、健康、休闲、养老等幸福产业，规划建设融旅游、度假、养老、医疗于一体的健康养老产业集群。进一步扩大新兴消费。培育信息消费、智能家居、可穿戴设备等新兴消费，推动消费结构升级。引深"山西品牌行"系列活动。加强流通基础设施建设，抓好太原智慧物流配送示范城市建设，完善市场服务体系，整顿和规范市场秩序，营造良好的消费环境。

优化提升传统服务业。适应大众消费多样化、个性化、信息化需求，推动商贸、餐饮、住宿、家政等行业加快业态创新、管理创新和服务创新，促进线上线下互动发展。优化城乡商贸流通网络，发展现代经营方式。积极打造晋菜品牌，弘扬山西面食文化，培育一批跨区域餐饮连锁示范企业，发展大众餐饮、特色餐饮。推进住宿业连锁化、品牌化发展。健全城乡居民家庭服务体系，提高居民生活便利化水平。

特别要把文化旅游业加快培育成战略性支柱产业。着力破解体制机制障碍，上半年基本完成全省旅游景区体制机制改革，进一步理顺管理体制、经营机制和各类利益关系。以"旅游业+"为思路，把握"安、顺、诚、特、需、愉"六字要诀，包装一批项目、引进一批战略合作者、培育一批经营主体、搭建一批投融资平台、打造一批旅游景区和精品线路，做强寻根觅祖、古建宗教、晋商民俗、太行山水、红色经典等旅游品牌。积极发展全域旅游。建设文化旅游产业融合发展试验示范区。组建省级文化旅游投资平台，实施大项目建设、大企业运作。提升五台山、云冈石窟、平遥古城等重点景区品质。发展生态游、商务游、休闲游、旅游养老、会展旅游、体育旅游等新业态。办好重大旅游节庆活动。抓好旅游公路和旅游服务设施建设。努力实现由文化旅游资源大省向文化旅游强省的跨越，把山西建成国内一流、国际知名的旅游目的地。

(五)大力推进重点领域改革。

加快开发区体制机制改革。科学修编全省开发区总体发展规划，推进开发区整合、改制、扩区、调规。理顺开发区管理体制、运行机制和各类利益关系，建立专业化、市场化、国际化的管理运行机制，实行领导班子任期制、全员岗位聘任制和绩效工资制。按照应放尽放、能放尽放的原则，切实向开发区简政放权。重点抓好山西转型综改示范区体制机制创新，赋予示范区省级投资项目核准权限，开展企业投资项目承诺制试点。力争4月底前启动起步区建设，引进实施一批重大产业和科技项目，在产业转型、创新驱动、体制改革、投资环境等方面为全省作出示范。

深化国企国资改革。坚持国企国资改革方向，坚持市场化、法治化取向，推动国有企业瘦身健体、固本培元、提质增效、转型升级。推进国有企业功能界定与分类，积极发展混合所有制经济，完善现代法人治理结构，推进市场化选聘经营管理者，加快剥离企业办社会职能，妥善解决历史遗留问题。积极推进国有资本投资、运营公司改革试点。推动国资监管体制向管资本为主转变。制定出台国企国资改革方案，全面启动省属国有企业改革。

深化投融资体制改革。落实企业投资自主权，实行企业投资项目管理负面清单、权力清单、责任清单制度。对核准类项目，只保留选址意见、用地预审以及重特大项目环评审批。对备案类项目，不设置前置条件，除国家有特殊规定外，全部实行属地管理。创新企业投资项目管理，探索建立多评合一、多审合一、多图联审、联合验收等新模式，对技术审查类的审批试行先建后验模式。发挥好政府投资的引导和带动作用，建立完善PPP有效推进机制，设立促进经济转型新动能投资基金。加快市场化融资步伐，加大贷款协调力度，稳步提高存贷比，优化企业贷款结构，大幅增加信贷规模；加大直接融资力度，推进绿色债、双创债等创新债券品种融资；实施企业上市培育和上市企业、挂牌企业再融资行动；引导保险机构资金和资产公司投资入晋。全面开放投融资中介市场，完善中介服务机构退出和惩戒机制。

深化电力体制改革。推进输配电价改革。抓好股份制电力交易机构运营。加快推进转型综改示范区产业园区等增量配电业务试点。以吕梁铝循环产业园区为试点，探索局域电网运营新模式。扩大直供电规模和范围，提高自备电装机比重，有效降低企业用电成本，努力把我省电力优势转化为竞争优势和发展优势。

深化商事制度改革。继续大力削减工商登记前置审批事项，抓好"证照分离"改革试点。在全面实施"五证合一、一照一码"登记制度的基础上，将更多涉企证照与营业执照整合，积极探索"多证合一"登记模式。有序推进电子营业执照和全程电子化试点，开展简易注销改革。支持去产能分流人员自主创业，为其从事经营或注册企业开辟"绿色通道"，并依法给予税费减免、担保贷款等政策扶持。创新事中事后监管，完善企业信用信息公示系统，推动企业信息共享交换和互认互用。

深化农村产权制度改革。完善农村土地所有权、承包权、经营权分置机制，基本完成农村土地承包经营权确权登记颁证。完成农村集体经营性建设用地入市、集体土地征收、集体资产股份权能改革试点。推进农村土地经营权和住房财产权抵押贷款试点工作。大力推进水权水务、小型水利工程产权和农业综合水价改革。加快推进国有林场改革，继续深化集体林权制度改革。深入推进供销合作社综合改革。

改革是决定转型成败的关键一招。我省各领域、各方面改革的任务极其繁重，既要"补课"，又要"争先"；既要抓住主要矛盾，大胆探索，先行先试，尽快取得突破，又要增强改革的系统性、整体性、协同性，通过改革不断激发创新驱动、转型升级的内生动力和创造活力。

(六)大力实施科技创新和人才强省战略。

扎实推进科技创新。落实国家创新驱动发展战略纲要，推进十大创新行动。建立完善科研经费管理、成果转化、资源共享、用地、人才等科技创新政策。围绕新一代信息技术、高端装备制造、新能源、新材料、节能环保、生物医药等新兴产业布局创新链，深入实施企业技术创新“百项重点项目计划”，推进科技重大专项和产业化示范项目。引导企业加大研发投入，支持企业与高校、科研院所深化合作，开展协同创新，推动企业成为技术创新主体。实施高新技术企业倍增计划。加强高层次创新团队建设，通过项目招标、人才招标、人才合作、共建重点实验室和研发中心等方式，引进一批领军型科技创新团队。开展科技成果转移转化试点，建立省级科技成果转化引导基金。加快科技创新城建设，打造新材料、新能源、信息技术、生物技术、煤基科技创新高地。建设基于互联网的创新平台，建成大型科学仪器和科技资源开放共享平台、科技成果转化和知识产权交易平台。建立首台(套)重大技术装备财政补助和保险补偿机制。深化科技体制改革，推进科研院所转制改制，赋予高校、科研院所经费预算调剂、经费分配使用、科研设备采购等方面更大的自主权。

实施一流的人才政策。全面对标发达地区人才政策，出台深化人才发展体制机制改革的实施意见，实施以增加知识价值为导向的分配政策。开展高层次人才年薪制、项目工资制、协议工资制、绩效工资制试点。取消机关事业单位控编进人卡和进人计划卡，全面落实用人主体自主权。构建全新的人才合理流动机制，打通政企、事企人才双向流动通道，顺向流动全部取消审批，横向流动单位自主办理，逆向流动实行科学调控。改革人才评价制度，取消附着在职称评聘上的非专业条件和限制性要求，实行评聘分离制度。用好本土人才，引进高端科技创新人才、高级经营管理人才和工匠型高技能人才，为他们解决好配偶就业、子女就读、住房保障等后顾之忧。

各位代表，创新是引领发展的第一动力，人才是支撑转型的第一资源。我们要面向经济主战场，聚焦产业、企业、企业家，聚合产业链、供应链、创新链、要素链、制度链，加快补齐科技和人才短板，为转型综改提供强大的动力和智力支撑!

(七)大力提升开放型经济水平。

实施“东融南承西联北拓”战略。积极参与京津冀一体化，深度融入环渤海经济圈，在产业发展、招才引智、科技创新、基础设施、能源供应、文化旅游等方面开展全方位合作。差异化承接国际市场以及长三角、珠三角、港澳台地区产业梯度转移。制定参与“一带一路”建设三年滚动计划，实施“千企百展”行动，开展国际产能合作。落实中部崛起战略，深化与中原经济区、沿黄经济区合作，推进晋陕豫黄河金三角、蒙晋冀长城金三角区域合作，融入中蒙俄经济走廊。

加快推进基础设施内通外联。完善我省综合交通运输体系，优化提升“铁、公、机”，加快大张客专、太焦客专、原大客专、阳泉北至大寨城际铁路等重点项目建设，打通省际断头路，推进14个未连通高速公路出省口建设。完善骨干机场功能，发展临空经济。加快建设“岸、港、网”，支持太原铁路口岸建设，启动太原航空口岸“一站式作业”试点，加快推进大同航空口岸正式开放，实现运城航空口岸临时开放，推进五台山航空口岸临时开放。加快太原、大同、临汾无水港建设，完善提升太原武宿综合保税区、太重(天津)重件码头等物流港功能。加快网络基础设施建设，推动山西(阳泉)智能物联网应用基地试点建设，力争将太原增设为国家级互联网骨干直联点。

推动外贸转型升级。复制推广国家自贸区改革试点经验，在投资管理、服务业开放、海关监管、检验检疫等领域，进一步探索新体制、新模式。加快国际贸易“单一窗口”建设，推进投资贸易便利化。培育外贸综合服务企业和跨境贸易电子商务等新兴业态。制定重点出口产品支持政策，扩大山西产品出口规模。积极扩大进口，重点支持先进设备、先进技术进口。承接发达地区加工贸易转移。

高效精准招商引资。围绕产业链条、产业集群、产业目录，实施专业招商、以商招商、会展招商、网络招商、委托招商等，抓好熟地储备、标准化厂房等要素供给，加强跟踪服务，促进项目落地投产。推进招商引资体制机制改革，强化驻外办事处和各类商会在招商引资中的窗口和桥梁作用。改进和完善招商引资考核体系，加大签约项目开工率、资金到位率考核权重。启动实施“晋商晋才回乡创业创新”工程，鼓励和吸引晋商晋才在我省设立总部企业、研发中心、营销中心、结算中心，实现人才要素回流回乡、创新创业。我们期盼新一代晋商茁壮成长，呼唤晋商骄子回乡兴业，欢迎八方有志之士来山西投资发展。我们将全力创造良好的投资环境，携手共铸新晋商、新辉煌!

(八)大力推进大众创业万众创新。

多层次培育双创主体。引导国有大企业自主创新，充分发挥龙头企业双创主体的示范效应，辐射带动区域关联企业提升创新能力。孵化培育一批创新型中小微企业。扶持一批高成长性创新型“小巨人”企业，引导企业创造新需求、新市场、新业态。推进创新型企业梯次发展，推动“个转企、小升规、规改股、股上市”。

支持创建双创示范基地。推动新建基地型、旧企业闲置厂房改造型、城市楼宇型等小企业创业基地发展，实现各类创业者“拎包创业”。培育认定一批众创空间，力争省级以上众创空间达到150家以上。深化创业型城市创建工作，举办创业大赛、创客山西等活动，组织创业项目洽谈对接，提高创业成功率。

加强创业创新政策支持。放宽新产业新业态市场准入，探索包容创业创新、多元参与的审慎监管方式。对创业者购买创新服务、开展技术合作等给予扶持，支持发展分享经济。完善知识产权创造、保护和运用制度，促进知识产权的自由流通和交易。加强双创财政金融支持，省级中小企业发展专项资金向小微企业倾斜，为更多的初创期小微企业提供第一笔政府性扶持资金；发展各类创业投资引导基金，鼓励发展众创、众包、众扶、众筹服务，拓宽创业创新融资渠道；积极推广“助保贷”等融资模式，有效化解小微企业融资难。

全力支持民营经济发展。完善产权保护制度，依法保障非公有制企业与公有制企业享有平等的财产权。建立公平竞争审查制度，按照统一市场、公平竞争的标准，对涉及市场准入、产业发展、招商引资、政府采购、经营行为规范、资质标准等政策措施进行审查，有序清理废除对民营经济的歧视性规定，保障非公有制经济与公有制经济一样，平等使用生产要素、公平参与市场竞争、同等受到法律保护。推动基础设施、公共服务、金融、能源、通讯等领域向民间资本开放。鼓励民营资本参与国有企业改革。引导民营企业实施股份制改造。努力形成"龙头企业巨木参天、小巨人企业百木成林、小微企业漫山遍野"的产业生态。

（九）大力培育文化软实力。

挖掘文化宝藏。启动山西文化资源大调查。实施优秀传统文化传承工程和乡村文化记忆工程，抓好红色文化资源保护利用，推进晋中国家级文化生态保护实验区建设。实施"文明守望工程"，动员社会力量参与文物保护利用。推进文物密集区体制改革试点工作，筹备建设晋商博物馆，努力使文化记忆鲜活起来。做好修志编鉴工作，发挥资政育人作用。

提高文化普惠水平。健全省市县乡村五级公共文化服务设施，实施数字图书馆、电子阅览室、数字农家书屋等公共文化数字服务项目，推进基层综合性文化服务中心建设，让公共文化服务更加贴近群众。整合各类农村文化建设资金，提高使用效益。加大购买公共文化服务力度，继续开展好文化科技卫生"三下乡"、农村公益电影放映等文化惠民活动。推进全民阅读，建设书香社会。大力弘扬太行精神、吕梁精神、右玉精神，加强公民道德建设，选树山西好人、道德模范、文明家庭。推动移风易俗，树立文明乡风村风。

推进文化产业发展。开展全省文化产业统计普查。激发文化市场主体活力，壮大省属文化企业集团，支持中小微等各层次文化企业发展。整合资源，推动传统媒体与新兴媒体深度融合。发挥各类文化产业资金基金作用，加快文化与旅游、信息、科技、体育、金融等产业融合。积极发展文化创意、动漫游戏、数字出版等新业态，推进新闻出版广电数字内容产业基地、山西文化产业园、山西文化保税区等重大项目建设。探索建立省属国有文化资产三级管理体制，深化国有文化企业分类改革，构建有文化特色的现代企业制度，推进省属文化企业"双效"业绩考核。加快全省广播电视网络整合，完成首轮资产重组工作。办好第三届山西省文化产业博览交易会。

繁荣发展文化事业。发展新闻出版、广播影视、文学艺术事业，实施哲学社会科学创新工程，建设"文化晋军"。大力开展"深入生活、扎根人民"主题实践活动，推出一批富有中国气派、山西特色的精品力作。加强网络文化建设，净化网络环境。促进对外文化交流和贸易，推动山西优秀文化走出去，让三晋文化薪火相传、发扬光大！

（十）大力推进城乡一体化。

推动太原都市区提档升级。按照主体功能区定位，调整完善提升太原都市区规划，在太原开展"五规合一"试点，年底前在全省推开。推进太原都市区航空、铁路、高速公路和轨道交通建设，畅通人流、物流、信息流。加快晋中至太原城际铁路、太原地铁2号线建设，积极推进太原地铁3号线、1号线前期工作。着手规划建设以晋阳湖为中心的太原西山片区，打造山湖一体、河湖连通、古今交融、人文自然辉映的一流景区。支持太原做优做强、做特做名，在"五城联创"的基础上，着力建设创新城市、开放城市、品质城市、智慧城市、绿色城市、低碳城市、平安城市、幸福城市，加快提升省会城市的核心竞争力和知名度、美誉度。

优化城镇空间布局和功能。积极推进晋北、晋南、晋东南三大城镇群建设。推动区域中心城市发展，有序调整行政区划，扩大中心城区行政区域范围，逐步解决"一市一区"问题。继续实施"大县城战略"，推进产城融合，建设一批特色城镇。深入实施城市人居环境改善工程，加大老旧工业区改造力度，加强城市综合交通网络、地下综合管廊建设，提高城市水气热、通信、污水垃圾处理等设施保障能力。

推进美丽宜居乡村建设。改善农村人居环境，推动41个农村垃圾治理试点县和8个农村生活污水综合利用示范县建设，加大改气、改水、改厕力度。完成采煤沉陷区治理搬迁6.6万户，实施地质灾害治理搬迁4000户，开工改造城中村4.6万户，抓好400个省级美丽宜居示范创建村提档升级。特别要重视古村落保护，抓好108个重点传统村落保护及开发利用。

完善城乡一体化体制机制。加快推进规划编制、基础设施、公共服务、产业布局、制度安排"五个一体化"。探索实施城镇建设用地增加规模同吸纳农业转移人口落户数量挂钩机制。鼓励就近城镇化、梯度城镇化，出台财政支持政策，促进符合条件的农业转移人口有序落户城镇。合理安排市域县域城镇建设、农田保护、产业集聚、村落分布、生态涵养等空间布局。推动水电路气等基础设施城乡联网、共建共享，促进各种资源要素在城乡协调配置，推进教育、医疗、文化、社保等基本公共服务均衡配置。

（十一）大力推进生态文明建设。

加大环境污染治理力度。实施大气、水、土壤污染防治三大战役，努力改善环境质量。加大控煤、治污、管车、降尘力度，实施散煤综合治理，加快推进集中供热，提高清洁供暖比重，全面完成燃煤发电机组超低排放改造，完成国家下达的黄标车及老旧车淘汰任务。支持太原市率先实现清洁供暖全覆盖，彻底解决城区冬季原煤散烧问题。建立重污染天气预警应急响应和联动机制，实施设区市空气质量信息共享、污染排放联合控制、联动执法，有效防治雾霾天气。加快城镇污水处理设施提标改造，开展农村生活污水综合处理试点。完成土壤污染治理与修复规划。因地制宜推行垃圾分类，开工建设一批垃圾处理项目。推进畜禽养殖废弃物处理和资源化利用。深化以省城太原为重点的中心城市环境综合整治工作。深入开展环保督察，引深"铁腕治污"行动，依法严惩各类环境违法违规行为。

实施山水林田湖系统治理。深入推进林业"六大工程"，营造林400万亩。有效开发空中水，合理利用地表水，严控开采地下水，优化全域水资源配置。推进大小水网建设，加快完成万家寨引黄全能力配套工程，实现大水网隧洞骨干连通工程全部贯通，辛安泉供水和东山供水工程正式投运，小浪底和中部引黄工程试运行，县域小水网工程取得实质性进展。推进汾河、桑干河等重点流域生态修复治理，开展京津冀晋地下水修复试点，完成水土流失治理面积525万亩。

推进能源资源集约节约利用。全面推进工业、建筑、交通、公共机构等领域节能，推进重点行业能效对标。实施建设用地总量控制，把土地产出率作为重要准入门槛。加大工矿废弃地复垦利用力度，推进土地、矿产集约节约高效利用。推广绿色建筑、装配式建筑。推进朔州国家工业固废综合利用示范基地建设。

创新生态文明体制机制。健全自然资源资产产权制度，明确各类自然资源产权主体权利。完善国土空间开发保护制度，划定生态保护红线，探索建立多元化生态保护补偿机制，逐步增加对重点生态功能区转移支付。建立污染防控区域联动机制。健全环境治理和生态保护市场。制定生态文明建设目标评价考核办法。全面推行“河长制”。推进省以下环保机构监测监察执法垂直管理改革。实施固定污染源“一证式”排污许可证管理制度。

各位代表，绿水青山就是金山银山。生态环境没有替代品，用之不觉、失之难存。我们要顺应人民群众关切，坚持不懈加强生态文明建设，坚持标本兼治，统筹抓好源头治理、过程治理、重点治理、专项治理和系统治理，最终实现彻底治理，努力建设山清水秀、天蓝地净的美丽家园！

（十二）大力推进民生改善。

积极扩大就业。加快发展服务业等劳动密集型产业，扶持中小微企业和民营企业发展，开发更多就业岗位。推进高校毕业生就业创业促进计划，实施“三支一扶”、就业见习等基层服务项目，吸纳更多高校毕业生就业。统筹中央奖补资金、就业专项资金和失业保险基金使用，做好去产能职工安置工作。扎实开展就业援助专项行动，托底帮扶就业困难人员，确保零就业家庭动态清零。做好城镇失业人员、“4050”人群、退役军人等群体就业工作，转移农村劳动力33万人。实施职业培训全覆盖计划，提升劳动者就业创业能力和职业转换能力。

着力增加居民收入。适时适度调整全省最低工资标准，发布年度企业工资指导线。提高退休人员基本养老金标准，确保养老金按时足额发放。全面落实司法体制改革试点工资政策。围绕农民持续增收，推进农业提质增效，着力挖掘经营性收入增长潜力；扶持农民就业创业，努力增加就业岗位和创业机会，稳住工资性收入增长势头；深化农村赋权改革，释放财产性收入增长红利；健全农业支持保护政策，拓展转移性收入增长空间，让农民的钱袋子实实在在鼓起来。

全面加强社会保障。推动机关事业单位养老保险制度改革入轨运行。实现城乡居民基本医保制度并轨，推进基本医保异地结算和医保支付方式改革。在晋中市开展生育保险和基本医疗保险合并实施试点。提高城乡居民基本医保财政补助标准。提高城乡低保标准，推动脱贫线、低保线有效衔接。提高养老机构服务质量。实施残疾人精准康复服务行动。全面实施全民参保登记。

加快发展教育事业。实施第三期“学前教育行动计划”，推进普惠性民办幼儿园认定和扶持工作。在城镇新建住宅小区配套建设中小学幼儿园。统筹推进县域内城乡义务教育一体化发展，实施好义务教育“全面改薄”工作，启动实施农村中小学厕所“旱改水”工程，全省所有县（市、区）义务教育学校标准化建设通过省级抽查确认，再有20个县（市、区）通过国家义务教育均衡发展督导评估认定。统一城乡义务教育学生“两免一补”政策，实现教育经费随学生流动可携带。推动全省所有普通高中办学条件基本达标。推进职业教育产教融合，建立中职学校生均拨款制度。落实特殊教育提升计划。启动实施“1331”工程，促进高等教育振兴崛起。推进太原东山高校新区建设。做好山西中医药大学去筹工作，筹建山西艺术学院。加快发展民办教育。深化教育领域综合改革，推进招生考试制度改革。

推进健康山西建设。全面推开公立医院改革。落实政府办医责任，完善医院补偿机制，动态调整医疗服务价格。公立医院全部取消药品加成。加快建立分级诊疗制度，以基层首诊为导向，推进家庭医生签约服务，提升基层医疗卫生机构服务能力，推进县乡医疗卫生一体化。实施药品流通领域“两票制”改革，推进城乡药品配送一体化。落实社会办医与公立医院同等待遇，支持有条件的非公立医疗机构做大做强。提高基本公共卫生服务财政补助标准。启动健康城镇建设试点。推动中医药传承、创新、发展。完善全面两孩政策体系。推进全民健身和全民健康深度融合，做好第二届全国青运会筹备工作。

发展妇女儿童、老龄、慈善和红十字会等事业。加强气象、地震、人防、科普、档案、参事等工作。做好民族宗教、外事、侨务、港澳、对台等工作。支持国防建设，加强双拥工作。继续做好对口援疆工作。

各位代表，人民群众对美好生活的向往就是我们的奋斗目标。我们要牢固树立以人民为中心的发展思想，在继续改善人民群众生产生活条件的基础上，更加注重提高人的素质，促进人的全面发展。今年，省政府将再办好六件民生实事：一是实施3.5万名残疾预防重点干预和残疾儿童抢救性康复项目，二是对36个贫困县建档立卡的农村妇女免费进行“两癌”检查，三是为全省城乡怀孕妇女提供免费产前筛查和诊断服务，四是新建600个农村老年人日间照料中心，五是实施6万名建档立卡农村贫困劳动力免费职业培训，六是免费送戏下乡1万场。

（十三）大力抓好安全稳定工作。

压实安全生产责任。坚持“党政同责、一岗双责、企业（单位）主责、失职追责”，按照“三个必须”和谁主管谁负责的要求，压实各级政府领导责任和部门监管责任。依据工商注册企业名录，逐一落实生产经营单位的监管部门和监管责任人。严格落实企业主体责任，切实做到安全责任、管理、投入、培训和应急救援“五到位”。

推进依法治安。全面落实新修订的《山西省安全生产条例》。完善各级政府安全监管执法体制，重点充实市县两级安全生产监管执法人员，强化乡镇（街道）执法力量，完善开发区、工业园区、风景区等功能区的安全生产监管体制。进一步健全联合执法工作机制和安全生产"黑名单"制度，对违法违规行为零容忍、严查处。严格责任倒查制度，实行目标考核"一票否决"。

严查整治安全隐患。全面开展安全风险排查评估，完善人防、技防、物防等风险防控措施。在煤矿、非煤矿山、道路交通、危险化学品、油气管道、建筑施工、人员密集场所等行业领域开展安全生产隐患大排查大整治，加大对去产能企业、长期停工停产矿井和技改矿井的检查力度，及时消除各类事故隐患。对重大隐患实行挂牌督办、限期整改，整改无望的予以关闭，对非法生产经营建设行为坚决打击取缔。

提升安全生产基础保障水平。在重点领域强制推进安全生产标准化建设。开展反"三违"专项行动，强化企业生产一线、作业现场的安全生产管理。实施一批煤矿灾害治理、军工化工企业搬迁、公路防护工程等领域的重大安全治理项目。大型尾矿库全部安装在线监测系统，加快实现尾矿库安全在线监测全覆盖。

维护社会稳定大局。深化社区"网格化"管理，完善城乡社区、社会组织、社会工作联动机制。创新网上信访机制，完善社会稳定风险评估机制，有效调处化解过剩产能、征地拆迁等重点领域的矛盾纠纷，健全应急管理和防灾减灾体系。加强食品药品监管，加快建立重要产品追溯体系。加强社会信用体系建设，加大失信行为联合惩戒力度。创造良好金融生态环境，严厉打击恶意逃废金融债务和各类非法金融活动，着力维护金融安全，防止发生区域性、系统性金融风险。深化平安山西建设，狠抓社会治安综合治理，努力营造和谐稳定的社会环境。

各位代表，山西今天安全稳定的局面来之不易。在转型综改的关键时期，安全生产和社会稳定显得更为重要。我们一定要牢固树立总体安全观，进一步强化红线意识，以铁的担当尽责、铁的手腕治患、铁的心肠问责、铁的办法治本，坚决守住"三条底线"，绝不让安全稳定问题影响干扰转型综改的大局！

三、加强政府自身建设

面对转型综改的繁重任务，各级政府必须坚持党的领导，强化宗旨意识，忠实履行职责，与中央要求"对表"、与发达地区对标、与国际通行惯例对接，加强人民政府、法治政府、效能政府、担当政府、廉洁政府建设，不断提升政府治理体系和治理能力现代化水平。

加强人民政府建设。我们的政府是人民的政府，人民是我们的衣食父母，全心全意为人民服务是我们的天职。各级政府要在法律规定范围内，全面推进行政决策、执行、管理、服务、结果公开，保障人民群众的知情权、参与权、表达权、监督权。认真执行人大及其常委会的决议决定，依法向人大及其常委会报告工作，主动接受人大法律监督、工作监督、政协民主监督和人民群众监督，加强与民主党派、工商联、无党派人士的联系，积极支持工会、共青团、妇联等群众团体开展工作。认真办理人大代表建议、政协提案、人民群众来信来访，做到件件有着落。坚持重大决策问计于民，在政府机关设立建议提案和民生服务专门机构，常态化征集承办人大代表政协委员建议意见，办理民生事务。畅通与群众沟通渠道，完善行政首长信箱运行机制。借助互联网、新媒体，开展问政和评议活动，走好网上群众路线。全体政府公务人员要牢记，我们永远是人民的公仆！

加强法治政府建设。强化法治思维和法治意识，全面推进依法行政。坚持科学决策、民主决策、依法决策，实行重大行政决策合法性审查机制、终身责任追究制及责任倒查机制。加强决策咨询工作和政府智库建设。在各级政府普遍设立政府法律顾问和公职律师。加强行政复议和应诉工作。加强经济领域立法。今年首先在省政府组成部门设立专门的内审机构，加强审计监督，强化对行政权力的监督和制约。深入推进相对集中行政许可权改革试点，在市场监管、卫生计生、文化旅游、商务流通、城乡建设、城市管理等六个领域全面推开综合行政执法体制改革。探索建立行政执法全过程记录、重大行政执法决定法制审查等制度。全面推开"双随机、一公开"。扎实开展"七五"普法，加强法律援助工作。我们要通过系统的法制建设，确保政府工作在法制的轨道上、在制度的框架内运行，确保政府每一项工作经得起法律的审查和历史的检验。

加强效能政府建设。深化"放管服效"改革，努力做到审批最少、流程最优、体制最顺、机制最活、效率最高、服务最好。再取消下放一批省级行政审批等事项，清理取消一批相关证照的年检和与之挂钩的政府指定培训。加快推进投资审批网上办理和并联审批。深化拓展延伸"13710"工作制度，今年6月底前在省市县乡四级政府全面建成电子督办平台，将重点工程项目、企业技改项目和招商引资项目纳入平台管理，推动政府各项工作见人见事、见根见果，抓细抓小、抓紧抓实。用好省市县企业咨询投诉举报新平台。推进"互联网+政务服务"，提升"两平台"服务功能，建设全省政务服务"一张网"，实现服务事项"一号申请、一窗受理、一网通办"。出台优化营商环境实施意见，开展优化投资营商环境专项行动。启动政府部门"大处（室）制"改革，开展政府绩效第三方评估。

加强担当政府建设。认真落实省委激励干部担当作为干事创业办法、支持干部改革创新合理容错办法，坚持"三个区分开来"，鼓励大胆作为，宽容合理失误，旗帜鲜明地保护那些作风正派、敢作敢为、锐意进取的干部。对工作主动作为、行动迅速、成效明显的，要予以褒奖。实行重点工作清单化管理，建立清晰明确可追溯的责任体系。健全重点工作督查机制，充实督查力量，强化督查职能，明确督查重点，盯住关键环节，督任务、督进度、督成效，确保各项工作任务全面及时高效落实。推进追责问责制度化、常态化，对不作为、慢作为、不落实、假落实行为，严肃追责问责。时代赋予了我们重任，也给了我们干事创业的机会,我们要义无反顾地把转型综改这一历史重任担当起来!

加强廉洁政府建设。认真贯彻党的十八届六中全会和中央纪委七次全会精神,按照省委"巩固、深化、提高"的六字方针,增强全面从严治党的系统性、创造性、实效性,继续在常和长、严和实、深和细上下功夫。履行好各级政府党组落实全面从严治党任务的主体责任,严格执行党内政治生活准则,深入推进政府系统党风廉政建设和反腐败斗争。今年在省政府组成部门设立党组(党委)办公室,切实加强政府系统党的建设。坚决把纪律和规矩挺在前面,健全"把权力关进制度笼子"的长效机制。对公共资金、国有资产、国有资源和领导干部履行经济责任实行审计全覆盖。推动落实中央八项规定和国务院"约法三章"常态化、长效化,牢固树立"过紧日子"思想,严控"三公"经费支出。坚决查处隐形变异"四风"问题,严肃整治推诿扯皮、吃拿卡要、数据造假等突出问题,抓好廉政教育和廉政文化建设,着力构建不敢腐、不能腐、不想腐的长效机制,努力建设政治生态的绿水青山!

各位代表,转型综改、创新驱动、全面小康、振兴崛起,是我们这一代人要走的新长征路。无论这条路有多少艰难险阻,我们都要坚定地走下去,坚实地走出来,直到光辉的彼岸。让我们更加紧密地团结在以习近平同志为核心的党中央周围,在省委的坚强领导下,忠诚担当、锐意进取,开拓创新、攻坚克难,只争朝夕、狠抓落实,以实际行动和出色业绩迎接党的十九大胜利召开!

中共山西省委《关于深化人才发展体制机制改革的实施意见》

(2017年3月9日)

为认真贯彻中共中央《关于深化人才发展体制机制改革的意见》(中发〔2016〕9号)和中共中央办公厅、国务院办公厅《关于实行以增加知识价值为导向分配政策的若干意见》精神,全面落实省第十一次党代会精神,深入实施人才强省战略,激发人才创新创造创业活力,着力构建科学、开放、高效的人才管理体制,提出如下实施意见。

一、深入推进人才管理体制改革

(一)加快转变政府人才管理职能。充分尊重市场在人才资源配置中的决定性作用和更好发挥政府作用,各级政府要在理顺体制、完善机制、制定政策、创优环境、建设服务体系、强化市场监管等方面深化改革、大胆创新。加强法规制度建设,建立权力、责任清单,清理和规范人才招聘、评价、流动、使用等各环节的行政审批事项。(责任单位:省直相关部门、各市政府)

(二)健全管理服务体系。加快建立统一、开放的人力资源市场体系,大力发展行业性人才市场,放宽人才服务业准入条件,鼓励发展高端人才猎头等专业化服务机构,重点培育一批有核心产品、成长性好、竞争力强的人力资源服务企业。鼓励支持社会服务组织积极承接政府转移下放的有关人才培养、评价、流动等服务职能。建立完善人才诚信激励体系和失信惩戒机制。(责任单位:省人社厅、省发改委)

(三)全面落实用人主体自主权。优化调整机关事业单位人才结构,真正落实用人主体用人自主权。取消机关事业单位"控编进人卡"和"进人计划卡"制度,变指令性计划为指导性计划,变具体性前置管理为总量性后置监管。改革机关事业单位处级干部职数备案和干部调动审批制度。继续完善公务员招录工作机制。全面落实国有企业、高校、科研院所等企事业单位和社会组织在人才培养、引进、使用、评价和激励等方面的自主权。(责任单位:省人社厅、省委组织部、省编办、省国资委)

(四)改革事业单位编制和人事管理模式。进一步完善机关事业单位公开招考(聘)制度,实现用人单位自主权与社会服务密切配合的良性工作机制。试行高校和公立医院等事业单位编制备案管理,选择部分公益类事业单位进行取消行政级别、实行法人治理结构管理模式改革试点。(责任单位:省编办、省人社厅、省财政厅、省委组织部)

(五)开展人才管理改革试点。支持转型综改示范区在人才流动、成果转化、创业扶持、收益分配和服务保障等方面先行先试,吸引集聚一批高层次创新创业人才,为全省人才发展体制机制创新提供可复制、可推广的经验。鼓励各地各单位积极开展人才管理体制机制改革,大胆探索创新。(责任单位:省转型综改示范区管委会、省科技厅、省发改委、省民政厅、省人社厅、省商务厅、各市政府)

(六)加强各类人才政策统筹。整合建立统一的人才工程、计划和项目管理平台。推动人才发展体制机制改革与高等院校、科研院所、国有企业等领域改革和干部人事制度改革相互配套,人才政策与我省应用基础研究计划、平台基地计划、重点研发计划、科技成果转化引导专项(基金)、科技重大专项等有效衔接。按照精简、合并、取消、下放要求,深入推进人才项目评审、人才评价、机构评估改革,逐步建立依托专业机构管理人才计划项目的机制。(责任单位:省委组织部、

省教育厅、省科技厅、省人社厅、省财政厅、省国资委）

二、健全人才培养机制

（七）深化教育改革。实施“1331”工程，全面提升高等教育综合实力。重点支持山西大学、太原理工大学按照国家“双一流”建设要求率先发展。引导其他具有博士学位授予权的高校建设成为高水平大学。积极推动有条件的本科院校和独立学院向应用型发展转变。开展高校毕业生就业第三方评估，加强毕业生就业稳定性监测，建立需求导向的学科专业和招生计划动态调整机制，对毕业生就业率连续两年低于60%的专业，要调减直至取消招生计划。创新应用型和技术技能型人才培养模式，发挥职业院校和企业的“双主体”作用，完善学历学位证书和职业资格证书的“双证书”制度。（责任单位：省教育厅、省人社厅、省发改委、省财政厅、省经信委、省卫计委）

（八）实施重大人才工程。巩固发展我省“十二五”期间各类人才工程成果。“十三五”期间要重点实施“三个工程”和“三个计划”，即“高端创新型人才培养引进和新兴产业领军人才培育工程”“高技能人才开发工程”“优秀企业家培育工程”和“三晋学者支持计划”“山西省青年拔尖人才支持计划”“三晋首席技师培养计划”。紧紧围绕我省创新驱动发展和经济转型升级，着力培养一批创新创业领军人才和具有“工匠精神”的高技能人才。同时要加强文化名家队伍和哲学社会科学人才队伍建设。健全以职业农民为主体的农村实用人才培养机制。（责任单位：省委组织部、省委宣传部、省委统战部、省教育厅、省人社厅、省国资委、省农业厅、省民政厅、省经信委、省卫计委、省文化厅、省中小企业局、省文联、省工商联、省社科院）

（九）创优成长环境。打造人才干事创业的平台和载体，为人才提供施展才华的舞台，最大限度发挥人才作用，用政策激励人才，用事业吸引人才，用感情打动人才。积极落实高端人才生活和工作待遇，想方设法解决好其配偶子女就业、教育、医疗等需求，努力营造人才安心创新创业的小环境。遵循人才成长规律，探索建立鼓励创新、合理容错机制。完善知识产权保护制度，依法保护企业家财产权和创新收益。鼓励支持各类人才广泛参加国内外学术技术交流合作。继续扩大我省公派出国留学生和吸收国外留学生规模。建立国有企业职业经理人制度，扩大国有企业经营管理人才市场化选聘比例。鼓励支持广大劳动者和科技人员在“大众创业、万众创新”中创新创业、创造佳绩。（责任单位：省科技厅、省国资委、省委组织部、省发改委、省教育厅、省政府外侨办、省财政厅）

（十）优化经费管理。健全竞争性经费和稳定支持经费相协调的投入机制，提高科研项目立项、评审、验收科学化水平。赋予高校、科研院所在经费预算调剂、支出结构调整、科研设备采购、差旅会议管理等方面更大的自主权。对横向经费和纵向经费实行差异化审计，科研人员劳务费开支不设比例限制。实行哲学社会科学研究成果后期资助和事后奖励制度。选择若干试点单位，试行科研项目牵头人（单位）先行自主融资、政府全额担保贴息、科研成果收益偿还与政府宽容失败、共担风险政策相结合的新机制。（责任单位：省财政厅、省科技厅、省审计厅、省发改委、省委宣传部、人行太原中心支行）

（十一）建立多元投入新机制。各级政府要确保人才发展资金投入力度到位、优先可持续增长。到2020年，省市县三级财政人才专项资金要高于全国平均水平、领先中部六省。政府设立专项资金，引导社会资本投入人才发展战略，加快形成政府扶持、金融支持和社会资本共同参与的人才发展多元投入机制。鼓励金融机构推出支持科技创新的新产品新服务，支持企事业单位和社会组织设立人才基金。加大对青年科技研究基金投入力度，对新入职的优秀博士毕业生一次性给予不低于5万元的科研项目经费支持。加大对院士工作站、博士后科研流动（工作）站和技能大师工作室的经费支持力度。（责任单位：省财政厅、省人社厅、省发改委、省国税局、省地税局、山西银监局、人行太原中心支行）

三、创新人才引进保障机制

（十二）创新引进政策。进一步完善山西省引进海内外高层次人才政策，着力扩大高层次人才引进规模，优化人才结构。从尊重爱护、关心照顾、物质奖励、精神激励等诸多方面，形成山西引进高层次人才政策的“洼地效应”，吸引更多海内外高层次人才及其团队来晋创新创造创业。企业和事业等用人单位是引进人才的市场主体，鼓励其设立人才发展专项资金，通过市场竞争引进高层次人才。企业引才所需费用可全额列入经营成本；事业单位引才费用可从事业经费中列支。（责任单位：省委组织部、省人社厅、省教育厅、省科技厅、省经信委、省国资委）

（十三）创新引进方式。努力探索评审式、目录式、举荐式、合作式等多样化的人才引进方式。探索建立人才引进与项目开发相结合的引才机制。采取联建重点实验室（研发中心）或工程研究中心（工程实验室）、联合办学等方式，加强与海内外优秀企业、研发机构和知名高校的合作，积极引进其核心研发团队。从教育部所属高校、中科院和其他科研院所积极选调优秀专业人才到我省高校挂职担任副校长。支持有条件的高校、科研院所和企业在省外设点办学和建立研发机构。鼓励国内外高层次人才通过顾问指导、短期兼职、项目合作、技术咨询等方式来晋创新创业。支持引进人才深度参与国家和省级重大工程、科研攻关项目。（责任单位：省委组织部、省人社厅、省教育厅、省经信委、省发改委、省国资委、省科技厅）

（十四）突出高精尖缺。大力引进经济转型升级急需的领军拔尖人才，凡能够引领全省产业发展、带动区域性产业结构调整和产生重大经济效益的，要采取“一人一策”“一事一议”的引进方式，由省财政给予专项资金支持。引进“两院”院士、“长江学者”、国家“千人计划”入选者、国家“万人计划”入选者、“国家杰出青年科学基金”获得者等国家级以上高端人才，由省财政给予相应标准的工作和生活补助，享受我省高层次人才各项配套保障政策。根据引进人才的专业经历、技术贡献，直接认定相应专业技术职务，职务岗位已满的事业单位可特设岗位聘任。对我省急需的一流人才,实行专用编制、人编捆绑、动态调整、周转使用的编制周转池制度。(责任单位:省委组织部、省编办、省人社厅、省财政厅、省发改委、省科技厅、省教育厅)

(十五)创建信息平台。建立省级人才需求信息数据库,定期发布全省高层次人才需求信息,构建基于云计算和大数据技术的人才信息系统。积极加强与省外高层次人才的联络沟通。建立山西籍在外人才数据库,实施晋商晋才"回乡"创业创新工程。组建山西院士专家服务联络中心,加强与"两院"院士的沟通联系。(责任单位:省委组织部、省人社厅、省财政厅、省商务厅、省科协)

(十六)实行"绿卡"制度。海内外高层次人才入晋,可在全省范围内自主选择居住地,用人单位负责落实周转房。各级政府要集中建设人才公寓,鼓励人才集聚的大型企事业单位利用存量用地建设人才公寓。外籍高层次人才可一次性办理五年有效工作类居留证件,符合条件的可优先申办"外国人永久居留证",享受预约办证、加急办证、代办证件等"绿色通道"服务。海内外高层次人才随迁子女可在省内自愿选择中小学校就读,随迁配偶工作暂时未落实的,先由用人单位按本单位职工平均工资为其发放生活补贴,并按规定交纳社会保险费。引进人才在科研方向选择、科研团队组建、仪器设备采购、科研经费分配、科研成果处置等方面拥有充分的自主权。(责任单位:省委组织部、省公安厅、省教育厅、省人社厅、省住建厅、省财政厅、省政府外侨办、省国土厅)

四、改革人才评价机制

(十七)深化职称制度改革。依据能力、实绩和贡献评价人才,取消附着在职称评审上的一切非专业条件。进一步下放高等院校、科研院所、国有企事业等用人单位的高级职称评审权。实行职称评聘分离,职能部门严把标准严监管,个人自主自愿申报,社会公开公正评价。建立职称岗位聘任动态调整机制,实行岗位聘任制、聘用任期制。(责任单位:省人社厅)

(十八)改革职业资格制度。清理和减少职业资格许可和认定事项,建立职业资格目录清单、动态调整、定期公布制度。推进职业资格评价市场化、社会化,社会专业组织和中介机构要依法依规履行职业资格许可认定等社会公共服务职能。(责任单位:省人社厅)

(十九)科学设定条件。各系列、各级别职称评价取消计算机应用能力考试要求。初、中级职称评价取消外语考试要求。高级职称评价,县级及以下基层单位人员取消外语考试要求,其他人员凡不以外语作为工作必备条件的,原则上取消外语考试要求。应用型人才职称评价取消论文限制性要求,代之以体现专业技术业绩水平的产品研制、技术推广、专利、病历、教案等成果作为评审依据。用人单位在聘任专业技术职务时,可结合岗位需要,对履行岗位职责所必需的计算机应用、外语和写作能力等单项要求设定竞争择优条件。(责任单位:省人社厅)

(二十)设立绿色通道。优秀青年专业技术人才,可不受学历、任职年限、岗位设置等条件限制,破格晋升和聘用专业技术职务。长期在基层农村、艰苦边远地区工作的专业技术人员,可按"定向评价、定向使用"的原则给予职称晋升倾斜。高技能人才可直接参加对应层次的专业技术职务评聘。畅通非公有制经济组织和社会组织人才职称评价渠道,支持具备条件的非公有制经济组织和社会组织设立专业技术职称评审委员会。(责任单位:省人社厅、省工商联)

五、完善人才流动机制

(二十一)消除流动障碍。构建人才自主选择、合理流动、有效配置的新体制,打破户籍、地域、身份、学历、所有制、人事关系等制约。改革现行机关事业企业单位间人才流动的行政管理制度,实行顺向流动市场配置办理、横向流动单位协商办理、逆向流动科学调控。加快机关事业单位社会保险制度改革,完善异地就医结算和社会保险关系转移接续办法。加强人事档案互联互通、资源共享和规范管理的信息化建设。(责任单位:省人社厅、省委组织部、省公安厅、省工商联)

(二十二)打通政企流动通道。研究制定吸引非公有制经济组织和社会组织优秀人才进入党政机关和事业单位的政策措施。研究出台鼓励支持党政机关干部离岗创业实施办法。(责任单位:省委组织部、省纪委监委、省人社厅、省国资委)

(二十三)完善事企流动制度。鼓励高校、科研院所人才在履行好岗位职责的前提下,到企业从事科技成果转化、技术攻关和多点教学等兼职工作,所得收入不受本单位绩效工资总量限制,原则上依法依规纳税后归个人所有。支持科研人员携带科研项目或科技成果离岗创业。制定吸引企业工程技术人员入校从事教学科研的具体政策。(责任单位:省人社厅、省教育厅、省科技厅、省国资委)

(二十四)鼓励向基层流动。艰苦边远地区招用机关事业单位工作人员,要适当放宽学历、专业、开考比例等限制条件。切实提高从政府购买基层服务项目人员中定向招录县以下机关事业单位工作人员的比例,落实县以下机关公务员职务与职级并行制度,提高乡镇工作补贴。以58个贫困县为重点,实施公职人员到基层服务锻炼的派遣轮调,针对性选派优秀人才到县(市、区)挂职科技或项目副县(市、区)长。注重运用市场机制和利益导向,引导鼓励各类科技人才到基层、到农村创业创收。(责任单位:省委组织部、省人社厅、省农业厅)

六、强化人才激励机制

(二十五)改革薪酬制度。实行以增加知识价值为导向的分配政策,在保障基本工资水平正常增长的基础上,逐步提高科研人员基础性绩效工资水平,建立绩效工资稳定增长机制。对高等院校、高级技校专职教学人员,适当提高基础性绩效工资比重。制定技术技能人才薪酬激励办法。选择部分试点,探索高层次人才协议工资、项目工资和年薪制等灵活多样的分配方式。实行财政工资总量包干改革的高校、科研院所和医院等事业单位,可在全额事业单位绩效工资总量5倍的范围内自主确定工资总额。(责任单位:省人社厅、省财政

厅、省科技厅）

（二十六）促进成果转化。落实高校、科研院所科技成果使用权、处置权和收益权，相关主管部门原则上不再审批备案。支持科技成果通过协议定价、市场挂牌、公开拍卖等转让转化方式实现收益。高校、科研院所科技成果转让转化所得净收益，按不低于70%的比例奖励课题负责人、骨干技术人员和研发团队。鼓励各类企事业单位通过股权、期权、分红等方式，有效调动科研人员创新创造创业积极性。出台高校、科研院所担任领导职务的科技人才从自己的科研成果中获取合法收益的办法。（责任单位：省科技厅、省教育厅、省财政厅、省经信委、省国资委）

（二十七）实施表彰奖励。健全以政府奖励为导向、用人单位和社会力量奖励为主体的人才表彰奖励体系。设立"山西省优秀人才突出贡献奖"，定期对为我省经济社会发展做出突出贡献的优秀人才和团队进行表彰奖励。鼓励企事业单位对为经济社会发展做出突出贡献的优秀人才给予物质和精神奖励。设立"山西省人才工作贡献奖"，重点对落实人才政策积极，在人才培养、引进、开发、使用等工作中成绩突出的地方和企事业单位等给予奖励。（责任单位：省委组织部、省人社厅）

七、加强组织领导

（二十八）健全工作机制。进一步加强和改进党对人才工作的统一领导，健全党管人才领导体制，创新党管人才方式方法，切实履行好管宏观、管政策、管协调、管服务职责，努力完善组织部门牵头抓总，有关部门各司其职、密切配合，社会力量发挥重要作用的人才工作新格局。

各级党委（党组）要发挥总揽全局、协调各方的领导核心作用，将人才发展体制机制改革纳入全面深化改革中总体谋划。进一步明确党委、政府"一把手"抓"第一资源"的责任，明确人才工作领导小组职责任务和工作规则，明确行业、领域人才队伍建设的部门职责和工作重点，切实加强人才工作队伍建设。（责任单位：省委组织部、省直相关部门、各市党委和政府）

（二十九）强化联系服务。完善党委联系专家工作制度，制定党政领导干部直接联系专家办法。畅通建言献策渠道，健全专家决策咨询制度，充分发挥各类智库作用。完善人才教育培训、国情研修等制度，强化政治引领和政治吸纳，增强人才的认同感和向心力。建立健全高层次人才休假疗养、医疗保健服务制度，关心关注他们的身心健康。（责任单位：省委组织部、各市党委和政府）

（三十）制定实施细则。组织、编办、人社、财政、教育、科技等省直有关部门要按照本实施意见和任务分工，研究制定实施细则，报省委人才工作领导小组办公室统一协调后，2017年5月底前出台。各市县党委和政府要狠抓政策落实，积极选择改革试点，大胆探索创新。（责任单位：省委组织部、省直相关部门、各市党委和政府）

（三十一）严格考核督办。研究制定人才工作目标责任制的实施意见，探索建立以人才政策落实、人才投入强度、人才数量结构、人才成果贡献等为主要内容的综合评价指标体系，强化人才工作年度评估、考核和调整，确保动态科学一流。将人才工作纳入各级领导班子和领导干部综合考核重要内容，列入落实党建工作责任制情况述职，作为领导班子评优、干部评价的重要依据。建立挂牌督办机制，对重大人才事项要挂牌督办，确保中央和我省各项政策措施落实到位。（责任单位：省委组织部、各市党委和政府）

中共山西省委　山西省人民政府《山西省关于贯彻落实〈国家创新驱动发展战略纲要〉的实施方案》

（2017年3月31日）

创新是引领发展的第一动力。根据省委"一个指引、两手硬"重大思路和要求，为贯彻落实《国家创新驱动发展战略纲要》精神，充分发挥科技创新在供给侧结构性改革中的基础、关键和引领作用，深入推进以科技创新为核心的全面创新，促进发展动能向创新驱动根本转变，塑造山西美好形象、实现山西振兴崛起，制定本方案。

一、战略目标与主要任务

（一）战略目标。全面贯彻党的十八大和十八届三中、四中、五中、六中全会精神，深入贯彻习近平总书记系列重要讲话精神，统筹推进"五位一体"总体布局，协调推进"四个全面"战略布局，践行"五大发展"理念，按照"三步走"的战略目标，以山西转型综合改革试验区为依托，以供给侧结构性改革为主线，以科技创新为核心，以产业创新为重点，以制度创新为保障，实施重大创新行动，构建现代产业新体系，培育创新发展新动能，形成以创新为导向的要素配置模式，以创新驱动推动我省发展。

（二）主要任务。到2020年，全省科技创新能力显著提升，产学研用相结合的特色创新体系基本形成，科技成果年均增长10%以上，科技进步贡献率突破50%，综合科技实力达到全国平均水平以上,成为全国重要的大数据、现代装备制造、新材料、节能环保和信息产业基地,进入创新型省份行列。

——重点产业科技创新取得明显突破。大数据、现代装备制造、新材料、节能环保和信息技术等新兴产业创新成效显著,煤基科技创新达到国内乃至国际领先水平,产业链、创新链、资金链有效融合,现代产业技术体系基本形成。全省高新技术企业实现倍增,达到1500家以上,科技型中小微企业达到10000家,高新技术企业销售收入占规模以上工业企业销售收入的比重达到15%以上。

——科技创新主要短板逐渐补齐。研究与试验发展(R&D)经费支出占地区生产总值的比重达到2.5%。省级以上高新技术产业开发区达到15家以上。省级及以上实验室、工程(技术)研究中心、企业技术中心等达到500家以上。产业技术创新战略联盟达到50家,其中国家级10家。有效发明专利拥有量达到1.3万件左右。年技术合同交易额达到265亿元。院士专家工作站达到100家以上。

——科技体制改革深入推进。制约科技创新的思想障碍和制度藩篱有效破除,企业、高校和科研机构协同创新有效运行,有利于大众创业、万众创新的政策环境、制度环境有效确立并发挥重要作用。

——经过一段时间的持续奋斗,使创新驱动成为我省发展的根本动力,经济社会发展水平和国际影响力大幅提升,大数据、高端装备制造、新能源、新能源汽车、新材料、电子信息、现代特色农业等新兴产业逐步成长为支柱产业,煤层气、现代煤化工等煤基产业形成新的竞争优势,产业抗风险能力显著增强。科技体制和运行机制充满活力,全社会创新活力竞相迸发。

二、重大创新行动

(一)科技政策创新行动

围绕创新驱动、转型升级提供制度供给和政策动力,制定、出台、落实一批激励作用更大、适用范围更广的新政策。

1.制定、落实以增加知识价值为导向的分配政策。强化以增加知识价值为导向分配政策的整体谋划和顶层设计,把抓落实作为创新驱动发展的突破口和切入点。构建实现知识价值的市场化机制,使"智有所值、劳有所得"。通过稳定提高基本工资、加大绩效工资分配激励力度、落实科技成果转化奖励等激励措施,使科研人员收入与岗位职责、工作业绩、实际贡献紧密联系,激发科研人员创新创造活力。(牵头单位:省科技厅、省财政厅、省人社厅)

2.制定、落实一流的人才引进政策。落实我省深化人才发展体制机制改革的实施意见,加快补齐人才短板。完善我省"百人计划"政策。对来晋的外国专家,简化签证程序,放宽居留条件,落实优惠待遇。加大柔性引才力度,鼓励国内外高层次人才和留学人员通过顾问指导、短期兼职、项目合作、技术咨询等方式来晋创新创业,支持其深度参与国家计划工程项目和科研攻关项目,努力解决高层次引进人才的配偶就业、子女就读、住房保障等后顾之忧。对具有国际一流、国内顶尖水平,能够引领产业发展、带动区域性产业结构调整和产生重大经济效益的创新创业领军人才及其团队,采取"一人一策、一事一议"的引进方式,由省财政给予专项资金支持。建立省级人才需求信息数据库,定期发布全省高层次人才需求信息。实施晋商晋才回乡创业创新工程,建立山西省在外人才数据库,主动加强与省外人才的联络沟通。对海内外高层次人才入晋实行"绿卡"制度。(牵头单位:省委人才办、省人社厅、省财政厅)

3.制定、落实人才分类评价和职称评定政策。以职业属性和岗位需求为基础,分类制定职称评价标准,重点考察创新能力、实际业绩和贡献。合理界定和下放职称评审权限,畅通非公有制经济组织和社会组织专业技术人员职称申报渠道,激发各类人才的创新积极性。(牵头单位:省人社厅)

4.制定、实施导向鲜明的成果转化、表彰激励、政府投入政策。落实高校、科研院所科研成果使用、处置和收益管理自主权。提高高校、科研院所、企业科研人员成果转化收益比例。引入科研成果市场化定价机制,在履行尽职义务前提下,免除单位负责人在科技成果定价中因科技成果转化后续价值变化产生的决策责任。(牵头单位:省科技厅、省财政厅)

5.完善、落实科技资源共享政策。建立科技资源开放共享、绩效考核、后补助和评估监督机制。扩大科技创新券补助范围,向省外单位购买科技创新服务也可申报补助。完善科技资源共享补贴政策,利用政府财政资金或者国有资本购置建设的科技公共资源应当向社会开放,免费向有关创新主体提供服务。(牵头单位:省科技厅、省财政厅)

6.制定、落实更科学的科研经费管理政策。本着重人轻物、精简程序、简化手续的原则,制定更符合科研活动规律的经费管理政策,建立科研经费助理制度,减少科研人员杂事干扰。对高校、科研机构和企业自筹资金研究开发并具有自主知识产权的科技创新项目,可采取后补助方式予以财政性资金资助,资助资金不再规定适用范围。(牵头单位:省科技厅、省财政厅)

7.制定、落实更开放的人才流动政策。全面落实用人单位自主权,打通政企、事企人才双向流动渠道,取消机关事业单位控编通知单、进人计划卡。鼓励高校、科研院所的专业技术人才在履行本职岗位职责的前提下,到企业兼职从事科技成果转化、技术攻关等工作,所得收入按个人和单位协商合同分配。支持科研人员携带科研项目和科技成果离岗创业。制定高校设立流动岗位吸引企业技术人员到高校从事科研教学工作办法。(牵头单位:省人社厅、省教育厅、省编办)

8.制定、落实更有创新激励作用的用地政策。建立鼓励科技创新的建设用地倾斜配置机制。国家级、省级研究开发机构所涉项目用地应得到优先保障。重大战略性产业和重点领域项目建设用地,在计划指标、土地审批与供应方面应得到优先支持。(牵头单位:省国土厅)

9.制定、落实更加积极的政府采购科技创新产品政策。建立财政性资金采购科技创新产品和服务制度,定期公布科技创新产品目录,提高政府采购中科技创新产品和服务的比

重。(牵头单位:省财政厅、省科技厅)

(二)新兴产业创新发展行动

1. 加快推动大数据产业创新发展。引进与自主开发并重,突破大数据采集、预处理、安全防护、存储及管理、分析及挖掘、展现和应用等关键技术,促进数据资源集聚,推进数据、应用、技术、产业协同发展。加快推进政府数据开发共享,优先推动交通、医疗、就业、社保等民生领域的政府数据向社会开放。强化政策支持,建立大数据市场化应用机制,推动大数据在政府治理、商业活动以及工业、农业、服务业等各行业的创新应用和示范;培育若干领先的大数据龙头骨干企业,引导鼓励大、中、小企业加强合作,构建大数据产业生态圈,探索构建大数据产业园区。尽快把数字经济培育成为促进全省创新驱动转型升级的重要支撑力量。(牵头单位:省经信委、省科技厅)

2.加快推动高端装备制造业创新发展。在轨道交通装备方面,提高大功率交流传动电力机车,机车车辆电传动系统、电机系统、牵引系统、控制系统、制动系统、走行系统,货车等技术创新能力。在重型机械装备方面,提高大功率、低能耗、高可靠、高安全、轻量化的起重设备、系列挖掘设备、管轧成套设备、高速线材轧机、带钢冷轧主轧设备、锻压成套设备、油膜轴承、系列减速机等技术创新能力。大力发展纺织机械装备、液压元器件、通用航空装备,煤矿、隧道通风设备,智能制造、增材制造、机器人制造等方面的新技术和新产品。在煤层气装备方面,重点推进煤层气勘探、抽采、储运、应用装备技术开发和服务创新,加快建设太原、晋城两大煤层气装备制造基地。(牵头单位:省经信委、省科技厅)

3.加快推动新能源产业创新发展。以太重集团、晋能集团、永济电机等重点企业为创新主体,加强国内外合作,围绕电机、发电机控制装置、增速器、主轴、法兰、塔筒等风电装备关键零部件及整机,以及高效晶体硅太阳能电池及组件等重点领域,提高新能源装备研发及产业化水平。进一步提高煤层气发电、生物柴油、生物质发电、核电、地热能以及智能电网等技术创新能力。(牵头单位:省发改委、省科技厅、省经信委)

4. 加快推动新材料产业创新发展。在先进金属材料方面,提高高速重载铁路用钢、不锈钢无缝管、节镍型高性能不锈钢等高性能和专用特种优质钢材,新型轻量化镁合金,大型铝合金型材、高纯高压电子铝箔,光亮高导铜杆线、压延铜箔、高性能铜合金带、大规模集成电路引线框架、铜镍硅合金,超高性能永磁材料等技术创新能力。在新型化工材料方面,提高聚丙烯、聚乙烯、高性能碳素材料、聚碳酸酯、特种橡胶材料、先进工程塑料、有机硅聚合物产品等技术创新能力。在新型无机非金属材料方面,提高不锈钢用耐火材料、建材行业用耐火材料,煤化工用高温、耐磨材料,煤系高岭土深加工产品等技术创新能力。在高性能复合材料方面,提高高性能玻璃纤维、连续玄武岩纤维、硅酸铝陶瓷纤维、石膏纤维(晶须)和粉煤灰纤维,长纤维和连续纤维增强热塑性材料,热固性树脂基复合材料,高性能结构型陶瓷材料等技术创新能力。在前沿新材料方面,提高电磁防护材料、存储材料、高性能新型纤维材料、纳米材料、生态环境材料、太阳能电池材料、碳纤维材料、石墨烯材料等技术创新能力。(牵头单位:省发改委、省科技厅、省经信委)

5.加快推动节能环保产业创新发展。在高效节能产业方面,提高循环流化床锅炉、高效煤粉锅炉、三相异步电机、稀土永磁电机、LED外延片、双循环低温余热发电成套设备、炼焦节能和焦化余热利用等技术创新能力。在先进环保产业方面,提高污染源监控系统、水处理成套设备、污水处理设备、脱硫脱硝脱汞设备、燃煤锅炉超低排放、乏风热泵、乏风氧化等技术创新能力。在资源循环利用产业方面,提高煤矸石、粉煤灰等大宗工业固体废物综合利用,矿井水资源化利用,主要工业行业废水深度处理及回用,建筑废弃物资源综合利用,机电产品再制造等技术创新能力。(牵头单位:省经信委、省科技厅、省环保厅)

6.加快推动生物产业创新发展。在生物医药方面,提高土霉素、青霉素类、头孢菌素类、酚肽、磷霉素等原料药,血液制品、生物活性制剂、基因工程产品等生物制品,仿制高效、速效、长效、靶向给药的新型药物制剂,缓释、控释、透皮吸收制剂等技术创新能力。在现代中医药方面,提高我省特色道地药材种植、炮制加工、有效成分结构优化、创新药物研发、配方颗粒制备、中药注射剂、透皮给药制剂等技术和产品开发,龟龄集、定坤丹、安宫牛黄丸等传统中成药二次开发,抗肿瘤、抗感染、心血管类等现代中药技术创新能力。在生物制造方面,提高非粮生物醇、有机酸、生物烯烃等生物基化工原料,氨基酸、维生素等新型发酵产品,人工脏器,动植物胶囊等技术创新能力。(牵头单位:省经信委、省科技厅、省农业厅、省卫计委)

7. 加快推动煤层气产业创新发展。提高煤层气资源勘查、高产富集区预测与评价,高效煤层气抽采、煤与煤层气共采、废弃矿井采空区煤层气抽采、井上井下联合抽采,煤层气高效安全储运,低浓度瓦斯发电,低浓度瓦斯提纯,乏风催化燃烧,固体燃料电池发电等技术创新能力。(牵头单位:省发改委、省科技厅、省煤炭厅)

8.加快推动新一代信息技术产业创新发展。提高电磁信息安全防护、工控信息安全、新型生物识别、量子保密通信、可信密码模块和可信算法、网络监测预警等信息安全技术创新能力,大力开展机器人、虚拟现实、卫星导航、微电子、新型显示、锂离子电池、LED光源、汽车电子、机床电子、工业控制、金融电子、医疗电子、能源电子、智能交通等技术创新和综合应用。(牵头单位:省经信委、省科技厅)

9.加快推动新能源汽车产业创新发展。以发展电动汽车为重点,提高动力电池及管理系统、驱动电机及系统控制、整车电控、整车匹配、车载充电、电空调、电转向、电制动等技术创新能力,以及燃气汽车、甲醇汽车相关技术创新能力。(牵头单位:省经信委、省科技厅、省发改委)

(三)传统产业创新提质行动

1. 提升改造传统产业。积极推动薄煤层机械化开采装备、短壁综采装备、煤巷快速掘进与支护成套装备、大型现代化露天煤矿半连续工艺关键设备、矿井新型辅助运输装备的研制及示范应用。重点推进煤层气勘探、抽采、储运、应用装备技术开发和服务创新。推进生态矿山建设,推广充填式、保水式开采技术以及安全高效低成本切顶卸压无煤柱开采技术。开展智能化采掘工作面成套装备及技术攻关,推动煤矿生产实现智能化和无人化。推进煤炭由燃料向原料与燃料并重转变。推动钢铁行业由生产大宗产品向生产特精尖产品转变,重点突破高铁、海洋、核电用钢等关键技术。(牵头单位:省科技厅、省煤炭厅、省经信委)

2.突出抓好煤炭转化和利用。发挥煤转电主渠道作用,通过机组置换等途径,逐步扩大采用超临界和超超临界技术机组的占比,提高燃烧效率,减少污染物排放,强化在役火电机组的节能监测技术,提升生产效益。加快已核准的低热值煤发电项目建设进度,推动煤矸石和粉煤灰实现综合处理与利用。加快燃煤电厂超低排放技术改造步伐,力争2017年底前全部改造完毕。(牵头单位:省经信委、省发改委)

拓展煤焦化传统利用途径。引导部分焦化企业转型生产化工焦、洁净焦,拓展产品市场方向。重点开发焦炉煤气综合利用技术、高低温煤焦油深加工技术、煤沥青深加工技术,实现稳焦兴化、焦化并举、上下联产。建设孝义、介休、潞城、河津等焦化产业园区,推动焦炉气和煤焦油集约化、规模化深度开发。推动焦炉煤气制烯烃、焦炉煤气制甲醇、焦炉煤气制尿素项目等一批焦炉煤气利用项目尽快建设或达产。推动高性能碳纤维、先进炭材料等一批煤焦油深加工项目尽快建设或达产。(牵头单位:省经信委)

加快现代煤化工技术开发与示范。以中科院山西煤化所、赛鼎工程有限公司、山西大学、太原理工大学等为依托,联合省内外力量,加快推进煤炭分级转化和分质利用、微藻燃油等先进技术研发,尽快开展工业化示范和推广。积极开展煤制油、煤制天然气、煤制乙二醇等技术示范和成套设备开发,推进潞安集团180万吨/年煤基液体产品等重点项目开工建设或投产达效。(牵头单位:省发改委、省科技厅,长治市政府)

(四)特色现代农业增效行动

1.大力发展现代农业。加强农业科技创新资源向“农谷”等产业高新区集聚。加大农业生物、信息、设施装备和品牌文化科技创新力度。以特色生物资源保护和创新为核心,通过杂交育种、分子标记辅助育种、基因工程等生物技术,培育稳粮增效专用新品种,加强杂粮、干鲜果、食用菌、中药材、双季槐等特色农产品资源开发利用。加大农机新产品的研发、引进、推广力度。

构建现代农业产业技术体系,加大支持力度,围绕农业供给侧结构调整目标,大力发展功能农业、标准农业、智慧农业,开发功能食品,建立绿色现代农业生产技术及模式。开发标准化、规模化、信息化、智能化、品牌化等现代种养殖技术,推广化肥农药双减提质增效技术、水肥药调控一体化技术、旱作艺机一体化技术、绿色防控技术、农产品保鲜加工技术、农产品质量安全控制技术和质量安全溯源技术等。

优化功能农业区域布局。建设优质果麦区、东西两山核桃红枣杂粮豆种植区、畜禽集约化养殖区、雁门关生态经济畜牧区、高寒冷凉区和设施高效农业示范区。深入推行科技特派员制度,打造一批“星创天地”。推动电子信息、大数据、物联网等现代技术植入传统产业,开发现代农业技术服务系统、主要农产品生产安全检测追溯系统、名特优农产品电商交易示范系统。大力发展品牌农业、乡村旅游、休闲创意农业等,推动产业融合,实现农业提质、增效、可持续发展。(牵头单位:省农业厅、省科技厅、省农机局、省农科院)

2.实施科技精准扶贫行动。加大技术创新引导专项基金对科技扶贫的支持,因地制宜,解决贫困地区特色产业开发和生态建设中的关键技术问题。支持科技特派员到贫困地区开展创业式扶贫服务。鼓励科技人员通过技术入股、技术承包等方式在贫困地区、贫困村开展科技扶贫技术服务。强化涉农技术和实用技能培训,建设全覆盖的农业科技信息服务网络。实施贫困地区、革命老区人才支持计划,推进贫困村创业致富带头人培训工程。(牵头单位:省扶贫办、省科技厅)

(五)推进开发区发展建设行动

1.加快山西转型综合改革示范区建设。把山西转型综合改革示范区建设成为新体制、新机制、新政策先行先试的配套改革先导区,战略性新兴产业创新发展高地,对内对外全面开放的综合平台,城市建设智慧化、低碳化的新型城区,管理规范、廉洁高效的政治生态治理样板区,为全省域转型综改试验发挥示范作用,力争成为国家自主创新示范区。(牵头单位:山西转型综合改革示范区管委会,太原市、晋中市政府)

2.先行先试一批创新性政策。抓紧开展转型综合改革示范区政策体系建设,对标国家自主创新示范区优惠政策,打造对国内外有吸引力的政策高地。制定出台体制机制顶层设计、研发资金投入、创新创业服务、高新技术产业发展、城市建设管理、优化政务商事环境等方面的政策,为转型综合改革示范区的长远健康发展提供制度保障。(牵头单位:山西转型综合改革示范区管委会)

3.加强产业科技集聚区建设。支持各设区市建设国家及省级高新技术产业开发区、经济开发区、农业科技园区、可持续发展实验区、大学科技园等创新资源集聚区。依托各类创新资源集聚区,布局建设一批支撑实体经济发展的众创空间、综合性和专业类孵化器,形成以企业孵化、成果转化为核心的全省技术转移转化服务体系,培育新的经济增长点。(牵头单位:省科技厅、省商务厅,各市政府)

4. 加快太原能源低碳发展论坛永久会址综合功能区建设。抓紧开展策划方案编制、规划设计、审批手续办理、征地拆迁等前期工作,打造国家级、国际性、专业化知名论坛,使其成为全球能源低碳发展领域创新交流展示的重要平台。(牵头单位:省科技厅,太原市、晋中市政府)

(六)科技服务民生行动

1.大力发展民生科技。深入实施低碳创新行动,加强清洁能源、清洁生产等技术的开发与示范,促进资源节约型、环境友好型社会发展。实施废弃物资源化利用、蓝天科技、绿色建筑、二氧化碳捕集利用与封存等技术创新,开展相关应用示范。加强大气污染防治、水污染防治、节水节能、水土流失、土壤修复、生态保护等共性关键技术研发，支撑引领生态文明建设。推动建设临床医学研究中心，提升医疗技术与装备水平，培育2-3个国家医学重点实验室，把实验室建设与我省重点学科发展结合起来，打造以重点学科为引领的协同创新平台，推进共享开放。加强安全生产、食品安全、重大疾病防控、公共卫生、防恐处突、自然灾害监测与预警等技术和装备研发，支撑和保障公共安全。大力发展健康服务与健康产业。（牵头单位：省卫计委、省环保厅、省科技厅）

2.推动文化科技创新。加快文化产品与服务的生产、传播、消费和数字化、网络化进程。以太原国家级文化与科技融合示范基地为龙头，推动各地建立文化科技创新服务体系。支持科技创业孵化器开展对文化创意和设计服务类企业的专业化服务，支持优秀文化遗产保护与展示、传播及优秀古典艺术衍生品的开发与产业化，推动动漫游戏等产业优化升级。推动“互联网+”文化，推动传统出版单位数字化转型，培育数字出版新业态，推动传统媒体与新兴媒体融合，壮大主流媒体，提高媒体传播力，运用现代全媒体传播技术扩大文化影响力。（牵头单位：省文化厅、省科技厅、省新闻出版广电局）

（七）企业创新主体建设行动

1.引导企业成为科技创新决策的主体。深化重大科技项目组织方式改革，主动吸纳创新实力强的企业，参与重大科技项目的规划、组织和决策。省科技重大专项和重点研发计划立项评审专家组中的企业家和企业技术专家要占到三分之一以上。（牵头单位：省科技厅）

2.引导企业成为科技创新投入的主体。鼓励企业普遍建立研发准备金制度，加大技术创新投入。到2020年，省属重点国有企业研发投入占主营业务收入的比重达到1.5%以上；战略性新兴产业领域的重要骨干企业研发投入占主营业务收入比重力争达到3%以上；全省规模以上工业企业都要有研发活动，建立研发机构的规模以上工业企业占比超过15%。（牵头单位：省经信委、省国资委）

3.引导企业成为科技创新组织的主体。支持龙头骨干企业和科研院所、高校联合建设工程研究中心。用3—5年时间，培育30个具有国际竞争力、引领产业发展、销售收入过百亿元的创新型企业。（牵头单位：省发改委、省科技厅）

4.引导企业成为科技成果转化的主体。积极推进产学研合作，鼓励企业与科研院所、高校及其他组织采取联合建立研究开发平台、技术转移机构或者技术创新联盟等产学研合作方式，共同开展研究开发、成果应用与推广等活动。用3-5年时间，建立3—5个以产权为纽带、利益共享、风险共担、实质运作的产学研联盟。（牵头单位：省科技厅、省经信委）

（八）高层次创新团队建设行动

1.加强科技创新团队建设。采取“产业资本+人力资本”的模式，积极引进国内外企业集团和跨国公司的核心研发团队或成立研发分支机构。通过项目招标、人才招标、项目合作、人才租赁以及联建重点实验室、研发中心等方式引进领军型科技创新团队。深入实施“创新团队建设计划”，依托重点骨干企业和高校、科研院所，用3—5年时间，在战略性新兴产业和煤基低碳领域培育50个能够研发出重大产品、解决重大关键技术问题、带动重点产业发展的高层次创新团队。（牵头单位：省科技厅、省商务厅）

2.积极培育科技创新人才。继续实施“三晋学者”支持计划。实施高端创新型人才培育工程，重点围绕煤基低碳和战略性新兴产业，选拔培养一批急需紧缺的科技创新领军人才。实施山西省青年拔尖人才支持计划，继续培养造就一批具有较强创新创业能力和较大发展潜力的青年拔尖人才。（牵头单位：省委人才办、省教育厅、省人社厅）

3.加强创新型企业家队伍建设。实施新兴产业领军人才培育工程，选拔培养一批转型创新发展急需紧缺的领军人才。实施科技型企业家培育工程，培养一批视野广阔、创新意识超前、管理水平先进的科技型企业家。（牵头单位：省经信委、省国资委、省人社厅）

4.培育工匠型高技能人才。适应产业向精细制造转变、向中高端跃升的要求，培育一批“技能大师”，建设一批“大师”工作室。树立职业教育的新导向，加强校企交流、校企合作，用3—5年时间，建成3所职业教育示范学校，建立3—5个以职业院校或大型企业为龙头、产权清晰、校企一体化、独立法人实体运作的职教集团，向社会和企业输送大批工匠型人才。（牵头单位：省人社厅、省总工会、省教育厅）

（九）技术转移转化行动

1.着力发展功能齐备、交易活跃的现代技术市场。整合现有技术转化和创新服务资源，促进技术市场建设提质升级。在山西科技创新城建设科技成果与知识产权线上线下交易平台，面向全球优选科技成果，建设科技成果储备中心，开展科技成果和专利技术展示交易、转让活动。力争每年有100项左右重大科技成果在我省落地转化。（牵头单位：省科技厅、山西转型综合改革示范区管委会）

2.开展科技成果转移转化试点。整合成果、人才、资本、平台、服务等创新资源，积极申报建设国家科技成果转移转化试验示范区或示范性国家技术转移机构。发挥国家技术转移试验示范区或示范机构的带动作用，建立省、市两级技术转移示范机构。加强军民融合发展。建设大同中国国际技术转移分中心、晋陕豫黄河金三角承接产业转移示范区，加大承接京津冀、长三角、珠三角等地区产业和技术转移力度。（牵头单位：省科技厅、省商务厅）

3.健全技术转移政策机制。取消科技成果鉴定，改由第三方专业评价机构对科技成果进行客观、公正的评价。由财政资金支持形成的公共科技成果两年内未转化的，强制挂牌交易。巩固技术合同认定制度，落实国家有关技术转让减免税优惠政策。（牵头单位：省科技厅）

4.提升科技中介机构综合服务能力。完善现有创业服务中心、技术转移中心、生产力促进中心等科技中介服务组织的功能。引导社会资本兴办各类科技中介服务机构。健全知识产权公共服务机构及平台，围绕我省重点产业开展专利预警分析及专利导航服务。到2020年科技中介服务机构的基础数量超过500家，在重点区域和重点行业内培育示范科技服务机构50家，打造科技服务知名品牌和龙头机构5家。(牵头单位:省科技厅、省教育厅)

(十)多元科技投入和科技金融融合发展行动

1.加大和改进财政科技投入。根据财政情况逐步加大省级财政科技经费投入力度。优化投入结构，建立与竞争性经费相协调的机制，逐步加大对科研机构、重点实验室以及公益性行业科技的支持力度。创新财政科技投入方式，综合运用创业投资、风险补偿、贷款贴息等多种方式，充分发挥财政资金的杠杆作用，引导金融资金和民间资本进入创新领域，完善多元化、多渠道、多层次的科技投入体系。建立省级科技成果转化引导基金。(牵头单位:省财政厅)

不折不扣落实研发费用加计扣除、高新技术企业税收优惠、固定资产加速折旧、促进创业投资企业发展等方面普惠税收政策。落实国家对种子期、初创期等创新活动投资的相关税收支持政策。(牵头单位:省地税局、省国税局)

2.拓宽科技企业融资渠道。利用多层次资本市场融资。实施科技企业上市培育计划，建立省、市、县科技企业上市后备库，推动符合条件的科技型中小企业在主板(含中小板)、创业板、"新三板"、山西股权交易中心等境内多层次资本市场和境外市场上市挂牌融资。支持上市、挂牌科技企业通过增发股份和发行债券等方式实现再融资。支持上市科技企业并购重组做大做强。推动科技企业通过债券市场融资，发行企业债券、公司债券、短期融资券、中期票据、集合债券、集合票据和私募债券等。(牵头单位:省政府金融办)

鼓励发展各类股权投资基金。鼓励省属大型国有企业设立风险投资公司。鼓励各类金融机构和民间资本成立服务区域科技产业协同发展的专项投资基金。支持有市场运作能力、符合条件的市县政府投融资平台改造为创业投资机构。支持设区市、国家级高新技术产业开发区设立和发展创业投资引导基金、私募股权投资基金。支持民间资本参与发起设立创业投资、私募股权投资和天使投资基金。引导创业投资机构投资初创期科技型中小企业。鼓励符合条件的创业投资企业通过债券融资等方式增强投资能力。充分发挥山西股权交易中心作用，促进科技初创企业融资，创新环境，引入、培育创业投资、天使投资和风险投资。(牵头单位:省政府金融办)

3.创新科技金融服务。推动银行、保险等金融机构在高新技术产业开发区和国家高新技术产业化基地等新设或改建科技支行，争取每个设区市至少设立1家。支持发展信用保险保单、贷款保证保险保单质押业务，鼓励保险公司与银行合作，采取"政府+保险+银行"的风险共担模式，使无担保、无抵押的科技型中小企业获得贷款。开发推广科技企业履约保证保险、知识产权保险、首台(套)产品保险、产品研发责任保险、关键研发设备保险、出口信用保险和成果转化保险等产品。推动知识产权质押融资，力争到2020年融资规模达4亿元。支持金融租赁公司、融资租赁公司为科技企业、科研院所等开展研发和技术改造提供大型设备、精密器材等租赁服务。(牵头单位:省政府金融办)

三、保障措施

(一)加大组织领导力度

1.加强和改进党委对创新工作的领导。实行"一把手"负责制，加强创新型体系建设，大力推动创新型城市、创新型区域、创新型企业发展。往各设区市选派科技副市长，具体负责组织推动本地的科技创新工作。研究制定创新工作例会制度、创新发展第三方评估制度，形成上下左右合力推动、协调、落实创新的工作机制。重视科研试错探索价值，建设鼓励创新、宽容失败的合理容错纠错机制。(牵头单位:省委组织部，各市党委、政府)

2.扎实推进贯彻落实。各牵头单位要按照要求，进一步把任务分工方案化、举措化，于2017年6月底前出台具体落实措施。各相关部门要牢固树立全局意识和大局观念，以法治思维、改革精神、创新办法推动各项任务落到实处。(牵头单位:各市党委、政府，省直有关部门)

(二)加大体制机制改革力度

1.深化省级科技计划管理改革。完善符合我省实际、与国家五大科技计划衔接的省级科技计划体系。政府部门不再直接管理具体项目，形成依托专业机构管理科研项目的新机制。山西省科技管理综合信息平台建成并高效运行。(牵头单位:省科技厅)

2.深化高校科研体制改革。在选人用人、科研立项、成果处置、编制管理、职称评审、薪酬分配、设备采购、建设项目审批等方面给予高校必要的自主权。给予创新领军人才更大的人财物支配权和技术路线决定权。启动实施高校"1331"工程，突出抓好重点学科、重点实验室和重点创新团队建设。继续实施协同创新计划，推动高校科研成果在我省转化。新设立煤层气、大数据等一批本科专业方向或研究生培养方向。(牵头单位:省教育厅)

3.深化省属转制科研院所改革。鼓励转制院所进入大型国有企业或同领域国有企业，或转制为科技类国有控股有限公司或国有全资企业。给予科研院所必要的自主权。加大对转制院所技术开发实验室和科研中试基地的支持力度。采取政府购买服务的方式，支持转制院所提供公共技术服务。依法保障转制院所员工合法权益，鼓励技术、管理等要素参与收益分配。(牵头单位:省科技厅、省国资委、省人社厅)

4.推进科技资源开放共享。建设完善、统一、开放的科技资源开放与共享管理服务平台，用好科技创新券，鼓励扩大开放共享仪器与设备的数量、质量，加大力度推进科技文献、科技数据等开放共享。(牵头单位:省科技厅、省财政厅)

(三)加大考核力度

完善以创新发展为导向的考核机制，将创新驱动发展纳入全省年度目标责任考核，引导各级党委、政府和广大干部重视科技创新，自觉服务创新，大力推动科技创新工作。(牵头单位:省考核办、省科技厅)

(四)加大合作开放力度

实施"东融南承西联北拓"战略，积极争取、推动我省融入"一带一路"、京津冀一体化、环渤海地区合作等国家区域发展战略。积极开展科技招商。积极推动"风投+科技"发展模式，搭建国内外风投机构与高科技企业的投资科研嫁接桥梁，积极引进重大科研项目。通过产学研合作，引进科研院校的科技成果在我省落地，探索尝试柔性引进国外专家、海外智力为企业服务，发挥"星期天工程师"的积极作用。(牵头单位：省商务厅、省发改委、省科技厅)

(五)加大创新生态建设力度

1. 形成鼓励创新的文化环境。大力宣传创新驱动发展战略的重要性和紧迫性，讲好创新故事，宣传创新典型，推动形成鼓励创造、追求卓越的创新文化，构建全社会共谋创新、各方面共促创新的强大合力和浓厚氛围。(牵头单位：省委宣传部)

2.建设支持创新的空间环境。实施众创空间示范工程，扶持发展一批低成本、便利化、全要素、开放式、专业化众创空间。在各普通高校、高职院校建设一批大学科技园、创新创业园、科技孵化器，鼓励大学生自主创业、合伙创业、休学创业。每年举办山西省创新创业大赛。(牵头单位：省科技厅、省教育厅)

3.完善有利创新的法治环境。加大创新驱动立法工作，尽快出台《山西省科技创新促进条例》。清理、修改不符合创新导向的法规文件，废除制约创新的制度规定。实施知识产权战略行动，加强知识产权创造，强化知识产权保护和运用，开展知识产权综合执法，建立健全省级重点工程和重大科技活动知识产权评议制度。(牵头单位：省人大常委会教科文卫委、省科技厅、省工商局、省新闻出版广电局)

4.营造崇尚科学的社会环境。营造良好的学术环境，激发科技工作者的创新活力。把科学普及放在与科技创新同等重要的位置，加强科普能力建设，加大科学普及工作力度。认真贯彻落实《中华人民共和国科学技术普及法》，加强科学教育，激发青少年的科技兴趣，提高全民科学素质。(牵头单位：省科协、省科技厅)

中共山西省委 山西省人民政府《关于完善产权保护制度依法保护产权实施方案》

(2017年5月25日)

为深入贯彻中共中央、国务院《关于完善产权保护制度依法保护产权的意见》，加快完善符合我省省情的产权保护制度，依法有效保护各种所有制经济组织和公民财产权，增强人民群众财产财富安全感，增强各种经济主体创业创新动力，促进我省经济社会持续健康发展，制定如下实施方案。

一、总体要求

全面贯彻党的十八大和十八届三中、四中、五中、六中全会精神，深入学习贯彻习近平总书记系列重要讲话精神，紧紧围绕统筹推进"五位一体"总体布局和协调推进"四个全面"战略布局，牢固树立和贯彻落实新发展理念，以着力推进供给侧结构性改革为主线，以全面推进法治山西建设为目标，以平等保护、全面保护、依法保护、共同参与、标本兼治为原则，完善现代产权制度，全面推进产权保护法治化，基本形成归属清晰、权责明确、保护严格、流转顺畅的现代产权制度和产权保护法律框架。

二、加强各种所有制经济产权保护

(一)深化国有企业和国有资产监督管理体制改革。建立监管权力清单和责任清单，实现以管企业为主向以管资本为主的转变。探索有效的运营模式，改组(组建)国有资本投资运营公司。积极稳妥发展混合所有制经济，在部分省属企业开展混合所有制试点。加强和改进党对国有企业的领导，充分发挥党组织的领导核心和政治核心作用，理顺省属企业的决策、执行、监督和运行机制。加强省属企业财务监督工作，落实相关制度要求，提高企业财务管理水平，增强企业财务监督和管控国有资产的能力。强化董事会规范运作和对经理层的监督。加强对企业财务、采购、营销、投资等内部制度方面的监督。加强对企业产权转让、增资和资产转让等国有资产交易监管，督促省属企业建立本企业的国有资产交易管理制度，加大对省属企业国有资产交易的检查力度，防止国有资产流失。

牵头部门：省国资委

参加部门：省财政厅

(二)建立健全自然资源资产产权制度。建立权责明确的自然资源产权体系。适时制定权力清单，明确各类自然资源产权主体权利。创新自然资源全民所有权和集体所有权的实现形式，除生态功能重要的以外，推动所有权和使用权相分离，明确占有、使用、收益、处分等权利归属关系和权责。建立自然资源资产产权管理制度。全面建立覆盖各类全民所有自然资源资产的有偿出让制度，加强自然资源资产交易平台建设。创新自然资源全民所有权和集体所有权的实现形式，探索建立活化使用权、保障收益权、激活转让权的资源管理机制。

牵头部门：省国土厅

参加部门：省编办、省发改委、省财政厅、省林业厅、省农业厅、省水利厅、省环保厅

(三)优化资源配置。加大国有建设用地招拍挂力度。严格规范土地出让底价，严格土地竞买人资格审查，建立诚信管理体系。逐步推进矿业权公开出让制度。着力推进煤炭资源市场化配置。以招拍挂方式为主配置煤炭资源，严格限制协议出让，在明确矿业权人权利、创新资质管理、实行矿业权出让总量控制等方面加强和完善自然资源资产产权制度。着力推进非煤资源市场化配置，非煤资源全部实行在市场上公开出让。

牵头部门：省国土厅

参加部门：省煤炭厅、省发改委、省财政厅

(四)建立统一的确权登记系统。以建立不动产统一登记制度为目标，根据国家不动产统一登记的总体部署，按照统一登记机构、统一登记簿册、统一登记依据和统一信息平台的“四统一”要求，整合登记职责，由单独一个机构负责所有不动产的登记工作。在此基础上，试点探索对水流、森林、山岭、草原、荒地、滩涂(湿地)等自然生态空间进行统一确权登记。逐步建立和完善自然生态空间统一确权登记的制度体系，推进确权登记法治化。

牵头部门：省国土厅

参加部门：省发改委、省财政厅、省住建厅、省交通厅、省环保厅、省水利厅、省林业厅、省农业厅、省审计厅、省统计局

(五)开展水流和湿地产权确权试点。探索建立水权制度，开展河流、湖泊等水生态空间确权试点，分清水资源所有权、使用权及使用量。开展湿地产权确权试点。

牵头部门：省水利厅

参加部门：省国土厅、省发改委、省财政厅、省环保厅、省林业厅、省农业厅

(六)完善农村集体产权确权和保护制度。继续抓好农村土地承包经营权确权登记颁证工作，按照“归属清晰、权能完整、流转顺畅、保护严格”的原则，科学确认农村集体经济组织成员身份，全面加强农村集体资产管理，逐步开展农村集体产权制度改革，完善农村产权流转交易市场运行机制。做好林权登记颁证工作，保护不动产权利人合法财产权。加强集体林权权益保护，逐步建立集体林地所有权、承包权、经营权分置运行机制。依法保障林权权利人合法权益。有序开展进城落户农民集体林地承包权依法自愿有偿退出试点。积极稳妥流转集体林权，创新流转和经营方式，发展林业适度规模经营。

牵头部门：省农业厅

参加部门：省林业厅、省国土厅

(七)深化商事制度改革，营造国际化、法治化、便利化营商环境。继续深化“五证合一”“两证整合”改革，积极探索多证合一；推进“先照后证”改革；稳步推进企业登记全程电子化；完善市场主体退出机制。

牵头部门：省工商局

参加部门：省发改委、省编办、省政府法制办等

三、完善平等保护产权的法律制度和程序

(一)健全以企业组织形式和出资人承担责任方式为主的市场主体法律制度。开展涉及产权保护的地方性法规和规章清理工作，对现行的地方性法规和规章中与本方案精神不相符、与上位法不一致的条款进行修订。有计划地开展立法调研，启动农村产权立法。

牵头部门：省政府法制办

参加部门：各有关单位

(二)依法维护企业正常生产经营活动。依法慎用强制措施和查封、扣押、冻结措施，最大限度降低对企业正常生产经营活动的不利影响。对涉案人员，应当综合考虑行为性质、危害程度等情况，依法慎重适用强制措施；对涉案企业，慎重决定是否采取查封、扣押、冻结措施。确需采取查封、扣押、冻结措施的，除依法需责令关闭企业的情形外，在条件允许的情况下，可以在法院监管下为企业预留必要的流动资金和往来账户。在对涉企纠纷裁判、执行时，充分考虑裁判、执行结果对企业的影响，特别是对产品有市场、发展有前途、一时运转有困难的企业，要实施诉讼费减、缓、免等救助措施。

牵头部门：省法院

参加部门：省检察院、省公安厅

(三)严格规范涉案财产的处置。依法区分企业和企业从业人员的个人财产，以及股东与公司的财产，制定详细的区分标准，充分保护各自的财产，做到产权明晰。追加股东为被执行主体时，要严格依照相关法律法规，不得随意追加。要严格区分涉案个人财产与家庭成员间的共同财产关系，对非涉案财产应依法保护，不得任意处理。对涉案财产的处置应首先采用评估、拍卖的方式，要严格按照最高人民法院制定的评估、拍卖规定变现，提倡用网络司法拍卖，做到及时、方便、快捷、公开、透明，最大限度地保护各方当事人的合法权益。在执行过程中，当事人、利害关系人或案外人对产权的查封、冻结和评估、拍卖提出异议的，应按照相关法律规定，及时立案，认真审查。

牵头部门：省法院

参加部门：省公安厅、省检察院

(四)依法惩治各类侵犯产权犯罪。依法惩治侵吞、瓜分、贱卖国有、集体资产的犯罪，促进资产监督管理制度不断健全。加大对非公有财产的刑法保护力度，依法惩治侵犯非公有制企业产权以及侵犯非公有制经济投资者、管理者、从业人员财产权益的犯罪。对非法占有、处置、毁坏财产的，不论是公有财产还是私有财产，均依法及时追缴发还被害人，或者责令退赔。重点惩治侵犯驰名商标、战略性新兴产业和现代服务业商标权的犯罪，严厉惩治侵犯商业秘密，制售假冒伪劣商品，损害先进制造业、战略性新兴产业、现代服务业商业信誉、产品声誉的犯罪。对产权主体提请抗诉、确有错误的刑事判决、裁定，依法提出抗诉，确保犯罪分子受到应有的惩罚。加强部门间沟通联系，互通情报信息，对重大案件适时介入侦查，形成打击侵犯产权犯罪的合力。

牵头部门：省检察院

参加部门：省公安厅、省法院

四、妥善处理历史形成的产权案件

（一）依法处理历史形成的产权申诉案件。坚决落实有错必纠的要求，对于改革开放以来作出的涉及重大财产处置的产权纠纷以及民营企业和投资人违法犯罪的生效裁判，当事人、案外人提出申诉的，法院要及时审查，认真甄别；经审查确属事实不清、证据不足、适用法律错误的，依法及时予以纠正并赔偿当事人损失。

牵头部门：省法院

参加部门：省公安厅、省检察院

（二）加强涉及民事行政诉讼监督。加强对涉及非公有制企业的民事行政案件审判、执行活动的法律监督，加强对虚假诉讼、恶意诉讼、诉讼欺诈的监督，加大对非公有制企业债务纠纷、劳动争议等案件的办理力度，深入推进民事执行专项监督活动，保证非公有制企业的合法权益依法得以维护。依法妥善办理涉及企业的投融资纠纷、知识产权纠纷、公司破产清算等各类案件。依法妥善办理劳动争议、补贴救助等涉及民生的案件。依法妥善办理农村土地征收征用、土地承包经营权流转等涉农案件。开展督促起诉工作，加强对国有资产的司法保护。积极稳妥地开展民事执行监督工作，促进公正判决落到实处。加强与劳动保障等部门的协作配合，充分运用检察建议、支持起诉等手段，帮助农民工追索劳动报酬，维护劳动者合法权益。切实增强风险防范意识，对处置“僵尸”企业、办理破产清算、处理企业债务纠纷等司法案件，加大监督力度，配合有关部门做好风险控制，依法、稳妥地参与债务风险的化解工作。对历史形成的产权申诉案件依法甄别，确属事实不清、证据不足、适用法律错误的错案，要依照审判监督程序，提出再审检察建议、提出抗诉或者提请抗诉，促使纠正。

牵头部门：省检察院

参加部门：省公安厅、省法院

（三）进一步加强对司法活动的监督。深入推进“阳光司法”，让人民群众感受到看得见的公正。进一步深化和巩固规范司法行为专项整治成果，加大司法不规范突出问题整改力度，严格落实办案质量终身负责制和错案责任倒查问责制、机关内部人员过问案件的记录制度和责任追究制度。健全案件集中管理机制，强化对司法办案活动的源头控制、全程监管、事后评价，增强严格规范司法的刚性约束。健全不立案、不逮捕、不起诉、不抗诉等终结性法律文书公开制度，完善公开审查、公开听证制度。

牵头部门：省委政法委

参加部门：省法院、省检察院、省公安厅、省司法厅

（四）客观看待企业经营的不规范问题。对于改革开放以来各类企业，特别是民营企业，在生产经营等活动中不规范所引发的问题，要以历史和发展的眼光客观看待。对于法律界限不明、罪与非罪不清或者虽有违法违规情形，但不具备犯罪构成要件的，应当宣告无罪。对在生产、经营、融资等活动中的经济行为，除法律、行政法规明确禁止外，不得以违法犯罪论处。

牵头部门：省法院

参加部门：省检察院、省公安厅

五、审慎把握处理产权和经济纠纷的司法政策

（一）准确认定经济纠纷与经济犯罪。杜绝利用刑事手段干预经济纠纷。充分考虑非公有制经济特点，正确区分经济纠纷与经济犯罪的界限；正确区分企业正当融资与非法集资的界限；正确区分经济合同纠纷与合同诈骗的界限；正确区分民营企业参与国有企业兼并重组涉及的经济纠纷与恶意侵占国有资产的界限。对法律政策界限不明，罪与非罪、罪与错不清的，要注意听取行业主管部门和监管部门的意见，慎重妥善处理。

牵头部门：省法院

参加部门：省检察院、省公安厅

（二）严禁党政干部干预司法活动、介入司法纠纷、插手具体案件处理。严格落实《山西省领导干部干预司法活动、插手具体案件处理的记录、通报和责任追究实施细则》，支持政法机关依法独立公正行使职权，促使全省领导干部不得干预司法活动、插手具体案件处理，不得向司法人员施加压力影响案件公正办理，不得要求司法机关违反法定职责或法定程序处理案件，不得要求司法机关做有碍司法公正的事情，不得对依法处理中的案件以打招呼、批条子、递材料或其他明示、暗示等方式提出任何书面、口头意见。

牵头部门：省委政法委

参加部门：省检察院、省法院、省公安厅

（三）平等保护各种所有制经济财产和公私财产。鼓励和支持各种所有制企业创新发展，更加重视平等保护民营企业、小微企业、外资企业的合法权益，确保各种所有制企业“三个平等”，即诉讼地位和诉讼权利平等、法律适用和法律责任平等、法律保护和法律服务平等，坚决防止和制止不作为、慢作为和乱作为。在执法办案和提供法律服务中，无论是本地企业还是外地企业，无论是国有企业还是民营企业，无论是大型企业还是中小微企业，都要坚持平等对待、同等保护，坚决防止地方和部门保护主义，确保各类市场主体享有平等的法律地位和权利。

牵头部门：省检察院

参加部门：省法院、省公安厅

六、完善政府守信践诺机制和财产征收征用制度

（一）建立政府政策承诺机制。对因招商引资、政府与社会资本合作等活动引发的纠纷，要认真审查协议不能履行的原因和违约责任，切实维护行政相对人的合法权益。对政府违反承诺，特别是仅因政府换届、领导人员更替等原因违约毁约的，要坚决依法支持行政相对人的合理诉求。对确因国家利益、公共利益或者其他法定事由改变政府承诺的，要依法判令补偿行政相对人的财产损失。

牵头部门:省法院

参加部门:省公安厅、省检察院、省政府法制办、省财政厅

(二)建立政府违约补偿及追究机制。对因政府违约等导致企业和公民财产权受到损害等情形,进一步完善赔偿、投诉和救济机制,畅通投诉和救济渠道。将政务履约和守诺服务纳入政府绩效评价体系,建立政务失信记录,建立健全政府失信责任追究制度及责任倒查机制,加大对政务失信行为的惩戒力度。

牵头部门:省法院

参加部门:省公安厅、省检察院、省发改委、人行太原中心支行、省政府法制办、省财政厅

(三)完善财产征收征用制度。对于公民、法人或者其他组织认为行政机关未依法征收、征用,或者征收、征用未予补偿、补偿不到位向法院提起诉讼的,法院应当依法立案受理,不允许以妨碍地方经济发展等理由为借口,限制剥夺当事人诉权。在审理此类案件中,应当准确把握立法精神,严格适用征收征用法定条件,合理界定公共利益的范围,防止将公共利益扩大化。遵循及时合理补偿原则,对土地征收和房屋补偿标准明显偏低的,要根据案件实际情况,综合运用多种方式给予被征收征用者公平合理的补偿,充分保护被征收征用者的合法权益。

牵头部门:省法院

参加部门:省公安厅、省检察院、省国土厅、省住建厅、省财政厅、省政府法制办

七、加大知识产权保护力度

(一)全面开展知识产权民事、刑事、行政案件审判"三审合一"。对法律适用难度较大的涉产权民刑交叉、民行交叉案件,要统筹优化审判资源,组成民刑、民行综合合议庭,进一步统一法律适用标准,提高审判质量和效率,全方位加强对知识产权的司法保护力度。

牵头部门:省法院

参加部门:省检察院、省公安厅、省工商局、省新闻出版广电局等

(二)加大知识产权侵权行为惩治力度。依法审理侵犯专利权、商标权、著作权侵权案件,加大知识产权保护力度。加大惩治知识产权犯罪力度,提高知识产权侵权法定赔偿上限;积极探索知识产权侵权损害赔偿制度,对故意侵权,重复侵权,链条式、产业化侵权行为,要大胆适用惩罚性赔偿制度。进一步推进侵犯知识产权违法行为信息公开制度。

牵头部门:省法院

参加部门:省检察院、省公安厅、省工商局、省新闻出版广电局等

(三)加快构建知识产权交易转化平台。将知识产权保护和运用相结合,加强机制和平台建设。建立省级知识产权公共服务和行政监管一体化的网络信息平台,构建多层次的综合技术服务平台,促进知识产权转移转化。

牵头部门:省科技厅(省知识产权局)

参加部门:省新闻出版广电局、省工商局

八、健全增加城乡居民财产性收入的各项制度

(一)深化土地制度改革。规范农村集体经营性建设用地产权管理,加快承包地、宅基地、农村集体经营性建设用地所有权和使用权确权登记工作。对符合规划、依法取得的农村集体经营性建设用地所有权人,明确其对经营性建设用地具有占有、使用、收益和处分的权利。建立兼顾国家、集体和个人的土地增值收益分配机制,合理提高个人收益。合理确定集体留存比例和农民集体经济组织成员内部分配比例,确保全体成员享受到集体土地带来的财产性收入合理公平增加。研究住宅建设用地等土地使用权到期后续期的法律安排,推动形成全社会对公民财产长久受保护的良好和稳定预期。

牵头部门:省国土厅

参加部门:省农业厅、省住建厅

(二)深化金融改革。努力推动金融创新,积极发展新金融业态,积极发展地方保险机构,鼓励创造更多支持我省实体经济发展、使民众分享增值收益的金融产品,增加民众投资渠道。

牵头部门:省政府金融办

参加部门:人行太原中心支行、山西银监局、山西证监局、山西保监局

(三)稳妥推进企业员工持股。在国有企业混合所有制改革中,支持有条件的混合所有制企业实行员工持股,坚持同股同权、同股同利,着力避免大股东凭借优势地位侵害中小股东权益的行为,建立员工利益和企业利益、国家利益激励相容机制。在省属国有企业中,试点开展对企业经营业绩和持续发展有直接或较大影响的科研人员、经营管理人员和业务骨干等持股工作。

牵头部门:省国资委

参加部门:省发改委、省财政厅

九、营造全社会重视和支持产权保护的良好环境

(一)加大宣传力度。大力宣传党和国家平等保护各种所有制经济产权的方针政策和法律法规,使平等保护、全面保护、依法保护观念深入人心,营造公平、公正、透明、稳定的法治环境。在坚持以经济建设为中心、提倡勤劳致富、保护产权、弘扬企业家精神等方面加强舆论引导,总结宣传一批依法有效保护产权的好做法、好经验、好案例,推动形成保护产权的良好社会氛围。

牵头部门:省委宣传部

参加部门:各有关单位

(二)构建守信激励和失信惩戒机制。逐步将有关产权保护违法违规行为信息纳入企业和个人信用记录,明确有关信用信息的采集规则,积极推进信用信息的有效使用。加快推进产权保护领域联合惩戒机制建设,充分利用相关监管和惩戒手段,加大对重复侵权、恶意侵权和重大产权保护假冒案

件的联合惩戒力度,强化产权保护行政执法惩戒手段。

牵头部门:省发改委

参加部门:省法院、省检察院、省公安厅、省科技厅(省知识产权局)、省商务厅、省工商局、省新闻出版广电局

(三)完善法律援助制度。健全司法救助体系,确保人民群众在产权受到侵害时获得及时有效的法律帮助。进一步扩大法律援助范围,降低法律援助门槛,使符合条件的公民都能够获得及时有效的法律援助;通过在全省开展法律援助办案专款专项检查活动和法律援助案件质量行政评查活动,进一步加强法律援助监管,提高法律援助服务质量;加强法律援助的社会宣传力度,向社会大众特别是产权受到侵害的群众广泛宣传法律援助制度,充分发挥法律援助的职能作用。

牵头部门:省司法厅

参加部门:省法院、省检察院

(四)发挥社会组织作用。推动行业协会商会在保护非公有制经济和民营企业产权、维护企业合法权益方面发挥桥梁纽带作用,加强行业自律,切实履行好服务企业的宗旨。加强相关行业协会商会组织教育培训工作,强化和完善行业协会商会对非公有制经济和民营企业的产权保护意识、服务能力和集体维权机制。

牵头部门:省民政厅

参加部门:省司法厅、省经信委、省工商联、各行业协会商会

(五)完善产权纠纷多元化解机制。充分发挥人民调解在解决产权纠纷中的积极作用,预防和化解涉及产权权益矛盾,把侵权行为和矛盾纠纷化解在萌芽状态。积极指导各仲裁委员会依法依规做好产权保护仲裁工作,在产权保护仲裁工作中加大宣传力度,宣传仲裁法律法规和仲裁典型案例,充分发挥仲裁解决产权纠纷的平台作用。进一步提升行业协会商会在化解产权纠纷中的能力。

牵头部门:省司法厅

参与部门:各有关单位

各市、省直各部门要充分认识完善产权保护制度、依法保护产权在不断塑造山西美好形象、逐步实现山西振兴崛起中的重要作用,统一思想,形成合力,狠抓工作落实。各牵头部门要进一步完善产权保护协调工作推进机制,抓紧制定具体实施方案,确保本方案各项举措落到实处、见到实效。

中共山西省委
《山西省贯彻〈中国共产党问责条例〉实施办法(试行)》

(2017年5月28日)

第一章 总　　则

第一条　为落实全面从严治党要求,规范和强化党的问责工作,根据《中国共产党章程》和《中国共产党问责条例》(以下简称《条例》)等规定,结合我省实际,制定本办法。

第二条　党的问责工作以马克思列宁主义、毛泽东思想、邓小平理论、“三个代表”重要思想、科学发展观为指导,深入贯彻习近平总书记系列重要讲话精神和治国理政新理念新思想新战略,围绕协调推进“四个全面”战略布局,坚持党的领导,加强党的建设,全面从严治党,做到有权必有责、有责要担当、失责必追究,落实党组织管党治党政治责任,督促党的领导干部践行忠诚干净担当,为落实省委“一个指引、两手硬”工作思路和要求,全面构建良好政治生态,全力推动经济转型发展,实现党领导的事业全面进步提供坚强保障。

第三条　党的问责工作应当坚持的原则:依规依纪、实事求是,失责必问、问责必严,惩前毖后、治病救人,分级负责、层层落实责任。

第四条　党的问责工作是由党组织按照职责权限,追究在党的建设和党的事业中失职失责党组织和党的领导干部的主体责任、监督责任和领导责任。

各级党委(党组)全面负责本地区(部门、系统、单位)党的问责工作。

各级纪委(纪检组)和党的工作部门根据党内法规及其他有关规定在各自职责范围内负责党的问责相关工作。

问责对象是各级党委(党组)、党的工作部门及其领导成员,各级纪委(纪检组)及其领导成员,重点是主要负责人。

第五条　问责应当分清责任。党组织领导班子在职责范围内负有全面领导责任,领导班子主要负责人和直接主管的班子成员承担主要领导责任,参与决策和工作的班子其他成员承担重要领导责任。

第二章 问责情形

第六条　党组织和党的领导干部违反党章和其他党内法规,不履行或者不正确履行职责,造成严重后果或者恶劣影响的,应当予以问责。

第七条　党的领导弱化,总揽全局、协调各方的核心作用发挥不够,给党的事业和人民利益造成严重损失,产生恶劣影响,有下列情形之一的,应当予以问责:

(一)在贯彻落实党的理论和路线方针政策、党中央和省委的决策部署中自行其是、各自为政,有令不行、有禁不止,搞上有政策、下有对策,甚至不传达贯彻、不检查督促或者作出违背党中央和省委决策部署的错误决定的;

(二)在落实党中央和省委的工作部署中,不作为、慢作为,不落实、假落实,甚至欺上瞒下、弄虚作假的;

(三)在推进经济建设、政治建设、文化建设、社会建设、生态文明建设中,发挥把方向、管大局、保落实作用不到位,出现重大失误的;

(四)在工作中不负责任或者疏于管理,导致发生大规模群体性事件、重大网络舆情事件和重大安全生产事故的;

(五)在处置本地区本部门本单位发生的重大问题中领导不力,出现重大失误,特别是不按规定或要求及时请示报告,导致事态恶化的。

第八条　党的建设缺失,党内政治生活不正常,党内和群众反映强烈,损害党的形象,削弱党执政的政治基础,有下列情形之一的,应当予以问责:

(一)意识形态工作责任制落实不到位,党性教育特别是理想信念宗旨教育弱化,错误倾向、错误观点、错误言论得不到及时批驳和纠正,党员队伍理想信念出现动摇,政治觉悟出现滑坡,先锋模范作用难以发挥的;

(二)组织生活不健全,“三会一课”、民主生活会和组织生活会等制度落实不力,班子问题和矛盾突出,对党员教育管理监督严重缺位,党组织软弱涣散,缺乏凝聚力和战斗力以及“基层组织、基础工作、基本能力”建设推进不力的;

(三)落实中央八项规定精神没有形成常态化、长效化,防范和查处“四风”问题不力,导致问题多发、屡禁不止,作风建设流于形式的;

(四)党组织选人用人的领导和把关作用弱化,防范和纠正用人上的不正之风不力,干部选拔任用工作问题突出,跑官要官、买官卖官、拉票贿选等问题严重的。

第九条　全面从严治党不力,主体责任、监督责任落实不到位,造成严重后果,有下列情形之一的,应当予以问责:

(一)贯彻落实《中共山西省委关于落实党风廉政建设党委主体责任的意见(试行)》和《中共山西省委关于落实党风廉政建设纪委监督责任的意见(试行)》不到位,管党治党失之于宽松软,好人主义盛行、搞一团和气,不负责、不担当的;

(二)没有把纪律挺在前面,没有有效运用监督执纪“四种形态”,对领导干部日常监督管理不到位,问题突出的;

(三)不履行或者不正确履行党内监督职责,该发现的问题没有发现,发现问题不报告不处置不问责,以及纠错、整改不力的;

(四)对巡视巡察发现的问题拒不整改或整改不到位,问题突出的;

(五)贯彻落实推动全面从严治党向纵深发展部署不到位,标本兼治措施不力,问题突出的。

第十条　维护党的纪律不力,导致违规违纪行为多发,造成恶劣影响,有下列情形之一的,应当予以问责:

(一)维护党的政治纪律和政治规矩不力,特别是管辖范围内有令不行、有禁不止,团团伙伙、拉帮结派等问题严重的;

(二)维护党的组织纪律不力,特别是管辖范围内违反民主集中制原则或者议事规则、不执行或者擅自改变上级党组织重大决定、搞非组织活动、违反请示报告和个人有关事项报告制度等问题严重的;

(三)维护党的廉洁纪律不力,特别是管辖范围内顶风违纪等问题严重的;

(四)维护党的群众纪律不力,特别是管辖范围内吃拿卡要、优亲厚友、推诿扯皮、作风粗暴、欺上瞒下等侵害群众利益问题严重的;

(五)维护党的工作纪律不力,特别是管辖范围内违规干预和插手市场经济、执纪执法、司法活动等问题突出,失密泄密、违反出国(境)管理规定等问题严重的;

(六)维护党的生活纪律不力,特别是管辖范围内违反社会公德、家庭美德等问题严重的。

第十一条　推进党风廉政建设和反腐败斗争不坚决、不扎实,有下列情形之一的,应当予以问责:

(一)对纪律检查工作领导不力,落实纪律检查工作双重领导体制和“两个为主”具体要求不到位,推进监察体制改革工作不力,反腐败协调机制不健全的;

(二)没有持续保持反腐败高压态势,减存量遏增量乏力,管辖范围内腐败蔓延势头没有得到有效遏制的;

(三)对基层党风廉政建设重视不够,开展扶贫领域等专项整治不力,对“小官大贪”、侵吞挪用、克扣强占、虚报冒领、挥霍浪费等问题查处不力,对横行乡里、欺压百姓、侵蚀基层的“村霸”和宗族黑恶势力打击和整治不力,损害群众利益的不正之风和腐败问题突出的;

(四)贯彻落实“打铁还需自身硬”要求不到位,执行监督执纪工作规则不严格,发生执纪违纪、失职失责造成严重后果的。

第十二条　有其他应当问责的失职失责情形的,也应当予以问责。

第三章　问责方式

第十三条　对党组织的问责方式包括:

(一)检查。对履行职责不力、情节较轻的,应当责令其作出书面检查并切实整改。

(二)通报。对履行职责不力、情节较重的,应当责令整改,并在一定范围内通报。

(三)改组。对失职失责,严重违反党的纪律、本身又不能纠正的,应当予以改组。

第十四条　对党的领导干部的问责方式包括:

(一)通报。对履行职责不力的,应当严肃批评,依规整改,并在一定范围内通报。

(二)诫勉。对失职失责、情节较轻的,应当以谈话或者书面方式进行诫勉。

（三）组织调整或者组织处理。对失职失责、情节较重，不适宜担任现职的，应当根据情况采取停职检查、调整职务、责令辞职、降职、免职等措施。

（四）纪律处分。对失职失责应当给予纪律处分的，依照《中国共产党纪律处分条例》追究纪律责任。

第十五条　对党组织、党的领导干部的问责方式，可以单独使用，也可以合并使用。

第四章　问责启动

第十六条　各级党委（党组）、纪委（纪检组）、党的工作部门对于具有本办法第六条至第十二条规定情形的问责线索均应及时处置。

第十七条　问责线索来源：

（一）日常工作、监督检查、目标考核、案件（事件、事故）调查中发现的；

（二）上级组织交办的；

（三）巡视巡察、审计、行政执法、司法等单位移送、转送的；

（四）群众举报或者新闻媒体反映的；

（五）其他方式发现的。

第十八条　问责线索按照管理权限分级处置。

属于本级党委（党组）管理的党组织及党的领导干部的问责线索，认为需要问责的，纪委（纪检组）、党的工作部门应当自发现或收到线索之日起15日内提出启动问责建议并根据管理权限和程序报批。本级党委（党组）可以直接启动问责，也可以责成有关机关（部门）或者下级党组织启动问责。

不属于本级党委（党组）管理的党组织及党的领导干部的问责线索，应当自发现或收到线索之日起15日内将有关材料转送有管理权限的党组织。

第十九条　上级党组织对属于下级党组织管理的重大、典型的问责线索，必要时也可以直接启动问责。

第二十条　启动问责建议内容一般包括：线索来源、拟问责事项、拟问责对象、调查组组成单位等。

问责线索反映事项基本属于本机关（部门）职责范围内的，一般应当由本机关（部门）独立组成调查组；问责线索反映事项主要属于本机关（部门）职责范围，调查需要其他部门配合的，可以由本机关（部门）牵头，相关部门参加，组成联合调查组。

第二十一条　对于事实清楚、证据确凿、已具备问责条件的，提出启动问责建议的机关（部门）可以不再进行调查，在启动问责建议中将拟采取的问责方式一并提出。

第二十二条　坚持“一案双查”。纪委（纪检组）、党的工作部门在开展案件（事件、事故）调查等工作时，应当同时对有关党组织和党的领导干部履行主体责任、监督责任和领导责任的情况进行调查了解。对应当问责的，按照本办法规定进行处置。

第五章　问责调查

第二十三条　调查组要熟悉情况，了解与问责事项有关的政策、法规，研究制定调查方案。

第二十四条　严格执行回避制度。调查组成员认为需要回避的，或者被调查人、其他有关人员认为调查组成员需要回避的，应当提出申请并说明理由。

第二十五条　一般情况下，调查组应当同被调查人谈话，通知启动问责调查的决定，要求其正确对待调查。调查组应当充分听取被调查人的意见，做好思想政治工作。

被调查人应当如实说明情况，提供相关材料。

第二十六条　调查取证应当合规、全面、客观、公正。根据调查需要，可请有关单位和人员协助或配合。

第二十七条　调查组应当实事求是地查清事实、分清责任，将认定的问责事实写成问责事实材料与被调查人见面，听取意见，对合理意见应当予以采纳，必要时还应当作补充调查。调查组应当要求被调查人在问责事实材料上签署意见。对签署不同意见或者拒不签署意见的，调查组应当作出说明或者注明情况。

第二十八条　调查过程中，发现新的问责线索，应当按照本办法规定程序办理，不得擅自处置。

第二十九条　调查过程中，调查组认为需要采取纪律处分方式问责的，经本级党委（党组）同意，可以提请纪委（纪检组）介入调查，或者本部门调查结束后将有关违纪线索移交纪委（纪检组）。

第三十条　调查结束后，调查组应当经过集体讨论写出调查报告。调查报告基本内容包括：问责启动依据、拟问责对象基本情况、问责事实、政策法规依据、拟问责对象的责任、拟问责对象的态度、拟采取的问责方式等。调查报告须由调查组全体成员签名。

第三十一条　调查报告应当自成立调查组之日起30日内完成，特殊情况下，经作出启动问责决定的党委（党组）、纪委（纪检组）、党的工作部门批准，可以适当延长。

第六章　问责决定

第三十二条　调查报告经组成（或牵头组成）调查组的机关（部门）领导班子集体讨论后，按管理权限作出问责决定或向有管理权限的党组织提出问责建议。

第三十三条　问责决定应当由有管理权限的党组织作出。

对本级党委（党组）管理的党组织，党委（党组）有权采取检查、通报方式进行问责；采取改组方式问责，按照党章和有关党内法规规定的权限和程序执行。

对本级党委（党组）管理的党的领导干部，纪委（纪检组）、党的工作部门有权采取通报、诫勉方式进行问责；提出组织调整或者组织处理的建议；采取纪律处分方式问责，按照党章和有关党内法规规定的权限和程序执行。

作出上述问责决定，还应当执行请示报告的有关规定。

第三十四条　实行终身问责，对失职失责性质恶劣、后果严重的，不论其责任人是否调离转岗、提拔或者退休，都应当严肃问责。问责程序按照本办法有关规定执行。

第三十五条　作出的问责决定，应当按照职责明确承办部门。

第三十六条　对党组织和党的领导干部问责，应当由问责承办部门制作问责决定文书。问责决定文书应当写明问责对象基本情况、问责事实、政策法规依据、问责方式、批准机关、生效时间、问责影响事项等内容。作出通报决定的，还应当写明通报的方式、范围等。

第七章　问责执行

第三十七条　问责决定作出后，问责承办部门应当在30日内向被问责党组织或者党的领导干部及其所在党组织宣布并督促执行，并将有关问责情况向有管理权限的组织部门和纪检机关通报。

组织部门接到问责决定文书等材料后，应当在10日内将其归入被问责领导干部个人档案，并报上一级组织部门备案；涉及组织调整或组织处理的，应当在一个月内办理完毕相应手续。纪检机关接到问责决定文书等材料后，应当在10日内将其归入被问责领导干部个人廉政档案备查。

受到问责的党的领导干部应当向问责决定机关写出书面检讨，并在民主生活会或者其他党的会议上作出深刻检查。

第三十八条　问责承办部门应当在问责手续办理完毕30日内将执行情况书面报告问责决定机关，并向提出问责建议的机关反馈情况。

第三十九条　实行问责典型问题通报曝光制度。采取组织调整或者组织处理、纪律处分方式问责的，一般应当向社会公开。

第四十条　受到问责的党组织和党的领导干部，其考核、评先评优、任职(晋升)、职级待遇等，按照党内法规和其他有关规定执行。

第八章　监督保障

第四十一条　各级党委(党组)、纪委(纪检组)应当加强对党的问责工作的监督检查，对该问责而不问责的，要严肃问责。

下级党委(党组)、纪委(纪检组)应当每年向上级党委(党组)、纪委(纪检组)报告本地区(部门、系统、单位)贯彻落实《条例》和本办法的工作情况。报告可结合年度考核、述职述责等一并进行。

第四十二条　各级党委办公厅(室)负责定期汇总本地区党的问责情况并逐级上报至省委，抄送省纪委。

各级纪委要定期盘点问责情况，强化分析研判，推动问责工作在实践中坚持、深化。

第四十三条　各级党委(党组)应当加强内部管理，保障党的问责工作依规依纪进行。对在党的问责工作中违规违纪的，依照《中国共产党纪律处分条例》等规定严肃处理。

第四十四条　对违规过问、干预和妨碍党的问责工作的人员，调查组应当及时报告并登记备案。情节严重的，按照有关规定追究责任。

第九章　附　则

第四十五条　对基层党组织及其负责人的问责，参照本办法执行。

第四十六条　本办法由中共山西省委负责解释，具体解释工作由省纪委承担。

第四十七条　本办法自印发之日起施行。

中共山西省委　山西省人民政府《加强耕地保护和改进占补平衡工作实施方案》

(2017年7月29日)

耕地是最为宝贵的资源，关系粮食安全和“三农”问题，必须保护好，绝不能有闪失。当前，我省经济发展进入新常态，转型综改试验区建设和供给侧结构性改革深入推进，用地需求增加，耕地后备资源不断减少，实现耕地占补平衡、占优补优的难度日益加大，激励约束机制尚不健全，耕地保护面临多重压力。为深入贯彻落实《中共中央、国务院关于加强耕地保护和改进占补平衡的意见》，进一步加强全省耕地保护工作，改进耕地占补平衡管理，结合我省实际，制定本方案。

一、总体要求

(一)指导思想。全面贯彻党的十八大和十八届三中、四中、五中、六中全会精神，深入贯彻习近平总书记系列重要讲话精神和治国理政新理念新思想新战略，按照省委“一个指引、两手硬”工作思路和要求，牢固树立新发展理念，坚守“土地公有制性质不改变、耕地红线不突破、农民利益不受损、粮食生产能力不降低”四条底线，坚持最严格的耕地保护制度和最严格的节约用地制度，像保护大熊猫一样保护耕地，着力加强耕地数量、质量、生态"三位一体"保护，着力加强耕地管控、建设、激励多措并举保护，采取更加有力措施，依法加强耕地占补平衡规范管理，提高土地资源保障保护水平，为深化转型综改试验区建设构筑坚实的资源基础。

（二）基本原则

——坚持严保严管。强化耕地保护意识，强化土地用途管制，强化耕地质量保护与提升，坚决防止耕地占补平衡中补充耕地数量不到位、补充耕地质量不到位的问题，坚决防止占多补少、占优补劣、占水田补旱地的现象。已经确定的耕地红线绝不能突破，已经划定的城市周边永久基本农田绝不能随便占用。

——坚持节约优先。统筹利用存量和新增建设用地，严控增量、盘活存量、优化结构、提高效率，实行建设用地总量和强度"双控"，提高土地节约集约利用水平，以较少的土地投入支撑经济社会可持续发展。

——坚持统筹协调。充分发挥市场配置资源的决定性作用和更好发挥政府作用，强化耕地保护主体责任，健全利益调节机制，激励约束并举，完善监管考核制度，实现耕地保护与经济社会发展、生态文明建设相统筹，耕地保护责权利相统一。

——坚持改革创新。适应全省经济发展新常态和供给侧结构性改革要求，突出问题导向，完善永久基本农田管控体系，改进耕地占补平衡管理方式，实行占补平衡差别化管理政策，拓宽补充耕地途径和资金渠道，不断完善耕地保护和占补平衡制度，把握好经济发展与耕地保护的关系。

（三）总体目标。坚守耕地保护红线，确保全省实有耕地数量基本稳定、质量有提升。到2020年，全省耕地保有量不少于5757万亩，永久基本农田保护面积不少于4889万亩，"十三五"期间全省确保建成1081万亩、力争建成1118–1823万亩高标准农田，稳步提高粮食综合生产能力。不断完善耕地保护制度和占补平衡政策体系，促进形成保护更加有力、执行更加顺畅、管理更加高效的耕地保护新格局。

二、加强耕地保护

（四）加强土地规划管控和用途管制。充分发挥土地利用总体规划的整体管控作用，从严核定新增建设用地规模，优化建设用地布局，从严控制建设占用耕地特别是质量等级较高的耕地。实行新增建设用地计划安排与土地节约集约利用水平、补充耕地能力挂钩，对建设用地存量规模较大、利用粗放、补充耕地能力不足的市、县，适当调减新增建设用地计划。积极探索建立土地用途转用许可制，强化非农建设占用耕地的转用管控。各地要合理安排开发区布局，新建或整合开发区要避让生态红线和基本农田集中区，尽量占用低丘缓坡盐碱地等未利用地，不占或少占耕地，严格控制占用9等以上较高等级耕地。（责任单位：省国土厅、省发改委、省住建厅、省商务厅，各市政府）

（五）严格永久基本农田划定和保护。2017年上半年全面完成全省永久基本农田划定，并与农村土地承包经营权确权登记相结合，将永久基本农田记载到农村土地承包经营权证书上。粮食生产功能区和重要农产品生产保护区范围内的耕地要优先划入永久基本农田，实行重点保护。永久基本农田一经划定，任何单位和个人不得擅自占用或改变用途。强化永久基本农田对各类建设布局的约束，各级各部门在编制城乡建设、基础设施、生态建设等相关规划，推进"多规合一"过程中，应当与永久基本农田布局充分衔接，原则上不得突破永久基本农田边界。一般建设项目不得占用永久基本农田，重大建设项目选址确实难以避让永久基本农田的，在可行性研究阶段必须对占用的必要性、合理性和补划方案的可行性进行严格论证，上报国土资源部进行用地预审；农用地转用和土地征收依法依规报国务院批准。严禁通过擅自调整县乡土地利用总体规划规避占用永久基本农田的审批。（责任单位：省国土厅、省农业厅、省住建厅、省发改委、省环保厅，各市政府）

（六）以节约集约用地缓解建设占用耕地压力。实施建设用地总量和强度"双控"行动，逐级落实"十三五"时期建设用地总量和单位国内生产总值占用建设用地面积下降的目标任务。2020年全省单位GDP建设用地较2015年下降20%。盘活利用存量建设用地，推进建设用地二级市场改革试点，促进城镇低效用地再开发，引导产能过剩行业和"僵尸企业"用地退出、转产和兼并重组。完善土地使用标准体系，规范建设项目节地评价，推广应用节地技术和节地模式，强化节约集约用地目标考核和约束，推动有条件的地区实现建设用地减量化或零增长，促进新增建设不占或尽量少占耕地。（责任单位：省国土厅、省发改委、省统计局，各市政府）

（七）建立对耕地保护责任主体的补偿机制。积极推进中央补助和省市县各级涉农资金整合，完善耕地保护补偿机制，综合考虑耕地保护面积、耕地质量状况、粮食播种面积、粮食产量、粮食商品率以及耕地保护任务量等因素，鼓励各市、县政府统筹安排设立耕地保护补偿资金，按照"谁保护、谁受益"的原则，对承担耕地保护任务的农村集体经济组织和农户给予奖补。奖补资金发放与耕地保护责任落实情况挂钩，主要用于农田基础设施后期管护与修缮、地力培育、耕地保护管理等。（责任单位：各市政府，省财政厅、省国土厅、省农业厅）

三、提升耕地质量

（八）大力开展高标准农田建设。各市要根据《山西省土地整治规划》《山西省高标准农田建设总体规划（2014–2020）》的安排，按照集中连片、整体推进的要求，整合各方面资源，大力开展高标准农田建设。优化高标准农田建设布局，优先在粮食主产区建设确保口粮安全的高标准农田，优先安排已划为永久基本农田、水土资源条件较好、开发潜力较大的地块，优先安排干部群众积极性高、地方投入能力强的地区，积极支持贫困地区建设高标准农田。科学合理地设计高标准农田建设内容，组织开展田、水、路、林综合治理。进一步完善高标准农田建设和管理制度,统一建设标准、统一上图入库、统一监管考核。加强高标准农田后期管护,落实高标准农田基础设施管护责任。建立由发改部门牵头,财政、国土资源、水利、农业、林业、农业综合开发等参加的高标准农田建设联席会议制度,加强部门分工协作和协调沟通。(责任单位:省发改委、省财政厅、省国土厅、省农业厅、省水利厅、省林业厅、省农综办,各市政府)

(九)实施耕地质量保护与提升行动。全面推进建设占用耕地耕作层剥离再利用,将剥离的耕作层覆盖到新开垦的耕地或低等级耕地上,提高耕地质量。市县政府要切实督促建设单位落实责任,将相关费用列入建设项目投资预算。加强中低产田改造,将中低质量的耕地纳入高标准农田建设范围,实施提质改造,在确保补充耕地数量的同时,提升耕地质量,严格落实占补平衡、占优补优。加强新增耕地后期培肥改良,开展退化耕地综合治理、污染耕地安全利用和治理修复等,有效提高耕地产能。(责任单位:省国土厅、省农业厅、省环保厅,各市政府)

(十)统筹推进耕地休养生息。对25度以上坡耕地、严重沙化耕地、重要水源地15-25度坡耕地、严重污染耕地等有序开展退耕还林还草,由不动产登记部门确认所有权和使用权后,发放不动产统一登记证书。不得将确需退耕还林还草的耕地划为永久基本农田,不得将已退耕还林还草的土地纳入土地整治项目,不得擅自将永久基本农田、土地整治新增耕地和坡改梯耕地纳入退耕范围。积极稳妥推进耕地轮作休耕试点,加强轮作休耕耕地管理,不得减少或破坏耕地,不得改变耕地地类,不得削弱农业综合生产能力;加大轮作休耕耕地保护和改造力度,优先纳入高标准农田建设范围。因地制宜实行各类保护性耕作制度,实现用地与养地结合,多措并举保护与提升耕地产能。(责任单位:省农业厅、省林业厅、省国土厅,各市政府)

(十一)加强耕地质量调查评价与监测。建立健全耕地质量评价制度,完善评价指标体系和评价方法,定期对全省耕地质量水平进行全面评价并发布评价结果。完善土地调查监测体系和耕地质量监测网络,开展耕地质量等级年度监测成果更新。(责任单位:省农业厅、省国土厅)

(十二)探索多种形式的资金整合模式。建立政府主导、社会参与的工作机制,以财政资金为引导,鼓励社会资本参与高标准农田建设,充分调动各方积极性。加大政府投入力度。新增建设用地使用费转列一般公共预算后,各级国土资源部门要按照财政预算三年滚动编制的要求,依据土地整治相关规划确定的年度任务安排,及时提出年度土地整治和高标准农田建设资金预算建议。同级财政要按照"以规划定任务、以任务定资金"的原则,在一般公共预算中安排专项资金用于保障土地整治和高标准农田建设,并将耕地保护和土地整治监管等工作经费列入部门预算,确保完成各级土地整治相关规划确定的建设任务。积极探索政府和社会资本合作(PPP)、委托代建、特许经营和购买服务等方式,吸引社会投资,鼓励和支持专业大户、家庭农场、农民合作社、农业企业等新型经营主体和工商资本投资或参与高标准农田建设。(责任单位:省财政厅、省国土厅、省农业厅、省农综办,各市政府)

四、改进耕地占补平衡管理

(十三)严格落实耕地占补平衡责任。完善耕地占补平衡责任落实机制。非农建设占用耕地的,建设单位必须依法履行补充耕地义务,无法自行补充数量、质量相当耕地的,应当通过耕地占补平衡指标易地调剂落实补充耕地任务或按规定向项目所在地县级政府足额缴纳耕地开垦费。县级政府负责组织实施土地整治,通过土地整理、复垦、开发等推进高标准农田建设,增加耕地数量、提升耕地质量,并以县域自行平衡为主、市域内调剂为辅、省级适度调剂为补充,落实补充耕地任务。同一建设项目(或同一批次)占用不同质量等级耕地的,可采用面积加权法计算占用耕地的平均质量等级落实占补平衡;跨行政区域的线性工程,原则上以县级行政区域为单元,采用面积加权法计算占用耕地质量等级。各开发区在编制土地利用专项规划时,要同步考虑补充耕地方案,确保补充耕地义务落实到位。省国土厅要依据土地整治新增耕地平均成本和占用耕地质量状况等,制定差别化的耕地开垦费标准。对经依法批准占用永久基本农田的,按照当地最高标准的两倍缴纳耕地开垦费。(责任单位:各市政府,省国土厅、省商务厅、省住建厅)

(十四)拓宽补充耕地途径。各市、县政府负责统筹落实本行政区年度补充耕地任务,确保本行政区内建设占用耕地及时保质保量补充到位。拓展补充耕地途径,统筹实施宜耕未利用地开发、治沟造地、高标准农田建设、建设占用耕地耕作层表土剥离再利用、城乡建设用地增减挂钩、移民搬迁村庄土地复垦、闲置凋敝宅基地整治盘活利用、历史遗留工矿废弃地复垦、采煤沉陷区治理等,新增耕地经核定后可用于落实补充耕地任务。国土资源、水利、林业等部门要加强协调,充分利用耕地后备资源调查成果,摸清高等级耕地后备资源家底。在严格保护生态安全的前提下,科学调整划定宜耕土地后备资源范围。禁止占用河道,禁止开垦严重沙化土地,禁止在25度以上陡坡开垦耕地,禁止在土地利用总体规划确定的林地范围内违规毁林开垦耕地。实行补改结合机制,鼓励单独选址建设项目在补足数量的基础上,通过将现有劣质、低等级耕地提质改造,以补充耕地与改造耕地相结合方式落实耕地占补平衡义务。(责任单位:省国土厅、省林业厅、省水利厅,各市政府)

(十五)规范补充耕地指标易地调剂管理。县级政府无法在本行政区内实现耕地占补平衡的,可在市域内相邻的县(市、区)调剂补充,仍无法实现耕地占补平衡的,可在省域内资源条件相似的地区调剂补充。各市、县占补平衡指标在满足本行政区域占补平衡需要的前提下,节余指标可通过省级土地指标交易平台,在全省范围内实行公开、有偿、竞价交易;鼓励国家和省级贫困县将城乡建设用地增减挂钩节余指标在全省范围内有偿调剂。耕地占补平衡指标交易收益由县级政府通过预算安排用于耕地保护、土地整治、农业生产和农村经济社会发展。完善耕地占补平衡指标和增减挂钩节余指标交易机制及价格形成机制，制定指标易地交易办法，综合考虑耕地开发成本、资源保护补偿和管护费用等因素，制定交易指导价格。（责任单位：省国土厅、省财政厅、省公共资源交易中心，各市政府）

（十六）严格补充耕地检查验收。县级政府要加强对土地整治和高标准农田建设项目的全程管理，规范项目设计，强化项目日常监管和施工监理。做好项目竣工验收，严格按照有关规范、规程和技术标准评定新增耕地质量等级。经验收合格的新增耕地，应当及时在年度土地利用变更调查中进行地类变更。省国土厅要定期会同农业部门对各地补充耕地情况检查复核，确保数量质量到位。（责任单位：省国土厅、省农业厅，各市政府）

（十七）探索创新"市场+政府"的占补平衡机制。充分发挥市场机制作用，鼓励采取PPP、委托代建、购买服务、以奖代补等方式，引导社会资本、农村集体经济组织、农民和新型农业经营主体、建设单位等，根据土地整治规划投资或参与土地整治项目，新增耕地验收后作为占补平衡指标，由县级政府按照市场化原则，以合理的价格公开、公平回购，用于本行政区内耕地占补平衡，或在全省范围内有偿交易。鼓励建设用地单位自主投资或参与土地整治，自行落实占补平衡义务。通过实施高标准农田建设或中低产田改造后质量等级提高的耕地，也可作为补充耕地指标有偿交易。（责任单位：省国土厅、省财政厅，各市政府）

五、强化保障措施和监管考核

（十八）加强组织领导。各级党委和政府要树立保护耕地的强烈意识，强化耕地保护工作责任和保障措施，切实担负起主体责任，采取积极有效措施，严格源头控制，强化过程监管，确保本行政区域内耕地保护责任目标全面落实；建立党委领导、政府负责、部门协同、公众参与、上下联动的共同责任机制，各级政府主要负责人要承担起耕地保护第一责任人的责任，建立由政府牵头，发改、财政、国土资源、水利、农业（农机）、林业、统计、审计、住建、环保等有关部门参加的耕地保护协调领导机构，强化部门分工协作和协调沟通。充分调动农村集体经济组织、农民和新型农业经营主体保护耕地的积极性，形成保护耕地的合力。（责任单位：省发改委、省财政厅、省国土厅、省水利厅、省农业厅、省林业厅、省统计局、省住建厅、省环保厅，各市政府）

（十九）严格监督检查。完善国土资源遥感监测"一张图"和综合监管平台，扩大全天候遥感监测范围，对永久基本农田实行动态监测，加强对土地整治过程中的生态环境保护，强化耕地保护全流程监管。加强耕地保护信息化建设，建立耕地保护数据与信息部门共享机制。健全土地执法联动协作机制，严肃查处土地违法违规行为。加强基层国土所建设，充实人员编制，县级财政按每亩耕地每年5元的标准安排工作经费，以促进国土所规范化建设，发挥其保护耕地的前哨作用。（责任单位：省国土厅，各市政府）

（二十）完善责任目标考核制度。完善全省耕地保护责任目标考核办法，全面检查和考核耕地与永久基本农田保护情况、高标准农田建设任务完成情况、补充耕地任务完成情况、耕地占补平衡落实情况等。省国土厅要会同发改、农业、统计等部门提出市级政府耕地保护责任目标，报省政府下达后作为考核依据。各级政府要层层分解耕地保护任务，落实耕地保护责任目标，完善考核制度和奖惩机制。耕地保护责任目标考核结果作为领导干部实绩考核、生态文明建设目标评价考核的重要内容。探索编制土地资源资产负债表，完善耕地保护责任考核体系。实行耕地保护党政同责，对履职不力、监管不严、失职渎职的，依纪依规追究党政领导责任。（责任单位：省国土厅、省发改委、省农业厅、省统计局、省环保厅，各市政府）

中共山西省委《贯彻〈中国共产党巡视工作条例〉实施办法》

（2017年9月1日）

第一章　总　则

第一条　为坚持党的领导、加强党的建设、落实全面从严治党要求，严肃党内政治生活，净化党内政治生态，加强党内监督，规范巡视巡察工作，根据《中国共产党巡视工作条例》和有关党内法规，结合我省实际，制定本实施办法。

第二条　省委实行巡视制度，建立专职巡视机构，在一届任期内对所管理的地方、部门、企事业单位党组织全面巡视，做到巡视无空白、监督无例外，实现巡视全覆盖。对市县党组织以常规巡视为主、专项巡视为辅，对省直部门和企事业单位党组织以专项巡视为主、常规巡视为辅。同时，积极探索实施"机动式"巡视。

市县党委建立巡察制度，设立专职巡察机构，在一届任期内对所管理的党组织全面巡察。

开展巡视巡察工作的党组织承担巡视巡察工作的主体

责任。

省委建立健全巡视巡察联动机制，推动形成全省横向全覆盖、纵向全链接、上下一盘棋的巡视巡察监督立体网络格局。

第三条 被巡视巡察党组织应当切实履行全面从严治党主体责任。

第四条 巡视巡察工作以马克思列宁主义、毛泽东思想、邓小平理论、“三个代表”重要思想、科学发展观为指导，深入学习贯彻习近平总书记系列重要讲话精神和治国理政新理念新思想新战略，牢固树立政治意识、大局意识、核心意识、看齐意识，坚定不移维护以习近平同志为核心的党中央权威和集中统一领导，统筹推进“五位一体”总体布局和协调推进“四个全面”战略布局，贯彻新发展理念，坚定对中国特色社会主义的道路自信、理论自信、制度自信、文化自信，尊崇党章，依规治党，落实中央巡视工作方针和省委巡视巡察工作部署要求，深化政治巡视巡察，聚焦坚持党的领导、加强党的建设、全面从严治党，发现问题、形成震慑，推动改革、促进发展，确保党始终成为中国特色社会主义事业的坚强领导核心，为努力实现党内政治生态持久风清气正、努力实现经济转型发展持久强劲态势提供坚强政治保证。

第五条 巡视巡察工作坚持中央统一领导、分级负责；坚持实事求是、依法依规；坚持群众路线、发扬民主。

第二章 机构和人员

第一节 机构设立

第六条 省委成立巡视工作领导小组，向省委负责并报告工作。省委巡视工作接受中央巡视工作领导小组的领导。

市县党委成立巡察工作领导小组，向同级党委负责并报告工作。市县党委巡察工作接受上级巡视巡察工作领导小组的领导。

第七条 巡视巡察工作领导小组下设办公室，为其日常办事机构。

省委巡视工作办公室（以下简称巡视办）、市县党委巡察工作办公室（以下简称巡察办）为同级党委工作部门，设在同级党的纪律检查委员会。

第八条 省委设立若干巡视组，承担巡视任务。巡视组向省委巡视工作领导小组负责并报告工作。

市县党委设立若干巡察组，承担巡察任务。巡察组向同级党委巡察工作领导小组负责并报告工作。

第二节 机构职责

第九条 巡视巡察工作领导小组的职责是：

（一）贯彻中央、省委和同级党委有关决议、决定；

（二）研究提出巡视巡察工作规划、年度计划和阶段任务安排；

（三）听取巡视巡察工作汇报，审定巡视巡察反馈意见；

（四）研究巡视巡察成果的运用，分类处置，提出相关意见和建议；

（五）向同级党委常委会报告工作情况，向同级书记专题会议报告巡视巡察情况；

（六）对巡视、巡察组进行教育、管理和监督；

（七）研究处理巡视巡察工作中的其他重要事项。

上级巡视巡察工作领导小组应当加强对下级党委巡察工作的领导。建立专项检查、情况通报、调研督导等制度，切实了解掌握下级党委巡察工作全面情况。

第十条 巡视办、巡察办的职责是：

（一）向同级党委巡视巡察工作领导小组报告工作情况，传达贯彻同级党委巡视巡察工作领导小组的决策和部署；

（二）统筹、协调、指导同级党委巡视、巡察组开展工作；

（三）承担政策研究、制度建设、服务保障等工作；

（四）对派出巡视、巡察组的党组织和巡视巡察工作领导小组决定的事项以及巡视巡察移交的事项进行督查督办；

（五）配合有关部门对巡视巡察工作人员进行培训、考核、监督和管理；

（六）与纪检监察、组织、政法、审计、信访等机关和部门进行沟通联络、工作协调；

（七）办理同级党委巡视巡察工作领导小组交办的其他事项。

上级巡视、巡察办应当加强对下级巡察办工作的指导。

第三节 工作人员

第十一条 巡视巡察工作领导小组组长由同级党的纪律检查委员会书记担任，副组长一般由同级党委组织部部长担任。成员由同级党的纪律检查委员会副书记、同级党委组织部副部长和同级党委巡视、巡察办主任组成。

巡视巡察工作领导小组组长为组织实施巡视巡察工作的主要责任人。

第十二条 省委巡视办设主任、副主任、巡视专员。

市县党委巡察办设主任、副主任、巡察专员。

第十三条 巡视组设组长、副组长、巡视专员和其他职位。

巡视组组长是履行巡视监督责任的第一责任人。

省委建立巡视组组长库。根据巡视任务，由省委巡视工作领导小组采取“一次一授权”的方式，从组长库中确定巡视组组长并授权。

巡视组实行组长负责制，副组长协助组长开展工作。厅级巡视专员担任联络员，负责与巡视办及相关部门的日常联系，沟通协调相关事宜，协助组长、副组长做好日常工作。

巡视组实行组务会制度，重要事项集体研究决定。

市县党委巡察组设组长、副组长、巡察专员和其他职位。

巡察组实行组长负责制，巡察组组长是履行巡察监督责任的第一责任人。市县党委建立巡察组长库，巡察组长由市县党委巡察工作领导小组根据巡察工作需要“一次一授权”。

第十四条 巡视巡察机构建立巡视巡察工作人员库、专业人员库。每轮巡视巡察开始前，由巡视、巡察办根据被巡视巡察地区(单位)情况及巡视巡察工作任务,从库中有针对性地抽选人员,经领导小组批准,编入巡视、巡察组参加巡视巡察工作。参加巡视巡察工作的入库人员由巡视、巡察办和所在巡视、巡察组共同负责管理并对工作表现作出鉴定。

第十五条 各市县党委在被巡视期间,应当成立由党委领导,纪委、组织部和办公厅(室)及有关部门参加的巡视工作联络组,负责与巡视办、巡视组日常联络,督促移交事项的办理和有关整改工作,总联络员应当由市县党委常务副秘书长或者办公室负责人担任。

第十六条 省直部门、省属企事业单位党组织在被巡视期间,应当成立巡视工作联络组,负责联络衔接、工作协调、督促移交事项的办理和有关整改工作,积极配合巡视办、巡视组开展工作,组长应当由党组(党委)一名班子成员担任。

第十七条 巡视巡察工作人员应当具备下列条件:

(一)理想信念坚定,对党忠诚,在思想上政治上行动上同党中央保持高度一致;

(二)坚持原则,敢于担当,依法办事,公道正派,清正廉洁;

(三)遵守党的纪律,严守党的秘密;

(四)熟悉党务工作和相关政策法规,具有较强的发现问题、沟通协调、文字综合等能力;

(五)身体健康,能胜任工作要求。

第十八条 选配巡视巡察工作人员应当严格标准条件,对不适合从事巡视巡察工作的人员,应当及时予以调整。

巡视巡察工作人员应当按照规定进行轮岗交流。

巡视巡察工作人员实行任职回避、地域回避、公务回避。

第十九条 巡视巡察机构应当建立党的组织,落实党建工作责任制,严格组织生活制度,做好党员教育、管理、服务、监督和思想政治工作。

第二十条 建立健全巡视巡察工作保障机制,有关部门应当按照规定为开展巡视巡察工作提供必要工作保障。巡视巡察工作经费纳入各级政府财政预算。

第三章 范围和内容

第一节 对象和范围

第二十一条 按照干部管理权限与监督范围相一致、压茬推进、形成合力的原则,确定巡视巡察对象范围。

第二十二条 省委巡视组的巡视对象和范围是:

(一)市、县(市、区)党委和人大常委会、政府、政协党组领导班子及其成员,市中级人民法院、人民检察院和县(市、区)人民法院、人民检察院党组主要负责人;

(二)省委工作部门领导班子及其成员,人大机关、政府部门、政协机关、人民团体党组(党委、党工委)领导班子及其成员;

(三)省管国有企业、事业单位党委(党组)领导班子及其成员;

(四)省委要求巡视的其他单位的党组织领导班子及其成员。

第二十三条 市委巡察组的巡察对象和范围是:

(一)市委工作部门领导班子及其成员,人大机关、政府部门、政协机关、人民团体党组织领导班子及其成员;

(二)市管国有企业、事业单位党组织领导班子及其成员;

(三)市委巡察对象所属党组织领导班子及其成员;

(四)根据需要,省委可以授权市委对县(市、区)党组织领导班子及其成员进行巡察。

(五)市委要求巡察的其他单位的党组织领导班子及其成员。

第二十四条 县(市、区)党委巡察组的巡察对象和范围是:

(一)乡镇(街道)党委(党工委)领导班子及其成员;

(二)县(市、区)党委工作部门领导班子及其成员,人大机关、政府部门、政协机关、人民团体党组织领导班子及其成员;

(三)县(市、区)管国有企业、事业单位党组织领导班子及其成员;

(四)县(市、区)委巡察对象所属党组织领导班子及其成员;

(五)县(市、区)党委要求巡察的其他单位的党组织领导班子及其成员。

县(市、区)党委应当有选择、有重点地对行政村(社区)党组织开展巡察。

第二节 巡视、巡察内容

第二十五条 巡视组对巡视对象执行《中国共产党章程》和其他党内法规,遵守党的纪律,落实全面从严治党主体责任和监督责任等情况进行监督,着力发现党的领导弱化、党的建设缺失、全面从严治党不力,党的观念淡漠、组织涣散、纪律松弛,管党治党宽松软问题:

(一)违反政治纪律和政治规矩,存在违背党的路线方针政策的言行,有令不行、有禁不止,阳奉阴违、结党营私、团团伙伙、拉帮结派,以及落实意识形态工作责任制不到位等问题;

(二)违反廉洁纪律,以权谋私、贪污贿赂、腐化堕落等问题;

(三)违反组织纪律,违规用人、任人唯亲、跑官要官、买官卖官、拉票贿选,以及独断专行、软弱涣散、严重不团结等问题;

(四)违反群众纪律、工作纪律、生活纪律,落实中央八项规定精神不力,搞形式主义、官僚主义、享乐主义和奢靡之风等问题;

(五)省委要求了解的其他问题。

第二十六条 巡察组除第二十五条规定的内容外,应当结合基层特点,着力发现侵吞挪用、克扣强占等损害群众切身利益的问题,以及宗族宗教黑恶势力侵蚀基层政权等问题。

第二十七条 派出巡视、巡察组的党组织可以根据工作需要,针对所辖地区、部门、企事业单位的重点人、重点事、重点问题或者巡视巡察整改情况,开展机动灵活的专项巡视巡察。对整改不到位、成效不明显、心里不托底、质量不放心的地方和单位,开展巡视巡察"回头看"。

第四章　工作方式和权限

第一节　工作方式

第二十八条　巡视、巡察组可以采取以下方式开展工作:

(一)听取被巡视巡察党组织的工作汇报和有关部门的专题汇报;

(二)与被巡视巡察党组织领导班子成员和其他干部群众进行个别谈话;

(三)受理反映被巡视巡察党组织领导班子及其成员和下一级党组织领导班子主要负责人问题的来信、来电、来访等;

(四)抽查核实领导干部报告个人有关事项的情况;

(五)向有关知情人询问情况;

(六)调阅、复制有关文件、档案、会计资料、会议记录等资料;

(七)召开座谈会;

(八)列席被巡视巡察地区(单位)的有关会议;

(九)进行民主测评、问卷调查;

(十)以适当方式到被巡视巡察地区(单位)的下属地方、单位或者部门了解情况;

(十一)开展专项检查;

(十二)提请有关单位予以协助;

(十三)派出巡视、巡察组的党组织批准的其他方式。

巡视、巡察组采取上述第(四)、(五)、(十一)和(十二)项方式开展监督,应当提出书面申请,经巡视、巡察办按规定报批实施。

第二节、工作权限

第二十九条　巡视、巡察组依靠被巡视巡察党组织开展工作,严格遵守巡视巡察授权"四不"原则,即不干预被巡视巡察地区(单位)正常工作,不处理被巡视巡察地区(单位)具体业务问题,不履行执纪审查职责,不对重要情况和重大问题作个人表态。

第三十条　巡视、巡察组应当严格执行请示报告制度,巡视巡察工作中有下列情况之一的,通过巡视、巡察办及时向巡视巡察工作领导小组请示报告:

(一) 被巡视巡察地区 (单位) 发生严重违反政治纪律和政治规矩的重大问题以及突发的带有政治性的重大事件的;

(二)被巡视巡察地区(单位)发生关系群众切身利益、干部群众反映强烈、影响改革发展稳定的重大事项,或者其他重大紧急情况、严重群体性事件和突发性事件的;

(三)被巡视巡察地区(单位)领导班子及其成员有涉嫌严重违纪违法,问题重大敏感复杂,事态比较紧急,可能造成严重后果,需要有关机关及时采取必要措施的问题线索的;

(四)被巡视巡察地区(单位)管理的干部特别是重要岗位的领导干部有明显严重违纪,可查性强,干部群众反映强烈,及时查处可以形成有力震慑,需要有关机关执纪审查的问题线索的;

(五)被巡视巡察地区(单位)有严重违反组织原则,纪律涣散,或者党政一把手严重不团结,严重影响工作正常开展的情况和问题的;

(六)巡视、巡察组认为需要向巡视巡察工作领导小组请示报告的其他重要情况和重大问题的。

巡视、巡察组特殊情况下可以直接向巡视巡察工作领导小组组长和同级党委书记报告。

第三十一条　巡视巡察期间,经巡视巡察工作领导小组批准,巡视、巡察组可以将被巡视巡察党组织管理的干部涉嫌违纪违法的具体问题线索移交有关纪律检查机关或者政法机关处理;对问题具体明确的被巡视巡察党组织管理的干部,可以从把好政治关、廉洁关的角度,向被巡视巡察党组织提出组织调整建议;对群众反映强烈、明显违反规定并且能够及时解决的问题, 向被巡视巡察党组织提出处理建议,并督促其采取措施,限期整改。

第五章　工作程序

第一节　巡前准备

第三十二条　巡视、巡察办根据年度巡视巡察工作计划制定每轮巡视巡察工作方案, 提出巡视巡察对象建议名单,经巡视巡察工作领导小组同意,报同级党委审定实施。

第三十三条　巡视、巡察组开展巡视巡察前,应当向同级纪检监察机关、政法机关和组织、审计、信访等部门和单位了解被巡视巡察党组织领导班子及其成员的有关情况,相关机关、部门和单位应当全面、客观、准确、及时提供情况。

第三十四条　巡视、巡察组应当结合被巡视巡察地区(单位)的历史文化特点、社会反映热点和行业廉洁风险点,对收集和了解到的情况,加强分析研判,制定工作方案。

第三十五条　巡视、巡察办协助巡视、巡察组与被巡视巡察党组织沟通联络,筹备工作动员会,协调做好后勤保障等进驻准备工作。

第二节　了解工作

第三十六条　巡视、巡察组进驻被巡视巡察地区(单位)后,应当召开动员会或者见面会,向被巡视巡察党组织通报巡视巡察任务,明确有关规定要求。

第三十七条　被巡视巡察党组织要按规定以党内文件形式印发动员会或者见面会上巡视巡察工作领导小组成员或者巡视、巡察办负责同志以及巡视、巡察组长的讲话和党委(党组)主要负责人的表态讲话。通过主要新闻媒体和内部网络等渠道公布巡视、巡察组进驻消息和举报电话、信箱、电子邮箱等联系方式。

第三十八条　动员会或者见面会结束后,巡视、巡察组听取被巡视巡察党组织工作情况汇报和纪检监察、组织人事、巡察工作专题汇报,专题汇报也可以采用书面形式。汇报围绕巡视巡察监督内容,坚持问题导向,着重汇报存在的问题，深入剖析原因，提出改进工作措施。

第三十九条　巡视、巡察组按照规定的工作方式和权限，开展巡视巡察了解工作。

巡视、巡察组对反映被巡视巡察党组织领导班子及其成员的重要问题和线索，可以进行深入了解。

第四十条　巡视、巡察组需要约谈询问在押的犯罪嫌疑人、被告人、服刑人员或者被留置、行政拘留、采取限制人身自由的行政强制措施、司法拘留人员以及其他涉案人员，了解有关情况的，可以书面提出申请，经巡视、巡察办报巡视巡察工作领导小组批准后，监委、审判、检察、公安、司法行政机关应当依照有关规定予以协助。

巡视、巡察组需要向监委、审判、检察、公安、司法行政机关了解其掌握的巡视巡察监督对象本人及其他相关人员、单位的信息，或者调阅有关案卷和检举材料的，可以书面提出申请，经巡视、巡察办报巡视巡察工作领导小组批准后，由相关机关依照有关规定予以协助。

第三节　报告情况

第四十一条　巡视巡察了解工作结束后，巡视、巡察组应当形成巡视巡察报告，如实报告了解的重要情况和问题，并提出处理建议。

对党风廉政建设等方面存在的普遍性、倾向性问题和其他重大问题，应当形成专题报告，分析原因，提出建议。

第四十二条　建立办组会商巡视巡察报告机制。巡视、巡察办应当及时与巡视、巡察组对接，对巡视巡察报告的政治定位、发现问题的精准度和深度、问题的分析与归纳、问题线索的分类、提出意见建议的可行性等进行会商。

第四十三条　巡视巡察工作领导小组应当及时听取巡视、巡察组的巡视巡察情况汇报，研究提出处理意见，报派出巡视、巡察组的党组织决定。

第四十四条　派出巡视、巡察组的党组织应当及时召开书记专题会议，听取巡视巡察工作领导小组有关巡视巡察情况汇报，研究并决定巡视巡察成果的运用。巡视巡察情况综合报告和党委书记的讲话一并报上级巡视巡察工作领导小组备案。

第四节　反馈意见

第四十五条　经书记专题会议和巡视巡察工作领导小组同意后，巡视、巡察组应当及时向被巡视巡察党组织领导班子及其主要负责人分别反馈相关巡视巡察情况，指出问题，有针对性地提出整改意见。

第四十六条　反馈巡视巡察意见分层次实行“双反馈”，向被巡视巡察党组织主要负责人反馈时，除涉及本人的问题外，其他问题原则上都要反馈，对领导班子成员的反映概要通报，督促其切实担负起第一责任人的责任；向领导班子反馈时，要对党组织落实全面从严治党主体责任和监督责任、班子成员履行“一岗双责”提出明确要求。

第四十七条　根据巡视巡察工作领导小组要求，巡视、巡察组将巡视巡察的有关情况通报同级党委和政府有关领导及其职能部门。

第五节　移交问题和线索

第四十八条　对巡视巡察发现的问题和线索，派出巡视、巡察组的党组织作出分类处置的决定后，依据干部管理权限和职责分工，按照以下途径进行移交：

（一）对领导干部涉嫌违纪的线索和作风方面的突出问题，移交有关纪律检查机关；

（二）对执行民主集中制、干部选拔任用等方面存在的问题，移交有关组织部门；

（三）其他问题移交相关单位。

不属于巡视巡察职责范围内的信访等问题，在转有关部门处理时，逐件登记并履行签收手续，移交目录要留底备查。

第四十九条　巡视、巡察办会同巡视、巡察组以及有关机关、部门和被巡视巡察党组织，对问题线索分类处置，逐一建账、转账、对账、报账、销账，实行“五账挂号”督办运行机制。

第五十条　有关纪律检查机关、组织部门收到巡视巡察移交的问题或者线索后，应当优先办理，及时研究提出谈话函询、初核、立案或者组织处理等意见，并于3个月内将办理情况书面反馈巡视、巡察办。

第六节　整改和督查

第五十一条　按照意见“双反馈”、整改“双责任”、整改情况“双报告”、整改报告“双审核”、整改结果“双公开”的“五双”工作模式落实巡视巡察整改责任，压紧压实全面从严治党主体责任和监督责任。

第五十二条　建立巡视巡察成果运用“三清单”管理制度，被巡视巡察党组织要以巡视巡察发现问题和领导干部问题线索为依据明确问题清单，以巡视巡察意见和建议为依据明确整改清单，以巡视巡察反馈和移交内容为依据明确责任清单，经巡视、巡察组审核后，报巡视、巡察办备案。实行台账动态管理，形成报告报账、反馈交账、移交转账、督办查账、整改销账的完整链条，做到情况明、数字准、责任清。

第五十三条　被巡视巡察党组织在巡视巡察前，应当针对巡视巡察发现的共性问题即知即改；巡视巡察中，应当针对巡视巡察发现的问题，特别是违反中央八项规定精神和“四风”方面的问题线索，要专题研究、立行立改；被巡视巡察党组织及其主要负责人收到巡视、巡察组反馈意见后，应当认真系统研究、全面整改落实，召开领导班子巡视巡察整改专题民主生活会，结合反馈意见进行深刻剖析、对照检查，把反馈的问题说清楚、谈透彻，开展批评与自我批评，提出整改措施，并在2个月内将主要负责人组织落实情况报告和班子整改情况报告经巡视、巡察办报送巡视巡察工作领导小组。

第五十四条　对于巡视巡察发现的共性问题，按照党委工作部门和政府职能部门的职责捆绑整改责任，党委工作部门和政府职能部门的分管领导应当对重要工作亲自部署、重大问题亲自过问、重点环节亲自协调、重大案件亲自督办,形成分管领导协调督促整改,被巡视巡察党组织落实整改,分管领导与被巡视巡察党组织共同扛起主体责任的工作机制。

第五十五条　被巡视巡察党组织主要负责人为落实整改工作的第一责任人。被巡视巡察地区(单位)提交整改情况报告和主要负责人组织落实情况报告时,党组织主要负责人应当签字背书,对整改情况报告的真实性承担责任。

第五十六条　巡视、巡察办对被巡视巡察党组织主要负责人组织落实情况报告和班子整改情况报告进行初步形式审核,巡视、巡察组进行复审,由巡视、巡察办将整改情况“双报告”及审核意见报巡视巡察工作领导小组审批。

第五十七条　派出巡视、巡察组的党组织及其组织部门应当把巡视巡察结果作为干部考核评价、选拔任用的重要依据。

组织部门考察正在接受巡视巡察的领导干部时应当征求巡视、巡察组意见,调整正在接受巡视巡察党组织领导班子成员时应当及时向巡视、巡察办及相关巡视、巡察组通报。

第五十八条　巡视、巡察办应当会同巡视、巡察组采取适当方式,了解和督促被巡视巡察党组织整改落实工作并向巡视巡察工作领导小组报告。

巡视巡察工作领导小组可以直接听取被巡视巡察党组织有关整改情况的汇报。

第五十九条　巡视巡察反馈、整改等情况,应当以适当方式公开,接受党员、干部和人民群众监督。

第六章　纪律与责任

第六十条　派出巡视、巡察组的党组织和巡视巡察工作领导小组应当切实加强对巡视巡察工作的领导。对领导巡视巡察工作不力,发生严重问题的,依据有关规定追究相关责任人的责任。

第六十一条　纪检监察机关、审计机关、政法机关和组织、信访等部门及其他有关单位,应当支持配合巡视巡察工作。有下列情形之一,造成严重后果的,依据有关规定追究相关责任人的责任:

(一)向巡视、巡察组介绍情况敷衍应付、不予提供、瞒报真实情况或者提供虚假情况,影响巡视巡察工作正常开展的;

(二)对巡视、巡察组提请予以协助的事项,无正当理由拒绝办理,或者故意拖延,影响巡视、巡察组对有关问题深入了解的;

(三)对巡视巡察移交的问题或者线索无正当理由拒绝受理的,或者研究办理无故拖延的,或者大事化小、小事化了的;

(四)其他违反规定不支持配合巡视巡察工作的情形。

第六十二条　巡视巡察工作人员应当严格遵守工作纪律。有下列情形之一的,视情节轻重,给予批评教育、组织处理或者纪律处分;涉嫌犯罪的,移送司法机关依法处理:

(一)对应当发现的重要问题没有发现的;

(二)不如实报告巡视巡察情况,隐瞒、歪曲、捏造事实的;

(三)泄露、扩散巡视巡察工作秘密的;

(四)工作中超越权限,造成不良后果的;

(五)利用巡视巡察工作的便利谋取私利或者为他人谋取不正当利益的;

(六)有违反巡视巡察工作纪律的其他行为的。

第六十三条　被巡视巡察党组织领导班子及其成员应当增强接受监督意识,自觉接受巡视巡察监督,积极配合巡视、巡察组开展工作。

被巡视巡察党组织应当鼓励和支持干部群众向巡视、巡察组如实反映情况和问题,营造领导干部自觉接受监督、干部群众积极参与、有利于发现和解决问题的良好氛围。

党员有义务向巡视、巡察组如实反映情况。

第六十四条　被巡视巡察地区(单位)及其工作人员有下列情形之一的,视情节轻重,对该地区(单位)领导班子主要负责人或者其他有关责任人员,给予批评教育、组织处理或者纪律处分;涉嫌犯罪的,移送司法机关依法处理:

(一)隐瞒不报或者故意向巡视、巡察组提供虚假情况的;

(二)拒绝或者不按照要求向巡视、巡察组提供相关文件材料的;

(三)指使、强令有关单位或者人员干扰、阻挠巡视巡察工作,或者诬告、陷害他人的;

(四)无正当理由拒不纠正存在的问题或者不按照要求整改的;

(五)提交的主要负责人组织落实情况报告和班子整改情况报告内容不真实的;

(六)对反映问题的干部群众打击、报复、陷害的;

(七)泄露巡视巡察工作秘密的;

(八)其他干扰巡视巡察工作的情形。

第六十五条　被巡视巡察地区(单位)的干部群众发现巡视巡察工作人员有违反本实施办法第六十二条所列行为的,可以向巡视巡察工作领导小组或者巡视、巡察办反映,也可以依照规定直接向有关部门、组织反映。

第七章　附　则

第六十六条　本实施办法由中共山西省委负责解释,具体解释工作由省委巡视工作领导小组承担。

第六十七条　市县党委可以根据本实施办法,结合各自实际,制定巡察工作实施意见。

第六十八条　本实施办法自印发之日起施行。我省之前制定的巡视巡察工作党内法规和规范性文件,与本实施办法不一致的,以本实施办法为准。

中共山西省委　山西省人民政府
《山西打造全国能源革命排头兵行动方案》

（2017年9月28日）

为深入贯彻习近平总书记视察山西时关于“争当全国能源革命排头兵”的重要指示精神，按照省委、省政府总体部署，特制定本行动方案。

一、面临形势

美国页岩气革命导致世界能源供需结构发生重大变化，煤炭消费比重下降，天然气和石油比重上升，可再生能源消费快速增长，全球能源进入新一轮的转型期。在全球应对气候变化的大背景下，世界低碳无碳化进程加快，欧美多国提出了关闭燃煤电厂的时间表，“去煤化”成为世界主要发达经济体政策主流，加快向绿色、多元、安全、高效、低碳的可持续能源体系转型已经成为重塑世界能源结构的总趋势。

我国是全球最大的能源生产国和消费国。近年来，国内能源消费增速趋缓，煤炭消费增速持续下降，油气消费增长，可再生能源规模超过美国成为全球第一大国。同时，从总体上看，还存在能源需求压力巨大、能源供给制约较多、能源生产消费对生态环境损害严重、能源技术水平总体落后等问题。为积极应对挑战，党中央作出了推动能源革命和建设清洁低碳、安全高效的现代能源体系等战略部署。

山西是我国的煤炭大省，长期以来向全国输送了大量的能源产品，为我国经济社会发展和保障国家能源安全做出了重要贡献，但也形成了“一煤独大”的结构性问题，经济发展过多依赖煤炭产业、过多倚重煤炭价格，还存在能源利用水平落后、能源生产消费对生态环境损害严重、能源管理体制僵化等素质性、体制性问题。当前，面对能源革命的新形势、新机遇、新挑战，顺应发展大势，以打造全国能源革命排头兵为战略定位，以服务全省经济转型为战略目标，推动山西能源发展改革行稳致远，是牢记总书记殷切教导，走好山西新征程的必由之路；是推动供给侧结构性改革，提升经济发展质量效益的必由之路；是优化能源生产消费结构，构建清洁低碳、安全高效的现代能源体系的必由之路。

二、总体要求

（一）指导思想。深入学习贯彻习总书记系列重要讲话精神和治国理政新理念新思想新战略，认真落实习总书记关于能源革命的战略思想和视察山西的重要指示，牢固树立创新、协调、绿色、开放、共享发展新理念，把深化供给侧结构性改革和转型综改试验区建设紧密结合起来，以能源供给结构转型为重点，以构建现代能源体系为目标，稳定规模、优化结构、提高竞争力、推进清洁高效利用，促进能源产业向绿色低碳转变、向中高端转变、向创新驱动转变，建设国家清洁能源基地，形成产业多点支撑、多元优势互补、多极市场承载、内在竞争力充分的产业体系，实现从“煤老大”到“全国能源革命排头兵”的历史性跨越。

（二）基本原则

——市场运作。充分发挥市场在资源配置中的决定性作用，还原能源商品属性，遵循市场经济规律、能源行业发展规律，打通能源新技术新业态准入通道，发挥市场主体推进能源革命排头兵的主力军作用。

——政府推动。理清政府能源管理职能，积极营造“六最”营商环境，完善制度体系，精准科学调控，改革定价机制，维护市场秩序，激发能源创新活力，推进能源治理现代化。

——低碳引领。形成绿色发展方式和生活方式，切实减少能源开发利用对生态环境的破坏。降低煤炭在能源结构中的比重，大幅提高新能源和可再生能源比重，实现单位地区生产总值碳排放量不断下降。

——改革创新。以自我革命的勇气，破除体制机制藩篱，推动能源体制机制创新，加快重点领域和关键环节改革步伐，焕发创新活力，加快能源产业发展方式变革，以能源革命重塑山西。

——重点突破。围绕国家能源革命的战略部署，选择具有比较优势和潜在优势的领域，重点实施一批重大工程和重大举措，率先取得突破，迈入全国第一方阵，走出一条山西特色能源转型之路，引领全国能源革命进程。

（三）主要目标

能源消费总量。到2020年，能源消费总量控制在2.24亿吨标准煤以内，2025年、2030年增长幅度低于全国平均水平。

煤炭生产。到2020年，煤炭产量基本稳定在10亿吨左右，煤炭产业占GDP比重下降到12%，2025年、2030年煤炭产业占GDP比重分别下降到10.8%和8.5%。

煤炭消费。到2020年，煤炭在一次能源消费比例下降到80%，比2015年下降7个百分点，下降幅度领先全国。2025年、2030年下降幅度继续走在全国前列。

原煤入洗率。到2020年，原煤入洗率达到80%，高于全国平均水平5个百分点。2030年达到90%以上，处于国际先进水平。

煤矿安全。到2020年,全省千人矿井单班入井人数控制在700人以下;2025年、2030年分别控制在600人以下、500人以下。煤矿安全生产水平保持国际领先。

化解过剩产能。到2020年,煤炭总产能减少到13.5亿吨,到2025年、2030年分别减少到12.5亿吨、11.5亿吨,停缓建一批煤电项目,为化解全国煤炭、电力产能过剩风险作出突出贡献。

新能源。到2020年,新能源装机占全省电力总装机规模的35%左右,2025年、2030年分别达到40%和45%。

煤层气。到2020年,全省煤层气产能达到400亿立方米,产量达到200亿立方米,占到全国总产量的83%,覆盖人口比例达到70%;2030年,煤层气产能达到450-500亿立方米,产量达到350亿立方米。

节能降耗。到2020年,单位地区生产总值能耗比2015年下降16%,力争达到18%,下降幅度比全国平均水平高1-3个百分点;2025年,全省单位地区生产总值能耗接近全国平均水平;2030年,单位地区生产总值能耗达到国内先进水平。

碳减排。到2020年,单位地区生产总值二氧化碳排放比2005年下降40%-45%,2030年前二氧化碳排放总量率先达到峰值。到2020年,大型发电集团单位供电二氧化碳排放控制在550克/千瓦时以内,达到全国平均水平,2030年达到国内先进水平。

科技创新。到2020年,全省R&D占地区生产总值比重争取达到全国平均水平;2025年、2030年R&D占地区生产总值比重超过全国平均水平,建成世界煤基科技创新成果转化基地。

清洁能源外输。到2020年,电力外输能力达到3300万千瓦,比2016年增长73%,煤层气管道外输量达到60亿立方米,比2016年增长2倍;2025年、2030年电力外输能力保持稳定增长,煤层气外输大幅增长。

体制改革和开放合作。重点领域改革取得新突破,实现能源管理体制和管理能力现代化,成为中国能源转型升级示范版。主动融入国家战略,建设煤炭开采及清洁高效利用境外产能合作基地和京津冀清洁能源供应基地。

三、推动煤炭清洁高效开发利用

实施能源供给侧结构性改革,提高先进产能占比,推进绿色矿山和智能矿山建设,建立世界最清洁的煤电体系,优化煤炭供给结构,推进煤炭转型发展。

(一)煤炭先进产能提升工程。充分发挥市场机制作用,更好发挥政府引导作用,运用市场化、法治化办法,淘汰关闭一批、减量重组一批、减量置换一批、依规核减一批煤矿,有序退出过剩产能,确保"十三五"期间煤炭总产能只减不增。坚持去产能与发展先进产能相结合,通过实施减量置换、兼并重组、产能核增、减人提效等方式建设符合先进产能标准的煤矿,全省煤炭先进产能占比逐步达到2/3。

(二)煤炭安全高效开采工程。加强矿山地质环境治理、矿山生态环境治理,推进绿色矿山建设。大力推进机械化、自动化、信息化和智能化矿山建设,探索"互联网+煤炭开采",打造煤炭无人(少人)智能开采与灾害防控一体化的采矿新模式。省属国有重点煤矿综采工作面力争实现可视化、自动化开采,煤矿安全生产水平继续保持国内领先。

(三)燃煤机组超低排放工程。着力推广先进节能技术,加快现役煤电机组升级改造,力争燃煤电厂平均供电煤耗达到国内先进水平。新建常规燃煤发电机组要执行超低排放标准I,低热值煤发电机组执行超低排放标准Ⅱ。对不达我省超低排放标准限值要求的燃煤发电机组一律停止运行。落实燃煤机组超低排放电价政策。

(四)煤炭资源综合利用工程。加快资源综合利用先进适用技术推广应用,加大煤矸石(含洗矸、煤泥)固废资源综合利用产业化和多重功能化发展。加快朔州国家工业固废综合利用基地建设。加强对煤炭共伴生矿产资源的综合勘探和综合评价,推动与煤共伴生资源精深加工和产业化发展。

四、调整优化能源消费结构

有效落实节能优先方针,全面提升城乡优质用煤水平,从根本上抑制不合理消费,大幅提升能源利用效率,同步推进产业结构和能源消费结构调整。

(一)能源消费"双控"工程。把能源消费总量、强度目标作为经济社会发展重要约束性指标,推动形成经济转型升级的倒逼机制。强化源头控制,把节能审查作为"双控"的重要手段,对高耗能产业和产能过剩行业实行能源消费总量控制约束,对其他产业按先进能效标准实行能耗强度约束。探索建立用能权有偿使用和交易制度,加强能力建设和监督管理,保障优质增量用能,淘汰劣质低效用能。

(二)煤炭等量减量替代工程。将太原、阳泉、晋中、长治、晋城、临汾"4+2"城市列为我省首批煤炭消费总量控制城市,实现煤炭消费总量负增长。在"4+2"城市划定"禁煤区",除煤电、集中供热和原料用煤企业(包括洁净型煤加工企业用煤)外,完成燃料煤炭"清零"任务。20万人口以上县城基本实现集中供热或清洁能源供热全覆盖。大力发展清洁煤燃烧技术,重点区域实施优质型煤等清洁燃料置换,推广使用最高燃煤标准的炉灶。

(三)煤改气(电)工程。宜气则气,宜电则电,稳步推进"煤改气""煤改电"工程。加快实施民用、工业"煤改气"工程,完善煤层气利用设施,扩大天然气替代试点范围。加大"煤改电"电网(农网)改造政策支持力度,结合城乡建设规划、气热管网建设和禁煤区划定等,在适合"煤改电"地区的城乡居民用煤及燃煤锅炉等重点领域、有条件的学校、医院、养老院、旅游景点等公益事业单位和乡镇机关、村委会等科学实施一批"煤改电"工程。

(四)节能优先工程。加强工业领域节能,实施更加严格的能效和排放标准,新增产能主要耗能设备能效达到国内先进水平。建立以节能标准促进高耗能行业能效提升的倒逼机制,督促用能单位执行单位产品能耗限额标准,引导执行推荐性节能标准。提升新建建筑能效水平,全面推进22个设市城市绿色建筑集中示范区建设。以太原、大同两市为重点，大力发展装配式建筑。加强交通运输节能，支持太原市、临汾市等有条件的市创建国家“公交都市”。支持城市客运、公路运输行业和旅游景区推广使用清洁能源、新能源汽车。

五、促进新能源产业提质

提高煤层气规模化开发水平，大力发展清洁能源，大幅增加生产供应，优化能源供给结构，形成多轮驱动、安全可持续的能源供给体系，开启低碳能源供应新时代。

（一）煤层气产业提速工程。把煤层气产业作为山西能源革命的战略关键和主要抓手，积极推进晋中、沁源—古县等14个省级以上规划矿区建设，大幅增储扩产。推进煤层气外输通道工程建设，实现与京津冀、雄安新区等周边区域的输气管网对接。加大煤层气下游市场开发培育力度，重点布局一批工业、民用、汽车、分布式能源等领域应用项目。推进地面开采煤层气热电联产项目建设，推进瓦斯气综合利用发电项目建设。

（二）风力发电壮大工程。统筹晋北风电基地建设和中南部低风速资源开发。重点支持北部三市风电供暖工程试点工作，积极推进灵丘县和繁峙县风电供暖试点工程。优化发电运行方式，通过实施供热机组灵活性改造等方式改善系统调峰能力，增强本省风电消纳能力。通过风火打捆方式，逐步扩大风电外送能力。

（三）光伏发电提升工程。推进光伏产业有序发展，以大同、阳泉等为重点，大力推进光伏领跑技术基地建设。以吕梁、太行两大连片特困扶贫区光照资源较好的57个贫困县为重点，稳步推进光伏扶贫。鼓励利用闲置的荒山荒坡和综合开发的土地资源开发太阳能发电项目。鼓励推进太阳能热发电示范试点。积极推进分布式光伏应用，鼓励工业企业、大型公建和城市农村屋顶安装分布式光伏系统。

（四）地热能资源开发工程。因地制宜开发利用各种地热能资源，提高地热能在城镇和新农村建筑中用能比例。在用热需求集中、资源条件优越和地质条件适宜的区域，不断提高浅层地温能在城镇建筑用能中的比例，优先发展再生水源热泵（含污水、工业废水等），积极发展空气源热泵，适度发展土壤源热泵和地下水源热泵。鼓励水热型地热资源的梯级利用。

（五）生物质能发电培育工程。在晋中、运城、长治、临汾、忻州等生物质资源丰富的地区，大力推进生物质能热电联产。合理布局垃圾焚烧发电项目，优先鼓励在11个设区市、11个县级市及部分人口规模较大的县（区）布局垃圾焚烧发电项目。到2020年，生物质发电（含垃圾发电）达到50万千瓦，占全省发电装机的0.5%。

六、发展互联网+智慧能源

促进能源与现代信息技术深度融合，推动能源生产管理模式变革，培育能源发展的新产业、新业态，增强能源发展新动能。

（一）能源互联网创建工程。加强电网基础设施建设，扩大互联互通，建设大电网，形成大市场。构建清洁、零排放的多类型能源互联网络，实现电力流、数据流和信息流的实时交互，打造广泛互联、智能互动、灵活柔性、安全可控的新一代电力系统，构建横向多源互补、纵向“源-网-荷-储”协调、整个社会与能源系统以智慧的方式高效耦合运行的互联网+智慧能源系统。

（二）能源大数据应用工程。充分发挥山西电力资源充沛、气候冷凉的比较优势，推动大数据产业发展。整合中国（太原）煤炭交易中心、焦炭交易中心等已建成平台数据资源，重点推进山西省煤炭监管信息平台、中国（太原）煤炭交易中心大数据平台、山西“能源云”数据中心等大数据应用工程建设，打造能源大数据平台。鼓励大型互联网企业和我省能源企业加强合作，形成“煤—电—流量—数据—综合信息服务”信息链，构建智能电网大数据体系。

（三）分布式能源领跑工程。建设基于用户侧的分布式储能设备，依托新能源、储能、柔性网络和微网等技术，实现分布式能源的高效、灵活接入以及生产、消费一体化。实现智能化分布式光伏应用、光伏微电网互联、交直流混合微电网以及多能互补微网统一能量管理等的工程示范和推广应用。积极争取全国第三批光伏“领跑技术基地”建设。

七、突破能源关键核心技术

准确把握世界能源技术演进趋势，选择重大科技领域，以绿色低碳为主攻方向，提升能源领域自主创新能力，抢占能源科技发展制高点。

（一）能源重大技术突破工程。瞄准国际技术前沿，重点在煤炭分级分质转化、智慧能源监管技术、碳捕集利用封存等关键领域取得技术突破。重点支持先进采煤、掘进、储运、洗选、安全、信息等关键技术和关键零部件研发。开展集成激光测风与智能控制的风电机组提效技术、风光发电群智能调控和智能化运维技术、基于分布式光伏的直流配电系统关键技术、低压直流配电网发展模式及关键技术研发。

（二）煤层气勘探开发技术突破工程。依托煤与煤层气共采国家重点实验室等科研机构，加快煤层气勘探、开发、利用技术的突破。在沁水盆地、河东煤田探索深部钻探工艺技术和储层保护技术，力争探明储量有所突破。在沁水盆地北部阳泉、寿阳等区域开展低成本储层保护技术，探索提高煤层解吸速度、扩散速度新型储层改造技术和高效造缝的压裂技术，以及防煤粉的排采控制工艺技术。在沁水盆地中部加大深煤层钻完井工艺技术和储层改造技术研究，为今后深部煤层气开发提前做好技术储备。

（三）能源颠覆性技术探索工程。集中开展大规模储能、石墨烯、氢能、催化剂材料等前沿颠覆性技术攻关，力争形成一批具有国际水准的能源领域科研成果。重点突破关键储能材料批量化制备及高性能电池单体开发等技术。重点开展石墨烯应用技术定向开发和面向应用的精准制备技术，实现石墨烯大规模产业化应用。研究氢储能多能源系统的耦合机制，形成大规模新能源制氢储能技术。开发新型电池关键材料,形成器件设计、组装、检测和集成示范能力。

(四)能源先进技术应用示范工程。根据国家《能源技术创新"十三五"规划》确定的示范试验技术目录,积极争取新一代高效低能耗二氧化碳吸收剂及捕集系统与发电系统耦合集成化技术、多污染物一体化脱除技术、新型高效电池储能技术、700度超超临界燃煤发电锅炉关键耐热材料研发、多能互补分布式发电和微网应用推广等先进技术示范项目向山西倾斜。

八、培育能源转型升级新动力

立足山西能源优势,充分释放电改红利,降低用电成本,大力发展新材料、高载能、高端装备制造、能源服务业等产业,构建具有竞争优势的现代产业体系,带动产业转型。

(一)节能产业壮大工程。推广采用先进节能技术装备,提升能源生产效率,强化能源行业节能。支持节能服务企业开展节能评估、节能诊断、能源审计、合同能源管理等第三方服务。推动节能产业集聚发展,鼓励节能企业依托山西综改示范区和现有工业园区,有效整合各类节能改造和服务需求,提升技术集成和辐射能力,将我省打造成为国内重要的节能产业基地。

(二)新能源汽车产业提升工程。立足我省煤电能源优势,以电动客车、电动专用车、电动乘用车整车及电池、电机、电控、轻量化材料等核心零部件为重点方向,完善产业链条,建设太原、晋城、长治、晋中、运城电动汽车产业基地,打造华北地区电动汽车强省。依托我省甲醇、燃气汽车产业基础,打造晋中、长治甲醇汽车产业基地和太原、运城、大同燃气汽车产业基地。

(三)能源装备制造产业提质工程。认真落实《中国制造2025—能源装备实施方案》,坚持市场需求导向,整合能源装备优势产业,推动煤炭、电力等能源装备向高端化发展,提升山西能源装备产业核心竞争力,加快能源装备产业转型升级。大力发展煤层气勘探高精尖勘探装备、定向钻机、智能化排采系统等,建设太原、晋城两个煤层气装备制造业基地。支持晋能、潞安太阳能一体化工业园区建设,推动太重等企业风电装备制造向成套化、系列化和高端化发展。

(四)煤炭深加工高端示范工程。积极布局一批煤炭深加工高端项目,实现煤炭利用由燃料向材料转变。加快发展煤(甲醇)制烯烃、芳烃、乙二醇等新材料,大力发展煤炭深加工精细化学品和合成材料,走高端化精细化路线,形成与石油路线的差异化竞争。加快煤中无机矿物材料化利用,发展储能材料、高端智能建材、高端陶瓷材料、玄武岩纤维等。加快推动潞安高硫煤清洁利用油化电热一体化等国家示范项目建设,带动甲醇等煤化工改造升级示范。

(五)铝工业转型升级工程。依托铝土矿资源丰富的优势,实施"煤-电-铝-材"一体化改革试点,建设吕梁、运城百万吨铝加工基地,全省氧化铝产能控制在2000万吨左右,其中就地转化氧化铝1000万吨,铝应用产品产能达到520万吨,铝产业营业收入超过2000亿元,电力消纳能力大幅提升。鼓励企业建设铝工业园区增量配电网。支持电解铝、铝精深加工一体化项目建设,鼓励企业发展航空、交通用铝材精深加工产品。

(六)能源服务业培育工程。积极争取国家金融政策支持,实现山西煤炭资产资本化、资本证券化。积极争取重启商品场外衍生品交易国家试点,探索能源商品交易新机制,构建功能齐全、层次分明、方式多样、手段先进的多元化、多层次现代能源商品交易市场体系,为在全国开展商品场外衍生品交易提供示范。

九、深化能源体制改革

充分发挥市场配置资源的决定性作用和更好发挥政府作用,还原能源商品属性,创新能源调控机制,加快形成统一开放、竞争有序的市场体系,打通能源发展快车道。

(一)能源领域市场化改革。探索研究将矿业权取得、资源开采、环境治理、生态修复、安全投入、基础设施建设、企业退出和转产、改善民生等费用列入煤炭产品的成本构成,实现煤炭开采外部成本内部化。实施煤、电、运全产业链综合改革,落实煤电价格联动机制。按照"管住中间、放开两头"的总体思路,加快推进煤层气价格改革,加强煤层气输配等网络自然垄断环节的价格监管。在深化能源市场化改革方面先行探索,走在全国前列。

(二)电力体制综合改革。积极争取国家对我省电价改革工作的支持力度,利用好国家批复我省的输配电价政策,加快发售电价市场化改革,逐步实现优先发电、优先购电范围外的价格全部由市场形成。规范电力交易平台运营,扩大交易品种和规模,探索建立现货市场。积极引导社会资本投资增量配电业务,鼓励以混合所有制方式发展配电业务,促进配电网投资主体多元化,积极培育售电公司,拓展售电服务领域,加快综合智慧能源服务。

(三)煤层气体制机制创新。实施煤层气矿业权竞争性出让,建立煤层气勘查区块退出机制和公开竞争出让制度。鼓励煤炭矿业权人和煤层气矿业权人合资合作,支持符合条件的企业与我省煤层气开采企业合作。落实煤层气对外合作开发项目审批制改为备案制,积极做好国家将煤炭采矿权范围内的地面煤层气开发项目备案下放我省管理的承接工作。落实国家煤层气发电价格政策,进一步调动发电和电网企业积极性,加快煤层气资源开发利用。

(四)能源企业战略性重组。深入推进国有企业改革,依托龙头企业推行行业兼并重组,推进上下游一体化经营,通过存量资产的流动和重组,分基地、分煤种组建世界一流、国内引领的规模化、集约化、专业化的特大型能源集团,大幅提高产业集中度,增强企业竞争力,打造全球能源旗舰企业。

(五)碳减排制度和能力建设。加快推进我省参与全国碳排放交易市场基础工作。建立碳排放报告和核查制度、配额管理和分配制度,建立我省企业温室气体排放核算、报告与核查平台,培育第三方核查机构和核查人员。积极开展晋城国家低碳城市试点,探索产城融合低碳发展模式,深化国家低碳工业园区试点，推动开展低碳社区试点，做好经验总结和推广，形成一批各具特色的低碳发展模式。

十、扩大能源开放合作

积极参与“一带一路”国际能源合作，深度融入国家区域重大战略，加强清洁能源外送力度，拓展能源转型升级的新空间。

（一）广泛开展国际能源合作。积极鼓励引进世界500强及跨国公司在晋投资，提升我省对外吸引力。将太原能源低碳发展论坛和中国（太原）国际能源产业博览会打造成国际品牌。积极推进我省能源企业参与“一带一路”国际合作，大力推动能源装备、技术和服务“走出去”，探索建立煤炭开采及清洁高效利用境外产能合作基地，加大对煤炭资源勘探、煤化工、煤电一体化等项目投资。

（二）深度融入国家区域战略。精准对接京津冀协同发展战略，深度融入环渤海经济圈，主动服务雄安新区建设，打造京津冀、雄安新区、环渤海清洁能源保障基地。主动融入全国特高压交直流混联大电网，推进跨省区电力直接交易。积极拓展与全国其他地区的煤炭及电力外送合作，形成能源合作长效机制。

（三）扩大清洁能源外送。吸引受电省份资本与我省发电企业合作，共同投资建设特高压外送电配套电源。推进新能源跨省跨区交易新机制，以晋北-江苏特高压交易为试点，探索燃煤机组和新能源机组按一定比例打捆外送的方式。研究规划建设新的晋电外送通道的可行性。打通煤层气外输通道，建设连接京津冀、环渤海、雄安新区和中原经济区的输气管网，将我省打造成为全国性管网的重要枢纽。

十一、强化政策支持

（一）加大资金保障力度。采取政府出资引导、社会资本广泛参与的方式，设立山西能源转型发展基金。基金定位于推动能源转型，用于煤炭清洁高效开发利用、新能源产业提质、互联网+智慧能源示范性工程等领域。基金可通过与设区市政府或其他主体合作设立子基金的方式扩大使用范围。

（二）加强人才队伍建设。坚持把人才作为支撑发展的第一资源，切实落实省委、省政府出台的一系列留住人才、吸引人才的政策。构建科学、开放、高效的人才管理体制。加快培养技术研发、产业管理、国际合作、政策研究等各类专业人才。加强人员国际交流，实施能源领域高层次人才培养和引进计划。加强对各级领导干部、企业管理者等培训，增强政策制定者和企业家打造全国能源革命排头兵的决策能力。

（三）提升成果转化能力。建设辐射全省的国际化能源创新成果转化平台，利用线上线下手段，促进国际国内成果转化。鼓励企业承担省内重大原创能源技术成果产业化试验，实现自主创新成果就地转化。在全省域布局若干能源科技成果转化基地，重点引导科技成果对接产业需求转移转化。支持高校、科研院所采取技术入股等多种方式与能源企业共建成果转化中试基地、产学研协同创新中心、工程技术研究中心等。

（四）争取国家政策支持。积极争取国家支持我省煤炭清洁高效开发利用相关关键技术创新，优先纳入国家技术创新、工程示范和转化推广范围；支持我省建设千万千瓦级风能、太阳能发电基地，规划建设新的外送电、外送气通道，提高清洁能源外送能力；争取中央财政加大对我省能源转型的支持力度。

十二、加强组织实施

（一）加强组织领导。成立山西省打造全国能源革命排头兵领导小组，指导全省能源革命工作，统筹协调全省能源革命的重大事项，省长任组长，常务副省长及相关分管副省长任副组长，各相关部门主要负责人为成员。办公室设在省发改委，负责领导小组日常工作。各市政府同时成立相关机构，抓好本地区各项工作的落实。

（二）明确责任主体。各地区、各部门要提高认识，深入理解加快推动能源革命的重要性、紧迫性和艰巨性，切实负起责任，密切协调配合，强化信息共享和协同联动机制，形成强大合力。省各有关部门按照职能和分工，制定行动计划，抓好工作落实。各市政府对本辖区打造能源革命排头兵工作负总责，研究制定与本行动方案相衔接的实施方案，明确责任分工，确保完成各项任务。

（三）强化督促检查。建立健全督促检查机制，跟踪各市、各部门工作推进情况，并根据推进情况及时进行调度督导。将重大工程及举措的推进落实情况作为对各市、各部门目标考核的重要内容，作为评判各市、各部门主要负责人履职情况的重要依据，对成绩突出的责任单位进行表扬，对失职失责的严肃问责。

（四）加强宣传引导。各市、各部门要组织开展形式多样的宣传活动，加强教育普及，把“清洁低碳、安全高效”的理念融入社会主义核心价值观体系宣传教育。注重引导舆论，回应社会关切，传递有利于加快能源革命的好声音和正能量，积极营造浓厚、持久的社会氛围，推动形成社会共识和自觉意识，不断把能源革命向纵深推进。

中共山西省委　山西省人民政府《关于强化实施创新驱动发展战略进一步推进大众创业万众创新深入发展的实施意见》

(2017年9月30日)

近年来,省委、省政府坚决贯彻落实党中央、国务院各项决策部署,深入实施创新驱动发展战略,大众创业、万众创新蓬勃兴起,涌现出数量众多的市场新生力量,“双创”已经成为稳定和扩大就业的重要支撑、推动新旧动能转换和经济转型发展的重要力量。当前,全省上下正在深入学习贯彻习近平总书记视察山西重要讲话,认真贯彻落实李克强总理考察山西提出的工作要求,全面落实《国务院关于强化实施创新驱动发展战略进一步推进大众创业万众创新深入发展的意见》,为进一步系统性优化创新创业生态环境,强化政策供给,加快动能转换,充分释放蕴藏在人民群众中的巨大创造力,在更大范围、更高层次、更深程度上推进大众创业、万众创新,现提出如下实施意见。

一、总体要求

(一)指导思想

以习近平总书记系列重要讲话精神为指引,牢固树立新发展理念,坚定不移实施创新驱动发展战略,深入贯彻落实党中央、国务院关于推进大众创业、万众创新各项决策部署,坚持“融合、协调、共享”,进一步优化创新创业的生态环境,进一步拓展创新创业的覆盖广度,进一步提升创新创业的科技内涵,进一步增强创新创业的发展实效,及时总结和推广我省典型经验与做法,积极移植和复制省外先进经验,推进我省大众创业、万众创新深入发展,努力建设一支宏大的创客队伍,推动我省“双创”工作进入全国第一方阵。

(二)基本原则

——创新引领、抢占前沿。把创新摆在全省发展全局的核心位置,强化科技创新的基础支撑作用。坚持以创新创业促进转型发展,瞄准前沿构建创新产业体系,实现一二三产业渗透发展,推动军民融合深入发展,增强产业核心竞争力。

——敢为人先、后来居上。坚持向东部学理念、向周边学方法,拿来用好国内外先进经验和典型做法,以改革的思维和办法推进“双创”深入发展。弘扬晋商精神,鼓励探索创新、先行先试,营造敢为人先、宽容失败的良好氛围。

——人才优先、创造至上。以人才支撑为第一要素,改革人才引进、激励、发展和评价机制。树立创造至上的价值导向,鼓励科技人员、中高等院校毕业生、留学回国人才、农民工、退役士兵等有梦想、有意愿、有能力的群体更多投身创新创业。

——主体联动、融通发展。加强各类主体协同联动,促进优势互补。把“双创”同深化国有企业改革、促进民营经济发展结合起来,同深化高校和科研院所体制机制改革以及群团组织改革结合起来,并有机融入到传统产业改造提升、新兴产业培育壮大全过程,形成多元主体合力汇聚、活力迸发的良性格局。

——市场主导、资源聚合。把创意和市场紧密结合,与社会资本有效对接。整合各方资源,建设众创、众包、众扶、众筹支撑平台,健全创新创业服务体系,推动政策、技术、资本等各类要素向创新创业集聚。

——人人参与、共创共享。大力弘扬创新文化,厚植创业沃土,推动创新创业成为生活方式和人生追求。践行共享发展理念,实现人人参与、人人尽力、人人享有,使创新创业成果更多更公平地惠及全体人民,促进社会公平正义。

(三)目标任务

——到2018年底,全省创客大军达到10万人,比2017年增长一倍。到2020年,全省高新技术企业达到1500家以上,科技型中小微企业达到10000家,高新技术企业销售收入占规模以上工业企业销售收入的比重达到15%以上。每年新创办中小微企业3万户,科技成果年均增长10%以上,在省内得到优先快速转化,年技术合同交易额达到265亿元。科技进步贡献率突破50%,综合科技实力达到全国平均水平以上。

——到2020年,研究与试验发展(R&D)经费投入占地区生产总值的比重争取达到全国平均水平,有效发明专利拥有量达到1.3万件左右。山西转型综改示范区R&D经费投入水平达到全国先进水平,专利申请量翻一番。省级以上高新技术产业开发区达到15家以上。省级及以上实验室、工程(技术)研究中心、企业技术中心等达到500家以上。产业技术创新战略联盟达到50家,其中国家级10家。院士专家工作站达到100 家以上。

——到2020年,建设一批高水平的“双创”示范基地,省级“双创”示范基地达到30个以上。打造一批具有市场活力的“双创”支撑平台,推广一批具有示范意义的“双创”模式和典型经验。支持“双创”的政策措施更加完善,要素资源更加集聚，生态环境更加优化，社会氛围更加浓厚，实现创新创业主体由小众到大众、创新创业载体由重点布局到全面建设、创新创业服务由注重“硬条件”到更加注重“软服务”。

二、充分发挥各类主体作用，激发全社会创新创业活力

（四）更好发挥企业主力军作用。鼓励大企业建设“双创”基地和服务平台，打造大企业为主体、大中小微企业协同共生的“双创”新格局。依托省内相关领域骨干企业，建设符合发展需求的制造业创新中心，加强基础研究，提升原始创新能力，开展关键共性重大技术研究和产业化应用示范。充分发挥太钢、太重等大型企业的国家级企业技术中心、重点实验室等科技创新平台作用，打造涵盖基础研究、技术中试、工业示范、技术集成和产学研用一体化创新链条，带动产业链上下游中小微企业发展。（省经信委、省国资委按职责分工负责）

（五）提升高校服务“双创”能力。深入实施“1331工程”，全面加强重点学科、重点实验室、重点创新团队建设，全面加强高校协同创新中心、工程（技术）研究中心、产业技术创新研究院（战略联盟）建设，促进山西大学、太原理工大学、中北大学等高校学科、人才、科研与产业互动，打通基础研究、应用开发、成果转移与产业化链条，着力提高高校对经济社会发展和产业转型升级的贡献率，推动高校成为催化产业技术变革、加速创新驱动的重要策源地。鼓励高校开设创新创业课程，加大“创业意识”和“创办企业”培训力度。（省教育厅牵头负责）

（六）充分释放科研院所潜能。进一步扩大科研院所自主权，调动公益一类科研院所科技创新和服务积极性，进一步深化省属转制科研院所改革，强化激励导向，调动科研人员技术革新和发明创造的积极性，提升行业服务、成果转化能力。改革和创新科研管理、投入和经费使用方式，鼓励科研人员与创业者开展合作和互动交流。（省科技厅牵头负责）

（七）支持开发区和转型综改示范区开展“双创”试点。支持全省各类开发区和转型综改示范区在人才流动、成果转化、创业扶持、收益分配和服务保障等方面先行先试。积极引进一流大学、科研院所和世界500强研发中心在山西转型综改示范区内设立分支机构和科技成果转化基地。积极争取新设一批国家级高新区。（省商务厅、省科技厅、山西转型综改示范区管委会按职责分工负责）

（八）提升全民参与创新创业积极性。促进人人创新、草根创业，在全省企事业单位职工、高校和农村农业战线科技人员中全面开展“五小”（小发明、小创造、小革新、小设计、小建议）竞赛活动，激发蕴藏在广大职工和科技人员中的创新活力。鼓励机关事业单位人员离岗创业。进一步完善鼓励扶持大学生创新创业的政策措施。研究制定支持返乡下乡人员创业创新办法，将符合条件的返乡下乡人员创业创新项目纳入强农惠农富农政策范围。根据相关规定，开展“双创”表彰活动。（省人社厅、省总工会、团省委、省教育厅、省农业厅、省科协等部门按职责分工负责）

三、不断深化“双创”实践，引领实体经济转型升级

（九）创新众创空间运营模式。支持众创空间采取“创意＋工厂”模式，配套建设生产工厂、试验平台、中试基地，加快创意向产品转变的过程，形成研发、生产、技术、销售等完整的产业体系。支持众创空间、科技企业孵化器采取“场地＋服务＋投资”模式，更多提供信息服务、创业辅导、人才培训、法律服务、管理咨询等特色化集成式服务和个性化、定制化高端创业增值服务。支持众创空间采取“孵化＋辅导＋投资”模式，打造集“金融服务、创新创业辅导服务、创业孵化服务、第三方专业服务”四大服务平台为一体的服务体系，提高创新创业能力和成功率。（省委改革办、省科技厅按职责分工负责）

（十）倡导企业推行全员创客。鼓励企业建立大师工作室、职工（劳模）创新工作室，搭建全员创新创业平台。弘扬工匠精神，由学术带头人结合技术专长，围绕创新攻关和以师带徒两大任务，积极推行创客平台化、小组化和创客团队“公司”化，推动个人创新向团队创新转变。支持创客围绕某一技术或工艺进行攻关，通过创客入股等方式鼓励创新，完善与创新成果相匹配的薪酬制度和激励机制，更好调动企业科技工作者和职工创新积极性，着力营造全员创新氛围。（省委改革办、省科技厅、省经信委、省国资委按职责分工负责）

（十一）打造各具特色的“双创”载体。积极有序推进试点示范，加快建设国家级、省级“双创”示范基地。鼓励区域、高校和科研院所、企业围绕各自优势在细分领域建设“双创”示范基地、众创空间、科技企业孵化器、小微企业创业创新基地及城市示范、创业园区、星创天地等创新创业载体，逐步向精细化、专业化升级。（省发改委、省科技厅、省人社厅、省农业厅、省中小企业局按职责分工负责）

（十二）移植推广“双创”先进经验。把“双创”作为转型综改试验区建设重要任务，聚焦转型发展重点领域和关键环节，率先复制移植上海自贸区、北京中关村等创新创业先进经验和典型做法，及时总结推广太原清控创新基地、长治市唯美诺双创科技园有限公司、山西华翔集团有限公司等我省“双创”实践中涌现出的成功模式，积极争取国家在我省布局创新创业改革试点。（省委改革办、省发改委、省科技厅、省经信委、省中小企业局等单位按职责分工负责）

（十三）促进分享经济发展。清理规范制约分享经济发展的行政许可、商事登记等事项，进一步取消或放宽市场准入条件。合理引导预期，创新监管模式，推动构建适应分享经济发展的包容审慎监管机制和社会多方协同治理机制，完善新就业形态、消费者权益、社会保障、信用体系建设、风险控制等方面的政策和制度体系。依法严厉打击泄露和滥用用户个人信息等损害消费者权益行为。（省发改委、省人社厅、省工商局、省公安厅等单位按职责分工负责）

（十四）促进数字经济繁荣发展。促进各级政府部门开放数据资源，引导并鼓励企业和个人对政府数据进行增值开发和创新应用，放大数据的能量和价值，激发全社会的智慧和

创意,激发创新创业活力。完善工业信息安全技术标准体系,筹建山西省网络安全和大数据信息技术标准化技术委员会,研究制定全省网络安全和信息化、大数据、电子信息等领域地方标准,强化工业信息安全保障支撑能力。(省经信委、省质监局等单位按职责分工负责)

(十五)推动传统产业改造提升。以新技术、新业态、新模式推动传统产业生产、管理和营销模式变革。立足我省实际,保障政府技改资金投入,重点实施智能制造示范、军民产业融合等八大专项工程,全面推动企业科技创新、技术改造,进一步提高工业发展质量和效益。(省经信委牵头负责)

四、建立健全交易机制,加快科技成果转化

(十六)建立市场化交易平台。搭建山西科技成果转化和知识产权交易管理服务平台,促进科技成果转移转化和知识产权交易,提高科技成果就地转化率。探索在高端装备制造、煤化工、煤层气等战略性新兴产业相关领域率先建立利用财政资金形成的科技成果限时转化制度。积极引导省内高校及科研院所根据自身实际,建立与省级交易平台相衔接的知识产权交易平台及其运营机构。引导企业开展多层次知识产权运营,推进知识产权收储、开发、组合、许可、交易、投资等,加快实现知识产权市场价值。(省科技厅、省知识产权局、省财政厅等单位按职责分工负责)

(十七)促进科技资源开放共享。建成全省统一的科技资源开放共享网络管理服务平台,将符合条件的大型科研设施与仪器及科技文献、科技数据、生物(种质)资源等科技基础条件资源纳入平台,面向社会开展科技创新服务。设立科技资源开放共享专项资金,建立绩效考评奖补机制。完善科技成果登记制度和技术合同认定登记制度,落实国家有关技术开发、技术转让减免税优惠政策。建立完善科技成果转化年度统计和报告制度。(省科技厅牵头负责)

(十八)加强知识产权保护。在各类开发区、产业集聚区等有条件的地方,积极推进知识产权保护中心和快速维权中心建设,实现快速审查、快速确权、快速维权,开展审查确权、行政执法、维权援助、仲裁调解、司法衔接相联动的重点产业知识产权快速协同保护,提高保护效果。(省知识产权局牵头负责)

五、拓宽融资渠道,强化“双创”金融支持

(十九)加大信贷支持力度。支持金融机构按照“双创”企业生命周期,积极开发金融服务产品,合理设置“双创”企业流动资金贷款期限。鼓励试点银行探索银税新型合作方式。鼓励地方法人银行设立社区支行、小微支行,提高薄弱领域金融服务可得性,大力发展普惠金融。引导大型银行合理赋予基层支行信贷审批权,简化审批流程,降低准入门槛。支持商业银行改造小微企业信贷流程和信用评价模型,提高审批效率。(山西银监局牵头负责)

(二十)加大投资基金支持力度。发挥创业投资、私募股权投资、产业投资基金作用。支持在山西转型综改示范区设立基金集聚区,吸引各类股权投资基金落户,围绕示范区定位创设各类基金产品。完善集聚区内基金服务体系和基础服务设施建设。鼓励有条件的设区市设立基金产业园、基金小镇。发挥山西太行产业基金作用,设立“双创”子基金。已设立的各类产业基金、创业风险投资基金、科技成果转化基金要重点关注民营企业科技成果转化项目,向民营企业倾斜。(省金融办、省财政厅按职责分工负责)

(二十一)实施科技创新券政策。完善创新券管理制度和运行机制。对在创新券管理系统中完成信息注册和审核的科技型中小微企业,即发放5万元创新券。支持其利用国家级及省级重点实验室、工程技术研究中心、科技基础条件平台及高等院校等资源开展研发和科技创新活动。支持各类科技创新团队免费使用高校、科研机构和国有企业的科研设备进行科研检测实验。对民营企业科技创新团队的创新券支持比例不少于50%。(省科技厅、省财政厅按职责分工负责)

(二十二)创新“双创”保险产品。加快发展科技保险、首台(套)重大技术装备保险,探索发展专利保险,推进现代科技与现代保险深度融合。加快发展信贷保证保险、履约保证保险、信用保险、借款人意外保险,积极发挥保险增信功能。(山西保监局牵头负责)

(二十三)依托资本市场助力“双创”。支持符合条件的企业在主板、中小板、创业板、新三板上市挂牌,发挥山西股权交易中心作用,为青年创意企业、初创企业及成长型企业提供符合其特点的融资渠道和发展平台,对在山西股权交易中心挂牌、进行股份制改造并实现融资的中小微企业给予奖励。(省金融办、山西证监局、省中小企业局、团省委按职责分工负责)

(二十四)完善科技融资机制。推动发展投贷联动、投保联动、投债联动等新模式。鼓励和引导各类社会资金参与对知识产权转化运用的投入体系。探索建立知识产权投融资风险管理以及补偿机制,拓展知识产权质押融资范围,推广专利权质押等知识产权融资模式,鼓励保险公司为科技型中小企业知识产权融资提供保证保险服务。支持政府性融资担保机构为科技型中小企业发债提供担保。探索建立政银担、政银保等不同类型的风险补偿机制。(省科技厅、省知识产权局、省金融办、山西银监局、山西保监局按职责分工负责)

(二十五)推动创投行业信用体系建设。鼓励第三方征信机构参与创业投资行业信用建设和管理,建立健全创业投资企业、创业投资管理企业及其从业人员信用记录,实现创业投资领域信用记录全覆盖。推动创业投资领域信用信息纳入省信用信息共享平台,依法依规在“信用山西”网站公示,加快建立创业投资领域严重失信黑名单制度。(省发改委、人行太原中心支行、山西证监局按职责分工负责)

六、完善激励机制,释放“双创”人才红利

(二十六)实施重大人才工程。坚持以二流财政打造一流人才政策。重点实施高端创新型人才培养引进和新兴产业领军人才培育工程、高技能人才开发工程、优秀企业家培育工

程“三个工程”和三晋学者支持计划、山西省青年拔尖人才支持计划、三晋首席技师培养计划“三个计划”。继续实施晋商晋才回乡创业创新工程。采取“一人一策”“一事一议”的方式，大力引进经济转型升级急需的领军拔尖人才，由省财政给予专项资金支持。对急需的一流人才，实行专用编制、人编捆绑、动态调整、周转使用的编制周转池制度。（省委组织部、省编办、省人社厅、省财政厅、省国资委、省教育厅、省商务厅按职责分工负责）

（二十七）创新人才引进政策。鼓励企事业单位设立人才发展专项资金，企业引才所需费用可全额列入经营成本，事业单位引才费用可从事业经费中列支。建立山西省外国人永久居留服务管理联席会议制度，出台关于加强外国人永久居留服务管理的实施意见。启动实施山西留学人员创新创业支持计划，推进留学人员创新创业基地建设，制定留学人员回晋创新创业扶持政策。高校可自主组织到高层次人才集聚地区或单位进行专项招聘。（省财政厅、省人社厅、省公安厅、省教育厅按职责分工负责）

（二十八）改革薪酬分配制度。实行以增加知识价值为导向的分配政策，建立绩效工资稳定增长机制。制定技术技能人才薪酬激励办法。实行财政工资总量包干改革的高校、科研院所和医院等事业单位，可在无收入全额事业单位绩效工资总量5倍的范围内自主确定绩效工资总量。科研成果转化收益中用于人员激励的部分不计入绩效工资总量基数。科研机构、高校可自主决定科技成果转化收益分配和奖励办法，科技成果转化净收入的70%以上可用于奖励课题负责人、骨干技术人员和研发团队。试点探索高层次人才协议工资、项目工资和年薪制等灵活多样的分配方式。鼓励有条件的地方将返乡农民工纳入住房公积金缴存范围，按规定将其子女纳入城镇（城乡）居民基本医疗保险参保范围。（省财政厅、省人社厅、省科技厅按职责分工负责）

七、创新政府管理方式，优化“双创”生态环境

（二十九）实行“多证合一”登记制度。按照能整合的尽量整合、能简化的尽量简化、该减掉的坚决减掉的原则，将涉企登记备案等有关事项和各类证照整合到营业执照上。对内外资企业在支持政策上一视同仁，加快企业工商登记注册便利化推进步伐。推动取消企业名称预先核准，推广自主申报。全面实施企业简易注销登记改革，实现市场主体退出便利化。推进工商登记全程电子化和电子营业执照改革，推进无介质电子营业执照建设和应用。（省工商局牵头负责）

（三十）强化事中事后监管。深入推进企业投资项目承诺制试点。实现“双随机、一公开”监管全覆盖，开展跨部门联合检查，建立省、市、县三级标准统一、互联互通的抽查信息监管系统，提高监管效能。深化市场监管体制改革，做好临汾市、吕梁市的工商、质监、食药监管理机构整合试点工作，综合设置市场监管机构，进一步推进市场监管领域综合执法改革。（省发改委、省工商局、省编办按职责分工负责）

（三十一）推进相对集中行政许可权改革试点。探索完善审批、管理、监督相互衔接的运行机制。在灵石县、高平市和山西转型综改示范区开展试点，组建行政审批局，整合划转行政审批职责和行政审批事项，统一规范事项名称、实施依据、申请材料、审批流程，逐项编制行政职权运行流程图，实行审批职责、审批事项、审批环节“三个全集中”，实现“一颗印章管审批”。（省编办、省法制办牵头负责）

（三十二）适当放宽教育等行业互联网准入。推进全省教育系统“三通两平台”建设，依托全省高等教育宽带省域网，为高校广大师生创新创业、科技成果转移转化、知识价值体现提供平台支撑。加强新兴业态领域事中事后监管，促进平稳有序健康持续发展。（省教育厅牵头负责）

（三十三）加大财政投入力度。统筹使用各级各类支持中小企业发展资金、科技成果转化资金，对民营企业科技成果转化项目给予重点支持和倾斜支持，支持比例不低于资金总量的50%。省级安排的扶持众创空间发展专项资金和科技企业孵化器专项资金，要重点向民办众创空间和民办科技企业孵化器倾斜，倾斜比例要达到50%以上。对于认定的省级“双创”示范基地，省级财政给予资金支持。（省财政厅、省科技厅、省发改委等部门按职责分工负责）

（三十四）提高税收服务水平。深入开展“便民办税春风行动”，积极推进跨省经营企业部分涉税事项全国通办，切实减轻纳税人负担。推进银行卡受理终端、网上银行、手机银行等多元化缴税方式。加强国税、地税联合办税。建立健全市、县两级银税合作工作机制，加大基层银税合作力度，逐步扩大税务、银行信用信息共享内容。探索通过建立电子平台或在银税双方系统中互设接口等方式，实现银税信息“线上”互动。（省国税局、省地税局、山西银监局牵头负责）

（三十五）落实用地保障政策。优化国土规划布局，引导新产业集聚发展。加大用地保障力度，用地指标向新产业新业态项目倾斜。城镇低效用地再开发后，优先供应新产业新业态项目。用好按原用途和土地权利类型使用土地的过渡政策，降低新产业新业态项目用地成本。加强部门协同监管，规范新产业新业态项目用地行为。（省国土厅牵头负责）

（三十六）健全社会化服务体系。采用政府购买公共服务方式，支持各类专业社会服务组织和中介机构面向科研创新团队、中小微创业创新企业，提供代理记账、知识产权登记评估、产权登记、大数据等社会化服务，支持承接政府提供的法律、税收、工商管理等专业培训工作。根据服务数量和服务质量给予财政补助。（省财政厅牵头负责）

（三十七）完善公平竞争审查和统计监测制度。制定出台山西省公平竞争审查制度实施办法，明确审查程序，强化审查责任，推动公平竞争审查制度全面落实，为创新创业营造统一开放、竞争有序的市场环境。建立完善符合山西实际的“三新”统计监测制度，充分利用大数据等现代信息技术手段，探索研究建立“双创”发展统计监测制度。（省发改委、省统计局牵头负责）

八、强化组织保障，确保政策措施落实到位

(三十八)完善领导机制。建立山西省推进大众创业万众创新工作领导小组，负责对全省创新创业工作的顶层设计、政策制定、统筹协调、督办评估，及时协调解决创新创业中面临的突出问题，推动我省大众创业、万众创新深入发展。建立部门之间、部门与地方之间政策协调联动机制，形成政策合力，重大事项要及时向省委、省政府报告。(省发改委牵头负责)

(三十九)强化责任落实。各级各部门要进一步统一思想，明确任务分工，落实工作责任。将"双创"工作纳入全省目标责任考核。加快建立推进"双创"有关普惠性政策措施落实情况督查督导机制，加快探索建立和完善政策执行评估体系和通报制度。(省委组织部、省发改委、省统计局牵头负责)

(四十)加强宣传引导。充分发挥传统媒体及网络媒体和新媒体的积极性和创造性，全方位宣传我省创新创业取得的成效，树立一批创新创业先进典型和案例，引导社会舆论，营造浓厚氛围。办好"双创"活动周，以及创新创业论坛、赛事、培训、沙龙等活动，弘扬创新文化，厚植创业沃土，激发全社会创新创业活力。(省委宣传部、省发改委、省科技厅、省教育厅、省经信委、省中小企业局、省科协等单位按职责分工负责)

中共山西省委《关于完善工作机制加强人民政协协商民主建设的意见》

(2017年9月30日)

社会主义协商民主是我国社会主义民主政治的特有形式和独特优势，人民政协是社会主义协商民主的重要渠道和专门协商机构。加强政协协商民主建设，对于进一步团结全省各党派团体和各族各界人士坚持中国特色社会主义政治发展道路，共同致力于我省全面建成小康社会、加快现代化建设步伐，具有重要意义。为深入贯彻落实《中共中央关于加强社会主义协商民主建设的意见》和中共中央办公厅印发的《关于加强人民政协协商民主建设的实施意见》《关于加强和改进人民政协民主监督工作的意见》精神，结合我省实际，现就进一步完善工作机制、加强人民政协协商民主建设提出如下意见。

一、加强人民政协协商民主建设的指导思想和基本原则

(一)指导思想。高举中国特色社会主义伟大旗帜，全面贯彻党的十八大和十八届三中、四中、五中、六中全会精神，以马克思列宁主义、毛泽东思想、邓小平理论、"三个代表"重要思想、科学发展观为指导，深入学习贯彻习总书记系列重要讲话精神和治国理政新理念新思想新战略，坚持和完善中国共产党领导的多党合作和政治协商制度，坚持团结和民主两大主题，围绕统筹推进"五位一体"总体布局和协调推进"四个全面"战略布局，紧扣省委"一个指引、两手硬"工作思路和要求、重要决策部署和全省改革发展稳定大局，进一步拓展协商内容，丰富协商形式，完善协商程序，健全协商机制，提高协商成效，把协商民主贯穿政协履行职能全过程，全面推进政治协商、民主监督、参政议政制度化、规范化、程序化，更好发挥人民政协协商民主重要渠道和专门协商机构作用，广泛凝聚参加政协各党派团体、各族各界人士的智慧和力量，为走好新征程、探出新路子、创造新业绩，实现党内政治生态持久的风清气正和经济转型发展持久的强劲态势，实现"两个一百年"奋斗目标和中华民族伟大复兴中国梦作出更大贡献。

(二)基本原则。人民政协协商民主是在中国共产党领导下，参加人民政协的各党派团体、各族各界人士履行政治协商、民主监督、参政议政职能，围绕改革发展稳定重大问题和涉及群众切身利益的实际问题，在决策之前和决策实施之中广泛协商、凝聚共识的重要民主形式。面对改革开放进程中利益格局深刻调整的新形势，面对社会新旧矛盾相互交织的新变化，面对市场经济条件下思想观念多元多样的新情况，面对世界范围内不同政治发展道路竞争博弈的新挑战，加强政协协商民主建设，必须坚持党的领导，树牢政治意识、大局意识、核心意识、看齐意识，坚定中国特色社会主义道路自信、理论自信、制度自信、文化自信，始终同以习近平同志为核心的党中央保持高度一致，坚决贯彻党的路线方针政策和各项决策部署；必须坚持法治精神，依照宪法和政协章程确定的人民政协性质定位、主要职能开展工作，做到合法依章、活跃有序；必须坚持服务大局，紧紧围绕党委、政府重大决策谋划、部署和推进，始终做到与党政目标同向、工作合拍、步调一致；必须坚持为民宗旨，树牢群众观点、践行群众路线、坚持人民至上，把实现、维护、发展最广大人民群众的根本利益作为政协协商的出发点和落脚点；必须坚持求真务实，协商于决策之前和决策实施之中，突出问题导向，注重调查研究，提高协商成效；必须坚持民主协商，形成平等议事、求同存异、体谅包容的良好协商氛围。

二、政协协商的主要内容和形式

(一)政协协商的主要内容

事关我省全面建成小康社会、全面深化改革、全面依法治省、全面从严治党的重大部署举措和经济、政治、文化、社会建设及生态文明建设中的重要问题。如党的代表大会、党委全体会议重要文件和党委拟作出的决议、决定、意见及重大部署,国民经济和社会发展中长期规划,政府工作报告、年度计划报告、财政预决算报告,人民法院工作报告、人民检察院工作报告,重要地方性法规和政府规章草案,重大经济发展战略,重大改革举措,重要民生问题,有关重要人事安排等。

各党派参加人民政协工作的共同性事务,政协内部的重要事务,以及有关爱国统一战线的其他重要问题等。

(二)政协协商的主要形式

政协全体会议协商。政协全体会议采取大会和委员小组会、界别联组会、专题座谈会等形式,围绕会议主题及重点内容发表意见、协商议政。党委、人大常委会、政府和人民法院、人民检察院领导同志及党政部门负责同志出席开幕会、闭幕会;党委、政府有关领导同志和有关部门负责同志听取委员大会发言,参加委员小组会、界别联组会和专题座谈会,听取意见,与委员互动交流。

常委会议协商。政协常委会议一般每季度召开1次,围绕确定的专题进行协商议政。党委、政府有关领导同志出席会议通报相关情况、听取委员意见,有关部门负责同志到会并参加小组讨论、听取大会发言,与委员互动交流。

专题议政会议协商。省政协每年召开专题议政会1至2次,市、县(市、区)政协可视情安排。根据议题内容,党委、政府有关领导同志及有关部门负责同志出席会议,听取意见,与委员互动交流。组织相关政协委员和专家学者参加。会议发言应充分反映政协专门委员会专题调研、委员视察、界别调研和民主党派调研等成果。

对口协商。党政职能部门与政协各专门委员会加强对口联系、情况通报和信息交流,互邀参加重要会议、调研、检查、评议和视察等活动,开展对口协商。政协组织的对口协商重要会议,根据议题内容,党委、政府有关领导同志及有关部门负责同志参加。

界别协商。政协各界别以界别或界别联组提出提案、大会发言、反映社情民意信息、组织委员视察调研和交流座谈等活动,开展界别协商。政协组织的界别协商重要会议,根据议题内容,党委、政府有关领导同志及有关部门负责同志参加。

提案办理协商。把协商贯穿于提案的提出、立案、交办、办理、督办、反馈、公开各环节。在提出和立案环节,加强提案选题协商。加大专门委员会、界别提交提案力度,增加集体提案比重;严格立案标准和提案审查,提高提案质量。在交办和办理环节,完善归口交办机制,做好落实承办责任的协商。建立健全联系沟通、办理询问、研讨交流机制,使沟通协商成为提案办理的必经环节,推动承办单位和提案者共同协商解决难点问题。在督办和反馈环节,建立健全跟踪督办和成果反馈机制,做好成果转化的协商。坚持党政领导领办、政协领导督办重点提案制度,落实政协办公厅(室)和专门委员会参与重点提案遴选与督办的工作制度,加强政协主席会议协商督办重点提案工作。开展提案及提案办理双向评议,将提案办理工作纳入绩效考核体系。深入推进提案及办理结果公开,提高提案工作质量。

其他协商形式。政协通过建议案、视察和调研报告、提案、社情民意信息等形式向党委、政府及有关部门提出意见建议;政协在视察、考察、专题调研等活动中同党委、政府及有关部门就一些重点问题及时沟通、交换意见;党委、政府在重大决策形成过程中,可委托政协组织召开专题座谈会、听取意见建议;党委、政府及有关部门就有关重要文件、重要事项书面征求政协意见。要探索网络议政、远程协商,创新协商形式。

三、政协协商议题的确定和协商活动的组织实施

(一)协商议题的提出。落实由党委、人大、政府、民主党派、人民团体等提出议题的规定。健全党委同政府、政协重点协商议题会商机制,议题可由党委、政府交办,可由党委召开的秘书长联席会议研究提出,可由政协与党委、政府及有关部门协商沟通提出。完善政协内部选题意见征集机制,通过常务委员会会议、专门委员会会议以及座谈会、发函等形式征集协商选题,探索由界别、委员联名、委员小组提出议题。

(二)协商计划的制定。政协办公厅(室)在综合各方面意见的基础上提出政协年度协商计划草案,明确重点协商议题及协商形式;党委办公厅(室)会同政府办公厅(室)、政协办公厅(室)进行沟通完善;计划草案经政协党组、主席会议审议后,提交党委常委会会议审定,由党委、政府、政协办公厅(室)联合印发;政协主席会议负责组织实施。

(三)协商活动的准备。政协办公厅(室)、专门委员会会同党政相关部门制定工作方案,明确责任,加强协调,做好准备。政协组织委员围绕议题深入调查研究,找准问题症结,加强分析论证,形成调研成果。党委、政府及有关部门按时参加政协情况通报会、座谈会等,介绍情况、交换意见、提供相关材料。

(四)协商活动的开展。充分发扬民主,鼓励讲真话、报实情、建诤言,深入交流互动,广泛开展协商。坚持开放式协商,根据议题需要,可邀请农村、社区、企业、学校等基层群众代表和新经济组织、新社会组织等相关方面代表人士参与协商、发表意见,以便党委、政府及其职能部门直接了解基层群众和各方意见诉求,在协商交流中增进理解、增进共识。

(五)协商成果的报送、办理和反馈。协商成果以政协党组报告、政协建议案、会议综合报告、视察和调研报告或大会发言专报、重要提案摘报、政协社情民意信息专报等多种形式报送党委、政府及有关部门,如实反映委员意见建议。对年度协商计划成果和政协报送的其他重要意见建议,党委、政

府负责同志按照职责分工认真阅批并交相关部门提出办理意见，承办单位应将办理情况在1个月内书面回复政协办公厅(室)，涉及经济社会发展和民生领域重大问题、重大决策的，应在3个月内回复。政协提案按照《山西省办理政协提案的规定》办理。党委、政府办公厅(室)每年年底向政协常务委员会会议通报提案和纳入年度计划协商形成的重要意见建议等的办理情况。

四、加强政协协商与党委、政府工作的有效衔接

(一)健全政协协商与党政重大决策部署的衔接机制。将政协协商纳入党委议事规则和政府工作规则，作为决策重要环节和程序。加强党委、政府工作运行机制与政协协商机制的有效对接，将制定实施政协年度协商计划列入党委年度工作要点，党委会同政府、政协制定年度协商计划，明确党委、政府和政协在协商活动中的职责，对明确规定需要协商的事项必须经协商后提交决策实施。

(二)健全政协知情明政制度。坚持政协领导和机关、专门委员会负责人列席党委、政府及其部门相关重要会议的制度。坚持党委、政府及其部门和司法机关负责人参加政协有关会议和活动制度。完善情况通报制度，党委、政府每半年向政协常委会议通报一次政治经济社会发展情况；人民法院、人民检察院每年向政协通报一次工作情况；党政职能部门根据政协工作需要，向政协专门委员会通报重要工作部署及推进情况，提供相关信息资料。委员根据履职需要了解相关情况、查阅资料，相关单位要按照有关规定予以支持。

(三)健全政协重要意见建议督办机制。把政协提案办理和年度计划协商形成意见建议的办理，纳入党委、政府年度工作计划；对党委、政府领导同志有重要批示的政协意见建议，由党委督查部门和政府建议提案办理部门跟踪督办，必要时与政协联合督办。对于涉及公共利益、公众权益、社会关切的重要协商建议的办理结果，应通过适当方式在一定范围内公开。

(四)健全政协协商与政党协商、人大协商、政府协商、人民团体协商、基层协商、社会组织协商的衔接配合机制。探索人民团体、社会组织参与政协协商的工作机制。加强政协全体会议与人大会议议程安排的协调沟通。在立法协商中更好发挥政协委员、民主党派、工商联、无党派人士、人民团体等的作用，推动协商民主广泛多层制度化发展。

五、更好发挥政协协商民主集协商、监督、参与、合作于一体的优势

(一)强化民主监督。人民政协民主监督是参加政协的各党派团体和各族各界人士在政协组织的各种活动中，依据政协章程，以提出意见、批评、建议的方式进行的协商式监督。要认真贯彻中央、省委关于加强政协民主监督的部署要求，坚持民主监督与协商议政相统筹，将民主监督重大选题列入年度协商计划，在协商活动中增加监督性会议、调研、视察、提案、建议案的比重，紧紧围绕中央大政方针和法律法规的贯彻执行，省委、省政府重要决策部署、重大改革举措的实施推进，国民经济和社会发展规划及年度计划的落实，事关人民群众切身利益问题的解决，国家机关及其工作人员遵守法纪、改进作风、反腐倡廉、履行职责的情况实施民主监督。年度重大民主监督选题，可组织省市县三级政协联动开展监督性强的专题调研、专项视察，在此基础上，召开民主监督意见反馈专题协商会，及时向党委、政府和有关职能部门反馈重要问题，提出意见建议。

(二)推进参政议政。人民政协的参政议政是对经济、政治、文化、社会和生态文明建设中的重要问题以及人民群众普遍关心的问题，开展调查研究，反映社情民意，进行协商讨论，通过调研报告、提案、建议案或其他形式，向党委、政府及其部门和司法机关提出意见和建议。坚持参政议政与政协协商相衔接、相融合，把参政议政重大活动列入年度协商工作计划，统筹推进。深化调查研究，政协要围绕全省大局和群众关切精心选题，统筹党派、界别、专门委员会和委员力量，加强与职能部门协作，深入调查研究，提高调研质量，增强议政建言的精准性。党委、政府可委托政协开展重大课题调研、参与重大项目研究论证。加强委员视察，政协要组织委员围绕重大政策措施、重要决策部署的贯彻执行情况，重要事项、重大项目、重点工作等开展视察，咨政建言、助力工作落实。提升大会发言质量，政协要完善发言遴选机制，提高议政建言质量和水平。畅通政协社情民意渠道，完善政协信息工作网络，健全社情民意表达和汇集分析机制，畅通和拓宽各界群众的利益诉求表达渠道。加强政协智库建设，发挥专家学者在政协协商议政中的作用。

(三)深化合作共事。深化中国共产党同各民主党派和无党派人士在政协的合作共事，坚持中国共产党领导的多党合作和政治协商制度，完善工作机制、搭建更多平台，为民主党派委员和无党派人士委员在政协履行职能、协商议政、发挥作用创造条件。深化参加政协各族各界人士的合作共事，坚持商以求同、协以成事，加强委员中党外知识分子、少数民族与宗教界代表人士、非公有制经济人士、新社会阶层人士和港澳人士等的工作，在履行政协职能、开展协商议政中深化交流交心交融、形成共识共勉共振，努力画好最大同心圆，汇集推进山西改革发展的强大正能量。政协委员、政协干部中的共产党员要广交、深交党外朋友，做合作共事的模范。

六、加强政协协商能力建设

(一)强化政协委员履职能力建设。按照习总书记关于“懂政协、会协商、善议政”的要求，健全委员学习培训、实践锻炼和服务管理、考核激励等机制，提高政协委员政治把握、调查研究、联系群众、合作共事“四种能力”。加强学习培训。组织引导委员深入学习习总书记系列重要讲话精神和治国理政新理念新思想新战略，学习党的理论路线方针政策和各项决策部署，深化对国情、省情的了解认知，掌握履行职责必

需的经济、政治、文化、科技、社会和国际等各方面知识。加强履职实践。积极为委员协商议政、履职尽责搭建平台，在视察调研、会议活动、议政发言和提案、反映社情民意信息等工作中充分发挥委员主体作用，探索更好发挥并外委员作用的有效办法和途径，鼓励支持委员双岗履职、岗位奉献，在服务大局、服务群众的实践中汲取智慧、提升本领。加强服务激励。在政协建立健全委员联络专门工作机构，充实力量，做好委员日常联络服务管理工作。发挥政协各参加单位、专门委员会和机关等的作用，建立覆盖全体委员的联系服务网络。抓好委员履职工作规则的落实，建立健全委员履职档案，委员每年向同级政协书面述职，政协在全体会议上通报委员履职情况，并作为换届时委员继续提名的重要依据；定期表彰委员优秀提案、优秀社情民意信息，激励委员认真履职、做好工作；规范委员履职行为，建立委员履职利益冲突回避机制，对不履职的委员，政协要及时了解情况、予以提醒或诫勉，对违反政协章程的委员依照程序及时作出处理。

（二）强化政协专门委员会建设。加强学习培训，提高专门委员会组成人员政治和业务素质。抓好专门委员会通则贯彻落实，强化专门委员会开展经常性履职活动、联系界别、服务委员的功能。发挥专门委员会主任会议、全体会议作为协商层级的作用，提高专门委员会工作层次和质量。健全政协主席会议成员联系界别、界别依托专门委员会开展工作的机制。在条件成熟时对政协界别适当进行调整，扩大团结面、增强包容性。

（三）强化政协组织建设。加强上级政协对下级政协的工作指导，省政协重要会议邀请市、县（市、区）政协负责同志参加，就事关全局的重要问题与市、县（市、区）政协联动开展视察调研等活动，就政协工作中的共性问题加强研讨交流，形成工作合力。完善市级政协主席为所在地省政协委员活动召集人制度，加强市、县（市、区）政协委员联络工作，发挥基层一线政协委员在基层协商中的积极作用。及时总结推广基层政协好的做法和经验，提升政协工作科学化水平。

七、加强和完善党对政协协商民主建设的领导

（一）高度重视人民政协协商民主建设。人民政协以宪法、政协章程和相关政策为依据，以中国共产党领导的多党合作和政治协商制度为保障，集协商、监督、参与、合作于一体，是各党派团体和各族各界人士发扬民主、参与国是、团结合作的重要平台，是适合中国国情、具有鲜明中国特色的制度安排。加强政协协商民主建设，有利于广纳群言、广谋良策、广聚共识，有利于促进党委、政府决策科学化、民主化，有利于更好实现人民当家作主，有利于化解矛盾、促进社会和谐稳定，有利于推进治理体系和治理能力现代化。各级党委要充分认识加强人民政协协商民主建设的重大意义，按照总揽全局、协调各方的原则，加强对人民政协的政治领导、思想领导、组织领导，支持人民政协依照宪法法律和政协章程独立负责、协调一致地开展工作，善于运用人民政协这一政治组织和民主形式为实现党的总任务、总目标服务。

（二）完善党领导人民政协协商民主建设的工作制度。各级党委要把政协协商民主建设纳入党委总体工作部署和重要议事日程，统筹制定加强党委和政府工作与政协协商有效衔接的相关制度，每届任期内至少召开一次党委政协工作会议，对政协工作作出部署、提出要求。党委常委会议每年听取政协党组工作汇报、讨论政协常委会工作报告和年度协商计划，及时研究并统筹解决工作中的重大问题。要把人民政协协商民主理论政策作为党委（党组）中心组学习的重要内容，熟悉掌握协商民主理论和工作。要完善政协委员推荐提名工作机制，严把委员素质关，真正把代表性强、议政水平高、群众认可、德才兼备的优秀人士吸收到委员队伍中来，政协委员人选要按程序听取政协党组的意见。要加强政协领导班子和干部队伍建设，加强干部培养、选拔和任用，加大干部培训学习、挂职锻炼、交流使用的力度。要科学设置市、县（市、区）政协专门委员会，加强市、县（市、区）政协委员联络工作机构建设，研究解决基层政协工作力量不足、委员活动经费偏少等问题。

（三）发挥政协党组领导核心作用。政协党组肩负着实现党对人民政协领导的重大政治责任，要发挥领导核心作用，坚定不移贯彻执行党关于人民政协的方针政策，把党的有关重大决策和工作部署贯彻到政协全部工作中去。按照民主集中制原则，确保协商依法开展、有序进行。严格执行政协重大工作向党委请示报告制度。认真落实党风廉政建设主体责任，抓好委员队伍建设和政协机关干部队伍建设，强化正风肃纪、反腐倡廉。

（四）营造重视和支持人民政协协商民主建设的良好氛围。依法保障政协委员依照政协章程履行职责，坚持“不打棍子、不扣帽子、不抓辫子”的方针，营造畅所欲言、各抒己见、理性有度、合法依章的良好协商氛围。各级党校、行政学院、干部学院、社会主义学院要把人民政协协商民主理论纳入教学计划，各级党委宣传部门和新闻媒体要积极宣传各级政协和委员履职工作，形成有利于推进政协协商民主建设的舆论氛围和良好环境。加强政协协商民主理论研究，推进政协协商工作创新，进一步激发各党派团体和各族各界人士有序参与政治、致力改革发展的积极性和创造性，为我省全面建成小康社会，不断塑造美好形象、逐步实现振兴崛起作出新贡献。

中共山西省委　山西省人民政府《关于加强和完善城乡社区治理的实施意见》

(2017年10月10日)

为全面提升我省城乡社区治理法治化、科学化、精细化水平和组织化程度，促进城乡社区治理体系和治理能力现代化，根据中共中央、国务院《关于加强和完善城乡社区治理的意见》精神，结合我省实际，就进一步加强和完善城乡社区治理工作提出如下实施意见。

一、充分认识加强和完善城乡社区治理工作的重大意义

城乡社区是社会治理的基本单元。城乡社区治理是国家治理体系建设的重要基础，事关党和国家大政方针贯彻落实，事关居民群众切身利益，事关城乡基层和谐稳定。加强和完善城乡社区治理，建立健全城乡社区治理体制、机制，实现政府行政管理与基层群众自治的有效衔接和良性互动，不仅事关党和国家事业全局，更是深入贯彻习近平总书记系列重要讲话精神和治国理政新理念新思想新战略的重要举措，在推进城乡一体化发展和新型城镇化建设、实现全面建成小康社会目标、推进国家治理体系和治理能力现代化的历史进程中，具有极其关键的作用。当前我省正处于转型发展关键时期,基层治理面临一系列突出矛盾和深层次问题。各地各部门要站在全局和战略的高度,充分认识新时期加强和完善城乡社区治理工作的重要性、紧迫性和艰巨性,贯彻落实省委"一个指引、两手硬"工作思路和要求,创新思维、勇于担当,把城乡社区治理工作摆在更加突出的位置,采取更加有力、有效的措施,切实抓紧、抓实、抓好。

二、总体要求

(一) 指导思想

全面贯彻党的十八大和十八届三中、四中、五中、六中全会精神，坚持以邓小平理论、"三个代表"重要思想、科学发展观为指导，深入贯彻习近平总书记系列重要讲话精神和治国理政新理念新思想新战略，紧紧围绕统筹推进"五位一体"总体布局和协调推进"四个全面"战略布局，坚持以基层党组织建设为关键、政府治理为主导、居民需求为导向、改革创新为动力，健全体系、整合资源、增强能力，完善城乡社区治理体制，努力把城乡社区建设成为和谐有序、绿色文明、创新包容、共建共享的幸福家园，为实现"两个一百年"奋斗目标和中华民族伟大复兴的中国梦提供可靠保证。

(二) 基本原则

——坚持党的领导，固本强基。加强党对城乡社区治理工作的领导，推进城乡社区基层党组织建设，切实发挥基层党组织领导核心作用，带领群众坚定不移贯彻党的理论和路线方针政策，确保城乡社区治理始终保持正确政治方向。

——坚持以人为本，服务居民。坚持以人民为中心的发展思想，把服务居民、造福居民作为城乡社区治理的出发点和落脚点，坚持依靠居民、依法有序组织居民群众参与社区治理，实现人人参与、人人尽力、人人共享。

——坚持改革创新，依法治理。强化问题导向和底线思维，积极推进城乡社区治理理论创新、实践创新、制度创新。弘扬社会主义法治精神，坚持运用法治思维和法治方式推进改革，建立惩恶扬善长效机制，破解城乡社区治理难题。

——坚持城乡统筹，协调发展。适应城乡发展一体化和基本公共服务均等化要求，促进公共资源在城乡间均衡配置。统筹谋划城乡社区治理工作，注重以城带乡、以乡促城、优势互补、共同提高，促进城乡社区治理协调发展。

——坚持因地制宜，突出特色。推动各地立足自身资源禀赋、基础条件、人文特色等实际，确定加强和完善城乡社区治理的发展思路和推进策略，实现顶层设计和基层实践有机结合，加快形成既有共性又有特色的城乡社区治理模式。

(三) 总体目标

到2020年，基本形成基层党组织领导、基层政府主导的多方参与、共同治理的城乡社区治理体系，城乡社区治理体制更加完善，城乡社区治理能力显著提升，城乡社区公共服务、公共管理、公共安全得到有效保障。再过5到10年，城乡社区治理体制更加成熟定型，城乡社区治理能力更为精准全面，为夯实党的执政根基、巩固基层政权提供有力支撑，为推进国家治理体系和治理能力现代化奠定坚实基础。

三、建立健全符合全省发展实际的城乡社区治理体系

(一) 始终坚持党的领导，充分发挥基层党组织领导核

心作用。城乡社区治理必须突出党建的引导和带领，突出基层党组织在基层治理中的红色引擎作用、战斗堡垒作用和党员先锋模范作用。把加强基层党的建设、巩固党的执政基础作为贯穿社会治理和基层建设的主线，以改革创新精神探索加强基层党的建设引领社会治理的路径。发挥基层党组织的区域领导核心作用，加强和改进街道（乡镇）、城乡社区党组织对社区各类组织和各项工作的领导，将辖区内各类社会组织、群众团队团结凝聚在一起，根据不同主体的特性承担不同的社区治理功能，确保党的路线方针政策在城乡社区全面贯彻落实。推动管理和服务力量下沉，引导基层党组织强化政治功能，在农村合作经济组织、社区网格、服务窗口等重要阵地，加强社区服务型党组织建设，着力提升服务能力和水平，更好地服务改革、服务发展、服务民生、服务群众、服务党员。理顺城市社区党建工作机制，把城区、街道、社区三级党组织联动起来，把街道社区、驻区单位、新兴领域的党建工作统筹起来，构建大党建格局。依托区域化党建的深入开展，充分发挥社区区域化党建的独特作用，将社区党建工作向辖区内的商务楼宇、各类园区、商圈市场、网络媒体、非公有制经济组织、社会组织和流动党员聚集地延伸，努力做到党的组织和党的工作“全覆盖”，最大限度地发挥社区党组织的作用。探索完善在驻区单位年度考核中征求所在社区的评价意见等共驻共建约束激励机制。推广社区党员或党代表议事制度、在职党员进社区报到服务制度，健全基层党务公开、党内情况反映和征求意见、干部评议考核、党员联系服务群众等制度，健全社区党组织领导的充满活力的社区居民自治机制。持续抓好社区软弱涣散基层党组织整顿工作，探索建立自下而上的情况收集、梳理、研究渠道和自上而下的先进经验做法推广渠道，及时帮助解决基层群众自治中存在的困难和问题。加强城乡社区党风廉政建设，扎实推进“两学一做”学习教育常态化制度化，开展“维护核心、见诸行动”主题教育，严格落实“三会一课”等党内生活制度，严肃查处群众身边的不正之风和腐败问题，推动全面从严治党向城乡社区延伸。

（二）提升基层政府的治理能力和水平，有效发挥基层政府主导作用。各市和省级各部门要按照条块结合、以块为主的原则，探索制定县（市、区）职能部门、街道办事处（乡镇政府）在社区治理方面的权责清单；依法厘清街道办事处（乡镇政府）和基层群众性自治组织权责边界，明确基层群众性自治组织承担的社区工作事项清单以及协助政府的社区工作事项清单；上述社区工作事项之外的其他事项，街道办事处（乡镇政府）可通过向基层群众性自治组织等购买服务方式提供。建立街道办事处（乡镇政府）和基层群众性自治组织履职履约双向评价机制。基层政府要切实履行城乡社区治理主导职责，加强对城乡社区治理的政策支持、财力物力保障和能力建设指导，加强对基层群众性自治组织建设的指导规范，不断提高依法指导城乡社区治理的能力和水平。

（三）加强自治组织规范化建设，发挥基层群众性自治组织基础作用。县（市、区）政府按照当地城乡社区发展实际，合理确定社区的规模、分布和管辖范围，加快工矿企业所在地、国有农（林）场、城市新建住宅区、流动人口聚居地、易地扶贫搬迁人口所在地的社区居民委员会组建工作。探索建立“一个核心、三层自治体系”的运行机制，即社区党组织是领导核心，社区成员代表大会是决策层，社区居委会是执行层和服务层，社区居（村）务监督委员会是监督层。对社区干部坐班值班、例会、请销假、学习制度等进一步细化和明确，做到人人有章循、事事有规依，让来访群众“找得到”，事情“办得了”。促进基层群众自治与网格化服务管理有效衔接，完善城乡社区基础网格划分，优化网格长配备，提高保障水平。完善城乡社区民主选举制度，进一步规范民主选举程序，研究“村改居”过程中村、居民融合，流动人口与原居民融合参选问题；研究外出务工农民依法行使基层民主选举权利等问题，扎实做好城乡居（村）民委员会换届选举工作，提高城市社区直接选举的比例，通过依法选举稳步提高城市社区居民委员会成员中本社区居民比例，在少数民族聚居社区，社区“两委”成员中要有一定数量的少数民族干部。完善以居（村）民公约、自治章程为主要内容的社区民主管理制度，深入开展以居（村）民会议、议事协商、民主听证为主要形式的民主决策实践，以自我管理、自我教育、自我服务为主要目的的民主管理实践，以居（村）务公开、民主评议为主要内容的民主监督实践。坚持城乡社区公共事务由利益相关的居（村）民群众参与进行集体协商，推广“民事民办、居（村）民自治”的经验做法，将基层网格长办小事、报大事与社会有关部门办实事、解难事进行有效对接，畅通民意诉求渠道，引导城乡社区自治组织做好维护治安、化解矛盾、移风易俗等社会事务。充分发挥自治章程、村规民约、居民公约在城乡社区治理中的积极作用，弘扬公序良俗，促进法治、德治、自治有机融合，实现基层群众自治与网格化服务管理的“零距离”接触。

（四）推动多元参与，统筹发挥社会力量协同作用。重视基层探索实践，创新思维、创新路径、创新办法，鼓励和允许不同地方进行差别化探索，充分吸收多元治理主体，统筹发挥社会力量协同作用。完善有利于社会组织发展的政策体系，降低登记门槛，简化登记或备案手续，大力培育发展社区社会组织，有条件的地方可依托社区综合服务中心，建立社区社会组织“孵化基地”，加大就业创业扶持力度，落实税费优惠政策，对于符合条件的社区创业孵化基地，按规定予以资金支持，纳入就业资金统筹范围；加强货币信贷政策引导，鼓励金融机构加大对城乡社区治理工作的支持力度。巩固和发展多种形式的人民调解组织，健全群众身边的体育健身组织，培育和孵化更多健康养老、教育培训、公益慈善、防灾减灾、文体娱乐、邻里互助、居民融入及农村生产技术服务等活动的社区社会组织和其他社会组织。城乡社区社会组织党建工作，由街道社区和乡镇村党组织兜底管理，尽快实现社会组织党建工作管理体系、党组织设置、党建工作力量、党组织生活、党建工作经费、活动场所“六个全覆盖”。深入推进社区、社会组织、社会工作“三社联动”基层治理和服务创新，统筹各类社会组织、驻区单位的力量和资源，构建多元参与、共同治理平台，完善社区组织发现居民需求、统筹设计服务项目、支持社会组织承接、引导专业社会工作团队参与的工作体系。鼓励和支持建立社区老年协会，搭建老年人参与社区治理的平台。启动扶持农村集体经济组织发展试点，大力实施“破零工程”，由点到面推进农村集体经营性资产股份合作制改革；建立符合市场经济要求的集体经济运行新机制，促进集体资产保值增值；加强林权权益保护，落实农民的土地承包权、宅基地使用权、集体收益分配权和对集体经济活动的民主管理权利，形成有效维护农村集体经济组织成员权利的治理体系。积极引导驻社区机关企事业单位、其他社会力量和市场主体参与社区治理。

四、加强能力建设，努力提高城乡社区治理水平

（一）增强社区居民参与能力。要切实以城乡居民现实需求为导向，把民生作为治理的出发点和落脚点，坚持问政于民、问需于民、问计于民，塑造培育积极向上的社区价值观和文化凝聚力，使全体城乡群众更好地享受治理成果，在城乡社区治理中产生更多获得感。支持和帮助居民群众养成协商意识、掌握协商方法、提高协商能力，推动形成既有民主又有集中、既尊重多数人意愿又保护少数人合法权益的城乡社区协商机制。稳步推进社会信用体系建设，建好金融信用信息基础数据库，完善征信系统查询服务，使信用报告得到广泛运用。推动在信用信息共享平台上研发“第三方信用评级信息服务系统”子模块，持续推进山西省中小企业和农村信用体系建设，为山西省城乡社区治理提供良好社会信用环境，探索将居民群众参与社区治理、维护公共利益情况纳入社会信用体系。积极引导少数民族群众参与社区的各项活动，创新和完善社区民族工作载体，为各族群众提供交流、联谊和参与社区建设的渠道。加强城乡社区对流动人口的组织和管理，探索房屋租赁社区登记制度；拓展流动人口有序参与居住地社区治理渠道，丰富流动人口社区生活，促进流动人口社区融入，维护进城落户农民合法权益；努力提供同质化服务；增强流动人口对居住地的感情，引导流动人口有序参与居住地社区治理的热情。推动学校普及社区知识，参与社区治理，努力使社区意识扎根青少年。

（二）提高社区服务供给能力。加快我省城乡社区公共服务体系建设，健全城乡社区服务机构，各有关部门协同编制城乡社区公共服务指导目录，做好与城乡社区居民利益密切相关的劳动就业、社会保障、卫生计生、教育事业、社会服务、住房保障、文化体育、公共安全、公共法律服务、调解仲裁等公共服务事项。着力增加农村社区公共服务供给，促进城乡社区服务项目、标准相衔接，逐步实现均等化。将城乡社区服务纳入政府购买服务指导性目录，完善政府购买服务政策措施，按照有关规定选择承接主体。探索街道层面成立社区社会组织联合会形式，规范并提高社会组织承接政府购买服务项目的可行性、操作性。提升城乡社区医疗卫生服务能力和水平，更好满足居民群众基本医疗卫生服务需求。探索建立社区公共空间综合利用机制，合理规划建设文化、体育、商业、物流等自助服务设施，推进功能融合，提倡“一点多用”，提高设施使用效率，完善公共服务设施的配建指标，将其纳入控规指标体系。继续推动实施全民健身“6565四级工程”建设，完善社区商业网点配置，新建社区（含廉租房、公租房等保障性住房小区、棚户区改造和旧城改造安置住房小区）商业和综合服务设施面积占社区总建筑面积的比例不得低于10%。政府应出资购买一部分商业用房，用于支持社区菜店、菜市场、农副产品平价商店、便利店、早餐店、家政服务点等居民生活必备的商业网点建设。严格社区商业设施的用途监管，不得随意改变设施的用途和性质，拆迁改建时应保证其基本服务功能不缺失。积极开展以生产互助、养老互助、救济互助等为主要形式的农村社区互助活动。充分利用社区资源，通过多种方式，帮助少数民族困难群众解决在就业、就学、就医、技能培训等方面遇到的特殊困难；少数民族人口较多、民族工作任务较重的社区，应通过设立“少数民族服务站”“民族之家”等方式，为各族群众提供方便畅通的办事渠道。鼓励和引导各类市场主体参与社区服务业，稳步推进普惠金融，推动设立农村金融综合服务站；支持供销合作社经营服务网点向城乡社区延伸，拓宽经营服务领域，开展城乡一体化综合服务。

（三）强化社区文化引领能力。以培育和践行社会主义核心价值观为根本，大力弘扬中华优秀传统文化，坚持以“德孝”“忠义”“诚信”等为代表的山西特色文化心口相传，牢固树立城乡社区人文精神，增强居民群众的社区认同感、归属感、责任感和荣誉感。将社会主义核心价值观融入居民公约、村规民约和社区生活，内化为居民群众的道德情感，外化为服务社会的自觉行动。重视发挥道德教化作用，建立健全社区道德评议机制，发现和宣传社区道德模范、好人好事，大力褒奖善行义举，用身边事教育身边人，引导社区居民崇德向善。组织居民群众开展文明家庭创建活动，开展“传家训、立家规、扬家风”活动，发展社区志愿服务，倡导移风易俗，形成与邻为善、以邻为伴、守望相助的良好社区氛围。不断加强民族团结进步创建工作，建立各民族相互嵌入式的社会结构和社区环境，创建各民族共居、共学、共事、共乐条件，充分发挥社区在民族交往交流交融中的平台作用，创建团结进步示范社区。尊重和保护少数民族风俗习惯，做好少数民族聚居街区历史文化的传承发扬，因地制宜设置特色文化展示设施，在少数民族聚居社区及少数民族聚居村建设上突出民族特色。加强城乡社区公共文化服务体系建设，提升公共文化

服务水平，按照村（社区）综合文化服务中心建设服务标准，统筹利用分散在各部门的公共文化资源，建设社区公共文化设施和场所，打造基层文化队伍，提升社区文化品牌；弘扬群众身边的健康文化，广泛传播“运动让生活更幸福”的理念和健身健康知识，弘扬奥林匹克精神和中华体育精神。研究出台我省推进社区教育发展的实施意见及配套措施，把开展社区教育纳入教育发展整体规划，探索社区教育志愿服务制度；制定我省鼓励社会力量兴办教育、促进民办教育健康发展的实施办法，放宽社会组织的办学准入条件，引导社会资金进入城乡社区教育培训领域。

（四）增强社区依法办事能力。进一步加快城乡社区治理法治建设步伐，根据《中华人民共和国城市居民委员会组织法》修订情况，适时启动我省实施办法的修订工作；贯彻落实《中华人民共和国村民委员会组织法》，紧跟社会形势发展，研究制定符合我省社区治理实际的相关政策法规。落实中央办公厅、国务院办公厅印发的《关于实行国家机关“谁执法谁普法”普法责任制的意见》，开展社区学法、用法、讲法活动实践，发挥警官、法官、检察官、律师、公证员、基层法律服务工作者法治宣传先锋作用，深入开展法治宣传教育和法律进社区活动。推进基层调解中心规范化建设，健全城乡社区人民调解组织网络，扩大人民调解工作覆盖面；巩固律师事务所县（市、区）全覆盖成果，启动乡级法律服务站点建设，推进城乡律师法律服务均等化；推动“一村（社区）一法律顾问”由“有形覆盖”向“有效覆盖”迈进，引导优势法律服务资源下沉；构建公证救助机制，夯实政府法律援助保障机制，加强保全证据公证服务力度，积极推动公证家事服务模式；规范仲裁机构登记管理，完善仲裁登记管理制度。探索以项目化形式推进青少年法治教育、“法律六进”、法治宣传实效测评等工作，将社会主义核心价值观融入严格执法、公正司法各环节，以法治体现道德理念，强化法律对道德建设的促进作用，推动全社会形成尊法学法守法用法的良好氛围。

（五）提升社区矛盾预防化解能力。完善利益表达机制，建立党代会代表、人大代表、政协委员联系社区制度，完善党员干部直接联系群众制度，引导群众理性合法表达利益诉求。完善心理疏导机制，加强社区心理疏导室建设，依托社会工作服务机构等专业社会组织，加强对城乡社区特殊群体的人文关怀、精神慰藉和心理健康服务，重点加强老少边穷地区农村社区相关机制建设。完善矛盾纠纷调处机制，组织动员调解员、网格长、平安志愿者等基层力量开展经常性的走访入户，及时了解居民群众思想动态，主动排查发现调处各类民事纠纷，引导当事人通过合理合法渠道化解矛盾纠纷，努力防范“民转刑”案件特别是命案的发生；探索建立少数民族流动人口管理体系和便民服务机制，坚决纠正和杜绝歧视或变相歧视少数民族群众、伤害民族感情的言行，积极稳妥处置涉及民族因素的矛盾纠纷及案（事）件。推进平安社区建设，开展社区综治中心标准化建设，完善网格化管理信息系统，拓展网格化服务管理，强化服务意识，以服务促管理；加强治安联防制度，大力发展群防群治队伍，根据封闭式、半封闭式、开放式、城乡交汇式社区特点，构建适合不同特点的治安防控网络；深化城乡社区警务战略，防范打击黑恶势力扰乱基层治理，推进简便实用防控措施向农村地区延伸，坚决查处侵蚀基层政权的“村霸”和宗族恶势力，全面提高社区治安综合治理水平。

（六）增强社区信息化应用能力。提高城乡社区信息基础设施和技术装备水平，总结推广太原市一体化社区信息服务站、社区信息亭、社区信息服务自助终端等公益性信息服务设施建设的经验做法。加快推进“互联网+政务服务”工作及城乡社区公共服务一体化在线服务平台建设，推行“一号一窗一网”服务模式改革。加大对公共安全视频监控系统建设联网（雪亮工程）的统筹规划和建设投入力度。加快落实我省公共安全视频监控建设联网应用工作，推动“雪亮工程”示范城市建设，尽快形成可复制、可推广经验，到“十三五”末全省基本实现“全域覆盖、全网共享、全时可用、全程可控”的总体目标。组织各市开展新型智慧城市评价工作；积极发展民生服务智慧应用，依托移动互联网广泛覆盖和精准定位等优势加快向城乡社区延伸，全面提升基本公共服务均等普惠水平。支持智慧社区相关的互联网应用软件和系统解决方案的研发及推广，推动移动终端、数字智能终端等新型载体的应用；集成社区公共服务信息资源，推动各类政府数据与社区服务窗口的有机衔接，促进社区服务数据资源的开放共享和开发利用，逐步实现社区公共服务、商业服务等平台和设施的集成与共享，构建设施智能、服务便捷、管理精细、环境宜居的智慧社区。进一步推动网络提速降费，扩大光纤网络、LTE 网络在农村地区的有效覆盖。启动建设全省信息进村入户统一平台及“村级益农信息社”；充分发挥社区电子商务在业态、功能等方面的融合优势；开展“电子商务进农村”综合示范，出台山西省农村电子商务服务规范，有效发挥电商扶贫作用，完善农村电子商务公共服务体系。积极实施“网络扶贫行动计划”，鼓励电商企业开辟贫困地区特色农产品网上销售平台，与合作社、种养大户等建立直采直供关系，推进“电子商务+生鲜基地+直配社区”直销发展，促进城乡电子商务互联互通；推进适应电子商务的农产品分等分级、包装运输标准制定和应用；大力推动互联网新技术新应用为农村社区农产品销售、乡村旅游、生产指导、就业服务、技能培训等提供更加优质便捷的服务。

五、查找短板，着力破解制约我省城乡社区治理发展的难题

（一）改善社区人居环境。完善城乡社区基础设施，建立健全农村社区基础设施和公用设施的投资、建设、运行、管护和综合利用机制。根据各地棚户区改造需求和实际情况，科学合理制定年度计划，全面完成城镇棚户区、城中

村和危房改造年度任务。加强城乡社区环境综合治理，大力开展城乡环境卫生整洁行动，加强卫生城镇创建及健康城镇建设工作；做好城市社区绿化美化净化、噪声污染治理、水资源再生利用等工作，条件具备的社区，要积极推进垃圾分类工作；着力解决农村社区污水排放、秸秆焚烧以及散埋乱葬等问题，加强农村管网铺设，提高农村生活污水收集率，启动农村生活垃圾分类试点，制定农村垃圾分类治理实施方案，积极探索农村垃圾源头分类减量长效管理机制；加强农村社区垃圾收集设备配置，推行定点收集或垃圾不落地的收集方式。广泛发动居民群众和驻社区机关企事业单位参与环保活动，建设资源节约型、环境友好型社区。健全社区综合减灾预案管理，强化防灾减灾知识宣传普及，开展防灾减灾培训演练，提高社区防灾减灾意识和自救互救能力；加强灾害监测和信息报告，统筹规划并加强社区灾害应急避难场所及社区综合减灾设施建设，做好社区防灾减灾装备配备和应急救灾物资储备，提升城乡社区防灾减灾能力；开展社区灾害隐患排查和治理，要特别注意火灾事故的防范，提高对自然灾害、事故灾难、公共卫生事件、社会安全事件的预防和处置能力，努力把灾害损失减少到最低程度。

（二）加快社区综合服务设施建设。落实地方政府的建设主体责任，在加大地方政府投入社区综合服务设施建设的基础上，通过继续实行社区活动场所和公益性服务设施建设省级扶持补助办法、加大省级财政一般性转移支付和福利彩票公益金扶持、市县同步推进等措施，进一步加强全省城市社区活动场所和公益性服务设施建设。建设项目原则上要符合当地土地利用总体规划，节约集约利用土地；对不符合规划的新建项目，要在本轮土地利用总体规划调整完善时，做好安排和布局，做好用地服务保障；要做好与控规指标体系的衔接，按照每百户居民拥有综合服务设施面积不低于30平方米的标准，以新建、改造、购买、项目配套和整合共享等形式，努力实现城乡社区综合服务设施全覆盖，把全省城乡社区建设成为设施齐全、功能完善的党员服务中心、居民议事中心、便民服务中心、文化活动中心、社区养老和老年服务中心。加快贫困地区农村社区综合服务设施建设，率先推动易地搬迁安置区综合服务设施建设全覆盖。依据《不动产登记暂行条例》等法律法规的规定，坚持方便企业、方便群众，增强服务意识，减少办证环节，做好不动产登记发证工作。除国家另有规定外，所有以社区居民为对象的公共服务、志愿服务、专业社会工作服务，原则上在城乡社区综合服务设施中提供。创新城乡社区综合服务设施运营机制，通过居民群众协商管理、委托社会组织运营等方式，提高城乡社区综合服务设施利用率。落实城乡社区综合服务设施供暖、水电、燃气、电信等价格优惠政策，按照当地居民使用价格标准收取。

（三）优化社区资源配置。做好总体规划和控制性详细规划阶段社区的划定工作，组织开展城乡社区规划编制试点，落实城市总体规划要求，做好与控制性规划、村庄规划的衔接；深入了解社区发展诉求，结合城乡发展远景目标，科学确定社区发展项目、建设任务和资源需求，科学指导社区建设，引导社区和谐发展，推动规划有效实施。探索建立基层政府面向城乡社区的治理资源统筹机制，注重运用市场机制优化社区资源配置，适当整合各部门对社区建设的投入资金，研究制定资金整合使用办法和制度。推动人财物和责权利对称下沉到城乡社区，增强城乡社区统筹使用人财物等资源的自主权。探索基层政府组织社区居民在社区资源配置公共政策决策和执行过程中，有序参与听证、开展民主评议的机制。推动机关企事业单位面向城乡社区开放文化、教育、体育等活动设施，鼓励驻社区机关事业单位每年为所驻社区办一件以上实事，办事结果和成效及时向社区公开，形成共驻共建治理格局。

（四）推进社区减负增效。社区减负工作要纳入市、县（市、区）、街道（乡镇）党（工）委书记抓基层党建工作述职评议考核的重要内容。依据社区工作事项清单建立社区工作事项准入制度，应当由基层政府履行的法定职责，不得要求基层群众性自治组织承担，不得将基层群众性自治组织作为行政执法、拆迁拆违、环境整治、城市管理、招商引资等事项的责任主体；依法需要基层群众性自治组织协助办理的工作事项，应当为其提供经费和必要工作条件。城乡社区要悬挂规范的中国社区标识，对外只悬挂社区（村）党组织和居（村）民委员会两块牌子；进一步清理规范基层政府各职能部门在社区设立的工作机构和加挂的各种牌子，在精简整合的基础上，可在社区综合服务场所内部的各功能区域显示；精简社区会议，整合内容重复、形式雷同的材料报表，原则上只保留一个综合工作台账；以市为单位制定社区印章使用范围清单，对法律法规有明确规定且社区有能力提供证明的，方可使用社区印章，各职能部门、企事业单位、社会组织职责范围内的证明核实事项不得要求社区出具证明；对社区和居民反应强烈的“无厘头”证明要曝光、倒查、追责、限期整改。实行基层政府统一对社区工作进行综合考核评比，各职能部门不再单独组织考核评比活动，取消对社区工作的“一票否决”事项。建立以群众满意为标准的社区评价部门工作机制，将驻社区单位参与社区共驻共建情况纳入文明单位和行风评议考核指标体系，有关部门在开展文明单位和行风评议时，要征求社区和居民群众的意见。

（五）改进社区物业服务管理。加强社区党组织、社区居民委员会对业主委员会和物业服务企业的指导和监督，建立健全社区党组织、社区居民委员会、业主委员会和物业服务企业议事协调机制，建立工作例会制度。探索在社区居民委员会下设环境和物业管理委员会，督促业主委员会和物业服务企业履行职责。探索完善业主委员会的职能，依法保护业主的合法权益。探索符合条件的社区居民委员会成员通过法定程序兼任业主委员会成员。探索物业公司进驻小区到社区进行备案制度，物业公司年检需征求社区意见；有物业服务企业服务的居民小区，探索建立社区居民委员会、业主委员会、物业服务企业“三位一体”的物业服务协调制度；探索在无物业管理的老旧小区依托社区居民委员会实行自治管理。有条件的地方应规范农村社区物业管理，研究制定物业管理费管理办法；探索在农村社区选聘物业服务企业，提供社区物业服务。探索建立社区微型消防站或志愿消防队。

六、进一步增强组织保障能力，完善体制机制建设

（一）完善领导体制和工作机制。各级党委和政府要把城乡社区治理工作纳入重要议事日程，完善党委和政府统一领导、有关部门和群团组织密切配合、社会力量广泛参与的城乡社区治理工作格局，尽快建立有利于推动社区治理工作的协调领导工作机制；建立研究决定城乡社区治理工作重大事项制度，定期研究城乡社区治理工作。市、县党委书记要认真履行第一责任人职责，街道党工委书记、乡镇党委书记要履行好直接责任人职责。要把城乡社区治理工作内容进行细化，纳入市、县、乡党委书记抓基层党建工作述职评议考核内容，纳入地方党政领导班子和领导干部政绩考核指标体系。逐步建立以社区居民满意度为主要衡量标准的社区治理评价体系和评价结果公开机制。

（二）加大资金投入力度。加大财政保障力度，统筹使用各级各部门投入城乡社区的符合条件的相关资金，提高资金使用效率，重点支持做好城乡社区治理各项工作。统筹一般性转移支付等现有资金渠道，不断拓宽城乡社区治理资金筹集渠道，鼓励通过慈善捐赠、设立社区基金会等方式，引导社会资金投向城乡社区治理领域。创新城乡社区治理资金使用机制，有序引导居民群众参与确定资金使用方向和服务项目，全过程监督服务项目实施和资金使用。

（三）加强社区工作者队伍建设。各市要结合实际制定社区工作者队伍发展专项规划和社区工作者管理办法，把城乡社区党组织、基层群众性自治组织成员以及其他社区专职工作人员纳入社区工作者队伍统筹管理，建设一支素质优良的专业化社区工作者队伍。加强城乡社区党组织带头人队伍建设，选优配强社区党组织书记，加大从社区党组织书记中招录公务员和事业编制人员力度，注重把优秀党组织书记选拔到街道（乡镇）领导岗位，推动符合条件的社区党组织书记或班子成员通过依法选举担任基层群众性自治组织负责人或成员。社区专职工作人员由基层政府职能部门根据工作需要设岗招聘，街道办事处（乡镇政府）统一管理，社区组织统筹使用。提倡和鼓励专业社会工作者、社区专职工作人员、大学生“村官”、政府购买公共服务基层工作岗位人员等参加工作所在地社区换届竞选，提高社区干部队伍的专业性和稳定性。探索建立县（市、区）机关干部到社区挂职锻炼制度，县（市、区）党政机关新考录的公务员和非专业类事业单位工作人员，可安排到社区挂职锻炼；定期选派县（市、区）、街道（乡镇）机关事业单位优秀干部到社区担任第一书记或主任助理，充实社区工作力量。抓好城乡社区“领头雁”培训，“两委”主干实现培训全覆盖，不断提高党务理论、职业素养和专业能力。加强对社区工作者的教育培训，做好社区工作者专业人才职业资格考试辅导培训工作，鼓励省内社会工作从业人员积极参加全国社会工作专业人才职业资格考试。逐步建立社会工作者专业人才考试、录用、薪酬等激励优惠政策，适时出台提高城市社区工作者待遇的意见，推行社区干部岗位目标责任和年度绩效考核制度。

（四）完善政策标准体系和激励宣传机制。政府有关部门要主动联合高校专业师资力量，开展城乡社区治理工作理论政策研究，立足本省发展实际做好城乡社区发展规划编制工作，研究制定“三社联动”机制建设、政府购买城乡社区服务等相关配套政策，梳理政府购买社区服务指导目录，明确购买服务的范围、内容、标准、程序、资金来源等，按照“政府扶持、社会运营、专业发展、项目合作”的思路，建立财政支持为主、福利彩票公益金补充为辅的政府购买社区服务资金筹措机制和社区服务项目招投标运行机制，支持社会组织和专业社工参与承接社区公共事务和公益事业。加快我省城乡社区治理标准体系建设，研究制定城乡社区组织、社区服务、社区信息化建设等方面基础通用标准、管理服务标准和设施设备配置标准。推进社区养老机构基本条件与等级划分、社区养老机构等级评定、社区养老机构基本服务规范等地方标准的制定和修订实施。积极推进城市和谐社区建设、农村幸福社区建设示范创建活动和城乡社区结对共建活动，开展“山西最美社区干部”“山西最美村干部”评选表彰等活动。充分发挥报刊、广播、电视等新闻媒体和网络新媒体作用，及时总结推广城乡社区治理先进经验，广泛宣传城乡社区治理创新做法和突出成效，营造全社会关心、支持、参与城乡社区治理的良好氛围。

各地要认真贯彻中央文件精神，把我省的实施意见落到实处。各有关部门要根据责任分工，尽快制定具体的配套措施。

中共山西省委
《关于全面贯彻〈中共中央关于认真学习宣传贯彻党的十九大精神的决定〉的通知》

党的十九大是在全面建成小康社会决胜阶段、中国特色社会主义进入新时代的关键时期召开的一次十分重要的大会。为深入学习宣传贯彻党的十九大精神，把全省人民的思想统一到党的十九大精神上来，把力量凝聚到党的十九大确定的各项任务上来，根据《中共中央关于认真学习宣传贯彻党的十九大精神的决定》要求,结合我省实际,现通知如下。

一、提高政治站位，充分认识学习宣传贯彻党的十九大精神的重大意义

党的十九大高举中国特色社会主义伟大旗帜，以马克思列宁主义、毛泽东思想、邓小平理论、“三个代表”重要思想、科学发展观、习近平新时代中国特色社会主义思想为指导，分析了国际国内形势发展变化，回顾和总结了过去5年的工作和历史性变革，作出了中国特色社会主义进入了新时代、我国社会主要矛盾已经转化为人民日益增长的美好生活需要和不平衡不充分的发展之间的矛盾等重大政治论断，深刻阐述了新时代中国共产党的历史使命，确立了习近平新时代中国特色社会主义思想的历史地位，提出了新时代坚持和发展中国特色社会主义的基本方略，确定了决胜全面建成小康社会、开启全面建设社会主义现代化国家新征程的目标，对新时代推进中国特色社会主义伟大事业和党的建设新的伟大工程作出了全面部署，是一次不忘初心、牢记使命、高举旗帜、团结奋进的大会，在党和国家事业发展史上具有重大里程碑意义。

习总书记的报告，深刻回答了新时代坚持和发展中国特色社会主义的一系列重大理论和实践问题，描绘了决胜全面建成小康社会、夺取新时代中国特色社会主义伟大胜利的宏伟蓝图，进一步指明了党和国家事业的前进方向，是我们党团结带领全国各族人民在新时代坚持和发展中国特色社会主义的政治宣言和行动纲领，是马克思主义的纲领性文献。《中国共产党章程（修正案）》将习近平新时代中国特色社会主义思想写入党章，确立为我们党必须长期坚持的指导思想。修改后的党章充分体现了党的十八大以来党的理论创新、实践创新、制度创新成果，体现了党的十九大报告确立的重大理论观点和重大战略思想，对推进党的事业和党的建设必将更好发挥规范和指导作用。

党的十九届一中全会选举产生了以习近平同志为核心的新一届中央领导集体，一批经验丰富、德才兼备、奋发有为的同志进入中央领导机构，充分显示出中国特色社会主义事业蓬勃兴旺、充满活力。全会同志一致选举和拥戴习近平同志继续担任中共中央委员会总书记、中央军委主席，反映了全党全军全国人民的共同心愿。习总书记是全党拥护、人民爱戴、当之无愧的党的领袖。有习总书记领航掌舵，是党和国家取得历史性成就、发生历史性变革的根本原因，是党和人民在新征程中夺取新时代中国特色社会主义伟大胜利的根本保证。

认真学习宣传贯彻党的十九大精神，事关党和国家工作全局，事关中国特色社会主义事业长远发展，事关最广大人民根本利益，对于动员全党全国各族人民更加紧密地团结在以习近平同志为核心的党中央周围，高举中国特色社会主义伟大旗帜，坚定道路自信、理论自信、制度自信、文化自信，为实现推进现代化建设、完成祖国统一、维护世界和平与促进共同发展三大历史任务，为决胜全面建成小康社会、夺取新时代中国特色社会主义伟大胜利、实现中华民族伟大复兴的中国梦、实现人民对美好生活的向往继续奋斗，具有重大现实意义和深远历史意义。

二、把握核心要义，全面准确学习领会党的十九大精神

要按照中央《决定》要求，深刻领会党的十九大的主题，深刻领会习近平新时代中国特色社会主义思想的历史地位和丰富内涵，深刻领会党的十八大以来党和国家事业发生的历史性变革，深刻领会中国特色社会主义进入了新时代，深刻领会我国社会主要矛盾的变化，深刻领会新时代中国共产党的历史使命，深刻领会实现第一个百年奋斗目标和向第二个百年奋斗目标进军，深刻领会社会主义经济建设、政治建设、文化建设、社会建设、生态文明建设等方面的重大部署，深刻领会国防和军队建设、港澳台工作、外交工作的重大部署，深刻领会坚定不移全面从严治党的重大部署。

党的十九大明确回答了我们党在新时代举什么旗、走什么路、以什么样的精神状态、担负什么样的历史使命、实现什么样的奋斗目标的重大问题。要准确把握中国特色社会主义进入新时代的重大政治论断。党的十八大以来的5年，是党和国家发展进程中极不平凡的5年。5年来的成就是全方位的、开创性的，5年来的变革是深层次的、根本性的。经过长期努力，中国特色社会主义进入了新时代，这

是我国发展新的历史方位，在中华人民共和国发展史上、中华民族发展史上、世界社会主义发展史上、人类社会发展史上都具有重大意义，中华民族迎来了从站起来、富起来到强起来的伟大飞跃。中国特色社会主义进入新时代，我国社会主要矛盾已经转化为人民日益增长的美好生活需要和不平衡不充分的发展之间的矛盾，这是关系全局的历史性变化，对党和国家工作提出了许多新要求；但我国仍处于并将长期处于社会主义初级阶段的基本国情没有变，我国是世界上最大发展中国家的国际地位没有变。必须牢牢把握社会主义初级阶段这个基本国情，牢牢立足社会主义初级阶段这个最大实际，牢牢坚持党的基本路线这个党和国家的生命线、人民的幸福线。实现中华民族伟大复兴是近代以来中华民族最伟大的梦想。今天，我们比历史上任何时期都更接近、更有信心和能力实现中华民族伟大复兴的目标。实现伟大梦想，必须进行伟大斗争、建设伟大工程、推进伟大事业。伟大斗争，伟大工程，伟大事业，伟大梦想，紧密联系、相互贯通、相互作用，其中起决定性作用的是党的建设新的伟大工程。建设伟大工程，要结合伟大斗争、伟大事业、伟大梦想的实践来进行，确保党始终走在时代前列、始终成为全国人民的主心骨、始终成为坚强领导核心。

要准确把握习近平新时代中国特色社会主义思想。党的十八大以来，以习近平同志为主要代表的中国共产党人，坚持解放思想、实事求是、与时俱进、求真务实，坚持辩证唯物主义和历史唯物主义，紧密结合新的时代条件和实践要求，以全新的视野深化对共产党执政规律、社会主义建设规律、人类社会发展规律的认识，进行艰辛理论探索，从理论和实践结合上系统回答了新时代坚持和发展什么样的中国特色社会主义、怎样坚持和发展中国特色社会主义这个重大时代课题，创立了习近平新时代中国特色社会主义思想。这一思想是对马克思列宁主义、毛泽东思想、邓小平理论、“三个代表”重要思想、科学发展观的继承和发展，是马克思主义中国化最新成果，是党和人民实践经验和集体智慧的结晶，是中国特色社会主义理论体系的重要组成部分，是全党全国人民为实现中华民族伟大复兴而奋斗的行动指南，必须长期坚持并不断发展。这一思想开辟了马克思主义新境界，开辟了中国特色社会主义新境界，开辟了党治国理政新境界，开辟了管党治党新境界。党的十九大报告用“8个明确”概括了这一思想的主要内容。报告用“14个坚持”概括了新时代坚持和发展中国特色社会主义的基本方略，这是习近平新时代中国特色社会主义思想的重要组成部分。习近平新时代中国特色社会主义思想，是指导思想层面的表述，在行动纲领层面称之为中国特色社会主义基本方略。要全面贯彻党的基本理论、基本路线、基本方略，更好引领党和人民事业发展。

要准确把握分两个阶段建成社会主义现代化强国的宏伟目标。改革开放之后，我们党对我国社会主义现代化建设作出战略安排，提出“三步走”战略目标和“两个一百年”奋斗目标。从现在到2020年，是全面建成小康社会决胜期。要按照全面建成小康社会各项要求，紧扣我国社会主要矛盾变化，突出抓重点、补短板、强弱项，特别是要坚决打好防范化解重大风险、精准脱贫、污染防治的攻坚战，使全面建成小康社会得到人民认可、经得起历史检验。党的十九大对第二个百年奋斗目标进行了战略规划，将全面建设社会主义现代化国家的新征程分为两个阶段来安排。第一个阶段，从2020年到2035年，在全面建成小康社会的基础上，再奋斗15年，基本实现社会主义现代化。第二个阶段，从2035年到本世纪中叶，在基本实现现代化的基础上，再奋斗15年，把我国建成富强民主文明和谐美丽的社会主义现代化强国。从全面建成小康社会到基本实现现代化，再到全面建成社会主义现代化强国，是新时代中国特色社会主义发展的战略安排。

要准确把握推进中国特色社会主义事业的重大部署。在经济建设上，要贯彻新发展理念，建设现代化经济体系，以供给侧结构性改革为主线，推动经济发展质量变革、效率变革、动力变革，不断增强我国经济创新力和竞争力。在政治建设上，要坚持党的领导、人民当家作主、依法治国有机统一，健全人民当家作主制度体系，发展社会主义民主政治，推进社会主义民主政治制度化、规范化、程序化。在文化建设上，要坚定文化自信，推动社会主义文化繁荣兴盛，牢牢掌握意识形态工作领导权，培育和践行社会主义核心价值观，加强思想道德建设，繁荣发展社会主义文艺，推动文化事业和文化产业发展。在社会建设上，要提高保障和改善民生水平，加强和创新社会治理，不断满足人民日益增长的美好生活需要，让改革发展成果更多更公平惠及全体人民。在生态文明建设上，要践行绿水青山就是金山银山的理念，加快生态文明体制改革，形成节约资源和保护环境的空间格局、产业结构、生产方式、生活方式，建设美丽中国。在国防和军队建设上，要坚持走中国特色强军之路，全面贯彻习近平强军思想，全面推进国防和军队现代化，把人民军队建设成为世界一流军队。在港澳台工作上，要全面准确贯彻“一国两制”、“港人治港”、“澳人治澳”、高度自治的方针，严格依照宪法和基本法办事。坚持“和平统一、一国两制”方针，推动祖国和平统一进程。在外交工作上，要坚定不移在和平共处五项原则基础上发展同各国的友好合作，推动构建人类命运共同体。

要准确把握党的建设的总要求和重点任务。党要团结带领人民进行伟大斗争、推进伟大事业、实现伟大梦想，必须毫不动摇坚持和完善党的领导，毫不动摇把党建设得更加坚强有力。要坚持和加强党的全面领导，坚持党要管党、全面从严治党，以加强党的长期执政能力建设、先进性和纯洁性建设为主线，以党的政治建设为统领，以坚定理想信念宗旨为根基，以调动全党积极性、主动性、创造性为着力点，全面推进党的政治建设、思想建设、组织建设、作风建设、纪律建设，把制度建设贯穿其中，深入推进反腐败斗争，不断提高党的建设质量，把党建设成为始终走在时代前列、人民衷心拥护、勇于自我革命、经得起各种风浪考验、朝气蓬勃的马克思主义执政党。要牢固树立“四个意识”，严守党的政治纪律和政治规矩，在政治立场、政治方向、政治原则、政治道路上同以习近平同志为核心的党中央保持高度一致，自觉维护以习近平同志为核心的党中央权威和集中统一领导。

三、加强组织领导，切实抓好党的十九大精神的学习宣传贯彻

学习宣传贯彻党的十九大精神，是当前和今后一个时期的首要政治任务。全省各级党委（党组）要摆上重要议事日程，加强统筹谋划，采取有力措施，扎实有效推进。

要切实负起领导责任，迅速兴起热潮。各级党委（党组）要按照党中央的部署，结合本地区本部门实际，作出专题部署，提出具体要求，着力抓好落实，迅速兴起学习宣传贯彻党的十九大精神热潮。要坚持读原著、学原文、悟原理，做到学深悟透、融会贯通。要充分发挥党总揽全局、协调各方的作用，确保党始终成为中国特色社会主义事业的坚强领导核心，坚定自觉地把以习近平同志为核心的党中央决策部署落到实处。各级组织、宣传部门和其他有关部门，要在党委（党组）统一领导下，密切配合。组织部门要把学习宣传贯彻工作融入干部教育培训、领导班子建设和基层党组织建设，宣传部门要组织好理论学习、研究阐释和宣传解读，工会、共青团、妇联等人民团体要结合自身优势开展各具特色的学教活动。要加强工作指导，加强督促检查，务求取得实效，切忌形式主义。

要认真抓好学习培训，推动入脑入心。各级党委（党组）理论学习中心组要把党的十九大精神作为重点内容，制定系统学习计划，分专题开展研讨。要紧密结合即将开展的“不忘初心、牢记使命”主题教育，面向广大党员开展多形式、分层次、全覆盖的全员培训，组织深入学习十九大精神。要抓住“关键少数”，举办省管干部学习贯彻十九大精神研讨班。各地各部门要举办培训班、学习班，集中一段时间分期分批进行轮训。要把学习党的十九大精神、《习近平谈治国理政》《习近平新时代中国特色社会主义思想学习纲要》等作为党校、干部学院、行政学院教育培训的必修课，作为学校思想政治教育和课堂教学的重要内容，推动十九大精神进教材、进课堂、进头脑。

要集中开展宣讲活动，深入阐释解读。从现在起到明年初，以党的十九大报告、《中国共产党章程（修正案）》和习总书记在党的十九届一中全会上的重要讲话精神为重点，在全省范围内集中开展党的十九大精神宣讲活动。省委将组织宣讲团赴各地开展宣讲，各市县也要抽调骨干力量组建宣讲队伍。要坚持领导带头，各地各部门主要负责同志亲自宣讲，以实际行动带动广大干部群众的学习。要组织党的十九大代表到基层宣讲，以自己的亲身经历、切身感受宣传十九大精神。要开展面向党外人士的宣讲工作，增进党外人士对党的十九大精神的认知认同。要充分用好网络手段，通过在线直播、即时推送、网上交流等形式，积极回应网民关切。要联系山西发生的重大转折和重大变化，联系干部群众思想和工作实际，把党的十九大精神讲清楚、讲明白、讲透彻，让老百姓听得懂、能领会、可落实。

要精心组织新闻宣传，营造浓厚氛围。全省各级主流媒体要牢牢把握正确导向，坚持团结稳定鼓劲、正面宣传为主，主动设置议题，加大引导力度，用党的十九大精神统一思想、凝聚力量。要大力宣传党的十九大的重大意义，宣传把习近平新时代中国特色社会主义思想确立为党必须长期坚持的指导思想的重大意义，宣传党的十九大提出的重要思想、重要观点、重大论断、重大举措，宣传5年来党和国家事业发生的历史性变革和我省由“乱”转“治”、由“疲”转“兴”的巨大变化，宣传全省各地各部门学习贯彻的具体行动和先进事迹。要充分利用各种宣传手段，采取群众喜闻乐见的形式，组织召开系列理论研讨会、交流会，增强宣传的吸引力感染力和针对性实效性，帮助群众解疑释惑，推动十九大精神进企业、进农村、进机关、进校园、进社区、进军营、进网络，做到家喻户晓、深入人心。

要紧密联系自身实际，推动各项工作。当前，我省改革发展稳定的任务十分繁重，要大力弘扬马克思主义学风，切实提高解决问题、推动发展的能力，把党的十九大精神体现到做好今年各项工作和安排好明年工作之中。要把党的十九大精神转化为深化改革、促进发展的强大动力，统筹推进“五位一体”总体布局、协调推进“四个全面”战略布局，全面做好稳增长、促改革、调结构、惠民生、防风险各项工作，加快建设国家资源型经济转型发展示范区，打造全国能源革命排头兵，构建内陆地区对外开放新高地。要全力保障和改善民生，精心维护社会和谐稳定，努力解决好群众合理利益诉求，妥善化解社会矛盾，及时消除各类重大安全隐患，确保“三个坚决防止”。要推动全面从严治党向纵深发展，持续正风肃纪反腐，大力推进“三基建设”，不断解决党建中的突出矛盾和深层次问题。广大党员干部要切实增强学习本领、政治领导本领、改革创新本领、科学发展本领、依法执政本领、群众工作本领、狠抓落实本领、驾驭风险本领，勇于战胜各种困难险阻，牢牢把握工作主动权。

各地各部门学习宣传贯彻党的十九大精神的情况，要及时报告省委。

中共山西省委　山西省人民政府
《山西构建内陆地区对外开放新高地实施意见》

（2017年12月30日）

为深入贯彻党的十九大精神和习总书记视察山西重要讲话精神，落实《国务院关于支持山西省进一步深化改革促进资源型经济转型发展的意见》，按照省委十一届五次全会总体部署，努力构建内陆地区对外开放新高地，以开放促改革、促转型、促发展，走出一条产业优、质量高、效益好、可持续发展新路，推动我省形成全面开放新格局，提出如下实施意见。

一、以更加开放的心态，全力构建对外开放新高地

（一）指导思想

全面贯彻党的十九大精神，以习近平新时代中国特色社会主义思想和习总书记视察山西重要讲话精神为指导，落实省委十一届五次全会总体部署，登高望远、眼睛向外，以更加开放的心态奋起直追，以构建开放型经济新体制为主线，以建设对外开放平台为主战场，以提升对外开放服务水平为主攻方向，着力打造制度高地、创新高地、环境高地，引领"资源型经济转型发展示范区"建设，推动打造"能源革命排头兵"，为决胜全面建成小康社会提供有力支撑，为资源型经济转型任务基本完成注入强大动力，为同步实现现代化奠定坚实基础，将山西打造成为充满活力、要素集聚、功能完备、特色鲜明的内陆地区对外开放新高地。

一要把握好对外开放与解放思想的关系。解放思想、转变观念是对外开放的总开关，要通过大力提高全社会特别是领导干部的开放意识、开放素质和开放能力，形成构建内陆地区对外开放新高地的强大合力。

二要把握好对外开放与深化改革的关系。以扩大开放倒逼深化改革，以深化改革促进扩大开放，形成深化改革与对外开放交融互动的新格局，用改革的办法破解制约对外开放的体制机制障碍，获取更大的改革红利。

三要把握好对外开放与促进转型的关系。通过构建外向型经济体系，优化区域产业分工协作，促进生产要素有序流动和集聚，强化产业发展优势，推动经济社会转型发展。

四要把握好对外开放与创新驱动的关系。从创新理念和创新机制上进一步扩展视野，充分利用当代科技进步成果，加快推动新旧动能转换。

五要把握好对外开放与内陆区位的关系。树立内陆和沿海同处开放一线的观念，立足自身特色，借助网络时代大数据信息平台，打造内陆开放前沿。强化与国家对外开放战略的契合，主动融入国家加大西部开放发展战略，在更高水平、更高层次上参与国内外分工合作。

（二）发展目标

到2020年，夯实构建内陆地区对外开放新高地的发展基础，对外开放的政策体系进一步完善，经济外向度明显提升，重点领域取得实质性突破，宽领域、多层次、高水平全面开放新格局态势基本形成。

融入国家重大战略实现新突破。融入"一带一路"大商圈，国际产能和装备制造合作取得明显成效，与京津冀、环渤海经济圈、雄安新区的协同发展更加紧密，太原、大同、晋城、运城等城市成为内陆地区重要开放城市，山西在国家区域协调发展中的地位和作用明显提升。

内畅外联大通道建设实现新突破。基本形成快速、便捷、高效、安全、绿色的现代综合交通运输体系，太原、大同成为全国性综合交通枢纽，太原机场综合功能提升、年旅客吞吐能力实现大幅跃升。建成国际邮件互换局和国际邮件交换处理中心。

开放平台建设实现新突破。全省各类开发区（园区）开放平台的载体功能充分发挥，各类开发区规划更加合理，形成一批品牌示范园区。国家级和省级开发区数量明显增加，开发区经济总量占比明显提升。航空、铁路口岸和保税物流平台网络基本形成。自由贸易试验区改革试点经验全面落地，形成对外开放新优势。

贸易便利化实现新突破。太原航空口岸功能和国际竞争力明显提升，大同、运城、五台山航空口岸正式开放。实现中欧、中亚班列开行常态化。实现国际贸易"单一窗口"报关报检，实施海关、检验检疫通关查验一体化，口岸通关效率大幅提高。推动跨境贸易电子商务、外贸综合服务业等一批新业态取得重大进展。

引资引技引智实现新突破。引进一批世界500强和国内行业领军企业。积极承接京津冀、长三角、粤港澳大湾区的产业转移项目。提升山西大学城国际化办学水平，实施若干高水平大学间合作项目。吸收外来投资的规模和效益进一步提升，国外优惠贷（赠）款项目创新和示范带动作用充分发挥。

到2030年，外向型经济水平实现跃升，推动资源型经济转型任务基本完成。实现深度融入国家重大战略，建立与周

边区域统一开放、竞争有序的现代市场体系。建成联通内外、便捷高效的陆空大通道，建成多式联运体系，成为内陆地区重要的国际物流枢纽。与“一带一路”重点国家产能合作机制基本建立，煤炭清洁高效利用及能源科技领域国际领先地位基本确立。贸易便利化水平居中西部省份领先地位，国际化、法治化、便捷化营商环境全面形成。形成一批中西部领先的优势产业，金融、教育、医疗、文化等服务业领域全面开放。吸引外资和对外投资规模、质量和效益实现飞跃。省会城市和区域性中心城市国际化水平大幅提升，形成一批“走出去”门户城市。

二、积极融入“一带一路”建设，拓展开放新空间

以更加开放的姿态和勇气，全面推进与沿线国家和地区多层次、宽领域、多形式的合作交流，加强央地合作、“搭车搭船出海”，深度融入全球产业链、价值链，推进互利共赢务实合作，共同建设“一带一路”新起点。

（一）打造大商圈的重要节点。编制我省参与“一带一路”建设的滚动实施方案。发挥我省在产能、装备、技术等方面的比较优势，鼓励企业积极参与新亚欧大陆桥、中蒙俄、中国—中亚—西亚等国际经济合作走廊建设，鼓励有条件的企业与沿线国家相关企业共同实施经贸项目，带动装备、技术和服务出口，逐步实现产品输出向产业输出转型。建设中欧两端转运中心，不断培育返程货源，实现中欧、中亚班列开行常态化。围绕中欧班列枢纽节点，完善物流基地、城市配送中心布局，打造一批具有多式联运功能的大型综合物流基地，使山西成为丝绸之路通道上重要的货物流通枢纽。鼓励企业积极参与沿线国家道路、桥梁、港口、建筑等基础设施建设。

（二）积极参与国际产能合作。编制我省重点产业国际产能合作规划和年度实施方案。推动我省钢铁、煤化工、水泥、电力、装备制造等行业开展国际产能合作。引导装备制造企业在海外建立加工组装、境外分销、售后服务基地和全球维修体系。支持省内优势企业参与境外经济贸易合作园区建设。加大与国家对外合作专项基金、政策性金融机构和国际金融组织对接力度，对我省参与“一带一路”重大项目进行融资支持。

（三）加强与国际及港澳地区交流合作。加强与发达国家在管理、品牌、研发、市场等方面的合作，积极在非洲、南美和我国周边国家地区为我省优势产业开辟新市场、对接新资源，形成多层次、多领域、多形式的合作模式。加强与港澳地区的合作交流，为我省企业“走出去”提供金融、法律、商务、咨询等服务。加强民间交往，充分发挥省贸促会等社会团体、机构在促进民间对外交流与合作中的优势作用，积极探索设立境外办事机构。

三、全面参与重大国家战略，形成开放新格局

优化区域交流合作布局，主动对接京津冀协同发展、环渤海经济圈、雄安新区等国家战略，为推动全省经济快速健康发展形成有效外力支撑。

（一）建立与京津冀协同发展机制。编制《山西深度融入京津冀协同发展规划》，积极争取国家出台《关于支持山西省与京津冀地区加强协作实现联动发展的意见》。构筑京津冀生态屏障，完善区域环境污染联防联控机制。加强与京津冀地区基础设施互联互通。增加向京津冀地区的清洁能源供应，争取建设向京津冀输电外送新通道，扩大电力外送规模。构建京津冀晋协同创新共同体。推进太原与中关村合作建设中关村科技成果产业化基地。探索建立跨区域共建园区的投资开发和运营管理模式。鼓励京津两地高水平大学以委托管理、联合办学等方式加强与山西省高校合作。主动服务和参与雄安新区建设。

（二）积极承接产业转移。积极参与京津冀协同发展分工，努力将我省打造成以京津为核心的制造和服务业外包基地。深化与北京在装备制造、新能源、精细煤化工、新材料和节能环保领域的合作。深化与天津在化工、食品、医药、新材料、节能环保等产业开展合作。积极承接长三角产业转移，努力将我省打造成沿海地区制造业和服务业的承接地。全力参与粤港澳大湾区产业链延伸，积极谋划推进重点项目。突出太原作为全国综合交通枢纽的重要地位，推进太原晋中一体化发展，成为全省对外开放的“领头羊”。加快太原、临汾（侯马）国家级加工贸易梯度转移重点承接地建设，支持有条件的地区建设承接加工贸易产业转移示范区。

（三）加强区域交流合作。深入推进蒙晋冀（乌大张）长城金三角区域合作，将大同打造成向北和向京津冀开放的“桥头堡”。积极深化与中原经济区合作，支持晋城、长治、运城与中原城镇群联动发展。加快晋陕豫黄河“金三角”区域协调发展步伐，合力打造国家省际交界地区协作发展试验区。加强与长三角、粤港澳大湾区合作，引导沿海地区资金、技术向山西转移。拓展与长江中游、成渝、关中平原等城市群的交流合作，积极开展多领域联动协作，实现共赢发展。

四、提高产业发展外向度，培育开放新特色

充分发挥我省传统产业、新兴接替产业的比较优势和市场潜力，在深度融入国内国外经济合作中谋划发展，引领我省产业向价值链高端提升。

（一）打造全国能源革命排头兵。以推进能源消费、供给、技术和体制四大革命为抓手，认真谋划当好能源革命排头兵。积极推进我省能源企业参与“一带一路”国际合作，引进国际先进技术改造提升我省能源装备技术水平，大力推动我省能源装备、技术和服务“走出去”，建立煤炭开采及清洁高效利用境外产能合作基地，加大对煤炭资源勘探、煤化工、煤电一体化等项目投资。加强人员国际交流，实施能源领域高层次人才培养和引进计划。

（二）实施制造业优先战略。紧扣创新驱动、布局优化、两化融合、绿色制造，努力把制造业打造成为我省经济转型升级的新引擎。以重点企业、园区、技术、项目为依托，吸引外资企业来晋建立先进装备制造研发设计平台，构建高效完备的

制造业服务体系，加快提升我省装备制造业竞争力，将我省建设成为我国装备制造产业重要基地。围绕重点产品，加快培育一批在国际市场有较大知名度、国内有重要影响力的高端制造企业，形成新的产业集群。制定具体政策措施，鼓励外商以技术、资金、股权等多种方式来晋发展新材料、节能环保、信息技术等新兴接替产业。加大对成长性好的中小企业的扶持力度。

（三）深化科技对外交流合作。不断深化国际合作，探索科技开放合作的新模式、新途径、新体制。积极谋划科技创新重大项目，构建具有一定国际竞争力的科技创新体系。强化科技创新资源统筹能力，促进各类创新主体协同创新、融合发展，不断提高我省科技创新研发能力。加速提升我省骨干企业自主创新和消化吸收国际先进技术的能力。推动我省高校与国外高校间在教学、科研领域的合作交流，构建集科技教育、成果转化、企业孵化为一体的开放性创新平台。鼓励有条件的企业在境外设立研发机构。

（四）深化农业产业对外合作。充分利用我省农产品资源丰富优势，构建山西现代农业产品体系，把山西打造成为全国“小杂粮”深加工和重要的集散中心。紧盯国际市场，引进国际农机、育种和灌溉等先进技术，重点扶植一批技术先进、国际竞争力强的高端农产品深加工骨干企业，大力提升农产品附加值。积极打造山西“农谷”国际品牌。引导各类资金投入杂粮、中药材、生态林业等特色产业，推进农业产业化经营，延伸农业产业链条，拓展国内国际营销。

（五）共享开放发展助力脱贫攻坚。引导东部和沿海地区产业转移向贫困地区倾斜，重点培育一批龙头企业、农民合作社、种养大户、家庭农场、社会化服务组织等新型市场主体，鼓励外来资金参与产业扶贫。聚焦贫困地区基础设施及公共服务设施建设、易地扶贫搬迁、生态修复、红色旅游等领域，开展与国际金融组织和政策性、开发性金融机构合作，助力我省脱贫攻坚。逐步加大对教育、就业、健康、科技、人才等重点领域的扶贫支持，积极发挥金融助推脱贫攻坚的作用，促进贫困地区共享开放型经济发展成果。

（六）推动文化旅游开放发展。以世界眼光看山西，深入挖掘我省丰富历史文化和旅游资源，加强文化旅游领域国际交流合作。大力深化旅游景区和文化产业体制机制改革创新，围绕黄河、长城、太行三大旅游板块建设，积极引进海内外战略投资者，推动文化旅游大项目建设、大企业运作，共同打造世界文化旅游目的地。加快打造红色旅游、关公文化、佛教文化、古村落等著名旅游品牌。深化区域合作，主动对接周边地区，开拓京津冀、长三角、珠三角客源市场，推进客源互换、市场共建、利益共享。积极制定推进我省旅游业发展的政策措施，争取出台境外游客离境退税政策和过境游客72小时免签政策，争取在我省举办国家级旅游主题活动。

（七）加快现代服务业发展。把发展服务业摆在重要位置，拓展互联网与服务业融合的广度和深度，推动服务业重点行业领域发展，加快中西部现代物流中心、生产性服务业大省的建设步伐。加强医疗卫生领域国际合作，支持我省医疗机构与国外医疗机构开展多种形式的合作，支持国内外有实力、管理经验丰富的专业机构共建共享健康管理、康复护理等专业医疗服务，共同推进“健康山西”战略实施。加强与国际性体育组织的交流合作，引进若干国际精品赛事，积极承办国内重大体育赛事，大力发展体育经济。针对现代咨询服务业等我省服务业发展的薄弱环节，制定发展规划和相关政策措施，加强与国外咨询机构、智库组织在城市规划、建筑设计等领域开展国际交流合作，用国际化眼光推动美丽宜居城市建设。

（八）加强生态环保领域的国际技术合作。坚持绿色发展、低碳发展，加强生态文明建设，切实搞好环境保护，是对外开放工作的一项重要内容，也是我省开展对外交流与合作的重要任务。积极引进先进技术和经验，开展全方位、多形式的国际合作，加大对大气、土壤和水资源的保护及对其他多污染物的综合治理，大力发展循环经济。加强在生态环保领域的学术研究、科研互动和专项技术国际交流合作。

五、强化引资引技引智，注入开放新动力

瞄准现代产业体系，立足国际国内两个市场、两种资源，坚持引资和引技引智并举，把山西经济纳入国际国内市场大循环。

（一）提升利用外资的规模质量效益。出台进一步鼓励利用外资、促进外资增长的实施办法。实行外商投资准入前国民待遇加负面清单管理。外资参与我省各级政府的PPP项目，同等享受项目前期费用补贴、资金补助以及相关税收优惠政策。鼓励外资重点进入战略性新兴产业、现代服务业和现代农业领域。对鼓励类外商投资项目引进先进技术设备免征关税，重大技术装备进口关键零部件和原材料免征关税和增值税。保障境外投资者利润自由汇出。

（二）提升引技引智水平。主动对接和融入全球创新网络，支持省内优势企业在欧美发达国家科技和人才密集地区投资建设研发中心，支持外资企业和相关机构在我省建立研发中心、创新中心和博士后工作站。外资企业同等适用研发费用加计扣除、高新技术企业、研发中心等优惠政策。推动我省高校与国外高校间在教学、科研领域的合作交流。经认定的外资研发中心，进口科技开发用品免征进口环节关税、增值税、消费税，采购国产设备全额退还增值税。

（三）实施精准务实高效招商。创新招商方式，大力开展产业链招商、专业化招商，鼓励开展委托招商、区域招商、驻点招商和以商招商，推广大数据招商、新媒体招商。加快建设投资信息服务平台，实现全省招商工作网络化、信息化管理。编制产业招商地图，明确重点引进的招商引资产业、重点培育基地和重点承载园区。强化对世界500强、中国500强、民营500强企业招商，对落地投产项目给予奖励。支持外向型重点企业开展以企招企、以商招商。以国有企业混合所有制改革为契机，积极吸引国际国内重大战略合作伙伴以资本、技术、品牌等换市场、资源、股权，通过多种形式平等参与国有企业改制重组、改制上市、重组整合，形成一批龙头企业，强

化集聚效应。

(四)鼓励晋商晋才"回乡"创业创新。鼓励和吸引在外晋商晋才以总部回归、项目回迁、资金回流、人才回乡等方式,在我省设立一批总部企业、区域性总部企业、功能性总部企业或创办新企业,形成一批晋商晋才回乡总部经济项目、重大产业项目、重大科技人才项目。凝聚侨心、汇聚侨智、发挥侨力、维护侨益,鼓励和支持海外侨胞和归侨侨眷在更大范围、更高层次、更深程度上参与山西建设发展。

六、建设内畅外联大通道,构筑开放新体系

通过加强铁路、公路、航空、信息对外通道建设,形成内畅外联的开放通道。通过多式联运体系建设,打造内陆国际物流枢纽。

(一)构建内畅外联大通道。加快建设太焦、大张、大原、阳大等在建铁路项目,积极推进对接雄安等高铁项目前期工作。抓好农村公路、旅游公路和扶贫公路建设,加快打通高速公路出省口断头路和省内重要连接线,进一步完善高速路网,提升综合效益。增开国际航空线路。发挥太原机场带动作用,完善支线机场功能,科学布局通用机场。通过打造山西(阳泉)国际陆港和山西(大同)国际陆港,构建山西对外开放出海大通道。充分发挥太重(天津滨海基地)重件码头作用。加快构建立体联网、内外联通的综合交通运输体系。出台相关政策措施,加大网络通信基础设施建设力度,争取建设国家级互联网骨干直联点,推动建设互联网国际专用通道,推进国际邮件互换局和国际邮件交换处理中心建设。争取将山西省设为国家低空空域管理改革试点,加快推进我省航空产业发展。

(二)促进多式联运体系建设。以提高货物运输集装化和运载单元标准化为重点,积极发展大宗货物和特种货物多式联运。加强与国内外知名互联网企业合作,推广应用多式联运电子单证,提升多式联运业务水平。在重要物流节点设立快速换装中心,建立多种运输方式自由换装、各种货物类型自由集散的综合枢纽,提高货物流转速度。创新多式联运组织方式,探索实施"一单制"联运服务模式,打破运输方式间的联通壁垒,推进各种运输服务无缝衔接。

(三)加大贸易便利化改革。提升太原航空口岸功能和国际竞争力,加快推进大同、运城、五台山航空口岸正式开放,积极推进长治、临汾、吕梁航空口岸和太原铁路口岸临时开放,形成一主轴多支撑的口岸开放格局。全面实施海关通关一体化改革,加快我省国际贸易"单一窗口"建设,推动发展"互联网+口岸"贸易便利化促进体系,完善口岸跨区域合作机制,深化海关、检验检疫通关查验一体化协作,不断提高投资贸易便利化水平。

(四)建立跨境电商服务体系。大力发展跨境电子商务,推动省级跨境贸易电子商务示范园区、示范企业和跨境贸易电子商务公共海外仓建设。支持在省级跨境贸易电子商务示范园区内建立跨境电子商务产业孵化基地,加快培育我省跨境电子商务产业集聚区和领军企业。支持太原武宿综合保税区申请国家级跨境电子商务综合试验区。

七、打造对外开放大平台,提升开放新水平

提升各类开发区创新发展能力,精心打造重大经贸活动平台,完善功能性平台建设,为提升开放新水平创造更多平台支撑。

(一)积极申办中国(山西)自由贸易试验区。重点围绕促进资源型经济转型创新发展、促进生态脆弱地区的绿色发展、促进脱贫攻坚目标如期实现等试验方向,依托山西转型综改示范区申办中国(山西)自由贸易试验区。全面复制推广自由贸易试验区投资管理、贸易监管、金融创新、事中事后监管等方面的改革试点经验。研究探索申办内陆地区自贸港。

(二)高标准建设转型综合改革示范区。推进山西转型综合改革示范区体制机制创新,复制推广中关村国家自主创新示范区先行先试相关政策,研究制定山西省落实中关村国家自主创新示范区政策的实施细则。吸引国际高端产业,建设国际产业合作园,打造开放程度高、产业层次高、研发创新功能高的国际交流合作平台。拓展提升示范区开放平台功能,培育国际贸易中心、国际物流中心、先进制造研发转化中心、资本运营中心。争取国家对山西转型综合改革示范区新能源轿车生产及推广应用给予政策支持。研究出台山西转型综合改革示范区跨境电商和电子商务产业发展的优惠政策。

(三)发挥各类开发区开放平台作用。编制出台开发区总体发展规划和综合考核办法。在具备条件的开发区探索开展国际产业合作园建设。推动开发区聚焦重点国别和重点产业,加大吸引外资力度,鼓励外商投资企业参与政府科技计划项目,吸引和促进最新科技成果在开发区内实现转化。鼓励开发区推进或引进公司制管理模式,吸纳国内外资本和企业投资开发区基础设施建设。争取国家加大对我省国家级开发区扩区和升级支持力度。

(四)加快综合保税区开放平台建设。加强海关特殊监管区域科学合理布局,推动晋北、晋南、晋东南地区申建综合保税区,构建全省保税物流平台体系。促进太原武宿综合保税区等海关特殊监管区域向加工制造中心、贸易销售中心、交易结算中心、物流配送中心和研发设计中心等方向转型发展。落实税收优惠政策,完善贸易服务功能,加快实现贸易投资便利化,积累经验向省内其他综合保税区推广。

(五)发挥友城对外交往的平台作用。以优化友城布局、增量提质并举为导向,大力开辟对外渠道,充分发挥我省国际友好城市及友好合作伙伴作用。以美国西弗吉尼亚州、德国北威州等友好省州及友好合作伙伴为重点,因"城"制宜开展合作,积极参与城市国际组织平台活动,提高对外交流合作质量和水平。省外事部门要指导各市开展积极务实的对外友好交往工作。

(六)打造重大经贸活动平台。积极承办国际性会议(展)。办好中国(太原)国际能源产业博览会、中国(山西)特色农产品交易博览会、山西文化产业博览交易会、平遥国际摄影节和山西省旅游发展大会五大重点展会。办好山西品牌行,积极组织参加境内外重要会展。将太原能源低碳发展论

坛和中国(太原)国际能源产业博览会打造成为国家级平台和国际品牌。积极争取将中国(太原)煤炭交易中心作为国家能源商品交易市场体系试点,探索能源商品交易新机制。大力发展会展经济,推动会展业与能源、工业、农业、旅游、文化、体育等产业融合发展。

八、构建开放型经济体制机制,创优开放新环境

按照法治化、国际化、便利化的“软环境”标准,着力提升公共服务国际化水平,大力宣传山西对外开放新形象、新优势,努力构建开放型经济发展新环境。

(一)创优对外开放营商环境。在全省试行企业投资项目承诺制,以报建审批事项改革为突破口,建立政府靠前服务、企业信用承诺、事中事后监管的管理模式,事项办理实施统一清单告知、统一平台办理、统一流程再造、统一多图联审、统一收费管理“五统一”,努力打造审批最少、流程最优、体制最顺、机制最活、效率最高、服务最好的“六最”营商环境。把2018年作为我省转型项目建设年,谋划建设一大批优质项目,形成引领支撑转型升级的强劲动力和蓬勃势头。实施“多证合一、一照一码”等商事登记改革。启动“证照分离”试点改革,促进企业办证更加便捷高效。优化知识产权服务,建立知识产权维权机制,推进完善社会信用体系建设,保护投资者合法权益。按照国家相关规定及我省已出台的相关政策,制定针对外资企业的人才、金融及土地等方面具体措施。

(二)提高外贸服务水平。制定出台我省加快境外营销网络建设的实施办法。构建由商务、海关、检验检疫、工商、知识产权、贸促等部门参加的贸易便利化工作协调机制。建立健全对外贸易投资服务海外代表机构和工作网络。建立统一权威的国际经贸信息发布平台,为企业提供重点国家和地区政策法规、技术标准、贸易机会、商品价格、经贸预警等信息,提高企业、民众风险意识和防范能力。开展外贸综合服务企业认定工作,优先推荐符合条件的省级外贸综合服务企业开展国家级试点。

(三)创新金融支持政策。加快金融业对外开放,在转型综改示范区创设山西金融创新服务区,吸引省外各类金融控股集团、银行、基金、保险、创投机构等,设立地区总部、特色专营机构、后台服务中心或参股我省地方法人金融机构。推动山西证券、金融租赁、山西信托等机构战略重组。大力发展企业并购和重组基金,推动山西国有企业面向国内外开放股权,推进混合所有制改革,推动我省38家上市公司在国内外进行产业并购重组。主动承接金融产业转移和金融功能外溢。提升金融机构服务水平,发挥好进出口银行、中国信保等政策性金融机构优势,用好各类金融产品,鼓励金融机构和企业利用全口径跨境融资宏观审慎管理政策开展跨境投融资业务。

(四)优化人才发展环境。进一步完善引进海内外高层次人才政策,打造引进高层次人才政策洼地。贯彻落实好《中共山西省委关于深化人才发展体制机制改革的实施意见》等一系列已出台的人才政策。大力引进经济转型升级急需的领军人才,采取“一人一策”“一事一议”的引进方式,给予适当资金支持。切实解决好来晋工作高层次人才居留、配偶就业、子女就学、住房、医疗、社会保险等方面的需求。注重干部境外学习培训工作。积极鼓励支持各类人才广泛参与国内外学术技术交流合作。

(五)建设国际化服务体系。积极引进会计、法律、翻译、商务、管理、职业培训等国际专业服务机构,建立涉外商事法律服务中心、知识产权服务中心等专业机构,建设基于互联网、新媒体的专业信息服务平台和专业人才库,促进专业服务国际化。积极引进医疗、教育等现代服务业国际知名机构,规划布局开发区、产业园区内的社区、俱乐部、休闲街区等配套设施。加强国际化语言环境建设,营造国际化便利环境。在我省大专院校增加涉外法律、经济、管理等专业。构建外籍人员及子女便利出入境、居留许可、住房、教育、工作、医疗等保障体系。争取国际组织在晋设立分支机构和办事机构。

(六)建立多元对外交流合作平台。建设山西国际人才网。鼓励相关机构加强与国内外知名咨询机构、投资促进机构和智库组织的交流合作,通过设立对外开放促进会等机构,加强与中央有关涉外协(学)会的全面合作与对接,建立广泛的联络通道,为我省企业积极利用外资、引进先进技术、扩大出口贸易、海外投资办企及外国公司在我省投资提供优质服务和咨询支持,提升我省在经济管理、宏观规划、政策制定、产业布局、引进投资等方面水平。

九、保障措施

对外开放是全面加快山西资源型地区经济转型和打造能源革命排头兵的必由之路,要作为一项重要任务坚持不懈地抓实、抓细。

(一)明确主体责任。各地各部门要切实增强开放意识,充分认识构建内陆地区对外开放新高地的重要性、紧迫性和艰巨性,切实负起责任,密切协调配合,强化信息共享和协调联动机制,形成强大合力。省直部门要按照职责分工,认真研究本行业、本领域对外开放的突破点、着力点,制定本领域对外开放行动计划,并抓好工作落实。各市政府要研究制定与本实施意见相衔接的行动方案,明确责任分工,确保完成各项任务。

(二)加强干部培养。加强在职干部外向型经济知识和业务培训,并形成长效工作机制。鼓励优秀的中青年干部到基层工作,到对外开放一线建功立业。

(三)强化督促检查。建立健全督促检查机制,跟踪各市、各部门工作推进情况,并根据推进情况及时进行调度督导,将对外开放的重大举措推进落实情况作为对各市、各部门目标考核的重要内容,建立健全对外开放工作正向激励和容错机制,对成绩突出的责任单位进行表彰,对失职失责的严肃问责。

(四)加大宣传力度。进一步加强境内外的宣传工作,扩大我省的知名度。各市、各部门要组织开展形式多样的宣传活动,把构建内陆地区对外开放新高地融入社会主义

核心价值观体系宣传教育。注重舆论引导，充分利用国内外各种宣传媒介，创新对外宣传的内容和方式，加大宣传推介力度，讲好山西故事，提高山西影响力，营造良好的舆论氛围。

中共山西省委办公厅　山西省人民政府办公厅《关于在全省推行法律顾问制度和公职律师公司律师制度的实施意见》

(2017年1月22日)

为贯彻落实中共中央办公厅、国务院办公厅印发的《关于推行法律顾问制度和公职律师公司律师制度的意见》,充分发挥法律顾问、公职律师、公司律师对于推进法治山西建设的积极作用,结合我省实际,提出以下实施意见。

一、总体要求

(一)基本原则。

坚持正确政治方向。坚持党的领导,选拔政治素质高、拥护党的理论和路线方针政策的法律专业人才进入法律顾问和公职律师、公司律师队伍。

坚持分类规范实施。从实际出发,在党政机关、人民团体、国有企事业单位分类推行法律顾问制度和公职律师、公司律师制度。

坚持统筹衔接推进。着眼于社会主义法治工作队伍建设大局,做好法律顾问与公职律师、公司律师之间的衔接,畅通公职律师、公司律师与社会律师、法官、检察官之间的交流渠道。实行老人老办法、新人新办法,国家统一法律职业资格制度实施后,党政机关、人民团体、国有企事业单位拟担任法律顾问的人员应当具有法律职业资格或者律师资格。

(二)目标任务。

县级以上地方党委及所属部门于2017年底前设立法律顾问；县级以上政府及所属部门于2017年8月底前设立法律顾问；乡镇党委和政府于2017年底前根据需要设立法律顾问。国有企业于2017年底前设立法律顾问。党政机关和国有企业于2017年底前分别设立公职律师和公司律师。事业单位探索建立法律顾问制度。到2018年全面形成与我省经济社会发展和法律服务需求相适应的法律顾问、公职律师、公司律师制度体系。

二、建立党政机关法律顾问、公职律师制度

(三)党政机关法律顾问队伍以党内法规工作机构、政府法制机构人员为主体,吸收法学专家和律师参加。

党政机关内部专门从事法律事务的工作人员和机关外聘的法学专家、律师,可以担任法律顾问。党内法规工作机构、政府法制机构以集体名义发挥法律顾问作用。

(四)在党政机关已担任法律顾问但未取得法律职业资格或者律师资格的人员,可以继续履行法律顾问职责。国家统一法律职业资格制度实施后,党政机关拟担任法律顾问的人员应当具有法律职业资格或者律师资格。

(五)县级以上地方党委和政府以及法律事务较多的工作部门应当配备与工作任务相适应的专职人员担任法律顾问;法律事务较少的县级以上党委和政府工作部门可以配备兼职人员履行法律顾问职责。乡镇党委和政府可以根据工作需要,配备专职或者兼职人员履行法律顾问职责。

(六)党政机关法律顾问履行下列职责:

1.为重大决策、重大行政行为提供法律意见;

2.参与地方性法规规章草案、党内法规草案和规范性文件送审稿的起草、论证;

3.参与合作项目的洽谈,协助起草、修改重要的法律文书或者以党政机关为一方当事人的重大合同;

4.为处置涉法涉诉案件、信访案件和重大突发事件等提供法律服务;

5.参与处理行政复议、诉讼、仲裁等法律事务;

6.所在党政机关规定的其他职责。

(七)外聘法律顾问应当具备下列条件:

1.政治素质高,拥护党的理论和路线方针政策,一般应当是中国共产党党员;

2.具有良好职业道德和社会责任感;

3.在所从事的法学教学、法学研究、法律实践等领域具有一定影响和经验的法学专家,或者具有5年以上执业经验、专业能力较强的律师;

4.严格遵纪守法,未受过刑事处罚,受聘担任法律顾问的律师还应当未受过司法行政部门的行政处罚或者律师协会的行业处分;

5.聘任机关规定的其他条件。

(八)外聘法律顾问应当通过公开、公平、公正的方式遴选。被聘为法律顾问的,由聘任机关发放聘书。

(九)外聘法律顾问在履行法律顾问职责期间享有下列权利:

1.依据事实和法律,提出法律意见;

2.获得与履行职责相关的信息资料、文件和其他必需的工作条件；

3.获得约定的工作报酬和待遇；

4.与聘任机关约定的其他权利。

（十）外聘法律顾问在履行法律顾问职责期间承担下列义务：

1.遵守保密制度，不得泄漏党和国家的秘密、工作秘密、商业秘密以及其他不应公开的信息，不得擅自对外透露所承担的工作内容；

2. 不得利用在工作期间获得的非公开信息或者便利条件，为本人及所在单位或者他人牟取利益；

3. 不得以法律顾问的身份从事商业活动以及与法律顾问职责无关的活动；

4.不得接受其他当事人委托，办理与聘任单位有利益冲突的法律事务，法律顾问与所承办的业务有利害关系、可能影响公正履行职责的，应当回避；

5.与聘任机关约定的其他义务。

（十一）市、县、乡同级党委和政府可以联合外聘法律顾问，为党政机关提供服务；党委和政府可以分别统一外聘法律顾问，为党委和政府及其工作部门提供服务。

（十二）各级党政机关根据本实施意见设立公职律师。公职律师是依照本实施意见第二十四条、第二十五条规定取得公职律师证书的党政机关公职人员。

（十三）公职律师履行党政机关法律顾问承担的职责，可以受所在单位或党委、政府委托从事律师法律服务。公职律师在执业活动中享有律师法等规定的会见、阅卷、调查取证和发问、质证、辩论等方面的律师执业权利，以及律师法规定的其他权利。

（十四）公职律师不得从事有偿法律服务，不得在律师事务所等法律服务机构兼职，不得以律师身份办理所在单位或党委、政府以外的诉讼或者非诉讼法律事务。

（十五）党政机关法律顾问、公职律师玩忽职守、徇私舞弊的，依法依纪处理；属于外聘法律顾问的，予以解聘，并记入法律顾问工作档案和个人诚信档案，通报律师协会或者所在单位，依法追究责任。

三、建立国有企业法律顾问、公司律师制度

（十六）工商、金融、文化等行业的国有独资或者控股企业（以下简称国有企业）内部专门从事企业法律事务的工作人员和企业外聘的律师，可以担任法律顾问。

在国有企业已担任法律顾问但未取得法律职业资格或者律师资格的人员，可以继续履行法律顾问职责。国家统一法律职业资格制度实施后，国有企业拟担任法律顾问的工作人员或者外聘的其他人员，应当具有法律职业资格或者律师资格，但外聘其他国有企业现任法律顾问的除外。少数偏远地方国有企业难以聘任到具有法律职业资格或者律师资格的法律顾问的，可以沿用现行聘任法律顾问的做法。

法律顾问的辅助人员可以不具有法律职业资格或者律师资格。

国有企业外聘法律顾问参照本实施意见第七条、第八条、第九条、第十条规定办理。

（十七）国有企业可以根据企业规模和业务需要设立法律事务机构或者配备、聘请一定数量的法律顾问。

国有大中型企业可以设立总法律顾问，发挥总法律顾问对经营管理活动的法律审核把关作用，推进企业依法经营、合规管理。

（十八）国有企业法律顾问履行下列职责：

1.参与企业章程、董事会运行规则的制定；

2.对企业重要经营决策、规章制度、合同进行法律审核；

3.为企业改制重组、并购上市、产权转让、破产重整、和解及清算等重大事项提出法律意见；

4.组织开展合规管理、风险管理、知识产权管理、外聘律师管理、法治宣传教育培训、法律咨询；

5.组织处理诉讼、仲裁案件；

6.所在企业规定的其他职责。

（十九）国有企业法律顾问对企业经营管理行为的合法合规性负有监督职责，对企业违法违规行为提出意见，督促整改。法律顾问明知企业存在违法违规行为，不警示、不制止的，承担相应责任。

（二十）国有企业根据需要设立公司律师。公司律师是与企业依法签订劳动合同，依照本实施意见第二十四条、第二十五条规定取得公司律师证书的员工。

（二十一）公司律师履行国有企业法律顾问承担的职责，可以受所在单位委托，代表所在单位从事律师法律服务。公司律师在执业活动中享有律师法等规定的会见、阅卷、调查取证和发问、质证、辩论等方面的律师执业权利，以及律师法规定的其他权利。

（二十二）公司律师不得从事有偿法律服务，不得在律师事务所等法律服务机构兼职，不得以律师身份办理所在单位以外的诉讼或者非诉讼法律事务。

四、完善管理体制

（二十三）党内法规工作机构、政府及政府部门法制机构和国有企业法律事务部门，分别承担本单位法律顾问办公室职责，负责本单位法律顾问、公职律师、公司律师的日常业务管理，协助组织人事部门对法律顾问、公职律师、公司律师进行遴选、聘任、培训、考核、奖惩，以及对本单位申请公职律师、公司律师证书的工作人员进行审核等。

（二十四）在党政机关专门从事法律事务工作或者担任法律顾问、在国有企业担任法律顾问，并具有法律职业资格或者律师资格的人员，经所在单位同意可以向司法行政部门申请颁发公职律师、公司律师证书。经审查，申请人具有法律职业资格或者律师资格的，司法行政部门应当向其颁发公职律师、公司律师证书。我省公职律师、公司律师管理办法由省级司法行政部门制定。

（二十五）国家统一法律职业资格制度实施前已担任法

律顾问、未取得法律职业资格或者律师资格的人员，按照中办发〔2016〕30号文件规定，经考核合格的，由国务院司法行政部门向其颁发公职律师、公司律师证书。

(二十六)公职律师、公司律师脱离原单位，可以申请转为社会律师，其担任公职律师、公司律师的经历计入社会律师执业年限。依照本实施意见第二十五条规定担任公职律师、公司律师，申请转为社会律师的，应当符合国家统一法律职业资格制度的相关规定。公职律师、公司律师依照有关程序被遴选为法官、检察官的，确定法官、检察官等级时应当考虑其从事公职律师、公司律师工作的年限、经历。

(二十七)司法行政部门承担公职律师、公司律师的监督指导工作。律师协会承担公职律师、公司律师的业务交流指导、权益维护、行业自律等工作，具体办法由省律师协会在省司法行政部门指导下制定。

五、加强组织领导

(二十八)各级党政机关主要负责同志作为推进法治建设第一责任人，要认真抓好本地区本部门本单位法律顾问、公职律师、公司律师制度的实施。

(二十九)各级党政机关要按照以下要求充分发挥法律顾问、公职律师的作用：

1.讨论、决定重大事项之前，应当听取法律顾问、公职律师的法律意见；

2.起草、论证有关地方性法规、规章草案、党内法规草案和规范性文件送审稿，应当请法律顾问、公职律师参加，或者听取其法律意见；

3.依照有关规定应当听取法律顾问、公职律师的法律意见而未听取的事项，或者法律顾问、公职律师认为不合法不合规的事项，不得提交讨论、作出决定。

对应当听取法律顾问、公职律师的法律意见而未听取，应当请法律顾问、公职律师参加而未落实，应当采纳法律顾问、公职律师的法律意见而未采纳，造成重大损失或者严重不良影响的，依法依规追究党政机关主要负责人、负有责任的其他领导人员和相关责任人员的责任。

(三十)国有企业要按照以下要求充分发挥法律顾问、公司律师的作用：

1.讨论、决定企业经营管理重大事项之前，应当听取法律顾问、公司律师的法律意见；

2.起草企业章程、董事会运行规则等，应当请法律顾问、公司律师参加，或者听取其法律意见；

3.依照有关规定应当听取法律顾问、公司律师的法律意见而未听取的事项，或者法律顾问、公司律师认为不合法不合规的事项，不得提交讨论、作出决定。

对应当听取法律顾问、公司律师的法律意见而未听取，应当交由法律顾问、公司律师进行法律审核而未落实，应当采纳法律顾问、公司律师的法律意见而未采纳，造成重大损失或者严重不良影响的，依法依规追究国有企业主要负责人、负有责任的其他领导人员和相关责任人员的责任。

(三十一)各级党政机关、国有企业要将法律顾问、公职律师、公司律师工作纳入目标责任制考核。推动法律顾问、公职律师、公司律师力量建设，完善日常管理、业务培训、考评奖惩等工作机制和管理办法，促进有关工作科学化、规范化。

(三十二)党政机关要将法律顾问、公职律师经费列入财政预算，采取政府购买或者财政补贴的方式，根据工作量和工作绩效合理确定外聘法律顾问报酬，为法律顾问、公职律师开展工作提供必要保障。

(三十三)县级以上地方党委和政府以及教育、卫生计生等行政主管部门要加强指导、分类施策、重点推进、鼓励探索，有步骤地推进事业单位法律顾问制度建设。

(三十四)各人民团体参照本实施意见建立法律顾问、公职律师制度。

中共山西省委办公厅　山西省人民政府办公厅
《山西省全面推行河长制实施方案》

(2017年4月14日)

全面推行河长制是解决我省复杂水问题、维护河湖健康生命的重要手段，是推动绿色发展、建设美丽山西的基础保证，是完善我省水治理体系、保障水安全的重大举措。为进一步加强我省河湖保护管理工作，落实属地责任，健全长效机制，根据中央办公厅、国务院办公厅印发的《关于全面推行河长制的意见》要求，结合我省实际，制定本实施方案。

一、总体要求

(一)指导思想

全面贯彻党的十八大和十八届三中、四中、五中、六中全会精神，深入学习贯彻习近平总书记系列重要讲话精神，紧紧围绕统筹推进“五位一体”总体布局和协调推进“四个全面”战略布局，牢固树立创新、协调、绿色、开放、共享的新发展理念，坚持节水优先、空间均衡、系统治理、两手发力，以保护水资源、防治水污染、改善水环境、修复水生态为主要任务，在全省河湖全面推行河长制，构建责任明确、协调有序、监管有力、保护有效的河湖管理保护机制，为维护河湖健康生命、实现河湖功能永续利用提供制度保障。

（二）基本原则

坚持生态优先、绿色发展。牢固树立尊重自然、顺应自然、保护自然的理念，突出流域生态保护，处理好河湖管理保护与开发利用的关系，强化规划约束，促进河湖休养生息、维护河湖生态功能。

坚持党政领导、部门联动。建立健全以党政领导负责制为核心的省、市、县、乡四级河长制责任体系，明确河长职责，形成一级抓一级、层层抓落实的工作格局。

坚持问题导向、因地制宜。重点关注河道断流、地下水水位下降、水功能区水质达标率较低等突出问题，统筹上下游、左右岸，实行一河一策、一湖一策，解决好河湖管理保护的突出问题。

坚持强化监督、严格考核。建立健全河湖管理保护考核和责任追究制度，充分发挥河长制作用，拓展公众监督参与渠道，营造全社会关心河湖、保护河湖的良好氛围。

（三）主要目标

以推动绿色发展、建设美丽山西为总目标，在全省全面推行河长制，实现主要河道不断流、地下水及主要泉域逐步恢复、主要河流水生态明显改善。2017年6月底前，市、县制定出台推行河长制实施方案；9月底前出台全省考核办法，建立相关制度；12月底前完成省、市、县、乡四级河长制工作验收。到2017年底，在全省建成覆盖流域面积50平方公里以上、902条河流的省、市、县、乡四级河长制体系。到2020年底，重要河湖水功能区水质达标率达到73%以上；全省地表水劣Ⅴ类水体比例下降至15%，达到或好于Ⅲ类水体比例增至55.2%；设区市建成区黑臭水体控制在10%以内；完成河道管护空间划定和水域岸线确权登记工作。

二、组织体系

（一）设立四级河长

成立由省委、省政府主要领导担任组长的山西省全面推行河长制工作领导小组。成员由省发改委、省经信委、省公安厅、省财政厅、省国土厅、省环保厅、省住建厅、省交通厅、省水利厅、省农业厅、省林业厅、省卫计委、省旅发委、省煤炭厅、省政府法制办、黄河水利委员会山西黄河河务局相关负责人担任。

省政府主要领导担任省总河长，分管水利工作的副省长担任省副总河长。汾河、桑干河、滹沱河、漳河、沁河、涑河（含太榆退水渠）、御河7条省管主要河流和黄河山西段分别由省领导担任省河长。7条省管主要河流及黄河山西段流经的市、县、乡也要分级分段设立河长，河长由同级政府主要负责人担任。

市、县、乡设立本级总河长，由本行政区域的党委、政府主要负责人担任。市、县管主要河流及其他河流要分级分段设立市、县、乡河长。各地可根据实际情况，将河长延伸到村级组织。

各级河长名单在当地政府网站和主要媒体公布。

（二）河长职责

总河长、副总河长负责全面推行河长制工作总督导、总调度。各级河长负责组织领导相应河湖的管理和保护工作，协调解决有关重大问题，对本级相关部门和下一级河长履职情况进行督导，对目标任务完成情况进行考核。

（三）河长制办公室

省河长制办公室设在省水利厅。办公室主任由省政府分管水利工作的副省长兼任，副主任由省水利厅厅长、省环保厅厅长兼任。

省河长制办公室负责全省推行河长制日常工作，落实河长确定的事项，拟订河湖管理保护制度及考核办法，监督、协调各项任务落实，组织实施考核工作等。各相关部门和单位按照职责分工，协调配合，保障河长制实施。

各市、县要相应设立河长制办公室，办公室设在同级水利部门。

三、主要任务

（一）统筹河湖管理和保护规划

遵循河湖自然生态规律和经济社会发展规律，在经济社会发展规划和各领域、各部门、各行业专项规划中，统筹考虑地区水资源条件、河湖环境承载能力，注重生态环境保护和可持续发展，推进水利、城乡、国土、农业、林业等专业规划与河湖环境保护规划相衔接。（省发改委牵头，省水利厅、省环保厅、省住建厅、省国土厅、省农业厅、省林业厅等配合，各市、县政府负责落实。以下任务均需各市、县政府落实，不再列出）

（二）确定河湖分级名录

按照事权划分和分级管理的原则，划定省、市、县、乡分级分段河湖名录。其中省管主要河流及黄河山西段分级分段名录由省水利厅会同有关部门拟定，报省政府确定和公布。市管主要河湖和县管河湖分级分段名录由市、县水行政主管部门会同有关部门拟定，报同级政府确定和公布，并报上级水行政主管部门备案。（省水利厅牵头，省环保厅、省住建厅等配合）

（三）加强水资源管理和保护

1.强化水资源管理“三条红线”刚性约束。进一步落实“用水总量控制、用水效率控制、水功能区限制纳污和水资源管理责任与考核”四项制度，严守“水资源开发利用控制、用水效率控制和水功能区限制纳污”三条红线，促进水资源可持续利用。（省水利厅牵头，省环保厅、省发改委、省经信委、省住建厅等配合）

2. 落实水资源消耗总量和强度双控要求。坚持以水定产、以水定城、量水而行、因水制宜。严格控制缺水地区、水环境敏感区域高耗水行业发展，确保全省年用水总量、万元地区生产总值和万元工业增加值用水量符合国家规定指标。（省水利厅、省发改委牵头，省经信委、省环保厅、省住建厅、省农业厅等配合）

3.着力提高用水效率。全面推进节水型社会建设，加强工业、农业、城乡节水改造，全面提高用水效率。进一步落实水资源论证、取水许可和有偿使用制度，推进水权制度改革。（省水利厅牵头，省经信委、省住建厅、省农业厅等配合）

4.加强水功能区管理监督。核定水功能区纳污能力，明确水功能区的允许纳污总量。加大入河湖排污口设置监管力度。（省水利厅牵头，省环保厅、省住建厅等配合）

5.强化水资源优化配置。加强水资源综合调度，用好黄河水、节约地表水、严控地下水，科学确定重点河流生态流量，发挥大水网骨干工程在河道生态补水、改善河流水环境中的作用。加大中水、矿井水等非常规水的利用力度。（省水利厅牵头，省经信委、省环保厅、省住建厅、省农业厅、省煤炭厅等配合）

6.加强水资源管理监控能力建设。加快水资源管理系统和监测系统建设，逐步建立布局合理、功能完善的河流水量水质监测网络；加强重要河流跨界断面水量水质监测，按规定发布有关监测成果。（省水利厅、省环保厅负责）

（四）加强河湖水域岸线管理保护

1.依法划定河湖水域岸线空间范围。开展河湖水域岸线登记，依法划定河湖管理和保护范围。2020年底前完成河湖管理范围和保护范围划界确权。（省国土厅、省水利厅负责）

2.加强规划岸线分区管理。落实规划岸线分区管理要求，依法划定水域岸线保护区、保留区、限制开发区和开发利用区。严格限制建设项目、农用地占用河湖自然岸线和河道，非法挤占的要限期退出。加强河道采砂管理，依法做好采砂许可工作。（省国土厅、省水利厅牵头，省住建厅、省农业厅、省林业厅等配合）

3.加大水域岸线突出问题清理整治。严禁以各种名义侵占河道、围垦河湖、非法采砂，对非法侵占、乱占滥用等突出问题开展清理整治，恢复河流生态功能。（省国土厅、省水利厅牵头，省公安厅、省住建厅、省林业厅、省旅发委等配合）

（五）加强水污染防治

1.加强入河湖排污监管。严格入河湖排污口监管，加快实施入河湖排污口截污治理，有效控制河湖水体污染，确保污水无直排。（省水利厅、省环保厅牵头，省住建厅等参与）

2.加强工业和城镇生活等污水处理。专项整治十大重点行业生产废水，鼓励钢铁、电力、化工、纺织、印染、造纸等高耗水企业废水深度处理回用，实施工业集聚区污水集中处理。加快城镇污水处理设施及配套管网建设与升级改造。加强船舶港口污染防治。（省环保厅、省建设厅牵头，省发改委、省经信委、省交通厅等配合）

3.加强农业农村面源污染防治。加强畜禽养殖污染防治和村镇污水处理，大力推广测土配方施肥技术，合理控制化肥、农药施用量。（省农业厅牵头，省环保厅等配合）

4.加强水质监测。加强河流跨界断面、重点河流水质等监测工作，完善突发水污染处置应急监测措施。（省环保厅、省水利厅负责）

（六）加强水环境治理

1.加强饮用水水源地、重要河流源头区、岩溶泉域保护区保护。全面保护和改善饮用水水源地环境质量，依法取缔饮用水水源地、重要河流源头区、岩溶泉域保护区内违法建筑和排污口。加强城市备用水源地保护区划定和备用水源建设，提升饮用水水源地管理与突发事件应急处理能力。（省水利厅、省环保厅牵头，省住建厅、省林业厅、省卫计委等配合）

2.加强城市水环境治理。结合城市总体规划，因地制宜建设亲水生态岸线，采取控源截污、垃圾清理等措施，加快城市黑臭水体治理，改善城市河湖水环境质量。（省住建厅牵头、省环保厅等配合）

3.加强农村水环境治理和景区河湖保护。以生活污水、生活垃圾处理为重点，加快农村水环境综合整治。以垃圾处理为重点，加强景区河湖保护管理。（省农业厅、省旅发委负责）

4.加强水环境日常监管。建立河湖保洁及水域岸线管护制度，分段、分区域落实河湖水域岸线管理主体责任，积极探索推行管养分离和政府购买服务方式，实现水域保洁、岸线管理养护专业化、社会化。（省水利厅牵头，省环保厅、省财政厅、省住建厅、省农业厅等配合）

（七）加强水生态修复

1.加强河湖湿地修复与保护。加大河湖水系、水生态修复与保护力度，保障自然河流、湿地等水源涵养空间不被侵占，积极推进退田还河还湿，重点加大汾河、桑干河等滩地保护，建设人工湿地修复工程。大力实施河湖沿岸绿化造林，改善河湖周边生态环境，开展水生生物种植及增殖放流，提高水生生物多样性和水体净化能力，维护湿地生态系统。（省水利厅、省林业厅牵头，省国土厅、省环保厅、省农业厅等配合）

2.加强山水林田湖系统治理。加大吕梁山区、太行山区、京津风沙源区水土流失综合治理，大力推进生态清洁型小流域治理；全面启动汾河流域及桑干河、滹沱河、漳河、沁河、涑水河、御河6条河流生态修复。加强大水网工程的调度运行，向汾河、桑干河等重要河流实施生态补水，逐步恢复河流生态。（省发改委、省水利厅牵头，省财政厅、省林业厅、省农业厅、省住建厅等配合）

（八）加强执法监管

1.健全涉河涉湖法规。建立健全部门联合执法机制，完善行政执法与刑事司法衔接机制。（省水利厅牵头，省政府法制办、省环保厅、省国土厅、省住建厅、省农业厅、省林业厅等配合）

2.加强河湖日常巡查。完善河湖日常监管巡查制度，加快河湖监管信息平台建设，对重点河湖、水域岸线进行动态监控。在城市区开展河湖管理保护综合执法，积极推进城市综合执法和服务向农村地区延伸。（省水利厅牵头，省环保厅、省国土厅、省住建厅、省农业厅、省林业厅等配合）

3.加大违法违规行为打击力度。开展河湖管理保护突出问题专项整治，严厉打击涉河湖违法行为，坚决清理整治非法排污、设障、捕捞、养殖、采砂、围垦、倾倒废弃物和非法侵占水域岸线、自然保护区等活动。(省水利厅牵头,省环保厅、省公安厅、省国土厅、省住建厅、省农业厅、省林业厅等配合)

四、保障措施

(一)加强组织领导

各级党委、政府要把全面推行河长制作为推进生态文明建设的重要举措,切实加强领导,明确责任,狠抓落实。各市、县要按照全省推行河长制工作的总体安排,结合实际,抓紧制订出台工作方案,明确工作目标、工作任务和进度安排。各级河长要切实履行工作职责,细化分解工作任务,认真落实各项措施,强化组织指导和督促检查,研究解决重大问题。各牵头单位要主动与相关部门沟通协调,形成合力,确保目标任务按期完成。

(二)健全工作机制

建立河长会议制度,协调解决河湖管理保护重点难点问题。建立信息共享制度,及时跟踪河长制实施进展,定期对市、县级推行河长制工作进展情况进行通报。建立工作督察制度,对河长制实施情况和河长履职情况进行督察。建立考核问责与激励机制,对成绩突出的河长及责任单位进行表彰奖励,对失职失责的严肃问责。建立工作验收制度,按照方案确定的时间节点,上一级河长及时组织对下一级河长推行河长制工作检查验收。

(三)落实工作经费

各级财政按照规定安排河湖管理保护经费,重点保障水质水量监测、规划编制、信息平台建设、河湖划界确权和突出问题整治等工作经费支出。积极探索引导社会资本参与河湖环境治理与保护,加大城乡水环境整治、水污染治理、生态保护修复等项目资金投入。

(四)强化考核问责

将河湖管理与保护工作作为对省直部门和各市年度目标责任考核的重要依据。结合不同河湖存在的实际问题,实行差异化绩效评价考核,将领导干部自然资源资产离任审计结果及整改情况作为考核的重要参考。对因失职、渎职导致河湖环境遭到严重破坏的,依法依规追究责任单位及责任人的责任。

(五)加强社会监督

加大对河长制的社会监督力度。主要河道岸边显著位置要竖立河长公示牌,标明河长职责、河流概况、管护目标、监督电话等内容。建立河湖保护信息发布平台,畅通公众监管渠道。

充分发挥媒体舆论引导和监督作用,广泛宣传实施河长制的重要意义,组织开展河流生态保护管理、用水节水等水情教育,增强保护河湖生态环境意识。加强对河湖管理保护先进典型的总结推广,增强社会各界河流保护的责任意识、参与意识,积极营造全社会关心、支持、参与、监督河湖保护工作的良好氛围。

各市党委、政府每年1月5日前将上年度推行河长制情况报省河长制办公室。

中共山西省委办公厅《关于加强全省民办学校党的建设工作的实施意见(试行)》

(2017年5月18日)

为全面贯彻落实中央办公厅印发的《关于加强民办学校党的建设工作的意见(试行)》精神,切实加强党对民办学校的领导,根据党章和有关法律法规,现就加强全省民办学校党的建设工作提出如下实施意见。

一、重要意义和总体要求

1.重要意义。民办高校、民办中小学校(含民办中等职业学校,下同)和民办培训机构等各类民办学校作为社会主义教育事业的重要组成部分,同样承担着培养社会主义建设者和接班人的重任。加强民办学校党的建设,对于全面贯彻党的教育方针、坚持社会主义办学方向、落实立德树人根本任务,具有重要意义。近年来,我省各级党委和有关部门按照中央和省委要求,大力加强民办学校党的建设工作,取得了明显成效。但仍存在一些薄弱环节和突出问题,党组织覆盖率比较低,隶属关系不顺畅,党组织书记队伍还不强,党员教育管理比较松散,党组织保证监督作用发挥不到位,思想政治工作薄弱,对民办学校党建工作指导力度不够,等等。各级党委(党组)要进一步增强责任感紧迫感,按照全面从严治党要求,坚持和加强党对民办学校的领导,促进民办学校教育事业健康发展。

2.总体要求。全面贯彻党的十八大和十八届三中、四中、五中、六中全会精神,以邓小平理论、“三个代表”

重要思想、科学发展观为指导，深入学习贯彻习近平总书记系列重要讲话精神和治国理政新理念新思想新战略，紧紧围绕统筹推进“五位一体”总体布局和协调推进“四个全面”战略布局，认真贯彻落实省委“一个指引、两手硬”工作思路和要求，坚持党的领导与民办学校依法治校相统一，充分发挥民办学校党组织战斗堡垒作用和党员先锋模范作用，确保民办学校按照党的要求办学立校、教书育人，把培育和践行社会主义核心价值观贯穿学校教育全过程，引导师生树立正确的世界观、人生观、价值观，努力在办好民办学校中加强党的建设，通过加强党的建设保障民办学校健康发展。

二、充分发挥民办学校党组织政治核心作用

3.准确把握功能定位。民办学校党组织是党在民办学校中的战斗堡垒，发挥政治核心作用。主要体现在：（1）保证政治方向。宣传执行党的理论和路线方针政策，宣传执行党中央、上级党组织和本组织的决议，引导学校全面贯彻党的教育方针，依法办学、规范办学、诚信办学，坚决反对否定和削弱党的领导，反对西方所谓“普世价值”等错误思潮传播，反对各种腐朽价值观念。（2）凝聚师生员工。把思想政治工作贯穿学校工作各方面，贯穿教育教学全过程，密切联系、热忱服务师生员工，关心和维护他们的正当权益，统一思想、凝聚人心、化解矛盾、增进感情，激发教职工主人翁意识和工作热情。（3）推动学校发展。支持学校董（理）事会和校长依法依章行使职权、开展工作，参与学校改革发展稳定和事关师生员工切身利益的重大事项决策，帮助学校健全章程和各项管理制度，促进学校提高教育质量、培养合格人才。（4）引领校园文化。坚持用社会主义核心价值观塑造校园文化，加强社会公德、职业道德、家庭美德、个人品德教育，开展精神文明创建活动，组织丰富多彩的文化活动，推动形成良好校风教风学风。（5）参与人事管理和服务。参与学校各类人才选拔、培养和管理工作，在教职工考评、职称评聘等方面提出意见建议，主动联系、关心关爱，调动他们的积极性和创造性。（6）加强自身建设。完善组织设置和工作机制，加强党组织班子成员和党务干部管理，做好发展党员和党员教育管理服务工作，严格组织生活制度，认真贯彻民主集中制，强化党组织日常监督和党员民主监督，抓好党风廉洁建设。领导学校工会、共青团等群团组织和教职工大会（代表大会），做好统一战线工作。

4.找准工作着力点。民办高校党组织要突出坚持马克思主义指导地位，把握党对意识形态工作的领导权、管理权、话语权，加强对青年教师、党外知识分子和大学生的思想引导，促使他们增强政治认同，增强政治敏锐性和政治鉴别力，坚定中国特色社会主义道路自信、理论自信、制度自信、文化自信。民办中小学校党组织要突出学生良好思想品德养成，推动学校把爱党、爱祖国、爱社会主义教育贯穿各项工作中，抓细抓小抓实，使之在学生心中生根发芽，为培养德智体美全面发展的社会主义建设者和接班人奠定基础。民办培训机构党组织要突出诚信守法，引导培训机构端正培训思想、严格内部管理，规范招生、收费等行为，防止培训造假及以不正当手段谋取非法利益，切实提高培训质量和社会效益。

三、大力推进民办学校党的组织和党的工作有效覆盖

5.加大党组织组建力度。坚持应建必建。凡有3名以上正式党员的民办学校，都要按照党章规定建立党组织，并按期进行换届。党员人数不足3名的，可采取联合组建、挂靠组建、派入党员教师单独组建等形式建立党组织。暂不具备建立党组织条件的，要通过选派党建工作指导员、联络员或建立工会、共青团组织等途径开展党的工作，条件成熟时及时建立党组织。批准设立民办学校，要坚持党的建设同步谋划、党的组织同步设置、党的工作同步开展。变更、撤并或注销民办学校，上级党组织应及时对民办学校党组织的变更或撤销作出决定。坚持“谁审批、谁负责”的原则，民办高校党组织的组建工作，一般由省高校工委负责。民办中小学校党组织的组建工作，一般由市、县（市、区）党委教育工作部门或教育行政部门党组织负责。民办培训机构党组织的组建工作，一般由市、县（市、区）教育行政部门、人力资源社会保障部门党组织负责。

6.规范党组织设置。坚持从不同民办学校实际出发，根据党员人数和工作需要，合理设置民办学校党组织。民办高校一般设立党的委员会，院（系）级单位一般应设立党的总支部委员会或直属支部委员会；教职工党支部可按教研室、学科组、实验室或行政处室设置；学生党支部可按年级、专业设置，高年级党支部可按班设置。教职工党支部书记一般由本单位是党员的行政负责人担任。学生党支部书记一般由党员辅导员、党员教师担任，也可由优秀的学生党员担任。办学规模较大、党员人数较多的民办中小学校和民办培训机构应按照党章及有关规定，经上级党组织批准，设立党的委员会或总支部委员会。

7.理顺党组织隶属关系。实行主管部门管理与属地管理相结合，以主管部门党组织管理为主，学校所在地党组织要积极配合、主动做好指导和管理工作。民办本科高校党组织关系一般隶属于省高校工委。民办高职院校注册地和校址在太原市的，党组织关系一般隶属于省高校工委；在其他市的，党组织关系一般隶属于所在市党委教育工作部门或教育行政部门党组织。普通高校以新机制和模式举办的独立学院，党组织关系一般隶属于举办高校党组织或举办单位上级党组织。民办中小学校党组织关系一般隶属于县（市、区）党委教育工作部门或教育行政部门党组织。民办培训机构党组织关系一般隶属于县（市、区）教育行政部门、人力资源社会保障部门党组织或非公经济和社会组织工委。办学规模大、党员人数多、有一定社会影响的民办中小学校、民办培训机构党组织，也可由各市党委教

育工作部门或教育行政部门、人力资源社会保障部门党组织直接管理。有特殊情况的，党组织隶属关系由党委教育工作部门或教育行政部门、人力资源社会保障部门党组织，商同级党委组织部门确定。

四、加强以党组织书记为重点的民办学校党务工作力量建设

8.明确党组织书记选配标准。坚持把政治标准放在首位，按照政治素质过硬、熟悉党建工作，懂教育善管理、有奉献精神的要求，选优配强民办学校党组织书记。坚持信念坚定、为民服务、勤政务实、敢于担当、清正廉洁的好干部标准，突出讲政治的教育家要求，选配好民办高校党组织书记；注重选拔党性观念强、专业素质强的“双强型”民办中小学校党组织书记。党组织书记的主要职责有：（1）宣传和执行党的路线方针政策，执行上级党组织的决议，坚持社会主义办学方向和教育公益性原则。（2）引导和监督学校遵守法律法规，参与学校重大问题的决策，支持学校决策机构和校长依法办学，督促其依法治教、规范管理。（3）履行党建工作第一责任人的职责，全面加强学校党组织的思想建设、组织建设、作风建设、制度建设和反腐倡廉建设，做好党员教育管理工作。（4）领导学校思想政治工作、德育工作。（5）领导工会、共青团、学生会等群众组织和教职工大会（代表大会）工作。（6）做好统一战线工作，支持民主党派的基层组织按照各自章程开展活动。（7）协助法人代表做好学校安全稳定工作。（8）定期向上级党组织、党员代表大会或党员大会报告工作。（9）完成上级党组织交给的其他任务。

9.创新党组织书记选派方式。民办高校党委书记的选派按照省委组织部、省高校工委、省教育厅、省人社厅印发的《关于加强向民办高校选派党委书记工作的意见》（晋组发〔2015〕9号）执行，由省委组织部、省高校工委具体负责选派，民办高校党委书记一般兼任政府督导专员。民办高校党委书记实行任期制，每个任期四年。普通高校以新机制和模式举办的独立学院，党委书记由办学单位推荐，报省高校工委批复后，由办学单位党组织按有关程序履行任命手续或按照有关规定选举产生。师生规模在10000人以上的民办高校应配备一名专职副书记，由所在学校内部产生，报省高校工委备案。派驻党委书记，全职在民办高校工作，其行政关系不变，报酬待遇由原单位或选派单位负责，除必要工作经费外，不得在学校获取薪酬和其他额外利益。民办中小学校党组织书记一般从学校管理层中产生，符合条件的董（理）事长、校长，报经上级党组织同意，可担任学校党组织书记。学校内部没有合适人选的，可由上级党组织选派。办学规模大、党员人数多，出资人或校长担任党组织书记的民办中小学校，应配备专职副书记。党组织书记工作变动时，应当征求上级党组织的意见。

10.抓好党组织书记培训和管理。将民办学校党组织书记培训纳入基层党务干部教育培训总体规划，每名党组织书记每年至少参加1次集中培训，累计时间不少于3天。民办高校党委书记由省委组织部、省高校工委负责培训，民办中小学校党组织书记由市、县（市、区）党委组织部、教育工作部门或教育行政部门负责培训，民办培训机构党组织书记由县（市、区）教育行政部门、人力资源社会保障部门或非公经济和社会组织工委负责培训。强化对民办学校党组织书记考核，落实述职述廉、民主评议、诫勉谈话等制度，对工作认真负责、成绩突出的，要予以表彰奖励；对履职不到位、工作不负责任的，要及时批评教育，必要时按有关规定进行调整。

11.加强党务工作力量。民办学校党组织应本着精干、务实、高效和有利于加强党的建设原则，设立必要的党务工作部门，配备必要的工作人员。民办高校要按有关规定健全党务工作部门，明确相应力量从事党的组织、宣传、纪检等方面工作；学校专职党务工作人员配备，应根据实际需要保持一定数量；每个院（系）党组织至少应配备1名专职组织员。民办中小学校应根据工作需要设立必要的党务工作部门，配备专职党务工作人员；党员人数较多、设立党的委员会的民办中小学校应设独立的党务工作部门。民办培训机构可以采取专兼职相结合办法配备党务工作人员，负责党的建设工作。民办学校应建立健全工会、共青团组织，支持其在党组织领导下按照有关章程，独立自主地开展工作。民办学校专职党务工作人员的报酬待遇应不低于本校同职级行政工作人员。党务工作人员岗位调整、调动、奖惩应征得民办学校党组织同意。民办学校兼职从事党务工作的人员，应计算工作量。

五、建立健全民办学校党组织参与决策和监督机制

12.把党组织建设纳入民办学校章程。坚持党的领导与依法治校有机统一，推动民办学校把党组织建设有关内容纳入学校章程，明确党组织在学校法人治理结构中的地位，保证党组织在重大事项决策、监督、执行各环节有效发挥作用。

13.推进党组织班子成员进入学校决策层和管理层。民办学校党组织书记应通过法定程序进入学校董（理）事会，办学规模大、党员人数多的学校，符合条件的专职副书记也可进入董（理）事会。党组织班子成员应按照学校章程进入行政管理层，党员校长、副校长等行政领导班子成员，可按照党内有关规定进入党组织班子。

14.健全党组织参与决策和监督制度。涉及民办学校发展规划、重要改革、人事安排等重大事项，党组织要参与讨论研究，董（理）事会在作出决定前，要征得党组织同意；涉及党的建设、思想政治工作和德育工作的事项，要由党组织研究决定。建立健全党组织与学校董（理）事会、监事会日常沟通协商制度，以及党组织与行政领导班子联席会议制度；强化党组织对学校重要决策实施的监督，定期组织党员、教职工代表等听取校长工作报告以及学校重

大事项情况通报。

六、做好民办学校发展党员和党员教育管理工作

15.做好发展党员工作。适当增加民办学校发展党员数量，重视发展优秀大学生和青年教师入党。加强入党积极分子教育培养，注重把教学科研管理骨干培养成党员，把优秀党员教师培养成学科带头人。建立健全相关制度，提高发展党员质量。注意培养和吸收符合条件的民办学校出资人入党。

16.规范党员组织关系管理。民办学校党组织要从聘用环节开始全面掌握教职工党员身份，定期排查党员组织关系，纳入有效管理，纠正和防止“口袋党员”“隐形党员”现象发生。在学校从事专职工作半年以上的党员，一般应转入组织关系；暂时不能转入的，实行组织关系一方隶属、参加多重组织生活。新调入的教职工党员，要督促其尽快转移组织关系。认真落实高校毕业生党员组织关系管理工作有关要求，加强民办高校毕业生党员组织关系管理，防止一转了之甚至推出不管。

17.严格党的组织生活。以党支部为基本单位，以“两学一做”为基本内容，坚持“三会一课”制度，深入推进“两学一做”学习教育常态化制度化，增强党员主体意识和党性观念，教育引导学校广大党员按照“四讲四有”的标准，做到政治合格、执行纪律合格、品德合格、发挥作用合格。党组织书记每年至少讲1次党课。要严格党内政治生活，开好学校党员领导干部民主生活会和支部组织生活会，认真开展批评和自我批评，进行党员党性分析和民主评议。按照党章和党内有关规定，严肃处置不合格党员。

18.从严教育管理党员。组织党员认真学习党的理论和路线方针政策，学习中国特色社会主义理论体系，学习习近平总书记系列重要讲话精神和治国理政新理念新思想新战略，学习党章党规，引导党员坚定理想信念，提高政治觉悟，自觉践行“三严三实”要求，严格守纪律讲规矩。针对教职工党员兼职人员多、退休人员多、青年教师多、流动性强等实际，采取学习培训、专题辅导、结对帮扶、谈心交流等方式，帮助教职工党员提高素质，解决思想困惑和实际困难。设立党员教学管理服务示范岗，推行党员承诺制和党员星级管理，引导他们充分发挥在教书育人中的示范带动作用。同时，要尊重党员主体地位，充分发扬党内民主，建立健全党内激励、关爱、帮扶机制，增强党员的责任感、荣誉感和归属感。

七、切实抓好民办学校思想政治教育和德育工作

19.强化政治责任。加强对思想政治教育和德育工作的领导，是民办学校党组织的首要政治责任。民办学校党组织要增强政治意识、大局意识、核心意识、看齐意识，把立德树人放在首要位置，深入调研，掌握学生思想动态，及时研究解决重要问题。充分发挥党团组织、学生组织和班级、社团等组织的作用，不断增强思想政治教育和德育工作的针对性、实效性和吸引力、感染力。深入开展社会实践，大力建设校园文化，发挥好网络思想政治教育平台的作用，巩固学校思想文化和意识形态阵地。

20.推动中国特色社会主义理论体系进课堂、进头脑。督促民办学校加强教材、教师、教学体系建设，按有关课程标准，优选经依法审定的思想政治课和德育课教材，保证足够的教学时间。实施思想政治课“名师工程”，安排政治强、业务精、作风好、综合素质高的教师授课。党组织书记要带头讲形势政策课，回答好师生关心的热点难点问题。要把思想政治教育融入学生学习生活各环节，抓好学校教室、寝室和网络等思想文化阵地建设与管理，促进全员全过程全方位育人。加强对各类论坛、讲座、网站的管理。民办高校邀请校外人员、外国使领馆人员、境外人员来校举办讲座、论坛必须经党组织审核，履行审批手续。民办中小学校党组织也要对校外人员来校举办讲座加强管理。

21.重视师德师风建设。将思想政治要求纳入教师日常管理，坚持学术研究无禁区、课堂讲授有纪律，引导教师恪守职业道德，自觉为人师表。定期评估学校师德师风情况，对爱岗敬业、师德表现突出的，要表扬表彰；对师德表现不佳的，要劝诫整改；对师德失范、不适宜继续从事教育教学工作的，要提出调整岗位或调离学校的建议。对个别散布错误言论的教师，党组织要敢抓敢管。

22.加强思想政治工作者队伍建设。上级党委和有关部门要推动民办学校设立思想政治教育和德育工作机构，配齐配强辅导员、班主任、思想政治课教师等工作力量。辅导员、思想政治课教师一般应是中共党员；辅导员、思想政治课教师的招聘应由民办学校党组织负责审核。民办高校可根据实际工作需要，科学合理地配备足够数量的辅导员和班主任。辅导员、思想政治课教师的平均收入，应不低于学校其他专业教师平均水平。推进民办高校辅导员专业化职业化，打通职业发展和专业晋升通道，激发他们的工作积极性。民办中小学校要加强对德育教育教师队伍的建设，应有专门人员从事共青团、少先队工作。

八、进一步加强对民办学校党建工作的领导

23.落实党建工作责任制。各级党委要切实履行主体责任，把民办学校党建工作作为基层党建重要任务，纳入基层党建工作述职评议考核内容，定期听取专题汇报，帮助解决困难和问题。党委组织部门要加强统筹协调和宏观指导，牵头研究制定民办学校党建工作具体措施；党委教育工作部门和教育行政部门要负起直接责任，定期检查调研，及时掌握民办学校的党建工作情况，强化指导和督促，推动党的建设各项政策措施落实到位。机构编制、民政、人力资源社会保障、工商及其他有关部门要结合各自职能，协同做好工作。对履行党建责任不力，民办学校党的建设和意识形态工作长期薄弱的，要严肃问责。

24.加强分类指导和督促检查。要结合各类民办学校实际，引导党组织围绕学校发展、贴近师生需求开展党的活动，增强党建工作的针对性、实效性，防止“两张皮”。要把党建工作情况作为民办学校注册登记、年检年审、评估考核、管理监督的必备条件和必查内容。做好民办学校出资人思想工作，促使他们主动支持党建工作。对不重视不支持党建工作的，要教育引导、督促整改；对办学出现严重问题的，要依法依规扣减招生计划，直至撤销办学资格。要按照“谁主管、谁负责”的原则，明确职责，落实责任，进一步加强民办学校党的建设和规范管理，积极推动民办教育全面协调可持续发展，为我省经济社会发展作出更大贡献。

25.完善党建工作保障机制。健全民办学校党建工作保障体系，学校决策机构和行政管理机构要支持学校党建工作，为党组织开展活动提供必要条件，党组织活动场所和活动时间要有保证。民办学校要将党组织活动经费列入年度经费预算，保证必要支出。民办学校党员交纳党费可全额返还。民办学校上级党组织在党费使用上，要对民办学校给予支持。拓宽经费来源渠道，有条件的，地方财政可给予一定支持。建立健全民办学校党组织活动经费管理制度，活动经费支出由党组织研究、统筹安排使用。发挥公办学校党建工作优势，通过区域共建、中心校带动等方式，与民办学校组织联建、资源共享。鼓励和支持公办学校对口支持民办学校，将党建工作的好经验、好做法推广运用到民办学校。

26.高度重视民办幼儿园党的建设。县（市、区）党委教育工作部门或教育行政部门党组织要根据学前教育特点和幼儿教师实际，落实民办学校党建工作有关要求，制定加强本地民办幼儿园党建工作的具体方案，落实党建责任，采取有效措施，抓好任务落实，确保党的组织和党的工作有效覆盖。

中共山西省委办公厅　山西省人民政府办公厅《山西省党政领导干部生态环境损害责任追究实施细则（试行）》

（2017年6月8日）

第一章　总　则

第一条　为深入贯彻落实党的十八大和十八届三中、四中、五中、六中全会精神，认真学习贯彻习近平总书记系列重要讲话精神，全面贯彻落实省第十一次党代会精神，加快推进生态文明建设，健全生态文明制度体系，强化党政领导干部生态环境和资源保护职责，根据中共中央办公厅、国务院办公厅印发的《党政领导干部生态环境损害责任追究办法（试行）》，结合我省实际，制定本实施细则。

第二条　本实施细则所称生态环境损害责任追究，是指对生态环境和资源保护负有责任的领导人员在履职过程中不当履职、未尽责履职、不履职、违法履职，造成生态破坏、环境污染、资源重大损害，导致恶劣影响的行为，依法依规进行责任追究。

第三条　本实施细则适用于各级党委和政府的领导成员，县级以上有关工作部门的领导成员；上列工作部门的有关机构领导人员。

第四条　各级党委和政府对本地区生态环境和资源保护负总责，党委和政府主要领导成员承担主要责任，分管领导成员承担重要责任，其他有关领导成员在职责范围内承担相应责任。

县级以上有关工作部门及其有关机构的领导人员按照职责分别承担相应责任。

第五条　党政领导干部生态环境损害责任追究，坚持依法依规、客观公正、实事求是、科学认定、权责一致、终身追究的原则。

第六条　各级党委和政府生态环境和资源保护责任，按照属地管理与分级管理相结合、以属地管理为主和“谁决策、谁负责”“谁主管、谁负责”“谁审批、谁负责”“谁污染、谁治理”“谁破坏、谁恢复”的原则认定。

第二章　责任追究对象和情形

第七条　有下列情形之一的，应当追究县级以上有关党委和政府主要领导成员的责任：

（一）贯彻落实党中央、国务院和省委、省政府关于生态文明建设的决策部署，以及研究解决本地区突出的生态环境和资源问题不力，致使本地区生态环境和资源问题突出或者任期内生态环境状况明显恶化的；

（二）作出的决策与生态环境和资源方面政策、法律法规、规章相违背的；

（三）未按期完成国家和省级生态环境和资源方面约束性指标，或者连续两年未完成大气、水、土壤等生态环境质量目标任务的；

（四）违反主体功能区、生态功能区定位或者突破资源环境生态红线、城镇开发边界，不顾本地区资源环境承载能力盲目决策，造成严重后果的；

(五)未按规定制定本地区城乡、土地利用、林地保护利用、自然保护区、草地保护建设利用、生态环境保护等规划，或作出的决策严重违反规划的；

(六)政府与工作部门之间，政府各工作部门之间，相邻市、县(市、区)之间在生态环境和资源保护协作方面推诿扯皮，主要领导成员不担当、不作为，造成严重后果的；

(七)因监管和防控不力，导致本地区或者相关区域发生严重环境污染和生态破坏事件，或者对严重环境污染和生态破坏（灾害）事件处置不力，导致群体性事件及其他严重后果的；

(八)对公益诉讼裁决和资源环境保护督察整改要求执行不力的；

(九)因生态环境和资源保护工作不力，导致国家对本地区实行区域限批的；

(十)其他应当追究责任的情形。

有上述情形的，在追究相关党委和政府主要领导成员责任的同时，对其他有关领导成员及有关工作部门领导成员依据职责分工和履职情况追究相应责任。

第八条　有下列情形之一的，应当追究县级以上党委和政府有关领导成员的责任：

(一)贯彻落实有关生态文明建设部署要求不力，分管领域发生严重环境污染和生态破坏事件的；

(二)未按照国家及上级党委和政府决策部署要求完成生态文明建设、生态环境和资源保护有关指标和目标任务的；

(三)擅自调整变更已批准实施的城乡、土地利用、林地保护利用、自然保护区、草地保护建设利用、生态环境保护等规划，造成生态环境严重破坏和社会不良影响的；

(四)对分管部门违反生态环境和资源方面政策、法律法规、规章行为监管失察、制止不力甚至包庇纵容的；

(五)指使、授意、放任分管部门对不符合主体功能区、生态功能区定位或者生态环境和资源方面政策、法律法规、规章的建设项目审批(核准)、建设或投产(使用)的；

(六)对本地区生态环境违法企事业单位和其他生产经营者未依法责令限期整改或者停业、关闭的；未正确履行职责，导致已被依法停产整顿、关闭的严重污染环境的企业或者项目恢复生产经营的；

(七)对高污染、高耗能、高排放建设项目监管不力而造成严重环境污染和生态破坏的；

(八)对群众反映强烈或者上级督办的环境污染与生态破坏等问题未依法采取有效措施予以处理，或者久拖不决、处置不力，导致群体性事件及其他严重后果的；

(九)对严重环境污染和生态破坏事件组织查处不力的；

(十)其他应当追究责任的情形。

第九条　有下列情形之一的，应当追究县级以上政府有关工作部门领导成员的责任：

(一)制定的规定或者采取的措施与生态环境和资源方面政策、法律法规、规章相违背的；

(二)违反生态环境和资源方面的政策、法律法规、规章，批准开发利用规划或者审批核准项目的；

(三)违反规定权限和程序实施行政许可、处罚、强制、征收等行政行为，造成严重环境污染或者生态破坏的；

(四)违反相关产业政策批准高污染、高耗能、高排放建设项目，或者未按照国家和省有关规定实施淘汰落后生产工艺、技术、设备或者产品的；

(五)辖区内破坏风景名胜资源、饮用水资源保护地、煤炭等矿产资源、耕地、基本农田、林地、草地、自然保护区、湿地、湖泊、滩涂、野生动植物资源等现象较为突出，或者发生多起被上级部门通报、要求整改的生态环境和资源等方面案件、事件，导致较大损失或者产生较大负面影响的；

(六)执行生态环境和资源方面政策、法律法规、规章不力，未按规定对执行情况进行监督检查，或者在监督检查中敷衍塞责的；

(七)放任本地区企事业单位和其他生产经营者超标、超总量排放污染物或者以逃避监管方式排放污染物的；

(八)未按规定及时查处所发现或者群众举报的严重破坏生态环境和资源问题，或者查处不力的；

(九)未按规定报告、通报、公开或者迟报、漏报、谎报、瞒报有关环境污染和生态破坏事件(灾害)信息，或者通报、报送、公布虚假信息的；

(十)未按规定移送有关机关处理生态环境和资源方面违法违纪案件线索，特别是移送不及时、移送时弄虚作假的；

(十一)其他应当追究责任的情形。

有上述情形的，在追究政府有关工作部门领导成员责任的同时，对负有责任的有关机构领导人员追究相应责任。

第十条　有下列情形之一的，应当追究乡(镇、街道)有关党政领导干部的责任：

(一)执行生态环境和资源方面政策、法律法规、规章不力，贯彻落实上级党委和政府决策部署不到位，造成严重环境污染和生态破坏的；

(二)不配合上级机关查处生态环境和资源保护违法行为，或者向当事人通风报信，干扰、阻碍上级机关监督检查的；

(三)对辖区内破坏风景名胜资源、饮用水资源保护地、煤炭等矿产资源、耕地、基本农田、林地、草地、自然保护区、湿地、湖泊、滩涂、野生动植物资源以及焚烧秸秆、违法倾倒废物、非法养殖、违规野外用火、违法排污等行为隐瞒不报，或者制止不及时、纵容包庇，造成严重后果的；

(四)对辖区内发生的生态环境和资源保护方面群众纠纷置之不理，或者因处置不当而导致发生群体性事件等严重后果的；

(五)未按规定及时、如实报告环境污染和生态破坏(灾害)事件信息的；

(六)其他应当追究责任的情形。

第十一条　党政领导干部利用职务影响，有下列情形之一的，应当追究其责任：

(一)指示、授意或者放任分管部门对不符合主体功能区、生态功能区定位或者生态环境和资源方面政策、法律法

规、规章的开发利用规划制定、建设项目审批(核准)、建设或者投产(使用)的;

(二)限制、干扰、阻碍生态环境和资源监管执法工作的;

(三)包庇纵容破坏生态环境和资源违法违规行为,限制、干扰、阻碍行政执法部门依法对生态环境和资源方面进行监督管理及破坏环境资源案件进行查处的;

(四)干预、插手生态环境和资源方面具体司法案件处理的;

(五)指使篡改、伪造生态环境和资源方面统计、调查和监测数据的;

(六)其他应当追究责任的情形。

第三章 责任追究方式和程序

第十二条 党委及其组织部门在各级党政领导班子成员选拔任用工作中,应当按规定将资源消耗、环境保护、生态效益等情况作为考核评价的重要内容,对在生态环境和资源方面造成严重破坏负有责任的干部不得提拔使用或者转任重要职务。

第十三条 实行生态环境损害责任终身追究制。对违背生态文明和绿色发展要求,造成生态环境和资源严重破坏的,责任人不论是否已调离、提拔或者退休,都必须严格追责。

第十四条 党政领导干部生态环境损害情节较轻的,给予诫勉、责令公开道歉;情节较重的,给予调离岗位、引咎辞职等组织处理;情节严重的,给予责令辞职、免职、降职等组织处理。同时违反党纪政纪的,给予党纪政纪处分。

组织处理和党纪政纪处分可以单独使用,也可以同时使用。

追责对象涉嫌犯罪的,应当及时移送司法机关依法处理。

第十五条 各级政府负有生态环境和资源保护监管职责的工作部门发现有本实施细则规定的追责情形的,必须按照职责依法对生态环境和资源损害问题进行调查,在根据调查结果依法作出行政处罚决定或者其他处理决定的同时,对相关党政领导干部应负责任和处理提出建议,按照干部管理权限将有关材料及时移送纪检监察机关或者组织(人事)部门。需要追究党纪政纪责任的,由纪检监察机关按照有关规定办理;需要给予诫勉、责令公开道歉和组织处理的,由组织(人事)部门按照有关规定办理。

司法机关在生态环境和资源损害等案件处理过程中发现有本实施细则规定的追责情形的,应当向有关纪检监察机关或者组织(人事)部门提出处理建议。

第十六条 各级政府负有生态环境和资源保护监管职责的工作部门应当在形成调查报告之日起15个工作日内,将有关材料移送同级纪检监察机关或者组织(人事)部门,同时将调查报告报送上一级主管部门。不在本级干部管理权限内的,通过同级纪检监察机关或者组织(人事)部门逐级移送。

第十七条 各级政府负有生态环境和资源保护监管职责的工作部门应当向同级纪检监察机关或者组织(人事)部门移送下列材料:

(一)移送函;

(二)调查报告;

(三)有关证据材料;

(四)其他需要移送的材料。

第十八条 有下列情形之一的,应当启动责任追究调查程序:

(一)公民、法人或者其他组织提出附有证据材料的重大生态环境损害责任举报、控告的;

(二)上级党委和政府或者纪检监察机关、组织(人事)部门、负有生态环境和资源保护职能的部门提出责任追究要求的;

(三)党代表、人大代表、政协委员提出有关责任追究的议案、提案的;

(四)司法机关在生态环境和资源损害等案件处理过程中发现有党政领导干部生态环境损害责任追究情形,向有关纪检监察机关或者组织(人事)部门提出处理意见的;

(五)在督查检查、干部考核、巡视巡察、事故(事件)调查、审计、环境督察等工作中发现责任追究线索的;

(六)重要新闻媒体曝光生态环境和资源严重破坏事件的;

(七)其他需要启动责任追究的情形。

第十九条 对党政领导干部实行追责,应当制作《党政领导干部生态环境损害责任追究决定书》。

《党政领导干部生态环境损害责任追究决定书》应当写明责任追究事实、责任追究依据、责任追究方式、批准机关、生效时间、当事人的申诉期限及受理机关等。作出责令公开道歉决定的,还应当写明公开道歉的方式、范围等。

作出责任追究的机关和部门,一般应当将责任追究决定向社会公开。

第二十条 责任追究决定作出前,应当充分听取拟被追究对象的陈述和申辩,并记录在案;对其合理的意见,应当予以采纳。

受到责任追究的人员对责任追究决定不服的,可以在收到《党政领导干部生态环境损害责任追究决定书》之日起30日内,向作出责任追究决定的机关和部门提出申诉。作出责任追究决定的机关和部门接到书面申诉材料之日起30日内作出处理,并告知申诉人及其所在单位。特殊情况,可以延长30日。申诉期间,不停止责任追究决定的执行。

第二十一条 县(市、区)以上党委和政府应当建立生态环境损害责任追究联席会议制度,联席会议由纪检监察机关、组织(人事)部门、负有生态环境和资源保护职能的部门负责人组成。联席会议根据议题确定有关部门负责人为召集人,必要时邀请法院、检察机关相关负责人参加。

第二十二条 政府负有生态环境和资源保护监管职责的工作部门、纪检监察机关、组织(人事)部门对本实施细则规定的追责情形应当调查而未调查,应当移送而未移送,应当追责而未追责的,按照规定追究有关责任人员的责任。

第二十三条 受到责任追究的党政领导干部,取消当年年度考核评优和评选各类先进的资格。

受到诫勉处理的,至少六个月内不得提拔或者重用;受到调离岗位处理的,至少一年内不得提拔;单独受到引咎辞职、责令辞职、免职处理的,至少一年内不得安排职务,至少两年内不得担任高于原任职务层次的职务;受到降职处理的,至少两年内不得提升职务。同时受到党纪政纪处分和组织处理的,按照影响期长的规定执行。

第二十四条　责任追究决定被撤销的,应当恢复责任追究对象原有待遇,不影响评优评先和提拔任用;因责任追究造成工资福利损失的,应当依法给予补偿,并在适当范围内消除影响、恢复名誉。

第四章　附　则

第二十五条　经济开发区、高新技术产业开发区、工业园区等各类开发区党政领导人员,以及省属国有和国有控股企业领导人员的生态环境损害责任追究,参照本实施细则执行。

第二十六条　本实施细则由中共山西省委负责解释,具体解释工作由省委组织部会同省监察委员会承担。

第二十七条　本实施细则自印发之日起施行。

中共山西省委办公厅　山西省人民政府办公厅《关于进一步引导和鼓励高校毕业生到基层工作的实施意见》

(2017年9月5日)

为支持高校毕业生到基层就业创业、成长成才,发挥高校毕业生在促进基层经济社会发展中的作用,根据中共中央办公厅、国务院办公厅印发的《关于进一步引导和鼓励高校毕业生到基层工作的意见》精神,结合我省实际,提出如下实施意见。

一、多渠道开发适合高校毕业生基层岗位

(一)结合政府购买基层公共服务开发就业岗位。认真落实政府购买基层公共管理和社会服务岗位更多用于吸纳高校毕业生就业的要求,结合基层实际需求和转变政府职能、创新公共服务供给模式需要,加大在基层公共教育、就业和社会保障、医疗卫生、文化体育、农业技术、农村水利、扶贫开发、社会救助、城乡社区建设、社会工作、法律援助、信息化建设与管理、环境保护、旅游服务和健康养老等领域购买服务的力度,创造更多适合高校毕业生的就业岗位。同时,以县域为单位建立基层短缺专业人才定期发布制度,定期梳理本地迫切急需的岗位信息,依托公共就业人才服务机构信息发布平台等渠道,加强信息发布和政策引导,鼓励用人单位优先吸纳高校毕业生就业。县级及乡镇事业单位招聘行业、岗位脱贫攻坚急需紧缺专业人才,可采取直接考核的办法录(聘)用。引导高等院校调整学科专业设置,加大基层短缺专业人才培养力度。对到农村基层急需紧缺专业(行业)就业的高校毕业生,参照"三支一扶"基层服务项目的标准给予专项安家费。(责任单位:省人社厅、省教育厅、省财政厅及省直有关部门)

(二)引导高校毕业生投身脱贫攻坚和农业现代化建设。鼓励高校毕业生到贫困村从事扶贫工作,参加贫困村创业致富带头人培训,对在贫困村创业并带领建档立卡贫困人口脱贫致富的,可按规定申报扶贫项目支持、享受扶贫贴息贷款等扶贫开发政策。到农业生产经营主体就业的高校毕业生,可按规定享受就业培训、继续教育、项目申报、成果审定等政策,符合条件的可优先评聘相应专业技术资格。(责任单位:省农业厅、省人社厅、人行太原中心支行、省扶贫办)

(三)鼓励高校毕业生到艰苦边远地区工作。国家确定的我省集中连片特困地区以及其他国家扶贫开发工作重点县、省级扶贫开发工作重点县县以下机关事业单位公开考录(招聘),可面向本县户籍高校毕业生,适当降低学历,放宽或不限制专业,降低开考比例,单独划定笔试合格分数线。乡镇事业单位招聘大学本科以上毕业生,县级事业单位招聘硕士以上毕业生,可以采取面试、组织考察等方式公开招聘。每年开展面向高校优秀应届毕业生招录选调生工作,原则上安排到乡镇工作,并推进与大学生村官工作有序衔接。(责任单位:省人社厅、省委组织部、省教育厅)

(四)鼓励高校毕业生到基层机关事业单位工作。根据基层发展需要和财力状况,编制政策和编制标准适当向基层机关事业单位倾斜,为适度扩大招聘高校毕业生创造条件。基层机关事业单位出现岗位空缺,应择优招录高校毕业生或者拿出一定数量职位(岗位)专门招录高校毕业生。市级以上机关新录用高校毕业生没有基层工作经历的,可安排到县乡机关锻炼1年。加大招录国家重点高校优秀毕业生到乡镇一线和其他基层单位工作的力度,为基层干部队伍建设提供源头活水。(责任单位:省委组织部、省人社厅、省编办、省财政厅)

(五)鼓励大学生参军入伍。进一步完善高校学生参军入伍优惠政策,重点落实好退役大学生士兵专项研究生招生计划、学费资助、复学升学、就业创业等政策。进一步优化工作流程,为大学生入伍开辟绿色通道,落实预定兵工作机制。完善鼓励高校毕业生在部队长期服役政策,部队服役经历视为基层工作经历,按有关规定享受在基层工作高校毕业生同等政策待遇。持续关心大学生士兵锻炼成长,进一步提高大学

生征兵数量和质量。(责任单位:省军区、省教育厅)

(六)鼓励高校毕业生到中小微企业就业。综合运用财政、金融等政策,加大对中小微企业支持力度。鼓励中小微企业开发适合高校毕业生就业专长的管理型、技术型就业岗位。对小微企业新招用高校毕业生就业的,按规定给予社会保险补贴、职业培训补贴和一次性吸纳就业补助。(责任单位:省人社厅、省发改委、省教育厅、省财政厅、人行太原中心支行、省中小企业局)

(七)鼓励高校毕业生到基层创新创业。加快发展众创空间、大学生创业园、农业科技园区、创业孵化基地、双创示范基地等,为高校毕业生创业搭建低成本、全方位、专业化创新创业服务平台。省级优秀创业项目和创业示范基地、园区补助奖励政策,向大学生创业项目和创业孵化基地、园区倾斜。鼓励高校毕业生在基层创办企业、从事个体经营或网络创业,并按规定给予就业创业政策支持。支持高校毕业生以资金入股、技术参股等方式,加入农民专业合作社等经济组织,鼓励其兴办家庭农场,对其中符合扶贫扶持政策、农业补贴政策条件的,按规定给予政策支持。鼓励高校毕业生充分利用闲暇时间,通过互联网远程技术为基层和艰苦边远地区提供公益性志愿服务或兼职工作,以多种形式为基层发展贡献才智。(责任单位:省人社厅、省发改委、省教育厅、省科技厅、省商务厅、省财政厅、省农业厅、人行太原中心支行、省国税局、省地税局、省工商局、省中小企业局、省扶贫办)

二、促进高校毕业生在基层成长成才

(八)加大教育培训力度。建立健全面向基层高校毕业生的多层次、多元化教育培训体系。对从事基层服务项目、政府购买岗位的高校毕业生,开展针对性职业培训、创业培训和实操实训,多渠道组织引导高校毕业生到基层实践锻炼。各地组织实施的专业技术人才知识更新工程和创新创业培训项目等,要安排一定比例班次或人次专门面向在基层工作的高校毕业生。(责任单位:省人社厅、省教育厅)

(九)营造有利于高校毕业生发展的制度环境。认真落实县以下机关公务员职务与职级并行制度。优化基层事业单位岗位设置,适当提高基层中、高级专业技术岗位比例。对到我省集中连片特困地区以及其他国家扶贫开发工作重点县、省级扶贫开发工作重点县乡镇事业单位工作的高校毕业生,要统筹做好交流工作。(责任单位:省人社厅、省委组织部、省财政厅)

(十)完善基层职称评审制度。县级及以下基层单位专业技术人员取消计算机应用能力考试和外语要求;取消论文限制性条件,将能够体现专业技术工作业绩水平的专利成果、项目报告、工程方案、设计文件、教案、病历等与论文要求同等对待。提高基层一线特别是脱贫攻坚一线专业技术人才履行岗位职责实践能力、工作业绩、工作年限等要素的权重。对长期在基层一线工作或作出重要贡献的基层专业技术人才,可破格晋升职称等级。完善基层专业技术人员评审标准和评价方式,探索试行高级职称单独分组、单独评审、单独确定通过率。推广中小学教师、卫生等重点领域专业技术人才晋升高级职称须有1年以上农村基层工作服务经历的做法。对在乡村学校任教(含城镇学校教师交流、支教)3年以上、经考核表现突出并符合具体评价标准条件的教师,同等条件下优先评聘;凡到社区卫生服务机构工作的医师、护师,可提前一年参加卫生专业中级技术资格的全科医学、社区护理专业类别的考试;在基层医疗卫生机构工作的经过规范化培养的全科医生,可提前一年参加卫生专业中级技术资格的全科医学专业类别的考试;到基层重点领域就业创业的优秀高校毕业生,或到农业生产经营主体就业的高校毕业生,符合条件的可优先评审相应专业技术资格。(责任单位:省人社厅)

(十一)逐步提高基层工作人员工资待遇。对到县以下机关事业单位工作的高校毕业生,新录用为公务员的,试用期工资可直接按试用期满后工资确定,试用期满考核合格后的级别工资,在未列入艰苦边远地区或国家扶贫开发工作重点县的高定一档,在一、二类艰苦边远地区或国家扶贫开发工作重点县的高定两档;招聘为事业单位正式工作人员的,可提前转正定级,转正定级的薪级工资,在未列入艰苦边远地区或国家扶贫开发工作重点县的高定一级,在一、二类艰苦边远地区或国家扶贫开发工作重点县的高定两级。落实对乡镇机关事业单位工作人员实行的工作补贴政策,并向条件艰苦的偏远乡镇和长期在乡镇工作的人员倾斜。落实艰苦边远地区津贴增长机制。(牵头单位:省人社厅、省财政厅)

(十二)加强其他待遇保障。各类基层用人单位招用高校毕业生,应依法签订劳动合同或聘用合同,参加社会保险,兑现劳动报酬。高校毕业生从非公有制经济组织和社会组织考录或招聘到机关事业单位或其他用人单位工作时,及时转移其社会保险关系,缴费年限合并计算。支持高校毕业生从事多种形式的灵活就业,符合条件的给予社会保险补贴。更好实施高校毕业生赴基层就业学费补偿和助学贷款代偿政策。落实省会及以下城市放开对高校毕业生落户限制的规定,高校毕业生在基层就业可根据需要自愿迁移户口。技师学院高级工班、预备技师班和特殊教育院校职业教育类毕业生可参照高校毕业生享受相关就业补贴政策。(责任单位:省人社厅、省教育厅、省公安厅、省财政厅)

三、统筹实施高校毕业生基层项目

(十三)加大统筹实施力度。统筹实施大学生村官、农村义务教育阶段学校教师特设岗位计划、“三支一扶”计划、志愿服务西部计划、农技特岗计划,逐步实现岗位征集、公告发布、考试组织、管理服务“四统一”,促进项目间政策协调平衡。(责任单位:省人社厅、省委组织部、省教育厅、省财政厅、省农业厅、团省委)

(十四)调整完善相关政策。适时提高基层项目人员工作生活补贴标准,落实社会保险、人员培训等相关政策。基层项目人员服务期满一年且考核合格后,可按规定参加职称评定。服务期满参加硕士研究生考试的,可按国家统一规定享受加分、优先录取等优惠政策。参加基层项目前无工作经历的人员服务期满且考核合格后2年内，在参加机关事业单位考录(招聘)、各类企业吸纳就业、自主创业、落户、升学等方面可同等享受应届高校毕业生的相关政策。结合各地服务基层项目人员的实际存量,科学设置一定比例的职位(岗位),用于定向考录(招聘)基层项目服务期满且考核合格的高校毕业生。基层项目人员被定向录取(聘用)的,不得再享受定向考录(招聘)优惠政策。在县乡事业单位公开招聘中,可拿出一定比例的岗位招聘服务或劳动合同期满的服务基层项目人员和政府购买基层岗位人员。(责任单位:省人社厅、省委组织部、省教育厅、省财政厅、省公安厅、省农业厅、省工商局、团省委)

(十五)实施高校毕业生基层成长计划。将在基层重点领域就业创业的优秀高校毕业生作为后备人才,实行导师制培养模式,由用人单位负责同志或业务带头人进行"一对一"传帮带,原则上放在校长助理、所长助理、专家助理、总经理助理等重要岗位上进行锻炼培养，促进高校毕业生扎根基层、在基层成长成才。上级机关事业单位选拔干部人才、同级单位岗位职务(等级)晋升和评聘专业技术职务(岗位),应当将纳入后备人才的优秀高校毕业生作为重点人选对象。(责任单位:省人社厅、省委组织部、省教育厅、团省委)

四、拓展高校毕业生职业发展空间

(十六)强化基层工作经历政策导向。推进公开遴选和公开招聘常态化、制度化,进一步畅通基层公务员、事业单位工作人员向上流动渠道，向在基层工作的优秀高校毕业生倾斜。省级以上机关录用公务员,除特殊职位外,按规定一律从具有2年以上基层工作经历的人员中考录。市级以上机关每年应拿出一定数量职位面向具有基层工作经历的公务员进行公开遴选。省、市级所属事业单位面向社会公开招聘时,应拿出一定数量岗位公开招聘有基层事业单位工作经历的人员。有条件的地区,可明确具体公开遴选或招聘的比例。鼓励国有大中型企业特别是创新型企业建立健全人力资源管理激励机制,将在基层生产和管理一线表现优秀的高校毕业生纳入后备人才队伍,加大从基层一线选拔任用中层干部的力度。(责任单位:省委组织部、省人社厅、省国资委)

(十七)完善基层人才顺畅流动机制。健全统一规范的人力资源市场,打破户籍、地域、身份、学历、人事关系等制约,促进高校毕业生在不同地域和不同性质单位间合理流动。实施"互联网＋"人力资源服务行动,建立健全招聘信息平台和智能化人力资源市场,实现求职招聘的全程信息化管理。建立健全人力资源市场供求信息发布制度,加大基层急需紧缺人才宣传推介力度,加强区域性、行业性人才市场间的交流合作,推动政策互通、资格互认、信息共享,加快人事档案管理服务信息化建设,完善社会保险关系转移接续办法,为在基层工作的高校毕业生跨地区、跨行业、跨体制流动提供便利条件。(责任单位:省人社厅)

(十八)优化公共就业和人才服务。健全公共就业和人才服务体系,不断丰富服务内容,明确服务标准,规范服务行为,提升服务水平,满足高校毕业生多样化服务需求。充分运用各类信息通信技术创新就业信息服务方式,开发移动客户端等信息服务平台,大力发展推广"互联网+岗位开发"服务模式,利用微信、手机移动客户端等信息服务载体,及时推送就业岗位、就业服务信息,提供精准、高效就业服务。(责任单位:省人社厅)

五、加强组织领导

(十九)健全工作机制。各地要将引导和鼓励高校毕业生到基层工作纳入就业和人才工作总体规划,建立健全党委政府领导、人力资源社会保障部门牵头、各有关部门参与的工作协调机制。人力资源社会保障部门要认真履行牵头抓总职责,加强统筹协调,各有关部门要按照职责分工,积极参与,形成齐抓共管、整体推进的工作格局。(责任单位:省人社厅、省委组织部、省直各有关部门、省军区,各市党委、政府)

(二十)强化教育引导。教育部门和高校要做好在校大学生的就业创业指导服务，引导高校毕业生切实转变择业观念,树立科学的就业观和成才观。健全在校大学生基层服务和基层实践体系，积极组织在校大学生到基层参加实习实践、志愿服务等活动,增强对国情、省情、社情、民情的了解,自觉把个人理想同国家和社会需要紧密结合起来,激发高校毕业生到基层就业创业的热情。(责任单位:省教育厅)

(二十一)加强监督检查。各地区各部门各单位要加强对引导和鼓励高校毕业生到基层工作各项政策落实情况的监督检查,对不落实或者故意拖延落实的,要及时纠正,并依纪依法追究相关人员责任。(责任单位:省人社厅、省委组织部、省直各有关部门、省军区,各市党委、政府)

(二十二)开展宣传表彰。加强舆论引导,准确解读相关政策,广泛宣传报道扎根基层、建功立业的优秀高校毕业生典型,营造良好社会氛围。按照有关规定将在基层工作的高校毕业生纳入表彰奖励范围,对扎根基层、干事创业、敬业奉献、表现突出或作出重大贡献的高校毕业生适时开展评选表彰。(责任单位:省人社厅、省委组织部、省委宣传部、省教育厅、团省委)

中共山西省委办公厅　山西省人民政府办公厅《关于加强乡镇政府服务能力建设的实施意见》

（2017年9月30日）

为加快乡镇政府职能转变，强化服务功能，健全服务机制，创新服务手段，增强服务意识，提升服务效能，进一步推进乡镇治理体系和治理能力现代化，根据中共中央办公厅、国务院办公厅印发的《关于加强乡镇政府服务能力建设的意见》精神，结合我省实际，现就加强我省乡镇政府服务能力建设提出如下实施意见。

一、总体要求

（一）指导思想。全面贯彻党的十八大和十八届三中、四中、五中、六中全会精神，坚持以邓小平理论、"三个代表"重要思想、科学发展观为指导，深入贯彻习近平总书记系列重要讲话精神和治国理政新理念新思想新战略，紧紧围绕统筹推进"五位一体"总体布局和协调推进"四个全面"战略布局，主动适应经济社会发展新要求和人民群众新期待，准确把握实现基本公共服务均等化的发展方向，以增强乡镇干部宗旨意识为关键，以强化乡镇政府服务功能为重点，以优化服务资源配置为手段，以创新服务供给方式为途径，有效提升乡镇政府服务水平，切实增强人民群众的获得感和幸福感，为实现脱贫攻坚目标创造良好条件，为塑造山西美好形象、实现山西振兴崛起提供坚实基础和有力保障。

（二）基本原则

1.坚持党的领导，固本强基。始终把党的领导作为加强乡镇政府服务能力建设的根本保证，充分发挥乡镇党委领导核心作用，夯实党在基层的执政基础，牢牢把握中国特色社会主义方向，确保党中央、国务院决策部署得到全面贯彻落实。

2.坚持改革创新，依法行政。强化问题导向和底线思维，加强顶层设计，鼓励地方探索，着力破除体制机制障碍，积极推进农村基层社会治理的理论创新、实践创新、制度创新。坚持运用法治思维和法治方式推动乡镇政府服务能力建设，保证行政权力规范透明运行，人民权益切实有效保障。

3.坚持以人为本，保障民生。坚持以人民为中心的发展思想，把实现好、维护好、发展好最广大人民群众根本利益作为一切工作的出发点和落脚点，以人民群众需求为导向，为人民群众提供精准有效服务，让人民群众共享改革发展成果。

4.坚持统筹兼顾，协调发展。围绕促进社会主义新农村建设和新型城镇化建设协调推进，兼顾乡镇各项体制机制改革，找准工作的结合点和着力点，稳步实施，注重实效，做到长远目标与阶段性目标相结合，妥善处理好改革、发展和稳定的关系。

5.坚持因地制宜，分类指导。综合考虑各地经济社会发展状况和区域特点，坚持实事求是，因地制宜选择加强乡镇政府服务能力路径，按照试点先行，稳妥有序推进乡镇政府服务能力建设，不搞"一刀切"。

（三）主要目标。加强乡镇政府服务能力建设，中心是适应经济社会发展新要求，深化行政体制改革，转变政府职能，建设人民满意的服务型政府。从2017年起，每个设区市可选择1–2个县（市、区），每个县（市、区）选择2–3个乡镇开展试点，2018年完成乡镇政府服务能力建设试点工作，2019年全面推开，到2020年，全省乡镇政府服务能力全面提升，服务内容更加丰富，服务方式更加便捷，服务体系更加完善，基本形成职能科学、运转有序、保障有力、服务高效、人民满意的乡镇政府服务管理体制机制。

二、强化乡镇政府服务功能

（四）加强乡镇政府公共服务职能。乡镇政府主要提供以下基本公共服务：巩固提高义务教育质量和水平，改善乡村教学环境，保障校园和师生安全，做好控辍保学和家庭经济困难学生教育帮扶等基本公共教育服务；推动以新型职业农民为主体的农村实用人才队伍建设，加强社区教育、职业技能培训、就业创业指导、帮扶落实就业创业扶持政策；做好基本养老保险、基本医疗保险、工伤、失业和生育保险等社会保险服务；落实社会救助、社会福利制度和优抚安置政策，为保障对象提供基本养老服务、残疾人基本公共服务，维护农村建档立卡贫困人口、农民工、"三留守"人员、困境儿童、孤儿、城乡低保对象、特困供养人员、重点优抚对象、高龄老人等特殊人群和困难群体权益等基本社会服务；做好公共卫生、基本医疗、计划生育等基本医疗卫生计生服务；践行社会主义核心价值观，继承和弘扬中华优秀传统文化，加强对历史文化名镇名村和传统村落、古树名木的保护和发展，健全公共文化设施网络，推动全民阅读、数字广播电视户户通、文化信息资源共享，组织开展群众文体活动等公共文化体育服务。乡镇政府还要提供符合当地实际和人民群众需求的农业农村经济发展、农民基本经济权益保护、环境卫生、环境保护、生态建设、森林资源和湿地保护、生物多样性保护、食品安全、社会治安、矛盾纠纷化解、扶贫济困、未成年人保护、消防安全、农村危房改造、国防动员等其他公共服务。县级政府要制定乡镇政府公共服务事项目录清单，特别是要把扶贫开发、扶贫济困等任务列入清单，明确服务对象和要求。

(五)扩大乡镇政府服务管理权限。按照权力下放、权责一致的原则，除法律法规规定必须由县级以上政府及其职能部门行使的行政强制和行政处罚措施，以及行政许可事项外，对直接面向人民群众、量大面广、由乡镇服务管理更方便有效的各类事项依法下放乡镇政府，重点扩大乡镇政府在农业发展、农村经营管理、安全生产、规划建设管理、环境保护、公共安全、防灾减灾、扶贫济困等方面的服务管理权限。强化乡镇政府对涉及本区域内人民群众利益的重大决策、重大项目和公共服务设施布局的参与权和建议权。县级职能部门不得随意将工作任务转嫁给乡镇政府，要坚持“权责对等、费随事转”的原则，凡是下放到乡镇政府的审批服务事项，同时下放相应职权，提供相应的政策、经费、设施、技术和人员等支持保障。省政府要依法制定扩大乡镇政府服务管理权限的具体办法，明确下放事项、下放程序和法律依据，确定下放后的运行程序、规则和权责关系，确保下放权力接得住、用得好。

(六)推进乡镇行政执法改革。推动行政执法重心下移，探索乡镇综合执法有效形式，开展综合执法工作。落实行政执法责任制，建立健全乡镇政府与县级执法部门的协作机制，强化乡镇政府在执法事项上的综合协调，以及对派驻执法机构和人员的日常管理，县直部门派驻乡镇机构严格实行双重管理制度。县级职能部门按照相关法律规定，探索将部分行政执法权委托给乡镇行使。

(七)统筹乡镇站所管理体制改革。乡镇事业站所可以实行以乡镇管理为主、上级业务部门进行业务指导的管理体制；经省政府批准，也可以实行以上级主管部门为主或按区域设置机构的体制。要明确界定各事业站所的职能，将承担的行政管理职能划归乡镇政府，生产经营性职能分离出去，公益性职能重新整合。按照精简统一效能的要求，统筹乡镇党政机构设置。根据不同类型、不同规模乡镇工作实际，确定党政机构设置形式和数额，可设立若干办公室，也可只设若干综合性岗位。扎实推进乡镇事业站所分类改革，严格控制乡镇事业站所数量。加强农村经营管理体系建设，夯实基层农村经营管理工作基础，确保责任和人员落到实处。除机构编制专项法律法规外，上级业务部门不得以机构上下对口等手段要求增加乡镇站所设置和人力资源配置。

(八)完善乡镇便民服务中心规范化建设。以“政策透明、办事便捷、信息安全、服务精细”为目标，充分整合利用各方面资源，按照“一厅式办公、一站式服务”要求，抓好乡镇便民服务中心建设，并实现全覆盖。强化乡镇便民服务功能，把财政、民政、卫生计生、国土资源、人力资源社会保障等机构相关业务纳入便民服务中心服务事项，集中办理面向群众的证照登记、减灾救灾、社会保险、社会救助、社会福利、计生服务、农村产权流转交易、合作医疗、劳动就业、社会保障、涉农资金发放等服务事项，实现公共服务事项统一受理、信息互通。有条件的地方可把农村“三资”管理、政策法律咨询、农业技术推广以及信访代理服务等事项，纳入便民服务中心，延伸便民服务领域。要简化办事流程，提高服务质量。乡镇便民服务中心实行统一考核、统一培训、统一管理。

三、优化乡镇基本公共服务资源配置

(九)推进城乡基本公共服务规划一体化。按照“区域覆盖、制度统筹、标准统一”的要求，打破城乡界限，加快城乡公共服务一体化发展进程。以服务半径、服务人口、资源承载为基本依据，结合城镇化和人口老龄化发展趋势，统筹公共教育、劳动就业创业、社会保险、医疗卫生、社会服务、住房保障、公共文化体育、公共安全、公共法律服务、残疾人服务等设施的空间布局，实现基本公共服务全覆盖。加强中心镇、重点镇和特色小城镇的公共服务和基础设施的建设规划，促进服务资源高效配置和有效辐射。对人口减载区域、困难偏远地区，要合理保留和科学完善基本公共服务设施。完善流动人口基本公共服务制度，推动基本公共服务由户籍人口向常住人口拓展，保障符合条件的外来人口与本地居民平等享有基本公共服务。推进公共服务设施和基础设施无障碍建设和改造，为全社会成员参与社会生活、获得基本公共服务创造更好条件。推进乡镇现有公共服务资源的优化整合，推动城市优质公共服务资源向农村延伸。各级政府要积极推进基本公共服务均等化。省政府要加快制定本地基本公共服务标准体系，强化标准体系的引导约束机制。

(十)改进乡镇基本公共服务投入机制。县级以上政府要加大基本公共服务投入力度，支持乡镇基础设施建设、公共服务项目和社会事业发展，引导信贷资金投向农村和小城镇。对县级以上政府及其部门安排的基础设施建设和其他建设项目，属于县级以上政府事权的，应足额安排资金，不得要求乡镇安排项目配套资金。对承担超出乡镇辖区范围提供服务的重大基础设施、社会事业项目，县级财政要加大投入力度，并提倡和鼓励乡镇间的共建共享。

(十一)完善乡镇财政管理体制。合理划分县乡财政事权和支出责任，建立财政事权和支出责任相适应的制度。鼓励具备条件的县(市、区)根据乡镇经济发展水平、税源基础、财政收支等因素，实行差别化的县对乡镇财政管理体制。县级政府要强化统筹所辖乡镇协调发展责任，帮助弥补乡镇财力缺口。加强乡镇财政预算管理，将税收收入、非税收入、上年结余资金等所有收入全部纳入预算管理，实行综合预算。加强收入征管工作，严格基金收入管理。对乡镇负责征收的财政收入，按照规定及时、足额缴入国库，严格执行“收支两条线”的规定，不得截留、坐支、挪用和私设“小金库”。加强乡镇支出预算管理，进一步完善乡镇基本支出定员定额管理、项目库管理制度。乡镇政府要按规定及时将预算报送本级人大审查批准，并强化预算执行管理。进一步加强县级财政对乡镇的监督检查，完善有关制度措施，严格乡镇财政支出和会计核算管理。坚决制止发生新的乡镇债务，防范和化解债务风险，保持财政收支平衡。要建立激励约束机制，通过奖补等方式鼓励、引导和督促乡镇政府积极化解逾期债务。进一步深化乡镇财政国库集中支付制度改革。在充分考虑乡级金库设置情况、乡镇财政管理体制等因素的情况下，分类推进全省乡镇国库集中支付改革；完善乡镇国库集中支付运行机制，将所有财政资金纳入国库单一账户体系管理，推进乡镇公务卡制度改革，规范财政资金支付行为和支出拨付程序。实现全省乡镇国库集中支付全覆盖，促进财政资金运行安全、高效、透明。

四、创新乡镇公共服务供给方式

（十二）建立公共服务多元供给机制。完善群团组织承接乡镇政府职能的有关办法，将适合群团组织承担的乡镇服务管理职能依法转由群团组织行使。县级政府要厘清县级职能部门与乡镇政府、乡镇政府和村（居）民委员会、农村集体经济组织的权责边界。完善村级组织运转经费保障机制，要足额保障村干部基本报酬和村级组织办公经费，适当补助农村公共服务运行维护支出、正常离任村干部生活补贴、村民小组长误工补贴、农村党员教育经费、困难党员群众慰问经费等其他必要支出。继续提高省级财政对村级组织运转保障经费的补贴标准，市、县政府应积极调整财政支出结构，筹措资金，加大对乡镇和村的支出保障力度，确保达到中央及省规定的村级组织运转经费支出标准。积极健全城乡社区治理机制，完善社区服务体系，充分发挥社会工作专业人才在提供乡镇公共服务中的作用。推动乡镇政府加强政策辅导、注册和办公场所协助、项目运作、人才培训等工作，支持社会组织发展。发挥乡镇优势，加强对达不到登记条件的社区社会组织的管理，鼓励在乡镇成立社区社会组织联合会，发挥管理服务协调作用。鼓励发展专业合作、股份合作等多种形式的农民合作组织，鼓励农民合作组织联合创新，扶持社会力量兴办为民服务的公益性机构和经济实体。依法建立健全公开透明的社会捐赠管理制度，鼓励和支持社会力量通过捐赠或捐助等方式参与乡镇公益事业发展。加强乡镇政府对各类服务提供主体的统筹协调和有效监管。

（十三）加大政府购买服务力度。加强乡镇政府购买服务公共平台建设，凡属适宜采取市场方式提供、社会力量能够承担的公共服务项目，应尽可能交由社会力量承担，由花钱养人向花钱办事转变。县级政府要按照《山西省政府购买服务暂行办法》的要求，制定乡镇政府购买服务指导性目录，编制乡镇年度购买服务计划，明确购买服务的种类、性质和内容，完善购买服务招投标、预算管理和绩效评估机制。积极探索政府购买服务的有效方式。鼓励和引导具备法人资格的、符合条件的农村集体经济组织、农民专业合作组织、社会组织、公益性服务机构，以及其他经济组织和个体工商户等承接政府购买服务项目。

（十四）健全公共服务需求表达和反馈机制。着力完善科学有效的群众权益保障机制，健全公共服务需求表达和评价机制，强化群众对公共服务供给决策及运营的知情权、参与权和监督权，充分发挥各类社会组织在公共服务需求表达和监督评价方面的作用。落实乡镇领导干部接访下访制度，乡镇领导干部每周至少1天到信访接待场所，按照“属地管理、分级负责”的原则接待群众来访。实行乡镇干部包村联户制度，推动建立乡镇干部联系服务群众常态化、全覆盖，及时就地解决群众合理合法诉求。健全乡镇党委领导的民主协商机制，推行人民建议征集制度、重大事项听证制度、重要会议旁听制度，建立健全人大代表、政协委员反映情况和建议的“直通车”制度。全面推进乡镇政务公开制度，完善乡镇政务公开和村务公开联动机制，对群众关心和涉及群众切身利益的重要事项应做到随时公开。充分发挥互联网站、微博微信、移动客户端等新媒体作用，及时发布乡镇政府信息。提升乡镇领导干部网络舆情应对能力，积极应用大数据、云计算等先进理念、技术和资源，及时了解公共服务需求，回应民生诉求，动态掌握实施效果，切实解决实际问题。

五、提高乡镇公共服务保障能力

（十五）切实发挥乡镇党委的领导核心作用。乡镇党委是乡镇各种组织和各项工作的领导核心，是农村基层组织建设的龙头。要坚定正确政治方向，强化政治引领功能，保证党的路线方针政策得到坚决贯彻落实，始终推动各项改革、各项工作围绕巩固党的执政基础来加强。加强对乡镇政府的领导，支持乡镇政府依法行使职权。扎实开展服务能力建设，提高服务经济社会发展和服务人民群众的水平。加强乡镇党委领导班子建设，健全党委会议事规则和决策程序。严格落实党建责任，加强党委自身的思想、制度、作风、廉政建设，按照“三基”建设总体要求，持续做好“抓基层、强基础”工作。加大抓村力度，严肃党组织生活，严格党员教育管理，切实把农村基层党组织建设成为落实党的政策、带领农民致富、密切联系群众、维护农村稳定的坚强领导核心。

（十六）加强乡镇干部队伍建设。认真抓好中共中央办公厅印发的《关于加强乡镇干部队伍建设的若干意见》（中办发〔2014〕14 号）及我省实施意见的贯彻落实，建立健全符合乡镇工作特点的干部管理制度，形成引得进、留得住、用得好的良性机制。坚持好干部标准，切实把信念坚定、为民服务、勤政务实、敢于担当、清正廉洁的优秀干部选拔到乡镇干部队伍，重点选优配强乡镇党政正职，特别要加强贫困乡镇的领导班子建设。建立健全有利于各类人才向乡镇流动的政策支持体系，有计划地选派县级以上机关有发展潜力的年轻干部到乡镇任职、挂职；注重从乡镇事业编制人员、优秀村干部、大学生村官中选拔乡镇领导干部，加大从优秀村（社区）党组织书记中考试录用乡镇机关公务员和招聘乡镇事业编制人员力度，有序推进乡镇与县级机关之间、乡镇之间干部交流。完善乡镇事业编制人员岗位聘用、职级晋升和职称评定方面的倾斜政策。落实县以下机关公务员职务与职级并行制度，进一步提高在县（市、区）政府所在地以外的乡镇工作的机关、事业单位工作人员补贴标准，所需经费由省财政负担。各市、县（市、区）可根据财力水平对在艰苦边远乡镇工作的继续提高补贴标准。将乡镇干部教育培训工作纳入市、县干部教育培训工作总体规划。建立乡镇干部轮训制度，各市党委组织部门统筹乡镇领导班子轮训并组织乡镇党政正职专题培训,各县级党委组织部门统筹其他乡镇干部培训,提高贯彻执行党的路线方针政策、推动经济发展、做好群众工作的能力,大力培养基层"全科型"干部。加强乡镇干部作风建设,牢固树立以人为本、执政为民理念,增强乡镇干部热爱基层、坚守基层、奉献基层的事业心和责任感。突出抓好乡镇干部学法用法,提高乡镇干部法治思维和依法办事能力。完善乡镇干部职务行为规范,推行乡镇干部岗位责任制、服务承诺制、业绩评议制、失职追究制,重视乡镇干部依法行政能力的培养。落实激励干部担当作为干事创业、支持干部改革创新合理容错"两个办法",充分激发乡镇干部干事创业活力。建立关爱乡镇干部制度,落实带薪休假制度和实行定期体检,关注基层干部身心健康;提升乡镇机关食堂、厕所、澡堂、图书室、文体室建设水平,实施乡镇干部周转房建设工程,切实改善乡镇干部的工作生活条件。市、县(市、区)要通过深化公务用车改革,因地制宜为乡镇提供必要的工作用车服务。坚持从严管理,严格执行工作、考勤、病事假等制度,督促乡镇干部在岗在位,安心用心,扎实工作,奋发有为。

(十七)提高公共服务信息化水平。依托统一的政府公共服务平台,推动县乡(镇)之间、县级职能部门之间信息共享、互联互通和业务协同,加快乡镇网上政务服务站建设,公开乡镇政务服务事项办理指南,对适宜上网运行的事项实现网上申报、网上办理,构建面向公众的一体化在线公共服务体系,并为贫困乡镇建立线上线下互动的信息化综合服务点,推动医疗、教育、就业、社会救助、社会保险等政策落地。以统一的数据共享交换系统为支撑,采取"乡镇前台综合受理,县乡(镇)后台分类办理,乡镇统一窗口出件"的服务流程,逐步实现县乡(镇)政务服务事项的一窗口办理、一站式服务、一平台共享、全县域通办和全流程效能监督。扩大政务服务事项网上受理、办理的数量和种类,简化办理程序,清理不必要的证明和手续,加强政务服务网络无障碍建设,提高群众办事便捷程度。推广数字智能终端、移动终端等新型载体,通过开通政务网站、政务微博、微信公众号等形式,逐步推行网上受理、网上办公、网上服务,推动乡镇公共服务向智慧化、网络化方向发展。

(十八)改进乡镇政府服务绩效评价奖惩机制。以乡镇政府职责为依据,按照权责对等原则,结合不同乡镇实际,建立科学化、差别化的乡镇政府服务绩效考核评价体系。坚持绩效指标设定和目标管理相结合,推行一次性综合考核,探索乡镇政府实绩"公开、公示、公议"等做法,建立健全县级职能部门和乡镇政府之间履职双向考核评议制度。完善社会满意度评价及第三方考评办法,加大群众满意度在考核评价中的权重。乡镇干部年度考核优秀比例提高到20%。强化考核结果的运用,坚持把考评结果作为乡镇领导班子建设和干部选拔任用、评优评先、培养教育、管理监督、激励约束的重要参考,引导乡镇干部改进作风,牢固树立群众观念,增进群众感情,做群众的贴心人。对工作实绩差、群众满意度低的乡镇领导班子和干部,要按照有关规定及时约谈、责令整改、通报批评、严肃问责。统筹规范针对乡镇的评比表彰、示范创建等活动,各级党委、政府主导的区域性行业性评先评优,重点向基层一线倾斜。未经省委和省政府批准,不得对乡镇设置"一票否决"事项。

(十九)强化乡镇政府监督管理。深化乡镇体制机制改革,明确不同乡镇功能定位,实行分类管理,完善乡镇权力清单和责任清单,推进乡镇政府依法全面履行职责。加强乡镇人大建设,充分发挥基层国家权力机关作用,促进依法行政、公正司法和全民守法。建立健全乡镇议事规则和决策程序,完善乡镇政府重大决策出台前向本级人大报告制度和向社会公示制度。健全乡镇行政权力运行制约和监督体系,加强县级政府对乡镇政府经常性指导和监督,发挥乡镇人大依法监督职能和人大代表的主体作用,充分发挥人民团体、社会组织、村(居)民委员会和舆论监督作用,强化监察、审计等专门监督。健全行政问责制度,明确问责事项和范围,规范问责程序,加大责任追究力度。

六、推进落实措施

(二十)加强组织领导。乡镇政府是我国行政管理中最基层的行政机关。它直接面向广大基层群众,是党和政府联系基层群众的桥梁和纽带,更是在当地带领农民贯彻党的路线方针政策、推进社会主义新农村建设、构建社会主义和谐社会的领导核心。新时期加强乡镇政府服务能力建设意义重大,影响深远。各级党委、政府都要把乡镇政府服务能力建设列入重要议事日程,切实担负起政治责任和领导责任。市、县(市、区)党委、政府要为加强乡镇政府服务能力建设创造条件,成立领导机构和办事机构,统筹协调稳步推进。县(市、区)党委书记履行第一责任人职责,乡镇党委书记履行直接责任人职责,推动乡镇政府服务能力建设深入开展。充分发挥乡镇政府主体作用,切实依法行使职权,扎实开展服务能力建设。各有关部门按照职责分工,履行相应职责。根据要求需制定相应具体办法的要及时跟进,同步推进落实。要强化部门协作,加强工作指导和政策支持,形成抓落实的合力。民政等相关部门要对本实施意见贯彻落实情况进行跟踪评估,及时向党委、政府报告工作进展情况。

(二十一)完善配套政策。各市、县(市、区)党委、政府要结合区域实际,强化各项配套政策措施,统筹推进乡镇政府服务能力建设。要积极探索、科学谋划乡镇政府服务能力建设的总体安排和推进步骤,及时制定切实可行的具体办法,深入抓好实施意见的贯彻落实。要及时调整修订和制定符合乡镇政府服务能力建设需要的政策,清除制约乡镇政府服务能力建设的制度障碍,在政策层面保障工作渠道畅通。统筹部门政策,促进部门资源有效整合。统筹科研机构、高等院校等智力资源,开展乡镇政府服务能力建设课题研究,为政策制定提供参考依据。推进公共政策公示、公布和听证制度建设,充分考虑社会各阶层的利益,广泛争取社会力量的支持,整体推进工作开展。

(二十二)搞好督导检查。各地各有关部门应当加强对乡镇政府服务能力建设工作的督促指导,推动乡镇政府服务能力建设有计划、有步骤地开展。建立乡镇政府服务能力建设工作定期汇报制度,以便及时掌握工作进度。定期派出督导组,检查指导工作进展情况,及时发现问题、总结经验,提出改进工作的意见和措施。尊重地方和基层的首创精神,及时总结可复制可推广的成功经验,发挥典型引路和辐射带动作用,确保工作取得实效。

中共山西省委办公厅　山西省人民政府办公厅《关于加快推进贫困村提升工程的实施意见》

(2017年10月17日)

为深入贯彻落实习近平总书记“要实施贫困村提升工程”的重要指示精神,解决贫困村存在的突出问题,提出如下实施意见。

一、总体要求

贯彻落实党中央、国务院和省委、省政府重大决策部署,聚焦短板、整合资源、集中投入、批次推进、创新机制,对整村搬迁深度贫困村以外的建档立卡贫困村,实施整村提升工程。到2020年,实现每个贫困村有基本完备的基础设施、有基本完善的公共服务、有稳定增收的特色产业、有文明和谐的美好乡风、有坚强有力的村级党组织,贫困发生率降至2%以下,基本公共服务主要领域指标达到或接近全省平均水平。

要坚持政府主导、群众主体。县级党委和政府发挥好统揽全局、协调各方的领导作用,贫困村干部群众积极参与,发挥主体作用。要坚持目标导向、问题导向。以贫困村退出标准为靶向,按照“缺什么、补什么”的要求,瞄准制约贫困村发展短板,因地制宜,分类施策。要坚持规划引领、资源统筹。根据贫困村自然条件、发展现状、贫困户脱贫需要,按照退出优先、批次推进原则,逐村制定提升工程规划,确定建设内容和标准,整合各类资源,集中力量攻坚。要坚持宜居宜业、生态优先。既要提升群众生产生活条件,又要保护自然生态环境,建设美丽乡村。

二、重点任务

针对贫困村基础设施滞后、公共服务落后、经济功能薄弱、人才持续流失、陈规陋习严重、基层组织力量薄弱等突出问题,着力改善饮水、电网、道路、网络、住房等基础设施,提升基础教育、医疗卫生、社会保障、文化信息等公共服务水平,增强村集体经济、村级治理、乡风文明建设、内生动力激发等村级组织服务能力。到2020年,达到贫困村和谐稳定发展,乡村环境整洁优美。

(一)基础设施建设

1.农村饮水安全。实施安全饮水提升专项行动,采取新建、改造、配套、升级、联网等方式,解决好水源保障程度不高、贫困群众饮水安全问题。落实贫困户入户工程经费50%补助政策,做好管网入户改造升级工作。加强饮用水水源地保护、备用水源建设和水质监测工作。到2020年,要确保贫困村群众喝上符合地方安全饮水标准的饮用水。

2.农村电网建设。实施贫困村配电网改造升级工程、动力电不足改造工程、机井通电工程、光伏电站并网工程,提升贫困村电力保障水平。结合全省贫困村脱贫进度,2018年底前完成所有深度贫困县的贫困村电网升级改造,2020年底前完成所有贫困村电网升级改造。贫困村生产生活用电得到全面保障,动力电覆盖率达到100%。

3.村级公路建设。加快推进“四好农村路”建设,着重解决村道“畅返不畅”问题。对建制村具备拓宽条件的窄路基路面拓宽至4.5米,不具备拓宽条件的加密错车道,确保行车安全;建设行政村与自然村之间硬化路、联户路。继续实施农村公路安全生命防护工程。推进较大人口规模的撤并建制村通硬化路建设。到2020年,具备条件的建制村100%通硬化路、通客车,撤并建制村通达通畅条件明显改善。

4.农村网络建设。加强贫困村信息基础设施建设和信息化应用推广普及,提升数字文化资源供给水平。推进贫困村电信普通服务工作,2019年底前实现90%以上建档立卡贫困村通宽带,具备为学校、文化室、卫生室等公益机构提供宽带接入的能力,有条件的自然村通宽带。

5.农村危房改造。加大贫困村危房改造支持力度,提高补助标准,通过新建、加固等方式,2017年完成10个深度贫困县及脱贫摘帽县四类重点对象危房存量改造任务。到2020年底,全部完成危险土窑洞及其他危房改造任务,引导帮助贫困户建设安全、节能、舒适、美观的住房。

6.农村环境整治。开展贫困村环境综合整治,推进绿化、亮化、美化、净化和街道整齐工程,有条件的村打造村级文化墙。推进乡村清洁工程,开展“清洁家园、清洁水源、清洁田园”活动,加强贫困村污水治理,改水、改厕、改厨、改炕、改圈、改气。加强贫困村垃圾治理,生活垃圾定点存放、专人清运、有效处理,全面解决人畜混居问题。到2020年,贫困村垃圾定点存放清运率达到100%,90%以上村庄实现生活垃圾有效处理,“残垣断壁、污水乱泼、垃圾乱倒、粪土乱堆、杂草乱垛、畜禽乱跑”等突出问题得到有效解决,村容村貌得到彻底改善。

(二)公共服务提升

7.基础教育提升。重视处理好就近、就便与就优入学关系,在保留义务教育学校的贫困村实施标准化建设和全面改薄工程,改善办学条件,提高教学质量,缩减校际差距,推进农村义务教育均衡发展。支持贫困村或联村根据需要建设幼儿园(班)。到2020年,确保贫困村适龄儿童学前入园率达到全县平均水平且贫困村九年义务教育阶段无因贫辍学学生。

8.医疗卫生保障。完善贫困村医疗卫生服务网络,建立15-20分钟基层医疗卫生服务圈,实现贫困村标准化卫生室全覆盖,对偏远、小散等不具备村卫生室建立条件的"空白村"通过邻村代管、巡回医疗等方式,确保贫困村群众基本医疗卫生服务公平可及。按要求配备合格乡村医生或执业(助理)医师。支持县医院与乡镇卫生院结成医疗联合体,实现贫困人口就近就医、便捷就医。开展健康扶贫"双签约"服务,帮助因病致贫、因病返贫困难群众实现"看病有保障,报销有人管"。到2020年,贫困村基本医疗服务达到或接近全省平均水平。

9.提升社保水平。统筹扶贫开发与社会保障政策,确保符合农村低保条件的贫困户应保尽保,农村低保标准要逐步达到扶贫标准。建档立卡贫困人口参加城乡居民医保个人缴费部分由财政全额救助,参保率达到100%,患有重大疾病的可享受基本医保、大病保险和补充医疗保险;建档立卡贫困人口参加城乡居民养老保险,应由当地政府参照"重度残疾人、低保户等缴费困难群体"代缴其最低标准的养老保险费,做到应保尽保,实现贫困人口参加基本养老保险全覆盖。

10.文化信息综合服务平台建设。按照整合资源、不重复建设的原则,综合考虑人口因素、服务半径,主要依托村党组织活动场所、乡村综合服务设施、文化活动室、闲置中小学校等,采取盘活存量、调整置换、集中利用等方式建设完善集宣传文化、党员教育、科学普及、普法教育、体育健身等功能于一体的文化信息综合服务平台并配备服务管理人员。鼓励有条件的村因地制宜兼容便民服务、电商平台、农村物流配送等功能。到2020年,贫困村文化信息综合服务体系趋于完善。

(三)基层组织服务能力建设

11.壮大村集体经济。立足贫困村现有资源优势,开展"一村一品一主体"产业扶贫行动,大力发展特色优势农业产业;实现村级光伏电站全覆盖;挖掘贫困村自然资源、传统文化资源、红色旅游资源等,发展旅游产业扶贫;积极推进电子商务扶贫。盘活村现有集体经营资产、引伸优势产业、依托区位优势等,建立以土地、林地、扶贫资金、经营性资产等折股量化的股份合作利益联结机制和稳定增长的长效机制,壮大贫困村集体经济。到2020年,实现每个贫困村都有稳定增收的特色优势产业,做到贫困户"有业可从、有企可带、有股可入、有利可获",贫困村"有脱贫产业、有带动主体、有合作经济组织,贫困户有增收产业项目,贫困劳动力有技能",力争贫困村集体经济收入达到5万元以上。

12.提升村级治理水平。构建以村级党组织为核心,村民自治组织、合作经济组织、农村社会组织相结合的村级组织体系,提升贫困村治理水平。健全贫困村党组织,在村民小组(自然村)、主导产业链和主要社会组织组建党小组,提升党组织覆盖面和战斗力。推进"并村简干提薪招才建制",实施"农村本土人才回归工程",鼓励本土人才返乡回村,注重从优秀外出务工经商人员、乡土能人、复退军人和大学生村官中选拔村干部,充实村"两委"班子,创办领办经济实体,打造"不走的扶贫工作队"。

13.乡风文明建设。引导帮助贫困村成立村民议事会、道德评议会、红白理事会等群众组织,坚持以社会主义核心价值观为引领,倡导科学文明、健康向上的生活理念,诚实守信、尊老爱幼的道德风尚,利用乡规民约加强对农村婚丧嫁娶、人情交往、娱乐方式等的规范引导,破除封建迷信、聚众赌博、酗酒扰民、婚丧嫁娶大操大办等陈规陋习。建设好乡风文明、管理民主、社会和谐的农村新社区,有条件的地方设立贫困村孝道公益基金。

14.激发内生动力。开展脱贫致富先进典型、先富帮后富先进典型等评选活动,发挥好典型示范作用。实行脱贫激励机制,鼓励贫困户依靠自身努力率先脱贫。各类公益性扶贫项目,采用以工代赈的方式,引导贫困户通过辛勤劳作获得收益,激发贫困户自力更生、勤劳致富的内生动力。

三、保障措施

(一)加强组织领导。省直各行业主管部门要提高对贫困村提升工程的政治站位,将贫困村提升工程作为打赢脱贫攻坚战的重要任务。县级党委和政府要自觉担负起贫困村提升的主体责任,认真履职尽责,精心组织实施,任务分解到相关部门和责任人,形成"一级抓一级、层层抓落实"的工作机制。第一书记、驻村工作队要充分发挥引领作用,指导做好贫困村提升规划编制及实施工作。

(二)完善提升规划。县级政府要按照贫困村退出的标准,针对制约贫困村脱贫的短板,按照退出优先、批次推进原则,逐村编制贫困村提升规划,制定提升工程任务图、时间表。对2017年退出的2270个贫困村要优先安排,保证年底完成提升任务;对2017年以前退出的贫困村,要进行短板补课;对2018-2020年退出的贫困村,统一规划、批次推进,确保对所有贫困村全面实施提升工程。县级要主动与上级相关行业主管部门沟通协调,建立提升工程项目库,确保项目落到实处。

(三)保障资金投入。县级政府要以规划为引领,以项目为平台,使用好贫困村提升工程的政府专项债务资金、切块下达的财政专项扶贫资金、中央彩票公益金项目资金、财政壮大村集体经济专项投入和统筹整合的各类财政资金,对贫困村提升工程给予集中投入、倾斜支持。同时要积极做好扶贫周转金和产业发展基金的承接,高效运作,保障贫困村提升工程所需资金。

(四)创新提升机制。县级要加大财政资金的统筹整合力度,积极通过政府和社会资本合作、政府购买服务、贷款贴息等方式,撬动更多的金融和社会资本投入贫困村提升工程。

鼓励支持包村单位、社会各界积极参与贫困村提升工程建设。发挥好贫困村和群众首创精神，鼓励积极探索、大胆创新，推进贫困村提升工程实施。

（五）严格监督考核。将贫困村提升考核纳入到县级党委、政府脱贫成效考核体系。县脱贫攻坚领导小组要对照年度贫困村退出任务，加强贫困村提升责任落实、工程质量和资金使用监管，规范执行公告公示制度，提高扶贫资金使用效率，构建多元化的监管机制，确保贫困村退出真实可信，经得起群众、社会和历史的检验。

附件：

贫困村提升工程部门责任分解

为确保到2020年完成贫困村提升工程各项目标任务，省市县三级各行业主管部门要切实提高政治站位，将贫困村提升工程作为打赢脱贫攻坚战的重要任务，加大对贫困村提升工程项目、资金、举措的倾斜力度，加强对贫困村提升工程的检查、监督和业务指导工作。县委、县政府要担负起组织实施、落实到位的主体责任。现将部门推进落实责任分解如下：

1.水利部门负责组织实施农村安全饮水提升专项行动，落实贫困户入户工程经费50%补助政策，做好管网入户改造升级工作，加强饮水备用水源建设，到2020年，要确保贫困村群众喝上符合地方安全饮水标准的饮用水。

2.发改部门负责落实村级光伏电站全部并网发电指标。

3.经信部门负责农村网络建设。2019年底前实现90%以上建档立卡贫困村通宽带，具备为学校、文化室、卫生室等公益机构提供宽带接入的能力，有条件的自然村通宽带。

4. 国家电网山西省电力公司和晋能集团有限公司在各自供电区域内，负责具体实施贫困村配电网改造升级工程、动力电不足改造工程、机井通电工程、光伏电站并网工程，2018年底前完成所有深度贫困县的贫困村电网升级改造，2020年底前完成所有贫困村电网升级改造，动力电覆盖率达到100%。

5.交通部门负责村级公路建设。对建制村具备拓宽条件的窄路基路面拓宽至4.5米，不具备拓宽条件的加密错车道；实施农村公路安全生命防护工程；推进较大人口规模的撤并建制村通硬化路建设。到2020年，具备条件的建制村100%通硬化路、通客车，撤并建制村通达通畅条件明显改善。

6.住建部门负责农村危房改造。2017年完成10个深度贫困县及脱贫摘帽县四类重点对象危房存量改造任务。到2020年底，全部完成危险土窑洞及其他危房改造任务，引导帮助贫困户建设安全、节能、舒适、美观的住房。

7.改善农村人居环境办负责农村环境整治。推进贫困村绿化、亮化、美化、净化和街道整齐工程，加强贫困村污水治理，改水、改厕、改厨、改炕、改圈、改气。到2020年，贫困村垃圾定点存放清运率达到100%，90%以上村庄实现生活垃圾有效处理，村容村貌得到彻底改善。

8.教育部门负责基础教育提升。要处理好就近、就便与就优入学的关系，在保留义务教育学校的贫困村实施标准化建设和全面改薄工程，推进农村义务教育均衡发展。到2020年，确保贫困村适龄儿童学前入园率达到全县平均水平且贫困村九年义务教育阶段无因贫辍学学生。

9.卫生计生部门负责医疗卫生保障。完善贫困村医疗卫生服务网络；按要求配备合格乡村医生或执业（助理）医师；支持县医院与乡镇卫生院结成医疗联合体；开展健康扶贫“双签约”服务；开展农村水质检测工作。到2020年，贫困村基本医疗服务达到或接近全省平均水平。

10.民政部门负责统筹扶贫开发与社会保障政策，实现符合农村低保条件的贫困户应保尽保，农村低保标准逐步达到扶贫标准。

11.人社部门负责建档立卡贫困人口医疗保险参保率达到100%，患有重大疾病的享受基本医保、大病保险和补充医疗保险。负责贫困人口参加基本养老保险全覆盖。

12.文化、民政、商务、供销部门共同负责文化信息综合服务平台建设。文化部门负责文化信息综合服务平台建设；民政部门负责便民服务；商务部门负责电商平台；供销部门负责农村物流配送。

13.农业、旅发委、商务、林业、扶贫、供销、农机部门共同负责壮大村集体经济。农业部门负责开展“一村一品一主体”产业扶贫行动；扶贫部门负责实现村级光伏电站全覆盖；旅发委负责发展旅游产业扶贫；商务厅负责推进电子商务扶贫。农业、林业、扶贫、供销、农机部门负责建立土地、林地、经营性资产等折股量化的股份合作利益联结机制和稳定增长的长效机制，壮大贫困村集体经济。

14.组织部门负责提升村级治理水平。健全贫困村党组织，推进“并村简干提薪招才建制”，实施“农村本土人才回归工程”，充实村“两委”班子。

15.宣传部门负责乡风文明建设。引导帮助贫困村成立村民议事会、道德评议会、红白理事会等群众组织，破除封建迷信、婚丧嫁娶大操大办等陈规陋习。

16.财政部门负责保障资金投入。政府专项债务资金、切块下达的财政专项扶贫资金、中央彩票公益金项目资金、财政壮大村集体经济专项投入和统筹整合的各类财政资金，对贫困村提升工程给予集中投入、倾斜支持。

17. 扶贫部门负责将贫困村提升考核纳入到县级党委、政府脱贫成效考核体系。

中共山西省委办公厅　山西省人民政府办公厅《关于深化职称制度改革的实施方案》

(2017年11月16日)

根据中共中央办公厅、国务院办公厅印发的《关于深化职称制度改革的意见》，现就我省深化职称制度改革制定如下实施方案。

一、指导思想和总体目标

(一)指导思想。深入贯彻落实党的十九大精神,牢固树立和贯彻落实新发展理念,围绕创新驱动发展战略和人才强省战略,坚持党管人才原则,遵循人才成长规律,以职业分类为基础,以科学评价为核心,以促进人才开发使用为目的,为激励专业技术人才职业发展、加强专业技术人才队伍建设提供制度保障。

(二)总体目标。健全职称政策体系,完善评价标准,创新评价机制,改进管理服务,力争通过3年时间,基本完成工程、卫生、农业、经济、会计、高校教师、科学研究职称系列改革任务;通过5年努力,基本形成设置合理、评价科学、管理规范、运转协调、服务全面的职称制度。

二、健全职称政策体系

(三)原则上取消职称评审中的计算机和外语要求。各系列(专业)、各级别职称评价取消计算机应用能力考试要求;高级职称评价确需评价外语水平的，由高级评委会确定,报省人社厅备案,其他各系列(专业)、各级别取消职称外语考试要求。(责任单位:省人社厅、省委宣传部、省经信委、省教育厅、省卫计委、省国资委等)

(四)合理设置论文、专著等评价指标。对应用型人才职称评价取消论文限制性要求,可以专利成果、项目报告、工作总结、工程方案、设计文件等成果形式替代论文。对从事基础研究、应用研究、社会科学研究和文学艺术创作的专业技术人才,推行代表作制度,重点考察研究成果和创作作品质量,淡化论文数量要求。对在艰苦边远地区和基层一线工作的专业技术人才,不作论文要求,中小学教师和基层卫生专业技术人才以教案、病历等作为评价依据。(责任单位:省人社厅、省委宣传部、省经信委、省教育厅、省卫计委、省住建厅、省国资委等)

(五)完善基层一线评价机制。对长期工作在基层一线和艰苦边远地区的专业技术人才,要加大爱岗敬业表现、实际工作业绩和基层工作年限等评价权重,着力提升基层人才职业发展空间,激励人才扎根基层一线建功立业。探索“定向评价、定向使用”的基层专业技术人才职称制度,对按照基层评价标准、方式取得的高级职称,限定在基层单位使用,并落实岗位聘用、工资待遇。(责任单位:省人社厅、省教育厅、省卫计委、省农业厅、省林业厅等)

(六)健全完善专业和层级设置。适应新行业和新业态发展需求,在各系列适时增设新的专业类别。2017年在农业、经济、会计三个系列开展正高级职称评审试点。(责任单位:省人社厅、省农业厅、省财政厅等)

(七)有效衔接职称制度与职业资格制度。在职称与职业资格密切相关的职业领域建立两者对应关系,专业技术人才取得职业资格即可认定其具备相应系列和层级的职称,并可作为申报高一级职称的条件。初、中级职称实行全国统一考试的专业不再进行相应的职称评审。(责任单位:省人社厅)

(八)推进职称评审与人才培养相结合。制定出台《山西省专业技术人员继续教育暂行规定》，推进职称评审与专业技术人才继续教育制度相衔接，促进专业技术人才知识更新。(责任单位:省人社厅)

三、完善职称评价标准

(九)实行分类评价。以职业属性和岗位需求为基础，分类建立健全涵盖品德、知识、能力、业绩和贡献等要素，科学合理、各有侧重的职称评价标准。坚持德才兼备，把品德放在专业技术人才评价的首位，加强对专业技术人才科学精神、职业道德和从业行为等评价考核。用两年左右时间，完成全省所有系列（专业）评价标准条件修订工作，建立体现行业特色、专业特点的职称分类评价标准体系。（责任单位：省人社厅）

(十)完善科技人才职称评价标准。结合科技体制改革,建立以科技创新能力、质量、贡献、绩效为导向的科技人才评价标准。对基础研究人才,着重评价其原创性研究科学问题能力、成果的科学价值、学术水平和影响等;对应用研究和技术开发人才,着重评价其技术创新与应用能力、取得的自主知识产权和成果转化等实际贡献。对科技管理服务和实验技术人员重在评价考核工作绩效,引导其提高技术服务水平和技术支持能力。(责任单位:省人社厅、省教育厅、省科技厅、省国资委、省农科院等)

(十一)完善哲学社会科学人才职称评价标准。根据人文科学和社会科学等不同学科领域、理论研究和应用对策研究等不同类型，对哲学社会科学人才实行分类评价。对主要从事理论研究的人才，重点评价其在推动理论创新、文化传承、学科建设等方面的能力和贡献；对从事应用对策研究的人才，重点评价其解决经济社会发展重大现实问题、为党和政府决策提供服务支撑的能力和业绩。（责任单位：省人社厅、省教育厅、省文化厅、省委党校、省社科院）

（十二）完善教师职称评价标准。适应建设"双一流"大学的需要，深入推进高校教师职称制度改革，完善高校教师分类评价标准，科学确定教学、科研、社会服务等不同岗位教师的评价内容和权重。对教学为主型高校教师，着重考察其教育教学水平和人才培养实绩，将教学评价、教改成果、优秀教学案例等纳入评价指标；对科研为主型高校教师，侧重考察其学术能力、创新质量和贡献；对社会服务型高校教师，侧重考察其在成果转化推广、服务决策、科学普及等方面产生的经济社会效益。

适应中小学素质教育和课程改革新要求，建立充分体现中小学教师职业特点的评价标准，重点评价中小学教师教育教学方法、工作业绩和一线实践经历，杜绝简单用学生升学率和考试成绩评价中小学教师。（责任单位：省人社厅、省教育厅）

（十三）完善医疗卫生人才职称评价标准。建立健全涵盖临床实践、科研带教、公共卫生服务等要素的医疗卫生人才评价标准。对从事临床工作的医疗卫生人才，重点考察其临床医疗医技水平和工作业绩；对从事科研工作的医疗卫生人才，重点考察其创新能力及创新成果的转化应用；对从事疾病预防控制等公共卫生人才，重点考察其流行病学调查、传染病疫情和突发公共卫生事件处置、疾病及危害因素监测与评价能力。建立更加注重实际贡献的基层医疗卫生人才评价标准，重点考察其提供公共卫生服务，以及常见病、多发病的诊疗、护理、康复等综合服务。（责任单位：省人社厅、省卫计委）

（十四）完善工程技术人才职称评价标准。结合工程技术人才专业化标准化程度高、通用性强等特点，分专业领域建立健全工程技术人才评价标准，重点评价工程技术人才解决工程技术难题、技术创造发明、技术推广应用、工程项目设计、工艺流程标准开发等实际能力和业绩。（责任单位：省人社厅、省经信委、省住建厅、省交通厅、省煤炭厅等）

四、创新职称评价机制

（十五）创新职称评价方式。建立以同行评审为基础的业内评价机制，注重引入市场评价和社会评价。基础研究人才以同行评价为主，加强省外同行评价。应用研究和技术开发人才突出市场和社会评价，注重技术成果的经济社会效益和市场潜力。哲学社会科学研究人才评价重在同行认可和社会效益，重点考察创新创作成果的社会反响，引入决策咨询使用单位参与评价。

丰富评价手段，综合采用考试、评审、考评结合、个人述职、面试答辩、考核认定、实践操作、业绩展示等多种评价方式，提高职称评价的针对性和科学性。对基层专业技术人才，单独设立评委会或评审组，单独评审，单独确定通过率。（责任单位：省人社厅、省委宣传部、省经信委、省教育厅、省卫计委、省住建厅、省国资委、省社科院等）

（十六）畅通职称评价渠道。进一步打破户籍、地域、身份、档案、人事关系等制约，畅通非公有制经济组织、社会组织、自由职业等领域专业技术人才职称申报渠道。打通高技能人才与工程技术人才职业发展通道，符合条件的高技能人才可参加工程系列职称评价，拓展技能人才成长空间。（责任单位：省人社厅）

（十七）开辟绿色通道。能力、业绩、贡献突出的优秀青年专业技术人才，可放宽学历、任职年限等条件申报评审职称，促进优秀青年人才脱颖而出。对取得重大基础研究和前沿技术突破、解决重大工程技术难题、具有重大发明创造、转化科技成果取得显著成绩、在经济社会各项事业发展中作出重大贡献的专业技术人才，可直接申报评审高级职称。对引进的海内外高层次人才和急需紧缺人才，可根据其专业工作经历、学术技术贡献，评审认定相应职称。（责任单位：省人社厅）

（十八）推进职称评审社会化。依托行业协会、学会以及具备较强服务能力和水平的专业化人才服务机构，组建社会化评审机构，有序承接政府转移的人才评价职能，建立完善个人自主申报、业内公正评价、单位择优使用、政府指导监督的社会化评审机制。（责任单位：省人社厅）

五、改进职称管理服务

（十九）健全职称评审管理体系。职称评审实行分级管理。各级人力资源和社会保障部门是职称评审工作的综合管理部门，负责组织、指导、监督本地区职称评审工作。省人力资源和社会保障厅负责管理全省高级评委会，指导和监督中、初级评委会评审工作。各市人力资源和社会保障局负责管理所属中级评委会和市直有关部门初级评委会。省直有关部门、省属事业单位负责管理所属单位中、初级评委会。各县（市、区）人力资源和社会保障局负责管理所属初级评委会。（责任单位：省人社厅、省委宣传部、省经信委、省教育厅、省卫计委、省住建厅、省国资委等）

（二十）下放职称评审权限。从2017年起，将高校教师职称评审权下放至各高校，由高校自主评审。条件不具备、尚不能开展自主评审的，可委托省高校教师系列高级职务评委会联合评审。在山西大医院、山西省人民医院、山西医科大学第一医院、山西医科大学第二医院进行卫生系列高级职称自主评审试点。逐步向大型公立医院以及省属科研院所、大型国有企业下放主体专业高级职称评审权。

向各市下放高级职称评审权，逐步在职称工作基础好、条件成熟的市组建中小学教师和基层医疗卫生高级评委会。支持新兴产业骨干企业和开发区、园区设立评委会。鼓励具备条件的非公有制经济组织设立评委会。（责任单位：省人社厅、省教育厅、省卫计委、各高校、上述4家试点医院）

（二十一）加强监督管理。构建政府监管、行业自律、单位审核、社会监督的综合监管体系。建立随机抽查复核制度,完善投诉倒查追责及评委会违规处罚机制。完善评审专家遴选机制,按照"专业化、高层次、权威性、代表性"的原则,加强评审专家库建设。加强对自主评审工作的监管,对于不能正确行使评审权、不能确保评审质量的,将暂停自主评审工作直至收回评审权。加强对评审违纪违规行为的调查处理,探索建立职称评审诚信档案和失信黑名单制度, 实行学术造假"一票否决制"。

发挥社会监督作用,引入社会监督机制,通过聘请社会监督员对评审重点环节进行监督; 建立健全评审公示制度,增强评审透明度;发挥单位(行业)自律作用,维护专业技术人才合法权益。(责任单位:省人社厅、省委宣传部、省经信委、省教育厅、省卫计委、省住建厅、省国资委等)

(二十二)提高服务水平。加强职称评价专业队伍建设,简化申报手续,优化服务流程,创新服务方式,为各类人才和用人主体提供高效便捷的职称评价服务。研究开发全省职称评价信息管理系统,逐步实现信息发布、网上申报、网上审核、专家抽选、评委表决、统计分析、结果公示、职称证书查询验证服务等一体化管理,提高工作效率和服务水平。(责任单位:省人社厅、省委宣传部、省经信委、省教育厅、省卫计委、省住建厅、省国资委等)

六、加强组织领导

(二十三)强化责任机制。各级党委及其组织部门要把职称制度改革作为人才工作的重要内容,在政策研究、宏观指导等方面发挥统筹协调作用。各级人社部门会同行业主管部门负责职称政策制定、制度建设、协调落实和监督检查。相关部门和单位按照分工各司其职、密切配合、形成合力。(责任单位:省委组织部、省人社厅、省委宣传部、省经信委、省教育厅、省卫计委、省住建厅、省国资委等)

(二十四)坚持分类推进。各市各部门要充分认识职称制度改革的重要性、复杂性、敏感性,坚持分类推进、试点先行、稳步实施,条件成熟的可率先改革。加强调查研究和跟踪督查,及时总结经验,研究解决改革中出现的新情况、新问题,积极开展改革政策评估工作, 及时采取有效措施改进完善。(责任单位:省委组织部、省人社厅、省委宣传部、省经信委、省教育厅、省卫计委、省住建厅、省国资委等)

(二十五)加强政策宣传。各级人社部门要充分发挥传统媒体和新兴媒体的作用,做好政策宣传解读工作,把握舆论导向,引导广大专业技术人才积极支持和参与改革,确保改革顺利推进。(责任单位:省人社厅、省委宣传部、省新闻出版广电局)

中共山西省委办公厅　山西省人民政府办公厅《关于加快构建政策体系培育新型农业经营主体的实施意见》

(2017年12月26日)

为加快构建政策体系, 引导新型农业经营主体健康发展,根据中共中央办公厅、国务院办公厅印发的《关于加快构建政策体系培育新型农业经营主体的意见》,结合我省实际,提出如下实施意见。

一、准确把握总体要求

(一)重要意义

培育从事农业生产和服务的新型农业经营主体是关系农业现代化的重大战略。近年来,随着城乡一体化和现代农业的发展,我省专业大户、家庭农场、农民合作社、产业化经营组织等各类从事农业生产和服务的新型农业经营主体蓬勃兴起,呈现出良好的发展态势,在现代农业发展中发挥着越来越重要的作用,为引领农业供给侧结构性改革、增强农业农村发展新动能、破解"结构怎么调""地怎么种"等问题找到了途径,为优化农业要素组合、提高农业质量效益、提升农业规模化经营水平找到了办法, 为提高农业组织化程度、培育新型职业农民、增强带动农民就业增收能力、让农民共享发展成果找到了载体。当前,我省新型农业经营主体正处在成长的关键期,亟需引导扶持。一方面,有的新型农业经营主体存在着带农助农能力不够强、与农民的利益联结机制不够紧、自身运作不够规范等问题,需要正确引导,促进其健康发展;另一方面,由于大宗农产品价格下行、经营主体收入下降,成本刚性上涨、经营主体负担较重,农业基础设施欠账多、靠经营主体自身投入难以承担,特别是信贷保险、设施用地、人才引进等方面面临的问题更为突出,加大对新型农业经营主体的政策扶持十分必要。

(二)基本原则

——坚持基本制度。坚持农村土地集体所有,坚持家庭经营基础性地位。既支持新型农业经营主体发展,又不忽视普通农户尤其是贫困农户,发挥新型农业经营主体对普通农户的辐射带动作用,推进家庭经营、集体经营、合作经营、企业经营共同发展。

——坚持市场导向。发挥市场在资源配置中的决定性作用和更好发挥政府作用。运用市场的办法推进生产要素向新型农业经营主体优化配置，发挥政策引导作用，优化存量、倾斜增量，撬动更多社会资本投向农业，既扶优扶强、又不“垒大户”，既积极支持、又不搞“大呼隆”，为新型农业经营主体发展创造公平的市场环境。

——坚持因地制宜。充分发挥农民首创精神，鼓励各地积极探索，不断创新经营组织形式，不断创设扶持政策措施，重点支持新型农业经营主体发展有机旱作农业，率先实施标准化生产、品牌化营销、一二三产业融合，走产出高效、产品安全、资源节约、环境友好的发展道路。

——坚持规范创新。坚持规范和创新两手抓、两促进。规范是新型经营主体发展的基础，只有抓好规范，才能体现其自身的基本属性；创新是新型经营主体发展的动力，只有抓好创新，才能不断增强活力。

——坚持落地见效。明确政策实施主体，健全政策执行评估机制，发挥政府督查和社会舆论监督作用，形成齐抓共促合力，确保政策措施落到实处。

（三）目标任务

到2020年，基本形成与国家支持政策相衔接、与各级财力增长相适应的投入稳定增长机制和政策落实与绩效监督机制，构建系统全面、措施精准、运作高效的政策支持体系，加快形成以农户家庭经营为基础、合作与联合为纽带、社会化服务为支撑的立体式复合型现代农业经营体系，进一步提高农业质量效益，促进现代农业发展，不断提升新型农业经营主体适应市场能力和带动农民增收致富能力。

二、精准施策，加快推进新型农业经营主体健康发展

（一）着力培育新型农业经营主体发展壮大

支持发展规模适度的农户家庭农（林）场和种养大户。鼓励农民以土地、林权、资金、劳动、技术、产品为纽带，开展多种形式的合作与联合，积极发展生产、供销、信用“三位一体”综合合作，依法组建农民合作社联合社。培育和发展农业产业化联合体，建立产业协会和产业联盟。积极培育多元化农业服务主体，探索建立集农技指导、信用评价、保险推广、产品营销于一体的公益性、综合性农业公共服务组织。大力发展农机作业、统防统治、集中育苗、加工储存等生产性服务组织。支持农业产业化龙头企业和农民合作社开展农产品加工流通和社会化服务，带动农户发展规模经营。（省农业厅、省林业厅、省供销社等负责）

（二）着力提高新型农业经营主体质量水平

鼓励农户家庭农场推行规模化、专业化、标准化生产，实行生产记录、品牌标识、财务核算等，提升经营管理水平。指导农民合作社依照有关法律、法规及合作社章程，加强民主管理、民主监督，逐步提高合作社规范化建设水平，推动农民合作社创新发展。支持和鼓励农业产业化龙头企业完善管理机制，加大科技创新力度，优化产品结构，不断提升产品质量安全水平和市场竞争力。鼓励各类社会化服务组织按照生产作业标准或服务标准，提高服务质量水平。支持新型农业经营主体申请“三品一标”认证，探索建立优质优价正向激励机制，推进品牌农业创建。按照“信息公开、三级管理、淘汰落后、择优扶持”的原则，深入推进示范家庭农场、农民合作社示范社创建活动，定期开展监测，实行动态管理，做到有进有退，更好发挥示范带动作用。（省农业厅等负责）

（三）着力提升新型农业经营主体规模经营水平

健全完善土地流转服务功能，鼓励农民按照依法自愿有偿原则，通过土地经营权的转包、出租、入股等方式，提升土地适度规模经营水平。支持和鼓励农民合作经济组织、农机大户、基层供销社、农业产业化龙头企业，采取土地托管、代耕代种、股份合作等多种形式，为农民和各类新型农业经营主体提供耕、种、管、收、加、贮、销等“保姆式”“菜单式”全程化服务。引导新型农业经营主体集群集聚发展，参与粮食生产功能区、特色农产品优势区以及现代农业产业园、农业科技园、有机旱作农业封闭示范区、农业产业化示范基地、农产品加工园、食品工业园、“双创”园以及农村产业融合发展示范园等建设，创建标准化原料基地、集约化加工、便利化服务网络于一体的产业集群，促进农业专业化布局、规模化生产。支持农业产业化龙头企业和农民合作社开展农产品加工流通，扶持建设一批农产品初加工设施，改善农产品产地初加工条件，带动农户发展规模经营。支持新型农业经营主体建设形成一批特色优势产业和乡村旅游基地，提高产业整体规模效益。（省农业厅等负责）

（四）着力完善新型农业经营主体利益联结机制

引导和支持新型农业经营主体发展新产业新业态，扩大就业容量，增加农民收入。农户可以将农村集体产权制度改革后折股量化的资产、承包土地经营权及家庭财产、财政专项扶贫资金和涉农资金及形成的资产折股量化后的股份入股新型农业经营主体，可以持股参与生产经营或者直接收益分红。推广“保底收益+按股分红”等收益分配模式。进一步完善订单带动、利润返还、股份合作等新型农业经营主体与农户的利益联结机制。（省农业厅、省财政厅等负责）

三、多措并举，建立健全支持新型农业经营主体政策体系

（一）完善财政支持政策

加大对新型农业经营主体发展支持力度，针对不同主体，综合采用直接补贴、贷款贴息、信贷担保、政府购买服务、定向委托、以奖代补等方式，增强补贴政策的针对性和实效性。农机具购置补贴、农机作业补贴等政策要向新型农业经营主体倾斜，将新型农业经营主体生产亟需的农机具纳入补贴范围，优先保证农机合作社的农机具购置补贴。扩大政府购买农业公益性服务机制创新试点，支持符合条件的经营性服务组织开展公益性服务，建立健全规范程序和监督管理机制。鼓励有条件的地方通过政府购买服务，支持社会化服务组织开展农林牧渔和水利等生产性服务。支持新型农业经营主

体打造服务平台，为周边农户提供公共服务。鼓励龙头企业加大研发投入，支持符合条件的龙头企业创建农业高新技术企业。鼓励将新型农业经营主体带动农户数量和成效作为相关财政支农资金和项目审批、验收的重要参考依据。允许将财政资金特别是扶贫资金量化到农村集体经济组织和农户后，以自愿入股方式投入新型农业经营主体，让农户共享发展收益。（省财政厅、省水利厅、省农业厅、省农机局等负责）

（二）落实税收优惠政策

认真落实中央对新型农业经营主体的税收优惠政策。支持扩大农产品加工企业进项税额核定扣除试点行业范围，落实农产品初加工所得税优惠目录。落实农民专业合作社税收优惠政策，对合作社销售本社成员生产的农业产品，视同农业生产者销售自产农业产品，免征增值税；增值税一般纳税人从合作社购进的免税农业产品，可按13%的扣除率计算抵扣增值税进项税额；对合作社向本社成员销售的农膜、种子、种苗、农药、农机，免征增值税；对合作社与本社成员签订的农业产品和农业生产资料购销合同，免征印花税；对农民合作社直接用于农、林、牧、渔业的生产用地，免征城镇土地使用税。继续执行鲜活农产品运输绿色通道，持续落实好免征部分鲜活肉蛋产品及蔬菜流通环节增值税政策。高度重视简并增值税税率工作，将农产品税率降低为11%，营业税改征增值税试点期间，纳税人购进用于生产销售或委托受托加工17%税率货物的农产品维持原扣除力度不变。（省国税局、省地税局负责）

（三）加强基础设施建设

各级财政支持的各类小型项目，优先安排农村集体经济组织、农民合作组织等作为建设和管护主体，强化农民参与和全程监督。鼓励推广政府和社会资本合作模式，支持新型农业经营主体和工商资本投资土地整治和高标准农田建设。粮食生产规模经营主体承包的耕地优先纳入农业综合开发、农田水利、土地整理、高标准农田建设、中低产田改造、基地建设等工程项目实施范围，集中资金投入，实施路、田、井、渠、林综合整治和配套。鼓励新型农业经营主体合建或与农村集体经济组织共建仓储烘干、晾晒场、保鲜库、农机库棚等农业设施。支持龙头企业建立与加工能力相配套的原料基地。规划建设农村物流设施，支持电商平台基础设施建设，逐步带动形成农村物流网络体系。新型农业经营主体发展农产品初加工用电执行农业生产电价。推进农业水价综合改革。建立农业水权制度，完善县级农村水权交易制度，建立村级水权交易平台。加快并规范各类农民用水合作组织建设，将使用权、管理权移交农民用水合作组织、农村集体经济组织、受益农户及新型农业经营主体，明确管护职责。（省发改委、省财政厅、省国土厅、省农业厅、省水利厅、省商务厅、省供销社负责）

（四）用活土地政策

新型农业经营主体所用生产设施、附属设施和配套设施用地，符合国家有关规定的，依据国土资源部、农业部《关于进一步支持设施农业健康发展的通知》（国土资发〔2014〕127号）要求，按农用地管理，并按规定减免相关税费。对新型农业经营主体发展较快、用地集约且需求大的地区，适度增加年度新增建设用地指标。通过城乡建设用地增减挂钩节余的用地指标，优先支持新型农业经营主体开展生产经营。允许新型农业经营主体依法依规盘活现有农村集体建设用地发展新产业。土地、农机等管理部门要共同配合，按照农用地相关政策，制定和出台实施农机合作社机库棚用地管理办法，有效解决农机合作社“用地难”问题。（省国土厅、省农业厅、省农机局等负责）

（五）改善金融信贷服务

综合运用税收、奖补等政策，鼓励金融机构创新产品和服务，加大对新型农业经营主体、农村产业融合发展的信贷支持。各银行业金融机构要围绕新主体、新产业和重点领域，加大金融支持力度。建立新型农业经营主体生产经营直报系统，点对点对接信贷、保险和补贴等服务，探索建立新型农业经营主体信用评价体系，对符合条件的灵活确定贷款期限，简化审批流程，对正常生产经营、信用等级高的可以实行贷款优先等措施。对于各级政府出台了的财政贴息和风险补偿政策以及通过抵质押或引入保险、担保机制等符合条件的新型农业经营主体贷款，予以利率优惠。对日常生产经营和农业机械购买需求，提供1年期以内短期流动资金贷款和1到3年期中长期贷款支持。稳步推进农村承包土地经营权和农民住房财产权抵押贷款试点。探索开展粮食生产规模经营主体营销贷款和大型农机具融资租赁试点。鼓励发展新型农村合作金融，稳步扩大农民合作社内部信用合作试点。（省金融办、人行太原中心支行、山西银监局、省农业厅、省水利厅、省林业厅等负责）

（六）建立健全农业信贷担保体系

按照“垂直化”“短链化”要求和由点及面、试点先行的思路，力争3年内建成以省农业信贷融资担保公司为龙头，以市、县设立办事处或分公司等分支机构为骨干，政银担深度融合的政策性农业信贷担保体系。2018年底前主要在粮食功能区、特色农产品优势区、现代农业产业园、田园综合体等重点县择优开展新农贷试点。积极探索“特色产业贷”担保贷款模式。县级政府应成立由财政、农业、金融办等部门参加的新农贷工作领导小组及其办公室，统筹协调担保贷款项目筛选推荐，设立政府风险补偿基金并承担不少于10%的贷款风险责任。农行、邮储、农信社（农商行）等银行业金融机构应当按利率上浮不超过人民银行基准利率的30%、风险分担不低于20%等原则，密切配合农业担保机构批量化开展担保贷款业务，并提供适合农业生产周期与经营特点的中长期流动资金、固定资产投入等信贷产品，确保对从事粮食生产和农业适度规模经营的新型农业经营主体的农业信贷担保余额不得低于总担保规模的70%。支持龙头企业为其带动的农户、家庭农场和农民合作社提供贷款担保。支持对林业生产贷款提供林权收储担保的机构给予风险补偿。建立农业信贷担保政策落实目标责任考核机制。（省财政厅、省农业厅、省金融办负责）

（七）扩大保险支持范围

鼓励各市建立政府部门与农业保险机构数据共享机制。提高主要粮食作物保险金额，确保覆盖直接物化成本。鼓励保险机构开发、创新“基本险+附加险”新产品，实现主要粮食作物保障水平涵盖地租成本和劳动力成本。完善森林保险制度，继续扩大政策性森林保险覆盖面。推广农房、农机具、设施农业、制种保险等业务。积极开展天气指数保险、农产品价格和收入保险、“保险+期货”、农田水利设施保险、贷款保证保险等试点。推动完善地方财政对特色优势农产品保险的以奖代补政策。健全农业保险机构服务网络，加强专业化农业保险机构队伍建设，简化业务流程，优化保险理赔，提高保险机构为农服务水平。支持有条件的保险机构对龙头企业到海外投资农业提供投融资保险服务。结合“农谷”建设实际，探索保险资金支农融资试点。鼓励有条件的地方探索符合实际的互助合作保险模式。落实国家农业再保险体系和大灾风险分散机制，为农业保险提供持续稳定的再保险保障。（山西保监局、省财政厅、省农业厅、省水利厅、省林业厅负责）

（八）拓展营销市场

支持新型农业经营主体参与产销对接活动和在城市社区设立直销店（点）。执行国家鲜活农产品运输绿色通道政策，对整车合法装载鲜活农产品车辆免收通行费，免征蔬菜流通环节增值税和支持批发市场建设等政策。鼓励有条件的地方对新型农业经营主体申请并获得专利、“三品一标”认证、品牌创建等给予适当奖励。加快实施“互联网+”现代农业行动，支持新型农业经营主体带动农户应用农业物联网和电子商务。支持新型农业经营主体入驻电子商务平台。实施信息进村入户入社工程，建立农业信息监测分析预警体系，为新型农业经营主体提供市场信息服务。支持面向新型农业经营主体的电子商务基础知识等技能培训和农村电子商务服务县级中心与村镇站点管理服务培训，对符合条件的，按规定予以补助。组织开展农民手机应用技能培训，提高新型农业经营主体和农民发展生产的能力。协调通信运营企业积极参与开展信息进村入户入社工程、农民手机应用技能培训。（省商务厅、省交通厅、省农业厅、省经信委、省国税局等负责）

（九）支持人才培养引进

贯彻落实《山西省新型职业农民培育规划纲要（2015-2020年）》，依托新型职业农民培育工程，整合培训资金资源，实施现代青年农场主培养计划、农村实用人才带头人培训计划以及新型农业经营主体带头人轮训计划，力争到“十三五”期末轮训一遍，培养一批爱农业、有技术、懂经营、善管理、讲诚信的新型职业农民队伍。积极探索政府购买培训服务方式，支持新型农业经营主体参与新型职业农民培育工作。创新农业职业教育人才培养模式，鼓励农业类职业院校采取“送教上门”的方式，把教学班办到有需求、有条件的乡镇或行政村，组织适宜对象通过“半农半读”、农学结合、线上线下、学分积累等灵活的学习方式，接受职业教育与培训。鼓励有条件的地方通过奖补等方式引进各类职业经理人，提高农业经营管理水平。将新型农业经营主体列入高校毕业生“三支一扶”计划、大学生村官计划服务岗位的拓展范围。鼓励农民工、大中专毕业生、退伍军人、科技人员等返乡下乡创办领办新型农业经营主体。深入推行科技特派员制度，健全科技特派员知识产权投入、分红、保障和管理等激励机制。建立产业专家帮扶和农技人员对口联系制度，发挥好县乡农民合作社辅导员的指导作用。（省农业厅、省教育厅、省科技厅、省人社厅等负责）

四、强化保障，健全政策落实机制

（一）加强组织领导

各级党委、政府要高度重视，切实加强领导，健全工作机制，强化协调配合，着力为落实新型农业经营主体政策体系提供强有力组织保障。抓紧制定符合当地实际的实施办法，加强对扶持政策落实的督促指导。（各市、县政府，省农业厅、省水利厅、省林业厅等负责）

（二）加强农村经营管理体系建设

农村经营管理机构承担着农村土地承包管理、村级财务管理、农民负担监督管理、新型农业经营主体指导等诸多职能，在稳定农村土地承包关系、确保农村经济健康发展和农村社会稳定等方面发挥着重要作用。要加强农村经营管理体系建设，夯实基层农村经营管理工作基础，确保责任和人员落到实处。鼓励采取安排专兼职人员、招收大学生村官、政府购买服务等多种途径，充实基层农村经营管理工作力量，保障必要工作条件，着力建立系统健全、权责统一、运转顺畅的农村经营管理体系，确保支持新型农业经营主体发展的各项工作抓细抓实。（省农业厅、省编办、省委组织部等负责）

（三）加大政策服务指导

加强调查研究，及时掌握新型农业经营主体发展的新情况新问题，宣传政策，搞好服务，促进其健康发展。完善家庭农场认定办法，落实农民合作社年度报告公示制度，开展重点龙头企业运行监测。加快建立新型农业经营主体名录并向社会公布，探索建立新型农业经营主体会计代理和财务审计制度，引导新型农业经营主体规范运行。（省农业厅、省工商局等负责）

（四）狠抓考核督查

将落实培育新型农业经营主体政策情况纳入各级政府工作绩效考核内容，并建立科学的政策绩效评估监督机制。畅通社会监督渠道，适时开展督查，对政策落实到位的地方和部门予以表扬，对工作不力的予以督促整改。进一步建立和完善新型农业经营主体统计调查、监测分析和定期发布制度。（省农业厅、省统计局等负责）

中共山西省委办公厅　山西省人民政府办公厅《关于中华优秀传统文化传承发展工程的实施意见》

(2017年12月29日)

为深入贯彻落实党的十九大精神和中共中央办公厅、国务院办公厅《关于实施中华优秀传统文化传承发展工程的意见》,增强文化自觉,坚定文化自信,加快建设文化强省,现结合我省实际,提出如下实施意见。

一、总体要求

(一)重要意义

文化是民族的血脉,是人民的精神家园。文化兴国运兴,文化强民族强。没有高度的文化自信,没有文化的繁荣兴盛,就没有中华民族伟大复兴。中华优秀传统文化积淀着中华民族最深沉的精神追求,代表着中华民族独特的精神标识,是中华民族生生不息、发展壮大的丰厚滋养,是中国特色社会主义植根的文化沃土,是当代中国发展的突出优势,对延续和发展中华文明、促进人类文明进步,发挥着重要作用。党的十八大以来,以习近平同志为核心的党中央站在历史和全局高度,把文化建设纳入"五位一体"总体布局,把文化自信与道路自信、理论自信、制度自信并列为中国特色社会主义的"四个自信",把传承弘扬中华优秀传统文化纳入社会主义核心价值体系,极大地振奋了民族精神、汇聚了磅礴力量,为实现"两个一百年"奋斗目标和中华民族伟大复兴中国梦注入了强大精神动力。山西作为华夏文明的重要发祥地,历史悠久,文化璀璨。厚重独特、多姿多彩、开放包容的山西文化是山西的鲜明标识。在新的时代条件下,大力推动优秀传统文化传承发展,是深入贯彻落实党的十九大精神和习近平总书记关于文化建设一系列重大战略思想的必然要求,是涵养社会主义核心价值观的战略举措,是推动文化强省建设的重要抓手,对于传承发展三晋历史文脉,增强山西文化软实力,激励全省人民奋力谱写新时代中国特色社会主义山西篇章具有重要意义。

(二)指导思想

高举中国特色社会主义伟大旗帜,全面贯彻落实党的十九大精神,坚持以马克思列宁主义、毛泽东思想、邓小平理论、"三个代表"重要思想、科学发展观、习近平新时代中国特色社会主义思想为指导,深入贯彻落实习近平总书记视察山西重要讲话精神,深入贯彻落实省第十一次党代会精神和省委十一届五次全会精神,坚持以人民为中心的工作导向,坚持以社会主义核心价值观为引领,坚持创造性转化、创新性发展,坚守中华文化立场,传承中华文化基因,进一步推进文化强省建设,提升山西文化软实力,为创造中华文化新辉煌作出更大贡献。

(三)基本原则

1.把握正确方向。牢牢把握社会主义先进文化的前进方向,大力传承发展中华优秀传统文化的核心思想理念、中华传统美德和中华人文精神,着力用中华优秀传统文化的精髓滋养广大人民群众的精神世界,大力弘扬社会主义核心价值观,培育民族精神和时代精神,不断巩固马克思主义在意识形态领域的指导地位,巩固全省干部群众团结奋斗的共同思想基础。

2.坚持与时俱进。坚持创造性转化和创新性发展,坚持辩证唯物主义和历史唯物主义,秉持客观、科学、礼敬的态度,取其精华、去其糟粕,扬弃继承、转化创新,不复古泥古、不简单否定,不断赋予优秀传统文化新的时代内涵和现代表达形式,使优秀传统文化与当代文化相适应、与现代社会相协调。

3.彰显山西元素。充分发挥山西历史悠久、文化灿烂、资源丰富的独特优势,深入发掘优秀传统文化的山西元素,加强对山西特色优秀传统文化的保护研究,把山西元素融入到优秀传统文化教育普及、保护传承、创新发展、传播交流以及文化产品的创作生产等各领域、各方面。

4.注重融入实践。强化实践养成,注重把传承优秀传统文化贯穿融入到生产生活的各个方面,推动优秀传统文化与人们生产生活紧密结合。挖掘优秀传统文化中的道德教化资源,培育形成积极健康、向上向善的良好社会风尚,不断增强人民群众的文化参与感、获得感和认同感,增强对经济社会发展的价值引领力、文化凝聚力和精神推动力。

5.加强统筹协调。加强党的领导,充分发挥政府主导作用和市场积极作用,鼓励和引导社会力量广泛参与,规划建设一批重点工程和重大项目,形成全社会合力推进中华优秀传统文化传承发展的生动局面。

(四)主要目标

力争用三到五年的时间,在文化遗产保护、文物典籍整理、研究成果推出、文艺作品创作、教育基地建设、传播平台打造等方面,推出一批阶段性重要成果,推动我省优秀传统文化传承转化区、革命文化保护弘扬区、社会主义先进文化创新发展区建设取得明显成效。到2025年,优秀传统文化的保护传承、研究阐发、教育普及、创新发展、传播交流等取得丰硕成果，传承发展体系基本形成，具有山西特色、山西风格、山西气派的文化产品更加丰富，全省人民的文化自觉和文化自信显著增强，山西文化的软实力和影响力显著提升。

二、重点任务

（一）实施优秀传统文化挖掘阐发工程

深入研究、科学梳理、生动阐释山西优秀传统文化的历史渊源、发展脉络、基本走向。在传承弘扬中华优秀传统文化的大格局下，加强山西优秀传统文化与中华优秀传统文化、社会主义先进文化等关系的研究，准确把握山西优秀传统文化演变与发展的内在逻辑，着力构建系统完整的山西优秀传统文化学术体系和传承体系。依托全省社科研究机构和高等院校，重点打造一批优秀传统文化研究基地，组织实施一批重点研究课题，推出一批有分量、有影响的优秀科研成果。重点挖掘研究炎帝农耕文化、尧舜德孝文化、关公忠义文化、能吏廉政文化、晋商诚信文化等优秀传统文化的思想精髓、核心理念、丰富内涵和时代价值。加强古籍保护利用，实施三晋典籍整理工程，抓紧做好《山西文华》等重点图书的编纂出版工作。加大对山西历史文化名人的挖掘研究，编辑出版《三晋名人》系列丛书。加强地方史志的编撰和研究，挖掘地方史志的丰富文化内涵。用好国家和我省有关扶持政策和专项资金，加大对优秀传统文化研究工作的扶持力度。

（二）实施文化遗产保护传承工程

文化遗产是优秀传统文化的重要载体。要全面贯彻“保护为主、抢救第一、合理利用、加强管理”的方针，认真落实《山西省人民政府关于进一步加强文物工作的实施意见》《山西省动员社会力量参与文物保护利用“文明守望工程”实施方案》，加强调查研究，适时登记建档，制定保护规划，厘清保护责任，以世界文化遗产、全国重点文物保护单位、省级文物保护单位为重点，切实做好我省古建筑、大遗址、传统村落、红色及抗战文化遗存、可移动文物等各级各类文物的保护研究工作。加大重要遗迹遗存、重大濒危文物的抢救性保护力度。推进古建筑和彩塑壁画数字化保护工程，实施山西古代文明数字化展示工程，建设一批高水平的文物资源数据库。提升博物馆的服务能力和服务水平，推进山西文物巡展工程，促进文物资源研究成果的转化利用。坚持文物保护全民参与、保护成果全民共享的理念，动员、鼓励社会各界通过文物修缮、创设博物馆、捐赠、看护巡查、展示利用、文化创意、志愿服务等多种形式参与文物保护工作。加强红色文化资源的保护利用，以太行山、吕梁山为重点建设红色文化资源集中连片保护区，着力打造“太行精神”“吕梁精神”“右玉精神”等红色名片。加强戏剧、民歌、民舞、民乐、民俗等非物质文化遗产的保护利用。进一步完善非物质文化遗产名录体系，实施好“乡村文化记忆工程”，深入推进国家级晋中文化生态保护实验区建设，建设省域国家级文化生态保护实验区。落实好中国传统工艺振兴计划，推动剪纸、布艺、刺绣、雕刻、漆器、青铜器等传统工艺创新发展。实施好中华老字号发展保护工程，加强对杏花村、广誉远、双合成、六味斋、益源庆、乾和祥等山西老字号的保护。

（三）实施优秀传统文化教育普及工程

围绕立德树人根本任务，把优秀传统文化全方位融入学生思想道德教育、文化知识教育、艺术体育教育、社会实践教育各环节，贯穿于启蒙教育、基础教育、职业教育、高等教育、继续教育各领域。以幼儿、小学、中学教材为重点，构建优秀传统文化课程体系和教材体系。推动高校开设优秀传统文化必修课，在哲学社会科学及相关学科专业和课程中增加优秀传统文化的内容。加强优秀传统文化相关学科建设，重视保护和发展具有重要文化价值和传承意义的“绝学”、冷门学科。运用课堂教学、主题活动、校外实践等多种形式，开展好“少年传承中华传统美德”系列教育活动。深化戏曲、书法、民歌、民乐、民舞、传统体育等优秀传统文化进校园工作。开办优秀传统文化校园大讲堂，抓好优秀传统文化教育成果展示活动。加强优秀传统文化网络教育平台建设，推出一批优秀传统文化精品视频公开课。加强优秀传统文化教育培训，全面提升广大教师的教学水平。深入开展优秀传统文化社会宣传工作，综合运用报纸、书刊、电台、电视台、微博、微信、互联网站、移动客户端、山西文化云等各类载体，融通多媒体资源，创新表达方式，大力彰显优秀传统文化的独特魅力，引导教育广大群众礼敬传统文化、弘扬传统美德。充分发挥图书馆、文化馆、博物馆、群艺馆、美术馆等公共文化机构在传承发展优秀传统文化中的作用。实施好中华经典诵读工程，开展好中华礼仪教育活动。

（四）实施优秀传统文化文艺创作工程

善于从中华文化资源宝库中提炼主题、挖掘素材、获取灵感、汲取养分，抓住重大题材和重要节点，科学编制重大革命和历史题材、爱国主义题材等专项创作规划，提高创作生产组织化程度，彰显中华文化的精神内涵和审美风范。实施文艺精品创作工程，挖掘山西优秀历史文化内涵，推出一批底蕴深厚、涵育人心的优秀文艺作品。加强对中华诗词、音乐舞蹈、书法绘画、曲艺杂技和历史文化纪录片、动画片、出版物等的扶持，推动交响乐、歌剧、舞剧等艺术门类创作的民族化、本土化。落实《关于实施山西省戏曲传承发展振兴工程的意见》，以“四大梆子”为重点，推出一批戏曲精品力作，打造一批戏曲品牌活动，命名一批戏曲之乡，建设一批戏曲传承研究创作基地，确立一批省级戏曲创作演出重点院团和戏曲名家工作室，推出一批戏曲拔尖领军人物，培养一批青少年戏曲人才，出版一批戏曲文化书籍。实施网络文艺创作传播计划，运用网络文学、网络音乐、网络剧、微电影等文艺形式传承发展优秀传统文化。加强和改进文艺评论，把握正确评论导向，用社会主义核心价值观引领文艺思潮，倡导中华美学精神。加强山西日报、《前进》杂志等党报党刊的文艺评论阵地建设，依托移动互联网等新兴媒体，开展严肃的文艺批评，褒优贬劣、激浊扬清，引导创作、引领风尚，加大对中华优秀传统文化、山西优秀历史文化的评论推介。

（五）实施优秀传统文化实践融入工程

深入开展“我们的节日”主题活动，丰富春节、元宵节、清明节、端午节、重阳节等传统节日文化内涵。加强对传统历法、节气、饮食和中医药等的研究阐释、活态利用,使其有益的文化价值融入群众日常生活。深入挖掘城市历史文化价值,研究梳理传统建筑文化,加强对具有历史性、纪念性、标志性的道路、建筑等的保护,充分展示其人文历史内涵和文化元素,提升城市的文化品位。大力发展文化旅游,提升景区景点的文化内涵,加强优秀传统文化旅游纪念品的开发,积极推动非物质文化遗产进景区,办好文化旅游节庆活动,让广大游客充分感受优秀传统文化的独特魅力。以美丽乡村建设为抓手,推动休闲生活与传统文化融合发展,提供差异化的优秀传统文化产品和服务,使全省农村成为田园美、村庄美、生活美、人文美的幸福家园。广泛开展“书香三晋 文化山西”全民阅读活动,加强优秀传统文化图书的编辑出版工作。充分利用遍布全省的道德讲堂、文化讲堂等阵地,开设优秀传统文化论坛、讲座,营造全民参与优秀传统文化传承发展的良好氛围。发掘晋商精神等优秀传统文化的时代价值,涵养现代企业精神,培育现代企业文化。广泛开展群众性精神文明创建活动,把中华优秀传统文化思想理念体现在各种社会规范中,与制定市民公约、乡规民约、学生守则、行业规章、团体章程等相结合。大力弘扬孝敬文化、慈善文化、诚信文化等优秀传统文化,开展节俭养德全民行动和学雷锋志愿服务活动。广泛开展文明家庭创建活动,挖掘和整理家训、家书文化,推介以《裴氏家训》等为代表的具有当代价值和传承意义的家训家规,发挥其有益的教化功能,用优良的家教家风培育青少年。挖掘和保护山西的乡土文化资源,建设新乡贤文化。

(六)实施优秀传统文化传播互鉴工程

通过文艺展演、影视出版、对外贸易、媒体传播、旅游推广、学术教育等方式,构建优秀传统文化传播互鉴、交流合作的完整体系。主动融入国家“一带一路”和京津冀协同发展等重大战略,加强省际合作,共享文化交流、学术研讨平台,积极参与国内外各类重要文化节庆、文物展、图书展、旅游推介等活动。支持本土创作的历史题材优秀文艺作品赴省外展映展播展演,鼓励彰显山西地方文化特色的文物古籍、非物质文化遗产项目等赴省外巡展。实施山西优秀传统文化“走出去”工程,创新人文交流方式,丰富文化交流内容,不断提高文化交流水平。做好我省传统经典的现代呈现和译介推广工作。推动山西出版、文物、戏曲、民歌、民舞、民间传统手工艺等山西特色文化走向世界,加强对山西优秀传统文化项目、文化产品和服务的推介。创新对外宣传方式,完善对外传播网络,加强对外传播能力建设,充分发挥媒体在弘扬传播优秀传统文化方面的独特作用。办好山西卫视《走进大戏台》《歌从黄河来》等栏目,推进中国黄河电视台在境外的覆盖落地,塑造和展示山西的人文形象、转型形象、开放形象、壮丽形象、清明形象、安康形象。办好我省高校建设的海外孔子学院,提高办学质量,使孔子学院成为世界了解中国、了解山西的重要窗口。

三、保障措施

(一)强化组织领导

各级党委和政府要切实增强文化自觉和文化自信,把优秀传统文化传承发展工作摆上重要日程,加强规划指导、统筹协调和督促检查,构建党委统一领导、各方共同推进的机制和格局。要把优秀传统文化传承发展工作纳入经济社会发展总体规划,纳入意识形态工作责任制,纳入精神文明创建考核评价体系。要建立由党委宣传部牵头、各有关单位参加的优秀传统文化传承发展工作联席会议制度,加强统筹指导,细化工作方案,狠抓工作落实。要做好国家层面中华优秀传统文化传承发展工程主要项目的承接工作,争取更多政策、资金和项目支持。

(二)完善政策法规

完善财政投入、金融支持和土地利用等政策措施,支持优秀传统文化传承发展重点工程重点项目的实施。加大对重要文化遗产、自然遗产、非物质文化遗产等资源保护利用的支持力度。引导和鼓励企业、社会组织及个人捐赠或共建相关文化项目。创新我省文化管理相关体制机制,建立优秀传统文化传承发展相关领域和部门合作共建机制,落实重点项目责任制。研究出台倾斜政策和保障措施,倡导和鼓励自强不息、敬业乐群、扶正扬善、扶危济困、见义勇为、孝老爱亲等传统美德的弘扬。制定和完善历史文化名城名镇名村、历史文化街区和历史文化风貌区保护的政策措施。加大保护传承弘扬中华优秀传统文化地方性法律法规的立法和实施力度,制定完善相关地方性法规和政府规章,加强对实施情况的监督检查,严厉打击违法行为。

(三)优化人才队伍

深入实施文化名家暨“四个一批”人才培养工程,健全我省优秀传统文化传承发展的激励表彰制度,努力培养优秀传统文化紧缺人才。建立我省优秀传统文化传承发展重大项目专家库制度,培养一批人民喜爱、有影响力的山西文化代表人物,争取我省有更多人入选人民喜爱、有国际影响的中华文化代表人物。扶持民间文艺社团、演出团体和业余文化队伍,重视发现和培养扎根基层的乡土文化能人、民间文化传承人特别是非物质文化遗产项目代表性传承人,加快补齐基层文化人才队伍“短板”。

(四)营造良好氛围

坚持全党动手、全社会参与,大力推动中华优秀传统文化进农村、进企业、进社区、进机关、进学校。各类文化单位、各级文化阵地都要担负起守护、传播和弘扬优秀传统文化的职责。充分尊重工人、农民、知识分子的主体地位,注重发挥领导干部的带头作用、公众人物的示范作用、青少年的生力军作用、先进模范人物的表率作用、非公有制经济组织和社会组织从业人员的积极作用,以及文化志愿者、文化辅导员、文艺骨干、文化协管员、文化经营者的重要作用,推动形成人人传承发展优秀传统文化的良好氛围和社会环境。

深入推进“两学一做”学习教育常态化制度化、开展维护核心见诸行动主题教育

关于在维护核心、见诸行动主题教育中落实省委两个实施意见　深入学习贯彻习总书记视察山西重要讲话精神有关事项的通知

各市、县委，省委各部委，省直各委、办、厅、局党组(党委)，各人民团体党组，各高等院校、大型企业党委：

6月21日至23日，习总书记亲临山西视察并发表了重要讲话，在山西发展史上具有重要里程碑意义。省委把学习贯彻习总书记重要讲话精神作为首要政治任务，先后召开省委常委(扩大)会议、全省干部大会、省委十一届四次全会传达学习，省委书记骆惠宁就全面贯彻落实作出部署。省委十一届四次全会审议通过《关于深入学习贯彻习总书记视察山西重要讲话精神的实施意见》和《关于深入学习贯彻习总书记在深度贫困地区脱贫攻坚座谈会上重要讲话精神的实施意见》。根据省委部署，现就在维护核心、见诸行动主题教育中，深入学习贯彻习总书记视察山西重要讲话精神有关事项通知如下。

一、把学习贯彻习总书记重要讲话精神作为维护核心、见诸行动主题教育的重点任务

推进“两学一做”学习教育常态化制度化，打牢迎接党的十九大召开的思想政治基础，最根本的是不断增强广大党员干部维护核心的思想自觉、政治自觉、行动自觉，最关键的是把维护核心落实到行动上、融入到工作中。各级党组织要切实提高政治站位，充分认识把维护核心、见诸行动主题教育作为今年全省推进“两学一做”学习教育常态化制度化鲜明主题的重要意义，把维护核心、见诸行动这一主题在推进“两学一做”学习教育常态化制度化中更加突显出来，紧紧围绕“六个好”主要内容和“8+5”重点安排，认真谋划部署，精心组织推动。要把学习贯彻习总书记视察山西重要讲话精神作为推进“两学一做”学习教育常态化制度化和维护核心、见诸行动主题教育重点任务，作为工作主线，深化细化学用举措，贯穿到各方面和各个环节。通过进一步学习贯彻，牢固确立习总书记系列重要讲话的指导思想地位，把信仰信念建立在对系列重要讲话的思想认同、理论认同、情感认同上，把学用习总书记系列重要讲话精神全面提高到新水平。

二、悉心领会习总书记重要讲话精神的深刻内涵

习总书记视察山西发表的重要讲话，是系列重要讲话的组成部分，是指引我们走好新征程、探出新路子、创造新业绩的科学指南。各级党组织和广大党员要深刻领会讲话的重大工作要求，深刻领会蕴含其中的马克思主义立场、观点、方法，把思想和行动统一到习总书记重要讲话精神上来，进一步以理论的彻底增强实践的自觉。一要深刻理解、准确把握习总书记对山西工作的总体要求。这是以习近平同志为核心的党中央在新的历史起点和更高层次上找准山西定位、解决

山西问题、推动山西发展的行动指南,进一步指明了旗帜、格局、基调、状态和要求,完全符合山西实际。各级党组织要把握总体要求,紧紧抓住机遇,勇于改革创新,果敢应对挑战,善于攻坚克难,扎扎实实抓好改革发展稳定和党的建设各项工作,确保习总书记重要讲话精神在山西落地生根、开花结果。二要深刻理解、准确把握五项重大任务。习总书记要求我们扎实推进经济发展方式转变、扎实做好"三农"工作、扎实推进脱贫攻坚和民生保障、扎实推进生态文明建设、严肃党内政治生活。这五项重大任务,事关山西全局和长远发展,事关山西人民根本利益,是当前和今后一个时期山西的工作重点。各地各部门要按照省委两个实施意见的部署,牢牢把握、抓紧抓好五项重大任务,以重点领域和关键环节的突破带动全省各项工作水平的提升,确保中央和省委决策部署全面正确有效地贯彻落实。三要深刻理解、准确把握讲话蕴含的马克思主义立场、观点、方法。党员领导干部尤其是县处级以上党员干部,要认真学习习总书记重要讲话体现的人民至上的宗旨情怀、抓住关键带动全局的科学方法、贯通古今放眼中外的宏大视野、把握事物发展规律的战略思维、求真务实的工作作风、对党的事业高度负责的担当精神,切实把学习成果体现到政治能力的提高上、主观世界的改造上、领导水平的提升上,不断提升履职尽责能力。

三、精心组织好党员干部的学习,使习总书记重要讲话精神家喻户晓、深入人心

习总书记视察山西重要讲话政治性思想性指导性极强,内涵十分丰富,各级党组织要进一步组织广大党员干部深入学习讲话,把握核心要义,在融会贯通、学思践悟上下一番苦功夫。要把学习贯彻习总书记重要讲话精神贯穿主题教育全过程,紧紧围绕"六个好"主要内容和"8+5"重点安排,研究贯彻办法,制定周密学习计划和方案,抓好组织实施。

各级党委(党组)要认真履行牵头组织实施的主体责任,对学习贯彻讲话精神作出专门安排,列出学习专题,细化学习内容,加强督促检查,有效传导压力,推动广大党员干部全面准确掌握讲话精神;要以中心组学习等多种形式,分专题深入学习习总书记视察山西重要讲话精神,开展系统深入的学习研讨。市县和省直部门要分层次、分领域开好学用习总书记视察山西重要讲话精神交流会,推选一批学用先进典型。党委(党组)主要负责同志要履行好第一责任人的责任,先学一步、深学一层,逐字逐句领会,进行辅导宣讲;班子成员要发挥表率作用,投入足够时间和精力,对学习贯彻工作进行具体指导,亲自动手撰写学习体会和理论文章,加深对讲话精神的理解和认识,以普通党员身份参加所在党支部的学习,与党员一起讨论交流,带头谈认识、讲体会,提升学习质量和效果。

党支部要以党员大会、党小组会、讲党课、支部主题党日等形式,组织党员集中学习讨论,帮助党员加深对习总书记重要讲话精神的理解,引导广大党员从本职工作做起,增强"四个意识",做到"四个合格"。普通党员应突出应知应记应会应做,学习掌握习总书记重要讲话的基本精神、基本内容、基本要求,联系工作岗位职责撰写学习体会,交流学习心得,把学习成效体现到实际工作中。要利用互联网、现代远程教育平台、微信公众号、手机客户端等多种途径和形式,通过观看《总书记在山西》专题片、参加知识竞答、设立专题专栏等方式,扩大学习覆盖面,特别是组织好流动党员的学习,增强学习的实效性。

各地各单位要结合党员干部特点,采取领导领学、专家辅导、集中宣讲、座谈交流、微党课、微视频等多种形式,组织广大党员认真学习讲话精神,帮助准确理解和把握讲话精神,确保覆盖到每个支部、每名党员。各级主题教育办公室要发挥好统筹协调、谋划指导、督促检查作用,8月份对下一级单位全部督导一遍,重点督导学习贯彻讲话精神的安排部署和组织落实情况,督导省委十一届四次全会精神和两个实施意见落实情况。各地各单位要多层次、多角度深入解读和大力宣传讲话精神,推动讲话精神进机关、进企业、进农村、进社区、进校园。各级党校、行政学院、干部学院要把学习讲话精神纳入各级干部培训主体班次的重要内容,对党员干部进行专题培训。社科部门要围绕讲话提出的重大理论观点和实践问题进行深入研究阐释,推出一批有深度、有质量的研究成果。各级讲师团要组织党校教师、理论工作者开展"习总书记讲话进基层"主题宣讲活动。各级群团组织要发挥贴近基层和百姓的优势,采取群众喜闻乐见的形式,有针对性地开展学习教育,把习总书记的关怀和期望传递给全省人民群众,让习总书记讲话精神家喻户晓、深入人心。

四、坚持学以致用,以习总书记重要讲话精神为指导,做好改革发展稳定和党的建设各项工作

各级党组织和广大党员要坚持学用结合、学以致用,用习总书记重要讲话精神指导当前工作,把讲话精神落实到行动上,增强维护核心、干事创业的信念和力量,转化为推动各方面工作的实际效果。要把习总书记"大有作为"的指示铭记在心,教育引导广大党员把学习习总书记视察山西重要讲话精神与学习习总书记系列重要讲话精神结合起来,与加强和改进党的建设结合起来,与解决改革发展稳定面临的突出问题结合起来,努力实现党内政治生态持久的风清气正,努力实现经济转型发展持久的强劲态势。党的十九大日益临近,各地各部门要增强"四个意识",认真履职尽责,全面落实骆惠宁书记在省委十一届四次全会上的重要讲话精神,把握好8个重大问题和工作着力点,扎实做好下半年各项重点工作。要坚持用习总书记重要讲话精神指导决策部署、衡量工作成效、坚定理想信念,自觉拥戴核心,坚定维护核心,绝对服从核心,始终紧跟核心,为十九大胜利召开打牢维护核心、看齐紧跟的思想政治基础。按照主题教育"8+5"安排,抓住关键时间节点,围绕中央和省委部署的重点工作和重大改革,分层次、有节奏地召开推进会,提升重点工作和重大改革的实际成效,抓紧对各地各部门上半年重点工作开展一次全面

检查，发现和解决工作中存在的问题，确保完成全年各项目标任务。要全面落实省委加强“三基建设”的部署，下大力气把25条政策措施落到实处，构建重心下移、力量下沉、保障下倾的体制机制，着力加强基层组织，树立党的一切工作到支部的鲜明导向，发挥好基层党组织的政治功能；着力抓好基础工作，全面推行精细化管理，加强效能建设，做好群众工作；着力提升基本能力，以专业化能力建设为重点，大力实施培训工程，强化针对性实践锻炼，持续加强作风建设。要把“三个坚决防止”作为必须守住的底线，统筹抓好政治安全、经济安全、社会安全、网络安全等各方面工作，当好首都“护城河”，以优异成绩迎接党的十九大胜利召开！

各地各部门在主题教育中组织学习习总书记视察山西重要讲话精神的情况，请及时报告省委主题教育办公室。

省委维护核心、见诸行动主题教育办公室
2017年7月24日

中共山西省直工委《关于印发吴汉圣、王赋同志在省直机关维护核心、见诸行动主题教育暨“三基建设”工作推进会上讲话的通知》

各直属机关党委：

7月26日，省委维护核心、见诸行动主题教育（“三基建设”）办公室和省直工委联合召开省直机关维护核心、见诸行动主题教育暨“三基建设”工作推进会，省委常委、组织部长吴汉圣，省委常委、秘书长、省直工委书记王赋作了讲话，强调省直机关要把学习贯彻习近平总书记视察山西重要讲话作为当前和今后一个时期的首要政治任务，指出维护核心、见诸行动主题教育和“三基建设”是省委交给各级党组的政治任务，更是党组的政治责任、政治担当。要求省直各单位党组切实担负起主体责任，把维护核心、见诸行动主题教育和加强“三基建设”摆在重要位置，党组主要负责同志要认真履行“第一责任人”职责，亲自抓谋划、抓推动、抓落实。要在省直机关大力倡导“比能力、比服务、比担当、比奉献、促转型”为主要内容的“四比一促”活动，学用讲话要带头掀起热潮，“三基建设”要率先走在前列，严肃党内政治生活要严格落到实处。现将吴汉圣、王赋同志的讲话印发给你们，请送党组主要负责同志传阅，并组织机关及直属单位全体党员干部认真学习，结合实际抓好贯彻落实。

中共山西省直属机关工作委员会
2017年7月31日

吴汉圣、王赋同志在省直机关维护核心、见诸行动主题教育暨“三基建设”工作推进会上的讲话

（2017年7月26日）

吴汉圣同志的讲话

今年在全省开展维护核心、见诸行动主题教育和加强“三基建设”，是省委作出的重要工作部署，是今年全省党建工作的重中之重。省委书记骆惠宁同志高度重视，亲自牵头研究部署，多次作出指示和批示。目前，全省各地各单位正在按照省委要求，结合实际进行落实。经省委同意，我们按照分类指导、统筹推进的要求，对省委部署的维护核心、见诸行动主题教育和“三基建设”工作分系统召开推进会，就是要深入学习贯彻习近平总书记视察山西重要讲话精神，传达落实骆惠宁同志批示精神，进一步推动主题教育和“三基建设”更好地开展。今天，省直机关工委组织省直部门率先召开专题推进会，体现了省直机关不折不扣贯彻落实省委决策部署的担当。刚才，省发改委、省统计局、省扶贫办等单位介绍了推进两项工作的主要做法，给人启发，值得借鉴；省委常委、秘书长、省直机关工委书记王赋同志对省直机关两项工作前一段的情况作了符合实际的分析，对下一步工作作出针对性的安排，提出了“带头学、做表率、严要求”，言简意赅，我都赞同，请省直各单位落实好。下面，我从省委领导小组及办公室的角度再讲三点意见。

一、认识要到位

认识是行动的先导。省直机关各部门各单位作为省委省政府的职能部门和直属机构，是决策部、参谋部、执行部，在全省上下发挥着重要的示范带动作用，理所当然的要带头贯彻落实省委决策部署，进一步把思想统一到以实际行动维护核心、立足岗位践行讲话的重大要求上来，把认识提高到补齐短板、强基固本，对标先进、争创一流的迫切需要上来，进一步增强维护核心、见诸行动和加强“三基建设”的紧迫感和责任感。

第一，要进一步深刻认识到，开展维护核心、见诸行动主题教育、加强“三基建设”是坚决维护党中央权威、深入贯彻习近平总书记视察山西重要讲话精神的具体举措。这次习总书记视察山西特别指出，“山西省委坚决贯彻落实党中央决策部署，‘四个意识’树得牢，在思想上、政治上、行动上同党中央保持高度一致，做到心有党中央。”这是习总书记对山西坚定维护核心、修复政治生态的充分肯定。省直各单位党组

(党委)要牢记习总书记的指示,在开展主题教育、加强“三基建设”中把思想政治建设摆在首位。要进一步引深学用系列重要讲话,特别是要贯彻省委十一届四次全会通过的《关于深入学习贯彻习总书记视察山西重要讲话精神的实施意见》《关于深入学习贯彻习总书记在深度贫困地区脱贫攻坚座谈会上重要讲话精神的实施意见》,把两个实施意见中的各项举措落实到行动上、融入到工作中,进一步增强以实际行动维护核心、立足岗位践行讲话的思想自觉和行动自觉。

第二,要进一步深刻认识到,开展维护核心、见诸行动主题教育、加强“三基建设”是深化全面从严治党、推进“两学一做”学习教育常态化制度化的重要抓手。推进“两学一做”学习教育常态化制度化是全面从严治党的战略性、基础性工作。省直各单位党组(党委)在推进“两学一做”学习教育常态化制度化中要突出维护核心、见诸行动这个鲜明主题,抓实基层组织、基础工作、基本能力这个特色载体,通过深入开展主题教育、加强“三基建设”,着力解决省直系统管党治党突出问题,推动全面从严治党向纵深发展。

第三,要进一步深刻认识到,开展维护核心、见诸行动主题教育、加强“三基建设”是加强和改进党的领导、不断提升省直机关党建工作标准和水平的强劲推力。省委部署维护核心、见诸行动主题教育和“三基建设”两项工作以来,省直各单位党组织高度重视,精心组织实施,实现良好开局。但仍然存在一些突出问题。从前一段省委主题教育(“三基建设”)办公室和各工(党)委督查情况来看,有的单位工作部署还不到位,工作主题不突出,问题导向不明确,结合实际不紧密,缺乏推进落实的具体措施;有的制定《实施方案》就是照抄照转,没有深入地研究自身情况;有的单位抓“三基建设”只抓基层组织建设,而忽视了基础工作和基本能力;有的单位片面认为“三基建设”就是抓基层,与省直机关关系不大;有的单位发挥行业系统指导作用不够,缺乏对本系统开展主题教育、加强“三基建设”的深入研判,工作推进滞后;还有一些牵头单位在落实省委安排的重点任务时推诿扯皮,认为不是本单位的职责,有利益的时候抢在前面,有任务的时候退在后面。这些问题说到底,根子是思想认识问题。刚才发言的省发改委、省统计局、省扶贫办应该说思想认识是到位的,工作抓得是紧的,虽然工作成效只是初步的,但是说明他们在抓,刚才王赋同志也给予肯定,我想他们也代表了省直机关的绝大多数。但是各个部门工作开展不平衡,认识程度不一,重视程度不一,仍有一些部门和单位行动迟缓。省委主题教育(“三基建设”)办公室将上一次督查的情况,如实报给了省委主要领导,省委主要领导也作出了重要批示。今天会后,办公室安排张晓峰同志和王宏同志约谈上一次督查发现工作不到位的部门单位分管领导。希望各单位能够重视起来,迅速行动。今年机关党建的重点工作就是维护核心、见诸行动主题教育和迎接十九大,另外就是加强“三基建设”,这是省委作出的重大安排,省直机关都要带头落实,带头推进“两学一做”学习教育常态化制度化,把主题教育和“三基建设”摆在省直机关党建工作突出位置,在认识上高一筹、学习上深一步、实践上先一着,自觉主动从服务全省“三个大环境”的需要来推动主题教育、加强“三基建设”,不断提升机关党建工作标准和水平,给全省作出表率。

二、落实要到位

省委关于维护核心、见诸行动主题教育和“三基建设”的要求非常明确,现在的关键是要狠抓落实。7月15日省委书记骆惠宁同志在省委“三基建设”办公室提交的《全省“三基建设”进展简况》报告上作出批示:“再组织新一轮督查要坚持问题导向,要搞清省委25条贯彻落实情况。制定方案仅是第一步,关键看政策举措有没有落到基层,基层同志怎么看。”前两天,中组部部务委员李小新同志带队来山西督查脱贫攻坚工作时,乡、村的同志都讲到,早有“三基建设”就好了。基层的同志都知道,我们省直机关却有人不知道,有的单位连党组书记都没动静,这必须引起高度重视。省直各单位党组(党委)都要按照骆书记的批示精神,全力以赴,较真碰硬,把省委关于主题教育和“三基建设”的各项要求落到实处。

(一)关于开展维护核心、见诸行动主题教育,要做到“三个进一步”

一要进一步明确把学习贯彻习总书记视察山西重要讲话精神纳入主题教育。习总书记视察山西并作重要讲话,在山西发展史上具有重要里程碑意义。习总书记对山西各项工作给予的充分肯定、提出的总体要求和五项重大任务、发出的“为党的十九大胜利召开营造良好环境”号令,极大鼓舞了全省人民,明确了山西今后发展的大方向和大格局,为我们把握大局、抓好重点、继续前进提供了基本遵循和根本保证。学习贯彻习总书记讲话是当前重要政治任务。省委高度重视学习贯彻习总书记视察山西重要讲话,6月29日召开了规模较大的一次全省电视电话会,传达讲话精神。7月12日召开省委十一届四次全会,出台两个实施意见,明确提出要把学习贯彻习总书记重要讲话精神作为主题教育重点任务。按照省委安排,省委主题教育办公室昨天下发了《关于在维护核心、见诸行动主题教育中落实省委两个实施意见,深入学习贯彻习总书记视察山西重要讲话精神有关事项的通知》。刚才王赋同志也讲了,要带头学,首先就是学总书记讲话,各级党组织要按照通知要求,把学习贯彻讲话精神贯穿主题教育全过程,作为工作主线,深化细化学用举措,确保主题教育各项任务落实落地。各级党组(党委)中心组要对习总书记重要讲话进行系统深入的学习研讨,领导干部要先学一步、深学一层,带头撰写学习体会和理论文章,以普通党员身份参加所在党支部的学习,与党员一起讨论交流,带头谈认识、讲体会。省委办公厅已安排省委常委带头讲党课、下基层调研、参加支部生活,7月底前完成。其他各部门的党组书记也要带头。党支部要以党员大会、党小组会、讲党课和支部主题党日等形式,组织党员集中学习讨论交流,帮助党员加深对习总书记重要讲话精神的理解,牢固确立习总书记重要讲话的指导思想地位,把信仰信念建立在对系列重要讲话的思想认同、理论认同、情感认同上,把学用习总书记系列重要讲话精神全面提高到新水平，推动主题教育引向深入。

二要进一步聚焦主题教育，把维护核心、见诸行动这一主题在推进“两学一做”学习教育常态化制度化中更加突显出来。要切实提高政治站位，充分认识把维护核心、见诸行动主题教育作为今年全省推进“两学一做”学习教育常态化制度化鲜明主题的重要意义。这是我们省的特色做法，把维护核心、见诸行动主题教育作为“两学一做”学习教育常态化制度化的鲜明主题，也是表明了以骆惠宁同志为班长的山西省委向中央看齐的坚定态度。要紧紧围绕引导党员干部充分认识确立和维护核心的极端重要性来展开，不断深化对习近平总书记作为党中央的核心、全党的核心是全党的共同意志，是全党全军全国各族人民的共同心愿的自觉认同；要坚持知行合一、见诸行动，认真贯彻党中央重大决策部署，推进各项事业发展，在履职尽责、抓好工作上体现维护核心。近日，省委主题教育办公室组织编印《全省维护核心、见诸行动主题教育案例选编》，推广一批主题突出、推进扎实的典型经验，省直各单位党组（党委）要认真学习借鉴，确保在主题教育各项工作中走在前、做表率。

三要进一步抓实规定动作。按照主题教育“8+5”重点安排，下一步要抓好以下7项规定工作的推进落实。一是尽快组织开好学用习总书记视察山西重要讲话精神交流会。交流会要覆盖到各个层级，从班子成员，到处长、干事，都要有针对性地开展学习交流。二是继续深化巡视整改“回头看”工作。以“肃流毒、正本源、践忠诚”为主题在各级党组织开展专题警示教育，高质量完成“四对照”“三清单一制度”，确保“对照”到位、“清单”明晰、“制度”管用。三是做好十八大以来辉煌成就主题宣传。党的十九大即将召开，大家要按照统一的安排，积极宣传十八大以来的辉煌成就，紧密联系山西的重大变化，采取多种形式，充分宣传习总书记系列重要讲话精神的真理力量，充分展示十八大以来党和国家事业发展的生动实践和巨大成就，充分反映人民群众生活的新变化和实实在在的获得感。四是落实好省委部署的重点工作和重大改革推进会精神，尤其要把握好省委十一届四次全会部署的8个重大问题和工作着力点，扎实做好下半年各项重点工作。五是抓紧对本部门本单位上半年各项工作开展一次全面盘点，加强分析研判，提出改进措施，确保按时完成全年各项目标任务。六是及早谋划十九大精神的学习宣传贯彻工作。七是做好年底专题民主生活会和组织生活会各项准备工作，各单位党组（党委）要及早进行安排。

（二）关于推进“三基建设”，要做到“三个坚持”

一要坚持问题导向。骆书记亲自主持研究的省委加强“三基建设”25条意见，本身就坚持了问题导向，从基层组织、基础工作、基本能力三个维度，逐项寻找剖析影响决策部署推进落实、影响工作质量成效、影响治晋理政能力水平的突出问题。这次骆书记批示又强调坚持问题导向，检查25条落实情况，体现了骆书记抓落实的一贯要求。各部门各单位推进“三基建设”，也要坚持问题导向，切实找准本部门本单位在“三基建设”方面存在的突出问题，提出改进措施，攻坚克难、弥补短板。要及时发现“三基建设”工作推动当中的问题，更要深入一层了解在落实“三基建设”部署要求上还有哪些差距？哪些基础工作不到位？哪些基本能力不具备？等等。要多从深层次上推动工作，推动党建工作和业务工作融合，不能是“两张皮”。要敢于啃硬骨头，哪里工作容易卡壳，就从哪里改起；什么问题突出，就着重解决什么问题。要具体问题具体分析，对症下药、有的放矢，一把钥匙开一把锁，不能贪大求全，眉毛胡子一把抓。在基层组织方面，要注重发挥党支部作用，树立党的一切工作到支部的鲜明导向，把支部建设作为最重要的基本建设，突出党支部活动的政治性、严肃性，着力解决基层党组织政治功能不强、党的组织生活不规范、不严肃等问题；要充分发挥党员先锋模范作用，引导党员增强“四个意识”，坚持“四讲四有”，做到“四个合格”，着力解决党员意识淡化、群众观念淡漠等问题。在这里我强调一下，《中国共产党党和国家机关基层组织工作条例》规定，机关基层党组织在上级党的委员会或者党的机关工作委员会领导下开展工作，同时接受本部门党组（党委）的指导。各单位的党组一定要加强对支部工作的指导，不能光靠机关党委抓支部书记。省直机关很多支部书记都是处长，厅长作为党组书记，不能光抓业务工作，要先抓党建工作，抓支部书记履行职责。党组书记既要理直气壮抓处长的工作，更要理直气壮抓支部书记的工作。在基础工作方面，要按照科学化、规范化、制度化要求，明确部门和岗位职责，合理设置内设机构，规范工作流程，完善基础数据，健全工作制度，提高服务能力，改进管理水平，着力解决工作拖沓、管理混乱、底数不清、脱离群众等问题。在基本能力方面，要突出专业化要求，干什么学什么，缺什么补什么，大力度实施培训工程，推动全员学习，提升各级各类干部的能力素质，解决本领不高、能力不强、知识不足等问题。

二要坚持对标一流。“提升工作标准，创造一流业绩”是骆书记在省委十一届二次全会上提出的明确要求，也是省委加强“三基建设”的重要目标。一流的业绩需要一流的基层组织、一流的基础工作、一流的基本能力。对标一流，体现的是面临新形势新任务必须具有的精神境界和使命担当，我们省直工委更应该做到一流。各部门各单位都要按照省委要求，对照中央和省委部署、对照先进典型、对照人民群众期盼，找准差距和不足，科学确定对标内容，见贤思齐，比学赶超，做到认识上到位、行动上迅速、措施上得力，使全省“三基建设”有一个新的跃升。省直机关尤其要突出基础工作、基本能力建设要求，以严的标准、高的要求推进具体任务的落实。各厅局长作为党组书记，要牢固树立抓党建的意识，要认识到抓“三基建设”既是抓党建也是抓业务工作，不能把党建工作和业务工作割裂开来。省委加强“三基建设”文件中提出的关于基础工作、基本能力的要求，本身就是从抓党建工作入手推动业务工作。要制定基础工作标准，要严格对照国家标准、对照行业运行规则，向标准看齐；推进精细化管理，要积极借鉴发达地方、先进企业的理念和办法；制定基本能力标准，要向把工作做得最好的要求对标；实施培训工程，要站在面对新形势、迎接新挑战、走上新征程的高度谋划。要有时不我待的使命感和紧迫感,"三基建设"今年就要解决突出问题、初见成效,省委95项重点任务今年需要完成的有44项,要抓紧时间、倒排工期、细化进度、明确举措、责任到人,一项一项抓推进,一项一项抓落实。

三要坚持探索创新。把"三基建设"作为一个系统工程来全面推进,在我省还是第一次,许多工作没有先例可循,只有敢想敢试、积极作为,才能见到实效。各部门各单位都要坚持改革精神,把全面深化改革与"三基建设"紧密联系,立足当前、兼顾长远,在汲取先进经验的基础上大胆创新。省委25条措施,有的比较明确和详细,直接解决具体问题,有的则是从宏观上、原则上提出方向性的办法措施,还需要有关部门制定配套的政策措施,最终形成"1+N"的政策体系。各部门各单位要根据分工,结合自身工作职能,对需要出台配套政策的任务逐项进行研究。省委"三基建设"办公室针对基础工作标准、效能建设制度、党政机关干部通用能力标准等基础工作、基本能力建设的重点任务,抽调相关部门同志,成立3个重点项目组进行集中攻关,下一步将制定出台具体的落实措施和办法,就是要力求为各级各部门各单位提供框架性指导和样本参考。各部门各单位特别是重点任务牵头部门,要主动研究、不等不靠,组织精干力量对"三基建设"任务进行探索研究,争取形成一批制度性成果,成为可复制、可推广的先进经验。这项工作本身就是打基础、立长远的工作,抓好了以后对本系统本单位工作是一种推进,希望大家抓好。

三、组织领导要到位

省直各单位党组(党委)要切实担负起主体责任,把维护核心、见诸行动主题教育和加强"三基建设"摆在重要位置,认真谋划和推进。推进工作的任务首先是压给各个单位党组的。省直各部门各单位的党组,是全省最高层级的机关党组,执行省委的决定也应该是最坚决、最彻底的,要防止和解决"灯下黑"的问题。维护核心、见诸行动主题教育和"三基建设"是省委交给各部门各单位党组的政治任务,不仅仅是机关党委的任务,更是党组的政治责任、政治担当。领导干部政治上表现怎么样,对中央的要求、对省委的安排做得怎么样,态度如何,这是政治考验,是考核评价干部的第一道门槛。省直机关领导干部要做政治上的明白人,带头发挥"关键少数"的表率作用,积极担当作为,破解工作难题。党组主要负责同志尤其要看到,随着省委工作节奏进一步加快、标准进一步提高,对干部履职提出了新的考验,必须按照习总书记"大有作为"的指示要求,以崭新姿态干事创业,既要当好两项工作的领导者和推动者,又要当好示范者和实践者。党组(党委)主要负责同志要认真履行"第一责任人"职责,亲自抓谋划、抓推动、抓落实,对主题教育和"三基建设"的各项工作,都紧紧抓在手上,以上率下,身先士卒,切实做到心中有数、手里有招、肩上有责。我特别强调一下,请参会的同志转告本部门主要领导,省委在选配厅局长时,首先看是否能胜任党组书记,看政治素质怎么样,把握大局能力怎么样,能不能做党组书记,如果不能胜任党组书记,就不会安排任厅局一把手。所以厅局长的第一身份是党组书记,在抓行政业务工作前要先履行好党组书记职责,要抓好党建工作。其他行政副职也要履行好党组成员职责。党组书记要指导督促机关党委在主题教育和"三基建设"中发挥作用。各单位主题教育和"三基建设"办公室要主动履行工作职责,制定完善贯彻实施办法,明确具体政策和工作措施,扎实有序推进任务落实,确保工作有人管、任务有人担。广大党员要强化身份意识,充分发挥先锋模范作用,自觉贯彻落实省委要求,从自身做起,从现在做起,争当维护核心、见诸行动的排头兵,努力走在"三基建设"的前列。省直机关工委作为省委的派出机构,代表省委领导省直机关党的工作,这是《机关基层组织工作条例》上规定的。省直机关工委要切实承担起负责省直机关党建工作的重要职责。省直各部门各单位机关基层党组织,是在省直机关工委领导下开展工作的。所以省直机关工委要将主题教育和"三基建设"作为今年工作的重点之首,集中力量,组织人员,加强协调督导,推动各部门各单位机关党组织全面履行教育、协调、监督职责,切实把主题教育和"三基建设"各项任务落到实处。省直机关各部门相关党组织要按照会议要求,按照省直机关工委和本单位党组的要求,认真履行职责。要强化对工作的督促检查,坚持日常督查、专项督查和集中督查相结合,从严指导把关、严格责任落实,对思想重视不够、推进措施不力、工作成效不佳的单位要严肃问责追责。

同志们,大家都记得刚刚开过的省委十一届四次全会,骆书记特别强调指出要"五个倡导五个反对",即倡导亲自动手,反对当甩手掌柜;倡导深入具体抓工作,反对一般性号召部署;倡导改革创新破难题,反对因循守旧度日子;倡导钉钉子精神,反对浅尝辄止;倡导勇于担当,反对敷衍推责。作为省直机关的党组织和党员领导干部要更加坚定更加自觉地带头贯彻落实省委的安排部署,将骆书记的要求落到实处。让我们更加努力,认真学习贯彻落实习总书记视察山西重要讲话精神,不折不扣地落实省委决策部署,积极锐意进取、努力担当作为,以开展维护核心见诸行动主题教育和全面加强"三基建设"的扎实成效,迎接党的十九大胜利召开。

王赋同志的讲话

经省委同意,今天由省委主题教育办公室和省直工委联合召开省直机关维护核心、见诸行动主题教育暨"三基建设"工作推进会,进行再动员、再部署、再推动,充分表明省委对这项工作的高度重视。从前一段时间工作情况来看,省直大多数单位对开展主题教育和"三基建设"比较重视,总体上工作全面启动、进展态势良好,部分单位走在前列。刚才省发改委、省统计局、省扶贫办三家单位的发言,体现了贯彻落实省委重大决策部署的担当、进取和作为。

在肯定这一段工作的同时,要清醒看到省直各单位在推进这项工作中还存在一些不容忽视的问题。近期省直工委组织5个组对省直单位进行了调研督导,发现部分单位在思想认识、组织领导、工作推进上还存在一些问题，与省委的要求相比，还有很大差距，突出表现在四个方面。一是主题教育聚焦有差距。部分单位没有鲜明地突出维护核心、见诸行动这一主题，有的单位以日常党建工作代替主题教育，对"8+5"重点工作安排推进力度不大。有的学习教育与实际工作结合不紧，还仅仅停留在口号和表面上，在落实习总书记视察山西重要讲话精神、推进重点工作和重大改革上措施不多、效果不明显。二是"三基建设"进展有差距。有的只注重了本系统基层单位的"三基建设"，忽视了部门自身的"三基建设"。有的简单地以基层党组织建设替代"三基建设"，只注重基层组织建设，忽视了基础工作和基本能力建设，一些基础资料、基本信息和基本制度仍然不够完备，部分党员干部还存在"跟不上""不会干"的问题。三是牵头单位作用发挥有差距。工委最近两次集中听取牵头单位的任务推进情况，各牵头单位工作进展不平衡，个别单位对所承担的牵头任务推进缓慢、力度不大。四是工作方案结合实际有差距。有的单位虽然制订了方案，但标准不明确、措施不扎实，照抄照搬多，和部门实际结合不紧，缺乏针对性和操作性。有些单位出台了"三基建设"的文件和方案，但基层党员干部并不清楚、甚至不知道这项工作。

上述问题在省直单位都不同程度地存在，如不及时解决，将严重影响全省的主题教育和"三基建设"整体推进。现在已到7月底，落实好省委《实施方案》和"三基建设"意见提出的各项工作安排，时间紧、任务重，我们必须做到认识再深化、责任再强化、措施再实化，以钉钉子的精神，不折不扣地抓好落实。一会儿，汉圣部长还要作重要讲话，省直各单位要认真学习贯彻。

根据骆惠宁书记的指示精神，省直机关要以学习贯彻习总书记视察山西重要讲话精神统领各项工作，学用讲话要带头掀起热潮，"三基建设"要率先走在前列，严肃党内政治生活要严格落到实处。概括讲就是"一带头、三率先、一严肃"。为落实好骆惠宁书记指示要求，我讲三点意见。

一、带头学，在省直机关掀起学习宣传贯彻习总书记视察山西重要讲话精神的热潮

习总书记视察山西重要讲话，是系列重要讲话的有机组成部分，是我们做好各项工作的科学指南和根本遵循。省直机关作为全省各行各业的领导机关，在全省工作格局中处于重要地位、负有重要责任，要按照省委十一届四次全会部署要求，带头掀起学用讲话精神的热潮。

一要带头深学细研。学习贵在把握精髓、领会要义。省直部门党组(党委)中心组要起示范引领作用，坚持在学思践悟上用真功、下苦功，深刻理解和把握习总书记讲话的精神实质和科学内涵，真正使讲话精神成为指导推动各项工作的强大思想武器。要围绕习总书记视察山西重要讲话提出的总体要求和五项重大任务组织开展分领域、分专题集中学习研讨。基层党组织要通过领导干部讲党课、支部交流研讨等形式，开展丰富多样的学习活动。通过掀起学习热潮，推进主题教育，切实把广大党员干部的思想和行动统一到系列重要讲话精神上来，统一到习总书记对山西工作的重大要求上来，进一步增强"四个意识"，坚定"四个自信"，自觉在思想上、政治上、行动上同以习近平同志为核心的党中央保持高度一致。

二要带头学以致用。坚持联系实际学，以解决实际问题检验学习成效。省直各部门各单位、各级领导干部都要紧密联系部门和行业系统实际，把系统学习、深入研讨习总书记视察山西重要讲话精神，与推动转型发展、"三基建设"、全面从严治党等各项重点工作紧密结合起来，提高政治站位，把握大局大势，深入研究部门行业领域的短板差距、方向路径、措施办法等重大问题，探索规律，理清思路，找准工作的突破口和着力点，用改革的思路和创新的理念，提出破解难题的有效办法，制定加快发展的政策举措。要把习总书记对山西工作的重大要求逐项落实到实际行动上、融入到具体工作中，不断提高运用讲话精神指导工作、解决问题、推动发展的能力和水平。

三要带头营造氛围。要把学习贯彻习总书记重要讲话作为各级各类媒体宣传报道的重中之重，全方位广泛宣传，多视角深度解析，推动讲话精神进机关到基层，入心入脑、见行见效。结合学习习总书记视察山西重要讲话，省直机关党员干部尤其是党员领导干部要深入到转型重点项目、"三农"、脱贫攻坚、生态环保等领域基层一线，宣讲讲话精神，带着问题引深学习，帮助基层解决具体问题，推动讲话精神在我省落地生根，推动形成学用讲话的浓厚氛围。

二、做表率，在开展主题教育和加强"三基建设"中走在前列

省直机关各级党组织和广大党员干部要以习总书记视察山西重要讲话精神为指引，倡导"比能力、比服务、比担当、比奉献，促转型"为主要内容的"四比一促"活动，争当全省主题教育和"三基建设"的排头兵。

一是比能力，争当提升标准的标杆。加强基本能力建设是"三基建设"的重要内容，是落实省委"提升工作标准、争创一流业绩"要求的关键所在。省直工委将在8月底举办省直机关4项基本能力竞赛活动,各单位要立足行业特点，组织开展形式多样的教育培训和比赛竞赛活动，引导广大党员干部学业务、练技能、强本领，为高标准完成工作任务全面构建能力支撑，并力求重点提升。部门要比执行力。各单位尤其是牵头单位要对"三基建设"25条95项重点任务，挂图作战，倒排工期，强力推进。党建、业务各项工作都要提升落实效能，向省委上交合格答卷。党组织要比凝聚力。选优配强基层党组织班子成员，加强党务干部培训，严肃党内政治生活，坚持谈心谈话等制度，发挥战斗堡垒作用，切实增强基层党组织凝聚力战斗力。党员干部要比创新力。通过加强理论学习和实践锻炼，解放思想、更新观念，在发展理念、工作思路、管理服务等方面全方位创新，推动全面深化改革进入全国第一方阵。

二是比服务，争当优化环境的典范。省直部门要把改进服务作为深化主题教育和"三基建设"的重要抓手，在优化发

展环境上先行示范。省政府已经部署打造“六最”营商环境的系列专项行动,各部门各单位要坚决实施,压实责任,真抓实干。通过改进服务、改进作风,体现主题教育和“三基建设”成效,彰显风清气正新生态,展现振兴崛起新形象。

三是比担当,争当进取作为的先锋。要深刻感悟习总书记视察山西重要讲话精神中贯穿的强烈的担当意识,肩负起担当的责任和使命。落实激励干部担当作为干事创业和支持干部改革创新合理容错两个办法,引导党员干部成为“愿担当、能担当、敢担当”的先锋。

四是比奉献,争当干事创业的榜样。讲奉献,是我们党永恒不变的政治本色,是对党员领导干部的党性要求。贯彻落实习总书记对山西工作提出的总体要求和重大任务,全力推进“五位一体”总体布局和“四个全面”战略布局、践行新发展理念,都迫切需要广大党员特别是党员领导干部弘扬无私奉献精神。要在省直机关进一步引深“党员先锋行”,引导广大党员干部立足本职、献身事业,自觉把为民服务、为党分忧、为国尽责作为崇高追求。注重选树一批在主题教育和“三基建设”中涌现出的勤奋敬业、无私奉献的先进人物,用“身边人身边事教育身边人”,树好榜样、立好标杆,形成对标先进、赶超典型的向上态势,让讲奉献、比奉献、干事业蔚然成风。

三、严要求,坚定扛起管党治党的政治责任

世间事,做于细,成于严,从严是我们做好一切工作的重要保障。要实现党内政治生态持久风清气正的目标,就必须严格落实管党治党责任,在严肃党内政治生活中持续发力。

一是严守思想防线。严肃党内政治生活,是全面从严治党的根本性基础工作,是加强思想政治建设的有力抓手,也是坚定理想信念和锤炼党性的有效途径。省直机关各级党组织要把讲政治贯穿于党性锻炼和开展工作的全过程,贯穿于服务中心、建设队伍的全过程,使广大党员干部“四个意识”更加牢固,“四个自信”更加坚定。

二是严格组织生活。组织生活是加强和规范党内政治生活的重要手段。省直各级党组织要以加强“三基建设”为契机,进一步健全组织生活制度,认真落实“三会一课”、组织生活会、民主生活会、民主评议党员等制度,切实解决机关组织生活中存在的不规范、不经常、不严格的问题。讲好严肃党内政治生活专题党课,增强党课教育的针对性和实效性、吸引力和感染力。注重把党内政治文化融入“三会一课”等党内生活中,坚持融入日常,抓在经常。创新性地开展主题党日活动,从党的优良传统、中华优秀传统文化、革命文化、社会主义先进文化中汲取丰厚滋养,用红色基因固本培元,讲好政治文化建设的“山西故事”。

三是严明纪律规矩。省直各级党组织要坚定扛起全面从严治党的重大责任,结合巡视整改自行“回头看”,把本部门本单位管党治党工作摆进去,把落实党的制度和纪律的情况摆进去,对党内政治生活存在的问题深入排查整改,逐条逐项找不足、定措施、建机制、抓落实,坚决维护党的制度和纪律。各级党组织书记要把主体责任紧紧抓在手上,把严肃党内政治生活纳入述职评议考核的重要内容,着力提高党内政治生活的质量。

四是严肃督查问责。省直工委最近正在对省直机关开展主题教育和“三基建设”的情况进行调研督导。对工作推进缓慢、责任落实不力、党内生活制度形同虚设的要通报批评,问题严重的要严肃问责,督查结果作为年度党建工作与文明单位考核验收的重要依据,切实做到督查和问责同向发力、同步落实。会后,省委主题教育办公室和省直工委将对一些工作推进落后的单位进行约谈。

同志们,开展主题教育和“三基建设”事关大局、事关长远。我们要拿出恒心和韧劲,坚持在严和实、深和细上下功夫,在坚持不懈、持之以恒中见实效。以更高的标准、更严的要求、更扎实的作风,推动主题教育和“三基建设”深入开展,把省直机关党建工作提高到新的水平,以优异成绩迎接党的十九大胜利召开。

党的领导更加坚强有力

——我省深入推进“两学一做”学习教育常态化制度化、开展维护核心见诸行动主题教育综述(一)

求木之长,必固其本。

一年多来,省委深刻把握习近平总书记关于加强党的领导的重要思想,深入推进“两学一做”学习教育常态化制度化、开展维护核心见诸行动主题教育,充分履行把方向、管大局、做决策、保落实职责,在重大原则问题上不含糊、勇担当,把党的领导体现到各领域各方面。各级党委(党组)毫不动摇坚持和完善党的领导,领导力、凝聚力和战斗力不断增强,党的路线方针政策在三晋大地上生根开花结果,三晋儿女正昂首阔步踏上新的征程。

维护核心　见诸行动

事在四方,要在中央。

“坚决与以习近平同志为核心的党中央保持高度一致,坚决维护以习近平同志为核心的党中央权威,坚决贯彻落实党中央确定的路线方针政策。”省委提出“一个指引、两手硬”工作思路和要求,鲜明确立系列重要讲话对全省工作的统领地位,并始终把学用系列重要讲话摆在首位,把系列重要讲话作为准绳,用以指导决策部署、解决重大问题、衡量工作成效,在广大党员干部群众中牢固确立讲话的指导思想地位,以实际行动维护党中央集中统一领导。

省委认真贯彻《中国共产党地方委员会工作条例》,对全省经济社会发展实行全面领导,对全省党的建设全面负责,领导更加坚强有力。

4月下旬,省委部署开展深入推进"两学一做"学习教育常态化制度化、开展维护核心见诸行动主题教育。省委中心组带头开展学习,省委常委会专题研究《实施方案》,并在省委十一届三次全会上作出全面部署。省委常委会研究制定省委常委工作安排,省委常委带头参加24项活动,为全省作出示范。

党代会、全委会、常委会、深改领导组会……一年来,省委自觉做到作任何重大决定、部署任何重大工作都以落实党中央大政方针为前提,每次都要梳理重温习总书记相关论述,主动对标,或坚持或加强改进,结合山西实际形成思路举措,做到干中学、学中干。

省委常委会定期听取省人大、省政府、省政协和省法院、省检察院五家党组汇报,研究群团工作,支持国防和军队改革建设,保证各方面工作的正确方向。省委先后召开深化脱贫攻坚、改革推进、优化营商环境等重大会议,出台深化国企国资改革、服务雄安新区建设等重要意见和工作方案。特别是认真贯彻习近平总书记"7·26"重要讲话和视察山西重要讲话精神,结合山西资源型经济转型发展的实际,团结带领全省人民,坚定不移推进全面深化改革,综合施策加快转型发展,切实以重点工作和重大改革的实际成效维护核心。

在省委的示范带动下,全省上下推动学用系列重要讲话不断向广度和深度拓展,全省干部群众维护核心的思想自觉和行动自觉不断增强。

战斗堡垒　先锋模范

火车跑得快,全靠车头带。

在省委常委会的带动下,各级党委(党组)认真学习贯彻习总书记系列重要讲话精神,使学习贯彻过程成为深入研究问题、切实解决问题的过程,成为形成新思路、新举措、新制度的过程,成为推动工作上台阶、全面加强党的建设向基层延伸的过程。

"打不赢脱贫攻坚战,就对不起这块红色土地。"省扶贫办党组坚决扛起脱贫攻坚的政治责任,把党支部建在组上,党员干部集结在一线,联动承接领导小组办公室工作。

"对破坏营商环境、不改革、假作为的干部零容忍。"晋中市委创新机制选干部,实行县委书记"承诺制"、县长任期目标责任制、部门"一把手"业绩台账制,强化正负激励、绩效管理。

"以创新让太钢成为中国制造的典范。"太钢集团党委主动以创新为国企使命担当,致力于提高供给质量和供给能力,争做创新的"国家队"。

……

一年多来,党的旗帜在基层阵地高高飘扬,基层党组织战斗堡垒更加坚固,党员领导干部理想信念更加坚定,党员模范先锋作用充分发挥。在扶贫攻坚的第一线、在转型发展的主战场、在改革开放的最前沿,到处活跃着共产党员无私奉献、实干担当的身影。他们树立榜样,传递正能量,正在汇聚成奋力建设资源型经济转型发展示范区、打造全国能源革命排头兵的磅礴力量。

加强"三基"　争创一流

根深而枝叶茂。

省委把落实抓基层打基础这一"长远之计和固本之策"摆在突出位置,制定出台加强"三基建设"的《意见》,提出25条政策举措,并专门召开会议进行部署。各地各部门把"三基建设"作为维护核心、见诸行动的重要内容,结合"两学一做"常态化制度化深入推进各项任务落实。全省党员干部自觉对标先进、争创一流,整体工作水平得到提升。

忻州市建立市级领导包县指导制度,把"三基建设"与中心工作同安排、同督促、同考核、同问责、同推进。阳泉市要求把"三基建设"成效体现到服务群众、促进改革、推动发展、化解矛盾、维护稳定上。运城市严格按照省委"三基建设"办公室确定的13项重点任务和市委"十个专项行动"要求推进,促进"三基建设"整体任务落实。山西大学将支部建在科研团队和年级专业,推进"双带头人"培育工程,打牢组织依托。山西大学党委书记师帅深感,只有让师生感受到党就在身边,才能和党肩并肩、心连心。

全省各级各部门通过加强"三基建设",正有效构建重心下移、力量下沉、保障下倾的体制机制。"三基建设"带来的变化随处可见:全省党员干部战斗力和凝聚力明显提升,服务意识显著增强。各级党委、政府重视基层、大抓基层蔚然成风。各级各单位切实对标先进、改进作风、提升标杆,激发出内生动力和营造出干净干事的环境。

在系列重要讲话精神指引下,三晋儿女正克服艰难险阻,迎着朝阳再出发。

(2017年10月9日《山西日报》　尚慧辉)

勇担使命　走出资源型经济转型发展战略新路

——我省深入推进"两学一做"学习教育常态化制度化、开展维护核心见诸行动主题教育综述(二)

转型发展是一场深刻的革命,山西要来一次浴火重生。这一次重生的思想源头,就是习近平总书记的经济发展思想,坚持以新发展理念为指导,打开资源型经济转型发展的新局面。

今年6月,习总书记视察山西时高屋建瓴地提出:"实现资源型地区经济转型发展,形成产业多元支撑的结构格局,是山西经济发展需要深入思考和突破的重大课题。"这一重要讲话,为我们这个典型的资源型地区经济转型发展,把准了脉搏,开出了药方,指明了方向。

依靠资源以至于依赖资源沉溺于资源，是资源型地区的典型特点。近年来，山西经济的几番起起伏伏、跌宕波折，在转型发展的道路上付出了艰辛的努力，但并没有取得我们期待的效果，甚至没有跳出“市场好时不想转型，市场差时无力转型”的循环。一煤独大、一股独大、产品初级化、主导产业结构单一等问题并没有实质性改变。

去年6月底在全省领导干部会议上，省委提出“一个指引、两手硬”工作思路和要求，鲜明确立了习总书记系列重要讲话对全省工作的统领地位。特别是把习总书记系列重要讲话作为指导实践的强大思想武器，把习总书记治国理政新理念新思想新战略作为指导山西经济发展的坚强理论支撑，在学习贯彻过程中不断破解发展难题，推动转型发展。

由此，在“两学一做”的实践中，省委作出了坚定不移地在推动转型发展中走出山西路径的战略选择。

今年2月，山西转型综合改革示范区管委会正式揭牌，示范区从启动筹建到管委会正式揭牌运行，仅用了3个多月时间；从管委会揭牌运行到起步区奠基开工，仅用了2个月的时间，首批总投资超千亿元的71个项目开工建设。

6月29日，《山西省资源型城市转型发展“十三五”规划》出台，为全省4类13个资源型城市逐一分析问题、量身定制发展方案，引导资源型城市逐步摆脱传统发展模式依赖，积极培育发展新动能。

9月，国务院印发《关于支持山西省进一步深化改革促进资源型经济转型发展的意见》，进一步凸显了我省在全国改革发展大格局中的战略地位和对资源型经济转型的示范意义，充分体现了党中央国务院对山西的巨大支持和殷切期望。《意见》为山西确立了6大任务，牢固构建起山西转型发展的四梁八柱。

去年至今，省委团结带领全省人民，坚定不移推进全面深化改革，综合施策加快转型发展，全省呈现出主动转型、创新转型、深度转型、全面转型的积极态势。山西自觉用新理念引领新常态，以供给侧结构性改革扭转经济下行困局，奋力走出资源型经济转型发展新路。

一年来，全省经济结构、质量、效益呈现出显著的积极变化，转型态势正在形成，主要表现在5个方面。

——新兴产业规模稳步增长，集聚效应加速形成，充分发挥了开发区作用。今年1月—7月，全省战略性新兴产业工业增加值增长11.7%，高于规上工业增速3.5个百分点。开发区承接了全省80%以上新开工项目，贡献了60%以上的新兴产业产值。

——煤炭产业结构优化，先进产能明显提升，落后产能加速退出。2016年以来，我省坚持去产能和发展先进动能相结合，积极推进煤炭产业优化升级。去年关闭煤矿25座，退出煤炭产能2325万吨，为全国第一。今年，我省关闭的18座煤矿已于5月份全部停工停产，退出产能1740万吨。截至上半年，全省一级安全质量标准化煤矿产能占比达到55.6%。

——技术改造力度加大，设立了专项资金，完善了政策体系，社会资本正向重点技术改造项目集聚，形成一批新的工业经济增长点。技改八大专项工程明显见效，全省392个重点技改项目中的88个项目投产或部分投产。1月—7月，全省技改投资完成391.7亿元，增长17.6%，高于全省工业投资增速20个百分点，高于全国平均水平5个百分点，居全国第16位。

——全省重大基建项目规划和建设进展顺利。铁路、公路、机场、轨道交通、水利、煤层气管网、外送电通道、市政、口岸等9类重大基础设施共有重点项目92个，目前总体进展顺利，投资情况良好。

——全省招商引资考核实现从“重签约”向“重落地”转变，招商引资项目实现从“求数量”向“重质量”转变，合作协议内容实现从“意向化”向“项目化”转变。去年9月以来，各市共落地674个项目，总投资额4471.9亿元。

思想有多远，行动就有多远。

习总书记经济发展思想是山西经济转型发展的科学指南。山西在“融会贯通、学以致用、全面覆盖”中，必将改革创新、勇担使命、攻坚克难，坚定走出资源型经济转型发展的战略新路。

（2017年10月10日《山西日报》 张临山）

打好意识形态工作主动仗

——我省深入推进“两学一做”学习教育常态化制度化、开展维护核心见诸行动主题教育综述（三）

今年9月，全省各地大中小学新学期开学之际，以学习贯彻习近平总书记视察山西重要讲话精神为主题，在各级各类学校组织开展“开学第一课”思想政治教育活动。

“两学一做”基础在学，关键在做。“开学第一课”便是我省深入推进“两学一做”学习教育常态化制度化、开展维护核心见诸行动主题教育的一个具体行动。省委把学习习近平总书记系列重要讲话精神作为加强意识形态工作的首要任务，把抓意识形态作为更高层次的抓发展，以思想理论武装为先导工程，将意识形态工作纳入各级党委（党组）中心组、党校、行政学院等学习培训的重要内容，切实增强“四个意识”，坚定“四个自信”，打好意识形态工作主动仗。

旗帜鲜明地“引”，传播正能量

一个国家的强盛，离不开精神的支撑；

一个民族的进步，有赖于文明的成长。

在我省，无论大街小巷，还是公园广场、机场车站，都可以看到活泼形象展示主流价值观的公益广告与城市景观，社会主义核心价值观就在百姓身边。

核心价值观是一个国家、一个民族赖以维系的精神纽带，是共同的思想道德基础。

今年4月，榜样山西——第六届山西道德模范颁奖仪式举行，一个个感人的事迹，一次次打动着每一个观众。

社会主义核心价值观让人们看得见、摸得着、离得近，社会主义核心价值观的培育弘扬不断深化。

与此同时，省委强化问题导向，加大对群众反映强烈问题的整治力度，深入开展治理行动。对“老赖”顽疾重拳出击，去年太原562个失信被执行人名单录入最高人民法院网络平台，并进行信用惩戒，限制其在金融机构贷款、办理信用卡或高消费。今年6月，太原市交警支队开展“四项重点违法”行动，机动车不礼让斑马线成为整治重点之一。

要以德润心，也要以文化人。

文化是意识形态领域争夺最激烈的前沿阵地，省委着力夯实文化软实力根基，使文化软实力“形于中”而“发于外”。文艺创作生产持续繁荣，舞剧《粉墨春秋》、说唱剧《解放》、图书《乍放的玫瑰》《少年的荣耀》、电视剧《革命人永远是年轻》《幸福生活万年长》、动画片《终极大冒险》、广播剧《种树人》、歌曲《阳光路上》荣获中宣部精神文明建设“五个一工程奖”；《粉墨春秋》《解放》分获“文华大奖”和“文华优秀剧目奖”。

文化服务能力显著提升，全省“三馆一站”（公共图书馆、文化馆、美术馆、文化站）全部实现免费开放；政府购买公共演出等机制初步建立，“文化惠民在三晋”“书香三晋·文化山西”等主题活动蓬勃开展。

润物细无声，人们的精神文化生活日益丰富，社会主义核心价值观逐渐内化于心、外化于行。

理直气壮地“抓”，种好“责任田”

只有经济建设不断取得成就，人民群众不断得到实惠，意识形态工作才有坚实的物质基础；只有切实抓好意识形态工作，才能为经济社会发展提供坚强的思想保证、强大的精神力量和丰润的道德滋养。

省委将意识形态工作纳入各级党委（党组）中心组、党校、行政学院等学习培训的重要内容，在全省开展以“总书记视察山西讲话进基层”为主题的基层宣讲、“深入学习贯彻习近平总书记系列重要讲话精神和治国理政新理念新思想新战略”经验交流会等一系列活动。

在以“总书记视察山西讲话进基层”为主题的基层宣讲活动中，运城市组织培训4227名基层宣讲骨干奔赴一线，将总书记视察山西重要讲话精神传至河东大地各个角落。大同市将主题宣讲与“三基建设”紧密结合，为全市乡镇（街道）选配专兼职宣传委员141人，充实了宣讲队伍。忻州市委宣传部充分利用已有的终端网络集群，积极发挥“随手拍”积累的广泛基础，努力使主题宣讲与融媒体完美结合。

本立而道生，本固而木荣。

制度既是成果体现，又是巩固成果的保障。去年，中央出台了《党委（党组）意识形态工作责任制实施办法》，省委认真贯彻中央要求，制定了实施细则，推动全省各级党委（党组）落实意识形态工作主体责任，切实加强对意识形态领域工作的统筹指导。

科学规范地“管”，守好“主阵地”

思想阵地真理不去占领，歪理就会滋生。省委围绕坚定信心、凝聚人心，进一步深化思想理论建设，加强思想文化阵地管理，有力确保了意识形态工作落细落实、落地生根。

省委宣传部与山西大学共建马克思主义学院，抓“课程思政”，社会史中心探索情景化教学，把课堂开在田间地头。山西大学注重把传统方法与新媒体相结合，开设“微党课”；把专业培养和文化熏陶相结合，原创《信仰的力量》大型交响音乐会，打造“一院一品”文化品牌；以“三基建设”为载体，将支部建在科研团队和年级专业，打牢组织依托。

“互联网＋媒体”带来传播格局发生深刻变化，互联网已经成为舆论传播的重要渠道和舆论斗争的主战场。省委把提升网上正面宣传流量和水平作为主攻方向，加强网络内容建设和话语表达方式创新，不断积聚网上正能量。

坚持党管媒体原则，加强正面宣传，紧紧围绕作风建设、经济建设、精准扶贫等开展主题宣传，凝神聚力效果进一步显现；加强新媒体建设，确保宣传思想工作在新媒体上“主航线”不偏移。

当前，我省进入全面建成小康社会决胜阶段，我们党正在进行具有许多新的历史特点的伟大斗争。三晋人民必将铸牢对党绝对忠诚信念，在意识形态斗争的风口浪尖上岿然不动、屹立不倒。

（2017年10月11日《山西日报》 王早霞）

构建文明有序安全稳定社会环境

——我省深入推进“两学一做”学习教育常态化制度化、开展维护核心见诸行动主题教育综述（四）

9月19日，全国社会治安综合治理表彰大会召开，我省多个集体和个人受到表彰。其中，安泽县被中央综治委授予全国综治最高奖“长安杯”称号。自1949年以来，安泽全县94%的行政村没有发生过刑事案件，连续多年未发生到市赴省进京“非访”案件，先后荣获“2005-2008全国社会治安综合治理先进集体”“2009-2012全国平安建设先进县”等荣誉……

安泽的荣誉就是山西的缩影。党的十八大以来，我省深入学习贯彻习总书记系列重要讲话精神和治国理政新理念新思想新战略，大力实施依法治省，积极推进司法体制改革，从源头上化解矛盾，民主法治建设进一步加强，法治山西建设扎实推进，人民生活安居乐业，社会保持和谐稳定。

改革和法治如鸟之两翼、车之双轮。我省把法治山西建设摆到全局来推进,确保在深刻变革中既生机勃勃又井然有序,逐步实现治理体系和治理能力的现代化。近年来,先后出台《山西省社会治安综合治理条例》《关于执行社会治安综合治理一票否决权制的规定》等一系列落实综治领导责任制的文件规范,扎实开展"六六创安"工程,平安山西建设不断取得新成效,人民群众安全感和满意度持续上升。去年底,又制定出台了《山西省健全落实社会治安综合治理领导责任制实施办法》,详细规定了问责主体、执行机关、追责程序、从重情形、从轻情形、免责情形,真正使铁规发力、禁令生威。

积极推进司法体制改革试点工作,深化行政执法体制改革,增强了执法司法公信力,推动形成办事找法、遇事找法、解决问题用法、化解矛盾靠法的良好环境。今年1月份,全省135个法院全部完成首批法官入额遴选,入额法官90%以上充实办案一线。3月底,启动员额法官退出机制。全面落实司法责任制,全省两级法院制定出台了各自的相关制度规定,推进实施具备"四梁八柱"功能的司法责任制制度框架已基本搭建成型。

7月12日,省检察院检委会审议通过了《关于落实司法责任制的实施意见(试行)》,与之相配套的15个检察官权力清单也已起草完成。今年下半年,全省检察机关将在所有非试点的检察院全面推开以司法责任制改革为核心的司改试点工作,力争在人员分类管理改革、职业保障政策落地和人财物省级统管方面取得阶段性成果。

亲贤社区地处太原市中心地段,属于典型的城中村,寸土寸金。城市改造实施整村拆除中,社区党委书记侯丽琳主动带头在没有拿到补偿的情况下先拆除自家及亲属院落,并走家串户给群众做工作,拆迁过程中没有出现一起安全责任事故,没有一起信访案件,没有一起财产纠纷诉讼案件,并创造了年内全部拆完的"亲贤速度",成为太原市整村拆除的示范和标杆。

群众工作做细做实,矛盾自然减少,社会也就稳定和谐了。右玉县从县直各部门、各单位选派了一批副科级或中层以上干部进村协助开展排查调处矛盾纠纷工作,今年以来已排查各类矛盾纠纷52起,调处52起,调处率100%。翼城县司法局与县电视台合作,在全国首创方言普法短剧电视栏目《经纬剧场》,连续坚持12年,编播普法短剧520余部,成功探索出一条普法工作的新路子。

牢固树立总体安全观,从源头上化解矛盾纠纷,全面构建立体化治安防控体系。近年来,省委、省政府将平安建设作为创优全省经济社会发展环境和全省转型综合改革试验区建设的重要举措,强力部署推进。省综治委制定出台了《平安山西建设五年规划(2013–2017年)》,以"六六创安"工程为载体,积极推进各项任务落实,取得显著成效。

为进一步增强矛盾纠纷调解合力,山西省综治委构建了县、乡、村三级矛盾纠纷调解平台,并着力在卫生、交通、保险、旅游、人力资源和社会保障等12个规模大、矛盾纠纷集中的行业系统建立了行业性调解组织,逐步健全人民调解,完善行政调解,规范司法调解,发展社会调解,形成了以调解中心为枢纽,以纵向分级负责、横向对接联动为特点的矛盾纠纷多元调解机制。2016年,山西全省共评估重大决策项目744件,其中准予实施718件,暂缓实施21件,不予实施5件,通过评估,积极采取防范措施,努力化解和降低风险,有效避免和减少因决策失误引发的重大矛盾纠纷。

全省公安干警按照习总书记"肩扛公正天平、手执正义之剑,以实际行动维护社会公平正义"的谆谆教诲,把公平正义作为政法工作的生命线,守好维护社会公平正义的最后一道防线。2012年以来,全省公安干警有48名因公牺牲、280名光荣负伤。广大公安干警以辛勤的付出和汗水、以宝贵的鲜血和生命谱写出一曲又一曲忠诚之歌、正义之歌、为民之歌。

民之所望,施政所向。刚刚过去的国庆、中秋"两节"期间,全省城乡平安祥和。"全省社会大局持续稳定,治安秩序良好,各大型活动安全顺利,重点旅游景区、公共场所秩序井然,道路交通畅通;接报各类警情同比下降6.6%,刑事类警情同比下降4.7%……"这是省公安厅对"两节"假期的通报,给人鼓舞,让人振奋。

(2017年10月12日《山西日报》 陈俊琦)

以铁的手腕加强生态环保工作
加快建设美丽山西步伐

——我省深入推进"两学一做"学习教育常态化制度化、开展维护核心见诸行动主题教育综述(五)

良好生态环境是最公平的公共产品,是最普惠的民生福祉。

"不能让群众连个白衬衫都不能穿。"前不久,我省环保督察整改期间,临猗县临晋镇与环保、电力、供水等部门联合行动,拉闸停电、关阀停水,短时间内让多年影响当地居民生活的长燃煤场成为历史。与此同时,为彻底从源头上解决问题,该镇进一步细化、强化网格化环境监管机制,把环境监管下沉到村、下沉到组。站在刚刚被取缔的煤场内,附近居民张嘉莹不由感叹:"这事干得真漂亮!"

这只是记者截取的一个现场特写,类似情景在三晋大地不胜枚举。

随着"两学一做"学习教育深入推进,我省生态环境保护工作真抓实干,见诸行动,在铁腕治污力度不断加大的同时,生态文明制度框架初步构建,"大环保"格局轮廓初现,生态环境保护工作走向标本兼治。

绿色发展理念深入人心

习总书记视察山西时指出,坚持绿色发展是发展观的一场深刻革命。要从转变经济发展方式、环境污染综合治理、自然生态保护修复、资源节约集约利用、完善生态文明制度体系等方面采取超常举措，全方位、全地域、全过程开展生态环境保护。

长期以来，由于能源与产业结构双重制约，我省结构性污染问题不断显现，部分地区经济发展和环境保护的矛盾日益突出，同时，加之管理粗放，科学治污、精准治污水平不高，导致污染之患一直难以根除。为此，省第十一次党代会提出，把生态文明融入经济社会发展全过程，让绿色成为美丽山西"底色"。近一年来，我省不仅铁腕治污力度空前，而且坚持把环境质量改善作为政治纪律来坚守，作为顶层设计来谋划，作为中心工作来统筹。

4月28日，中央环保督察组入驻山西，全省上下把配合好环保督察作为一项重要政治任务，迅速行动、立行立改。省委、省政府领导率先垂范，带头包案，领办重点环境整改事项。与此同时，我省11市全部建立了党政主要领导领办督办机制，很快形成各具特色、勇于争先的局面，确保了中央环保督察组交办的群众反映事项事事有落实、件件有回应。

今天，绿色发展在我省已深入人心，环保工作说起来重要，做起来不要的局面彻底改观，取而代之的是人一之、我十之的自觉行动。大局观、长远观、整体观已经在各级党政官员的内心深处树立起来，建设生态文明事关人民福祉、事关发展的大计开始成为一种政治自觉。

"大环保"格局轮廓初现

"两学一做"首先要看干部怎么学、如何做，只有进一步强化主体责任意识，才能紧紧牵住生态环境保护的牛鼻子。

治污先治吏，督企先督政。2016年7月，我省推出环保新政，实行"党政同责、一岗双责、权责一致、失职追责"的督查机制，通过机制体制的改革创新，进一步厘清各级党委、政府及相关职能部门的环保工作职责，形成高位推动环保工作的合力，构建"大环保"工作格局。这一改革使环保督查对象、督查层面、督查内容发生根本变化，从制度层面为环保"一票否决制"的落实奠定了基础，在我省环保史上具有里程碑意义。

日前，《山西省2017–2018年秋冬季大气污染综合治理攻坚行动方案》出台。为了让《方案》顺利落地，我省同时制定了问责配套方案，以PM2.5同比下降15%为标准，完成比例低于60%的问责副市长，低于30%的问责市长，不降反升的问责市委书记。同时结合我省采暖期实际，将二氧化硫指标纳入量化问责范围。通过量化问责，真正把大气污染治理任务与市县党委、政府责任捆绑在一起，一层一层、一级一级地把责任压下去，促使市县党委政府认真履行环保责任，落实污染治理任务。

用改革办法筑起源头严防、过程严控、后果严惩"三道防线"。正是因为紧紧牵住"党政同责、一岗双责"这个牛鼻子，健全了横向到边纵向到底的主体责任体系，今天，我省美丽山西建设开始步入以上率下、层层推进的轨道，环保工作主体责任压力传导不够的问题得以有效解决，切实做到了真管真严、敢管敢严、长管长严。

对转型发展形成倒逼之势

9月27日，盂县中信焦化有限公司装煤车除尘系统的更新改造正在紧张进行。在这次改造完成之后，炼焦和装煤过程中所产生的烟尘将全部被吸收到这个除尘器中，回收的粉尘将会被二次利用，最终达到无烟尘推焦装煤的效果。

该县环保局负责人介绍说，通过环保督查严格的要求，倒逼企业达到排放限制标准，使得企业转型升级步伐进一步加快，其市场竞争能力也得到进一步增强。

决不以牺牲环境为代价去换取一时的经济增长。如何立足山西实际，走出一条具有山西特色的生态文明建设之路，是摆在我们面前的重大课题。以省第十一次党代会为标志，转型综改、创新驱动已经成为山西发展的明确指向。随后，省委十一届二次全会暨经济工作会议对加强创新驱动、转型升级工作指明了具体路径，为实现环境质量改善打开了新空间。在新发展理念下，我省经济发展与环境保护之间的关系发生了根本变化。像抓经济发展一样抓环境保护，以环保升级倒逼产业升级，在山西新的发展时期，生态环境保护与经济转型升级已经开始融为一体。

以系统工程思路推进生态建设，强化生态修复，推进资源节约集约利用，对破坏生态环境行为坚决出重拳、零容忍。2016年与2013年相比，我省11个设区市环境空气平均达标天数增加66天，PM2.5平均浓度下降22.1%，环境空气质量总体好于周边多数省份；地表水水质优良断面比例上升2个百分点，劣Ⅴ类水质断面比例下降4个百分点，城市集中式饮用水源地总体水质达标率为92.6%，全省土壤环境质量总体好于全国平均水平。今年1至2月份，我省"四类典型案件"查处量全国排名第一，获得环保部通报表扬。

经济生态两手硬，青山金山长相依。今日山西环保，已经挥别"头痛医头、脚痛医脚"的治理模式，相信随着标本兼治模式的开启，一个人说好风光的美丽山西将指日可期！

（2017年10月13日《山西日报》 贾力军）

为了让人民过上幸福生活

——我省深入推进"两学一做"学习教育常态化制度化、开展维护核心见诸行动主题教育综述（六）

10月10日，太原市阳曲县大盂镇上原村80岁的郭二锁老人从阳曲县人民医院出院，不仅治疗得好，更让人惊喜的是，住院21天，花费2.38万元，报销了94%，个人只承担1219元。家里人连连说，真没想到，报销比例这么高。

郭大爷属于建档立卡贫困人口,住院报销赶上了我省8月出台的医保改革新政策。按照新政,我省从今年7月1日起,对全省201万建档立卡贫困人口实行"三保险、三救助",通过基本医疗保险、大病保险、补充医疗保险确保农村贫困人口住院总费用实际报销比例达到90%以上。此外,像郭大爷这样的农村建档立卡贫困人口医保个人缴费由财政资金全额资助;属于省定24类重特大疾病晚期患者将由民政部门给予5000元大病关怀救助,对有需求的持证贫困残疾人免费适配辅助器具;报销以外,个人承担费用仍有困难的少数特殊困难人群,由民政部门给予特殊帮扶,实现贫困人口看病就医的兜底保障。

"三保险、三救助"用改革办法率先打出了破解深度贫困地区因病致贫返贫"支出型贫困"的组合拳。不仅贫困人群医保待遇"特惠"提高,城乡居民医保待遇同时"普惠"提高,全省2600万城乡居民获益。

民生是人民幸福之基、社会和谐之本。习近平总书记围绕改善民生作出了一系列重要论述。省委深入贯彻习总书记关于民生工作的重要指示精神,从人民群众最关心最直接最现实的利益问题抓起,把增进人民福祉作为责任担当,始终坚持不懈保障和改善民生,财政对民生的投入占总支出的80%。脱贫攻坚攻城拔寨深入推进,一大批惠民富民工程紧锣密鼓实施,习总书记强调的12件民生实事和我省年初确定的6件民生实事不断落地,各项社会事业不断发展,人民群众幸福感获得感不断增强。

脱贫攻坚是第一民生工程。"打不赢脱贫攻坚战,就对不起这块红色的土地。"

我省贯彻精准方略,以层层"双签"、省领导联系贫困县全覆盖压实政治责任,特色产业扶贫、增绿与增收统一、实施易地搬迁、化解"支出型贫困"等超常规举措攻克贫困堡垒,一项项政策措施相继出台,在全省落地生根、开花结果。

"搬迁欣逢十九大,安居感谢共产党。"这是交口县桃红坡镇辛燕花家喜迁新居的对联。这两天,她家与其他76户贫困户不花一分钱,从偏远的三个自然村搬进了镇上窗明几净、设施齐全的移民安置新小区,并逐步参与到养猪、香菇园、茯苓种植等增收项目中,实现搬得出、稳得住、能致富。

易地搬迁"六环联动"解决了"一方水土养不了一方人"。我省3350个深度贫困村将分三批整村搬迁,2019年底前全部挪出穷窝,入住新居,拔掉穷根。

生态脱贫"互促双赢"。越来越多的农村贫困人口吃上了"生态饭",贫困群众春天种树、秋天剪枝,按月领工资。今年全省400万亩造林任务,70%安排到了贫困县,交给了贫困户为主体的造林扶贫合作社,实现了增绿又增收。

产业重构"到村到户"。目前,全省贫困村有主导产业的83.7%,贫困户中有增收项目的79.5%。扶贫小额信贷今年新增40.35亿元,同比增长18倍,8.7万户贫困户受益。

就业是民生之本。到6月底,我省城镇新增就业27.9万人,同比增长23.5%;全省转移农村劳动力21.7万人。"吕梁山护工""天镇保姆"……响亮的品牌逐步在全国叫响。吕梁山护工学员王润珍说,走不出去,家就是我的世界;走出去,世界就是我的家。技能培训让这些昔日围着锅台转的农村妇女插上了改善生活、命运转折的理想之翅。我省今年实施6万名建档立卡农村贫困劳动力免费职业培训,目前已有5.9万人参训。实施失业保险补贴职工提升职业技能,全省近9万职工可以获益。

老百姓钱袋子鼓了起来。提高乡镇工作补贴,法官检察官改革增资,提高冬季取暖补贴,提高最低工资标准,提高退休人员基本养老金水平,提高医疗工伤失业保险和低保待遇,落实以增加知识价值为导向的分配政策……一项项增收新政惠及三晋儿女。

教育是民生之基。义务教育财政预算内经费由2010年的183.08亿元,增加到2016年的429.98亿元。今年春季开始,统一城乡义务教育学生"两免一补"政策,而且孩子到哪里上学,"两免一补"和生均公用经费随孩子流动携带到哪里。

社保是民生之盾。我省社会保障建设全面发力,参保范围扩大、待遇稳步提高、服务日趋便捷。医疗保险方面,以城镇职工、城乡居民两种医保制度为支撑,全省全民全覆盖的医保制度体系已初步建成,覆盖3226万人。养老保险方面,到今年年底,全省机关事业、企业和城乡居民三种养老保险制度全部建立,全省全民全覆盖的养老保险制度体系初步建成,2313万人参保,638万人享受养老保险待遇。失业、工伤、生育保险覆盖规定职业人群。全省五项社保综合参保率达95%。编密织牢的困难群众兜底保障网,稳稳地守护着百姓幸福和安康。

居民如何清洁温暖过冬?城乡教育如何均衡发展?家庭医生签约服务如何更见成效?如何让"舌尖上的安全"更有保障……成为省委省政府牵挂的事。习总书记强调的12项民生改革和民生工程,我省年初提出的6件民生实事,全部进入省政府"13710"督办系统,狠抓落实落地。残疾预防重点干预和残疾儿童抢救性康复项目,36个贫困县建档立卡的农村妇女免费"两癌"检查,城乡怀孕妇女免费产前筛查与诊断服务,农村老年人日间照料中心建设,免费送戏下乡演出……一件又一件民生实事,一年又一年艰苦努力,惠民实事持续刷新民生刻度。

这些天,我省在全省范围内征集2018年的省级民生实事,问需于民,开始了新一轮改善民生新征程,逐步提高人民生活水平,更好增进人民群众福祉。

(2017年10月14日《山西日报》 高建华)

坚持全面深化改革 塑造对外开放新形象

——我省深入推进"两学一做"学习教育常态化制度化、开展维护核心见诸行动主题教育综述(七)

一只只机械手臂繁忙工作，流水线上的工人们精心总装，山西本土生产的新能源汽车一辆接一辆下线……在晋中市，山西新能源汽车工业有限公司受益于营商环境改善，升级改造后的生产线今年正式投入运营。

在大同市，铁公机、岸港网建设正使"煤都"加快成为山西对外开放桥头堡。8月31日，大同机场航空口岸临时开放后，迎来大同－柬埔寨国际航线成功首航。由柬埔寨天空吴哥航空公司执飞的航班在大同云冈机场顺利起飞，载着174名游客飞往柬埔寨观光。

……

在习近平总书记系列重要讲话精神的指引下，我省坚持全面深化改革，塑造对外开放的新形象。三晋大地，改革开放步履沉稳铿锵，处处呈现发展新局面。

山西改革决不能落后

全面深化改革是"四个全面"战略布局中具有突破性和先导性的关键环节。习近平总书记强调："改革开放是决定当代中国命运的关键一招，也是决定实现'两个一百年'奋斗目标、实现中华民族伟大复兴的关键一招。"

党的十八大以来新一轮改革大潮涌起，山西怎么办？省第十一次党代会作出响亮回答：在新一轮改革开放中彰显山西气魄。

秉持"山西发展相对滞后，但改革决不能落后"的理念，我省坚定不移推进全面深化改革，形成了全面发力、多点突破、纵深推进的良好态势。

以供给侧结构性改革为主线，我省坚决落实"三去一降一补"任务，把改造提升传统动能与培育新动能结合起来。2016年度，我省煤炭去产能成绩亮眼：关闭25座煤矿，退出产能2325万吨，居全国第1位。与此同时，我省坚持问题导向和目标导向相结合，聚焦引领性、基础性、关键性改革。去年下半年以来，省级层面出台的改革类制度性文件涉及资源型经济转型发展、国资国企、电力体制、生态环保、司法体制、党的建设等多个领域。各领域改革不断提速，改革举措出台的数量之多、力度之大前所未有。

改革越向纵深推进，遇到的硬骨头越多。按照总书记的"四个亲自"重大要求，我省各级主要领导干部坚持"既挂帅又出征"，勇当"施工队长"，争当改革的促进派和实干家，并运用"三个三"方法，努力推动综改试验、行政审批、国企国资、生态文明、党的建设等领域改革走在前列，力争跻身全国"第一方阵"。

改革引领全方位开放

改革和开放相辅相成、相互促进。改革必然要求开放，开放也必然要求改革。去年以来，我省以扩大开放倒逼深化改革，以深化改革促进扩大开放，开发区改革、国企国资改革、"放管服效"改革等一批重大改革全面推开，形成与对外开放交融互动的新格局，进一步提升了山西的新形象。

2016年12月初，我省启动开发区二次创新创业，提出把开发区建设成为新兴产业的集聚区、先行先试的试验田、对外开放的桥头堡、创新驱动的主引擎、绿色发展的先行区和全面小康的加速器。作为全省开发区改革创新的第一"硬招"，整合了省内8个产学研园区的山西转型综改示范区应运而生。2017年4月，示范区首批总投资超千亿元的71个项目正式奠基开工。

在此基础上，山西全面打造"六最"营商环境。企业投资项目试行承诺制、实行无审批管理，正是其中一项突破性举措。2017年7月，项目承诺制试点在全省10个开发区同步落地。

"放管服效"改革持续加力，给企业带来更多获得感。实行政务服务事项全流程网上办理，让办事企业和群众"最多跑一次"。"13710"工作制度提升政府效能，所有事项都要跟踪到底、销号清零。商事制度改革进一步推进。9月1日起，我省新整合12项涉企证照事项到营业执照上，在原来"五证合一"的基础上，实现"十七证合一"，大大地节约了企业办证成本，提高了办事效率。这些改革硬措施，为山西打造国际化、法治化、便利化的营商环境提供了源头活水。

国企国资改革战役全面打响。7月31日，省国有资本投资运营有限公司揭牌成立，标志着我省国有资产管理体制从"管资产"向"管资本"转变迈出了实质性步伐。山西大地环境投资公司、山西云时代公司挂牌成立，交控集团、水务集团等抓紧筹建。改革绘好"图纸"，架起四梁八柱，施工进入高峰期。

与此同时，我省按照"二流财政，要有一流人才投入政策"的要求，出台了一系列含金量较高的政策措施。落实"用人自主权"，取消"控编进人卡"和"进人计划卡"，保障"分配自主权"，扫除人才流动障碍，破除人才评价束缚……为开放发展集聚人才资源，培育竞争新优势。

改革造就投资热土

各领域改革密集落地，为打造内陆地区对外开放新高地注入了新动力，增添了新活力，拓展了新空间。山西，日益成为投资创业的热土。

晋中市引进的山西新能源汽车公司纯电动车项目，是项目承诺制改革的受益者。得益于这一创新，2017年7月，这家企业顺利完成了生产资质、产品公告等全部手续的审批办理,并对四大工艺进行改造,达到了建设年产15万辆的产能条件。企业负责人说,随着营商环境优化,投资山西的信心更足了。2017年1–7月,在一揽子改革措施助推下,晋中市招商引资和项目落地实现新突破。全市通过会审并签约的招商引资项目137个,总投资1415亿元。

从全省来看,省商务厅数据显示,2016年9月以来,山西招商引资共签约项目1377个,总投资额11699亿元,与苏宁、华为、阿里巴巴、百度、中国核工业集团、中国兵器工业集团等一批行业龙头企业签订战略合作协议,展开项目合作。对外合作方面,截至2017年8月底,山西5年来与63个合作方签署68份合作协议。

改革开放带来的红利还有很多。2月15日,两台太重大型矿用挖掘机搭乘中欧班列,前往俄罗斯列索西比尔斯克。此后,中欧班列班次在全省逐渐增加,为企业走出去打开了新通道。山西全面实施海关通关一体化改革,加快国际贸易"单一窗口"建设,主要进出口口岸已实现"出口直放""进口直通",企业投资贸易更加便利。此外,我省还在加快推进大同、运城、五台山航空口岸正式开放。由此带来的人流、物流等将进一步促进外向型经济发展。

改革开放只有进行时,没有完成时。以改革激发新的动力,以开放打开新的局面。山西,将继续勇立潮头,坚定前行!

(2017年10月15日《山西日报》 张巨峰)

持续构建风清气正的政治生态

——我省深入推进"两学一做"学习教育常态化制度化、开展维护核心见诸行动主题教育综述(八)

尽管已经过去3个多月,提起6月30日在北京举行的那场特殊的专题宣介会,许多亲历者仍然记忆犹新,精神振奋。那天,中共中央对外联络部举行"中国共产党的故事 全面从严治党——山西省委的实践 风清气正、奋发有为"专题宣介会,向世界展示山西省委深入实践习近平总书记治国理政新理念新思想新战略,落实全面从严治党要求取得的积极成效。从一度政治生态退化的受害者,变为全面从严治党的受益者,全面从严治党就像一场洗刷雾霾的春雨,不仅净化了山西政治生态,而且激发了党员干部干事创业的内生动力。

省委提出"一个指引、两手硬"工作思路和要求,以上率下,带领全省各级党组织以实际行动维护核心,贯彻全面从严治党要求——持续推进党风廉政建设和反腐败斗争、全面构建良好政治生态,这一手始终是硬的。

2017年6月底,习近平总书记视察山西时肯定省委狠抓全面从严治党,指出山西政治生态已经由"乱"转"治"。实践表明,推进山西各项工作,管党治党居于引领地位、起着保障作用。

坚定扛起主体责任,书记抓、抓书记,推动管党治党向纵深发展

管党治党责任监督也能使用信息化手段?忻州市委、市纪委积极探索实践,依托市电子政务网络平台,在繁峙县试点建设落实全面从严治党"两个责任"全程纪实信息化管理系统,取得初步成果。目前,已在全市各级党组织全面推开,实现履行管党治党责任全程纪实、全程监督和全程留痕,推动管党治党责任精准落实。

这是全省各级党组织认真履行主体责任、创造性开展工作的一个缩影。

党要管党,首先是党委要管、党委书记要管。

2016年下半年以来,省委深入领会贯彻习总书记全面从严治党思想,在前一段有效治理的基础上,坚定扛起全面从严治党主体责任,提出了"巩固、深化、提高"的工作方针,书记抓、抓书记,一级抓一级,认真落实《中国共产党廉洁自律准则》和《中国共产党纪律处分条例》,着力在"全面构建"上做文章,不断推动管党治党向纵深发展。

从全面构建良好政治生态推进会到省第十一次党代会,从省纪委十一届二次全会到6期省管干部研讨班,省委始终强调全省各级党组织要认真履行好全面从严治党的主体责任,党委(党组)书记要做管党治党的书记;要警惕"减减压、松口气、歇歇脚"的心态,警惕一些地方和部门对主体责任"纸上写写、嘴上讲讲、墙上挂挂",并没有真正扛在肩上的现象;要抓好领导干部这个"关键少数",增强从政治上看待全面从严治党的思想自觉。

在省委的带动下,全省各级党组织自觉扛起主体责任,逐级传导压力。吕梁市委建立了履职报告、诫勉约谈、签字背书、述纪述廉述作风述主体责任等责任倒逼机制,坚决防止责任"虚化""空转";长治市以加强基层组织建设和严肃党内政治生活为关键环节,制定3个配套文件,层层压实主体责任,强化日常督促检查;芮城县纪委督促县委落实主体责任,并把全县所有乡镇和县直单位落实"两个责任"不到位等共性问题作为必须整改的问题,明确时限责任抓落实……

通过实践,各级党组织责任意识不断强化,主体责任落地生根。

打出正风反腐"组合拳",形成反腐败斗争压倒性态势,党风政风社会风气明显好转

2016年7月31日,省纪委通过中央纪委监察部网站通报了一批落实主体责任不力被问责的典型案例,山西物产集团党委书记、董事长荣建民名列其中,他因下属3个公司发生严重违纪问题被问责。事后,荣建民表示,对于此事追悔莫及,如果当时发现苗头时,集团党委、纪委能够摆出硬态度,坚持追查、追责,就有可能挽救一批多年培养的党员干部。通过这次问责,荣建民深刻理解了"权力就是责任,责任就要担当"这句话的含义。不明确责任,不落实责任,不追究责任,从

严治党是做不到的。

动员千遍不如问责一次。省委强化严肃问责，出台《贯彻问责条例实施办法》(试行)，以问责推动履职尽责；省纪委紧紧围绕“两个责任”特别是主体责任，不断加大问责力度，推动形成“一级抓一级、一级管一级”的工作态势。

全省各级党组织纷纷拿起问责利器，吕梁市公安局副局长、离石区公安分局党委书记、局长张弘等人因离石区看守所多名管教民警违纪违法问题被问责；天镇县民政局前后四任局长、两任纪检组长因一名职工严重违纪被追责……失责必问、问责必严成为常态，推动管党治党从宽松软走向严紧硬。

同时，省委坚决贯彻中央对山西工作的重要指示，以零容忍态度大力严惩腐败，持续推进正风肃纪，做到关口前移，挺纪在前，抓早抓小。据统计，2017 年 1 月至 8 月，全省各级纪检监察机关处置问题线索 30587 件，开展谈话函询 12804 件次，对 8479 人给予组织处理。特别是我省注重推动全面从严治党向基层延伸，2017 年以来，全省严肃查处群众身边的不正之风和腐败问题 3021 件，处理 3021 人，给予党纪政纪处分 2772 人；共查处扶贫领域问题 1098 件，处理 1098 人，给予党纪政纪处分 964 人。省委还充分发挥巡视利剑作用，全面展开市县巡察。十一届省委已开展 2 轮巡视，完成对省直板块 48 个党组织的巡视。

这一套正风反腐“组合拳”成效明显，我省反腐败斗争压倒性态势已经形成，党风政风社会风气明显好转。

把握正确用人导向，涵养党内政治文化，党内政治生活气象更新，激发广大党员干部内生动力

国庆刚过，全省 1196 个乡镇就迎来了新生力量——省委从省市县三级机关事业单位选派 9973 名年轻干部到乡镇挂职帮助工作。目前，这些挂职干部已全部完成岗前培训，正式到岗履职，其中，省直单位选派干部全部分配到贫困县乡镇。

这是省委加强“三基建设”，加快培养后备干部的又一重大举措。

省委认真贯彻习总书记系列重要讲话精神，着眼于建设高素质专业化干部队伍，出台深化激励干部担当作为、干事创业和鼓励干部改革创新、合理容错政策措施，制定关于深化人才发展体制机制改革实施意见，激发干部奋发有为的精气神，激活人才这个最宝贵的资源。特别是以换届为契机狠抓干部队伍建设，树立鲜明正确的用人导向，一大批忠诚干净担当的好干部被选拔任用到各级领导岗位，基层干部群众普遍反映这次换届风清气正，成效最实。

党内政治文化是融入党员、干部血脉的精神标识，反映着党员、干部的精神追求。

省委高度重视涵养党内政治文化，在全国率先出台加强党内政治文化建设的实施意见，把加强党内政治文化建设纳入党建工作责任制，大力弘扬革命精神。

全省各级党组织大力弘扬太行精神、吕梁精神、右玉精神，太行干部学院、右玉干部学院正式揭牌并投入使用，一大批干部在这两座学院固本培元，用红色资源、革命文化和时代精神滋养精神、净化心灵。

同时，全省各级党组织还注重以提高廉洁意识为重点的党员领导干部家庭、家教、家风建设。运城市纪委监委在“廉洁运城”微信公众平台推出“运城市廉政警示教育展馆”，极大方便了在线学习党规党纪、接受警示教育、领略优秀廉政文化；忻州市委针对个别党组织、党员干部把警示教育“当戏看”“当故事听”的现象，把教育对象由原来的副科级以上干部扩展到全体党员干部，建立了案例进教材、干部进基地、家属进课堂、教育进社会、宣传进平台、警示进档案的“六进”工作机制。

党内政治生活气象更新，激发了广大党员干部的内生动力，带领全省人民，撸起袖子加油干、扑下身子抓改革，全省各项事业呈现出强劲发展态势。

(2017 年 10 月 16 日《山西日报》 刘 宇)

转型综改和供给侧结构性改革

国务院《关于支持山西省进一步深化改革促进资源型经济转型发展的意见》

（2017年9月1日）

各省、自治区、直辖市人民政府，国务院各部委、各直属机构：

山西省是我国重要的能源基地和老工业基地，是国家资源型经济转型综合配套改革试验区，在推进资源型经济转型改革和发展中具有重要地位。当前，我国经济发展进入新常态，对资源型经济转型发展提出了新的更高要求。为加快破解制约资源型经济转型的深层次体制机制障碍和结构性矛盾，走出一条转型升级、创新驱动发展的新路，努力把山西省改革发展推向更加深入的新阶段，为其他资源型地区经济转型提供可复制、可推广的制度性经验，现提出以下意见。

一、总体要求

（一）指导思想。全面贯彻党的十八大和十八届三中、四中、五中、六中全会精神，深入贯彻习近平总书记系列重要讲话精神和治国理政新理念新思想新战略，认真落实党中央、国务院决策部署，统筹推进“五位一体”总体布局和协调推进“四个全面”战略布局，牢固树立和贯彻落实新发展理念，坚持以提高发展质量和效益为中心，以推进供给侧结构性改革为主线，深入实施创新驱动发展战略，推动能源供给、消费、技术、体制革命和国际合作，打造能源革命排头兵，促进产业转型升级，扩大对内对外开放，改善生态环境质量，实现资源型经济转型实质性突破，将山西省建设成为创新创业活力充分释放、经济发展内生动力不断增强、新旧动能转换成效显著的资源型经济转型发展示范区。

（二）基本原则。

——坚持改革引领。坚持解放思想、实事求是，以推进供给侧结构性改革为主线，大胆破除阻碍经济转型的观念理念和体制机制束缚，率先复制、推广全国各类体制机制创新经验，先行布局重大改革试点试验。

——聚焦产业转型。以能源供给结构转型为重点，以产业延伸、更新和多元化发展为路径，建设安全、绿色、集约、高效的清洁能源供应体系和现代产业体系。

——突出生态优先。大力推进生态保护和环境治理，加快构建生态文明制度体系，形成生产发展、生活富裕、生态良好的新局面。

——加强协同联动。强化山西省主体责任，加强与京津冀地区互动合作，加大国家层面指导和支持力度，协同推进资源型经济转型。

（三）主要目标。到2020年，重点领域供给侧结构性改革取得阶段性成果，能源革命总体效果不断显现，支撑资源型经济转型的体制机制基本建立。煤炭开采和粗加工占工业增加值比重显著降低，煤炭先进产能占比逐步提高到2/3，煤炭清洁高效开发利用水平大幅提高、供应能力不断增强，打造清洁能源供应升级版。战略性新兴产业增加值占地区生产总值比重达到全国平均水平，研究与试验发展经费投入占地区生产总值比重争取达到全国平均水平，初步建成国家新型能源基地、煤基科技创新成果转化基地、全国重要的现代制造业基地、国家全域旅游示范区,转型发展成果惠及城乡居民,确保与全国同步进入全面小康社会。

到2030年,多点产业支撑、多元优势互补、多极市场承载、内在竞争充分的产业体系基本形成,清洁、安全、高效的现代能源体系基本建成,资源型经济转型任务基本完成,形成一批可复制、可推广的制度性经验,经济综合竞争力、人民生活水平和可持续发展能力再上一个新台阶。

二、健全产业转型升级促进机制,打造能源革命排头兵

(四)推动能源供给革命。引导退出过剩产能、发展优质产能,推进煤炭产能减量置换和减量重组。全面实施燃煤机组超低排放与节能改造,适当控制火电规模,实施能源生产和利用设施智能化改造。优化能源产业结构,重点布局煤炭深加工、煤层气转化等高端项目和新能源发电基地。研究布局煤炭储配基地。鼓励煤矸石、矿井水、煤矿瓦斯等煤矿资源综合利用。结合电力市场需求变化,适时研究规划建设新外送通道的可行性,提高晋电外送能力。布局太阳能薄膜等移动能源产业,打造移动能源领跑者。在新建工业园区和具备条件的既有工业园区,积极实施多能互补集成优化示范工程,推进能源综合梯次利用。以企业为主体,建设煤炭开采及清洁高效利用境外产能合作示范基地。

(五)推动能源消费革命。支持山西省开展煤炭消费等量、减量替代行动,扩大天然气、电能等清洁能源和可再生能源替代试点范围,因地制宜发展地热能、太阳能等可再生能源。加强对“煤改电”、农村电网改造升级的资金补贴支持,提高省内电力消纳能力。加快推进煤炭清洁高效利用,推动焦化、煤化工等重点领域实施清洁生产技术改造。在农村居民用煤等重点替代领域,实施一批电能替代工程。加快实施民用、工业“煤改气”工程。

(六)深化能源体制改革。坚持煤电结合、煤运结合、煤化结合,鼓励煤炭、电力、运输、煤化工等产业链上下游企业进行重组或交叉持股,打造全产业链竞争优势。鼓励有条件的煤炭和电力企业通过资本注入、股权置换、兼并重组、股权划转等方式,着力推进煤矿和电站联营。鼓励山西省探索建立能源清洁高效利用综合补偿机制,支持新兴能源产业及相关产业发展和生态修复。鼓励山西省引导社会资本建立能源转型发展基金。积极推进电力体制改革综合试点和吕梁等地增量配电业务试点。全面实现矿业权竞争性出让。建立煤层气勘查区块退出机制和公开竞争出让制度。鼓励煤炭矿业权人和煤层气矿业权人合资合作,支持符合条件的企业与山西省煤层气开采企业合作。将煤层气对外合作开发项目审批制改为备案制,将煤炭采矿权范围内的地面煤层气开发项目备案下放至山西省管理。落实煤层气发电价格政策,进一步调动发电企业和电网企业积极性,加快煤层气资源开发利用。

(七)实施产业转型升级行动。深入实施“中国制造2025”,加快信息化与工业化两化深度融合,推进两化融合管理体系贯标试点。支持山西省开展国家智能制造试点示范。重点发展新一代信息技术、轨道交通、新能源汽车、新材料、航空航天、生物医药、文化旅游等新兴产业和先进产品。支持开展传统产业绿色改造,构建绿色制造体系,培育发展一批绿色产品、绿色工厂、绿色园区和绿色产业链。支持山西省开展大数据创新应用,推动大数据产业发展。支持运城市建设铝镁合金产业基地。加快推进航空测绘、通用航空、航空仪表等航空航天产业发展。积极推进全域旅游示范区建设,推动文化旅游融合发展,打造文化旅游支柱产业,支持有条件的市县创建国家级旅游业改革创新先行区。建设省域国家级文化生态保护实验区。支持大同市建设综合康养产业区。

(八)建立新兴产业培育扶持机制。国家在重大生产力布局特别是战略性新兴产业布局时给予山西省重点倾斜。支持山西省老工业城市创新创业能力建设,加快新旧动能转换。支持山西省创建智能制造创新中心和铝镁合金、碳纤维等新材料创新中心。支持山西省主动对接京津冀等东部省市,探索建立合作机制,开展互派干部挂职交流和定向培训,学习东部地区培育发展新兴产业的先进经验和做法。

三、深入实施创新驱动发展战略,促进新旧动能接续转换

(九)完善传统产业转型升级政策体系。依托山西省要素资源优势,实施现代煤化工升级示范工程。开展“煤—电—铝—材”一体化改革试点,推动铝工业转型升级。积极支持山西省军民深度融合创新发展工作。鼓励山西省探索创新国防科技成果就地转移转化管理办法及利益分配政策机制。推进农业供给侧结构性改革,发展特色、精品农业,打造山西“农谷”综合性、专业性科创中心,鼓励山西杂粮生产大县争创特色农产品优势区。完善和推广有机旱作农业,将有机旱作农业打造成现代农业的重要品牌。建设优质杂粮产地交易市场和中药材交易中心。

(十)增强协同创新能力。实施国家技术创新工程,加快推进能源技术革命。通过国家自然科学基金、国家科技重大专项、中央财政引导地方科技发展资金等现有资金渠道支持山西省科技创新。在大科学装置等重大创新基础设施布局上给予山西省重点倾斜,推动在山西省布局科技创新基地,提升科技创新服务转型发展的能力。鼓励山西省实施企业技术创新重点项目计划,开展区域骨干企业创新转型试点,创建国家科技成果转移转化示范区。推动太原国家创新型城市建设,支持具有较好基础的城市创建创新型城市。支持企业和产业技术创新战略联盟构建专利池,推动形成标准必要专利。推行科技创新券、鼓励开展知识产权质押融资,促进科技和金融结合,发展一批主营业务突出、竞争力强、成长性好、专注于细分市场的专业化“小巨人”企业。培育壮大天使投资、创业投资和私募股权投资,满足不同发展阶段和特点的创新型企业融资需求。

(十一)培育打造创新创业平台。支持山西省国家双创示范基地建设。鼓励山西省探索高职院校与企业合作办学,开展现代学徒制试点。支持开展产教融合型城市、行业、企业建

设试点,支持山西省地方院校开展高水平应用型本科高等学校建设试点。扶持地方科研院所和高校加快发展,继续通过中西部高校综合实力提升工程支持山西大学建设与发展。支持中科院与山西省深化“院地合作”,推进科技创新成果在山西省落地转化。

(十二)统筹推进开发区创新发展。根据开发区总体发展规划和省内不同地区经济发展需要,稳步有序推进开发区设立、扩区和升级工作,支持发展较好的省级开发区升级为国家级开发区,不断提高发展质量和水平。支持以符合条件的开发区为载体,创建战略性新兴产业集聚区、国家高(新)技术产业(化)基地、国家新型工业化产业示范基地。创新开发区建设运营模式,实行管理机构与开发运营企业分离,引导社会资本参与开发区建设,支持以不同所有制企业为主体投资建设、运营、托管开发区,以及在现有开发区中投资建设、运营特色产业园。支持山西省整合太原市及周边各类开发区,高起点、高标准建设转型综合改革示范区,在科技创新重大平台建设、科技金融结合、政府治理体系和治理能力现代化等方面开展探索示范。在山西转型综合改革示范区及国家级开发区落实中关村国家自主创新示范区先行先试的科技成果使用处置和收益管理改革等政策。

(十三)实施人才强省战略。完善吸引人才的政策环境,为人才跨地区、跨行业、跨体制流动提供便利条件。探索人才双向流动机制,允许科技创新人才在高校、科研院所与企业间双向兼职。强化人才激励机制,支持山西省相关单位开展以增加知识价值为导向的分配政策试点。深化干部人事制度改革,探索在专业性较强的政府机构和国有企事业单位设置高端特聘岗位,实行聘期管理和协议工资。

四、全面深化国有企业改革,激发市场主体活力

(十四)实施国有企业改革振兴计划。抓紧出台山西省国有企业专项改革实施方案,按照创新发展一批、重组整合一批、清理退出一批的要求,促进国有资本向战略性关键性领域、优势产业集聚。在煤炭、焦炭、冶金、电力等领域,加大国有经济布局结构调整力度,提高产业集中度。支持中央企业参与地方国有企业改革,并购重组山西省国有企业。开展国有资本投资、运营公司试点,推动若干重大企业联合重组。推行国有企业高管人员外部招聘和契约化管理制度,建立国有企业外部董事、监事、职业经理人人才库。

(十五)更大程度更广范围推行混合所有制改革。制定出台山西省国有企业混合所有制改革工作方案,率先选择30家左右国有企业开展混合所有制改革试点。在系统总结试点经验基础上,深入推进全省国有企业混合所有制改革,除极少数涉及国家安全的国有企业外,鼓励符合条件的国有企业通过整体上市、并购重组、发行可转债等方式,逐步调整国有股权比例。支持中央企业与山西省煤炭、电力企业通过相互参股、持股以及签订长期协议等合作方式,形成市场互补和上下游协同效应。引导民营企业参与山西省国有企业混合所有制改革,鼓励发展非公有资本控股的混合所有制企业。积极引入有效战略投资者,规范企业法人治理结构,实行市场导向的选人用人和激励约束机制。通过试点探索混合所有制企业员工持股的可行方式。

(十六)加快解决历史遗留问题。允许山西省国有企业划出部分股权转让收益以及地方政府出让部分国有企业股权,专项解决厂办大集体、棚户区改造和企业办社会等历史遗留问题。中央财政对厂办大集体改革继续给予补助和奖励,山西省可结合实际情况,将自筹资金和中央财政补助资金统筹用于接续职工社会保险关系、解除劳动关系经济补偿等改革支出。全面深入推进国有企业职工家属区“三供一业”分离移交。对于中央下放企业职工家属区“三供一业”分离移交中央财政补助资金,在确保完成工作任务基础上,可按规定统筹用于地方国有企业职工家属区“三供一业”分离移交工作。

(十七)促进民营经济健康发展。坚持权利平等、机会平等、规则平等,废除对非公有制经济各种形式的不合理规定。在山西省开展民营经济发展改革示范,重点培育有利于民营经济发展的政策环境、市场环境、金融环境、创新环境、法治环境等。着力构建“亲”“清”新型政商关系,打造良好营商环境,不断提振民营经济发展信心。打破基础设施、市政公用设施、公共服务等领域的行业垄断和市场壁垒,切实降低准入门槛,支持民间投资应入尽入。遴选一批有较好盈利预期、适合民间资本特点的优质项目,鼓励民间资本组建联合体投标,推进政府和社会资本合作。完善产权保护制度,甄别纠正一批社会反映强烈的产权纠纷申诉案件。

五、加快推进重点领域改革,增强内生发展动力

(十八)深化“放管服”改革。全面对标国内先进地区,健全精简高效的权责清单和负面清单制度,统一规范各类审批、监管、服务事项。支持市县级政府设立统一行使行政审批权的机构,推广“一个窗口受理、一站式办理、一条龙服务”,逐步推进政务服务全程网上办理。推进“证照分离”改革试点,全面清理和大幅压减工业产品生产许可证,探索改进产品认证管理制度,加快推进认证机构与政府部门彻底脱钩。试点企业投资项目承诺制,探索建立以信用为核心的监管模式。调整优化行政区划,按程序调整大同市、阳泉市城区、郊区、矿区设置,解决设区的市“一市一区”等规模结构不合理问题。完善政府守信践诺机制,建立健全政府失信责任追究制度及责任倒查机制。

(十九)创新财政金融支持转型升级方式。对山西省主导产业衰退严重的城市,比照实施资源枯竭城市财力转移支付政策。中央预算内投资在山西省农村旅游公路建设、生态建设、扶贫开发和社会事业等方面比照西部地区补助标准执行。支持山西省推进完善地方政府专项债券管理,着力发展项目收益与融资自求平衡的专项债券品种,保障重点领域项目建设融资需求。支持山西省开展水资源税改革试点和环境污染强制责任保险试点。在去产能过程中,通过综合运用债务重组、破产重整或破产清算等手段,妥善处置企业债务和

银行不良资产，加快不良贷款核销和批量转让，做到应核尽核，依法维护金融债权。鼓励金融机构与发展前景良好但遇到暂时困难的优质企业有效对接，开展市场化法治化债转股。支持山西省在符合条件的情况下设立民营银行。支持企业开展大型设备、成套设备等融资租赁业务。在依法审慎合规的前提下，鼓励金融机构设立绿色金融专营机构，大力开展绿色金融业务。研究建立大同国家级绿色金融改革创新试验区。

（二十）改革完善土地管理制度。坚持最严格的耕地保护制度，严格划定永久基本农田，实行特殊保护。积极创造条件，在山西省推广国家综合配套改革试验区土地管理制度改革经验，在确权登记颁证基础上，推进农村承包土地经营权、农民住房财产权等农村产权规范流转。实施工业用地市场化配置改革。优化开发区土地利用政策，适应产业转型升级需要，适当增加生产性服务业、公共配套服务、基础设施建设等用地供给，探索适合开发区特点的土地资源开发利用方式。大力推进土地整治，支持城区老工业区和独立工矿区开展城镇低效用地再开发，积极开展工矿废弃地复垦利用试点和中低产田改造。加快推进采煤沉陷区土地复垦利用，对复垦为耕地的建设用地，经验收合格后按程序纳入城乡建设用地增减挂钩试点范围，相关土地由治理主体优先使用。允许集中连片特困地区、国家和省级扶贫开发工作重点县的城乡建设用地增减挂钩节余指标在全省范围内流转使用。试点建立“以奖代补、以补代投”激励机制，充分发挥财政资金撬动作用，吸引社会资金投入，大规模开展高标准农田建设。

（二十一）推动城乡一体化发展。加快资源型城市特别是资源枯竭城市转型，促进城矿协调发展，推进产城融合。支持长治市创建国家老工业城市和资源型城市产业转型升级示范区。加快发展中小城市和特色小城镇，实现城镇基本公共服务常住人口全覆盖，推动具备条件的县和特大镇有序设市。深入推进社会主义新农村建设，抓好传统村落保护，推动基本公共服务向农村延伸，全面改善农村生产生活条件，建设幸福家园和美丽宜居乡村。

（二十二）集中力量打赢脱贫攻坚战。以吕梁山、燕山—太行山两个集中连片特困地区为重点，聚焦深度贫困难题，坚持精准扶贫、精准脱贫基本方略，推进脱贫攻坚与生态治理有机结合，统筹易地扶贫搬迁与煤炭采空区治理、国土综合整治，因地制宜实施整村搬迁，同步建设安置点基础设施、公共服务设施，发展相关配套产业，确保贫困群众搬得出、稳得住、能致富。强化特色产业扶贫与深度贫困人口增收有机结合，建立有效化解因病致贫返贫和支出型贫困的长效机制。

六、深度融入国家重大战略，拓展转型升级新空间

（二十三）构建联接“一带一路”大通道。完善物流基地、城市配送中心布局，打造一批具有多式联运功能的大型综合物流基地。支持在物流基地建设具有海关、检验检疫等功能的铁路口岸。支持太原、大同建设全国性综合交通枢纽，有序推进太原至绥德、保定至忻州、大同至集宁、运城至三门峡等铁路前期工作。中央预算内投资、车辆购置税资金、民航发展基金等对符合条件的山西省交通基础设施项目予以支持。将山西省列入普通公路重载交通建设试点。支持山西（阳泉）智能物联网应用基地试点建设。推动大同、运城、五台山机场航空口岸开放，加快太原、大同、临汾无水港建设。支持在符合条件的地区设立海关特殊监管区域。积极支持山西省复制推广自由贸易试验区等成熟改革试点经验。

（二十四）加强与京津冀协同发展战略衔接。支持山西省与京津冀地区建立合作机制，实现联动发展。构筑京津冀生态屏障，完善区域环境污染联防联控机制，利用现有资金渠道对山西省符合条件的生态环保项目予以支持。增加山西省向京津冀地区的清洁能源供应。支持山西省参与京津冀电力市场化交易。支持京津冀等地企业与山西省电力企业开展合作，扩大电力外送规模。鼓励山西省与京津冀地区探索跨区域共建园区的投资开发和运营管理模式。加强山西省与京津冀地区基础设施互联互通。鼓励北京、天津两地高水平大学以委托管理、联合办学等方式加强与山西省高校合作。

七、深化生态文明体制改革，建设美丽山西

（二十五）加强资源开发地区生态保护修复治理。加快推进国土综合整治，实施太行山、吕梁山生态保护修复工程，推进山水林田湖生态保护工程试点。积极引入社会资本参与生态修复建设，创新市场化生态修复机制。加大中央预算内采煤沉陷区综合治理专项支持力度，研究逐步将山西省矛盾突出、财政困难的重点采煤沉陷区纳入资源枯竭城市财力转移支付范围。

（二十六）加大生态环境保护力度。落实最严格水资源管理制度，严格水资源开发利用控制、用水效率控制、水功能区限制纳污“三条红线”管理。加强水功能区和入河湖排污口监督管理，加大娘子关泉、辛安泉等水源地保护力度。全面落实河长制，创新河湖管护体制机制，加快推进汾河等流域生态修复和系统治理。加强黄土高原地区沟壑区固沟保塬工作，开展吕梁山、太行山等水土流失综合治理，推动重要水源地生态清洁小流域建设。加快水权交易市场建设，探索滹沱河、桑干河等跨省流域横向生态保护补偿机制。实施大规模植树造林，推进天然林资源保护，将符合条件的公益林纳入国家级公益林范围，享受森林生态效益补偿政策。改革创新园区规划环评工作，探索园区式、链条式环评模式。

（二十七）强化资源节约集约利用。实施能源消耗总量和强度双控行动，强化对山西省各级政府和重点用能单位的节能目标责任考核，组织实施节能重点工程，发展节能环保产业。全面推进节水型社会建设，实施水资源消耗总量和强度双控行动，提高水资源利用效率和效益。坚持以水定城、以水定产，严格执行水资源论证和取水许可制度，强化水资源承载能力刚性约束，促进经济发展方式和用水方式转变。大力推进重点领域节水，把农业节水作为主攻方向，实施重大农业节水工程，推进农业水价综合改革。加大工业和城镇节水

力度。实施水效领跑者引领行动,开展合同节水管理试点示范工程。积极开展节水宣传教育,增强全社会节水、护水意识。推动山西省建立健全碳排放权交易机制。在确保环境质量稳定达标前提下,允许山西省在省域内科学合理配置环境容量。实行生产者责任延伸制度,逐步提高电器电子产品、汽车产品、铅酸蓄电池等重点品种的废弃产品规范回收与循环利用率。支持山西省大力发展循环经济,对产业园区进行循环化改造。落实固废利用产品税收优惠政策,推进煤矸石等大宗固体废物综合利用,有效防控炼焦、煤化工等行业危险废物的环境风险。加快推进朔州工业固废综合利用示范基地建设。

八、加强组织领导,完善工作保障措施

(二十八)落实主体责任。山西省要深刻认识资源型经济转型发展的紧迫性、艰巨性、长期性,增强思想自觉和行动自觉,切实承担主体责任,加强组织领导,制定实施方案,强化省内协同,建立激励机制和考核机制,发扬钉钉子精神,持续推动资源型经济转型发展。

(二十九)加大支持力度。国务院有关部门要结合自身职能,对本意见涉及的重大事项抓紧制定细化方案和具体措施,逐条抓好落实。对一些关系全局、综合性强的改革发展举措,要建立健全工作机制,加强系统研究、整体设计、联合攻关。因地制宜将山西省纳入有关部门已启动或拟开展的重大改革试点范围,加大政策支持力度,及时解决资源型经济转型发展中的困难和问题。

(三十)强化指导协调。国家发展改革委要加强对山西省资源型经济转型发展的宏观指导、综合协调、督促推进和检查评估,适时总结并推广重大关键性、标志性改革经验,重大改革进展情况和问题及时报告国务院。有关部门和山西省要加强舆论引导,积极营造支持山西省进一步深化改革、促进资源型经济转型发展的良好氛围。

中共山西省委　山西省人民政府《贯彻落实〈国务院关于支持山西省进一步深化改革促进资源型经济转型发展的意见〉行动计划》

(2017年9月28日)

为贯彻落实好《国务院关于支持山西省进一步深化改革促进资源型经济转型发展的意见》,促进我省走出一条转型升级、创新驱动发展的新路,努力把全省改革发展推向更加深入的新阶段,为其他资源型地区经济转型提供可复制、可推广的制度性经验,结合我省实际,制定本行动计划。

一、总体要求

(一) 指导思想

全面贯彻党的十八大和十八届三中、四中、五中、六中全会精神,深入贯彻习近平总书记系列重要讲话精神和治国理政新理念新思想新战略,认真落实党中央、国务院决策部署,统筹推进"五位一体"总体布局和协调推进"四个全面"战略布局,牢固树立和贯彻落实新发展理念,坚持以提高发展质量和效益为中心,以推进供给侧结构性改革为主线,深入实施创新驱动发展战略,推动能源供给、消费、技术、体制革命和国际合作,打造能源革命排头兵,促进产业转型升级,扩大对内对外开放,改善生态环境质量,实现资源型经济转型实质性突破,将山西省建设成为创新创业活力充分释放、经济发展内生动力不断增强、新旧动能转换成效显著的资源型经济转型发展示范区。

(二)基本原则

——坚持改革引领。坚持解放思想、实事求是,以推动供给侧结构性改革为主线,大胆破除阻碍经济转型的观念理念和体制机制束缚,率先复制、推广全国各类体制机制创新经验,先行布局重大改革试点试验。

——聚焦产业转型。以能源供给结构为重点,以产业延伸、更新和多元化发展为路径,建设安全、绿色、集约、高效的清洁能源供应体系和现代产业体系。

——突出生态优先。大力推进生态保护和环境治理,加快构建生态文明制度体系,形成生产发展、生活富裕、生态良好的新局面。

——加强协同联动。强化山西省主体责任,加强与京津冀地区互动合作,加大争取国家层面的指导和支持力度,协同推进资源型经济转型。

(三)主要目标

到2020年,重点领域供给侧结构性改革取得阶段性成果,能源革命总体效果不断显现,支撑资源型经济转型的体制机制基本建立。煤炭开采和粗加工占工业增加值比重显著降低,煤炭先进产能占比逐步提高到2/3,煤炭清洁高效开发利用水平大幅提高、供应能力不断增强,打造清洁能源供应升级版。战略性新兴产业增加值占地区生产总值比重达到全国平均水平,研究与试验发展经费投入占地区生产总值比重

争取达到全国平均水平，初步建成国家新型能源基地、煤基科技创新成果转化基地、全国重要的现代制造业基地、国家全域旅游示范区，转型发展成果惠及城乡人民，确保与全国同步进入全面小康社会。

到2030年，多点产业支撑、多元优势互补、多极市场承载、内在竞争充分的现代产业体系基本形成，清洁、安全、高效的现代能源体系基本建成，资源型经济转型任务基本完成，形成一批可复制、可推广的制度性经验，经济综合竞争力、人民生活水平和可持续发展能力再上一个新台阶。

二、主要任务

（一）健全产业转型升级促进机制，打造能源革命排头兵

1.全力推进能源革命，在能源供给、消费、技术、体制和全方位开放等方面率先突破，实现从"煤老大"到"全国能源革命排头兵"的历史性跨越。

推进举措：

（1）研究制定《山西打造全国能源革命排头兵行动方案》，进一步明确我省在能源供给、消费、技术、体制和合作等领域走在全国前列的主要任务和奋斗目标。2017年9月出台。（省发改委。按职能分工负责。所列部门为主要牵头单位，参加单位不一一列出，下同）

（2）推动建立以能源综合应用模式实现绿色低碳发展的园区示范基地，推动能源新型装备产业在山西转型综改示范区落地发展，为实现全国能源革命排头兵的目标打下坚实实践基础。（山西转型综改示范区）

2.引导退出过剩产能、发展优质产能，推进煤炭产能减量置换和减量重组。全面实施燃煤机组超低排放与节能改造，实施能源生产和利用设施智能化改造。研究布局煤炭储配基地。鼓励煤矸石、矿井水、煤矿瓦斯等煤矿资源综合利用。

推进举措：

（1）充分利用国家减量置换政策，倒逼省内部分安全无保障、灾害严重、竞争力弱的产能加快退出，按照科学有序、动态平衡的原则，稳步推进新建煤矿项目。"十三五"期间，争取国家对19座已核准和15座同意开展前期工作的项目完成减量置换批复。（省煤炭厅）

（2）在煤炭全行业组织开展减量重组调研，按国家确定的基本原则制定我省煤矿减量重组工作方案，经省政府同意后报国家部际联席会议备案。同时加强组织领导、厘清工作职责、明确工作流程、统筹协调推进。（省煤炭厅）

（3）探索建立去产能矿井储备项目制度，将化解煤炭过剩产能中资源储量较多的部分煤矿列入去产能矿井储备项目，与国家签订矿井储备合同，在煤矿关停期间，采取采矿许可证保留、安全生产许可证吊销、矿井井口关闭、人员转岗分流、债务停息挂账等措施加以监管。研究布局煤炭储配基地建设方案，2018年底出台。（省煤炭厅）

（4）加快现役煤电机组升级改造，力争燃煤电厂平均供电煤耗达到国内先进水平。新建常规燃煤发电机组要执行超低排放标准Ⅰ，低热值煤发电机组执行超低排放标准Ⅱ。对不达我省超低排放标准限值要求的燃煤发电机组一律停止运行。（省经信委）

（5）在高耗能行业开展能效对标，持续推进节能改造，制定能效领跑者制度。2018年出台。（省经信委）

（6）研究出台山西省关于开展能源生产和利用设施智能化改造的实施意见，明确能源生产和利用设施智能化改造的主要任务及目标。（省经信委）

（7）编制煤炭资源综合利用规划，加强煤矸石、粉煤灰、矿井水、煤矿瓦斯及共伴生资源综合利用，重点建设2–3个煤炭资源综合利用示范项目。（省经信委）

（8）研究制定去产能闲置厂房的利用政策，将闲置厂房发展新兴产业，加强企地合作。（省发改委）

3.优化能源产业结构，重点布局煤炭深加工、煤层气转化等高端项目和新能源发电基地。结合电力市场需求变化，适当控制火电规模，适时研究规划建设新外送通道的可能性，提高晋电外送能力。布局太阳能薄膜等移动能源产业，打造移动能源领跑者。依托山西省要素资源优势，实施现代煤化工升级示范工程。以企业为主体，建设煤炭开采及清洁高效利用境外产能合作示范基地。

推进举措：

（1）修编《山西省能源发展"十三五"规划》和《山西省新能源产业发展"十三五"规划》，明确煤炭、电力、煤化工、新能源发展目标。重点研究布局煤炭深加工、煤层气转化等高端项目、新能源发电基地和能源综合应用基地，布局储能、太阳能薄膜等移动能源产业。2017年底前完成修编。（省发改委）

（2）实施现代煤化工升级示范工程，加快推进潞安集团煤制油等国家示范项目建设。（省发改委、省经信委）

（3）研究建设新电力外送通道，编制完成电力外送通道可行性研究报告。2018年完成。（省电力公司、省发改委）

（4）制定山西省推进国际产能合作实施方案，积极对接"一带一路"沿线相关国家和地区，到2020年，与重点国家产能合作机制基本建立，签订1–2个煤炭开采及清洁高效利用境外产能合作协议。2017年底前完成实施方案。（省商务厅、省经信委、省煤炭厅、省发改委）

4.积极推进电力体制改革综合试点和吕梁等地增量配电业务试点。在新建工业园区和具备条件的既有工业园区，积极实施多能互补集成优化示范工程，推进能源综合梯次利用。

推进举措：

（1）落实国家批复我省的输配电价标准，加快出台电力体制改革综合试点相关配套文件及细则，2017年底发布。积极引导社会资本投资增量配电业务，积极培育2–3家拥有增量配电网的售电公司，促进配电网投资主体多元化。（省经信委、省发改委）

（2）开展局域电网运营试点，以吕梁市铝循环产业园区为重点，以增量低热值煤发电机组和增量电力市场为基础，通过吸收社会资本及股权联合等途径，将煤炭、电力、电网等与下游产业紧密结合，运用市场手段，构建局域电网运营新

模式。(省经信委)

(3)推动山西省各园区积极申报多能互补集成优化示范工程,推进能源综合梯次利用。(省发改委)

(4)在山西转型综改示范区实施能源综合应用示范工程,布局能源互联网、新能源汽车、高储能、动力电池等清洁能源装备等产业。2017年底前启动项目。(山西转型综改示范区)

5.支持山西省开展煤炭消费等量、减量替代行动,扩大天然气、电能等清洁能源和可再生能源替代试点范围,因地制宜发展地热能、太阳能等可再生能源。加快推进煤炭清洁高效利用,推动焦化、煤化工等重点领域实施清洁生产技术改造。在农村居民用煤等重点替代领域,实施一批电能替代工程。加快实施民用、工业"煤改气"工程。

推进举措:

(1)研究制定《山西省煤炭消费等量减量替代工作方案》,2017年底前出台。(省发改委、相关市政府)

(2)大力发展可再生能源,制定风电、太阳能发电、水电、生物质能发电及地热能资源开发的专项行动计划。2017年底前出台。(省发改委)

(3)研究制定《山西省推动煤炭清洁高效利用的实施意见》,推动焦化、煤化工等重点领域实施清洁生产技术改造。2017年底前出台。(省经信委)

(4)落实大气污染防治行动计划,按照宜气则气、宜电则电、尽可能利用清洁能源的原则,在城乡居民采暖用煤领域,稳步实施一批"煤改电"工程。(各市政府、省经信委)

(5)编制《山西省"煤改气"行动计划》,在民用和工业领域扩大天然气替代试点范围,实施一批"煤改气"工程。2017年底前出台。(省住建厅、各市政府)

6.坚持煤电结合、煤运结合、煤化结合,鼓励煤炭、电力、运输、煤化工等产业链上下游企业进行重组或交叉持股,打造全产业链竞争优势。鼓励有条件的煤炭和电力企业通过资本注入、股权置换、兼并重组、股权划转等方式,着力推进煤矿和电站联营。

推进举措:

(1)研究制定产业链上下游企业进行重组和交叉持股的指导意见,到2020年,形成1-2家具备全产业链竞争优势的旗舰企业。(省国资委)

(2)推进发电企业和煤炭企业实施股权联营,新建电厂原则上按照煤电联营进行规划建设。(省发改委、省经信委)

7.加强对"煤改电"、农村电网改造升级的资金补贴支持,提高省内电力消纳能力。鼓励山西省探索建立能源清洁高效利用综合补偿机制,支持新兴能源产业及相关产业发展和生态修复。鼓励山西省引导社会资本建立能源转型发展基金。

推进举措:

(1)继续加大对"煤改电"、农村电网改造升级的资金补贴支持,提高省内电力消纳能力。(省财政厅)

(2)研究山西省能源高效清洁利用综合补偿机制的征收办法、补偿范围和监管方式。2018年底前完成。(省财政厅、省发改委、省金融办)

(3)研究引导社会资本建立能源转型发展基金的设立和运营方案。2018年底前形成研究报告,2019年完成基金设立。(省发改委、省财政厅、省金融办)

8.全面实现矿业权竞争性出让。建立煤层气勘查区块退出机制和公开竞争出让制度。鼓励煤炭矿业权人和煤层气矿业权人合资合作,支持符合条件的企业与山西省煤层气开采企业合作。

推进举措:

(1)制定《山西省深化煤层气(天然气)体制改革实施方案》,2017年9月完成。(省发改委)

(2)落实《山西省煤层气资源勘查开发计划》(2016-2020年),遵照矿业权设置区划,分年度制定煤层气区块出让计划。(省国土厅)

(3)实行煤层气勘查区块竞争出让制度。严格执行《山西省矿业权公开出让暂行规定》(省政府2003年第164号令),2017年8月起,通过招标、拍卖、挂牌等竞争方式,向符合条件的中华人民共和国境内企业(不含港澳台地区)出让煤层气矿业权。(省国土厅)

(4)规范煤层气矿业权协议出让。将煤炭矿业权范围内(非重叠区)的煤层气资源,以协议出让方式配置给煤炭矿业权人,全面实行勘查承诺制和限期开发制度。2017年底前,出台煤炭矿业权人申请本矿区范围内(非重叠区)煤层气矿业权的有关规定。(省国土厅)

(5)实行更加严格的区块退出机制。严格勘查投入考核,对已设置探矿权未达到法定最低勘查投入的,或者新出让区块未按承诺完成勘查投入的,按未完成投入比例核减区块面积,直至退出;对进入各类保护区范围内的既有煤层气矿业权,一律先停止在保护区内作业,再按国家相关规定调整矿界或实施退出。(省国土厅)

(6)探索建立地方分享开发收益新机制。2017年起,对新出让区块探转采时,明确要求矿业权人在山西境内注册企业法人,实现税留山西;同时争取国家支持相关政策,在对外企业煤层气区块转采时,以省国资委持股方式参与开发,实现收益共享。(省国土厅)

9.将煤层气对外合作开发项目审批制改为备案制,将煤炭采矿权范围内的地面煤层气开发项目备案下放至山西省管理。落实煤层气发电价格政策,进一步调动发电企业和电网企业积极性,加快煤层气资源开发利用。

推进举措:

(1)做好国家煤炭采矿权范围内的地面煤层气开发项目备案下放管理,明确备案流程。(省发改委)

(2)落实煤层气发电价格政策,制定《山西省煤层气(瓦斯)发电标杆上网电价标准》,调动发电和电网企业积极性,加快煤层气资源开发利用。2017年10月前出台。(省发改委)

10.深入实施"中国制造2025",加快信息化与工业化两化深度融合,推进两化融合管理体系贯标试点。支持山西省开展国家智能制造试点示范。支持山西省开展大数据创新应用,推动大数据产业发展。支持山西省创建智能制造创新中心和铝镁合金、碳纤维等新材料创新中心。支持运城市建设铝镁合金产业基地。

推进举措：

(1)按照《中国制造2025》总体部署，在山西转型综改示范区创建国家"中国制造2025"示范区，编制创建方案。2017年10月底前上报工信部。(山西转型综改示范区)

(2)加快新一代信息技术与制造业深度融合，围绕先进装备制造、新一代信息技术、新材料、现代医药等领域，编制《山西省制造业振兴升级专项行动方案》，2017年底前出台。(省经信委)

(3)加快智能制造试点示范建设，积极推进离散型智能制造、流程性智能制造、网络协同制造、大规模个性化定制、远程运维服务5种智能制造新模式应用；择优推荐我省制造业企业申报国家智能制造试点示范项目。2017年启动省级智能制造试点示范工作并完成方案编制。(省经信委)

(4)深入开展两化融合管理体系贯标试点，制定实施意见，每年开展两化融合管理体系贯标的企业达到20家。2017年底前出台。(省经信委)

(5)落实《山西省大数据发展规划(2017–2020年)》，制定分年度行动计划。启动《山西省促进大数据发展应用管理办法》立法程序，争取2018年出台。(省经信委、省法制办)

(6)积极争取创建智能制造创新中心和铝镁合金、碳纤维等新材料创新中心。2018年完成相关方案制定。(省经信委)

(7)研究制定《关于支持运城市建设铝镁合金产业基地的指导意见》，2017年底前完成。(运城市政府)

11.重点发展新一代信息技术、轨道交通、新能源汽车、新材料、航空航天、生物医药、文化旅游等新兴产业和先进产品。加快推进航空测绘、通用航空、航空仪表等航空航天产业发展。支持开展传统产业绿色改造，构建绿色制造体系，培育发展一批绿色产品、绿色工厂、绿色园区和绿色产业链。

推进举措：

(1)开展《山西省"十三五"战略性新兴产业发展规划》中期评估，研究提出新一代信息技术、轨道交通、新能源汽车、新材料、航空航天、生物医药、文化旅游等重点领域和重点产品。2018年底前完成。(省发改委)

(2)开展山西省通用航空产业发展前期研究，编制《山西省通用航空业发展规划》。2018年6月完成。(省发改委)

(3)加快传统产业绿色化改造，编制《山西省传统产业绿色化改造行动方案》，构建绿色制造体系，培育发展一批绿色产品、绿色工厂、绿色园区和绿色产业链。2018年6月底前出台。(省经信委)

12.积极支持山西省军民深度融合创新发展工作。鼓励山西省探索创新国防科技成果就地转移转化管理办法及利益分配政策机制。

推进举措：

(1)创建山西国家级军民融合创新示范区，加快编制《山西国家级军民融合创新示范区总体方案》，2017年10月完成方案初稿编制工作。经省政府审定后按程序上报国家。(省国防科工办、省发改委)

(2)引导军工企业开展军地协同创新试点，打造全国性军民融合成果交易(产业孵化、产权交易)中心。(省国防科工办)

(3)建立军民融合产业重点项目库，编制军工向地方、地方向军工开放的科研创新载体和重大设施目录清单。(省国防科工办、省科技厅)

(4)制定《国防科技成果就地转移转化管理办法》，进一步明确国防科技成果转化及利益分配的范围、原则、程序等，2017年底完成。(省国防科工办、省科技厅)

(5)设立山西军民融合产业发展投资基金。(省国防科工办)

13.积极推进全域旅游示范区建设，推进文化旅游融合发展，打造文化旅游支柱产业，支持有条件的市县创建国家级旅游业改革创新先行区。建设省域国家级文化生态保护实验区。支持大同市建设综合康养产业区。

推进举措：

(1)深化巩固全省旅游景区体制机制改革成果，推动旅游景区建立现代企业法人治理结构。发挥省级文化旅游投资平台作用，建立健全旅游景区景点多元投入机制。抓紧编制《山西省建设国家级全域旅游示范区的申请报告》及《总体方案》，2018年上报国家旅游局。(省旅发委)

(2)选择旅游资源丰富的市(县)，抓紧编制国家级旅游业改革创新先行区申报书和建设方案，到2020年，全省国家级旅游业改革创新先行区达到3个。(省旅发委)

(3)率先建设省域国家级文化生态保护实验区。总结晋中市试点经验，建立健全国家级文化生态保护实验区建设体制和机制，将我省已有的国家级文化生态保护实验区从晋中扩展到全省区域。2017年组织专家开展全省调研和项目论证，2018年编制完成《实验区建设方案》，按照申报程序上报省政府和文化部正式批准。(省文化厅)

(4)编制《大同市综合康养产业区建设方案》，2018年完成。(大同市政府)

(5)探索组建山西养老服务业发展投资基金，推动大同等地康养园区及全省其他养老服务项目建设。(省民政厅、省财政厅、省金融办)

14.国家在重大生产力布局特别是战略性新兴产业布局时给予山西省重点倾斜。开展"煤–电–铝–材"一体化改革试点，推动铝工业转型升级。

推进举措：

(1)积极开展省部对接，到2020年，争取8–10个国家战略性新兴产业重大项目落户山西。(省发改委)

(2)对向我省转移的外商投资企业享受国家支持产业转移与加工贸易的资金、土地等优惠政策。(省商务厅)

(3)开展"煤–电–铝–材"一体化改革试点，延伸产业链，提高附加值，建设吕梁、运城百万吨铝加工基地。(省经信委、省发改委)

15.支持山西省主动对接京津冀等东部省市，探索建立合作机制，开展互派干部挂职交流和定向培训，学习东部地区培育发展新兴产业的先进经验和做法。

推进举措：

与京津冀等东部省市签署战略协议，建立对口合作机制，建立完善省管后备干部名单，2017年底完成。（省委组织部）

16.推进农业供给侧结构性改革，发展特色、精品农业，打造山西“农谷”综合性、专业性科创中心，鼓励山西杂粮生产大县争创特色农产品优势区。完善和推广有机旱作农业，将有机旱作农业打造成现代农业的重要品牌。建设优质杂粮产地交易市场和中药材交易中心。

推进举措：

（1）制定完善山西省农业供给侧结构性改革相关配套政策。（省农业厅）

（2）发展特色精品农业，制定《山西省创建特色农产品优势区和现代农业产业园的指导意见》，打造一批区域公共品牌、企业品牌和产品品牌。2017年底完成。（省农业厅）

（3）编制《太谷国家现代农业产业科技创新中心建设方案》，2018 年上报国家农业部。（省农业厅）

（4）支持忻州打造国家级杂粮优势区，选择杂粮生产大县编制《特色农产品优势区建设方案》。（省农业厅）

（5）研究出台加快有机旱作农业发展的实施意见和行动计划。2017年底完成。（省农业厅）

（6）制定《山西省关于建设全国优质杂粮产地交易市场工作方案》和《山西省关于建设全国中药材交易中心工作方案》，2017 年底完成。（省供销社）

（二）深入实施创新驱动发展战略，促进新旧动能接续转换

17.实施国家技术创新工程，加快推进能源技术革命。通过国家自然科学基金、国家科技重大专项、中央财政引导地方科技发展资金等现有资金渠道支持山西省科技创新。在大科学装置等重大创新基础设施布局上给予山西省重点倾斜，推动在山西省布局科技创新基地，提升科技创新服务转型发展的能力。

推进措施：

（1）实施国家技术创新工程，重点在能源重大技术装备突破、煤层气勘探开发技术突破、能源颠覆性技术探索、能源先进技术应用示范等领域，加快推进能源技术革命。（省科技厅、省发改委）

（2）加强国家自然科学基金、国家科技重大专项、国家重点研发计划、中央财政引导地方科技发展资金项目的组织申报工作，按年度组织“NSFC-山西煤基低碳联合基金”实施。（省科技厅、省财政厅）

（3）积极争取国家在能源、材料、工程技术等领域布局大科学装置，通过中央财政引导地方科技发展资金等渠道，积极加强煤炭资源清洁高效转化利用、铝镁合金新材料、高端制造业等新兴产业科研基础设施建设，打造高度集聚的重大科技基础设施集群。（省发改委、省科技厅）

（4）根据科技部、财政部、国家发展改革委印发的《国家科技创新基地优化整合方案》），积极推进国家科技创新基地建设。（省科技厅、省发改委）

18.鼓励山西省实施企业技术创新重点项目计划，开展区域骨干企业创新转型试点，创建国家科技成果转移转化示范区。支持企业和产业技术创新战略联盟构建专利池，推动形成标准必要专利。

推进措施：

（1）实施年度山西省企业技术创新重点项目计划，在关键技术研发、新产品研发及产业化、工业性试验等领域布局一批重点项目。（省经信委）

（2）编制《山西省关于开展区域骨干企业创新转型试点的工作方案》，选择一批区域骨干企业纳入试点。2017年底完成。（省经信委）

（3）依托山西转型综改示范区创建国家科技成果转移转化示范区，编制《山西省国家科技成果转移转化示范区建设方案》，为山西转型综改示范区创建国家科技成果转移转化示范区创造条件。在山西转型综改示范区设立山西省科技成果转化引导基金。2017年底前编制完成建设方案。（省商务厅、省科技厅、山西转型综改示范区）

（4）搭建山西科技成果转化和知识产权交易管理服务平台，2017 年底前正式运营。（省科技厅）

（5）制定《山西省产业技术创新战略联盟管理办法（试行）》，加强对企业和产业技术创新战略联盟的知识产权服务，积极引导、支持联盟企业构建专利池，推动形成标准必要专利。2017年底前出台。（省科技厅）

19.推动太原国家创新型城市建设，支持具有较好基础的城市创建创新型城市。

推进措施：

（1）加快太原创新型城市建设。组织太原市开展国家创新型试点城市建设第三方评估工作。2017年底完成。（省科技厅、太原市政府）

（2）争取长治等有条件的城市申请设立国家创新型城市，编制国家创新型城市建设方案，2018年启动申请工作。（省科技厅、长治市政府）

20.推行科技创新券、鼓励开展知识产权质押融资，促进科技和金融结合，发展一批主营业务突出、竞争力强、成长性好、专注于细分市场的专业化“小巨人”企业。培育壮大天使投资、创业投资和私募股权投资，满足不同发展阶段和特点的创新型企业融资需求。

推进措施：

（1）修订《山西省科技创新券实施管理办法（试行）》，拓宽支持范围和对象，简化发放兑现流程，按“放管服效”要求，将具体组织实施下放各市。2017年底前发布。（省科技厅）

（2）加大财政支持引导力度，加强知识产权质押融资服务，鼓励金融机构创新金融产品，鼓励企业开展知识产权质押融资。（省财政厅、省金融办、人行太原中心支行、山西银监局、省科技厅、省工商局、省版权局）

（3）发挥科技金融在服务实体经济发展方面的作用，培育一批专业化“小巨人”企业。（省中小企业局）

（4）加速推进创新型企业梯次发展和集群发展。建立涵

盖种子期、天使期、成长期、成熟期等金融体系，破解不同发展阶段和特点的创新型企业融资难题。（省科技厅、省金融办）

21.支持山西省国家双创示范基地建设。支持山西省老工业城市创新创业能力建设，加快新旧动能转变。

推进措施：

（1）以山西转型综改示范区为基础，加快国家双创示范基地建设，编制《山西转型综改示范区学府产业园区国家双创示范基地建设方案》，2017年9月底前完成。争取将我省条件成熟的双创示范基地推荐成为国家级双创示范基地。（省发改委、山西转型综改示范区）

（2）制定《关于强化实施创新驱动发展战略进一步推进大众创业万众创新深入发展的实施意见》，2017年出台。（省发改委）

（3）加强省部对接，积极争取国家老工业城市加快创新创业发展政策支持。（省发改委）

22.鼓励山西省探索高职院校与企业合作办学，开展现代学徒制试点。支持开展产教融合型城市、行业、企业建设试点，支持山西省地方院校开展高水平应用型本科高等学校建设试点。

推进措施：

（1）积极推动教育部现代学徒制培养试点工作，鼓励8家试点单位重点在校企协同育人机制、招生招工一体化制度、人才培养制度和标准、双导师制队伍建设、现代学徒制教学管理制度等方面进行试验，及时总结经验，适时开展省级试点工作，扩大试点范围，推广试点经验。（省教育厅）

（2）指导向应用型转变试点高校结合我省经济转型升级需要，以试点项目为抓手，积极探索应用型办学模式，2020年底前在办学体制机制改革、应用型技术技能型人才培养、社会服务能力提升等方面取得较大进展，为带动更多高校加快转型步伐发挥示范引领作用。（省教育厅）

23.扶持地方科研院所和高校加快发展，继续通过中西部高校综合实力提升工程支持山西大学建设与发展。支持中科院与山西省深化“院地合作”，推进科技创新成果在山西省落地转化。鼓励北京、天津两地高水平大学以委托管理、联合办学等方式加强与山西省高校合作。

推进措施：

（1）支持山西大学继续开展“中西部高校提升综合实力工作”二期建设，2020年底前完成相关建设任务，重点加强特色学科和师资队伍建设，不断提高人才培养质量和科学研究水平，不断提升学校的综合实力和办学水平。（省教育厅、山西大学）

（2）深化中国科学院与山西省“院地合作”，在新能源、新材料、高端装备制造、现代煤化工、生物医药、煤层气、新一代信息技术、新能源汽车等领域，挖掘和培育一批重大科技成果在山西转移转化。（省科技厅）

（3）与北京、天津两地高水平大学以委托管理、联合办学等方式加强合作，带动我省高校不断提升服务经济社会发展的能力和水平。（省教育厅）

24.根据开发区总体发展规划和省内不同地区经济发展需要，稳步有序推进开发区设立、扩区和升级工作，支持发展较好的省级开发区升级为国家级开发区，不断提高发展质量和水平。

推进措施：

按照“整合、扩区、调规”的原则，统筹布局全省开发区建设，力争开发区面积达到全省国土面积的2%。稳步有序推进开发区设立、扩区和升级工作，积极推动发展较好的省级开发区申报升级国家级开发区。（省商务厅）

25.支持以符合条件的开发区为载体，创建战略性新兴产业集聚区、国家高（新）技术产业（化）基地、国家新型工业化产业示范基地。创新开发区建设运营模式，实行管理机构与开发运营企业分离，引导社会资本参与开发区建设，支持以不同所有制企业为主体投资建设、运营、托管开发区，以及在现有开发区中投资建设、运营特色产业园。鼓励山西省与京津冀地区探索跨区域共建园区的投资开发和运营管理模式。

推进措施：

（1）以山西转型综改示范区为载体，创建战略性新兴产业集聚区、国家高（新）技术产业（化）基地、国家新型工业化产业示范基地。制定山西转型综改示范区产业发展相关专项规划。2018年申报国家高（新）技术产业（化）基地、国家新型工业化产业示范基地。（省商务厅、省发改委、省科技厅、省经信委、山西转型综改示范区）

（2）探索与京津冀地区跨区域共建园区的投资开发和运营管理模式。（省商务厅）

26.支持山西省整合太原市及周边各类开发区，高起点、高标准建设转型综合改革示范区，在科技创新重大平台建设、科技金融结合、政府治理体系和治理能力现代化等方面开展探索示范。

推进措施：

（1）高起点规划、高标准建设山西转型综改示范区，出台示范区科技创新重大平台建设规划。制定科技金融结合的改革措施。（省商务厅、省科技厅、省金融办、山西转型综改示范区）

（2）加快山西转型综改示范区“三化三制”改革，实现政府治理体系现代化。（省商务厅、省人社厅、山西转型综改示范区）

（3）在山西转型综改示范区复制推广青岛财富管理金融综合改革试验区等在创新财富管理发展机制方面的政策。（省金融办、山西转型综改示范区）

27.在山西转型综改示范区及国家级开发区落实中关村国家自主创新示范区先行先试的科技成果使用处置和收益管理改革等政策。

推进措施：

研究制定山西省落实中关村国家自主创新示范区“1+6”“新四条”等政策的实施方案和实施细则，2018年底前落实到位。（省商务厅、省科技厅、山西转型综改示范区）

28.完善吸引人才的政策环境，为人才跨地区、跨行业、跨体制流动提供便利条件。探索人才双向流动机制，允许科技创新人才在高校、科研院所与企业间双向兼职。

推进措施：

落实《山西省深化人才发展体制机制改革财政支持政策》，研究制定《山西省深化职称制度改革的实施方案》。2017年底前出台。（省人社厅、省财政厅）

29.强化人才激励机制，支持山西省相关单位开展以增加知识价值为导向的分配政策试点。深化干部人事制度改革，探索在专业性较强的政府机构和国有企事业单位设置高端特聘岗位，实行聘期管理和协议工资。

推进措施：

（1）落实《关于完善知识技术密集、高层次人才集中等事业单位收入分配激励机制的实施意见》，制定配套实施细则。2017年底前完成。（省人社厅）

（2）开展以增加知识价值为导向的分配政策试点，按照《关于完善知识技术密集、高层次人才集中等事业单位收入分配激励机制的实施意见》，落实好以增加知识价值为导向的各项分配激励政策。2017年底前完成。（省人社厅）

（3）在省经信委试点公开招聘山西省大数据产业办公室聘任制公务员，在试点的基础上，全省各级政府机构积极稳妥推行公开招聘聘任制公务员。（省人社厅）

（4）制定《山西省事业单位特设岗位设置管理试行办法》，2017年底完成。（省人社厅）

（三）全面深化国有企业改革，激发市场主体活力

30.抓紧出台山西省国有企业专项改革实施方案，按照创新发展一批、重组整合一批、清理退出一批的要求，促进国有资本向战略性关键性领域、优势产业集聚。在煤炭、焦炭、冶金、电力等领域，加大国有经济布局结构调整力度，提高产业集中度。

推进措施：

（1）推进落实“1+4”文件，抓紧制定其他配套文件，构建“1+N”国企国资改革政策体系，到2020年，重要领域和关键环节改革取得决定性成果，进入全国第一方阵。（省国资委）

（2）按照“三个一批”的原则，下决心清理退出、重组整合国有企业，制定《山西省国有经济布局调整实施意见》，推动更多资源要素用于发展新兴产业。2017年底完成。（省国资委）

（3）研究探索煤炭、电力、化工、冶金企业跨区域跨行业兼并重组，形成规模化、集约化、专业化大集团。在晋北、晋中、晋东三大基地推进煤炭企业战略性重组，形成世界一流特大型煤炭集团公司。2018年启动。（省国资委）

31.支持中央企业参与地方国有企业改革，并购重组山西省国有企业。开展国有资本投资、运营公司试点，推动若干重大企业联合重组。

推进措施：

（1）加大与中央企业的对接力度，在煤炭、焦炭、冶金、电力等领域选择一批条件成熟的省属国有企业，与中央企业开展并购重组。2018年启动。（省国资委）

（2）理顺山西国有资本投资运营公司管理体制，建设全省唯一的集多领域于一体的省属国有资本投资运营平台，实现从“管资产”向“管资本”的国有资产管理体制实质性转变。（省国资委）

（3）组建大数据应用等新兴产业公司。重组交控集团、水务集团公司。2017年底启动。（省国资委）

32. 推行国有企业高管人员外部招聘和契约化管理制度，建立国有企业外部董事、监事、职业经理人人才库。

推进措施：

（1）制定《山西省省属国有企业高管人员市场化选聘办法》，2017年底完成。（省国资委）

（2）建立国有企业外部董事、监事、职业经理人人才库，完善省属企业外部董事制度。2017年底完成。（省国资委）

33. 制定出台山西省国有企业混合所有制改革工作方案，率先选择30家左右国有企业开展混合所有制改革试点。在系统总结试点经验基础上，深入推进全省国有企业混合所有制改革，除极少数涉及国家安全的国有企业外，鼓励符合条件的国有企业通过整体上市、并购重组、发行可转债等方式，逐步调整国有股权比例。

推进措施：

（1）制定《山西省国有企业混合所有制改革实施意见》，选择30家左右国有企业试点开展混合所有制改革。在2017年底前启动试点。（省国资委、其他行使出资人职责的部门、相关市县政府）

（2）按照分层、分类、多种模式的原则，积极推进混合所有制改革。2017年，选择1–2户国有企业在集团层面推进混合所有制改革。在前期经验积累基础上，向更大范围推开。（省国资委）

（3）选择一批省属国有企业，通过整体上市、并购重组、发行可转债等方式，逐步调整国有股权比例，解决国有股“一股独大”的问题。2017年启动，2018年实施。（省国资委）

34. 引导民营企业参与山西省国有企业混合所有制改革，鼓励发展非公有资本控股的混合所有制企业。

推进措施：

落实好《山西省国有企业混合所有制改革实施意见》，引导支持民企参与国企改革，搭建民企国企沟通交流的平台，做好民企国企对接联系服务工作，推动交叉持股，相互融合。允许和鼓励非公有制资本控股混合所有制企业。（省国资委、省工商联）

35.支持中央企业与山西省煤炭、电力企业通过相互参股、持股以及签订长期协议等合作方式，形成市场互补和上下游协同效应。积极引入有效战略投资者，规范企业法人治理结构，实行市场导向的选人用人和激励约束机制。通过试点探索混合所有制企业员工持股的可行方式。

推进措施：

（1）加大中央企业与山西国有企业合作力度，根据市场等条件，成熟一户推进一户，引导山西省煤炭、电力企业与央企签订合作协议。（省国资委）

（2）引入有效战略投资者，制定《山西省健全省属国有企业法人治理结构的指导意见》，充分发挥董事会的决策作用、监事会的监督作用、经理层的经营管理作用。2018年完成。（省国资委）

（3）坚持试点先行，探索试行混合所有制企业员工持股。2017年在省属企业中选择5-10户上市类、科技类、后勤类子企业进行员工持股试点。（省国资委）

36.允许山西省国有企业划出部分股权转让收益以及地方政府出让部分国有企业股权，专项解决厂办大集体、棚户区改造和企业办社会等历史遗留问题。中央财政对厂办大集体改革继续给予补助和奖励，山西省可结合实际情况，将自筹资金和中央财政补助资金统筹用于接续职工社会保险关系、解除劳动关系经济补偿等改革支出。

推进措施：

（1）彻底解决历史遗留问题，2018年底前完成医疗、教育机构的重组、撤并和剥离工作，完成市政社区的剥离工作，完成消防机构分类改革工作。2020年底前完成退休人员社会化管理工作，国有企业不再承担社会公共服务功能。（省国资委）

（2）划出国有企业部分股权转让收益以及出让部分国有企业股权，专项解决厂办大集体、棚户区改造和分离企业办社会职能等历史遗留问题。2020年完成。（省国资委、省财政厅）

（3）加强省部对接，继续争取中央财政对厂办大集体改革的资金支持，将自筹资金和中央财政补助资金统筹用于接续职工社会保险关系、解除劳动关系经济补偿等改革支出。（省财政厅）

37.全面深入推进国有企业职工家属区“三供一业”分离移交。对于中央下放企业职工家属区“三供一业”分离移交中央财政补助资金，在确保完成工作任务基础上，可按规定统筹用于地方国有企业职工家属区“三供一业”分离移交工作。推进措施：

（1）落实《关于山西省国有企业分离办社会职能的实施意见》，制定“三供一业”分离移交实施意见，2018年底前基本完成“三供一业”分离移交工作。（省国资委）

（2）用好中央财政补助政策，统筹央企下放企业和地方国有企业，继续加大力度争取中央支持，解决“三供一业”分离移交问题。2020年底完成。（省财政厅）

38.坚持权利平等、机会平等、规则平等，废除对非公有制经济各种形式的不合理规定。在山西省开展民营经济发展改革示范，重点培育有利于民营经济发展的政策环境、市场环境、金融环境、创新环境、法治环境等。着力构建“亲”“清”新型政商关系，打造良好营商环境，不断提振民营经济发展信心。

推进措施：

（1）清理规范民间资本准入的限制性政策。（省发改委）

（2）开展民营经济发展改革示范，选择1-2个市开展试点，重点在政策、市场、金融、创新、法治等方面培育有利于民营经济发展的营商环境，构建“亲”“清”新型政商关系。（省工商联）

39.打破基础设施、市政公用设施、公共服务等领域的行业垄断和市场壁垒，切实降低准入门槛，支持民间投资应入尽入。遴选一批有较好盈利预期、适合民间资本特点的优质项目，鼓励民间资本组建联合体投标，推进政府和社会资本合作。

推进措施：

（1）进一步降低基础设施、市政公用设施、公共服务等领域行业准入门槛，完善市场准入负面清单，支持民营资本应入尽入。2018年实施。（省发改委）

（2）对能源、交通运输、水利、环保、农业、林业、重大市政工程、医疗卫生、文化旅游等领域的重点新建项目优先采取PPP模式，对存量项目鼓励和引导社会资本参与，植入PPP模式，有效化解地方政府债务风险。（省发改委、省财政厅）

40.完善产权保护制度，甄别纠正一批社会反映强烈的产权纠纷申诉案件。

推进措施：

（1）落实我省《完善产权保护制度依法保护产权实施方案》，制定出台产权保护协调工作机制。2017年底完成。（省发改委）

（2）甄别纠正一批社会反映强烈的产权纠纷申诉案件。（省法院）

（四）加快推进重要领域改革，增强内生发展动力

41.全面对标国内先进地区，健全精简高效的权责清单和负面清单制度，统一规范各类审批、监管、服务事项。

推进举措：

（1）继续加大省级放权力度，对标一流省份，本着“能取尽取、放则真放”的原则，到2017年10月底，再取消下放一批省级行政职权。（省编办〈省审改办〉）

（2）加强行政审批事中事后监管，到2017年12月底，将省政府部门权责清单纳入“两平台、一张网”建设。（省编办〈省审改办〉）

（3）加快权责清单动态管理系统建设，根据法律法规立改废释、国务院和省政府取消减权放权等情况，对政府部门行政职权事项、责任事项及其要素进行动态调整。（省编办〈省审改办〉）

（4）按照《山西省关于深化投融资体制改革的实施意见》，编制公布投资项目管理权力清单和责任清单，明确政府部门行使的企业投资项目管理职权及对应的责任事项，2017年底完成。（省发改委、省编办〈省审改办〉、省法制办）

（5）开展“减证便民”专项行动，对省级行政审批前置申请材料进行全面清理规范，形成“三清单”（行政审批申请材料清单、相关证照年审年检清单、政府指定培训目录清单），并纳入省政务服务平台运行。2017年10月底完成。（省编办〈省审改办〉、省质监局、省政务服务中心）

（6）加快推进行政许可标准化建设，围绕行政许可事项管理、流程、服务、受理场所、监督检查“五个方面规范”的要求，督促指导政府部门全面规范行政许可行为。（省编办〈省审改办〉）

42. 支持市县级政府设立统一行使行政审批权的机构，推广“一个窗口受理、一站式办理、一条龙服务”，逐步推进政务服务全程网上办理。

推进举措：

(1)在建立“两集中、两到位”的政务服务中心基础上，支持市县级政府设立统一行使行政审批权的机构，探索推行行政审批局模式，将原行政审批机关的审批职权转移给行政审批局。(省编办〈省审改办〉)

(2)推动与企业密切相关的行政审批事项纳入网上政务服务平台公开运行。2017年12月底前，50%的行政审批事项实现网上办理，逐年提高网上办理事项率，力争到2020年，实现所有行政审批事项网上办理。(省政务服务中心)

43.推行“证照分离”改革试点，全面清理和大幅压减工业产品生产许可证，探索改进产品认证管理制度，加快推进认证机构与政府部门彻底脱钩。

推进举措：

(1)先行在山西转型综改示范区开展“证照分离”改革试点，实行负面清单制度，编制《山西省工商登记后置审批事项分类改革目录》，2017年底完成。(省工商局)

(2)在全面总结评估示范区“证照分离”改革试点工作经验基础上，进一步扩大试点范围，选择2个设区的市推进改革试点。2018年1月开始实施。(省工商局)

(3)加强与国家质检总局、国家认监委的对接，做好全面清理工业产品生产许可证的承接、落实工作。贯彻落实国家进一步推进产品质量认证制度改革的意见和措施。(省质监局)

44.试点企业投资项目承诺制，探索建立以信用为核心的监管模式。完善政府守信践诺机制，建立健全政府失信责任追究制度及责任倒查机制。

推进举措：

(1)率先开展企业投资项目承诺制改革试点，在全省11个市选定10个开发区，探索无审批管理改革，对核准目录外，开发区内的企业投资项目试行承诺制，进行流程再造和机制再构，变先批后建为先建后验。(省发改委)

(2)在总结经验的基础上，在全省范围内推开企业投资项目承诺制，实施无审批管理改革。2018年1月1日起实行。积极争取国家将山西省设为企业投资项目承诺制改革试点省。(省发改委)

(3)在加快完善山西转型综改示范区授权工作的基础上，推动各市按照能放尽放、能授尽授的原则，依法依规将本级行政管理权限调整赋予开发区行使。(省编办、省法制办，各市政府)

(4)建立完善试行承诺制企业的监管信息记录和相关制度，通过省信用信息共享平台实现跨部门信息共享，对守信者实施行政审批“绿色通道”等激励措施，对失信者实施联合惩戒措施。(省发改委、各相关部门)

(5)探索构建广泛有效的政务诚信监督体系，对失信行为实施惩戒和曝光。研究制定我省关于加强政务诚信建设的实施方案，2017年底完成。(省发改委)

45.调整优化行政区划，按程序调整大同市、阳泉市城区、郊区、矿区设置，解决设区的市“一市一区”等规模结构不合理问题。

推进举措：

(1)推动区域中心城市发展，有序调整行政区划，扩大中心城区行政区域范围，逐步解决“一市一区”问题。(省民政厅)

(2)优化城郊矿区结构和规模，调整“矿区郊区”政区管理模式。(省民政厅)

46.对山西省主导产业衰退严重的城市，比照实施资源枯竭城市财力转移支付政策。中央预算内投资在山西省农村旅游公路建设、生态建设、扶贫开发和社会事业等方面比照西部地区补助标准执行。支持山西省推进完善地方政府专项债券管理，着力发展项目收益与融资自求平衡的专项债券品种，保障重点领域项目建设融资需求。

推进举措：

(1)加强省部对接，积极争取我省主导产业衰退严重的城市比照享受资源枯竭城市财力转移支付政策。(省发改委、省财政厅)

(2)加强省部对接，落实中央预算内投资在山西省农村旅游公路建设、生态建设、扶贫开发和社会事业等方面比照西部地区补助标准执行政策。2018年完成。(省发改委)

(3)研究提出实现项目收益自求平衡的专项债券品种方案。2018 年完成。(省财政厅)

47.支持山西省开展水资源税改革试点和环境污染强制责任保险试点。

推进举措：

(1)成立全省水资源税改革试点组织领导机构，开展水资源税费专项调查，在我省权限范围内明确改革事项，制定水资源税征收办法，严格税收征管工作。按照国家部署完成。(省财政厅、省地税局、省水利厅)

(2)全面落实《关于推进山西绿色金融发展的指导意见》，研究制定《关于开展环境污染强制责任保险试点工作的实施意见》，对风险大、污染严重的区域或行业，将实施强制环境污染责任保险，制定我省环责险强制试点企业名录。2018 年完成。(山西保监局、省环保厅、省水利厅)

48.在去产能过程中，通过综合运用债务重组、破产重整或破产清算等手段，妥善处置企业债务和银行不良资产，加快不良贷款核销和批量转让，做到应核尽核，依法维护金融债权。鼓励金融机构与发展前景良好但遇到暂时困难的优质企业有效对接，开展市场化法治化债转股。

推进举措：

(1)研究制定去产能过程中企业债务和银行不良资产核销与转让的具体办法，综合运用债务重组、破产重整或破产清算等手段，做到应核尽核。2018年出台具体办法。(省金融办、山西银监局)

(2)加强政策引导，重点支持我省煤炭、钢铁等支柱型企业开展债转股。推进已签署合作协议的债转股项目资金尽快到位。(省金融办、山西银监局)

（3）鼓励国有资本投资运营公司和地方资产管理公司等机构发行债权转股权专项债券，提高实施债转股的积极性。（省金融办、山西银监局、省国资委）

49.支持山西省在符合条件的情况下设立民营银行。支持企业开展大型设备、成套设备等融资租赁业务。在依法审慎合规的前提下，鼓励金融机构设立绿色金融专营机构，大力开展绿色金融业务。研究建立大同国家级绿色金融改革创新试验区。

推进举措：

（1）落实《国务院办公厅转发银监会关于促进民营银行发展指导意见的通知》，加强监管引领和服务，辅导符合条件的民营企业申请设立民营银行工作。（山西银监局、省金融办）

（2）落实《山西省人民政府办公厅关于加快推进融资租赁业发展的实施意见》，出台具体办法和实施细则，支持企业开展大型设备、成套设备等融资租赁业务。（省金融办）

（3）健全绿色信贷体系，严格执行信贷项目的环保审查制度，建立绿色信贷政策评估体系和奖惩机制，优化信贷结构，加大节能环保信贷投放力度。（人行太原中心支行、省金融办）

（4）建立适合山西绿色发展需要的绿色保险服务体系，加大对新能源、新材料、新技术等领域的保险支持力度。（省金融办、山西保监局）

（5）研究建立大同国家级绿色金融改革创新试验区。探索设立绿色金融事业部或绿色支行，发展绿色信贷，探索建立排污权、水权、用能权等环境权益交易市场，建立绿色产业、项目优先的政府服务通道，建立绿色金融风险防范机制。（大同市政府、人行太原中心支行、山西银监局、省金融办）

50.坚持最严格的耕地保护制度，严格划定永久基本农田，实行特殊保护。积极创造条件，在山西省推广国家综合配套改革试验区土地管理制度改革经验，在确权登记颁证基础上，推进农村承包土地经营权、农民住房财产权等农村产权规范流转。试点建立"以奖代补、以补代投"激励机制，充分发挥财政资金撬动作用，吸引社会资金投入，大规模开展高标准农田建设。

推进举措：

（1）全面完成永久基本农田划定工作，严格执行基本农田保护制度，对划定的永久基本农田实行特殊保护。确保省政府确定的耕地和基本农田保护面积不减少、耕地保护率达到100%以上。（省国土厅）

（2）复制推广其他国家综合配套改革试验区土地管理制度改革经验，在确权登记颁证基础上，推进农村承包土地经营权、农民住房财产权等农村产权规范流转。（省国土厅、省农业厅、省住建厅）

（3）大力支持高标准农田建设。（省财政厅、省国土厅）

51.实施工业用地市场化配置改革。优化开发区土地利用政策，适应产业转型升级需要，适当增加生产性服务业、公共配套服务、基础设施建设等用地供给，探索适合开发区特点的土地资源开发利用方式。

推进举措：

（1）制定山西省深化工业用地市场化配置改革具体政策。2017年底前完成。（省国土厅）

（2）研究探索适合开发区特点的土地资源开发利用方式，提高开发区土地投入产出效率。（省国土厅）

52.大力推进土地整治，支持城区老工业区和独立工矿区开展城镇低效用地再开发，积极开展工矿废弃地复垦利用试点和中低产田改造。

推进举措：

（1）制定我省城区老工业区和独立工矿区城镇低效用地再开发规划，2017年底完成。（省国土厅）

（2）编制《山西省中低产田改造利用试点方案》，2018年完成。（省农业厅）

（3）编制工矿废弃复垦利用工作方案，在全省范围内全面开展历史遗留工矿废弃地复垦利用工作，积极向国土资源部申请将复垦利用结余指标跨县级行政区域流转使用。2018年完成。（省国土厅）

53.加快推进采煤沉陷区土地复垦利用，对复垦为耕地的建设用地，经验收合格后按程序纳入城乡建设用地增减挂钩试点范围，相关土地由治理主体优先使用。允许集中连片特困地区、国家和省级扶贫开发工作重点县的城乡建设用地增减挂钩节余指标在全省范围内流转使用。

推进举措：

（1）制定《山西省城乡建设用地增减挂钩节余周转指标易地交易实施细则（暂行）》，将集中连片特困地区、国家和省级扶贫开发工作重点县的城乡建设用地增减挂钩节余指标也纳入全省流转范围。（省国土厅）

（2）加大中央预算内采煤沉陷区综合治理专项支持力度，研究逐步将山西省矛盾突出、财政困难的重点采煤沉陷区纳入资源枯竭城市财政转移支付范围。（省财政厅、省发改委）

54.加快资源型城市特别是资源枯竭城市转型，促进城矿协调发展，推进产城融合。支持长治市创建国家老工业城市和资源型城市产业转型升级示范区。

推进举措：

（1）加强省部合作，积极向国家发改委争取独立工矿区各类资金及政策支持，推动霍州市资源枯竭型城市转型发展，用好用足中央财政转移支付资金。（省发改委、省财政厅、相关市政府）

（2）加强省部对接，积极争取国家中央预算内专项资金支持长治国家老工业城市和资源型城市产业转型升级示范区建设。建立省级部门协调推进机制，协同推进示范区建设。（省发改委、长治市政府）

55.加快发展中小城市和特色小城镇，实现城镇基本公共服务常住人口全覆盖，推动具备条件的县和特大镇有序设市。深入推进社会主义新农村建设，抓好传统村落保护，推动基本公共服务向农村延伸，全面改善农村生产生活条件，建设幸福家园和美丽宜居乡村。

推进举措：

(1)促进中小城市和小城镇协调发展,实现城镇基本公共服务常住人口全覆盖,推动具备行政区划调整条件的县和特大镇有序设市。(省住建厅、省民政厅及其他相关部门)

(2)制定特色小城镇创建培育计划,出台《山西省特色小城镇建设标准》,研究制定具体扶持政策措施,加快建设一批特色小城镇。(省住建厅)

(3)编制《山西省美丽乡村建设规划》,推进农村人居环境改善,推动基础设施和公共服务向农村倾斜,打造一批宜居宜业宜游的社会主义新农村。2018年完成。(省农业厅)

(4)加快《山西省历史文化名城名镇名村保护条例》立法工作,编制《山西省传统村落保护发展管理办法》和《山西省传统村落保护发展规划编制要求》。2018年完成。(省法制办、省住建厅)

56.以吕梁山、燕山—太行山两个集中连片特困地区为重点,聚焦深度贫困难题,坚持精准扶贫、精准脱贫基本方略,推进脱贫攻坚与生态治理有机结合,统筹易地扶贫搬迁与煤炭采空区治理、国土综合整治,因地制宜实施整村搬迁,同步建设安置点基础设施、公共服务设施,发展相关配套产业,确保贫困群众搬得出、稳得住、能致富。强化特色产业扶贫与深度贫困人口增收有机结合,建立有效化解因病致贫返贫和支出型贫困的长效机制。

推进举措:

(1)制定《关于深度贫困自然村整体搬迁的实施意见》和《关于进一步做好易地扶贫搬迁工作的若干意见》,确保全省贫困群众搬得出、稳得住、逐步能致富。2017年9月完成。(省扶贫办)

(2)制定《山西省2017年集中力量加大光伏扶贫工作实施意见》,2017年9月完成。(省扶贫办)

(3)制定《山西省"一村一品一主体"产业扶贫考核暂行办法》,2017年10月完成。(省农业厅)

(4)建立有效化解因病致贫返贫和支出型贫困的长效机制,探索发展基本公共服务,完善基本医疗保险、大病统筹救助、商业医疗保险、教育资助等办法,确保到2020年,全省深度贫困地区和贫困群众同全省人民一道进入全面小康社会。(省人社厅、省卫计委、省教育厅)

(五)深度融入国家重大战略,拓展转型升级新空间

57.完善物流基地、城市配送中心布局,打造一批具有多式联运功能的大型综合物流基地。支持在物流基地建设具有海关、检验检疫等功能的铁路口岸。

推进举措:

(1)编制参与"一带一路"建设三年滚动计划,发挥我省是"一带一路"大商圈的重要组成部分的作用,开展国际产能合作,对外工程承包和劳务合作,打造内陆地区对外开放新高地。(省商务厅)

(2)编制《山西省融入"一带一路"综合物流基地和配送中心建设方案》,在物流基地建设具有海关、检验检疫等功能的铁路口岸,打造一批具有多式联运功能的大型综合物流基地,2018年完成。(省经信委、山西检验检疫局)

58.支持太原、大同建设全国性综合交通枢纽,有序推进太原至绥德、保定至忻州、大同至集宁、运城至三门峡等铁路前期工作。加强山西省与京津冀地区基础设施互联互通。

推进举措:

(1)推进太原、大同全国性综合交通枢纽建设,加快完善太原火车站、太原武宿机场、大同中鼎物流园、运城晋南物流园、山西(阳泉)国际陆港物流园、太原公路主枢纽武宿货运中心和大同高铁站、大同机场、晋北物流园等综合交通枢纽功能。(省发改委、省经信委、省交通厅、省民航机场管理局、太原铁路局)

(2)加快推进北京经雄安至太原、太原至延安、运城至三门峡、大同至乌兰察布等铁路建设,确保2020年前取得实质性进展。(省发改委、太原铁路局)

(3)加强与京津冀地区基础设施的互联互通。(省发改委)

59.中央预算内投资、车辆购置税资金、民航发展基金等对符合条件的山西省交通基础设施项目予以支持。将山西省列为普通公路重载交通建设试点。

推进举措:

(1)完善山西省交通基础设施项目储备库,落实"项目等资金"管理模式。通过与社会资本合作、申请地方政府债券等方式保障落实配套资金。(省交通厅)

(2)研究制定山西省重载交通建设的技术方案,实施先期重载交通改造实验,制定《山西省重载交通建设规划》和《建设方案》。(省交通厅)

60.支持山西(阳泉)智能物联网应用基地试点建设。推动大同、运城、五台山机场航空口岸开放,加快太原、大同、临汾无水港建设。支持在符合条件的地区设立海关特殊监管区域。

推进举措:

(1)编制《山西(阳泉)智能物联网应用基地试点建设方案》。2018年完成。(省经信委、阳泉市政府)

(2)提升太原航空口岸功能和国际竞争力,加快推进大同、运城、五台山机场航空口岸正式开放,积极推进长治、临汾、吕梁航空口岸临时开放。(省经信委、山西检验检疫局)

(3)加快太原、大同、临汾铁路口岸无水港建设,积极推进太原铁路口岸临时开放。在符合条件的地区设立海关特殊监管区域。(省经信委、山西检验检疫局)

61.积极支持山西省复制推广自由贸易试验区等成熟改革试点经验。

推进举措:

(1)制定《山西省进一步复制推广自由贸易试验区改革试点经验的实施意见》,2017年底完成。(省商务厅)

(2)研究制定《中国(山西)自贸试验区申请工作方案》(草案),2017年底完成并全面启动申报工作。(省商务厅)

(3)以山西转型综改示范区为主体,全面复制推广自由贸易试验区投资管理、贸易监管、金融创新、事中事后监管等方面的改革举措,着力打造中国(山西)自由贸易试验区。(省商务厅)

62.支持山西省与京津冀地区建立合作机制,实现联动

发展。增加山西省向京津冀地区的清洁能源供应。支持山西省参与京津冀电力市场化交易。支持京津冀等地企业与山西省电力企业开展合作，扩大电力外送规模。

推进举措：

（1）加强与京津冀协同发展战略衔接，编制我省深度融入京津冀协同发展的意见，使我省成为京津冀重要的生态屏障、产业转移承接地、清洁能源供应基地、特色农产品供应地、休闲养生目的地。2017年底前完成。（省发改委）

（2）加快与北京、河北签署《关于将山西打造成为北京清洁能源供应基地合作协议》《深化能源战略合作协议》，并做好已签订的《关于将山西打造成为天津清洁能源供应基地合作协议》的贯彻落实工作。（省发改委）

（3）积极参与京津冀电力市场化交易，加强省内电力企业与京津冀等地企业的合作，加快推进盂县电厂—河北南网500千伏输电通道建设，扩大外送电力规模。（省经信委、省发改委）

63.构筑京津冀生态屏障，完善区域环境污染联防联控机制，利用现有资金渠道对山西省符合条件的生态环保项目予以支持。

推进举措：

（1）构筑京津冀生态屏障。开展永定河综合治理与生态修复，编制实施桑干河等主要河流生态修复治理规划。实施太行山绿化、京津风沙源治理工程，开展京津冀(山西省片区)森林和自然生态保护和恢复，发展生态经济型林业，建立京津冀林业生态屏障。（省林业厅、省水利厅、省环保厅）

（2）加强太原、阳泉、长治、晋城4个京津冀空气污染传输通道城市联防联控，将晋中、临汾等市纳入区域一体化防治体系，加强大气污染物防治。探索建立跨市域生态补偿机制。（省环保厅）

（3）建立生态环保项目储备制度，建立项目储备库，加强省部对接，利用现有资金渠道，积极争取对我省符合条件的生态环保项目予以支持。（省环保厅）

（六）深化生态文明体制改革，建设美丽山西

64.加快推进国土综合整治，实施太行山、吕梁山生态保护修复工程，推进山水林田湖生态保护工程试点。积极引入社会资本参与生态修复建设，创新市场化生态修复机制。

推进举措：

（1）实施太行山、吕梁山生态修复工程，全面提升吕梁山水土保持功能、太行山中部水源涵养功能和燕山—长城沿线防风固沙工程，形成完备高效的生态安全屏障。（省林业厅、省水利厅）

（2）实施六大林业工程，到2025年，全省现有宜林荒山绿化率达到95%以上，构建起稳定健康的森林生态系统，全面提升生态环境质量和绿色发展能力。（省林业厅）

（3）实施国土绿化工程，建立绿化长效机制，逐年提高造林面积，到2020年，超额完成“十三五”规划2000万亩造林任务。（省林业厅）

（4）出台桑干河、滹沱河、漳河、沁（丹）河、涑水河、大清河（唐河、沙河）等流域生态修复与保护规划，按照规划统筹推进。（省水利厅）

（5）编制《山西省山水林田湖生态保护工程试点方案》。（省财政厅）

（6）总结太原市西山地区生态治理修复经验，积极引入社会资本参与生态修复建设，探索以土地换资金的市场化生态修复机制。（省国土厅、省环保厅、省林业厅、省水利厅）

（7）在全省试行生态环境损害赔偿制度，明确生态环境损害赔偿范围、责任主体、索赔主体和损害赔偿解决途径，加强环境污染损害鉴定评估机构能力建设，形成相应的鉴定评估管理与技术体系、资金保障及运行机制，探索建立生态环境损害的修复和赔偿制度。（省环保厅）

65.落实最严格水资源管理制度，严格水资源开发利用控制、用水效率控制、水功能区限制纳污“三条红线”管理。加强水功能区和入河湖排污口监督管理，加大娘子关泉、辛安泉等水源地保护力度。全面落实河长制，创新河湖管护体制机制，加快推进汾河等流域生态修复和系统治理。加快水权交易市场建设，探索滹沱河、桑干河等跨省流域横向生态保护补偿机制。

推进举措：

（1）完成实行最严格水资源管理制度工作方案目标，建设水功能区限制纳污制度，落实用水总量、用水效率、纳污总量控制等措施。（省水利厅）

（2）编制《山西省入河排污口优化布局和整治方案》，统筹取水口、入河排污口，明确禁止和限制设置入河排污口的范围。制定出台入河排污口重点监管名录，重点加大对娘子关泉、辛安泉等水源地的监管。2017年底前完成山西省入河排污口监督管理办法和规模以上入河排污口信息系统录入。（省水利厅）

（3）全面落实《山西省全面推行河长制实施方案》，2017年9月底前出台全省考核办法，建立相关制度；12月底前完成省、市、县、乡四级河长制工作验收。到2017年底，在全省建成覆盖流域面积50平方公里以上、902条河流的省、市、县、乡四级河长制体系。到2020年底，完成河道管护空间划定和水域岸线确权登记工作。（省水利厅）

（4）加大农业节水，不断提高灌溉水利用率，2020年灌溉水有效利用系数提高到0.55以上。（省水利厅）

（5）加强省部合作，在滹沱河、桑干河等跨省流域探索开展横向生态保护补偿试点，鼓励流域下游与上游通过资金补偿、对口协作、产业转移、人才培训、共建园区、生态移民等方式建立横向补偿关系。（省财政厅、省水利厅）

66.加强黄土高原地区沟壑区固沟保塬工作，开展吕梁山、太行山等水土流失综合治理，推动重要水源地生态清洁小流域建设。

推进举措：

（1）编制山西省黄土高原地区沟壑区固沟保塬综合治理方案，2018年完成。（省水利厅）

（2）实施吕梁山生态脆弱区植被恢复、沿黄水土保持等

重点生态工程，推进吕梁山区域黄土高原综合治理；实施三北防护林、天然林资源保护、京津风沙源治理、太行山绿化以及湿地保护与恢复等重点生态工程，增加太行山特困区域林草植被，控制水土流失。(省林业厅、省水利厅)

(3)开展全省13个全国重要饮用水水源地安全保障达标建设和评估工作，逐步完善自动监测站网，将监测信息及时上传国家水资源信息管理系统。(省卫计委、省环保厅)

67.实施大规模植树造林，推进天然林资源保护，将符合条件的公益林纳入国家级公益林范围，享受森林生态效益补偿政策。

推进举措：

(1)制定林业工程三年滚动计划。到2020年，全省森林覆盖率达到23.5%，到2025年，努力使森林覆盖率达到26%以上。(省林业厅)

(2)加大对永久性生态公益林保护力度，依据我省永久性生态公益林保护总体规划，编制详细具体的实施方案，不断扩大我省纳入国家级公益林范围，更多地享受国家森林生态效益补偿政策。编制《山西省永久性生态公益林保护实施方案》，2018年完成。(省林业厅、省财政厅)

68.改革创新园区规划环评工作，探索园区式、链条式环评模式。

推进举措：

严格落实环境影响评价制度，明确"生态保护红线、环境质量底线、资源利用上线和环境准入负面清单"管控要求，加强园区规划环评与入区建设项目环评的联动，将规划环评作为规划所包含项目环评文件审批的刚性约束，对已采纳规划环评要求的规划所包含的建设项目，简化相应的环评内容。(省环保厅、省发改委)

69.实施能源消费总量和强度双控行动，强化对山西省各级政府和重点用能单位的节能目标责任考核，组织实施节能重点工程，发展节能环保产业。

推进举措：

(1)实施能源消费总量和强度双控行动，确保完成国家下达我省的"十三五"能耗强度降低15%、能耗增量3010万吨标准煤的总量控制目标。(省经信委)

(2)组织开展各级政府和重点用能单位的节能目标责任年度考核，将考核结果作为领导班子和领导干部考核的重要内容。(省委组织部)

(3)工业、建筑、交通等领域实施一批节能重点工程。大力发展节能环保产业。(省经信委)

70.全面推进节水型社会建设，实施水资源消耗总量和强度双控行动，提高水资源利用效率和效益。坚持以水定城、以水定产，严格执行水资源论证和取水许可制度，强化水资源承载能力刚性约束，促进经济发展方式和用水方式转变。

推进举措：

(1)全面推进节水型社会建设，实施水资源消耗总量和强度双控行动，明确到2030年全省用水总量控制目标、万元工业增加值用水量目标等。(省水利厅)

(2)严格水资源刚性约束，以县域为单元开展水资源承载能力评价，以水定城、以水定产，建立预警机制。2019年完成。(省水利厅)

(3)严格执行建设项目水资源论证和取水许可制度，建立健全计划用水和节水统计制度，修订完善用水定额管理制度。2018 年完成。(省水利厅)

71.大力推进重点领域节水，把农业节水作为主攻方向，实施重大农业节水工程，推进农业水价综合改革。加大工业和城镇节水力度。实施水效领跑者引领行动，开展合同节水管理试点示范工程。积极开展节水宣传教育，增强全社会节水、护水意识。

推进举措：

(1)把农业节水作为主攻方向，实施一批重大农业节水工程，加强省部对接，争取国家政策资金支持。2017年底完成。(省水利厅)

(2)开展农业水价综合改革，加快推进稷山、洪洞2个试点县农业水价综合改革任务。2018年起在全省推开。(省水利厅)

(3)在工业、农业和生活用水领域开展水效领跑者引领行动，按照国家水效领跑者指标要求，遴选一批用水产品、企业和灌区，争取进入国家水效领跑者名单。(省水利厅、省发改委)

(4)在公共机构、公共建筑、高耗水工业和服务业、公共水域水环境治理、经济作物高效节水灌溉等领域，开展合同节水管理试点示范工程。2017年底启动。(省水利厅、省发改委)

72.推动山西省建立健全碳排放权交易机制。在确保环境质量稳定达标前提下，允许山西省在省域内科学合理配置环境容量。

推进举措：

(1)积极落实国家碳排放权交易相关法律法规和管理办法，研究建立我省有关配套政策制度体系。在山西省应对气候变化领导组的统一领导下，将有关工作责任落实至市级政府和相关部门。(省发改委)

(2)根据国家部署，组织我省参与全国碳排放权交易企业开展碳排放监测、报告与核查工作。(省发改委)

(3)加强碳排放权交易能力建设，针对碳排放权交易各参与方，深入开展多层次、针对性强的培训，提高各方对碳排放权的认识水平和参与能力。(省发改委)

(4)进一步加强应对气候变化统计工作，完善应对气候变化统计指标体系，贯彻落实全省能源统计报表制度和应对气候变化部门统计报表制度(试行)规定和要求。(省统计局)

(5)以环境质量改善为核心，强化总量控制，完善总量指标分配机制，确保环境质量稳定达标前提下科学合理配置环境容量。2018年出台。(省环保厅)

73.实行生产者责任延伸制度，逐步提高电器电子产品、汽车产品、铅酸蓄电池等重点品种的废弃产品规范回收与循环利用率。支持山西省大力发展循环经济，对产业园区进行循环化改造。

推进举措：

（1）依据国家电器电子、汽车、铅酸蓄电池等重点产品生产者责任延伸制度，完善实施方案，制定配套政策。2020年完成。（省发改委、省经信委、省环保厅、省商务厅、省财政厅）

（2）大力发展循环经济，每年遴选一批省级循环化改造示范试点园区，择优推荐一个国家级循环化改造示范试点园区。到2020年，推动50%的省级园区开展循环化改造。（省发改委、省财政厅）

74.落实固废利用产品税收优惠政策，推进煤矸石等大宗固体废物综合利用，有效防控炼焦、煤化工等行业危险废物的环境风险。加快推进朔州工业固废综合利用示范基地建设。

推进举措：

（1）落实国家各项税收优惠，在授权范围内研究出台我省优惠政策。（省财政厅、省地税局、省国税局）

（2）推动煤矸石、粉煤灰、工业副产石膏、冶炼和化工废渣等工业固体废弃物综合利用。加快推进朔州工业固废综合利用示范基地建设。（省经信委、朔州市政府）

（3）科学布局炼焦、煤化工等行业危险废物处置场所，推动危险废物处置设施建设，提升危险废物处置能力。（省环保厅）

三、组织实施

（一）加强组织领导。各级党政主要负责同志要把握大势，增强改革责任感紧迫感，切实承担主体责任，“挂帅出征”，带头落实工作，适时召开全面落实工作推进会和部署会，确保各项改革高质量落地。要发扬钉钉子精神，持续推动资源型经济转型改革和发展。

（二）健全工作机制。各级各部门要明确责任、狠抓落实，各司其职、各负其责、协同配合，形成工作合力，确保全面推行实施方案的落实。要根据本行动计划，完善各项政策措施，明确各阶段实施的重大项目、重要任务及进度要求。要强化省内上下协同，同步推进各项工作，及时解决推进中的困难和问题，加强对下一级的指导和监督，层层压实责任。

（三）严格考核问责。建立健全监测评价机制，对落实情况进行实时监测，对落实效果进行年度评估，并根据监测评估情况及时调度督导，适时对目标任务、工作措施进行调整优化。严格考核问责，加强工作督查督办，定期对实施情况开展专项督导、检查和通报。建立改革推进激励机制和考核机制，对成绩突出的责任单位进行表扬奖励，对失职失责的严肃问责。

（四）强化宣传引导。加大宣传力度，积极营造支持我省资源型经济转型改革和发展的良好氛围。充分利用各种媒体和传播手段，进行权威解读和信息发布。增强公众的责任意识和参与意识，广泛凝聚社会共识，营造全社会共同推进的良好氛围。尊重人民群众的首创精神，鼓励基层大胆探索，勇于创新，积极开展跟踪调研，总结宣传推广好做法、好经验、好举措。

中共山西省委　山西省人民政府
《关于深入推进农业供给侧结构性改革加快培育农业农村发展新动能的实施方案》

（2017年3月21日）

为深入贯彻落实中共中央、国务院《关于深入推进农业供给侧结构性改革加快培育农业农村发展新动能的若干意见》，进一步明确任务，强化措施，落实责任，结合我省实际，制定本实施方案。

近年来，我省在农业转方式、调结构、促改革等方面进行了积极探索，取得了明显成效，农业连年获得丰收，农民收入持续增长，农村社会和谐稳定，但农业小、散、弱的格局还没有根本改变。农业结构不合理，发展动能不足，农民收入持续增长乏力，资源优势还没有转化为产业优势、市场优势和经济优势，这些难题亟待破解。深入推进我省农业供给侧结构性改革，就是要在稳定提高粮食产能的基础上，按照“市场引领、需求倒逼”的思路，以增加农民收入、保障有效供给为主要目标，以开发功能性食品、发展功能农业为主攻方向，以体制改革、机制创新为根本途径，全面激活市场、激活要素、激活主体，优化农业产业体系、生产体系、经营体系、服务体系，改造提升传统动能，培育壮大新动能，实现我省特色农业全面转型升级。

2017年农业农村工作的总体要求是，全面贯彻党的十八大和十八届三中、四中、五中、六中全会精神，深入贯彻落实习近平总书记系列重要讲话精神和治国理政新理念新思想新战略，按照省委“一个指引、两手硬”重大思路和要求，坚持新发展理念，坚持稳中求进工作总基调，坚持“供改”和“综改”有机结合，围绕农业增效、农民增收、农村增绿，以推进农业供给侧结构性改革为主线，以发展功能农业(食品)为引领，加快结构调整步伐，加大农村改革力度，提高农业综合效益和竞争力，改善农村人居环境，确保粮食生产能力不降低、农民增收势头不逆转、农村稳定不出问题，力争我省农村全面小康建设迈出更大步伐。

一、优化产业结构，着力推进特色农业提质增效

1.按照“稳粮、优经、扩饲”的要求，加快构建粮经饲协调发展的三元种植结构。深入开展粮食绿色高产高效创建，稳定小麦生产，调减籽粒玉米50万亩以上，增加优质杂粮、薯类生产。优化经济作物品种品质和区域布局，大力发展蔬菜、果业、中药材、油料等特色产业，建设国家特色农产品优势区。按照“以养定种”原则，扩大饲草玉米、饲草高粱、苜蓿等饲料饲草作物。根据国家建设粮食功能区的要求，选择条件较好、相对集中连片的区域划定粮食生产功能区，将产能落实到地块，建档立册、上图入库，实现信息化、精准化管理。2017年重点在运城、临汾划定小麦生产功能区，在忻州、晋中、长治、晋城、吕梁平川区等划定玉米生产功能区。全省粮食产能稳定在130亿公斤以上。（责任单位：省农业厅、省发改委、省财政厅、省国土厅、省粮食局）

2.按照“增猪、稳鸡、发展牛羊驴等草食畜”的思路，发展规模高效养殖业。抓住“南猪北养”和价格高位运行的有利时机，依托大象、宝迪、温氏、牧源等大企业，完善与农民利益联结机制，发展规模高效生猪养殖业。稳定家禽生产。大力发展牛羊驴等草食畜牧业，推广“山繁川育”模式，扩大基础母畜群体，推进草食畜牧业提质增效。以牧草基地为依托，重点支持适度规模的家庭牧场，建设优质奶源基地。严格执行复原乳标识制度，发展乳品加工，健全乳品冷链系统，促进奶业全面振兴。（责任单位：省农业厅、省食药监局）

3.全面规划实施，扎实推进雁门关农牧交错带建设。按照“三三三”制布局，深化雁门关区农业结构调整，打造全国北方农牧交错带样板区。2017年，朔州、大同、忻州、吕梁市和太原市娄烦县全部完成规划编制，四个市各建1个草畜一体化示范点，雁门关区建设34个标准化生态养殖示范点。10个国家粮改饲试点县每县耕地种草面积不少于6万亩。扶持建设2–3个饲草加工或全混合饲料生产企业，提高饲草资源综合利用率。组建山西省农科院朔州分院（山西省生态农牧研究院），确保2017年揭牌成立。（责任单位：省农业厅、省农科院）

4.优化区域布局，促进我省特色产业提档升级。构建汾河平原、上党盆地、雁门关、太行山、吕梁山和城郊农业六大特色农业发展区域，做精杂粮、做优果菜、做好药材，加快全产业链开发，促进特色产业提档升级。以谷子、莜麦、荞麦、豆类、高粱等为主抓品种，提高机械化生产水平，扩大种植规模，延长产业链条，力争杂粮面积稳定在1500万亩左右，建设全国优质杂粮示范基地和产地交易市场。以苹果、梨、葡萄等品种改良、品质改进、品牌创建为抓手，实施果业提质增效工程，优势区新建和改造中低产果园30万亩。以设施蔬菜、食用菌、露地特色菜为重点，加快优势区建设，新建改建设施蔬菜面积20万亩，以延秋菜为重点，开发地方名优特新露地蔬菜20万亩。以中药材规范化基地建设为重点，抓好太行、太岳、恒山、晋南边山丘陵区等优势区建设，新发展中药材基地40万亩，开展原产地认证和产品质量追溯体系建设。建设我省中药材交易中心。（责任单位：省农业厅、省商务厅、省食药监局、省粮食局、省供销社）

5.实施龙头企业转型升级计划，培育一批种业型、加工型、流通型、服务型农业龙头企业。创设扶持农业企业政策措施，制定出台我省发展农产品加工业的政策意见。科学布局我省农产品加工园区，完善功能、突出特色、优化分工，吸引农业龙头企业向园区集聚，创建集标准化原料基地、集约化加工、便利化服务网络于一体的产业集群。积极扶持农产品产地初加工，鼓励农业合作组织和种植大户开展小杂粮等特色农产品机械化加工处理。把杂粮、中药材、干鲜果精深加工作为农产品价值链、产业链延伸新的突破口，培育营养性、功能性、便利性食品加工企业，促进加工业向融合互动、集群集聚方向发展。继续开展农业企业帮扶活动，建立部门之间各司其职、分工协作的长效机制，切实解决农业企业融资、用地、环评等方面的困难和问题。完善企业家培训制度，分产业、分类型、分批次进行精准培训，提升企业家素质。瞄准全国领军企业和发达省份，开展目标招商和点对点招商，提高项目签约率、开工率和资金到位率。力争2017年全省农产品加工业销售收入增长6%以上。（责任单位：省农业厅、省商务厅、省农机局）

6.发挥现代农业示范区引领作用，规划布局现代农业产业园。大力推动晋中、长治2市和晋中市太谷县、运城市盐湖区等5县（区）国家现代农业示范区建设，形成一批区域代表性强、类型多样、路径清晰的建设典型，支持现代农业示范区率先实现农业现代化。结合全省开发区优化布局，建设一批“生产+加工+科技+流通”的现代农业产业园。依托现代农业示范区，科学制定产业园规划，统筹布局生产、加工、物流、研发、示范、服务等功能板块。瞄准京津市场，启动大同、朔州两个农畜产品产业集聚区建设，引进一批大型知名企业入住园区。积极推进孝义王老吉顶养系列大健康产业园建设。启动建设忻州、吕梁杂粮产业园区和运城、临汾水果产业园。开展主要农作物全程机械化示范园区建设试点。（责任单位：省农业厅、省商务厅、省粮食局、省农机局）

二、优化产品结构，提升特色农产品质量和竞争力

7.加快开发功能性食品，发展功能农业。立足我省杂粮、中药材、鲜干果等特色资源优势，依托重点龙头企业，

瞄准中高端市场，注重引进消化吸收，加强与科研院校的合作，大力开发保健食品、功能性食品等高附加值产品。扩大精深加工规模，抓紧黄芪、党参和连翘叶作为新食品原料申报工作，重点做好黄芪、党参、连翘叶相关试验研究，积极推进山药、山楂、桔梗和桑叶等药食同源产品开发。深化与广药集团、哈药集团等行业领军企业的战略合作，引领功能食品深度开发，加快发展功能农业。（责任单位：省农业厅、省科技厅、省农科院、省卫计委、省食药监局）

8.建设山西“农谷”，打造功能食品科创城和功能农业示范区。积极推动与全国知名科研院所高校的战略合作，充分发挥省农科院、山西农大的科研优势,在晋中市太谷县全面推进山西“农谷”建设，力争1年建成雏形，3年基本建成。重点建设山西功能食品研究院、院士工作站等创新载体，形成支撑山西功能农业产业发展的科技平台，设立科技合作专项，研究提出一套功能农业技术标准，以“功能食品+功能农业+旅游+养生养老”的发展模式，打造功能农业品牌。2017年重点完成规划编制、机构组建、投融资平台建设、招商引资、政策创设等基础工作。（责任单位：省农业厅、省科技厅、省农科院、山西农大）

9.加快推进“三园一场”和“三品一标”建设，提高农业标准化水平。加快组建山西省农业标准化技术委员会，优化农业标准结构，积极建立农业标准体系。加快推进“三园一场”（菜园、果园、药园、养殖场）标准化建设，制定完善涵盖生产、加工、储存、包装、运输、流通等环节的标准体系，新制定农业地方标准20项。积极开展“三品一标”（无公害农产品、绿色食品、有机食品、国家农产品地理标志）认证,新认定无公害农产品产地面积80万亩,新认证“三品”产品350个，认定国家地理标志产品10个。鼓励企业建立和完善生产技术、工艺流程、质量控制等各环节的农业企业标准体系，扶持新型农业经营主体率先开展标准化生产。力争2017年底全省农业生产标准化率达到30%以上。（责任单位：省农业厅、省质监局）

10.完善品牌培育机制，打造区域特色品牌。推进运城苹果、吕梁红枣、太行小米、山西陈醋等区域农产品公共品牌建设。引导各类主体、各类产品向知名企业、知名品牌靠拢，发挥名牌效应，逐步形成整体竞争优势。重点支持优势企业和优势品牌，整合产品资源，扩张优势规模，打造一批产品竞争力强、市场占有率高、影响范围广的全国知名品牌。采取以奖代补的方式，支持企业品牌建设。充分利用农博会等平台，加大农业品牌的展示营销和推介力度，积极参与山西品牌“中华行”“丝路行”“网上行”系列活动，提高市场影响力和美誉度。（责任单位：省农业厅、省商务厅、省工商局）

11.打造运城农产品出口平台，大力推动农产品出口。实施运城水果产业发展省级战略，研究制定运城（临汾）果业平台建设规划，建设运城果品出口检验检疫平台。建设20个国家级果业标准化示范园区，力争2017年全省果品出口量增长20%以上。加大红枣、核桃、红芸豆、芦笋、双孢菇等优势农产品出口力度，持续抓好国家级出口食品农产品质量安全示范区建设，再新建2个国家级示范区、5个省级示范区，对示范区实施农产品检验检疫配套便利化措施，力争全年农产品出口额增长10%以上。（责任单位：省农业厅、省商务厅、山西出入境检验检疫局）

12.健全农产品质量和食品安全监管体系，加强农产品质量安全监管。强化农产品质量和食品安全监管风险分级管理和属地责任，推进乡镇监管站的标准化建设和规范化运行。继续深入开展以禁限用农药、兽用抗菌药、畜禽屠宰等为主的专项整治，严厉打击侵权假冒行为。深化农产品质量安全县创建活动，探索建立有效的监管机制和模式，把农产品质量安全纳入各级政府年度考核范围。推进农产品质量安全追溯体系建设，明确农产品生产和收储运全程监管责任，完善应急处置机制，确保不发生重大农产品质量安全事件。（责任单位：省农业厅、省食药监局）

三、推进绿色生产方式，增强农业可持续发展能力

13.统筹整合项目资金，扎实推进高标准农田建设。严守耕地红线，全面落实永久基本农田特殊保护政策措施，深入开展耕地质量保护与提升行动,加大土地整治和中低产田改造力度。大力推广深松整地、精准施肥、精量播种等农机化新技术，从农田作业环节改善和保护耕地质量。统筹使用各类农田建设资金，推进高标准农田建设，提高建设质量。将高标准农田建设纳入地方各级政府耕地保护责任目标考核内容。2017年力争完成高标准农田建设200万亩。（责任单位：省国土厅、省农业综合开发办、省发改委、省农业厅、省水利厅、省农机局）

14.推进大小水网建设，大规模实施农业节水工程。实现大水网隧洞骨干连通工程全部贯通，辛安泉供水和东山供水工程正式运行，小浪底和中部引黄工程试运行，县域小水网工程取得实质性进展。加快完成万家寨引黄全能力配套工程。实施高效节水灌溉工程，加快大型灌区现代化升级改造和中型灌区节水改造,在运城、临汾盆地建设形成800万亩旱涝保收田，加快实施桑干河流域节水灌溉工程，建设形成百万亩牧草高效节水灌溉基地。全省增加农田实灌面积60万亩，发展高效节水灌溉面积60万亩。加强防汛抗旱减灾体系建设。（责任单位：省水利厅）

15.深入推进林业“六大工程”，加快造林绿化和生态修复治理。重点在吕梁山生态脆弱区、环京津冀生态屏障区、重要水源地植被恢复区和通道沿线荒山实行造林绿化，2017年营造林400万亩。依法保护永久性生态公益林。启动实施省级公益林生态补偿制度。加快新一轮退耕还林还草工程实施进度，2017年完成退耕还林还草170万亩。抓紧编制规划，推进太行山、吕梁山重大生态修复工程，深化林业扶贫“五个一批”。严密防范森林火灾，森林火灾受害率和林业有害生物成灾率分别控制在0.5‰和3.5‰以下。加快

推进汾河、桑干河等重点流域生态修复治理，开展京津冀晋地下水修复试点，抓好以吕梁山、太行山为重点的水保生态建设，完成水土流失治理面积525万亩。（责任单位：省林业厅、省农业厅、省水利厅等）

16.大力开展“一控两减三基本”集中治理，解决农业面源污染问题。大力开展“控制农业用水量，减少化肥、农药使用量，基本实现畜禽粪便、农作物秸秆、农膜资源化利用”为主的农业环境综合整治。深入实施土壤污染防治行动计划，继续开展受污染耕地治理修复及农艺调控、替代种植、退耕还林还草、种植结构调整等安全利用措施应用。扎实推进化肥农药使用量零增长行动,重点在7个县推广减肥增效示范田22万亩。扩大高效低毒低残留农药推广示范范围，建立20个绿色防控与统防统治融合示范区。深入推进农田残膜回收、农药包装废弃物回收和农作物秸秆综合利用试点工作,扎实做好畜禽养殖废弃物处理和资源化利用。积极发展新能源农机装备，减少农机动力排放污染。（责任单位：省农业厅、省农机局）

四、壮大新产业新业态，拓展农业产业链价值链

17.充分发挥资源优势，继续推进休闲农业和乡村旅游。依托绿水青山、田园风光、乡土文化等资源，以右玉、管涔山、关帝山、太行山等贫困地区为中心构建四大生态休闲农业产业带，以太原、大同、临汾、长治为核心构建四大现代都市休闲农业圈。支持休闲农业园区和乡村旅游景点的基础设施建设。积极推进以榆次区、皇城相府等为代表的休闲农业和乡村旅游示范县、示范点的创建提升，创建100家标准化“农家乐”。搭建休闲农业和乡村旅游推介平台，向社会及周边省份推介一批休闲农业和乡村旅游精品线路。力争全省休闲农业和乡村旅游实现营业收入350亿元，年接待人数达到6800万人次。（责任单位：省农业厅、省旅发委）

18.启动信息进村入户工程，实现农村电商发展新突破。按照“政府扶持、社会共建、服务村户、市场运作、立足现有、发展完善”的原则，启动建设全省信息进村入户统一平台及“村级益农信息社”，打通农村信息“最后一公里”。协调推进12316、银行、保险、邮政、通信、供销、气象等服务单位与统一平台的对接融合。选择部分重点县开展益农信息社建设试点。引导商贸、供销、邮政、电商互联互通，实施快递下乡工程。积极对接阿里巴巴、京东商城、苏宁云商等龙头电商企业，支持引导乐村淘、天粮、农芯乐等本土电商企业建设农村电商网络节点。发挥供销社、“万村千乡”“信息进村入户”等服务网点作用，支持农资产品、消费品下行和农产品上行。依托供销系统，建立县运营中心、乡镇运营站、村级供销点三级现代流通网络体系。推进山西供销“农芯乐”电商平台与全国供销总社平台对接。发展销售联合社，开展农产品直供直销和网上营销。规范建设农产品综合批发市场、产地批发市场和专业批发市场，完善电商服务与实体流通并行、线上交易和线下采购结合的现代化农产品物流体系，在产销融合中实现农产品增值农民增收。继续开展农产品促销专项行动，办好第五届中国（山西）特色农产品交易博览会。2017年，全省农村电子商务基本实现县域全覆盖，县域电商网络零售额力争超过40亿元。（责任单位：省农业厅、省商务厅、省供销社）

19.积极开展试点示范，推动农村一二三产业融合发展。扎实推进晋中市太谷县、运城市盐湖区、吕梁市石楼县3个国家级试点县建设。积极争取国家农村一二三产业融合发展试点省政策。建立一二三产业融合发展项目库，支持建设一批农村产业融合发展示范园。引导返乡下乡人员创业创新。支持有条件的乡村建设以农民合作社为主要载体、让农民充分参与和受益，集循环农业、创意农业、农事体验于一体的田园综合体。（责任单位：省农业厅、省发改委、省财政厅）

五、强化科技创新驱动，引领现代农业加快发展

20.启动运行省级农业科技创新联盟，加强农业科技研发与应用创新。整合科技创新资源，强化科技计划管理联席会议制度，完善省级农业科技创新体系和现代农业产业技术体系，建立现代农业产业科技创新中心、农业科技创新联盟、农业高新技术产业开发区、农业科技示范园区。依托省农科院、山西农大，联合涉农企业和其他有关部门，启动运行“山西省农业科技创新联盟”，探索联盟共享机制，促进农业科技产业链式创新。加大实施种业自主创新重大工程和主要农作物良种联合攻关力度，加快选育适应现代农业发展趋势的专用新品种。力争在特色优势资源开发、旱作节水农业、设施农业、农业生态保护、农林产品保鲜加工、生物农业技术、主要畜禽集约化饲养、农业信息化、现代农机装备开发等方面取得一批重大科技成果。（责任单位：省科技厅、省农业厅、省农科院、省农机局、山西农大）

21.完善农业科技成果和收益挂钩机制，激发农业科技人员研发推广的积极性和创造性。推动农业科研单位简政放权，尊重科研单位在选人用人、科研立项、设备采购、成果处置等方面的自主权，激发创新动力。加快落实科技成果转化收益、科技人员兼职取酬等方面的制度规定。加大对农业类科学技术奖、农村技术承包奖的支持力度，提高这些奖项在科技技术奖项中的比重。实施农业科研杰出人才培养计划，深入推进科研成果权益改革。发展面向市场的新型农业科技研发、成果转化和产业孵化机构。建立农业科技管理人员、推广人员、科研人员的差别化评价制度。（责任单位：省科技厅、省财政厅、省农科院、山西农大）

22.创新公益性农技推广服务方式，推行政府购买服务。引入项目管理机制，支持各类社会力量广泛参与农业

科技推广。建立农科教结合、产学研一体的科技服务平台，支持农技推广人员与家庭农场、农民合作社、龙头企业等新型经营主体开展技术合作。促进公益性科研机构与基层农技推广人员的紧密合作，制定相应的科技推广补助办法。加快农业科技推广信息化建设，以“互联网+农业科技推广”为驱动，实现农技推广服务全覆盖。深入推进科技特派员制度，打造一批“星创天地”。加大基层农技人员知识更新培训力度,提升基层农技人员能力素质和服务保障水平。建立以项目为主体的公益性推广模式和有偿服务机制，推行政府购买服务。扎实推进主要农作物生产全程机械化，促进农机与农艺、农机化与信息化高度融合。（责任单位：省农业厅、省科技厅、省农科院、省农机局、山西农大）

23.突出培训的精准度和实效性，大力培育新型职业农民。深入实施新型职业农民培育工程，进一步加强职业农民教育培训体系、师资体系、教材体系建设，继续在8个县开展精准培育试点，组织实施现代青年农场主培养计划和新型农业经营主体带头人轮训计划，提高妇女在新型职业农民培训中的参训比例。突出新产业新业态,开展全产业链培训。加快推进认定管理，完善扶持政策，探索政府购买服务等方式，发挥企业培训主体作用，提高农民工技能培训针对性和实效性。统筹整合培训资源，加大对建档立卡贫困劳动力精准培训就业力度。（责任单位：省农业厅、省扶贫办、省农机局、山西农大、省妇联）

六、补齐农业农村短板，夯实农村共享发展基础

24.继续实施改善农村人居环境四大工程，着力推进“五村”建设。重点推进贫困村脱贫、采煤沉陷区搬迁、城中村改造、中心村提升、文化村发展旅游，完成易地扶贫搬迁5.35万户、15万人，再启动采煤沉陷区治理搬迁6.6万户、地质灾害治理搬迁4000户。开工改造城中村4.6万户。启动凋敝村闲置宅基地整治盘活利用及有序退出工作试点，探索凋敝村宅基地退出、复垦、恢复生态的机制。对2270个退出的贫困村进行集中整治、整体提升。推动有文化旅游、商贸物流、资源加工、交通节点等特色资源、区位优势的小城镇建设，培育创建20个省级特色小城镇。重点抓好400个省级美丽宜居示范创建村提档升级，做好108个重点传统村落保护及开发利用工作。（责任单位：省农业厅、省发改委、省住建厅、省国土厅、省旅发委、省扶贫办）

25.深化农村“两治三改”，创新治理农村环境新机制新模式。加大政府购买服务力度，扎实推进农村垃圾、污水治理，推动41个农村垃圾治理试点县建设。抓好8个农村生活污水综合利用试点县建设，探索符合山西实际的农村生活污水治理路径模式。加大农村改厕、改气、改水力度，启动完成农村改厕41万户，做好农村改厕适宜技术研发推广，实施农村中小学、幼儿园旱厕改造工程。利用山西丰富的煤层气资源，稳步推进农村气化试点。继续实施好农村饮水安全巩固提升工程，逐步建立“从源头到龙头”的农村饮水安全工程建设与运行管护体系。（责任单位：省农业厅、省住建厅、省环保厅、省卫计委、省教育厅、省发改委、省国土厅、省水利厅）

26.提升农村基本公共服务水平，为民办好6件实事。统筹推进县域内城乡义务教育一体化发展，全面落实城乡统一、重在农村的义务教育经费保障机制，实施好义务教育“全面改薄”工作。加强基层卫生服务体系建设，推进县乡医疗卫生一体化，切实改变基层卫生薄弱状况。加快推进农村低保制度与扶贫开发政策有效衔接，推进农村低保标准动态调整，打通贫困人口与低保对象双向进入通道。逐步推进农村社区养老服务工作，完善特困人员救助供养制度，健全农村留守儿童、妇女、老人和贫困残疾人关爱服务体系。集中力量办好6件民生实事：实施3.5万名残疾预防重点干预和残疾儿童抢救性康复项目；对36个贫困县建档立卡的农村妇女免费进行“两癌”检查；为全省农村怀孕妇女提供免费产前筛查和诊断服务；新建600个农村老年人日间照料中心；实施6万名建档立卡农村贫困劳动力免费职业培训；免费送戏下乡1万场。（责任单位：省教育厅、省卫计委、省人社厅、省民政厅、省文化厅、省扶贫办、省妇联、省残联）

27.实施“一村一品一主体”，扎实推进产业扶贫。以建档立卡贫困户增收为目标，加快推进贫困村“一村一品一主体”建设，确保每个贫困村都有特色产业和产品，都有带动贫困户脱贫的新型农业经营主体。深入推进特色产业扶贫，着力提升吕梁山、太行山两大集中连片特困地区产业扶贫能力。建好贫困县农业产业扶贫项目库，搭建国有企业、民营企业与产业扶贫项目对接平台，实施产业扶贫项目精细化、精准化对接。总结产业扶贫典型模式，遴选一批国家及省级产业扶贫范例。组织开展“政银企”对接，实施政府、银行、保险、实施主体、贫困户“五位一体”精准扶贫小额信贷，破解扶贫融资瓶颈。到2017年底，全省贫困村基本确立“一村一品一主体”，实现“五有”全覆盖，即村有产业、有带动企业、有合作社，贫困户有项目、有劳动能力的贫困人口有技能。全年产业脱贫人数32万人。（责任单位：省农业厅、省国资委、省政府金融办、人行太原中心支行、省扶贫办等）

七、加大农村改革力度，激活农业农村内生发展动力

28.坚持试点先行，深化农村集体产权制度改革。认真落实中央关于农村土地所有权、承包权、经营权“三权分置”办法和稳步推进农村集体产权制度改革的意见，出台我省实施意见和实施方案。基本完成农村土地承包经营权确权登记颁证工作。健全县乡农村产权流转交易市场体系。全面开展农村集体资产清产核资，力争用3年左右时间基本完成。多种形式发展集体经济，大力实施村级集体经济破零工程。继续指导潞城市做好农村集体资产股份权能改革试点，启动省级试点工作，稳妥有序、由点到面推进农村

集体经营性资产股份合作制改革。继续做好晋城市泽州县农村集体经营性建设用地入市、运城市盐湖区等6县（区）农村土地经营权抵押贷款、晋中市榆次区住房财产权抵押贷款等试点工作。全面加快“房地一体”的农村宅基地和集体建设用地确权登记颁证工作。（责任单位：省农业厅、省国土厅、人行太原中心支行）

29.探索建立农业农村发展用地保障机制，破解农村发展用地难题。优化城乡建设用地布局，合理安排农业农村各业用地。完善新增建设用地保障机制，各市将年度新增建设用地计划指标确定一定比例用于支持农村新产业新业态发展。探索编制村级土地利用规划。在控制农村建设用地总量、不占用永久基本农田前提下，加大盘活农村存量建设用地力度。允许通过村庄整治、宅基地整理等节约的建设用地采取入股联营等方式，重点支持乡村休闲旅游、养老等产业和农村三产融合发展。完善农业用地政策，积极支持农产品冷链、初加工、休闲采摘、仓储和农机具库棚等设施建设。（责任单位：省国土厅、省农业厅、省住建厅）

30.以股份合作为重点，推进农民合作社创新发展。鼓励农民以土地经营权入股成立土地股份合作社。鼓励大学生村官领办参与农民合作社建设。鼓励农民合作社组建联合社，开展横向纵向联合。鼓励合作社开展多种经营，从种养业向加工、贮藏、服务、销售等领域拓展，发展一二三产业融合模式。鼓励合作社采取入股、租赁、托管等方式统一经营成员土地。积极开展“农超”“农企”“农校”“农社”对接。以合作社为组织载体，开展资产性收益扶贫，实现“资产（资源）变股权、资金变股金、农民变股东、收益有分红”，重点做好长治市及17个县资产收益扶贫试点工作。（责任单位：省农业厅、省供销社）

31.大力培育新型经营主体和服务主体，发展适度规模经营。深入开展农民合作社“358”示范社规范化创建活动，加强农民合作社辅导员队伍建设。积极发展家庭农（牧）场，继续实施家庭农场认定工作，培育50家省级示范家庭农场。健全覆盖全程、综合配套、便捷高效的农业社会化服务体系，开展政府购买公益性服务机制创新试点。积极构建完善科技、金融、流通、人才、政策五位一体的社会化服务体制机制,培育多种形式的农业经营性服务组织。积极鼓励土地向种田能手、专业大户适度规模集中，引导农民以土地托管、土地入股、代耕代种、联耕联种等多种方式，流转农村土地经营权，发展适度规模经营。（责任单位：省农业厅、省供销社）

32.改革财政支农投入机制，增强投入的精准度、实效性和放大作用。坚持把农业农村作为财政支出的优先保障领域，确保农业农村投入适度增加。完善以绿色生态为导向的补贴制度体系。发挥规划统筹引领作用，多层次多形式推进涉农资金整合。推进专项转移支付预算编制环节源头整合改革，探索实行“大专项+任务清单”管理方式。创新财政资金使用方式，推广政府和社会资本合作，实行以奖代补和贴息，支持建立担保机制，鼓励市县扩充风险补偿基金，撬动金融和社会资本更多投向农业农村。拓宽农业农村基础设施投融资渠道，大力推广PPP模式，支持社会资本参与农林水利等项目建设运营。对各级财政支持的各类小型项目，优先安排农村集体经济组织、农民合作组织等作为建设管护主体，强化农民参与和全程监督。（责任单位：省财政厅、省发改委、省农业厅、省政府金融办、省扶贫办）

33.积极创新融资模式和金融产品，确保实现涉农信贷投放总量持续增长目标。引导农信社系统进一步加大信贷支农力度，力争全年涉农新增贷款400亿元。积极协调农业发展银行加大各类基金、资金投放力度。积极推动我省符合条件的优质涉农企业“新三板”挂牌，力争全年实现1-2家企业挂牌。充分发挥山西农业产业发展基金、中药材发展基金和扶贫开发基金的作用,进一步拓宽重点产业和项目的融资渠道。鼓励各级政府和社会资本设立各类农业农村发展投资基金。稳步扩大改善农村人居环境政策性金融贷款试点范围。建立省级农业信贷担保机构资本金扩充机制，力争扩充至16亿元。支持山西农业信贷融资担保公司分期组建市、县担保分公司。积极推进农业保险扩面、增品、提标，逐步将育肥猪、经济林纳入政策性保险保障范围，提高小麦、玉米等品种保险的保障额。（责任单位：省财政厅、省政府金融办、省农业厅、山西保监局、人行太原中心支行、省发改委）

34.提高组织化程度，加快农村劳动力转移就业。大力实施农民工职业能力提升计划“春潮行动”。大规模开展农民工职业培训，提高农民工的就业创业能力，力争全年培训各类农村劳动力40万人左右，转移农村劳动力33万人。鼓励各类人力资源服务机构为农村劳动力免费提供职业指导、职业介绍、劳务输出服务，支持各类职业教育培训机构开展农村劳动力就业技能培训、劳动预备制培训、创业培训；鼓励支持农村劳动者自主创业，从事个体经营或创办小微型企业，落实税费减免、创业担保贷款及贴息政策。鼓励支持各地开展劳务品牌培育和宣传，培育形成类似“天镇保姆”“吕梁护工”等劳务品牌。支持进城农民工返乡创业，带动现代农业和农村新业态发展。（责任单位：省人社厅、省财政厅、省农业厅、省政府金融办）

35.进一步加大力度，统筹推进供销、林业、农垦、水利等各项改革。继续深化供销合作社综合改革，增强为农服务能力。扎实推进国有林场改革，继续深化集体林权制度改革，激活林权，探索股份合作。深化农垦改革，出台进一步推进农垦改革发展的实施意见，培育具有竞争力的现代农业企业集团。全面推行河长制，力争2017年年底前全面建立省市县乡四级河长体系。尊重农民实践创造，鼓励基层先行先试，完善激励机制和容错机制。扎实做好第三次全国农业普查工作。（责任单位：省供销社、省林业厅、省农业厅、省水利厅、省统计局）

八、加强“三农”工作领导，为农业供给侧结构性改革提供组织保障

36.坚持把“三农”工作摆在重中之重。各级党委和政府要坚持把解决好“三农”问题作为全党工作的重中之重不动摇，重农强农调子不能变、力度不能减，切实把认识和行动统一到中央及省委的决策部署上来，把农业农村工作重心转移到推进农业供给侧结构性改革上来，落实到政策制定、工作部署、财力投放、干部培训各个方面，主要领导要亲自抓，分管领导要全力以赴，县乡党委更要把工作重点和主要精力放在“三农”工作上。扎实开展农业农村工作目标责任考核，把农民增收、脱贫攻坚、农村人居环境改善、兴水增绿等列为各级考核重点内容和重要指标。（责任单位：各级党委和政府、省考核办）

37.加强农村基层党组织建设。认真贯彻落实省委关于加强“三基”建设的战略部署，深入推进农村基层党组织建设，突出建强组织、配强干部、增强活力。加强乡镇领导班子建设，注重从农村、从基层选拔培养干部，选拔熟悉“三农”工作的优秀干部进入乡镇领导班子，增强乡镇工作力量。认真做好全省村党组织换届工作，大力实施“回归”工程，选优配强村党组织书记。以抓党建促脱贫攻坚统领贫困地区党的建设，发挥好包村干部、驻村工作队、农村第一书记“三支队伍”作用。夯实市县乡党委书记抓基层党建主体责任，建立健全问题清单、任务清单、责任清单制度，扎实开展市县乡党委书记抓基层党建述职评议考核工作。（责任单位：省委组织部）

38.强化农村基层党风廉政建设。县乡党委要切实履行抓基层党风廉政建设的主体责任，充分发挥关键作用。基层农业、财政等职能部门要加强业务监管，重点发现和纠正超标准、超范围向群众筹资筹劳、摊派费用，克扣群众财物、拖欠群众钱款等问题，涉嫌违纪的问题线索要及时移送纪检监察机关。县乡纪委要强化监督执纪问责工作，对农村基层发生的贪污挪用、强占掠夺、虚报冒领、截留私分、吃拿卡要等违纪问题要严肃查处。加强农民负担监管工作。（责任单位：省纪委监委、省财政厅、省农业厅）

39.深化农村精神文明建设。加强思想道德建设，大力培育和弘扬社会主义核心价值观。积极开展文明家庭创建活动和移风易俗工作，深入推进以美丽乡村为主题的农村精神文明建设，不断提高农民文明素质和农村社会文明程度。运用好文化科技卫生“三下乡”、文化进万家、文艺志愿服务等平台载体，不断丰富农民群众精神文化生活。加强对农民文艺骨干、民间艺人、文化能人的培养和使用。推进乡村文化记忆工程，广泛开展具有乡土特色的文化活动。（责任单位：省文明办、省文化厅）

40.加强农业法治建设。完善我省农业地方性法规规章，深化农林水利综合行政执法，整合执法职能，依法规范执法行为，解决多头执法、权责脱节问题。加强法治宣传教育。推进涉农补贴、财政预算、重大项目、行政审批、行政处罚等事项的公开机制建设，全面推进政务公开。深化“放管服效”改革，再取消下放一批省级农业行政审批等事项。开展政府绩效第三方评估。（责任单位：省政府法制办、省农业厅、省林业厅、省水利厅、省扶贫办等）

41.创新和完善乡村治理机制。加强乡镇服务型政府建设。认真做好第十一届村民委员会换届工作。深入探索村党组织领导的村民自治有效实现形式。深化农村社区建设试点，完善多元共治的农村社区治理结构。建立健全村务监督委员会。发挥好村规民约在乡村治理中的积极作用。推进县乡村三级综治中心建设，完善网格化管理、社会化服务机制，健全农村治安防控体系。开展农村不良风气专项治理，整治农村黄赌毒、村霸、非法宗教活动等突出问题。加大“三农”工作宣传力度，为农村改革发展稳定营造良好氛围。（责任单位：省委组织部、省委宣传部、省综治办、省信访局、省民政厅）

以供给侧结构性改革牵引经济转型

中共山西省委书记、省人大常委会主任　骆惠宁

供给侧结构性改革是中国特色社会主义政治经济学的重大创新和丰富发展，是解决长期积累的经济结构性矛盾、有效转变发展方式的治本良方。山西产业结构单一，供给侧结构性改革为山西应对经济下行、推动转型升级提供了难得的机遇。

我们把推进供给侧结构性改革与能源革命结合起来，特别是在煤炭减产量、去产能上，不左顾右盼、不患得患失、不语焉不详，想大局、看长远、出实招，坚决担当煤炭大省对全国的责任。2016年，全省压减煤炭产量1.4亿吨、占全国39.1%，退出煤炭落后产能2325万吨，居全国首位，促进了全国煤炭供求关系改善，结束了全省煤炭行业连续26个月亏损局面，扭转了PPI连续54个月的下行。真去真退、真降真补促进了经济质量和效益的提高。全省经济扭转了近几年持续下滑局面。煤炭先进产能占比由10%提

升到16.9%。民间投资、新兴产业投资、基础设施投资较快增长，高技术产业投资增长14.4%，数字经济、高端装备制造等一批战略性新兴产业项目布局上马。山西是供给侧结构性改革的坚定实践者，也是直接受益者。

我们要围绕“深化”做文章，把供给侧结构性改革与“国家资源型经济转型综合配套改革试验区”建设结合起来，作为主线贯穿到经济领域各方面，营造活力充沛的转型生态。设立供给侧结构性改革发展投资基金，助力构建多元化中高端现代产业体系，实现资源依赖向创新驱动转变。扎实推进国企国资改革和开发区体制机制、投融资管理体制、生态文明体制等改革，促进改革串点成线、厚积成势，增强新制度新机制供给能力。

供给侧结构性改革为山西创新转型发展打开了新天地、提供了新动力。我们要在思想上增强自觉性、工作上突出针对性，加快形成与之相适应的思想观念、工作方式、政策举措和制度安排，促进新发展理念在三晋大地落地生根。

(2017年3月5日《人民日报》记者胡健整理)

携手推进转型综改 共谱合作共赢篇章

2017年央企助力山西转型综改会议暨签约仪式在太原举行
山西省与央企对接合作项目162个、投资额1282亿元

三晋大地花繁叶绿，央企助力转型综改。5月22日，2017年央企助力山西转型综改会议暨签约仪式在太原举行。省委书记、省人大常委会主任骆惠宁致辞。国务院国资委副主任、党委委员徐福顺致辞。省委副书记、省长楼阳生作主旨推介。62家央企负责人出席会议暨签约仪式。

中央企业是国家经济建设的骨干力量。近年来，我省与中央企业的战略合作不断加强，据不完全统计，目前有67家央企在山西投资或建立分支机构、有业务交往；央企在山西设立的各级子公司、子企业有712家，资产总额9000亿元，职工人数超过30万人。举办央企助力山西转型综改，旨在推动我省创新驱动、转型升级，加快培育新动能、布局新产业，改造提升传统产业，推动山西国企国资改革，加速构建具有山西特色的多元化中高端现代产业体系。

骆惠宁在致辞中说，在国务院国资委推动下，这次央企助力山西转型综改之行，对于推动我省深化供给侧结构性改革和转型综改试验区建设，具有重要意义。骆惠宁指出，央企是国民经济的重要支柱，经过多年耕耘，央企与山西的合作领域日益拓展，合作层次不断提升，央企已深度融入三晋大地，为促进山西发展作出了重要贡献。这次双方对接的项目体现了产业和科技变革的发展方向，标志着央企和山西的战略合作翻开了新的一页。骆惠宁指出，展望未来，我们期待央企充分发挥在人才、技术、管理、资金和市场等方面的优势，双方共同推动，进一步在实现能源革命、构建多元化中高端现代产业体系上深化合作，进一步在促进优秀人才来晋创业、强化创新驱动上深化合作，进一步在鼓励双向持股进入、促进企业改革上深化合作，进一步在运用市场机制建设一批基础设施、生态建设和城市改造项目上深化合作，进一步在密切配合、推进脱贫攻坚定点帮扶上深化合作。骆惠宁强调，山西将完善工作机制，加强项目对接，优化营商环境，做好保障服务，全力支持央企在晋参与转型发展。坚持互信互助互利，共同提高合作质量，不断扩大合作成果。

徐福顺在致辞中高度肯定了这次活动。他说，这是山西省和国务院国资委共商合作、共谋发展的重要举措，也是加强央地合作、协同发展的重要成果，对于更好地推动中央企业做优做强做大，助力山西经济结构战略性调整，具有十分重要的意义。徐福顺对省委省政府锐意进取、改革创新的精神表示诚挚敬意，对全省经济社会发展取得的成就表示由衷钦佩。他说，近年来，特别是去年以来，省委省政府按照习近平总书记系列重要讲话精神和治国理政新理念新思想新战略，认真贯彻落实党中央、国务院重大决策部署，坚持“一个指引、两手硬”重大思路和要求，坚定不移推进供给侧结构性改革，坚定不移实施创新驱动转型升级战略，统筹稳增长、促改革、调结构、惠民生，各项工作取得了积极进展。双方合作空间广阔，前景光明。中央企业要认真贯彻落实国家战略，助力山西转型综改；要加强创新步伐，助力山西转型升级；要着力深化企业改革，助力山西转型综改；要积极履行社会责任，助力山西科学发展。中央企业要以此次活动为契机，以更加开放的姿态，更加宽广的视野，积极投身山西经济社会发展各项事业，努力为山西转型综改做出应有的更大贡献。

楼阳生在作主旨推介时，围绕转型升级“六大工程”，重点介绍了我省发展大数据、高端装备制造、新材料、节能环保、特色功能食品、生物医药、文化旅游业、现代服务业以及传统产业改造提升等方面的基础条件、战略方向和重点项目。他说，栽下梧桐树，引得凤凰来。山西高起点谋划布局开发区建设，打造3000平方公里的开发区、600平方公里的转型综改示范区、100平方公里的起步区，为广大投资者搭建了广阔平台；以二流财政实施一流人才政策，

对引进的驻晋工作院士、国家“千人计划”专家等高层次人才，给予全国一流水平的经费支持和津贴补贴，切实解决来晋人才住房、子女上学等后顾之忧；试行企业投资项目承诺制，实行无审批管理，梳理汇总、修订创设招商引资政策224条，在示范区推出了20条创新性政策措施；建立覆盖省市县乡四级的“13710”电子督办系统，全力打造“六最”营商环境，为各类市场主体创新创业提供一流的服务和保障。他希望中央企业把山西作为重要的战略支点，积极参与山西创新驱动转型升级，携手共创三晋大地振兴崛起的美好明天。

省委常委、常务副省长高建民主持会议。会上，省政府副秘书长、山西转型综改示范区管委会主任张金旺推介了综改示范区建设情况和招商引资政策方向。中国兵器工业集团公司总经理温刚、中国电子科技集团公司总经理刘烈宏、中国电信集团公司副总经理陈忠岳、中国保利集团公司总经理张振高作主题发言。

会后举行了合作签约仪式。王一新代表省政府与中国核工业集团、中国兵器工业集团、中国电子科技集团、中国电信集团、中国联合网络通信集团、中国移动通信集团、华润集团、中国铁道建筑总公司、中国国新控股和中国铁塔10家央企签署了战略合作协议。各市人民政府、山西转型综改示范区及相关企业与中央企业签署协议52个。

2017年央企助力山西转型综改开展以来，我省与中央企业对接项目162个、投资额1282亿元。其中，会前签约11个，投资额114.55亿元；会议现场签约62个，其中战略合作类23个，股权类2个，项目类37个，投资额478.12亿元，涵盖战略新兴产业、传统产业改造提升、服务业和基础设施等领域；其他89个正在洽谈推进中。

中国石油化工集团公司董事长王玉普，中国核工业集团公司董事长王寿君，中国兵器工业集团公司总经理温刚，中国电子科技集团公司总经理刘烈宏，中国华能集团公司董事长曹培玺，中国华电集团公司董事长赵建国，中国国电集团公司董事长乔保平，国家电力投资集团公司总经理孟振平，神华集团有限责任公司总经理凌文，中国铝业公司董事长葛红林，中国储备粮管理总公司总经理邓亦武，华润（集团）有限公司总经理罗熹，中国中煤能源集团有限公司董事长李延江，中国煤炭科工集团有限公司董事长王金华，中国化学工程集团公司总经理余津勃，中国轻工集团公司董事长陈鄂生，中国恒天集团有限公司董事长张杰，中国建材集团有限公司副董事长李新华，中国建筑科学研究院党委书记李洪凤，中国中车集团公司董事长刘化龙，中国铁路通信信号集团有限公司总经理、中国铁路通信信号股份有限公司董事长周志亮，中国铁道建筑总公司总经理、中国铁建股份有限公司总裁庄尚标，中国普天信息产业集团公司总经理邢炜，中国保利集团公司总经理张振高，中国电力建设集团有限公司总经理孙洪水，国投创益产业基金管理有限公司总经理张元领及36家中央企业副总经理或其他负责同志出席会议。省领导罗清宇、张吉福出席会议。国务院国资委有关司局负责同志，我省各市、省直有关部门、省属企业、金融机构及转型综改示范区、扩权强县负责同志，以及签约代表参加会议。

（2017年5月23日《山西日报》 张 云 赵向南 陈俊琦）

省政府出台促进综改示范区创新发展20条

○新能源汽车扶持政策力争全国最优
○营造国际化法治化便利化营商环境
○重大产业化项目给予专项政策支持

6月14日，省政府正式发布《关于落实建设山西转型综改示范区实施方案的若干意见》，20条举措含金量高，将有力促进综改示范区创新发展。其主要内容有：

实行领导班子任期制。每届任期3年，领导班子成员原则上担任同一职务时间不超过3届。

实行全员岗位聘任制。综改示范区管委会全员实施档案封存，建立档案工资与岗位薪酬相分离、人事档案职级与岗位合同聘用管理相分离的“双轨运行”管理模式。

实行绩效工资制。职员绩效工资与绩效考核结果挂钩。

鼓励综改示范区大力发展省政府确定的优先发展产业且用地集约的工业项目，在确定项目土地出让底价时，可按不低于所在地土地等别相对应标准的70%执行。

支持综改示范区发展新能源汽车产业，力争制定全国最优的新能源汽车扶持政策。对获得国家、省、市资金支持的，综改示范区按一定比例给予配套资金支持。在管辖区域内，按照电力体制改革试点要求，实施新的电网建设运营体制和售电体制。综改示范区内新增电量部分，比照我省对电解铝等高载能产业的用电政策执行。

鼓励综改示范区以简政放权、放管结合、优化服务为核心积极探索体制机制创新，营造国际化、法治化、便利化营商环境，重点在建立以负面清单管理为核心的投资管理制度、以政府职能转变为核心的事中事后监管制度、以金融服务集聚开放为目标的金融创新制度、以“互联网+”为重点的便利化政务服务新模式等方面，形成一批可复制、可推广的改革创新成果。

鼓励综改示范区推进行政审批制度改革，积极开展容缺后补、告知承诺、并联审批、交叉办理、联合验收、网上办理等，提高审批效率。

鼓励综改示范区面向市场需求，建立企业申报、与R&D投入相对应的科技项目普惠性扶持新模式，依据项目研究与开发经费投入，实施科研经费后补助，促进科技扶持资金精准、高效、廉洁使用。

鼓励综改示范区建立健全投融资体系，积极吸引各类股权投资基金落户，打造基金集聚区和金融小镇。大力发展产业基金、成果转化基金等，综改示范区财政资金可作为劣后级发起设立母基金，引导社会投资。

支持综改示范区调动社会力量参与园区建设，可向具备条件的社会组织、企业、机构和自然人购买居间、推介、宣传等招商服务。

鼓励综改示范区引进重大产业化项目，对于能够提升核心竞争力、影响经济社会发展的重大产业化项目，可采取“一事一议”“一企一策”等方式，给予专项政策支持。

鼓励先行先试，综改示范区及所在地市政府可根据发展需要，制定人才引进、招商引资（智）、产业发展、科技创新、体制机制创新、社会保障等办法、措施，不断完善政策支撑体系。通过行政奖励、财政扶持、借转补等方式，促进园区发展。

（2017年6月19日《山西日报》 杨 彧）

山西省出台史上最强鼓励投资政策

体现“废、改、立”，全面务实创新开放管用　释放对投资者重大利好，217条政策一目了然

山西发展靠内力，还要借外力。省委、省政府放出大招，拿出了217条政策上的“真金白银”，创新一流引资政策，让投资者愿意到山西投资，放心在山西发展。6月6日，我省出台《山西省鼓励投资政策(2017年版)》(以下简称《政策》)，这是山西历史上力度最大、涉及面最广、梳理最细的鼓励投资政策。省发改委负责人称，《政策》是我省打造“审批最少、流程最优、体制最顺、机制最活、效率最高、服务最好”投资营商环境的最新成果，对投资者来讲是一个重大利好。

《政策》制定充分体现了省政府所要求的“废、改、立”的原则，废除阻碍发展的政策，改革不完善的政策，建立有利于投资者兴业的创新性政策。《政策》中每条政策措施均以条目形式概括要点，让投资者一目了然，精准对接，明明白白。

《政策》分要素类政策和产业类政策两大类共217条。其中：要素类政策95条，产业类政策122条。要素类政策具体包括优化环境10条、简政放权7条、土地9条、财税金融26条、科技人才18条、要素成本12条、中小微企业13条；产业类政策具体包括战略性新兴产业21条、能源产业7条、传统优势产业2条、现代服务业63条、特色现代农业5条、新产业新业态9条和基础设施15条。

《政策》的编制，以敢为人先、创新一流政策为原则，以方便、服务投资者，激发社会投资活力为宗旨，系统梳理了近年来国家和我省已出台的主要政策措施，同时，“对标先进、对标一流”，借鉴兄弟省份有关先进经验和做法，结合我省实际，研究提出一批新政策措施。217条政策措施中，包括现行政策171条，“对标一流”新提出的政策措施46条。新提出的46条政策措施是我省依据国家有关文件，借鉴、吸收浙江、山东、上海、广东、湖北、深圳等兄弟省份和国家先行区域差别化政策提出的，其中借鉴兄弟省份先进做法35条，借鉴、吸收国家先行区域差别化政策11条。

《政策》充分体现全面、务实、创新、开放、管用。例如在优化环境方面，第4条提出：提供项目审批“绿色通道”，对重大项目从项目立项到项目开工、投产全过程中所涉及的行政审批事项和有关公共服务事项，各市投促(招商)部门实行全程无偿代为办理相关手续。

在财税支持方面，第44条提出：对列入我省重点鼓励投资产业(产品)指导目录的项目，用水、用气价格按批量折扣的原则适当下浮，由市、县价格主管部门按价格管理权限确定，用水价格下浮幅度原则上不得低于10%，用气价格下浮幅度原则上不得低于5%。

在科技人才方面，第54条提出：高校、科研院所科技成果转让转化所得净收益，按不低于70%的比例奖励课题负责人、骨干技术人员和研发团队。鼓励各类企事业单位通过股权、期权、分红等方式，有效调动科研人员创新创造创业积极性。

《政策》已由省政府以晋政办发〔2017〕61号文件印发执行，并明确规定，我省现行政策中与此不符的，均要严格按此执行。

（2017 年7月3日《山西日报》 张临山）

以特为美 以品取胜

——山西省农业供给侧结构性改革的探索实践

金秋九月,是收获时节。

在全省上下深入推进农业供给侧结构性改革,加快实现农业现代化的进程中,第五届中国(山西)特色农产品交易博览会(简称农博会)盛装登场,盛大启幕!在这里,你将感受到我省农民的丰收喜悦,领略到功能农业发展的强劲势头,聆听到特色现代农业发展的铿锵脚步。

在永济市栲栳镇东下村,村民智龙龙一直以来以种地为生。春耕时,智龙龙把种玉米、小麦的土地调整种葫芦。这简单一"调",亩收入从千元摇身变8000元。

老智收入大幅增长的背后,实际是农业经营的不同路径转换,更是融入供给侧结构性改革大潮的生动体现。

紧扣时代脉搏,准确把握"三农"形势。在探索实践中,我省以功能农业为引领,调优产品产业结构,打造区域特色品牌,释放产业优势效应,农业供给侧结构性改革迈出了坚实步伐。今年全省夏粮总产量达27.89亿公斤,连续4年丰收;上半年,全省农村居民人均可支配收入为4728元,同比增长6.2%,高于城镇居民收入增幅。

新方向:以功能农业为引领,释放产业特色优势

就山西农业而言,特色是最亮的标签,也是最大的潜力。

"杂粮王国""黄金养殖带""优质粮果带"……这些都是山西的荣耀,但背后也有"小而不强"的尴尬。

在供给侧结构性改革的大背景下,作为特色农业大省,何以"迎风起舞"?

省委十一届二次全体会议暨经济工作会议高瞻远瞩,提出了山西农业的出路不在大而在特,不在规模而在功能,为三晋农业的发展指明了方向。

一年来,我省立足于优质杂粮、道地药材、干鲜果蔬等特色资源,大力推进药食同源、功能食品和非医药类产品的研发生产,产品项目投资总量大幅增加,重点企业快速发展,产品研发力度不断加大,科技支撑体系初步建立,品牌营销成效初显,带农增收作用凸显,产业发展强劲起步。目前全省落实功能食品及药食同源产品项目40个,总投资76.4亿元,其中开工项目22个,投资19.7亿元。

6月20日,首批1200件、价值约170万元的晋胶阿胶膏打入中国香港和泰国,这是山西榆社阿胶产品时隔14年后再度挺进境外市场;在孝义市,王老吉集团投资22亿元建设大健康产业园区,开发出红枣阿胶饮料、核桃露、山楂汁等功能食品,批量投入市场。

针对农产品精深加工产品研发滞后、科技支撑薄弱的问题,我省出台促进农产品加工业发展的政策意见,支持龙头企业在功能、养生、保健产品方面加大技术投入和研发力度,扩大农产品精深加工。大力推进"农谷"建设,积极推动省内各大高校和科研院所开办功能食品相关专业教育,逐步培育一批高水平研究团队,为功能农业发展提供科技支撑。

龙头带动活力足。山西一果、国新晋药、紫晨大健康、林盛果业等省内农业龙头企业相继开发出沙棘汁、苦荞饮料、牡丹籽油等40多个系列数百个药食同源产品。

省政府发展研究中心农村处处长和玲霞表示,功能农业是山西特色农业的升级版,功能农产品能满足人们对健康的需求,是贫困山区农业现代化的特色之路。

新布局:以市场需求为导向,调优产品产业结构

先看一组数据:中药材80%以上都以原料药销往全国各地批发市场,营养化、功能化的精深加工少之又少;杂粮用于加工的也只有25%;主要农产品加工转化率比全国低10个百分点……

农业效益不高、加工能力不够、产业融合不足,反映出我省农业深层次的结构性矛盾。

"化解结构性矛盾,要以市场需求为导向,从根本上矫正供需结构错配和要素配置扭曲。"在省农业厅厅长关建勋看来,今后山西将按照"稳粮、优经、扩饲"的思路,调整优化种养结构,调减籽粒玉米种植面积,推动建设以功能农业为引领的国家特色农产品优势区。

调整产业结构,突出"优"字。推动粮经饲统筹发展,因地制宜实现布局区域化,全省两年调减籽粒玉米350万亩;特色农产品优势区实行全域打造、全产业链开发,重点以杂粮、草食畜、鲜干果、蔬菜、中药材五大产业为主,构建汾河平原、上党盆地、雁门关、太行山、吕梁山和城郊农业六大特色板块。

调整生产方式,突出"绿"字。针对我省生态环境脆弱、少雨缺水、化肥农药使用过量、农业资源化利用不高等现实问题,大力实施"一控两减三基本"行动,控制农业用水总量,减量施用化肥、农药。与山西农大、阳煤集团启动了"千园万村减肥增效+功能农业示范项目",今年先期开展200个减肥示范园建设。

调整产业体系,突出"新"字。省政府制定出台了《关于进一步促进农产品加工业发展的实施意见》;推进了100家"农家乐"标准化建设;大力发展农村电商,在11个县1100个村建设"益农信息社";积极培育乐村淘、贡天下、农芯乐等本土电

商,组织开展农产品电商促销活动。

传统农业蝶变为观光农业,成为助农增收的“美丽经济”。阳曲县黄寨镇上安村是一个传统农业村,因不甘传统与平庸,该村农村旅游搞得风生水起,美了乡村富了乡亲。

新动能:以打造品牌为抓手,促进产业提档升级

农业品牌的力量有多大?

曲沃洋葱首次出口韩国后,洋葱地头价每公斤增加2元,每亩增收1.5万元。隰县玉露香梨出口美国后,每公斤的地头价从6元增加到16元。

农业品牌,一直是山西农业的短板。小而杂、散而弱、王牌不王,导致不少特色资源禀赋未能带来相匹配的经济效益。

找到症结,数策并举。

为走好农业品牌之路,我省谋篇布局,统筹推进。重点围绕安全种植、健康养殖、绿色流通、合理加工,突出农产品产地环境、生产过程控制、采收贮藏运输等关键环节,新制定33项、新修订25项农业地方标准。开展了160个菜园、60个果园及100万亩中药材基地、36个养殖场标准化示范创建;推进“三品一标”认证,新受理无公害农产品、绿色食品、有机食品认证255个。

这几年,我省越来越多的农产品走出了国门。统计显示,今年上半年,我省出口农产品26.3万吨,出口额3亿多美元,同比增长60%以上;水果出口额2.2亿美元,较去年同期翻一番。

漂亮的成绩单,折射出的是农产品生产和市场内外兼修的智慧和坚持。

在打造出好品牌、强品牌的过程中,企业、各类农业经营主体承担着不可或缺的角色。右玉县图远实业有限公司引进了自动化食品脱水加工技术,将脱水后的小香葱出口到德国、日本、韩国,出口创汇150万美元;在运城建立农产品出口平台,目标同样明确,就是以国际标准倒逼品质提升,带动产业升级,走上品牌之路。

省农业厅名优产品开发中心主任李铮介绍,从2017年开始,每年推出20个功能农产品品牌,到2021年,力争实现培育100个功能农产品品牌,初步形成具有国内外市场影响力和竞争力的功能农产品品牌集群。

(2017年9月16日《山西日报》 赵建军)

打造能源革命排头兵

——进一步深化改革促进资源型经济转型发展系列评论之一

打造能源革命排头兵,为什么是“山西”?

9月1日,国务院印发的《关于支持山西省进一步深化改革促进资源型经济转型发展的意见》,是党中央、国务院为山西转型发展做好的又一次顶层设计。

这个顶层设计有两个关键词:建成资源型经济转型发展示范区、打造能源革命排头兵。这两个关键词,鲜明地确立了山西在全国经济发展格局中的战略地位和作用。

从2014年6月习近平总书记在中央财经领导小组第六次会议上提出能源革命的重大战略思想,到今年9月,仅仅过去了3年时间,党中央、国务院就把打造能源革命排头兵的历史使命交给了山西。

《意见》明确的六大任务之一,就是健全产业转型升级促进机制,打造能源革命排头兵。

面对这一任务,山西怎么办?

9月15日,省委常委会议审议并通过了《贯彻落实〈国务院关于支持山西省进一步深化改革促进资源型经济转型发展的意见〉行动计划》《山西打造全国能源革命排头兵行动方案》,这就为贯彻落实国务院文件提供了具体措施,全面推动各项任务、政策、改革事项落地生根。

我省提出,坚定担当起“打造能源革命排头兵”“把试验区建成示范区”的历史使命,让山西资源型经济转型发展全面破题、走在前列,为整个资源型地区经济转型发展贡献山西智慧。

文件把产业升级作为转型焦点。意见提出,以能源供给结构转型为重点,以产业延伸、更新和多元化发展为路径,建设安全、绿色、集约、高效的清洁能源供应体系和现代产业体系。

一是打造能源革命排头兵。推动能源供给革命、消费革命,深化能源体制改革,显著降低煤炭开采和粗加工占工业增加值的比重,大幅提高煤炭清洁高效开发利用水平,不断增强供应能力,打造移动能源领跑者,开展煤炭消费等量减量替代行动,打造煤电煤运煤化全产业链。从分期目标看,到2020年,打造清洁能源供应升级版,初步建成国家新型能源基地;到2030年,基本建成清洁、安全、高效的现代能源体系。

二是实现产业转型升级。实施产业转型升级行动,建立新兴产业培育扶持机制,重点发展新一代信息技术、轨道交通、新能源汽车、新材料、航空航天、生物医药、文化旅游等新兴产业和先进产品,构建绿色制造体系,培育发展一批绿色产品、绿色工厂、绿色园区和绿色产业链。从分期目标看,到2020年,战略性新兴产业增加值占地区生产总值比重达到全国平均水平,是个重要标志;到2030年,基本形成多点产业支撑、多元优势互补、多极市场承载、内在竞争充分的产业体系。

我们坚信,10年,或者再多一点时间,山西将迎来凤凰涅槃:实现从“煤老大”到“全国能源革命排头兵”的历史性跨越!

(2017年9月20日《山西日报》 本报评论员)

深入实施创新驱动发展战略

——进一步深化改革促进资源型经济转型发展系列评论之二

"创新"无处不在。上至国家政策层面，下至一省发展规划，从科技到人才，从理论、制度再到实践，整个社会对"创新"的重视程度前所未有。

十八大以来，在习近平总书记的讲话中，"创新"一词出现频率很高。习总书记指出："坚持创新发展，就是要把创新摆在国家发展全局的核心位置，让创新贯穿国家一切工作，让创新在全社会蔚然成风。"

"创新、协调、绿色、开放、共享"这五大发展理念是我国在"十三五"期间，乃至更长时期内的发展思路、方向和着力点，其中，"创新"一词排在第一位。

对于山西，"创新"有多重要？

在国务院新近出台的《关于支持山西省进一步深化改革促进资源型经济转型发展的意见》中，"创新"一词出现了40次。《意见》把深入实施创新驱动发展战略，促进新旧动能接续转换作为第二个方面重点任务。

省委书记骆惠宁强调，山西要依靠创新驱动，推动发展内生动力和活力来一个根本性的转变，要高举创新发展大旗，切实把创新摆在全省发展全局的核心位置。

当前，山西经济已经进入重大转型期，传统发展模式依靠投资驱动、规模扩张，已经难以为继，支撑经济发展的要素条件正在发生变化，旧有的发展模式空间越来越小。实现我省资源型经济转型实质性突破，将山西建设成为创新活力充分释放、经济发展内生动力不断增强、新旧动能转换成效显著的资源型经济转型发展示范区，关键在于创新。

创新驱动是经济转型发展的核心动力，是破解深层次体制机制障碍和结构性矛盾的关键。

深入实施创新驱动发展战略，增强协同创新能力。围绕创新目标，多主体、多元素共同协作、相互补充、配合协作，可以更好地完成发展任务。只有协同、借力和开放，才能学习新理念、掌握新技术、实施新工程、引进新资金，从落后到先进，从跟跑到领跑。

深入实施创新驱动发展战略，培育打造创新创业平台。没有平台，创新就没有落脚点。只有大力发展"双创"，完善激励保障措施，推进科技创新成果落地转化，扶持地方科研院所和高校加快发展，为各类人才提供干事创业平台，才能留住人才，把广大科技人员和全社会的创新积极性激发出来。

深入实施创新驱动发展战略，统筹推进开发区创新发展。一年来，我省新兴产业规模稳步增长，集聚效应加速形成，开发区承接了全省80%以上的新开工项目，贡献了60%以上的新兴产业产值，对我省转型发展具有重要意义。

深入实施创新驱动发展战略，实施人才强省战略。经济发展的竞争归根到底是人才的竞争，一年来，我省通过政策系列"组合拳"，全力打造最优的人才政策生态，努力跻身人才体制机制改革的第一方阵，为全省创新驱动、转型升级创造最优环境。

"明者因时而变，知者随事而制。"创新充满尝试和改变，由旧到新、新旧结合、以新代旧，本身就是一个动态过程。山西只有深入实施创新驱动发展战略，推动传统产业与新动能相融合，产生新业态、新模式、新技术，确保新旧动能平稳接续，协同发力，才能实现一二三产实体经济的蓬勃发展。

（2017年9月21日《山西日报》 本报评论员）

抓住国企改革这个转型关键

——进一步深化改革促进资源型经济转型发展系列评论之三

在我省国企国资改革驶入快车道，施工进入高峰期的关键时刻，我们再次迎来重大利好：9月1日，国务院印发《关于支持山西省进一步深化改革促进资源型经济转型发展的意见》。

实施国有企业改革振兴计划、更大程度更广范围推行混合所有制改革、加快解决历史遗留问题，《意见》中有关国企国资改革部分"干货"之多、"红利"之大，前所未有：明确提出"支持中央企业参与地方国有企业改革，并购重组山西国有企业""支持中央企业与山西省煤炭、电力企业通过相互参股、持股以及签订长期协议等合作方式,形成市场互补和上下游协同效应。”“中央财政对厂办大集体改革继续给予补助和奖励”等,解决了不少我们想解决而仅靠自身难以解决的问题。

作为老工业基地,我省国有企业总量多、资产比重大,仅省国资委监管的省属企业资产就达2.2万亿元,这样庞大的体量“转身”难度可想而知。在促进资源型经济转型征程中,国企改革的任务之艰、责任之重和难度之大不言而喻。

在新的历史起点上,国企国资改革已经成为山西资源型经济转型战略成败的关键!我们该怎么办?

改革之路从无坦途,惟其艰难,才更显勇毅。

要把国企改革这个转型关键抓好,就必须以“时不我待”的紧迫感,落实推进“1+3”文件、抓紧制定其他配套文件,构建“1+N”国企国资改革政策体系;按照“三个一批”原则,下决心清理退出、重组整合国有企业,制定我省国有经济布局调整实施方案,推动更多资源要素用于发展新兴产业。

要把国企改革这个转型关键抓好,就必须有“立说立行”的态度,加大与央企对接力度,在煤炭、焦炭、冶金、电力等领域迅速展开并购重组;理顺国有资本管理体制,实现从“管资产”向“管资本”的国有资产管理体制实质性转变;抓紧制定我省国企高管市场化选聘和管理制度,在完善现代企业制度上发力。

要把国企改革这个转型关键抓好,就必须拿出“啃硬骨头”的担当,迅速制定我省国企混合所有制改革实施方案,积极开展试点,并向更大范围推开,拿出支持央企、引导民企积极参与我省国企混改实施细则;选择一批企业,通过整体上市、并购重组等方式,调整国有股权比例,解决“一股独大”的问题。

要把国企改革这个转型关键抓好,就必须有“抓铁有痕”的力度,紧抓彻底解决国企历史遗留问题的窗口期,加强省部对接,用好中央财政补助政策,继续争取中央财政资金支持,将自筹资金和中央财政补助资金统筹,到2020年彻底完成国企不再承担社会公共服务功能的改革任务。

(2017年9月22日《山西日报》 本报评论员)

加快推进重点领域改革

——进一步深化改革促进资源型经济转型发展系列评论之四

国务院最近发布了《关于支持山西省进一步深化改革促进资源型经济转型发展的意见》,给予山西前所未有的突破性支持,而且是全方位的突破、深层次的突破、预留空间的突破。

去年以来,我省改革进入攻坚期,新旧问题交织,利益主体多样。改革越深入,各个领域的改革越是相互影响、相互推动、相互制约。加快推进重点领域改革、增强内生发展动力是资源型经济转型发展重要着力点。

现阶段,培育和增强经济增长内生动力,促进新旧动能转换和接续,是引领经济新常态需要解决的核心问题。加快推进我省重点领域改革,以“改革点”带“经济面”,破除发展障碍,促进经济活力,正是为了解决资源型地区原有内生发展动力不强的问题,打破资源依赖,强化新动能,不断推动山西发展转型。

去年下半年以来,山西拉开了新一轮全面深化改革的大幕,重大改革不断突破:供给侧结构性改革走在全国前列,煤炭去产能减产量全国第一;国企国资改革“1+4”文件出台,投资运营、文旅、云时代等代表转型方向的企业陆续组建。一批国家安排部署和我省自主实施的改革试点取得了明显突破,在全国率先试行企业承诺制、探索无审批管理重大改革,全面打造“六最”营商环境,20条先行先试政策落地转型综改示范区。

增强内生发展动力,要深化“放管服”改革。进一步增强市场主体生产经营活力,促进生产要素合理流动和有效配置,充分发挥市场在资源配置中的决定性作用。全面对标国内先进地区,健全精简高效的权责清单和负面清单制度,统一规范各类审批、监管和服务事项,是我省下一步改革的目标。

增强内生发展动力,要创新财政金融支持转型升级方式。9月20日,省政府出台《山西转型综改示范区入区奖励政策》13条,打造财政金融支持转型升级版。下一步,我省重点鼓励金融机构与发展前景良好但遇到暂时困难的优质企业有效对接,开展市场化法治化债转股。

增强内生发展动力,要改革完善土地管理制度,为全省经济转型升级提供可靠的用地保障。改革完善土地管理制度,其实质精神是转变土地利用方式,优化土地利用布局,拓展用地空间,我省将优化开发区土地利用政策,适应产业转型升级需要,适当增加生产性服务业、公共配套服务、基础设施建设等用地供给。

增强内生发展动力,要加快推动城乡一体化发展。推动城乡发展一体化,是工业化、城镇化、农业现代化发展到一定阶段的必然要求,是国家现代化的重要标志。我省将加强省部合作,积极向国家发改委争取各类资金及政策支持;推进全省农村人居环境改善,推动基础设施和公共服务向农村倾斜,打造一批宜居宜业宜游的社会主义新农村。

增强内生发展动力,要集中力量打赢脱贫攻坚战。去年下半年以来,我省各级党委政府、社会各界从激发内生动力出发，创新工作机制，完善扶贫举措。到2020年，确保现行标准下232万农村贫困人口实现脱贫，58个贫困县全部摘帽，区域性整体贫困得到解决。

（2017 年9月23日《山西日报》 本报评论员）

融入国家战略　拓展转型空间

——进一步深化改革促进资源型经济转型发展系列评论之五

国务院日前印发了《关于支持山西省进一步深化改革促进资源型经济转型发展的意见》，六大重点任务之一是要求山西构建联接“一带一路”的大通道，加强与京津冀协同发展战略衔接，希望山西把握深度融入国家重大战略的历史机遇，拓展转型升级新空间。

长期以来，山西依赖单一的发展路径，养成了眼睛向内的习惯。省委书记骆惠宁在大同调研时强调，资源型地区要整体上转过身来，眼睛向外，登高望远，以开放的心态推进转型发展，这不仅是对大同一市提出的要求，更是对全省对外开放工作提出的要求。

“使者相望于道，商旅不绝于途。”2000多年前，古丝绸之路见证了使者、商旅来来往往、络绎不绝的繁华盛景。如今，“一带一路”正改变着全球经济合作的方式，开拓了国际合作新空间。

在历史上，山西领开放风气之先，曾开拓并主导了横跨欧亚大陆的万里茶路。而今，历史、现实与未来，相互呼应，山西正面对新的历史机遇。

山西发展不足，很大程度上是开放不足。深度融入国家战略，正是为了在开放上增强意识、加大力度、提高水平，归根结底是善用各种机遇，为山西转型升级拓展新空间。因此，在这个互联互通的时代，主动融入，山西的朋友圈就会越来越大，范围就能越来越广，合作才会越来越深。

2015年，《环渤海地区合作发展纲要》和《关于贯彻落实〈京津冀协同发展规划纲要〉分工方案》出台。作为我国在新常态下的重大发展战略，这两个发展纲要都将我省纳入其中，共谱发展新曲。

今年6月，习近平总书记视察山西，提出山西“打造内陆地区对外开放新高地”的重大任务，这为山西下一步的工作指明了方向。

放眼未来，山西既要立足本省，更要站位高远，充分发挥在“一带一路”和京津冀协同发展中的重要作用。

一方面要构建联接“一带一路”大通道。完善物流基地、城市配送中心布局，打造一批具有多式联运功能的大型综合物流基地，建设太原、大同全国性综合交通枢纽，推动物联网基地、航空口岸、无水港等设施建设，积极复制推广自由贸易试验区等成熟改革试点经验。

一方面要加强与京津冀协同发展战略衔接。共建合作机制，实现联动发展；构筑京津冀生态屏障，完善区域环境污染联防联控机制；增加山西向京津冀地区的清洁能源供应；电力企业更多地与京津冀等地企业开展合作；加强两个地区基础设施的互联互通。

机遇总是青睐有准备的人。时代赋予了山西振兴崛起的重要使命，我们便当仁不让，一定要上下一心，紧抓历史机遇，融入国家战略，实现资源型地区跨越发展的宏伟蓝图。

（2017 年9月24日《山西日报》 本报评论员）

深化生态文明体制改革　建设美丽山西

——进一步深化改革促进资源型经济转型发展系列评论之六

“人说山西好风光，地肥水美五谷香。”

上世纪60年代，郭兰英一首脍炙人口的山西民歌把我省的秀丽景象传遍大江南北。然而，富煤缺水的资源禀赋，使我省在历史上为全国能源需求和经济建设做出巨大贡献的同时，产业结构趋向单一、资源损耗、生态破坏，成为全国生态环境问题较为突出的省份之一。党的十八大以来，我省坚持把生态文明建设和环境保护摆在战略位置，工作力度不断加大，取得明显成效，但是生态系统脆弱、环境问题突出的状况尚未根本改变。

习总书记指出：良好生态环境是最公平的公共产品，是最普惠的民生福祉。党的十八大首次将生态文明建设纳入中国特色社会主义事业“五位一体”总布局。十八届三中全会进一步将生态文明纳入全面深化改革的总目标。国务院最近出台的《关于支持山西省进一步深化改革促进资源型经济转型发展的意见》，将深化生态文明体制改革作为六大重要任务之一，分别从加强资源开发区生态保护修复治理、加大生态环境保护力度和强化资源节约集约利用等三个方面全力支持建设美丽山西。

那么，如何落实《意见》呢?

加强资源开发地区生态保护修复治理。重点要加快推进国土综合整治，实施太行山、吕梁山生态保护修复工程。作为资源型省份，山西在生态环境方面的历史欠账很多。

近年来通过加大矿山环境的恢复治理，平朔矿区、太原城郊森林公园、中铝山西分公司孝义铝矿等资源开发地区的生态治理修复已经初见成效。今年4月，我省进一步提出，要以改革的办法推进环境治理，创新第三方治理、融资平台建设、社会广泛参与的环境治理和保护模式。

加大生态环境保护力度。《意见》要求我省落实最严格的水资源管理制度，加强水功能区和入河湖排污口监督管理，全面落实河长制，加快推进汾河等流域生态修复和系统整治;要求加强黄土高原地区沟壑区保塬工作;要求加快水权交易市场建设;要求实施大规模植树造林。我们要坚决贯彻绿色发展理念，坚决打赢大气、水、土壤污染防治三大战役。把改善生态环境质量作为转型发展的题中之义;要切实抓好生态环境保护工作，持续开展铁腕治污，系统整治山水林田湖，实现绿色可持续发展。

强化资源节约集约利用。山西人均供水量和亩均用水量两项主要指标远低于全国平均水平。因此，建设节水型社会，是当务之急。2006年起，水利部先后将太原、晋城、侯马、阳泉列为全国节水型社会建设试点城市，从而带动了我省节水型社会建设工作的全面开展。目前，山西省正在实施最严格的节水措施，实施水资源消耗总量和强度双控行动，提高水资源利用效率和效益。《意见》明确：在确保环境质量稳定达标前提下，允许山西省在省域内科学合理配置环境容量。这就要求我们树立全新资源观，促进资源利用方式的转变，坚持节能减排不动摇，坚持节约优先不动摇。

便觉眼前生意满，东风吹水绿参差。9月21日，环保部命名第一批“绿水青山就是金山银山”实践创新基地和第一批国家生态文明建设示范市县，右玉县获得两项桂冠。

既有高屋建瓴的《意见》指南，又有生态文明的身边榜样，美丽山西建设必将成为我省进一步深化改革促进资源型经济转型发展工作中的一大亮点和特色，再唱“山西好风光”!

(2017 年9月25日《山西日报》 本报评论员)

2017年山西转型综改试验区建设工作综述

省委政研室(改革办、综改办)

2017年是山西转型综改试验区建设极为重要的一年，习近平总书记视察山西时，对我省在转型综改试验区建设过程中的探索和实践给予充分肯定，要求充分用好这一机遇，加快先行先试，努力探出新路子。李克强总理到山西考察工作时，就贯彻新发展理念、加大改革创新力度、加快新旧动能转换提出明确要求。9月1日，国务院出台了《关于支持山西省进一步深化改革促进资源型经济转型发展的意见》(国发〔2017〕42号，以下简称《意见》)，为我省进一步推进转型综改试验区建设指明了方向。

在党中央的关怀指导下，全省坚定不移贯彻落实习近平新时代中国特色社会主义思想，坚决贯彻落实党中央的各项决策部署和习总书记视察山西重要讲话精神，按照省委“一个指引、两手硬”工作思路和要求，认真践行新发展理念，牢牢把握稳中求进工作总基调，悉心研究把握资源型经济转型规律，坚决擦亮转型综改试验这个金字招牌，采取一系列超常规措施，实现转型综改试验区建设“再出发”，推动全省经济实现由“疲”转“兴”的重大转折，推动山西资源型经济转型开始步入良性轨道。

一、提高站位、精心谋划，综改工作全面推进

一是把握正确方向，谋划转型综改。习总书记深刻指出，我国经济运行面临的突出矛盾和问题，虽然有周期性、总量性因素，但根源是重大结构性失衡。强调，建设现代化经济体系，必须把提高供给体系质量作为主攻方向。习总书记的重要论述对我省具有极强的针对性、指导性。省委坚决贯彻习总书记系列重要讲话精神，提出要把供给侧结构性改革和全面深入推进转型综改试验区建设紧密结合起来，将转型综改试验区建设作为经济社会发展的战略牵引。2017年，省委常委会共召开11次全面深化改革领导组会议研究转型综改相关议题，特别是在习总书记视察山西、国发42号文件出台、党的十九大三个重要节点之后，全省上下认真学习习总书记视察山西关于转型综改的重要讲话精神、党的十九大关于支持资源型地区经济转型、国发42号文件精神，深刻领会转型发展的重大意义，为全省“党内政治生态持久的风清气正、经济转型发展持久的强劲态势”的逐步形成奠定了坚实基础。

二是争取国家支持，抢抓政策机遇。我们积极争取和全

力配合国务院出台《意见》，在推动《意见》出台过程中，骆惠宁同志深入研究国家对东部、中部、西部地区发展的各类政策，着力把国家对各地区发展的政策支持、试点经验拿来为我省所用，亲自组织起草初稿，骆惠宁同志、楼阳生同志多次与相关国家部委沟通。可以说，《意见》的出台，既是国家支持的结果，也是省委、省政府抢抓机遇、主动对接、积极争取得来的，充分体现了坚定做转型发展的引领者、推动者、实践者的政治担当和高度自觉。国发42号文件下发后，全省群情振奋，《意见》分8部分30条，包含大量有很高含金量的政策举措，进一步凸显了我省在全国改革发展大格局中的战略地位和对资源型经济转型的示范意义，充分体现了党中央国务院对山西的巨大支持和殷切期望。9月18日，骆惠宁同志主持召开了全省进一步深化改革促进资源型经济转型发展大会，对全面实施《意见》作出部署。为切实把国家支持意见落实到位，我省紧紧围绕“示范区”“排头兵”“新高地”三大战略目标定位，出台了《贯彻落实〈国务院关于支持山西省进一步深化改革促进资源型经济转型发展的意见〉行动计划》（以下简称《行动计划》）、《山西打造全国能源革命排头兵行动方案》、《构建内陆地区对外开放新高地实施方案》专项行动方案，编制了先行先试的改革清单，不断细化工作任务、完善保障措施。

三是创新改革方法，整合改革机构。习总书记视察山西时明确要求我们，以全面深化改革推动经济转型发展。省委进一步强化了对转型综改工作的领导，骆惠宁同志提出“山西发展相对滞后，但改革决不能落后”，提出了“三个三”抓改革的具体方法。第一个“三”是工作基础，做到“三个搞清楚”，即搞清楚中央重要改革事项落实情况，搞清楚全国同类改革的先进经验，搞清楚山西当下推动改革的着力点。第二个“三”是对已经推出的改革举措要做到“三个分析”，即分析哪些管用，效果比较明显；哪些过于原则，不便于操作；哪些不接地气，群众获得感不强；第三个“三”是部署改革任务统筹“三个层面”，即统筹安排新提出的改革事项、需要修订完善的改革方案和需要督办落实的改革任务。按照“三个三”的工作方法，省委改革办、省综改办对党的十八届三中全会以来中央和省委部署的重要改革任务，建立了台账、进行了分析、摸清了底数、明确了方向。针对省委改革办、省转型综改办两个办公室机构重叠、职能交叉、力量分散，职能作用难以有效发挥等问题，亲自安排、高度关注，推动实现了省委政研室、省委改革办、省转型综改办机构“三合一”，并且亲自研究处室设置，切实优化充实了省级层面的改革工作机构。同时，统筹推进改革任务，重点抓好《省委全面深化改革领导小组2017年工作要点》经济建设和生态建设领域部署的“19+3”重大改革。7月，省编办下发了《关于各市党委政策研究室加挂转型综改试验区工作领导组办公室牌子的通知》，目前，各市改革机构“三合一”已基本实现，人员编制落实到位。

四是突出亲力亲为，层层压实责任。习总书记强调，各地区各部门要增强推进改革的思想自觉和行动自觉，既当改革促进派、又当改革实干家，以钉钉子精神抓好改革落实，扭住关键、精准发力，敢于啃硬骨头，盯着抓、反复抓，直到抓出成效。骆惠宁同志自觉扛起转型发展重大责任，挂帅出征，亲力亲为，带头与有关同志一起直接抓推进供给侧结构性改革、国资国企改革等10项重大改革，楼阳生同志与有关同志一起抓推进“三去一降一补”、开发区体制改革等16项重大改革。各市、各部门主要负责同志，认真践行“四个亲自”要求，紧密结合实际，因地制宜，建立了自己重点抓改革的台账，全力当好“施工队长”。据统计，全省11个市市委书记直接抓改革125项、平均11项，市长直接抓改革179项、平均17项。省直部门主要负责同志平均抓5.5项改革。各县县委书记、县长也都认领直接抓的改革任务，一竿子插到底，一步一个脚印推动改革落地生根、开花结果。

五是强化督察考核，推动责任落实。习总书记强调，改革推进到哪里、督察就跟进到哪里。要督任务、督进度、督成效，察认识、察责任、察作风。省委对照标准，在“三合一”机构整合、优化内设机构时，专门配备力量设立督察一处、二处，强化改革督察督办职能。制定出台了山西省全面深化改革督察工作实施办法，明确了改革督察的责任主体、形式、方法、内容和结果运用，从制度上进行了刚性约束。2017年4月和8月对各市县和63个承担年度改革任务的省直部门先后开展了两轮改革大督察，针对165条具体问题向39个相关单位下达了《督察意见反馈书》，有效促进了各级领导干部亲力亲为抓改革的作风形成。制定了《专项督察实施细则（试行）》和年度专项督察计划。对习总书记提到的12项民生工程和在我省视察期间提到的4项改革、书记省长亲自抓的26项改革等一批重点任务进行了专项督察。制定了《全面深化改革第三方评估办法（试行）》和《确定第三方评估改革事项工作细则》，开展了第三方评估工作。省委出台推进领导干部能上能下实施细则和激励干部担当作为干事创业、支持干部改革创新合理容错两个办法，鲜明提出“五个倡导、五个反对”，深入扎实抓好“三基建设”，注重在转型发展主战场选人用人，激发了干事创业的精气神，推动各级领导干部在理念、知识、能力、状态等方面加快适应形势的发展，以过硬作风保障转型综改试验区建设各项工作扎实推进。

二、凝心聚力、砥砺奋进，改革成效逐渐显现

一是供给侧结构性改革不断深化。深入推进“三去一降一补”，供给结构不断优化。有力有序推进去产能，全年关闭煤矿27座，退出产能2265万吨，压减钢铁产能325万吨，超额完成年度任务。通过实施煤炭减量置换和减量重组，逐步提高先进产能占比。去库存扎实有效，截至12月底，全省商品房待售面积1225.7万平方米，比2016年末减少535.3万平方米；稳步推进去杠杆，截止10月末，各金融机构高成本表外融资成本比年初较少76.07亿元，低成本债券融资2267.9亿元；降成本效果显著，1-10月，全省规模以上工业企业每百元主营业务收入中的成本为80.6元，同比下降5.3元，干部入企活动常态化；补短板力度加大，基础设施、创新发展、资源环境等支撑能力不断增强。

二是国企国资改革攻坚战全面打响。强化顶层设计，形

成“1+N”的政策体系。稳妥推进混合所有制改革,省属企业子公司70%实现混合所有制改革,部分省属企业开展员工持股试点;启动汾酒集团整体上市,推动晋能清洁能源科技有限公司改制上市,山西煤矿机械制造股份有限公司新三板挂牌,太钢、国际电力在上市公司实现交叉持股。省属企业完成1050亿元市场化债转股。不断完善现代企业制度。山西建工集团改制为山西建设投资集团有限公司,省属国企集团层面公司制画上圆满句号。省属企业各级子企业公司制改革面达到91%,年底前全省国有企业将全面完成公司制改革。加快转变国有资产监管职能,先行先试成立国有资本投资运营公司,授权履行出资人职责。国资委在全省率先完成机关大处制改革。以汾酒集团为开端,全面改革省属国有企业集团经营业绩考核方式。优化调整国有资本布局,成立文旅集团、云时代、大地控股新兴产业公司,筹建交控集团、水务集团;重组整合高端现代煤化工、燃气清洁能源、焦煤产业和通用航空集团。

三是开发区改革创新步伐加快。深入推进开发区整合、扩区、设立,我省整合太原、晋中8个园区,打造山西转型综改示范区,省政府又批准12个省级开发区扩区、新设15个省级开发区,目前已有省级以上开发区40家。全面实施开发区“三制三化”改革,在山西转型综改示范区先行试点的基础上,在省级以上开发区复制推广“三制三化”改革经验,“三制”改革去年年底前已全部完成到位,“三化”改革继续稳步深入实施。进一步向开发区简政放权,赋予山西转型综改示范区省直部门33项管理权限。大力推进开发区招商引资,组织了5场重大招商引资活动,共签约131个项目和协议,总投资额1066.85亿元,各市不断创新招商方式,积极开展小分队招商、以商招商、挂职招商、蹲点招商等创新举措。

四是电力体制改革稳步推进。2016年1月,国家发改委、国家能源局正式批复山西省电力体制改革试点实施方案,是国家电网授权的第一个省级试点。到目前为止,专项试点方案制定基本完成,其中,《山西省售电侧改革实施方案》、《山西省电力交易机构组建方案》等13个方案已正式印发执行;《山西电网输配电价改革试点方案》已获国家批复。输配电价改革坚实落地,1月,国家发改委按降低平均输配电价1.06分/千瓦时,批复了我省分电压等级输配电价。2月,山西省发改委公布了山西电网首个监管期2017-2019年分电压等级输配电价标准,降低了全省工商业销售电价,减轻企业用电成本每年约15.78亿元。电力交易中心交易平台走向规范运营,山西电力交易中心成为国家电网公司经营区域第一家正式运营的股份制交易机构。山西省电力市场管理委员会成立。增量配电业务进展顺利,印发了《山西省放开增量配电业务试点方案》,积极向国家争取,将太原工业新区110KV输变电工程、山西科技城综合能源供应项目、同煤大同矿区等三个项目列为全国增量配电业务试点。局域电网运营新模式已正式启动,正在积极推动山西省铝循环产业园区局域电网运营试点项目建设。

五是煤层气矿业权制度不断完善。2016年4月,国土资源部正式委托山西省今后两年在省域内实施部分煤层气勘查开采审批登记,这在全国尚属首例。17年6月,又发布了《关于委托山西省等6个省级国土资源主管部门实施原由国土资源部实施的部分矿产资源勘查开采审批登记的决定》,将山西试点时限由原来的两年延长至六年。一年来,我们探索完善了煤层气矿业权管理制度,建立了试采可延期、专项评估评价同步启动的“山西模式”,形成了煤层气产业项目用地政策“标准套餐”,规范了煤层气与煤炭重叠区争议解决机制,试行了勘查投入报告与核实制度,在全国形成了示范效应。在这次国发42号文件中,明确提出建立煤层气勘查区块退出机制和公开竞争出让制度。将煤层气对外合作项目审批制改为备案制,将煤炭采矿权范围内的地面煤层气开发项目备案下放至山西省管理。我省在下一步工作中也将继续深化煤层气审批制度改革。

六是生态文明管理体制改革不断深化。山西集生态脆弱和发展粗放于一体,生态修复任务艰巨。今年以来,我们加强主体功能区建设,合理划定生态保护红线。大力推进太行山、吕梁山生态修复,实施汾河等“七河”流域生态修复工程,大水网工程实现首次跨区域调水,年内骨干工程将全面贯通。弘扬右玉精神,植树造林面积稳步提高,提前启动实施2018年退耕还林工程,在全国率先划定5600万亩永久生态公益林。积极推进矿山生态恢复治理,年内历史遗留矿山环境综合治理率将达到25%,复垦土地120平方公里。全力做好配合保障中央环保督察工作,同时分4批实现了对全省11地市的省级督察全覆盖。强化制度执行和追责问责,新出台生态文明建设目标评价考核、领导干部生态环境损害责任追究、水资源全域化配置意见等规定,生态文明制度框架初步构建。

七是“放管服”改革明显提升。坚持改革创新与依法行政相统一,对政府核准投资项目目录外的企业投资项目,在全国率先选择试点试行企业承诺制、探索无审批管理重大改革,变先批后建为先建后验、事前审批为事中事后服务监管,今年将在全省全面推开。开展“加快招商引资项目落地”等9个专项行动,全面打造“六最”投资营商环境。相对集中行政许可权改革试点工作扎实有序推进,综合行政执法体制改革稳步实施。大力推行“互联网+政务服务”,优化提升政务服务平台功能,实现信息互联互通。深化拓展延伸“13710”工作制度。在山西转型综改示范区、大同经济技术开发区等5个开发区,加快“证照分离”改革,简化审批流程,逐步实现“照后减证”目标。

八是科技和人才体制改革加快实施。大力实施创新驱动发展战略,推进技术转移转化、企业创新主体建设等“十大创新行动”,新增30个省级创新平台和71个创业孵化平台。深化省级科技计划管理体制改革,去年省级科技计划中战略性新兴产业领域项目占到总数的85%以上。试点建立科研和科技活动经费使用负面清单等制度,为科研单位和科技人员“松绑”。积极稳妥推进省属转制科研院所改革,大力推进科技成果转移转化。以“二流财政”打造“一流人才政策”,出台深化人才发展体制机制改革的实施意见,配套10个方面40条财政措施,实施晋商晋才回流工程,着力解决激励机制不完善、“高精尖缺”人才不足等突出问题,人才外流问题得到遏制。我们坚持以“改”促“转”,随着各项改革举措取得积极进展,一系列稳增长、调结构、促改革、惠民生、防风险的政策发挥作用，全省经济发展由“疲”转“兴”，经济增长步入合理区间，全省实现地区生产总值增长7%。非煤产业成为工业增长的主动力，全省规模以上工业中，非煤产业增加值增长9.7%，快于煤炭产业6.1个百分点，对工业增长的贡献率达76.2%。服务业支撑引领作用更加凸显，服务业增加值增长7.8%，占全省GDP比重达到53.5%，对GDP增长的贡献率为60.2%，高于第二产业23个百分点，继续保持经济增长的主动力作用。高技术产业投资快速增长，全省高技术产业投资完成229亿元，增长17.2%，高新技术企业由290家增加到1117家，全省省级及以上众创空间达到184家。

（杨昱莅）

2017年山西供给侧结构性改革综述

省发改委

2017年，在省委、省政府坚强领导下，全省上下以习近平新时代中国特色社会主义思想为指导，坚决贯彻落实习总书记视察山西重要讲话精神，坚定不移推进供给侧结构性改革，各项工作取得积极成效。

一、深入推进“三去一降一补”

坚定不移去产能。一是扎实开展钢铁、煤炭去产能工作。出台《关于下达2017年度压减钢铁过剩产能目标任务的通知》《关于做好全省2017年度煤炭行业化解过剩产能工作的通知》等文件。坚持早谋划、早部署，及时将去产能任务分解下达至相关企业和市、县政府。层层压实责任，与去产能主体企业、所在市政府签订目标责任书，有力有序推进去产能各项工作。全年关闭煤矿27座，退出产能2265万吨，压减钢铁产能325万吨，超额完成年度任务。二是坚决取缔“地条钢”。通过开展拉网式核查、专项督查、乡县市逐级承诺等有力措施，5月底前全面完成取缔“地条钢”任务，比国家要求提前1个月，国务院督查组给予了充分肯定。三是积极处置僵尸企业。2月，省政府办公厅印发《加快重组处置“僵尸企业”推动钢铁行业调整升级实施方案》，确定了八大重点任务，明确对于已停产半停产、连年亏损、资不抵债，靠政府补贴和银行续贷存在的“僵尸企业”，坚持依法依规处置，杜绝不合理的行政干预。积极推进民营钢铁企业海鑫集团破产重整，引进战略投资者建龙钢铁，重整成立山西建龙实业有限公司，目前已进入新的发展阶段。5月，省政府办公厅印发《关于处置煤炭行业“僵尸企业”的通知》，对煤炭行业“僵尸企业”处置工作进行全面安排部署。省发改委和煤炭厅联合研究制定了我省煤炭行业“僵尸企业”处置工作总体方案，方案已于6月底上报国家。按照方案，我省拟在三年内处置“僵尸企业”29个，产能2645万吨/年，其中，23座已列为“十三五”化解煤炭过剩产能任务。四是实施煤电行业去产能。制定《山西省防范化解煤电产能过剩风险工作实施细则》《山西省2017年煤电有序发展实施细则》，对在建煤电项目进行全面督查，停建11个、总装机规模1006万千瓦的火电项目，缓建6个、总装机规模742万千瓦的火电项目。五是积极稳妥做好分流职工安置。组织重点企业召开经验交流座谈会，举办去产能职工培训班和招聘会。在全国率先实施滴滴出行帮扶去产能职工项目。2017年全年分流安置职工2.1万人，安置率达90%。

因城因地去库存。出台《山西省化解房地产库存工作方案》，加大房地产去库存力度，加大货币化安置力度，打通去库存与棚户区改造、城中村改造、农村转移人口进城购房之间的通道，有序消化房地产库存。年末商品房待售面积1225.7万平方米，比2016年底减少535.3万平方米，库存消化周期为6.1个月，比2016年底缩短4.2个月。

积极稳妥去杠杆。出台《金融支持实体经济健康发展、防范化解金融风险的方案》，印发《进一步做好我省降低企业杠杆率工作的通知》。积极推进直接融资和市场化债转股。推动企业加快消化表外高成本资产，优化融资结构，降低融资成本。截至12月末，我省债转股落地资金达234亿元，高成本表外融资较年初减少177.6亿元，规模以上工业企业资产负债率74.63%，同比降低1.37个百分点。扭转了长期以来资产负债率上升的趋势，是去杠杆引起的重大转折性变化。

多措并举降成本。认真落实2016年底出台的《山西降低实体经济企业成本实施方案》各项措施，积极推进《2017年山西省电力直接交易工作方案》实施，通过大用户直供电、输配电价改革、调整电价结构等降低用能成本的方式，全年可降低工商企业用电成本79.8亿元。围绕降低制度性交易成本，出台《山西省深化投融资体制改革的实施意见》等文件，深化“放管服效”改革，积极开展优化营商环境“1+9”专项行动，加快投资审批制度改革，率先在全省10个开发区和晋中市试行企业投资项目承诺制。各项降成本措施效果明显。2017年累计降低实体经济企业成本约390亿元。2017年，规上工业企业每百元主营业务收入成本80.6元，同比下降4元，低于全国平均水平4.3元（同期全国主营业务收入成本下降0.25元）。2017年4月27日，《人民日报》专门报道了我省2016年降成本工作。10月1日，国务院办公厅印发《关于对国务院第四次大督查发现的典型经验做法给予表扬的通报》，对实地督查的18个省(区、市)22项地方典型经验做法给予表扬。其中,在降低企业成本方面,我省实施高速公路差异化收费,受到国办通报表扬,这也是我省在国务院第四次大督查中唯一受到表扬的经验做法。

加大力度补短板。围绕长期制约我省经济社会健康发展的薄弱环节,加大投入力度,补齐发展短板。一是加强脱贫攻坚。完善特色产业扶贫机制,建立光伏扶贫713座村级电站、21座地面集中电站并网发电。积极推广"吕梁护工""天镇保姆""五台泥瓦工"等培训就业品牌,带动区域贫困劳动力脱贫。实施生态脱贫五大项目,带动51.9万贫困人口增收。扎实推进易地扶贫搬迁工作,2017年12万贫困人口搬迁,658个集中安置点全面开工,竣工率91.3%。有效缓解"支出型贫困"问题,构建"三保险三救助"政策体系,住院总费用报销比例提高到90%以上,农村低保标准提高240元,以县核定全部超过3200元省扶贫标准指导线。2017年,贫困地区农民人均可支配收入7330元,增长10.7%,高出全省3.7个百分点。全年3个国定县、12个省定县脱贫摘帽,2500个贫困村退出、74.7万贫困人口脱贫,年度减贫任务超额完成。二是加快科技创新。制定出台了14个以增加知识价值为导向的分配政策文件。积极推动省属科研院所转制工作。围绕打造能源革命排头兵、新兴产业发展,积极部署科技重大专项。加强创新平台建设,成立全省重点实验室联盟,省级以上重点实验室总数达到75个,争取国家批复2个国家地方联合工程研究中心,认定支持10个省级工程研究中心(省级工程实验室)。在太原、阳泉、晋中、临汾、长治5个市启动科技创新券试点工作。加快科技成果转化,进一步提高科技人员职务科技成果转化收益比例。建成山西省科技成果与知识产权交易服务平台,设立10亿元科技成果转化引导基金。全省技术交易合同总额完成262.7亿元,增长10.1%,其中吸纳255.2亿元,增长9.2%,且主要集中于战略性新兴产业。三是加大短板领域的资金支持。全年全省道路运输业、生态环境保护治理、脱贫攻坚等领域投资分别增长16.8%、31.5%、57.4%。

二、加大培育新动能

加快传统产业升级改造。工业技改投资力度加大。设立10亿元技改专项资金,全面启动新一轮技术改造,成立省技术改造工作领导小组,省政府印发《关于促进企业技术改造工作的实施意见》,加快推进"智能制造示范、技术创新提升、绿色制造推广、制造业与互联网融合、军民产业融合、工业转型强基、服务制造创新、公共平台建设"等八大技术改造工程,积极推进七批190个省级技术改造资金项目建设。2017年,全省工业企业技改投资完成617.2亿元,增长14.9%,占全省工业投资29.2%。全省工业设备购置投资710.9亿元,增长13.4%。进一步提升技术水平。新增省级企业技术中心36户,省级及以上技术中心企业数达到296家,全省开展产学研企业占比达到6.3%。企业研发、工程研究、系统验证等综合性研发能力不断增强,笔尖钢等一批核心技术实现重大突破。太钢主持完成的"超大规模微细粒复杂难选红磁混合铁矿技术开发及工业化应用"项目获国家科学技术进步二等奖。推动智能制造水平迈上新台阶。智能装备、智能生产线、数字化车间、智能互联等新的生产方式加速涌现,全省制造业全员劳动生产率提高6.5%。太钢不锈钢、大运汽车成为国家智能制造试点示范。深入推进绿色制造。推广应用余热余压利用、电机系统节能、能量系统优化等20余项节能减排技术和产品。全省单机30万千瓦及以上燃煤机组全部完成超低排放改造,达到天然气燃气轮机排放标准,较改造前二氧化硫削减70%、烟尘削减70%、氮氧化物削减50%。

着力加快发展新兴产业。重点推进128个战略性新兴产业项目,建设提升120个工业园区,强力打造160类特色优势产品。新兴产业规模稳步扩大。战略性新兴产业增加值增长10%,快于规上工业增速3个百分点。新产品产量较快增长,汽车产量增长3.3倍,其中新能源汽车增长1.5倍,光伏电池增长30.6%,锂电池增长1.2倍。全省太阳能、风能发电量分别增长104.4%、21.1%,新能源装机2172万千瓦,占全省装机总量的27.05%。新兴产业税收大幅增长,全省汽车制造业税收收入增长2.07倍,通用设备制造、专用设备制造、软件信息技术服务业税收收入分别增长28.3%、51.7%、19.6%。产业集聚态势加速形成。转型综改示范区、开发区、工业园区、产业集聚区等载体承接了全省80%以上新开工项目,贡献了60%以上的新兴产业产值。新产业新业态新模式持续涌现,太钢建设"智助"工业云服务平台,拓展工业云应用和管理服务,振东医药建立企业私有云数据中心,初步实现个性化营销。军民融合发展步伐加快。长治康庄航天工业园、太原市轨道交通及高端装备制造基地等9个军民结合园区(基地)加快建设,军工企业营业收入、利润快速增长。中小微企业成长态势良好。全省净增规上企业100户,"新三板"挂牌中小企业达到80户。

三、深入推进农业供给侧结构性改革

加快"一园一区一平台"建设,促进种养结构调整,实施"五大替代玉米行动",调减非优势区籽粒玉米100万亩以上,杂粮、草食畜、中药材等特色农业占比达到75%。2017年全省经检验检疫农产品出口额为5.9亿美元,同比增长36.7%,其中,水果同比增长49.9%。

山西是供给侧结构性改革的坚定实践者,也是直接受益者,通过坚定不移推进供给侧结构性改革,有效改善了供求关系,提升了供给质量。2016年下半年以来,我省经济运行中的趋势性、转折性、标志性变化明显增多。2017年以来,全省经济延续了稳步向好的发展态势,一季度增长6.1%,走出两年多的困难时期,上半年增长6.9%,追平全国增速、实现由"疲"转"兴",前三季度增长7.2%,超过全国平均水平,全年增长7%,总量较上年增加1923.1亿元,超过前5年增量的总和。全省规模以上工业企业效益实现利润突破1000亿元,是2012年以来的最好水平。全省一般公共预算收入增长19.9%,达到1867亿元,创历史最好水平。实践证明,习近平总书记提出的供给侧结构性改革,为山西提供了治本良方和重大机遇,山西就是靠贯彻新发展理念,靠坚定不移推进供给侧结构性改革，扭转了困难局面，推动经济走上了转型发展之路。

四、推进措施

供给侧结构性改革在我省取得的积极成效，是党中央坚强领导、决策正确，省委省政府坚决贯彻执行抓好落实的结果，同时也得益于在实际工作中很好地坚持了以下做法。

（一）坚持加强组织领导，把推进供给侧结构性改革作为经济工作的首要任务。省委、省政府坚决贯彻落实党中央国务院决策部署，坚持把供给侧结构性改革摆在经济工作的首要位置，通过强有力的组织保障，为推进供改保驾护航。主要领导高度重视。骆惠宁书记对供给侧结构性改革亲自部署，重大方案亲自把关，关键环节亲自协调，落实情况亲自督查，多次主持召开座谈会，深入太原、阳泉等市以及焦煤集团白家庄煤矿等开展调研、督导，亲自给个别市委书记和企业董事长写信要求完成去产能任务。楼阳生省长多次召开省政府常务会和专题会，研究部署“三去一降一补”重点任务，要求严格按照去产能目标任务和时间节点，坚决完成中央交给山西的任务，下大力气促转型、调结构、增动能。建立工作机制。成立了省钢铁煤炭行业化解过剩产能实现脱困发展领导小组、省降低实体经济企业成本领导小组，均由省长任组长、常务副省长和分管副省长任副组长，省直有关部门牵头负责推进。签订目标责任。省政府与各相关市、企业主要负责人签订去产能、去库存等重点任务目标责任书，使各项工作有目标、有抓手、有时限、有责任。建立督办机制。将“三去一降一补”重点任务纳入省政府“13710”电子督办平台，强化督查督导，狠抓任务落实，形成全省上下坚定不移推进供给侧结构性改革的强大合力。

（二）坚持把贯彻落实中央推进供给侧结构性改革的要求与山西省情实际结合起来，提出“五个结合”推进供改。供给侧结构性改革之所以在山西能发挥治本良方的作用，关键在于我省紧密结合省情实际，提出“五个结合”，对症下药。

一是坚持把去产能与提升先进产能占比、促进结构转型升级结合起来。我省是产钢产煤大省，去产能任务复杂艰巨，如果仅仅是简单的去产能，必定会遇到很大的困难和阻力，也不符合中央通过供给侧结构性改革推动供给质量改善的要求。我省坚持把去产能与提升先进产能占比相结合，煤炭方面，科学制定“十三五”化解煤炭过剩产能增加先进产能占比方案、省内煤矿减量置换方案，按照“市场倒逼、企业主体、政府引导”的原则，通过淘汰关闭一批、减量置换一批、核减规模一批、减量重组一批、置换改造一批煤矿，严格控制新增产能，有序退出过剩产能，大力发展先进产能。2016年-2017年，已批准置换方案的产能1.6亿吨。其中2017年向国家上报14座煤矿的产能置换方案，涉及产能6050万吨。截至2017年12月底，全省煤矿共1011座，产能13.9亿吨/年，特级安全高效煤矿和一级安全生产标准化煤矿178座，产能39614.4万吨/年，占全省生产总能力的42%。钢铁方面，把去产能与推进钢铁行业结构调整和优化升级相结合，支持大型钢铁企业加大兼并重组和资源整合力度，进一步提升行业集中度；电力方面，加快电力装机结构调整步伐，探索提高行业准入门槛，大力发展平均供电煤耗较少的60万千瓦及以上机组，提前抢占先进产能，进一步强化国家新型综合能源基地地位。

二是坚持把去库存与加快人口城镇化和促进房地产有序发展结合起来。认真贯彻落实中央去库存要求的同时，结合省情实际，细化政策、创新措施，坚持分类调控、因城施策，一方面拓需求，一方面控供给，努力保持商品房销售稳定增长，促进商品房销售库存消化周期明显下降，提升了房地产去库存效果，化解了潜在的风险因素，促进了房地产市场平稳健康发展。

三是坚持把去杠杆与防范和化解金融风险结合起来。在加力去杠杆的同时，把防控金融风险放到更加重要的位置，提高和改进监管能力，推动建立健全风险评估、预警和应急处置机制，着力解决金融领域存在的突出问题，坚决守住不发生系统性、区域性风险底线。同时加强组织领导，建立工作机制，成立由楼阳生省长任组长，分管副省长任副组长的金融稳定发展工作领导小组，进一步建立健全全省金融工作议事协调机制，切实承担地方金融监管和风险防范处置责任，促进地方金融稳定和金融服务实体经济发展。

四是坚持把降成本与振兴实体经济结合起来。降成本是供给侧结构性改革的重要任务，同时也是缓解实体经济困难、振兴实体经济的关键之举。我们坚持降成本既要充分发挥市场主体主观能动性，积极采取提升生产效率、提高管理水平、加快技术创新等挖潜增效措施，有效应对市场因素带来的成本压力，也要更好地发挥政府作用，把更多着力点放在帮助企业降低非市场因素带来的成本。在降税、减费、降低要素成本上和交易性制度成本方面制定出台一批突破性的政策措施，全力帮助企业降成本减负担，缓解企业困难。

五是坚持把补短板与聚焦薄弱环节精准有效扩大投资结合起来。投资一头连着需求，一头连着供给，既可以增强经济增长的动力，为供给侧结构性改革创造良好环境，又可以带动产业升级。我省不再盲目地追求投资规模和速度，而是更加注重投资的质量和效益，精准聚焦全省转型升级、创新驱动、补短板需要，精准聚焦重点领域、重点工程、重点项目，充分发挥了投资补短板作用。

（三）坚持把落实“三去一降一补”重点任务与全面深化供给侧结构性改革相关的基础性关键性改革结合起来。我们深刻地认识到供给侧结构性改革发力应该是一系列改革举措整体发力，在坚决落实“三去一降一补”重点任务的同时，抓住对全省有牵引作用的重要事项，用好改革窗口期、机遇期，下大决心推动重大改革破题，加快推进国企国资、财政金融、电力体制、行政审批制度、社保等基础性关键性改革，各项改革举措在政策取向上相互配合、在实施过程中相互促进、在改革成效上相得益彰，通过增强改革的整体性和协同性，不仅较好地完成了供给侧结构性改革的任务，许多重要领域和关键环节改革上取得了积极进展，迈入全国第一方阵。

（郭卓宇）

国家监察体制改革试点工作

山西省监察委员会正式成立

刘金国莅会指导并讲话　骆惠宁出席会议并讲话

1月18日上午，省十二届人大七次会议选举了山西省监察委员会主任；18日下午，省十二届人大常委会第三十五次会议通过了山西省监察委员会副主任、委员的任命，标志着山西省监察委员会正式成立。1月19日，新成立的省监察委员会召开第一次干部大会。受中共中央政治局常委、中央纪委书记、中央深化国家监察体制改革试点工作领导小组组长王岐山同志委托，中央纪委副书记刘金国参加山西省监察委员会第一次干部大会并讲话。省委书记、省人大常委会主任、省深化监察体制改革试点工作小组组长骆惠宁出席会议并讲话，对进一步深化监察体制改革试点工作，加强监察委员会干部队伍建设，推进市县监察体制改革试点工作提出要求。

骆惠宁在讲话中阐述了深化国家监察体制改革的重大意义。在回顾我省深化监察体制改革试点工作进展情况后指出，省监察委员会的成立，只是试点工作迈出的第一步，还有大量的改革工作要做。要坚守政治站位，深入学习贯彻中央六中全会精神和中央纪委七次全会精神，按照实施方案，继续积极探索，实现深度融合，规范高效运行，全面完成改革试点任务。一要紧紧围绕我省监察体制改革试点目标，加强全员学习培训，强化改革实践，进一步在理念思路和方式方法上实现融合，与时俱进地提高队伍整体水平；二要积极探索纪检监察机关内部运行机制，重点在优化执纪监督和执法监督方法，规范纪律审查和执法调查措施使用，完善工作流程和内控办法等方面建立科学的制度规定，形成衔接有序、监督有力、制衡有效的工作机制；三要积极探索国家监察与巡视监督、派驻监督有效结合的具体办法，把有效监察贯穿于巡视巡察、派驻监督全过程，形成监督合力，提升监察效能；四要积极探索纪法协调衔接机制，在线索处置、证据转换、案件移送等方面，建立监察委员会与执法机关、司法机关的协调衔接机制，提升反腐败工作制度化、规范化和法制化水平；五要积极探索坚持双重领导体制，建立健全向上级监察委员会和同级党委请示报告、对同级人大及其常务委员会负责并接受监督的制度措施，健全党委统一领导监察工作的机制，切实把制度优势转化为治理效能，努力为制定国家监察法和改革在全国推开提供实践经验。

骆惠宁强调，“打铁还需自身硬”。纪检监察部门必须把加强自身建设放在十分突出的位置，努力做到每一位工作人员的思想、工作、作风全面过硬。他提出了对党绝对忠诚、不断锤炼能力、勇于担当作为、严守法纪规定四项要求。

刘金国在讲话中指出，山西省委坚决贯彻落实党中央决策部署，行动果断、勇于担当，统筹推进国家监察体制改革试点工作，认真抓好转隶和监察委员会组建。中央改革试点工作领导小组对山西试点工作给予高度评价、充分肯定。他要求，要牢固树立“四个意识”，切实把思想和行动统一到党中央决策部署上来，认真学习贯彻党的六中全会和中央纪委七次全会精神，确保按照党中央确定的时间表、路线图如期实现，以实际行动维护党中央的集中统一领导。要切实担负主体责任，确保改革试点工作始终在党的领导下开展，坚决维护以习近平同志为核心的党中央权威，省委要继续担负起主体责任，书记负总责，省纪委要在省委统一领导下，精心谋划、扎实推进，抓好试点方案的组织实施和具体落实。省人大、组织部、政法委、检察院和省编办要讲政治、顾大局，各负其责，认真筹划，协同做好相关工作，确保试点任务圆满完成。要坚定不移、稳妥审慎，扎实推进改革试点工作，把握动态平衡，积极探索实践，加强督促指导，强化自我监督，使各项工作经得起历史和人民的检验。

中央纪委案件审理室主任罗东川，省领导黄晓薇、杨司出席会议。任建华主持会议。

省深化监察体制改革试点工作小组成员；省纪委常委、省监委委员，省纪委各派出机构主要负责人；各市纪委书记；省纪委监委机关全体干部、直属事业单位副处级以上干部、省委巡视机构有关干部参加会议。

（2017 年 1 月 20 日《山西日报》 刘 宇）

骆惠宁就深化监察体制改革试点工作和推进供给侧结构性改革分别接受中央电视台、新华社记者采访

3月7日上午，十二届全国人大五次会议山西代表团举行媒体开放日，全国人大代表、省委书记、省人大常委会主任骆惠宁就深化监察体制改革试点工作、推进供给侧结构性改革接受了中央电视台、新华社记者的采访。

中央电视台记者：山西是深化国家监察体制改革试点省份之一，大家对试点工作很关心。请问骆惠宁书记，试点工作目前进展情况如何？你们做了哪些探索？

骆惠宁：深化监察体制改革是一项事关全局的重大政治改革。山西是改革试点之一，省委自觉把信任作为鞭策。自去年10月领受这一光荣任务以来，省委提高政治站位，秉持改革精神，坚决贯彻中央“试点方案”和中央领导指示精神，切实加强组织领导，依照全国人大常委会决定的法律授权，正有力有序有效推进改革试点工作。我们的任务就是按照中央绘制的蓝图，精准组织“施工”，拿出高质量的样品。我的责任是当好山西“施工队长”。

我们确立了转隶开局、平稳过渡、逐步深化、规范高效的思路，制定了实施方案，作出了“两步走”的安排。第一步重点抓“转隶”。在把握改革方向、做好前期工作的基础上，撤销监察厅（局）、检察院反贪反渎和职务犯罪预防部门，将相关职能整合到监察委员会，实行纪委、监委合署办公。今年1月18日，省监察委员会已挂牌运行，3月底前，各市县监察委员会可全部组建。第二步重点抓“建制”。省监委成立以来，积极探索纪检监察机关内部运行机制、执纪执法协调机制、监察与司法衔接机制、国家监察与巡视监督和派驻监督有效结合的具体办法等，努力把制度优势转化为治理效能。目前，围绕实现纪委监委内部纪法衔接，我们已经制定了“执纪监督监察工作试行办法”、“审查措施使用规范”等5个制度；围绕监委与执法机关、司法机关的工作衔接，正抓紧研究相关配套制度，推进线索处置、证据转换、案件移送等环节的顺畅运转。

省监委的组建及运转，已使改革试点初见成效，主要表现为：一、整合了反腐败资源力量，创新了组织架构，优化了队伍结构，增强了纪检监察队伍整体素质和能力；二、初步构建起权威高效的监察体系，加强了党对反腐败工作的集中统一领导，实现了对公职人员监察全覆盖；三、加强内控制度建设，强化了对纪检监察机关自身的监督制约，将有利于持续推进我省党风廉政建设和反腐败斗争。下一步，我们将继续担当好中央赋予的这项重大改革使命，努力交出试点工作合格答卷，为改革全面铺开和制定国家监察法提供实践基础。我们坚信，通过深化监察体制改革，必将有力地推动治理体系和治理能力现代化，实现依规治党和依法治国有机统一，有效推动全面从严治党向纵深发展，为实现“中国梦”提供坚强保障。

新华社记者：请问骆惠宁书记，山西经济结构性矛盾突出，你们是如何推进供给侧结构性改革的？有哪些成效和打算？

骆惠宁：去年10月底召开的省第十一次党代会，对近几年山西经济持续下行的原因进行了分析，认为结构性失衡是主要原因，供给质量不高是主要矛盾，必须坚定走转型升级的路子。

客观地讲，山西在转型发展上，做了长期探索和努力，但是这轮经济下滑，让山西人有了切肤之痛。怎么办？我们清醒认识到，中央提出的供给侧结构性改革为我们提供了治本良方和重大机遇。去年我们就是靠坚定贯彻新发展理念，推进供给侧结构性改革，扭转了经济下滑局面，并推动经济走上转型发展之路。

推进供给侧结构性改革，首先，我们是高度自觉的。省委鲜明提出，在这个问题上不能左顾右盼，不能患得患失，要坚定不移，一马当先。其次，我们坚持综合施策。全面落实“三去一降一补”重点任务，出台了一系列配套政策来推动。第三，我们紧紧抓住关键环节。大力推进煤炭减产量、去产能，既担当煤炭大省对全国的责任，又直接解决山西面临的突出问题。第四，我们大力帮扶实体经济。组织了1.4万名干部入企服务，解决了属政府应帮助解决的问题8800多个，极大提振了企业发展信心。山西煤炭产量占全国1/4，但去年我们压减煤炭产量1.4亿吨、占全国39.1%，退出煤炭产能2325万吨，居全国首位，促进了全国煤炭供求关系平衡，使煤炭价格回升到合理区间，有力改善了企业经营状况。全省煤炭行业结束了连续26个月亏损局面，PPI扭转了连续54个月的下行。全省GDP增幅实现了逐季提升。

更为重要的是，全省经济增长的效益和质量发生了积极变化。煤炭先进产能占比一年内由10%提升到16.9%；传统产业改造升级步伐加快，一批战略性新兴产业项目布局上马，高技术产业投资增长14.4%。全省工业前年亏损58亿元，去年盈利209亿元，其中非煤工业盈利149.8亿元，增长52.4%，今年1至2月效益进一步好转，统计数据近期可公

布。一般公共预算收入去年为负增长，今年前两个月同比增长18.8%。近期，来晋返晋投资创业的企业家明显增多。

不少记者朋友知道，“国家资源型经济转型综合配套改革试验区”是党中央、国务院赋予山西的金字招牌，供给侧结构性改革为转型综改试验区注入新内涵新活力。我们明确提出，要深化综改试验区建设，以牵引全省经济转型升级。转型的实质就是改革。目前我们正在重点推进国企国资改革、开发区改革、财税金融改革、社保改革、投融资改革、生态领域改革和人才工作改革，以有效破解制约经济转型的体制机制障碍。总之，我们要加快形成与供给侧结构性改革相适应的思想观念、工作方式、政策举措和制度安排，让新发展理念在山西更好落地生根，结出更多果实。

(2017 年 3 月 8 日《山西日报》 尚慧辉)

狠下功夫　按图施工　向党中央交一份合格答卷

——山西省深化国家监察体制改革试点工作纪实

深化国家监察体制改革是国家监察制度的顶层设计，是以习近平同志为核心的党中央作出的重大决策部署，是事关全局的重大政治体制改革，意义重大而深远。作为国家监察体制改革三个试点省市之一，山西省委高度重视，把承担试点工作作为一项重大政治任务，按照党中央绘制的“蓝图”精心施工，加强了党对反腐败工作的统一领导，整合了反腐败资源力量，构建起集中统一、权威高效的监察体系，实现了对行使公权力人员的全覆盖，让制度优势转化为治理效能，深化国家监察体制改革试点工作健康有序推进。

今年 6 月，习近平总书记视察山西，对山西经济社会发展取得的成绩和各项工作给予充分肯定。对山西监察体制改革试点工作，习近平总书记充分肯定并提出殷切希望，“你们在国家监察体制改革试点上下了很大功夫，制度优势正在转化为治理效能，要运用好这一改革成果。”

勉励就是动力，肯定更是鞭策。习总书记的重要讲话为全省上下进一步深化改革注入了强劲动力。省委书记骆惠宁表示，山西将认真贯彻习总书记重要指示精神，深入抓好改革探索工作，交出试点工作合格答卷，为改革全面铺开和制定国家监察法提供更多实践支撑，确保全面实现党中央确定的改革目标。

切实担负起主体责任

始终以习近平总书记系列重要讲话精神为指引，省市县三级党委书记自觉当好“施工队长”，以“绣花”功夫精心施工

党中央把深化监察体制改革的试点任务交给山西之时，正值山西政治生态由“乱”转“治”的关键时刻，正值全省党员干部走出阴影、重塑形象、重建信心的关键时刻。这充分体现了党中央对山西省委的高度信任，对包括各级纪检监察机关在内的全省各级党组织和广大党员干部的巨大鼓励和鞭策。

山西改革试点工作从一开始，就是在党中央高度重视、习总书记坚强领导、王岐山同志精心指导和中央纪委等有关单位的大力支持下开展的。省委始终以习总书记重要讲话精神为根本遵循，从启动到各个关键节点的部署，每一次都要系统梳理、认真学习习总书记的相关重要论述，领会精神实质，结合山西实际，形成山西举措，把改革试点过程转化为学用系列重要讲话和向核心看齐的过程。

检验监察体制改革是否成功的重要标准，就是要看党委是否担当起了主体责任，牢牢把握领导反腐败斗争的主动权。

在党中央和中央纪委的坚强领导下，省委牢固树立“四个意识”，在推进改革试点工作过程中，切实担当政治责任，强化党的统一领导，率先成立深化监察体制改革试点工作小组，骆惠宁同志担任组长，明确提出要当好全省改革试点的“施工队长”，并一再强调，全省各市县党委书记要全力当好本级“施工队长”，按照中央绘制的“蓝图”，精准组织“施工”，拿出高质量样品。

省第十一次党代会、十一届省委历次全会和省纪委全会均对改革试点工作作出安排部署；省委先后召开 6 次常委会议，省试点工作小组召开 7 次会议和多次专题会议，认真研究试点工作中的重大问题。

骆惠宁同志带头当好“施工队长”，自觉担负主责、首责、全责，以“绣花”功夫精心施工，亲自抓省级转隶组建，亲自统筹协调市县转隶组建，亲自研究解决“纪法”“法法”协调衔接的关键症结，亲自指导、把握重大案件查办，亲自推动分析评估和深化完善工作。市县两级党委书记对标省委书记，主动担当，狠抓落实，既挂帅又出征，既出题目又研究解答。试点工作推进期间，有的市调整了主要领导，新书记上任第一次会议就研究改革试点工作；有的市委书记把监察体制改革列为十大改革之一，听汇报、抓进度、督落实；有的全面准确把握改革试点的政策依据和法律依据，想办法做深做细做实。三级党委高度重视，三级党委书记亲力亲为，勇立改革潮头，一级做给一级看，一级带着一级干，以上率下、层层抓落实，为试点工作有效推进提供了坚强保证。

——抓施工方案。试点之初，省市县三级党委全部成立改革试点工作小组及办公室，形成党委负主责、纪委负专责、相关部门协调配合的工作格局；确立转隶开局、平稳过渡、逐步深化的工作思路，坚持省级示范先行、市县压茬推进施工路径，坚持改革试点和正风肃纪反腐工作两不误、两促进，统筹有序推进改革试点工作。

——抓转隶组建。2017年1月19日，由省人大及其常委会依法产生的山西省监察委员会率先成立；到3月30日，省市县三级131个监察委员会全部组建挂牌。至此，山西率先在全国完成省市县三级监察委员会转隶组建工作，转隶人员全部到位，案件线索全部移交，为整个改革试点工作深入推进赢得更多时间、创造了有利条件。

——抓建章立制。省纪委充分汲取十八届中央纪委开展工作的新理念新举措新经验，把准吃透中央纪委监督执纪工作规则的基本精神，经过起草试行完善，2017年4月初，在全省建立起执纪监督监察工作试行办法、审查措施使用规范、执纪监督监察工作流程图、执纪监督监察常用文书"4个一"工作制度，市县纪委监委结合各自实际制定实施细则，认真贯彻执行。同时，省委政法委牵头协调法、检、公、司四个部门，建立工作联席会议制度，制定了10个试行文件组成的"1+4"制度体系，为畅通"纪法"衔接、"法法"衔接机制奠定了制度基础。

——抓全面实践。据统计，三级监委成立以来至今年8月底，共处置问题线索15939件、立案5205件、结案4697件、处分4757人，组织处理3605人。通过具体的工作实践印证了制度的切实可行。

——抓分析评估。今年7月下旬，根据省改革试点工作小组的安排，省纪委监委班子成员带领11个评估小组，通过听、看、查、访、谈、评等方式，全面评估市、县试点工作，以此为抓手，找差距、补短板、促深入、抓落实，切实做到以评促试，改进提升工作。

踏石留印、抓铁有痕。改革试点以来，山西省委和市县两级党委一步一个脚印，扎扎实实"按图施工"，全省监察体制改革试点工作推进有序、态势良好。

正是由于切实把主责压给党委，党委书记始终站在改革第一线，始终把试点工作抓在手上，跑表计时，到点验收，才确保了党中央重大决策部署落地见效。

把问题导向贯穿始终

提不出问题不能算改革，解决不了问题也不能算改革，试点就要把问题和解决办法试出来

试点就是要把问题和解决办法试出来，发挥示范带动作用，为在全国推开探索积累经验。基于这样的认识，省委强调，"提不出问题不能算改革，解决不了问题也不能算改革。"省纪委监委先后召开38次省纪委常委会议、试点工作小组办公室会议，研究部署改革试点任务，班子成员多次深入市县改革一线指导工作，及时发现问题，提出具体解决办法。在党中央的信任和指导下，全省各级党组织和广大干部群众激发起强大精气神，铆足劲头、改革创新，不畏困难、不怕试错，始终坚持问题导向，使改革试点过程成为不断发现问题、解决问题的过程。

省市县三级党委、纪委着眼全面履职，应试尽试，抓住关键问题、难点问题、共性问题，深入研究、综合分析，厘清思路、找准措施，稳步推进改革试点。

——试点工作开展初期，省委就组织调研组深入全省11个市和20个县（市、区）进行调研，召开集中座谈33次，开展个别谈话700余人次，调阅大量资料。在摸清各地情况后，梳理问题、列出清单，明确责任、逐一解决。针对各地具体情况，研究制定了市县指导意见，为改革全面铺开提供了遵循。

——以训代研，把培训的过程变成调研过程，通过培训了解掌握基层在改革试点工作中存在的问题，为进一步推进改革提供重要参考。今年5月8日，全省省市县三级纪委监委领导班子成员培训班正式开班，通过一个月时间五期培训，完成了对省市县纪委监委三级领导班子成员培训全覆盖。通过认真梳理总结每位学员的问题清单，省纪委监委发现了一批有研究价值的课题，这些问题有的省级层面已经制定了相关制度，在培训中有针对性地讲解，帮助基层明确思想、解决问题；有的则需要在推进工作中不断完善制度体系。

——立足各地实际，完善方式方法。改革试点工作中，在严格按照中央试点方案，把握好政策界限、尺度节奏、底线红线的基础上，省改革试点工作小组加强对市县改革的指导和协调，注重实践创新，鼓励基层创造性开展工作。特别是在执行省纪委监委"4个一"工作制度的过程中，各地积极结合本地实际细化工作举措：大同市推行备案登记、转送登记、流转情况登记、移送案件审理登记"四张表"台账受理；忻州市整理编制谈话函询、初步核实、简易程序、立案审查移送司法等五类"模拟案卷"，将"纪法"协调衔接具体化、实例化；临汾市开发"党员和国家工作人员廉洁信息管理系统"，把握"树木"与"森林"的关系，强化日常监督。

——遵从"实践–修订–实践"的步调，从制度创设和制度执行等方面不断查找"纪法""法法"协调衔接的"堵点"，在不断反复中健全完善制度体系。针对前一阶段分析评估发现的问题，对"4个一"工作制度和"1+4"制度体系又进行了新一轮修订。试点工作继续沿着发现问题、研究问题、解决问题的轨道推进。

制度优势转化为治理效能

充分运用改革成果，切实提升治党管权治吏水平，以惩治腐败的实际成效取信于民

正风肃纪反腐，深得党心民心。经过十个月的试点推进，监察体制改革的制度优势正在逐步转化为治理效能，改革红利已惠及人民群众。

——党对反腐败工作的统一领导得到加强。任何改革最终都必须有利于坚持和加强党的领导，深化监察体制改革亦是如此。通过组织创新、制度创新，把党对反腐败工作的统一领导具体化，突出党对反腐败工作的决策权、审批权和监督权，确保党牢牢掌握反腐败工作的主动权。据统计，三级监委成立以来至8月底，省市县党委多次召开书记专题会议、党委常委会议，听取和研究党风廉政建设和反腐败工作；党委书记作出管党治党批示，大约占到同期各类批件的1/3左右。

——对行使公权力的有效监督进一步加强。纪委监委会同有关部门研究细化监察对象范围,形成统一口径,不仅有效解决了过去行政监察覆盖面过窄的问题,还填补了党内监督的盲区,把不适用执行党的纪律和原有行政监察法的公职人员纳入了自我监督视野,全省基本实现了对行使公权力公职人员的监察全覆盖。

——"权威高效"的制度优势充分彰显。通过监察体制改革,将过去分散的反腐败工作力量进行整合,由同级人大及其常委会选举、任命产生,成立省市县三级监察委员会,确保权威;把以前纪委将涉嫌犯罪党员干部移送检察机关后还要进行的交叉重复工作合理简化,切实减少环节、提高实效。比如,省某集团有限公司原董事长××案,案情复杂,取证调查难,但在省监察委员会成立后,其严重违纪和涉嫌犯罪事实快速查结,案件查办效率明显提高。

——群众获得感不断增强。各级党委全面加强纪律建设,严肃正风肃纪反腐,正确运用"四种形态",抓早抓小、防微杜渐成为常态,管党治党"宽松软"正进一步变为"严紧硬"。整合了反腐败力量后,全省各地还组织开展基层涉纪领域源头化解专项工作,4月至8月全省严肃查处群众身边的不正之风和腐败问题2280件2280人,查处扶贫领域突出问题848件848人,改革红利惠及人民群众。

深化国家监察体制改革有力提升了党的领导科学化水平,汇聚成了干部干事创业的新动能。全省经济在改革中焕发出转型创新的新活力,基本走出了长达两年多的最困难时期,主要经济指标全面向好,由"疲"转"兴"的态势更加明显。

山西深化国家监察体制改革试点工作,必将推动山西管党治党迎来更加明媚的春天,必将进一步实现党的建设和党的事业互促共进。

(2017年9月22日《山西日报》 刘 宇 闫书敏)

监察体制改革试点 精心组织按图施工

《山西日报》编者按

1月2日,《人民日报》要闻6版以《监察体制改革试点精心组织按图施工》为题,对我省作为党中央确定的试点省份之一,一年多来稳步推进监察体制改革的做法和经验进行了综合报道。

国家监察体制改革是事关全局的重大改革,是国家监察制度的顶层设计。按照党的十九大对深化国家监察体制改革作出的重大决策部署,当前,在认真总结试点工作经验的基础上,试点工作正在全国推开。

报道全面展示了山西省委把试点工作作为重大政治任务积极探索、有序推进的经验,重点报道了各级书记当好"施工队长"、制度建设管用可行、坚持问题导向等重要举措。报道既有整体做法,又有小处切口,既有制度设置,又有实践思考,全面呈现出我省为全国监察体制改革的全面推开作出的"山西贡献"。现全文转发,以飨读者。

2017年12月4日上午,山西省晋中市祁县东观镇纪委谈话室里,镇党委书记庞斌和镇纪委书记、监察员张红杰正在对涧村3名村委会主任竞选人进行换届纪律谈话提醒:"改革后,管理村级事务的两委干部和会计都是监察对象,都要接受监督,你们都知道了吧?在以后的工作中,希望你们严格遵纪守法,按规矩办事。"竞选人回答:"知道了,不是党员的村干部也有人管了,我们也是被监督对象,一定遵守换届纪律。"

2016年11月,以习近平同志为核心的党中央将山西确定为深化国家监察体制改革试点省份之一。一年多来,山西省委高度重视,把试点工作作为一项重大政治任务，按照转隶组建、建章立制、评估深化三个阶段有力有序推进改革试点工作，整合反腐败力量,加强了党对反腐败工作的统一领导。

党委书记当好"施工队长",以高度政治自觉"按图施工"

"各级党委书记是第一责任人,思想上要十分清醒,政治上要十分坚定,行动上要十分自觉,不仅要上手,更要上心,不仅要担当,还要干好。要当好'施工队长',防止原则性领导,做到亲自调查研究,亲自把握方案,亲自组织协调,亲自破解难题，统筹推进试点工作，确保领导坚强有力有效。"2016年12月2日,山西省委书记骆惠宁在全省深化监察体制改革试点工作培训会上,对与会的省市县三级党委书记明确提出要求。

作为"施工队长",骆惠宁亲自抓、带头干,总体工作亲自部署、重大方案亲自把关、关键环节亲自协调、落实情况亲自督办,发挥了关键作用。山西省委成立改革试点工作小组,由骆惠宁担任组长,省委副书记担任第一副组长,纪检、组织、政法和人大常委会、检察机关等相关负责同志担任副组长,加强对试点工作的指导领导。

根据中央精神,山西省委提出了"转隶开局、平稳过渡、逐步深化、规范高效"的工作思路,确定了"三步走"总体安排:第一步突出"转隶";第二步突出"建制";第三步突出"深化"。"围绕'三步走',省委先后制定了'三个方案':第一个方案主要是集中抓'转隶';第二个方案主要是聚焦制度创新;

第三个方案主要是进一步深化改革。”山西省委常委、纪委书记、监委主任任建华介绍说，“这三个方案的共同点是解决改什么怎么改、谁来抓如何抓等操作层面问题。同时针对市县试点中的共性问题，出台了市县试点工作指导意见。这些方案和意见，为试点工作有力有序有效推进提供了具体指导。”

朔州市平鲁区检察院原反贪局副局长贾相来没想到，因为转隶到监察委员会的事儿，区委书记吴晓斌会亲自找他谈心谈话，一聊就是半个多小时：“俗话说‘娶进门的媳妇和嫁出门的闺女不一样’，听到转隶的消息，我确实担心到了新单位成了少数派、被边缘化、跟不上节奏。吴书记把道理掰开了揉碎了给我讲，终于打消了我的顾虑。”事实上吴晓斌对其他10名从检察院转隶到监委的同志都先后进行了一对一谈心谈话，区纪委的负责同志还亲自到转隶人员家中家访。据介绍，山西省三级纪委、监委主要负责同志逐一同转隶人员面对面谈心谈话，班子成员入户家访2807次，不少地方的党委书记亲自与转隶人员谈心谈话，不断强化“进一家门、成一家人、说一家话、干一家事”的意识，促进干部队伍深度融合。

“监察体制改革最大的特点是加强了党对反腐败工作的统一领导。通过整合反腐败力量，从组织形式、职能定位、办案程序上实现了由‘结果领导’向‘全过程领导’转变，保证了党对反腐败工作的决策权、审批权、监督权，促进了依法治国与依规治党的有机统一。”晋中市委书记胡玉亭说，“现在各级党委定期听取汇报、分析研判反腐败形势、研究解决重大问题、把握政治生态，党委书记肩负的全面从严治党主体责任变得实实在在。”

狠抓建章立制，强化内控机制，疏通“纪法”“法法”衔接“堵点”，确保制度管用可行

作为山西省监委第一起采取留置措施的案件——山西煤炭进出口集团公司原党委书记、董事长郭海案的经办人，省纪委第二执纪审查（调查）室主任周跃武对监察体制改革带来的改变体会深刻。转隶前曾任山西省检察院反渎职侵权局局长的他告诉记者，早在3年多前，检察机关就接到了郭海涉嫌失职渎职、造成企业严重亏损的举报并对其立案，但由于《刑法》第168条规定国有企业人员涉嫌失职渎职由公安机关管辖，就搁置了。“当时省公安厅、省国资委纪委都展开了调查，但由于反腐败力量分散，谁都管却谁都没管得住、管到位。”

山西省监委成立后，《省委政法委统筹指导政法机关支持配合监察体制改革试点工作意见》对部分案件管辖权进行了调整，明确规定《刑法》中第163条至169条原来由公安机关管辖的国有公司、企业、事业单位人员涉嫌职务犯罪的罪名，以及涉及村民委员会等基层自治组织人员职务侵占、挪用资金等罪名，一并调整为监委管辖。类似郭海案原先“九龙治水”的问题得到有效解决。在省委主要领导的统一指挥下，省监委于2017年2月26日启动初核，省委书记专题会议听取案情汇报，于3月21日决定对郭海采取留置措施。通过办案人员耐心细致的思想政治工作，郭海不仅承认了自己失职渎职的问题，还主动交代了自己受贿1600多万元的情况。2017年7月15日，长治市中级人民法院以国有公司人员失职罪、受贿罪判处郭海有期徒刑十三年，郭海当庭表示认罪。“原先拖了3年的案子现在只用了不到3个月就查清，总共4个多月就办下来了。郭海案最大的标志性意义就是把监察体制改革的制度优势转化成了执纪效能，这得益于建立了集中统一、权威高效的监察体系。”周跃武感慨道。

省委副书记黄晓薇介绍说，山西省委在试点之初就积极谋划、部署建章立制工作，通过建立“4个一”工作制度，解决纪委监委内部监督执纪问责和监督调查处置等“纪法”协调衔接问题；通过建立“1+4”10项制度体系，打通监察机关与执法机关、司法机关“法法”协调衔接关键环节。

山西省纪委在去年2月底起草完成“一个办法”（执纪监督监察工作试行办法）、“一打规范”（调查措施使用规范）、“一张流程图”（执纪监督监察工作流程图）、“一套文书”（执纪监督监察常用文书），对线索处置、谈话函询、初步核实、立案审查、案件审理和内部监督管理等进行“流程再造”，细化12项调查措施的内涵和使用程序，统一61种常用文书，着力提高工作规范化水平。同时，省委政法委牵头协调法院、检察院、公安厅、司法厅四部门建立了工作联席会议制度，制定了以《省委政法委统筹指导政法机关支持配合监察体制改革试点工作意见》为牵引，以法、检、公、司各部门工作办法为主体的10个试行文件组成的“1+4”制度体系，强调在试点期间检察机关不再设立新的机构专门受理职务犯罪案件，慎重使用、严格审批不起诉权力；明确留置折抵刑期；公安机关协助执行相关调查措施、看护留置人员；司法部门配合做好律师教育管理和司法鉴定工作，等等。各项规定明确具体，操作性比较强，为改革试点目标落地奠定了制度基础。省政法委书记商黎光说，这套制度体系从无到有，试行结果表明，规范有序地统一了全省政法干警的思想行动，有力地支持配合促进了我省监察体制改革的顺利进行。

“制度也是有生命力的，就像庄稼一样在不断生长。我们要做的就是把苗培育好，不断修枝剪叶，让制度和实践越来越适应。”山西省纪委监委第三执纪审查（调查）室副主任刘孝林说，“4个一”制度在去年3月底正式印发后，经过几个月的运行，起草组又吸收了对监察体制改革试点工作的分析反馈意见和实践中发现的不完善的问题，反复进行讨论修改后，于去年9月再次印发，力求使制度在实践中更加实用可行。

运城市委常委、纪委书记、监委主任李曾贵给记者举了个例子：根据《司法行政机关支持配合监察委员会查办案件工作办法（试行）》规定，县纪委监委如果需要调查询（讯）问在押罪犯的，需指派二名以上执行任务的工作人员，持本人身份证、工作证以及县级以上监察委员会出具的正式公函（介绍信），前往监狱询（讯）问在押人员，各监狱应予配合。而在这项制度出台前，县纪委如果想询（讯）问距离几公里远的县监狱的在押罪犯，需要先向市纪委打报告，市纪委再向省纪委打报告，再由省纪委向省司法厅有关部门去函，省司法厅再向省监狱管理局去函，最后由省监狱管理局向该县监狱

发函才能实现。“一下子省去了好多个环节,方便多了!”

全面开展分析评估和案件评查工作,通过不断发现问题、解决问题,全面提升试点工作质量

有的市县党委抓改革部署要求多、督促检查少;有的市纪委副书记、监委副主任还担任市人大常委;在办公、谈话、留置场所方面还存在改造建设不达标、规章制度不完善等问题……

以上问题,是去年7月19日至27日,为了找差距、补短板、促深入、抓落实,按照省委《深化监察体制改革试点工作评估方案》和省改革试点工作小组的统一部署,省纪委监委班子成员带队,对山西省11个市、27个县的试点工作开展分析评估和案件评查时发现的。其间,评估组对照省评估指标体系7方面17大项50小项的内容,通过听、看、查、访、谈、评等方式逐项评估;听取试点工作整体汇报和专题汇报50次,同886名市县两级纪检监察干部和政法机关干部进行座谈,抽查评估396起线索处置、违纪违法案件卷宗,走访被谈话、审查对象162人,查看谈话室、留置场所208处,查阅收集各类工作资料上万份。针对评估、评查中发现的问题进行归纳,共梳理出125个问题,其中由省改革试点工作小组统筹解决22个,各市县分别解决103个,较好地达到了以评促改的目的。

针对试点工作中的实践课题,山西省还进一步抓延伸抓拓展,部署开展了“三试点一探索”的自选动作,即组织开展政务处分、乡镇监察、派驻监察试点工作,探索对驻晋铁路运输单位的监察工作。

朔州市平鲁区和临汾市安泽县是山西开展乡镇监察工作的试点地区,目前该项工作已经在全省全面推开。从人员配置上,每个乡镇设2名县(市、区)监委派出监察员,1名为乡镇纪委书记,由县(市、区)委任命;1名为乡镇普通公务员,由县(市、区)监委任命。按照干部管理权限,监察对象为乡镇机关内设行政机构及所有行使公权力的公职人员、学校和医院所有行使公权力的公职人员、村“两委”和村级集体经济组织中从事集体事务管理的人员。

祁县某村渠某某从1998年8月到2016年7月一直担任该村党支部书记、村委会主任,对该村的发展作出了一定贡献。但从2010年起,渠某某在村财务上动了歪脑筋,不惜损害群众利益,从中捞取钱财。县纪委接到群众举报后对其进行立案调查,查明他存在违反政治纪律、组织纪律、廉洁纪律等问题,并给予开除党籍处分。但渠某某认为自己是村委会主任、集体企业负责人,已经不是党员,县纪委对其“无计可施、无可奈何”,仍不收敛、不收手。随着监察体制改革的推进,非党村干部也纳入了监察范围。针对群众对渠某某的信访问题,在县委领导下,由县监委牵头与县公安局配合共同对其违法犯罪问题进行调查处理,明确县监委对其涉嫌职务犯罪进行初核,公安机关负责对其涉嫌骗取贷款罪进行调查,一举清除了群众身边的“蛀虫”,全村百姓拍手称快。

留置是监察体制改革中广受关注的一项措施,山西省在改革中明确强调,要慎用、少用、短用留置措施。对此,运城市监委探索在案件查办中,实现从“由供到证”向“由证到供”的转变。运城市生活废弃物处置中心每年用在垃圾处理上的费用高达1亿元,但城市脏乱差现象仍时有出现,群众反映强烈。去年初,市监委接到举报线索后,从外围取证开始调查,通过调阅账目、谈话等方式,发现该中心自2015年起垃圾运送量和车辆燃油用量出现异常增长,进而掌握了该中心原主任李萍伙同他人通过虚开燃油发票、虚增垃圾运送量等方式骗取国家财产的犯罪证据,在没有对涉案人采取留置措施的情况下,仅用了40多天就查清案情。“这是一次有益的尝试,纪委监委的同志通过这次练兵强化了法治意识,提高了办案能力。”李曾贵告诉记者。

监察体制改革使得山西实现了对行使公权力的公职人员监察全覆盖,实现了由监督“狭义政府”到监督“广义政府”的转变。目前,该省各级纪委监委监督监察对象共计297.52万人,比以往增长18.74%,其中非党员对象占18%。盂县国土资源局下辖地产中心会计高某,既不是党员也不是公务员,但在填写行使公权力人员摸底调查表的过程中,明白了自己也是监察对象,主动向组织交代了挪用公款的问题。

2017年11月30日,山西省委召开了省市县乡党委书记、纪委书记和省市县政法委书记、检察长等参加的全省进一步深化监察体制改革试点工作电视电话会议,就深化改革试点工作作出全面部署。“我们要按照习总书记的教导,敬终如始地做好改革工作,持之以恒,善作善成,继续走在全国前列。”骆惠宁在会上强调指出。

(2018年1月7日《山西日报》转发2018年1月2日《人民日报》记者姜洁的报道)

脱　贫　攻　坚

中共山西省委办公厅　山西省人民政府办公厅
《山西省脱贫攻坚责任制实施细则》

（2017年4月21日）

第一章　总　则

第一条　为全面落实脱贫攻坚责任制，根据中共中央办公厅、国务院办公厅印发的《脱贫攻坚责任制实施办法》及省委、省政府《关于坚决打赢全省脱贫攻坚战的实施意见》，制定本实施细则。

第二条　本实施细则适用于全省11个设区市、58个贫困县（区）党委和政府、省有关部门和单位脱贫攻坚责任的落实。

第三条　脱贫攻坚按照中央统筹、省负总责、市县抓落实、乡村组织实施的工作机制，省、市、县三级成立脱贫攻坚领导小组，党政主要负责人任“双组长”；成立专项扶贫领导小组，实行分管扶贫负责人和分管行业负责人“双组长”制，构建责任清晰、各负其责、合力攻坚的责任体系。

第二章　省级责任

第四条　省委、省政府对全省脱贫攻坚工作负总责，并确保责任制层层落实；全面贯彻落实党中央、国务院关于脱贫攻坚的大政方针和决策部署，结合本省实际制定政策措施，根据脱贫目标任务制定省级脱贫攻坚滚动规划和年度计划并组织实施。省委、省政府主要负责人向中央签署脱贫责任书，每年向中央报告扶贫脱贫进展情况。

第五条　省委、省政府负责调整财政支出结构，建立财政扶贫资金总量和增幅“双增长”机制，积极推动统筹整合使用财政资金实施精准扶贫工作，总结推广资产收益扶贫试点经验，发挥山西扶贫开发投资有限公司作用，确保扶贫投入力度与脱贫攻坚任务相适应。

第六条　省委、省政府负责加强对扶贫资金分配使用、项目实施管理的检查监督和审计，及时纠正和处理扶贫领域违纪违规问题。

第七条　省委、省政府负责建立脱贫攻坚组织保障体系和扶贫资源动员机制，统筹整合各方资源，引导各方力量参与脱贫攻坚，构建政府、市场和社会协同推进的大扶贫格局。

第八条　省委、省政府负责加强对贫困县的管理，组织落实贫困县考核机制、约束机制、退出机制；保持贫困县党政正职稳定，做到不脱贫不调整、不摘帽不调离。

第九条　实行脱贫攻坚工作省级督查巡查办法，综合督查原则上每年一次，专项督查和巡查根据需要不定期开展。督促市县与省有关部门和单位落实工作责任和政策措施，推动精准扶贫精准脱贫基本方略落到实处、脱贫任务如期完成。

第十条　实行省级领导干部联系贫困县帮扶贫困村贫困户制度。省委、省政府主要负责人双签脱贫攻坚责任书，除签署脱贫责任书外，同时签订联系县脱贫攻坚帮扶责任书；其他省级领导干部签订联系县脱贫攻坚帮扶责任书，对联系县的脱贫攻坚工作负帮扶责任，指导帮助联系县做好脱贫攻坚工作。

第十一条　省脱贫攻坚领导小组负责统筹协调，督导落实省委、省政府脱贫攻坚的决策部署；组织实施11个设区市、58个贫困县（区）党委和政府脱贫工作成效考核及第三方评估，组织落实重大涉贫事件处置反馈机制，有关情况向省委、省政府报告。

第十二条　省脱贫攻坚领导小组组织开展市级脱贫攻坚主体责任书、省级领导干部与联系县的脱贫攻坚帮扶责任书签订工作,压实脱贫攻坚主体责任和帮扶责任。

第十三条　省脱贫攻坚领导小组负责贫困退出的组织实施和监督检查; 对拟退出的贫困县进行专项评估检查,向社会公示、征求意见后,报省政府批准退出。36 个国定贫困县退出情况向国务院扶贫开发领导小组报告。

第十四条　省脱贫攻坚领导小组建设精准扶贫精准脱贫大数据平台,建立扶贫信息和行业部门间信息互联共享机制,完善农村贫困统计监测体系。

第十五条　省有关部门和单位按照工作职责,运用行业资源落实脱贫攻坚责任,按照省委、省政府要求,制定配套政策并组织实施,做到扶贫项目优先安排、扶贫资金优先保障、扶贫工作优先落实。

第十六条　省纪委监委对脱贫攻坚进行监督执纪问责,对扶贫领域职务犯罪进行集中整治和预防;省审计厅对脱贫攻坚政策落实和资金重点项目进行跟踪审计。

第三章　市级责任

第十七条　市级党委和政府承担本地区脱贫攻坚主体责任,负责制定本行政区域"十三五"脱贫攻坚规划、年度减贫计划,督导检查、推进落实八大工程 20 项行动;市委、市政府主要负责人向省脱贫攻坚领导小组签署脱贫责任书,每年向省委、省政府报告扶贫脱贫进展情况。

第十八条　市级党委和政府负责协调域内跨县扶贫项目,对项目实施、资金使用和管理、脱贫目标任务完成等工作进行督促、检查和监督。

第十九条　市级党委和政府根据本地区脱贫攻坚需要,调整财政支出结构,落实财政扶贫投入增长机制,加大扶贫资金投入,加大统筹整合力度,确保财政扶贫投入总量和增幅"双增长"。

第二十条　市级党委和政府要确保市级扶贫机构队伍建设与脱贫攻坚任务要求相适应, 完善扶贫机构设置和职能,充实配强扶贫工作力量,改善工作条件,提高管理水平。

第二十一条　市级党委和政府按照隶属关系和属地原则,加强对各级驻村帮扶单位、驻村工作队、驻村第一书记的管理,加强帮扶资金项目监管,推进落实帮扶政策措施。

第二十二条　实行市级领导干部联系贫困县帮扶贫困村贫困户制度。市委和市政府主要负责人双签脱贫攻坚责任书,除签署脱贫责任书外,同时签订联系点脱贫攻坚帮扶责任书; 其他市级领导干部签订联系点脱贫攻坚帮扶责任书,对联系点的脱贫攻坚工作负帮扶责任,指导帮助联系点做好脱贫攻坚工作。

第二十三条　市脱贫攻坚领导小组组织开展县级脱贫攻坚主体责任书、市级领导干部与联系点的脱贫攻坚帮扶责任书签订工作。

第二十四条　市脱贫攻坚领导小组负责本地区脱贫攻坚综合协调。按照省委、省政府脱贫攻坚的决策部署,组织实施域内非贫困县(市、区)党委和政府脱贫工作成效考核、评估,有关情况向省脱贫攻坚领导小组报告。

第二十五条　市脱贫攻坚领导小组对贫困县的退出进行初审,并将初审结果报省脱贫攻坚领导小组;对域内贫困村的退出工作进行监督检查,发现问题立整立改。

第四章　县级责任

第二十六条　县级党委和政府承担本县域脱贫攻坚主体责任,负责制定脱贫攻坚实施规划,优化配置各类资源要素,组织落实各项政策措施;做好脱贫攻坚进度安排、项目落地、资金使用、人力调配和推进实施等工作;组织落实重大涉贫事件处置反馈机制。县级党委和政府主要负责人是本县脱贫攻坚第一责任人, 向市脱贫攻坚领导小组签署脱贫责任书,每年向市委、市政府报告扶贫脱贫进展情况。

第二十七条　实行县级领导干部联系帮扶贫困村贫困户制度。县级党委和政府主要负责人双签脱贫攻坚责任书,除签署脱贫责任书外,同时签订联系点脱贫攻坚帮扶责任书;其他县级领导干部签订联系点脱贫攻坚帮扶责任书, 对联系点的脱贫攻坚工作负帮扶责任,指导帮助做好脱贫攻坚工作。

第二十八条　县级党委和政府应当制定乡村落实精准扶贫精准脱贫的指导意见,指导乡镇、村实施贫困村、贫困人口建档立卡和退出工作,对贫困村、贫困人口精准识别和精准退出情况进行检查考核,保证贫困退出的真实性、有效性。

第二十九条　县级党委和政府应当指导乡镇、村加强政策宣传,充分调动贫困群众的主动性和创造性,有效激发内生动力,把脱贫攻坚政策措施落实到村到户到人。

第三十条　县级党委和政府应当加强县级扶贫机构队伍建设,强化扶贫机构设置和职能,充实人员编制,改善办公条件,确保与精准扶贫精准脱贫工作要求相适应。

第三十一条　县级党委和政府应当坚持抓党建促脱贫攻坚,强化贫困村基层党组织建设,选优配强稳定乡村干部队伍;精准选配贫困村驻村工作队、第一书记、贫困户帮扶责任人,建立考核激励约束机制,对驻村工作队员、驻村第一书记按照在编干部进行日常管理。

第三十二条　县(区)脱贫攻坚领导小组组织开展乡镇脱贫攻坚主体责任书、县(区)及乡镇领导干部与联系点的脱贫攻坚帮扶责任书签订工作;负责组织开展各级驻村帮扶单位与包扶贫困村脱贫攻坚帮扶责任书的签订工作。

第三十三条　县(区)脱贫攻坚领导小组对域内贫困村退出标准和程序执行情况进行核查,批准退出;对贫困户退出工作进行监督检查,发现问题立整立改。

第三十四条　县级政府要建立扶贫项目库,以脱贫规划为引领、重点扶贫项目为载体,制定资金整合方案并组织实施。积极探索产业扶贫、资产收益扶贫等机制创新,撬动更多金融资本、社会帮扶资金参与脱贫攻坚;建立健全扶贫资金项目信息公开制度,对扶贫资金管理监督负首要责任。

第三十五条　贫困县党委和政府要按照《国务院扶贫开发领导小组关于建立贫困县约束机制的通知》、省脱贫攻坚领导小组《关于阳光扶贫廉洁扶贫的若干规定》,落实必须作为、提倡作为和禁止作为事项,严禁铺张浪费、形式主义。

第五章 乡村实施

第三十六条 乡镇党委和政府承担本行政区域内贫困村、贫困户脱贫的具体责任。做好人、财、物的统筹保障和扶贫项目申报、实施与管理等工作。乡镇党委和政府主要负责人是本行政区域内脱贫攻坚第一责任人，向县(区)脱贫攻坚领导小组签署脱贫责任书，每年向县委、县政府报告扶贫脱贫进展情况。

第三十七条 实行乡镇领导干部联系帮扶贫困村贫困户制度。乡镇党委和政府主要负责人双签脱贫攻坚责任书，除签署脱贫责任书外，同时签订联系点脱贫攻坚帮扶责任书；其他乡镇领导干部签订联系点脱贫攻坚帮扶责任书，对联系点的脱贫攻坚工作负帮扶责任，指导帮助做好脱贫攻坚工作。

第三十八条 乡镇党委和政府具体组织实施扶贫对象精准识别、精准帮扶、精准退出工作。负责对贫困村、贫困户建档立卡、贫困人口动态管理；组织以村为单位制定脱贫规划、以户为单位制定贫困户帮扶计划并抓好推进落实。

第三十九条 乡镇党委和政府应当加强扶贫政策、资金、项目等方面的宣传和培训，确保群众知晓度；做好群众思想教育和心理疏导工作，引导群众合法表达利益诉求，及时排查矛盾纠纷，预防涉贫事件发生。发动群众自力更生、艰苦奋斗，激发脱贫致富的内生动力。

第四十条 乡镇党委和政府要加强对贫困村、贫困户退出工作的组织领导和统筹协调。按照年度贫困村退出计划，对预退出贫困村进行调查核实，确认并公示后报县脱贫攻坚领导小组；对贫困户退出标准和程序执行情况进行核查，批准退出，并在扶贫开发信息系统中予以脱贫标注。

第四十一条 村党支部委员会、村民委员会(简称村两委)按照规定程序和要求，做好精准识别、精准帮扶、精准脱贫相关数据采集和统计工作，对数据的真实性、准确性、有效性承担直接责任。

第四十二条 村两委应当在充分征求群众意见基础上，确定扶贫项目，并做好项目申报工作；落实公告公示制度，及时公布贫困识别和退出、资金使用、项目实施等情况。

第四十三条 驻村第一书记要把帮助贫困户稳定脱贫并实现退出作为首要任务，把建强基层组织、维护乡村稳定、提升治理水平等任务同精准扶贫、精准脱贫统一起来。

第六章 合力攻坚

第四十四条 各级人大、政协应当积极参与支持脱贫攻坚。省人大及其常委会应根据脱贫攻坚需要，加强立法，依法监督；政协应对全省脱贫攻坚民主监督，建言献策。

第四十五条 各级驻村帮扶单位要按照“单位包村、领导包带、工作队到村、党员干部到户、第一书记到岗”要求，实行“干部当代表、单位做后盾、领导负总责”的工作机制。党委(党组)要主动承担帮扶责任，制定帮扶计划并组织实施；选优配强驻村工作队和驻村第一书记，组织党员干部结对帮扶贫困户。驻村工作队要协助村两委摸清贫困底数，分析致贫原因，制定帮扶计划，协调争取帮扶资源，监督实施帮扶项目；协助村两委贯彻落实强农惠农富农政策，紧盯建档立卡贫困人口，细化实化帮扶措施，督促政策落实，切实做到扶真贫、真扶贫，不脱贫不脱钩。

第四十六条 驻晋部队应当积极参与支持地方脱贫攻坚，有条件的应当承担定点帮扶任务。

第四十七条 各民主党派、无党派人士应当充分发挥参政议政作用和人才智力优势，做好脱贫攻坚民主监督和人才智力支持。工商联系统应组织民营企业开展精准扶贫行动。

第四十八条 各级工会、共青团、妇联等群团组织和老促会、扶贫基金会、扶贫协会等社团组织，及各类企业、公民个人应当履行社会责任，主动支持和参与脱贫攻坚。

第七章 奖 惩

第四十九条 省脱贫攻坚领导小组设立全省脱贫攻坚奖，表彰在脱贫攻坚中表现突出的先进人物。脱贫工作成效考核综合排序靠前的贫困县按照20%的比例通报表扬并给予奖励，对在脱贫成效考核中连续三年为优秀等次或者脱贫攻坚工作受到党中央、国务院表彰的贫困县党政正职，在晋升职务时优先考虑，可以就地提级。各级党委和政府、脱贫攻坚领导小组、各级各部门各单位可以按照规定对落实脱贫攻坚责任到位、工作成效显著的部门和个人，以适当的方式予以激励，并作为干部选拔使用的重要依据。

第五十条 对未完成年度脱贫目标任务以及工作中出现问题的市县乡党政主要负责人、帮扶单位主要负责人进行约谈，提出限期整改要求；对不负责任、情节严重、贻误工作、造成不良影响的，实行责任追究。对不胜任工作、没有履行帮扶职责的驻村工作队员、第一书记进行约谈、召回。对贻误工作、造成不良影响、出现严重后果的，追究相关责任，并对帮扶单位主要负责人进行问责。

第八章 附 则

第五十一条 其他有扶贫任务的县(市、区)参照本实施细则执行。

第五十二条 本实施细则由中共山西省委负责解释，具体解释工作由省脱贫攻坚领导小组办公室承担。

第五十三条 本实施细则自印发之日起施行。

中共山西省委 山西省人民政府《关于聚焦深度贫困集中力量攻坚的若干意见》

(2017年6月9日)

我省2016年脱贫攻坚首战首胜。今后4年，全省要实现144.2万人脱贫、58个贫困县摘帽、解决区域性整体贫困，任务十分艰巨。特别是一些条件较差、基础较弱、贫困程度较深的地区和群众，要如期实现脱贫目标，更是艰中之艰、难中之难。为聚焦深度贫困，集中力量攻坚，结合我省实际，提出如下意见。

一、充分认识和正确把握集中攻坚深度贫困的重大意义和总体要求

我省深度贫困区主要集中在吕梁山、太行山两大片区。综合考虑贫困人口规模、贫困发生率、农民人均可支配收入等指标，统筹评估自然条件、产业基础以及义务教育、基本医疗和住房安全"三保障"等因素，确定偏关、宁武、静乐、兴县、临县、石楼、永和、大宁、天镇、广灵10个县为深度贫困县；"一方水土养不好一方人"，需要整自然村搬迁的3350个村为深度贫困村；因病、残、灾和年龄等因素，家庭主要劳动力失去劳动能力的贫困户为深度贫困群体。这些地方和群众稳定增收难，"三保障"任务重。紧盯最困难的地方，瞄准最困难的群体，扭住最急需解决的问题，采取超常规举措，集中力量攻坚，是落实精准扶贫方略的内在要求，是先难后易补短板的现实需要，是极为紧迫的政治任务，对于确保脱贫质量成色、如期实现全面小康意义重大。各级各部门要按照省委、省政府统一部署，坚持问题导向，强化责任担当，综合施策，精准用力，集中力量解决这些地方和群众脱贫攻坚难题，确保贫困人口如期脱贫、贫困县如期摘帽，确保2020年与全省人民一道实现全面小康。

二、五大项目联动，推进生态建设与脱贫攻坚互促双赢

联动实施退耕还林、荒山绿化、森林管护、经济林提质增效和特色林产业五大项目，新增指标项目资金优先安排、重点倾斜。支持10个深度贫困县120万亩25度以上坡耕地全部退耕还林，退耕每亩补助1500元，种苗每亩补助800元，允许先退后调，采取省级筹资的办法提前启动实施。在现有荒山绿化任务基础上，每年再新增造林60万亩，每亩补助800元。森林管护新增岗位全部聘用贫困劳动力，每人每年补助6000元。经济林提质增效项目覆盖贫困户，每年每亩补助200元，连续补助3年。在偏关、宁武、静乐、兴县、临县等地实施天然沙棘林改造50万亩。鼓励支持群众在闲置地发展经济林50万亩。对吕梁、太行"两山"生态修复试点工程优先布局，资金重点倾斜。深化造林扶贫合作社机制创新，完善贫困户参与方式、用工酬劳、收益分配、议标办法等机制，切实提升贫困户生态建设的参与度和获得感。

三、六环联动，加快易地扶贫搬迁和危房改造

紧扣精准识别对象、新区安置配套、旧村拆除复垦、生态修复整治、产业就业保障和社区治理跟进等环节，细化奖惩措施，完善配套政策，"六环联动"加快易地扶贫搬迁。鼓励各县提高整自然村搬迁比例。在原有政策基础上，双签移民搬迁与旧房拆除协议，建立搬迁人口宅基地腾退拆除奖补机制，将人均1.5万元的土地整治、迁出区生态恢复资金以住房奖补形式拨付到县，对签订旧房拆除协议并按期完成拆除的，按人均1万元的标准给予奖励；对签订复垦协议并自行完成旧宅基地复垦的，人均再奖励5000元。将土地增减挂钩政策实施范围扩大到58个贫困县。探索实施"特色小城镇+扶贫"工程，支持临县碛口镇、宁武东寨镇、天镇新平堡镇等具备条件的地方先行试点。将危险土窑洞列入危房改造范围，农村危房改造每户补助1.4万元，2017年全部完成10个深度贫困县危房改造任务。

四、着力打造产业扶贫新业态，实现贫困村光伏资产收益全覆盖

以村级电站、联村电站为主要模式，指标应保尽保，项目即申即办、优先并网，切实保障集体经济"破零"和深度贫困户每户增收3000元，尽快在10个深度贫困县实现贫困村光伏扶贫全覆盖。依托农业、林业、供销、农机等各类合作社，深化财政专项扶贫资金和其他涉农资金股权化改革，探索各具特色的资产收益扶贫模式，让更多贫困村、贫困户获得财产性收入。

以"一村一品一主体"为载体，大力发展功能农业(食品)，贫困户种植功能农业品种的，每亩新增补贴50元；将中药材纳入补贴范围，每亩补贴200元。对各类扶贫龙头企业给予贷款贴息和培训补助等优惠政策。对贫困户推广

渗水地膜谷子穴播技术予以专项扶持。深化临县、兴县、静乐、天镇4县全国电子商务进农村综合示范工作，支持其他6县尽快成为示范县。支持乐村淘、农芯乐等电商网点实现贫困村全覆盖。依托各县特色的古村古镇、山水资源、红色文化创建一批乡村旅游扶贫示范村。

五、实施免费培训计划，促进贫困劳动力转移就业

以提高劳动技能为重点，抓好农村贫困劳动力转移就业，精准培训人均补助3000元，跨省就业给予800元以内的一次性交通补贴，相关补助补贴优先保障10个深度贫困县需求。实施免费定向培训，建立输出输入地劳务对接平台，打造“天镇保姆”“吕梁护工”“山西面食”等一批特色劳务品牌。对吸纳贫困劳动力就业的企业给予社会保险补贴，鼓励城镇化水平较高的区域中心城市更多承接转移就业任务。设立教育扶贫个人资金账户，优先支持10个深度贫困县，按每生每年1000–3000元的标准，定额资助初中、高中和大专院校在读贫困生。

六、创新健康扶贫机制，提高社会保障水平

完善基本医保、大病保险、医疗救助和商业保险等制度的衔接机制，对贫困人口形成医疗保障合力。加快医疗商业保险改革，完善商保公司承办大病保险政策，用医保资金撬动商业保险，提高大病支付保障能力和水平。切实减轻贫困户医疗负担，建档立卡贫困户全部纳入大病救助范围，扩大重大疾病救治范围。县域内二级及以上医保定点医疗机构贫困人口住院费用报销比例再提高5个百分点；住院实行先诊疗后付费，“一站式”平台结算。基本医疗保险个人缴费部分财政部门予以资助。为贫困人口购买医疗补充险和意外伤害险。落实好省政府部署的贫困妇女免费“两癌”检查等6件民生实事。加快推进农村低保制度和扶贫开发政策有效衔接，动态调整农村低保保障标准，实现“两线合一”。开展特殊群体关爱行动，2017年全省600个老年人日间照料中心建设向10个深度贫困县倾斜，落实困难残疾人生活补贴和重度残疾人护理补贴。

实行乡村医生乡村干部健康扶贫“双签约”，打通政策落实“最后一公里”，确保每个贫困户有一名乡村医生签约服务，有一名乡村干部签约帮助兑现政策，切实解决群众政策不知情、就医报销难问题。

七、实施贫困村提升工程，提高基础设施建设和公共服务水平

中央彩票公益金项目集中用于贫困村提升工程，优先安排10个深度贫困县。抓重点、扫盲点，推进水、电、路、网等基础设施和卫生、文化场所建设，抓好村容村貌整治，改善生产生活条件。2018年底前所有贫困村完成电网升级改造任务，2019年底前所有贫困村实现光纤宽带网络全覆盖。突出抓好安全饮水提升专项行动，解决水质不达标、管网入户改造升级等问题，对贫困户入户工程补助50%，确保贫困群众喝上安全、卫生、方便的饮用水。

八、加大财政金融倾斜支持力度

每年安排30%中央及省专项扶贫资金，加大对深度贫困县的倾斜支持力度。省级行业主管部门向10个深度贫困县切块下达的资金，年度增幅高于全省平均增幅5个百分点。省级设立扶贫周转金，其中20%切块安排到10个深度贫困县；设立农业（扶贫）产业发展基金，优先向10个深度贫困县投放。市本级要集中财力优先支持深度贫困县。加大信贷支持力度，10个深度贫困县每年扶贫再贷款不低于10亿元限额周转使用。不折不扣落实扶贫小额信贷政策，推广“政银企保农”五位一体模式，用足用好风险补偿金，扩大对贫困户的覆盖率。

九、加大土地政策倾斜支持力度

开展土地利用总体规划评估调整，统筹各类建设用地规模、布局和时序，保障脱贫攻坚用地需求。鼓励对空心村、无人村闲置凋敝宅基地复垦复绿和整治利用。足额保障10个深度贫困县所需土地增减挂钩指标，应保尽保，实施增减挂钩产生的节余指标优先在全省范围内易地交易，土地级差收益优先用于向投融资主体及项目实施主体购买易地扶贫搬迁服务。

十、加大帮扶力量倾斜支持力度

实行“六帮扶”责任制，即每个县1名省级领导干部联系帮扶，至少3个省直单位包村帮扶，1个经济强县（市、区）结对帮扶，1个省属国企合作帮扶，1名专业技术人员、1名驻县大队长、1名金融业务骨干挂职帮扶，1家三甲医院、1所示范高中或职业院校对口帮扶。贫困户帮扶责任人以县乡为主，省市两级派驻深度贫困县的农村第一书记要达到60%以上。

十一、加强贫困乡村“三基”建设

逐项落实加强基层组织、基础工作、基本能力建设的部署要求，引导各类政策资源要素向基层倾斜，激励各类人才到扶贫一线干事创业。“并村简干提薪招才建制”多措并举，改进乡村治理；鼓励本土人才返乡，创办领办经济实体，充实加强“两委”班子。建立移风易俗理事会，破除各种陈规陋习。设立孝道公益基金，弘扬孝亲敬老美德，探索建立政府关心、子女孝心、社会爱心联动互促，激发内生动力的新机制。大同、忻州、吕梁、临汾4市和10个深度贫困县要按照上述要求，制定具体实施办法，确保贫困乡村“三基”建设取得实实在在的成效。

十二、加强督查考核工作

各级党委和政府要切实加强组织领导，逐县制定方案，

逐村细化措施，逐户落实责任。各相关部门要精准聚焦问题，出台行业部门支持政策，跟踪推进、抓好落实。建立工作进展报告通报、责任落实督查巡查、工作成效考核奖惩等制度，逐月逐季督查推进。省委组建的7个脱贫攻坚督导组要以发现问题、推动落实为重点，常年随机明查暗访，较真碰硬督查巡查，确保聚焦深度贫困集中力量攻坚工作稳步推进、见到实效。

山西省人力资源和社会保障厅　山西省扶贫开发办公室《关于表彰2017年全省脱贫攻坚奖的决定》

各市脱贫攻坚领导小组、人力资源和社会保障局、扶贫办，省直各部门，省军区政治工作局，省武警总队政治工作部，各人民团体：

在省委、省政府的坚强领导下，全省上下全面贯彻习总书记扶贫开发重要战略思想和视察山西重要指示精神，以习近平新时代中国特色社会主义思想为指导，坚决贯彻落实党中央脱贫攻坚决策部署，坚持精准扶贫精准脱贫基本方略，举全党全社会之力坚决打赢脱贫攻坚战。贫困地区广大干部群众艰苦奋斗，各级各部门积极推动，社会各界广泛参与，涌现出一批践行习近平总书记扶贫开发重要战略思想，忠诚党的扶贫事业，勇挑重担、无私奉献、事迹突出、群众公认的先进典型，在社会上受到广泛赞誉。

为表彰先进，经省脱贫攻坚领导小组同意，省人力资源和社会保障厅、省扶贫开发办公室决定，授予马金莲等10人“全省脱贫攻坚奋进奖”，授予王财全等10人“全省脱贫攻坚贡献奖”，授予王文太等10人“全省脱贫攻坚奉献奖”，授予万勇等10人“全省脱贫攻坚创新奖”。希望受到表彰的同志要珍惜荣誉、再接再厉，在脱贫攻坚中发挥榜样引领作用。

全省上下要以获奖者为榜样，学习他们信念坚定、不忘初心、忠于党忠于事业的政治品格，学习他们自力更生、自强不息、摆脱贫困奔小康的拼搏精神，学习他们情系群众、心系扶贫、真心实意为群众办实事谋福祉的价值追求，学习他们扶贫济困、奉献爱心、积极承担社会责任的大爱情怀，学习他们勤于钻研、勇于探索、不断推动扶贫改革创新的开拓精神，围绕目标、聚焦精准，砥砺奋进、合力攻坚，为决战脱贫攻坚、决胜全面小康而努力奋斗！

附件：2017年全省脱贫攻坚奖获奖名单

山西省人力资源和社会保障厅
山西省扶贫开发办公室
2018 年2月2日

附件：

2017 年全省脱贫攻坚奖获奖名单

（分奖项，按姓氏笔画排序）

奋进奖(共10人)

马金莲(女)　吕梁市柳林县薛村镇小成村村民、吕梁市懿星家政服务有限公司负责人

王应枝　吕梁市中阳县车鸣峪乡车鸣峪村村民

刘桂珍(女)　忻州市代县峪口乡段家湾村党支部书记、村委会主任

李自芳　大同市灵丘县佳农牧业有限公司董事长、三里坊种养专业合作社理事长

张先保　长治市武乡县故县乡五村党支部书记、村委会主任

张刘生　运城市垣曲县皋落乡皋落村委会主任、鼎诺种养专业合作社负责人

张尚富　忻州市住房公积金中心派驻宁武县余庄乡驻村帮扶工作队队长兼马营村第一书记

陈建华　临汾市汾西县永安镇后加楼村党支部书记

贺星龙　临汾市大宁县徐家垛乡乐堂村卫生所医生

梁丽秀(女)　阳泉市平定县柏井镇南青村党支部书记

贡献奖(共10人)

巨彦军　晋中市左权县羊角乡党委副书记、乡长

王财全　山西大学派驻静乐县丰润镇庆鲁村驻村帮扶工作队队员兼庆鲁村第一书记

王金天　山西省应县人民武装部政治委员

仇海涛(女)　山西省国土厅派驻岢岚县阳坪乡驻村帮扶工作队队长

成永生　吕梁市信访局派驻中阳县下枣林乡驻村帮扶工作队队长

李　飞　长治市沁源县赤石桥乡党委书记
李林旺　山西省农业厅派驻临县大禹乡驻村帮扶工作队副大队长兼圪麻岭村第一书记
徐　阳　山西国新晋药集团有限公司董事长
高生记　山西省地方志办公室派驻和顺县青城镇驻村帮扶工作队队长兼大窑底村第一书记
郭若桥　临汾市委组织部派驻永和县阁底乡奇奇里村第一书记

奉献奖(共10人)

王文太　晋城市沁水县胡底乡关工委常务副主任
杨庆昌　大同市兰园绿色园林绿化工程公司总经理、山西雁塔土木古建有限公司董事长
杨良杰　中国民主促进会运城市委员会果农服务站站长
沙万里　忻州市繁峙县第三建筑安装工程公司党支部书记、总经理
宋以斌　晋中市昔阳县大寨镇安家沟村党支部书记、昔阳县厚基伟业商贸有限公司董事长
赵洪胜　山西省审计厅派驻左权县芹泉镇芹泉村第一书记
郝大庆　山西省人社厅派驻五台县东雷乡驻村帮扶工作队队长
胡俊来　全国扶贫开发协会副会长、晋中市扶贫开发协会会长
贺虎平　兴县山花烂漫农业综合开发有限公司总经理
韩智慧　潞宝金和生食品有限责任公司董事长

创新奖(共10人)

万　勇　山西省林业厅造林局派驻平顺县杏城镇驻村帮扶工作队联络员
马国林　山西金控集团派驻临县三交镇驻村帮扶工作队队长
石狗拴　太原市阳曲县侯村乡店子底村党支部书记
冯国宝　山西潞安智华农林科技有限公司董事长
刘瑞贤　中北大学朔州校区党委书记
杨河芬　大同市人社局派驻天镇县张西河乡许家窑村第一书记
张忠兵　国家开发银行山西分行客户三处处长
郭平毅　山西农业大学教授
曹彦军　河北省山西商会常务副会长、和顺县山河醋业有限公司总经理
阎长丽(女)　山西润生大业生物材料有限公司总经理

(摘自山西省人力资源和社会保障厅官方网站)

全省脱贫攻坚工作会议在太原召开
以改革创新精神破解突出问题　确保脱贫攻坚再战再胜

2月28日，山西省脱贫攻坚工作会议在太原召开。会议分析了当前脱贫攻坚形势，总结了首战之年工作，安排部署今年重点任务。省委书记骆惠宁出席会议并讲话。他强调，要以习总书记扶贫开发重要战略思想为指引，认真贯彻落实中央扶贫开发工作会议精神，坚定决心信心，聚焦精准方略，以改革创新精神破解突出问题，确保脱贫攻坚再战再胜，以脱贫攻坚的优异成绩迎接十九大、贯彻十九大。

会议分析了当前脱贫攻坚形势。中央扶贫开发工作会议以来，省委、省政府贯彻落实精准方略，实施八大工程20项行动，开启了新一轮脱贫攻坚的征程。2016年全省实现57万贫困人口脱贫，1900个贫困村退出，贫困地区农民人均可支配收入6623元，增幅高出全省平均水平2.4个百分点，脱贫攻坚首战告捷。但我省脱贫攻坚任务还很重。

骆惠宁在讲话中指出，山西是扶贫开发重点省，也是著名革命老区。如果不解决贫困区域和贫困人口的脱贫问题，我们就失守了全面小康底线，就对不起这片红色土地。各级党委政府必须始终把群众的冷暖挂在心上，把脱贫的责任扛在肩上，把攻坚的任务抓在手上，坚决兑现对三晋父老的庄严承诺。

骆惠宁强调，2017年是我省精准扶贫、精准脱贫的深化之年。去年是首战首胜，今年要再战再胜。全省脱贫攻坚工作的总体要求是，以习总书记扶贫开发重要战略思想为指引，认真贯彻落实中央及省委、省政府关于精准扶贫、精准脱贫的各项部署，把脱贫攻坚摆在全省工作突出位置，牢牢把握脱贫攻坚的正确方向，把脱贫攻坚与生态建设紧密结合起来，以改革精神破解难题，精准发力、先难后易，坚决实现14个贫困县摘帽、2270个贫困村退出、66万贫困人口脱贫，同时稳定提高已脱贫人口的收入，大力改善已退出村的整体风貌，全面提高扶贫工作水平。

骆惠宁强调，实现2017年工作目标和要求，一定要聚焦精准方略、强化问题导向，以改革创新的精神破解重点和难点问题，推动脱贫攻坚迈出更扎实的步伐，取得更大的成效。一是着力破解产业扶贫不够精准的问题。要选准特色产业项目。要引导和支持龙头企业建立与贫困户的利益联结机制，大力创建新型农业合作组织，把贫困户组织起来。要帮助贫困户增加资产性收入。要扩大扶贫小额信贷的投放。二是着力破解易地扶贫搬迁力度不大的问题。要进一步把基础工作搞扎实，进一步吃透和用好搬迁政策，进一步落细多项改革举措，要重点探索向县城和小城镇集中安置，依托立地条件

和产业基础较好的村集中安置等搬迁路径，做好配套服务，使搬迁群众权益得到保障，使农村面貌发生新的变化。三是着力破解生态建设与脱贫攻坚结合不紧的问题。牢固确立“绿水青山就是金山银山”的理念，大力实施林业扶贫“五个一批”工程，完善造林扶贫专业合作社组织机制，扩大贫困群众的参与度，协调解决好退耕地块，优先保证贫困户退耕需求。四是着力破解转移就业扶贫不足问题。要分析劳务需求，拓展省内省外两个市场。要加强政策引导，鼓励用工单位积极吸纳贫困家庭劳动力就业。要创新培训方式，更加重视贫困地区年轻劳动力的技能培训，同时搞好跟踪服务，维护外出劳动力合法权益。五是着力破解特殊群体的致贫返贫问题。对老年贫困问题要综合施策，一方面要弘扬德孝文化，教育引导年轻人主动承担起赡养老人的义务，一方面要切实做好社会保障制度和扶贫开发政策的有效衔接，积极探索完善农村养老试点。针对因病因学致贫问题，要加快推进健康扶贫，扎实抓好教育扶贫，同时还要关注边缘贫困问题，通过提高区域整体发展水平，增强边缘群体的抗风险能力。

骆惠宁强调，脱贫攻坚是硬任务，必须有硬责任、硬导向、硬措施、硬作风。全省各级党委、政府要认真贯彻落实习总书记在主持中央政治局第39次集体学习时的重要讲话精神，切实加强对脱贫工作的领导，牢牢把握住脱贫攻坚的正确方向。一要强化领导责任，各级各部门要把脱贫攻坚工作摆在全局的突出位置，贫困县要以脱贫攻坚工作统揽经济社会发展全局，坚持省到村五级党组织书记抓扶贫，在脱贫攻坚第一线识别和使用干部。二要强化资金投入，切实执行财政扶贫投入总量和增幅“双增长”机制，扶贫开发任务重的市县，新增财力要重点用于脱贫攻坚。要以贫困县为主体，把“三农”资金统筹整合与完成脱贫任务相挂钩。发挥财政资金引导作用，撬动金融资本投入扶贫领域。三要强化部门协同，脱贫攻坚领导小组成员单位都要当好主角，今年要对各部门的扶贫工作实行专项考核。四要强化社会合力，建立完善区域结对帮扶和系统对口帮扶协作机制，完善社会扶贫机制，动员全社会力量共同参与脱贫攻坚。五要强化基层活力，抓好“三基”工作，突出抓党建促脱贫，选好配强村“两委”班子特别是党组织班子，发挥好包村领导、驻村工作队和第一书记“三支队伍”作用，真情关爱奋斗在一线的农村干部。六要强化任务落实，把握好脱贫攻坚的正确方向，坚决防止层层加码，坚决防止形式主义，坚决防止忽视贫困群众主体作用。要实施最严格的考核评估制度，对搞形式主义、面子工程、弄虚作假、数字脱贫的，要严肃问责。

省委副书记、省长楼阳生主持会议。他指出，骆惠宁书记的讲话，充分体现了实事求是的态度和改革创新的精神，对我们做好今年脱贫攻坚工作具有重要指导作用。各地各部门要进一步把思想和行动统一到省委、省政府决策部署上来，压实责任抓落实，盯住问题抓落实，聚焦精准抓落实，通力协作抓落实，清正廉洁抓落实，以更扎实的作风、更务实的举措把各项目标任务落到实处。

省领导薛延忠、黄晓薇、高建民、王伟中、任建华、张吉福、王清宪、胡苏平、郭迎光、张复明出席会议。省委常委、组织部长盛茂林宣读了《关于表彰2016年全省脱贫攻坚奖的决定》。

会议表彰了首批脱贫攻坚奖获得者。方山县委书记王锦锋、左权县寒王乡党委书记张雪平、2016年全省脱贫攻坚奖获奖代表程玉珍、省直干部驻村帮扶工作队代表郝大庆、市县派驻农村第一书记代表张尚富作了大会发言。

会议以电视电话会议的形式召开，主会场设在省委会议厅，省政府秘书长，省委、省政府有关副秘书长，各市市委书记、市长、扶贫办主任，各县(市、区)委书记，省脱贫攻坚领导小组成员单位主要负责同志，省直干部驻村帮扶工作队驻县大队长，大会发言代表，全省脱贫攻坚奖获得者在主会场参加会议。各市、县设分会场。

(2017年3月2日《山西日报》 尚慧辉　赵建军)

全省“践行总书记讲话、深化脱贫攻坚”现场推进会在吕梁召开

4月24日至25日，山西省“践行总书记讲话、深化脱贫攻坚”现场推进会在吕梁市召开，目的是以习近平总书记3月23日在中央政治局常委会上的重要讲话精神为指引，联系各地工作中存在的问题，进一步提高思想认识，进一步加大整改力度，进一步加强组织领导，推动省委、省政府关于脱贫攻坚的决策部署落到实处，确保今年再战再胜，力争跻身全国第一方阵。省委书记、省人大常委会主任骆惠宁出席会议并讲话。省委副书记、省长楼阳生进一步明确相关政策措施。

会议宣读了《关于2016年市级党委政府和贫困县党委政府脱贫工作成效考核情况通报》，组织观看了脱贫攻坚专题片，学习了习近平总书记近期关于扶贫开发重要讲话和相关政策文件，对县委书记、县长进行了政策测试。参会人员对临县朝阳农牧有限公司、临县白文职业护理护工培训基地、兴县电商公共服务中心、兴县蔡家崖乡张家梁村、北坡村生态建设和移民安置工程等进行了观摩。

会议认为，2016年，全省上下深入学习领会习近平总书记扶贫开发重要战略思想，贯彻落实精准扶贫精准脱贫

方略，立足省情，制定脱贫攻坚实施意见和“十三五”规划，启动实施八大工程20项行动，推动扶贫开发重点工作取得新突破。特别是去年底以来，各级党委、政府进一步强化主体责任，对照标准，紧盯问题，坚决整改，调整充实帮扶力量，推进各项政策措施到村到户，脱贫攻坚首战告捷。2016年全省减少贫困人口57万人，11个市全部完成减贫任务。但从考核情况看，各贫困县仍不同程度存在一些问题，有的还比较突出。

会议就学习践行习近平总书记重要讲话精神，进一步深化脱贫攻坚提出五点要求。一是精神要吃透。习近平总书记3月23日在中央政治局常委会上的重要讲话精神，是习近平总书记关于扶贫攻坚战略思想的重要组成部分，充分体现了党的领袖的为民情怀和使命担当，是我们深入推进脱贫攻坚的基本遵循。践行总书记讲话，根本是要增强“四个意识”，提高政治站位，切实增强贯彻各项要求的思想和行动自觉。关键是对照中央要求，主动查摆问题，清醒看到差距，并举一反三，进一步以改革创新精神破解脱贫攻坚中的难题。目标是瞄准全国“第一方阵”，牢固树立逆水行舟、不进则退的紧迫感，以“法乎其上”的高标准，确保高质量完成脱贫攻坚的各项任务。二是问题要找准。脱贫攻坚要坚持问题导向，有问题不要遮掩，找准问题是解决问题的第一步，回避问题、漠视问题必然贻误战机、贻害大局。各级都要主动把自己摆进去，深挖细找、全面查摆，主动认账，举一反三，既要正视自己存在的问题，也要从别人的问题中得到警示。三是整改要彻底。要追根溯源抓整改，查摆出问题需要分析根源、分清责任。要明确责任抓整改，既要拉出问题清单，也要拉出措施清单，更要拉出责任清单，对每个问题都要明确时间表、任务书和责任状，拿出超常举措，逐事逐人落实到位。要防微杜渐抓整改，对苗头性、倾向性问题，及时发现、及时整改，把问题解决在萌芽状态。要悟透政策抓整改，对专业政策汇编成册、加强解读，帮助各级干部熟悉用好政策，更好推进整改落实。要改革创新抓整改，善于用改革的办法解决问题，善于学习借鉴外省扶贫管理的好经验好做法，完善脱贫攻坚体制机制，适时召开会议交流先进经验。要奖惩分明抓整改，既要抓正面典型，也要抓负面典型，敢于批评问责，让扎实工作、勤勉负责的人得到褒扬，让作风漂浮、弄虚作假的人付出代价。四是功夫要下足。习近平总书记强调的“绣花”功夫是一种扶贫观，一针一线总关情；也是一种方法论，每招每式有特色。扶贫攻坚再战再胜，关键要在扶贫全过程下足“绣花”功夫。要在“扶持谁”上下足“绣花”功夫，坚持贫困标准，对建档贫困户要进一步实施精准识别、动态管理，应进未进和返贫的要一个不落纳进来，应退未退和非贫困人口要一个不留退出去。要在“谁来扶”上下足“绣花”功夫，各级党委政府要发挥责任主体作用。一线基层党组织要推动政策到村到户到人，分工到户；党员干部特别是县乡党员干部要进一步开展结对帮扶；企业帮扶要通过项目带动、组织创新、商业模式创新，把贫困群众组织起来、带动起来，用市场机制实现双赢；各有关部门要把握中央精神，主动提供政策供给和优质服务。要在“怎么扶”上下足“绣花”功夫，全面贯彻省委省政府确定的八大工程20项行动，以及这次会上提出的8个方面的政策措施。要推动产业扶贫，切实做到到户到人。要加强金融扶贫，尽快补上这个短板。扶贫扶智要紧密结合，弘扬革命老区优良传统，激发调动脱贫主体的积极性。要在“怎么退”上下足“绣花”功夫，长短结合，多做打基础利长远的事，严格贫困退出标准，既要帮助贫困群众增加收入、就业创业，也要统筹解决好义务教育、基本医疗和安全住房“三保障”问题，确保脱贫的质量和成色。五是责任要压实。各级党政主要负责同志都要认真落实“双签”责任，亲力亲为抓扶贫，扑下身子抓落实。要坚持一线工作法，省市县乡负责同志每年至少两次进村调研、驻村调研。省和扶贫任务重的市，扶贫机构、人员要尽快配齐，一把手要配强，选调一批厅、处级后备干部到省扶贫办挂职工作。加强“三基”建设，推动政策资源要素向基层倾斜，形成鼓励人才到基层干事创业的制度机制。进一步加强帮扶队伍管理考核，改进结对帮扶机制。加强各专项考核工作，确保完成年度目标任务。抽调干部组成11支督导组，常年赴各市县进行扶贫督查巡查，上半年尽快开展工作。

会议进一步明确了8个方面政策措施。会议指出，各级各部门要切实践行习近平总书记扶贫开发重要战略思想，认真落实省委省政府决策部署，精准发力、先难后易，问题导向、强化举措，亲力亲为、狠抓落实，确保今年再战再胜，力争进入全国第一方阵。一要狠抓产业扶贫，因地制宜发展“一村一品一主体”，通过培育壮大龙头企业，带动贫困群众参与产业链、分享价值链。二要狠抓生态扶贫，采取项目化举措，大力发展造林合作社，把退耕还林、造林绿化、森林保护、经济林增效和林产业发展等工程精准落实到村到人。三要狠抓劳动力转移就业，以考证持证为标准，加强技能培训，打造特色劳务品牌，确保今年完成6万贫困人口免费精准培训、7万劳动力转移就业。四要狠抓健康扶贫，加大政策宣传和落实力度，推动重病、残疾和慢性病人享受大病救治等健康扶贫政策落地，防止因病致贫返贫。五要狠抓资产收益扶贫，以股份合作为抓手，通过要素折股量化实现资产收益，让群众分红得利，推动贫困村集体经济“破零”和发展壮大。六要狠抓贫困村基础设施提升工程，坚持群众缺什么就补什么，着力推动土窑洞等危房改造、垃圾污水治理、村级公路建设、安全饮水改造、村卫生室和薄弱小学提标等任务，切实改善农村生产生活条件。七要狠抓金融扶贫，落实政银企保农“五位一体”机制，扩大扶贫小额信贷覆盖面，提高贫困群众受益面。八要狠抓扶贫资金投入，落实财政扶贫投入总量和增幅“双增长”要求，用好农业扶贫产业发展基金和扶贫周转金；压缩一般性支出，把节约下来的资金用于脱贫攻坚；打破部门藩篱，加大资金统筹整合力度，提高资金使用效益。会议强调，要坚决打好易地扶贫搬迁关键仗，做好精准确定对象、严格落实政策、科学合理选址、发展后续产业、宅基地腾退复垦等工作，尤其要在确保质量和安全的前提下，加快工程建设进度，切实提高易地扶贫搬迁的精准识别率、项目开工率、投资完成率、项目竣工率、居民入住率和群众满意率。会议要求，要同步实施贫困地区脱贫后的奔小康工程，统筹推进支柱产业培育、区域经济振兴、教育均衡发展、人力资本素质提升等重点任务，加快贫困地区全面建成小康社会步伐。

大家表示，通过这次会议，进一步深化了对习近平总书记重要讲话精神，对中央和省委省政府脱贫攻坚重大决策部署的认识，进一步看到了问题和差距，明确了整改方向。要全面贯彻落实会议要求，学深悟透习近平总书记重要讲话精神，切实增强“四个意识”，提高脱贫攻坚的政治自觉和行动自觉，对标先进，坚持问题导向，细化深化政策举措，下足“绣花”功夫，努力破难题补短板，奋力实现脱贫攻坚再战再胜，为进入全国第一方阵作出积极贡献。

省领导罗清宇、吴汉圣、胡苏平、朱先奇出席会议，郭迎光主持会议。11个市市委书记、市长；36个国定贫困县的县委书记、县长，22个省定贫困县的县委书记或县长；省脱贫攻坚领导小组相关成员单位主要负责同志参加会议。

（2017年4月26日《山西日报》 本报记者）

山西以超常举措攻坚深度贫困

“打不赢脱贫攻坚战，就对不起这块红色土地。”这是山西省委、省政府向深度贫困宣战的最强音，更是老区百姓的殷切期盼。

去年下半年以来，山西各级党委政府、社会各界群策群力，创新工作机制，完善扶贫举措，激发内生动力，聚力脱贫攻坚。今年6月底，习近平总书记在山西主持召开深度贫困地区脱贫攻坚座谈会，更加激发了山西干部群众攻克深度贫困的信心和勇气。

精准发力　产业强基

山西大同市广灵县“巧娘宫”合作社内，已是晚上，灯光下依然人头攒动，女工们正全神贯注地做着手工编织，一旁的空地上，整齐地摆放着已编好的凳子、桌子等玉米皮编织制成品。

广灵人“手巧”是出了名的。世界非物质文化遗产“广灵剪纸”自不必多说，“广灵内画瓶”技艺、广灵手工编织技艺也素来为人称道。如何将特色文化产业与脱贫实际相结合？“巧娘宫”给出了答案。

“巧娘宫”合作社带头人刘金萍是个女强人，也是个热心肠。“从今年开始，合作社订单多的时候，我就把各村闲居的贫困妇女招来，给她们培训技术。有时候都不用来合作社上班，在家也能挣工资。”目前，合作社已吸纳贫困户286人、残疾人29人。

以“巧娘宫”为代表，“居家经济”正成为广灵立足实际脱贫的良方秘笈。广灵以剪纸研发基地为中心，孵化出青红剪纸、广灵剪纸文化艺术发展有限公司等企业，辐射周边多个乡镇，让2400户农民家庭受益。

“万万没想到，预期将销售24小时的3万斤静乐枣夹核桃，参加‘秒杀’活动1小时便被一抢而空。”忻州市静乐县县长王昕感叹道。

静乐县积极对接阿里巴巴、京东商城、苏宁云商等龙头电商企业，支持引导山西熔熠、乐村淘、田农宝（天粮）、农芯乐等本土电商企业建设贫困地区农村电商网络节点，电商扶贫效果显著。目前，山西省58个贫困县中，国内龙头电商已在40个县建立了县级运营中心，5313个村建立了村级服务站，累计销售贫困地区农产品约6亿元。

多方帮扶　合力攻坚

吕梁、太行革命老区，地处山西的东西两侧，是全国集中连片特困地区，深度贫困与生态脆弱高度重合，是典型的贫中之贫、困中之困。产业扶贫在这里受地理条件等因素制约。

“三川十垣沟四千，周围大山包一圈”，临汾市大宁县地处吕梁山脉的南端，是晋西集中连片贫困县之一。交通不便，生态环境、农业基础也很差。“都说靠山吃山，但县里发展了12万亩苹果地，挂果的只有2.24万亩，产量效益太低了。”县林业局长王建平介绍。

传统种植等产业扶贫项目难以展开，大宁县就另辟门路，将脱贫工作和生态养护结合，推出了“购买式造林”。农村合作社根据林业部门规划，先垫资造林，经验收合格后由政府购买，参与“购买式造林”的合作社，贫困户占比必须达到80%。今天人养树，明天树养人。“别看种树是体力活，以前可轮不上贫困户。现在政策给我们吃偏饭，跟着合作社种树，一天能挣100多，还愁脱不了贫？”白沟村的冯传堂老人说。“购买式造林”的关键在政府花钱买活树，这就变“要我造林”为“我要造林”，大大提高了造林绿化的效率和质量。

生态脱贫，让靠山吃不了山的县市有了新抓手，为脱贫打开了新通道。针对有的地区虽有产业但带动效果不佳的问题，山西还及时用“黏合剂”将更多贫困户、产业、企业联系起来。这种“黏合剂”的名字，叫做“金融扶贫”。

自2008年双目失明后，孝义市贫困户田庚鑫的生活起居就一直靠儿子照顾，村里的产业项目，他也无法参与。虽然有一些政策性补助，可总觉得花钱“不赶趟”。不过今年过完年，父子俩手里却有了几千块余钱，这些余钱便来自孝义市农商行的“四位一体”精准扶贫产品。

"政府+银行+龙头企业+贫困户"，孝义农商行实施的金融扶贫模式，给建档立卡贫困户每户每人贷款5万元，无劳动能力的深度贫困户可带资入企，委托企业经营；企业签订合约的首月付给每个贫困户800元，以后月付200元，建档立卡贫困户每人每年因此可增收3000元。

有劳动能力的，除了可在企业工作挣工资，还可以用贷款创业。截至今年7月底，山西10个深度贫困县累计投放小额信贷7.31亿元，支持了16782个贫困户发展生产。

创新机制　培育动力

过去的一年，山西各地探索出很多扶贫机制，脱贫工作稳步推进。

晋中市和顺县探索建立"驻村帮扶工作积分制"，各级帮扶单位和驻村工作队小到请假、民情日志，大到站室建设、项目承接、学习培训等，都有相应的分数做考评。为杜绝造假，考评需要相关书面材料、责任人签字、票据台账等，并引入第三方评测问卷作效果评估。

"和顺县贫困人口26217人，贫困发生率约23.9%，为此我们加强帮扶队伍管理考核，改进结对帮扶机制，用积分量化驻村扶贫成效，促进了各级驻村帮扶工作队互比互促。"和顺县委书记孙永胜介绍，目前晋中市已在全市推广这一办法。

扶贫先扶志。吕梁市中阳县2016年探索让贫困户带资入企模式，建立资金、企业、合作社、大户与贫困户的利益联结机制，让贫困户不再坐等"输血"，而是主动参与，激发脱贫内生动力。

中阳的模式是让贫困户出资200元，县财政为其配套2500元作引导资金，扶贫单位、扶贫干部为其筹资300元，然后让贫困户因地制宜参加产业扶贫，贫困户连续4年每年可收益1000元以上，并享受4个方面的优先政策。而企业每带动一个贫困户脱贫，也可获得500元的奖补资金。

200元的小"杠杆"，撬动了4000元的收益，让贫困户的生活有很大改善。更关键的是，这种方法在强化贫困户与扶贫产业利益联结的同时，大大增强了贫困群众的参与度，他们在脱贫攻坚过程中不再"等靠要"。

造林年年有，如今更精准。山西省每年有400万亩的造林任务，现在70%以上安排到贫困县。10个深度贫困县今年新增造林150万亩，全部以议标方式，交给贫困户为主体的造林扶贫合作社实施。贫困户通过开展造林绿化、森林管护等获得稳定收入，进而实现稳定脱贫。一些已五六十岁、很难外出务工的贫困群众，每年在家门口通过种树、管树等劳动，即可获得几千元收入，改变了过去仅靠政府和社会帮扶救济的状况，精神面貌焕然一新。

此外，山西实施"农村本土人才回归工程"，各深度贫困县乡镇和村"两委"干部通过登门拜访、座谈联谊、宣传产业扶持政策等方式，动员吸引那些对家乡有感情、有能力、有业绩的人才回村干事创业，并择优选任为村"两委"干部，打造一支"不走的扶贫工作队"。

目前，全省10个深度贫困县共动员148名乡村本土人才回乡创业、任职。其中，21人被委任为村党组织负责人，38人在村"两委"挂职；回乡创业者共领办创办企业12家、合作社48个，带动近5000名群众脱贫致富。

（2017年8月19日《人民日报》　胡健　乔栋）

学习贯彻习总书记扶贫开发重要战略思想
坚决打赢深度贫困地区脱贫攻坚这场硬仗中的硬仗

骆惠宁对脱贫攻坚作出重要批示　楼阳生对脱贫攻坚工作提出要求

在"10·17"全国第四个扶贫日到来之际，省委书记、省人大常委会主任骆惠宁，省委副书记、省长楼阳生分别对脱贫攻坚工作作出批示。

骆惠宁在批示中代表省委、省政府向拼搏奋战在全省脱贫攻坚一线的广大干部群众，向支持参与山西脱贫攻坚事业的各界人士，表示崇高的敬意。指出，以习近平同志为核心的党中央把脱贫攻坚作为全面建成小康社会的底线任务和标志性指标，摆在治国理政的重要位置，以前所未有的力度推进。当前，脱贫攻坚已经到了攻克深度贫困堡垒的关键阶段。各级各部门要深入学习贯彻习近平总书记扶贫开发重要战略思想，坚持精准扶贫精准脱贫基本方略，不断增强责任感和紧迫感，聚焦深度贫困，发挥制度优势和政治优势，凝心聚力、攻坚克难，切实解决瓶颈制约，着力提高脱贫实效，激发贫困群众内生动力，不断增强自我发展能力，坚决打赢深度贫困地区脱贫攻坚这场硬仗中的硬仗，牢牢把握脱贫攻坚主动权，为全面建成小康社会奠定坚实基础，以优异成绩迎接党的十九大胜利召开！

楼阳生在批示中祝贺"10·17"扶贫日活动圆满成功。他要求，各级各部门要深入学习贯彻习总书记关于脱贫攻坚工作的重要指示，按照省委的决策部署，坚持目标导向、问题导向、责任导向、严实导向，以攻坚深度贫困的重点突破，带动脱贫攻坚的全面提升。党政“一把手”要坚决扛起主体责任，切实把扶贫工作抓在手上，以人一我十的精气神，把省委省政府作出的各项工作安排、各项超常举措落实到位，确保脱贫工作质量成色。要加强扶贫工程、项目、资金的监管，狠抓问题整改，做到既规范又高效，确保脱贫攻坚过程中不发生腐败问题。要进一步加强组织领导，凝聚强大合力，营造浓厚氛围，以更强的责任感、更硬的举措、更大的气力，推动今年脱贫攻坚实现再战再胜，确保在国家扶贫成效考核中取得好成绩。

今年以来，省委省政府深入学习贯彻习总书记重要讲话精神，聚焦最困难的地方、紧盯最困难的人群、扭住最急需解决的问题，确定10个深度贫困县为区域攻坚重点，3350个需要易地搬迁的深度贫困村为工作攻坚重点，28.47万家庭主要劳动力失能的贫困人口为群体攻坚重点，以“打不赢脱贫攻坚战，就对不起这块红色土地”的决心态度，深化认识、实化举措、优化政策、强化领导，全省上下形成攻坚深度贫困，决胜全面小康的浓厚氛围。目前，深度贫困自然村整体搬迁工作进展顺利，全省开工建设集中安置点1102个，竣工596个；全省163万亩退耕还林落地到户149万亩，4.3亿元奖补资金兑现到户，惠及8.2万贫困户；全省贫困村有主导产业的83.7%，贫困户中有增收项目的79.5%；全省扶贫小额信贷今年新增40.35亿元，同比增长18倍，8.7万贫困户受益；全省贫困地区上半年农民人均可支配收入预计达3480元，比去年同期增长9.3%，高出全省3.3个百分点。

(2017年10月17日《山西日报》李全宏)

2017年山西省脱贫攻坚工作综述

省扶贫办

2017年，山西省委省政府坚决贯彻落实习总书记扶贫开发重要战略思想和视察山西重要指示精神，以“打不赢脱贫攻坚战就对不起这块红色土地”的态度和决心，高位推动、持续发力，逐月逐季推进落实，脱贫攻坚取得决定性进展、实质性突破。

减贫任务圆满完成。预计3个国定县、12个省定县脱贫摘帽，2557个贫困村退出、75万人脱贫，贫困发生率降到3.86%。贫困地区农村居民人均可支配收入7330元，同比增长10.7%，高出全省3.7个百分点。

生态扶贫成效显著。五大项目带动51.9万贫困人口增收。贫困县退耕还林147.5万亩，惠及8.2万贫困户；造林绿化260万亩，带动6.2万贫困劳动力；经济林提质增效91万亩，惠及20.4万贫困户；森林管护就业吸纳1.9万贫困劳动力。汪洋副总理三次批示肯定，全国林业扶贫现场会在吕梁市召开。

整自然村搬迁取得重大突破。2016年搬迁10万贫困人口全部入住；2017年搬迁12万贫困人口，当年工程竣工率91.3%、入住率61.6%。3350个自然村、16.6万贫困人口整体搬迁，已启动2487个，搬迁884个，整村拆除复垦381个。搬迁群众生产有门路、生活有改善、权益有保障。习总书记视察山西肯定指出，整村搬迁是解决深度贫困的有效办法。

产业扶贫彰显特色。特色农业八大产业带动32万贫困人口增收，81%的贫困村有产业、有带动企业、有合作社，贫困户有项目、有技能。光伏扶贫713座村级电站、21座地面集中电站并网发电，惠及2000多个贫困村、7万贫困户。电商扶贫建设村级网点6201个，带动9.7万贫困人口增收，21个贫困县进入全国电子商务进农村综合示范县，全国产业扶贫现场会在我省召开。

就业培训纵深拓展。省级安排1.8亿元专项资金，完成农村贫困劳动力免费职业培训7.2万人，转移就业9万人，吕梁护工、天镇保姆、五台泥瓦工、繁峙绣娘等特色劳务品牌广受市场欢迎。央视朝闻天下连续8集120分钟报道吕梁护工。

保障兜底更加有力。农村低保提标240元，全省平均3627元，所有县都超过3200元省定扶贫标准指导线。完成农村危房改造7.79万户、土窑洞2.76万户。完成1121个贫困村、18.33万贫困人口安全饮水工程。教育扶贫资助贫困大学生7347人，“雨露计划”资助中高职生4.45万，生源地助学贷款23.39亿元、37万人。健康扶贫“三保险、三救助”，省级每年投入11.7亿元，报销比例90%以上，李克强总理考察我省给予肯定。

一年来，山西省委省政府坚持目标、问题、责任、严实“四个导向”保方向，资金、项目、政策、人才“四大举措”保重点，现场、案例、通报、督导“四种方法”保落实，数据库、政策库、项目库、人才库“四库建设”保精准，党委政府、人大政协、宣传舆论、人民群众“四方监督”保成效，脱贫攻坚责任体系、政策体系、工作体系和监督体系基本建立，八大工程20项行动强力推进，全省上下五级书记抓扶贫、全党动员促攻坚的氛围浓厚、态势向好。

一、坚持四个导向，确保脱贫攻坚正确方向

坚持目标、问题、责任和严实“四个导向”贯穿全年工作，持续压实党政主体责任，一线发现问题、解决问题，以严的标

准、实的作风,确保脱贫攻坚始终保持正确方向。

高位推动压实攻坚责任。骆惠宁书记、楼阳生省长把脱贫攻坚政治责任主动扛在肩上、抓在手上,带头双签脱贫攻坚主体责任和帮扶责任书,带头联系贫困县、帮扶贫困村。出台脱贫攻坚责任制实施细则,脱贫成效纳入年度目标责任和市县党政主要领导考核体系,市县委书记向省委述职脱贫攻坚。省市县实行专项扶贫双组长制,政府领导管行业就要管扶贫,脱贫攻坚只有主角没有配角,责任面前向前一步。对专项扶贫牵头部门实行专项考核。

聚焦问题持续推动整改。紧盯突出问题,逐月逐季整改落实。2月28日全省脱贫攻坚工作会,以改革精神破解五方面突出问题;3月份围绕健康扶贫、金融扶贫、易地搬迁等六个难点问题开展调研;4月25日吕梁现场推进会,集中整改国家和省脱贫成效考核发现突出问题;7月26日领导小组全体会,集中整改国家督查发现问题;9月14日省委省政府专题会,分六个方面问题逐县梳理清单深化整改;11月5日专项治理会,集中整治扶贫领域不正之风和腐败问题。全年召开省脱贫攻坚领导小组全体会4次、专题会46次,省委常委、组织部长吴汉圣,副省长郭迎光亲自协调部署,逐项推动落实。

强化考核严格奖惩兑现。对2016年度市县党委政府脱贫成效考核结果公开通报,综合评价好的长治市和11个县奖励1200万。在财政专项扶贫资金安排上,对综合评价好和专项工作好的市县奖补1.56亿元。考核中发现的突出问题点名通报,约谈综合评价差的6个县书记县长。

二、采取四大举措,集中攻坚深度贫困难题

落实总书记攻坚深度贫困的重要指示,资金、项目、政策和人才"四大举措"重点倾斜,以实的举措保障好的成效。

聚焦最困难的地方,确定10个深度贫困县;紧盯最困难的人群,确定28.47万深度贫困人口;扭住最急需解决的问题,对3350个深度贫困自然村整体搬迁。省委省政府出台《若干意见》10条。习总书记视察山西时肯定指出:"你们所采取的10条政策意见,靶向是准的,要确保抓出实效"。太原座谈会后,省委出台《实施意见》,进一步深化实化细化为21条。中办国办出台支持深度贫困地区脱贫攻坚实施意见后,逐条对照新增18条。

资金投入重点倾斜。全年财政扶贫投入118.11亿元,增长117%。其中,财政专项扶贫资金91.51亿元,增长168%;中央彩票公益金1.6亿元;政府专项债25亿元。统筹整合财政资金146.4亿元,超额完成年度计划。中央和省财政专项扶贫资金的30.5%、扶贫周转金的22.6%、扶贫再贷款的20%以上投向深度贫困县。省级25亿元地方债专项用于贫困村提升工程。中行山西省分行发行全国首单扶贫债券5亿元,支持忻州、吕梁公路建设。

项目建设重点布局。从深度贫困和生态脆弱高度重合、互为因果的区域特点出发,厚植生态底色,做足脱贫成色。全省退耕还林任务的43%共70万亩、造林绿化任务的39%共156万亩、新增沙棘林改造50万亩全部安排到深度贫困县。制定深度贫困县脱贫主导产业实施规划,逐县研判、逐业论证、逐项推进,重点支持杂粮、果菜、菌药等产业。光伏扶贫三年规划总规模的31%、危房改造总任务的37.6%倾斜安排深度贫困县。

政策举措重点支持。聚焦深度贫困自然村整体搬迁,出台《实施意见》,落实总书记解决好"人钱地房树村稳"7个问题的重要指示,精准识别对象、新区安置配套、旧村拆除复垦、生态修复整治、产业就业保障和社区治理跟进"六环联动"推进整村搬迁。省级筹资39亿元,对旧村拆除复垦和生态修复整治给予奖补。聚焦因病致贫返贫"支出型"贫困问题,构建"三保险、三救助""双签约""一站式"政策体系,基本医保、大病保险、商业补充险相互衔接,参保缴费救助、医疗救助、特困救助联动发力。慢性病门诊目录内费用按限额100%报销;住院目录内费用"136"兜底,即住院个人自付费用县域1000元、市级3000元、省级6000元封顶,实行先诊疗后付费和一站式平台结算,总费用报销比例提高到90%。组建村医村干服务团队2.1万个,开展健康扶贫就医、报销"双签约"。

帮扶力量重点集结。深化领导联系、单位包村、县际结对、企县合作、专业人才挂职、学校医院对口"六个帮扶"。参与帮扶的省领导36名,省直单位178个,经济强县10个,省属国企14户,民营企业1463户,科技金融专业人才102名,省属高校职业院校70所,示范高中88所,三级医院28家。

三、运用四种方法,推进政策举措落地落细

综合运用现场、案例、通报和督导推动"四种方法",以严的过程实现好的结果。

现场推动以点带面。总结各地好的经验,实地观摩、全省推广,以点的突破带动面的活跃质的提高。全年召开现场推进会15次。特色产业扶贫,总结长治市到村到户、吉县苹果业5个80%、岚县土豆全产业链等做法,按照特色农业八大产业规划,实施"一村一品一主体"产业扶贫,延伸产业链、提升价值链、构建脱贫链。出台"五有"产业扶贫机制标准和考核办法,开展企村项目对接,支持贫困村引进新型经营主体,发展农民合作社。财政资金、金融资本、社会投入联动发力,省级设立30亿农业(扶贫)产业发展基金、21.6亿扶贫周转金,扶贫小额信贷投放110亿,省里出台扶贫龙头企业贷款贴息办法,对带贫成效突出的种业型、加工型、流通型、科技型、服务型等五类龙头企业贴息支持,4574个贫困村实现"五有"目标。资产收益扶贫,总结壶关县企业带动、灵丘县多元主体、右玉县合作社、天镇县村级光伏等典型经验,在20个贫困县、54家企业、132家农民合作社先行试点的基础上,出台《实施意见》,开展政策培训,组织现场观摩,采取村集体资产折股量化、农民承包土地经营权入股、家庭财产入股、财政支农资金股权合作、财政扶持资金和小额扶贫贷款债权委托、经营主体间股份合作等多种形式,推动资源变资产、资金变股金、农民变股东,带动1800多个贫困村,7.6万贫困人口增加资产收益。

案例推动示范引领。总结立得住、可复制、能推广的案例百余个,尤其是扶贫与扶志扶智相结合,帮扶措施与贫困户参与相挂钩的案例。生态扶贫方面,总结吕梁造林扶贫合作社、大宁县购买式造林、左权县工队吸纳贫困户等案例,全省联动实施生态脱贫五大项目,退耕还林有奖金、造林护林挣薪金、林果产业赚现金、土地流转收租金。特别是创新造林组织形式,改招标制为议标制,变专业队实施为合作社实施,组建2933个扶贫造林合作社,贫困户占60%以上,造林投资的45%以上作为劳务费,直接支付到户到卡。贫困户成为生态建设的参与主体和受益主体,一人入社,全家脱贫。劳动力培训就业方面,总结吕梁护工、天镇保姆等案例,出台农村贫困劳动力转移就业意见,建立组织领导、宣传发动、技能培训、就业服务和政策支持"五大体系",免费职业培训7.2万贫困劳动力,组织168家省内外用人单位与贫困县劳务对接,在12个贫困县试点贫困劳动力转移就业社会保险补贴,在输入地设立跟踪服务机构,今年有9万贫困人口转移就业。电商扶贫方面,开展到村到户行动,建设贫困县运营中心97个、村级网点6201个,组织培训577期、5.87万人次,带动9.7万贫困人口增收。外引内培完善服务体系,阿里、京东、苏宁落地我省贫困县,乐村淘、农芯乐、左权粮易、静乐生活等本土品牌全国知名。吕梁山货网上行走进中直单位。武乡县整村微商模式在全国电商扶贫会交流推广。生态、就业、电商扶贫开辟了贫困地区增收新门路,拓展了贫困群众参与新渠道,许多贫困户依靠诚信劳动,学会了技能、增加了收入,更重要的是发现了自身价值、增强了脱贫信心。

通报推动持续加压。坚持重点工作逐月通报制度,逐项逐县排队、集中通报问题限期整改。每期报送省委政府、省纪委监委、省委组织部和省委督导组,下发市县党委政府主要领导。着力推进光伏扶贫。光伏扶贫是破解产业匮乏难题、促进增收脱贫的好政策好项目。我们扭住规划编制、工程进度、并网发电、收益分配等重要环节,定期通报、全力推进。省级出台项目管理办法、收益分配意见,安排专项资金补助。以县制定实施方案,项目布局与贫困村贫困人口精准对接,以村级(联村)电站为主,建设模式有林光、农光、牧光互补等。全省建成并网电站规模78.96万千瓦,村级电站累计发电1亿度。55个贫困县全部制定了收益分配办法,收益兑现到村到户,重点用于贫困村公益岗位、小型公益事业、奖励补助扶贫,鼓励贫困户参与力所能及的劳动获得收入和补助。国家一次性下达我省2017-2019三年光伏扶贫村级电站规模102.9万千瓦,占全国四分之一,规模建设村级电站2859座。加上已建成电站,可带动6500个左右贫困村、23.3万户贫困户持续稳定增收。国务院扶贫办刘永富主任肯定我省"光伏扶贫从这里起步,在全国推广"。全国光伏扶贫现场推进会我省作了交流发言。着力推进扶贫小额信贷。紧盯政策执行尺度、贷款投放额度、贫困户受益户数、财政贴息、风险补偿等环节,推动工作。"户贷户用户还"和政银企保农"五位一体"模式并用,出台实施意见、考核办法,分机构分市县确定任务,约谈6家推进慢的省级金融机构,金融扶贫成效评价对所有市和贫困县全覆盖,纠正"户贷企用"不规范问题,提高扶贫小额信贷覆盖率和贫困群众受益面。全年投放83.82亿元、17.63万贫困户,累计投放116亿元,惠及24.3万贫困户,贷款增量进入全国前列。着力深化驻村帮扶工作。围绕在岗情况、帮扶措施落实、群众满意度等要求,随机督查暗访,定期通报。出台干部驻村帮扶管理办法和省直、市、驻县大队长三个《考核办法》。实行驻村工作队和第一书记压茬轮换,1.16万包村领导、2.8万工作队员、9393名第一书记帮扶贫困村,25.6万党员干部结对帮扶贫困户。工作队员中的党员组织关系转入村党支部,省市派驻到国定县的第一书记占60%以上。推广运城市"红黑榜"、长治市网签管理、晋中市积分制管理等做法,对驻村干部和派出单位"双问责",全省通报约谈255个单位、131人,调整召回245人,提拔使用508人。

督导推动严管过程。采取督导组常驻督导、行业部门专项督导、重点任务集中督导等,较真碰硬、从严从实。易地扶贫搬迁。周通报、月调度、季排队。集中开展五轮现场督导,重点督导政策尺度、工程质量进度、搬迁入住速度、拆旧复垦力度、资金承接额度,86个项目县1170个集中安置点全覆盖,抽查不同类型搬迁户,所有项目点拍照留痕,以县形成督导报告,向书记县长现场反馈发现问题和整改要求,及时纠正对象不精准、建房面积和自筹资金超标等七个方面500多个问题,两次约谈存在问题的15个县书记县长,对象精准、项目开工、投资完成、工程竣工、居民入住、群众满意"六个率"明显提升。

四、推进四库建设,夯实识贫帮贫脱贫基础

狠抓数据库、政策库、项目库和人才库"四库"建设,为精准扶贫精准脱贫奠定好的基础。

建好数据库靶向精准。完善建档立卡信息平台,对扶贫对象、帮扶责任人、帮扶资金项目、帮扶政策实行模块管理。建立扶贫数据交换分析系统,推进扶贫信息与行业部门共享共用、互联互通。精准识别动态管理,年初开展脱贫人口核查核准,年中开展脱贫不实整改,两次动态调整新识别进入9.9万人,清理退出14万人,核定巩固脱贫对象20.4万人。国家审计署将我省大数据信息核查比对的做法,列为主动作为典型案例,在今年2号审计公告中肯定。出台贫困退出指标解释,确定省级年度扶贫标准指导线,对今年脱贫退出县两次对标对表、逐县研判、列出清单,补短板强弱项保成色。

建好政策库施策精准。分类梳理政策,将开发式帮扶、保障式兜底、贫困村提升3大类、55项政策,汇编成册,网上公布,明确责任部门,公布咨询方式,方便基层干部和群众了解掌握政策。宣传解读政策,培训各级各部门干部8381期、55.72万人次;培训农村第一书记和驻村工作队员8641期、58.46万人次,让政策库成为精准扶贫的重要工具。统筹用好政策,开发式帮扶,特色农业扶贫、生态扶贫、电商扶贫、旅游扶贫、培训就业扶贫、扶贫小额信贷、资产收益扶贫等,带动贫困户有志想做、有事可做、有技会做、有钱能做、有人帮做。保障式兜底,健康扶贫、教育扶贫、易地扶贫搬迁、危房改造、农村养老保险、低保五保和特殊救助等,保障贫困户老有所

养、幼有所教、病有所医、居有所安、难有所帮。贫困村提升，以户为基、以村为体、以县作战，实施路水电气网等基础设施建设，提升教育医疗文化等公共服务水平，改善村容村貌、户容户貌、精神面貌。

建好项目库抓手精准。从县情、村情出发，择优选定各类扶贫项目，以县为单位建立项目库，对实施主体、建设内容、资金需求、带贫机制和预期效益等实施项目化管理，确保扶贫投入接得住、用得准、效益好。省级实行项目备案、动态管理。开发完成项目管理数据信息系统，已在晋中市4个县试运行取得经验，目前正在全省推进项目入库工作。

建好人才库保障精准。省级组建专家库，联系产业、科技、政策、金融、法律等方面专家200余名。市县组建人才库，为58个贫困县选派科技特派员1000名，主导产业技术需求与科技特派员技术服务精准对接。贫困村培育创业致富带头人2906名。抓党建促脱贫攻坚，省委出台加强“三基建设”意见，建立健全各类人才重心下移、力量下沉、保障下倾的体制机制，省市县选派1万名干部到乡镇挂职，培养一批“懂农业、爱农村、爱农民”的优秀干部。以“两委”换届为契机，推进农村人才回归工程，动员优秀人才回农村干事创业，打造“不走的扶贫工作队”。

五、强化四方监督，确保社会认可群众满意

发挥党委政府、人大政协、宣传舆论和人民群众“四方监督”作用，推动责任落实、政策落实、工作落实。

加强党委政府监督。省委脱贫攻坚督导组抽调42名干部分7个组，划片包市，组长副组长分别由正副厅级干部担任。出台管理办法和督导结果运用制度，给督导组充分授权，定期召开例会，明确督查重点。督导组“三督三查两结合”开展工作(督责任督任务督作风，查重点查进度查成效，明察暗访相结合、日常督查随机抽查相结合)，问题及时反馈市县党委政府，定期报告省委。四轮督导全覆盖，共发现、整改问题1300多个。开展扶贫领域不正之风和腐败问题专项治理，覆盖全省有脱贫攻坚任务的11个市102个县(市、区)，以“四聚焦四整治”为重点，扭住资金流向和项目管理，盯紧人、盯牢钱、盯住事，逐笔资金、逐项政策、逐户对象排查，以县自查覆盖到村、以市互查覆盖到乡、省级重点抽查覆盖所有市和贫困县，共发现问题1.87万个。省政府开展扶贫政策资金专项审计，集中整改3大类16方面的问题。出台坚决克服形式主义减轻基层负担的意见。

支持人大政协监督。省人大颁布《山西省农村扶贫开发条例》共7章40条，2018年1月1日实施，为扶贫开发提供法治保障。开展专题调研督查，七位副主任带队，为期两个月，提出六方面意见建议。省政协开展视察监督调研，主席、副主席带队，省市县政协三级联动，组建10个组深入26个县，提出四方面意见建议。六个民主党派省委对脱贫任务重的市县开展民主监督。省人大代表、政协委员提出建议案、提案83件。

重视宣传舆论监督。开展扶贫日13项系列活动，举办“攻坚深度贫困”高峰论坛和“六个帮扶”分论坛。表彰奖励、大力宣传38名脱贫攻坚奖获得者，同时授予省“五一劳动奖章”。我省刘桂珍成为全国脱贫攻坚模范候选人，雷茂端获全国脱贫攻坚创新奖。新华社、人民日报、中央电视台等主流媒体新闻报道我省脱贫攻坚924条次，省级媒体4116条次。《耿二不二》《第一书记》《右玉和他的县委书记们》一大批反映脱贫攻坚的电影戏剧曲艺摄影等文艺作品推出，全省宣传舆论氛围浓厚，文艺创作空前繁荣。

接受人民群众监督。开展群众满意度市际交叉检查，抽调132名市县乡扶贫干部，覆盖36个国定贫困县，随机抽取134个贫困村、随机走访3752户，对交叉检查发现的贫困识别不精准、干部帮扶不扎实、政策落实不到位等6方面285个问题，以县梳理清单，即时反馈，核实整改，并召开3市党政分管领导、18县书记县长情况通报座谈会。开展全省扶贫领域信访积案“清零”专项行动，249件信访案件全部得到妥善解决。山西扶贫网和微信公众号，解读政策、推送信息、公告公示，主动接受群众监督。及时受理办结12317监督举报电话、群众信访举报。

山西脱贫攻坚取得决定性进展、实质性突破，根本在于有习近平同志为核心的党中央高度重视、亲切关怀。总结一年工作的深刻体会是：以上率下才能凝聚合力。省委书记省长牢记总书记嘱托，以上率下扛起政治责任，亲力亲为推动工作落实，凝聚了全省众志成城、攻坚拔寨的强大合力。先难后易才能赢得主动。深度贫困是重点更是难点，关乎全局、决定成败。省委省政府聚焦区域攻坚、群体攻坚和工作攻坚重点，以攻坚难点激活全盘，重点突破带动全局。下足绣花功夫才能落到实处。问题导向是全年的“主题词”，进村入户发现问题，追根溯源研究问题，抓住症结整改问题，从严从实解决问题，确保问题解决在过程之中。较真碰硬才能确保过硬。树起求真导向，立起务实规矩，军令状就是责任状，问题清单就是责任清单，严格奖惩才能求真务实。

（马军侠）

省委工作部门工作概况

省委办公厅工作概况

省委秘书长　王　赋

2017年，省委办公厅坚持以习近平新时代中国特色社会主义思想为指引，深入学习贯彻党的十九大精神和习总书记视察山西重要讲话精神，认真落实省第十一次党代会的部署，按照骆惠宁书记对办公厅工作的指示要求，对照“六个一流”工作标准，勇于创新、拼搏奉献，着力提升“三服务”水平，全力为省委工作高效运转搞好服务，为谱写新时代中国特色社会主义山西篇章作出了积极贡献。

一、加强政治建设，抓好理论武装，牢牢把握正确政治方向

坚持把党的政治建设摆在首位。认真推进“两学一做”学习教育常态化制度化，扎实开展维护核心、见诸行动主题教育，严格执行新形势下党内政治生活若干准则，引导全厅党员干部牢固树立“四个意识”，始终在政治立场、政治方向、政治原则、政治道路上同以习近平同志为核心的党中央保持高度一致。坚持用习近平新时代中国特色社会主义思想武装头脑。组织厅中心组集中学习研讨10次，积极开展讲党课活动，教育引导广大党员坚定理想信念，牢记党的宗旨，自觉做共产主义远大理想和中国特色社会主义共同理想的坚定信仰者和忠实践行者。坚持围绕中心、服务大局。紧紧围绕学习宣传贯彻党的十九大精神和习总书记视察山西重要讲话精神，切实把办公厅工作放到省委工作全局中去谋划、把握和推进，不折不扣贯彻中央和省委各项决策部署，认真贯彻“一个指引、两手硬”的工作思路和要求，确保办公厅工作始终沿着正确方向不断前进。

二、加强效能建设，提升服务质量，确保省委正常高效运转

（一）认真出谋划策，充分发挥参谋助手作用。组织起草省委各类文稿500余篇、400余万字。陪同省委领导深入基层调研100余次，形成调研报告5篇8万余字。编发《山西信息》2070期、516余万字，被中办采用105篇，中央和省领导批示80余件（次）。落实反馈网民留言2322件，收到群众感谢信21封，连续9年荣获人民网“全国网民留言办理工作先进单位”。协助省委妥善处置紧急信息和突发事件893起，向中办秘书局报送值班要情41期，受理处置影响安全稳定情报线索233期。圆满完成十九大期间应急值守工作，办理省级、厅级领导干部外出请假报备758期。

（二）加强综合协调，充分发挥运转中枢作用。按照省委要求，会同有关部门精心做好习总书记视察山西和李克强、汪洋、赵乐际等党和国家领导人来晋考察调研的服务保障工作。做好深度贫困地区脱贫攻坚座谈会、全国推开国家监察体制改革试点工作动员部署电视电话会议等全国性会议的服务保障。精心组织各类全省性会议100余次，完成省委十一届三次、四次、五次全会等重要会议的组织保障工作。积极协助国家审计署来晋做好对原省委省政府主要领导的审计工作。积极向中办请示报告、对接工作，坚持省级班子秘书长联席会议制度，加强对市县和省直相关部门的业务指导。审核处理省委和省委办公厅文件401件，印发白头文件等不编号文件78件。制定、审核党内法规16件，向中办法规局报备党内法规和规范性文件114件，备案全省党内规范性文件605件。审批我省2017年立法计划，批复17个地方性法规草案和4个地方政府规章草案。办理省

委来文来电848件，办公厅来文来电216件，传阅传批文件3000余次，印发中央、省委文件739件，转办省委领导同志批示4000余件。收投党政军核心密件4550件，交换站发文68万余份，圆满完成核心秘密载体传递任务，取得连续25年业务无差错的好成绩。

（三）强化督促检查，充分发挥推动落实作用。制定并以省委名义出台《关于加强新形势下党的督促检查工作的实施意见》。围绕习近平总书记视察山西重要讲话精神贯彻落实展开督查和回访。及时高效抓好中央和省委主要领导同志批示和交办事项的督查督办。积极协助中央第二环境保护督察组等团组在我省开展工作。建立督查台账，就省第十一次党代会报告目标任务和省委常委会2017年工作要点实行动态督办督查。认真组织对贯彻执行中央八项规定精神、全省深化群团改革等情况进行专项督查。积极做好提案办理，省政协交办的60件提案全部办结。

（四）突出运行保障，充分发挥服务支持作用。严格落实安全工作责任制，加强隐患排查，狠抓综合治理，确保省委机关重点部位绝对安全。健全财务制度，坚持严抓细管，优先保障省委重大任务资金需求，圆满完成各项经费保障任务。对省委机关办公用房进行集中统一调整，受到各相关单位高度好评。积极推进政府采购，规范资产配置管理，加强公共设施维保，日常服务保障能力大幅提升。落实党的老干部政策，满腔热情做好家访慰问、医疗保健等服务保障工作。加强档案信息化建设，更好发挥档案留史资政作用。举行彭真同志诞辰115周年系列活动。劲松新景小区工程荣获“鲁班奖”。抓牢做实机关办公区绿化美化工作。举办党办系统三期培训班，培训学员237人。坚持安全、保密、优质、高效的服务宗旨，圆满完成省委机关各项文件印刷任务。省委机关幼儿园荣获太原市五星级幼儿园和省级示范园称号。严格执行公务用车管理规定，安全出行2.73多万台次，累计行驶57万公里。做好后勤服务保障工作，对省委传达室、东楼三层和八层会议室进行整体改造。

（五）狠抓管理监督，充分发挥厅管单位职能作用。深化晋台经济文化合作交流，对台宣传工作取得明显成效。会同有关部门做好“第二届海峡两岸同胞神农炎帝民间拜祖典礼”相关工作。加强日常密码通信保障，抓好密码安全体系建设，全力做好党的十九大密码通信工作，随行省委领导服务保障27次110天。办理明密电报6600余份。充分发挥党委系统信息化优势，全省电子政务内网建设和应用实现新突破。推动《中共山西省委贯彻落实〈中共中央关于加强和改进保密工作的意见〉的实施意见》的落实，做好党的十九大等重要会议和活动的保密工作。做好中央调研组、中组部考察组、中央环保督察组、中组部中纪委督导组等重要团组服务保障工作。

三、加强“三基建设”，强化内部管理，不断提升办公厅工作科学化水平

（一）高标准推动“三基建设”。省委常委、秘书长王赋先后3次召开会议，研究重点问题，审议工作方案，听取工作汇报。省委常务副秘书长、办公厅主任张瑞鹏担任“三基建设”领导小组组长，召开经验交流和工作推进会，对全面推进“三基建设”进行安排部署。厅机关党委、办公室、人事处等组成领导小组办公室，有力有序推动各项工作。

（二）高质量完成重点工作任务。建立抓党建工作清单制度，将抓党建工作纳入干部年度考核，厅管单位负责人全部担任党组织书记；制定全厅及各处室“一目录”“一流程”“三清单”，健全工作机制，完善工作制度57项，规范工作流程图34张；首次出台全省党办系统干部职工通用能力标准和专业能力标准；推进全省党政机关无纸化办公和文书档案管理规范化建设取得实质性进展，加大了对全省党办系统“三基建设”的指导推进力度。

（三）高水平加强内部管理。坚持从严管理，对2起群众反映的党员干部违纪违规问题线索进行检查处置，约谈6人，诫勉谈话1人，行政处分1人，对所在单位班子进行集体约谈；关心干部职工的健康成长，把严格管理建立在尊重人、理解人、关心人的基础上。

四、加强队伍建设，改进机关作风，大力营造干事创业的良好氛围

做好干部选拔使用工作。完成60名处级干部任用、31名处级领导干部试用期满正式任职、3名考录公务员转正定级、6名科级干部职务晋升工作。配合完成13名省管干部的推荐考察、2名副厅级干部试用期满转正考核、2名厅级干部交流任职和厅管二级局主要领导调整工作。配合中组部、中办机要局完成3名干部的民主测评和考察工作。加大培养锻炼力度。举办3期专题培训班；选派27名干部参加组织调训；选派28名干部参加高校专题研修；组织干部参加网上在线自主学习。充实驻村帮扶工作队员和农村第一书记，选派2名年轻干部到乡镇挂职锻炼。加大干部引进力度。接收安置4名划转人员，遴选10名年轻干部、优选2名军转干部到厅机关工作。加大关心爱护力度。由厅办公室牵头，对困难干部职工进行慰问帮助，让大家真正感受到组织的关怀和温暖。

坚持把改进机关作风放到突出位置来抓，及时传达贯彻习总书记关于进一步纠正“四风”、加强作风建设的重要指示精神，制定实施《省委办公厅贯彻落实中央八项规定精神实施细则》，严格落实各项廉政制度。自觉对标中办，教育引导党员干部弘扬优良作风，展现良好形象。

（刘　斌）

附：省委秘书长、常务副秘书长、副秘书长、省委办公厅主任、副主任名单

省委常委、秘书长：罗清宇（6月离职）

王　赋（6月任职）

省委常务副秘书长、省委办公厅主任：张瑞鹏

省委副秘书长： 李体柱（11月免去省信访局局长职务）
冯　征（正厅长级，1月免去省委防范办主任职务，12月离职）
储祥好（正厅长级）
王利波（省委政研室主任，7月任省委全面深化改革领导小组办公室常务副主任、省国家资源型经济转型综合配套改革试验区工作领导组办公室主任）
宋　伟（正厅长级）
毛益民（9月任省委保密委员会常务副主任、正厅长级）

省纪委驻厅纪检组组长： 张建华

省委办公厅副主任： 曹荣湘　宋惠民

省委组织部工作概况

省委组织部部长　吴汉圣

2017年，在省委的坚强领导和中组部的正确指导下，全省各级组织部门深入学习贯彻习近平新时代中国特色社会主义思想和党的十九大精神，认真贯彻落实习总书记视察山西重要讲话精神，坚持组织路线服务政治路线，紧紧围绕省委中心工作，坚决落实全面从严治党要求，突出问题导向、强化担当作为，推动干部、组织、人才等各方面工作取得新成效。

一、突出加强思想政治建设，扎实开展"维护核心、见诸行动"主题教育

紧跟党的理论创新步伐，组织党员干部深入学习贯彻习近平新时代中国特色社会主义思想和习总书记视察山西重要讲话精神，坚定"四个自信"，树牢"四个意识"，在思想上政治上行动上同以习近平同志为核心的党中央保持高度一致。先后举办6期省管干部学习贯彻十八届六中全会专题研讨班、4期党的十九大精神专题研讨班，将省管干部轮训两遍。落实省委部署，将"维护核心、见诸行动"作为山西省推进"两学一做"学习教育常态化制度化鲜明主题，按照"8+5"重点安排，抓住"关键少数"，抓实基层支部，开展了3轮督导检查。各级党组织围绕学习习总书记视察山西重要讲话精神、《习近平总书记的成长之路》和《习近平的七年知青岁月》，组织党员干部深入研讨交流，开展系列知识竞答，累计参与答题6509万人次。贯彻省委加强党内政治文化建设《意见》，建立太行、右玉两所干部学院，用革命精神滋养激励广大党员干部，已培训19822人次。有针对性地开展干部日常教育培训，不断提高干部领导能力和专业化水平，2017年培训各级各类干部6.4万余人次。

二、以高素质专业化为目标，着力建设适应转型发展需要的过硬干部队伍

坚持好干部标准，把握正确用人导向，更加突出专业化要求选干部配班子。2017年，省委常委会研究任免干部10批次1079人次，其中提拔重用435人，一批忠诚干净担当、具有较高专业素养的干部走上领导岗位。紧扣转型发展需要，从中央有关部委引进4名干部到省经信委、国土厅、商务厅、转型综改示范区任职；从全国重点高校引进8名专家到山西省具有博士授予权的本科院校挂职副校长；从省内高校选拔法律、外语等专业人才到省直有关厅局任职；围绕脱贫攻坚，为沿黄贫困地区选配一批熟悉农业、林业、水利的专业干部，为贫困县选派了44名挂职科技副县长、58名挂职金融副县长，实现贫困县与金融机构干部双向挂职全覆盖；对省直单位"总师"职务管理作了规范，更加强调专业能力、专业精神，防止把"总师"作为安排干部的普通行政岗位。全力筹备省人大政府政协换届，圆满完成配合中组部考察、省人大代表选举、省政协委员提名等工作。开展后备干部调研，建立了省管后备干部名单，其中厅级正职后备干部218名、厅级副职后备干部1097名，逐一明确培养方向和培养措施，有计划地选派干部参与信访、巡视等专项工作。从省直机关集中选拔了一批优秀处级干部担任副巡视员并继续兼任处长职务。加强和改进选调生工作，共招录选调生377人，其中北大、清华、人大、浙大毕业生77人；扩大2018年定向选调生招录范围，增加复旦大学、南京大学等6所"双一流"高校。在中联部举办的"中国共产党的故事·全面从严治党·山西省委的实践"专题宣介会上，宣介了山西省坚决刷新吏治、科学选人用人的实践探索。

三、坚持严管与厚爱相结合，努力激发干部干事创业的精气神

坚持抓早抓小抓预防，严格日常管理监督，一年来，共与干部提醒谈话88人，函询396人，诫勉28人。开展《领导干部报告个人有关事项规定》和《领导干部个人有关事项报告查核结果处理办法》宣传培训，按新规定从严组织申报和查核对比工作，共处理未如实填报个人有关事项报告的省管干部338人。强化干部选任监督和责任追究，办理选人用人案件124件。结合省委第二轮巡视对20个省直单位选人用人工作开展专项检查，在全省范围内进行了通报，对320名当事人有关问题进行处理，对63名相关责任人严肃问责。把严格要求与关心爱护干部统一起来，推动省委激励干部担当作为干事创业、支持干部改革创新合理容错"两个办法"贯彻落

实,建立健全相关配套措施。改进年度目标责任考核评价体系,强化考核结果运用,加大奖惩力度。认真落实领导干部能上能下《若干规定》和《实施细则》,全省共调整不适宜担任现职干部 234 人。

四、狠抓“三基建设”,进一步夯实党的执政根基

认真落实省委“三基建设”25 条意见,2017 年重点抓的具有重大牵引作用的 13 项任务取得明显成效,形成了重心下移、力量下沉、保障下倾的工作机制,全省上下重视基层、大抓基层的导向日益鲜明,人往基层走、钱往基层投、政策往基层倾斜的大环境逐步形成。从严从实抓好村(社区)“两委”换届工作,截至 2017 年底,99.9%的村党组织、99.7%的社区党组织完成换届。对首轮选派、任期满两年的 5483 名农村第一书记进行压茬轮换,农村第一书记、驻村工作队员党组织关系全部转移到村。新选派万名干部到乡镇挂职帮助工作,进一步充实了基层工作力量。大力实施农村本土人才回归、村级集体经济破零工程,吸引回乡创业人才 8084 人,全省 94.6%的村实现集体经济破零,38.9%的村年收入达 5 万元以上。开展“村霸”问题专项整治,排查出问题人员 389 人,涉及村干部 56 人,调整撤换 50 人,移交司法机关 56 人。加大财政投入力度,提升农村基层基础保障水平,全面实现乡镇工作运转经费不低于 60 万元、村级组织运转经费县域内平均不低于 9 万元。以纪念建党 96 周年为契机,评选表彰了 112 名优秀村党组织书记和 20 名山西最美社区干部。统筹推进各领域党建工作,召开 3 个专题会议部署推动。全省非公企业和社会组织全年发展党员 3280 人,非公经济组织党组织覆盖率达到 88.64%,社会组织党组织覆盖率达到 67.48%。省直机关单位全部成立部门党建工作领导小组,8020 个基层支部推进规范化建设。首次为民办高校集中选派 7 名党委书记,531 个 30 人以上的民办学校建立党组织,覆盖率达 86.80%。从严加强党员队伍建设,积极稳妥做好失联党员规范管理和组织处置,发展党员 4.7 万余人。

五、大力实施人才强省战略,人才发展体制机制改革不断深化

制定出台《关于深化人才发展体制机制改革的实施意见》及近 50 个配套文件。在释放活力上,取消了“控编进人卡”“进人计划卡”,职称评审取消计算机应用能力考试、外语考试、论文限制性要求;在保障机制上,每年安排 1.5 亿元专项资金,符合条件单位绩效工资总量可在 5 倍以内核定,并自主分配;在政策创新上启动了晋商晋才回乡创业创新工程,首次面向全国招聘年薪制聘任制公务员。一年来,我省新增中国工程院院士 1 名、国家“千人计划”人才 2 名、国家“万人计划”人才 4 名、“长江学者”2 名;柔性引进诺贝尔奖获得者 2 名、“两院”院士 15 名;引进省“百人计划”人才 101 名、创新团队 2 个;遴选“三晋学者”特聘教授(专家)24 名、宣传文化系统“四个一批”人才 62 名、山西省青年拔尖人才 10 名。选拔“百千万人才工程”国家级人选 3 名、新兴产业领军人才 139 名、中华技能大奖获得者 10 名。培育新型职业农民 68134 名、农技骨干人才 4332 名。培训持证社工 3000 名。

(薛 炜 程永杰)

附:省委组织部部长、常务副部长、副部长、部务委员名单

省委常委、组织部部长: 盛茂林(4 月离职)
吴汉圣(4 月任职)

常务副部长: 孙大军

副 部 长: 白秀平 陈跃钢 张晓峰 赵建华

省纪委驻省委组织部纪检组组长: 贯文儒

部 务 委 员: 赵忠保(12 月离职) 张志刚(7 月任职)
张晓永(12 月任职)

省委宣传部工作概况

省委宣传部部长 王清宪

2017 年,全省宣传思想文化战线坚持以习近平新时代中国特色社会主义思想为指导,紧紧围绕中央和省委重大决策部署,牢牢把握“两个巩固”根本任务,坚持“两论立部”工作方针,扎实做好各项工作,为全省改革发展稳定提供了强大的思想保证、精神力量、道德滋养和文化条件。

一是始终把迎接宣传贯彻党的十九大作为工作主线贯穿全年。精心组织党的十九大宣传工作,在省内新闻媒体开设专题专栏,广泛宣传党的十八大以来我省各项事业取得的历史性成就、发生的历史性变革,形成了强大声势,凝聚了向上力量。组织各级宣讲队伍围绕党的十九大精神、习总书记视察山西重要讲话精神,开展宣讲 23 万余场,覆盖各类人群 800 余万人,推动全省上下形成了深入学习贯彻习近平新时代中国特色社会主义思想和党的十九大精神的热潮。

二是理论武装持续加强。出台《贯彻党委(党组)理论学习中心组学习规则实施办法》等文件,配合省委办好学用系列讲话经验交流会、深入学习宣传习近平总书记系列重要讲话和视察山西重要讲话精神北京恳谈会、省管干部研讨班等学习活动,推动全省上下形成了一级带一级、层层抓学习的良好局面。建立并发挥重大思想理论文章撰写联席会议机制作用,成立全国首家省级智库行业协会,推出重头理论评论文章百余篇,编印通俗理论读物,产生了重大思想影响和实践推动力量。我省国家社科规划课题立项 59 项,达历史最好水平。

三是舆论宣传富有成效。建立并发挥重大题材新闻报道联席会议机制作用,打响了一系列重大宣传战役。中央主要新闻媒体刊发刊播涉晋正面稿件3600余条,人民日报头版头条发稿量位居全国第三,《别了,白家庄矿》等3篇通讯报道荣获第二十七届中国新闻奖。出台《关于加强和改进中华文化走出去工作的实施意见》,组织"看山西"等系列外宣活动,制作《读懂中国从山西开始》等外宣精品,促进了山西对外形象的改善。建设"山西发布"微博、微信平台,县级以上党委、政府新闻发言人实现全覆盖,省市两级全年举办新闻发布会352场。

四是意识形态管理鲜明有力。把意识形态工作纳入党建工作责任制、年度目标责任考核和省委巡视范围,加强季度分析研判、形势通报、述职问责等工作,推动了意识形态工作责任制落实。成立正厅级建制的省委网信办,印发《提高互联网条件下领导干部工作能力的意见》,加强网络内容建设、网评工作和网上舆情管控,网络空间日渐清朗,多次受到中央网信办的肯定。开展净化舆论环境专项整治,加大"扫黄打非"力度,密切跟踪舆情动态,防止了各类错误思潮的渗透。召开全省高校思想政治工作推进会,出台加强和改进高校思想政治工作的实施意见,加强企业思想政治工作,各类阵地建设和管理水平有效提升。

五是社会主义核心价值观广泛弘扬。出台把社会主义核心价值观融入法治山西建设的实施意见和深化农村精神文明建设实施意见,完善文明城市、文明校园等创建管理测评体系和爱国主义教育基地管理办法,推动省级社会主义核心价值观示范点创建工作,开展公益广告宣传、微电影征集展示、道德模范选树等活动。全面启动学雷锋志愿服务站点建设,全省志愿者注册人数突破百万。长治市、孝义市被评为全国文明城市,129个村镇、198个单位、17所学校分获全国文明村镇、文明单位、文明校园。运城市及6个单位、3名个人分获全国未成年人思想道德建设先进城市、先进单位、先进个人。25人入选中国好人榜,10人荣获第六届全国孝老爱亲道德模范称号及提名奖。

六是文艺创作生产活跃繁荣。持续开展"深入生活、扎根人民"主题实践活动,深入推进"精准扶贫"主题曲艺作品创作展演、高校戏剧季等文艺活动。首届山西艺术节、第十七届平遥国际摄影大展、"右玉精神"系列宣传等大型活动成功举办,首届平遥国际电影展成为第5个获得国家批准的国际电影展。加强规划引导和扶持奖励,打造了大型音乐舞蹈史诗《为有牺牲多壮志——右玉和她的县委书记们》等现实题材作品,推出了电视剧《于成龙》、音乐剧《火花》、图书《中国家规》等精品力作。制订我省优秀传统文化传承发展工程实施意见,实施乡村文化记忆工程、"文明守望工程"、《山西文华》丛书编纂出版工程,开展文化资源普查工作,加快了山西优秀传统文化传承转化区建设步伐。

七是文化事业和文化产业蓬勃发展。出台《关于推动国有文化企业把社会效益放在首位、实现社会效益和经济效益相统一的实施意见》《关于加强文化领域行业组织建设的实施意见》,制定完善省属文化企业负责人双效业绩考核办法,国有文化资产管理进一步加强。出台山西省"十三五"文化强省规划,全面深化宣传思想文化领域体制改革,开展省级文化行业组织专项治理行动,推进图书馆文化馆总分馆制改革等工作。媒体深度融合取得突破性进展,山西媒体智慧云平台正式上线运行。超额完成"免费送戏下乡一万场"演出任务,广泛开展"书香三晋·文化山西"全民阅读系列活动,完成贫困村综合文化服务中心示范工程建设、农村公益电影放映工程、广播电视直播卫星户户通工程建设任务。全省10个单位入选第七届全国服务农民、服务基层文化建设先进集体。建立"十三五"时期文化产业重点项目库,完成全省文化产业普查调查数据填报工作,采集各类文化产业市场主体信息61648条,其中法人单位信息条目较2016年增长75%。成功举办第三届山西文博会,骆惠宁书记批示"有进步、有特色"。

八是人才队伍建设不断加强。深入推进"两学一做"学习教育常态化制度化和维护核心见诸行动主题教育,全面加强"三基建设",扎实开展巡视整改自行"回头看",开展"两提一创"大讨论活动,全战线广大党员干部"四个意识"普遍增强、"四个自信"更加坚定。压实各级党组织和领导班子全面从严治党"两个责任",严格落实党内政治生活准则、党内监督条例和中央八项规定精神实施细则等制度,大力弘扬良好党内政治文化,驰而不息纠正"四风",深入开展调查研究,营造了风清气正的干事创业环境。大力加强培训锻炼,举办各类培训(研修)班80余期,人数达1.7万余人。新选拔推荐全省"四个一批"人才62名、全国理论人才2名。全战线法治建设、信息化建设、精准脱贫、社会治安综合治理、统战、群团和老干部等各项工作得到加强。

(王　正)

附:省委宣传部部长、常务副部长、副部长名单

省委常委、宣传部部长: 王清宪(11月离职)

常务副部长: 李福明

副　部　长: 刘英魁(5月离职)　郭　健(7月任职)　杨茂林　董晓林

驻部纪检组长: 吴照曲

副部长、省委外宣办主任: 张　羽(8月任职)

省委统战部工作概况

省委统战部部长　廉毅敏

2017 年省委统战部实施助力振兴崛起“六大行动”，各领域工作重点突出、亮点纷呈，全省统一战线工作开创了新局面，为推动我省转型发展、实现三大目标提供了广泛力量支持。

一、开展“凝心”行动，进一步巩固统一战线共同思想政治基础

开展“凝心”行动，以习近平新时代中国特色社会主义思想为指引，深入学习贯彻党的十九大精神。在民主党派中开展“不忘合作初心，继续携手前进”专题教育，在各民主党派、无党派人士中开展“拥戴核心、合作共进”主题教育活动，举办 5 次“民主党派学习讲堂”；在非公经济人士中开展以“守法诚信、坚定信心”为重点的“四信”教育实践活动，召开全省青年一代民营企业家理想信念报告会；在党外知识分子和新的社会阶层人士中开展“学先进、做榜样、比贡献”践行社会主义核心价值观主题活动，全年共举办培训班、专题讲座、报告会等 200 余场。统一战线广大成员“四个自信”和“四个意识”不断增强。

二、开展“聚力”行动，进一步维护团结合作的政治大局

开展“聚力”行动，进一步引导广大统战成员积极建言献策，为全省转型发展作出新贡献。一是积极协助民主党派协商议政、民主监督。制定出台《2017 年政党协商计划》，提出“一督促两反馈”实施步骤，全年召开党外人士协商座谈会 12 次。创办《直言简讯》，建立党外人士建言献策直通车机制。组织各民主党派开展“订单式”调研 12 次，支持各民主党派开展脱贫攻坚民主监督工作，提出各类意见建议近 300 条。二是圆满完成民主党派换届工作。6 月份圆满完成全省 61 个民主党派市级组织换届工作，8 月底完成 6 个民主党派省委会换届工作，54 名党派省委领导班子成员全部高票当选。三是协助民主党派加强自身建设。落实骆惠宁书记“三硬”要求，开展“民主党派省委会自身建设年”活动，将民主党派省委会机关纳入全省年度目标责任考核范围。

三、开展“树信心促转型”行动，进一步推动民营经济发展由“疲”转“兴”

开展“树信心促转型”行动，积极营造尊重和激励企业家干事创业的环境。一是深入走访调研。以“提信心、解难题、促发展”为主题，走访调研困难民营企业 1353 家，提出 7 方面 20 类 60 条对策建议，形成了调研报告，为省委决策提供了重要参考。二是优化营商环境。启动“兑现政府对民营企业的承诺”专项行动，设立省民营经济综合服务窗口，召开产业扶贫政银企洽谈会，助力打造“六最”营商环境。三是推动晋商回乡创业。深入推进“晋商晋才回乡创业创新工程”，组织民营企业家参加山西省招商引资（珠三角）推介会，指导各地市开展多形式、多层次的晋商晋才回乡创业创新恳谈会、座谈会，引导广大晋商积极投身山西经济建设主战场。四是圆满完成省工商联换届任务。严格程序，严肃纪律，7 月份召开省工商联第十二次代表大会，实现了平稳换届、和谐换届。

四、开展“惠民行动”，进一步为全省脱贫攻坚做出新贡献

开展“惠民行动”，全力打好统一战线助力脱贫攻坚组合拳。一是实施助力脱贫攻坚培训工作。做好中阳县对口帮扶工作，选派扶贫下乡队员、第一书记，开展处级干部结对帮扶工作。在中阳、陵川、壶关等贫困县开展职业技能系列培训活动，培训 1600 余人。实施“去产能再就业”温暖工程项目，培训 800 余人。二是推进“千企帮千村”精准扶贫行动。全省 1573 家企业实施项目 3479 个，投入金额 25.6 亿元，帮扶贫困村 2583 个，帮扶贫困人口 26.5 万人。三是开展光彩事业“太行行”。山西光彩事业“太行行”在长治市捐款捐物价值 2013 万元，现场签约 18 个项目，拟投资总额 171 亿元。积极争取中国光彩会的产业扶贫项目，推动 3 个民企项目获批全国光彩事业重点项目，4 个企业项目获批国家扶贫贷款项目。

五、开展“破解难点行动”，进一步维护和谐稳定的大局

开展“破解难点行动”，站在维护全省稳定大局的政治高度，扎实做好民族宗教工作。一是全面贯彻宗教工作基本方针。制定出台《中共山西省委、山西省人民政府关于加强和改进新形势下宗教工作的实施意见》，开展 11 市宗教工作重大决策部署贯彻落实情况专项调研检查，中央统一战线领导小组检查组对山西省落实情况给予高度评价。二是积极破解宗教领域重点难点问题。牵头开展五台山整改整治调研督查，形成《关于五台山景区综合整改整治调研督查报告》。三是深入开展民族团结进步创建活动。重点做好少数民族流动人口服务和管理工作。召开民族团结创建运城交流现场会。

六、深化港澳台海外和党外知识分子统战工作，进一步拓宽统一战线凝心聚力渠道

一是做好港澳台海外统战工作。先后接待港澳台来访团组10余个。举办“铭记历史、开创未来”海峡两岸黄埔同学、亲属后代书画作品展。成功选举产生第六届省海联会领导机构，争取到港澳捐资建设30所海联新农村卫生室，受到群众一致好评。二是党外知识分子统战工作进一步深化。制定印发山西省《关于加强新形势下高校统一战线工作的意见》，召开3次省属高校统战部长联系交流会议，首次举办省无党派代表人士培训班，充实无党派人士重点人物库和后备人物库。推进留学报国基地建设，开展9期“百人计划”专家“三进”系列活动，为留学人员创新创业搭建平台。三是新的社会阶层人士统战工作取得新进展。开展“山西省新的社会阶层人士基本情况调研”，形成1个主报告5个分报告，摸清了全省底数。印发《中共山西省委关于加强新的社会阶层人士统战工作的实施意见》，召开全省新的社会阶层人士统战工作会议，建立联席会议制度，完善新的社会阶层代表人士信息库，努力开创新阶层统战工作新格局。

七、开展“强基固本”行动，进一步夯实统一战线工作基础

开展“强基固本”行动，一是加强“三基”建设，推进全面从严治党。编制三基建设“一目录三手册”，推进“两学一做”学习教育常态化制度化，认真开展维护核心见诸行动主题教育。推动全面从严治党向纵深发展，严格落实“四对照”“三清单”“一制度”要求，持续开展警示教育，从严落实中央“八项规定”精神，驰而不息纠正“四风”。二是提升干部素质，推进改革任务落实。开展“改造我们的学习”活动，成立统战青年学习小组、“统战学堂”微信平台，营造了良好学习氛围。按照中央、省委关于群团改革的要求，积极推进侨联、台联、省职教社、山西欧美同学会、省黄埔军校同学会的改革工作。三是加强理论研究，广泛宣传山西统战。成立了涵盖5个领域80名专家的山西统一战线智库，深入开展统战理论研究，研究成果首次获全国统战理论创新一等奖。广泛开展山西统战宣传工作，荣获《中国统一战线》宣传先进单位，统战信息蝉联全国二等奖，《零讯》采用11篇，《助力振兴崛起“六大行动”》被评为全国统战工作实践创新成果奖。

（侯国柱）

附：省委统战部部长、常务副部长、副部长、巡视员、副巡视员名单

省委常委、统战部部长： 廉毅敏
常务副部长： 郭海刚
副部长、省工商联党组书记： 杨临生
副部长、省宗教局（民委）局长（主任）： 刘国庆
副部长、山西社会主义学院党委书记： 张云泽（11月不再兼任副部长）
驻部纪检组长： 相里岩
副部长： 王云龙（12月离职） 赵雁峰（7月任职） 刘海芸（12月任职）
巡视员： 荆青莲（9月任职）
副巡视员： 孙建军（9月离职） 王晓霞 张云虎（7月离职）

省委政法委（综治办）工作概况

省委政法委书记　商黎光

2017年，省委政法委深入学习贯彻党的十九大精神和习近平新时代中国特色社会主义思想，贯彻落实省委各项决策部署，扎实推进平安山西、法治山西、过硬队伍建设，圆满完成了年初确定和省委交办的各项任务，推动全省政法综治工作取得新进展。

一、加强思想政治建设，始终在思想上政治上行动上同党中央保持高度一致

一是坚持政治理论学习。深入学习贯彻党的十九大精神和习近平总书记治国理政新理念新思想新战略，认真落实中心组学习制度，集中学习8次12天，委领导讲党课3次，组织党员干部坚持每周二下午集中学习制度。党的十九大以来，坚持把学习贯彻党的十九大精神作为首要政治任务，牢固树立“四个意识”，坚定“四个自信”，坚决维护党中央权威和集中统一领导，自觉用习近平新时代中国特色社会主义思想武装头脑、指导实践、推动工作。二是开展专题教育活动。扎实推进“两学一做”学习教育常态化制度化和维护核心见诸行动主题教育，制定实施方案，召开动员大会，分三个阶段，围绕四个专题推动教育活动深入开展。结合我委实际，开展“六个一”活动，举办了李培斌先进事迹报告会、学党章学系列讲话知识竞赛、领导大讲堂等活动。三是严肃党内政治生活。认真落实“三会一课”、民主生活会和组织生活会、谈心谈话、民主评议党员等制度。制定出台省委政法委领导班子会议制度，坚持每周一碰头会确定一周工作任务，每季度召开书记办公扩大会议汇报工作进展。开展机关党委书记和各支部年度述职评议，推动党建责任制落到实处。

二、认真履职尽责，坚决维护社会大局稳定、促进公平正义、保障人民安居乐业

（一）全力打好十九大维稳安保攻坚仗。按照省委“维护大局稳定、创造良好环境”的重大要求和“三个坚决防止”“三个不发生”工作底线，全面打响政治安全保卫、反恐防恐攻坚、社会矛盾排查化解、公共安全风险管控“四场硬仗”，确保了全省政治和社会大局稳定。围绕4大类25种风险隐患组织开展排查整治，排查各类风险隐患365925个，整治352837个。深入推进对敌斗争，严厉打击各种捣乱破坏活动。深化反恐怖斗争，坚决防止暴恐活动在山西省打响炸响。严厉打击各类政治谣言，维护网络政治生态环境。深入开展打黑除恶专项斗争，有效震慑各类违法犯罪。健全矛盾纠纷多元化解机制，推动加强诉调、检调、警调、政调、访调对接，加大对重点领域矛盾纠纷排查化解力度，落实矛盾纠纷排查调处领导组例会制度，强力推动重大决策社会风险评估制度落实落地，全省共排查矛盾纠纷164875件，调处158743件，调处率达到96.3%。全力做好驻京信访维稳工作，成立以省委政法委副书记、综治办主任为组长的省驻京信访维稳工作领导组，强化督促检查措施，驻京信访维稳工作取得历史最好成绩。

（二）强力推动综治工作深入开展。加强社会治安防控体系建设，深入推进“雪亮工程”建设，全省累计建设公共安全视频摄像机224.4万台，基本实现城市公共区域全覆盖。综治中心标准化建设取得较大成效。全年全省综治信息系统累计受理各类事件374万余件，处置316万余件，处置率达84.46%。强化特殊人群服务管理，加强不良行为青少年教育矫治、精神障碍患者救治救助工作，推动吸毒人员管理服务纳入网格化社会服务管理体系，积极探索开展特殊人群心理疏导、危机干预工作。研究制定“健全落实综治领导责任制实施办法”，出台工作督查、挂牌督办、一票否决、综治实绩档案、评先提拔前综治审查等5个配套制度，全面强化了各级领导干部维护稳定的第一责任。扎实开展铁路沿线风险隐患排查整治，推动以高铁为重点的铁路护路联防工作，确保了全省铁路沿线的社会治安稳定和铁路运输安全畅通。

（三）圆满完成司法责任制改革任务。员额制全面落实，共遴选员额制法官3158名，检察官2612名。成立省法官检察官惩戒委员会，能进能退的员额遴选退出机制全面建立。在省级层面出台了落实司法责任制实施意见及相关制度和权力清单。法官检察官职业保障基本落实。工资套改全部完成并发放到位；制定出台全国首家保护司法人员依法履行法定职责实施办法；省以下地方法院检察院人财物如期上划；圆满完成司法体制改革第三方评估工作。大力配合监察体制改革试点工作。围绕职务犯罪案件办理中“法法衔接”等问题，梳理出14类32个具体问题，形成了以《省委政法委统筹指导政法机关支持配合监察体制改革试点工作意见》为引领，各单位支持、配合、衔接办法为主体共10个试行文件组成的“1+4”制度体系。

（四）深入推进严格执法公正司法。组织开展执法司法规范化建设年活动，组织全省政法机关制定了一系列具体操作规范。强化政法干警纪律作风专项督查，组织开展领导干部干预司法活动、插手具体案件处理的记录、通报和责任追究工作。作为全国唯一试点积极探索开展政治督察试点工作，在全国政法队伍建设会议上作了经验介绍。深化涉法涉诉信访改革，推动涉法涉诉信访问题在法治轨道内解决。牵头开展打击环境污染违法犯罪专项行动，加大对环境污染违法犯罪的依法查处力度。加强重大敏感案件协调督办，实现了政治效果、法律效果、社会效果相统一。

（五）统筹推进法治山西建设。贯彻落实法治山西建设五年规划工作要点，统筹推进科学立法、严格执法、公正司法、全民守法。出台山西省《贯彻〈党政主要负责人履行推进法治建设第一责任人职责规定〉实施办法》。开展法治保障脱贫攻坚等专项攻坚，推动解决“执行难”问题。开展法治创建示范点建设，形成法治创建浓厚氛围。

（六）加强政法意识形态和舆情引导工作。制定出台意识形态工作责任制实施方案，组织开展政法领域意识形态问题研判。加强正面宣传引导，开展“挖掘先进人物、总结典型经验、展现司改成效”为重点的主题宣传活动。我省6部作品获得全国第二届平安中国微电影、微电视奖项。建立覆盖省、市、县三级的政法网络舆情工作专班，成功应对处置多起重点政法舆情。

三、加强政法队伍建设和政法委机关干部队伍建设，营造风清气正、干事创业的良好氛围

（一）加强政法队伍建设。出台山西省新形势下加强政法队伍建设的实施意见，对全省政法队伍建设作出顶层设计。持续开展“大练兵、大比武、大培训”活动，推动形成实战化标准的“练比训”机制，进一步增强了政法队伍的思想政治素质和执法司法能力。开展“双十佳”评选表彰。全面落实因公牺牲伤残干警救助政策。

（二）加强机关干部人事管理。树立正确用人导向，共调整提拔干部25名。完成政法宣传中心事业人员公开招聘、法学会换届、机关党委换届工作。组织机关干部赴红旗渠干部学院、中国政法大学进行党性教育和素质培训。带头落实法律顾问和公职律师制度。加强机关“三基”建设，完善内部工作协调配合机制。加强统战、群团、老干部工作，强化文明和谐创建工作。

（三）加强党风廉政建设。严格落实“两个责任”，推动管党治党走向“严紧硬”。机关纪委严格监督执纪问责，确保将监督责任落到实处。开展机关巡视整改自行“回头看”，梳理问题17个，提出整改措施52条，全部制定了问题清单、整改清单、责任清单，推动问题整改到位。制定出台省委政法委八项规定精神的实施细则，持续保持狠抓作风建设的高压态势。

（李　磊）

附：省委政法委书记、常务副书记、副书记、省委法治办主任、秘书长、政治部主任、综治办副主任、省委法治办专职副主任、副巡视员名单

省委常委、政法委书记：黄晓薇(女,6月离职)

省委常委、政法委书记：商黎光(6月任职)

常务副书记：闫喜春

副书记：苗　伟(4月任职)　刘永生(4月任职)

省综治办主任：苗　伟(4月任职)

省委法治办主任(兼)：闫喜春(4月离职)

刘永生(4月任职)

秘书长：邓彩彪

政治部主任：袁振旭(2月离职)　龚景华(9月任职)

综治办副主任：姚鸿波(11月离职)

刘永生(4月离职)　王锁成(9月任职)

省委法治办专职副主任：周　涛

副巡视员：王福忠(5月任职,11月离职)

杨宏伟(5月任职)

省委政策研究室(省委改革办、省综改办)工作概况

省委政策研究室主任　王利波

2017年，是山西发展史上极不平凡的一年，是全面深化改革和转型综改试验区建设取得重大突破的一年，也是省委政研室、省委改革办、省综改办"三合一"机构优化整合并发挥重要作用的一年。在骆惠宁书记、王赋秘书长的直接关心指导下，室(办)领导班子认真学习贯彻党的十九大精神，认真落实省委"一个指引、两手硬"重大思路和要求，团结带领全体干部职工，按照"全面打通"的原则，紧紧围绕"以文辅政、以改促转"的职能定位，落实年初确定的3个"1+N"目标要求，以前所未有的活力和合力、实干加苦干，圆满完成了省委交办的各项任务，实现了省委"三合一"的意图，室(办)各项工作翻开了新的一页。

一、坚持用习近平新时代中国特色社会主义思想武装头脑，不断提高政治站位

学习就是工作、工作就是学习，必须在"学懂弄通做实"上走在全省各部门最前列。

(一)切实抓好理论武装工作，在融会贯通上下功夫。按照省委统一安排，充分利用中心组统一学、支部集中学、党小组交流学、个人在线学等多种形式，深入学习习近平新时代中国特色社会主义思想、党的十九大报告精神和习总书记视察山西重要讲话精神等，进一步牢固树立"四个意识"，在思想上政治上行动上与以习近平同志为核心的党中央保持高度一致。给全室党员干部分发了《习近平的知青岁月》《党的十九大报告辅导读本》等书籍，不断把理论学习引向深入。坚持"以写促学、以讲促学"，把学习贯穿到起草省委重要文稿和推动重大改革事项中。在班子推动下，由"80后"同志牵头建立学"习"群，实时追踪习总书记最新讲话精神，交流心得体会。

(二)以新思想指引新实践，在学以致用上下功夫。按照省委提出的"三个结合"要求，坚持学用结合、以用促学，把学习成果充分体现到"以文辅政、以改促转"的具体工作中。按照骆惠宁书记要求，在起草重要文稿中坚持对习总书记重要讲话反复琢磨研讨，确保学深悟透用足。对习总书记重要讲话特别是关于大兴调查研究之风和全面深化改革的重要论述，都向省委提出贯彻落实的具体建议。

(三)一级带着一级学，在全面覆盖上下功夫。室(办)中心组带头学、带头讲、带头贯彻落实，主要领导多次为全体党员干部宣讲解读，并作为省委宣讲团成员到太原市宣讲，其他室领导也在中心组理论学习会、所在支部学习会、住村帮扶点讲党课、谈体会。室(办)党委改为党总支后，抓的第一件事就是组织各支部认真学习，把学习任务落到每一名党员干部头上。2017年室中心组共集中学习研讨14次，5个党支部共组织集中学习研讨60余次，实现了所有党员干部全覆盖。

(四)扎实推进中央和省委安排的学习教育活动，在对表对标上下功夫。把推进"两学一做"学习教育常态化制度化、开展"维护核心、见诸行动"主题教育作为重大政治任务，作为加强党性教育和强化"三基建设"的重要内容，第一时间研究制定了机关"两学一做"学习教育常态化制度化、维护核心见诸行动主题教育实施方案和工作安排。并以省委办公厅提出的"六个一流"要求开展工作。

二、尽心尽力，高质量完成了一大批省委重要文稿起草工作

按照省委定的分工，在"五位一体"和党的建设中，室(办)主要负责经济、社会、生态三个领域，以及深改综改、脱贫攻坚等重要文稿文件起草工作。2017年，室(办)牢记以文辅政的光荣职责，始终冲在省委文稿一线，共起草完成省委重要文稿和重要文件上百篇。

(一)牵头和参与起草省委主要领导重要讲话。这是室(办)最重要的工作。在省委骆惠宁书记直接安排指导下，室(办)紧跟省委意图，集中精兵强将，打了不少硬仗，是取得成果最多的一年。在综合文稿方面，参与起草了省委在习总书记视察山西时的全面工作汇报，李克强总理等中央领导同志

来晋视察时的工作汇报。参与起草了骆惠宁书记在全省学习贯彻习总书记视察山西期间重要讲话精神干部大会上的讲话，有力有效地推动了习总书记视察山西讲话精神的学习贯彻。牵头起草了骆惠宁书记在省委十一届五次全会上的工作报告，参与起草了在全会上的讲话等。在经济文稿方面，先后牵头起草了一系列重要讲话，对全省转型发展产生重要指导作用。骆惠宁书记在省委常委会分析研究一季度、上半年、三季度经济工作时的讲话，作出了“我省经济已经走出了长达两年半的最困难时期”，“经济增速好于同期、好于上期、好于预期”等重大判断，强调了把供改和综改结合起来作为经济工作主线等重要工作部署。骆惠宁书记在省委经济工作会议上的讲话，概括了五年来我省经济由“疲”转“兴”的艰辛历程和“三条基本经验”，对2018年经济工作作出安排部署，受到了全省上下的高度评价。骆惠宁书记在全省企业家大会上的讲话，反响强烈，极大鼓舞了各类企业家干事创业的热情。在深改综改方面，认真领会骆惠宁书记关于改革工作的重要指示精神，牵头起草了骆惠宁书记在贯彻落实习总书记中央全面深化改革领导小组第33次会议精神的讲话、在全省改革推进会上的讲话、在省委深改领导小组会议上的主持词及讲话（共11次）、在国企国资改革座谈会上的讲话、在全省开发区改革创新发展推进会上的讲话、关于深化地方机构改革的谈话提纲等，扎实部署推进了我省改革工作。国务院《关于进一步深化改革促进山西资源型经济转型发展的意见》（国发42号文件）出台后，牵头起草了骆惠宁书记在全省转型综改动员大会上的讲话，深入解读了文件精神，对贯彻落实工作作了全面部署，在全省上下掀起了以改促转的新高潮。在社会民生和脱贫攻坚方面，牵头起草了在习总书记主持召开的深度贫困地区脱贫攻坚座谈会上骆惠宁书记的发言，参与起草了吕梁市在座谈会上的发言材料。牵头起草了骆惠宁书记在全省脱贫攻坚现场推进会、全省县乡医疗卫生机构一体化改革现场推进会等重要会议上的讲话。在生态环保方面，主要围绕中央环保督察组督察工作，牵头起草了骆惠宁书记向督察组的工作汇报、在中央环保督察动员会上的讲话、在督察组情况反馈会上的讲话，积极做好环保督察信息编发工作，得到中央环保督察组的肯定。

（二）做好各类重大会议和重要活动的相关文稿服务。在党的十九大期间，起草了骆惠宁书记在十九大开放日的访谈暨答记者问提纲，为山西省党的十九大代表提供了《参阅材料汇编》，并审核十九大党代表发言稿。在中央经济工作会议、中央农村工作会议、全国金融工作会议期间，做好骆惠宁书记参会材料服务工作，并起草部分传达讲话。先后审核了全国“两会”期间代表委员发言稿、11个市委书记市长和省直部门主要负责同志抓转型发展述职报告、部分县（市、区）党政主要负责同志“我为转型做了什么”汇报材料等。参与起草了骆惠宁书记在第37、38、41、42次省委常委会上的主持词讲话，牵头起草了在省委中心组（扩大）学习会上关于国企国资改革、金融工作、科技发展、生态建设的主持词和讲话。积极做好骆惠宁书记在省内调查研究的服务工作，起草了骆惠宁书记在市委书记通气会、在大同等市调研座谈会、在省发改委和省经信委调研座谈会、在企业家座谈会、在构建内陆地区对外开放新高地座谈会上的讲话等。此外，积极做好王赋秘书长相关文稿的服务工作。

（三）牵头和参与省委重大文件的起草和审核。牵头起草了《中共山西省委关于深入学习习总书记视察山西重要讲话精神的实施意见》和《中共山西省委关于深入学习贯彻习总书记在深度贫困地区脱贫攻坚座谈会上重要讲话精神的实施意见》，并经省委十一届四次全会审议通过。代拟了一批省委向中央的工作报告。参与起草和审核了“示范区”“排头兵”“新高地”“双创”等省委、省政府重要文件。对省委拟出台的涉及经济、社会、生态和改革等方面的30余个重要文件进行了审核把关。

三、对标一流，扎实推进全面深化改革工作

按照骆惠宁书记“改革决不能落后”“力争跻身全国第一方阵”的目标要求，在王赋秘书长直接领导下，室（办）充分发挥统筹协调、督促落实职责，推动全省改革力度、深度、广度不断强化，全年共服务召开省委深改领导小组会议11次，审议改革文件30个。

（一）推动全省改革工作迈上新台阶。优化顶层设计，起草制定了《2017年改革要点及责任分工》，从“五位一体”和党的建设等6个方面，提出了40项改革任务并细化为135项具体改革事项，逐项明确了责任领导、责任单位、配合部门、进度节点、推进措施、成果表现形式和预期成效等，形成了推进落实改革的任务书、时间表、路线图，为各项改革任务的推进落实奠定了坚实基础。在全省上下的共同努力下，改革全面发力、多点突破、纵深推进的工作格局已经形成，具有“四梁八柱”性质的改革主体框架已经形成，以改革促转型、促民生、促党建的良好氛围已经形成。

（二）推动一些重大改革进入全国“第一方阵”。在省委的大力推动下，出现了一些重大改革亮点。供给侧结构性改革特别是煤炭供给侧结构性改革走在全国前列，为全国煤炭市场动态平衡作出重大贡献，使我省成为供改的坚定实践者和直接受益者。圆满完成监察体制改革试点任务，全国首个成立省级监察委员会，监察体制改革工作得到中央的高度评价。推动全省开发区整合、改制、扩区、调规，“三制”改革基本完成，“三化”改革正在积极推进。国企国资改革“1+N”政策框架基本形成，投资运营、文旅、云时代等一批代表转型方向的企业陆续组建。群团改革“1+3”方案出台，工青妇改革的一些做法形成特色亮点，临汾市妇联“会转联”工作得到中央充分肯定。各市你追我赶、争先创优的改革氛围逐渐形成。

（三）强化督察考核狠抓改革任务落实落地。一是按照骆惠宁书记亲自安排，对全省11个市、119个县（市、区）和63个承担年度改革任务的省直部门先后开展了两轮全面督察，并针对督察中发现的165条具体问题向39个单位下达了《督察意见反馈书》，有力地促进了各地各部门整改工作。二是制定了《专项督察实施细则（试行）》和年度专项督察计划，

对习总书记提出的12项民生工程和在山西省视察期间提到的4项改革、以及骆惠宁书记和楼阳生省长亲自抓的26项改革等一批重点改革任务推进情况进行了专项督察,推动了各项改革工作的落实。三是制定了《全面深化改革第三方评估办法(试行)》和《确定第三方评估改革事项工作细则》,目前正在对各市清洁取暖和开发区改革进行第三方评估。四是用好改革在目标责任考核中的10分权重,与省委组织部、省考核办密切配合,对各市和省直部门承担的改革任务年初定指标、年中搞督察、年末对底账,充分发挥了考核的风向标和指挥棒作用。

(四)进一步完善改革工作格局。一是改进工作方法,按照骆惠宁书记指示要求,从省委改革办自身做起,带动省直各部门和各市县全面推行"三个三"抓改革工作方法,切实提高了抓改革的针对性、科学性、实效性。二是明晰领导责任,建立完善省领导分工负责制,用改革推动日常工作,用日常工作水平来检验改革成效。三是突出台账管理,建立了骆惠宁书记抓改革台账(10项)、楼阳生省长抓改革台账(16项)、省直部门承担改革任务台账(135项)、中央和国家部署的改革试点台账(50项),指导各市委改革办建立了市县两级主要领导抓改革台账,推动形成各级主要负责同志亲力亲为抓改革、扑下身子抓落实的工作格局。四是抓好沟通协调,由王赋秘书长或室主要领导带队,多次主动到中央改革办汇报对接工作,积极反映山西省工作亮点,及时掌握有关信息,积极争取中央支持。五是加强信息交流,全年共收集整理各类改革信息10000余条次,编印《山西改革信息》106期(其中以专报形式上报15期),中央改革办《改革情况交流》先后有11期次反映了山西改革的经验和做法。六是加大宣传力度,协调人民日报头版报道了山西改革推进情况,在山西日报刊发"改革六论",营造了良好改革舆论氛围。

四、先行先试,积极推动综改试验区建设

2017年,室(办)牢记习总书记"建设国家资源型经济转型综合配套改革试验区,是党中央赋予山西的重要改革任务"的嘱托,在省委的有力指导下,推动转型综改工作取得了重大突破。

(一)积极推动国发42号文件的出台和贯彻落实。在党中央、国务院的亲切关怀下,在省委、省政府的强力推动下,这个重要文件于2017年9月1日顺利出台。期间,按照省领导安排,室(办)积极参与文件的研究和起草工作,先后40余人次赴京与国家有关部委进行对接沟通,将山西省重大诉求转化为国家支持政策。为了做好贯彻落实工作,按照省委安排,积极做好全省进一步深化改革促进资源型经济转型发展大会的各项服务工作,在全省形成了"以改促转"的浓厚氛围。与省发改委共同研究代拟了省委、省政府贯彻落实国发42号文件的行动计划,提出了78条具体事项,并确定了23个部门74项对接任务,协调督促省直有关部门积极进行省部对接,并将相关情况及时报告省委。为推动国发42号文件深入人心,编写了宣讲通稿,先后抽调30余人次赴相关省直部门、金融机构、企业和部分市县进行宣讲,取得了良好效果。

(二)在更大范围、以更大力度推动先行先试。先行先试是以改促转的灵魂和突破口。室(办)充分发挥综改办职能作用,积极推动各级各部门先行先试、敢行敢试、会行会试、快行快试,在制度建设上力争后来居上。积极争取国家支持,推进煤炭减量置换和减量重组,加快电力体制改革试点,在转型综改示范区率先开展企业投资项目承诺制试点,在省以上开发区率先复制上海自贸区经验,加快推进吕梁局域电网做大做强,开展"煤电铝镁材"一体化改革,支持进一步扩权强县。完善先行先试工作机制,确定每年都要拉出清单、压茬跟进、持续推动。多次与省直各部门沟通,反复筛选确定2018年先行先试任务,目前初步确定的30多项任务已完成意见征求,正在进行最后的修改确定。

(三)进一步改进对转型综改工作的指导。骆惠宁书记要求要加强综合分析,会同发改委发挥好作用。为此,室(办)充分借鉴其他国家级改革试验区的先进经验,进一步抓方向、抓关键、抓质量、抓统筹、抓典型,强化对部门和市县综改工作的指导。加强与国家发改委的沟通联系,按时向国家发改委报送工作总结和综改信息,我省信息工作2017年在全国12个试验区排名第一。

五、服务中心,为省委决策搞好调查研究

室(办)认真落实习总书记关于大兴调查研究之风的重要指示精神,在调查研究工作中取得了新的成绩。

(一)做好省委主要领导重大调研服务工作。根据省委主要领导安排,2017年,室(办)领导班子成员及部分处长先后陪同骆惠宁书记、王赋秘书长赴太原、大同、晋中、临汾、运城、忻州、吕梁、晋城等市县和有关部门的调研,内容涵盖供给侧结构性改革、经济运行、国企改革、开发区建设、科技创新、民生事业、"三农"工作、脱贫攻坚、沿黄开发、媒体深度融合发展、"两学一做"等诸多领域,帮助收集和整理相关材料,参与起草调研讲话,充分发挥了参谋助手作用。

(二)服务全省万名干部大调研。按照省委关于开展万名干部大调研的安排部署,积极承担起"省委大调研活动督导小组办公室"的职责,认真做好调研活动的组织协调和督导服务工作。代拟了《关于在全省开展万名干部大调研的工作方案》和《关于做好万名干部大调研活动有关事项的通知》。建立了室领导跟踪服务省领导大调研工作制度,对34名省领导进行"一对一"跟踪服务,特别是对骆惠宁书记的大调研工作提供了方案制定、材料汇编、会务组织、讲话整理等一系列服务工作。建立健全督导检查机制、信息报送机制等,掌握各地各部门领导干部调研动态情况并及时向省委报告。

(三)围绕省委中心工作主动开展调研。着眼于发现问题、破解难题,带动全室干部对带有全局性、战略性的重大问题深入进行调查研究,全年形成45篇有质量、有份量的调研报告,并在《调查与分析》刊发。其中,《从晋源区做法看太原市如何发展城郊农业》报告,得到骆惠宁、罗清宇、王赋等省领导批示;《关于我省开发区改革创新情况的调研报告》,得

到楼阳生、王一新等省领导的批示;《从省工行实践看我省金融业如何服务转型发展大局》，得到王赋秘书长批示;《关于加快推进非贫困地区贫困户率先脱贫的思考与建议》，得到郭迎光副省长批示;《改革释放新红利 古城展现新魅力——关于平遥县推进文化旅游业体制机制改革的调研报告》,得到张璞副主席批示,等等。此外,室(办)还对农谷建设、媒体融合发展、招商机制改革、加强社会工作等方面的一些问题形成了一批研究报告,通过《情况与建议》先后编发23期,及时向省委领导反映,促进了相关问题的解决。

(四)努力做好《山西工作》。围绕省委中心工作,全年共完成刊物12期,选编稿件160余篇,彩页48页。其中,选登省级领导文章及赴基层调研报道和全省会议报道13篇,厅局级领导文章15篇。编辑印发了十九大特刊。创新栏目设置,着重在“两学一做”、改革实践、党的建设、扶贫工作、县域经济等方面组织稿件。信息中心围绕机关中心任务,努力做好各项服务工作。

六、牢记使命,坚持全面从严治党,不断加强干部队伍建设

坚决贯彻落实中央和省委关于全面从严治党的各项部署,坚决克服“清水衙门”等思想倾向,加强队伍建设、能力建设、作风建设,有力地保证了“三合一”机构改革,营造了改革创新、干事创业的浓厚氛围。

(一)认真履行“两个责任”。班子扛起全面从严治党主体责任,调整完善了党风廉政建设领导小组,重新制定“两个责任”清单,形成了分工明确、各负其责的党风廉政建设责任制,进一步夯实了一岗双责。领导班子成员率先垂范,始终保持对党绝对忠诚的政治品格,自觉向党中央看齐、向习近平总书记看齐、向党的理论路线方针政策看齐,带头严格执行党的政治纪律和政治规矩，严格落实中央八项规定精神,持续深入扭转作风,有效遏制“四风”反弹,机关“三公经费”持续下降。集中阅读《部分省管干部的忏悔录》,时刻做到警钟长鸣。强化日常教育管理监督,全年没有任何党员干部受到党纪政纪处分或违法违纪处理,也没有任何群众举报或来信来访反映问题的事件。坚持“新官理旧账”,妥善处理了一些历史遗留问题。

(二)认真贯彻执行民主集中制。坚持把集体领导和个人分工负责结合起来,重大事项均提交室主任办公会议(室务会),按照“集体领导、民主集中、个别酝酿、会议决定”的议事决策规则讨论决定，有效保证了班子决策的科学性和民主性。班子成员既履行分工、各负其责,又顾全大局、密切配合,集体决策之后的事都是不折不扣执行，始终保持了团结一致、勤勉敬业的良好氛围。

(三)切实加强机关党的建设。按照骆惠宁书记要求,为适应“三合一”工作新格局,主动“自降一格”,将机关党委调整为机关党总支,归口省委办公厅机关党委,并根据人员变化情况,选举产生了总支委员和各支部委员。把“三基建设”作为机关规范化建设和干部队伍能力提升的重要抓手，出组合拳、打整体仗、要高质量,促进机关党建工作上水平上台阶。

(四)着力打造高素质干部队伍。坚持正确选人用人导向,严格按照《党政领导干部选拔任用工作条例》,全年共提拔调整厅级干部6名,外输处级干部5名(划转省委办公厅4名、大同市左云县县长1名)、推荐提拔处级干部3名、选调处级干部2名、科级以下干部1名。注重培养专业能力、专业精神,分批组织干部赴北京大学、中山大学、浙江大学等高校参加专题研修培训,进一步开拓视野、增强本领。

(五)着力塑造“三合一”后的崭新精神面貌。把骆惠宁书记提出的“打通”要求贯穿到各个方面,努力做到机构打通、人员打通、作风打通,在“打通”中开阔视野、提升水平、锤炼作风。室领导班子带头,在全室倡导比境界、比贡献、比作风,任劳任怨任烦,树立了鲜明的工作导向。2017年,来自政研室、发改委、办公厅以及其他单位的同志们自觉相互学习、取长补短,坚持“三个不唯”、互相补台,各单位的优良传统交汇融合,正在锻造出省委政研室(省委改革办、省综改办)勇于担当、寸于奉献、激扬向上、和谐包容的文化氛围。

(六)积极开展脱贫攻坚有关工作。认真做好单位包扶和党员干部个人结对帮扶工作，积极与有关部门沟通协调,从国家发改委争取到以工代赈资金198万元用于打坝造地,从省民政厅争取到了8万元的扶贫资金。在第一批3名挂职贫困村第一书记的干部挂职期满后,及时做好工作交接和重新选派工作，同时，全室干部职工与静乐县堂尔上乡4个村232户贫困户建立结对关系,所有党员干部都分批多次赴扶贫点进行实地帮扶。

(苏志明)

附：省委政策研究室（省委改革办、省综改办）主任、副主任、副巡视员名单

省委副秘书长、省委政研室主任、省委改革办常务副主任、省综改办主任：王利波

副主任：梁若皓(7月离职)　加年丰　刘东光　张荣章(2月任职)　任　凯(2月任职)

副巡视员：魏爱军(4月离职)　贺高明(5月任职)　裴根长(5月任职)

省直机关工委工作概况

省直机关工委书记　王　赋

2017年，在省委的坚强领导下，省直工委认真学习贯彻习总书记系列讲话以及视察山西重要讲话精神，学习贯彻党的十九大精神，以习近平新时代中国特色社会主义思想为指导，紧紧围绕“服务中心、建设队伍”两大任务,压实党建责任，强化担当作为，把全面从严治党要求贯穿于机关党的建设全过程，圆满完成了年度各项目标任务。

一、突出政治建设，用习近平新时代中国特色社会主义思想武装党员干部

坚持把党的政治建设摆在首要位置，把坚定维护党中央集中统一领导和习近平总书记核心地位作为最大政治，加强理论武装，用习近平新时代中国特色社会主义思想武装头脑、指导实践、推动工作。一是学习教育和主题教育深入推进。围绕省委开展维护核心见诸行动主题教育“8+5”重点工作安排，发挥工委牵头抓总职能，提出“六个贯穿始终”（将维护核心、学用系列讲话、解决问题、岗位建功、完善制度、舆论引导贯穿始终）总体要求和“五个一”（开好一个交流研讨会、讲好一堂主题党课、选好一批先进典型、开展好一次“回头看”、落实好一个《意见》）重点工作，建立健全主题教育重点工作开展情况月报制度，定期研判情况，注重全程督导。以党组（党委）中心组为引领，召开省直机关中心组理论学习经验交流会，举办中心组学习秘书培训班；指导省直机关各级党组织召开学用习总书记系列重要讲话精神交流会380余次。省直各单位共组建326个宣讲团，集中开展“习总书记讲话进基层”主题宣讲活动1403次，发放3.6万份宣讲资料。“七一”前后省直机关领导班子成员和8000多名支部书记到所在支部讲党课。组织省直机关8万多名党员干部参加“两学一做”系列知识竞答活动，推动省直机关在维护核心见诸行动上走前头、作表率。二是迎接和学习宣传贯彻党的十九大精神工作全面落实。按照省委要求，圆满完成省直机关出席党的十九大代表初步人选的推荐提名工作。以“喜迎十九大，弘扬主旋律”为主题，举办“颂歌献给党”演唱会、“翰墨颂党恩”书画展、“健身庆盛世”展演，动员各单位开展各种形式的喜迎活动，营造浓厚氛围。党的十九大召开后，通过十九大代表宣讲进机关、专题学习辅导讲座、宣讲骨干专题培训和宣讲报告会、机关党建理论研讨会、送党课到基层等形式，推动学习宣传贯彻十九大精神掀起高潮、引向深入。认真落实省委常委会议精神，举办省直机关学习习近平新时代中国特色社会主义思想和党的十九大精神处级干部轮训班。用十九大精神指导机关党建理论创新，召开全省机关党建理论研讨会，评选表彰21篇优秀论文。工委机关党建研究成果在中央和国家工委党建研讨会上交流，《以增强“四性”为目标严肃机关党内政治生活的实践》获全国党建研究会机关专委会优秀论文奖。三是学习贯彻习总书记视察山西重要讲话精神及时开展。紧紧围绕习总书记提出的五项重大任务展开大讨论，分五个专题集中举办学用交流报告会，来自不同行业的1600名业务骨干听讲。发放《习总书记视察山西讲话精神进基层》等各类图书10余万册。与中央国家工委、国务院扶贫办共同举办全国“推进两学一做，服务脱贫攻坚”专题研讨会，聚力抓党建促脱贫，得到中央国家工委高度评价。

二、发挥牵头作用，组织省直机关持续加强“三基建设”

根据省委“三基办”的安排，紧扣25条政策措施、95项重点任务，在省直机关大力倡导“四比一促”，形成大抓“三基建设”的强劲态势。一是工委牵头与部门联动结合推进。工委班子成员领题开展“三基建设”集中调研，为省委出台意见提供参考。4次召开省直23个牵头单位和25个行业系统主管部门参加的汇报会，两次召开省直机关“三基建设”推进会，强力推动落实。建立沟通协调机制和联络员月报制度，指导督促省直机关自身以及行业系统“三基建设”同促共进。二是典型引领与后进整改结合推进。选树省财政厅、省国土厅、省林业厅、省统计局4个先进典型，会同省委组织部召开学习贯彻十九大精神加强“三基建设”省直机关现场推进会暨成果展览，通过实物、资料、图片、视频等方式全方位、立体式展示了“三基建设”的先进经验、亮点工作、实践探索和突出成绩，省市县90多个单位、1200余名党员干部进行观摩，反响热烈。建立“三基建设”重点工作台帐，每月发函提醒。组织5个督导组对80个省直单位开展督导调研，通过约谈督促，7个后进单位迅速整改跟进、扭转局面。三是规范标准与突出特色结合推进。提升基层党组织建设规范化、标准化水平，召开省直机关党支部规范化工作现场推进会，总结省煤炭地质局114勘察院等5个单位的典型经验，建立完善党支部工作台账，确定5大类53项工作内容，省直机关8000多个党支部推行了“一本账”管理。重视发展党员工作，要求省直工委和省直机关党组织严格标准、严把程序，发展党员质量进一步提升。会同省委“三基办”、省考核办制定印发《效能建设八项制度》，督促省直各单位编制了切合本部门实际各具行业特色的“一目录三手册”，围绕基层党组织换

届、“三会一课”、党员发展、党纪党规等重点工作编印机关党建应知应会“口袋书”，有力推动了机关党建，促进了转型发展，打造出一批以加强“三基建设”推动党建和业务融合、保障财力下倾、提高工作效能、服务经济社会发展、助力脱贫攻坚的特色品牌。四是集中培训与能力竞赛结合推进。发挥省直机关党校主阵地作用，举办党支部书记轮训班、处级党员干部进修班、新党员培训班22期，培训各类党员4142人次，在右玉干部学院、林州市委党校举办5期省直机关党务干部培训班，培训600余人；组织省直230余名机关党委专职副书记和工委机关干部进行了党务干部专业能力测试。以党的理论知识、公文写作、计算机操作、综合测试为主要内容，组织省直机关干部职工广泛开展基本能力竞赛活动，举全委之力严密实施，并首次引入社会主义劳动竞赛机制。竞赛历时近半年，参赛的基层党组织逾千、党员干部职工逾万，在层层初赛选拔的基础上，99个省直单位的257名选手参加了决赛，对综合成绩前30名、4个单项前10名的优秀选手分别给予记功奖励和通报表彰，营造了学习知识、增长本领、创先争优的浓厚氛围。省委办公厅《双日要情》、省委《“三基建设”工作简报》和《山西日报》、山西卫视等多家媒体竞相报道，引起省委领导高度关注和社会热烈反响。

三、持续正风肃纪，推动省直机关构建风清气正政治生态

把握政治方向，坚持挺纪在前，坚守责任担当，构建良好政治生态。一是着力落实主体责任。认真落实《省直机关党的工作责任制的规定》，督促省直各单位党建工作领导小组发挥作用。组织省直133个单位机关纪委书记进行业务培训，不断提升纪检干部队伍履职能力。紧盯不按期换届、党内活动不规范、政治生活质量不高等问题，督导各单位制定党组织书记抓基层党建“三个清单”，推动党组织按期换届选举步入正轨、形成常态。派出5个督查组，对部分省直单位落实“两个责任”、实施六定制度情况进行监督检查。在深入调研、掌握情况的基础上，督促省直机关对机关党建弱化、虚化、边缘化问题进行全面自查，组织10个被巡视单位和20个不同类型机关党委专职副书记进行集体“会诊”，有针对性地制定措施、补齐短板。二是严肃党内政治生活。把《中国共产党廉洁自律准则》《中国共产党纪律处分条例》等党内法规纳入党员干部教育培训课程，组织省直机关党员干部观看《巡视利剑》《永远在路上》专题片，以案说纪说法，强化党纪意识。对以习总书记视察山西重要讲话精神为指导、进一步严肃党内政治生活专门作出部署，以专题党课、主题党日活动等为载体，讲好政治文化建设的“山西故事”。对省直单位领导班子民主生活会开展了全程督查，对12个存在问题的基层单位提出整改要求，推动严肃党内政治生活向纵深发展、向基层延伸。加强正风反腐，净化政治生态，2017年，省直纪工委共受理排查群众信访举报38件（次），受理案件57件、涉及73人，处理违纪党员干部62人。三是严格督查问责。运用“四种形态”，坚持抓早抓小，督促省直各单位制定落实中央八项规定精神实施细则。紧盯重要时间节点开展专项检查，今年共处理违反中央八项规定精神、涉及“四风”问题的处级党员干部18人。

四、开展文明创建，培育和践行社会主义核心价值观

坚持把文明创建作为践行社会主义核心价值观的有力抓手，广大干部职工参与创建的积极性明显增强，文明创建工作不断深化提质。一是以学促建,用核心价值观引领新风正气。广泛开展公民道德建设“五个一”活动、道德讲堂和“悦读·传承·奉献”第六届读书月活动等群众性精神文明传播活动，深入开展省直机关第三届道德模范和第八批“十佳文明窗口”“十佳文明公民”评比表彰，表彰省直机关“五一”劳动竞赛50个先进集体、95名先进个人。定期召开省直机关舆情形势分析会，掌握干部队伍思想状况。通过山西机关党建网、省直文明网、《党的生活》《山西画报·省直文明创建版》等载体，弘扬主旋律，传播正能量。二是以考促建，提振担当作为精气神。完善文明单位申报、检查、验收等创建机制，确保创建质量。在坚持考核严要求、标准不降低的前提下，对2016年度新申报省直文明单位标兵和文明单位的验收合格率较往年提高了30%，极大激发和调动了省直机关党员干部群众投身文明创建的积极性。三是以助促建，弘扬扶危济困优良传统。发挥群团工作桥梁纽带作用，组织省直机关党外知识分子开展“凝心聚力”行动，在省直机关团员青年中开展“学习总书记讲话，做合格共青团员”主题实践活动，以心理健康咨询服务、鹊桥联谊、金秋助学、劳模疗休养、敬老服务、帮扶困难党员和困难职工、志愿服务等具体工作为载体，广泛开展群众性精神文明创建活动。

五、加强组织领导，群团工作和法治建设扎实有效

一是坚持党建带群团。组织省直机关党外知识分子开展“迎接十九大，岗位建新功”主题活动和“凝心聚力”行动。在省直机关团员青年中开展了“学习总书记讲话，做合格共青团员”主题实践活动。对省直机关674名建国前老党员和299名困难职工进行了走访慰问，对省直116个单位1768名困难党员和308名困难职工进行帮扶；表彰了省直机关“五一”劳动竞赛50个先进集体、95名先进个人；举办了省直机关单身职工第五届“鹊桥联谊”活动。以心理健康咨询服务、金秋助学、劳模疗休养、敬老服务等具体工作为载体，积极为基层党组织和广大党员办实事、办好事。二是深化巩固法治建设。按照全面依法治国和省委关于法治建设的工作部署，坚持把法治建设和综治工作纳入重要议事日程，建立健全领导机构，法治建设第一责任

人的职责，落实中心组和干部学法，推动“七五”普法宣传教育，参加省委法治办开展的各项活动，建立法律顾问制度，定期举行法治讲座，积极参与平安山西建设，加强内部治安防范，提高机关党员干部法治观念和守法意识。

（赵　悦）

附：省直机关工委书记、常务副书记、副书记、委员、副巡视员名单

书　记：罗清宇（6月离职）　王　赋（6月任职）

常务副书记：王　宏

副书记：王建成　魏爱军（4月任职）
余国琦（4月任职）

工委委员、省直纪工委书记：郭宏魁

工委委员、省直党校校长：尹桂郁

副巡视员：段元记（5月任职）

省委巡视工作办公室工作概况

省委巡视办主任　赵建平

2017年，在省委的坚强领导下，在中央巡视办和省委巡视工作领导小组的正确指导和精心部署下，省委巡视工作坚持以党的十九大精神和习近平新时代中国特色社会主义思想为指引，认真贯彻落实《巡视工作条例》，不断深化政治巡视，着力提升巡视监督的力度、强度和效果，为推动全面从严治党向纵深发展、全面构建良好政治生态发挥了积极作用。

省委领导坚强有力

省委始终把巡视工作紧紧抓在手上，先后召开2次书记专题会、4次省委常委会研究巡视工作。骆惠宁书记先后48次对巡视工作作出批示，提出明确要求，每轮巡视都亲自选定巡视对象、审阅巡视报告、听取情况汇报、见人见事提出处置意见；在向习近平总书记汇报山西工作情况时两次讲到巡视工作，专门汇报了巡视整改自行“回头看”和肃清流毒影响工作情况。省委巡视工作领导小组先后3次召开巡视工作动员部署会，2次召开领导小组会议听取巡视情况汇报，逐人逐事提出分类处置意见，2次召开巡视整改专题部署会议，面对面、点对点传导压力、压实责任。

深化巡视整改自行“回头看”

骆惠宁书记亲自研究部署巡视整改自行“回头看”工作。按照省委统一部署，5月中旬至9月中旬，省委巡视机构组织全省县以上党组织依据“四个对照”，通过制定完善“三清单一制度”，对巡视发现问题线索、整改落实情况进行兜底式大梳理。期间，省委两次召开巡视整改自行“回头看”推进大会，骆惠宁书记带头啃“硬骨头”，推动丽华苑省级干部住房超标问题取得显著成效。省领导对分管单位整改作出批示188次。全省3126个县以上党组织共梳理问题61703条，明确整改事项67614项，制定整改措施202843项，已整改问题54927条，整改率89.1%，全部修订完善了贯彻落实中央八项规定精神实施细则，运用“四种形态”处置党员干部35322人，清理收回违纪违规资金10.94亿元，共开展专项治理17503次、制定修订制度65942项、促进改革27197项，群众获得感和受益感不断提升。

肃清流毒影响

坚持把肃流毒作为“回头看”的重要内容，组织开展了以“肃流毒、正本源、践忠诚”为主题的肃流毒活动。省委常委会率先开展肃清金道铭等7名原中管干部流毒警示教育。各级党组织普遍召开党委（党组）和党支部两个层面会议752次，4830人作了重点发言，12896人参加了会议，基本肃清了思想蜕化变质、对党不忠不诚、漠视党纪国法等10种流毒影响。赵乐际等同志作出批示，对我省“回头看”肃流毒工作给予高度肯定。

扎实开展三轮巡视

1月至2月，省委10个专项巡视组对省教育厅等10个省直党组织及5个所属党组织共15个党组织开展了第一轮巡视，共发现问题线索169件，涉及省管干部17人。5月中旬至7月中旬，省委10个专项巡视组对省交通厅等20个省直单位及其所属13个单位共33个党组织开展了第二轮巡视，同时对省科技厅党组、省卫计委党组探索开展了机动式巡视。12月上旬以来，省委10个巡视组对省审计厅、省编办等省直21个党组织开展第三轮巡视，并对省人防办、社会主义学院开展机动式巡视。前两轮巡视共明确整改问题1586项，已整改问题1338项，整改率84.36%。目前三轮巡视已覆盖省直单位板块的48.4%、高校板块的13.9%。

创新制度举措

一是制定实施了《关于推动政治巡视向纵深发展的指导意见》，明确20条巡视监督重点内容。二是研究起草了《被巡视党组织政治生态定量定性评估办法》，巡视组结合被巡视党组织自我评估情况，根据评估指标对被巡视党组织进行定量评估，提出定性评估等次初步建议，为省委管党治党提供

依据。三是研究出台了山西省《贯彻新修改〈条例〉实施办法》、《被巡视巡察党组织配合巡视巡察工作规定》《关于推进市县巡察统筹工作的实施意见》,推动巡视监督规范化、长效化。四是坚持边巡边改,两轮巡视期间督促被巡视党组织解决问题190多个,清理收回违规违纪资金1.08亿元。五是省委组织部派出同步检查组,对20个单位选人用人工作开展专项检查。

认真贯彻新《条例》

7月30日,骆惠宁书记主持省委中心组(扩大)会集体学习,邀请中巡办副局级巡视专员刘华斌作专题辅导,省直、高校、企业等近300多名主要负责同志参加。省委巡视机构开展集中交流讨论,先学一步。由省委巡视组组长组成的宣讲团分批次在省直单位、国企、市县开展宣讲26场,学习人数达10000余人。

构建巡视巡察上下联动监督网

坚持把市县巡察与巡视工作一体谋划、一体部署、一体推进,针对市县巡察队伍人员不到位的情况开展专题调研,骆惠宁书记高度重视并约谈各市委书记,目前11个市119个县(市、区)巡察机构编制人员已基本调整到位,到位率98.4%,各市县共建立"一长两员三库"354个,入库人员9969人。创办《晋巡参考》作为学习交流的平台,开设20个栏目,每月一期。截至年底,全省11个市119个县(市、区)已经全部开展巡察,共巡察3940个党组织,发现"三大问题"20947个,违反"六项纪律"问题9945个,涉及党员干部7343人,其中处级干部483人,科级干部1845人,移交立案1905人,党政纪处分1840人,移送司法机关92人。

强化巡视成果运用

全年向省纪委监委机关移交问题线索52件,向省委组织部移交问题线索19件,处置率50%。向省委组织部回复干部选任意见19批237人次,反映有问题的干部31人,为省委选人用人提供了重要参考。完成2256卷巡视档案、8件音像档案的规范化统一管理,十届省委全覆盖和十一届省委第一轮巡视档案全部实现规范化、电子化、系统化管理。先后为省纪委监委机关、派驻纪检监察组以及省委各巡视组提供档案查询服务37次,复制档案1436页。建立了包括环境监控、消防监控、安防监控的24小时实时档案监控管理系统。省档案局对省委巡视办在全省第一家实现档案管理数字化给予高度评价。

打造过硬巡视队伍

以开展维护核心、见诸行动主题教育和推进"两学一做"学习教育常态化制度化活动为重点,抓住党课、组织生活会、警示教育、榜样教育"四种载体",学好习近平总书记视察山西重要讲话精神。重新细化调整了巡视办内设处室职责分工,从巡视机构提拔副厅3人、正处1人、副处1人,同时加强巡视机构与纪检监察机关的干部交流,先后有3名同志交流到省纪委监委机关或派驻纪检组工作,2名机关干部交流到巡视机构工作,省委组织部配备3名副处长级干部到巡视机构工作。从第三轮巡视开始,每个巡视组配备一名省管后备干部,既加强巡视工作力量,又作为培养、锻炼、教育后备干部的重要平台。

中巡办持续关心支持

8月15日,中巡办在我省召开山西省委巡视整改工作督查调研会议,对我省巡视整改工作给予充分肯定。9月4日,中巡办在湖南长沙召开巡视巡察工作座谈会,我省巡视工作领导小组作了经验交流,介绍了巡视巡察工作新举措、新进展、新成效。9月8日,在全国纪检监察系统表彰大会上,我省巡视办荣获"先进集体"荣誉称号,在全国地方巡视机构是唯一一家。12月初,中巡办研究讨论我省《被巡视党组织政治生态定量定性评估办法》,认为《办法》准确领会了十九大精神,符合中央对巡视工作的新部署新要求,体现了深化政治巡视新精神,并要求进一步探索创造经验,适时在全国推广。

(张　杰)

附一:省委巡视工作领导小组名单

组　长: 任建华　省委常委、省纪委书记、省监察委员会主任

副组长: 盛茂林　省委常委、省委组织部部长(3月离职)

吴汉圣　省委常委、省委组织部部长(3月任职)

成　员: 陈学东　省纪委常务副书记、省监察委员会副主任

孙大军　省委组织部常务副部长

赵建平　省委巡视办主任

附二:省委巡视工作办公室主任、副主任、巡视专员名单

省委巡视工作领导小组成员、省委巡视办主任:

赵建平

副主任: 闫志强　刘精英(7月离职)

郝点亮(7月任职)

省委巡视办副厅长级巡视专员: 郝点亮(7月离职)

贺　宏(11月任职)

省委党校工作概况

省委党校校长 吴汉圣

2017年校院认真学习贯彻习近平新时代中国特色社会主义思想和党的十九大精神，把牢“党校姓党”根本原则，紧扣“三个四”工作总思路，圆满完成年初目标，各项工作取得新成绩。

一、校院基本情况

中共山西省委党校创建于1949年9月1日，山西行政学院于1994年11月经省政府批准成立并于1995年6月正式挂牌。省委党校与山西行政学院合署办公，实行“一套人马、两块牌子”的校院合一体制。省委党校是在省委直接领导下培养党员领导干部和理论干部的学校，是省委的重要部门，是培训轮训党员领导干部的主渠道，是党的哲学社会科学研究机构。山西行政学院为省政府直属的正厅级单位，是培训公务员、培养公共管理人员和政策研究人员、开展社会科学研究和决策咨询的机构，是公务员教育培训的主渠道，是公共行政理论和政府管理创新研究的重要基地，是省政府决策咨询的智库。省委党校实行校委负责制，现任校长由省委常委、组织部部长吴汉圣同志兼任；山西行政学院在管理体制上同省委党校一致，现任院长由省委常委、常务副省长高建民同志兼任。常务副校院长王联辉同志主持校院日常工作。校院占地253亩，总建筑面积12万多平方米；下设处级单位35个，其中参公管理部门14个，事业编制的教学科研部门20个，所属事业单位1个；在职人员360余人，其中正处级55人，副处级74人，教授18人，研究员3人，副教授55人，副研究员7人，享受国务院特殊津贴专家1人，全国宣传文化系统“四个一批”人才1人，山西省宣传文化系统“四个一批”人才11人，“山西省学术技术带头人”9人；校院办有CSSCI来源期刊《理论探索》，山西省一级期刊《中共山西省委党校学报》，山西省一级报纸《山西党校报》；建有校园网和数字图书馆局域网，图书馆有30余万册图书、3.6万余册报刊。

二、坚持正确办学方向，扎实推进各项工作

（一）打造教学精品，培训质量不断提高。校院共举办各类培训班次130余期，轮训培训学员1.4万余人次。教学安排上严格按“三个不低于”要求，以“一个重心、四个模块”合理安排主体班教学布局，突出主业主课。强化习近平新时代中国特色社会主义思想、党的十九大精神、省委十一次党代会精神和马克思主义基本理论教育，加大党性教育力度，增加了理想信念、革命传统、道德品行、反腐倡廉、党章党规党纪课时比重。召开精品课程教学研讨会，33个专题经评审列为重点课程，并以党的十九大精神为核心专门设计了“1+8”课程体系。继续完善“13个如何看待”研究成果，相关专题全部进入主体班次课堂。出台校院《2016—2020年学科建设规划》。定期举办“学员论坛”和“硕博论坛”，全年邀请省内外有关领导和专家学者作报告讲座36场次。出版《公务员忠诚干净担当读本》。

（二）理论研究成果丰硕，科研影响力持续扩大。立项国家社科基金课题1项，结项国家社科基金课题2项。立项省社科课题9项、省软科学课题4项、省社科联课题5项。校院级课题立项12项。省社科课题结项8项，省社科联课题结项6项。在全国党校系统重点调研课题和全国行政学院科研合作项目课题申报中，校院各申报课题4项，分别立项2项。对2016年启动实施的全省党校系统66项课题进行结项评审，结项成果44项。参与2017年省统战理论政策课题研究，报送成果2项。组织完成全省党校系统第9届科研基金优秀成果评奖。全年在《山西日报》《前进》《学习时报》等党报党刊发表重要理论文章15篇。定期组织举办各类理论研讨会和座谈会，并报送主题论文，1篇论文入选第4届全国哲学社会科学话语体系建设理论研讨会。在全国党校系统第11届优秀科研成果和决策咨询成果评奖中，校院有5项成果获奖。在省社科联2016年度“百部(篇)工程”成果评奖中，有8项成果获奖并获组织奖。在全国行政学院系统第四届优秀科研成果评奖中，有5项成果获奖。

（三）决策咨询工作再创佳绩。全年上报省委、省政府《决策建议报告》14期，全部受到副省长以上领导批示。其中，省委书记骆惠宁批示9期，省长楼阳生批示6期，另有其他副省级领导批示19期次，超额完成年度目标任务。2篇咨询成果通过国家行政学院《送阅件》上报中央。一些建议成果被有关部门采纳和参考。

（四）行政后勤保障稳步提升。依法合规推进综合教学楼项目建设，完成阶段性工程验收；教学报告厅(会堂)改扩建顺利完工；落实新建操场地库和校园道路管网资金；地下车库遗留工程全部完工；完成校园多项安全隐患消除工程，加大水暖、电汽、房屋、道路等基础设施巡检改造力度。完成校园安全保卫服务招标工作；后勤服务严格质量考核制度，圆满完成各类班次接待服务任务，满意率高达98%。财务工作加强内部控制、加大资产管理力度、规范政府采购，完成财务管理体制适应性改革，完成校院4个工程项目绩效评价。

（五）深化干部队伍建设，实施人才强校战略。出台《校院主要职责及内设机构和所属事业单位工作职责、编制规定》，修订《推荐评审高级专业技术职务任职资格量化考核办法》，落实《校院工作人员考核办法》。全年选任38人、调任、交流轮岗及职务任免干部14人次。招录招聘事业单位参公管理和工作人员各6名。完成全省党校系统中高级专业技术职务

任职资格评审，实现2017年党校系统高级职称评聘分离，7人取得教授任职资格，4人获评山西省宣传文化系统第四批“四个一批”人才人选。全年有教师84人次外出参加进修或延伸培训，占专职教师人数的80%以上，有6名教师赴基层挂职锻炼。深入开展校处两级干部大调研，制定《开展校处两级干部大调研工作方案》，159名校处干部深入11个市、30余县（市、区）开展调研，调研总天数达3241天，人均20.4天，形成调研报告53份。

（六）加大业务指导力度，推动市县党校工作。出台《中共山西省委党校业务指导办法》，加大对市县党校业务指导和督促检查。召开全省市委党校常务副校长座谈会，深入贯彻落实全国全省党校工作会议精神。认真落实校院领导市县党校联系点制度，全年分赴11所市委党校、30多所县级党校调研近50天。举办全省行政学院系统骨干师资培训班、省行政学院系统教学管理专题培训班。

（七）积极学习宣传贯彻党的十九大精神。制定印发《认真学习宣传贯彻党的十九大精神实施意见》《宣讲十九大精神“六进”活动方案》《分专题学习研讨党的十九大精神安排意见》，为全体党员配发党的十九大学习资料。校院全体干部分两期参加学习党的十九大精神培训班，承办4期省管干部学习贯彻党的十九大精神研讨班和6期省直机关处级干部学习贯彻党的十九大精神培训班，校院省管干部、处级干部分别参加培训。邀请十九大代表为师生宣讲。校领导带头为全校院党员进行宣讲、辅导新《党章》。组织教师党十九大精神“进课堂”教学专题申报91项，走出校门宣讲174场次。举办全省党校、行政学院系统学习贯彻党的十九大精神理论研讨会。

（八）扎实开展巡视整改自行“回头看”。制定《“回头看”实施方案》，成立领导小组，认真贯彻落实高建民常务副省长、吴汉圣部长批示精神，4次召开校院委会议、中心组（扩大）会议和全体党员大会部署推动。按照“四个对照”和“三清单一制度”要求，广泛征求群众意见建议278条，制定《问题清单》20条，37种具体表现；《整改清单》与问题一一对应，明确措施129条；《责任清单》逐项明确校院领导整改任务和部门责任，形成完整整改责任体系。坚持开门进行“回头看”，“三个清单”均在校园内网公开，接受群众监督。制定校院《贯彻落实中央八项规定精神实施细则》。

（九）法治校院建设稳步推进。印发《校院法治宣传教育第七个五年规划》，召开“七五”普法启动会议，制定校院贯彻落实省委2017年法治山西建设、普法依法治理工作具体意见；做好法治教育进课堂工作；聘请法律顾问，任命公职律师。

三、强化机关党建工作，深化党风廉政建设

（一）全面加强“三基建设”。校院把“三基建设”当做主题教育特色载体来抓。召开主题教育动员会，成立“三基建设”领导组，制定《工作方案》，共列出22项任务，35条措施。中心组认真传达学习省委文件和黄晓薇、任建华、吴汉圣等领导同志讲话精神，常务副校院长在6月30日“七一”党课时对“三基建设”进行再动员。全年召开2次“三基建设”推进会，1次基础工作达标部署会，出台效能和作风建设规章制度12项。目前编制的基础工作目录、工作运行流程图已汇总成册，“三基建设”取得重要阶段性成果。

（二）规范开展党务活动，扎实推进精神文明建设。制定《党支部规范化建设评估表》，编印《党支部工作规范化规程与实务》，完成《2017年机关党建工作要点》。制定并落实《校院委中心组和党员干部学习计划》，中心组集中学习26次，各党支部集中学习研讨390多次。3个支部完成书记改选，每个支部均配备统战委员和网评员。支部书记认真履行“一岗双责”，抓党建责任意识普遍增强。对机关党组织书记2017年度抓党建工作评议考核，机关党委书记、11个支部书记作党建述职。严格落实“三会一课”制度，校院处级以上干部讲党课134次，支部书记讲党课67次。对42个基层党组织和496名党员完成信息采集，实现党员管理信息化。组织落实党建带群团，推进精神文明建设。组织开展“五个一”、读书月、家风家教等活动，继续开展申报2017年省直文明单位标兵工作创建。

（三）党风廉政建设实现风清气正。认真贯彻执行《省直机关党的工作责任制规定》《校院2017年党风廉政建设责任目标分解意见》，召开党风廉政建设会议。副校院长、机关党委书记集体约谈支部书记。各支部书记签订《党风廉政建设和反腐工作目标责任书》，做到廉政建设目标、任务、责任“三明确”。开展警示教育、明查暗访，强化监督。建立处级以上领导干部廉洁档案，监督好“关键少数”。开展3批次71名干部个人事项抽查核实，函询17人，约谈6人，批评教育6人，诫勉谈话12人，处置信访举报问题11件。实践监督执纪“四种形态”，校院“扯袖子、咬耳朵”成为常态。

（孟国丽）

附：省委党校校长、常务副校长、副校长、副巡视员名单

校　　长： 省委常委、省委组织部长　吴汉圣（4月任职）
常务副校长： 王联辉
副　校　长： 刘明星　田忠宝　王浩学　薛勇民　王建军（5月任职）
副 巡 视 员： 赵继光

山西行政学院院长、副院长、副巡视员名单

院　　长： 省委常委、常务副省长　高建民
常务副院长： 王联辉
副　院　长： 刘明星　田忠宝　王浩学　薛勇民　王建军（6月任职）
副 巡 视 员： 赵继光

省委党史办公室工作概况

省委党史办公室主任　薛　荣

2017年,省委党史办公室在省委的正确领导和中央党史研究室的有力指导下,认真学习贯彻习近平总书记视察山西重要讲话精神,团结带领全室干部职工以喜迎党的十九大召开和学习宣传贯彻党的十九大精神为主线,紧紧围绕省委"一个指引、两手硬"工作思路和要求,深入贯彻落实省委《关于加强地方党史工作的实施意见》精神,在党史研究、党史宣传教育、党史纪念活动、党史资料征集、党史咨询服务、党史人才队伍建设等方面取得显著成绩。

一、喜迎党的十九大召开,认真学习贯彻党的十九大精神,党史工作步入新时代

2017年,省委党史办公室以迎接党的十九大召开为动力,以学习贯彻党的十九大精神为主线,把学习贯彻习近平总书记关于党史工作新论述精神转化为进一步做好党史工作的实际行动。十九大召开前,室领导班子带头,以省委"一个指引、两手硬"要求为指引,团结带领全室干部认真贯彻落实党的十八届六中全会和省委第十一届四次全会精神,深入学习贯彻习近平总书记系列重要讲话特别是视察山西重要讲话精神,积极推进"两学一做"学习教育常态化制度化、维护核心见诸行动主题教育,努力营造喜迎十九大的浓厚氛围。十九大召开后,开展多种形式的学习。一是组织集中学习。10月18日、25日,组织全体干部职工收看党的十九大开幕会、十九届中央政治局常委同中外记者见面会,集中学习党的十九大报告精神。二是举办专题讲座。10月21日,省委党史办邀请中央党史研究室第三研究部主任、研究员张神根作十九大报告学习辅导。三是召开中心组学习会议,传达学习《中共山西省委关于认真宣传贯彻党的十九大精神的通知》《中共中央党史研究室关于全国党史部门认真学习宣传贯彻党的十九大精神的决定》等重要文件。四是积极开展大调研工作。在室领导的带领下分别赴大同煤矿集团有限责任公司、山西省作家协会、山西省文物局、山西省总工会和太原、长治、运城、晋中市及榆次区党史研究室等单位以及黑龙江、贵州、湖南等省党史部门进行调研,了解实际情况,学习先进经验,加强横向交流和合作。同时,为纪念改革开放40周年做准备,室领导前往北京,先后看望了改革开放时期曾在山西工作过的王森浩、孙文盛、张维庆、刘振华和宋北杉等老同志,进行访谈并约请他们撰写回忆文章。五是举办研修班。11月19日至25日,组织全省党史系统干部百余人在哈尔滨工业大学举办了"党史理论与党史文化"研修班,邀请党史党建专家宣讲解读十九大精神。

二、围绕中心,服务大局,圆满完成省委部署的有关习近平总书记视察山西重要任务,全面落实中央和省委关于党史工作的新部署新要求

按照中央和省委关于党史工作的部署要求,加强顶层设计,全面落实党史工作各项任务,推动党史工作迈上新台阶。1月20日,经省委同意,以省委办公厅名义转发《2016—2020年山西党史工作规划》(晋办发[2017]3号)。4月22日,省委常委会传达学习中央领导同志关于党史工作重要指示精神,结合贯彻全国党史研究室主任会议精神研究部署全省党史工作。5月5日,省委党史办组织召开全省党史办公室主任会议,传达学习贯彻中央领导同志重要指示精神、全国党史研究室主任会议精神,总结2016年全省党史工作,安排部署2017年党史工作,提出重点工作任务。时任省委常委、省委秘书长罗清宇同志在书面讲话中提出四点要求:一是牢牢把握党史工作的正确方向;二是突出抓好党史研究、党史宣传教育、党史资料征编三项工作;三是不断提升党史工作整体水平;四是切实加强对党史工作的领导。

与此同时,省委党史办公室以高度的政治自觉、深厚的革命感情和党史工作者的专业素养、奉献精神,圆满完成了省委部署的晋绥边区革命纪念馆重新布展这一重大政治任务。5月初,任务下达后,在时任省委常委、省委秘书长罗清宇同志的直接指挥下,时任室主任于若洁同志亲自领导,工作小组用一周时间撰写完成布展提纲,用二十多天时间,夜以继日,艰苦工作,顺利完成晋绥边区革命纪念馆的布展任务。重新布展的晋绥边区革命纪念馆特色鲜明,令人耳目一新,省委领导给予了充分的肯定。6月21日到23日,习近平总书记来山西视察工作,第一站就来到晋绥边区革命纪念馆,于若洁同志全程为习总书记进行讲解。习近平总书记在纪念馆参观长达1小时零45分钟。他面对一幅幅珍贵的历史照片,一段段文字说明,一件件实物,时而驻足凝视,时而询问有关细节,还不时插话提示阐释党史的要点,使人感受到习总书记对党的历史的高度重视。随后,党史办主办的《党史文汇》在第7期即时跟进予以报道。开设"时代之声"栏目,精心选编习近平总书记考察山西"语萃",刊发专访、纪实,全方位纪录反映习近平总书记视察山西这段重要历史。

8月8日,召开了省委党史办公室全体干部大会,省委组织部副部长陈跃钢宣布省委决定,薛荣同志任省委党史办公室主任,时任省委常委、省委秘书长王赋同志出席会议并作重要讲话。同日,省委办公厅印发《关于加强地方党史工作

的实施意见》,使这项由省委领导亲自批示、省委办公厅督办的出台山西省加强地方党史工作实施意见的任务圆满完成。4月,在《中共中央办公厅印发 < 关于加强地方党史工作的意见 > 的通知》下发后,省委书记骆惠宁亲自批示省委党史办:"以问题为导向"做好贯彻落实工作。5月,我省派出调研工作组,深入部分市县实地调研,在广泛听取意见的基础上,形成了《实施意见》征求意见稿,并向省委组织部、省委宣传部、省人社厅、省编办等16个党史工作联席会议成员单位和11个市级、7个县级党史部门进一步征求了意见,使《实施意见》更加充实完善,符合山西省情,更有利于推进我省由党史资源大省向党史工作强省迈进。文件正式下发后,省委党史办还下发了《关于加强地方党史工作的实施意见责任分工》,确保《实施意见》落地生根。9月26日,时任省委常委、省委秘书长王赋到党史办调研,详细了解党史资料征集、党史研究、科研管理和党史宣教等各项工作情况,并对今后党史工作作出指示。

三、挖掘红色文化资源,深化党史研究,推进重点课题编研工作

中央党史研究室安排部署的课题任务方面,除完成重要的内部课题外,完成了《改革开放实录(山西部分)》"改革开放以来山西旅游业发展概况""山西扶贫工作的举措与成效""新时期山西教育事业的改革与发展"3个专题的撰写和上报任务。统编审定完成了《抗日战争时期中国人民伤亡和财产损失调研丛书》B卷本大同卷、晋城卷、长治卷等,并按时上报成果。根据中共党史人物研究会关于协助核定《党史辞典丛书·重要人物辞典》拟定稿相关要求,按时上报了核实修改意见。参与中纪委、中国方正出版社重点课题《中国共产党人的故事丛书》山西部分的撰稿任务,撰写16位革命先烈故事。

专题研究、专题史料征编方面,编撰出版《山西抗击"非典"始末》《山西籍志愿军老同志回忆录》。撰写完成《"一五"时期山西十五项重点工程建设》送审稿,编撰完成《晋中解放区史》《中国共产党与山西抗战(修订版)》《丰碑——晋绥边区革命纪念馆画册(暂定名)》初稿和《山西"三反""五反"运动》征求意见稿。推进完成了《党和国家领导人视察山西》初稿以及《20世纪50年代山西十五项重点工程建设口述》的录音整理工作。即时跟进历史、记载历史,编写完成了《2016年山西党史大事记》送审稿。推进《山西改革开放实录》专题研究编写工作。启动《太行革命根据地史》《太岳革命根据地史》《晋绥革命根据地史》三部根据地史修订再版工作。

指导地方党史编研方面,审读忻州市宁武县党史研究室编撰《中国共产党宁武县历史》(第一卷)、山西省新闻出版广电局《儿女正当好年华》《中央后委在吕梁》和山西人民出版社《中国反贪制度通史》下卷等书稿。

四、开拓创新,加强党史宣传教育,提升党史宣传影响力

以党史重大事件、重要人物纪念活动为主题,加强党史宣传教育,旗帜鲜明反对历史虚无主义,坚守党史期刊、网宣阵地。2017年,编辑出版《中共山西年鉴》(2017版),进一步明确"中共山西省委主办"的定位;编辑出版《党史文汇》12期,刊发大量可信、可鉴、可存的正能量文章。山西党史网累计刊发各类文章620余篇,制作"庆祝中国人民解放军建军90周年""纪念全民族抗战爆发80周年""喜迎十九大——砥砺奋进的五年"等网站专题。山西党史微信公众号累计发表和转载各类文章308篇。同时,为进一步扩大党史宣传教育辐射面和影响力,积极构建党史资源共享数据平台,筹建山西省数字党史综合管理平台。

此外,按照省委安排,组织领导临县中共中央西北局和齐心旧居布展工作并撰写相应提纲。指导并参加"砥柱中流——纪念太行抗日根据地创建80周年"研讨会、"黎城解放暨黎城抗日根据地历史地位与贡献"研讨会、平型关大捷80周年纪念大会。参与省电视台《风骨山西》电视节目录制工作,共8集。组织开展了评选第二批山西省党史教育基地工作,对全省30处党史教育基地进行命名挂牌,增添了全省党史教育、革命传统教育活动阵地。积极参与省委宣传部组织的"如何更好地继承革命文化"相关调研工作,根据党史部门掌握的革命遗址普查成果、红色资源保护和开发利用情况,撰写了山西革命文化形成发展、资源状况、典型事件人物及作出的独特贡献的调研报告。联合省教育厅关工委在朔州市第二中学举行了全省首批青少年"学党史、知党恩、跟党走"主题教育活动启动仪式,约500人参加。针对历史虚无主义者抹黑刘胡兰的错误言论,《党史文汇》第1期和7期刊发《胡兰精神有传人》和《论历史虚无主义对红色资源的戕害——以"刘胡兰被黑"事件为例》二文,以翔实的资料和科学的推论全面展现刘胡兰烈士的英烈形象,有力地批判了砥毁刘胡兰烈士的错误言论。

五、全面从严治党,加强领导班子和干部队伍建设,推进机关全面建设上水平

严格落实党风廉政建设责任制。年初召开了党风廉政建设工作专题会议,制定了《党风廉政建设工作计划》,认真谋划党风廉政建设工作。室主任与处长(中心负责人)、党支部书记与党员分别签订了《2017年度党风廉政建设责任书》,通过层层分解党风廉政建设工作任务,形成了"一把手"负总责、一级抓一级、层层抓落实的工作格局,有效推进了党风廉政建设工作的开展。制定下发了《主任会议议事规则》等十三项规章制度和《中共山西省委党史办公室落实中央八项规定实施细则》,努力做到用制度管人管事。结合党史工作实际,组织学习了《新形势下党内政治生活若干准则和党内监督条例》《中国共产党纪律检查机关监督执纪工作规则(试行)》。围绕廉政建设专题,在《党史文汇》杂志、山西党史网、山西党史微信公众号刊发相关文章,评选、公布第二批山西省党史教育基地30处,为在全省营造党风廉政建设的良好氛围做出了积极贡献。

加强领导班子建设。7月,省委从全省党史工作大局出

发,对室主要领导进行了新老交替,加强了领导力量。室领导班子强化“四个意识”,全面加强政治建设、思想建设、组织建设、作风建设、纪律建设,把制度建设贯穿其中,党员干部在增强党性、严守纪律、转变作风等方面有了新提高,呈现出新气象。

抓好干部队伍的培训学习。全年安排到省委党校、省直机关党校以及参加中央党史研究室安排的培训学习的省管干部、处级和处级以下干部20余人。举办了全省党史工作基本问题培训班和全省党史理论与党史文化研修班两期培训以及党史讲座4次,培训全省党史干部300余人,切实增强了全省党史工作者的责任感和使命感,提升了做好党史工作的能力,激发了工作的动力与潜能。

选用优秀人才。针对研究队伍老化、研究力量后劲不足的问题,2017年通过公开招考公务员,新招录5名年轻人,充实了专业队伍。加大干部交流力度,从行政处室抽调7名有研究能力的中青年干部,充实到研究和编纂工作岗位。

六、助力脱贫攻坚,大力开展驻村帮扶工作

2017年,省委党史办先后选派12名中青年干部投身脱贫攻坚一线,综合处长担任省直单位驻中阳县大队长。室主任作为扶贫工作第一责任人,多次带队深入贫困村考察调研脱贫攻坚工作。8月,薛荣主任上任第一天召开扶贫工作会议,研究解决脱贫攻坚工作存在的困难和问题,对扶贫工作做了具体安排。十九大召开前后,薛荣主任多次到贫困村考察调研、走访慰问,为村支部讲党课,宣讲党的十九大精神,亲自邀请太原理工大学建筑设计研究院设计团队为中阳县红军东征关上战斗纪念馆免费进行景观和建筑设计,通过打造红色教育基地,助推当地旅游发展。第一书记、工作队员驻村期间,坚持不懈抓党建促脱贫。刘家坪村建设成为中阳县党建模范基地,关上村党支部由软弱涣散党支部提升为五星党支部。第一书记高文彬、徐海鸿、尹君被车鸣峪乡评为优秀党员,徐海鸿被评为吕梁市“脱贫攻坚‘第一书记’青年标兵”、中阳县“优秀共产党员”。截至2017年底,省委党史办帮扶的刘家坪村、关上村、河底村三个村共脱贫506户1416人,未脱贫3户16人,贫困发生率为0.48%,三个村的各项指标均达到贫困村退出指标。

(尹　君)

附:省委党史办公室主任、副主任、副巡视员名单

主　　任:于若洁(7月离职)　薛　荣(7月任职)

副 主 任:钟启元　巨文辉

副巡视员:王雷平(12月离职)

省委老干部局工作概况

省委老干部局局长　赵建华

2017年,省委老干部局认真学习贯彻党的十九大精神、习近平总书记关于离退休干部工作重要指示精神、《关于进一步加强和改进离退休干部工作的意见》和全国老干部工作“双先”表彰大会精神,围绕中心,服务大局,突出重点,狠抓落实,推动全省离退休干部工作迈上了新台阶,为山西改革发展稳定凝聚了更多正能量。

一、深入贯彻落实中央和省委新部署新要求,进一步凝聚做好离退休干部工作合力

(一)各级党委、政府更加重视离退休干部工作。省委书记骆惠宁主持召开省委常委会议,研究贯彻落实习近平总书记对离退休干部工作的重要指示精神和全国老干部工作“双先”表彰大会精神的意见,对老干部工作作出重要指示,为全省作出了示范表率。省委副书记黄晓薇向老同志通报情况,省委常委、组织部长吴汉圣经常对全省老干部工作作指示、提要求,给予具体指导。按照中央要求,将老干部工作纳入了各市和省直单位年度目标责任考核指标体系。各地各单位进一步把离退休干部工作摆上位置,全面落实中央政策规定和省委要求。市县和省直单位党政领导年内向老同志通报情况360多次,春节、老年节等重大节日登门走访慰问老同志。全省11个市、119个县(市、区)全部落实中央和省委关于老干部局长兼任组织部副部长的要求,进一步理顺和健全离退休干部工作领导机制。

(二)出台《关于进一步加强和改进离退休干部工作的实施意见》,绘就山西省离退休干部工作新蓝图。经省委、省政府同意,出台了贯彻中办文件的《实施意见》。各市、县和省直单位结合实际制定了操作性强的具体贯彻措施。各级老干部工作部门采取专题辅导、座谈讨论、培训学习等多种形式,深入学习讨论“两个文件”精神。中组部老干部局对山西省贯彻落实中办发3号文件情况调研督查后,充分肯定山西省离退休干部工作。

二、加强离退休干部“两项建设”,组织引导离退休干部深入开展正能量活动

(一)强化政治思想引领,进一步教育引导全省离退休

干部自觉维护核心、拥戴核心，永葆政治本色。党的十九大召开后，省委老干部局把学习宣传贯彻十九大精神作为首要政治任务，及时作出安排部署。举办省直厅局级离退休干部学习十九大精神专题辅导讲座和离退休干部网宣员学习十九大精神培训班。各级老干部工作部门组织了一系列学习宣传贯彻活动，在全省离退休干部和老干部工作部门掀起学习十九大精神热潮。市县和省直单位共举办离退休干部学习报告会、座谈会、辅导讲座等1590场次；动员1230名离退休干部理论骨干组团宣讲十九大精神2177场次。

（二）贯彻全面从严治党要求，拓展组织覆盖，进一步夯实离退休干部党建工作基础。各级党委（党组）把离退休干部党建工作纳入党的建设总体布局，结合老同志特点积极探索党组织设置方法。在全省离退休干部党员和党组织中推进“两学一做”学习教育常态化制度化、开展维护核心见诸行动主题教育。开展全省离退休干部党组织建设专题调研，召开全省离退休干部党组织建设经验交流会。省财政落实2018年度省直单位离退休干部党支部工作经费489万元，各市县将离退休干部党支部工作经费按5000元/年的标准纳入预算。目前，3个市、48个县（市、区）开展了离退休干部党委（党工委）试点工作。74个县（市、区）挂牌成立了老干部党校。举办全省离退休干部党支部书记示范培训班。晋中市和左云县加强离退休干部社区党建的经验，在全省城市基层党建工作会议上作了书面交流。

（三）以“畅谈”“建言”活动为主要载体，正能量活动有声有色，产生广泛影响。印发《在省直单位开展离退休干部“畅谈十八大以来变化，展望十九大胜利召开”活动和“建言十九大”活动的实施方案》的通知，并转发各市参照执行。省委老干部局分5路对80个省直单位、11个市开展两项活动情况进行了督查，及时向中组部和省委报告我省开展两项活动情况。向全省离退休干部发出《共唱“人说山西好环境”谱写山西改革发展新篇章》倡议书。成功举办山西老年艺术节，纳入山西艺术节总体安排，举行《从这里出发》演出、“革命人永远是年轻”快闪活动等10多项丰富多彩的系列活动，参与活动的老同志近3万人。组织省城30多名老专家，深入平顺、繁峙等7个贫困县开展健康扶贫行活动，诊治患者2000余人。

（四）重视舆论宣传，选树离退休干部发挥作用先进典型。在全省离退休干部中开展“一人一个小故事”有奖征文活动，激励老同志弘扬优良作风、传播优秀文化。起草下发《关于选树离退休干部发挥正能量先进典型的通知》，梳理先进典型20多个，在《山西日报》《中国老年报》等媒体刊登。录制全省离退休干部“讲述励志故事 传递耆年力量”视频，通过网络平台展播。

三、深化服务管理，努力让广大老干部共享改革发展成果

（一）进一步健全完善离休干部“三个机制”。继续推进省直机关事业单位处以下离休干部实行医药费单独统筹工作，下发《关于进一步做好驻并省直机关事业单位处以下离休干部医疗保障工作的通知》，进一步完善医疗保障办法；对部分省直机关事业单位离休干部生活待遇落实情况进行督查调研。转发人社部《关于调整离休干部特需经费标准的通知》，从2018年起将省直部门离休干部公用经费提高到2400元/人年。落实中央政策，将生活长期完全不能自理的离休干部护理费标准提高到2500元/人月。

（二）加大财政对国有改制、破产和困难企事业单位离休干部生活待遇保障力度。省财政资金解决部分省直困难企事业单位265名离休干部2016年医药费473.72万元；补助落实省直困难企事业单位离休干部统筹外生活补贴2100万元。对部分省直事业单位离休干部病故一次性抚恤金落实及经费发放渠道、省属困难企业离休干部2016年医药费发放情况、部分省直单位离休干部生活待遇落实情况进行了督查，落实部分省直困难事业单位离休干部病故一次性抚恤金。

（三）深化离退休干部服务管理工作。为省直驻并机关、事业、企业单位2500名离休干部发放就诊优先证。春节、重阳节期间，省领导走访慰问了省级老同志及遗偶。在山西电视台、《山西日报》等媒体播发《省委省政府致全省离退休干部的慰问信》。在介休市召开利用社区资源做好离退休干部工作推进会，省委常委、组织部长吴汉圣对会议情况报告批示“方向对头，望继续探索。”妥善处理老同志的来信来访。全省共帮扶7700多名困难老同志，发放帮扶资金750多万元。

（四）进一步改善老干部学习活动条件，开展丰富多彩的文体活动。山西老年大学继续扩大办学规模，2017年招收学员6190人次，探索依靠社会力量创办了山西老年大学城市学院分校。协调省发改委、省财政厅，落实5个贫困县老年大学省补资金370万元。召开省补资金落实工作会议和全省老年大学建设发展推进会。市县两级年内新建或改扩建老干部活动中心11个、老年大学17个，投入资金3100多万元。开展“文化下乡、助力扶贫”慰问演出活动。

四、以“三基建设”为契机，进一步加强老干部工作部门自身建设

（一）着力加强部门建设和队伍能力素质建设。各级老干部工作部门结合自身实际，积极推进“两学一做”学习教育常态化制度化、开展维护核心见诸行动主题教育。组织党员干部参加“两学一做”在线答题活动、党的基本知识竞赛活动，开展向廖俊波、黄大年的学习活动。在太行干部学院举办全省老干部局处长专题培训。市县和省直单位共举办老干部工作人员培训班226期。省委老干部局组织工作人员分赴哈尔滨工业大学、北京大学参加自主选学培训。举办局系统在职党员暨年轻干部“学习右玉精神”专题培训班。选派年轻同志参加驻村扶贫工作、担任农村第一书记、到乡镇挂职。

（二）以开展全省离退休干部和老干部工作“双先”评

选推荐为契机，营造学习先进、争当先进氛围。省委组织部、省委老干部局、省人社厅印发通知，对评选表彰工作作出安排部署。全省各级老干部工作部门按照通知精神，认真组织，严格程序，稳步推进推荐评选工作。广大离退休干部和老干部工作者积极申报，热情参加。

（三）着力规范老干部工作部门基础工作。按照省委“三基建设”的部署要求，扎实抓好自身“三基建设”。召开全省老干部工作部门基础工作规范化建设座谈会，以年度目标责任考核工作为纽带，推进老干部工作部门基础工作和效能建设。编印《老干部工作业务知识应知应会问答》手册，发放给全省老干部工作部门学习参考。开展全省离退休干部党组织建设、退休干部服务管理深度调研，形成专题调研报告报中组部。按照省委部署，认真开展万名干部大调研活动，局领导和处级干部深入11个市、49个县（市、区）和18个省直单位进行调研。

（马召钰）

附：省委老干部局局长、副局长、巡视员、副巡视员名单

省委组织部副部长、老干部局局长：赵建华

省委老干部局副局长、山西老年大学校长：张晓光

副 局 长：岳卫东　王小丽（女）

巡 视 员：郭世卿（1月离职）　郑兰珍（9月离职）

副巡视员：张建成（1月离职）　李树林（11月离职）

李苏娥（女，5月任职）

王文光（11月任职）　刘晨辉（11月任职）

省委省政府信访局工作概况

省委省政府信访局局长　梁克昌

2017年，在省委、省政府的坚强领导下，省信访局坚持以习近平新时代中国特色社会主义思想为指导，认真学习贯彻党的十九大精神，紧紧围绕“一个指引、两手硬”工作思路和要求，团结带领信访系统广大干部职工，自觉担当、攻坚克难、创新奋进，以“钉钉子”的精神破解难题、深化改革、推动工作，实现了年初提出的“三突破、一退位、一好转、三确保”工作目标，圆满完成了“为党的十九大胜利召开营造和谐稳定社会环境”的政治任务。

全省信访形势平稳可控、持续向好，省、市、县三级信访总量同比下降14.7%，信访形式表现为，网上投诉上升、来信上升、来访人次下降，信访秩序有效好转。2017年主要抓了五个方面工作。

一、深入开展矛盾纠纷源头治理，着力化解信访突出问题

信访突出问题，既有新动向，也有老难题，但都事关群众切身利益，事关社会和谐稳定。省信访局以防范化解重大风险为指导，以群众反映强烈、矛盾问题集中的领域为重点，全力以赴、下大气力解决信访突出问题、化解重大风险隐患，切实维护社会大局持续稳定。一是开展“重点信访问题源头化解专项行动”。从2月份开始，对重点领域突出信访问题进行集中治理，经过全省上下“百日会战”，清理企业拖欠工资、养老保险费，交办城乡建设领域信访积案，实现排查出的信访问题化解率达99.5%。6月9日省委常委会听取“专项行动”专题汇报时，给予充分肯定。二是开展“重点信访问题源头化解”暨“信访突出问题大整治”活动。组织对重点领域信访问题的政策落实、问题解决进行“回头看”，不断巩固重点信访问题源头化解专项行动成果。同时进一步拓展延伸，对诉求集中的非法集资、“三农”问题、“民代幼”问题、自诉疫苗受害群体、失独家庭等其他13类信访突出问题进行源头化解和集中整治，交办信访事项5665件，化解率达94.8%。三是开展“特殊疑难信访问题集中攻坚”。排查梳理2015年以来已办结未化解或化解后又反弹的信访积案382件，集中交办11市市委书记、市长和19个省直单位的主要负责人包案化解，结案率100%，息诉罢访率95.7%。中央拨付我省解决特殊疑难信访问题补助资金410万元，地方配套约1230万元，对已解决的130余件特殊疑难信访事项进行了奖补。四是开展重复信治理暨积案化解专项工作。省信访局办信部门对重复5次以上的179件信访积案进行集中交办，办结化解率达97.2%。五是开展网上重复投诉专项治理。以月为节点，以重复投诉20件次为基准，分别约谈信访事项包案领导、属地信访部门、责任单位以及信访人，对久拖未决的重复信访事项进行督办，要求有权处理单位依法解决群众合理诉求。六是开展扶贫领域信访积案“清零”专项行动。抽调省直有关部门厅级领导带队，组成6个督导组实地督促检查，对扶贫领域249个信访积案逐案审查验收，实现扶贫领域信访积案年底前“清零”。源头治理、专项化解等活动的开展，攻坚解决了一大批信访突出问题，为信访形势持续好转打下了坚实基础。

二、纵深推进信访工作制度改革，着力提升服务群众能力

深入学习把握中央和省委、省政府关于信访工作的改革精神、改革部署、改革要求，以社会治理创新为动力，坚定不移推进信访工作制度改革，继续打造阳光信访、责任信访、法治信访，进一步完善理念思路、体制机制、手段方法，不断提高信访工作专业化、法治化、信息化水平。一是推动信访信息系统深度应用。建成了全省8632个单位互联互通的网上信访业务办理系统，省市县三级信访部门全部开通网上投诉受理系统和手机信访平台，省级视频信访平台建设完成，市级上线运

行,县级即将建成。建立信访预测和分析系统,实时跟踪办理进度、自动催办提醒,用严密的程序保障实体处理质量。二是加强信访基础业务规范化建设。修订完善来访和集体访登记办法、办信工作规则,细化省级来信来访办理操作流程,提升初信初访办理质量。对基层信访部门存在的应录未录、录入办理不及时、录入不规范、答复处理不到位、答复意见书不送达等问题,及时通过电话、传真等形式通报督促,要求立即纠正。省信访局转办的信访事项及时受理率、按期答复率从信访信息系统使用之初的73.2%和88.6%,提升到94.8%和94.4%,群众对信访工作机构和有权处理的责任单位满意率评价达到96.7%和95.5%。三是压实信访工作责任。认真贯彻落实信访工作责任制度要求,扎实开展"责任落实年"活动,层层签订信访工作责任书,压实各级党政机关主体责任、各级领导干部"一岗双责"责任、信访事项首接首办责任。深入推进依法逐级走访,引深"三无县(市、区)"创建活动,引导基层把精力放在及时解决问题、就地化解矛盾上。四是加快推进法治信访进程。与省政法机关进行专门对接,进一步界定诉访分离的边界范围,建立涉法涉诉信访事项导入导出机制。继续推进依法分类处理信访诉求工作,在出台省市县三级职能部门责任清单的基础上,进一步细化依法分类处理信访事项流转机制,制定具体的实施细则。积极与省司法厅共同推动律师等法律工作者参与化解信访积案,特别是特殊疑难信访问题攻坚,实现化解结果合法公正。

三、切实增强围绕中心履职意识,着力提高信访部门服务大局水平

坚持在大局中站位、自觉在大局下行动,围绕中心、服务大局,逐项对标中央和省委、省政府对信访工作提出的一系列要求,强化责任担当,精心履职尽责,充分展示信访工作的作为。一是做好重大活动期间应急处置工作。取得近年来山西省重大活动期间信访工作的最好成绩,受到中央联席办的表扬。二是主动防范和化解信访稳定风险。协调处置各种预警信息1.4万余件,处置扬言信180余件,编发防范各种重点群体矛盾化解和教育稳定工作电报245期、函件186件,对3488名信访重点人员建立台账,指导各地做好教育稳定工作。对非法集资群体、房地产领域、西山煤电农民合同工等重点群体,及时提供预警信息,积极组织调研讨论,向有关责任部门和省委、省政府提出解决问题的具体建议,避免了多起群体性事件发生。先后到江苏、黑龙江、河北、湖北等省协调化解省外"三跨三分离"案件8件,协调化解省内"三跨三分离"案件11件。三是扎实开展精准扶贫。对调整后的扶贫点进行深入调研和科学论证,制定精准扶贫规划,确立异地搬迁、光伏发电、红枣提质、退耕还林、修路打坝、办公场所修建等扶贫措施。本着"领导带头、全员参与、一户一策"的原则,144户贫困户全部落实帮扶责任人,局机关干部与贫困户一一对接。为帮扶村争取到扶贫资金78万元,完成了道路维修、光纤入户和水井改造工程,日间照料中心、光伏发电、农畜养殖等项目进一步实施开展。

四、不断创新完善工作机制,着力提升信访系统整体水平

信访部门是社会治理的重要职能部门,在全省社会治理体系中发挥着重要作用。按照社会治理新理念进一步创新信访工作的机制方法手段,不断推动信访工作优化升级。一是创新工作前置机制。所有工作都靠前一步、整体前置,年初就围绕迎接党的十九大胜利召开作了全面部署,开展了一系列攻坚治理活动,强化重大信访信息预警、建立重点人员核查通报机制,做到了抓早抓小抓主动。二是完善网上信访机制。把省长信箱、地方领导留言板、社情民意通道等平台的群众诉求全部纳入网上信访,实现了网上信访平台资源的有效整合。网上投诉办理实行"日日清",把原来的3日转交时限压缩为1日,每天4次分转来件,确保当天来件必分、有件必转。三是强化事要解决机制。动员社会力量参与信访工作、解决信访问题。以民生大接访为牵引,进一步深化媒体参与信访工作机制,邀请新闻记者、党代表、人大代表、政协委员,参与疑难复杂信访事项化解督办,推动事要解决。四是督查督办机制。改进督办方式,设立"网上督查室",采集分析全省每天、每周、每月的主要信访指标,定期量化每个信访人、每件信访事项、每个重要时段相关联的信访工作任务,实时监测反映全省信访工作的13个重点数据,及时发现问题,即时提出改进督查、责任倒查整改意见。五是创新考核评价机制。完善日常工作考核网上自动生成模式,依据"大数据"制定考核细则,把信访事项及时受理率、按期办结率、群众满意率作为重要指标,对各市信访工作进行客观公正的考评。六是落实非接待场所涉访处置机制。进一步健全对进京越级访人员的接返送回、落地交接、预警处置、责任追究等重要环节的联动治理机制。

五、持续加强机关党的建设,着力夯实履职尽责的政治基础

信访工作是党和政府密切联系群众的重要渠道,信访干部在老百姓心里往往代表着党和政府的形象,在加强党的建设方面有着极其重要的职责任务。准确把握新时代党的建设要求,以高度的政治自觉、思想自觉、行动自觉加强信访部门党的建设。一是深入学习贯彻党的十九大精神和习总书记视察山西重要讲话精神。按照中央和省委的部署,把学习贯彻党的十九大精神和习总书记视察山西重要讲话精神作为首要政治任务,坚持认真学习、全面领会。特别是对党的十九大报告和省委十一届五次全会精神,多次集中学习,全面领会其科学内涵和核心要义,吃透精神实质,指导工作实践。局领导班子成员以上率下,以大调研活动为契机,深入基层宣讲党的十九大、习总书记视察山西重要讲话和省委十一届五次全会精神,带头做到学懂弄通做实。随着学习的不断深入,要求信访系统

广大党员干部树牢“四个意识”,始终在政治立场、政治方向、政治原则、政治道路上同以习近平同志为核心的党中央保持高度一致,始终用习近平新时代中国特色社会主义思想武装头脑、指导实践、推动工作,确保党的十九大精神在全省信访系统落地生根、开花结果。二是严格党内政治生活。局领导班子带头履行抓党建的主体责任,一把手担任局党建工作领导组组长,切实履行“第一责任人”职责,全力推进“两学一做”学习教育常态化制度化,全力推进“维护核心、见诸行动”主题教育,全力推进“三基建设”和巡视整改自行“回头看”工作。局领导班子成员在支部过双重组织生活、机关党委委员联系支部、党支部书记由处室负责人兼任,强化局领导班子成员和各支部书记“一岗双责”意识。完善中心组学习平台建设,中心组理论学习单列计划,与局长办公会分开组织开展,规范研究党务工作机制,严格落实机关支部“三会一课”制度,协调推进党建、业务工作两促进、两不误。三是锲而不舍狠抓党风廉政建设和反腐败工作。与各支部签订党风廉政建设责任书,并完善相关制度规定,定期开展对重要岗位重要人员廉政提醒谈话,坚持挺纪在前,加强机关纪委履行监督职能的自觉性和主动性。一把手对局领导班子成员和厅级领导逐一进行廉政谈话,局领导班子成员约谈分管处室的处级干部,处室负责人约谈工作人员,教育引导广大党员干部不断增强自身免疫力,筑牢拒腐防变的思想防线。全省信访系统形成了积极作为、干事创业的浓厚氛围。2017年省委继续选派2批24名优秀年轻干部到省信访局挂职锻炼,充实了信访力量,增添了工作活力。在第八次全国信访工作会议上,我省信访系统3个集体、19名个人获得全国信访系统“两先”“六优”荣誉称号。在山西省第四届人民满意公务员集体表彰会上,2名信访干部荣获人民满意公务员称号、2名信访干部授记一等功、2个信访工作单位授记集体一等功。信访干部的能力素质在履行为党分忧、为民解难职责中不断提升,得到各级党委政府的充分肯定和人民群众的广泛赞誉。

(杨卫兵)

附:省委省政府信访局局长、副局长、督查专员、副巡视员名单

省委副秘书长、省信访局局长: 李体柱(11月离职)
梁克昌(11月任职)

副局长: 赵培明(4月离职) 薛建军 郝钦新
郭泽兵 姚云刚(4月任职)

督查专员: 王 玉 侯永霞(11月任职)

副巡视员: 侯明中

省人大常委会党组工作概况

党组书记　骆惠宁

2017 年，在省委的坚强领导下，省人大常委会党组认真贯彻党的十八大和十九大精神，全面落实省第十一次党代会部署，坚持党组发挥领导核心作用与支持常委会依法履职相统一，积极推进民主政治建设和依法治省进程，为全省经济社会持续健康发展作出了积极贡献。

一、坚持把学习贯彻党的十九大精神作为重大政治任务，切实在学懂弄通做实上下功夫

2017 年，“迎接党的十九大、学习宣传贯彻十九大精神”是全年工作的主线。党的十九大召开前，常委会党组突出抓好“两学一做”学习教育常态化制度化和“维护核心、见诸行动”主题教育，认真贯彻省委“深入学习贯彻习近平总书记系列重要讲话精神和治国理政新理念新思想新战略”学习交流会精神，围绕习近平总书记系列重要讲话特别是视察山西重要讲话、“7.26”重要讲话和骆惠宁书记讲话等重点内容，常委会党组集体学习 9 次，专题讨论 4 次。全体机关干部集体学习 8 次，各党支部集中学习 252 次，专题研讨 105 次。党支部书记讲党课 23 人次。机关先后组织 230 多名党员干部职工到右玉干部学院、武乡八路军纪念馆、五台县徐向前纪念馆等教育基地进行实地教育，开展“维护核心、见诸行动”主题诵读活动，党员干部理想信念进一步坚定，“四个意识”明显增强，为迎接党的十九大召开打牢了思想政治基础。

党的十九大召开后，常委会党组按照骆书记提出的“九个深刻把握”要求，联系人大工作实际，强调要用习近平新时代中国特色社会主义思想武装头脑、引领方向、指导实践，切实提高做好人大工作的政治站位和理论水平。要求机关各级党组织在学习贯彻时，一要聚焦“新”，深刻把握党的十八大以来取得的新成就，深刻把握中国特色社会主义进入新时代，深刻把握我国社会主要矛盾发生新变化，深刻把握马克思主义中国化实现新飞跃，深刻把握新时代中国特色社会主义发展的新方略；二要力求“通”，深刻理解党对民主法治提出的重大部署要求，深刻认识十九大报告把坚持人民当家作主、坚持全面依法治国作为新时代坚持和发展中国特色社会主义基本方略的重要组成部分具有重大政治意义、理论意义、实践意义和世界历史意义，深刻认识十九大报告关于加强人民当家作主制度保障、深化依法治国实践的重大举措，深刻认识十九大报告对人大工作提出的目标任务；三要突出“做”，对照党的十九大提出的目标任务和重大决策，逐一认真梳理属于人大职责范围内的任务，拿出实实在在的举措，切实把思想统一到党的十九大精神上来、统一到习近平新时代中国特色社会主义思想上来，把力量凝聚到党的十九大确定的各项任务上来。

通过学习机关党员干部充分认识到，党的十八大以来的五年，改革开放和社会主义现代化建设取得了历史性成就，党和国家事业发生了历史性变革。之所以能够取得这样举世瞩目的成就，最重要、最关键的是，我们党有习近平总书记这个核心，有习近平新时代中国特色社会主义思想的正确指导，有以习近平同志为核心的党中央的坚强领导。大家一致表示，要继续认真学习领会、深入贯彻落实党的十九大精神，在以习近平同志为核心的党中央坚强领导下，以高度的责任感和使命感，认真履职尽责、扎实工作，不辜负党和人民的重托，为新时代坚持和发展中国特色社会主义作出新贡献。

二、坚持党的领导，充分发挥党组的领导核心作用

人大要发挥好作用，最重要的是强化党的领导意识、提升政治站位，及时准确地把中央和省委的精神贯彻落实到人大工作中去。

一是始终把人大工作置于省委的领导之下。坚持重大问题及时主动向省委请示报告。2017 年，常委会党组就重大事

项向省委请示报告30余次，省委每次都及时作出指示和要求，给我们起到了把关定向的重要作用，人大都不折不扣地加以贯彻落实，切实把省委的领导贯穿到人大工作全过程、各方面。

二是紧紧围绕中心、服从服务大局。紧扣全省大局谋划和推动工作，努力做到省委关注什么，就在哪里用力。比如，根据省委要求及时调整立法计划，制定出台城乡环境综合治理条例；贯彻省委坚决打赢脱贫攻坚战要求，加快出台农村扶贫开发条例；贯彻省委加快转型综改区建设的部署，及时作出山西转型综改示范区行政管理事项的决定。党组成员带队对民生领域13个课题进行调研督查，围绕营造良好法治环境开展大调研，为省委科学决策、人大依法履职、政府改进工作提供了重要依据。

三是支持保障人大常委会依法履职。常委会党组对标中央和省委的重大决策部署，及时研究分析形势任务，提出人大常委会工作的重大原则和重点工作，解决突出问题，确保人大工作始终紧跟省委、与时俱进。县乡人大建设迈上新台阶。省委常委会两次研究这项工作。骆书记亲自安排部署人大到基层调研，逐条修改《关于加强县乡人大工作机构建设的若干规定》，并在推进会议上作重要讲话，推动解决了长期困扰基层人大工作机构不健全、编制不足、人员短缺等难题，受到基层人大的一致好评。立法质量明显提高。在确定立法项目时，注重区分轻重缓急，改革发展中急需的就先立、快立，对法规中的重要条款，及时召开会议认真研究把关。同时，积极指导各市开展好立法工作，研究出台了《法规审查工作办法》，有效保障市级人大的立法质量。监督实效不断增强。注重监督与支持的有机统一，把省委关注的、群众期盼的作为监督的重点，和政府、“两院”一起推动落实。2017年，对全省开发区改革创新发展情况开展专题询问，并进行满意度测评，有力支持政府抓好这项工作。注重创新监督方式，率先在全国建成预算联网监督中心，使监督更具时效性、精准性。人事任免及时有序。对中央和省委人事安排，省人大常委会党组高度重视，及时统一思想、周密安排部署。需要加开会议的，就及时组织，保证中央和省委人事安排意图圆满实现。2017年，按照中央和省委的部署，在全国率先选举任命省监察委员会主任、副主任和委员。任免的国家机关工作人员，基本上都是全票、高票通过。代表作用充分发挥。代表是人大工作的主体，省人大通过组织代表培训、集中视察、列席会议等方式，努力提升代表能力和水平。2017年，代表们提出的议案建议质量相对都比较高，党组成员重点督办，有力促进了一些事关全局的热点、难点问题解决。改革任务全面完成。2017年，省委赋予人大5项民主法制领域改革任务。省人大按照省委要求，明确牵头部门，细化分解责任，逐个阶段分析研究情况，及时解决推进过程中的问题，形成人大代表联系人民群众实施办法等5项制度成果。

三、坚持把自身建设摆上重要议事日程，切实担负起管党治党主体责任

坚持把加强常委会党组自身建设作为做好人大工作的重要基础，全面加强政治、思想、组织、作风、纪律建设，为搞好常委会工作提供有力保证。

一是保持良好的精神状态和工作作风。认真执行新形势下党内政治生活《若干准则》，深入贯彻中央政治局《关于加强和维护党中央集中统一领导的若干规定》精神和省委《规定》。坚持民主集中制，各位党组成员既坚决维护集体领导，又积极主动抓好分管工作，有事及时多沟通，班子的凝聚力战斗力进一步增强。扎实改进作风，深入基层、深入一线，听民声、摸实情，班子成员全年调研50次166天，深入对口扶贫县和帮扶村实地调研24次，到信访窗口面对面接访，万名干部大调研中，深入200余个基层单位实地了解情况，密切与人民群众的联系。坚持严格自律，清正廉洁，自觉接受组织和群众监督，保持了党员领导干部的良好形象。

二是抓好常委会组成人员思想建设。围绕学习贯彻十九大精神、习总书记视察山西重要讲话精神等重点内容举办5次常委会专题讲座。每次常委会结束，都要对落实中央和省委的重大决策部署作出安排、提出要求；常委会会议重要人事任免，都要召开通报会，讲清人选情况，明确纪律要求，确保风清气正；每次代表大会召开前，都要对组成人员提出要求，引导组成人员带头依法履职，带头遵守会议纪律，以模范言行影响和带动其他代表。

三是全力支持机关党组和派驻纪检组依规履职。2017年，机关党组召开会议28次，集体学习30次，专题讨论8次，运行有序、作用明显。重新编印98项工作制度，进一步使各项制度前后衔接、上下配套。召开机关党风廉政建设大会，签订责任书，指导机关党委、纪委按时换届，推动各级党组织落实主体责任。派驻纪检组“派”的权威和“驻”的优势发挥明显，印发《机关落实中央八项规定精神实施细则》，完成专项巡视整改自行“回头看”和落实廉政风险防控措施情况自查，开展“廉政文化宣传周”活动，组织全体党员阅读廉政书籍《追问》，观看警示教育片《巡视利剑》，组织40余名党务干部赴晋中市预防职务犯罪警示教育基地参观，党员干部遵规守纪、依法办事、接受监督的自觉性明显增强。

四是大力推进“三基建设”。坚持把强化领导责任、提升队伍素质、完善制度机制、狠抓工作落实作为突破口，成立机关“三基建设”领导小组及其办公室，先后4次召开会议学习上级文件、听取情况汇报、安排部署工作。印发《机关“三基建设”重点任务分工》《省人大常委会机关基础工作达标实施方案》，明确牵头单位、责任单位和完成时限，完成“一目录三手册”编印。配合省委组织部选拔任用正厅级干部2名、副厅级干部2名、巡视员4名、副巡视员3名。加强机关干部培训和管理，组织39名正处级领导干部述职评议，举办全省市县人大主任培

训班以及立法、财经监督、办公厅业务等专题培训班18个，培训各级人大干部2200余人，全面提高履职能力。首次召开事业单位建设推进会议，指导4个事业单位出台五年建设规划，提升了工作科学化水平。

五是努力提升精神文明建设水平。把“六型机关”建设作为提升机关工作效能的重要抓手和群团工作的主题，印发《关于推进“六型机关”建设的实施意见》，建成“职工之家”“青年之家”“妇女之家”，举办青年书法班、机关公文写作培训班、读书写作兴趣班，激发干部职工学习热情；联合大众书画院举办“不忘初心、砥砺前行”迎接党的十九大胜利召开书画作品展，开展“喜迎十九大、弘扬主旋律”主题教育活动，举办第五届职工运动会、第六次演讲比赛、“圆梦人大人”“六型机关”建设成果宣讲活动。机关连续3年在全省年度考核中评为优秀，连续7年评为省级文明单位，去年底顺利通过省级文明单位标兵检查验收，机关团结奋进、昂扬向上的浓厚氛围得到加强。

（姜　伟）

附：省人大常委会党组书记、副书记、成员名单

书　记：王儒林（1月离职）　骆惠宁（1月任职）

副书记：胡苏平（女）　牛仁亮（1月离职）　张建欣（女）

成　员：张茂才　田喜荣　高卫东　李仁和　刘　杰（1月任职）

省人民政府党组工作概况

党组书记　楼阳生

2017年，省政府党组坚持以习近平新时代中国特色社会主义思想为指导，坚决贯彻党的十九大精神和习近平总书记视察山西重要讲话精神，认真落实党中央、国务院各项决策部署，在省委坚强领导下，按照“一个指引、两手硬”思路和要求，认真落实全面从严治党主体责任，坚定不移践行新发展理念、把握稳中求进工作总基调，坚定不移推进供给侧结构性改革，坚定不移实施创新驱动、转型升级战略，统筹稳增长、促改革、调结构、惠民生、防风险等各项工作，持续推动转型发展形成强劲态势。

一、全面加强党组自身建设，切实发挥好党组在省政府工作中的领导核心作用

坚定不移贯彻落实中央关于推进全面从严治党、把党建设得更加坚强有力的要求，坚决服从、自觉接受省委领导，以党的政治建设为统领，全面加强党组各方面建设，切实发挥好党组在省政府工作中的领导核心作用。

(一)突出加强政治建设，始终在思想上政治上行动上与以习近平同志为核心的党中央保持高度一致。牢固树立“四个意识”，始终坚持以习近平新时代中国特色社会主义思想为指导，认真学习贯彻党的十九大精神，深入学习贯彻习近平总书记系列重要讲话精神特别是视察山西重要讲话精神，切实增强与以习近平同志为核心的党中央保持高度一致的政治自觉和行动自觉。深入推进“两学一做”学习教育常态化制度化、开展维护核心见诸行动主题教育，不断夯实党组班子的思想政治基础，坚决做到在思想上拥戴核心、在政治上维护核心、在行动上紧跟核心。党组书记楼阳生同志多次强调，坚决与以习近平同志为核心的党中央保持高度一致，坚决服从党中央集中统一领导，就是要做到号令坚决听从，思想坚决贯彻，决策坚决执行，权威坚决捍卫。

(二)深刻领会核心要义，自觉把习近平新时代中国特色社会主义思想作为一切工作的根本遵循。始终坚持把思想建设作为党的基础性建设，狠抓思想理论武装，自觉把党的十九大报告和习近平总书记系列重要讲话当做案头卷、口袋书、座右铭，认真学、深入学，带着问题学、带着感情学，持之以恒深化学习，进一步强化党员意识、增强党的观念、提高党性修养。采取中心组理论学习、“梅山课堂”等多种形式，全年共开展党组集体学习研讨19次，政府系统各级党组织普遍开展了扎实有效、形式多样的学习研讨。努力实现“两促进”“两提高”，使学习讲话的过程成为推动实践的过程，使推动实践的过程又成为深化领会讲话精神的过程，进一步在学懂弄通做实中坚定理想信念，提高政治站位，真正做到内化于心、外化于行，切实用习近平新时代中国特色社会主义思想武装头脑、指导实践、推动工作。

(三)坚持全面从严治党，扎实推动党风廉政建设和党组自身建设向纵深发展。始终把严守党的政治纪律和政治规矩放在首位，坚决反对“七个有之”，切实做到“五个必须”。带头尊崇党章，严格遵守廉洁自律准则和纪律处分条例等各项党内法规，严守道德高线和纪律底线。组织召开省政府廉政工作会议，对政府系统党风廉政建设和反腐败工作作出部署，从严从实深化省政府党组班子和全省政府系统作风建设。认真开展巡视整改自行“回头看”，按照“四对照”“一肃清”要求深入查摆剖析，切实抓好整改，不断提高党组的领导力和战斗力。自觉配合巡视工作，大力支持纪检监察机关改革建设、开展工作，强化审计监督，推进政务公开，坚定正风肃纪，惩治寻租腐败。严格遵守《关于新形势下党内政治生活的若干准则》，严格执行“三会一课”、民主生活会等党内组织生活制度，严肃认真组织召开了2017年度党组班子民主生活会。

(四)认真履行职责使命，坚决用实际行动贯彻落实中央决策部署和省委工作要求。2017年省政府共召开党组会议17次，对党中央重大方针政策、重大决策部署，对国务院重点工作部署、重要工作要求，对省委的重要会议精神、重要决定决

议，省政府党组都在第一时间传达学习，第一时间部署落实。认真落实《省政府党组工作规则》，坚持集体领导和个人分工负责相结合，既强化省政府领导班子的集中统一领导、有效发挥班子的整体功能，又充分发挥班子成员和分管部门的积极性。认真落实省政府党组每季度向省委常委会议报告全省经济社会发展重大问题工作制度，把省委对政府工作的领导进一步落到实处。坚持发挥领导核心作用与坚持依法履职相统一，对贯彻落实党的十九大精神、贯彻落实习近平总书记视察山西重要讲话精神、贯彻落实国发42号文件等重要会议文件都进行了任务分解，省政府领导班子成员结合分管工作进行了责任分工，确保贯彻落实中央决策部署和省委工作要求见人见事、见根见果、见实见效。

二、认真贯彻落实省委决策部署，全面开启山西转型综改新征程

认真落实省第十一次党代会决策部署，按照“一个指引、两手硬”的思路和要求，全面深化供给侧结构性改革，扎实推进“三去一降一补”，加快开发区改革创新，着力深化国企国资等重点领域改革，大力发展战略性新兴产业，积极营造“六最”营商环境。经过一段时间努力，全省经济增长的趋势性、转折性、标志性变化明显增多，地区生产总值呈现逐季加快、逐步向好的态势，全年增长7%，在新常态下走出了不平凡的翻转轨迹。

（一）着力深化供给侧结构性改革。认真落实“三去一降一补”重点任务，有力改善了供给结构。2017年关闭退出27座煤矿，退出煤炭产能2265万吨，淘汰钢铁产能325万吨。率先实施煤炭减量化生产，为改善全国煤炭市场供求关系作出了重要贡献。加大房地产去库存力度，全省商品房待售面积、库存消化周期实现“双下降”。通过企业债务重组、债转股、资产证券化等途径，着力降低国有企业负债率。加大扶贫攻坚、基础设施、科技创新、生态环保等薄弱环节投资力度，着力补齐发展短板。

（二）全力推动资源型经济转型发展“示范区”建设。以党的十九大报告关于支持资源型地区经济转型发展的决策部署为指导，认真落实国发42号文件，打出转型综改“组合拳”，开辟转型综改主战场。稳步推进开发区整合改制扩区调规，批准建设15个省级开发区，“三化三制” 改革取得突破性进展。率先推行企业投资项目承诺制改革，成为全国同类改革唯一试点省。开展“1+9”专项行动，着力打造“六最”营商环境。确立国企改革“1+N”政策体系，21项重大部署稳步实施，省属国有企业公司制改革全面完成，成功组建山西国投公司、文旅集团等旗舰型企业。县乡医疗卫生机构一体化成为全国典型，农村“三块地”、电力体制、金融财税等改革取得重大突破，转型升级考核体系基本形成。

（三）创新推动新旧动能转换。深入推动能源革命，加快传统产业改造升级，积极推进“煤老大”向“排头兵”转变。加快发展大数据、高端装备制造、新材料、新能源汽车等战略性新兴产业，初步形成若干产业集群。推进文化旅游融合发展，实施“五个一批”项目，锻造黄河、长城、太行三大旅游新品牌，全力打造新的战略性支柱产业。实施“十大创新行动”，大力开展‘双创”活动。出台深化人才发展体制机制改革的实施意见，制定实行以增加知识价值为导向的14个政策文件。加大科技创新支持力度，高端碳纤维、笔尖钢、石墨烯等一批关键技术取得新突破，高新技术企业达到936家，中科院等一批科研团队及高端人才引入我省。

（四）加快构建内陆地区对外开放新高地。实施“东融南承西联北拓”战略，积极参与“一带一路”建设，主动融入京津冀和环渤海经济圈，承接发达国家地区和东南沿海产业转移。实施晋商晋才回乡创业创新工程，与国内外一批行业龙头企业开展深度合作。推进省政府驻外机构以招商引资为主导的体制机制改革。成功举办低碳论坛、文博会等重大对外交流活动。复制推广自由贸易试验区改革试点经验，启动山西自贸试验区申报工作，推进贸易和投资便利化，成功开通中欧中亚班列。2017年全省进出口总额首次突破千亿元。

（五）扎实做好新时代“三农”工作。大力推广有机旱作农业，启动山西农谷建设，推动雁门关农牧交错带示范区建设，完善运城农产品出口平台建设，实施特色现代农业增效工程，农业供给侧结构性改革迈出坚实步伐。落实脱贫攻坚责任制，全力推进精准扶贫8大工程20项行动，扎实开展易地扶贫搬迁、特色产业扶贫和健康扶贫，生态扶贫、光伏扶贫工作走在全国前列，对建档立卡贫困人口开展就业精准培训和优化转移就业服务，采取“三保险”“三救助”等举措化解“支出型贫困”。2017年退出3个国定贫困县、12个省定贫困县、2500个贫困村，74万贫困人口脱贫，贫困发生率降到4%以下。

（六）统筹推进城乡一体化建设。2017年全省城镇化率达到57%，较2016年提高约1个百分点。城市、农村人居环境改善四大工程顺利实施。着力推动“五规合一”，加快解决中心城市一市一区、城矿杂糅问题，启动大同、长治等地区划调整。狠抓“铁、公、机”“岸、港、网”等基础设施建设，全省铁路营运里程达到5293公里，公路里程达到14.2万公里，高速公路里程达到5263公里。大同、运城、五台山航空口岸开放工作和中鼎物流园区建设加快推进。

（七）加快推动文化强省建设。大力弘扬社会主义核心价值观和优秀传统文化，深入开展思想道德教育，持续推进国有文化单位改革，“文化三晋、美丽山西”影响深入人心。公共文化服务体系不断完善，公共图书馆、文化馆、美术馆实现免费开放。文化产业发展势头强劲，设立山西省文化产业发展投资基金，山西文化云、文化保税区、文化产业园等重点文化产业项目加快推进。精品文艺创作成果丰硕，舞剧《粉墨春秋》等一批优秀成果获“文华大奖”等国家级奖项。实施“文明守望工程”“乡村文化记忆工程”等重大文化传承工程。竞技体育运动蓬勃发展，全民健身活动广泛开展。

（八）铁腕开展生态环境治理。深入开展大气、水、土壤污染防治三大战役，除设区市空气质量优良天数比例外，其余节能减排约束性指标全部完成。全面推行河长制，实施“五水同治”，汾河沿线黑臭水体基本消灭。启动“两山七河”生态治

理工程,2017年累计完成营造林468万亩,超额完成4%;治理水土流失面积553万亩,超额完成5%;以汾河谷地为中心的地下水位连续9年回升。狠抓节能降耗,推进燃煤机组超低排放改造,万元GDP能耗完成年度目标任务。

(九)全面提升人民生活水平。始终把民生改善作为一切工作的出发点和落脚点,各级财政累计投入3058.8亿元用于民生福祉,占财政支出的81.4%。深化教育改革,扎实推进义务教育标准化建设工程和农村薄弱学校改造计划,启动实施高等教育“1331工程”和“双一流”建设,新增山西能源学院等7所本科院校,实现11个市本科教育全覆盖。全面加强就业工作,筹划实施“人人持证、技能社会”工程,2017年累计新增城镇就业51.8万人、转移农村劳动力40.2万人,年末城镇登记失业率稳定在3.5%以内。全力保障居民增收,全省城乡居民人均可支配收入同比分别增长6.5%、7%。实施建档立卡农村劳动力免费职业培训等6项民生实事,确保广大百姓得到实惠。安全生产形势持续好转,社会保持和谐稳定,全省安全生产事故起数和死亡人数同比分别下降23.7%、20%。稳妥处置海鑫、联盛等重大金融风险案件,守住了不发生系统性金融风险的底线。平安山西、法治山西建设取得新进展。

此外,还扎实推动了国防教育、民族宗教、外事侨务、双拥、援疆等工作,积极发展了人口计生、妇女儿童、老龄事业、红十字会、慈善等公益事业,稳步开展了气象、地震、人防、参事、档案、史志、科普等工作。

三、加快推进政府职能转变,切实加强政府自身建设

始终坚持以党的政治建设为统领,以转变政府职能为抓手,以能力作风建设为基础,持续加强人民政府、法治政府、效能政府、担当政府、廉洁政府建设,不断提升政府治理体系和治理能力现代化水平。

(一)加强人民政府建设。在法律规定范围内全面推进行政决策、执行、管理、服务、结果公开,保障人民群众的知情权、参与权、表达权、监督权有效落实。认真执行人大及其常委会的决议决定,依法向人大及其常委会报告工作,主动接受人大的法律监督和工作监督、政协的民主监督、社会和舆论监督,加强与民主党派、工商联、无党派人士的联系,积极支持工会、共青团、妇联等群众团体开展工作。认真办理人大代表建议、政协提案、人民群众来信来访,做到件件有着落。坚持重大决策问计于民,在政府机关设立建议提案和民生服务专门机构,积极办理民生事务。畅通与群众沟通渠道,完善行政首长信箱运行机制。借助互联网、新媒体,开展问政和评议活动,进一步践行网上群众路线。

(二)加强法治政府建设。强化法治思维和法治意识,全面推进依法行政,实行重大行政决策合法性审查机制、终身责任追究制及责任倒查机制。加强决策咨询工作和政府智库建设,在各级政府普遍设立政府法律顾问和公职律师,加强行政复议和应诉工作,做好经济领域立法。2017年首先在省政府办公厅设立了专门的内审机构,强化对行政权力的监督和制约。深入推进相对集中行政许可权改革试点,探索建立行政执法全过程记录、重大行政执法决定法制审查等制度,全面推开“双随机、一公开”。扎实开展“七五”普法,加强法律援助工作。

(三)加强效能政府建设。深化“放管服效”改革,取消下放一批省级行政审批等事项,清理取消一批相关证照的年检和与之挂钩的政府指定培训。加快推进投资审批网上办理和并联审批。深化拓展延伸“13710”督查工作制度,实现了省市县乡四级政府全覆盖,基本构建起横向到边纵向到底的抓落实体系。全面启动省市县企业咨询投诉举报新平台。推进“互联网+政务服务”,提升“两平台”服务功能,积极构建全省政务服务“一张网”。出台优化营商环境实施意见,开展优化投资营商环境专项行动。启动政府部门“大处(室)制”改革。有效开展政府绩效第三方评估。

(四)加强担当政府建设。认真落实省委激励干部担当作为干事创业办法、支持干部改革创新合理容错办法,坚持“三个区分开来”,鼓励大胆作为,宽容合理失误,旗帜鲜明地保护作风正派、敢作敢为、锐意进取的干部。实行重点工作清单化管理,建立了清晰明确可追溯的责任体系。健全重点工作督查机制,充实督查力量,强化督查职能,明确督查重点,盯住关键环节,督任务、督进度、督成效,全年以省政府名义开展各类督查18项,各项工作任务全面及时高效落实。推进追责问责制度化、常态化,对不作为、慢作为、不落实、假落实行为,严肃追责问责。

(五)加强廉洁政府建设。认真落实全面从严治党主体责任,严格执行党内政治生活准则,深入推进政府系统党风廉政建设和反腐败斗争。坚决把纪律和规矩挺在前面,健全“把权力关进制度笼子”的长效机制。全面实行公共资金、国有资产、国有资源和领导干部履行经济责任审计全覆盖。认真推动落实中央八项规定精神和国务院“约法三章”常态化、长效化,牢固树立“过紧日子”思想,严控“三公”经费支出。坚决查处隐形变异“四风”问题,严肃整治推诿扯皮、吃拿卡要、数据造假等突出问题,积极开展廉政教育和廉政文化建设,着力构建不敢腐、不能腐、不想腐的长效机制,努力建设政治生态的绿水青山。

(王立品)

附:省人民政府党组书记、副书记、成员名单

书　记:楼阳生

副书记:高建民

成　员:孙绍骋(2月离职)　郭迎光　王一新

王　赋(7月离职)　张复明

贺天才(7月任职)　王　纯

省政协党组工作概况

党组书记　薛延忠

2017年，在省委坚强领导下，省政协党组全面贯彻党的十八大及十八届中央历次全会和十九大精神，坚持以习近平新时代中国特色社会主义思想为指引，认真贯彻习总书记视察山西重要讲话精神，按照省委"一个指引、两手硬"思路要求、省十一次党代会和省委十一届四次、五次全会精神及各项决策部署，全面落实从严治党主体责任，着力加强政治、思想引领，广泛团结动员参加政协各党派团体和各族各界人士，紧紧围绕"五位一体"总体布局、"四个全面"战略布局，紧扣全省工作大局，认真履行政治协商、民主监督、参政议政职能，努力为我省构建良好政治生态、推进经济转型发展、加快全面建成小康社会进程建言献策、协调关系、汇聚力量，积极发挥党组把方向、管大局、保落实作用，人民政协事业取得新的成就、实现了新的发展。

一、坚持把习近平新时代中国特色社会主义思想作为统揽政协工作的总纲，着力巩固团结奋斗的共同思想政治基础

加强理论武装，坚定"四个自信"。党组始终把学习贯彻习总书记重要思想摆在首位，坚持学以致用、以用促学，与学习贯彻十八大和十八届中央历次全会精神及重大决策部署相融合，统筹推进中心组、常委会、委员和机关学习，召开全省政协学用习总书记重要思想经验交流会，深刻领会精髓要义、把握立场观点方法，努力在学深悟透中融会贯通，在砥砺奋进中凝心聚力。十九大召开后，认真落实中央和省委部署要求，把学习贯彻习近平新时代中国特色社会主义思想和十九大精神作为头等大事、紧紧抓在手上，组织党组中心组学习7次，召开常委会议进行专题学习和政治动员，培训政协委员和政协干部500余人次，在"10个深刻领会""6个聚焦"和"9个深刻把握"上狠下功夫，努力学懂弄通做实，形成政协常委会议贯彻十九大精神的政治决议，进一步激发了各族各界人士携手新时代、践行新思想、贯彻新部署、致力新发展的使命情怀。

强化政治引领，筑牢"四个意识"。党组始终把坚持党的领导、维护习近平同志核心领袖权威作为人民政协的重大政治原则和根本纪律规矩，积极引导政协各参加单位和委员紧密结合十八大以来党和国家事业发生的历史性变革、取得的历史性成就，紧密联系山西政治生态由"乱"转"治"、发展由"疲"转"兴"的重大变化，充分认识确立习总书记核心地位的重大意义和实践要求，充分认识党的领导是中国特色社会主义最本质的特征，各族各界人士政治意识、大局意识、核心意识、看齐意识普遍增强，坚持党的领导、维护以习近平同志为核心的党中央权威和集中统一领导、同党中央在思想上政治上行动上保持高度一致更为自觉坚定。

坚持对表对标，汇集奋进力量。认真贯彻十八大和十九大精神，坚决贯彻中央和习总书记关于人民政协工作的系列重要指示，深入贯彻习总书记视察山西重要讲话精神，根据省委部署要求，坚持完善"维护核心、服务中心、贴近民心、凝聚人心、律己正心"的"五心"工作思路，围绕大局标定工作重点，积极引导政协委员不断深化对省委治晋理政重大思路、总体方略、目标任务、重点举措的理解认知，广泛凝聚贯彻新发展理念、推动经济稳步向好和全面从严治党、构建良好政治生态的思想政治共识，积极投身中国特色社会主义在山西的坚持和拓展，汇集了在省委领导下，共同走好新征程、探出新路子、创造新业绩的正能量。

二、坚持围绕中心、服务大局，积极为构建良好政治生态、推进经济转型发展、加快全面建成小康社会进程献智出力

推进政协协商，建言改革发展。党组始终把服务转型综改、创新驱动、小康建设和政治生态净化作为政协履行职能的重点，聚焦加快开发区改革创新发展、推进农业供给侧结

构性改革、以科技创新为引领发展新兴产业、促进大数据产业发展、优化投资营商环境、加强大气和土壤污染防治、提升公共文化服务水平、加强“三基建设”等重点,组织召开全委会议、常委会议和专题协商、对口协商、界别协商、提案办理协商会议等重要协商会议15次,形成了推进相关工作的积极建议,为我省改革发展和小康建设贡献了政协力量。

加强民主监督,助力工作落实。党组积极发挥政协民主监督的正向性、助力性作用,围绕省委重大部署要求,就实现低保线和贫困线“两线合一”、健全养老服务体系、完善全面“两孩”政策体系、推进县域城乡义务教育一体化改革、加强食品药品安全监管和公立医院改革取消药品加成等6个专题开展监督性调研,积极助力重点改革举措落地见效。聚焦省委省政府脱贫攻坚系列决策部署的贯彻落实,党组和主席班子成员分别带领10个专项视察监督组,深入26个贫困县,走访100多家贫困户、200多名贫困群众,考察扶贫项目223个,实地了解情况、广泛听取意见,通过专题协商会等方式,及时向党政反馈情况、提出建议,推动问题解决,为中央大政方针和省委省政府决策部署贯彻落实贡献了政协力量。

深化参政议政,增进民生福祉。党组始终坚持以人民为中心的发展思想,按照省委万名干部大调研工作统一部署,组织主席班子成员带领专委会和界别委员,围绕9个专题开展深入调研,针对性提出工作建议。发挥政协提案在助力民生改善、促进和谐稳定中的重要作用,征集提案935件,立案830件,办复805件,为党政科学决策、推进工作提供了参考助益。引导委员深入基层一线倾听群众呼声,及时客观反映各界群众的所思所想、所怨所盼,一年来收集社情民意信息7739篇,编印《政协社情民意》专刊35期,全国政协办公厅采择上报中共中央、国务院领导或转送有关部委11篇,省领导批办和职能部门反馈18篇,推动了群众关注问题的解决,省政协机关蝉联全国政协信息工作先进单位。

坚持团结民主,促进社会和谐。党组始终注重发挥人民政协统一战线功能作用,与党派团体负责人深入座谈交流,召开政协与民主党派工商联秘书长联席会议,听取工作意见建议,加强同各民主党派、工商联和无党派人士的合作共事。认真宣传贯彻党的民族宗教政策,经常走访民族宗教界代表人士,促进民族团结、宗教和睦。加强同党外知识分子、非公有制经济人士、新的社会阶层人士、出国和归国留学人员及港澳台侨同胞等的团结联谊,为画好塑造美好形象、实现振兴崛起的最大同心圆做出了政协的积极贡献。

三、坚持务实创新,不断提升政协工作科学化水平

着力提升委员履职能力。党组认真贯彻习总书记关于政协委员要“懂政协、会协商、善议政”和提高“四种能力”的要求,把委员履职能力建设作为提升工作科学化水平的重要方面紧紧抓在手上。加强委员理论政策、经济知识、法规制度等方面的学习培训,帮助委员知情明政、增强本领、提升境界;积极为委员协商议政、履行职能搭建平台,发挥委员主体作用,鼓励支持委员双岗履职、岗位奉献,在服务大局、服务群众的实践中汲取智慧、提升本领;健全委员履职服务管理和工作考评机制,认真开展委员履职年度考核,激励委员认真履职、做好工作;严格要求委员守纪律、讲规矩、重品行,委员的政治意识、责任意识和法纪观念普遍增强。

着力健全政协工作机制。党组始终坚持解放思想、实事求是、与时俱进,不断总结工作,加强制度机制建设。完善了专门委员会通则、委员履职工作规则和调研、视察、考察、提案、社情民意信息、大会发言等方面的工作机制,有序统筹重要会议、重要活动、重点建议、重点提案、重点社情民意信息和重要专项 等六个方面的重点工作,政协履职工作科学化水平得到新的提升。加强对市县政协的指导,围绕中心工作联动开展重大履职活动,进一步形成了全省政协组织服务大局的工作合力。

四、落实全面从严治党部署要求,深入推进政协党的建设

党组始终把全面从严治党作为主责主业,认真贯彻落实中央和省委关于党建工作各项部署要求,重点抓了以下几项工作:

细化压实主体责任。认真履行党组主体责任、党组书记第一责任、党组成员“一岗双责”,深入推进政协党的政治建设、思想建设、组织建设、作风建设、纪律建设。充分发挥机关党组领导作用,优化专门委员会组织设置,健全机关党建制度体系,着力强化机关党委、纪委、机关各支部的责任,推进从严治党的工作机制进一步健全,形成了一级抓一级、层层抓落实的党建工作格局。严格要求政协委员中的共产党员特别是党员领导干部,增强党员意识和党性观念,在政协组织中更好发挥先锋模范作用。

扎实推进“两学一做”学习教育常态化制度化和维护核心见诸行动主题教育。认真贯彻中央和省委部署要求,狠抓政协机关“两学一做”学习教育和维护核心见诸行动主题教育,持续深入学党章党规、学系列讲话,党组和机关党组成员深入基层支部讲党课,带头深化学习交流,机关召开深化“两学一做”学用交流会,引导党员干部践行“四讲四有”、增强维护习近平总书记在党中央、全党的核心地位的思想政治行动自觉。狠抓机关巡视整改“回头看”,针对机关思想作风建设存在的差距和不足,强化工作措施,认真完成“四对照”“三清单一制度”,一些突出问题得到解决。在政协各级党组织开展“肃流毒、正本源、践忠诚”警示教育,机关党员干部的思想政治水平、纪律规矩意识进一步增强。

着力加强“三基建设”。提出并完成4个方面21项具体任务。在基层组织方面,加强了基层支部建设,调整充实14名支部书记,加强支部领导力量,制定《机关基层党组织工作制度》,基层组织工作更加完善,支部组织生活更为严肃规范,政治功能得到进一步强化。在基础工作方面,修订制定28项制度规定,编制基础工作目录、部门管理手册和应知应会手册,制定工作运行流程图,形成了适应政协工作需要的

制度体系和科学合理的工作机制。在基本能力方面，全面加强干部教育培训、实践锻炼、管理监督、考核测评等工作，党员干部综合素质和工作本领有了新的提升，进取作为、努力工作的氛围更加浓厚。

驰而不息加强作风建设。认真学习贯彻习总书记关于纠正“四风”、加强作风建设的重要批示精神，根据中央精神和省委部署，结合政协实际，坚持问题导向，修订完善政协加强作风建设的相关制度。针对有些调研不够深入、建言未能精准的问题，强化改进措施，着力提升调查研究和咨政建言的质量。针对一些干部存在的松、浮、庸、怠问题，在机关和事业单位开展“治松强严、治浮定神、治庸提能、治怠增效”专项整治，作风建设取得新的成效。

加强意识形态工作。认真落实意识形态工作责任制，牢牢掌握意识形态工作的领导权，旗帜鲜明反对和抵制各种错误观点，巩固马克思主义在意识形态领域的指导地位。加强政协所属新闻媒体建设管理，坚持正确的舆论导向，弘扬主旋律，传播正能量。加强思想政治教育，引导机关干部职工自觉践行社会主义核心价值观。发挥机关基层党组织和群团作用，开展形式多样的精神文明创建工作。政协机关荣获全省目标责任考核优秀单位、省直文明单位标兵。

深入推进党风廉政建设。针对机关存在的政协不是权力机关、不是行政机构，没有产生腐败的土壤和条件等思想倾向，深入开展廉政教育和警示教育，筑牢拒腐防变的思想防线；坚持新提拔领导干部集体廉政谈话；聚焦重要岗位、关键环节，完善政协直属事业单位财务管理制度，堵塞漏洞，防范风险；积极支持派驻纪检组监督执纪问责，运用“四种形态”、加强党风廉政建设。

加强干部队伍建设。认真落实新时期“好干部”标准，严把政治关，坚持正确的选人用人导向，坚持任人唯贤、人岗相适，公正选拔使用干部，公开遴选优秀干部，形成了风清气正的选人用人氛围，调动了广大干部奋发向上、开拓创新的工作热情。

五、坚持以上率下，以高标准和严要求加强党组自身建设

党组坚持把政治建设放在自身建设的首位，认真贯彻落实《关于加强和维护党中央集中统一领导的若干规定》，提高政治站位、树牢“四个意识”，坚决维护习总书记在党中央和全党的核心地位，始终在政治立场、政治方向、政治原则、政治道路上同党中央保持高度一致。认真学习中国共产党《党章》和《廉洁自律准则》《纪律处分条例》《问责条例》《党内监督条例》，严格遵守党的政治纪律和政治规矩，坚决反对“七个有之”，自觉做到“五个必须”、“四个服从”。认真开展彻底肃清流毒警示教育，从思想上政治上划清界限，从根子上全面彻底肃清金道铭、令政策等7人的流毒影响，不断提高政治觉悟和政治能力，弘扬忠诚老实、公道正派、实事求是、清正廉洁等价值观，营造政协风清气正的政治生态。

党组坚持把学习贯彻习近平新时代中国特色社会主义思想作为自身建设的根本任务，积极参加省委中心组学习，精心组织党组中心组理论学习，统筹抓好集体学习研讨与个人自学，坚持在“学懂”“弄通”“做实”上狠下功夫，对“三个一以贯之”等重大问题有了更加深刻的思考和把握，进一步提升了马克思主义理论素养、夯实了理想信念的根基、增强了做好新时代人民政协工作的本领。

党组认真贯彻民主集中制。坚持“集体领导、民主集中、个别酝酿、会议决定”的原则，重大问题集体讨论决定，工作科学化水平进一步提高。严格执行向省委请示报告制度，落实党组成员个人重大事项主动报告、重要情况及时反映制度，做到令行禁止。坚持严肃党内政治生活，党组同志严格执行新形势下党内政治生活若干准则，过好双重组织生活，开展严肃认真的批评和自我批评，不断增强党内政治生活的政治性、时代性、原则性、战斗性，带动政协党的组织生活、党员教育管理做严做实。

党组同志认真落实省委“五个倡导、五个反对”，自觉做到“五个带头”，即：带头讲学习，自觉以习近平新时代中国特色社会主义思想统领工作、指导实践。带头严纪律，凡是要求别人做的自己首先要做到，要求别人不做的自己坚决不做。带头改作风，对表对标习总书记重要批示精神，坚决反对“四风”、弘扬优良传统，坚守正道。带头守清廉，严格遵守廉洁从政各项规定，从严要求家属子女和身边工作人员，自觉接受党章党规党纪的刚性约束，接受党员、干部和群众的监督。带头勇作为，自觉做到不忘初心，尽职尽责，为党和人民事业积极工作。

（任　杰）

附：省政协党组书记、副书记、成员名单

书　记： 薛延忠

副书记： 王建明　朱先奇

成　员： 李悦娥　张　璞　姜新文　阎根生

省纪委、省监委工作概况

省纪委书记、省监委主任　任建华

2017年，省委全面贯彻落实党的十八届六中全会精神，认真学习贯彻习近平新时代中国特色社会主义思想和党的十九大精神，深入学习贯彻习总书记视察山西重要讲话精神，坚持"一个指引、两手硬"思路和要求，坚定不移全面从严治党，全省政治生态由"乱"转"治"，开创了党的建设与党的事业互促共进的良好局面。省纪委监委及各级纪检监察机关自觉融入全省工作大局，以深化监察体制改革为牵引，全面履行监督执纪问责和监督调查处置职责，全省党风廉政建设和反腐败工作迈出新步伐、取得新成效。

一、紧抓管党治党"牛鼻子"，以强有力问责推动主体责任落实

省委把坚定扛起主体责任作为向党中央、向核心看齐的重要体现，骆惠宁同志亲自抓、带头干，推动全面从严治党呈现新气象。省纪委认真履行监督责任，督促各级党组织完善责任清单，加强约谈提醒、述责述廉等工作。各级党委和纪委针对党的领导弱化、管党治党不严不实、"四风"和腐败问题频发、巡视整改不落实等问题，共问责党组织133个、领导干部1093名，倒逼主体责任有效落实。2017年，省市县三级党委常委会会议研究全面从严治党工作2807次，批准立案审查、留置、处分决定等4660人次；各级人大、政府、政协、法院、检察院和各部门各单位党组以及各基层党组织认真履行管党治党政治责任，共同推动全面从严治党由宽松软走向严紧硬。

二、以高度政治自觉和创新精神精细施工，监察体制改革试点工作取得重大成效

省市县三级党委扛起首责主责全责，省委书记带头、三级党委书记自觉当好"施工队长"，三级纪委负起专责，相关部门协同配合，坚持转隶、建制、深化步步深入，省级示范先行、市县一般压茬推进，用"绣花"功夫精细施工。以转隶开局铺开试点，到2017年3月30日，在全国率先完成省市县三级监察委员会组建，为后续工作赢得更多时间。坚持机构、编制、职数"三不增"，撤销行政监察机关和检察机关反贪污贿赂、反渎职侵权、职务犯罪预防部门，组建监察委员会，与同级纪委合署办公，优化了组织架构、职能配置、人员结构。做深做细做实思想政治工作，强化"进一家门、成一家人、说一家话、干一家事"观念，确保思想不乱、人心不散、工作不断。省纪委监委建立"四个一"工作制度体系，再造执纪执法工作流程，规范调查措施审批使用和常用文书，强化内控机制，为纪委监委内部有序衔接、监督制约提供了基本遵循。省委政法委统筹法、检、公、司四部门制定"1+4"十项制度体系，为监察机关与执法司法机关相互衔接、相互制衡提供了基本保证。加强全面实践特别是办案实践，验证制度、检验队伍，促进职能融合、人员融合和工作流程磨合。对表对标改革目标要求，全面分析评估，改进、深化、提升，抓好政务处分、乡镇监察、派驻监察和对驻晋铁路运输单位实施有效监察的探索实践，着力打造符合党中央要求的高质量样品，创造更多可复制可推广可借鉴的做法经验。通过改革，党对反腐败工作的统一领导在山西省普遍得到加强，从组织形式、职能定位、办案程序上实现了由"结果领导"到"全过程领导"的转变；集中统一、权威高效的监察体系基本建立，整合、强化了反腐败工作力量；对行使公权力的公职人员监督监察实现全覆盖，全省监察对象较改革前增加53万人；监察权高效运行，12种调查措施全部得到规范使用，其中留置81人；依法治国和依规治党、党的纪律检查和国家监察有机统一，区域治理能力和治理水平明显提升，实现了"1+1>2"的目标。习总书记视察山西时指出，"你们在国家监察体制改革上下了很大功夫，

制度优势正在转化为治理效能，要运用好这一改革成果。”全国推开国家监察体制改革试点工作动员部署电视电话会议在山西召开，我省作了交流发言。山西以风清气正的良好形象受到普遍关注。

三、锲而不舍落实中央八项规定精神，党员干部作风深刻转变、持续向好

开通网络举报窗、曝光台，畅通群众监督渠道。每逢重要节点进行明察暗访。强化联动协作机制，推动相关部门参与监督“四风”常态化。对违反中央八项规定精神的行为和“四风”问题，线索单列、台账管理、优先处置。对规避组织监督、顶风违纪的，不论职务高低一律从严查处、通报曝光。2017年全省共查处违反中央八项规定精神问题1368件2070人，通报曝光874人。健全完善作风建设长效机制，省委、省政府制定出台《关于进一步贯彻落实中央八项规定精神的实施办法》，省纪委监委督促各级各部门认真开展落实中央八项规定精神制度执行情况“回头看”，梳理存在问题，修订实施细则，使制度建设的过程成为深化认识、强化执行的过程。认真落实习总书记2017年12月关于作风建设的重要指示精神，查摆“四风”特别是形式主义、官僚主义典型问题，部署启动专项治理工作。经过连续几年努力，中央八项规定精神扎根三晋大地，“四风”问题得到有效遏制，全省干部作风发生显著转变。

四、坚持把纪律和规矩挺在前面，日常监督从严从紧、成效明显

切实加强纪律教育，认真学习贯彻新形势下党内政治生活若干准则和党内监督条例，教育引导党员干部严守政治纪律和政治规矩，自觉接受组织和群众监督。加强日常监督，改进派驻监督，围绕对党忠诚、履行管党治党责任、遵守党的纪律等重点，强化监督执纪。正确把握“树木”和“森林”的关系，充分运用“四种形态”，特别是在第一种形态上下功夫，以纪为尺、动真碰硬，抓早抓小、防微杜渐。2017年，全省运用“四种形态”共处理49049人次、增长20.7%，其中运用第一种形态31740人次，组织处理16737人，了结反馈18319人次。加强和规范谈话函询工作，全省共谈话函询23523件次、增长41.1%。加强选人用人监督工作，协助省委做好党的十九大代表和地方“两委”委员、人大代表、政协委员的推荐提名和选举工作，严把政治关、廉洁关、形象关，防止“带病提拔”、“带病上岗”。全省各级纪检监察机关共回复党风廉政意见24.7万余人次。把纪律和规矩立起来、严起来、挺在前，有力推动了全省党员干部在纪律约束下工作生活的思想自觉和习惯养成。

五、把执纪与执法贯通起来，反腐败斗争压倒性态势巩固发展

充分发挥纪委监委合署办公、执纪执法相互贯通的制度优势，保持惩治腐败高压态势，重点审查调查不收敛不收手，问题线索反映集中、群众反映强烈，现在重要岗位且可能还要提拔使用的领导干部。2017年，全省共受理信访举报57874件次，增长5.3%；处置问题线索50940件，增长32%；立案17401件，增长8.9%；结案16846件，增长6.5%；处分16979人，增长1.3%，其中政务处分3688人，移送司法机关382人；追回外逃人员23名。严肃整治扶贫领域腐败和作风问题，认真落实省委专项治理工作部署，省纪委监委制定实施意见，班子成员深入市县督导问题整改、督办重点案件。2017年，各级纪检监察机关共查处扶贫领域违纪问题2444件，处分2129人，一批涉农部门、基层组织长期存在的突出问题得到解决，群众获得感明显增强。加大环保领域失职失责问责力度，倒逼环保责任落实。持续高压反腐给全省党员干部和人民群众以极大信心，使其从严重腐败的阴影中走出来，投身山西社会革命，为全省经济社会发展打赢翻身仗注入强劲动力。

六、全面加强和改进巡视巡察工作，震慑、遏制和治本效应进一步彰显

省委出台贯彻巡视工作条例实施办法、进一步深化政治巡视指导意见、推动政治巡视向纵深发展指导意见。稳步推进巡视全覆盖，十一届省委已完成2轮对省直48个党组织的巡视，共发现违纪问题线索432件，明确整改事项1586项，已整改1338项，整改率84.4%。以肃清系统性塌方式腐败案件流毒影响为着力点，组织开展巡视整改自行“回头看”，完善“三清单一制度”，对巡视发现问题线索、整改落实情况进行兜底性梳理，巩固扩大巡视成果。积极探索被巡视党组织政治生态评估工作，提高“政治体检”水平。强化市县巡察机构建设，编制人员到位率98%以上。坚持巡视巡察一体谋划、一体推动，深入推进市县巡察工作。2017年共巡察党组织3940个，发现问题20947个，发现违纪问题线索9945件。2017年，巡视巡察工作坚持在“政治”和“深化”上下功夫，坚持组织管理创新、机制制度创新、方式方法创新，省委巡视办是唯一一家被表彰为全国纪检监察系统先进集体的地方巡视机构。

七、抓班子、带队伍、强素质、促融合，树立纪检监察机关新形象

深入学习贯彻习总书记系列重要讲话特别是视察山西重要讲话精神，深入学习贯彻习近平新时代中国特色社会主义思想和党的十九大精神，不断深化“两学一做”学习教育常态化制度化和维护核心、见诸行动主题教育，进一步增强了坚决拥戴维护核心、一以贯之全面从严治党的思想自觉和行动自觉。省纪委监委打破“三个篱笆”，扩大选人用人视野，加大干部交流、使用、培养力度，激发干部队伍活力，优化干部队伍结构，提拔和交流使用干部315名。加强政治和业务培训，集中轮训省市县三级纪委监委领导班子成员，分级培训全省全部1.8万余名纪检监察干部。理顺和规范省级派驻机构工作机制，完成市级派驻机构全覆盖任务，扎实推进县级

派驻机构全覆盖工作。强化内部监督制约,执纪监督和审查调查“前后台”分设,实行“一案一指定”、“一次一授权”,严格执行“三会”集体决策、请示报告、涉案款物管理等规定,完善打听案情、干预过问案件登记备案等制度,严明“三条禁令”,严防“灯下黑”。全省共谈话函询纪检监察干部 439 人,组织处理 168 人,处分 135 人,移送司法机关 3 人,维护了队伍纯洁。

(杨凌渡)

附一:省纪律检查委员会书记、副书记、常委名单

省委常委、省纪委书记: 任建华

副书记: 陈学东(常务副书记) 郝 权 孟 萧

常 委: 李吉山 何 青 高金喜 王帅红 王成禹 孙京民

附二:省监察委员会主任、副主任、委员名单

主 任: 任建华(1 月任职)

副主任: 陈学东(1 月任职) 郝 权(1 月任职) 孟 萧(1 月任职)

委 员: 何 青(1 月任职) 王帅红(1 月任职) 王成禹(1 月任职) 孙京民(1 月任职) 王海林(1 月任职) 荣奋刚(1 月任职)

2017年10月10日,省纪委监委机关召开深入学习贯彻习总书记系列重要讲话精神和治国理政新理念新思想新战略心得体会交流会。

省高级人民法院党组工作概况

党组书记　邱水平

山西省高级人民法院现有党员546名，1个党总支，39个党支部。2017年，在省委的坚强领导下，省高院按照省直工委"2017年党建工作要点"要求，围绕"抓党建带队建促审判"工作思路，结合法院工作实际，扎实推进"两学一做"学习教育常态化制度化示范点建设，深入开展"维护核心、见诸行动"主题教育，机关党的思想政治建设、组织建设、制度建设和党风廉洁建设进一步增强，为法院各项工作的开展提供了坚强的思想政治和组织保证。

一、加强思想政治建设，提升干警政治理论水平

坚持以理论学习为先导，制定印发了《山西省高级人民法院党员干部理论学习规则》《2017年度党组理论学习中心组学习计划安排》和月度《机关党员干部理论学习计划安排》，并结合时事政治和党的重大决策，及时安排部署重要学习内容，发出学习《习近平总书记的成长之路》和《习近平的七年知青岁月》等11项重要学习通知。不断强化思想理论武装，全面打牢从严治党思想根基。

（一）深入学习宣传贯彻党的十九大精神。按照院党建工作领导小组的安排部署，第一时间发出通知要求全体干警学习党的十九大报告，迅速掀起学习贯彻十九大精神的热潮。制定印发了《关于深入开展学习宣传贯彻党的十九大精神的实施方案》和《关于认真学习宣传贯彻党的十九大精神的计划安排》，把学习贯彻十九大精神与推进"维护核心见诸行动"主题教育和"两学一做"常态化制度化建设紧密结合起来，进一步把学习贯彻党的十九大精神引向深入。为干警们购买发放十九大学习书籍《党的十九大报告学习辅导百问》《党的十九大报告辅导读本》《十九大党章修正案学习问答》等千余册。制作党的十九大精神学习宣传板面，摆放在机关大楼一楼大厅，增强了学习宣传贯彻十九大精神的氛围。邀请十九大精神宣讲专家鲍善冰教授为全体干警作"十九大精神解读"专题讲座，引导广大干警深入领会十九大精神实质，把思想和行动统一到新时代中国特色社会主义的新思想、新目标、新方略、新征程上来，把十九大精神转化为推进审判执行等各项工作的思想理论支撑，做中国特色社会主义司法事业的忠实建设者和坚定捍卫者。

（二）认真学习贯彻习近平总书记系列重要讲话精神和治国理政新理念新思想新战略。深入学习贯彻十八届六中全会精神、习近平系列重要讲话精神以及习总书记视察山西重要讲话精神，结合落实省委各项工作部署，结合法院工作实际，结合"两学一做"常态化制度化建设、"维护核心、见诸行动"主题教育以及"三基建设"真正学深悟透，牢固树立"四个意识"，坚决维护以习总书记为核心的党中央的领导，进一步增强使命感和责任感，使广大干警始终保持政治上的坚定、思想上的清醒、方向上的正确、行动上的自觉，确保了法院正确的政治方向，做到以学习推动工作，以工作检验落实。

（三）坚持领导干部带头学习宣讲。领导干部坚持带头"双学"，主动深入基层党组织、党员干警中，带头讲党课、搞宣讲、作辅导。先后组织中心组理论学习21次，专题理论宣讲15场。以领导干部的模范行动，带动全体党员干警形成注重学习的良好风气。开展"总书记视察山西讲话进基层"主题宣讲活动，各支部书记带头备课、宣讲，大力推进了总书记讲话精神的贯彻落实，增强了广大党员干警维护核心、干事创业的信念和力量，进一步推进了"维护核心、见诸行动"主题教育的深入开展。

（四）积极开展警示教育活动。在院局域网视频点播栏目播放《习近平总书记视察山西重要讲话》《"两学一做"专题教育》《榜样》《柴生芳》等专题教育片，由各党支部组织干警观看；集体收看《将改革进行到底》《法治中国》等电视政论片；召开警示教育座谈会，以奚晓明等反面典型案例教育引导广大党员干警时刻紧绷纪律作风这根弦。

二、建立健全各项制度,加强党建规范化建设

(一)严格落实各项学习制度,使学习教育常态化、制度化。强化落实中心组和党员干警学习制度,坚持每周集体学习制度,学习计划制度、读书笔记制度、个人自学制度、学习交流制度等,形成用制度促进学习的长效机制,把学习的“软指标”变成“硬任务”,做到学习有计划、人人有笔记、重点内容有心得,切实提高了党员干警理论素养。为深入推进“两学一做”学习教育常态化制度化示范点建设,扎实开展“维护核心、见诸行动”主题教育,不断加强党员日常教育管理,促进党的组织生活制度化、规范化,制定出台了《关于加强和规范党支部主题党日制度的意见》。

(二)建立责任督导机制。不定期检查各支部学习情况,重点检查方案计划制定的落实情况、支部集体组织“三会一课”、每周学习日落实情况、讲党课及党支部组织学习教育情况,并对各党支部的党支部会议记录本记录情况进行全面检查,对发现的问题提出整改意见,印发了《关于对各党支部会议记录本检查情况的通报》,以便各支部进行对照改进,规范了支部会议记录格式,促进了“三会一课”制度的严格执行。

(三)进一步规范党费收缴和使用工作机制。制定印发了《关于进一步规范党费工作的通知》,对每名党员的党费基数进行了重新核算。并结合实际,制定印发了《关于清理收缴的党费使用具体方案》。

(四)落实党建工作责任制。牢固树立“把抓好党建作为最大政绩”的意识,围绕如何更好地落实党建工作责任制,切实提高党建工作整体水平,加强领导、强化责任,积极推进党组书记负总责、分管领导分工负责、机关党委推进落实、处室负责人“一岗双责”的党建工作格局。为更好地适应全面从严治党的总体要求,有效提升机关党建工作水平,积极推进基层党支部书记抓党建工作,落实好党建工作责任制,制定出台了党组织书记抓基层党建“三个清单报告、机关委员会、支部委员会成员工作职责、“三会一课”制度、党务公开实施意见。

三、抓好主体责任落实,提高党建工作整体水平

(一)加强组织领导。年初,经党组会研究决定,成立了以党组书记、院长邱水平同志为组长,党组副书记、副院长朱明同志、刘冀民同志为副组长,其他党组成员为成员的党建工作领导小组,办公室设在机关党委,各有关部门为办公室成员部门,以便于党建工作统一领导,不断增强抓好党建工作的紧迫感、责任感和使命感。

(二)统一思想认识。3月24日召开了全省法院党建工作会议。号召三级法院着力解决党的领导弱化、党的建设缺失、全面从严治党不力的问题;高度重视党内政治文化建设,以良好政治生态氛围激发广大干警敢担当、善作为,让党建工作的成效在司法审判实践中得到具体生动的体现。

(三)明确细化责任。在年初制定工作计划时,将有关工作任务分解落实到各党委委员和党支部,在制定与党建工作有关的其他工作计划时,也均以责任分解表的形式予以落实,确保任务明确,履职到位。强化落实机关党建工作责任制,确保各部门“一把手”既抓审判业务又抓党建工作,加强对党员干警的教育、管理和监督。

(四)强化培训,着力提升党员干部素养。7月22日,山西省高级人民法院党校挂牌成立,作为省高院党校校长的邱水平带头讲党课,随后,各中院党校相继成立。先后4次召开党支部书记会议,对新任党支部书记和党务干部进行上岗培训、座谈交流;全年培养入党积极分子16名,发展新党员8名,预备党员转正4名;先后选派29名党员干部参加了省直机关举办的轮训班、培训班和进修班。

四、依法审理各类案件,保障社会长治久安

(一)坚持惩治与保障并重,依法打击违法犯罪。一是全面强化科学的刑事司法理念。省高院召开刑事审判工作会议,明确提出刑事司法“八大理念”:即惩罚犯罪与保障人权并重的理念,罪刑法定、证据裁判、疑罪从无和正当程序的理念,非法证据排除的理念,谦抑、审慎、善意的理念,实体公正与程序公正并重、兼顾效率的理念,依法独立公正行使审判权的理念,以审判为中心的理念,法律效果、政治效果和社会效果有机统一的理念。二是依法惩处危害国家安全、公共安全和社会治安犯罪;依法惩处毒品犯罪,加大对走私、制造、大宗贩卖毒品等源头性犯罪打击力度;加强对妇女、未成年人的刑事司法保护;加大涉众型经济犯罪审判力度,保护投资者合法权益;依法审结坑害投资商、创业者和破坏市场经济秩序的商业贿赂、虚假出资、合同诈骗、串通投标、非法经营、强揽工程等犯罪案件,净化我省招商引资环境;依法严惩危害食品药品安全、制售假冒伪劣商品等犯罪案件,切实保障人民群众生命财产安全;依法惩处电信网络诈骗犯罪,维护市场经济秩序。三是严惩贪污贿赂犯罪。全省法院积极运用法律反腐利剑全力净化政治生态,形成和保持了打击贪腐行为的高压态势。加大对行贿犯罪惩治力度,坚决惩处贪污、挪用扶贫资金等犯罪,为脱贫攻坚提供司法服务。四是加强人权司法保障。依法对情节轻微的初犯、偶犯、未成年犯等适用缓刑、管制、免予刑事处罚,对判处缓刑等非监禁刑的犯罪人员辅之以社区矫正,较好地发挥了刑罚的教育、感化、挽救功能。严格贯彻无罪推定、疑罪从无原则,坚守防范冤假错案底线,对定罪证据不足的案件,依法宣告被告人无罪。

(二)平等保护各类主体,公平维护合法权益。一是依法保障民生权益。加强了人身权益保护、劳动者权益保护、消费者权益保护和医患合法权益等保护。召开全省法院家事审判改革推进会,在46个中基层法院积极开展改革试点,探索建立家事案件冷静期、心理测评干预、案后跟踪回访制度,创新预防化解家庭矛盾机制,切实保障未成年人、妇女、老年人、残疾人等合法权益。二是依法优化营商环境。省高院出台《关于全省法院服务保障优化营商环境的指导意见》《关于加强金融审判工作的指导意见》,成立破产案件审判庭,建成全省

法院破产重整案件信息平台,依法审理企业清算、破产案件,全国最大民营企业吕梁联盛集团破产重组取得重大进展,妥善推动“僵尸企业”清理处置,扶持帮助企业渡过难关。坚持平等保护各类主体合法权益,依法化解买卖、租赁、承揽等合同纠纷,依法审理涉及民间借贷、金融借款、融资租赁等案件,妥善化解农村、农业发展纠纷和维护农民合法权益,积极推进知识产权审判“三合一”改革,充分发挥司法平等保护作用。加大环境保护审判力度,推进企业保护资源、保护环境,建设生态文明。三是大力推进矛盾纠纷多元化解。全省法院积极学习“眉山经验”“潍坊经验”“马鞍山经验”,坚持调判结合、诉调对接,引导当事人选择人民调解、商事调解、行政调解、仲裁等非诉方式化解矛盾,建立了征地拆迁、劳动争议、交通事故、村矿(企)矛盾、医患纠纷、环境污染“六大领域”诉调对接联调机制。

(三)依法化解“官民”矛盾,促进政府依法行政。一是积极推进行政争议实质性解决。全省法院全面实施行政案件集中管辖、异地审理,有效消除行政诉讼原告对公正司法的合理怀疑。坚持合法性审查原则,依法对行政机关经济调控、市场监管、公共服务、社会管理等行政行为进行司法审查,对于行为合法、程序正当的行政行为依法支持,对于违法或者显失公正的行政行为,依法判决撤销、确认违法或无效、变更、重新作出行政行为。二是切实保护行政相对人合法权益。坚持依法裁判和协调化解相结合,切实保护原告利益诉求。各级法院积极回应群众关切,依法妥善审理新类型行政案件,切实加大对行政相对人的人身财产权、受教育权、劳动权、知情权以及公平竞争、信息公开、环境资源、社会救济等方面权益的保护力度,努力满足人民群众日益增长的多元司法需求。三是监督支持行政机关依法行政。各级法院不断加大对行政权的司法监督力度,对行政机关违反法定程序的行为依法确认违法,造成损失的依法判决赔偿。认真做好非诉行政案件审查和执行工作,支持合法行政行为,保护人民群众合法权益。积极推进行政首长出庭制度,向行政机关负责人送达出庭应诉通知书,一些县、市长积极出庭应诉。持续发布行政审判白皮书,落实与行政机关联席会议制度,召开行政机关案件协调会,发出司法建议书,有效推动了法治政府建设。

(四)倾力解决执行难,坚决维护胜诉权益。一是协调推进“基本解决执行难”工作联动。积极争取省委、省委政法委对执行工作的领导和支持,省委省政府主要领导对执行工作专门作出批示,省委政法委组织“基本解决执行难”联席会议37个成员单位和三级法院召开全省“基本解决执行难”工作推进会,省高院先后召开三级法院视频会、督办会,组织开展“执行攻坚跨年大行动”。二是大力推进网络查控和信用惩戒。加强各级法院执行指挥中心建设,全省法院网络查控和联合惩戒系统已建成运行,135个法院与最高法院执行查控系统全部联网,可以查询到被执行人全国范围内的存款、车辆、证券、网络资金等14类16项信息。三级法院加强联合惩戒,网络查控系统直接查询176家银行失信被执行人的银行信息。全省各联动部门利用“点对点”专网连接对失信被执行人名单信息自动比对、自动拦截、自动监督、自动惩戒,促使被执行人主动履行义务。三是全面推进执行规范化管理。省高院先后出台《关于建立执行案件监督约谈机制的若干规定》《关于中级人民法院协同执行基层人民法院执行实施案件的实施细则》等规范性文件,规范全省法院执行工作。三级法院统一安装使用执行案件流程信息管理系统,做到执行立案、执行查控、财产处置、款物分配、结案审批等37个节点信息准确录入,确保执行案件流程管理系统数据准确、全程留痕。通过执行指挥中心加强对个案精准管理,对长期未结案件实行专项督办,对各级法院执结率、执行到位率、失信公开值等指标实行月通报,督促执行工作有序推进。

五、坚持推进司法改革,促进公正高效司法

(一)深入推进以司法责任制为核心的司法体制改革。全省法院遴选员额法官3091名,选任法官助理1905名,聘用书记员2256名,组建审判团队967个,司法人员分类管理改革基本到位。省高院出台《实施员额制和落实审判责任制的指导意见》等11项配套制度,积极探索建立新型审判权运行机制,确保合议庭、法官办案主体地位。入额法官一线办案率100%,院庭长审理案件98468件,占全部案件数的22.79%,“让审理者裁判,由裁判者负责”的新型审判权运行落实到位。坚持放权与监督相结合,明确审判组织权限和法官职责,制定法官和其他人员权力清单,实现权责明晰、管理有序、监督留痕。全省法院积极实行书记员政府购买、劳务派遣的管理模式和员额法官退出机制等做法得到最高法院的充分肯定。

(二)大力开展以审判为中心的刑事诉讼制度改革。全省法院积极推进以审判为中心的刑事诉讼制度改革,同省检察院、省公安厅、省司法厅联合出台15项以审判为中心的刑事诉讼制度改革规范性文件下发全省实施,最高法院领导批示给予充分肯定。大力推进庭审实质化改革试点,确定12项重点改革项目,出台改革试点方案,分别由省高院4个刑庭庭长、12个副庭长领项推进,11个中院、34个基层法院顺利试点。在太原中院、迎泽区和万柏林区法院开展了刑事案件庭前会议规程、非法证据排除规程、法庭调查规程“三项规程”试点,司法证明实质化、控辩对抗实质化、依法裁判实质化得到进一步落实,侦查人员、证人、鉴定人出庭作证率明显提升,当庭宣判案件33884件,当庭宣判率9.84%。

(三)稳妥推进涉法涉诉信访改革。全省法院坚决把涉诉信访纳入法治轨道解决,严格按照“诉访分离”妥善化解涉诉信访事项。实行律师代理申诉制度,省高院信访窗口率先在政法机关启动律师驻法院值班和参与化解、代理申诉涉诉信访案件工作,在信访大厅提供专门场所和办公设施,每天有省律协指定2名律师值班,开展法律咨询、答疑释惑、辨法析理,目前已有400余名上访人员得到律师帮助,形成了党委政府、法院、律师和社会合力化解涉诉信访案件的工作格局。省高院会同省检察院、省公安厅、省司法厅等部门定期召开联席会议,全面完善院长批转群众来信办理制

度,对信访来信的分类、转办、督办、回复等规定落实,及时解决律师代理申诉工作中的重大问题以及当事人反映的热点难点问题,全省法院救助涉诉信访困难人员 1417 人 2203 万元。大力推进网上申诉和视频接访工作,当事人在网上查询咨询、递交材料、预约接谈,通过远程视频直接接谈各地群众申诉案件 13 件。

六、坚持从严治党方针,加强纪律作风建设

(一)加强作风建设,提高司法公信力。持续抓好中央"八项规定"精神和反"四风"要求的落实,在每个重要节假日前召开党支部书记廉政教育专题会议,配合纪检组开展专项检查,进行明察暗访,将纠正"四风"等作风建设融入党员干警日常管理,院机关作风建设得到进一步加强。

(二)严格落实"两个责任",充分履行机关纪委监督责任。认真执行《关于省直机关基层党组织和纪检组织落实党风廉政建设"两个责任"指导意见》,加大对问题线索的排查处置和违规违纪的查处力度,始终保持反腐败高压态势,确保"两个责任"落到实处。

(三)进一步开展巡视整改工作,探索建立系统内政治督察制度和上级法院听取下级法院党建工作汇报制度。分别对大同、朔州两个中院进行政治督察,以巡视标准落实全面从严治党;分别听取太原、晋城中院党组的党建专题汇报,进行现场点评;全省 12 个中级法院、121 个基层法院普遍上级法院听取下级法院党建工作述职制度,党建述职报告制度化和常态化。

七、严格规范司法行为,加强廉洁司法建设

(一)着眼净化政治生态、实现弊革风清。严格规范司法行为,重点开展"六查六纠"和五个专项活动,坚决纠正司法活动中的不规范行为。深入开展纪律作风建设专项督察、司法巡查,从严管理监督力度明显加大,令行禁止、规范司法的措施得到有效落实。坚持正确选人用人导向,出台《干部选拔任用工作办法》,建立了科学规范的选人用人机制。

(二)着力强化监督制约,对以"利剑工程"为重点的制度体系进行了补充完善,修订制度 9 项、新建 2 项,实现岗位权力防控监督制度、审判管理监督制度、行政管理监督制度和各部门内部运行管理监督制度相互衔接,切实把权力关进制度的笼子。

(三)严格执行过问案件登记报告制,省高院出台了法院工作人员非职务行为过问案件登记报告和法院领导干部干预插手具体案件责任追究规定及实施细则,严格执行登记报告制,建成内外部人员过问案件信息专库和直报系统,实现过问案件全程留痕,领导干部和法院内部人员干预、过问案件情况得到有力遏制。

(四)严格落实"两个责任",旗帜鲜明狠抓党风廉政建设和反腐败工作,加强对重点岗位、重点人员的业内、业外监督,共查处干警 31 人,其中 5 人被追究刑事责任,26 人受到党政纪处分,在全省法院营造风清气正、公正司法的良好政治生态。

(马云跃)

附:省高级人民法院党组书记、副书记、成员名单

书　记:左世忠(1 月离职)　邱水平(1 月任职)

副书记:朱　明　刘冀民

成　员:吴秋霞(女,8 月离职)　张　炜(8 月离职)
翟瑞卿(8 月任职)　方剑峰
张　勇(12 月离职)　乔　杰(12 月任职)
袁振民(11 月离职)　杨　霄(11 月任职)
丁　毅(9 月任职)

省人民检察院党组工作概况

党组书记　杨　司

2017年,山西省人民检察院党组深入学习贯彻党的十九大精神和习近平新时代中国特色社会主义思想,自觉坚持党对检察工作的绝对领导,紧紧围绕省委中心工作履行法律监督职责,全力以赴维护全省社会大局稳定、促进社会公平正义、保障人民安居乐业,全面推进司法体制改革、配合做好监察体制改革试点等重大改革任务,全省检察工作进入了新的发展阶段。

一、深入学习贯彻党的十九大精神和习总书记视察山西重要讲话精神,牢牢把握检察工作正确发展方向

山西省人民检察院党组始终把学习宣传贯彻党的十九大精神作为首要政治任务来抓,开展维护核心、见诸行动主题教育活动,到革命圣地延安现场开展"不忘初心坚定理想信念,牢记使命弘扬延安精神"主题教育培训活动,组织开展以"心有党中央、紧跟核心走"为主题的学用总书记视察山西重要讲话精神交流活动,班子成员和机关干部畅谈学习体会。广大党员干部的"四个意识"牢固树立,"四个自信"不断增强,学思践悟习近平新时代中国特色社会主义思想成为全体检察干警的自觉行动。

二、紧紧围绕省委重大决策部署,全面提升服务大局能力水平

(一)扎实推进"三基建设"和开展大调研活动。由院领导领题牵头,组成正处实职以上干部参加的9个调研组,以"充分发挥检察职能,积极服务保障山西经济社会发展"为主线,突出宣讲党的十九大精神、坚持问题导向,扎实开展大调研活动,形成了一批有价值的专题调研报告。

(二)部署开展"五个专项检察活动"。全年共围绕五个专项梳理各类案件线索3000余件,监督公安机关立案破坏环境资源、危害食品药品安全犯罪92件117人;挂牌督办23件侵犯产权的典型案件;公益诉讼立案443件,保护耕地、林地2500余亩,督促收回国有资金上亿元;办理涉企合同执行案件600件,涉及金额6亿元,取得了重要成果。

(三)深入推进"互联网+阳光百姓工程"。对扶贫资金的项目、金额、流向、结果、考核等实行网上全程监督,着力打造服务脱贫攻坚"数据智库",依法监管民生资金560亿元,着力保障国家精准扶贫政策落地生根。

(四)全力维护社会稳定。全年共批准逮捕各类刑事犯罪7296人,提起公诉28659人。对未成年人犯罪依法不逮捕4956人,附条件不起诉106人,并成立"未成年人关护基地",有效发挥教育、挽救、惩戒作用。

三、坚决承担政治责任,全力推进"两项改革"落地生根

(一)全力配合监察体制改革试点工作。制定《转隶工作方案》,将思想政治工作贯穿转隶全过程。在转隶过程中,划转编制2166个,转隶检察人员1884名。2017年共受理监察委员会移送起诉的职务犯罪案件276件365人,决定逮捕81人,决定起诉275人,不起诉1人。

(二)全面完成司法体制改革既定任务。严格落实员额制改革"两个30%"的刚性要求,两次遴选员额检察官2554名,转隶后为1829名,入额比例为29.46%。率先在全国建立了员额检察官退出机制,全省共有23名检察官退出员额。全面完成市县两级院内设机构改革,市级院内设机构减少了39%、县级院内设机构减少了65.4%,该项工作走在全国前列,得到了中央政法委和省委的充分肯定。制定实施以《落实司法责任制实施意见》为统领的20余项配套制度,全省组建检察官办案组366个,独任检察官1829个,入额院领导、业务部门负责人和其他员额检察官按比例直接参与轮案,确保司法责任制落到实处。

四、聚焦检察监督主责主业,着力推动业务工作转型发展

(一)坚持理论创新引导实践探索。组织骨干力量成立检察监督理论研究小组,形成“1+7”理论成果,明确了刑事监督、民事监督、行政监督齐头并进的发展方向。

(二)持续强化侦查监督。全年共介入命案现场勘查107件次,提出引导侦查取证意见75件,监督公安机关依法、全面收集证据。在市、县两级公安机关设立侦查监督检察室168个,全面开展侦查活动监督平台建设,监督纠正应当立案而不立案的案件672件,不应当立案而立案的案件486件,监督纠正侦查活动违法4173件次。

(三)全面加强刑事执行监督。全年提出纠正违法意见844人,收监执行137人,纠正财产刑执行不当2924件次。注重对被监管人合法权益的保护,监督纠正监狱、看守所违法情形6078件次。加强对律师执业权利的司法保障,监督纠正有关单位阻碍律师行使诉讼权利110件。

(四)着力补齐民事行政监督短板。监督渠道不断拓宽,监督难题不断破解,针对民事、行政生效裁判提出抗诉84件,向法院发出再审检察建议94件,办理民事行政审判活动违法监督案件2190件、执行监督案件2424件。办理支持起诉案件2627件,帮助务工人员追索劳动报酬2000余万元,起诉拒不支付劳动报酬案件171件185人。最高检委托山西省起草了《人民检察院支持起诉工作规定(草案)》。

(五)全面开展公益诉讼工作。2017年共排查案件线索617件,立案443件,发出诉前检察建议416件,居全国非试点省份前列。

五、严格落实好干部标准,持续匡正选人用人风气

认真落实最高检巡视整改意见,提高干部工作政治站位,强化党管干部原则,严格依规选拔任用干部。2017年,协助省委组织部,推荐考察选任2名副厅级领导干部、2名巡视员、2名副巡视员,平调1名副厅级领导干部;选任正处级领导干部3名。

六、坚持从严治党推动从严治检,全面加强过硬队伍建设

(一)将政治建检放在首位。坚持党对意识形态工作领导,建立工作领导小组,完善落实工作机制,坚决抵制噪音杂音干扰,把握意识形态工作主导权。

(二)夯实管党治党政治责任。积极开展警示教育,组织234名副处以上干部集中阅看了《党的十八大以来省纪委查处的严重违纪违法领导干部忏悔录选编》。开展廉政谈话271人次,提醒谈话37人次,约谈9人次,谈话函询23人次,诫勉谈话8人次,批评教育25人次。严格实施“一案双查”制度,问责8人次。建立单位和个人廉洁档案,将落实“两个责任”受到纪律审查等内容纳入其中,共建立党员干部廉洁档案397份。

(三)实现巡视巡察全覆盖。最高检巡视组直接移交的39件信访举报材料已按规定作了查核和处置。坚决承担整改责任,共提出97条整改措施,全部落实到位。实现了省院党组届内对12个市分院巡视全覆盖,12个市分院党组对所属基层院巡察工作全面推开,对市级院的巡视中查找梳理三大问题72小类195个,其中立行立改51个,阶段性整改144个,截止2017年底已整改189个,占97%。

(四)持续不懈正风肃纪。全年组织开展集中专项督查6批次,查处违反中央八项规定精神问题22件29人,其中给予党纪检纪处分6人,责令作出书面深刻检查21人,批评教育2人。

2017年,山西省委、最高检领导对山西省检察工作作出重要批示12次,全国15个省级检察院来省院学习考察工作,7个集体和个人受到省级以上表彰,上级转发工作经验13份,省级以上主流媒体报道检察工作202篇,其中头版报道5篇,最高检授予省院“全国文明接待室”,山西省院被评为2016—2017年度省级文明单位。

(尹桂珍)

附:省人民检察院党组书记、副书记、成员名单

书　记:杨　司

副书记:崔国红　荣　彰

成　员:严奴国(9月离职)　秦文峰

胡克勤(9月离职)　王国宏

王海林(1月离职)　郭　普　李国敏

苑　涛(11月任职)

省人民政府厅局党组(党委)工作概况

省人民政府办公厅党组工作概况

党组书记　王　纯

2017年,省政府办公厅党组坚持以习近平新时代中国特色社会主义思想为指引,深入贯彻落实党的十九大精神和习近平总书记视察山西重要讲话精神,认真落实中央关于推进全面从严治党、把党建设得更加坚强有力的各项要求,严格履行党风廉政建设主体责任,着力完善工作机制和制度,有效强化政务服务和运转中枢作用,全力推动中央及省委、省政府各项决策部署落地生根。

一、认真落实全面从严治党要求,切实把党的建设各项任务落到实处

省政府办公厅党组自觉肩负全面从严治党政治责任,认真贯彻落实中央及省委关于加强党的建设各项要求,全力确保新时代党的建设各项任务落地落实。

(一)树牢"四个意识",始终在思想上政治上行动上与以习近平同志为核心的党中央保持高度一致。牢固树立"四个意识",始终坚持以习近平新时代中国特色社会主义思想为指导,认真学习贯彻党的十九大精神和习近平总书记视察山西重要讲话精神,进一步筑牢同以习近平同志为核心的党中央保持高度一致的思想根基。深入推进"两学一做"学习教育常态化制度化、开展维护核心见诸行动主题教育,始终把维护党中央权威和集中统一领导作为第一政治要求,把对党忠诚、为党分忧、为党尽责、为民造福作为根本政治担当,不断夯实党员干部的思想政治基础,切实增强与以习近平同志为核心的党中央保持高度一致的政治自觉和行动自觉。

(二)强化理论武装,自觉用习近平新时代中国特色社会主义思想武装头脑、指导实践、推动工作。坚持不懈强化理论武装,自觉把习近平新时代中国特色社会主义思想作为一切工作的根本遵循。通过举办重温入党誓词主题党日暨深化"党员先锋行"主题实践、喜迎党的十九大梅山书画展、学习党的十九大精神诗歌朗诵、主题党建知识交流会等活动,进一步推动全厅广大党员干部把思想上拥戴核心、政治上维护核心、行动上紧跟核心的要求转化为思想自觉、党性观念、纪律要求、行为规范。

(三)坚持全面从严,全力推进机关党风廉政建设和党组自身建设向纵深发展。严守党的政治纪律和政治规矩,坚决反对"七个有之",切实做到"五个必须"。厅党组书记严格履行党风廉政建设工作"主体责任"和第一责任职责,党组成员认真落实"一岗双责"。认真贯彻落实中央八项规定精神和习近平总书记关于进一步纠正"四风"、加强作风建设的重要指示精神,结合中央八项规定精神及我省实施办法最新要求,研究制定了《省政府办公厅关于服务省政府领导坚决反对"四风"的保障措施》等制度,党组班子成员发挥"头雁效应",带头抓好落实。认真开展巡视整改自行"回头看",按照"四对照""一肃清"要求深入查摆剖析,切实抓好整改落实。严格遵守《关于新形势下党内政治生活的若干准则》,坚持和完善民主集中制的各项制度,用足用好批评和自我批评这个武器,认真组织召开了2017年度党组班子民主生活会。

(四)强化基本基础,进一步加强和规范基层党组织建设。牢固树立党的一切工作到支部的鲜明导向,认真落实"三会一课"、双重组织生活、党员党性定期分析、民主评议党员等组织生活制度,推行党支部"主题党日"制度。全体厅党组成员带头讲党课,引导广大党员干部增进对党的热爱、对核心的拥戴,切实增强了责任、使命和担当意识。扎实推进"三基建设",制定办公厅《关于在推进"两学一做"学习教育常态化制度化中加强"三基建设"的实施方案》,全面推动"三基建

设”,办公厅各项基础工作更加科学规范。积极参加省直工委组织的“三基”能力竞赛,参赛的3名同志都取得优异成绩。

二、认真履行职责使命,坚决用实际行动把中央决策部署和省委、省政府各项工作要求落到实处

省政府办公厅党组充分发挥参谋助手和运转中枢作用,认真贯彻党中央决策部署和省委、省政府工作要求,坚持把各项重点工作放在党和国家工作大局中思考和谋划,把各项重点任务放在转型综改大局中推动和落实。

(一)全力服务经济高质量转型发展。密切关注经济运行和走势,深入调查研究,及时向省政府提出有价值的建议。强化综合协调,协调组织经济形势分析会、市长双月例会、月度经济调度会等,推动相关部门制定出台了一系列利当前惠长远的政策措施,推进一批大项目、好项目、转型项目落地,服务全省经济高质量转型发展迈出新步伐。

(二)积极保障创新驱动、转型升级战略。协调开展“十大创新活动”,推动相关部门编制12条产业创新链。协调推进双创深入发展,制定14个科创相关政策文件。协调设立千亿元规模的转型基金和专项技改资金,实施大数据战略,推进新材料、新能源汽车等战略性新兴产业集群发展,推动实施千企技术改造工程。协调制定我省打造能源革命排头兵行动方案,推动实施现代服务业发展工程,统筹推进文化旅游、金融、物流等现代服务业发展,使其成为我省经济增长的新引擎。

(三)协调推进重点领域改革和对外开放。按照中央决策部署,深入推进“三去一降一补”,协调发改、经信、煤炭等相关部门圆满完成煤炭、钢铁等行业去产能减产量任务。协调推进“放管服效”、国企国资、企业投资项目承诺制、财税体制、电力体制、质量标准等重点领域改革,推动转型项目建设年、全省域推开企业投资项目承诺制试点、国家标准化综合改革试点等重点改革任务落地落实。协调推进开发区改革创新,制定示范区建设实施方案和配套政策,服务推动一大批龙头企业入驻园区,加快形成一批可复制可推广的示范区经验。协调制定构建内陆地区对外开放新高地的实施意见,积极参与“一带一路”建设,深度融入京津冀协同发展,大力实施晋商晋才回乡创业创新工程,服务“新高地”建设取得实效。

(四)统筹做好脱贫攻坚、生态文明、民生社会事业服务保障工作。协调推动落实各项脱贫攻坚举措,全年74万人、15个贫困县实现脱贫摘帽。配合开展中央环境保护督察工作,强化污染防治工作,协调推进“两山七河”生态修复工程,全面推行河长制,推动造林绿化和生态建设,生态环境质量稳步改善。协调人社、民政、住建等相关部门加大基础设施建设、城乡协调发展、教育、医疗卫生、就业创业、社会保障、文化旅游等工作力度,全力服务和保障民生改善。

(五)深化拓展延伸“13710”工作制度。实现省市县乡四级政府互联互通,省级系统“1+5”版块稳定运行,市县乡三级政府系统接点达到8931个。自系统建成运行以来,累计督办重要事项2905件,各级政府各有关部门主动抓落实的氛围日益浓厚,工作效率显著提高。

(六)扎实推动建议提案和省政府民生实事落实。健全完善联系人大、政协和办理建议、提案工作机制,扎实开展人大代表建议和政协提案办理工作,高质量完成全国人大代表建议7件、全国政协提案4件的办理工作,办理省“两会”建议705件、提案760件,实现按时办结率100%、答复率100%。围绕省政府六件民生实事进行征集、谋划、调研、督办,编制了以省政府各项惠民政策为主要内容的《省政府办公厅便民服务手册》,确保省政府民生实事办实办好。

(七)有效强化应急管理和政务公开工作。推进应急管理专业化建设,坚持执行24小时值班、领导带班等工作制度,组织修订省级专项应急预案,加强全省应急业务培训,指导开展应急演练,积极推动省政府应急平台建设,省突发事件应急指挥支持系统基本形成,全省突发事件预防和处置能力大幅提升。进一步完善政务公开制度,创新开展基层政务公开标准化规范化试点,不断提升政务信息公开工作水平。完成省政府门户网站升级改造工作,省政府门户网站步入全国先进行列。

三、强化机制创新和制度保障,着力加强省政府办公厅自身建设

按照楼阳生省长做到“五个强化”、建设“五型机关”要求,省政府办公厅党组坚持统筹兼顾、突出问题导向,进一步完善工作机制和制度,全力当好省政府的“第一参谋助手、高效督办员、大服务员”。

(一)调整优化职能结构,着力加强干部队伍建设。圆满完成办公厅“大处(室)制”改革后的人员调配工作,有效强化了参谋助手和运转枢纽作用,工作效率和效能进一步提升,在全省政府系统树立起标杆典范。全面推进厅直属事业单位改革,制定了《省政府办公厅直属事业单位改革方案》,强化政务服务保障能力,优化整合工作职能,调整理顺隶属关系和经费渠道,改革后厅直属事业单位由18个精简到7个。全力推动停滞多年的省政府驻外办事处改革,系统制定了《山西省政府驻外办事处改革实施方案》等6个配套文件,全力确保各项改革任务顺利推进。严格执行“好干部”标准,突出坚定忠诚、敢于担当、公道正派、群众公认的用人导向,营造了风清气正的选人用人环境。

(二)突出问题导向,切实做好办文办会等政务工作。严格执行中央八项规定精神和我省实施办法,对照办文办会和整治“四风”变异等方面存在的问题和不足,大力治理“文山会海”,努力精简会议文件。按照“立意高、落点实”的要求,从内容、结构、语言、文风等方面入手,全面提高文稿质量和水平。严把程序批示关、体例格式关、政策法规关和语言文字关,优化简化公文处理程序,在全省政府系统开展公文集中查错工作,不断推进公文处理工作规范化,公文运转时间大大缩短、质量明显提升。进一步规范省政府会务组织、省领导调研等政务活动,不断提升服务省政府政务活动能力水平。

(三)加强组织领导,扎实推进法治建设。在省直单位中

率先成立了内审处，积极开展内审工作，对省政府决策可能存在的风险点提前介入、事前研判，对省政府确定的“五类重点”工作进展情况进行梳理汇总，全年完成涉及省政府常务会议和省长办公会议议题等省政府重大决策的近600份文件的审查工作，制定印发了《省长履行经济责任风险防控办法(试行)》，有力提升了省政府决策的法治化水平。及时调整办公厅法治建设工作领导小组，制定印发《省政府办公厅2017年度普法教育计划安排》《省政府办公厅2017年法治建设工作要点》。积极开展12·4国家宪法日宣传教育活动，组织全厅干部职工参加“无纸化”学法用法考试，强化了办公厅干部职工的法治思维和法治意识。

(四)严密组织实施，顺利完成省政府搬迁工作。省政府搬迁工作从国务院正式批复同意到完成搬迁仅历时3个半月，办公厅党组克服时间紧、任务重等困难，按照从俭、从便、从快原则，周密安排，严密实施，全程跟踪工程进度，及时协调解决问题，搬迁工作做到了万无一失、平稳顺利，有力保障了省政府的高效顺畅运转。

(王立品)

附：省人民政府办公厅党组书记、副书记、成员名单

书　记：王　纯

副书记：张文栋(1月任职)

成　员：孙海潮(7月任职)　张全旺
闫晨曦(12月离职)　刘德政(12月离职)
郭　立(12月离职)　刘　星
李秋柱(11月离职)　高建军
王文保(7月离职)　李文慧　梁敬华
武健鹏　丁纪岗　张红良(12月任职)

省发展和改革委员会党组工作概况

党组书记　姜四清

2017年，面对艰巨繁重的发展改革任务，省发展和改革委以习近平新时代中国特色社会主义思想为指导，在省委、省政府坚强领导下，深入贯彻落实党的十八大、十八届三中、四中、五中、六中、七中全会精神，认真学习贯彻党的十九大精神，以习总书记视察山西重要讲话精神为遵循，按照省委“一个指引、两手硬”的思路和要求，坚持稳中求进工作总基调，坚定不移贯彻新发展理念，坚持以提高发展质量和效益为中心，全面落实年初《政府工作报告》安排部署，统筹推进稳增长、促改革、调结构、惠民生、防风险，各项工作取得新成效。

一、聚焦资源型经济转型，协调推动重大政策落地

按照省委省政府的要求，紧紧围绕全省发展改革大局，全力谋划、协调、推动重大政策落地。

一是构建资源型经济转型政策体系，推动转型综改再出发。积极配合起草协调出台《国务院关于支持山西省进一步深化改革促进资源型经济转型发展的意见》（国发42号文），这是党的十八大以来国务院第一次专门就一个省的经济社会发展给予全面指导和支持，各类支持性政策78条，涉及到转型发展的各类支撑要素，有很大突破，含金量已经达到了同类最高水平，中央预算内投资比照西部标准、煤层气开发项目备案权下放等政策效应正在逐步显现。研究编制“示范区”行动计划，构建了我省转型发展升级版、集成式的政策体系。牵头起草“排头兵”行动方案，为我省由“煤老大”向“排头兵”转变提供了现实路径。牵头起草“新高地”实施意见，为我省全面深化对外开放制定了纲领性遵循。三个文件的出台，实现了“三大目标”任务化、方案化、举措化、项目化。

二是协调争取重大产业政策，积极谋划转型突破口。积极争取山西省成为国家低空空域开放试点，获得马凯副总理大力支持，为山西省通航产业发展奠定了重要基础。煤—电—铝—材一体化试点获得国家支持，向国务院和有关部委争取简化了集团企业内部电解铝产能跨省域产能置换办法，确保山西中铝华润有限公司50万吨电解铝项目顺利推进。为山西省今后发展铝深加工产业提供了重要政策保障。积极对接国办、国家能源局，协调国家减轻我省煤电化解过剩产能任务，从原拟定的停缓建名单中调出8个项目，涉及产能1005万千瓦。争取3个光伏发电基地获国家批复，总规模（150万千瓦）居全国第一，是全国唯一满额争取基地指标的省份。长治市被列为全国首批产业转型升级示范区。

三是重大改革事项获得国家支持，对外开放空间进一步拓展。《山西省企业投资项目承诺制改革试点方案》获国家发改委批复，山西省成为全国首个企业投资项目承诺制改革试点省。国家京津冀协同发展领导小组办公室同意出台《关于支持山西省与京津冀地区加强协作实现联动发展的意见》，为我省在更高层次融入京津冀协同发展，打开了新的通道。

二、认真贯彻宏观调控政策，促进经济增长稳步向好

坚决贯彻落实省委省政府重大政策，加强全省经济运行分析研判，大力支持实体经济发展，努力促进全省经济稳步向好、好中提质。全年GDP增长7%，超出年初预期目标1.5个百分点。

一是强化经济形势分析。密切跟踪宏观经济政策动向，按月调度，按季组织召开经济形势分析联席会议，加强了对国际、国内发展大势的研究，客观分析可能对我省产生的影响。抓住我省经济发展关键变量，突出了对煤炭、铁矿石等大宗商品价格的动态分析，精准研判了主导产品价格走势。强化基层调研和省直相关部门的信息互动，准确把握经济运行的发展态势，结合年度经济工作不同时间节点，提出有针对性的政策建议，为省委省政府决策提供了重要支撑。

二是有效投资规模稳步扩大。全社会固定资产投资增长6.3%，实现年初预定目标。投资结构进一步改善，持续加大战略性新兴产业、高技术产业、服务业投资，全年非去产能行业、高技术产业、服务业投资分别增长75.6%、17.2%、9.9%。全力抓好重点工程，建成山西省重点工程管理信息系统，积极开展在建重点工程项目无障碍施工专项行动，着力解决项目推进中的资金、土地、拆迁等突出问题，全省重点工程完成投资占全社会固定资产投资的46%。积极促进民间投资，进一步理顺和规范省级PPP项目管理机制，形成总投资7000多亿元PPP项目库，全年民间投资增长7.8%，高于全国1.8个百分点。加强项目谋划，梳理了未来五年总投资5万亿元的投资项目，以及 2018年计划投资建设项目（含打捆） 3000多个，年度计划投资超过7000亿元。积极推进“两集中、两到位”，共受理、办结各类项目249个。加大项目监管力度，全年组织、参加省委省政府安排交办督查检查验收事项20项，指导督促市县发改部门稽察中央预算内投资项目686个，确保了政府资金作用的有效发挥。

三是有力促进实体经济发展。多措并举拓展企业融资渠道，积极推进12只企业债券发行。印发《进一步做好我省降低企业杠杆率工作的通知》，积极推动市场化债转股，全年共达成13笔债转股意向或协议，资金规模1230亿元。牵头抓好《山西省降低实体经济企业成本实施方案》落实，预计全年降低实体经济企业成本390亿元。

三、深化供给侧结构性改革，转型升级步伐加快

扎实推进供给侧结构性改革相关重点任务，积极培育新动能，支持传统产业改造升级，加快新兴产业发展壮大，发展质量和效益不断提升，转型升级步伐明显加快。

一是全面落实“三去一降一补”五大重点任务。去产能超额完成任务。全年关闭煤矿27座，退出产能2265万吨，压减钢铁产能325万吨，超额完成年度任务。6月底前全部出清“地条钢”产能，得到国务院督查组充分肯定。制定煤炭、钢铁行业处置僵尸企业实施方案。积极防范化解煤电风险，停建缓建一批煤电项目。降成本成效明显，认真落实《山西降低实体经济企业成本实施方案》。规上工业企业每百元主营业务收入成本80.56元，低于全国平均水平4.36元，比上年下降4.05元。补短板力度加大。切实提高补短板的精准性和有效性，全省基础设施投资增长7.2%，全省道路运输业、生态环境保护治理、脱贫攻坚等领域投资分别增长16.8%、31.5%、57.4%。同时，积极配合相关部门推进去库存、去杠杆工作。全省商品房待售面积1225.7万平方米，比2016年底减少535.3万平方米，库存消化周期为6.1个月，比2016年底缩短4.2个月；全省高成本表外融资较年初减少165.5亿元，规上工业企业资产负债率为74.63%，同比降低1.37个百分点。

二是培育壮大新兴产业发展。新兴产业规模稳步扩大。继续抓好装备制造业领域发展规划的实施，持续推进吉利晋中年产10万辆乘用车等重点项目投产。大力发展煤层气产业，全年预计全省煤层气（瓦斯）抽采量达到117亿立方米，利用量达到74亿立方米。有序推进晋北和中南部两大风电基地，大同市、阳泉市和芮城县三大光伏基地建设。新能源装机2172万千瓦，占全省装机总量的27.05%。积极谋划通航产业发展，加快编制《山西省通用航空发展规划》。积极推进军民融合发展，努力争取创建国家军民融合创新示范区。全省战略性新兴产业增加值增长10%，超过规上工业3个百分点。

三是加快传统产业改造升级。支持煤炭产业提升先进产能占比，完成煤矿安全改造投资15.3亿元。编制完成《山西省“十三五”电网主网架规划》，蒙西—晋北—天津南、榆横—晋中—潍坊、晋北～江苏等3条外送电通道建成投运，盂县电厂—河北辛集外送电通道加快建设。全省外送电量达775亿千瓦时。牵头起草并印发实施《山西省焦化产业布局意见》，推动焦化产能向重点园区和优势企业集中。

四是加快现代服务业发展。建立服务业清单化管理等6项工作推进机制。报请印发《山西省支持现代服务业发展政策措施（2017年版）》，推动有关部门出台服务业七大行业发展的分类指导意见和扶持政策。组织编报《山西省全国红色旅游经典景区三期总体建设方案》，助力“三大旅游板块”的发展。制定实施《关于进一步扩大旅游文化体育健康养老教育培训等领域消费的实施意见》。积极开展文水县、侯马市服务业综合改革试点。全年服务业增加值增长7.8%，对全省经济增长的贡献率为60.2%。

五是大众创业万众创新蓬勃发展。争取山西综改示范区学府产业园区成为国家级双创示范基地，认定支持首批12个省级双创示范基地，争取国家批复2个国家地方联合工程研究中心。牵头起草报请印发《关于建设省级大众创业万众创新示范基地的实施意见》《关于强化实施创新驱动发展战略进一步推进大众创业万众创新深入发展的实施意见》，成功举办2017年双创活动周。形成长治唯美诺“创意+工厂”、山西华翔集团“人人创新、全员创客”等一批可推广复制的双创模式和典型经验。

四、深化重点领域改革，提升对内对外开放水平

坚持以改革促开放，以牵头组织推进国发42号文、晋

发49号文落地为抓手，着力破除制约发展的体制机制障碍，优化营商环境，积极打造内陆地区对外开放新高地。

一是投融资体制改革取得重要突破。研究制定《山西省深化投融资体制改革的实施意见》。修订《山西省政府核准的投资项目目录（2017年本）》，最大限度减少省级核准权限。推动承诺制改革在10个开发区和晋中市全域试点，全省试行承诺制项目94个，项目从立项到开工时间平均缩减约三分之二。对企业投资项目备案实行属地管理。将我委省级核准权限集中向综改示范区授权。全面推广运用山西投资项目在线审批监管平台，累计受理项目2.7万余个。

二是电力体制改革成效明显。电力体制改革顶层设计基本形成。电力交易中心正式运营，成为国网经营区内第一家正式运营的股份制交易机构。输配电价改革坚实落地，初步建立了“准许成本加合理收益”为基础的独立输配电价机制。电力交易市场化程度明显提升，直接交易电量526亿度。多元化售电主体格局初步形成，全省已成立售电公司126家。

三是价格改革继续深化。研究制定《山西省推进价格机制改革实施方案》等若干政策文件。完善行政事业性收费目录清单，政府定价经营服务性收费目录与全国实现一张清单。积极推进农业水价综合改革。对全省煤矿瓦斯发电执行标杆上网电价政策。建立省内天然气管道运输价格监管机制。加强天然气管道运输价格及城市配气价格管理。简化成品油调价操作方式。深化道路客运、地方铁路货运等运价改革。全面推开城市公立医院医药价格等各项改革。

四是社会信用体系建设和政务信息共享取得新进展。报请出台《山西省建立完善守信联合激励和失信联合惩戒制度加快推进社会诚信建设实施方案》。建成省信用信息共享平台，累计归集各类信用信息4000余万条。发布实施《信用信息共享平台》《企业信用综合评价指南》两项地方信用标准。积极发挥全省信用信息联合激励惩戒作用。积极推进全省政务信息整合共享工作，山西省政务信息共享网站已正式投入运行，《山西省政务信息资源目录》编制情况在全国排第9位。同时，积极推动产权保护、企事业单位公务用车、创新政府资源配置、互联网+政务等领域改革。

五是对内对外开放取得新进展。制定《山西省招商引资重点产业指导目录》《山西省鼓励投资政策（2017年版）》。积极融入国家战略，加快推进与“一带一路”沿线国家和地区的产能合作，加快融入京津冀协同发展，积极对接服务雄安新区建设，编制起草《山西省深度融入京津冀协同发展规划》《关于支持山西省与京津冀地区加强协作实现联动发展的意见》，基础设施互联互通、清洁能源供应等工作取得积极进展。积极推进晋陕豫黄河金三角、蒙晋冀（乌大张）长城金三角等区域合作。扎实开展与德国北威州等友好省州务实合作。全年实际利用外商直接投资16.9亿美元。

五、统筹城乡发展，城乡一体化步伐加快

着力解决城乡发展不平衡不充分难题，加快农业农村发展，扎实推进新型城镇化战略，促进城乡协调发展。

一是加大农业农村发展支持力度。积极支持农业供给侧结构性改革，加快“一园一区一平台”建设，促进种养结构调整，特色农业占比达到72%。加快农村一二三次产业融合发展，盐湖、太谷、石楼入选全国农村产业融合发展试点示范县。积极推进阳高、五寨等6县创建国家农村产业融合发展示范园。推进农村饮水安全、中小河流治理等重点工程。加快农村基础设施建设，全省20%的行政村达到美丽宜居乡村标准。

二是稳步推进新型城镇化建设。出台《山西省加快推进新型城镇化建设2017年行动方案》，编制《山西省中部城市群发展规划（2017—2030年）》，制定《山西省加快推进城乡发展一体化的指导意见》。新型城镇化稳步推进，太原都市区建设取得明显成效，城市道路、管网等设施显著改善，全省城市集中供热普及率达到90%以上。积极推进太原、阳泉等城市老工业区和独立工矿区搬迁改造，支持霍州市资源枯竭城市转型。2017年底全省城镇化率达到57.34%，比上年底提高1.13个百分点。

六、加强生态环境保护和资源节约，绿色发展水平进一步提升

认真践行绿色发展理念，推动形成节约资源和保护环境的产业结构、生产方式、政策体系。

一是生态文明体制不断完善。会同有关部门印发《山西省2017年生态文明建设工作任务及分工的通知》。认真贯彻中共中央政治局第四十一次集体学习精神，起草了《关于推动形成绿色发展方式和生活方式的报告》。印发我省范围内国家级重点生态功能区产业准入负面清单。配合有关部门制定生态保护红线划定工作方案。开展资源承载力试评价，形成《山西省资源环境承载能力监测预警试评价报告》。报请出台《山西省生态文明建设目标评价考核办法》。积极推进芮城县等四个国家生态文明先行示范区工作。

二是节能减排和循环经济有力推进。编制完成《山西省节能减排实施方案》。严格开展项目节能审查。积极推行垃圾分类，太原市成为国家实施生活垃圾强制分类重点城市。编制完成《山西省城镇生活垃圾焚烧发电厂布局的报告》，加快城镇生活垃圾焚烧发电项目建设。积极推进园区循环化改造及资源综合利用“双百”工程示范基地建设，印发《山西省循环经济发展评价指标体系（试行）》。

三是生态保护修复明显加强。全面启动实施太行山、吕梁山重大生态修复工程。加快汾河、桑干河、滹沱河等七河治理。编制《山西省耕地草原河湖休养生息规划（2016–2030年）》。扎实做好退耕还林工作，提前启动2018年退耕还林还草195万亩任务。

四是积极开展应对气候变化工作。报请出台《山西省“十三五”控制温室气体排放实施方案》。组织完成300家左右重点企业历史碳排放数据核查，为进入全国碳排放权交易市场奠定基础。编制完成2012年、2014年度省级温室气

体排放清单。

七、抓好重点民生工程，持续保障和改善民生

坚持以人民为中心的发展思想，落实惠民举措，推动实现经济发展和民生改善的良性循环。

一是脱贫攻坚持续加力。研究编制了《2017年以工代赈扶贫行动计划》，积极协同有关部门推进易地扶贫搬迁工程，下达国家、省级扶贫资金3.3亿元。编制完成我省“十三五”光伏扶贫计划，推进光伏扶贫电站并网66万千瓦，能够帮助深度贫困户年增收3000元。出台了《山西省发展和改革委员会驻村帮扶工作管理办法(试行)》等制度规定，精心选配第一书记、选派驻村工作队，扎实推进驻村帮扶工作。

二是天然气迎峰度冬工作成效显著。为解决冬季天然气供给不足的突发民生难题，密集出台《山西省天然气(煤层气)迎峰度冬保供应急预案》等文件，积极主动与国家发改委、能源局沟通对接，多方协调中石油、中石化、中海油等企业，通过强化各市主体责任、将所产煤层气留用山西、落实气源合同等硬举措，全力推进天然气迎峰度冬工作，确保人民群众温暖过冬。

三是公共服务供给持续改善。根据国家推进基本公共服务均等化的要求，协调相关部门出台18个具体实施方案。积极推进教育、医疗卫生领域重点项目建设，积极争取中央预算内资金11亿元，支持山西农业大学、省职业病医院等73个教育医疗领域基础设施建设。配合有关部门做好就业工作，研究制定《山西省家政服务提质扩容行动方案(2017年)》。成功申报新型城镇化返乡创业试点县11个。稳步推进公共实训基地建设，开展项目申报和管理工作。

四是采煤沉陷区搬迁任务全面完成。加大督导力度，建立省级台帐系统，紧盯项目开工率、立项率和投资完成率等关键指标，稳步推进各市搬迁工作，完成采煤沉陷区治理搬迁6.6万户，全年实施38个县，实现了集中新建项目100%开工、货币补偿和回购商品房项目100%立项的目标。

五是价格调控不断加强。着力清理规范涉企等各类收费，取消或停征、降低61项收费。落实生猪市场价格调控预案，完善社会救助和保障标准与物价上涨挂钩联动机制。出台我省清洁采暖“煤改电”电价政策，最大限度降低群众用电负担。颁布《山西省旅游景区(景点)门票价格管理目录》，加大价格违法处置力度。全年共查处价格违法案件381件。加大成本调查和监审力度，核减不合理成本46.41亿元。

同时，切实抓好油气管道保护、新能源行业安全生产工作，确保不发生重大安全责任事故。做好援疆工作，安排援助资金2.51亿元，连续两年实现首家足额拨付到位。

八、持续加强自身建设，提升履职服务能力

按照省委、省政府加强自身建设的要求和部署，狠抓全面从严治党，持续加强作风建设，努力提升机关效能，全委履职服务能力进一步提升。

一是加强政治建设。深入推进“两学一做”学习教育常态化制度化、开展“维护核心，见诸行动”主题教育，兴起学习宣传贯彻党的十九大精神热潮，通过委党组带头学、举办“发展改革大讲堂”系列讲座等多种方式，确保及时把中央和省委省政府对发展改革工作的重要部署学深悟透，牢固树立“四个意识”，坚持用习近平新时代中国特色社会主义思想指导发展改革工作。

二是深入推进全面从严治党。牢固树立严管就是厚爱的思想，认真落实党风廉政建设的主体责任和监督责任，积极配合驻委纪检组的工作，深入推进党风廉政建设。坚持源头抓，把党风廉政教育纳入党组和支部学习计划，抓好廉政警示教育，层层签订廉政责任书，及时对新提拔人员、新进人员进行廉政教育，每逢重点节假日提前发布廉政通知和手机短信，做到早提醒、早教育、早纠正。坚持体系防，围绕重点岗位、重大事项、重要环节，从健全完善制度机制入手，积极构建廉政防范体系。推行网上“阳光审批”，强化权力运行的制约监督。紧盯“四风”新形式、新表现，持之以恒抓好作风建设。

三是持续加强履职能力建设。全面加强基层组织建设，压实“一岗双责”“两个责任”，委党组始终严格履行党建主体责任，突出政治功能、支部作用、服务中心三个重点，委领导班子成员认真落实双重组织生活制度，积极参加所在支部活动，坚持与党员干部面对面研究发展改革问题，实打实讨论贯彻落实意见。全面夯实基础工作，规范办文办会标准，拓展延伸“13710”工作制度，建立省领导批办事项重点督办制度，推动协同办公平台建设，全面提升机关行政效能。加强宏观研究院的基础性作用，努力打造高水平智库，为委机关工作提供重要支撑。全面提升基本能力，组织开展16项基础性课题研究，部分成果已经转化为政策实效。举办发改委首期“青年论坛”活动，征集论文164篇，表彰了20位优秀论文作者，提升了党员干部能谋事业、善谋发展、推动工作的本领，发现了一批青年人才，形成了全委研究问题、钻研政策的良好氛围。

四是强化作风建设。积极倡导务实高效、雷厉风行的机关文化，围绕中心工作，服务好全省发展改革大局。对省委、省政府下达的32项年度目标责任考核任务，在第一时间进行细化分解，逐一明确责任，按月检点督促，狠抓工作落实。协调重点工作事项，制定了省发改委《2017年督查工作实施方案》，确保我委牵头的13项督查事项督查到位。实现重大决策、重要部署的建档立卡、实时跟进、动态跟踪、催办督办和省、市、省直部门的互联互通，全年办理省领导批示的重大事项304件，做到了件件有着落、事事有回音。

(郭卓宇)

附：省发展和改革委员会党组书记、副书记、成员名单

书　记：王　赋(5月离职)　姜四清(5月任职)

副书记：李永平

成　员：赵友亭　程泽业(8月离职)
刘　锋(12月离职)　胡景善(7月离职)
李海生　王增信　魏茹生
李肇伟(11月任职)

省经济和信息化委员会党组工作概况

党组书记　李晓波

一、省经信委单位职能和党组织情况简介

(一)单位职能简介:省经信委是2009年省政府机构改革时组建的全省工业经济和信息化综合管理部门。作为省政府组成部门,省经信委整合了原经委、无线电管理、信息产业管理等方面的职能,主要承担经济运行调节、工业结构调整、行业规划管理、兼并重组、淘汰落后、节能降耗、资源综合利用、企业技术创新、两化融合、军民结合、口岸宏观管理等职能。省政府授权管理省国防工办、省中小企业局2个部门管理机构和省城镇集体工业联合社(副厅级)。

委机关内设处室23个,行政编制128名,实有112人;离退休人员111人。委直属行政单位8个(包括冶金、机电、轻工、纺织、化工、建材、医药等7个行业办和省无线电管理局),行政编制171名,实有141人。其中7个行业办另设有7个正处级行业离退休人员工作处,省无线电管理局还在10个市设有派出机构。委属事业单位38个,事业编制1259名,实有908人。其中直属事业单位11个(含山西经济管理干部学院,正厅级),行业办管理事业单位16个,省无线电管理局管理事业单位11个。

(二)党组织情况简介:全委党组织现有党委18个,党总支6个,党支部131个,党员2171名。

二、省经信委党组2017年工作概况

2017年,面对错综复杂的经济形势,全省经信系统认真贯彻落实省委省政府各项决策部署,统筹推进稳增长、促转型、调结构、增动能、推融合各项工作,圆满完成全年目标任务,党风廉政建设、领导班子和干部队伍建设取得了新的成效,工业和信息化发展迈上了新的台阶。

(一)供给侧结构性改革成效明显

一是扎实推进去产能。压减钢铁产能325万吨,超额完成退出170万吨产能的年度任务。"地条钢"产能全部出清。关停淘汰小火电机组71.1万千瓦。

二是千方百计降成本。多措并举降低企业物流成本20多亿元;完成电力直接交易电量526亿千瓦时,降低企业用电成本超过31亿元。2017年,全省规上工业企业每百元主营业务收入成本80.6元,同比降低4元。

三是推进岸港网建设。大同航空口岸即将正式开放,运城航空口岸继续获批临时开放。中鼎物流园铁路口岸作业区建成运营,填补了我省口岸物流空白。全省组织开行10列中欧中亚班列。国际贸易"单一窗口"试点成效明显。大同国际陆港进口肉类指定查验场通过国家验收。"宽带山西"专项行动稳步推进,全省50M以上宽带用户占比达到63.3%。

(二)工业经济保持稳定增长

一是加强运行监测调控。强化监测调度,科学引导发展预期。2017年,全省规上工业增长7%,超过年度目标4个百分点,高于全国平均水平0.4个百分点。11个市全部实现正增长,吕梁、太原、运城和长治等市增速高于全省平均水平。

二是全面提升服务企业水平。建立服务企业常态化机制,开通96302服务企业热线,帮助企业解决问题2636个,干部入企服务专项行动取得了明显成效。编印重点工业产品推荐目录,持续推动晋品晋材晋用。起草省委落实中发25号文件实施意见,配合相关部门组织召开全省企业家大会。

三是支持中小微企业快速发展。积极推动"个转企、小升规、规改股、股上市",着力培育行业细分市场隐形冠军。2017年,全省新创办小微企业9.7万户,中小企业营业收入同比增长8.1%。

四是推动军民融合发展。对24个军民融合项目给予技改资金支持。在山西转型综改示范区建设军民融合产业示范园,着力推动长治康庄航天工业园等9个军民结合园区(基地)建设。2017年,全省军工企业实现营业收入503.7亿元,增长10.9%。

(三)工业结构调整迈出新步伐

一是加强企业技术改造。制定企业技术改造实施意见,推进八大技改专项。遴选190个优质项目,支持技改资金9.44亿元。2017年,全省工业投资完成2112.2亿元,增长3.1%;技改投资完成617.2亿元,增长14.9%,占工业投资比重达29.2%。

二是实施传统优势产业提升工程。推进钢铁行业兼并重组,组建晋南钢铁集团;加快"煤-电-铝-材"一体化进程,推动中铝吕梁基地铝合金项目建设和铝循环产业园区局域电网运营试点;促进焦化产业园区化集聚化发展,全省大机焦占比提升4个百分点;开展消费品"三品"行动,医药、食品、轻工、纺织等产业提档升级;深入推进电力市场化改革,多途径培育售电主体126户。

三是实施新兴产业培育工程。推动先进装备制造、新材料、节能环保、新能源汽车、现代煤化工、信息产业、现代医药

等七大战略性新兴产业发展。装备制造业全年增长13.9%,占比达到8.9%;高端碳纤维、石墨烯、碳化硅等新材料取得重大突破;比亚迪首批纯电动客车产品下线;潞安集团煤制油等重点项目稳产达效;成立山西省传感器产业联盟,召开光伏产业、软件企业推进会,软件和信息服务业全年增长15%。2017年,全省战略性新兴产业增长10%,占全部工业9%。晋中市新能源汽车产量达到1.1万辆;太原市装备制造业增加值占工业40%以上,发展势头强劲。

四是提升企业创新能力。全年新培育省级企业技术中心36户,全省省级以上企业技术中心达到296户。太钢不锈、大运汽车获批国家智能制造试点示范。成立山西省物联网产业和增材制造产业技术联盟,新认定15户省级研究生教育创新中心,全省开展产学研合作企业占比达到6.3%。太钢获批国家级工业设计企业。太重获批制造业单项冠军示范企业。

五是精准招商引资。开展"央企助力山西转型综改"活动,共与央企对接合作项目162个,签约项目72个,投资额1282亿元。组织召开4场大数据招商引资活动,省政府与华为等9户国内知名企业签订战略合作框架协议。

(四)工业绿色低碳发展稳步推进

一是狠抓节能降耗。分解下达各市2017年度能耗强度指标,及时约谈能耗未达时序进度的地市,传导目标压力;大力实施节能审查、节能改造,在电解铝、钢铁、水泥等行业推行差别电价政策,提升重点用能企业单耗水平。2017年,全省单位地区生产总值能耗同比下降3.37%,超额完成年度目标任务。

二是推进绿色制造。太钢不锈、金辉兆隆等四户企业获批国家绿色制造示范,全省大宗工业固废综合利用率达67.2%。朔州市国家固废基地建设水平不断提升;大同市着力推进企业绿色循环发展,广灵金隅水泥被工信部评为首批"绿色工厂"。

三是完成燃煤机组超低排放改造。率先在全国完成30万千瓦及以上煤电机组超低排放改造任务。相比改造前,全省火电机组二氧化硫、烟尘排放量削减70%,氮氧化物排放量削减50%。

四是加强能源革命战略性研究。认真落实国发42号文件,完成山西省能源革命、煤化工产业发展战略、煤层气产业发展战略等课题研究任务。

(五)全省经济社会信息化水平明显提升

一是推动大数据产业发展。实施"云聚、云惠、云殖、云安"四大工程。制定全省大数据发展规划、行动计划和若干政策;推动成立大数据产业办公室和云时代技术有限公司;山西大学等3所院校成立了大数据学院;政务云平台建设步伐明显加快。阳泉、吕梁等云计算数据中心项目相继建成。

二是推进两化融合。12户企业成功入选"2017年两化融合管理体系贯标试点企业"。山西省信息化协会等被认定为两化融合管理体系咨询服务机构。山西省工业云服务平台建设稳步推进。

三是提升信息安全保障水平。制定实施工控系统信息安全"十三五"规划、工控安全管理指导意见和应急管理指南。成立山西省网络安全和大数据信息技术标准化技术委员会。对11个重点行业15家单位的关键信息基础设施网络安全情况进行专项抽查和风险评估,圆满完成了十九大期间网络安全保障工作。

四是推进经济社会信息化。全省11个市均达到"宽带中国"示范城市和"光网城市"建设标准;固定宽带用户单位带宽和移动流量平均资费水平分别降低10.8%和15%;新建宽带网络行政村3081个;互联网骨干直联点和太原国际通信专用通道建设积极推进。

(六)强化政治担当,落实主体责任,坚定不移推进党的建设

一是加强思想政治建设。坚持把学习贯彻十九大精神作为首要政治任务,制定详实的学习计划,召开党组会、全委干部大会,读原文、悟原理,全面领会十九大精神实质和内涵,按照习总书记提出的学懂弄通做实的要求,学以致用,聚焦实体经济,聚力制造业,着力推进现代化工业体系建设。全面贯彻习总书记视察山西重要讲话精神,制定实施方案,扎实开展主题宣讲活动,全力推动讲话精神在经信系统落地生根。推进"两学一做"学习教育常态化制度化,邀请专家教授辅导4次,党组成员带头讲党课7次,党员干部"四个意识"明显增强。抓好中心组和党员干部理论学习,党组中心组全年集中学习20次,机关各支部集中学习每月不少于1次,全委党员干部政治素养和党性修养明显提升。加强对意识形态工作的领导,成立意识形态工作领导组、网络安全和信息化领导组,加强舆论引导,巩固和发展意识形态主阵地。围绕重点工作召开8次新闻发布会,开设微信公众号,发布信息400余条,积极弘扬主旋律、传播正能量。

二是坚定履行全面从严治党主体责任。委党组坚持把主体责任扛在肩上、抓在手上,努力构建良好政治生态。组织召开全委党建工作会,自上而下签订党风廉政建设目标责任书,自下而上签订严守纪律承诺书,层层压实责任。加强机关纪检监督工作,健全委党组与驻委纪检监察组沟通交流机制,旗帜鲜明支持驻委纪检监察组履行职责,定期分析党风廉政建设形势,严肃开展廉政约谈。认真开展廉政警示教育,组织党员干部赴武乡八路军太行纪念馆、西柏坡廉政教育基地等接受警示教育;坚持每周发送廉政提醒短信,组织开展家风教育活动,营造良好的党内政治文化氛围。严肃党内政治生活,认真组织召开党组民主生活会,查找出6类20个突出问题,明确了6个方面的整改对策。在学习贯彻习总书记视察山西重要讲话精神实施方案中,围绕严肃党内政治生活提出5条举措。扎实开展"巡视整改回头看",抓好"四对照""三清单一制度",对2013年省委巡视组反馈意见、教育实践活动专项整改问题、省纪委纪律检查建议书、2013年以来委党组民主生活会上提出的问题及年度预算执行审计问题进行起底梳理,确保各类问题整改落实到位。严格落实领导干部"一岗双责"责任制,班子成员既抓业务又抓党务,既管事

又管人,党风廉洁建设和业务工作协调推进。持续推进正风肃纪,对9名违纪人员进行严肃处理,全面从严治党走向了严紧硬。

三是强化基层党组织建设。坚持以提升组织力为重点,选好配齐各级班子,重新调整机关支部,优化委属单位班子结构,基层组织战斗堡垒作用进一步加强。加强"三基"建设,组织召开全委"三基"建设工作推进会,制定具体实施方案,建强基层组织,提升基本能力,推动基础工作达标。委领导带队参加各单位民主生活会和组织生活会,加强对基层党建工作的指导。加强党员日常管理,做好党员发展、党费收缴、流动党员管理等基础性工作;每季度分析研判党员干部思想状况,每半年报告落实"两个责任"工作情况。认真开展巡查检视活动,对19个委属单位开展了为期10天的巡查检视;在机关内部开展了"自我检视"活动,实现自我提升、自我完善。

(七)强化机关建设,推进依法行政,为工业和信息化发展提供有力支撑

一是强化机关自身建设。制定落实中央八项规定精神实施细则,积极抓好形式主义和官僚主义新表现整改工作,严防"四风"问题和违反八项规定问题发生。扎实开展干部大调研活动,组成10个调研小组,深入省内外200余户企业开展调研,形成10余篇调研报告。强化机关效能建设,认真贯彻省政府"13710"工作制度,建立委内13710督办机制,积极推动重点工作落实。深入开展绩效管理,编制《2017年工作推进手册》,全面提升工作效能。加强行政财务工作,规范预算管理和后勤管理。加强社会治安综合治理,积极参加"平安山西"建设。认真抓好信访调解协调工作,接待上访群众80余人次,受理信访事项11件,全部按规定转办、答复。加强老干部工作,老干部"两个待遇"得到有效落实。加强精神文明建设,开展"喜迎十九大 健康万步走"等多项主题活动,深化"党员先锋行" 主题实践活动,进一步增强了全委干部创造力、凝聚力和战斗力。

二是深入推进依法行政。高度重视法治建设,认真落实《2017年法治山西建设工作要点》,坚持把依法行政列入重要议事日程和绩效考核内容。委党组多次召开会议研究部署依法行政工作及工业和信息化法治建设工作。加强法制宣传教育,推进"七五"普法宣传活动,开展在线答题,党员干部法律意识进一步增强。开展规范性文件法规审核,对14个文件进行了备案审查,有力保障了依法行政和政务公开。推动工业和信息化立法工作,《山西省无线电管理条例》于9月1日起正式施行,《山西省大数据应用促进办法》立法工作稳步推进。

三是加强干部监督管理。扎实做好干部选任工作,坚持新时期"好干部"标准,认真贯彻《党政领导干部选拔任用工作条例》,全年共选拔任用干部92人次,其中提拔处级干部39名;配合省委组织部完成了我委多名省管干部的推荐、考察工作;推荐2名优秀干部到地市、省直单位任职。抓好人才队伍建设,深入落实省委人才发展体制机制改革意见,围绕大数据发展应用,面向全国公开为大数据产业办公室招聘聘任制公务员。加强干部教育培训,选调36名领导干部参加组织调训,选派341名干部参加联合培训,123名干部参加专题研修;举办各类专业人才工程培训4期,共320人参加;开展干部在线学习,全委249人参加了在线学习。认真做好个人有关事项填报及核查工作,应报实报199人,重点抽查47人,随机抽查21人,函询12人。

(董晨阳)

附:省经济和信息化委员会党组书记、成员名单

书　记:张华龙(12月离职)　李晓波(12月任职)

成　员:马运侠(5月任职)　李　政　卢秋生　张占祥　阳　军(11月任职)　李东洪　冯志君

省教育厅党组(省高校工委)工作概况

党组书记　吴俊清

2017年,省高校工委、教育厅党组以习近平新时代中国特色社会主义思想为指引,深入学习贯彻党的十九大精神和习近平总书记视察山西重要讲话精神,全面落实省委、省政府和教育部决策部署,求真务实,开拓创新,推动教育事业改革发展取得新成效。

一、坚定不移学习贯彻习近平新时代中国特色社会主义思想,真正做到融会贯通

全省教育系统深入学习贯彻党的十九大精神和习近平总书记视察山西重要讲话精神,坚持以习近平新时代中国特色社会主义思想武装头脑、指导实践、推动工作,全年中心组学习22次,集中学习超15天,始终在思想上政治上行动上与以习近平同志为核心的党中央保持高度一致。吴俊清厅长为全省高校系统宣讲党的十九大精神,厅机关、直属单位各党支部开展"我学十九大"主题组织生活会,省高校工委与省委宣传部联合启动十九大精神进基层高校"百千万"师生面对面行动,在全省教育系统全面掀起学习宣传党的十九大精神热潮。省教育厅召开学用习近平总书记视察山西重要讲话精神交流会和主题报告会,研究制定《关于学习贯彻落实习近平总书记视察山西重要讲话精神的意见》,扎实推进习近

平总书记视察山西重要讲话精神进校园、进课堂、进教材，组织全省82所高校和9251所中小学校同上“开学第一课”，各级教育行政部门和各级各类学校通过党委(党组)理论中心组学习、教师政治理论学习、学生社团活动以及宣讲会、研讨班等形式举办主题教育活动43000余场次，推动习近平总书记视察山西重要讲话精神在全省教育系统落地生根、开花结果。

二、推进“两学一做”学习教育常态化制度化，牢固树立“四个意识”

在厅机关、直属单位和高校扎实推进“两学一做”学习教育制度化常态化，深入开展“维护核心、见诸行动”主题教育、“提高标准、提升能力、争创一流”专项活动，不断加强党员干部思想政治建设。吴俊清厅长为全厅党员干部上专题党课，邀请省委党校专家作专题辅导，组织厅机关各支部、各直属单位党组织开展“维护核心、见诸行动”主题教育专题学习讨论4次，各党支部书记也结合业务工作开展丰富多样的党课教育活动，起到了引领带动作用。进一步创新学习形式，开展道德讲堂和各类讲座，举办党章党规知识竞赛和干部能力竞赛等活动，组织收看《将改革进行到底》《榜样》等纪录片，为党员干部配发《习近平总书记的成长之路》《习近平的七年知青岁月》《习近平谈治国理政(第二卷)》等学习读物，党员干部践行“四讲四有”的自觉性进一步增强。各高校坚持规定动作不走样，第一时间成立组织机构，制定实施方案，召开动员大会，坚持在真学实做上深化拓展，引导党员干部见贤思齐。共选树党组织典型288个，党员典型2659名，山西农业大学科技三农党支部、山西财经大学管理科学与工程学院研究生党支部，分别入围全国高校“两学一做”支部风采展示活动推荐展示的教师和学生党支部十佳精品作品，形成了独特的“山西高校”经验。通过主题教育，教育系统各级领导干部的“四个意识”进一步树牢，更加坚定地维护以习近平同志为核心的党中央的权威，更加扎实地把党中央的各项决策部署落到实处。

三、以“三基建设”和巡视整改为契机，推动全面从严治党向纵深发展

扎实开展“三基”建设，班子制(修)订了《厅党组工作规则》等一系列制度，梳理“三基建设”34项重点任务，梳理制定了山西省教育厅(高校工委)基础工作目录、应知应会手册、便民服务手册、管理手册和工作运行流程图，制定了《山西省教育系统干部职工和相关从业人员通用基本能力评价标准(试行)》《教育行政干部专业能力评价标准(试行)》《中小学校、幼儿园教师通用基本能力评价标准》等，有力促进工作提质增效。指导推进高校系统“三基”建设，建立党组织书记抓基层党建清单制度，27所公办高校党委完成换届选举工作，开展党委领导下的校长负责制贯彻落实情况专项督查，实行民主生活会方案和发言要点“双报备”制度，选调国内重点高校8名优秀专业人才到我省具有博士学位授予权的本科高校挂职任副校长，举办两期高校“双带头人”教师党支部书记示范培训班，启动“领导干部素质能力提升计划”，培训各级干部1500余人。率先制定出台《关于加强全省民办学校党的建设工作的实施意见(试行)》，并向7所民办高校选派党委书记、督导专员，高校基层党建工作科学化、制度化、规范化水平进一步提高。省委巡视组反馈巡视意见后，厅党组立即开展整改工作。成立巡视整改办公室，梳理问题37个，制定整改措施160项，制定“三个清单”并严格执行。到2017年底，除要长期整改的34项任务外，其余126项任务全部整改完成，共形成制度39项，开展专项治理12项，促进改革13项，巡视整改取得显著成效。省委巡视办将我厅“三个清单”印发全省县级以上党组织学习借鉴。同时指导各高校开展巡视整改自行“回头看”，党委书记亲自部署、亲自过问、亲自协调、亲自督办，其他班子成员认真履行“一岗双责”，主动认领任务，推进“回头看”工作在各领域中延伸。所属30所公办高校党委共找出关键问题793条，提出重大整改措施1436项，在全省高校系统营造出了有氛围、有势头、有突破、有成效的整改局面。

四、加强高校思政和意识形态工作，落实立德树人根本任务

认真落实党组意识形态工作责任制，把正确的导向要求贯穿到教育系统宣传思想工作各领域，研究制定《网络意识形态工作责任制实施细则》，与省委宣传部定期开展高校意识形态领域工作研判分析，牢牢掌握高校意识形态工作的领导权、管理权、话语权。开展全省高校思政工作大调研，向省委提交了《山西省高校思想政治工作调研报告》。召开全省高校思想政治工作推进会，以省委名义印发《关于加强和改进新形势下高校思想政治工作的实施意见》。举办高校领导干部、思政课骨干教师、辅导员骨干等能力提升研修班，举办第五届山西省辅导员职业能力大赛，着力提升高校思想政治工作队伍素质。全面实施高校思政课教学质量年专项工作，委托6个单位展开课题研究，组建了8个分课程集体备课组，完成了7门课程的教学设计和教案编写。建设5个省级重点马克思主义学院，培育建设8个高校思想政治工作协同育人中心，推动落实立德树人根本任务。加强高校思想政治工作理论研究，完成了2017年立项评审和2015年结项验收工作，形成了一批优秀研究成果。启动实施易班新应用推广行动计划，推进思想政治工作传统优势与互联网技术相融合。创新高校思政工作形式，组织高校在全省36个贫困县建立思政教育实践基地，提升思政教育的实效性。《中国教育报》以“脱贫攻坚主战 思政教育大课堂”为题进行了专题报道。

五、严格落实“两个责任”，保持教育系统风清气正发展环境

厅党组坚持把党风廉政建设与业务同部署、同考核、同推进。研究建立驻厅纪检组党风廉政建设会商机制，深入开展廉政教育和警示教育，对省教育厅(高校工委)新提任(转任)处级干部集体廉政谈话，组织召开高校系统落实全面从

严治党"两个责任"座谈会和警示教育会,促进全面从严治党不断深化。机关纪委依规依纪处置问题线索,给予党纪处分2人次,诫勉谈话2人次,责令检查1人次,起到惩戒和警示作用。高校工委所属高校和驻厅(委)纪检监察组运用"四种形态"处理干部231人次。共组织处理11人,给予党纪处分7人、政务处分2人、双重处分2人,持续保持惩治腐败的高压态势。驻厅(委)纪检监察组接受信访举报120件,同比下降78.2%,教育生态呈现逐步好转态势。修订落实中央"八项规定"精神实施细则,把握重要时间节点,强化日常监督,开展节假日落实中央"八项规定"精神、反"四风"专项检查。对高校系统违反中央八项规定精神的问题线索初步核实6起,组织处理7人,立案审查5人,2人给予党内严重警告处分、3人给予党内警告处分,有力地促进全省高校形成风清气正的良好育人环境。

六、深入推进中小学生德育美育和心理健康教育,保持全省教育系统安全稳定

深化中国梦主题宣传教育,在中小学持续开展"三爱三节"教育活动、少年传承中华传统美德系列活动、中小学微电影创作征集等活动,把社会主义核心价值观和优秀传统文化教育融入学校教学和管理各环节。举办山西省家庭教育实验学校小学校长培训班,努力打造学校、家庭、社会良性互动的教育格局。及时总结全省各地开展社会主义核心价值观教育暨德育工作的经验做法,大同市示范性综合实践基地等8家单位获评全国中小学德育工作优秀案例。在全省范围内开展心理健康教育特色示范校创建活动,山西省7所学校被命名为全国心理健康教育特色示范校。省政府办公厅印发《山西省全面加强和改进学校美育工作实施方案》,举办大中小学生钢琴艺术节,组织学校参加教育部《传承的力量》学校艺术教育弘扬中华优秀传统文化成果展示活动,开展中华优秀文化艺术传承学校创建活动,中小学美育工作开创新局面。全面完成2017年"法治进校园"巡讲活动,共在全省11个市21县(市、区)开展巡讲49场次,覆盖21所中学(包括职校),受教育学生达2万2千余名。举办"学宪法讲宪法"主题征文大赛,组织参加全国第二届全国学生"学宪法讲宪法"活动全国总决赛,山西省参赛选手获得2个全国初中组三等奖、1个高校组三等奖,1个全国小学组一等奖、1个高中组季军以及团体比赛三等奖的好成绩。

与各高校签订《安全工作责任书》,将安全生产目标责任分解落实到基层单位。开展学校安全法制教育,2017年共涉及学生600余万人。认真组织开展防灾减灾活动,各地约1.59万所学校开展集中观看防灾减灾科普影片、举办防灾减灾知识竞赛等活动,共开展安全应急演练5.6万次,全面提升我省广大师生的防灾减灾综合防御能力。深化平安校园建设,截止2017年12月,全省共创建省、市、县三级平安校园12988所,占全省学校81.1%。进一步加强学校安全隐患排查整治,2017年共组织开展四次学校安全工作大检查,通过全面排查整治学校基础设施、技术装备、校园及周边环境、防控手段等方面存在的安全隐患以及学校安全体制机制、制度建设、安全管理组织体系、责任落实、事故查处等方面存在的薄弱环节,有效防范和遏制了重大事故的发生,切实维护了学校安全稳定局面。先后被省政府、省综治委评为"安全生产先进单位"和"综治工作优秀单位"。

七、坚决贯彻中央和省委省政府重大决策部署,努力办好人民满意的教育

基础教育方面。一是进一步扩大学前教育资源。出台《第三期学前教育行动计划》,在运城召开改革开放以来第一次由市、县教育局主要负责同志参加的全省学前教育工作会。开展普惠性学前教育认定扶持工作,全年认定扶持普惠性民办幼儿园702所,受益幼儿14万人,超额40%完成年度任务;开展小区配建幼儿园督查,全省小区配建幼儿园718所,占应配总数的71.6%;持续清理整治无证幼儿园,全年共取缔464所,颁证301所;深入推进优质园帮扶工作,共有591所优质园帮扶2702所农村园、薄弱园。二是推动义务教育均衡发展。省政府印发《关于统筹推进县域内城乡义务教育一体化改革发展的实施意见》,召开义务教育城乡一体化改革部署会、试点启动会,以"1+X+Y"综合施策,以8大计划集中攻坚。相关做法得到教育部充分肯定,在全国城乡一体化改革推进会上,山西省作为全国5个省级典型之一作经验介绍。晋中市中考改革相关经验获评第五届全国教育改革创新特别奖。针对"城镇挤"难题,联合住建厅制定加强城镇中小学校幼儿园建设管理意见,在城镇新建学校100余所。制定消除大班额规划,48个县基本消除大班额,76个县消除超大班额;50余个县采取"名校＋新校""名校＋弱校""名校＋普校",扩大优质资源。针对"乡村弱"问题,以县为单位制定学校布局优化方案,撤销空壳学校432所,合并小规模学校264所。2017年又有25个县(市、区)通过国家义务教育均衡发展督导评估认定,全省共110个县(市、区)通过认定,占全省县(市、区)总数的92.4%,位居全国第13位。义务教育学校校长和教师交流比例分别达到24.65%和14.91%。落实集中连片特困县乡村教师生活补助政策,全年共安排资金1.11亿元,实际发放资金9060万元。全面完成义务教育学校标准化建设任务,在孝义市召开全国《义务教育学校管理标准》实施部署会,"孝义现象"成为基础教育的新典型,进入全国"第一方阵"。山西省义务教育正由县域均衡向市域均衡、由基本均衡向优质均衡迈进。三是提升普通高中和特殊教育发展水平。联合发改、财政、人社等部门制定《高中阶段教育普及提升计划》,建立普通高中学校生均公用经费拨款制度,出台化解高中债务风险意见,保障高中学校健康运行。持续推进高中办学条件标准化建设,绝大多数学校办学条件基本达标。召开近十年来的首次高中校长会,对高中普及提升计划做出全面部署,对高考改革进行系统培训。在72所高中学校开展综合素质评价、选课走班、生涯规划试点,组建专家团队跟踪指导。组织实施《第二期特殊教育提升计划》,新增特殊教育学校4所,建设118个资源教室,93个县建立送教上门制

度，指导各地落实残疾儿童少年“一人一案”，促进不同阶段特殊教育协调发展，三类残疾儿童少年入学率达到90%以上。在全国基础教育改革创新研讨会上，山西省以排名第四的成绩获评2017年度省级基础教育工作展示优秀案列。

职业教育方面。新立项建设214个实训基地项目和171个重点专业项目，对2014年立项建设的中、高职实训基地建设项目开展验收工作。6个县的职教中心通过省级督导验收，完成2017年度中等职业学校办学资质清查和管理星级评估认定工作。深化产教融合、校企合作，4所职业院校入选第二批全国现代学徒制试点单位，截止2017年底我省已有7所职业院校被确定为全国现代学徒制试点单位。进一步整合职业教育资源，清理削减中职学校101所，中职学校从446所削减到345所，削减率22.65%。推进职业教育招生考试制度改革，出台《山西省中等职业学校毕业生对口升学“文化素质+职业技能”考试招生实施办法(试行)》《山西省高等职业院校单独招生实施办法》和《山西省五年制高职教育考试招生实施办法》，明确2018年对口升学考试有关事项和信息技术、护理类、旅游服务、交通运输类、资源环境类5个专业“文化素质+职业技能”考试办法。举办山西省第十一届职业院校技能大赛，参赛选手和教师选手5642人，参赛人数创新高。举办山西省2017年职业教育活动周，活动期间全省各类职业院校共举办各类活动500多场，接待人民群众近十万人次，职业教育影响力进一步扩大。

成人教育方面。继续做好农村实用技术培训工作，全省全年完成农村实用技术培训任务299.2万人次。全年完成社区教育培训任务764.3万人次，创建学习型街道(乡镇)、学习型居委会(村)、学习型企业、学习型社区等各类学习型组织22356个。全年全省高校共完成职工继续教育培训任务25368人次，其中煤炭行业职工培训7541人次。继续做好“百姓学习之星”和“终身学习品牌项目”评选推荐。开展全省高等学历继续教育专业设置工作，完成127个函授站的年检工作。深入开展民办教育调研，健全支持民办教育发展机制。高等教育方面。完成《山西省“十三五”高等学校设置规划》编制。启动本科专业调整优化工作，推进高等教育供给侧改革。实施“1331工程”，统筹推进“双一流”建设，支持建设4个“一流学科”、30个“优势特色学科”、56个重点创新团队和32个协同创新中心，统筹支持43个重点实验室、26个工程(技术)研究中心和3个产业技术创新研究院(战略联盟)。太原理工大学化学工程与技术学科成功入选国家“双一流”建设学科，太原理工大学校长黄庆学当选中国工程院院士，教育部第四轮高校学科整体水平评估结果显示，我省高校33个学科排名明显前移，“1331工程”建设取得初步成效。山西大学、太原理工大学、山西财经大学、中北大学、太原科技大学通过教育部本科教学工作审核评估，晋中学院通过本科教学工作合格评估复评。山西大学东山校区正式开建，山西中医学院更名为山西中医药大学并被教育部增列为优秀本科生免推高校。山西大学等“3+2”高校综改顺利推进，中北大学朔州校区和太原科技大学晋城校区管理体制进一步理顺，8所应用型转型试点高校组建了联盟，试点改革不断深入。大力实施高校科技创新和哲学社会科学繁荣计划，获批327项国家自然科学基金项目和57项国家社科基金项目；扎实推进省级本科教学质量工程项目建设，评选优势专业36个；深入推进教学改革创新，评选教学改革创新项目162项；加强大学生创新创业教育，评选出大学生创新创业训练计划项目588项。新增60个本科专业，围绕省综改试验区建设对相关专业人才的需求，支持有关高校设置数据科学与大数据技术专业和资源循环科学与工程、车辆工程、新能源材料与器件、物联网工程等专业。6所高校获批全国深化创新创业教育改革示范校，太原理工大学和山西大学2所高校被认定为山西省首批省级双创示范基地。扩大教育对外交流与合作，2017年我省高校接受外国留学生达到1212人，创历史新高。创新教育体制改革，厅市共建取得明显成效。

教师队伍建设方面。出台《山西省高等学校优秀教学业绩和教学成果认定办法》等五个文件，推进实行以增加知识价值为导向分配政策，进一步激发高校教师教书育人、科研创新的积极性。为40个贫困县招聘特岗教师1812名，进一步充实农村中小学教师队伍。新增2名“三晋学者”特聘教授(专家)和24名“青年三晋学者”特聘教授(专家)；启动满聘期“三晋学者”考核工作。继续实施高校创新人才支持计划，遴选支持3个高校优秀创新团队，9个中青年拔尖创新人才和19个优秀青年学术带头人，为我省经济社会发展提供有力的人才支撑。

教育精准扶贫方面。成立以分管教育和分管扶贫的两位副省长为“双组长”的山西省脱贫攻坚教育扶贫领导组，召开全省教育脱贫攻坚推进会，制定出台《《2017年教育扶贫行动计划》，强力推进教育扶贫攻坚工作。创新对口帮扶新途径，组织10所大学全面帮扶10个深度贫困县。建设政策智囊库、帮扶项目库和高校技术库3个智库，为深度贫困地区提供人才和技术支撑。开展夯实基础补短板行动、爱心支教添活力行动、工匠培养增后劲行动、科技协作促产业行动、创新模式助营销行动、战略谋划找出路行动、医疗服务解民困行动、立体培训提素质行动、贫困助学暖民心行动和文化下乡鼓士气行动10项对口帮扶行动，为深度贫困地区找准“病根”、拔掉“穷根”提供平台。组织普通本科高校、职业院校、示范高中和优质幼儿园开展对口帮扶，提升贫困地区学校办学质量。实施农村贫困地区定向招生专项计划，建立覆盖全面的建档立卡家庭经济困难学生资助体系。在全国率先启动建立建档立卡家庭学生教育扶贫个人资助账户，从2017年秋季开学起，面向10个深度贫困县开展学生资助工作，教育部部长陈宝生对我省做法给予充分肯定。厅机关和直属单位与方山县积翠乡贫困户一一对口帮扶，以实际行动坚决打赢脱贫攻坚战。

(张建伟)

附:省教育厅党组书记(省高校工委书记、副书记)、成员名单

书　记:张文栋(1 月离职)　吴俊清(1 月任职)

副书记、成员:张俊龙(7 月离职)　常乃军(7 月任职)

成　员:张卓玉(12 月离职)　王　云(5 月离职)
张培良　孙世新　任月忠　马　骏
王晓鹏　赵丽华(11 月任职)

省科技厅党组工作概况

党组书记　张新伟

2017年,省科技厅党组以习近平新时代中国特色社会主义思想为统领,深入学习贯彻党的十九大精神和习总书记视察山西重要讲话精神,全面落实党中央国务院和省委省政府决策部署,锐意改革,积极进取,圆满完成了各项任务。

一、以习近平新时代中国特色社会主义思想为指引,全面加强党的建设

一是认真学习贯彻党的十九大精神和习总书记视察山西重要讲话精神。厅党组始终把党的政治建设摆在首位,旗帜鲜明讲政治。十九大召开后,厅党组第一时间作出安排部署,按照"学懂弄通做实"的要求,组织全厅党员干部读原文、学原著、悟原理,厅领导带头先学一步、深学一层,深入基层讲授党课,邀请十九大代表进行宣讲,发放学习资料 300 册,全系统组织学习十九大报告近 50 场。

二是扎实推进"两学一做"学习教育常态化制度化和"三基"建设。组织开展"维护核心、见诸行动"主题教育,举办中心组理论学习 32 次,各级党组织书记"七一"讲党课 48 次,表彰 5 个先进基层党组织和 59 名先进党务工作者、优秀党员。全面加强"三基"建设,成立了科技类民办非企业行业党委及 6 个支部,选派 16 名党建指导员,实现了党的组织"全覆盖"。全年有 3 个单位和 2 名个人被表彰为全国科技管理系统先进集体和先进个人,4 个单位和 5 名个人获国家知识产权局表彰。

三是全面加强党的建设,认真落实全面从严治党"两个责任"。坚持党对一切工作的领导,全年共召开厅党组会议 45 次,出台了《关于深入学习贯彻党的十九大精神 加强厅党组领导核心建设 围绕"一切为了转型 一切服务转型"奋力开拓山西科技创新新境界的意见》,修订了《党组工作规则》。新出台了落实"八项规定 "的实施细则,制定完善了财务报销审批制度。高质量完成了省委专项巡视及整改工作,认真接受了全面政治体检,制定了"三清单",采取整改措施 89 项。

二、大力推进科技管理体制机制改革,全面激发科技创新动力活力

(一)优化创新驱动的顶层设计。起草并提交省委印发了《山西省关于贯彻落实 <国家创新驱动发展战略纲要> 的实施方案》,扎实推进十大创新行动;配合省人大制定了《山西省科技创新促进条例》,优化了我省科技创新的法治环境;出台了以增加知识价值为导向分配政策的 14 个配套落实文件;制定了《山西省促进科技成果转移转化行动方案》《山西省推进县域创新驱动发展的实施意见》《山西省全面推进知识产权强省建设行动方案》。

(二)加快科技体制机制改革步伐。起草提交由省政府办公厅印发了《山西省支持科技创新的若干政策》,推动科技管理由项目管理向要素管理、创新服务转变;改革科学技术奖励,增加了管理创新、颠覆性技术等奖项设置;深化科技计划管理改革,调整了省级科技计划和经费的投向,新兴产业领域项目和经费占比都超过 85%;修订出台《山西省科技重大专项管理办法》,将科技重大专项由煤基领域拓展至战略性新兴产业领域;深化科研经费管理制度、科技成果产权制度、收益分配制度等改革,进一步为高校、院所等科研单位"放权",为广大科研人员"松绑",极大地激发了科研单位和科研人员的创新动力活力;深化省属转制科研院所改革,按照"因院施策""一所一策"加快推进;推动创新型城市建设,科技部已完成太原国家创新型城市试点建设评估,正在积极推进长治建设国家创新型城市;初步完成了太原能源低碳发展论坛专业化、市场化改革,论坛社会团体完成注册登记,成功举办了 2017 资源型地区能源转型发展论坛。

(三)提升科技创新引领转型发展能力。一是围绕新兴产业抓创新突破,围绕产业链,安排创新链,配置供应链,保障要素链,制订政策链,取得了镁铝合金宽厚板、石墨烯超级电容、石墨烯电池关键技术等重大突破。T800 基本实现产业化,太钢集团二期工程即将投产。5MW 级海上风电机组并网发电。"超大规模微细粒复杂难选红磁混合铁矿技术开发及工业化应用"等 3 个项目获国家科学技术进步二等奖。在新一代信息技术、智能制造、生物医药、新能源汽车、节能环保、新材料等重点产业领域,投入经费 12980 万元,新实施 46 个重点项目。二是围绕传统产业抓创新提质,取得了煤制油、煤制高端化学品等重大技术突破。煤制烯烃已开展中试。600 度超超临界用钢、高铁、核电用钢等取得关键性技术突破。围绕能源革命,深化煤基科技重大专项,在煤炭清洁高效利用、煤层气、煤机装备等方面推进了一批重大和重点项目。三是围绕农业抓创新增效,在谷子杂交育种、特色农业绿色高效开发等方面取得一批关键技术突破。围绕"农谷"、有机旱作农业、功能食品等领域,投入 2300 万元,新实施 23 个重大和重点项目,支持现代农业发展壮大。四是大力支持开发区改革创新发展,面向省转型综改示范区,投入 1 亿元,重点支持区内战

略性新兴产业科技研发。大力推进长治国家级高新区扩区升级,推动运城盐湖经济技术开发区进入国家级高新区。

(四)推进科技创新生态环境不断优化。一是强化创新考核。推动《山西省区域经济转型升级考核评价暂行办法》加大科技创新考核力度,与创新驱动相关的指标分值权重达到22%~23%,对11个市开展督导调研,以考核倒逼转型、倒逼创新,考核引导创新驱动的风向标、指挥棒作用更加突出。二是大力推动创新创业。全国首档大型创业竞技电视栏目"异想天开"播出16期,举办"创享行"双创沙龙11场,作为16个试点省之一举办了第二届中国创新挑战赛,中国创新创业大赛再创佳绩。新增省级科技企业孵化器24家,国家级2家。新增省级众创空间83家,国家备案24家。三是加大知识产权的创造、保护和运用。全年发明专利申请量达到7379件以上,超过目标5.4%。万人发明专利拥有量达到3.1件,有效发明专利拥有量首破万件大关,我省5项专利获国家专利奖优秀奖。强化知识产权保护,全年查处侵权假冒等各类专利案件同比增长39.8%。四是强化科学普及和创新文化建设。组织了全国科技活动周、知识产权宣传周、世界知识产权日等形式多样的科普活动。

(五)强化企业技术创新主体地位。出台《山西省产业技术创新战略联盟管理办法(试行)》,新认定13家省级联盟。继续实施高新技术企业倍增计划,高企总数达到1117家,增幅19.3%。改革科技创新券管理办法,省市两级财政投入2200余万元,支持中小微企业科技创新。认真落实企业研发费用加计扣除等普惠性税收优惠政策,已有1100余家科技型中小企业开展网上评价,将以更大力度和更优惠政策精准支持企业发展。

(六)推进科技成果转移转化迈上新台阶。制定了《山西省国家科技成果转移转化示范区建设方案》,出台《山西省促进科技成果转化若干规定(试行)》,解决了成果权属、收益分配、法人责任等制约成果转化的政策难题。建设并上线运行山西省科技成果转化与知识产权线上线下交易平台,强化了成果供需双方对接。与省财政厅、综改示范区共同设立了规模10亿元的科技成果转化引导基金,科技成果转化的促进机制、转移路径更加顺畅。2017年全省技术交易合同总额达到262.55亿元,是2015年的2.5倍多。

(七)加强创新平台基地和创新人才队伍建设。加大与国内外一流研究机构的合作,为科研人才、团队、机构落户山西牵线搭桥,山西高等创新研究院落户综改示范区,中科院深圳先进技术研究院落户阳城,清华山西清洁能源研究院建设取得积极进展。围绕"1331工程"等重点工作,支持"千人计划""百人计划"等领军人才,牵头实施了一批国际合作项目。大力推动基于互联网的创新平台建设,建成与国家互联互通的科技资源开放共享网络管理服务平台,已纳入管理单位129家,入库20万元以上科研设施与仪器3089台(套),建成在线服务平台48家。建成与国家互联互通的科技报告系统,上线报告258份。新建省级以上重点实验室、工程技术研究中心17家。新建8个省级科技创新团队。新支持10个科技基础条件平台建设。

(八)加大科技精准扶贫力度。认真实施《2017年科技扶贫行动计划》,出台《深入推行科技特派员制度的实施意见》,实施科技特派员创新创业、科技扶贫培训和农村信息化服务三大工程。在国家备案的"星创天地"总数达到51家。投入2278万元,实施"三区"人才计划,选派1000名"三区"科技特派员,培训乡村致富带头人500名。布局一批科技扶贫产业引导示范项目,实现了58个贫困县全覆盖。扎实开展汾西县驻村帮扶和结对帮扶,为5个村选派第一书记和驻村帮扶队员10人。玉露香梨、双孢菇、黄粉虫、肉鸡等种养殖项目成为汾西"一村一品一主体"支柱产业,并走进中国杨凌农高会。2017年,5个村共145户510人脱贫,其中后加楼村实现整村脱贫。

三、加强法治、稳定和意识形态工作,全面营造良好环境

党政主要负责人切实履行推进法治建设第一责任人职责,出台了《贯彻落实〈法治政府建设实施纲要(2015—2020年)〉实施方案》《2017年法治建设工作要点》等。坚持依法行政,坚持民主集中制,坚持重大问题集体讨论决定。大力营造"六最"营商环境,重新梳理"三清单",取消4项行政审批事项。广泛开展"七五"普法,举办了12·4国家宪法日等系列普法活动和专题讲座。组织了"砥砺奋进的五年——山西省喜迎十九大科技成果展"。

(杨　静)

附:省科技厅党组书记、成员名单

书　记:张新伟(1月任职)

成　员:李秀林(12月离职)　李　敏　牛青山　张克军

省公安厅党委工作概况

党委书记　杨景海

2017年,全省公安机关在省委、省政府和公安部的正确领导下,认真学习贯彻党的十九大精神,深入贯彻落实习近平总书记系列重要讲话特别是"5.19"、"9.19"和视察山西时的重要讲话精神,以维护政治安全、反恐防暴、信访维稳、严打整治、缉枪治爆、消防安全、交通安全、队伍管理"1+8行动"为抓手,从严从实从细推进各项安保维稳工作,圆满

完成了党的十九大等各项安保任务,“零瑕疵”完成了习近平总书记和李克强、栗战书、王沪宁、赵乐际等中央领导同志视察山西重大安保警卫任务,确保了全省社会大局稳定,省公安厅荣获全国公安机关“迎接十九大忠诚保平安”主题活动先进单位。

一是坚持把学习宣传贯彻党的十九大精神作为首要政治任务,切实在学懂、弄通、做实上下工夫。省公安厅党委高度重视党的十九大精神学习宣传贯彻工作,多次召开党委理论中心组学习(扩大)会议进行集中学习,并在全警兴起了以“一个意见、三个方案、三项活动”为主要内容的学习宣传贯彻热潮。出台《关于深入学习宣传贯彻党的十九大精神的实施意见》。组织开展党员领导干部大宣讲、政治轮训和学习十九大精神研讨活动,省厅领导深入分管部门、基层单位和对口扶贫点带头宣讲党的十九大精神,各级公安机关和各警种、部门党组织通过支部党课、专题学习、党员干部自学等形式,组织广大党员民警集中学、深入学、持久学,进一步提升了学习质效。通过学习,全省公安机关和全体公安民警进一步增强了“四个意识”,增强了坚决捍卫习近平总书记在党中央、在全党的核心地位,坚决捍卫以习近平同志为核心的党中央权威和集中统一领导的自觉性和坚定性,确保始终在政治立场、政治方向、政治原则、政治道路上同以习近平同志为核心的党中央保持高度一致。

二是狠抓“平安山西”建设,全力维护社会稳定。积极推进人员密集场所、重点部位、人行通道设置硬隔离设施,出台加强二手车交易和汽车租赁行业管控的措施意见,提升全社会防控驾车冲撞暴恐事件的整体能力。突出加强公安分局、派出所、街面巡控力量等基层单位的应急处置演练,处置暴恐袭击案件能力进一步提升。以党政首脑机关、交通枢纽、人员密集场所和关系国计民生的水、电、气、热、油等重点目标及要害部位等为重点,对全省涉恐重点目标、要害部位落实反恐怖措施情况开展了两轮督导检查工作,共发现整改涉恐隐患问题 221 个,进一步提升了反恐防恐水平。2017 年,刑事案件发案数同比下降 17.4%,危害严重的八类案件同比下降 18.2%,命案破案率达 98.1%。打掉黑恶势力犯罪团伙 230 个,抓获犯罪嫌疑人 1483 人,破获各类刑事案件 1272 起。严厉打击电信诈骗犯罪,共破案 3745 起,抓获违法犯罪嫌疑人 338 人。抓获网上在逃人员 15559 名(其中命案逃犯 172 名)。全省共立各类经济犯罪案件 4071 起,破案 3638 起,抓获违法犯罪嫌疑人 2676 名,挽回和避免经济损失 5.8 亿余元。加大“五行币”重点传销专案侦破工作,共抓获 2 名一级对象。深入开展“猎狐 2017”专项行动,共缉捕和遣返境外逃犯 23 名,缉捕率达 60%。查处涉枪涉爆案件 571 起,抓获违法犯罪人员 653 人,连续破获多起跨省非法制造爆炸物品的重大案件,公安部先后 7 次来电表扬。深入开展易制爆危险化学品和寄递物流专项整治行动,依法处罚易制爆危险化学品从业单位 2.3 万家,收缴易制爆危险化学品 103 吨;排查寄递物流企业 2.4 万家,查处非法寄运案件 832 起。全省累计建设视频监控摄像机 224 万余台,运用视频监控图像信息直接破获刑事案件 3.9 万余起,直接查处治安案件 18 万余起。全省共发生火灾 4731 起,死亡 27 人,受伤 15 人,经济损失 5551 万元,火灾事故数和经济损失同比分别下降 23.9% 和 25%。全省共发生涉及人员伤亡的道路交通事故 4988 起,造成 2125 人死亡、4932 人受伤,造成经济损失 3683 万元,同比分别下降 1.98%、0.28%、6.54%和 7.34%,落实国家网络安全等级保护制度,组织开展“公安机关网络安全执法检查”,共检查重点单位 2734 家,重要信息系统和网站 2817 个,下达整改通知书 1106 份,暂时关停信息系统 72 个。加强网络安全监测预警和信息安全通报工作,有效控制了“永恒之蓝”病毒在我省的大面积传播。

三是坚持以打造过硬警队为根本保证,不断推进队伍建设。始终坚持民主集中制,严格落实“三重一大”事项集体讨论决定制度,确保了决策的科学化、程序化。制定出台《中共山西省公安厅委员会工作规则》和《山西省公安厅工作规则》,建立班子成员间 AB 岗机制,确保了班子整体效能的最大化。坚持从厅机关纪律作风抓起,制定出台《六条规定》,从严整治“灯下黑”问题;从转变干部队伍作风改起,加强干部责任考核和实绩考核,树立“干部用实绩说话、实绩为干部说话”的鲜明导向。紧抓市、县党政领导班子换届的机遇,全面部署,统筹推进,市、县公安机关主要领导“进班子”工作取得了突破性进展。全省 11 个市公安局局长中,兼任市政府副职的达到 9 人,占总数的 81.8%;全省 119 个行政区划县(市、区)公安局,兼任政府副职的有 104 个,占总数的 87.4%,其余 15 个正积极推动落实。目前,山西省市、县级公安机关主要领导“进班子”工作分别由全国后位迅速提升至第 20 名和第 14 名。推进公安英烈子女招录工作常态化,2017 年年初,厅政治部为 11 名新录用的英烈子女举行了隆重的入警仪式,在全省公安机关及广大公安民警中引起强烈反响,取得了良好的社会效果。在总结、归纳前期工作经验和做法基础上,研究制定长效机制,经与省人社厅、省公务员局沟通协商,起草了《山西省公安英烈子女招录暂行办法》,为公安烈士、因公牺牲和四级以上因公伤残的公安英模子女,通过特殊招录方式进入公安队伍提供了制度保障。

四是活跃公安宣传文化,展现新时期公安队伍良好形象。今年以来,全省公安宣传部门重点围绕“一个主题活动(“迎接十九大、忠诚保平安”主题活动)、一个总体行动方案(全省公安“迎接十九大、全警保平安”1+8 行动)、一个打击犯罪专项行动(三打击一整治)、一个重大表彰活动(全国公安系统英雄模范立功集体表彰大会)”,不断巩固发展现有宣传阵地,大力拓展与新媒体等平台合作空间,积极创新方式方法,完善公安新闻发布机制,扎实开展各类公安宣传工作,共召开 8 次新闻发布会,通过网络新闻发布平台发布新闻 52 次,发布新闻通稿 200 余篇。持续加大主题宣传策划力度,完善巩固随警宣传工作机制。围绕节点策划推出了“这一年,您在这里读懂了山西公安……”“迎接十九大 忠诚在警营”“全省公安‘迎接十九大·忠诚保平安’1+8 专项行动决战阶段誓师动员大会”等系列主题随警宣传活动。精心策划摄制了公安迎春主题片《就在你身边》,在中央政法委主办的"全国第二届平安中国微电影微视频大赛"中荣获"最佳微视频奖"。坚持舆论引导和舆情应对处置24小时值班工作制,积极建立和落实省、市、县三级公安舆情实时联动与上下协同工作机制,加强与人民网舆情中心、《山西日报》舆论监督部的密切沟通,寻求涉警舆情处置应对智库支持和媒体支持。加强日常舆情风险预判,形成警内警外、上级下级的多方面整体协同应对。及时发现、积极应对和处置了网上有关山西公安的涉警舆情80余起。根据公安部精神,组织全省公安机关开展学唱警歌活动,积极推荐我省公安机关十余部文艺作品参评第十三届"金盾文化工程",组织全省公安机关开展"到人民中去"文艺志愿服务主题活动和"送春联给民警、送春联进万家"活动,组织做好《警徽荣耀 -- 全国公安系统英雄模范立功集体报告文学集》采访编撰工作,指导协助忻州市公安局做好公安英模主题电影《古城片警》创作摄制工作,持续推进实施"警营书屋"等一批"文化惠警"工程。

五是加强党风廉政建设和反腐败工作,确保队伍干净、廉洁。省公安厅党委下发了《2017年度中共山西省公安厅党委党风廉政建设和反腐败工作实施意见》《中共山西省公安厅委员会2017年落实党风廉政建设工作任务主体责任清单》和《监督责任清单》,坚持把党风廉政建设与各项业务工作同研究同部署。召开全省公安机关党风廉政建设会议,部署全年党风廉政建设和反腐败工作任务。厅党委书记杨景海通过主持召开各市公安局及厅属各单位党组织书记述职述廉述法述党建评议考核工作会、党风廉政建设专题研究会,厅党委理论中心组学习会等,先后5次研究部署党风廉政建设和反腐败工作。厅党委委员、驻厅纪检组组长周培斌与11个市级公安机关和7个厅直属单位纪检部门"一把手"签订了全面从严治党监督责任书,进一步明确了责任主体、强化了责任担当。全年对全省11个市级公安机关、30个县级公安机关落实"两个责任"的情况进行了检查;先后对厅交管局、省警察学院等20个单位运用执纪监督"四种形态"的情况进行了检查。8月份组织召开了全省公安机关纪委书记座谈会,听取了各市公安机关监督执纪问责情况汇报。扎实推进省管干部评价工作,4月份与省公安厅、省公安厅交管局党委成员和在职省管干部、除党委成员外省管干部及其所在部门班子成员、内设机构负责人等共计126名同志分别进行谈话,逐人形成谈话记录并留档备查。5月份召开了省公安厅省管干部民主测评工作会议,对省公安厅的23名省管干部"逐人画像",形成了评价材料。10月份健全完善了省公安厅机关所属的43个处级以上单位的398名处级以上干部的廉政档案,进一步摸清了改革后派驻纪检监察组监督对象底数情况,为今后加强对党员干部的廉政监督管理打下了坚实基础。国庆、中秋期间,采取明察暗访、专项检查、随机抽查等形式,对全省各级公安机关公车使用管理、公务接待、办公场所、廉政教育、监督问责等方面的情况进行了专项检查。没有发生和发现涉及枪酒车、公款吃喝宴请、大操大办喜庆事宜、违规出入私人会所等违反中央八项规定精神以及违反廉洁纪律的问题。

各级公安纪检监察部门坚持防微杜渐、抓早抓小,主动转变执纪理念和方式,通过"四种形态"的有效运用,最大程度地厚植党的执政基础。全年共谈话函询了结320人次、"面对面"初步核实了结581人次。纪律审查后提醒谈话、警示谈话、批评教育、纠正或责令停止违纪行为、责成退出违纪所得、限期整改、责令作出口头或书面检查、召开民主生活会批评帮助、责令公开道歉检讨、通报批评、诫勉谈话、其他批评教育措施等组织措施共计915人次。给予党纪轻处分、组织处理246人次。给予党纪重处分、降职等其他重大职务调整类处理49人次。经立案审查后移送司法机关和司法机关判处刑罚后移送纪检监察机关作出开除党籍、开除公职处分22人次。

全年全省各级公安机关纪检监察部门共处置问题线索2143件,立案审查246人、处分270人。其中查处违反政治纪律问题2件2人,公安机关内部人员泄露公民个人信息从中谋利问题12件22人,群众身边的不正之风和腐败问题件5件8人,违反中央八项规定精神问题17件22人。严肃查处了省警察学院私设"小金库"问题,建议相关单位按照干部管理权限予以处理9人。在闻喜县公安局"6.03"盗掘古墓葬专案中,涉案的民警、职工10人,辅警4人全部被采取刑事措施。

六是运用多种载体,深化精神文明创建活动。召开精神文明创建动员大会,对2017-2018年度创建工作进行部署,与各单位签订《精神文明创建工作目标责任书》,推动创建工作责任到位、措施到位、落实到位。先后组织开展了春节、元宵节游艺活动、女民警迎"三八"拓展训练活动、以"雷锋精神薪火传、警民携手创平安"为主题的志愿服务进社区活动、以"强健体魄·凝聚警心"为主题的登山健身活动、观看弘扬主旋律和正能量的话剧、电影等一系列寓教于乐、丰富多彩的文明创建活动,增强了广大民警职工的团队意识和归属感,提高了民警职工的思想觉悟、道德水准和文明素养。发挥群团组织作用,以开展省直机关鹊桥联谊活动、劳模休养、困难职工帮扶、金秋助学等具体工作为载体,积极为厅直各级党组织和广大党员办实事、做好事、解难事,受到了机关党员干部的欢迎。

七是发挥组织优势,助力精准脱贫攻坚。实施基层党建与脱贫攻坚"双推进",在厅驻村帮扶工作队中组建了临时党支部,进一步发挥党的政治优势和组织优势。制定《厅机关结对帮扶工作实施方案》《管理制度》《工作规划》等,建立了"厅党委牵头抓总、机关党委协调落实、工作队驻村帮扶、厅属各单位结对帮扶"的自上而下四级责任机制,确保扶贫工作有效有序开展。积极协调省直工委,申请下拨45万元清缴党费,为9个贫困村每村拨付5万元,用于村党支部规范化建设。在警保部的大力支持下,将报废的旧式警服和全厅民警职工捐赠的过冬衣物运往扶贫点,开设"爱心超市",免费为百姓发放。积极协调省交通厅、农业厅、水利厅等相关职能部门,申请专项扶贫资金,开展基建和产业脱贫工程,开辟了毛建茶人工种植试验田,打了1口594米深的水井,新建了2个村的蓄水池和人畜饮水工程等,下真功、真扶贫,凝心聚力做好精准扶贫工作。

(王瑞成)

附:省公安厅党委书记、副书记、委员名单

书　记:刘　杰(2月离职)　杨景海(2月任职)

副书记:汪　凡

委　员:周培斌　边智慧(1月离职)　李喜春
张立刚　段绪忠(9月离职)
安占功(9月离职)　贾继武(1月离职)
戎劲光(11月任职)　杨通顺(11月任职)
赵永胜(11月任职)　李　柏
郭齐鸣(5月离职)　郭丙福(11月任职)
陈立峰(11月任职)

省民政厅党组工作概况

党组书记　薛维栋

2017年,在省委、省政府的正确领导下,民政厅党组团结带领全省民政系统广大干部职工,以习近平新时代中国特色社会主义思想为统领,深入贯彻落实党的十九大精神和习近平总书记视察山西重要讲话精神,按照省委“一个指引、两手硬”的重大思路和要求,忠实践行“民政爱民、民政为民”的工作理念,开拓创新,锐意进取,全面推动工作落实,年度各项目标任务圆满完成,民政工作取得新进步,民政队伍呈现新气象,民政事业实现新发展。

一、深入学习贯彻党的十九大精神和习近平总书记视察山西重要讲话精神,自觉用习近平新时代中国特色社会主义思想武装头脑、指导实践、推动工作

厅党组把学习贯彻落实党的十九大精神、习近平总书记视察山西重要讲话精神作为首要政治任务,坚持党组带头、领导干部带头,带动广大党员干部读原著、学原文、悟原理。党组一班人将个人自学、集体学习、专题讨论相结合,深刻领会习近平总书记对山西工作提出的总体要求和五项重大任务,深刻领会十九大精神和习近平新时代中国特色社会主义思想。全面贯彻十九大有关民生民政工作的新部署新要求,认真研究新时代民政工作的定位、特点和规律,提出具体工作措施,推动民政事业持续健康发展。党组书记、厅长薛维栋同志以“紧跟核心走,脚踏实地干”和“维护核心、履职尽责”为题为厅机关全体公务员和直属单位班子上了两次党课。各党组织书记全年讲授党课普遍在两次以上,各支部通过召开党委(支部)会、干部职工会、专题学习会、“三会一课”等方式,扎实开展学习宣传工作。结合大调研和扶贫工作,处级以上领导干部深入基层开展宣讲,推动十九大精神进农村、进基层、进社区。在门户网站上开设专栏,推出系列报道;开展了“志存高远、脚踏实地”学习十九大精神主题演讲活动;依托信息平台推送十九大报告内容,制作了“图说十九大”展板;将学习宣传贯彻党的十九大精神和习近平总书记视察山西讲话精神纳入机关党建述职评议考核的重要内容,督促学习宣传贯彻落地见效。通过多层面、多渠道、全维度持续深入的学习宣传,推动十九大精神和习近平总书记视察山西重要讲话精神在广大党员干部心中生根发芽、开花结果,进一步提高党员干部政治站位,牢固树立“四个意识”,坚定“四个自信”,切实增强拥戴核心、维护核心、捍卫核心的思想自觉、政治自觉和行动自觉。

二、认真贯彻落实党中央、国务院和省委、省政府决策部署,年度各项工作任务全面完成

厅党组认真贯彻落实党中央、国务院和省委、省政府关于民生民政工作的部署要求,以脱贫攻坚行动为重点,以重大改革事项为牵引,以目标责任任务为统揽,细化分解任务,强化督促检查,全力推动各项任务落实,民政工作取得丰硕成果。

(一)防灾减灾救灾体制机制改革深入推进,自然灾害救助扎实有效。落实党中央国务院关于防灾减灾救灾体制机制改革的重大部署,出台《关于推进防灾减灾救灾体制机制改革的实施意见》,提出了一系列新战略、新举措。制定了《山西省综合防灾减灾规划(2016–2020年)》,调整充实了省减灾委成员单位。制定了省级救灾应急工作规程,指导5个市修订了救灾应急预案,在10个市、70多个县开展了精准化救灾。针对干旱、洪涝、风雹等自然灾害,及时启动省级三级、四级救灾应急响应,报请启动了国家四级救灾应急响应,争取中央救灾资金2.9亿元,全年下拨救灾资金3.3亿元,351万受灾群众基本生活得到有效保障。全面完成因灾倒塌、严重损坏住房重建修复工作,重建1.34万间、修复6.28万间。省级救灾物资储备库开工建设,筹措资金650万元支持6个县级救灾物资储备库。创建全国综合减灾示范社区26个、省综合减灾示范社区182个,开展了防灾减灾宣传教育活动,举办了省、市、县救灾业务培训,夯实了城乡防灾减灾基础。部署开展了冬春生活救助工作,确保受灾群众安全过冬、温暖过节。

(二)农村低保、特殊群体关爱两项扶贫行动落实到位,

困难群众生活水平进一步提高。扎实推进脱贫攻坚行动,制定印发《山西省农村最低生活保障制度和扶贫开发政策有效衔接实施方案的通知》《关于进一步加强农村最低生活保障制度与扶贫开发政策有效衔接的通知》,进一步强化了两制度衔接的制度保障和工作机制。制定年度农村低保扶贫行动计划,明确“年内全省80%以上的县(市、区)农村低保标准达到或超过国家扶贫标准”的目标。从1月1日起,全省统一提高城乡低保保障标准每人每月至少20元。到年底,全省城市、农村低保平均保障标准分别达到每人每月466元/人/月、304元(3646元/人/年),比上年底提高27元、34元,114个涉农县(市、区)农村低保标准全部超过3200元的扶贫标准指导线,超额完成目标任务。11个市均出台特困人员救助供养实施办法。牵头开展了农村留守儿童“合力监护、相伴成长”专项行动,对农村留守儿童监护、户籍登记、复学等工作落实比例分别达到了100%、97.9%和97.6%,均超过了民政部要求的90%。

(三)福利事业全面推进,养老服务成效显著。《关于全面放开养老服务市场提升养老服务质量的若干意见》《山西省“十三五”养老服务业发展规划》和《关于加快发展康复辅助器具产业的实施意见》等政策文件的出台,为养老服务等福利事业发展营造了良好环境。列入省政府民生实事之一的新建600个农村老年人日间照料中心任务圆满完成,共下拨建设资金3600万元。开展了养老院服务质量大检查、大整治活动,养老院服务水平明显提升。城乡低保家庭中的高龄老人高龄补贴和失能老人护理补贴、困难残疾人生活补贴全部落实到位,共发放1.92亿元,36.5万人受益。积极引导社会力量参与慈善事业,全省共有225个企事业单位、社会组织开展公益慈善活动,有50余个社会组织或企业开展农村老年人日间照料中心帮扶活动。

(四)全省新一届村(居)委会换届工作进展顺利,城乡社区治理创新发展。为指导做好第十一届村委会换届和第六届社区换届工作,报请省委、省政府下发实施方案和通知,创新提出“六不能、六不宜”候选人条件负面清单。下发严肃村“两委”换届选举纪律的通知,严肃选风选纪。全省27350个应换届村、2576个应换届社区,换届率分别达到99.97%和96.9%,同比上届稳中有进。我省创建的全国社区治理和服务创新实验区通过民政部评估,认真总结创新经验,制定出台深入推进“三社联动”加强社区治理和服务创新的意见;在全国率先下发加强完善城乡社区治理和加强乡镇政府服务能力建设两个政策文件,全国社区建设部际联席会议刊发各省学习;完成社区综合服务设施项目51个,下拨福彩金3144万元,新增社区服务场所42000多平米;3个乡镇、村通过民政部评审,确定为全国农村社区示范单位。

(五)双拥优抚安置政策全面落实,支持国防和军队建设更加有力。为41599名困难退役士兵发放救助金8484万元;对登记在册的80多万人发放光荣烈属、光荣军属、光荣之家牌匾。完成本年度符合条件的796名退役士兵的安置任务,6129名自主就业退役士兵进行了教育培训,接收安置军休人员148名。再次提高优抚对象抚恤和生活补助标准及一至四级伤残人员护理费标准,全年下拨优抚资金11亿元,保障重点优抚对象18.3万人。广泛开展形式多样的双拥宣传教育活动,着力营造军爱民、民拥军的氛围。认真组织召开军地协调会议,较好解决了军地热点难点问题。

(六)社会组织管理制度进一步完善,管理服务和党建工作全面加强。加强对全省社会组织发展与改革的综合性顶层设计,出台了《关于改革社会组织管理制度促进社会组织健康有序发展的实施意见》,进一步激发了社会组织活力。全省性行业协会商会脱钩试点工作圆满完成,已脱钩的行业协会商会达到120家。加快建立社会组织信用体系,完成社会组织法人库建设立项申报工作。依法办理社会组织审批事项135件,完成年检940件。社会组织党建工作全面加强,社会组织党组织覆盖率达到62%,党的工作覆盖率达到68.5%,分别比上年提高24%和3.5%。

(七)行政区划调整工作取得突破,地名普查工作任务全面完成。积极争取将行政区划调整列入国发42号文件,一方面加强对调整市县文件申报、附件资料准备等基础工作的指导,另一方面赴相关市县实地调研、座谈论证、征求意见。薛维栋厅长6次赴民政部汇报沟通对接,争取政策支持,9次向省委省政府进行专题汇报,推动工作。完成了上报国务院的省政府驻地变更、大同市、长治市部分行政区划调整、怀仁县撤县设市的审理、上报工作,实现了我省县级以上行政区划调整近13年来的重大突破。报请省政府审议通过了阳高县马家皂乡区划调整事项。印发了《实施撤并行政村试点的指导意见》,全省19个试点县撤并行政村350个。全面完成全国地名普查各项任务,普查成果质量得到全面提升,受到国务院地名普查办表扬。

(八)农村留守儿童关爱保护力度不断加大,社会事务有序推进。牵头开展了农村留守儿童关爱保护专项行动,会同公安、教育等部门为留守儿童落实监护责任8260人、登记户口1007人、返校复学415人。出台《关于加强困境儿童保障工作的实施意见》。全年共救助流浪乞讨人员4.78万人次,为940名长期滞留人员全部发布了寻亲公告,采集了DNA信息。积极推进殡葬改革和节地生态安葬,加强殡葬基础设施建设,圆满完成清明节安全文明祭扫服务保障工作。

三、坚决扛起主体责任,深入推进全面从严治党,党的建设、干部队伍建设、法治建设等工作进一步加强

(一)强化对党建工作的领导。认真贯彻落实党建工作责任制,多次组织召开厅党组会议对党建工作进行了研究部署,制定了党建工作要点,修订了《厅党组工作规则》。认真召开领导班子民主生活会,严肃开展了批评与自我批评。强化机关党建述职评议考核,将考核结果作为“创先争优”评比和干部选拔任用的重要依据。制定了厅直属机关党委书记抓基层党建问题清单、任务清单、责任清单,推动党建工作责任落到实处。

(二)狠抓党风廉政建设。召开党风廉政建设工作部署

会，对全面从严治党、落实八项规定等工作进行安排部署。印发了《落实两个责任实施“六定”制度的通知》，加强对干部的警示教育，举一反三，汲取教训，强化反腐倡廉的紧迫感。制定了《贯彻落实中央八项规定实施细则》。习近平总书记对进一步纠正“四风”加强作风建设的重要批示印发后，及时召开党组会议和全厅党员干部大会传达学习，对照“四风”十种表现认真查摆存在的突出问题，深入剖析原因，坚决整改落实。紧盯“四风”易发多发时段，及时对党员干部发信号、打招呼、提要求，不断释放持之以恒纠正“四风”的强烈信号，强化党员干部纪律规矩意识。

（三）深入推进思想政治建设。扎实开展维护核心、见诸行动主题教育，推动“两学一做”学习教育常态化制度化，通过党章党规知识竞赛、主题党日、学习交流会、党组织书记讲党课等10项具体活动，把主题教育的要求切实落到实处。制定了加强厅机关党员干部学习教育的措施，强化中心组在学习中的示范引领作用，全年中心组集中学习27次。由薛维栋厅长主持创立的“75后民政青年读书会”已连续开展了五年，集体学习和讨论达40多次，采取领导授课、交流心得体会、演讲等多种形式，结合平时小组集体学和个人自学，有效激发了青年干部学理论、学业务、多读书的兴趣和热情。机关和厅直单位191人分两期在北京大学参加了“十九大精神学习暨综合能力提升专题研修班”。组织机关干部进行“山西干部在线学院”网上学习；

（四）加强干部队伍和人才队伍建设。坚持党管干部原则，严格执行“好干部”标准，提任处级干部15名、交流处级干部3名，进一步选优配强了干部队伍。印发了《机关离退休干部服务管理办法》，进一步做好老干部服务管理工作，老干部“两个待遇”全面落实。认真实施社会工作服务“三区”计划，选派受援县社会工作人员参加了民政部培训，进驻受援县开展工作。继续实施社会工作者职业水平考试，取得资格证书的社会工作者达到3715人，初步建立了一支社会工作专业人才队伍。

（五）稳步推进“三基建设”。成立“三基建设”领导小组，制定工作方案，明确了9个方面重点任务、43项具体任务。制定了基础工作达标实施方案、民政系统干部职工和相关从业人员通用能力标准和专业能力标准，编制了基础工作目录、工作流程图、应知应会手册等相关基础资料。严格党内组织生活制度，规范基层党组织“三会一课”、组织生活、谈心谈话、党员活动、党性分析、民主评议等党内政治活动基本程序。精神文明创建工作再上新台阶，有16个单位被评为文明单位。机关各处室和各直属事业单位积极履职尽责，业务工作和自身建设都取得新成效。

（六）积极推进效能建设。厅党组高度重视，分管副厅长牵头协调“效能建设八项制度”推进落实，各分管厅领导负责分管处室和单位的具体工作。机关和直属单位146名干部签订了落实“效能建设八项制度”承诺书，落实了AB岗责任，建立完善了限时办结制、首问负责制、服务承诺制、一次性告知制等制度。制定了《行政审批业务窗口受理限时办结制度》，全年受理各类审批事项1390件，全部办结。办公自动化系统上线运行。严格落实13710制度，督办事项全部及时办结。为群众排忧解难，答复网上咨询140条、网上信访353条。机关工作作风、服务质量和工作效率得到了明确提高。

（七）扎实做好省委专项巡视整改工作。积极配合省委巡视组专项巡视，坚决扛起巡视整改的主体责任，成立由厅党组书记、厅长任组长的专项巡视整改工作领导小组，统筹部署和推动整改工作实施。全厅上下主动直面问题、主动认领问题、主动解决问题，特别是针对巡视整改反馈意见，实行“挂图作战”、“倒排工期”，一个问题一个问题改，不折不扣完成整改任务，完成巡视整改阶段性目标，特别是完成了福利大厦外租的回收工作及彩票销售综合楼的移交工作，历史遗留问题得到妥善处理。

（八）大力提高民政法治建设水平。厅党组高度重视法治工作，将法治工作与业务工作同安排、同检查、同考核、同落实，召开全省民政法治工作会议，制定法治民政建设实施方案，印发法治工作要点，对民政法治建设作出周密安排。党组书记、厅长直接分管法治工作，对法治建设重要工作亲自部署、重大问题亲自过问、重要环节亲自协调、重要任务亲自督办。制定了党政主要负责人履行推进法治建设第一责任人职责规定实施细则。通过法治报告会、法律知识考试、现场宣传等多种形式，深入开展法治宣传教育。大力推进民政法规制度建设，健全完善了行政处罚决定法制审核、行政执法人员持证上岗和资格管理、法律顾问和公职律师等制度。

（九）不断加强安全稳定和意识形态工作。积极开展“民政服务机构安全管理月”活动和民政系统安全管理大检查工作，全年未发生安全管理责任事故。认真做好信访工作，受到省综治委的表彰。认真履行意识形态工作责任制，成立了领导机构，对社会关注的民生保障热点、焦点问题和相关网络舆情定期分析研判，坚持正确的政治方向、舆论导向、价值取向，充分发挥门户网站等新媒体的作用，及时回应关切，精准引导预期。

（李春伟）

附：省民政厅党组书记、成员名单

书　记：薛维栋

成　员：王卫东（女）　李太平（6月离职）
张　瑞（女，7月任职）　高玉厚　尹也刚
吴建强

省司法厅党委工作概况

党委书记　薛永辉

2017年，在省委、省政府的坚强领导下，山西省司法厅党委紧紧围绕年初确定的“抓住‘三个关键’、办好‘六件大事’、狠抓工作落实”工作思路和部署，团结带领全系统广大干警职工，不忘初心、开拓进取，推动全省司法行政改革发展各项工作取得了新的成效。

一、认真学习宣传贯彻党的十九大精神，加强党对司法行政工作的全面领导，在学懂弄通做实上下功夫

一是全面安排部署。按照省委十一届五次全会精神，厅党委及时研究制定实施方案并召开了全系统学习贯彻党的十九大精神专题报告会。二是党委带头示范。厅党委中心组先后三次围绕党的十九大精神开展集中学习研讨，党委班子成员带头在所在支部讲党课，并结合省委大调研工作，广泛深入到基层单位开展宣讲活动。三是掀起学习热潮。广泛通过主题党日、知识测试等形式开展十九大精神学习宣传活动，分别邀请党的十九大代表、省委党校教授作专题辅导，举办了三期厅直属系统学习贯彻党的十九大精神专题研讨班。

二、全面贯彻落实习总书记视察山西重要讲话精神，发挥司法行政职能作用，在服务经济社会发展上做文章

(一)全力服务保障经济转型发展。研究出台《关于充分发挥司法行政职能作用 服务全省进一步深化改革 促进资源型经济转型发展的实施方案》，全省共组建31支法律服务团队，担任山西省转型综合改革示范区等15家开发区管委会以及96家进驻开发区大型企业的法律顾问，为企业提供法律意见建议、决策咨询800余次，帮助企业挽回经济损失1.9亿元，服务重点工程项目建设、企业兼并重组、招商引资、科技创新1044件。

(二)扎实做好服务“三农”工作。努力解决困难群众“打官司难”的问题，2017年全省法律援助机构共接待群众来访2.6万人次，接听群众来电3.9万个，办理各类法律援助案件2.3万件。高度重视做好农民工法律援助站公益服务，全年共办理农民工法律援助案件289件，涉及515人，帮助讨回工资1443万元。扎实开展矛盾纠纷排查调处和安全隐患排查工作，全年共排查纠纷5.5万次，预防纠纷2.5万件，调解纠纷1.8万件，调解成功率达96.2%。

(三)法治保障脱贫攻坚。组织开展了“法律公益扶贫活动”，联合省扶贫办组建法律公益扶贫律师团，选派50名优秀律师，对接省委、省政府确定的10个深度贫困县，为重大涉贫决策项目提供法律咨询、论证。组织开展了“聚焦深度贫困‘1+1’法律援助志愿者行动”，首批志愿者分赴10个深度贫困县开展相关法律服务活动。组织编写了《精准扶贫脱贫法律与政策指南》，免费发放到全省所有贫困县。

(四)积极服务生态文明建设。加大生态环保领域普法宣传力度，组织引导全省法律服务队伍积极开展涉环境类诉讼、公证、司法鉴定、人民调解等工作。与省环保厅联合在全国率先建立环境损害司法鉴定机构登记评审专家库，出台专家库管理细则、登记评审细则。以监狱煤矿为重点，全省监狱戒毒单位全部按照环保督察要求，完成整改任务。

(五)推动全面从严治党向纵深发展。扎实开展“维护核心、见诸行动”主题教育，不断推进“两学一做”学习教育常态化制度化，广大党员干部“四个意识”进一步增强。全力做好省委专项巡视整改工作，厅党委班子成员主动放弃国庆假期和双休日，3次召开厅党委反思剖析会，班子成员带头查摆问题、认领责任，10次召开厅党委会研究巡视整改工作，通过建立“挂图作战”“对账销号”工作机制，确保按时高质量完成了巡视整改任务。建立了厅党委政治督察制度，完成了首轮对两个基层监所单位的政治督察工作并达到预期效果，得到了驻司法部纪检组和省纪委主要领导的充分肯定。落实党委意识形态工作责任制要求，重点加强对监所单位、厅属院校、律师队伍、网络舆情四个方面的意识形态工作，确保了全系统意识形态领域的安全。

三、坚决贯彻执行省委、省政府、司法部决策部署，狠抓司法行政改革工作，在抓落实见实效上敢担当

(一)在普法依法治理方面，恢复成立了以楼阳生省长为组长的省普法依法治理领导小组。组织全省316189名国家工作人员参加了无纸化学法用法考试。组建了山西省普法讲师团。以省“两办”名义出台《关于在全省推行法律顾问制度和公职律师公司律师制度的实施意见》，推动省、市、县三级党委、政府实现了法律顾问100%全覆盖。翼城县创新开展农村普法工作的经验，在央视《法治中国》政论专题片中予以介绍。圆满完成最后一次国家司法考试组织工作，再次实现了考务管理“五零”目标，得到司法部充分肯定。

(二)在律师工作方面，以省“两办”名义出台《关于深化律师制度改革的实施意见》。会同省法、检、公、安联合制定《山西省保障律师执业权利实施细则》。在全国第二家成立“维护律师执业权利中心”和“投诉受理查处中心”。召开了全省首次律师工作联席会议。实现向省高院、检察院、公安厅派

驻信访接待律师"全覆盖",共组织1100名律师参与涉法涉诉信访接待工作,接待信访群众2500多人次,息访息诉100余件。

(三)在公证工作方面,在全国率先完成行政体制公证机构转为事业体制的任务,进入"全国第一方阵",得到司法部充分肯定。积极稳妥推进合作制公证机构试点工作,批准成立山西省首批3家合伙制公证处。在全国首家与国土部门联合下发《在不动产登记工作中运用公证法律服务有关问题的通知》。推动全省84个执业区域整合为11个。

(四)在司法鉴定工作方面,2017年司法部通报的24件司法鉴定行政处罚和行业处分中,山西省主动上报15件,受到司法部充分肯定。山西省上报的司法鉴定案例入选司法部《案例选编》,成为全国入选的两个省份之一。环境损害司法鉴定工作、司法鉴定收费办法和收费标准制定工作、司法鉴定执业分类工作、投诉处理工作走在了全国前列。

(五)在基层司法行政工作方面,完成省、市、县三级人民监督员选任工作,选任人民监督员742名,全面建立起奖惩、考评等八项工作制度。进一步发挥人民调解在矛盾纠纷多元化解中的作用,各级人民调解组织接受法院、公安、信访等部门委托调解纠纷2832件。大力发展基层法律服务工作者队伍,2017年核准新申请执业人员同比增长18.7%。

(六)在社区矫正工作方面,积极推广"七人一中心"社区矫正工作模式,推动全省119个县级社区矫正中心实现100%全覆盖。探索建立了监狱戒毒民警参与社区矫正工作机制,在阳泉、晋城、介休三地正式开展试点。坚持"重点对象"严密掌控,"重要节点"加密排查,"重点检查"督促整改,全省社区服刑人员重新犯罪率仅为0.075%,低于全国2%的平均水平,被评为"全省社会治安综合治理先进集体"。

(七)在法律援助工作方面,9月27日骆惠宁书记到省法律援助便民服务大厅视察调研。在全省111个看守所、131个法院设立法律援助工作站,实现100%全覆盖。积极协调财政厅,将县级以上法律援助经费纳入同级财政预算。成立了山西省法律援助基金会,与便民服务大厅、"12348"热线和远程视频服务系统共同构成法律援助的"山西模式",先后有20余个省市到山西省考察学习。

(八)在公共法律服务体系建设方面,继续深化"一村(社区)一法律顾问"工作,在全省大力开展法律顾问市、县、乡、村"四级"微信圈建设。积极推进公共法律服务实体平台建设,建成市、县、乡三级公共法律服务中心(站点)548个。落实司法部司法行政(法律服务)案例库建设要求,按时完成案例评审上报工作。

(九)在监狱戒毒工作方面,顺利实现全省监狱、戒毒系统第11个"四无""六无"年工作目标,达到历史最好水平。圆满完成"一带一路"国际高峰论坛、党的十九大等重要时间节点安保维稳任务。监狱布局调整和监狱煤矿退犯退矿工作取得实质性进展,省长办公会进行专题研究,成立了以高建民常务副省长为组长的领导小组,经过反复研究论证,具体实施方案呈报省政府。积极落实治本安全观要求,制定了建设模范监狱试点工作方案,全面推开试点工作。顺利完成永济监狱整体搬迁、阳泉一监集中调犯、职务犯集中调动工作。司法行政戒毒工作以"三基三大三转三提升"为重点,进一步发挥教育戒治职能,狠抓戒毒执法规范化建设,4次承办全国性工作会议,形成了"四位一体、两个延伸"社会化大戒毒工作格局,所内戒断率继续居于全国前列。

(十)在行政审批工作方面,严格按照"两集中、两到位"要求,实现了省厅行政审批服务事项全部进驻省政务服务中心,按期办结率始终保持在100%,被省政务服务中心评价为样板示范单位,法律服务机构统一代码工作受到司法部通报表扬。

四、认真落实"三基建设"要求,大力加强司法行政队伍建设,全力做好法治稳定工作

(一)扎实推进"三基建设"。以开展"支部建设年"活动为载体,编印了《党支部规范化建设工作手册》,建立了支部日常工作"六统一"制度,监狱局机关被国家质检总局确定为党建工作标准化建设示范点。全面完成司法行政基础工作目录、运行流程图、管理手册、应知应会手册和便民服务手册编制工作。制定了《全省司法行政系统干警和相关从业人员通用能力标准和专业能力标准》,全年共举办各类培训班50类75期,共培训各类人员12262人次。

(二)打造过硬司法行政队伍。制定出台了厅党委"激励干部担当作为干事创业"和"支持干部改革创新合理容错"两个实施意见。严格规范干部选拔任用工作,全年共提拔交流调整厅管处级干部98人,实现了党委选人用人意图与群众认可度的有机统一。以李培斌同志为原型的电影《李司法的冬暖夏凉》、话剧《热泉》在北京展演。大力选树培养"李培斌式"先进典型,中央媒体采访团来晋对张广军同志的先进事迹进行了全面采访报道。监狱戒毒干警援疆工作得到司法部充分肯定。

(三)强化法治建设和综治维稳工作。全面落实法治建设年度工作任务,以推进全系统执法司法规范化建设为重点,建立了行政执法公示制度、全过程记录制度、重大执法决定法制审核制度。在全省广泛开展了规范化基层司法所、人民调解工作室、法律援助机构达标创建活动,在监狱、戒毒、社区矫正领域部署开展了"执法司法规范化建设年"活动,受到了省委政法委通报表扬。率先完成厅机关法律顾问、公职律师聘任工作。积极参与"平安山西"建设,受到了省综治办考核组的充分肯定。

(张　霏)

附:省司法厅党委书记、委员名单

书　记:薛永辉

委　员:王化清(12月离职)　句轶旺　翟新山　吴　刚(2月任职)　王　伟　白　震

省财政厅党组工作概况

党组书记 武 涛

2017年，在省委、省政府的坚强领导下，省财政厅党组以习近平新时代中国特色社会主义思想为指导，认真贯彻落实党的十九大精神和习近平总书记视察山西重要讲话精神，全面落实省委十一届二次全会暨经济工作会议和省委十一届三次、四次、五次全会部署，着力加强组织收入管理，加大财政支出优化整合力度，深入推进财税体制改革，积极防范化解财政风险，努力确保了财政预算的平稳运行。与此同时，扎实开展"两学一做"学习教育常态化制度化、维护核心见诸行动主题教育，全厅党的建设水平进一步提升，财政法治建设、干部队伍建设等各方面工作进展明显。一年来，广大财政干部凝心聚力、埋头苦干，共同营造了风清气正、干事创业的良好环境，省考核办下达省财政厅的10项业务指标全部较好完成，16项共性指标全面予以落实。

一、坚持举旗定向，深入学习贯彻党的十九大精神和习近平总书记视察山西重要讲话精神

2017年，省财政厅党组把学习贯彻党的十九大精神和习总书记重要讲话精神作为首要政治任务，通过大力开展"两学一做"学习教育常态化制度化、维护核心见诸行动主题教育，引领全厅党员干部切实以习近平新时代中国特色社会主义思想武装头脑、指导实践、推动工作。一是坚持自上而下、掀起学习热潮。厅党组书记亲自组织研究审定学习贯彻实施方案及学习计划，组织召开全厅干部大会进行动员部署，引导全厅干部职工找准职能定位，在学习贯彻中自觉树立"政治站位更高、标准要求更严、行动更加自觉"的争先标杆，真正发挥走在前、作表率的重要作用。全厅各党总支、党支部按照中央和省委要求，组织广大党员干部认真研读党的十九大报告和党章，学习习总书记视察山西重要讲话精神，坚持读原著、学原文、悟原理，在学懂弄通做实上下功夫，引导党员干部进一步坚定理想信念、提高政治觉悟、积极改进工作，迅速掀起全厅学习贯彻的持续热潮。二是细化学习措施，确保取得实效。按照"整体把握、全面系统，突出重点、抓住关键"的总体原则，充分利用"三会一课"平台，通过微党课、主题党日、观看《总书记在山西》专题片、召开全厅学用习总书记视察山西重要讲话精神交流会、开展党员干部基本能力竞赛、组织参加"两学一做"学习教育知识竞答等活动，引导广大党员干部深刻领会党的十九大主题，深刻领会新时代中国共产党的历史使命，深刻领会习总书记对山西工作的总体要求，确保在融会贯通、学思践悟上下足功夫、取得实效。三是密切联系实际，坚持学以致用。紧密着眼省委省政府重大战略部署谋划安排各项财政工作，组织全厅130余名处级以上领导干部对50多个课题展开调研，研究提出了财政体制改革、人才支持政策、旅游业发展大项目、加强地方金融企业监管、支持国企及事业单位改革、支持山西农谷建设等一系列政策意见建议，切实将学用成果体现到财政政策制定、资金安排、加强管理和改善服务的各个方面，为支持促进省委、省政府重大战略实施贡献了财政智慧。

二、坚持苦干实干，为全省经济社会健康发展提供有力支撑

2017年，在省委、省政府的坚强领导下，全省财政系统积极应对经济下行压力，加力实施积极有效的财政政策，全力支持创新驱动和转型升级，倾力保障脱贫攻坚和民生改善，财政收支运行稳步向好。2017年全省一般公共预算收入完成1867亿元，同比增长20%，超额完成省考核办下达的1557亿元的收入指标任务，为全省经济社会健康发展提供了有力支撑。

(一)加力实施积极有效的财政政策

稳步推进营改增试点改革，继续暂免征收部分小微企业增值税，扩大小型微利企业减半征收企业所得税优惠政策实施范围。全面落实中央和山西省普遍性降费各项政策措施，取消、停征或降低3项政府性基金、48项行政事业性收费和7项政府定价的经营服务性收费。大力争取中央支持，财政部下达山西省财力性补助510亿元，比上年增加70亿元，增幅15.9%。成功发行334.42亿元地方政府债券，置换446.2亿元到期存量债务，降低了利息负担，缓解了当期偿债压力，并腾出更多资金用于支持省委、省政府重大基础设施和重点民生项目。

(二)倾力支持转型综改和创新驱动

加大对开发区建设财政支持力度，对转型综改示范区和开发区实施税收增量返还财政政策，下达20亿元支持转型综改示范区基础设施建设和设立科技成果转化等政府引导基金。加快政府引导基金运作，省级财政分年安排出资100亿元，支持设立太行产业投资基金，定向募集社会资金200亿元，重点支持山西转型发展、培育新动能重点产业。大力推广运用PPP模式，筹措资金1.5亿元注入PPP融资支持基金，对省级以上示范项目实施财政奖补。设立企业技改专项资金10亿元，支持实施智能制造示范、技术创新提升、绿色制造推广等八大技术改造专项工程。设立大数据发展专项资金，扶持大数据企业健康发展和创新突破。筹措资金10亿元支持实施"煤改气"、"煤改电"工程，改善全省大气环境质量。

制定出台10个方面40条财政支持政策,以“二流财政”打造“一流人才政策”。

(三)全力保障脱贫攻坚和民生改善

安排资金24.3亿元实施新的十项强农惠农富农政策,保障实施脱贫攻坚和农业三大省级战略,开展农村集体经济试点和基层服务组织建设。加大财政扶贫投入,深入推进涉农资金统筹整合使用。财政专项扶贫资金绩效评价考核全国第一。筹措资金69.6亿元,支持12万建档立卡贫困人口和3万确需同步搬迁人口易地扶贫搬迁。采取竞争立项方式确定20个美丽乡村建设试点县,试点项目村达到100个。统一城乡义务教育学生“两免一补”政策,实现教育经费随学生流动可携带。建立普通高中生均拨款制度。新增投入3亿元启动实施高校1331工程建设。认真落实山西省促进就业创业各项政策措施,为大学毕业生购买基层社会管理和公共服务岗位,失业保险费率由现行的1.5%降低至1%。继续提高退休人员基本养老金水平,全省城乡低保保障标准每人每月至少提高20元,城乡居民基本医疗保险财政补助标准每人每年提高30元,基本公共卫生服务经费标准每人每年提高5元。省政府确定的六件民生实事资金全部足额落实到位。下发了《加强“三基建设”财政投入保障的实施意见》,明确“三基建设”保障政策16项,其中新提标新出台9项。全省财政共安排“三基建设”专项资金68.6亿元,其中省级35.7亿元,市县22.9亿元。

(四)着力深化和加强财政改革管理

积极推进省以下财政事权和支出责任划分改革,建立农业转移人口市民化奖励机制,研究完善省直管县财政改革试点政策,创新完善更符合经济发展需要的财政体制机制。加大财政资金统筹力度,将新增建设用地土地有偿使用费等基金调整转列一般公共预算,将政府性基金结余超过收入30%的部分调入一般公共预算,取消了关于排污费、水资源费等以收定支、专款专用的规定。加大结转资金清理力度,凡连续两年未使用完的结转资金一律收回统筹使用。在全国率先建立支出进度考核奖惩制度,考核结果每月向社会媒体公布。编制印发政府性债务风险应急处置预案,建立了融资平台公司、国有企业、事业单位举借融资情况和财政支出责任季报监测机制。大力开展对财政扶贫资金和重大民生项目监督检查和绩效评价,行政事业单位内控和管理会计专家团队入企服务深入开展,市县法检院财物统管改革全面推开,省属国有煤炭等企业资产价值重估成效显著。

三、坚持全面从严,努力营造政治严明、风清气正、干事创业的浓厚氛围

厅党组实行集体领导制度,对重大决策、重要干部任免、重大项目安排事项等厅党组职责范围内的事项,按照少数服从多数原则,由党组成员集体讨论决定。2017年共召开厅党组会议14次、厅党组扩大会议12次。厅党组书记带头执行民主集中制,党组成员认真执行党组集体决定,勇于担当、敢于负责、认真履职。

(一)全面加强机关党建工作,为夯实管党治党责任提供坚强组织保障

一是强化教育引导。着力推动党内教育从“关键少数”向广大党员拓展、从集中性教育向经常性教育延伸,积极开展“砥砺奋进的五年”十八大以来辉煌成就展,组织“学用习总书记视察山西重要讲话精神”学习交流,举办“习总书记视察山西讲话进基层”宣讲活动,确保把全面从严治党要求落实到每个支部、每名党员,把讲政治守纪律贯穿于党性锻炼全过程,不断激发党员干部保持先进性的内生动力。二是狠抓基层党建。全面落实省委加强“三基建设”的总体部署,全面梳理分析基层党建工作薄弱环节,下大力气把25条政策措施落到实处,着力构建重心下移、力量下沉、保障下倾的体制机制,牢固树立党的一切工作到支部的鲜明导向。坚持“双会双目标双落实双考核”机制,完善党建工作目标责任制管理,顺利完成党支部换届工作,进一步压实支部主体责任,发挥好战斗堡垒作用。三是突出制度建设。深入学习贯彻《关于新形势下党内政治生活的若干准则》,研究制定厅党组《严肃党内政治生活实施细则》,确保把党的政治建设摆在首位,着力形成科学化、制度化、规范化的组织生活制度。完善“三会一课”计划报备、检查考核等制度,组织开展好党支部主题党日、党员民主评议、党组织书记双向述职评议考核等活动,依托中共太原支部旧址、山西综改示范区开展开放式组织生活,不断增强党组织自我净化、自我完善、自我革新、自我提高的能力。

(二)巩固深化党风廉政建设,为有效践行财政职能提供坚强纪律保障

一是把牢总体方针。坚决以省委对党风廉政建设和反腐败工作确立的“巩固、深化、提高”方针为指引,组织全厅认真学习习近平总书记在中纪委十八届七次全会上的重要讲话精神,学习省委骆惠宁书记和省纪委任建华书记在省纪委十一届二次全会上的讲话精神,进一步深入贯彻《中国共产党廉洁自律准则》《中国共产党纪律处分条例》,引导广大党员干部坚定理想信念,强化政治自觉,以实际行动推动全面从严治党向纵深发展。二是强化问题导向。厅党组率先开展巡视整改自行“回头看”,对照中央八项规定精神和纠正“四风”有关要求,全面梳理涉及“三公”经费管理和公务支出体系建设的相关制度,严抓老问题,盯紧新动向,坚持不懈,一抓到底,形成了24项问题清单、整改清单和责任清单,并印发《厅党组贯彻落实中央八项规定精神实施细则》,切实瞄准风险隐患,全面堵塞漏洞。三是狠抓问责监督。进一步强化厅党组班子成员和各处室(单位)主要负责人的“一岗双责”主体责任,将相关要求落实落脚于各党支部,落细落小于党风廉政建设工作目标责任制,持续在常和长、严和实、深和细上下功夫、求实效,形成一级抓一级、层层抓落实的责任体系和工作格局。广泛运用组织生活、随机调查、专项抽查、情况通报、重点约谈等方式,对纪律执行、作风养成、权力运行、重点人物、重要岗位实行全方位监督,及时发现和纠正苗头性倾向性问题,确保省委省政府的决策部署到哪里,监督的触角就延伸

到哪里,努力为财政事业健康发展提供坚强保障。

(三)着力加强干部队伍建设,为加快财政改革发展步伐提供可靠人才保障

坚持为敢于担当的干部担当,为敢于负责的干部负责,树立正确选人用人导向,积极稳妥做好干部选任、交流、录用和培训等工作。2017年,全厅公开招录20名公务员和参公人员,举办各类培训班66期,培训干部10613人次,干部队伍结构梯次和能力素质进一步提高。同时,主动适应财税体制改革内在需求,按照精简统一效能的原则,拟定了机关大处(室)制改革方案,着力强化政府机关党的领导和内部审计职能,处室职责定位进一步明晰顺畅。

(姚　强)

附:省财政厅党组书记、成员名单

书　记: 武　涛

成　员: 常国华　黄　庙　高向新　武志远　胡志国　陈向阳

省人力资源和社会保障厅党组工作概况

党组书记　白秀平

一、职能

山西省人力资源和社会保障厅是2009年6月10日由原省人事厅、省劳动保障厅合并组建的。省政府“三定”方案明确,省人力资源和社会保障厅共14项职能,可概括为“四个统筹,一个加强”:即统筹机关企事业单位人员管理,促进人才强省战略的实施;统筹就业和社会保障政策,建立健全从就业到养老的服务保障体系;统筹建立统一规范的人力资源市场,促进人力资源合理流动和有效配置;统筹机关企事业单位收入分配制度改革,形成较为合理的分配格局;加强劳动监察和信访仲裁。主要工作领域包括公共就业、社会保险、收入分配、人才服务、人事管理和劳动关系六大板块,管理全省9大类211条待遇标准线,涉及3400万人的切身利益,覆盖全省90%以上的人口,政策性强、涉及面广、社会关注度高。

二、党组织情况

截至2017年12月,省人社厅党组下有134个基层党组织,其中党委7个、党总支8个、党支部106个、流动党员支部13个。党员人数(不含流动党员)为1182人,流动党员为4747人。

三、党建工作

(一)以政治建设为统领,不断增强党员干部“四个意识”。一年来,厅党组坚持把政治建设摆在党建工作的首要位置,紧跟党的理论创新步伐,以学习十九大精神和习近平新时代中国特色社会主义思想为主线,扎实推进“两学一做”学习教育常态化制度化,深入开展“维护核心、见诸行动”主题教育,引导党员干部看齐紧跟,深学实做。制定了《厅党组理论学习中心组学习制度》,实行主题教育进展情况周报制度,编发“两学一做”常态化制度化和主题教育简报。

(二)以“三基建设”为平台,努力提升支部建设规范化水平。一是制定了人社系统、行业“三基建设”实施方案,进行了任务分解、建立了工作台账,每月考核检查、督促落实,定期向省委报送工作进展,确保“三基建设”各项工作任务顺利向前推进。二是开设了党费专户,制定了党费管理使用办法,进一步规范了党费收缴管理。三是制定出台了20余项党建工作制度,党组织建设规范化、制度化、标准化水平进一步提升。

(三)以巡视整改为契机,全面加强党风廉政建设。配合省委专项巡视,制定了整改方案和整改清单、任务清单、责任清单,建立了整改台账,完成了43项问题的整改。对全系统窗口单位工作作风、服务效能情况开展了明察暗访,正确运用“四种形态”,加大执纪问责力度并修订、制定了《落实八项规定精神实施细则》等29项规章制度。

(四)以脱贫攻坚为目标,引领党员干部当先锋打头阵。一是成立了扶贫工作队临时党支部,严格落实了“三会一课”等基本制度。二是选派第一书记14名、驻村工作队队员12名,其中研究生以上学历7名,把“第一书记”年度考评纳入评先表优和干部选拔任用的重要依据。三是发挥部门职能优势,积极开展技能培训,开展“1+N”亲情帮扶并协调资金50多万元改善农民生产生活条件,东雷乡在国务院和省多次检查评比中获得好成绩,扶贫工作队临时党支部书记郝大庆同志受到国家和省表彰;东雷村委第一书记江英弟同志被评为“全省农村模范第一书记”。

(五)以文明创建为抓手,有效增强凝聚力和队伍活力。开展了形式多样、内容丰富的创建活动并制定了文明单位创建工作制度,努力实现创建工作与业务工作有机融合,15个单位被评为省直文明单位,13个厅属单位被评为省直文明单位标兵。

(六)以责任落实为重点,积极创新党建工作方式方法。一是认真学习贯彻《党章》修正案,修订了《厅党组工作规则》。二是制定了直属机关党委、纪委委员联系基层党组织工作制度,充分地发挥了两委“委员”作用。三是建立了党组织建设整改督办制度,督导各党组织针对工作中出现的问题及时进行整改。四是根据年度党建重点工作,印发《省人社厅2017年度基层党建工作考核方案》,制定了考核评分细则并

对全厅党组织进行了专项考核。

四、业务工作

2017年全年,全省城镇新增就业51.8万人,完成目标任务的115%;转移农村劳动力40.2万人,完成目标任务的122%;城镇登记失业率3.44%,低于4.2%的控制目标。城镇居民人均可支配收入增长6.5%,高于目标任务0.5个百分点。城镇职工基本养老、城乡居民基本养老、城镇职工基本医疗、城乡居民基本医疗、失业、工伤、生育保险参保人数分别达783万人、1552万人、666万人、2565万人、419万人、582万人、462万人,均超额完成年度目标任务。

(一)全力促进就业创业。一是实施6万名农村建档立卡贫困劳动力免费职业培训。全年共培训7.4万人,完成年度任务的124.1%。二是完成7万名农村贫困劳动力转移就业。全年转移农村贫困劳动力9.08万人,完成目标任务的129.7%。三是实施劳务输出"员工制"试点。依托输出地劳务公司,签订劳动合同、参加社会保险、给予社保补贴,使农村贫困劳动力在制度保障下实现稳定就业、稳定脱贫。四是做好去产能企业职工分流安置工作。采取"异地就业、属地保障"的办法,建立灵活的劳动关系和稳定的社保关系,引导转岗职工及其子女通过劳务输出实现就业。全年共分流安置1.96万人,安置率达90%。

(二)深化社会保障制度改革。一是实施农村建档立卡贫困人口医保帮扶,牵头制定了"三保险、三救助"政策,实行医保目录内住院费用"136"控制机制,同时创新医保经办模式,用"医保"撬动"商保",将住院总费用平均报销比例提高到90%以上,有效解决农村贫困人口因病致贫返贫等"支出型贫困"问题,并在全国社保扶贫工作会上作了经验介绍,受到了人社部的充分肯定;二是开展生育保险和医疗保险合并实施试点在晋中市开展试点,按照"保留险种、保障待遇、统一管理、降低成本"的原则,实现了生育保险与基本医疗保险统一参保登记、统一基金征缴和管理、统一医疗服务管理、统一经办和信息服务,确保了两项保险待遇不变;三是深入推进医保制度改革,在理顺城乡居民医保管理体制、实现制度并轨的基础上,深化医保支付方式改革,有效遏制了医疗费用不合理增长,在全国率先实现省内异地就医购药持社保卡直接结算,在长治、忻州两市试点商业保险公司经办医疗保险业务;在临汾市开展长期护理保险试点;四是实现机关事业单位养老保险制度入轨运行,围绕省政府(晋政发[2015]42号)文件,相继出台了基本养老金计发、缴费工资基数和待遇统筹项目等8个配套文件,初步搭建起社会统筹和个人账户相结合、以职业年金为补充的机关事业单位养老保险制度框架,将全省170万机关事业单位工作人员全部纳入新制度;五是全面启动全民参保计划,全省全民参保登记数据库入库人数达3698万人,已上传3396万人,占全省人口的95.1%,基本实现了法定人群全覆盖。

(三)着力提高城镇居民收入水平。一是发布企业工资指导线,2017年山西省企业货币工资增长基准线为8%,上线12%,下线4%;二是提高最低工资标准,将全省最低工资标准每人每月提高80元,惠及70万人;三是提高机关企事业单位退休人员基本养老金标准,全省234.6万名退休人员月人均增加170元,增幅达5.5%;四是提高城乡居民医保筹资和待遇水平,门诊统筹基金筹资标准由60元提高到100元,城乡居民基本医保财政补助标准由每人每年420元提高到450元。将城乡居民住院医疗费用支付比例平均提高到75%;将大病保险分段计算补偿的政策标准统一改为按75%报销,城乡居民住院总费用报销比例达80%。医保目录用药由1500种扩大到2800多种,定点医药机构从2000多家增加到7000多家;五是提高工伤保险待遇。按5.5%的增幅提高工伤保险待遇,其中伤残津贴、生活护理费、供养亲属抚恤金三项待遇合计月人均增加103元,惠及4.54万人;六是增发失业保险补贴。从失业保险基金中为参保职工发放职业技能提升补贴,人均补贴标准为1609元,惠及8.7万人。

(四)深化人才发展体制机制改革。一是全面落实用人主体自主权。取消机关事业单位"进人计划卡",将微观前置审批改为总量后置监管,实行"政策性安置优先、招录招聘为主、市场调剂补充",全省计划下达单位从往年的1412个减少到112个,减幅91.4%。二是改革传统的人才评价机制。取消了计算机能力考试、外语考试、应用型人才论文限制条件。将职称"评聘结合"改为"评聘分离",职称评审不受用人主体岗位设置的限制,实行岗位聘任制和聘用任期制。三是构建全新的人才流动机制。机关事业单位人员流动,由人社部门审批改为"顺向流动市场配置、横向流动单位协商、逆向流动科学调控"。支持党政机关干部、科研人员离岗创业,鼓励企业技术人员到高校从事科研教学工作。四是创新人才引进保障机制。省属高等院校、科研院所及公立医院使用空编引进高层次人才,取消行政审批,由用人单位自主决定。引进人才可直接认定相应专业技术职务,职务岗位已满时可特设岗位聘任。企事业单位引才费用可全额列入经营成本或从事业经费中列支。实行人才"绿卡"制度,政府帮助解决住房、子女上学、配偶工作等问题。五是强化人才激励机制。高校、医疗机构和科研院所等事业单位可在无收入全额拨款事业单位绩效工资总量5倍的范围内自主确定工资总额。在阳泉市开展公立医院薪酬制度改革试点,对"高精尖缺"人才探索协议工资制、项目工资制和年薪制。设立"山西省优秀人才突出贡献奖""山西省人才工作贡献奖"。六是健全人才培养机制。开展高校毕业生就业第三方评估,加强就业稳定性监测,建立需求导向的学科专业和招生计划动态调整机制,对毕业生就业率连续两年低于60%的专业,调减直至取消招生计划,优化人才培养和供给结构。七是推行开发区"三化三制"改革。在山西转型综改示范区、设区市及其它县(市)所属开发区实行领导班子任期制、全员岗位聘任制和绩效工资制,着力打造专业化、市场化、国际化的人力资源管理运行机制。

(五)提高人事管理科学化水平。一是将公务员考录周期由10个月缩短为6个月,改变了"一年考一次、一次考一年"的现象,全年招录公务员3504人。二是事业单位公开招聘可由用人主体独立实施或主管部门统一组织，引进高层次和急需紧缺人才可直接考核聘用、专项招聘、特设岗位聘用，全年聘用事业单位工作人员646人。三是将全厅17项行政审批事项、工人调动、省直机关企事业单位人员调配全部归口到行政审批处，在省政务服务中心窗口统一受理、集中办理，实行“阳光审批”。四是机关事业单位工人技术等级岗位考核和工人技师评聘不再组织任何形式的集中培训，严禁第三方有偿培训，减轻了报考人员负担。五是将省直部门所属事业单位岗位聘用认定权限下放至主管部门，省直事业单位岗位聘用认定权限下放至本单位。省直机关事业单位个人工资审批表由主管部门审核盖章入档。六是非省管干部中的高级专家延退，由原来的省政府审批改为由省直主管部门和各市人社局审批。七是企业养老保险参保人员达到法定退休年龄时，由社保经办机构直接办理领取基本养老金手续，人社行政部门不再审核，每年退休审核人数减少了1.6万人。八是圆满完成军转安置任务。全年共安置军转干部1152人。

(六)构建和谐稳定劳动关系。一是清理拖欠工资、社保费，共清理国有企业欠薪56.95亿元，清欠率78.6%；清理企业欠保136亿元，清欠率52.7%。二是在全省开展了“信访问题源头化解专项行动”，如期实现了企业军转干部“大走访”，解决了企业退役志愿兵(士官)欠薪欠保和再就业问题，共走访企业军转干部26877人，清理欠薪3385万元，清理拖欠养老保险费1.9亿元和清理拖欠医疗保险费1593.4万元，清欠率均为100%；摸排出下岗失业退役军人5408人，其中有就业意愿的3679人全部实现上岗再就业，帮扶率达100%。三是对农民工欠薪案件实行“三个清零”。全年共查处欠薪案件1846起，涉及4.9万人，追发工资等待遇5.15亿元，同比分别下降了27%、16%和27%，向社会公布典型欠薪违法案件67起，有效遏制了欠薪高发势头并全面推行“农民工工资无欠薪市县”创建活动。

(高凤鸣)

附：省人力资源和社会保障厅党组书记、成员名单

书　记： 白秀平(12月离职)　卢建明(12月任职)

成　员： 王建文　李广禄　刘海芸(女，12月离职)　贺德孝　张　峻(9月任职)　吴海亮(4月任职)

省国土资源厅党组工作概况

党组书记　周建春

2017年，厅党组团结带领全系统干部始终坚持以习近平新时代中国特色社会主义思想为指导，坚决落实党和国家各项大政方针，紧紧围绕省委省政府决策部署，统筹推进深化改革、保障发展、保护红线、保障民生、保护生态，各项工作取得了明显成效。

一、深化供给侧结构性改革，能源资源结构调整迈出实质性步伐

严格煤炭资源配置管理，提请省政府出台了煤炭资源矿业权出让转让管理办法，连续2年煤炭矿业权“零”出让。坚决落实煤炭去产能、煤矿减量重组，依法注销了煤矿采矿证56个、退出产能5100万吨/年。煤层气审批制度改革实质性落地，争取到国土资源部大力支持，出台了专项规划和配套制度，创出了“山西模式”。加快煤层气勘查开发步伐，榆社—武乡煤层气勘查项目发现了超大气田；全省地面抽采量达到50亿立方米/年，增长了1倍；在全国首次竞争出让10个煤层气勘查区块。国土资源部已上报国务院，将在全国推广改革经验。同时，规范矿业权管理，解决历史遗留问题，制定了自然保护区内矿业权退出方案，明确了煤矿资源整合遗留问题处置思路。矿业权人勘查开采信息公示工作走在了全国的前列。推进地质找矿市场化，把找矿突破战略重点调整到了煤层气、干热岩等战略性新兴产业、清洁能源资源项目上，安排了一批勘查资金，增加了一批重要矿产资源储量。

二、全力保障转型发展用地需求，开发区改革创新用地布局全面落地

在土地利用总体规划调整完善中，积极争取国土资源部支持，大力拓展用地空间，增加建设用地规模74.55万亩，增加建设用地流量指标63万亩。特别是全力保障开发区改革创新，提请省政府印发了《山西省人民政府关于加快开发区转型升级促进土地节约集约高效利用的通知》，按照“一市一国家级、一县一省级”开发区空间布局要求，安排开发区用地总规模达1287平方千米，能够充分满足开发区“十三五”期间建设用地需求。同时，提请省政府出台了开发区用地政策，加强了节约集约用地管理。改革建设用地报批，下放了6项

审查权限，开通网上直报系统和“绿色通道”，大大缩短了审批时限。转型综改示范区用地直报省厅，厅内审核时间由29个工作日压缩到15个。加强国土资源收益征缴工作，有力保障了各级政府财政收入。

三、积极构建耕地保护新机制，严格保护耕地的基本国策得到坚决贯彻落实

坚守耕地红线，落实《中共中央 国务院关于加强耕地保护和改进占补平衡的意见》，省委省政府出台了实施方案和相关政策文件，建立了土地整治和占补平衡市场机制，鼓励引导社会资本投资或参与土地整治，健全了耕地保护责任制，严格划定了4891.52万亩永久基本农田。拓展耕地占补平衡渠道，积极抓好闲置宅基地和农村扶贫易地搬迁复垦，加快推进高等级耕地和提质改造耕地开发项目，为破解耕地占补平衡难题奠定了政策基础。用好30亿元耕地开发专项基金，加快推进项目实施，新增了一批耕地补充指标，解决了一批重点项目耕地占补平衡难题。

四、不断加强地质环境保护治理，地质灾害防治取得历史性成果

健全共同责任机制，狠抓群测群防，突出汛期重点防治，地质灾害造成的人员伤亡逐年递减，特别是2017年实现了地质灾害防治14年来首次零死亡，最大程度保障了人民群众生命财产安全。地质灾害调查评价、监测预警、综合治理、应急防治四大体系建设得到有力加强。地质灾害防治高标准“十有县”建成率达80%，建成地质灾害实时监测预警系统及应急平台并投入运行，1∶5万地质灾害详细调查实现了全省全覆盖。大力推进地质灾害隐患治理，使10万人民群众脱离威胁。稳步推进农村地质灾害治理搬迁，落实搬迁任务1.2万户。地质灾害应急调查分队在和顺吕鑫煤业8·11事故救援中发挥了重要支撑作用。基本完成了采煤沉陷区59个重点矿山地质环境专项调查，扎实推进了59个专项治理项目和重点复垦项目。扎实推进地质公园建设，积极申报了国家级古生物化石集中产地。

五、大力推进资源节约集约利用，生态国土建设的制度体系得到加强完善

耕地保护率、违法用地率、万元GDP用地量等国土资源指标纳入了区域经济转型升级考核和生态文明建设目标评价体系，进一步健全了资源约束性制度体系。多个县(市)荣获国土资源节约集约模范县称号，受到国土资源部表彰。提请省政府出台政策，建立了土地批后监管约束机制。推进处置730宗、4.12万亩闲置土地，处置率99.06%。完成23个开发区节约集约用地评价，促进提升了节约用地水平。推进矿产资源节约集约与综合利用，制定了适合山西矿产特点的适用技术推广目录，评选同煤大唐塔山煤矿等10家矿山企业为全省示范矿山。6个煤炭中共伴生稀有资源调查评价项目成果初步显示：大同、宁武、河东等6大煤田煤炭中赋存锂、镓、锄、锆、稀土等稀有资源。加快绿色矿山建设，印发了工作方案，全面部署了标准制定、示范区建设任务，积极打造山西绿色矿业发展模式。

六、稳步推进重大改革落地生根，推动了国土资源治理体系和治理能力现代化

泽州县农村“三块地”改革创出了“山西经验”，农地入市改革构建了“1+9+3”制度体系，共完成农村集体经营性建设用地入市32宗、998亩，预期收益9463万元。土地征收和农村宅基地改革，在制度建设等方面取得了积极成效。闲置宅基地整治盘活利用试点取得成功，将在全省开展。省委省政府印发矿业权出让制度改革试点工作方案，全面部署矿业权出让、权益金制度改革等任务。不动产统一登记制度全面落地，开展了全省“20佳不动产登记示范窗口”创建活动，全面压缩办证时限，更加方便了群众办事，共颁发不动产证25.4万本、出具证明16.4万次。太原市建设用地使用权二级市场试点改革进展顺利。行政审批制度改革得到坚决落实，全面落实了“两进驻、两到位”。

七、抓牢抓实重大调查、规划编制实施和科技创新，不断夯实了基层基础工作

国土规划编制进展顺利。省市县3级土地利用总体规划调整完善基本完成，“十三五”省级矿产资源规划、煤层气资源勘查开发规划、地质灾害防治规划、土地整治规划印发实施，村级规划试点工作推进顺利，为全面抓好国土资源工作奠定了规划基础。积极完成了耕地后备资源调查评价。强化地籍基础管理，完成了全省农村集体建设用地和宅基地地籍调查。做好矿产资源储量登记统计，汇交了大量成果地质资料，全面完成了地质资料矢量化。在完成“一张图”的基础上，加快推进了“互联网+山西”智能服务云平台建设，国土资源管理信息化水平大幅提升。大力推进科技创新，完成了一批国土资源部和山西省大型技术工程项目和科学研究项目，荣获了一批部省级科技进步奖，这些成果广泛应用于国土资源管理领域，为全省矿业经济、煤炭产业、测绘事业发展提供了有力的科技保障。

八、扎实推进法治国土建设，驰而不息维护了稳定的资源管理秩序

制定实施了法治国土建设实施意见，梯度推进法治国土建设，修订了《山西省基本农田保护条例》，健全了重大行政决策、规范性文件备案、行政执法公示等一系列规章制度，建立了权责清单制度并实行动态管理，扎实开展了“七五”普法工作，法治化建设水平得到进一步提升。落实社会治安综合治理责任，认真抓好信访维稳，积极维护群众合法权益，彻底解决了一批久拖不决的信访积案，信访总量连续5年大幅下降，进京访稳步退出全国前十，被省人大常委会表彰为2013-2017年信访督办标兵单位。统筹卫片执法检查和土地例行督察，严厉查处、严肃整改违法用地行为，取得了积极成

果。不断加大非法违法采矿监管打击力度,将无人机技术应用于日常执法,严格监管23个重点监控县,取得明显成效。通过立案查处、收缴罚没、拆除违法建筑物、没收矿产品、党政纪处分、追究刑事责任的手段,形成了强烈震慑,增强了全社会依法规范用地用矿意识,维护了稳定的国土资源管理秩序。

九、坚持不懈强化全面从严治党,积极构建了良好政治生态

落实思想建党要求,把政治建设摆在首位,及时传达学习贯彻了中央和省委重大会议精神、重要规章制度,深入学习宣传贯彻了十九大精神、习近平新时代中国特色社会主义思想、习总书记视察山西重要讲话精神。坚决落实全面从严治党主体责任,突出政治引领,深化制度治党,深入推进“两学一做”学习教育常态化制度化,深入开展“维护核心、见诸行动”主题教育、全面加强“三基建设”,全系统各级党组织的凝聚力、战斗力不断增强,广大党员干部的党性得到锤炼,全系统上下用习近平新时代中国特色社会主义思想武装头脑的行动更加自觉,始终在思想上政治上行动上同以习近平同志为核心的党中央保持高度一致。牢固树立了正确的选人用人导向,一大批干部走上了领导岗位,成为了中坚力量,为国土资源事业长远发展打下了坚实基础。坚决保持反腐败高压态势,强化警示教育,加大干部处理问责力度,不断构建了良好政治生态。

(王卫国)

附:省国土资源厅党组书记、成员名单

书　记: 许大纯(9月离职)　周建春(9月任职)

成　员: 郭英杰　彭东晓(12月离职)　周际鹏　武耀文　袁同锁　李德胜

省环境保护厅党组工作概况

党组书记　郭长青

2017年,省环保厅党组带领全体党员干部以习近平新时代中国特色社会主义思想为指导,深入学习贯彻党的十九大和习近平总书记视察山西重要讲话精神,认真落实全面从严治党主体责任,坚持以改善环境质量为核心,狠抓各项指标任务的完成,努力开创山西省生态环境保护工作新局面。

一、聚焦中心工作、狠抓贯彻落实,努力实现全省环保事业新发展

一是圆满完成“大气十条”目标任务。实施散煤清洁化利用,完成“煤改气”“煤改电”113万户,淘汰燃煤锅炉1.1万台,8个市划定禁煤区。深入开展取缔“散乱污”企业、工业企业违法排污整治等专项行动,取缔“散乱污”企业7433家,“4+2”城市钢铁行业执行特别排放限值,煤电机组执行超低排放限值,2153家重点企业实施采暖季错峰生产。完善机动车排污监控平台,基本淘汰辖区内的黄标车。开展扬尘污染专项整治。强化重污染天气应对,共下达14次应对重污染天气调度令,督促各市严格落实应急减排措施。2017年,全省PM2.5平均浓度同比下降1.7%,较2013年下降23.4%;全省二氧化硫、氮氧化物排放量同比分别下降7.4%、7.1%。

二是水环境质量持续改善。全面落实《山西省水污染防治2017年行动计划》,实施“五水同治”。推进175项水污染治理重点工程建设,完工率达到79%。严格饮用水源地环境监管,全省集中式饮用水水源达标率保持在92%以上。推进25个省级及以上工业集聚区完成集中式污水处理设施建设并实现在线联网监控,钢铁、造纸等六个重点行业清洁化改造完成率达96%。完善跨界断面水质考核生态补偿机制,扣缴生态补偿金6.5亿元,奖励1.7亿元。2017年,58个国考断面中,水质优良断面比例58.6%,同比上升10.3个百分点;劣V类断面比例20.7%,同比下降6.9个百分点;化学需氧量、氨氮排放量同比分别下降8.86%、6.21%。

三是土壤污染防治工作稳步推进。启动土壤污染详查。编制《山西省土壤污染治理与修复规划》,推进8个修复试点示范项目。开展煤矸石、粉煤灰环境污染治理大检查,对发现

的问题分类制定了整改措施。核查682家产废单位,达标率达到95%。

四是环境执法力度明显加大。开展环保强化督查,累计检查企业(单位)6200多家,发现各类环境问题4800余件,已完成整改4100余件。同时,派出9批44组253人配合环保部开展通道城市强化督查。实施工业污染源全面达标排放计划,全省九大重点行业基本实现达标排放。全面推进铁腕治污,加大环境违法企业查处力度,全省行政处罚金额5.8亿多元,查处四类典型案件1851件。有效防控环境风险,强化环境安全隐患排查,圆满举办"2017–平安太原"核与辐射应急演习,妥善处置19起一般突发环境事件,全年未发生重特大突发环境事件。

五是全力推进中央环保督察整改。积极配合中央环保进驻督察,进驻督察期间交办的3584件群众反映问题全部办结并公开。制定并向社会公布中央环保督察反馈问题整改方案,落实"332"党政领导领办环保问题工作机制,全力推动整改,2017年应完成的32项任务基本完成。省级环保督察实现全覆盖,累计处理4507件违法违规案件,批评问责1163人。

六是生态环保领域改革取得突破。编制并向省政府报送了垂管改革实施方案。完成了生态保护红线划定方案(征求意见稿)。完成了火电、造纸等15个重点行业排污许可证核发工作。完善生态环境大数据建设顶层设计,完成了环境空气质量自动监测事权上收。下放焦化、垃圾综合利用等项目审批权限,提请省政府印发了《加强环境保护促进开发区绿色发展的实施意见》。取消5项审批事项,精减申请材料22项,对10项审批事项实行网上办理。

二、夯实党建基础、加强自身建设,进一步提高党建工作水平

一是扎实推进"两学一做"学习教育常态化制度化和主题教育。印发了《工作方案》,召开全体干部大会进行动员部署。为全体党员购买《党委会的工作方法》《火种》等图书、音像资料近4000册。党组中心组理论学习14次,各党支部组织集中学习、讲党课百余次。"七一"召开了表彰大会,对在学习教育、主题教育和平凡岗位建功立业活动中做出优异成绩的5个基层支部和10名党员进行了表彰。

二是掀起学习贯彻党的十九大精神热潮。组织厅机关和直属单位集中收看十九大开幕式及习近平总书记所作的报告,传达学习《中共中央关于认真学习宣传贯彻党的十九大精神的决定》和省委十一届五次全会精神,召开了全省环保系统"学习贯彻党的十九大精神 打好生态环境保护攻坚战"工作会议,部署全省环保系统党的十九大精神学习宣传贯彻落实工作。为全体党员干部购买了《党的十九大报告学习辅导百问》《习近平谈治国理政(第二卷)》等学习资料;积极组织参加省委宣传部和省直工委组织的"送党课到基层"活动,派出一名副巡视员和一名正处级干部赴长治、晋城、临汾三个市宣讲十九大精神。

三是深入学习贯彻习总书记视察山西重要讲话精神。组织全体党员观看习近平总书记在山西视察指导工作时的视频资料,召开了习总书记视察山西重要讲话精神交流会。制定出台了《山西省环境保护厅党组关于贯彻落实习总书记视察山西重要讲话精神进一步加强环境保护工作推进环境质量改善的实施方案》。

四是加强"三基建设"。成立了"三基建设"领导小组和办公室,办公室设在机关党委。先后印发了省环保厅和全省环保系统"三基建设"的《实施方案》及《重点工作责任分解》,提出了"三基建设"的具体目标任务,概括为3654工程。召开了工作推进会和全省环保系统"三基建设"工作座谈会,编制完成了"一目录三手册"、工作流程图、专业能力标准等,近11万字。全年分两期对约60名支部书记和纪检委员进行了培训。积极安排相关人员参加了省委党校、省直机关党校等培训班,组织人员参加了省直机关党员干部基本能力竞赛决赛。

五是积极开展精神文明创建和群团工作。年底共有12个单位被省直工委评为文明单位标兵和精神文明单位,2人被评为创建先进工作者和优秀信息员,1人被表彰为省直劳模,9个单位被命名为省级青年文明称号,1人被评为"山西省青年岗位能手"。

六是支持脱贫攻坚工作。省环保厅每年为每位扶贫队员下发工作经费1万元,全力保障好扶贫队员的交通、生活补助、人身意外险、体检等经费的足额保障,解决了扶贫队员的后顾之忧。对年初确定的扶贫项目与市、县、乡三级积极协调,筹措资金140万元,扶贫项目顺利推进。厅机关和直属事业单位,多次到帮扶村(户)进行走访慰问并送上慰问金与慰问品,总价值近20万元。厅机关党委还专门下拨2.1万元党费,用于扶贫工作队的党建和慰问贫困党员,确保了扶智、扶志与扶贫的有效结合,确保了扶贫工作成效。

三、严明政治规矩、强化"两个责任",把全面从严治党工作引向深入

一是夯实工作基础。2017年3月成立了党组办公室,主要负责党组主体责任落实、承办党组会议等工作。制定《省环保厅党组2017年认真落实全面从严治党主体责任工作实施方案》《落实党风廉政建设主体责任清单》《分管厅领导落实主体责任规定》等,每半年检查一次,结果作为干部评先评优重要依据。

二是层层传导压力。2017年初召开了全省环境保护暨党风廉政建设工作会议,要求分管厅领导进一步明确分管处室、直属单位履行党风廉政建设主体责任的具体内容及工作方式,切实防止和杜绝主体责任虚置、空转;厅党组书记与分管厅领导、机关处室和直属单位负责人签订《落实党风廉政建设主体责任书》32份。印发了《党风廉政建设主体责任笔记本》,专门记录各支部书记落实主体责任的重点工作。

三是强化监督执纪问责。6月,机关党委联合驻厅纪检组对各支部严肃党内政治生活、加强党建工作开展为期1个月的专项检查,对28个支部(总支)提出214条检查意见,督促整改176条。紧盯重要时间节点,下发关于廉洁过节的通

知并通过廉政短信、微信进行提醒,对中秋、国庆“两节”期间检查中发现的部分处室和直属单位存在的落实“两个责任”台账不规范、责任划分不明确、财务管理不规范、办公用房超标、借调人员增多等问题,采取有力措施坚决整改。完善提醒、函询、诫勉谈话和新提任干部廉政谈话制度,肃清流毒影响,稳妥处理涉案干部。积极应用“四种形态”,对个人申报事项不实的3人进行批评教育、对收到举报线索的2人进行函询、对巡视整改反映问题的9人进行诫勉谈话。

四是认真开展巡视整改“回头看”。厅党组印发了《关于以“四个对照”为重点开展巡视整改“回头看”的工作方案》,制定了“三清单一制度”,明确了工作任务、完成时限、责任领导和责任人,确保任务件件落实。

(赵琳琳)

附:省环境保护厅党组书记、成员名单

书　记: 郭长青(12月离职)　董一兵(12月任职)

成　员: 刘　军　游　炜(7月离职)　王学东(女)　刘大山　谷　明　张继平

省住房和城乡建设厅党组工作概况

党组书记　李栋梁

2017年,山西省住房和城乡建设厅全面贯彻党的十八大和十八届三中、四中、五中、六中全会精神,深入落实省十一次党代会精神,按照省委“一个指引、两手硬”重大思路要求及省政府工作部署,紧紧围绕年初确定的任务目标,改革创新,真抓实干,坚持改革创新和依法行政,深入推进全面从严治党,突出稳增长和惠民生主题,城乡规划工作取得新突破、城市建设管理水平得到新提升、城市棚户区和城中村改造迈出新步伐、房地产去库存取得新进展、建筑业实现新发展、村镇建设得到新加强,各项工作迈上新台阶,为促进山西省经济稳步向好、民生不断改善、塑造美好形象、实现振兴崛起作出新的贡献。

一、房地产业

房地产市场运行。2017年,山西省完成房地产开发投资1166.3亿元,同比下降27%。山西省房屋施工面积1.65亿平方米,同比下降3.5%;新开工面积3305.8万平方米,同比下降14.2%;竣工面积1969.9万平方米,同比下降26.6%;山西省商品房销售面积2415.9万平方米,同比增长17.2%。

房地产去库存。制定政策措施,印发《山西省化解房地产库存工作方案》,从加强供应管控、优化供应结构、扩大有效需求、推进房地产开发企业兼并重组四个方面提出了13项具体措施。截至2017年底,山西省商品房待售面积1225.7万平方米,消化周期6.1个月,较2016年底(10.3个月)缩短了4.2个月,控制在年初确定的“力争商品房待售面积消化周期控制在10个月左右”目标任务之内。

防范房地产市场泡沫。加强对太原市的调研、督导,山西定期与太原市会商研判房地产市场形势,实地督查,强化太原市稳房价、防泡沫、防风险的主体责任,督促指导太原市出台了加强预售审批、加强网签管理、控制二手住房短期交易转让等一系列政策措施。

促进房地产业持续健康发展。2017年12月山西省住房和城乡建设厅印发《山西省人民政府办公厅关于加快推进房地产业持续健康发展的意见》,从总体要求、工作重点及主要任务、扶持政策、推进措施等方面提出了合理安排住宅用地供应,科学把握住房建设和上市节奏,持续推进三四线及以下城市房地产去库存,加大住房保障力度,规范和培育住房租赁市场,落实中介机构备案、从业人员实名服务制度,规范房地产中介服务行为,建立联动监管机制,强化行业监督检查,完善物业服务管理体制,延伸拓展物业服务领域,发展壮大物业服务企业,加强物业服务市场监管等13条具体措施。

加快培育和发展住房租赁市场。2017年4月山西省住房和城乡建设厅印发了《关于对住房租赁市场摸底调查的通知》,对各市住房租赁市场进行摸底调查,基本摸清了全省住房租赁市场底数;6月,山西省住房和城乡建设厅与山西省工商行政管理局共同研究制定了《山西省房屋租赁合同示范文本》,明确房屋租赁双方的权利义务,保护租赁当事人的合法权益。9月,山西省化解房地产库存工作领导小组办公室印发了《关于加快培育和发展住房租赁市场的目标责任分解方案》,对发展住房租赁工作进行了目标任务分解,明确了责任单位,强化了责任落实。11个设区城市均出台了培育和发展住房租赁市场的实施意见,全省培育和发展住房租赁市场工作有序推进。11月,山西省住房和城乡建设厅与中国建设银行山西省分行签订住房租赁全面合作协议,共同协作建立住房租赁综合服务平台系统,山西省是全国第3个全面推开此项工作的省份。

强化房地产市场监管。山西省住房和城乡建设厅扎实开展房地产市场专项检查和整治,加大对房地产违法违规项目的打击和整改力度。起草制定《高校物业服务标准》,健全了物业服务标准体系,提升了物业行业发展水平。联合6个厅局起草制定《关于加快发展物业服务业的指导意见》,加快推进物业服务业不断向社会化、市场化、专业化、规范化发展。

二、住房保障

城镇保障性安居工程。截至2017年底,山西省累计开工建设城镇保障性安居工程 252.41 万套(占全国开工总量约 6500 万套的 3.9%),累计建成 204.63 万套,占已开工总量的 81.1%,解决了约 600 万城镇中低收入住房困难群众和棚户区居民的住房问题,完成投资 4242.8 亿元。

棚户区改造。截至 2017 年底,山西省已累计开工改造各类棚户区住房 158.42 万套(含城中村 41.93 万套),占全国开工改造总量 3860 万套的 4.1%;累计完成改造 121.21 万套,占已开工量的 76.5%,约 360 万棚户区居民实现了出棚入楼的夙愿;累计完成投资 3026.9 亿元。

公租房。省政府投资公租房全年新增分配 8.27 万套,分类处置和盘活 2.08 万套。截至 2017 年底,2013 年底前开工政府投资公租房累计分配 21.92 万套,分配率为 90.8%;2014 年开工政府投资公租房累计分配 2.15 万套,分配率为 85.2%。为解决公共租赁住房配套基础设施不全问题,中央财政专门安排公共租赁住房及其配套设施专项补助资金 100 亿元,山西省有 115 个公租房项目争取到中央财政公租房及其配套设施专项补助资金 40760 万元,涉及公租房 57740 套。

三、公积金管理

公积金缴存使用监管。将山西省晋煤、同煤、阳煤、焦煤、潞矿等五个公积金管理分中心与原单位分离移交纳入了《山西省国有企业分离办社会职能实施意见》,会同省国资委、省人社厅、省编办、省财政厅印发了《关于做好省属国有煤炭企业住房公积金管理机构与原单位分离移交的通知》,为山西省煤炭行业住房公积金管理机构实现属地化统一管理迈出了关键性一步。对照《住房公积金廉政风险防空指引》,重点对太原、吕梁、运城三市开展了廉政风险防控工作检查,及时发现问题,及时依据检查结果下达了《关于限期整改住房公积金廉政风险防控存在问题的通知》,将资金风险消灭在萌芽状态,有效确保了公积金行业健康发展。按照住建部要求于 4 月底向社会发布了《山西省住房公积金 2016 年年度报告》,主动接受社会监督,进一步提升了住房公积金的透明度和社会的认同度。配合省审计厅对 11 个市管理中心及 6 个分中心业务进行了全覆盖审计,督促各个单位对相关问题进行了整改。

公积金缴存与发放。2017 年 12 月底,山西省住房公积金缴存人数累计 4234862 人,缴存总额 2365.39 亿元,提取总额 1454.25 亿元,缴存余额 911.14 亿元,发放住房公积金贷款 975.77 亿元,贷款余额 656.83 亿元,结余资金 252.52 亿元。提取率 61.48%,个贷率 72.09%。2017 年,全省住房公积金缴存额 356.45 亿元,同比增长 32.38%,提取 630591 笔,资金额度 141.81 亿元,发放贷款 53207 笔,197.07 亿元。申请降低缴存比例和缓缴公积金企业 192 家,涉及职工 61479 人,资金额度为 20332.6 万元。其中,申请降低缴存比例企业 177 家,涉及职工 51594 人,为企业减低成本 12989.12 万元;申请缓缴公积金的企业为 15 家,涉及职工 9885 人,为企业缓解资金 7343.48 万元。公积金贷款直接拉动的住房消费占全省住宅销售额约 30.1%,为促进住房消费和山西省房地产去库存发挥了重要作用。

四、城乡规划

太原都市区规划。太原都市区规划由山西省政府第 145 次、第 158 次常务会议审议,省委第 38 次常委会议审议并原则批准。太原都市区规划范围包括太原市六城区、清徐县、阳曲县,晋中市榆次区和太谷县,面积 6503 平方公里,规划期限为 2016 年—2035 年。空间布局结构为"一主一副一区多组团",总体定位为国家新型产业基地和能源科技创新中心,国家资源型经济转型与绿色发展示范区,具有国际影响力的文化旅游都市,努力建设成为国家区域中心城市。11 月 1 日山西省政府批复了《太原都市区规划(2016—2035 年)》。该规划已印发执行,相关媒体进行了宣传。

"五规合一"试点。由太原市人民政府和山西省住房和城乡建设厅联合成立了太原市"五规合一"试点工作领导小组,制定了工作方案。通过大量基础资料整合、部门对接协调消除规划差异等做法,太原市已经完成了"五规合一"空间总体规划编制和信息平台建设工作,并积极推进"五规合一"改革优化建设项目审批流程再造,"五规合一"信息平台已部署至太原市政务专网并和相关单位联通对接,完成系统上线,正在进行试运行。

城市总体规划编制。制定印发全省《山西省县(市)城乡总体规划编制导则(试行)》和《山西省县(市)城乡总体规划技术审查要点(试行)》,全省县及县级市的总体规划修编,全面按照城乡总体规划进行,推进城乡一体化发展。

保护评估工作。开展历史文化名城、街区保护评估工作。2017 年,评估工作已全面完成,形成了评估报告。

山西省历史文化名城名镇名村保护条例。山西省历史文化遗产资源丰富。12 月 1 日《山西省历史文化名城名镇名村保护条例》已由山西省人大常务会审议通过,自 2018 年 1 月 1 日起施行。

违法建设专项治理五年行动。山西省 22 个城市全部制定了专项治理工作方案并成立了领导机构,完成了摸底排查工作。经摸底排查,全省违法建设总占地面积 892.46 万平方米,违法建设总建筑面积 2142.63 万平方米。全省共查处违法建设建筑面积 1567.92 万平方米,完成查处违法建设总数的 73.17%。

城乡规划许可系统建设。山西省城乡规划许可信息管理系统于 11 月 1 日试运行,将于 2018 年 1 月 1 日正式上线运行。该系统覆盖全省所有市县和开发区城乡规划主管部门核发的"一书三证"(建设项目选址意见书、建设用地规划许可证、建设工程规划许可证和建设工程竣工规划认可证)。截至 12 月底,全省各市县规划管理部门已通过省许可系统核发"一书三证"511 件,其中选址 134 件、用地规划证 131 件、工程规划证 177 件、竣工认可证 69 件。

五、城市建设

改善城市人居环境。2017年,按照山西省委、省政府对改善城市人居环境工作的总体部署,紧紧围绕设施提升、城市安居、城中村改造和环境提质"四大工程"任务,精心组织、周密部署,创新举措、全力推进,促进了山西省城市人居环境持续改善。第一,设施建设进一步加强,综合承载能力有效提升。第二,保障性安居工程快速推进,住房需求基本得到保障。第三,城中村改造扎实推进,配套设施日趋完善。

城市市政基础设施建设。认真贯彻落实中央城市工作会议精神,以提升城市综合承载能力、改善城市人居环境为目标,加快推进城市市政基础设施建设。报请山西省人民政府出台了《全省城乡污水垃圾治理行动方案》,印发了《全省城市生活垃圾分类工作的实施意见》《关于全面加快城市集中供热建设推进冬季清洁取暖的实施意见》等重要文件。以目标责任书的形式,将投资和建设任务分解下达各市,并多次开展专项督察,研究解决存在问题,采取会议调度、现场指导、通报督办等措施推进市政基础设施建设。

城市生活垃圾分类。研究出台了《全省城市生活垃圾分类工作的实施意见》,报请山西省人民代表大会常务委员会出台了《山西省城乡环境综合治理条例》,进一步健全了城市生活垃圾分类的政策法规体系。会同山西省发展和改革委员会召开了工作推进会议,对城市生活垃圾焚烧发电工作进行了安排部署。

城市供热。配合发改部门开展了山西省城市清洁取暖工作调研,制定下发了《关于全面加快城市集中供热建设推进冬季清洁取暖的实施意见》,明确了山西省城市集中供热的发展目标、重点任务和保障措施。

城市地下综合管廊建设。报请山西省人民政府同意,就住房城乡建设部下达山西省的年度任务进行了分解下达,并建立了月报通报制度。两次召开山西省城市地下综合管廊建设调度会,对工作进行安排部署;组织各市参加了住房城乡建设部管廊专项规划专题辅导会,指导帮助各市提升规划编制水平;对部分重点城市管廊建设情况进行了专项督查。

城市黑臭水体治理。会同山西省环境保护厅印发了《关于做好城市黑臭水体效果评估工作的通知》,对黑臭水体信息公开、效果评估等工作进行了安排部署。山西省列入住房城乡建设部城市黑臭水体整治平台的74条黑臭水体,56条已完成整治,其中太原市已全部整治完成,其它设区城市完成总数的67.3%。

海绵城市建设。按照山西省人民政府办公厅《关于推进海绵城市建设管理的实施意见》,对各市工作任务进行了安排部署。19个城市编制了海绵城市建设专项规划,开工建设了一批海绵城市项目,累计建设面积49.1平方公里。

城市市政运营行业监管。深入贯彻国家、山西省和住房城乡建设部有关安全工作精神和要求,组织开展了山西省市政公用行业重点领域事故隐患集中排查治理行动,并结合省内实际,制定印发了检查方案,对各市市政公用主管部门、企业(单位)安排部署,同时,结合山西省住房城乡建设系统安全生产大检查、城建行业重点工作督查等工作,持续推进工作落实。组织各市认真开展汛前检查和备汛工作,指导各市认真落实住房城乡建设部、山西省防汛抗旱指挥部各项城市防汛措施。强化城市供热统筹调度,供暖季前指导各市供热企业就供热储煤、检修、运行、信息报送等工作进行安排部署,确保稳定运行。

燃气市场监管。为进一步规范整顿全省自供燃气设施,促进燃气行业健康有序发展,研究印发了《关于进一步加强燃气市场监管确保安全供气的通知》。印发了《关于进一步加强城镇燃气安全管理工作的通知》,建立城镇燃气行业重大危险源数据库,强化危险化学品安全监管能力建设。

风景名胜区监督管理。组织五台山风景名胜区、碛口风景名胜区、壶口风景名胜区按照住房城乡建设部意见,开展了风景名胜区总体规划修改完善工作,印发了《关于切实做好风景名胜区体制机制改革创新工作的通知》,对风景名胜区理顺体制机制,拓宽投融资渠道,加强政策扶持,加快改革进度等工作进行了安排部署。

六、村镇规划建设

农村危房改造。山西省政府高度重视农村危房改造工作,将之纳入为农民办的"五件实事"、改善农村人居环境"四大工程"和脱贫攻坚重点工作强力推进。2008年启动实施以来,全省累计完成农村危房改造任务85.96万户,约使301万农村贫困人口解决住房安全问题。省住建厅配合省财政厅印发了《山西省农村危房改造补助资金管理办法》,进一步明确了农村危房改造补助对象和补助标准,要求各地积极做好危房改造补助资金统筹整合工作,发挥补助资金最大使用效益。

乡村清洁工程。2017年继续抓好乡村清洁工程"人员队伍、清扫保洁、垃圾收集处理、村容整饰、长效管理机制"五个全覆盖,累计配备清扫保洁人员9.4万名,监管员1.6万名,农村清扫保洁体系持续运转。会同环保、农业、水利部门共同下发了《关于开展非正规垃圾堆放点排查工作的通知》,组织各地深入摸底调查,完成各类非正规垃圾堆放点排查录入9205处,数量居全国第一。

传统村落保护。全省现存古村落达3500多处,已登记建档古村落1700处,其中,中国传统村落279处(全国第4位),省级传统村落286处;中国历史文化名镇名村40处(全国第3位),省级历史文化名镇名村197处。建立了省级住建、文化、文物、财政、国土、农业、旅游、环保等八部门参与的"7+1"协调工作机制,定期召开专题会议,开展技术指导和专项督查,协调解决困难和问题,完成了49个中国传统村落保护项目,启动了59个中国传统村落保护项目。配合开展了《山西省历史文化名城名镇名村保护条例》立法,完成了《山西省传统村落保护发展管理办法》(送审稿),《山西省传统建筑解析与传承》编辑完成并由中国建筑工出版社出版,启动了《山西传统建筑认定标准》《山西省传统村落保护发展规划编制要求》《山西传统村落图集》等编写工作。开展第五批中国传统村落调查申报，分四组对全省11个市81个县（市、区)650余个村开展实地摸底，审核推荐了600个村申报第五批中国传统村落,申报数量居全国第一。推荐了88个村镇申报第七批中国历史文化名镇名村,超过了前几批申报数量的总和,居全国第一位。推荐136个中国传统村落开展中央资金申请工作,有97个被列入中央资金支持范围,争取中央资金2.91亿元。16个村被列入首批住建部中国传统村落数字博物馆。推荐51位工匠申报首批中国传统建筑名匠。开展了全省传统村落论文征集等五项省级传统村落系列活动,并推荐优秀作品上报首届传统村落保护发展国际大会。会同省摄影家协会等单位成功举办2017年平遥国际摄影大展“山西传统村落摄影展”,择优推荐的摄影作品数量居全国第一。

特色小城镇建设推进。为全面贯彻落实习近平总书记“抓特色小镇、小城镇建设大有可为”的重要指示,按照住建部、国家发改委、财政部《关于开展特色小镇培育工作的通知》要求,山西省积极推进特色小城镇培育创建,2017年,全省有9个镇被公布为全国特色小城镇,30个镇公布为省级特色小城镇。制定了《山西省特色小城镇规划编制要求》和《山西省特色小城镇创建培育标准》。从全省建制镇中遴选50个镇作为山西省特色小城镇的重点培育对象,编写了《山西省特色小城镇情况简介》。

七、工程质量安全监督

工程质量安全提升行动。按照住建部要求,下发了《山西省工程质量安全提升行动工作方案》,对工程质量安全提升行动进行安排部署,全面启动山西省工程质量安全提升行动。

工程质量监管。全面落实参建各方主体的工程质量安全责任,全省新办理质量监督手续工程1588项,办理竣工验收备案工程555项,所有项目都执行了“两书一牌一档”制度。加强工程质量监督检查,开展建设工程质量监督机构和监督人员考核,完成对全省县级以上工程质量监督人员培训与考核工作,共有1291名监督员考核合格;加强工程质量监督机构考核,实现市、县两级机构考核全覆盖。

建筑工程技术创新。评审公布了2016年度省级施工工法。组织专家对申报的731项工法进行评审,确定了483项省级工法,鼓励企业不断采取新技术、新工艺,进一步提高全省工程建设技术水平;审核公布了2017年度省建筑业新技术应用示范工程立项项目200个,大力推广“建筑业10项新技术”;组织编制完成《海绵城市工程建设标准设计图集》,并通过专家委员会审查,并予以公布。

建筑安全监管。第一,建立健全安全生产管理机制。推进建筑施工安全标准化考评工作,出台了《山西省建筑施工安全生产标准化考评实施办法（试行)》《关于创建省级建筑施工安全生产标准化示范项目和企业实施办法》，通过开展建筑施工企业和项目安全生产标准化考评,创建省级标准化示范项目和企业活动,进一步落实安全生产主体责任,提升建筑施工安全生产管理水平。第二,全力抓好安全生产专项整治和专项检查。根据省政府1号文件要求,重点开展了预防建筑施工模架支撑和土方(隧道)开挖坍塌事故专项整治,累计排查安全隐患675项,全部完成整改。第三,做好重点时段安全生产督查。开展全省春季复工安全生产督查,共抽查34个在建工程项目,下发检查情况反馈意见表34份、整改通知单11份、执法建议书5份,对督查情况进行了通报;做好汛期安全生产工作,要求各市组织开展汛期安全生产隐患排查整治。第四,开展安全生产大检查工作。制定了《全省住建系统安全生产大检查工作方案》，召开了全省住建系统安全生产工作例会,就大检查工作进行动员部署。大检查期间,各级住建部门累计出动检查组1029个,检查人员9659人(次),检查企业1966家,责令限期整改企业248家,责令停产停业整顿企业37家,排查安全隐患7763条,已立即整改7153条,限期整改1584条,安全生产大检查工作取得明显成效,有效减少和遏制建筑施工生产安全事故发生。

安全生产宣传培训。制定了全省住建系统安全生产“知责履责、失职追责”活动方案,开展了为期6个月的专题活动,进一步理清安全生产职责,提升安全生产意识。

抗震防灾工作。严格执行《山西省超限高层建筑工程抗震设防界定规定》,组织专家对12个超限高层建筑抗震设防项目涉及18幢、45万平方米的超限高层建筑工程进行了抗震设防专项审查,审查率100%。

八、建筑市场

建筑业发展。制定出台《关于进一步加大对山西省建筑业企业扶持力度的通知》《关于加快山西省建筑业企业资质提档升级的通知》和《关于鼓励外埠建筑业企业在山西省落户的指导意见》等一系列政策,帮扶山西省企业承揽业务、加快资质提档升级、吸引省外优秀企业落户,助力企业成长,推动行业发展。加大企业资质提档升级服务,建立企业服务登记制度,重点做好资质报部升级企业的帮扶工作,

实行包保扶持,提升资质升级成功率。住建部共核准山西省企业特级资质12项,一级资质26项,高等级资质企业队伍实现跨越式发展。加大骨干企业培育力度,印发《关于支持山西省骨干建筑业企业做大做强的实施意见》,评选48家骨干建筑业企业,在资质升级增项、招投标等方面予以重点支持。全省完成建筑业总产值首次突破3500亿元,达3566.6亿元,同比增长7.5%。建筑业增加值首次突破1000亿元,达1019.8亿元,同比增长4.1%。

完善建筑市场制度。印发《房屋建筑和市政基础设施工程施工评标办法》，加大省内科技成果和投标人资信的评审权重,遏制投标人陪标、围标、串标等违法违规行为,促进评标活动科学化、规范化。印发《关于开展度建筑业等5类企业双随机核查工作的通知》，持续加强建筑市场监督执法检查力度。制定印发《关于推进建筑工程项目劳务实名制管理工作的通知》,加强项目用工管理,保护农民工合法权益,维护社会稳定。

出台建筑业发展实施意见。10月，省政府办公厅印发

《关于促进建筑业持续健康发展的实施意见》,提出了加快行业转型升级,完善工程建设组织模式等27条具体意见。文件是近年来山西省内容最全、覆盖面最广的建筑业发展指导性文件,措施具体,可操作性较强,对推动山西省建筑业发展具有里程碑式的意义。

诚信体系建设。印发《关于进一步加强建筑市场监管公共服务平台建设提高信息采集录入质量的通知》,实现信息采集、资质审批和市场监管等事项的联动管理,确保数据录入质量。共录入项目信息8245项,实现了全省房屋建筑和市政基础设施工程新建和在建项目信息全部入库,建筑工程项目信息化监管水平显著提升。

龙头企业转型重组。9月21日,省内规模最大的工程建设企业山西建筑工程(集团)总公司完成公司制改革,成立山西建设投资集团有限公司。通过改制,集团实现了由承建商向建筑服务商、投资运营商转变;由传统、单一的房建施工向产业链一体化、相关多元化经营转变;由施工总承包企业向工程总承包企业转变;由劳动密集型向资本、技术密集型企业转变;由规模速度型向质量效益型增长转变。通过改制,使集团公司发展战略更加清晰,主业优势更加突出,企业治理更加规范,经营机制更加灵活,创新发展成为主导,实现了发展模式的根本转变,对全省建筑行业的带动引领、示范作用将进一步增强。

九、建筑节能与科技

建筑节能。强化建筑节能监管,推动建筑行业绿色发展。强化建筑节能监管,严把节能设计认定和节能专项验收备案两个关口,确保新建建筑全面执行65%节能标准。大力发展绿色建筑,全省新设计建筑面积4097.06万平方米,执行绿色建筑标准面积2817.99万平米,执行率68.78%,超额完成35%的年度目标任务。积极培育高星级绿色建筑,新增二星级以上绿色建筑评价标识项目127.98万平方米,超额完成100万平方米年度目标任务。积极发挥建筑节能领跑作用,完成“绿色建筑行动”计划投资49.69亿元,为全年任务的248.45%。

建设科技。着力推动科技创新,开创建设科技工作新局面。开展建设科技成果登记,印发《山西省住房和城乡建设厅关于做好建设科技成果登记工作的通知》,将科技成果与企业资质管理、招投标、评优评奖挂钩,引导企业把科技创新放在核心战略位置,加快自主创新能力建设,经省级以上部门鉴定和专家审定,49项建设科技成果予以登记。引导企业技术进步,开展科学技术计划项目申报示范工作,列入住房和城乡建设部科学技术计划项目9项,山西省科学技术厅科学技术计划项目3项,山西省住房和城乡建设厅科学技术计划项目24项,3项成果被评为山西省科学技术二、三等奖。大力推广应用新技术新产品,印发《山西省住房和城乡建设厅关于进一步加强建筑节能新产品新技术新设备推广应用的通知》。

装配式建筑。大力发展装配式建筑,各项工作有序启动。做好顶层设计,印发《关于大力发展装配式建筑的实施意见》,制定《山西省住房和城乡建设厅装配式建筑行动方案》,成立装配式建筑领导组,加快推动全省装配式建筑发展。着力打造装配式建筑产业园区,山西建设投资集团有限公司被住房城乡建设部认定为第一批装配式建筑产业基地。印发《山西省住房和城乡建设厅装配式建筑示范城市管理办法》《山西省住房和城乡建设厅装配式建筑产业基地管理办法》《山西省住房和城乡建设厅装配式建筑示范项目管理办法》,开展省级示范评选工作。全省已建成装配式建筑产业基地4个,在建、拟建5个,涵盖钢结构、混凝土结构、木结构三大装配式建筑结构体系,产业基地布局已基本形成。

十、党风廉政建设

主体责任夯实。山西省住房和城乡建设厅党组以上率下,层层传导压力,逐级传递责任,坚持管党治党与业务工作同部署、同落实、同检查、同考核,修订完善了相关规章制度,10次召开专题会议研究部署党风廉政建设,组织开展了机关党建专项督查,有力促进了管党治党主体责任的延伸和落实。厅党组主要负责人切实担负起管党治党的主责、首责、全责,始终牢牢把党风廉政建设抓在手上。厅领导班子成员认真履行“一岗双责”,认真做好分管领域党的建设各项工作。厅直机关各级党组织认真履行管党治党主体责任,严格落实“三会一课”、民主生活会、组织生活会、廉政谈话、廉政报告等制度规定,及时对党员干部苗头性、倾向性问题咬耳朵、扯袖子、敲警钟,实现了业务工作开展到哪里,管党治党就跟进到哪里。

“四个意识”明显增强。山西省住建厅党组把思想政治建设放在首位,坚持思想教育狠抓不松、理论武装常抓不懈,组织全厅各级党组织和全体党员干部深入学习贯彻习近平新时代中国特色社会主义思想、党的十九大精神和习近平总书记视察山西重要讲话精神,扎实推进“两学一做”学习教育常态化制度化,深入开展维护核心、见诸行动主题教育,全面加强“三基建设”,严格落实党内政治生活制度,进一步增强“四个意识”、坚定“四个自信”,坚决维护以习近平同志为核心的党中央权威和集中统一领导。

作风建设持续加强。认真贯彻中央“八项规定”精神和省委相关规定要求,制定施行《实施细则》,严格把控重大节日等关键节点,畅通举报渠道,进行明察暗访,对节日期间公用经费开支情况进行专项检查,有效防止了“四风”反弹回潮。大兴调查研究之风,按照省委万名干部大调研活动部署,处级以上干部走出去、沉下去,摸实情、出实招,深入思考、认真研讨,形成了一批较高质量的调研成果。弘扬撸袖实干精神,实地组织学习红旗渠精神,广大党员干部主动担当、积极作为、努力工作,充分发挥了先锋模范作用。

监督执纪力度加大。坚持把纪律和规矩挺在前面,综合运用监督执纪“四种形态”,集中对近年来厅直机关违纪案件进行大起底,对1名同志给予党内严重警告处分,对6名同志进行诫勉谈话,对14名同志进行批评教育,切实维护了党的纪律严肃性。

十一、扶贫工作

扶贫工作。一是强化组织管理,提高扶贫效率。厅党组紧紧跟随党中央、省委、省政府的脱贫攻坚脚步,坚持以精准扶贫,精准脱贫为原则,于4月27日制定印发了《山西省住房和城乡建设厅驻村工作队员和第一书记管理办法》,以加强扶贫队伍建设。为切实加大扶贫力度,厅党组在5月12日调整厅干部下乡驻村和领导干部包村增收工作领导组,印发《中共山西省住房和城乡建设厅党组干部下乡驻村和领导干部包村增收工作方案》,明确制定出省建设厅帮扶的忻州市河曲县前川乡8个贫困村的脱贫攻坚具体措施。并将各包村干部组划分为若干"定期进点精准帮扶小组",按照10月省建设厅党组制定印发的《定期进点精准帮扶计划表》,有计划地进行精准扶贫。为扎实有序的推进脱贫进展,厅党组于12月出台《山西省住房和城乡建设厅精准帮扶考核办法》,以强化管理提高各扶贫队员的积极性。二是精准发力,扎实实施脱贫攻坚各项举措。6月成立以党组书记李栋梁厅长为组长、党组成员郭燕平副厅长为副组长的"双组长"脱贫攻坚专项领导组,"双组长"脱贫攻坚专项领导组全体党组成员签订了河曲县脱贫攻坚双签责任书,以"领头羊"精神多次带领全厅346名党员干部奋斗在脱贫攻坚第一线,誓要打赢脱贫攻坚战。山西省住房和城乡建设厅帮扶8个贫困村有效推广了富硒杂粮种植、渗水地膜技术,专业合作社设立20余个;马家也、星佐村分别建成卫生室,方便群众基本就医;马家也、上沟北、星佐、南也建成绿色光伏发电项目;8个贫困村农村养老保险、医疗保险参合率达到100%,农业种植保险参合率达到85%;8个贫困村整体完成自来水入户工程,从根本上解决了村民吃水难问题;12月省住建厅南也村敬老院项目破土动工。

山西省住房和城乡建设厅实地帮扶340余人次,实现上沟北、下沟北、南也、马家也、星佐5个贫困村脱贫。省厅1名同志荣获忻州市"全市优秀农村第一书记"称号。同年山西省社会科学院文学所根据山西省住房城乡建设厅派驻南也村第一书记为村民化解矛盾、解决喝水难问题的脱贫攻坚事迹撰写成电影剧本《三把锁》。

十二、行政审批制度改革

企业投资项目承诺制改革。根据山西省企业投资项目承诺制改革领导组部署,成立了山西省住房和城乡建设厅企业投资项目承诺制改革领导组,将涉及山西省住房和城乡建设行业的10项审批事项在山西省转型综改示范区等十个开发区内进行了承诺制改革试点;制定了《落实企业投资项目试行承诺制实行无审批管理服务监管办法(试行)》和《施工图设计文件联合审查管理办法》(试行)。

行政审批"两集中、两到位"。山西省住房和城乡建设厅制定了《行政审批事项"两集中两到位"实施方案》;完成了工作交接和人员培训;厅15项行政审批事项由行政审批管理处负责在山西省政务服务中心内进行全流程办理;优化审批流程,重造了期办件、快办件、即办件办理流程;实行驻中心首席代表制度;建立了背靠背审查、专家审查、会议审查、领导抽查制度。

行政审批制度改革。制定了《山西省住房和城乡建设厅营造"六最"环境实施方案和行动计划》;成立了山西省住房和城乡建设厅优化营商环境工作领导组;山西省住房和城乡建设厅行政审批管理处牵头,落实山西省住房和城乡建设厅减证便民专项工作,1227项行政审批前置申请材料清理了403项,占比33%;按照省政府优化改进投资项目报建审批要求,制定了《山西省住房和城乡厅优化改进投资项目报建审批工作方案》。行政审批事项取消23项、下放2项、调整6项,审批事项由23大项54小项减少至17大项24小项;调整了权责清单,并实施动态管理,取消了住房和城乡部批办、山西省住房和城乡建设厅批办的行政审批事项市级初审环节;对企业资质报住房城乡建设部事项实行即办制度;企业资质证书变更、执业人员出省注册等简易事项实行即来即办,期办件平均办理时间压缩至法定办理时限的2/3。

贯彻山西省人民政府关于商事制度改革"多证合一"要求,将房地产经纪机构及其分支机构备案和住房公积金缴存登记2项列为山西省"多证合一"改革整合事项。

按照山西省商事制度改革"证照分离"改革试点要求,确定了建筑业企业资质核准等7项改革试点事项,确定了太原、大同、晋中、长治、晋城5个市共9个部门为改革试点单位,明确了改革任务;对接山西省省企业信用信息系统,实现了行政许可、行政处罚数据全量、即时推送和共享。

"互联网+政务服务"。将涉及山西省住建部门的建设项目选址意见书核发等7项事项纳入山西省投资项目在线审批监管平台运行;按照省政府推进"互联网+政务服务"要求,完成了山西省住房和城乡建设厅行政审批管理管理系统间的单点登录对接、全审批流程数据对接;梳理收集山西省省级住房和城乡建设部门网上审批事项系统升级改造基础数据;开展社会信用体系建设,完成了山西省住房和城乡建设行业省级部门生成的行政许可、行政处罚数据与山西省社会信用信息平台对接,全年共计实时、全量推送数据99479条;对山西省住房和城乡建设厅行政许可、行政处罚"双公示"工作进行全面自查,接受国家发展改革委员会委托第三方评估机构进行的抽查评估,并在省委组织部、省发展与改革委员会组织的山西省社会信用体系建设培训及经验交流会议上作为山西省级部门先进代表做了经验交流。

(李国红　米玉婷)

附:省住房和城乡建设厅党组书记、成员名单

书　记:李栋梁(12月离职)　王立业(12月任职)

成　员:郭燕平　李锦生　郝耀平(6月离职)　姚少峰(1月离职)　翟顺河　张学锋　王淑敏

省交通运输厅党组工作概况

党组书记　张志川

2017年，全省交通运输系统认真贯彻省委“一个指引、两手硬”的重大思路和要求，坚持稳中求进工作总基调，团结拼搏，开拓创新，圆满完成年度目标任务，交通运输事业实现新进步。

交通基础设施建设取得新进展。全年交通基础设施建设完成投资291.3亿元，完成年计划的126.7%。全省新增公路通车里程789.5公里，达到14.29万公里。高速公路原平至神池、高平至沁水、北京至乌鲁木齐山西段、长治至邯郸改扩建4个项目建成通车，新建成出省口2个，总数达到23个，通车总里程达到5335公里。普通国省干线公路完成拥堵路段和瓶颈路段新改建486公里。农村公路完成新改建7930公里，完成安防工程5532公里。建成城市公交场站和乡镇汽车站15个。开工建设黄河、长城、太行三大板块旅游公路吕梁碛口、临汾乾坤湾2个试验段。

交通扶贫攻坚迈出新步伐。贫困地区交通建设完成投资172.6亿元，建成高速公路70公里、普通国省干线公路383公里、农村公路和旅游公路5608公里。扎实推进“四好农村路”建设，创建全国示范县2个、省级示范县4个，新增通客车建制村636个，全省具备条件的建制村通客车率达到96.9%。积极开展定点扶贫，厅领导带头深入帮扶点，开展驻村蹲点帮扶工作，处级以上干部与666户建档立卡贫困户实现结对帮扶“全覆盖”。省厅安排扶贫资金800余万元，完成47个精准扶贫项目，6个定点帮扶贫困村新脱贫81户181人、3个贫困村实现整村脱贫。

供给侧结构性改革和重点领域改革实现新突破。一是积极推进运输业降本增效。实施政府还贷高速公路“分区域、分路段、分时段、分车型”差异化收费试点，特别对国际标准集装箱及厢式货车通行费进行优惠、客运班车实施分档包缴，2017年实施三个月共减免通行费1.47亿元，受到国务院办公厅和省政府通报表扬。认真落实鲜活农产品“绿色通道”和重大节假日小型客车免费通行政策，全年减免通行费12亿元。积极发展现代物流业，太原中鼎物流园区和侯马方略国际物流中心列入交通运输部多式联运示范项目。山西经纬通达股份有限公司等7家物流企业进入全国无车承运人试点行列。临汾兴荣物流联盟加盟企业达到300多家，成为全省现代物流企业的“领头羊”。二是组建交控集团，实现政企分开。在省委、省政府高度重视和直接领导下，省厅整合62条政府还贷高速公路、10户路桥企业、厅直2户科研企业、省高管局3户直属企业和省国资委管理的路桥集团、交通投资集团、高速集团，组建山西交通控股集团有限公司，成功实现化解政府性债务、推进政企分开、培育强劲市场主体“一石三鸟”的预期目标。截至年底，交控集团运行平稳、发展态势良好。三是积极推进综合交通运输体制改革。根据省政府推进民航机场管理政企分开的决策部署，省厅承接民航机场管理主要职责，实现公路水路运输与民航运输的综合管理。2017年12月29日，省民航机场管理局在省厅正式揭牌。厅机关增设民航综合协调处和民航建设运行处。四是不断深化“放管服效”改革。按照省政府营造“六最”营商环境的要求，积极推进政府职能转变，省厅再次取消下放行政审批事项4项，精简行政审批前置材料124项，完成14项“多证合一”“证照分离”改革试点工作，80%以上审批事项实现网上办理。建立“双随机一公开”监管机制，开展行政许可、行政处罚和企业信息归集公示及信用评价工作。实行“13710”督查督办工作制度，按时办理重点事项104项。

行业服务水平再上新台阶。一是行业管理进一步加强。重点公路工程监督抽检合格率达到93.5%，关键指标合格率达到96.6%。高速公路和普通国省道优良路率、农村公路优良中等路率分别达到99.85%、81.87%、77.33%。公路控制区划定工作有序推进。深入开展打击“黑车”非法营运专项行动，查处非法营运车辆1357辆次、违规营运车辆857辆次，维护了运输市场秩序和经营业户合法权益。二是道路水路航空运输平稳有序。全年累计完成营业性公路水路客运量1.75亿人、旅客周转量150.5亿人公里；累计完成营业性公路水路货运量11.5亿吨、货物周转量1758.8亿吨公里。全省民用机场共完成旅客吞吐量1583.41万人次、货邮吞吐量5.46万吨。太原武宿国际机场年旅客吞吐量首次突破千万人次，进入国内繁忙机场行列。三是城市公交稳步发展。全年新增更新公交车1757辆，其中新能源公交车达1200多辆，忻州、吕梁、长治、临汾4个设区市实现了公交车纯电动化，临汾市列入“十三五”全国“公交都市”试点。开通了晋城至郑州、焦作城际公交。7个县开展了城乡交通运输一体化试点，平定、平顺2县入选全国首批试点；10个地级市实现城市公交“一卡通”，7个设区市实现“95128”出租车预约“一号通”。

法治政府部门建设和安全生产管理得到新提升。一是认真贯彻落实党政主要负责人履行推进法治建设第一责任人职责，建立厅长负总责、班子成员分工负责、法治工作机构总体协调、职能处室齐抓共管的交通运输法治政府部门建设领导体制和运行机构，统筹推进制度建设、依法行政工作。省政府修订《山西省水上交通安全管理办法》。积极推行重大行政决策和规范性文件合法性公平竞争审查、法律顾问和公职律师等制度，省厅制订出台规范性文件5件，并组织对现行规范性文件进行了全面清理。加强行政执法评议考核，依法开展行政复议和行政应诉工作，组织开展公路执法、源头治超等专项检查。认真落实"谁执法、谁普法"责任制,深化党委(党组)集中学法和领导干部法治培训,全行业法律素质有效提升。二是坚持依法治安、管理强安、科技兴安,进一步落实安全生产"两个责任",对全省 584 户道路水路运输企业、14 个在建重点建设项目、117 个汽车站以及 17259 辆"两客一危"重点营运车辆实行了挂牌监管。全年共整治各类安全隐患 6404 项,整改率达到 97%。编制完善各类应急预案 54 部,开展各类应急演练 1276 次。省厅被国务院安委办授予"全国安全生产月和安全生产万里行活动先进单位"。切实加强治超工作,全省非法超限率始终控制在 0.2%以内,继续保持全国领先地位。深化与公安部门社会综治联防联治,行业保持安全稳定。

科技创新与绿色交通建设取得新成果。全年开展科研项目 79 项。获得省科学技术奖 13 项,创历年之最,居省直部门前列。鼓励行业创新,取得专利授权 400 余项。推动群体性科技活动,全系统共获国优、部优、省优 QC 小组(企业)奖 112 个、个人奖 10 个。省厅编制《"十三五"山西交通运输节能环保发展规划》,印发《党政领导干部生态环境损害责任追究实施细则(试行)》,深入开展路域环境综合治理,扎实抓好中央环保督察发现问题的整改落实,道路抛洒、扬尘污染等得到有效治理。阳城至蟒河高速公路入选全国绿色公路建设典型示范工程。

全面从严治党得到新加强。一是坚持把政治建设摆在首位。各级党组织及广大党员干部牢固树立"四个意识",做到"四个服从",严肃党内政治生活,坚决维护以习近平同志为核心的党中央权威和集中统一领导。扎实推进"两学一做"学习教育常态化制度化,深入推进"三基建设",加强工青妇等群团组织建设,党的组织基础、制度基础和群众基础进一步加强。二是深入推进全面从严治党。厅党组切实扛起管党治党政治责任,坚持抓"关键少数"、管"绝大多数"。认真做好省委巡视反馈意见整改工作,2017 年整改任务全面完成。继续推进正风肃纪反腐工作,厅党组落实中央八项规定精神,制定出台了实施细则,组织开展了纪律作风大整顿、绿色通道专项检查、信访案件大清底"三个专项行动",333 人受到批评教育或组织处理、86 人受到党政纪处分。三是全面加强精神文明建设。加强党史教育和新闻宣传工作,教育引导广大干部职工自觉践行社会主义核心价值观,弘扬"太旧"精神,积极投身新时代中国特色社会主义交通建设的伟大实践,涌现出一批具有行业特色的先进典型,山西交通政务微信公众号荣获"2017 年全国交通运输行业十佳政务微信公众号"称号,省公路局荣获"全国文明单位"称号,厅机关重获"省直文明单位"称号。在省委、省政府组织的五年一次全省人民满意的公务员和公务员集体评选活动中,厅机关有 1 名个人、1 个处室分别入选并受到表彰。

2017 年,在省委、省政府的坚强领导下,省厅加大正风反腐力度,推进"六权治本",实施"三个一批",形成"三个高压态势",肃清腐败流毒,匡正用人导向,扎牢制度笼子,扭转被动局面。及时开展"大学习、大讨论、大发展"研讨,坚持问题导向和目标导向,找准困难问题,直面矛盾挑战,适时把干部职工的注意力引导到改革发展上来,各项工作取得新进展新进步。全系统保持了政治稳定,焕发出奋发进取的新气象。

(师国梁　陈瑞丽)

附:省交通运输厅党组书记、副书记、成员名单

书　记: 张志川(12 月离职)　闫晨曦(12 月任职)

副书记: 唐　晋

成　员: 张晓玲　袁清茂(11 月离职)　秦红保　雷天才　李贵顺　王　晋(11 月任职)　段新源(12 月任职)

省水利厅党组工作概况

党组书记　常书铭

2017 年,在省委省政府的正确领导下,省水利厅紧紧围绕全省水利中心工作,认真贯彻落实党的十八届三中、四中、五中、六中、七中全会精神,党的十九大及习近平总书记系列重要讲话精神,以中央及省委新时期水利工作方针为引领,积极推动落实全面从严治党,努力改进工作作风,切实加强班子和队伍建设,为确保全年水利工作圆满完成提供了坚强的政治和组织保证。

一、全面加强领导班子和干部人才队伍建设

(一)扎实推进"两学一做"学习教育和"维护核心见诸行动"主题教育,认真学习贯彻党的十九大精神,思想政治建设不断加强

1. 扎实推进"两学一做"学习教育和"维护核心见诸行动"主题教育

把推进"两学一做"学习教育常态化制度化和开展"维护核心见诸行动"主题教育作为重大政治任务,认真安排部署,精心组织实施,学习教育和主题教育扎实推进,取得明显成效。党员领导干部"四个意识"明显增强,遵守党章、贯彻党章、维护党章,遵守党的政治纪律,自觉维护中央权威的自觉性进一步提高。

一是周密部署,精心组织。按照省委部署要求,省水利厅及时成立了维护核心见诸行动主题教育办公室,制定了《实施方案》,明确了厅直党组织的 11 项重点任务、基层党支部的 6 项重点任务。5 月 11 日,召开了"两学一做"学习教育常

态化制度化学习教育和“维护核心见诸行动”主题教育动员部署会,厅直系统各级党组织迅速行动,相关活动全面展开。8月18日,举办“习总书记视察山西讲话进基层”主题宣讲,厅党组书记作了《维护核心、见诸行动为山西振兴崛起提供强有力的水支撑》的主题宣讲报告。之后组织厅党组中心组集中学习5次、专题讲座5场,组织习总书记视察山西讲话精神专题考试4次。组织召开了学习贯彻习总书记系列重要讲话经验交流及工作推进会,19个厅直党委书记围绕学习贯彻习总书记视察山西重要讲话进行了交流,以“深刻理解确立习总书记核心地位重大意义”为主题进行了座谈。组织召开了6次不同层次、不同重点的会议传达中央和省委精神,研究贯彻落实习近平总书记视察山西重要讲话精神的具体举措,从明确项目、落实资金、制定措施、倒排工期等方面进行了研究与落实。通过集中学习、专题辅导、交流研讨、专题考试,把学用系列讲话提高到了新水平。下发通知,要求各级党组织把《习近平总书记的成长之路》《习近平的七年知青岁月》作为推进“两学一做”学习教育常态化制度化和开展“维护核心见诸行动”主题教育的重要教材,组织学习,撰写心得体会。

二是加强支部建设,严肃党内政治生活。省水利厅把“两学一做”学习教育作为“三会一课”的基本内容,认真落实领导干部双重组织生活会、民主评议党员等党内政治生活制度,全系统党内政治生活更加严肃规范。各级基层党支部认真落实“三会一课”制度、采取到红色教育基地、扶贫工作一线重温入党誓词等多种形式,开展“红船精神”主题党日活动和开放式组织生活会,党内政治生活日益规范化、常态化。习总书记视察山西作重要讲话后,机关党委及时下发了《关于认真学习贯彻习近平总书记视察山西重要讲话精神进一步严肃党内生活的通知》,要求各级党组织把学习习总讲话作为首要政治任务,明确学习要求、完成时限,认真开展严肃党内政治生活专题交流研讨、讲好严肃党内政治生活专题党课、开展弘扬党内政治文化主题党日活动、对党内政治生活存在问题深入排查认真整改,保障了党内政治生活的严肃性,进一步增强了党内政治生活的政治性、时代性、原则性和战斗性。

三是积极开展庆祝建党96周年活动。举办了“颂党恩、跟党走”诗文朗读会,“传承红色记忆 庆祝建党96周年”书法、绘画、摄影展,“看变化、讲传统、话发展”为主题的老党员基层走访活动,山西“红色记忆”图片展等系列庆祝建党96周年活动,全面提升了厅直系统各级党组织的创造力、凝聚力和战斗力,进一步增强了“四个意识”,激励广大党员坚定信念、维护核心,以实际行动推动各项工作。

2.认真学习宣传贯彻党的十九大精神,努力做到学懂弄通做实

把学习宣传贯彻党的十九大精神作为首要政治任务,在“学懂、弄通、做实”上下功夫,在入脑入心上做文章,重点抓了“学、讲、做”三个层面的工作。通过深入学习,厅直系统广大党员的理想信念进一步坚定,政治思想建设不断加强。

一是狠抓“学”,真正“学懂”。10月18日,厅直系统各级党组织组织党员干部集中收听收看了党的十九大大会开幕盛况。从当天下午开始,以支部为单位开展集中学习讨论,交流对十九大报告的体会和认识。之后,省水利厅及时下发了《省水利厅关于认真学习宣传贯彻党的十九大精神的通知》,要求厅直各级党组织系统学习宣传贯彻党的十九大精神,制定翔实具体的学习计划,明确目标任务,落实学习措施,并根据不同性质单位和不同党员群体的特点,对学习贯彻的内容安排、组织方式、工作举措等提出了具体要求,确保支部学习全覆盖、党员教育全覆盖、干部培训全覆盖、宣讲解读全覆盖。及时把《党的十九大文件汇编》《中国共产党章程》《党的十九大报告学习辅导百问》《十九大党章修正案学习问答》《习近平谈治国理政第二卷》等书目下发到各级党组织,保证各单位学习需要。各级党组织采取中心组学习、支部学习、专家授课、集中研讨、主题宣讲、撰写心得等多种形式,迅速掀起学习宣传贯彻十九大精神热潮,仅厅机关组织中心组学习和专题辅导5次。厅直机关党委组织召开了学习贯彻党的十九精神调研座谈会,由19个直属党委介绍学习情况、交流经验;组织召开了深入学习贯彻党的十九大精神研讨会,由党委、支部、党务工作者、普通党员代表分别介绍了学习十九大精神心得体会。厅直各级党组织通过新闻媒体、微信群、QQ群、各单位网站等多种渠道学习党的十九大精神,运用报刊、网站、简报、电子屏幕和新媒体等多种手段,加强舆论宣传,营造了学习宣传贯彻党的十九大的浓厚氛围。

二是聚焦“讲”,讲透“弄通”。省水利厅通过邀请鲍善冰、刘晓哲等省内知名教授作具有理论和实践指导意义的专题讲授,进一步增强了广大党员干部对十九大精神的理解和认识,激发了广大党员干部学习贯彻热情。按照省委、省直工委要求,省水利厅坚持以上率下,组织开展学习党的十九大精神集中宣讲,厅领导在全厅干部大会上宣讲,到分管处室和单位宣讲,各级领导深入基层一线宣讲,通篇讲或分段次讲,联系近年来的山西水利发展变化讲、联系干部群众思想和工作实际讲,以实际行动带动广大干部群众的学习,推动党的十九大精神和各项决策部署入脑入心、落地落实。针对水利系统点多、面广、线长特点,各单位结合自身特点分部门、分岗位宣讲十九大精神:工程建设单位围绕完善水利基础设施网络,在补短板、破瓶颈、夯基础、增后劲上下功夫;水保、水资源等单位立足生态文明建设,积极践行人与自然和谐共生理念,在建设绿色水利、树立“绿水青山就是金山银山”上下功夫;在职人员从勇担当多作为上作文章,积极弘扬水利精神;离退人员从发挥老同志的政治优势、经验优势、威望优势上下功夫,组织引导老同志讲好水利故事,使十九大精神在水利系统落地生根。不同重点、不同范围、不同特点、多角度全方位的讲解,为做实奠定了坚实的基础。

三是关键“做”,务求“做实”。围绕如何把十九大精神落实到实际工作中,结合习总书记视察山西讲话精神,省水利厅组织广大党员干部开展立足岗位做贡献、党员先锋行等活动,鼓励广大党员干部立足岗位、勇挑重担。各级党组织围绕

努力健全完善水利基础设施网络,积极践行人与自然和谐共生理念,着力强化水生态文明建设,深入贯彻全面深化改革要求,加快推进水治理体系和治理能力现代化,切实强化依法治水科技兴水等重点水利工作,通过明确目标、制定计划、专题调研、召开推进会等有力措施,将十九大精神与本职工作密切结合,落实到了实际工作中。

(二)贯彻落实省委"一个指引、两手硬"工作思路和要求,加强班子和干部队伍能力建设

认真贯彻落实省委"一个指引、两手硬"思路和要求,重点围绕落实省第十一次党代会和省委十一届二次全会精神,突出理论武装,能力培训、实践锻炼和管理监督,增强落实新发展理念的素养和能力。通过采取中心组学习、支部学习、专家授课、集中研讨、微信群、QQ群、自主选学和在线学习,走出去学和组织培训等方式相结合,加强学习,同时做到学以致用,与本职岗位结合起来,在实践中提升能力。通过参加省委组织部组织的干部专题研修班,赴上海交通大学、哈尔滨工业大学、清华大学等省外高等院校组织处级以上干部参加4次培训班,累计培训89人。厅机关各处室组织2017年度水利技术专业培训班18期,组织培训人数近2200余人。厅直机关党委组织3次培训,培训党务干部近500人。厅直各单位结合实际组织各类培训,例如水文单位、水库单位和大水网工程建设都组织了不同类别的培训,提升了职工干部的管理能力和专业素质。

(三)持续推进作风建设,建立长效机制

坚持教育在先、警示在先、预防在先,通过网络宣传、教育培训、观看教育警示片等形式,做好日常警示教育。强化日常监督,抓住重要时间节点,组织明察暗访、突击抽查。紧盯元旦、春节、中秋、国庆等关键时间节点,及时部署督导党风廉政建设自查自纠工作。按照省委要求,对贯彻中央八项规定精神、反对"四风"方面的制度规定进行了全面梳理,并在分析存在问题、总结经验的基础上,修订完善了《中共山西省水利厅党组关于贯彻执行中央八项规定精神的实施细则》,包括12个方面54条具体规定和要求。按照《省委办公厅关于进一步深化大调研活动的通知》(晋办发电〔2017〕72号)要求,对照习近平总书记对《形式主义、官僚主义新表现值得警惕》一文的重要批示精神,查找了包括大调研活动中的"四风"突出问题,及时剖析原因,认真制定了针对性整改措施,同时下发了《关于贯彻落实习近平总书记进一步纠正"四风"、加强作风建设重要指示的通知》,提出明确要求。大力开展正风肃纪,全年共派出20个工作组、150多人次对"四风"问题开展专项检查和明察暗访,对查实的违规问题作出了严肃处理。

(四)认真落实党建责任制,不断加强机关党建工作领导

按照省直工委《省直机关党的工作责任制的规定》,不断加强完善制度建设,严格落实党内政治生活《准则》,坚持民主集中制,促进工作制度化、规范化。严格落实党组织书记抓基层党建工作述职评议考核制度,召开党组织书记述职评议考核会,聚焦党建工作责任,把责任清单转化为工作清单,把工作清单变成考核清单,督促基层党组织书记牢记全面从严治党第一责任人身份,落实好工作责任,进一步推动全面从严治党向基层延伸。同时加强对群团工作的领导,重视对党外干部、人才的培养使用,凝聚各方面力量,全面抓好党建工作。组织召开了工会工作座谈会,深入学习贯彻中央、省委党的群团二作会议精神,进一步加强基层工会组织建设,增强基层工会活力,不断提高基层工会工作水平。2017年有16个基层工会进行了换届,工会组建率和会员入会率达到100%。积极开展"青年文明号"创建、青年志愿者、雷锋志愿服务活动,目前水利系统共有"青年文明号"集体24个,雷锋志愿服务队33支。联合共青团山西省委、省文明办、省教育厅、省少工委,深入大专院校,开展了以"节水、护水,从我做起"为主题的节水护水公益活动。积极响应全国青年文明号开放周活动,组织动员各青年文明号集体开展了"亮身份、亮形象、亮承诺"活动。

二、深入开展"三基建设",党建基础不断夯实

2017年,以全面开展"三基建设"为抓手,基础工作不断夯实,基层党组织更加完善,岗位设置更趋合理,管理水平逐步提高。党员干部学习、干事创业的氛围更加浓厚,党务干部履职能力得到全面提升。

(一)着力加强基层组织建设

截至2017年底,全厅共有基层党组织319个,其中党委20个(含省禹门口水利工程管理局内设党委1个)、总支33个、支部266个;直属党组织69个,其中党委19个、支部50个。一年来,厅党组严格落实基层党建工作责任制,要求各级党组织结合各自实际,建立党组织书记抓党建工作"问题清单、任务清单、责任清单"三个清单,认真对照"三个清单",积极探索和完善精细化、标准化、台账化建设。制定了《山西省水利厅党支部规范化建设工作手册》,明确了党支部及支部委员工作职责和党支部基本工作台账目录,党支部规范化建设全面起步。将党建工作纳入监督检查内容,将督促检查指导作为加强"三基建设"重要手段,对机关党支部和厅直单位党组织进行了集中督查。通过督查检查,了解了一些单位基层党建工作的好做法、发现了一些单位党建工作存在的问题,提出了改进建议和意见,对下一步做好党建工作起到积极的推动作用。

抓好厅直党组织的换届工作,各级党组织按照程序及时按期换届,配齐配强"两委委员",开展了对换届后新任党组织书记的集中轮训工作。全面推行厅机关、厅直单位党员负责人任党组织书记,机关处室全部单独成立支部,实现了建立完善"支部建在处室、处长一岗双责"的机制,厅直属支部实施"一岗双责",行政领导和党组织书记"一肩挑"。建立健全基层党支部书记轮训制度,2017年以来,除参加省直工委的集中轮训外,省水利厅分批分期举办了三期党务干部培训班。做好党支部开展活动必要经费的保障工作,下发专门文件对党费使用提出明确措施和要求,对各级党组织开展活动提供必要的经费保障。

(二)扎实做好基础工作

做好党员发展和教育管理工作，2017年省水利厅共发展新党员70人，为基层组织补充了新鲜血液，注入了新的力量。深入开展法制宣传教育，下发了《关于加强党内法规学习宣传的通知》，加强党员党规党纪学习教育。认真落实省委和厅三基办要求，认真编制了以组织机构、工作任务、管理制度和考核检查为主要内容管理手册，以基础数据、基本资料为主的应知应会手册。进一步明确了岗位职责，规范了工作流程，效能建设进一步加强。建立健全了《民主生活会制度》《民主评议党员制度》《"三会一课"制度》《中心组学习制度》等党建制度，使党内政治生活不断规范。

(三)进一步提升党员干部能力素质

年初制定了中心组和干部理论学习安排意见和学习计划，对全年学习做出了总体安排；采取中心组、专题辅导、组织培训、微信群、QQ群、在线学习、交流研讨等多种形式组织党员干部进行理论和业务知识学习。与此同时，组织厅直259名党支部书记，分批参加了省直工委的集中轮训。厅直机关党委组织党规党纪培训达到5次，培训党组织书记近600多人次，举办了近500人参加的党务干部培训3次，实现了党组织书记全部轮训。坚持运用"考试"的工作形式，倒逼干部加强理论和业务知识学习，提升履职能力，厅机关2017年围绕习总书记视察山西重要讲话、党务党建知识等内容组织了5次考试。通过学习、培训、考试，各级党务工作者业务能力明显提升。

(四)进一步深化精神文明建设

一是深化"党员先锋行"主题实践活动。结合"两学一做"学习教育常态化制度化和"维护核心见诸行动"主题教育，充分发挥党员队伍先锋模范作用，下发了《在厅直各级党组织开展"勇担当、建新功"以实际行动践行习近平总书记视察山西重要讲话精神主题活动的通知》，号召各级党组织、广大党员充分发挥各级党组织战斗堡垒和党员先锋模范作用，党员领导干部充分发挥"关键少数"的示范带动作用，立足本职、勇于担当、建立新功。

二是积极组织开展"喜迎十九大、弘扬主旋律"系列主题活动。组织开展了"砥砺奋进的五年"系列报告会、"礼赞发展成就"系列教育实践活动、"喜迎十九大 真情颂党恩"歌咏汇演、"砥砺奋进的五年——十八大以来山西水利改革发展成就展"等喜迎十九大系列活动，营造了团结奋进喜迎十九大胜利召开的浓厚氛围。

三是积极学习宣传培育践行社会主义核心价值观。利用宣传栏、单位网站、电子屏等方式广泛传播社会主义核心价值观，运用经典诵读、全民阅读等多种形式，开展中华优秀传统文化宣传普及活动，把社会主义核心价值观融入工作场景，融入管理、教育和实践之中，用社会主义核心价值观引领干部、职工的思想、行为和工作作风。依托晋水讲堂(道德讲堂)、网络平台、电子平台等加强社会公德、职业道德、家庭美德、个人品德的宣传教育。

四是以扶贫帮困促文明创建。10月份，在"全国扶贫日"前后，所有副处级以上干部均到扶贫点"一对一""面对面"和扶贫对象见面，访民情、听民意，解决实际困难，送去组织关怀和慰问。专项列支党费10余万元支持对口定点帮扶地——兴县赵家川口等贫困村党支部开展党员教育、党日活动、党员活动室修缮、发展集体经济等。深入开展"送温暖、献爱心"活动，组织厅机关向社会捐助事务管理中心捐善款2860元。2017年共慰问困难职工316人、80余万元；向困难支部党员下拨党费53万余元。厅工会困难职工帮扶工作受到农林水利工会充分肯定，其中全总奖励帮扶资金19.8万元。

三、压实主体责任，扎实推进党风廉政建设工作

(一)层层压实主体责任，进一步强化执纪问责

年初，召开了全省水利系统党风廉政建设工作会议，对全年党风廉政建设工作作出部署安排。3月，下发了《关于印发山西省水利厅2017年党风廉政建设工作要点任务分工的通知》，对全年党风廉政建设重点任务做了具体分工，并明确牵头处室和责任单位，着力健全和完善责任分解、检查考核，逐级传导压力，层层传递责任。努力落实定期报告、分析、谈心、督查、检查、研判"六定"制度。下发了《关于对厅直系统党建工作开展全面督查的通知》，将各单位落实主体责任和监督责任情况列为重要督查内容之一，所有单位全覆盖，找问题，查原因，补"短板"，及时整改。结合"两学一做"学习教育常态化制度化和维护核心见诸行动主题教育、全面加强"三基建设"，采取党组中心组(扩大)学习和个人自学相结合，邀请专家作专题辅导解读，举办培训班等形式组织党员干部深入学习《关于新形势下党内政治生活的若干准则》《中共共产党党内监督条例》《廉洁自律准则》《纪律处分条例》等党章党规和习近平总书记系列重要讲话精神，全面开展理想信念和宗旨教育。厅机关共集中学习11次，专题讲座5场。坚持把纪律和规矩挺在前面，充分运用监督执纪"四种形态"管住大多数，始终保持真抓严惩的高压态势。2017年，厅党组和驻厅纪检组对厅直系统新任副处级以上干部全部进行了廉政谈话，提高了党员干部对党风廉洁建设重要性的认识，增强了廉政勤政意识。

(二)扎实开展巡视整改自行"回头看"

按照省委办公厅《关于在全省县以上党组织开展巡视整改自行"回头看"的安排意见》通知要求，成立了领导组，制定了整改方案。按照"四个对照"认真开展了"回头看"，针对查找出的存在的问题，逐条逐项研究制定了整改措施，明确了责任领导、牵头处室和整改时限。对上轮巡视、民主生活会等查摆出的问题，建立了"三清单一制度"。针对2017年省委巡视提出的反馈意见，多次召开专题会议，围绕党的领导弱化、党的建设缺失、全面从严治党不力三个方面问题，对照反馈意见逐项梳理分解，列出了问题清单、整改清单和责任清单，明确了责任领导、责任人和整改时限。下发了《关于将专项巡视整改列为近期支部会专题内容的通知》，要求各级党组织把抓好2017年巡视整改作为重大政治任务、列为支部会专题内容抓紧抓实。专项巡视整改工作取得明显成效，各级党

组织管党治党责任全面落实,党风廉政建设向纵深发展。

四、抓好意识形态工作

认真贯彻落实《党委(党组)意识形态工作责任制实施细则》,严格履行主体责任,严把政治方向关,舆论导向关,牢牢掌握工作领导权主动权,确保意识形态安全和政治安全。建立健全意识形态工作领导机构,成立了意识形态工作领导小组。巩固和发展主流意识形态,利用山西水利、机关党委网站,制作版面、图册、文化墙,开展国学讲座等及时进行宣传教育和思想引导,开展"砥砺奋进的五年"重大主题宣传,加强舆论导向和核心价值观建设,大力弘扬优秀传统文化,为党的十九大胜利召开营造良好舆论氛围。结合落实党风廉政建设"六定"制度,认真落实思想政治工作定期分析报告制度,进一步了解分析党员思想状况,找准党员和党员领导干部在思想、组织、作风建设等方面存在的突出问题。在节假日、敏感日和"两会"等重大活动期间,以电话形式问询了解厅直单位干部职工思想状况,全力做好防范和维稳工作。

(张淑峰)

附:省水利厅党组书记、成员名单

书　记:潘军峰(12月免职)　常书铭(12月任职)

成　员:王贵平　李　力　白小丹　王玉明　张建中　武福玉(5月任职)

省农业厅党组工作概况

党组书记　关建勋

2017年,省农业厅党组认真学习贯彻党的十八大和十八届三中、四中、五中、六中、七中全会精神,十九大和习近平总书记系列重要讲话精神,特别是习近平总书记视察山西时的讲话精神,全面落实省委"一个指引、两手硬"重大思路和要求,凝心聚力,攻坚克难,全面推进党的建设、法治建设、主体责任落实,顺利完成各项工作目标任务。

一、坚持学思践悟,着力推动十九大精神入脑入心落实到行动上

厅党组坚持把认真学习、全面贯彻党的十九大精神作为首要政治任务,作为扎实推进"两学一做"学习教育常态化制度化和维护核心见诸行动主题教育的核心内容,用十九大精神武装头脑,指导实践,推动三农事业持续发展。一是逐级推动全面学。班子成员以上率下,通过讲党课、听讲座、谈体会,引导全体干部深入学、细致学,推动学习贯彻十九大精神有序推进、持续深入。全年中心组学习20次累计12.5天,举办"三农大讲堂"15次。在复旦大学举办70人参加的处级干部研修班,组织赴太行、右玉干部学院培训200人次,利用万名干部大调研深入基层宣讲十九大精神53场次。二是严格组织生活常态学。认真执行《关于新形势下党内政治生活的若干准则》,推进党组和基层党组织严格落实"三会一课"、民主生活会和组织生活会、党日、双重组织生活等制度,确保"两学一做"学习教育抓到支部、落到实处,成为一种常态化制度和内化性行为。各级党组织为党员干部发放《党的十九大报告辅导读本》、新修订的《中国共产党章程》《习近平谈治国理政》第二卷等学习资料3000余本(册),组织主题党日革命教育现场教学63次。三是结合重点任务延伸学。通过开展党员干部基本能力竞赛、优秀调研报告汇报、学习体会座谈交流等方式,以习近平新时代中国特色社会主义思想统一思想、指导实践、推动工作。举办主题教育系列知识竞答15次,开展学习交流70多场。深入推进"三农工作零距离,干部素质上台阶"活动及农业生产冬季行动,扎实搞好农业大调研,80余名厅处级干部深入57个县76个村调研,撰写调研报告19篇。

二、深化落实"两个责任",持续用力推进机关党建和法治稳定工作

牢牢抓住落实从严治党主体责任这个"牛鼻子",逐级落实责任、层层传导压力,全面推动管党治党落地生根。

逐级落实主体责任。年初召开农业系统党风廉政建设会议,制定了责任分解方案,落实到班子成员和各个单位。对照党组主体责任清单,层层传导抓落实。厅党组全年召开7次会议专题研究党风廉政建设,党组书记每季度听取班子成员主体责任落实情况,班子成员每月听取分管单位主体责任落实情况,发现问题,及时纠正。深化巡视整改"回头看",党组制定了"三清单一制度",厅机关梳理问题31条、线索2条,整改落实31项,通过整改,各级党组织履行主体责任意识明显增强。

大力推进机关党建。厅党组坚持把抓好党建作为最大的政绩,始终把责任扛在肩上、落实在行动上。一是突出抓好"三基建设"。制定农业系统"三基建设"实施方案,建立了干部职工和相关从业人员通用能力标准、专业能力标准,开展基层干部能力提升系列培训,组织开展了"加强作风建设,做懂农业、爱农村、爱农民的优秀干部"专项活动。二是加强基层党组织规范化建设。新成立农业类社会组织行业党委1个,新组建党支部12个,完成11个党总支换届,新发展党员10名。三是深化精神文明创建。积极培育和践行社会主义核心价值观,广泛组织职工文艺汇演、干部职工体育比赛、三农工作成就图片展等群众性文体、展览活动,持续开展义务献血、博爱一日捐等系列社会公益活动,努力形成团结奋进、健

康向上的工作氛围,涌现出省五一劳动奖章、奖状、工人先锋号及“全国农业先进工作者”“人民满意的公务员”等一批先进单位和个人典型。

从严加强干部管理和队伍建设。严格执行《党政领导干部选拔任用工作条例》,努力营造风清气正的选人用人环境。全年调整机关事业单位处级干部54名,其中选拔任用27人,岗位交流20人,免职3人,选任工作得到了干部群众的广泛认可。强化人才培养,公开招考9名公务员、招聘30名事业单位工作人员,5人参评省学术技术带头人,13人获正高级专业技术职务资格,39人获高级专业技术职务任职资格。对111名干部进行了个人有关事项报告核查。

严肃执纪问责严防四风反弹。与驻厅纪检组联合出台《关于运用监督执纪“四种形态”的实施办法(试行)》,厘清监督执纪职责。先后两次修订完善《山西省农业厅贯彻落实中央八项规定实施细则》,对会风文风、调查研究、公务用车、厉行节约反对浪费、公务接待等作出明确规范,出台了会议培训管理等9项内控制度。在元旦、春节、端午、中秋、国庆等重要时间节点开展监督检查和明察暗访。

扎实推进法治建设和意识形态工作。认真落实党委议稳制度,建立健全综治、意识形态工作领导机构,着力推进安全稳定风险隐患排查和意识形态安全责任制落实。配合省人大常委会修订了《山西省动物防疫条例》。推进法律顾问和公职律师制度。开展绿剑护农专项行动,全系统共查办案件767件,罚款195万多元,查获农资683.5吨、13122台件,货值482.39万元,其中移送司法5件。积极开展承包经营矛盾纠纷调解仲裁,各地受理解决矛盾纠纷1.9万件,未发生重大群体性事件。深化行政审批制度改革,全年核减审批事项37大项,全年受理办结行政审批事项2160件,做到无违法违规审批,无投诉举报。

三、紧紧扭住“三大任务”,扎实做好“三农”工作

(一)区域经济转型升级指标圆满完成

农民收入持续增长。2017年全省农村居民人均可支配收入达到10788元,增长7%。

农业标准化水平有了较大提升。全省“三品一标”产品发展迅速,发展“三品”产地面积489万亩、“三品”养殖规模508万头(只)、认证“三品”产品1259个,分别完成年度任务的233%、847%和360%。新认证地理标志农产品10个,全省获证地标产品129个,数量排全国第三。“三品一标”年增长率达35.3%,远超出6%目标。全年没有发生重大农产品质量安全事件。

农产品加工业稳定发展。全省农产品加工企业销售收入1627亿元,同比增长7.04%。其中,销售收入在500万元以上的农产品加工企业销售收入1197亿元,同比增长7.7%,超年度任务0.7个百分点。

农林牧渔业增加值稳步提升,全年增长3.1%。

(二)农业供给侧结构性改革迈出坚实步伐

一是全面推进特色现代农业增效工程。落实习总书记打好特色优势牌的指示精神,加快优化区域结构、产业结构和产品结构。着力推进杂粮、鲜干果、蔬菜、中药材、饲草作物“五大替代玉米行动”,在调减籽粒玉米187万亩的情况下,全省粮食总产达129.99亿公斤,为历史第四高产年份。加快功能食品和药食同源产品开发,积极打造区域公用品牌,成功举办第五届农博会。积极推进特优区和产业园建设,特色产业产值占农业总产值比重达到75%。二是着力推进城郊农业。以省政府名义出台了意见,召开了现场推进会,安排1.5亿元支持城郊农业结构调整,打造城郊农业先行区和示范区。三是着力推进山西“农谷”建设。出台了指导意见,编制了农谷建设总体规划,组建了两个投融资平台和两个研究院。国家现代农业产业科技创新中心等两个大项目落户农谷,太谷成功申报国家农业产业园,获中央财政1亿元支持。四是着力推进农产品出口平台建设。建成了运城农产品出口检验检疫平台,成功创建4个国家级和14个省级出口农产品质量安全示范区。全省出口农产品5.91亿美元,同比增长36.7%。五是着力推进雁门关农牧交错带建设。大力发展粮改饲、草牧业,推进草畜一体化,示范区牛羊草食畜养殖规模占到全省60%以上。加快推进4个草畜一体化示范点和肉羊、奶牛、杂粮等4个产业集聚区建设,吸引10多家国内外著名企业30多亿元投资项目落地。农业部在朔州召开了北方农牧交错带现场观摩会。

落实习总书记“关于发展有机旱作农业”的要求,围绕把山西有机旱作农业打造成全国现代农业重要品牌的目标,大力推进有机旱作农业发展,以省政府文件出台了《关于加快有机旱作农业发展的实施意见》和《2018年行动计划》,召开了全省有机旱作农业推进现场会,与农业部筹划省部共建山西有机旱作农业示范区,启动实施了耕地质量提升等六大工程,整建制建设有机旱作农业封闭示范区。

(三)农民收入稳步增长

一是培育壮大新产业新业态。积极培育发展休闲度假、养生养老、农耕体验、农村电商等新产业新业态,推动农村一二三产业融合发展。全省休闲农业和乡村旅游年营业收入达300亿元。二是加快农村劳动力培训转移就业。完成农民工职业技能提升培训42.95万人,培训各类新型职业农民4.5万人。大力打造“吕梁护工”“天镇保姆”等劳务品牌。三是盘活农村资源资产。在58个贫困县全面推开资产收益扶贫改革,186家实施主体吸纳贫困户17426户,使用资金1.5亿元,返还收益877万元。四是完善强农惠农政策和社保制度。建立完善以绿色生态为导向的农业补贴制度,新出台10项强农惠农政策,涉及资金总量24.34亿元。加大困难群众救助补助力度,发放各类救助补助资金59.16亿元。五是扎实推进特色产业扶贫。出台推进“一村一品一主体”产业扶贫实施意见、“五有”产业扶贫机制标准、深度贫困县农林脱贫主导产业发展若干意见,实施“8311”产业扶贫重大项目。平顺中药材扶贫入选全国发展优势特色产业带动精准脱贫范例,长治市太行紫团饮业有限公司扶贫做法被列为全国农业企

业产业扶贫范例。农业部在平顺县召开全国产业扶贫(山西长治)现场观摩会。

(四)农村改革不断深化

以省委、省政府名义出台集体产权制度改革方案、培育新型经营主体实施意见等多个文件。农村土地承包经营权确权登记颁证工作基本完成，全省累计完成调查面积6537.3万亩，实测承包地面积5070.9万亩，占原二轮承包合同面积的107.4%。已完成农户承包合同签订率95.5%。提交农业部质检县级数据库115个。山西省在全国农村承包地确权登记颁证工作视频会上作了典型发言。以省委、省政府名义如期向党中央、国务院作了专题报告。县乡村产权流转交易市场同步建立。潞城市集体资产股份权能改革试点工作全部完成。启动了13个农村集体产权制度改革试点建设工作。积极培育家庭农场和农民专业合作社，农民合作社发展到10.8万个,认定家庭农场9785个。

(五)农村人居环境持续改善

召开全省农村环境集中整治现场会,在全省开展了为期三个月的农村环境集中整治行动。90%以上的行政村实施了拆违治乱;80%的村实现了垃圾定点收集、清运，启动了50个县农村垃圾治理PPP项目;16%的行政村实现了污水统一收集，启动了8个污水综合利用试点县项目;61%的行政村实施了农业面源污染治理行动。推进400个省级美丽宜居示范创建村提档升级和美丽乡村集中连片创建。加快推进畜禽粪污综合处理和资源化利用,配套建设700个规模畜禽养殖场粪污处理设施,全省畜禽规模养殖场粪污处理设施配套率达到70%以上。

(孙青洪)

附：省农业厅党组书记、成员名单

书　记：关建勋

成　员：茹栋梅(女)　王进仁(11月离职)　吴志宏　张和平　郭建文(5月任职)　陈明昌(7月任职)　左义河(11月任职)　赵志杰(11月任职)　穆晓彤　姚继广　赵安泽　张红星

省林业厅党组工作概况

党组书记　任建中

2017年，在习近平新时代中国特色社会主义思想的指引和省委省政府的领导下，省林业厅党组坚决扛起管党治党政治责任，紧紧围绕“在一个战场打赢两场攻坚战”的目标持续发力,全面加强党的领导和党的建设,统筹推进生态治理和脱贫攻坚,呈现出党建和业务工作齐头并进，增绿和增收成效互促共赢的良好局面。

一、基本情况

山西省林业厅是省政府管理全省林业生态建设和森林防火等工作的组成部门。厅机关内设13个处室,直属9个国有林管理局108个国有林场,17个国家和省级自然保护区,4个国家级森林公园,2个国家级湿地公园。现有独立核算单位225个,其中行政单位11个,事业单位209个,社会团体5个。主要承担全省林业生态建设、森林资源保护、森林防火工作和林业自然保护区的监督管理,组织、协调、指导和监督全省造林绿化,进行湿地保护、荒漠化防治、陆生野生动植物资源的保护及合理开发利用等职能。

二、坚持全面从严治党,推动林业系统持久保持良好的政治生态

一是以强化落实“两个责任”为抓手,推进全面从严治党向纵深发展。制定严格落实“两个责任”制度、党风廉政建设工作要点和目标任务分解意见,与各处室各下属单位签订了党风廉政和反腐败目标责任书,严格按照“一岗双责”和“谁主管、谁负责”的要求,将责任逐项细化落实到人。加强过程监督与结果考核,发现问题及时约谈整改,对考核不合格的单位处室实行一票否决,切实把“两个责任”落到实处。制定落实中央八项规定精神实施细则,认真开展“一桌餐”和反对“四风”问题的自查自纠,在春节、中秋等重要节假日组织人员明查暗访,有效地遏制了违纪违规问题的发生。充分运用监督执纪“四种形态”,加大腐败案件查处,处理干部23人。在干部选拔调整过程中,凡是群众反映的问题,一律严格审查,树立了正确选人用人导向。通过强化责任落实、加大反腐力度,推进全面从严治党不断向纵深发展。

二是以学思践悟新思想新理念为核心,打牢维护核心的

思想政治基础。坚持把学习贯彻落实党的十八大、十九大、习总书记系列重要讲话精神作为重大政治任务，制定计划，发放资料，深入开展学习。结合深入推进"两学一做"常态化制度化，开展维护核心、见诸行动主题教育，厅党组召开2次交流会。围绕学习贯彻十九大精神，专门召开党组扩大会议，厅领导先后宣讲32场次，邀请专家深入解读1次。结合全省干部大调研，组织副处以上干部撰写调研报告142篇，为指导全省林业工作提供了参考。坚持抓党建促扶贫，对省林业厅对口帮扶的平顺县杏城镇实行全厅230名处级干部一对一帮扶，选派7名副处级党员干部到吕梁山区贫困县挂职林业副县长，77名年轻党员干部挂职贫困村第一书记，充分发挥党员在脱贫攻坚中的重要作用。组织人员专题对林业扶贫攻坚造林专业合作社运行情况调研，并印发指导意见规范合作社运行，保证了林业扶贫成效。通过学思践悟，打牢了全厅上下维护核心的思想政治基础。

三是以加强省直林局党建为重点，全面推进"三基建设"工作。制定党委委员设置及审批办法，将省直林局党委委员普遍由9—11人调整为5—7人。专门召开省直林局党建工作会，出台指导意见，推行了省直国有林场支部书记、场长"一肩挑"体制，明确要求"三重一大"事项必须上支委会研究和重大事项必须向上级党组织报告，全面加强党对林局工作的领导。大力开展标准化支部建设，力争3年时间80%的党支部实现标准化。已完成80个标准化支部建设。对以往的制度修改完善，出台建立一整套新的组织人事、资金管理等制度办法体系。结合"三基建设"，建立了各单位(处室)职能明细表和各个岗位的主要工作职责和标准，制作工作流程图；制订通用能力和专业基本能力标准、训练大纲和评分标准，对政治和廉洁从政能力考核，实行一票否决，培训8760人次，有效提升了干部的履职能力。我厅的"三基建设"工作得到了省委组织部领导的充分肯定，在省直机关现场推进会上，被确定为典型发言和成果展示单位之一。

三、倾力推进生态脱贫攻坚，走出了增绿增收互促双赢发展之路

一是统筹推进林业工程，国土绿化工作实现新突破。坚持把国土绿化作为改善生态环境、建设美丽山西的第一要务，将80%以上的营造林工程任务集中布局在吕梁山生态脆弱区、环京津冀生态屏障区、重要水源地植被恢复区、通道沿线绿化区四大重点治理区域，全年营造林467.95万亩，超额完成任务。同时聚焦推进乡村振兴，绿化村庄150个，完成义务植树5265万株，6个村获评"全国生态文化村"。特别是山西省对新一轮退耕还林省级每亩增加补助资金700元，提前一年启动实施，全年163.2万亩任务全部完成，兑现资金10.6亿元，惠及26.74万户，在全国独树一帜，得到国家发改委、国家林业局的充分肯定，深受广大贫困群众欢迎。

二是联动实施"五大项目"，林业扶贫成为全国样板。坚持把生态建设与脱贫攻坚紧密结合起来，联动实施了造林务工、退耕奖补、管护就业、经济林增效、产业增收等林业扶贫"五大项目"，带动51.9万贫困人口，实现增收10.1亿元。贫困县2257个合作社吸纳贫困社员5.4万名，人均劳务收入8700元。7.7万户贫困户实施退耕还林147.5万亩，获得补助2.65亿元，户均增收3441元。国家生态护林员聘用贫困劳力10781人，整合天保、公益林和未成林管护项目聘用12062人，人均管护收入6700元。20万贫困户实施完成干果经济林提质增效59万亩。在9个县9个省直林局铺开林业资产性收益扶贫试点，吸纳贫困人口1900人，人均收益1520元。开展7轮生态扶贫督查指导，通过考核林业生态扶贫工作，88%的贫困县达到优秀等级。习总书记视察山西时，充分肯定了山西省联动实施"五大项目"，在"一个战场打赢生态治理和脱贫攻坚两场攻坚战"的做法。国家林业局、国务院扶贫办在山西省召开全国林业扶贫现场观摩会，让"山西经验"成为"全国路径"。

三是加大依法治林力度，森林资源安全有效保障。坚持依法治林，大力加强森林资源保护，在全国率先颁布实施《山西省永久性生态公益林保护条例》，有效加强全省5600万亩永久性公益林的保护。组织开展了一系列严打专项行动，打掉盗挖大树犯罪团伙17个，抓获涉案人员210人，有力震慑了涉林犯罪。深刻汲取"祁连山自然保护区生态环境破坏事件"的教训，认真开展了林业自然保护区执法大检查，对保护区内限制性开发企业逐步实行关停和退出，严禁审批控制新建项目，构建长效机制，加强和规范了保护区的管理。继续加强重点保护，建成湿地公园5处，新建森林公园7处。不断加强林地管理，完成林地"一张图"变更调查，严格林地用途管制和定额管理，审批建设项目使用林地205项3.25万亩。依法加强森林防火和林业有害生物防治，森林火灾受害率0.02‰，林业有害生物成灾率0.6‰，均低于省政府考核指标。

四是坚持科技创新驱动，服务支撑作用整体提升。紧紧围绕富民增收，坚持以经济林技术研究为主，加大科技创新力度。通过对沙棘、连翘等24个经济林品种进行专题研究，其中"皂荚良种及野生皂荚低质低效林改造技术研究"成果获省级科技进步一等奖。着力构建完善林业技术推广体系，组建成立山西省林业技术推广和经济林管理总站，省市县乡四级共成立2600多人的技术服务团队。建成国家林业局华北乡土树种工程技术研究中心、沙棘工程技术研究中心、经济林产品质量检验检测中心等4个国家级科研平台，极大地提升了科技创新驱动能力。强化产学研联盟建设，通过采取"科技 + 企业 + 基地 + 农户"模式，建立科技示范园1500余亩，提升了林业科技创新驱动能力，推动了林业高质量发展。

五是统筹推进增绿增收，林业生态经济持续发展。坚持以经济林经营权价值评估股份合作经营为核心，在造林绿化同时，大力发展经济林，推动林业生态经济持续发展，带动群众增收。先后出台沙棘、连翘、油用牡丹等一系列指导意见，启动完成35万亩沙棘工业原料林基地建设。积极开展林业产业品牌创建，建成了右玉沙棘、吕梁核桃等一批省级特色农产品优势区和产业园区。全年新发展经济林116万亩，完成经济林提质增效209万亩。推进52个优良乡土树种苗圃

建设。全年森林旅游人数约1838万人次,带动社会旅游总收入123亿多元,分别比上年增长15.6%和15.2%。全省林业产值达550多亿元,林业生态经济正在成为助力转型发展的新业态和促进富民增收的新引擎。

(贾向前)

附:省林业厅党组书记、成员名单

书　记: 任建中

成　员: 常光明(1月离职)　张云龙　赵　炜　尹福建

省商务厅党组工作概况

党组书记　孙跃进

2017年,省商务厅党组以习近平新时代中国特色社会主义思想为引领,认真学习宣传贯彻党的十九大精神,深入贯彻习近平总书记视察山西重要讲话精神,按照省委、省政府的决策部署,全面落实从严治党的主体责任,坚持目标导向、问题导向,按照项目化、方案化、举措化的要求,带领全厅干部职工,改革创新,攻坚克难,主动作为,全年考核任务中两项约束性指标预计将超额完成,其他考核目标任务成效显著,用实际行动向省委、省政府交上了圆满的答卷。

一、基本情况

山西省商务厅组建于2004年4月,是省政府管理国内外贸易和国际经济合作的组成部门,主要承担全省对外贸易、内贸流通、利用外资、开发区建设、外经合作的指导和协调,以及省际间的交流合作等职能。内设24个职能处室,下设省投资促进局等11个事业单位。商务厅负责综合协调和指导全省开发区的有关工作。

截至2017年底,山西省商务厅直属机关党委共有132个各级基层党组织,其中党委12个,总支7个,支部113个,共有党员2100余名。

二、认真履职尽责,全面落实从严治党责任

(一)突出政治建设,扎实开展"两学一做"学习教育常态化制度化建设、维护核心见诸行动主题教育。厅党组以"两学一做"学习教育常态化制度化建设、维护核心见诸行动主题教育为抓手,组织了"学讲话、转作风、促工作"学习交流会,"学系列讲话、做合格党员"主题征文,"学讲话、谈感悟、重行动"主题演讲等主题活动,深入推进全厅政治建设,取得了积极的效果。

(二)突出思想建设,深入学习宣传贯彻党的十九大精神和习近平总书记视察山西重要讲话精神。以党组中心组理论学习、支部生活会为主要形式,组织全厅党员干部围绕确定的十个专题开展学习研讨,在全省商务大调研活动中11次宣讲党的十九大精神,举办了6期商务大讲堂,"每月一本书"读书活动共读12本书籍,举办了党的理论知识竞赛活动,组织党员干部赴于成龙廉政文化园学习,利用党员之家微信群及时发布重大党建信息、商务动态等,弘扬正能量,激发新动能。

(三)突出作风建设,扎实推进全厅党风廉政建设和反腐败工作。一是全面落实"两个责任"。厅党组书记每年与厅领导班子成员、厅机关处长及厅直单位主要负责人签订《党风廉政建设责任制责任书》,并进行集体廉政谈话。按照"一岗双责",坚持谁主管谁负责,一级抓一级,层层抓落实、压责任。二是开展巡视整改"回头看"。以"四个对照"为重点,深入查摆存在问题。修订完善贯彻落实中央八项规定精神实施细则,研究制定问题清单、整改清单、责任清单,共发现问题62个,确定整改事项66项,提出整改措施104条,做到真整真改,整改到位。三是强化监督检查。针对重大节假日,开展明查暗访,重点对落实中央"八项规定"和纠正"四风"情况进行督查检查,及时发现问题责令整改。

(四)突出精神文明建设,认真做好意识形态工作。一是利用厅机关网站、简报等宣传培育和践行社会主义核心价值观所开展的重大活动、主要做法、典型事例和取得的实效。2017年省商务厅获得2016年省直文明单位标兵、省直机关第八批"十佳文明窗口"等称号,厅机关杨竚同志获得省直机关第三届道德模范称号。二是积极开展扶贫帮困送温暖和老干部慰问活动。元旦、春节、七一期间,慰问厅直系统困难党员、建国前入党老党员和特困职工,走访慰问离退休老同志。三是深入开展意识形态工作。成立了意识形态工作领导机构,贯彻省委关于意识形态工作责任制的实施细则。开展谈心谈话活动,及时掌握党员思想动态。认真落实党员思想政治工作定期分析报告制度。创建了党员之家微信群、离退休干部微信平台,宣传商务工作先进典型,营造良好的舆论氛围。

(五)突出干部队伍建设,树立正确选人用人导向。一是坚持把政治坚定、作风过硬、业绩突出、群众公认、干事创业作为选拔干部的重要标准。2017年,厅党组共任免干部17批次,提拔任用22人,交流干部8名。坚持"一报告、两评议"制度和领导干部个人事项报告制度。二是抓好人才队伍建设,积极推进人才管理机制改革,建立商务项目专家库,入库专家208人。三是加大正向激励力度,调动和保护干部干事创业积极性。省商务厅荣获全省干部驻村帮扶工作模范单位,厅流通业发展处被评为省第四届人民满意公务员先进集体;两位同志分别被评为全省脱贫攻坚贡献奖和干部驻村帮

扶工作模范个人。

(六)突出机关效能和党员干部能力建设,扎实开展“三基建设”和入企服务工作。省商务厅把开展“三基建设”作为“两学一做”学习教育常态化制度化、“维护核心、见诸行动”主题教育的重要抓手,先后制定了实施方案、专业能力提升标准及训练大纲等,编制了基础工作目录、管理手册、应知应会手册、便民服务手册等。通过组织参加培训提高干部队伍专业基本能力,共培训全省商务系统及重点商贸企业负责人33批次,4000多人次。同时,扎实推进干部入企常态化专项行动,共帮扶32家企业,受理问题49个,已全部办结。严格执行“13710”工作制度,全年共督办完成48件交办事项。

三、坚持依法行政,服务能力不断提升

(一)全面推进法治建设。按照2017年度商务法治建设工作要点,全面推进商务法治建设工作,形成了主要领导亲自抓、分管领导具体抓、各处室按职责落实的工作推进机制。认真贯彻落《党政主要负责人履行推进法治建设第一责任人职责规定》,制定了实施细则,编制了全省商务系统“七五”普法规划、党组中心组学法计划,开展了国家宪法日暨法制宣传日宣传活动、无纸化学法用法考试,制定了《公职人员学法用法与领导干部述法实施意见》《贯彻落实关于实行国家机关“谁执法谁普法”普法责任制的意见的实施方案》,先后进行了8次党内法规学习、2次依法行政培训讲座。

(二)认真落实综治目标管理责任制。按照《山西省健全落实社会治安综合治理领导责任制实施办法》,成立了领导机构,签订了安全生产与社会治安综合治理责任书,建立了每月安全生产例会制度,加强督查检查,及时排查整治风险隐患,确保安全稳定。省商务厅被评为社会综合治理先进单位。

(三)持续深化行政审批制度改革。取消对外承包工程经营资格审批等4项行政审批事项,落实省政府“多证合一”要求,取消对外贸易经营者备案,制定拍卖设立许可等3个事项的可预期性措施,2个事项的市场准入监管措施。确定了10个开发区作为先期试行承诺制实行无审批管理工作试点单位。

四、狠抓工作落实,圆满完成各项目标任务

(一)社会消费品零售总额指标超额完成。2017年,全省社会消费品零售总额6918.1亿元,同比增长6.8%。举办了世界面食大会,国内外20多个面食餐饮品牌企业同场竞技,餐饮行业对消费的作用进一步增强。内贸流通业增加值占GDP的比重达到了10.1%,占服务业增加值的比重高达22.7%,商贸流通业已成为扩大就业、促进社会稳定发展的重要支撑。

(二)开发区实现新跨越。一是区域转型升级有关任务基本完成。2017年,开发区入区企业34712家,研究与试验发展经费支出83.27亿元,经营(销售)收入9262.04亿元,投资强度333.06万元/亩,实际利用省外直接投资882.27亿元,5项指标均完成目标值。二是各项政策制度基本完善。编制完成了《山西省开发区总体发展规划》,批复了各市开发区改革创新发展实施方案。协调和督促相关部门制定了20项配套政策,与晋发〔2016〕50号文件形成“1+N”的政策体系。三是整合扩区和设立取得重大突破。省政府批准或同意扩区12家,批准设立15家,上报国务院审批海关特殊监管区2家,超额完成目标任务。四是调规工作基本完成。40家开发区起步区内基本农田已调出,初步统计,37家综合类和工业类开发区起步区共安排建设用地549平方公里,可满足建设需求。五是体制机制改革基本到位。各市管开发区整合扩区后,实现了对扩区范围的统一管理、统一规划、统一政策。开发区“三制”改革全部改革到位。向开发区简政放权,省级事权已由省人大、省政府作出决定,先授权示范区试行,再推广到各开发区;市级事权各市均已不同程度下放开发区。六是开发区招商引资情况好于预期。重新核定了各开发区主导发展产业,围绕主导产业开展精准招商。2016年以来签约的872个项目中,高新技术和新兴产业项目占比50.7%,资金到位率、项目开工、投产率等情况均好于全省同期水平。

(三)对外开放实现新突破。一是积极对接国家“一带一路”战略。制定了《山西省参与“一带一路”建设2017年工作要点》和三年(2017–2019年)滚动实施方案,对未来3年参与“一带一路”建设的重大事项、重点项目、重要工作制定了时间表,明确了责任单位、完成时限及完成标准。二是组织实施“千企百展”行动。2017年共组织1020家(次)机电、建材、五金、名优农产品等企业,参加了境内外103个有影响力的重点国际展会。现场成交超过500万元,达成贸易意向超过2亿元,达成对外投资意向1亿元。三是出台了《山西省重点产业国际产能合作发展规划》,成为全国首部省级国际产能合作规划。牵头成立了晋企“走出去”战略合作联盟,积极搭建金融服务平台,推进银企税企对接,为山西省企业“走出去”提供支持与服务。四是积极扩大进口,支持重点技术设备进口,审核通过13家企业申请的135项进口商品及技术。支持跨境电子商务示范园区进口商品线下体验展示中心等重点进口平台建设。积极承接发达地区加工贸易转移,支持加工贸易项目30个,支持金额1.19亿元。积极争取太原市综保区列为国家加工贸易产业转移承接示范区。

(四)招商引资实现新发展。大力推动招商引资体制机制改革,出台了《关于改革和创新招商引资工作的若干意见》《山西省招商引资考核办法》(试行),省级层面投资促进机构体制机制改革全面启动,“三化三制”改革稳步推进。围绕产业链条、产业集群、产业目录,采取专业招商、以商招商、会展招商、网络招商、委托招商等方式,组织开展晋商晋才回乡创业创新工程启动大会、山西省战略性新兴产业重点项目推介会、山西招商引资(珠三角)推介会等一系列招商对接活动,浙江企业代表团等60余批次投资考察团来山西省对接考察。组织开展促进招商引资项目落地专项行动,加强督促检查,解决存在问题,加快推动项目落地。2017年,全省共签约招商引资项目2433个,总投资金额1.87万亿元,累计到位资金4945.3亿元,均超额完成年度签约目标任务。新签项目当年开工项目个数1273个,当年签约当年开工率为

52.24%。全省新设外商投资企业48家，实际利用外资16.9亿美元。

(五)继续引深山西品牌行系列活动。“山西品牌中华行”实现全国省会城市全覆盖，在北京、上海、天津、广州、重庆、深圳等地建立了山西名优特商品展销中心，创新“店中柜”上海模式，经济社会效益明显。山西品牌丝路行省市两级在匈牙利、吉尔吉斯斯坦、俄罗斯、意大利、泰国、韩国、波兰、澳大利亚、印度等18个国家成功举办了25站活动，全省参与企业400多家次，对山西省的食品、纺织、五金、机械等10大类2000余种品牌产品进行了推广，达成贸易意向超过10亿元人民币。山西品牌网上行活动通过平台促销、电商扶贫、微商引爆、传媒电商山西行和山西好网货大赛等形式，开展了22场电商推广活动，销售额超过5000万元，浏览量达到3000万人次。指导全球蛙携手43家山西本土企业开展“微商推广”活动，进一步提升了山西本土企业在行业和消费者中的品牌影响力。

(六)大力发展电子商务。与阿里巴巴、苏宁、京东等国内知名电商平台建立战略合作，培育出贡天下特产网、龙巅商场、乐村淘等具有一定竞争力的本土电商平台。开展电子商务进农村、进社区，形成了具有山西特色并向全国推广的乐村淘、粮易模式等农村电商模式。全省25个县(其中21个贫困县)被确定为国家电子商务进农村综合示范县，电商示范工作受到商务部地表彰。全省119个县区已全部建立县级电子商务服务中心，1.6万个村建立了村级服务站点。其中，电子商务进农村综合示范县已建成电子商务公共运营服务中心21个，乡镇、村级服务站点969个，县级物流配送分拣中心15个，农产品展示体验中心15个，实现收发件1.79亿件，网络零售达10亿元，累计培训6.4万人次。全省城镇居民通过互联网购买商品或服务的人均支出由2010年的14元增加到163元，增幅达10.6倍，年均增长63.4%。

(要宏锋)

附：省商务厅党组书记、副书记、成员名单

书　记：孙跃进(12月离职)　韩春霖(12月任职)

成　员：张　文　牛榆生　王来平(11月离职)　李志胜　赵贵全

省文化厅党组工作概况

党组书记　刘润民

2017年，省文化厅党组以习近平新时代中国特色社会主义思想为指导，全面贯彻落实党的十八大和十八届三中、四中、五中、六中、七中全会精神，深入学习宣传贯彻党的十九大精神，围绕省委、省政府重大决策部署，坚持新发展理念，立足人民对美好生活的新期待，大力推动艺术创作，加强现代公共文化服务体系建设，促进文化产业发展，保护利用非物质文化遗产，完善文化市场体系，较好完成年度工作任务，全省文化建设呈现良好势头。

一、坚持把学习宣传贯彻习近平新时代中国特色社会主义思想和党的十九大精神作为首要政治任务和工作主题

一年来，全省文化系统始终将迎接宣传贯彻党的十九大和学习贯彻习近平新时代中国特色社会主义思想作为重中之重，采取多种形式全面兴起学习宣传贯彻热潮，推动习近平新时代中国特色社会主义思想和习总书记视察山西重要讲话精神在全省文化战线化为生动实践、在全省文化干部中成为自觉行动，助力全省文化发展打开新局面。党的十九大召开前，厅党组按照骆惠宁书记“办好首届山西艺术节，丰富人民群众精神文化生活”的指示要求，科学编排、精心组织，通过剧目展演、美术展览、群众文化活动等4大板块29项内容，成功举办首届山西艺术节，直接参与群众60余万人，网络参与人次过千万，充分展示出十八大以来山西省文化事业的丰硕成果，实现了“为人民抒怀、为山西放歌”的崇高梦想，履行了“办好艺术节、喜迎十九大”的郑重承诺，在全社会营造出喜庆热烈的浓厚氛围。围绕“喜迎十九大”“群星耀三晋”等主题，组织各级各类文化单位和社会团体，广泛开展主题文艺演出、群众文艺精品巡演、非物质文化遗产传承展示、乡村文化记忆展览、送戏下乡等活动，大力宣传五年来在以习近平同志为核心的党中央领导下全省文化建设取得的显著成就。党的十九大召开后，召开学习贯彻党的十九大精神座谈会、党组中心组(扩大)学习会议，强调要以习近平新时代中国特色社会主义思想统领文化工作，将党的十九大精神贯彻到文化工作的全过程各方面。印发《省直文化系统学习贯彻党的十九大精神的通知》，积极组织各级班子成员带头学

习、带头思考、带头贯彻,厅党组成员深入11个市为文化系统党员干部进行宣讲、开展调研,各级党组织书记为基层党员干部讲党课、做辅导,切实把党员干部思想统一到习近平新时代中国特色社会主义思想上来,把力量凝聚到十九大确定的各项目标任务上来。

二、全面从严治党深入推进

"两学一做"学习教育常态化制度化扎实推进,"维护核心见诸行动"主题教育深入开展。一是及时部署学。召开党组扩大会议,学习传达中央推进"两学一做"学习教育常态化制度化工作座谈会精神和省委骆惠宁书记在省委十一届三次全体会议上的讲话精神。成立由党组书记、厅长任组长的"维护核心、见诸行动"主题教育领导小组,制定实施方案,及时动员部署。二是印发资料学。编印《习近平总书记系列重要讲话精神摘编》《中国共产党常用党内法规汇编》《共产党员应知应会问答》等,确保在职党员人手一册,组织原原本本学,反复深入学。三是研讨交流学。普遍召开"学以致用、以用促学"交流会,厅党组集体学习《习近平总书记的成长之路》和《习近平的七年知青岁月》并进行专题研讨。各级党员干部上主题党课,组织党员谈学习心得、赞辉煌成就、话职责使命。四是选树典型学。表彰首届山西艺术节中涌现的优秀党员、优秀党务工作者和先进基层党组织。五是营造氛围学。印发《关于加强党内政治文化的实施意见》,深入挖掘全省"五个传统文化""三个文化区"文化资源,弘扬太行精神、吕梁精神、右玉精神,用优秀文化涵养党内政治文化。

"三基建设"全面推进,党的事业基础不断夯实。一是强化主体责任意识。深入落实《党的工作责任制规定》,完善"一岗双责"的党建工作机制。二是打牢基础工作。印发《关于在推进"两学一做"学习教育常态化制度化中加强"三基建设"工作方案》。严格执行组织生活会、民主评议党员、"三会一课"等组织生活制度。编印《山西省文化厅基础工作目录》《山西省文化厅应知应会手册》《山西省文化厅管理手册》和《山西省文化厅便民服务手册》。三是强化效能建设。进一步完善首问负责制、服务承诺制、AB岗制、一次性告知制、离岗告示制等制度。全面落实"13710"工作督办制度,建立效能评估考核制度,印发《关于对市县(区)文化局工作成效督查办法》和《关于对厅机关和厅属单位目标责任制考核办法》。四是争创一流业绩。开展"两提一创"大讨论活动,填报"四表两图",制定《省文化厅走出去、走下去工作制度》《省文化厅重要政策典型学习报告制度》《省文化厅争创一流计划书》,解决工作标准不高、工作创新不足等问题。

落实党风廉政建设主体责任,正风肃纪不断深化。一是加强党的领导,促进工作落实。年初召开省直文化系统党建暨党风廉政建设会议,全面落实主体责任,对深入推进党风廉政建设和反腐败斗争进行全面部署和精心安排。召开党组会议和专题学习会议,传达学习十八届中纪委七次全会、十一届省纪委二次全会精神,研究贯彻落实意见。坚持召开重要会议时同时强调党风廉政建设,部署重要工作时同时部署党风廉政建设。二是强化制度建设,规范权力运行。结合新形势新任务新要求,研究制定《关于进一步贯彻落实中央八项规定精神的实施细则》《文化厅所属单位党组织领导干部民主生活会督促指导方案》。针对节庆、婚丧喜庆和扶贫工作期间党风廉政建设下发专门文件,坚持对节日廉政、扶贫廉政情况不打招呼、随机抽查,杜绝"节日腐败""借机腐败"。三是抓好重大专项工作纪检监督,圆满完成首届山西艺术节各项评奖纪检监督工作。评审历时40余天,评出各类奖项121人次,没有发生任何违反党纪政纪行为和问题线索举报。四是狠抓巡视整改,确保整改实效。截至2017年12月,8项11月底完成的整改任务,已完成7项,剩余1项整改任务也对相关责任人作出处理;6项2018年6月底前完成的整改工作,均取得阶段性成效;12项任务是长期整改任务,正在持续全力推进落实。按照问题线索处置方式,严肃追责问责,初核2件(3个问题),谈话函询1件,免职1人,组织处理1人,岗位调整1人,查处四风问题1件。

牢牢掌握意识形态工作领导权主动权。一是加强文化产品内容管理、文化活动导向管理,巩固文化领域意识形态阵地。出台《党组意识形态责任制规定》,明确责任主体,对意识形态责任制落实作出部署;出台《山西文化总体安全方案》,从10个方面对山西文化安全进行分工部署;创作一大批唱响主旋律、弘扬正能量的艺术作品,充分发挥以文化人、艺术养心的作用。二是把意识形态工作要求纳入文化行政管理、社会服务中,旗帜鲜明地反对和抵制各种错误观点。三是组织各级党组织3次专题研究意识形态工作,辨析思想文化领域的突出问题,对重大事件、重要情况、重要社情民意中的倾向性苗头性问题进行针对性引导。四是认真落实中央综治工作决策部署,认真贯彻落实省委"维护大局稳定、创造良好环境"的重大要求,省直文化系统综治工作呈现良好态势。省文化厅被省综治办评选为2017年度综治工作优秀单位。

文化法治建设全面推进。一是高度重视文化法治建设。党组书记任厅法治建设领导小组组长,带头参加法治宣传培训,坚持在每月中心组学习中加入法治学习内容。制定《2017年法治建设工作要点》,将法治建设内容纳入厅直系统目标责任制考核。二是全面推进文化依法行政。推动《山西省公共文化服务保障条例》列为省人大常委会2018年度立法项目。出台《关于进一步深化文化市场综合执法改革的实施意见》,完成省文化市场稽查总队改革和人员分流任务,加强对市县文化市场综合执法改革督导。推行法律顾问制度,"三重一大"事项决策前均听取驻厅纪检人员与法律顾问的意见建议,对首届山西艺术节组委会20多份合同、厅及厅属单位30余件合同进行法律审核,合同金额6800万元,重大项目风险防控成效明显。三是发挥文化优势开展社会普法。在山西省图书馆举办法治专题讲座3场,文化志愿者累计举办普法宣传40余场。

三、重点工作圆满完成

一是成功举办首届山西艺术节。首届山西艺术节举办于习近平总书记亲临山西视察并发表重要讲话之后,党的十九大胜利召开前,节点重要、意义重大、影响深远。艺术节历时40天,吸引了53个国内外演出团体参与,调动演职人员约5000人,接待观众10万余人次;群众文艺活动调动演职人员3万余人,参与人数20万余人次;展出作品万余件,接待观众29万余人;互联网及手机移动端参与人次过千万。艺术节创造了参评参展艺术作品最多、艺术种类最全、艺术水准最高、活动规模最大、群众参与最广等多个"山西文艺活动之最",实现了"艺术的盛会、人民的节日"的办节宗旨,极大丰富了人民群众的精神文化生活,赢得了社会各界高度评价,以优异成绩为党的十九大胜利召开献上厚礼。二是圆满、超额完成"免费送戏下乡一万场"演出任务。"免费送戏下乡一万场"是2017年省政府六件民生实事之一,楼阳生省长亲自到省文化厅调研并作了重要指示。全年共调动近200个省市县文艺院团,演出15349场,实现全省国贫、省贫县全覆盖。三是文化云平台上线试运行,实现文化领域供给侧结构性改革新突破。运用互联网、云计算、大数据等现代信息技术手段和传播方式,建立"全省文化一朵云"大数据平台,为人民群众提供了更加精准、便捷、智能的文化服务,标志着山西省文化大数据建设迈出了新步伐。在首届山西艺术节期间,依托山西文化云平台功能进行创新实践,开通"网上艺术节",同步呈现线下的丰富活动,打造"永不落幕的艺术节"。

四、艺术创作演出繁荣发展

一是坚持以人民为中心的工作导向,重点剧目创作成果丰硕。推出大型音乐舞蹈史诗《为有牺牲多壮志——右玉和他的县委书记们》、晋剧《日升昌票号》、上党梆子《太行娘亲》、蒲剧《老鹳窝》、临县道情《吕梁护工》、话剧《热泉》等一批优秀剧目。音乐剧《火花》入选国家舞台艺术精品创作扶持工程"十大重点扶持剧目",至此,山西省已有9部作品荣膺国家舞台艺术精品工程,艺术精品创作继续位居全国第一方阵。二是政府向社会力量购买演出工作取得实效。2017年度省市县各级共落实购买资金9000余万元,购买演出15349场;其中省级落实购买资金1800万元,购买演出695场。山西省政府购买公共演出服务情况入选财政部政府购买公共服务案例选编。三是山西文化走出去步伐进一步加快。组团赴比利时、瑞士、德国、哈萨克斯坦等国家交流演出。通过市场化运作举办"山西优秀舞台艺术中华行——全国保利院线巡演"活动,山西省7部优秀舞台剧在15个省区市演出71场,是近年来规模最大、演出覆盖最广的山西文化"走出去"活动。四是文化援疆工作深入开展,选派优秀剧目和艺术家参与"山西艺术精品新疆行"活动。五是文化工作服务大局作用进一步发挥。组织创作一批扶贫扶志优秀剧目,在全国扶贫日期间集中展演、巡演,举办"群星耀万家"群星奖获奖作品全省巡演,发挥文化优势,助力脱贫攻坚。

五、公共文化服务水平逐步提升

一是以贯彻落实《公共文化服务保障法》为契机,以"效能提升年"为抓手,推进公共文化服务"三基建设",公共文化服务基层组织建设、基础工作能力和基本服务能力全面提升。二是国家公共文化服务体系示范区创建工作稳步推进。指导晋中市开展第三批创建工作并通过文化部中期督导,晋城市成功申报第四批创建单位。三是县级文化馆、图书馆总分馆制建设有序开展。先行确定17个试点单位,充分整合各类群众文艺资源,统筹开展文艺创作、文艺辅导、送戏下乡、队伍培训等文化活动。四是公共文化设施建设成效明显。落实专项建设资金8000余万元,指导支持省市县三级公共文化设施标准化建设。山西晋剧艺术中心主体封顶,大同市图书馆新馆、太原市图书馆新馆建成开放,以县级公共图书馆、文化馆、美术馆为代表的"百县强基"工程扎实推进。"省市县三级公益文化设施建设达标率"82.38%,较上年增长2.32个百分点。五是公共文化机构法人治理结构改革取得进展。选定省市县三级试点单位,省文化馆成立首届理事会并召开理事会议,省文化馆协会正式挂牌成立。

六、文化产业发展平稳推进

一是大力推进文化文物单位文创产品开发。召开全省文化文物单位文创产品开发工作座谈会,出台《推动文化文物单位文化创意产品开发实施意见》,举办文创产品联展,确定14个省级开发试点。二是加快文旅融合,积极推动演艺、非遗项目进景区。召开演艺进景区工作对接座谈会,开展景区与艺术院团"结对子",建立演艺进景区示范区。三是文化产业重点项目建设加快推进,文化保税区累计完成投资2.45亿元;文化产业园投资4.1亿元,已完成进度的60%。四是搭建各类展览展会交易平台。组织参加2017东盟博览会、北京国际文创产业博览会、深圳文博会等。配合省委宣传部成功举办第三届山西省文博会,配合省商务厅完成山西品牌中华行、丝路行等重大商贸交流活动。

七、非遗保护迈出新步伐

一是贯彻落实国发〔2017〕42号文件精神,启动全国首家省域国家级文化生态保护实验区建设工作。二是起草完成《山西省文化厅关于贯彻落实<中国传统工艺振兴计划>的实施意见》。三是整体性保护、创新性保护亮点突出,"晋中国家级文化生态保护实验区"建设稳步推进,已完成第一期建设任务。四是乡村文化记忆工程持续深入开展,新增263个乡镇,全省已在693个乡镇进行推广。五是四级非遗名录体系建设日趋完善。全省国家级非遗116项、保护单位168个,数量位居全国第三;省级非遗537项、保护单位942个;市级非遗1534项;县级非遗4010项。六是保护利用、传习传播设施建设稳步推进。建成非遗文化展示场馆129个、传习所322个、生产性保护示范基地123个(其中国家级3个、省级14个),省级非遗宣传展示阵地山西省非遗展示馆于2017年8月正式开馆。七是非遗传承人群研修研习培训计划扎实开展,成功举办4期普及培训班。八是全省文化资源大调查取得阶段性成果,已完成戏曲剧种剧团和非遗项目调研普查。

八、文化市场培育和监管水平进一步提高

一是文化市场综合执法改革扎实推进。以省委、省政府办公厅文件正式印发《关于进一步深化文化市场综合执法改革的实施意见》,撤销省文化市场稽查总队,省级改革任务全部完成,阳泉等7市已印发本市的文化市场综合执法改革实施方案;忻州、阳泉印发了"三定方案",18个县(市)印发了实施方案。二是行政审批改革持续深化。出台《营造"六最"环境实施方案和行动计划》,开展文化领域商事登记制度改革,行政审批手续不断精简。省文化厅、大同市矿区文化局、晋中市榆次区文化局3个单位被文化部列为全国行政审批示范点。三是文化市场行业转型升级成效明显。积极推进规范和开放山西省游戏游艺娱乐市场,举办多期培训班,经营业主素质和行业整体形象明显提升。四是平安文化市场创建工作稳步开展。持续探索文化市场分级分类管理和"双随机、一公开"模式,推动实现跨部门、跨行业综合执法。以日常监管为基础,以专项整治为重点,确保了全省文化市场健康有序、安全稳定。五是执法办案能力有力提升。通过执法业务培训,进一步规范了执法工作,提升了执法水平,提高了办案质量。晋城市1部案卷被文化部评为规范案卷;太原市文化市场行政综合执法大队等3个案件办理单位被文化部通报表扬。"太原歪歪视频、歪歪影院非法传播视听节目案"网络案件查处工作被人民日报、新闻联播报道。

九、文化影响力不断增强

一是承办文化部"欢乐春节"对外文化交流品牌活动。成功举办"两岸一家亲 欢乐春节行"——山西非物质文化遗产面食艺术走进台湾大型展演活动,获文化部表彰。二是"一带一路"文化交流深入开展。山西优秀舞台艺术精品舞剧《粉墨春秋》赴欧洲参加"中华风韵"项目演出,"晋风晋韵"文艺演出参加2017年阿斯塔纳世博会山西活动周系列活动。三是对港澳台文化交流全面推进。2017年文化部内地与港澳文化交流重点项目"内地与香港青少年山西绛州鼓乐研习活动"在新绛县成功举办。长治杂技团赴香港与各界共同庆祝"国庆节""中秋节"。山西华晋舞剧团携现代舞剧《当我们遇上孔子》赴香港参加首届城市当代舞蹈节,随中侨联"亲情中华"艺术团赴台湾开展文化交流。山西省歌舞剧院民族乐团赴台湾参加"2017竹堑国乐节"。

十、文化人才培养更加有力

一是出台《文化晋军人才工程实施方案》,计划到2020年,选拔40名优秀文化专家,培养120名青年文化拔尖人才,引进不少于100名高端文化人才,培训1万名基层文化工作者。二是着眼地方戏曲传承发展振兴,举办晋剧流派人才培训班。三是组织参加"中国少儿戏曲小梅花荟萃"活动,山西省选送的七位小选手斩获地方戏专业组六项"金花十佳"荣誉,至此,山西省梅花奖演员共计45人/49人次,"小梅花"总数190朵,两项戏曲人才数量继续位列全国第一。

(邹文姣)

附:省文化厅党组书记、成员名单

书　记:刘润民

成　员:张　健　赵银邦(1月离职)　郑中夏　王舒袖(女)　贾新田　李荣钢

省卫生和计划生育委员会党组工作概况

党组书记　李凤岐

2017年,全省卫生计生系统坚持以党的十九大精神和习近平总书记视察山西重要讲话精神为统领,坚决贯彻党中央、国务院和省委、省政府决策部署,谋划和推进全省卫生计生事业改革发展和健康山西建设,全省卫生计生事业改革发展按照年初确定的"12356"(围绕建设健康山西"一个目标",深化医药卫生体制、计生服务管理"两项改革",推进人才优先、科教兴医、健康扶贫"三大战略",抓住普及健康生活、完善健康保障、优化健康服务、建设健康环境、发展健康产业"五个关键",为全省人民办好"六件实事")工作思路,14项任务、59个指标全部圆满完成,各项工作取得新突破,服务水平实现新提高。

一体化改革快速推进。在全国率先在全省域推行县乡医疗卫生机构一体化改革,119个县(市、区)医疗集团全部挂牌运行,努力打造县域综合医改的"山西模式"。先后8次在全国交流经验,在《中国卫生》评选的全国十大医改举措中位列第二,受到国家卫生计生委、国务院医改办和国务院第四次大督查充分肯定,在全国卫生计生工作会上作交流汇报。从前两批39个试点县看,改革实现了"三升三降、五转变"和"三融合三促进",群众获得感明显增强。家庭医生签约覆盖率达47.63%(全国第六、中部六省第一),惠及1700余万城乡居民,其中,重点人群签约率达69.5%。

健康扶贫工作成效明显。形成了"双组长"领导,"双签约"服务,"双督导"推进,"三个一批"救治,"三保险、三救助"兜底,"一体化"改革的健康扶贫"山西模式"。高建民常务副省长、郭迎光副省长挂帅省级健康扶贫领导组"双组长"。省卫生计生委成立由委主任和党组书记担任"双组长"的行业

健康扶贫领导组，省编办批准成立了山西省健康扶贫中心，建立了健康扶贫处室联络员制度，从委属单位抽调专人充实了健康扶贫办公室。组建了2.1万个村医村干签约团队，55.19万因病致贫返贫群众实现应签尽签。省委脱贫攻坚综合督导与健康扶贫专项督导相结合，构建"督导→反馈→通报→提升"的流程闭环。扎实推进"三个一批"，即大病集中救治一批，慢病签约服务管理一批，重病兜底保障一批。创新构建"三保险、三救助"，即基本医保、大病保险、补充医疗保险、参保缴费救助、残疾人辅助器具免费适配救助、特殊困难帮扶救助。集中力量攻坚重点难点，聚焦深度贫困地区和老年人、残疾人、重病患者等深度贫困群体，筑牢医疗卫生服务基层基础，构建纵向到底、横向到边、交叉联网的基层医疗卫生服务体系。

公立医院综合改革深入推进。全省所有公立医院自2017年7月1日起全面取消药品加成（中药饮片除外），实行零差率销售，比国家要求提前了3个月。以取消药品加成为突破口，以医疗服务价格调整为重点，印发《山西省推进医疗服务价格改革的实施方案》，各市及时确定了补偿政策，综合推进取消加成与价格调整、医保衔接、医疗控费、财政补偿"五同步"改革；落实政府办医责任，进一步强化了各级政府对公立医院发展建设方面的财政保障，政府卫生支出占卫生总费用比重始终保持在30%以上；启动阳泉市省级薪酬制度改革试点，加强公立医院绩效考核评价，初步建立了公立医院发展新机制，实现"一优两降"，即全省公立医院收入构成进一步优化，药占比从改革前的40%以上降至29.66%，居民个人卫生支出占卫生总费用比重从改革前的35.6%降至31.05%，患者就医获得感明显增强。

医养结合工作发展迅速。积极探索医养结合多种模式，其中医院开办养老院模式，实现体制重大突破，走在全国前列，尤其全省推进农村卫生室与老年日间照料中心发展融合，为全国农村社区医养结合提供典范。1月，省卫生和计生委与省民政厅联合举办全省医养结合工作培训班，对推进山西省医养工作开展作了具体部署安排，提出了工作要求。11月，在长治市举办了全省医养结合工作现场会，各市卫生计生委主要负责人、37个省级医养结合试点单位及相关专家代表参会，现场观摩学习。与省民政厅联合下发了《关于开展村卫生室与乡村老年人日间照料中心融合发展试点工作的通知》，全省共确定试点单位33个。重点推进二、二级综合医院开设老年病科，各级医疗机构开通为老年人便利服务的绿色通道。山西省还承办了国家卫生计生委、法国社会团结与卫生部、法国国家家庭补助局举办的第五届中法家庭发展政策研讨会，为更新思想理念，学习借鉴国内外经验，推进山西省医养结合开展再作铺垫。

山西省已形成以"医中有养""养中有医""居家医养""医养结合综合体"等模式为主导的医养结合形式，为全省老年人安享晚年提供服务，涌现出了如长治惠丰医院、大同魏都医养结合中心、晋中晋龙泽养老服务中心等一批受群众欢迎、有影响力的医养结合服务机构。

卫生计生各项工作亮点纷呈。赴美招才引智，柔性引进海外高层次人才55人，达成合作协议71项。省外高等院校招聘硕士及以上人才217名。5人分别当选第二、三届"国医大师"和首批全国名中医。山西省儿童医院新院建设完成。成功举办中法家庭发展政策研讨会。1市6县4乡镇获国家卫生城镇命名。在全国率先制定出台《山西省国民营养计划(2017-2030)实施方案》。在全国首创科普文章纳入高级职称评审条件，有力调动医务人员从事健康科普工作的积极性。国家级主流媒体报道全省卫生计生突出成绩达309篇(次)。平顺县入选全国首批15个中医药健康旅游示范区创建单位。评选认定首批"山西名药"20个。仿制药质量和疗效一致性评价工作强力助推全省医药产业发展。援外医疗工作成绩斐然。山西省针灸医院挂牌成立圣彼得堡中医医院。

党建工作持续加强。委党组从战略高度，深刻认识新时期加强卫生计生系统党建工作的重要意义，始终坚持把增强班子凝聚力和驾驭全局能力，增强干部队伍战斗力和执行力，作为推动卫生计生事业改革发展的重要保障。一是深入学习贯彻党的十九大精神.始终坚持将学习宣传贯彻党的十九大精神作为首要政治任务，通过学原文、读原著、悟原理，深刻领会十九大精神的主旨要义和丰富内涵。组织全体党员干部集中收看党的十九大开幕实况，及时对宣传贯彻落实党的十九大精神作出安排部署，两次邀请省委党校教授对委机关全体党员进行党的十九大精神专题宣讲;2次召开党组中心组扩大会议，专题学习党的十九大报告;党组书记带头在基层党组织书记学习贯彻党的十九大精神研讨班上作专题辅导。全系统广大党员干部采取集中学习、专家辅导、专题讨论、自学交流等形式，丰富学习内容，深化学习效果，强化"四个意识"。二是不折不扣贯彻民主集中制。委党组牢固树立责任意识和担当意识，组织修订完善《山西省卫生和计划生育委员会党组议事规则》等制度文件，注重发挥班子的集体智慧和力量，对"三重一大"问题，充分发扬民主，集体研究决定。班子成员发挥示范带头作用，凝心聚力，带动全委形成了辛勤工作、争先创优的良好局面。三是积极开展维护核心见诸行动主题教育。始终坚持把问题导向作为主题教育的指导思想和工作方法，坚持以"六个好"为主要内容，突出抓好6方面重点工作，认真落实省委提出的8项重点任务，通过签订全面从严治党责任书，带头为全委党员干部讲党课，组织编印《基层党组织规范化建设工作手册》等方式，有力推进"两学一做"学习教育的常态化和制度化。四是认真落实巡视整改任务。先后4次召开专题党组会，对巡视整改工作进行安排部署。按照"六对照"要求，归纳梳理出3方面24个具体问题，研究制定巡视整改"三个清单"，明确86项整改措施。2次召开巡视整改推进会议，研究解决存在的问题，确保巡视整改各项任务落到实处。五是加强"三基建设"工作。制定三基建设规划和方案，明确要求、细化分工、落实责任。组织制定"一个计划""两个清单""三个手册"和"四个目录流程图"，开展一系列培训和竞赛，进一步规范基层组织、强化基础工作，提高基本能力。六是强化监督执纪问责。积极开展反腐倡廉、预防职务犯罪等方面的教育,组织观看警示教育片。修订完善《省卫生计生委落实中央八项规定细则》和《关于建立“六位一体”监督工作机制的暂行办法》等文件。运用监督执纪“四种形态”,对20余名存在个人事项瞒报、漏报问题的党员干部进行诫勉约谈,进一步增强党员干部的廉政意识。2017年,全委没有发生违反中央八项规定精神的问题。七是深化精神文明建设。委党组会召开4次专题会议,研究精神文明建设工作。组织医疗专家深入社区和工地开展大型义诊活动。组织拍摄的健康宣传片分别获得第二届中国家庭与健康类电视节目大赛二、三等奖和优秀项。打造山西“关爱女孩圆梦行动”品牌工程。2个单位被评为国家级青年文明号,1人被评为全国三八红旗手。推选12名同志成为省政协委员人选。开展以喜迎十九大为主题的演讲比赛和党章党规知识竞赛,通过微信、微博等网络形式加强学习宣传。组织举办健步走、足球联赛、游泳比赛等丰富多彩的文体活动。2017年,委机关被评为省级文明单位标兵,省眼科医院和省中医院被评为全国文明单位.

(季　巍)

附:省卫生和计划生育委员会党组书记、成员名单

书　记:李凤岐

成　员:郭晋刚　刘中雨　武　晋　冯立忠　李跃珍(女,5月离职)

省审计厅党组工作概况

党组书记　王　亚

2017年,省审计厅党组以习近平新时代中国特色社会主义思想为引领,在省委、省政府和审计署的坚强领导下,全面贯彻落实党的十八大、十九大决策部署,认真贯彻省委“一个指引、两手硬”的重要思路和要求,按照“扫除盲点、抓住重点、浇透一点”的工作思路,紧扣全面从严治党主线,扛牢管党治党政治责任,依法忠诚履行职责,各项工作推进顺利、成效良好。

一、深刻领会党的十九大精神,全面贯彻落实党中央、国务院和省委、省政府决策部署

一年来,厅党组坚持党对审计工作的领导,认真贯彻十八届中央历次全会、党的十九大和习近平总书记视察山西重要讲话精神以及省委、省政府重要会议精神,始终把推动党中央、国务院和省委、省政府重大决策部署贯彻落实作为审计机关的政治责任、头等大事,加强审计监督,推动政策措施落地见效。

一是持续深入学习贯彻党的十九大精神,切实把习近平新时代中国特色社会主义思想深刻领会好。厅党组把全面贯彻落实十九大精神作为审计机关的首要政治任务,组织全体干部集中收听收看了习近平同志代表第十八届中央委员会作的报告,并召开厅党组扩大会议到处级以上领导干部,原汁原味学习报告,深刻领会精神实质,研究部署学习贯彻党的十九大精神,提出了掀起热潮学、联系实际学、深入调研学、推动工作学、增强本领学、从严从实学的“六学”要求,推动学习贯彻走向深入。厅领导班子在扶贫点左权县芹泉村召开组织生活会,与10名挂职干部、第一书记一起集中学习十九大精神和习总书记关于进一步纠正“四风”、加强作风建设的重要指示,推动十九大精神进基层、进企业、进农村。同时,按照省委统一部署和省政府要求,组织开展大调研,确立重点调研课题5个,累计开展调研100余次,形成调研成果20多个。

二是对标对表总体要求和五项重大任务,切实把习总书记重要讲话精神贯彻落实好。厅党组多次召开会议传达全省干部大会精神,学习贯彻总书记视察山西重要讲话精神,围绕学习贯彻、提升工作做出部署,落实《两个实施意见》,鲜明提出要把学习重要讲话作为审计事业发展的思想引领、作为加强领导班子建设的重要之举、作为从严治党的根本保障,以带动全省审计工作水平整体提升。

三是全面贯彻党中央、国务院和省委、省政府决策部署,切实把牢全省审计工作正确方向。厅党组把贯彻落实党中央、国务院和省委、省政府决策部署作为根本任务,第一时间召开专题会议,研究贯彻意见,提出落实要求,确保工作见行动、见措施、见实效。制定了《13710工作督查制度》,推行“清单+责任”制工作法,对党中央、国务院决策部署和省委、省政府工作安排,列出清单、建立台账,一体部署、一体落实、一体督办。开展了全省经济社会发展情况审计和审计调查,摸清了家底、揭示出问题,为山西省经济社会发展校正了航标。2017年,骆惠宁书记和楼阳生省长批示审计报告69次,省委、省政府批示采用工作贯彻落实情况151次。

二、扛牢压实主体责任,全面从严治党不断向纵深推进

2017年,厅党组牢牢牵住主体责任“牛鼻子”,聚焦中心任务,忠诚履行职责,推动管党治党走向严紧硬,实现了党员干部思想、作风、纪律上的新进步。

(一)政治责任抓牢做实。2017年,厅党组对全面从严治党做到统一领导、直接主抓、全面落实,带动形成了真管真严、敢管敢严、长管长严的工作氛围,管党治党能力和水平不断提高。制定了厅党组全面从严治党责任清单,实行分岗设责,明确责任59项,实行“一把手”总责制、党组成员分责制、处室领导主责制、审计组长负责制的“四级责任制”,构建了

主责清晰、履职到位、追责严格的落实体系。制定了《厅党组贯彻落实中央八项规定精神的实施细则》,高质量完成“四对照”“三清单一制度”,以上率下推动工作作风实现根本好转。认真贯彻党组理论学习中心组学习规则,专题集中学习10次8.5天,做到了学思践悟、常学常新。落实意识形态工作责任制,并纳入机关党建工作责任制、年度目标责任考核范围。

(二)廉政建设持续深入。厅党组进一步完善了厅领导班子成员党风廉政建设主体责任落实情况向驻厅纪检组报告、廉政承诺等制度,开展廉政风险排查,为117名处级以上干部建立廉政档案。组织开展廉政教育,观看干部忏悔录、《永远在路上》等专题片,赴省女子监狱开展警示教育。采取明察暗访、审计回访等形式,跟踪监督检查审计项目廉政情况。积极配合巡视,全面接受“政治体检”。

(三)正风肃纪常态推进。厅党组秉持“巩固、深化、提高”的理念,坚持不懈改进作风。一是转变会风文风,精简会议文件,文件简报数量下降11.2%、调研增加20%。二是健全完善机关财务管理、公务用车、公务接待、资产管理、政府采购等制度。三是强化监督检查,组织开展了清理整治办公用房、吃空饷、吃拿卡要,清理整顿领导干部兼职,开展工作秩序涣散、纪律松弛等专项整治,随机开展“回头看”,坚决防止“四风”反弹,先后开展检查100多次,批评教育、函询约谈18人。

(四)队伍建设得到加强。一是扎实推进“两学一做”学习教育常态化制度化和“维护核心、见诸行动”主题教育,党组专题研讨20多次,开展党章党规知识测试、网上答题,推动教育不断深化。二是制定了“三重一大”议事规则,对“三重一大”事项、审计发现的重大问题集体讨论决策、分工负责落实。三是坚持正确用人导向,落实“好干部标准”,先立规矩后选人,严格选拔程序,任用12名正处长级干部,10名事业单位副处级干部。四是加大教育培训力度,培训干部1300多人次,审计实战能力和职业水准进一步提高。五是开展精神文明创建活动,成功创建省直精神文明标兵单位。

(五)“三基”建设发力推动。一是着力建强基层组织。多次研究部署基层党建工作,提出具体措施24条,对20个支部班子进行调整,补充12名党支部书记,严格落实“一岗双责”。二是着力夯实基础工作。规范“三会一课”、领导干部双重组织生活、民主生活会等党内生活制度,建立《审计业务流程》《法律顾问管理办法》等内部控制制度,编制完成“一目录三手册”。三是着力提升基本能力。组织38个支部召开专题组织生活会,查摆问题149个,制定整改措施107条,列出“三个清单”,基本能力有效提升。

三、依法忠诚履职尽责,充分发挥审计作用

2017年,厅党组贯彻新发展理念,坚持依法审计、客观求实、促进发展、推动改革,全面完成了8大类195项审计任务。共审计单位154个,促进增收节支17.25亿元。提交审计报告和信息320多篇次,提出审计建议560多条。2017年组织实施的山煤集团董事长经济责任审计项目被审计署评为“全国优秀审计项目”。在省第四届人民满意的公务员个人和集体评选表彰活动中,社会保障审计处被表彰为“人民满意的公务员集体”。

一是加强政策跟踪审计。持续关注脱贫攻坚工作推进、“三去一降一补”任务落实、“放管服”改革深化等方面的政策措施落实情况,抽查部门单位2990个、项目4057个,促进统筹使用资金78.9亿元,推动重大政策措施落地见效,为省委、省政府决策提供了重要参考。

二是加强财政审计。贯彻绩效审计理念,采取“1拖N”模式,组织开展了预算执行和财政决算审计,促进拨付到位资金144.68亿元,促进深化财税改革、优化支出结构和提高资金绩效。8月23日,受省政府委托王亚厅长向十二届省人大常委会报告预算执行审计情况。

三是加强民生审计。组织全省审计机关同步实施对56个贫困县扶贫政策措施落实和扶贫资金分配管理使用情况的审计,抽查乡镇434个、行政村1858个和单位898个,走访贫困户4675个。持续开展城镇保障性安居工程跟踪审计,抽查安居工程项目1005个、农村危房改造6510户,清退违规分配住房277套。还完成了对全面改薄、新型农村合作医疗机构整体移交、全省住房公积金的审计,切实维护人民群众利益。

四是加强投资审计。对国省公路干线、静静铁路、阳大铁路、省射击射箭训练基地等项目进行了跟踪审计,严肃查处工程建设领域腐败行为,核减投资额5200万元。开展对世界银行贷款山西煤层气开发利用项目等10项国外援贷款审计,提高了外资利用绩效水平。

五是加强国企国资和金融审计。围绕深化国企改革,起草了《深化我省国有企业和国有资本审计监督的实施意见》。组织开展对晋能集团、交通投资集团等资产负债损益审计,重点揭示调控措施贯彻落实、经营管理、重大风险隐患等方面的问题。组织开展对省农信社、中煤财产保险资产负债损益审计和金控集团运行情况审计调查,深度揭示风险隐患,维护了经济安全。

六是加强资源环境审计。实现自然资源资产离任审计和经济责任审计一体化,对11名领导干部自然资源资产离任开展审计试点,成立技术支援团队,建立战略合作关系,借助现代信息技术,推动了试点审计工作高质高效开展。

七是加强经济责任审计。落实党政同责、同责同审要求,创新“经济责任审计+”模式,坚持书记、市长(县长)经济责任与财政决算、部门单位主要领导经济责任与预算执行、企业领导干部经济责任与资产负债损益、校(院)长与书记经济责任、董事长与总经理经济责任“五个同步审”,共审计省管领导干部102名,促进领导干部依法行政、履职尽责。

(宁丽丽)

附:省审计厅党组书记、成员名单

书　记:王　亚

成　员:闫建科　姚安政　南春林　王银燕(女)　张红谱(女)　李建国

省政府外事侨务办公室党组工作概况

党组书记　武绍忠

2017年以来,省外事侨务办以习近平新时代中国特色社会主义思想为指引,以中国特色大国外交思想为遵循,坚决贯彻骆惠宁书记关于"'一个指引、两手硬',体现在外事工作中,就是一手构建良好政治生态,这一手要硬,全面提升外事工作水平,这一手也要硬"的指示要求,切实落实省政府工作部署,全力服务国家总体外交,服务山西省经济社会发展,着力加强能力建设,提升归口管理水平,统筹规划对外交往,全面推进深化合作,积极为山西省构建内陆地区对外开放新高地建设贡献力量,被人社部、国侨办授予的"全国侨办系统先进集体",多次受到中央和省委省政府的肯定和表彰,连续七年被评为省直"文明单位标兵"。

一、深入学习贯彻习近平新时代中国特色社会主义思想,坚持和加强党对一切工作的领导,坚持党要管党,全面从严治党,加强领导班子和干部队伍建设,推进法治稳定和意识形态工作

(一)坚持把加强政治建设作为首要政治任务

坚持把加强政治建设摆在首位。深入学习贯彻党的十八大和十九大精神,把学习活动与推进"两学一做"学习教育常态化制度化相结合、与"维护核心、见诸行动"学习教育相结合、与业务工作相结合、与万名干部大调研工作相结合、与配合巡视工作相结合,全办干部大会动员部署、中心组带头、党支部分头推进,采取集体组织学原文、推送微信宣传图片、组织知识考试等多种形式开展学习教育活动。制定了《党组中心组理论学习计划》《干部理论学习计划》,组织中心组集中学习14次、党员集中学习60余次、支部活动30余次,推送十九大知识微信宣传图片105期,组织十九大知识考试5次。全办干部职工牢固树立"四个意识",增强了自觉运用习近平新时代中国特色社会主义思想武装头脑、指导实践、推动工作的能力,在思想上、政治上、行动上同以习近平同志为核心的党中央保持高度一致。

(二)全面落实主体责任,加强党风廉政建设

一是坚持党要管党、全面从严治党。坚决扛起党风廉政建设主体责任,将党的建设、党风廉政建设和反腐败工作与外事侨务工作同部署、同落实、同检查、同考核。领导班子成员严格落实"一岗双责""一考双评""一案双查"制度,做到两手抓、两手硬、两不误、两促进。积极支持纪检部门开展工作,办党组研究"三重一大"事项请纪检组参会监督。二是坚持把纪律和规矩挺在前面。坚决落实2016年巡视整改任务,以新一轮巡视为契机,全面加强党的建设。办党组专题研究巡视整改自行"回头看"工作,坚决落实八项规定,开展诫勉谈话、函询、党员领导干部报告个人事项、责任制报告和廉洁自律等工作。加大宣传教育力度,推送"学思践悟"10期。召开党风廉政建设大会,党组书记与机关各处、直属事业单位签订《党风廉政建设责任书》,层层压实责任,多次明察暗访,严肃处理违纪党员,真正绷紧遵规守纪这根弦。三是落实党组议事规则和决策程序。严惩滥用权力,加强对工程招标、物资采购、因公出国(境)审批等关键环节的监督,防止越权、滥权、擅权。匡正选人用人风气,坚持以德为先的标准选拔任用干部,调动干事创业积极性。公平公正公开组织年度考核,树立典型,推进工作。

(三)狠抓"三基建设"

新一届办党组确立了"树正气、讲规矩、办实事"的总体工作思路,结合"三基建设"有关要求,狠抓机关建设,牢固树立务实、高效、敬业、奉献的山西外事精神,打造政治坚定、业务精湛、作风过硬、纪律严明的外事"铁军"。一是积极落实省委"三基建设"具体部署。把加强"三基建设"作为战略举措抓紧抓牢,夯实党的事业发展基础,推进党支部建设台账化、标准化、精细化,完善党建工作格局,加大相关制度落实力度,党员干部的党员意识和党性观念得到提高。二是严格落实"13710"工作制度。制定落实办内工作流程和责任制度,办理13710任务4项,所有事项全部跟踪到底、销号清零,做到事事有着落,件件有结果,没有发生延误。三是规范工作流程。制定完善综合业务类、党务工作类、外事业务类等13类、94项工作流程,覆盖到机关工作的全部范畴,汇编成册、人手一册,规范了工作秩序,提高了工作效率。四是加强党员干部能力建设。加大干部培训力度,督促干部在线学习,组织31名干部参加省管领导干部进修、外交部地方外办干部培训、省委党校轮训等培训活动,安排干部赴美国、法国和南京、郑州进行专业学习研讨,组织143人次专题研修,邀请外交部原副部长、现联合国副秘书长刘振民做国际形势报告,提高党员干部对中央外交方针政策的认识和理解,增强业务能力,提升工作水平。五是坚决落实省委省政府"万名干部大调研"要求。共组织副处以上干部33人,调研195天,涵盖了11个地市,14个省直相关涉外部门,23个省属重点企业、高校、科研院所,外交部和10个兄弟省份,进一步摸清了情况,学习了经验,提高了工作的针对性。六是推进机关文明创建活动深入发展。持续开展社会主义核心价值观系列教育活动,坚持把文明创建与业务工作有机结合。群团组织健全、分工明

确、配合紧密。积极组织职工参加“喜迎十九大系列活动”“博爱一日捐”“帮扶解困”献爱心等活动。尊重关心离退休老同志,全面落实老干部政治和生活待遇。坚决落实精准扶贫各项要求,共实施扶贫项目36项,取得了较好的帮扶效果。办机关连续7年被评为“省直文明单位标兵”。

(四)扎实推进法治稳定和意识形态工作

一是推进法治建设。贯彻省委加快法治山西建设实施意见,完善法治建设领导机构,健全党组依法决策、科学决策、民主决策机制。坚持依法行政,推进党务政务公开,积极落实法治建设工作任务。积极开展普法活动,组织党员干部在线学法。完成法律顾问聘用工作。坚持严以用权,依法依规处理涉外涉侨事务和机关行政后勤、机要保密、“三公经费”管理等工作。二是积极参与平安山西建设。党组先行引领,健全完善机构,明晰目标责任,始终把综合治理工作摆在重要位置,强势推进。依托交流互访平台,利用外侨职能体系,延伸组织触角,前移信访摸排关口,加强安全教育,妥善处置来信来访,严格执行应急值班制度、保密规定,开展安全专项检查,织密防护网,确保外事侨务工作安全顺利。三是筑牢意识形态工作基础。贯彻落实意识形态工作责任制,下发《党组意识形态工作责任制实施细则》,明确工作任务、细化考核办法、强化责任追究,牢牢掌握意识形态工作和网络意识形态安全的领导权、主动权。提高意识,落实措施,制定《网络意识形态工作责任制检查考核办法》《网络安全工作责任制检查评估办法》,重大舆情随时汇报,及时预警,季有汇总、年有汇编。

二、圆满完成年度工作任务,务实服务内陆地区对外开放新高地建设

(一)高规格召开全省外事侨务工作会议

认真履行省委外事工作领导小组办公室职能,全面落实中央和省委、省政府有关精神,4月12日高规格召开了全省外事侨务工作会议。省委领导罗清宇出席会议,传达学习中央有关重要会议精神,安排部署全省外事侨务工作。会前,王赋同志亲自协调各市把分管外事侨务工作市领导全部调整为中共党员;会后,召开全省外事办主任(处长)会议,对2017年工作进行了全面安排部署。

(二)精心办好中联部专题宣介会

6月30日,协调山西省有关部门在中联部举办了“中国共产党的故事——全面从严治党”专题宣介会,向世界展示了山西省委贯彻落实以习近平同志为核心的党中央坚持全面从严治党的积极作为,展示了山西取得的发展成就,展示了山西加快对外开放和打造最佳营商环境的决心和信心,为山西迈上新征程营造了良好的国际国内环境。圆满成功后中联部给省委发来感谢信。该事件入选2017山西十大新闻事件。

(三)全力服务高层对外交往

精细圆满完成泰国公主团、墨西哥三党议员考察团、意大利前议长友好代表团等63个国家和地区团组69批次、2223人次,其中副总理级团组3批次、副部级以上团组11批次。安排骆惠宁书记、楼阳生省长等省领导外事活动37场。配合李克强总理出访,服务省委常委、常务副省长高建民出访澳大利亚,在第二届中澳省州负责人论坛作主题发言,推动山西省与南澳州、昆士兰州签署多项合作协议,实质推进与南澳州建立友好省州关系;服务王一新副省长作为重要省份代表出席阿斯塔纳世博会中国国家馆日开幕式和山西周活动,并在中哈能源合作论坛作主题发言。

同时,指导各市各厅局完成全省旅发大会、第四届世界骨科大会、第五届世界健康大会、平遥国际摄影节、第五届中法家庭发展研讨会等13场国际会展活动的外事礼宾礼仪工作。

(四)继续加强因公临时出国管理

科学谋划省领导出访。围绕“一带一路”沿线及金砖国家和地区,精心谋划13位省级领导出访28个国家和地区的出访任务,重点加强了与“一带一路”沿线国家、地区在经贸、友城、文化、旅游等领域的务实合作。

认真贯彻中央文件要求,严格执行因公临时出国各项政策规定,审核2017年全省因公出访计划1947批7526人次,核减352批2724人次。认真落实出访计划,严控党政领导干部出访的同时积极支持市场主体走出去,全年审核审批团组1183批、3329人次,同比增长41.48%,并做好出访行前教育培训。

积极服务企业走出去。完善经贸类团组出国“绿色通道”,疏通出国签证渠道,提供政策指导和信息服务,鼓励企业、高校、科研院所扩大对外交流,促进合作发展。因公出国(境)综合管理网上服务平台建成并试运行。利用省政府新闻平台,举办APEC卡新闻发布会,并在各市组织宣介活动23场,APEC卡申办量较去年同期增长89%,更加有效的服务市场主体走出去。

(五)全面深化侨务工作

加强侨务法治建设,全面规划侨务工作。认真学习《国家侨务工作发展纲要(2016-2020年)》,结合山西省实际,组织完成山西省实施意见起草工作,报省政府和省委外事工作领导小组印发。

涵养侨务资源。接待英国、加拿大等20多国侨团侨社侨领230人,进一步加强联系,建立国外联系单位、联系人机制,分别与加拿大、俄罗斯、柬埔寨、日本等国相关组织签署协议,延伸对外工作手臂,打造海外工作支点。初步建立山西省海外侨团侨社侨领信息资源库。

关爱侨界民生。持续开展归侨职业技能培训、免费体检、慰问等活动。发放困难补助100.78万元,争取各类捐赠近1000万元用于扶贫救助。及时办理和答复涉侨来信来电来访99件次。调动优质侨务资源服务经济社会发展,组团参加“华创会”,组织“侨资企业山西行”活动,与相关单位在新能源汽车、新材料等领域达成合作意向。

讲好中国故事,弘扬三晋文化。举办了36个国家516人参加的“中华大乐园——德国法兰克福营”“2017华文教育示范校、华教机构负责人华夏行”和“海外华裔青少年中国寻根之旅夏、秋令营”活动,选拔44名教师赴泰国、菲律宾、印度尼西亚和斯里兰卡华校支教。

(六)积极维护涉外环境安全

认真做好十九大和全国“两会”的涉外维稳工作。积极推进“一带一路”境外安全保障机制建设。广泛开展预防性领事保护工作，组织海外领保巡查和海外领事保护实务培训,下基层、进企业、入校园,发放领保宣传资料近10万册(份),发布风险预警提示400余条。妥善处置领保和涉外案件14件。加强外国人来华审批,办理外国人来华邀请2388份,代办领事认证2615份。

积极做好外国媒体服务管理工作，协调安排荷兰BNN电视台、俄罗斯主流媒体团、英国Unigryw公司等多家境外媒体来晋拍摄宣传,妥善处理涉外媒体采访24件(次),为山西发展创造良好的外部舆论环境。

(七)加速推进友城建设

深化友城关系,推进务实合作。促成“中美能源(山西)研发中心”成立揭牌、与乌拉圭卡内洛内斯省签署《深化友好关系合作备忘录》;建立新友城,与韩国全罗南道正式结好,山西省与澳大利亚南澳州、哈萨克斯坦巴甫洛达尔州、老挝琅勃拉邦省、亚美尼亚洛里州和捷克摩拉维亚西里西亚省,晋中市与意大利科莫省6对友省友城正式结好事宜,经省政府常务会研究同意,已上报国家批准;新建省、市友好合作伙伴关系18对,与德国萨安州、肯尼亚蒙巴萨郡、越南太平省等7省市建立了联系,积极为有关部门、企业开展对外工作牵线搭桥。同时,积极参加东北亚地方政府联合会相关活动,融入区域发展,推动区域合作。

(八)稳步加深晋港澳合作交流

发挥桥梁纽带作用。举办与省政协港澳委员座谈会、协助香港投资推广署举办太原研讨会,承办外交部第十一次涉港领事工作年度交流会,接待香港愆教署和文汇管理学院访晋团,为进一步深化晋港澳交流合作积极助力。分七批组织开发区管委会负责人、省直公务员交流团和外事干部赴香港澳门进行学习交流访问,深化经贸、金融、文化等重点领域交流合作。

(九)务实加大民间外交力度

着力民心相通,丰富民间对外友好往来。接待法国人民援助协会、瑞中友好协会等外国民间友好团体访晋,组织山西省与日本埼玉县结好35周年纪念活动,组派50名大学生赴日友好交流,举办“摄影家眼中的中国和斯里兰卡”摄影展,接待日本友好人士中崎惠访晋并授予其“国际友好交流贡献奖”，推荐五台山黛螺顶与斯里兰卡毛拉帕达寺建立友好关系,争取法国依视路集团为兴县学生免费配置1万副近视眼镜,协调美国欧喜集团与兴县签署带动群众脱贫的《合作备忘录》。积极推荐4家社会组织成为中促会团体会员,参与国际活动。通过多形式、多渠道民间交流合作,扩大山西影响,传递山西声音,促进山西对外开放。

(岳剑耀)

附：省政府外事侨务办公室党组书记、成员名单

书　记：张志川(1月离职)　武绍忠(1月任职)

成　员：武绍忠(1月调职)　田亦军(7月离职)
鞠　振(7月离职)　梁淑娟(女,4月任职)
郝文杰(7月任职)　张　源(7月任职)
秦　杰(11月任职)

省煤炭工业厅党组工作概况

党组书记　向二牛

2017年,在省委、省政府的坚强领导下，全省煤炭行业认真学习贯彻党的十九大精神和习总书记视察山西重要讲话精神，全面贯彻省第十一次党代会精神，紧紧围绕省委、省政府决策部署,深化煤炭供给侧结构性改革,产业结构不断优化;狠抓安全生产工作，煤矿安全生产形势平稳发展；认真抓好生态环保工作，绿色发展理念深入人心；积极应对市场变化,全省煤炭经济发展质量和效益进一步提升。全省煤炭经济实现产量、价格、效益“三提升”,为全省经济由“疲”转“兴”做出了重要贡献。

一、主要指标完成情况

2017年，据省煤炭厅统计口径：全省煤炭产量8.75亿吨,同比增加4332万吨;煤矿企业商品煤销量7.9亿吨,同比增加3784万吨;全省煤炭综合售价439.96元/吨,同比增加148.31元/吨;全省煤炭销售收入3535.35亿元,同比增加1127.18亿元；全行业实现利润320.02亿元，同比增加303.07亿元。

二、煤炭产业优化升级

2017年,山西坚定不移淘汰落后产能,产业优化升级步伐进一步加快。

圆满完成去产能任务。省煤炭厅贯彻落实国家和省委、省政府关于化解过剩产能政策,坚持把淘汰落后产能作为重点,将总量性去产能转向结构性优产能,为先进产能腾出发展空间。加强组织领导、狠抓责任到位,严格目标考核、确保工作跟进,明确时间节点、有序推进实施,强化监督检查、严格任务落实。2017年,全省关闭煤矿27座,退出产能2265万吨;总体上看,煤矿关闭符合标准、奖补资金使用规范、人员安置稳步推进,2017年化解煤炭过剩产能工作圆满完成。

扎实推进减量置换。省煤炭厅把坚持推进新建项目、资源整合煤矿建设作为重点，稳步推进产能减量置换。截至2017年末，国家批复山西省28座新建煤矿产能置换方案，建设规模1.56亿吨/年；省内确认113座重组整合煤矿产能置换方案，建设规模1.12亿吨/年。

有序开展减量重组。省煤炭厅坚持把60万吨以下煤矿退出和解决重组整合遗留问题作为重点，实施减量重组。研究起草了《山西省推进煤矿减量重组的实施意见》，为全省煤矿减量重组提供了政策保障。

稳步提高先进产能占比。省煤炭厅坚持把发展先进产能作为重点，开展标准化达标创建，推进特级安全高效矿井建设。按照国家新标准，在潞安高河、晋煤成庄、阳城竹林山、中煤王家岭、岚县昌恒等5座煤矿开展了省级试点并率先建成一级标准化煤矿。2017年末，全省达到一级标准化和特级安全高效的先进产能煤矿178座、能力3.96亿吨/年，占生产总能力的42%。

三、煤矿安全生产

全行业牢固树立总体安全观，强化红线意识，严格落实省委、省政府“三条底线”和“四铁”要求，加大安全监管力度，强化主体责任落实，促进全省煤矿安全生产形势稳定好转。

严格落实安全生产责任。省煤炭厅严格执行安全生产规章制度，对全省煤矿实行了“双盯守”，强化落实政府监管责任和企业主体责任，按照国家分级属地安全监管要求，推动省属五大集团所属煤矿属地安全监管责任落实。各市创新监管方式，落实属地安全监管责任。太原、临汾、吕梁根据煤矿风险等级，实施了差异化安全监管；晋中聘请阳煤集团25名专家，严格开展安全检查和技术指导。

严格煤矿安全执法检查。省煤炭厅以查隐患、促整改、防事故为重点，扎实开展了煤矿安全“体检”、安全生产大检查、隐患大排查大整治暨“反三违”专项行动、安全生产突击检查等，层层履职尽责、严格执法检查。全省各级煤炭管理部门开展安全生产执法行动21702起，出动人员98514人次，检查各类企业12223矿次，排查各类隐患316189条，下达执法文书18131份。

深入推进煤矿重大灾害防治。省煤炭厅加强“一通三防”管理，推进了煤矿瓦斯综合治理。2017年，完成了全省瓦斯抽采全覆盖工程，全年瓦斯(煤层气)抽采115亿m³、利用70亿m³。推进专用排瓦斯巷整改工作，全省采用尾巷排放瓦斯的31座矿井、52个回采工作面全部整改到位。全面推行防治水“禁采区”“缓采区”“可采区”分区管理，突出老空水防治，2017年，全省共有732座正常生产和建设的煤矿完成了分区管理论证报告，实现了分区管理，煤矿防治水水平全面提升。

严格执行事故煤矿整顿恢复机制。2017年，省煤炭厅对发生事故的28座煤矿下达了停产停建指令，撤消了16座煤矿的标准化等级。严格执行“不放心煤矿”挂牌制度，有54座煤矿被列入省级“不放心煤矿”，38座已摘牌销号。

四、煤炭生产管理

省煤炭厅严格执行国家关于抓能源工作要坚持依法行政、发挥市场作用的要求，加强生产要素管理，组织了全省煤矿登记公告要素信息动态核查，2017年末，全省登记公告生产煤矿568座，产能9.08亿吨/年，平均单井规模159.8万吨/年，所有生产煤矿都签订了《煤矿按照登记公布生产能力组织生产的承诺书》。积极推动先进产能释放，全省验收重组整合、新建及改扩建矿井35座，产能3485万吨/年；完成山煤集团河曲旧县露天煤业等2座煤矿的产能核增，生产能力净增710万吨/年。

五、煤炭经济

认真贯彻落实国家宏观调控政策和各项决策部署，充分发挥化解煤炭过剩产能对改善市场供求关系、促进煤炭经济平稳发展的积极作用，强化对煤炭经济运行的日常监测调控和分析研判，密切关注铁路、中转港以及用煤行业产、销、存的变化，对日常运行中出现的一些问题及时协调解决；引导企业运用新技术、新工艺，开发生产适销对路的新产品；转变销售理念，推动交易改革创新，积极推进煤炭中长期合同签订和履约工作，全省煤矿企业与下游用户共签订2017年煤炭中长期合同2.24亿吨，促进了供需稳定。

六、煤炭科技创新

2017年，省煤炭厅坚持以提升煤矿机械化、自动化、信息化和智能化建设水平为重点，大力推进“机械化换人、自动化减人”，加强科技重大项目技术攻关，全省煤炭行业整体科技创新能力和水平得到明显增强。

积极推进科技减人提效工作。省煤炭厅制定出台了《山西省煤矿减人提效工作方案》，坚持地面减员和井下减人“两轮”驱动，全省11座“千人矿井”单班入井人数已控制在900人以内。

煤炭技术创新力度不断加大。加强煤矿智能化综采工作面、快速掘进、充填开采、无煤柱自成巷开采、洗选新技术等研究与应用。积极推进煤矿无人值守建设，全省共有45座煤矿，203个变电所、水泵房实现无人值守。全省煤炭行业共获得省级及以上科技奖励88项，全行业工会“五小”竞赛活动征集优秀成果1.2万余项。

煤炭监管信息平台全面建成。完成了项目竣工验收，率先在全省建成煤炭行业三个大数据分析系统，初步形成了全省煤炭大数据基础支撑体系，煤炭行业管理信息化水平迈上了新台阶。

七、煤矿用工管理

省煤炭厅进一步构建了全省煤炭行业煤矿劳动用工管理体系，不断规范煤矿用工管理秩序，强化井下劳动定员和生产效率管理，开展了违规转包承包行为排查整治建立健全了煤矿职业病防治制度，督促企业落实主体责任，有效保障了从业人员职业健康。2017年,全省培训考核"三项岗位"人员92259人次,组织开展安全监管执法和群众安全监督员培训500余人次,煤矿关键岗位职业教育入学注册11766人,举办了2017年中国技能大赛——"晋煤杯"第四届全省煤炭行业职工职业技能大赛。煤炭职业技能鉴定62848人。

煤炭产业环保。2017年,省煤炭厅加大煤炭生态环保工作力度,加强了煤矿建设项目初步设计环保"三同时"审查和煤矿能力核增环保审查;提升煤炭洗选标准,提高煤炭入选率,进一步改善矿区生态环境;全面完成中央环保督察整改任务,加强了煤质管理工作,出台了煤炭生产和销售质量管理办法,下发了劣质煤销售管控方案,加强高硫高灰民用散煤销售管控,加强农村地区民用清洁煤供给,对7座开采高硫煤层的煤矿进行了整改,全部完成了中央环保督查反馈的各项任务。

八、煤炭行业管理机构情况

省级层面:设置了省煤炭工业厅,属省政府组成部门。厅内设18个处室(含机关党委),行政编制96名,实有公务员89名(不含驻厅纪检组)。2017年,厅级领导13名,厅长1名、巡视员1名、副厅长4名、总工程师1名,党组成员、驻厅纪检监察组长1名,党组成员、煤炭工业太原设计研究院院长1名,副巡视员4名。厅直属事业单位26个,编制人数3485人。市级层面:除运城市煤炭局与安监局合署办公外,其他10个市均单设煤炭管理部门。县级层面:全省84个产煤县中,有34个单设煤炭局,50个与安监局或经信委等合署办公。

(王德善)

附:省煤炭工业厅党组书记、成员名单

书　记:向二牛

成　员:牛建明(11月离职)　胡万升　王宇魁
李　方　苗还利　闫文泉(7月任职)
武玉祥　戴子平(4月离职)　徐忠和

省国有资产监督管理委员会党委工作概况

党委书记　王一新

2017年,省国资委党委坚持以习近平新时代中国特色社会主义思想为指引,坚决贯彻习近平总书记视察山西重要讲话精神,全面落实党的十九大精神、国发42号文件要求,按照省第十一次党代会部署及省委"一个指引、两手硬"思路要求,团结带领省国资委系统党员干部职工,严格落实全面从严治党主体责任,持续深化党风廉政建设和反腐败工作,切实加强党对国企国资改革发展的领导,努力实现省属企业运行企稳向好。

一、全面加强国有企业党的建设

扎实推进"两学一做"学习教育常态化制度化,深入开展"维护核心见诸行动"主题教育,党委中心组集中学习23次,专题研讨6次、讲座3场。组织开展党的十九大精神主题宣讲,举办两期基层党组织书记示范培训班。扎实组织干部在线学习。调整了党建工作领导小组、意识形态工作领导小组,制定了党委书记议稳制度,发挥了领导班子抓党建的关键作用。建立了省国资委系统落实党建工作责任制、党风廉政建设责任制、意识形态责任制三张清单,明确了党委书记第一责任、党委专职副书记直接责任、纪委书记监督责任、领导班子成员"一岗双责",有效解决了落实责任制"空抓""虚抓"问题。与省委组织部加强省属企业党建工作考核评价,将党建工作纳入企业领导人员考核。坚持两个"一以贯之",省属企业集团层面全部完成了党建工作总体要求进章程工作,集团层面全部实现党委书记、董事长"一肩挑",省属企业全部配备了专职党委副书记,明确党组织研究讨论是董事会,经理层决策重大问题的前置程序,把党的领导融入到公司治理各环节。实行省属企业党委向省国资委党委报告年度党建工作、党委负责人向省国资委党委述职党建、基层党组织书记抓党建述职评议三项制度。落实民主集中制的各项制度,修订了省国资委党委议事规则。扎实推进巡视整改自行"回头看",党委会议专题部署,研究了10项问题清单,提出24项整改清单和责任清单。加强"三基建设",提出21项工作措施、40项重点任务。召开省属企业专题推进会,吴汉圣部长、王一新副省长作了重要讲话。组织印发了《省属企业党支部工作手册》,编写了国有企业党组织换届选举工作图解、发展党员工作图解、党费工作图解。国资委系统全年培训党支部书记11352人次,覆盖率95%。制订了国资委机关基础工作达标实施方案,提出8类15项指标,编制完成"一图三册",推进机关工作的标准化、科学化、制度化建设。严格实行"一案双查",全年追究省属企业落实主体责任不力处分干部43人,组织处理58人。在全国率先出台了激发企业家活力的文件。举办了两期省属企业中青年管理干部培训班,国资委党委全年8次与省属企业新任领导人员座谈,先后对太钢等24户省属企业133名领导人员进行了任免调整,其中提拔企业领导人员40人。机关内部完成23名处级干部公开竞争选拔、14名干部轮岗任职,选派机关1名处长到企业任职。抓好人才队伍建设,制定省国资委系统《关于深化人才发展体制机制改革的实施意见》的实施方案,研究拟订"优秀企业家培育工程"实施方案,举办高级研修班2次,大力支持有条件的企业在省外建立研发机构,鼓励人才创新。

二、推进党风廉政建设和反腐败工作

国资委党委会议全年五次重点研究党风廉政建设工作,部署省属企业涉纪信访问题重点整治、涉纪领域稳定风险源头化解等工作,研究案件线索处置、重点案件查办工作。加强国资系统纪检队伍建设,党委会审议了有关实施意见,对一名省属企业原纪委书记给予留党察看处分。起草完成国资系统贯彻落实中央八项规定精神实施细则,支持驻委纪检组全年共查处违反中央八项规定问题66起,追究两个责任给予党纪政纪处分55人次;运用监督执纪"四种形态"处理1692人次。就某企业干部出入私人会所公款吃喝典型问题,约谈了该企业集团党委书记、纪委书记。在委机关,首次与驻委纪检组联合召开了支部书记党风廉政建设工作座谈会。

三、全力以赴稳增长

加强经济运行分析监测,不断完善经济运行分析制度,省国资委全年组织召开8次经济运行分析会。中条山集团推进精细化对标管理和生产函数化管理。充分发挥资本市场作用,省国资委制定《关于加强省属企业资本运营工作的指导意见》,制定了上市后备企业培育工作的实施方案,省属企业上市公司利用资本市场实现再融资150.1亿元,超过2016年省属国有上市公司再融资(15.7亿元)134.4亿元。债券品种更加多样,国际能源和晋煤集团累计获批发行绿色债券35亿元,填补了全省绿色债券发行空白;阳煤集团发行可交换公司债10亿元,实现了省属企业发行可交换公司债零的突破。省属企业债券融资规模创新高,全年省属企业累计实现各类债券融资2304.20亿元(同比增长43.22%),超出全年省属企业债券融资目标任务804.2亿元。多措并举降低企业负债率,启动9户省属企业煤炭及土地资源价值重估,已批复7户,可降低资产负债率1-7.86个百分点;引导7户省属企业与5家金融机构签订债转股协议1150亿元,焦煤、太钢和同煤集团等3户企业落地173亿元,可分别降低企业负债率4.2%、3%和0.45%;指导国投公司运用信用增进功能,为省属煤炭企业发行永续债提供增信服务。

2017年,全省国资系统监管企业累计实现营业收入1.26万亿元,同比增长4.1%;实现利润总额198.4亿元,同比扭亏增盈199.9亿元;上缴税费826.4亿元,同比增长67.3%。其中,省属企业全年完成增加值2288.2亿元,同比增长22.7%;实现利润总额180.8亿元,是上年同期的9倍;实现净利润70.1亿元,同比扭亏增盈113亿元;上缴税费784.2亿元,同比增长66.5%;资产负债率实现了自2007年以来首次下降,较上年同期下降1.69个百分点,达到77.7%;贸易收入同比下降14.4%,占比43.3%,比上年同期下降9个百分点;净资产收益率由负转正;新兴产业收入及利润总额同比分别增长23.2%及40.6%。增加值、利润、上缴税费等主要经济指标均取得了2013年以来最好水平。

四、攻坚克难抓改革

省委省政府以全局观念和系统思维谋划国企国资改革,发布《关于深化国企国资改革的指导意见》,并出台了4个配套文件,省国资委及相关部门进一步制定了50多个配套文件,形成了"1+N"政策体系,搭建起"四梁八柱"性质的改革框架。省国资委制定了8个方面21项重点改革任务,经省委国企改革领导组审定通过,形成国企国资改革的施工图,推动改革进入全面施工阶段。探索以"管资本"为主的国有资本授权经营体制,在省级层面成立了全国规模最大的国有资本投资运营公司,将省属企业股权全部注入,搭建起了国有资本进退留转保的平台,同时,授权其10项出资人权利,成为全国独创模式。积极协调有关厅局,以省政府名义印发《山西省国企国资改革财政支持政策》,出台支持国企国资改革的9项政策。制定《省属国有企业发展混合所有制经济的实施意见》,分层有序推进混合所有制改革,选择汾酒集团、建投集团开展试点工作;批复同煤集团所属子公司开展员工持股试点。省属企业新上项目及新设公司混改占比达67%。坚持市场化选人改革,省国资委起草完成《关于省属国有企业董事会市场化选聘高级管理人员的指导意见》。推进省属企业经营班子任期制和契约化管理。以汾酒集团为开端,省国资委充分发挥考核导向和倒逼机制,"一企一策"研究确定考核指标。深化"三项制度"改革,省国资委制定《关于进一步深化省属企业人事劳动用工收入分配制度改革的指导意见》。完善企业董事会建设,省国资委研究出台外部董事制度,制定6个配套制度,建立外部董事人才库,促进省属企业董事会规范运作,防止少数人说了算,避免内部人控制。扎实开展"双清",清理企业欠薪欠保177.4亿元,兑现了省委省政府对职工群众的重大承诺。省属企业集团层面和182户应改制子企业公司制改制全面顺利完成,为建立现代企业制度打下坚实基础。省国资委制定取消四级以下公司、减少30%法人单位的工作计划,已有超过半数的省属企业将管理层级压缩至4级以内,累计压减法人单位554户。晋能集团集团公司管理层级已经减到3级,少数保留4级,“两级管理,三级架构”的管理体制改革基本形成。推进“两办”改革。省属企业“三供一业”已经完成移交或签订协议388.2万户,占总户数80%,超额完成国家下达任务。

五、创新驱动促转型

加快新旧动能转换,不断优化国有资本布局结构。明确企业发展方向,省国资委按照“一主三辅”,重新确定省属企业主业。国控集团围绕六大产业板块,积极发展新产业、新动能。推进国有资本优化重组,通过推动企业专业化重组、提升管理层级等方式,继国有资本投资运营公司之后,文旅、大地、云时代、交控、航空产业集团相继挂牌成立,设立了一批承载山西转型使命的集团公司。水务集团、燃气集团、现代化工集团、神农集团等正在抓紧筹组。深度实施“腾笼换鸟”工程,已公布两批53个“腾笼换鸟”股权转让项目,涉及煤炭、冶金、电力、化工等14个行业,分属于13户省属企业,账面资产净值约300亿元;积极推动山西省和江苏电力合作、潞安集团与美国AP公司股权合作等事宜,传统产业有望焕发新的生机。加大科技创新力度,省国资委组织起草《省属企业关于推进科技创新工作的实施方案》,出台《关于进一步完善省属国有企业科技研发人员激励机制的指导意见》,引导企业加大科技投入,促进科技成果转化。探索推进阳煤集团在煤机制造、煤矿地面巡检领域和井下危险工种岗位应用智能机器人试点。2017年度国家科学技术奖励大会上,太钢和晋煤集团分别获奖。太钢碳纤维、笔尖钢,晋能集团太阳能板,太重集团高铁轮对等一批高端产业产品,已处于国内领先地位。引导企业加大融入“一带一路”“京津冀”等国家战略的力度,加快优势产能“走出去”的步伐,加强与央企、国内外大企业的合作,与国务院国资委共同组织“央企助力山西转型综改活动”,组织省属企业参加系列招商引资和推介活动。建投集团新开辟的省外和国外项目占到全集团市场开发总额的23.94%,同比分别增加了21.29%、104.75%。潞安集团在泰国曼谷联合共建先进润滑油实验室,作为首批输出技术进驻中科院曼谷创新合作中心,构建了“一带一路”开放发展的桥头堡。省国资委制定《关于加强山西省省属国有企业风险防控指导意见》,排查出省属企业各类风险点90个,制定化解预案,督促企业全面整改。采取有效措施化解山煤、三维等上市公司退市风险成功保壳。八是带头化解过剩产能。省属企业全年退出煤炭产能1275万吨,占全省的56.3%。煤炭和钢铁企业分别分流安置人员1.4万人、1.5万人。太原、晋中等市大力推进煤炭、焦化去产能,取得重大进展。

六、强化国有资产监督管理

深化“放管服效”改革,省国资委率先在省直系统中启动并完成大处(室)制改革,机构设置更加符合“管资本”要求。强化监管和服务,对行使的出资人监管权力和责任清单进行了多轮梳理,精简17项监管事项,为省属企业“松绑”。扎实开展入企服务,省国资委党委领导包联22户企业,32个重点项目,全年为企业解决具体困难和问题100多件。充分运用大数据手段,省国资委制定《国资监管大数据平台建设工作方案》,建设大数据监管平台,启动招标和政府采购服务。加强投资监管,省国资委起草《山西国有企业投资风险管理办法》和企业投资负面清单,严控企业非主业投资,对省属企业各类投资项目进行集中清理,引导企业投资更加注重质量和效益。强化出资人、外派监事会和审计、巡视协同监管制度,不断增强监事会工作权威性,强化监督检查成果运用,设立稽查办公室,针对发现的问题,督促整改,完善机制,为强化监管提供了有力制度保障。全年完成山西焦煤等7户企业的全面监督检查、晋能集团等5户企业的专项检查,完成监事会换届工作。启动省属企业建设项目、非主业投资、商贸业务和高风险业务专项审计。长治、晋城突出审计、财务监督,监管水平明显提升。划出履职红线,出台《省属企业领导人员在国企改革中履职行为规范》,总结提出“十个不得”,为企业领导人员在国企改革过程中的行权履职行为划出了政策红线。推进依法治企,出台《关于全面深入推进总法律顾问制度建设的意见》,全面推进依法治企。强化“13710”督办,建立“13710”子系统,将督导督办事项落实到机关部门和企业,强化责任,限时办结。阳煤集团督办经验在省属企业推广。

七、扎扎实实惠民生

省国资委党委在全力以赴稳增长、促进国有资产保值增值的同时,积极引领省属企业履行社会责任。按照国有资本收益共享机制的要求,省本级国有资本收益的30%调入一般公共预算,用于民生支出。国资委党委成立了领导机构,派出扶贫干部17人,成立了驻村帮扶临时党支部。成立了高粱合作社、樱桃合作社,建设汾酒集团原粮基地,打造毛驴养殖产业示范基地。省属企业继续推进产业扶贫,32个重点项目已经累计发展生产基地约65万亩,辐射带动贫困村803个。国资委落实维护稳定第一责任,制定了《山西省国资委党委书记议稳制度》。召开省属企业矛盾纠纷排查工作例会。加强督导检查,压实维稳责任,十九大期间国资系统未发生一起进京非访。推进阳光信访,对国资委信访接待大厅进行改扩建,为信访群众提供便利条件,信访秩序明显好转。做好军转解困,国资委郭保民主任带队走访了企业军转干部,慰问了“两参”人员,“八一”期间慰问了困难军转干部,确保省属企业信访维稳、安全生产形势总体平稳可控。

(王翠翠)

附:省国有资产监督管理委员会党委书记、常务副书记、副书记、委员名单

书　记: 朱晓明(1月离职)　王一新(1月任职)

常务副书记: 曹慧昌

副书记: 郭保民(1月任职)　李天太(4月离职)

委　员: 马　进　张宏永　宋世华
韩珍堂(5月任职)　王斗留(11月任职)
刘　峰(9月离职)　高建国(9月离职)

省地方税务局党组工作概况

党组书记　潘贤掌

2017年，全省地税系统在省委、省政府和国家税务总局的正确领导下，坚持以习近平新时代中国特色社会主义思想为指导，坚决贯彻习总书记视察山西重要讲话精神，认真落实“一个指引、两手硬”的思路要求，以不忘初心的责任、牢记使命的担当，砥砺前行、破冰进取。特别是省局党组书记、局长潘贤掌同志上任以来，坚持以党的十九大精神为指导，准确把握地税部门在转型发展中的历史使命和时代定位，提出了“带好队、收好税、造环境、促转型”的重大工作思路，以改革创新的精神推出一系列工作举措，高质量推进税收现代化，引领全省地税事业进入了一个新的发展阶段，有力服务了全省转型发展。

一、税收工作在把牢政治方向上体现了自觉和坚定

全系统各级党组织牢固树立“四个意识”，坚决维护习近平总书记在党中央和全党的核心地位，坚决维护党中央权威和集中统一领导，坚决服从省委、省政府、国家税务总局对全省地税工作的领导，扎实开展了推进“两学一做”学习教育常态化制度化和维护核心、见诸行动主题教育，深入开展了学习十九大精神系列主题活动，切实用习近平新时代中国特色社会主义思想武装头脑，自觉接受、主动配合省委专项巡视并做好反馈问题整改工作，全系统广大党员干部政治意识和政治担当显著提高，拥戴核心、维护核心、服从核心、紧跟核心的根基更加牢固、思想更加自觉、行动更加有力。

二、组织收入为经济社会发展提供了支撑和保障

2017年，全省地税系统累计完成各项收入992.47亿元，同比增长18.36%，增收153.96亿元。其中，税收收入累计完成871.53亿元，同比增长17.27%，增收128.33亿元；非税收入累计完成120.94亿元，同比增长26.89%，增收25.63亿元；地方级税收完成680.47亿元，占财政一般预算收入比重36.5%，地方级税费收入完成784.25亿元，占财政一般预算收入比重42%，地税收入成为全省财政收入的主要来源。新兴产业税收增速明显加快，2017年新兴产业税收完成178.14亿元，同比增长25.21%，增速比上年同期加快31.09个百分点。组织收入一举摆脱了近年来增速下降、规模萎缩的困境，增幅从年初开始稳居全国首位，税收收入规模恢复到“营改增”前的水平，实现了与全省经济由“疲”转“兴”、全面向好势头的高度契合，地方税收的支柱作用日益凸显。不折不扣落实各项税收优惠政策，努力推进减税降负，累计减免各项税费92.56亿元，以税收手段增强经济发展新动能的作用得到全面发挥。

三、地税部门在服务转型发展中彰显了积极作为

省局党组坚定转型发展的高度自觉和战略定力，自觉把地税工作放到全省转型发展的大局中去审视思考、定位谋划，跳出税务看税务，立足充分发挥税收职能作用，围绕争当全省转型发展“排头兵”和打造“六最”税收营商环境，响亮提出了“带好队、收好税、造环境、促转型”的总体工作思路，组织全系统深入开展了大调研大讨论活动。先后成功举办“先行先试促转型”等三个主题论坛，派出调研组42个，召开各类座谈会468次，走访纳税人3800余户，汇总意见建议69类近8000条，收集税干心声5大类2000余条，形成调研报告80余份。省政府专门召开全省税务系统“造环境、促转型”暨“三基建设”电视电话会议，大张旗鼓推进“造环境、促转型”。“造环境、促转型”活动的深入开展，使全系统干部队伍的目标导向、境界追求发生了根本性变革。在转型发展的新征程上，全省地税系统广大税干正在汇聚史无前例的磅礴力量，正以一往无前的奋斗姿态，全面奏响“造环境、促转型”的时代最强音！特别是国发42号文件出台之后，省地税局顺势而为、应势而动，牵头出台了《全省税务系统优化税收营商环境服务经济转型发展实施意见》，在简政放权、减税降负、集成服务等方面进行了大胆革新，28条意见措施广接地气、红利尽释，从出台到年底短短2个月，就为全省企业减免税费4.56亿元，有效激发了市场主体活力，进一步增强了纳税人的获得感。

四、税收改革走向全面深化

2017年，省地税局努力践行新发展理念，敢啃“硬骨头”，敢于“涉险滩”，水资源税、环保税顺利开征，地方税体系进一步健全；规范了所得税管理，小型微利企业所得税优惠政策全面落实，年所得12万元以上个人自行纳税申报管理有效加强，“走出去”企业涉税服务保障机制不断完善；“以地控税”持续推广，存量房评估系统扩围升级改造持续推进，房地产交易信息管税新模式试点成功，契税、耕地占用税减免备案资料实现清单化、标准化，规费管理更加到位。省地税局立足“共同唱响税务好声音，共同打造税收好环境”，全面深化国地税合作，以“五个打通”为抓手，实现国地税网上服务平台全省上线运行，共建联合办税服务厅42家，互派办税服务厅84家，共驻政务大厅36家，联合成立办税服务厅党支部已在运城市新绛县、垣曲县取得试点成功，国地税合作实现了分设24年来前所未有的深度融合与同频共振。2017

年,省地税局不断推进税收信息化建设,加大办税厅和税务所标准化建设,开展“便民办税春风行动”“万名税干入企服务”活动,深化“银税合作”,拓展12366热线和微信公众号服务功能,一窗式办税、一站式服务、同城通办、省内通办、掌上办税等便民措施全面实施,地税现代化建设步入加速推进的“快车道”。

五、依法治税迈出重大步伐

省地税局与国税部门共同发力,推动《山西省税收保障办法》落地实施;印发《“十三五”时期全省地税系统全面推进依法治税工作实施方案》,描绘了全系统法治建设的蓝图和路线;初步构建“四位一体”内控制度体系,进一步提升税收执法信息化督审质效,严格落实税收执法责任制,追究责任129人次;率先在全国实现省级地税机关“无审批、无许可、无报备”,行政审批制度改革进一步深化;打造上下联动、协调配合的“大稽查”格局,全面推行“双随机、一公开”监管方式,扎实开展行业税收专项整治,全年查补收入11.11亿元,查处百万元以上案件32件,曝光“黑名单”及涉税违法案件53件。进一步深化国地税联合稽查,积极促成建立公安派驻税务联络机制,深化税警协作打击涉税违法犯罪,稽查执法力度明显提升。与50余家大型集团召开5次税企高层对话会,与省建投集团等31户大企业签订《税收遵从合作协议》或《税企共治合作协议》,着力构建互信平等、合作和谐的新型征纳关系。

六、干部队伍在“三基建设”平台上焕发出蓬勃生机

省地税局按照省委加强“三基建设”和国家税务总局“严管善待激活”的总体要求,始终坚持党建引领,制订下发了《关于在推进“两学一做”学习教育常态化制度化中加强“三基建设”的实施方案》等多个制度性文件,落实领导干部基层联系点制度,省、市、县三级全部建立健全“条主动、块为主”工作机制,建立了稳定的基层经费保障机制,公开考录公务员349名,培训干部3.75万人次,成功举办第六届职工运动会。2017年8月以来,省地税局坚持在全省转型发展的“大舞台”上赛场识马,历练、甄别和检验干部,高高树立起“重实干、看实效、凭实绩”的鲜明用人导向,拟定了《支持干部改革创新合理容错实施办法》,给实干者搭台、让有为者有位、为担当者担当,选拔任用处级领导干部42名,平级交流49名,一大批敢担当、能创新、善作为的优秀干部和领军人才走向领导干部岗位,极大地催生了精气神、激发出新活力、凝聚起正能量。

七、管党治党在党建新的伟大工程中走向从严从实

省地税局坚持把讲政治摆在首位,坚决克服“纯业务化”倾向,把地税机关首先作为政治机关,切实加强党对税收工作的领导。坚持把党的政治建设作为第一要务,建立健全“下抓两级、抓深一层”党建工作机制,层层压实主体责任和“一岗双责”;出台《关于进一步推进全面从严治党的若干意见》等多项规章制度,着力织密扎紧制度笼子;旗帜鲜明支持纪检监察部门聚焦主责主业,履行监督职责,加快推进市、县两级地税机关纪检监察管理体制改革,真正压实从严治党“两个责任”;积极践行监督执纪“四种形态”,全系统给予党政纪处分73人;实现全省119个县区局巡视全覆盖,全系统全面从严治党逐步从“宽松软”走向“严硬实”,风清气正、海晏河清的良好政治生态进一步形成。

(刘晓军)

附:省地方税务局党组书记、成员名单

书　记:卢晓中(7月离职)　潘贤掌(7月任职)

成　员:刘建光(7月离职)　张澎湧
　　　　马爱锋(2月离职)　薛延孝　卫爱平
　　　　李晋芳

省工商行政管理局党组工作概况

党组书记　董　岩

山西省工商行政管理局为山西省人民政府直属机构,内设16个处(室、队)和机关党委、离退休人员工作处。基层党组织40个,党员总数453。其中机关基层支部19个150名党员;直属单位11个支部114党员,离退休人员4个支部101党员,示范区工商局党总支6个支部88党员。2017年,省工商局党组坚持以习近平新时代中国特色社会主义思想为指引,强化管党治党责任,全力推进商事制度“放管服效”改革,全力促进经济转型升级、创新驱动发展,为塑造美好形象、实现振兴崛起发挥更大作用,荣获全国文明单位荣誉称号。

一、加强教育,强化班子队伍建设,全面落实从严治党主体责任

(一)学习贯彻党的十九大和习近平总书记视察山西重要讲话精神。一是开展系列活动。组织开展“喜迎十九大、弘扬主旋律”“尊崇党章,锤炼党性,向党说句心里话”“砥砺奋进的五年”等活动,全面宣传学习贯彻党的十九大精神。二是采取中心组学习会议、专题党课、报告会、座谈研讨等形式,传达省委部署。中心组学习20次,3次分专题研讨十九大报告和会议精神。三是在门户网站开辟专栏、微信公众号推送、网上交流、

制作主题展板等多种形式,积极做好贯彻落实工作。

(二)扎实推进"两学一做"学习教育常态化制度化、开展维护核心见诸行动主题教育。一是组织开展"筑牢核心意识、维护中央权威"等专题研讨。召开学用讲话交流会,把学习贯彻系列重要讲话特别是总书记视察山西重要讲话引向深入。二是开展"继承先烈遗志、争做合格党员"和"弘扬太行精神、坚定理想信念"等主题党日活动;组织党务干部培训,涵养干部为政之德;组织观看《榜样》《将改革进行到底》并进行专题讨论;学习《习近平总书记成长之路》《习近平的七年知青岁月》。

(三)坚持问题导向,全面加强"三基建设"。一是加强领导。成立领导组,下发实施方案,细化职责分工,召开动员会和两次工作推进会,全面推进"三基建设"工作。二是规范流程。编印《基础工作目录和工作流程图》《管理手册》《应知应会手册》等6份规范性文件,理清了省局各部门基础工作和流程。三是培育核心价值观。开展"弘扬核心价值观、同心共筑中国梦"等主题教育活动。连续13年被评为省直文明单位标兵,11年被评为省文明单位。

(四)落实"一岗双责",推动党风廉政建设。一是抓组织落实。党组多次开专题会,全面部署廉政建设和反腐败工作。二是抓责任落实。印发《落实全面从严治党主体责任实施意见》《党风廉政建设和反腐败工作任务分解意见》,细化主体责任,党组成员定期不定期约谈分管处室主要负责人,确保责任到位。三是抓重点整治。修订《山西省工商局公务接待管理办法》,开展治理涉企乱收费、公车管理、办公用房、执行工作纪律、落实政务值班等情况的专项检查。四是抓警示教育。组织副处以上干部观看《忏悔录》,赴山西女监进行警示教育,并严格执行节日期间"十个严禁"等各项规定。五是抓巡视整改。制定了《落实中央八项规定实施细则》,开展以"四个对照"为重点的"回头看"。结合巡视整改反馈意见,召开了专题民主生活会和组织生活会。

(五)班子队伍建设情况。一是加大教育培训力度。全年共举办各类培训班38个,培训干部14000余人次。选派26名优秀中青年干部赴浙江省工商部门进行了为期一个多月的实践锻炼和学习培养。二是加大督查考核力度。强化任务分解,明确时间节点,设立专门督查考核岗位,对重点工作任务进行定期督办,圆满完全各项任务,"13710"系统多项督办任务获优秀评价。三是加大干部选任交流轮岗力度。积极稳妥调整提拔任用交流干部11批次,59人次。

二、依法行政,强化意识形态工作,全面发挥党组政治核心作用

(一)充分发挥党组的领导核心和政治核心作用。一是牢固树立"抓党建是最大政绩"的理念,认真开展党内政治生活,不断加强"抓好党建是第一责任"的思想和行动自觉,制定了《党组工作规则》《"三重一大"决策制度实施办法》等制度。二是狠刹"四风"。党组用实际行动带动了党员干部作风持续好转。三是严格按"三会一课"、组织生活会、班子成员参加双重组织生活、民主评议党员、党性定期分析等制度要求,抓好党建工作。

(二)切实加强意识形态领域各项工作。一是印发《落实意识形态工作责任制实施方案》,明确工作责任。二是建立健全领导机构,切实加强对意识形态工作的领导权、主动权,对意识形态领域各项工作进行明确分工。三是加强和改进网络意识形态工作,守好管好舆论阵地,加强对重大思想理论问题的引导。

(三)加强法治工商建设。完善了法治建设领导机构,落实一把手法治建设责任人职责;印发了《关于开展法治建设评价工作的实施方案》,建立了法律顾问制度和行政处罚案件集体会审制度,落实开展行政执法公示、执法全过程记录、重大执法决定法制审核三项制度建设。加强行政复议应诉工作,办理行政诉讼案件应诉19起,行政复议案件20起。举办法制员培训班、向宪法宣誓、"12·4"全国法制宣传日等活动,营造法治工商建设浓厚氛围。

三、围绕中心,提升履职尽责能力,圆满完成年度工作目标任务

(一)简政放权实现新突破,营商环境持续优化。一是大力推进"多证合一"改革。从9月1日起,新整合7个部门12个证照实施"多证合一、一照一码"改革,到年底已有57342户企业领取"多证合一"营业执照。二是积极推进企业登记全程电子化和电子营业执照改革。6月1日在示范区发出全省第一张电子营业执照,10月底已全省开通。同时,积极争取到工商总局支持,成为全国5个全省域开展个体户、农民专业合作社登记全程电子化改革试点省份之一。三是推行市场主体住所(经营场所)申报登记制度改革。修订《山西省市场主体住所(经营场所)登记管理办法》,从9月1日起在全省范围全面实行市场主体的住所、经营场所申报承诺制,走在全国前列。四是启动名称自主申报改革试点。从12月20日起,在山西转型综改示范区和示范区晋中开发区开展名称自主申报改革试点。五是实施简易注销登记改革。从3月1日起在全省推行,到年底共有5911户完成简易注销。六是大力推进"证照分离"改革。商事制度改革各项措施持续深化,推动创业创新蓬勃发展。全年全省新登记市场主体39万余户,同比增长16.36%。

(二)宽进严管取得新进展,市场秩序持续向好。按照"放管结合"的要求,牵头起草的《山西省人民政府贯彻落实国务院"十三五"市场监管规划的实施意见》,对山西省推进市场监管改革与创新,促进转型发展具有重要意义。一是认真抓好企业年报公示工作。2016年度企业年报公示率达到92.36%。二是全面实施"双随机、一公开"监管。在实现工商业务全覆盖的同时,试点多部门联合抽查双随机。三是加强"一张网"的建设运用。以省政府办公厅名义下发《国家企业信用信息公示系统(山西)管理暂行办法》,有效推动了部门间涉企信息归集公示。四是切实加大市场监管执法力度。2017年度全系统共查处经检案件1000起,比上年增长

344.7%;商标案件842件,比上年增长100%;广告案件387起,比上年增长123.7%;合同案件175起,比上年增长407%。

(三)消费维权树立新理念,消费环境持续改善。一是加强流通领域商品质量和服务领域监管执法,对17大类、69种商品、3600个批次的商品进行抽检。二是畅通消费维权渠道。"山西消费维权手机投诉平台"建设项目全省上线运行。受理消费者咨询投诉举报78121件,为消费者挽回经济损失1961.63万元,争议金额11683.39万元。三是发挥消费者协会作用。召开全省银行业等六大行业企业向消费者公开承诺大会。完成对移动、联通、电信三大通讯运营商消费者满意度调查。

(四)优化服务取得新成效,服务水平不断提升。一是认真实施商标品牌战略。全省注册商标14217件,有效注册量突破十万,达103584件。地理标志商标48件,驰名商标90件。二是充分发挥职能作用。运用动产抵押、拍卖备案等方式,帮助企业融资536亿元。三是积极支持中小微企业发展。通过全国小微企业名录库共归集小微企业扶持信息2567条。四是提升登记窗口服务水平。大力倡导"最多跑一次"理念,制定登记窗口行为规范"一准则六制度",工商登记窗口"无否决权"工作制度。五是扎实推进非公党建工作。继续扩大非公企业党的组织和工作覆盖面。

(樊伟强)

附:省工商行政管理局党组书记、成员名单

书　记:董　岩

成　员:王亦兵　胡凤莲(女)　吕惠兰(女)　田永明　武小勤

省质量技术监督局党组工作概况

党组书记　张岐云

2017年5月,省质量技术监督局原党组书记、局长常高才同志到龄退休,原党组成员、副局长张岐云同志接任党组书记、局长。新一届领导班子认真贯彻落实党的十九大精神和习近平总书记视察山西重要讲话精神,认真贯彻落实《中共中央 国务院关于开展质量提升行动的指导意见》《国务院关于支持山西省进一步深化改革促进资源型经济转型发展的意见》,认真贯彻落实省委、省政府各项决策部署,深入推进质量强省战略和标准化工作改革,各项目标责任指标全部圆满完成,各项工作再上新台阶。

一、2017年主要工作情况

(一)下大力提升质量供给水平

一是积极推进质量强省战略。报请省政府召开山西省质量大会,会议对全省质量工作进行了总结和安排部署,各市积极贯彻落实。研究制定了《山西省"十三五"质量发展规划》;广泛开展质量创建活动,创建"全国质量强市示范城市""全国质量强市(县)先进县""全国质量工作先进单位";实施政府质量奖励制度,参与中国质量奖评选,设立山西省质量奖,建立市长质量奖;加强质量统计分析工作,建立产品质量统计和宏观质量状况分析报告制度;扎实推进质量诚信体系建设。

二是深化名牌战略。2017年,省质量技术监督局大力推进"全国知名品牌创建示范区建设",指导汾阳市白酒集中产区、洪洞大槐树寻根祭祖园等7家单位开展全国知名品牌创建示范区建设,协助山西省武乡县八路军文化产业园向国家质检总局递交现场审查的申请。认真组织开展企业品牌价值评价工作,指导威顿水泥集团有限责任公司、亚宝药业集团股份有限公司等8户企业递交了品牌价值评价申请。积极开展"山西省名牌产品"推选工作,推选出353个山西省名牌产品。

三是加快质量提升。山西省政府与国家质检总局在太原签署了《关于共同开展质量提升行动推进山西省国家资源型综合配套改革试验区建设合作备忘录》,通过发挥省部合作优势,增强山西省质量提升行动成效,推动山西省经济进入质量时代。省质量技术监督局会同相关部门制定出台了《山西省关于贯彻〈消费品标准和质量提升规划(2016—2020年)的实施意见〉》。组织了9个质量提升行动组,对9个重点领域的质量提升进行调查、研究和指导。

(二)严格质量安全监管

一是大力加强特种设备安全监察。2017年,省政府组织召开了全省特种设备安全工作会议,向11个市和18个省直有关部门颁发了2017年特种设备安全工作目标任务书,政府统一领导、企业全面落实、质监专业监管、部门各负其责、社会共同参与的工作机制得到进一步巩固。组织召开全省特种设备安全大检查推进会,全面部署全省开展特种设备安全大检查。制定出台了《山西省特种设备安全事故隐患整改挂牌督办制度》《山西省特种设备安全"黑名单"管理制度》和《山西省质量技术监督局特种设备安全风险分级管控体系建设指导意见》,为山西省健全特种设备安全风险分级管控和隐患排查治理双重预防机制,有效遏制特种设备重特大安全事故发生提供了制度保障。深入推进电梯安全监管、油气输送管道质量安全和锅炉安全攻坚战,集中开展对15年以上老旧危电梯主要零部件报废综合治理,对使用20年以上的长输油气管道全部进行风险评估,逐一落实整改措施,2017年底前隐患整改率达到95%以上。从2013年至今,全省未发生特种设备安全人员死亡事故,较好地守住了安全底线。

二是突出重点消费品质量安全监管。2017年,省局以农资、建材和成品油等产品为重点,深入开展了“质监利剑”行动和“双打”专项行动,共出动执法人员3万余人次,检查企业7000余家,查处违法案件580起。全面推行“双随机一公开”监管模式,对列入“双随机一公开”随机抽查事项清单的具体事项,逐项制定了实施细则,明确了抽查依据、抽查主体、抽查内容、抽查方式等内容,增强了工作的可操作性。自主开发了“双随机一公开”监管软件,实现了电脑软件自动选取被检查对象和随机选派检查人员的功能。制定的《推行“双随机、一公开”监管模式实施方案》在省政府“13710”工作制度督办事项中被评为优秀。

(三)大力加强质量基础建设

一是大力推进标准化工作改革。2017年,省委将“深化标准化工作改革”列入全省重点改革任务,山西省政府与国家标准化管理委员会在北京签署了《关于深化标准化供给侧结构性改革 助力资源型经济转型综改试验区建设合作备忘录》,为山西省积极做好国家综合标准化试点省创建工作提供了支撑。出台了《山西省“十三五”基本公共服务标准化体系建设实施方案》,起草了《全省推进标准化工作改革发展2017—2018年行动计划》和《山西省标准创新贡献奖管理办法》。调整了省标准化工作领导小组,省长楼阳生亲任省标准化工作领导小组组长。积极推进标准化试点示范项目建设,完成阳泉市郊区桃林沟村和吕梁市孝义胜溪村两个国家级美丽乡村标准化试点启动工作,启动第九批10个国家级农业标准化示范区项目,向国标委推荐4家精进扶贫标准化示范企业和4个精进扶贫标准化典型案例,新获批2个国家级社会管理和公共服务综合标准化试点项目。加强标准制修订工作,立项377项,批准发布259项。截至2017年底,山西省共创建标准化示范市2个,标准化试点市5个,国家级试点示范项目207个,省级项目160个,在建的国家级项目19个。

二是扎实开展计量工作。2017年,省局筹建了煤基计量检测技术山西省重点实验室,成立了煤基计量检测技术山西省重点实验室学术委员会,建立了国家煤矿安全计量器具产品质量监督检验中心。部署了对全省袋装水泥等9种定量包装商品、茶叶等6种商品的包装计量以及家用电磁灶等3种用能产品的能效标识进行计量监督专项抽查工作,开展了加油机专项计量监督检查和重点领域环境监测用计量器具专项监督检查工作。制定印发了《开展“优化计量 提质增效”活动实施方案》,对新修订的《计量标准考核规范》进行了宣贯,开展了“计量与交通”为主题的“5.20计量世界计量日”活动。

三是不断加强认证认可工作。省局制定下发了《2017年山西省资质认定获证检验检测机构监督检查工作方案》和省本级《检验检测机构资质认定监督检查“双随机”工作实施细则》,进一步加大了检验检测机构证后监管力度。继续在节能环保、食品农产品安全、建工建材等社会关注领域征集能力验证项目,全省共有514家(次)获证检验检测机构参加了水泥、水中六价铬等4个项目的能力验证活动,工作成效明显。加大强制性产品认证活动的监管力度,推进“省局督查、市局巡查、县级普查、企业自查”联合监管模式,圆满完成认监委部署的断路器产品市场专项监督抽查任务。联合省住建厅组织开展了“认证认可助力质量提升”为主题的“世界认可日”宣传活动,并向发起了诚信检测“十要十不要”倡议。

四是进一步提高检验检测能力。山西省计量院承担的“超大量程激光万能测长机的研制”项目通过验收;山西省计量院承担的“大口径气体流量计量标准装置研制”项目获山西省科技进步二等奖。3个现运行的国家中心运行状况良好,6个获批筹建的国家中心正在加紧建设,“国家法兰锻件产品质量监督检验中心(山西)”批准筹建。山西省8个批准成立的省级质检中心运行情况良好,批准筹建的11个省级中心正在积极筹建。向国家总局申报技术能力提升项目3项,立项1项;3个科研项目列入2017年度国家质检总局科技计划项目,2个科研项目列入山西省科技计划项目。报送省科技厅科技条件基础平台项目4项,其中,64台套大型仪器设备列入山西省科研设施和仪器开放目录。

(四)下大力推进行政审批制度改革

省局加大简政放权力度,省级行政审批项目由原来的23项精减为现在的18项,圆满完成省政府“两集中、两到位”工作目标。国务院和省政府取消下放的工业产品生产许可等行政审批事项全部承接和落实到位。强化服务平台监督管理,严格落实岗位责任制、服务承诺制、限时办结制等制度,深入推进“阳光审批”工作。截至2017年底,共受理行政审批事项1329件,办结1084件,提前办结率100%,实现“零投诉”。

(五)积极开展法治质监建设

省局成立法治质监建设工作领导小组,建立法律顾问制度,山西并州律师事务所和山西初心律师事务所驻局开展工作。设立了质量技术监督局公职律师办公室,许锋、马洁、王伟、唐玉云四名同志被聘为省局公职律师。严格落实党政主要负责人履行法制建设第一责任人职责和“谁执法、谁普法”责任制。积极开展政策理论研究,参加了总局质量强国课题研究,省科技术厅软课题《加强地理标志产品保护,促进区域经济发展研究》已经立项开展研究。

二、2017年党风廉政建设工作情况

2017年,省局坚持把党风廉政建设作为事关质监事业健康发展的首要任务,摆在重要位置。坚持政治强局的理念,坚持“抓党建 强质监”的工作思路,认真落实中央八项规定精神,驰而不息纠正“四风”。党组书记亲自担任机关党委书记,加强了抓党建的工作力度。配齐了机关党委、机关纪委工作人员,配强了基层党支部(党总支)书记,做到了层层有人抓、有人管。举办中青年干部培训班,把加强党风廉政建设纳入培训内容,培养选拔一批讲政治、懂业务、守纪律的后备青年干部。进一步明确了基层党支部“两个责任”。机关党委推进落实、各处室支部书记和各直属单位党政负责同志全面扛起“主体责任”,认真履行“一岗双责”的党建工作格局。

2016年12月28日至2017年2月26日,省委专项巡视四组对省局党组进行了专项巡视。4月24日,召开了巡视情况反馈

会。省局认真贯彻时任分管副省长王赋作出的"按照巡视要求,迅速整改"的指示,在巡视期间和集中整改期采取了一系列果断严肃的措施不折不扣推进巡视整改落实工作,巡视组反馈的具体问题中除长期任务外,全部整改完毕,取得了明显成效。

5月,新一届党组班子成立以来,提出了"讲政治、讲团结、讲转型,抓改革、抓落实、抓纪律"的工作要求,将抓工作纪律摆上重要议事日程。通过党组会、局长办公会、机关党委委员会议传达学习省委、省纪委的新部署、新要求30余次。大力开展警示教育,深刻汲取"甘肃祁连山国家级自然保护区生态环境问题"和"西安地铁电缆问题"两个案件教训,提高广大干部职工的法制意识和责任意识;大力强化纪律的刚性约束,紧紧围绕落实中央八项规定精神,坚持"挺纪在前",运用"四种形态",驰而不息纠正"四风",紧盯元旦、春节、五一、端午、中秋、国庆等重要节点,采取明察暗访、抽查和突击检查的方式对直属单位落实中央八项规定精神情况进行检查,严防"四风"问题反弹。对党员干部操办婚丧嫁娶等事宜及时提醒并进行了有效监督。在干部选拔任用工作中,严格执行"九个严禁",做到严明纪律、公平公正、群众认可。

2017年,省局坚持以制度建设巩固反腐倡廉成果,着力从根本上堵塞漏洞、规范行为。形成了党风廉政建设和业务工作同步发展的良好局面。省局党组印发《关于进一步加强党建工作的意见》。针对部分基层组织党建工作薄弱、部分党务干部基本能力不足、党建工作在基层落实不力的问题,提出全局要认真贯彻全面从严治党要求,压实党建工作责任,就政治理论学习、党委干部培训、党费管理等工作提出明确要求。修订完善了《中共山西省质量技术监督局党组关于进一步贯彻落实中央八项规定精神的实施细则》(晋质监党组〔2017〕54号),印发了《山西省质量技术监督局直属机关纪委案件查办工作程序规定(试行)》,把制度的笼子扎紧扎密。

三、2017年领导调研情况

2017年,国家质检总局局长支树平同志、副局长吴清海同志、副局长秦宜智同志赴山西调研。支树平局长调研期间,同省局领导班子进行座谈,充分肯定了以张岐云同志为党组书记的新一届领导班子,并对下一阶段我局工作提出具体要求,确保全省质监工作取得长足的发展。吴清海副局长调研省局"计量服务质量提升"等工作情况,出席了计量工作服务促进质量提升座谈会。秦宜智副局长在调研期间实地参观了山西省计量院和国家煤矿安全计量器具产品质量监督检验中心,详细听取了省计量院关于质量基础设施建设、服务区域产业发展和支持中小微企业质量提升行动的汇报,对省计量院近年来的学科建设成果和服务山西转型发展做出的贡献给予了高度评价。

2017年,山西省副省长贺天才同志调研质量技术监督工作,深入山西阳煤化工机械(集团)有限公司生产车间实地了解制造安全监管情况,质监部门的驻厂检验和焊接培训中心工作情况,参观了省质监局"太太路新基地",并就在该基地建设国家标准馆山西转型综改示范区分馆、山西转型综改示范标准化创新研究基地的初步规划情况听取了汇报。

(雷　靖)

附:省质量技术监督局党组书记、成员名单

书　记:常高才(5月离职)　张岐云(5月任职)

成　员:张岐云(5月调职)　王国强　高　航

省新闻出版广电局(版权局)党组工作概况

党组书记　李海渊

2017年,省新闻出版广电局党组以习近平新时代中国特色社会主义思想为指导,牢固树立"四个意识"、坚定"四个自信",在省委的坚强领导下,紧紧围绕迎接学习宣传贯彻党的十九大,落实习近平总书记视察山西重要讲话精神,落实省委十一届五次全会精神,深入贯彻落实省委省政府坚定文化自信、建设文化强省决策部署,坚持正确政治方向,坚持党的领导,坚持人民主体地位,坚持贯彻新发展理念,坚持全面深化改革,坚持依法行政,推动各方面工作取得新进展、新成效。

一、深入学习贯彻党的十九大和习总书记视察山西重要讲话精神,牢牢把握正确政治方向

一是把政治建设放在首位。深入学习贯彻党的十九大精神和习近平新时代中国特色社会主义思想,在全行业深入开展马克思主义新闻观、文艺观、出版观教育,引导广大新闻出版广播影视工作者牢固树立"四个意识",确保在政治立场、政治方向、政治原则、政治道路上同以习近平同志为核心的党中央保持高度一致,牢固确立习近平新时代中国特色社会主义思想在新闻出版广电工作中的指导地位。二是深入贯彻习总书记视察山西重要讲话。深刻领会讲话的重大意义、总体要求和重大任务,深刻领会意识形态工作的极端重要性,深刻认识我省由"乱"到"治"、由"疲"转"兴"的重大意义,深刻领会实现山西"两个持久"的极端重要性,深入贯彻落实省委"一个指引、两手硬"重大思路和要求,结合新闻出版广播影视工作实际,在学思践悟、落实意识形态责任制、文化惠

民、转变发展方式、严肃党内政治生活、加强作风建设上下功夫,认真抓好贯彻落实。三是大力加强思想建设。认真贯彻落实省委部署要求,把学习贯彻习近平新时代中国特色社会主义思想作为首要政治任务,按照"学懂弄通做实"的要求,党组中心组学习 21 次,扎实推进"两学一做"学习教育常态化制度化、深入开展维护核心见诸行动主题教育,组织所有领导干部参加十九大精神培训,切实将党的十九大精神落实到思想上政治上行动上,落实到推进全省新闻出版广播影视改革发展稳定各项工作中,落实到新闻舆论、精品创作、转型创新、阵地管理、管党治党、队伍建设各环节。

二、全面贯彻落实党中央、国务院和省委、省政府决策部署

2017 年,省新闻出版广电局党组将迎接、学习、宣传、贯彻党的十九大作为头等大事,全系统超前谋划部署,集聚资源力量,全力以赴推进,圆满完成了中央和省委部署的各项重大任务。一是加强理论武装和宣传工作。把宣传习近平总书记核心地位摆在首位,强化新闻出版广电媒体"头条"建设和新媒体"首页首屏首条"建设,用心用情用力,精心精细精准,圆满完成各项重大宣传报道任务。高效做好《习近平总书记系列重要讲话读本》《习近平谈治国理政(第二卷)》《习近平的七年知青岁月》《党的十九大报告辅导读本》等出版物的发行工作。着力深化主题宣传,在重要频道频率、重要时段、重要栏目统一开设"砥砺奋进的五年"专栏,广泛宣传党的十八大以来我省各项事业取得的历史性成就、发生的历史性变革,圆满完成十九大、总书记视察山西、全国和全省"两会"等重大会议和活动报道。推出"聚焦十九大""砥砺奋进的五年""还看今朝"等专题专栏,完成脱贫攻坚、供给侧结构性改革、转型发展等主题报道,为山西改革发展营造了良好舆论氛围。二是认真落实意识形态工作责任制。成立领导机构,制定实施细则,不断加强阵地建设和管理。在全省范围内开展新闻出版广播影视领域"净化舆论环境"十大专项整治,即:开展新闻单位采编活动和编审流程、出版传播行为、政治类有害信息、出版物市场、文学和视听网站内容、报刊和广播电视虚假违法广告、电影市场秩序、行业安全、侵犯新闻作品和影视作品版权等专项整治活动,旗帜鲜明反对和抵制各种错误观点。保持"扫黄打非"高压态势,全年收缴违法出版物 108013 件,处置网络有害信息 8551 条,取缔关闭网站 44 个,查办各类案件 120 余起,在全省 1464 个乡镇(街道)设立联络站,聘请 30040 名"扫黄打非"村级信息员。收缴非法卫星电视地面接收设施 6773 套,取缔非法安装点 100 余个,查处"黑广播"违法活动 29 起。全系统坚持最高标准、最严要求,十九大重要保障期 4000 余人坚守岗位,圆满完成广播电视安全播出和网络安全保障任务。三是推进内容创新创优。大力弘扬和传承中华优秀传统文化,《歌从黄河来》《走进大戏台》《伶人王中王》等老牌广播电视节目持续发力,《人说山西好风光(第二季)》《世界面食大会》《异想天开》等新版节目特色鲜明,《人说山西好风光》《有事您说话》《小郭寻宝》等节目获全国奖项。出版图书 3608 种 9721 万册,《为英雄正名》《中国精神·我们的故事》《一诺的家风》等 20 余种图书电子音像作品入选国家重点选题项目或奖项。《山西文华》大型丛书累计出版《于成龙集》等 252 册。备案电影 54 部,完成电影 24 部,《七儿娘》《山村母亲》获金鸡奖提名奖。备案电视剧 16 部,完成 2 部,《于成龙》《铁血将军》在央视播出,收获良好口碑。在第三届全国"百强报刊"评选中,《山西日报》《语文报》被评为"百强报纸",《编辑之友》被评为"百强社科期刊",《燃料化学学报》被评为"百强科技期刊"。《村晚》入围优秀国产纪录片展播名单。四是不断提升公共服务能力。以加强公共产品供给、完善基础设施建设、提高惠民服务能力为重点,组织实施广播电视无线数字化覆盖、广播电视直播卫星户户通、农村公益电影放映、农家书屋等一批惠民文化工程。广播电视直播卫星用户总数突破 300 万户、农家书屋补充出版物 147 万册、中央数字广播电视节目覆盖人口达到 2900 万、农村公益电影和农村寄宿制学校优秀教育影片放映 36 万场次,2017 年全省广播人口覆盖率 98.75%、电视人口覆盖率 99.55%,农村群众读书看报难、听广播看电视难的问题得到有效解决。深入推进全民阅读,精心打造"书香三晋"品牌,开展全民阅读系列活动 1000 余场,推荐阅读优秀晋版图书 416 种。加强版权社会服务,完成作品版权登记 200 件,版权贸易合同备案 28 件。五是完善依法行政工作机制。落实党政主要负责人第一责任,制定实施年度法治工作方案,建立法律顾问制度。深入贯彻实施《电影产业促进法》《公共文化服务保障法》《著作权法》等法律法规。深化行政审批制度改革,全面实行"两集中、两到位",推行权力清单、推进政务公开。强化事中事后监管,坚决依法查处违法违规问题。大力开展法治宣传教育,领导干部集中学法 8 次,培训执法人员 130 多名,组织行业 770 余人次进行法治培训。全面落实综治责任,开展为期 3 个月的行业安全稳定隐患排查整治,确保全行业和谐稳定。

三、坚定不移全面从严治党

一是全面加强领导班子和干部人才队伍建设。认真贯彻落实《准则》《条例》。严格落实民主集中制、党内生活、重大问题请示报告等制度,严格规范党组议事决策规则和程序,全面加强党内监督。树立正确选人用人导向,配齐配强局属单位领导班子。贯彻落实省委人才工作部署,推进资格认证、职称评聘等人才管理制度改革。着力推进党内政治文化建设、精神文明建设,开展"喜迎十九大、弘扬主旋律"系列主题活动。弘扬新风正气,加大正向激励,干部干事创业积极性进一步激发。老干部工作领导和保障机制进一步加强,理论学习、文体活动做到了经常化开展。统战群团工作得到进一步加强。二是全面加强"三基"建设。全面健全基层组织,推动党的组织和党的工作在新闻出版广播影视领域全覆盖,有效解决基层党组织弱化、虚化、边缘化问题。切实落实"三会一课"制度,推动基层党组织活动方式创新。不断夯实基础工作,加强机关效能建设,建立"一目录、三手册",落实"13710"工作制

度,按时办结下达任务。建立基本能力准入机制,大力提升党员干部工作能力,组织1150余人次参加能力素质培训,选派干部到基层一线挂职和扶贫锻炼。三是持之以恒正风肃纪。全面落实"两个责任",进一步完善"一岗双责"责任体系。深入开展肃清流毒工作,加强廉政警示教育。持续整治"四风",坚持反对"特权",抓早抓小,防微杜渐,处置问题线索9条。认真进行巡视整改,梳理整改问题49个,制定详细"三个清单",基本完成整改任务。着力解决群众反映强烈、损害群众利益的有偿新闻、虚假报道、低俗之风、不良广告等问题。

四、深化改革促进行业发展

推进媒体融合发展,省级新闻出版广电媒体打造"智慧融媒体"建设明显提速,主要媒体加快建设"中央厨房"。全省广播电视播出机构普遍开办了"两微一端"业务,所有新闻报刊单位都开办了网站。用改革的办法优化资源配置,推动报刊资源向大型传媒集团、高校和科研机构集中,调整频道频率布局和定位,着力解决报刊和频道频率同质化、低效率问题。支持已转制的99家报刊出版单位和山西出版传媒集团股份制改造。着力推动产业转型升级,全省有线电视网络整合、有线电视互联互通平台建设和全省性业务开展扎实推进,山西省被列为下一代广播电视有线无线卫星融合网试验区。与同方知网集团合作在省综改示范区建设山西(太原)国家新闻出版广电传媒融合发展产业基地,已经签定合作协议。促进电影产业快速发展,利用电影发展专项资金,对全省优秀电影创作和数字影院建设进行扶持奖励,出台《山西省优秀电影扶持奖励办法》。全省城市影院票房达7.87亿元,同比增长24.3%,比全国票房平均增长率高出10.85个百分点,创历史新高。大力推动版权示范创建工作,山西科学技术出版社、英语周报社被授予"全国版权示范单位"称号,确定了语文报社等3家单位为首批"山西省版权示范单位",山西省成为中西部为数不多拥有"全国版权示范单位"的省份。提升管理创新能力,山西省新闻出版广播影视综合监管平台(一期)项目建设快速推进,实现全省145家安全播出责任单位预警信息实时发布。坚持网上网下统一导向、统一标准、统一尺度,出台一系列制度措施,加强了网络视听、网络文学等新媒体新业态管理。积极推动新闻出版广电"走出去",以加大图书影视输出力度、参与国家国际传播行动为重点,成功举办首届"平遥国际电影展",11种图书成功输出到法国等国家。

(丁耿彪)

附:省新闻出版广电局(版权局)党组书记、成员名单

书　记: 李海渊

成　员: 田奇越(11月离职)　薛　荣(7月离职)　李和林　安　洋　吕芮宏　邢瑞峰　夏　祯(11月任职)

省体育局党组工作概况

党组书记　苏亚君

2017年,山西省体育局认真学习贯彻落实党的十九大和省第十一次党代会精神,以习近平新时代中国特色社会主义思想为指引,围绕"四个全面"战略布局,按照省委"一个指引、两手硬"重大思路和要求,大力发展以人民为中心的体育,为人民群众提供多元化、多层次的体育服务,努力提高竞技体育综合实力,发展体育产业,加快"健康山西"建设步伐,全力做好第二届全国青年运动会筹备组织工作,体育工作取得全面进步。

一、深入学习贯彻落实党的十九大精神,深刻理解、准确把握习近平新时代中国特色社会主义思想的深刻内涵,以新思想开启全省体育改革发展新实践

把学习贯彻习近平总书记关于体育工作的重要论述作为重大政治任务,落实到体育改革发展的方方面面,起草、制定《健康山西2030规划纲要》《关于进一步扩大旅游文化体育健康养老教育培训等领域消费的实施意见》《关于扶持职业体育发展的意见》,发挥体育价值,履行体育使命,全面落实全民健身国家战略,不断满足人民群众对体育的需求。山西省体育局党组狠抓政治理论学习,加强领导班子和干部队伍思想政治建设,推进"两学一做"学习教育常态化制度化,开展"维护核心、见诸行动"主题教育,加强"三基"建设,推进依法治体,推进学习制度化、规范化、经常化。严格落实党内政治生活准则和党组议事规则,推进依法行政和法治政府建设,班子成员严格遵守党的纪律和民主集中制原则,"三重一大"事项坚持集体决策。深化"放管服效"改革,规范办事流程,缩短审批时限,提供"一站式""一网式"政务服务,依法办事能力不断提升。

二、全民健身事业不断扩大

省本级、11个市、119个县(区、市)三级《全民健身实施计划》出台,省全民健身工作委员会成员单位扩大至35个。推进2016年中央集中体育彩票公益金支持地方项目,全省

80%以上项目完工，申报2017年中央集中体育彩票公益金扶持地方体育事业项目，获批23个乡镇农民健身工程、3个运动休闲特色小镇、2个社区健身中心、1个公园配建体育设施、1个健身步道项目，推进"百县万村示范村"项目实施，更新部分行政村体育器材。培训社会体育指导员11982名。72个先进单位、62名先进个人被国家体育总局授予荣誉称号，10名群众体育先进代表受到习近平总书记亲切接见。围绕"全民健身与青运同行""强健体魄·阳光生活·共享青运"主题，开展市级以上全民健身活动400余项。太原、长治、大同举办马拉松赛，全球7个国家的26名特邀运动员和国内十余个省市的3万名跑友参加太原国际马拉松赛。第十三届全运会群众体育比赛10个大项22个小项进入决赛，取得1银1铜11个录取名次，山西发明的柔力球项目列入本届全运会群众体育项目。全民健身与全民健康深度融合，普及科学健身知识，推进校园足球特色学校和试点县建设，全省676所中小学校被教育部命名为"全国青少年校园足球特色学校"，孝义市、太原市迎泽区和大同市城区成为"全国校园足球试点县区"。启动校园足球四级联赛，70多所大中学校约1500名运动员参赛。举办全国青少年"未来之星"阳光体育大会山西分会场活动。山西登山运动员石磊冲顶珠穆朗玛峰，成为首位登顶珠峰的山西籍人士。

三、竞技体育水平继续提升

第十三届全运会，山西体育代表团取得竞技体育项目9枚金牌、13枚银牌、13枚铜牌和75个录取名次，获得体育道德风尚奖，受到省四大班子主要领导亲切接见。山西运动员参加蹦床、跳水、皮划艇等项目世界锦标赛、世界杯赛获得9枚金牌，参加射击、乒乓球、摔跤等项目亚洲比赛获得4枚金牌，国内各类大赛中共获得42枚金牌。参与国家体育总局2020年奥运会和2022年冬奥会备战，32名运动员在11个项目上参加国家体育总局跨界跨项选材集训。承办第十三届全运会花样游泳预赛暨国际泳联花样游泳世界系列赛、全国田径大奖赛系列赛(太原站)、全国蹦床冠军赛、全国青年击剑锦标赛等一系列赛事，为承办二青会积累经验，锻炼队伍。阳泉体校等9所学校被认定为国家级高水平体育后备人才基地，扶持41个国家级和省级体育后备人才基地，累计创建国家级和省级青少年体育俱乐部106所，20万名青少年成为注册会员，活动人次达到3000多万。

四、体育产业增添新动力，体育与文化、旅游、养老等产业融合发展

《山西省支持社会力量举办马拉松自行车等大型群众性体育赛事实施方案》等政策措施出台，发挥大型群众性体育赛事在激发体育消费，培育壮大经济新动能，巩固经济稳中向好的作用。进一步提高大型场馆建设及运营水平，山西射击射箭训练基地建设完成工程投资2.2888亿元，山西国际体育交流中心于2017年12月1日开工。省级及部分市县体育场馆节假日免费、低收费开放。全省体育彩票累计销售34.93亿元，比上年增长49.98%，筹集7亿余元公益金。全省体育产业资源交易、信息平台启动，实行"政府监管、市场化运作"模式。通用航空资源整合取得新进展，推进太原、大同、长治三所航校整合，将组建山西通用航空职业技术学院列入《山西省"十三五"高校设置规划》并上报教育部待批，大同航校新机场建设完成投资3.47亿元，占总投资的60%。推进打造山西省体育博物馆、省全民健身中心、省五龙沟基地"三大片区"新型综合体育设施，提出改造升级总体规划。

五、全国第二届青年运动会筹备顺利推进

成立全国第二届青年运动会筹委会和各市执委会，建立由省筹委会统一领导、各赛区执委会分别负责的组织领导体系和各单项竞赛委员会组织比赛的管理运行机制。制定《二青会筹委会议事规则》等一系列规章制度，制发筹委会各类文件60余件，制作二青会筹委会各部门三年重点工作流程图。组建山西省二青会参赛队伍，选拔人才，提高竞争实力，各项目参赛队伍组建基本完成。场馆建设全面展开，印发《全国综合性运动会技术指南》，配合国家体育总局专家和技术官员实地考察和技术认定，制定比赛场馆标准，提出比赛场馆维修改造意见和经费补贴安排意见。青运村主体工程建设接近尾声，山西射击射箭训练基地、太原体育训练中心等重点工程按计划施工，阳泉、临汾、长治新建改建场馆均已立项。资源开发有序推进，发布招商邀请书。新闻宣传成效初现，完成二青会会徽、会歌、吉祥物、主题口号、宣传画等征集、初评、复评。财务工作保障有力，制定《二青会财务管理办法》。定期向社会通报二青会筹备情况，开展"喜迎二青会，当好东道主"主题宣传活动。

(王宏德)

附：省体育局党组书记、成员名单

书　记： 苏亚君(12月离职)　赵晓春(12月任职)

成　员： 杜　荣(女)　王　福　李俊文(5月任职)

省统计局党组工作概况

党组书记　翟振新

2017年,在省委、省政府的正确领导下,省统计局党组坚持以习近平新时代中国特色社会主义思想为指引,深入学习贯彻十九大精神,坚决维护以习近平同志为核心的党中央权威和集中统一领导,坚定不移贯彻落实党中央国务院、省委省政府和国家统计局各项决策部署,持续深化"五大统计"建设,加快构建具有山西特色的现代化统计调查体系,坚持以党建促业务,以更大的决心、更大的气力推进全面从严管党治党,推动统计部门党的建设与党的事业互促共进,为服务山西转型发展、振兴崛起提供了坚实有力的统计支撑。

一、深入学习贯彻习近平新时代中国特色社会主义思想,坚决维护党中央权威和集中统一领导

(一)坚决贯彻落实中央和省委省政府重大决策部署。一是坚决维护习近平总书记核心地位,维护党中央权威和集中统一领导。以政治建设为统领,牢固树立"四个意识",坚定"四个自信",做到"四个服从",坚决维护习近平总书记核心地位,坚决维护党中央权威和集中统一领导,自觉在思想上政治上行动上同以习近平同志为核心的党中央保持高度一致。二是坚持用习近平新时代中国特色社会主义思想武装头脑。坚持理论武装,汲取政治营养,掌握意识形态主动权,使党的十九大精神和习近平新时代中国特色社会主义思想成为推动统计改革发展的强大思想武器。三是深入贯彻落实中央深改《意见》和山西省《实施意见》。深入贯彻落实习近平总书记等中央领导同志和省委省政府领导同志关于统计工作重要讲话指示批示精神和党中央、国务院关于统计改革重大决策部署,全力推动中央《关于深化统计管理体制改革提高统计数据真实性的意见》和山西省《实施意见》落地见效,统计管理体制改革迈出坚实步伐。

(二)坚决扛起全面从严治党主体责任。一是牢固树立首位首责意识。局党组书记全面履行加强党建第一责任,重要工作亲自部署,重大问题亲自过问,重点环节亲自协调,重要案件亲自督办。局领导班子成员按照职责分工,严格落实分管领域首位责任,积极督促指导分管处室单位认真落实全面从严治党各项要求。二是构建推进全面从严治党责任体系。党组书记与党支部书记、处室单位负责人签订"一岗双责"责任书,党支部书记、处室单位负责人与所属党员签订党员履职责任书,以党组一班人"头雁效应"推动形成一级抓一级、层层抓落实的工作格局。三是统筹推进党风廉政建设。局党组坚决扛起全面从严治党主体责任,坚持从严治党、从严治统、从严治局、从严治数,把党风廉政建设与中心工作同部署、同落实、同考核,做到统计工作部署到哪里,党风廉政责任就延伸到哪里,真正把全面加强统计领域党风廉政建设贯穿到统计工作全过程。

(三)全面加强党的思想政治建设和组织建设。一是着力加强思想政治建设。组织收听收看十九大盛况,中心组专题开展学习研讨,党支部交叉开展宣讲交流,全方位营造浓厚氛围,迅速掀起学习宣传贯彻热潮。深入学习习总书记视察山西重要讲话精神,扎实推进"两学一做"学习教育常态化制度化,不断增强维护核心、紧跟核心的思想自觉和行动自觉;用好"六个载体",推进"8+5"重点安排,扎实开展维护核心、见诸行动主题教育,实现学习任务具体化、教育推进精准化;领导干部带头推动"两学一做"融入"三会一课",党员干部实地感受太行精神、吕梁精神、右玉精神,"党员先锋行"主题实践活动进一步深化,党员干部"四个意识"树立更加牢固。二是着力加强"三基建设"。认真执行民主集中制,"三重一大"事项由领导班子集体研究决定,不断加强党对统计工作的领导;落实党建工作责任制,制定党支部书记抓党建"三个清单",签订"一岗双责"、党员履职责任书,层层压实全面从严治党责任;树立一切工作到支部的鲜明导向,坚持落实党支部党小组学习讨论周部署、周报告,严肃认真召开专题组织生活会、开展民主评议党员,做好支部书记抓党建述职评议考核,基层党组织政治功能进一步凸显,支部建设更加坚强有力,基本能力全面提升,"三基建设"得到省委省政府充分肯定,两次在省直机关推进会上进行经验交流和成果展示。

二、深化改革创新,全力推进"五大统计"建设

深入贯彻中央《深化统计管理体制改革提高统计数据真实性的意见》和山西省《实施意见》,建立健全防范和惩治统计造假弄虚作假责任制和问责制,建立健全全程全员全域数据质量责任制,全面推进依法统计、依法治统,持续深化法治统计建设,不断提升统计管理法治化、规范化、制度化水平;以治国理政新理念新思想新战略为引领,全国投资统计改革试点、GDP核算、服务业改革等重点领域统计方法制度改革成效明显,"三新""四众" 等重点领域专项调查不断深化,创新统计建设为加快构建具有山西特色的现代化统计调查体系助力加码;以科技创新为依托,省级办公自动化系统、视频会议系统全面应用,移动推送和统计数据库服务功能更加完善,调度指挥平台配套建设积极向市县延伸,统计办公自动化更趋高效,网络安全工作持续加强,大力推广现代信息技术应用与协同办公,深化科技统计建设,统计

现代化步伐不断加快;围绕"三去一降一补",开展供给侧结构性改革重点领域监测,出台《山西省区域经济转型升级考核评价暂行办法》,积极开展全省首次绿色发展综合评价,发挥考核指标的指挥棒和风向标作用,创新统计监测,拓展服务内涵,持续深化阳光统计建设,服务山西创新驱动、转型升级;加强党对统计工作的领导,扎实开展学习教育和主题教育,深入推进全系统"三基建设",全力打造忠诚、干净、担当的统计干部队伍,推动从严管党治党向纵深发展,持续深化廉洁统计建设。

统计业务建设在国家统计局工作评比中摘金夺银,在全国始终保持第一方阵;统计监测分析客观反映山西经济由"疲"转"兴"、稳中向好、稳中提质的发展态势,受到省委、省政府充分肯定;统计宣传服务创新反映全省砥砺奋进的光辉历程,在引导社会良好预期、提振发展信心中体现了统计担当。省统计局连续8年荣获全省目标责任考核优秀单位,连续19年荣获省级文明单位荣誉称号,连续获得中宣部、司法部"五五""六五"普法宣传表彰。

三、严格正风肃纪,着力加强党内政治文化建设

(一)涵养巩固机关清风正气。落实三会一课、民主生活会等一系列组织生活制度,推动全面从严治党向纵深发展;开展三对三提集中学习,进行一次作风纪律整顿,推动全局上下对表对标对接,提标提质提效;开展以"肃流毒、正本源、践忠诚"为主题的一次专题警示教育,彻底肃清流毒影响,净化党内政治生态;开展一次学用习总书记系列重要讲话交流会,增强党员干部"四个意识",不断提高政治站位;开展一系列开放式主题党日活动,组织党员干部赴太行干部学院、晋绥边区革命纪念馆、右玉干部教育学院参观学习,实地感受和体验太行精神、吕梁精神、右玉精神,教育党员干部"提升工作标准、再创一流业绩";坚持"好干部标准",坚持正确选人用人导向,提拔使用一批干部,激发党员干部干事创业热情。以"六个一"为载体,纯洁党内政治生活,塑造风清气正积极向上的机关文化。

(二)挺纪在前严格正风肃纪。一是严肃追责问责。扎实开展巡视整改自行"回头看",主动接受派驻纪检组指导监督,积极支持机关纪委履行监督执纪问责职能,严格运用"四种形态",强化监督执纪问责,以零容忍的态度坚决查处党员干部违纪违规行为。二是持续完善规章制度。持续健全完善30余项规章制度,扎紧织密制度的笼子,确保权力在阳光下运行。建立全局党员廉洁档案,对违反党纪党规、违反法律法规、被投诉举报、受处理(处分)等情况归类建档,由机关纪委定期向局党组报告廉洁档案动态评估结果,为干部考核、选拔任用提供信息支撑。三是加强日常监督管理。加强重要节日、节点提醒警示,知小知早、抓小抓早。发挥支部纪检委员"一线"优势,发现党员干部中存在的苗头性、倾向性问题,咬耳拉袖随时提醒。落实早晚签到工作制,借助数据管理信息现代科技手段实施工作纪律检查,开展作风纪律明查暗访,强化日常工作纪律监督。设立干部职工违规违纪举报箱,认真对待群众来信、来访,做到件件有回音、事事有落实。

(三)不断强化作风效能建设。一是坚决反对"四风"。坚决贯彻落实习近平总书记关于进一步纠正"四风"加强作风建设重要批示精神,认真贯彻执行中央八项规定精神和我省实施办法,深入查摆形式主义、官僚主义突出问题,制定整改清单、明确整改责任、持续抓好整改。深化巩固学风文风会风整治成效,大兴调查研究之风、求真务实之风,坚决防止"四风"问题回潮复燃。二是坚决贯彻执行民主集中制。严格落实局党组议事规则,凡属"三重一大"事项必须由班子集体决定,涉及重大事项及时向省委省政府请示报告。认真落实领导干部婚丧嫁娶报告制度,建立党风廉政建设、党员廉洁档案和廉政情况定期报告制度,严格执行请示报告和个人重大事项报告制度,确保按规则议事、按制度办事成为全体党员干部的统一意志和统一行动。三是着力提升统计效能。局党组大力倡导"全国同行走前列、省内工作创一流"的奋斗精神,在干部队伍中集中开展"三对三提"集中教育,统计工作和作风建设对表对标对接、提标提质提效;以统计调度指挥平台"13710"工作制度督导系统突出督查督办,统计工作快速部署、快速推进、快速落实,统计改革创新高效启动、高效运行、高效落地。四是树立选人用人正确导向。发挥局党组在干部选拔任用上的把关定向作用,切实把想干事、能干事、会干事的干部选出来、用起来。2017年以来,一大批年富力强的中青年干部走上处级领导岗位,干部队伍更加廉洁高效。

(毛永峰)

附:省统计局党组书记、党组成员名单

书　记:翟振新(12月离职)　张晓东(12月任职)

成　员:荆红社(6月离职)　卢永良

张晓东(12月调职)　王德才

曹力民(12月任职)

省安全生产监督管理局党组工作概况

党组书记　霍红义

山西省安全生产监督管理局于2002年挂牌组建，与山西煤监局合署办公，由省经贸委管理；2004年机构改革时调整为省政府直属机构；2009年独立设置，内设11个处室、下设6个事业单位。既承担着指导协调全省安全生产工作的综合监督管理职能，又承担着非煤矿山、危险化学品和冶金等工贸行业安全生产工作的直接监督管理职能。同时，省安监局加挂省政府安全生产委员会办公室牌子，承担着省政府安全生产委员会的日常工作。2017年，全省上下以坚决杜绝重特大事故为目标，以落实责任为重点，以安全生产大检查为抓手，以规范执法为着力点，狠抓各项措施落实。据月报统计，1-11月份，安全生产形势持续稳定好转。全省共发生各类生产安全事故1142起，死亡1049人，同比减少379起、280人，分别下降24.92%和21.07%。发生重大事故1起，重大事故同比起数持平。未发生特别重大事故。

一、强化责任落实

骆惠宁书记、楼阳生省长在省第十一次党代会、省委十一届二次全会暨经济工作会等全省会议上，强调安全生产工作。在全省部署开展“知责履责、失职追责”活动。对全省所有工商注册登记的生产经营单位，逐一落实安全监管挂牌责任制。根据《山西省安全生产条例》规定，推动36个行业领域主管部门制定分级属地监管办法，要求报省政府批准后施行。在全省深入开展反“三违”专项行动，进一步强化企业主体责任落实。各级各部门各单位层层签订了2017年度安全生产工作目标责任书，推动了年度工作任务完成。

二、扎实开展安全生产大排查大整治和安全生产大检查

根据省政府安排，6月10日至7月10日，采取企业自查、县级普查、市级抽查、省级督查、省政府领导巡查的方式，在全省各行业领域开展为期1个月的安全生产大排查大整治专项行动。按照国家统一部署，7月至10月，集中开展了为期四个月的安全生产大检查。期间，全省共出动检查(督查)组64152个，出动检查(督查)人员450145人(次)，抽调专家8381人(次)，检查(抽查)企业314844家(次)；排查一般隐患362217条，已经整改342306条，限期整改19911条；排查各类重大隐患143项(不含县级)，已整改96项；依法打击严重违法违规行为1759起，关闭取缔企业783家，停产整顿企业1053家，暂扣吊销证照企业83家，行政处罚罚款11294.4万元；及时核查处理国家安全监管总局交办举报案件3起；联合惩戒失信企业62家，通过新闻媒体集中曝光安全生产主体责任不落实的运输企业105家和重大火灾隐患单位64家，公布了终生禁驾“黑名单”146人和重点违法驾驶人8977人，有力确保了党的十九大召开期间全省安全生产形势平稳。

三、深化重点行业领域专项整治

按照省政府第一次安委会的要求和省政府一号文件的部署，继续在煤矿、危险化学品、交通运输等9个重点行业领域深化安全专项整治。围绕煤矿专用排瓦斯巷整改、煤矿老空水治理等重点，全省煤炭系统全面部署开展了煤矿“安全体检”和煤矿安全监察执法“利剑行动”。国防军工行业按照省政府领导要求，安排部署了安全距离不足的企业搬迁工作。省政府办公厅印发《山西省危险化学品安全综合治理实施方案》，明晰各有关部门危险化学品安全综合治理职责，及时解决突出问题和矛盾，全面加强危险化学品安全综合治理。

四、推动遏制重特大事故工作

根据国务院关于遏制重特大事故的一系列要求，省政府安委办对全省安全风险管控和隐患排查治理双重预防机制构建工作进行了安排部署，推动和指导各市、各部门开展风险辨识，分级管控和隐患排查治理双重预防机制建设；落实遏制重特大事故工作指南，着力构建源头管控和安全准入制度体系，减少高风险项目数量和重大危险源，全面提升企业和区域的本质安全水平。煤炭、煤监、交通、住建、公安等部门集中开展了风险分级管控和隐患排查治理，坚持风险预控、关口前移，有效防范和遏制重特大事故发生。

五、强化依法治理

为做好新修订的《山西省安全生产条例》宣贯工作，省安监局积极协调配合省人大召开全省视频宣贯会，张建欣副主任出席会议并讲话。省安监局开展“送法”活动，为省直相关部门和基层印发了《山西省安全生产条例》和《安全生产监管执法手册》，赴各单位组织宣讲三十多场(次)。各级监管部门认真履行法定职责，制定并严格落实年度监督检查计划，公正执法、规范执法、文明执法，1—9月份全省各级安全监管监察部门共出具执法文书3.2万多份，实施行政处罚罚款1亿多元。强化执法监督，积极配合省人大常委会开展了《安全生产法》和《山西省安全生产条例》执法检查，实地检查了大同、忻州、晋城和临汾等市及部分企业，省人大常委会审议通报了检查情况报告，指出了三方面的问题，提出了三条意见，正在督促各级政府部门强化问题整改，推进安全生产依法治理。

六、大力开展宣传教育活动

坚持利用主流媒体和新媒体,大力开展安全生产宣传教育活动。安全生产月期间,重点开展了新闻媒体播放公益广告和集中宣传报道、安全生产宣传咨询日、“三晋安全行”、“一法一条例”执法检查、“两法一条例”知识竞赛、事故警示教育“三送五进”、安全生产主题宣讲进企业、一线职工话“安全”征文、事故应急预案演练等活动。通过广泛开展贴近实际、融入社会,内容丰富、形式多样的宣传教育活动,营造了安全生产浓厚氛围。

七、推进安全生产领域改革发展

中共中央、国务院《关于推进安全生产领域改革发展的意见》出台后,省委、省政府领导,多次批示并安排部署。省政府分管副省长组织省安监局、省煤炭厅、省政府法制办和山西煤监局等部门主要负责人,进行专题讨论。邀请国家和省级专家深入山西省市县和企业进行了多场专题宣讲。经过多方努力,省委、省政府《关于推进安全生产领域改革发展的意见》(晋发〔2017〕53号)已于10月10日印发实施,确定了6个方面、30条、79项重大改革任务和制度措施,正在抓紧强力推进落实。

(关永革)

附:省安全生产监督管理局党组书记、成员名单

书　记:霍红义(12月离职)

成　员:牛建华(10月离职)　王岳红(9月任职)
王天庆　谷　明(9月离职)　杨振中
邓维元

省旅游发展委员会党组工作概况

党组书记　盛佃清

2017年,省旅发委党组按照省委“一个指引、两手硬”的重大思路和要求,认真贯彻落实党中央、国务院,省委、省政府关于旅游业改革发展的一系列重大决策部署,在深化改革创新、扩大招商引资、培育市场主体、打造线路产品、开展品牌营销、提升服务品质、营造良好环境等方面精准发力,扎实工作,各项工作取得了新突破、新成效,超额完成年度各项旅游经济指标。全省接待入境旅游者95.71万人次,接待国内游客5.6亿人次,同比增长分别为6.38%、26.49%。实现旅游总收入5360.21亿元,同比增长26.21%。

一、狠抓党的建设,坚定不移地推进全面从严治党

一是扎实推进“两学一做”学习教育常态化制度化和开展维护核心见诸行动主题教育。党组始终把学习贯彻党的十九大精神、习总书记系列重要讲话和视察山西重要讲话精神作为重大政治任务来抓,研究制定了《实施方案》,印发理论学习资料,采取个人自学、集中学习、在线学习、专题研讨、警示教育、撰写体会和利用新媒体进行微型党课等多种形式,组织党员干部全方位地抓好学习。充分发挥委领导和支部书记“关键少数”的示范带动作用,带头领学、带头讲党课,在武乡太行干部学院组织全体党员干部进行了专题活动,并以人员、内容、方法三落实促进学有成效。全年党组召开了1次民主生活会,2次学习教育动员、推进会,中心组18次集中学习,组织了4次专题研讨。对优秀共产党员、优秀党务工作者和先进基层党组织进行了表彰。

二是强化基层组织,促进党建责任真正落到实处。加强组织领导,调整了党建工作领导小组,制定了《党建工作要点》,每月固定一天进行主题党日,组织开展“三会一课”、学习交流、交纳党费、述职评议、参加服务群众等活动。坚持在支部建设中精准抓帮建,进一步完善了“支部建在处室、处长一岗双责”机制,制定完善了《党支部规范化建设工作手册》等13项制度。加强群团组织建设,机关团委、工会、妇委会、质监所工会、信息中心工会相继换届或成立。加强网络意识形态工作,注重运用新媒体进行宣传教育和思想引导,组织党员干部参加了“砥砺奋进的五年”等系列报告会和“两学一做”微信公众号答题竞赛活动。

三是夯实基础工作,切实加强作风和党风廉政建设。加强效能建设,制定了“一目录、三手册”,修订完善40多项制度,并按照规定对33项省政府“13710”重大任务和委机关393项重大事项进行了督办,办结率分别为100%、97%。积极开展旅游大调研活动,委领导152次到基层调研,全委形成16篇调研报告。坚持“好干部标准”,选拔任用7名干部,选派11名干部承担扶贫、挂职任务。加强党风廉政建设,层层签订目标责任书,下发了《工作任务分解意见》。坚持问题导向,专题研究巡视整改自行“回头看”工作,梳理出12个整改问题,制定了39项整改措施,形成了“三个清单”和《贯彻落实中央八项规定实施细则》。严格执行“八项规定”,坚决查处“四风”,在重大节假日加强监督检查。

四是提升基本能力,打造高素质的旅游综合管理队伍。深化旅游行政管理体制改革,截至2017年底,省、市和41个县(市、区)成立了旅发委。促进机关党员干部不断提升专业素养、专业能力,选送136人次参加了党务干部和后备干部培训班。调动社会力量助力旅游发展,成立了汇集国内旅游领域专家学者、行业领军人物等63人的山西省旅游发展专家咨询委员会。以争创省直精神文明标兵单位为目标,组织了“党员先锋行”和“喜迎十九大、弘扬主旋律”等系列主题活动,委机关、

质监所和信息中心分别被评为省直文明单位标兵单位。

二、深入推进依法治旅工作,全面规范权力运行

一是圆满完成《山西省旅游条例》修订工作。成立专门修订起草工作小组,在广泛调研和征求意见的基础上,组织法律专家、省直相关部门召开了立法论证、协调会,《山西省旅游条例》于2017年12月1日通过省人大常委会审议,并于2018年1月1日正式施行,为全省文化旅游产业健康发展提供了有力的法律支撑。

二是积极优化营商环境。进一步深化"放管服效"改革,报请省审改办同意,取消领队证行政审批事项。加强规范性文件合法和公平竞争制度审查工作,对省级行政审批事项前置申请材料进行优化清理。加强已下放的旅行社设立审批、导游证核准以及已取消的领队证核准的监督检查,确保下放事项服务到位。创新激励政策,在全省旅发大会上发布了《山西省旅游投融资白皮书(2017)》,在《山西省鼓励投资政策(2017年版)》中,有15条支持扶持旅游发展的政策,对新创建的5A景区、4A级景区分别奖励500万、200万元,对引客入晋的旅行社实行递进奖励。

三、坚持改革创新,山西旅游业发展实现新跨越

一是全力推进重点景区(景点)体制机制改革创新,充分激发了市场主体新活力。按照省委、省政府《关于推进旅游景区(景点)体制机制改革创新的意见》,在全省确定了149家重点景区(景点)为改革对象,以管理权和经营权"两权分离"为重点,明确了时间表、路线图,签订了责任状,建立了工作台账。选定了20家改革重点景区(景点)省级挂牌督办,率先突破,带动市、县总体推进。坚持"一景一策",开展专业培训,加强政策指导。通过召开片区推进会、座谈会以及制定工作标准、开展政府督查等方式,推动景区(景点)理顺管理体制、经营机制和各种利益关系。截至2017年6月底,149家重点景区(景点)完成了"两权分离",为实现市场化、公司化、专业化运营打下了坚实基础。

二是大力培育引进旅游市场主体,促进旅游业提档升级有新成效。建立了全省旅游项目库,策划包装推出了1218个、规模超万亿元的投资项目,先后在北京、上海、广州、合肥、太原组织了5场大规模的招商引资推介会。签约48个项目,投资额度1001.07亿。吸引华侨城、银泰、中景信、中景润、乐华恒业等旅游知名集团落户山西。加强项目的融资支持,省旅发委与八家银行签署战略合作协议。在股权交易中心设立了文旅板块,首批13家文化旅游企业成功挂牌。国家高等级景区创建工作有了新进展,雁门关成为国家5A级景区,太行山大峡谷、洪洞大槐树通过了国家5A级景区景观质量评审,晋国博物馆、渠家大院、圣天湖成为国家4A级景区。

三是不断创新丰富旅游业态,全域旅游发展有新进展。大力推进"旅游+"。省政府批准设立右玉、左权、太原西山省级生态文化旅游开发区,大同市成为国家级旅游业改革创新先行区。一批旅游新业态成为国家研学、工业、健康、生态、体育等旅游示范基地(区),大同环古城全民健身走活动入选国家体育旅游精品赛事,圣天湖景区入选国家体育旅游示范基地,平遥古城、壶口瀑布入选全国中小学生研学实践教育基地,汾酒文化景区成为10个国家工业旅游示范基地之一,平顺县成为国家15个中医药健康旅游示范区创建单位之一。2市、18县的国家全域旅游示范区创建工作全面展开,在晋城召开了全域旅游营销大会,截至2017年底,忻州、晋城、右玉、左权等2市、6县编制完成了全域旅游规划。

四是着力加强旅游宣传营销,旅游品牌塑造有新创新。进一步加大了"华夏古文明·山西好风光"主题宣传推广。组织旅行社、景区参加了西北地区、厦门、武汉、北京、昆明、香港和俄罗斯、丹麦、瑞典、埃及、日本、毛里求斯等系列境内外主要客源市场旅游会展。在北京外国人聚居地、阿斯塔纳世博会、南非约翰内斯堡举办了3场专场旅游推介会。成功举办了中国山西第三届"一带一路"古城古镇国际文化旅游暨第四届国际旅行商采购大会。特别是2017全省旅发大会申办《人说山西好风光》第二季电视竞演,实现了从演播厅走到了景区现场、官员秀变成了企业家秀、单向推广向双向互动等一系列的转变,塑造了山西旅游美好形象。2017全省旅发大会于9月21日至23日在晋中隆重召开,楼阳生省长出席了大会并作了重要讲话,正式提出锻造黄河、长城、太行三大旅游新品牌,为构建山西旅游大格局升级版指明了方向。大会以"1+3+N"的模式,举办了一系列国际国家级、省市县级和各景区多层级、多形式的活动,对山西旅游来了一次大展示、大推介、大招商。

五是旅游基础配套提速,便利化水平有新进展。省财政支持4000余万元资金,在全省55条(段)高速公路上设立旅游景区(景点)标识牌420余块,涉及80多个景区(景点)。2017年新建、改建旅游厕所1239座,超额完成年度1088座目标任务,临汾市、晋中市旅发委受到国家旅游局表彰。为方便国内游客,在机场、高铁站、汽车站以及社区建设了20个旅游咨询点。加快建设山西省的智慧旅游公共服务平台,山西省7家5A级景区、40家4A级景区视频监控系统接入国家旅游局应急指挥平台。

六是加强旅游市场综合监管,旅游环境营造有新优化。认真落实省政府《关于加强旅游市场综合监管的实施意见》精神,在"安、顺、诚、特、需、愉"上下功夫、做文章。加强旅游市场综合监管,深化旅游景区(景点)综合整治,特别是加强周边环境整治,省旅发委联合公安、工商、物价、质监、食药监等相关部门开展了春季行动、暑期整顿、秋冬会战三大战役,会同省旅游改革发展领导小组部分成员单位赴各市开展督查考评活动,对高平丹朱岭等8家景区作出取消4A级等级、约谈整改处理,旅游市场秩序明显改变。推动旅游综合监管机制创新,五台山、太行山大峡谷、平遥古城3支旅游警察队伍,五台山、平遥古城2家旅游工商分局,太行山大峡谷、运城盐湖区2家旅游法庭,先后挂牌成立。牢固树立安全发

展理念,健全旅游安全管理责任体系,抓好重点时段、领域和环节的监管,加大旅游安全培训与教育,采取以“专题培训”与“演练观摩”相结合的模式,组织300余名旅游安全管理、工作人员进行了培训,提升旅游安全水平,年内未发生旅游安全责任事故。

七是实施乡村旅游富民行动,助推脱贫攻坚有新举措。召开了发展生态文化旅游助力脱贫攻坚(左权)推进会,郭迎光、张复明两位副省长出席大会并作了重要讲话。制定印发了《乡村旅游扶贫行动计划》,纳入全省脱贫攻坚八大工程二十项行动中。出台了《乡村客栈标准(试行)》《乡村旅游景区标准(试行)》。聚焦全省10个深度贫困县选定了20个深度贫困村开展重点帮扶。组织省内11家有资质的规划单位,为30个乡村旅游扶贫试点村编制了旅游扶贫规划。动员旅行社、星级饭店、A级景区利用自身优势实施对口帮扶。先后组织国定贫困县、旅游扶贫重点村村官、村支书、经营和服务人员1370多人进行了培训。左权莲花岩景区成为中国乡村旅游示范基地。石楼县灵泉镇王村老窑文化农家乐被全国妇联、国家旅游局评为全国巾帼示范农家乐。

(刘殿柱)

附:省旅游发展委员会党组书记、成员名单

书　记:盛佃清

成　员:操学诚　李　贵　王　琳

省宗教事务局党组工作概况

党组书记　刘国庆

民族宗教工作是党和政府工作的重要组成部分。2017年,在省委、省政府的坚强领导下,省宗教局党组认真学习领会深入贯彻落实习近平新时代中国特色社会主义思想和党的十九大精神,认真学习贯彻省第十一次党代会精神和省委“一个指引、两手硬”的重大思路和要求,全面贯彻落实党的民族宗教方针政策,提高政治站位,忠诚履职尽责,坚决维护民族团结、宗教和睦,努力服务好全省经济发展和社会稳定大局。

一、落实全面从严治党要求,进一步夯实“主体责任”,强化“第一责任”

深入学习贯彻党的十九大精神,坚持以习近平新时代中国特色社会主义思想武装头脑,指导实践,推动工作。局(委)党组深入学习贯彻习近平新时代中国特色社会主义思想和党的十九大精神,牢固树立政治意识、大局意识、核心意识、看齐意识,坚决与以习近平同志为核心的党中央在思想上政治上行动上保持高度一致,坚决维护党中央权威和集中统一领导,坚决贯彻落实党的路线方针政策。及时学习宣传党的十九大精神,制定学习宣传贯彻意见,在门户网站开设学习专栏,组织宣讲团深入基层宣讲。局(委)党组理论学习中心组召开学习研讨会5次,组织全省民族宗教系统各类宣讲报告会、培训班、研讨会、交流会、座谈会50余次,使党员干部进一步树牢“四个意识”,坚定“四个自信”,进一步巩固全体党员干部的思想政治基础。

扎实推进“两学一做”学习教育常态化制度化,深入开展维护核心见诸行动主题教育活动。局(委)党组把推进“两学一做”学习教育常态化制度化,深入开展维护核心见诸行动主题教育“两学一做”学习教育作为重大政治任务、政治责任、政治考验扎扎实实开展好。局(委)党组制定《实施方案》,印制学习资料组织学习,开展中心组学习讨论,组织专题研讨交流。坚持每周党组理论学习中心组学习制度和党支部学习会。组织开展集中研讨,党组成员带头作辅导、谈体会,带头讲党课。组织参加省委党校、省直党校培训和干部在线学习,同时还邀请省直各有关部门负责同志为大家辅导,不断提高全体党员干部的政治素养和政治能力。全年局(委)党组中心组集中学习30余次,党员干部撰写心得体会160余篇。举办讲党课、手抄党章、党史党规知识竞赛和喜迎十九大、弘扬主旋律等活动,组织党员干部赴兴县蔡家崖晋绥边区革命纪念馆、黑茶山四八烈士纪念馆,开展“缅怀革命先烈、重温入党誓词”“学习弘扬‘红船精神’”等主题党日教育活动,进一步增强党员干部“不忘初心、牢记使命”的责任感和使命感。

不断强化意识形态和网络意识形态工作。局(委)党组牢牢把握政治方向,认真履行意识形态工作主体责任。成立了意识形态工作领导小组和网络意识形态工作领导小组,制定了意识形态工作责任制实施方案和网络意识形态工作责任制实施方案,组建了网评员队伍。党组书记作为第一责任人,带头管阵地、把导向、强队伍。开展干部职工意识形态安全教育,提高政治鉴别力,自觉维护意识形态安全。教育引导少数民族群众和宗教界代表人士在政治方向、重大问题上统一思想,与党中央同心同向同行。

加强领导班子和干部队伍建设。贯彻党的民主集中制原则,坚持集体领导、民主集中、个别酝酿、会议决定的原则,召开党组会31次,对全省民族宗教工作的重要决策、重要工作请示报告、重要工作安排部署以及民族宗教专项资金使用等会议研究决定,严格督促落实。严肃党内政治生活,2017年党组班子认真召开年度党组民主生活会、巡视整改民主生活会和支部组织生活会,深入查摆问题,积极开展批评与自我批评。加强作风建设,党组成员带头开展工作调研,全年深入11市56个县(市、区)、200余个村(社区)和宗教团体、500余处宗教活动场所,召开50余次座谈会,推动民族宗教领域突出问题解决。加强制度建设，根据《中国共产党党组工作条例》，进一步完善省宗教局(省民委)《党组工作规则》。设立党组办公室，切实加强对党建工作的牵头协调作用。加强干部日常教育管理，在年度考核、评选先进、干部任用等工作中坚持好干部标准，营造机关风清气正、干事创业的良好氛围。

扎实推进党风廉政建设和反腐败工作，全面加强纪律和作风建设。召开2017年度党风廉政建设动员大会，制定局(委)党组推进落实党风廉政建设主体责任实施方案，明确党组主体责任7个方面21条。逐级签订党风廉政建设"一岗双责"责任书、党风廉政建设承诺书，把主体责任延伸到每个党支部。严格执行中央八项规定精神，坚决狠刹"四风"，制定局(委)《贯彻落实中央八项规定精神实施细则》、印发《民族宗教干部纪律手册》，严明政治纪律和政治规矩。全年协助纪检部门函询5人，批评教育13人次，纪律处分1人。

扎实推进巡视整改工作。局(委)党组把省委第九巡视组巡视反馈问题整改落实工作作为一项重要政治任务，摆上议事日程。党组召开2次专题民主生活会，对巡视反馈的问题认真反思，深刻剖析，深挖根源，举一反三。党组扩大会专题研究巡视反馈意见，逐条梳理了23个问题、58项整改措施，明确牵头领导、责任处室及整改路线图、时间表、完成时限，确保巡视反馈问题整改到位、落实到位。认真开展巡视整改自行"回头看"，以"四个对照"为重点，制定"三清单一制度"，推进整改落实。在推进整改的同时，局(委)党组深入查找在制度方面存在的漏洞和薄弱环节，修订完善19项规章制度，建立长效机制，做到用制度管权管事管人，杜绝类似问题的发生。

加强"三基建设"和效能建设。局(委)党组成立局(委)"三基建设"领导小组，制定实施方案，编制《一目录三手册》。强化党政领导干部、民族宗教工作干部和民族宗教界代表人士"三支队伍"建设，完善民族宗教工作"三级网络""两级责任制"，推进宗教工作基础信息库建设。落实"13710"工作制度，强化工作督查，抓好省委、省政府决策部署的落实。加强绩效评估，把效能建设列为机关年度目标考核重要内容，对考核为优秀等次个人给予奖励。

关注群众切身利益，加强精准扶贫工作。贯彻中央扶贫开发工作会议和全省脱贫攻坚大会精神，专题研究精准扶贫工作，定期听取第一书记扶贫工作汇报。组织局(委)机关党员干部赴隰县结对子，送温暖、开展"四下乡"活动，发放十万多元慰问物品。积极引导民族宗教界开展慈善公益活动，在隰县黄土镇设立"山西省民族宗教界助力脱贫攻坚实践基地"，设立"孝善基金"，捐资10.2万元。加大少数民族聚居村脱贫攻坚力度，对全省少数民族贫困人口摸底建档，实施精准扶贫。

二、落实中央和省委关于民族宗教工作的重大决策部署，切实做好新形势下全省民族宗教工作

中央和省委重大决策部署全面落实。党组认真贯彻全国、全省宗教工作会议精神，落实省委常委会议部署，出台山西省《关于加强和改进新形势下宗教工作的实施意见》。建立完善省宗教工作领导机制，制定《山西省宗教工作领导小组工作制度》《山西省宗教工作领导小组办公室工作制度》，形成了党委政府统一领导、统战部门牵头协调、宗教部门依法管理、各部门齐抓共管的工作格局。做好中央统一战线工作领导小组的专项督查工作，按照骆书记批示精神，认真开展自查、接受专项检查、制定整改方案、推进整改落实，重点解决宗教领域四个方面11个具体问题，推进中央和省委重大决策部署落地生根。

民族宗教法治化水平不断提升。一是全面开展法治宣传教育。深入学习、广泛宣传新修订的《宗教事务条例》，组织各类培训班30余次。深入开展"政策法规月"宣传教育，进一步提高民族宗教界人士学法知法遵法守法意识。二是进一步完善地方法规。做好山西省法规修订衔接工作，将《山西省宗教事务条例》的修订工作列入省人大立法调研计划。三是推进依法行政。细化行政审批工作流程，推进"双随机、一公开"监管工作，在门户网站公布行政审批事项和相关要求，畅通群众办事渠道。严格宗教教职人员认定备案、宗教活动场所审批、大型宗教活动申报，加强宗教活动场所财务、安全、卫生、防疫等常态化监管。

宗教团体自身建设持续加强。一是强化思想政治引领。以社会主义核心价值观引领，深入开展和谐寺观教堂创建、宗教政策法规学习月等活动。二是加强组织建设。强化宗教界代表人士政治学习、培训教育和述职考评工作，指导爱国宗教团体建立健全各项规章制度，提升素质和服务能力。三是凝聚宗教正能量。积极引导民族宗教界开展慈善公益活动，晋中市在左权县紫会村设立"宗教公益慈善实践基地"，筹资40余万元。临汾市在吉县文成乡柏树村设立"宗教公益慈善实践基地"，组织公益慈善活动120余场次，捐款捐物104.6万余元，受益人数2000余人。

民族团结进步事业和少数民族经济稳固发展。党组贯彻中央、全省民族工作会议，以增进"五个认同"为抓手，深入开展民族团结进步创建"六进"活动，召开"山西省民族团结进步创建活动经验交流现场会"，树立示范标杆。开展全省少数民族流动人口调研，召开"全省少数民族流动人口座谈会"，起草山西省加强和改进少数民族流动人口服务管理工作实施意见。推动全省少数民族经济社会全面发展。加强清真食品安全监管，重新审核发放清真食品生产经营许可证和标志牌。积极推广少数民族传统体育项目，参加全国比赛取得优秀成绩。

民族宗教"三支队伍"建设扎实推进。落实全省宗教教职人员三年培训工作规划方案，指导五大宗教团体举办学习十九大精神、贯彻学习《条例》培训班，举办"学习贯彻党的十九大精神，加强民族宗教工作能力提升培训班""全省民族宗教干部培训班""山西省统战系统干部新时期领导能力构建与提升培训班"。全年组织各级党政领导干部、宗教工作干部、宗教界代表人士参加各类培训班、座谈会、报告会50余次，培训4000余人次。

(侯　强)

附：省宗教事务局党组书记、成员名单

书　记：刘国庆

成　员：侯文禄　郭征宇(5月离职)　滕德刚

范波涛(5月任职)　白　源(女)

省文物局党组工作概况

党组书记　雷建国

在十九大精神的指引下，全省文物系统广大干部职工认真贯彻落实省委省政府重大决策部署，在加强文物保护利用和文化遗产保护传承方面不断取得了新进展，在推动社会力量参与文物保护利用和探索开展文物密集区体制改革方面迈出了关键的一步，在加强文物安全方面形成了有效抓手，在全面加强党的建设方面取得了新成效。

一、做好文物工作的内生动力不断提升

全省文博系统认真贯彻落实党的十九大精神，紧密联系工作实际，做好文物工作的责任感和使命感进一步增强。

开展学习宣传贯彻十九大精神系列活动。全省文博系统通过组织收看十九大开幕式、购置发放辅导读本、广泛进行宣讲、组织专题辅导培训、开展集体研学和个人自学等多种有效方式，掀起了学习宣传贯彻十九大精神的热潮。

组织干部大调研活动。围绕深入贯彻落实党的十九大精神和总书记纠正“四风”重要指示精神，结合职能定位，以问题为导向，以提升为目标，组织开展了干部大调研活动，形成了23份调研成果和纠正“四风”问题专题调研报告。

明确今后的发展思路和重点任务。围绕十九大提出的“加强文物保护利用和文化遗产保护传承”这个总要求，在认真梳理总结“十二五”工作、科学研判形势、广泛听取意见的基础上，谋划了未来5年的总体工作思路，确定了2018年的工作目标和重点改革事项、重点工作任务、重点工程项目。

二、文物密集区体制改革试点顺利启动

立足于山西转型发展战略，大力推进文旅融合，在全省部署了文物密集区体制改革工作。以阳城、沁水为试点，建立完善了省市县三级改革领导机构，编制了实施方案，制定了资金管理办法，切块安排了1000万元专项经费对密集区内的文物实施了保护维修，使密集区体制改革在规划理念、管理体制、投入体制等方面取得了突破。

三、“文明守望工程”取得初步成效

为推动社会力量参与文物保护利用，组织实施了“文明守望工程”。报请省政府印发《山西省动员社会力量参与文物保护利用“文明守望工程”实施方案》，举办启动仪式，精心策划“众手搭”“巨手擎”“妙手集”“千手护”“巧手创”“小手托”“顺手帮”“联手助”“携手援”九大项目。一年来，社会力量共认养文物建筑34处，备案确认非国有博物馆6家，确定文创研发试点单位，完成榆社邓峪石塔的顺利回归，为山西省率先在全国走出一条有特色的文物保护利用之路进行了有益探索。

四、文物保护状况不断改善

世界文化遗产保护不断加强。对平遥古城4段危险墙体进行了保护，双林寺彩塑数字化保护工程通过验收。云冈石窟监测中心和文保中心建设工程正在实施。五台山殊像寺抢险维修工程正在实施，南山寺善德堂修缮方案和显通寺禅房改造方案获得国家文物局批准。

文物保护重点工程有序推进。永乐宫文物保护规划得到国家文物局批复，彩塑壁画数字化采集保护工程完工，文物保护智能安防综合体系建设即将完工。启动了应县木塔残损构件调查与展示研究项目，召开了工程推进会。贺龙中学、上党战役指挥部旧址等13处红色及抗战遗存得到了保护。湘峪古堡、砥洎城等一批古民居得到修缮。国省保木结构古建筑日常养护得以实施。明长城沿线平型关段、得胜堡等重要点段保护工程推进顺利。太原市晋祠环境整治工程进入扫尾阶段。晋中市重要工业遗产晋华纺织厂旧址保护利用项目接近尾声。大同古城保护工程顺利推进。长治市完成武乡、黎城抗战文物资源调查，启动了规划大纲编制工作。

考古和大遗址保护成效显著。襄汾丁村遗址、兴县碧村遗址、闻喜酒务头墓地等考古项目都获得了重要发现。配合基本建设的考古工作任务圆满完成。出版考古报告和论文集9部，发表专业论文60余篇，其中，《清凉寺史前墓地》成功入选“2016年度全国文化遗产十佳图书”，《山西碑碣(续编)》获“第一届山西优秀图书奖”。

可移动文物保护取得新成果。全省珍贵文物数字档案录入信息7万余条，编撰纸质档案6部、出版1部。对26家文物收藏单位5200余件馆藏文物实施了修复，对2家文物保护修复实验室装备进行了提升。运城市印制《博物馆藏品总登记账》，《大同市第一次全国可移动文物普查成果集萃》完成招标，晋中市完成了藏品专题陈列策划和“一普”珍贵文物图录出版工作。

五、博物馆公共文化服务水平不断提升

博物馆建设稳步推进。晋中市、临汾市博物馆正在进行陈列布展。忻州市博物馆正在编制陈展大纲。阳泉市博物馆

陈展方案正式立项。八路军太行纪念馆完成了“八路军将领馆”提升改造工程。晋绥边区革命纪念馆进行了重新布展。陶寺遗址博物馆建设工程设计方案正在修改完善。平顺县太行三村生态博物馆白杨坡认知中心展陈工作接近尾声。

馆际交流合作日趋活跃。《山西“十二五”考古成果展》《山西晋式童帽专题展》和《山西抗战,国家记忆》3个精品巡展项目先后赴省内外展出。由晋陕豫冀四省联合推出的《山河相依窑火辉映——四省宋辽金元陶瓷特展》引起较大反响。山西博物院引进《18—19世纪俄罗斯艺术展》、《意大利陶瓷艺术展》等临时展览16个,举办《六朝的艺术新潮展》《山西古代艺术展》等5个展览分别赴美国、俄罗斯和深圳、浙江、上海展出。八路军太行纪念馆对外输出了《抗战中的八路军》《八路军总部在太行》两个展览。

博物馆社会教育功能不断彰显。山西博物院作为全省博物馆的“龙头”,去年接待观众120余万人次,提供讲解服务13000余批次,志愿者讲解服务9000余批次。“来博物馆约会吧”“约读”“晋界讲坛”“时光飞船”“博物馆小课堂”“小小讲解员”等30个教育主题项目已形成品牌效应。省民俗博物馆与太原市多所中小学校合作开展“入学礼”“成人礼”等活动。晋城市博物馆举办了“博物馆奇妙日”游学寻宝活动。

文创产品研发势头初现。山西博物院文化创意发展中心研发了近20种文创产品。太原晋祠博物馆、双塔寺文管所、北齐壁画博物馆分别设计研发了一批富有特色的文创产品。大同市博物馆为形象代言研发了五个系列文创产品,云岗石窟用3D打印技术制作的云冈大佛落户青岛。

六、文物安全形势总体保持平稳

文物安全防范能力不断强化。在全省范围内组织开展文物安全状况大排查行动,共查出安全隐患233条,截至2016年底已整改182处,有效防止了文物安全事故的发生。晋中市投资450万元启动了“文博智能技防系统工程”。大同市建立了文物系统安全月报制度。吕梁市建立了文物安全QQ群和微信群,形成了“微来微去、群来群往”的工作模式。朔州市在长城重要段落实施了安全智能防范工程。

文物安全监管形成有效抓手。印发《山西省文物安全管理十项规定》,起草《关于进一步加强文物安全工作的实施意见》已报至省政府即将印发实施。阳泉市出台《贯彻落实<山西省文物安全管理十项规定>实施意见》。临汾市制定《文物安全“党政同责,一岗双责”实施细则》,为履行文物安全主体责任和监管责任提供了依据。

文物安全主体责任有效履行。对影响较大的案件实施通报、约谈、挂牌督办等方式,督促地方政府认真履行文物安全主体责任。朔州市认真贯彻刘延东副总理、骆惠宁书记关于“应县木塔存在重大消防安全隐患”的批示精神,落实了木塔消防水源供给和消防技术要求。忻州市认真落实张复明副省长关于“明长城因私挖滥采遭到破坏”的批示精神,落实了50万元长城保护专项经费,配备了111名长城保护员。长治市针对连续发生的文物构件被盗案件,开展了系列专项行动。

七、文物工作社会影响力不断扩大

一年来,通过全省文博工作者的努力奋斗,文物工作的社会影响力不断扩大。“文明守望工程”引起较大反响。山西博物院被团中央授予“全国青年文明号”。河津固镇宋金瓷窑址项目当选2016年度全国十大考古新发现。陶寺北墓地和榆社偶尔坪城址墓地入选了2017年度重要考古发现。陶寺遗址进入第三批国家考古遗址公园立项名单。由我省承办的中国博协博物馆学专业委员会“2017年年会暨经济环境变化与博物馆应对”学术研讨会在太原召开。由我省主办的万里茶道申遗工作推进会、“晋陕豫冀四省博物馆理论与实践研讨会”、第七届“黄淮七省考古论坛”“京晋冀鲁豫五省文物建筑保护理念与对策研讨会”均取得圆满成功。长治市政府与中国城市雕塑家协会联合举办了“中国传统雕塑传承与复兴学术论坛”。

八、全面从严治党各项任务取得新成效

扎实推进“两学一做”学习教育常态化制度化,组织了“维护核心、见诸行动”主题教育,开展了“两提一创”大讨论活动,推进了“三基建设”。召开了局直系统党风廉政建设工作会议。制定印发了《山西省文物局党组贯彻落实中央八项规定精神实施细则》,不断完善作风建设的长效机制。持续落实省委专项巡视反馈意见整改措施,切实整改经济责任审计专项问题,真正把规矩立起来。连续在节假日期间对全省重要文物景点违规接待、违规使用公车等行为进行了监督检查,驰而不息纠正“四风”问题。加大扶贫攻坚力度,积极主动落实精准扶贫工作相关要求和举措,配合当地政府帮助引导贫困户脱贫。

(王振华)

附:省文物局党组书记、成员名单

书　记:王建武(1月离职)　雷建国(7月任职)

成　员:刘正辉　程书林(9月任职)

张元成(9月任职)　赵曙光(11月任职)

黄继忠(11月离职)

省粮食局党组工作概况

党组书记　丁文禄

2017年,山西省各级粮食部门以深入学习贯彻习近平总书记视察山西重要讲话精神为首要政治任务,推动粮食流通改革发展取得了新成效。党的十八大以来,在省委省政府坚强领导和国家粮食局正确指导下,山西省各级粮食部门以习近平新时代中国特色社会主义思想为指引,按照省委"一个指引,两手硬"工作思路和要求,凝心聚力、开拓进取,为保障粮食安全作出了积极贡献:兴粮惠农成效明显,储备体系日趋完善,产销合作不断深化,产业发展步伐加快,粮食监管得到强化,法治建设稳步推进,党的建设更加深入,自身建设和职能作用进一步加强。

一、粮食调控适应新要求

严格执行收购政策,统筹国有粮食企业与多元市场主体入市收购,探索建立粮食收购担保基金,累计收购粮食142亿斤。开展粮食购销市场化电子交易试点,交易量达2.6亿斤,带动农民和各类主体增收1000余万元。运城、临汾等市创新收购服务,积累了有益经验。开展公开竞价交易试点,全面完成年度省级储备粮轮换任务。将8.9亿斤县级调控粮纳入地方储备粮体系,争取粮食风险补助资金2亿元。积极主动对接,确保了军改期间军粮供应工作。建立粮食应急供应网点1522个、加工企业170个、配送中心114个,开展应急演练32次。实施"放心粮油"示范工程,建成11个市级和30个县级"放心粮油"配送中心、240个示范销售店。提升统计服务,完善各级粮食价格监测点,定期发布价格走势。举办山西粮食产销衔接会、中国粮企山西行、粮油精品展系列活动,签约粮油购销总量126.6亿斤,与北京、天津、贵州等8省市粮食部门签订战略合作协议,粮食协作范围不断扩大。

二、粮食产业取得新发展

制定《"山西好粮油"行动计划》《"山西小米"品牌建设实施方案》,省财政追加预算5460万元对14个示范县给予支持。评选首批10个"山西好粮油"产品品牌,其中沁州黄、汾州香和石鼓3个小米品牌作为全国唯有的杂粮品牌入选"中国好粮油"产品名录。组建"山西小米"产业联盟,推进商标注册、标准制定、产品营销等工作,争取1700万元资金用于广告宣传,全力打响"山西小米"品牌。长治、朔州等市加快杂粮产业发展,太原启动粮食园区建设。风陵渡储备库通过土地流转、订单生产发展优质小麦6000亩,新绛县珍粮种植合作社通过土地托管发展优质小麦2万余亩。山西粮油集团与益海嘉里合作成立全省首家混合所有制粮油企业,投资10.5亿元在山西转型综改示范区建设粮油加工项目。我省在2017年全国加快推进粮食产业经济发展现场经验交流会上作了交流发言。

三、安全工作有了新提升

入围国家粮库智能化升级改造重点支持省份,争取中央财政资金8946万元。对省市县三级储备库进行维修和提升改造。健全省市两级质监体系,举行粮食质量安全应急培训演练,开展库存粮油质量安全和新收获粮食品质监测。认真学习落实"一规定两守则",与有关储备库签订"两个安全"责任状和承诺书,安全工作责任得到落实。晋中、阳泉、大同等市在加强储粮管理、加大仓储设施建设方面成效明显。

四、流通监管得到新加强

全面落实"双随机一公开"和"四不两直"要求,开展安全储粮检查和"大快严"集中行动,组织跨市交叉检查,实现了中央与地方储备粮、政策粮与商品粮、原粮与成品粮抽查全覆盖。忻州、晋城、吕梁等市在依法履职、强化市场监管方面取得了积极成效。全省组织粮食市场检查3284次,检查经营主体10894个次,查处违法违规行为183例,确保了粮食市场有序运行。

五、依法治粮迈出新步伐

深化"放管服"改革,清理规范粮食行政许可事项,下放省级粮食收购资格许可。实行"减证便民"和网上审批,建立粮食经营者信用档案,完善了信用评价办法。创新载体和形式,深入开展"七五"普法宣传。建立法律顾问制度,严格规范性文件制定,依法办事水平进一步提高。有关单位通力合作,圆满完成粮食安全省长责任制"首考"任务,受到国务院通报表扬。

六、深化国有粮食企业改革取得新进展

深化国有粮食企业改革,制定改革方案。建立了改革进度定期报告制度,实行民营企业、粮食经纪人参与政策性粮食经营月报和社会资本参与粮食流通基础设施建设季报制度,完成了13个国有粮食企业混合所有制改革,比2016年增加7户,比省委、省政府确定的5户目标多完成8户,吸引外商和民间投资4.18亿元。重点帮助指导山西省粮油集团出资成立了益海嘉里(太原)粮油食品工业有限公司,注册资本3亿元,三方投资分别占比80%、15%、5%,是我省粮食行业首家建立的跨国、跨所有制混合所有制企业。同时,签订投资协议和补充协议,明确了土地等优惠政策,完成了土地摘牌。全年引导108户民营企业和粮食经纪人参与政策性粮食经营,经营量61550万斤,吸引资金64766万元。

七、自身建设呈现新气象

深入学习贯彻党的十九大精神，强化“四个意识”，推进“两学一做”学习教育常态化制度化。坚持全面从严治党不松劲，深入推进党风廉政建设和反腐败斗争，强化对党员干部落实中央八项规定精神、遵守“六大纪律”监督，扎紧织密制度的“笼子”。制定97项整改措施，建立“三个清单”和整改台账，持续推进巡视整改工作。深入开展“深化改革、转型发展”大讨论，在全国粮食行业大讨论调度督导会上作了经验交流。扎实推进“三基建设”。认真编制“一目录三手册”，积极组织职工培训和职业技能竞赛。广泛开展党员先锋行主题实践活动，建设粮食文化主题展厅，举办爱粮节粮宣传等系列文化活动，全面加强粮食文化建设。扶贫工作取得新进展，省粮食局荣获山西省干部驻村帮扶工作模范单位。

（辛剑波）

附：省粮食局党组书记、成员名单

书　记：丁文禄(12月离职)　王云龙(12月任职)

成　员：马　珩　薛愿兵(2月离职)

宋林根　韩华雄(8月任职)

省人民防空办公室党组工作概况

党组书记　孙　群

2017年，山西省人防工作在省委省政府省军区的坚强领导下，以迎接十九大胜利召开和学习宣传贯彻十九大精神为主线，深入贯彻习近平总书记视察山西重要讲话精神，全面落实第七次全国人民防空会议精神，按照省委“一个指引，两手硬”重大工作思路，紧紧围绕“战时防空、平时服务、应急支援”的使命任务，不断开拓创新，奋力进取，取得了突出成绩。

一、始终坚持政治引领，牢固树立“四个意识”

省人防办牢固树立并积极践行“四个意识”，不断增强政治定力，把准政治方向，站稳政治立场，强化政治引领，认真贯彻落实中央和省委各项重大决策部署。一是深入学习宣传贯彻党的十九大精神。通过集中收看十九大开幕式和新当选政治局常委中外记者见面会，第一时间组织办党组中心组、各支部、学习讨论，召开全办干部职工动员部署大会，组织处级以上干部培训班，邀请党的十九大代表宣讲十九大精神，配发资料书籍，运用互联网、移动通讯和宣传展板多种方式，迅速掀起学习宣传贯彻落实党的十九大精神的热潮。同时还积极响应中央和省委的工作部署，组织机关副处级以上领导干部赴省内外开展“大调研”，形成《省人防办“万名干部大调研”情况报告》等4篇调研报告，为明年及今后一段时间人防工作积累经验、提供借鉴。二是扎实推进“两学一做”学习教育常态化、制度化，认真开展维护核心、见诸行动主题教育。制定了主题教育工作方案，成立了“两学一做”办公室，并进行了责任分工。在教育活动中，坚持集中学习和个人自学相结合、专题学习与辅导讲座相结合、党课教育与讨论交流相结合、读原著原作与写学习心得相结合，先后组织20次党组理论学习中心组(扩大)学习会议、9次专家讲座，集中学习了《习近平关于全面深化改革论述摘编》、习近平总书记视察山西重要讲话精神等重要内容；组织4次主题研讨会，围绕“学以致用、以用促学，把学习贯彻习近平总书记系列重要讲话精神引向深入”等主题交流了学习心得体会。同时省人防办直属党支部还坚持周五集中学习制度，组织400余次支部学习，教育引导党员干部进一步树牢了“四个意识”，更加自觉地在思想上、政治上、行动上同以习近平同志为核心的党中央保持高度一致。

二、全面落实主体责任，大力加强党的建设

省人防办党组深刻认识履行全面从严治党主体责任的极端重要性，牢固树立抓好从严治党是本职、不抓从严治党是失职的观念，从自身严起，发挥好示范标杆作用，以高度政治自觉把全面从严治党的各项要求落到实处。一是深入推进巡视整改“回头看”工作。制定了“回头看”实施方案，梳理了问题清单、细化了整改清单、明确了责任清单，召开了推进会，有力保证了整改工作的顺利完成。二是规范开展党内政治生活。严格执行民主集中制，贯彻落实好议事规则、决策程序等工作机制，主动邀请派驻纪检组参加“三重一大”项目决策会议，自觉接受派驻纪检组对领导班子及其成员的监督。严格落实“三会一课”制度，先后制定了“三会一课”实施办法、“三会一课”报备制度以及检查考核制度，并先后3次检查督促各党支部严格遵照执行。领导干部自觉落实双重组织生活制度，带头按时参加支部组织生活，特别是组织生活会。落实领导干部讲党课制度，党组书记先后3次在全办讲授党课，其他办领导也分别根据学习主题讲授了党课。定期开展主题党日活动，七月份重点围绕“大抓人防实战训练、提升基本能力素质”、九月份重点围绕“学习右玉精神，践行忠诚担当”开展。三是加强廉政责任落实。强化廉政日常教育，印发了《聚焦近年来落马官员的八种腐败“画像”》《违纪违法案例剖析》等资料，组织各党支部开展廉政教育学习。开展警示教育月活动，围绕“知法、守法、崇法”“尊崇党章、锤炼党性，向党说句心里话”“肃流毒、正本源、践忠诚”等主题，教育广大党员干部特别是领导干部真正受警醒、明底线、知敬畏。坚持

廉政谈话制度，办党组成员分别与新任职的 14 名处级干部进行任前谈话，每季度组织所有支部书记开展廉政谈话，夯实了党员干部的廉洁从政和“一岗双责”意识。坚持有反映举报必查、有线索情况必核，抓早抓小、挺纪在前，及时成立问题线索核查组，依规依纪开展工作。四是严格落实中央八项规定精神。制定了《深入贯彻落实中央八项规定精神实施细则》，坚持把落实中央八项规定精神作为对党忠诚的具体体现。加强对婚丧嫁娶喜庆事宜的监督，要求按规定进行报备，并及时开展约谈，坚决防止借机敛财。持续整治“四风”突出问题，紧盯春节、中秋等重要节点，采取专门下发通知、发送短信息，以及明察暗访、突击检查等方式，确保党员干部清廉过节，坚决防止“四风”问题反弹。

三、推进人防法治建设，深入开展依法行政

加快完善人民防空法规制度，完成起草《山西省人民防空工程建设条例》修正案草案修订意见。取消了人防工程竣工验收前人防质量设备检测审批事项。组织人防法治宣传教育调研，开展了落实人防法律法规的情况专项检查。成立了省人防办普法依法治理工作领导组，绘制法治工作岗位流程图、制定了法治工作标准。建立省人防办无纸化学法用法考试平台，组织省人防办机关公务员和直属单位相关人员进行网上考试，取得参加人员和考核通过率“两个 100%”。印发了推行行政执法公示制度、执法全过程刻录制度和重大执法决定法制审核制度。组织人防全体干部进行宪法宣誓，聘请专职法律顾问，积极答复省政协委员的提案，不断推动依法行政深入开展。

四、落实中央和省委部署，圆满完成工作任务

一是贯彻落实第七次全国人民防空会议精神成效明显，先后以省国动委名义和省政府、省军区名义印发《山西省人民防空建设第十三个五年规划》和《“十三五”时期人民防空指挥能力评估指标和标准》，为提高全民人防意识、凝聚人防工作合力提供了抓手。二是省市县三级人防指挥部带部分实兵研究性演习圆满完成，创造了我省人防历史上“第一次全系统全要素全过程实战化检验性演练、第一次人防指挥部实名实演和按纲施训、第一次无预案随机导调演习、第一次党政军领导全程参演、第一次省市县三级同步联动演习、第一次参演人员超万人的大规模演训”等六个“第一次”。三是山西省人民防空综合训练基地建设有序推进，先后完成了地界测量放线、地面附着物评估、环评、土地手续办理、勘察、场地平整和施工图初步设计，为主体施工奠定了基础。四是防空防灾数据库三期工程建设进展顺利，完成 19 个厅局以及社会有关方面 2 万余条数据的汇总、规范、整理，集中组织省市两级人防部门相关人员开展人防战备数据应用管理系统集训，提高了运用大数据管理人防战备工作能力。五是全省结合民用建筑批建防空地下室工作稳步推进，编制了《企业投资项目防空地下室建设承诺书》、防空地下室建设承诺制工作流程、防空地下室建设事中事后监管办法和服务指南等文件材料，并于 7 月份开始在全省 10 个开发区和晋中市试行防空地下室建设无审批管理。六是全省新增人防工程开发利用率达到 90%以上，安排就业人员 1.4 万人的目标超额完成。七是推进人防教育进机关、进学校、进社区、进企业、进网络“五进”活动，受教育人数达 280 万人次，省防空防灾体验馆开始试运行。

“太行—2017”人民防空演习。7 月，在省内举行了“太行—2017”人民防空演习，这次演习层次高、范围广、内容全、时间长。得益于省委省政府省军区正确领导，各级各部门大力配合和全体参演人员的共同努力，演习取得了圆满成功。通过演习，进一步增强了各级支持国防、参与人防的责任意识，深化了对山西战略地位和使命任务的理解，探索了军地联合指挥人防行动的方法路子，积累了基于信息系统组织演训的经验，检验了人民防空基础设施建设成效，提高了人防专业遂行任务能力，达到了以演促建，以练促备的目的。

“八一”军事日暨人民防空演习活动总结大会。为庆祝中国人民解放军建军 90 周年，8 月 1 日上午，由省委、省政府、省军区联合组织的“八一”军事日暨人民防空演习活动总结大会在省城举行。省委副书记黄晓薇、省委常委常务副省长高建民、省委常委宣传部长王清宪、副省长张复明、省军区司令员邹小平、政委郭志刚等领导出席会议，国家人防办副主任杨青山应邀出席会议，省委常委太原市委书记罗清宇在太原分会场参加会议，省直有关厅局负责人及参演人员、省军区各局办主要领导，各市、县党政军有关领导和参演人员在本级同步参加会议。

会上杨青山副主任代表国家人防办作了重要指示，对山西省“太行—2017”人民防空演习活动给予高度评价，并要求山西人防要以这次成功演习为契机，在新的起点上继续向纵深推进。省委副书记黄晓薇同志首先对全省人防演习获得成功给予了充分肯定，并在建军 90 周年之际，向驻晋部队官兵、民兵预备役人员和战斗在国防战线上的同志们表示节日的问候。黄晓薇对加强人民防空建设讲了四点意见：一是提高政治站位，切实把人民防空作为长期战略任务抓实抓好；二是筑牢护民之盾，持续推进人民防空军事斗争准备；三是坚持改革创新，加快转变人民防空建设的发展方式；四是加强组织领导，军地协同做好人民防空工作。黄晓薇指出，加强新时期人防建设，事关国家安全和战略全局，是我们必须肩负的重大责任。我们要紧密团结在以习近平同志为核心的党中央周围，齐心协力、开拓进取，不断夺取人民防空建设新胜利。

扎实推进“三基建设”。基层组织进一步加强，基础工作进一步夯实，基本能力进一步提升。一是加强基层组织建设。省人防办认真落实基层党建工作责任制，制定了党组书记、机关党委书记抓党建工作清单，落实了干部提拔时必须征求所在党支部书记意见的要求。二是加强人防基础工作。编制《基础工作目录》《管理手册》《应知应会手册》《便民服务手册》；制定年度重点工作任务目标，每季度开展机关成效较好工作评选活动；制定《档案行政监督检查整改方案》，规范文书和档案管理；建设政务督办系统，提高机关内部工作信息

化水平。制定首问负责制、服务承诺制等制度,不断提高工作效能。三是提升人防基本能力。结合省市县人防指挥演习演练,大力开展人防组织指挥能力训练;针对企业投资项目试行承诺制实行无审批改革中出现的人防系统人员监管和服务能力不足的问题,及时到市、县进行业务培训;将法治教育内容纳入干部学习培训计划,开展全省人防系统依法行政培训;深入落实激励干部担当作为干事创业和合理容错"两个办法",在年度目标责任考核中实行差异化奖励。成立山西省人防干部基本能力标准化建设领导组,制定人防系统机关干部专业基本能力标准、评价标准、训练大纲和测评实施办法。

扶贫工作。按照省委、省政府有关精准扶贫、结对帮扶指示精神及"两包三到"、"挂图作战"工作安排,省人防办继续帮扶繁峙县光裕堡乡光裕堡、华岩、大木瓜、小李牛四村。2017年围绕"一村一品一主体""五有"目标,取得了较好的成效。首先是对结对帮扶方案进行了科学调整,省人防办38名党员干部每人对16.57户贫困户调整为7户,并组织3次集体结对见面活动,面对面谈困难、谋发展,进行实际帮扶。党员干部个人捐款68800元,对结对的贫困户进行了慰问。积极协调残联等部门,为四村65名残疾人发放了10万余元的助残用品。连续第二年协调黄河电视台和省慈善总会,对30名贫困生进行生活学业资助,还协调大木瓜2名学生参加一路一带西部行活动,为贫困儿童代言;协调太原爱尔眼科医院,继续在全县开展医疗扶贫工作,免费为建档立卡贫困户治疗白内障。二是不断完善基础设施,夯实发展基础。多方申请筹措资金482万元,改造光裕堡、华岩村农田1500亩,修建田间生产路3000米;在光裕堡村建设了光伏电站,直接带动20户贫困户脱贫;分别维修万方和7 000立方水池各一座,铺设了滴管水管,解决了1230亩土地滴灌水源和管道问题;为贫困户购买了种子、化肥和小型播种机;建设华岩小杂粮加工坊一座、截潜工程一处,为发展高效农业奠定了基础。三是积极调整产业结构,助推转型发展。与中国树莓产业发展联盟达成协议,引入红树莓种植项目,开始了全乡调种植结构、树高效产业的转型之路,为农户垫种苗、肥料款,并全程提供技术支持,3年盛产期后以保护价收购果实,开创了社会扶贫的新模式。首期在大木瓜种植了430亩,2018年扩展到2000–3000亩,同期投资1350万元,配建年产1万吨的有机生物菌肥厂,发展绿色、有机、循环农业。

(高　博)

附:省人民防空办公室党组书记、成员名单

书　记:孙　群(12月离职)　霍红义(12月任职)

成　员:刘　涛　张　铭　薄文杰

省政府法制办公室党组工作概况

党组书记　王卫星

2017年,在省委、省政府的坚强领导下,省政府法制办党组深入学习贯彻党的十九大精神,以习近平新时代中国特色社会主义思想为指导,认真贯彻落实省第十一次党代会精神,按照省委"一个指引、两手硬"的重大思路和要求,围绕省委、省政府重要决策部署,积极履行职责,严格落实全面从严治党主体责任,深入推进依法行政,扎实做好政府立法、行政执法监督、行政复议与应诉、政府法制宣传培训和理论研究等各项工作,按计划完成了年度目标责任和省委、省政府安排的工作,取得明显成效。

一、坚持统筹谋划,强化督促指导,积极推进法治政府建设

2017年初,根据省委、省政府加强法治政府建设工作部署和要求,制定印发了《省政府法制办2017年工作要点》,安排部署了年度政府法制工作任务,明确了推进依法行政重点工作。坚持以学习强意识,以活动促行动,推动全省深入贯彻落实《法治政府建设实施纲要(2015–2020年)》和我省实施方案。为培育和提高领导干部依法行政意识和能力,与省委组织部联合在省委党校举办2期领导干部法治专题培训班;大力营造依法行政浓厚氛围,8月份在全省组织开展了第7个"依法行政宣传月"活动;精心搭建经验交流和学习借鉴平台,组织省市县三级12个政府部门召开了依法行政经验交流工作座谈会;为激励先进,发挥榜样示范作用,与省人社厅联合开展全省依法行政先进集体和先进个人评选表彰活动;年底结合干部大调研活动组织开展了深入推进依法行政加快法治政府建设督促检查。根据国务院法制办工作部署,起草并向省委、省政府报送《山西省贯彻落实〈法治政府建设实施纲要(2015—2020年)〉等重要改革举措的情况报告》,经省委、省政府同意后,按时报送国务院法制办。认真落实法治政府建设情况报告制度,全面总结我省2016年依法行政工作情况,起草、报送并提请省政府向社会公开了《山西省2016年法治政府建设情况报告》。

推动落实政府法律顾问制度,组织起草并以省政府办公厅文件印发《关于在全省推行政府法律顾问制度的意见》。在

省政府领导下,聘请15名省政府法律顾问,协助省政府办公厅举行了法律顾问聘任仪式,楼阳生省长出席讲话并为省政府法律顾问颁发聘书。修改完善《山西省人民政府法律顾问委员会工作规则》,组织省政府法律顾问开展研究、咨询、论证工作30余人次,建立了省政府法律专家库,法律专家的"外脑"作用进一步发挥。参加国务院法制办组织的仲裁工作座谈会、全国仲裁年会,落实国务院法制办工作部署,加强同各市政府、市政府法制办和各仲裁委员会的联系沟通,指导服务我省各仲裁委员会换届工作、按要求报告我省仲裁工作情况,统计全省仲裁案件受理情况等,积极推动全省仲裁事业健康发展。

二、加强重点领域立法,严格规范性文件审查,着力提高制度建设质量

政府立法紧紧围绕全省中心工作,坚持贯彻落实新发展理念,坚持立改废释并举,坚持突出地方特色和可操作性,主动适应改革和经济社会发展需要。全年承担的7件地方性法规草案和6件省政府规章草案的审查、送审工作按计划已全部完成。如,为引领推动促进科技创新,实施创新驱动发展战略,提高我省科技创新能力,审查制定《山西省科技创新促进条例(草案)》;为落实好扶贫攻坚战略,建立农村扶贫开发激励约束长效机制,将扶贫工作纳入法制轨道,促进农村贫困地区经济社会健康稳定发展,审查制定《山西省农村扶贫开发条例(草案)》;为促进我省旅游业繁荣发展,坚持与时俱进,审查修定了《山西省旅游条例(修订草案)》;为有效预防和妥善处理医疗纠纷,针对医患矛盾,审查制定《山西省医疗纠纷预防与处理办法(草案)》。根据省委、省政府工作部署,在年度立法计划外,审查制定《山西省城乡环境综合治理条例(草案)》《关于山西省大气污染物和水污染物环境保护税适用税额的决定(草案)》《关于山西转型综合改革示范区行政管理事项的决定(草案)》等3件地方性法规草案,代省政府组织起草了《重大行政决策后评估办法(草案)》,以上条例和办法的出台,必将为我省转型综改、加大环境保护力度、促进政府科学决策提供有力制度支撑。根据国务院办公厅、国务院法制办和省政府办公厅关于做好"放管服"改革涉及的规章清理工作的部署,牵头组织省政府有关部门对现行有效的有关省政府规章对照清理要求进行了全面清理,并提出清理意见和建议。

严格规范性文件合法性审查,不断提高审查效能和质量,努力发挥政府法制机构的法律顾问作用,为我省转型升级、创新驱动构建合法、统一、有效的制度保障,营造良好政务环境。如参与研究,依法履行合法性审查职责,积极推动综改示范区7项授权、企业投资项目试行承诺制6条决定、落实综改示范区实施方案意见20条等推进我省深化改革的体制机制政策制度的及时出台,着力发挥法治引领、促进、保障和服务作用,受到省委、省政府领导的充分肯定。全年组织审核省政府及省政府办公厅规范性文件草案64件,前置审查省直部门规范性文件草案545件,审查设区市政府报备的规范性文件86件,办理省政府领导批办或涉法文件40件,办理国家征求意见件39件;办理提案3件。

三、推进行政执法体制改革,强化行政执法监督职责,促进行政机关严格规范公正文明执法

一是积极推进综合行政执法体制改革。认真贯彻落实省委、省政府关于推进综合行政执法体制改革的决策和部署,加强调查研究,严格把好有关文件和实施方案的合法性审查关,在市场监管、卫生计生、文化旅游、商务流通等领域全面推进综合行政执法体制改革。如,对晋城市综合行政执法体制改革情况进行了专题调研,对省编办报送的大同、阳泉等10个设区市综合行政执法体制改革实施方案、对省住建厅报送的有关城市执法体制改革改进城市管理试点工作方案等进行了合法性审查。全面梳理总结全省深化综合行政执法体制改革,推进市场监管综合执法,加强综合执法机构和队伍建设方面的情况,起草并向国务院法制办报送了《山西省市场监管综合行政执法体制改革有关情况的报告》。组织了"山西省深化行政执法体制改革服务转型综合改革示范区建设"专题培训。二是探索推行行政执法"三项"制度。起草印发了《省政府法制办关于推行行政执法公示制度执法全过程记录制度重大执法决定法制审核制度的通知》,组织召开了执法"三项"制度推介会,指导各市政府和政府部门落实工作部署,开展试点工作。研究起草了《山西省重大行政执法决定法制审核办法》,以省政府办公厅文件印发实施。对2016年重大行政处罚决定备案情况进行了通报,并印发通知进一步强调做好备案工作,促进行政执法机关进一步建立完善行政处罚裁量基准,落实好重大行政执法决定法制审核工作。三是深化行政审批制度改革。按照"放管服效"协同推进思路,根据省政府打造"六最"营商环境部署,扎实做好省政府取消和下放行政审批事项的合法性审查,与省编办共同确定并指导山西转型综改示范区、高平市推进相对集中行政许可权试点工作,参与减证便民专项行动。四是规范行政执法行为。为优化政务环境,促进严格规范公正文明执法,组织起草并以省政府办公厅文件印发了《关于进一步规范行政执法工作的意见》。安排全省行政执法证件年度审核注册工作,督促省政府部门和市政府法制机构对18354名拟申领执法证件人员进行了资格审查,对符合条件的15479人审核发放了山西省行政执法证。

四、加强行政复议与应诉工作,依法化解行政争议和纠纷,促进社会和谐稳定

依法受理办理行政复议案件,依法参加行政应诉,积极化解行政争议和纠纷,努力实现"案结事了,定纷止争"。全年办理行政复议申请104件,办理行政应诉案件64件,答复国务院行政裁决案件17件。加强对全省行政复议与应诉工作指导,8月份,起草印发通知,组织开展了《山西省行政机关行政应诉办法》落实情况督促检查;与省委组织部联合在太

行干部学院举办了行政复议与应诉工作专题培训班。积极推进行政复议体制改革，通过调研走访、召开座谈会等方式跟踪指导太原市、晋城市深化行政复议委员会试点工作。主动落实与省高院建立的行政复议和行政诉讼联席会议制度，加强工作沟通衔接，认真分析总结行政复议与行政应诉中出现的新情况新问题。坚持做好行政复议、行政应诉案件统计汇总上报、案件统计分析报告工作。行政复议与应诉工作能力与水平进一步提高。

五、加强政府法治宣传和教育培训，组织开展理论研究，为深入推进依法行政营造良好环境

坚持办好每月一期的《政府法制工作简报》，加强政府法制系统工作交流。组织举办"法治道德讲坛"和专题法治讲座。上半年邀请原中国政法大学法学院院长、华南师范大学法学院教授薛刚凌就"推进依法行政和法治政府建设"为省直部门分管法制领导、法制机构负责人等作了高端法治讲座。精心策划，组织开展了"12·4"国家宪法日法治宣传活动，办主要领导带头上街宣传，答复群众咨询。围绕"提升依法行政能力暨法治政府建设"，举办了8期法治专题培训班，12期执法人员培训班，对全省3400多名政府法制干部和行政执法人员进行了培训，内容涵盖法治政府建设实施纲要、重大行政决策合法性审查办法、政府法律顾问制度、行政许可法、行政处罚法等。重视加强干部学习平台建设，采取"走出去、引进来"相结合的方式，为机关干部提供各种学习机会，坚持抓紧抓好干部在线学习，安排好干部调训、轮训，组织了政府工作报告在线专题学习答题活动和无纸化学法用法考试等，着力提升政府法制干部素质。编印了2016年《山西省法规规章汇编》。参加了在北京召开的2017年度环渤海区域政府法制工作研讨会，进行了工作交流。参与了《忻州市五台山风景名胜区条例》的研究起草工作。法治宣传和教育培训力度不断加大，法制理论研究助推实践探索，进一步浓厚了依法行政社会氛围，强化了行政机关工作人员的法治观念和依法行政能力。

六、明确法治建设任务，细化责任分工，狠抓工作落实

充分发挥办法治建设领导小组及其办公室的组织领导和督促协调作用，全面落实省委、省政府法治建设年度工作部署。年初，研究制定印发了《省政府法制办2017年法治建设工作要点》，组织对省十一次党代会报告、政府工作报告、法治山西建设重要举措工作规划、法治政府建设实施纲要、法治建设工作要点及落实省委政法工作会议部署等涉及我办的2017年度法治工作目标任务逐一进行梳理、细化、分解，明确分管领导、责任处室、责任人、工作措施、完成时限等，形成工作方案，经办领导研究同意，以办文件印发各处室、下属各单位执行。通过项目化管理和办务会总结检点、安排督促、研究解决重要问题等方式推动法治建设工作任务落实落地。坚持完善依法行政配套制度。如研究起草并以省政府办公厅文件印发了《山西省重大行政执法决定法制审核办法》，代省政府起草了《山西省重大行政决策后评估办法(草案)》，修订完善了《山西省人民政府法律顾问委员会工作规则(草案)》等。

七、坚持加强机关自身建设，认真落实全面从严治党主体责任，为推进政府法制事业提供坚强政治和组织保证

一是扎实推进"两学一做"学习教育常态化制度化开展维护核心见诸行动主题教育。根据省委工作部署，办党组坚持把推进"两学一做"学习教育常态化制度化开展维护核心见诸行动主题教育作为重要政治任务摆到全办工作首位，及时召开了动员大会，制定印发了《安排意见》。办党组书记率先为全体党员干部讲党课,办机关党委和各党支部认真组织集体学习，邀请省直工委宣传部领导宣讲十九大报告。精心准备，组织举办了"推进'两学一做'学习教育常态化制度化开展维护核心见诸行动主题教育暨落实省委9·28经验交流会精神学习体会交流会"，7名支部党员代表作了交流发言。纪念建党96周年之际，召开全办党员大会，重温入党誓词，表彰优秀党员、先进党支部和优秀党务工作者。通过以上活动进一步增强了全办党员干部的党章党规意识，强化了遵章守纪、担当奉献的责任感和使命感。

二是不断强化政治理论和业务知识学习。坚持理论武装头脑，提高政治素养和政治站位。全年办党组中心组理论学习12次，党组书记讲党课4次。坚持办务会第一议题就是传达学习中央、国务院和省委、省政府重要会议和文件精神，按年初制订计划组织全办党员干部集体学习和督促个人自学，班子成员带头学习宣讲，并采取"走出去，请进来"的方式进行培训和辅导。全办党员干部深入学习贯彻党的十九大精神，学习贯彻习近平总书记系列重要讲话精神和视察山西重要讲话精神，学习贯彻省第十一次党代会精神，在思想上政治上行动上同党中央保持高度一致，坚持思想上拥戴核心、政治上维护核心、行动上紧跟核心，牢固树立"四个意识"，坚定"四个自信"，努力适应新时代新任务新常态。坚持抓好政府法制业务知识学习。全办党员干部紧密结合岗位工作，坚持学中干，干中学，不断提升政治理论水平和业务工作能力。

三是坚持抓好领导班子和干部队伍作风建设。深刻领会和贯彻落实习近平总书记强调的"纠正'四风'不能止步，作风建设永远在路上"。办党组制定印发了《贯彻落实中央八项规定精神实施细则》和办《调查研究制度》《基层联系点制度》等。坚持加强教育，警钟常鸣、防微杜渐。紧盯假节日重要时间节点，采取开会、发文强调，进行明查暗访、突击检查，始终保持对"四风"问题的高压态势，特别是针对形式主义、官僚主义十种表现，加大预防和查处力度，坚决把政治纪律和政治规矩挺在前面，以严和实的作风推进各项工作任务的落实。认真执行民主集中制，在提出立法项目建议、审查重大疑难行政复议与应诉案件、办理省政府领导批办的重大涉法事

务以及内部重要人事工作、大额财务支出等重大事项上，班子成员注重多沟通、多商议，坚持党组会集体研究决定。认真组织召开领导班子民主生活会、支部组织生活会，查找问题，剖析原因，开展批评和自我批评，切实整改存在的问题，提升党员干部干事创业的凝聚力和战斗力。按照省委办公厅、省政府办公厅关于开展“万名干部大调研”通知精神，我办及时制定了大调研工作方案，办领导、处级干部按照调研课题，深入基层，坚持目标和问题导向，采取多种方式倾听基层和群众呼声，掌握了解第一手资料，研究分析问题，思考提出对策，形成专题调研报告和省政府法制办2018年工作目标举措报告，报送省委政研室。办机关作风建设不断得到加强，风清气正的氛围日益浓厚。

四是着力推进机关党建工作规范化建设。及时制定印发了《2017年机关党的工作要点》和年度理论学习安排、《党员承诺践诺制度》，完善了《党建工作责任制及相关制度》。认真落实省委“三基”建设工作部署，扎实推进办机关基础工作达标活动。针对个别支部党员人数少的实际，为更好地落实“三会一课”制度，将原有的13个支部整合为7个。办机关党委不定期对各支部落实党建工作责任制、“三会一课”情况进行监督检查，增强了支部的凝聚力和战斗力。深入开展精神文明创建活动，制定印发了办《2017年精神文明建设工作要点》，组织“学雷锋志愿服务队”和“文明传播小组”开展活动，坚持开展好“读书月”活动，每位党员干部都撰写了读书体会。年底前组织了捐款和送温暖献爱心活动，全办捐款5240元。“三八”节组织慰问妇女同志；春节节前组织慰问老干部。通过开展形式多样的精神文明创建活动，积极培育和践行社会主义核心价值观，凝聚做好政府法制工作的正能量。办党组高度重视，积极主动配合省委专项巡视组开展工作，认真自查自纠，立行立改。认真落实省委、省政府脱贫攻坚决策部署，办领导多次带队赴帮扶点进行慰问，走访贫困户，深入调查研究，广泛听取意见，确定帮扶计划和帮扶项目，扎实推进帮扶工作。

五是坚持加强党风廉政建设。办党组高度重视党风廉政建设和反腐败工作，牢固树立“不抓党风廉政建设就是失职，抓不好党风廉政建设就是渎职”的理念，努力营造全面从严治党的浓厚氛围。年初，召开全办2017年党风廉政建设干部大会，安排部署全年党风廉政建设工作，办主要领导与办机关各处室、下属各单位主要负责人签订了2017年党风廉政建设责任书，形成了一级抓一级、层层抓落实的党风廉政建设责任链。及时制定印发了办《2017年党风廉政建设和反腐败重点工作》，认真落实党风廉政建设主体责任和监督责任，严格执行《廉政谈话制度》《诚勉谈话制度》《问责条例》《纪律处分条例》。坚持不定期与班子成员、支部书记谈心谈话，将压力传导到每个支部、每名党员，积极推动落实全面从严治党主体责任，形成政府法制工作与党风廉政建设两手抓两手硬的良好局面。

（黄菊荣）

附：省政府法制办公室党组书记、成员名单

书　记：王卫星(12月离职)　翟振新(12月任职)

成　员：李云涛　张　钧(11月任职)

省国防科学技术工业办公室党委工作概况

党委书记　冯志君

2017年，山西省国防科技工业党委以习近平新时代中国特色社会主义思想为指导，全面深入贯彻党的十九大精神和习总书记视察山西讲话精神，紧紧围绕全省“示范区”“排头兵”“新高地”三大转型发展目标，坚定实施军民融合发展战略和创新驱动发展战略，坚持提高站位、拓宽视野、系统谋划、协同推进，全面提升基层党建水平，全力推动国防科技工业高质量发展，取得了新的成效。

一、坚持把党的政治建设摆在首位、落到基层

全省国防科技工业系统各级党委持续推进“两学一做”学习教育常态化制度化和维护核心见诸行动主题教育，强化中心组理论学习，开展“习近平总书记视察山西重要讲话进基层”主题宣讲，召开学用系列讲话交流会，宣讲党的十九大报告17场，通过经常性教育和集中性教育相结合，组织广大党员、干部深入学习习近平新时代中国特色社会主义思想，坚定理想信念，加强党性修养，强化“四个意识”，增强“四个自信”，坚定不移在思想上政治上行动上同以习近平同志为核心的党中央保持高度一致，用信仰的力量，汇聚起推动国防科技工业改革发展的强大力量。

二、加强思想建设，进一步打牢共同奋斗的思想基础

认真落实意识形态工作责任制，定期研判意识形态领域情况，推动各级党组织认真履行意识形态工作责任，旗帜鲜明地开展意识形态斗争。强化意识形态阵地建设和管理，成立了山西省国防科技工业网络安全与信息化领导小组和省国防科技工业新闻宣传信息中心，加强对全系统宣传媒体的管控。举办“军工文化山西行”，山西军工文化示范单位、军工文化示范园和军工文化教育基地跻身全国前列。深入推进精神文明建设工作，广泛开展思想文化道德大讲堂，扎实推进志愿服务队伍建设。组织开展“砥砺奋进的五年”宣传报道和

"情系军工梦、喜迎十九大"书法绘画摄影展,营造了团结奋进的良好氛围。

三、落实主体责任,推动全面从严治党向基层延伸

实化细化责任,制定基层党组织书记抓党建责任清单,进一步强化基层党组织书记抓党建的主责意识和主业意识。全系统各党委班子带头改进作风,坚决履行分管领域党建责任,自觉接受上级和群众的监督。层层压实责任,省国防科技工业党委、基层单位党委、党支部逐级签订责任书,坚持开展党建责任制考核,坚持开展基层党委书记抓党建专项述职和党支部书记述职评议,着力把全面从严治党压力传导到基层、责任压到基层。用好问责利器,把权力、责任、担当统一起来,明确问责的对象、内容和方式方法,坚持失责必问、问责必严,不断完善责任追究机制,确保管党治党责任在基层落地生根。

四、坚持强基固本,提升基层党组织组织力

按照省委开展"三基建设"有关要求,结合行业实际,军工基层党建实现"四个100%"目标(公司章程明确党组织法定地位100%、基层党组织按期换届率100%、党委归口管理干部100%、基层党组织建设全覆盖100%),确保了把党的领导融入公司治理各环节,确保党组织在公司治理结构中的领导地位,充分发挥了国有企业党委把方向、管大局、保落实的领导作用。推动工作重心向基层下沉,向基层党支部下拨补贴经费120余万元,规范主题党日活动制度;深入开展干部培训工作,依托右玉干部学院组织了两期400人次基层支部书记领头雁培训,各级基层支部书记培训实现全覆盖。在省国防科工办机关实施"每周一课"培训,选派优秀年轻干部参加扶贫、挂职等专项工作,有效地提升了干部基本能力。

五、坚持正确用人导向,选好用好干部

认真履行干部协管职能,主动与中央军工集团沟通,加强基层领导班子建设,全年完成13个军工单位63人次选任调整交流。严格机关干部选拔任用,完成32名处级干部调整和1名直属单位正职选任工作,基本实现了干部队伍年轻化和人岗相宜。加强新提任干部的管理,与近两年来新提任的70名基层单位领导、机关及直属单位处级干部进行了集体廉政谈话,与基层单位新提任党委书记进行了工作谈话。加强党的人才工作,推荐申报山西省青年拔尖人才和省"百人计划"。周建民、韩丽萍两位同志被选举为党的十九大代表,孙涛同志当选为十三届全国人大代表。

六、坚持把纪律建设摆在更加突出位置,切实抓好党风廉政建设

按照认识到位、责任到位、整改到位的要求,扎实开展巡视整改"回头看"。始终保持惩治腐败高压态势,对11个问题线索加大排查处置力度。各军工企事业单位结合实际深入开展反腐倡廉宣传月活动。加强作风建设长效机制建设,完善落实中央八项规定实施细则,杜绝和预防"四风"问题反弹,全省军工系统党风廉政建设不断推进。

七、坚持服务发展大局,全面加强党对群团工作的领导

稳步推进山西省国防工会改革,分别增选4名基层代表为国防工会常委、3名兼职副主席。深入推进"五小"竞赛活动,评选优秀成果一等奖24项、二等奖44项、三等奖68项。召开省国防科技工业劳动模范表彰大会,表彰10家模范单位、20个模范集体、68名劳动模范。举办全系统优秀职工文艺节目展演暨庆祝建军90周年赴省军区慰问演出。首次举办2017中国技能大赛—山西省国防科技工业职工职业技能大赛,继续开展职工(劳模)创新工作室创建工作,集中开展"工资集体协商月"活动,坚持开展送温暖、送清凉、金秋助学等活动,着力解决职工实际困难。深入开展青年理想信念教育活动,打造"有态度、有温度、有深度"的军工共青团新媒体平台群。传播"青年、创新、协作、奉献"理念,命名18个"青年创新团队"。通过争创"青年文明号"、"青年安全生产示范岗"、"青年岗位能手"和开展青年志愿服务等活动,围绕生产中心发挥共青团的生力军和突击队作用。

八、围绕中心抓党建,全省军工经济实现新的发展

一是全省军工经济保持了良好的发展态势。2017年,国防科技工业实现销售收入增长10.6%,增加值增长12%,利润增长17%,职工收入增长2.1%。山西航天清华装备有限责任公司、山西新华化工有限公司、晋西工业集团有限公司、中电科风华公司等4家企业荣获"山西省优秀企业"称号。

二是全省武器装备科研生产任务圆满完成。坚持保质量、保进度,持续加强"绿色通道"建设,加强联系,协调解决供气不足、铁路专运线等问题20余个,落实14家单位军品配套免增值税9500万元,确保了承担的重点型号任务按计划节点完成,确保了建军90周年阅兵等重大任务保障圆满完成。全系统各单位精心组织军工项目实施,一批重点型号研制生产能力顺利推进,军工核心能力不断提升,有力推动了我省军工核心能力建设向体系效能型转变。全系统年研发投入19.6亿元,同比增长2.94%。获得国家科技奖1项,国防科技奖26项,军队奖11项。持有有效发明专利数1340件。组织评选2017年度全省国防科技工业创新奖25项,全省军工科技创新能力明显增强。扎实推进"双创",深入开展群众性技术创新活动,全年近6万名职工参加"五小"竞赛活动,产生成果2.1万项。

三是军民融合深度发展取得新成效。2017年9月,山西省委成立省军民融合发展委员会,省政府将军民融合产业列为战略性新兴产业,享受《山西省鼓励投资政策(2017年版)》,省技术改造专项资金对24个军民融合项目支持1.23亿元。争取设立山西省军民融合产业投资基金100亿元规

模,支持全省军民融合发展,军民融合发展氛围进一步优化。聚焦战略性新兴产业,充分发挥军工技术的带动和引领作用,推动军地、军民资源深度融合,在高端装备制造、电子信息、节能环保、新材料、新能源、现代服务业等军民融合产业领域重点推进44个重点项目,总投资454亿元,在建25个,总投资93亿元,年内完成投资35.19亿元。正式成立国家高分辨率对地观测山西数据与应用中心,基本建成覆盖全省的北斗地基增强系统,推动高分、北斗技术在省内森林、矿山、农业等领域广泛应用,太钢千吨级高端碳纤维二期工程投产,北方动力集团616厂煤层气发电装备在阳煤集团等企业开展示范应用。

推动省政府与中国核工业工业集团公司等3个军工集团签署军民融合发展战略协议,筹划建设中国电科电子信息科技创新产业园项目5个重大项目,总投资近100亿元。举办"山西军民融合协同创新成果展洽会",展示技术成果和项目123项,推动军民、军地双向开放。组织全省11个市开展军民融合项目、技术、平台"大起底",完善军民融合产业项目库,梳理军民融合项目111个,军民融合新技术51项,军民融合平台26个,为深化军民融合产业发展,助力山西经济转型打下了良好基础。

四是和谐军工建设更加扎实。坚持"安全第一、预防为主、综合治理"的工作方针,全面落实安全生产责任制,层层签订责任书,深入开展军工、民爆行业安全生产大检查和隐患排查治理,排查整改安全生产隐患4259个,对1142个风险点落实管控措施,查处759起"三违"行为。开展危险化学品安全风险、重大危险源安全检查、隐患排查整改,确保了危险化学品管理安全可控。推动军工和民爆安全标准化建设,本质安全度不断提升。2017年安全生产形势持续平稳向好,全省军工系统未发生重伤以上生产安全事故,取得了近5年来最好的成绩,民爆企业实现10年连续无安全事故,圆满完成了省政府下达的安全生产控制指标和工作目标。

持续抓好信访维稳工作。严格落实党委书记议稳制度和意识形态工作责任。加强源头预防,做好全国重要会议、重大节日、重大活动期间的稳控工作。加强职工群众来信来访工作,受理职工群众来信4件,网上交办18件,个体访20件152人次,基本做到件件有着落,事事有回音,实现了职工队伍整体稳定。

保密保卫工作不断加强。狠抓反奸防谍、安全保卫、安全保密责任制落实,加强涉密人员管理、保密宣传教育和涉密载体管理,完成12家保密资格复查认定工作,组织全系统保密交叉检查,全年未发生失泄密案件。

脱贫攻坚获得广泛好评。在全系统各军工单位的支持下,直接投入和间接引进扶贫资金500余万元,在石楼县扶贫点结合实际开展"订单式扶贫",帮助建设项目10余个,得到了当地群众、县乡村各级干部和省扶贫办的高度肯定。

(赵登斌)

附:省国防科学技术工业办公室党委书记、副书记、委员名单

书　记:冯志君

副书记:史国兵　李章贺(6月离职)

吴泽兵(7月任职)

委　员:安　华　齐建伟　张慧雄(8月任职)

段万乐(注:2016年误为副书记,特更正)

王树峰(6月离职)

省中小企业局党组工作概况

党组书记　李东洪

2017年,省中小企业局党组团结带领全系统干部职工,认真学习贯彻党的十九大精神和习近平总书记视察山西重要讲话精神,按照省委"一个指引、两手硬"重大思路和要求,坚持问题导向、目标导向,主动作为、真抓实干,各项工作取得积极成效。

一、强化政治担当,落实主体责任,坚定不移推进全面从严治党

一是不断加强思想政治建设。把学习贯彻党的十九大精神作为重中之重,组织党员干部原原本本学、原汁原味学,组织"十九大精神进基层"主题宣讲,邀请专家进行专题辅导,开展专题研讨交流学习体会,深刻领会习近平新时代中国特色社会主义思想的精神实质和丰富内涵。认真学习贯彻习总书记视察山西重要讲话精神,开展主题宣讲活动,全力推动讲话精神在全系统落地生根。认真组织中心组和党员干部理论学习,党组中心组全年集中学习17次,各党支部集中学习每月不少于1次,党员干部政治素养和党性修养明显提升。深入开展"维护核心、见诸行动"主题教育,扎实推进两学一做学习教育常态化制度化,组织全局系统40多名党员干部赴延安学习培训,组织开展弘扬"红船精神"主题党日活动,引导党员干部不断增强"四个意识"、坚定"四个自信",始终在思想上政治上行动上同以习近平同志为核心的党中央保持高度一致。

二是扎实推进"三基"建设。加强基层组织建设,按照"支部建在处室,处长一岗双责"的要求,树立一切工作到支部的鲜明导向,认真落实"三会一课"等组织生活制度,在建党96周年之际,表彰了一批先进典型,基层党组织政治引领作用

更加突显。安排10名党支部书记参加省直工委的集中轮训,选派10名新党员和入党积极分子参加省直党校培训班学习。推动基础工作进步,编制"一目录三手册",建立岗位责任和部门协作机制,工作制度建设更加科学规范,机关内部管理协调有序。推进基本能力提升,研究制定《机关干部通用基本能力标准》《机关干部专业能力标准》,组织参加多期能力素质提升培训班,广大干部职工知识结构不断改进,履职能力有效提高。

三是切实加强党风廉政建设。党组坚持总揽全局、协调各方,严格执行党的民主集中制原则,重大问题坚持集体研究决定,集思广益、科学决策,班子内形成了相互支持、相互提醒、团结协作、干事创业的良好氛围。认真落实主体责任,坚定不移推进全面从严治党,把党风廉政建设与业务工作同研究、同部署、同推进。研究制定《2017年党风廉政建设责任制及任务分解意见》《落实党风廉政建设主体责任清单》,分层分级明确责任,层层落实管党治党政治责任。开展廉政警示教育,重要时间节点发送廉政提醒短信。召开党组民主生活会,查找出6类14个突出问题,明确6个方面的整改措施。开展巡视整改自行"回头看",严格按照"四个对照"查摆和解决问题,巡视成果得到进一步巩固和延伸。

四是持之以恒纠正"四风"问题。始终把纪律和规矩挺在前面,严格正风肃纪,紧盯元旦、春节、中秋、国庆等重要时间节点,加强监督检查,确保廉洁过节、风清气正。研究制定《关于进一步贯彻落实中央八项规定精神的实施细则》,聚焦形式主义、官僚主义的新表现,抓早抓小、防微杜渐。制定完善《机关工作人员请销假办法》等制度,从严肃工作纪律抓起,坚决改变管党治党宽松软状况,干部职工党性观念和规矩意识不断增强,作风明显改善。

二、强化机关建设,推进依法行政,不断提高履职尽责能力水平

一是不断强化机关自身建设。扎实开展干部大调研活动,组成4个调研小组,深入省内外上百家企业开展调研,形成15篇调研报告。强化机关效能建设,认真贯彻落实"13710"工作制度,积极推动重点工作落实,在已办结的7件省政府13710工作任务中,6件得到"优秀",1件得到"良好"。严格落实社会治安综合治理领导责任制和目标管理责任制,加强内部治安防范,有力维护了和谐稳定。认真做好老干部工作,定期组织政治学习,落实"两项待遇",做好"两项建设",强化服务保障,开展丰富多彩的活动,凝聚了正能量,激发了新活力。认真开展扶贫攻坚工作,围绕实施精准扶贫、精准脱贫基本方略,扎实开展驻村帮扶,2017年在贫困村建设的300千瓦光伏发电项目全部并网发电,两个包扶村实现整体脱贫。加强机关文化建设,深化社会主义核心价值观教育,广泛深入开展精神文明创建工作,组织系列文体活动,有效增强了干部职工的凝聚力和向心力。

二是深入推进机关法治建设。认真落实《2017年法治山西建设工作要点》,坚持把依法行政列入重要议事日程和绩效考核内容。开展法治宣传教育活动,组织机关工作人员参加网上学法用法培训,教育引导干部职工增强法治意识,自觉按法定权限、规则、程序办事,不断提高依法行政水平。聘请2名法律顾问,积极发挥其在研究制定政策、作出重大决策、处理涉法涉诉案件、推进依法行政等工作中的突出作用。开展规范性文件法规审核,对相关文件进行备案审查,有力保障了依法行政。

三是巩固发展主流意识形态。成立意识形态工作领导组,加强舆论引导,坚持用习近平新时代中国特色社会主义思想占领思想阵地。组建网评队伍,加强网络监管,适时监测分析网络舆情。在山西日报、山西电视台等主流媒体,刊播上百条信息,在山西法制报开辟《中小微企业之友》专栏,弘扬主旋律、传播正能量。组织观看《将改革进行到底》《辉煌中国》等系列政论专题片,组织开展"喜迎十九大、弘扬主旋律"系列主题活动,集中宣传展示全省中小企业发展成就,为十九大召开营造了浓厚的政治和舆论氛围。

四是着力加强干部队伍建设。突出干部教育培训,组织5名省管干部参加党的十九大精神培训,组织35名干部参加省内外干部专题培训班,组织多名干部参加法制、财务等业务培训,组织机关全体公务员参加"山西干部在线学院"学习。组织全系统200名干部在北京大学举办全省中小企业系统领导干部领导力提升专题研修班,干部队伍政治素养和理论素质明显提升。组织47名副处级以上领导干部填报个人有关事项报告,并进行了随机抽查和重点核查,防止"带病提拔"。贯彻新时期好干部标准,树立正确选人用人导向,深入推进干部轮岗交流,多岗位培养锻炼干部,对机关9名实职处长全部实行大轮岗,激发了干部干事创业激情,增强了机关活力。

三、坚持创新引领,奋力开拓进取,中小企业发展工作取得积极成效

2017年,局党组坚决贯彻落实省委、省政府各项决策部署,统筹推进中小企业、民营经济发展,出台政策措施,推进创业创新,缓解瓶颈难题,强化服务支持,全省中小企业增长基础持续巩固,呈现稳中向好、持续回升的发展势头。

(一)政策支持体系不断完善

认真落实近年来国家和我省出台的一系列政策措施,牵头起草、并经省政府常务会议研究通过《关于进一步促进中小微企业创业创新转型发展若干措施》(晋政办发[2017]113号),从鼓励创新创业、引导转型升级、强化服务体系等三大方面提出11条措施支持中小企业发展,这是我省第一个专门针对中小企业创新转型发展的政策措施。全省促进中小企业创新转型发展的政策支持体系不断完善。

(二)政策宣传贯彻形式多样

省市县三级联动,组织首个联合国"中小微企业日"宣传活动,组织新《中小企业促进法》宣贯活动,组织"一法一办法"专题调研活动,组织民营经济走访调研活动,组织处级以上干部大调研活动;常态化开展"送政策、送专家、送服务"三

送活动和“法律进企业”活动,累计服务企业上万家。积极落实服务企业常态化工作要求,设立服务专栏与投诉平台,建立工作台账与服务机制,宣传解读政策、开展专题调研,实施跟踪辅导、帮助解决困难。设立推广“维权服务工作站”,开通“法律百事通”服务热线,联合司法部门、法援机构建立维权服务机制,维护中小企业合法权益。中小企业法律法规的社会知晓面不断扩大,政策措施的社会影响力不断提升。

(三)资金引导力度持续加大

省级财政支持中小企业创新转型发展的专项资金规模达到3亿元。财政资金引导已经成为全省各地支持中小企业发展的重要抓手。太原市安排专项资金10.215亿元,重点对五大类双创项目进行支持。吕梁市设立总规模5亿元的中小企业产业转型升级发展基金(首期政府出资1000万元);设立总规模2300万元的中小企业发展专项资金。忻州、晋城、阳泉等市在安排落实省级奖补资金的基础上,把市级专项资金切块,重点对当年被认定的中小企业双创基地、“专精特新”企业,当年新入库的小升规企业、完成股改的企业、新三板成功挂牌的企业进行再次奖补。财政资金的支持引导,有力促进了全省中小企业创业创新、转型升级。

(四)创新创业工程扎实推进

持续开展创业培训和创业辅导,2017年,全省新创办小微企业9.71万户,超额完成年度目标任务。组建双创服务联盟,积极构建双创良好生态;联合相关部门举办“创享行”双创沙龙活动11期,累计对40个项目(企业)奖励支持243万元。举办“创客中国”山西省创新创业大赛,推荐48个获奖项目参加全国总决赛,2个项目入选全国企业组100强,3个项目入选全国创客组100强(其中1个项目获得第9名的好成绩)。推进双创城市示范,确定朔城区、定襄县、新绛县为第二批双创示范县,全省中小企业双创示范县实现市域全覆盖。推进双创基地建设,新认定省级中小企业双创基地23个,全省省级中小企业双创基地达到123个(其中国家级双创示范基地2个、省级双创示范基地1个),厂房面积3800万平方米,入驻企业4948户,吸纳就业12.47万人,经济效益和社会效益明显。涌现出长治唯美诺“创意+工厂”和临汾华翔“人人创新、全员创客”等典型模式与典型经验,受到李克强总理、国家工信部的充分肯定。

(五)助推转型升级步履坚实

积极推进企业技术创新,新认定省级中小企业技术中心49个,全省省级中小企业技术中心达到252个,拥有发明专利403项、实用新型专利1213项、外观设计专利538项、全国领先技术279项。扎实推进小微企业规范升级,全省经省统计局第一批审核通过的新入规企业达261户,第二批申报入规的企业达200多户,为我省工业经济增添了新骨干。积极培育“专精特新”中小企业,新认定“专精特新”中小企业192户,着力培育行业细分市场的隐形冠军;组织开展“四新”中小企业评价活动,168户中小企业获评2017年度“四新”中小企业。引导企业实施品牌发展战略,安排专项资金825万元,对上年度获得国家驰名商标和山西省著名商标的165户中小企业进行奖励。推进中小企业固定资产投资,完成投资132.99亿元,涉及项目284个。

(六)融资服务积极探索创新

深化政银企保合作,完善客户推荐机制,累计向金融机构推荐中小企业1589户,完成年初计划的105.9%。支持各市创新融资模式,安排资金4600万元对18个县市进行奖补。截至目前,省市县累计投入资金16.55亿元,累计创新融资产品45种,累计为3398户中小企业发放贷款194亿元,累计放大倍数达到11.7倍,杠杆效应明显。加强担保体系建设,筹措1396万元对担保机构进行保费补助,享受补助的29户担保机构2016年为2371户中小企业提供担保贷款68.5亿元。运用小微企业贷款风险补偿资金1000万元撬动银行贷款,获得补助的27户银行业金融机构为7509户小微企业提供贷款241.2亿元。推动企业规范改制,制定股改奖补方案,进入股改目标库的中小企业达到339户,进入股改程序的中小企业达到307户。推动企业挂牌上市,开展上市辅导培育,为2016年9月至2017年11月在“新三板”挂牌上市的30户中小企业,落实奖励资金1500万元。目前,全省累计有83户中小企业登陆“新三板”,27户中小企业在山西股权交易中心晋兴板挂牌,1508户中小企业在山西股权交易中心展示。

(七)服务体系建设全面加强

着力推动服务平台网络建设,全省“1+11+24+N”中小企业公共服务平台网络架构已经形成。一是省级枢纽平台共入驻中小企业12446户,发布服务需求679项;入驻服务机构达935家,注册服务专家589名,发布服务项目1886项、服务活动2322条,线上线下各类服务成果25044项。扎实开展国家级和省级示范平台培育,全省国家级示范平台达到5家,省级示范平台达到95家。着力加强人才培训,实施“3个1”经营者素质提升工程,二是全省已上市的中小企业中,有50%以上是学员企业,60%以上建立了业务往来。着力帮助企业开拓市场,先后组织92家中小企业、468种产品,参加上海第15届中国国际铸造博览会、广州第14届中国国际中小企业博览会,累计签约8671.3万元。着力加强经济运行监测,探索开发建设大数据平台,不断完善“四级联动”“五位一体”的运行监测体系,全面掌握运行情况,强化预测预警分析,有力助推了中小企业持续健康发展。

(眭鹏飞)

附:省中小企业局党组书记、成员名单

书　记:李东洪

成　员:闫龙江(8月离职)　武晨阳(女)　冯志山

省食品药品监督管理局党组工作概况

党组书记　赵光国

2017年，省食品药品监督管理局以习近平总书记对食品药品安全工作的重要指示为指引，按照省委、省政府和国家食品药品监督管理总局的部署要求，进一步完善体制机制，持续开展集中整治，不断强化风险管控，全省食品药品安全形势总体平稳向好，没有发生区域性、系统性风险和重大食品药品安全事故，各项工作都取得了明显成效。

一、食品药品监管

省食品药品监督管理局把集中整治作为解决突出问题、防范安全风险的有效手段，围绕五个"重点"加大整治力度，一些突出问题得到有效遏制。

一是抓重点品种整治。集中整治肉制品、乳制品、白酒、食醋等风险比较高的品种，特别是根据区域特点，对吕梁的白酒、朔州的乳制品、太原的食醋、晋中的肉制品等进行整治，共依法取缔53家，立案查处47起，罚没款55.3万元。

二是抓重点单位整治。严格实施学校食堂16条监管举措，采取排队通报、约谈警示、上限处罚直至停业整顿等严厉措施，共检查学校(含托幼机构)食堂16709户次，校园周边餐饮店、食品店9411家次，责令整改5098家，约谈653家次，罚没款56.57万元。

三是抓重点区域整治。以批发市场、集贸市场、农村地区、城乡结合部、城中村为重点，集中整治销售假冒伪劣、过期变质食品等行为，共责令整改42307家，立案查处6026家，有效净化了市场。

四是抓重点行为整治。针对群众反映强烈的网络订餐问题开展专项整治，共约谈餐饮单位2684家次，立案查处69起。聚焦群众关切的保健食品非法经营、虚假宣传等突出问题进行专项检查，查处无证经营单位497家，立案90起，对6个违规宣传品种采取了全省禁售措施。

五是抓重点环节整治。组织开展了生化药品、中药饮片、药品委托生产等专项整治，暂停生产药品品种10个，收回GMP证书2张。开展了药品流通领域跨市交叉检查，共撤销GSP证书8张，收回123张，吊销经营许可证1家，立案查处30起。

二、监管技术支撑体系建设

省食品药品监督管理局把监督抽检作为发现问题、防控风险的重要手段。全省统一组织实施，统一结果应用，统筹推进食品药品监督抽检工作。食品上，以重点区域、重点品种、重点项目和加工小作坊为重点，将白酒、食醋、畜禽肉、肉制品、水产品列入专项抽检，全年共抽验食品7119批次，处置不合格食品222批次。坚持每周公开抽检结果，省级层面已发布抽检结果公告43期，发布核查处置结果公告16期。药品上，以基本药物、中药注射剂、中药材、中药饮片、医疗机构制剂等不良反应多、临床用量大、安全风险高的品种为重点，共完成药品抽样6558批次，处置不合格药品93批次。同时，组织对2014–2016年食品监督抽检数据进行综合分析，汇总了各品种可能存在的共性问题和"潜规则"问题，及时研判潜在风险隐患，及时开展专项整治，有效提高了监管针对性和靶向性。

三、案件查处

案件查处是执法部门监管力度的重要体现。2017年，省食品药品监督管理局持续加大案件查处力度，全省共出动103.7万人次，检查单位42.6万家次，责令整改56522家，停业整顿165家，捣毁窝点187个，立案查处9002件，罚没款3334万元，案件数和罚没款同比分别增长14.1%、4.39%。进一步完善行刑衔接机制，深化与公检法机关合作，共移送涉刑案件59起，先后破获了马建军涉嫌销售假药安宫牛黄丸案、张莉霞等涉嫌销售韩国水光针预装注射器假药等案件，查获的清徐程栓巧制造销售有毒有害食醋案，一举端掉造假窝点3个，抓捕嫌疑人2人，查获假冒名牌食醋400余箱、散装勾兑食醋2000公斤，查扣假冒包装1万多个、假冒注册商标23.68万枚，捣毁完整假冒包装制造生产线1套，总案值高达50万元，有力地震慑了违法犯罪行为。

四、监管方式创新

省食品药品监督管理局把监管信息化作为实现科学监管的有效途径，不断探索创新监管手段，推动提升监管能力和水平。按照"急用先建、试点推广"的原则，构架了以一个基础信息库和六大应用系统为重点的监管平台，率先实施了全省保健食品化妆品监管信息化，正在向"四品一械"全面推行。继续抓住乳制品、白酒、肉制品、食醋、食用油等重点品种食品生产企业开展试点，采用二维码标识技术，全省已有226家企业建立信息化食品追溯系统。积极推动大型超市建立食品流通追溯体系，美特好连锁超市在171家门店建成质量追溯查询系统，追溯商品达13854个。

五、食品安全城市创建

食品安全示范城市创建是国务院部署的一项重点工作，是提升食品安全治理能力和保障水平的重要抓手。省食品药品监督管理局按照"以验收评价促问题整改、以授牌奖励促全域创建”的思路,协调财政部门落实500万元以奖代补资金,组织对创建省级食品安全的市县进行了验收评价,召开了全省食品安全“双安双创”现场会,总结交流推广示范创建经验,向首批被命名的1个市、13个县授牌,进一步推动示范创建工作。深入开展“放心肉菜示范超市”创建,设立优质精品肉菜专柜,推进“产销对接”,全省已申报示范超市198家,推动提升食用农产品质量安全水平。

六、社会共治

省食品药品监督管理局积极引导社会力量参与监督,推动食品药品安全社会共治。建立省市县三级举报平台,拓宽投诉举报渠道,2017年,共受理投诉举报7990件,做到件件有落实,事事有回音。大力宣传和落实举报奖励办法,全省已兑现举报奖励15起51.62万元。加强餐饮服务单位“明厨亮灶”建设,全省已建成4856家。加大新闻宣传力度,在中央和省内主流媒体刊发各类新闻报道545篇,推选“随手拍”作品192件,推送微信公众号信息1084条,进一步增强公众食品药品安全认知和风险防范能力。

七、党风廉政和干部队伍建设

省食品药品监督管理局始终把党的建设摆在突出位置,切实担起管党治党责任。认真组织学习贯彻党的十九大精神,推进“两学一做”学习教育常态化制度化,引导广大党员干部用习近平新时代中国特色社会主义思想武装头脑、指导实践、推动工作。结合部门实际,先后制定和修订了行政审批监督、规范认证规程、处罚自由裁量、监管随机抽查、过错责任追究等76项制度,切实强化制度的刚性约束。认真落实巡视整改要求,对照问题清单提出203项整改措施,目前已全部整改到位。针对职能增加和人员变化,共举办培训班34期,培训4391人次,队伍综合素质有了大的提升。

(杨晓锋)

附:省食品药品监督管理局党组书记、成员名单

书　记:赵光国

成　员:贠亚明　刘蓉华(女)　刘建国　张少杰　王德立

省扶贫开发办公室党组工作概况

党组书记　刘志杰

2017年,省扶贫办党组团结带领全办干部职工认真学习贯彻党的十九大精神和习近平总书记扶贫开发重要战略思想,按照中央和省委省政府决策部署,紧盯“脱贫攻坚、再战再胜”目标任务,坚持“不忘初心、牢记使命”党建主题,围绕“内强素质、外树形象”文明创建主线,凝心聚力,狠抓落实,各项工作取得新成效。全年减贫任务圆满完成,预计3个国定贫困县、12个省定贫困县脱贫摘帽,2500个贫困村退出、75万人脱贫,贫困发生率降到3.86%。贫困地区农村居民人均可支配收入达7330元,同比增长10.7%,高出全省3.7个百分点。习近平总书记视察、李克强总理考察、汪洋副总理3次亲临指导,均对山西省脱贫攻坚给予肯定。骆惠宁书记批示,“我对扶贫办的工作是比较满意的,望保持好的状态。”

一、深入学习贯彻十九大精神,在学懂弄通做实上下功夫

省扶贫办把学习贯彻党的十九大精神作为重大政治任务,特别是认真学习十九大报告中关于脱贫攻坚的新部署新要求。组织收听收看开闭幕式,原原本本研读十九大报告,举办学习研讨会,6名办领导与7名党支部书记带头交流心得。两次邀请专家授课辅导,全办党员干部联系思想实际、联系成长经历,认真撰写心得体会。组建十九大精神和脱贫攻坚政策宣讲团,分15个组深入58个贫困县巡回宣讲。把万人大调研与宣讲十九大精神相结合,组织各类宣讲活动130余场次。

认真学习贯彻习总书记视察山西重要讲话精神和攻坚深度贫困重要指示,悉心体悟总书记统揽全局的战略思维、以人民为中心的发展理念、求真务实的科学态度。开展大数据分析比对,组织相关部门领题调研,深入市县乡村座谈问计,确定10个深度贫困县为区域攻坚重点、3350个深度贫困自然村整村搬迁为工作攻坚重点、28.47万深度贫困人口为群体攻坚重点,研究提出系列超常举措,出台深化实化细化攻坚深度贫困三个政策文件,为全国提供了借鉴。

2017年,党组中心组学习22次、召开全体党员干部会8次、举办“扶贫大讲堂”22次、开展干部能力素质测试4次,

采取述职交流会、制作专题片、诗歌朗诵、微视频比赛等多种形式不断引深学习。分别在省委深入学习贯彻习总书记系列重要讲话精神和治国理政新理念新思想新战略学习交流会、中直机关工委“推进‘两学一做’服务脱贫攻坚”专题研讨会、省直机关维护核心见诸行动主题教育暨三基建设工作推进会和学习贯彻习总书记视察山西重要讲话精神交流会上进行交流发言。

二、履行统筹协调监管职能，在落地落实落细上下功夫

省扶贫办坚决贯彻落实省委省政府决策部署，坚持目标、问题、责任和严实“四个导向”，确保脱贫攻坚正确方向；采取资金、项目、政策和人才“四大举措”，集中攻坚深度贫困；运用现场、案例、通报和督导“四种方法”，推进政策举措落地落细；狠抓数据库、政策库、项目库和人才库“四库建设”，夯实识贫帮贫脱贫基础；强化党委政府、人大政协、宣传舆论和人民群众“四方监督”，确保社会认可群众满意。脱贫攻坚八大工程二十个专项行动扎实推进，成效显著。产业扶贫彰显特色，带动32万贫困人口增收，全国产业扶贫现场会在长治市平顺县召开。光伏扶贫713座村级电站、21座地面集中电站并网发电，总装机规模78.96万千瓦；2017年国家底下达山西省三年光伏扶贫村级电站规模102.9万千瓦。可带动6500个左右贫困村，23.3万户贫困户持续稳定增收。生态扶贫成效显著，“五大项目”带动51.9万贫困人口增收，汪洋副总理3次批示肯定，山西省生态扶贫经验在全国扶贫开发工作会议做交流发言，全国林业扶贫现场观摩会在吕梁市召开。易地扶贫搬迁取得重大突破，2017年搬迁12万贫困人口、3万同步人口，工程竣工率91.3%。3350个自然村整体搬迁启动2487个，搬迁884个，整村拆除复垦381个。习总书记视察山西肯定指出，整村搬迁是解决深度贫困的有效办法。就业培训纵深拓展，精准培训农村贫困劳动力7.2万人，转移就业9万人，央视朝闻天下连续8集120分钟报道吕梁护工。科教扶贫培训贫困村创业致富带头人2906人，资助贫困大学生7347人，中高职学生44534人。保障兜底更加有力，所有县农村低保全部达到或超过省定扶贫标准指导线，健康扶贫“三保险、三救助”，农村贫困人口住院总费用报销比例达到90%以上。

一是抓统筹协调，当好参谋助手。出台脱贫攻坚责任制实施细则、农村扶贫开发条例，制定“十三五”脱贫攻坚规划等省委省政府文件11个、省脱贫攻坚领导小组和办公室文件127个、省扶贫办文件133个，会签相关部门文件91个。协助有关方面圆满完成了习总书记视察山西等重大活动，参与组织了全省脱贫攻坚会、省委十一届四次全会等10余次重大会议，配合开展了省委省政府领导专题调研、省人大督查调研、省政协监督性视察等重点任务。做好省委脱贫攻坚7个督导组、省政府8个专项扶贫领导小组协调配合工作，制定领导小组年度工作要点，协调21个牵头部门落实年度行动计划。全年组织召开现场推进会15次、专项会25次，省脱贫攻坚领导小组全体会4次、专题会46次。

二是抓基础工作，确保精准施策。建好用好数据库。2017年两次动态调整，新识别进入9.9万人，清退出列14万人。建设省级数据质量监测、多维应用分析和脱贫成效展示于一体的扶贫数据交换分析平台，推进扶贫信息与行业部门共享共用。数据质量全国排名第三。建好用好政策库。梳理开发式帮扶、保障性兜底、贫困村提升三大类55项政策，汇编成册，网上公布，明确部门分工和政策咨询责任。开展各类扶贫政策培训55.72万人次。建好用好项目库。以县为单位、产业为重点抓好项目储备，省级项目库信息系统已完成，58个贫困县项目库建设全部启动。建好用好专家库。省级专家库吸纳产业、技术、政策、金融、法律等方面专家200余名，为58个贫困县选派科技特派员1000名，建立服务平台，实现贫困县主导产业技术需求与科技特派员服务精准对接。

三是抓重点突破，推动整体提升。抓重点、攻难点、扫盲点。采取“六环联动”办法，实施深度贫困自然村整体搬迁，统筹解决“人钱地房树村稳”七个问题，对旧村拆除复垦和生态修复整治实施奖补；推动出台“三保险三救助”健康扶贫政策，建立化解因病致贫返贫“支出型”贫困长效机制；组织相关部门联合调研，解决光伏扶贫项目用地、并网接入、运行管理和电费结算等难题；“户贷户用户还”和政银企保农“五位一体”模式并重，分市县分机构双向分解任务，月统计、季监测、年考核，扶贫小额信贷取得突破性进展。围绕贫困县摘帽，深入实地调研，组织外出考察，两次专题会逐县研判。协调推进农村危房危险土窑洞改造、饮水安全巩固提升、健康扶贫“双签约”，着力解决“三保障”突出问题。以户为基、以村为体、以县为战推进贫困村提升。

四是抓资金监管，确保规范高效。全年财政专项扶贫资金投入118.11亿元，增长117%。统筹整合资金146.4亿元，超额完成年度计划。全年累计投放扶贫小额信贷83.82亿元，惠及17.63万贫困户，贷款增量进入全国前列。设立总规模21.6亿元的扶贫周转金。出台财政专项扶贫资金管理办法和绩效考评办法，实行任务、责任、资金、权力“四到县”，对脱贫成效考核评价好的县进行奖励、差的约谈。对48个县扶贫资金开展检查，58个县扶贫政策措施落实审计整改。配合纪检部门开展扶贫领域不正之风和腐败问题专项治理，组织市县自查自纠问题7800多个。

五是抓社会扶贫，凝聚攻坚合力。持续深化领导联系、单位包村、县际结对、企县合作、专业人才挂职、学校医院对口“六个帮扶”。组织178支省直工作队、749名队员和5115名第一书记压茬轮换，出台省直包村单位、驻县大队长和各市驻村帮扶工作三个考核办法，实行台帐管理，帮扶工作群众满意度进一步提升。出台县际结对帮扶、企县合作帮扶指导意见，召开企县合作帮扶右玉现场推进会。省扶贫办和综改区签署产业转型与深度扶贫协同行动协议。开展脱贫攻坚奖评选活动，刘桂珍获全国脱贫攻坚模范、雷茂端获全国脱贫攻坚创新奖，李飞等40名同志获全省脱贫攻坚奖。协调推进省军区、武警部队结对帮扶贫困村，省总工会、团省委、省妇

联发挥自身优势,助力脱贫攻坚。

六是抓督导考核,确保落地落细。省委7个督导组划片包市常年督导,制定督导组管理办法和督导结果反馈运用制度,开展政策培训,组织学习考察,提高履职能力。对11个市、15个省直部门落实脱贫攻坚重大部署开展督查,协调专项扶贫牵头部门专项督导,对易地扶贫搬迁集中开展四轮现场督导,实现86个易地扶贫搬迁项目县全覆盖。坚持在一线发现问题、狠抓整改落实,围绕破解产业扶贫不精准等五方面突出问题,2016年国考和省考发现问题,国家督查、审计和信访发现问题,群众满意度交叉检查发现问题,先后四次逐县梳理反馈,逐项督促整改。制定并实施2017年脱贫成效考核、贫困县退出评估检查及核查、专项扶贫牵头单位考核三个方案和办法。圆满完成2017年度国家扶贫成效各项考核评估工作。

七是抓舆论宣传,营造浓厚氛围。2017年全年新华社、人民日报、中央电视台等宣传报道我省脱贫攻坚924条次,省级主流媒体4116条次。组织宣讲总书记重要讲话精神1.8万场,举办学习研讨会,制作《啃下"硬骨头"把握主动权》《2017再战再胜》专题片,组织文化扶贫演出100场、送戏下乡2472场。门户网站更新信息1000条,"山西扶贫"微信平台推送信息800条,5万人次关注转发。编发脱贫攻坚简报100期、扶贫开发信息61期、情况通报31期,信息简报在全国扶贫系统排名第四,省直机关位居前列。

三、全面加强机关党的建设文明建设,在抓常抓严抓实上下功夫

省扶贫办党组坚持强班子带队伍、抓规范促提升、树导向严规矩,把从严治党要求落实到每个支部,把率先垂范要求落实到每个领导干部,把合格党员要求落实到每个党员,把"善做善成"要求落实到每项工作。

一是坚持党建引领,落实两个责任。办党组把管党治党主体责任牢牢扛在肩上、抓在手上,坚持党的建设、业务工作和文明创建同部署、同落实、同督查、同考核,制定工作要点,出台考核方案。落实党组工作规则21条,坚持民主集中,集体决策。召开机关党的工作会议,调整基层党组织设置,支部建在组上,成立退休干部党支部。开展机关党委书记和党支部书记述职测评。全年召开党组会22次、印发党组文件28个。支持驻办纪检组和机关纪委履行监督职能,召开党风廉政建设会议,党组与每个党支部签定党风廉政建设责任书,"三重一大"事项主动接受纪检监督,确保决策程序结果公开、公平、公正。

二是引深"两学一做",巩固教育成果。制定"两学一做"常态化制度化实施方案和学习计划。开展纪念建党96周年活动,党组书记带头讲党课;办领导、36名处级干部深入一线领题调研。开展看大局比奉献、看位置比支持、看思想比作风、看服务比形象"四看四比"活动,牢固树立"四个意识",转观念、转思维、转作风,坚决扛起脱贫攻坚政治责任、经济责任和社会责任。

三是抓好"三基建设",提升工作水平。落实省委省政府对扶贫干部提出的"责任实、工作细、标准高、作风硬"要求。加强基层组织,统筹整合机关事业单位力量,组建7大工作组,承接领导小组办公室日常工作,支部建在组上,党员集结在一线。深化干部人事制度改革,人岗相宜、权责相济,事业单位重新定编定岗定人,打通成长通道;调整充实工作力量,8名正处级干部轮岗,遴选3名公务员、招聘6名事业人员,抽调9名处级干部到机关挂职、9名干部到驻村帮扶联席办挂职,组织工青妇换届。夯实基础工作,制定效能建设9项制度、编制"一目录三手册",建设办公自动化、视频会议系统,完善山西扶贫微信平台,规范12317扶贫监督举报电话和13710督办系统,建立台账,工作留痕,推进机关工作规范化制度化,确保工作责任落实。提升基本能力,制定扶贫干部能力建设10条标准,5名办领导和6名处级干部参加党校培训,19名干部到清华大学、哈工大培训。举办各类扶贫政策培训班,提升党员干部政策理论水平、精细严实作风和统筹协调能力。

四是加强廉政建设,切实筑牢底线。制定《落实党风廉政建设"两个责任"实施意见》《贯彻落实中央八项规定精神实施细则》《坚决克服脱贫攻坚形式主义减轻基层负担实施意见》,举办《全面从严治党永远在路上》专题讲座,组织观看《巡视利剑》专题片。落实领导干部报告个人事项、述职述廉、民主评议、诫免谈话等制度。主动接受群众监督,受理群众信访53件、12317扶贫监督举报电话1000余次。

五是弘扬善做善成,深化文明创建。开展"内强素质、外树形象"主题活动,班子成员以上率下,工作讲大局、办事讲原则、协调讲程序、为人讲品德,一级做给一级看,着力打造善做善成扶贫核心价值文化。机关事业单位合并创建省直文明单位标兵,强化全办干部职工集体观念和价值认同感。开展扶贫文化有形化、规范化、制度化建设,设计"善做善成"扶贫文化标志,打造扶贫文化墙,制定微信工作群守则,办好扶贫大讲堂。"送温暖献爱心",博爱一日捐2.4万元,40余名干部义务献血。全办上下全身心投入工作,有的加班累倒在工作岗位,有的临近退休干劲不减,有的亲人住院顾不上陪侍、孩子高考无暇照顾,加班加点成为常态。

(刘世锋)

附:省扶贫开发办公室党组书记、成员名单

书　记:刘志杰

成　员:张玉宏　张建成　龚孟建(5月任职)

省公安厅交通管理局党委工作概况

党委书记　郭丙福

山西省公安厅交通管理局(山西省公安厅交通警察总队)是省公安厅依法管理全省城乡道路交通的职能部门,副厅级建制,承担着对全省各级公安交警部门进行业务指导和督促检查的职能,同时承担省道路交通安全领导小组办公室、省文明交通行动计划领导小组办公室的工作。2017年,在省委、省政府和省公安厅、公安部交管局的正确领导下,全省公安交警以为党的十九大胜利召开创造安全畅通的道路交通环境为主线,以“迎接十九大,全警保平安”1+8行动和“三个不发生”创建活动为引领,狠抓10项全省重点工作,有力保证了全省道路交通安全形势的持续稳定,圆满完成了十九大安保任务,在公安部交管局“三个不发生”创建活动中与北京交管局并列全国第一,实现历史性突破。截止12月31日,全省生产经营性道路交通事故死亡人数大幅下降,一次死亡3人以上较大交通事故起数为2001年以来的最低值,未发生一次死亡10人以上重大交通事故,为全省安全生产和社会治安综合治理工作作出突出贡献。

一、精心组织部署,扎实开展突出交通违法整治和安保工作

一是大力开展城市道路、普通公路和高速公路严重交通违法行为专项整治行动,严厉打击随意穿插超越、不按规定车道行驶、机动车不礼让斑马线、违法占用高速公路应急车道等突出违法行为。二是按照省公安厅“迎接十九大、全警保平安”1+8行动交通安全管理专项行动和公安部交管局部署的“三个不发生”创建活动要求,全省公安交警在主干公路、农村、城市三个战场开展重点违法查处工作,并专门针对暑期、汛期、旅游季、开学季等重要时间节点开展了全省集中统一行动。全省2万余名公安交警、交通辅警围绕“三个不发生”的目标,勠力同心、众志成城,始终战斗在十九大安保的第一线,有力保障了环京“护城河”安全,最终取得十九大安保的全面胜利。三是全省公安交警圆满完成了春运、清明、五一、端午、国庆中秋等重要节假日和全国“两会”、晋商晋才回乡创业创新工程启动大会、“一带一路”国际合作高峰论坛等重要活动和多位中央领导来晋视察的交通安保任务,受到各级领导的高度评价。

二、坚持多措并举,坚决预防重特大道路交通事故

一是充分发挥省道路交通安全领导小组办公室的综合协调作用,强化考核,推动工作。成立交通事故深度调查专家组,对全省10起较大事故开展深度调查。二是制定重点车辆和驾驶人源头管理工作方案及考核办法,定期分析通报基本情况,督促各地加快整改进度,落实工作责任。三是全面开展道路交通事故多发点段排查,经排查发现的237处点段,向各市政府下发隐患整改通知,提请省、市、县三级人民政府对安全隐患较为严重的路段进行挂牌督办,提请省政府对重大隐患路段挂牌督办。四是集中开展农村交通安全“大劝导”统一行动,持续推进“一村一墙一栏”和农村交通安全大喇叭等农村宣传阵地建设,推动各地开展“两员”劝导业务培训。五是定期组织开展风险隐患分析研判和预警通报,及时向各支队下发交通形势分析,向各市政府和相关部门发出道路交通事故警示通报。六是组织开展“安全生产月”“一线交警话安全”“知责履责、失职追责”等活动,强化措施,落实责任,全面预防重特大道路交通事故的发生。

三、大力推进指挥中心和科技项目建设,不断提升指挥调度管理水平和科技信息化建设应用水平

一是扎实推进指挥中心建设。全省三级指挥中心建设基本完成,各市公安局交警支队全部实现城市交通大屏监控管理模式,高速公路交警指挥系统建设项目进入收尾阶段。二是推进公安交通管理集成指挥平台建设。目前,省市两级公安交管部门和高速公路交警集成指挥平台的建设部署任务基本完成,初步实现全省交管图像资源集中管理、视频监控资源共享和互联互通互控、道路交通状态智能感知、动态交通态势研判发布、交通违法主动干预、机动车缉查布控等功能。三是按照省政府工作部署,制定出台了《山西省高速公路交通安全应急预案》,指导督促各地新增和修订各类应急预案,全面提升全省公安交警应急处突实战能力。同时继续加强与省气象局等单位的合作,及时发布恶劣天气预警,通过可视化系统调度指挥各交警支队恶劣天气应急管理工作。四是积极推进公安网集群调度系统、京昆高速山西段示范路、局新闻中心全景式全媒体多功能演播室、太古隧道交通秩序管控系统、全省高速交通安全防控体系、公安交通管理重点对象大数据研判系统、综合应用平台分布式系统、山西公安交警微信管理平台等科技项目建设。

四、强化宣传教育,不断提升广大群众文明交通素质

一是在坚守传统媒体宣传阵地的同时,积极推进“三微一端”等新媒体的广泛运用,积极拓宽宣传渠道。二是全面发

起"大曝光、大警示、大直播、大教育、大矩阵"宣传攻势。与各级新闻媒体召开通气会,约谈曝光重点企业和责任人,开展交通安全进校园,执法大直播等各项活动。三是全力做好舆情应对工作。及时收集、分析涉及我省公安交警的舆情信息,妥善应对网络炒作事件。四是集中开展122"全国交通安全日"等主题活动。

五、大力深化公安交管改革,不断提升服务全省经济社会发展和人民群众的水平

一是严格执行公安部驾驶人考试系列行业新标准,及时完成各地考场升级改造,平稳推进驾考改革。二是大力推进机动车号牌管理改革,全面推行互联网预选渠道,并率先在太原、大同地区正式启用新能源号牌。三是与省保监会、省高管局联合出台《山西省高速公路财损交通事故快处快赔实施办法》,扎实推进高速公路轻微财损交通事故快处快赔工作。四是持续深化互联网交通安全综合服务管理平台建设和应用,通过网页、短信、手机APP等三种方式,为广大群众提供业务预约等130项服务,打通互联网便民服务的"最后一公里"。五是与国税、交通等部门积极合作,大力推动跨部门信息关联共享。

六、强化沟通协作,推动多部门齐抓共管,合成共治迈出新步伐

以省政府名义下发了《进一步加强货车超限超载治理工作的通告》,积极推动《关于加强和改进城市道路综合管理工作的意见》的出台。组织召开省公安厅、省交通运输厅十九大安保工作座谈会,达成涉及科技合作、隧道交通事故防范、高速交警营房建设等方面的12项共识。与山西广播电视台签署《战略合作协议》,建立深度合作机制。初步形成党委、政府高度重视、相关部门齐抓共管、社会各界全力推进的良好工作局面。

七、坚持不懈狠抓党建工作,以党建带动队伍建设

一是扎实推进"两学一做"常态化制度化、开展维护核心见诸行动主题教育活动。全省公安交警进一步强化"四个意识"、坚定"四个自信",坚决维护习近平总书记在党中央、全党的核心地位,紧跟省委工作部署,自觉在转型发展大局中谋划、推进公安交管工作。二是积极配合做好省委专项巡视相关工作。我局成了立专门的领导机构和办事机构,积极梳理问题线索,制定"问题清单""整改清单""责任清单"和"任务清单",局党委坚持问题导向,强化责任担当,严肃整改落实,巡视整改工作取得明显成效。三是大力加强机关党建工作,完成直属机关党委选举和党支部换届工作,举办局属党组织书记培训班,落实"三会一课"制度,强化机关基层组织建设,扎实推进"三基"建设。四是大力加强队伍建设。配合省委组织部完成我局主要领导调整、其他省管干部调整考察、试用期满考核。组织各类培训(含交警网校)5.7万人次。局党委书记与各单位负责人签订党风廉政责任书。在全省交警系统建立队伍隐患会商研判机制。对全省各交警支队开展综合考评,并联合省人社厅对全省先进单位和进行个人表彰。五是大力加强法治建设。成立法治建设领导组,严格落实班子成员年度述职述法制度,建立健全法律顾问队伍,实行重大决策合法性审查和评估机制,全面提升执法规范化水平。六是大力加强内部建设和效能建设。制定出台了系列制度规定,机关纪律作风明显转变,议事水平和议定事项办结率明显提升。不断推进精神文明创建工作,局机关和高速四个支队均获省直文明单位标兵称号, 文明创建工作再上新台阶。

(杜　虹)

附:省公安厅交通管理局党委书记、副书记、委员名单

书　记: 贾继武(1月离职)　郭丙福(2月任职)

副书记: 马玉川(11月离职)

委　员: 杨有才　张亚云　武小彪

省直属事业单位党组(党委)工作概况

山西广播电视台党委工作概况

党委书记　刘英魁

2017年，山西广播电视台坚持以习近平新时代中国特色社会主义思想为指引，深入学习宣传贯彻党的十九大精神，牢固树立"四个意识"，牢牢把握正确的政治方向和舆论导向，坚持全面从严治党，坚持全面深化改革，高举改革创新的大旗，拥抱互联网、拥抱产业资本，用新发展理念开创全台高质量转型发展的新局面。

一、牢牢把握舆论导向，精心组织新闻宣传，营造了良好的舆论氛围

紧紧围绕省委省政府中心工作，按照省委"一个指引、两手硬"的重大思路和要求，高标准、高质量完成了习近平总书记视察山西、党的十九大、全国全省"两会""中国共产党的故事——风清气正 奋发有为"山西省委在中联部宣介、十一届省委二次三次全会、晋商晋才回乡创业创新工程等重要会议和重大活动报道，以及贯彻落实习近平总书记视察山西重要讲话精神、"学好讲话 维护核心 讲好故事"、农业供给侧结构性改革等重大主题报道。全年相继推出《新春走基层》《撸起袖子加油干 扑下身子抓落实》《"施工队长" 忙施工》《"两学一做"在山西》《砥砺奋进的五年》《唱响山西好环境》《学好讲话 维护核心 讲好故事》《数字看发展》《为了总书记的嘱托》《环保督查在行动》等专栏。特别是十九大召开前后，相继推出《十九大时光》《代表心声》《党代表通道》《新时代 新气象 新作为》等专题专栏，完成了央视迎接十九大特别节目《还看今朝·山西篇》的报道，反响强烈。

全年在中央电视台和中央人民广播电台上稿1075条，其中央视《新闻联播》217条，头条报道16条，中央电台中国之声《新闻和报纸摘要》30条，《山西发力煤炭领域供给侧结构性改革》《山西：用创新破解"圆珠笔之问"》《山西：干部驻村入企为百姓办实事》《脱贫攻坚再踏入新征程》《太钢太重联手山西制造自主创新跑出中国速度》《一对父子矿工的煤炭情》等重头报道在社会上引起较大反响，形成了正面持续宣传山西的舆论热度。

二、加强内容品牌建设，推进节目创新创优，节目品牌影响力持续增强

各频率频道紧紧围绕自身定位，优化节目编排，创新升级改版。卫视《走进大戏台》"2017晋冀陕蒙二人台大赛"得到中宣部新闻阅评组表扬，《人说山西好风光》荣获2017年度旅游综艺节目大奖和总局节目创新创优奖，《世界面食大会》《异想天开》等新创栏目呼应了山西省发展旅游事业、拓展面食产业，推进金融创新的政策，对接产业市场，取得了良好的效果。各频率频道推出《每日经济》《看山西》《交警直播室》《汉字叔叔讲汉字》等一批新办节目和"黄河歌王争霸赛""高校戏剧季""感动山西""少儿春晚""健康服务进社区"等多个大型主题活动，在重要时间节点制作播出《风骨山西》《廉吏于成龙》等纪录片。"第四届山西广电嘉年华"成功举办，实现了社会效益和经济效益双丰收。

2017年全台电视频道群在太原市网平均收视份额17.94%，广播频率群在太原市网平均收听份额56.78%，山西卫视全国35城排名第24位。全台有22部电视剧进入太原市网电视剧排名前50。2017年，黄河频道、影视频道、公共频道、经济资讯频道4个电视频道和经济广播、音乐广播、综合广播、农村广播4个广播频率达到或超过收听收视目标任

务,《小郭跑腿》《都市110》《谁是高手》《公民与法》《王宁听你说》《转角遇到爱》《88早高峰》《假日早班车》《律师热线》《880帮帮您》《家长里短说个理》《“奕” 帮到底》《吉祥鸟》等14档广播电视栏目超额完成了年度收听收视任务。

2017年,全台共有220余个节目(栏目)和个人获国家级、省级及行业奖,其中《吴家庄脱贫记》获中国新闻奖三等奖;《煤炭“老标兵”石圪节关井停产》《王县长扶贫齐吆喝 一网卖尽吕梁山》《有事您说话》获中国广播影视大奖;《安全长大》获国家新闻出版广电总局全国优秀少儿节目;广播剧《国家的脊梁》参评中宣部“五个一工程”;纪录片《中秋·河之曲》获第十八届全国电视外宣“彩桥”节目创优评析一等奖;公益广告《公德之心不可无》获国家新闻出版广电总局公益广告广播作品三类扶持项目。此外,我台还有多个集体和个人荣获多项殊荣。李桂琴获得第十届全国德艺双馨电视艺术工作者称号,陈湘作为第四届“好记者讲好故事”全国选拔赛优秀选手参加了央视记者节特别节目。

三、不断加强事业建设,积极推进媒体融合,加快构建新型主流媒体

2017年全台电视频道实现安全播出96010小时,广播频率实现安全播出73101小时,圆满完成党的十九大、全国和全省“两会”等重要保障期安全播出任务,台播出系统和有线网络传输系统、网络广播电视台传输系统、卫星传输中心均实现安全播出零秒停播的好成绩,受到总局和省局表扬。投入4500万元完成广播、公共频道、少儿频道播出系统,新闻制播网,9个频道在线播出包装系统,标清系统等升级改造,改造后的卫星传输中心迈入全国先进台站行列。2017年山西卫视全国覆盖人口达到10.16亿,居全国省级卫视第18位。综合广播新增在大同、运城、长治的调频覆盖,交通广播新增在长治、晋城等地的调频发射,新增调频覆盖人口1000多万。由我台和山西日报报业集团共同出资组建的山西媒体智慧云平台已正式上线,目前正在积极推进台内600平米新闻高清制播中心建设,预计2018年3月底4月初可完成全部工程。150平米的二级平台也在规划,计划2018年6月底建成,“一次采集、多方汇集、云端共享、多端发布”的内容生产传播模式逐步形成。

四、推进全面深化改革,激发媒体内生动力,关键改革举措试水运行

把握改革形势,敢于破冰切口,台党委全面谋划《深化改革实施方案》,明确了新闻宣传、媒体融合、广告经营、卫视运营、频道频率经营、产业发展、考核体系、干部人事分配制度等重点改革任务。确立了改革分“三步走”,实现“三步跨越”的目标。2017年,各项改革举措正在依次推开。成立了经营委员会,强化了经济收入动态分析,以频道频率为经营主体、“频道频率自主经营+台广告中心统一管理和服务” 的广告经营模式已经建立。推进部分频道频率主要负责人竞聘,实行生产部门利润任务考核,重组广发展公司,成立星卫视传媒公司,积极对接资本市场。

五、坚持全面从严治党,培育良好政治生态,以党建工作统领全台各项工作

把握新时代党的建设总要求,建立党建工作专题会议制度。把党的政治建设摆在首位,旗帜鲜明讲政治,进一步完善党建工作责任制,推进“两学一做”学习教育常态化制度化,深入开展“维护核心见诸行动”主题教育、巡视整改自行“回头看”、全面加强“三基建设”、“两提一创”大讨论、“怎么办”大讨论、干部大调研等一系列主题活动,把问题导向贯穿全过程,以活动成效推动基层党组织落实管党治党责任,不断夯实基层组织建设。围绕学习宣传贯彻党的十九大精神这个首要政治任务,全年组织党委中心组学习16次,开展十九大精神专题辅导会、党员干部知识能力竞赛、编辑记者大练兵大比武等不同形式的学习教育和主题实践活动,在全台兴起了学习宣传贯彻习近平新时代中国特色社会主义思想和十九大精神的热潮。

严格责任追究,坚持零容忍态度惩治腐败,对出现的问题敢抓敢管,对顶风违纪的严肃处理。逐步加强对离退休人员的管理和服务,召开了离退休人员座谈会,与省新闻出版广电局共同组织了离退休职工运动会。网络集团和传媒集团按照新形势下国企党建工作要求,把党建工作融入到生产经营的各个环节,把政治优势转化为发展优势,推动产业发展取得新成效。出台了《党委会工作规则》,起草了《山西广播电视台意识形态工作责任制》。

(刘晓海)

附:山西广播电视台党委书记、委员名单

书　记:郭　健(7月离职)　刘英魁(7月任职)

委　员:张敬民　王树勋　邢书良　李占鳌　张晋斌　王　雷　王惠跃

山西日报报业集团党委工作概况

党委书记　郭玉福

2017年,山西日报报业集团党委坚持以习近平总书记系列重要讲话为指引,按照党要管党、全面从严治党的原则,深入学习宣传贯彻党的十九大精神,认真开展主题教育,进一步强化组织建设、队伍建设,充分发挥支部的战斗堡垒作用和党员的先锋模范作用,为集团各项事业健康发展提供了坚实的政治保障和组织保障。现将工作情况简要汇报如下:

一、严格按照中央和省委部署要求,认真学习宣传贯彻党的十九大精神,扎实推动"两学一做"学习教育常态化制度化,深入开展"两提一创"和"三基建设"

(一)认真学习宣传贯彻党的十九大精神

党的十九大胜利召开以来,集团党委按照省委统一部署,第一时间下发了学习通知,成立了学习领导组,召开了动员部署大会,要求全体党员切实提高政治站位,真正在学懂、弄通、做实上下功夫,进一步牢固树立"四个意识",在思想上、政治上、行动上同以习近平同志为核心的党中央保持高度一致。集团党委领导班子成员带头学习,有的班子成员手写学习笔记达10余万字。及时举行了十九大精神学习报告会,邀请省委党校专家作学习辅导,精心制作《不忘初心 继续前进》专题展板。集团机关党委为基层党组织发放了《党的十九大报告学习辅导百问》《十九大党章修正案学习问答》《习近平谈治国理政》等学习资料,为每位党员发放十九大报告单行本和新修订的党章。在全省万名干部大调研活动中,集团广大党员干部深入一线,与基层党员群众交流沟通,不断加深对总书记重要思想的理解和领悟。通过认真组织发动,集团迅速掀起了学习宣传贯彻十九大精神的热潮。

(二)认真开展维护核心、见诸行动主题教育,推动"两学一做"学习教育常态化制度化

集团党委研究制定了《实施方案》,成立了领导组,于5月8日召开了动员部署大会,对集团开展维护核心、见诸行动主题教育,推动"两学一做"学习教育常态化制度化进行安排部署。集团上下坚持学做互进、知行合一,以"四个合格"为参照系,经常自省修身、打扫思想灰尘,进一步坚定了信仰信念、纪律规矩和责任担当;大家从具体事情做起,把推进学习教育、主题教育同集团改革发展各项工作结合起来,与完成本单位、本部门重点任务结合起来,重实干、办实事、求实效,努力创造实实在在的业绩。在庆祝中国共产党成立96周年之际,集团党委班子成员和80多名党员干部,到太原牛驼寨烈士陵园开展"维护核心见行动、不忘初心永跟党"主题党日活动,缅怀革命先烈,重温入党誓词,集团党委委员、副社长席永明同志现场为集团党员讲了党课,以这种特殊形式的党课,大力弘扬革命精神,用红色基因固本培元。

(三)深入开展"两提一创",全面加强"三基建设"

从2月24日开始,集团按照省委宣传部的统一部署,认真开展了"提高标准、提升能力、争创一流"大讨论活动,高标准完成了3个阶段的规定动作,紧紧围绕"报纸如何坚持两论立报,营造主流舆论强势?""在目前的经营环境下,集团如何尽快走出困境?"两大命题,认真开展了12场次的"头脑风暴"主题讨论,并在"两提一创"中进一步深化集团改革攻坚年和山西日报"业务能力提升年"活动,成为集团大讨论活动的主要特色。经过努力,活动取得了丰硕的思想成果、制度成果和实践成果,切实增强了工作能力、提高了工作水平,受到省委宣传部的充分肯定。

集团上下制作完成了130余份"四表两图",形成了全面加强"三基建设"的重要坐标,横向覆盖单位、部门、岗位三个层面,纵向织就了标准、能力、业绩三个维度的管理网络,涵盖了全集团1500余名员工。各报不断加大宣传力度,为全省加强"三基建设"营造了良好氛围。

二、坚持"两论"立报,加强新闻宣传和舆论引导,为全省改革发展营造主流舆论强势

(一)进一步强化党报理论宣传主阵地作用

1.加强理论人才队伍建设。以山西日报理论评论部为核心,形成了人员相对固定、保持较高水平的理论文章撰写群体;创建的《晋理轩·好好学习》微信群,团结全省500名理论宣传和研究人士开展经常性的在线交流。

2.办好理论宣传重点栏目。精心打造山西日报《理论周刊》,在周刊头条开设"治国理政新理念新思想新战略在山西的实践"和"学习领会党的'十九大'精神"等专栏,先后推出近60多篇重大理论文章;在大报头版常设《三晋之声》专栏,全年刊发51篇署名"朔辰"理论文章,语言鲜活生动,思想引领力强,骆书记在省委常委扩大会议上专门提出表扬。

3.以创新推动理论宣传入脑入心。理论评论部先后举办十多期"科学理论三晋行"活动,推进理论下基层,组织人员依次走进太原、朔州、晋中、吕梁等市的基层一线,推动理论研究融入火热的社会生活实践中,让理论接地气、让群众看得懂,成为加强理论引领的又一重要实践。

(二)努力为全省经济社会发展营造主流舆论强势

1.发挥党报传统优势,连续策划推出重大评论、述评。《山西日报》在一版突出位置推出全省经济工作会议、国企国资改革、"两会"之后话发展、央企助力山西转型综改、山西全

面深化改革、学习宣传贯彻党的十九大精神等系列评论、述评累计达50多篇,在统一思想、明确思路,鼓舞士气、凝心聚力方面发挥了重要作用。

2.为学习宣传贯彻落实党的十九大精神营造良好氛围。《山西日报》连续开设"全面学习贯彻落实党的十九大精神"、"党代表归来话落实"、"学习宣传贯彻十九大精神 谱写新时代山西发展新篇章"、"新时代 新气象 新作为"、"万名干部大调研进行时" 等5个专栏,全面展现各地干部群众学懂、弄通、做实的生动实践,尤其是集中推出的"市委书记访谈"系列,受到社会各界的持续关注。《山西晚报》《山西农民报》《山西经济日报》等子报也结合自身特点开设了"第一书记的故事""'两学一做' 在基层""身边的共产党员""十九大精神进基层""十九大时光"等上接天线、下接地气的专栏,形成了报道强势。

3. 紧紧围绕中心工作强化舆论引导。2017年,《山西日报》从6个方面开设专栏,加强舆论引导,凝聚推动省委、省政府中心工作的合力。像"撸起袖子加油干、扑下身子抓落实"专栏,反映各地各部门推动转型创新发展的探索实践,发稿近60篇;围绕山西要跻身全国改革"第一方阵"的目标要求,策划了关于推进改革的系列重点报道,发稿40多篇;围绕打造'六最'营商环境开设两个专栏,发稿40多篇;围绕全省重点工作、重大举措,策划多篇现象级重头报道,充分展示了党报强大的内容生产能力,为全省经济社会发展奏响了时代强音。

4.集团各报同频共振、共同发力,高质量完成历次重大战役性报道。包括习近平总书记视察山西、全国"两会"和省"两会"、晋商晋才回乡创业创新大会、山西转型综改试验区改革、脱贫攻坚、全面从严治党专题宣介会等。十九大期间,仅《山西日报》就刊发40多块整版、300多篇文字报道、近40幅图片新闻,圆满地完成了大会报道任务。

(三)充分发挥媒体融合优势,不断强化渠道拓展

一年来,集团所属各媒体积极发挥媒体融合形成的优势,新媒体通过视频、图片、简要文字等,以最快速度发稿,抢抓新闻时效性的"第一落点";随后以山西日报理论评论发声定调,抓住"第二落点";接着对新闻信息、观点进行深度再加工,以深度报道抓住"第三落点",新老媒体协调发力,积极抢占报纸和网络舆论阵地,在重大战役性报道中取得了良好的传播效果,这样的例子不在少数,有效提升了党报集团的传播力、引导力、影响力和公信力。

2017年,集团采编人员积极响应集团党委号召,主动加强学习,树立精品意识,向全国奖项发起了奋力冲击,取得了可喜成绩:山西日报工交部张临山、冷雪两位同志成功摘取中国新闻奖一等奖;山西晚报记者田晓瑛入围"好记者讲好故事"决赛名单。

三、扎实开展驻村帮扶工作

在集团党委的努力争取下,省扶贫办2017年为集团驻村帮扶点下拨120万元产业发展专项资金;同时在清理收缴的党费中安排10万元用于扶贫帮困工作。集团党委专门委托党委委员、副社长席永明同志到静乐县段家寨乡梁家村、永安镇村进行扶贫攻坚调研,并看望慰问部门贫困群众,实地研究探讨驻村帮扶工作思路和举措。一年中全力推进了几个重点扶贫项目:一是为梁家村架设长8米、宽3.5米的桥梁,修建河坝200余米,为村民消除洪水隐患。二是依托当地产品优势,在梁家村规划建设粉条加工厂。三是为永安镇村建设村民露天文化活动场所,丰富村民精神文化生活。四是发挥永安镇村紧挨汾河优势,按照公司化、产业化、规模化发展的思路,在省农科院专家的帮助和指导下制定了发展水稻种植的规划,目前已经成立了"向荣水稻种植有限公司",正在进行土地整理。同时帮助两村加强基层组织建设,加强小额金融服务。11月22日,集团机关党委对扶贫点的村党支部建设的有关情况进行了实地调研,特别是对拨付款项的开支、用途等进行督促检查。并与驻村第一书记和扶贫工作队员进行座谈和交流,对进一步做好村党支部工作明确任务要求。

四、坚持从严管党治党,保持集团政治生态风清气正

在省纪委、驻局纪检组的指导和支持下,集团从严治党不断向纵深发展。

(一)认真落实全面从严治党主体责任

坚持把党建工作纳入集团工作的全局来谋划、推进、考核,全年召开研究党建工作的党委会10余次。各级党组织书记坚持做到"四个亲自",班子成员认真履行"一岗双责"。严肃党内政治生活,认真贯彻落实民主集中制,积极用好党委中心组学习、民主生活会和"三会一课"、组织生活会、民主评议党员等制度,教育引导广大党员干部坚定理想信念,做"四讲四有"的合格党员。注重用好"四种形态"、尤其是第一种形态,经常与党员干部谈心谈话,把咬耳扯袖、红脸出汗作为常态。坚持向下传导压力,组织由党委班子成员任组长的9个督察组,对集团63个单位(部门)、49个党支部主体责任落实情况进行全覆盖式督查。年底考核时,集团党委把党建工作作为"非量化考核"中的一项主要指标进行打分,并逐一听取各单位、各部门"一把手"落实主体责任的情况报告。牢牢把握"五好"干部标准,按照严格的组织程序选拔干部,集团党委对每批新任干部都进行了廉政谈话。

(二)坚持思想建党、制度治党紧密结合

一是注重加大反腐倡廉警示教育力度,两次召开副处级以上领导干部参加的中心组(扩大)学习会,集中传达省纪委查处的严重违纪违法领导干部忏悔录汇编,下发了关于强化警示教育的通知,组织基层党组织开展警示教育专题学习讨论,在大楼一层LED屏连续播放13期典型问题公开曝光内容。

二是不断加强制度建设、强化制度执行力,结合"两提一创"大讨论活动,集团层面新出台4项新制度;扎实推进巡视整改自行"回头看",认真梳理制定问题清单、整改清单、责任

清单,修订完善了集团《贯彻落实中央八项规定精神实施细则》,进一步加大了制度管人管事管物的力度。对《集团党的工作责任制实施意见》进行了充实完善,重新修定后下发到集团各党总支、党支部,进一步促进集团党建工作科学化、制度化、规范化,把党要管党、全面从严治党贯穿于整个党的建设全过程,真正把主体责任和监督责任落到实处,为开创集团改革发展新局面提供坚强组织保障。

(三)强化执纪监督,保持高压态势

在驻局纪检组指导下不断加大执纪监督力度,保持反腐倡廉高压态势,遏制"四风"问题反弹。例如在2017年中秋、国庆期间,集团机关党委、机关纪委抽调部分基层组织纪检委员参加,紧紧围绕7个方面的重点问题分三路进行督查,对发现问题的单位和个人进行严肃处理,对相关负责人进行了诫勉谈话;认真落实省纪委要求,安排接受组织谈话函询的人员在党委会、民主生活会上作出说明或检查;对在个人事项报告中存在瞒报、漏报问题的人员进行处理,涉嫌违纪的问题移交驻局纪检组进行查处。

五、认真践行社会主义核心价值观,加强思想道德建设,大力弘扬和宣传先进典型,不断丰富创建精神文明形式和载体,扎实推进集团精神文明建设

集团按照省直机关精神文明建设工作的总体要求,始终坚持把社会主义核心价值体系建设贯穿文明和谐单位创建活动全过程,把集团的中心工作与精神文明创建工作结合起来认真研究,统筹安排,积极组织开展各项创建活动,使集团在创建精神文明工作中取得了新成绩。

(一)充分发挥主流媒体的引领作用,积极推动全省精神文明建设

集团所属各媒体高度重视对我省精神文明建设的宣传,及时报道省委、省文明委和省直机关推进精神文明建设的重大部署和重要工作,有力推动了精神文明建设的深入开展。同时还利用网络、微博、微信、客户端推出多个专版、专栏对全省精神文明建设多角度、多层次进行报道,大力宣传道德模范人物和先进事迹,充分利用媒体优势,弘扬主旋律,凝聚正能量,为全省精神文明建设发挥了重要作用。

(二)制定和下发了《山西日报报业集团2017年度精神文明创建工作计划》,为集团扎实开展精神文明创建工作提出具体要求

(三)广泛开展精神文明创建活动

1、在"三八"国际妇女节前夕,组织集团女职工观看电影《沂蒙六姐妹》;同时为集团女职工安排了全面体检。

2、4月,榜样山西——第六届山西道德模范颁奖仪式在山西广播电视台大演播厅隆重举行,全省共有47人接受表彰,集团退休老干部钟达被评为全省敬业奉献道德模范。

3、为纪念建党96周年,弘扬德孝传统文化,集团退休干部骆士正将收藏的60余幅《游子吟》书法作品,在全省进行巡回展出。巡回展首站在集团老职工活动中心开展,展品中不乏董寿平、陈巨锁等名家之作。

4、积极组织参加由省委宣传部、省记协组织的第四届"好记者讲好故事"演讲比赛,集团选送了两名选手参加比赛。来自全省的32名记者经过激烈角逐,集团参赛的选手荣获一等奖和二等奖,山西日报获得优秀组织奖。

5、由省文明办指导,山西日报报业集团主办,山西晚报社承办的"感动山西"十大人物评选活动于2010年启动,至今已成功举办八届,挖掘和表彰了80多位"感动人物"。山西晚报社作为中央电视台"感动中国"媒体联盟成员,推荐多位"感动山西"人物参与"感动中国"年度人物评选。这项活动已成为三晋大地上家喻户晓的年度人物评选活动,成为山西人一年一度的精神盛宴,成为社会主义核心价值观山西实践的生动写照,为推动山西精神文明建设作出了应有的贡献。

6、山西晚报社自2012年6月1日启动"圆千名贫困儿童六一心愿"活动以来,到2017年,已经先后举办了五季活动,累计有数千人次参与,捐助各类物资约10万元。

(四)开展丰富多彩的文化体育活动,凝聚起强大正能量

1、为进一步推动集团群众性文体活动的开展,增强广大干部职工开拓创新、奋力拼搏、攻坚克难的信心和决心,为集团和谐发展做贡献,5月16至19日,集团举办了2017年职工运动会,有19支代表队300多名运动员报名参加,充分展示了集团广大干部职工的良好的精神风貌和体育竞技水平。

2、6月26日,集团离退休职工管理处夕阳红舞蹈队联合集团党群工作中心和太原双东一社区举办了"不忘初心跟党走——庆七一喜迎十九大"文艺汇演。汇演充分展示了集团老同志老有所为、老有所乐的精神风貌和阳光向上的健康心态,抒发了老同志对党和祖国的热爱之情。

3、8月25日晚,由山西法制报社参与举办的"诗意中国,情暖山西,法律援助在路上"公益朗诵音乐会在山西省煤炭交易中心上演,3200余人现场观看了晚会,8.8万人通过网络直播观看演出。

(王利红　丁　婕)

附:山西日报报业集团党委书记、副书记、委员名单

书　记:郭玉福

副书记:丁伟跃

委　员:张　宁(10月离职)　冯爱民　席永明　焦玉强　任灵杰　张巨霖　张占鹰　李志刚　李　伟

省政府发展研究中心
党组工作概况

党组书记　李劲民

2017年以来，在省委、省政府坚强领导下，中心班子以习近平新时代中国特色社会主义思想为指导，深入学习贯彻党的十八大、十九大精神和习总书记视察山西重要讲话精神，认真落实省委省政府决策部署，全面从严治党，加快职能转变，强化政策研究和决策咨询服务，以一往无前的奋斗姿态扎实工作，圆满完成了各项工作任务。

一、学习贯彻党的十九大精神

把学习宣传贯彻党的十九大精神和习近平总书记视察山西重要讲话精神作为首要政治任务，搞好中心党员干部的思想武装。制定了《学习贯彻习近平总书记视察山西重要讲话精神实施方案》，组织观看习总书记视察山西视频，班子成员为所在支部党员做辅导宣讲。集中收看十九大报告，以支部为单位组织党员干部开展十九大精神专题学习。组织政府工作报告和经济工作会议材料起草组成员有重点、有针对性地精读细研报告内容。2017年共组织中心组学习19次，支部学习30余次，安排26名同志参加省委、国务院发展研究中心系统和省直工委等方面组织的学习培训。

推进"两学一做"学习教育常态化制度化，认真开展"维护核心、见诸行动"主题教育。充分发挥党支部主体作用，制定党支部书记三个责任清单。组织了"七一"党员主题日活动，开展领导干部、党支部书记讲党课，组织党员开展党的知识竞赛考试。加强对"三基建设"工作的组织领导，把加强"三基建设"作为主题教育的重要载体和创新举措。通过主题教育，强基固本，增强党员干部的"四个意识"，提高政治站位，自觉与以习总书记为核心的党中央保持高度一致。

坚决贯彻落实党中央、国务院和省委、省政府决策部署。认真学习领会省委十一届历次全会精神和省政府全会、常务会精神，坚决贯彻落实省委、省政府重大决策部署，聚焦转型发展示范区、能源革命排头兵、对外开放新高地"三大目标"定位，扎实开展政策研究工作。特别是国发42号文件出台以来，组织开展了系列专题调研。围绕建设资源型经济转型发展示范区，形成了《我省基本完成转型任务标志性指标研究》《关于山西转型基本问题的观点》等研究报告。围绕打造能源革命排头兵，完成了《2030年我省煤炭经济的展望与分析》《可燃冰开发利用的能源战略意义以及对山西的启示》《山西在能源革命中要承担的三重责任》等研究报告。围绕构建内陆地区对外开放新高地，撰写完成了《自由贸易试验区推进行政体制改革的举措》《各省优化营商环境的做法》《我省自贸区的定位、空间布局和主要突破点》等研究报告，为省领导提供了重要决策参考。

二、党的建设

不断强化党的领导。中心党组认真履行主体责任，加强了党组领导核心作用。党组书记认真履行第一责任人职责，领班子带队伍，认真落实"四个亲自"。党组和班子成员不断强化责任担当，落实"一岗双责"。

加强党的建设。进一步加强"三基建设"，严肃党内政治生活，认真开好民主生活会，规范"三会一课"制度，深入开展党员经常性教育。充分发挥中心组学习龙头作用和党支部主体作用，机关党委和支部建立了会议台帐。加强对机关党委和支部建设的领导，不断提高党支部书记和党小组组长的整体素质。规范和加强党费管理。

深入推进全面从严治党。坚持问题导向，注重巡视和审计成果运用，积极整改，着手纠正解决中心存在的学风、文风和工作作风等方面的问题。制定和执行党组、机关党委、党支部"主体责任"清单。严格执行八项规定，进一步精简会议文件，改进文风会风，严格执行办公用房、住房、车辆配备等有关规定。开展廉政警示教育，强化内部监督。组织填报《廉洁档案》，督促落实廉政考核。受理举报和来信来访工作，向驻厅纪检监察组报备各类文件材料。严肃查处各种隐形变异的"四风"问题，努力保持正风肃纪高压态势。

加强意识形态工作。中心积极参与党的十九大精神宣讲活动，中心的同志作为省委十九大精神宣讲团成员，赴朔州进行集中宣讲，中心的同志对驻临县各扶贫工作队开展了集中宣讲，中心的同志代表省扶贫办赴晋城进行了宣讲。中心同志撰写的理论解读文章在省内外媒体上发表。加强对意识形态工作、网络安全和信息化工作的领导，成立了领导组，建立健全意识形态和信息网络安全研判、上报、督查检查制度。加强了内刊文稿的意识形态和政治审核，规范出著作和文章内部审核，严把政治方向关、舆论导向关。

三、法治建设

推进法治建设。调整完善法治建设和综治领导机构和办事机构。制定实施了年度学法普法计划，班子成员先后做了5次普法专题讲座，组织无纸化学法和考试，增强干部法治观念，提高依法行政能力。积极参与人大、政协提案议案和调研工作。制定实施了《社会治安综合治理领导责任制实施方案》，落实综治领导责任制和目标管理责任制，强化了机关内部治安防范。

四、精准扶贫

根据省委安排，选派了驻临县扶贫工作队大队长1名、扶贫工作队员3名(其中驻村第一书记2名)、乡镇挂职干部2名。深入宣讲十九大精神，配合推进村“两委”换届，强化村支部建设。帮助贫困村引进肉牛、蛋鸡养殖和食用菌种植加工等项目，帮助落实资金65万元，帮助修建和加固河坝，开展“聚焦深度贫困，凝心聚力攻坚”主题党日活动，慰问五保户和贫困学生，结对帮扶留守儿童，所帮扶的2个村党支部被评为吕梁市“五星党支部”。人民网对中心第一书记和农村干部给予了专题报道。

五、机构改革

稳步推进职能调整和机构改革。根据省政府要求，上报改革方案并得到中央编办、省政府和省编办批复。按照新“三定方案”，重新调整了领导分工、处室职能、处室负责同志及人员配备。8月底单位搬迁后，所有处室均按照新职能履职。稳步推进杂志社改革，向国家新闻出版署、省新闻出版广电局、省财政厅申报并获批，开展了下属杂志社主管单位变更工作，促进政企分开。

六、文稿撰写

起草了省委经济工作会议讲话和政府工作报告。承担了楼阳生省长在2017年旅游发展大会、全省质量大会、全面推行河长制工作推进会、全省农村经济工作会、全省政府系统大调研部署电视电话会、全省全面推行医疗卫生机构一体化改革电视电话会等重要会议讲话的起草工作。承担了十九大报告起草组调研山西材料、全国两会期间省领导重要发言材料、国务院第四次督查综合汇报材料、省领导在全国两会媒体开放日答记者问材料及媒体专访材料起草工作。承担了省领导在省委常委会经济形势分析会、省政府双月市长例会、深改组会议、全面深化改革推进会、省政府常务会上半年经济形势会上的讲话和上半年全省经济形势通报等材料起草工作。

七、编辑内刊

向省委、省政府提供了一批务实的决策建议，全年刊印《调查研究报告》83期，刊印并向省领导报送《省长专阅》《决策咨询研究建议》各12期，新创刊的《他山之石》出刊28期，得到楼阳生省长、时任副省长郭迎光的批示肯定。

八、决策咨询

开展了山西转型目标研究、对接雄安新区政策研究、打造能源革命排头兵研究、扩大对外开放研究、建设现代化经济体系研究等，形成了一批重大决策咨询成果。《关于煤层气开发利用和技术创新》的报告得到李克强总理的批示。参与起草和解读国务院42号文件，参与起草《山西打造能源革命排头兵行动方案》。对《关于深化山西转型综改试验区建设的意见》、《中国(山西)自贸试验区研究报告(征求意见稿)》等10余项文件提出修改建议。

九、专题调研

开展专题调研。按照省委大调研部署，参与了楼省长关于建设现代化经济体系、省委统战部廉部长关于民营经济的调研。组织11批22人次对经济转型、开发区建设、科技创新、社会民生事业、对外开放、乡村振兴等赴省内外开展专题调研，形成了《山西推进转型发展调研报告》《新时期浙江关注的十个重大问题》《苏州培育战略性新兴产业的经验启示》《乡村振兴战略的思考和建议》等16篇调研报告。

十、智库建设

健全完善智库管理制度，创新工作方法。与省委组织部联合组织了“山西新型智库能力建设培训”和“山西省政府绩效第三方评估培训”2期专题培训，初步搭建起全省政府系统智库联系机制和交流平台，时任省委常委、宣传部长王清宪批示“发展研究中心此项工作很有价值”。

(郭泰岳)

附：省政府发展研究中心党组书记、成员名单

书　记：李劲民(12月离职)

成　员：王岳红(女,7月离职)　王凤鸿

王炤坤(7月任职)

省地方志办公室党组工作概况

党组书记　张志仁

2017年，省地方志办公室党组以习近平新时代中国特色社会主义思想为指导，深入贯彻落实党的十九大精神，认真贯彻落实国家和山西省《地方志工作条例》《地方志事业发展规划纲要(2015—2020年)》，在省委省政府的正确领导和中国地方志指导小组的有力指导下，落实全面从严治党主体责任，严明党的纪律，改进工作作风，加强自身建设，围绕志鉴“两全目标”，充分发挥地方志“存史、资政、教化”作用，党建工作和业务工作均取得显著成绩。

一、党建工作

(一)加强政治理论学习

认真组织开展党组理论学习中心组学习，及时传达中央、省委省政府决策部署和工作要求。一是认真学习宣传党的十九大精神和习近平新时代中国特色社会主义思想。把学习宣传贯彻党的十九大精神作为当前和今后一段时期重大政治任务，积极开展多形式、全覆盖的宣传学习，努力使党的十九大精神成为推动方志事业发展的强大思想武器。二是及时传达学习习近平总书记视察山西重要讲话、习总书记在省部级主要领导干部专题研讨班上的重要讲话、省委书记骆惠宁《在省委常委扩大会议学习贯彻习总书记在省部级主要领导干部专题研讨班上的重要讲话精神时的讲话》及省委十一届三次、四次、五次全会精神，为把握大局、开展工作提供根本遵循。三是深入学习《习近平总书记的成长之路》《习近平的七年知青岁月》，观看习近平视察山西视频、《榜样》专题节目，开展党组书记讲党课活动。

(二)认真履行主体责任

严格执行中央和省委决策部署，认真履行主体责任，坚持全面从严治党。一是成立党风廉政建设领导小组，精心制定年度计划，细化量化工作目标，坚持从严治党工作与业务工作同部署、同落实、同检查、同考核。二是及时传达学习中央和省委省政府关于党风廉政建设的决策部署，领会精神，统一思想，提高认识，切实增强履行主体责任的积极性、主动性，全面履行党章赋予的职责。三是重视领导干部个人重大事项申报，严格执行相关制度和规定，对两名同志漏报个人重大事项提出严肃批评，责令写出书面检查。四是加强作风建设，专题学习省委省政府印发的《关于进一步贯彻落实中央八项规定精神的实施办法》，进一步完善省方志办党组《贯彻落实中央八项规定精神的实施细则》，把落实中央八项规定精神落到实处，锻造一支忠诚、干净、担当的干部队伍。

(三)开展“两学一做”学习教育常态化制度化、开展维护核心见诸行动主题教育

按照中央和省委部署，认真组织开展“两学一做”学习教育常态化制度化、维护核心见诸行动主题教育。一是加强组织领导。成立主题教育领导小组及办公室具体开展工作。二是创新形式载体。通过党组中心组学习、党员干部大会、支部组织生活会、专题讨论、讲党课、观看教育片等多种形式，利用网络、微信、简报等多种载体开展主题教育。三是丰富教育内容。除完成规定动作外，选好自选动作，通过开展“深刻理解确立习近平同志核心地位的重大意义”等系列专题研讨，增强广大党员干部维护核心的思想自觉、政治自觉和行动自觉，确保教育取得实效。

(四)加强“三基建设”

加强“三基建设”。一是成立“三基建设”领导小组。二是制定《山西省地方志办公室关于推进“两学一做”学习教育常态化制度化中加强“三基建设”的实施方案》。三是依照部署安排，有序推进工作。落实机关内设处室负责人兼任党组织书记工作；按照《山西省党政群机关事业单位基础工作达标指导意见》，逐一对照检查，寻找差距和不足，完善基础工作；在全体党员中开展坚持“四讲四有”标准，做到“四个合格”及引深“党员先锋行”主题活动；组织党员干部赴右玉干部学院、上海交大开展系列培训，提升素质和能力；按照省编办要求，制定完善“一目录三手册”。

(五)开展巡视整改自行“回头看”

按照省委部署，组织开展巡视整改自行“回头看”。一是成立领导小组，制定工作方案，对照首轮巡视工作中反馈的问题，逐一梳理，查找不足。二是制定和完善《山西省地方志办公室巡视整改“回头看”问题清单》《山西省地方志办公室巡视整改“回头看”整改清单》《山西省地方志办公室巡视整改“回头看”责任清单》，并认真整改落实。

(六)开展中层干部选拔任用和轮岗工作

严格执行《党政领导干部选拔任用工作条例》，坚持正确用人导向，健全科学的育人选人用人机制，精心制定方案，通过大会民主推荐、个别谈话推荐、发布考察公告、组织考察等程序，提任1名副巡视员、2名处长和3名调研员。按照实行“全面轮岗，分步实施”的办法，对综合处、省情信息处、市县志处处长实行轮岗，提升干部综合素质和能力。

(七)开展精准扶贫工作

积极开展扶贫工作。选派3名年富力强的优秀干部担任驻村第一书记，选拔1名年轻同志挂职青城镇副镇长。组织开展入村入户、送书下乡、送戏下乡、送党课下乡、“扶贫日”等系列活动。千方百计做实事，为扶贫村修建健身广场、绘制文化墙，引进资金建灌溉水池、绿化道路、修建排水渠、平整土地。扶贫工作受到通报表扬，高生记获全省扶贫贡献奖。

(八)迎接第三轮巡视工作

根据省委统一部署，从2017年12月6日开始，省委巡视一组对省方志办党组开展为期两个月的巡视。党组高度重视，把接受巡视作为重要的政治任务来抓，严格按照省委巡视办专项巡视要求开展各项工作。一是认真准备巡视动员会，党组书记张志仁表态坚决拥护和支持省委巡视一组对省志办党组的巡视，珍惜“政治体检”良机，自觉接受巡视监督。二是及时通过山西地方志办公室网站发布新闻稿，在办公楼一层大厅张贴《巡视公告》，设置“巡视意见箱”，及时公布巡视时间、举办电话、专用邮政信箱等，接受社会各界监督。三是自查自纠，认真查找突出问题，完成一万余字的自查自纠汇报材料。四是积极配合巡视组，完成巡视汇报和材料报备工作。

二、业务工作

省委省政府大力支持地方志工作。一是调整组成省委书记骆惠宁任顾问、省长楼阳生任主任的省地方志编纂委员会。二是把“做好修志编鉴工作，发挥资政育人作用”写入省政府工作报告。三是省人大常委会教科文卫委开展《地方志工作条例》执法调研。四是省政府办公厅转发省方志办《关于进一步

加强地方志工作的实施意见》。五是省政府办公厅印发《关于全省修志编鉴“两全目标”完成情况的通报》。六是省政府督查室对全省志鉴“两全目标”完成情况开展专项督查。七是省政府召开全省志鉴“两全目标”推进会。八是省政府将修志进展缓慢的部分省直单位和县(市、区)列入“13710”督办系统。九是省政府成立以分管副省长贺天才为主任的《山西抗战志》编委会,加强领导,推进工作。

省方志办也采取措施推进工作。一是开展业务培训,邀请中指办冀祥德、邱新立等领导专家对全省修志编鉴相对滞后厅局市县的志鉴编纂人员培训指导。二是编制省志、市县志及年鉴进度流程图,制定时间表、路线图,挂图作战。三是省方志办党组成员带队赴20余县(市、区)调研推进志鉴“两全目标”。

2017年志鉴编纂工作取得了较好成绩。截至2017年12月底,省志累计出版42部,2017年出版《开发区志》《工会志》《人口志》《烟草志》《民用航空志》《统计志》6部;市志累计出版3部;县志累计出版62部。《山西年鉴(2017)》由方志出版社出版,《山西年鉴(2016)》成为全国唯一省级精品年鉴。全省11个市全部开展综合年鉴编纂工作,全年出版10部。全省116个县(市、区)启动综合年鉴编纂工作。实现一年一鉴的71部。完成编纂未出版的18部,正在编纂的27部。

此外,旧志整理取得新进展,影印出版了明嘉靖版《山西通志》;读志用志取得新进展,“晋志专柜”先后在清华大学图书馆、省委党校图书馆、省图书馆、山西省委大院阅览厅、右玉干部学院、应县方志馆设立;《山西家规家训精选》编纂工作启动并编辑整理出30多万字的成果;《史志学刊》被国家新闻出版广电总局认定为第二批学术期刊,被“国家期刊库”(NSSD)全文收录;方志馆建设步伐加快,目前已进入勘察设计和征地阶段;《方志山西》微信公众号开通,影响日益扩大;举办《晋志讲堂》,搭建业务和学术交流平台;出台《山西省地方志办公室志鉴质量检查办法》《〈山西年鉴〉编纂出版规范细则》,提高志书质量、规范年鉴编纂。

(武　岭)

附:省地方志办公室党组书记、成员名单

书　记:张志仁

成　员:赵群虎　刘益令

省农业科学院党委工作概况

党委书记　李　斌

2017年,院党委在省委、省政府的坚强领导下,坚持以习近平新时代中国特色社会主义思想为指引,深入学习党的十九大精神和习总书记视察山西重要讲话精神,认真落实省委省政府的决策部署,凝聚全院广大党员、干部、科研人员和党外知识分子的智慧和力量,以建强班子、优化团队、整肃纪律三大举措为抓手,忠实履行党风廉政建设主体责任,推进全面从严治党向基层延伸,为开创我院各项工作的新局面提供了坚强的思想、政治和组织保证。

一、坚持“三个突出”,增强“四个意识”,牢牢把握正确的政治方向

突出政治建设。按照中央和省委的统一部署,认真推进“两学一做”学习教育常态化制度化,扎实开展维护核心、见诸行动主题教育,召开中心组及中心组扩大学习会议,集中学习交流;宣讲党的十八大以来的辉煌成就;举办党日活动、专题党课等,领会精神内涵;撰写心得体会,交流学习成果,把维护核心转化为思想自觉、党性观念、纪律要求和实际行动。严格执行新形势下党内政治生活若干准则,坚持“三会一课”制度、组织生活会制度、民主评议党员制度,党内政治生活、党的组织生活严肃规范。强化基层党组织政治功能,开展组织关系集中排查,抓好基层党组织按期换届工作,引导广大党员干部牢固树立“四个意识”,严守党的政治纪律和政治规矩,坚决维护党中央权威和集中统一领导,始终在政治立场、政治方向、政治原则、政治道路上同以习近平同志为核心的党中央保持高度一致。

突出理论武装。坚持用习近平新时代中国特色社会主义思想武装头脑,制定出台我院《学习宣传贯彻党的十九大精神工作计划》,研究确定学习重点,购置党建理论教材,围绕“学习贯彻党的十九大精神”等专题,院党委中心组和院属各单位党组织中心组全部召开中心组专题学习会;各级领导班子成员分别参加了所在党支部学习讨论。按照“学懂弄通做实”的要求,邀请山西省委宣讲团成员、省委委员、十九大代表、山西大学党委书记师帅同志作了党的十九大精神宣讲报告;先后

组织召开以“与党同心,奋发有为,认真履行新时代党外科研工作者的责任担当”为主题的党外科研工作者学习宣传贯彻党的十九大精神交流会、以“对党忠诚、报国为民、严谨务实、勇于创新”为主题的“讲好农科故事”学习宣传贯彻党的十九大精神交流会、以“志存高远,脚踏实地,做有理想有本领有担当的青年科研工作者”为主题的青年科研工作者学习宣传贯彻党的十九大精神交流会,掀起学习宣传贯彻党的十九大精神的高潮。作为典型代表,省农科院党委在2017年省直机关党组(党委)十九大学习经验交流会上作了交流发言。

突出中心工作。紧紧围绕学习宣传贯彻党的十九大精神和习总书记视察山西重要讲话精神,切实把农科院工作放到全省工作大局中去谋划、把握和推进,确定了助力脱贫攻坚、提供有机旱作农业技术支撑两大实践举措。在助力脱贫攻坚方面,在2016年工作基础上,2017年又完成22个省级贫困县的脱贫产业规划编制工作,实现了全省贫困县脱贫产业规划全覆盖,并开展了10个深度贫困县脱贫培育产业调研规划工作。通过5个产业项目支撑等帮扶措施,实现了两个帮扶村的整村脱贫。在有机旱作农业技术服务上,以“大项目带动、大技术支撑、大手笔集成”为工作思路,立项启动山西省重大科技项目“山西有机旱作农业关键技术研究与示范”项目;初步拟订了服务全省有机旱作农业的“15511”科技支撑工程实施方案,力求破解旱作农业技术瓶颈、更好服务山西有机旱作农业发展,有力地发挥了农业技术优势和示范引领作用。同时,积极贯彻落实省委干部大调研活动要求,院党政主要负责人分别围绕运城果业出口基地建设和有机旱作农业发展,累计调研31天,共提出可行性建议9条;全院147名处级以上干部围绕调研课题,采取多种调研方式,最终形成调研报告124份。

二、实施“三大举措”,全面履行职责,认真落实年度目标任务

院党委坚持“管理为科研服务、科研为生产服务”工作思路,实施“建强班子、优化团队、整肃纪律”三大举措,从管理工作五个目标着手,依靠科研、推广、管理三支队伍,突出抓好科技创新、成果转化、人才培养、国际合作、决策咨询五大平台建设,各项工作取得了新进展。

建强班子。按照习总书记“要把从严管理干部贯彻落实到干部队伍建设全过程”的要求,加强干部选任管理,重点解决院所两级班子成员空缺、交流轮岗机制缺乏、干部干事创业动力不足等问题。组织全院支部书记、党务干部集中培训;对全院各处室、各单位领导班子和领导干部进行调研、综合研判;完成院管干部年度考核和试用期满考核;严格干部离任审计制度。院所两级班子的凝聚力战斗力执行力得到有效提升,干部队伍的精神风貌和干事创业的氛围日益浓厚。2017年2名优秀干部充实到院领导班子,1名同志被推荐为副厅级干部交流高校使用。从院外引进1名处级党务干部,从院内选调2名处级干部加强党务和管理工作。

优化团队。针对我院长期以来形成的科技力量分散、各自为战,形不成有效合力,科研创新能力不足等问题,按照国家和我省的重大战略需求、农业产业技术需求和企业发展需求,探索建立院所两级科研创新团队,打破院所建制和所与所之间的壁垒,集聚科技和人才资源,解决制约我省农业发展的重大问题,工作正在积极推进中。

整肃纪律。针对我院长期以来形成的政治意识淡漠、党性观念淡化、组织观念不强、纪律意识薄弱等六大纪律方面存在的突出问题,院党委在全院开展了整肃纪律专项行动,召开两次党委会对整肃纪律工作进行研究部署,开展了“明准则、知条例、守纪律”专题培训,两次派出6个督查组进行专项督查,组织专题培训1次,编发简报9份,通报违法违纪案例3起,纪律处分并开除1人。通过专项行动,全院干部职工遵守“六大纪律”的意识进一步增强,工作纪律明显好转。整肃纪律专项行动已进入查摆问题阶段。

同时,不断加强思想、组织、作风引领,在理论学习、舆论宣传、老干部工作、统战工作、群团工作、文明创建、综合治理等方面也都取得了积极成效,完成目标任务。2017年新增省直文明单位标兵2个、文明单位3个。

三、加强“三基建设”,落实主体责任,坚决贯彻全面从严治党各项要求

院所两级领导班子成员把加强“三基建设”作为强基固本、提升能力的战略举措和重要抓手,认真履行主体责任和“一岗双责”,突出问题导向、强化内部管理,切实把全面从严治党责任压实、压细、压常。

强化责任意识。院党委就落实“两个责任”组织党员干部进行集中专题培训,党委书记对院所两级领导干部进行集体约谈,层层签订责任书和承诺书,强化院所两级党组织和党政领导干部责任意识。通过专题学习、案例通报、集体约谈、警示教育等方式,加强从严治党责任意识,将管党治党责任落实到教育引领、选人用人、问责追责、作风建设、推动发展上。

狠抓责任落实。加强考核检查力度,对30个基层单位进行党的工作责任制落实情况年度考核及基层党建工作述职评议,并通过重点检查巡视整改、督查整改等重点任务责任落实,带动全面从严治党责任的落实。落实八项规定精神,两次修订完善《山西省农科院贯彻落实中央“八项规定”实施细则》,积极开展经常性及重要时间节点贯彻落实中央八项规定督促检查工作,重点检查公车使用、三公经费开支、办公用房等情况,通过狠抓落实,促进了我院日常风气的持续好转。从严从实管理干部,组织干部进行集中培训;重新修订了《山西省农科院院管干部选拔任用暂行办法》;对院属30个下属单位和17个机关处室的领导班子和领导干部落实党的工作责任制情况进行年度考核;组织副处以上领导干部如实填写《年度领导干部个人有关事项报告表》。落实巡视整改“回头看”工作,坚持“三看再深入”,全面盘点,逐一整改;同时,积极配合十一届省委对我院的专项巡视、坚决把巡视组的反馈意见照

单全收、立即整改、举一反三、严肃问责。

严肃责任追究。运用“四种形态”,开除党籍、开除公职1人,党内警告3人,诫勉谈话7人,函询12人,个人约谈5人,批评教育11人,提醒谈话1人;集体约谈机关各处室、院属各单位主要负责人63人;配合纪检组纪律审查15人。共受理群众信访举报16件,其中:移送纪检组3件、结案10件、暂存2件、立案审查1件。

(李海燕)

附:省农业科学院党委书记、副书记、委员名单

书　记:李　斌

副书记:乔雄梧　邢亚静(女,5月离职)

委　员:聂安全　张　强(7月任职)

李晋陵(7月任职)

省社会科学院党组工作概况

党组书记　李中元

山西省社会科学院是中共山西省委、山西省人民政府直属的全额拨款事业单位,是全省最大的的综合性哲学社会科学研究机构。

2017年,在省委、省政府和省委宣传部正确领导下,山西省社会科学院院领导班子带领全院党员干部和科研人员,认真学习贯彻习近平新时代中国特色社会主义思想,贯彻落实习总书记系列重要讲话特别是视察山西重要讲话精神,贯彻落实党的十九大和省委十一届五次全会精神,充分发挥省委、省政府“思想库”、“智囊团”职能作用,奋力推进哲学社会科学创新工程和现代新型智库建设,各项工作取得了较大成绩。

一、加强党对全院一切工作的全面领导,坚定履行主体责任,全面从严治党,为高举旗帜、围绕中心、服务大局提供强有力的政治和思想保证

院党组始终把党的政治建设和思想建设摆在首位,高度重视发挥党组中心组学习这一重要平台作用,把学习贯彻党的十八大和十八届三中、四中、五中、六中全会及习近平总书记系列重要讲话精神作为首要政治任务,认真学习领会党的十九大精神,在广大党员干部群众中牢固确立习近平新时代中国特色社会主义思想的指导地位。2017年全年共举行中心组扩大学习23次,党组书记带头讲党课、谈体会,党组成员积极发言,仅党的十九大后中心组成员就提交学习心得体会36份。坚持党组对全院一切工作的绝对领导,2017年3月专门召开全院党的建设工作会议,对加强党的全面领导、加强党的建设、全面从严治党作出安排部署。2017年5月,党组下发《关于推进“两学一做”学习教育常态化制度化和开展维护核心、见诸行动主题教育的实施方案》,要求全院党员干部在维护核心、见诸行动主题教育和推进“两学一做”常态化制度化中带好头、做表率。建立基层党组织书记抓党建工作问题清单、任务清单和责任清单;制定《党员干部直接联系群众制度》,明确院领导班子成员指导联系点支部(总支)抓好党员教育、管理、服务等工作,把“一岗双责”落实到实处。按照省委“一个指引两手硬”总要求,紧紧围绕“三去一降一补”、生态文明、国企改革、争做能源革命排头兵等省委、省政府重大安排部署,组织山西经济社会重大课题研究,精心编制年度课题指南,通过暑期集中调研、冬季行动、专题调研等多种形式,走基层、改作风、转文风,教育和引导全院党员干部、科研人员在政治上、思想上、行动上与中央、省委坚定保持高度一致。

二、牢固树立“四个意识”,认真执行“六大纪律”,坚决落实中央八项规定精神,不断推进党风廉政建设和反腐败斗争

强化《党章》《准则》《条例》等党内法规的学习教育,坚持不懈执行《省社科院党员领导干部五遵守五严禁十不准》,切实增强贯彻执行党规党纪的思想自觉和行动自觉。党组书记对班子成员、所处主要负责人,班子成员对分管部门负责人普遍进行了廉政警示谈话和谈心谈话;组织党员干部观看中纪委《永远在路上》等电视纪录片,不断加强警示教育。开展重要时间节点遵守八项规定精神和纠正“四风”专项督查等工作;为各部门发放《落实中央八项规定图解》,强化党员干部在外出调研、经费支出等日常工作中严格执行中央八项规定精神意识。对群众来信来访和上级部门批转的举报线索认真核查,提出处理意见;全力配合上级纪检机关对我院部分领导干部问题线索调查核实工作。

三、坚持党管干部原则,选好人用好人,不断加大人才引进和培养力度

坚持好干部标准,坚持德才兼备、以德为先,注重实绩、群众公认,在选拔干部过程中坚持民主、公开、竞争、择优和民主集中制的原则,2017年顺利完成了院职能部门部分主要负责人轮岗工作,实现了平稳过渡。在2017年职称评聘工作中,坚持职位职数公开、任职条件公开、竞聘人员名单公开、考察对象公开等,坚决落实群众的知情权、参与权、选择权、监督权,坚决做到公平公正。积极引进优秀高素质人才,不断加大科研人员培训力度,支持中青年科研人员在职深造,提高学历和科

研水平。2017 年完成了公开招聘工作人员工作,有 1 人出国培训,3 人在职攻读博士,2 人申报全省宣传思想文化系统“四个一批”人才称号。

四、实施哲学社会科学创新工程、推进现代新型智库建设,为全省经济社会发展提供决策参考和智力支持

先后制定、出台《山西省社会科学院 2016 ~ 2017 年度哲学社会科学创新工作行动计划》《2017 年省社科院实施哲学社会科学创新工程行动方案》《2017 年引进高层次人才实施计划》《2017 年推进创新工程重大项目》等,着力推进实施哲学社会科学创新工程。围绕山西融入京津冀、国企国资改革、争当全国能源革命排头兵、打造黄河长城太行三大新旅游品牌、优化营商环境等省委、省政府重大决策积极开展调研、组织专家研讨、召开新闻发布会,提出许多针对性强、有价值的决策建议,取得较好社会反响。牵头成立山西省智库发展协会(三晋智库联盟),发起筹建华北智库联盟,不断与国内外智库机构加强联系和交流。按年度编写、出版的《山西经济社会发展蓝皮书》已连续出版 16 年,2017 年又增加了《2018 年山西商务与经济社会发展蓝皮书》《2018 年山西税收与经济社会发展蓝皮书》,拓宽了蓝皮书的视野和范围。《口述申纪兰》《西沟口述史及档案史料(1938–2014)》(十卷本)于 2017 年 6 月由人民出版社出版,《马克思主义中国化在山西的理论与实践》《山西全面建成小康社会的理论与实践》《山西廉政文化探究》等 7 部基础理论研究成果也已由山西人民出版社正式出版。完成了 33 项院规划课题、11 项青年课题、41 项后期资助课题,承担的 2 项国家社科基金课题、7 项省软科学课题、3 项省社科联课题、24 项省哲学社会科学规划课题正在进行中。

五、顺利完成新院搬迁,扶贫工作扎实有效

2017 年 9 月,除图书馆外,全院顺利完成了新院搬迁,科研条件和办公条件得到极大改善,食堂、班车等运转正常。截至 2017 年 11 月,院定点扶贫河曲县巡镇大埝也村、桃山村共 19 户贫困户,人均收入 6000 多元,全部超过 3200 元脱贫底线,实现了脱贫目标。

(杨亚琳)

附:省社会科学院党组书记、成员名单

书　记:李中元

成　员:潘　云　宋建平　侯广章(6 月任职)　景世民

山西社会主义学院党委工作概况

党委书记　张云泽

2017 年,山西社会主义学院在省委坚强领导和省委统战部有力指导下,紧紧围绕省委、省政府决策部署,坚持正确的政治方向,努力发挥统一战线人才教育培养主阵地作用,圆满完成了各项工作任务。

一、深入学习宣传贯彻党的十九大精神,用习近平新时代中国特色社会主义思想武装头脑

把深入学习宣传贯彻党的十九大精神作为首要政治任务,迅速兴起热潮。一是组织干部职工集体收看十九大开幕盛况和记者见面会实况,传达学习中央、省委文件及省委十一届五次全会精神,对学院学习宣传贯彻十九大精神作出安排部署。二是及时购发学习资料,通过中心组学习、专题会议等形式,集中学习十九大报告、新修改的《中国共产党章程》等,学原文、读原著、悟原理,召开学习心得交流会。三是组织教师围绕“党的十九大与统一战线”总题目,认领专题,深入解读,给培训班学员讲好课,为干部职工作辅导。四是学院领导和处级干部在大调研和扶贫攻坚中深入神池定点帮扶贫困村,通过集中座谈、入户走访等形式宣讲十九大精神。五是通过网站、学报、微信群、电子屏以及制作宣传展板、开辟学习交流园地等,广泛宣传十八大以来历史性成就和十九大精神。

二、履行主体责任,全面加强党的建设

学院党委学习贯彻十八届六中全会精神和十九大精神,提高政治站位,把党建责任扛在肩上。

一是加强政治建设,始终与以习近平同志为核心的党中央在思想上政治上行动上保持高度一致。习总书记发表重要讲话,中央和省委召开重要会议、下发重要文件,学院党委都及时传达、组织学习,抓好贯彻落实,保证中央大政方针政策和省委决策部署在学院政令畅通、令行禁止。

二是加强思想建设,推进“两学一做”学习教育常态化制度化和开展维护核心、见诸行动主题教育。学院及时成立机构,制定方案,召开大会进行动员部署;学习习近平总书记系列重要讲话特别是视察山西重要讲话、“7·26”重要讲话精神,

学习《中国共产党章程》《关于新形势下党内政治生活的若干准则》《中国共产党党内监督条例》等党内法规制度，学习《习近平总书记的成长之路》《习近平的七年知青岁月》等重要书目；通过中心组学习、支部学习、到右玉干部学院集中学习等形式，进行集中学习、开展专题讨论，引导干部职工切实增强“四个意识”，维护党中央集中统一领导和习总书记核心地位；党委中心组全年集中学习12天12次，党委书记、党支部书记带头讲党课10人次，学院2次召开习近平总书记重要讲话精神学习交流会；各支部积极组织党员开展主题党日活动，“七一”前后赴彭真生平暨中共太原支部旧址纪念馆、太重集团展览馆，接受革命传统教育和爱国主义教育。

三是以“三基建设”为抓手，加强基层组织建设。学院成立领导组，制定实施方案，积极推进落实。坚持狠抓党支部建设，进一步完善制度，召开专题组织生活会，开展民主评议党员，定期开展谈心活动，进一步提高支部组织生活经常化、制度化、规范化水平。加强三基建设，夯实基础工作，在完善各项制度规定、明确岗位职责和工作标准、规范工作流程上迈出了坚实的步伐。加强干部队伍建设，通过分批选派干部、教师赴中央社院、哈尔滨工业大学、华侨大学等参加培训，选派干部参加省委统战部公文写作系列讲座，学院组织举办计算机网络应用及安全培训讲座，干部参加在线学习，学院干部能力素质得到提升。

四是加强对意识形态、网络安全的领导，牢牢掌握工作的领导权和主动权。学院成立意识形态工作领导机构，出台关于加强意识形态工作的意见，从教学培训、学报编发、网络宣传等方面加强意识形态工作。重视学院网站建设，发挥网站的宣传功能，密切关注网络安全。

三、加强教学培训工作，发挥统一战线人才教育培养主阵地作用

一是完成教学培训任务。全年举办培训班共11期(其中与兄弟单位联合办班3期)，培训学员600余人，圆满完成了省委统战部下达的培训任务，满足了统一战线相关单位的培训需要。另外，着眼于服务基层，学院教师13人次到市县授课，有效延伸了学院的职能作用。二是完善课程体系。围绕“习近平新时代中国特色社会主义思想”、“统一战线理论政策”、“履职能力和综合素质”、“国情省情”四大教学模块，确定80个课题，制定学院课程体系建设的实施意见。三是增设现场教学基地。2017年确定第二批12处山西社会主义学院现场教学基地名单，其中，右玉干部学院已经挂牌。四是继续做好选聘兼职教师工作。2017年新选聘10余名，全院兼职教师目前达到40余名。五是建立省市社院合作机制。作为学院改革创新任务，在省委统战部支持下组织人员到市级社院进行调研，召开全省首次社会主义学院工作座谈会，围绕省市社院资源共享、携手发展交流研讨，达成共识，形成纪要。

四、支持科研课题研究，积极开展中华文化交流

学院重视支持广大教师的科研工作，2017年取得新的成果。完成了省委统战部交办的山西自由职业人员统战工作调研课题，为全省新社会阶层统战工作出台文件、召开会议提供依据，建言献策；经省委统战部立项的统战理论政策研究3项课题全部结项，1项作为优秀成果获经费资助；学院教师在省级期刊发表论文23篇，1篇参会论文获优秀奖；《山西民主党派发展历程研究(民建卷)》出版，《教学科研资讯》编发6期。

作为学院科研展示的重要窗口，《山西社会主义学院学报》(季刊)紧紧围绕中央、省委部署及统一战线热点难点，新开设“砥砺奋进的山西统战”、“习近平新时代中国特色社会主义思想研究”栏目，刊发了有份量、有价值、有特色的文章60余篇，继续保持山西省一级(优秀)期刊和全国社院系统优秀学报的水准。

从学院实际出发，积极开展中华文化交流。一是办好“中华文化大讲堂”，举办题为“国学智慧与幸福生活”、“书法学习与欣赏”的中华优秀传统文化公开课。二是围绕中华优秀传统文化在两岸的传承，与台湾中国统一联盟等参访团开展2次“晋台文化交流座谈会”。三是组织教师围绕中华传统文化深入研究、撰写文章，在《山西社会主义学院学报》发表。

五、坚定不移全面从严治党，持之以恒正风肃纪

一是召开学院党风廉政建设大会，对党风廉政建设安排部署，签订2017年党风廉政建设责任书。二是开展廉政警示教育。组织收看《巡视利剑》《永远在路上》《打铁还需自身硬》《火种》《榜样》等专题节目，举办题为“耕读传家风，廉政是根本，一代廉吏于成龙”的廉政讲座和题为“学习民法总则，强化法治思维”的普法讲座，引导干部职工自觉遵守党纪国法。三是持续加强作风建设。学院制定出台进一步贯彻中央八项规定精神的实施细则，紧盯重要时间节点，加强节日期间监督检查工作。严格执行领导干部外出报备制度、请销假制度、请示报告制度和婚丧嫁娶等个人重大事项报告制度。四是全力配合巡视整改。聚焦去年巡视反馈意见，深入开展巡视整改自行“回头看”，巩固整改成果。全力支持配合省委专项巡视五组开展新一轮巡视，立说立行、即知即改。五是大力支持配合省纪委监委驻省委统战部纪检监察组工作，支持驻部纪检组对学院纪检巡察，做好相关整改工作，对党员和干部违纪违规问题严肃处理。

六、统筹兼顾做好各项工作，推动学院整体发展

一是扎实推进脱贫攻坚。党委6次召开专题会议研究扶贫工作，党委书记先后3次带领全院干部职工深入帮扶村实地调研指导，包村院领导按月按季实地督促。选优配强第二批农村第一书记按时交接，选派3名乡镇挂职干部一线锻炼。学院从有限公用经费挤出6万元支持脱贫攻坚项目。

二是进一步深化精神文明创建。重视学院精神文明建设，

引导干部教职工践行社会主义核心价值观。坚持教职工工间广播体操活动;组织单身职工参加省工会“鹊桥会”;为学院干部职工体检,积极开展“送温暖,献爱心”捐助活动。

三是重视普法教育和学法用法。坚持依法治国、依规治院、学法用法,举办2次普法讲座。健全完善学院无纸化学法用法考试系统,鼓励干部教职工参加普法考试。举办纪念宪法日活动,进一步提高法治观念。完善学院管理规章制度,提高依法依规管理水平。

四是加强社会治安综合治理,维护学院整体安全。健全领导机构,签订责任制,落实社会治安综合治理党政同责、一岗双责。与校园维护相结合,重视水电暖设施维护,重视日常的防火、防盗、保密、信访等工作,将不稳定因素消除在萌芽状态,努力创建平安校园。

五是做好离退休人员工作。2次召开座谈会向离退休人员通报情况、听取意见,春节前对离退休人员特别是老同志、生活困难老党员、参战人员入户慰问,想方设法解决离退休人员工资发放问题,为离退休人员购买学习书籍,保证了政治待遇和生活待遇的落实。

六是重视档案室、图书室建设。加强档案工作组织领导,进行文书档案整理归档,完成建院以来至2015年底全院档案整理工作。加强图书室投入,订购报刊、上架新书,做好兄弟社院院刊的利用保管工作,特别是加大投入,充分发挥“知网”的网上图书馆作用。

七是抓好新校区建设。积极配合省委统战部,做好新校区建设工作,经过两年建设,新校区主体工程已经竣工;成立新校区开办领导组和办公室,明确工作任务与职责;积极配合省财政厅,做好开办经费申报审核工作。

(胡艳波)

附:山西社会主义学院党委书记、委员名单

书　记:张云泽

委　员:李祥熙(4月离职)　胡晨光

省档案局(馆)党组工作概况

党组书记　阎默彧

2017年,在省委、省政府的坚强领导下,山西省档案局深入学习贯彻党的十九大精神和习近平新时代中国特色社会主义思想,深入学习贯彻省委十一届五次全会精神,认真落实习总书记视察山西重要讲话精神,紧紧围绕全省工作大局,认真落实中办、国办《关于加强和改进新形势下档案工作的意见》和省两办《实施意见》,积极推进《山西省档案事业发展“十三五”规划》,奋力攻坚克难,锐意改革创新,推动档案治理现代化水平和档案服务能力不断提升,全省档案事业取得新进展新成效。

一、从严治党全面推进

加强思想政治引领。2017年,山西省档案局深入贯彻党的十八大和十八届三中、四中、五中、六中全会精神,扎实开展“两学一做”学习教育常态化制度化、维护核心见诸行动主题教育,突出党建引领作用,全面加强理论武装。认真学习宣传贯彻党的十九大精神,制订实施方案,组织学习十九大报告和习近平新时代中国特色社会主义思想等,坚持在“学懂、弄通、做实”上下功夫;结合山西省开展的“万名干部大调研”活动将十九大精神宣讲延伸到基层。

严肃党内政治生活。珍惜政治“体检”机会,将政治纪律政治规矩挺在前面,全力配合山西省委专项巡视工作;组织全体党员认真学习贯彻新党章和“两准则四条例”等党内法规;严格落实“三会一课”制度,突出政治学习和党性锻炼,定期召开专题组织生活会和民主生活会,认真开展民主评议党员、主题党日活动。

强化党风廉政建设。严格执行中央八项规定,落实《山西省档案局贯彻落实中央八项规定实施细则》;以上率下传导压力,签订《党风廉政建设责任书》《廉政承诺书》,建立《干部廉洁档案》;抓住重要节点开展自查,发出廉洁文明过节的通知,坚决杜绝“节日腐败”。

加强意识形态工作。成立领导小组,制订实施方案,结合精神文明创建,牢牢守住机关意识形态阵地。

二、档案服务工作成效显著

服务政治大局能力增强。2017年,山西省档案局努力找准档案工作切入点和着力点,奏响档案强音,贡献档案力量。根据《山西日报》相关报道汇集编印《骆惠宁同志工作活动剪辑》,得到省委相关部门肯定。围绕山西省委在推进“两学一做”学习教育常态化制度化中加强“三基建设”(即基层组织、基础工作、基本能力)的决策部署,密切配合、制定方案、明确措施,推进全省党政机关规范文书和档案管理。

服务经济社会再创新高。2017年,山西省档案局继续积极为我省经济转型和国企改革提供服务,以深入贯彻落实国家档案局10号令为主线,以企业档案资源建设为核心,连续7年对省属企业进行档案工作年度目标考核工作,通过在省属企业之间开展“结对子”活动,形成互助共进,整体推进的良好态势。2017年1月正式出台《重大建设项目档案验收规范》,填补了我省重大建设项目档案验收标准规范的空白,进一步规范了我省重大建设项目档案验收工作,确保重大建设项目档案的完整、准确、系统、安全及有效利用。围绕全国第二届青年运动会,山西省档案局及早谋划,主动介入,为筹备工作提供档案基础保障。强化对各级各类党政机关、社会团体、企事业单位档案工作业务监督指导,通过开展档案工作规范化管理活动,不断提升档案管理水平。在服务社会主义新农村建设方面,截至2017年,共完成14个社会主义新农村建设档案工作示范县和17个示范单位建设,其中霍州市、柳林县成功创建全国社会主义新农村建设示范县。

服务文化建设成果丰硕。2017年,山西省各级档案部门大力推进档案文化建设,拓宽与社会各方面合作渠道,充分利用档案信息资源,打造档案文化精品。贯彻习近平总书记“让历史说话,用史实发言,深入开展中国人民抗日战争研究”重要指示精神,山西省档案局按部就班、认真推动全省《抗日战争档案汇编》编纂工作开展,并于2017年举办了抗日战争档案汇编暨档案鉴定划控工作轮训。同时,充分发挥档案“存史育人”的重要作用,开展“档案文化进校园”活动,结合档案史料,讲述档案故事、传播档案文化。

三、档案法治水平持续增强

法规制度体系不断完善。2017年,出台《山西省档案局关于进一步改进和加强机关档案工作的实施意见》,规范机关档案工作开展。按照山西省政府办公厅要求,对1949年以来由山西省档案局起草省政府印发的现行有效文件和由省档案局制定或与其他部门联合制定的档案规范性文件进行全面清理,适时废止了一批过时的规范性文件。各级档案部门加强重点领域档案规范性文件制定,对推动全省档案事业健康发展发挥了政策引导和支撑作用。

行政执法机制逐步健全。全省各级档案部门深入贯彻“放管服效”改革要求,加快政府职能转变,简政放权,强化对权力运行的制约和监督,开展行政权力清单和行政职权责任清单的编制工作,并加强权责清单运行管理。2017年,山西省档案局配合省政府督查室,对各市和部分省直单位贯彻落实《山西省重大活动档案管理办法》情况进行督查,有力地推动了全省档案事业的发展。从2017年开始,山西省档案局计划利用三年时间进行“全覆盖、无死角”的档案执法监督检查,其中2017年完成对省直72家单位的检查,取得明显成效。各市档案局也不断强化行政管理职能,档案行政执法形成常态。与此同时,2017年全省各级档案部门普遍建立法律顾问制度,充分发挥法律顾问在制定重大行政决策、推进依法行政中的积极作用,提高档案部门依法办事能力。

档案法制宣传大力加强。2017年,山西省各级档案部门抓住“6·9”国际档案日、“12·4”全国宪法日等有利时机,充分借助媒体作用,广泛开展法治宣传,档案工作的社会影响力不断扩大。

四、“三个体系”建设稳步实施

馆藏档案资源不断丰富。认真贯彻落实国家档案局8、9、10号令,全省各级各类档案部门持续推进档案资源体系建设,归档范围更加明晰,归档措施愈发有力,归档质量逐步提升,档案资源不断丰富。2017年,山西省档案馆共计接收6706卷(件)档案和2428件(册)政府公开信息进馆。完成民国档案9099卷,革命历史档案21279卷、12816件,共计2032255页档案的划控鉴定工作。

档案安全责任有效落实。2017年,山西省档案局紧紧围绕确保档案实体安全和信息安全这个中心,从加强基础设施建设、提升从业人员安全意识、强化安全制度落实、筑牢安全防御体系四个方面入手,狠抓责任落实,确保各项工作落到实处,未发生一起档案安全事故。制定档案安全工作方案,通过签订安全责任书、划分安全责任区等方式,强化档案安全责任考核,并建立档案安全事故问责办法,对失职渎职的部门和个人依纪依规严肃处理。

利用服务水平普遍提高。2017年,山西省档案局开展“党员先锋行”活动,加强利用服务窗口建设,实行档案查阅首问责任制,为利用者提供精准便捷的人性化服务,2017年接待社会各界档案利用者3204人次,查阅档案10594卷,资料2957册,为我省经济建设、编史修志、落实政策、调解纠纷、学术研究等提供了大量详实的第一手资料。

五、档案信息化建设快速发展

信息化整体水平显著提高。山西省档案局多媒体档案管理系统项目于2017年竣工,具备了接收、管理包括音、视频在内的各种门类档案的能力。结合国家档案局“十三五”规划中信息化建设内容和我省信息化建设规划,制定了“全省档案信息化建设五年规划”,对山西省2018年至2022年档案信息化建设提出了宏观目标和具体要求,指导全省档案信息化工作的开展。

档案数字资源建设加快推进。山西省档案局连续三年进行馆藏纸质档案的整理和全文扫描工作,截至2017年底已完成全文扫描约300余万页、近500万画幅,其中100余万页已挂接局域网系统,可对外提供利用。市、县档案馆中档案目录数字化工作全面开展,全文数字化工作覆盖率快速提升。

数字档案信息安全建设更加完善。山西省档案局针对局域网系统及门户网站采取合理的备份策略,保障数据安全,并通过加强设施技术保障等手段,不断提升档案信息的安全防护能力。各级档案部门也同步强化数字档案安全防护,对馆藏重要档案数据积极开展异地备份,为馆藏档案信息安全筑起了"防火墙"。

六、档案安全保障能力大幅提高

档案馆库建设进展顺利。2017 年,山西省档案馆新馆建设在省委、省政府大力支持下取得重大突破,可研报告获省发改委批复,土地不动产权登记证办理完毕,新馆占地约 66 亩,总建筑面积 5.4 万平方米,总投资近 4 亿,各项工作正在快速推进;市级档案馆新馆建设成绩喜人。县级档案馆积极响应国家中西部县级综合档案馆建设规划,中央已批准建设的 52 个项目中,23 个已建成启用,14 个主体完工,3 个已开工建设。

国家重点档案保护与开发有序开展。2017 年度国家档案局批复我省国家重点档案专项资金任务预算 249 万元,涉及国家重点档案文件级目录 61 万条的编制工作。全省档案的抢救修裱保护条件得到改善,技术得到提升。

七、档案干部队伍建设全面加强

干部培训工作有力推动。山西省档案局着力打造学习型机关,狠抓学风建设,以"山西兰台大讲堂"为平台,充分利用局机关和省内优秀教师资源,对省直机关、企事业单位档案从业人员及省局新公务员开展档案学基础理论培训,截至 2017 年底共计 2600 多人次参加学习;活用高校"高智"资源,认真组织干部选学工作,开设以国学和传统文化为主题的处级干部能力素质培训班;与省委组织部联合开办全省档案信息化建设专题培训班,收到很好的培训效果。

干部队伍素质稳步提升。2017 年,各级档案部门认真落实全面从严治党要求,结合档案工作实际深入"两学一做"常态化制度化学习教育,档案干部的政治站位不断提高,政治素质逐步提升。以"万名干部大调研"活动为载体,扑下身子、沉到一线,转变了工作作风,提高了工作本领。各级档案部门通过公开招录,充实档案新生力量,增强了工作活力。针对各领域档案人员的不同需要,通过组织形式多样的业务培训,切实提高一线档案人员的专业素质和服务能力,全省干部队伍的整体素质显著提升。

(孔跃宏)

附:省档案局(馆)党组书记、成员名单

书　记: 阎默彧

成　员: 王保国(7 月离职)　邢利民(7 月离职)
樊秀清(7 月任职)　孔凡春

省煤炭地质局党委工作概况

党委书记　卫洪平

2017 年,中共山西省煤炭地质局委员会以习近平新时代中国特色社会主义思想为指导,深入学习贯彻党的十九大精神、省第十一次党代会和省委十一届五次全会精神,在省委正确领导下,不断推动全面从严治党向纵深发展,为山西煤炭地质事业创新驱动、转型升级提供了坚强保证,全局各项工作稳中有进,圆满完成省年度目标考核各项任务。

旗帜鲜明讲政治,进一步加强了思想建设和政治建设。局党委突出强调"必须旗帜鲜明讲政治",引领全局各级党组织和党员干部把讲政治贯穿到党性锻炼和工作全过程,树牢"四个意识",坚定"四个自信",在思想上政治上行动上同以习近平同志为核心的党中央保持高度一致。坚持用习近平新时代中国特色社会主义思想武装头脑,把学习宣传贯彻党的十九大精神作为重大政治任务和工作主题,在学懂弄通做实上下功夫。进行专门部署,组织专题培训,班子带头学习、带头到基层宣讲,各级党组织丰富方式方法,大力推动十九大精神进基层、到一线,入脑入心。不断提高党员干部政治站位,及时传达学习贯彻中央和省委重要会议、重要党内法规及文件精神,特别是学习贯彻习近平新时代中国特色社会主义思想;落实意识形态工作主体责任,引导党员正确发声;推进"两学一做"学习教育常态化制度化,开展"维护核心、见诸行动"主题教育,制定落实习总书记视察山西重要讲话精神的实施方案,组织全局学用习总书记系列重要讲话精神交流会,党组织书记带头讲党课,党员积极撰写学习体会,深刻领会习近平新时代中国特色社会主义思想,做到思想上拥戴核心,政治上维护核心,行动上紧跟核心。

围绕大局,全面落实省委决策部署。局党委加强党对经济工作的领导,围绕我省建设资源型经济转型示范区和打造能源革命排头兵战略部署,坚持大地质、大生态、大服务理念,积极推进创新驱动、转型升级。地质找矿成果显著,完成省级地勘基金勘查项目 6 个,提交煤炭资源储量 26.1 亿吨,提交煤层气资源储量 1086.7 亿立方米;《山西煤中微量元素的赋存规律与评价》项目首次全面评价我省六大煤田煤中微量元素的赋存规律,圈定了下一步工作靶区,对全省煤炭综合利用具有重要指导意义。新能源勘查取得突破,完成《煤层气、页岩气资源潜力综合评价及共探共采选区研究》,勘查发现榆社—武乡超大型气田，预测深部煤层气、页岩气资源量5456亿立方米，为我省煤层气、页岩气、致密砂岩气“三气”共探共采建立了科学方法体系。大地质服务格局初步构建，发挥专业优势，服务地方经济建设，开展运城、呼伦贝尔等城市地下管线普查，潞城等市县地名调查，完成西山官地煤矿、汾西柳湾煤矿矿山地质环境专项调查及7个市县地质灾害详细调查，在全省50多个市县实施农村土地确权，社会地质领域不断拓展。科技创新水平显著提升，建成全国首家“地球物理院士专家工作站”和省科协“院士专家工作站”；2个职工创新工作室示范引领作用突出；成功研制垂直救援救生舱和生命探测器，填补了我省该领域空白；获得国家发明专利2项、实用新型专利4项。精心组织干部大调研活动，对全局深化改革、转型发展提出了卓有成效的意见建议；推进各院走出去对标先进找差距，调思路，谋发展；加大对外合作力度，与国新能源、蓝焰公司合作成功中标两块煤层气探矿权，与华北油田分公司加强油气勘探工程领域战略合作，与中国矿业大学、太原理工大学等共建科研平台联合科技攻关，进一步激发转型发展内生动力。把帮扶脱贫工作摆在重要位置，配优配强驻村队员、第一书记、挂职干部三支队伍；局领导带队入户，163名干部结对帮扶岢岚县温泉乡205户贫困户；投入自有资金198万元，其中党费列支32万余元支持村党支部建设和筹建“党员合作社”，得到当地政府和百姓好评；1个村整村脱贫，3个村完成整村搬迁。

党风廉政建设和反腐败工作深入推进。局党委从严从紧落实主体责任，扎实推进党风廉政建设和反腐败工作。不断巩固落实中央八项规定精神成果，制定《关于贯彻落实中央八项规定精神的实施细则》；开展落实八项规定精神“回头看”；紧盯重要节点严明纪律要求，防止“四风”隐形变异、反弹回潮；系统开展“一《章程》两《准则》六《条例》”等党规党纪学习，规范党员干部行为。党内监督不断增强，局党委班子自觉接受驻厅纪检监察组监督；定期听取党建和党风廉政建设工作情况汇报，开展书记集中约谈；压实班子成员“一岗双责”；党支部严格落实两个责任“六定”制度，建立起环环相扣的责任链；成立局机关纪委，进一步完善监督体系。从严从实正风肃纪，运用监督执纪“四种形态”特别是第一种形态，开展批评教育、函询诫勉，对于违规违纪人员给予党纪政务处分，形成强有力的警示。

巡视整改扎实有效。局党委始终坚持问题导向，把整改过程变成转作风、提效率、全面从严治党过程。研究制定“三个清单”将巡视整改与巡视整改自行“回头看”一同推进。层层压实责任，局党委班子带头，全局各级党组织对我局在落实主体责任方面的深刻教训再反思、再教育，增强了落实主体责任的政治责任感；局党委会议通过定期听取牵头领导汇报、组织阶段性自查督促整改进度；认真开展党组织书记述职评议考核，推动全面从严治党责任向基层延伸。推进标本兼治，进一步健全了制度体系，就内控体系运行和相关制度落实开展大检查，扎紧扎密制度笼子。严肃党内政治生活，批评和自我批评成为常态；局党委班子成员带头落实双重组织生活会制度，坚持以普通党员身份参加所在党支部组织生活；强化对离退休党员和冬季放假期间野外一线党员的管理；加强“三基建设”，工作效能不断提高；局机关带头开展“抓学习、提素质、转作风、树形象”活动，作风形象进一步改善。

基层组织建设成效明显。全局各级党组织进一步增强政治功能，提升凝聚力战斗力，为转型发展提供了坚强组织保证。加强自身建设，圆满完成局党委换届工作，选举产生了新一届党委班子；部署全局各党支部圆满完成换届任务，配齐配强了支部班子。开展“树专业精神 强‘三基’建设”主题实践，全局各及基层党组织强弱项、补短板，基础工作不断规范；倡导党务干部树立专业精神，从清理收缴的党费中支出85万元用于党支部建设，20万元用于党务干部培训，对基层组织工作的支持保障力度明显加大；建立局领导定点联系基层党支部制度；党支部坚持落实好“三会一课”等基本制度，普遍开展“主题党日”活动，党组织的政治功能不断增强。修订局党委《议事规则》，明确“三重一大”议事清单，规范决策程序，增强班子凝聚力、决策力、战斗力；加强对全局科技创新、经营管理、安全生产工作的研究部署，局党委领导经济工作的能力进一步提升；召开全局科技创新大会表彰奖励创新先进集体和个人，加大宣传引导力度，营造了鼓励创新、担当负责的良好氛围。

干部队伍建设不断加强。立足事业健康发展需要，局党委坚持以高标准选拔使用、严要求管理监督干部。树立鲜明选人用人导向，坚持突出政治标准，事业为上、公道正派选任干部，选优配强了下属单位领导班子；把提拔重用政治素质高、业务能力强、成绩突出的高中级专业技术人才作为实施人才战略的重要举措，将在专业技术领域成绩突出的同志提拔到重要领导岗位；注重在基层一线、在转型发展实践中检验和识别干部。加大干部培养和激励力度，对干部进行轮岗交流，给年轻干部提供了锻炼机会；将干部专题研修延伸到基层各单位优秀科级干部；修订年度目标责任考核办法，建立干部干事创业激励机制和改革创新合理容错制度，积极营造干部担当作为的良好氛围。加强对干部的经常性管理监督，及时掌握干部思想动态，抓早抓小解决问题；加强干部经济责任审计结果在干部选任中的应用；进一步落实领导干部个人有关事项报告制度，形成多措并举的管理监督体系。

2017年，全局实现总收入11.9亿元，职工收入稳中有增，安全生产指标全面完成，群团工作积极推进，离退休干部管理和服务进一步加强，法治建设扎实开展，平安局院建设持续推进，精神文明建设水平不断提升，全面从严治党向纵深推进，正能量有效汇集，形成了风清气正、干事创业、创先争优的良好氛围。

（赵晓彦）

附：省煤炭地质局党委书记、副书记、委员名单

书　记：卫洪平

副书记：王学军　王宏伟(2017年1月任山西省援疆前

方指挥部副总指挥、临时党委副书记,新疆生产建设兵团五家渠市党委常委、副师长) 李兴武(12月任职)

委　员:张晓峰　宋　儒　张学彦(5月任职)
张胤彬(5月任职)

省地质勘查局党委工作概况

党委书记　翁金明

山西省地质勘查局是省政府直属的正厅级事业单位。全局共有职工1万余人,县级事业单位19个,分布于省内各地。建局以来,通过几代地质人艰苦卓绝的奋斗,勘查评价了山西的62个主要矿种,发现煤、铝、铜、金、铁、锰等140余处大中型矿产地。全局现有基层党组织149个(包括13个党委、6个党总支、127个党支部),党员2667人。

2017年,在省委、省政府的坚强领导下,局党委坚持以习近平新时代中国特色社会主义思想为指引,深入学习贯彻党的十九大精神和习近平总书记视察山西重要讲话精神,认真贯彻落实省委、省政府决策部署,积极践行新发展理念,统筹推进全局各项工作,地质找矿取得丰硕成果,地勘经济稳中向好,党的建设不断加强,地勘队伍和谐稳定,党建工作扎实推进,干部作风进一步转变,为全局各项工作任务的有序推进提供了坚强的思想政治组织保证。

一、领导班子和干部队伍建设不断加强

着力加强思想政治建设。扎实推进"两学一做"学习教育常态化制度化,开展维护核心、见诸行动主题教育。召开了全局视频动员大会、下发了实施方案、重点任务清单。在全局组织开展"两学一做"网上知识竞答活动。汇编局开展主题教育和学习教育17个典型案例,供广大党员干部学习交流使用。印发了《省地勘局深入学习贯彻习总书记视察山西重要讲话精神的实施意见》。接受省直工委调研督导组对我局的调研督导,同时成立学习教育和主题教育督导组,通过近一个月的时间对局属19家单位进行了专题督导。组织职工集体收看党的十九大开闭幕会,局党委成员带头宣讲十九大精神。在全局开展干部大调研活动,着力破解转型发展难题。通过一个时期的学习教育,全局广大党员理想信念进一步坚定,政治意识、大局意识、核心意识、看齐意识不断增强,清风正气逐步树立,更加严守政治纪律政治规矩,更加勇于担当作为,在全局生产、工作中发挥了先锋模范作用。

领导班子和干部队伍建设不断加强。局党委严格党内政治生活,认真贯彻执行民主集中制,班子成员精诚合作,党政领导齐抓共管,自觉维护班子的权威,局党委科学决策、民主决策、依法决策水平不断提高。局党委中心组带头执行政治理论学习制度,全年组织党委中心组学习19次。对局属各单位领导班子进行充分综合分析研判,完善部分单位领导班子,提任交流正处级干部3名、副处级干部5名,调整交流副处级干部1名;配合人事处完成了57名干部调动工作,干部队伍知识结构、年龄结构进一步优化。严格干部管理,严格了干部监督制度,完成了152名处级领导干部个人有关事项录入、上报工作。加强干部培训教育,坚持开展干部在线理论学习,先后组织41人参加了各级党校政治理论和业务培训。

二、扎实推进"三基建设"

基层党组织建设不断加强。坚持"三会一课"、主题党日活动、双重组织生活、警示教育、民主评议、谈心谈话等制度,用制度保障工作成效。建立基层联系点制度,定期开展走访和慰问老党员、困难职工的活动,提升党组织凝聚力。加强支部书记培训,选优配强基层组织带头人,安排40名党支部书记参加了省直工委组织的党支部书记轮训班。局属各单位自行组织,通过邀请党校教师开设道德讲堂等方式,对党支部书记进行培训。进一步加强党费收缴、使用和管理的规范化。制定《山西省地质勘查局关于清理收缴党费使用具体方案》,规范了补缴党费的具体使用项目。按照要求,清理收缴党费的20%用于脱贫攻坚。经局党委会议研究,已拨付24万元用于我局扶贫点大同县许堡乡壮大集体经济、贫困村党支部活动场所的维修、党员教育和党日活动的开展等。不断加强党员干部能力建设,充分发挥党员队伍先锋模范作用。

提升基本能力,加强队伍建设。加强党员干部能力建设,着眼提高政治素质、拓宽知识事业、增强业务本领,强化基本能力精准培训,有针对性地提高通用知识和专业知识水平,做到人岗相宜。开展干部基本能力分析评价,对机关、事业单位试用期满的新录用、招聘人员,开展基本能力测评工作。

抓好基础性工作落实,加强机关效能建设。编制职能部门基础工作目录、制定工作运行流程图,形成以组织机构、工作任务、管理制度和考核检查为主要内容的管理手册。积极推进科学化、精细化管理,加强基本数据信息等各个方面的基础管理工作。提高各项工作透明度,明确和规范各项业务的办理程序,做到制度、程序、措施和责任"四公开",主动接受社会各界监督。全面推行岗位责任制、首问负责制、服务承诺制、限时办结制、AB岗制、责任追究制等制度。

三、党风廉政建设深入开展

党风廉政建设深入开展。将党风廉政建设纳入全局总体责任目标,与经济工作同部署、同检查、同落实、同考核。通过召开干部廉政大会和推进会、签订责任书、督查指导、典型引导等方式,明确了责任,传导了压力,确保了"两个责任"落到

实处。健全完善“一把手负总责、分管领导各负其责、班子成员齐抓共管、纪检部门组织协调”的领导体制和工作机制。召开全局党风廉政建设工作视频会议，与局属单位签订了党风廉政建设主体责任书。列出党委主体责任清单和党委书记三个清单。加强干部廉政警示教育，进一步加强作风建设。在全局开展反四风问题“回头看”专项监督检查，加强节庆日监督检查。把纠“四风”与树新风、传承“三光荣”传统结合起来，教育引导广大职工群众摒弃陈规陋习，树立新风正气。扎实开展巡视整改自行“回头看”。向省委巡视办报送整改报告及相关统计。修订完成《局进一步贯彻落实中央八项规定精神实施细则》。省委巡视办内部刊物《晋巡参考》以《“回头看”新成效 推动地勘事业不断发展》为题，对我局自行“回头看”工作给予了肯定。

法治建设全面推进。健全法治领导体制，明确法治建设第一责任人职责，调整法治领导小组成员，确定2017年法治工作思路。完成法律顾问制度建设，13家局属单位设立法律顾问。加强社会治安综合治理，建立健全综治领导机构，签订责任书17份，健全综治工作机制。在全局各级党组织中全部设置了统战委员，选派1名党外处级干部参加省直机关党外干部“凝心”理论培训。局党委支持工青妇群众组织结合实际，开展丰富多彩的活动。

四、文明创建工作深入推进

文明创建工作深入推进。深入开展社会主义核心价值观教育和精神文明创建工作，开展了“道德讲堂进工地”等多种教育形式，在全局积极培育和践行社会主义核心价值观，开展“砥砺奋进的五年”主题宣传，全面提高职工道德素质，形成了知荣辱、讲正气、作奉献、促和谐的良好风尚。配合省直文明委对我局2016年文明单位验收，6家单位获文明单位标兵，9家单位获文明单位。对2016年对外宣传先进单位和个人给予了表彰。积极引导各单位开展对内宣传报道，各单位宣传工作者全年在局网站发稿800余篇，图片2600余幅，及时报道了各单位工作进展情况。重视离退休工作，加大了活动场所建设力度，保证了离退休职工各项待遇的落实。

牢牢掌握主流意识形态主阵地。成立意识形态工作领导小组、网络安全和信息化领导小组，成立局网评机构和网评员队伍。建立研判、上报、监督检查制度，明确要求党委书记做到“三带头”“三亲自”。推进地勘文化建设，弘扬地质行业“三光荣”精神，利用道德讲堂等形式对全局干部职工进行党的知识教育、社会公德、职业道德、家庭美德和社会主义荣辱观教育，在全局构建富有行业特色的地勘文化；不断创新宣传方式方法和平台载体，占领舆论制高点。

工团组织作用进一步发挥。坚持执行职工代表大会和队务公开制度，有效保障了职工民主管理、民主决策、民主监督权利。关心职工生活，建立健全了困难职工信息档案，向特困家庭发放各类救助资金20余万元、送温暖资金50余万元。积极开展职工互助医疗帮扶工作，全局8个单位近4000名职工参加了由全国总工会、省总工会组织的“在职职工互助保障活动”体系。大力弘扬劳模精神，激发广大职工立足岗位争当模范。组织开展形式多样的文体活动，在省总、省直工会举办的乒乓球、书法、摄影等比赛中均取得佳绩，展现了地勘队伍良好精神风貌。

（李耿为）

附：省地质勘查局党委书记、副书记、委员名单

书　记： 翁金明(12月离职)　彭东晓(12月任职)

副书记： 李俊敏

委　员： 韩晋生　潘海燕(女,2月离职)
卫继周(4月离职)　马斅民　王润福
江　荣(6月任职)

省农机局党组工作概况

党组书记　王进仁

山西省农机局共有基层党组织52个，其中党委4个，党总支部5个，党支部43个，共有党员597名。

2017年，全省农机部门在各级党委政府的正确领导下，围绕“兴农机、强农业、富农民”，以绿色发展为导向，以改革创新为动力，以农机化供给侧结构性改革为主线，凝心聚力、砥砺奋进，开拓创新、担当作为，圆满完成了各项工作任务，全省农机化发展取得明显成效，为山西现代农业建设乃至经济社会发展全局作出积极贡献。

一、学习贯彻党的十九大精神和习近平总书记视察山西重要讲话精神，认真履行党组主体责任，全面从严治党

（一）认真学习宣传贯彻党的十九大精神。一是组织党员干部收看党的十九大会议召开盛况，第一时间学习习总书记所作的十九大报告和在新一届中央领导会见媒体时的重要讲话精神。制定了局党组中心组和党员干部学习计划，邀请省委党校专家作十九大专题讲座，组织处级干部收看杨晓渡同志宣讲报告，组织处级干部集中自学，读原文、学原著、悟原理，深刻理解党的十九大提出的一系列新论断、新思想、新部署、新要求，增强政治自觉，提高政治站位，切实在学懂上下功夫。二是组织局党组成员和各总支、支部开展学习贯彻十九大精

神专题研讨,交流学习心得体会,切实在融会贯通上下功夫。三是将学习贯彻党的十九大精神与全省万名干部大调研活动结合起来,坚持带着问题、带着题目、带着感情,从服务基层、服务农民的角度出发,深入开展调研,研究分析问题,提出思路举措,真正在做实上下功夫。四是深入开展"维护核心、见诸行动"主题教育,推进"两学一做"学习教育常态化制度化,引导党员干部增强"四个意识"、坚定"四个自信",坚定维护以习近平同志为核心的党中央权威和集中统一领导,在思想上政治上行动上与党中央保持高度一致。

(二)深入贯彻落实习近平总书记视察山西时的重要讲话精神。认真传达学习习总书记讲话精神,深刻理解把握习总书记对山西经济社会发展提出的总体要求和"五大任务",坚持把解决好农业、农村、农民问题作为农机化工作的重中之重,着力抓好电动农机、丘陵山区、畜牧业和高效设施农业机械化以及主要农作物全程机械化等重点工作,全面提升农机装备水平、作业水平、服务水平和安全生产水平。研究制定政策措施,在助推和服务山西农谷、雁门关农牧交错带和运城果业出口平台三个省级战略,以及忻州杂粮、长治有机旱作、城郊农业发展中发挥农机化的重要作用。

(三)扎实推进全面从严治党。一是认真落实全面从严治党主体责任。先后召开全省农机系统党风廉政建设会、局直系统党建工作部署会、"维护核心、见诸行动"主题教育动员会、半年工作会,对全面从严治党进行了部署和推进,推动全省农机系统领导干部增强"四个意识",坚定"四个自信",严明政治纪律和政治规矩,始终在思想上政治上行动上与党中央保持高度一致。二是加强党风廉政建设。先后组织学习中纪委、省纪委有关会议精神和习近平总书记关于全面从严治党系列重要讲话,学习《关于新形势下党内政治生活的若干准则》等党内法规,教育党员干部知敬畏、明规矩、守纪律。及时传达违纪违法案件通报,组织收看《巡视利剑》《作风建设永远在路上》等警示教育片,以典型案例提醒党员干部引以为戒,警钟常鸣。建立局党组成员每季度汇报党风廉政建设情况制度,及时发现问题、分析情况、研究对策。三是认真贯彻落实中央八项规定精神。严格按照"四个对照"要求,深入查摆问题,认真制定问题清单、任务清单和责任清单,反复研究、制定出台《中共山西省农机局党组落实中央八项规定实施细则》。传达学习习近平总书记关于"四风"问题新表现的批示精神,要求党员干部认真对照检查整改。四是加强权力制约。在重大问题决策方面,局党组召开会议,对主题教育、"三基建设"、意识形态工作、社会综合治理、信息网络安全、机关保密、农机安全生产等重大问题进行认真研究。在重大农机项目投资方面,坚持在充分调查和专家论证基础上,由局党组集体研究安排。先后对农机购置补贴、农机深松整地作业补贴、农机化综合示范县建设等10多项重大项目进行了研究。在大资金使用方面,局党组先后对目标责任考核奖、精神文明奖等资金发放进行了集体研究。五是强化监督执纪问责。紧盯元旦、春节、国庆、中秋等重要时间节点,对局直系统落实中央八项规定精神进行了督促检查。先后两次督促检查局直系统党风廉政建设情况。妥善处理6起信访案件。按照纪律处分条例,对严重违纪违法的4名处级干部、1名科级干部给予了党纪处分。六是扎实推进"三基"建设。基层组织建设方面,指导2个直属单位党组织和局机关团委、工会完成了换届工作;新发展5名党员;安排20名党支部书记参加了省直工委的集中轮训;对局直单位所有支部书记开展了业务培训。基础工作方面,制定了单位工作目录、应知应会手册、便民服务手册、管理手册和重点工作运行流程图,建立了30多项机关内控制度和8项效能建设制度;按时按要求办结13710督办任务,其中6件得到"优秀"评价,2件得到"良好"评价。基本能力方面,制定了《山西省农机局干部通用能力和专业能力建设标准》;举办了公文写作业务培训和干部基本能力竞赛。七是加强意识形态管理。认真贯彻落实《党委(党组)意识形态工作责任制实施细则》和《党委(党组)网络意识形态工作责任制实施细则》,组织成立意识形态工作领导组,明确责任,细化分工,把意识形态工作同农机化业务工作同安排同部署。全面落实意识形态工作责任制要求,把意识形态工作纳入领导班子民主生活会的重要内容。定期分析研判干部职工思想动态,及时发现问题、及时解决问题。加强微信群等网络舆情监测,对一些苗头性、倾向性问题做到早预见、早发现。加强对山西农机化信息网以及微信微博等新媒体平台的利用,牢牢把握新闻报导主动权,始终弘扬主旋律,传播正能量,营造农机系统良好舆论氛围。

二、加强工作创新,狠抓重点工作,年度各项目标任务全面完成

(一)精准规范高效实施农机购置补贴政策。按照农业部"缩范围、控定额、促敞开"的改革思路,将农机购置补贴品目由46个缩减为44个,补贴范围更加聚焦重点;取消了农民购机后须在7个工作日内办理核机手续的限制,申请补贴更加方便;在省政府新闻发布平台举办农机购置补贴政策新闻发布会,补贴信息更加公开透明;与省财政厅联合印发《关于做好农机购置补贴违规查处工作的通知》,补贴实施更加规范有序。2017年,全省共落实中央农机购置补贴资金4.186亿元,扶持4.1万户购置5万台件农机具。我局被农业部评为"落实强农惠农富农政策(农机购置补贴)延伸绩效管理优秀单位"。

(二)加快推进主要农作物全程机械化。共建设全程机械化示范点74个,示范推广"1+6"(小麦+玉米、马铃薯、高粱、胡麻、莜麦、谷子)主要农作物全程机械化关键环节急需技术装备1.2万台。投入2000万元,扶持20个县、39个乡、84个村开展率先实现农业机械化综合示范创建活动。2017年,全省主要农作物耕种收综合机械化率达到68.1%,比上年提高1.5个百分点,超出全国平均水平2.1个百分点。清徐、左云等10个县已基本建成率先实现农业机械化综合示范县。岚县被农业部确定为全国第二批基本实现主要农作物生产全程机械化示范县。

(三)扎实开展农机合作社资产收益扶贫工作。省级投入

660万元专项资金，争取各市和贫困县整合资金4900多万元,在44个贫困县建立125个农机合作社资产收益性扶贫试点,吸纳和带动贫困户5200余户、贫困人口1.5万人,实现可分配收益350.8万元,为贫困户户均分红近700元。

(四)精心培育农机化经营主体。全省新发展农机专业合作社48个、农机大户214个。培育农机示范合作社41个、示范家庭农场24个、示范农机大户40个。培训新型职业农机操作手2580人。成功举办第二届山西省农机操作手技能大赛,40名机手入围全国总决赛,其中16名进入全国百强,我省2名农机手分别荣获全国大赛女子组亚军、季军。9个农机专业合作社被农业部认定为全国农机示范合作社。

(五)率先开展电动农机研发、试制和奖补等工作。在全省无电动农机生产企业、无电动农机产品、无电动农机技术标准,在国内没有可供参考经验的情况下,引导27家企业研发生产71个电动农机新产品。2017年，全省共使用资金5000万元，在20个试点县奖补1.2万户农民购买1.4万台件电动农机新产品。

(六)稳步推进丘陵山区农业机械化。在全省建立19个丘陵山区农机化综合示范点,引进、试验、示范、推广丘陵山区先进适用机具和技术。全省71个丘陵山区县农作物耕种收综合机械化率达到59.4%,比上年提高2.6个百分点,丘陵山区与平川地区农机化发展差距逐步缩小。在全国丘陵山区农业机械化发展座谈会上,我省作了典型发言。

(七)扎实抓好农机深松整地作业。多渠道争取补助资金8150万元,细化分解任务,加强机具调度和作业质量监管,实施农机深松整地作业面积420万亩，其中补助作业面积210万亩。安装农机深松整地作业监控系统2700台(套),全省实施信息化远程监测的作业面积占实际补助面积的85%以上。

(八)积极推进农机化新技术新机具示范推广和农机科技创新。全省共组织各类技术培训班224期,各类新技术新机具现场演示培训活动157次，培训农机技术人员、农机操作手以及农民3.6万人次。举办了第十二届北方现代农业装备推广展示交易会、第五届中国（山西）特色农产品交易博览会农机展等重大农机展示推介活动。甘蓝规模化生产农机农艺配套技术及关键装备等18个科研项目通过验收。扶持建设农村磨坊油坊升级改造项目16个,高标准农产品处理及初加工装备技术示范点41个,示范推广新型农产品初加工装备541台套。

(九)狠抓农机安全生产。严格按照安全生产“党政同责、一岗双责、齐抓共管、失职追责”和“管行业必须管安全、管业务必须管安全、管生产经营必须管安全”的要求,集中开展农机安全生产专项整治、打非治违、农机事故应急处置演练等活动,共发送“一信三书”2万多份,排查拖拉机、联合收割机7222台次,整改隐患1452项;检查变型拖拉机1.2万台,查处违法违规行为307起。免征拖拉机号牌、行驶证、登记证、驾驶证和安全技术检验等5项收费260多万元，全省农机安全生产形势平稳。

(秦永红)

附：省农机局党组书记、成员名单

书　记：左义河(9月离职)　王进仁(9月任职)

成　员：姚建忠(1月离职)　侯振全　王五明　张建中　张本源

中国煤炭博物馆党委工作概况

党委书记　张继宏

2017年,中国煤炭博物馆深入学习宣传贯彻落实习近平新时代中国特色社会主义思想和党的十九大精神,按照省委“一个指引、两手硬”重大思路和要求,不断加强党的建设,严格落实“两个责任”。党委经过深入调查研究,结合中煤博实际,确立“131”战略工程(1:发挥一个载体效应 即以党的政治建设为统领,推动全面从严治党向纵深发展,充分发挥主题教育的载体效应;3:推进三项中心任务 即推进事业单位改革、资产经营理顺、公司经营创收三项中心任务;1:实现一个奋进目标 即实现建设国家一级博物馆的奋进目标),在全体中煤博人共同努力下,改革发展稳定各项工作取得积极进展。

一、加强党的建设 推动全面从严治党向纵深发展

2017年,党委坚持把党建与中心工作同部署、同检查、同考核,坚持“抓好党建是本职,不抓党建是失职,抓不好党建是不称职”原则,认真落实党建主体责任,抓班子、带队伍,打基础,抓重点,不断探索新形势下党建工作新机制新途径新方法,为推动全馆中心工作提供强有力保障。

(一)以理论学习为抓手打牢思想根基。精心组织开展推进“两学一做”学习教育常态化制度化和维护核心、见诸行动主题教育,认真组织学习习总书记系列重要讲话和视察山西重要讲话精神、党的十九大精神以及习近平新时代中国特色社会主义思想。开展了“喜迎十九大、弘扬主旋律”主题教育活动,举办了十九大精神学习辅导会,进处室进公司大调研并广泛宣讲十九大精神。开展了讲党课和主题党日活动,先

后组织班子成员、支部书记、优秀党员、优秀党务工作者及新发展党员赴右玉、彭真纪念馆开展了“学习右玉精神,重温入党誓词”、弘扬“红船精神”主题党日活动,班子成员、支部书记参加了省直机关举办的“弘扬'红船精神'重温红色记忆”主题党日活动,观看音乐剧《花火》。一年来中心组学习23次,各党支部集中学习研讨交流10次、宣讲十九大精神34次、专题学习十九大精神35次,班子成员、支部书记讲党课、宣讲24次,党员撰写心得体会300余篇。通过理论学习,进一步提高了党员干部的思想觉悟,全面夯实了从严治党思想基础,牢固树立了“四个意识”,从政治上、思想上、行动上与以习近平总书记为核心的党中央保持高度一致。

(二)以“三基建设”为抓手夯实党建基础。党委高度重视“三基建设”工作,制定了《实施方案》,班子成员分别担任组长、副组长,对“三基建设”工作进行指导督促并全面推进。一是加强党支部建设。坚持党的一切工作到支部的鲜明导向,突出党支部的战斗堡垒作用,对支部书记、中层干部“双述双评”,首次实现现场测评,现场公布结果,促进党组织书记切实把党建工作扛在肩上,放在心头,牢记“把方向、议大事、管全局”9字要求,用党建促改革、促发展、促稳定,使中层干部更加勤勉敬业,更好带领职工完成工作任务。二是规范党内政治生活。组织召开领导班子民主生活会和党支部组织生活会,对党员民主测评做到全覆盖。党员干部一致表示,2017年度民主生活会和组织生活会主题鲜明,导向突出、程序规范,准备充分,认真精心,开出了高质量、开出了新气象,达到触动思想、增进团结、促进工作、解决问题效果。三是强化党员意识。通过“三会一课”、主题党日活动、党费收缴、党员信息采集、日常教育管理等工作,巩固党员思想身份意识,提升党员政治素养和政治敏锐度,坚定党员的政治立场和政治方向,确保党员在党爱党、在党言党、在党为党。四是基础工作进一步夯实。编制了基础工作目录、工作运行流程图、管理手册、应知应会手册及便民服务手册,进一步明确了岗位职责,提高了办事效率。

(三)以目标考核责任为抓手持续正风肃纪。年初召开党风廉政建设工作会议,对2017年党风廉政建设工作进行详细安排部署;党委与各部门签订党风廉政建设责任书,牵牢主体责任“牛鼻子”,以强有力的问责督促各党支部严格履行全面从严治党责任;建立了党组织书记抓党建“三个清单”;纪检监察室扎实开展巡视整改“回头看”;制定落实中央八项规定精神实施细则,构建作风建设长效机制,驰而不息反对四风,抓住中秋、国庆、元旦等重要时间节点,下发文件、廉政谈话、集中封存车辆、传达学习习近平总书记关于进一步纠正“四风”加强作风建设作出的重要批示精神,紧盯“四风”新表现,挺纪在前,抓早抓小,不断释放越往后执纪越严信号;班子成员充分发挥“关键少数”示范带头作用,认真履行“一岗双责”,做到人人有任务,个个有担子,凝聚合力,形成齐抓共管局面;领导干部带头坚持请示报告制度,按规定按程序向党组织报告个人有关事项;一年来班子成员没有受到问责、巡视反馈、组织约谈函询问题。

(四)以舆论引导为抓手凝聚正能量。紧紧围绕中央和省委部署,通过《煤博简报》、《煤炭博览》、省直文明网、太原市委宣传部、“两微一端”、展板灯箱、“我爱我馆,做合格煤博人”主题活动等形式准确传递党的路线方针政策,强化正面引导,唱响主旋律,全方位、多角度及时报道全馆改革发展稳定工作,积极营造弘扬正风正气、心往一处想、劲往一处使良好氛围。一年来,编发简报100期;出版《煤炭博览(季刊)》4期;向省直文明网报送稿件54篇,刊发30篇;人民网报道2篇;山西新闻网－山西日报报道1篇;光明日报“光明大直播·博物馆体验之旅走进中国煤炭博物馆”视频直播45分钟;自2017年9月19日至12月底,微信公众号刊发文章92篇。经过持续努力,深耕细作,进一步激发了煤博人爱馆爱家的炙热情怀,进一步增强了煤博人能做好煤博事的信心和勇气,也有效提升了煤博馆的社会形象和影响力。

(五)以自选动作为抓手汇聚改革发展共识。一是认真学习国发42号文件精神。在山西深化转型关键时期,国务院出台《国务院关于支持山西省进一步深化改革促进资源型经济转型发展的意见》,(国发〔2017〕42号,以下简称42号文)充分体现了党中央国务院对山西人民的亲切关怀,为深入贯彻文件精神,要求每一名职工在微信群、朋友圈中及时转发,让更多山西儿女感受到国务院对山西的支持和厚爱,激发在外山西人回乡创业热情和信心。先后5次专题学习研讨42号文及省委相关文件精神,就中煤博改革发展中面临的难点难题问计于文件,寻求破解困局的思路、路径。干部职工结合本职岗位实际,撰写学习心得,思想碰撞,提振信心,进一步唤醒全馆职工爱馆兴馆意识。二是深入学习骆惠宁书记、楼阳生省长在全省改革推进会议上讲话精神。2017年5月21日,省委召开全省改革推进会议,骆惠宁书记、楼阳生省长在会议上有关改革的讲话精神,不仅为全省全面深化改革指明了方向,而且对中煤博改革发展稳定工作具有较强指导意义。党委经过认真学习、研究,决定在全馆开展深入的大学习大讨论。两级干部带领全体职工围绕骆惠宁书记提出的“四项亲自”和楼阳生省长强调的“十个要”,以及坚持“三个三”抓改革工作基本要求和方法,进行集中学习讨论交流,撰写心得体会并集结成册,进一步强化了改革意识,坚定了改革决心。三是深入学习贯彻落实省委经济工作会议精神。在山西建设“示范区”“排头兵”“新高地”目标中,党委一直在思索和寻求中煤博能发挥什么样的作用,通过认真学习讨论形成初步方案:在山西打造全国能源革命排头兵实践中,中煤博将发挥好一个国家级煤炭博物馆应有的传播功能,充分展示能源革命山西方案、山西实践、山西成果、山西经验;在山西构建内陆地区对外开放新高地实践中,中煤博将按照中央加强中华文化走出去的指导意见,积极开展煤炭文化的研究和开发,深入参与“一带一路”建设,主动参与“中华文物走出去精品工程”,适时组织筹备“山西煤炭历史文化主题展”和“山西古代壁画精品展”,充分发挥山西地域文化独特魅力,争取使主题展走出国门,提升山西形象与影响力,发挥好文化传播以文化人、以文促情、以文建信的独特作用。四是专题学习中央、省委和省政府有关文件会议精神。2017年6月份以来,党委编制了《事业单位改革内部资料汇编》《国企国资改革1+N文件汇编》等12册资料,学习政策、研究政策,努力从政策层面寻找煤博馆改革的方法和路径。先后转发并专题学习贯彻落实骆惠宁书记、楼阳生省长、贺天才副省长有关重要讲话精神。通过认真学习讨论,党员干部提高了发现问题、分析问题、理清思路的能力,进一步统一思想认识,达成改革共识,减少改革阻力,为下一步改革提供了坚强保障。

(六)以平安煤博创建为抓手力保安全稳定。以馆1号文件对安全稳定工作进行安排部署。一年来,以培育和践行社会主义核心价值观为着力点加强精神文明建设,对于个别无理缠访坚决抵制,打压歪风邪气确保风清气正。在资金非常紧张、正常运行难以为继情况下,多方筹措资金力保工资发放;带领后勤职工及时修复由于虎峪河改造15次被挖断的电缆;特事特办,集体研究决策,用10天时间解决供暖问题;增加安全设施投入,将安全稳定措施真正落实到末端,把矛盾纠纷化解在萌芽状态,牢牢守住安全稳定底线,切实做到守土有责、守土负责、守土尽责。

全面加强党的建设,使煤博馆外部形象在改变,内在气质在提升。领导班子凝聚力、战斗力显著增强,面对困难敢于担当作为的"头雁效应"显著提升;中层干部扑下身子、沉下心思、干出样子、真挚合作氛围正在形成;广大职工加班加点、主动干事、努力成事、做合格煤博人愿望高涨。全馆上下长期共存、肝胆相照、荣辱与共的认识空前一致,全体职工在目标上同心同向,行动上同心同行,携手共进的愿望空前一致,煤博人解决煤博问题的责任感紧迫感空前强烈,营造了煤博凤凰涅槃浴火重生的难得氛围,坚定了新时代煤博人建设好自己家园的信心和勇气,形成了奋发进取的强大合力。

二、直面历史发力现实 全力推进三项中心工作

(一)努力推进事业单位改革。自开馆以来,煤博馆编制不明确,始终没有财政经费保障,依靠多种经营支撑事业发展。党委多次向省政府及相关厅局汇报请示,表达诉求,省政府高度重视,省长和副省长、副秘书长做出明确批示,10多次组织专题会议研究。但是在全国事业单位改革总体政策财政供养人员只减不增的大背景下,难以明确编制。目前,经营工作陷入困境,无法支撑事业发展,煤博馆已经走到非改革不可的境地,我们将举全馆之力,通过事业单位改革解决养老保险问题,让220名退休职工纳入事业单位养老保险,真正实现老有所养,让在职职工养老保险纳入社会统筹,解决大家后顾之忧。

(二)资产经营理顺取得可喜进展。一是将空置长达16个月的馆综合楼和报告厅部分房屋盘活,产生650万元直接收益。二是与山西大本工程机械有限责任公司租赁纠纷一审胜诉,二审裁定发还重审,相关部门正积极准备,尽最大努力切实维护我馆合法权益。三是在馆东地下室租赁合同纠纷案件诉讼中完胜,正在积极跟进执行。四是天津房产已在天津产权交易中心挂牌,正在千方百计争取房屋转让价格最大化。

(三)经营创收及公司制改革在积极谋划中推进。2017年经营形势严峻,但在各方共同努力下,各公司仍然取得一定突破。特别中煤文化传播有限公司借宣讲十九大精神契机走进校园,有效拓展了市场,2017年11月,被评为教育部"第一批全国中小学生研学实践教育基地",获得50万元中央专项补贴资金;展览公司加大营销力度,争取贸促会、会展办支持,争取到会展专项补贴20万元。2017年启动了总公司公司制改革工作。按照中央和省委省政府深化国企国资改革精神,聘请法律中介机构拟制了《总公司公司制改革方案》,依法依规进行总公司公司制改革,推动企业公司化运作,轻装上阵,实现利润最大化目标,真正成为事企分开、产权明晰、权责分明、管理科学的市场主体,促进总公司实现转型发展和提质增效的目标。通过处置38户僵尸企业,彻底解决历史遗留问题。

事业单位改革、资产经营理顺及公司经营创收三项中心工作,其中大部分事件是历史遗留问题,时间拖得长,案情曲折,非一朝一夕能够解决。期间不仅要做大量准备工作,还需要漫长等待,在煤博馆目前困境下,这不仅是对党委班子的考验,也是对全体职工的一个考验,面对这些考验,班子成员坚持以习总书记重要指示作为解决煤博馆问题的认识论、方法论,学以致用,切实指导工作,在坚持职工是煤博馆改革发展的主体、参与者、受益者前提下,与各部门负责人一道,把存在的突出问题、看准了的事情、部署好的工作,分出轻重缓急,一个一个解决,一个环节一个环节抓好落实,一个步骤一个步骤稳步推进,三项中心工作或取得显著成效,或有了一个良好开端,或朝着目标不断推进,同时职工们的怨言少了,期待多了,心态好了,凝聚力强了,工作效率提高,昂扬向上的精神状态提升,切切实实使讲话精神在煤博馆开花结果,落地见效。

三、认真组织实施国家一级博物馆建设

(一)认真谋划国家一级博物馆运行评估工作。组织相关部门负责同志就事业单位改革、博物馆事业编制、事业经费、博物馆管理运营等有关事项充分调研、学习、准备,积极谋划国家一级博物馆运行评估工作。

(二)开展文物征集、藏品保管、学术研究、馆际交流等工作。在资金非常紧张情况下,多方奔波,以最小投入征集回具有历史和收藏价值的藏品、完善陈列内容、传播煤炭科普知识,承担起传承煤炭文化的责任。

(张红霞)

附:中国煤炭博物馆党委书记、委员名单

书　记:李希海(5月离职)　张继宏(5月任职)

委　员:胡高伟　马召源

省城镇集体工业联合社党组工作概况

党组书记　李荣钢

2017年山西省城联社党组认真学习贯彻党的十八大、十九大和习近平总书记系列重要讲话精神，全面从严治党，狠抓思想、组织、作风、制度和反腐倡廉建设，夯实自身建设，提升省城联社党建工作的科学水平，较好地完成了各项党建工作，为省城联社的改革发展提供了政治和组织保证。

2017年,在山西省主要经济指标稳中向好工业生产增速首超全国水平的大背景下,山西省城联社集体工业企业顺势而为经济持续增长,2017年山西省城联系统和工美行业完成工业总产值150.87亿元,同比增加47.42%;工业增加值61.41亿元,同比增加70.39%;销售收入149.1亿元,同比增加43.07%;利税总额27.87亿元,同比增加160.22%。其中工美行业完成工业总产值43.44亿元,同比增加501.66%;工业增加值14.08亿元,同比增加2246.66%;销售收入40.21亿元，同比增加590.89%；利税总额3.69亿元，同比增加344.58%。资产总额378.6亿元。

山西省城联系统城镇集体企业经过十几年的改革改制由1021户缩减为752户，职工95221人。其中：在职职工63790人,退休职工31431人,未参保职工4640人,未参保退休职工1012人。在职职工累计欠缴养老、医疗保险6.14亿元(不含未参保人员)。

截至2017年底,县级城联社共有编制1194个。目前实有领导职数196人,在职职工1220人,离退休职工1371人。全省119个县(市区)有107个县设有城联社(二轻局),其中,35个为参公事业单位,45个为全额事业单位,1个为差额事业单位,13个为自收自支事业单位，其它13个单位在2010年机构改革后无事业单位法人登记证，单位性质不明确,改为企业或与其他单位合署办公。

全省11个市级城联社的定位和经费来源:太原、长治、忻州、晋中、吕梁、临汾和运城为参公事业单位,全额财政拨款;大同、阳泉、晋城、朔州为全额财政事业单位。截止2017年底，市级城联社机关共有编制234人，领导干部职数34人,在职职工219人,离退休职工440人。

2017年省城联社直属企事业单位28户，职工6000余人。其中事业单位6户,国企4户,生产企业4户,其它为服务贸易企业。党委5个,总支9个,支部35个;党员总数529人,其中:在职党员193人,离退休党员252人,其他党员80人。

一、认真学习贯彻习近平总书记系列重要讲话和党的十九大精神,提高党员干部政治理论素养

2017年山西省城联社党建工作为适应新形势、新任务和新要求,坚持以建设学习型党组织建设为基础,不断创新学习形式,提高党员干部的综合素质,开展了联组学习、专题单元学习、请进来辅导学习、走出去引深学习和支部书记培训班等学习方式,推动学用结合,及时传达学习贯彻习近平总书记系列重要讲话精神、党的十九大报告和省委、省政府的决策部署,激发了全体党员干部学习热情。

(一)系统学习习近平总书记系列重要讲话精神

省城联社党组围绕习近平总书记视察山西重要讲话精神，习近平总书记7.26在省部级主要领导干部专题研讨班上的重要讲话精神和省委十一届三次、四次全会精神,对照习总书记历练成长经历和艰苦奋斗精神,讲认识、谈体会,摆问题、查不足,在思想、作风、党性上进行“补钙”和“加油”。

首先,坚持党组中心组学习制度。2017年先后组织了16次党组中心组(扩大)学习会,组织基层党组织书记联组学习10次,把开展“两学一做”学习教育、主题教育、“三基建设”、“巡视整改自行回头看”相结合,第一时间传达学习党的十八届三中、四中、五中、六中全会和习近平总书记系列讲话精神,宣传党的路线方针政策、中央和省委的重大决策部署,做到理论与实践相结合,学习与工作相促进。采取集中学习、通读文件与专题研讨相结合，做好党组中心组学习报告制度，每一次集中学习后都将学习情况报省直工委。其次,坚持党组书记、党组成员带头讲党课。主讲内容围绕《党章》《中国共产党廉洁自律准则》《中国共产党纪律处分条例》《关于新形势下党内政治生活的若干准则》《中国共产党党内监督条例》等党内法规和习近平总书记视察山西重要讲话精神。再次,机关党委用党费为各直属单位党组织订购了党报、党刊,购买学习资料和笔记本,在机关大厅、走廊、楼梯间等处设置了宣传展板、电子屏,展示习总书记重要论述、党纪法规知识等内容,编印《省城联社“两学一做”学习教育常态化制度化应知应会知识要点》。

(二)营造学习宣传贯彻十九大报告氛围,确保十九大精神入脑入心。

一是组织收看现场直播学。党的十九大于2017年10月18日在北京盛况开幕，省城联社党组组织全体党员干部收看、聆听习近平总书记的报告,引导党员干部感受豪情满怀、团结奋斗的激动现场，把思想和行动统一到报告精神上来，以新的精神状态和奋斗姿态开创工作新局面。二是支部联组创新学。省城联社机关第一党支部、工美协会党支部、集体合作经济协会党支部创新学习形式，联组学习党的十九大报告、中国共产党第十九次全国代表大会关于《中国共产党章

程(修正案)》的决议，党员领导干部以普通党员身份要求自己读原著、学原文、悟原理，做到学深悟透、融会贯通。三是宣传解读集中学。省城联社党组召开机关党委扩大会议，认真学习党的十九大报告、《中国共产党第十九次全国代表大会关于 < 中国共产党章程(修正案)> 的决议》，传达贯彻省委关于全面贯彻《中共中央关于认真学习宣传贯彻党的十九大精神的决定》的通知(晋发〔2017〕56 号)精神，以党的十九大报告、《中国共产党党章(修正案)》和习总书记在党的十九届一中全会上的重要讲话精神为重点，务求实效。四是设置议题研讨学。省城联社党组基层党组织书记把学习十九大精神作为工作重中之重，不流于形式、不走过场，抓实抓紧。五是浓厚氛围激励学。发挥微信群、宣传展板、电子屏等载体功能，将十九大报告中的重大观点、重要思想、重大战略制成版面，做到栏目醒、内容新、表述准、内容全。

(三)强化督促，确保学习成效。

2017 年省城联社党组主动扛起抓好学习的主体责任，切实履行“第一责任人”职责，带头学、亲自抓，营造良好学习氛围，严格要求各级党组织提高政治站位，把学习贯彻十九大精神作为当前的首要政治任务，科学制定计划，系统安排部署，强化督促检查，各级党组织从严管理学习过程，经常开展监督检查，确保学习不走过场。对于组织学习不力的基层党组织和负责人及时批评教育，限期整改。

二、落实党的工作责任制，加强党的基础组织建设

省城联社扎实开展“三基建设”，坚持问题导向，坚持改革精神，坚持法治思维，牢固树立“四个意识”，以强化基层组织为关键，以做好基础工作为路径，提升党员干部的基本能力为手段，确保“三基建设”取得实效。

(一)全面安排部署工作，促使“三基建设”全面落地。2017 年 6 月 27 日省城联社党组召开扩大会，组织机关副处以上党员干部和直属企事业单位党政主要负责人共同学习《黄晓薇、任建华、吴汉圣同志在省委全面加强“三基建设”和深入开展巡视整改自行“回头看”工作推进会上的讲话》(晋办通报〔2017〕第 17 期)、中共山西省委办公厅印发《< 关于在推进“两学一做”学习教育常态化制度化中加强“三基建设”的意见 > 重点任务分工方案》的通知，成立省城联社加强“三基建设”领导小组。按照省委《关于在推进“两学一做”学习教育常态化制度化中加强“三基建设”意见》要求，结合省城联社实际情况，制定了《省城联社关于在推进“两学一做”学习教育常态化制度化中加强“三基建设”工作方案》(晋城联党组〔2017〕30 号)，明确具体措施和工作要求。7 月 19 日召开“三基建设”动员大会，对省城联社加强“三基建设”进行全面动员部署并下发工作方案，动员省城联社各级党组织和广大党员干部以高度的政治责任感历史使命感，把省城联社“三基建设”抓紧抓好抓出实效。11 月 9 日召开“三基建设”推进会，传达学习有关“三基建设”效能建设制度、能力标准、评价标准等内容，安排部署推进工作落实的具体举措，会后编印了《省城联社“三基建设”文件汇编》。

(二)坚持问题导向，强化任务落实，推进“三基建设”。省城联社党组对照“三基建设”25 项措施和 2017 年重点任务清单(晋学明电〔2017〕3 号)进行细化分解，制定省城联社《关于在推进“两学一做”学习教育常态化制度化中加强“三基建设”的意见重点任务分工方案》(晋城联党组〔2017〕40 号)和《省城联社“三基建设”2017 年度重点工作任务清单》(晋城联党组〔2017〕41 号)，各牵头单位按照《工作方案》和分工安排，做到任务有分解、时间有进度、保障有机制、责任有落实。围绕“三会一课”、党费收缴使用管理、党员发展等日常性工作，细化工作流程和操作办法，推动基层党组织建设全面加强、基础工作全面进步、基本能力全面提升，推进基层党建 7 项重点任务，教育引导全体党员干部坚定信念、保持定力。

(三)实施严格制度，强化督促检查。省城联社党组为全面完成省政府“13710”交办的“振兴传统手工业”工作任务，省城联社机关制作了工作去向牌，推行离岗告示制度，机关和直属单位推行限时办结制度和首问负责制、AB 岗制、一次性告知制；建立省城联社“两学一做”学习教育、加强“三基建设”微信群，专人每天发布相关信息，下发“三基建设”简报 4 期，各基层党组织每 7 天向“三基”办公室书面汇报一次工作进展，办公室通过多种方式和平台检查工作情况；对重点工作、重要活动进行宣传报道；加强困难党员救助，划拨经费支持脱贫攻坚，修缮两个基层党组织活动场所、更换党员教育设施；为各处室、各直属单位制定管理手册、应知应会手册、便民服务手册等。建立岗位责任书制度、内部工作制度和部门间协调配合机制，进一步规范文书和档案管理。

(四)抓好基层组织建设，党建工作是重要内容。

一是省城联社认真贯彻《中国共产党党和国家基层组织工作条例》和山西省委《实施意见》，开展党员组织关系集中排查、党员信息采集、党费收缴等专项检查工作，以支部为单位进行逐一排查，按时足额交纳党费，统一配备《党费证》。通过自查整改，理顺党员组织关系，健全完善党员档案。二是做好基层党组织换届选举工作。按照规范党组织结构和设置要求，选优配强基层党组织负责人，对基层党组织进行了换届选举。三是关心离退休党员的政治生活，帮助老党员克服在生活中遇到的困难，尽可能地解决实际问题。在“七一”前夕对离休干部进行了走访慰问，将党的关怀送到了离休干部的心中。四是做好发展党员的工作，落实《细则》规定和要求，加大对入党积极分子的培养、教育、考察力度。2017 年通过支部推荐经机关党委研究，推荐 3 名同志参加了省直工委组织的入党积极分子培训，按规定步骤履行了发展程序，为党组织输送新鲜血液。五是开展“不忘初心 牢记使命”主题党日活动。2017 年 11 月 9 日，组织城联社机关及所属企事业单位各级党组织书记，在中共太原支部旧址纪念馆举办“不忘初心 牢记使命”主题党日活动；学习习近平总书记《弘扬“红船精神”走在时代前列》署名文章，开展以弘扬“红船精神”为主题，观看影片《建党伟业》。六是举办“讲文明、知礼仪、树新

风”城联道德讲堂,激励干部职工从我做起,从身边的事做起,作道德的传播者、践行者,共建文明和谐。七是实施“五大培训工程”,即党政领导干部履职能力提升工程、各类干部专业能力提升工程、基层干部能力提升工程、事业管理人员思维创新工程、专业技师人才知识更新工程,通过开展党组织书记培训、财务培训、工艺美术行业培训、晋艺大讲堂、全省城联社主任会议等各类培训,引导党员干部增强“四个意识”、坚定“四个自信”。八是加强和健全各直属党组织建立健全组织生活会、财务管理制度、车辆管理制度、限时办结制度等规章制度,开展“四个对照”“三个清单”为重点的巡视整改自行“回头看”,明确四个方面13个具体自查内容,修订完善《省城联社贯彻落实中央八项规定精神实施细则》。九是加强群团工作领导,发挥群团组织作用省城联社机关党委充分发挥群团组织作用,把做好工青妇工作和开展特色活动结合起来。建立困难职工档案,掌握困难职工情况;发挥共青团组织先锋作用,利用“五四青年节”组织优秀青年和团干部赴革命圣地延安和习近平总书记插队的梁家河进行参观学习,弘扬“延安”精神,继承“五四”传统,团结带领广大团员青年以更加饱满的热情,积极投身到山西城联事业发展中。

三、认真落实“八项规定”,加强作风建设和党风廉政建设

(一)严格落实全面从严治党主体责任和监督责任,推动机关和直属单位党风廉政建设和反腐倡廉建设向纵深发展。一是健全工作机制,狠抓责任落实。严格落实党风廉政建设责任制,对省城联社班子成员在党风廉政建设中所负的责任进行细化、量化。明确党组书记、党组成员、机关党委书记、副书记、机关纪委书记、机关各处室和各直属单位主要负责人的责任,形成了“一把手负总责,分管领导各负其责,班子成员齐抓共管”的制度体系。以身作则带头作廉政承诺、带头讲廉政党课、带头述职述廉。二是坚持关口前移,实现常态监督。抓早抓小、科学预防,积极保持与省纪委驻经信委纪检监察组的联系,主动报告重大事项,填报重要工作情况表,接受党风廉政建设和惩防体系建设专项检查。省城联社党组每年与机关各处室和各直属单位负责人签订《党风廉政建设和反腐败工作责任书》。三是弛而不息纠正“四风”。严格按照中央“八项规定”精神、《习近平总书记关于进一步纠正“四风”、加强作风建设重要批示》和省委“实施办法”的要求,精简会议文件、加强调查研究、加强财务管理、厉行勤俭节约、规范公车使用、公务接待、公务考察,杜绝各类违反规定的事件发生。严格按照省委开展巡视整改自行“回头看”安排部署,制定“三个清单”,认真修订完善了省城联社贯彻落实中央八项规定实施细则。

(二)落实全面从严治党主体责任,提升省城联社党建工作科学化水平。一是认真贯彻《中国共产党党和国家基层组织工作条例》和省委《实施意见》,坚持办公室主任、人事处处长、机关党委专职副书记、机关纪委书记列席党组会议。二是按时召开党组民主生活会,党组成员以普通党员身份分别参加所在党支部的组织生活会,党组书记机关党委带头讲党课,以实际行动落实党内生活准则,推进党的基层组织生活常态化、制度化、规范化。三是以主题教育活动为抓手,转作风求实效。深入推进“两学一做”学习教育常态化制度化开展维护核心见诸行动主题教育活动;通过开展巡视整改自行“回头看”,夯实管党治党主体责任,加强制度建设和作风建设,增强“四个意识”,严格落实中央“八项规定”,夯实作风建设和廉政建设。四是认真落实党风廉政建设主体责任。严格执行《机关党委落实党风廉政建设主体责任清单》《机关纪委落实党风廉政建设监督责任清单》,建立健全党风廉政建设责任追究机制,逐级传导压力,强化措施,强力推进,有效促进了“两个责任”落实。五是开展党组织书记抓基层党建工作三个清单,召开党组织书记述职会。通过上党课、专题研讨、外出培训、警示教育等形式,进一步严明党的纪律,强化党员干部廉洁从政意识,增强党员干部廉洁从政的自觉性。六是建立了“山西城联党建”“山西城联廉政建设”“山西城联道德讲堂”等微信群,以大家喜闻乐见、寓教于乐的形式,定期转送廉政知识、解读廉政热点、宣传廉政文化、开展廉政互动、举办廉政竞赛、传播廉政文化。七是按照省直工委的部署和要求,开展集中整治工作,对违反中央八项规定问题、工作秩序涣散、纪律松懈、效率低下影响发展环境等问题进行了专项整治。

(三)深入开展巡视整改“回头看”活动。根据省委办公厅《关于在全省县以上党组织开展巡视整改自行“回头看”的安排意见》(晋办发〔2017〕33号)精神,成立了省城联社巡视整改自行“回头看”领导小组及办公室,制定了《省城联社关于开展巡视整改自行“回头看”实施方案》(晋城联社党组〔2017〕37号)。对省城联社“四个对照”具体内容进行了梳理整理,明确了四个方面13个具体自查内容。通过自觉对照、自查自纠,建立了省城联社巡视整改自行“回头看”问题清单、整改清单和责任清单,并对《省城联社贯彻落实中央八项规定精神实施细则》进行了修订完善细化。召开三次专题会议,对《中国共产党巡视工作条例》《被巡视巡察党组织配合巡视巡察工作规定》《关于市县党委建立巡察制度的意见》等规章制度和梳理出的《中央近期巡视中直部门和有关省(市)指出的共性问题》《中央上一轮巡视山西指出的问题》《前两轮省委巡视指出的问题》《省城联社近三年民主生活会剖析的问题》进行了专题学习。并结合省纪委驻省经信委纪检组的巡察,集中开展了为期两周的自查整改活动。召开省城联社党组“两学一做”暨巡视整改“回头看”警示教育大会,观看领读警示教育“忏悔录”,党组成员以反面典型案例为戒谈心得体会。

(四)做好舆论宣传。通过山西城联信息、山西工美信息和省城联社官网、省城联社“两学一做”学习教育微信群等网络媒体,积极推送发布习近平总书记视察山西纪实、习近平总书记重要讲话精神、学习时报《习近平的七年知青岁月》《习近平的成长之路》、十八大以来辉煌成就、十九大精神等学习宣传资料,营造浓厚的舆论氛围。开展庆祝中国共产党

成立 96 周年主题党日活动，举行重温入党誓词仪式和默写入党誓词，走访慰问老党员和生活困难党员。组织青年团干、青年党员赴延安学习考察，在党的历史发生地感悟党的历史；在党的理论原创地学习党的理论；在习总书记专属时代的磨练地感悟总书记的系列重要讲话。组织青年党员、团员以弘扬“延安”精神为主题召开座谈会，广泛动员青年党员积极参加省委“两学一做”学习教育系列知识竞加强文明建设，营造良好氛围

（五）进一步巩固创建成果。坚持不懈做好创建工作，省城联社机关、省二轻文教事业发展中心 2017 年继续保持了“文明和谐单位标兵”荣誉称号，省城联社党组与各处室签订精神文明建设《责任书》。二是开展道德规范、核心价值观宣传教育，利用电子屏滚动播出社会公德、职业道德、家庭美德、个人品德等有关要求，制作宣传版面，形成知荣辱、讲正气、促和谐的良好风尚。三是以全民健身活动为载体，倡导文明生活方式，引导广大干部职工和退休人员在活动室打乒乓球、羽毛球进行健身活动，组织工作人员在工作之余做工间操等全民健身活动。四是开展重温入党誓词、默写入党誓词、走访慰问老党员和困难党员等一系列纪念建党 96 周年活动。开展“送温暖、献爱心”捐助活动，弘扬“一方有难，八方支援，团结互助、无私奉献”精神。

四、抓党建 促进脱贫攻坚战

2017 年 8 月 2 日楼阳生省长在省城联社召开的调研座谈会上讲到省城联社“主动要求脱贫攻坚，成为脱贫攻坚单位之一，省城联社的班子体现了一种强烈的大局意识。”对省城联社能够在“困中图存、难中维稳、转中求进”中坚持脱贫攻坚的工作态度及所取得的成绩给予了充分肯定。省城联社党组进一步健全完善干部驻村帮扶机制，把驻村到户精准扶贫的要求落到实处。

一是组织开展第三届“杏花风正起·扶贫采风忙”活动。2017 年山西省文化厅、山西省城联社、山西工美集团 3 个扶贫工作队在代县包扶村共同举办了第三届 “杏花风正起·扶贫采风忙”活动。邀请德艺双馨的文艺名家、民营企业代表及媒体记者一同深入农村、走进农田，亲身体验贫困群众的生活现状，与百姓展开书画、剪纸等文化交流活动。

二是秉承“授之以鱼，不如授之以渔”的扶贫思路，结合代县文化资源丰富的特点，促进代县文化扶贫从“有”到“优”质的转变，把“文化扶贫”落到实处。组织扶贫村代县十里铺村、神涧村参加由山西省文化厅主办在北京中央文化管理干部学院所开设为期 6 天的 “2017 年全省文化干部素质能力提升工程——山西省文化产业发展与创新专题培训班”。

三是省城联社直属单位山西省工业造型设计技工学校，向代县新联八一希望小学 200 多名学生捐赠学习笔记本和多彩文具套盒、跳绳等节日礼物，一起欢度“六一”儿童节，并和孩子们共同表演了精彩的文艺节目。

四是为使神涧村农民实现精准脱贫，省城联社先后争取到发改和扶贫资金 214 万元，其中 103 万元用于建设 600 亩干鲜果采摘园区项目建设，异地打井一眼，埋设管道 9000 余米；76 万元用于采摘园区道路硬化工程建设；35 万元用于重点扶持贫困农民养蜂、养鸽、养鸡，打造农家乐饭店示范点，落实各种养殖 50 户，促使去年全村 277 户、585 口人实现人均纯收入 3300 元。

五是省城联社党组书记李荣钢亲自带队与扶贫工作队、神涧村、十里铺村村干部和村第一书记，赴延安“1938”文化小镇、袁家村文化旅游村等地就乡村旅游发展专题考察学习。一是要结合自身区位优势，将乡村风貌、农家民情、农家饭菜、农事活动有机结合。二是根据产业特色和时节特征开展丰富多彩的节庆营销活动，利用微信、微博、门户网站、手机 APP 等新媒体对乡村旅游进行全方位的宣传。三是加快打造原生态制作的豆腐、醋、辣椒、胡麻油等特色农产品电子商务平台，拓宽农产品销售渠道，增加农特产品附加值。

六是与当地县委书记、县长和专家学者紧密配合、献计献策发展代县文化旅游产品，结合代县刺绣、剪纸、面塑、布艺、砖雕、木雕、泥塑、彩绘、黄酒、酱菜、推光漆器等众多“非遗”文化旅游产品展销平台进行搭建，形成拳头产业。

七是按照《山西省选派农村第一书记管理办法（试行）》（晋组通字[2015]48 号）和《关于做好驻村工作队员、农村第一书记管理工作的补充通知》（晋组通字[2016]95 号）成立考核工作领导组，对期满书记和扶贫人员进行考核鉴定。书记及工作队队长公开述职，进行民主测评。测评内容包括：驻村在岗情况、驻村纪律情况、着力建设基层党组织情况、着力推动精准扶贫情况、深入推动政策落实情况、群众反映以及省城联社党组对第一书记、工作队提出的要求：争当“五位一体”的战斗员（扶贫政策的宣传员、建档立卡的统计员、脱贫致富的信息员、农副产品的推销员、农业生产生活资料的采购员）。

八是为提高贫困村村民文化生活，改变文化生活匮乏现状，坚持为扶贫村民送戏 40 场，圆了百姓近距离听名戏、看名角的梦，成为百姓不可缺少的精神食粮。

九是向各工作队赠送《习近平的七年知青岁月》等书籍。每位党员干部对照习总书记历练成长经历和艰苦奋斗精神结合脱贫，增强精准扶贫的本领，做好本职工作。

十是开展“送医下乡名医义诊健康扶贫”活动。省城联社邀请山西第二医科大医院普外科、心内科、神经内科、骨科、呼吸科、消化科等 10 名专家，分成两个医疗队，赴扶贫帮扶点代县神涧村、十里铺村进行义诊。精湛的医术和优良的医风为当地 400 余名村民义诊，并承诺如有需要到省城购药由住村工作队义务帮购，赢得村民一片赞扬声。

五、党建工作存在问题和不足

2017 年省城联社党建工作在省直工委的领导下，在各级党组织和广大党员共同努力取得了一定成绩，较好的完成了上级党组织交付的各项主要工作任务，但是仍然存在一些不足和差距。主要表现在：一是个别党员领导干部对党建工作的认识在思想上重视程度还不够，抓党建工作热情不高，

劲头不足；二是各级党组织抓党员学习教育形式比较单一、亮点不多,多数情况党员学习处于被动接受状态,效果不明显。三是学习氛围欠浓,思想觉悟和思想观念有待进一步提高和转变;四是围绕创先争优,抓党建、促发展的方法和力度还不够,在活动的形式、内容上有待加强。

(冯晓东)

附：省城镇集体工业联合社党组书记、成员名单

书　记：李荣钢

成　员：杨晋才　杨润梅(女)

省供销合作社联合社党组工作概况

党组书记　狄重阳

2017 年,在省委、省政府和全国总社的正确领导下，全省供销社深入学习贯彻党的十九大精神和习总书记视察山西重要讲话精神,按照“一个指引、两手硬”的重大思路和全面深化供销社综合改革的决策部署,进一步密切与农民的利益联结,进一步加快体制改革和机制创新,进一步激发内生动力和发展活力,在服务农民生产生活、促进农民增收致富、实现乡村振兴中发挥了独特作用。

一、经济指标快速增长,目标任务圆满完成

2017 年,全系统不断提高发展质量和经济效益,经济运行呈现持续快速增长的态势。购进总额完成 644.3 亿元,比上年同期增长 24%;销售总额完成 712.9 亿元,比上年同期增长 25.6%;汇总实现利润达 2.38 亿元,比上年同期增长 10.5%;新建或提升惠农服务中心 128 个,完成 160%;新建改造基层社 63 个,完成 210%;规范提升专业合作社 79 个,完成 158%;建设农村综合服务社星级社 231 个,完成 231%;实现全省 114 个县级供销社电商全覆盖,完成 100%;选择 11 个农民合作社开展内部资金互助业务试点,完成 220%。在省级 25 个综合改革试点县的基础上,选择了 37 个市级综合改革试点县开展工作,省市综合改革试点县达到 62 个,全面超额完成年初确定的目标任务。

二、建立健全工作机制,综合改革有序推进

市、县级供销社积极争取当地党委、政府出台《实施方案》,市级全部出台,50 多个县(市、区)也已出台。各试点县继续按照“5+N”要求全面推进综合改革。长治市供销社被授予“全国供销合作社综合改革试点工作先进单位”。一是健全工作机制。省、市社对综合改革试点县继续实行“领导包市、处(科)室包县”的工作机制,领导班子成员包项目、包单位、包任务,保质量、保数量、保完成时间。按照“六个一”工作举措,一把手总揽改革全局,当好“施工队长”。二是建立完善综改台账。以省政府全面深化供销合作社综合改革电视电话会议确定的“五项重点工作任务”为要求,梳理形成了综合改革总台账,同时还以“框架图”的形式展示五项重点工作任务完成情况,数据一月一更新,实行“挂图作战”,打造“有形抓手”,推动综合改革扎实向前迈进。三是现场观摩推进改革。在长治组织召开进一步深化供销合作社综合改革推进会,现场观摩学习,典型示范引导,提出了着力构建“八大体系”的工作思路。四是推广外省先进经验。制定工作方案,印发了河北、浙江、山东、广东等省 11 项改革试点经验汇编,引导各级供销社创造性地学习借鉴吸收试点单位先进经验,推动综合改革向纵深推进。

三、强化基层社合作经济组织属性,与农民利益联结日趋紧密

晋中市供销社被确定为全国总社开展强化基层社合作经济组织属性试点单位,探索出五种改造模式,得到全国总社肯定。省社召开座谈会议,提出密切与农民利益联结的“四梁八柱十条筋”改革方略,推动“四社”建设取得新成效。全系统领办创办合作社 1601 家,合作社示范社 178 家,其中国家级 39 家,省部级示范社 139 家,合作社联合社由 6 个增加到 50 个;建立综合服务社 9030 个,行政村覆盖率达到 30%,经营品种达到 3000 多种,服务项目达到 20 种以上,全省星级综合服务社 375 个。一年来全系统新增入社入股农户 22.88 万户,达到 42.46 万户;新增入社社员 66.47 万人,达到 125.52 万人。

四、全面实施惠农工程,为农服务成效彰显

全系统坚持“扩面、提质、增效”发展方向,扎实推进“农业社会化服务惠农工程”。长治、运城、忻州市社走在了全省供销社的前列。一是按照“主体多元、形式多样、服务专业”的原则,积极搭建为农民提供测土配肥、农资直供、土地托管、病虫害防治等服务的惠农服务中心(站)、庄稼医院。一年来新建或提升惠农服务中心 128 个、惠农服务站 261 个,新建或改造庄稼医院 96 个。平定县供销社采取“合作社 + 惠农服务中心 + 农户”模式,带动周边 8 个村庄发展有机土豆种植,面积达 1000 亩。尧都区供销社为农民推广“种肥同穴”种植技术,带动周边村镇种植面积 5000 亩。二是围绕农业生产的耕、种、管、收、加、贮、销等环节,为农民及各类新型农业经营主体提供“保姆式”全托管、“菜单式”半托管等形式的土地托管服务。去年新

增土地托管面积 77.11 万亩,新增土地服务面积 266.12 万亩,全系统土地托管、土地服务面积达到 813.53 万亩。三是采取集中培训、现场培训、流动培训等形式,对农民开展农业生产技术培训。怀仁县新家园供销社惠农服务中心对周边村镇瓜果蔬菜种植户开展“种植技术、大田管理、病虫害防治、农机操作”集中培训,培训人数达 450 余人,带领农民种植蔬菜面积 3.5 万亩,户均增收 1 万余元。

五、布局分拨分拣中心,线上线下融合发展

按照五项重点工作任务要求,省社统筹仓储设施建设,打造物流枢纽体系,在区域中心布局商品分拨中心,在重点县域布局商品直供中心和分拣中心,不断完善物流基础设施,改造升级配送体系。积极推进“互联网 + 农村物流”建设,实行“五免一扶持”优惠政策,采取“三进”模式,引导实体网络与电商网络融合,形成网上订单、专业化配送、一体化经营的新模式。全系统成立专业电商公司 125 个,有 250 个企业开展电子商务相关业务,培训各类人员 30792 人次,电商销售额达 12.9 亿元。一是建设区域分拨中心。省盐业公司与民营企业联合出资建设“供货港”直供中心和分拨中心,致力于搭建供、采、销一条龙模式的小商品市场供应集群,已在太原、吕梁、翼城等地正式运营。二是建设物流配送体系。全系统建成县级分拣中心 58 个,覆盖贫困县 33 个,村级体验店 12000 多个,按照“六有八功能”,覆盖贫困村 3100 多个,有 32 个县开展了农村物流业务,配送车达到 200 多辆。三是建设公益性农批市场。继续实施“农产品批发市场改造升级工程”,拓展经营领域,扩大市场交易规模。长治市金鑫瓜果批发市场荣获全国总社 20 个公益性农产品示范市场称号。四是鲜活农产品网上行活动取得实效。以“农芯乐”电子商务平台和农资集团销售网络为依托,以市、县供销社和电商公司为节点,以村服务网点为终端,实行“线上推广、线下运销、网络销售、配送上门”,优质特色农产品实现了从田间到餐桌的无缝对接。已经成功举办了 33 场促销活动,直接销售各类农产品 8000 余万斤,销售额突破 2 亿元,签订合作意向 40 多亿元。

六、实施“一特一新”战略,社有企业加快转型

坚决落实省委、省政府《贯彻落实国务院支持山西省进一步深化改革促进资源型经济转型发展意见行动计划》,全面实施“特色产业、新型业态”战略,积极承接省委省政府安排的制定《山西省关于建设全国优质杂粮产地交易市场工作方案》和《山西省关于建设全国中药材电子交易中心工作方案》任务,全系统社有企业在巩固提升传统业务的同时不断加大转型力度。山西农资集团围绕建设全国优质杂粮产地交易市场要求,组建杂粮公司,建设杂粮基地,加强杂粮功能性食品研发,拓展营销渠道,促进杂粮一二三产业融合发展。构建产地交易、网上交易、终端交易、展会交易、跨境交易“五位一体”的交易模式,推进杂粮功能性食品进早餐、进食堂、进车站、进机场、进超市。省盐业公司组建山西晋药堂中药材有限公司,平遥中医药健康养生旅游街暨山西中药材电子交易中心(晋药网)9 月 19 日启动运营,以广誉远等一批老字号为代表的 46 家商户成功入驻,形成线上撮合交易 1.12 亿元。同时,与屯留县政府合力推进万亩辣椒基地建设项目。骆惠宁书记、楼阳生省长给予充分肯定。省棉麻公司投资建设电动汽车快速充电站项目,向新能源产业拓展。省果品公司加快实施由传统仓储业向现代冷链物流转型。

七、加大统筹推进力度,重点领域改革见效

一是合作金融试点工作稳步推进。省社坚持提质量、防风险的原则,加强业务培训,加大监管力度,在 2016 年试点的基础上,2017 年新增 11 个合作社开展资金互助合作试点。目前,共有 18 个试点单位按规定开展试点工作,拥有社员 5079 户,其中参加资金互助社员 1550 户,可用资金互助额 3124.65 万元,发生互助资金使用额累计 2.3 亿元。二是“三位一体”试点工作进展顺利。全省确定了 8 个县开展“三位一体”工作试点,目前所有试点单位的实施方案均已形成,正在逐步推进。三是加快历史债务化解工作。按照国阅 56 号文件要求,加大推进解决历史债务问题力度。省社与省农行签署了《战略合作框架协议》,双方对历史债务数额进行了确认,省政府召开专题会议积极协调批量转让和所需资金,力争尽快得到农总行批复并签署转让协议。

八、从严加强党的建设,各项工作有序推进

全系统各级党组织认真学习党的十九大精神,深入贯彻落实全面从严治党要求,建立党建工作责任制,扎实开展“三基建设”,不断纠正“四风”,推动构建作风建设的长效机制。深入推进干部人事制度改革,加强思想政治和业务培训,推动人才兴社。积极参加省委组织的万名干部大调研活动,从基层学经验,向实践要答案。加强督查督办,严格落实 13710 工作制度。注重发挥监事会、纪检、审计的监督作用。全面推进依法治社,加强盐政执法工作。认真做好舆论宣传、信息编报和老干部工作。

2017 年,供销社综合改革蹄疾步稳、有序推进,各项工作亮点纷呈,形成了许多可复制、可推广的好经验、好做法。电商扶贫工作得到了国务院领导的关注。中药材电子交易中心、杂粮产地交易市场建设受到省委省政府领导的高度重视和肯定并多次作出指示和批示。

(樊　莉)

附:省供销合作社联合社党组书记、成员名单

书　记: 狄重阳

成　员: 王义升(4 月离职)　刘建光(7 月任职)　李俊德　李　海　王彤宇　高建忠　郝利才

群团组织党组工作概况

省总工会党组工作概况

党组书记　王立业

2017年，山西省总工会党组认真学习贯彻习近平新时代中国特色社会主义思想和党的十九大精神，深入贯彻习近平总书记视察山西重要讲话精神，全面落实全总、省委决策部署，以“总结提高年”为主题，以工会改革为主线，团结带领广大职工为建设示范区、排头兵、新高地，全面建成小康社会作贡献，得到全总、省委的高度重视和充分肯定。一是深入学习贯彻习近平新时代中国特色社会主义思想，团结带领广大职工听党话、跟党走。扎实推进“两学一做”学习教育常态化制度化，深入开展维护核心、见诸行动主题教育，始终在思想上、政治上、行动上同以习近平同志为核心的党中央保持高度一致。深入开展省市县工会三级轮训、“十百千万”宣讲、立体式宣传，省总领导带头作专题辅导，全省举办十九大培训班190期，覆盖工会干部2.3万人次，一线宣讲890场次。成立意识形态工作领导小组、网络安全和信息化领导小组，健全工会网络新闻发言人制度，组建网络评论员队伍，深入开展“喜迎党的十九大”、“身边的三晋工匠”等宣传教育活动，凝聚起全省职工团结奋进的正能量。二是创新竞赛载体，以“五小”竞赛活动为抓手引领全省职工建功立业，社会影响广泛。三是突出维权主业，努力营造和谐稳定的社会环境。落实共享发展理念，率先叫响“农民工有困难找工会、拿不到工资找工会”专项行动。创设“一汇编两清单”，稳妥推进去产能职工安置。在推动出台《山西省企业工资集体协商条例》和《山西省女职工劳动保护条例》的基础上，全程参与省人大《山西省女职工劳动保护条例》执法检查，推动119个县落地落实。建会企业工资集体协商合格率提升至92%，“安康杯”竞赛参赛规模达到历史新高。困难职工解困脱困工作扎实有效，全省建档困难职工减少至15.1万户。率先出台关于服务职工经费支出、评比表彰奖励标准的具体规定，搭建职工服务（帮扶）中心和职工网络服务中心线上线下两个普惠服务平台，推出鹊桥联谊、爱心驿站、妈咪小屋等一批特色服务项目。精准扶贫见实见效，被评为全国社会扶贫先进集体。2017年6月，习近平总书记亲临山西视察时，深入省总扶贫点岢岚县宋家沟村调研，广大工会干部深受鼓舞。四是强化担当作为，全省工会改革和新时期产业工人队伍建设改革快速推进。五是加强“三基建设”，以改革创新精神激发基层工会活力，全面推进工会组织有型覆盖和有效覆盖。

一、全力推进工会系统改革

省人大常委会副主任、省总工会主席田喜荣，省总工会党组书记、常务副主席王立业抓改革，建立了省总领导干部抓改革台账制度，先后召开2次全省工会改革工作会议，组织3次全省性督查。省总改革全面完成，11个市总工会、119个县（市、区）总工会全部出台改革方案并有序推进，工会改革进一步向基层延伸。建立5大类72项内容的制度体系，具有“四梁八柱”性质的工会管理制度架构基本形成。省总机关内设机构调整、编制精简全部完成。首创“六个五”制度和“第一副主席”工程。推动成立以省委分管领导挂帅的产业工人队伍建设改革协调小组，推动省委、省政府出台责任分工方案，将41项改革任务落实到全省37个部门（单位），形成推进改革的强大合力。

二、加强工会领导班子建设

根据中共山西省委印发《贯彻落实＜中共中央关于加强和改进党的群团工作的意见＞的实施方案》的通知和山西省

委办公厅关于印发 < 山西省总工会改革实施方案 > 的通知规定,督促各级工会按时换届,推进工会主席高配,改善工会领导班子结构,成为 2017 年工会改革重点事项。领导班子成员要按照专职、兼职、挂职相结合的方式配备,增加兼挂职成员,班子成员专职比例不超过 50%。市、县、乡镇(街道)总工会分别按照专职与兼挂职 1:1、1:2、1:3 的比例配备兼挂职副主席,省级产业工会按照专职与兼挂职 1:1.5 的比例配备兼挂职副主席。

在全省各级工会大力推动下,10 个市总工会按时换届,16 个省级驻会产业工会全部换届,68 个县总工会完成换届,县工会应换届率达 76%。11 个市总工会主席高配,全省 73 个县总工会主席高配,高配率 61%,1422 个乡镇工会主席高配率达 67%。全省 11 个市总工会共配备了 11 名挂职副主席,28 名兼职副主席。省级产业工会配备兼挂职副主席 40 名。119 个县(市、区)总工会中共配备了 86 名挂职副主席,309 名兼职副主席。

三、纪念省总成立 80 周年座谈会

10 月 10 日,纪念山西省总工会成立 80 周年座谈会在并召开。80 年来,在中国共产党的坚强领导下,省总工会和全省各级工会团结带领山西工人阶级和广大劳动群众更加紧密团结起来,在波澜壮阔的革命、建设、改革进程中勇挑重担、走在前列,英勇奋斗、顽强拼搏,建立了不朽的历史功勋。省总领导、省总老领导、劳模代表、各市总、各省级产业工会(工委)负责人、省总机关各部门及直属事业单位负责人、县乡及企业等基层工会干部代表参加。田喜荣出席会议并讲话。座谈会在回顾山西省总工会走过的 80 年光辉岁月的同时,科学总结了省总工会工作的基本经验,共商了今后的发展大计,展望了我省工运事业发展的美好前景。

四、工会“三基建设”

山西省总工会按照省第十一次党代会关于加强“三基建设”要求,以“增三性、去四化”为基本内容,结合全省工会实际,就加强工会基层组织、基础工作、基本能力制定下发《关于全面加强工会组织“三基建设”的实施意见》,在全省开展了基层工会的“三基建设”专项行动。全省基层组织建设力度不断加大,各级工会通过集中开展“组建月”活动和“农民工入会集中行动”,新建基层工会组织 724 个,新增覆盖法人单位 1196 个,发展会员 54618 人,农民工会员 22125 人。截至目前,全省工会组织 58852 个,覆盖法人单位 174075 个,会员 7841784 名,其中农民工会员 2144971 名。大力推行“六有”工会建设,全省基层工会组织换届率提高了 25%,全省工会小组数提升了 27%,基层工会合法化、规范化建设水平大幅提升。严格规范建会程序,新建的企业工会普遍实行了“三告知、两报告、一宣誓”。全省企业工会普遍建立健全会员代表常任制、职代会制度、厂务公开制度、集体协商等制度。国有企业落实会员代表常任制的基层工会达 92%,落实会员评家制度的基层单位达 80%以上,职代会制度在基层单位覆盖率达 94%,厂务公开制度覆盖率达 93%。强化培训,制定全省工会干部培训“十三五”规划,着力提升工会干部维护职工合法权益的能力、组织协调职工的能力、服务职工群众的能力。

五、“1+9”规范化指导文件

山西省总工会为贯彻落实习近平总书记关于加强基层工会建设“三个着力”要求和中央、省委党的群团工作会议精神,制定出台“1+9”关于工会组织建设、工作规范、制度机制等的指导性文件。“1”是指《山西省总工会关于全面加强工会组织“三基建设”的实施意见》,为全省工会夯实基层组织、规范基础工作、提升基本能力提供工作依据。“9”是指《山西省县总工会规范化建设指导意见》《山西省乡镇(街道)工会规范化建设指导意见》《山西省村(社区)工会规范化建设指导意见》、《山西省基层工会规范化建设指导意见》《山西省产业工会规范化建设指导意见》《山西省总工会关于市总工会考核管理办法》《山西省工会代表大会代表、委员会委员提案办法》《山西省总工会全委会议向职工征求意见、邀请专业人士列席会议制度》《工会领导班子兼挂职成员工作规则》,为县、乡镇(街道)、村(社区)、基层工会和产业工会深化改革、推动各项工作提供了根本遵循;为提高省总全委会决策科学化、民主化,充分发挥兼挂职工会干部的积极性和能动性提供了制度支持。

六、出台“一汇编、两清单”

山西省总工会围绕中心,服务大局,面对我省煤炭、钢铁行业去产能任务重、时间紧、难度大的情况,编制《去产能职工安置政策汇编》,出台《地方工会做好去产能职工安置工作清单》、《企业工会做好去产能职工安置工作清单》(简称“一汇编、两清单”)。通过专题调研,对 2017 年度去产能企业工会主席、地方工会干部进行了专题培训,召开全省去产能企业工会主席座谈会,广泛征求意见出台“一汇编、两清单”,其中《汇编》包含国家和我省已出台的关于化解过剩产能职工安置工作的政策和关乎职工切身利益的法律法规共 18 项,“两清单”从职责定位、政策把握、工作程序、关注重点、应急预案、维护稳定等方面进行细化,严格要求企业依规履行职代会民主程序,对各级工会做好去产能职工安置工作提出了指导性意见。此项工作在全省推广实施,取得了较好效果,据统计,全年山西省 27 座煤矿、1 家钢铁企业去产能任务顺利完成,平稳实现职工转岗分流安置。此项工作得到省委主要领导的认可,全国总工会党组书记、副主席、书记处第一书记李玉赋同志对“一汇编、两清单”工作作出重要批示,山西省总在全国工会基层工作座谈会上就此项工作作了经验介绍。

七、深入推进职工文化建设

山西省总工会开展“中国梦·劳动美”第二届全省职工微影视大赛、职工读书系列活动,吸引全省广大职工广泛参加。微影视作品报全总参加全国职工微影视大赛,获优秀组织奖,一个作品获金奖,一个作品获银奖。“五小”竞赛成果展举

办期间,《激发创新动力 在一线锻炼成才》深度报道在山西卫视新闻联播播出,该报道结合中央《新时期产业工人队伍建设改革方案》及省第十一次党代会提出的“实施创新驱动发展战略和人才强省战略”要求,对“五小”竞赛工作进行了充分报道,牢牢把握正确舆论导向,进一步激发全省职工的创新创造热情。“五一”期间,晋煤集团张晨光先进事迹在央视“五一”特别节目《匠心筑梦》播放;长治清华机械厂韩丽萍先进事迹在央视新闻联播“大国工匠”栏目播放;《太钢工人徐慧龙:平凡"工匠"书写劳动者之歌》在新华社通稿刊发。组织山西省职工合唱团参加在宁波举办的第十四届中国合唱节,获成人混声组金奖。整理出版了《“讨薪”行动》、《“五小”竞赛》、《立法参与》三本工会品牌工作实录。

八、全省“五一”送奖下基层活动

山西省总工会在认真做好全省“五一”评选表彰工作基础上,按照省委转变作风、送奖下基层的要求,首次在全省组织开展“五一”送奖下基层活动。“五一”前夕,省委、省政府主要领导分别深入太钢、太重、太铁等企业送奖下基层。省总工会班子成员分10个组分赴各市开展送奖下基层活动,并与各行各业的先进人物、先进单位代表、一线职工座谈,把党和政府的关怀、职工的崇高荣誉送到厂矿企业、车间班组,营造出“学习先进、崇尚先进”的良好社会氛围。各市党政领导、工会领导、各省级产业工会也积极组织开展“五一”送奖下基层活动。据统计,全省“五一”评选表彰共评出66个“山西省五一劳动奖状”、256名“山西省五一劳动奖章”、90个“山西省工人先锋号”。

九、首次联合团省委、省科协共同组织省“五小”竞赛

省工会坚决落实省委骆惠宁书记的指示,及时与团省委、省科协沟通联系。4月初,省人大常委会副主任、省总工会主席田喜荣召集三方主要领导进行协调商议。4月中旬,召开了全省“五小”竞赛活动三方协调推进会议,省委副书记黄晓薇出席会议并作重要讲话,对三方协同推进“五小”竞赛活动提出了明确要求,寄予了厚望。田喜荣主持会议。省工会、团省委、省科协分别对开展“五小”竞赛活动做了具体部署。各市总工会、团市委、市科协三方联合全部下发了开展“五小”竞赛活动的文件,全省形成了上下贯通的领导组织体系,确保了竞赛活动顺利开展。据省工会、团省委、省科协三方统计,2107年全省“五小”竞赛活动参赛企事业单位4.84万家,同比增长138.4%,参赛职工526.3万人,同比增长68.8%,确定的重点示范企事业1597个,增加504家,收集“五小”竞赛成果16.1万项,其中有1699项获得专利,产生直接经济效益76.5亿元。

十、服务农民工专项行动机制化

山西省总工会继续深入开展“农民工有困难找工会,拿不到工资找工会”专项行动,据统计,2017年两节期间,全省各级工会共接待处理农民工欠薪来电、来信、来访事件250件,已追回欠薪共2376.3万元,其中,省总直接接待处理88件,已追回欠薪734.9万元。该项活动受到全总,省委、省政府高度重视。1月17日,中央政治局委员、全国人大常委会副委员长、全国总工会主席李建国同志在全总十六届五次执委会上指出,山西省总“帮农民工讨工资已经机制化了,有一套办法,值得学习”。省委书记骆惠宁、省长楼阳生、省委副书记黄晓薇对该活动做了重要批示。

十一、帮扶救助扎实有效

山西省总工会在“两节”送温暖活动期间,全省各级工会组织共筹措慰问款物总额7617.89万元,慰问困难企业1372家,走访慰问困难职工家庭176255户,把党和政府的关怀和温暖送到广大职工群众,特别是困难职工和农民工心坎上。组织开展全省就业创业援助月系列服务活动期间,全省各级工会组织结合实际举办各类专场招聘活动117场,提供免费就业服务11.2万人次,跨地区有组织劳务输出5955人,成功介绍就业47736人,组织参加职业技能培训12228人,组织家政服务培训5855人,接待就业创业等咨询人数3.9万人,组织创业推介项目1552个。在送清凉慰问活动中,全省各级工会共筹集慰问资金699.8万元,慰问一线职工及农民工11.1275万人。“金秋助学”工筹集资金2979.3万元,发放助学款2870.11万元,资助10454名困难职工子女圆了大学梦。

十二、全省职工职业安全健康知识竞赛

省总工会与省安监局、省卫计委联合举办了“全省职工职业安全健康知识竞赛。”知识竞赛分卷面答题和现场竞赛:6月在《山西工人报》刊登竞赛试题,组织全省职工开展了卷面答题;9月,各市总工会、各省级产业工会(工委)选拔的23个组队在进行了四场预赛、两场复赛后,6个组队进入决赛,并决出一、二、三等奖。山西省劳动竞赛委员会决定,为进入决赛的6家集体分别记一、二、三等功一次。此次竞赛充分展示了“全省职工职业安全健康知识普及教育活动”开展五年来的教育成果,全省广大职工职业安全和职业健康意识不断增强,职业安全健康素质和自我维权能力不断提高。据悉,五年来,全省共有550余万职工参与了此项活动。

十三、“尊法守法 携手筑梦”服务农民工法治宣传行动

为进一步做好新形势下农民工法治宣传教育工作,省总工会采取“工会干部+高校师生”的组队形式,组织广大高校师生深入基层面向农民工开展宣传教育活动,在教育引导农民工依法有序表达利益诉求的同时,推动高校师生进一步贴近社会、服务社会,工会干部进一步密切与职工的联系,携手百万农民工为全面建成小康社会,不断塑造山西美好形象、逐步实现振兴崛起努力奋斗。活动中,山西省总工会组织、指导山西大学、山西师范大学两所高校师生10支服务工作队开展服务农民工法治宣传活动共12场,总计发放普法宣传

资料25000余份,服务农民工1.5万余人,现场提供法律咨询1600余人次。

十四、依法规范工会法人资格登记管理工作

省总工会认真指导、协调各市、县总工会规范和加强工会法人资格登记管理工作。理顺办证权限,修改升级山西省工会法人资格登记管理系统,全面推进全省工会法人资格存量转码工作,特别是对基层工会委员会超期未换届、基层工会主席缺位、基层工会所在单位重组、分立等特殊情况下的办证工作进行了专项规定。截至2017年年底,全省各级地方工会共办理基层企业工会法人资格证书5524家,其中,省总一级共为隶属于省直工委等16家省直产业工会的一级基层工会办证311家,有力依法规范了基层工会法人资格管理。11月,在全总法律部召开的全国工会法人资格登记管理工作推进会上,山西省总作为5家发言代表之一,进行了典型经验交流。

十五、开展《山西省女职工劳动保护条例》专项执法检查

省人大常委会将《山西省女职工劳动保护条例》执法检查列入全省3项执法检查之一。执法检查分3个组,先后深入47个不同类型、不同规模的用人单位实地检查,听取用人单位、工会及基层工会女职工委员会负责人,女职工代表的意见。对发现的女职工卫生费、产假时间等落实不到位问题,省人大在全省进行通报。做好配合工作。代省政府起草了《省人大常委会执法检查组检查〈山西省女职工劳动保护条例〉实施情况报告的审议意见》(以下简称《审议意见》)整改方案、《审议意见》整改落实情况联合检查通知、对《审议意见》研究处理情况的报告和《关于贯彻落实〈山西省女职工劳动保护条例〉的实施意见》(正在报批中)。完成自选动作。省总通过微信公众号发布多条《条例》解读微信,组织开展了问卷调查。出台了《山西省总工会关于进一步贯彻落实〈山西省女职工劳动保护条例〉的意见》。在全国工会女职工部长会议上就我省推动贯彻落实《条例》情况作了大会经验交流。在各部门共同努力下,省人大通报的15个未落实女职工每人每月30元卫生费的县(市)和金融系统未落实卫生费的12个单位已全部落实。

十六、全国率先制定出台服务职工经费支出若干问题的具体规定

9月15日起,《山西省总工会关于服务职工经费支出若干问题的具体规定》正式执行。《规定》实现了下列突破:慰问标准的突破。逢年过节职工慰问标准的上限从1000元提高至1500元,职工结婚、生育、住院的慰问上限标准确定为500元。适用范围的突破。适用于全省各级工会。实物到现金的突破。除职工退休强调发放慰问品外,对职工逢年过节、婚丧嫁娶、生老病死的慰问,文件中的文字均使用"实物或现金"。普通月饼的突破。明确将普通月饼列为符合民族传统节日的用品进入文件内容。劳动模范疗休养的突破。县以上各级工会可用同级政府安排的专项经费或本级工会经费举办本级及以上级次劳动模范疗休养活动,活动在工会系统劳动模范疗休养基地进行,时间不超过一周,活动参加人员往返交通费由劳模所在单位按同级财政部门规定报销,疗休养费(含食宿费)、保险费等由活动组织单位承担。《山西工人报》、《工人日报》微信平台报道后,点击量短时间即达到"100000+"极限,为山西省总工会点赞人数达1357人次,称赞山西省总工会的创新勇气和担当作为,称赞文件的全面细致和明确具体。

十七、全省工会对口援疆工作

3月,省总工会召开全省工会对口援疆工作推进会,传达贯彻了2016年全国工会对口援疆工作推进会议精神和我省对口援疆工作领导小组第十次会议精神,各市总工会交流了对口援疆工作进展情况和经验。据统计,自2011年以来,省总已投入910.8万元援疆资金,全省工会援疆资金总计达到2561.36万元。6月,省总工会、新疆维吾尔自治区总工会、自治区驻山西省新疆籍务工经商人员服务管理工作组签订《新疆籍内地务工人员服务三方协议》,协商确立工作联系机制。自此,三方将加强信息沟通,共同为促进新疆籍务工人员在山西省稳定就业、各民族交往交流交融以及山西和新疆的经济社会发展努力。8月,山西省总召开了一个独特的座谈会,欢迎新疆维吾尔自治区驻山西新疆籍务工经商人员服务管理工作组一行5人来晋对接工作,共商建立更加畅通、有效的联系,切实帮助在晋新疆籍务工人员解决实际困难,进一步推动全省工会对口援疆工作。

十八、开展全省职工队伍状况调查工作

根据全总统一部署,山西省总工会在全省范围内开展职工队伍状况调查工作。4月底,启动了我省职工队伍状况调查工作,并对调查问卷所涉及的十个市调查员进行了问卷调查培训。5月底,3250份调查问卷(其中,已建工会单位职工卷2500份,未建工会单位职工卷500份,工会主席卷250份)陆续收回,经过了严格的问卷审查、核对、不合格的返回原地重新填报这些环节,保证了问卷的质量和品质,为后期进行数据分析提供了有力保障。8月初,完成专题调研和典型调查,8月底,在全总返回的数据库和专题调研的基础上,形成《山西省职工队伍状况调查报告》总报告上报全总,高质量高品质高标准地完成了这次全国职工队伍状况调查工作。

(肖 翰)

附:省总工会党组书记、成员名单

书 记:王立业(12月离职)

成 员:辛旭光 王兴旺(7月离职) 张亚琳 李亮军(4月离职) 韩丽珍(女) 宋海兵 谭立新(11月任职)

共青团山西省委党组工作概况

党组书记 黄巍

共青团山西省委机关系统共有3个党委,7个党总支,25个党支部,459名党员。2017年,全省各级共青团组织在省委和团中央的坚强领导下,深化改革攻坚,强化思想引领,积极融入大局,有效服务青年,从严管团治团,圆满完成各项工作任务。

一、党的建设情况

(一)加强思想政治建设

一是深入学习宣传贯彻党的十九大精神。制定出台团省委机关系统和全省各级团组织学习宣传贯彻党的十九大精神的实施方案,先后13次召开党组中心组会议组织领导干部学习。在全省共青团系统组织开展"大宣讲、大调研"活动,由党组成员带队,机关干部全员参与,面对面向青年宣讲党的十九大精神4001场次,覆盖39.8万人次。省十五次团代会召开期间,省委书记骆惠宁出席开幕会并作重要讲话,邀请省委副书记黄晓薇为全体参会代表作十九大精神辅导,邀请十九大代表就学习十九大精神作分享交流。二是深刻领会习总书记视察山西重要讲话精神。举办覆盖全省市级以上团组织主要负责人参加的"学用习总书记视察山西重要讲话精神交流会"。对照省委出台的两个《实施意见》,深入研究团省委贯彻落实举措,推动习总书记重要讲话精神在共青团落地生根、开花结果。三是不断夯实维护核心的思想根基。召开全省各界青年代表学习《习近平的七年知青岁月》座谈会,组织机关干部赴延安开展"追寻习总书记青年足迹,争当维护核心青年表率"培训班。以《习近平关于青少年和共青团工作论述摘编》为基本教材,持续开展"学摘编 看变化"活动,引导广大青少年更加自觉地维护核心、拥戴核心、追随核心。四是坚决贯彻省委重大决策部署。深入学习省委十一届五次全会和经济工作会议精神,认真对照骆惠宁书记"三个三"改革工作方法,努力找准省委"三大目标定位"和共青团工作的切入点、结合点、着力点,切实将学习成效转化为具体的工作举措。

(二)扎实开展"基层组织、基础工作、基本能力"建设活动

一是夯实基层组织。成立"机关部门+事业单位"10个联合党支部,认真落实"三会一课"、谈心谈话、民主评议党员等制度,严格党员发展程序和党费收缴管理,充分发挥党支部战斗堡垒作用。二是规范基础工作。建立"三级管理"责任体系,强化"一体两翼"工作格局,实施"一部一品"建设工程,通过周汇报、月例会、季督查形式层层传导压力,全面推动各项重点工作落地落实。建立健全各项制度机制,研究出台并修改完善制度文件19份,坚决杜绝工作不规范问题。三是提升基本能力。选派全省579名团干部参加团中央调训班、改革研讨培训班、新媒体骨干培训班,选派15名干部参加信访、扶贫挂职锻炼。开展"送培训进基层"活动,组建"培训宣讲团"赴11个市开展集中培训2000余人次。省委常委、组织部长吴汉圣同志作出批示:"主题教育和'三基建设'是省委安排的政治任务,共青团理应冲在前面,团省委发生了很大变化,应予以肯定和鼓励,望继续努力,争当排头兵"。

(三)加强党风廉政建设

一是诚恳接受省委巡视组对团省委的专项巡视,坚决贯彻黄晓薇同志关于团省委巡视整改工作的批示精神,聚焦"党的领导、党的建设、从严治党"3个方面17条具体问题,对照反馈意见,坚持动真碰硬,解决突出问题,完成整改措施62项,得到省委充分肯定。二是出台贯彻落实中央八项规定精神实施细则,开展专项督查,持之以恒反对"四风"问题。三是开展廉政教育和警示教育,结合省市两级团委换届,组织党员干部学习《中共中央关于辽宁拉票贿选案查处情况及其教训警示的通报》《肃流毒、正本源、践忠诚》等警示教材,筑牢拒腐防变的思想道德防线。

二、2017年工作回顾

(一)全面深化共青团改革

一是规范团省委改革领导小组学习和议事规则,召开15次改革领导小组会议,深入学习中央和省委关于改革的最新指示精神,汇总梳理工作进展,研究解决工作难题。二是建立完善改革推进工作机制,推行"一图两表双周会,四晒八抓八示范"十四字工作法,为共青团改革提供了明确的路径、机制和方法。三是开展全省基层团组织大摸底工作,准确掌握基层团组织和团员青年的现状和底数,为破解基层"四缺"问题,夯实基层基础工作提供科学依据。四是围绕共青团改革8个方面的重点举措,在省转型综改区和7个地市开展省级示范点建设工作,力争打造一批在全团叫得响的可复制推广的改革成果。五是建立常态化督导机制,研究出台《有序有力推进全省共青团改革工作向纵深发展的通知》,为市县共青团改革提供宣传解读、任务分解、制度配套、督查落实等一条龙的改革流程指导。六是指导青联、学联、少先队出台改革实施方案,把青联、学联、少先队纳入共青团改革"大盘子"里一体谋划推进,改革的系统性、整体性、协调性进一步增强。七是加快改革进度,团省委127项改革举措除事业单位改革外已全部完成,明确要求市县两级改革提前半年完成,努力推动全省共青团改革挺进全国第一方阵。八是高标准、严要求推进省市两级团委换届工作,专门成立由黄晓薇同志任组长的领导组并召开工作推进会,在省市两级党委和团委的共同努力下,按时圆满完成换届任务。

(二)提升团的思想引领力

1.加强青少年思想政治引领。一是持续深化习总书记系列重要讲话精神宣讲，广泛开展“学党史、感党恩、跟党走”“与信仰对话”“四进四信”“我的中国梦”等教育实践活动9千场，覆盖143万人次。推进青年马克思主义者培养工程，培训3.5万人次。二是积极培育和践行社会主义核心价值观，开展传统文化进校园、常态化学雷锋等活动，组织“圆梦中国人”“向上向善好青年”分享活动1400场，覆盖14万人次。三是坚持少先队基础性地位，开展“绿色环保梦、蓝色科技梦、红色报国梦、金色童年梦”系列活动，覆盖352万名少年儿童。推行“文明礼仪体验教育”活动，受到团中央充分肯定。

2.深化网络宣传引导。一是推进网上共青团建设，建成以457个“双微”平台、185个“青年之声”平台为主体的新媒体矩阵，@山西共青团在全省政务微博影响力排名第一。二是巩固发展网评员、网宣员、网络文明志愿者3支队伍，组织团员青年在重大舆情和突发事件面前不当“绅士”、当“战士”，圆满完成30余次网络宣传任务。三是持续深化山西网络文化行动，编创“不忘初心跟党走，青春建功新时代”主题微博微信和网络文化产品，阅读量突破200万。创新开展“青春正在播”直播活动，收看量突破900万。推出系列宣传片《11市共青团改革请你来评议》，观看量达到37万。四是全面落实意识形态工作责任制。成立团省委意识形态工作领导小组，强化落实意识形态工作的责任感和使命感，推动形成全团抓政治思想引领的工作格局。成立青少年思想文化引领项目组，用文化引领增强青少年思想政治工作的吸引力和感染力。

(三)扩大团的动员影响力

1.助力脱贫攻坚。一是开展青年电商培育工程，在58个贫困县建立青年电商扶贫站和青年金融服务站，培训青年电商人才7718人，协调发放农村青年创业小额贷款2.42亿元。二是开展青年人才帮扶工程，组织大学生“三下乡”志愿服务，动员青联委员结对帮扶，选派69名金融干部到贫困县区团委挂职。三是开展青少年助学助困工程，深化希望工程“1+1”、“圆梦行动”助学行动，开展“小桔灯梦想课堂”“五防安全自护教育”等帮扶活动，培训青少年心理健康辅导骨干116人次。四是开展青年就业创业工程，资助“24小时自助便利店”607台，选荐58个贫困县青年创新创业企业在山西“青年创业板”挂牌发展，有效解决贫困县青年创新创业企业融资难问题。

2.服务青年创业创新创优。一是举办第四届“创青春”山西青年创新创业大赛，汇集4113个创业项目，报备总数位居全国第一。参加全国青年创新创业大赛，荣获1金1银1铜7优胜，获评“优秀组织单位”。二是开展“挑战杯”“五小”竞赛，激发青年学生创新活力。深化青年文明号、青年岗位能手、安全生产“五个一”工程等品牌工作，开展山西职业青年技能大赛，引导青年立足岗位、争创一流。三是深化“保护母亲河”行动，广泛开展绿色出行、增绿减霾、植绿护绿等实践活动，开设30期青少年环保大讲堂，引导青少年为建设美丽山西发挥生力军作用。四是扎实推进青少年民族团结进步创建和对口支援工作，4.98万名少年儿童参加“与新疆中小学生结对子”活动，选派219名志愿者赴疆开展志愿服务工作。荣获“共青团2014-2017年对口支援新疆工作先进集体”。

(四)增强团的服务凝聚力

1.扎实开展预防青少年违法犯罪工作。发挥“预青”专项组组长单位职责，一是在全省范围内开展重点青少年安全稳定风险隐患大排查大整治活动，集中化解青少年群体风险隐患问题，全力防范影响公共安全案(事)件发生。二是出台《山西省专门教育工作办法(试行)》，推动全省11个市联合中职学校全部建成专门学校或专门班级，集中力量教育矫正有严重不良行为青少年。三是通过政府购买重点青少年社工服务项目，有效引入社会力量对各类重点青少年提供困难帮扶、法律援助、心理疏导等服务。荣获“全省社会治安综合治理先进集体(2013-2016)”。

2.积极推进维护青少年合法权益工作。一是深入开展青少年法治宣传教育。面向全省2000余所中学中职学校推行“守护青春”青少年法治广播节目，举办全省大学生模拟法庭大赛，实施“共青团与人大代表、政协委员面对面”活动，开展国家宪法日18岁成人仪式教育活动，组建“青少年维权专员”队伍，推行“阳光校园”预防欺凌示范课，引导青少年树立法治精神，培育法治信仰。二是着力构建文明有序、安全稳定的社会环境。研究制定《山西共青团服务安全生产实施方案》，深化“山西青年安全生产示范岗”创建活动，开展安全生产主题团日宣誓活动，引导青年争做安全生产的排头兵。

3.有效服务新兴青年群体和困境青少年群体。一是启动实施“伙伴计划”“筑梦计划”，建立共青团与青年社会组织的协同合作机制，有效服务新兴青年群体成长发展需求。二是成立山西省少年儿童公益事业促进会，开展“城乡少年手拉手”“小桔灯梦想课堂”“七彩假期”等关爱帮扶行动，覆盖31.2万名困境青少年。成功申请中央彩票公益金支持山西省困境青少年服务项目，每年专项资金支持1000万元。三是依托省团校、科研院所、社工培训机构，加强青少年社工业务培训，全面推进青少年社工专业人才队伍建设。

(五)提高团的组织战斗力

1.认真落实团干部直接联系青年制度。一是出台《关于进一步加强团省委机关干部直接联系青年工作的实施方案》，全省3494名团干部直接联系28.3万名团员青年，在省综改示范区集中开展“五个一”活动，受到团员青年广泛好评。二是结合省市两级团委换届，建立团代表联系青年制度，要求全省各级团代表采用走访、座谈、电话等方式，经常性联系不少于10名普通青年。三是以“青年之声”为平台，通过线上答办青年提问诉求，线下为青年提供精准帮助，构建服务青年的有效体系。截至目前，平台访问量达到1.12亿次，回复网友问题18万条，开展线下服务300余次。

2.加强“青年之家”综合服务平台建设。有效整合青年中心、青年汇、市民学校、七彩小屋等各类服务平台，新建“青年之家”线下实体店258个，“青年之家”线上云平台300个，通过线上线下有机融合，实现了对青年服务的全覆盖。

(赵舒悦)

附：共青团山西省委党组书记、成员名单

书　记：赵雁峰(7月离职)　黄　巍(7月任职)

成　员：马皖东(12月离职)　刘　娟(女,12月离职)

马慧健(12月离职)　苏　涛(12月任职)

赵　静(女,12月任职)　周　鹏(12月任职)

吴　兴(挂职,12月任职)　丁国栋(12月任职)

省妇女联合会党组工作概况

党组书记　张　葆

2017年,省妇联党组认真学习贯彻党的十八大、十八届三中、四中、五中、六中全会和十九大精神,深入贯彻习近平总书记系列重要讲话精神和对群团改革、妇联改革的重要指示精神,深入贯彻省委"一个指引、两手硬"的重大思路和要求,扎实推进妇联组织和妇联工作改革创新,多项改革重点工作步入全国第一方阵,受到全国妇联和省委的充分肯定。

一、深入学习宣传贯彻,确保十九大精神和中央、省委决策部署在妇联系统落地见效

一是学习领会精神实质,切实增强思想自觉和行动自觉。十九大召开后,省妇联党组迅速学习传达各项会议和重要讲话精神,研究部署贯彻落实工作。连续举行六场党组中心组(扩大)学习会,先后下发《关于认真学习宣传贯彻习近平总书记视察山西重要讲话精神的通知》《关于认真学习宣传贯彻党的十九大精神的通知》等,组织各支部开展集中学习,为全体党员干部配备学习读物,进一步增强妇联干部维护核心、干事创业的信念和力量。

二是切实加强组织领导,结合自身优势开展宣传教育活动。全省各级妇联组织充分发挥妇联组织的政治优势、组织优势,开展以"巾帼心向党·喜迎十九大""巾帼心向党·建功新时代"为主题的学习宣传贯彻党的十九大系列活动,开展"十百千万'三晋巾帼大宣讲'""妇联干部大调研""十九大女代表接力宣讲网上行"活动,把妇女群众最广泛最紧密地团结在以习近平同志为核心的党中央周围。

三是紧密结合自身实际,大力推进妇联工作和妇联改革。切实增强改革的责任感和实效性,自觉运用习近平新时代中国特色社会主义思想指导妇联工作和妇联改革实践,大力加强妇联基层组织建设,深入实施"创业创新巾帼行动""三晋巾帼脱贫行动",不断提升家庭教育指导服务水平,有力有序把改革向纵深推进,确保改革各项举措在基层落地生根。

二、坚定不移全面从严治党,为促进全省妇女事业发展提供坚强保障

一是抓紧抓好班子队伍建设。开展维护核心、见诸行动主题教育、推进"两学一做"学习教育常态化制度化活动。加强机关干部日常管理、教育培训和实践锻炼,认真落实机关干部到信访岗位、扶贫联系点轮流工作制度。打造专挂兼相结合的机关干部队伍,选调妇联系统内外的7名优秀干部在省妇联机关挂职。扎实做好驻村结对帮扶工作,组织60余名党员干部与五台县高洪口乡124名困难群众结对帮扶。严肃党内政治生活,印发了《省妇女联合会党的工作责任制的规定》,全面加强对党的工作的领导和指导。提高党组班子民主生活会质量,组织指导各直属单位召开2016年度党员领导干部民主生活会。建立了各支部(总支)月工作汇报制度,积极推动党支部书记认真履行"一岗双责"。重视老干部和统战工作,关心关爱离退休干部和民主党派领导干部。

二是抓实抓细"三基建设"。成立省妇联加强"三基建设"领导小组,对照省委办公厅《重点任务分工方案》,梳理出省妇联作为责任单位负责的33项任务,出台落实措施并明确牵头部门和完成时限。持续推进会改联和乡镇妇联组织区域化建设,加强"妇女之家"阵地建设,进一步夯实妇联基层基础。编印《党支部规范化建设工作手册》,指导基层党组织按时换届,加强党支部规范化建设。

成立机关效能建设领导组,制定省妇联效能建设实施方案,建立健全相关工作制度,修订完善基础工作目录和流程图,着力推动基础工作全面提升。

加强机关精神文明建设,深化"党员先锋行"主题实践活动,积极开展"喜迎十九大、弘扬主旋律"系列主题活动和争创"文明部室"活动,省妇联机关被命名为省直文明单位标兵。

三是抓严抓常党风廉政建设。把巡视整改作为一项重大政治任务抓紧抓好,对巡视组反馈的11条意见,27项具体问题逐一制定整改制度措施。完善党组主体责任清单,党组成员"一岗双责"责任清单,基层党组织问题清单、任务清单、责任清单。制定《省妇联贯彻落实中央八项规定精神实施细则》,建立完善机关和直属单位科级及以下党员干部廉洁档案,开展经常化警示教育。

三、聚焦重点狠抓落实,妇联系统改革取得新成效

一是抓好顶层设计,搭建起推进妇联改革的制度框架。先后出台《基层妇联组织深化改革的指导意见》《推进乡镇(街道)妇联组织区域化建设改革创新的实施意见》等5个指导意见,制定《省妇联改革实施方案》细化措施,明确任务书、时间表、路线图。加强对各市妇联改革工作的指导督促,先后召开3次改革推进会,举办13期市县乡村妇联主席示范培训班,确保各项改革工作扎实稳步推进。

二是坚持问题导向，领导机构和干部队伍增添新活力。着力增强省妇联执委的代表性广泛性，调整优化省妇联机关内设部门职能和直属单位设置，改进干部队伍结构。改革机关干部工作作风，实施妇联干部直接联系群众制度，确定11个市、10个县、28个乡镇(街道)为调研联系点，推进机关干部深入基层常态化、制度化。

三是扭住关键环节，夯实基层基础取得新突破。开展村(社区)妇代会改建妇联、乡镇(街道)妇联组织区域化建设改革工作，乡镇(街道)新增执委22123名，村(社区)新增执委261522名，改变了工作力量“倒金字塔”状况。建设妇联网上工作新平台，形成“一网两微一号”上下贯通、左右呼应的网络及新媒体矩阵。

我省妇联改革工作已经跻身全国前列，改革成效得到了全国妇联和省委的充分肯定。六个方面的改革典型做法受到全国妇联的重视和深度挖掘。

四、围绕中心服务大局，各项妇女工作取得新业绩

一是创新载体，强化引领，妇女思想道德建设呈现新风貌。创新开展“三八”节系列活动，省妇联领导班子成员送奖到基层一线，开展三八红旗手巡讲示范、“姐妹相约 网上过节”“向三八红旗手学习 为三八红旗手点赞”活动，为营造昂扬向上的社会氛围注入巾帼正能量。

二是服务大局、助力脱贫，妇女发展工作取得新进展。扎实推进“创业创新巾帼行动”，开展妇女创业创新各类展赛活动，举办第三届“晋嫂”家政服务技能大赛决赛、第四届“三晋巧姐”手工艺品展评活动、首届三晋巾帼创业创新大赛。开展各类妇女创业创新培训，累计培训妇女3万余人次。深入实施“三晋巾帼脱贫行动”，举办三晋巾帼脱贫行动重点工作培训班，创建各级各类巾帼脱贫示范基地353个。

三是注重源头，做实基层，妇女权益维护展示新作为。抓好源头维权，参与涉及妇女儿童权益相关法律法规的修订和贯彻实施，指导推动全省11个市建立法律法规性别平等咨询评估机制。深化“七五”普法宣传教育工作，开展“建设法治山西·巾帼在行动”三八维权活动，心理健康服务进社区、进家庭试点工作。扎实开展平安家庭创建、婚姻家庭矛盾纠纷大排查大整治、信访接待工作，共选树100户省级平安示范家庭、排查婚姻家庭矛盾纠纷1862件、接待处理信访案件4594件次。

四是健全机制，抓实立法，构筑家庭文明建设新基石。配合省政府法制办开展家庭教育立法工作，《山西省家庭教育促进条例(草案)》通过省十二届人大常委会第四十二次会议审议。联合省教育厅等相关单位，制定出台《山西省关于指导推进家庭教育的五年规划(2016-2020年)》。继续建立完善省、市、县三级家庭教育指导服务中心体系，建立了3个家庭教育网络指导中心、250个市级、69个县村级家庭教育指导服务中心，基本实现了家庭教育网络机构全覆盖。组织开展家庭教育巡回宣讲活动，全年举办家庭教育公益巡讲1318场，受益家长达217247人次。开展以传承好家风好家训、家书抵万金、让核心价值观融入家庭和关爱农村留守儿童为主要内容征集活动以及家庭教育百名公益人物评选活动。

五是多方协调，积极推动，妇女儿童工作绘就新蓝图。贯彻落实第六次全国妇女儿童工作会议精神，提请省政府常务会议研究解决妇女儿童工作中的重点难点问题。推动以省政府文件出台《山西省妇女发展“十三五”规划》《山西省儿童发展“十三五”规划》。组织各成员单位制定本单位实施山西省妇女儿童发展“十三五”规划目标责任分解书，并落实到日常工作中。

六是发挥优势，整合资源，妇女儿童关爱工作打造新亮点。由省政府妇儿工委牵头，对36个贫困县35-64岁建档立卡农村妇女进行“两癌”免费检查，完成275981例，完成率达100.4%。全省妇联系统配合省卫计委开展农村妇女“两癌”免费检查项目，做好全省建档立卡贫困“两癌”患病妇女摸排工作，完成了905万元全国贫困母亲“两癌”救助专项基金发放工作。投入150余万元实施特困妇女儿童救助项目。实施“幸福启航 -- 关爱困境儿童公益项目”，“六一”期间组织孤残、特困儿童关爱慰问活动。

(侯少华)

附：省妇女联合会党组书记、副书记、成员名单

书　记：张　葆(女)
副书记：李　菲(女)
成　员：刘一平(女)　吴　波(女)
王玉花(女，4月任职)　任晋阳(女)

省作家协会党组工作概况

党组书记　杜学文

2017年，在省委、省政府领导下，省作协党组在思想上政治上行动上同以习近平同志为核心的党中央保持高度一致，认真学习贯彻习近平新时代中国特色社会主义思想，积极落实中央和省委、省政府决策部署，持续加强党风廉政建设，扎实开展文学工作，积极推动山西文学事业繁荣发展，各项工作取得了新成绩新进展。

一、认真学习贯彻党的十九大精神与习近平新时代中国特色社会主义思想

(一)党组高度重视。2017年党组学习13次，出勤率达

98%。党员集中学习19次，各支部开展支部主题党日活动共40次，先后组织安排70余人次党员干部参加中国作协、省委宣传部、省直工委等组织的培训学习，干部在线学院学习始终名列全省前列。

（二）努力在学懂弄通做实上下功夫。2017年进一步加强了领导干部讲党课和理论宣讲活动。党组书记杜学文全年为全体党员上党课4次。其他班子成员都在各自所在党支部认真讲了党课。4名党组成员共下基层开展理论宣讲14次，在党组成员的带动下7名支部书记均认真开展了讲党课活动。党组成员在全单位的理论学习中发挥了积极示范带动作用。

（三）迅速掀起学习宣传贯彻十九大精神热潮。成立省作协十九大精神宣讲小组，配合中国作协深入基层地市主办了"落实十九大精神，让文学照亮生活"全民大讲堂集中宣讲活动，直接受众达1500余人。

（四）结合"两提一创"大讨论活动全面推进"两学一做"。以"两提一创"严格落实"两学一做"中"做"的要求，全面梳理出各项工作标准流程，建立起常态化长效化的工作机制。

（五）按要求开展"三基建设"活动。成立"三基建设"领导小组和办公室，制定具体实施意见，梳理出基础性工作，全面强化效能建设，编制出台了系列工作细则手册，逐步实现台账化、标准化、精细化建设。在省直机关干部职工基本能力竞赛中，我会获得组织奖。

（六）健全制度并抓好贯彻落实。针对作协实际制定完善《山西省作家协会党支部主题党日制度》等21项制度，在学习方面主要修订了机关党委书记抓党建工作清单以及党支部书记抓基层党建问题、任务、责任清单等，并重点加强了各项制度的落实。

（七）充分发挥基层支部的作用。针对新换届后党支部书记和党务干部业务能力不够适应的突出问题，采取集中培训、针对性强化学习、结合中心工作学习等多种形式加强了培训，大力弘扬"红船精神"。一年来，党务干部业务素质和工作能力得到显著提高。

（八）积极引导党员干部深入思考实践。2017年进一步加强了党员干部学习交流，按照分层次、有重点、全方位的要求，党组班子带头开展学习交流，重点突出处级以上干部学习交流，多次组织青年党员和作家党员开展学习交流，有效提升了政治理论学习效果。

（九）认真开展命题讨论。各支部先后围绕3个主题集中开展学习讨论均达6次以上，处级以上领导干部撰写学习体会人均3篇，普通党员干部人均撰写1篇。十九大召开后，机关全体党员围绕如何用十九大精神推动文学工作这一中心开展了多主题多层次的讨论交流。

（十）不断推动学习成果转化。学习习近平新时代中国特色社会主义思想体会论文集《让文学紧贴大地》出版受到广泛好评，解读习近平总书记文艺思想的理论专著《中华审美的创造性转化与创新性发展》正在推进。

二、进一步加强党风廉政建设

（一）压实主体责任，落实"一岗双责"。党组书记与各处室（直属事业单位）负责人签订《党风廉政建设责任书》，科级以上干部签署《廉洁自律承诺书》，坚持把党风廉政建设和各项业务工作一起部署、一起检查、一起落实，做到"四个亲自"。

（二）深入开展巡视整改自行"回头看"。及时制定方案，形成"三清单"。在广泛征求意见、反复修改的基础上，经驻部纪检监察组审议通过，并报省纪检委相关部门，形成了我单位落实中央八项规定精神实施细则。将突出问题细化分解为18条具体整改措施，有针对性地开展了党支部工作规范化和财务管理规范化两项专项整治工作，形成以点带面、点面结合的整改工作格局，并将整改与全过程督导和不定期巡查相结合，将整改落到了实处。

（三）广泛开展谈心谈话和批评教育。针对党员干部苗头性、倾向性问题，党组班子认真开展了谈心谈话，做到了教育在前、防范在先。利用民主生活会、组织生活会和民主评议党员，严肃开展批评和自我批评，深入剖析问题，切实进行整改。

（四）深入开展先进典型学习和廉政警示教育。通过组织学习廖俊波、黄大年同志先进事迹，集中收看专题节目《榜样》，组织开展8次集中警示教育活动，以支部为单位组织个人参阅《忏悔录》，集中观看警示教育片等活动，进一步加强了全体党员干部思想政治教育，彻底肃清了金道铭等7人的流毒影响。

（五）切实加强了提醒教育和分析研判工作。瞄准外出活动、节假日等关键节点，开展集体警示谈话，严格落实中央八项规定精神；先后两次对党风廉政建设形势进行分析研判，提出预防改进措施。

（六）坚持执纪监督。除了在机关和直属事业单位开展督查活动，还召集扶贫下乡干部传达扶贫工作纪律和要求，全面强化执纪监督。

三、全面推动我省文学事业繁荣发展

（一）"深入生活、扎根人民"主题实践活动有声有色。推荐作家入选2017年度中国作协定点深入生活项目。与省直工委，省残联，国网山西电力公司，山西电视台，山西汾酒集团，大同市委宣传部，朔州市文联、朔州市委党校，沁水县委、县政府等8家单位合作举办多种文学活动。挂牌成立2个全新创作基地，组织带领作家赴创作基地参观采风。全年组织作家600余人次采风15批次。

（二）文化影响力进一步加大。通过召开文学评论会议、开辟文学评论专栏、出版评论家丛书、编辑评论家专号，力推我省评论家。联合本省媒体、对接省外资源，全面提升了山西文学影响力。积极推动文学与文化产业对接，我省作家作品《黑锅：我和罪犯玩命的日子》《杀山》《朱德儿童团》被改编成电视连续剧、电影搬上银幕。坚持走出小院办文学的思路，大力推进“走出去，请进来”战略，不断增进文学交流，组织干部职工与中国作协、陕西省作协等作协以及《收获》《诗刊》《上海文学》等刊物进行交流，邀请中国作协、湖南省作协、江苏省作协、安徽省作协及《文艺报》《人民文学》等多位专家来山西进行辅导交流。据不完全统计，2017年我省作家作品获国内外各种奖项29项。如刘慈欣《三体：死神永生》获得世界级科幻奖“轨迹奖”，吕新获得“首届陆渔小说奖”评委会大奖、第六届“花城文学奖”杰出作家奖、首届“吴承恩长篇小说奖”，董群与吴京等创作的电影《战狼》系列获中宣部“五个一工程奖”，陈为人长篇传记《墨子传》被译为韩文在韩国出版。

（三）“中国梦”主题创作和重点创作扶持项目稳步推进。《中国特高压》《大道绿梦》等一批紧扣党的十九大、庆祝建军90周年和“中国梦”主题的作品成功问世。“双百工程”共推出《薛瑄传》等7部传记和《江山无恙》等4部原创作品。“晋军新方阵”丛书第五辑共13部作品顺利出版。《古渡》等9部作品受到扶持。

（四）文学人才队伍不断壮大。全年举办三晋新锐作家群系列研讨活动、《黄河》与作者系列研讨会、《山西文学》2017年度小说笔会等20次研讨活动，活动数量大大增加。推荐我省作家到鲁迅文学院高级研修班和创意写作硕士研究生班学习，新增省作协会员124名。组织网络作家参加高级研修班，不定时进行走访慰问，借助主流媒体和权威网站进行系列持续宣传报道，尤其是联合省委宣传部和省委统战部举办了山西网络文学创作座谈会，推动我省网络文学进一步繁荣发展，数量明显增加，创作更加活跃，目前我省注册网络作家有36000余名，《天才禁区》《功夫兵王》等一批优秀作品受到欢迎。值得强调的是，2017年省作协首次与鲁迅文学院联合举办了青年创作骨干研修班，并与鲁迅文学院联合开展了张二棍诗歌作品研讨会，杨凤喜、李燕蓉作品研讨会等活动，在全省文学培训工作中实现了重要突破。

（五）刊物阵地建设成效突出。《山西文学》《黄河》等刊物除正常编辑出版外，全年还有20余篇作品被国内外报刊选载、连载，其中黄风长篇纪实文学《大涠公河》在加拿大侨报《渥京周末》连载，同时被美国侨报《华夏时报》选载。

（六）扶持基层力度进一步提升。组织作家带着作品走进中北大学、山西农业大学，实现了送文学入课堂。与山西传媒学院签署战略合作协议，打造出多方合作平台。与10余个地市文联作协联合举办文学活动，积极辅导培训基层作者，推动了各地文学发展。从基层作协选调3位同志到直属事业单位挂职，推荐省作协2位同志深入基层到扶贫村挂职，有效活跃了基层队伍。全年除了在作品扶持、培训学习、外出采风等活动中持续向基层倾斜之外，还首次在赵树理故乡沁水县举办了赵树理文学奖颁奖活动。

（七）意识形态工作成效显著。全年召开两次净化意识形态领域工作推进会，健全和完善编审制度，确定网评员，强化网评队伍建设，组织编辑参加培训，规范编发流程，对公众号进行自查，有力巩固了主流意识形态主导地位。

（许小登）

附：省作家协会党组书记、副书记、成员名单

书　记：杜学文

副书记：罗向东　张锐锋（7月任职）

成　员：梁跃进

省科学技术协会党组工作概况

党组书记　许富昌

一、全面加强党的领导和党的建设，营造风清气正政治生态

推动全面从严治党向纵深发展。组织召开省科协党建暨党风廉政建设工作会议，严格执行《关于新形势下党内政治生活的若干准则》，把讲政治贯穿于党性锻炼和开展工作全过程。加强管党治党制度建设，出台贯彻落实全面从严治党主体责任和监督责任实施办法、贯彻落实中央八项规定精神实施细则等一系列规章制度，真管真严、敢管敢严、长管长严。开展“两学一做”学习教育常态化制度化和“维护核心见诸行动”主题教育，引导广大党员干部增强“四个意识”和“四个自信”。推进“三基”建设，在科协系统推动形成想作为、敢作为、善作为的良好氛围。开展省委专项巡视整改工作，做到整改到位、收到实效。

召开山西省科协第八次代表大会。按照省委安排，2月21日召开山西省科协第八次代表大会，骆惠宁书记、楼阳生省长等在并全部省委常委，省四大班子主要领导和分管、联系科协工作的领导，中国科协党组书记尚勇，在晋工作院士，与500余名代表出席大会。大会审议通过了一系列重要文件，选举产生了新一届领导机构。

全面推进科协系统深化改革。《山西省科协系统深化改革实施方案》经省委常委会议审议通过，于8月2日以省委办公厅文件印发。坚持问题导向，聚焦重点难点，通过改革不断增强科协组织的政治性、先进性、群众性，努力把科协建设成为具有强大生机和活力的团结联系科技工作者的人民团体。实施挂图作战，压实责任、强力推进，22项改革举措完成，13项改革举措取得突破性进展。

创新学会党组织运行机制。4月24日成立中国共产党山西省科技类社会组织行业委员会，理顺科协指导学会党建工作的体制机制，把学会置于党的领导之下，以党建引领

学会全面建设。所属135个学会实现党的组织和党的工作全覆盖。

强化基层组织建设。建立包市县工作机制，机关部门、直属单位包点联系市科协、县科协，向11个市、28个县下达各类项目经费1635万元，既当好联络员，又当好服务员，推动市县科协改革创新，帮助解决实际问题，使全省科协系统实现上下联动、齐头并进。新成立16个企业科协、2个企业科协联盟、11个高校科协，不断扩大基层组织覆盖面。

二、加强对科技工作者的引领和服务，使科协成为科技人才成长提高的重要通道

强化对科技工作者的团结引领。通过集中学习、讲座培训、座谈研讨、调研交流等形式，利用各种平台和传播手段，组织广大科技工作者深入学习贯彻十九大精神、习总书记视察山西重要讲话精神和省第十一次党代会精神，把科技工作者的思想和行动统一到中央和省委重大决策部署上来。7月4日召开了省城科技界学习贯彻习总书记视察山西重要讲话精神座谈会，12月5日召开了全省科协系统学习贯彻党的十九大精神座谈会。在《山西科技报》“山西省科协网”“山西科协”微信等所属媒体上开设专题，深入报道我省各领域科技工作者和基层组织的动态和风采，在全省科技界兴起学习贯彻的热潮。

夯实科技工作者联系服务。组织中国工程院院士候选人等全国层面优秀人才遴选推荐，省科协副主席、太原理工大学校长黄庆学当选中国工程院院士。联合省人社厅开展了“山西省优秀科技工作者”暨“山西省十佳中青年优秀科技工作者”评选表彰，推出97名新时期创新典型。完善团体会员制度，接纳了部分大型企业科协、高校科协和科技类社团作为省科协团体会员。组织15个科技工作者状况调查站点开展了4项专题调查，及时掌握科技工作者的动态诉求。建立了省科协代表大会代表任期制度，保障代表行使权利、履职尽责。全省各级科协深入开展了“全国科技工作者日”系列活动，增强广大科技工作者对科协组织的认同感、满意感和归属感。

培育弘扬创新文化。举办“砥砺奋进的五年——山西省喜迎十九大科技成果展”，编撰《崛起，在创新的征程中——十八大以来山西省科技创新成就选编》。开展了“寻访山西最美科技工作者活动”，邀请纪实文学作家访谈优秀科技工作者出版《名家名作》。通过网站、微信、报刊、屏媒、展板等载体，广泛宣传在晋工作院士、晋籍院士、与山西有合作关系的院士专家，宣传在转型综改建设中涌现出的领军人才、创新团队和一线科技工作者，宣传我省的重大科技成果和重要科普活动，讲好科技故事，传播科协声音。

三、实施创新驱动助力工程，组织科技工作者积极进军科技创新和转型综改主战场

院士专家工作站建设取得显著成效。3月16日，在北京承办了院士专家座谈会，该项活动是省委、省政府“晋商晋才回乡创业创新工程启动大会”四大主题活动之一，楼阳生省长主持会议，特邀38名院士围绕山西转型升级建言献策。新建院士专家工作站18个，累计建立76个，引进院士82名、引进创新团队300多人。开展“院士专家山西行”活动，组织27名院士专家赴太原、忻州等5市，围绕当地产业需求开展服务，助力地方转型发展。

开展大众创业万众创新活动。9月15日–21日，会同省发改委等单位组织了以“双创促升级，壮大新动能”为主题的全国大众创业万众创新活动周山西分会场活动，共举办展示、论坛、竞赛等活动20项，展出项目330个，接待公众1.9万人次。协同省总工会推进“五小竞赛”，参与了“双创沙龙”、山西卫视《异想天开》节目的组织工作，开展了“山西省大学生科学文化作品创新创意大赛”，营造创新创业良好氛围。

搭建企业技术创新服务平台。出台《山西省科协创新驱动助力工程实施意见》，建设试点市科协4个、示范县10个、省级示范学会12个、学会服务站22个。实施了金桥工程、一线创新工程师培养及创新方法推广、科技信息转化应用、知识产权战略巡讲等项目，组织企业参加“2017中国创新创业成果交易会”和“第二届全国企业创新方法大赛”，不断增强企业自主创新能力。

实施科技助力精准扶贫工程。召开全省科技助力精准扶贫工作会议，启动实施“百千万”工程和“1658”示范行动，推动“六个全覆盖”。选派20名扶贫专员在永和等6个国定贫困县的15个贫困村开展精准扶贫。组织动员2886名科技工作者、276个农技协开展科技扶贫服务，帮扶贫困户72744人，山西在全国科技助力精准扶贫工作考核中被评为“优秀”。做好定点扶贫工作，推动方山县麻地会乡4个包扶村党的建设、产业培育、基础设施等迈上新台阶，省科协荣获全省干部驻村帮扶工作模范单位。

搭建多层次学术交流平台。以“服务创新驱动，助力转型综改”为主题，举办“2017年山西省科协年会”，由会、展、服三部分组成，邀请20余名院士专家围绕我省高端装备制造、现代煤化工、新材料等开展学术研讨和技术服务，在社会上产生积极影响。会同综改示范区管委会及有关全国学会主办了“首届生物经济助力山西创新转型综改大会”“中国维生素产业发展高层论坛”。支持省级学会开展了15项高端前沿学术交流活动。

四、创新科普公共服务机制，推动全民科学素质稳步提升

落实省政府《山西省全民科学素质行动计划纲要实施方案（2016–2020年）》。对各市科学素质建设工作进行了专项考核，考核结果反馈当地党委政府。开展全省科普经费专项检查，推动各地加大科普投入力度。针对青少年、农民、城镇劳动者等重点人群，开展了10项科学素质特色活动。与省体育局、省地震局签署战略合作协议，不断扩大

科普受众群体和科普工作覆盖范围。

推进科普信息化建设。实施“科普中国·百城千校万村行动”，广泛建设乡村e站、社区e站、校园e站，构建线上线下相结合的科普服务新阵地。与吕梁市政府签订战略合作协议，在吕梁各乡镇和重点村建设乡村e站306个，实现首个市域全覆盖。与省直有关单位联合下发文件，着力推动社区e站、校园e站建设工作。在全省建设科普e站1342个，此项工作走在全国前列。编创影视、挂图、动漫、H5海报等科普资源453套件，数据存储量110TB。打造“农村微课堂”微信平台，发布信息327期。

深入开展群众性科普活动。9月16日–22日，牵头省直相关单位开展了山西省2017年“全国科普日”暨第14届“科普三晋”系列活动，全省各地举办了各具特色、丰富多彩的科普活动，省科协和朔州、闻喜等12家科协荣获中国科协“全国科普日”活动优秀组织单位。举办了第六届中国科普摄影大赛，共收到全国各地作品6285件，成为全国科协系统知名科普文化品牌。96110等科技热线免费为4.38万人次提供咨询服务，开展专家下乡服务140场次。开展了全省青少年科技创新大赛、宋庆龄少年儿童发明奖评选、青少年高校科学营等活动，大大激发了青少年的科学兴趣和创造实践能力。

提升完善现代科技馆体系。省科技馆开放257天，接待观众126.7余万人次。新建了机械师摇篮等4个科学工作室，播放科普电影1476场次，组织科学实验和科学表演704场次，有5个原创节目在全国大赛获奖。“山西科学讲坛”坚持特邀名家主讲和走进企业、学校、社区巡讲相结合，举办42期。流动科技馆深入基层51个站点巡展，受众66.1万人次；科普大篷车深入基层34个站点巡展，受众6.9万人次。

五、推进新型智库建设，服务党委政府决策科学化

强化决策咨询服务机制。建立科技创新智库专家库，推动建设小中心、大外围的科技智库体系。围绕经济社会发展的难点、焦点问题开展课题研究，完成13项决策咨询课题研究。特邀中国科学院院士潘建伟为省政府领导班子成员、省直各部门负责人作量子力学方面的辅导报告。办好《科学决策参考》《调研动态》等专刊，完成专报14篇。

开展第三方科技评估。成立了省科协评估评价中心，对接中国科协、中国社科院及有关方面，围绕我省产业转型升级、公共政策落实等问题，开展第三方评估评价，先后进行了18个样本县易地扶贫搬迁工作成效第三方评估、保德县减贫工作成效预评估等工作，得到省有关部门和地方党委政府的好评。

实施重要民生问题研究专项。聚焦吕梁红枣裂果、秸秆综合利用、渗水地膜穴播技术示范推广等社会热点、民生难点问题，机关各部门、直属各单位分别牵头承担1个课题，组织专家学者进行专题调研和攻关研究，提出科学解决方案，并面向社会普及推广。

（王继龙）

附：省科学技术协会党组书记、成员名单

书　记：许富昌

成　员：王德贵(5月离职)　郝建新

省文学艺术界联合会党组工作概况

党组书记　李太阳

2017年，是党的十九大胜利召开之年，是党和国家发展进程中具有重要里程碑意义的一年。一年来，省文联领导班子在省委坚强领导和省委宣传部有力指导下，全面贯彻落实党的十八届三中、四中、五中、六中全会和党的十九大精神，深入学习贯彻习近平新时代中国特色社会主义思想，认真落实习总书记视察山西重要讲话精神，按照省委“一个指引、两手硬”的重大思路和要求，全面落实省文联八届五次全委会既定的工作任务以及省委、省政府下达的年度考核目标任务，扎实推进“两学一做”学习教育常态化制度化，深入开展“两提一创”大讨论活动，坚持从严治党，加强党风廉政建设和法治建设，坚持以人民为中心的工作导向，大力弘扬社会主义核心价值观，突出文艺界行风建设，团结引领广大文艺工作者围绕中心、服务大局，深入生活、扎根人民，为繁荣发展山西文艺事业、塑造山西美好形象做了大量工作，取得了实实在在的成效。

一、突出迎接学习宣传贯彻党的十九大主线，增强“四个意识”、坚定“四个自信”，全面落实从严治党

（一）政治引领扎实有力。把学习贯彻十九大精神作为首要的政治任务，精心组织学习宣传贯彻，采取理论学习、专题研讨、宣传贯彻、主题实践等多种形式，引导广大文艺工作者用习近平新时代中国特色社会主义思想武装头脑、凝聚共识、指导实践。为切实加强党的十九大精神的学习贯彻，确保我省文艺界把思想和行动统一到十九大精神上来，我会制定了《省文联关于学习宣传贯彻党的十九大精神的工作方案》，同时组织全体党员干部收看党的十九大开幕式直播，并开展学习讨论。从

2016年起，对各协会换届后新当选的170余名主席团成员以及全省各文艺家协会的2600余名国家级会员进行了文艺骨干大培训，已举办7期培训班。重点学习习近平总书记系列重要讲话，马克思主义文艺观、社会主义核心价值观等主要内容。在举办的培训班中，将习总书记在山西视察的重要讲话精神作为重点内容进行培训，每期均由文联党组书记带头授课，其他党组成员和各团体会员主要负责同志也多次出席培训课程并作专题辅导，为迎接十九大奠定了坚实思想政治基础。为每位党员发放党建读物，组织观看《火种》《血战湘江》等主题教育片，通过学原著、读原文、悟原理，引导全省文艺工作者不断提高思想理论素养，坚定理想信念，恪守职业精神，自觉用十九大精神指导文艺实践、推动文艺繁荣。

（二）扎实推进“两学一做”学习教育常态化制度化。成立推进“两学一做”学习教育常态化制度化领导小组及组织机构，制定实施方案和重点任务分工方案。制定“提高标准、提升能力、争创一流”大讨论活动实施方案和进度安排。各党支部严格按照学习时间表和学习内容组织学习。组织全体党员干部参加“两学一做”系列知识竞答、大讨论活动阶段性测试。制定《省文联“两提一创”大讨论活动整改方案》《“两提一创”大讨论活动“四表两图”》《“走上去、走出去、走下去”工作制度》《学习报告制度》《争创一流计划书》等，对相关问题进行全面整改。用好“三会一课”制度，把学习贯彻习近平总书记系列重要讲话特别是习总书记在山西视察的重要讲话精神作为基本内容，以党支部为基本单位，推动“两学一做”融入日常、抓在经常。支部普遍利用微信群，推送理论文章、学习研讨系列讲话原文、交流学习体会，把党员干部上下班路程、办事等待期间的碎片化时间充分利用起来开展学习研讨，实现集中学习和即时学习相结合，全覆盖、常态化、重创新、求实效，增强“四个意识”，坚定“四个自信”，以“两提一创”为契机，做好“两学一做”。

（三）深化落实“两个责任”推进全面从严治党。全面落实省委巡视组意见，落实全面从严治党主体责任，修订《山西省文学艺术界联合会规章制度汇编》，制定《山西省文联党组履行主体责任工作方案》《山西省文联2017年度落实党风廉政建设责任制工作任务及<责任分解>》。明确了党组书记是机关党的建设的具体实施者，是党建工作的“第一责任人”，工作中严格按照“一岗双责”要求，自觉履行党建工作职责，坚持党建工作亲自部署、重大问题亲自过问、重点环节亲自协调、重要事项亲自督办。坚持以上率下，带头加强政治学习，带头严肃党内政治生活，带头做好党建各项工作，以实际行动为文联全体党员树立标杆、作出表率。为防止不良风气反弹回潮，不断巩固和拓展落实中央八项规定精神的成果，制定《省文联落实中央八项规定精神相关制度情况明细表》《山西省文联关于落实中央八项规定精神的实施细则》，严格执行文艺评奖、财务管理、办公用房、公车管理等规定，确保党风廉政建设的各项任务落到实处，真正形成奋发进取、团结向上、风清气正的良好生态。

二、精心组织，文艺活动精彩纷呈，形成在十九大精神鼓舞下文艺舞台百花齐放，共谋发展的局面

（一）坚持以人民为中心的创作导向，“深入生活、扎根人民”主题实践和文艺志愿服务取得丰硕成果。省文联坚持以人民为中心的工作导向，把满足基层群众精神文化需求、向基层群众学习作为重要使命。我们精心组织文艺名家和文艺工作者深入农村、学校、厂矿、社区、军营及生产一线采风创作，挖掘鲜活素材，推出优秀作品。积极建立文艺志愿服务长效机制，探索创新慰问演出、文艺支教、专家辅导、展演展示、结对帮扶等服务形式，推动文艺志愿服务取得显著成效，深受基层群众欢迎和赞誉。2017年，省舞蹈家协会开展30多场“进医院、进校园”舞蹈志愿辅导活动，辅导2000余人次；省杂技家协会开展80多场“抖出快乐”杂技空竹进社区活动，惠民3000余人次；省书法家协会组织12场“送万福、进万家”公益活动，250余名书法家参加活动，为群众书写春联、福字及各种书法作品6000余幅；省摄影家协会举办40余场周末公益摄影讲座，培训学员1600余人次。通过开展一系列丰富多彩、卓有成效的文艺志愿服务，密切了文艺工作者与基层人民群众的感情，获得了服务人民和提高自身的双丰收。

（二）积极开展重大主题文艺实践活动，汇聚正能量、唱响主旋律。省文联着眼于党和国家工作大局，紧紧围绕省十一次党代会提出的“五个山西”、“五个文化”、“三个精神”、“六个形象”等治晋理政总方略，集中推出一批弘扬社会主义核心价值观的优秀文艺作品，精心组织文艺精品的展演展示、宣传推介，持续开展一系列引导性示范性较强的重大主题文艺活动。围绕迎接宣传贯彻党的十九大这条主线，举办了“喜迎十九大航拍新山西”大型航空摄影展、“圆国梦、兴三晋、喜迎十九大——联咏太行精神、吕梁精神、右玉精神”千联千人书法作品展、“喜迎十九大·翰墨颂中华”山西省书协美协历届主席团成员书画作品展、“山西好风光”微电影大赛、“喜迎十九大·第三届山西高校魔术交流展演”等活动。围绕培育和践行社会主义核心价值观，举办纪念赵树理先生诞辰111周年中国曲艺文艺志愿服务系列活动，推选山西省及全国“德艺双馨电视艺术工作者”等活动。围绕脱贫攻坚，牵头创作了精准扶贫题材喜剧电影《耿二不二》，在山西省运城市平陆县碾道村举行精准扶贫花椒林认领捐赠活动，举办“幸福在家乡”天镇许家窑扶贫摄影展暨山西曲协艺术家走进天镇许家窑慰问演出等。通过这些主题实践活动，引导广大文艺工作者用艺术的形式，生动形象地体现社会主义核心价值观的丰富内涵，为鼓舞人民士气、凝聚社会共识，讴歌真善美、传播正能量，发挥了重要作用。

(三) 积极探索文联组织新职能新定位新要求，工作规范化科学化水平不断提升。按照习总书记提出的“深化改革、加强引领、加强联络、增强本领、加强沟通”要求，省文联进一步履行职能，创新机制，提高水平。为深入贯彻落实习总书记在党的十九届一中全会上关于大兴调查研究之风的重要指示，省委在全省开展了万名干部大调研活动。我会结合实际情况，制定调研方案，在党组的领导下成立五个调研组，带着调研课题，深入晋中、吕梁、阳泉、平遥、介休、浑源、繁峙等基层文联和产行业文联的新业态新基地进行实地考察，走近有艺术追求的、边缘的、草根的新的文艺组织和群体。各调研组在调研的基础上集体讨论研究，形成了一系列有情况、有分析、有对策建议和具有一定思想理论水平和实践指导意义的书面报告，为深化文联改革提供了重要理论依据。同时我们还大力推进“互联网+文艺”建设，举办“第七届网络摄影大赛”、通过微信公众平台刊登微艺评等形式，正确引导文艺欣赏。我们努力提升山西文艺网的传播力，让网络平台成为文艺创作生产的又一主阵地，形成网上网下融合发展的大趋势。探索“互联网+”与“文艺+产业”、“文艺+科技”等跨界融合发展。积极建设网上文艺之家，优化山西文艺网、微信公众号，完善山西文艺专家数据库、文艺作品数据库和会员管理网络数据库等，基本实现全省文艺资源数据交换与共享服务。我们还充分延伸工作手臂，用积极有效的办法吸引体制外艺术家和有影响力的艺术团队融入协会常态化工作，使之成为繁荣我省文艺事业的有生力量。

三、认真履职廉洁从政

(一) 深化对习近平新时代中国特色社会主义思想的认识，进一步坚定理想信念和政治立场。党的十九大最重大的理论创新、最重要的政治成果、最深远的历史贡献，就是把习近平新时代中国特色社会主义思想确立为我们党必须长期坚持的指导思想。切实在强化、深化、转化上下功夫，真学、真懂、真信、真用，认真进行维护核心、见诸行动主题教育，积极参加省委组织的学习研讨。把学习贯彻十九大精神与学习贯彻习总书记视察山西重要讲话结合起来，省文联党组引导文联机关干部、文艺家及广大文艺工作者深刻领会习总书记重要思想的核心要义和精神内涵。通过深入学习，在政治理论上有了新的认识，在思想觉悟上有了新的提高，对习总书记重要思想有了较为系统的把握，进一步坚定了中国特色社会主义理论自信、道路自信、制度自信和文化自信，进一步明确了新时期文艺工作的时代责任，更加自觉地担负起繁荣发展我省社会主义文艺的崇高使命。

(二) 强化团结引导能力，更大力度服务人民，推动我省文艺事业的繁荣发展。省文联党组以党的十九大精神为指引，紧紧围绕中央和省委、省政府工作大局，围绕省十一次党代会提出的“五个山西”、“五个文化”、“三个精神”、“六个形象”等治晋理政总方略的具体内容，一是扎实开展文艺志愿服务活动。组织开展文艺志愿服务，面向革命老区、贫困地区、厂矿乡村等基层一线，组织扶贫攻坚文艺小分队，为脱贫攻坚加油鼓劲。积极探索文艺扶贫与产业相结合的精准扶贫之路，实施了一系列文艺扶贫的重点工程。深入开展文艺支教、文艺培训，加大对农村和欠发达地区的文艺帮扶力度，深入开展“送万福 进万家”公益活动、电影周末艺术沙龙、曲艺家送欢乐、舞蹈志愿辅导、杂技空竹进社区、公益摄影讲座等文艺惠民活动，形成我省文艺志愿服务的规模效应和强大合力，促进文艺志愿服务多样化、常态化、制度化。二是精心组织开展主题文艺创作活动。围绕迎接宣传贯彻党的十九大这条主线，精心组织文艺精品的展演展示、宣传推介，持续开展一系列有特色有声势有影响、引导性示范性较强的重大主题文艺活动，把社会主义核心价值观、脱贫攻坚等主题活灵活现地体现在文艺作品和文艺活动之中，以艺术形式展示三晋大地团结奋进、追梦铸梦的时代风采，唱响了主旋律，传递了正能量，赢得了较好的社会效益。三是积极推进文艺人才队伍建设。坚持把文艺人才培养和文艺领军人物选拔作为工作重心，倡导文艺界坚守崇高的艺术理想，注重人格修为，自觉追求德艺双馨，严肃认真考虑作品社会效果，坚持把社会效益放在首位，讲品位、讲格调、讲操守。加大对中青年文艺人才的发现举荐、教育培训、资助扶持、宣传推介力度。密切联系文艺家和基层一线文艺工作者，着力解决联系不紧密、覆盖不广泛、服务不到位的问题，面向基层、重心下移，加强对文艺名家和文艺人才的联络服务工作，注重发挥他们在文艺界的示范引领作用。

(三) 遵守廉洁自律规定，严格执行中央八项规定精神。坚决落实党风廉政建设，全面落实两个责任。认真贯彻民主集中制原则，充分发挥表率作用，带头开展谈心交心活动，带头遵守制度，带头执行决议，带头维护纪律。省文联党组加强反腐倡廉建设，坚决支持纪检部门落实监督责任。对巡视组提出的问题，诚恳接受，坚决落实，认真整改。扎实推进“两学一做”学习教育常态化制度化，在守纪律讲规矩上作表率。进一步加强文艺界意识形态工作，全面落实意识形态工作责任制，坚持正确的舆论导向。严格遵守选人用人制度，坚持新时期好干部标准和正确选人用人导向。能够深入基层开展调研，先后赴临汾、晋中、阳泉、平遥、浑源等地，围绕文联组织转型发展等课题开展专题调研。切实作好普法依法治理工作，增强依法行政。坚持把法治教育纳入全年的理论学习中，坚持把法治学习与本职工作、制度建设、实际工作、宣传教育相结合，使普法工作落到实处。

(樊丽红)

附：省文学艺术界联合会党组书记、副书记、成员名单

书　记：李太阳

副书记：石跃峰

成　员：和　悦　靳　忠　李剑斌

省工商业联合会党组工作概况

党组书记　杨临生

2017年，省工商联以习近平新时代中国特色社会主义思想为指引，深入贯彻落实党的十九大精神，紧紧围绕省委省政府“一个指引、两手硬”的重大思路和要求，创新手段狠抓落实，全面助推山西全省民营经济转型创新发展。全国政协副主席、全国工商联主席王钦敏同志批示：山西省工商联在省委、省政府正确领导下，在服务“两个健康”工作上创新、务实，在推动全国民企助推山西创新发展，千企帮千村等方面成效明显，望再接再厉，再立新功。

一、学习习近平新时代中国特色社会主义思想，深化理想信念教育实践活动

认真学习贯彻落实习近平新时代中国特色社会主义思想，进一步增强“四个意识”。坚持周二集体学习制度、举办培训班32期、走访商会和会员企业300余家，宣传学习贯彻习总书记系列重要讲话精神特别是视察山西重要讲话精神，学习贯彻习近平新时代中国特色社会主义思想和党的十九大精神，在学懂弄通做实上下功夫，进一步增强“四个意识”，自觉在思想上政治上行动上同以习近平同志为核心的党中央保持高度一致，增强对党和政府的信任、增强维护核心、干事创业的信念和力量。通过“山西日报、中华工商时报、晋联通微信平台”大力宣传全省民营经济，被中华工商时报社评为2017年度“创新中国”工商联工作特别奖，阳泉市工商联、山西省湖南商会也分别获得2017年度“创新中国”特别奖。

二、组织引导全省民营企业参与精准扶贫和社会公益活动

深入贯彻落实《山西省民营企业“千企帮千村——精准到户”扶贫行动实施方案》，出台了《省工商联关于贯彻省委〈关于深入学习贯彻落实习总书记在深度贫困地区脱贫攻坚座谈会上重要讲话精神的实施意见〉的实施方案》《关于引导民营企业与贫困县合作帮扶的行动方案》，开展摸底深度贫困县县企结对帮扶工作，组织引导87家民营企业与58个贫困县开展合作帮扶，实现了帮扶对接全覆盖。根据全国“万企帮万村”台账管理系统显示全省登录企业数1573家，实施项目3479个，投入资金25.6亿元，帮扶贫困村2583个，帮扶贫困人口26.5万人，超额完成了工作任务。在长治市组织开展“山西光彩事业太行行”活动，达成招商引资项目49个，拟投资总额212亿元，全省民营企业和商会组织公益捐款捐物共计1828.94万元。振东健康集团有限公司、乐村淘网络有限公司、奥坤生物农村公司3家民营企业受到全国“万企帮万村”精准扶贫行动领导小组通报表扬，被授予“全国‘万企帮万村’精准扶贫行动先进民营企业”奖。

三、组织引导各级工商联组织和非公制经济代表人士调查研究、参政议政

继续深化全省“万名干部入企服务”工作，2017年2月，省市县三级工商联会同统战部、经信委等部门深入到全省1353家经营困难和有其他困难及列入重点工程项目的民营企业，开展以“提信心、解难题、促发展”为主题的专项调研，共收集1241个问题、824条诉求建议。提出的7方面60条对策建议被明确到32个省直部门牵头推进落实。提交的调研报告荣获2017年全国工商联优秀调研成果一等奖。引导帮助工商联界别的政协委员、工商联系统、企业家副主席（副会长）、省直商会积极履行参政议政职能。向省政协提交了《关于推动政策落地落细落实增强民营企业政策获得感的建议》等12件提案，并参加了省政协组织的督办会和专题发言，领办了省人大、省政协批转的建议和提案。其中《关于鼓励社会资本参与公立医院改制的建议》获得全国工商联2017年度优秀提案奖。《关于促进民营企业参与精准扶贫的建议》《关于推动民营企业参与国企改革，发展混合所有制经济的建议》两件提案获得省政协2017年优秀提案奖。

四、优化营商环境，弘扬企业家精神，促进民营经济健康发展

积极贯彻落实省委省政府关于晋商晋才回乡创业创新工作的部署。参与筹备并组织全国晋商商会、知名民营企业家参加了晋商晋才回乡创业创新工程北京启动大会、中博会山西省战略性新兴产业重点项目推介会、山西招商引资（珠三角）推介会、山西民营企业高新技术深圳交流会。指导组织各市县工商联开召开晋商晋才回乡创业创新恳谈会、座谈会等招才引资活动，努力打造山西对外开放新高地。

贯彻落实中共中央国务院《关于营造企业家健康成长环境弘扬优秀企业家精神更好发挥企业家作用的意见》和《关于支持山西省进一步深化改革促进资源型经济转型发展的意见》及省委省政府《机关干部入企服务常态化专项行动》的部署，制定了优化营商环境“兑现政府对民营企业承诺”工作方案。收集各类问题77件，其中市级层面70件，省级层面7件，均已建立台账并移交相关部门解决；在省政务中心设立了民营经济综合服务窗口，共接待来访群众328

人次；10月10日举办了2017山西民营企业100强系列发布活动，发布了山西民营企业100强榜单、制造业20强榜单、服务业20强榜单，推荐20家民企荣获了首届山西省优秀企业的称号；与省文物局合作开展“文明守望”工程，动员发动民营企业参与文物保护利用工作，全省共有100多家企业认领、认养、保护利用县级以上文物。

五、加强组织建设夯实基础工作

根据省委部署圆满完成了省工商联换届工作，7月24～25日组织召开省工商联（总商会）第十二次代表大会。省委骆惠宁书记、省政府楼阳生省长及省政协薛延忠主席、省委黄晓薇副书记等四大班子领导专门看望全体代表，并与大家合影留念，骆书记发表了重要讲话。开幕式上，省委常委、统战部部长廉毅敏代表省委、省政府作了重要讲话。全省共有450名代表参会，大会选举产生了新一届执委会和领导班子，李武章当选为省工商联第十二届执行委员会主席、省总商会会长。按照全联“五好”县级工商联和“四好”商会建设的标准，开展“五好”县级工商联和“四好”商会建设。2017年全省有35家县级工商联评为全国“五好”县级工商联，占比30%，超额完成了年初预定20%的任务；10家省直级会被省工商联评为“四好”商会，12月16日正式成立了山西省青年企业家商会。

六、组织开展主题教育活动，加强机关和干部队伍建设

按省委统一部署，以习近平新时代中国特色社会主义思想为指引，深入学习贯彻落实党的十九大精神和习总书记视察山西重要讲话精神，扎实推进“两学一做”学习教育常态化制度化。制定《关于在推进“两学一做”学习教育常态化制度化中加强机关“三基建设”的实施方案》和《省工商联三基建设任务清单责任清单》。进一步完善了基层党组织基础数据、基础资料，建立基层党组织书记抓党建工作责任清单，组织机关党员干部开展基本能力知识竞赛；修订完善了省工商联效能建设相关制度；编制了单位基础工作目录、工作运行流程图、单位管理手册、应知应会手册，便民服务手册，建立和健全了AB岗和一次性告知制等制度。

七、加强党风廉政建设

贯彻落实“两个责任”，深入推进党风廉政建设和机关干部队伍建设。每季度定期召开党风廉政建设工作专题会议。开展以“继承革命传统，重温入党誓词”、“守纪律、强党性、做合格党员”为主题的廉政警示教育活动，利用工商联网站电子屏、“晋联通”等载体，共发送100多条廉政短信，提醒督促。

认真组织学习贯彻新修订的《中国共产党巡视工作条例》，增强自觉接受巡视监督、认真抓好巡视整改的政治意识。制定了《即知即改、巡视整改“回头看”工作方案》和《落实省委专项巡视反馈意见的整改工作方案》，明确“三清单一制度”；针对省委巡视反馈意见，明确整改目标、整改措施和整改时限，按照要求列出问题清单和整改清单，采取切实有效的措施和办法进行了整改。

（冯学亮）

附：省工商业联合会党组书记、成员名单

书　记：杨临生

成　员：樊秀清（7月离职）　郎宝山（7月离职）
赵淑芊（7月离职）　邢利民（7月任职）
梁　荣　李剑英（7月任职）

省残疾人联合会党组工作概况

党组书记　李亚明

2017年，省残联认真学习贯彻党的十九大精神和习近平总书记视察山西重要讲话精神，按照省委、省政府和中国残联关于残疾人事业的新部署新要求，围绕一条主线（加快推进残疾人小康进程），办好两件实事（民生实事、精准康复），突出三个重点（脱贫攻坚、“两项补贴”、“一店三基地”建设），圆满完成了全年各项目标任务。省委书记骆惠宁专门听取省残联党组关于残疾人脱贫攻坚和建档立卡贫困残疾人辅具适配全覆盖的汇报，并作了重要指示。省委关于深入学习贯彻习近平总书记在深度贫困地区脱贫攻坚座谈会上重要讲话精神的实施意见中提出辅助器具免费适配救助，精准落实困难残疾人生活补贴和重度残疾人护理补贴政策。省委副书记、省长楼阳生，省委常委、常务副省长高建民，省政协副主席卫小春到省残联调研民生实事，楼阳生省长作了重要指示。省政府第162次常务会议研究通过《山西省残疾预防行动计划（2017－2020年）》，楼阳生省长在会上对省残联承担的省政府民生实事项目给予了充分肯定。省委常委、常务副省长高建民在省政府残工委全体会议上作了重要讲话，全国助残日前在省城看望慰问残疾人。副省长王赋代表省政府在国务院残疾人工作委员会组织召开的全国残疾人康复工作电视电话会议上作典型发言。全国助残日前，省委常委、宣传部长王清宪代表省委为10名“山西最美残疾人”及10名提名奖获得者颁奖，4位省领导与省城各界群众共同观看了中国残疾人艺术团“共享芬芳”中西部地区百县百场巡演山西行公益演出。省政协主席薛延忠，

省人大常委会常务副主任胡苏平,省人大常委会副主任张茂才、周然,省政府副省长郭迎光等省领导在扶贫点分别看望慰问残疾人或为残疾人发放辅助器具。省人大常委会副主任刘杰出席了省城全国第一次“残疾预防日”活动。中国残联副主席王新宪来山西调研指导工作。全年省部级领导来省残联调研指导工作和参加会议 19 人次，省领导重要批示 21 件次。楼阳生省长在省残联关于民生实事项目实施情况的汇报上批示:“工作抓得实,所以效果好。希望残联继续努力。”高建民常务副省长批示:“按照计划安排抓好落实。”省政府民生实事在省政府“13710”督办系统办结,被评为“优秀”等次。残疾人基本康复服务位居全国前列。省委、省政府领导的关心支持,给予广大残疾人和残疾人工作者以极大的激励和鼓舞。中国残联对山西省政府民生实事、精准康复救助、残疾人脱贫攻坚、“一店三基地”建设等工作给予充分肯定,认为山西残疾人工作有特色、有亮点、有做法、有经验,在全国可复制、可推广。人社部、中国残联在太原召开了 2017 年就业援助月暨东北等困难地区就业援助现场推进会,省残联就残疾人就业援助工作作了典型发言。中央电视台《新闻联播》《新闻直播间》,山西卫视、《山西日报》等媒体、栏目对我省民生实事进行了多次报道。

一、牢记宗旨,高举旗帜,认真学习宣传贯彻党的十九大精神

(一)增强“四个意识”,认真学习习近平新时代中国特色社会主义思想。省残联党组高度重视党的十九大精神的学习宣传贯彻工作,开展了“三大活动”(大学习、大宣讲、大调研),突出了“四个坚持”(坚持学懂弄通、坚持凝聚意志、坚持强化领导、坚持以学促做),做到了“五个下功夫”(在学深悟透、融会贯通上下功夫,在全面系统、不断深化上下功夫,在看齐紧跟、敢于担当上下功夫,在学以致用、解决问题上下功夫,在真抓实干、勇于创新上下功夫),推动了“六进”(进农村、进机构、进社区、进机关、进网站、进残疾人家庭)。党组、理事会领导带头学习、带头宣讲,通过及时召开党组中心组(扩大)会议、动员部署会、研讨会和多种学习宣传形式,使广大干部职工的思想统一到党的十九大精神上来。党组、理事会领导分赴扶贫点、基层残联宣讲党的十九大精神 6 次,先后举办两场学习报告会。省残联处级以上领导干部分赴各市开展大调研活动,以党的十九大精神为指导.坚持学以致用,帮助基层解决困难和问题,到基层宣讲十九大精神 45 次,收集第一手资料,形成调研报告 23 份。

(二)坚持学以致用,推进“两学一做”常态化制度化。以习近平总书记视察山西重要讲话精神为指导,将资金、项目向深度贫困县倾斜,将建档立卡残疾人脱贫攻坚和残疾人康复工作摆在更加突出的位置。成立了“维护核心、见诸行动”主题教育领导组,分解细化了工作任务。召开党组中心组(扩大)学习会传达学习了习近平总书记重要指示和中央推进“两学一做”学习教育常态化制度化工作要求。举办了“学以致用、以学促做,把学习贯彻习近平总书记系列重要讲话精神引向深入”学习交流会。“七一”前后,班子成员分别围绕主题讲党课 5 次,举办了庆祝建党 96 周年党日活动。组织党员分两批赴延安市委党校接受了维护核心见诸行动党性教育轮训,深入感受了“延安精神”。

(三)突出“三基建设”,不断提升干事创业的能力和素质。在基层组织建设方面,组织党务干部赴省煤炭地质 114 勘察院学习党支部规范化建设先进经验，通过启用工作台账、培训党务干部、支部书记述职评议考核等措施,进一步规范了党内政治生活、严肃了党的组织生活。在基础工作方面,编制了“一目录三手册”,修订了 56 项工作程序及运行流程图、37 项制度。整理业务工作数据、报表、台账、法律法规政策依据,建立了《基础数据册》《基础资料册》。通过制度约束和考核手段加强效能建设。在基本能力建设方面,党组中心组集中学习 25 次 19.5 天。制定了干部通用基本能力相关标准和训练大纲。举办了省残联系统党员干部基本能力竞赛。在哈尔滨工业大学举办了山西省残联系统干部综合素质能力提升培训班。在省内举办了 17 期业务培训班。

二、健全制度,落实责任,全面加强领导班子和队伍建设

(一)提高政治站位,深入学习贯彻党的十九大精神。省残联党组始终把学习贯彻习近平新时代中国特色社会主义思想和党的十九大精神作为一项首要政治任务，领导班子带头维护党的团结统一，在思想上政治上行动上坚决维护习近平总书记在党中央和全党的核心地位、维护党中央权威和集中统一领导。以筹备残联换届工作和谋划今年工作为契机,深入思考重大课题,结合群团定位,精心谋划落实举措。对照党中央、国务院和省委、省政府的要求,认真查摆工作缺位、服务不到位等问题的现实表现,深刻反思整改,提高残联组织和队伍服务残疾人的能力，推动各项工作真正见到实效。

(二)落实主体责任,加强党风廉政建设。省残联党组充分发挥领导核心作用,将基层党建工作纳入考核范围,定期研究党建工作。按照“一岗双责”和“谁主管、谁负责”的原则,逐级分解党风廉政建设工作任务,签订了《党风廉政建设责任书》。扎实做好巡视整改“回头看”。及时传达学习贯彻习近平总书记关于进一步纠正“四风”、加强作风建设重要批示精神,出台了《省残联关于进一步贯彻落实中央八项规定精神的实施办法》,紧盯时间节点,防范隐形、变异“四风”问题。

(三)围绕党的建设,狠抓制度完善落实。省残联党组高度重视制度建设,认真落实“三会一课”、“六定制度”、民主评议党员等制度。出台了《省残联选拔任用干部工作实施细则》,坚持“凡提四必”和“三个不上会”“两个不得”“五个不准”的要求,提拔 6 名干部到正处级岗位,轮岗交流处级干部 11 人次。组织处级以上干部申报了个人有关事项,加大了抽查比例。经省委组织部同意出台了市县乡残联换届工作意见,全省三级残联换届工作正在有序进行。

(四)加强法治建设,依法依规办事。省残联党组认真履行法治建设职责,党组主要负责人认真履行推进法治建设第一责任人职责,定期研究法治建设相关工作,制定了相关制度和工作计划。根据"谁执法谁普法"普法责任制要求,组织宣传《残疾人教育条例》《残疾预防和残疾人康复条例》,推动我省实施《无障碍环境建设条例》办法的贯彻落实。认真开展社会治安综合治理工作,做好内部治安防控,及时排查化解矛盾,做好特殊人群服务管理。全年处置省内互联网涉残舆情13起。

三、突出重点,扎实工作,加快推进残疾人小康进程

(一)全力以赴,认真办好省政府民生实事。实施3.5万名残疾预防重点干预和残疾儿童抢救性康复项目是省政府六件民生实事之一。我们坚持"公开、公平、公正"原则,精心组织、精准服务、上下联动、协调推进,经过全省各级残联的共同努力,在有关部门大力支持下,实施3.5万名残疾预防重点干预和残疾儿童抢救性康复项目完成5.5万名,超额完成57.25%。其中:为3675名初筛阳性0—6岁儿童提供残疾复筛和诊断服务,完成率为122.5%;为42677名疑似残疾人提供残疾评定服务,完成率为170.71%;为8683名残疾儿童提供抢救性康复服务,完成率为124.04%。

(二)科学谋划,精心组织残疾人精准康复服务行动。年初,省政府工作报告中要求为10万名残疾人提供基本康复服务,为此,省残联等7部门出台了《山西省残疾人精准康复服务行动实施方案》,各市、县(市、区)均成立了领导组,出台了精准康复服务行动实施方案。各级残联会同有关部门确定定点康复评估机构和服务机构,充分依托家庭医生签约团队,组成精准康复服务小组,深入社区乡村,对有需求的残疾儿童和持证残疾人进行精准康复评估,并将符合条件的转介到定点康复服务机构接受基本康复服务。经过全系统的共同努力,全省共为28.1万名残疾人提供了基本康复服务,超额完成了年度任务的181%,全省残疾人康复服务率达到74.68%。

(三)精准施策,实施"566"扶贫助残行动。对建档立卡贫困残疾人实施"五个全覆盖"。一是贫困残疾人精准识别全覆盖,进行了年度动态更新。二是重度残疾人护理补贴全覆盖。三是贫困残疾人基本康复服务全覆盖。四是贫困残疾人基本辅助器具适配全覆盖。五是贫困残疾人实用技术全覆盖,对9998名农村贫困残疾人进行了实用技术培训。开展"六项行动"。一是"一店三基地"扶贫助残行动。二是残疾儿童抢救性康复扶贫助残行动。三是家庭无障碍改造扶贫助残行动,对1600户贫困残疾人家庭进行了无障碍改造。四是基层党组织扶贫助残行动,帮扶3000户建档立卡贫困残疾人。五是手工制作扶贫助残行动。六是阳光助残关爱行动。结合开展"志愿助残阳光行动",逐步实现志愿助残常态化。

(四)应补尽补,全面落实残疾人"两项补贴"制度。全面落实困难残疾人生活补贴和重度残疾人护理补贴制度,困难残疾人生活补贴范围扩大到城乡低保家庭中的所有持证残疾人,由县级民政部门负责发放;重度残疾人护理补贴范围扩大到所有持证重度残疾人,由县级残联负责发放。补贴标准由每人每月40元提高到50元。全省共为29.57万名重度残疾人发放了护理补贴1.79亿元;为20.86万名困难残疾人发放了生活补贴1.22亿元。

(五)上下联动,大力推进"一店三基地"建设。按照《山西省残疾人实训基地 残疾人就业创业基地 农村残疾人扶贫基地及盲人按摩示范店建设实施方案》,省残联提前将1000万元省级补助资金切块下达各市,各市、县(市、区)在巩固前两年创建成果的基础上,又创建了78个省级基地和102个省级盲人按摩示范店,安置1960名残疾人就业(其中按摩店安置盲人329名),辐射带动1755名残疾人就业增收。近三年,全省已建成省级基地219个、省级盲人按摩示范店278个,共安置5895名残疾人就业,辐射带动7498名残疾人就业增收。

(六)多措并举,加大残疾人就业援助力度。联合人社部门开展2017年"就业援助月"活动,实名制纳入年度培训计划7330人,帮助1552名残疾登记失业人员实现就业、4179名残疾人落实专项扶持政策。8107名城镇残疾人参加职业技能培训。推进按比例就业,城镇残疾人新增就业2930人、农村残疾人新增就业3341人。

(七)依法依规,做好残疾人信访维权工作。全省残联系统累计接待残疾人来信来访15000余人(件)次,其中省本级833人(件)次。充分发挥"12385"残疾人服务热线的作用,主动分流化解矛盾。为8000余名下肢残疾人发放2017年度机动轮椅车燃油补贴208万元。全省没有发生残疾人集体到省委、省政府上访的事件。

(八)统筹兼顾,全面完成其他各项业务工作。省彩票公益金助学项目资助183名残疾大学生、23名残疾研究生、239名残疾人家庭子女大学生,总金额177万元。省残疾人福利基金会募集资金物资1518万元,救助残疾人11904人次。对86.1万名持证残疾人进行了基本服务状况和需求信息数据动态更新,结合"强基育人工程"进一步加强基层残联组织建设。主动做好组织宣传教育引导残疾人的工作,举办了"山西最美残疾人"评选、助残日大型公益演出,组织开展了残疾人文化周、健身周、特奥日等活动,举办了山西省第五届特殊奥林匹克运动会、山西省第九届残疾人艺术汇演,组团参加了全国第九届残疾人艺术汇演东部赛区比赛。

(柳　田)

附:省残疾人联合会党组书记、成员名单

书　记:李亚明

成　员:温万一　赵淑芊(7月任职)　刘　晔

省社会科学界联合会党组工作概况

党组书记　王　蕾

2017 年，在省委的坚强领导和省委宣传部的直接指导下，全省社科界认真学习贯彻党的十九大精神和习近平新时代中国特色社会主义思想，省市社科联积极发挥“桥梁纽带、组织协调、管理服务”的作用，在政治引领、理论武装、社科研究、宣传普及等方面取得了新成绩、实现了新突破，为服务党和政府科学决策，促进我省改革、发展、稳定做出了重要的贡献。

一是深入学习贯彻习近平新时代中国特色社会主义思想，在增强政治定力、引领社会组织政治方向上取得新成效。加强政治引领是做好社科工作的首要任务，也是牢牢掌握意识形态工作领导权的关键所在。2017 年，先后召开了省社科联系统学习党的十九大精神暨学用习总书记系列重要讲话精神和治国理政新理念新思想新战略经验交流会、山西省社科界学习贯彻党的十九大精神专家座谈会，把学习宣传贯彻党的十九大精神不断引向深入。坚持问题导向，认真开展干部大调研活动，积极向广大哲学社会科学工作者、基层群众宣讲党的十九大精神，使习近平新时代中国特色社会主义思想成为指导工作和科学决策的思想武器、推动社科事业发展的强大动力。在全省社科联系统认真开展了“两提一创”大讨论活动，组织召开了社科类社会组织意识形态工作座谈会和党的建设工作培训，推出《文化价值将越来越凸显》(《光明日报》2017 年 9 月 21 日)《文化自信何以为“更基础、更广泛、更深厚的自信”》(《红旗文稿》2017 年第 1 期)等重大理论文章，《改革要“一子落”带动“全盘活”》(《山西日报》2017 年 3 月 28 日)《要牵挂困难群众》(《山西日报》2017 年 6 月 13 日)等评论员文章，省社科联课题组的《加强机关基层党组织建设的实践与思考》获得省直工委表彰，这些都为我省形成主流舆论强势，增进共识、凝聚力量发挥了积极的作用。通过持续推动，以“维护核心、见诸行动”为主题把“两学一做”教育常态化、制度化，全省社科界及广大党员干部对习近平新时代中国特色社会主义思想的理解不断加深，并不断转化为深入践行的思想自觉和有力行动。政治引领作用的加强，大大激发了社科类社会组织活动的积极性，省社科联、中国孔子基金会、省社科院、省当代儒学研究会等单位联合举办了“弘扬优秀传统文化时代价值研讨会——第五届全国儒学社团联席会议暨‘儒学精神的当代价值’学术研讨会”；省社科联、省炎帝文化研究会等单位联合举办了全国炎黄文化论坛暨第五届中部六省炎黄文化论坛；省孝文化研究会、三晋文化研究会联合山西国际文化交流中心开展了“羊羔酒杯·首届‘寻找山西孝星’活动”；三晋文化研究会联合中国先秦史学会共同举办了“中国首届子夏文化学术研讨会”；省旗袍文化研究会组织开展了“民族母亲情，红色大寨行”的大寨精神主题活动；省哲学学会举办学习贯彻全国“两会”精神座谈会，省中国特色社会主义研究会召开“学习习近平总书记 7·26 重要讲话精神、学习贯彻党的十九大精神”理论研讨会，省人才研究会召开了“文化自信与人才学学科发展”研讨会等等，全年全省社科类社会组织共召开各类研讨会、论坛 30 多场，为推动哲学社会科学繁荣发展发挥了重要作用。在全国社科联第 18 次学会工作会议上，山西社科联交流了学会工作经验，省五台山研究会、卫生经济学会、保险学会、晋绥边区研究会、档案学会荣获“先进社会组织”，晋城市社科联秘书长张玉凤等 5 名同志被授予“优秀社会组织工作者”荣誉称号。

二是建立健全基层组织，实现社科类社会组织党的建设“两个全覆盖”，“三基建设”取得新进展。扎实推进省社科联“三基建设”，基层组织建设取得突破，基础工作全面推进，基本能力稳步提升。制定了《山西省社科类社会组织党建工作意见（试行）》《省社科联社会组织党建工作指导员制度（试行）》，组织召开社科类社会组织党建工作会议，98 个学会中建立党支部 89 个，占 90.82%，全部配备了党建指导员，按照省委要求，到 2017 年底实现了社科类社会组织党的建设“两个全覆盖”。在高校成立社科联组织，是新时期我省社科工作的实践创新，是夯实“三基建设”、构建全省“大社科”格局的重要举措，由省委宣传部、省高校工委、省教育厅和省社科联联合下发的《关于加强高校社科联建设的意见》，把在高校建立社科联组织工作提到了议事日程，到 2017 年底成立了高校社科联 4 个。积极推动长治市成立了市社科联，使市级社科联机构达到了 7 个。批准成立新的省级学会研究会 6 个，使全省社科类社会组织达到了 124 个，社科类社会组织通过改革激发了活力，形成大发展之势。在“两提一创”大讨论活动中，省社科联加强制度建设，科学设置岗位，严格定员定岗定责，全面推行、完善、规范岗位责任制、首问负责制、服务承诺制、AB 岗制度等，科学规范学会管理、社科研究、社科普及宣传、社科优秀成果评审程序，进一步推进社科政务公开，加强了精细化管理。在万名干部大调研活动中，省社科联处级以上干部累计调研 130 人次，累计调研时间 160 余天，党员干部的工作能力在实践中得到锻炼提升。随着事业的发展，在省政府机关事务管理局的大力支持下，省社科联机关办公面积补充 379 平方米，办公条件得到极大改善。

三是深入开展社科宣传普及工作，稳步推进科普立法，社科法治化建设取得新突破。开展科普工作，向广大人民群众宣传党的理论、普及社科知识、传播科学思想、弘扬科学精神是社科工作的重要职责和使命。科普立法是规范社科普及工作和繁荣发展社科事业的重要保障。目前,全国已有 11 个省制定并完成了社科普及条例的立法工作。2017 年,我省社科普及宣传进一步深入,社会科学普及立法工作扎实推进。在省人大、省政府法制办的积极支持下,我们成立了专家咨询委员会和条例起草小组,积极开展立法论证调研,先后到 5 个省市自治区和我省 11 个市级社科联和院校开展立法调研,召开 20 余场座谈会、咨询会进行深入的研讨,收集资料、调研座谈,多次论证、几易其稿,完成了《山西省社会科学普及条例》草案起草工作,省人大已经确定为 2018 年正式立法项目。不断探索社科普及形式,联合"文源讲坛"、"朔州大讲堂"等,送专家下基层,主办各类社科讲座 45 场,向各级图书馆捐赠图书 1000 多册。加强社科普及宣传基地建设,命名省市县公共图书馆、博物馆、大专院校等 11 个单位为"山西省社会科学普及宣传基地",基地开展各类科普讲座等活动 840 多场,听众达 9 万余人次,使我省社科普及工作扎实深入。与省委宣传部、省电视台联合主办"理论天天讲"栏目,充分发挥社科联联系广大社科专家的资源优势,向大众传播党的方针政策和科学理论知识。大力弘扬山西历史文化,完成《这里最早叫中国》一书的编辑出版工作,资助出版的《千古先贤介子推》连环画入选国家 2017 年农家书屋重点出版物推荐书目,对传播中国传统文化起到了积极作用。

四是认真组织开展重大课题研究,提升决策咨政服务能力,促进研究成果转化运用取得新成就。理论指导实践是理论发挥作用的重要途径。省社科联紧紧围绕省委省政府中心工作大局,认真落实习近平总书记视察山西重要讲话精神,2017 年全省哲学社会科学工作者围绕中央及省委省政府的部署完成 1000 余项课题研究,出版著作 300 余部,发表学术论文 4000 余篇,撰写研究报告 100 余篇,召开研讨会 30 余场,较好地发挥了社科界思想库的作用。省社科联 2016 至 2017 年度重点课题结项评审中,《山西融入一带一路战略的机遇与对策研究》《山西省哲学社会科学学科资源调查》《山西煤炭行业供给侧结构性改革探讨与思考》等课题,针对性强,应用价值高,对相关部门的决策发挥了重要的作用。在 2017 至 2018 年度重点课题立项评审中,从 479 项申报项目中确立 172 项课题,其中《全域旅游视角下山西文化旅游产业发展研究》《裴氏家族廉政思想研究》《山西省区域创新中心建设与产业结构调整的动态关系研究》《多元主体视角下山西精准扶贫的机制创新研究》《山西汾河流域美丽乡村生态空间建设可持续发展研究》《山西深化煤炭供给侧结构性改革研究》等课题,以山西经济社会发展的重大问题和人民群众关心的思想理论问题为选题方向,具有较高的针对性和实效性。积极组织参加全省宣传思想文化调研课题研究工作,省社科联申报并完成的《社科类社团基层党组织的管理方式初探》《山西省"互联网+旅游"融合创新发展研究》《"互联网+"环境下加强高校思想政治工作研究》3 项课题被确立为 2017 年全省宣传思想文化系统重点调研课题。同时围绕我省经济社会发展的重大问题,进行深入调查研究,形成了《着力扩大经济外向度,进一步提升开放型经济水平》《乡村振兴重在发挥农民主体作用》等 6 篇基础资料详实、分析研究透彻、学理支撑厚实、对策建议切实可行的调研报告,以"决策参考"的形式报送省委、省政府领导和相关部门,进一步促进社科研究成果的转化应用。分别于 11 月 25 日、12 月 23 日举办 2 次 4 场"锻造黄河、长城、太行文化旅游新品牌"理论研讨会,省市旅发委有关领导全程聆听专家发言,搭建了专家学者与实际工作部门沟通交流的平台,促进了成果的转化,为打造我省黄河、长城、太行三大旅游品牌提供文化支撑。

五是精心组织开展社科评奖工作,发挥学术引领作用有了新作为。2017 年,在省委省政府和省社科评奖领导组的领导下,认真组织开展了山西省第十次社会科学研究优秀成果评奖工作。我们通过调研、电话咨询,借鉴先进省市在评奖工作方面的好经验、好做法,对评奖实施细则进行了修改,力求使评奖办法更加规范、合理,使评奖程序更加便捷、科学。本次评奖共收到有效申报成果 666 项,目前经初评入选成果有 373 项。经广泛征求意见,改革了 2017 年度"百部(篇)工程"评审规则,把"百部(篇)工程"评审作为扶持基层社科工作者、青年社科工作者和应用型成果的重要渠道,确定青年学者(45 岁以下)的获奖成果要占到 50%,基层的研究成果及应用型成果要占到 50%。社科优秀成果评奖的学术引领作用得到进一步的发挥。

(杜伟琴)

附:省社会科学界联合会党组书记、副书记、成员名单

书　记:王　蕾(女)
副书记:王纪山
成　员:王志超　王崇德

省归国华侨联合会党组工作概况

党组书记　王维卿

2017年,在省委的坚强领导下,省侨联党组深入学习习近平新时代中国特色社会主义思想和视察山西重要讲话,认真学习贯彻党的十九大及省委十一届三次、四次、五次全会精神,紧密围绕我省"示范区""排头兵""新高地"目标,深入开展"维护核心见诸行动"主题教育,扎实推进"两学一做"学习教育常态化制度化,着力加强领导班子和机关自身建设,充分发挥独特优势,助力我省经济社会发展,圆满完成工作任务。

一、认真履行职责，服务全省经济社会发展

（一）开展“晋商晋才回乡创业创新”活动，聚焦山西发展大局

实施“晋商晋才回乡创业创新工程”。参与承办“支持晋商晋才回乡创业创新助力山西发展大会”，邀请山西籍海外侨领、“千人计划”人才及优秀晋商代表出席大会。组织召开“海外晋商晋才促进山西发展大会”“晋商晋才回乡创业创新座谈会”，向海外晋商会长、华侨华人推介山西，号召海内外晋商晋才回乡创业创新，共同助力家乡建设。

搭建平台服务创新创业。成立“山西省侨联新侨创新创业联盟 ”和“山西省海外留学归国人员创新创业协会”，举办项目推介、专场路演、沙龙等活动，搭建为新侨创新创业人才和团队服务平台。持续开展“新侨创新创业示范基地”创建活动，确定第三批22家“示范基地”，举办“第三届海归双创论坛”，为新侨创新创业提供了示范和引领。推荐5名新侨创新创业人士加入“中国侨联新侨创新创业联盟”。

靠前服务支持涉侨企业发展。开展全省涉侨企业调研摸底工作，实地走访79家涉侨企业，宣传政策、了解情况、解决问题。组织我省12家涉侨企业和侨商代表参加“中国侨联新侨创新创业活动”“第十届中国中部投资贸易博览会”和“第三届中国（深圳）华人华侨产业交易会”，达到了交流、宣传、展示的目的，部分技术和项目得到推广。

（二）开展“晋侨·金桥”行动，积极助力我省转型发展

开展“向海外侨团（侨胞）征集与山西合作意向”活动。各级侨联通过信函、电子邮件、微信群、微信公众平台、侨联官网等方式向140多个海外侨团和1000多名海外侨领侨商发送征集合作意向函，并广邀海外侨团（侨胞）来晋考察交流、商洽合作。全年征集到合作意向和项目方案60余项。

积极助推有关合作意向落地。通过召开对接会、组织实地考察等方式，积极帮助对接合作意向和项目方案。主办“2017海外赤子服务山西转型综改”活动，邀请海外高层次人才与我省相关企事业单位实地开展学术交流、项目推介和洽谈交流等活动。接待晋商加拿大总商会、欧洲华侨华人社团联合会、美国晋商总会等海外侨社（团），并促成与我省相关单位和部门举行对接座谈会，深入交流对接，达成合作共识。

加强与海外侨团侨领侨商的互动交流。接待柬埔寨山西商会、菲华联谊总会等10余个海外侨团侨领，就开展海外联谊工作、建立海外联系点以及双方在经济、社会、文化等各个领域开展交流合作。举办“2017年海外侨胞故乡行—走进山西”活动，邀请30个国家和地区的130位海外侨领侨商来晋参观考察，扩大联谊的广度和深度。

（三）开展“联侨聚侨”行动，服务对外开放大局

拓展海外工作，建立工作渠道。全年与15个海外侨社（团）签定海外联系点友好合作协议，我会签约海外侨（社）团总数达57家。坚持资源共享，将所建立的全部海外联系点，牵线作为省人社厅所属山西省海外人才中心的海外工作站，成为省人社厅海外招才引智的新渠道。

开展文化交流活动，感知魅力三晋。成立山西省侨联国际文化交流联盟，举办“亲情中华—魅力山西”文艺演出、《粉末春秋》欧洲巡演、“魅力中国—2017维也纳多瑙河中华龙舟赛”“中法文化之春（2017太原）·夏至音乐日”等海内外文化交流活动，弘扬和传播中华、三晋优秀文化，推动山西文化“走出去”。组织开展“中国华侨国际文化交流基地”申报和创建工作，我省4个单位和机构被中国侨联确认为第五批“文化交流基地”，我省“文化交流基地”已达13家。赴台湾拜会“台湾中华侨联总会”，与“中国青年大陆文教基金会”举行联谊活动，举办“海峡两岸神农炎帝文化交流研讨座谈会”，搭建两岸同胞友好往来的平台，为推进祖国统一作出应有贡献。组团赴台湾举办“亲情中华·欢聚台湾”文化巡演活动，举办“亲情中华·关公文化走出去”系列活动和“亲情中华—山西运城”夏令营活动。

（四）开展“暖侨惠侨”工程，提升为侨服务能力和水平

深入开展“送温暖、献爱心”活动。全年省侨联走访慰问省直和全省11个地市的困难归侨侨眷、侨联退休老领导及新侨代表83户。全省各级侨联按照“三位一体”帮扶机制，看望慰问归侨侨眷和新侨代表400余人，发放慰问金（品）逾17万元，切实让侨界群众感受到党和政府的关心和爱护。

“四种模式”助推精准帮扶。通过走访调研，结合我省侨界困难群众实际情况，运用“四种模式”开展精准帮扶工作。一是特困救助。省侨联根据调研了解到的具体情况，对全省范围内137名特困归侨侨眷给予了总计15.3万元的救助资金。二是“造血”帮扶。在太原、阳泉、运城、晋城举办4期侨界困难群众职业技能培训班，总计160余人参加。三是政策兜底。会同省外侨办继续为全省60岁以上困难老年归侨发放生活补助。四是健康扶贫。开展“侨爱心·光明行”和“特聘专家走基层·肿瘤筛查义诊”公益活动，6000多群众受益。

公益慈善工作扎实稳步推进。持续争取浙江新华爱心教育基金会的支持，在祁县中学续建“珍珠班”1个，参加“教育精准扶贫公益论坛—暨第十届育珠论坛”公益活动。举办5期侨心公益讲堂，邀请侨界专家开展医疗、保健、文化、体育等方面的公益讲座活动，500余名侨界群众参加，得到侨界群众的广泛认可。支持省海外人员亲属联谊会在贫困地区小学捐建“海亲书屋”，为贫困小学捐助各种书籍和生活、办公、体育用品。开展“侨爱心·暖巢行”活动，组建志愿者队伍，为侨界空巢家庭提供了实实在在的情感关怀和生活帮助。

二、加强法治建设，促进侨界和谐

（一）全面推进法治建设。制定《省侨联2017年普法依法治理工作要点》并认真落实，健全省侨联法律顾问制度，引导包扶村合法合规实现村级集体经济破零，用法治思维保障村级集体经济走上健康发展的轨道。

（二）扎实开展法治学习。落实中心组学法制度，学习新修改的《党章》《中国共产党巡视工作条例》等党内法规，组织机关全体干部参加无纸化学法用法考试，积极参加“贯彻党的十

九大精神,提升法治建设能力”专题培训。

(三)广泛开展法治宣传。积极向有关人员发放侨法宣传资料,通过微信公众号等平台推送党内法规、宪法和涉侨法律法规等相关信息40余篇,法律知识图片20余张。

三、加强侨联组织自身建设,不断夯实侨联事业发展基础

扎实推进全省侨联组织改革。学习贯彻习近平总书记重要指示和群团改革工作座谈会精神,落实省委群团改革和中国侨联改革要求,组织起草并报请省委印发《山西省侨联改革实施方案》。召开改革动员大会,解读《改革实施方案》、提出具体要求,有序有力推动和落实侨联改革工作。

完成省侨联换届并指导有关市侨联完成换届。组织召开山西省第十次归侨侨眷代表大会,选举产生省侨联第十届委员会,顺利完成省侨联领导班子的新老交替。指导晋中、长治、晋城市侨联完成换届。

积极参与万名干部调研活动。制定《省侨联参与万名干部大调研工作方案》,确定调研课题,分别由会领导带队赴基层侨联、侨资企业和浙江、河南、陕西等地考察调研,形成专题调研报告。

推进侨联组织“三基建设”。制定并落实《关于加强我省侨联组织“三基建设”的指导意见》,各项工作取得了明显成效。组织建设得到加强。全省119个县(市、区)中60个建有侨联组织。截止2017年年底,创建各类“侨胞之家”共179家。基础工作得到夯实。编制完成省侨联基础工作目录和运行流程图,制定完善规章制度36项并汇编成册,建立市级侨联例会制度。加强“网上侨联”建设,完成省侨联网站改造提升,实现电脑版和手机版相互适应。干部基本能力得到提升。举办山西省侨联系统干部侨史培训班和2017年山西省侨联系统干部培训班暨规范化建设培训会,全省三级侨联专兼职干部140余人参加培训。选派各级侨联干部10余人次参加中国侨联及全省各类教育培训。

四、落实主体责任、确保清正廉洁,努力建设开拓创新、团结干事的领导集体和机关干部队伍

(一)加强领导班子和干部队伍建设。健全省侨联党组。认真执行《省侨联党组工作规则》《山西省侨联机关干部外出请假报备工作制度》《省侨联机关干部兼任社会团体职务管理实施办法》,修订《山西省侨联“三重一大”事项细化及决策办法》,严格执行民主集中制原则。周密制定党组中心组和机关学习计划并认真落实。认真贯彻《党政领导干部选拔任用工作条例》《领导干部报告个人有关事项规定》等制度,全年调整选拔6名机关处级干部,全部按照动议、民主推荐、确定考察对象、考察、会议讨论决定、公示、任职的程序进行。

(二)深入开展“维护核心见诸行动”主题教育,扎实推进“两学一做”学习教育常态化制度化。制定《省侨联党组关于开展维护核心、见诸行动主题教育和推进“两学一做”学习教育常态化制度化实施方案》并认真组织实施。不断增强机关党员干部“四个意识”,坚定维护习近平总书记在党中央和全党的核心地位,始终坚持理想信念、坚定“四个自信”,在思想上政治上行动上始终与以习近平总书记为核心的党中央保持高度一致。认真筹备领导班子民主生活会。

(三)认真开展巡视整改自行“回头看”。制定并实施《省侨联党组开展巡视整改自行“回头看”实施方案》,编制完成《省侨联开展巡视整改自行“回头看”问题清单、整改清单和责任清单》和《省侨联贯彻落实中央八项规定精神实施细则》。

(四)认真落实主体责任和“一岗双责”。认真落实党风廉政建设党组主体责任、党组书记第一责任和班子成员“一岗双责”,严格执行《省侨联党组落实党风廉政建设主体责任具体措施》。坚持把党风廉政建设纳入全年工作总体规划,把党风廉政建设和反腐倡廉教育纳入党员干部年度教育计划并认真落实。支持驻部纪检组工作。全年没有出现违法违纪现象,没有私设小金库,无公款出国(境)旅游等事项。班子成员不存在违反规定用车和超标准占用办公住房及不及时转移工资关系等情况。

(张志龙)

附:省归国华侨联合会党组书记、成员名单:

书　记:王维卿(女)

成　员:李德增(挂职,11月任职)

张志龙(9月任职)　陈斯平(9月任职)

省红十字会党组工作概况

党组书记　郑　红

2017年,是我省发展进程中极不平常的一年,是我省经历重大转折、奋力开创新局的关键一年。在省委、省政府的坚强领导下,省红十字会以习近平新时代中国特色社会主义思想为指引,以推进“两学一做”学习教育常态化制度化为契机,扎实开展维护核心见诸行动主题教育,积极发挥党和政府在人道领域联系群众的桥梁纽带作用,各项工作取得新成效。

一、认真学习贯彻党的十九大精神和习总书记视察山西重要讲话精神，在学懂、弄通、做实上下功夫

会党组高度重视党员干部思想政治建设，坚持把学习贯彻党的十九大精神和习总书记视察山西重要讲话精神作为首要政治任务，坚持以上率下、带头学习，通过16次党组中心组集中学习、82次支部分头学习、16次领导干部和普通党员讲党课、集中轮训、干部在线等形式多样的学习，系统深入地学习了党的十九大报告精神和习近平总书记视察山西重要讲话精神，在学懂、弄通、做实上下功夫，使党员干部牢固树立“四个意识”，坚定“四个自信”，做到“四个服从”，坚决维护习近平总书记在党中央和全党的核心地位、维护党中央权威和集中统一领导，自觉在思想上政治上行动上同以习近平同志为核心的党中央保持高度一致。特别是通过认真学习中央和省委关于党的群团改革的有关精神，以及省委、省政府关于加强和改进我省红十字工作的重要指示批示精神，使广大干部职工更加坚定了在新形势下推进中国特色红十字事业发展的信心和决心，进一步增强了服务社会、改善民生的责任感和使命感。加强干部教育培训，认真落实年度干部教育培训工作计划，为党员干部购买和编印了学习资料280余册，全年组织党员干部职工参加学习培训70余人次，人均学时150余小时。

二、深入开展维护核心见诸行动主题教育，作风建设不断取得新成效

一是深化主题教育。以“六个好”为目标，以突出抓好6个方面重点工作和8项重点任务为主要内容，深入开展维护核心见诸行动主题教育，研究制定了主题教育实施方案和重点任务安排，成立了主题教育组织领导机构，召开动员大会进行专题部署，5次召开党组扩大会组织党员领导干部开展集中学习研讨，党组书记作了题为“保持对党忠诚关键是要坚守政治立场和政治追求”的党课辅导，党组班子成员均在所在党支部带头作了党课辅导。支部以“三会一课”为载体，以《习近平的七年知青岁月》《习近平总书记的成长之路》等为主要内容加强学习，全会全部的4名党支部书记都作了党课辅导，普通党员也主动讲党课，集中观看了《巡视利剑》《警钟长鸣》《总书记在山西》《火种》等党建、警示教育片，组织全体党员赴大寨开展了党建教育，重温了入党誓词，组织开展了“两学一做”知识竞赛和竞答活动，每名党员都撰写了多篇学习心得，有力推进了“两学一做”学习教育的常态化制度化。

二是加强“三基建设”。建立健全了“三基建设”工作领导机构，完善了工作方案，结合红十字会工作实际研究制定了基础工作目录、管理手册、应知应会手册、便民服务手册以及“机关效能建设八项制度”，进一步规范了省红十字会人道救助服务行为，提高了人道救助工作效率。坚持问题导向，深化工作调研，就有效解决红十字会基层党组织建设问题进行了领题调研。省红十字会选拔2名同志积极参加了省直工委组织的“三基”能力竞赛，取得了优异成绩。

三是助力精准扶贫。准确把握习总书记在深度贫困地区脱贫攻坚座谈会上关于“要对因病致贫群众加大医疗救助、临时救助、慈善救助帮扶力度，通过多种形式，积极引导社会力量广泛参与深度贫困地区脱贫攻坚”的重要指示，紧紧围绕我省脱贫攻坚总体部署，积极协调186.7万元款物，专项用于部分深度贫困建档立卡的长期卧床、丧失劳动力、60岁以上贫困复转军人、老党员共计2677户进行救助。“两节”期间，与省直机关工会工委联合对75名省直单位大病致困职工特困家庭实施精准救助。加强对包扶村榆社县北山隺村结对帮扶工作，领导班子成员全年先后10次深入帮扶村，住村开展精准扶贫工作调研，通过召开扶贫座谈会、入户全面了解困难群众实际情况、实地调研帮扶项目、联合开展主题党日活动和基层党组织帮建、扶贫帮困送温暖、“七·一”前看望慰问遭受火灾贫困户党员等活动，扎实推进帮扶工作落实到位。争取到专项帮扶资金20万元，为帮扶村安装了路灯50盏。

三、落实好抓党建的主体责任，确保从严治党永不松懈

一是强化机关党建工作责任制落实。及时调整完善了省红十字会党建工作领导小组构成，坚持把党的建设工作与红十字会人道救助中心工作同安排、同部署、同检查，全年听取汇报并专题研究党建工作5次，机关党总支召开会议研究部署党建工作22次，研究制定了年度党建工作要点，通过年中支部党建工作检查评比、年终述职考评，确保了党建工作落到实处。圆满完成2017年度党费收缴和上交工作，依规从严党费管理。按照“两上两下”的规定程序，扎实做好我省党的十九大代表推选工作。

二是压紧压实“两个责任”。会党组全年专题研究安排党风廉政建设工作5次，召开了2017年度全省红十字会系统党风廉政建设工作会议，会党组与机关和直属单位负责人签订了《党风廉政建设责任书》，各市红十字会签订了《行风建设工作目标管理承诺书》。认真开展了巡视整改“回头看”，按照“四个对照”要求制定了包括党的领导、党的建设、全面从严治党三个方面14个问题的问题清单、37项整改措施的整改清单和分工明确的责任清单，推进巡视问题整改落实到位。结合省红十字会实际制定完善了《省红十字会落实中央八项规定精神实施细则》，实践运用好“四种形态”，形成了纠正“四风”问题的长效机制，近年来省红十字会机关和直属单位未发生违反中央八项规定精神的问题。扎实做好节假日廉政风险防范工作，坚持节假日进行会议部署、下发通知并向党员干部发送廉政短信。认真做好2017年处级以上干部个人事项申报工作和重点抽查工作。严格执行“好干部”标准，规范干部选拔任用和监督管理机制，优化党员干部结构，依规合法调整处级干部6

名，科级干部4名。

三是加强精神文明创建。积极打造“六型机关”，紧扣红十字会工作职能建立完善了生命安全体验教室，美化了办公环境，开展了丰富多彩的职工文化体育活动，举办了道德讲堂，荣获了庆“三·八”比赛活动银奖；在《山西画报》、省直文明网等网络媒体宣传省红十字会党建、志愿服务、精神文明创建等工作，全年共报送信息51条；扩展志愿者活动社会化参与途径，委托省护理学会建立了省红十字护理志愿者服务总队，并下设58支红十字护理志愿者服务队分队，同时授予省人民医院等57家单位为“山西省红十字志愿服务基地”，覆盖我省三级医院、医科类院校、120急救中心等多个专业领域；围绕“学雷锋纪念日”，组织红十字志愿者深入养老院、社区、农村开展“关注空巢老人”、“心肺复苏普及进万家”、“社区老年慢性病健康管理”以及“关爱农民工子女”等志愿服务活动，全年开展志愿服务活动1170余次，活动时数3818.5小时，参与志愿者6710人次，服务群众6.3万人次；组织干部职工参加“博爱一日捐”和“送温暖献爱心”捐款活动，全年累计捐款4250元，省红十字会荣获第四届全国红十字应急救护大赛“优秀组织奖”，连续5年荣获“省直机关文明单位标兵”称号。

四、紧紧围绕省委省政府中心工作，扎实推进“三救三献”核心业务

一是强化红十字应急救援体系。完成了红十字自然灾害应急预案修订工作，健全了全省红十字备灾仓储管理网络，接受总会210万元的代储备灾物资；加强省红会赈济救援队建设，为救援队配备了卫星电话、无人机、照相机、救援服等救援装备，组织救援队参加了中国红十字会8省救援队演练，承办了2017年中国红十字赈济救援队晋冀蒙培训班，得到省无线电管理局支持获救灾通信专有频率；认真做好非常规突发自然灾害的灾情上报及应对工作，及时对我省运城、长治市洪涝灾害受灾群众进行灾害救助，对运城市救助物资发放情况进行了回访、抽查，督导检查物资规范发放；积极派员参加了对斯里兰卡洪涝灾害的国际救援工作；充分发挥红十字会普及群众性应急救护知识的主体作用，全年对1.05万多名铁路、民航、矿山、交通运输等重点行业、企业的一线职工开展了初级救护员培训，在市民、学生、志愿者和企业职工等人群中普及救护知识人数达7.8万人，累计达到230余万人次；成立了全国心肺复苏进万家家精准健康工程传播基地，启动了心肺复苏进万家精准健康工程，开展30多期心肺复苏术及相关急救知识与技能普及讲座，累计普及人数达3500余人；积极推动“山西省红十字救护培训管理平台”建设，初步建成我省救护培训信息数据库。积极做好总会红十字应急救护标准化培训基地创建工作，建成省红十字会生命健康安全体验教室。

二是加大人道救助工作力度。积极开展博爱募捐活动，全省各级红十字会接受捐赠款物10316.97万元。其中，省本级接受捐赠的医疗设备价值7295.17万元，惠及我省92家医院；接受捐款415.68万元，全部用于对因灾因病致困群众的救助，持续开展“博爱助医工程”项目，对全省266名贫困白血病、先心病、足内翻等患儿，75名省直单位大病致困职工特困家庭实施精准救助；积极开展了“博爱送万家”活动，向全省7市17县4000多户家庭发放救助物资价值37.2 万元，受益群众达2万余人；开展“牛奶助学公益行动”，将伊利集团捐赠的价值120万元的学生奶转赠晋中、吕梁、忻州、大同等地区困难家庭；在大同市开展了“看得见的幸福”救助项目，投入112.9万元为贫困家庭白内障患者、儿童青少年斜视患者共518例实施免费手术；加强对人道救助工作研究，深入基层群众对精准救助工作进行调研，启动了对全省贫困家庭脊柱侧弯患者救助项目。执行中国红十字基金会彩票公益金项目工作突出，被总会评为“优秀项目执行省份”。

三是推进无偿献血和造血干细胞、遗体与人体器官捐献工作。继续稳步推进无偿献血宣传动员工作；完成了国家分配我省的3000人份造血干细胞志愿者入库任务，全年实现造血干细胞捐献12人，累计149位志愿者成功捐献；全年回访志愿者20000人；联合省卫生计生委在运城市召开了全省人体器官捐献工作推进会，全省240余人参训，全年实现公民逝世后人体器官捐献52例，使149位脏器衰竭患者获得新生，累计捐献人数达到152例，救助脏器衰竭患者421位。

五、坚持依法治会和改革创新，充分发挥红十字会在治理体系和治理能力现代化方面的独特作用

一是加强法治稳定工作。积极推进依法治会，召开了省红十字会六届二次理事会，向理事会和参与红十字事业的社会各界报告了2016年工作及财务收支情况，并研究部署2017 年工作，完善了省红十字会领导班子构成；健全了法治建设工作领导机构，制定了法治建设工作要点，举办“世界红十字日”纪念活动广泛宣传新修订的《中华人民共和国红十字会法》，举办法律知识培训班组织红十字会工作人员学习宪法、红十字会法等与履职相关的专门法律知识，组织工作人员参加了学法用法无纸化考试；加强对综治工作的领导，制定并推动落实《山西省红十字会健全落实社会治安综合治理领导责任制实施细则》，加大对工作人员的安全教育力度，对会机关和直属单位重点部位、重要安全场所、基础安全设施等进行排查，及时消除安全隐患；充分发挥红十字会服务民生、化解矛盾的职能作用，主动承担维护社会稳定的责任，为十九大召开营造了安全稳定的社会环境。多年来，省红十字会未发生安全事故和刑事案件。

二是加强意识形态工作。会党组高度重视意识形态工作，健全了工作领导机制，加强门户网站管理，强化舆情监控，研究制定了《山西省红十字会网络与信息安全事件应急预案（试行）》，规范了省红十字会网络与信息安全应急响应和工作流程。深入开展“砥砺奋进的五年”重大主

题宣传活动，大力弘扬优秀传统文化和“人道、博爱、奉献”的红十字精神，广泛宣传“三救三献”工作和红十字志愿服务活动中涌现出的先进人物和感人事迹，省红十字会推选的山西医科大学第一医院副院长兼护理部主任杨辉，荣获红十字国际委员会颁发的第46届南丁格尔奖章，系我省首位南丁格尔奖章获得者，实现了我省南丁格尔奖章“零”的突破。省委常委、常务副省长高建民，省人大常委会副主任、省红十字会会长张建欣代表省委、省政府看望了杨辉，并对她表示祝贺，给予5万元奖励，对她在平凡岗位中作出的突出贡献给予充分肯定，并勉励她继续秉承和发扬红十字精神，在工作岗位上再创新业绩。省红十字会紧扣主题深入开展了宣传活动，广泛宣传红十字知识和杨辉先进事迹，大力弘扬“人道、博爱、奉献”的红十字精神，为全面促进我省红十字事业持续健康发展营造了良好氛围。

三是深化红十字事业改革。认真按照中央和省委关于加强和改进党的群团工作统一部署和常务副省长高建民对做好红十字工作改革创新的总体要求，会党组有的放矢，多措并举，结合万名干部大调研活动，以推进当前工作、谋划明年思路、转变干部作风、提高工作本领为出发点和落脚点，以新时期加强和改进红十字工作，着力解决红十字会基层组织建设、人道救助、精准扶贫、红十字志愿服务等方面的突出问题为课题，党组一班人带队，组织处级以上干部深入市县级红十字会、基层红十字组织、社区、学校和群团改革试点地区上海和重庆市以及红十字工作较为突出地区武汉和成都市红十字会深入开展调研，形成了《山西省红十字会改革实施方案（草案）》；通过推进改革创新，进一步转变了工作作风，不断强化了服务意识和使命意识，有效提升了服务能力和水平，切实增强了红十字会的政治性、先进性和群众性。

（侯晓俊）

附：省红十字会党组书记、成员名单

书　记： 郭　立（1月任职，12月离职）
　　　　郑　红（女，12月任职）

成　员： 白　冰（女）　李晓静（9月任职）

省管国有企业党委工作概况

太原钢铁(集团)有限公司党委工作概况

党委书记　李晓波

太原钢铁（集团）有限公司（简称太钢）始建于1934年，其前身是西北实业公司所属的西北炼钢厂。目前已成为集矿山采掘和钢铁生产、加工、配送、贸易为一体的特大型钢铁联合企业，也是全球不锈钢行业领军企业。

太钢坚持以新制胜，重点产品批量应用于石油、化工、造船、集装箱、铁路、汽车、城市轻轨、大型电站、“神舟”系列飞船等重点领域和新兴行业，20多个品种国内市场占有率第一，18个品种独家生产，笔尖钢、高锰高氮不锈钢、AP1000第三代核电用挤压不锈钢C型钢等新产品满足市场急需，为我国关键材料的国产化发挥着重要作用。

太钢秉持绿色理念，全面构筑“绿色矿山、绿色采购、绿色物流、绿色制造、绿色产品、绿色产业”六位一体的绿色发展体系，成功实施了干熄焦、煤调湿、焦炉煤气脱硫制酸、烧结烟气脱硫脱硝制酸、高炉煤气联合循环发电、高炉煤气余压发电、饱和蒸汽发电、钢渣处理、膜法工业用水处理、城市生活污水处理、酸再生等一大批节能减排和循环经济项目，主要节能环保指标居行业领先水平，是中国钢铁企业绿色发展标杆企业和国家工业产品生态设计试点企业。

太钢致力于转型升级，建设资源保障基地和钢材延伸加工基地，构建具有国际竞争力的钢铁上下游产业链；发展新材料、现代金融、医疗健康、工程技术、国际贸易等多元支柱产业，打造起点高、成长快、前景好的新增长极，实现多元业务与钢铁主业的协同发展；推进国际化经营，同美、德、法、英、日、韩、澳大利亚等80多个国家和地区保持稳定的经济贸易关系，不锈钢材出口量保持国内第一。

太原钢铁（集团）获得“中国工业大奖”“首届中国政府质量奖提名奖”“全国质量奖”“全国循环经济先进单位”“全国自主创新十强”“国家技术创新示范企业”、“全国最具社会责任感企业”“全国模范劳动关系和谐企业”“全国企业文化建设先进单位”“全国绿化模范单位”等多项荣誉。

太钢集团党委下属基层党委38个，直属党总支6个，直属党支部5个，基层党总支34个，基层党支部556个。全公司共有党员总数24409名，在岗党员总数12050名。

2017年，太钢各级党组织坚守初心、牢记嘱托，深入学习贯彻习近平新时代中国特色社会主义思想和党的十九大精神，围绕生产经营建设中心任务，充分发挥领导作用，坚定不移推动全面从严治党，党组织的创造力、凝聚力、战斗力显著增强，公司经营业绩创十年来最佳，综合竞争力再上新台阶。全年产钢1050.26万吨，比上年增长2.17%，其中不锈钢413.64万吨，比上年增长0.35%。出口钢材115.47万吨，与上年基本持平；其中不锈钢出口逆势突破100万吨，比上年增长21.51%，创历史最好水平。实现营业收入810.03亿元，比上年增长14.72%；实现税金35.22亿元，比上年增长11.84%；实现利润43.56亿元，比上年增长236.61%，各项经营绩效指标为2008年以来最好水平，居全国钢铁企业前列。

掀起迎接十九大和贯彻十九大精神热潮。把迎接党的十九大胜利召开作为重大政治责任，扎实开展“强党性、树形象，做合格党员、创一流业绩”献礼主题活动,营造了喜迎十九大的浓厚氛围，广大干部职工精神状态焕然一新，全体党员和职工立足岗位、敬业奉献的热情空前高涨，公司生产经营亮点纷呈。十九大召开后，公司党委把学习宣传贯彻十九大精神作为首要政治任务，迅速对学习宣传贯彻工作作出部署，开展“党的十九大精神进基层”主题宣讲和专题研讨，领导干部带头撰写心得体会，推动十九大精神进车间、进班组。整理印发宣传标语，设计制作厂区道旗，开辟宣传报道专题专栏，激发和调动全员学习贯彻十九大精神热潮。组织开展领导干部大调研，公司领导班子成员坚持目标导向和问题导向，带头深入调研、宣讲，以高质量的调研成果推动学习深化和工作提升。

深入学习贯彻习总书记视察山西重要讲话精神。公司党委将学习贯彻习总书记视察山西重要讲话精神与深入学习习总书记系列重要讲话精神和治国理政新理念新思想新战略深度结合，专门就学习贯彻讲话精神进行专题部署，努力把讲话精神转化为改革发展的强劲动力。组织观看《总书记在山西》专题视频，开展应知应记要点全员知识测试，217个宣讲团开展“总书记视察山西重要讲话精神进基层”主题宣讲活动560余场（次），推动讲话精神入脑入心。选派党委工作组进驻钢科公司，带动贯彻落实讲话精神，为推动牢记总书记嘱托、建设世界一流高端碳纤维基地注入强大动力。专门召开太钢学习经验交流会，充分展示基层学习成效，有力促进讲话精神落地生根。广大干部职工谈感受、讲体会，公司上下加劲创新、埋头苦干，推动转型升级迈出坚实步伐。公司学习成效受到省委高度认可，作为唯一的企业代表在全省学习经验交流会上作典型发言。

“两学一做”常态化制度化深入推进。坚持和加强党的领导，推动集团公司和57个全资、控股子公司将党建工作纳入公司章程，明确落实党组织在法人治理结构中的法定地位。各单位双向进入、交叉任职领导体制初步形成，党组织把关定向作用更加突显。把维护核心、见诸行动主题教育作为重要政治任务，成立工作机构，下发专题实施方案，高标准建设省级示范点，公司上下维护核心的思想根基更加牢固、见诸行动的政治自觉显著增强。建立以党支部“Y32+N”组织生活设计为基本制度，以干部教育监督为关键，以党建绩效考核评价为抓手的常态化格局，推动全面从严治党向基层延伸、向纵深发展。加强“三基建设”，进一步建强基层组织、打牢基础工作、提升基本能力，推动基层建设全面进步、全面过硬。定期下发工作计划，每月进行调研督导，突出问题反馈，跟踪整改落实，推动基层责任落实，形成良性推进的工作格局。

宣传思想文化工作成果丰硕。把思想建设作为基础性建设，以两级党委中心组学习为引领，加强理论武装工作，各级班子成员进一步树牢“四个意识”，增强“四个自信”。制定党委中心组学习实施办法，突出专题学习和深度解读，全年编发专题学习资料28期，组织党委中心组学习31次，两级党委中心组学习活动更加规范和富有成效。认真践行社会主义核心价值观，开展“感动太钢”人物选树宣传活动，弘扬主流价值观，传递钢城正能量。加强和改进思想政治工作，围绕改革发展重点难点问题开展课题研究，充分调动职工群众积极性、主动性、创造性。精神文明建设取得新成效，职工文明素质逐步提升，技术中心获评全国文明单位。落实意识形态工作责任制，及时管控舆情，确保意识形态安全。开展笔尖钢等重大题材宣传，发出太钢声音，塑造太钢良好形象。持续开展敬业度评估，推动整改落实，全员敬业度稳步提升。集团社会责任报告获评“五星级”卓越报告，社会责任发展指数居省属国有企业和国有钢铁企业首位。公司获评全国企业文化建设优秀单位。

干部人才工作充满活力。坚持党管干部原则，明确“对党忠诚、勇于创新、治企有方、兴企有为、清正廉洁”选人用人导向，严格干部选拔任用，选优配强各级领导班子，全年调整中层及以上领导干部127人次，干部结构不断优化。完善干部考核评价机制，制定下发支持干部改革创新合理容错办法，为敢担当的干部担当。创新干部教育培养机制，加强干部交流和挂职锻炼，完善述学、考学、评学制度，提高干部素质和能力。从严管理监督干部，严格执行重大问题、重要事项请示报告制度。坚持党管人才原则，完善党管人才领导体制，努力培养高端经营管理人才，多人次入选省级领军人才。持续推进人才培育平台建设，评聘首席师91名，职工创新工作室实现主线单位全覆盖。

基层党组织建设持续加强。落实国企党建有关规定，及时合理设置党组织，理顺隶属关系，实现组织全覆盖。开展党建工作绩效考核评价，落实党建工作清单制度，将抓党建工作责任具体化、任务化。全面开展党支部“三化”创建工作，推动支部政治功能核心化、教育功能学校化、引领功能堡垒化。创新载体推动党员“争优”行动，在党员中开展设岗挂牌亮身份、对标争优亮承诺、讲述评比亮作为的“三亮”活动，打造党员发挥先锋模范作用的常态载体。挖掘典型开展党员标兵选育树，开展选育树优秀党员标兵工作，确定公司级党员标兵培育对象84人，营造“学标兵、做标兵”的良好氛围。加强党员日常管理，持续提高党员素质，举办4期入党积极分子培训班，发展党员180人，党员结构更趋优化。健全党员激励关怀帮扶机制，走访慰问生活困难党员266人，发放慰问金27.87万元。

全面从严治党持续发力。坚持标本兼治，制定下发党风廉政建设主体责任工作分解清单和年度检查分析通报制度，对基层党组织进行全覆盖督导检查，评价结果纳入各级党组织党建绩效和领导班子成员“一岗双责”履职绩效，有力保证党风廉政主体责任落实落地。制定领导班子成员“一岗双责”任务清单，召开专题会议听取领导班子成员“一岗双责”述职情况，述职结果与领导人员绩效挂钩。修订下发领导人员监督管理办法，形成日常监督体系，严肃了党内政治生活。制定落实党风廉政建设责任制监督检查方案，每月进行分析研判，对落实“两个责任”不力的，给予党纪政纪处分13人，组织处理11人。积极运用监督执纪问责“四种形态”，全年批评教育83人次，立案25件，处分61人，红脸出汗成为常态。持之以恒落实中央八项规定精神，驰而不息纠正“四风”，给予党政纪处分6人，组织处理4人。公司纪委聚焦主责主业，持续深化“三转”，监督执纪问责职能进一步强化。

群团工作全面加强。积极稳妥推进群团改革，坚持力量配备、服务资源向基层倾斜，工会、共青团等组织的政治性、先进性、群众性进一步增强。开展“五比五赛创先争优”劳动竞赛，激发劳动热情，推进重点工程项目更省、更好、更快建设。持续开展技术比武活动，职工岗位建功能力进一步增强，公司荣获钢铁行业技能知识竞赛团体优秀奖。组织开展职工经济技术创新“五小”竞赛，尊重职工首创精神，征集优秀合理化建议827项，35项职工创新成果获省级表彰。省机冶建工会召开“学太钢不锈、促五小竞赛”现场会，公司作典型经验交流。办理职代会提案159条，组织职工代表巡视活动180余次，答复处理民主接待日问题26个，企业民主管理水平进一步提升。开展困难职工帮扶和“金秋助学”活动，发放救助金1561.72万元。实施员工心理援助计划，新建关爱小屋8个。公司团委获评全国钢铁行业五四红旗团委标兵。

公司畅通信访渠道。完善工作机制，强化包案责任落实，及时处置化解矛盾纠纷，全年办理信访事项81批次、325人次，确保事事有回音、件件有结果，为改革发展营造了良好环境。巩固统战基础工作，党外人士成为公司改革发展不可或缺的力量。民兵武装、治安保卫等方面都结合自身特点扎实开展工作，取得明显成效，发挥了积极作用。

（苏　勇）

附：太原钢铁(集团)有限公司党委书记、副书记、常委名单

书　记： 李晓波（12月离职）　高祥明（12月任职）

副书记： 王新平（7月离职）　韩瑞平

常　委： 张志方　王继光（3月离职）　柴志勇（7月任职）　高建兵（7月任职）　高　铁（12月任职）　谢　力　张晓东（7月任职）

山西焦煤集团有限责任公司党委工作概况

党委书记　武华太

一、企业基本情况

2017年，山西焦煤集团生产原煤9610万吨、炼焦精煤4517万吨、焦炭943万吨，发电144亿度，商品煤总销量12437万吨，实现销售收入1530亿元，利润26亿元，税费150亿元。2017年底，山西焦煤集团共有153个党委、313个党总支、3199个党支部，党员61094名。

二、党建工作概况

2017年，山西焦煤集团党委全面落实党建主体责任，积极发挥领导核心和政治核心作用，从严治党成效明显，党建工作取得新进步。广大干部职工团结一心、砥砺奋进，改革发展迎难而上，经营管理稳中求进，各项工作迈进了健康发展新阶段，为全面开启高质量发展新征程，打下更加坚实的基础。

（一）坚定焦煤发展方向，政治站位持续提升。集团公司党委始终坚持以习近平新时代中国特色社会主义思想为指引，深入开展了“学习十九大精神、争做新时代先锋”等活动，组织党委中心组学习12次，落实党委书记上党课、开展专题学习培训、形势任务宣讲，举办矿厂长书记培训班等，坚定做强做优做大焦煤主业的道路自信。举旗定向，审时度势，重塑战略，明确提出了打造全球最大炼焦煤企业的目标，在山西焦煤发展史上具有里程碑意义。大力实施“6789”年度行动计划，统领改革发展工作，各项预期性和约束性指标圆满完成，实现了从连续下滑到走出困境，补齐了许多历史欠账，转型升级、提质增效、改革创新呈现良好态势的重要转变。

（二）党委领导内嵌治理结构，把关定向更加规范。深入落实习总书记关于“坚持党对国有企业的领导”和“建立现代企业制度”两个“一以贯之”的要求，不断健全完善各级公司治理结构，实现从严治党和规范治企有机统一。坚持党建工作与改革发展一起谋划、一同部署、一并考核，党的领导纳入了集团公司“4+1”考核体系，各级班子抓党建主业意识明显增强。充分发挥党委把关定向作用，全年召开党委常委会33次，党委每季度研究党建和党风廉政建设、研究安全生产、研究经营管理制度化，领导核心和政治核心作用进一步发挥。

两级党委修改公司章程，党建工作内嵌治理结构和决策程序，“三重一大”等事项全部由党委前置研究讨论，党组织在集团公司各层级法人治理结构中的法定地位更加明确，引领发展作用更加突出。

（三）“三基建设”得到加强，党的基层基础不断巩固。集团党委把坚持党的领导、加强党的建设作为改革发展的“定盘星”“压舱石”，强“根”铸“魂”，以“三基建设”为抓手，以党建工作责任制为载体，管党治党从“软指标”变为“硬约束”，党建工作助推发展能力同步提升。“两学一做”学习教育常态化制度化扎实推进，“维护核心、见诸行动”主题教育深入开展，党员干部进一步补“钙”壮骨，基层党组织建设、基础工作、干部素质能力进一步提高。抓好党组织换届选举，党费收支管理得到加强。1496 名新党员为组织输入了新鲜血液，“四同步、四对接”在方方面面得到落实。持续推进大部制改革，机构职能继续优化调整。强化干部职数职级管控，管理岗位人员公开选聘成为常态，选人用人更加严格、公开、透明。加强履职尽责能力考核，干部教育、管理、培训、监督进一步加强。成功举办第九届职工技能运动会，积极推进劳模创新工作室建设，引导全员学技术、提素质、强技能；“蓝点计划”博士后项目启动，三支人才队伍建设亮点纷呈。

（四）正风肃纪持之以恒，“廉洁焦煤”建设纵深推进。坚决扛起党风廉政建设主体责任，着力落实“六大纪律”，严明政治纪律和政治规矩，层层落实管党治党政治责任，全面从严治党卓有成效。组织学习党章党规党纪系列活动，继续开展重点岗位敏感人员廉洁提醒谈话，干部免疫力和廉洁意识得到增强。拓宽巡视整改“回头看”，六项规定动作、“三清单一制度”全面完成。从严从细从实落实中央八项规定精神，查处 6 起违纪违规行为，典型问题点名通报、一案双查，反“四风”保持高压态势。推进十大信息化平台建设，焦煤在线、物资采购等平台上线运行，加强党的领导和完善内控体系制度建设形成合力。建立“13710”督察体系，全面督察重大改革、重点事项、重要指标推进情况，倡导真抓实干、马上就办，促进集团部署落地生根。

（五）八大工程协同发力，经济效益大幅提升。坚持以改革发展成果检验党组织的工作和战斗力。深化八大工程，瘦身健体，提质增效。六大园区中，古交电厂三期、庞庞塔铁路专用线、烯烃和甲醇等重点项目取得新进展。扭亏脱困方面，3 户困难企业减亏增利 14 亿元。盘活闲置设备资产 3.5 亿元以上。转岗分流安置 15416 人。金融四大平台运转良好，融资结构继续优化。4 座矿井 510 万吨产能完成公告，公告产能超过 9000 万吨。59 座整合矿井按照“三真”管理。打造炼焦煤上下游产业一体化发展新模式，和 20 个用户签订中长期战略合作协议，合同兑现率 92%。集团公司上半年走出困境，下半年明显好转，全年利润增长 9 倍，预计 26 亿元，税费 150 亿元，明显高于预期，增量和增速创出五年来最好水平。全年清欠社保缴费 22 亿多元，恢复了公积金缴存和企业年金缴纳，足额补交了养老金，“双清”取得决定性胜利。发放帮扶救助金 2682 万元。特别是积极向政府争取，井下职工入井费、夜班费列入个税减免范围，一线职工得到了实惠。

（六）企业改革全面推进，关键环节取得重大突破。集团党委以全局观念和系统思维谋划改革，确定了“1+N”改革体系，明确了任务书、路线图、时间表，27 项改革任务破土动工。大力实施“三去一降一补”，2 年共计 8 座矿井退出，退出落后产能 580 万吨 / 年，5507 名职工妥善分流。24 座煤矿申报现代化矿井待批，先进产能占比将进一步提高。清理干部职数，减少法人户数，合并撤销机构，职工总数、在岗人数、干部职数继续“三下降”，3 个五级公司压减合并，11 户全民所有制企业完成公司制改革。“两办”改革迈出实质步伐。特别值得一提的是，山西焦化股份重大资产重组获准通过，完成了全省国有上市公司最大的一次重大资产重组；西山煤电实现多年来资产收购零突破，资源资产化、资本化、证券化迈出重大步伐。全省首单市场化债转股基金在集团公司落地，118 亿元资金分批到位，成为全国煤炭行业落地数额最大的基金，企业资产负债率下降接近 3 个百分点，是全省煤炭大集团第一个降为 75%的企业，发展质量和效益进一步提升。

（七）文明创建扎实开展，大集团形象不断改善。抓牢思想政治建设，确保了关键领域改革顺利推进、重大工作部署稳步实施。扎实开展宣传思想教育引导，全媒体运行融合积极推进。全面落实意识形态工作责任制，舆情监测得到加强。用好网上网下多种手段，深入宣传基层深化改革、转型升级、创业创新经验，“讲焦煤故事、选焦煤好人、树焦煤形象”弘扬了正能量，传承了新风尚。扎实推进企业文化建设，集团荣获中国企业文化建设典范企业称号。组织开展“家庭、家教、家风”系列活动，3 个单位被评为“全国文明单位”。汾西王斌俊荣获全国五一劳动奖章，西山杜儿坪矿党素珍服务站获全国五一巾帼标兵岗称号，华晋沙曲矿张桂梅获全国“三八”红旗手称号。西山西铭矿充电超市被命名为国家级“青年文明号”，霍州辛置矿开拓二队被命名为“全国青年安全生产示范岗”。山西焦煤双创基地和西山众创中心获省级“众创”空间称号，并取得国家备案认定。全集团获得省级“五小”创新 49 项、全煤系统 34 项。落实党委书记议稳制度，排查矛盾、化解纠纷，信访形势继续好转，重要节点和谐稳定。

（杨士元）

附：山西焦煤集团有限责任公司党委书记、副书记、常委名单

书　记：武华太

副书记：金智新　王廉敏

常　委：邓保平　王绍进　李堂锁　胡文强

大同煤矿集团有限责任公司党委工作概况

党委书记　张有喜

同煤集团的前身是大同矿务局，成立于1949年8月30日，是共和国煤炭工业的长子。1998年从煤炭部下放到地方，成为省属国有企业。2000年7月，改制为大同煤矿集团有限责任公司。2002年重组了原轩岗矿务局。2005年12月实施债转股后，成为了由7家股东共同出资的国有企业，现在包括大同煤业、漳泽电力2个上市公司和1个财务公司，产业分布7省18市。同煤集团现有二级党委70个，直属党(总)支部26个，党员55402人，同煤集团是全国亿吨级动力煤大集团，是全国第三大煤炭企业，是煤电深度融合的特大型国有现代化能源集团，2017年世界500强排名第430位。

2017年，同煤集团深入学习贯彻落实党的十九大精神，以习近平新时代中国特色社会主义思想为指引，紧紧围绕省委"一个指引，两手硬"的思路和要求，聚焦"两个持久"工作目标，抓住我省深化改革促进资源型经济转型发展的有利时机，以"两新"战略体系为统领，全面落实"1321"工作思路，圆满完成了各项任务指标，连续五年入选世界五百强，集团公司6家单位荣获"全国文明单位"称号，开创了企业改革发展的新局面。

一、严格履行从严治党主体责任，为推动企业改革发展稳定提供坚强的思想保证和组织保证

坚持把党的政治建设摆在首位。充分发挥集团公司党委中心组示范带动作用，坚持把学习习近平新时代中国特色社会主义思想、党的十九大精神和省委、省政府、省国资委一系列重要会议精神作为党员干部理论学习的必修课。2017年组织党委中心组理论学习28次，印发学习资料22期。深入推进"两学一做"学习教育常态化制度化、维护核心见诸行动主题教育，在各级党组织中开展了"党委书记讲党课"活动120期次，听课人数2万多人次。修订了《集团公司加强党风廉政建设落实"两个责任"考核办法及考核标准(试行)》。召开了同煤集团第九次党代会，选举产生了新一届党委领导班子。全面强化了党组织把方向、谋大事、定政策、促改革的能力和定力。

坚持把加强基层组织建设作为重要抓手。牢固树立"党的一切工作到支部"的鲜明导向，认真落实党委抓基层党建工作责任制。对全公司3000多名党支部书记分批进行全覆盖式的轮训。在基层党支部中开展了"支部月竞赛，党委季考评"工作，实现基层组织和基础工作的标准全统一、考评全覆盖。坚持党管干部、党管人才，坚持"好干部"标准和正确选人用人导向，选优配强各级领导班子。继续推进"干部上讲台、培训到现场"工作，干部上讲台授课10000多人次，结成包保对子3万对，现场培训5万人次，进一步激发了干部员工干事创业的激情和动力。充分发挥群团组织的桥梁和纽带作用。工会组织举办了"同煤力量杯""安康杯"竞赛，开展了"走基层、送文化"系列文化活动。共青团组织全年开展志愿者慰问服务200余次，创建了20个集团公司级青年安全生产示范岗，建设了"同煤矿区青年众创空间"，全年输送1000多名待业青年外出就业。

从严从实抓好党风廉政建设。召开了集团公司党风廉政建设工作会议。综合运用"四种形态"，从源头上预防和减少信访问题的发生。扎实开展巡视整改自行"回头看"，制定了问题清单、责任清单、整改清单，逐条对照、逐条整改，逐条落实。制定了《同煤集团关于进一步贯彻落实中央八项规定精神的实施办法》和《落实中央八项规定精神的特别红线规定》，持之以恒反对"四风"。由纪委、"三办"、组干、财务、审计等部门组织联合检查组，通过不打招呼、不发通知、直奔现场的突击检查，坚决防止"四风"问题反弹。

坚持把惠民为民作为根本宗旨。全面兑现职代会提出的惠及员工群众的好事、实事。天然气置换煤气工程全部完工，恒安新区医院投入运行，完成了供热改造、污水处理提标改造和平泉集贸市场改造等工程。完成了恒安新区10万户、30万居民"三供一业"向大同市整体移交。成立了"1+28"思想稳定工作小组，组建了"党委书记维稳工作信息直通车"和"维稳信息处置"两个微信群，确保了"'两区'移交"和"十九大"期间的和谐稳定。

二、深入推进转型升级，争当能源革命排头兵尖刀班

实施煤炭提质工程，实现生产方式变革。下大力气提高先进产能占比。紧跟国家产能置换政策，积极推进大型矿井建设，规划建设的11座千万吨级矿井已建成投产8座，产量占集团总产量的53.5%。积极培育了9座先进产能矿井，总产能达到6660万吨，先进产能占比达到51.3%。2016–2017年关闭退出6座矿井，退出落后产能745万吨。

实施电力升级工程，实现煤炭利用方式变革。火电、光电、风电齐发力，项目建设与降本增效同步实施，电力产业保持平稳运行。电力总装机达到1700万千瓦，其中60万千瓦以上机组占比46.3%。超额完成全年发电指标争取工作，实行统一营销，超前布局省外售电市场，向热力市场挖掘效益，电力产业每年为集团增加营业收入100亿元，成为集团公司

第二主业。

实施金融增效工程，实现产融深度融合。“6+2”金融平台基本形成（以财务公司为核心，香港融资租赁公司、上海融资租赁公司、大友投资公司、和晋担保公司、资产经营公司6个平台和大同煤业、漳泽电力2个上市公司），财务公司正式开办对金融机构股权投资业务，积极向保险领域拓展，产融投一体化逐步向全牌照迈进。积极调整母子公司盈利结构，财务公司资金归集率达到70%以上，提高了集团整体盈利水平，有效化解了企业债务违约风险。

实施多元产业扩容和科技兴企工程，实现煤炭企业转型升级。煤机装备产业全年制造各类设备38000余台（套），实现营业收入10.8亿元。“千万吨级综放工作面智能控制关键技术及示范工程”先后荣获煤炭工业协会科技进步一等奖，成为科技部认定的第五批“国家级创新型试点企业”。

实施专业化重组和品牌出海工程，实现体制机制变革。积极开展专业化重组。近年来，先后组建运营了煤炭洗选分公司、机电装备制造公司、翔鸾文化公司、万恒物业公司等10个专业化公司。关闭退出的同家梁矿成立了专业矿业公司，按照“队伍不散、整体转型、劳务输出”的模式，实现了人员转产、效率提升、效益提高的目标。发挥煤炭职业技术学院的师资、技术等优势，加强与京东集团的合作，实现了资源人才的共建共享。

（冯志富）

附：大同煤矿集团有限责任公司党委书记、副书记、常委名单

书　记：张有喜

副书记：郭金刚

专职党委副书记：刘　敬

常　委：文生元　吴跃平　蒋　煜　靳　华　刘文彦　陈旭忠（1月援疆）

山西晋城无烟煤矿业集团有限责任公司党委工作概况

党委书记　李鸿双

2017年，是晋煤集团改革提速、转型提档、发展提质的一年。一年来，晋煤集团党委及各级党组织团结带领广大党员干部群众，以迎接、宣传、贯彻党的十九大为工作主线，深入落实年初晋煤集团党委全委会确立的“1·1·4·6”工作部署，企业管党治党迈出重大步伐，取得重要成就，为晋煤集团各项目标任务的顺利实现提供了有力保证。

一、旗帜鲜明讲政治，党的领导得到全面加强

坚持党对企业的领导。晋煤集团以及托管、控股、全资的64家二级子公司，全部按期实现了党建工作要求进章程，明确了党组织在公司法人治理结构中的法定地位，制定并实施《党委会议事规则》、“三重一大”决策制度和程序，切实把党委会研究讨论作为董事会、经理层决策重大问题的前置程序，推动党组织发挥领导作用组织化、制度化、具体化。

狠抓思想政治建设。扎实推进“两学一做”和“维护核心、见诸行动”主题教育，认真学习贯彻习近平总书记视察山西重要讲话精神，认真落实“8+5”规定动作；按照“学懂、弄通、做实”要求，认真学习宣传贯彻党的十九大精神，着力用习近平新时代中国特色社会主义思想武装头脑、指导实践、推动工作。特别是在学用结合、解决问题上下功夫，以全省开展的“万名干部大调研活动”为契机，紧扣企业党的建设和改革发展面临的重大问题，深入贯彻落实十九大提出的新思想、新部署、新要求，组织正处级以上领导干部带头撰写心得体会和调研报告，为企业改革攻坚、二次转型提供了智力支持。

保持正风肃纪高压态势。深化“两个责任”落实的检查机制，采取现场提问、明察暗访、“背靠背”谈话等方式，对二级党组织进行了全覆盖检查；扎实开展巡视整改自行“回头看”，研究制定“三清单一制度”，倒逼各级党组织持之以恒抓好整改落实；按照习近平总书记关于进一步纠正“四风”的重要指示精神，研究细化了《晋煤集团落实中央八项规定精神的实施细则》，对顶风违纪的党员干部从严查处，强化了震慑作用，促进了企业政治生态的持续好转。

抓住责任落实这个"牛鼻子"。制定了党建工作责任落实评价标准和实施办法,从严考核,不留情面,全年下发考核通报4期,对排名末位的党组织负责人约谈提醒;对晋煤集团年度党建重点工作部署,以及贯彻落实习近平总书记视察山西重要讲话等阶段性重点任务,动态跟踪,及时督办,确保事事有着落、件件有回音;认真落实党委书记抓党建述职评议制度,现场述职、现场评议。通过一系列"组合拳",有效破解了党建责任落实存在的突出问题,各级党组织抓党建的责任意识明显增强,党建工作的执行力明显提升。

二、树立鲜明用人导向,干部人才队伍建设注入新的活力

按照习近平总书记提出的"好干部"标准和国有企业领导人员20字要求,晋煤集团党委认真修订完善《晋煤集团领导干部管理条例》等重要选人用人制度,突出政治标准,进一步严格任用条件和选拔程序。响亮提出"五问""六最"的工作理念,坚持在改革转型的主战场考察和识别干部,注重选拔任用敢担当、善作为、群众口碑好的优秀干部。

突出强化干部管理监督。从严控制干部职数,坚持对科队级干部调整配备认真审核把关,层层传递对管理人员"瘦身消肿"的工作责任。进一步规范免职处理、撤职处分管理人员的待遇问题,从严从实开展对各级领导班子和领导干部绩效综合考评工作,强化考核结果运用,充分发挥考核的导向作用。

加快人才工作改革。成立"人才工作办公室"。在人才选聘上大胆改革创新,为新组建的晋煤融资租赁公司择优选聘了3名经营高管,晋煤集团市场化选聘职业经理人破冰前行。注重培养年轻后备干部,启动了为期10个月的"中青年干部素质提升培训计划"。制定下发《晋煤集团员工三大发展通道岗位转换实施办法》等规章制度,为促进三大发展通道规范、有序、高效流动提供了遵循。加大高技能人才培养力度,对新培养起来的76名高技能人才进行突出嘉奖,充分释放了"尊重人才、人尽其才、竞相成才"的信号。

三、狠抓"三基建设",党建工作规范化程度明显提升

围绕省委"三基建设"目标要求,提出76项具体举措,强力推动实施,解决了多年来在党建基层基础工作方面存在的突出问题,一批特色亮点做法被省国资委简报推荐交流。

一是以提升组织力为重点,强化基层党组织的政治功能。按照"四同步、四对接"要求,制定《基层党组织设置管理办法》,对委员缺员单位及时调整增补党组织委员。建立《关于在深化企业改革中坚持党的领导加强党的建设的实施意见》《党支部工作条例》等重要制度,有效促进"三会一课"、主题党日、组织生活会、民主评议党员等组织生活质量的提升。

二是以实现标准化规范化为目标,加强基础工作建设。精心组织编撰《晋煤集团党建工作手册》,有效回答了新形势下企业党建抓什么、怎么抓的问题。认真梳理十八大以来晋煤集团和基层党委两级党组织在加强党建方面出台的各项制度和办法,形成了《党建工作基本制度及规范性文件汇编目录》,为从严管党、依规治党奠定了基础。深入开展党建工作研究,《晋煤集团党员干部精准化理论培训研究》等6个党建课题在山西省党建研究会荣获一、二、三等奖。

三是以强化培训为抓手,加强基本能力建设。打造"五位一体"干部教育培训模式,在课程设计、师资选择、课堂纪律等各环节严格把关,精心举办了矿处级干部、基层党支部书记、党务骨干等各类轮训班;组织正处级领导干部赴浙江大学,围绕学习贯彻十九大精神、深化国企改革等选题进行了专题研修;依托上级"晋·道"大讲堂平台,择优选拔优秀专业人才分5批次参加高端培训;适时把国家和省里重量级专家请进来,高质量举办"晋煤大讲堂",等等。通过参加专题培训教育,大家普遍反映,拓宽了视野,增长了见识,增强了改革转型的责任感和紧迫感,有效提升了政治素质和业务本领。

四、着力服务生产经营,推动改革发展稳定取得新成效

一是坚定信心,凝聚共识,为深化改革保驾护航。围绕企业深化改革的战略部署,对"1+N"政策文件体系进行深入解读,及时宣传报道各单位改革转型的生动实践和典型经验,增进了职工群众理解改革、认同改革、支持改革的广泛共识。尤其是面对古书院矿、王台铺矿关井所面临的人员分流安置压力,坚决落实"不让一个员工下岗失业"的要求,深入细致地开展一人一事的思想政治工作,全年累计分流安置员工7000余人,保证了矿井关闭退出工作的平稳有序。

二是群策群力,攻坚克难,为转型升级提供有力支撑。鲜明提出"三个融合"(治理融合、责任融合、价值融合)的理念和要求,分组开展课题立项研究,在推动党建与生产经营深度融合上迈出了坚实步伐。各级党组织深入开展党员先锋行、"我是党员我带头"主题活动,"七一"前夕晋煤集团党委对一年来涌现出的先进党组织和优秀党员进行了隆重表彰。高质量承办"晋煤杯"第四届山西省煤炭行业职工职业技能大赛。以"安康杯"竞赛、青监岗、青安岗创建、女工协管、"五小"活动为载体,职工群众参与安全管理的主人翁热情和创新创造活力进一步彰显。

三是共建共享,维护稳定,为干事创业营造良好环境。深入践行党的宗旨,千方百计在推进发展中保障和改善民生。通过恢复企业年金、调增工资比例、增加取暖费补贴、发放推进改革激励奖等方式,稳步提高员工收入水平。高度关心困难职工家属生活,全年共发放慰问救助金1304万元,资助困难职工子女上学193名。坚持把十九大安保维稳工作作为重大政治任务,坚决贯彻《综治领导责任制》《党委书记议稳制度》,突出加强重大敏感时期信访安保维稳工作,确保了企业大局和谐稳定。

2017年,通过坚定不移加强党的领导和党的建设,晋煤集团各级党组织的创造力、凝聚力、战斗力显著增强,有力地

促进了晋煤集团各项事业的发展。在经济运行方面，晋煤集团煤炭产销量、煤层气抽采利用量、发电量等主要经济指标创5年来最好水平；在深化改革方面，形成了全面发力、多点突破、纵深推进的良好局面，《山西日报》、山西电视台等新闻媒体以《国企改革的"晋煤加速度"》为题对晋煤集团改革创新成果进行了专题报道；在品牌创建方面，《煤层气储层开发地质动态评价关键技术与探测装备》项目，荣获国家科学技术进步奖二等奖；晋煤集团成功跻身中国煤炭行业2017年最高信用等级3A级，成为山西省属企业中唯一入围企业；凤凰山矿蝉联"全国文明单位"称号，成庄矿、太原煤气化太原天然气公司跨入全国文明单位行列。

（高　鹏）

附：山西晋城无烟煤矿业集团有限责任公司党委书记、副书记、专职副书记名单

书　记：贺天才（6月离职）　李鸿双（7月任职）

副书记：李鸿双（7月离职）　王茂盛（8月任职）

专职党委副书记：张虎龙

太原重型机械集团有限公司党委工作概况

党委书记　王创民

2017年，太重集团公司党委以习近平新时代中国特色社会主义思想为指导，以迎接党的十九大胜利召开和学习宣传贯彻十九大精神为主线，紧紧围绕"持续优化结构、全面提质增效"的中心任务，认真抓好党的建设各方面工作，为集团公司持续健康发展提供了坚强的思想保证、政治保证、组织保证、纪律保证、舆论支持、精神动力和人才支撑。

一、强化从严治党，发挥核心作用，促进企业转型增效

太重集团3月份召开党建工作会议，提出全年党建工作的总要求是"强化从严治党，发挥核心作用"，确定了围绕一个主题，突出一条主线，抓好五个重点，具体抓好九方面工作的工作思路措施。通过抓强思想建党这一首要任务，强化党性教育，牢固树立"政治意识、大局意识、核心意识、看齐意识"四个意识，严格落实党内政治生活准则，充分发挥各级党组织的领导核心和政治核心作用，将全面从严治党贯穿企业转型增效全过程，不断强化形成了"融入中心大局、服务转型增效"的意识、力度和成效，不断营造了太重风清气正、人人思进、干事创业的良好风气。

二、加强思想政治建设，扎实开展主题教育

精心组织迎接宣传贯彻党的十九大主题活动，深入学习贯彻习近平新时代中国特色社会主义思想，在思想上认识上行动上同以习近平同志为核心的党中央保持高度一致。

一是开展了迎接宣传贯彻十九大精神系列活动。7月份，举办了"推进'两学一做'学习教育常态化制度化培训班"，对520名中层以上领导干部、党组织书记和党务干事分两批进行全覆盖培训；十九大胜利闭幕后，第一时间组织召开了党委中心组学习会议，党委书记王创民传达了十九大精神和会议盛况；成立了宣讲团，公司领导牵头并具体参与，组织宣讲21次，受众党员干部2000余名；发放《党的十九大报告学习辅导百问》《十九大党章修正案学习问答》等图书10000余册；利用微信、电视、报纸等载体平台多途径宣贯十九大精神，扩大了覆盖面，掀起了学习贯彻十九大精神的高潮。

二是扎实推进"维护核心、见诸行动"主题教育。积极落实习总书记视察山西讲话精神和再次亲临太重的嘱托，设立了三个海外子公司，加快了太重国际化进程；组织召开了"再接再厉"专题组织生活会，组织党委中心组学习讨论8次，二级中心组学习400余次，提升了各级干部的思想认同和行动自觉。抓住党员干部这个关键少数。通过调整公司领导联系点，有针对性地将公司领导安排到基层支部，以普通党员身份参加党支部组织生活会；全年召开专题书记会18次，强化了各级党组织书记"第一责任人"职责履行。抓好典型示范。通过三评议，对"两创"及主题教育中表现突出的38个先进集体和232名优秀个人进行了表彰；对王军田、丁玮等先进事迹进行了专题系列报道，为广大党员树立了标杆榜样。强化督导检查。七一前夕对基层党支部进行了大起底、全覆盖式检查，全面了解基层党建工作现状，广泛听取职工群众对党的各项工作开展的意见建议，提高了工作的指导性和精准度。

三是党内政治生活进一步严肃。以"三会一课"制度规范执行为抓手，全面深入推进党支部规范化建设；以主题党日和"党员先锋行"等活动开展为载体，党内政治生活形式进一步规范，内容更加丰富。专题党课更加系统化。开展党员领导干部带头讲党课活动，公司领导课件在《太重文化》专刊刊发；各级党组织共讲授专题党课420余次，进一步坚定了党员理想信念。"党员先锋行"主题实践活动有效开展。各级党组织活动开展主题突出、特色鲜明，如：太重煤机"优化结构创佳绩，提质增效展作为"、山西煤机全员性"'六个人人'我先行"等主题实践活动；各直管单位以红色教育基地及滨海制造基地为依托，组织党员接受传统教育，重温入党誓词，切身感受公司改革发展的巨大成就。

三、高标准严要求开展“三基建设”

按照省委、省国资委总体安排,坚持问题导向,强化重难点攻关,突出结果考核,高站位、高标准,严落实,与中心工作同计划、同部署、同推进、同考核、同奖惩,取得较好成效。

一是组织建设进一步强化。召开了集团公司第四次党代会,选举产生了新一届集团公司党委,完成了37个基层组织的组建、换届;对党委宣传(统战)部、团委进行分设并独立运行;完成了三级党组织统战委员的增设和配备。“特色党支部”建设更加深入。做到分厂一级以上党组织党建阵地建设全覆盖,明确了各支部特色建设的方向,强化了“一个支部一个特色,一个支部一个亮点”的多形式创建格局。开展了调研督导和面对面培训。从9月份开始,由公司党委书记、专职副书记带队对261个支部进行为期一个半月的党建工作开展情况全覆盖调研,进一步查漏补缺,总结推广基层新鲜经验,及时发现并解决苗头性倾向性问题;成立了调研督导组,与两级干部研学了《山西省国有企业党建工作责任制实施办法》《“三基建设”实施方案》的21项具体任务,面对面培训了党务工作者。党建示范点作用发挥明显。选定冶铸分公司党委、焦化设备分公司党总支、能源中心党支部为党建示范点;冶铸分公司党建工作“年初部署、年中评比、年底述职、每月督导”模式,有力解决了生产经营重难点问题,极大促进了中心工作持续向好发展。

二是基础工作进一步夯实。制度建设进一步常态化。继续编制、修订、执行各项党的工作制度并形成闭环流程;完成了公司章程修订,将党建工作要求纳入其中;修订了党委议事规则,规范公司议事内容;建立了理论学习中心组学习规定,细化和明确了学习内容、形式、管理和考核;建立了党员领导干部双重组织生活会制度;完善了经销激励制度、推行了资金实运转机制等,解决了日常经营工作中的滞阻问题;完善了职工岗位职责说明书等。党员基础管理更加全面细致。严格按照发展党员标准和程序,举办了积极分子、预备党员培训班,全年发展党员74名;春节、“七一”期间,对老党员、困难党员等进行摸底慰问426人次,下拨慰问金21.4万元;完成党组织和党员基本信息采集工作,18个党委,26个党总支,261个党支部,8700余名党员信息全部准确无误导入全国党员管理信息系统。

三是基本能力有效提升。深入学习集团公司第四次党代会精神。利用OA办公网、《太重宣传》《太重新闻》对党代会报告进行全文刊发;报社、电视台、“卓越太重”公众号等深入一线进行持续、系列报道278篇次。各类主题培训进一步丰富。组织实施了党政领导干部履职能力提升、专业技术人员创新方法培训、技能人员业务标准及安全生产培训等五大培训工程;举办了“推进‘两学一做’学习教育常态化制度化培训班”,丰富了党务工作者和党员专题教育培训。强化了党建核心工作团队建设。以党委办公室、组织部、宣传部、团委等部门负责同志为主要成员,组建了党建核心工作团队,定期开展理论学习、问题查摆、工作研究,提升了当好参谋、做好助手的能力。党建工作交流机制持续推进。8月份召开了党建(主题教育、三基建设)和核心价值观交流推进会,对先进单位进行现场观摩;推进会上,技术中心、冶铸、能源中心、太重煤机、人力资源部等10个单位进行了经验交流,提升了基层党建工作的基本能力和水平。

四、不断加强领导班子和干部队伍建设

一是严格执行干部选用制度。坚持干部选用标准不降、程序规范严谨,发扬多年形成的选用传统,客观公正地将担当干事、清正廉洁的优秀干部选拔到企业所需的岗位上,坚持全程纪实,坚持“凡提必核”。

二是严格干部日常管理监督。严抓“六大纪律”,坚持全面抓、抓全面,抓早抓小、严在经常;全年共提醒谈话36人次,诫勉谈话6人;严肃进行《领导干部个人有关事项报告表》的如实填报,抓实了干部有关事项报告工作,为干部选任打通了前提。

三是抓好干部教育培训工作。制订下发了《干部教育培训工作计划》;采用专题讲座、送外培训等形式,有效提高干部综合素质和能力,全年共选派15名同志赴外参加相关培训班。

五、创新人才工作机制,推进人才强企

按照党管人才原则,围绕企业发展方向,从育才、用才、引才、服务人才等方面入手,全面推动人才工作取得新成效。

一是突出创新驱动。评选产生了8名首批经营管理创新人才,5名第二批专业技术领军人才,12名第二批高技能领军人才;完善了“三支队伍”建设体系,全面建成了专业技术人员“6通道”激励体系;公司领导深入一线为入选人才颁发荣誉证书,营造了尊重人才的良好氛围。

二是坚持以用为本。依托省国资委、省人社厅海外人才交流大会,围绕风电、工程机械等公司高端人才急缺专业,先后与5名专家建立了深度联系对接;轨道交通成功引进海外高层次专家朱洪涛教授,并推荐为山西省“百人计划”候选人。

三是抓强国际化人才培养。有效运用政府和社会资源,先后推荐9名青年技术人才和急需技术专家赴德国参加培训,提升了专业技术人员把握行业前沿动态的水平。

四是强化服务人才意识。努力为人才发展畅通渠道,主动把优秀的人才推荐出去,积极争取各项政策支持;4人入选山西省学术技术带头人,7人入选山西省新兴产业领军人才,1人入选青年“三晋学者”,新增国家级技能大师工作室1个,全年争取各类人才政策支持100余万元。

六、推进企业文化、思想政治和精神文明建设工作

一是太重核心价值观践行考评扎实推进。将践行考评更进一步有机融入到公司“强化创新驱动,全面深化改革,实现高质量发展”全过程。通过典型引领和特色建设,践行基础不断厚植,学习践行氛围日益浓厚;各单位紧密结合职工岗位

职责以更严更实更细的标准，坚持立足实际，创新方式方法，全方位贯穿、深层次融入、细微处着力，亮点闪现特色突出，冶铸、能源中心、太重煤机、轨道交通等多家单位一直处于A类，充分彰显了铸魂工程的力量所在。

二是持续抓牢意识形态工作。认真落实"两个巩固"的根本任务，牢牢把握意识形态工作正确方向，按季开展意识形态领域形势研判，并撰写研判报告；首次创新性运用手机微信调查的方式，开展了职工思想状况抽样问卷调查，全面掌握了广大职工思想动态，形成了分析报告并进行了情况反馈和落实应用。

三是加强思想政治理论研究工作。组织特约研究员紧密围绕企业长远发展战略，针对中心工作的重点难点展开研究分析，形成15项高质量研究成果，获得省级和行业奖励5项；组织开展了以总书记"再接再厉"重要指示为主题的理论征文研讨活动，进一步统一了广大干部职工的思想认识。

四是持续推进精神文明建设。以"两个文明"协调发展为目标，加强对省级、省属企业等文明单位的日常监管和工作指导；各基层单位在抓好生产经营的同时，更加注重文明创建，积极开展"家庭、家教、家风"、志愿服务等主题活动，形成了"两个文明"协调发展的良好局面；涌现出了太原重工技术中心等省级文明单位及省属企业文明单位标兵。

七、从严从实做好党风廉政建设工作

一是强化管党治党的政治责任履行。严格按照《党风廉政建设目标责任书》、《履行党风廉政建设"一岗双责"目标责任书》，做实责任分解落实；对全体中层干部"两个责任"和"一岗双责"情况进行调研检查，重点对太原重工、轨道交通、长治液压三个党委进行检查，运用提醒谈话56次。

二是强化党风廉政建设宣传教育。党风廉政建设教育宣传月系列活动更加突出"严肃党内政治生活、加强党内监督，落实两个责任"的主题；举办了第三期党风廉政建设暨纪检监察干部专题培训班，受众263人。

三是持之以恒从严落实中央"八项规定"精神。紧盯"年、节、假日"等关键节点和重点时段，综合运用专题会议、明察暗访、接受群众监督等多种形式，从源头上杜绝违规现象和"四风"问题；开展了规范非生产性支出系列专项效能监察工作；集团OA网每周一案专栏发布典型案例49期。

四是优化权力监督制约机制。对新任及副职转正职的领导干部进行任前廉政谈话；对2200名廉政风险点岗位人员进行了全面梳理并开展了年中和年底两次测评考核工作，对涉及"五类行为"的251人，进行了情况落实和相应处理。

五是有效运用"四种形态"。全年运用"四种形态"共711次，较2016年提高51.3%，其中第一种形态700次，第二种形态7次，第三种形态4次。

（郭小青）

附：太原重型机械集团有限公司党委书记、专职党委副书记、副书记、常委名单

书　记： 王创民
专职党委副书记： 丁永平
副书记： 张志德（3月任职）
常　委： 王　敏　张克斌　田　兵
范卫民（7月任职）　杜美林（8月任职）

晋能集团有限公司党委工作概况

党委书记　王启瑞

晋能集团设有集团党委和67个基层党委、116个党总支、640个党支部，17238名党员。集团党委的工作职能是：深入学习贯彻党的十九大精神，以习近平新时代中国特色社会主义思想为指导，坚持党对国有企业的领导，以全面从严治党为主线，以坚定理想信念宗旨为根基，深入推进党的政治建设、思想建设、基层组织建设、干部队伍建设、党风廉政建设、宣传文化建设、和谐企业建设，努力提高党的建设质量，不断呈现新气象新作为，推动集团公司转型升级、提质增效，为建设一流清洁能源集团提供坚强的政治保证和组织保证。

2017年，集团坚持以习近平新时代中国特色社会主义思想为指引，坚决贯彻落实中央和省委、省政府重大决策部署，全面加强党的建设，贯彻落实新发展理念，深化国企改革，着力提质增效，强化创新驱动，以经济效益为中心，围绕"安全、生产、技术、营销、财务、成本"六大活动，树立经营理念，提升基础管理，优化资源配置，集团综合实力显著增强，为高质量发展奠定了坚实的基础。

一、党的建设全面加强，融入改革发展全过程

集团全面加强党建工作，把深入学习宣传贯彻党的十九大精神和习近平总书记视察山西重要讲话精神贯穿于党建工作和生产经营全过程；保发展促改革优势明显增强，"三基建设"与改革攻坚各项工作深度结合，成效显著。

（一）主题教育扎实推进。扎实推进"两学一做"学习教育常态化制度化，"维护核心、见诸行动"自觉性不断增强。紧紧围绕"六个好"和"8+5"内容，加强学习教育，党员"四个意识"进一步增强。

（二）"三基建设"持续加强。全面完成集团和二级公司《章程》修改，明确了党组织的职责权限、机构设置、运行机制、基础保障；积极完善"双向进入、交叉任职"的领导体制，

在省属企业中率先实行了二级公司层面“党政一肩挑”,配备了专职党委副书记,配齐配强纪委书记;按照“四同步”要求,在集团机关机构改革中健全了党的工作机构;对655名党支部书记进行了轮训,基层组织主体责任意识得到进一步提升;制定了《党建工作责任制实施办法》等制度,建立了党建工作责任体系和考核体系。

(三)党风廉政建设不断加强。坚定不移推进党风廉政建设和反腐败工作,扎实开展巡视整改自行“回头看”工作,严明政治纪律和政治规矩;狠抓“四风”问题专项整治“回头看”,紧盯重要节日、公车私用、公款食堂吃喝等问题,查处违反中央“八项规定”精神有关人员,保持高压反腐态势。

(四)宣传思想文化工作不断巩固。出台了《集团党委意识形态工作责任制实施细则》,强化意识形态阵地建设,坚持正面舆论宣传,有效应对突发舆情事件,为改革发展营造良好的舆论氛围。

(五)信访维稳成效明显。完善了信访维稳应急工作机制,有效处置了一系列信访上访复杂问题,确保了在重大活动期间的企业稳定、社会稳定。

(六)扶贫攻坚精准发力。选派党员干部和骨干力量驻村帮扶,采取多项措施精准施策,光伏扶贫、产业扶贫项目和建设取得积极成效。

(七)群团组织作用充分发挥。召开集团工会第一次会员代表大会,完成选举换届工作,开展“五小竞赛”活动,激发了员工创业热情。举办首届共青团干部技能大赛,开展了“聚青春力量·助改革攻坚”等主题活动。1家单位荣获“全国工人先锋号”;获得省“五小”竞赛一等奖、二等奖各1个、三等奖15个;1个基层团组织荣获“全国五四红旗团支部”,1个集体荣获“全国青年安全生产示范岗”。

(八)大力推进精神文明创建和企业文化建设,开展了“文明家庭”和“最美晋能人”评选表彰活动,大力弘扬“尽你所能、尽我所能、晋能”企业核心理念,树立晋能优秀的企业文化。

二、全面完成各项经济指标,改革发展取得显著成效

集团上下按照中央和省委、省政府一系列决策部署,以改革为动力,以经济效益为中心,围绕“安全、生产、技术、营销、财务、成本”六大活动,树立经营理念,提升基础管理,优化资源配置,强化政治保障,为高质量发展奠定了坚实的基础。

(一)生产经营稳中向好、好中提质

2017年,集团各项任务指标圆满完成,煤炭产量完成7366.2万吨,同比增长3.2%;发电量完成189.7亿千瓦时,同比增长18.4%;售电量完成75.8亿千瓦时,同比增长10.3%;清洁能源发电量完成13.9亿千瓦时,同比增长56.3%;煤炭贸易量完成1.6亿吨,同比增长22.8%;营业收入完成1026亿元,同比增长47.3%;实现利润16.4亿元,同比增加13.8亿元;上缴利税97.2亿元;工业增加值完成204.3亿元,同比增长21.5%。国资委考核指标全面完成。煤矿投产产能、电力投产装机在全省名列第三;清洁能源装机全省第一;主要产品市场竞争力持续增强;营业收入重新跨入一千亿行列,在省属企业中排名靠前。

(二)不断夯实安全基础,安全生产形势总体平稳

集团严守“红线意识”和“底线思维”,落实安全责任,加强“三基”工作,完善“六大体系”,安全生产管理水平不断提升。“三基”工作进一步夯实。基层建设方面,进一步健全了以矿长为首的安全生产管理团队,以总工程师为首的技术管理团队,以区队长、班组长为首的现场管理团队;进一步加强了探放水、瓦斯抽放、机电、瓦检、安监等基层专业化队伍及技术骨干、技能人才队伍建设。基础工作方面,健全了安全风险分级管控和隐患治理双重预防机制,完善了《安全红线管理制度》《安全绩效考核办法》等制度。

(三)主动作为、真抓实干,改革攻坚取得重大突破

一是产业架构基本成型,形成了煤炭、电力、清洁能源、贸易物流、房地产业、装备制造、文化旅游、多经产业八大板块。二是组织架构适应性全面增强,“集团公司+板块公司和市公司+实体公司(厂、矿、站)”的管理架构基本确立,“三级架构、两级管理”的运行体制趋于成熟。三是集团机关机构调整优化全面完成。四是全年压减法人368个,累计压减法人超过600个,将管理层级压减到三级。五是国企重点改革任务圆满完成。六是公路销售体制改革职工分流安置任务圆满收官,38505名职工得到妥善分流安置,实现了平稳过渡,向省委、省政府交了一份满意的答卷。

(四)专业化管理基本成型,经营质量不断提升

一是煤炭产业贡献突出、基础地位进一步稳固。截至2017年底,集团生产矿井65座,联合试运转矿井4座,合计产能7720万吨,煤炭产业实现利润39亿元。二是电力产业在逆境中努力奋进。截至2017年底,在役装机558.2万千瓦,在建装机237万千瓦,总装机795.2万千瓦。三是清洁能源产业技术引领、优势凸显。光伏、风电5个项目投产,截至2017年底,发电装机100.7万千瓦,在建装机129万千瓦,总装机229.7万千瓦。四是贸易物流产业向市场化贸易转变。集团全年完成贸易量1.6亿吨,实现销售收入512.6亿元。五是房地产业强势突起,全年实现销售收入20亿元,实现利润2.3亿元。六是装备制造产业做实做强,向明智装在新三板成功挂牌。七是文化旅游产业按照省政府安排,在人事和资产冻结的情况下抓好正常运营,等待划转。八是多经产业按照摸清家底、分类处置的原则,摸清了底数,厘清了思路,为下一步发展奠定了基础。

(五)强化规范管理,推动企业向实体化经营迈进

加强项目管理,全年竣工投产项目24项,完成投资85.8亿元。加强财务管理,以资金预算为核心,做好预算分解,确保预算指标落实到位;全年发行公司债、中期票据、超短融等各类债券25期,金额共计400亿元;与浦发银行、中信银行、农银投资签订总额400亿元的产融结合资金;落实“资金管控十条”措施,清收资金56.7亿元。全面开展环境保护标准化考核,112个生产项目完善了环保行政许可手续,35个试

运转项目全部完成环境影响评价报告书批复或备案。

（田　忠）

附：晋能集团有限公司党委书记、副书记、常委名单

书　记：王启瑞

副书记：李国彪（3月任职）　荣海涛（3月任职）

常　委：刘世文　刘会成（9月任职）　韩振贵　杨培成

山西省黄河万家寨水务集团有限公司党委工作概况

党委书记　樊安顺

2017年，山西省黄河万家寨水务集团党委坚持以习近平新时代中国特色社会主义思想为指引，深入学习宣传贯彻党的十九大精神，深入学习贯彻习近平总书记系列重要讲话精神，特别是视察山西重要讲话精神，认真贯彻落实省委省政府及省国资委各项工作部署，紧紧依靠广大干部职工，牢牢把握深化改革这条主线，坚定不移推进全面从严治党，全力抓好工程建设、供水运营、市场拓展、投融资等各项工作，较好完成了年度各项工作任务。

一、认真学习贯彻党的十九大精神，自觉用习近平新时代中国特色社会主义思想武装头脑

组织党员干部集中收看党的十九大开幕会盛况，聆听习近平总书记在中国共产党十九次全国代表大会上的报告，深刻领会习近平新时代中国特色社会主义思想的深刻内涵。召开动员部署会，传达贯彻党的十九大精神和省委十一届五次全体会议精神，就集团公司学习宣传贯彻党的十九大精神进行动员部署，推动党的十九大精神进泵站、入阀室、到班组，掀起学习热潮。制定印发《关于认真学习宣传贯彻党的十九大精神加快推进改革发展的通知》，对学习宣传贯彻党的十九大精神提出具体要求，购置《十九大报告》《党章》《党的十九大报告学习辅导百问》等学习资料2500余册，发放到每个党员手中。党委班子带头学习，召开党委理论学习中心组学习会议，班子成员就学习十九大报告进行交流发言；召开党委班子专题学习研讨会，对党的十九大精神，特别是习近平新时代中国特色社会主义思想的历史地位和丰富内涵进行交流研讨。集团公司本部组织党员干部聆听省国资委十九大精神宣讲报告；党委书记、董事长樊安顺为党员干部宣讲了党的十九大精神；制定《宣传贯彻党的十九大精神宣讲工作方案》，组建宣讲队伍，深入到生产一线泵站、阀室、班组，为干部职工宣讲党的十九大精神。

二、推进"两学一做"学习教育常态化制度化，开展维护核心见诸行动主题教育

一是抓好集中学习。召开党委理论学习中心组学习会议，交流和讨论习近平总书记对推进"两学一做"学习教育常态化制度化的重要指示精神；组织党员学习十八届六中全会精神和《准则》《条例》，累计组织学习762次、9895人次参加。二是抓好学用习近平总书记系列重要讲话精神交流。召开党委班子学用习近平总书记系列重要讲话精神交流会，班子成员就学习讲话，特别是总书记视察山西重要讲话精神进行交流；召开党委扩大会议，传达贯彻省委深入学习贯彻习总书记系列重要讲话精神和治国理政新理念新思想新战略交流会精神；各支部以应知应会作为着力点，把学习成效体现到实际工作中。三是开展巡视整改"四个对照"回头看。按照"四对照"、"三清单一制度"的要求，开展巡视整改回头看工作，采取16项整改措施，收回追回兼职取酬资金178.38万元。四是开展党的十八大以来党和国家巨大成就主题宣传。党委班子成员分别为所在支部党员干部讲授专题党课，支部讲党课累计达57次，利用支部书记微信群、党务工作QQ群，深入宣传党的十八大以来以习近平同志为核心的党中央带领全国各族人民走过的不平凡历程和取得的辉煌成就。五是开展"党员先锋行"主题实践活动。支部设置"党员先锋岗"，与党员签订《党员先锋行主题实践活动承诺践诺书》，引导和激励广大党员时刻铭记党员身份，始终做到政治合格、执行纪律合格、品德合格和发挥作用合格。六是开展主题党日。党支部每月相对固定1天作为主题党日，明确主题，强化政治性、体现庄重感，累计开展主题党日61次、827人次参加。七是学习贯彻习总书记视察山西重要讲话精神。召开党委扩大会议，传达习近平总书记视察山西在深度贫困地区脱贫攻坚座谈会上和考察结束时的重要讲话精神；组织党员干部集中观看《总书记在山西》视频资料，学习掌握17个应知应记要点；组建宣讲队伍，深入基层组织6场宣讲报告会，聆听的党员干部群众达540余人。八是开展《习近平总书记的成长之路》和《习近平的七年知青岁月》学习研讨。召开中心组学习研讨会，班子成员交流学习《习近平总书记的成长之路》的心得体会；支部组织党员写心得、谈体会，把忠诚核心、拥戴核心、维护核心作为最大的政治，自觉在政治上、思想上、行动上与以习近平总书记为核心的党中央保持高度一致。

三、扎实推进"三基建设"，不断提升工作水平

在基层组织方面，合理设置党的工作机构，配齐配强党务工作人员。落实基层党建工作责任制，明确党支部书记抓基层党建工作清单，推动形成党支部书记抓基层党建工作的

良性运行机制。支部认真落实“三会一课”、组织生活会、民主评议党员、领导干部双重组织生活会、党费收缴等制度，充分发挥战斗堡垒作用。在基础工作方面，制定基础工作达标指导意见，组织各部门、单位编制了41册《基础工作管理手册》，明确工作目录，优化工作流程；结合转企改制实际，制定《集团公司岗位责任制度》，按照精简高效的原则，提出符合实际的岗位设置建议。印发《督查工作制度》《限时办结制度》等制度，进一步明确各部门单位、各职能岗位的工作职责，压实责任，强化效能建设。在基本能力方面，坚持党支部书记集中培训制度，组织党支部书记政治理论教育和党的十九大精神集中培训。坚持强化业务能力建设，实施“五大培训工程”，生产一线持续开展岗位技能、事故预想、持证上岗、全站失电、机组倒转、水淹厂房等应急预案的培训和演练，2017年累计组织9个培训班次、培训300人次。

四、贯彻全国国有企业党的建设工作会议精神，推动重点工作任务落实

召开集团公司党委扩大会议，传达学习习近平总书记在全国国有企业党的建设工作会议上的重要讲话，印发《贯彻落实全国国有企业党的建设工作会议精神重点任务分解意见》，安排各有关部门分头抓好落实。将党建工作纳入年度工作目标考核体系，党建工作作为共性指标，年终进行统一考核，实现“四同步”、“四对接”。突出党建要求，把党组织的职责权限、机构设置、运行机制、基础保障都写入公司章程。党委书记和董事长由一人担任、党员总经理兼任党委副书记，并配备了专职党委副书记，完善“双向进入、交叉任职”的领导体制。制订、修订《党委会议事规则》《“三重一大”决策制度实施办法》等制度，健全完善党委议事决策机制。

五、压紧压实“两个责任”，推动从严治党向纵深发展

一是层层压实责任。召开党风廉政建设会议，层层签订《党风廉政建设目标责任书》，将2017年党风廉政建设和反腐败工作责任层层分解。每季度召开一次党风廉政建设分析研判会，研究分析反腐败工作形势。班子成员不定期与分管部门负责人进行常规谈话，真正落实“一岗双责”。二是落实中央八项规定精神。经过3次修改、3次党委会议讨论，制定印发集团公司《落实中央八项规定精神的实施细则》。通过抓节日节点、抓具体问题、抓执纪监督，持续形成警示震慑，营造风清气正工作环境。三是强化警示教育。开展为期两个月的“强化警示教育推进从严治党”活动，组织了“尊崇党章、锤炼党性，向党说句心里话”专题学习讨论、观看警示教育片、学习违纪违法典型案例等10个专项活动。四是开展涉纪信访问题专项整治。对19个部门、22个直属单位分涉纪和非涉纪信访问题开展自查自纠，深入排查整治。

六、抓好文明创建信访统战等工作，营造改革发展良好环境

组织开展“践行社会主义核心价值观”主题活动和“中国梦”宣传教育，深入开展公民道德建设活动，扎实开展青年志愿者服务活动；广泛宣传创建全国文明城市的重大意义、重要作用，组织广大党员干部职工和家属人人参与太原市创建全国文明城市；以“传家训、立家规、扬家风”为主题，组织党员干部开展“学家规、正家风”专题学习讨论活动476人次。制定《党委书记议稳制度》，开展信访突出问题大整治，制定《迎接“十九大”信访维稳应急处置预案》，强化隐患排查工作，为十九大胜利召开营造良好氛围。按照中央和省委深化脱贫攻坚要求，加大驻村帮扶力度，全年投入扶贫投资79.7万元，实施精准帮扶。协助乡党委政府与所有贫困户签订健康扶贫“双签约”，帮助27户村民落实户级光伏电站。拿出党费改善村委党员活动室和帮助集体经济破零，通过各种帮扶措施，帮助贫困户稳步增收。2017年，黑山村24户已脱贫的贫困户无1户返贫，杨家营村脱贫19户，帮扶成效明显。

七、贯彻落实省委省政府决策部署，不断开创集团公司改革发展新局面

深入贯彻省委省政府深化国资国企改革的决策部署，按照楼阳生省长和王一新副省长到集团公司调研时的指示要求，立足“用好用足黄河水”这一根本要求，突出“公益性”这一基本责任，按照“市场化”这一改革导向，抓改革、促发展，降成本、扩水量。一是深化改革取得新成绩。集团公司党委、纪委和董事会、经理层、监事会规范运行，内控制度体系日益完善；召开第一届工会会员代表大会和职工代表大会，审议通过了《转企改制人员安置实施方案》和《集团公司薪酬及考核制度方案》等方案，建立了过渡期组织机构管理体系。二是生产运行迈上新台阶。生产系统科学安排全年生产任务，主要工程完好率100%、主要设备完好率96.5%；积极探索经济运行方式，单方水耗电量持续降低；做好水环境监测和水质分析工作，全年完成供水3.02亿方，向桑干河生态补水0.3亿方，向汾河流域生态补水1.27亿方。三是水务市场得到新拓展。在引黄供水区内，重点拓展目前管网未覆盖区域的供水业务，清徐原水直供、大同塔山电厂支线等一批原水直供项目投入试运营；在供水区外，与阳泉等市深化水务一体化合作，与临汾市尧都区、运城河津市等县市就污水处理项目进行沟通与对接，完善《阳曲县水务一体化合作框架协议》。四是工程建设取得新进展。清徐原水直供工程，41.6公里输水管线主体工程全线贯通，开始向阳煤太化公司供水；阳曲原水直供工程，完成管线铺设15公里；泵站二期扩机工程，清水系统及消防管网改造、泵站照明改造项目全部完工，通过单位工程验收。五是服务转型综改有了新突破。本着高起点、高标准、高水平为综改区提供水资源支撑的思路，全力提供原水、自来水、中水以及直饮水的“一条龙”供水服务，为综改示范区建设提供强有力的水支撑，在布局水务一体化的道

路上迈出了坚实的一步。

（温 捷）

附：山西省黄河万家寨水务集团有限公司党委书记、副书记、专职党委副书记、委员名单

书　记：樊安顺

副书记：贾伟智

专职党委副书记：李俊刚

委　员：兰康杰　呼运平　蔡开东　王晋斌（3月任职）

山西能源交通投资有限公司党委工作概况

党委书记　武　强

一、企业党组织情况

截至2017年底，中共山西能投党委共有基层党组织393个，其中基层党委31个、总支27个、支部335个，公司党委直属基层党委8个、直属党支部7个。共有党员7914名。

二、2017年主要工作成效

过去一年，公司党委按照省委"一个指引、两手硬"重大思路，抓住山西新一轮国企国资改革的历史机遇，扎实推进谋转型、促改革、增效益、控风险、强党建，经济运行继续呈现稳中向好、稳中提质趋势，新兴产业发展态势强劲，企业效益不断提升，主要经营指标全部完成，各项改革发展工作迈上新台阶。表现在：

主要指标快速增长。实现营业收入253.34亿元，同比增长16.61%，完成考核指标210亿元的120.64%；实现利润2亿元，同比增长22.24%，完成考核指标1.65亿元的121.44%；实现增加值22.75亿元，同比增长9.16%，完成考核指标17.5亿元的129.99%。

质量效益稳步攀升。主营业务盈利能力有所提升，经营利润率同比增长14.36个百分点。总资产周转率从0.27次增长到0.29次。应收账款较年初下降5.8%，资金使用效率积极提高。存货周转率同比增长0.39次，资产质量和变现能力有所改善。

认真履行山西铁路基础设施战略投资任务，累计完成出资354亿元，为百姓出行、拉动经济增长做出贡献。

战略思路更加清晰。按照"大交通、大物流、大产业"发展思路，确立了"一主三辅"主业定位，制定了现代物流主业"13364"发展战略。聘请青岛科技大学等专家教授，开展了构建山西现代大物流产业体系课题研究，形成了一个总体报告及八个专项报告。

转型支撑继续夯实。大力发展装配式建筑、玄武岩纤维、园区售配电、光伏发电等新兴产业项目，全省首家装配式建筑产业园区投产运营，燃气产业链规模效应显现，新兴产业实现利润7824万元，贡献率达到39.12%。

活力动力不断增强。出台"1+9"改革政策文件，改革推进力度持续加大。山西煤层气公司荣获"四新"中小企业称号，在线供应链金融、园区轻资产化运作等商业模式创新深入推进，科技创新、金融创新持续发力，创新动力不断增强。

共享共建持续改善。双清工作扎实推进，经建投集团等历史遗留的社保问题得到妥善解决，职工获得感进一步提升。公司总部荣获"2016年度全国企业文化建设典范企业"，全系统有8个集体4名个人受到省级以上表彰，文明创建、和谐发展均取得新成效。

三、2017年党建工作

一年来，公司党委及各级党组织深入学习贯彻习近平新时代中国特色社会主义思想和党的十九大精神以及国有企业党建工作会议精神，始终坚持党要管党、从严治党，把坚持党的领导、加强党的建设作为首要政治任务来抓。抓党建强党建的氛围日趋浓厚，基层组织、基础工作、基本能力提升，抓党建工作的组织体系日益健全，党建工作责任制日渐落实，党的建设各项工作成效显著。

抓学习教育，强化思想引领。1、强化政治学习。公司党委中心组学习12次，坚持以习近平新时代中国特色社会主义思想武装头脑，举办了学习贯彻党的十九精神轮训班、宣讲报告会，切实在学懂弄通做实上下功夫。2、推进主题教育。召开了维护核心见诸行动主题教育及三基建设工作推进会，举办了学用系列讲话经验交流会，开展了"习总书记视察山西重要讲话精神进基层"主题宣讲活动，引导教育广大干部职工在思想上拥戴核心、在政治上维护核心、在行动上紧跟核心。3、创新宣传载体。举办了"喜迎十九大、共筑中国梦，不平凡的五年"为主题的演讲比赛，编印了《十九大精神学习手册》，利用OA短信平台、微信等推送学习内容，努力把十九大精神转化为深化改革发展的强大动力。

抓强基固本，夯实基层基础。坚持把加强"三基建设"作为对标先进、补齐短板、争创一流的重要抓手。1、加强基层组织建设。坚持把党委会研究讨论作为董事会、经理层决策重大问题的前置程序，完成了党建进入《章程》以及党委会议事规则修订工作。完善了子公司"双向进入、交叉任职"领导体制，全面落实了党委书记、董事长"一肩挑"、党员总经理兼任党委副书记、配备专职副书记等要求。制定了《基层党组织建设标准（试行）》，实现了党组织和工作机构的全面覆盖、同步设置。圆满完成换届工作，截至2017年，山西能投各级党组织共390个,其中党委31个,党总支27个,党支部335个。2、健全基础工作制度。建立了党组织书记抓基层党建工作清单制度,并将党建工作纳入年度考核。健全了公司"13710"工作制度,推行了首问负责制、公文限时办结制、责任追究制等效能制度。3、提升基本能力。举办了两期基层党组织书记集中轮训,受训350人次,全系统进行各类业务培训1.97万人次。加强后备干部队伍建设,全系统年轻干部双向交流挂职35人次,在基层一线"蹲苗"成长。

抓责任落实,保证风清气正。认真落实党委书记"第一责任人"职责,坚持亲自抓、负总责、抓落实。一是落实主体责任。主持召开13次党委会研究党建工作,年初制定《党委工作要点》、一季度召开党风廉政工作会、年中召开党建工作会、年终举行抓基层党建专项述职会,层层签订党风廉政建设目标责任书及"一岗双责"目标责任书。二是细化责任清单。制定了《落实党风廉政建设主体责任的清单》,明确党委班子清单25项、党委书记"第一责任人"清单15项、班子成员"一岗双责"责任10项,将责任细化量化到每个层级岗位,实现责任"全覆盖"。三是加大督查力度。全年共两次对12户子公司落实"两个责任"情况进行监督检查,及时形成督查报告,提请党委会专题研究,并对发现的5类67个问题限期完成整改,弥补不足,提升管理。四是强化正风肃纪。开展了巡视整改"回头看"工作,形成了"三清单一制度",全系统共梳理出问题312个,制定整改措施?232项,整改完成率达98%。纪委聚焦监督执纪问责主业,全系统受理问题线索152件,受到党纪政纪处分和组织处理共87人,其中,党纪处分17人,政纪处分6人,重处分6人,双重处分4人,组织处理64人。

抓人才强企,不断增强企业内生动力。全面推进人才强企战略,修订《中长期人才发展规划纲要(2010–2020年)》,统筹三支人才队伍建设,不断提高人才工作科学化水平。制定《山西能源交通投资有限公司职业经理人管理暂行办法》,完成了山西商品、再担保公司职业经理人市场化选聘。与北京交通大学等高等院校对接,引进铁路运营、智慧交通、现代物流以及新材料应用等领域专业人才。玄武岩公司依托院士工作站,引进军民融合高端人才,启动北京研发中心。选派年轻干部到基层挂职管理,开展职工技能培训行动、人才培训基地和技能大师工作室建设行动,推动公司人才工作实现了新突破。

抓和谐建设,凝聚发展合力。深入推进精神文明创建活动,举办了"维护核心见行动、改革创新立潮头"迎七一文艺汇演、第四届"能投杯"职工篮球赛等群体活动。加强对五台县阳白乡殿头村、炭池村的脱贫帮扶,选派了6名第一书记驻村帮扶,筹资100多万元改善基础设施,加大光伏扶贫力度,在阳曲县投资建设村级屋顶光伏电站。

(贾　涛)

附:山西能源交通投资有限公司党委书记、副书记、委员名单

书　记:武　强

副书记:刘　波(11月离职)　于喜东　张广明

委　员:梁润德　荣建民　邢海洋　潘来喜(5月离职)　薛　烨(女)　赵石岗　谷建春　孙建秀(女,11月任职)

山西省农村信用社联合社党委工作概况

党委书记　崔联会

2017年,全省农村信用社深入学习贯彻习近平新时代中国特色社会主义思想和党的十九大精神,认真贯彻落实习近平总书记视察山西重要讲话精神、全国经济金融工作会议精神,以及省委、省政府重大决策部署,紧紧围绕"八个坚持"、实现"八新"目标总体战略,统筹推进支农支小、精准扶贫、改制化险、业务发展、风险防控等各项工作,确保各项业务实现新发展,各项工作取得新成效。

一、坚持"党建领社",充分发挥促业务助发展的引领作用

深入学习贯彻落实习近平总书记系列重要讲话,扎实开展"两学一做"学习教育常态化制度化、维护核心见诸行动主题教育。特别是在党的十九大召开后,系统上下迅速掀起学习宣传贯彻十九大精神热潮,广大党员干部牢固树立"四个意识",不断增强"四个自信",通过党委中心组学习、党支部研讨、邀请党建专家讲课等方式,坚定不移地以习近平新时代中国特色社会主义思想武装头脑、指导实践、推动工作。系统上下坚持党建领社,将党的建设写入《章程》。健全完善党委议事规则,加强党对业务发展和各项工作的全面领导。省联社党委制定并与各市层层签订《党建工作目标责任书》《党风廉政建设目标责任书》,制定下发《山西省农村信用社2017年党建工作指导意见》,要求各级党委(党组)、党总支、党支部书记切实承担起党建工作"第一责任人"职责,党组织其他领导班子成员认真履行"一岗双责",坚持两手抓、两手都要硬。圆满完成省、县两级机构"两委"换届选举;组织开

展“建功十三五、支部创六星”“党员示范岗”“党员挂牌服务”等活动，认真落实“强化基层组织、打牢基础工作、提升基本能力”的“三基”建设工作要求，基层党支部的战斗堡垒作用和党员队伍的先锋模范作用充分发挥。

切实强化纪委监督责任，聚焦系统内党风廉政建设和反腐败中心工作，加大重点领域、重点环节、重点岗位、重点人员的整治力度，加强对系统党员领导干部的教育与监督，推进党风廉政建设责任制的落实。2017年，省联社纪委对202名党员干部进行了任前廉政审查，共受理信访举报和有关问题线索230件，办结205件，办结率为89.13%，给予78名党员领导干部党纪政纪处分和其他方式处理，进一步在全系统推动形成不敢腐、不能腐、不想腐的长效机制。

二、坚持“发展立社”，全省农信社资产规模首次突破万亿

2017年，全省农信社紧紧围绕“八个坚持”、实现“八新”目标战略部署，圆满完成了既定的各项任务目标，实现了各项工作“满堂红”。截至年末，全省农信社资产规模突破万亿大关，资产总额达10570.68亿元，较年初增长7.07%，资产规模跻身全国农信前10；各项存款余额7069.07亿元，较年初增长11.67%；各项贷款余额4123.77亿元，较年初增长10.64%。全年实现各项收入546.17亿元，同比增长7.19%；利润总额103.61亿元，同比增加5.18亿元，增幅5.27%。股本金余额398.9亿元，较年初增长6.15%。上缴地方税金39亿元。资产总额、存贷款余额、上缴税金均居全省金融机构首位。各项监管指标总体平稳，系统风险可控。

三、坚持“服务优社”，支农主力军和排头兵作用突出发挥

全省农村信用社牢记宗旨，回归本源，专注主业，始终坚持“深耕三农、细作小微、精准扶贫、倾力重点”的服务定位，全力支持全省经济发展。

认真落实楼阳生省长提出的“全省农信社要当好金融助力脱贫攻坚的主力军、排头兵”重要指示，将金融扶贫作为重要的政治任务，以58个贫困县为主战场，开展“万名客户经理进村入户”行动计划，深化“七专”体系，推进收集资料、评级和授信“三个全覆盖”，构建“农村金融综合服务站－区域办贷中心（专营机构）－县级授信审批中心”三级授信体系，全力推进金融精准扶贫。截至2017年12月末，全省农信社扶贫贷款总余额250.66亿元，较年初净增129.38亿元。其中，单位扶贫贷款余额为152.99亿元，较年初净增74.75亿元；个人扶贫贷款余额为97.67亿元，较年初净增54.63亿元。个人扶贫贷款中“5321”扶贫小额信贷余额为55.08亿元，较年初净增48.20亿元，支持12.11万户贫困户走上脱贫致富之路，得到省委省政府以及社会各界的充分肯定。

始终牢记服务“三农”的根本宗旨，持续加大涉农信贷投放，为全省“三农”发展提供了强有力的金融支持，截至年底，涉农贷款余额达到3581.16亿元，累计投放农业贷款3435.04亿元。同时，通过设立专营机构、加强产品创新、简化贷款流程等措施，积极支持小微企业发展。截至年底，全省农信社小微贷款余额达2400.17亿元，增速为13.17%，高于各项贷款增速2.53个百分点；小微贷款户数12.54万户，较同期增加0.09万户；申贷获得率99.79%，高于上年同期0.08个百分点，实现了“三个不低于”目标。此外，通过依法合规参与银团（社团）贷款，向省内融资需求额度较大的实体企业投放贷款总额达到524.08亿元，通过投资债券支持省内企业融资余额达到236亿元。

四、坚持“改革兴社”，改制化险工作取得新的较大的突破

认真贯彻落实省政府4月24日双月市长例会和9月27日全省协调推进改制化险工作会议精神，主动协调各级政府及有关部门，以乡村集体、涉诉类、涉政类、特殊群体（公职人员、农村党员干部、代表委员）等四类不良贷款为重点，在全省范围内掀起了新一轮清收处置农信社不良贷款高潮。截至2017年末，全省农村信用社不良贷款余额、占比保持双降，为顺利推进改制化险工作奠定了基础。

省联社切实履行行业管理职能，制定出台全省农村信用社2018年改制化险规划，加快改制化险进程。全年成功改制10家农商行。截至2017年末，全省110家县级法人机构中已改制农商行数量达到58家，改制进度达到53%，其中：高风险社成功改制农商行达到40家。改制后的农商行继续坚持归属省联社党委统一领导、执行行业基本管理制度、全省统一的行业形象标识、服务“三农”和地方经济的根本宗旨不变，努力建成产权明晰、机制健全、内控严密、服务高效的现代金融企业集群。

五、坚持“管理强社”，形成具有农信特色的现代化管理体系

不断提升信贷、财会等条线支撑保障和综合管理水平，降低违规操作和经营风险，提高盈利水平和经营效益，全力推进规范化、精细化、流程化管理，形成具有农信特色的现代化管理体系。年内，组织开展了“信贷管理系统检查”、金融精准扶贫等各类专项检查；全年发起和参与组建债委会76户，减少超比例贷款589户。推动规范财会管理，制定增值税发票管理办法，上线增值税管理系统，编写《营改增工作汇编》，实现“营改增”项目的全面落地。加强运营管理，完善柜面操作规程，优化核心系统、整合外围系统、试点电子网络对账系统、上线金税三期财税库系统，实施了2万余名柜面人员等级评定工作。建立健全行业制度，全年订立71项、修订69项、废止1项，现行有效的制度达到460项，进一步形成了覆盖各项业务的行业管理制度。加强科技信息风险管理，制定出台信息科技风险管理政策等6项制度，实施业务连续性管理咨询项目，启动信息科技关键风险指标监测项目。

六、坚持“创新活社”,平台渠道和产品业务更加丰富

2017年,上线了银联云闪付、农信银e支付、晋享e付等业务,推出了晋享生活平台,大力推广利农商城惠农平台并已入驻1400多户商户,基本形成集手机银行、网上银行、微信银行、第三方支付于一体的线上综合金融服务平台,全年电子渠道交易笔数3274.49万笔,交易金额8615.27亿元。加大自助银行网点、自助设备、POS机具、助农取款服务点设置和布放力度,全年新增145个、357台、1761台、1155个,到年底分别达到2286个、3564台、30356台、14135个。加快农村综合金融服务站建设,并在部分机构试点运行。加大流动服务车服务力度,全年累计办理业务32.15万笔、金额8.03亿元。客服中心筹建工作基本完成并将于近期上线运行。24个县级行社开办了林权抵押贷款业务,贷款余额达4.12亿元;7个县级行社开办了土地承包经营权抵押(土地收益保证)贷款业务,贷款余额达2.05亿元。通过应收账款质押登记平台办理信贷业务41笔,交易金额16.07亿元;银税合作平台贷款客户2372户、3530笔,金额115.18亿元。研发上线芯片存单“便易贷”产品,累计发行“芯片”存单5.84万张、金额92.95亿元,累计授信16785万元、用信11298万元。积极拓展银行卡的行业应用,推出晋中公交一卡通、太原银医一卡通、盂县“易通便民卡”、寿阳“福寿卡”、和顺“粮易通卡”等具有地方特色的卡种。成功推出信合通公务卡,并在32家农商行面向社会公开发行。加快推进科技信息建设。上线投产项目304个,较2016年增加近3倍。改造完成柜面系统、指纹管理系统、农信银系统、中间业务平台、公积金系统;持续推进应用监控系统及桌面云平台建设,覆盖面达到93%。顺利完成北大街数据中心生产系统搬迁工作以及11项高可用架构切换演练。合理布局新一代数据中心建设,同步开展客服系统IDC机房项目建设和投产。探索推进科技信息中心分中心建设,建立信息科技联系行社工作机制,打通系统各级机构的科技信息沟通渠道。

七、坚持“队伍壮社”,为农信事业发展提供坚强人才保障

加强各级领导班子建设,坚持“四重”原则,落实“五查”制度,按照新修订的《山西省农村信用社高级管理人员选拔任用管理办法》,进一步增强干部选拔任用的程序化、制度化、透明化,全年调整补充高管人员298人次,并组织590余名高管人员赴上海国家会计学院进行培训,进一步优化了班子结构,提升了管理水平和领导能力。加强员工队伍建设,面向社会公开招聘新员工2422名,同时,开展技能比武、演讲比赛等各类活动,组织信贷、运营、资金、财务等各业务条线培训,全年全系统干部员工累计参加培训19.22万人次,培训覆盖面达98.44%,努力打造一支素质高、业务精、服务好、作风硬的员工队伍。

八、坚持“合规治社”,守住了不发生系统性金融风险底线

积极推进全面风险管理,切实加强重点风险风控,扎实开展稽核检查、安全保卫和案件防控工作,基本建立起覆盖省、市、县三级机构的全面风险管理架构体系。信用风险防控方面,组织开展“信贷‘十条禁令’执行情况检查”、“贷款五级分类执行情况检查”、金融精准扶贫检查,加大贷款集中度化解处置和专项考核力度,建立票据贴现业务监测制度,组织110家县级机构加入人行电票系统。流动性风险防控方面,实施名单管理、按季分析评价、下发风险提示、出台应急预案,并不定期开展压力测试。资金业务风险防控方面,全面暂停高风险投资,减少超杠杆机构19家,组织开展资金业务综合检查和联动专项检查和问题整改工作。信息科技风险防控方面,制定出台信息科技风险管理政策等6项制度,组织实施业务连续性管理咨询项目,启动信息科技关键风险指标监测项目。声誉风险防控方面,建立省、市、县三级新闻发言人制度体系,下发负面舆情应对“三不准九必须三不让”。与此同时,严防市场风险、操作风险、法律风险等各类风险。全年未发生案件和大的风险,确保了全系统的安全稳定经营。

(李益友)

附:山西省农村信用社联合社党委书记、副书记专职副书记、委员名单

书　记:崔联会

副书记:王再升(11月离职)　邢亮喜(11月任职)

专职副书记:王忠泽(11月任职)

委　员:高之岩　李鸿飞(7月离职)

李亮军(4月任职)　聂宏伟　刘廷辉

张科职(11月任职)

中央驻晋单位党组(党委)工作概况

省气象局党组工作概况

党组书记　柯怡明

2017年,在中国气象局和省委省政府的正确领导下,局党组认真学习贯彻习近平新时代中国特色社会主义思想和党的十九大精神,扎实推进各项工作,圆满完成了全年任务。

一、气象事业稳步发展,为地方经济社会发展做出突出贡献

2017年,全省气象部门积极推进气象现代化建设,全力做好气象防灾减灾和公共气象服务,持续推进气象业务能力建设,加强科技创新和干部人才队伍建设,气象军民融合深入推进,气象部门党的建设得到加强,各项工作有声有色。

(一)积极推进气象现代化建设

2017年6月,省政府楼阳生省长和中国气象局刘雅鸣局长在太原签署共同推进山西"十三五"气象现代化建设合作协议,省部合作共同推进山西气象现代化。2017年山西气象现代化综合评分达90.8分,较2016年提高了5.1分,较好完成气象现代化阶段性目标。年内2项地方现代化重点工程建设项目获立项投资,省市县三级财政投入气象现代化项目经费5882万元,为"十三五"全面推进山西气象现代化奠定了坚实基础。

(二)全力做好气象防灾减灾和公共气象服务

圆满完成防灾减灾救灾和重大活动气象服务。2017年全省暴雨、高温、寒潮、大风等灾害性天气多发,各级气象部门强化监测预报预警和决策气象服务,做到了重大灾害性天气过程不漏报、重大气象服务无失误。全年气象服务工作得到了各级党委政府和社会各界的高度赞扬。圆满完成"风三D"气象卫星发射等重大活动气象服务保障以及和顺县吕鑫煤矿事故应急救援气象保障任务。全面启动第二届青运会气象保障服务筹备工作,服务方案通过专家评审。

生态文明气象服务保障能力不断提升。参与了山西省生态保护红线划定工作。联合环保部门发布重污染天气预警,在打赢蓝天保卫战中发挥了积极作用。完成5项风电、太阳能电站等气候可行性论证。第二期温室气体观测站网建设项目顺利完成。开展了卫星遥感监测及气候影响评价工作。全省共组织飞机人工增雨作业150架次,开展地面增雨(雪)作业385次,开展地面防雹作业365次,人工影响天气作业累计影响面积153.5万平方公里。

气象为农服务和助力精准脱贫深入开展。与省农业厅联合下发"三农"专项建设指导意见,与省扶贫办联合印发脱贫攻坚战气象保障行动计划。"三农"服务专项实现国家级贫困县全覆盖,"直通式"气象服务已覆盖82%的新型农业经营主体。太原设施农业、大同小杂粮、运城经济林果农气试验站基础建设取得积极进展。特色作物气候品质认证工作有序开展。气象助力精准脱贫工作成效明显,获得省领导批示肯定。气象服务能力显著增强。"山西气象"综合APP开始面向决策、公众和部分专业领域开展服务。"首席天气"公众号等新媒体平台影响力不断增强。强化与水利、国土、农业、林业、交通、环保、民政、旅游等部门的合作,联合开展防灾减灾、精准扶贫等工作。建成省市县一体化突发事件预警信息发布系统。完成山西省突发事件应急决策支持系统三期建设任务,实现了29个部门应急基础信息的融合。围绕地方经济发展需求,建立了11个市级专业气象服务台。公共气象服务社会满意度达88.8分。

(三)持续推进气象业务能力建设

综合观测能力不断加强。各类气象观测业务运行稳定,综合气象观测业务一体化平台投入业务使用。完成了新增

153个国家地面天气站建设任务。试点开展地面气象观测站无人值守观测业务。太原、五寨新一代天气雷达建设进展顺利,已进入基础设施建设阶段。

预报预测能力持续提升。智能网格气象预报业务正式运行,形成3小时、5公里分辨率智能网格气象预报"一张网"。建立了省市县一体化的预报预警业务服务平台。2017年暴雨预警准确率、强对流天气预警时间提前量同比有明显提高。

信息化建设稳步推进。推进集约化基础设施资源池建设,全省信息网络传输能力进一步提升。组织开展CIMISS业务应用,省级8个业务系统、市级11个业务系统接入CIMISS数据环境。

(四)不断深化气象改革和法治建设

防雷减灾体制改革稳步推进。山西省人民政府办公厅正式印发关于切实加强全省防雷减灾工作的通知,进一步明确了防雷安全责任,全省防雷减灾工作得到加强。防雷安全监管不断强化,省局对各市政府单独下达防雷安全任务。全面开放防雷检测市场,35家防雷装置检测机构通过资质认定。

气象法治建设不断加强。《山西省气象设施和气象探测环境保护办法》完成立法程序。《山西省气象灾害预警信号发布与传播管理办法》列入2018年省政府规章立法计划。各级气象主管机构主要负责人落实法治建设主体责任的意识不断增强。省市县三级气象部门权责清单及行政审批事项服务指南全部通过省局网站公布。国家级人工影响天气防灾减灾标准化试点建设通过验收。气象行政审批事项及时办结率100%。省局及8个市气象局建立了法律顾问制度。

承诺制改革积极推进。按照省委、省政府企业投资项目承诺制改革要求,全省气象部门积极推进"易燃易爆等特定场所防雷装置设计审核"和"新建、扩建、改建建设工程避免危害气象探测环境审批"2项审批事项改革。制订了承诺制管理负面清单、准入标准、承诺书模板、事中事后监管办法等相关制度,2017年1月1日起已在全省推行。此项改革也得到了中国气象局的认可和支持。

(五)切实加强科技创新和干部人才队伍建设

业务科技体制改革深入推进。新组建航天气象保障创新团队,省级科技创新团队达到6个。参与"大北方数值模式协同创新联盟",业务应用取得较好效果。年内8项成果得到业务准入,7项科研成果受到表彰奖励。省所改革取得初步进展,环境气象院士专家工作站正式启动。"气象科技下乡·山西临猗"科普宣传活动、"绿镜头·发现中国"走进山西活动和"创新引领、气象为民"学术研讨会成功举办。

干部人才队伍建设进一步加强。坚持正确用人导向,突出政治标准,改进干部考察方式,严格干部监督管理。统筹用好干部职数,新提任处级干部37名,轮岗交流处级干部19名,挂职锻炼21人。加强高层次骨干人才培养,选拔18名正研后备人才,并配备学术导师;2人获聘正研二级岗,7人获得正高级工程师任职资格。选派45名业务人员访问进修或业务交流。人才成长环境明显优化。山西省气象干部培训学院正式挂牌成为国家级人工影响天气特色培训基地。

(六)气象军民融合深入推进

省局与太原卫星发射中心签订合作协议,共同组建创新团队,建立保障业务系统,完成卫星发射等重大活动气象保障;省人降办与中航太原航空仪表有限公司合作研发人影飞机大气参数采集处理系统,填补该领域国内空白;太原、大同、吕梁、朔州等市气象局与当地军分区、预备役和空军驻军在业务科研、人工影响天气、国防教育、人才培养等方面广泛合作,军民融合机制作用彰显。落实国家战略,系统推进气象军民融合发展工作被中国气象局评为2017年全国气象部门创新工作。

二、强化学习,维护核心,注重实效,气象部门党的建设全面加强

(一)深入学习贯彻党的十九大精神

党的十九大闭幕后,党办及时组织学习并在全省气象部门迅速掀起宣传贯彻落实十九大精神的热潮,采取多种形式开展党的十九大精神学习宣传贯彻。

一是党组中心组专题学习研讨党的十九大精神。二是11.28–29举办党组中心组扩大学习研讨班,柯怡明局长为全省气象部门干部职工作深入学习十九大精神的集中宣讲。三是制定学习贯彻党的十九大精神实施方案、培训和集中宣讲安排。四是各基层党支部结合主题党日活动学习研讨党的十九大精神。五是听取专家开展党的十九大精神辅导讲座。六是开设"学习宣传贯彻党的十九大精神"专栏。七是广泛参与省委"两学一做"和中国气象局党的十九大精神网上知识竞答。八是组织开展了处级以上干部"重温入党誓词 不忘初心 牢记使命"集体宣誓。

(二)扎实开展维护核心见诸行动主题教育和推进"两学一做"学习教育常态化、制度化

广泛动员,成立机构,细化方案。5月8日,动员大会。会后,及时成立了主题教育办公室,负责日常事务。印发了《山西省气象部门开展维护核心见诸行动主题教育和推进"两一做"学习教育常态化制度化实施方案》和重点工作安排表。

深入学习,广泛讨论,按照方案推进落实。分别采用党组会、党委会、中心组学习会和支部大会及自学等方式认真学习了党的十八届六中全会精神、习近平总书记系列重要讲话和习近平总书记视察山西重要讲话精神等有关内容,结合实际进行了专题研讨并提出了贯彻落实意见。省局党组中心组共学习12次。

抓好"三会一课"和主题党日活动的落实。一是充分利用"三会一课"和每月一次的主题党日活动,研讨学用系列讲话解决问题,推进各项气象工作。二是讲好主题党课。6月30日,省局党组书记、局长柯怡明给全省气象部门党员干部上党课。"七一"前后,省局党组成员、机关党委委员到联系点党支部讲主题党课,各党支部书记均在本支部讲党课。十九大召开后,党组成员和党委委员都到联系点支部宣讲了十九大精神。

集中宣讲党的十八大以来的辉煌成就。充分利用气象部

门门户网站等自有媒体,对党的十八大以来本单位及我省气象部门取得的辉煌成就进行总结和宣传。大力宣讲总书记视察山西重要讲话精神,省局党组书记、局长柯怡明在中心组学习会上作宣讲报告。

(三)造氛围,树典型,为山西气象事业改革发展和山西转型发展凝聚气象力量

开展全省气象部门道德模范、"十佳青年"评选表彰及先进人物事迹报告会、巡讲活动。2017 年开展了首届山西省气象部门"十佳青年"评选,并在大同、朔州、晋城、长治开展道德模范、"十佳青年"事迹巡讲,2017 年五四青年节邀请"山西省道德模范"荣誉获得者葛丽娟为省局青年职工作事迹报告会,在全省气象部门青年干部职工中营造干事创业、大有作为的良好氛围。

大力开展学雷锋志愿服务活动。3 月份开展了义务植树、气象科普宣传、无偿献血、清洁城市公共设施等活动。10 月份,局团委组织青年开展农村实践活动,为扶贫村劳动力缺乏的家庭赶收玉米获好评。11 月份,全局帮扶贫村内销农副产品 11700 斤,价值 18960 元。2017 年为慈善机构爱心捐款 24000 多元。

举办文化讲堂有声有色。每年按期举办文化讲堂,内容涉及十八届六中全会精神解读、社会主义核心价值观主题教育、智慧气象、心理健康、中国传统文化等内容,涉猎广泛,兼具教育性和趣味性,得到了广大职工的热烈欢迎。

开展全省气象部门演讲比赛。2017 年 9 月份开展了"喜迎十九大　做合格党员"主题演讲比赛,来自全省气象部门的 22 名参赛选手围绕党的十八大以来气象事业取得的辉煌成就以及涌现出的先进典型,抒发爱党、爱国、爱气象的情怀,讲述事业发展中的感人故事。

(四)补短板,找不足,建立健全党的工作的各项规章制度

一是出台《山西省气象部门基层党组织建立健全主题党日制度的意见》。确定每月第二周的星期五为党支部开展主题党日活动的时间。主题党日以支部为单位组织,全体党员参加。各级党员领导干部要以普通党员身份,带头参加所在党支部的主题党日活动。

二是出台《中共山西省气象局党组关于进一步加强基层党组织建设的实施意见》。为充分发挥基层党组织推动发展、服务群众、凝聚人心、促进和谐的作用,进一步加强全省气象部门基层党组织建设工作,出台了《中共山西省气象局党组关于进一步加强基层党组织建设的实施意见》。

三是建立党组成员、机关党委委员基层党支部联系点。围绕基层党建工作的热点、难点问题,深入联系支部开展调查研究,掌握基层党建工作现状,认真听取基层党员干部的意见建议,定期和不定期到联系支部检查指导工作,指导制定党建工作方案,研究工作推进措施,落实党建工作制度,促进党建工作与业务工作紧密结合。

四是出台《关于进一步加强党支部规范化建设的实施办法》。明确了党支部规范化建设标准、目标和主要任务。

五是省局党组高度重视政治理论学习。年初制定下发了《中共山西省气象局党组进一步加强和改进党组中心组学习实施意见》和《全省气象部门 2017 年度党组中心组和干部理论学习安排意见》。为处级干部购买了 2017 年度处级以上干部理论学习书目和中心组学习用书及学习十九大精神用书。

六是制定山西省气象局直属机关党建工作目标责任考核实施细则。考核方法采取党支部自查、省局机关党委平时检查抽查与年终述职评议相结合的方式进行。考核结果分为优秀达标党支部、达标党支部和不达标党支部三个层次,并有相应的奖惩措施。

七是出台党费管理办法,开设党费独立专户。2017 年,出台了《山西省气象局直属基层党组织党费管理办法(试行)》,对党费的收缴、使用审批和管理提出了具体规定。2017 年 10 月份开通党费独立专户,实行党费专户专款专用,规范了党费的账户管理。

(五)强根基,筑堡垒,全面加强"三基建设"和基层党建工作

1.立机构,下发方案与任务清单

根据省委"三基"建设实施意见要求,我局成立了"三基建设"领导机构,制定了《山西省气象局全面加强"三基建设"实施方案》、《山西省气象局"三基建设"2017 年度重点工作任务清单》,对基层组织、基础工作和基本能力建设各项工作任务进行了细化和责任分工,明确了重点工作任务,落实了时间节点,拟定了保障措施。

2.加强基层组织建设

一是强化党建指导,开展研讨培训。发挥省局党组党建工作领导小组作用,年初省局党组印发了《山西省气象局党组党建工作领导小组 2017 年工作要点》,同时认真落实《山西省气象局党建工作责任制的规定》,党组成员认真履行"一岗双责",把党建工作与气象业务工作同谋划、同部署、同落实。2017 年以来,党组党建工作领导小组召开了 6 次党建工作专题会议。3 月 1 日召开了 2017 年全省气象部门党建纪检工作会议,5 月 22–24 日召开了山西省气象部门基层党建工作研讨暨党建业务培训会议。同时,组织支部书记和入党积极分子分批次参加了省直工委组织的培训。

二是夯实基础,加强规范化建设。加强党支部规范化建设,下发了《山西省气象局党组党建工作领导小组关于进一步加强气象部门基层党组织规范化建设的实施办法》,6 月份为局属各党支部及市县气象局党支部统一印发了《党支部规范化工作记录本》,让山西气象部门党建规范化建设有章可循。推行"党支部工作法",健全完善了支部书记抓党建工作清单制度和责任台账,促进基层组织工作活力与成效。完善了党员信息管理,完成直属机关各党支部(总支)的党员信息采集工作。重视党员发展工作,加大对入党积极分子培养力度,2017 年有 3 名同志列为重点发展对象。

三是严肃党内政治生活,执行组织生活制度。2017 年 1 月 6 日召开了山西省气象局 2016 年度党员领导干部民主生活会,并向全体干部职工进行了通报。7 月 13 日召开了巡视整改专题民主生活会,中国局巡视办主任冯继超到会指导。

党组成员分别参加了市局和直属单位党员领导干部民主生活会,他们以普通党员身份参加所在党支部学习教育,认真开展谈心谈话活动,民主生活会和组织生活会能够保质保量召开。

四是认真落实“两个责任”,加强党建工作的督促检查与考核。制定了党建工作考核细则,将党建工作与气象业务服务工作等有效结合起来,把主题教育和学习教育纳入党建工作考核,把履行全面从严治党责任情况作为年度述职述责述党建的重要内容。加强对支部换届、三会一课等工作的督促检查指导,局属各党支部都按期进行了换届。通过汛期检查、综合工作检查和专项检查,对各市局、直属单位和30多个县局党建工作进行了检查,发现问题,解决问题,提升行业基层党组织党建工作水平,全面落实从严治党两个责任。

五是做好党支部活动经费保障,大力支持脱贫攻坚。做好贫困村党组织活动场所和党员教育设施的更新维护,2017年从党费中划拨8000元用于扶贫村的党建活动室维护资金。七一期间对扶贫点广灵梁庄乡水涧村、小关村4名困难党员进行了慰问。开学季,在扶贫责任村举行了“金秋助学”活动,向2017年考上大学的11名贫困户大学生发放了由省气象局全体工作人员捐献的助学金。

(六)重群团,抓活动,大力开展精神文明建设和气象文化建设

领导重视文明创建工作,机制健全、培训有力。省局将文明创建工作同业务工作及党风廉政等纳入目标任务统一管理。加大文明创建力度,全年召开四次文明委会议,印发了《山西省气象部门精神文明创建指标体系》(暂行)、全省气象部门文明和谐创建工作要点,4月份开展了文明单位的创建工作自查和交叉检查工作,召开了全省气象部门精神文明创建部署会暨文明创建培训班。省气象局机关和直属单位全部建成省直文明单位,其中省直文明单位标兵10个,省级文明单位2个。2017年,山西省局机关和大同市气象局成功申报第五届全国文明单位。

加强和改进群团工作,推进群团机制建设,确保群团工作正常开展。积极落实《山西省总工会关于服务职工经费支出若干问题的具体规定》,充分发挥工会经费在改进作风、密切联系群众工作中的独特作用。为完善青年工作机制,3月成立了山西省气象局青年工作委员会,延伸了团的工作手臂。

大力搞好群团活动,以丰富多彩的活动推动文明创建的开展。2017年,局工会、团委、女工委开展了知识竞赛、读书演讲、拓展训练、运动会等一大批群众文娱活动。春节前夕,举办了迎新春文艺汇演;组织青年职工在职工食堂举行包饺子比赛;元宵节当天举行“欢乐元宵猜灯谜”活动;3月份开展学雷锋志愿服务月活动;3月8日妇女节举办“塑文明家风,创廉洁家庭”文化讲座并安排女职工健康体检,参加了“三八”国际劳动妇女节省城女职工趣味运动会并获金奖;4月份,组织开展了省直机关、省农林水劳竞委“五一劳动奖状”、“工人先锋号”和“五一劳动奖章”的评选报送工作,并对获奖者进行了表彰;4月13日组织机关职工到太原东山进行植树活动;5月份,和省总工会、农林水工会联合开展了山西省2017年气象行业天气预报职业技能竞赛活动;五四青年节期间,举办了“畅谈理想信念,树立道德标杆”青年座谈会,邀请“省级道德模范”葛丽娟为青年干部职工进行了事迹宣讲;5月下旬,赴大同、朔州开展山西气象精神暨道德模范事迹巡讲活动;8月组织开展党员干部基本能力竞赛选拔赛;9月15日,召开《习近平的七年知青岁月》读书会;9月26日,举办“喜迎十九大 做合格党员”主题演讲比赛;10月17日,赴广灵县梁庄乡开展团员青年农村社会实践活动。

三、推进反腐倡廉工作,加强党风廉政建设

(一)坚决提高政治站位,推动全面从严治党向纵深发展

一是提高政治站位,做到四个结合。全年工作紧密结合学习贯彻落实党的十九大精神,习近平总书记视察山西重要讲话精神,刘雅鸣局长到山西检查气象工作时的讲话要和全省气象局长会议确定的党建纪检工作总体思路,将党风廉政建设工作融入党建工作大格局。立足年初部署的党建纪检工作、着眼贯穿全年的巡视巡察整改,聚焦“两个责任”内容、坚守职责担当等都做到四个结合,不断加强政治建设,牢固树立“四个意识”。二是明确思想,推动纵深发展。出台《中共山西省气象局党组关于加强山西气象部门党建和党风廉政建设工作组织体系建设的若干意见》,逐步体现和增强系统党建联动作用,明确“工作齐谋划、责任齐落实、活动齐开展、队伍齐建设”的思想,推动系统党建工作“工作联抓、上下联动、实事联办”,努力形成条块结合、立体推进的全省气象部门党建工作新格局。三是以点带面,加强指导。在将党风廉政建设工作纳入年度目标任务考核的基础上,进一步细化任务、考核标准及条件,重点突出“两个责任”的落实、廉政风险防控、监督执纪等具体工作,督促各单位将规矩树起来、将执行严起来,夯实基层工作基础,实施好省局党组主抓市局、延伸带县局的工作责任体系。

(二)继续加强责任体系建设,协助落实“主体责任”

一是更新责任内容要求,明确重点工作职责。3月1日组织召开全省气象部门党建纪检工作会议,明确年度重点任务,协助党组出台本年度《党风廉政建设和反腐败工作实施意见》、《工作任务分解表》;同时,牵头细化省局党组及纪检组责任清单和党组成员责任台账,督促任务的二次分解,确保责任到人有人抓,任务见事有载体。通过建立清单台帐报备制度,要求市局党组和纪检机构及省局机关直属党组织制定本地化责任清单和台帐,打牢责任落实的基础环节。深入推动全面从严治党各项任务落地生根、促进全面从严治党向基层延伸。二是完善履责机制办法,推动责任落地生根。2017年年初修订完善了《党风廉政建设责任制考核实施细则》,4月制定《党风廉政建设责任制考核办法》,进一步强化监督考核。“一岗双责”管理机制、“一述双报”述廉机制、“一考双评”考核机制等进一步得到了完善,2017年,以党风廉政检查、专项事务督察、领导基层调研、巡察全面监督等方式对领导班子及其成员履责情况进行了督查检查,促进责任落实。

2017 年,组织召开党建纪检监察审计联席会议 4 次,根据巡视巡察、专项检查、财务审计等发现的风险和隐患,全面梳理、专题分析、分类处置,有针对性的部署开展了着眼于全系统的文件修订、经费管理、审计监督、中央八项规定精神的落实等各项工作,统筹协调主责部门与监督部门形成合力,共同推进责任落实。认真宣传贯彻《中国共产党问责条例》,以问责促担当、以担当促发展。三是突出以案释纪明纪,强化廉洁从政氛围。2017 年,组织开展了以“严肃党内政治生活,强化党内监督”为主题的第 16 个党风廉政宣传教育月活动。邀请省直纪工委办案专家围绕“身边人、身边事、身边案”,以省直其他部门违纪违规人员的“小事”为切入点,深入开展“以案释纪”,“以案明纪”警示教育,达到知敬畏、明边界、守纪律的“大”效果。2017 年结合中纪委、省纪委执纪监督的不同内容,转发违反八项规定精神、扶贫领域腐败问题等案例,继续营造风清气正的廉政氛围。

(三)围绕重点工作,协助抓好巡视整改各项工作

一是加强统筹协调,主动承担巡视整改各项具体工作。组织召开专题会议,落实好各项准备工作,保障巡视组工作顺利进行。制定了《巡视整改工作方案》,明确整改工作流程和责任分工;牵头制定《整改方案》、责任台帐和“三个清单”,细化分解形成 28 条整改任务和 90 项具体整改任务,进一步明确了任务分工、责任领导、责任单位、责任人和整改时限和整改措施等具体内容。同时,针对落实中央八项规定精神、防雷减灾体制改革、“四资一项”管理等方面问题,制定了防雷减灾、津贴补贴清理规范、办公用房、公务车辆加油卡、基础建设项目、资产清查等 6 个专项整治方案,集中开展专项整治工作。在巡视期间,推动立行立改,针对巡视组巡视过程中提出的问题,组成 6 个专项检查组深入部分市县气象局和直属单位进行了专项督查督办,有效解决突出问题,提升整改效果。二是加强督促指导,推动巡视整改各项工作扎实推进。在 8 月 8 日组织召开了巡视整改进展情况汇报会,听取各市气象局巡视整改进展情况汇报,推动各单位巡视整改任务落实。11 月 7 日,认真组织全省气象部门干部职工收听收看中国气象局党组 2017 年第三轮巡视情况通报视频会议,视频会议结束后立即召开了延伸至县级气象部门的的视频会议,从强化政治担当,促进落实管党治党“两个责任”;突出问题导向坚持边巡边改,立行立改;推进全面从严治党向基层延伸;坚持统筹兼顾,推进事业科学发展等四个方面对贯彻落实视频会议精神、深入推进巡视整改做出部署。11 月 27 印发了《中共山西省气象局党组贯彻落实中国气象局第三轮巡视情况通报会议精神工作方案》,以召开会议对照检查、“四个结合”自查自纠、整改自行“回头看”等方式落实好巡视情况通报会各项要求,努力达到“巡视一轮,成果共享,影响一片”的效果。

(四)坚持职责定位,着力落实“监督责任”

一是继续盯紧关键节点,驰而不息纠正四风。在 2017 年元旦春节、清明、五一端午、国庆中秋等节日来临之前,党组纪检组相继下发了节日期间加强廉政建设、重申纪律要求、开展执纪监督、落实“两个责任”等为主要内容的通知,继续在关键节点紧盯重点人、重点事,切实将“廉不廉看过节”这一要求坚决贯彻到全省气象部门,将可能发生的“节日病”这一显性隐患消除在萌芽状态。二是严格维护党的纪律,保障各项具体要求抓紧抓实。继续紧紧围绕中国局、省委省政府、省局党组重大决策部署,开展监督检查。2017 年年初由局领导带队对全省气象部门元旦春节期间作风建设情况进行检查;继续结合汛期气象服务准备工作检查,重点查看各单位年度党风廉政建设计划与开展情况;2017 年 6 月在主汛期期间,及时下发严明汛期纪律的通知,把牢固树立“四个意识”提升到首位,同时与切实落实汛期气象服务的各项工作紧密结合,保障汛期防灾减灾各项工作顺利进行;9 月在省局布置的综合检查工作中,重点检查责任书及台账的落实、上下联动抓巡视巡察整改、6 个方面专项整治的落实情况。不同阶段体现不同的检查重点和具体内容。三是积极实践“四种形态”,维护党纪党规的权威。首先,为拟新提任的干部把好“廉洁关口”。2017 年党组纪检组落实中纪委驻农业部纪检组关于廉政意见回复的有关要求,回复新提任的处级干部廉政意见 9 次共 21 人。其次,为即将走上或者已经走上处级岗位的干部讲明党风廉政建设情况、多提要求、多打招呼。继续落实好廉政谈话机制,对新提任 17 名处级干部进行了任前廉政谈话,同时进行任前廉政承诺。在 5 月 24 日全省气象部门党建纪检工作研讨会结束之后,对参会的基层党组织书记、市局纪检组长共计 50 余人进行了集体约谈。将廉政关怀落实到干部任前、任中全过程。第三,继续做好监督执纪工作。认真受理涉及党员、党组织及行政监察对象的检举、控告和申述,认真做好来信及来访工作。2017 共收到信访件 10 件,其中上级转办 7 件,相关问题线索均要求进行分类处置,调查报告及时上报有关部门;进一步系统梳理有关问题线索,上报案管相关信息。按照线索处置的要求,受省局党组委派对 8 名当事人进行了函询、调查;根据调查事实,进行组织处理 5 人。四是加强审计监督,强化资金项目监管力度。2017 年度全省气象部门共完成 221 个审计项目,较上年度增长 9 个。审计金额总计 51960.84 万元,提出审计建议 300 条,所提建议基本上被各级领导和单位采纳,收回资金 80.25 万元。2017 年开展了对太原、大同、忻州、晋中、阳泉、长治 6 个市局所属县级气象局的全覆盖审计工作,直接审计 52 个县级气象局,圆满完成 3 年全覆盖审计 108 个县级气象机构的工作任务。同时从审计结果应用的角度,提高了县局财务管理水平。五是丰富监督方式,推动监督工作“全面”和“聚焦”。加强巡察监督上下联动,推动全省气象部门全面“体检”。2017 年年初提出了两年巡察全覆盖的工作要求,8 月初印发了《山西省气象局巡察人员库管理办法》,进一步细化了《山西省气象局党组巡察组巡察工作流程》,省局已经对 12 个单位(7 个市局党组、5 个省局直属单位)开展了巡察工作,市局已经对 59 个县级气象机构开展了巡察工作,省、市局党组巡察单位超过应巡察单位的 50%,完成了 2017 年巡察的工作目标。在全面监督的同时,加大对具体事项的监督,推动监督工

作"聚焦"。2017年在全省气象部门开展了加油卡专项清理整治工作。2017年6月,对全省气象部门加油卡进行清理整治。通过"双查"方式摸清底数,根据检查结果,实施人卡分离、统一管理、专人负责。经过专项清理,全省气象部门共注销加油卡76张,停用加油卡24张。积极落实好上级部门安排的检查和清理工作,2017年7月按照中纪委驻农业部纪检组的要求部署开展了全省气象部门公款购买消费高档白酒集中排查整治工作;12月按照中国气象局党组的要求部署开展了防雷资质审批专项检查工作。六是注重抓早抓小,推动惩防并举。继续认真开展廉政风险防控工作。2017年4月继续下发廉政风险防控工作目录和重点事项,同时要求市局、直属单位也要围绕各自的中心任务开展防控工作,继续增强防控工作的关注度。2017年11月,为进一步防范防雷领域廉政风险,组织开展了覆盖全省气象部门干部职工的防雷领域廉政建设专项行动。在专项行动工作方案中明确了"开好专题会议,亮明一个态度;做出一番承诺,确保令行禁止;抓住一项责任,严明纪律担当"的要求;方案紧紧围绕八个要聚焦的风险点,专项承诺又以八个聚焦为基本内容,做到了环环相扣,党风廉政建设的有效性、针对性得到了进一步的提高。以干部管理权限为基础,按照分级管理、分级负责、全员覆盖的要求,对专项承诺工作进一步进行了部署,引导广大干部职工自觉投身到廉政建设专项行动之中,不断筑牢红线意识、树立底线思维。2017年12月,牵头布置开展"谈心谈话月"工作,进一步学习宣传贯彻党的十九大精神,延伸监督触角、掌握思想动态,达到推动工作落实、促进事业发展的目的。

(五)继续加强组织体系建设,提升履职尽责能力

一是加强体系建设。在延续2016年制定的加强纪检监察组织体系建设意见内涵的基础上,牵头制定《中共山西省气象局党组关于成立党建和党风廉政建设工作领导小组的通知》、《中共山西省气象局党组关于加强全省气象部门党建和党风廉政建设工作组织体系建设的若干意见》,确立新形势下党建纪检工作思路。二是加强制度建设。2017年相继印发了《山西省气象局党组纪检组"以干代训"工作实施办法》、《山西省气象部门纪检工作集中述职暂行办法》、《山西省气象局巡察人员库管理办法》,在制度的引领下,建立更新了巡察人员库;落实了组织体系建设中关于兼职纪检组成员的规定,明确了4名兼职省局党组纪检组成员。三是增强实践锻炼。党组纪检组选派干部到省直纪工委参与具体案件审理;选派市局纪检干部参加中国气象局纪检业务培训;在调查工作中吸收基层纪检干部,培养锻炼其监督审查的水平。在省、市局党组开展对下级单位的巡察期间,共有118人次的省、市、县专兼职党务干部参与了巡察工作,在巡察实践中锻炼、培养了党务干部队伍。四是互相学习提高。2017年5月底召开全省气象部门基层党建工作研讨暨党建纪检业务培训会,增进对如何做好新形势下基层党建纪检工作的共识。7月5日,党组纪检组专题学习中纪委驻农业部纪检组北戴河培训班学习内容。同时,不断增强纪检监察信息管理系统的使用,将使用系统纳入目标任务考核,发挥好系统的效用。

(杨　柳)

附:省气象局党组书记、成员名单

书　记:柯怡明

成　员:张洪涛　梁亚春　王欣璞　秦爱民

省地震局党组工作概况

党组书记　郭星全

2017年山西省防震减灾工作在省委、省政府和中国地震局党组的正确领导下,认真学习宣传贯彻党的十九大精神,深入领会习近平新时代中国特色社会主义思想,全面落实防震减灾各项工作部署,在组织领导、监测预报、应急准备、震灾预防、科技创新、科普宣传、机关党建、巡视整改等方面取得了明显成效,防震减灾综合能力显著提升,为全省经济社会发展提供了良好的地震安全保障。

一、深入学习宣传贯彻党的十九大精神

一是喜迎党的十九大胜利召开。省地震局组织开展了"喜迎十九大,弘扬主旋律"系列学习宣传活动,内容包括开展学习贯彻习近平总书记视察山西讲话精神"五进宣传"活动,召开省地震局处级以上党员干部学习贯彻"7.26"讲话精神理论研讨会,发放《习近平讲故事》《习近平的七年知青岁月》学习读本,举办青年干部"学习《习近平的七年知青岁月》读书交流会""让青春在岗位上闪光"征文活动;编印《砥砺奋进的五年——党的十八大以来山西防震减灾工作掠影》宣传画册;局机关11个党支部组织党员干部收看了《将改革进行到底》《巡视利剑》《辉煌中国》等大型专题政论片。二是学习宣传贯彻党的十九大精神。省地震局党组印发学习宣传党的十九大精神工作方案和认真开展学习宣传贯彻党的十九大精神的通知;以中心组学习会、党支部会议、专家辅导、党组成员讲党课、处级干部培训研讨、党的十九大精神培训班、集体收听收看党的十九大开闭幕式、发放学习读本等多种形式,广泛开展学习宣传活动,省地震局共制作各类学习宣传展板50余块,近280名干部职工撰写了党的十九大精神学习感想感言,并汇编成册。

二、全面落实防震减灾各项工作部署

2月15日召开2017年度全省防震减灾领导组会议,贯

彻落实党中央、国务院防震减灾决策部署,总结全省2016年防震减灾工作,安排部署2017年工作;省委常委、副省长孙绍骋签发各市防震减灾目标责任状;会后印发《防震减灾领导组会议纪要》。4月13日,楼阳生省长主持召开省长办公会议,专题研究贯彻落实国务院防震减灾联席会议的措施意见。5月4日,省政府办公厅印发《关于做好2017年度防震减灾工作的通知》,明确了2017年全省防震减灾工作6方面共26项任务以及具体工作要求。7月14日,贺天才副省长听取省地震局关于防震减灾工作的汇报,并于8月4日到省地震局调研。

三、扎实做好震情监视跟踪预测

一是继续做好全省及晋冀蒙交界地区震情监视跟踪工作。2017年省地震局完成各类会商会68次,现场核实异常22次;7月,晋冀蒙交界区强震强化短临跟踪专项通过建设阶段验收,该项观测成果已应用于日常会商会、年度会商会和专题会商中,为晋冀蒙协作区成员单位之间拓宽资料使用范围,掌握较大区域的震情动态,实施震情联合会商、预报分析、综合判定,提供了科学依据;9月19日至10月24日,省地震局完成党的十九大期间地震安全保障服务工作。二是加强监测预报管理,保证台网全年运行。2017年,山西数字测震台网运行率为98.52%,前兆台网运行率为99.72%,地震信息网络综合运行率为99.90%,强震动台网总体运行率为99.6%;地震观测资料质量获2016年度全国评比前三名测项40项,取得历史新高。三是积极推进监测预报改革。编制完成《山西省地震监测发展规划(2018-2027年)》。指导市级地震部门开展市县震情会商制度改革。推进综合地震台站和地球观象台建设,太原基准地震台被中国地震局列入地球观象台创建单位。稳步推进市级地震监测预报中心和县级信息平台建设工作,制定《市县地震监测中心建设指导意见》。四是加强台网建设及项目任务。完成"国家地震烈度速报与预警工程(山西分项)"初步设计。完成代县中心地震台磁电子台优化改造、地震台站综合观测技术保障系统改造、跨断层场地优化改造、仪器更新升级等项目任务。五是积极推进网络安全和信息化工作。开展了地震数据服务系统开发、大数据分析集群搭建、云网站搭建、行业网节点互联网边界防护项目等工作。六是继续在全省推进"一市一年新增一个前兆手段"的建设目标,2017年全省新建、新增、改造前兆观测手段10个,批复建设项目14个。七是省地震局10月启动《山西省地震监测志(2017年版)》的修编工作,12月底完成稿件统稿。

四、切实强化地震应急准备工作

一是夯实地震应急准备工作基础。省地震局组织制定了全省地震系统地震专项预案、晋冀蒙交界地区应急准备工作方案和抗震救灾应对工作方案等专项工作方案,提高地震事件应对处置能力。二是开展各类地震应急演练。"5.12"国家防灾减灾日,省防震减灾领导组开展了2017年省抗震救灾指挥部地震应急演练,省政府副省长王赋任指挥长,忻州市、太原市政府和22个省防震减灾领导组成员单位参加;7月3日至4日,省地震局参加了中国地震局组织的华北地震应急协作区"震安-2017"地震应急演练;7月11日,省地震局开展了全省地震系统应急演练;9月6日,省防震减灾领导组在忻州市代县组织省军区、山西武警总队、省公安消防总队、大同市地震救援队、朔州市地震救援队、忻州市地震救援队6支队伍开展了省市地震专业救援队伍应急拉动演练。三是继续开展地震应急准备工作检查。3月和9月,省防震减灾领导组两次派出由省地震局、省政府应急办、武警山西总队、省民政厅、省住建厅、省水利厅、省国土厅、省交通运输厅、山西能监办等厅局组成的检查组,对大同、朔州、忻州、晋中、吕梁等市和原平市、应县、祁县、孝义市的地震应急准备工作进行了检查抽查,实地查看了应急物资储备库、应急避难场所、应急救援队伍等共24个基层点。四是加强地震专业救援队伍建设。6月至11月期间,省地震局共组织3支省级和大同、晋中、忻州、长治、吕梁、临汾、运城、朔州、阳泉9支市级地震专业救援队伍骨干共88人,分别赴兰州和北京参加地震专业救援技能培训。2017年为省地震救援一队、二队配备49台(套)价值356.96万元的地震专业救援装备。五是夯实各项地震应急准备工作基础。完成大同、朔州、忻州3个市31个县(市、区)的地震应急基础图件制作,共制作《地震构造及地震分布图》《应急要素分布图》《行政区交通图》三类图件93幅。12月,《山西地震应急基础数据库更新开发》项目通过专家验收。2017年山西省新增3个Ⅰ类地震应急避难场所(长治市太行公园及八一广场应急避难场所、阳泉市北山公园应急避难场所、忻州市原平市范亭广场应急避难场所),5个Ⅲ类地震应急避难场所(忻州市定襄县金鼎广场、忻州市定襄县和谐园广场、忻州市宁武县凤舞广场、忻州市神池县政府广场、忻州市河曲县临隩公园);截至2017年底,全省已建成符合国家标准的Ⅰ类地震应急避难场所6个、Ⅱ类地震应急避难场所9个、Ⅲ类地震应急避难场所13个。省地震局委托省测绘局遥感中心,对分布在5个市的7个应急避难场所进行了航拍,对10个应急避难场所进行了实地摸底拍照,初步建成应急避难场所查询管理系统。六是9月省政府办公厅正式发文调整省防震减灾领导组成员名单。

五、进一步夯实震害防御基础

一是2017年4月10日,省地震局完成《山西省防震减灾条例》(修订稿)的起草并报送省政府法制办。二是制定《需开展地震安全性评价的建设工程目录(暂行)》,确定"太原理工大学地震与地质灾害防治研究所"为二级地震安全性评价第三方技术审查机构。对11项重大工程或容易产生次生灾害的工程进行了地震安全性评价,对"大原高铁恒山隧道进出口"进行了活动断裂探测。4月18日,经省政务服务中心同意,省地震局纳入中心综合窗口。三是组织完成全省11个市防震减灾政府目标考核任务。10月31日至11月1日,举办全省市县防震减灾工作培训班,组织各市开展科普宣传、

"三网一员"、舆情应对等培训工作,积极推进市县防震减灾工作。四是3月6日至10日、9月18日至21日,省防震减灾领导组有关成员单位组成检查组对大同、忻州、朔州、晋中、吕梁5个市的抗震设防工作进行了实地检查,重点检查了第五代中国地震动参数区划图实施情况和农村安居工程的抗震设防工作。五是继续推进重点地区活断层探测、地震小区划、震害预测等震害防御基础探查工作,截至2017年底,运城市完成新建开发城区地震小区划报告技术审查工作;临汾市编写完成《临汾市市区活断层简明使用指南》,《山西省临汾市区活断层探测与危险性评价数据库建设》通过验收;吕梁市交城断裂(交城县段)探测项目的四个子项全部完成;太原市田庄断裂探查项目等震害预测项目都在积极推进中。六是积极推进减隔震技术的应用,2017年全省共计82项建设工程中推广应用了减隔震技术,包括太原市尖草坪区第一中学新校建设项目、忻州市残疾人康复中心、大同市实验小学御东联片区分校、南风集团滨湖小区、临汾大数据中心项目等。

六、推进地震科技创新工作

一是7月21日,省地震局组织召开地震科技创新推进会。印发省地震局地震科技创新工作实施方案和科技创新团队管理办法。继续推进"互联网+地震"等现代化信息技术在防震减灾中的应用。二是与中国地震局地震预测研究所签署科技合作交流共建框架性协议,联合开展"鄂尔多斯东南缘弧形拉张区地震危险性研究"工作;与山西省测绘地理信息局联合开展"基于网站的应急避难场所查询服务系统建设"和"山西省地震重点危险区应急基础图件制作"项目。三是2017年省地震局共争取省部级及中国地震局司局级各类科研项目17项,共计经费41.41万元;下达局属科研项目38项,共计经费24万元;"基于无线通讯技术的前兆设备应急备用信道设计及实现"、"虚拟仪器在地震专业仪器检修中应用"、"山西前兆台网应急服务软件研制"等7项成果在全省推广应用。

七、深入开展防震减灾宣传教育

一是"5.12"国家防灾减灾日期间,省地震局组织全省地震系统充分利用各种载体,通过群众喜闻乐见的形式举办了内容丰富、形式多样的防震减灾宣传活动,累计展出展板5000余块、条幅1000余条,发放各种资料近100万份(含书籍、宣传页、宣传单、光碟、挂图、手册等)。二是"7.28"防震减灾宣传周期间,省地震局在山西大剧院小剧场举办了"你我他,携手共建平安家园"主题消夏晚会。三是继续组织各市积极开展"平安中国"防灾宣导系列公益活动,为11个市免费提供1个活动包。四是继续开展全省防震减灾示范创建工作,2017年获国家级防震减灾科普教育基地1个、地震安全示范社区21个、防震减灾科普示范学校10所;省地震局认定省级防震减灾科普教育基地1个、防震减灾示范社区19个、防震减灾科普示范学校155所。

八、推进"两学一做"学习教育常态化制度化

根据山西省委和中国地震局党组的部署,省地震局党组印发推进"两学一做"学习教育常态化制度化实施方案,制定党组中心组和干部理论学习计划、基层党组织主题党日活动制度和基层党组织执行"三会一课"制度的实施细则;学习了《习近平总书记系列重要讲话读本(2016年版)》《习近平关于严明党的纪律和规矩论述摘编》《习近平谈治国理政》;全面系统地学习党章党规党纪,重点学习了《关于新形势下党内政治生活的若干准则》和《中国共产党党内监督条例》;开展了向廖俊波、黄大年同志学习活动;召开1次年度组织生活会、1次巡视整改专题组织生活会,处级以上党员干部广泛开展谈心谈话,撰写对照检查材料,开展批评和自我批评;组织全局干部职工参加了省委组织部开展的"两学一做"系列知识竞答活动。

九、着力推进"三基建设"工作

成立山西省地震局"三基建设"工作领导组,召开加强"三基建设"工作推进会,印发全面加强"三基建设"工作的实施方案;开展"弘扬防震减灾行业精神,履职尽责、干事创业"宣传教育年活动,深入学习习近平总书记关于防灾减灾救灾重要论述和唐山考察讲话精神,举办"弘扬防震减灾行业精神"主题比赛和"践行行业精神,我该怎么办大讨论"活动,开展了党员干部基本能力竞赛;局党务干部及11个机关党支部班子进行了调整增补或换届改选,组织党务干部赴荣获"全国先进基层党组织"荣誉称号的山西省煤炭地质物探测绘院观摩学习,赴"晋绥革命纪念馆"进行参观考察。

十、认真开展巡视整改工作,确保巡视整改任务落实

印发山西省地震局党组巡视整改专项整治方案、落实中国地震局党组专项巡视反馈意见整改实施方案、关于中央巡视组和驻部纪检组调查问题的整改方案和山西省地震局党组进一步深化中央巡视整改专项行动的主要措施。召开巡视整改动员会。共召开23次局党组会、8次局长办公会、29次局长碰头会、4次巡视整改专题民主生活会,研究、听取巡视整改情况汇报,推动巡视整改任务的落实。截至2017年底,中央巡视整改88条整改措施已基本全部完成,中国地震局党组巡视42条整改措施已完成40项。其余整改任务也在按进度积极有序推进。

(和　炜)

附:省地震局党组书记、成员名单

书　记:郭星全

成　员:郭跃宏　郭君杰　李　杰(10月任职)　史宝森　田　勇

省国家税务局党组工作概况

党组书记　胡　军

2017年，在山西省委、省政府和国家税务总局的坚强领导下，山西省国税局党组深入学习贯彻党的十八大及历次全会精神，深入学习领悟习近平新时代中国特色社会主义思想和十九大精神，认真落实省委、省政府和税务总局各项工作具体部署，严格履行主体责任，切实增强“四个意识”，发挥表率引领作用，全面加强党的建设，充分发挥党组总揽全局、协调各方的领导核心作用，为税收现代化建设提供了坚强的政治和组织保障。

一、强基固本、集成创新，各项税收工作迈上新台阶

一是大力有效组织税收收入。按照税务总局新型收入管理体系的要求，科学测算编制全省国税收入计划并下达各市局，按照“精确选题、精心组织、精准分析”要求，统筹开展税收形势分析、经济运行分析、政策效应分析和税收风险分析等4大类分析，加大对组织收入计划的考核力度，更好地服务上级决策和经济社会发展大局。同时，强化风险管理，加大清欠和税务稽查力度，坚持依法征收。2017年，全省国税收入完成1604.05亿元，较上年同期增长53.49%，增收559.01亿元。

二是不断引深依法治税。推动《山西省税收保障办法》施行，构建了以涉税信息共享机制和税收执法协助机制两大支柱为主体的符合山西征管实际的税收保障体系。制定《关于进一步完善省局局长法律顾问办公室工作机制深入推进依法治税的实施意见》，充分发挥省局局长法律顾问办公室统揽和推进全省国税系统依法治税工作的职能作用。进一步深化行政审批制度改革，简化许可事项办理程序，简并纳税人报送资料，减轻纳税人负担。扎实推进法治基地建设，有效发挥先进典型的示范引领作用。统筹推进打击骗税、打击虚开和打击制售非法发票“三位一体”工作布局。

三是扎实推进各项税收改革。制定我省落实《深化国税地税征管体制改革方案》任务分解表，细化五大类31项108个改革任务。在巩固营改增成效基础上，深化税负分析工作，深化政策落实自查整改工作，开展政策大辅导工作，系统总结试点改革成效，扎实做好“改进好”“总结好”阶段各项工作。实施税种集成管理，探索税种管理的互联互通、标准统一、扎口管理，通过“数据+模型”强化风险管理支撑。与省地税局统筹谋划助力资源型经济转型的科学方案，联合推进智慧税务、联合深化基层党建、联合抓好政策落实、联合强化信用管理、联合开展风险应对等“五个联合”，构建起“目标一致、服务一致”的国税地税深度融合发展新格局。制定出台《进一步深化“放管服”改革 优化税收环境的具体措施》，让“放”彻底到位，让“放”能接得住，让“放”更突出服务。推进“多证合一、一照一码”的商事制度改革。推行企业简易注销登记。与省工商局、省地税局联合在全省范围内开展商事制度改革专项督查。

四是下大力气优化营商环境。与省地税局联合起草并经省政府常务会议审议通过《全省税务系统优化税收营商环境服务经济转型发展的实施意见》，从政策、管理、服务、执法等4个方面制定了28项具体举措。推进“互联网+政务服务”，持续简化办税流程、优化再造办税服务、整合数据资源、拓宽办税渠道、强化国地税合作，促进线上线下融合。大力推广山西国税地税网上服务平台，实现税务登记、纳税申报、税款缴纳、发票领用等日常业务的网上办理。着力构建实体办税、网上办税、掌上办税、自助办税和社会办税“五位一体”多元化办税新格局。探索建立以实体化办税服务厅为依托、以发票代开点和委托代征点为补充、以自助办税和智慧办税体验厅为核心的“10分钟办税服务圈”。持续开展便民办税春风行动，在更广范围和更深层次上便利纳税人。

五是着力促进经济转型发展。与地税局联合开展“万名税务干部入企调研服务”专项活动，帮助企业完善财务制度，提升核算能力，降低经营风险，提高理财水平和经济效益。把落实好各项税收优惠政策，特别是国务院6项减税政策作为惠民生、促发展的重要举措，开展多部门、多维度联合宣传，确保企业对减税政策应知尽知。会同省科技厅等部门对各类符合条件的科技型中小企业进行认真筛选，摸清底数，科学施策，提升税收优惠政策落实的系统性、针对性。全年全省国税系统共减免各类税收309.25亿元，同比增长42.7%，增加92.53亿元。紧紧抓住国家支持山西资源型经济转型发展的重大机遇，按照“落实一批、研究一批、争取一批”等“三个一批”的思路，助力我省企业转型创新发展。大力推进税企共治。以党建为引领，以大企业税收服务与管理为切入点，以构建“亲”“清”新型税企关系为抓手，提出和实践“1224”工作思路。先后与52户大型集团企业高层召开6次税企高层对话会，与省建投集团等4户大企业签订《税收遵从合作备忘录》或《税收共治合作协议》，为省建投集团开发个性化发票领用和申报模块，搭建起税企共治新框架。全力服务“一带一路”战略。与地税局、商务厅联合主办以“一带一路促进区域共赢 税收服务助力共同发展”为主题的服务“走出去”企业税收政策宣讲会，在第五届中国（山西）特色农产品交

易博览会“一带一路”国际展区上布展“税收服务一带一路”主题宣传，收到良好效果。深入开展“银税互动”。与光大银行太原分行、爱信诺征信公司签订合作协议，搭建爱税融银税互动信用融资服务平台，面向企业纳税人和个体工商户推出“光大爱税融”联名信用卡，在银行营业网点设置自助办税终端，开通“24小时银税合作自助办税服务”，全省累计为3891户企业发放贷款156.16亿元。

二、严格履行主体责任，干部作风呈现新面貌

一是深入开展学习，提高思想认识。自觉把学习贯彻党的十九大精神、习近平新时代中国特色社会主义思想作为思想建设的重中之重，自觉把党章以及《党内政治生活若干准则》《中国共产党问责条例》等党内重要制度规定融入到本心党性之中，牢固树立全面从严治党意识，坚决把守土有责、带队负责、履职尽责、失职问责、违规追责作为各级领导和党组织抓党建、带队伍、促工作、改问题的根本遵循和基本方法，保障党中央的各项重大决策和制度规定能够坚决贯彻准确执行，保证省委省政府和税务总局的各项工作能够全面部署落到实处。

二是强化制度建设，层层压实责任。严格执行党组工作条例和工作规则，贯彻民主集中制和“三重一大”事项议事决策制度，全面强化对系统党建和机关党建工作的统筹领导和指导，不断健全全面从严治党、党建业务融合、工作落实和监督运行等机制。制定下发《山西省国税系统全面从严治党主体责任清单》，对全面从严治党主体责任进行分解，明确主体责任。制定下发《山西省国税系统全面从严治党监督责任清单》，对全面从严治党监督责任进行分解，细化纪检监察机构的监督检查责任、执纪审查责任、问责追究责任。

三是狠抓责任落实，强化责任监督。明确责任主体、落实措施，细化完成日期，实行挂图作战，确保全年各项主体责任事项全面落实到位。各党组成员结合分管工作，与分管处室主要负责人签订全面从严治党和党风廉政责任书，并制定实施方案。加强对从严治党主体责任落实情况的指导和督查，定期听取落实从严治党主体责任情况汇报。

四是持续推进“两学一做”学习教育常态化制度化、开展维护核心见诸行动主题教育。在持续学、深入学、跟进学上下功夫。召开省局机关关于推进“两学一做”学习教育常态化制度化专题学习会议，把中央、省委和税务总局推进学习教育常态化制度化精神，列入省局党组中心组和机关干部理论学习计划，以思想认同引领工作实践。制定《山西省国税系统推进“两学一做”学习教育常态化制度化、开展维护核心见诸行动主题教育实施方案》，全面推进“两学一做”学习教育常态化制度化。

五是构建全面从严治党新格局。全面落实税务总局建立“条主动、块为主”和“下抓两级、抓深一层”工作机制的各项要求，纵向上，统筹抓好省委及各级地方党委工作部署的落实，省局每位局领导确定一个市局，并延伸一个县局作为党建工作联系点，省局机关各党支部确定1个县局基层党组织开展党建结对共建活动。横向上，及时调整优化省局党建工作领导小组，成立党建办，推动实体化运行，制定《党建工作领导小组及办公室工作规则》，以“六个打通”为实现路径，解决省局机关内部各部门间抓党建工作协调配合不够有力的问题。同时，通过建立“五制”，形成“五位一体”闭环责任体系，确保履行责任直达末梢。

六是认真抓好中心组和党员干部的理论学习。严格落实中心组理论学习制度，制定2017年党组中心组（扩大）理论学习计划，全年共组织17期党组中心组学习。在学习方式上，紧密结合推进“两学一做”学习教育常态化制度化，采用自主学、专题学、调研学、研讨学、观摩学、干中学等方式，不断提高中心组学习的质量。

七是持续狠抓作风纪律。加大对违反中央八项规定精神问题的查处力度，组织开展纪律作风监督检查。着力加强“两权”监督，加强对领导干部的监督管理，加大执纪审查工作力度，大力开展税收违法案件“一案双查”。严格落实全面从严治党要求，突出抓早抓小，做到真管真严、敢管敢严、长管长严，让守纪律、讲规矩成为系统全体党员干部的思想自觉和行为自觉。坚持问题导向，强化责任落实，圆满完成了对所属11个市局和119个县（市、区）国税局党组领导班子及其成员的巡察全覆盖工作任务。

三、严管善待激活，凝聚干事创业新动能

一是从严从实夯基础。成立省局机关“三基建设”领导小组，及时分解落实“三基建设”各项工作任务。大力落实省委“三基建设”工作要求和税务总局基层工作会议精神，召开全省国税系统党建工作现场会暨维护核心见诸行动主题教育和“三基建设”推进会，掀起新一轮党的建设高潮。11月3日，组织召开全省税务系统“造环境促转型”暨“三基建设”电视电话会议，省委常委、常务副省长高建民出席会议并讲话，要求全省税务系统主动转变观念，锐意改革创新，深入推进“放管服”改革，切实加强基层建设，以更优的税收环境、更高的服务效能、更实的税收工作，促进全省经济转型发展。

二是绩效管理抓班子。充分发挥绩效管理“指挥棒、听诊仪、推进器”作用，有效促进各项税收工作稳步推进。建立绩效指标预评估制度，各处室“一月一检点，一月一分析，一月一汇报”，逐月分析评估指标执行情况。同时，省局党组召开会议专题研究绩效管理，班子成员带头反思问题，第一责任人率先担起责任。强化“一把手”的绩效抓手作用，探索实施对班子“一把手”的专项考评，形成重点工作良性倒逼机制和绩效责任连带机制，进一步理顺和筑牢管理链条。

三是数字人事带队伍。省局组建数字人事领导小组、数字人事项目组，负责系统的业务指导和技术保障工作，及时解决运行中存在的问题。建立运维机制、通报机制、沟通机制，按照职责分工扎口管理，确保全省标准一致，

口径统一。数字人事系统为每一名税务干部建立一个“数据人”，为年度考核、评先评优、选拔任用、交流遴选、职级评定、能上能下、领军人才和专业人才选拔培养等干部管理工作，提供全面、科学、准确的参考。

四是培育人才提素质。围绕“严管善待激活”，教育和培养税务干部始终保持政治坚定，切实增强“四个意识”。大力开展岗位大练兵、业务大比武，通过开展全员练兵、层层比武、人才培养，着力提升全员业务素质和履职能力。组织全省国税系统省级业务比武，选拔出20名“专业骨干”和100名“岗位能手”，进一步促进干部开拓视野、提升能力、增长才干，助力国税事业发展。

五是真情服务暖基层。大力弘扬为民务实作风，坚持求真务实、埋头苦干，察实情、讲实话，鼓实劲、出实招，办实事、求实效。2017年，省局领导共深入基层调研督导207次，调研天数263天，坚持轻车简从、减少陪同。本着“精简、高效、务实、节约”的原则，对全年会议、培训、调研等工作进行全面统筹，有效控制和整合相关工作数量、规模、时限，大力减少各类文件简报，切实减轻基层负担。同时，积极参与全省脱贫攻坚，省局连续12年在吕梁市石楼县龙交乡进行定点扶贫，通过多元化产业发展脱贫一批，社会保障兜底一批，光伏产业脱贫一批。此外，全系统共派出130余名“第一书记”下乡驻村，着力打好脱贫攻坚组合拳，力争所包的扶贫点和贫困群众如期实现脱贫摘帽。

（安　耀）

附：省国家税务局党组书记、副书记、成员名单

书　记：胡　军

成　员：马志云（8月任职）　贾志坚（3月离职）　范扎根（12月离职）　王宏晋　牛新文　张鹏飞　李树茂　沙　宏　朱东宏

国家统计局山西调查总队党组工作概况

党组书记　翟善清

2017年，在中共山西省委和国家统计局党组的坚强领导下，山西调查总队以习近平新时代中国特色社会主义思想为指导，深入贯彻落实党的十九大精神和中央领导同志关于统计工作重要讲话指示批示精神，紧紧围绕山西经济转型发展和全国统计工作会议部署要求，紧密结合统计调查工作实际，把握正确方向、强化责任担当，狠抓工作落实，顺利完成全年各项工作任务。

一、党建引领，管党治党取得新成效

一是抓好学习教育，筑牢党建根基。深入学习贯彻党的十九大精神，以实际行动在学懂弄通做实上下功夫。扎实推进“两学一做”学习教育常态化制度化和“维护核心、见诸行动”主题教育。选派党员干部参加各级党校政治理论和党建业务培训，2017年全系统完成党校培训计划159人（次）4952学时。二是强化党对调查工作领导，细化工作任务。制定党建工作“年度要点”“任务清单”，将党建职责分工落实到每个岗位、每名党员。加强“基层组织、基础工作、基本能力”建设。组织开好党组民主生活会和支部组织生活会。三是采取多种形式，抓好党建工作。举办全省调查队系统领导干部“一岗双责”培训班，提升党员干部履职尽责能力。把支部主题实践活动与党性教育、调查回访相结合，将支部活动办成联系调查对象的“连心桥”。四是评选先进树立标杆，营造干事创业氛围。1个县队获“全国统计系统先进集体”，1名同志被人社部、国家统计局授予“全国统计系统先进工作者”荣誉称号；3名同志被国家统计局授予“全国统计系统先进个人”荣誉称号，1个县队荣获“全国三农普先进集体”荣誉称号，1名同志荣获“全国三农普先进个人”荣誉称号。

二、明责履责，廉政建设取得新成效

一是明确分工、定责保廉。把履行党风廉政建设“9545”责任作为规定动作，全省各级调查队制定党风廉政建设“年度要点”“责任清单”。各级党组织、纪检部门和县级队队务会主动研究部署，定期听取汇报，严格督促检查，形成“一把手”负总责、分管领导分工负责、各单位(部门)主要负责人严管细抓的“一岗双责”新格局。二是传导压力、履责护廉。加强对“人财物数”的监督管理，严格工作考核，对抓不好、抓不实的责任人进行约谈，对履责不到位的目标责任制考核“一票否优”。主动开展巡视整改“回头看”，坚决防止问题反弹。三是纪律前挺，全面监廉。坚持抓早抓小、及时提醒，抓住“人财物数”管理重点，采取多种形式，加强“事前、事中、事后”全方位监督，真正做到全覆盖、无例外。完成了对4个市级调查队、11个县级调查队的巡察工作。

三、完善机制，深化改革取得新进展

一是强化纪律规矩意识。认真学习贯彻《关于深化统计管理体制改革提高统计数据真实性的意见》《关于统计机构负责人防范和惩治统计造假弄虚作假责任制规定（试行)》《统计违纪违法责任人处分处理建议办法》，进一步强化纪律规矩意识，做到明“红线”、知“底线”。二是完善数据质量责任链条。推行“岗位目标责任全员化”管理模式，建立健全数据质量追溯和问责机制，细化分解工作目标任务，责任到岗到人。三是完善重点工作督办机制。研究制定《年度重点工作督办项目》，强化跟踪检查，确保各决策部署落实到位、执行到位。四是完善干部选拔任用机制。坚持党管干部原则，明确提出“德才兼备、以德为先，想干事的有机会，能干事的有舞台，干成事的有激励”的选人用人导向。以《党政领导干部选拔任用工作条例》为总规则，探索建立《干部培养选拔任用量化工作办法》，有效防控选人用人中的不正之风，形成了靠德才表现和工作业绩竞争的良性机制。

四、锐意进取，工作创新增添新活力

一是制度创新。实施规模以下工业和服务业调查企业“零报告”制度。修订完善分专业调查数据评估审核办法，提高数据评估审核效能。探索以市为中心的会计核算模式，35个县级调查队全面实施“县账市管”，财务管理更加规范。二是举措创新。按季度开展数据联审会审，确保主要调查数据与宏观经济指标匹配和衔接。组织实施专业基础工作检查与统计执法检查联动机制。调整优化编制配置，加大基层调查队人员力量。三是管理创新。编印《党的组织和党员干部违规违纪问题警示手册》，降低系统管理风险隐患。建立农业遥感工作室，有效提升了农作物遥感调查工作效率。四是文明创建创新。召开全省调查队系统工会业务培训会。积极参加省直工委组织的各项活动，有1名同志荣获省直机关干部职工基本能力竞赛二等奖。

五、夯实基础，数据质量有了新提升

一是狠抓制度执行，推进业务规范化建设。认真实施《山西国调系统业务规范化标准》，各项调查业务工作步入科学化、规范化轨道。认真实施《山西国调系统调查回访制度》，组织开展基层基础工作和数据质量全面自查、交叉检查与重点抽查，针对发现问题，采取有效措施，消除隐患，夯实调查基础。二是突出工作重点，夯实基层基础工作。科学组织农产量调查样本轮换。圆满完成住户调查样本轮换和新开户记账工作。扎实细致开展国际比较项目(ICP）调查工作。强化对全系统统计调查权和数据管理权的监督制约，坚决杜绝“把国家调查队作为地方目标完成责任单位、要求国家调查队按一定幅度报送数据、为各项评比和资格认定提供个体统计调查资料”的文件和做法。三是强化培训指导，促进业务水平提升。采取总队处室间联合、处室与市队联合等方式组织开展现场培训、区域培训，提升业务培训效果。加大对辅调员、调查户的直接培训力度，精准提升调查能力、调查技巧和调查对象配合度。编印面向调查人员、企业统计员、辅助调查员的工作指南，使业务指导更接地气、更切实际。

六、强化法治，依法统计取得新进展

一是强学法，提升法治水平。举办全省国家调查队系统学习贯彻《中华人民共和国统计法实施条例》专题视频会议。举办全省统计法治培训班。组织全省执法资格培训和考试，全系统107人考取了统计执法证。二是强普法，优化调查环境。在山西国调信息网开设“统计法治专栏”。结合重要节点开展集中普法、街头宣讲统计法、现场开展业务知识问答，以形式多样的集中普法、集中宣传活动，进一步拓宽普法宣传受众覆盖面，不断强化社会统计法治意识。三是强执法，发挥震慑作用。落实执法检查对象和统计执法人员“双随机”制度。健全完善各专业数据质量检查与统计执法检查联动机制，推进统计执法检查“常态化”。全省各级调查队对746家调查单位进行了统计执法检查，对71家违法单位进行了立案查处，对其中33家违法单位给予了行政警告并处罚款。

七、多措并举，优质服务再上新台阶

一是紧盯民生改善，组织开展全方位、多角度的信息收集，精准反映社情民意和百姓诉求。组织开展59次约稿调研，调研报告被国家统计局《每日调查》采用18篇、省委省政府采用64篇次。二是强化分析研究，着力做好调查数据挖掘分析，为科学决策和宏观调控提供可靠依据。2017年，总队共编印调查信息、报告455篇，其中经济类信息被省级以上采用271篇次，中央领导批示13篇，省级领导批示5篇，国家统计局领导批示16篇。三是围绕脱贫攻坚，加大贫困监测统计分析力度，为山西精准扶贫、精准脱贫提供优质服务。总队撰写的《吕梁山连片特困区山西片区收入现状对比分析》《燕山—太行山连片特困区山西片区农村居民收入现状及原因分析》，得到省委书记、省长和分管农业副省长批示。四是主动服务省政府决策，展现调查队“轻骑兵”形象。及时向省考核办提供主要经济指标进度数据及情况分析。积极参加省委省政府组织开展的“万名干部大调研”活动，撰写调研报告15篇。扎实做好《“百题调研”优秀报告集—2017》编撰出版工作。2017年，总队信息采用在全省党委系统位列各单位第二，在政府系统名列前茅，总队在国家统计局《每日调查》及网络信息采用量均居全国调查队系统前列,在国家统计局开展的24项业务工作考核中，10项获得优秀等次，13项获得良好等次。总队连续九年保持“省直文明和谐单位标兵”荣誉称号，连续四年被评为“促进山西经济社会发展突出贡献单位”。

八、强力推进，信息化建设实现新突破

一是信息化基础建设实现新突破。全省调查队合力推动系统信息网络升级改造项目建设，总队中心机房、省级数据中心、省级网络中心、信息网络系统、视频会议系统建设全面完成并投入使用。各市县调查队完成了机房建设、视频会议室改造、客户端迁移等大量工作，全系统信息化建设稳步推进。二是信息化技术应用实现新突破。运用视频会议形式开展调查业务培训、调查工作交流和网络远程指导，发挥现代信息技术在提升工作效能等方面的作用。总队农作物面积遥感测量多种地理环境无人机自主飞测成功。全省调查系统信息化应用取得突破性进展。三是信息化安全管理实现新突破。加强对全系统服务器、网络设备、一体化机柜等信息化软硬件设施的日常维护与管理，强对市县队信息化建设与运行的指导，实现了网络运行的安全稳定。

(张树伟)

附：国家统计局山西调查总队党组书记、成员名单

书　记： 刘顺国(9月离职)　翟善清 (9月任职)

成　员： 包超英 (女)　程海营 (11月离职)

张国栋 (11月任职)　张继德　王润拴

审计署驻太原特派员办事处分党组工作概况

党组书记　庄　军

2017年，太原办共开展15个审计项目,编发审计(调查)报告16篇，上报审计信息87篇,被审计要情、重要信息要目等采用30篇。太原办围绕推进供给侧结构性改革,更加注重反映打好“三大攻坚战”相关政策措施落实情况,围绕解决不平衡和不充分问题,依法文明履行审计监督职责。深入开展政策落实跟踪审计,持续推动国家重大政策落地生根；深化领导干部经济责任审计,促进依法行政、依法管理;推进资源节约和环境保护情况审计,实现可持续发展;强化监督重点民生资金和民生项目,切实维护人民群众利益;揭示经济社会运行中的风险隐患，严肃查处重大违法违规问题线索,促进反腐倡廉,维护国家经济安全。2017年度,内蒙古自治区党政原主要领导干部任期经济责任审计被审计署评为表彰审计项目。

一、党建和党风廉政建设

一是深入学习宣传贯彻十九大精神和习近平新时代中国特色社会主义思想。太原办分党组对此项工作高度重视，认真部署,多措并举,深入推进。通过制定方案、配发资料、制作展板、开设微课堂、参加署学习宣讲活动、邀请专家专题辅导等,有效提升了全办干部的政治能力、学习能力和工作能力。相关稿件被审计报、署网站采用20余篇次。二是扎实推进“两学一做”学习教育常态化制度化。认真贯彻署党组有关实施方案和南京专题研讨班精神,研究制定18项具体举措予以落实推进。全年共组织15次专题学习和研讨,2次调研学习先进单位经验,带头加强对党章党规和系列讲话的学习,推进常态化制度化不断深化。三是全面落实政治责任,切实履行政治担当。坚持把政治建设摆在首位,成立全面从严治党领导小组,与各处室负责人签订责任承诺书。制定了工作要点和落实责任清单,确保管党治党责任落实到位。树立一切工作到支部的鲜明导向,加大对支部工作考核力度,支部工作取得了明显进步。四是加强监督检查,从严细化要求。认真学习中央、审计署有关会议精神及要求,加强宣传教育,强化监督检查。全年13次组织学习党风廉政建设重要文件31份,出台进一步加强廉政监督员工作、纪委委员联系党支部工作等

制度。组织了对14个审计项目22次审计现场综合检查,对46个被审单位进行廉政回访,开展综合处室执行纪律情况综合检查,认真组织“五个一”教育警示活动,重要节假日均对党风廉政建设予以强调并检查。

二、队伍建设

一是强化抓好党建意识,促进党建与业务深度融合。太原办分党组自加压力,召开了以“党建与业务深度融合,有效提升审计业绩”为主题的专题民主生活会,并在全办范围内召开支部组织生活会,针对查找出的主要问题,制定整改落实方案,列出8个方面26项整改举措,狠抓落实。二是加强领导班子建设。认真贯彻民主集中制原则,共组织召开办分党组会议、特派员办公会议24次。坚持和完善中心组和专题学习制度,牢固树立“四个意识”,提高政治站位,增强了班子建设的内生动力和指导工作的能力水平。三是加强干部队伍建设。严格按照好干部标准,共选拔任用9名处级干部,组织11名干部交流轮岗,新招录5名公务员,优化了干部队伍结构,充实了审计力量。四是加强教育培训。着力增强培训针对性和教育实效性,围绕机关党建、审计业务等进行专题辅导,积极选派干部参加署各类培训共185人次。五是创新机关管理。成立创新委员会,下设数据分析组和政策研究组等5个专门小组,形成加强各专业审计融合和再造审计工作流程的创新实践。

三、审计质量控制

一是改进审理方式,实施精准审理。结合审计项目特点,对重点事项实施“嵌入式”全过程跟踪审理,确保审理力量投入精准、审理重点定位精准、审理时点介入精准、审计成果牵引精准。二是强化审理职能,夯实审计质量。修订完善审理委员会审计报告质量评分标准,强化审计现场审理,夯实全过程审计质量控制责任,确保审计报告质量。三是积极探索大项目现场质量控制方法。结合审计实践,总结形成了《经责审计项目审计质量控制指引》,明确了审计任务清单,规范了延伸调查行为等;制定了《关于山西省经责审计项目规范外部检查结果证据转化的意见》,明确了外部检查结果证据转化,规范了责任界定的证据要求。相关创新的经验做法已被审计工作通讯和经济责任审计工作通讯采用推广。

四、国家重大政策措施落实情况跟踪审计

2017年,太原办围绕供给侧结构性改革,更加注重反映打好“三大攻坚战”相关政策措施落实情况,围绕解决不平衡和不充分问题,更加注重反映财政、金融、国有企业、生态环境等领域存在的风险隐患,重点关注精准脱贫政策、资金、项目推进落实情况,着力揭示污染防治、废弃物处置中存在的突出问题。在银行金融政策跟踪审计中,发现部分地方政府违规扩大巨额政府债务、个别银行违规经营理财产品引发金融风险隐患等问题;在铁路政策跟踪审计中,发现铁路建设过程中弃土弃渣、煤尘抛洒造成环境污染等突出问题,并形成专题报告。

五、财政审计

组织实施了山西省国税预算执行审计、证监会预算执行及决算草案审计等项目。国税审计中重点围绕税收征管、预算执行、国税总局经责审计“上下联动”事项展开,发现提前征收税款、延压税款及大量税款未及时退抵等6大类问题,其中,“营改增”审计情况形成专题报告。证监会预算执行中,重点关注期货市场运行和大商所重大投资项目等事项,参与查处的“某民营企业从事非法结算业务(地下钱庄)”被审计署以审计要情移送证监会。

六、民生资金(项目)审计

组织实施了财政扶贫资金审计项目,共发现6大类18个问题,其中关于资金统筹整合、教育扶贫、金融扶贫等方面共5个问题在国务院综合报告中反映并向社会公告,被审计署重要信息要目采用1篇。在山西省农林水专项资金审计项目中,发现山西省病险水库除险加固和水库移民搬迁、山西省农村饮水安全工程建设和运行维护、农田水利项目管理等方面存在的问题。

七、金融审计

组织开展了8家重点商业银行跟踪审计,加大对新增贷款投向的跟踪审计力度,重点关注小微企业、“三农”、金融精准扶贫、偏远地区金融服务情况和融资难、融资贵等问题,持续关注不良资产风险、影子银行潜在风险、地方债务风险、房地产市场风险、中小金融机构的流动性风险、涉众型风险、资本市场风险、第三方支付机构风险。促进金融机构加强管理、规范运营,稳定金融秩序,有效防范和化解金融风险。

八、信息化建设

一是研究解决“异构软件数据共享”技术难题,应用数据库“触发器”原理,实现办内专网平台实时同传,大幅提升工作效率。二是研究开发“WINDOWS环境下缓存清理专用工具”,并在全办应用推广,有效解决了文档自动缓存造成泄密风险的问题。三是深入开展大数据分析,精准锁定审计重点和延伸对象,发现重大违法违规问题线索。审计中,通过筛查期货交易数据,发现某贸易企业利用场外囤货、场内逼仓的方式影响期货价格获取暴利的线索,被审计署审计要情采用。

(李　妍)

附:审计署驻太原特派员办事处分党组书记、成员名单

书　记:庄　军

成　员:张晓霞(女)　杨卫东　刘　宇　安志蓉(女)　王　华

中国铁路太原局集团有限公司党委工作概况

党委书记　赵春雷

2017年，太原局集团公司党委坚持以习近平新时代中国特色社会主义思想为指导，全面贯彻党的十九大精神和习近平总书记视察山西重要讲话精神，深入学习贯彻落实省第十一次党代会精神，按照省委“一个指引、两手硬”重大思路要求、“两个持久”战略部署和铁路总公司党组“交通强国、铁路先行”的决策部署，坚持党要管党、全面从严治党，不断加强和改进企业党建工作，切实发挥把方向、管大局、保落实的领导作用，顺利实施公司制改革，推进铁路运输安全稳定、改革发展，为服务山西经济社会发展作出了积极努力。

一是深入学习贯彻党的十九大精神。认真落实省委开展“维护核心、见诸行动”主题教育的总体部署，把迎接学习宣传贯彻党的十九大作为全年工作的主线和首要政治任务，坚持学懂弄通做实，引导党员干部树牢“四个意识”、增强“四个自信”。完善党委中心组学习管理办法，聚焦习近平新时代中国特色社会主义思想、党规党纪、公司制改革等重点内容，认真开展学习研讨，提升政治站位、谋划发展思路。严格落实党内政治生活制度，推进“两学一做”学习教育常态化制度化，集中开展“进入新时代、建立新体制、展示新作为”主题党日活动。大同西供电段王养国同志被中组部确定为“全国‘两学一做’榜样”。加强普及性理论宣传教育，组织开展十八届六中全会精神和十九大精神专题宣讲，做好理论解读和宣传引导，推动理论学习往深里走、往实里走。

二是扎实推进基层党组织建设。按照省委推进“三基”建设的统一安排，落实国有企业“两个一以贯之”要求，把党建工作纳入集团公司章程，健全完善公司党委会议事规则，在所属单位优化整合中同步设置党的组织，加强党建工作。修订下发《党建工作责任制实施办法》，组织开展基层党建联检互评，抓好各级党组织书记述职评议考核工作，压实党建责任，传递从严治党压力。树立党的一切工作到支部的鲜明导向，研究制定《“四强”党支部建设实施细则》，打造标准化党支部样板。加强党员日常教育管理，分系统打造标准化党员活动室，建立和实施党员激励警示制度，深化品牌创建、立项攻关等活动，形成组织作用在现场、党员作用在岗位的有力引领。

三是大力加强领导班子和干部人才队伍建设。结合公司制改革，规范设立公司党委会、董事会、经理层，实行“双向进入、交叉任职”领导体制，细化完善岗位职责和工作标准，健全公司治理结构和运行机制。健全完善党委会议事规则，严格执行党委会先行研究讨论企业重大问题决策规定。对照“好干部”标准，突出政治标准，坚持“说实话、谋实事、出实招、求实效”的选人用人导向。加强干部教育管理监督，举办副处级以上领导人员专题轮训班，开展基层站段领导班子综合调研，常态化推进干部作风督查。拓宽人才培养视野和途径，建立人才快车道评审机制，实施人才库优选工程，评选表彰高层次人才，人才队伍选拔培养机制不断完善，各类人才的聪明才智得到充分展现。

四是不断深化正面宣传教育。坚持团结稳定鼓劲，正面宣传为主，制定实施党委意识形态工作责任制，加强对意识形态工作的领导。大力弘扬社会主义核心价值观和“高铁精神”“大秦重载精神”，集中评选表彰“太铁之星”“太铁工匠”。深化铁路“强基达标、提质增效”主题教育，定期开展职工思想动态调研，创新实践“互联网+思想政治工作”，凝聚改革发展合力。精心举办“中国铁路旅游·华夏古文明·山西好风光”推介会、第二届山西中鼎物流论坛。紧扣“铁路新成就、喜迎十九大”主题，讲好太铁故事，传播太铁声音，在中央主流媒体刊稿总篇数再创历史新高。

五是切实抓好党风廉政建设和反腐败工作。坚持“运输安全”和“干部政治安全”两手抓，压紧压实“两个责任”，召开党风廉政建设工作推进会议，修订党风廉政建设责任制。坚持“制度+科技+阳光”的思路，搭建物资管理大数据平台，确保权力在阳光下运行。积极落实省委监察体制改革试点要求，认真开展调研，加强沟通对接，为全国铁路系统更好适应监察体制改革提供了参考经验。全面实践监督执纪“四种形态”，注重“第一种形态”的运用，抓实谈话函询和教育提醒工作，有力维护了风清气正的干事创业环境。

六是着力推进企业文化建设。以实施企业文化建设三年基础工程为抓手，统筹推进安全、服务、经营等重点领域文化建设。大力传承铁路优秀传统文化，加强思想道德建设，倡导诚信做人、守信做事，忠于职守、爱企如家。注重精神文明建设，开展“争做文明太铁人、争创文明太铁局”活动，太原南站、大同站荣获“全国文明单位”，集团公司进入山西省文明单位。推进文学艺术工作，开展“喜迎十九大·文联送文化”主题活动，《高铁穿越煤窑村》《火车来了》等文学艺术作品得到社会“点赞”。

七是着力巩固和谐稳定发展局面。加强对群团工作的领导，凝聚组织优势，促进和谐稳定。深入开展职工“五小”竞赛，推进职工服务中心建设，举办“百千万”站区职工文体活动，深化以职代会为基本形式的民主管理，扎实推进精准帮扶和普惠服务。扎实开展青年小班制竞赛，举办“爱在太铁·情定今生”集体婚礼，深化青年志愿服务活动，展示团员青年生力军和突击队作用。逐级签订治安综合治理责任书，推进普速铁路安全保护区划定及公告工作，与太原市联手抓好市区铁路沿线周边环境综合整治，创造良好发展环境。同时，强化政治责任和社会责任，按照山西省委和总公司党组脱贫攻坚部署要求，统筹建设、运输和定点扶贫，突出精准扶贫，集中打造榆社“云竹生态农业园”，创造近200个岗位，得到社会各界和困难群众好评。

八是坚持抓好党建促发展。在山西省委和铁路总公司党组的坚强领导下，集团公司各级党组织带领全体干部职工和衷共济、攻坚克难，全年完成货物发送量5.92亿吨，旅客发送量7235.4万人。坚持生命至上、安全第一，推进人防、物防、技防“三位一体”安全保障体系建设，胜利实现安全年。大力发展现代物流，积极融入“一带一路”，开行中欧中亚班列，开辟国内直达专线，集团公司铁海公集装箱多式联运示范工程荣膺“国家多式联运示范工程”。2017年，集团公司被评为山西省优秀企业，并首次荣获“全国五一劳动奖状”。

（高　毅）

附：中国铁路太原局集团有限公司党委书记、副书记、委员名单

书　记：江　涛（11月离职）　赵春雷（11月任职）

副书记：陈玉柱（10月任职）　郭家宏　支　斌

委　员：张锁明　丁永民　俞　蒙（8月离职）　王全献（6月离职）　杨占虎　刘　枫　邢　东　郭善宏　王金虎（11月离职）　白沛锋（7月任职）　王旭荣（9月任职）　毕守锋（11月任职）　董跃峰　刘全新

省煤矿安全监察局党组工作概况

党组书记　卜昌森

2017年,在国家安全监管总局、国家煤矿安监局、山西省委省政府的正确领导下,山西煤监局全局上下牢记红线意识，依法履职履责，加大监察力度，强化责任提升，促进了全省煤矿安全生产状况的持续稳定。

一、以党的建设为核心,着力打造政治强、业务精、作风硬的煤监队伍

局党组坚持全面从严治党，深入学习贯彻党的十九大精神，坚持用习近平新时代中国特色社会主义思想武装头脑，深刻领会习总书记关于加强党的建设的新论述新要求，全面落实国家安全监管总局党组的工作部署，以推进“两学一做”学习教育常态化制度化为主线，把全面从严治党要求贯穿党的各项建设中，强化使命担当，压实党建责任，着力打造政治强、业务精、作风硬的煤监队伍，为全面完成2017年的各项工作任务提供了坚强的政治保证、思想保证和组织保证。

（一）政治理论学习切实强化。通过党组中心组集中学习、“三会一课”、山西煤监大讲堂专题讲座等形式，深入学习党章党规、学习习近平总书记系列重要讲话精神和治国理政新理念新思想新战略，学习党的十九大精神，坚定理想信念，增强“四个意识”、坚守“四个自信”。2017年，党组中心组集中学习30次，局领导班子成员撰写学习体会文章26篇，各级党员领导干部讲党课118人次，党支部集中学习670余次，学习研讨190余次。

（二）党内政治生活严肃认真。组织学习研讨，广泛征求意见，开展谈心谈话，召开年度领导班子专题民主生活会，直面问题制定可行的整改措施，提高了领导班子民主生活会质量。进一步健全完善了党组集体领导和个人分工负责相结合制度、“三重一大”事项集体研究决策制度，把民主基础上的集中和集中指导下的民主有机结合起来。

（三）从严治党责任有效落实。一是强化基层党建目标。局党组与各基层党总支、党总支与各支部层层签订党建责任状，形成了局党组书记负总责、分管领导分工负责、机关党委推进实施、基层党总支（支部）具体落实的机关党建工作格局；制定《2017年机关党建工作要点》《党组中心组和干部理论学习安排意见》等，明确党建工作目标任务。二是加强基层组织建设。制定了加强“三基建设”实施办法，进行了党总支和支部委员的改选工作，对68名基层党组织书记和纪检委员进行了强化培训，同时组织参加省级以上组织的党务干部培训41人次，组织基层党组织书记观摩了组织生活会、读书会活动。三是开展了为期1个月的中央专项巡视反馈意见集中整改“回头看”，确保了中央专项巡视反馈问题得到全面整改、取得实效。四是注重科学民主决策。坚持民主集中制原则，健全行政、党组议事制度，全年召开局长办公会37次、议事121项，党组会35次、议事90项。

（四）干部队伍建设持续加强。一是端正用人导向。为真抓实干者鼓劲、为改革创新者撑腰，为敢于担当的干部担当、为敢于负责的干部负责。二是在干部选拔任用和调整过程中，严格遵照干部选任有关规定、程序选人用人。三是选拔任用了一批信念坚定、作风优良、奋发有为的分局局长和总支（支部）书记，提高了各监察分局（站）领导班子的凝聚力和战斗力。四是组织进行了防治水、矿井物探技术、煤矿瓦斯防治

等专项培训,组织开展了执法案卷评查、优秀案卷评选等执法监督系列活动;对本系统煤矿瓦斯治理、煤层气抽采、防治水三支专家队伍分批次强化培训,组织观摩学习了兄弟省份瓦斯防治和水害治理先进经验。五是积极挖掘和树立先进典型,形成"比、学、赶、帮、超"的浓厚氛围。

(五)党风廉政建设毫不放松。一是强化"一岗双责"。确保安全和廉政两个"天字号"一起抓,两手抓两手都要硬。二是落实"两个责任"。在年度党风廉政建设工作会议上,对全年工作任务进行了安排部署。层层签订党风廉政建设责任状,做到了任务落实到人、责任不留空档。对违反"八项规定"精神、"四风"反弹等不正之风进行专项整治,加强执纪监督。三是加强纪律教育。组织观看警示教育片,认真剖析系统内外发生的违反八项规定精神的案例,深入学习系统内外的先进典型事迹,引导党员干部进一步增强抵御"四风"问题的主动性和自觉性。四是构筑制度"防火墙"。制定修改了落实中央八项规定精神的具体办法细则,着力扎紧预防"四风"问题发生的"笼子"。五是扎紧监督"紧箍咒"。突出对"关键少数""关键领域""重要权力"的监督,突出抓早抓小,让红脸出汗成为常态。2017年进行廉政谈话68人次,对发现的苗头性、倾向性、小事小节等问题,及时进行谈话提醒。六是严肃案件查处。对不认真履行党风廉政建设主体责任和监督责任,或者对党风廉政建设工作领导不力的,严格追究责任;对发生重大腐败案件和严重违纪行为的单位、部门实行"一案双查"。2017年共组织初核问题线索7件,函询2件,配合上级机关对有关案件调查处理2件,落实党政纪处分6 人次,对3名受处分的处级干部调整了工作岗位。

(六)综合治理体系初步形成。一是建立完善了矛盾纠纷排查调处工作机制,努力把各类矛盾纠纷问题解决在基层。二是建立完善重点人员、特殊人群排查管理工作机制,完善对重点人员的管理,配合有关单位对本单位特殊人群开展教育社区矫治、服务管理、帮扶治疗的工作机制。三是在省局网站宣传保密知识,编辑、发放保密宣传资料12期;严格审批主动公开的履职信息。四是完善信息公开、行政复议、行政应诉机制,建立完善法律顾问制度,推进公职律师制度落地生根。

二、以有效遏制煤矿重特大事故为重点,不断提升煤矿安全监察的层次和水平

2017年以来,我局认真贯彻落实习近平总书记关于安全生产重要指示批示精神以及党中央、国务院关于安全生产工作的决策部署,坚决落实全国安全生产电视电话会议和全国安全生产工作会议的具体要求,紧紧围绕"111194"工作思路,突出重点、狠抓落实,进一步加大监察执法力度,为保障煤矿安全生产发挥了重要作用。全年,共监察矿井2420矿次,同比增加13.1%;实施行政处罚354次,同比增加49.4%;责令停产整顿煤矿(井)38座,同比增加46.2%;行政处罚11797.31万元,同比增加43.5%。

(一)适时开展了"三场攻坚战"。坚持利剑高悬,重拳出击。监察执法不断线,相继开展了"利剑"行动、煤矿全面安全"体检"、安全生产大检查等活动。尤其是针对资源整合矿井没有实现"真投入真控股真管理"的、高瓦斯和煤与瓦斯突出矿井瓦斯抽采不达标和两个"四位一体"不到位的、受老空水威胁矿井"三专二探一撤"执行不到位的等十类煤矿,采取了"十个一律"的断然措施,有效防范和遏制煤矿事故发生。

(二)有效督促了两个责任落实。一是压实企业主体责任,突出监察矿长、总工等关键人和区队长、班组长等关键团队责任的落实,突出监察区域公司、集团公司主体责任的落实。二是突出检查地方监管责任的落实,该约谈的约谈,该通报的通报,该下达建议书的下达建议书。2017年约谈了3个设区市政府、28个县(区、市)政府,向市县人民政府下达加强和改善安全监管建议书145份;约谈了7家省属煤炭企业、6家驻晋涉煤央企和13个事故煤矿主要负责人、总工程师。三是制定了煤矿安全生产联系指导工作制度,明确了省局领导班子、各处室、分局局长、书记、监察人员联系指导煤矿企业的要求,及时了解全省煤矿安全生产工作中的突出问题,采取针对性措施。

(三)不断加大了风险隐患排查治理。结合山西实际,把国家安全监管总局提出的"八查"分解细化为"十六查",提出了"五必须"的要求(风险必须排查、隐患必须查清、整改必须复查、防控必须到位、责任必须落实)。提出了监察执法不手软、服务排忧无止境的要求,创新了"监察+服务"的执法模式,针对企业存在的一些技术难题,组织专家进行现场会诊、坐镇指导,受到企业热烈欢迎。此外,还大力推动企业加强本质安全型矿井建设,实施"一优三减",提升科技装备水平,实现科技强安。

(四)大力强化了安全生产宣传教育。一是主要领导在全省主要产煤市和各大企业集团进行了16场次、累计2万余人听讲的巡回宣讲,强力宣贯安全红线意识、底线思维,凝聚了市县政府、煤矿安全监管监察部门和煤矿企业对搞好煤矿安全生产工作的广泛共识。二是制作了煤矿安全生产沙画公益广告,在新华网和山西卫视黄金时段进行了百日事故警示教育公益宣传。三是各监察分局(站)持续召开事故警示教育大会,制作了28分钟的《血与泪的呼唤》专题宣教片和事故警示教育课件,在全省巡回播放和宣讲。四是注重安全生产日、依法行政宣传月、国家宪法日、安法宣传周等重要时间节点的安全宣传,做到有部署、有活动、有通报。

(五)严厉查处了煤矿生产安全事故。2017年全年共查结事故27起,追究责任494人。查处了瞒报12年之久的事故,查处了2起涉险事故,加大了对瞒报事故核查监督力度,全年接到的112起举报瞒报事故,绝大部分已回复核查结果。同时,对主体责任落实不力的企业,严格落实"五个一批"惩治措施。对各类失职失责人员,一律追责到底。对7座存在安全生产失信行为的矿井实施了联合惩戒。

(王云爱)

附：省煤矿安全监察局党组书记、成员名单

书　记：卜昌森

成　员：梁云祥（4月离职）　徐占成　贾师文

王怀科　孙宏伟（4月任职）

中华人民共和国太原海关党组工作概况

党组书记　高继科

2017年，太原海关党组以习近平新时代中国特色社会主义思想为指导，深入贯彻党的十八大、十九大精神，严格落实山西省委和海关总署党组工作部署，加强和改善党的领导，狠抓自身建设，改革创新，锐意进取，各项工作平稳有序推进。

一、牢固树立“四个意识”，发挥党组“把方向”的作用

（一）旗帜鲜明，坚持用习近平新时代中国特色社会主义思想和十九大精神武装头脑。关党组把学习宣传贯彻党的十九大精神作为首要的政治任务，第一时间组织收听收看十九大开幕式，第一时间传达山西省委和海关总署学习宣传贯彻要求，第一时间研究制定学习宣传贯彻方案，第一时间大兴调查研究之风，高举习近平新时代中国特色社会主义思想伟大旗帜，迅速在全关掀起学习宣传贯彻党的十九精神的高潮。一是以“学懂弄通做实”为目标，以身作则，带头示范。关党组3次集体学习十九大精神，读原著、学原文、悟原理、谈心得，坚定政治信念，明确工作方向。党组成员全部参加了集中轮训，并带头参加线上线下相结合等多种形式的学习、带头参加所在党支部弘扬“红船精神”等主题党日活动、带头讲党课、带头与基层关警员互动交流学习体会，确保思想上坚定地同以习近平同志为核心的党中央保持高度一致。二是学思践悟，以高度的思想自觉带动行动自觉。结合关区实际制定5方面18个调研课题，党组成员主动认领课题，9人次深入基层建设联系点、党的建设联系点和党风廉政建设联系点，积极开展调查研究，思考以十九大精神推动形成全面开放新格局、打造内陆地区开放新高地的实现途径。三是组织党组中心组专题学习，编制《十九大报告应知应会要点》和《十九大应知应会150题》等学习材料，利用微信公众平台交流学习成果，组织理论知识考试和处级干部集中轮训，通过“全”的谋划、“实”的举措、“细”的部署和“严”的要求，确保学习宣传十九大精神在关区全覆盖、无死角，确保每名同志对十九大精神能够做到入脑入心，领会精神、指导工作。

（二）态度坚决，不折不扣贯彻执行中央大政方针和省委、海关总署决策部署。关党组带头学习宣传贯彻党的路线方针政策，落实各项决策部署，做到令行禁止。一是6月下旬，习近平总书记来晋视察对山西工作提出总体要求和五项重大任务后，关党组迅速传达学习，第一时间研究省委制定的贯彻落实措施，进行细化安排，制定了促进经济发展方式转变、做好支持“三农”工作、推进脱贫攻坚、推进生态文明建设和严肃党内政治生活等5个方面23项具体措施。二是驰而不息落实中央八项规定精神，召开4次党组会，传达习总书记关于进一步纠正“四风”、加强作风建设重要批示精神，学习省委实施意见和海关总署细化措施，研究贯彻落实举措。建立党组成员基层建设联系点、党的建设联系点、党风廉政建设联系点，制定会议管理、职能部门统筹下基层检查指导工作等10余个制度。党组重大决策事项通过党组会议纪要、关长工作例会纪要、关长办公会纪要等形式主动公开，自觉接受监督。开展中央八项规定精神贯彻执行情况专项检查和会议费使用情况专项督察，紧盯“四风”问题新动向抓早抓小。三是将精准扶贫工作列为年度重要工作，按照省委打好精准脱贫攻坚战部署，4次召开会议研究帮扶脱贫攻坚工作。成立农村工作队，派专人驻村帮扶。每名党组成员定向帮扶2户贫困户，深入帮扶村走访慰问贫困户，开展实地帮扶。引进和自筹资金90余万元，引导帮扶村发展特色种植产业和庭院经济。2017年底对口帮扶村84户贫困户有83户已达到人均年收入3200元的脱贫标准。

（三）科学谋划，积极探索“精品海关”治关理念。新一届关党组成立伊始，立足关区人员少、业务量小的基本关情，经过深入调研、论证研讨和反复征求意见，提出把“严”的要求贯穿工作全领域全过程，用“实”的作风做好各项工作，以“优”为标准全面衡量工作成效，实现素质精良、执法精准、服务精心和管理精细的发展目标，打造“小而严、小而实、小而优”的内陆精品海关。制定“精品海关”实施意见，提出了关区各项工作科学长远发展的基本目标，强调用3–5年时间，一年一个台阶，实现党的领导更加强化、党的建设更加健全、全面从严治党更加有力、把关和服务能力显著提升、队伍作风更加优良、部门协同更加高效、监督和保障更加完善和党风廉政建设压倒性态势更加巩固的目标，基本建成与国家发展战略相适应、与海关总署深化改革战略相衔接、与山西转型开放战略相配套的“小而严、小而实、小而优”的内陆精品海关。

二、履职尽责、恪尽职守，发挥党组“管大局”的作用

（一）落实党建工作责任制，不断加强党的领导。关党组坚决落实“党要管党、从严治党”主体责任，注重发挥党建引领作用，不断提升管党治党能力。一是抓住“关键少数”。本届

党组成立后召开党组会19次，研究党建议题46个，占全部议题(95个)将近半数。以中心组成员定期理论学习为重点，组织学习12次15天，形成全员融入日常、严在经常的学习态势。扎实推进“两学一做”学习教育常态化制度化、开展维护核心见诸行动主题教育，组织24个党支部召开高质量组织生活会，党员民主评议和民主测评率100%。二是抓实“关键环节”。召开党建现场会，组织党务干部培训，编制《太原海关党支部标准化建设工作手册》，提高党建工作规范化水平。三是抓好“关键问题”。把解决“中温下冷”和党建业务“两张皮”问题作为重点，创新学习阵地和学习载体，开展特色鲜明的“主题党日”活动，提升基层党员参与活动的积极性。安排机关党委坚持业务工作与党建同评同考、统筹推进，全年两次对党建工作开展考核。

(二)加强班子自身建设，打造坚强领导集体。关党组认真贯彻落实《中国共产党党组工作条例(试行)》，始终将加强自身建设作为推进各项工作的前提和基础。一是严格执行民主集中制。严格执行《太原海关“三重一大”决策制度实施细则》和《太原海关党组工作规则》，每月召开关长工作例会，对重大问题坚持集体讨论决定。二是讲团结形成合力。班子成员既交流工作，更注重谈心交心，认真开展批评与自我批评，把看法摆在桌面，意见说在台面，问题解决在当面，不断增强班子的凝聚力和战斗力。三是强化责任担当。党组书记高继科到任伊始就明确表态对总署巡视和审计指出的问题照单全收，并代表关党组就相关问题做检讨。党组成员均能认真汲取以往问题的教训，举一反三，对照检查，自查自纠，防止老问题在自身和本届党组工作中再犯。

(三)从严治关，建设高素质的准军事化干部队伍。关党组落实从严治关的各项要求，努力打造高素质专业化干部队伍。一是培养良好纪律作风。开展“内务规范强化月”活动，开展队列训练，评比内务建设标兵办公室，坚持重大节假日升国旗仪式和队列会操。开展“四好”单位争创评选活动。二是坚持科学选人用人。适应全国海关通关一体化改革需要，修订“三定”方案，调整机构、职责和人员，做到机构设置和职数只减不增，符合中央精神。三是加强干部日常管理。推行干部平时考核，严肃干部个人事项申报，强化人事档案管理。四是加大培训力度。开展“订单式”“套餐式”业务培训，组织87人次参加3个条线的岗位练兵。五是加强人文关怀。党组书记高继科上任伊始收集汇总困难和建议54条，制定方案由党组成员牵头推动落实，目前已落实45项。关注关警员健康成长，关领导带头广泛开展谈心谈话活动，开展2次心理辅导讲座，帮助关警员解决实际困难。六是倡导“文化”强关，组织2400余人次参加“走进剧场”活动。2017年，总关机关连续15年被评为“省直文明单位标兵”、年度目标责任考核中被评为“促进山西经济社会发展突出贡献单位”，隶属太原机场海关12年蝉联“全国青年文明号”、被评为“山西省2013-2016年度社会治安综合治理先进集体”，缉私局直属队被评为“全国公安优秀基层单位”。

三、马上就办、真抓实干，发挥党组“保落实”的作用

(一)主动作为，助力山西打造内陆地区开放新高地。全力支持山西开放发展战略部署，对接省委省政府提出的扩大开放的新思路新要求，出台7个细化落实方案。支持山西开放平台建设，继续做好大同、运城航空口岸临时开放监管工作，推进五台山航空口岸、太原铁路口岸建设。主动融入“一带一路”，服务国际物流通道建设，全年支持开行6趟中欧班列、5趟回程班列，1趟中亚班列和1趟“公铁水”联运班列。支持山西省承接加工贸易产业转移，全年监管富士康苹果手机保税维修项目进口待维修手机775.63万台、出口已修复手机590.22万台。支持外贸新兴业态的发展，5家企业在武宿综合保税区开展跨境电子商务业务，选定2家外贸综合服务试点企业、5家培育对象企业。支持地方打造农产品出口平台，引导本地企业自营出口、用足用好退税政策。全年审核进口减免税货值1.94亿美元，审批减免税款2.46亿元人民币，同比分别增长6.66%、21.2%。

(二)积极推进，确保各项改革部署落地生根。落实压缩货物通关时间三分之一要求，科学测算通关时间、建立通关时间监督制度，全年进出口平均通关时间分别为7.8、0.2小时。7月1日起全面推进全国海关通关一体化改革，全年受理全国通关一体化报关单29798份，占报关单总量的69.78%。深化税收改革，完善税收考评机制，全年征收税款13.78亿元，其中电子支付税费8.29亿元、同比(下同)增长19.26%，汇总征税4945.36万元、增长3.29倍。提高关区验估能力水平，在9个业务现场设立36个验估岗位，保障验估作业系统岗位及派单条件顺畅运行。完成隶属海关功能化改造，二级风险防控中心正式开展工作。8月18日上线运行国际贸易“单一窗口”标准版，辖区企业通过“单一窗口”申报货物5551份，报关单覆盖率达到84.75%。扩大通关作业无纸化适用范围，直接退运业务、减免税申请、担保作业全部实现无纸化，全年通关无纸化放行报关单42507份，占关区报关单总量的99.22%。推广关检合作“三个一”，全年实施人工对碰“一次查验”报关单21份。深入推进“双随机、一公开”工作，全年随机选择布控查验率98.73%、预定式布控查验率93.86%。完成权责清单编制工作，梳理10大权责类型77项权责事项和225项权责子项，并对社会公示。落实“放管服”“去繁就简”要求，保留清单内的4个行政审批事项、1项预录入涉企经营服务性收费。

(三)牢记使命，认真履行海关监管职责。坚持“一张蓝图干到底”，按照上届关党组确立的“用三年左右时间全面加强业务建设”的思路，制定三年行动计划和年度重点工作。出台首问负责制度，规范业务咨询流程，理顺协作机制。制定统一版《业务操作指引》，规范统一各现场业务操作。加强实际监管，全年监管进出口货物171万吨、进出境人员37.9万人次。加强业务运行监控，全年运用HL2008等系统发现问题62个，同比增长2倍，纠正违规金额701.02万元，追补税款430万元。提升后续管理效能，专项稽查查发4起违规案件，引入中介机

构协助海关稽核查13次,引导企业2次主动披露相关事项。

(四)重拳出击,始终保持打击走私高压态势。海关总署(太原)情报中心建设成果逐步显现,围绕十九大安全保卫等重点工作,梳理出129条涉枪走私线索,总署缉私局会同公安部据此在"国门勇士2017"缉枪专项行动中组织开展集中和滚动打击,最大限度消除了走私进境枪支流散社会带来的安全隐患。牵头召开24个成员单位参加的打私工作联席会议,健全打击走私综合治理格局。全年继续保持了"小关能办大案"的优良传统,办结刑事案件6起、自主查发的涉税农产品走私案件1起、废旧塑料利用企业涉嫌违规案1起。查发重点领域打击走私案件14起。办结行政案件13起,案值7.41亿元,补税417.39万元。

(五)正本清源,狠抓党风廉政和反腐败工作。层层压紧压实主体责任,细化分解关区党风廉政建设和反腐败重点工作任务,逐级签订《党风廉政建设主体责任书》。推行"一单、一书、一纪实"制度,健全党组成员主体责任台账登记机制,确保履责情况可溯、可查、可验。强化责任监督,密切党风廉政建设部门与纪检监察、督察审计部门的联系配合,定期召开联席会议,形成监督合力。加强日常教育,开展"廉政文化建设月"和"廉政教育日"活动,定期编发《太原海关党风廉政建设学思践悟导读》,通过"读书思廉"、主题征文、廉政书画创作等形式,将廉政文化自然融入党员干部日常工作和行为习惯中,筑牢全员廉洁自律防线。关区廉政态势继续保持平稳。

(宋　阳)

附:中华人民共和国太原海关党组书记、成员名单

书　记:吴海平(2月离职)　高继科(4月任职)

成　员:武书明　虞　阳(9月离职)　林跃飞　赵锦芳　单　煊(12月任职)

太原铁路公安局党委工作概况

党委书记　董跃峰

2017年,太原铁路公安局高举习近平总书记新时代中国特色社会主义思想伟大旗帜,以党的十九大精神为指引,坚持以习总书记"四句话、十六字"为治警方略和根本遵循,主动适应经济发展、深化改革、依法治国和从严治党的新常态,结合全局第二个"三年规划",全面加强公安工作的常态化、规范化建设,充分发挥公安机关"打击、防范、服务"职能,圆满完成了春运、两会、"一带一路"国际高峰论坛、十九大等各项重点安保任务,有力地维护了铁路运输生产安全和旅客生命财产安全,为构建和谐铁路、促进山西省转型跨越发展作出了积极贡献。年内,1个单位荣获"全国优秀公安基层单位",1名民警被追授"二级英雄模范"、"人民铁道卫士"荣誉称号,1名民警荣获"全国特级优秀人民警察",2名民警荣获"全国优秀人民警察",7个单位和2名民警获得全国、全路及省级共青团荣誉称号,太原处民警史恩礼被评为全路2017春运"最美铁路人",太原处民警慕海林被山西省直文明办推荐为全国"助人为乐道德模范"候选人,1名民警荣获"火车头"奖章。公安局先后三次被山西省公安厅通令嘉奖,荣获路局完成大西高铁试验段突出贡献单位,全局唯一的"2017年春运宣传特殊贡献单位",路局党委评为"宣传思想文化工作先进单位",被山西省目标责任考核领导小组评为"2016年度为山西地方经济社会发展做出重要贡献的中央驻晋单位"。由于工作成绩突出,受到上级领导表扬性批示达23次,被铁路公安局(公安部十局)通报表扬9次。全局4个集体、8名个人荣立二等功,共有94个集体、118名个人立功受奖。

一、以抓实思想政治工作为切入点,突出政治建警,永葆忠诚本色

全局各级组织始终把政治建警置于首要位置,以党的建设带动队伍建设,深入学习贯彻十九大精神和习近平新时代中国特色社会主义思想,开展"两学一做"常态化制度化学习教育,努力筑牢信仰之基、补足精神之钙、把稳思想之舵。一是用新时代新思想武装全警。制定下发了《关于认真学习宣传贯彻党的十九大精神的决定》,细化了13项具体措施,明确了标准要求,确保学习宣传贯彻活动落到实处。广大干部民警以党的十九大报告、新修订的党章和习近平新时代中国特色社会主义思想为主要学习内容,读原著、学原文、悟原理,从思想深处领会精神实质,切实做到学懂弄通、学深悟透。以习总书记"四句话、十六字"总要求为根本遵循,坚持问题导向,对照要求,从局、处、基层所队三个层面,查找了4个方面10类56件倾向性、潜在性、惯性问题,认真研究制定了整改措施,切实做到了对标看齐、立行立改。二是常态推进"两学一做"主题教育。把推进"两学一做"学习教育常态化制度化作为加强党的建设的一项长期和重大政治任务,局党委理论中心组率先垂范、以上率下,先后26次开展理论学习、7次组织专题研讨,组织全局公安机关在持续学、深入学上下功夫。两级机关、各级班子和领导干部学在先、做在前、树标杆,发挥"关键少数"示范带动作用;各基层党组织进一步健全落实常态化形势报告、政策教育、理论学习等制度,落实动态化的重要节点和重大安保任务的战时思想政治工作,组织引导广大党员在真"学"实"做"上深化拓展。三是全面加强党的建设。成立太原铁路公安局党建工作领导小组,制定出台《党建工作责任制实施办法》《党建工作制度汇编》《党支部工作考核办法》《党支部书记履职考核制度》《发

展党员操作规程》《基层党组织换届选举工作手册》等项制度办法。进一步推进实施“党支部建设三年工程”,建立实行《“四强”党支部建设实施细则》,完善党支部分类定级、晋位升级机制,开通太铁公安党建网暨网上党校和共产党员微信平台。落实全面从严治党责任情况,部署开展年度党组织书记抓基层党建工作述职评议考核工作,太原铁路局党委联检互评组对公安局党建基础工作予以充分肯定。

二、以弘扬队伍昂扬正气为出发点,丰富警营文化,激发民警活力

按照“对内凝聚警心、鼓舞士气,对外塑造形象、弘扬正气”的总要求,坚持围绕中心、服务大局,唱响主旋律,打好主动仗,为全局公安工作和队伍建设营造了浓厚的舆论氛围。一是持续深化“五个一”活动。开展入警宣誓、处史教育、团课讲堂、文化体验、签字留言、观看微电影等“六个一”专题教育,引导民警树立正确的职业价值观。推出“10分钟尚德教育、10分钟尚先教育、10分钟尚学教育”的精神文明建设新理念,开展读书交流活动。坚持开展“家风家教你我他”为主题活动,推动形成“民警小家庭温馨、警营大家庭和谐”的良好氛围。二是大力繁荣警营文化。建立了“太铁警艺”书画摄影微信群,先后组织开展“学讲亮唱”七个一系列主题活动、第二届“健康你我行,民警健步走”、“博爱一日捐”、“送温暖、献爱心”等系列活动。联合太原市总工会成功举办了“缘定金秋.龙城圆梦”单身青年交友联谊活动。民警摄影作品《职责》《安全乘车》荣获全路公安民警“2017春运·风采”杯纪实摄影大赛铜奖和优秀奖。三是新闻宣传亮点纷呈。紧密围绕各时期公安中心工作和重大安保任务,精心策划宣传主题,部署开展新闻宣传竞赛,组织新闻宣传小分队随警作战,深入一线岗位,进行跟踪报道,并充分利用“太原铁警”、“大同铁警在线”、“临汾铁警在线”、“龙城铁警”等新媒体,及时反映全局公安机关和广大公安民警的良好精神面貌。全年共在各级新闻媒体刊稿20274篇,其中中央级主流媒体785篇,省部级媒体9219篇,各大互联网网站10270篇。

三、以打造过硬公安队伍为着力点,科学规范管理,凝聚队伍合力

全局公安机关认真贯彻落实上级部署要求,把队伍正规化建设作为公安工作的主线,认真践行习近平总书记“四句话、十六字”总要求,紧紧围绕“五个过硬”,着眼于正规化、专业化、职业化建设,四轮驱动、一体推进,确保了全局公安队伍健康发展。一是实战练兵提档升级。全面推进实战化训练考核年活动,开展全员“基本知识、基本体能、基本技能”实战训练,全面实施“轮训轮值、战训合一”训练模式,全年共举办全局性的各类培训班13批514 余人次,开展各项应急演练622场次,149名所队正职参加铁路公安局广州赛区比武考核,取得六个单项团体第一,基本体能团体第二、个人总成绩前四名的优异成绩;8名民警取得了高级执法资格,2607名民警通过了中级执法资格考试,占全局总人数的87%。持续推进入警训练、晋升训练、发展训练各警种系统培训和考核比武工作,刑侦、刑事技术、网侦、警卫、国保等警种在全路比武竞赛中屡获殊荣。二是立功创模深入推进。坚持“工作开展到哪里,表彰奖励就跟进到哪里”,对在今年以来各项安保工作中成绩突出的94个集体和118名个人给予了立功嘉奖,为广大民警树立了标杆。3月19日至3月28日,公安局举办“闪光的足迹 飞扬的青春”主题巡回报告会,深入各公安处开展广泛宣讲。6月9日,公安局召开英雄模范立功集体授奖大会,对在全国公安系统英雄模范立功集体表彰大会受到表彰的1个集体和3名个人进行集中授奖。特别是突出战时表彰,对十九大安保成绩突出的19个集体、6名个人记三等功,对3个集体、67名个人记嘉奖。三是从优待警落到实处。及时兑现属地公务员待遇政策,兑现落实太原、大同、临汾属地冬季取暖补贴调整标准,落实兑现加班补贴、值勤岗位津贴相关工作。积极落实《人民警察抚恤优待办法》和公安民警因公负伤医疗费、公安民警人身意外伤害保险等职业风险保障制度,推进“三不让”帮扶救助保障机制,组织开展慰问公安英烈和因公牺牲、致残以及特困民警和家属活动,救助484人次,72万元。严格执行功模先进疗养和民警休假、体检制度,下拨帮扶救助专项资金6.9万元用于基层所队115个小药箱药品的补充及小型医疗器械的配备,为全局乘务民警和列车安全员购置应急小药包3400个,下拨经费9.8万元开展暑期送凉爽以及安保慰问等活动。同时,深入推进“八小工程”建设,下拨专项经费31.3万元,全力保障一线民警的饮食、工作生活环境。四是从严治警挺在前面。始终把纪律挺在前面,按照“两个责任”要求,建立了由党委书记负总责,其他党委成员按系统分管负责,机关处室负责人按业务分工包保负责的责任体系。深入开展“学条规、讲法纪、严警风、树形象”活动,推进“12345”警风警纪教育工程。紧盯“枪、车、酒、票、监所、执法”等关键环节,开展专项检查督查,及时剔除隐患问题。

四、以维护铁路安全稳定为落脚点,推动平安建设,服务山西发展

坚持把十九大安保工作为全年公安工作的主线,认真制定了“迎接十九大 忠诚保平安”“1+8”行动总体方案,着力构建“打、防、管、控、建”立体化防控体系,社会群众的安全感、满意度大幅提升。一是维稳控制战果突出。二是反恐防范形成常态。三是防火防爆全面覆盖。四是线路治安保持平稳。五是查缉破案能力提升。

(李晓东)

附:太原铁路公安局党委书记、副书记、委员名单

书　记:董跃峰

副书记： 关六斤(7月离职)　张文魁（7月任职）
委　员： 马跃进（6月离职）　刘来有（10月离职）
朱彦红　赵充祥　刘建兵
宋学斌（12月任职）　张宝生（12月任职）
张国顺（1月离职）

太原铁路公安局“七一”表彰大会现场

驻晋部队党委工作概况

省军区党委工作概况

党委书记　郭志刚

2017年，是迎接和学习贯彻党的十九大精神的政治之年，是省军区转型重塑的改革之年。省军区党委认真贯彻党中央、中央军委和习主席决策部署，在中央军委国防动员部、中部战区党委和山西省委领导下，落实政治建军要求，贯彻稳中求进总基调，坚持改革与备战两手抓、改革与发展两促进，坚定看齐追随，聚焦备战打仗，强力正风肃纪，严控安全稳定，各项建设呈现新面貌新气象，取得新发展新进步。

一、学习贯彻习近平强军思想持续深入

坚持把学用系列重要讲话作为举旗定向的根本之策，在融会贯通、学以致用、全面覆盖上狠下功夫。扎实开展“维护核心、听从指挥”主题教育，推进“两学一做”学习教育常态化制度化，引导官兵进一步强化“四个意识”、践行“三个维护”。深刻学习领会习主席视察山西和“7·26”重要讲话精神，强调学以致用解决问题，着力提高政治站位，推动学用系列重要讲话全面上升到新的水平，为迎接十九大召开奠定坚实的思想、理论和政治基础。大会召开后，贯彻“学懂弄通做实”“走在前列”要求，多措并举迅速兴起学习贯彻热潮。召开专题工作会议做出全面部署，制定全区学习贯彻的意见，研究《关于全面深入贯彻军委主席负责制的措施》，组织22个重大课题调研。广泛开展重温入党誓词、文艺创演、知识竞赛等群众性活动，促进十九大精神深入人心。年度转换，把举办学习贯彻十九大精神理论集训作为第一件大事，全面抓好新思想、新战略、新任务、新要求学习理解，推动习近平新时代中国特色社会主义思想，特别是强军思想在省军区深入贯彻落实。

二、落实改革任务坚决有力

加强党委统揽，提高整体效能，以过硬作风和科学方法谋划推进改革。坚持把强有力的思想发动贯穿改革全程，紧盯官兵思想实际开展改革强军主题教育。认真贯彻军委规模结构和力量编成改革工作会议精神，积极稳妥推进部队转隶移交、机关调整组建、人员落编定位。广泛开展“三新”大讨论、大辨析活动，成立“一办四局”筹备组，制定《机关基本工作规范》，指导各级机关从领导机关向党委的参谋执行服务机关转变，省军区在转型重塑中保持了高度集中统一和纯洁巩固。

三、练兵备战从难从严更加聚焦

紧紧围绕备战打仗核心使命，规范各级作战值班、情报信息报送，强化“席位就是战位”的战备意识，部队在人少事多情况下保持了良好战备秩序。参加全军战役集训和演习，重新调整组建省地震救援队，从难从严从实战出发，组织全省人防演习和抗震救灾指挥所紧急开设演练，各级组织实施国防动员能力进一步提高。严格落实党委议训和首长机关训练考核，完成新大纲部分课目试训论证任务，分级组织专武干部业务轮训和考核，举办民兵骨干集训班130期，训练民兵2万余人次，完成学生军训47万余人，参训率和组训质量有新的提升。选拔队员参加中部战区参谋骨干集训比武，取得好的成绩。一年来，全区共动用民兵27139人，遂行抢险救灾、维护社会稳定、支援地方经济建设等各类任务483次。

四、协调推进动员领域军民融合成效显现

围绕山西改革总体布局，军地合力研究《关于深化国防动员改革的意见》，从政策、制度、机制上对加强国防动员和后备力量建设作出全面规范。积极发挥军民融合协调作用，

参与制定《山西省创建国家军民融合创新示范区总体方案》,助推军民融合产业园规划建设,筹建军民融合暨国防动员创新发展平台。建立大学生青年入伍奖励金制度,圆满完成新兵和直招士官征集任务,大学生征集数超出指导比例10个百分点,"五率"量化考评在国防动员系统排名第六,省军区提高兵役登记强制力的做法被《军队情况摘报》刊发,打造了"山西兵好、山西好兵"的名片。开展"百场国防教育宣讲进高校、百名师团职领导干部上讲台"活动,开设两期县处级领导干部国防专题研究班,完成第三批46个国防教育基地命名。省、市、县三级同步组织第十七个全民国防教育日,举办"军旗猎猎"军事主题摄影展和"太行奶娘"巡回演出,全省崇军尚武、爱国拥军的国防观念更加牢固。召开驻晋部队参与脱贫攻坚推进会,常态派出工作队驻村扶贫、定点援建,定期开展政策、医疗、文化"三下乡"活动,推动179个扶贫村92个扶贫项目精准落实到位。

五、基层建设基础进一步牢固

坚持不懈抓基层打基础,运用高铁动车原理,实行层级抓建、精准帮建,提高人武部造血能力和自建水平。强化问题导向,盯着党管武装、战备秩序、班子和队伍建设、制度落实、从严管理、作用发挥等关键环节,帮理思路、帮教方法、帮带队伍、帮解难题。省军区常委带机关展开4次集中帮建,各军分区(警备区)结合实际,研究制定实现"全面过硬、特色鲜明"建设目标的"路线图""施工图",全区上下争先创优、比学赶帮的氛围日益浓厚,31个人武部被评为先进。始终把办好官兵的事放在心上,协调地方有关部门落实随军家属就业安置,对军人子女实行中高考加分优待,有效解决基层官兵的后顾之忧。完成无军籍退休职工移交地方安置任务,退休干部移交安置率达到135%,在国防动员系统排名第三。

六、正风肃纪反腐向纵深推进

保持不松不退不让的定力和勇气,持续深化作风建设,确保各项工作经得起检验、对历史负责。全面彻底肃清郭徐流毒影响,深入开展"12个重大是非问题"讨论辨析,严格落实领导干部个人事项报告制度,扎实搞好"两个清理"。贯彻中央八项规定精神和军委十项规定《实施细则》,研究规范领导干部工作和生活保障、加强党委机关作风建设"两个措施"。加大纪检办案和信访举报问题调查核实力度,党委领导亲自督办,依规依纪作出处理。成立工作组展开多个波次明查暗访,下力纠治官兵身边的不正之风和"微腐败"。严格落实军委纪委廉洁征兵"十不准"要求,聘用各类监督员5550名,形成廉洁征兵强大社会效应。认真抓好经济责任审计问题整改和忻州军分区迎审工作,接受生活费审计,全区自查整改不合理开支。组织停偿工作军地联合检查督导,关停对外有偿服务项目1250个。规范清理各级办公用房、超面积公寓住房,按时完成军职以上干部超面积住房认定、省市领导干部住用军队公寓住房腾退,清理违规超占住房,完成率达到98%。成立工作专班开展油料系统集中专项整治,行业风气整顿成效明显。

七、后装保障平稳接续、供管有力

以服务保障调整改革为重点,及时对接保障职能,理顺保障渠道,搞好保障供应。坚持依法从严治保,出台财务管理、集中采购、油料供应、伙食保障、零星工程和招待所食宿6项管理规定,保障秩序进一步规范。全面深化后勤改革创新,推行军分区、人武部油料社会化保障,对直附属单位财务实行集中统管,完成"四个监管"系统运行调试,稳妥推进停偿单位职工分流转岗安置,保障质量得到有效提升。加强党委理财、严格经费管控,按标准请领下拨经费,下达干休所综合整治项目经费,实施维修整修零星工程20项,各级训练工作生活条件进一步改善。加强装备规范化建设,配发民兵装,完成编余武器和车辆封存任务,武器装备管理连续29年安全无事故。

八、治军管理形势稳定向好

着眼政治之年、改革之年、大事之年的特殊政治要求,强化问题意识和底线思维,坚持预防为主,狠抓制度落实,持续加大依法治军、从严治军力度。以"争创安全年"活动统筹牵引安全工作,形势常议、管理常抓、问题常查、隐患常治,一仗一仗打,积小胜为大胜。突出抓好特殊敏感时期部队管控,扎实开展枪弹专项清查、安全大检查、岗位要点一口清、管法创新研究等活动,加强网络舆情管控和案件预防,拉网过筛排查治理,发现问题露头就打,有力营造了抓安全保稳定的良好环境,安全工作在国防动员系统排名第三。严密组织吕梁民兵武器装备仓库山体滑坡及受损弹药清理,中央电视台进行了专题报道,军委国防动员部给予高度评价。

九、党委班子和干部队伍建设有了新的加强

突出政治建设首位要求,把学习贯彻习近平新时代中国特色社会主义思想作为最大政治训练,不断提高党员干部的政治觉悟和政治能力。认真贯彻《准则》《条例》,从上党课、过党日、交党费等经常性组织生活制度抓起严起,党内政治生活的政治性、时代性、原则性、战斗性明显增强。组织召开省军区第十一次党代表大会,绘就未来五年发展蓝图,汇聚起推动发展的决心意志和强大力量。针对各级党委班子重新调整组建的实际,突出抓好民主集中制建设,围绕"三对照三查纠"逐级开好专题民主生活会,加强对新进班子成员传帮带,规范军分区、人武部主要领导参加同级地方党委常委工作,各级班子在调整变化中得到新的加强。坚持正确用人导向,严密组织师团职干部考核,扎实做好干部调整配备、岗位培训,加大文职人员转改政策宣讲力度,举办两批次师团职交流干部"非转专"集训,选送部分干部入学培训,人才队伍建设持续加强,一批优秀干部得到提升使用。

(杜占甫)

武警山西省总队党委工作概况

党委书记　李清涛

2017年，总队党委牢牢把握“五个大考”特殊形势、特别要求，深入学习贯彻习近平新时代中国特色社会主义思想特别是强军思想，按照武警部队党委决策部署，紧紧围绕迎接保卫贯彻党的十九大这条主线，着力强政治保方向，强能力保中心，强基层保稳定，带领官兵朝建设一流总队目标迈出坚实步伐，取得明显成效。

“三个维护”坚定自觉。始终把迎接保卫学习贯彻十九大作为头等大事，高举习近平中国特色社会主义思想伟大旗帜，持续加强政治贯注，推动进入思想深处、融入话语体系、转入思维理念。坚持把两项重大教育作为统领思想、铸魂育人的“主课堂”，上好基础理论课、革命传统课、纪律规矩课和实践转化课，擦亮政治底色，提升忠诚纯度。坚持把赓续红色基因血脉作为激励兵心士气的“源动力”，系统推进“红色基因代代传”工程，盘活用好128个教育基地，全方位开展爱国主义教育，激发了薪火相传、赓续血脉的自豪感使命感。

备战打仗导向鲜明。持续深入贯彻勤务规范系列会议精神，大力推进执勤“五防一体化”：人防、物防、技防、联防、犬防。执勤“六化”建设：组勤正规化、外围阵地化、监控高清化、报警多元化、照明白昼化、联防机制化。连续19年执勤无事故。全面推进战备“三化”建设，完成三级反恐力量和××类××个专业分队编携配装，应急班防暴运兵车配备率达100%。以军事训练“八落实”：人员、时间、内容、质量、摩托（飞行）小时、弹药、教练员、场地。“六种组训模式”为抓手，紧贴实战抓训练，部队备战打仗能力持续提升。机动支队被武警部队评为军事训练一级单位。

调整改革蹄急步稳。坚持思想领先，始终用中央军委、习主席的命令和武警部队党委的决策部署凝聚军心意志，深入开展政策解读、宣讲辅导、热点释疑，打牢拥护支持改革的思想基础。坚持令出行随，在任务交叉叠加的情况下，科学摆布力量，分兵把口负责，有序推进、梯次完成总队机关改革整编及部队规模结构和力量编成改革。坚持“瘦身”与“强身”相统一，从转思维、转方式、转作风切入，深入开展“转学整规”教育整顿，理顺职责界面，规范运行机制，确保无缝衔接、高效运转。

基层基础日渐厚实。注重拎起干部队伍这个“纲”，以讲评树导向，以培训强素质，以整顿正风气，以实绩论奖惩，着力打造地基上的“钢筋”。注重下好精准帮建这步“棋”，党委机关先后组织4批当兵蹲连、考察帮建，大力办好实事，使基层焕发了生机活力。注重用好典型带动这个“招”，评选表彰“六好”“十佳转业干部”，激发了正能量，扩大了阳光面。褚旭亮荣膺第二十届“中国武警十大忠诚卫士”，太原支队五中队当选武警部队“基层建设标兵中队”。注重盯住安全稳定这个“底”，深入开展“带新促老”活动，制定“四知三责两到位”“五个从严”硬性措施，排查整治隐患，有效堵塞了安全漏洞。

政治生态更加清爽。坚定“五个别再想”的原则立场，按照党委领导带头整肃、党员干部深层辨析、部队官兵普遍教育的路子，波次推进、步步深入、层层压紧，全面彻底肃清郭徐流毒影响。始终贯彻严实硬的要求，扭住生活费审计、军粮清查、停偿工作、长期滞留部队人员移交等重点难点，重犁深耕、挖根除弊，攻坚克难解决问题。认真履行“两个责任”，对违法违纪行为“零容忍”，严肃问责追责，一些不良倾向和歪风邪气得到有效纠治，促进了正气上扬、生态好转。

班子建设明显加强。注重加强政治能力训练，既破谬误、破痼疾、破陋习，又立思想、立标准、立规矩，不断提高把握方向、把握大势、把握全局的能力。注重从上党课、过党日、交党费等基本制度基本要求抓起严起，在严肃党内政治生活中加钢淬火、提纯党性。注重学好用好民主集中制重要法宝，仔细研读毛主席倡导的党委会工作12种方法，积极开展民主集中制研讨交流，不断强化班子成员懂规矩守规矩的意识和能力。班子成员带头改作风严自律，学习先行一步、任务勇上一线、规矩严格执行，为部队树了样子、作了表率。

（张勇志）

省公安消防总队党委工作概况

党委书记　彭建宏

2017年，山西省消防总队党委始终坚持党对一切工作的领导，紧紧围绕迎接、保卫、学习、贯彻党的十九大这条主线，深入学习贯彻习近平新时代中国特色社会主义思想，全面贯彻习近平强军思想，坚持稳中求进总基调，坚持“抓基础、保稳定、重落实、谋发展”总思路，带领广大官兵锐意进取、真抓实干、攻坚克难，特别是面对党的十九大消防安保等政治大考、任务大考、稳定大考，一天压着一天过，一仗接着一仗打，部局、省厅下达任务全部完成，年初工作目标全部实现，全省火灾形势和队伍建设高度稳定，基层基础建设取得重大进展，在全国消防部队考核评比中，获得“2017年度工作目标考评先进总队”“2017年度安全工作先进总队”“党的十九大消防安保工作先进总队” 等重大荣誉，赢得“大满贯”、实现“满堂红”，山西消防工作和部队建设站在新的历史方位砥砺前行，以崭新的精神状态和奋斗姿态迈进新时代。

思想政治建设取得新气象。把学习贯彻党的十九大精神作为首要政治任务，高位推动、持续发力、掀起热潮；扎实开展“维护核心、听从指挥”主题教育、推进“两学一做”学习教育常态化制度化、“四句话、十六字”总要求等活动，依托省内红色资源建立6个教育基地，依托报刊、网络、微信丰富教育形式。全面实施“四心工程”，出台《暖心励警11项措施》；针对部队改革等敏感问题，及时开展思想引导，一波一澜地开展“红门系列”7项活动，组织文艺调演，举办表彰晚会，部队斗志更加高昂、正能量更加强劲。

防火安全开创新局面。各级党委政府重视程度不断提高，省委书记骆惠宁、省长楼阳生多次就消防工作作出批示指示；省政府将重大火灾隐患整改等纳入“13710”督办系统。以“四长包保”责任制为牵引，加大对社会单位检查指导力度；创新开展“一寺一档”活动，推行“1+2+1”电气消防安全检查模式，破解文物建筑防火难题，连续3年全省文物建筑未发生一起起火冒烟现象。组织开展消防监督执法技能竞赛。山西消防获评“全国十大最具影响力消防头条号”。以太原为试点，在全国率先建立消防安全管理中心。全年共检查单位24万家，发现整改火灾隐患34万条，临时查封2898家，责令“三停”2907家，罚款7547万元，拘留1739人，6项指标同比上年全部上升30%以上；督促整改销案128处重大火灾隐患。

部队战斗力大幅提高。一切力量聚焦能打仗、打胜仗主课主业。大力开展新兵集训和基层指挥员、士官和专职消防队长封闭集训，开展全员普训普考，分赛区举办夏季训练比武竞赛。组织实战化拉动演练，修订数字化灭火救援预案4720份；执行微型消防站联动模式，开展联演联训2778次。建成45支高层建筑灭火救援等专业队伍、168支乡镇专职消防队，在第四届搜救犬技术比武竞赛中荣获全国第9名。2017年以来，共接警出动1.06万起，出动消防车2.09万辆/次，官兵11.5万人次，抢救被困人员3420人次，疏散被困人员1.7万余人，抢救财产价值1.67亿元。

后勤保障力度进一步强化。全年经费同比增长7%，达到12亿元。投入专项经费1.67亿元，新购消防车90辆、器材装备3.86万件(套)，消防车辆总数达1200辆、器材装备总数达25.23万件(套)。科学编制营房建设三年规划，新开工建设消防站20个，总数达174个；新增公寓房246套，总数达702套；11个支队级训练基地建设全部开工，8个投入使用，战勤保障基地全部建成，“三项建设”任务全部完成。打造智慧后勤，研发后勤综合管理系统，“明厨亮灶”经验在全国推广。

抓班子带队伍能力明显提升。选用干部优先配齐基层班子，更加突出党委权重，不唯分、不唯票，把经费增长等重点任务完成情况作为考察重点，强化结果运用。扎实开展公安消防党旗红活动，对355个基层党组织考察帮建。各级办大事解难题能力进一步提升，特别是解决了长达6年的退休干部移交“老大难”遗留问题。扎实推进“大队管理中队”工作，持续推进正规化管理达标创建活动，深化安全大检查，畅通士兵热线，设立“曝光台”，公示举报电话，对有关问题及时办理答复，实施常态化督察。分批举办培训班，有效提升基层干部开展党务工作和管理部队能力。

从严治党向纵深挺进。制定《加强领导干部“关键少数”管理办法》，下发《加强党员领导干部政治能力训练若干意见》，开展“不忘初心、牢记使命，自觉立起领导干部九个好样子”活动。制定下发《加强风气建设十项措施》，逐级召开“坚决查纠四风、巩固作风建设成效”专题民主和组织生活会；开展全覆盖无盲区廉政巡察及“回头看”活动，发现整改问题500余条；提升纪检、审计部门监督站位，跟踪监督选人用人、经费使用、集中采购、工程建设等事项；认真受理信访举报，针对性实施党政纪处分、诫勉谈话、提醒谈话、批评教育等，形成有力震慑。

(张静琼)

高等院校党委工作概况

山西大学党委工作概况

党委书记　师　帅

2017年，在省委、省政府的正确领导下，在省高校工委、教育厅的指导帮助下，学校党委团结带领全体党员干部和师生员工，高举习近平新时代中国特色社会主义思想伟大旗帜，紧密团结在以习近平同志为核心的党中央周围，沿着党的十九大指引的方向，全面贯彻党的教育方针，坚持社会主义办学方向，落实立德树人根本任务，不忘初心，砥砺前行，为学校改革发展提供了坚强的政治保障。

一、坚持以习近平新时代中国特色社会主义思想为指导，认真学习宣传贯彻党的十九大精神

系统开展学习培训，做到学深悟透、融会贯通。学校党委把学习宣传贯彻党的十九大精神作为当前和今后的重大政治任务和工作主题，出台学校《关于深入学习宣传贯彻党的十九大精神的实施方案》，将“10个深刻领会”和“6个聚焦”要求贯彻党建工作全过程。充分发挥党委中心组学习的示范带动作用，全年开展专题集中学习23次。邀请中宣部、中央党校等领导专家举行专题辅导报告10余次。

广泛开展宣讲活动，做到真学真懂、入脑入心。坚持领导带头，党的十九大代表、校党委书记师帅在山西高校、党政机关、企事业单位、科研院所、扶贫一线作专题报告22场，《人民日报》予以专题报道。组建教授宣讲团和博士宣讲团，为全校各级党组织理论学习提供“菜单式”服务，累计宣讲111场。组织开展十九大精神进基层师生面对面行动，多角度、全方位宣传解读十九大精神。

精心策划宣传报道，做到喜闻乐见、氛围浓厚。充分利用校园传统媒介和“两微一端”等新媒体平台，开设学习宣传贯彻十九大精神理论专栏，推出“让党的十九大精神印在脑海融入心中”专版，积极宣传学校各单位学习宣传贯彻党的十九大精神的具体举措和实际行动，反映广大师生学习贯彻的典型事迹和良好风貌。

切实加强研究阐释，做到全面准确、指导实践。建设“习近平新时代中国特色社会主义思想研究基地”，组织专家学者深入开展理论研究。《光明日报》发表校党委书记师帅署名文章《办好中国特色社会主义大学》，《山西日报》调研专版头条发表学用“习近平新时代中国特色社会主义思想”理论文章，《新时代的文化自信》等10篇专题报告被省委采用。

二、充分发挥主题教育的牵引作用，积极推进“两学一做”学习教育常态化制度化，认真开展维护核心见诸行动主题教育

打牢思想根基，增强政治自觉。通过党委中心组集中学习、专题辅导、系列培训等多种形式，结合习总书记视察山西重要讲话精神，重点学习习总书记在省部级主要领导干部专题研讨班上的重要讲话精神、《习近平谈治国理政》第二卷等，进一步强化“四个意识”、坚定“四个自信”，不断强化忠诚核心、拥戴核心、维护核心、捍卫核心的思想和行动自觉。

加强组织领导，确保有序推进。制定实施方案，成立专门机构，明确主要目标、方法步骤和内容要求。成立3个党建专项督导调研组，对全校各基层党组织进行督导调研。组织开展“不忘初心、牢记使命”重温入党誓词活动，领导干部以普

通党员的身份参与所在党支部的主题党日活动,校领导讲专题党课15次,全校301名基层党组织书记人人上台讲党课。

学用重要讲话,解决实际问题。召开学校深入学习贯彻习近平总书记重要讲话精神经验交流会,坚持用习近平新时代中国特色社会主义思想指导决策部署、衡量工作成效。修改完善《山西大学综合改革方案》,有序推进校院管理体制改革等28个改革子方案的制定,3个学科入选山西省"1331工程"一流学科建设计划和优势特色学科建设计划,引进中科院院士等高层次人才41人,引进优秀博士106人。在世界大学权威排行榜US News2018年排名中,学校位列内地高校第81位;在全球自然指数2018年排名中,位列第54位;在全球ESI院校排名以及国内主要大学综合排行榜中,稳定保持在全国百强、山西首位。

三、全面加强"三基建设",推动全面从严治党落实落细

推进基层组织全面加强。召开学校党员代表会议,选举增补党委委员和党委常委,增选提高组织活力和凝聚力战斗力。调整成立4个基层党委和18个研究所党总支,夯实基层党建工作的组织基础。以院系级党组织集中换届为契机,推行党政交叉任职,持续抓好院系级党组织书记联述联评联考,强化基层党组织党建工作主体责任。

推进基础工作全面进步。认真贯彻民主集中制,规范党委议事规则。大兴调查研究之风,深入基层一线、兄弟院校和企事业单位认真开展调研,形成高质量调研报告。完善基础工作目录、应知应会手册、管理手册、便民服务手册"一目录三手册",统一标准,规范程序。突出干部考核的"指挥棒"和"风向标"作用,完成160名中层领导干部的选任、调整和免职工作。推进师生综合服务中心功能升级,提升"一站式"办公和"一条龙"服务质量。

推进基本能力全面提升。举办党政干部、支部书记、辅导员班主任、思想政治理论课教师、青年团干、研究生党员骨干等6个类型10余个培训班。举办3期领导干部素质能力提升培训班,培训干部297人次,实现副处级以上干部轮训全覆盖。分2期对全校265个党支部书记进行培训,实现本年度党支部书记培训全覆盖。

四、落实立德树人根本任务,加强和改进学校思想政治工作

明确职责定位,强化责任担当。推进思政工作项目化,明确6个一级指标、22个二级指标、细化分解100项具体工作任务。健全党委常委会思想政治工作研讨机制,定期研判分析思想动态、工作情况和苗头性倾向性问题措施。成立教师工作部,统筹做好教师思想政治工作。思政工作经验做法得到省委骆惠宁书记的充分肯定。

创新工作思路,拓展工作方法。开展师生思想状况大调研,形成系列专题调研报告。制定6个谈话提纲,分层分类开展谈心谈话。打造"一院一品"文化品牌和知行文化育人体系,编写《山西大学学生思想政治工作思考与研究》。出台辅导员班主任、青年教师、学生社团和大学生思政工作手册,着力提升学校思政工作规范化和科学化水平。

强化育人功能,突出工作实效。加强马克思主义学院建设,获批省首批重点马院和重点学科,成立省马克思主义教学科研协同育人中心。发挥思想政治理论课主渠道作用,扎实推进习近平新时代中国特色社会主义思想进教材、进课堂、进头脑。推进课程思政,发挥各门课程与思政课的协同效应。完善学生奖助困补体系,发放各类奖助学金1.32亿元。在第十五届"挑战杯"全国大学生课外学术科技作品竞赛中,荣获特等奖1项、二等奖2项、三等奖3项。

强化队伍建设,凝聚工作合力。对思想政治工作"六支骨干队伍"情况进行大调研大起底,形成对策探讨。依托省级辅导员培训基地,组织开展辅导员职业能力大赛、辅导员沙龙和全省辅导员工作实务培训班。"山大知行传媒"和"高校学生党员发展与培养创新研究"入选全省"辅导员工作精品项目"。

五、牢牢掌握意识形态工作领导权,不断提升宣传思想工作水平

开展校庆纪念系列活动。以"学术校庆、文化校庆"为主题,隆重庆祝建校115周年,举办庆祝文艺汇演,举行168场高层次学术论坛和学生活动。出版《山大学人》专辑,对优秀教师求真勤勉的感人事迹进行宣传。编写《山西大学发展史(2012.1-2017.3)》,完善和丰富学校的校史建设。

提高新闻舆论引导能力。坚持党管媒体原则,牢牢把握正确的政治方向和舆论导向,积极营造奋发进取、积极向上、干事创业的良好氛围。加强与社会主流媒体合作,讲好山大故事,在中央电视台、中央人民广播电台、人民网、光明网、中国青年网、《山西日报》、山西电视台发布各类新闻报道500余条。

推动校园文化繁荣。坚持以文化人、以文育人,组织举办"祝福祖国"第二十二届百花奖文艺汇演,凝聚山大师生爱国爱校情感。组建学生艺术团,提升青年学子文化艺术素养。在CUBA西北赛区比赛中再次夺得"西北王"。

推进新型智库建设。管理与决策研究所、晋商学研究所入选中国智库索引(CTTI)来源智库。发布《山西资源型经济转型发展报告(2017)》《2016-2017年旅游绿皮书》。《亟需调整和完善惠农政策》受到全国哲学社会科学规划办公室通报表扬。3名教授受聘省政府法律顾问;17名教师入选山西省人民政府法律专家库;3名教授入选山西省旅游发展专家咨询委员会。

六、强化监督执纪问责,推动党风廉政建设向纵深发展

落实廉政建设主体责任。加强对党风廉政建设的分析研判,健全党委听取纪委工作汇报制度。召开党风廉政建设工作会议,对全年党风廉政建设工作作出部署和安排。印发党

风廉政建设工作要点和责任分解实施意见，将各责任主体承担的责任具体化、明晰化。制定巡视整改自行“回头看”问题清单、责任清单和整改清单，查找3类22个问题，逐条整改。强化日常监督。抓好重点领域的廉洁纪律审查，强化对学校重大决策、重点部门、关键岗位重要工作的监督。对全校党员领导干部进行警示教育，与54名新任中层干部进行任前廉政谈话。开展专题调研，对重点岗位、重点环节、重点监督对象进行咬耳扯袖，做到抓早抓小，防微杜渐。

做好线索处置和执纪审查工作。研究制定《中共山西大学纪委监督执纪工作暂行办法》和工作流程图等，着力推动监督执纪工作规范化、科学化。严肃追责问责，立案审查1件，党内严重警告1人。针对问题线索反映的苗头性、倾向性的问题进行提醒谈话，形成强大的教育震慑效果。

驰而不息纠正“四风”。认真贯彻习总书记关于进一步纠正“四风”、加强作风建设重要批示精神，修订《关于贯彻落实中央八项规定精神的实施细则》，健全作风建设长效机制。抓住重要时间节点，紧盯关键少数，成立监督检查领导组，聚焦“四风”新动向、新表现，确保中央八项规定精神落到实处。

七、凝聚干事创业强大合力，持续推进和谐校园建设

全力推进精准扶贫工作。认真落实帮扶机制，实行包村、包户结对帮扶制度，全校中层干部人人结对帮扶。筹集扶贫资金584万余元，推进实施千亩核桃树提水灌溉等10个重点项目。选派4名干部参加全省万名干部赴乡镇挂职帮助工作，驻村帮扶工作得到国务院脱贫攻坚督查组肯定。

全力维护校园稳定安全。全面落实安全稳定工作责任制，签订安全稳定目标责任书，明确各单位的工作责任。完善突发事件应急处置预案，开展校园安全稳定隐患排查和依法整治，深化校园反恐防范工作。加强稳定安全形势分析研判，把控重要节点，确保敏感期间活动的有序开展。连续11年被评为山西省创建“平安校园”工作先进单位。

扎实做好统战工作。加强统战工作队伍建设，在36个院系级基层党组织配备统战委员。注重发挥统一战线广大成员建言献策、参政议政作用，2个提案被省政协评为优秀提案。积极支持各民主党派做好自身建设，圆满完成5个民主党派换届工作。全面贯彻落实民族宗教政策，关心少数民族师生的学习工作生活。

不断提高工会工作的能力和水平。召开学校五届二次教代会，充分发挥教代会民主管理和民主监督的作用。开展劳动技能竞赛活动，不断提升教师的业务素质和教学水平。组织举办首届教职工手工艺品大赛、教职工诗文朗诵大赛等，丰富了教职工文化生活。学校荣获山西省教科文卫体系统“五一劳动奖状”。

努力做好离退休工作。充分发挥老同志的政治优势、经验优势、威望优势，及时向离退休老同志通报学校发展情况，听取对学校工作的意见和建议，引导老同志为学校事业发展发挥正能量。拓展服务方式，持续推进虚拟养老院工作。学校被评为全省老干部工作先进集体。

（武晋维）

附：山西大学党委书记、副书记、常委名单

书　记：师　帅

副书记：贾锁堂　李思殿　丁耀武

常　委：李富明　杨　军　高　策　殷　杰
韩勇鸿　程芳琴（女）　张天才
周小计（7月任职，挂职）　卢宇鸿（12月任职）
张民杰（12月任职）　李小林（女，12月任职）

太原理工大学党委工作概况

党委书记　吴玉程

太原理工大学现有校党委委员25名、校党委常委12名；31个基层党委（含4个直属党总支），2个教工党总支；348个党支部（教工支部215个，学生支部133个）。全校党员共计6852名。

2017年，太原理工大学党委以习近平新时代中国特色社会主义思想为指导，深入学习宣传贯彻党的十九大精神和全面落实全国高校思想政治工作会议精神，秉承“以学生为中心”的办学理念，以一流党建工作引领全局，以全面深化改革统揽发展，以推进五大战略工程加快“双一流”建设步伐，学校各项事业持续发展、稳中向好，展现出内涵式、高质量、加速度的强劲发展态势。

一、突出党委领导核心地位，班子办学治校能力得到新提升

（一）围绕中心工作，加强班子建设

学校党委始终坚持社会主义办学方向，紧紧围绕立德树人根本任务，坚持把想大事、议大事、抓大事作为工作方针，注重从全局和战略高度研究学校改革发展重大问题，在谋划学校发展过程中发挥定向把关作用，把党的政治优势和组织优势转化为学校的改革优势和发展优势，促进了学校各项工作科学发展和办学水平整体提升。7月3日，吴玉程同志担任太原理工大学党委书记后，班子成员精诚团结、相互支持，迅速形成心齐气顺、风清劲足的氛围。9月，学校成功入选“双一流”建设高校名单；11月，校长黄庆学教授成功当选中国工程院院士。这些重大事件和喜人成绩标志着太原理工大学进入崭新的发展阶段。

坚决贯彻执行党委领导下的校长负责制。修订完善全委会、常委会和校长办公会议议事规则、“三重一大”决策实施办法、学院党政联席会议实施细则、干部任职管理规定;校党委审议通过了书记专题会议工作规则，规范了决策程序,细化了决策事项,明确了决策责任,进一步推进了党委决策民主化科学化制度化。

高度注重调查研究。校领导班子成员带头以“走上去、走出去、走下去、请进来”等多种方式展开密集式调研。全年学校处级以上领导干部参与调研总人数225人、总天数(累加)761天。其中吴玉程书记调研18天,黄庆学校长调研15天,最后形成班子和各级领导干部调研报告123份。

(二)认真学习贯彻十九大精神，在学懂弄通做实上下功夫

坚持把学习宣传贯彻习近平新时代中国特色社会主义思想作为重中之重,全年校党委中心组理论学习13次,全校教职工政治理论学习共9次。出台实施学校学习宣传贯彻党的十九大精神实施方案，多次召开十九大精神专题学习座谈会、交流会，举办学校处级领导干部学习贯彻习近平新时代中国特色社会主义思想和党的十九大精神学习班。吴玉程书记以《中国共产党人的使命》为题为学校党员干部讲专题党课。外请专家为党员干部作党的十九大精神专题辅导六次,受众达1500人次，不断掀起学习热潮。在我省率先成立习近平新时代中国特色社会主义思想研究中心,建立马克思主义中国化最新成果的研究传播平台和基地,深入开展习近平新时代中国特色社会主义思想研究,指导学校各项工作的开展。

“维护核心、见诸行动”主题教育以宣传崭新成就、解决突出问题、创造一流业绩为载体,成为我校推进“两学一做”学习教育常态化制度化的重要抓手;深入开展“两提一创”专项活动,对照标杆找问题,列出问题清单1825个,亮出整改措施1325条,提升工作标准784项。全校各基层单位确定整改任务652项,完成整改任务457项。

(三)坚持科学民主决策,增强依法治校能力

始终坚持以学校章程为基本遵循,优化运行模式,理顺体制机制,办学效益和管理效能得到不断提高。充分发挥学术委员会在人才引进、学科发展等方面的积极作用,现代大学制度建设迈出坚实步伐。

高度重视统战、离退休工作,及时向各界人士、离退休老同志征询意见、通报校情;重视工会、共青团、学生会和教授委员会等组织建设,不断健全全校师生参与民主管理和监督的工作机制。充分发挥教代会的民主参与、民主管理、民主监督的作用,召开四届一次双代会通过《绩效工资二级管理实施方案》,二级单位教学、科研和管理的主体地位得到进一步落实,广大教职员工积极性和创造性得到充分调动。同时,采取“上会、上墙、上报、上网、发文件”等多种手段,立体多样、及时方便地开展党务校务公开工作,保证信息渠道畅通和各类信息快速流转。

(四)加强干部队伍建设,提供坚强组织保障

一是选优配强,从严管理干部队伍。2017年共完成中层干部轮岗交流3个批次44人,其中正处级9人,副处级35人。选任正处级干部1个批次6人;调整了科级干部3个批次54人。启动了科级干部选任工作,44名科级干部的提任工作基本完成。通过以上举措,我校各级干部队伍得到优化充实。二是制度先行,规范干部管理与监督。先后出台《中层干部请假管理暂行规定》《处级干部出国(境)管理办法》等制度性文件,进一步加强对干部的监督管理;推动修订《学院系(部、中心)机构设置及负责人选聘办法》《科级干部调整和补充选任工作方案》,学院科级、业务干部的选任得到进一步规范。三是实现党员干部培训全覆盖。完成对基层党支部书记集中轮训工作,全年组织各类干部培训18次,培训各类干部1300人。四是加强干部考核工作。完成对全校66个处级单位和267名处级干部2016年度的考核工作。

二、“三基建设”落地见效,基层党建工作取得新进步

(一)认真落实党建工作责任制。严格执行《基层党委落实党建工作责任制实施办法》《基层党委党建工作责任书》《基层党建工作考核办法》等制度规定。召开全校党建工作会议,党委书记代表校党委与基层党委负责人签订党建工作责任书,进一步细化任务,明确党建责任,实现压力传递。

(二)优化基层组织设置。对部分职能部门和院系机构进行了调整设立,成立信息与计算机学院、基础学院、科学技术研究院、分析测试中心、招标与采购中心、高水平运动队管理中心、党委教师工作部;推动出台后勤系统改革方案,对后勤服务保障机构进行优化调整;在基层党支部层面,利用集中换届的契机,对基层党支部进行了优化设置;实施教师党支部书记“双带头人”培育工程和党组织书记与行政负责人“一肩挑”制度,选优配强基层党组织带头人。目前全校教师党支部共有“双带头人”支部书记85人,占到88.54%。

(三)强化基层党组织功能。大力实施基层党建“三项工程”,即在学院党委层面开展“党组织引领工程”,充分发挥基层党委的政治核心和引领发展作用;在党支部层面开展“党支部工作创新计划”,以项目制推进党建创新;在党员层面开展“党员党性锤炼工程”,发挥先锋模范作用。全校党支部创新计划项目115个,开展“党员先锋行”实践活动250次,开展理论学习1030余次,开展红色基地教育198次。

三、抓牢意识形态主动权,宣传思想政治工作呈现新气象

(一)牢牢把握意识形态工作的主动权。出台《进一步加强和改进新形势下宣传思想工作的实施意见》《意识形态工作责任制实施细则》《网络安全工作责任实施办法》等,切实担负起意识形态工作主体责任,进一步巩固了马克思主义在高校意识形态领域的指导地位。

(二)宣传工作不断加强。全年在中央、省、市主流媒体刊

稿 200 余篇。为省委宣传部报送舆情信息 1645 条,被中宣部和省委省政府采纳 17 条,名列全省高校前列。打造"一端两网三微"新媒体矩阵(即校园网 APP 客户端,官方网站、"清泽心雨"思政主题网站,以及微博、微信、微视),传统媒体焕发了青春,新媒体释放了活力。

(三)思政工作亮点纷呈。坚持以学生为中心,以学风建设为关键,大力弘扬社会主义核心价值观,充分发挥思政课的主渠道作用,努力构建"大思政"格局;建立思想政治工作示范基地,受到了莅校调研考察的教育部陈宝生部长、省委骆惠宁书记的高度评价,被授予"山西省高校思想政治教育实践基地";启动实施"双十工程",举办"聚焦学生心声、服务学生成长"面对面活动,持续打造"清泾源"青马工程、"清泽心雨"思政网站、"爱心家园"等特色品牌,实现了思政工作"虚"功"实"做,"软指标"变为"硬约束",使思政工作成为"听得见、看得到、够得着"的实际行动。

(四)精神文明与校园文化建设遍地开花。2017 年 12 月学校被中央文明办授予首届"全国文明校园"称号,成为我省唯一获此殊荣的高校,这是我校在文明校园创建征程上取得的重大突破,集中展示了学校在精神文明建设工作中作出的坚实努力和取得的突出成绩。校男足喜夺第 17 届中国大学生足球联赛(CUFL)全国总冠军,体育健儿在 2017 年全国大运会上捧回"校长杯",理工大不畏困难、敢于竞争特质的校园文化氛围愈发浓厚。

四、全面贯彻从严治党新要求,党风廉政建设抓出新成效

(一)全面落实党委主体责任和纪委监督责任,推动落实党风廉政建设责任制

学校党委坚持在贯彻落实党风廉政建设党委主体责任和纪委监督责任方面持续发力,主动扛起主体责任,领导和支持纪委更好地开展工作。纪检监察部门积极发挥职能作用,推动构建党风廉政建设责任体系,实施"四级承诺";理清工作思路,确立"六个定位";实施纪委委员联系基层党组织制度,强化日常监督;实施重点工作(项目)督察制。全校党风政风进一步好转。

(二)落实中央八项规定精神,持之以恒纠正"四风"

一是抓"重要时间节点",通过开展警示教育专项活动、会议部署、发廉政短信、抽查检查等多种方式,抓早抓小,一个节点一个节点抓,做到事前提醒警示、事中随机暗访抽查、事后总结整改。二是在编制《中央八项规定精神学习手册》的基础上,制定学校《贯彻落实中央八项规定精神实施细则》,使落实中央八项规定精神进一步有据可依、更加规范。三是抓重点领域,对公务接待、公款旅游、婚丧嫁娶、发放津贴补贴等方面认真监督检查。严规矩、讲纪律在太原理工大学党政干部中已经蔚然成风。

(三)正确运用"四种形态",分类处置问题线索

2017 年,处理问题线索 17 件。这些问题线索分别运用谈话函询、初核、立案、直接了结等方式处置。问题线索处理过程中,对有关部门负责人一一进行约谈,对问题线索涉及的当事人分别进行提醒谈话、诫勉谈话,两名处级干部分别因为个人事项报告严重瞒报和酒后驾驶分别给予党内严重警告和撤销党内职务处分。在处置问题线索的过程中,提醒、警示、约谈、诫勉谈话达 73 人次,其他各种工作谈话 100 余人次。

五、坚持党管人才原则,人才队伍整体水平实现新跨越

(一)创新人才引进、培养机制。学校出台了引进人才"一事一议" 实施办法和高层次人才引进暂行办法等制度性文件,3 名教授申报两院院士并全部进入第二轮, 最终 1 人成功当选;引进山西省"百人计划"特聘专家 27 名,山西省"百人计划创新团队"1 个,学术骨干 9 名,接收博士毕业生 169 名, 国家百千万人才 1 名,"青年拔尖人才"1 名,"青年三晋学者"4 名,"1331 工程"创新团队 5 个。利用各类经费支持派出骨干教师和管理人员 230 余人次前往国外著名大学和研究机构进修、联合科研、交流访问,进一步提高了学校的知名度和影响力。

(二)营造良好的人才工作环境。2017 年,学校进一步为引进人才营造良好成长环境,采取有力措施帮助引进的青年人才融入团队和学科,给条件、给任务、给关心、给帮助,取得了良好效果。学校定期开展书记、校长与青年博士座谈会,解决青年博士工作学习和生活上的困难,广泛征求和听取他们对学校建设发展的意见建议等;支持青年博士参与国际国内高水平学术会议,以及出国留学深造,有效拓展了广大教师的国际视野。

(三)深化人才评价制度改革。进一步修订完善了《太原理工大学教师职务评审工作实施办法》等有关政策文件,积极探索改革岗位考核体系,设立专职科研岗位,对特殊人才给予特殊政策,提出特殊要求,进行特殊考核,形成并完善一套适应"双一流"建设的多元化考核评价制度。

六、瞄准"双一流"建设新目标,事业发展踏上新征程

(一)成功挺进国家"双一流"重点建设高校。学校坚持做好顶层设计,科学谋划战略目标,以"双一流"为目标 ,加快内涵式发展,大力推进五大战略工程,全面推动"十三五"规划和综合改革方案落到实处,各项事业实现了新跨越。特别是 2017 年 9 月, 国家三部委联合发布世界一流大学和一流学科建设高校及建设学科名单,我校申报的"煤炭绿色清洁高效开发利用学科群"成功入选,学校正式成为国家"双一流"建设高校,标志着学校朝着高水平、国际化、创新型大学目标迈出了坚实的步伐。

(二)学科整体实力不断攀升。全年 2 个学科分别入选"1331 工程"优势学科和特色学科。3 个学科进入了 ESI 全球排名前 1%。 在教育部第四轮学科评估中,化学工程与技术、机械工程 2 个学科进入全国排名前 20%(B+), 位列全省第

一,矿业工程等7个学科进入全国排名前40%。同时,学校通过工程教育专业认证切实加强专业建设,8个专业认证申请获受理,目前已有14个专业通过了认证,数量位居全国同类高校前列。

(三)教育教学质量提升显著。本科教学工作审核评估取得阶段性成果,学校办学定位、办学质量、办学特色得到评估专家的充分肯定;新成立基础学院,致力培养拔尖创新人才。学校入选中国大学教学质量百强,获批国家创新人才培养示范基地、全国高校实践育人创新创业基地,学生在各类科技学术创新大赛上屡创佳绩,捷报频传。

(四)科研创新研发硕果累累。2017年,获批1个山西省高等学校优秀创新团队;获批山西省重点实验室、山西省工程技术研究中心、山西省工程实验室各一个;新获批1个省级协同创新中心,截至目前学校共有省级协同创新中心A类1个,B类3个。2017年获批国家自然科学基金项目124项,其中重点项目5项,稳居省内榜首,位列全国第84位。获批国家社科基金2项,教育部项目6项。获中国专利优秀奖1项,教育部科技进步二等奖1项,山西省科技奖14项,其中一等奖1项;发表SCI学术论文1236篇,授权发明专利413件,较上年同期增长16%。制定出台《太原理工大学高水平科技工作奖励补充办法》,有力激发了学校科研人员凝聚大团队、承担大项目、创造大成果。

(五)服务经济领域不断拓宽。学校主要领导赴大同市、朔州市、临汾市、同煤集团、潞安集团、晋煤集团、阳煤集团、华翔集团、中辐院、山西转型综合改革示范区、建行省分行、中国科学院山西煤炭化学研究所、太原钢铁集团有限公司、山西医科大学等20余家地市、企业、兄弟院校开展考察调研,签署了多份有分量的战略合作协议和共建协议,充分挖掘校企、校市、校校产学研合作潜力和优势,推动资源共享,拓宽合作领域,构建了良好的双边多边战略合作关系,携手寻求在我省能源革命和转型发展征程中更大的合作机遇。与山西医科大学签署医工战略合作框架协议,携手打造高水平研发平台、高端医疗科技人才培养特区和医学研究创新基础,更好服务“健康山西”建设。与青岛科技大学、北京科技大学合建了气候变迁与能源可持续发展研究院。与太原市政府已达成共建复合材料研究院的意向。

(李济民)

附:太原理工大学党委书记、副书记名单

书　记:吴俊清(1月离职)　吴玉程(5月任职)

副书记:黄庆学　沈兴全　刘润祥

常　委:翟　健　李晋平　吕永康　吴斗庆　树学峰　梁卫国　李　明　张建胜(7月任职)

山西农业大学党委工作概况

党委书记　陈利根

中共山西农业大学委员会下设20个基层党委、9个党总支、161个党支部,共有党员3401名。2017年,在省委、省政府的正确领导下,在省高校工委和教育厅的关心支持下,经过全校上下的共同努力,基本完成了年初确定的各项任务。

一、以贯彻落实党的十九大精神为主线,不断推进全面从严治党

一是深入学习宣传党的十九大精神。结合维护核心见诸行动主题教育和推进“两学一做”学习教育常态化制度化,重点在学懂、弄通上下功夫,为做实奠定了基础。坚持及时组织学、专题辅导学、领导带头学。成立了习近平新时代中国特色社会主义思想研究中心和乡村振兴战略研究中心。分层次组织专题培训,重温入党誓词。组建了16支十九大精神宣讲实践队,相关活动被《人民日报》及央视《新闻联播》报道。

二是不断加强党对学校工作的全面领导。坚持党委领导下的校长负责制,修订完善《实施细则》和各类议事规则,全年召开党委全委会3次,党委常委会34次,对涉及学校改革发展稳定及教学、科研、行政管理中的重大事项和基本管理制度,都进行集体讨论和决策;规范校院两级教代会制度,完善领导干部与党外知识分子联谊交友制度,充分发挥了校党委的领导核心作用。

三是积极推进“三基建设”。全校22个基层党委顺利换届,把机关、后勤党支部建在了处室,由部门一把手兼任党支部书记。组织49个单位、140多个科室梳理基础工作,编制基础工作目录和流程图。分别对76名处级干部、21名基层党委书记、122名党支部书记、72名工会骨干进行集中培训,相关工作被省委组织部“三基建设”工作简报刊登。

四是着力构建“大思政”工作机制。召开思政工作会,出台《实施意见》,购买舆情服务,定期对意识形态工作分析研判。成立了涵盖教育教学全过程的思政工作领导组。推行学院党政班子成员交叉任职,打通了辅导员职称晋升渠道。在12个贫困县建立18个思想政治教育实践基地,“助力精准扶贫”主题社会实践再次获团中央表彰。成功申报省思政工

作“实践教育协同育人中心”。

五是坚定不移加强党风廉政建设。坚持将党风廉政建设工作和年度重点工作一起研究、一起部署。抓住关键节点和重要时段，坚持开展明查暗访和承诺践诺活动。组织全校87名处级以上干部参加了党风廉政建设专题网络培训。以中央巡视中管高校反馈的问题为借鉴，开展了“回头看”。对国资处等9个部门进行专项检查，对全校财务管理、公车使用、干部办公用房进行自查，向8个单位发出函询，与25人核实谈话，要求18个单位和23名干部写出了书面说明，对两名处级干部进行了通报批评。

二、深入贯彻落实习近平总书记视察山西重要讲话精神，在服务“三农”和脱贫攻坚中体现农大担当

一是扎实推进农谷科创城建设。加强了顶层设计，制定了《农谷科创城总体规划》《铭贤学校旧址保护与利用规划方案》《农谷园艺产业发展规划》。成立了“两院两中心”，与国家粮食局科学研究院合作正在筹建“国家功能杂粮研究中心”。设立了山西“农谷”建设研究专项基金，启动了11个研究项目；举办了“山西农谷建设与现代农业创新高峰论坛”。启动了功能农业和功能食品的本科专业和硕、博学科建设，率先在全国招收“功能食品”“功能农业”专业本科生。聘请赵其国院士、尹雪斌博士、王硕教授、李新民博士聚焦功能农业、功能食品组织开展研究工作。地方政府无偿提供100套人才公寓、1.3万平米的“山西农谷国际学术交流中心”，农谷管委会进驻我校办公，谷城融合已经在空间初步实现。

二是深入开展社会服务。“互联网－现代农业”项目全面启动，互联网服务体系和物联网测控体系已显现雏形。继续推进20个农业科技成果转化和推广示范项目，以及4个省农业综合开发办示范推广项目。积极与省邮政公司、吕梁、朔州、广灵、河曲等地开展项目合作。2017年全校社会服务项目总经费达到4100多万元，学校被农业部授予“全国农业农村技术创新型信息化示范基地”。

三是助力全省脱贫攻坚。选派19名专家、干部到7个贫困县挂职和驻村开展帮扶工作。受省脱贫领导组委托，2016年2017年，两次承担全省脱贫成效第三方评估，为省委省政府制定扶贫政策提供了参考，受到了省领导的肯定和表扬。在全省贫困县推广各类新品种、新技术193项，形成6项有机旱作农业示范项目。开展“助力攻坚深度贫困吕梁行动”，与吕梁市签订战略合作协议，在石楼等6个县形成了“学院—市县—专家—团队”对接帮扶模式。积极落实省“聚焦深度贫困县教育脱贫攻坚推进会”精神，与临县签订了对口帮扶协议，已经卓有成效地开展了相关工作。

三、以习近平新时代中国特色社会主义思想为指导，全面推进学校综合改革和内涵发展

一是综合改革工作有序推进。9月份学校综合改革方案获批，1-6的综合改革体系基本建立。工作中，一方面继续推进已经实施的综改任务，一方面围绕改革总方案和6个子方案，开展调查研究，对改革任务进行了分解，明确了时间节点，绘就了综改路线图。

二是人才培养质量稳步提升。召开本科教学工作会议，明确了发展思路、发展目标和主要任务。牵头成立“山西农业大学—优质生源基地联盟”，全年录取本科生6050人、硕士研究生745人、博士研究生53人。首次招收4名全日制巴基斯坦籍博士研究生。积极推进专业优化调整，决定2018年停招9个专业。不断深化本硕统筹培养，将卓越农林人才培养模式拓展到食品质量与安全专业。二学历复合型人才培养计划招生1200多人。53部教材入选农业部“十三五”规划教材。本科毕业生就业率达93.21%。

三是学科学位点建设迈上新台阶。新增园艺学、林学、农业资源与环境、草学4个一级学科博士学位授权点、兽医专业学位博士学位授权点和林业、风景园林2个硕士专业学位授权点，动态调整申报生物学、公共管理2个一级学科硕士学位授权点。优势学科、学科群、重点学科等获1290万万支持。获批研究生教育改革、创新项目等立项课题21项。

四是科研工作取得新突破。新增各级各类项目614项，取得各类成果285项，科研经费总量1.2亿元，“山西功能农业共性关键技术研究与示范”重点项目获得2400万经费支持，是我校迄今为止获批的支持强度最大的科研项目。1个国家现代农业产业技术体系试验站落户我校。2个协同创新（育人）中心、5个平台入选省“1331工程”建设计划。“中国羊驼养殖关键技术研究及其产业化”获教育部2017年度科技进步一等奖，实现了省部级科学技术奖一等奖五年不间断。发表论文855篇，其中SCI收录153篇。2名教授被聘为国家产业体系岗位科学家，5名教授被聘为省现代农业产业技术体系首席专家。

五是师资队伍建设成效显著。全年引进博士、硕士90人，申请到省人才经费825万。入选“青年三晋学者”2人、“新兴产业领军人才”3人、“青年拔尖人才”1人。1个团队获“全国高校黄大年式教师团队”。选聘“晋农新秀”12名。组织选拔50名青年教师赴华东师范大学开展师资培训。首次自主评审教授14名，完成教职工首轮三年聘期考核。博士后进站8人，其中外籍2人。

六是后勤保障和公共服务能力再上新水平。综合教学楼、耕园广场全面开工，资环教学楼、实验动物中心、山西省生猪种业工程研究中心均已完成施工招标。顺利完成供暖“煤改气”和双电源改造工程。全年总收入近8亿元，同比增长21%。对全校154项基建、修缮项目进行审计。投入2400万元，加强分子生物学、实验化学等9个公共基础课实验平台建设。新增2个数据库、近3万册纸质图书。接收各种文书档案近4万卷。期刊建设和学术影响进一步提升。对楼宇光纤线路进行了入地和优化。开展“拆违治乱提质”校园及周边环境大整治，拆除80多个临建摊点和3000多平米违章建筑，解决了多年想解决而没能解决的问题。

七是成功举办建校110周年系列纪念活动。正式成立校友会，并召开第一届理事会。时任副省长郭迎光同志出席建校110周年纪念大会并致辞。举办大型纪念晚会《百年传承再续辉煌》，首次使用网络直播，受到60多万人的关注。为33对金婚伉俪举办“我们永远年轻——纪念建校110周年金婚庆典”，感动和教育了广大师生。新建校史馆，集中展现学校110年的辉煌办学历史。以迎接建校110周年为契机，在9个地市举办了农业科技合作推介会，签订了多项战略合作协议，创新了校市合作模式。

(闫海冰)

附：山西农业大学党委书记、副书记、常委名单

书　记：陈利根

副书记：赵春明　齐利平　马建平

常　委：尉安英　李宏全　赵水民

孟秀祥(8月任职，挂职)

郭建平(12月任职)

元纪明(12月任职)

刘文生(12月任职)

山西医科大学党委工作概况

党委书记　张俊龙

中共山西医科大学委员会下设11个二级党委，8个党总支，6个直属党支部和253个党支部，共有党员5893名。

2017年，山西医科大学党委在习近平新时代中国特色社会主义思想指引下，牢固树立“四个意识”，深入学习贯彻党的十八大、十八届历次全会和十九大精神，坚持社会主义办学方向，落实立德树人根本任务，紧紧抓住国家“双一流”建设和我省推进“1331工程”战略机遇，奋力踏上了建设特色鲜明的高水平研究教学型医科大学的新征程，党建工作科学化水平不断提升，各项事业发展长足进步。

一、党的十九大精神学习宣传贯彻工作深入开展

党的十九大召开以来，校党委扎实推进学习宣传贯彻党的十九大精神工作，做到了“七个第一时间”，即第一时间收听观看、第一时间组织学习、第一时间研究部署、第一时间组织培训、第一时间开展调研、第一时间下基层宣讲、第一时间做好“五进”工作，迅速在全校掀起了学习贯彻热潮。印发《关于认真学习宣传贯彻党的十九大精神的通知》《中共山西医科大学委员会学习贯彻党的十九大精神宣传工作方案》，将十九大精神的学习宣传工作引向制度化、规范化、常态化。山西日报等10余家媒体对我校十九大精神进基层“百千万”师生面对面行动进行了专题报道。

二、“两学一做”学习教育常态化制度化扎实推进

坚持把“维护核心、见诸行动”作为鲜明主题和重大举措，把“三基建设”“两提一创”作为特色载体和重要抓手，重点围绕“六个好”主要内容和“8+5”重点安排，扎实推进“两学一做”教育常态化制度化。健全工作机制，确保主体责任明确、安排部署明确、任务目标明确。深化理论武装，坚持以校党委理论学习中心组为核心，形成校党委－基层党组织－党支部三级联动的理论学习体系。组织“开学第一课”，积极增强思想政治教育效果。建立工作任务提醒机制，提醒督促全校各级党组织认真完成重点工作任务。积极贯彻落实省委两个《实施意见》，扎实推进脱贫攻坚和民生保障，牵头实施“四大培训工程”，不断提升干部履职能力。

三、意识形态和思想政治工作全面加强

坚决扛起意识形态和思想政治工作主体责任，牢牢掌握意识形态和思想政治工作领导权。全面落实教育部《高校思想政治工作质量提升工程实施纲要》。加强宣传思想阵地建设，抢占网络阵地，构建了以网络思想政治评论员为核心的网络思政队伍，完善了新闻发稿审查、签发机制，实行了校园网络使用实名登记制度，对全校新媒体进行了集中整治和清理。强化舆情监控，上线了网络舆情系统，定期分析研判舆情。坚持立德树人根本任务，认真实施思想引领工程、文化育人工程、铸魂系扣工程、实践助力工程、大健康人文建设工程、成长服务工程、“阵地”工程等七大工程。学校获批山西高校思想政治工作服务育人协同中心。

四、学校第六次党代会成功召开

学校第六次党代会于2017年12月23日–24日成功召开，大会选举产生了中国共产党山西医科大学第六届委员会和中国共产党山西医科大学新的纪律检查委员会，为推动学校改革发展提供了坚强的政治保证和组织保证。大会提出“到建校120周年时，把山西医科大学建成特色鲜明的高水平研究教学型医科大学”战略目标、“两个一百名”发展思路和今后五年要全力完成的十项主要任务，进一步统一了思想、坚定了信心、指明了前进方向，描绘了美好发展蓝图，成为学校未来发展的重要指引。

五、基层组织建设和干部队伍建设稳步推进

认真落实党建主体责任，切实加强基层组织建设和干部队伍建设。认真执行党委领导下的校长负责制，首次实行党委常委制，坚持"三重一大"集体决策制度，进一步完善议事决策规则程序，全年召开党委(扩大)会议 34 次，校长办公会议 29 次。扎实做好后备干部选拔推荐和学校处级干部选拔任用工作，积极开展干部培训。完成了任期届满基层党组织换届工作，召开了 2017 年度基层党组织书记抓党建工作专项述职评议考核工作会议。全年发展党员 650 名，给予 3 人按自行脱党予以除名，对 22 人给予停止党籍处理。

六、党风廉政建设"两个责任"协同落实

认真落实党风廉政建设主体责任和监督责任，不断完善党风廉政建设和反腐败工作长效机制，制定了年度党风廉政建设工作要点和责任分解意见，签订了年度责任书，进一步完善了"两个责任"清单。坚持严明政治纪律，严肃党内政治生活，确保党员领导干部理想信念坚定、对党忠诚。坚持减存量、遏增量工作方针，审慎处置各类问题线索，对 8 件次的问题线索进行了分类处置。通过组织观看《打铁还需自身硬》《作风建设永远在路上》《巡视利剑》等警示教育片，赴预防职务犯罪警示教育基地参观学习，有效强化了对党员干部的廉政教育。

七、安全稳定工作稳步实施

以"平安校园"建设为主线，突出安全宣传教育，强化人防、物防、技防措施，认真排查安全隐患，积极化解矛盾纠纷，扎实开展安全防范工作，保证了学校正常教学、工作、生活秩序的稳定。学校未发生重大安全事故和师生违法乱纪现象，学校及周边治安秩序良好，师生的安全防范意识、民主法治观念显著增强，师生对校园治安的满意度不断提高。学校安全稳定和综合治理工作受到省高校"平安校园"创建暨社会治安综合治理工作考核检查组的一致好评。

八、学校各项事业全面发展

校党委牢固凝聚全校师生医护员工和各方力量，全面加强对学校各项工作的领导和推动。高质量通过教育部临床医学专业认证，博士硕士学位授权审核工作取得重大突破，招收首批 77 名国际学生。积极落实国家"双一流"建设任务，扎实推进"1331 工程"，获批 1 个省优势特色学科、2 个省优势特色专业、1 个省重点创新团队、2 个省科技创新培育团队、1 个省高校优秀创新团队、1 个省工程实验室、5 个省重点实验室，探索构建了医工联合创新模式。在全国第四轮学科评估中，临床医学、生物学、公共卫生与预防医学等参评学科成绩良好。第一医院核医学科排名全国第八名，第二医院风湿免疫科排名全国第十二名。获批国自然资助项目 38 项，承担省级以上科技计划项目 274 项，发表科研论文 2900 多篇，出版著作 39 部，获省部级科技奖励 16 项，获授权专利 48 项，全年科技总经费达到 1.1 亿元。人才团队层次水平不断提高，多人入选各类人才项目、在各级教学竞赛中成绩优异。稳步推进校院一体化，附属医院和教学基地医教研协调发展。不断深化内部管理改革，办学基本条件持续改善，教书育人环境全面优化，办学水平和办学质量稳步提高。

（王　宁）

附：山西医科大学党委书记、副书记、常委名单

书　记：李凤岐(7 月离职)　张俊龙(7 月任职)

副书记：段志光(7 月任职)　王　军　贺培凤(女)

常　委：党志峰　王宏伟(7 月任职)　张　辉(女)
张　宏(12 月任职)　赵文军(12 月任职)
燕　炯(12 月任职)　陈显久(12 月任职)
张　巍(12 月任职)　毛红胜(12 月任职)
曹小清(12 月任职)　郭　华(12 月任职)
孙俊狮(12 月任职)　程景民(12 月任职)
王秀虹(12 月任职)　刁海鹏(12 月任职)
宋修珍(12 月任职)　王斌全(12 月任职)
陈利平(12 月任职)　徐　钧(12 月任职)
李　保(12 月任职)　糜　静(12 月任职)
王　彤(12 月任职)　贠克明(12 月任职)
董海涛(12 月任职)　赵良渊(12 月任职)
陆　利(12 月任职)

山西师范大学党委工作概况

党委书记　符惠明

2017 年，是在去年"十三五"良好开局基础上，学校核心竞争力持续攀升的一年。一年来，学校党委坚决贯彻中央和省委各项决策部署，一手聚力党建抓第一责任，一手聚焦发展抓第一要务，坚持向学习要能力、向改革要动力、向基层要活力、向作风要潜力，在落实管党治党、办学治校两个主体责任中较好地发挥了领导核心、政治核心、团结核心作用。

一、维护核心见诸行动，全面贯彻党的十九大精神

学校党委把迎接十九大、学习十九大、宣传十九大、贯彻十九大，作为贯穿全年工作的一条鲜明主线，立足实际学懂、

结合工作弄通、依托项目做实,扎实推进十九大精神在我校落地生根。

(一)项目化推进"维护核心见诸行动"主题教育,有效开展"两学一做"常态化制度化示范点建设。学校党委深入开展省委部署的"维护核心见诸行动"主题教育和"两学一做"省级示范点建设工作,打牢迎接十九大的思想政治基础。抓项目牵引,在"维护核心见诸行动"主题教育中,整体部署了12项框架性主题教育活动,组织实施了16个"党建+1331"党建项目,系统设计了16个思政工作项目,党建与思政工作项目化格局基本形成。抓氛围营造,十九大召开前举办"砥砺奋进的5年"系列宣传活动,十九大召开期间推出5组专题、63篇热议文章,十九大召开后连续推送12期跟读图解,邀请十九大代表、省委宣讲团成员、专家学者来校作系列宣讲报告,营造了学习贯彻十九大的浓厚氛围。抓载体创新,紧密融合渗透十九大精神,建设了"236"文化教育长廊、社会主义核心价值观文化长廊、学雷锋善行义举榜等校内思政教育新阵地;设置了"优秀双带头人奖""莳英学者奖""红烛奖"等创新奖项,强化了先进典型的示范引领效应。

(二)学习领会十九大精神核心要义,深入思考新时代办学治校的科学路径。学习贯彻十九大精神,对于高校而言,关键是要精准把握"加快一流大学和一流学科建设,实现高等教育内涵式发展"的核心要义。抓常委会带头学,针对学校管理理念、体制、方式等办学治校方面存在的问题,常委会安排会前学法19次,在加快推进学校治理能力和治理体系现代化方面达成共识,就是要强化制度建设,补齐管理短板,让大学更像大学。抓党委中心组集中学,针对学院、学科发展不平衡以及产学研结合不够紧密的问题,校党委安排中心组学习11次,在向改革要动力、向基层要活力等方面达成共识,就是要打破思维惯性,激发"学院办大学"内生动力,让学院更具活力。抓党员干部延伸学,针对学校核心竞争力比较优势不突出的问题,通过请进来、走出去等多种途径,努力在抓内涵式建设和核心竞争力提升方面达成共识,就是要对标学习先进,强化发展自觉,让干部更有动力。

(三)以"百千万"面对面行动为抓手,全方位部署十九大精神学习贯彻。抓主动跟进,第一时间安排8项学习贯彻十九大精神系列活动,"贴身紧跟"十九大学习进程,深刻领会十九大新思想、新理念、新精神。抓行动主体,明确了十九大精神进学术、进学科、进课程、进培训、进读本的"五进"工作基本架构,先后派出32名宣讲专家、31支主题实践分队,深入临汾各县区开展"百千万"师生面对面行动。抓深度调研,开展了"推进内涵式发展,提升核心竞争力"为主题的校领导领题调研,纠正"四风"专题调研,形成了13份高质量调研报告。抓成果转化,以十九大精神为指引,制定出台新时代关于进一步抓好党风廉政建设、加强统一战线工作等意见,有序推进学校各领域落实十九大精神的工作部署。

二、发展布局纵深推进,全面加强学校内涵建设

学校党委坚持"围绕中心抓党建,抓好党建促发展"的党建工作理念,把推进内涵建设和提升核心竞争力作为学校当前中心任务,狠抓事关长远发展的四个布局优化,有效牵引各方面工作进入提质增效快车道。

(一)以学科建设为龙头,协调推进"一体两翼、多点协同"学科发展布局。抓组织体系完善,新组建的教育科学学院、莳英学院高标准办学,新成立的社会科学处、地方服务与合作办公室、教师发展中心高起点运行,在全省率先成立的社科联高要求建设,用更为完善的组织体系,对接支撑学科发展布局。抓人才队伍支撑,实现了全职引进海外高层次人才零的突破,柔性引进长江学者等高层次人才30人,高端人才在学科方向凝练、团队组建、平台建设、成果产出等方面的"头雁效应"正在显现。抓目标责任落实,签订学科建设攀升计划目标任务书,明确学科攀升的路线图、时间表、责任人,实施挂图作战、到点验收,今年首检结果良好。抓学位点带动,常委会高度重视并研究学位点申报工作,把申报过程作为对标补短板、对表明路径的过程,生物学、社会学两个拟增列一级博士点学科通过了省级评审。

(二)以深化改革为动力,统筹推进"三项改革"为统领的全面综合改革布局。由"三项改革"延伸拓展的全面综合改革框架基本确立,改革的重要领域和关键环节取得实质性进展。课堂教学改革深入推进,召开五届三次全会专题研究教学改革问题,力促学校改革政策势能转化为教师课改动能。全年校内新立项8个优势专业、40门优质课程、48项教学改革创新项目,资助经费714万元。拔尖人才培养模式在改革中创新,继生物学科卓越教师项目之后,今年又有九个学科整体进入教育部卓越教师培养计划;莳英学院实体化运行,首届"未来名师班"29名学生正式入学,具有我校特色的拔尖人才培养链初步形成。研究生教育改革系统推进,出台"1+8"系列方案,实现了从生源吸引、常规管理,到科研激励、学位审核等覆盖培养全过程的系统性变革。校院两级管理体制改革举措进一步落地,出台目标责任制管理办法,首次实行了学院和部门任务指标的差异化设置和分类管理、分类考核;改进了对现代文理学院、体育学院的管理方式,调整下放了后勤管理、安全保卫等职能,学校管理重心进一步下移,部门服务进一步前移。后勤管理体制改革全面展开,管理机制实现变革,运行架构实现重组,历史性完成了华盛、新松小区周边环境彻底治理,在华盛小区、新松小区和体育学院推行了物业服务外包的管理探索。同时,高水平成果奖励、高层次人才引进、新进博士管理、对外合作交流、信息化校园建设等领域的改革方案相继出台并付诸实施,一批改革制度性成果、实践性成果开始形成。

(三)以"1331工程"为抓手,全面推进核心竞争力提升项目布局。围绕第一个"1",以项目化方式推进全国高校思政工作会议精神的落实,启动了校内立德树人项目和协同育人中心培育项目,其中1个培育项目已获批省级协同育人中心,马克思主义学院被确定为首批全省重点马克思主义学院。围绕两个"3",实施了"党建+1331"计划项目,支持学院党委聚焦6项重点建设,布局和创新"党建+"模式机制,新

获批省级“1331”优势特色学科1个、协同创新中心1个、重点创新团队1个、工程技术研究中心1个；强化校地合作，与临汾市以及河津、中阳、原平等市县签订全面战略合作协议，一批产学研合作项目实质性推进。最后一个“1”成果显著，今年实现科研领域国家重点研发计划项目、国家社科基金重大招标项目两项里程碑式的重大突破。国家基金项目总数取得历史性突破，达到了38项。其中，国家社科基金项目15项，立项数进入全国百强，居省内高校第二；国家自然科学基金项目23项，创历史新高。

（四）以新校区建设为契机，加快推进校园空间发展布局。一年来，项目征地工作已完成土地补偿资金1.5亿元，补偿面积1200余亩；PPP项目采购已完成招标，建设资金、施工单位已经落实；立项审批程序基本完成，仅剩教学实验楼一个项目的审批也已接近尾声；单体设计、施工图设计基本完成；地下工程开始施工，管桩试桩、图书馆灌注桩试桩完成，地下采暖管道、通讯光缆迁移已经完成，天然气管道迁移已近尾声。截至目前，项目总体牵涉的论证、审批以及征地、招标、基础设施等前期准备工作基本完成，楼宇建筑施工将于明年开春全面展开。学校党委正在制定方案，倒排工期，保质保量，确保明年六十周年校庆庆典在新校区巨人广场如期举行。

三、“三基建设”驰而不息，全力推动党建引领发展

学校党委把基层组织、基础工作、基本能力的“三基建设”作为长远之计和固本之策，摆在党建工作突出位置，基层党组织在学校各项改革和发展中发挥了战斗堡垒作用。

（一）优化干部结构和履职培训，办学治校能力进一步提升。抓干部结构优化，稳步推进干部选任工作常态化制度化，新提任正处级干部15人、副处级干部42人、科级干部9人，干部的年龄、学历结构进一步优化；探索采用竞争上岗方式选拔一批副处级干部和共青团干部，干部任用方式更加多元。抓政治意识强化，分类举办学用总书记系列重要讲话精神交流会、学用总书记视察山西重要讲话精神交流会、学用“一书一文”交流会，通过新媒体刊发交流发言，巩固并扩大了研讨成果。抓履职能力提升，分条线组织提升研修，在太行干部学院举办党支部书记“三基”研修班，在右玉干部学院举办二级党组织书记“领导干部履职能力”研修班，在西交利物浦大学举办二级学院院长教育领导力提升研修班，还通过请进来、走出去等途径组织了覆盖纪检、宣传、共青团、后勤等领域的8个条线系列培训，有效推动各级干部履职能力进一步提升。

（二）强化支部建设和投入力度，组织保障能力进一步提升。抓分类统筹，立足人才培养、科学研究，优化基层党支部设置，历史学院组建硕本一体学生党支部，经管学院分专业方向设置研究生党支部，戏剧学院设置教师与研究生混合党支部，积累了学院纵向、横向、双向三位一体党支部设置的初步经验。抓资源投入，加大了基层党建活动的投入力度，明确了以双带头人为主体的党支部书记日常考核机制和津贴发放办法，基层党建做到了有钱办事、有人管事，有力保障二级党组织各项工作顺利实施。有6个党支部入选教育部主办的“两学一做”党支部风采展示案例。

（三）固化“两提一创”活动成效，基础工作质量进一步提升。省委部署的提高标准、提升能力、争创一流“两提一创”活动虽然结束，但对学校党委而言，“两提一创”永远在路上。抓规范管理，系统梳理全校各单位的职能定位和岗位职责，列出基础工作目录和工作运行流程图，编制了部门《管理手册》《应知应会手册》和《便民服务手册》，以规范的责任清单，务实推动精细化管理。抓制度建设，进一步完善并严格执行“三会一课”制度、党日活动制度、民主评议党员制度和党委书记讲党课制度，进一步规范基层党组织建设。抓责任落地，学校党政与学院党政捆绑签订年度工作目标任务书，推动学院年度目标与学校中心工作紧密结合、与学校各项改革紧密结合、与党委聚焦发展抓党建的工作要求紧密结合，“签字背书”推动责任落地。

四、正风肃纪持续发力，全程聚焦改革任务落实

学校党委把抓落实作为严肃的政治责任和工作纪律，持之以恒聚焦、聚神、聚力推动学校改革发展。

（一）创新运用巡查制度，抓工作落实。探索建立工作落实巡查机制，下半年派出8个巡查组，采取党政联合、政治巡视与工作巡查相结合的方式，围绕党建、年度重点工作、党风廉政建设、安全稳定四项工作，对20个承担全日制学生培养任务和学科建设任务的学院进行了工作巡查。常委会专题研究确定了巡查方案，编印了巡查指南，发布了巡查通知，召开了部署会议，确保整个巡查工作口径一致、步调一致、要求一致、尺度一致，增强了巡查结果的可比性；各巡查组按照党委统一部署，共召开22场教职工座谈会和14场学生座谈会，听取300余名师生的意见建议；常委会专题听取巡查汇报，研究反馈意见，并向20个学院分别进行了个性化、菜单式巡查整改反馈；学院党政结合巡查反馈意见，梳理问题清单，制定措施清单，明确责任清单，实施挂账整改，条条梳理、件件落实，解决了一些突出问题，健全了一批制度机制，有效推动了全年工作落实。

（二）扎紧织密“制度笼子”，抓长效机制。坚持问题导向，主动进行省委巡视“四个对照”回头看，针对21个问题，落实了50条整改措施，确保对照严格、清单明晰、制度管用、落实到位。规范权力运行，进一步规范了干部选拔任用程序，用严格的制度规范选人用人的科学实施；建立健全重大事项和重点工作报备与监督制度、中层领导离任经济责任审计制度；以后勤、基建、设备等单位为试点，探索推进对人财物管理监督的全覆盖。完善监督机制，组建包括11名校纪委委员、23名二级党组织纪检委员、150多名学生纪检监督员的监督队伍，构建了更为完善的监督网络体系。

（三）准确运用“四种形态”，抓关口前移。坚持教育为先，综合运用集体谈话、专题培训、以会代训、个别谈话等方式，

形成长吹“廉政风”、多打“预防针”的廉政教育机制。严肃纪律执行,坚持不懈纠正“四风”,从严落实中央八项规定,先后与3名基层党委书记就民主生活会不规范、批评环节记录不详细等问题进行了谈话;严格执行领导干部个人事项报告制度,重点核查61人,随机抽查12人,对核查中发现问题的4人进行了批评教育,10人进行了诫勉谈话,并按规定取消9名科级干部作为副处级干部提任人选考察对象的资格。严肃工作问责,注重随机抽查责任落实情况,严肃核查信访举报,严肃处理相关违纪人员,对校内有关工程质量问题的相关责任人进行了严肃问责,对施工单位进行了索赔处理,维护了学校利益。

(王志宏)

附:山西师范大学党委书记、副书记、常委名单

书　记:符惠明

副书记:卫建国　薛耀文(7月离职)

郝勇东(11月任职)　高　峰

常　委:刘奎生　许小红(女)　车文明

王建华(7月任职)

山西财经大学党委工作概况

党委书记　尹天五

2017年,山西财经大学校党委、校行政领导全体师生员工坚持以习近平新时代中国特色社会主义思想为指导,坚决贯彻中央、省委和高校工委的指示精神,紧紧围绕我校“十三五”的“四大战略”总体布局和“六个财大”主要任务推动工作。2017年是学校“十三五”的扎根之年、奠基之年,确定了围绕一条主线、打好六大战役、构筑五大体系的“165”总布局总任务。一条主线就是围绕立德树人这条主线,六大战役就是打好人才引育战役、全面改革战役、校园美化战役、质量提升战役、外延扩张战役、从严治党战役,五大体系就是构筑管理保障体系、服务保障体系、财力保障体系、安全保障体系、制度保障体系。一年来,在全校教职员工呕心沥血、拼搏奉献下,六大战役取得了决定性胜利,五大体系基本形成。全年工作成效十分显著,至少在十个方面取得大突破:一是在人才引育上有大突破,引进各类优秀人才88名,其中一流大学33名,选送到国外学习深造教师57人次,均创历史新高;二是在深化改革上有大突破,阳光服务大厅建成运行,资产经营公司挂牌成立,为推动全面深化改革奠定了重要基础;三是在校园美化上有大突破,完成上百项校园环境治理改造工程,校园环境为之一变,面貌焕然一新;四是在基础建设上有大突破,住宅建设顺利推进,图书馆项目已经封顶,新建校医院投入使用,东山新校区完成了总体规划设计和可研报告,已报发改委审批立项;五是在国家项目上有大突破,立项数在2016年42.9%高速增长的基础上,又实现45%的高速增长;六是在学科建设上有大突破,理论经济学一级学科博士点申报成功,第四轮学科评估中我校成绩突出,名列全省前茅;七是在引入留学上有大突破,留学生实现零的突破和快速增长,留学生达17名;八是在精神力量上有大突破,“两学一做”“一学一养”形成常态,抓五风、唱诵做成效明显,浩然正气充溢校园,正能量持续发力;九是在选用干部上有大突破,共提拔交流处科级干部216名,集中轮训1000多人次;十是在增加福祉上有大突破,在正常实施绩效工资增长机制的基础上每人增加5000元。十大突破也是十大突出亮点,集中体现为“七个大变样”。

一是举旗定向,发展理念实现了大变样。校党委始终高举中国特色社会主义伟大旗帜,牢牢把握社会主义办学方向,紧紧围绕立德树人根本任务,让习近平新时代中国特色社会主义思想所要求的理念成为财经大学的根本理念和价值追求,成为全校的思想灵魂、精神旗帜和强大武器,贯穿落实到学校一切工作之中。校党委中心组带头深入学习贯彻习近平新时代中国特色社会主义思想和党的十九大精神,要求大家努力做到“五真”,即真学——如饥似渴地学,真信——心悦诚服地信,真爱——满怀深情地爱,真想——联系实际地想,真干——奋不顾身地干,进一步巩固了马克思主义在学校意识形态领域的指导地位,进一步打牢了全校师生员工团结奋斗的共同思想基础,“四个意识”显著增强,忠诚核心、爱戴核心、维护核心、紧跟核心,已经成为全校的思想自觉和行动自觉。坚决贯彻习总书记党是领导一切的新理念,进一步加强党的领导、加强党的建设、全面从严治党,党内政治生活更加严格,党支部的战斗堡垒作用和党员的先锋模范作用得到更好地发挥。坚决贯彻习总书记改革发展的新理念,进一步推动学校改革发展的思路举措更加科学。坚决贯彻习总书记爱是教育的灵魂的理念,要求学校的所有规划和工作、教职员工的一切思想和行为都要贯穿爱、体现爱、彰显爱,让爱的阳光洒满财大校园,可以说,财经大学所有的大发展、大变革、大变化都是爱结出的丰硕成果。习近平新时代中国特色社会主义思想已经和正在推动着财大管党治党、办学治校的理念的转换,推动着全校师生员工的思想方式和行为方式发生着深刻变化。

二是正风肃纪,校风学风实现了大变样。校党委始终以永远在路上的坚定和自觉,把正风肃纪、正风反腐作为工作的重中之重,强力推进,驰而不息纠正“四风”问题,从严落实中央八项规定,坚持用理论的旗帜导航、用历史的警钟醒神、用严惩的威慑治标、用制度的约束治本、用文化的养成治魂,

以系统的思维举措全面从严治党治校。大力度推进督察督办,全年督办重大任务255项。深入开展反腐倡廉建设,分层逐级签订党风廉政建设责任书,开展全校性党风廉政建设专项检查2次,对帮扶村扶贫领域进行了全方位专项督查,全年共处理信访举报线索16件,立案调查1件,诫勉谈话9人,提醒谈话14人,给予党纪处分2人。通过强力正风肃纪,党风、政风、教风、学风、考风等持续好转,学校的整个风气出现了巨大变化,展现出令人鼓舞的新气象。

三是凝心铸魂,精神状态实现了大变样。校党委始终坚持以马克思主义为魂,以中华民族优秀传统文化为根,以人类创造的一切优秀文明成果为翼,大力推进文化建设,着力铸就具有财大特色、财大风格、财大气派的大学文化、大学精神和大学灵魂。乘"两学一做"的东风,校党委创造性地提出了"一学一养",即学创新思想、养浩然正气,并使之常态化制度化,学校的所有文化活动都聚焦到、突出到"一学一养"上。养浩然正气的两大载体"五风建设"和"唱诵做"持续发力。通过四个学期抓考风,考风实现了根本好转,考风又倒逼整个校风学风的好转。在唱正气歌、诵正气文、做正气人活动中,坚持全员参与,一个都不能少的根本理念,学生利用课前课后几分钟进行唱诵,在正能量的持续感染、熏陶和渗透中,昂扬向上的精神状态、博大精深的文化底蕴、崇德向善的人格力量、对真善美一往无前的执着追求,在全校上下蔚为大观、形成风尚,赶超图强的精神力量越来越显示出无比巨大的威力。

四是美化亮化,校园环境实现了大变样。校党委坚持把校园美化亮化作为精心服务师生、塑造学校形象、落实全方位育人、加快学校发展的重大任务,认真组织实施。暑假期间对上百个项目进行了集中治理改造,数量之多、规模之大前所未有。旧锅炉房改造成校医院,脏乱差彻底治理,周边环境焕然一新。一些道路、花园、教学设施、文化设施、消防设施、服务设施经过整治,更加舒适、更加亮丽、更加方便、更加安全。师生真切感受到我们的校园亮起来了,环境美起来了,文化浓起来了,形象好起来了。

五是革故鼎新,服务品质实现了大变样。爱是教育的灵魂,建设六个财大本质是建设爱的财大,要始终把师生放在心中的最高位置,以仁爱之心、大爱情怀精心服务师生,扶助弱者、资助贫者,帮助需要帮助的人,让爱的阳光洒满财大校园,这已经成为我们的核心理念和永恒追求。学校建设阳光服务大厅、成立资产经营公司,就是要以此推动全面改革,更好地提升服务师生的品质、效率和能力。加大对两栋高层住宅和图书馆建设项目的监督检查力度,就是要让各项工程都成为民心工程、廉洁工程、安全工程、优质工程。成立创业学院,千方百计开辟就业渠道,就是要让民生之本强起来,推动毕业生实现更高质量更充分的就业。2017年,本科生就业率为90.51%、硕士生就业率为90.94%、博士生就业率为100%。坚持用真情、真心、真力扶贫,在包扶的两个村中,一个村建了100千瓦的光伏发电站,给贫困户购买物资,正在建设综合服务中心;另一个村建了年均出栏2000头生猪的养猪场和50千瓦的光伏发电站。两个村人均收入达到5300多元,稳定脱贫目标基本实现,村容村貌焕然一新。通过深化改革创新,服务师生能力不断增强,服务体系逐步完善,服务态度明显好转,服务品质不断提升,师生的满意度大幅提高。

六是挖人强基,队伍面貌实现了大变样。校党委把人才引育战役作为首要之战、关键之战、决胜全局之战,出台了历史上最强的人才引育举措,以非常之策做非常之事,制定了4个人才引育制度,实施了8个人才引育支撑项目,签订了人才引进军令状,组建了团队赴省外15所高校现场招聘,力度之大,前所未有,引进各类优秀人才88人,其中一流大学33人,数量和质量均创历史新高。同时,加大力度挖掘现有人才资源,开展教师培训139人次,支持57名教师出国访学。通过全方位、多途径挖人强基,博士数量实现历史性突破,教师队伍结构、质量和面貌出现了前所未有的巨大变化。大规模选用干部,激发干部队伍活力,全年共提拔交流处科级干部216名。全校上下呈现出昂扬向上、奋发有为,敬业奉献、争创一流的新气象。

七是提质增速,发展态势实现了大变样。积极推动学校内涵发展、高质量发展。全校上下大干、苦干、实干、创造性地干,立德树人、教育教学、科学研究、学科建设、管理服务、基础建设等方面的质量稳步提升,许多方面取得历史性成就和突破。国家级项目实现了两连跳,由2015年的14项增加到2016年的20项,再增加到2017年的29项,增速达到45%,全省首屈一指;招收留学生17名,实现了留学生零的突破和快速增长;应用经济学入选省级"1331工程"重点项目;学生版话剧《立秋》被评为全国100个优秀国学教育文艺作品。特别是学校在大学声誉排行榜中名列财经类第4,国际化竞争力排行榜中名列财经类第9,高校就业竞争力排行榜中名列全国第72。在全国第四轮学科评估中,全省共有5个B+,财大占1个,共有11个B,财大占3个,成效明显,名列省内前茅。如果以此为标准,财大已进入全国财经类大学十强。

(芦　博)

附:山西财经大学党委书记、副书记、常委名单

书　记: 尹天五

副书记: 刘维奇　顾昭明　张兔元

常　委: 王新淮　卢庆山　杨有振　杨俊青
钟若愚(10月任职)　乔军红(12月任职)
侯铁虎(12月任职)　胡　玥(女,12月任职)

中北大学党委工作概况

党委书记　李忠人

2017年,在省委省政府正确领导下,校党委高举习近平新时代中国特色社会主义思想伟大旗帜,深入学习贯彻落实党的十九大、习近平总书记在山西考察时的重要讲话精神和山西省十一届五次全会精神,全面推进学校“十三五”规划,在党的建设、人才培养、科学研究、学科发展、人才队伍建设、管理服务等各领域都取得了可喜的成绩,各项事业保持了稳步前进的良好态势。

一、着力加强和改善党的领导,不断提升党建科学化水平

按照学懂弄通做实的总要求,认真学习贯彻落实党的十九大精神。校党委将学习习近平新时代中国特色社会主义思想和党的十九大精神作为首要政治任务,精心部署,全面掀起学习贯彻热潮。特别是省委骆惠宁书记来校调研并宣讲十九大精神,使我校学习贯彻落实进入新高潮。党委组织召开中心组专题学习扩大会4次,邀请十九大代表和省委宣讲团成员来校宣讲;校党委成员和基层党委书记带头宣讲十九大精神达40余人次;成立十九大精神宣讲团,面向师生宣讲100余场;开展十九大精神进基层活动,选派30名理论骨干教师和干部在朔州市进行了十九大精神宣讲。成立“习近平新时代中国特色社会主义思想研学会”;组织师生开展了丰富多彩的学习实践活动,把学习习近平新时代中国特色社会主义思想和十九大精神与推动工作发展紧密结合,做到真学、真懂、真信、真用。

以政治建设为核心,切实加强校领导班子建设。强化理论武装,坚定理想信念。常委会集体学习讨论15次,召开校党委理论中心组学习8次,不断提高领导班子的政治坚定性,坚定维护习总书记在党中央的核心地位、在全党的核心地位,坚定维护党中央权威和集中统一领导,不断提升工作的政治性、原则性、系统性、预见性、创造性;不断改进班子工作作风。坚持求真务实,重实际、办实事、求实效,改进会风文风,提高工作效率,积极落实省委干部大调研工作要求,形成调研成果11项;始终坚持民主集中制进行决策。凡属重大决策、重要干部任免、重大项目安排和大额度资金使用,均由集体讨论做出决定;班子工作始终坚持按议事规则、制度程序运行,确保领导班子高效、有序运转。班子的凝聚力、向心力、战斗力不断增强。

完成中层干部换届调整,干部队伍得到进一步加强。2017年针对学校中层领导班子长期没有正常换届,中层正职干部中有22位、副职干部有37位同志在同一岗位任职超过10年以上,干部队伍活力整体不够强,校党委决定对中层领导班子和干部进行换届、交流、调整。这次换届共调整中层干部137名(提任68名,其中正职20名),同时为49个教学科研平台选配了业务管理干部。这次换届全面推行了干部任期制、交流制,推进了干部队伍年轻化,一批能力强、高素质专业化、具有开拓创新精神、公认度高的干部走上了领导岗位。干部队伍结构得到进一步优化。干部精神面貌为之一振,活力大大增强,干事创业的劲头更足了。同时为提升干部领导能力,加大培训力度,先后在厦门大学、中国人民大学、华东师范大学举办4期中层干部能力提升培训,在对标对本、学习先进、开拓视野中提高领导能力和水平。

以“三基建设”为抓手,全面加强基层党组织建设。在全校各级党组织中开展维护核心、见诸行动主题教育,把“两学一做”学习教育和中心工作深度融合,使广大党员干部充分认识确立和维护核心的重要性,进一步增强了“四个意识”和“四个自信”;按照省委统一部署,深入落实加强“基层组织、基础工作、基本能力”三基建设的各项举措。调整创新基层党组织设置。深入推进“双带头人”、“党员之家”和党建工作示范点的建设。各基层党组织认真落实各项组织生活制度,党内政治生活的政治性、时代性、原则性、战斗性进一步增强;全年安排180人次参加了省高校工委党支部书记示范培训班,基层党务骨干的业务能力显著提升。全年发展党员1275名。

强化责任担当,深入推进党风廉政建设。校党委认真履行全面从严治党主体责任,将党风廉政建设与学校中心工作一同部署、一同落实、一同检查、一同考核。完善制度体系,制定《中北大学贯彻落实中央八项规定实施细则》等7项制度,始终把贯彻落实中央八项规定精神作为改进工作作风、纠正“四风”的突破口;开展巡视整改回头看,巩固和扩大巡视成果;开展严肃党内政治生活专项督查,使党内政治生活进一步严起来;建立廉政教育微信平台和纪检监察委员、观察员、信息员队伍,助力校纪委实施有效日常监督;处置问题线索15件;针对领导干部个人事项报告中存在的问题,诫勉谈话9人,批评教育21人;实施重大事项报备制度,全年各单位向校纪委报备重大事项29次,进一步提高了风险防控能力。

大力推进思想政治工作,扎实落实立德树人根本任务。一年来,校党委始终把加强思政工作作为领导班子的重要任务来抓。积极探索实践育人、管理育人、服务育人、文化育人、国防育人的新理念、新方法和长效机制,立德树人效果明显。实施思想引领、组织提升、素质拓展、文化育人等各项工程,形成了主题教育、爱国荣校、典型引领、社会实践、志愿服务等系列特色品牌,光明日报以《中北大学创新思想政治教育工作纪实》为题全面报道了我校思想政治教育工作;构建“四位一

体”的国防育人工作体系，2017年我校被教育部评为“全国国防教育特色学校”，被国防科工局评为“军工文化建设示范单位”和“军工文化园”；加强辅导员队伍建设。在中国人民大学举办两期辅导员专题培训班、1期思政课教师培训班，共培训151人。建立辅导员论坛，成立青年思想研究中心；立项大学生思想政治教育课题38项，支持经费10多万元。《中国教育报》专文报道我校德育答辩育人情况。我校勤工助学实践育人工程荣获全国高校校园文化建设优秀成果奖。辅导员杜瑞平同志荣获第九届全国高校年度人物提名奖；“一院一品”大学生特色文化格局正在形成。2017年也是学生社团活动大发展的一年，学生社团由90多个增加到190多个，参加人数达到15000人左右，开展了丰富多彩的活动。

二、以创新引领发展，全面深化内部体制机制改革

2017年，校党委确定这一年为学校深化体制机制改革年。一年来，校党委紧抓体制机制改革不放松。进行基层党组织设置改革，推进党支部进专业学科、进科研团队、进学生社团、进实习基地、进扶贫工作点。改革机关党组织设置，加强党的领导；按学科建设，调整学院设置，新增3个学院；改革人才培养模式，调整本科专业结构，形成“研究型－工程型－应用型”金字塔式人才培养格局；优化本科专业设置，坚决调整生源数量不足、就业形势严俊、不适应山西转型发展的“虚、旧、僵”专业，调整比例达25.93%，为山西转型综改和军民融合发展需求腾出空间，预计新设10个左右的新工科专业；改革科研管理体制，组建科学技术研究院。改革科研项目和经费争取机制，突出发挥学校和学院在其中的作用，改变个人或课题组单兵作战的传统。改革科技成果管理办法，制定以增加知识价值为导向分配的系列政策，大力支持教学科研人员转化科技成果，开展创新创业活动；改革人才引进和管理办法，加大引进和培养力度，提出了“太行学者”计划；改革后勤管理体制和运行机制，精简机构，明确责任，实施精细化管理，提高服务质量；加强朔州校区综合改革试点工作，确定综合改革方案，在办学模式和管理机制等方面进行大胆探索，为推动学校整体综合改革积累经验；积极推进学校办学模式改革，与京津高校北京理工大学、天津大学探索联合办学，推动学校事业高起点发展。

三、扎实推进各项重点工作，不断实现学校事业新发展

学科建设整体水平有所提升，学位点建设取得新成绩。校党委坚持“重点培育、彰显特色、整体提升、创建一流”的学科发展方针，全面推进“一流学科攀升工程”、“学科整体提升工程”和“特色学科建设工程”。仪器科学与技术学科获批山西省“1331工程”“一流学科”建设项目、化学工程与技术获批“1331工程”优势特色学科建设项目。另获山西优势学科攀升计划项目2项、获山西服务产业创新学科群建设计划1项；积极扶持哲学社会科学学科发展。积极推动经济管理学院、艺术学院和体育学院申报山西省人文社科研究基地；特别可喜的是，2017年中北大学一级学科博士点取得新突破，新增电子科学与技术、机械工程两个一级学科博士点，新增航空宇航科学与技术、生物工程、艺术学理论、力学4个一级学科硕士点，新增国际商务专业学位硕士点。

人才培养质量不断提高，成功通过教育部本科教学审核评估。2017年本科教育教学接受教育部的审核评估。校党委始终将之作为学校的大事，调动整个领导班子力量，积极支持做好这一工作。教育部派出的审核评估专家组走听查看访，考察后对中北大学本科教学工作给予了充分肯定；学校修订实施了《2017版本科人才培养方案》，加强了教学质量监控体系建设；学科竞赛水平持续提高，在中国高等教育学会发布的《中国高校创新人才培养暨学科竞赛评估结果》报告中，中北大学排名全国高校第73位。在山西省第15届“兴晋挑战杯”大学生课外学术科技作品竞赛中，中北大学获奖26项，居山西高校首位；创新创业成果丰硕，获教育部深化创新创业教育改革示范高校；强化研究生质量保障体系建设，积极推进与中科院等科研院所和企业合作培养研究生，研究生教育培养质量稳步提升；国际化办学迈出新步伐，留学生规模稳步扩大，2017年先后有来自7个国家的153名留学生在校学习。学生就业率稳中有进，2017年本科就业率达到92.3%，毕业研究生进入国防和地方重点行业重要单位的比例显著提高。

科学技术创新和社会服务能力持续增强。2017年，校党委坚持“全面强化两翼齐飞工程、重点凸显科技服务能力”的科研工作方针，推动和支持科研工作发展。2017年科技创新实力和社会服务能力得到全面提升。科研经费全年达到3.0006亿元。国家自然科学基金项目资助总经费全年达2935.5万元，较2016年同期增长55%。军工横向经费较2016年增长50%；获国家重大科研仪器研制项目2项，国家艺术基金2项，国防科工局投资建设项目1项，山西省重点科研项目2项；获省部级以上奖10项，发表SCI收录论文476篇，授权发明专利、软件著作权220余项。转化了一批科研成果，比如与阳煤集团合作建成了3D打印研究院、与利虎集团合作成立特种玻璃研究院、与晋中市企业合作开发紫苏深加工产业化项目，与上海静安区政府合作开发智慧城市地下管网北斗测控系统。

落实人才强校战略，师资队伍建设取得新进展。一年来学校党政牢固树立“人才是第一资源”的理念，统筹推进各类人才队伍建设。引进优秀博士毕业生60余人，1名教授入选第三批国家“万人计划”青年拔尖人才；12名海外高层次人才入选山西省第八批“百人计划”，5名教授入选“青年三晋学者”特聘教授，入选数位列全省高校第三；3名教授被授予“山西省新兴产业领军人才”荣誉称号；3名教授入选“山西省学术技术带头人”；1名教授入选山西省第四批青年拔尖人才支持计划；化工学院青年教师袁长春博士获2017年全球爱思唯尔最高博士奖，此奖项奖励全球在有机化学、有机

金属和无机化学等化学领域取得原创性研究成果的年轻博士,2017年共奖励三名,另两位分别是来自德国、英国的博士;中北大学李迎春教授发表的论文入选ESI全球顶级期刊0.1%热点论文,为中北大学近年来唯一入选ESI全球热点论文。仪器与电子学院刘俊团队入选教育部"全国高校黄大年式教师团队",成为全国学习的楷模。

积极融入太原军民融合发展战略,学校发展迎来新机遇。2017年教师节前夕,楼阳生省长来校慰问教师并进行调研。楼省长在参观了中北大学有关实验室和科研成果后,在座谈会上指示,"中北大学军民融合发展的空间很大,同时与山西转型发展需求高度吻合,学校服务山西转型发展大有可为。希望以中北大学为内核,建设区域性创新中心、创新基地和双创基地,要有一个大手笔。"随后,太原市委书记罗清宇和市长耿彦波来校调研,市委市政府作出了建设"太原市军民融合创新基地"的重大决策,规划面积为校东北周边80平方公里,分三个园区建设,一个是以中北大学为内核、包括其他高校和科研院所参与的军民融合高校创新科技园,也是首先起步建设的园区,另外两个分别是不锈钢产业园、特种材料园。省委书记骆惠宁来校宣讲十九大精神和视察学校时也对中北大学深度融入我省军民融合战略作出了重要指示。

太原市军民融合创新基地高校创新科技园的建设为中北大学发展提供了前所未有的重大战略机遇。校党委行政紧紧抓住这个历史机遇,及时成立了由党委书记和校长亲自挂帅的对接工作领导组,即时制定了占地1500亩,包含大学生双创区、高校科技创新研究中试区、成果转化孵化区、军民融合研究院的"三区一院"军民融合高校创新科技园建设建议方案,提供给市委市政府,并与太原市政府各相关单位紧密合作、同向同步,共同推进园区规划和论证。12月26日,中北大学积极配合市委市政府举办了太原军民融合创新基地项目发布会,学校的超重力化工环保技术、3D打印、无人机技术等37个项目参加项目对接,与航天科技集团和阳煤集团签署了项目合作协议。

加强校园建设,育人环境和办学条件不断改善。建设"美丽中北、和谐中北"是学校确定的"十三五"发展目标。2017年学校在这方面有了新的发展。二期征地基本完成,正在办理相关手续;学生活动中心、艺术馆、教学楼、国防重点实验室、省级重点实验室、博物馆、学生公寓、体育馆等建设项目列入建设规划;数字化校园平台建设取得明显成效,管理服务、图书信息等方面的数字化水平进一步提升;积极配合尖草坪区政府拆除了校内铁路两侧的违章建筑,解决了长期想解决而没有解决的难题。加大校园道路修缮力度,进一步改善了校园环境。完成了怡丁苑新房及400套旧房的分配,646多户教职工乔迁新居。创设"校园维修999中心",实现24小时在线维修,为全校师生提供更加快捷的"一站式"服务;附属学校办学质量稳步提升,中考取得较好成绩;精准扶贫成效显著;离退休老干部工作、工会工作亮点纷呈;校友工作、统战工作、国有资产、继续教育、期刊出版、后勤保障、保密、财务审计、医疗卫生、校办产业等各方面也都取得了较好的成绩,其中光电厂全年产值实现1.13亿元,利润达3000多万元。

加强安全稳定工作,努力建设"平安校园"。校党委高度重视,切实把安全稳定工作列入重要议事日程,大力加强对安全稳定工作的领导。成立了由书记、校长为组长的安全和维稳工作领导组,并与各学院、职能处室的责任人签定责任书,进一步落实维护校园稳定责任制和责任追究制;完善《中北大学突发事件应急预案》,下发安全稳定相关文件通知15份,组织开展各类全校性安全检查17次,排查处置各类隐患96项,下发《安全监督检查整改意见书》77份;完成了校园视频监控系统改造升级二期工程,校内公共区域加装高清摄像头400多个;进一步完善信息报送制度和事故报送制度,切实做好信息报送工作,杜绝信息迟报、漏报、瞒报现象的发生;积极配合当地政府相关职能部门加强对校园周边安全环境的综合治理工作,共创校园安全和谐局面,确保学校长治久安。

(薛慧锋)

附:中北大学党委书记、副书记、常委名单

书　记:李忠人

副书记:刘有智(3月离职)　沈兴全(3月任职)　安建平　薛　智

常　委:王瑞芬　曾建潮　白培康　雷锋斌　赵贵哲　潘晋孝　李东光

山西中医药大学党委工作概况

党委书记　段志光

一、组织情况

山西中医药大学的前身为1978年创办的山西医学院中医大学班,1989年成立山西中医学院,2017年5月更名为山西中医药大学。是山西省重点建设高校、山西省人民政府与国家中医药管理局共建高校、教育部首批卓越医生(中医)教育培养计划改革试点高校,中国政府奖学金生委托培养高校,推荐优秀应届本科毕业生免试攻读研究生高校,山西省深化创新创业教育改革示范高校,也是山西省唯一的博士学位授予单位(点)立项建设高校。

学校现有6个基层党委、10个党总支,96个基层党支部,1914名党员。

二、主要工作

2017年是学校跨越式发展的重要一年。一年来,以大学更名去筹和挺进博士授权单位方阵为龙头,在全校上下的共同努力下,成功更名山西中医药大学,成为我省唯一的博士学位授予单位立项建设高校。学校大力加强“三基建设”,全面推进学校内涵建设,各项事业取得新成绩。

(一)以贯彻落实党的十九大精神为重点,党建工作科学化水平不断提升

一是政治建设不断加强。学校上下贯彻落实中央、省委《关于坚决维护党中央集中统一领导的规定》,坚定执行党的政治路线,严格遵守政治纪律和政治规矩,在政治立场、政治方向、政治原则、政治道路上同以习近平同志为核心的党中央保持高度一致。严肃党内政治生活,严格尊崇党章,严格执行新形势下党内政治生活若干准则,努力营造了风清气正的党内政治生活。

二是思想建设成效显著。扎实开展学习宣传十九大精神和习近平新时代中国特色社会主义思想活动。组织开展集中学习10次,教职工政治理论学习安排10次,组织专家专场讲座3场。深入贯彻落实意识形态工作责任制,出台了《意识形态工作责任制实施细则》。制定了《网络与信息安全管理办法》《网络与信息安全事件应急预案》,规范了二级网站备案审批和上网信息发布流程,不断完善网络舆情应急机制,进一步确保校园网络高效、安全运行。

三是组织建设不断创新。扎实开展维护核心、见诸行动主题教育、“两学一做”学习教育常态化制度化工作,扎实推进“三基建设”,成立工作领导组,制订实施方案和重点工作任务清单。组织开展了学习习近平总书记系列重要讲话精神交流会。优化调整部分基层党组织设置,规范基层组织生活,开展了基层党建述职评议考核工作,推动党员活动室建设。召开纪念建党96周年暨“两优一先”表彰大会,评选表彰先进基层党组织10个、优秀党务工作者20名、优秀共产党员标兵4名、优秀共产党员50名,编印了《纪念建党96周年“两优一先”风采录》。全年发展新党员226名,预备党员转正164名。

四是干部队伍建设不断提升。印发学校《处级领导干部选拔任用和管理办法(试行)》和《科级干部选拔任用管理办法》。分五个批次提拔6名正处级干部、副处级干部3名,科级干部13名,交流调整正处级干部16人,副处级4人。制订了干部教育培训工作方案,举办了学习贯彻十八届六中全会精神专题学习研讨班和校级领导创新创业能力提升研修班,制订了《中层领导班子、干部考核评价办法(试行)》,加强对干部的量化考核工作。召开了中国共产党山西中医药大学代表会议,增选了党委委员3名。

五是党风廉政建设持续推进。筹备召开了党风廉政建设大会。印发了《2017年党风廉政建设和反腐败工作任务责任分解》,明确了主要任务和工作要求,确定了责任单位、协助单位和第一责任人。采取集中教育与日常教育相结合的原则,组织党员干部系统学习了《党章》及党纪条规,坚持用身边的事教育身边的人,以案释纪、释法,营造了良好的校园廉政教育氛围。

六是作风建设不断深化。贯彻落实中央八项规定精神,出台学校贯彻落实中央八项规定精神的实施细则。按照省委要求,结合学校实际,深入开展校级领导干部大调研工作。认真抓好巡视整改自行“回头看” 工作,切实做好“三清单一制度”的制定和落实工作。

七是加强老干部和统战工作。学习贯彻中办国办〔2016〕3号和省委〔2017〕28号文件精神,对老同志们在政治上尊重、思想上关心、生活上照顾、精神上关怀。强化同心合作,推进统战工作。完成了农工、民盟两个民主党派基层委员会圆满换届工作。

八是校园安全稳定工作持续加强。以平安校园建设为契机,全力做好十九大召开期间等重要节点的维稳工作。的强化“三防”建设,建立健全了学校安全稳定责任体系。加大校园视频监控投入力度,实现校园主要位置的全覆盖。组织开展了防震逃生演练和消防疏散演练,签订了安全稳定工作责任书,深入开展安全隐患排查与整治工作,确保校园和谐稳定。

九是精准扶贫扎实推进。成立了精准扶贫工作领导小组,印发了《驻村扶贫工作队员和农村第一书记管理办法》,构建了以领导包村、干部包户、扶贫工作队、科技副县长、第一书记为主要内容的多层次扶贫工作格局,15名同志奋战在扶贫第一线,涌现出以马秋香同志为代表的先进典型。在横岭镇通过“公司+农户”模式成功种植1000亩黄芩示范种植基地,有效增加了农民收入。

十是大学文化建设不断深化。加强全国中医药文化宣传教育基地建设。牵头成立山西中医药文化协同育人中心,构建文化育人平台。博物馆全年接待来自政府机关、企事业单位、学校的团体200多个,社会各界人士5000余人次,学校的知名度与影响力不断提升。举办“最美山中医”摄影展。顺利完成省高校文明委2016-2017年度文明单位创建的评估验收工作。

(二)以去筹更名和博士单位建设为中心,各项重点工作取得新成绩

一是成功更名中医药大学。筹建工作持续得到省委省政府、国家中医药管理局、上级主管部门的大力支持。省政府将“做好山西中医药大学去筹工作”写入政府工作报告。3月18日,教育部组织的全国高校设置评议委员会专家组对我校“大学去筹”工作进行了现场考察。5月10日,教育部致函省人民政府学校正式更名山西中医药大学。6月26日成功举办实施“1331工程”统筹推进“双一流”建设报告会暨山西中医药大学揭牌仪式。

二是博士立项扎实推进。成立工作领导组,制定工作方案,全力推进博士立项建设工作,学校成为山西省唯一的博士学位授予单位(点)立项建设高校。中药学、中西医结合2个学科成为省级重点学科,2个学科拟增列为一级学科博士学位授权点。中药学和中西医结合两个一级学科博士点、中

西医结合一级学科硕士点已顺利通过省级评审。目前,国务院学位委员会评审正在进行中。

三是"1331 工程"大力实施。成立了学校工作领导组,组建了 9 个专门工作推进组,制定了实施方案。中药学学科成为省"1331 工程"重点学科建设计划优势特色学科;黄芪资源产业化及产业国际化协同创新中心和晋药综合开发利用协同创新中心成为山西省"1331 工程"协同创新中心建设计划项目。中医学医教协同"5+3"人才培养研究创新团队成为山西省"1331 工程"重点创新团队。多发性硬化益气活血重点研究室成为国家中医药管理局重点研究室,基于炎性反应的重大疾病创新药物实验室成为省级重点实验室。门氏中医流派的继承与创新团队、针灸优势治疗技术团队成为山西省科技创新重点团队。基于炎性反应的重大疾病创新药物实验室、中医脑病学实验室、中药微乳与生物新制剂研发国家地方联合工程研究中心入选山西省"1331 工程"重点实验室、工程(技术)研究中心、产业技术创新研究院(战略联盟)建设计划。获得山西省"1331 工程"建设专项经费 810 万元。四是工程结算验收有序推进。积极完成新校区建设各项收尾工作,切实推进验收、结算、整改、施工等工作。完成新校区结算项目共计 35 项,新校区建筑全部通过竣工验收。积极推进实验动物中心立项审批,教师周转宿舍延期获立项审批。

(三)以迎接教学工作审核评估为契机,教学质量稳步提升

一是教育教学质量实现突破。一年来,学校不断加强平台建设,先后成为山西省深化创新创业教育改革示范高校、中国政府奖学金生委托培养高校、推荐优秀应届本科毕业生免试攻读研究生高校、中医学专业"5+3"一体化招生院校。制定《推荐优秀应届本科毕业生免试攻读硕士学位研究生工作管理办法》,成立工作领导组,顺利完成 23 位应届本科毕业生的推荐工作。

二是审核评估工作全面启动。召开了学校发展战略专家咨询会,启动了为期 13 个月的全校教育思想大讨论工作。制订《迎接本科教学审核评估方案》《审核评估任务分解》,召开了全校动员大会。完成 2017 年本科教学基本状态数据统计及上报工作。召开了全校本科教学工作会议,出台了教学奖励办法,进一步确立了人才培养中心地位和本科教学基础地位,教学工作会议成为制度。

三是专业布局不断优化。贯彻落实"瘦身强体"计划,认真做好本科专业优化调整工作。强化康复治疗学专业建设,申报中医养生学、运动康复学、中药资源与开发等专业。针灸推拿学专业获批 2017 年山西省高等学校优势专业建设项目。应用心理学、康复治疗学、植物保护 3 个专业顺利获得学士学位授权。

四是教学改革力度不断加大。出台《教学改革创新项目经费管理实施细则》,切实加强对教学改革项目的监管力度。组织完成 17 项省级教改项目、29 项校级第三批教改项目的结题验收工作。获批省级教学改革创新项目 4 项。推荐 10 项成果参加省级教学成果奖评选。开展了中医执业医师分阶段考试实证研究工作,国家中医药管理局中医师资格认证中心将我校纳入分阶段考试试点院校。梳理总结傅山学院办学经验,凝练出特色化培养优秀临床中医的教学改革优势。

五是教学条件建设不断加强。加强网络资源课程建设。新增 83 门课程资源,使通识课程资源增至百门,面向全校师生开放学习。加强教材建设工作。有 92 名教师入选"十三五"国家级规划教材的主编、副主编、编委。

六是教师教学能力大幅提升。完善教师培训制度,选派多名教师参加各级各类教学培训会议。承办教育部中医学类教指委二届五次全委会和第五届全国中医药院校青年教师教学基本功竞赛,3 名教师分获一等、二等、三等奖,3 名教师获优秀奖。

七是人才队伍建设实现新突破。王世民教授获"国医大师"荣誉称号,王晞星教授、贾六金教授获评"全国名中医"。3 名特聘教授入选省"百人计划"。全年共引进 12 名博士、15 名硕士。新增博士生导师 11 名。

八是圆满完成招生计划。招收本科 1850 人,专升本 304 人、留学生 50 人、研究生 282 人、高职 500 人、成人 709 人。九是研究生和继续教育持续加强。获批省教育厅教改课题 9 项、创新课题 2 项,组织研究生参加各类学术交流 300 余人次,发表学术论文 100 余篇,其中被 SCI 收录 2 篇。组织全国首届中医药研究生创新发展论坛,获得优秀硕士论文奖 1 项。组织开展了学科合格评估的自评工作。坚持聘请双师型名师专家授课。搭建网络教学辅助平台,改革考核模式,缓解"工学矛盾"。注重"多证式"培养。承办了山西省中医类别全科医师转岗培训。

(四)大力推进科技创新,产学研用结合取得新成绩

一是科研实力大幅提升。全年组织申报科研课题 286 项,课题立项 46 项,其中科技部重大研发计划 1 项、国家中医药管理局专项 1 项、国家自然基金项目 4 项、省级科研项目 26 项、厅局级项目 14 项,共获得国家级、省级、市级纵向科研经费 860 余万元;结题验收项目 39 项,签订横向课题 6 项。申报发明专利 14 项,获得授权的发明专利 10 项,发表 SCI 论文 9 篇。组织申报省部级以上奖励 5 项、获奖 3 项,其中省科技进步二等奖 1 项,自然类三等奖 2 项。

二是科研管理不断规范。出台了《科研项目经费管理办法》《科研成果转化管理办法》《重点实验室管理办法》《重点实验室开放课题基金管理办法》《科学技术奖励办法》等制度,开展全校科研数据的采集和录入工作,建设数字化科研管理平台。扎实做好 2018 年度国家自然科学基金项目申报工作。

三是交流合作日益广泛。先后接待 4 批次 12 人次国外专家访问我校,2 名教师作为访问学者在阿德莱德大学开展合作研究,1 名教师作为访问学者在英国阿伯丁大学开展合作研究。第三中医院挂牌山西省针灸医院圣彼得堡中医院。中国—俄罗斯针灸临床中心和中国—荷兰针灸临床中心项目立项。成功主办山西省首届中药材产业发展"三新"博览会高峰论坛。一年来,学校先后与 9 个地方政府与制药企业签

署合作协议，积极为区域经济社会发展提供服务，助力“健康山西”建设。

（五）深入推进公立医院改革，社会服务水平持续提高

一是附属医院建设不断加强。山西省中医药研究院（山西省中医院）成为正式我校附属医院；三所附属医院成功入选中医药传承创新工程重点中医医院项目库。三所直属附属医院与三个临床学院正式实施“院院合一”。附属医院完成全科医生临床培养基地建设改造工程并投入使用。第三中医院成功举办以“针灸传承与创新”为主题的全国性针灸大会。中西医结合医院切实提高中西医结合诊疗技术水平，中西医结合治疗率61.2%。

二是医疗服务水平不断提升。三所直属附属医院以公立医院改革为契机，大力提升医院综合服务能力，开展医疗服务下乡、对口支援等健康扶贫。中西医结合医院和第三中医院成为国家第二批住院医师规范化培训基地。三所直属附属医院门急诊病人数达到80万人次，出院人数达到5.3万人次，业务收入近10亿元。

（六）贯彻落实思政工作会议，学生综合能力显著提升

一是思想政治工作扎实推进。认真贯彻落实全国高校思想政治工作会议精神，召开学校思想政治工作会议，制定了学校《关于加强和改进新形势下思想政治工作的实施意见》，启动实施思想领航、文化铸魂、创新实践、网络建设、队伍培育、党建统领等六大工程。扎实推进思想政治理论课质量提升年工作，马克思主义一级学科增列为校级重点建设学科，1名教师被推选为2017年“全国思政课教学骨干”。投入10万元，设立校级思想政治教育教学改革课题15项。在和顺县建立思想政治教育实践基地，构建“大思政”工作格局。

二是思想政治素质不断提升。围绕立德树人中心环节，以社会主义核心价值体系为引领，深入开展社会主义理论、十九大精神及习近平系列重要讲话精神学习、“资助育人”为主题的诚信、感恩、励志主题教育及各项学生活动。加强学风建设，举办大学生成长讲坛讲座6场，国奖访谈录7场。开展新生国防教育及军事技能训练。学校成为山西省易班建设首批实施高校。一年来，组队参加全国健美操总决赛、全国大学生象棋锦标赛银奖、全国《黄帝内经》大赛华北赛区复赛、第十届全国哇哈哈大学生职场营销实践大赛山西省决赛、全国英语演讲、阅读、写作大赛（山西赛区）均获得优异成绩。

三是学生工作队伍建设不断加强。组织辅导员参加各类培训。举办参加第四届辅导员业务技能大赛，组队全省辅导员技能大赛，获批省级辅导员精品项目1项。1人被评为全国中医院校优秀辅导员、1人被评为全国中医院校优秀学生工作者。

四是学生工作基础不断筑牢。对照教育部41号令，重新修订了《山西中医药大学学生管理规定》和《山西中医药大学学生学习生活小秘书》。持续开展心理普查、团体辅导、建档和回访工作，提高学生心理素质。推进文明修身工程，加强学生的日常管理和教育，不断提升大学生应对风险的综合素质。

五是共青团工作进一步强化。召开第三次团代会，出台了学校《共青团改革实施方案》《关于加强和改进新形势下思想政治工作的具体办法》。举办了第十六届校园科技文化节等大型活动，丰富校园文化生活，提升特色品牌活动。加强思想引领，组织开展“青马工程”培训、社会实践和志愿服务活动。

六是学生资助体系不断完善。积极拓展社会资助渠道，争取社会助学金71万元。落实免费主食关爱工程和贫困生营养鸡蛋工程，15人次荣获国家奖学金，271人次荣获国家励志奖学金获得者，1798人次荣获综合奖学金，2154人次荣获单项奖学金。

七是创业就业工作扎实开展。组织参加国家、省、校创业大赛，校级立项23项，获批省高等学校大学生创新创业训练计划项目20项。积极参加“兴晋挑战杯”、“远志杯”等大学生课外学术科技作品竞赛和创新创业大赛，获国家级奖励6项、省级奖励6项。先后多次举办大、中型毕业生就业洽谈会，实施毕业生就业一把手工程。本科生首次就业率达62.77%。

（七）强化管理内涵发展，服务能力不断提升

一是人事管理不断规范。组建山西中医药大学教师高级职务评审委员会。评审教授1人，副教授12人，讲师16人。推荐评审高级实验师1人，实验师1人，副编审1人，图书馆员1人。完成了2017年度全国教师管理信息系统更新补充工作。

二是审计及设备管理日益加强。扎实做好新校区建设工程全过程跟踪审计，完成医药管理大楼等16项工程的审计报告。完成的采购项目38项，严格采购流程，做好学校资产登记工作。

三是财务管理不断完善。完成中央财政支持地方高校改革发展资金2017-2019年项目建设规划编报工作。编制2017年校内经费预算，加快预算执行进度。完成新校区建设债务审计、两位党政主要领导经济责任审计。

四是民主治校持续推进。召开四届五次教代会，推进代表提案办理工作，保障教职工合法权益。深化“面对面、心贴心、实打实服务教职工”活动，推进素质提升、文体健身工程。1人获山西省五一劳动奖章、3人获山西省教科文卫体系统五一劳动奖章。

五是现代大学制度建设不断加强。以大学章程核准为契机，持续深化“制度建设年”工作，完成党务、行政、教学、科研、学生等5个分册347项制度的“废、改、立”工作，极大提升了学校依法治校水平。出台了《山西中医药大学法律顾问管理办法》，通过公开招标，聘请1名律师作为学校法律顾问，协助学校处理法律事务。开展无纸化在线学法用法活动。六是条件保障持续有力。购置4万册图书、40个中外文数据库。加强校园网络建设、有效整合我校服务器、存储资源，建立服务器虚拟化管理平台，加强网站站群等信息化平台建设。深化“挂牌上岗”、“首问负责制”工作制度，坚持从规范管理入手，强化按规矩办事和用制度管人。加强后勤管理的质

量意识和服务效能，认真做好公寓服务、餐饮服务、水电保障、校园卫生保洁等服务管理。顺利通过省教育厅公寓安全和食品卫生安全综合大检查。

（郭宏鹏）

附：山西中医药大学党委书记、副书记、委员名单

书　记：马存根(7月离职)　段志光(7月任职)

副书记：冯　海　高建军

委　员：郭文平　王新塘　冀来喜　闫敬来　郝慧琴　王　旭(12月任职)　苗　强(12月任职)　郭继林(12月任职)

太原师范学院党委工作概况

党委书记　张惠元

2017年，太原师范学院党委高举中国特色社会主义伟大旗帜，坚持社会主义办学方向，深入学习贯彻习近平新时代中国特色社会主义思想和总书记视察山西重要讲话精神，认真落实省委“一个指引、两手硬”的思路和要求，坚定信念，明晰目标，以“实施综合改革，推进创新发展”为年度工作主题，团结带领全校师生员工，奋力攻坚克难，锐意改革创新，促进学校各项事业取得新进展。

一、深入学习宣传贯彻党的十九大精神，牢牢把握正确办学方向

学校领导班子深入学习贯彻十八届六中全会精神，专门召开全委会集体学习领会中发31号《关于加强和改进新形势下高校思想政治工作的意见》和习总书记视察山西时的重要讲话等精神，努力学深悟透，学以致用，引导党员干部和广大师生不断提高政治站位，坚定“四个意识”，为迎接党的十九大筑牢思想政治基础。

党的十九大召开，组织全校上下集中收听收看大会盛况，对学习贯彻工作及时进行安排，在广大师生中迅速掀起学习热潮。进一步制定出台了《关于深入学习宣传贯彻党的十九大精神的实施意见》，连续举办了6场专题报告会，并对全体中层干部和基层党支部书记进行重点培训。大力推动党的十九大精神“三进”和习近平新时代中国特色社会主义思想“五进”工作，努力让党的十九大精神在太原师范学院落地生根、开花结果。

二、全面加强领导班子建设

班子成员坚持以习近平新时代中国特色社会主义思想武装头脑、指导工作。深入贯彻党委领导下的校长负责制，在全省率先落实了“高等院校组织、宣传、统战等部门负责人要进入党委常委会”。坚持民主集中制，注重制度建设，制订了《常委会议事规则》《全委会议事规则》和《二级院(系)党政联席会议制度(试行)》。党委书记与院长同向同行，班子成员团结共事，积极努力当好学校改革发展的引领者、组织者和推动者。

三、统筹协调，全面推进学校改革创新

2017年，学院以构建太原师范学院发展新格局之情怀，大力推进新一轮综合改革。改革机构设置，撤并转党政教辅机构部门7个，设立适应发展需要部门、系(院)4个。进行绩效考核和绩效工资分配改革，建立与岗位职责、工作业绩、实际贡献紧密联系的绩效分配机制。加强目标管理考核评价工作，形成体现目标导向，客观反映各单位履职状态与工作实绩的评价体系。统筹使用和管理教学、科研等资源，进一步盘活现有资源，充分发挥作用，实现共享共用。加强开放办学，与国外建立友好合作关系的高校达11所，一批学生赴国外大学留学深造。与省内外多所高校广泛交流互访，互助合作，共谋发展，并与北京师范大学签订了合作办学协议，与浙江大学达成互助合作意向。

认真筹备组织召开了学校二届六次全会和第三届教职工、工会会员代表大会，全面回顾并深刻总结学校二次党代会以来的成绩，坚持问题导向和目标导向，谋划未来发展，凝聚共识干事，出台了《关于全面推进新一轮综合改革 实现内涵式发展的意见》，深入推进学校综合改革。

四、大力加强干部队伍建设

2017年，全校选任和调整交流系处级干部163人，其中提拔正处级干部19人，选拔副处级干部45人。干部选任坚持正确选人用人导向，公开公正、严格合规、近远期结合，综合素质和业务能力并重，兼顾年轻化和专业化。选拔任用工作中先立规矩，后行实施，首先制定了《太原师范学院干部任职管理的若干规定(试行)》，对干部选任提出总体上建设性意见。同时出台了《关于在干部调整任用工作中严肃组织纪律的通知》，严明了组织纪律，及时在全体干部中组织开展“学习贯彻党的十八届六中全会精神专题组织生活会”，在全校上下营造出风清气正的选人用人环境。坚持规范管理分类管理，先后出台了《太原师范学院教学院系正副主任(院长)选拔任用工作方案》《太原师范学院党政管理中层正职空缺岗位干部选拔任用工作方案》等五个工作《方案》，每个《方案》根据不同岗位提出了针对性意见。强化专业要求，提升干部队伍层次，根据不同岗位，提出明确要求。校党委还把科级干部选任调整工作提升到学校人才战略的高度统筹考虑。通过一系列综合举措，全校这一轮干部选任调整后，干部队伍结

构明显优化，能动性全面提高，接下来还需进一步抓好培训管理工作。

五、积极开展学习教育，落实立德树人根本任务

深入开展“两学一做”学习教育常态化制度化、“维护核心见诸行动”主题教育和深化“三基建设”工作，作为党支部书记抓党建述职试点单位，全校68个党支部书记进行了会议述职，力争取得实效。突出“学”的质量，提升“做”的成效，发挥“带”的作用，做实“改”的成果，持续把学习教育引向深入，基层党组织活力明显增强，成效显现。

认真贯彻意识形态工作责任制，全面落实全国高校思想政治工作会议精神，专门成立了教师工作部，组织召开全校思政工作会议，建立了思想政治、意识形态、安全稳定、学生管理工作综合研判制度，确立了“一统两牵四重三全”的总体思路，形成了党委统一领导、党政齐抓共管、职能部门组织协调，干部、教师、辅导员各方参与的大思政育人格局，有力推动思想政治工作的改革与创新。2017年9月，《山西日报》刊登了《走在行知路上的“太师人”——太原师范学院立德树人育人实践的探索与创新》专题报道我校思政育人工作，《中国青年报》头版以《我愿把青春播撒在雪域高原》为题报道我校学子援藏事迹。

六、坚定不移全面从严治党

学校党委认真落实“两个责任”，不断加强纪律建设、作风建设。加强干部学习培训，建立起党员干部分级培训工作体系。举办党支部书记轮训班，组织全体中层正职赴红旗渠干部学院培训，全体副处级人员赴右玉干部学院学习，首批系（院）、处、部正职业务干部专题研修赴浙江大学学习。出台了《太原师范学院落实中央八项规定实施细则》，重要时间节点及时下发贯彻落实中央八项规定精神和纠正“四风”工作的通知，认真落实中央八项规定精神，坚决反对“四风”。认真践行监督执纪“四种形态”，坚持教育在先、警示在先、预防在先，努力营造学校廉洁环境和风清气正的育人氛围。

七、同心协力，推进学校各项事业高质量发展

2017年，太原师范学院认真遵照省高校工委和教育厅工作部署要求，紧紧联系学校发展目标和工作实际，不断强化“四个意识”，增强党的领导和充分发挥干部“关键少数”及业务骨干的能动作用，协力推进全校各方面工作不断进步。

教学育人方面：大力推进教学改革，目前，推荐参加本轮省级教学成果奖评选的10个项目全部获奖，其中2个项目获特等奖，5个项目获一等奖，3个项目获二等奖。不断创新实践教学，在2016级学生中率先开设了校内劳动实践课程。搭建了“以赛带练、以演带课”的艺术实践平台，学校行知舞蹈团参演“百花迎春”春节大联欢，登上了人民大会堂，中国教育报专题报道。学生在国际微电影大赛、全国大学生游泳锦标赛、全国啦啦操大赛、全国英语阅读大赛等多项国家级赛事中获得佳绩，“华文杯”教师技能比赛，取得了3个特等奖和10个一等奖的好成绩。坚决按照全省统一部署，科学调整优化专业结构，着力办好师范类专业，巩固强化优势专业，提升特色专业，首批筹划削减6个低质错位专业。积极适应慕课教学，开设了167门次校内公选课。

学科科研方面：国家级科研项目获批16项，数量和经费均创我校历史最高。学校协同创新中心、创新团队等在产学研合作、服务基础教育、协同育人等方面取得了一系列重要突破，为地方经济社会发展做出了积极的贡献。获批省级研究生教育创新中心1个，新增生物学、艺术学理论、中国史、旅游管理4个硕士学位授权点，首届86名硕士研究生顺利毕业。中国语言文学、数学、地理学接受了全省学位授权点专项评估，有效促进了研究生培养质量的提高。

1331工程建设方面：在全省率先启动校级“1331工程”建设培育项目，制定出台《太原师范学院落实“1331工程”统筹推进“双一流”建设实施方案》等办法，投入专项经费500万元，收效明显，走到全省前列。全省“1331工程”立项上，协同创新中心建设计划、重点学科建设计划、重点创新团队建设计划、思想政治工作协同育人培育项目分别获批1项，获批数量位居全省高校前列。

人才队伍建设方面：坚持人才强校理念，创新办法举措，有效推进人才队伍建设。全年共招聘调入教师53人，其中博士30人。发放高层次人才住房补贴、安家费、科研启动费等各类费用1743万元。支持24名教师攻读学位和进修学习。薛晋文教授入选全省唯一第三批国家“万人计划”青年拔尖人才等。

招生就业方面：2017年在全国27个省区共招收本科生5961名，研究生129名。文科超省内二本线28分，理科超27分。其他艺体类专业录取分数线均远高于省定分数线。学校积极落实就业指导全程化、全员化、信息化、专业化的要求，进一步加大创新创业教育培训，实现了就业方式的多元化。

管理服务方面：加强资金管理，推进预算执行进度，获省奖励200万元。推进餐饮社会化改革，在饮食服务中心引进社会化餐饮企业。完善教职工就餐工作，提高教职工自助餐的服务质量。关心师生员工切身利益，严格规范发放奖助学金，免费为全校教职工体检，为44名博士分配了新校区周转房；为507名教职工申请到了政府公租房；改善了老同志基础设施、成立了老年大学、开展了健康疗养等等。

扶贫攻坚方面：太原师范学院先后有13人分别作为省委省政府派驻平陆驻村工作大队长、学校驻平陆扶贫工作队队长、扶贫队员、第一书记、乡镇挂职干部等参与到脱贫攻坚一线。2017年，太原师范学院继续为扶贫点提供帮扶资金10万元，组织博士教授帮扶团传授农科技能8场次；针对贫困户的职业技能培训，解决贫苦户的就业问题；开发光伏发电项目、玉露香梨等产业，进行产业扶贫；实施了道路硬化、管道铺设、蓄水池等建设，加强了基础设施建设，开设了爱心超市，被平陆县委、县政府评为“平陆县干部驻村帮扶工作模范单位”。

2017年虽然取得了一定的成绩，但距离上级的要求、师

生的期望,工作中还有不少的问题和差距,在推进全面从严治党方面还需加力;面对新时代新要求,需要着力在干部“五个过硬”上下功夫,不断加强党建水平;对照习总书记“作风建设永远在路上”指示要求,认真落实“两个责任”不断增进各团队的组织、谋划、执行和战斗等“四个力”,通过开展观念、课堂、厕所三个革命,全力推进各项改革举措见实见效。面对不足和问题,学院将认真领责,积极整改。

(刘晓峰)

附:太原师范学院党委书记、副书记、常委名单

书　记:张惠元

副书记:梁吉业　王川龙　程太生

常　委:杨全平　郭丕斌　王卫平

赵　怡(7月任职)　付建伟(7月任职)

申　楠(7月任职)　侯学文(7月任职)

太原师范学校校园掠影

市、县(市、区)委工作概况

中共太原市委工作概况

市委书记　罗清宇

2017年，太原市委高举中国特色社会主义伟大旗帜，坚持以习近平新时代中国特色社会主义思想为指导，深入学习贯彻党的十九大精神和习近平总书记视察山西重要讲话精神，按照省委“一个指引、两手硬”思路和要求，全面落实省委决策部署和对太原“两个走在前列”的目标要求和“五个扎实”的工作要求，坚持总揽全局、协调各方，推动党的建没和党领导的各项事业取得新进展新成效，奋力开启了建设文明开放富裕美丽太原的新征程。

一、把学习宣传贯彻党的十九大精神作为首要政治任务和重大工作主题

坚持用习近平新时代中国特色社会主义思想武装头脑、指导实践、推动工作，努力在融会贯通、学以致用、全面覆盖上下功夫。制定出台《任务分解》，切实将习近平总书记视察山西重要讲话精神体现到维护核心见诸行动的具体实践中。党的十九大胜利召开后，加强统筹协调、督促指导，及时印发通知，在全市迅速掀起热潮。通过多层级、多途径、多形式的宣讲解读，有力推动党的十九大精神入心入脑，不断转化为广大党员干部深入践行的思想自觉、党性观念和有力行动。召开市委十一届三次全会，进一步对全市学习宣传贯彻党的十九大精神作出全面部署，提出了建设文明开放富裕美丽太原的奋斗目标，凝聚起了在新时代新征程中奋力谱写太原发展新篇章的强大力量。

二、积极践行新发展理念，加快推进创新驱动、转型升级

全面加强对经济工作的领导。深入学习贯彻习近平新时代中国特色社会主义经济思想，深刻把握省委推动山西转型发展的三条基本经验，定期研判经济运行态势，及时研究推进重大经济工作。制定出台贯彻落实国发42号文件行动计划，市委常委、副市长带头包联产业项目，亲力亲为引进项目、跟踪项目、服务项目。2017年，全市地区生产总值增长7.5%，规模以上工业增加值增长9%，固定资产投资增长6.8%，社会消费品零售总额增长6.1%，外贸进出口总额增长4.1%，一般公共预算收入增长10.3%。

统筹推进三次产业协调发展。稳步推进第一产业，依托省城大市场、大资源，深化农业供给侧结构性改革，搭建市场销售、信息服务、信贷资金平台，发挥九牛牧业、德青源“金鸡扶贫”等产业化龙头的辐射带动作用，加快发展都市现代农业。加大工业振兴力度，改造提升传统产业，积极研究推进煤－电－铝镁－材全产业链的打造，阳煤太化新材料园区、太钢镍基合金一期等重点工程开始见效，太钢T800碳纤维、江铃重汽整车及发动机等重大项目建成投产。积极发展现代服务业，加快培育健康养老服务、家政服务、生态旅游等生活性服务业新业态，加大扶持现代金融、节能环保、人力资源管理服务等生产性服务业力度，宜家家居、传化物流等项目建设进展顺利。

坚持在创新转型中科学高效配置要素资源。注重发挥创新的第一动力，新增国家级科技企业孵化器和众创空间12个、省级重点实验室和工程技术研究中心11个，技术合同成交额达105亿元。注重强化开发区的聚集带动，综改示范区、不锈钢产业园区“三化三制”改革全面完成，“一县一开发区”进展顺利。综改示范区工作加快推进，签约落地项目50个，

总投资800多亿元。启动建设军民融合创新基地,签约项目总投资近560亿元,推介科技转化项目90个。

三、抓住重点领域和关键环节,全面深化改革扩大开放

持续深化重点领域改革。把抓改革作为重大政治责任,实行市级领导分管领域改革事项分工负责制,推动各级领导干部按照“三个三”的工作方法,亲力亲为抓改革,扑下身子抓落实,年初确定的45类194项重点改革任务完成95%。成为国家北方地区冬季清洁供暖试点城市和国家首批增量配电业务试点,获批全国可持续发展议程创新示范区。深化“放管服效”改革,取消下放市本级行政职权事项114项,在综改示范区试行企业投资项目承诺制,开工前审批事项减少86%。市政务服务中心投入使用。坚决完成监察体制改革试点工作,全面加强了党对反腐败工作的统一领导。

进一步提高对外开放水平。积极与中科院、同济大学等国家级智库和科研院所对接合作,为太原城市发展把脉定向。积极融入国家“一带一路”“京津冀协同发展”战略,深化对外经贸及产能合作,与塔吉克斯坦胡占德市结为国际友好城市,中科院先进计算中心暨计算科学产业基地等落户太原。2017年,共签约招商引资项目136个,投资总额2690.9亿元。

四、全面提升规划建设管理水平,着力打造现代宜居城市

高起点做好城市规划。对接《太原都市区规划》,制定《太原市市域空间总体规划方案(2016—2035年)》《太原市近期建设规划(2016—2020)》等,做好“五规合一”试点工作。做好晋阳湖等重点片区规划,加强汾河两岸及主要干道的规划控制和城市设计。

高质量推进城市建设。构建现代化立体交通体系,轨道交通2号线一期工程进展顺利,蒙山大街、东峰路北延等道路建设改造稳步推进。加快老旧管网改造,完成264公里供热管网、118公里供水管网的新改建任务。新增集中供热面积2133万平方米。二青会场馆建设、汾河三期治理工程、地下综合管廊、“八河”综合治理等重点项目扎实推进。加大城中村、棚户区改造力度,整村拆除26个、面积739万平方米,棚户区改造新开工32460套、基本建成31546套。

高水平加强城市管理。创新城市管理体制机制,积极推进城市管理综合执法体制改革,进一步理顺市、区、街道、社区权责关系。加快智慧城市建设,促进现代信息技术与城市管理服务融合。深入开展城市管理全面提升行动,组织开展市容环境、交通管理等10项综合整治,拆除违章建筑近300万平方米,整治交通违法行为90余万起,城市文明程度进一步提升。

五、发展社会主义民主政治,全面建设法治太原

支持人大及其常委会依法履行职能。将人大立法、监督和重大事项决定工作纳入党委决策和落实体系。全年立改废释地方性法规12件。加强对法律法规实施情况检查和“一府一委两院”工作监督。圆满完成市人大换届和省十三届人大代表选举任务。法治太原建设五年规划全面实施。加强对群团工作的领导,出台太原市群团改革“1+3”方案。加强党管武装工作,支持驻并部队圆满完成了编制体制调整改革任务。

支持政协依照章程开展工作。制定《关于完善工作机制加强人民政协协商民主建设的实施意见》。市政协就推进文明交通整治、大气环境整治、脱贫攻坚等重大问题开展协商议政、进行民主监督。圆满完成市政协换届工作。坚持巩固和发展最广泛的爱国统一战线,制定政党协商计划,落实“双月座谈会”、重大情况通报等制度。协助民主党派、指导工商联圆满完成换届。

六、发展中国特色社会主义文化,切实做好宣传思想工作

加强意识形态工作。加强重大问题分析研判,加强对社科理论阵地、高校阵地、宗教阵地、文化传播阵地的管理。完善网络舆情应急处置机制,提高领导干部互联网条件下的工作能力。加强与主流媒体的工作对接,中央主要新闻媒体刊(播)发有关太原的正面报道500多条,同比增长了一倍。弘扬社会主义核心价值观。组织“担复兴大任、做时代新人”主题特色活动,《人民日报》、中央电视台等中央媒体进行了报道,被中宣部列为“新时代新气象新作为”大型主题采访活动必选线索。开展爱国主义教育,组织“展示新形象、迎接十九大”成就展、道德模范进基层巡讲等活动。推进文化事业、文化产业发展。健全公共文化服务体系,市图书馆建成开放,“免费送戏下乡”、农村放映电影近1.4万场,电视剧《于成龙》荣获国家“五个一工程奖”。健全现代文化产业体系和市场体系,被确定为国家文化消费试点城市。稳步推进二青会筹备,在第13届全运会上取得1金、8银、9铜的优异成绩。

七、坚持以人民为中心的发展思想,着力保障和改善民生

脱贫攻坚工作稳步推进。认真落实习近平总书记在深度贫困地区脱贫攻坚座谈会上的重要讲话精神,出台25条重大举措,进一步加大精准扶贫、精准脱贫力度。全年安排市级专项扶贫资金1.56亿元,同比增长40%。做好劳动力转移就业,加快易地扶贫搬迁,推动公共资源向脱贫攻坚主战场倾斜。全年脱贫村和脱贫人口分别完成目标任务的132.7%、110.3%,阳曲县摘帽退出贫困县。教育卫生事业健康发展。着力推动城乡义务教育一体化。新改扩建中小学幼儿园55所,持续实施20万小学生放学后免费托管服务,公办小学初中就近入学率100%。深化医药卫生体制改革,114所公立医院全部取消药品加成,十县(市、区)全部推行县乡医疗卫生机构一体化改革。就业和社会保障水平显著提升。坚持就业优先战略,全市就业形势持续稳定,城镇登记失业率3.41%。全面实施全民参保计划,城乡居民养老、医疗、失业等保险基

本实现全覆盖。新建社区养老服务中心64个、城乡老年日间照料中心87个。

八、加大生态环境保护力度,全力推进美丽太原建设

完善环境保护体制机制。制定《太原市生态文明体制改革实施方案》等制度,实施最严格的环境治理、生态补偿、责任追究。建立书记、市长任组长的协调保障和市级领导包县(市、区)督导环保自查自纠工作机制,中央环保督察组交办问题办结率100%。

强力推动生态环境治理。制定出台秋冬季大气污染综合治理攻坚措施53条,组织开展“铁腕治污”大气环境整治百日攻坚大会战和采暖季蓝天保卫战,完成315个农村11.6万户“煤改电”“煤改气”任务,市区实现散煤清零。启动19条河渠的综合治理,建成区146公里的黑臭水体基本消除。2017年秋冬季,空气质量指数同比下降32%,PM2.5浓度均值同比下降33.1%,重污染天数同比下降75%。大力实施造林绿化美化。完成营造林42.6万亩。园林绿化美化取得新进展。建成区绿化覆盖率、绿地率、人均公园绿地面积分别达到42.19%、37.18%和12.18平方米,公园500米半径覆盖率提高5个百分点。

九、切实维护和谐稳定,努力为党的十九大营造良好社会环境

做好信访稳定工作。对积案和疑难信访案件成立工作专班,由市级领导同志包案化解。推进拖欠工资、城乡建设等重点领域风险化解,省交办案件、市疑难信访案件化解率达到99.6%和86%。全力抓好安全生产。坚持安全生产责任重于泰山,承接好省下放煤炭企业的安全监管,狠抓道路交通、特种设备等专项整治,排查整改安全隐患8.5万余个,生产安全事故起数、死亡人数同比下降9.92%和16.34%。

强化社会面管控。维护国家政治安全,防范经济金融、网络安全等风险。排查整治安全稳定风险隐患9万余个,调解矛盾纠纷2.7万件。深入推进“雪亮工程”建设和市县乡三级综治中心标准化建设。开展公共安全整治和严打整治,习近平总书记视察山西期间太原市安保警卫工作实现“零瑕疵”,人民群众的安全感和满意度进一步提升。

十、坚决落实主体责任,推动全面从严治党向纵深发展

深入推进“两学一做”学习教育常态化制度化,扎实开展维护核心见诸行动主题教育。制定实施方案,加强对全市活动的组织统筹。市委常委以身作则,带头学习研讨。组织开展全市学用习近平总书记视察山西重要讲话精神交流会等活动,集中培训全市市管领导干部,广大党员干部进一步做到了在思想上拥戴核心、在政治上维护核心、在行动上紧跟核心。全面履行主体责任。坚决扛起管党治党的政治责任,开展县(市、区)、市直部门党委(党组)落实主体责任述责。制定出台《关于加强党内政治文化建设的实施意见》。健全巡察机构机制,部署开展市县巡察。深入开展巡视整改自行“回头看”,坚持三本清源,全面肃清流毒影响,全市问题整改率达到89.4%。加强干部队伍建设。坚持新时代好干部标准,圆满完成市人大、市政府、市政协换届,调整干部14批895人次,一批忠诚干净担当的干部走上重要岗位。全面实施激励干部担当作为、合理容错“两个办法”。市财政拿出2亿元资金奖励干事创业的优秀干部。全面加强“三基建设”。出台实施意见,部署25个方面100项重点任务,市县两级财政投入10亿元,实施社区办公活动场所提档升级工程,社区工作人员待遇达到中部省会城市领先水平。圆满完成村(社区)党组织换届工作和255个软弱涣散基层党组织的集中整顿。全面加强城市党建工作。非公经济和社会组织党组织覆盖率分别达到86.6%和80.7%。驰而不息正风肃纪。修订完善《关于进一步贯彻落实中央八项规定精神的实施细则》,查处违反中央八项规定精神问题数、处理人数、处分人数同比分别增长70.1%、73.5%、53.2%。有效运用“四种形态”,处置问题线索、谈话函询分别增长26.3%和28%,全市各级纪检监察机关立案1002件、处分914人、移送司法机关21人,其中查处发生在群众身边的腐败问题164个、处分244人。

(乔大江)

附:中共太原市委书记、副书记、常委名单

省委常委、太原市委书记: 王伟中(4月离职)
罗清宇(4月任职)

副书记: 耿彦波　任在刚(12月离职)
李新春(12月任职)

常　委: 李新春(2月任职,12月调职)　李吉山
魏　民(2月任职)　张明星(3月离职)
张文广　薛东晓　王立刚
赵忠保(12月任职)　刘文华(2月离职)
李　浓(女)　刘　鹓(2月任职)
张　璐(7月任职,挂职)

中共小店区委工作概况

区委书记　刘振华

2017年是实施“十三五”规划、决胜全面小康的重要一年，也是供给侧结构性改革的深化之年，更是全区上下凝心聚力、拼搏奋进的一年。一年来，区委坚持以习近平新时代中国特色社会主义思想为指导，深入贯彻落实党的十九大精神和省委十一届五次全会、市委十一届三次全会、区委五届三次、四次全会精神，在市委、市政府和区委的坚强领导下，坚持稳中求进工作总基调，牢固树立新发展理念，以推进供给侧结构性改革为主线，努力做好稳增长、促改革、调结构、惠民生、防风险各项工作，经济社会发展稳中向好、稳中提质，较好地完成了区五届人大二次会议确定的各项任务。

小店区域实现地区生产总值829.93亿元，增长8.1%，全市总量第一，增速第二。服务业增加值完成421.34亿元，增长9.9%，全市总量第三，增速第一。社会消费品零售总额完成545.96亿元，增长7.0%，全市总量第一。规模以上工业增加值完成276.70亿元，增长11.0%，全市总量第一，增速第三。固定资产投资额完成185.29亿元，全市总量第一。小店区一般公共预算收入完成27.17亿元，县区排名连续5年稳居全省首位。城乡居民人均可支配收入分别达到32546元、21152元。2017年荣膺全国最具投资潜力百强区第52位。

一、坚定不移推进产业升级，发展动能得到新增强

现代农业加快发展。2017年成功创建省级休闲农业和乡村旅游示范区，发展市级以上休闲农业示范点14个，30个休闲观光园区实现营业收入7200万元。农产品加工业稳步发展，鸿新农产品、维尔生物等省级以上农业龙头企业达到15家。加快“三品一标”农产品认证步伐，新增无公害农产品10个，在全市率先创建国家级农产品质量安全区。

服务业发展势头强劲。现代服务业筑基作用进一步巩固，华宇百花谷、北美N1等一批新型城市商业综合体开业运营，亲贤北街、体育南路等街区餐饮企业实现转型升级，长风街、康宁街等新兴现代商圈辐射带动作用进一步增强，区域品牌影响力不断提升。“互联网+服务业”发展迅猛，登记注册电子商务公司达到500余家，物流企业突破200余家。商事制度改革成效明显，市场活力进一步激发，各类市场主体达到10万户，居全省首位。

“双创”氛围更加浓厚。新增邦意等3家规上企业，民营企业营业收入完成693亿元，居全市前列。新增小微企业9000余个，技术合同成交额3亿元，授权专利600余件。发展省级以上众创空间14家、双创企业孵化园46个，培育认定高新技术企业56家，提供就业岗位2.4万个。

招商引资取得新成效。坚持大招商、招大商、招好商，实际到位资金88.8亿元，苏宁广场、绿城太原广场等7个“重量级”项目完成签约，总投资380亿元，创历史新高。创新招商模式，设立小店区招商服务中心，通过第三方机构扩展招商服务。坚持“一事一议”“一企一策”工作机制，为企业提供“保姆式服务”，省水工机械厂研发中心、汾酒文化商务中心等一批转型项目加速对接推进。

二、坚定不移提升建管水平，城乡面貌呈现新气象

基础设施进一步完善。全力服务轨道交通2号线、汾东污水处理厂等16项市级重大基础设施建设项目。自主实施小马西路、小马北街等道路建设工程。高标准完成17项水利工程，改善灌溉面积1万亩。改造老旧小区庭院供水管网“一户一表”1万户、老旧供热二次管网40公里。举全区之力服务转型综改示范区建设，按期完成1.95万亩征地任务。圆满完成山西省政务服务中心搬迁基础性工作。

城市管理水平全面提升。开展“一街一路”“一线一路”和太航、昌盛等12个片区城市管理全面提升行动，整治违法广告7万平米，拆除违建43万平米，清运垃圾600万吨，裸露地面硬化绿化21万平米。1.2万个门店生活垃圾实现上门收集。继续实施无物业楼院清扫保洁全覆盖，受益群众3.3万人。实施农村环境集中整治行动，重点打造“三环四路”10个示范村，乡村面貌焕然一新。

城中村棚户区改造有序推进。横河、寇庄、大村等5个城中村拆除3301户、144万平米，拆除量、拆除率位居全市前列。北张等城中村清零扫尾基本完成。碧桂园、绿地等知名房企与6个城中村签约。拆迁改造棚户区1018户。保障性安居工程完成投资35.47亿元，新开工建设4816套，基本建成4411套，超额完成市下达任务。

三、坚定不移增进民生福祉，社会事业实现新进步

民生事业全方位推进。统筹推进民生事业提标扩面，民生支出占到财政总支出的83.8%，居全省县级财政民生投入首位。深化集团化办学体制改革，推广“名校+”办学模式，优质教育发展更加均衡。新改扩建公益普惠性幼儿园2所、中小学校5所，新增学位4000个。在全市率先发放中小学班主任每人每月500元津贴。积极鼓励扶持民办学历教育发展。成立区医疗集团，医疗机构一体化进程加速推进。组建家庭医生服务团队229个，家庭医生签约33万人。

文化旅游市场蓬勃发展。举办各类文化惠民演出200余

场。扎实推进全民健身和全民阅读，23个社区配置健身器材，58个社区文化活动室配备阅览设备，区图书馆免费接待群众10万人(次)。加大非物质文化遗产保护，省市级非遗项目数量位列全省首位。加快大汇嘉园等景区创建，打造5家“农业旅游示范点”，旅游收入突破150亿元。

民生保障水平不断提高。发放低保金、医疗救助金870万元，受益群众1.5万余人。托底安置军队退役人员256人。城乡居民基本医疗保险参保41万人，失业保险、工伤保险、生育保险参保16.5万人。城镇登记失业率控制在3.4%，城镇新增就业人数1.9万人。39个社区建成养老中心、日间照料中心。继续设立对口帮扶专项资金2500万元，落地23项脱贫项目，助力阳曲县实现脱贫摘帽。

四、坚定不移践行绿色发展，生态环境得到新改善

强力推进铁腕治污。严格落实环境保护“党政同责、一岗双责”，圆满完成中央环保督察整改和省环保督查交办任务。完成62个村“煤改气”“煤改电”和90个燃煤棚户区清洁供暖改造1770万平米，惠及群众68万人。燃煤锅炉全部清零，完成“一清二拆”3.14万户，技改升级企业674家。全面推进“环保管家”服务，建设160个大气环境监测微观站，推进环境污染精准施治。流涧村土壤污染修复试点任务基本完成。实施环境污染有奖举报。加强环保网格化建设，增加环保巡管员200人，配备23辆巡查车。截至2017年底，秋冬季大气污染防治PM2.5平均浓度同比下降33.6%，重污染天数同比减少21天。

生态环境持续改善。东山五龙城郊森林公园绿化提档升级2500亩。加快推进公园、游园、街道、社区的绿植覆盖，晋阳街公园投入使用，新建昌盛西街等5个游园和真武路南等6块城市绿地，打造5条林荫路。汾河河道环境综合整治和重点断面水质达标见效。

五、坚定不移加强社会治理，平安建设谱写新篇章

坚守安全生产红线。牢固树立安全发展理念，全面落实安全生产责任制，以“四铁”要求狠抓重点行业专项整治，安全生产事故控制指标平稳运行，死亡人数同比下降12.5%。打造农村集体聚餐示范点25个，餐饮单位“明厨亮灶”覆盖面进一步扩大。5000余家食品生产企业、连锁超市等纳入可追溯体系，食品安全监管工作迈入全国先进行列。

稳妥推进信访化解。坚持抓早抓小、控旧制新，积极推行领导包案化解社会矛盾工作机制，不断提升不稳定因素化解能力，省、市交办信访案件化解率分别达到100%、90%。信息预警处置、社会稳定风险评估等机制进一步健全，民间投融资依法治理全面加强，社会保持和谐稳定，公众安全感指数持续提升。

全面加强社会管控。全力推进扫黑除恶、禁毒严打整治、打击“盗抢骗”等专项行动，破获刑事案件3285起，打掉恶势力犯罪团伙12个。成立消防安全管理中心，全年火灾起数、直接经济损失同比分别下降25%、53%。投入3000万建设“雪亮工程”，治安管控能力显著增强。

六、坚定不移加强自身建设，政府效能取得新提升

持续推进简政放权。“放管服效”改革持续深化，40余个部门审批环节实现闭环运行，办理时限缩短60%。区级权力清单事项“瘦身”至1805项，瘦身率50%。全面规范政务服务，群众投诉环比逐季下降，满意率达到95%以上。三级政务便民服务体系日趋完善，全年受理各类许可、服务事项211万件，居全市之首。

打造法治政府。坚持科学、民主、依法决策，健全完善政府法律顾问制度，政府执行力、公信力明显增强。自觉接受人大法律监督和工作监督、政协民主监督和社会监督，办结人大代表建议和政协委员提案293件，答复率100%。支持各民主党派、工商联、无党派代表人士参政议政，行政决策科学化、民主化、法治化进程进一步加快。

强化正风肃纪。深入学习贯彻党的十九大精神，牢固树立“四个意识”，坚决维护以习近平同志为核心的党中央权威和集中统一领导。全面加强政府系统党的建设，严格执行中央“八项规定”精神和省、市实施细则，坚决纠正“四风”，“三公”经费持续下降，其中公务接待下降39%。加大审计监督力度，强化审计结果运用。严肃查处发生在群众身边的违法违纪案件，党政纪处分104人，党风廉政建设和反腐败工作取得实效。

(吴 轩)

附：中共小店区委书记、副书记、常委名单

书　记：车建华(8月离职)　刘振华(8月任职)

副书记：李卫平　宋晓丽(女)

常　委：杜小灵(11月任职)　张　耀　霍存柱　任效杰　王建文　丁晓旭　张建春　张志中　张振鹏(11月离职)　肖　莉(女，6月离职，挂职)

中共迎泽区委工作概况

区委书记　冯原平

迎泽区是1997年太原市区划调整后成立的城乡一体化的城区，辖迎泽、柳巷、文庙、桥东、庙前、老军营6个街道办事处和郝庄镇，共有86个社区,28个村（含9个村改居）。现有基层党组织1014个,其中,党委21个,党总支115个，党支部878个，党员12161人。总人口达60.39万人，总面积117平方公里,建成区22平方公里，是全市面积最小的城区。

2017年,区委在市委、市政府的坚强领导下,深入学习领会党的十九大精神和习近平新时代中国特色社会主义思想，积极贯彻落实习近平总书记视察山西重要讲话精神,紧紧围绕“建设省城首善之区”目标,攻坚克难,真抓实干,全区经济持续保持中高速增长,政治、文化、社会、生态文明和党的建设不断取得新成效,各项事业呈现新气象。

认真学习宣传贯彻党的十九大精神，坚决把牢正确方向。以创建全省“两学一做”学习教育常态化制度化示范点为契机,认真制定实施方案,系统开展理论学习,深刻领会习总书记对山西提出的总体要求和五项重大任务,认真落实省市委要求,不断把学习贯彻引向深入。高标准开展维护核心见诸行动主题教育,一月一主题,月月有活动,引导广大党员干部自觉把维护核心落实到行动上、融入到工作中,为迎接十九大胜利召开、学习宣传贯彻十九大精神筑牢思想政治基础。党的十九大召开后,明确把深入学习贯彻党的十九大精神和习近平新时代中国特色社会主义思想作为当前和今后一段时期的重要政治任务,在全区迅速掀起学习热潮。区委专门召开全会深入学习研讨习近平新时代中国特色社会主义思想和党的十九大精神,区委中心组6次进行专题学习交流,聘请专家为全区各级领导干部和社区(村)两委干部进行专题辅导,组织宣讲团下基层开展宣讲活动390场次,举办“学习贯彻党的十九大精神科级干部主体班”,结合区情开展“八学”活动,推进理论宣讲进企业、进农村、进机关、进校园、进社区、进军营、进网站,实现全覆盖,在全区形成学习贯彻党的十九大精神浓厚氛围,切实把全区党员干部的思想统一到党的十九大精神上来,并不断转化为推动迎泽发展的思想自觉和生动实践。

经济发展速度加快,发展后劲明显增强。积极推进民营经济和小微企业创业创新,新创省级众创空间7家、省级科技企业孵化器1家。推进楼宇总部经济服务中心试点工作,在10家楼宇挂牌建立“楼宇(总部)经济示范基地”。加快智慧产业园、中鲁物流园扩园和生物医药产业园、新东峰汽车贸易园建设,新兴产业在集聚融合中培育成长。完善项目建设和招商引资机制,华润城市综合体等重点项目建设顺利推进,新引进微谷中国山西公司、月星家居等一批区域总部企业,签约招商项目7个,引进资金183.8亿元,省市重点项目累计完成投资9.68亿元,推动区域经济由“量”大向“质”优转变。2017年,全年地区生产总值实现690.83亿元,同比增长8.1%;服务业增加值完成602.05亿元,同比增长8.5%;社会消费品零售总额完成466.81亿元,同比增长6.1%;固定资产投资完成97.67亿元；一般公共预算收入完成15.3亿元,同比增长9.7%。整体经济稳定的格局进一步巩固。

重点工程房屋征收稳步推进，城乡宜居水平明显提升。配合全市重点工程,实施地铁轨道交通迎泽段、迎泽大街下穿火车站房屋征收工作,完成双塔南路(迎泽段)、松小线2条道路改造房屋征收,征收167户。集中推进双塔景区征迁,累计征收2700余户,占征收总户数的98.5%。大力推进片区改造和棚户区改造，完成电建155户、3.1万平米的房屋征收。加速棚户区回迁安置房建设,累计建设14956套。在抓好已拆城中村扫尾清零的同时,继续推进水峪、松庄、新沟3个村整村拆除,完成拆除1979户,拆除率为98%,实现建成区面积翻番,为迎泽发展拓展了空间。以城市管理提升行动为抓手,扎实开展铁路沿线、占道经营等10项综合整治。提升环卫作业精细化管理,做好城乡生活垃圾全收集和垃圾收运体系建设。完成城市管理执法体制改革,建立城市执法全过程记录工作机制,实现执法中队人、财、物统一管理。加快美丽乡村建设,申报董家庄村为市级美丽乡村示范村。扎实开展身边绿化工程,完成10个绿地游园建设,城乡环境及城市品质得到有效提升。

积极构筑“精神高地”,文化自信全面提振。进一步加强党对意识形态工作的领导,严格落实工作责任制,开展意识形态领域形势分析研判,加强网络意识形态工作。深入开展“担复兴大任,做时代新人”主题活动,举办座谈会、研讨会、演讲比赛近百场。注重舆论引导，各类媒体宣传报道6126次,《迎泽之窗》发行覆盖全区党支部。采取多种形式组织开展弘扬社会主义核心价值观的宣传教育,持续开展“我们的节日”“道德讲堂”“讲文明树新风”等群众性精神文明创建活动,举办文化惠民演出72场,激发了全区人民团结奋进的强大正能量。

深入推进绿色发展,生态环境持续优化。坚持“绿水青山就是金山银山”的发展理念,全面贯彻中央、省、市关于生态文明建设和生态环境保护的重大决策部署,强力推进环境质量改善和大气污染防治,认真抓好中央环保督察交办的186件问题和环保部强化督查涉及的32个问题、省环保督察组转办群众反映的137件问题整改工作。全面完成散煤治理、重点片区整治、农村环境整治、“铁腕治污”百日攻坚等各项重点任务,“煤改气”工程在全市率先完成并被评价为“放心工程”。

着力保障人民安居乐业，民生福祉不断改善。从人民最关心最直接最现实的利益问题做起，扎实办好年初确定的各项惠民实事。持续提升社会保险、保障救助水平，各类社会保险超额完成，低保金、医疗救助金、高龄保健津贴、残疾人生活补贴等按时足额发放。推进义务教育优质均衡发展，36中、37中、39中校舍改造和并东小学改扩建工程有序推进，普及推广教育信息化，中小学校责任督学挂牌督导工作经验被作为“迎泽模式”在全省推广。开展县乡医疗卫生机构一体化改革，挂牌成立迎泽区医疗集团，推进家庭医生签约服务，重点人群签约率达70.46%，计划生育特殊家庭管理服务、流动人口动态监测等多项工作在全省名列前茅。积极培育发展“易照护”“福寿和”等养老服务模式，建成14个社区养老服务中心和17个老年日间照料中心。扎实开展对口精准扶贫，实现4475人脱贫，超额完成脱贫3000人目标任务。

切实维护社会和谐稳定，努力营造良好社会环境。高度重视信访维稳工作，组织大接访44次。狠抓安全生产不放松，扎实开展安全生产“知责履责失职追责”“反三违”等活动，消除了一批安全隐患。创新消防管理模式，建立“互联网+消防”烟、气、电远程火情预警系统，被国家安监总局调研组肯定为“迎泽模式”并加以推广。筑牢食品药品安全监管“两条底线”，构建了基层食药安全防控网格。强化社会面管控，加快综治中心标准化建设和“雪亮工程”建设，健全矛盾纠纷联调体系，开展“社会治安风险隐患大排查大整治”，平安迎泽建设取得新成效。深化“放管服”改革，建立权责统一、权威高效的依法行政体制。实施“七五”普法，推进多层次多领域依法治理，全区各部门和114个社区（村）实现法律顾问全覆盖，人民群众安全感和满意度进一步提升。

民主政治建设深入推进，安定团结的政治局面进一步巩固。支持区人大、区政协依法依章程履行职责。区人大及其常委会围绕重点项目建设、城市管理、民生社会保障、安全生产等重点工作开展了一系列视察调研活动，严格程序任免了一批国家机关工作人员，依法履职水平进一步提高。区政协积极围绕双塔景区建设、城乡一体化发展、民生实事开展协商活动，民主监督、参政议政水平进一步提高。完善政党协商机制，充分发挥民主党派、无党派人才聚集优势，科学民主决策水平进一步提升。国防教育、国防动员工作不断加强，拥军优属氛围逐步浓厚。积极推进工会、团委、妇联群团改革工作，搭建特色服务平台，凝聚起了建设“省城首善之区”强大合力。

认真履行主体责任，全面从严治党向纵深发展。一是着力加强“三基建设”。细化122项具体任务和责任，形成上下联动工作格局。投资约1800万元，建成“互联网+党建”服务群众工作信息系统，受理问题39666件，办结完成39649件，办结率99.97%，群众满意率99.8%。采取新改扩建、置换、租赁、共驻共建等方式推进社区建设，社区服务场所平均面积达到600平米以上，16个社区超过1000平米。完成社区（村）“两委”换届，23个软弱涣散基层党组织全部晋位升级。建成122个区域性党组织，发展党员130名，组织5835名党员补缴党费326万余元。二是着力建设高素质干部队伍。坚持“好干部”标准，按照“统筹安排、分步实施”的干部调整总思路，选拔任用了一批德才兼备的优秀干部；出台《激励干部担当作为干事创业实施办法（试行）》和《执行〈太原市支持干部改革创新合理容错实施办法（试行）〉细则》，激发了干部干事创业积极性。三是全面履行主体责任。及时研究部署和落实全面从严治党的各项任务要求，区委常委会议研究党风廉政建设和反腐败工作35次，听取区人大、政府、政协、法院、检察院党组管党治党工作情况汇报，支持区纪委监委聚焦主责主业履责，以创新精神推动纪检监察体制改革，实现街道（镇）和区直部门派驻监督全覆盖。充分发挥巡察监督震慑作用，发现问题线索471条，组织处理72人，党政纪处分29人。认真组织开展以“四个对照”为重点的巡视整改自行“回头看”，针对查摆出的三个方面20个问题，明确67项具体整改措施，认真整改，取得明显成效。四是驰而不息正风肃纪。制定出台《关于进一步贯彻落实中央八项规定精神的实施细则》，坚决整治形式主义、官僚主义新表现。2017年，查处违反中央八项规定精神问题13件，党纪政务处分11人，组织处理25人。有效运用监督执纪“四种形态”，不断加大问责力度，立案69件，结案65件，党纪政务处分68人，组织处理64人，共挽回经济损失60.7万元。持续保持了反腐败的高压态势。

（苏卫国）

附：中共迎泽区委书记、副书记、常委名单

书　记：冯原平

副书记：李　慧（女）　杨敦勤

常　委：贾津生　孙劲松　曹　炬　赵树文
王国栋　马子龙（11月任职）　尹亮君
闫晓琴（女，11月任职）
李　锦（女，8月离职）　侯　森（8月离职）

中共杏花岭区委工作概况

区委书记　张　磊

2017年，杏花岭区坚持以习近平新时代中国特色社会主义思想为指导，在市委的坚强领导下，围绕迎接十九大、贯彻十九大这条主线，坚持稳中求进工作总基调，统筹做好稳增长、促改革、调结构、惠民生、防风险工作，各项事业取得了新进展新成效。

一、树牢“四个意识”，提高政治站位，始终用习近平新时代中国特色社会主义思想引领方向

把学习宣传贯彻党的十九大精神，学习贯彻习近平总书记系列重要讲话精神特别是视察山西重要讲话作为重大政治任务和首要工作，持续安排部署，不断推向深化。区委召开中心组学习会议专题学习研讨，召开常委(扩大)会议、全区干部大会专题传达部署，区级领导深入基层讲授党课，组织开展“十九大精神进基层”等宣讲活动，着力推动党的十九大精神和习近平新时代中国特色社会主义思想在全区深入人心、落地生根，在广大干部群众中切实树牢“四个意识”，坚定“四个自信”，做到“四个服从”，自觉在思想上政治上行动上同以习近平同志为核心的党中央保持高度一致。认真贯彻“学懂、弄通、做实”总要求，在“践行实干”上下功夫，将学习宣传贯彻党的十九大精神和推动杏花岭区建设发展结合起来，将贯彻落实省委、市委安排部署和全区各项工作具体实际结合起来，将建设“和谐宜居、富有活力、崇文重教、文明幸福”现代杏花岭的发展目标和建设文明开放富裕美丽太原的奋斗目标有机结合起来，召开区委五届三次全会进行全面部署，以破解发展不平衡不充分问题为切入点，以“深耕老城、释放东山”思路为战略抓手，以开展“先锋行动”为载体平台，谋思路、明措施、鼓干劲、促实干，全区广大党员干部群众精神振奋、信心十足，担当作为、干事创业的氛围更加浓厚。

二、立足城区实际，提升质量效益，全区转型发展的良好态势得到巩固和增强

着力加强党对经济工作的领导。深入学习贯彻习近平新时代中国特色社会主义经济思想，认真落实省委、市委重大决策部署。区委常委会每季度研判经济工作，召开专题会议研究重大政策落地、具体项目工作24次。实施区委常委、副区长包联企业，区级领导包重点项目等工作机制，以上率下，推动全区形成狠抓转型发展的强大合力。围绕实现“四个太原”奋斗目标深入谋划研究，积极落实国发〔2017〕42号文件等重大指导性政策，结合全区发展实际，进一步做实顶层设计，着力抓重点、补短板、破难题、强质量。2017年全区地区生产总值完成598.21亿元，同比增长8.0%；服务业增加值完成479.01亿元，同比增长6.2%；社会消费品零售总额完成250.55亿元，同比增长7.0%；规模以上工业增加值完成15.40亿元，同比增长3.0%；固定资产投资完成69.47亿元，同比下降6.3%；一般公共预算收入完成15.33亿元，同比增长4.0%。

着力抓好项目建设推动转型发展。立足城区特色、发挥优势资源，以提升质量和效益为核心，着力推进以现代服务业为重点的产业转型。大力推进对外开放、招商引资，“深耕老城”取得重大进展，与宜家中国、红星美凯龙、颐高集团、传化集团等国内一线知名企业开展多轮洽谈对接，太原宜家家居商场、红星美凯龙爱琴海购物中心、望府广场等10个项目完成签约，意向总投资超过200亿元。持续服务万达、富力等现有企业发展，推动阿里巴巴颐高电子商务产业园等项目建设，着力打造以万达综合体为依托的中部商圈，太原宜家家居商场、红星美凯龙爱琴海购物中心、中车地铁矿机站TOD、北京华联胜利购物中心为支撑的北部商圈，以望府广场为中心的东部商圈，以丈子头物流园、传化北城物流园为龙头的城郊商圈。万达青创客文华众创空间被科技部认定为国家级众创空间。加快推进“释放东山”，推动全域持续发展，结合城中村改造、新农村建设、文化旅游产业发展，持续推进东山生态综合利用和“特色小镇”建设，以元工电力科技园项目，春光铁路装备有限公司扩产项目，晋泉白酒、古灯调味品太原中华老字号产业园等项目为依托的“科技小镇”“老字号小镇”建设正在加快推进。以项目储备积蓄发展动能，将项目引进作为“大调研”活动重点内容，全区党员干部各出其力，积极行动，对接谋划壹号车市、丈子头物流园二期等总部经济、技术领军型企业、军民融合、文化产业等11类60余个具体项目，在“抓项目”这个转型关键环节上取得了重大突破性进展，迈出了实质性关键一步，为全区持续发展、全面进步打下坚实根基。

着力推动深化改革释放发展活力。始终将抓改革作为重大政治责任，加强对改革工作的领导，不断加大落实力度。区委全面深化改革领导小组召开17次会议研究改革事项，根据省委、市委改革工作要点细化制定《杏花岭区委全面深化改革领导小组2017年工作要点和责任分工》，明确全区43项重点改革项目。严格落实改革工作责任制，建立党政主要同志抓改革台账，书记、区长分别亲自抓13项重点改革事项，围绕重点难点问题直接“点将破题”，以项目化方式推进改革任务落实到位。主动创新、积极作为，敢于先行先试，解决实际问题，借助国资国企改革和城市改造推进老工业区社

会矛盾化解,在全国范围内开辟了以县区级区域实施大学区制改革的先河,在全省、全市率先开展基层组织和公共服务区域化创新探索,列入全国首批100个农村集体产权制度改革试点县(区),努力向改革要动力要活力要效益,以改革破解发展难题,以改革带动整体工作。

着力推进城市建设夯实发展根基。坚持将城市棚户区、城中村改造和道路改造作为推动发展、改善民生的战略基础性工程,全力以赴加以推进,启动实施了7条道路、24个棚户区和5个城中村改造,全年启动动迁22609户515.26万平方米,完成拆迁14455户221.07万平方米,改造拆迁总量实现连年翻番,北沙河、北涧河快速路改造动迁量占全市"八河"改造动迁总量的46%,仅用3个月就基本完成,谷旦村从改造启动到完成拆除仅用时15天,创造了全市城中村改造的新纪录。结合城市管理全面提升行动,拆除高铁沿线老旧建筑20.74万平方米。区内18个旧有未完动迁项目全部实现"清零"。继续推进国樾龙城湾回迁安置,启动府东龙城苑、新春龙城苑、山佑龙城苑3个回迁安置项目,6670户群众住上新居。

三、保障改善民生,创新社会治理,人民群众幸福感获得感不断提升

坚持生态优先,环境治理成效显著。强化党政同责、一岗双责,出台《散煤治理工作行动方案》《"铁腕治污"大气环境整治百日攻坚大会战实施方案》等工作文件,建立工作例会、区领导包街乡、四大班子包"煤改电、煤改气"重点项目等多项工作制度。认真办理环保督查整改事项,中央环保督察下达案件全部办结,省环保督查163件有效事项中已上报办结150件,办结完成率92%。扎实开展散煤污染治理,27个农村和6875户城市零散燃煤户"煤改电""煤改气"全部完成,启动拆迁农村、棚户区燃煤户15229户。在全市率先开展环保大数据采集分析,引入IBM公司布设大气污染源解析监控点117个,环境保护科技化水平得到根本性提升。持续推进东山生态绿化,完成提档升级绿化1.2105万亩。全区环境质量改善明显,PM2.5浓度同比下降39.5%,重污染天气下降率达到73.3%,按照环保部京津冀秋冬季大气污染考核节点,两项指标下降幅度均居6城区首位。环保工作和整改成效得到中央、省督查组高度肯定。

坚持民生为本,保障水平不断提高。"崇文重教"发展方略取得阶段性成果,小学教育办学机制改革成效明显,中学教育提质改革步伐加快,建成2个教育集团、3个紧凑型大学区和10个学校发展共同体,新增小学优质学位8640个,区属中学中考成绩逆势提升。省委《山西信息》(红刊)8月23日专刊刊发我区教育改革经验,承办全省义务教育办学模式改革试点县(区)工作推进会,我区大学区制教育管理体制改革和集团化办学模式得到与会领导、专家高度评价,认为在全国开辟了以县级区域实施大学区制改革的先河。区中心医院综合楼、区文化活动中心等重点民生项目顺利推进。建成社区养老中心11个,日间照料中心10个,以基层示范阵地建设为依托,集基层公共服务、党员志愿服务、社会专业服务为一体的"专业化、区域化"公共服务中心建设逐步推开。"以社区服务促社区管理"工作经验在《人民日报》发表。城乡低保、医疗、就业等基础保障体系有效运行,卫计、食药监管等工作有效开展,群众性文化、体育活动开展和文明创建成效斐然。杏花岭区被评为2017年度山西省首批"食品安全示范区",涧河街道东岗社区被评为2017年山西省"优秀志愿服务社区",杨家峪街道东沟村被评为"全国文明村镇",坝陵桥社区卫生服务中心被评为"2017年全国百强社区卫生服务中心",中涧河乡长沟村被列为全省首批健康村建设试点。圆满完成对口帮扶娄烦县天池店乡、杜交曲镇14个村、4451人脱贫任务,做法经验、工作成效得到省扶贫办高度肯定。

坚持建管结合,人居环境明显改善。扎实开展城乡管理全面提升、示范片区改造、重点片区整治三大行动。查处取缔摊点3.1万处,拆除违法户外广告2968块,清理整治违法小广告72万条;制止违法施工56处,拆除违法建筑10万平方米;处理生活垃圾43.5万吨,建筑垃圾69.4万吨;清理第五立面杂物4.3万吨,拆除屋顶私搭乱建0.58万平方米,建筑节能改造25.5万平方米。建立区、街(乡)、社区(村)三级河长制体系。圆满完成农村环境集中整治工作。实施铁路沿线绿化7.2万平方米,完成2条主干道绿化工程和21条小街巷绿化改造,建设小游园5个,新增建成区绿地17.6万平方米。

坚持综合治理,社会大局和谐稳定。完成省、市政法"综治中心"标准化示范,"雪亮工程"省、市唯一城区试点,"法治诊所"全市试点和"联调中心"规范化建设试点任务,治理社会化、法治化、智能化、专业化水平有效提升。在全市率先组建"出租车志愿者"队伍,并作为贯彻落实习近平总书记会见全国社会治安综合治理表彰大会代表时的重要讲话精神典型事例,得到中央电视台《新闻联播》采访报道,市委发文给予肯定。扎实推进法治建设,在全市率先实现党政机关、街(乡)、社区(村)法律顾问全覆盖。社会治安综合治理工作连续3年获得全市先进,群众安全感、满意度测评省考成绩优秀。区综治办、区维稳办被评为"全省社会治安综合治理工作先进集体",坝陵桥派出所被公安部评为"全国一级公安派出所",大东关白龙花园社区被评为"省级平安社区"。开展安全风险分级管控和隐患排查治理"双重预防"机制试点,建立自然灾害气象预警信息发布平台,东山生态绿化林区80%以上区域实现全天候远程实时监控,安全生产形势保持总体平稳。扎实开展重点信访问题源头化解、信访突出问题"大整治"、疑难案件化解等专项治理行动,成绩显著。

四、坚持全面从严治党,政治生态风清气正

区委带头,坚决扛起管党治党政治责任。认真贯彻落实习近平总书记"党要管党、全面从严治党"重要指示要求,贯彻落实党中央和省委、市委部署,将政治建设放在首位,坚定执行党的政治路线,落实民主集中制,加强党内政治文化建设,深入推进"两学一做"学习教育常态化制度化、开展维护核心见诸行动主题教育,在政治立场、政治方向、政治原则、

政治道路上同党中央保持高度一致。将党的建设列为区委常委会议、书记专题会议必议议题,全年列议政策理论、队伍建设、党风廉政、基层党建等各项专题128项,主要负责同志坚决扛起"第一责任",班子成员自觉履行"一岗双责",区级领导干部带头践行党章,带头严守党内各项纪律规矩,带头推进各领域党建工作,努力做到与时俱进、常抓常新,将全面从严治党不断推向深入。

从严治吏,努力打造高素质专业化干部队伍。着力加强思想政治素质和工作素质培育,组织市管、区管领导干部赴红旗渠干部学院开展专题培训,组织区级领导和党校主体班(读书班)学员赴延安干部学院接受革命传统教育,各级领导干部讲党课438次,各级党组织累计集中学习7452次,集体宣誓4792人次,区委党校开办各类培训27期,受训党员干部6000余人次,承办市委全市市管领导干部学习宣传贯彻党的十九大精神专题研讨班2至5期办班任务,培训学员850人次。严格执行《干部任用条例》,落实新时期好干部"二十字"标准,树立"重基层、重实绩、重公认"的用人导向,有效激发党员干部干事创业的激情活力,形成一支既政治过硬又本领高强的干部队伍。全年共选派152名干部参与全区城中村改造、"两河两路"动迁及重点项目建设工作,从基层一线选拔使用干部和40岁以下年轻干部103人,占全年提拔重用干部总数的64.3%。

固本强基,以"三基建设"为主线推动基层党建。出台全区"三基建设"实施方案,将省委、市委部署细化分解为25类120项具体工作,推动基层党建重点任务落实见效。全年整顿软弱涣散组织22个,打造示范基层党组织36个。区委直接主抓5个示范阵地建设,高标准建成胜利东街社区、锦绣苑社区、水沟村等一批基层组织活动场所。在全省、全市率先创新探索,以杏花岭街道为试点建设"区域党群服务中心",打造集组织、政务、服务、活动于一体的党建"区域综合体"。持续加大投入保障,全年基层党建投入比上年增加4300万元,增幅达94.4%。扎实开展"送党课到基层"结对联学活动,在锦绣苑社区建立中国农业发展银行发展规划部结对联学基地,并以此为契机洽谈对接引进贷款34亿元,解决了片区改造资金难题,基层组织覆盖面、战斗力明显提升,"抓党建促发展"的作用逐步显现。

弛而不息,不断深化党风廉政建设。认真贯彻习近平总书记关于进一步纠正"四风"、加强作风建设的指示精神,出台《关于进一步贯彻落实中央八项规定精神的实施细则》,立查违反中央八项规定精神问题4起,党纪处分6人,组织处理3人。区监察委员会顺利挂牌成立,12个街(乡)监察和区纪委监委派驻机构实现"两个全覆盖",改革试点工作得到省、市纪委高度肯定。充分运用"四种形态",处置问题线索197件,同比增长47%。巩固反腐败斗争压倒性态势,立案查处各类违纪和涉法案件47件,党政纪处分42人,同比增长23.5%。推动党风廉政建设向基层延伸,完成4轮24个单位巡察,在3个城市示范社区试点建立党风廉政工作室。

统筹联动,民主政治建设和宣传、统战、群团工作全面进步。贯彻落实省委《关于加强县乡人大工作和建设的实施意见》《关于完善工作机制加强人民政协协商民主建设的意见》,着力加强党的领导,大力支持人大、政协依法依规履行职能。依法治区工作有效开展,区人大组织开展了《环境保护法》《食品安全法》《药品管理法》执法检查。区政协组织委员围绕文明交通综合治理等重点工作开展调研视察。落实意识形态工作责任制,强化正向宣传和文明创建,建立区官方微信平台等新媒体宣传阵地,国家、省、市各级报纸、网站媒体发表有关杏花岭区新闻稿件1106篇,中央、省、市电视台新闻栏目播发报道337条。加强统战工作作用发挥,开展非公经济人士理想信念教育活动。群团组织改革扎实推进,"1898"晋造工业创意产业园、"119"灭火系统等军民融合项目进展顺利。

(游　佳)

附:中共杏花岭区委书记、副书记、常委名单

书　记: 张　磊

副书记: 李文权　田文浩(8月任职)
李京京(8月离职)

常　委: 刘晓黎(女)　梁　勇　王富强
张农寿(8月离职)　马彦明　潘　侠
杜　燕　岳志强　郭俊明(11月任职)

中共尖草坪区委工作概况

区委书记　李贵增

2017年,在省委、市委的坚强领导下,尖草坪区委团结带领全区广大干部群众,深入学习贯彻习近平总书记系列重要讲话精神特别是视察山西重要讲话和党的十九大精神,按照"一个指引、两手硬"和"两个走在前列"的要求,坚持"稳中求进、进中求快、快中求好"工作总基调,突出抓好"改革攻坚、三区开局、项目突破、三基建设"四大任务,攻坚克难、砥砺奋进,圆满完成了全年各项目标任务,掀开了尖草坪区全面转型发展的新篇章。

一、坚定不移把学习宣传贯彻十九大精神作为首要政治任务和重大工作主题,把牢正确政治方向

坚持以习近平新时代中国特色社会主义思想武装头脑、指导实践、推动工作,把学用系列讲话和党的十九大精神摆

在首位，带领全区广大干部群众自觉维护核心紧跟核心，各项工作始终保持正确政治方向。深入推进“两学一做”常态化制度化、维护核心见诸行动主题教育，全年组织中心组学习18次，各级党委(党组)学习600余次，党员领导干部讲党课425人次。牢牢把握意识形态工作领导权，在全市率先建立了政务微信平台，妥善处置了2起重大网络舆情，被评为全市“有害信息举报先进单位”。

二、坚定不移推进经济转型发展，综合实力显著提升

坚定不移走创新驱动发展之路，各项经济指标全面提升。全区地区生产总值完成290.39亿元，同比增长9.4%，排名全市第1；规模以上工业增加值完成153.56亿元，同比增长10.2%，排名全市第4；社会消费品零售总额完成101.88亿元，同比增长11.4%，排名全市第3；服务业增加值完成104.02亿元，同比增长7.5%，排名全市第4；固定资产投资(含园区)完成81.71亿元，同比增长21.1%，排名全市第2。特别是一般公共预算收入首次突破10亿元大关，同比增长36.8%，排名全市第3，超额完成市任务31.8个百分点，为经济社会发展提供了有力支撑。

一是项目建设成效显著。按照“年年都是项目建设年”的要求，全年确定总投资803亿元的重点项目55项，现已开工39项，开工率达71%。特别是成功引进了全国房地产15强的旭辉集团，投资500亿对三给片区进行整体改造，开创了连片布局、产城联建新模式；拉长太钢产业链，具有国内尖端技术，投资30亿、年产值20亿的取向硅钢项目有望尽快签约。

二是现代农业深入推进。编制完成全区《现代农业园区概念性规划》，国家农业公园完成配套路网建设11公里，种植各类植物2300余亩。宇文河生态庄园被评为国家3A级景区，全区休闲农业园达17个，乡村农家乐超100个，从业农民人均增收1.3万元。

三是工业经济强劲上扬。深入推进供给侧结构性改革，完成总投资7亿元的工业技改项目21个，培育发展了征宇喷灌等4家创新型企业，新增高新技术企业3家，全区高新技术企业发展到26家。加强“双创”平台建设，“中北大数据”和“智·空间”被认定为省级众创空间，全区已达7家。

四是第三产业繁荣发展。发挥市场集聚效应，推动传统市场提档升级，60万平米的锦绣国际装饰城已全面投入运营，21万平米的晋东小商品一期正式开业，超百万平米的润恒冷链物流园区建设进展顺利。房地产业持续发力，融创、富力天禧城、万科太原小镇、万科公园里等房地产项目已全部开工。

五是园区经济不断壮大。发挥“区区融合”优势，统筹两区发展。完成征地626亩，拆迁13.6万平方米，为项目落地建设提供了条件；引进了21个总投资110亿元的项目，25个新续建项目完成投资11.39亿元。“三化三制”改革全面推行，发展动力和活力进一步增强。

三、坚定不移深化改革攻坚，发展动能进一步增强

始终把改革作为重要政治责任，既注重整体谋划、统筹推进，又大胆探索、勇于创新，蹄疾步稳推进各项改革。

一是承接改革事项全面推进。制定出台《2017年工作要点及责任分工》，建立党政主要负责同志抓改革台账，定期召开领导小组会议，统筹研究解决具体问题。中央、省市委安排部署的40项改革事项全部完成。

二是自选的改革事项取得实效。抓住关键环节，确定了“区区融合”、招商引资、项目落地、企业家联盟4大重点改革事项，已全部完成阶段性任务。其中，“区区融合”改革纳入了省市开发区改革重点推进。

三是创新工作蓬勃开展。服务驻地大型企业发展，树立“抓服务就是抓发展”的理念，一举拆迁困扰太钢多年发展的5片棚户区，为太钢腾挪可新上项目用地近1000亩。全面推行工作项目化管理，按照“工作项目化、项目目标化、目标责任化、责任考评化”的原则，纳入项目化管理的516项重点工作，已完成506项，完成率达98%。

四、坚定不移统筹城乡发展，城市承载能力大幅提升

坚持“人民城市为人民”，补足城市建设短板、持续改善城乡面貌，打造宜居宜业的太原北部新城。

城改棚改取得重大进展。坚持改造为民，全年完成6个村4545户城中村拆除，19天完成赵庄379户的签约腾空，21天完成三给片区5村联拆，创造了全市城改新速度，累计拆迁210万平米。棚户区改造全年共拆除50片、10573户，占全市总拆除量40%以上，在全省率先实现两年任务一年完成。

城乡管理得到全面提升。开展占道经营、打击“两违四抢”等10余项专项整治，累计拆除各类建(构)筑物560万平米，拆违量全市第一。全力打造阳兴大道绿色长廊，新增绿化200万平米。高标准推进铁路沿线整治，将市下达任务的7公里延伸到13公里，新增绿化30万平米，提升了整体面貌。彻底拆除了中北大学南环路3.7万平米的违章建筑，消除了困扰师生20多年的顽疾。

环保攻坚取得长足进步。把环保督察作为补齐生态短板、转变发展方式的有利契机，完成61个村18863户煤改气(电)的改造任务，南下温村在全市首家实现点火送气。“禁煤区”基本建成，拆除燃煤锅炉343台、“散乱污”企业343家，200辆全密闭环保车辆按规定路线统一运送，路面抛洒、道路扬尘得以彻底整治。全面落实河长制，完成了区管8条河道清淤疏浚。中央环保督察组交办的31批184个案件全部整改完毕。全年二级以上天数达226天，比全市多50天，居城6区首位。

造林绿化扎实推进。按照“山上建森林、沿路建绿廊、城中建公园、裸地建草坪”的思路，完成提档增绿1.3万亩、崛围增红2714亩，森林抚育3000亩，四旁植树126万株。全区

绿地率、绿化覆盖率和人均公共绿地面积分别达 42.57%、49.96%和 16.47 平米。

五、坚定不移发展社会事业，民生福祉持续改善

始终坚持以人民为中心的发展理念，从解决群众最关心最直接最现实的利益问题入手，提升群众的获得感和幸福感。

社会保障全面进步。严格执行就业扶持政策，城镇登记失业率控制在 3.26%内。社会保障实现应保尽保。深入开展企业拖欠社保领域信访问题源头化解专项行动，圆满解决军队退役人员的社保欠费问题。全力维护劳动者合法权益，累计清理拖欠农民工工资 1031.5 万元。

社会事业健康发展。坚持教育优先发展战略，启动区一中新校建设，融创、恒大等新建小区配套学校建设顺利推进，中高考达线率再创佳绩。卫生事业健康发展，成立了区医疗集团，省人民医院、区中心医院和 3 所基层站所建设稳步推进。文化事业繁荣发展，举办了纪念傅山先生诞辰 410 周年等系列活动，开展了"最美"系列评选活动。

安全态势保持平稳。牢固树立安全稳定红线底线意识，强化信访稳定"五包一 + 双包"等机制。被推荐申报为第四批"全国法治县(市区)创建活动先进单位"。连续五年实现命案全破。全年未发生较大安全生产事故。

六、坚定不移推进"三基"建设，党的建设全面加强

全面落实新时代党的建设总要求，以"三基"建设为突破口，筑牢党建根基，提升服务群众的能力和水平。

基层组织建设全面夯实。实施了社区活动场所"千平米"提升工程，社区平均面积由 71 平米提高到 570 平米，1000 平米以上社区由 3 个增加到 33 个，占 50%。整顿 16 个软弱涣散基层党组织，17 个"空壳村"集体经济全部"破零"，村(社区)"两委"换届圆满完成。确定党建示范点 60 个，非公和社会组织"五型"党建新模式在省市进行了交流推介。

干部队伍素质不断提升。实施干部基本能力提升工程，先后 10 余次组织区乡村三级 700 余名干部外出考察学习，与驻地高校联合开办"干部夜校"，提升了引领发展的能力。采取"双推双选双考双票决"方式，分 5 批调整干部 254 人次，一批优秀干部脱颖而出，凝聚力、战斗力明显提升。

党风廉政建设扎实有效。严格落实全面从严治党"两个责任"，围绕"党的领导弱化、党的建设缺失、全面从严治党不力"，完成了三轮 40 个单位的巡察，发现问题 389 个，党政纪处分 15 人。第四轮巡察已启动。运用监督执纪"四种形态"处置 286 人次，立案 74 件，党政纪处分 54 人，移送公安机关 5 人。

全区各级各单位都保持了科学履职、争先争上的良好态势，共荣获市级荣誉 70 项、省级荣誉 22 项、国家级荣誉 6 项。

(张　宇)

附：中共尖草坪区委书记、副书记、常委名单

书　记：李贵增

副书记：卢俊峰　金林平

常　委：李崇斗　孙　泉　朱　蓉
张桂芝(女，8 月离职)　刘光辉(8 月任职)
祁向东　荆　峰　王国权

中共万柏林区委工作概况

区委书记　杨俊民

万柏林区地处汾河西畔，北接尖草坪区，西连古交市，南邻晋源区，东与迎泽区、杏花岭区隔河相望，总面积 304.8 平方公里。辖 1 个乡 14 个街道、69 个村、83 个城市社区，常住人口 76 万。全区基层党组织 612 个，其中区直属党(工)委 26 个，基层党委、总支、支部共 586 个，党员 14196 人。2017 年，在市委、市政府的正确领导下，全区深入学习宣传贯彻党的十九大精神，坚持以习近平新时代中国特色社会主义思想为指导，以推动改造、整治、绿化、服务、党建"五大行动"为统领，奋力攻坚克难、锐意改革创新，扎实推进改革发展稳定和党的建设取得新进步。全年完成地区生产总值 406.91 亿元，增长 5%；服务业增加值 187.18 亿元，增长 2.5%；固定资产投资 176.04 亿元，增长 20.2%；规模以上工业增加值 121.06 亿元，增长 22%；社会消费品零售总额 215.98 亿元，下降 3.8%；一般公共预算收入 20.79 亿元，增长 19%；前三季度城镇、农村居民人均可支配收入分别为 22698 元、14723 元，分别增长 6%、5.8%，完成市下达的节能减排、就业保障等指标。

一、坚持重改造，城乡融合发展取得新进展

一是城中村改造成果丰硕。全力推进北寒等剩余 4 个村的整村拆除和扫尾"清零"工作，累计拆除 167.33 万平方米，全区 27 个城中村完成整村拆除，在全市率先告别城中村时代。回迁安置房累计完工或封顶约 291.68 万平方米，在建约 24.34 万平方米，货币安置 16430 套，10 个村基本完成回迁安置。新城吾悦等 15 个城改项目五证齐全。多种方法、多条渠道筹措资金，保证了城中村改造顺利推进。

二是城边村改造提升进展顺利。率先启动城边村改造提升工作，15 个城边村 9 个基本完成整村拆除，累计拆除

84.37万平方米，筹措资金10.15亿元，5个城边村改造项目签订框架性意向协议，为推动特色小镇、美丽乡村建设奠定了基础。

三是采煤沉陷区移民搬迁和棚户区改造持续推进。加快改善困难家庭住房条件，涉及5个乡街27个村2万余人的采煤沉陷区综合治理移民搬迁基本完成。九院小区廉租房建设项目主体竣工验收，保障性安居工程基本建成9470套。晋机和平村棚户区项目开工231套，西山石膏矿棚户区基本完成拆迁，神堂沟药厂砖厂等棚户区改造正在积极推进。

四是基础设施建设进度加快。完成“三河”快速化改造任务，拆除53.36万平方米；完成北排洪沟快速化、西外环路等12条主次干道及小街巷改造，拆除27.24万平方米。抓好农村公路建设，完成5.6公里万寨线公路生命安全防护工程和4.9公里宋家山防火通道工程。

二、坚持严整治，经济转型升级取得新突破

一是“散乱污”企业实现“清零”。坚持环保倒逼经济转型，结合中央环保督察活动，加大整治力度，拓展整治范围，依法依规整治取缔“散乱污”企业259个。继续保持对非法坑口和私采明煤严重地带的监管措施，有效杜绝私挖盗采行为。继续实施“三河一渠”综合治理，出台全面推行河长制实施方案，加强河道日常清洁监管，实现城乡安全度汛。

二是清洁能源改造有效推进。风声河等5个村1586户完成“煤改气”任务，7777户棚户区居民实现清洁能源替代。拆除80台分散燃煤锅炉，实现供热2200万平方米，除农村以外集中供热全覆盖。全力推进“一清二拆”，拆除小锅炉4730台、煤灶3774个，清理存煤7472吨。商品交易市场、蔬菜大棚及临街门面房、仓储租赁等全面禁止原煤散烧。

三是城市管理水平全面提升。坚持以“五城联创”和新型智慧城市建设为抓手，开展以道路交通秩序等10项内容为重点的城市管理提升行动，打造了漪汾街-漪汾苑、新晋祠路-南屯两个示范片区和和平路一条示范路，辐射带动31个片区整治，拆除各类违法建筑80万平方米，整治各类仓储、集贸市场260余个，清理建筑垃圾、无主渣土1170万方，取缔露天烧烤700余家，为800余家餐饮服务企业加装油烟净化装置，整治各类交通违法行为60000余次，城区面貌发生明显改善。稳步推进城市管理执法体制改革，积极承接供热、燃气、工地监管等相关职能。强化科技治霾能力，布点40个大气质量监测点实时监控，成立乡街环保工作站，实施网格化监管。冬防攻坚行动以来，PM2.5浓度绝对值全市最低；全年二级以上优良天数212天，位居全市第二。

四是产业结构不断优化。突出重点项目的引领和支撑作用，全面加快太重、晋机等企业提质升级，太重与科大产学研协同合作发展进展顺利，中车集团城市轨道交通业务板块正在布局；大力发展现代服务业，绿地中央广场、新城吾悦广场、信达国际金融中心等城市商业综合体项目建设扎实推进；启用投资项目在线审批监管平台，办结各类项目33件，涉及总投资9.8亿元。2017年，100个重点工程项目开工69个，完成投资129亿元，三次产业比重实现0.1:52.8:47.2，产业结构日趋合理。

五是安全稳定形势持续向好。认真落实“党政同责、一岗双责、企业(单位)主责、失职追究”，突出抓好煤矿等重点行业领域的安全治理，持续推动道路交通安全等专项治理和“打非治违”工作，有效防止重大安全生产事故的发生。深入开展“矛盾隐患大排查及信访突出问题大整治”专项行动，全力以赴解决涉军、城乡建设等领域群众的合理诉求，坚决依法处置非法上访案件，共接待信访案件460案、2600人次，化解419案，化解率达91%；省、市交办的55件信访案件化解50件，化解率达91%，较好地完成了“一带一路”高峰论坛、党的十九大等重要时间节点、重大会议活动以及敏感时期的各项安保维稳任务。

三、坚持抓绿化，生态文明建设取得新成就

一是生态修复成效显著。持续加强生态建设，完成西山提档升级造林绿化1万亩、未成林地抚育管护6.97万亩，实施重点地段、生态景区道路养护70公里。整合提质西山生态旅游资源，王封“一线天”景区正在积极招商引资；西少林文化园、滑雪场、化客头“白道古镇”等项目全面启动，玉泉山景区提档升级和西山国家矿山地质公园建设扎实推进。

二是生态旅游经济培育见效。继续扶持九润现代都市农业园区建设，依托九院狼坡、偏桥沟风情小镇等景区建设，基本形成南部以万亩生态园等为代表的大型观光园区，西部由“黑色经济”向“绿色经济”转型的杜儿坪赵氏沟等采摘农业园区，北部以王封“一线天”为代表的民俗农业文化园区。

三是园林绿化建设持续加强。坚持城区绿化增彩创景，启动小井峪社区公园建设，新建王家庄游园等10个游园、街头绿地，完成普国路等13条新建道路配套绿化和千峰南路等道路绿化提质改造。社会绿化健康发展，培养9个园林化单位，完成丽华北街等7条道路裸露地面绿化，全区绿地率、绿化覆盖率分别达36.13%、42.21%，人均公共绿地达10.73平方米。

四、坚持优服务，亲清营商环境取得新提升

一是发展环境进一步优化。持续深化“放管服”改革，积极承接省、市取消和下放行政权力事项30项，开通行政审批“绿色通道”，健全完善“13710”电子督办平台，打造“六最”营商环境。坚持把法治建设纳入全区发展规划，深入推进法治创建示范区建设，全面推行法律顾问制度，确定30个示范单位，实现法律顾问全覆盖。着力打造共建、共治、共享社会治理格局，推进立体化社会治安防控体系建设，建成三级综治中心；有效解决突出涉法涉诉信访问题6件，调解成功案件1179件，排查化解突出矛盾纠纷7起；依法打击违法犯罪活动，查处治安案件2万余起、行政拘留1862人，营造了良好有序的法治环境和公平公正的市场环境。

二是服务企业进一步常态化。建立服务企业平台，进一步引深“干部入企服务”活动，全力支持服务大型企业高校科

研院所发展,加强项目签约、审批、落地等各个环节的管理,实施重点工程项目无障碍施工,依法高效办理了一批积累项目的手续问题,形成了运转顺畅高效的服务体系。

三是招商成果进一步显现。坚持以新兴产业、生态旅游、园区建设为突破点,召开招商引资项目推介会,恒大、远大等16个知名企业集中签约。积极参加“山西招商引资(珠三角)推介会”,进一步扩大对外交流宣传范围。2017年,全区招商引资签约项目4个,计划投资额200亿元、累计到位228亿元,超额完成任务。

四是改革创新进一步推进。抓住重点领域和关键环节,统筹推进“五位一体”和党的建设等各领域改革,6大类24项重大改革事项完成22项。大力实施创新驱动战略,加快小微企业双创基地建设,建成众创空间、小微企业孵化园23个,入驻中小企业1712户,大数据情报指挥合成作战平台等一批科技项目进展顺利;大力提升企业自主创新能力,申报高新技术企业39家,有效发明专利拥有量达2272件。全年民营企业营业收入实现923亿元,新增小微企业从业人员7600余人,“双创”成为引领万柏林区经济发展的新引擎。

五是民生事业进一步改善。推进教育优质均衡发展,41所学校维修改造、操场建设等提档升级工程全面完成,开城街等4所学校重建、新建项目有序推进,山西现代双语学校进驻万柏林区,区科技实验小学投入使用,凤凰双语小学等城区配套学校建设加快推进。积极开展公立医院改革试点,建立健全财政补偿机制,有效破除“以药补医”,逐步推进基本公共卫生服务均等化。大力繁荣文化事业,健全完善城乡公共文化服务体系,广泛开展喜迎党的十九大等群众性文体活动和文化惠民活动,加强非物质文化遗产保护,认定21位区级非遗传承人,申报3项非物质文化遗产。健全完善社会保障体系,全区城镇新增就业14102人,城镇登记失业率为3.64%;社保覆盖范围稳步扩大,机关事业单位养老保险制度改革入轨运行;城乡居民最低生活保障、困难群众救助等各项惠民资金精准发放到位,年度2000万元帮扶娄烦脱贫攻坚专项资金和16.05万元帮扶工作专项经费按时拨付。持续改善社区办公及养老服务场所,新建纺织苑西社区投入使用。切实加强劳动执法监察,有效维护劳动者合法权益。

五、坚持强党建,全面从严治党取得新局面

一是学习宣传贯彻党的十九大精神氛围日益浓厚。坚持把学习宣传贯彻党的十九大精神作为重大政治任务和工作主线,切实在学懂弄通做实上下功夫,引导全区广大干部群众自觉用习近平新时代中国特色社会主义思想武装头脑、指导实践、推动工作。党的十九大召开前,区委坚持把学用习近平总书记重要思想摆在首位,结合推进“两学一做”学习教育常态化制度化、开展维护核心见诸行动主题教育,充分发挥区委中心组示范带动作用,全面科学、系统准确地学习领会习近平总书记视察山西重要讲话精神等重要思想,研究出台《万柏林区贯彻落实习近平总书记视察山西重要讲话精神的任务分解》,引导广大党员干部自觉把维护核心落实到行动上、融入到推动全区改革发展稳定各项工作中,为迎接党的十九大胜利召开、学习宣传贯彻党的十九大精神筑牢思想政治基础。党的十九大召开后,区委对学习宣传贯彻党的十九大精神和省、市全会精神及时进行安排部署,组织全区各级领导干部集体收听收看习近平总书记所作的报告,3次召开区委常委(扩大)会议和全区干部大会,印发《关于深入学习宣传贯彻党的十九大精神的通知》,扎实开展多形式学习培训、宣讲和领导干部到基层讲党课、大调研等活动,进一步深化了对党的十九大精神的学习领会、理解把握,进一步找准了学习领会的聚焦点、贯彻落实的着力点和全区工作的切入点。

二是思想政治建设全面加强。坚持以党的政治建设为统领,以坚定理想信念宗旨为根基,创新各级中心组学习制度,深入学习党的十九大精神、党章和习近平新时代中国特色社会主义思想,进一步增强“四个意识”,坚定“四个自信”,自觉在思想上政治上行动上同以习近平同志为核心的党中央保持高度一致,自觉维护以习近平同志为核心的党中央权威和集中统一领导,坚决把中央和省、市委的决策部署不折不扣落实到位。严守政治纪律和政治规矩,认真执行民主集中制,加强党内政治文化建设,严肃党内政治生活,强化党内监督,营造良好的政治生态。认真落实意识形态工作责任制,围绕“担复兴大任,做时代新人”深化党的十九大、中国梦等宣传教育,全方位培育和践行社会主义核心价值观,营造健康的网络舆论生态,筑牢全区上下团结奋斗干事创业的共同思想基础。

三是民主政治建设坚强有力。加强和改进党对人大、政协工作的领导,大力支持人大代表和政协委员围绕全区重点工作履行职责、参政议政、建言献策,积极推动办理人大代表提出的各类建议意见166件和政协提案167件。坚持巩固和发展最广泛的爱国统一战线,加强党外代表人士队伍建设,推进新的社会阶层人士统战工作,构建“亲”“清”政商关系,扶持民营经济发展壮大,维护民族、宗教领域和谐稳定;促进工、青、妇等群团组织发挥自身优势和作用,服务全区改革发展稳定大局;坚持党管武装,推进“两个合格兵”建设,开展“双拥”共建活动,进一步推动军民融合发展。

四是干部队伍建设持续加强。突出严字当头,从严科学选人用人,树立向基层一线倾斜的鲜明用人导向,注重从城中村改造等重点工作中选拔干部,注重对年轻干部、女干部、党外干部的培养力度,全年共调整161名干部。创新干部“互联网+”教育培训模式,实施“六大培训工程”,累计举办培训班21期6200余人次,“山西干部在线学院”平台在线学习参学率达100%,“两学一做”网上知识竞答成绩保持全市前三名。健全完善干部年度考核、监督、管理制度,制定加强科级干部因私出国(境)审批管理、不适宜担任现职召回管理等制度,进一步落实干部函询、诫勉谈话机制,书面提醒5个单位、函询1名干部。认真落实激励干部担当作为干事创业、改革创新合理容错等制度,充分调动全区干部敢于担当、善于作为的积极性和创造性。

五是“三基建设”全面夯实。坚持以提升组织力为重点,不断强化基层党委主体责任,整顿19个软弱涣散基层党组

织,完成村(社区)“两委”换届选举和撤并行政村试点工作,选优配强村(社区)党组织带头人;非公和社会组织党组织覆盖率达 80.1%;集体经济“空壳村”全部“破零”达到 5 万元;选派 8 名干部挂职锻炼、25 名年轻干部担任第一书记,基层组织力量得到充实。全面实施社区活动场所提档升级工程,500 平米、1000 平米以上社区分别占 70%、30%以上。增强基层组织经费保障,“两委”干部报酬、生活补贴和乡街工作人员岗位津贴按要求落实到位。落实党内激励、关怀、帮扶机制,严格按标准程序发展党员 106 名,全区党员干部队伍的生机和活力不断增强。

六是党风廉政建设扎实有效。强化区委主体责任落实,召开 13 次区委常委会研究党风廉政建设和反腐败工作,常态化坚持区级领导向常委会解释群众反映问题制度,及时对区管干部“廉洁从政、廉洁自律”反复提醒近百人次,对落实主体责任不力的 7 名干部严肃问责;全体常委认真履行“一岗双责”,对分管范围内的党风廉政建设高度重视、强化督导、紧抓不放,起到了以上率下的示范作用。大力支持纪委落实监督责任,修改完善《万柏林区贯彻落实中央八项规定实施细则》,查处违反中央八项规定精神问题 5 件,党纪处分 6 人。加强涉纪信访举报受理工作,受理信访举报 3103 件次。扎实推进监察体制改革,促进转隶干部融合增效,摸清监察对象底数,配优配强乡街监察员,努力实现监察全覆盖。全面开展区委巡察工作,第三轮巡察移交问题线索 27 个、提出意见建议 25 条,第四轮巡察正在推进。巡视整改自行“回头看”3 个方面 24 个问题全部完成整改。中央第二环境保护督察组交办我区的群众反映环境问题线索 28 批次 169 件和省委省政府交办的 30 批次 117 件全部办结。准确把握运用“四种形态”,加大监督执纪工作力度,共立案 60 件,结案 52 件,给予党政纪处分 48 人,挽回经济损失 323.94 万元。

(尹鹏鸿)

附:中共万柏林区委书记、副书记、常委名单

书　记:常　青(8 月离职)　杨俊民(8 月任职)

副书记:杨俊民(8 月调职)　袁尔铭
常福元(9 月任职,11 月离职)
张振鹏(11 月任职)

常　委:常福元(9 月调职)　岳元春
张　彤(10 月离职)　刘贵江(11 月任职)
杨宏林　戴　刚　李　蓉(女,11 月任职)
姚丽蓉(女,2 月离职)
赵晓红(女,11 月任职)　刘爱国

中共晋源区委工作概况

区委书记　杨继承

2017 年,在市委、市政府的坚强领导下,晋源区把迎接十九大和学习宣传贯彻十九大精神作为工作主线,深入学习贯彻习近平新时代中国特色社会主义思想,认真落实习总书记视察山西重要讲话精神,贯彻落实省委“一个指引、两手硬”的重大思路和要求,按照市委“两个走在前列”的部署,团结带领全区党员干部群众,真抓实干、奋勇争先,活力晋源、宜居晋源、魅力晋源、法治晋源建设取得新成绩、实现新突破。

一、坚持把学用习近平新时代中国特色社会主义思想作为首要政治任务和重大工作主题

区委坚持用习近平新时代中国特色社会主义思想武装头脑、指导实践、推动工作,全年组织中心组理论学习 21 次、区委党校专题培训 8 批次,紧紧抓住领导干部这个“关键少数”,举办“学习贯彻党的十九大精神”等交流研讨活动 5 次,持续兴起学习宣传贯彻热潮,使新思想成为凝聚力量、攻坚克难的强大思想武器,成为化解矛盾、解决问题、推动工作的科学指南和根本遵循。扎实推进“两学一做”学习教育常态化制度化、开展维护核心见诸行动主题教育,采取网络助学、专家导学、领导干部讲党课等有效方式,推动党的最新理论成果在广大党员干部群众心中落地生根、开花结果。

二、践行新发展理念,在新时代展现高质量发展新作为

加强区委对经济工作的领导。深入学习贯彻习近平新时代中国特色社会主义经济思想,认真落实中央和省委、市委重大决策部署,定期听取经济工作情况汇报,分析经济形势,推动项目建设,以新理念引领新常态,推动经济发展转型升级。全区经济运行稳中向好。全年地区生产总值完成 62.03 亿元,同比增长 3.7%;服务业增加值完成 36.45 亿元,同比增长 7.4%;规模以上工业增加值完成 3.53 亿元,同比下降 14.6%;固定资产投资额完成 93.46 亿元,同比增长 6.1%;社会消费品零售总额完成 45.79 亿元,同比增长 25.2%;一般公共预算收入完成 9.26 亿元,同比增长 56.9%。其中,一般公

共预算收入和社会消费品零售总额增幅均列全市第一。

坚定不移深化改革。认真践行习总书记“四个亲自”要求和省委“三个三”具体方法抓改革,6 大领域 41 项重要改革有力有序推进,一些重要领域和关键环节的改革取得突破性进展。推进供给侧结构性改革,落实好“三去一降一补”。坚持去产能,服务太化转型和一电厂关停;配合房地产去库存,提高城中村和棚户区改造货币化安置比例;稳步去杆杠,服务好企业上市融资;打击非法集资等涉众型经济犯罪;多方降成本,重点降低实体经济运营成本;着力补短板,加快提升公共服务、基础设施、创新发展等支撑能力。深化旅游景区(景点)体制机制改革,蒙山景区改制在全省 149 个景区管理体制改革中率先完成,激发了市场活力。农村土地确权登记颁证工作走在全市前列,“河长制”全面推开,习总书记强调的就业、收入分配、社会保障、教育、医疗等民生领域改革步伐加快。

着力推动产业转型升级。实施传统产业提质工程,组织太原药业、家盛纸业等规上企业按照国际认证标准提档升级,远东水泥搬迁转型项目落地实施,北方重工技术创新迈出重大步伐,“晋阳一号”盾构机正式下线。实施新兴产业培育工程,传化物流公路港项目试运营,国新晋药完成生产调试,山西媒体智慧云平台上线运行。姚村新兴产业园区完成控规编制,启动土地收储。实施“双创”孵化新产业新业态工程,区双创服务中心建成投用,千诚信孵化园、农创联盟等 11 个双创示范基地稳步壮大,其中,鸿升众创空间被确定为国家备案众创空间,并纳入国家级科技企业孵化器管理服务体系。梦飞动漫代表晋源区成功参展第三届山西文博会和第十二届北京文博会,使“晋源文化”大放异彩。实施现代都市农业增效工程,深入推进农业供给侧结构性改革,“晋祠大米”累计恢复种植 1500 亩,全区特色水果、苗木花卉种植面积分别达到 1500 亩、7357 亩。打造标准化健康养殖园区 10 个、休闲观光农业示范园区 5 个。实施现代服务业发展工程,华侨城大型文化旅游项目全面启动,阳光城环球金融中心、化二建大厦总部经济带动效应凸显。长风国贸第六馆、新九州家居广场等生活性服务业蓬勃发展。实施文化旅游业兴区工程,《晋源区全域旅游发展规划》编制完成,“唐风晋韵 魅力晋源”文化旅游推介招商会成功举办,“龙山赏红叶”系列文旅活动取得预期效果,太原古县城灯彩嘉年华闪耀龙城,晋农之窗农业文化主题博览园、太原天际气模运动中心运营达效,晋祠景区综合整治成效明显。以晋祠景区为核心,整合天龙山、龙山、蒙山、太山等景区(点)为一体的旅游格局初步形成。全年接待游客数、旅游总收入分别同比增长 21.1%、22.4%。

全力推进城中村改造和基础设施建设。圆满完成金胜、董茹等 8 个城中(边)村整村拆除和晋阳湖湿地公园、青运村、太原植物园、太原古县城等 42 项省市区重点工程的征拆、保障任务。全区城中(边)村改造及重点工程保障年内累计拆除各类宅院及公临建企业 7043 处 341.11 万 m^2,移植树木约 201 万株,完成集体土地清表 2196 亩,清运建筑垃圾 283.4 万 m^3。安置房累计开工 60 栋 14258 套 170.34 万 m^2,货币化安置 7775 套,北阜、南阜、武家庄 3 村实现回迁。晋源城改模式成功入选全国 2017 年“十大城镇创新发展案例”。

三、坚持以人民为中心的发展思想,持续增进民生福祉

努力保障和改善民生。全年民生支出占财政总支出 84.13%,支出总量为历年之最。优先发展教育事业,引进成成中学、市二外、太师二附小等,提升优质教育供给能力。提高就业质量和城乡居民收入水平,全区城镇新增就业 3849 人,城镇登记失业率控制在 3.12%。加强社会保障体系建设,基本养老、基本医疗、失业、工伤、生育保险参保人数指标均超额完成。城乡居民基础养老金标准、城乡低保标准又有新提高。为民承诺的十件实事全面完成。深化医药卫生体制改革,有效保障服务省儿童医院、市人民医院与区人民医院共建项目。超额完成保障性住房建设任务。落实对口帮扶责任制,帮扶阳曲县东黄水镇 6 个贫困村脱贫。

全力推进绿色发展。树立和践行“两山”理念,以生态文明建设倒逼生活方式转变,在全市率先启动农村散煤清洁治理,完成改造 3.3 万户,占全市任务总量 1/4。加强环保日常管理,开展餐饮油烟污染专项整治,实施企业错峰生产,严控道路、施工等扬尘,巩固秸秆禁烧成效,坚决打赢蓝天保卫战。以生态文明建设倒逼产业发展变革,全面完成中央和省委督察交办问题整改,积极配合环保部强化督查,取缔 597 家“散乱污”企业,占全市近 1/3。以生态文明建设倒逼社会治理提升,以“三纵九横”12 条道路、6 个片区、20 条背街小巷整治为重点,持续引深晋源、金胜两个片区重点综合整治。开展“十项专项整治”,实现城市提升与农村村容村貌整治同步,城乡人居环境持续改善。以生态文明理念引领绿化造林工作,开展国土绿化行动,完成 1.3 万亩创森骨干工程造林任务。完成 5 个游园、5 个绿地建设任务,昌宁公园建成开放,西寨公园、庞家寨公园建设进入尾声。全区森林覆盖率、建城区绿化率分别达到 26.3%、47.1%。上下联动、全民参与,文明交通综合治理、文明城市创建等工作取得显著成效。

兜牢安全稳定底线。牢固树立总体国家安全观,围绕保障十九大,统筹抓好政治、经济、社会、网络安全等工作,保持严打高压态势,深入开展维护政治安全、防恐防暴、打击村霸、信访维稳等专项行动,加快推进“雪亮工程”,保障公共安全,维护社会稳定。查处治安案件 1949 起、破获刑事案件 236 起,分别同比下降 53.28%、11.28%,人民群众安全感和满意度进一步提升。做好信访维稳工作,着力在畅通渠道、事要解决、帮难济困、源头治理、依法处置上下功夫。完善安全生产责任制,全区生产安全事故死亡人数下降幅度全市第一。

四、深入推进民主政治建设,巩固和发展生动活泼、安定团结的政治局面

始终坚持党的领导、人民当家作主、依法治国有机统一。支持和保障区人大及其常委会依法行使职权,区人大及其常

委会组织省市区镇四级代表视察督察21次，执法检查4次，听取和审议政府专项工作报告30个；依法选举市人大代表19名，依法任免国家机关工作人员42人次；转“一府两院”办理代表意见建议92件，为推进经济转型发展、保障和改善民生等各项事业发挥了积极作用。支持区政协发挥协商民主重要作用，区政协组织委员专题调研视察18次，协商议政9次，提案立案166件，征集社情民意信息273条，丰富了民主形式，拓展了民主渠道，深化了民主内涵。推动政府职能转变，努力建设人民满意的服务型政府。推进司法体制综合配套改革和以审判为中心的刑事诉讼制度改革，全面落实司法责任制，法检两院完成首批法官检察官遴选工作，人民群众对司法公正的获得感、满意度明显提升。推行法律顾问制度和公职律师制度，完成党群系统21个部门和政府序列22个行政机关法律顾问聘用工作。加大全民普法力度。巩固和发展爱国统一战线，支持各民主党派和无党派人士参政议政、建言献策。加强和改进对群团工作的领导，完成工会、团委和工商联换届，党联系群众的桥梁纽带作用有效发挥。加强民族宗教事务的管理，维护民族宗教领域和谐稳定。坚持党管武装工作，支持国防和军队改革，加快军民融合深度发展，推进驻区部队全面停止有偿服务。落实优抚安置政策，切实保障涉军退役人员合法权益。

五、深入落实新时代党的建设总要求，推动全面从严治党向纵深发展

把抓好党建作为最大政绩。区委坚决落实新时代党的建设总要求，坚持把政治建设摆在首位，召开常委会39次，研究议题206个，全面加强对各方面工作的领导，将维护核心体现在确保党的主张和中央、省委、市委决策部署在晋源落地不走样、生根又开花。严格执行新形势下党内政治生活的若干准则，完善落实民主集中制，加强党内政治文化建设，不断增强党内政治生活的政治性、时代性、原则性、战斗性。紧紧抓住落实基层党建责任制这个“牛鼻子”，严格考评问责，构建起一级抓一级、层层抓落实的基层党建工作格局，全面推进党的思想、组织、作风和纪律建设，为各项事业发展提供坚强政治保证。

全面加强“三基建设”。25类100项任务高标准高质量推进。加强基层组织建设，整顿软弱涣散基层党组织，打造优秀标杆社区，扎实推进非公经济组织和社会组织党组织两个全覆盖。推进基础工作精细化提升，开展“一支一品”品牌支部创建。区级投入基层党建经费为上年2.3倍，设立扶持村集体经济专项资金100万，投入社区惠民资金540万。村集体经济收入达到“三基建设”考核标准。推进基本能力常态化提升，实施“五大”培训工程，培训各类人员14620人次。圆满完成122个村、社区“两委”换届。

树立正确选人用人导向。贯彻新时期好干部标准，坚持在“五个一线”选人用人，严把政治关、廉洁关、形象关，调整干部14批151人次。通过“三荐两考”，确定科级后备干部初步人选。充实基层工作力量，选派63名干部赴基层一线锻炼，资源向一线倾斜、力量向一线汇聚的格局更加彰显。严管厚爱相结合，激励约束并重，党员干部干事创业劲头空前高涨，涌现出一批先进单位和先进个人，姚村镇被评为全国文明村镇，金胜镇被省委省政府记集体一等功，阳光汾河湾被评为全省综治先进单位，晋祠镇东院村党支部书记杜金锁被评为全省优秀村党组织书记。

打好意识形态主动仗。牢牢掌握意识形态工作领导权，加强与中央、省、市主流媒体合作，刊发各类稿件500余件，讲好晋源故事，塑好晋源形象。推动传统媒体、新媒体“两个舆论场”深度融合，开通“新晋源”党政信息平台。举办“献礼十九大 魅力新晋源”主题成就展，增强党员干部群众“四个自信”。以“担复兴大任，做时代新人”为主线，以“百名德孝模范”等“四个一百”评选活动为载体，深入践行社会主义核心价值观，唱响主旋律，弘扬正能量。管好农村大喇叭，占领传统主阵地。加强网络舆情管控，规范网上信息传播秩序。对党员干部网络行为提出“十严禁”纪律要求，营造清朗健康的网络空间。

持之以恒正风肃纪。完成监察体制改革试点任务，试行镇(街)监察员派驻，实现监察全覆盖，成立了7个综合和2个单独的派驻监察机构，制度优势不断转化为治理效能。深入贯彻落实中央八项规定精神，查处违反中央八项规定精神问题5件，给予党政纪处分4人，辞退1人。运用监督执纪“四种形态”，抓早抓小、防微杜渐。深入进行反腐败斗争，全区纪检监察机关立案45件，处分党员干部36人，查结涉法案件2案3人。加大整治群众身边腐败问题力度，查结案件8件，处分党员干部8人。扎实开展巡视整改自行“回头看”，省委巡视指出的具体问题全部整改到位。落实政治巡察新要求，完成3轮13家单位的巡察工作。

(温志婷)

附：中共晋源区委书记、副书记、常委名单

书　记：杨继承

副书记：李永强　刘锦春(女)

常　委：相　辉　李志民(11月离职)
姜保牛(11月任职)　康建斌(8月离职)
李福贵　陈　晋　梁晓明　李茂生
霍晓勇(11月任职)
周智深(12月任职，挂职)

中共古交市委工作概况

市委书记　贾慕权

2017年，古交市委坚持以习近平新时代中国特色社会主义思想为指导，认真学习宣传贯彻党的十九大和习近平总书记视察山西重要讲话精神，按照省委“一个指引、两手硬”和太原市委实现“两个走在前列”的部署要求，坚持稳中求进工作总基调，紧紧围绕“三转一提升、三大一统筹、三型一增强”发展思路，全力抓好改革发展稳定和党的建设各项工作，奋力开启古交全面振兴崛起的新征程。

一、强化改革引领，聚焦经济转型，努力实现经济高质量发展

(一)以深化改革引领转型。深化供给侧结构性改革，完成225万吨煤炭去产能上报工作，通过煤炭产能置换批建华润中社煤矿150万吨；引导和支持棚户区改造、采煤沉陷治理搬迁安置项目与房地产去库存相结合，消化商品住房596套。加快投融资体制改革，向国家开发行山西省分行贷款9亿元用于项目建设；运用“PPP”模式融资7.92亿元成功运作市第二污水处理厂、东部新城火山片区等项目。深化“放管服效”改革，启动“13710”电子督办系统，与山西古冶等4家企业集团签订合作框架协议，签约资金37.2亿元，煤焦产品集中统一销售平台投入使用。

(二)以项目建设推动转型。提升改造传统产业，加快推进煤矿复工复产，全年生产原煤400万吨、精煤100万吨、焦炭69万吨；兴能电厂热电联产向太原城区供热4600万平方米。着力培育新兴产业，中广核48兆瓦风力发电、盈捷玻璃年产3000吨微纤维玻璃棉等项目建成投产，中电投2×48兆瓦风力发电、国盛恒泰煤层气开发利用等项目正在建设，高标准打造了晋绥八分区旧址、关头老农、红豆山庄等旅游景点。

(三)以安全生产保障转型。贯彻落实总体国家安全观和省委“三个坚决防止”的要求，牢固树立“古交经济就是安全经济”的理念，严格落实“党政同责、一岗双责、失职追责”责任体系，全面加强煤矿、非煤矿山、森林防火、食品药品、民爆物品等领域的安全监管，整改隐患和问题10224条，打击非法违法行为137起，全年未发生重特大安全生产事故，荣获省级食品安全示范县市称号。

二、坚持以城带乡，突出统筹兼顾，不断加快新型城镇化步伐

(一)稳步推进“三农”工作。圆满完成行政村集体经济“破零”任务，全市所有行政村集体经济达到3万元以上，66%的行政村达到5万元以上。打造马铃薯种薯、大果榛子等6个特色产业种植基地，充分发挥43个现代农业园的示范作用，辐射带动农户5000余户，接待游客4.7万人次，红豆山庄、岔口老农现代农业示范园列入省级休闲农业与乡村旅游示范点。申报无公害产品认证4个，“三品”检测合格率达99%，蔬菜产品农药残留合格率达99.95%，被评为全省农产品质量安全县市。培育新型职业农民700余人，补贴粮食种植面积10余万亩，补贴农机具43台(件)。

(二)着力提升城市服务功能。组织实施了火山片区市政道路、滨河南路牛角上道路改造等项目；建成日处理能力2万吨的第二污水处理厂；新建换热站3座，新建改造管网7公里，新增供热面积60万平方米。完成了市域公路网规划，241国道过境改线、339国道绕城改线等项目完成前期手续。

(三)持续改善人居环境质量。强化采煤沉陷区生态修复，绿化造林8.5万亩。实施了金牛西大街、滨河北路等重点绿化工程，城市绿化覆盖率、绿地率分别达到43.72%、38.21%，人均公园绿地面积达到10.21平方米。汾河市区段河道综合治理一期、二期工程全部完工。208家“散乱污”企业全部关停取缔，拆除和提标改造锅炉224台，万元地区生产总值能耗降幅预计3.5%。空气质量优良率84.4%。

三、践行党的宗旨，增进民生福祉，着力带领人民群众创造美好生活

(一)倾心关注热点民生。教育方面，建成20所智慧型校园，新增1个6轨高中办学点和3所普惠性民办幼儿园，职教中心和东部新城4所中小学已完成前期手续，招聘教师80名。科技方面，申请发明专利4件，新增2家高新技术企业，小微企业拥有授权专利26项，全年完成技术合同交易额900万元。卫生方面，组建了古交中心医院医疗集团，与太原市中心医院、山大二院、北京301医院搭建了医共体、医联体和远程会诊系统。招聘卫技人员100名，组建6个巡回医疗服务队。

(二)全力保障基本民生。新增城镇就业人数4685人。养老、生育“五大保险”覆盖面进一步扩大，城乡低保标准分别提高到每人每月555元、430元，救助城乡困难群众和临时救助9200余人次，全年累计解决拖欠农民工工资300余万元。新建8所农村老年日间照料中心、新增床位80张，累计农村老年人日间照料床位达690张，为80周岁以上老年人发放高龄津贴130余万元，集中供养五保户337人，发放分散供养五保户供养金60余万元。

(三)有序推进采煤沉陷区综合治理工程。统一安置项目方面，2014–2016年建设的9个安置项目3567套住房，已有739套竣工、996套主体完工、1114套主体封顶、718套正在加紧建设中；自主选择安置方面，2014–2016年共完成安置户审

核备案7382户，已为3890户发放2.14亿元。2017年确定1771户安置户，协议签订及审核工作已完成，新建河口安置项目正在进行“三通一平”；对自主选择安置的，已为144户发放安置费792万元。

四、重视宣传引导，发展民主政治，始终保持和谐稳定的社会环境

(一)突出文化引领作用，加强文明城市建设。在《魅力古交》开设“五年奋进”专栏，制作了《献礼十九大·航拍新太原——绿水青山·魅力古交》宣传片，开展了“总书记视察山西讲话进基层”、“担复兴大任，做时代新人”主题实践等活动。宣传践行社会主义核心价值观，举办道德讲堂210场、惠民演出101场，开展了首届“大美古交”摄影比赛、第四届全民终身学习活动周，建成了乡村文化记忆馆。拍摄制作了革命微电影《重走钢铁走廊》和广播剧《战火中的约定》。上雁门、下雁门村被评为国家级文明村。

(二)积极推进民主协商，提升依法治市水平。积极支持人大、政府、政协开展工作。加强党对统一战线工作的领导，紧紧围绕“大团结、大联合”主题，加强与各民主党派、工商联、无党派人士的沟通协商，充分发挥统一战线的法宝作用。积极推进“法治古交”建设，深入开展“七五”普法，着力推进司法体制改革。扎实开展“双拥”工作，充分发挥人民武装在应急处突、护林防火、打击私挖盗采等急难险重任务中的重要作用，进一步巩固军政军民团结的良好局面。

(三)加强改进社会治理，促进社会和谐稳定。完成三类视频监控资源整合平台建设，初步构建起立体化社会治安防控体系；破获刑事案件199起，批捕87件112人，有力遏制严重刑事犯罪。扎实开展“重点信访问题源头化解”等专项行动，全年共接待上访群众664批5341人次，化解信访案件338件。

五、落实主体责任，加强“三基建设”，推动全面从严治党向纵深发展

(一)强化理论武装。组建了市乡两级党的十九大精神宣讲团和33支宣讲队伍，着力推动党的十九大精神进机关、进农村、进社区、进企业、进校园。组织召开市委常委会学习21次、市委中心组学习和科级干部“每月一讲”26次，同时积极组织开展在线教育培训。深入开展“主题党日”活动，进一步强化党员干部的党章意识、学习意识、自律意识，为即将开展的“不忘初心、牢记使命”主题教育奠定了思想基础。

(二)强化基层组织建设。投入3000余万元“三基”建设经费，择优选派50名干部和30名农村支部“第一书记”到基层帮助工作，45名新录用公务员全部下基层锻炼，对10个村级党组织活动场所进行了改扩建，圆满完成农村(社区)“两委”换届工作，超额完成行政村撤并试点工作。

(三)强化干部队伍建设。坚持党管干部原则，全年共调整干部10批197人次，并采取“三推两考一确定”的方式确定后备干部132名。围绕全面深化改革、落实国发42号文件精神、促进经济转型发展、纠正“四风”等方面，市级领导率先垂范、带头调研，在全市形成了大调研、谋发展、促和谐的生动局面。

(四)强化党风廉政建设。深入推进监察体制改革，积极推动纪委监委派驻机构全覆盖，为每个乡镇(街道)配齐了监察员，9个派驻纪检监察组全部到位。充分发挥巡察利剑作用，对14个乡镇(街道)、11个市直机关进行了巡察，通过巡察上交廉政专户金26.5万元，挽回经济损失200多万元。出台了《关于进一步落实中央八项规定精神的实施细则》，着力纠正“四风”及隐形变异问题，共查处7案22人。全年共处置各类问题线索323件，其中立案查处案件146件，党政纪处分144人。

(胡　雷)

附：中共古交市委书记、副书记、常委名单

书　记：贾慕权

副书记：翟永清　乔建伟

常　委：张　军(女)　郝虎生(11月任职)　张吉祥　张　麒　许　军　李宏刚(11月任职)　赵晋胜(11月任职)　李秀斌(11月离职)　王　镭(11月离职)　卫向东(11月离职)

中共清徐县委工作概况

县委书记　王琳玉

2017年，在市委的坚强领导下，县委班子齐心协力、和衷共济，以构建“一体两翼”经济格局、“一河两中心”城镇布局为抓手，抓重点、攻难点、增亮点，努力打造创新活力之城、美丽幸福清徐，各项工作取得了新成效。

一、高举旗帜、坚定信念，持续用力提高政治站位

坚持把学习宣传贯彻习近平新时代中国特色社会主义思想、党的十九大精神和习总书记视察山西重要讲话精神作为首要政治任务，通过专题研讨、自学交流、专家讲座、主题培训、基层宣讲等形式，推动学习宣传贯彻工作往深里走、往实里走、往心里走，在学懂、弄通、做实上下功夫，使之成为新时代指导清徐实践的根本遵循。县委常委会13次、县委中心组21次集中学习，在反复学习中参透真理，在螺旋式上升中锤炼党性，不断强化“四个意识”、坚定“四个自信”。

二、综合施策、务实担当，全力保障经济平稳运行

加强党对经济工作的领导。准确把握习总书记视察山西指出的“四条路径”，认真落实市委罗书记调研清徐提出的工作要求，制定贯彻国务院42号文件行动计划和振兴葡萄、醋、暖气片3个行动计划，不折不扣落实市委、市政府重大决策部署，推动全县经济稳中有进、进中提质。2017年预计全县地区生产总值增长4.7%，服务业增加值增长10.2%，规上工业增加值增长5%，固定资产投资下降36.8%，社会消费品零售总额增长8.2%，城镇和农村常住居民人均可支配收入均增长7.5%，一般公共预算收入增长25.88%。加速汇聚转型动能。推进传统产业改造提升，加快新兴产业培育壮大。焦化、铸造等行业投资10亿元实施提标改造工程全部完成，华阳燃气焦炉煤气制天然气、三强炭黑湿法生产线、小回沟、麦地掌煤矿项目基本完工，亚鑫集团新技术焦炉废气生物固炭项目进入中试阶段，水塔、紫林融资上市步伐加快，阳煤R-GAS煤气化项目、煜昊源环保炉渣综合利用项目加紧启动，现代物流业加速扩展，农村电子商务交易额突破2亿元。都市农业蓬勃发展。实施乡村振兴战略，以柳湾村、杨房村、东高白村三个试点村为示范，全方位、多角度提升美丽乡村建设水平。加速启动国家级有机肥替代化肥试点县项目。成功举办2017中国醋都·葡萄文化旅游季活动，打响“全域旅游”品牌，接待游客721万人次，旅游综合收入达78.2亿元。支持龙头企业发展，葡萄加工企业不断壮大，葡果产供销一体化发展渐成规模。经济外向度突破提升。坚持“走出去”“引进来”相结合，充分利用中博会、高交会、农博会等会展平台，促成万科智慧产业新城、葛洲坝与大唐电信共建“中国醋都”绿色循环产业示范项目、南京丰盛北部生态新区项目、尚高百奥生物质综合开发项目、山西职业技术学院、山西消防学校、太原卫校等一批项目签约落地，签约总投资达164.3亿元。

三、全力保障、补齐短板，努力提高群众幸福指数

加快城乡基础设施建设力度。实施了国道307清徐改线、现行307国道市政化改造、紫林路东延、榆古路县城段改造、徐沟外环、四好公路等一批基础设施项目，加快交通路网的完善。实施了热源替换工程、北城污水系统建设、白石沟水系治理、供水管网改造、县城街巷改造、县乡卫生设施建设、中小学改造等民生工程，促进城镇综合服务水平的稳步提高。全面提升社会事业发展水平。大力推进义务教育发展由基本均衡向优质均衡迈进，制定试点项目和学校布局优化调整方案。组建成立清徐县医疗集团，推行家庭医生“1+1+X”团队签约服务模式，普通人群签约率达35%以上，重点人群签约率达65%以上，促进了基层医疗水平的全面提升。积极打造城乡宽松充分的就业创业环境，城镇新增就业人数3815人，创业就业人数1628人。加快构建共治共享的社会治理格局。开展安全生产大检查，查处各类事故隐患3580条。完善社会稳定机制，破获刑事案件340起，调解矛盾纠纷1634件，调处成功率达到98.3%。高度重视信访工作，成功化解10年以上积案12件，全县信访总量同比下降11.2%。

四、靶向发力、提升形象，全面改善生态环境质量

持续夯实治理成效。全员上阵，奋力攻坚，打响打赢“煤改气”、工业企业提标改造、“散乱污”取缔等攻坚战，对工地扬尘、秸秆垃圾焚烧、水污染防控、重型车辆道路污染等采取强力措施从严监管。全部完成41个村(社区)1.5万户“煤改气”任务，全年取缔“散乱污”企业299家，立案210件，处罚2543万元，上级环保督查交办问题办结率达86%。努力提升城乡管理水平。从解决“脏乱差”问题入手，集中时间、集中力量分8个领域10个战场打歼灭战，清理垃圾40余万吨、煤矸石270余万吨，清理乱堆乱放2万余处。集中治理跨界断面水质超标，新增污水处理能力1.5万立方/天。集中组建城乡综合执法队，制止违法建设、拆除违章建筑面积超8万平方米，处置占道经营2000余处。抓实改善人居环境。2017年高标准推进市下达的4.74万亩创森任务，实施了4个省级改善人居环境村庄绿化工程，全面推进白石河、都沟河等河道流域生态修复工作。2017年环境空气综合指数8.74，同比下降11.63%；二级天数达到193天，比2016年增加13天；重污染天数12天，同比减少31天。

五、汇聚动力、释放活力，提升县域开明开放水平

全面深化改革见实效。按照亲力亲为的要求，书记、县长带头抓改革，并建立改革台账制度，先后召开6次全面深化改革领导小组会议，统筹推进33项重点改革任务。加速推进“双随机一公开”、企业“五证合一”、个体工商户“两证整合”事项，全县登记在册的个体工商户达到14827户，企业法人4579户。稳步推进农村土地确权登记颁证工作，全县188个村，已完成实测的村179个，占比95.2%。审时度势，超前谋划焦化专区，力争打造成为全产业链、全循环世界级水平的焦化园区，在培育新的经济增长极的同时，全面保障太原的气源供应。优化发展环境做保障。深化“放管服”改革，突出抓好“五规合一”试点和构建“亲”“清”政商关系专项行动，打造“六最”营商环境。将217项行政审批事项和公共服务事项向政务平台集中，实现“一窗受理、数据共享”。建立县级领导包联重点项目对接机制，实现帮扶、服务、督查“三到位”。完善公共资源交易平台运行管理，全年交易30项，涉及金额8.66亿元。开发区承载力更强劲。全面完成转型综改区15000亩土地收储任务，二期7000亩收储任务正在加紧推进，借势启动服务综改区配套产业规划。经济开发区完成了改制调规扩区，出台了“三化三制”方案，强化开发区经济管理职能，完善市场化运营和人员交流使用机制，明确内设机构、考核管理等制度，转型发展的条件加快成熟。

六、保持定力、压实责任,持久净化党内政治生态

全面加强基层组织建设。坚决扛起管党治党主体责任,精准划分县级领导党建"责任田"。开展基层组织规范提升年活动,推进党支部"五基十有"标准化建设,推行"三会一课"报备、调阅、奖惩等制度。出台"三基建设"实施意见,部署100项重点任务,县财政投入2500万元支持保障,已完成41项。村级集体经济收入全部达到5万元以上,12个社区场所达到500平米以上,4个达1000平米。坚持"选对人、选能人、选好人",高质量完成212个村(社区)"两委"换届选举。严格执行《干部任用条例》和四项监督制度等有关规定,以建设高效率领导班子和高素质干部队伍为目标,导向鲜明地把乡镇作为培养锻炼干部的主阵地,优先使用承担重点工程、重点项目较多的乡镇干部,优先使用在重点工程、重点项目中表现优秀的干部,全年共调整干部8批184人。不断强化思想政治建设。推进"两学一做"学习教育常态化制度化,开展维护核心、见诸行动主题教育,坚定理想信念,全面提升党员干部思想理论水平。落实意识形态工作领导责任制,坚持定期分析研判,完善互联网管理领导和网络舆情应急处置机制。以文明户创建、规范红白理事会为抓手,以文明交通为突破口,点面结合,上下联动,成功创建全省文明县城。扎实推进正风肃纪反腐。出台《关于进一步贯彻落实中央八项规定精神的实施细则》,提出"五个倡导、五个反对",构建作风建设长效机制。准确把握运用"四种形态",注重挺纪在前、抓早抓小。全年处置反映问题线索290件次,给予纪律处分101人,谈话函询48件次,组织处理89人。深化监察体制改革,乡镇监察员全到位、县直派驻9个组全覆盖。扎实开展县委巡视整改自行"回头看",查摆问题117个,制定整改措施120个,整改到位113个。

(任泽群)

附:中共清徐县委书记、副书记、常委名单

书　记:韩良会(3月离职)　王琳玉(7月任职)
副书记:王琳玉(7月调职)　王剑峰(8月任职)
　　　　邢蕴武(8月任职)　田文浩(8月离职)
常　委:邢蕴武(8月调职)　李秀斌(11月任职)
　　　　李凤梅(女,11月任职)　卫向东(11月任职)
　　　　吴英志　陈晓勇　白进联(女)
　　　　刘贵江(11月离职)　陈永哲(11月离职)
　　　　王京明(6月离职)　宋新海(7月离职,挂职)

中共阳曲县委工作概况

县委书记　刘晋萍

2017年,全县上下在习近平总书记亲临阳曲的巨大鼓舞下,全面落实市委十一届三次全会部署,围绕"经济强、百姓富、环境美、风气正、社会文明程度高"发展定位,坚持以脱贫攻坚统揽经济社会发展全局,高标准推进20项重点工程868个具体项目,高质量完成14项贫困县退出指标,实现了阳曲发展的历史跨越。

一、在学习贯彻党的十九大精神中从严履行主体责任

一是抓思想强素质。县委坚持以习近平新时代中国特色社会主义思想武装头脑,认真落实从严治党主体责任。常委会坚持每周一次集中学习、每月一次党建例会、每半年一次党建工作述职制度,听取"两个责任"专题汇报4次,与班子成员、各党工委书记、新任科级干部谈心谈话500余人次。县四大班子成员人人建立党建联系点,通过"周末学堂""送学下乡",推动习总书记视察山西重要讲话和党的十九大精神下乡进村入户。通过"两学一做"学习教育常态化制度化、开展维护核心见诸行动主题教育活动、4次意识形态领域分析研判会、2期干部培训主体班、6期系列讲座、2期"领头雁"全封闭培训,把思想政治建设内化于心、外化于行。

二是抓班子带队伍。建立和完善领导干部工作和思想"周报制"和日工作预报制度,督促班子成员履行好"一岗双责"。完善干部绩效考核评价办法,探索建立政治谈话、跟踪考察、日常考验、定期评议等制度。坚持好干部标准,从脱贫攻坚、重点工程、基层一线培养发现锻炼选拔干部220名,储备科级后备干部156人。严格落实中央八项规定精神,有效运用监督执纪"四种形态"处置问题线索174件,完成监察体制改革试点任务,率先实现派驻纪检监察机构全覆盖,组织了两轮作风纪律大整顿,出台激励和容错纠错机制两个《办法》,营造了干事创业的浓厚氛围。

三是抓"三基"筑堡垒。县委将"三基建设"细化为105项具体项目,纳入20项重点工程,落实到37个责任单位。投入专项经费4825万元,新改扩建集"两委"阵地、老年日间照料中心、文化活动室于一体的"村民之家"117个。按期完成11个软弱涣散党支部整顿,在全省率先完成村(居)"两委"换

届,7名退休科级干部回归农村担任支部书记,80名省市县机关干部到乡镇挂职锻炼,积蓄乡村振兴力量。加强非公和社会组织党建工作,组织覆盖率90%以上,工作覆盖率达到100%。全面规范落实"三会一课""主题党日"等制度,开展"时代新人说主题演讲比赛"等系列活动,弘扬主旋律,传播正能量,凸显了基层组织政治功能。

二、在加快经济转型升级中不断壮大县域综合实力

一是经济指标稳中有进。在全市工业投资下降的情况下,保持了固定资产投资额完成固定资产投资增长27.1%、全市第一的成绩,主要经济指标全面向好,其余各项指标全部实现高位增长,保持了稳中有进的发展态势,走出长达两年的困难期,由疲转兴局面更加巩固。特别是财政收入,从2015年的3.3亿元的-15.4%到2016年的3.6亿元7.5%,再到2017年的5亿元的38.8%,近3年来,一年一个台阶,是增幅最大的三年,也是阳曲历史上的最好成绩。

二是产业结构逐步优化。把招商引资作为转型发展的重要抓手,出台优惠政策,借力文博会、农博会、休博会等活动,先后举办美丽乡村、工业项目、特色农产品年货会等大型招商推介会10场。特别是2017年1月20日在会展中心举办的太原军民融合阳曲创新基地项目发布会暨新晋商·阳曲发展论坛上,来自国内外的500多名晋商商会企业家代表,表现出了对阳曲浓厚的兴趣,现场签约项目23个,资金351.65亿元,总签约项目达42个,落实资金500亿元。认真落实"三去一降一补"政策,对电解铝、焦化、水泥等传统产业进行提标改造。深化干部入企服务工作,特锐德、中广核等一批新兴产业项目落地,能投、龙永太和国新洁净天然气、国新物流等项目陆续建成投产,全县规模以上企业达到27家。非煤产业增加值比重达87.9%,新兴产业投资比重达100%,万元GDP能耗下降3.2%。大力推动农业供给侧结构性改革,加快应用富硒谷子新技术,发展谷子8万亩,中药材2113亩,农业机械化作业面积达98%以上,农作物秸秆综合利用率达到90%以上,居全市第一。加快畜牧养殖业发展,推进"一村一品一主体",引进宝迪食品、永丰禽业、桦桂农业、七峰山牧业等一批龙头企业,初步形成龙头带基地、基地连农户的产业化格局。

三是全域旅游稳步推进。编制《阳曲县旅游发展总体规划》和21个重点村旅游规划。青龙古镇、华夏文明文化产业园等一批旅游综合体项目全面开工建设。持续开展"回村采摘""回村避暑""回村过年"系列旅游文化活动,培植农家庄园100个、农家客栈500个。启动互联网+智慧旅游景区APP建设,向外界多层次、多渠道地展示"全景阳曲、全域旅游"形象。全年接待游客200多万人次,旅游总收入超30亿元。

三、在脱贫攻坚统揽经济社会发展全局中持续改善民生

一是脱贫攻坚再战全胜。编制了40个贫困村的"宜居宜游"发展规划,启动建设32个美丽乡村,改变农民生活方式和生产方式,变贫困村为小康村,贫困户为万元户。率先成立6家融资平台,与16个金融机构签订战略合作协议,融资30亿元,实施210个脱贫攻坚项目和74个农民增收达万项目,全县117个行政村集体经济全部破零,年收入均达到10万元以上。40个贫困村、8373户19938人累计脱贫,贫困发生率降至0.78%,贫困村退出率93%,各项指标均高于全省平均水平。《人民日报》2月1日头版头条刊发了阳曲县脱贫经验。

二是生态文明深度治理。开展煤改气、取缔燃煤锅炉、农村环境整治、工业污染提标整治、控制扬尘污染等专项行动。实施年度造林12.08万亩,阳兴大道、黄泥线、大阪线等通道绿化121公里。全面推行河长制,投资1331万元,完成杨兴河人工湿地项目35.55亩。城市集中式饮用水水源地水质达标率稳定保持100%。

三是社会事业协调进步。青少年活动中心配套综合实践基地主体完工,阳兴幼儿园投入使用,阳曲一中与北辰双语成功合作办学,县教育局与重庆行知学校深度对接,教育改革稳步推进。改建阳曲首邑学校,集中222名贫困户子女享受全免费、高质量的义务教育。在全省率先完成医改工作,改造提升10个乡镇卫生院和117个村级卫生室,1272户2387名贫困群众实现健康"双签约",受到了国家卫计委李斌主任的好评。建成易地扶贫安置点11个,改造危险土窑洞478户,圆了3062人的安居梦。

四、在城乡管理全面提升中积极建设美丽阳曲

一是加快美丽乡村建设。把美丽乡村作为乡村振兴的切入点,重点围绕"水、路、电、气、网、排、场、家、绿",制定阳曲县美丽乡村建设规划,整合涉农资金2亿元,金融资金3亿元,引导社会资金6亿元投入到117个行政村,建成美丽乡村32个,涌现出南留南、录咕咀、吉家岗、西黄水、店子底等一批示范村。

二是加快公共基础配套。改造祥和路、朝阳路、城南街等街巷19条,并完成部分街巷老旧管网改造。继续推动"三场一所"建设,落实"厕所革命"要求,县城水冲式厕所达到20座,4个停车场投入使用。阳曲公园提档改造即将完成。启动新安西街棚户区改造,新建保障性安居工程住房349套。结合"四好"公路要求,完成权新线等公路建设11条、72公里。全面启动农村垃圾治理项目,逐步建立清扫保洁、垃圾收集、清运处置为一体的农村环卫作业体系。

三是加快环境综合整治。县城修补破损围墙56处,立面粉刷19724平米,补栽绿篱30万株,铺装草坪2500平米,治理裸露地面2万余平米,拆除临建、违建和影响市容市貌的建筑物92处9800余平米,更换不锈钢护栏7.4公里,在首邑路沿线安装不锈钢果皮箱86个,在新阳东西大街安装太阳能果皮箱76个,清理各种乱堆乱放80余处,沿线400余户商铺门头牌匾全部统一更换,卷闸门全部统一喷刷,打造了阳兴大道、首邑北路、新阳大街、园区道路等精品街道。

五、在创新社会治理中保持大局稳定

一是全力保障信访稳定。坚持每周一县主要领导大接访、每月召开信访联席会议,成立阳曲县军队退役士兵社会事务服务中心,开通网上信访业务,信访总量同比上年下降34.7%。深入推进严格执法公正司法,在中国裁判文书网"晾晒"裁判文书1599份,直播开庭16件,以司法公开倒逼司法公正。

二是全力保障安全生产。严守不发生重特大事故这条底线,严格执行安全生产党政同责、一岗双责、失职追责,全县安全生产形势持续平稳可控。开展文明交通综合治理、道路运输平安年、打击非法营运等活动,为人民群众提供安全便捷的交通出行环境。全面修订完善防火、防汛等灾害应急预案,进一步提升防灾减灾救灾能力,确保人民生命财产安全。

三是全力保障综治平安。持续开展"五星八安"联创活动,国家级期刊《长安》杂志介绍了阳曲经验。率先在全省建立首个诉讼服务中心,在全县建立诉调对接机制,司法体制改革经验成为全省县级检察机关改革参考的模板,大力实施"雪亮工程",深入推进"一村(社区)一法律顾问",成功破获"5·30"特大电信诈骗案,人民群众的安全感、满意度,连续三年保持全市第一。

六、在全面落实依法治国战略中推进法治阳曲建设

坚持党的领导、人民当家做主、依法治国、党管武装有机统一。县委常委会定期听取县人大、县政府、县政协和县法院、县检察院党组的汇报,定期召开议军会议,针对性提出指导意见,充分发挥党的领导核心作用,自觉做到做任何重大决定、部署任何重大任务都以落实党中央大政方针为前提,把党的领导体现到各领域各方面。

大力支持人大依法监督"一府两院"工作,组织人大代表进行专项执法检查,坚持党管干部与人大依法人事任免相结合。支持政协围绕全县重点工程、脱贫攻坚、教育均衡和民营经济等中心工作开展调研,进行参政议政,做好民主监督。

全面贯彻党的宗教工作方针,阪寺山"三大瞻礼"活动连续32年安全平稳有序度过。积极推进军民融合深度发展,召开县委议军会,将8月确定为全县国防教育活动月。县总工会、团县委、县妇联、县侨联、县文联、县残联、县科协等群团改革态势良好,圆满完成全年各项任务,党联系群众的桥梁纽带作用有效发挥。

(韩书霞)

附:中共阳曲县委书记、副书记、常委名单

书　记:刘晋萍(女)

副书记:裴耀军　王剑峰(8月离职)
常红勤(8月任职)

常　委:李建国(11月任职)　刘玉伟　杨　波
王志勇　刘　斌(8月任职)
张小军(11月任职)　白　洪(11月离职)
杜小灵(11月离职)　谭国栋(8月离职)

中共娄烦县委工作概况

县委书记　薛东晓

2017年,在市委的坚强领导下,娄烦县县委常委会坚持以习近平新时代中国特色社会主义思想为指引,深入学习贯彻党的十九大和习总书记视察山西重要讲话精神,坚决贯彻省委"一个指引、两手硬"的思路和要求,全面落实市委决策部署和"两个走在前列"的要求,坚持总揽全局、协调各方,充分履行把方向、管大局、作决策、保落实职责,推动党的建设和党领导的各项事业取得新进展新成效。

一、把牢正确政治方向,学习贯彻十九大精神

制定出台《任务分解》,将习近平总书记对山西工作提出的总体要求和五项重大任务,以及省委、市委《实施意见》,细化为8个方面79条措施,切实将总书记的关怀信任转化为鼓舞鞭策,体现到维护核心、见诸行动的具体实践中。

及时印发《关于深入学习宣传贯彻党的十九大精神的通知》,明确要求作为当前和今后一段时期的首要政治任务,在全县迅速掀起热潮。组织开展"送党课到基层—党的十九大精神娄烦宣讲"活动,分层分类开展宣传宣讲195场次,参与干部群众1000余人次。全县497名科级以上干部结合大宣讲开展大调研,形成调研报告147份,谋划项目119个。

二、始终聚焦脱贫攻坚,全力实现再战再胜

一是强化组织保障,构建扶贫大格局。夯实"责任制"。层层落实"双签",扣紧压实各级责任,选调20名干部充实指挥部,设立10个专项工作组,在乡镇、贫困村成立脱贫工作站(室),实现全覆盖。实行"战区制"。按乡镇分设8个战区,各战区由3名县级领导包干,把118个县直部门全部纳入战区作战体系,按营、连、排建制编队,"一盘棋"攻坚。健全"帮扶制"。实行驻村帮扶"两包三到"工作机制,组织235个工作队、6298名工作队员进村入户开展帮扶工作。在全县119个贫困村成立脱贫学堂,开展讲学活动3085人次,有效提升了群众满意度。严格"问责制"。制定出台脱贫攻坚督查、考核、问责等8大制度,逐月考核排队,先后黄牌警告21个责任主体,约谈干部15人次,诫勉谈话18人次,免职2名乡镇科级

干部。

二是强化统筹推进,抓实脱贫举措。推进产业全覆盖。实施"一村一品一主体"产业扶贫,谋划项目234个,开工建设134个,覆盖贫困人口7500余户2万余人。大力发展光伏扶贫,14个村级电站收益分配到户,34个村级分布式光伏电站基本完工,可覆盖所有贫困村、贫困户。实施搬迁挪穷窝。采取回购存量房、分散搬迁和统规自建3种方式,完成了21个村1543户3803人搬迁任务。织牢政策兜底网。向5048名贫困低保人员发放1804万元,健康扶贫"双签约"4232人、服务1.38万人次,"三保险三救助" 扶助1742人、612万元,开展教育扶贫7747人次、841万元。扩大就业增收入。搭建精准培训、劳务服务"两个平台",出台外出务工人员奖励政策,培训贫困劳力10206人次,输出贫困劳力1.2万余人。探索帮扶新模式。首创"五帮一消费扶贫"娄烦模式,首批签约帮扶单位认领扶贫消费卡2万余张,得到国家有关部门高度关注。举办"中国好土豆、娄烦山药蛋"品牌推介活动,47个省市单位(企业)与贫困村签订2018年土豆认购协议。

三是强化保障措施,夯实基础工作。推进政策落地。组织实施行业扶贫"8大工程、21项行动",扎实开展脱贫攻坚"冬季行动",聚焦深度贫困,采取26项举措攻坚。通过"政策牌""明白卡"等方式,将扶贫政策进村入户、入脑入心。严格资金使用。制定2017年财政涉农资金整合方案,统筹财政涉农资金5.3亿元,支出5.1亿元,支出率达96%。持续用好金融扶贫政策,累计发放扶贫小额信贷1.2亿元。完善基础设施。实施饮水安全提质改造56个贫困村,改造危房(土窑洞)1119户,硬化贫困村道路60公里,农村通动力电、通广播电视实现全覆盖。启动实施美丽乡村建设示范村、示范点33个,乡村面貌得到改善。

三、深入贯彻新发展理念,加快推动创新转型发展

一是加强县委对经济工作的领导。牢固树立"抓项目就是抓发展,抓发展必须抓项目"的理念,建立县委常委、副县长联系产业项目工作机制,每名县级领导至少对接联系5个重大产业项目,先后引进产业龙头企业15家,新清林水貂养殖、汾河牡丹等一批项目成功落地。

二是经济运行保持稳中有进态势。预计全年地区生产总值完成21.1亿元,增长1.6%;固定资产投资完成10.1亿元,下降25.9%;规模以上工业增加值完成3亿元,下降11.1%;服务业增加值完成10.5亿元,增长7.5%;社会消费品零售总额完成4.7亿元,增长7.5%;农村居民人均可支配收入完成6636元,增长10%;一般公共预算收入完成3.1亿元,增长16.8%。

三是统筹推进三次产业协调发展。农业产业持续壮大。重点发展马铃薯、中药材、绿色蔬菜、特色养殖等7大特色农业产业。新兴产业步伐加快。积极引进风电、光伏发电等一批新能源项目,总投资4亿元的马头山风电项目开工建设。旅游产业稳步推进。实施乡村旅游富民工程,扶持发展23家旅游示范点和乡村客栈,全年旅游接待9.2万人次。

四、加大生态环境保护,推进美丽娄烦建设

一是全力推进生态脱贫。认真落实林业生态脱贫"五个一批"措施,组织65家贫困户造林合作社造林9.4万亩,参与的1464名贫困人口人均增收1.6万余元。经济林提质9327亩,987户2961名贫困人口受益。实施退耕还林2.17万亩,1327户、4342名贫困人口人均增收1167元。聘用贫困护林员340名,人均收入1万元,带动1080人脱贫。

二是持续强化水源保护。全力推进岚河水质改善工程、汾河干流水质改善等工程建设。积极构建监控系统预警监测、库周道路设卡监管、水库上游隔离防护、水库周边巡逻检查"四道防线",保障入库水质稳定达标,横断面水质均保持地表三类以上。

三是狠抓空气环境治理。组织开展水源保护区环境综合整治、燃煤锅炉治理、"小散乱污"企业整治等10个领域专项整治和秋冬季蓝天保卫战,整改完成上级交办问题107件,取缔关停"散乱污"企业13家,拆除、改造燃煤锅炉119台。全县空气质量综合指数同比下降21%,PM 2.5浓度同比下降11.7%,环境空气质量综合指数排名持续保持全市第一。

五、推进民主法治建设,发展合力广泛汇聚

一是支持人大、政协依法履职。将人大监督和重大事项决定工作纳入党委决策和落实体系,完善县乡人大机构设置,保证人大代表依法履职。全年共任免国家机关工作人员42人次,举行宪法宣誓仪式4次。坚持和完善党领导下的政治协商制度,充分发挥政协代表性强、联系面广、包容性大的优势,更好履行政治协商、民主监督和参政议政职能。

二是巩固爱国统一战线。重视发挥党外代表人士作用,加强同民主党派和无党派人士的团结合作,支持非公经济发展,指导工商联圆满完成换届。圆满完成团县委换届工作,组建机关团支部组织35个。加强党管武装工作,深化军民融合发展,军政军民和谐关系更加牢固。

三是推进法治娄烦建设。深入开展"七五"普法宣传教育、"法律六进" 等工作,18个党群部门实现法律顾问全覆盖,新增法律援助站16个。积极推进司法改革,不断强化执法监督工作,执法规范化及司法公信力进一步提升。

六、加强宣传思想工作,不断聚集发展正能量

一是着力加强意识形态工作。坚持将意识形态工作纳入党建工作责任制,及时调整充实县委意识形态工作领导小组,成立县网信中心,健全应急处理机制,依法加强网络舆情监管。

二是大力弘扬社会主义核心价值观。组织开展"担复兴大任,做时代新人"活动,深化拓展文明单位、文明乡镇、文明村等创建工作,完成1.6万人志愿者注册登记与志愿组织注册。

三是不断加强舆论宣传工作。坚持党管媒体原则和正

面宣传为主不动摇，加强与中央、省、市主流媒体的工作对接，讲好娄烦故事、传递好娄烦声音，新华网、《山西日报》《太原日报》等主要新闻媒体刊(播)发有关娄烦的正面报道139次。

七、持之以恒改善民生，群众幸福感不断增强

一是各项社会事业健康发展。加强教育基础建设，完成薄弱学校改造8所，新建幼儿园3所，创建市级特色示范校7所，新招录教师147名。农村医疗卫生服务网络进一步健全，成立娄烦县医疗集团，组建医疗团队28支，深入推进家庭医生签约服务。推进文化事业发展，开展现代晋剧《高君宇与石平梅》等大型文化活动135场，“免费送戏下乡”、公益电影放映1702场。

二是民生改善和保障有效提升。新（改）建城乡道路126.3公里，完成农村饮水安全工程88处，县城集中供热面积达193万平方米，集中供气达到1000户。“五项保险”统一征缴，覆盖率96.8%，贫困人口新农合参合率100%，农村低保提标幅度达16%，门诊慢性病报销种类增加到40种，贫困人口住院医保目录内费用全部实行兜底保障。城镇新增就业人数1525人，完成职业培训4425人，城镇登记失业率控制在4%以内。

三是切实维护社会和谐稳定。完善县综治中心建设，实施“雪亮工程”，重点单位、场所视频监控覆盖率98%。扎实开展稳控化解，省市交办信访问题办结率100%。推进安全生产标准化建设，加强道路交通、食品药品等安全监管，有效杜绝重特大安全事故发生，安全生产形势总体稳定。

八、坚决落实党建主体责任，全面从严治党向纵深发展

一是全面加强“三基建设”。着力建强基层组织，农村(社区)“两委”换届顺利完成，实现“五个100%”。组建非公和社会组织工委，完成21个软弱涣散党组织整顿工作。着力强化基础工作，87个单位编制了“一目录三手册”，全部建立岗位责任书、工作流程图。全面推行“三报三存三查”痕迹化管理制度，建成了政务服务“一张网”。着力提升基本能力，举办农村“领头雁”培训9期，10名县级领导亲自授课，培训农村“两委”干部和大学生村官727名、基层党组织书记997人次。

二是抓好党建带脱贫工作。全县98个党支部创建了合作社，党员牵头领办合作社135个，466名贫困党员全部脱贫。全部消灭集体经济“空壳村”，行政村收入全部达到3万元以上，其中5万元以上的占86%。

三是抓好干部队伍建设。“一人一档、动态化管理”的干部人事信息系统上线运行。选派116名后备干部到乡村锻炼，重用脱贫一线干部15名，提拔交流干部66名。实施“本土人才回归工程”，有426人回乡创业。

九、深入开展正风肃纪，政治生态风清气正

一是严格落实党风廉政建设“两个责任”。完善制定《县委主体责任清单》，先后14次研究部署党风廉政建设、执纪审查等工作，逐项抓好任务落实。纪检监察机关认真履行监督责任，发现问题160个，党政纪处分9人，组织处理2人，通报典型案例10个。坚持以问责倒逼责任落实，严格执行“一案双查”，全年问责党组织2个、领导干部30名。

二是扎实推进监察体制改革。率先在全市成立县监委，挂牌运行，严格执行“四个一”和“1+4”制度体系，积极探索12项调查措施，“一案一指定、一次一授权”，形成了执纪监督、执纪审查、案件审理“三权分离”工作机制，实现对全县8587名党员干部和公职人员的监督监察全覆盖。共立案审查82件，给予党政纪处分87人，移送起诉4人。

三是驰而不息正风肃纪。修订完善了《关于进一步贯彻落实中央八项规定精神的实施细则》，查摆出形式主义、官僚主义方面问题10项，逐条整改。精准运用“四种形态”，谈话函询104件次，组织处理118人。强化扶贫领域监督执纪问责，制定4项制度，明确了19项问题清单。开展扶贫领域不正之风和腐败问题专项治理，发现问题248个，纠正问题178个，处理269人次。

（赵振德）

附：中共娄烦县委书记、副书记、常委名单

书　记：薛东晓

副书记：李树忠　李贵军　吴建庭(5月任职，挂职)
张　强(5月离职，挂职)

常　委：尹达恒　任同珍(女)　赵生魁　刘仍雁
王文生　郭建生

中共大同市委工作概况

市委书记 张吉福

2017年,市委常委会团结带领全市广大党员干部群众,以习近平新时代中国特色社会主义思想为指导,深入学习宣传贯彻党的十九大精神和习近平总书记视察山西重要讲话精神,按照省委"一个指引、两手硬"重大思路和要求,深入推进"136"发展战略和"两个尖兵"建设,政治生态实现由"乱"转"治",发展实现由"疲"转"兴",各项事业取得明显进展。

一、政治建设站上新高度

以党的政治建设为统领,把维护以习近平同志为核心的党中央权威和集中统一领导作为首要政治任务,引导全市党员干部始终与党中央保持思想一致、方向一致、步调一致。

坚决维护核心。把讲政治贯穿党性锤炼全过程,牢固树立"四个意识",坚定"四个自信",坚决维护习近平总书记的核心地位。扎实开展维护核心见诸行动主题教育,全面落实"六个好"标准和"8+5"工作安排,举办6期学习十八届六中全会精神培训班,各级书记围绕"高举旗帜、维护核心"层层讲党课。这些举措,有力推动了全市党员干部把拥戴核心、维护核心、紧跟核心融入血脉、植入灵魂。

坚持高举旗帜。始终坚持以习近平新时代中国特色社会主义思想引领航向,深入推进"两学一做"学习教育常态化制度化。举办7期党的十九大精神专题研讨班,派出1200个宣讲团深入基层宣讲7000余场,组织全市党政主要领导干部开展大调研活动,兴起了学习贯彻党的十九大精神和习近平新时代中国特色社会主义思想的热潮,广大党员干部群众思想更加统一、信心更加坚定、行动更加有力。

坚守政治方向。充分发挥市委中心组示范带动作用,突出抓好"关键少数",引导推动广大党员干部在武装头脑上下功夫。开展以"忆初心、强党性、见行动"为主题的基层党组织"六个一"活动。认真学习贯彻习总书记视察山西重要讲话精神,向全市发出了"一贯彻两推进"的号召,出台《深入学习贯彻落实习近平总书记视察山西重要讲话精神的实施意见》和《深入学习贯彻落实习近平总书记在深度贫困地区脱贫攻坚座谈会上重要讲话精神的实施意见》,召开专题研讨会、交流会,确保全市各项工作始终保持正确的方向。

二、转型发展开创新局面

对标习总书记关于"扎实转变经济发展方式"的指示和国发42号文件精神,坚持稳中求进工作总基调,把"供改"和"综改"结合起来作为经济工作的主线,推进转型发展形成良好局面。经济增长步入合理区间,财政收入、固定资产投资等5个重要经济指标增速高于全省平均水平。预计全年地区生产总值增长6.5%,规模以上工业增加值增长5.7%,固定资产投资增长7.0%,财政收入增长21.8%,社会消费品零售总额增长7.5%。

坚持以思想转型为先导,紧紧围绕省委书记骆惠宁调研大同提出的"两个尖兵"要求,坚定提升经济转型发展的思想自觉,明确提出建设资源型经济转型发展示范区的先行区,深入开展"我为转型做什么"大讨论大调研,在全市掀起了谋转型、抓转型、促转型的热潮。

坚持以产业转型为重点,以深化供给侧结构性改革牵引转型升级,用"三去一降一补"打开经济转型发展新局面。淘汰煤炭落后产能415万吨,推进煤炭行业坚定走"减""优""绿"之路。大力发展非煤工业,出台能源革命、对外开放、打造国际一流全域旅游目的地等8个专项行动方案,加快培育新能源、新材料等八大战略性新兴产业。成功引进汉能、京能、科陆、雄韬等重大牵引项目,玄武岩纤维、石墨烯、高铁受电弓三大项目全部投产,非煤工业增加值、战略性新兴产业增加值、高新技术产业投资和第三产业投资分别增长14.5%、18.42%、98.7%和39.1%。国家级旅游业改革创新先行区成功获批,旅游人数和旅游收入增幅达到33%。

坚持以平台转型为载体,中科院大同新能源产业技术研究院正式运行,清华启迪科技城、能谷研发中心、未来能源馆等全面启动,中关村软件园山西基地落户大同,与太原理工大学、大同大学合作建立了本地科技成果产业化中心,"云中云"大数据产业园开工建设,智能机器人生产线进入试产阶段。

坚持以环境转型为保障,聚焦产业、企业、企业家,以"放管服效"为切入点,深入开展打造"六最"营商环境十大专项行动,积极试行企业投资项目承诺制,深入开展投诉直通车和入企服务长效化,优化招商引资体制机制,出台招商引资优惠政策和招商引资重点产业指导目录,启动"双人"计划和百名博士研究生引进工程,全市转型发展要素不断积聚。

三、改革开放迈出新步伐

深入贯彻习总书记"四个有利于"的改革方法论,践行"四个亲自"要求,按照"三个三"抓改革方法,以改革促转型,以开放促发展,总体呈现出多点突破、纵深推进的生动局面。改革"四梁八柱"框架基本确立。年初部署的7个方面53项改革任务有序推进,省下达的五项考核任务如期完成,部分改革进入全省第一方阵。行政区划调整正式获批,行政体制改革扎实推进,组建城市综合行政执法局,成立新能源局;开发区“三化三制”改革基本完成，四大产业园区整合完毕；国企国资改革深入推进，组建市经发投、文旅集团和金控集团；同煤集团首批职工家属区“三供一业”分离移交工作顺利完成；监察体制、农村产权制度、商事制度、教育医疗等基础性改革稳步推进。

开放“桥头堡”地位更加凸显。认真落实省委书记骆惠宁“把大同打造成山西对外开放桥头堡”的指示要求，深入对接京津冀，设立6个高科技产业转移项目处，与商务部建立国家级产业转移大同示范区建设工作机制，实施“晋商晋才回乡创业创新工程”，积极参与中博会、“丝路行”等招商引资活动，成功签约重大项目42个，总投资700亿；围绕建设全国综合性交通枢纽，提升“铁、公、机”，完善“岸、港、网”，大张、大西、大乌高铁进展顺利，灵丘—阜平高速公路列入规划，大同国际陆港建成运营，进口肉类指定查验场获批运行，航空口岸即将正式开放，陆海统筹、四向联动的全面开放大格局正在形成。

四、脱贫攻坚取得新成效

深入落实习总书记在深度贫困地区脱贫攻坚座谈会上的重要讲话精神，坚定“打不赢脱贫攻坚，就对不起这块红色土地”的决心，全力推进“八大工程二十项行动”，148个贫困村摘帽、7.2万贫困人口脱贫，超额完成年度考核任务，整体步入全省第一方阵。

坚持精准方略。以“一村一品一主体”为抓手，走出了以光伏、电商、旅游和特色农业为支撑的产业扶贫新路径。易地扶贫搬迁稳步实施，规划建设101个安置区，完成投资11.23亿元。组建造林专业合作社263家，带动脱贫1.14万人。放大“天镇保姆”等特色品牌效应，拓展就业扶贫新模式。大力实施金融扶贫，发放小额金融扶贫信贷7亿元。农村低保标准由2898元提高到3354元，顺利实现低保和贫困线“两线合一”。启动“扶贫超市”，85家企业认领扶贫项目350个，引入社会扶贫资金5000万元。

扣紧责任链条。召开12次扶贫领导小组会议，组织5次现场观摩，3次约谈贫困县县委书记，压实脱贫攻坚责任。坚持以党建促脱贫，建立市县乡三级“双签”责任制和党政“双组长”领导机制，进一步细化任务、措施、责任“三张清单”，引入市级第三方评估机制，脱贫主体责任压到第一线。组建3个综合督察组和2个明察暗访组常年开展督察。这一系列重要举措，确保了脱贫攻坚连战连胜，实现了进度与质量有机统一。

五、城市建设呈现新面貌

城市总体规划获国务院批复，“两河四区联动发展”深入实施，城建“十大提升工程”有序推进，区域性中心城市建设迈出新步伐。

城市品质不断提升。推进古城复兴计划，高规格编制古城保护修复与发展规划，代王府、潘家园、晋商联盟等项目全面推进，府衙、西北隅民居修复等项目启动；提速御东新区建设，体育中心、大剧院、美术馆后续工程有序推进，国际会展中心全面开工，高铁站等重点工程加快建设。

城市承载力不断增强。实施城建工程96项，总投资150亿元，完成道路工程82公里，配套供气、供水、排污等市政管网585公里，完成老旧小区改造1.3万套，新增集中供热面积450万平方米，北都街地下综合管廊等重点工程顺利推进。城市管理不断改善。空间立体性、平面协调性、风貌整体性、文脉延续性管控得到强化，城市管理综合执法体制改革取得实质性进展，“多龙治水”问题有效解决；加快创建智慧城市，数字化管理平台基本建成；着力治理“城市病”，新建停车场10个、过街天桥10座、“公共空间”129座，新开公交线路3条，城市管理和服务水平不断提升。

六、民生保障再上新台阶

牢记习总书记“我们党干革命、搞建设、抓改革，都是为了让人民过上幸福生活”的要求，始终坚持以人民为中心的发展思想，全面提升民生改善质量，市级公共财政预算用于民生领域超过80%，年初确定的11件民生实事全部完成。

把就业增收作为民生之本，大力实施就业创业促进计划，做实去产能职工安置工作，城镇新增就业4.48万人，农村劳动力转移就业2.39万人，城镇失业登记率3.1%，低于控制目标，城镇居民人均可支配收入增长6.5%，农村居民人均可支配收入增长6.5%以上。

把教育医疗作为民生之要，坚持教育优先发展，实施“名师、名校、名校长”工程，在全省首创高校共建模式，大同师范成功升级为高等学校，城乡教育一体化改革取得突破性进展。深化医药卫生体制改革，公立医院综合改革全面覆盖，市级公立医院全部取消药品加成，分级诊疗制度建设加快推进，全市11个县区医疗集团挂牌成立，家庭医生签约完成，组织开展“健康扶贫村村行”和“巡回医疗服务”贫困乡村全覆盖工程。

把社会保障作为民生之基，稳步提高各项社保待遇标准，实现城镇职工、城镇居民和新农合“三保合一”，覆盖全民的医保和养老保险体系基本建成。持续加大保障性住房建设和棚户区改造力度，新开工1.2万套，建成9万套，城乡多层次、多渠道的住房保障体系初步建立。

把文化事业作为民生之重，启动文明城市创建，举办“砥砺奋进的五年”成就展，推出《太阳照在南阳河上》等精品剧目，本土电视剧《热泉》开机，中国·大同古都灯会和云冈文化旅游活动月品牌影响力日益提升，文化创新创造活力激情迸发。

把安全稳定作为民生之盾，严格落实党政同责、一岗双责，全年安全生产事故起数和死亡人数同比分别下降37.25%和31.5%。深入开展“春季攻势”“夏季风暴”严打整治专项行动，人民群众安全感全面提升。狠抓矛盾纠纷化解，3343名重点困难人员得到帮扶救助，确保政治稳定、社会安定。

七、生态环境有了新改善

牢固树立“绿水青山就是金山银山”的理念，把生态文明融入经济社会发展全过程,初步走出一条协调发展、和谐共赢的资源型城市绿色可持续发展新路。

治污成效显著。深入开展大气、水、土壤污染防治三大战役,大力实施“五水同治”,持续推进煤改气、煤改电,全面防治工业污染,加强污染减排和执法监管,空气质量综合指数、二级以上良好天数连续五年位居全省第一。

生态持续修复。推进山水林田湖一体化生态修复,御河等六大湿地工程陆续铺开,桑干河治理工程开工建设,全市水环境质量稳步好转。规模化整合荒山造林工程,持续推进大林业生态片区建设,全年累计造林34.5万亩,森林覆盖率达到23.5%。加快建设城市绿地系统,建成区绿地率达到37.67%,人均公园绿地面积15.36平方米,成功入列2017美丽山水城市。

落实环保制度。牢固树立绿色发展理念,建立以绿色GDP为导向的干部政绩考核制度,落实领导干部任期生态文明建设责任制和生态环境损害责任终身追究制,层层压实河长制,生态文明制度框架进一步完善。中央和省环保督察交办的662件案件全部办结,对56名责任人进行党纪政务处分。

八、民主法治取得新进步

坚持党的领导、人民当家作主、依法治国有机统一,不断发展社会主义民主政治,全市上下生动活泼、安定团结的政治局面不断巩固发展。

坚持完善人民代表大会制度。支持人大及其常委会依法履行职能,把人大立法、监督和重大事项决定工作纳入党委决策落实体系。召开推进县乡人大建设会议,制定出台《关于推进县乡人大工作和建设的实施意见》,基层人大建设得到加强。

支持政协依法履行职能。把人民政治协商作为重要环节纳入决策程序,支持政协围绕全市中心工作,开展专题调研,积极建言献策,加强民主监督。

巩固爱国统一战线。开展助力振兴崛起“六大行动”,圆满完成民主党派换届工作,成立北京大同企业商会,组织“百企帮百村”精准扶贫。推进群团改革,支持工会、共青团、妇联、科协、侨联等群团组织开展工作。

扎实推进依法治市进程。建立健全法制建设机构,制定《中共大同市委法制建设领导小组工作制度》等八项制度。扎实开展普法宣传教育,深化社会法治实践活动,推进执法司法规范化建设,全社会法治观念明显增强。

推进军民深度融合发展。加强国防后备力量建设,深入开展双拥共建和国防教育,实现经济建设和国防建设互促共进。

九、从严治党得到新加强

认真落实全面从严治党主体责任,按照新时代党的建设总要求,把严肃党内政治生活作为根本性基础工作,努力实现党内政治生态持久的风清气正。

全面落实管党治党责任。坚持清单化明责、项目化履责、常态化问责一体落实,狠抓压力传导。市委常委会40次研究全面从严治党工作,围绕政治建设、基层党建、正风肃纪、干部队伍等重点任务,作出安排部署,实施重大举措。全年因落实“两个责任”不力,问责追究43人,其中追究主体责任34人、监督责任9人。

全面加强干部队伍建设。严格落实“好干部”标准,把握正确用人导向,严防用人不正之风。全年调整县处级干部617人,246名业绩突出、担当负责的优秀干部被提拔重用。坚持“三个区分开来”,出台激励担当作为干事创业、支持改革创新合理容错两个试行办法,营造了干部必为、作为、愿为的制度环境。开展“不作为、慢作为、乱作为”集中整治,提振了干事创业信心、激发了内生动力。

全面推进正风肃纪反腐。把执纪与执法贯通起来,坚决减存量、重点遏增量,查处违纪干部837人,其中查处扶贫领域不正之风和腐败问题188人。把握运用“四种形态”,注重抓早抓小,全面从严治党的抓手越来越具体。制定《关于进一步贯彻落实中央八项规定精神的实施细则》,持续整治“四风”,全市查处违反中央八项规定精神问题102起,党纪政务处分78人,组织处理76人。开展巡视整改自行“回头看”,组织开展两轮市县巡察,推动全面从严治党向基层延伸。

全面加强“三基建设”。围绕省委25条措施,细化大同市25个方面100项具体工作,阵地建设全部达标,“五小”场所实现全覆盖,农村集体经济全部“破零”,80%以上突破5万元。设立市级基层党建基金5000万元,选派792名优秀干部到乡镇挂职。实施能力提升五大工程,培训基层党员6万人次,落实党建促脱贫项目1130个,党的执政基础得到夯实。

(李　烽)

附:中共大同市委书记、副书记、常委名单

省委常委、大同市委书记: 张吉福

副书记: 马彦平(9月离职)　武宏文(11月任职)　高　键(12月离职)

常　委: 赵向东(2月离职)　郜向华(2月离职)　黄岑丽　张　韬　刘振国(2月任职)　宋　涛(2月任职)　卫　国(11月离职)　姚鸿波(11月任职)　薛明耀(2月任职)　孙利仁(9月离职)　杨勤荣(2月离职)　朱晓东(11月离职)　梁晓旭(11月任职)　穆国新(12月任职)　冯苏京(7月任职)

中共大同市城区区委工作概况

区委书记 张韬

2017年是"十三五"开局之年，也是全面建成小康社会的关键一年。一年来，城区以习近平新时代中国特色社会主义思想为指引，深入学习宣传贯彻落实党的十九大精神和习近平总书记视察山西重要讲话精神，在省、市委的坚强领导下，主动适应经济新常态，积极践行新发展理念，按照省委"一个指引、两手硬"重大思路和要求，围绕市委"136"发展战略，聚焦建设"三个示范区"目标，统筹做好稳增长、促改革、调结构、惠民生、防风险各项工作，全区各项事业取得新进步。

一、抓思想、谋全局，深入学习贯彻党的十九大精神

党的十九大召开以来，城区高度重视，第一时间认真组织全区各级各部门收看十九大盛况，及时转载上级媒体的重要新闻、评论，全面报道全区社会各界反响，营造了浓厚氛围。两次召开区委常委会，传达学习十九大报告和学习贯彻党的十九大"一报告三决议"。3次召开区委中心组扩大会议，传达学习党的十九大报告精神；召开全区党的十九大精神学习动员会，印发《中共大同市城区区委关于全面贯彻〈中共中央关于认真学习宣传贯彻党的十九大精神的决定〉的通知》，为各基层党组织配发《十九大报告知识问答》《党章》《十九大报告辅导读本》《十九大报告辅导百问》等学习辅导读物3000册。全区共开展集中学习十九大精神活动600余场，参学党员7200余名。区委常委班子在学习宣传贯彻党的十九大精神上率先垂范、作出表率，以中心组学习形式召开学习党的十九大精神专题会议，班子成员在会上围绕"不忘初心，牢记使命"，讲感受、谈体会，带头先学一步、学深一层。抽调包括26名县级党员领导干部和56名党委(党组)书记在内的229名政治素质强、理论政策水平高的党员干部，分层次组建118个十九大精神进基层百人宣讲团，深入机关、街道、社区、企业、学校，开展巡回宣讲224次。

二、增优势、补短板，经济发展稳步向好

积极盘活存量、扩大增量，全区经济保持稳中有进、稳中向好的良好态势。全年地区生产总值完成170.45亿元，增速为10.7%，总量全市第二，增速全市第二；固定资产投资完成58.25亿元，增速为7.8%，总量全市第二，增速全市第二；规模以上工业增加值完成17.42亿元，增速为36.7%，总量全市第三，增速全市第一；社会消费品零售总额完成260.36亿元，增速为7.6%，总量全市第一，增速全市第五；城镇常住居民人均可支配收入预计完成30952元，增速预计为6%；一般公共预算收入完成3.61亿元，增速为2.1%，总量全市第四，增速全市第十一。产业结构进一步优化，二、三产结构比为32:68。招商引资富有成效。广泛开展项目洽谈对接，全年落地项目23个，总投资164.7亿元，累计完成投资41.02亿元，特别是签约格申工艺"工美综合体"、文瀛湖复华未来世界、安防科技园等一批大项目。转型变量积聚增多。加快构建现代化产业体系，在文旅产业、非煤工业、康养产业、楼宇经济等方面均有项目支撑，夯实了产业转型基础。省级双创基地示范区建设有序推进，新增2家省级双创基地，2家区级双创基地，2家双创基地空间入选国家级众创空间备案名单，2家科技企业认定为省级技术中心及"四新"企业。营商环境持续优化。制定《大同市城区创优企业发展环境推进实体经济振兴实施方案》《大同市城区2017年优化营商环境实施方案和行动计划》，推进干部入企服务常态化，开展加快招商引资项目落地等10个专项行动，成立了项目注册小组、专项服务小组，为项目手续办理提供一站式服务，为企业办理实事400余件。

三、创机制、激活力，各项改革全面深化

深化转型综改试验区建设，一批重大改革事项落地实施。经济管理更加灵活。将区重点项目办整合到区投资促进局，壮大招商引资工作力量。将区文物旅游局拆分为区文物局和区旅游发展委员会，突出主职主责。建立政银企常态化对接机制，"政银企网上自动对接融资服务平台"上线使用，为企业实现贷款3.87亿元；成功召开14次政银企项目对接会，发布融资项目98个，为企业融资2.57亿元。教育综改更加完善。制定《城区教育质量监测实施方案》，成立"导师工作站"。举办"武术进校园"启动仪式，设立武术基地校10所。城区被命名为大同市首个"全国青少年校园足球试点区"。举办2017年教师节表彰会，"城区企业家尊师重教33协会"出资60余万元对优秀教师进行奖励。将小学班主任津贴标准由每月100元提高到200元。城管改革基础更加扎实。市级层面还未明确提出改革方案，城区积极为改革做好准备工作。制定《大同市城区城市管理综合行政执法工作实施方案》《大同市城区市政管理局行政许可和行政处罚等信用信息"双公示"工作实施方案》《大同市城区城市环境综合整治联合执法网格化管理实施方案》，规范城管执法范围，明确城市管理44权责清单，搭建起高效管控体系。完成城市执法统一制服换装工作。社区综改更加强劲。结合城市改造和人口分布情况，把138个社区合理规划成136个。新增社区办公活动场所23处，面积1.5万平米，增加率35.7%；500平米以上的达到56个，占比40%。在山橡社区、民富社区、惠民里社区进行规范化社区试点建设。完成27个社区老年人日间照料中心

基础设施建设,引进4家社会组织开展试点运营。成立社区工作研究会。民生综改更加务实。完成企业退休职工医疗保险剥离工作。实现机关事业养老保险并轨。成立劳务派遣公司,开展了清理野广告的政府购买公共服务项目,在柳港园B区开展了社区服务项目;结合小学安保要求,将84名退役军人安排到学校安保岗位;为3所公办幼儿园招聘了66名教师。新成立的4个物业管理公司,接管63个无物业管理小区,安置30余名职工上岗。有序推进县乡医疗一体化改革,成立城区医疗集团。组建家庭医生团队169个,家庭医生签约总人数23万人,签约率达30%。

四、转模式、求实效,城市管理稳步提质

推进城市环境综合治理,切实提高城市建设管理水平。城市管理全面加强。投资9500余万元,有序推进129座公共空间建设,其中125座完成主体建设。开展城市环境综合整治联合执法,整治占道经营、露天烧烤乱象,城市面貌大为改观。推进智慧环卫二期建设,环卫信息化水平大幅提升。实施园林网格化保洁,绿地管养水平全面提档升级。城管微信公众服务平台建成并试运行,拓宽城管与市民的信息沟通渠道。生态治理扎实推进。保卫"大同蓝",落实中央和省、市环保督查整改任务,按时办结中央环保督查转办群众反映问题19件、省委省政府督查交办问题114件。推行河长制,明确职责分工,开展河道巡查139余次。取缔"散乱污"企业71家。拆除20吨以下燃煤锅炉42台。督促临街商铺改用清洁燃料。开展原煤禁燃、型煤推广工作。征收安置快速实施。全年共征收住宅房屋10291户,共拆除95栋住宅楼房,拆除面积约34万平方米,圆满完成了市重点督导的南城墙广场二期、平城街二期道路、潘家园等20个项目的房屋征收任务,为一大批市政工程、招商引资、古城发展项目落地奠定了坚实的基础;共安置住户9322户,其中签订货币补偿协议4832户,一大批居民特别是困难群众的住房条件得到改善。老旧小区改造基本完成。全力推动2015年和2016年已开工项目的续建工程,其中37915套已竣工,5440套已基本改造完成。

五、重服务、促和谐,社会治理成效显著

加强风险防控,保持社会和谐稳定。化解矛盾隐患。信访大厅共接待信访群众424批、1304人,94%的问题得到妥善解决或给予明确答复。建立了"131"退役人员服务平台。为7364名退役人员发放待安置期生活补助费。妥善安置304名历年遗留应安置未安置退役人员。为445名参试人员办理商业保险。维护社会稳定。开展严打整治专项行动,打击黑恶势力、"盗抢骗"侵财、涉毒等犯罪活动,有力维护社会安定。各级人民调解委员会共受理案件1100起,调解成功率达91%。加强社区矫正和安置帮教工作,现有接受社区矫正人员179人,无一漏管、脱管。开展法律援助工作,办理法律援助案件130件,涉访公益案件52件。加强安全监管。开展多项安全生产大检查活动,与23家危化、机械、冶金工贸等重点行业企业签订了安全承诺书,签约率达100%;对23家直接监管的生产经营单位进行了152人次监督检查;完成19家监管企业责任制挂牌工作。在北街大有仓社区开展地震及次生灾害应急演练。

六、惠民生、增福祉,民生保障均衡普惠

扎实推进幸福大同"十二有",增进民生福祉。5所学校新建工程稳步推进,3所学校完成撤并、搬迁,馨泰花园幼儿园开园招生,办学环境得到改善。新增就业4452人,城镇登记失业率控制在4.2%以内,尽力实现劳有就业岗位。新建2个便民市场,完善社区便民服务网点,实现便民服务与居民需求的无缝对接。依法拆除临街公共区域私设的路桩、地锁,还路于民。推进"放心早餐"工程,在社区、学校等公共场所合理布点、增设门店,加强监管工作,保障食品安全。举办百场文化惠民活动。创建省级慢病综合防控示范区、省级健康促进区、省级计划生育优质服务示范区。养老保险退休金全部按标准足额发放,审批慢性病1781人。对全区低保户实行殡葬费用减免。落实贫有扶持政策,发放高龄失能困难老人补贴、孤儿费用。为2286名困难残疾人发放生活补贴。

七、强领导、转作风,党的建设持续加强

全面推进"两学一做"常态化制度化,深入开展"维护核心、见诸行动"主题教育;以"三基建设"为抓手,扎实推进城市基层党建工作,圆满完成社区"两委"换届;落实全面从严治党主体责任,开展"不作为、慢作为、乱作为"问题集中整治,对全区干部队伍中存在的"庸、懒、散、慢、乱、浮、粗、松、虚"九种现象"亮剑",深化作风建设,坚决狠刹"四风",以自我革新的态度弘扬"八种新风尚";加强党对意识形态工作的领导,做好各类舆情的监控和分析研判,抢占舆论引导群众的制高点;以干事创业为导向,匡正选人用人风气,坚持"以事业需要择人、以干事表现择人",为城区干部创造"想干事、能干事、干成事"的良好氛围;选派年轻干部和后备干部到招商引资、房屋征收、信访维稳、民生保障等一线挂职锻炼,让一线成为干部成长的"试金石"。

(朱嘉庆)

附:中共大同市城区区委书记、副书记、常委名单

书　记:张　韬

副书记:董建中(10月离职) 李继忠(10月任职)
王丽萍(女)

常　委:姚志强(7月离职)　苏　坡
郭云峰(12月任职)　曹葆春　罗士彬
李文清　薛晓明　李文瑞　徐文俊

中共大同市矿区区委工作概况

区委书记 赵 宇

2017年，大同矿区区委团结带领全区广大党员干部群众，坚持以习近平新时代中国特色社会主义思想为指引，深入学习宣传贯彻党的十九大精神和习近平治国理政新理念新思想新战略，严格践行省委"一个指引、两手硬"总体要求，全面贯彻大同市委"136"发展战略，稳步实施矿区区委"1245"发展思路，始终以党的建设统领全局，坚持在维护稳定中深化改革，在深化改革中推动发展，在推动发展中普惠民生，全区经济社会等各方面呈现平稳向好的发展态势。

一、营造苦干实干的干事氛围

全面加强"三基建设"，坚持重心下移、力量下沉、保障下倾，区财政配套党建经费1196万元，为社区"两委"干部发放报酬1300余万元，新录用的40名公务员全部到街道进行挂职或轮岗锻炼一年加强后进整顿，补齐短板梯次进位，全年整顿软弱涣散党组织19个，完成社区组织换届选举工作。全年调整科级干部13批177人。全年处置各类问题线索96件，初核转立案20件，处分违纪干部20人。聚焦六大纪律，有效运用监督执纪"四种形态"，处理96人次，第一、二、三种形态占比分别是79.2%、17.7%和3.1%，努力实现政治效果、社会效果的最大化。开展巡视整改自行"回头看"，查摆出的4个方面50个问题140个小项，其中127个小项完成整改。全区上下形成干事业一条心、抓工作一盘棋、谋发展一股劲的生动局面。

二、凝聚同心同向的思想共识

大同市矿区区委坚持以习近平新时代中国特色社会主义思想导航定向，把讲政治贯穿到全区工作的各个层面、各个环节。不断强化政治引领，坚持带头学习、带头实践、带头落实、带头整改，扎实推进"维护核心、见诸行动"主题教育，陆续召开专题研讨会、学习交流会制定出台《关于深入学习贯彻习近平视察山西重要讲话精神的实施意见》，增强全体党员干部的思想自觉、党性观念。组织召开全区干部大会，深入基层宣讲十九大精神，有效推动全区党员干部将忠诚核心、拥戴核心、维护核心融入血脉、植入灵魂。坚持把维护以习近平为核心的党中央权威和集中统一领导作为首要政治任务，凝聚砥砺前行的正能量。坚持把好方向、管好导向，制定出台《意识形态工作责任制实施细则》，增强意识形态领域主导权和话语权，推动文化繁荣发展，积极培育和践行社会主义核心价值观，提升矿区美誉度和影响力，在大同新闻联播上播发《矿区砥砺奋进的五年》宣传片，在《山西日报》《大同日报》《山西经济日报》等报刊和山西新闻网、黄河新闻网上陆续刊登基础教育综合改革、绿染古区花香草翠、最是书香能致远、"微服务"疏通"神经末梢"等多篇报道，唱响矿区对外宣传的主旋律。

三、开启蓬勃向上的良好局面

全面领会、准确把握中央和省市关于经济工作的新部署新要求，全面强化党对经济工作的领导，积极融入大同市发展大局，科学确定全年经济社会发展总体思路和重点任务，应对经济下行压力，着力化解困难矛盾。2017年全区财政总收入10.76亿元，同比增长45.38%。一般公共预算收入完成1.16亿元，提前3个月完成全年目标任务，同比增长43%，在全市排名第二；固定资产投资完成17.46亿元，同比增长7.3%，在全市排名第四；规模以上工业增加值完成1.33亿元，同比增长14.6%，在全市排名第四；社会消费品零售总额完成101.77亿元，同比增长7.7%，在全市排名第四；地区生产总值完成25.8亿元，同比增长7.9%，在全市排名第七；城镇居民人均可支配收入完成3万元，同比增长6.4%，在全市排名第八。各项主要经济指标较2016年均有较大幅度增长，实现一年好于一年、稳中有进的预定目标。

四、探索一条改革创新的矿区道路

坚持改革为首、创新为要，夯基垒台、立柱架梁，全面推进6大领域26项改革任务件件落地、件件见效。聚力重点领域，种好"试验田"，放大改革先行效应，全面实施基础教育综合改革，启动27所小学的教育改革，实行校长三年任期制、校领导班子成员双向选择"组阁制"，评价权重制等多项改革，真正使教育工作者从"行政人"还原为"教育人"，让懂教育的人办教育，给办教育的人以更大的自主权，激发了办学活力，社会反响正面强烈。探索企地合作共建共赢新模式，全面推进党建融合、经济发展社会管理化资源、生态文明、民生保障6个大项20个小项深层次合作共建。通过合作，解决矿区社区活动场所面积不达标的难题;创建青年"众创空间"，搭建广阔的就业平台；推动企业分离办社会职能的顺利开展。推进安全监管体制机制改革，以全员抓安全为核心，以隐患排查与行政执法分离为内容，制定出台"1+18"系列制度，搭建安全监管信息网络平台，改革安全生产监督管理人员奖励惩戒办法和群众参与隐患排查有奖举报办法，构建起全员抓安全工作的大格局。

五、激发一股后劲十足的发展活力

发展环境持续优化。在大同市率先实施国地税联合办税,推行入企服务常态化,累计帮助5家企业申请贷款1900万元,为251家小微企业和个体工商户申请小额贷款4152万元。传统产业实现提质发展。注重用新技术新业态全面改造提升传统产业,加强品牌建设,逐步把“手头的产业”做好做强,培育出规上企业17家、“小巨人”企业1家、省级技术研发中心6家和高新技术企业3家。进一步创新企业家经商理念,专注“小而精”望“大而全”,推广新发地易购、苏宁电器等线上运行模式,推动实体商业创新转型。新兴产业实现创新发展,坚持把发展“互联网+”产业作为主攻方向,优先发展互联网+新业态、众创空间,先后引进了北京怀亮互联网+教育“三通两平台”、裕隆环保井下智能管理系统、妙妙电商等互联网项目,建成了富达昌智创、同煤矿区青年、新发地3个众创空间。培育发展了普莉安水泥发泡自保温承重墙板与装配式绿色低能耗住宅、润喜石化润滑油生产扩建、祥天电力空气能热泵等一批新能源、新材料项目。文化旅游产业实现“破零”发展,围绕全市云冈石窟大景区建设目标,挖掘青磁窑村古村落窑洞式民居等特色资源;围绕开发口泉植物园生态、科普、文化、休闲功能,打造集宣传、摄影、观光、休闲于一体的特色体验区;以“书香矿区+”为平台,内动外联、搭建载体,搭建起机关、学校、企业、社区等14个读书服务平台,布设28个便民阅读服务中心,开设南风轩六合堂、学府3个市民讲堂,极大地满足老百姓的精神文化需求,提升矿区的文化品味和内涵。

六、回应一份翘首以盼的民生期待

坚持优化公共服务惠民生。医疗服务保障能力显著提升,加强与同煤集团总医院、山西中医药大学附属医院的医联体合作。筹建成立矿区医疗集团,推广中西医适宜诊疗技术,进一步整合了级医疗卫生资源。统筹推进食品安全综合治理,2017年被山西省食安委办评为“山西省食品安全范县”。致力于教育事业内涵发展,高标准通过“全国义务教育基本均衡发展县”国家验收。坚持办好“家门口学校,恒安一中、实验小学、和瑞一小、新胜一小等成为群众认可的好学校认真完成中央环保督察组和省环保督察组交办的31件案件,办结率10%.坚持创新社会治理保民安重打击违法犯罪活动,破获各类刑事案件353件,打击处理刑事犯罪作案成员234人,抓获网上逃犯51人。打好非法传销攻坚站,清理窝点28处,抓获传销人员671人,集中遣返571人。开展安全生产专项整治行动,对全区各类生产经营单位进行全方位、全覆盖检查,发现隐患1490条,整改1490条,罚款118.4万元。

(武新田)

附:中共大同市矿区区委书记、副书记、常委名单

书　记:赵　宇

副书记:逯禾红　郭普跃

常　委:靳文军　王建平　赵　雄　张　田　姚文章　陈晓琳(女)杨培孝　杨琼圣

中共大同市南郊区委工作概况

区委书记　任希杰

大同市南郊区辖10个乡镇、190个行政村,总面积1068平方公里,常住人口42.19万人,其中农业人口20.36万人。全区共有基层党组织665个,党支部615个,党员13787名。

2017年,南郊区以习近平新时代中国特色社会主义思想为指导,深入学习宣传贯彻党的十九大精神和习近平总书记视察山西重要讲话精神及骆惠宁书记来同调研精神,全面落实省委“一个指引、两手硬”重大思路和要求以及市委、市政府“136”发展战略,按照全区“123”总体工作思路,即坚持一个统领(党建工作),严守两条底线(安全生产和信访维稳),做好三项重点工作(不折不扣地贯彻落实中央、省重大决策部署,为全市重点项目提供保障和优质服务,扎实做好南郊区确定的重点工作),全力打造“四区一中心”(转型综改示范区、统筹城乡样板区、商贸物流中心区、生态有为建设区,建设低碳、绿色、集约、智慧的现代化城市西部副中心),努力推进美丽富裕幸福南郊建设,基本实现经济社会的持续、平稳、健康发展。

一、加强思想政治建设

加强理论学习,提高政治站位。始终加强对习总书记系列重要讲话以及《准则》《条例》等党内规章制度的学习。区委中心组集中学习19次,专题学习研讨3次,通过系统深入学习,坚定理想信念,树牢“四个意识”,加深对习近平新时代中国特色社会主义思想的理解,增强在思想上政治上行动上与以习近平同志为核心的党中央保持高度一致的自觉性。认真学习宣传党的十九大精神,成立区委宣讲团,在全区范围内开展宣讲活动,区级领导干部专题宣讲近60次,区委书记带头以不同形式为全区各级干部宣讲十九大精神11场,形成上行下效、层层示范的良好效应。

把握关键环节,推动两学一做。突出学习领悟,区级党委(党组)开展集中学习60余次,各基层党组织集中学习3300余次,专题研讨会1050余次、心得交流会630余场,“三级书记”讲“七一”党课600余次,辅导宣讲50多场,切实提升尊崇党章、遵守党规的思想自觉;突出标杆引领,扎实开展“两学一做”示范点建设,构建“一带一路一群”(“一带”横向贯穿谢店至赵家小村等10个村;"一路"纵向涵盖平旺、西韩岭、口泉3个乡镇沿线208国道的11个村;"一群"即环城区涵盖新旺乡、马军营乡、水泊寺乡32个村)党建示范格局,真正实现以点上突破带动面上提升;突出做在实处,开展表彰一批基层先进典型等纪念建党96周年"十二个一"系列活动、全区基层党建现场推进会和"支部主题党日"活动等;突出问题整改,结合主题教育"8+5"项重点,党组织自查问题1045条,党员干部自查问题7598条,全部完成整改。

二、抓好干部队伍建设

严格选人用人。不折不扣执行《干部任用条例》,按照"好干部20字"标准,坚持德才兼备、以德为先、以廉为基,着力选优配强班子,树立正确选人用人导向,有效激发干部队伍活力,全区共调整干部7批次156人。

加强监督管理。深入贯彻落实《关于加强干部选拔任用工作监督的意见》以及四项监督制度,充分发挥网络监督、信访举报、"12380"举报电话及网上举报等监督手段的作用,形成齐抓共管的干部监督预防体系。

严格考核评价。将全区重点工作和党建、社会发展等工作,以及市里下达的各项目标任务,逐项进行考核。注重考核结果运用,把工作实绩和德才表现作为干部评优评先、升降去留的重要依据。全面实施基层党建工作三级联述联评联考制度,开展乡镇党委书记、农村党组织书记专项述职评议,严格考核评议基层党建工作。

加强教育培训。先后举办2期"读党书、论责任、抓落实"专题培训班和十八届六中全会精神专题研讨班,组织区级领导参加全省商事制度"放管服效"和供销社综改培训、县处级干部进修班;组织开展农村"领头雁"及"五大发展理念"等专题培训。

三、狠抓基层党建工作

强化基层组织建设。区、乡、村三级共投入3000余万元,对5个乡镇的"五小"(小食堂、小厕所、小澡堂、小图书室、小文体室)进行改造提升,升级打造65个聚合议事决策、矛盾调处等十大功能的"支部大院",强化其政治属性和服务功能,把一切工作到支部的鲜明导向树立起来。以"强腰行动"为抓手,通过调整农村两委主干、选优配强第一书记和驻村工作队等手段,19个农村软弱涣散党组织全部转化升级;全区190个村集体经济全部达到"5万+",其中达到50万元以上的村突破80个;精心谋划农村两委换届工作,区乡两级分别制定村(社区)党组织换届工作方案和换届选举工作流程图,成立村(社区)"两委"换届选举工作领导组,为顺利完成全区190个行政村、1个社区"两委"换届选举工作提供坚强组织保证。

强化基础工作建设。围绕省委25条措施和市委100项重点任务,细化分解为南郊区92项具体任务,实行项目化管理和跟踪管理机制,组成3个督查组,3名区级领导任督查组第一组长,直接对区委常委会负责,督促任务落实;编印《村民便民服务手册》4500余本,做到"为群众办好事、让群众好办事"。同时,把"三基建设"列入书记项目严格落实第一责任人职责。

强化基本能力建设。通过专业化培训、全员轮训和在线学习,培训在职科级干部和区营企业领导干部500余名,培训农村党员干部3600余人次,基层干部履职能力得到逐步提升。

四、全面推进从严治党

从严落实主体责任。先后21次召开会议,安排部署全面从严治党工作;8次召开常委会议,研究党风廉政建设和反腐败工作;定期听取人大常委会、政府、政协、法院、检察院党组管党治党情况汇报和巡察专题汇报。常委班子成员认真履行"一岗双责",对分管范围内的干部累计开展集体谈话、提醒谈话100余人次。

扎实开展巡视整改自行"回头看"。以"四个对照"为重点,围绕六项规定动作,制定完善"三清单一制度",共形成问题清单30项,采取整改措施67项,制定和修订制度4项,开展专项治理8次,促进改革发展稳定19项,组织召开"肃流毒 正本源 践忠诚 深入推进巡视整改自行回头看"专题民主生活会,常委班子成员以反面为镜,深入开展肃清流毒影响警示教育反思剖析。

扎实开展政治巡察工作。抓住重点人、重点事、重点问题,对新旺乡、马军营乡、平旺乡以及区卫计局进行第二轮巡察。共发现党的领导、党的建设、从严治党"三大问题"35个,发现问题线索17条。

严肃惩治腐败。全区各级纪检监察机关共受理问题线索729件(重复件396件),处置558件次,共立案96件,结案95件,共给予党纪处分92人,给予政务处分4人,给予处分科级干部6人。

坚决查处群众身边腐败问题和不正之风。开展扶贫领域腐败问题和不正之风专项整治,开展监督检查2轮,发现问题16个。全区各级纪检监察机关共查处发生在群众身边的腐败问题和不正之风25件(其中扶贫领域4件),共给予党纪政务处分25人。

深入推进监察体制改革试点工作。区委常委会先后研究改革试点工作7次,召开工作小组会议7次,严把"组建关""转隶关""融合关",全力推进监察体制改革试点工作,组建区监委并实现顺畅高效运行,顺利通过省、市评估。深入贯彻全省进一步深化监察体制改革试点工作会议精神,把准主攻方向、明确重点任务,进一步强化对纪委监委工作的领导和支持,全面开展派驻机构全覆盖和乡镇监察机构建设,持续推动制度优势转化为治理效能。

五、持续引深作风建设

不断强化作风转变。围绕"全面从严治党、正风肃纪、加强班子建设"主题,先后召开区委常委(扩大)会、全区干部大会及区委班子民主生活会,指出全区干部存在的"六个方面"

的问题，并提出“五个凡是”的工作要求。

持之以恒正风肃纪。抓住关键节点，紧盯领导干部这个关键少数，重点围绕违规配备使用公务用车等六个方面以及社会群众关注的热点、难点问题开展3轮监督检查，共发现问题线索4条，责令被检查单位整改。对全区各级党政机关和领导干部办公用房多占、超标问题开展专项监督检查，共查出问题30条，已全部整改。

开展“不作为、慢作为、乱作为”问题集中整治活动。8月至12月，分5个阶段重点围绕9个方面的问题，在全区范围内深入开展“不作为、慢作为、乱作为”问题集中整治活动。整治活动期间，全区共召开各类座谈会400次，深入基层走访803人次，设立意见箱87个，发放调查表8306份，收集意见建议3682条。摸排办结问题8条，给予党内警告9人、行政记大过处分1人，组织处理约谈3人。

六、深化意识形态工作

加强组织领导，确保责任落实到位。先后3次召开常委会，研究部署意识形态工作，并先后成立南郊区意识形态工作领导小组、网络安全和信息化领导小组，出台《南郊区意识形态工作责任制实施细则》，逐步形成区委统一领导、党政齐抓共管、宣传部门组织协调、各相关部门积极配合，共同做好意识形态工作的新格局。

抓好学习教育，坚持理论武装头脑。狠抓区委中心组学习规范化、制度化建设，精心制定《2017年中心组理论学习计划》，重新修订中心组学习制度，建立健全中心组学习档案。区委中心组成员已开展19次集中学习讨论。

加强正面宣传，树立正确舆论导向。始终坚持团结稳定鼓劲，正面宣传为主，进一步完善《南郊区突发公共事件新闻处置应急预案》，为全区的改革发展稳定大局提供强有力的舆论支持。

狠抓能力建设，提高意识形态领域干部队伍战斗力。深入开展“两提一创”大讨论活动，认真完成“学习讨论，提高认识；对表对标，寻找差距；制定措施，提高改进”3个阶段的规定动作，先后组织学习24次，专题研讨4次，并深入10个乡镇进行调研，召开专题民主生活会。通过以上措施，各项工作新标准得以明确，干部的战斗力得到显著的提升。

七、重视统一战线工作

将统一战线工作纳入重要议事日程，重大事项都经区委常委会研究。召开区工商业联合会(总商会)第五届会员代表大会，完成工商联换届工作；建立健全党员领导干部与党外代表人士联谊交友制度，出台《关于进一步健全和完善南郊区党员领导干部与党外代表人士联谊交友工作制度的意见》，形成区委、区政府主要党员领导干部一对一与党外代表交朋友、加强联系的制度；召开全区宗教工作会议，全面部署全区的宗教工作。

充实基层力量，重视统战干部的培养。在全区10个乡镇设置专职统战委员；党外干部担任领导职务有新突破；配齐配强统战部领导班子。

开展教育培训，提升党外代表人士能力素质。举办全区统一战线“三支队伍”维护核心、见诸行动，与党同行专题培训；发挥、调动全区统一战线人才优势，举办《庆“七·一”同心颂党书画展》。

打造特色文化，促进民族团结和谐。在南郊区唯一的民族聚居村马军营乡田村建起村民“道德大讲堂”，邀请有影响的专家学者为村民授课，举办4期讲座。全年共编发统战信息45期，多期被市委统战部选用，其中有三期被“山西新闻网”采用报道。

(刘立欣)

附：中共大同市南郊区委书记、副书记、常委名单

书　记：薛明耀(3月离职)　任希杰(7月任职)

副书记：任希杰(7月调职)　李东升(10月任职)
　　　　周　灏(7月离职)

常　委：杨志文　王　玺　张建军　石　忠
　　　　马晓峰(女)　刘中文　王富祥

中共新荣区委工作概况

区委书记　邓志蓉

2017年，新荣区委全面贯彻落实党的十九大精神，以习近平新时代中国特色社会主义思想为指导，坚持党对一切工作的领导，牢牢把握省委“一个指引、两手硬”重大思路要求和市委“136”发展战略，统筹推进，稳增长、促改革、调结构、惠民生、防风险，全面开启新时期新荣发展新征程。

一、深入学习贯彻党的十九大精神，政治生态持续风清气正

一是强化政治建设，树牢“四个意识”。制定《关于学习贯彻党的十九大精神宣传工作方案》，区委常委班子带头开展“‘256’党的十九大精神宣讲工程”，共宣讲十九大精神达300余场。开设“砥砺奋进的五年”“十九大时光”等多个栏目，通过多角度宣传十九大精神，全区广大党员干部“四个意识”全面增强。扎实推进“两学一做”学习教育常态化制度化、认真开展维护核心见诸行动主题教育。全区各级党组织开展

集中学习4300多次,交流研讨2100多次,查找解决问题11000余个。习总书记视察山西后,召开区委全会,出台两个《实施意见》,并结合《习近平总书记的成长之路》《习近平的七年知青岁月》学习交流。

二是强化思想建设,增强“四个自信”。充分发挥区委中心组示范带头作用,重点围绕十九大、习总书记系列重要讲话精神和省市重要部署等方面,开展集中学习14次。举办10期新荣大讲堂半月谈,由区级领导分别围绕十九大精神和相关行业领域进行授课。强化党管意识形态工作,区委将意识形态工作纳入党建工作责任制考核和区委巡察范围。在“新荣零距离”的强力引导下,积极做好新闻外宣工作,“新荣零距离”微信公众号推送消息310多期1700余条。

三是强化组织建设,压实主体责任。一是扛起党建主体责任。区委常委会12次专题研究党建工作,建立了党建工作问题、任务、责任“三个清单”。二是树立正确选人用人导向。全年共选拔任用9批105名干部。三是夯实基层基础,140个行政村全部实现集体收入“零”的突破,其中5万元以上占82.9%。140个行政村完成“两委”换届工作。

四是筑牢制度基础,保持风清气正。正风肃纪反腐持续深入开展,区委常委会先后15次听取研究党风廉政建设和反腐败工作。全年累计查处违纪违法案件69件,处分违纪干部67人,撤销党内以上职务重处分8人。扎实开展巡视整改自行“回头看”,对三大类23项问题已全部完成整改。加大扶贫领域监督执纪问责力度,重点围绕扶贫领域资金项目、政策落地、领导责任、干部作风四个方面,严肃查处侵害群众利益等问题,共查处扶贫领域案件20件,给予党纪政纪处分19人。充分发挥巡察“利剑”作用,共发现3个方面39个问题,向被巡察单位进行反馈和督促整改。

五是强化作风建设,塑造新荣形象。全面落实“五个表率”要求,带头落实“三去一降两补”“一线”“五问”工作法。始终紧盯重点环节领域,着力加强“三公”经费管理,特别是春节等重要节点,强化监督检查形成全覆盖的监督网络。突出抓好“不作为、慢作为、乱作为”问题集中整治,共完成整改492条。

二、坚持稳中求进工作总基调,不断打造经济转型发展新引擎

一是创优发展环境,提升对外开放承载力。开展“六最”营商环境9大专项行动,以经济技术开发区建设为主战场,推进招商引资步伐,深入上海、南通、深圳等地对接招商引资工作,重点与比亚迪公司就云轨项目落户花园屯新材料工业园进行深度对接,形成投资意向。积极对接河北雄县和文安产业转移落户得胜工业园区,与文安商会就铸塑项目签订了协议,签约额5亿元,共完成29个签约项目46亿元。

二是突出发展质量,加快产业转型升级步伐。坚持创新驱动、转型升级发展战略,努力培育新的经济增长极。在石墨产业方面,建成大同国际柔性石墨+石墨烯创新科研产业园研发中心一期工程;在炭素产业方面,新成新材料10万条电力机车受电弓碳滑条项目和年产2万吨超高功率石墨电极项目全部完工;在装备制造产业方面,悦凌空调太阳能超导变频综合利用与研发项目完成安装;在新能源产业方面,华润新能源镇川风电场项目在进行设备招标,同时,新增2户升级高新技术企业,高新技术产值占比由2016年的6%上升到23%。全区非煤工业增加值占比达到48%,较2016年提高15个百分点。特色农业产业发展势头良好,打造“新荣粮食、新荣良心”品牌,“新荣味道”特色农副产品专卖店走进大同市居民社区,供应的新荣区农副产品超过60多个品种。

三是全面深化改革,大力提升发展动力活力。一是推进供给侧结构性改革。工农化肥厂、新荣水泥厂两个“僵尸企业”清产核资和审计工作全面完成。二是创新体制机制改革。按照“一区多园”发展模式,规划新荣经济技术开发区,共建成入区企业25个。推进旅游体制改革,完成红石崖景区所有权、管理权、使用权的三权分离。完成全区7个乡镇140个村农村土地承包经营确权登记颁证工作。三是全面推进为民惠民领域改革。深入推进教育体制机制改革,公开竞聘新荣二中校长;推进区级公立医院改革,挂牌成立新荣区人民医院集团,进一步提升基层医疗卫生服务水平。

三、以脱贫攻坚工作为统领,聚焦民生共享改革发展新成果

一是精准发力,立体式推进脱贫攻坚工作。全区23个贫困村均已制定产业扶贫项目实施计划,投入专项扶贫资金669万元,形成了以特色种植、养殖、加工、光伏为主的产业扶贫格局。有序推进易地扶贫搬迁145户275人。同时,对建档立卡贫困户5122人实施大病补充保险全覆盖。

二是压实责任,多点式推进完成脱贫目标。共召开9次脱贫攻坚领导小组会议以及脱贫攻坚成效预验收安排会、工作推进会和“四周联动”精准整改总结大会等重要会议,全年完成448户1000人,7个贫困村整体脱贫。

三是关注民生,全方位推进改善民生实事。一是以“五件大事”“八件实事”为重心,结合城市发展规划,统筹推进城市基础设施建设;饮马河饮水工程全线贯通;大呼高速连接线得到省级给予2.1亿元工程费用补助;农贸市场完成项目前期各项工作;投资3105万元完成长城西街道路改造,并同步推进样板街建设和天然气入区工程;完成投资8834万元淤泥河生态公园立项、设计等工作;投资1200万元新建长城东街幼儿园。二是民生保障投入不断加大。国有工矿棚户区50栋住宅楼全部封顶,农村危房改造完成1798户,完成率100%。全年城镇新增就业1401人,农村劳动力转移就业570人,城镇登记失业率控制在4.2%的目标之内。全力做好社会保障工作,按时足额发放了优抚对象、两参退役人员、义务兵优待金等补助款。大力提升新农合保障和服务水平,基本医疗保险率稳定在95%以上。

四是加强共享,多角度推进公共文化事业。开展文明创建

活动,举办首届“推动移风易俗乡风美起来”消夏晚会,是近十年来全区最大的一次群众性文化活动。以典型引路在全区广泛开展思想道德建设活动,在大同电视台推出了8分钟“葛老师”奖学金专题片。区图书馆共接待阅览人数1.4万余人次,为140个行政村的“农家书屋”补充更新图书9940册,免费“送戏下乡”79场。

四、牢固树立绿色发展理念,魅力新荣彰显得到新提升

一是树牢“绿水青山就是金山银山”发展理念。完成京津风沙源治理二期工程造林7000亩,植被恢复400亩,通道绿化36.95公里,村庄绿化9个,并推进总投资4.08亿元的市级重点工程沿古长城生态修复项目。同时,为大呼高速新荣段南出口通道及交通环岛绿化提升工程和古长城森林公园增色增景一期造林提质工程,完成造林1.08万亩,全区森林覆盖率达28.9%。

二是大力实施“碧水蓝天”工程。搞好节能减排工作,万元GDP综合能耗降幅下降3.2%。深入开展环境保护大检查和“铁腕治污”专项行动,共排查取缔“散乱污”企业81家,拆除燃煤小锅炉15台。投资1751.8万元,新建一台40吨节能环保锅炉。全面推行河长制工作,对全区8条河流全部落实了由区委书记、区长任区级总河长,4名区级领导分别担任4条区级河流的区级河长以及属地主要负责人的责任制体系。

三是全面落实环保整改任务。高标准、严要求完成各项整改任务。2017年5月中央第二环保督察组来同督导期间,共接收中央环保督察组交办群众反映问题17件,完成整改16件;接收省委、省政府第二环保督察组反映的环境问题3件,完成整改3件,对20家企业进行了行政处罚,处罚金额104.8万元。

五、牢固树立总体大安全观,社会管理创新取得新成效

一是全力以赴抓好安全生产。对全区煤矿、非煤矿山、尾矿库、危险化学品、烟花爆竹等行业领域,认真开展安全生产大检查和安全生产专项整治活动,检查生产企业237次,排查各类隐患994条。

二是社会综合治理全面加强。开展“冬季严打”“夏季风暴”等专项行动,全区刑事案件破案13起,查处涉毒行政案件27起。深入开展“综治中心标准化建设年”活动,投资30万余元,进一步改造完善了区综合治理中心。充分发挥乡镇、矛盾纠纷调处中心、村、社区调委会作用,积极开展矛盾纠纷排查和敏感时期重点人员管控工作,共排查各类矛盾纠纷2301起,调处2279起。

三是信访维稳工作成效明显。开展区四套班子领导干部“大接访”活动,严格落实“五包一”教育稳控措施,区级领导接待62批610次。

(贺雨顺)

附:中共大同市新荣区委书记、副书记、常委名单

书　记:邓志蓉(女)

副书记:李继忠(9月离职)　李　纬(9月任职)　郝守民(8月离职)

常　委:姚夏冬　袁润德　郭云峰(12月离职)　樊　青　王利军　杨卫海

中共大同市开发区工委工作概况

工委书记　荆　虎

2017年,是党的十九大胜利召开之年,也是开发区转型升级创新发展的关键之年。全区上下认真学习党的十九大精神,坚决贯彻落实习近平总书记视察山西重要讲话精神和省委骆惠宁书记调研大同讲话精神,围绕全市“136”发展战略和招商引资这一主线,以“三化三制”改革为契机,不等不靠、主动作为、先行先试,使全区经济社会各项事业都开创了新局面,呈现了新气象,取得了新成绩。

一、真学实做,见常见效,持续推进“两学一做”学习教育

(一)“两学一做”教育常态化。全区县处级以上领导干部带头主动学习,既参加中心组集中学,又严格执行双重身份标准,参加各自党支部的学习讨论,带头谈体会、讲党课。区党工委中心组学习12次,组织召开专题研讨会5次,讲党课98人次,党员领导干部参加基层党支部组织生活1200余人次。

(二)“两学一做”教育制度化。一是开展主题党日。组织党员开展讲党课、谈体会、搞帮扶等丰富的主题党日活动。各基层党支部每个月有活动主题和活动内容,按照全区党费收缴管理工作的要求,党员在主题党日都按规定自觉主动交纳党费。二是开展主题教育活动。开展了“不忘初心、坚定信仰、敢于担当、忠诚履职”主题教育活动,组织全区两委班子成员、副处以上干部、各部门负责人和基层党支部书记共58人,开展参观教育基地、重温入党誓词、重抄入党志愿书等活动,拓展了“两学一做”学习教育活动的内涵。三是开展学习研讨会。在“七一”期间,开展以“学用系列重要讲话、维护核心见诸行动”为主题的学习交流研讨会;邀请市委党校教授沈均明同志为全区党员干部讲授“回顾党的历史,加强党性修养”;开展了“学文件精神,统一思想认识,为发展献计献

策”为主题的学习研讨会;邀请市委宣讲团史波同志对十九大精神进行全方位解读;全区党员干部500多人次参加了学习讨论,收到了良好的效果。

二、从严管理,加强监督,努力打造干事创业的高素质干部队伍

一是做好干部考察甄别工作。在全员聘任制改革中,对全区竞聘上岗的121名干部进行了组织考察。二是做好干部考核工作。按照考核工作的要求,对全区50家单位就单位目标任务完成情况、领导班子运行情况和领导干部的综合表现进行了全面的考核,完成了《关于大同开发区2016年度市管干部考核等次建议的报告》。协助区社保中心完成区科级干部养老保险有关事项的核实工作。

三、围绕中心,立足实际,进一步加强“三基建设”

(一)抓重点,树立党的一切工作到支部的鲜明导向。出台了《关于进一步严格党内组织生活的通知》和《关于进一步提高党员领导干部民主生活会质量的指导意见》,加强和规范党员领导干部民主生活会、党员组织生活会、党内定期谈心谈话、民主评议党员、党员定期汇报思想和工作制度,不断丰富和改进“三会一课”的形式等6项党的组织生活基本制度;建立半年考核机制,整顿非公企业党支部7家,理顺党员组织关系89名,激发党支部发挥战斗堡垒作用的强大动力。

(二)破难点,理顺开发区基层党组织体制机制。设立“区城南街道党委、开发区机关党委”、“区非公经济组织和社会组织党委”直属党委3个,深入开展开发区党建工作,形成“第一级区直属党委(街道党委、机关党委、非公和社会组织党委),第二级各园区、部门党组织(园区党委、各部门党总支),第三级组织(各基层党支部),“三位一体”的隶属关系层级,全面形成一级抓一级,层层抓落实的党建工作管理体系。

(三)出亮点,加大指导基层党建工作力度。一是做好非公企业党建。从全区机关党员干部中选派了90名党建指导员,指导非公企业做好党建工作。开发区党的组织覆盖121家企业,覆盖率达到80.1%,完成了市委要求的年底前达到80%的目标任务;党的工作有效覆盖达到100%。并且新出台了《关于加强非公有制企业党员活动室规范化建设的意见》和《非公企业和社会组织党组织负责人党建工作以奖代补考核办法》。补助每个非公企业联合党支部3200元,以以奖代补的形式对非公企业和社会组织党组织负责人进行1000元至10000元的奖励,发挥党建工作考核奖励的指挥棒风向标作用。二是加强基层党组织经费保障。全区预算党建经费60多万元。街道、农村预算经费约20万元,各类培训经费约5万元;其中,农村“两委”主干工资待遇约2.8万元,实行结构工资制,按月发放,为6位农村离任干部生活补贴约1.56万元。

四、改革创新,转型发展,争当对外开放发展的“尖兵”

2017年,地区生产总值全年完成54.63亿元,增长12.9%;规模以上工业增加值全年完成18.98亿元,增长11.2%;固定资产投资全年完成57.73亿元,增长7.9%;进出口总额全年完成14.38亿元;公共财政收入完成3.82亿元;单位地区生产总值能耗降低3.22%。

(一)整合扩区调规,拓展发展新空间。按照省委省政府改革部署要求,市委、市政府全力推进整合扩区的工作,明确调整扩区范围,在开发区原湖东片、城南片(8.2平方公里)基础上,整合医药工业园区(1.98平方公里)、装备制造产业园(31.6平方公里)、高新技术产业园(20平方公里)、新能源产业园(51.58平方公里)、空港物流园(30平方公里)、纺织产业园(2平方公里)等多个园区,并将园区间相邻土地增扩进开发区,增扩面积94.04平方公里。扩区后,总规划面积达到239.4平方公里,规划面积是整合扩区前的29倍,为产业集聚发展拓展了空间。5月24日扩区报告经省政府研究通过后,上报国务院待批。已经委托中国城市规划设计研究院,高标准编制《大同经济技术开发区(扩区)总体规划》。总规编制已接近尾声,预计12月中旬进行专家评审。

(二)运行机制改革,增添发展新动力。1.明确收益分配机制。明确了开发区与供地县收益分配机制。年底后,财税存量不变,增量实行利益分享,即开发区与供地县按7:3比例分成;以2016年为基数,从2017年其市级财政分成开发区的税收增量部门全部返还给开发区,统筹用于开发区经济建设。2.推进工商税收企业划转。协调市县工商、税务等有关单位,基本完成了工商税收企业的移交划转工作。共划转接收工商企业58户、地税企业51户、国税企业30户。3.承接授权。市政府出台《关于对开发区下放行政职权事项的决定》,明确将5个市直部门的78项权力事项下放到开发区,已由区有关部门全部承接到位。4.创新建立投融资机制。(1)探索经营类配套设施的市场化运作,与华岳电厂共同建成华岳热电供热项目,总投资1.36亿元;珠海市宸华环保科技有限公司投资建设大同市污泥及工业废物综合处理处置中心项目,总投资5.8亿元,已完成规划选址等前期手续办理。(2)积极探索BT、BOT、PPP等合作投资运作模式。开发区已经与PPP项目咨询服务机构签署了御东污水处理厂改扩建及中水回用项目服务协议,编制完成《实施方案》《物有所值评价报告》以及《财政承受能力报告》;与泰瑞集团通过PPP形式合作建设中小企业创业基地项目,计划投资21.8亿元,正在积极办理前期手续。

(三)三化三制改革,激发发展新活力。按照全省“三化三制”改革要求,全面推进各项改革工作。1.精简整合机构。按照扁平化、大部制的改革要求,将原有内设机构由39个精简为8个,精简79%,设立5个园区服务中心,14个科级事业单位,并于11月举行了新组建机构授牌仪式。基层党组织、纪工委、工会按规定设置。机构编制方案上报省编委并获批,

三定方案已报市编办。2.实行全员岗位聘任制。按照公开、公平、公正的选人用人原则，对现有人员进行择优竞聘。管委会内设8个部门、5个园区服务中心岗位人员于10月底已全部到位。3.实行领导班子任期制。改革后开发区管委会领导班子，主任已经到位，大同市委正在履行班子其他成员的组织任用程序。4.实行绩效工资制。《大同开发区绩效工资暂行办法》已初步形成，《绩效工资考核暂行办法》已制定完成，2018年正式实施。

(四)围绕“项目双进”，攻坚成果更加丰硕。以“项目引进、项目推进”为主线，创新项目推进办法，精准出击招引项目，齐心协力推进项目，全力推动“项目双进”工作迈上新台阶。1.走出去，开展精准招商。主动融入国家“一带一路”，围绕“招大引强、聚新集优”发展战略，定准方向，转变方式，多次带队赴北京、上海、厦门等地开展招商活动，取得丰硕成果。新签约项目42个，投资总额达到700多亿元，资金到位32.57亿元。举行了两次集中签约仪式。全年引进战略性新兴产业和高新技术产业项目30个；引进世界500强项目1个。2.承接住，落实产业转移。进一步融入京津冀协同发展等战略，紧抓国家、省市承接产业梯度转移政策，积极对接京津冀、长三角和雄安新区，出台了《承接京津冀及雄安新区产业转移实施方案》和《承接东部产业转移示范区建设的实施方案》，成功承接碳纤维汽车骨架生产项目等6个产业转移项目。3.落下来，推进项目建设。建立与供地县的两级联席会议制度，认真落实《重大项目包联责任制》，对项目实行全程跟踪服务。已办理工商注册项目24个，总投资565.72亿元；在建项目22个，总投资159.14亿元，其中新开工项目14个，续建项目8个，总投资52.18亿元的大同农副产品国际陆港项目将于年底建成开关运营；大同积德益、大同森朗高分子包装、上海三岱雅轴承等3个项目投产，总投资2.28亿元，产值近1000万元；特别是高品质蓝宝石晶体晶片等三个项目的集中开工，标志着开发区新材料板块正式开启。

五、实践监督执纪“四种形态”，不断形成反腐高压态势

一是加大纪律审查的威慑力。按照拟立案、初核、谈话函询、暂存、了结五类方式处置问题线索，不断提升纪律审查工作水平。共处置案件线索5件，立案1件，谈话函询5件。纪律处分5人，组织处理1人。二是建立抓早抓小、抓常抓细的长效机制。通过集中抽查20%的《党员干部廉洁档案》，对群众议论问题集中的干部进行重点约谈、函询，建立起“咬耳扯袖、红脸出汗”的长效机制；通过巡察小组对全区重点工作进行巡察，及时发现问题线索。

六、强化舆论引导，对内凝聚力量对外塑造形象

扩大对外宣传，树立良好形象。加强与上级新闻媒体沟通、联系，不断拓宽用稿渠道，形成电视、报纸、网站“三位一体”的宣传格局，宣传开发区改革创新发展的新举措、新思路。共接待省、市记者20余人次；在市级以上媒体共发稿146条，其中，在市级报纸刊登88条，电视台54条，在省级报纸电视台各2条；在大同新闻网及开发区政府网站共发布新闻信息100余条。通过大同市互联网新闻宣传管理中心的腾讯通RTX平台，积极组织网评员跟贴、发帖，全年共发帖跟帖13000余条，完成了市互联网新闻宣传管理中心布置的任务。

(李　伟)

附：中共大同市开发区工委书记、副书记、委员名单

书　记：荆　虎(5月任职)

副书记：荆　虎(3月任职,5月调职)
雷雪峰(3月离职)　宋晋利(12月任职)

委　员：仝春生(12月任职)　李胜春(12月任职)
李义明　王华一(12月任职)
李云平(12月任职)　陈巨有
郝希杰(12月任职)　张　威(12月任职)

中共阳高县委工作概况

县委书记　冯晓雷

2017年，阳高县委深入贯彻十八大以来中央和省市委系列决策部署，全面贯彻落实党的十九大精神，坚持以习近平新时代中国特色社会主义思想为指引，按照省委“一个指引、两手硬”重大思路要求和全市“136”发展战略，切实履行全面从严管党治党责任，狠抓发展第一要务，不断引深“356”发展思路，全县党的建设和经济社会发展迈上新台阶。

一、坚持学用系列重要讲话精神，确保全县沿着正确政治方向前进

阳高县委始终把学习好、贯彻好、落实好习总书记系列重要讲话精神作为全县广大党员干部坚定理想信念、增强政治意识、推动全县发展的首要任务，采取县委中心组、县委常委会集体学习和个人自学、通读原文和系统把握、理论学习和实践运用相结合等多种方式，坚持在学懂、弄通、做实上下功夫，做到理解内涵、把握精髓、引领方向、指导工作。全县共组织集体学习11次，邀请专家辅导2次，开展自学、互学、帮学、送学，广大党员干部政治思想素质有了明显提高。结合阳高实际，研究制定了贯彻落实习总书记视察山西重要讲话精

神的三个《行动方案》。党的十九大召开后,县委切实提高政治站位,把学习宣传贯彻党的十九大精神作为首要政治任务,组建四套班子领导宣讲团、县委巡回宣讲团、县直机关干部宣讲团、乡镇和社区班子宣讲团约300余人四大宣讲团到乡镇、农村、社区和单位、企业,围绕习总书记系列重要讲话精神、十九大精神以及中央、省市县委重大决策部署,开展专题辅导和巡回宣讲,开展宣讲500场,受众党员群众6万名。利用阳高电视台、《阳高周讯》、"阳高发布"公众微信平台等载体宣传解读理论、政策、精神,在全县掀起学用十九大精神热潮,广大党员干部"四个意识"明显增强,拥戴核心、维护核心、紧跟核心的思想自觉和行动自觉更加坚定。

二、突出全面从严治党,着力营造风清气正政治生态

阳高县委认真履行全面从严治党主体责任,县委常委会及时跟进学习中央和省市委、纪委全面从严治党有关会议精神,学习贯彻《准则》《条例》等党纪党规。县委全年召开16次常委会专题研究党建和党风廉政建设,围绕全面从严治党开展12次专题学习研讨,四套班领导76次到基层督查"两个责任"落实情况,有效传导压力。

持之以恒正风肃纪。推进监察体制改革试点工作。贯彻落实中央八项规定精神,两次修改实施细则,要求更严、标准更高。开展巡视整改自行"回头看",着力整治不作为、慢作为、乱作为,全县各级党组织和广大党员干部查找各类问题49500条,整改44300条。在全县政法系统开展"对照培斌找差距、认清使命补短板"纪律作风整顿教育,全县干部作风进一步好转。以扶贫领域监督执纪问责为重点,全县立案结案81件,党纪处分80人,涉及科级干部10人。坚持以巡察助力脱贫攻坚,完成县委首轮巡察,启动第二轮巡察,发现问题线索18件,移交问题线索16件。

着力加强领导班子和干部队伍建设。严格落实好干部标准,坚持以重基层、重能力、重实绩、重廉洁、重担当的标准选拔使用干部,全年调整领导干部8批55人。加强干部教育培训,集中轮训全县1136名公务员,培训其他干部2900人次。强化干部日常监督管理,加强对"一把手"和重点岗位干部监督,健全完善电话、网络、短信"三位一体"举报平台,制定《阳高县支持改革创新合理容错实施细则(试行)》。培养后备干部队伍,动态管理6个后备干部库,选拔65名年轻干部到乡镇开展为期2年挂职锻炼。

推动基层党组织全面进步、全面过硬。全面加强"三基建设",县财政投入1460多万元用于基层组织建设,基层党组织凝聚力战斗力明显增强;全面推行首问负责制、服务承诺制、限时办结制等制度,基础工作进一步规范;实施干部能力提升等五项工程,举办各类培训班20期,培训干部6500人次,干部基本能力素质明显提升。推进村(社区)"两委"换届工作,完成262个村和15个社区"两委"换届,优化农村干部队伍结构。持续引深"1+5""1+6"创建活动,完善各类中心服务功能,培训3500多名农民群众,输出劳力3700人,帮扶困难职工1300人次,重新就业480人。创新开办"农民夜校",围绕脱贫攻坚,着眼"扶智扶志",由农村"两委"主干、第一书记主抓,县直有关部门参与,在全县256个村开办农民夜校,培训农民群众3万多人次。不断加强非公和社会组织党建工作,组建非公企业党支部90个,组建社会组织党支部27个,党组织覆盖率分别达到85.3%和84.8%。大力发展农村集体经济,全县262个行政村集体经济收入全部达到1万元以上,其中5万元以上村189个,50万元以上村6个,实现"破零数"与"增实力"两个提升。

三、突出经济发展第一要务,推动经济提质增效稳中有进

阳高县委坚持以脱贫攻坚为统领,以转型发展为路径,以深化改革为动力,深入推进"五型阳高"建设,较好克服了经济运行下滑、社会投资信心不足等不利因素,实现全县经济稳中有进、稳中向好。全县地区生产总值32亿元,增长5.6%,三次产业结构调整为30.7:22.4:46.9;规模以上工业增加值4.35亿元,增长4%;公共财政预算收入1.2亿元,增长10.5%;社会消费品零售总额12.26亿元,增长7%;城镇常住居民人均可支配收入20600元,增长6.5%;农村常住居民人均可支配收入7234元,增长7.5%;城镇登记失业率、居民消费价格涨幅控制在预期目标以内,各项约束性指标均完成年度任务。

着力推进新型工业。阳高经济技术开发区可研报告通过市政府评审,年内园区新增企业2户,实现产值10.8亿元。已将55个项目列入国家重大建设项目库三年滚动投资计划,总投资25.11亿元。重点储备36个招商引资项目,总投资158.38亿元。年内全县成功引进签约项目7个,总投资额60.88亿元。项目到位资金16.15亿元,7个项目开工。山纳集团该年首次上缴税收5000万元,同煤热电两台机组具备发电能力,10月初其中一台投入试运行。培育"小升规"企业5家,民营经济增加值占比提高4个百分点,中小微企业全年营业收入完成33.1亿元,同比增长4.77%。

着力发展绿色农业。不断推进农业供给侧结构性改革,全年调减籽粒玉米13万亩。因地制宜发展壮大蔬菜、杏果、畜牧等三大优势产业,全县蔬菜种植面积11.33万亩,其中设施蔬菜面积4.09万亩,新增经济林面积6000亩。全县蔬菜产量32万吨,生猪、牛、羊饲养量分别达到75.42万头、4.56万头、63.32万只,杏果产量5.6万吨。开展"三品一标"认证工作,9个无公害农产品、3个有机农产品和3个地理标志产品通过认证。杏韵小镇农村一二三产融合项目获得国家发改委审批。依托火山周边生态农业的区位优势,以"功能食品+功能农业+休闲度假+养老养生"为方向,探索发展功能农业,加快绿色防控技术推广,示范火山灰蔬菜种植技术,提高农业供给水平。

着力发展新型产业。立足优势、突出特色,努力打造康养旅游新型支柱产业。组建县旅发委,成立了县文旅公司,杏韵小镇、白登河生态公园项目前期工作顺利推进。古长城旅游

公路阳高段建设工程完成路基建设33公里。通用机场项目获得空军中部战区参谋部批准，并与省政府签订军地协议，上报空军参谋部。新引进缘源文化生态园暨红楼梦影视城项目和德丰影视城等项目；佳峪生态农林示范园项目完成投资7亿元。成功举办2017年杏花节，接待游客13.44万人，带动全县餐饮、住宿、购物、娱乐等消费收入1286万元。

四、突出优先保障民生，人民获得感显著增强

阳高县委始终坚持以人民为中心的发展理念，聚焦脱贫攻坚，集中全县人财物力发展民生事业，群众获得感不断增强。

倾力脱贫攻坚。认真落实习总书记扶贫开发思想，深入推行脱贫攻坚“五个五”工作法，下足“绣花功夫”抓脱贫，着力推进八大工程二十项扶贫行动，2017年全县1.5万名贫困人口脱贫，42个贫困村整村退出，贫困发生率下降到4%。年内全县统筹各类资金3.05亿元，全部落实到村到户。完成一期8730人扶贫移民易地搬迁工程全部建成并分房到户，二期9555人搬迁工程2018年10月底建成入住；实施“一户一栋棚、脱贫拔穷根”“一人一亩杏、增收能致富”为主的产业扶贫攻坚行动，全县新增日光温室135栋，塑料移动大棚1090栋；寒富苹果、杏果经济林2800亩；黄花1100亩；中草药5155亩；特色露地蔬菜、小杂粮3900亩；发展特色养殖4635头（只），带动7274户贫困户脱贫；集中连片建成60×100千瓦村级光伏电站，5月并网发电，惠及60个贫困村、1200户、2700口贫困人口。二期51×100千瓦村级光伏扶贫电站正在建设中。创新“政府+银行+经营主体+贫困户”四位一体金融扶贫模式，发放金融扶贫小额贷款1.9亿元，全市排名第一；扎实推进生态扶贫，选聘427名建档立卡贫困户担任护林员，成立造林扶贫专业合作社25个，吸纳2252户贫困户参与造林，户均增收1.08万元。对全县72个因“一方水土养不好一方人”深度贫困自然村实施整村搬迁生态修复。全力做好兜底保障扶贫，为所有贫困户建立健康档案。全面落实义务教育阶段“两免一补”政策，并为783名贫困家庭幼儿发放了学前教育资助金，为457名普通高中贫困生免除学费，为1144名贫困人口办理低保。落实建档立卡贫困人口“三保障三保险”，大病医疗救助647人。

着力改善人居环境。不断完善县城基础设施，完成北环路道路改造，整修和硬化小街小巷1.5万平米，阳和公园建成并投入使用。积极推进市政建设市场化改革，县城生活垃圾无害化处理率99%。加大县城绿化力度，县城绿化覆盖面积127.21公顷，绿化覆盖率20.22%。全力推进安居工程建设，2016年棚户区12栋改造安置房、102套公租房主体工程完工。2017年棚户区改造项目计划货币化安置1400户，县财政拨付资本金3508万元、12700万元贷款到位。启动实施云林寺周边棚户区改造工程，完成农村危房和危险土窑洞改造5576户。推进农村环境集中整治，完成整治达标村191个，城乡环境明显改善。

全力改善民生。办好人民满意教育，开工建设56所学校的“薄改”项目，通过国家级评估验收。招聘特岗教师62名。高考二本B类以上达线411人，达线率由上年17.9%提高到该年27.7%。推进城乡卫生服务均等化，县中医妇幼医院综合楼建设项目完成招标，82个贫困村卫生计生服务室建成并投入使用，培训村医523人次，10161人享受农村计划生育家庭“4+2”奖励扶助。开展健康扶贫“双签约”活动。不断提升社会保障水平，免费培训4606人，城镇新增就业1541人，转移农村劳动力4438人，城镇登记失业率为2.35%。督促企业为3851名职工补缴社保111.61万元，为746名农民工追回工资635.8万元。切实推进安全发展，全年发生各类安全事故64起，同比下降41%。

五、突出对意识形态工作的领导，思想文化建设再上新台阶

阳高县委始终把意识形态工作作为一项事关全局的重要工作来抓，严格落实工作责任，牢牢把握主导权，占领主阵地，发展主流文化。

把握正确导向，抓好舆论宣传工作。县委中心组专题学习习总书记关于意识形态工作重要论述、互联网形势下领导干部能力建设等内容，县委常委会2次听取工作汇报，制定印发《关于建立意识形态领域形势分析研判机制的通知》，全年处置网络舆情31起。在阳高电视台、《阳高周讯》累计刊播新闻稿件2000余件，出版《阳高周讯》30期，推出《阳高发布》330多期，开通“福城阳高”微信公众号，进一步树立阳高良好形象。

厚植道德根基，实施乡风文明提升工程。持续深入宣传社会主义核心价值观。利用多种载体持续不断刊播“中国梦”“梦娃”系列主题公益广告以及核心价值观主题微电影优秀作品。开展文明创建活动，推选出10名“道德模范”、14名“阳高好人”，进行表彰。宣传弘扬大泉山精神、李培斌精神、赵晋国精神，讲好阳高故事，凝聚正能量，助力脱贫攻坚。

提升公共文化服务，切实做好文化旅游事业。加强基础文化设施建设，投资500余万元完成云林寺消防、云林寺山门建设、杨塔砖塔抢险加固、谢家屯古戏台修缮、下梁源胡神庙修缮工程；农村“两馆一站一屋”免费开放；县城数字电视改造工程数字前端建设基本完成。开展“清源”“秋风”“剑网”“净网”等专项行动，检查经营户162家次，取缔流动图书兜售点3个，收缴非法出版物1245册、盗版光盘850张，进一步整顿和净化文化市场。

六、突出人民当家作主，着力推动社会公平正义

阳高县委始终坚持把维护社会大局稳定摆上重要位置，建立县、乡两级党委书记议稳制度，切实肩负起“护一方稳定、保一方平安”的重大政治责任。

注重打防结合、源头治理，切实维护社会稳定。依托国家安全教育、公务员培训等方式，强化国家安全教育，增强全县

广大干部群众的国家安全意识。组织开展“净化社会风气,助推脱贫攻坚”严打专项行动,整治“村霸”和宗族恶势力专项行动,全县违法犯罪活动明显减少,2017年,全县立刑事案件467起,较上年同期下降55起,下降率10.5%。

调动多元力量,切实化解社会矛盾。横向上继续推进述调、检调、警调、政调、访调对接和行业性、专业性调解组织建设运行,纵向上继续推进县乡村三级调解中心高效运行,努力排查矛盾纠纷和不稳定因素。2017年,排查调处各类矛盾纠纷1199起,调处率94.3%。

强化责任落实,切实推进信访工作。强化重点信访问题源头化解,上级交办18个案件全部办结;每个工作日都有一名县级领导坐镇信访大厅接访,关键节点实行无假日。县领导接访283个工作日,接待来访群众5961人次,占到全县上访人数7518人次79%;严格按照领导“五包一”责任制,全程跟踪办理。

七、突出社会主义民主政治,切实加强统一战线工作

2017年,阳高县委坚持党的领导和人民当家作主有机统一,不断发展社会主义民主政治。

加强和改进对人大、政协工作的领导。县委定期听取人大、政协党组工作汇报,全力支持和保障人大、政协依法履责,发挥人大、政协监督作用,助力脱贫攻坚。认真贯彻落实《关于推进县乡人大工作和建设的实施意见》,完成人大机构、人员配置,增设县、乡镇人大专职二作人员,增加人大工作经费。全力支持政协围绕脱贫攻坚、城市建设、三农工作、文教卫生等工作开展协商、监督。发挥政协职能作用,办好“扶贫超市”,全县9个乡镇27个贫困村对接认领扶贫项目82个,认领资金789万元。

加强和改进统一战线工作。强化对统一战线工作的领导,加大党外干部培养推荐力度,做好党外人士工作,积极搭建他们建言献策、发挥作用平台。抓好民族宗教工作,召开全县民族宗教工作会议,开展宗教法律法规宣传活动、和谐寺观教堂创建活动,积极引导宗教与社会主义社会相适应。做好民营经济管理服务,加强工商联工作,组织开展非公经济人士理想信念和社会主义核心价值观教育。

高度重视新形势下党的群团工作。召开县委党的群团工作会议,配齐县工会班子,配齐了乡镇、9大系统工会主席;指导团县委建立与广大普通青年直接联系制度;完成262个村“会改联”改革。领导支持党校发挥主阵地作用,全力加强干部教育培训。

(韩 伟)

附:中共阳高县委书记、副书记、常委名单

书　记:冯晓雷

副书记:丁国华　李东升(9月离职)
郭　永(4月离职,挂职)
吴建强(4月任职,挂职)

常　委:孟德昌　李　霞(女)　徐碧洋　兰学欣
曹　锋　李雁侠　蔡杰锋

中共天镇县委工作概况

县委书记　王建江

2017年,天镇县委在中央和省市委的正确领导下,以习近平新时代中国特色社会主义思想为指引,深入学习贯彻十九大精神,紧扣省市委战略部署,大力实施“3445”发展方略,团结带领全县干部群众抢抓机遇、真抓实干、拼搏奋进,建设红色、金色、绿色、古色天镇,经济社会发展取得新成效。完成地区生产总值24.93亿元,同比增7.2%;规模以上工业增加值完成3.46亿元,同比增6.9%;固定资产投资完成27.75亿元,同比增6.8%;社会消费品零售总额完成10.23亿元,同比增8%;公共财政预算收入完成1.02亿元,同比增26.5%;城镇居民人均可支配收入20865元,同比增6.2%;农村居民人均可支配收入6818元,同比增12.5%。

一、坚持从严治党,扛起主体责任,党的建设有了新加强

(一)突出思想引领,提升政治素养。以习近平新时代中国特色社会主义思想引领航向,树牢“四个意识”,坚定“四个自信”,坚决维护党中央权威和集中统一领导。把学习贯彻十九大精神作为首要政治任务,采取领导带头、理论辅导、专题培训、研讨交流等“五学”模式,全面掀起学习贯彻热潮。推进“两学一做”常态化制度化,开展“维护核心、见诸行动”主题教育,党员干部政治素养明显提升,不忘初心、继续前进的政治担当更加坚定。

(二)狠抓干部队伍,凝聚创业合力。严肃换届纪律,圆满完成十一届村级“两委”换届选举工作。坚持德才兼备、以德为先,树立风清气正、见贤思齐的干部选任导向。推进“六查”常态化,建立纪检、审计等部门资源共享机制,全面加强干部日常监督管理。实施农村本土人才回归行动,强化后备干部培养,在一线锻炼、识别、使用干部,有效激发了干事创业积极性。

(三)坚持标准要求,推进从严治党。从严落实主体责任,制定全面从严治党考核细则,细化为10大板块。实践落实“四种形态”,制定了实施办法,围绕脱贫攻坚、正风反腐等开展“大约谈”活动。扎实开展巡察工作,紧抓重点人、重点事、重点问题,移交问题线索10件。强化扶贫领域执纪监督问

责,严肃查处截留挪用、吃拿卡要等问题,给予党政纪处分24人,起到警示震慑作用。

(四)狠刹四风问题,引深作风建设。大力整治“不作为、慢作为、乱作为”,发现线索68条,处理103人。制定《进一步落实中央八项规定精神的实施细则》,紧盯中秋、国庆等重要节点开展专项整治。在县电视台开辟贯彻落实《准则》《条例》专栏,乡镇和县直单位负责人公开承诺;组织干部参观市廉政教育基地,拍摄阎秀峰同志优良家风故事微电影,让党员干部知敬畏、存戒惧、守底线。

(五)推进三基建设,建强基层组织。制定“三基建设”工作方案,细化为25条措施116项具体工作。乡镇“五小场所”全部建成,完成8个行政村撤并。建立“三联三下”机制,投入资金100余万元,30个软弱涣散党组织转化升级。行政村集体经济收入全部突破万元,其中5万元以上171个,50万元以上2个。

二、紧扣发展主题,打造“四色”天镇,县域经济实力有了新攀升

(一)依靠老百姓这双手,打造“红色天镇”。深度挖掘红色精神,激发脱贫内力,推进“八大工程、24项行动”。二里半移民小区全面开工,易地搬迁迈出坚实步伐;成功打造“天镇保姆”升级版,大同基地首批学员全部就业;成功举办全省光伏扶贫精准收益分配现场会,产业扶贫全市综合排名第一;实施县医院迁址新建、尤迈基金扶贫远程医疗项目,中国初保会教育扶贫“三通一平台”扎实推进,电商、教育、健康扶贫等均取得新成效。

(二)握紧老朋友这双手,打造“金色天镇”。大力实施“工业强县”战略,积极融入首都经济圈,对接经济发达地区,成功签约落地22个项目,投资总量150亿元,进一步拓展了产业布局,丰富了产业门类,形成了装备制造、绿色金融、现代服务等9大类产业,初步形成了要素齐全、结构优化的业态集群,打开了现代经济体系的天镇格局,为经济高速度增长、高质量发展奠定了坚实基础。

(三)遵循老天爷这双手,打造“绿色天镇”。完成绿化3.4万亩,启动古长城沿线绿化,发展经济林8000亩。创建区域公共品牌“天镇山泉粮”,农产品出口创汇4000万元,成功举办首届“天镇桃园开园节”。实施南洋河核心区生态修复,完成坡耕地治理1.09万亩,实施中小河流治理工程,解决8200人饮水安全问题。深入开展“大气污染防治”“铁腕治污行动”,城乡环境明显改善。

(四)用好老祖宗这双手,打造“古色天镇”。实施县城主干道街景立面复古改造,启动慈云寺周边改造,初现了魏唐文魂、古城风韵。完成县城大南街改造、滨河北街新建及西二路道路改造。实施九岸花城二期项目,完成1000户危房改造。京新高速、大张高铁全面开工,实施50公里古长城旅游路建设。美丽乡村、传统村落保护等重点工程齐头并进,城乡面貌明显改观。

三、坚持深化改革,激活各类要素,发展动力有了新增强

一是深化监察体制改革。完成编制划转、机构设置、人员转隶等工作,县监察委员会组建挂牌,实现纪委监委合署办公。落实“五个一”制度,发挥纪法协调衔接作用,紧盯媒体曝光焦点、群众反映热点、工作推进重点,促进监察工作与巡察监督、派驻监督有效结合。

二是推进经济技术开发区改革。全面落实“三化三制”改革部署,围绕“一次规划到位、分层滚动开发”要求,对廿十里铺边塞工业园区进行扩容升级,全面拉开“一区两园”建设框架,争取进入升级经济技术开发区行列。

三是深化人才发展机制改革。坚持党管人才原则,深入实施人才强县战略,统筹整合人力资源,筛选44名年轻同志,围绕脱贫攻坚、招商引资、信访维稳等编成6个小分队,交流轮岗使用,对表现突出的优先提拔,有效激发干事创业活力。

四是推进民生领域体制改革。对教育系统进行统筹整合,集中优势资源,实行集团化办学,对新任校长加强考核。在义务教育均衡发展省级评估中,天镇县集团化办学的做法受到省评估组充分肯定,教育改革走在前列。

五是推进舆论宣传改革。举办天镇“首届春节联欢晚会”,化整为零、合零为整,举行文艺扶贫汇报演出,宣传脱贫政策、树立脱贫典型;举办天镇“首届孝贤文化节”,抓住清明节返乡祭祖契机,邀请在外人士座谈,聚力天镇经济发展,在外人士自发组织慈云寺修缮募捐活动,教化了民风、引领了正气。

四、坚持以人为本,保障改善民生,群众幸福感和获得感有了新提升

(一)文明创建工程。弘扬社会主义核心价值观,开展“中国好人”“最美天镇人”“文明家庭”评选活动,道德模范李存瑞当选全国“最美家庭”。加强思想道德建设,广泛开展“政策下基层、文化进万家”活动,举办摄影、读书、征文等活动,展示了和谐文明整体形象。

(二)教育强县工程。新建维修校舍3.3万平方米,,县城新区迎宾小学建成使用,新建南河堡、卅里铺等4所幼儿园,世纪园小学、实验小学建设扎实推进。高考成绩再创辉煌,2人考入清华,20多人被浙大、人大、同济等重点院校录取,全市理工状元花落天镇县,打响了教育品牌。

(三)社会保障工程。李家庄村等5个农村老年人日间照料中心建成运营。加强城乡低保动态管理,实现了应纳尽纳、应保尽保,困难家庭再就业1353人,转移农村富余劳动力2148人,城镇登记失业率3.2%。常年外出务工2.2万人以上,年收入6亿元。

(四)医疗卫生工程。推进县级公立医院改革,组建天镇县人民医院集团。推行家庭医生服务签约,基本公共卫生服务扩展到12类45项,新农合参合率99.5%,重大疾病保障

扩大到20种，补偿比例提高到15万元。发放医疗救助金780万元，为812名农村退役士兵发放优待金360万元。推进残疾人康复行动和“阳光关爱行动”，为1500名残疾人实施康复训练治疗。

(五)就业增收工程。开展实用技能和就业技能培训，培训农民3800人次。新增城镇就业人数1305人，失业人员、困难家庭再就业1353人，转移农村富余劳动力2148人，城镇登记失业率3.2%，常年外出务工2.2万人以上，年收入6亿元。

五、坚持稳定为重，推进社会治理，民主政治、平安法治建设迈出新步伐

(一)民主法治不断加强。支持人大依法行使职权，支持政协民主监督、参政议政；成立县委统战工作领导组，把握大团结大联合主题，加强民主党派和无党派人士团结合作，加强民族宗教工作；完善“三务”公开等民主议事、决策和监督机制，支持工、青、妇等人民团体开展工作；深入开展双拥共建活动，推进军民融合发展。

(二)法治建设扎实推进。开展“一村一警”联系走访和“一村一法律顾问”活动，涌现出全国优秀人民调解员、玉泉司法所长王小红等先进典型。推进“阳光信访”，群众来信来访化解率92%。引深县级领导坐班接访活动，省市交办信访积案全部办结，依法处置非访闹访19人次。

(三)平安创建成效明显。引深开展冬季严打、春季攻势和夏季风暴行动，刑事案件立案174起、破案93起，打掉恶势力团伙1个，抓获网上逃犯61人，维护了社会大局稳定。强化社会面巡防体系建设，加强街道巡逻、街面巡防力度，群众安全感、满意度进一步提升。

(四)安全生产势头良好。深入开展安全生产“反三违”大检查大整治等行动，对加油站、尾矿库、非煤矿山、交通运输等高危企业进行风险评估，排查整改隐患1078项，对7家企业进行责令停业。广泛开展“安全生产宣传月”活动，加强警示教育，营造出浓厚的安全发展氛围。

(刘　佳)

附：中共天镇县委书记、副书记、常委名单

书　记：王建江

副书记：刘川楠　王　伟(6月离职)
王四小(4月任职，挂职)
张存建(4月离职，挂职)

常　委：姜　荣　梁　军　高　伟　贺胜利
张建明　宋桂珍　王　兴　周永波

中共大同县委工作概况

县委书记　王凤瑞

2017年，在省、市委的坚强领导下，大同县委深入学习宣传贯彻习总书记系列重要讲话精神，特别是习近平总书记视察山西重要讲话精神，认真落实省委“一个指引、两手硬”重大思路要求和市委“136”战略部署，团结依靠全县广大干部群众，以党的建设为统领，以脱贫攻坚为主线，持续打造火山、黄花、生态“三张牌”，着力建设现代新型工业园、都市特色农业园、火山文化旅游园和自然美丽新家园，全县经济结构更趋优化，特色产业优势凸显，脱贫攻坚取得实效，发展后劲持续增强，人民群众幸福感不断提升，各项事业得到了健康快速发展。

一、认真学习宣传贯彻党的十九大精神，统一党员干部群众的思想认识

大同县委坚持旗帜鲜明讲政治，始终在思想上拥戴核心、政治上维护核心、行动上紧跟核心，不断用习近平新时代中国特色社会主义思想武装头脑、指导实践、推动工作。党的十九大闭幕后，县委精心组织，迅速行动，印发了意见，开展了专题研讨，确定了17个调研题目，组成了宣讲团，在全县175个行政村设立了“新农民夜校”。全县各级党组织领导干部带头学，党员群众踊跃学，各个领域展开学，学习贯彻十九大精神的热潮在全县兴起。通过学习，大家深刻认识到党的十八大以来取得的成就来之不易，要坚决拥护以习近平同志为核心的党中央作出的决策部署，把思想和行动统一到党的十九报告对当前形势的科学判断上来，统一到习近平新时代中国特色社会主义思想上来，全力以赴抓好各项工作。

二、经济总量稳步增长，综合实力不断提升

2017年，全县地区生产总值实现30.77亿元，增长10.3%；第三产业增加值完成14.90亿元，增长9.9%；规模以上工业增加值完成5.30亿元，增长28.3%；公共财政预算收入完成1.87亿元，增长15.3 %；固定资产投资完成31.34亿元，增长7.6%；社会消费品零售总额完成17.13亿元，增长7.6%；城镇居民人均可支配收入19428元，增长6.5%；农村

居民人均可支配收入 8836 元，增长 7.9%。

三、坚持做好“三农”工作，扎实推进农业现代化

深入推进农业供给侧结构改革，优质黄花、特色蔬菜、林果、杂粮种植面积分别达到 13 万亩、6 万亩、10 万亩、20 万亩；蛋鸡、肉羊养殖呈现规模化、板块化、园区化发展态势，分别达到 200 万只、15 万只；全县“三品一标”认证面积 44.5 万亩，占耕地总面积的 68.99%，大同县黄花先后获得无公害、绿色、原产地地理商标认证和全国绿色食品原材料标准化基地以及省级、国家级出口食品农产品质量安全示范区验收，获得“2017 百强农产品区域公用品牌”称号；农业龙头企业发展到 25 家，农民专业合作社 1205 个，有力地推动了全县农村经济的快速增长，助推了周边乡村贫困人口的脱贫致富。

四、坚持贯彻“两山”理论，生态优势不断夯实

牢固树立“绿水青山就是金山银山”的理念，投资 1421 万元完成造林 3.161 万亩，森林覆盖率达到 34.8%；加强大气污染、水污染、土壤污染综合防控，全县二级以上天气 316 天，优良天数比例 86.6%，荣获“2017 年全国百佳深呼吸小城”称号；投资 6669 万元完成“火山天路”、金山生态修复、狼窝山步道、黄花走廊、菊花节道路建设；大同县“国际健康养生基地”“麻地沟生态文明沟域”和环境与健康形象正式对外发布，“中华诗词之乡”申报工作资料收集、基层调研基本完成，为生态和文旅融合发展奠定了基础；举办了火山群摩托车巡游、骑行大赛、火山地形越野跑挑战赛等休闲运动，提升了大同县的知名度和影响力。

五、坚持美丽宜居理念，城乡建设协同共进

投资 2.2 亿元，对县城南北街及北街延伸段等 16 条全长 13 公里主次干道及居民区道路进行维修改造；投资 1500 万元对县城主街 85 栋楼房进行立面整治；投资 1.23 亿元，完成“四好农村路”建设 146 公里；2014–2016 年 702 套公租房项目主体已完工，2014 年 503 套城市棚户区改造项目已建成 456 套，2015 年 748 套城市棚户区改造项目主体工程基本完工；新建换热站 1 座，新增垃圾箱 1000 个，改造雨污水管网 1.5 公里。县乡村三级累计投资 3200 多万元，实施了以“六道六治”为重点的农村环境集中整治，整治达标村 158 个，达标率 90.3%；积极推进农村垃圾污水治理，引进农村生活污水一体化处理装置和生活垃圾热裂解处理装置，首批 10 个试点村已完成基础建设和设备安装，倍加造等 6 个村已点火运行。

六、坚持民生为本思想，强力推进精准脱贫

始终把脱贫攻坚作为最大的政治任务来抓，持续推动以黄花为主导的产业扶贫，全县 39059 名贫困人口除政策兜底的 8000 多人外，实现了所有贫困人口人均 1 亩黄花目标；投资 6570 万元的光伏电站并网发电，可帮助 73 个贫困村 1600 名贫困人口每年增收 438 万元；整合资金 2.5498 亿元实施了 6500 人的易地扶贫搬迁、2135 户的危房改造，主体工程基本完工；大力开展培训就业、社保兜底、金融扶贫、电商扶贫等脱贫攻坚专项行动，转移劳动力 2015 人，发放扶贫小额信贷 1.2 亿元，县级农村电子商务服务中心和第一批 10 个村级服务站投入运营，完成 15 个村 13906 人脱贫摘帽任务。社会事业协调发展。顺利通过“全国义务教育发展基本均衡县”国家评估，总投资 7559.9 万元的全面改薄项目 68 所学校均已开工。完善社会保障制度，积极落实养老、医疗、失业等各类政策，城镇登记失业率控制在 3.31%，低于 4.2%的控制指标。为 98 名退役士兵发放待安置期间生活补助费 125.9 万元，为 38 名涉军人员及家属发放临时救助金 7.1 万元。提高公共卫生服务水平，推进县人民医院与省肿瘤医院、4 家市级医院建立医联体协作关系，县级医院对 5 个乡镇卫生院实行直接管理和对口帮扶，双向转诊率达 20%以上，完成了县级医疗卫生机构一体化改革，组建了大同县医疗集团。为 8804 名建档立卡农村妇女实施了“两癌”免费检查，为 680 名城乡怀孕妇女开展了免费产前筛查和诊断服务。严格落实各项惠农政策，农村贫困劳动力免费职业培训 500 人，新建农村老年人日间照料中心 5 所，发放农机补贴 302 万元，粮食补贴 3183 万元，冬季取暖补贴 1220.82 万元。平安创建扎实推进。坚持用群众工作统揽信访工作，加大信访突出问题的调处化解力度，一批信访问题得到妥善解决。全面加强社会管控，严厉打击各类违法犯罪，群众幸福感、安全感有所增强。深入实施重点领域安全生产专项整治，全县经济社会安全、稳定、和谐发展。

七、立足县情实际，全面深化改革

把顶层设计与实际结合，制定了工作要点，定期了解推进中的问题，研究解决的措施。一是完成了农村土地承包经营权确权登记颁证工作。累计调查承包地确权面积为 483216.7 亩，非承包地面积为 88152.5 亩，退耕还林地 213000 亩，征用地面积（高速公路占地等）3184.27 亩，本次调查面积共计 787553.47 亩（大同县二调国土面积为 673889.55 亩）。全县已完成合同签订的村 169 个，占涉及确权村数的 100%；已建立登记簿的村 162 个，占涉及确权村数的 96%。9 月 21 日全县土地确权登记颁证工作数据汇交及检查验收招标工作顺利完成。数据汇交工作已过了市级、省级验收，12 月 3 日送往农业部验收。11 月 28 日全县土地确权登记颁证工作的档案整理招标也顺利完成，两家单位中标。二是推进国有企业改革。针对县砖厂的闲置土地，在保证职工利益的前提下，采取先租后付费的方式，吸引森源激光企业入驻。针对供销社点多面广的现状，出台了改革方案，先行探索在倍加造供销社引进民间资本，盘活国有资产。同时，县政府组建宜民、富民、民生发展三大公司，助推产业发展、易地扶贫搬迁和政府贷款融资。三是推行“河长制”。全县共确定河长 139 名，其中县级 8 名，乡镇级 24 名，村级 107 名，

分别对全县19条河流建档立制，制定管护方案，实行“一河一策”，加强日常巡查，重点实施了投资2645万元的坊城河综合治理工程。四是推进群团制度改革。团县委、县妇联配备3名兼职副主席，县总工会出台了改革方案，尤其是在10个乡镇选配妇联副主席10名，兼职副主席40名；175个行政村选配妇联主席175名，副主席175名，兼职副主席700名，执委1130名。此外，积极推动公车后续改革、司法体制、户籍制度等各项改革。

八、坚持全面从严治党，党的建设取得新成效

县委常委会把从严治党牢牢抓在手上，“两学一做”学习教育常态化制度化和“维护核心、见诸行动”主题教育卓有成效，“三基建设”重点工作稳步推进，把严字体现在思想教育、作风建设、基层党建等各个环节，不断提高各级党组织的政治领导力、思想引领力、群众组织力和社会号召力。同时，县委常委会牢固树立“四个意识”，班子成员自觉维护团结，带头落实中央八项规定精神，坚持民主集中制，在“三重一大”事项上集体研究决定，形成了既集中统一又民主活泼的政治局面。全面完成村(社区)党组织换届工作，建立了村级后备干部台账。党员干部教育管理常态化，坚持好干部标准，加大干部调整力度，形成老中青相结合的合理干部队伍结构。严格党内政治生活，深化“支部主题党日”活动，开展“不作为、慢作为、乱作为”整治，让党员干部守纪律、知敬畏。尤其是党风廉政建设持续从严，坚持运用好“四种形态”，县委主要领导经常与县四套班子领导、乡镇及县直部门党政主要负责人咬耳扯袖、红脸出汗。积极稳妥推进监察体制改革，选优配强了巡察队伍，对6个单位进行了巡察。出台了县委关于落实中央八项规定精神实施细则，查处群众身边的不正之风和腐败问题，处置问题线索141件，立查案件93件，结案73件，给予党政纪处分63人(其中：处理科级干部13人，“两委”主干26人，给予撤职以上重处分10人)，组织处理33人(其中：诫勉谈话17人，批评教育15人，取消预备党员资格1人)，挽回经济损失28.16万元。

(杨立涛)

附：中共大同县委书记、副书记、常委名单

书　记：王凤瑞

副书记：周聚德　赫　瑞(7月离职)

徐　宁(4月离职，挂职)

解立鹰(4月任职，挂职)

常　委：牛志刚　王成武　刘义深(7月离职)

宋晋利(12月离职)　张文娟(女)　徐彦君

中共浑源县委工作概况

县委书记　张清河

2017年，浑源县委、县政府深入学习宣传贯彻党的十九大精神，坚持以习近平新时代中国特色社会主义思想特别是习总书记视察山西重要讲话精神为指导，全面落实省委“一个指引、两手硬”重大思路要求、“两个持久”工作目标和市委“136”发展战略，紧盯“打赢脱贫攻坚战、如期全面达小康”的奋斗目标，全面推进实施“755”攻坚战略，不忘初心，牢记使命，锐意进取，继续前进，全县各项事业持续健康发展，为走好新时代浑源转型发展新征程奠定了更加坚实的基础。

一、认真学习习总书记视察山西重要讲话精神，深入开展维护核心见诸行动主题教育

在广泛宣传中汇聚了社会合力。始终高举旗帜、坚定信念，弘扬主旋律、传播正能量，扎实做好十九大主题宣传报道、安保维稳等各项工作，认真组织开展了“砥砺前行的五年”宣传报道和“喜迎十九大”红歌赛、群众文艺汇演等系列主题活动，为党的十九大胜利召开营造了良好的理论氛围、舆论氛围、文化氛围、社会氛围。

在学习教育中把牢了正确方向。深入开展维护核心见诸行动主题教育，纵深推进“两学一做”学习教育常态化制度化，全年共举行县委中心组(扩大)集中学习24次，召开专题研讨会10次；认真学习贯彻落实习总书记视察山西重要讲话精神，召开了县委十五届三次全会，出台了两个《实施方案》；十九大召开后，及时组织召开了常委(扩大)会等专题会议，印发了8个工作方案，开展了“百人千场”宣讲活动，推进十九大精神深入人心、各项决策部署落到实处。

在深入调研中找准了发展方位。按照省委、市委要求，全县各级党组织开展了学用习总书记系列重要讲话精神交流会；认真落实习总书记“在全党大兴调查研究之风”的指示要求，组织县级领导干部开展大走访、大调研活动，形成专题调研报告40篇，进一步增强了贯彻落实十九大精神的自觉性和坚定性，进一步摸清了县域经济社会发展的差距和短板，进一步明晰了今后一段时期的发展定位、思路和战略措施。

二、以转型发展为主攻方向,县域经济稳中有进

经济运行企稳回升。对标习总书记“扎实转变经济发展方式”的指示和国发42号文件精神,坚持稳中求进工作总基调,坚持新发展理念,保持转型发展定力,全县经济呈现出稳中有进、稳中向好、稳中提升的发展态势。全县地区生产总值完成40.49亿元,同比增长5.9%;规模以上工业增加值完成7.26亿元,同比增长6.5%;固定资产投资完成32.6亿元,同比增长6%;社会消费品零售总额完成34.68亿元,同比增长7.85%;城镇居民人均可支配收入达到21815元,同比增长6.5%;农村居民人均可支配收入达到7363元,同比增长11%;公共财政预算收入完成2.6989亿元,同比增长16%。

产业培育增速提质。积极发展功能农业,举办了全国黄芪产业研讨会暨全市功能农业推进会,新增黄芪规范化种植面积2万亩,羊饲养量突破120万只,认证无公害农产品3个。持续发展新能源产业,全县风力发电投产45万千瓦,光伏发电建成规模7.51万千瓦,150万千瓦抽水蓄能电站项目制约瓶颈全部消除,正在加速推进。重点发展文旅产业,全面铺开了恒山大景区建设,扎实推进省级生态文化旅游开发区创建工作,成功举办首届“中国·北岳恒山论道”峰会;扎实推进文化旅游体制改革,成立了大同文旅集团恒山文化旅游公司,县旅发委正式组建,全年旅游门票收入完成6216万元,同比增长14.3%。着力推进项目建设,38个省市重点项目完成投资32.54亿元。

创新实践竞相迸发。持续发力抓供改,压减煤炭产能60万吨,清理僵尸企业34户,消化房地产库存451套4.9万平米,争取到省级2017年新增专项债券和一般债券共1.3亿元,累计取消、停征、免征、降费项目18项。突出重点抓综改,着力推进完成了文化旅游管理体制改革等5项重大改革。蹄疾步稳抓深改,按照习总书记提出的“32字改革方法论”、“四个亲自”要求、“四个有利于”工作导向,坚持“三个三”抓改革工作基本要求和基本方法,建立了县委全面深化改革“三个三”工作台账,重点推进了7个方面47项改革任务。多措并举优环境,深化“放管服效”改革,开展10大专项行动,着力打造“六最”营商环境,让各类市场主体活力竞相迸发。2017年,全县新增市场主体1462户,同比增长37.95%。

三、以脱贫攻坚统揽全局,精准施策再战再胜

健全工作机制,确保高位推动。成立了县脱贫攻坚总指挥部,18个乡镇分设六大战区,职能部门整合成立了10个专业指挥部,县乡村三级联动,四套班子领导全部挂帅出征、挂图作战、挂责问效,推进25个贫困村退出贫困序列、11300名贫困人口增收脱贫,实现了脱贫攻坚再战再胜。

突出产业引领,增强造血功能。围绕户有增收项目、村有集体经济、县有主导产业园的发展目标,布局实施了特色种植业、现代养殖业、文化旅游业、新能源产业4大精准扶贫产业规划。

凝聚社会合力,做到真帮实扶。开展了万名干部职工联户帮扶活动,动员80家企业、社会组织对全县贫困村进行结对帮扶;坚持扶贫与扶志相结合,举办了“脱贫攻坚·你我同行”主题故事会巡演以及“三美”大赛等活动,有效激发了贫困群众自强致富内生动力。

精准落实政策,提升脱贫实效。坚持“六环联动”,扎实推进易地扶贫搬迁,采煤沉陷区搬迁安置一期工程投入使用,二期和三期主体全部完工;完成2017年确定的8个搬迁安置点主体工程,改造土窑洞3309户、农村危房2916户。突出“五个一批”,推进生态扶贫,26家造林专业合作社吸纳贫困群众534人,通过承接造林工程助推贫困群众增收脱贫,285名生态护林员通过工资性收入实现增收脱贫;落实金融扶贫政策,注入金融机构贷款风险补偿金1650万元,发放小额扶贫贷款8918万元、扶贫企业贷款6837万元。

强化考核督查,把准攻坚导向。组建了3个督查组,不定期对贫困村和非贫困村走访督查,在18个乡镇开展了交叉检查,聘请浑源师范师生进行了第三方评估。“亮剑”扶贫领域不正之风和腐败问题,共发现问题90个,给予党政纪处分32人。

四、以绿色发展理念呵护生态,城乡环境持续改善

持续用力执法监督。全年共处办各类环境举报案件152件,下达责令改正违法行为决定书215件次,限产停产企业11家、查封25家、立案处罚31家,罚款992.3万元。

持续用力环境保护。制定了浑源县土地复垦和生态治理绿化三年规划,全年完成营造林面积3.37万亩,完成露采区土地复垦6290亩;制定了《浑源县全面推行河长制实施方案》,12条河流设置县级河长。

持续用力“铁腕治污”。以中央和省委省政府环保督察为契机,大力开展“铁腕治污行动”、大气污染防治专项整治行动,全县土小窑堆、县城建成区10蒸吨以下锅炉实现“清零”,拆除老旧平房980户11万余平方米,新增集中供热面积60万平米。深入开展城乡环境整治活动,紧盯“脏乱差”,深化“六治”措施,城乡环境显著改善。

五、以惠民利民为执政追求,民生保障更加坚实

2017年,县财政投入民生领域项目支出达到23.61亿元,占财政支出总额的89.18%。

就业水平不断提升。积极开展“春风行动”“民营企业招聘周”等针对困难人员就业的援助活动,召开现场招聘会25场;全力推动就业创业小额担保贷款工作,发放再就业小额贷款近千万元,带动100多人就业。2017年,城镇新增劳动力就业910人,城镇登记失业率为3.2%。

教育事业成效明显。投资9127万元改善办学条件,顺利通过国家义务教育均衡验收;大力推进高中教育改革,实行浑源中学校长聘任制,组建浑源中学教育集团;推行校际联

盟办学制度,有效缩小城乡、校际办学差距。

住房保障持续强化。推进建设公租房 13.51 万平方米,主体完工 10.2 万平方米;建成廉租房 7.66 万平方米,正在建设 12.67 万平米;制定了《浑源县 2017 年第一批廉租(公共租赁)住房售租分配实施方案》,着力解决低收入家庭的住房困难。同时,投资 5537 万元实施市政道路建设工程 3180 米。

医药卫生服务水平明显提高。全面推开县乡医疗卫生机构一体化改革,组建了人民医院集团,促进医疗卫生服务重心下移、资源下沉;有序推进家庭医生签约服务,已签约 11.78 万人,其中建档立卡贫困人口、计划生育特殊家庭签约服务率均达到 100%。

文化事业健康发展。牢牢把握意识形态主动权,制定了《浑源县意识形态工作责任制实施细则》等制度,成立了浑源县网络发布联盟,并在全县进行了量化考核,切实让意识形态工作的责任强起来、规矩立起来、制度严起来;深入推进社会主义核心价值观建设,开展了道德文化大讲堂、移风易俗树立文明乡风、清明祭英烈、道德模范评选、核心价值观文化墙等一系列主题宣传教育活动,五集高清电视纪录片《浑源》开拍,发展公益组织 7 个,讲好浑源故事,传播正能量,引领社会新风尚。

六、以民主法治力量凝聚共识,社会大局和谐稳定

深化民主政治建设。推进县乡人大改革建设,如期完成县人大"一室五委"调整设置、乡镇人大工作人员配备工作;督办落实政协委员提案 90 件;巩固和发展最广泛的爱国统一战线,群团改革工作深入推进,军民融合发展开创新局面。深化法治浑源建设。充分发挥县委对法治建设的核心领导作用,认真开展"执法司法规范化建设年"活动,积极构建服务城乡居民的"互联网 + 司法行政"服务平台,全面推进"七五"普法工作,全社会尊法、学法、守法、用法的良好法治氛围更加浓厚。

深化社会治理创新。牢固树立总体安全观,以"三个坚决防止"为目标,加强社会治安防控体系建设,深入开展社会安全稳定风险隐患大排查大整治,持续发力开展"1+8+6"专项行动,对各类违法犯罪活动发起猛烈攻势,重拳整治社会治安秩序。扎实推进"重点信访问题源头化解"暨"信访突出问题大整治",开展了"反三违"、安全生产大排查大整治行动,实现了重特大安全事故"零目标",社会大局保持和谐稳定。

七、以改革创新精神推进伟大工程,党的建设不断加强

全县共有党委 23 个(其中:乡镇党委 18 个,机关党委 3 个,驻浑单位 2 个),党总支 25 个(其中:机关单位 20 个,农村 2 个,驻浑单位 1 个,非公企业 1 个,社会组织 1 个),党支部 620 个(其中:机关支部 246 个,农村支部 329 个,非公经济组织支部 36 个,社会组织支部 9 个)。全县共有党员 14254 名,其中:农民党员 6946 名。2017 年,县委坚定不移把抓好党的建设作为首要职责,全面贯彻新时代党的建设总要求,牢牢把握加强党的长期执政能力建设、先进性和纯洁性建设这条主线,推动全面从严治党向纵深发展。

严肃党内生活。制定出台了《县委全委会工作规则》《县委常委会工作规则》《乡镇党委议事规则》等制度,印发了"三会一课"、民主评议党员、"支部主题党日"等 10 项党内组织生活制度实施细则,推动党内生活标准化、规范化、常态化。

全面加强"三基建设"。着力推动基层组织全面加强,建立完善思想、经费、队伍、激励、阵地"五位一体"保障机制,全面提升基层党组织单元战斗力,县财政配套支出基层党建工作经费和服务群众专项经费 1743.7 万元,75%的行政村集体经济突破 5 万元,高标准高质量完成了村(社区)"两委"换届工作,38 个基层党组织实现了转化升级,全县非公党组织覆盖率达到 90%,社会组织覆盖率达到 81.6%;着力推动基础工作全面进步,紧扣系统梳理、健全制度、严格验收三个关键环节,找不足、补短板、建机制,全县 88 家党政群机关和县直事业单位建立了"一目录一图三手册",全面推行效能建设 10 项制度,并进行了认真验收;着力推动基本能力全面提升,推进实施了党政领导干部履职能力提升等五大工程,先后举办各类专题培训班 42 期,培训党员干部、工作人员和专业人才 8226 人次,基层干部、专业人才履职能力和水平得到新提升。

加强干部队伍建设。制定出台了《浑源县委在干部选拔任用工作中严格执行民主集中制的实施细则(试行)》《加强和改进优秀年轻干部培养使用工作的意见》《支持干部改革创新合理容错实施细则》《关于浑源县干部轮岗交流的实施意见(试行)》等相关制度规定,初步形成能者上、庸者下、劣者汰的干部人事制度。

争先创优锤炼作风。将 2017 年确定为争先创优年,深入开展"六争六创"活动,扎实开展巡视巡察整改自行"回头看",认真制定了"三清单一制度"。组织全县各级党组织围绕系列典型腐败案件,加强警示教育,全面肃清腐败流毒。开展"不作为、慢作为、乱作为"问题集中整治,16 名党员干部被问责。始终密切关注"四风"问题新动向、新表现,紧盯重要节点,驰而不息落实中央八项规定精神。

持之以恒反腐倡廉。稳妥有序推进监察体制改革试点工作,扎实做好转隶融合工作,形成了党统一领导下的反腐败工作体系。启动了县委第二轮巡察,支持纪检监察部门实践运用监督执纪"四种形态",促进全县党风廉政建设和反腐败斗争深入开展。

(刘东升)

附:中共浑源县委书记、副书记、常委名单

书　记: 张清河

副书记: 王继武　文晓东(6 月离职)　郭晓楠
龚景华(4 月离职,挂职)
闫保安(4 月任职,挂职)

常　委: 赵　亮　谢志海　张　军　白金义　于海滨
黄姝琦　王晓峰

中共灵丘县委工作概况

县委书记 张 强

2017年，中共灵丘县委以习近平新时代中国特色社会主义思想为指导，深入学习贯彻党的十九大精神，牢固树立“四个意识”，按照中央“四个全面”战略布局，坚持省委“一个指引、两手硬”的重大思路和要求，全面落实市委“136”发展战略，紧紧围绕建设面向京津冀地区宜居宜业宜游山水特色城镇的发展定位，团结带领全县干部群众，解放思想、振奋精神、锐意创新，各项工作成效显著。

全年地区生产总值达到34.5亿元，增速8.6%；第三产业增加值完成18.6亿元，增速8.5%；规模以上工业增加值完成2.8亿元，增速13.7%；公共财政预算收入完成1.35亿元，增速20.5%；固定资产投资完成31.6亿元，增速6.7%；社会消费品零售总额完成32.6亿元，增速8.1%。城镇常住居民人均可支配收入达到25562元，增速6.1%；农村常住居民人均可支配收入达到7271元，增速8.5%。

一、坚持和加强党的领导，加快推动全面从严治党向纵深发展

坚持以习总书记系列重要讲话精神为指引，不断推动全面从严治党向纵深发展，努力实现党内政治生态持久的风清气正。

(一)加强政治思想建设。组织全县干部群众集中观看十九大开幕式和十九大报告评论视频，县委中心组召开“学习十九大精神交流会”和中心组学习会，举办了3期党的十九大精神培训班。学习贯彻习总书记视察山西重要讲话精神，组织开展“习总书记讲话进基层”主题宣传活动300多场。扎实推进“两学一做”学习教育常态化制度化和维护核心见诸行动主题教育，深化“主题党日”活动，组织党员每月开展“学习思考”大讨论活动，拓展“党员先锋行”主题实践活动。

(二)加强基层组织建设。县乡两级建立党组织书记党建工作责任清单281个，召开了党组织书记履行基层党建工作责任专项述职评议会。完成农村党员干部“领头雁”培训3500人次，圆满完成了255个行政村党组织换届选举，255个行政村村集体经济全部“破零”。抓常抓细“三会一课”“支部主题党日”等六项制度，分类开展基层党组织书记轮训6班次647人，进一步规范党费收缴使用，年内确定入党积极分子556名。

(三)加强干部队伍建设。树立正确用人导向，全年共调整科级干部7批64名。升级改造了“12380”信息管理系统干部监督举报平台。圆满完成县人代会选举工作和县第十六届人民代表大会第二次会议选举组织工作。举办“送教下乡”专题培训4次，组织科级干部、驻村干部和青年干部脱贫攻坚培训等各类培训班9期6000余人次。在全市率先成立了灵丘平型关智库，联合中国农业大学成立了山西灵丘教授工作站和研究生实习基地。

(四)加强党风廉政建设。开展了全县政治生态大调研大督查，对发现问题的责任人进行了集中提醒谈话。坚持不懈反对四风，制定了《灵丘县落实中央八项规定精神实施细则》。对全县办公用房进行了全面清理。开展了“不作为、慢作为、乱作为”问题集中整治。举办了2017年电视问政。强化扶贫领域不正之风和腐败问题专项监督检查，处置扶贫领域问题线索90件。抓好“四种形态”运用，全年纪检监察机关共立案69件，结案67件，给予党纪政纪处分71人。

二、坚持新发展理念，努力提高资源型经济转型发展水平

坚持以提高发展质量和效益为中心，以供给侧结构性改革为引领，加快构建现代产业体系，努力走出一条产业优、质量高、效益好、可持续的发展新路。

(一)加快发展有机农业。完成了灵丘县有机农业园区建设实施规划，出台了《关于加快推进全县有机农业发展的实施意见》，与中国农业大学建立了牢固的校县共建有机农业结构与机制，举办一年一度的车河国际有机农业论坛，结合产业扶贫和易地搬迁，引导工商资本和具备条件的村集体，按照统一规划，开工建设了城头会、桃花沟、古路崖三大有机社区。

(二)加快发展新兴产业。发展清洁能源产业，总投资20亿元的建投衡冠风能寒风岭、白草湾、南甸子梁3个风电场已经并网发电；总投资10.68亿元的山煤100MW光伏发电项目一期60MW已建成投产，二期40MW项目正在做前期工作。发展生物医药产业。总投资500万元的富丹细胞培养基项目已建成投产；总投资1.2亿元的库邦年产80吨医药中间体及科研基地项目部分设备已购置安装。发展新型建材产业。豪洋新型建材公司年产20万吨活性氧化钙生产线建设项目和金海环保砖厂项目已备案，正在办理环评；北京建工集团投资5亿元的新型建筑材料产业项目建成后年产系列产品60万立方米，实现工业产值5亿元。发展通用航空产业。年内与浙江永安通用航空有限公司签署了投资开发协议，成立了山西平型关机场有限公司。

(三)加快发展全域旅游。组建了大同市灵丘县旅游发展委员会，建设了桃花沟、小寨、沙岭台等五个覆盖200多平方公里区域的有机社区和一二三产业融合的田园综合体，与北京建工集团达成了县城东部唐河湿地大健康养老养生度假

区开发意向,完成了南部山区平型关国家有机农业公园和西部山区平型关军事文化园编制规划。推出了电影《平型关1937》《胡服骑射》、动漫《李存孝》、实景演出《山水北泉》,在北京中青旅大厦建成了中青旅——灵丘旅游体验馆。2017年全县完成旅游总收入19.09亿元,同比增长27.27%;接待游客243.52万人次,同比增长22.81%。

(四)加快扩大对外开放。抢抓京津冀产业调整机遇,整合县新材料产业园、扶贫产业园、巍山工业园三个园区,创建申报省级开发区,积极承接雄安新区产业转移。全年规划整合1813.5亩土地,建设20万平米标准厂房用于承接产业转移;协助雄县、安新县、容城县三县企业在县扶贫产业园成立雄安商会;在容城县县政府西侧奥威大街北侧设立了灵丘驻雄安新区招商临时办事处。共引进企业310多家,落地72家,试生产2家,完成投资6亿多元。

三、坚持精准扶贫脱贫,不断夺取脱贫攻坚工作新胜利

深入贯彻落实习近平总书记在深度贫困地区脱贫攻坚会上的讲话精神,强化工作举措,狠抓责任落实,强力推进精准扶贫精准脱贫,全年10085名贫困人口实现脱贫,16个贫困村整体退出,脱贫攻坚实现再战再胜。

(一)产业扶贫夯实脱贫基础。按照“建园区、引龙头、扶产业、扩基地、增效益、带农户”的发展思路,以“一村一品一主体”为抓手,积极打造脱贫带动能力强的特色产业。全年共有76个项目落地实施,覆盖全县12个乡镇161个行政村,带动建档立卡贫困户8630户20395人。

(二)易地搬迁加快脱贫步伐。聘请中国城市规划设计研究院、容海川城乡规划设计有限公司等国内一流机构对红石塄乡边台村,白崖台乡斗方石村、南张庄村等进行设计,同时通过县融资平台贷款、整合住建等部门资金、有能力的群众按规定自筹等方式,多渠道筹集资金投入建设。年内共开工建设14个安置点,其中已搬迁入住1个,13个主体工程全部完工。

(三)资产收益解决脱贫难题。将资产收益扶贫与金融扶贫相结合,利用国家小额扶贫信贷政策,采取“政府贴息、企业担保、统贷统还、保底分红”的模式,由政府注入风险补偿金,与信用联社和邮储银行合作,向建档立卡贫困户发放小额扶贫贷款6371.88万元,覆盖贫困户1291户,每户保底收益3000元;

(四)综合施策兜牢脱贫底线。年内全县249位保障对象通过“四方联动”一单式结算,个人自付2%,实际补偿比达到98%。实现了建档立卡贫困生从幼儿园到大学的教育资助全覆盖。全年共发放教育资助金1101.28万元,资助贫困学生14832人。输送5批灵丘阿姨进京就业,人均月收入5000元以上;成立了30个脱贫攻坚造林专业合作社,975个建档立卡贫困户从中受益;压缩“三公”支出,将全县城乡居民基本养老保险标准每人每月再提高5元,为大同市最高。在庄头集中安置点建设公寓式敬老院住宅楼1008套,逐步实现五保人群集中供养。

四、坚持以人民为中心,切实提高保障和改善民生水平

从维护群众根本利益和实现社会长治久安的角度出发,坚持民生民本优先,积极保障和改善民生,全力维护社会和谐稳定。

(一)社会保障日益完善。城乡居民基本养老保险参保人数达到122700人,城镇职工基本养老保险参保人数达到20772人,60岁以上贫困人口养老保险参保率100%。城乡居民基本医疗保险参保人数达到189565人,城镇职工基本医疗保险参保人数达到20163人,贫困人口医疗保险参保率100%。全年发放低保金5651.74万元、五保供养金1269.96万元,保障了22431名城乡低保人员和2935名五保对象的基本生活。公租房保障范围扩大到城镇常住人口,年内全县分配公租房三批次2090套。

(二)社会事业蓬勃发展。成立了以灵丘二中等5所学校为龙头的教育发展集团,与北京5所高校16个学院、10所中学开展互助合作交流。2017年全县高考本科达线637人,达线率30.7%,达线人数、达线率再创新高。年内新增城镇就业人数1508人,城镇登记失业率控制在4.0%。积极推进社会主义核心价值观教育和文明村镇、文明单位等群众性精神文明创建,首次举办旗袍秀、图书漂流和千人毽球展演等群众文化活动,成功推出以扶贫为主题的现代大型罗罗腔剧目《灾后情》。

(三)平安建设成效显著。严密防范“法轮功”等邪教组织的渗透破坏活动,依法教育训诫重点人员26人。10月被中央综治委授予“全国平安建设先进县”荣誉称号。严厉打击各类违法犯罪活动,全年共受理各类刑事案件66件,审结66件,结案率为100%,刑事案件发案数同比下降10.04%。深入开展“县四套班子领导大接访”活动,全年接待受理群众来信来访808批3179人次。围绕重点时段和重点区域开展安全生产大排查大整治和安全大生产大检查等活动,排查企业182家(次),督促整改隐患251条,年内非煤、危化、冶金等行业未发生生产安全事故。

(孙海军)

附:中共灵丘县委书记、副书记、常委名单

书　记:张　强

副书记:罗永山　张学梅(女)

戎晓峰(5月离职,挂职)

牛白琳(5月任职,挂职)

常　委:杜　福　于　君　郭尚元　高志明　孙为军　李青春

中共广灵县委工作概况

县委书记　李润军

广灵县位于山西省东北边陲，永定河上游，毗邻灵丘、浑源、阳高和河北省蔚县。全县辖2镇7乡180个行政村，国土面积1283平方公里，耕地面积46万亩，总人口18.5万人，是全省深度贫困县。

2017年，中共广灵县委认真学习宣传贯彻党的十九大精神，深入贯彻落实习近平总书记视察山西重要讲话精神，紧紧围绕省委“一个指引、两手硬”重大思路要求和市委“136”发展战略，深入实施“11255”发展思路，奋力推进经济社会发展，全面攻坚深度贫困，各项工作都取得了新进展、新成效。

一、提升能力抓队伍，党的建设不断加强

一是坚持“四个持续”，推进基层组织建设规范化。持续加强基层组织建设，由县委委员帮联，完成软弱涣散基层党组织整顿工作；坚持党对换届工作的绝对领导，挺纪在前，严把选人关、竞职行为关、投票选举关，圆满完成农村（社区）“两委”换届工作。持续加强乡村干部队伍建设，对任期已满的农村第一书记进行轮换，实施乡土人才回归工程，公开招聘农村、社区工作人员，选派年轻干部到乡镇挂职轮岗锻炼，完成行政村撤并试点工作。持续壮大村级集体经济，消除“空壳村”166个，180个行政村集体经济全部“破零”，149个村集体收入达到5万元以上；确定了10个村为省级财政专项资金扶持集体经济试点村。持续加大基层阵地建设，实现村级组织活动场所美化维修、远程遥控数字扩音“大喇叭”配备、脱贫攻坚公示栏设置“三个全覆盖”；实施社区活动场所提档升级，社区活动场所均达到200平方米。

二是坚持“两个全力”，推进基础工作落实精细化。全力规范基础工作。细化基层党组织职责任务，研究制定县、乡（镇）、村（社区）党建“三个清单”，确定基层党建“书记项目”，明确“五好”创建标准。落实“一控二推三考四严”（控制总量，群团推优，考试、考评、考察，严格标准、程序、培养、责任）工作法，细化规范发展党员工作。全力加强基础保障。在中央、省、市下拨经费的基础上，加强县级财政再配套力度，全面推进乡镇“六小”建设。

三是健全“三个机制”，推进基本能力提升常态化。健全“5+2”干部教育培训机制，对“两委”主干、驻村工作队、大学生村官、第一书记进行“领头雁”培训；开办“广灵大讲堂”，组织贫困村党支部书记、致富带头人、党务工作者赴外地开展学习和党建观摩；组织县直单位和基层党组织负责人赴高校开展对口培训。健全后备干部培养锻炼机制，出台《年轻干部成长工程实施意见》和《年轻干部挂职锻炼管理办法》，选拔储备后备干部。健全考核激励机制，建立目标责任阶段分析预警机制，运用“三分法”考核体系，推进目标责任落实。

四是强化“两个责任”，推动全面从严治党向纵深发展。深化监察体制改革，落实省市纪委监委“四个一”工作制度和“1+4”10项制度，如期完成转隶、挂牌，实现对全体公职人员监察全覆盖。持之以恒正风肃纪，巩固拓展落实中央八项规定精神成果，持续整治“四风”；开展“不作为、慢作为、乱作为”集中整治和全县扶贫领域不正之风和腐败问题专项治理，问责扶贫工作不作为、慢作为党员干部10人，查办扶贫领域违纪违法案件23件，给予党政纪处分23人。高度重视巡察工作，开展2轮县委巡察，巡查利剑作用有效发挥。

二、稳中求进抓发展，县域经济实力持续提升

一是产业转型迈出重要步伐。农业发力供给侧，出台奖补政策，引导发展杂粮、菇菜、杏果、畜禽产业基地；以“大同好粮”项目为引领，提高“广字号”农副产品的包装转化率，在北京、太原等地和京东、微商等平台建立直销窗口；坚持种养加并重，引进海高牧业和新大象全产业链养殖项目，推动东方亮生命科技股份有限公司成功上市，农业产业化进程稳步推进。工业致力建园区，16平方公里的开发区完成土地规划的调整及报批，总投资50多亿元的亿晨环保再生资源循环利用园区、农副产品加工贸易园区、扶贫手工业园区相继开工建设，产业集聚带动效应显著增强；组织“干部入企服务”，工业利税增速86%，培育6家民营企业升规，实体经济发展优势凸显。文旅迈出新步伐，编制乡村旅游、沟域旅游和全县旅游总体规划，推进祥和谷滑雪度假区项目和湿地景区招商工作，发展乡村旅游扶贫项目16个；成功举办首届广灵湿地文化节、民食文化节、中国广灵塞上水城湿地发展研讨会、“域美广灵”摄影和微视频大赛等活动，打出“北方水城、晋北雪镇、康养胜地、剪纸之乡”四张牌，文旅产业成为新的经济增长点。

二是招商引资和项目建设取得突破进展。创新招商方式，派出招商小分队，派驻招商工作组，20个项目成功签约，投资总额达131.07亿元；4个项目落地在建，投资总额57.83亿元。推进重点项目建设，25个市重点工程项目完成年度投资计划，32个县重点项目完成投资15.34亿元。扎实开展“冬季行动”，提前谋划推进2018年重点项目47个，总投资330多亿元。

三是攻坚深度贫困实现连战连胜。坚决扛起脱贫攻坚的政治责任，以习总书记精准扶贫精准脱贫战略思想为引领，以县乡脱贫攻坚指挥部为统领，采取超常举措，推进“334”攻坚方略，通过“三抓三促”夯实基础工作，布局“三个覆盖”拓

展增收路径，落实“四个到位”强化攻坚保障，高标准通过国家省市多轮评估、检查、考核。县财政投入扶贫领域资金增幅56%，全县近1.54万贫困群众在产业带动中增收，1270人就地转移就业，38个资产收益项目覆盖1.49万贫困人口人均年收益851元，255户547人易地搬迁喜迁新居，3597间搬迁安置房主体工程完工，15个易地搬迁后续产业项目同步推进，2.2万贫困人口在“三保障”政策中受益。通过有力举措，圆满完成14个村2583户8131人的年度减贫任务。

四是生态环境得到持续优化。牢固树立“绿水青山就是金山银山”理念，坚持不懈植树播绿，实施林业生态“123567”工程，全年累计造林5.3万亩，森林覆盖率达到23.6%。强力推进铁腕治污，依法取缔“散乱污”企业39家，淘汰落后产能生产线2条；扎实推进水、大气和土壤污染防治行动，全年空气质量二级以上天数达到306天，饮用水水源地保护区水质达标率100%；全面落实河长制，恢复改善壶流河湿地4000多亩，广灵的天更蓝、水更清、生态更怡人。全力配合环保督察，中央环保督察组交办的3件案件和省环保督察组交办的1件案件，全部按时办结。

五是民生福祉实现全面提升。忠实践行以人民为中心的发展思想，民生支出占公共财政支出达到86.9%。实施宜居“三大工程”，开展城乡环境“五大整治行动”，推进公路建设、棚户区改造、老旧小区整治、农村危改、污水处理、医疗康养等项目，城乡人居环境更美更宜居。落实教育激励政策，重奖优秀教师，强化校长管理，与大同一中、大同市城区优秀学校结对共建，高考二本B类以上达线人数创历史新高，创建教育首善之县迈出坚实步伐。县乡医疗卫生机构一体化改革深入推进，群众“看病难、看病贵”问题有效缓解。就业保障、低保提标、救助扩面统筹推进，覆盖县乡村的社会福利供养保障体系更加完善。坚持法治思维、依法治县，深化平安广灵建设，实施信访倒查机制，全力化解社会矛盾，营造了和谐稳定的发展环境。

（田广源）

附：中共广灵县委书记、副书记、常委名单

书　记：李润军

副书记：王丽萍（女）　李　纬（9月离职）
李满田（4月离职，挂职）
付　强（4月任职，挂职）

常　委：白　洁（女）　赵晓周（6月离职）　曹　辉
吴华泽　李贵峰　赵昱清

中共左云县委工作概况

县委书记　苏　智

2017年，中共左云县委深入学习贯彻党的十九大精神和习近平新时代中国特色社会主义思想，紧紧围绕习总书记视察山西重要讲话精神和骆书记来同调研指示要求，按照省委“一个指引、两手硬”重大思路要求和市委“136”发展战略，聚焦“两个持久”，争当“两个尖兵”，同心同力建设经济强县生态大县文化名县，全力打造美丽大同西大门，圆满完成了年度目标任务，各项工作取得了新成效。

一、坚持全面从严治党，党建工作开创新局面

（一）强化理论武装，提升党员干部素养。县委坚持用党的创新理论武装头脑，把习总书记视察山西重要讲话精神、十九大精神和新时代中国特色社会主义思想作为核心内容，县委中心组集中学习46次，举办5期十八届六中全会精神培训班、2320期大讲堂。开展“习总书记讲话进基层”主题宣讲活动，讲党课474次。打造党建网和“党员E家”微信公众号学习平台，开展“百人千场大宣讲”活动，21个宣讲团宣讲215场。开设“解放思想大讨论·发展论坛”，14名县级领导、65名干部代表献计献策。

（二）推进“三基建设”，着力夯实基层基础。出台《关于落实全面从严治党要求加强和规范党内组织生活的意见》等一系列制度，建立县级党员领导干部联系点和乡镇班子成员指导员制度，实现乡镇、机关、农村联系指导全覆盖，确保“三基建设”有序推进。一是建强基层组织。实施县乡党委“书记项目”，集中整顿了25个软弱涣散党组织。拨付乡镇和村（社区）工作经费2870万元，完成周转房“五小”建设；集体经济1万元以上村实现全覆盖，5万元以上村占比70%；完成村（社区）党组织换届。二是抓实基础工作。印发《制定基础工作目录和工作运行流程图的指导意见》等文件，确定8类16项工作标准，逐项开展对标达标。全面落实“13710”工作督办制度，普遍建立限时办结制等8项制度，开展了减证便民专项行动。三是增强基本能力。全年培训科级干部895人次、村“两委”主干等1116人次、乡镇挂职干部67名；轮训基层党组织书记474名；完成上级干部调训13批次，70人次。建成5个教育基地，其中左云县第一个党小组诞生地被命名为

"大同市市直机关工委党员教育基地"。

(三)加强作风建设,压紧压实"两个责任"。一是落实管党治党责任。县委常委带头,各级党组织共召开专题民主生活会110次,坚决肃清徐尚红案件流毒影响。县委先后3次召开会议部署推进全面从严治党工作,10次研究部署党风廉政建设和反腐败工作;专题听取了人大、政府、政协和法院、检察院党组管党治党工作汇报;县委班子成员主动对分管领域党员干部开展提醒谈话31次,263人次。扎实开展巡视整改自行"回头看",查找梳理整改问题3大类51项。二是持续正风肃纪反腐。完成2016年度廉洁档案信息采集和党风廉政建设责任制考核工作;认真贯彻执行中央八项规定精神,严防四风反弹;保持反腐高压态势,全年共立案75件,结案75件,给予党纪政纪处分73人(双重处分3人);运用执纪监督"四种形态"处理228人次,极大地增强了震慑力,促进了全社会遵纪守法意识的形成和清风正气的大力弘扬。

二、始终坚持稳中求进,经济建设迈上新台阶

(一)工业经济稳定增长。全年实施重点项目53项,完成投资29.23亿元。开发区"三化三制"方案上报待批,210省道连接线土地补偿款已到位。仓储物流园一期主体结构基本完成。新兴技术产业园完成"三通",湖北程力和江苏杰伟讯新项目入驻开工。光伏示范基地二期等5个风光电项目开工建设,规模达52万千瓦。长春兴煤业产能提升方案获批,帽帽山、东沟2座矿井开工建设。全年生产原煤811万吨。成立小微企业创业创新示范基地,协助中小微企业贷款融资49129万元。全年签约项目14个,拟投资总额146.47亿元,完成率154.2%,全县工业发展后劲充足。

(二)深化改革全力推进。县委常委带头推进44项改革,在扎实推进供给侧结构性改革、深化财政管理改革、金融体制机制创新、教育和医疗改革方面取得新突破。特别是深入推进城乡义务教育一体化改革省级试点工作,顺利完成了县人民医院集团化改制。

(三)现代农业快速发展。全县马铃薯新品种推广率达到95%以上,保证了10万余亩马铃薯种植需求;全年羊饲养量达81万只,出栏56万只,培育出"白羊牧歌""边塞牧羊"两个国家级自主羊肉品牌;杂粮高产示范面积达到1.1万亩,中药材种植新增8700亩。成功创建左云县出口小杂粮省级示范基地和省级出口食品农产品质量安全示范区。

(四)文旅产业逐步壮大。积极推进"体育+旅游、文化+旅游"活动,成功举办了乌大张(左云)环摩天岭长城骑游大会和第二届清凉艺术节暨万亩油菜花观光旅游节;依托夏都国际和月华池,省自行车击剑运动管理中心挂牌设立了训练基地,内蒙古师范大学等院校挂牌成立了写生基地。大力促进了文化旅游产业的融合发展,正逐步形成规模效应。

三、着力保障改善民生,社会事业呈现新气象

(一)聚力脱贫攻坚,持续增进民生福祉。一是脱贫攻坚成效显著。重点实施"八大工程二十项行动",完成脱贫3781人,4个贫困村摘帽。实施新大象集团生猪养殖场、"百户养羊扶贫项目"等项目,带动1150户贫困户、200多名贫困人口增收。易地扶贫搬迁2016年项目年底分配入住,2017年工程主体完工。安排267名贫困人口参与造林护林。14家企业投资575.32万元,提供就业岗位128个,带动贫困人口640人增收。完成扶贫小额信贷663笔3308.7万元。二是民生事业稳步推进。县综合技校会计、物流、汽修3个省级实训基地建成投用。高考二本B类以上达线223人。城镇新增就业1425人,转移农村劳动力2036人。城乡居民医疗保险制度改革实现"六统一"。发放城乡低保和其他救助等资金5168万元。3个敬老院、16个农村老年人日间照料中心建成投用。启用县政务服务大厅,政府承诺为民办的8件实事全部兑现。

(二)坚持绿色发展,全力改善生态环境。按照节约优先、保护优先、自然恢复为主的方针,大力实施碧水蓝天工程,完成8040亩造林任务、36公里县乡通道绿化工程和8个村庄的绿化任务。沿古长城生态修复项目完成造林0.84万亩、预整地1.8万亩。深入开展"铁腕治污",顺利通过中央和省、市环保督察,中央环保督察组交办的6个信访案件全部办结。十里河县城段水质改善工程完成80%,小京庄西碾头农业综合开发生态治理项目全部完成。启动实施"煤改电""煤改气"工程和秋冬季大气污染综合治理。县城空气质量二级以上良好天数达到338天,全市排名第一。

(三)推进法制建设,确保社会和谐稳定。深入开展"七五"普法,调整县委法治建设领导组,成立法学会,乡镇和科级单位实现聘任法律顾问全覆盖。持续开展严打整治"冬季行动""春季攻势""夏季风暴"。深入开展县级领导干部"大接访"活动,认真开展"重点信访问题源头化解专项行动",全县信访总量同比大幅下降。巩固和发展爱国统一战线,扎实推进非公经济"两个健康",圆满完成工商联换届,成立县侨联,精心组织"百企帮百村"精准扶贫。实现县乡村三级宗教工作网络全覆盖。

(四)倾力重点工程,城乡面貌焕然一新。县城重点工程建设完成年度目标,近100栋高楼主体封顶。北大街北段、林河路、文体路改造工程竣工通车,"三路一线"项目开工建设,10条小街小巷建设工程全部完工。109国道县城过境段改线工程开工建设,南酸线道路改造工程完成立项。泉水路完成改造,"四好农村路"建设完工。三屯至陈家窑段旅游公路实现东西线闭合,古长城旅游公路主线实现通车运行,城乡发展的基础功能进一步完善。

(张国栋)

附:中共左云县委书记、副书记、常委名单

书　记:胡　勇(8月离职)　苏　智(8月任职)

副书记:苏　智(8月调职)　尹海斌(9月任职)　魏智力

常　委:景　珍　孟玉香(女)　张颖龙　任　帅　何战勇　李国魁

中共朔州市委工作概况

市委书记　王安庞

截至2017年底，朔州市共有基层党组织5483个，其中基层党委205个，党总支266个，党支部5012个，有党员83512人，其中2017年新发展党员1032人。

2017年，在党中央和省委的坚强领导下，市委高举中国特色社会主义伟大旗帜，坚持以习近平新时代中国特色社会主义思想为指引，深入贯彻习总书记视察山西重要讲话精神，认真落实省委“一个指引、两手硬”重大思路要求和实现“两个持久”部署要求，进一步突出“两大任务”工作主题，明确走出“五条新路”主攻方向，坚持党对一切工作的领导，大力学习传承弘扬右玉精神，统筹推进经济、政治、文化、社会和生态文明建设，坚定不移推进全面从严管党治党，全市上下呈现出经济发展企稳回升、社会大局和谐稳定、广大干部干事创业、各项工作推进有力的强劲态势。

一、坚持“一个指引”，自觉用习近平新时代中国特色社会主义思想武装头脑、指导实践

市委年初明确提出把迎接服务保障党的十九大胜利召开和学习宣传贯彻党的十九大精神作为2017年全市工作的主题主线，充分发挥统揽全局、协调各方的领导核心作用，提高把方向、谋大局、定政策、促改革的能力和定力，在思想上政治上行动上与以习近平同志为核心的党中央保持高度一致，坚决维护党中央权威和集中统一领导，确保党中央大政方针和省委决策部署在朔州全面正确有效贯彻落实。一是以昂扬向上的精神状态迎接党的十九大胜利召开。始终把学习贯彻习近平新时代中国特色社会主义思想作为首要政治任务，在推动学深悟透、学懂弄通上下功夫求实效，新闻媒体开设专栏刊发稿件8800余篇，在全市上下打牢迎接党的十九大胜利召开的思想政治基础。二是深入学习贯彻习近平总书记视察山西重要讲话精神。连续召开中心组专题学习会议、全市领导干部大会，原文学习讲话，观看专题片《总书记在山西》；召开3次常委会会议，贯彻落实省委“两个实施意见”精神，研究通过市委《关于深入学习习近平总书记视察山西重要讲话精神贯彻落实省委“两个实施意见”的工作方案》；召开六届四次全体（扩大）会议，进一步就贯彻落实习近平总书记视察山西重要讲话精神、做好下半年工作进行安排部署。三是全面推动习近平新时代中国特色社会主义思想深入人心。党的十九大召开后，及时安排部署、精心组织实施，先后召开2次中心组学习会议、2次常委会会议，市委常委先学一步、学深一层，引领示范全市党员干部人人读原文、人人谈感受、人人作宣讲、人人当表率、人人增本领、人人抓落实。召开六届五次全会，全面安排学习宣传贯彻党的十九大精神，部署开展大调研活动，让党的十九大精神在朔州变为生动实践。全市开展大调研的县处级以上领导干部761人，先后深入到511个农村（社区）、95个行政机关、387个企业和项目建设一线，解决实际问题557个，调研活动取得显著成效。举办3期市管干部党的十九大精神专题培训班，培训600余人。全面铺开宣讲工作，累计宣讲9536场次，推动习近平新时代中国特色社会主义思想家喻户晓。朔州市被中宣部评为全国基层理论宣讲先进集体。

二、从严管党治党，推动实现党内政治生态持久的风清气正

市委始终牢记全面从严治党永远在路上，始终把抓好党建作为最大政绩，强化主体责任，落实主业主责，推动从严管党治党向纵深发展。一是扎实推进“两学一做”学习教育常态化制度化和开展“维护核心、见诸行动”主题教育。把学习教育和主题教育作为党建工作龙头任务，精心组织《习近平总书记的成长之路》《习近平的七年知青岁月》学习研讨，全市4887个党支部开展专题学习研讨，817名县处级党员领导干部以普通党员身份参加支部学习研讨。严格落实“三会一课”，推行主题党日，深化“党员先锋行”，确保党组织履行职责、发挥核心作用，广大党员党性坚强、发挥先锋模范作用。二是大力学习和弘扬右玉精神。坚持把右玉精神贯穿到全市经济社会发展的全过程、各方面，深入开展“学用系列讲话、引深‘右玉精神在朔州’”活动。在北京举行右玉精神主题宣传活动，大型音乐舞蹈史诗《为有牺牲多壮志——右玉和她的县委书记们》作为十九大献礼作品成功演出，右玉精神油画·摄影展成功举办。长篇通讯《“右玉精神”的接力传递》在新华每日电讯、新华网等中央级媒体刊载，央视新闻频道《还看今朝》栏目现场直播《山西右玉：用树木的精神树人》。中组部《组工通讯》第28期刊发《一张蓝图绘到底的实践样板——右玉历任领导班子68年的绿色发展接力》。三是全面加强“三基建设”。坚持统筹谋划，市县乡三级党委书记开展“三基建设”大调研，制定实施方案，确定30个方面115项重点任务。坚持强化保障，应县乡镇运转经费达到60万元，其余五个县区乡镇运转经费平均达到90万元，每个行政村运转经费达到9万元，每个社区工作经费达到10万元以上。全市财政用于“三基建设”的费用3.58亿元。坚持突出重点，全覆盖轮训基层党支部书记5142人次。强化干部驻村帮扶工作，选派554名机关干部到乡镇挂职。保障农村（社区）“两委”主干报酬，积极改善乡镇干部工作生活条件。扎实推

进村(社区)"两委"换届工作,实现风清气正。强力推进村级集体经济"破零工程",破零率达98.24%,同比提高72.13%。采取新建、改造、租用等方式解决村级组织活动场所329个,实现"全覆盖"。四是加强干部队伍建设。强化干部教育培训,高标准建设右玉干部学院,2017年6月正式挂牌成立,全年举办各类培训班153期,培训8650人次,得到中组部的充分肯定和大力支持。树立正确选人用人导向,坚持好干部标准,严格干部选用程序,注重常态化选配干部,选优配强领导班子;坚持干部"凡提四必",严格落实"三个不上会",防止干部"带病提拔",2017年以来市委常委会议共研究任免干部14批次,涉及313名干部,其中提拔重用150名,平职调整100名,到龄退休免职56名。强化干部激励担当,把严格要求与关心爱护结合起来,制定出台激励干部担当作为和合理容错两个实施细则。加强干部日常管理监督,抓早抓小抓预防,对干部的苗头性、倾向性问题,及时进行提醒、函询和诫勉,完成862名市管干部个人有关事项集中填报和汇总综合工作,抽查核实领导干部360名。加大人才体制机制创新,制定实施《关于深化人才发展体制机制改革的意见》等,着力补齐人才短板。五是持续加强纪律作风建设。坚持从严从实、纠建并举,制定出台《朔州市贯彻落实中央八项规定精神实施细则》。坚持每年一个主题开展纪律作风整顿,2017年以"提升工作标准、创造一流业绩"为主题,全市共查处工作"凑合""守摊""松垮""糊弄"等问题468件505人。六是扎实推进监察体制改革试点工作。市、县两级监察委员会全部组建运行,完成对市级党和国家机关派驻纪检监察机构全覆盖。朔城区、平鲁区、怀仁县完成了派驻纪检监察机构试点工作,平鲁区完成了全省工矿型乡镇监察试点任务。这两项改革试点工作得到省纪委监委的充分肯定,并在全市推开。七是深入开展反腐败斗争。巩固反腐败压倒性态势,全年运用"四种形态"处置3675人次,运用第一种形态2571人次,占比69.96%。推进全面从严治党向基层延伸,查处群众身边腐败问题621件621人;坚决整治扶贫领域腐败问题,共查处违纪违法问题243件243人。认真开展巡视巡察整改自行"回头看",建立"三清单一制度",查摆问题112条,制定整改措施112条。

三、狠抓第一要务,努力实现经济转型发展持久的强劲态势

市委切实加强和改进党对经济工作的领导,主动践行新发展理念,把深化供给侧结构性改革和深化转型综改试验区建设有机结合起来,推动资源型经济转型发展迈出新步伐。全年地区生产总值完成980.2亿元,增长7.3%;规上工业增加值完成289.5亿元,增长6.3%;固定资产投资在经历了连续20个月负增长后,11月底由负变正,全年完成214.2亿元,增长3.1%;一般公共预算收入完成73.2亿元,增长49.1%;社会消费品零售总额完成311.7亿元,增长7.1%;城镇居民人均可支配收入达到30989元,增长6.9%;农村居民人均可支配收入达到12305元,增长7.2%。一是狠抓产业转型升级。全力建设能源革命新基地,供给侧结构性改革深入推进,2017年退出煤炭产能1360万吨,缓建停建电厂4座;安全生产标准化矿井建成40座,煤炭生产、洗选、外运秩序持续平稳;推进晋北(朔州)现代煤化工基地差异化、高端化发展;正在建设以煤炭交易为主的投资50亿元的平鲁内陆港一期项目;"两条"电力外送通道建成运营,已并网发电和在建的电厂总装机规模达到1726.06万千瓦,其中风力发电达到467.55万千瓦,居全省第一。工业固废资源化综合利用走在全国前列,产值达到180亿元,占全市工业总产值的18%,综合利用率达到65%,成功举办第五届亚洲粉煤灰及脱硫石膏处理与利用技术国际交流大会。陶瓷产业拓展壮大,日用瓷产量达20亿件,全力打造全国陶瓷基地和北方陶瓷产品集散地。怀仁陶瓷职业技术学院、山西省日用瓷产品质量监督检验中心开工建设。被中国陶瓷协会认定为全国日用陶瓷生产基地。同时,在巩固提升煤炭、火电两大传统产业的基础上,大力培育发展高端陶瓷、新能源、现代煤化工、生物医药、文化旅游、草牧业和农产品深加工、商贸物流七大新兴产业,"2+7"的多元支撑产业发展格局加快形成。二是狠抓"三农"工作。加快发展现代农业,粮经饲比例调整为44∶22∶34,2017年9月农业部在朔州市召开北方农牧交错带农业结构调整全国现场会和全国杂粮全产业链现场会。持续实施"双稳定"农民增收工程,全市农民人均畜牧业纯收入达到1600多元。加快推进美丽乡村建设,启动100个美丽宜居示范村建设,实施农村环境集中整治,累计投入资金3.62亿元。三是狠抓项目攻坚。强化转型项目落地。进一步加大产业转型项目考核权重,把5月份作为全市重点工程项目集中开工月,把6月份作为营商环境集中整治月,把12月份确定为重点转型项目验收月,共实施产业转型项目133个,占投资项目总数的24.6%;总投资573亿元,占项目总投资的36.8%。创新招商引资工作,持续推行市委常委、副市长参与所包县区招商引资制度,共签约项目165个,总投资1037.42亿元,完成年度目标任务的147.57%。打造"六最"营商环境,制定优化营商环境专项行动实施方案和九个行动计划,推进"干部入企帮扶"常态化,实现规上企业领导包联全覆盖,引深"朔州企业家投资在朔州"活动,实现规上企业和中小微企业及各类民营企业数量质量"双提升"。四是狠抓改革创新。牢固树立"改革决不能落后"的理念,切实加强对改革工作的领导,党政主要领导做到"四个亲自"。市委全面深化改革领导小组召开18次会议,研究关键领域改革重大问题,建立市委书记抓9项、市长抓15项改革台账工作机制,强力推进煤炭供给侧、农业供给侧、电力供给侧、开发区改革创新、金融体制机制改革等五项重点改革,其他领域各项改革进展顺利、成效明显。特别是培育创新发展新动能,牢牢抓住国发42号文件的政策机遇,围绕省委"三大目标定位",制定出台《朔州市贯彻落实〈国务院关于支持山西省进一步深化改革促进资源型经济转型发展意见〉的行动计划》《山西打造全国能源革命排头兵朔州行动方案》。习近平总书记强调的12项民生领域改革有力推进,省政府确定的6件民生实

事全部完成,人民群众对改革的获得感不断增强。

四、注重以人为本,切实增强人民群众的获得感幸福感安全感

市委认真落实以人民为中心的发展思想,统筹民生改善和经济发展,建设宜居宜业宜游新家园,努力创造人民群众美好新生活。全市财政用于民生领域支出111.8亿元,占总支出的79.08%,增长11.5%。一是强力推进脱贫攻坚摘帽。扎实推进全省八大工程20项行动,出台《朔州市关于强力推进和支持右玉县脱贫攻坚的行动方案》。持续推进抓党建促脱贫攻坚工作,从市直部门抽调130名副处级干部组成130个督查组赴右玉县开展精准脱贫督查工作。平鲁区、山阴县、右玉县整体脱贫摘帽,148个贫困村24095名贫困人口脱贫。二是大力保障和改善民生。坚持积极的就业政策,全年实现就业58899人,完成省定目标任务的114.8%。推进义务教育均衡发展,全市六县(区)全部通过国家县域义务教育基本均衡发展验收,提前一年完成任务。深化医药卫生体制改革,县级医疗卫生机构一体化、家庭医生签约服务、基本医疗保险跨省异地就医直接结算等顺利推进,加快“健康朔州”建设,全民参保登记率98.38%。大西高铁朔州段和朔州站、民用机场、大医院、奥体中心、综合管廊、右平高速等重点工程顺利推进。继续推进“五城联创”工程,七里河生态环境综合治理成效显著。三是加强宣传思想文化工作。抓牢意识形态工作领导权,围绕“唱响两大任务,讲好朔州故事”主题,推进舆论宣传争先进位。深化文化体制改革,推动文化事业文化产业大发展,建成4家官方网络平台传播党的声音。深入开展文化惠民活动,“六馆八库”项目基本建成。四是增进人民群众生态福祉。牢固树立“绿水青山就是金山银山”的理念,紧抓右玉作为省级生态文化旅游示范区的机遇,打造践行“两山理论”的新样板。全力推进植绿兴水,持续开展领导干部“自费购树、亲手栽树”主题实践活动,推进每年“一乡一条路、一村一片林、人均五棵树”全民造林工程。全面落实“河长制”。“一山两河一湖”中心城市生态体系建设加快推进,生态林木水系综合治理不断加强,全市营造林面积累计达到567.69万亩,占国土面积的35.5%。中央环保督察组交办的102件问题线索全部办结,问责相关责任人187名。省环保督察组交办的群众反映环境问题及现场督察发现问题554件全部办结,65件建立台账正在整改。强化节能降耗减排,实施燃煤机组超低排放改造,10月、11月连续两月获省环境空气质量改善奖励。五是全力维护民主法治、安定团结的社会局面。加强党对人大和政协工作的领导,市委常委会集中听取市人大常委会、市政协党组工作汇报。注重抓好统战和群团工作,加强和改进新形势下工商联工作,出台群团工作改革方案,完成市总工会、团市委换届工作。加强新形势党管武装工作,召开市委议军会议,推动军民融合深度发展。市委常委会集中听取市法院、市检察院党组工作汇报。成立全市普法依法治理工作小组,全面实施“七五”普法规划,在全省率先实现了法律顾问配备全覆盖。牢固树立总体国家安全观,创新社会治理,保持“打黑除恶”高压态势,推进“雪亮工程”建设,深入开展安全生产大检查。实施涉军信访“大走访”专项行动,深入开展“重点信访问题源头化解暨信访突出问题大整治”活动、“千人百日基层矛盾纠纷巡回化解大会战”。

一年来,市委坚持把加强自身建设摆在首要位置,要求班子成员模范遵守党章,在落实管党治党责任、带头廉洁自律等各方面为全市广大党员干部作出表率。加强政治理论学习,自觉用习近平新时代中国特色社会主义思想武装头脑,树牢“四个意识”,在思想上政治上行动上与以习近平同志为核心的党中央保持高度一致。加强党的政治建设,严格遵守政治纪律和政治规矩,严肃党内政治生活,加强党内民主监督,班子成员相互配合、相互支持,凝聚力和战斗力有效提升。严格执行民主集中制,坚持重大问题集体讨论、集体研究、集体决策,召开43次常委会会议研究部署在全市带有根本性、全局性、引领性的重大工作,确保市委始终成为统揽全局、协调各方的坚强领导。

(舒晓海)

附:中共朔州市委书记、副书记、常委名单

书　记:王安庞

副书记:刘志宏(5月离职)　陈振亮(5月任职)　郑　红

常　委:康吉仁　李根田　张立新　王加关　陈耳东　刘义清　王黎明　崔　巍

中共朔城区委工作概况

区委书记　张立新

朔城区是朔州市委、市府所在地,全市政治、经济、文化中心。全区总人口51万,行政区划所辖2个镇,9个乡,4个街道办事处,299个行政村。全区共有基层党组织701个,其中基层党委21个,党总支32个,党支部648个(党小组1944个),党员12055名,占总人口的2.4%。

一、党的建设情况

一年来,朔城区委始终把加强党的建设作为做好全区各项工作的根本保证,坚持和加强党的全面领导,坚决落实全面从严治党各项要求,认真落实“两个责任”,持续夯实基层基础,不断推动全面从严治党向纵深发展。

一是扎实开展“两个教育”,思想政治建设进一步加强。

始终把加强思想政治作为党建首要任务,围绕贯彻落实党的十八届三中、四中、五中、六中全会精神和习近平总书记视察山西重要讲话精神,特别是大力学习宣传贯彻党的十九大精神和习近平新时代中国特色社会主义思想,扎实推进理论武装。区委中心组带头示范开展学习研讨12次,各乡镇(街道)、各单位层层推进,机关事业单位普遍开展“1235”学习,乡镇推行“六个一”学习制度,全区上下形成重学习、找差距、抓落实的浓厚氛围。聘请专家教授持续举办“每月一讲”高层次专题辅导12场,组建宣讲团深入基层开展理论宣讲80余场,有力地提高了基层理论建设水平。以开展“主题党员活动日”为抓手,深入开展“两学一做”学习教育常态化制度化和“维护核心、见诸行动”主题教育,党员干部的“四个意识”明显增强,党内政治生活进一步规范。不断强化舆论引导,精心打造朔州新闻网朔城频道、朔州电视台朔城区频道和善阳报三个内宣平台,积极拓展外宣渠道,全年在人民网、新华网等各级主流网络媒体转、发稿300余篇次,为全区经济社会发展营造了良好的舆论氛围。同时,围绕全市文明城市创建,着力加强精神文明建设,评创各级各类文明单位54个,道德模范23名,精神文明创建持续发力。

二是全面加强“三基建设”,党的执政根基进一步夯实。着眼于“抓基层、打基础、苦练基本功”,深入推进“三基建设”,不断夯实党的基层执政根基。新增2000多万元用于乡村两级经费保障,乡、村、社区工作经费分别达77万元、9万元、11万元。选派一批有能力、有经验的机关干部挂职乡镇开展帮助、帮扶工作,新建、改扩建村级组织活动场所30个,投资500多万元推进乡镇周转房和“五小场所”建设,投资800多万元新建了面积2200平米的操场街社区场所,政府划拨为厚德园社区解决了2000多平米的社区场所,多举措推动全区299个行政村村级集体经济全部“破零”,极大地提高了基层组织工作水平。分期分批对基层党组织书记开展集中轮训6期、培训1200多人(次),圆满完成村(社区)“两委”换届,切实选优配强了农村(社区)领导班子,有力地提升了基层组织的凝聚力、战斗力。严格标准加大干部选拔使用力度,先后研究调整干部5批次、57人,分6批次登记公务员177人,有效激发了广大干部干事创业的活力。进一步完善干部管理各项制度,不断加强考核管理,采用跟踪摄录和日常督查相结合的办法,切实提高了考核的科学性和客观性。

三是从严落实“两个责任”,正风反腐力度进一步加大。坚决落实“书记负总责,班子成员齐抓共管、纪委协调督查”的领导体制,全区各级党组织管党治党的政治责任进一步实化细化。区委先后27次召开有关会议,学习各级全面从严治党重要部署及各类通报精神,2次专题听取区人大、政府、政协、法院、检察院党组管党治党工作情况汇报,逐级传导推动主体责任有效落实。纪检监察机关切实发挥专责监督作用,严把干部选拔任用政治关、廉洁关,加大责任追究力度,全年实施党内问责7案7人,领导干部问责29案29人。深入开展纪律作风整顿,严防“四风”问题反弹回潮,查处违反中央八项规定精神问题14案14人,“不作为、乱作为”问题45件45人,不断释放正风肃纪的强烈信号。深入开展扶贫领域不正之风和腐败问题专项治理,查处扶贫领域违纪问题37案37人。以深化监察体制改革试点工作破题开局,积极探索县区纪委监委派驻机构全覆盖工作,全面开展乡镇监察工作,切实加强了党对反腐败工作的集中统一领导,实现了对行使公权力的公职人员监察全覆盖。突出政治巡察定位,组织开展第三轮巡察,有力促进了全面从严治党向纵深发展、向基层延伸。全年共立结案230件,党纪政务处分183人,组织处理40人,保持了惩治腐败力度不减、尺度不松。

二、经济社会发展情况

2017年,区委充分发挥统揽全局、协调各方的核心领导作用,牢固树立“发展是第一要务”的战略思想,坚决贯彻执行省、市各项工作部署,积极调查研究、加强分析研判、提出有效举措,扬长避短、深挖潜力、奋力拼搏,全区经济社会各项事业稳步健康发展。

一是坚持项目带动,产业转型发展迈出新步伐。聚焦煤与非煤两大重点,突出创新驱动、投资拉动、项目带动,全力优化产业结构,促进产业转型升级,完成煤炭去产能150万吨,推进煤电一体化发展,同煤朔南低热值煤发电项目基本建成。不断加大招商引资力度,全年共签约项目25个、总投资163亿元。狠抓转型项目建设,推进了三元碳素锂离子电池负极材料、北京电子城·朔州数码港商业一期、繁盛昇煤机智能环保清洁设备等项目建设,总投资287亿元的78个重大项目集中开复工,完成投资15.8亿元。朔芳亚麻、天成电冶、胜源水泥等企业复工复产,亨特耐火材料和朔州绿能项目顺利投产。全力实施“123”文化旅游规划,推进了神头古镇、南邢家河风情小镇建设,成功举办了“边塞古都·辽金圣地”老城文化旅游季、神海湿地第二届中秋赏月晚会、南邢家河风情旅游节等系列活动,极大地提升了朔城区的知名度和美誉度,有力推动了全区文化旅游产业蓬勃发展。

二是坚持统筹发展,城乡面貌改善呈现新气象。围绕全市推进“五城联创”的工作部署,不断提高城乡一体化水平。重点推进了总投资64亿元的“一城六路三站二园二馆五场”工程,实施了乡村道路路基加宽、安全生命防护等工程,特别是完成了紫荆东街道路建设,为高铁、机场快速通道建设奠定了基础。顺利完成朔州再生能源公司整合金沙供热站、大运供热站实现热电联供工程,全面铺开城中村煤改气工作,集中供热、供气普及率大幅提升。完成保障性住房建设2000套,推进了南泉、雒儿庄、南张家河三个城中村改造,南邢家河棚户区改造全面铺开,多措并举去库存5394套、58.29万平米。不断提升城市管理水平,全区主街道清扫率达到100%、亮灯率达到99%。持续深化美丽乡村建设,投入748万元深入推进农村环境整治,城乡面貌大幅改善。

三是坚持提质增效,现代农业发展走出新路子。全力抓好各级支农惠农政策落实,积极发展现代农业,不断夯实农业农村发展基础。加快构建粮经饲三元种植结构,实施粮改饲11.8万亩,打造苜蓿、燕麦草、枸杞、花生种植基地8个,种植藜麦、中草药、玫瑰等优质经济作物1.2万亩,农业区域布局不断优化。大力发展设施农业,推进了五大万亩特色蔬菜种植基地建设,新建设施园区200亩,新建养殖小区10个,推进了两个千头驴场建设,农民增收步伐进一步加快。持续推进农业基础建设,实施了1.83万亩高标准基本农田建设、京津风沙源二期水利项目等工程,农业基础不断夯实。

四是坚持环境改善,生态文明建设打造新亮点。积极践行习总书记"两山"理论,围绕全市"一山两河一湖"生态治理大格局,同步推进环境整治与生态创建。重拳治理环境污染,不断深化中央、省环保督查成果,大力开展"铁腕治污"行动,拆除粘土砖违法企业15家、实心粘土砖窑21座,取缔"小散乱污"企业129家,关停违法煤场100多家,办成了过去多年想办而没有办成的大事,一些历史顽疾得到有效整治。大力度持续实施生态建设,高标准完成了7.6万亩的林业生态建设五大工程,推进了总投资8000万元的恢河六期工程,完成了总投资2000多万元的七里河引黄河道应急疏浚整治工程。特别是实施了总投资3亿元的5万亩南山综合治理一期工程,全力打造市区西南部百公里绿色走廊、百万亩生态屏障。同时,大力推进城乡绿化,完成紫金街、张辽路、开发路等19条道路绿化,村庄道路绿化76公里,有效提升了城乡绿化覆盖率。

五是坚持民生优先,各项惠民实事展现新作为。强力推进精准扶贫,将"十大扶贫攻坚行动"具体化,全区除62户153人需社会兜底外,其他210户616人已全部脱贫。大力加强学校基础建设,新建了四幼、六幼和照什八庄、南关幼儿园,推进了职中综合实训楼建设。中、高考成绩连年攀升,迈入全省教育大区、强区行列。持续深化医改,组建运行了以人民医院为核心、21家单位为成员的区人民医院集团,打造了23个小区、学校、乡村和机关企业健康促进示范点,医改取得阶段性成果。持续加强社会保障,八大类保险参保人数累计达61.88万人次,征缴各项基金6.69亿元。全力做好各项社会救助工作,实现了应保尽保,社会保障体系不断健全完善。积极推动创业创新,朔城区被认定为"全省双创示范区"。

六是坚持改革创新,社会治理体系激发新活力。积极支持人大、政协依法履职,全年区人大、政协开展专题视察调研、执法检查27次,提出意见建议221条,报送社情民意信息358篇,为区委科学决策拓宽了思路、提供了依据。不断创新社会治理,推进天网与民网、线上与线下、服务与治理"三个融合"治理模式,获评2017年全国"创新社会治理典型案例"征集活动20个优秀案例之一。大力推进综治中心标准化建设,高标准建设区、乡综治中心9个,南城街道综治中心作为示范典型在全省予以推广,基层综治能力大幅提升。扎实开展信访专项活动,加强矛盾纠纷化解力度,化解各类矛盾纠纷160起,社会治安形势持续好转。

(田中宝)

附:中共朔城区委书记、副书记、常委名单

书　记:张立新
副书记:庞明明　孟维君(9月离职)
　　　　李全胜(9月任职)
常　委:冯维新　董　达　何志岳　刘卫东　王建军
　　　　周翠英　梁耀文(4月离职)
　　　　杨成清(4月任职)　郝贤卿

中共平鲁区委工作概况

区委书记　吴晓斌

截至2017年底,全区共有13个乡(镇),1个街道办筹备处,2个工业园区管委会。基层党组织共有706个(其中:党委18个,党总支23个,党支部665个)。党组45个,派出工委5个。全区共有党员9762人,占全区总人口的5%。

2017年,平鲁区委在省委、市委的坚强领导下,紧紧围绕打造"三大基地"、建成"三个新区"的奋斗目标,团结带领全区党员干部群众,以补短板、树标杆为主攻方向,统筹推进经济、政治、文化、社会和生态文明建设,坚定不移推进全面从严治党,在风险挑战中奋力攻坚,在砥砺奋进中实现突破,全区上下呈现出经济发展稳中有进、社会大局和谐稳定、广大干部干事创业、各项工作推进有力的强劲态势。

一、坚持用习近平新时代中国特色社会主义思想武装头脑,政治建设在十九大精神学思践悟中得到新加强

平鲁区委把学习贯彻习近平新时代中国特色社会主义思想作为重大政治任务,推动全区形成学用伟大思想的大格局,思想上拥戴核心、政治上维护核心、行动上紧跟核心成为全区干部群众的思想自觉和行动自觉。党的十九大前,区委按照"融会贯通、学以致用、全面覆盖"的总体要求,采取中心组学习会、常委会议、专题研讨会等多种方式,深入学习领会习总书记系列重要讲话精神,精心组织开展了《关于新形势下党内政治生活的若干准则》《中国共产党党内监督条例》等一系列党内规章与《习近平总书记的成长之路》《习近平的七年知青岁月》的集中学习研讨,在推动学深学透、融会贯通、学以致用上下功夫、求实效。坚持在转化结合上做文章,在年初的区委七届四次全会上,确定"补短板、树标杆"为主攻方向,出台了《关于"补短板"的实施意见》。6月份习总书记视察山西以来,区委以"高举旗帜、维护核心"为主题,组织全区党员干部认真学习贯彻习总书记视察山西重要讲话精神。8

月2日,召开了区委七届五次全会,就贯彻落实讲话精神、做好下一步工作进行了安排部署,推动讲话精神在平鲁落地落实。党的十九大召开后,区委按照"学懂弄通做实"的总体要求,先后2次召开常委会议进行专题研究,印发《关于认真学习宣传贯彻党的十九大精神的通知》,立起了学习贯彻的鲜明导向。坚持领导带头、先学一步、学深一层,区委中心组开展了2次专题学习,四大班子27名成员深入基层讲党课46场次,并深入开展了大调研活动,在学懂弄通做实上作出表率。在区委的有力带动下,在全区形成人人读原文、人人谈感受、人人作宣讲、人人当表率、人人增本领、人人抓落实的良好氛围,使新时代中国特色社会主义思想深入人心。

二、扛牢主体责任,管党治党在全面从严中取得显著成效

一是以党的政治建设为统领,扎实推进"两学一做"学习教育常态化制度化和"维护核心、见诸行动"主题教育,筑牢共产党人的政治灵魂。坚持在真学上深化拓展。以学习习近平总书记视察山西重要讲话精神和党的十九大精神为重点,组织全区各级党组织通过领导带学、个人自学、集体研学、全员参学、考试促学、主题演讲等多种形式,深入开展了学习教育和主题教育,促进全区党员的"四个意识"明显增强、"四个自信"明显提升。围绕"弘扬焦裕禄精神",派出百名干部到河南兰考进行了党性教育。围绕"弘扬红船精神",扎实开展了主题党日活动。学习教育的深入开展,有力促进各级党内组织生活逐步实现经常化、规范化。坚持在实做上深化拓展。聚焦"为党的十九大献厚礼""喜迎十九大、全力保安全、全面保稳定""脱贫摘帽"三大任务,把习总书记重要讲话精神落实到具体行动上。在学习教育中,区委注重培养典型,树立标杆。在建党96周年之际,隆重召开了纪念大会,对39个先进基层党组织、94名优秀共产党员、28名优秀党务工作者和15名优秀农村(社区)党支部书记进行了表彰。二是坚持重心下移、重抓基层、重打基础、重在规范,全面强化"三基建设",着力推动全面从严治党向纵深发展。以乡贤培育、集体经济破零、村级规范、爱民暖心"四大工程"为特色,以人力、资金、能力、基础、制度、组织"六个强化"为保障,狠抓了"三基建设"。按照项目化管理的办法,确定了32类117项重点任务,全年重点实施了64项,已经完成47项、铺开了17项。12项牵引性任务取得明显成效。通过创造性推行"四大工程",一批有知识、爱乡村、善作为、讲奉献的新乡贤集中涌现出来,形成了回报家乡的良好导向;全区行政村集体经济全部破零,制定了村规民约,为强化乡村治理、实现乡村振兴奠定了基础。通过狠抓"三基建设",基层党建一些紧迫性问题得到初步解决,基层组织标准化、基础工作规范化、基层能力专业化水平明显提升。三是持续推进正风肃纪反腐,打出一系列组合拳,做到了力度不减、关口前移、标本兼治。坚决惩治群众身边腐败,为脱贫攻坚提供有力保障。在2015、2016两年工作的基础上,深入推进扶贫领域不正之风和腐败问题专项治理,审查问题线索105件,处理97人。准确运用"四种形态",用严明纪律管党治党。运用第一种形态批评教育,开展谈话函询358件(次);运用第二种形态纪律轻处分125人;运用第三种形态纪律重处分36人;运用第四种形态立案审查10人。落实中央八项规定精神,驰而不息纠"四风"。共查处"四风"问题21件,给予党纪政务处分8人、组织处理13人。围绕"提升工作标准、创造一流业绩"的主题,扎实开展了工作作风整顿,党内问责11人。加大巡察力度,保持有力震慑。聚焦脱贫攻坚、环境保护、优化环境三个重点,启动第二轮巡察,巡察乡镇3个、区直单位3个,19个问题线索全部整改到位。四是着眼于建设高素质专业化干部队伍,把教育干部、严格要求与关心爱护干部统一起来,全面加强干部队伍建设,激发了干事创业精气神。强化干部教育培训,充分发挥党校主阵地的作用,集中轮训农村"两委"主干和其它领域党组织书记共934名,实现了培训全覆盖。坚持正确的用人导向,探索推行了干部选拔任用"三三制"工作法,全年调整使用干部161人。加强后备干部队伍培养使用,推选后备干部83名。聚焦脱贫攻坚,选派了151名农村第一书记,选派了65名干部到乡镇挂职锻炼,选派千名干部驻村帮扶,为脱贫摘帽提供了坚强的干部保证。坚持"好干部标准",认真落实激励干部担当作为干事创业、支持干部改革创新合理容错两个办法,充分激发干部干事创业的活力。

三、坚持精准发力,事关全局的重点工作在攻坚克难中实现重大突破

一是举全区之力打赢脱贫攻坚决战。把脱贫攻坚作为一大政治任务和第一民生工程,紧盯"两不愁、三保障"脱贫标准,举全区之力,大力实施精准方略,向脱贫摘帽决战冲刺。组织动员81支工作队和1267名优秀党员、干部,进驻293个村,包扶2527户,扎实推进"八大工程22项行动"。通过实施"精神提振、全面保障、绿色帮扶"三大行动,整治了户容村貌,兜住了社保底线,找到了干部入户帮扶的契合点。坚持"三农"普惠、扶贫特惠、社会优惠相结合,通过产业扶贫、光伏扶贫、健康扶贫、生态扶贫、教育扶贫、交通扶贫、水利扶贫、扶志扶智,实现了农业发展、农民增收与农村人居环境改善的"多赢"。通过加强"三基建设"、完成村级换届,贫困村党支部的战斗堡垒作用得到充分发挥。通过落实组织协调、驻村干部监督管理、资金监管保障等八项机制,牢牢把握了脱贫攻坚工作主动权。全区上下在脱贫攻坚主战场上,勠力同心、苦干实干,贫困县(区)退出指标全部达标,顺利通过省级第三方评估核查验收,26个贫困村1911户5077名贫困人口实现脱贫。脱贫攻坚工作受到省委省政府、市委市政府的充分肯定,实现了脱贫攻坚的关键性胜利。二是强力推进项目建设。把项目建设作为转型发展的抓手、民生改善的支撑。完善项目推进机制。5月5日,隆重举办了全区重点工程集中开工仪式,70余项重点工程集中开工。从7月上旬开始,每月举办两次重点工程大观摩,有力推进了项目建设。全年共实施了重点工程项目150个,总投资346.55亿元,全年固定资产投资完成56.3亿元。本着"有情义才有生意、有交往

才有合作”的理念,主动融入京津冀、环渤海,扩大招商引资,大踏步地推进开放步伐。先后成功举办2017山西省朔州市平鲁·北京产业对接推介会、秦皇岛港务集团考察对接会,参加了朔州品牌首都行暨朔商朔才创业恳谈会等重要活动,大力招商引资,并组织各部门积极争取上级政策和项目支持,均取得显著成效。全年签约招商引资项目22个,总投资144.12亿元,占年度目标任务140亿元的104%;落地开工项目15个,总投资85.6亿元。经过几年的持续努力,总投资达200亿元的内陆港项目落地建设,陆港公司将组建完成。围绕转型发展,下决心大力整治优化营商环境。认真落实“三对”“六最”的要求,全力推进招商引资快落地、入企服务常态化、项目施工无障碍等九大行动,营商环境明显改善。三是扎实推进全面深化改革。区委以新时代的标准和要求,坚决扛起抓改革的主体责任,坚定不移把改革引向深入。按照上级要求,组建了较完善的领导体制和工作机制。区委全面深化改革领导小组召开多次专题会议,研究部署改革工作。坚持“三个三”的基本要求和基本方法,共实施了6大领域38项改革任务,取得积极进展。煤炭供给侧结构性改革任务如期完成。农业供给侧结构性改革稳步推进。医疗卫生体制改革取得重大突破。监察体制改革试点工作走在全省前列。晋坤矿产品有限公司成功实现“新三板”上市。河长制、“13710”等制度全面推行,旅游景区体制改革、商事制度改革、投融资体制改革、“营改增”和“放管服”等重点改革均取得较好成效。

四、坚持总揽全局,“五位一体”建设在协调发展中实现全面进步

一是大力推进产业转型升级,转型发展开创新局面。坚持去产能与优化产能相结合,推动亿吨级煤炭基地持续稳固提质。去产能完成1000万吨,建成安全生产标准化矿井24座,通过验收19座,煤炭生产、洗选能力分别达到1.3亿吨、1.5亿吨。坚持建网与兴产相结合,推动电力产业持续发展。扩大电力外送,两大电力通道建成投运,凤凰城镇500千伏变电站如期竣工,与晋北800千伏、下水头220千伏、向阳堡220千伏等变电站,构成较完善的梯级电网输送体系,使平鲁在全国全省电网中的枢纽作用充分体现。中煤平朔2×66万千瓦电厂全面复工。166万千瓦的风电项目建成投产。2万千瓦的光电项目顺利建设。全区并网发电和在建的电力总装机规模达到741.805万千瓦。以“亿吨级煤炭、千万千瓦级电力”为标志的全国综合能源基地内涵不断提升、外延不断拓展。坚持建设与申报同步,转型发展大平台正加速整合构建。按照“整合、改制、扩区、调规”八字方针和“三化三制”要求,积极推进北坪、朝阳新材料两大园区整合,进一步完善基础建设,并编制上报了省级开发区建设规划,积极对接,确保获批。一个以“一区四园”为架构,以陆港物流、煤电一体化和煤化工、新材料三大产业为支撑,总面积达19.64平方公里的省级开发区即将形成。坚持调产与增收并举,全面加强“三农”工作。稳定粮食产量,播种面积72.3万亩,粮食产量达1.4亿斤。大力调整种植结构,种植藜麦1.5万亩、中草药2万亩、葵花0.9万亩。加快发展草牧业,种植优质牧草3万亩,改良天然草场5000亩,实施粮改饲1.2万亩,建成和正在建设的标准化养殖小区11个、大型畜肉产品屠宰加工企业1个。大力推进农业产业化,12家农产品加工企业完成销售收入12.9亿元,同比增长7.5%。坚持大项目带动与全民创业相结合,全力推动第三产业蓬勃发展。森杰服饰公司一期工程如期建成投产,二期工程全面启动。前三季度,第三产业增速达到6%,在GDP比重中提高到40%,持续拉动了经济增长。在转型发展的有力支撑下,全年主要经济指标发生积极变化,呈现稳中向好、结构向优的态势。地区生产总值全年完成169亿元,同比增长7.9%。固定资产投资完成56.3亿元,同比增长2.5%;社会消费品零售总额完成34.7亿元,同比增长7%;一般公共财政预算收入达到8.5亿元,同比增长59.6%;居民人均可支配收入完成16647元,同比增长7.5%。二是大力加强民主政治建设,维护安定团结的良好政治局面。切实加强对人大和政协的领导,全力支持人大及其常委会依法行使立法权、监督权、决定权、任免权,高度重视和支持区政协围绕脱贫攻坚、开发区建设、乡贤文明、城市建设等重点工作开展协商议政,形成同心同德、同向同行、同频共振的良好局面。切实加强统战和群团工作。成立了统一战线工作领导小组,保持对统战和群团工作的坚强领导。加强和改进新形势下工商联工作,顺利完成了区工商联换届。深入开展了统战工作大督查大调研活动。认真贯彻党的宗教工作方针,积极引导信教群众的思想认识与社会主义核心价值观相适应,确保宗教领域的安全。扎实开展“助推经济发展、促进社会和谐”活动,积极引导新社会阶层人士为脱贫攻坚等中心工作捐资助力、贡献力量。出台群团工作改革方案,圆满完成区总工会换届。切实加强新形势党管武装工作。召开区委议军会议,深入推进国防动员和后备力量建设,积极谋划推动军民融合深度发展,军政军民团结的良好局面进一步巩固。三是认真履行意识形态工作责任制,汇聚奋力前行的正能量。牢牢把握意识形态工作领导权。落实意识形态工作责任制,完善全区意识形态研判机制和网络综合治理机制,扎实开展“净化网络环境”专项整治行动,累计举报有害信息700余条,对3家违规网站进行了约谈。强化舆论宣传,讲好平鲁故事。坚持党管媒体原则和正面宣传为主不动摇,围绕“喜迎十九大,讲好平鲁故事”这一主题,加强对内对外宣传和网络宣传。在市级以上报刊刊发稿件465篇,在人民网、山西新闻网、朔州新闻网等主流媒体上刊发稿件690余篇。推动文化事业文化产业繁荣发展。以党的十九大为契机,隆重举办了庆祝建党96周年,“六·六”向热节等系列活动。聚焦脱贫攻坚等中心工作,蓬勃开展了书法、绘画、摄影等各类群团性文化活动,极大丰富了城乡群众文化生活。大力弘扬社会主义核心价值观。深入开展了“道德讲堂”活动和文明户、好公婆、好媳妇、好儿女、好妯娌、好邻居等道德模范评选活动,推动城乡文明程度和公民道德素质不断提升。四是始终把人民的利益放在首位,着力保障改善民生,不断增进民生新福祉。大力改善城市人居环境。从解决城市最突出的短板

问题抓起，狠抓基础建设。总投资20多亿元的古城小区棚户区改造、堡子沟城中村改造、热电联供、三水厂建设、“两街两路”改造等十大重点工程加紧建设。深入推进“五城联创”，市容市貌有了新提升。1500套保障性住房建设任务圆满完成。大力开展机关义务植树进社区活动，小区绿化率达到30%以上。城市品质有了较大程度地提升。加快推进美丽乡村建设。大力改善农村人居环境，提振广大群众脱贫奔小康的精气神。以“三环三沿”为重点，投入4400多万元，整治村庄156个，使乡村环境大为改善，其中，涌现出阻虎乡迎恩堡、西水界乡小路庄、下木角乡上木角村等一批“田园乡村”“旅游文化乡村”。优先发展教育事业。以高考改革为牵引，全面启动教育综合改革，推行了“高效教学”“同课异构”教育模式，形成学区制和校际联盟办学新格局，促进教育质量稳步提升。2017年，在生源较差的情况下，高考一本达线人数209名，二本B类以上达线人数697人，较上年增加5人。大力实施健康平鲁战略。按照一体化的方向，以两大医院为龙头，对乡镇和社区卫生机构进行了全面整合，形成了城乡一体化的医疗集团体系。医改六统一、医保打包付费和信息化工作进展顺利，“一科带一院”计划和异地就医直接结算工作有序实施，公共医疗服务水平不断提升。围绕脱贫攻坚，建立健全家庭医生“签约”和上门送药就诊机制，打通了医疗公共服务的“最后一公里”。大力整顿乡村医生队伍，乡村医疗卫生状况明显改善。进一步完善社会保障。积极推进全民参保登记，机关事业单位养老保险制度入轨运行，医疗保障体系进一步完善，社会保障基金做到了按时足额发放。“两节”期间，深入开展了“送温暖、献爱心”大走访大慰问活动，让乡村普惠党和政府的温暖阳光。五是努力践行“绿水青山就是金山银山”的理念，迈出美丽平鲁建设的坚实步伐。区委认真学习贯彻习总书记对甘肃祁连山生态环境问题的重要指示和在中央政治局第41次集体学习时的重要讲话精神，深化认识，查补短板，强力推进生态文明建设。大力推进林业生态建设和生态修复治理。完成大片造林3.91万亩。建成区新增绿地110万平方米，绿化覆盖率46.6%。投资1000万元，完成水土流失治理0.45万亩。认真落实河长制，投资2900万元，实施了七里河引黄1号洞至刘家口应急疏浚整治工程，整治河道2.9公里。启动投资6.5亿元的采煤沉陷区治理提速工程。用好倒逼机遇，以超常规的举措加强环境保护。围绕“控煤、治污、降尘、管车”，取缔小型洗煤厂、煤场等“小散乱污”企业76家，淘汰黄标车及老旧车213辆，完成5257户冬季清洁取暖改造工程。强化节能降耗减排，实施了晋坤公司3万吨高岭土技改项目。以高度负责的政治态度，全力配合中央和省级环保督察工作。中央环保督察组交办问题、省“铁腕治污行动”督察交办案件，以及省督查组交办环保整改工作成效显著。全年共查处环保违法案件59件，罚金565万元，追责48人。经过强化治理，全年优良天数达到316天，空气质量优良天数比例达86.57%，环保约束性指标全部实现预期目标。六是扎实推进法治建设，创造改革发展的良好社会环境。深入贯彻落实党中央关于全面依法治国各项决策部署，压实主体责任，扎实推进法治建设。推行党委设立法律顾问制度，深入推进社会治理体系创新，加强区乡村三级综治中心标准化建设，高标准实施“雪亮工程”，打造较完善的城乡社会治安立体防控体系，社会治理社会化、法治化、智能化、专业化水平不断提升。七是深入践行总体安全观，统筹抓好政治安全、经济安全、社会安全、网络安全，牢牢掌握维护社会大局稳定的主动权，坚决守住“三个坚决防止”“三个确保不发生”工作底线。全力抓好信访维稳。深入开展了大走访活动。全年共接待群众来信来访725批次2988人次，化解信访案件151件，信访秩序明显好转。始终保持严打的高压态势，引深“门神一号”专项行动，有力保障了人民生命财产安全。以铁的担当尽责、铁的手腕治患、铁的心肠问责、铁的办法治本，扎实开展安全生产大检查和“隐患排查治理年”活动，安全生产形势持续稳定好转。特别是深入开展了“喜迎十九大、全力保安全、全面保稳定”集中整治专项行动，有力确保了十九大期间安全稳定。

（马　军　许卫东）

附：中共平鲁区委书记、副书记、常委名单

书　记： 吴晓斌

副书记： 马占文　刘向东

常　委： 闫晓玲（女）　陈永杰　王世杰（9月离职）　卢义平（4月离职）　孙　涛（4月任职）　王晋军　朱学荣（1月任职）　刘光明（12月任职）

中共怀仁县委工作概况

县委书记　刘　亮

怀仁县辖10个乡(镇)，162个行政村。有基层党组织654个，其中党(工)委27个(乡镇党委10个，系统党委7个，企业党委4个，县委派出工作委员会3个，怀仁一中党委，公安局党委，东关村党委)，有党总支67个，党支部563个。党员总数12801名，占总人口的3.37%，其中，女党员2355名，农民党员5211名。2017年发展党员117名，占全县党员总数的0.91%。

2017年，县委高举习近平新时代中国特色社会主义思想伟大旗帜，深入贯彻习总书记视察山西重要讲话精神，按照省委“一个指引、两手硬”重大思路和要求，以“撤县设市、率先小康、挺进百强、幸福怀仁”为奋斗目标,真抓实干、攻坚克难,全年地区生产总值225亿元,增长10.1%;全年一般公共财政预算收入完成9.2亿元,增长66.5%;规模以上工业增加值增长9.6%;固定资产投资总额完成68.8亿元,增长14.6%;社会消费品零售总额完成71.2亿元,增长7.1%;城镇居民人均可支配收入33030元,增长7.2%;农村居民人均可支配收入15040元,增长7.3%。

一、坚持以习近平新时代中国特色社会主义思想引领前行,牢牢把握正确政治方向

县委始终坚持用习近平新时代中国特色社会主义思想武装头脑、指导实践、推动工作,不断增强政治敏锐性和政治鉴别力,始终保持立场坚定、头脑清醒。全年共召开县委中心组学习29次。县委常委会先后4次分专题学习习总书记视察山西重要讲话精神,集中观看《总书记在山西》专题片;召开常委会议,研究贯彻落实省委“两个实施意见”和市委“工作方案”精神,通过了县委“行动方案”;围绕省委“三大目标”定位,制定了贯彻落实三个文件。2017年,县委先后召开4次全委会、27次县委常委会,就中央、省委、市委重要会议和重大决策部署进行集中学习、深刻领会和认真落实,确保在思想上政治上行动上与中央、省委和市委始终保持高度一致。

二、坚决贯彻落实中央、省、市决策部署,扎实推进经济社会各项事业协调发展

一是加快产业转型步伐。煤炭产业提质增效,全县原煤入洗率达到90%以上,中能芦子沟煤业达到一级安全生产标准化煤矿。依托怀仁经济技术开发区做大做强陶瓷、医药产业,新增陶瓷企业11家、生产线24条,日用陶瓷产量15亿件;引资新建6个生物医药项目。新能源蓬勃发展,开工建设漳电王坪海北头、金沙滩、亲和65MW屋顶分布式光伏发电、鸿狮腾达垃圾发电等项目。现代商贸业加快发展,引资新建仁人路地下商业街、仁人时代广场等商业综合体项目,怀贤商业步行街被评为“2017年山西省特色商业街”。文化旅游业扎实起步,开工建设了大美鲁沟、天鹅公主等旅游项目;壬山滑雪场建成运营。建立了金沙滩影视体验基地,先后拍摄了两部院线电影。成功举办了首届“四月八”民俗文化旅游节和朔州市首届冰雪旅游节,以及中国·怀仁羔羊肉品鉴大会、陶瓷交易展销会等大型节庆活动。

二是扎实推进“三农”工作。畜牧业健康发展,全年肉羊饲养量稳定在410万只。成功申报“怀仁羔羊省级现代农业产业园”,纳入20个省级现代农业产业园创建范畴,羔羊产业被农业部列为全国18个“一县一业”发展典型。山西新大象农牧集团投资6亿元在怀仁县设立4个公司,建成6个养殖厂并在建1个,年产种猪50万头,新的畜牧产业体系正在形成。种植业产业结构不断优化,农作物总播面积74.5万亩,粮经饲比例由68:25:7调整为60:25:15,粮食产量达到4.82亿斤。草牧业试验试点工作稳步推进,饲草作物达到11万亩。脱贫攻坚精准到位,122户294人顺利脱贫。

三是坚定不移推进转型综改。撤县设市获批在望;怀仁经济技术开发区批复运行;山西省怀仁陶瓷职业技术学院以PPP项目形式启动建设;山西省日用瓷产品质量监督检验中心获批建设。在全市率先完成旅游景区体制机制改革。农信社改制农商银行通过初审。农村土地承包经营权确权登记颁证工作完成总任务量的96.13%。医疗集团挂牌运营。全力打造“六最”营商环境,各类市场主体达22398家。

四是大力实施品牌战略。“怀仁陶瓷”“怀仁羔羊肉”“怀仁绿豆”获得国家地理标志产品保护,省级出口陶瓷、食品农产品质量安全示范区已批复。怀仁·海宁皮革城、龙首山粮油贸易公司、金沙滩羔羊肉业有限公司进入2017山西民企百强。怀仁羔羊肉、尊屹陶瓷、嘉吉陶瓷、承泰汽车荣获山西省著名商标。塞外鲜牌、大材地牌羔羊肉制品,龙首山牌、晋之坊牌小杂粮食品,尊屹牌日用陶瓷等5个品牌获得国家质检总局生态原产地产品保护。怀仁县被评为山西省农产品质量安全县和首批国家农产品质量安全县。

五是继续加大招商引资力度。按照“系统定向精准”招商要求,全县已签约引资项目631个,拟引资额720亿元;项目落地405个,拟投资额360亿元。

六是统筹推进城乡建设。全县集中供热普及率达90%。精心策划了投资50亿元的PPP城市基础设施项目。“五村联创”和农村环境整治成效显著,首批56个村按时完成创建任务,正在加快推进第二批、第三批村的创建进度。怀仁县再次荣获“全国卫生县城”称号,被评为“全省城乡爱国卫生清洁运动先进县”,金沙滩镇被评为全国特色小城镇。

七是着力改善民生。教育事业健康发展,二本B类以上达线人数7212人,达线率52.6%,高考取得全市26连冠;完成14所寄宿制学校的标准化改造任务;义务教育均衡发展顺利通过国家评估验收。城镇登记失业率控制在2.68%以内;五大社会保险基金累计结余5.3亿元。广泛开展志愿者服务、扶危济困、捐资助学等活动,募资200多万元,对全县430名重病患者给予资助。严格落实安全生产“两个主体”责任,安全生产形势保持稳定。扎实开展“七五”普法工作,信访维稳、应急管理、社会治安等工作进一步加强。

八是加强宣传思想文化建设。开展了以“喜迎十九大,幸福怀仁在行动”为主题的系列宣传活动,为党的十九大胜利召开营造了良好的舆论氛围。怀仁县再次被评为山西省精神文明创建文明县城,全县5个乡镇被评为省级文明乡镇、2个社区被评为省级文明社区。评选怀仁县第八届道德模范10名。先后举办了60多场(次)大型文体赛事,组织开展了“文化惠民欢乐万家”系列文化活动,免费送戏下乡133场。

九是持续加强生态保障。栽植各类树木38.6万多株,完成新造林面积350亩。建立起县、乡、村三级河长管理体系,实施了桑干河神嘴窝生态蓄水工程,桑干河水系生态环境有效改善。陶瓷企业全部完成了“煤改气”。按时完成建成区6064户“煤改气”清洁能源替代任务。建立完善“散乱污”企业清单,对136家企业进行“两断三清”取缔。县城空气质量(AQI)二级以上天数达到303天,空气优良率达到83%。办

结中央、省环保督察组交办怀仁县问题24批49件，责令企业整改58家，约谈16人，诫勉谈话8人，党内警告6人。

三、坚定不移履行管党治党主体责任，全面从严治党不断向纵深推进

扎实推进“两学一做”学习教育常态化制度化，大力开展“维护核心、见诸行动”主题教育，以“幸福怀仁党旗高扬”为主题，深入开展“撸起袖子加油干、引领服务大比拼”活动，通过“六比六看六争先”，全县上下形成了比学赶超、争创一流的浓厚氛围。全面强化“三基建设”，建立各类产业党组织89个，联合党组织10个，在全市率先高质量完成农村（社区）“两委”换届；实现农村第一书记“全覆盖”；农村集体经济“全破零”。全面提升党员干部基本能力，组织干部、企业家分两批赴浙江、江西等地学习培训。扎实开展监察体制改革，实现了对297家单位“全覆盖”，对行使公权力的4235名公职人员“全监督”，监委组建以来，共处置问题线索619件，立案194件，同比增长13.45%；处分194人，同比增长11.49%。

（张旭东）

附：中共怀仁县委书记、副书记、常委名单

书　记：刘　亮

副书记：苏斌如　王　鑫　潘浩敏（12月离职）

常　委：孙　涛（4月离职）　李　权（4月任职）

张乐祥　武春兰（女）　王万波　陈志刚

刘　鹏　闫天兵（12月离职）

何　岗（12月任职）

中共应县县委工作概况

县委书记　兰成国

截至2017年底，应县共有12个乡镇，有县直党委（党组）40个，基层党委12个，党总支15个，党支部629个，党小组758个，党员12250名，占全县总人口的3.6%。

2017年，县委积极主动把推进发展的实践置于省委“一个指引、两手硬”重大思路要求、实现“两个持久”目标和市委“两大任务”工作主题之中，团结带领广大党员干部群众攻坚克难、锐意拼搏，推动各项事业取得了新进展新成效。

一、坚持以习近平新时代中国特色社会主义思想指引航向，始终把牢正确的政治方向

把开展维护核心、见诸行动主题教育作为推进“两学一做”学习教育常态化制度化的鲜明载体，县委中心组开展理论学习、专题研讨19次，深刻领会习近平新时代中国特色社会主义思想的重大政治意义、理论意义、实践意义，努力学懂弄通做实。大力开展宣传宣讲活动，持续开展“党员干部进党校常态化”工程，进一步增强了党员干部的政治认同、思想认同、情感认同，形成了维护核心的坚定信念和社会氛围。认真贯彻习近平新时代中国特色社会主义思想，牢牢把握省委、市委以新理念推动经济转型发展的要求，紧贴实际、创新理念，研究提出了“统筹做好对接晋北黄金文化旅游圈、雄安新区建设、产业转移、招商推广活动‘四个对接’，着力建设全省现代农业示范、全国重要陶瓷生产、晋北文化旅游‘三大基地’，努力实现富民产业与强县产业、发展速度与质量效益‘两个同步提升’”的经济社会发展思路，已经在全县上下形成共识，正在成为加速转型升级、决胜全面建成小康社会的目标引领和生动实践。

二、坚定不移推动全面从严治党向纵深发展，努力构建更加风清气正的政治生态

不断巩固反腐败斗争压倒性态势。监察体制改革试点工作取得阶段性成效，巡察“利剑”作用不断彰显。制定实施《贯彻落实中央八项规定精神实施细则》，扎实开展“提升工作标准、创造一流业绩”工作作风整顿，有力促进了党风政风进一步好转。正确把握运用“四种形态”，从严开展执纪监督监察，深入开展扶贫领域不正之风和腐败问题专项治理，全年立案182件，党政纪处分181人。扎实开展“三基建设”。围绕基层组织标准化，新建或改扩建活动场所24个、乡镇干部周转房12处，298个行政村全部实现集体经济“破零”，组建非公党组织163个、社会党组织8个，完成村（社区）“两委”换届，选派驻村工作队、第一书记、乡镇挂职机关干部131名。围绕基础工作规范化，制定基础工作目录，建设政府移动公共服务平台，编印了内部管理、应知应会、便民服务手册。围绕基本能力专业化，完善推广“支部＋协会（合作社）”组织设置、“记实积分”党员管理、党建工作项目化“三个模式”，设立21个党建创新项目。探索形成“盘活资产壮大集体经济，共住共建构筑社区大党委格局，农村支部书记专职化管理、职业化保障”等有益做法。持续引深“塔乡先锋”主题实践活动，涌现出一批先进基层党组织和优秀共产党员。全面加强干部队伍建设。牢固树立正确的选人用人导向，始终坚持公开公平公正选干部、配班子，年内调整9批145名干部。推进干部从严管理监督常态化，强化考核结果运用，98名先进个人受表彰，42名干部接受谈话提醒。发展党员116名，走访219名建国前老党员，编印《红色记忆》一书，起到了很好的教育激励作用。

三、抓实事关全局的重点工作和关键环节，牵引保障各项工作整体上台阶

认真履行意识形态工作责任制。推进媒体深度融合，推动新闻产品从“桌面”走向“手指”。完善互联网管理领导体制，处置率和回复率均达100%。深入开展精神文明创建活动，5家单位成功创建省级文明乡镇、文明单位。加速文化强县建设，不断巩固国家公共文化服务体系示范区创建成果，列入全省图书馆、文化馆总分馆建设试点县，建成全省首家县级方志馆，县图书馆、文化馆双双被文化部评为国家一级馆。参加省第三届文博会并获得“优秀展示奖”“优秀组织奖”。全面深化改革。完成县委办、深改办、综改办“三办合一”，“三去一降一补”、农业供给侧结构性改革、农村综合改革、“放管服效”改革、医疗卫生体制改革、社保制度改革，开发区改革、木塔旅游景区体制机制改革等一些重要领域和关键环节取得突破性进展。强力推进精准脱贫攻坚。克服扶贫任务大、政策项目少的矛盾和困难，在财政十分困难的情况下，千方百计增加投入、整合项目、精准发力，统筹推进产业扶贫、易地搬迁、生态扶贫、健康扶贫等项工作，5426名贫困人口实现脱贫，8个建档立卡贫困村全部退出。努力建设美丽应县。县城新增绿地4.8万平方米，总面积达到427.2万平方米，建成区绿地率达35.6%，人均公园绿地面积达10.2平方米，绿色建筑面积达2.33万平方米，二级以上天数达319天，成功创建为国家级园林县城。坚决维护社会和谐稳定。扎实推进社会治安综合治理，持续深化平安应县建设，全县社会大局基本保持稳定。创新信访工作机制，直面问题破解难题，基本解决了近30年积累的全部问题。

四、切实加强对经济工作的领导，在攻坚克难中奋力推进发展第一要务

经济运行平稳健康。全年地区生产总值完成75.7亿元，同比增7.3%；固定资产投资完成12.2亿元，同比增1.5%；规模以上工业增加值同比增8.0%；社会消费品零售总额完成32.0亿元，同比增7.3%；公共财政预算收入完成1.54亿元，同比增10.66%。城镇常住居民人均可支配收入可达23455元，同比增6.8%；农村常住居民人均可支配收入可达9975元，同比增6.9%。营商环境进一步优化。积极推进干部入企服务常态化，四大班子领导带队蹲点帮扶，在一线为企业解难题、办实事，努力打造“六最”营商环境，推动招商引资工作实现大突破。积极参加省市招商活动，组织开展自主精准招商和产业链招商，为招商引资落地企业和企业转型发展提供财政支持资金4307万元，全年签约项目23个，签约额80.69亿元。产业发展提质增效。按照“壮大二产、优化一产、发展三产”的思路，围绕“三大基地”建设，扎实推进总投资59.7亿元的56个500万元以上的重点项目。新型工业方面。总投资18.4亿元的24个产业转型项目有力推进，全县陶瓷企业发展到20家30条生产线，日用瓷年产量达到10亿件、建筑瓷达到2000万平米、工艺瓷达到4000万件，实现了由日用瓷生产基地向建筑瓷、工艺出口瓷的拓展。总投资2.1亿元的雅士利小包装生产线、美园节能门窗等项目全面推进，山川耐火材料、盛达包装等4个项目建成投产，全县规上工业企业发展到41家。现代农业方面。扎实推进“南菜北牧”发展战略，“南菜”板块，蔬菜产量达到18.1亿斤，收入12.67亿元；粮食产量达到6.9亿斤，被评为全省粮食生产先进县。“北牧”板块，奶牛存栏达到6.53万头，肉羊饲养量稳定在120万只左右。513龙头企业达到155家，农产品加工企业销售收入完成60.9亿元，同比增6.77%；规范发展农民专业合作社，总数达到2303户。文化旅游和商贸物流产业方面。南山生态旅游、迎宾旅游景区、净土寺文化遗产保护利用设施、木塔残损构件调查及展示研究建设四大项目，完成投资3.2亿元。承办“人说山西好风光”朔州分赛场竞演活动，全年旅游接待人数470.4万人次，旅游总收入40.3亿元。经纬通达无车承运、多式联运项目启动运行，积极争取原大高铁在应县建站，与西安通用航空机场建设有限公司签订了应县通用机场项目合作建设与运营协议书。

五、牢固树立以人民为中心的思想，在决战全面小康中不断增加民生福祉

城乡建设，“设施提升、城市安居、城中村改造、环境提升”四大工程扎实推进，县城供气、供热管网设施进一步完善；8个居民小区建设工程完成投资2.8亿元；完成廉租房实物配租1200户，农村危房改造671户；易地扶贫搬迁工程扎实推进。实施“一事一议”财政奖补项目28个，完成鳌镇线、小石口老山区等五条道路新修改建工程。教育振兴，完成职中实训大楼、一小迁建和3所农村幼儿园改造、24所义务教育学校“全面改薄”等工程。出台《关于全面提升教育质量的意见》，全县普通高考二本B类及以上达线人数1543人，达线率41.35%。县一中达线1212人，达线率63.22%；职业高考本科达线率和优生率连续三年夺取全市“双第一”；新建特殊教育学校正式招生。卫计事业，继续实施国家基本药物制度，县城3所公立医院全部取消药品加成，实行零差率销售。顺利通过全省中医先进县复审验收，新建中医院2018年可投入使用。社会保障，全年新增就业、再就业8853人，征缴各类社会保险5.47亿元，发放资金5.88亿元；发放各类民政资金1.7亿元，受益群众达20万人次。千方百计保障和增加民生性支出，人员工资性支出和对个人家庭补助支出达到6.4亿元，同比增8.9%，全面落实了退休人员调资、公务员和参公人员公务交通补贴、财政供养人员取暖费提标等增资项目。

（安培兴）

附：中共应县县委书记、副书记、常委名单

书　记：兰成国

副书记：边润文　闫卫伟

常　委：毕治中　刘晓琰（女）　唐学仕

方会文（9月离职）

乔瑞文(9月任职) 刘巨才
姚树山 王金天

中共右玉县委工作概况

县委书记 吴秀玲

右玉县辖4镇6乡1个风景名胜区，总人口11.6万。共有基层党委14个、党总支11个、党支部479个，党员7218名，占总人口的6.2%。

2017年，县委团结带领全县各级党组织和广大党员干部群众，坚持以习近平新时代中国特色社会主义思想为指导，深入学习贯彻党的十九大精神和习总书记视察山西重要讲话精神，统筹推进经济、政治、文化、社会和生态文明建设，坚定不移推进全面从严治党，全县经济社会发展和党的建设各项事业取得良好成效。荣获全国第一批国家生态文明建设示范县和第一批“绿水青山就是金山银山”实践创新基地、全国群众体育工作先进县、全国平安建设先进县等荣誉称号。全年完成地区生产总值67.19亿元，同比增长9.1%；规模以上工业增加值增长8.6%；固定资产投资增长10.2%；社会消费品零售总额16.87亿元，增长7.2%；财政总收入完成9.55亿元，增长51.6%；一般公共预算收入3.70亿元，增长28.3%；城乡居民可支配收入分别达到22717元、7161元，分别增长7.5%、8.7%。

一、增强“四个意识”，坚定“四个自信”，自觉用习近平新时代中国特色社会主义思想武装头脑、指导实践

一是深入学习宣传贯彻党的十九大精神。县委两次召开中心组（扩大）学习会议，集中学习党的十九大精神。印发《中共右玉县委关于认真学习宣传贯彻党的十九大精神的通知》。举办全县科级干部党的十九大精神培训班对全县科级干部进行轮训。组建县委和右玉干部学院十九大精神宣讲团，深入基层宣讲82场次。县四大班子领导率先垂范，深入所包乡镇和帮扶村积极宣讲，全县上下形成了学习宣传贯彻热潮。二是深入学习贯彻习近平总书记视察山西重要讲话精神和对右玉精神的重要指示精神。县委召开常委会议、专题学习会议、全县干部大会、县委十四届五次全体（扩大）会议，出台《关于深入学习习近平总书记视察山西重要讲话精神贯彻落实省委“两个实施意见”市委“工作方案”的行动方案》，深入学习贯彻习总书记视察山西重要讲话精神和对右玉精神重要指示精神以及省委、市委贯彻落实意见。

二、抓住关键重点，带动全局工作，全力打造践行习总书记“两山”理论样板区

一是举全县之力，集中攻坚脱贫摘帽。把脱贫攻坚作为贯彻落实习总书记对右玉精神重要批示指示精神的重大举措和具体行动，提出举全县之力，高标准率先脱贫摘帽，为全省作出示范的目标。成立县脱贫攻坚工作推进领导小组，精准实施脱贫攻坚八大工程二十个专项行动。注入资金4300万元，实施5大类资产收益扶贫项目。投资2800多万元，集中提升130个贫困村改善村容村貌。脱贫攻坚各项指标均达到贫困县退出标准，全力迎接考核验收。二是强化改革创新，加快推进生态文化旅游开发区建设。把建设生态文化旅游开发区作为践行习总书记“两山”理论新的抓手，2017年10月14日，开发区管委会成立揭牌。出台《对接落实省市支持右玉县绿色发展政策责任分解表》，全面承接省市支持措施。成功举办2017山西·右玉西口风情生态文化旅游招商系列活动，全年签约项目26个、112亿元，其中文旅类10个、80.2亿元。采取政区合一管理模式，加快“三化三制”步伐，制定《开发区改革创新发展实施方案》，探索建立开发区与县政府投入收益分配机制。实施牛心孕璞花海景观台、玉龙文体旅游产业园等项目。全县旅游总人数达214.97万人次，同比增长27.28%；实现收入20.89亿元，增长25%。三是立足新时代发展要求，大力传承弘扬右玉精神。习近平总书记在视察山西时第4次对右玉精神作出重要指示。县委深入学习贯彻习总书记重要批示指示精神，增强政治自觉，强化使命担当，创新方式方法，努力谱写弘扬右玉精神新篇章。在全县上下广泛开展“右玉精神我弘扬”活动。中组部组工通讯刊发《一张蓝图绘到底的实践样本—右玉历任领导班子68年的绿色发展接力》，新华每日电讯刊发长篇通讯《“右玉精神”的接力传递》。大型音乐舞蹈史诗《为有牺牲多壮志—右玉和她的县委书记们》成为首届山西艺术节暨第三届山西文博会开幕演出剧目，并作为十九大献礼作品在北京上演。电视连续剧《燃情岁月之右玉和她的县委书记们》杀青。右玉精神油画·摄影展在京成功举办。右玉干部学院自2017年6月6日开班以来，全年举办培训155期，累计培训8635人次。中央电视台《新闻联播》等媒体作了专题报道。

三、坚持统筹兼顾，推进“五位一体”，不断推动全县各项事业实现新发展

（一）经济转型升级迈出新步伐。提质升级工业经济。稳步推进煤矿一级安全生产标准化矿井建设。全县清洁能源并网装机容量达到100万千瓦。抓住全省农产品产地初加工补助重点县等机遇，培育壮大农业龙头企业。同时，大力发展信息技术、生物制药等高新技术产业，积极构筑多元产业支撑体系。大力加强基础设施建设。109国道改

线和右平高速建设顺利推进。完成生态旅游路等道路建设工程，进一步完善县城供水供暖供气等基础设施，开通运行城乡公交，加快推进城市棚户区改造。全面加快改革步伐。实施“新农贷”创新试点，制定《右玉绿色发展文旅产业基金方案》，引进长青村镇银行，中大科技公司正在申请“新三板”挂牌。持续推动简政放权，全力创优发展环境。积极开展农村闲置凋敝宅基地盘活利用试点。

（二）民主政治建设取得新成效。落实关于加强县乡人大工作和建设的决策部署，为县人大及其常委会新增机构配备人员。共听取审议“一府两院”专项工作报告24项，依法任免地方国家机关工作人员32人。重视和支持县政协聚焦全县中心任务、重大部署履行职能、开展工作，支持政协加大提案督办力度，65件提案全部办结。深入推进法治右玉建设。启动实施“七五”普法规划，认真落实司法体制改革任务，全县党政机关和农村实现法律顾问配备全覆盖。同时，积极做好群团和党管武装等工作，不断巩固并发展安定团结、生动活泼的政治局面。

（三）宣传思想文化工作实现新提升。有效凝聚改革发展的强大正能量。在国家、省、市主流媒体及网络媒体刊发各类新闻稿件869件160多万字。培育和践行社会主义核心价值观。申报省市群众性精神文明创建先进集体21家。推荐王一飞为全国敬业奉献道德模范候选人。右玉县入选第五届全国文明城市评选名单。全县行政村综合文化活动场所实现全覆盖。完成右卫艺术粮仓二期工程，右玉油画摄影基地品牌不断打响。提升道情戏《绿色梦》的艺术质量，成为右玉干部学院激情教学的重要内容。

（四）社会民生事业发展再上新台阶。大力提升社会事业发展水平。组建右玉中学教育集团，高考成绩创历史新高，中学招生形势明显好转，投用南街幼儿园和油坊村幼儿园。组建医疗集团，加快县乡医疗卫生一体化改革。认真实施健康扶贫，扎实开展家庭医生签约服务，实现农村低保、五保在定点医院就医全部免费和特困人员住院治疗个人“零支付”。大力提升社会保障水平。社保参保人数累计20.33万人，基金累计5.7亿元。大力开展农村电商、中药材种植、特色养殖等就业扶贫培训。农村低保标准达到每人每年3400元，实现“两线合一”。深入推进1+8严打整治专项行动，人民群众安全感进一步提升。深入开展安全生产大检查，全年未发生一起生产安全事故。信访形势整体平稳。

（五）生态文明建设开创新局面。坚决落实中央、省环保督察问题整改。圆满完成中央和省环保督察配合工作，中央第二环保督察组组长杨松对右玉县生态环保工作给予充分肯定。全力推进植绿兴水。完成荒山造林2.16万亩、通道绿化84.7公里、村庄绿化28个，栽植各类苗木300余万株，推广种植大颗粒沙棘4500亩，修复改造退化沙棘林1.1万亩。启动实施新一轮退耕还林工程。全面推行“河长制”。完成水土流失治理面积6.99万亩、水源工程54处、节水工程53处。深入开展大气、水、土壤污染防治战。完成清洁能源取暖替代工程3006户。取缔“散乱污”企业22家、燃煤锅炉3台。取缔23家未备案煤炭洗选经营企业。

四、强化主体责任，落实主业主责，不断把全面从严治党工作做深做细做实

一是突出实践特色，扎实推进“两学一做”学习教育常态化制度化和开展“维护核心、见诸行动”主题教育。以“弘扬右玉精神，建强红色堡垒，推动绿色发展”活动为载体和特色，层层开展学用系列重要讲话精神交流，积极开展以“牢记誓言，不忘初心，重温入党誓词”等为主题的党日活动，全力创建“两学一做”学习教育常态化制度化省级示范点，扎实开展维护核心见诸行动主题教育。二是紧密结合实际，大力加强“三基建设”。新建村级组织活动场所56处、改扩建24处，实现“全覆盖”。农村集体经济全面“破零”，其中年收入5万元以上的达50.7%。圆满完成农村（社区）“两委”换届。作为全市撤并行政村试点县，计划分三年撤并的任务一年全部完成。乡村运转经费按标追加，严格落实基层干部待遇。开展基层党组织“创星”达标升级活动，特别是围绕抓党建促脱贫，开展大力弘扬右玉精神建立“三个导向”加强“三基建设”工作。在全省“三基建设”现场推进会上，右玉县作为全市唯一的典型作了书面经验交流。三是对标右玉精神，全面加强干部队伍建设。坚持把右玉精神作为加强干部队伍建设的内在要求和检验标准，下功夫解决右玉精神“灯下黑”的问题。集中开展传承弘扬右玉精神学习提升大讨论活动，对全县科级以上干部进行轮训。全面加强干部日常管理，提升机关工作效能，建立统一的考勤信息系统。坚持好干部标准，全年研究干部141人次。四是持续持久用力，切实加强纪律作风建设。认真执行《关于新形势下党内政治生活的若干准则》《中国共产党党内监督条例》，以反思“8·14”事件为主题，召开专题民主生活会。扎实开展“提升工作标准、创造一流业绩”工作作风整顿和纪律作风大整顿专项活动，查处一批违反工作纪律问题，给予党纪政务处分12人。认真学习贯彻习总书记关于进一步纠正“四风”加强作风建设的重要指示精神，制定完善《贯彻落实中央八项规定精神实施细则》，全年查处违反中央八项规定精神问题6件，处理8人。五是保持高压态势，深入开展反腐败斗争。认真贯彻落实《中国共产党问责条例》，对17名有关责任人进行追责问责。扎实推进纪检监察体制改革，县监察委员会按期组建运行，派驻纪检监察组全覆盖和乡镇监察试点两项工作全面推开。正确运用“四种形态”，全县纪检监察机关共处理干部386人次，其中第一种形态占64.51%。加大执纪审查力度，全年共处置问题线索368件，涉及414人，立案131件，结案131件，处理136人。大力开展扶贫领域不正之风和腐败问题专项治理工作，共立案查处扶贫领域问题40件，处理47人。认真开展县委第三轮巡察工作，共巡察单位9个，发现问题102个。

（张晓强）

附：中共右玉县委书记、副书记、常委名单

书　记：吴秀玲（女）

副书记：王志坚　孟福荣（9月任职）　丁　裕
张建起　王宏伟（4月任职）

常　委：句旭山　阎祖伟　李　权（4月离职）
王　悦（4月任职）　李康正　韩日华
侯照阳（12月离职）　郭志军（12月任职）

中共山阴县委工作概况

县委书记　李旭清

山阴县总辖4镇9乡，县直党工委(党组)37个、基层党委26个、党总支（支部）662个、党小组1885个、党员总数10612人，占总人口数的4.4%。

2017年，山阴县委在中央和省、市委的坚强领导下，始终牢记职责和使命，坚持统揽全局、协调各方，认真履行“把方向、管大局、做决策、保落实”职责，团结带领全县广大党员干部群众，坚持以习近平新时代中国特色社会主义思想为指引，深入贯彻党的十九大和习近平总书记视察山西重要讲话精神，认真落实省委“一个指引、两手硬”重大思路和要求，紧扣“两大任务”工作主题，创新实施“2361”工作思路，主动作为，苦干实干，在风险挑战中强力攻坚，在创新奋进中实现突破，不断推动各项事业取得新进展新成效，全县工作呈现出落实有效、推进有序、稳中有进的发展态势。

一、坚持学用习近平新时代中国特色社会主义思想，牢牢把握正确政治方向

坚持用习总书记系列重要讲话精神武装头脑、指导实践，坚决维护以习近平同志为核心的党中央权威，有效促进广大党员干部自觉把维护核心落实到行动上、融入到工作中，全力推动习近平新时代中国特色社会主义思想在山阴落地落实。党的十九大召开后，县委及时召开全县干部大会，传达学习党的十九大精神，并做出了安排部署和明确要求。举办了十九大精神轮训班4期，培训人员785人；组建了35人的县委党的十九大精神宣讲团，开展“六进”活动，迅速掀起了学习贯彻十九大精神的热潮，以实际行动确保习近平新时代中国特色社会主义思想在山阴落地生根、落实有效。

二、全面履行从严管党治党责任，进一步构建风清气正的政治生态

县委牢牢把握新时代党的建设新要求，在实践中把“全面”“从严”落到实处。认真对照全县“三基建设”实施方案的目标要求，统筹协调落实，投入资金3100多万元，基充分保障层党建经费，新建、修缮村（社区）活动场所160个，有246个村实现了集体经济“破零”，圆满完成了村（社区）“两委”换届，非公企业、社会组织党组织覆盖率分别达到85.6%、90.1%。县委树立正确鲜明的用人导向，制定实施激励干部担当作为和合理容错实施细则，全年共调整任用干部114名，在全县上下营造担当作为、狠抓落实的良好氛围。共举办各类培训89期、名家讲座12场，培训干部达到6170人次。县委紧盯“四风”问题不放，制定出台《关于贯彻落实中央八项规定精神的实施细则》，扎实推进监察体制改革试点工作，县监察委员会按期挂牌、组建和运行，全面铺开县纪委监委派驻纪检监察组全覆盖试点工作和乡镇纪检监察试点工作。全年处置问题线索589件，谈话函询处置379件，立结案227件，处分182人。查处群众身边腐败问题178件，处理178人；查处扶贫领域腐败问题74件，给予党纪处分51人，政务处分4人，其他处理19人。发挥巡察“利剑”作用，全县第三轮巡察发现问题线索29件，移交县纪委19件，移交乡镇党委6件，移交职能部门4件。

三、贯彻落实新发展理念，推进转型发展，经济持续向好态势进一步巩固

一是转型升级步伐进一步加快。工业方面，一年来关闭矿井4座，退出落后产能450万吨，释放先进产能150万吨；推进松蓝2×40万吨乙炔制丙烯酸及2×60万吨煤制乙二醇一体化、锦晔100万吨低阶煤分质利用、森泰50万吨工业洁净型煤、昱光二期2×35万千瓦低热值煤发电等项目建设；玉竹1万吨活性硅酸钙新材料、金沙橡胶制品有限公司6万吨废旧轮胎处理等项目进入试生产阶段，超牌建材科技有限公司20万吨煅烧高岭土项目进展顺利。农业方面，推广种植高科技渗水地膜旱地谷子4万亩、燕麦6万亩、苜蓿2万亩、全株青贮玉米16万亩，粮经饲种植比例调整为64∶10∶26；加快牧场化养殖步伐，奶牛良种覆盖率达到100%；实施高标准农田建设项目7100亩，完成1500亩膜下滴灌工程，实施9个土地、农田、耕地开发整理项目；农机总动力达到32万千瓦，主要粮食作物综合机械化水平达到83%以上；粮食产量突破5.7亿斤、鲜奶产量28万吨。被确定为全省有机旱作农业示范县，被评定为省级杂粮出口质量安全示范区。三产服务业方面，全县社会消费品零售总额完成40亿元，同比增长7%。完成了旅游景区体制机制改革，成立了广武边塞文化旅游发展有限公司。

二是招商引资质量进一步提升。牢固树立“项目为王”理念，出台了《关于进一步加强招商引资推进项目落地的实施意见》，坚持专业招商、组团招商、定向招商“三线作战”，举办了

深圳朔商朔才座谈会等主题推介活动，参加了第十届中国中部投资贸易博览会等招商引资活动，开展“请老乡、回故乡、建家乡”和“本土企业家投资在本土”活动。全年共签约框架协议项目28个，签约金额197.4亿元；落地项目7个，到位资金42.8亿元。同时，深入开展优化营商环境“1+9”专项行动，推进“干部入企帮扶”常态化，大力营造“六最”营商环境。

三是改革创新步伐进一步加快。县委着眼于战略性、牵引性改革事项，坚决扛起深化改革的重大政治责任，先后6次召开改革领导小组会议，为全县改革发展把好方向、管好大局、作好决策。开发区建设方面，围绕“整合、改制、扩区、调规”，深入推进“三化三制”改革，制定了开发区总体发展规划，完成了3条主干道路、建成人工湖等，基础设施日臻完善。电力改革方面，北周庄低碳循环经济工业园区增量配电业务被列入全国试点，有效促进了园区内企业降本增效；积极推进电力直供交易，中煤华昱、石星化工等6家企业进行了申报。“放管服效”改革方面，公布了36家单位“两单两图”、2499项权力清单目录。深化农村改革方面，244个村完成土地承包经营权确权颁证工作，成立了农村产权交易中心。

四、聚焦“两个精准”，强力推进脱贫攻坚

县委始终坚持打赢脱贫攻坚战是重大政治任务和第一民生工程，必须摆在重要位置，以“不漏一户、不落一人”的政治担当，强力推进脱贫攻坚。多次召开常委会、党政联席会、工作协调会，特别是召开了6次高规格、大规模的千人大会，专题研究和安排部署脱贫工作，制定《脱贫攻坚实施方案》和年度方案，严格落实脱贫攻坚三级书记负责制，签订军令状“双签”责任书。派出78支扶贫工作队、31名第一书记驻村帮扶，安排1138名党员与贫困户开展“1+2”结对包扶，分片区召开5次现场推进会，建立干部驻村管理、奖惩办法、考评考核等制度，实行“两包三到”精准联动帮扶机制，加大督查检查力度，以责任落实倒逼工作落实，赢得群众赞誉。深入实施八大工程二十个专项行动，整合“6类56项”、1.3亿元涉农资金，重点推进特色种植、养殖、光伏和农产品加工等产业扶贫项目，辐射带动了90%以上的建档立卡贫困户。特别是创新了资产收益模式，12个乡镇将财政专项扶贫资金投放到古城乳业、泰和牧业等企业，取得明显成效。县委着眼“两不愁、三保障”，统筹推进贫困村及贫困人口的道路、住房、医疗、教育等政策保障，从企业筹集资金1650万元，县财政投入1000万元，重点用于31个贫困村及85个公路沿线村庄环境整治，农村环境面貌明显改善。一年来，共有14个贫困村完成退出任务，706户1722人贫困人口实现脱贫，并顺利接受了省委省政府第三方评估组和各部门专项工作小组的评估核查验收。

五、落实以人民为中心的发展思想，民生福祉不断改善

县委从严落实环境保护“党政同责、一岗双责”责任，制定出台了《关于进一步加强生态文明建设的意见》，大力开展“铁腕治污”专项行动，实施5430户“煤改气”，全年二级以上天数达295天。大力推进水源治理，桑干河河头断面水质稳定达到三类以上标准。县委坚持“三分建设、七分管理、十分经营”的理念，紧盯水电气路暖等群众关心关注的民生事项，本着“量力而行、尽力而为”的原则，不求快、不贪大，做一件、成一件，务实推进县城基础建设。同时，规范健全“大城管”等县城管理机制，县城环境面貌进一步改善，城市管理水平进一步提升。县委坚持教育优先发展，在全省范围内择优选聘山阴一中校长，引进先进教育理念，有效提升了高中教育办学水平。积极开展县乡医疗卫生机构一体化改革试点工作，完成山阴县医疗集团组建并运营，新建县人民医院竣工并投入使用，达到二级医疗卫生机构建设标准，有效改善了群众就医条件。举办首届山阴春晚、全民朗读大赛和全民K歌大赛等系列文化活动，组织“六月二十四”传统庙会，开展“送戏下乡”活动100场，群众的文化获得感明显增强。

六、扎实推进民主法治建设，社会治理格局不断完善

县委始终坚持党的领导、人民当家作主和依法治县有机统一，进一步巩固发展了民主团结、生动活泼、安定和谐的政治局面。着力推进依法行政，深入开展法治宣传教育，在全社会逐步形成了学法、懂法、守法、用法的良好氛围。加强对人大和政协工作的领导，进一步巩固和发展最广泛的爱国统一战线。全面加强党的群团工作，坚持党管武装原则，军民融合深度发展。党校、民族、宗教、外事、对台等工作取得新进步。坚持把意识形态工作纳入全县工作大局，牢牢掌握意识形态工作领导权、管理权、话语权。持续开展“雁门关外好人家”评选活动，围绕迎接学习宣传贯彻党的十九大，开展了“喜迎十九大”系列主题宣传，凝聚起了全县干部群众共同奋斗的正能量和精气神。严格落实“党政同责、一岗双责、企业主责、失职追责”的安全生产责任体系，对全县工商注册登记企业实行网格化管理，深入开展安全生产隐患大排查大整治、非煤矿山安全专项整治、打非治违等专项行动，安全生产形势持续稳定好转。牢固树立总体国家安全观，集中开展“六打六整三加强，创建平安山阴”、百日基层矛盾纠纷巡回化解大会战活动，从根本上促进了发展环境、治安秩序、社会风气的进一步好转。

一年来，县委坚持把加强自身建设摆在首要位置，模范遵守党章，在自觉落实管党治党责任、带头廉洁自律等各方面为全县广大党员干部作出表率。牢固树立“四个意识”，在思想上政治上行动上与以习近平同志为核心的党中央保持高度一致，不折不扣贯彻落实党中央和省市委决策部署，严格遵守政治纪律和政治规矩，严肃党内政治生活，加强党内民主监督，班子成员相互配合、相互支持，凝聚力和战斗力有效提升，形成了奋发进取、干事创业的强大合力。严格执行民主集中制，健全完善常委会工作机制，坚持重大问题集体讨论、集体研究、集体决策，自觉接受同级纪委监督和人民群众监督，确保县委始终成为统揽全局、协调各方的坚强领导。

（李　刚）

附：中共山阴县委书记、副书记、常委名单

书　记：李旭清

副书记：南志中　李全胜（9月离职）

常　委：黄永红（女）　王　伟　钟军辉　郭振林　刘向前　刘德义　降　英（女）

中共忻州市委工作概况

市委书记　李俊明

2017年，忻州市委深入学习宣传贯彻党的十九大和习总书记视察山西重要讲话精神，按照省委“一个指引、两手硬”重大思路和要求，全面实施“1661”发展战略，团结带领全市干部群众，对标前行，苦干实干，统筹推进各项事业建设，全面脱贫、全面小康迈出了更加坚实的步伐。

一、坚定维护核心，以习近平新时代中国特色社会主义思想为指导，把学习宣传贯彻党的十九大精神作为首要政治任务

坚持在学懂弄通做实党的十九大精神上下功夫。第一时间召开常委会、常委扩大会、全市干部大会进行及时传达学习。召开市委四届四次全会，作出“十个新”全面部署。开展大学习、大宣传、大调研，进一步完善发展思路，明确跨入新时代、开启新征程、实现新目标的工作要求和任务措施。

坚持把坚定不移维护习近平总书记的核心地位作为第一位的政治要求。持续推进“两学一做”学习教育常态化制度化和“维护核心、见诸行动”主题教育。树牢“四个意识”，更加自觉地维护和紧跟核心，始终在思想上、政治上、行动上同以习近平同志为核心的党中央保持高度一致。坚持以习近平新时代中国特色社会主义思想武装头脑、指导实践、推动工作、促进发展。深刻把握中国特色社会主义进入新时代的历史方位，不断深化对我国社会主要矛盾发生变化的认识，不断深化对忻州处于转型升级重大历史关头的认识，弘扬红船精神，自觉对标新时代中国特色社会主义思想和基本方略，不断保障忻州发展的方位准确、目标明确、方向正确。

二、深入贯彻落实习总书记视察山西重要讲话精神，聚焦深度贫困，推动转型发展

召开了市委四届三次全会，出台《关于深入学习贯彻习近平总书记视察山西重要讲话精神全力推进全面脱贫全面小康建设的决定》，努力把习总书记的深切关怀转变为推动忻州发展的强大动力。

聚焦深度贫困，奋力实现脱贫攻坚再战再胜。突出整村搬迁，在一个战场打赢脱贫增收和生态治理两场战役，2017年6月21日习总书记视察忻州时给予充分肯定。出台破解人、钱、地、房、树、村、稳七个问题加快整村搬迁的《实施意见》35条、深化整村搬迁22项改革，三年整村搬迁797个村，2017年实施432个村，已拆除418个村，复垦宅基地2248.7亩，销号216个行政村。突出产业扶贫，1619个贫困村“五有”全覆盖。狠抓生态扶贫，退耕还林、造林专业合作社、森林生态管护、沙棘林建设带动近3万贫困人口增收。抓好就业培训，坚持扶智扶志，落实金融扶贫，坚持政策兜底，改善基础设施，强化驻村帮扶。开展农村建筑特色风貌整治，整治了岢岚宋家沟等100个村。2017年贫困村出列和贫困人口脱贫分别占省下达任务的106.7%和113.4%，实现了再战再胜。

突出项目建设，积极推动经济转型发展。坚持以质量和效益为中心，加强和改进市委对经济工作的领导，坚持“1+3”季度分析调度会制度，即按季度分析研判经济运行和生态环保、安全生产、信访维稳工作。坚持产业第一、项目至上、企业为重、服务为本，完善年度项目观摩考核制度，营造狠抓项目建设的浓厚氛围。2017年新开工重大产业项目146个，总投资620.4亿元，创历史最好水平。

坚持创新驱动，推动工业强基。改造提升煤、电、铁、装备制造等传统产业，56个项目列入全省工业转型升级重点项目库。大力发展新兴产业，全力推进煤-电-铝-材一体化试点。推动定襄县打造国家级法兰锻件产品质量监督检验中心等5个国家级、2个省级行业平台，“世界法兰锻造之都”地位更加凸显。利国高性能取向硅钢项目建成投产，浪潮大数据中心建成，培森新疫苗、兰宝石、5G芯片项目落地忻州开发区，发展新动能明显增强。

坚持品牌先行，打造文化旅游为战略性支柱产业。突出打造五台山、雁门关（长城）、管涔山—芦芽山三处三类世界遗产，2017年芦芽山列入世界自然遗产预备清单，雁门关荣膺国家5A级景区，禹王洞升级为4A级景区。五台山景区体制改革和综合整改整治取得明显成效，省政府确定的19个景区体制机制改革全面完成。银泰、中景信、浙旅等战略投资企业集团项目落地忻州，国家全域旅游示范市创建工作扎实推进，接待国内旅游人数4214.25万人次，同比增长23.55%，旅游总收入408.34亿元，同比增长24.65%。

做大特色优势，扎实推进农业供给侧结构性改革。坚持一抓小杂粮二抓畜牧业三抓农业“新六产”融合发展，大力发展有机旱作农业，6个县区列入省级粮改饲试点县，启动100个特色农业产业园区建设，新认证“三品”农产品197个，完成全年任务的3倍，总量全省第一。杂粮种植面积350万亩，全省第一，“中国杂粮之都”品牌影响力全面提升。全省有机旱作农业现场推进会在我市召开。

三、坚决把党中央、省委省政府的重大决策部署落实好，全面推动改革开放，全力保障民生改善

召开深化改革促进资源型经济转型发展推进大会，出台贯彻落实国务院42号文件精神《行动方案》，明确了6大类62项重点转型改革任务。出台打造全国能源革命排头兵《实施方案》，一手抓煤炭革命、一手抓新能源建设，加快打造忻州千万千瓦级新能源基地。

全面推进供改综改深改。严格落实“四个亲自”和“三个三”抓改革的要求和办法，建立市级领导抓改革《台账》。实行抓改革试点责任制，强化抓试点示范就是抓机遇、抓发的展意识，市县两级申请争取国家和省级试点项目50项，超过前四年的总和。“三去一降一补”任务全面落地，2年关闭7座煤矿，退出产能480万吨/年。推动开发区改革创新发展，确立“1724”规划，“三化三制”改革如期完成。实施“九个一批”国企国资分类改革，全力推进10户国企改革。完善农村土地“三权分置”改革，14个县（市、区）全部建立县级土地流转服务组织，乡镇级流转服务组织实现全覆盖。出台《忻州市生态文明体制改革实施方案》，推进环境执法网格化改革，深化排污权交易改革，探索能耗交易改革。商务综合行政执法体制改革试点工作在全国评估中名列第二。食药监管部门信息化改革经验在全国推广。整村搬迁改革试点等五项改革得到省委深改办充分肯定。

全面扩大对外开放。实施东进西联南融北合开放战略，主动融入“一带一路”建设、京津冀、环渤海和太原都市圈等区域发展战略。召开全市优化营商环境动员大会，出台《落实深化投融资体制改革的意见》，全面推进“放管服效”改革，深入开展“1+10”专项行动，开展企业投资项目承诺制和无审批管理试点；努力打造“六最”营商环境。推进对接雄安新区八项重点工作。加快铁公机、岸港网建设，规划建设高铁枢纽，向南抓到太原2018年开通，向北抓到大同全线开工，向东抓京昆高铁忻（州）—雄（安）段早日开工，向西抓远期规划。五台山机场口岸开放年底具备临开硬件，定襄保税仓库和出口监管仓库建成投运。招商引资项目到位资金突破400亿元。在北京恭王府组织“欣欣向荣 心灵之舟——山西忻州文化遗产精品展示月”系列活动，忻州影响力不断提升。与德国马格德堡市缔结为友好城市，实现了发展国际友好城市“零”突破。

全面加强生态文明建设。狠抓中央和省环保督察整改，交办的58批392件群众反映问题已整改到位。全面打好大气、水和土壤污染防治攻坚战。全力推动秋冬季大气污染综合治理攻坚，改电改气超额完成年度任务。第三季度城市地表水环境质量全省最好。大力开展国土绿化行动，完成退耕还林34.5万亩、营造林82.2万亩。坚持以法治思维和法治方式推进生态环保，出台《五台山风景名胜区条例》，实施《忻州城区禁止燃放烟花爆竹规定》，加快《忻州市滹沱河流域生态修复与保护条例》制定，地方立法实现历史性突破。

持续保障和改善民生。大力推进“五城联创”，创建国家卫生城市（城镇）数量位居全省第一。静乐县成功创建国家园林城市。创建省级文明城市（县城）数量成为全省最多的地级市之一，忻州市、静乐县被省文明委推荐为2018—2020年创建周期全国文明城市提名城市。教育、卫生、文化、体育等社会事业建设取得新成效，就业、创业等社会保障目标任务全面完成。

切实维护社会安全稳定。认真贯彻中央、省委重大部署，全面加强法治忻州建设，实现了重大政治安全事件等六类事件“零发生”。进一步巩固和发展爱国统一战线，加强和改进宗教工作。深入开展安全隐患大排查大整治，未发生重特大安全生产事故，安全生产形势持续稳定向好。

四、坚持全面从严治党，加强“三基建设”，深入推进正风肃纪反腐

加强“三基建设”。推进基层党建，全市4422个村实现了集体经济“破零”，达到行政村总数的94.5%，2844名本土人才进入村“两委”班子。乡镇“五小”建设在全省“三基建设”市县现场推进会上作了大会交流，中组部《情况通报》介绍了做法。村（社区）“两委”换届圆满完成。开展向全国脱贫攻坚模范候选人、全省优秀党组织书记刘桂珍同志的学习活动。提拔使用张尚富等一批脱贫攻坚优秀第一书记，严肃处理偏关县陈家营乡原党委书记等22人。严格规范选人用人。严格执行《党政领导干部选拔任用工作条例》等政策法规，紧紧围绕脱贫攻坚和转型发展选干部、配班子，2017年市管干部调整275人，涉及县（市、区）59人，市直机关187人，市管企事业单位29人；其中，提任正处级领导干部4人，副处级领导干部58人，平调153人，免职60人。努力以大党建落实脱贫攻坚责任制、以强“三基”支撑脱贫工作大格局，全省“践行习总书记视察山西重要讲话精神抓党建促脱贫攻坚暨深度贫困村整体搬迁”现场推进会在岢岚县召开。

加强和改进市委中心组学习。明确市委8项责任和9条追责清单。党管宣传、党管意识形态、党管媒体责任全面落实。加强理论武装，持续强化社会主义核心价值观建设。坚持“十要十不要”方法要求，落实《加强媒体舆情服务管理的实施意见》。全市没有发生重大舆情事件和意识形态责任事故。

从严落实“两个责任”。修订贯彻落实中央八项规定实

施细则，持续推进反“四风”改作风，查处违反中央八项规定精神问题170个，处理177人，其中县处级11人。认真开展巡视整改自行“回头看”，坚决肃清原市委书记董洪运在思想上、政治上、组织上的流毒影响。先后对4个党组织、49名领导干部落实管党治党责任不力问题进行问责。

持续保持惩治腐败高压态势。立案查处违纪问题2336件，同比增长18.5%；处分2283人，同比增长15.5%，其中县处级27人，移送司法机关38人。率先开展扶贫领域不正之风和腐败问题专项治理，省专项治理督导组反馈问题整改率达80.3%。积极推进监察体制改革试点工作，市、县两级监察委员会按时高质完成挂牌转隶，探索编制的五类“模拟案卷”，得到中纪委和省纪委监委的好评。不断加强党内监督，实现向市一级党和国家机关派驻纪检监察机构全覆盖。

（吕建宏）

附：中共忻州市委书记、副书记、常委名单

书　记：李俊明

副书记：郑连生　王　珍（11月离职）　朱晓东（11月任职）

常　委：阮全进（9月离职）　陈义青（女）　王建廷　范晋昌　赵志坚　崔建新　王志东　范波涛（5月离职）　赵新年（5月任职）　刘婷芳（7月任职）　刘瑞生（12月任职）

中共忻府区委工作概况

区委书记　张钰祥

2017年，忻府区认真学习贯彻党的十九大精神，坚持以习近平新时代中国特色社会主义思想为指引，深入贯彻习总书记视察山西重要讲话精神，按照省委提出的“一个指引、两手硬”重大思路和要求，围绕市委四届二次、三次、四次全会精神和全市经济工作会议作出的部署，进一步巩固和发展了经济、政治、文化、社会、生态和党的建设良好态势。

一、深入学习宣传贯彻党的十九大精神，进一步坚定理想信念

坚持把迎接十九大、学习十九大、贯彻十九大精神这条主线贯彻始终。围绕迎接党的十九大胜利召开，扎实推进“两学一做”学习教育常态化制度化，深入开展维护核心、见诸行动主题教育，广泛宣传党的十八大以来取得的辉煌成就。全面落实党管意识形态责任制，通过《今日秀容》、忻府新闻、电子视频微党课、忻府组工微信公众号，刊登学习征文，制作电视专访，组织微党课，推送微信文章。3次组织区四套班子开展了学用习总书记系列重要讲话精神交流会。

党的十九大召开后，及时召开区委四届五次全会等有关会议传达学习，发出了关于认真学习宣传贯彻党的十九大精神通知，制定宣传工作和集中培训实施方案，对学习贯彻习近平新时代中国特色社会主义思想作出全面部署。举办全区党的十九大精神宣讲报告会3场。区四套班子和副处干部深入乡镇宣讲34场，对全区党员干部分8个层面集中轮训，其中分两期对全区副科以上干部，进行为期三天的全员培训，在全区形成了学习宣传贯彻党的十九大精神浓厚氛围。

二、自觉贯彻新发展理念，积极推动转型发展

深入学习贯彻习近平新时代中国特色社会主义思想，围绕实现高质量发展目标，全面落实党的十九大作出的战略部署和习总书记视察山西重要讲话精神，围绕转型发展等重大问题开展调查研究，分阶段提出指导经济工作的思路要求，牢牢掌握主动权，积极促进稳增长，实现经济发展总体向好。

2017年，全区地区生产总值138.3亿元，同比增长6.6%；规模以上工业增加值同比增长9.4%；固定资产投资44.9亿元，同比增长7%；社会消费品零售总额94.9亿元，同比增长7.7%；财政总收入18.8亿元，同比增长44.5%；一般公共预算收入4.6亿元，同比增长1.9%；城镇居民人均可支配收入28453元，同比增长6.2%；农村居民人均可支配收入9646元，同比增长8.1%。经济总量增长态势明显好于上年，全区工业生产持续回暖，高位运行，工业对GDP的贡献率以及拉动作用明显增强，经济发展与省、市同频共振，实现了由“疲”转“兴”。

三、推进全面深化改革，激发体制机制活力

全面落实国务院支持山西省转型发展的意见和省、市行动计划，出台忻府区行动方案，组织乡镇党委书记推动转型发展专项述职报告。推进6大产业园区与忻州市经济开发区扩区整合。主动融入国家重大战略，加强与京津冀、环渤海、雄安新区、太原都市圈的紧密衔接，实现借力发展。陶瓷厂、化机厂改革稳步实施、国有林业改革顺利推进、教育均衡顺利通过国家级验收、“河长制”全面推开、党的群团改革阶段任务完成、国有企业改革稳步推进、营商环境进一步优化、生态文明体制改革全面启动。按照中央和省市部署，监察体制改革试点扎实推进，“转隶”工

作如期完成，监委机构如期组建，受到省委常委、省纪委书记、省监委主任任建华同志的肯定和表扬。

四、坚持党的全面领导，加强民主政治建设

认真贯彻《中国共产党地方委员会工作条例》，研究制定《关于健全完善区委领导班子运行机制的实施细则》。加强党的全面领导，建立区委常委会定期听取区人大、区政府、区政协和区法院、区检察院党组报告制度。贯彻落实省委《关于加强县乡人大机构建设的意见》，支持人大及其常委会依法履行职能。发挥社会主义协商民主重要作用，大力支持政协履行职能、开展工作。深入贯彻中央统战工作会议精神，强化党外知识分子、新的社会阶层人士统战工作。全面贯彻党的宗教工作方针，召开全区宗教工作会议，提出加强新形势下宗教工作的具体意见。推进区总工会、团区委、区妇联改革，党联系群众的桥梁纽带作用有效发挥。召开区委议军会议，举办国防大讲堂，开展军事日活动，积极推进军民融合发展。各级党委（党组）加强党的领导意识明显增强，领导作用得到强化。

五、认真履行党管意识形态职责，守住思想舆论阵地

将意识形态工作纳入党建工作责任制、年度目标责任考核和区委巡察范围。区委组织乡镇党委和机关党组织书记就履行党管意识形态责任进行专项述职。加强和改进全区中小学思想政治工作，努力把各级各类学校建设成意识形态工作的坚强阵地。与忻州电视台合作开播《忻府新闻》栏目。坚持党管媒体原则和正面宣传为主不动摇，央视财经频道、山西卫视《新闻联播》《晚间新闻》栏目、山西经济日报等中央和省级媒体，对我区经济社会发展成果进行集中报道，在忻州日报、忻州新闻的发稿数量、质量实现大幅提升。第三届山西文博会上，奇村温泉康养小镇等5个重点项目签约，签约总额46.4亿元，占全市签约总额58.46%，占全省签约总额17.25%。经多方交涉，收回忻口战役遗址产权。坚持市区同创，夺取了2017年度文明城市创建全省第一优异成绩。

六、坚决打赢脱贫攻坚硬仗，不断增加人民群众福祉

积极探索开展“两代表一委员（党代表、人大代表、政协委员）”助力脱贫攻坚、开展社会帮扶活动，形成以区乡领导、驻村工作队、第一书记为主体，以“两代表一委员”、民营中小企业为补充的脱贫攻坚帮扶工作格局。积极推进“一村一品一主体”建设，全区118个贫困村“一村一品一主体”“五有”已全部落实，实现“五有”全覆盖。加大金融扶贫力度，开展小额扶贫贷款，发放贷款2337户11378.02万元。在怡居苑移民搬迁集中安置小区南配套建设3.69平方公里的龙岗生物科技园区。整村搬迁总任务为63个自然村，2017年搬迁36个村，全部如期进行协议“双签”；销号撤并村完成20个，比忻州市下达的13个村任务超额完成53.8%。35个村退出，完成任务的100%；5581人脱贫，完成任务101.47%。

全区义务教育阶段128所学校顺利通过国家级验收。积极深化医药卫生体制改革，启动公立医院药品分类采购，建立家庭医生签约服务制度，重点人群签约10.11万人，签约率68%，普通人群签约30.14万人，签约率54%。深入实施健康扶贫工程，九种大病集中救治覆盖率100%，救治率100%。社会保障全面覆盖，全民医保体系和养老保险体系基本建立。

七、践行绿色发展理念，推进美丽忻府建设

注重源头治理。划设150平方公里的高污染禁燃区，覆盖城区周边8个乡镇办45个村21个社区居委会，并在禁燃区内划定三个禁煤片区。加强燃煤锅炉治理，组织拆除20蒸吨以下燃煤锅炉162台。积极实施秸秆综合利用和秸秆禁烧，利用秸秆52万亩。持续开展扬尘污染治理，规范建筑工地管理，实施冬浇50153亩，有效抑制扬尘污染。对城区1828家餐饮饭店、机关食堂进行全面整治，拆除更换安装高效油烟净化器和油水分离器1637个。开展专项治理。积极推进“944”专项行动和“644”集中整治，脏、乱、差、违突出问题得到有效解决。扎实推进农村特色风貌整治，董村镇孙村等6个村的整治任务全面完成。加大查处力度。处理污染举报案件156起，涉及党、政纪处分70人（次），其中严重警告1人，警告16人，诫勉谈话6人，约谈47人（次）。涉及“回头看”的6个整改案件均按照程序落实到位。查处大气污染行政案件10起，行政拘留违法人员9人，训诫8人，罚款2人。加强生态建设。大力开展造林绿化，完成三北防护林荒山造林3000亩，环京津冀生态屏障区建设项目造林2000亩，新一轮退耕还林工程造林10000亩，三北防护林封山育林4000亩，未成林造林地管护31500亩。投入绿化整治专项资金1818.9万元，圆满完成忻保等六条通道及牧马河沿岸绿化整治提升，共栽植各类树种23.7万株。

八、深化法治忻府建设，营造安全稳定环境

推进法治忻府建设。明确了区乡党政主要领导和区直部门主要负责人履行推进法治建设第一责任人职责的工作职责。制定法治忻府建设工作五年规划和2017年工作要点，推动各乡镇各部门形成了法治建设责任体系。司法体制改革试点扎实推进，行政执法体制改革不断深化，执法司法公信力进一步增强，平安忻府建设全面推进。树立总体安全观。统筹抓好政治安全、经济安全、社会安全、网络安全，把“三个坚决防止”“三个确保不发生”作为必须守住的底线，强化为十九大创造安全稳定环境的重大政治责任，举全区之力发挥首都“护城河”作用。高度重视信访工作。扎实开展信访问题源头化解专项行动和大走访、大化解等活动，解决了一批多年积累的信访问题，推动落实安全生产党政同责“三级全覆盖”，全区安全生产形势持续稳定好转。

九、坚持全面从严治党，构建风清气正政治生态

积极开展巡视巡察整改自行“回头看”，查找突出问题，制定“六对照”“三清单一制度”办法，肃清腐败分子流毒影响，促进了中央全面从严治党各项部署要求落地见效。认真落实我区党风廉政建设“四步曲”工作机制，不断完善“1+742”制度体系，全面启动“两个责任”纪实信息化平台建设，着力推广区交通局“三重一大”集体决策制度，持续推进正风肃纪反腐，打出“组合拳”，做到力度不减、关口前移、标本兼治。

区委坚持“好干部标准”，把握正确用人导向，选好干部配强班子。抓住“关键少数”，抓实基层支部，“两学一做”学习教育常态化制度化不断深入。出台《关于加强党内政治文化建设的任务措施及责任分解意见》，促进党内政治文化、政治生活、政治生态协调推进，培厚良好土壤。加强全区党内制度建设，着力提升依规治党水平。加强基层组织、基础工作、基本能力建设，2017年重点抓的13项任务取得明显成效。扎实推进村（社区）“两委”换届工作，373个行政村、30个社区全面完成“两委”换届工作。

（李　军）

附：中共忻府区委书记、副书记、常委名单

书　记：张钰祥

副书记：崔向松　葛小树

常　委：刘东云　岳海宾　付光政　刘燕萍（女）
安亮东　胡建华　赵晓云（7月离职）
郭新和　崔建周（11月离职）

中共原平市委工作概况

市委书记　杨述平

2017年，原平市委坚决贯彻落实省委、忻州市委各项决策部署，以党的十八大和十八届历次全会精神为指引，认真学习贯彻党的十九大精神和习近平总书记视察山西重要讲话精神，紧紧围绕我市“123~456”奋斗目标，注重发挥党建举旗定向作用，团结带领全市干部群众，夯基蓄势，攻坚克难，有力地促进了经济社会平稳较快发展。

一、经济发展稳步向好

始终将发展作为第一要务，排难而进，逆势作为，各项经济指标稳步向好，2017年全市地区生产总值完成141.3亿元，增长4.2%；规模以上工业增加值增长3.5%；固定资产投资额64.3亿元，增长6.8%；社会消费品零售总额73.7亿元，增长6.2%；财政总收入19.4亿元，增长39.7%；公共财政预算收入8.1亿元，增幅28%，实现由负转正，呈现出了积极向好态势。

二、“三农”工作统筹推进

全面落实强农富农惠农政策，推进农业产业结构调整，玉米种植面积较上年减少21%，杂粮面积增长41%，“小麦复播两茬田”达到1万亩，粮食生产稳定在7亿斤以上；完成20个“三品”和1个地理标志认证；我市列入省农业厅第二批农产品质量安全县（市），“石鼓小米”荣获“中国好粮油”品牌。落实脱贫攻坚责任制，稳步推进“五个一批”措施，扶贫产业项目受益农户5143户1.4万人，人均增收3000元以上；易地移民搬迁惠及3615人，完成16个村的搬迁、拆旧、复垦工作；教育、医疗、社保等24项惠民政策有效落实，全年又有16个贫困村退出、5163人脱贫，实现了初战告捷。

三、开发区建设升级上档

全年新入驻企业24家，累计入驻企业62家，总投资233亿元；主营业务收入、投资强度、实际利用境内省外投资、研究与试验发展经费支出等指标任务圆满完成。“三制”改革基本到位，“三化”改革积极推进，成立了平台公司推进“管运分离”，国际产业园用地规划上报省国土厅，实行了全员岗位聘任制、领导班子任期制，岗位人员全部到位。开发区配套设施日趋完善，在先行先试、基础设施、招商引资、项目建设、引领转型等方面均取得突破性进展。

四、项目建设亮点凸显

坚持将项目建设作为发展的第一引擎，全年签约项目27个，总投资175.8亿元；集中开工5批次22个项目，总投资达57亿元。一产方面，万亩樱桃基地项目基本完成土地流转，禾丰牧业饲料生产项目竣工投产，汉唐绿色农产品项目土建完工，金忙田园综合体项目开工建设。二产方面，3户原煤企业正常生产，产能占到全市原煤产量的25.6%；新石煤焦化项目复工启动；飞马集团富乔循环经济产业园、中煤电气新材料、山西神沐国家规模化生物天然气等项目开工建设；中铁十二局集团铝模板项目、国新能源山西燃气煤层气液化一期建成投产。三产方面，南怀化红色田园旅游项目开工建设，林江商厦项目主体封顶，忻州汽运物流汽贸园项目主体完工，进一步夯实全市发展基础。

五、城乡环境持续优化

积极推进“六城联创”，省级园林城市成功创建、省级文明城市通过验收，智慧城市顺利开展，国家卫生城市通过复审验收，健康促进省级示范市创建通过初评，省级环保模范城市基本完成。全面加大城区基础建设，总投资10.2亿元的“三街”棚户区改造项目顺利启动实施，文殊东街开工建设，一批道路工程的前期手续基本完毕；新建改造小街小巷13条；“气化”原平工程实现新突破。深入开展城乡环境治理，乡村清洁工程达标村144个，创建农村建筑风貌整治示范村、绿色村庄，深入开展“八道四治四建”，在全市居于领先地位。生态建设纵深推进，开展大气、水、土壤污染防治三大战役，空气质量优良天数比例达到85%；全面完成洁净煤替代年度任务，城市水源地水质达到地下水三类标准；实施“一带两区两路”生态治理工程，完成营造林4.2万亩，促进了全市生态环境持续改善。

六、发展成果全民共享

实施创业引领和就业促进“双计划”，城镇新增就业5126人，培训贫困劳动力951人。拓宽居民增收渠道，城乡居民人均可支配收入分别增长7%和8.5%。教育教学资源进一步优化，高考、中考均创历史新高。整合城乡医疗资源组建原平市人民医院医疗集团，圆满完成农村妇女免费“两癌”检查任务，为全市怀孕妇女提供免费产前筛查和诊断服务；家庭医生签约服务率34.84%。为农家书屋补充图书7.9万册，全民健身中心向社会开放，文体活动蓬勃开展。子上线公路、农村危桥安防工程、柏枝山旅游公路竣工投用。城乡保障体系不断完善，低保救助标准逐年提高，实现扶贫标准与低保标准“两线合一”。改造农村危房105户；新建8个农村老年日间照料中心，累计达到41个，使民生保障更加殷实。

七、改革创新激活全局

认真落实“三去一降一补”重点任务，退出煤炭产能150万吨；房地产去库存1080套；全面落实降低实体经济成本的政策措施，保障了重点企业平稳运行。加大脱贫攻坚、基础设施、科技创新、社会民生、生态环保等薄弱环节投资力度，加快补齐发展短板。深化“放管服效”改革，调整市本级行政权力项目28项，清理规范34个行政审批中介服务事项；在市政府门户网站公布31个部门单位的权责清单和权力运行流程图；实行企业投资项目管理新机制，引资项目从落地到投产缩短到一个月时间。推进国有企业改革，11户企业完成公司制改制，原平汽修厂完成厂办大集体改制，9户企业签订“三供一业”分离移交框架协议。全面推行“河长制”，“一河一策”摸底调查工作稳步推进。

八、党建引领固本培元

坚持全面从严治党要求，强化“三基建设”牵引，着力夯实基层党建基础。一是高标准强化思想政治建设。扎实推进“两学一做”学习教育常态化制度化，坚决把牢政治方向，严肃党内政治生活，认真开展“维护核心、见诸行动”主题教育，全面开展“三会一课”，纵深推进干部学习教育，将学习贯彻十九大精神、习近平新时代中国特色社会主义思想作为首要政治任务，注重学思践悟相结合，推行“五个常态化”要求，全市共集中学习6500余次，组织相关培训18期共2300余人，相互交流研讨2300多次，有效筑牢维护核心的思想根基、强化维护核心的行动自觉。扎实开展“喜迎十九大、做合格党员”主题实践活动，向廖俊波、刘桂珍同志等先进典型模范学习，在全市党员干部中进一步形成了奋发进取、干事创业的浓厚氛围。二是高标杆夯实基层基础。“三基”工作取得初步成效，全市各党政群事业单位全部编制了“一目录三手册”，基础工作明显加强；全年分级分类培训干部18000余人次，86名第一书记和110名挂职干部全部到岗履职，基本能力明显提升；乡镇“五小”场所全部建成，乡镇周转房完工投用，全年13项重点任务顺利完成。抓党建促脱贫成效显著。压实农村“三支队伍”帮扶责任，实现了党建与扶贫“双促双赢”。统筹推进城乡基层党建，开展四星级以上农村党组织评选，选树“双强六好”党支部。城市社会推行五级平台“大党委制”新模式，高标准创建了3个党群服务中心，举办忻州市社区党组织书记示范培训班，北城街道办党建经验在全省交流。在忻州市率先完成“两委”换届工作，进一步夯实了基层组织基础，为实施乡村振兴战略提供了坚强的组织保障。三是高质量发挥人才智力支撑。加快实施“人才强市”战略，进一步深化人才体制机制改革，与忻州市对接改革职称评审办法，落实人才顺畅流动激励保障制度。积极搭建供需平台，就人才工作专门组织相关单位和41家企业举办了“原平市招才引智座谈会”。坚持“柔性引才”策略，拓宽人才引进渠道，采取市内挖和市外引进“双管齐下”的方式，打造智库人才集聚高地，帮助国电投山西铝业公司与中国铝业首席工程师顾松青教授达成了合作意向。开展“迎老乡、回故乡、建家乡”系列活动，结合农村“两委”换届，制定出台政策，吸引乡土在外人才回村担任“两委”干部，优化乡村干部结构，进一步激发了基层发展活力。

（邢三强）

附：中共原平市委书记、副书记、常委名单

书　记：杨述平

副书记：马志强　左百胜

常　委：张清池　左　峰　尹新凤　郭建中　庞晋源　任　庆　李秀文　宋还柱　陈　彪（11月离职，挂职）

中共定襄县委工作概况

县委书记　张文斌

2017年，在中央、省委、市委的坚强领导下，定襄县深入贯彻落实党的十九大精神和习近平新时代中国特色社会主义思想，紧紧围绕省委“一个指引、两手硬”的重大思路和要求，全面实施市委“1661”发展战略和县委“12361”发展战略，一手抓党建，全面从严治党，自觉扛好管党治党主体责任，全县政治生态风清气正；一手抓发展，推动“三产联动协调发展”，努力打造“一都四基地”，建设五大示范区，全县经济社会发展持续向好。全县形成了“政通人和、风清气正、同心同德、干事创业”的良好局面。

一、抓党建，强三基，党的建设得到全面加强

始终坚持把抓党建作为最大政绩，把政治建设摆在首位，自觉扛起管党治党主体责任。

一是以学习讲话精神为重点，始终突出领导班子表率作用。为确保习总书记系列重要讲话精神和党的十九大精神在定襄落地生根、开花结果，出台了《中共定襄县委关于深入学习贯彻习近平总书记视察山西重要讲话精神 全力推进全面脱贫全面小康的实施方案》等一系列文件，向全体党员干部提出“五项要求”、“五个表率”、“八个干事”和“约法三章”。定期听取县人大、政府、政协、法院、检察院党组工作汇报，强化政治领导。组织县委常委会、县委全会、县委中心组学习、四套班子联席会等100余次，严格落实《全委会工作规则》、《常委会工作规则》、《书记专题会工作规则》等各项制度，以身作则、以上率下，不断加强自身建设。

二是以“两学一做”和“三基建设”为抓手，积极构建大党建格局。深入推进“两学一做”学习教育常态化制度化和维护核心见诸行动主题教育，狠抓“三基建设”，县委多次召开专题会议研究党建工作，并出台了《关于在推进“两学一做”学习教育常态化制度化中加强“三基建设”，构建全县大党建格局的实施意见》和《实施方案》，逐项明确牵头单位、落实单位和完成时限。广泛开展结对帮扶、干部入企驻村活动，56名干部挂职锻炼，涌现出了平东社村党支部、住建局党委等51个先进集体典型和晋昌镇北关村“全省优秀党组织书记胡全喜”、南王乡镡村“公道正派好支书郭贵明”等一批基层党支部书记典型，充分发挥了党组织的核心堡垒作用和党员干部的先锋模范作用。

三是以健全完善选人用人制度为关键，全面加强干部队伍建设。县委出台了《关于进一步落实“约法三章”和“四项制度”的通知》要求，建立健全干部队伍工作制度，制定《领导班子和干部队伍发展规划》，认真贯彻落实干部能上能下、激励干部担当作为三个《实施办法》，提高党员干部的凝聚力、号召力、战斗力、公信力、执行力。同时强化问责追究，加大监督力度，使各级干部能够自觉践行“三严三实”，做到头顶有戒、心中有数、廉洁自律、为官有为。

四是以“三个最”、“五个抓”要求为根本，不断强化“两个责任”落实。扎实推进监察体制改革试点工作，圆满完成监察委员会组建，在全市监察体制改革试点工作评估验收中名列前茅。深入开展巡视巡察整改自行回头看，列实列细“三个清单”。深入推进“两个责任”落实，不断完善“两台账、两跟踪”制度。综合运用“四种形态”，加大执纪审查力度，巩固反腐败压倒性态势。

二、抓改革，促转型，三产联动推动协调发展

坚持“三产联动协调发展，四位一体全面进步”总思路，以打造“一都四基地”为目标，促进定襄经济社会全面发展。

一是特色农产品基地快速形成。一产上，优化调整种植结构，引导农民发展设施农业、观光农业、特色农业、功能农业。推动农业供给侧结构性改革，经济作物种植面积达到9万亩，其中设施农业发展到1万亩，辣椒种植5万亩；发展现代农业，建设现代农业示范区30个，建设标准化生产基地10个；大型农业产业化项目启动，益众源小杂粮加工项目投产运营，山投集团小杂粮加工项目进展顺利，温氏集团40万头生猪养殖一体化项目已开工建设。同时涌现出了吉福寺万亩莲藕和芦笋水稻等综合开发示范基地、平东社千亩水稻试验基地等业态典型。

二是世界法兰之都不断做强。通过围绕世界法兰之都这“一个目标”，狠抓法兰锻造企业整合重组这“两个重点”，瞄准低端法兰向高端法兰转型、法兰向汽车和工程机械的锻件转型、锻钢法兰向钛和铝镁合金法兰等轻量化方向转型、零件向部件转型这“四条路径”，搭建“中国锻压协会秘书长会议”和“全国大锻件学术会议暨定襄县法兰锻造产业高峰论坛”这“两个平台”，打造5个国家级品牌，2个省级品牌这“七个品牌”，全面提升了定襄法兰锻造产业影响力。其中，国家级出口法兰锻件产品质量安全示范区、国家级出口法兰锻造产品技术性贸易措施研究评议基地成功挂牌，国家级绿色锻造产业示范基地成功授牌，山

西省中小企业创业创新基地示范县通过验收，保税仓库和进出口监管仓库建设成功，首单业务成功运营。

三是电力装备制造基地初见轮廓。二产上，在做大做强传统法兰锻造产业的同时，借助定襄风电企业集群优势，积极发展电力装备制造产业。扶持天宝、双环、中标、金瑞等集团企业延伸风机、塔筒等产业链条，依托山西利国磁性材料公司、中美合资施必得电站空冷设备公司、济达变压器公司、赛特德电子公司等骨干企业，加大产品研发力度，实现电力装备制造产品的专业化、整机化、集群化生产。

四是全域旅游基地初步形成。三产上，一方面以推动文化旅游物流融合发展为重点，依托五台山、七岩山、阎锡山、元遗山、宏道木雕、河边石雕石砚等文化旅游资源，通过山投集团整合旅游资源，创新景区体制机制，促进文旅互动，初步形成文化休闲生态养生的全域旅游基地。

五是现代物流基地初具规模。三产上，另一方面以推动文化旅游物流融合发展为重点，充分利用定襄县交通优势，做大现代物流产业。永旺物流园区保税仓库和出口监管仓库已经全部建设完成投入使用，功能、要素日益完善，并积极申请列入山西自贸区，一个晋北现代物流基地正在逐步建成。

三、抓项目，抓实事，统筹兼顾促进全面发展

聚焦群众关切，办好民生实事，加强安全稳定，不断提高人民群众的获得感、幸福感和安全感。

一是集聚发展要素，形成转型氛围。坚持开放发展，请进来，召开"迎老乡回故乡建家乡"新春恳谈会，举行中国（定襄）·马拉维文化经济交流活动，举办永旺物流专项招商引资会；参与全国各地重大招商活动并考察学习，组织企业到德国汉诺威、美国休斯敦参加博览会，赴阿联酋参加第20届中东阿布扎比石油展；成立招商中心和开发区管委会，规划建设"一区三园"，成功到天津、雄安新区、河北文安、贵州贵定进行招商推介活动，为产业转移定襄奠定基础。坚持创新发展，建立69人国内知名专家组成的专家工作站，与太原科技大学、中北大学、中国锻压协会等签订战略合作框架协议，邀请王一德院士来定襄县为法兰锻造产业把脉问诊，为全县创新驱动建立坚实的人才保障。

二是加快民生改善，取得明显成效。一是脱贫攻坚成效明显，一大批党员干部扎根基层，全年脱贫3045人，19个贫困村退出。二是教育振兴稳步实施，开展"教育教学大整顿"活动，重奖优秀教师，充实一线队伍，顺利通过国家验收成为国家义务教育均衡发展县。三是关系群众长远利益的"五大工程"顺利推进，"三条道路"加快建设，"三城联创"扎实开展，"两项整治"顺利实施，人民生活质量不断提高，县城功能日益完善。

三是重视绿色发展，迈出重大步伐。坚持绿色发展，打响水、土、气三大战役。全面实施"锻造企业提质改造、城区大气污染治理等"九大工程，推进全县生态文明建设。对969台燃煤加热炉进行分阶段拆除，全县324户企业全部完成煤改气、煤改电改造，天然气管线已建成通气169公里，实现了锻造企业燃气管网的全覆盖。

（张卓斌）

附：中共定襄县委书记、副书记、常委名单

书　记：张文斌

副书记：张生明　王殿君

常　委：朱志安　赵亚峰（女）　姚　朴　杨全隆　吕占君　卢维忠　续国强

中共五台县委工作概况

县委书记　王继明

2017年，五台县委以习近平新时代中国特色社会主义思想为指引，深入贯彻习总书记视察山西重要讲话精神，认真落实省委"一个指引，两手硬"重大思路要求、市委"1661"发展战略，以脱贫攻坚为统揽、供给侧机构改革为主线，不断深化重点领域改革、持续优化营商环境，统筹推进一、二、三产、大力改善保障民生，加强生态文明和党的建设，宜居宜业宜游美丽新五台建设取得了新进展新成效。

一、经济发展稳步趋好，经济指标稳中有进

经济指标稳中向好。全县地区生产总值49.8亿元，增长7.4%；规模以上工业增加值7.96亿元，增长7.1%；全社会固定资产投资23.3亿元，增长6.7%；社会消费品零售总额23.4亿元，增长7.3%；财政总收入6.03亿元，增长13.32%；城镇居民人均可支配收入25195元，增长5.7%；农村居民人均可支配收入6258元，增长8.2%。项目建设成效明显。全年签约项目46.9亿元，完成率134%；储备重大项目17个，总投资247亿元；实施省级重点工程2个，总投资11.08亿元，年度完成投资1.3亿元；实施市级重点工程4个，总投资16.82亿元，年度完成投资5.88亿元；新开工重大产业项目4个，总投资17.32亿元。

二、以脱贫攻坚为统揽，扶贫脱贫工作稳步推进

紧扣"六个精准"、实施"五个一批"工程，15个村整

村搬迁任务全部完成，6个点的移民房建设工程有序推进。投入产业扶贫资金3591.4万元，参与产业脱贫8638人。申报村级光伏电站208座、40.7兆瓦。成功入选2017年度全国电子商务进农村综合示范县，发展体验店136个。培训贫困人口2394人，输出贫困劳动力5511人。生态脱贫受益贫困户919人。发放“富民贷”“强农贷”1.185亿元，受益贫困户2370户。发放资助金1775万元，受助贫困学生7572人。实现低保与扶贫标准“两线合一”，发放补助补贴资金5140.37万元。为所有贫困人口办理了大病医疗保险和意外伤害保险。统筹整合14个部门、6类、56项财政专项资金2.373亿元，用于贫困村退出和贫困人口脱贫，实现了52个贫困村退出、11612口贫困人口脱贫，脱贫攻坚再战再胜。

三、以园区化产业化为发展方向，一二三产协调发展

一产上，扶持金道物流全年收储农副产品1600万斤，销售850万斤，销售收入2100万元。科丰农牧业建成原原种繁育基地30亩，生产微型薯360万粒，带动全县发展脱毒马铃薯7万亩。扶持五台山酿酒厂年实现销售收入3000万元。二产上，扶持德奥电梯二期年产5万个立体车库项目正式投产，全年实现销售收入11148.9万元。五台山沙棘制品年实现销售收入2218.7万元。城园丰农机制造实现销售收入2250.2万元。三产上，紧紧抓住列为“太行”旅游板块机遇，把文化旅游作为战略性支柱产业强力推进。编制《五台县旅游发展总体规划》。积极推进旅游景区（景点）体制机制改革，成立了徐向前元帅故居和纪念馆管委会筹备处。张老沟生态旅游项目总体规划已评审。驼梁旅游公路完成投资1860万元，驼梁景区创建A级景区、滴水崖旅游度假村创建省级旅游度假村有序推进。全年共接待游客29.9万人次，增长26.27%；实现旅游综合收入9.8亿元，增长23.59%。

四、以建设宜居宜业宜游新五台为目标，民生事业全面进步

城市品位大幅提升。扎实推进“五城联创”。唐家湾水库公园二期湖心岛公园主体完工。扎实开展永安村等6个村的农村建筑特色风貌整治，深入开展农村环境集中整治，城乡环境逐步改善。县城绿化覆盖面积达到185.86万平方米，绿化覆盖率41.6%，县城人均绿地44平方米；县城水面积达到116万平方米，人均28平方米；县城休闲健身广场达到53万平方米，人均13平方米。生态环境明显改善。以中央和省环保督察为契机，严厉打击违法排污，大力实施大气、水、土壤污染防治三大战役，开展“铁腕治污”专项行动。落实“河长制”，开展“清三河”专项行动，日处理1300吨的扶贫新区污水处理厂主体完工。深入开展畜禽养殖污染治理。全年完成植树造林4.9万亩。社会事业全面进步。义务教育“全面改薄”工程通过国家评估验收。全县高考二本以上达线937人，净增127人。完成送戏下乡112场，送电影下乡7308场。扎实开展就业援助专项行动，城镇登记失业率控制在3.98%。加大劳动培训力度，重塑“五台泥瓦匠”品牌，建立了农村劳动力大数据库，全年输出劳动力37531人。组建了县医疗集团。完成乡村医生签约近18万人。完成农村妇女“两癌”检查13368人。建成农村老年人日间照料中心3个。免除贫困人口新农合医疗保险费。安全生产、信访维稳和社会治安形势稳定好转。坚决守住“三条底线”，全面落实“4438”工作机制和安全生产责任制，推进“五级五覆盖”，加强重点行业领域安全监管，深入开展执法、排查和整治活动，全年没有发生重特大安全生产事故。全力抓好信访稳定和社会治安综合治理，推进“平安五台”“法制五台”建设，群众安全感满意度大幅提升，获得全国平安建设先进县殊荣。

五、以改革为动力，扎实推进各领域改革

推进开发区改革。成立了五台现代农业产业园区管委会和现代农业产业开发区筹委会，完成了《五台现代农业产业园区发展规划》。园区引进项目3个，其中2亿元2个，5亿元1个。实施金融振兴战略。全力保障重点工程、重大项目的资金需求。加大对“三农”、脱贫攻坚、中小微企业等薄弱环节的金融支持。积极防范化解不良资产风险，严密防范流动性风险以及处置债券违约风险。积极防范处置和打击非法集资，优化金融生态环境。打造“六最”营商环境。扎实开展招商引资项目落地、机关干部入企服务常态化等十大专项行动，推进简政放权改革、持续深化商事制度改革，创新和加强包容审慎监管制度，推进“13710”为牵引的效能革命等6项重点工作任务。县政务服务中心入驻54个单位、156名工作人员，所有行政审批事项和公共服务事项全部集中到中心办理。

六、以优化政治生态为抓手，党的建设扎实推进

组织工作全面加强。全县14459名党员同步开展“两学一做”学习教育。深入推进“双亮一建”“党员先锋行”等主题系列活动。“三基建设”13项重点任务全面完成。全县495个村、415个村级党组织、9个社区居委会换届如期完成。整顿软弱涣散党组织47个。宣传工作亮点纷呈。理论武装扎实推进，县委中心组组织集体学习13次，集中研讨6次。深入组织学习“习近平总书记视察山西重要讲话暨7.26重要讲话进基层”、党的十九大精神，开展了进基层宣讲活动。舆论引导与时俱进，县电视台全年播出新闻1676条，播出《魅力五台》等电视栏目52期。新闻办共发表文章530余篇。加强网络管理和舆情监测，提升了县域形象。推进核心价值观建设，张尚荣获“最美忻州人”称号，边晋峰荣获“忻州好人”、“山西好人”称号，张秀珍进入全国敬业奉献候选人名单。拍摄了《布衣元帅-徐向前》等系列电视专题片。推动文化事业繁荣发展，举办了“喜迎十九大”全民篮球赛和“热力杯”乒乓球赛。《扶贫贷的

故事》获得市第七届梨花奖三等奖。五台彩塑、赛戏成功列入省级第五批非遗项目。五台山红灯笼厂、温氏澄泥制品有限公司等参加了省第三届文博会。开展了文化产业普查调查工作。“雕塑–八音会”获得2017“百花杯”中国工艺美术精品奖金奖。政治生态明显优化。县监察体制改革试点工作稳步推进，制度优势不断转化为治理效能。驰而不息纠正四风，查处违反中央八项规定精神案件14件。巩固拓展反腐败压倒性态势，全年共立查案件252件，党政处分255人。深入开展涉纪领域风险源头化解，50件上级交办件办结。全面开展扶贫领域监督检查，对贫困村、贫困户实现了全覆盖。

（罗　翊）

附：中共五台县委书记、副书记、常委名单

书　记：王继明

副书记：武新亮　赵永平

常　委：梁　康　张树成　李　泽　王根伟　姚云萍（女）　白俊清

中共代县县委工作概况

县委书记　田永清

2017年，代县县委以习近平新时代中国特色社会主义思想统领县“12339”发展战略，团结带领全县人民，坚持以脱贫攻坚统揽经济社会发展全局，以经济建设为中心，全面贯彻新发展理念，把方向、管大局、作决策、保落实，全面脱贫、全面小康和转型发展迈出更加坚实的步伐。

一、以习近平新时代中国特色社会主义思想为指引，确保中央、省、市决策部署在代县落地生根

一是始终坚持把学好用好新时代中国特色社会主义思想作为根本任务。自觉把习近平新时代中国特色社会主义思想贯穿于全县经济社会发展全过程、各领域、各环节。坚持把维护核心作为第一位的政治要求，持续推进“两学一做”学习教育常态化制度化试点工作，深入开展维护核心、见诸行动主题教育，定期听取县人大、县政府、县政协、法院、检察院党组工作汇报，强化政治领导，始终成为坚强领导核心。

二是始终坚持把学习贯彻习总书记视察山西重要讲话精神作为首要政治任务。适时召开县委常委（扩大）会议、中心组专题学习会议、全县干部大会、县委十四届三次全会，作出《中共代县县委深入学习贯彻习近平总书记视察山西重要讲话精神全力推进全面脱贫全面小康建设行动方案》，聚焦五大任务，不断把学习贯彻引向深入，推动重点工作取得新成效。

三是始终坚持把加强和改进自身建设摆在首要位置。组织17次中心组集体学习，召开2次县委全会、35次县委常委会，研究部署事关全县改革发展的重大议题，坚决做到贯彻落实中央和省委、市委决策部署精准具体、务实高效。全面落实《县委全会工作规则》《县委常委会工作规则》《县委书记专题会议工作规则》，出台《贯彻落实中央八项规定精神的实施细则》，切实加强自身建设。

二、以脱贫攻坚为统揽，新发展理念为引领，推动全县经济转型发展

认真贯彻落实中央、省、市重大决策部署，坚持脱贫攻坚与贯彻新发展理念相融合，切实增强经济发展的质量和效益。2017年，地区生产总值完成67.1亿元，同比增长6.2%；全社会固定资产投资完成20.8亿元，同比增长7.7%；规模以上工业增加值增长7.9%；社会消费品零售总额完成15.2亿元，同比增长5.9%；财政总收入完成5.9亿元，同比增长42.6%；公共财政预算收入完成3.1亿元，同比增长40.9%；城镇常住居民人均可支配收入25295元，同比增长6.7%；农村常住居民人均可支配收入5557元，同比增长7.5%。

一是持续精准发力，脱贫攻坚再战再胜。全面落实党中央、国务院和省、市重大决策部署，把脱贫攻坚作为全县最大的政治责任、最大的发展机遇、最大的民生工程来抓，各级党员干部坚持一切为了脱贫、一切服务脱贫，凝心聚力抓脱贫，创新实施“9631”脱贫攻坚法,落实“双签”制度，实行挂图作战，层层压实责任，围绕推进“六个精准”“五个一批”，持续加大财政投入力度，重点实施了特色种植、规模养殖、农产品加工、光伏、乡村旅游等九大增收工程，全市最大的宝通40MW地面集中光伏电站实现全容量发电；林业生态扶贫“五个一批”项目、“五位一体”金融扶贫、贫困村提升、职业技能培训和健康扶贫等工作扎实推进；低保线和扶贫线实现“两线合一”，全县1415人搬出了山庄窝铺，61个村14706人摆脱贫困，全县累计脱贫人口达到30903人，脱贫攻坚再战再胜，顺利完成了国务院第三方评估工作，赢得了评估专家和省、市认可，取得了较好成绩。

二是优化营商环境，促转型抓项目。贯彻落实国务院42号文件精神，全力推进省市县重点工程建设，上报新开工产业项目7项，年度计划投资8.1亿元，完成投资4.43亿元。全力推动大西高铁代县站建设，扎实推进新城区、旧

城区、产业集聚区，全面推进“放管服效”改革，营造了一流的营商投资环境。

三是积极推动传统铁矿产业提档升级、综合改造。依托传统铁矿业优势，大力发展矿产品深加工产业，加快技术改造步伐，积极推进白峪里、张仙堡铁矿改制工作。深化转型综改，雁门关文化旅游产业园区扩容，园区基础设施建设正在积极推进。金发选矿扩建技改项目、宏威水泥年产200万吨水泥技改建设项目建成投产，工业经济发展跨过谷底。

四是全面强化“三农”工作，加快农业提质增效。积极打造滹沱河高效农业生态经济廊带和北半坡“三乡三镇万户百村”干果经济林带。全县种植合作社达323家，特色种植业面积达10万余亩；规模养殖专业合作社452个。小杂粮加工企业达到30家；方盛酒业年产600吨纯粮白酒项目建成投产；总投资2.12亿元的万达苗木基地新建项目，建成苗木种植基地近2000亩；牧原公司生猪养殖、毓泽林牧及中草药种植加工基地建设等一大批项目快速推进。积极发展农村电商，代县被列为全国电子商务进农村试点县。

五是文化旅游发展新业态初显。强力推进“体育+文化+旅游”融合发展，雁门关景区成功创建5A景区；成功举办2017 雁门关国际骑游大会和“人说山西好风光”第二季初赛电视竞演活动；雁门关伏击战遗址、阳明堡飞机场遗址成功入选全国重点红色旅游景点名录；强力推进景区景点开发，证空寺保护开发一期工程完成投资5500万元；仁安寺建筑群恢复开发建设项目完成投资1.8亿元。全县旅游总收入31.57亿元，同比增长23.35%。代县作家创作了抗战题材电影《长城谣》，举行了雁门关伏击战烈士祭奠活动，雁门文化软实力显著增强。

六是深化改革全面推进。认真落实习总书记强调的12项重大民生改革和民生工程，召开4次县委深改会议，常委会成员带头领办改革事项，6个领域42项改革稳步推进。出台《代县生态文明体制改革实施方案》等方案，全力推进农村土地确权工作，全面放开户口迁移限制，深化农村义务教育经费保障机制改革，全面落实县乡两级“河长制”，农村闲置凋敝宅基地盘活利用成为全省4个试点县之一。

三、着力保障和改善民生，坚决维护社会安全稳定

始终坚持聚焦群众关切，办好民生实事，全面落实惠民举措，失业率控制在2.3%以下；积极推进城乡教育均衡发展，高标准通过国家级验收，“全面改薄”提前完成年度任务；扎实推进县乡医疗卫生机构一体化改革；健全完善社会保障体系，城乡养老、医疗保险覆盖范围进一步扩大，城乡低保基本实现应保尽保；开展农村建筑特色风貌整治，推进“八道四治四建”专项行动；持续加大城市基础设施建设，城区炭市街、二环路等改造工程完工，老年公寓开工建设；加大环境污染综合治理，坚决淘汰落后产能；开展国土绿化行动，推进退耕还林还草，生态保护力度持续加大；加强信访维稳力度。深入开展“缉枪治爆”专项行动，严厉打击各类违法犯罪活动；持续推进“4438”安全生产机制落实，深入开展安全隐患大排查大整治工作，坚决杜绝重特大事故发生人民群众的获得感、幸福感和安全感进一步提高。

四、推动全面从严治党向纵深发展，努力实现政治生态持久的风清气正

一是坚持把政治建设摆在首位。紧盯“关键少数”，推动全县各级党组织、各级党员干部进一步强化“四个意识”，自觉维护党中央权威和集中统一领导，自觉拥戴核心、维护核心、紧跟核心，自觉在政治立场、政治方向、政治原则、政治道路上同以习近平同志为核心的党中央保持高度一致。

二是坚持把加强领导班子建设作为重中之重。着力加强各级领导班子思想政治建设，健全完善县委班子运行机制，规范议事规则和决策程序，提高班子运行机制的制度化、规范化、程序化水平。强化作风导向，聚焦忠诚担当、干净干事，公平公正选贤任能，广大党员干部的精气神进一步向脱贫攻坚和转型发展汇聚。

三是全面加强“三基”建设。将“三基”建设纳入党委书记年度考核重点指标和巡察工作重要内容。稳步推进农村“两委”换届，常态化开展软弱涣散基层党组织整顿工作，扎实开展“村霸”问题专项整治工作，不断完善自治、法治、德治的乡村治理体系。落实乡镇岗位补贴，改善乡镇干部工作生活条件，加大乡村资金保障，全县11个乡镇“五小”建设全面完成。全县涌现出了以全国脱贫攻坚模范刘桂珍为代表的一批先进典型。吸引优秀人才到农村工作，选派县直干部赴乡镇挂职锻炼，实现了应派尽派、乡镇全覆盖。大力实施代商代才回乡创业创新工程，实施乡土人才发展计划，为全县经济社会发展提供坚强有力的人才支撑和智力保障。

四是持续推进正风肃纪反腐。严格落实新形势下党内政治生活若干准则、党内监督条例，严肃党内政治生活。认真开展巡视整改自行“回头看”，坚决肃清腐败分子流毒影响。从严推进“两个责任”落实，层层压实各级党组织管党治党政治责任。强化责任追究，受理信访举报370件，处置问题线索376件；全年共立案170件，结案167件，给予党纪政务处分167人。

五是持续整治“四风”问题。严肃查处违反中央八项规定精神问题，全年查处违反中央八项规定精神问题8个，给予党纪政务处分11人。组织开展两轮巡察，强化问题整改，不断增强巡察实效。组织开展扶贫领域不正之风和腐败问题专项治理。稳步推进监察体制改革试点工作，县监察委员会按时高质完成挂牌转隶，纪法衔接、法法衔接机制初步建立。不断加强党内监督，实现向县一级党和国家机关派驻纪检监察机构全覆盖。

（李继华）

附：中共代县县委书记、副书记、常委名单

书　记：田永清

副书记：郝江陵（女）　郭万国

常　委：赵辰隆　施福喜　贾俊岭　刘会平　崔玉军　张东家　曹玉祥

中共繁峙县委工作概况

县委书记　孔保宝

2017年，县委深入学习贯彻习近平新时代中国特色社会主义思想，认真贯彻习总书记视察山西重要讲话精神，全面落实省委和市委历次全会精神，坚持“一个指引、两手硬”重大思路和要求，按照市委“1661”发展战略，坚持以脱贫攻坚统揽经济社会发展全局，全力做好稳增长、促改革、调结构、惠民生、防风险各项工作，促进经济稳步向好和社会和谐稳定，党的建设全面加强。

一、深入学习贯彻习近平新时代中国特色社会主义思想，牢牢把握全县工作的正确方向

县委始终坚持把学习贯彻习近平新时代中国特色社会主义思想作为首要政治任务，习总书记的每一次重要讲话，县委第一时间跟进学习。总书记6月视察山西以后，县委先后召开常委（扩大）会、中心组专题学习会、全县干部大会、县委十三届三次全会进行传达学习贯彻，进一步谋划推进工作，完善发展思路。专门制定了贯彻重要讲话的两个实施方案。全年组织县委中心组学习13次、培训21班次、轮训干部8651人次，通过全方位、多层次的学习，进一步提高了全县干部紧跟核心、拥护核心的思想自觉和行动自觉，始终在思想上政治上行动上与以习近平同志为核心的党中央保持高度一致，确保全县各项工作始终沿着正确的方向前进。

二、全面贯彻新发展理念，促进经济平稳健康持续协调发展

牢固树立和贯彻新发展理念，加强对经济工作的领导，全县经济保持了稳步回升、稳中向好的发展态势，稳的基础进一步巩固，进的势头不断增强。初步统计，全县GDP完成66.7亿元，增长5.5%；规模以上工业增加值增长4%；固定资产投资完成40.3亿元，增长7.5%；社会消费品零售总额完成20.6亿元，增长8.4%；一般公共预算收入完成2.4亿元，增长11.9%；城镇常住居民可支配收入完成28211元，增长5.3%；农村常住居民可支配收入完成7523元，增长8.4%。

一是大力推动农业提质增效。以推进农业供给侧结构性改革为主线，积极调整种植结构，做优做强特色种植。全县农作物总播种面积59万亩，调减玉米播种面积5.9万亩；小杂粮增加4.4万亩；粮食总产量达到8295万公斤,较上年增长2%。加快农业产业化、规模化发展，设施农业新增200亩；新认证地理标志农产品1个、绿色农产品4个，农民专业合作社发展到614个，农产品加工业销售收入完成4.3亿元。大力发展生态畜牧养殖，牧原集团100万头生猪养殖基地项目开工建设，田源毛驴成为全省最大肉驴养殖加工企业，万锦肉牛育肥场成为晋北首家活牛供港、供澳企业；畜牧业总产值完成5.5亿元，占农业总产值的57%。成功创建“山西省食品安全示范县”。

二是全力稳定工业生产。成立繁峙县服务企业常态化工作领导组，强化入企服务，不断优化营商环境。全县规上工业企业57户，比2016年净增6户。全面促进工业经济转型升级，加快新旧动能转换。申报省级经济技术开发区工作取得积极进展，调规工作顺利完成，“一区三园”格局基本形成，园区可研顺利通过省级专家评审，人事薪酬“三化三制”改革积极推进，一批新项目落户园区开工建设。汉和中兴集团2万吨机床铸件加工项目投产运行，年产20万吨玄武岩纤维岩棉制品项目、240万吨球团建设项目、国电投10万KW风电项目、青岛奥博能源电力有限公司光伏生产基地等项目开工建设。

三是加快发展文旅产业。全面深化景区体制机制改革，成立平型关景区管委会，组建繁峙县憨山文化旅游开发有限公司。积极推动平型关、大智镜圆、灵岩山景区开发建设，平型关长城文化展示中心，大智镜圆景区文殊塔、北坛、文殊广场建设正在积极推进，灵岩山文化旅游区旅游总体规划已通过市旅发委专家论证。伯强红色旅游、赵庄生态旅游、桥儿沟滹沱河源头生态修复等一批乡村旅游成为文旅产业新亮点。

四是扎实推进项目建设。全面推行集中联审联批和跟踪服务相结合的服务机制。2017年我县共实施159个重点工程项目，完成投资36亿元以上，54个项目竣工投产。10个省市重点项目，完成投资18亿元以上。市考核我县的新开工2亿元以上重大产业项目共12个，总投资69.13亿元，已完成投资13.84亿元。招商引资共签约项目25个，总金额60.38亿元，完成任务的120.8%。新入库项目96个，全县在库项目达157个。

三、落实精准方略，推进脱贫攻坚再战再胜

采取过硬举措，下足“绣花”功夫，推进脱贫攻坚再

战再胜。2017年实现34村退出，完成任务的113%；15834人脱贫，完成任务的106%。一是强化保障，统揽格局完善高效。先后召开县委常委会、县政府常务会及各类扶贫工作专题会议共33次，高位推动脱贫攻坚。成立培训就业、特色农业、易地搬迁等25个专项扶贫领导组和扶贫重点工作推进领导组、易地扶贫搬迁工作协调推进领导组，全面落实“双组长”制，实行责任状“双签”。精准派驻帮扶干部，选派72支驻村工作队、176名第一书记、6979名帮扶干部投身脱贫攻坚主战场，每名干部帮扶3-5户贫困户，解决了派驻和帮扶不精准的问题。二是扣牢“第一粒纽扣”，识别和退出力求准确真实。针对国家第三方评估、省级交叉检查以及省市督查、审计等发现的问题，全年三次组织动态调整“回头看”，共调整15824人，占到“十三五”全县贫困人口的33.1%，坚决医治不精准的“硬伤”。严格执行退出标准和程序，建立完善“乡村自验、部门评估认定、县级核查、群众满意度调查”四位一体脱贫验收工作机制，确保了脱贫退出质量。三是紧盯“五有目标”，在产业扶贫上持续用功发力。大力培育和发展特色种植业、健康养殖业、光伏等十大脱贫产业，实施脱贫产业项目142个，投资规模14.39亿元。创新利益联结机制，探索推行“公司+合作社+贫困户+银行+保险”的“5+”产业扶贫模式。贫困村、贫困户“五有”覆盖率均达60%以上。四是抓住“六环联动”，整村搬迁破题克难。及时调整和修订了“十三五”易地扶贫搬迁规划及2017年行动计划。全力做好移民安置工作，新建移民房1113套。2016年450户搬迁户购房手续全部办结；2017年分配移民房309套，集中安置305户907人；货币化分散安置318户621人。2016、2017年整村搬迁的77个村完成旧房拆除；复垦土地276.9亩，37个村撤销行政建制。五是重视“三大保障”，政策兑现落实到户到人。发放各类教育资助救助3113万元，惠及8136名建档立卡贫困家庭学生。把“三保险、三救助”作为破解因病致贫和“支出型贫困”难题的重要举措，县财政投入734万元对建档立卡贫困人口参加城乡居民医疗保险个人缴费部分进行全额资助；投入403万元，缴纳医疗补充保险。投资397万元，对整村脱贫的77个村卫生室进行标准化建设改造。改造农村危房1137户、危险土窑洞3494户，全省危房改造忻州片区现场会在我县召开。农村低保上调至每人每年3278元，实现“两线合一”。

四、着力保障和改善民生，和谐建设扎实推进

一是大力发展民生事业。全力办好人民满意的教育，“全面改薄”工程完成年度任务，国家义务教育基本均衡发展县创建通过国家验收；实施初中教育“强腰工程”，大力调整全县中学教育布局，两所高中的龙头示范作用得到进一步发挥。加强教师队伍建设，补充48名特岗教师到农村教育一线，为砂中公开招聘28名研究生教师。提高卫生保障水平，扎实推进县乡医疗卫生机构一体化改革试点工作，繁峙县人民医院医疗集团挂牌成立；投资1亿多元实施人民医院门急诊综合楼、中医院综合大楼、妇幼计生大楼等医疗基础设施工程。新增就业、控制失业、“五险一金”等均完成年度目标任务。审定城镇低保2364户4214人、农村低保18317户18473人。棚户区改造完成144户，建成安置房419套。二是全面改善城乡人居环境。成功创建省级园林城市，县城建成区绿化覆盖率达到38.26%，和谐广场、兴龙广场等一批群众休闲娱乐场所建成并投入使用，极大地提升了县城品位。强化城市基础设施建设，实施兴城街、万里路、凌云路等道路工程，投资超过1.8亿元。深入开展“八道四治四建”，强力推动农村特色建筑风貌整治和农村垃圾治理工程，城中村环境卫生统一购买社会化服务，实现专业团队清扫保洁。改善城市人居环境四大工程共完成投资3.78亿元，完成率117%。三是努力增进人民生态福祉。全面控制主要污染物排放，超额完成市下达任务。严格水污染防治，滹沱河源头断面、青羊河出境断面水质稳定达到省下达的三类和二类水质标准。持续开展“铁腕治污”行动，对中央环境保护督察组、省环保督察组、省强化督察组交办转办的问题进行了全面调查整改。全面加强生态绿化，绿化造林6.2万亩，全市造林绿化现场推进会在我县召开。全年优良天数达到332天，占到全部监测天数的91%；PM2.5浓度为37.8微克，低于目标浓度38.4微克。四是确保社会大局和谐稳定。持续推进“4438”安全生产机制落实，政府部门安全监管实现“全覆盖”，13个乡镇设立乡（镇）专职“安全员”，386个行政村设立安全信息员。全力推进“平安繁峙”建设，研究出台《关于进一步加强命案防控工作的实施方案》；加强智慧平安城市公共安全监控系统整合共享建设，整合公安、住建、综治等部门资源，共享一类视频监控610个。

五、巩固思想文化阵地，提升凝聚力和引领力

我们牢牢掌握意识形态工作的主动权，认真落实县委及全县各级党委党组意识形态工作责任制。坚持团结稳定鼓劲，加强正面宣传，围绕喜迎十九大、砥砺奋进的五年、脱贫攻坚、转型发展等主题，在各级媒体上推出了一大批有影响、有温度的主题新闻报告，在市级以上媒体发稿件581件，繁峙对外知名度进一步提升。全面加快文化强县建设，深化文化体制改革，不断提升公共文化服务水平，“三馆一院”项目主体已完工，完成8个村级文化服务中心示范化建设，深入开展文化扶贫、送文化下基层等文化惠民活动。坚持以人民为中心的创作导向，聚焦精品创作生产，文艺进一步繁荣兴盛。在国家文联定点帮扶下，歌曲《人到此处比神闲》进京参加了文艺扶贫歌曲创作汇报音乐会，扩大了繁峙的知名度和影响力；积极组织创作了繁峙秧歌现代戏剧本《大杏情》、电影剧本《奇缘》、歌舞剧本《春满滹源》等一批本土题材的文艺作品。成功创建“省级文明县城”。

六、坚持全面从严治党，构建政治生态的“绿水青山”

一是坚持把政治建设摆在首位。深入推进“两学一做”学习教育常态化制度化，县委班子成员带头遵守“三会一课”、民主生活会等制度，创新开展“双日双评”活动，采取“6+X”模式开展“支部主题党日”，采取“4+X”模式开展“党员先锋行实践日”，进一步规范党内政治生活，党员意识明显增强，党的建设水平进一步提升。二是加强领导班子和干部队伍建设。进一步健全完善县级党委班子运行机制，规范议事规则和决策程序，提高班子运行机制的制度化、规范化、程序化水平。严格按照《条例》选拔干部，坚持按事业需要和岗位职能选人用人，提高干部专业能力与工作要求、岗位职责匹配度。全年共调整干部8批次134人，其中平调34人，提拔85人，免职15人。三是全面加强“三基”建设。358个村实现集体经济“破零”。量力推进乡镇“五小”场所建设，改善基层干部工作生活条件；加大乡镇（街道）和村（社区）资金保障，每个乡镇运转经费最低70万元、村级组织运转经费9万元，均高于全省平均水平。积极开展并村简干提薪建制工作，撤销行政村建制50个，两委主干“一肩挑”比率63.6%，全市最高，薪酬水平平均提高16%；大力实施乡村本土人才回归工程，有967人进入县乡村三级人才库。34个软弱涣散农村基层党组织得到整顿提升。非公企业党组织覆盖率达到70.1%，社会组织覆盖率达到71.7%。农村、社区“两委”换届圆满完成，换出了好风气、好班子。四是持续推进正风肃纪反腐。在全县13个乡镇、居民办事处和67个县直部门全面推行全面从严治党“两个责任”全程纪实信息化管理系统，进一步压实了各级党组织的主体责任、纪检机关的监督责任。坚持挺纪在前，深入实践运用“四种形态”，既严格执纪，保持反腐败高压态势，又加强谈话提醒，抓早抓小，不断减存量、遏增量。坚持严管干部，加强了干部日常教育监督管理，先后约谈单位一把手29人。各级纪检监察机关全年共处置线索234件，同比增长62.5%，立案99件，结案98件。认真贯彻中央八项规定，弛而不息纠正“四风”。开展重要时间节点监督检查7次，立查曝光违反中央八项规定案件6件，组织处理2人，党纪处分4人。发挥巡察利剑作用，发现问题线索23件、“三类问题”68个。扎实推进监察体制改革试点工作，“按图施工”，县监察委员会于3月29日按时挂牌组建。

（赵秋水）

附：中共繁峙县委书记、副书记、常委名单

书　记： 孔保宝

副书记： 崔峥岭　姚力山　李立东（2月离职，挂职）
高爱萍（女，5月离职，挂职）
杜怀文（5月任职，挂职）

常　委： 杨有成　居清平　王彦清　高瑞军　乔震宇
师天阳　郭美凤（女）　郭舜良（挂职）

中共宁武县委工作概况

县委书记　任宁虎

2017年以来，中共宁武县委认真贯彻落实党的十九大和习近平总书记视察山西重要讲话精神，按照省委“一个指引、两手硬”重大思路要求和市委“1661”发展战略，坚持稳中求进的总基调，坚持以脱贫攻坚统揽经济社会发展全局，以深化供给侧结构性改革与深化转型综改试验区建设为主线，大力实施“4851”发展战略，经济、政治、文化、社会和生态文明建设得到了持续、健康、稳步发展，全县各项事业取得了新成效，为实现全面建成小康社会目标奠定了坚实基础。

一、学习贯彻习近平新时代中国特色社会主义思想，牢牢把握正确方向

以持续推进“两学一做”学习教育常态化制度化，深入开展维护核心见诸行动教育为抓手，充分发挥县委中心组成员“关键少数”的示范表率作用，以喜迎十九大、学习十九大、贯彻十九大为主线，带动全县大兴学习之风。坚持以习近平新时代中国特色社会主义思想为指引，将学习贯彻习近平总书记视察山西重要讲话和党的十九大精神作为重要政治任务，采取多种形式学习贯彻落实，带动全县党员干部形成广泛共识，使习近平新时代中国特色社会主义思想贯穿于全县经济社会发展的全过程、各领域、各环节。

二、全面聚焦深度贫困，集中力量推动脱贫攻坚再战再胜

全面实施“3467”脱贫举措。坚持统揽格局，形成横向到边、纵向到底的脱贫攻坚统揽格局；突出问题导向，构建起职责清晰、各负其责、责任倒逼、合力攻坚的责任体系；坚持以党建促脱贫，整顿贫困村软弱涣散党组织27个，转接所包贫困村第一书记、驻村工作队员党组织关系575名；持续开展“领头雁”专题培训，充分发挥党员干部示范带动作用；健全完善“两包三到”精准帮扶机制，深化七个帮扶行动，形成攻坚深度贫困的强大合力，“第一书记”抓脱贫工作成效明显，中央驻晋帮扶工作现场会在我县召开。加快整村搬迁步伐，确保“一次规划、三年完

成”。在已建成的两个移民安置点共安置搬迁对象606户1630人，整村搬迁村已全部拆除。持续推进产业扶贫。围绕“五有”目标，扎实推进大象生猪养殖、光伏、特色种养殖、乡村旅游等扶贫产业项目，全力带动贫困户持续稳定增收；全面落实富民政策，形成多元化投入机制，全年共发放“五位一体”扶贫小额贷款1.45亿元。大力实施退耕还林、组建扶贫攻坚造林合作社、聘用贫困护林员，实现生态建设与脱贫攻坚互促双赢。全面落实惠民政策。加强政府兜底保障，实现农村低保标准和国家扶贫标准“两线合一”；实施健康扶贫专项行动，全力解决贫困户看病难、就医难问题；落实教育资助政策，实现贫困学生应扶尽扶。不断加大贫困村基础设施建设力度，贫困群众生产生活条件持续改善。全年出列贫困村53个，减贫3429户7551人，超额完成年度任务。

三、坚持转变经济发展方式，全面推进综改试点县建设

加强和改进对经济工作的领导。健全1+3季度分析调度会制度，定期研判经济形势，主动抢抓发展机遇。全面落实全市项目观摩考核制度，将产业发展和脱贫攻坚挂钩。不断增强经济发展的质量和效益，配套制定产业转型升级、生态文明建设、文化旅游融合发展三个专项行动计划，全面加快资源型经济转型步伐。

坚持以提高发展质量和效益为中心，保持经济持续向好发展。全年地区生产总值、规模以上工业增加值、农民人均可支配收入三项排位全市第一，财政总收入达历史最好成绩，10个产业项目列入全市重点建设项目。不断优化营商环境，开展企业投资项目试行承诺制，实行无审批管理试点。成立县招商服务中心，全面提升招商项目的协调服务水平。加强投融资体制改革和企业投资自主权管理，实行企业投资项目管理负面清单、权力清单、责任清单制度。成立经济开发区管委会，着力打造“一区四园”发展格局。稳步推进农业和农村经济结构的战略性调整，特色种植扩面提质，农业发展持续向好。新增50亩以上的杂粮高产示范片100个，杂粮种植面积稳定在21万亩以上，粮食总产量达到26451吨，粮食产量实现六连增。全力打造文化旅游战略性支柱产业。扎实推进创建国家5A级景区工作，芦芽山正式列入世界自然遗产预备清单。加大旅游招商和景区体制机制改革力度，成立县旅游发展委员会，成功引进国内知名企业中景信集团，参与景区投资、开发和经营。

四、坚持全面深化改革，增强经济发展动力

认真落实习总书记的“四个亲自”和省委“三个三”抓改革要求，统筹推进经济、政治、文化、社会、生态文明和党的建设六个领域共39项改革任务。全面落实“三去一降一补”重点任务，煤炭去产能210万吨，消化存量商品房351套。国有企业改革取得实质性进展，公交公司、供水公司及汾源水电站公司制改革完成。三农领域改革推动迅速。依托电商平台，加快功能农业发展。完善集体资产交易范围，推进土地承包经营权流转面积达到30087亩。推动县乡医疗卫生一体化管理，以县医院为龙头、整合14个乡镇卫生院组建县医疗集团，实行“六个统一”管理；全面落实县乡“河长制”，实行一河一策、一河一长的河流管护工作机制；深化机关事业养老保险制度改革，积极推进机关事业养老保险数据库建设；开展医疗保险异地结算备案工作，加快实施异地医疗保险待遇直接结算办法；扩大养老机构场所建设，使困难人群老有所依。

五、加强宣传思想文化工作力度，推动全县文化繁荣发展

深入开展党的十九大精神学习宣传活动，使党的新政策、新理念深入人心。加强意识形态工作，重视舆论引导，防止了重大舆情事件和责任事故的发生。全面加强社会主义核心价值观建设，开设专门宣传专栏，积极参加市委、市政府在北京恭王府组织的“欣欣向荣 心灵之舟——山西忻州文化遗产精品展示月”系列活动。不断丰富人民群众文化生活，成功举办了全国六省区乒乓球赛、全省煤炭系统书法绘画展、第六届读书月等文化活动。加快农村精神文明建设，全面实施数字图书馆、电子阅览室、数字农家书屋等公共文化数字服务项目。鼓励文化创作，我县编排的小戏《懒三脱贫记》荣获市第七届梨花奖舞台艺术大赛一等奖。

六、切实保障和改善民生，全力维护社会安全稳定

大力发展社会事业,就业渠道明显改善，城镇新增就业、创业带动就业、城镇失业人员再就业、转移农村剩余劳动力、城镇登记失业率均超额完成上级下达任务。坚持优先发展教育，不断优化教师队伍结构，全面提升学校管理水平，教育项目工程建设有序推进，义务教育均衡验收工作顺利通过“国检”。不断提高卫生保障水平，药品保障体系更加完善，新农合管理水平逐年提升。大力开展人居环境政治，在建成市级文明县城基础上申报省级文明县城。坚持绿色发展，竭力补足生态欠账，坚决整治环保问题，污染防治取得阶段成效，空气质量稳定达标，人居环境得到有效改善。加快生态保护修复，完成营造林任务4.82万亩，小流域治理6.45万亩。加强信访维稳。严格落实领导接访、“五包一”稳控和领导包案制度。持续开展“夏安利剑”、社会治安风险隐患大排查大整治专项行动，不断完善社会治安综合治理体系建设，着力打造平安宁武。坚决执行市委 “4438”工作机制，深入开展重点行业、重点领域安全生产大检查和专项整治，安全生产形势持续稳定向好。

七、加强民主法治建设，维护保持安定团结的政治局面

支持县人大及其常委会依法履行职能，把人大监督和重大事项决定纳入县委决策和落实体系。加大政府权力运

行公开力度，坚决做到公正、规范、依法行政。支持政协积极发挥参政议政职能，不断激发协商民主的生机和活力。坚持依法治县，加快司法制度改革，维护法律权威，提高司法公信力。注重发挥统战、宗教、共青团、妇联和基层村委会的职能优势，圆满完成换届工作，增强党的凝聚力、战斗力，增加群众的满意感和幸福感。

八、持续推动全面从严治党向纵深发展，着力维护风清气正的政治生态

坚持把思想政治建设放在首位，使学习党的十九大精神全面覆盖到各级党组织和党员干部。全面落实从严治党新要求，建立了落实“两个责任”全程纪实信息化管理系统，层层压实各级党组织管党治党政治责任。扎实推进“三基建设”，乡镇“五小”建设实现全覆盖，“两委”换届工作圆满完成，基层战斗堡垒作用和党员先锋模范作用得到有效发挥。常态化开展作风建设，严肃查处群众身边不正之风和腐败问题，全年立案177件，党纪政务处分178人，移送司法机关人数同比增长3倍，特别是扶贫领域执纪问责力度空前加大，在全县形成强有力震慑。监察体制改革试点工作稳步推进，在全市率先挂牌成立县监察委员会，设立13个派驻纪检组，实现纪检派驻机构全面覆盖，监督执纪职能全面强化。突出政治功能，积极发挥巡察利剑作用，监督体系更加完善，政治生态风清气正，为经济社会持续向好发展提供了强有力的纪律保障。

（贾兆卿）

附：中共宁武县委书记、副书记、常委名单

书　记： 任宁虎

副书记： 王　卓　高建文　丁龙广（8月离职，挂职）
李长平（8月任职，挂职）
裴彦明（4月任职，挂职）

常　委： 张永红（5月离职）　弓凤英　尹志刚
田贺玉　贾建宁　张申良

中共静乐县委工作概况

县委书记　李德新

2017年，静乐县委高举中国特色社会主义伟大旗帜，深入学习贯彻习近平新时代中国特色社会主义思想，认真落实习总书记视察山西重要讲话精神，统筹推进“五位一体”总体布局，协调推进“四个全面”战略布局，深入实施“一个指引、两手硬”重大思路和市委“1661”发展战略，围绕“扬正气、树新风，创环境、促发展”工作主线，以“小康、创新、生态、文明、法治、祥和”静乐建设为目标，以“产业富民、工业强县、生态立县”三大战略为抓手，真抓实干，攻坚克难，全县经济社会呈现出良好的发展态势。

一、全面践行新理念，转型发展迈出新步伐

2017年，面对复杂严峻的宏观经济形势，该县紧抓中央、省市重视支持、利好政策叠加等重大机遇，积极推动产业结构调整，全面促进经济转型升级，经济运行呈现出“缓中有稳，缓中有优”的向好态势。全年地区生产总值完成29亿元，同比增长5.5%；固定资产投资达到29.9亿元，同比增长7.4%；社会消费品零售总额达到11.5亿元，同比增长8.6%；城镇居民人均可支配收入达到2.2万元，同比增长6.1%；农村常住居民人均可支配收入达到6545元，同比增长9%；规模以上工业增加值完成4.4亿元，同比增长1.4%；公共财政预算收入完成1.6亿元，同比下降58%。

二、坚持脱贫统揽格局，精准脱贫取得新成效

统一选派146支驻村工作队、356名工作队员，120名挂职干部，205名第一书记投身驻村帮扶工作，实现了贫困户帮扶全覆盖。建立机关干部一对一结对帮扶贫困户机制，组织动员974名“两代表一委员”深入脱贫攻坚一线，广泛开展“四帮四送”活动。持续开展“迎老乡、回故乡、建家乡”活动，引导静乐成功人士、大学生和在外务工人员回乡创办产业项目300多个，培育农民专业合作社105户、种养大户400余户，带动5700余名群众走上致富路。突出产业扶贫，打造10个电商村、10个裁缝村、10个农产品加工村，192个贫困村“五有”全覆盖。坚持扶智扶志相结合，强化就业培训力度，打造静乐裁缝、小杂粮面点师品牌。建成35兆瓦集中式光伏电站1座、村级光伏电站10座、户用

光伏电站962户，2562户贫困户实现稳定增收。大力实施生态扶贫，组建70个造林合作社，聘用644名贫困人口参与生态管护，3310户贫困户近万人受益。全年完成贫困村出列70个，贫困人口脱贫11107人，脱贫攻坚取得再战再胜。

三、坚持全面深化改革，社会发展增添新动能

全面落实“三去一降一补”重点任务，实施采煤沉陷区治理和移民搬迁工程，打通商品房和保障性住房转换通道，化解商品房库存面积8804平方米。完善农村土地所有权承包权经营权“三权分置”改革，乡镇流转服务组织实现全覆盖。制定出台《关于全面推行河长制的方案》，全面落实16条河流“河长制”。扎实开展以司法责任制为核心的四项改革，全面推进诉讼制度、公安、司法行政等改革。监察体制改革已完成转隶组建，“纪法”衔接、“法法”衔接机制初步建立，实现对全县所有行使公权力的公职人员监察全覆盖。积极探索“园区+产业+转型”的发展新模式，组建设立了现代农业产业园区管理委员会。

四、坚持不断优化营商环境，项目建设凸显新亮点

深入推进“放管服”改革，扎实开展“1+9”专项行动，全面打造“六最”投资营商环境。积极组织开展招商引资活动，先后引进和上马了国电、龙源、新疆晋商、合肥阳光、万国工坊服装加工、北控绿产光伏等一批成长性好、带动能力强的好项目，签约储备了一批涵盖基础设施、现代农业、装备制造等方面的夯基强县项目，培育了新的增长极。继续推广“333”农业产业发展模式，种植黑枸杞1000亩、沙棘经济林3万亩、藜麦3万亩、红辣椒1万亩，有力带动了贫困群众脱贫增收致富。完成藜麦、黑枸杞生态原产地保护认证。忻静藜麦种植推广有限公司在山西股权交易中心挂牌上市，成为了全市首家上市的农产品企业。积极培育健康养老、家政服务、物流配送、生态旅游等现代服务业，建成老年人日间照料中心31个，发展规模物流配送企业5家，接待游客60万人次，实现旅游综合收入8000余万元。

五、坚持统筹推进各项事业，民生福祉得到新提升

全力打造宜居宜业的生态精品县城，成功创建国家卫生县城和国家园林县城，扎实推进省级文明县城创建工作，被省文明委破格直接挂牌，同时被中央文明办确定为2018—2020年创建周期全国文明城市提名城市，组织创建“静生长、乐生活”县域公用品牌，静乐的美誉度和影响力有力提升。统筹推进义务教育、高中教育和职业教育发展，高考二本以上达线310人，位居全市县级高中前列。文化强县扎实推进，成立了恭王府博物馆驻山西忻州(静乐)传统工艺工作站，县博物馆被省社科联授予全省首批第一个县级社会科学普及宣传教育基地。大力开展健康扶贫专项行动，实施先诊疗后付费、一站式结算服务，健康扶贫“双签约”服务覆盖所有建档立卡贫困人口。社会保障不断完善，社会救助全面加强，低保实现应保尽保，五保实现全额供养。认真贯彻省委骆惠宁书记“三个坚决防止”的要求，严格落实“4438”工作机制，安全生产全年无事故，全县乡村两级实现安全监管全覆盖。

六、坚持全面从严治党，党风政风呈现新气象

持续推进“两学一做”学习教育常态化制度化，深入开展维护核心、见诸行动主题教育，广大党员干部理想信念更加坚定、“四个意识”显著增强。从严推进“两个责任”落实，建立落实“两个责任”全程纪实信息化管理系统，层层压实各级党组织管党治党政治责任。牢固树立正确的用人导向，充实完善领导干部动态管理台账，制定并出台了静乐县《领导干部能上能下实施办法》《支持干部改革创新合理容错实施办法》《激励干部担当作为干事创业实施办法》，为决战全面脱贫、决胜全面小康提供了坚强的组织保障和人才支撑。全面加强“三基”建设，在全市率先完成了“五小场所”建设，得到了中组部和省市相关部门的一致好评。圆满完成了村(社区)两委换届，基层党组织战斗力、组织力明显增强。全面加强党风廉政建设，严格执行中央八项规定及实施细则，坚决纠正“四风”突出问题，深化运用监督执纪“四种形态”，党风政风进一步好转，形成了风清气正的良好政治生态。

(宣文晓)

附：中共静乐县委书记、副书记、常委名单

书　记：李德新
副书记：王　昕　宣文晓
张建全（4月离职，挂职）
张荣章（4月任职，挂职）
常　委：王建峰　(5月任职)　王利民　申宏民
王树明　霍俊波　李红霞（女）
孙建国　刘　岗（11月任职，挂职）

中共神池县委工作概况

县委书记 曹爱民

2017年，神池县委在省委、市委的坚强领导下，高举中国特色社会主义伟大旗帜，深入学习贯彻党的十九大精神和习近平新时代中国特色社会主义思想，认真落实习总书记视察山西重要讲话精神，按照省委“一个指引、两手硬”重大思路和要求，全面贯彻市委“1661”发展战略，以饱满的激情、昂扬的斗志、务实的作风，团结带领全县干部群众，对标前行、苦干实干，全力推进我县“15561”发展思路取得新成效，在全面脱贫、全面小康的征程上迈出了更加坚实的步伐。国内生产总值完成22.6亿元，同比增长5.4%；固定资产投资完成17.6亿元,同比增长9.2%；规模以上工业增加值完成2.8亿元，同比增长3.3%；一般公共财政预算收入完成1.433亿元，同比下降6.58%；社会消费品零售总额完成10.8亿元，同比增长8.6%。城镇常住居民人均可支配收入完成22241元，同比增长6.8%；农村常住居民人均可支配收入完成7291元，同比增长8.3%。全面完成约束性考核指标和区域性经济转型升级考核指标。

一、以习近平新时代中国特色社会主义思想为指引，沿着正确的方向奋力前行

神池县委全面贯彻党的十九大精神和省委十一届二次全会、市委四届二次全会以来的各项重大决策部署，持续推进“两学一做”学习教育常态化制度化，深入开展维护核心、见诸行动主题教育，组织17次中心组集体学习，召开3次县委全会、2次专题民主生活会、50次县委常委(扩大)会，审议研究了160余项具体工作，制订出台了《神池县委关于深入学习贯彻习近平总书记视察山西重要讲话精神全力推进全面脱贫全面小康建设的行动方案》《神池县脱贫攻坚统揽全局实施方案》《2017年脱贫攻坚计划》《抓党建强“三基”促脱贫工作的实施意见》《监察体制改革方案》《加强干部作风建设的实施意见》《开展“三送三看三促”大走访活动工作方案》等一系列工作制度，有力推动习近平总书记视察山西重要讲话精神在我县落地生根、开花结果，坚决把稳把牢神池发展的正确航向。

二、以习总书记视察山西重要讲话精神为根本遵循，举全县之力破解深度贫困难题，实现脱贫攻坚再战再胜

按照市委“3659”脱贫攻坚策略要求，深入实施神池县“6551”脱贫攻坚策略，圆满完成了39个村3768户8282人的年度脱贫任务，完成任务的103.5%。完成27个村995户2314人的移民搬迁任务；同时完成了11个行政村的撤村销号工作，完成任务的110%。对各有关单位按照职能职责进行梳理归类，组织33个县直相关单位和10个乡(镇)制订了《神池县脱贫攻坚统揽全局实施方案》，涵盖了与脱贫攻坚关联较紧密的单位，确保脱贫攻坚统揽经济社会发展全局的要求落到实处。调整选派驻村工作队193个，第一书记138人，挂职干部95名，省市县乡四级干部对贫困户实现结对帮扶全覆盖。建立了月巡查和月通报制度，先后点名通报60余人，约谈问责8人，召回1人。全面实施“3673”整村搬迁行动计划，着力破解“人、钱、地、房、树、村、稳”7个问题。截至2017年底，8个村已完成旧房拆除，涉及147户，其中7个村完成土地复垦，共复垦宅基地142亩。重点培育发展了特色种植、肉羊养殖和光伏扶贫三大产业，推广实施渗水地膜谷子穴播技术推广6万亩、膜下滴灌3000亩；胡麻、黑豆特色保护种植1.1万亩；粮改饲种植1万亩；中药材种植345亩；谷子、红芸豆、马铃薯高产创建2420亩；坡改梯8333亩、基本农田整理1.6万亩、农机土地深松1万亩。实施羊品种改良、光伏、电商、旅游等到村到户项目，受益贫困户达7165户，带动贫困户，户均增收3000元以上。依托谷德福、五和牧业等龙头企业以及众多农民专业合作社，采取免费提供籽种肥料、胚胎移植和冻精技术服务、保护价收购、入股分红、吸收务工等多种方式，有效带动1909户贫困户脱贫增收，初步构建起了贫困户与新型农业经营主体稳定的利益联结机制。为建档立卡贫困户发放扶贫小额信用贷款8844.63万元，扶持贫困户发展种植、养殖、加工、运输等增收产业。全县完成退耕还林2万亩，覆盖贫困户481户；组建扶贫攻坚造林专业合作社35家，完成造林4.34万亩，贫困社员参与率60%以上；聘用368人担任护林员，其中贫困人口264名占71.7%。

三、加强党委对经济工作的领导，全面贯彻新发展理念，实现经济趋稳向好

县委始终坚持发展第一要务，坚持新发展理念，坚持稳中求进工作总基调，自觉把创新驱动、转型升级作为适应经济新常态的重大战略任务。全县开工项目62项，完成项目储备30项。全县已建成和在建的风电场达到17期85万千瓦，建成光伏电站2期2万千瓦。2017年我县在全市项目观摩中取得良好成绩。进一步完善和细化了招商引资重点产业指导目录和招商引资考核奖励制度，建立重大招商引资项目服务协调机制、“一站式”服务制等工作制度，开展各类招商活动20余次。2017年全县共签约招商项目17个，签约资金达52.65亿元，完

成目标任务的135%，为项目建设和经济发展积蓄了后劲。

四、坚持全面深化改革，突出重点难点，改革成效逐渐凸显

认真落实习总书记“四个亲自”抓改革重大要求和省委“三个三”抓改革办法，“亲力亲为抓改革、扑下身子抓落实”已经成为常态。常委会全面贯彻落实中央和省委、市委全面深化改革领导小组会议精神，县委书记和县长分别负责了8项重点难点改革，各领域改革小组负责同志也相应建立了抓改革台账，形成全县上下层层压实改革责任，狠抓任务落实的工作格局。一些重要领域和关键环节的改革取得了实质性进展。

五、坚持党管意识形态，加强和改进宣传思想文化工作，不断丰富人民群众精神文化需求

县委从严落实意识形态工作责任制和网络意识形态工作责任制，制订完善了实施细则和考核办法，将意识形态工作纳入县委年度目标责任考核，定期对意识形态领域情况进行分析研判，推动了全县各级党委(党组)履行主体责任的进一步落实。

六、牢固树立以人民为中心的发展理念，全面增强人民群众的获得感、幸福感和安全感

通过国家义务教育发展基本均衡县验收；实验小学被评为“全国青少年校园足球特色学校”、东关小学被评为“全国名优学校”、南关小学被评为全国“明德小学明德之星”、义井小学被评为全国“最美明德乡村学校”；中考总均分全市排名第二，其中语文全市第一，数学、物理第二，思想品德第三。落实24项惠民政策，全面推进“双签约”和“三保险、三救助”工作，实现了农村低保和扶贫标准“两线合一”。严格保护生态环境，开展执法检查129次，查处违法企业、单位27个，查处群众举报案件4起，淘汰燃煤锅炉83台，完成清洁替代3600户，完成煤改电13户，新增集中供热面积45万m2。严格落实“4438”安全生产责任制，坚持“谁主管谁负责、谁分管谁负责、谁签字谁负责”，深入开展安全风险隐患大排查大整治工作，突出抓好“风险预控和隐患管理”两个重点，全县未发生重、特大安全生产事故。深化“重点信访问题源头化解”暨“信访突出问题大整治”专项行动，全力化解信访突出问题。深入推进平安神池、法治神池建设，开展反恐怖反邪教和“打黑除恶”专项整治，大力推进“雪亮工程”建设，有力地维护了全县社会大局安全稳定。

七、坚持党的领导，提高法治化水平，推动民主政治不断向前发展

积极支持人大及其常委会依法履行职责，组织开展了“助推脱贫攻坚·人大代表在行动”主题活动，出台了《神池县人大常委会监督工作实施办法》等十一项工作制度，为全面建成小康社会奠定坚实基础。坚持和完善多党合作、政治协商制度，制订了政协委员履职考核办法，不断提升人民政协建言献策科学化水平。牢牢把握大团结大联合主题，圆满完成了县工商联换届，进一步巩固和发展了爱国统一战线。完善基层民主制度，村级“两委”换届有序推进。全面加强和改进党对群团工作的领导，按照去“四化”、强“三性”的要求，不断深化群团改革，完成了团县委和县妇联换届，群团组织的吸引力、凝聚力、战斗力不断提升。以老干部工作进社区“双六小组”为载体，打造老干部党员“政治生日”亮点工作。坚持党管武装原则，落实强军改革任务，加强全民国防教育和国防后备力量建设，推动了军民融合发展。

八、全面加强党的建设，推进全面从严治党向纵深发展，巩固并保持了良好的政治生态

全面加强政治建设和思想建设。严格贯彻落实管党治党政治责任，进一步强化“四个意识”，自觉维护党中央权威和集中统一领导，自觉拥戴核心、维护核心、紧跟核心，自觉以习近平新时代中国特色社会主义思想为指导，推动全县各级党组织、各级党员干部自觉在政治立场、政治方向、政治原则、政治道路上同以习近平同志为核心的党中央保持高度一致。全面加强领导班子和干部队伍建设。坚持“好干部”标准，特别注重在脱贫一线和全县重点工作中选拔使用干部。今年以来，提拔重用奋战在扶贫一线的工作队长11名、工作队员6名、第一书记6名；7名在乡镇工作多年、表现优秀、成绩突出的干部被调整到县直机关等重要部门任职。全面加强“三基”建设。对照“三基建设”任务要求，制订具体实施方案79个，建立重点工作任务分解责任制，建立日常工作月清单制度，制订了党务干部抓基层党建六项职责清单，层层压实责任，确保工作落实。大力实施农村集体经济“破零工程”，全面推进反腐败斗争向纵深发展。按照“巩固、深化、提高”六字方针，贯彻落实我县党风廉政建设和反腐败工作“123457”工作思路，坚持挺纪在前，运用监督执纪“四种形态”，处置问题线索309件，立案查处违纪问题121件，党纪政务处分122人，其中乡科级干部6人，重处分7人，移送司法1人。

（白志伟　丁新平）

附：中共神池县委书记、副书记、常委名单

书　记：曹爱民

副书记：孟宏斌　郑建国　王武道（4月任职，挂职）

常　委：贾平华　赵国兴　王宝龙　冯建军　杨占录　闫晓东　王玉珍（女）　樊遂意（7月任职，挂职）

中共五寨县委工作概况

县委书记 张 春

2017年，中共五寨县委在省委、市委的正确领导下，团结带领全县干部群众，以习近平新时代中国特色社会主义思想为指导，全面贯彻落实党的十九大精神和习近平总书记视察山西重要讲话精神，认真贯彻落实省委“一个指引、两手硬”重大思路要求，深入贯彻落实市委“1661”发展战略，以脱贫攻坚统揽全局，坚持全面从严治党管党，解放思想，狠抓落实，全县经济社会持续健康发展。

坚持从严治党管党，全面加强党的建设。按照新时代党建总要求，以习近平新时代中国特色社会主义思想为指导，不断推动全面从严治党向基层延伸、向纵深发展，为全县打好脱贫攻坚战提供了组织保证。突出政治标准，引深“两学一做”教育。实行资料清单、问题清单、整改清单“三清单”和每月一调度、一督导跟踪机制，推动全县537个基层党组织和6867名党员在学习教育中实现新提升。县委中心组集中学习13次，专题研讨10次。基层党组织固定了“主题党日”，县级干部人均到基层讲党课2次，参加支部主题党日127次。严格落实民主集中制，出台了《县委全会工作规则》等制度，聘请了法律顾问，推进民主、依法、科学决策。按要求召开了民主生活会，各级干部进一步增强了“四个意识”和“四个自信”，提高了政治觉悟和政治能力。紧扣学习重点，狠抓思想理论武装。组织全县干部群众认真收听收看了党的十九大直播，原原本本学报告。召开了县委十三届四次全会对学习贯彻党的十九大和省委、市委全会精神进行了安排部署。成立了12个宣讲小组，深入基层开展宣讲。县级干部累计调研634天，开展宣讲94次，形成调研报告53份，帮助基层解决问题69个。开展了讲一次专题党课、过一次主题党日等“五个一”活动，使十九大精神家喻户晓、深入人心。深化培训工作，从严教育管理干部。依托“2885”干部培训工程、“领头雁”等培训党员干部8000多人次。严格执行《党政领导干部选拔任用工作条例》，制定了县管干部动议、推荐考察、讨论决定“三个细则”和《干部选拔任用工作流程图》等制度，换届以来选拔使用的145名干部，95名来自脱贫一线。出台了干部监督工作联席会议制度，推行提醒、函询、诫勉通知书“三书”预警告诫办法，实现了干部日常教育监督全覆盖。提升服务功能，不断加强三基建设。开展专业能力等培训22次5250人，对484名基层党组织书记进行了轮训。对24个软弱涣散党组织进行了精准整顿，结合整村搬迁，组建移民党总支1个，覆盖14个行政村，建立临时支部3个，涉及102个村。建立了69人的乡土人才库，43人进入村“两委”班子。农村“两委”主干报酬等足额拨付，“五小建设”全面完成。211个村实现了集体经济“破零”，圆满完成了农村、社区换届工作。各单位制定了“一目录三手册”，理清了内设机构职责，工作效率不断提升。坚持抓早抓小，持续正风肃纪反腐。按照市委“三个最、五个抓”要求，把纪律和规矩挺在前面，构建不敢腐、不能腐、不想腐的长效机制。县监察委员会顺利组建挂牌、高效规范运行。推进落实全面从严治党“两个责任”全程纪实信息化管理系统建设，层层压实管党治党责任。深入开展廉政教育，拍摄了反腐倡廉微电影《回家》，建设了廉政教育广场、设置了廉政教育标语，建立科级干部廉洁档案615册。查处违反中央八项规定精神案件6件，处分6人。践行“四种形态”，处置问题线索484件，谈话函询279件，共立案140件，审结139件，处分139人，保持了惩治腐败的高压态势，红脸出汗、咬耳扯袖成为了常态，实现了惩治极少数和教育大多数的良好效果。

以脱贫攻坚统揽全局，扎实推进脱贫攻坚各项工作。按照市委“3659”脱贫攻坚战略,认真实施县委“3198”行动计划，县委常委会12次研究脱贫攻坚，召开了4次推进会。择优选派驻村工作队144个、队员463名，第一书记149人，4506名帮扶干部覆盖全部贫困户。依托“中国甜糯玉米之乡”等品牌优势，发展甜糯玉米、脱毒马铃薯种植等9大产业带动25054人实现增收。按照“一次规划、分步实施、三年完成”的思路，建设百梦园等8个小区3517套，建设敬老院4处，可安置12531人，2017年入住1307户、4837人。制定了《破解七个问题加快整村搬迁的实施意见》，拆除23个村，销号22个村。通过新一轮退耕还林、扶贫造林、林业管护带动4612人脱贫。整合资金2.2亿元用于精准扶贫，省财政对我县工作奖励500万元。累计投入风险补偿金1300万元，发放小额信贷8131万元。开展了政策宣传月、干部帮扶“双十个一”等活动。培训新型农民1600人，就业培训2339人，驾驶员培训356人。“三保险、三救助”等各项政策有效落实。持续开展扶贫领域自查自纠和监督检查，确保了脱贫的质量和成色，圆满完成了脱贫12105人、退出69个村的任务。

紧扣发展第一要务，推动经济社会持续健康发展。不断加强和改进党委对经济工作的领导，认真贯彻新发展理念，坚持稳中求进，发展质量和速度不断增强。一是持续加强“三农”工作。推进农业供给侧结构性改革，全年粮食产量4.32亿斤，完成土地流转8.3万亩，新增“三品”认证6个、地理标志1个，新增基地认证2.1万亩，累计发展农民专业合作社432个，无公害农产品产地认证38万亩。建成规模养殖场（小区）67个，规模养殖户552家，羊存栏52万只。二是狠抓项目建设。坚持“八位一体”和“五个一”机制，全面加强对重点项目的协调管理、跟踪服务、监督考核。昌茂油库、亿牧源农业综合开发、辣椒深加工、旭来驾校等一大批产业项目顺利建成，推进了华电集团杏岭子风电、太原重工李家坪风电等重大项目。加大招商引资力度，签约8个项目，总投资41亿元。三是稳步提升第三产业。大力支持煤炭运销企业稳定经营、转型发展，全年发运煤炭4399万吨，同比增加750万吨，创利税2.2亿元，成为了全省乃至华北地区最大的煤炭发运县。推进现代农业产业园区建设，入园企业6个，引进投资4800万元。推进旅游体制改革，投资2800万元，完成了五寨沟游客接待中心等建设。四是持续推进城乡生态建设。牢固树立“绿水青山就是金山银山”的理念，按照“山上治本，身边增绿”原则，造林4.48万亩，实施新一轮退耕还林1.8万亩，占地2万余亩的南山森林公园初具规模。城区集中供热面积达246万平方米，三岔镇集中供热新接入11.7万平方米，空气质量基本保持在二级以上，一级天数约占一半。扎实推进“五城联创”，创建国家卫生县城通过了国家验收并授牌，创建省级园林城市通过了省住建厅验收，并报省政府常务会议研究通过。深入开展“八道四治四建”，实施农村建筑特色风貌整治6个村，城乡生态环境、卫生面貌逐步提升，我县被评为了全省最宜居的十个县之一。五是大力改善和保障民生。坚持优先发展教育事业，一小、四小综合楼、东城区幼儿园等薄弱学校改造项目建成启用，第六小学开工建设，持续推进义务教育均衡发展，中、高考再创佳绩。深化县级公立医院改革，组建了县人民医院医疗集团，药品实行“零差率”销售。总投资2亿元的第一人民医院新建项目前期工作扎实推进。认真落实社会保障政策，积极开展就业援助、大型招聘等活动，城镇新增就业1562人，农村劳动力转移就业2102人，创业就业498人，低保、五保等及时足额拨付，北苑敬老院、韩家楼敬老院建成使用，保障水平不断提升。

以平安五寨建设为抓手，切实维护社会安全稳定。以“平安五寨”“法治五寨”建设为抓手，持续深化“法律六进”活动。扎实开展“利剑”等专项行动，严厉打击违法犯罪活动，全面推进社会治安防控体系建设。深入开展“大接访、大下访”活动，按照分类处置办法，妥善解决信访问题，信访形势持续好转。认真落实安全生产“4438”工作机制，围绕道路交通、非煤矿山等重点领域，扎实开展专项整治，有效杜绝了重特大安全事故的发生，确保了人民群众生命财产安全和社会和谐稳定，连续四年被评为“省级平安县”，人民群众安全感和满意度不断提升。

（沈雁冰）

附：中共五寨县委书记、副书记、常委名单

书　记：张　春

副书记：张宇光　武革慧　安建平（4月任职，挂职）

常　委：杜新荣　李　强　李文渊　赵宇彤　张哺梅（女）　李代保　张海全　陈丽娜（6月任职，挂职）

中共岢岚县委工作概况

县委书记　王志东

2017年，岢岚县委深入学习贯彻党的十九大精神，坚持以习近平新时代中国特色社会主义思想为指引，全面贯彻落实习总书记视察山西亲临岢岚指示精神和中央、省、市各项决策部署，紧扣省委“一个指引、两手硬”重大思路和要求、市委“1661”发展战略，坚持新发展理念，坚持稳中求进工作总基调，坚持以人民为中心的发展思想，全面做好县委把方向、谋大局、抓关键、保稳定、促改革等各项工作，团结和带领全县上下对标前行、苦干实干，努力推动岢岚社会各项事业持续向好发展。

一、坚持“一个指引”，努力提升政治站位把牢正确政治方向

始终保持高度的政治自觉，坚持把习近平新时代中国特色社会主义思想贯穿于经济社会发展全过程、各领域、各环节。一是以新思想武装头脑。以开展“两学一做”学习教育常态化制度化为抓手，以习近平新时代中国特色社会主义新思想新理论新要求为指引，认真学习贯彻党的十九大精神和习总书记视察山西亲临岢岚重要讲话精神。常委会坚持以上率下、当好表率，开展中心组学习24次、专题研讨6次，自觉增强“四个意识”，坚定“四个自信”，始终在思想上政治上行动上同以习近平同志为核心的党中央保持高度一致。二是以新思想凝聚共识。成立4个宣讲组，组织开展专题巡回宣讲25次、大讲堂干部培训9期、基层干部能力提升培训46期，推动十九大精神和习总书记视察山西重要讲话精神进基层、进支部、进农村、进农户“全覆盖”，引导广大党员干部群众自觉把思想和行动统一到党中央、国务院和省委、市委决策部署上来，凝聚起同心同德、群策群力脱贫奔小康的强大合力。三是以新思想推动工作。制定学习贯彻党的十九大精神和习总书记视察山西重要讲话精神的实施意见，分解落实6大项28条具体任务，落地6大类55项改革任务、188项年度重点工作、29项整改措施，组织开展“县乡村三级干部大调研”活动，完善了经济体

制、生态文明体制、文化体制、社会体制和司法体制改革发展规划纲要，形成全县2018年脱贫摘帽退出方案，全面推动党的十九大精神、习总书记视察山西重要讲话精神和省委十一届五次全会、市委四届四次全会精神在岢岚落地生根、开花结果。

二、坚持“一个统揽”，聚焦深度贫困推动脱贫攻坚再战再胜

把脱贫攻坚作为当前全县最大的政治任务和第一民生工程，以脱贫攻坚统揽经济社会发展全局，深入践行习总书记视察山西讲话精神，认真贯彻落实省市脱贫攻坚部署和县委“3169”脱贫攻坚纲领，一线行动、苦干实干。全县40个贫困村退出，8300名贫困人口脱贫，贫困发生率由20.13%下降至7.77%。一是突出党建引领促脱贫。强化脱贫攻坚统揽，突出党建引领优势，形成县委政府双负责、双协同、双督核工作机制，6个专项工作组、12个包乡工作组和24个行业办公室各负其责，国家、省市县乡五级140个单位3321名机关干部全覆盖帮扶，23户企业参与产业扶贫，396名能人带头引领脱贫，构建形成了“三级联动、一体作战、合力攻坚”的扶贫攻坚大格局。二是完善政策体系促脱贫。落实省市部署，结合我县实际，突出超常规，修订完善县委“3169”脱贫攻坚战略，形成“三步走”作战部署，围绕15个小康目标，出台27个专项行动方案，推进数据库、专家库、资料库、项目库、政策库和案例库“六库”建设，构筑起相对完善、契合岢岚实际的脱贫攻坚政策体系。三是加大资金投入促脱贫。坚持“规划引领项目，项目承载资金，资金服务脱贫”，围绕193个扶贫项目，全年整合上级财政专项资金2.98亿元，县级投入5723万元，实现扶贫投入总量和增幅“双增长”。加大融资力度，扶贫小额信贷发放3043户1.51亿元，注资金融风险金2074万元，撬动发放惠农贷款1.44亿元。四是推进易地搬迁促脱贫。立足我县村庄偏小穷陋实际，探索出整村搬迁为主的易地扶贫搬迁新路径，深入破解“人、钱、房、地、树、村、稳”七个问题，落实“六环联动”部署，确立115个自然村整体搬迁计划。全年搬迁98村1452户3365人，拆除92村，销号53村，户籍迁转3125户7375人。五是深化利益联结促脱贫。围绕“一村一品一主体”实施产业扶贫，13户企业和131个合作社参与83个“6+3”扶贫产业项目，实现91个贫困村“五有”全覆盖，利益联结带动65个贫困村集体经营收入突破5万元，7075户16630名贫困人口人均年增收1331元。六是实行整村提升促脱贫。围绕乡村振兴战略，构建“1+8+N”城乡融合发展布局，启动147村整体提升工程，改造9个村道路、13个村学校、5个村电网和1135户农村危房，在28个村实施安全饮水工程，为30个村接通宽带、72个村配备文体器材，完成40个村基础设施建设，61个村群众生产生活环境得到显著改善。七是抓实生态工程促脱贫。大力推进生态扶贫工程，全县退耕还林2.5万亩带动贫困户人均增收369元，组建48个扶贫造林专业合作社带动775名贫困劳力参与造林绿化10.62万亩人均劳务收入1.2万元，聘用372名贫困劳力成为护林员年工资1万元，实施7个万亩沙棘林改造、6000亩中药材等项目，带动贫困户年增收1550元。

三、坚持“一条主线”，全面深化改革加快转型发展新步伐

充分发挥党委对经济工作的全面领导责任，紧紧抓住国家支持我省深化改革促进转型发展的政策机遇，以提高发展质量和效益为中心，以推进供给侧结构性改革为主线，推动转型发展。一是推进产业转型升级。着眼于全县资源优势、区位优势、比较优势，着力推动煤炭物流产业“矿站加”抱团联营，构建煤化工产业“煤—焦—气—站”一体化体系，建材产业以石材、水泥为带动多元开发延伸，新能源产业壮大大唐等4个950兆瓦风电项目和和光同等4个80兆瓦光伏项目集群规模，农副产品加工依托“晋岚绒山羊”“中华红芸豆”“岢岚柏籽羊”等品牌打造绿色生态生产加工基地，文化旅游以宋长城和岢岚古城景区建设为龙头实施全域旅游规划，年度招商引资签约项目17个42.2亿元；完成6个省市重点项目投资8.2亿元、8个县级重点项目投资3.09亿元；煤炭经销量821万吨，同比增长77.8%；19户龙头企业实现销售收入5.1亿元，同比增长6.9%。二是深化农业供给侧改革。坚持特色化开发、规模化发展、市场化经营、链条化创收，围绕构建“特色产业+加工企业+销售网络”的“一产一企一网”产业体系，以“羊十条”扶持举措和“羊银行”带动模式为依托实施“百万只羊”工程，建设晋岚绒山羊改良点、扩繁场13个，棚圈5000平方米、青储窖5000立方米，晋岚生物肉羊屠宰加工项目、新大象2个育肥猪场项目主体完工，全县羊饲养量65万只，畜牧业总产值4亿元；建设红芸豆出口基地10万亩、示范园区5050亩，种植优势小杂粮10万亩、渗水地膜谷子3万亩，推广中药材6800亩、设施及露地蔬菜981亩，发放种植补贴2282万元，粮食总产量1.4亿斤，红芸豆创汇654.5万美元；完成坡改梯8000亩，整理基本农田1752公顷，民间造地1646亩，落实农机具补贴143万元；以壮大“龙头企业+合作社+基地+农户”经营体系为抓手，扶持19户龙头企业，建起347个农村合作社，培育4040多户种养殖大户，农业发展水平进一步提升。三是强化改革创新驱动。持续推进“2111”综改行动和“三去一降一补”，规划经济开发区36.53平方公里，空间上形成“一核四园”框架；建立羊产业、小杂粮、煤化工3个专家工作站，综合扶持大学生创业园17个实体经济组织，建成12个乡镇电商服务站、45个村级电商体验店；搭建起产业开发、城乡建设、旅游扶贫、交通建设4个融资平台，财政注资金融风险金2074万元，撬动社会融资7.29亿元，推动金融机构发放惠农贷款1.44亿元；完成农村土地确权登记颁证48万亩15922户，累计交易用地指标收益3396万元；推动宋长城景区PPP项目进入采购招标程序，完成岢岚古城4A景区立项和设计。

2017年，全县地区生产总值完成24.4亿元，增长7.5%；规模以上工业增加值7.69亿元，增长8.6%（全市第三）；固定资产投资22.9亿元，增长7.6%；社会消费品零售总额10.5亿元，增长9.2%（全市第二）；财政总收入2.76亿元，增长36.59%；公共财政预算收入1.29亿元，增长12.83%；城镇居民人均可支配收入25496元，增长6.5%;农村居民人均可支配收入6476元，增长9.8%（全市第三）。省市下达的约束性指标全部完成。

四、坚持“一个中心”，聚焦人民向往持续保障和改善民生

坚持立党为公、执政为民，努力践行以人民为中心的发展思想，把人民对美好生活的向往作为奋斗目标，不断提高人民群众的获得感、幸福感。一是着力改善人居环境。全面推进“五城联创”，国家卫生县、省级园林县城已经命名，省级文明县城创建通过考核验收，获得“省级文明县城创建先进县”荣誉称号，省级环保模范县城和智慧县城创建工作扎实推进。健全完善县城亮化管理、园林管理、供热考核等办法和生态文明机制，启动整村提升工程、实施“八道四治四建”行动，完成17个村特色风貌整治。完成造林6.09万亩，绿化荒山4.53万亩、通道94.1公里，改造沙棘林1万亩；县城集中供热普及率达86%以上，生活垃圾无害处理率达到70%以上，生活污水处理率达到85%，全县6项主要污染物排放量实现“零增长”，空气质量稳定达到国家环境二级标准。二是积极改善群众生产生活条件。启动实施棚户区改造项目，综合整治653户，货币化安置1299户；新增城市绿化面积4.6万平方米，农村危房改造完成1135户，解决8乡28村饮水安全问题；启动省级农村垃圾治理试点县建设，建成宋家沟、三井2个垃圾中转站；全县11.9公里四级公路建成通车，总投资3.7亿元的贫困地区农村道路网建设进入设计阶段，岢保线养护工程全部完工。三是大力发展教育卫生事业。全面开展现代学校管理改革省级试点，实施“教育兴岢”计划，提升中小学教育质量，补充特岗教师39名，建成广惠新村仰峤幼儿园；完成县中医院、疾控中心及7个乡卫生院建设，创建了3所中医特色乡镇卫生院；统筹城乡资源成立县医疗集团，建立内部运作服务机制，推行健康扶贫资金池垫付押金、帮扶责任人帮助就医报销“双服务”和“先诊疗、后服务”“一站式”结算服务；新农合参合率稳定在99%以上，人口自增率控制在6.5‰以内。四是不断提升社会保障力度。城镇新增就业1489人，转移农村劳动力1097人，城镇失业率控制在3.5%以内；城乡低保标准分别提高20元和21元，保障对象分别达到3017人和7447人，实现了贫困线与低保线“两线合一”；高家会、安塘、李家沟3个老年日间照料中心投入使用，养老、医保、失业、工伤、生育等五大保险良性运行，城乡医疗救助“一站式”体系初步形成，优待抚恤工作进一步强化。五是深入推进平安岢岚建设。深入推进群防群治试点工作，构建了巡逻队伍、安保人员、农村“十户联防”联户等共3600多人的全覆盖群防群治新体系；成立了222个调解组织，调解各类矛盾纠纷439件；通过综治“三级平台、四级网络”办结群众服务事项9724件；落实“三五信访工作法”，运用“五包一”稳控化解措施，受理并办结各类信访案件424批次；健全“4438”安全工作机制，实现对全县2420家生产经营单位安全监管全覆盖，排查各类隐患（问题）2560条，群众的社会安全感、满意度明显提升。

五、坚持“一个总要求”，构建良好政治生态推动美好岢岚高质量发展

深刻把握习近平新时代党的建设总要求，全面履行管党治党政治责任，推动全面从严治党向纵深发展。一是深化政治建设。把学习贯彻党的十九大精神作为当前和今后一个时期的根本政治任务，通过召开县委常委会议、中心组学习、专家领学、“345”大讲堂等形式，不断提升各级党员干部特别是县委班子的政治站位，进一步增强“四个意识”，坚定“四个自信”，坚决维护以习近平为核心的党中央权威和集中统一领导，自觉在思想上政治上行动上同党中央、省委和市委保持高度一致，切实做到思想上拥戴核心、政治上维护核心、行动上紧跟核心。制定并严格落实县委全会、县委常委会、书记专题会议工作规则和工作动态报备制度，严格按程序工作，带头开展“三会一课”、廉政承诺、谈心谈话、个人有关情况报告、批评与自我批评等工作。扎实开展2轮县级巡察，巡察6个乡镇和6个县直单位并覆盖其所有行政村和基层站所，推动全面从严治党向基层延伸，全面构建风清气正的良好政治生态。二是全面加强“三基”建设。细化分解84项“三基”建设工作任务，开展党建观摩交流活动7次，落实“并村简干提薪招才建制”综合措施，实施“党员先锋、基本保障、基层治理”三项工程，推开“机关帮建、村村联建、村居共建、企业带建、产业促建、阵地前移”基层党建做法，开展“干部素质、规范管理、组织活动、制度建设、党员履职”五个提升行动，推动140个单位3321名干部全覆盖包扶贫困户，1089名党员干部进社区开展“双报到、双服务”活动，142名县直机关干部到脱贫攻坚一线挂职锻炼，86名农村党员领办合作社，18个软弱涣散村党组织得到精准整顿，149个行政村集体经济全部“破零”，乡镇“五小”建设和干部周转房建设全部投入使用，农村换届工作全面完成，切实提升了基层组织服务脱贫攻坚的水平。三是深化意识形态工作。围绕为党的十九大胜利召开营造良好舆论环境这条主线，开辟“砥砺奋进的五年、脱贫攻坚、城乡一体化、喜迎十九大”等宣传专栏，不断提高思想文化工作的吸引力和感染力，创作MV《平安岢岚》《习总书记到咱岢岚来》，编排大型情景剧《情满黄土坡》和二人台小戏《马大翠扶贫》，并完成首演和国家艺术基金申报，在中央、省市主要新闻媒体刊发正面新闻报道316条，弘扬主旋律，集聚正能量；开展“净网、清源、秋风、护苗、固边”等专项整治

行动和出版物市场专项整治行动，处理涉及政治稳定情报信息300余条，封堵、删除网上有害信息7000余条，实现了重大舆情零发生，维护了良好的舆论环境。四是深化正风肃纪。坚持全面从严治党总要求和省委“巩固、深化、提高”六字方针、市委“三个最五个抓”的工作要求，不断强化“六大纪律”，驰而不息纠正“四风”，整合纪检监察、审计信访、市场监督等力量持续深化“八项治理”行动，采取“三盯三逐四聚焦”常态管理、“三公布三跟踪”重要节点管控、晚上并会召开“减会提效”和“四不两直”开展调研等做法，缩减会议经费28.9%，对不担当、不作为的12名干部予以组织处理，对21名“一把手”进行约谈，查处违反“四风”和八项规定案件14件，推动188项年度重点工作落地见效。按照“人合、心合、力合、事合”要求完成监察体制改革任务，建立监委内部“纪法”衔接机制和监委与执法司法机构“纪法”协调机制，对3020名公职人员全覆盖监督，对扶贫领域开展83次专项督查巡察，对12个乡镇、10个系统党工委集中开展两轮督查，对全年440个问题线索全部处置，查处案件168件、处分168人，移送司法机关1人次，谈话函询、轻处分、重处分分别占到62.6%、36.6%和3.6%，“四种形态”和“1+1>2”的效果进一步凸显。

（胡建新）

附：中共岢岚县委书记、副书记、县委常委名单

书　记：王志东

副书记：侯俊生　银培秀

常　委：潘晋英（女，4月任职，挂职）　岳利文　闫莉芸（女）　张志峰　梁利军　吴红兵

中共河曲县委工作概况

县委书记　边东圣

2017年，在省委、市委的坚强领导下，中共河曲县委、县政府以习近平新时代中国特色社会主义思想为指导，认真落实党的十九大和习总书记视察山西重要讲话精神，坚决贯彻省委“一个指引、两手硬”重大思路和要求，全面落实市委“1661”战略部署，创新实施“1266”工作思路，把方向、管大局、做决策、保落实，团结带领全县干部群众，对标前行，扎实苦干，全县政治、经济、文化、社会、生态文明和脱贫攻坚等各项工作都取得了新成效。

一、坚持以习近平新时代中国特色社会主义思想为指引，强化“四个意识”，牢牢把握正确方向

县委始终把学好用好新时代中国特色社会主义思想作为河曲各项工作的行动指南和根本遵循，自觉贯彻落实中央、省市的各项决策部署，正确把握方向，总揽全局、协调各方。全年组织开展专题学习25次，中心组成员讲党课56人次，带动全县各级党组织开展专题学习730余场（次），推进“两学一做”学习教育常态化制度化，扎实开展“维护核心，见诸行动”主题教育，不断将学习贯彻引向深入。习近平总书记视察山西后，及时召开了全县干部大会和县委十四届三次全会，出台《学习贯彻习总书记视察山西重要讲话精神全面推进全面脱贫全面小康建设的实施方案》，特别是认真践行总书记在深度贫困地区座谈会上的讲话，聚焦深度贫困，破解7大难题，推进整村搬迁工作走在全市全省前列。十九大召开后，率先组织开展了千名干部下基层学习宣传贯彻十九大精神活动，召开县委十四届四次全会，对学用习近平新时代中国特色社会主义思想和贯彻十九大精神及时进行安排，精心组织学习。组建宣讲团，县级集中宣讲21次，推动十九大精神进企业、进农村、进机关、进校园、进社区、进军营、进网络。认真贯彻党的十九大精神和省委十一届五次全会、市委四届四次全会精神，注重把中央、省委和市委的发展理念、发展战略与河曲实际相结合，谋划工作大局，在充分调研、广泛讨论、集思广益的基础上，修改完善了“1266”工作思路，确保河曲各项事业沿着十九大指出的正确方向前进。

二、坚持统筹统揽，突出精准方略，推动脱贫攻坚再战再胜

县委始终坚持以脱贫攻坚统揽经济社会发展全局，全面贯彻落实习总书记视察山西重要讲话精神，压实工作责任，夯实脱贫保障，突出六项重点，全年实现71村退出、10027人脱贫，圆满完成任务。

坚持“三到位”压实脱贫责任。统筹部署到位。坚持脱贫统揽全局不动摇、举县体制攻坚不动摇、攻克深度贫困不动摇，全面落实省八大工程二十个专项行动和市“3659”脱贫攻坚策略，出台了《河曲县脱贫攻坚统揽全局工作方案》，成立了25个专项扶贫领导组及办公室，研究制定了一系列配套政策，明确了扶贫专项责任，形成了脱贫攻坚统筹统揽的大格局。攻坚责任到位。实行分管扶贫领导和分管行业领导“双组长”的领导体制。建立了责任“双签”和县级包乡镇领导调研督导脱贫攻坚制度，强化了县级领导的包联责任。问题整改到位。围绕省市县督导检查、自查发现的2272个个性问题和16方面的共性问题，及

时列出“四个清单”，明确“三项措施”，省、市反馈问题和自查发现问题全部整改完毕。

坚持“三强化”夯实脱贫保障。强化攻坚力量。坚持在脱贫攻坚一线识别、考核、任用干部，选拔3名作风实、敢担当的干部任乡镇主要领导，提拔重用25名一线干部，选调8名机关后备干部充实到扶贫一线，调整39名驻村工作队长，轮换28名第一书记。强化驻村帮扶。安排包村单位116个、工作队39个、第一书记158名、结对帮扶干部2783名，全县所有财政供养党员干部和建档立卡贫困户实现了帮扶全覆盖。建立健全《第一书记召回撤换制度》等7项制度，严格实行属地管理，从严落实督查、通报、约谈、召回等制度。强化资金保障。全年安排县级专项扶贫资金2100万元，较上一年增长326%,超过省定要求，实现了总量和增幅的“双增长”。同时，自行安排县审计局先行一步，对整个扶贫领域内的资金和项目运作进行审计，切实确保资金安全、项目安全、干部安全。

狠抓“六重点”彰显脱贫成效。基础保障扎实有力。引黄灌溉二期工程完成63%工程量，危房改造、村卫生室、饮水安全、村村通公路、客车等全部或超额完成任务。产业发展取得突破。围绕“五有”目标，因地制宜推进“一村一品一主体”，精心培育19个龙头企业带动主体，成立270个合作社，充分发挥专业合作社的组织、引领、带动作用，变产业扶贫资金为产业发展资本，通过“公司+合作社+贫困户”扶贫模式，帮助贫困户发展富硒功能杂粮、种薯繁育、养牛猪羊驴、农产品深加工等农业产业项目。易地搬迁强力推进。针对我县部分村庄“一方水土养不好一方人”的实际，我们坚持“六环联动”，重点聚焦深度贫困，全力破解7大难题。全县33个村双签协议全部签订，共拆旧房4.2万平米，复垦土地270.6亩，撤并26个行政村，整村搬迁任务强力推进。兜底政策全面落实。对低保、五保等5类特困群体发放补贴18318人次5244.29万元；贫困人口医疗“双签约”、大病、慢病、重病兜底救治率均为100%，一站式服务249人，先诊疗后付费443人；各类教育扶贫政策全部落实，资助3514人次272.9万元。技能培训作用显著。全年完成贫困劳动力职业技能培训1561人，实现转移就业238人；贫困劳动力农业技术培训5100人，就业率达70%，致富带头人和农村经纪人培训382人。生态扶贫精准落地。我们坚持把生态建设与脱贫攻坚紧密结合，把“退耕还林奖补、造林绿化投工、森林管护就业、经济林提质增效和林产业综合增收”五项措施项目化。全年实施退耕还林2.5万亩，其中涉及贫困户8439.6亩，人均享受补助1118元，有效助推3775人增收。

三、突出改革创新，全面转型升级，努力推动县域经济向更高质量发展

县委始终把发展作为第一要务，牢固树立新发展理念，坚持定期召开县委常委（扩大）会议听取经济运行情况汇报，研究解决阶段性困难和问题。认清形势，找准定位，科学合理确定发展目标、重点任务和重大举措，推动全县经济稳中向好发展。2017年，全县完成地区生产总值96.44亿元，同比增长8.1%；财政总收入15.3亿元，同比增长29.1%；公共财政预算收入5.5亿元，同比增长6.7%；规模以上工业增加值完成38.28亿元，同比增长8.4%；固定资产投资完成47.2亿元，同比增长6.9%；社会消费品零售总额17.86亿元，同比增长9.4%；城镇居民人均可支配收入25804元，同比增长6.0%；农村居民人均可支配收入6531元，同比增长10.8%。

坚持产业第一、项目至上，“八位一体”抓项目。先后召开项目调度会8次、协调会5次，全面推动重点工程建设。全年共实施省市重点工程14个，开工率100%，累计完成投资13.57亿元，完成率116.98%。A类考核的11个重大产业项目全部入库，累计完成投资10.81亿元。分别与新大象、中国电建集团北京勘测设计研究院等签约项目22个，总额90.4亿元。

坚持以特色产业建设为依托，推动一二三产有序发展。农业产业提质增效。以平川瓜果蔬菜、半山小杂粮林果、高山脱毒马铃薯“三大产业带”为核心，大力推进富民产业多元化。推广种植渗水地膜谷子1.5万亩、脱毒马铃薯8万亩，发展富硒功能杂粮2万亩，特色瓜菜种植5231.6亩，发展饲用玉米基地5.39万亩。工业产业运行平稳。神朔铁路扩能改造项目、中电建山西河曲风电场一期100MW项目等在建项目稳步推进，两家电力企业、11家煤炭及洗选企业平稳运行，全年共生产原煤1549.25万吨，同比增长1.43%；共发电156.68亿度，同比增长25.11%。现代服务业蓄势待发。围绕“文旅融合”发展思路，组建了沿黄旅游景区管委会，配齐了领导班子。电子商务不断壮大，成立了县电子商务运营服务中心和乐村淘电子商务有限公司，建成村级服务站15个、村级体验店20个，县城体验店50个，形成县乡村三位一体的电商服务体系。餐饮、住宿、商贸等生活性服务业增加值稳定增长4.4%、4.9%、10.4%。

坚持以钉钉子精神抓改革，以改革成果推动发展、惠及百姓。供给侧结构性改革扎实推进。去产能方面，积极推进山西煤炭进出口集团河曲旧县露天煤业有限公司和上炭水煤业有限公司重组整合，实施煤炭减量置换和减量重组，正在等待省煤炭厅批复。去库存方面，稳步推进棚户区（城中村）改造，加大货币化补贴力度，积极推进以消化存量商品房来实现城中村改造回迁户的有序安置。消化房地产库存980套。去杠杆方面，建立面向个人的住房消费信贷制度，并将住房按揭贷款的对象扩大到农民，积极开展住房消费信贷业务。完成了62个农村金融服务站建设任务，已进入资金申报阶段。降成本方面，涉及我县的8项涉企行政事业性收费项目全部取消或停征。涉企收费目录清单已公示，并随时更新。补短板方面，大力推进工业能效提升，贯彻强制性单位产品能耗限额标准。开展重点用能行业能效对标活动，实现了能耗由正到负，稳步下降。园区“三化三制”稳步推进。着力搭建服务平台、创新服务

方式、落实服务措施，园区环境不断优化，经济发展基础进一步夯实。出台了《管委会领导班子任期制管理办法》和《全员岗位聘用制和绩效工资制实施办法》，班子全部配齐，公开招聘8名工作人员。编制完成了《河曲经济技术园区（开发区）改革创新发展实施方案》。修订完善了园区的总体规划、国民经济和社会发展规划、土地利用规划、环境保护规划、产业（园区）发展规划、控制性详细规划，编制了经济技术开发区可行性研究报告等。建立了双向承诺制无审批绿色通道制度，成立了企业投资项目入园政务代办服务中心，为下一步服务企业落地奠定了基础。出台了《管委会领导班子任期制管理办法》和《全员岗位聘用制和绩效工资制实施办法》。入驻企业9家，园区企业完成工业生产总值30亿元。深化改革全面推进。进一步简政放权，调整行政职权事项10项、取消10项、新增4项，清理规范1项行政审批中介服务事项。商事制度改革全面启动，10月颁发首张电子营业执照，新登记（含换发）“多证合一”营业执照342户。不动产登记改革累计发放不动产权证64本、不动产登记证明203份，土地历史数据信息整理已完成80%，房屋登记资料已全部移交。农村集体土地所有权、农村宅基地和集体建设用地使用权发证工作,已通过省市联合验收。群团改革有序进行，将工会内设机构优化整合为一室六部一中心。司法体制改革扎实推进，法检两院全面完成法官检察官员额制选任。营改增和资源税全面执行，水资源税完成前期调查工作，环境保护税已完成前期资料移交和数据核对。公车制度改革基本完成，两个平台正常运行。白朴公园、古渡广场、滨河旅游文化生态景观带、临隩公园4个景点的体制机制改革已经完成。全面推行河长制，出台了《县级河长会议制度》等6项制度，正在编制全县12条河流的“一河一策”方案，各项举措正在积极推进。监察体制改革试点工作有序推进，县监察委员会率先在全市挂牌。金融助力经济发展效果明显，全县存贷比达到59.3%，全市排名第一。

四、切实改善民生，加强社会治理，全力维护社会和谐稳定

县委始终坚持以人民为中心的发展思想，把群众对美好生活的向往作为奋斗目标，重视加大民生投入，统筹推进社会各项事业，不断提高人民群众的获得感、幸福感和安全感。

始终聚焦群众关切，高质量办好民生实事。六件民生实事全部完成。全面落实卫计、民政、教育等24项惠民政策，全力做到应补尽补、应保尽保、应减尽减、应免尽免。建成并启动运行3个农村老年人日间照料中心。组织开展“春风行动”等就业专项活动，积极搭建就业供需平台，城镇新增就业1999人，城镇登记失业率控制在4.0%以内。大力推进“互联网+智慧医疗”，与易特科集团签署了战略合作协议，县人民医院新建项目开工建设。组建了县医院医疗集团，荣膺国家级妇幼健康优质服务示范县。针对我县农村与城镇居民吃水价格差距较大的情况，出台《农村饮水安全水价补贴管理办法》，解决了270个村的农民“吃不起水”的问题。农村危房改造和土窑洞改造414户任务指标全部竣工。新建村卫生室12个，已建成的149个村卫生室已全部完成验收并投入使用。投资5006万元，改造2条县乡公路16公里，实施安全生命防护工程54公里，完成路面拓宽改造23公里，新建汽车客运站1个，客运班车通村覆盖率达88.2%。“十路三网”工程进展顺利，益民路拓宽工程、黄河东大街改造工程已完成立项、设计等前期工作，延瑞路路基工程已全部完工；自来水管网建设和3000方蓄水池项目已完工；集中供热管网新建4个换热站，新接入供热面积40万平米。引黄灌溉二期主体工程已开工，11个配套项目中，文笔电灌站已开工建设，其它10个项目可研已通过评审，正在进行设计招标。10座骨干坝除险加固工程已全面开工，年底前完工。高考实现历史性突破，中、高考成绩再次名列全市前茅。

始终坚持绿色发展理念，全面加强生态文明建设。以“铁腕治污”“大气污染防治”两大专项整治行动和迎接中央、省两级环保督察为主线，坚持问题导向，全面实施大气、水、土壤污染防治行动计划，生态环境持续改善。对三大露天煤矿的烟粉尘污染问题进行了集中整治，统筹推进采煤沉陷区生态恢复治理，加快散煤污染综合治理，超额完成清洁能源替代5008户，淘汰燃煤锅炉16台，取缔“散乱污”企业4家，全年空气质量优良天数达348天，PM2.5平均浓度同比下降8.1%。全力推进“一廊三点四区五纵”林业生态修复工程，完成植树造林7.63万亩，新增和提质改造城市绿地45.6公顷，完成水源节水工程50处，小流域综合治理890平方千米。深入推进八道四治四建和农村建筑特色风貌整治，拆除违建1.9万余平方米，取缔非法场点282处，整修道路675.5公里，新增绿化面积5.86万平方米，河道干净、道路整洁、村庄美丽的人居环境初步形成。

始终坚持把安全稳定作为第一责任，不断深化平安河曲建设。深入开展“利剑”系列行动、“迎接十九大、全警保平安”“1+8”行动，全县共侦破各类刑事案件183起、治安案件1263起。全面加强网络舆情管理和社会热点难点问题引导，积极防范化解影响稳定的风险隐患，严厉打击破坏生产经营和脱贫攻坚的违法犯罪活动，排查化解征地拆迁、村矿村企等重点领域矛盾纠纷38起，查处寻衅滋事、妨碍公务等各类案件34起。深入开展社会治安风险隐患大排查大整治活动和各项严打专项斗争，排查整治各类风险隐患138个。严格执行四大班子领导轮流坐班接访制度以及双首接责任制、“一案五包”责任制等制度，全年接访716批次1263人，结转网上信访案件719件，信访初访量明显下降。认真落实“4438”工作机制，加强重点领域、重点行业、重大活动、重要时间节点安全监管。扎实推进社会治理工作创新发展，推动平安河曲建设取得新成效。坚决打击非法违法生产经营行为，安全生产形势保持稳定。

五、坚持党要管党，全面从严治党，进一步构建风清气正的政治生态

县委始终坚持把抓党建作为最大政绩，牢固树立“四个意识”，强化政治担当，认真履行管党治党责任，持之以恒抓班子、带队伍、正风气、惩贪腐，推动全面从严治党向纵深发展。

坚持不断压实主体责任。对全县132个单位“两台账、两跟踪”制度落实情况持续开展监督检查。探索实施“1+1+X”巡察模式，在去年对乡镇巡察“全覆盖”的基础上，启动对农业等6个部门的第二轮巡察，共发现并整改问题187个。以乡镇纪检干部巡村日志为抓手，探索实行“三巡四访五必记”工作模式，推动主体责任落实进一步向基层延伸。全年责任追究62人，以问责倒逼“两个责任”落实。

坚持正风反腐力度不减。建立“纪委监委组织带动+部门协助推动+派驻组履责联动+群众监督参与”的四位一体检查机制。紧盯老问题，关注新动向，牢牢抓住群众最反感、反映最强烈的突出问题，加强作风建设“常态化”督查。全年共查处“四风”和违反八项规定案件13起。不断加强扶贫领域执纪监督问责力度，查办发生在群众身边腐败案件76件，有力提升了群众的反腐获得感。坚持动辄则咎，准确把握运用“四种形态”，全县共处置线索469件，谈话函询169件，用第一、第二种形态管住了“大多数”。同时，毫不放松第三、第四种形态，全年共立案217件，处分204人，有力地推动全面从严治党向纵深发展。

坚持全面加强队伍建设。全面贯彻“好干部”标准，严格落实《党政领导干部选拔任用工作条例》，坚持“三个不上会”、“凡提四必”、“两个不得”、“五个不准”等刚性要求，全年共调整科级干部9批次，涉及128人，有效提升了干部选任的公信力和透明度，避免有“硬伤”干部得到提拔使用。选任过程中，县委始终把人岗相适、重视一贯表现等要求贯穿到干部选拔任用工作的全过程，把选准用好干部贯穿到选拔任用的各个环节，形成了及时发现好干部，合理使用好干部的良性机制。与中国人民大学合作，邀请国内知名教授、专家，举办了为期五天的学习贯彻党的十八届六中全会精神暨科级领导干部基本能力提升培训班，全县350多名领导干部参加了培训，有力提升了参训干部履职尽责能力和水平。

坚持扎实推进“三基”建设。建立“四联三强化”工作机制，全面加强农村基层党组织建设。出台《激励扶持本土人才回归的指导意见》，建立700多人的本土人才台帐。完成26个行政村撤并，村（社区）“两委”换届全部结束，选派105名年轻干部到乡镇挂职。21名县四大班子党员领导干部各自包点，集中整顿36个软弱涣散基层党组织。对文笔镇北元村党总支等22个党组织进行星级命名，并对命名的党组织和村干部给予经济奖励。组织开展“领头雁”培训430人次、脱贫培训560人次、科级干部培训350人次，基本能力不断提升。同时，我们坚持抓党建强三基促脱贫，全市抓党建强“三基”促脱贫暨整村搬迁现场推进会在我县召开，并在全省抓党建促脱贫攻坚经验交流座谈会上作了经验介绍。

六、坚定文化自信，增强法治意识，精神文明和民主法治建设不断加强

县委始终加强民主与法治建设，着力发展更加广泛、更加充分、更加健全的人民民主，不断推进和深化法治河曲建设。始终坚持党管意识形态原则，弘扬主旋律、凝聚正能量，以坚定的文化自信推动文化繁荣发展。

切实加强民主建设。县委坚持统揽全局、协调各方，积极支持县人大、县政府、县政协工作，听取各方意见建议，参政议政水平明显提升。新成立2个专委会，配备主任和专职副主任委员各1名，切实加强人大工作力量。充分发挥人大建议、政协提案和社情民意等载体作用，认真承办意见建议76件、议案48件。深入推进党务、政务、村务、企务和公用事务公开，坚持重大规划、决策、活动广泛征集群众意见。坚持党管武装制度，积极支持工、青、妇等人民团体独立自主开展工作。

深入推进法治建设。全面实施“七五”普法规划，深入开展了“宣讲十九大、服务‘两委’换届和脱贫攻坚送法下乡活动”。编印了《法治河曲读本》、法律“六进”、中小学法制教育读本等书籍，举办大小型法制宣传19次，发放法律宣传资料4万余份，免费赠送各类普法书籍1.2万余册，法律监督、法治政府建设、公正司法和社会法治建设全面推进。全面推行县委中心组学法、全县干部学法、干部任职前法律考试以及无纸化法律考试等制度。组建了县法学会，选举产生第一届理事会及其领导机构，为全县经济社会发展提供了良好的法治环境和法治保障。

全面加强思想文化建设。县委全面落实意识形态工作责任制，坚持党管媒体原则和正面宣传为主不动摇，积极管理引导媒体舆情，全县主流意识形态健康向上、思想舆论环境平稳向好。着力培育和践行社会主义核心价值观，广泛开展了“中国梦”、“河曲好人”、“文明创建”、“我们的节日”等主题宣传教育实践活动，举办“读书月”、“书香飘万家”阅读活动，组织清明节祭奠先烈、9·30烈士纪念日公祭等活动。加强基层文化建设，为66个村配送132万元的文化器材，为农家书屋补充更新了38.4万元的图书，免费送戏下乡156场。全力推进文明县城创建工作，被评为省级文明县城创建先进县。

（张飞雄）

附：中共河曲县委书记、副书记、县委常委名单

书　记： 边东圣

副书记： 任鸿宾　徐晓兰（女）
王　斌（4月任职，挂职）

常　委： 刘建忠　徐　瑛　张永明　赵　勇　马永峰
李志福　付建华（挂职）

中共保德县委工作概况

县委书记　温建军

2017年，在市委、市政府的正确领导和大力支持下，县委班子团结带领全县各级党组织和广大干部群众，以习近平新时代中国特色社会主义思想和党的十九大精神为指引，认真贯彻落实习近平总书记系列重要讲话精神和视察山西重要讲话精神，按照省委“一个指引、两手硬、三大目标”的新部署及市委“1661”发展战略，深入实施“1245”发展战略，全县经济社会发展和党的建设都取得了新进展、新成效，较好地完成了全年目标任务。

一、以习近平新时代中国特色社会主义思想为指引，牢牢把握保德工作的正确方向

县委班子坚持把学好用好习近平新时代中国特色社会主义思想作为根本任务，着力提升领导转型发展的能力和水平。一年来，通过县委中心组学习、邀请教授作专题辅导、举办《保德大讲堂》等多种方式，全面系统地学习了党的十九大和习近平总书记系列重要讲话精神及视察山西重要讲话精神，坚决把习近平总书记新时代中国特色社会主义思想贯穿于全县经济社会发展全过程、各领域、各环节，坚决贯彻落实党的十九大和省委十一届二次、三次、四次、五次全会以及市委四届二次、三次、四次全会精神，确保了全县各项工作正确方向。始终坚持把维护核心作为第一位的政治要求，持续推进“两学一做”学习教育常态化制度化，深入开展维护核心、见诸行动主题教育，进一步强化了全县党员干部“四个意识”，增强了“四个自信”。

二、深入贯彻落实习近平总书记视察山西重要讲话精神，全面聚焦深度贫困，脱贫攻坚取得了决定性进展

县委班子始终坚持以习近平总书记扶贫开发重要战略思想为指引，认真贯彻落实中央、省市脱贫攻坚各项决策部署，把脱贫攻坚作为最大的政治责任和第一民生工程，不断强化脱贫攻坚统揽统筹的举县体制，加强组织、制度、资金、力量、督查、考核、纪律等各项保障，精准发力、精准施策，统筹推进“八大攻坚行动”，2017年实现了40个贫困村退出、9011名贫困人口脱贫，贫困发生率下降到4.57%，脱贫攻坚取得了决定性进展，为2018年脱贫摘帽、2020年全面小康奠定了坚实的基础。

三、全面贯彻新发展理念，着力转变发展方式，经济发展呈现稳中有进稳中向好态势

县委班子切实加强对经济工作的领导，集中主要精力突出抓全局性、关键性、战略性、前瞻性的重点工作，全县经济实现了平稳健康发展。2017年，全县地区生产总值完成69亿元，同比增长5.5%；规模以上工业增加值完成35亿元，同比增长7%；固定资产投资完成34亿元，同比增长5.8%；社会消费品零售总额完成20亿元，同比增长7.5%；财政总收入完成15.3亿元，同比增长75.4%；公共财政预算收入完成5.86亿元，同比增长57.6%；城镇常住居民人均可支配收入完成27672元，同比增长6%；农村常住居民人均可支配收入完成6860元，同比增长7.2%。

四、全面贯彻以人民为中心的发展思想，着力改善和保障民生，民生福祉得到进一步提高

县委班子坚持以人民为中心的发展思想，切实解决关系群众利益的突出问题，加强安全维稳，不断提高人民群众的获得感、幸福感和安全感。

民生社会事业全面进步。全面落实惠民举措，着力解决人民群众普遍关心的突出问题。创业就业上，新增城镇就业2217人，创业带动就业383人，城镇失业人员再就业848人，就业困难人员就业292人，转移农村劳动力2714人。招聘13名医技专业人员，积极实施“国家农村订单定向免费医学生培养”项目，履约招聘安置4人。社会保障上，养老、医疗、失业、工伤、生育保险覆盖面不断扩大，各类社保参保人数达到71071人。教育事业上，新招收96名幼儿教师、31名特岗教师、13名“三支一扶”，进一步配齐配强了农村学校的教师队伍。新城区幼儿园进入建设阶段。文化事业上，完成飞龙山景区体制机制改革，成立了“保德县飞龙山公园景区管委会”和保德县旅游服务中心；全面开展文化下乡活动，全年共开展送戏下乡65场、送电影下乡4287场、送图书下乡2万余册，向66个行政村配备2万元的文化器材；县财政投入1500余万元，实现了村文化场所场地全覆盖。住房保障上，棚户区住房改造货币化安置100户全部完成，完成城市棚户区改造200套，城镇保障性安居工程完成投资3559万元。

城乡人居环境明显改善。大力开展乡村清洁工程和“八道四治四建”专项行动，创建乡村清洁达标村158个，完成4个村庄3069户的气化工程，实施了以7个特色风貌村整治、27个美丽乡村建设、34个示范村创建为重点的农村人居环境改善工程，大力推进13个乡（镇）275个村的农村环境综合整治，农村人居环境得到进一步改善。持续开展“铁腕治污”攻坚行动，完成3888户集中供热、煤改气等冬

季清洁供暖工程，取缔散乱污企业88家。扎实推进生态项目建设，全年造林绿化6.75万亩。

社会大局和谐稳定。深入推进平安保德建设，统筹抓好政治安全、社会安全、生产安全、舆论安全、网络安全等工作。安全生产上，全县安全生产形势总体平稳。社会治安上，扎实开展了“利剑行动”及各类“严打”整治专项行动，保持了对刑事犯罪大打、狠打、严打的高压态势。信访稳定上，制定出台了《县四大班子接访制度》，持续开展了领导干部轮流接访制度、结案化解专项治理行动，一大批长期遗留的信访案件得到有效解决。

五、坚持人民当家作主，全面推进社会主义民主法治建设

县委班子始终加强民主与法治建设，着力发展更加广泛、充分、健全的人民民主，不断推进和深化法治保德建设。积极支持县人大及其常务会依法履行职责，鼓励和支持人大组织、人大代表围绕全县重点工作深入开展监督检查。支持县政协依据《政协章程》履行政治协商、民主监督、参政议政职能，发挥优势和作用。高度重视统战、民族和宗教工作，圆满完成县工商联换届。全面加强和改进党对群团工作的领导，按照去“四化”、强“三性”的要求，不断深化群团改革，圆满完成县工会换届，群团组织的吸引力、凝聚力、战斗力不断提升。不断加强基层民主建设，深入推行党务公开、政务公开、村务公开、企务公开和公用事务公开，切实保障了人民群众的知情权、参与权、表达权和监督权。扎实推进以司法责任制为核心的改革，全面推进诉讼制度、公安、司法等行政改革。始终坚持党管武装，促进了经济建设和国防建设融合发展。

六、聚焦重点任务，加强“三基建设”，党的建设科学化水平不断提高

深入开展“维护核心见诸行动”主题教育。全县735个基层党组织9180名党员，以“六个载体”为平台，以“8+5”工作为重点，采取领导干部带头学、基层干部精心学、各行各业创新学、结合实际务实学、深入基层系统讲“四学一讲”举措，累计开展学习讨论活动890余场次，宣讲团下基层宣讲40多场次，确保了广大党员干部学深悟透十九大精神。

全力推进“三基建设”工作。将“三基建设”纳入党委（党组）书记年度考核重点指标和巡察工作重要内容，开展了党（组）委书记抓基层党建述职评议考核工作，按进度要求完成了43项年度常规任务和15项年度重点任务。乡村两级运转经费保障到位，乡镇“五小”建设全面完成，乡镇机关人员的工作补贴和伙食补助全部发放到位，基层投入保障显著增加。选派到乡镇挂职干部115名、清退上级借调乡镇干部33名，全面加强154名农村第一书记和559名驻村工作队员的管理，基层干部力量显著增强。持续开展软弱涣散基层党组织整顿工作，43个软弱涣散基层党组织得到有效整顿。全县322个村党支部、9个社区党支部和331个村委会、9个社区居委会的换届工作全部完成。

持续加强党员队伍建设。积极开展民主评议党员活动，对20名党性观念淡薄党员作出限期整改，对2名党员给予纪律处分。严把发展党员关口，全年发展党员124人。创新开展纪念建党96周年共产党员“五带头六争当”主题实践活动，持续推行党员固定活动日制度。分领域分批次对全县735名基层党组织书记进行集中轮训。组织实施“五大”培训工程，共培训县乡村干部8734人次，有力提高了干部的履职能力。

七、持续开展正风肃纪反腐，推动全面从严治党向纵深发展，构建了良好的政治生态

县委班子严格落实新形势下党内政治生活若干准则、党内监督条例，严肃党内政治生活，形成了一级带一级、一级抓一级的工作氛围。邀请市委党校教授为全县200余名科级以上领导干部作了党内法规专题讲座，为全县党员干部下发违纪案例《警示教育读本》500余本，分批组织全县党员领导干部到县廉政教育基地接受廉政教育，各级党委（党组）和领导干部落实主体责任的政治自觉、思想自觉和行动自觉不断提升；稳步推进监察体制改革试点工作，县监察委员会按时保质完成挂牌转隶，监察工作制度逐步建立和完善。全力推进县、乡、村“两台账两跟踪”和“三个清单”制度建设，有效促进了各党组织主体责任的落实；扎实开展“扶贫领域不正之风和腐败问题”专项行动，累计督查800余次，通报批评个人275人（次）、单位27个（次），开展经常性谈话提醒178人次，查处16人，监督执纪问责在脱贫攻坚中发挥了强大震慑作用。

（杨　剑）

附：中共保德县委书记、副书记、常委名单

书　记：温建军

副书记：韩　斌　岳建斌　李云涛（4月离职，挂职）
白宝林（4月任职，挂职）

常　委：华永军　刘志成　油建平
张军峰（7月离职）　刘竞才　高彩文

中共偏关县委工作概况

县委书记 王 源

2017年，偏关县认真学习贯彻党的十九大和习近平新时代中国特色社会主义思想以及习总书记视察山西重要讲话精神，按照省委"一个指引、两手硬"重大思路和要求，围绕脱贫攻坚总目标，全面落实市委"1661"发展战略，强势推进县委"1551"发展战略，全力以赴稳增长、促改革、调结构、惠民生、防风险，整体呈现出经济运行稳步向好、民本民生显著改善、党的建设全面加强的好局面。

一是党对经济工作领导得到进一步加强和改善。认真贯彻落实中央、省委、市委经济工作会议精神，先后召开二次、三次和四次全会进行认真贯彻和安排部署。"一个项目、一位领导、一套方案、一抓到底"的推进机制和"13710"督办制度得到贯彻。坚持集体研究、民主决策，全年集体研究议题117项，形成决策85项；深入开展"1+10"专项行动，在"减法"上简政放权、在"加法"上监督监管、在"乘法"上优质服务、在"除法"上提质增效，尽最大努力营造良好发展环境。坚持县委常委会每季度研究经济工作，还适时专题研究经济工作，科学合理确定发展目标、重点任务和重大举措，年初确定的经济发展目标和敲定的重点攻坚任务顺利完成。

二是经济转型保持持久的强劲发展态势。抓住市委对经济工作提出的"10条"利好战略机遇，我县及时调整经济结构，制定稳中向好、稳中有进的增长措施，推动主要经济指标全面完成，部分经济指标高质量完成。全县地区生产总值完成28.1亿元，同比增长4.6%，增幅超2016年2.2个百分点；财政收入完成2.1亿元，同比增长14.4%；公共财政预算收入完成1.2亿元，同比增长22.9%，超年初计划17.8个百分点。

三是项目转型拉动经济提质增效作用明显。全县签约项目7个，签约资金37亿元，全年规上企业累计实现工业总产值8.8亿元，同比增长20%，完成工业增加值3亿元，同比增长7.3%。坚持把对水资源、风资源和光资源的转型利用、煤改电、户级光伏电站等转型项目作为转型发展的主抓方向，在保障万家寨水利枢纽和龙口电站正常运行的基础上，大力发展风电项目。目前全县已竣工运营的风电项目达到20万千瓦，2017年又争取并获得批复15万千瓦，占全市核准指标的五分之一，规划发展的还有40万千瓦。联合式、集中式光伏扶贫电站已竣工运营2.08万千瓦，2017年经争取并核准集中式和村级的还有5.23万千瓦；总装机近3万千瓦的贫困户分布式户级光伏电站项目，实现从无到有、从慢到快，从试点到经验，实现大面积覆盖。

四是以深度之举攻坚深度贫困成色靓丽。全面贯彻习近平总书记山西视察重要讲话精神，聚焦深度贫困，采取超常规举措攻坚深度贫困。抓目标明导向。在后续保障2014年、2015年5153人脱贫巩固的基础上，2016年5477人的脱贫实现首战首胜，2017年在巩固脱贫成效的同时，4个乡镇、32个村、8670口贫困人口的减贫任务实现再战再胜。抓政策促落实。先后整合资金18794.74万元，整合率达100%，使用率达93.38%。"8311"产业项目全年创收资金和政府补贴资金累计4000万元以上。金融扶贫完成放贷1.4亿元，超出省市下达任务5000万元。贫困户分布式户级光伏项目已覆盖6100户，电站全部建成后，初期可带动9000多户贫困户年户均增收1000元以上，后期可实现年增收3000元以上。91个贫困村22300千瓦的光伏扶贫项目列入国家能源局、国务院扶贫办第一批实施计划，电站建成后可带动3200多户贫困户户均增收3000元以上。穆勒四通3万千瓦集中式光伏扶贫电站已完成项目选址，指标已下达，即将开工建设，并网后可带动1200多户贫困户年户均增收3000元以上。教育扶贫资金全部兑现，2252户危房改造任务全部完成，新建饮水安全工程62处。抓机制强推进。全面构建"领导抓、干部帮、产业带"的脱贫机制，全县3000多名党员干部组成的"六路"扶贫队伍奋战脱贫攻坚第一线。因地制宜制定了27条破解"人、钱、地、房、树、村、稳"7个问题的具体措施，"十三五"期间的易地搬迁安置任务已全部完成。抓监督严问责。全年共批办转办扶贫领域问题26次，先后约谈53名主体责任人，给予5人党内警告处分，14人党内严重警告处分，2名乡科级干部被撤销职务；对履职不力的16名第一书记及时进行召回和调整。

五是深化改革带动经济社会发展的活力增强。积极推进行政审批事项改革，累计清理行政审批事项87项；纵深推进公立医院改革，组建了"偏关县人民医院医疗集团"，健康扶贫"三个一批"受到省市好评；先诊疗后付费"一站式"服务走在省市前列，在省市现场会上分别介绍经验；公共卫生进一步提升，考核评比全市排名第三，全省排第16名。优化教育发展，出台了《关于在县城内中小学校进行教育教学管理改革工作试点的实施方案》和《义务教育阶段学校教育教学质量考评激励办法》，打破了传统的办学治教局限，推动教育事业在传承中创新，择校热、大班额问题得到进一步解决。安全生产、信访维稳成效显著，健全完善了安全监管责任体系和信访维稳责任体系，全年没有发生重特大安全事故。社会大局稳定，2017年偏关县安全感和满意度全市排名第一。率先落实"三去一降一补"，土地确权工作通过国家农业部验收；农业机械化作业面逐年增大，比"十二五"末增加2.5个百分点；"小杂粮"变成“大品牌”，张杂谷子、脱毒马铃薯、偏关小米、偏关羊肉等农产品成为国家级品牌；无公害蔬菜、白水大杏、中药材、畜牧养殖、光伏扶贫发电等新型产业进一步拓宽了农民增收渠道。全年社会消费品零售总额完成10.3亿元，同比增长4.7%；农村居民人均收入完成6506元，同比增长7.9%，超年初增幅计划0.9个百分点。坚持推行环保新机制，“河长制”通过省级验收，分步推进县城创卫、特色风貌整治、“八道四治四建”、危房改造、旱厕改造等民生工程，全年民生投资占财政支出的70%以上。全县涌现出一批美丽乡村，在全市争取2018年度美丽乡村项目评审中我县荣获第一名。

六是统筹推进全域生态文化旅游示范区建设。大力推进“生态+文化+旅游”的全新旅游战略，全面打造“三区联动联营体”的全域旅游。深化推进“三化三制”改革，扎实推进旅游体制机制改革，成立了“偏关县生态文化旅游园区管理委员会”和“偏关县招商服务中心”，成功引进山西高新普惠旅游集团并与其成功合作，投资近亿元对西线黄河风情游老牛湾景区进行了多方位的改造升级，并在营销宣传和景区提档升级上出现了前所未有的好景象。抓住偏关以“黄河、长城”为主的旅游事业融入全省“黄河、长城、太行”新三板旅游范畴这一机遇，长城开发事宜正在与内蒙青煤集团洽谈合作开发。偏关全域旅游打造被列为2018年全省重点项目。通过对黄河、长城资源的宣传、打造和开发，在全省文物界成为典型和亮点，成功承办了“2017年文化和自然遗产日山西省主场活动”和“全省三大旅游板块长城片区开发推进会”。由中国传媒大学戏剧影视学院导演的微电影《传戏》在老牛湾景区完成拍摄。2017—2018全国大众速度滑冰系列赛在我县老牛湾成功举办。

七是坚持全面从严治党，党的建设取得新成效。切实提高政治站位，坚持把政治建设放在首位，建立健全县委理论中心组学习制度，全年围绕党的十八届六中全会精神、总书记系列重要讲话和山西视察重要讲话精神、党的十九大精神等重要内容，组织县委理论中心组学习14次，形成心得体会100余篇，进一步提升党员干部对重要理论要求学以致用的思想认同和举旗看齐的行动认同。扎实推进“三基建设”，全县共细化分解“三基建设”21个方面79项重点任务。将村级组织运转经费、乡镇运转经费、乡镇机关食堂补助、乡镇干部周转房、“五小建设”等方面资金全部划拨到乡镇，并明确了资金使用途径、管理办法和开支渠道；为没有活动场所的行政村租借活动场所10个，新建、改扩建22个，行政村活动场所实现全覆盖。成立了偏关县工会党组、偏关县非公经济组织和社会组织工作委员会；制定了《关于对农村“两委”主干岗位报酬实行差异化管理的办法（试行）》，出台了《偏关县农村干部绩效考核管理办法（试行）》，促进村级管理制度化、规范化。从严落实“两个责任”，2017年县委常委会先后9次集体研究全面从严治党有关工作，围绕政治建设、巡察工作、监察体制改革试点工作、基层党建、班子运行、队伍建设等重点任务作出安排部署。县委先后13次听取县政府、县人大、县政协以及党委部门落实从严治党“两个责任”工作汇报，约谈乡镇党政正职、部门主要负责人43人。“书记专题会议”专门听取巡察工作汇报，并提出工作要求，乡、村和部门实现巡察工作全覆盖。扎实推进监察体制改革试点工作，县监察委员会在全市率先挂牌。积极推进县派驻机构全覆盖，重新设置9个县直派驻纪检监察组，实现县一级党和国家机关派驻机构全覆盖，并统筹推进乡镇监察工作延伸拓展，改革综合效应初步显现。准确运用监督执纪“四种形态”，2017年，全县共处置各类问题线索298件。其中，谈话函询191件，初步核实105件，暂存待查2件。共了结问题线索278件，处理292人。其中，第一种形态191人，第二种形态93人，第三种形态7人，第四种形态1人，有力推动党员干部知敬畏、存戒惧、守底线。

（李　敏）

附：中共偏关县委书记、副书记、县委常委名单

书　记： 王　源

副书记： 曲俊安　王文阁　梁卫国（5月离职，挂职）　呼运平（4月任职，挂职）

常　委： 白建国　李贵峰　田小平　王国昌　党　勇　刘效华（女）　张林官（6月离职，挂职）　张　强（6月任职，挂职）

中共吕梁市委工作概况

市委书记　李正印

2017年是吕梁发展史上具有十分重要意义的一年。习近平总书记亲临吕梁视察，给予极大鼓舞；省委骆惠宁书记亲自包联吕梁临县，先后5次到吕梁调研指导工作。一年来，在党中央的直接关怀和省委的坚强领导下，我们认真落实省委对吕梁抓好“三件大事”的指示要求，埋头苦干、锐意进取，扎实组织扶贫攻坚，扎实推动转型发展，扎实坚持全面从严治党，各项工作取得新进展、新成绩。

一年来，全市亮点工作不断呈现，一批工作走在全国全省前列。习总书记对我市农民造林合作社、推动生态建设与脱贫攻坚有机结合的做法给予充分肯定；汪洋副总理视察调研,对我市易地扶贫搬迁的做法给予高度评价;全国林业扶贫现场会、全国义务教育学校管理标准部署会、国家农发行助力脱贫攻坚现场会和全省“践行总书记讲话,深化脱贫攻坚”现场推进会、全省县乡医疗卫生机构一体化改革推进会、全省加强“三基建设”市县现场推进会等重要会议在我市召开;吕梁投融资 PPP 模式、孝义公立医院改革等工作受到国务院通报表扬;监察体制改革试点工作走在全省前列。全市地区生产总值、规模以上工业增加值、一般公共预算收入等主要经济指标增速位居全省第一,为全省经济增速超过全国平均水平做出了贡献。

一、牢固树立“四个意识”,始终同党中央保持高度一致

把学习贯彻习近平重要思想作为根本任务,持续部署推动,不断引向深入,全市上下形成了学用习近平重要思想和十九大精神的大氛围大格局。年初,市委明确提出“六新目标”,首要目标就是把全市学用系列重要讲话提高到新境界,对学习贯彻系列重要讲话精神作出专门部署,学思结合求真懂,学用结合谋发展,努力开辟吕梁发展新境界。习总书记视察山西后,我们迅速兴起了学习贯彻习总书记视察山西重要讲话精神的热潮,重要会议传达学、中心组带头学、组织宣讲覆盖学、舆论宣传营造氛围学,形成了全社会学用习总书记重要讲话的浓厚氛围。市委专门召开四届三次全会,深刻领会落实习总书记对山西工作提出的总体要求及五项重大任务,制定了贯彻落实《实施方案》,开展学用讲话交流研讨,努力把学习成效转化为推动工作的实效。党的十九大召开后,市委把学习宣传贯彻十九大精神作为首要政治任务,出台了《关于学习贯彻党的十九大精神的通知》,制定了市委中心组专题学习、组织宣讲、干部研讨培训、大调研、脱贫攻坚“冬季对标”、贯彻国发 42 号文件《实施方案》等若干方案,建立起“1+N”学习贯彻落实体系。市委常委会以上率下,原原本本学报告、学党章、学思想,把握内涵,融会贯通。全市全面开展大学习、大宣讲、大培训、大调研,在学懂弄通做实上下功夫,切实把思想统一到十九大精神上来,把力量凝聚到实现十九大确定的目标任务上来。

二、持续发动战役攻势,确保脱贫攻坚实现再战再胜

先后开展了脱贫攻坚“春季行动”“夏季攻势”“秋季会战”“冬季对标”行动,大力实施“三五工程”攻坚深度贫困,合作社造林、易地扶贫搬迁、财政涉农资金整合、风险补偿产业扶贫贷款“吕梁模式”、“吕梁山护工”等工作走在全国、全省前列。全市 14.8 万贫困人口减贫,445 个贫困村退出,文水、汾阳、孝义 3 个非贫困县整体退出,中阳、柳林 2 个贫困县摘帽,脱贫攻坚实现再战再胜。一是压实主体责任。“双签”责任状 3216 份,严格四级书记抓脱贫政治责任。对省考核排名靠后的 2 名县委书记和单项考核靠后的 6 名县委书记进行约谈,对驻村帮扶不力的 18 个单位和 8 名第一书记进行通报批评,对 5 名乡镇党委书记予以免职。调查处理扶贫领域不正之风和腐败问题案件 165 件,党政纪处分 245 人。二是做足脱贫成色。产业扶贫,全市 98%以上贫困村实现“五有”目标,全省产业扶贫观摩培训会在我市召开。生态脱贫,全市造林 105 万亩,春季有 867 个、秋季有 391 个造林合作社、1.8 万贫困人口参与造林,人均增收 4000 元以上,贫困护林员达 4896 名,2.1 万贫困人口实现生态脱贫,合作社造林做法全国推广。移民搬迁,完成 2016 年 2.8 万人搬迁任务;2017 年启动实施 4.5 万人的搬迁工程,是省下任务的 1.7 倍。转移就业,累计培训“吕梁山护工”2.14 万人,就业 1.02 万人,人均月收入 4000 元以上,央视《朝闻天下》栏目连续 8 期作了报道,“吕梁山护工”品牌更加响亮。双管齐下增加扶贫投入,财政扶贫投入总量和增幅居全省前列,为 3.2 万贫困户发放扶贫小额贷款 15.4 亿元,放贷总额全省第二。积极构建多重防线,出台了教育、健康、社保等一系列扶贫政策,化解“支出型贫困”问题。三是凝聚帮扶合力。1806 名第一书记、1601 支扶贫工作队、5359 名工作队员驻村帮扶,实现了贫困村帮扶全覆盖,三个非贫县帮扶三个深度贫困县,242 户效益好的规上企业帮扶 372 个贫困村,组织开展“爱心慈善捐助”公益活动,共接受捐款 3606 万元,凝聚起帮扶强大合力。

三、扎实推动转型发展,主要经济指标保持强劲增长

2017 年,全市地区生产总值完成 1310.3 亿元,增长 9.2%;规模以上工业增加值 878.4 亿元,增长 11.3%;一般公共预算收入 138.8 亿元,增长 54.9%。一是传统产业改造提升加快。煤炭业,在 2016 年核减煤炭产能 1100 万吨基础上,2017 年又核减置换产能 414.6 万吨。通过技改,全市 36%的煤矿成为先进产能矿井。孝义、交城一批焦转化项目成为行业示范项目。2017 年,全市煤炭工业增加值完成 444.2 亿元,增长 11.3%;规上工业企业利润由去年亏损 5.3 亿元增加到 181 亿元。白酒业,成功举办全国清香型白酒博览会,白酒产量增长 40.5%,在上海国际酒交会上,被评为“世界十大烈酒产区”之一。二是战略性新兴产业发展强劲。旅游业,先后启动“乘汾酒号列车,赏吕梁山风光”“吕梁——一个令人向往的地方”旅游季活动,2017 年,全市旅游接待人数和旅游总收入双增长 33%,在 2017 亚洲旅游产业年会上,吕梁荣获“最受欢迎旅游目的地”奖。大数据产业,举办了“数谷吕梁·智赢未来”推介会,4 位院士以及浪潮、华为等近 100 家知名大数据企业参会,签约 12 个项目总投资 60 亿元,华为、软通、中交智慧等项目纷纷落地吕梁。煤电铝材一体化取得突破,总投资 30 亿元的兴县中铝华润 50 万吨轻合金项目首期投产试运行,成为全省最大的铝工业项目。2017 年,全市非煤工业增加值 434.2 亿元,占规上工业增加值的 49.4%;战略性新兴产业增长 16.9%;高新技术产业增长 14.3%。三是环保整改倒逼经济转型成效凸显。开展工业污染源治理、燃煤污染控制等“八大攻坚战”,投资近 100 亿元推进 50 项重点环保工程建设,实施“人防、技防、联防”综合监管,“四个一批”和

“四不两直”监管执法常态化，市区重点污染源实现实时监控，离石及周边县实行了一体化联防控污。以中央和省环保督察为契机，全市整改环境问题1856个，关停取缔企业78户，停产整改企业57户，立案处罚516户，对214名责任人予以问责。2017年，吕梁市区优良天数246天，全省排名第二。

四、着力保障改善民生，社会事业发展水平稳步提高

认真落实以人民为中心的发展思想，民生短板加快补齐，义务教育学校管理标准、县乡医疗卫生机构一体化、县级公立医院改革、贫困户住院患者先诊疗后付费“一站式结算”服务等工作走在全国、全省前列。一是持续加大民生投入。2017年，全市民生支出259.9亿元，占预算支出的82.5%。扎实做好教育、就业、收入、社保、医疗卫生、食品安全等方面工作，公共服务和社会保障水平得到提高。二是加强社会稳定工作。以十九大安保维稳为抓手，全面引深打黑除恶、打击“盗抢骗”、执行大会战三大行动，持续深化平安吕梁和法治吕梁建设。2017年，全市刑事、治安案件发案同比下降22.4%、13.3%；安全生产事故发生次数和死亡人数，同比下降8.9%、4.76?%。重点信访问题源头化解成效明显，全市信访形势平稳可控。公安部在我市汾阳召开现场会，学习推广汾阳社会治理经验。三是加强意识形态工作。建立起县市区委书记履行意识形态责任制述职制度以及市县媒体负责人列席同级党委常委会制度。开展“砥砺奋进的五年”、“十九大精神解读”、弘扬吕梁精神等重大宣传。文艺精品《廉吏于成龙》《吕梁汉子》等在央视播出。牢牢把握意识形态工作主动权，有效管控网络舆情，中央和省主流媒体对我市正面报道大幅增加，吕梁对外良好形象进一步树立。3200多个行政村设立了宣传员，实现了农村宣传工作常态化。

五、推进全面深化改革，发展活力显著提升

市级党政主要领导带头落实“四个亲自”“三个三”，当好施工队长，市委深改领导组11次研究部署改革工作，持续推动落实6个方面48项244小项具体改革事项，全市上下支持改革、勇于改革的大环境已经形成，一批事关全局性的重大改革取得突破。一是开发区改革创新。重新整合布局了10个专业性开发区，其中5个获省批复。2017年，全市开发区入区企业数达414个，经营收入736.7亿元。二是金融领域改革。成功化解柳林联盛重大金融风险，得到省委、省政府肯定。率先在全省建立了PPP项目储备、签约、在建、运营四库，先后五批发布7大类280个项目，总投资达1800亿元，目前有14个项目开工建设，落地投资425亿元，受到了国务院通报表扬。三是电力体制改革。局域电网改革试点方案获省批复，成为全省、全国首个获批的局域电网，68户企业实现电力直接交易，节约成本1.5亿元。国发42号文件明确提出推进吕梁等地增量配电业务试点，将我市电力体制改革全面上升为国家战略。四是国有企业改革。出台《关于深化国企国资改革的指导意见》及三个配套文件，汾酒集团混改取得重大进展，离柳集团债转股全面启动，吕梁中药厂股权多元化改革深入推进。五是人才管理体制改革。大力实施“百千万人才工程”，聘请41名院士专家为吕梁转型发展顾问，建立博士后工作站、技术研发平台等12个。支持吕梁学院享受开发区政策，已引进12名博士以上高端人才。六是切实加大招商引资力度。2017年，全市招商引资签约项目234个，签约总额1672亿元，落地项目76个，总投资额586亿元。

六、狠抓全面从严治党，大力营造风清气正政治生态

以“永远在路上”的决心，推进全面从严治党向纵深发展，监察体制改革、“三基建设”等工作走在全省前列。一是坚决扛起主体责任。市委常委会21次研究部署全面从严治党工作，市委主要领导亲自明察暗访推动主体责任落实。实行了党委(党组)书记抓党建问题清单制度，层层压实主体责任，对落实“两个责任”不力的129名领导干部进行问责。开展巡视巡察整改“回头看”，市县两级党组织查摆出各类问题2313个，整改率达95%。出台加强党内政治文化建设的19条意见，命名11处红色遗址为首批党员干部教育基地，干部群众受教育70多万人次。二是坚持不懈正风反腐。全市共立案1681件，处分1682人，移送司法机关35人；查处违反中央八项规定精神和“四风”问题105件，处分113人。出台《关于进一步贯彻落实中央八项规定精神实施细则》，健全改进作风长效机制。积极实践“四种形态”，实行县级以上领导干部“廉政谈话簿”制度。深入推进市县巡察工作，对3名因巡察整改不力的正处级干部予以免职。监察体制改革试点的制度优势正转化为治理效能，6省26市学习吕梁试点经验。三是全面加强“三基”建设。市县财政投入5.4亿元，全面推进乡镇“五小”设施和村级组织活动场所建设，提高了乡村干部待遇。集体经济收益村占比由年初48.5%增长到85%。实施干部大培训和本土人才回归工程，村两委换届平稳推进，培训各级干部3.8万人次，吸引农村本土人才回归656名。全省“三基建设”市县现场推进会在我市召开。四是营造干事创业良好氛围。树立正确选人用人导向，选拔任用市管干部370名，择优提拔驻村帮扶干部141名。建立干部干事创业激励机制，全市干事创业氛围更加浓厚。

(王　岳)

附：中共吕梁市委书记、副书记、常委名单

书　记：李正印

副书记：王立伟　雷建国(7月离职)
张广勇(7月任职)

常　委：马文革　张敬平(女)　常书铭(12月离职)
张稳科　竟　晖(8月离职，挂职)　张　选
秦书义　李建国(7月任职)　李小明
郭震威(2月任职)

中共交城县委工作概况

县委书记　刘应刚

2017年以来，交城县委深入学习贯彻习近平新时代中国特色社会主义思想，坚决贯彻省委"一个指引、两手硬"重大思路和要求，按照市委"六个坚持、六新目标"发展部署，团结带领广大党员干部群众，攻坚克难，锐意进取，全面推进"六城同创"，扎实开展"十大行动"，推动交城经济社会各项事业发展迈上了新台阶、开启了新征程。

一、提高政治站位，坚定不移用习近平新时代中国特色社会主义思想武装头脑

坚持把学习贯彻习近平新时代中国特色社会主义思想作为首要政治任务，充分发挥县委中心组示范带动作用，全年组织学习21次，开展交流研讨11次，班子成员读原著、悟原理，谈认识、找差距，努力做到学而信、学而行。扎实推进"两学一做"学习教育常态化制度化，开展维护核心见诸行动主题教育，通过书记讲党课、讨论发言、警示教育，引导党员干部自觉把维护核心落实到行动上、融入到工作中。高质量召开常委班子民主生活会，围绕"六个对照"查摆突出问题21个，班子成员经受了一次深刻的党性锻炼和思想洗礼。党的十九大召开后，及时对学习宣传贯彻工作作出部署，常委会带头学、及时学、跟进学，着力在学懂、弄通、做实上下功夫；召开学习贯彻习近平新时代中国特色社会主义思想经验交流会，总结好的做法经验，学以致用解决问题；连续举办6期科级干部轮训班，累计培训干部771人；抽调科级干部、理论骨干等"六支队伍"，深入机关、农村、企业、学校宣讲269场次，不断增进干部群众对十九大精神的认同、对党的领袖的拥戴；开办新时代新农民讲习所，将"红船精神"作为开讲"第一课"，教育引导干部群众自觉与党中央保持高度一致，坚决维护党中央权威和集中统一领导，推动全县形成了学习宣传贯彻十九大精神的大格局，确保了中央和省委、市委各项决策部署在交城落地生根。

二、坚定不移推动转型发展，培育经济发展新动能

坚持"转型是唯一出路、创新是第一动力"的理念，大力实施创新驱动、转型升级战略，加快培育发展新动能，推动质量变革、效率变革、动力变革。

坚持以"一大三新"引领转型。坚决跳出资源依赖，围绕"一大三新"产业发展方向，加快新旧动能转换。依托中交网通高速数据中心，引进启迪控股、世纪互联、保利通信等大数据领军企业，启动山西(交城)大数据产业园建设，智慧高速、期货资管、车路智联、文旅大数据等9个项目成功落户。大力发展煤化工、医药化工、精细化工、化肥化工等新型化工，引进中国化工、山西金控、省化工设计院，联合打造现代煤化工政产学研基地。加快推进风电、水电、光电、生物质发电、锂电池等新能源项目，全省首家煤改电设备制造项目落地开工。加快发展超高功率石墨电极、石墨烯、炭纤维等新材料产业，宏特煤化工部分复产，中晶绿色建材产业园加快推进。以现代煤化工为主的战略性新兴产业正在形成，以大数据为代表的数字经济和以"互联网+"为主的新业态成为县域经济发展的新动能。

坚持以项目建设支撑转型。聘请中国宏观经济研究院、清华大学经济研究院等专家团队，组建县级转型智库，策划包装项目，助力转型发展。围绕产业转型、基础设施、生态保护、民生改善、旅游开发、产业扶贫六大领域，精心筛选项目，强化有效投资，一大批全局性、基础性、战略性、牵引性项目强力推进，为转型发展提供了坚实支撑。完善项目推进机制，出台重点项目领导包联、快捷服务、要素保障、银企对接等措施，建立"一项一卡"管理办法，实行常态化调度机制，保障了项目建设高效实施。

坚持以招商引资助力转型。围绕"一大三新"，组建四个招商分局，开展"一季一主题"定向招商，通过引进一个标志性、前瞻性、战略性项目，带动上下游关联产业发展，形成企业聚集、配套协作、相互依存的产业集群。坚持招商引资引智并举，与清华、北邮、中国大数据产业联盟等70多家大专院校、科研院所建立了产学研合作关系，全市首个院士工作站在新天源公司挂牌成立，全县高新技术企业达到12户，占到全市的40%，创新创业活力充分迸发。

三、坚持精准扶贫方略，推动脱贫攻坚再战再胜

坚持把脱贫攻坚作为头等大事和第一民生工程，扎实推进"3558"脱贫战略，全年10036人减贫、23个贫困村摘帽，完成年度脱贫任务。

扛起政治责任。认真落实中央和省委、市委部署，出台破解深度贫困的24条政策措施，持续发动"四大战役"，逐月逐季压茬推进。实行乡镇书记定期述职制度，组建10个督导组开展常态化督查，发现和整改问题647个。严格帮扶干部管理，对作用发挥不到位的11名驻村干部进行了公开通报。扎实开展扶贫领域不正之风和腐败问题专项治理，处理问责干部31人，起到了教育警示作用。

创新产业扶贫。探索建立产业扶贫政策体系，构建"政企农"联动格局。建立扶贫产业项目库制度，建立乡镇推荐、专家评审、部门把关制度，全年入库项目310个，总投资25.69

亿元。建立“政府＋龙头企业＋基地＋合作社＋贫困户＋非贫困户”的稳定利益联结机制,坚持政府让利于企业、企业让利于贫困户,通过提供周转金、财政贴息、奖补合作社等措施,与扶贫龙头企业合作建立种养加基地,带动组建农民专业合作社416个,吸纳辐射贫困人口5332人。宝迪集团在5个乡镇投放仔猪2.1万头,平均每头收益200元。新瑞利邦利用肉牛冻精等新技术,改良繁育高档肉牛432头。建立资金撬动投放机制，统筹整合上级转移支付和财政自有资金1.64亿元,捆绑使用、集中投放,带动引导金融投入、企业投入、社会投入5.93亿元,实现了政府主导投入向“1+3”协同投入的转变。建立“五位一体”金融扶贫模式,建立扶贫小额贷款联席会议制度,发放小额信贷资金1.51亿元,注入风险补偿金1992万元,带动贫困户2508户。

推进易地搬迁。统筹“人、钱、地、房、树、村、稳”七个问题，因地制宜推进易地扶贫搬迁，年度搬迁任务全部完成。“一村一策”推进整自然村拆旧复垦,统筹整合资金2300万元,聘请专业评估公司评估测算,实行差异化奖补政策,组建县级后续扶持发展公司,通过土地流转、设施租赁等方式盘活旧村资产,确保群众长期稳定收益。12个试点村完成整村拆除6个,拆除宅基地73亩,复垦土地181亩。易地搬迁工作得到国务院副总理汪洋同志充分肯定。

四、高起点谋划旅游产业发展,唱响全域旅游品牌

以创建国家全域旅游示范县为契机,加快推动旅游业整合壮大,努力培育新的战略性支柱产业。积极引进战略投资,完成卦山景区“两权分置”改革,推动景区管理专业化、市场化。按照全群体体验、全角度开发、全方位服务“三全”理念,推进卦山·玄中寺创5A提升工程、木虎沟、柏叶沟旅游开发、磁窑古村落保护等旅游项目,加快6个美丽乡村试点建设,2个游客服务中心建成投用,17座旅游星级厕所开工建设,旅游接待能力和品位进一步提升。大力推动文旅融合发展,编制出台文旅产业发展规划,成立文旅产业投资基金,成功创建全省首家文旅双创基地，推出全省首个文旅吉祥物“褐小美”系列产品，全省唯一单独设馆参加第三届省文博会。引进阿里巴巴集团创建交城“创谷”,着力打造集设计研发、生产加工、会展销售为一体的双创产业园。加大旅游品牌营销力度,代表吕梁参加“人说山西好风光”电视竞演,举办了“唱响交城山”大型文艺晚会、“醉美交城山、梦幻庞泉沟”全国摄影大展、万亩花海摄影节等一系列旅游宣传推介活动,旅游接待人数和旅游总收入实现了双增长。

五、抓住重点领域和关键环节,形成全面深化改革新态势

牢固树立“发展相对滞后、改革决不能落后”的理念,坚持“三个三”具体方法抓改革,呈现出全面发力、多点突破、纵深推进的良好局面。扎实开展“六城同创”,实行四大班子包街责任制,持续开展垃圾不落地、两道治理、美丽乡村、城乡环境整治专项行动,城乡面貌焕然一新。加快医疗卫生体制改革,县医疗集团挂牌运行,家庭医生签约率达到100%,城乡医疗卫生机构一体化迈出坚实步伐。深化电力体制改革,积极探索组建开发区局域电网,20户企业纳入直供范围,为全省电力体制改革作出了示范。加快开发区改革创新发展,“五规合一”统筹推进,“三制”方案全面落实,政务服务、规划展示、安全环保3大平台全部建成,污水处理厂竣工投用,规划面积扩大到64平方公里,“1+3”总体布局初步形成。深入推进投融资体制改革,组建了正达资产、正大医疗、文旅投资等6个投融资平台,成立了文旅产业、大数据、现代煤化工3支政府产业引导基金，新元太公司全市首家在“新三板”挂牌,4个PPP项目全部落地。大力推进“放管服效”改革,启动企业投资项目承诺制,推行“六度”营商理念,打造“最多跑一次”服务品牌,发展环境进一步优化,发展活力显著增强。

六、着力保障和改善民生,全力维护社会稳定

牢记“人民对美好生活的向往,就是我们的奋斗目标”要求,加快补齐民生短板,不断增强人民群众获得感、幸福感。加快民生工程建设,龙门供水工程全线竣工通水,永宁路、却波街改造工程完成路面铺设。巩固义务教育均衡县成果,优化城区中小学布局,扎实开展教育扶贫,资助贫困学生4132人。加快发展医疗卫生事业,山医大一院交城分院医疗综合楼主体封顶，新建妇幼保健院项目顺利推进,“先诊疗后付费”一站式服务全面推行。千方百计促进就业,扶持劳动密集型企业发展,引进劳务中介公司,搭建用工对接平台,年度就业任务全部完成。稳步提高社会保障水平,足额兑现公务交通补贴、乡镇工作补贴、事业单位绩效工资等政策,县财政全额补助贫困人口新农合个人缴费部分。稳步推进“两线合一”,农村低保标准从2700元提高到3048元。大力发展老年养老机构,31个老年日间照料中心建成投用,实现了弱有所帮、老有所养。毫不放松抓好安全生产,深入开展安全隐患大排查活动,排查隐患1961条,整改1903条,安全生产形势持续平稳。加强平安交城建设,深化“打黑除恶”专项斗争,群众安全感明显增强。持续开展特殊疑难信访问题集中攻坚、重点信访问题源头化解等专项行动,省、市交办的79件信访案件全部办结,信访维稳局面稳步向好。

七、践行绿色发展理念,生态文明建设取得新成效

牢固树立“绿水青山就是金山银山”理念,将生态文明融入经济社会发展全过程,努力提高人民群众生态福祉。认真贯彻习总书记对甘肃祁连山生态环境问题的重要批示精神,从严开展庞泉沟国家级自然保护区、文峪河国家湿地公园、关帝山国家森林公园环境问题自查自纠，划定生态保护红线,严厉打击违法破坏行为。深入推进省级园林城市创建,完成营造林面积2.89万亩,栽植各类苗木160余万株。全面建立河长制,“两河”生态修复治理工程加紧推进。加强环境污染综合治理,聘请“环保管家”团队,对焦化、化工、铸造等重

点行业把脉问诊,分类制定防治措施,完善顶层治理机制。实施大气、水、土壤污染防治行动计划,扎实开展铁腕治污和“1+7”百日攻坚行动,完成城区煤改气 10885 户,停产整治企业 122 户、关闭取缔 219 户、立案查处 77 户,行政拘留 23 人。抓住中央、省环保督察整改契机,建立完善领导干部领办、包办重点环保工程项目、重点环保问题长效机制,推动反馈问题整改落实,有效解决了一批突出环境问题。

八、加强民主法治建设,维护安定团结的政治局面

坚持党的领导、人民当家作主、依法治国有机统一,坚定不移走中国特色社会主义民主政治发展道路。坚持和完善人民代表大会制度,支持人大及其常委会依法履行职能。县人大常委会围绕贯彻《道路交通法》进行专题调研,围绕脱贫攻坚开展专题询问,人大监督的针对性、实效性、权威性不断提高。发挥社会主义协商民主重要作用,支持政协围绕主题开展工作。县政协围绕脱贫攻坚、“六城同创”、保障和改善民生等课题进行调研视察和协商议政,形成了一批有决策参考价值的重要成果,展现了协商民主的生机和活力。深入推进法治交城建设,大力推进司法责任制改革,健全完善依法治理机制,县乡两级党委政府全部聘请法律顾问。认真贯彻中央、省委统战工作会议精神,协助民主党派县级组织完成换届工作,统战委员配备实现全覆盖,“八大助力行动”有力有序,民营经济繁荣发展,统战成员的政治共识进一步巩固。深化群团组织改革,县总工会、团县委按期换届,党联系群众的桥梁纽带作用有效发挥。大力推进军民融合发展,加快创建“全省双拥模范县”。各级党委(党组)加强党的领导意识明显增强,领导作用得到强化,生动活泼、安定团结的政治局面不断巩固发展。

九、推动全面从严治党向纵深发展,实现政治生态海晏河清

认真贯彻新时代党的建设总要求,坚决扛起管党治党政治责任,推动全面从严治党向纵深发展,努力实现党内政治生态持久的风清气正。

坚决扛起主体责任。常委会 14 次研究全面从严治党有关工作,围绕政治建设、巡视巡察、基层党建等重点任务,及时作出工作安排。推行落实全面从严治党主体责任“四三制度”,通过三书承诺、三表记录、三单签字、三定压实,着力构建条款明晰、到岗到人、逐级覆盖的主体责任落实体系。专题听取县人大、县政府、县政协、县法院、县检察院党组工作汇报,针对性提出指导意见。组建 10 个县委督导组,对 233 个党组织开展常态化督查,发现和解决突出问题 276 个。强化对主体责任落实情况的监督检查,对落实不力的 16 个单位进行了责任追究。

牢牢掌握意识形态主导权。把意识形态工作纳入党建工作责任制、年度目标考核和县级巡察范围,对把握不到位的干部及时约谈告诫,确保掌握领导权管理权话语权。持续加强理论武装,抓好各级党委中心组学习,引导党员干部站稳政治立场,分清是非界限,坚决抵制错误思想侵蚀。着力营造主流舆论强势,以“宣传十九大·讴歌新时代”为主题,举办“砥砺奋进的五年”主题宣传、“我身边的共产党员”事迹演讲等活动,组建文艺宣传小分队深入基层巡演 39 场,面向全社会征集学习贯彻十九大精神宣传标语 286 条。加快推进传统媒体和新媒体融合发展,开通“掌中交城”手机台,抢占新兴传播阵地。深入开展“传承好家风、争当文明户”“孝老敬老文明户”等群众性评选活动,最大限度凝聚崇德向上正能量。

全面加强“三基建设”。把基层组织、基础工作、基本能力建设作为根本之策和固本之举,着力构建重心下移、力量下沉、保障下倾的工作机制。强化基层组织。投入“三基”建设经费 4636 万元,新改扩建村级组织活动 25 个,乡镇“八有”、村级组织“六个一”任务全部完成。乡镇和村级运转经费平均达到 117 万元、12.14 万元,大幅高于省定标准。成立移民安置小区党委,新组建非公经济和社会组织党支部 43 个。建立基层党建联系点制度,选树基层党建示范点 59 个,打造市县“五个好”党组织 32 个,整顿软弱涣散党组织 27 个。规范基础工作。树立党的一切工作到支部理念,出台基层党组织建设规范和考核细则,编印机关、乡镇、企业、农村 4 大类党务手册,86 个单位完成“一目录三手册”编制,工作规范化、精细化水平明显提升。提升基本能力。首批授牌干部教育培训基地 20 个,开展“五大培训”24 期 4179 人次,对 532 名科级干部开展基本能力分析评价,选派 114 名机关干部到乡镇挂职锻炼,多措并举提高履职能力,促进干部担当有为。

打造过硬干部队伍。坚持“好干部”标准,树立正确选人用人导向,注重在脱贫攻坚、项目建设一线培养选拔干部,有效保障选好人用对人。注重源头建设,加大后备干部培养力度,选派 15 名年轻干部到乡镇挂职锻炼,选派 10 名优秀干部挂职扶贫办副主任。坚持严管厚爱相结合,强化干部日常管理,开展经常性谈心谈话,及时消除了一批苗头性问题。坚持“三个区分开来”,出台激励干部担当作为干事创业、支持干部改革创新合理容错两个办法,明确政策界限,调动干事创业积极性。

持续正风肃纪反腐。开展巡视巡察整改自行“回头看”,聚焦“三大问题”制定整改清单 3 大项、75 小项。聚焦“四风”特别是形式主义、官僚主义新表现新动向,制定《关于进一步贯彻落实中央八项规定精神的实施细则》,健全改进作风长效机制。深化监察体制改革试点,组建 10 个综合派驻纪检监察组和 4 个单独派驻纪检监察组,建立派驻乡镇监察员制度,推动国家监察向基层延伸。积极运用“四种形态”,实行县级领导干部“廉政谈话簿”制度,更加注重挺纪在前、抓早抓小。坚持惩治腐败这一手决不软,将中央明确的“三种人”作为重点,全年立查案件 191 件,反腐败压倒性态势持续巩固。

(贺争明)

附:中共交城县委书记、副书记、常委名单

书　记:刘应刚

副书记： 张潞萍(女) 李义祥

常　委： 曹万新(8月离职) 李忠毅 王海蓉 李佃忠(9月任职) 权 斌 左燕娜(女) 陈 龙 苏卫华

中共文水县委工作概况

县委书记 梁宝明

2017年，文水县委认真贯彻中央和省委、市委的决策部署，团结带领全县广大干部群众，奋发作为、合力攻坚，各项工作取得了良好成绩。

一、牢牢把握正确政治方向

坚持把学用习近平新时代中国特色社会主义思想摆在首位，在融会贯通、学以致用、全面覆盖上狠下功夫，切实做到用讲话精神武装头脑、指导实践、推动工作。充分发挥县委理论学习中心组带动作用，创新学习方式，注重学习质量，把功夫下在精读深读原文上。举办深入学习贯彻习总书记重要思想经验交流会，认真总结成效经验，促进学习致用，提高政治站位。积极组织科级以上领导干部分批次参加市委集中轮训，充分发挥"文水大讲坛"、县乡党校作用，多层次、多领域开展专题学习，全面准确掌握精神实质、精髓要义。紧紧围绕习总书记视察山西重要讲话精神，连续召开县委常委(扩大)会议、全县干部大会和县委十三届五次全会，深刻领会和落实习总书记对山西工作提出的总体要求和五项重大任务；出台《关于深入学习贯彻习总书记视察山西重要讲话精神的实施方案》《文水县深入学习贯彻习总书记视察山西重要讲话精神、喜迎党的十九大"百日大落实"活动实施方案》，不断把学习贯彻引向深入，推动重点工作取得新成效。扎实推进"两学一做"学习教育常态化制度化及维护核心见诸行动主题教育，采取"学悟、学讲、学改、学做、学树"五结合措施，圆满完成各阶段工作任务。立即行动、精心组织学习贯彻党的十九大精神，县、乡、村三级领导带头学、带头讲、带头干，迅速形成自上而下、层层推动、不断深入的学习贯彻热潮。

二、统筹推进各领域改革

始终把抓改革作为重大政治责任，紧紧扭住6大类100项重要改革任务，全面发力、多点突破、纵深推进。县级领导带头，按照"四个亲自"要求，全力当好"施工队长"。按时完成改革办"三合一"机构整合，配齐配强改革力量。定期举办全面深化改革领导小组会议，领导分工负责、台账动态管理、定期跟踪督查，党员干部抓改革的意识明显加强，一些重要领域和关键环节的改革取得突破性进展。监察体制改革顺利通过市改革试点工作小组评估；稳步推进开发区管理体制改革，"三化三制"及"五规合一"方案编制完成，等待上级审批；全面推行河长制，完成汾河、文峪河、磁窑河划界，明确14名县级"河长"，年底河长制体系全面建成；扎实推进国土领域各项改革，有效运用增减挂钩、占补平衡等政策，实施砂坑治理、废弃工业用地利用、水浇地改造等项目，新增城乡建设用地500亩，清理批而未供土地520亩，收回利用废弃工业用地100亩；继续深化电力体制改革，8户企业实现直供电交易，国金电力成为全省供电企业；积极先行先试，全国第二批支持农民工返乡创业试点、全省供销社综合改革试点、全省扶持村级集体经济发展试点等11个改革试点工作稳步推进。

三、坚定不移推动转型发展

认真学习贯彻国务院《关于支持山西省进一步深化改革促进资源型经济转型发展的意见》，加强组织领导、出台行动计划，完善保障措施。大力发展新兴产业。晋能科技销售收入翻番、利税破亿，康欣药业异地新建、扩大规模，国金固废综合利用、水木新碳材锂电池、海朗德电子元件等一批高新项目投产达效，多元支撑的产业结构正在形成。全力推进传统产业改造升级。龙泉酒业成功扩产，联姻牛栏山二锅头迅猛发展；牧标牛业完成股改，明年年初新三板上市；加快推进玛钢行业整合，启动建设铸造产业园区。加大企业科技创新及技术改造力度，新增高新技术企业1户，2户企业被认定为省级企业技术中心，成功申报全省技改项目2个、省市科技项目6个。大力发展现代农业。全县粮食总产量2.35亿公斤，畜产品产量8.1万吨，农产品销售连续两年破百亿；成功申报全省农村一二三产业融合发展试点县等农业试点4个；梨果、蔬菜、杂粮等特色农业占比持续提高；积极培育新型经营主体，新增市级龙头企业10户，省级龙头企业2户，2户企业正在积极申报国家级龙头企业，新增果品联合社1户；加快现代农业示范项目建设，西山农业生态园、山西小牛蛙食品、锦绣农牧循环农业、瑞驰景田"供港澳果蔬基地"项目建成投用。加快商业模式创新。文化、旅游、物流、电商等高端消费稳步增长，服务业占全县GDP比重达到29.1%。苍儿会景区引进战略合作伙伴，制约景区发展的资金瓶颈得到有效解决；电子商务园入驻企业达到31户，销售收入5000万，发展农村淘宝合伙人70户；旅游产业收入达到25.8亿，同比增长35%。全力打造"六最"营商环境，不断扩大对外开放。制定开放发展和招商引资的实施意见，请老乡、回故乡、建家乡，在全国设立16个"文水县开放发展联络工作站"，聘请百名"招商大使"。

四、认真践行绿色发展理念

牢固树立"绿水青山就是金山银山"理念，坚持节约优先、保护优先,把生态文明建设贯穿经济社会发展全过程,不断提高人民群众生态福祉。积极推进汾河生态修复、文峪河综合整治,4个湿地工程、2个生态治理工程开工建设;坚决向顽症痼疾开刀,启动非煤矿山整合整治,采石场关闭3户、整合15户,碎石加工厂取缔18户。稳步提高植树造林面积,新增三北防护林8000亩、退耕还林1000亩、可视山体绿化1000亩。超常规举措强化环境保护,抓住中央、省环保督查契机,深入开展"土炼油"、工业企业排污、"散乱污"企业、露天烧烤、燃煤锅炉、河流排污、污水处理、"面源污染"等八个专项行动,目前,督察组交办的98群众举报环境问题线索全部办结,正在按照督查反馈意见全力组织整改。坚持铁腕治污,通过依法查处、严肃问责,倒逼环保责任落实。今年以来,移送环保案件10起,处罚金额400余万元,刑事拘留3人、行政拘留8人。加快重点环保工程建设。稳步推进城区集中供热工程,替代燃煤锅炉216台,新增集中供热9700余户,供热面积150万平方米;县城污水处理厂完成升级改造,胡兰镇污水处理厂土建工程接近尾声,开始设备安装;经济开发区污水处理厂启动配套管网建设及旧厂改造;开栅、杨乐堡、金地煤焦污水处理厂主体设施基本建成,年底投用。美丽乡村建设成效明显。深入开展农村环境卫生整治和城乡环卫"一体化"试点工作,县城城区、孝义镇、开栅镇范围内的33个村陆续实现了环卫保洁市场化运行,集中清理陈年垃圾90余万方,5个垃圾中转站即将开工建设,城乡环境面貌得到进一步改善。

五、坚定不移从严管党治党

坚定扛起管党治党主体责任,全力攻坚政治建设、"三基建设"、巡察整改、正风肃纪、队伍建设等重点任务。狠抓十八届六中全会精神贯彻落实,认真组织学习《准则》《条例》,严格规范党内政治生活,全县党员干部政治意识、规矩意识进一步加强。全面加强"三基"建设,出台《关于加强"三基"建设提升基层党建水平实施意见》,制定108条具体措施,积极组织实施。目前社区建设、集体经济破零、乡镇"八有"农村"六个一"建设取得明显成效,重心下移、力量下沉、保障下倾的机制正在构建,极大促进了基层基础工作水平的整体提升。积极开展村级组织换届试点工作,目前195个村完成"两委"换届,占98%,总体工作顺利平稳、风清气正。扎实推进巡视巡察整改自行"回头看",查摆梳理21个共性问题,认真研究制定了"三清单一制度",现已全部整改到位。持而不息反对四风,制定《关于进一步贯彻落实中央八项规定精神的实施细则》,构建了作风建设的长效机制。全年共查处违反八项规定精神6件,党纪政务处分11人,有力促进了党风政风进一步好转。坚持壮士断腕的决心严惩腐败,全年纪检监察机纪律审查案件155件,党纪政务处分144人,涉及科级干部42人。准确把握运用四种形态,全县第一、第二种形态处置216、119人次,占"四种形态"的59.66%,32.87%。深入落实政治巡察新要求,开展2轮常规巡察1轮机动巡察,发现"三大问题"387个,发现领导干部违纪线索70条,党纪政务处分干部23名,组织处理94名,巡视利剑作用初现。加大问责力度,共问责56人,其中"一把手"17人,起到了警示和震慑作用。

(王思凯)

附:中共文水县委书记、副书记、常委名单

书　记:梁宝明

副书记:许晋文　周小云(女)

常　委:范发宾　张建良　闫国聪　刘建树　文成宝　石新杰　王永平

中共汾阳市委工作概况

市委书记　武跃飞

汾阳市现辖9镇2乡5个街道办,262个行政村,38个社区,国土面积1179平方公里,总人口42万人。截止2017年底,全市共有基层党组织866个,其中党委14个、总支49个、支部803个;党员18596名。

2017年,市委坚持以习近平新时代中国特色社会主义思想为指导,认真贯彻落实党的十九大精神和习总书记视察山西重要讲话精神,按照省委"一个指引、两手硬"重大思路和吕梁市委对汾阳提出的"三个领先、一个晋位"工作要求,积极推进"两学一做"学习教育常态化制度化,深入开展"维护核心、见诸行动"主题教育,坚持实施"三五"战略,扎实做好"一增三保三提高"工作,各项工作均取得了明显进步。

2017年,我市地区生产总值完成132亿元,同比增长17.7%,在吕梁增速排名第1;规模以上工业增加值完成76.38亿元,同比增长32.5%;财政总收入完成32.44亿元,同比增长36.71%;一般公共财政预算收入完成8.69亿元,同比增长19.91%;社会消费品零售总额完成64.54亿元,同比增长6.3%;城镇居民人均可支配收入完成22821元,同比增长7%;农村居民人均可支配收入完成13289元,同比增长7.2%。

脱贫任务如期完成。围绕年内实现整体脱贫目标,继续安排财政资金1000万元用于脱贫攻坚,扎实开展"春季行动""夏季攻势"等活动,推进扶贫政策落地见效,坚持发展特色农业保脱贫、提高务工收入保增收、发展规模养殖保成效,高质量推进了全市剩余的1081户、2581人和5个贫困村整体脱贫任务如期完成。同时,积极采取“8+5”帮扶措施,带着感情做好结对帮扶石楼工作。

深化改革扎实推进。年初确定的6大领域、43类、168项改革任务全部完成。特别是通过改革,一方面解决了企业投资项目审批难问题,率先在杏花村经济技术开发区试行投资项目无审批承诺制,并将45项市级行政审批权下放;另一方面也解决了干部不敢为、不愿为问题,出台了《汾阳市激励干部担当干事创业实施办法》《汾阳市支持干部改革创新合理容错实施办法》,提拔重用了一批有担当、敢作为的优秀干部。

产业结构不断优化。以推进开发区“三化三制”改革为抓手,大力支持汾酒集团发展,高标准制定杏花村特色小镇建设总体规划,全面启动总投资13亿元的国家级白酒检测检验中心等6项工程和总投资6.2亿元的酿酒博物馆等2个项目。以推进农业供给侧结构性改革为抓手,投入1000万元发展特色农业,实施核桃林提质增效工程6000亩,发展林下养鹅18万只,建成了2个万头生猪养殖基地,实现农产品加工销售收入21亿元。以推进“三去一降一补”为抓手,加快龙峰煤业、金桃园焦化复工复产,强悦泰达马来酐项目正式投产,国峰煤电粉煤灰综合利用项目试生产成功。全市电商企业和个人达到1000余户,网上销售额近10亿元。推进景区机制体制改革,2017年全市共接待游客653万人次,旅游总收入达49亿元。

招商引资成绩喜人。在吕梁率先出台了《汾阳市招商引资优惠政策》《汾阳市招商引资中介人奖励办法》,先后签约了汾阳市政务链数据中心等概算投资278.9亿元的55个项目。同时,争取到国开行贷款9.1亿元,报请金砖国家新开发银行贷款11.45亿元,通过PPP模式融资31.7亿元,全部用于棚户区改造和基础设施建设。根据省财政厅评价,我市PPP项目数量和落地在全省是最好的一家。

铁腕治污取得实效。围绕中央和省环保督察组交办的100件环保问题,对污染企业和污染源重拳出击。同时,全面推行“河长制”,加快实施河湖连通工程,扎实开展“五城同创”活动,先后投资3.49亿元用于环保整治,投资1亿余元用于植树造林,投资4000余万元用于城乡环境卫生整治,使全市空气质量达标天数达到131天,比2016年增加了18天。

民生事业持续改善。完善社会救助体系,发放各类救助资金和60周岁以上农村籍退役老兵生活补助等4500余万元。完成新农合医疗基金整合工作。组织护工培训539人,实现就业1万余人。提高住房保障水平,新建812套安置房,分配470套廉租房。充实教育、卫生系统人员力量,先后招聘教师203名、医卫人员100名。深入开展“传承好家风、争当文明户”活动,成功举办《人说山西好风光》竞演等活动。

社会大局和谐稳定。建立完善意识形态分析研判、网信工作协调联动等机制,深入开展“扫黑除恶”、缉枪治爆和打击“盗抢骗”等专项行动,积极实施“雪亮工程”,建成投用市乡村三级综治中心,全面排查道路交通、森林防火、工程建设等重点领域安全隐患,有力维护了社会和谐稳定。

法治建设步伐加快。支持人大、政协依法依章程履行职能,人大代表、政协委员围绕市委中心工作提出意见建议445条。深入推进法治汾阳建设,市委、市政府及所属部门和各乡镇(街道)全部聘请法律顾问。全面推行法检两院人员分类管理等改革,办案质量和效率明显提高。巩固和发展爱国统一战线,完成市工商联和民建汾阳总支、民革汾阳支部换届。继续深化群团组织改革,完成工会换届,选优配强共青团、妇联、科协等领导班子。

“三基”建设不断强化。先后举办6场“在汾阳作讲座”和两期十九大精神专题轮训班,并成立8个宣讲团和29个宣讲小分队深入基层宣讲。开展“党员八大先锋行”等活动,帮助群众解决实际困难2925件。圆满完成农村(社区)“两委”换届任务。累计投入6500余万元用于“三基”建设,84个村级组织活动场所新建或改扩建任务、乡镇(街道)“八有”工程全部完成。先后打造14个农村党建示范点和33个机关、社区、“两新”组织等领域党建示范点。

全面从严治党成效显著。围绕监察体制改革,在吕梁首家挂牌成立监委,并按要求配齐配强工作力量,全市监察对象扩大到5780人。围绕主体责任落实,先后召开18次会议研究党建工作,因管党治党主体责任落实不力,先后问责科级干部6人。围绕正风肃纪,严格落实中央“八项规定”精神和狠刹“四风”要求,开展明察暗访和监督检查90余次,查处制止大操大办7起,处理7人,有314人次主动上交红包礼金25.13万元。围绕开展政治巡察,在2016年第一轮基础上,又分两轮对5个乡镇和9个市直单位开展了政治巡察。其中第二轮发现问题127个,移交线索25条,办结16条,党政纪处分9人;第三轮发现共性问题87个、个性问题线索63条。围绕惩治腐败,以扶贫、社保和“两委”换届等领域为重点,共处置问题线索323条;共立案127件,结案127件,处分117人。

2017年,我市工作受到了中央、省、吕梁市各级领导的关注重视,先后有24名中央、省部级领导亲临汾阳检查指导,有3批国外代表团来汾考察交流,国家、省、吕梁市在汾阳召开现场会、观摩会和培训会41次,特别是9月份举办的2017山西(汾阳·杏花村)世界酒文化博览会,邀请到全国17户名酒企业负责人以及26个国家和32个省、自治区、直辖市、特别行政区近1500名嘉宾来汾共襄盛举。年内,以我市为主产区的吕梁被评为“世界十大烈酒产区”,“汾州小米”荣获国家农产品地理标志保护产品。我市再获山西省文明城市称号,并被评为全省创新驱动助力工程示范市、全省县级文化馆图书馆总分馆制试点市、全省慢性病综合防控示范市、全省首家厨师之乡。贾家庄镇被认定为第二批中国特色小镇。肖家庄镇中寨村被评为第五届全国文明村,杏花村镇东堡村被评为全国模范人民调解委员会。禹门河小学先后荣获世界教育机器人大赛(WER)2017世锦赛小学组冠军、全国啦啦操联赛儿童乙组冠军。

(安海明)

附：中共汾阳市委书记、副书记、常委名单

书　记：武跃飞

副书记：吴晓东　李正奎

常　委：李立武　温小珂　靳学强　王云照
韩学尧　付子龙(12月离职)
张艳斌(12月任职)　冯　丽(女)

中共孝义市委工作概况

2017年，是孝义经济社会发展和党的建设进程中极不平凡的一年，也是我市走出经济困难局面、奋力开创发展新境界的一年。深入学习贯彻习近平新时代中国特色社会主义思想，紧扣全面实施“一二三四”发展战略、建设“六型城市”工作目标和“双十”重点工作任务，奋力攻坚克难、锐意改革创新，各方面工作都取得了新的成绩，展现了新的面貌。

(一)全力以赴稳增促增，经济发展由“疲”转“兴”。2017年，全市GDP完成438.9亿元，增长6.3%；公共财政预算收入一举扭转连续三年的负增长局面，重新挺进20亿元，完成20.98亿元，增长34.9%；规模以上工业增加值完成327.1亿元，增长6.6%；固定资产投资总额完成114.1亿元，增长17.6%；城镇、农村常住居民人均可支配收入分别达到32575元、16027元，增长7.1%、7%，经济实现由“疲”转“兴”。去年10月9日，《人民日报》权威发布，孝义从2804个县市区中脱颖而出，跻身全国县域综合实力百强县市第81位，再次成为全省唯一；同时，位列全国投资潜力百强县市的第35位。

(二)全力推动转型升级，产业体系持续优化。打响“百项千亿项目攻坚大会战”，集中攻坚总投资1234亿元的131个项目，“2+3”现代多元产业体系日益完善。按照集群化、循环化、现代化思路，集中打造了铝系新材料、新型煤焦化两个千万吨级产业基地，金达一期150万吨6.98米顶装式焦化项目全部投产达效，是全省唯一、全国民营企业首家采用三段加热工艺的项目；金岩一期单体254万吨6.25米捣固式焦化项目点火烘炉，是省内单体产能最大的项目，采取干法熄焦工艺，颠覆性改变了传统焦化模式；全市焦化产能达1222万吨。“两大四小”氧化铝技改项目加快建设，氧化铝产能突破1000万吨。同时，与汉能集团合作总投资120亿元的孝能移动能源产业园、总投资82亿元的金岩100万吨乙二醇联产5.5亿方LNG、鹏飞百万吨级超级悬浮床加氢·40万吨费托合成蜡等战略性、引领性转型项目落地建设；紫晨大健康产业园年销售额6.6亿元，引领全省现代功能农业发展；成功创建全国农业综合标准化示范市和全省农产品质量安全市，农业园区入选首批国家农村产业融合发展示范园；建成《水舞孝·义》等6大旅游项目，旅游总收入达47.35亿元，增长32.97%。

(三)全面深化改革创新，发展活力显著增强。我市承载的35项省级以上改革试点纵深推进。开发区形成“一区五园”新格局，面积拓展到78平方公里，集聚全市90%以上新兴产业，经济总量仅次于山西转型综改示范区，集中打造吕梁首个国家级开发区。高效开展PPP融资，中和路小学、建设街改造等群众多年期盼但因资金问题长期搁置的社会民生项目全部建成。县级一流的市民服务中心进驻率达97.2%，107项审批服务事项“最多跑一次”，开通“12345”市民服务热线。公立医院综合改革成为山西唯一获得国务院通报表扬的县市；全国《义务教育学校管理标准》实施部署会在我市召开，我市作为教育部确定的8个管理标准试验区之一，试点成果在全国推广；率先完成农民专业合作社和农村集体经济“破零”“两全”工程，农村集体产权制度改革作为农业部选树的6个典型之一，在全国推介，等等，为全国创造了经验，激发了内生动力。

(四)扎实开展创卫创文，城市品质大幅提升。围绕国家卫生城市复审和全国文明城市创建，着力提升发展硬环境和文化软实力。投入12亿元攻坚大气、水、土壤污染防治，狠抓中央、省环保督察整改，完成惠及1.3万户居民“煤改气”“煤改电”清洁取暖改造工程。落实市乡村三级“河长制”，中部引黄孝介汾支线开工，森林覆盖率达32.9%，绿化覆盖率达43.8%。扎实开展“治违、治乱、治污、治路、治河”城乡环境集中大整治，顺利通过国家卫生城市复审。11月14日，中央文明委公布第五届全国文明城市名单，孝义喜获这一城市品牌中的最高荣誉，成为我省唯一、也是全省首个县级全国文明城市。

(五)大力改善社会民生，幸福指数全面提升。以“扶真贫、真扶贫”的标准统揽脱贫攻坚，“春季行动”“夏季攻势”“秋季会战”“冬季对标”专项行动取得显著效果，健康扶贫、教育扶贫、助残扶贫、兜底扶贫等政策得到精准落实，贫困人口人均可支配收入6839元，实现了整体脱贫。实施中小学“集团化”“学区制”“城乡共同体”均衡办学工程，高考二本B类以上达线3268人。深化市乡医疗卫生机构一体化改革，成立市医疗集团，统筹全市3个市级公立医院、18个乡镇卫生院，市儿童医院受省儿童医院托管共建，市域内就诊率突破90%。首批命名全省食品安全示范县市。同时，城乡就业培训、低保补差、医养结合、公租房保障等领域工作扎实开展，民生福祉稳步提升。

(六)全面落实从严治党，党风政风清新纯净。坚决扛起管党治党主体责任，精心打造13个“三基建设”示范点，实现对1212个基层党组织的典型引路。39个城市社区完成大党委制改革。全面推行“3+X”党员活动日制度，建立起21108教育培训体系，东庄村党日活动“五步曲”模式受到中组部肯定，全省“三基建设”市县现场推进会走进孝义观摩交流，人民日报、新闻联播对我市典型做法给予报道。深化监察体制改革，成立市监察委员会，全覆盖派驻纪检监察组。完成对24个党组织和8个乡镇(街道)的两轮巡察，铺开第4轮巡察。继续保持惩治腐败高压态势，立案查处各类违纪案件212件212人，有力发挥了震慑和警示作用。

(郭晓东)

附：中共孝义市委书记、副书记、常委名单

书　记：马文革

副书记：王廷洪　王恩泽

常　委：成志斌　张由泉　薛厚华　张建国　郭贵和
张再强　王秀霞(女)　彭仁建(12月离职)
梁敬修(12月任职)

中共交口县委工作概况

县委书记　霍慧文

2017年以来，中共交口县委全面贯彻党的十八大、十九大精神，深入学习贯彻习近平新时代中国特色社会主义思想，按照省委“一个指引、两手硬”的要求和市委“六个坚持、六新目标”的思路，坚持“党建立县”理念，深入开展“狠抓落实年”活动，统揽全局，协调各方，克难攻坚，团结带领全县广大党员干部群众，着力推动脱贫攻坚、经济转型、民生改善、生态建设、安全稳定、深化改革等各项事业取得了新成效，富裕、绿色、宜居、平安、幸福“五新”交口建设迈出新步伐。

一、统筹精准方略，下足绣花功夫，全力推动脱贫攻坚提速提质

2017年，全县脱贫17个村，减贫3567户、10027人，贫困发生率降到9.07%。全县农民人均可支配收入预计实现7321元，增长7.2%。

全力推进产业扶贫。按照“一村一品一主体”要求，重点培育发展了食用菌、核桃林、特色养殖三大主导产业，相继实施139个产业扶贫项目，44个贫困村达到“五有”标准。依托独特的气候优势，全力打造“中国夏菇之乡”。制定出台7大类11项奖补政策，全县食用菌规模达到2000万棒，产值1.5亿元，带动1800户贫困户稳定脱贫。引导天马、天鹏等资源型企业投资2.5亿元，建设两个现代化食用菌产业示范园区，实现企业转型、产业发展和脱贫攻坚多赢。百世食安高科技生态养殖一期10万头项目产品正式上市，“吕粮山猪”品牌通过国家生态原产地产品保护评审，并获得全省首家直供港澳猪肉品牌。引进山西新大象公司一期10万头生猪养殖项目，已全部开工建设并部分投运。引进东阿阿胶合作的肉驴养殖基地一期2000头项目投运，道尔公司投资1200万元建设的温泉500头肉牛养殖基地，主体工程已完工。同时，加大龙头企业培育，累计发展各类加工企业、专业合作社、种养大户70余户，创建吕粮山猪、云梦香菇等品牌，提升了特色农产品的带动力和竞争力。

统筹就业生态扶贫。加大对贫困劳动力就业培训的组织引导奖补力度，与省就业服务中心、太原市“交口商会”建立长期合作关系，累计实现就业3690人。其中，吕梁山护工培训797人，实现就业587人，就业率73%。建立完善生态扶贫机制，解决“守着青山没饭吃”的问题，巩固全县20万亩核桃经济林，实施核桃林提质增效1.5万亩、新一轮退耕还林2万亩，惠及贫困户3257户。聘请125名贫困人口担任护林员，年收入万元以上。组建30个扶贫造林专业合作社，实施造林1.07万亩，带动616名贫困劳力人均增收2000元。

积极创新特色亮点。探索推出“金融+”10种金融扶贫模式，全县金融机构累计发放扶贫贷款6.3亿元，引导企业捐资4244.9万元，带动贫困户5644户15803人增收，覆盖全县贫困户和贫困人口的61.2%和62.8%。其中，筹措风险补偿金2100万元，撬动发放贫困户小额贷款1.04亿元，完成年度任务的224%。针对因病致贫的突出问题，县财政出资580万元，为全县所有建档立卡贫困户购买慢性病门诊补充医疗保险，覆盖常见慢性病病种110种和所有中华药典药品目录，县内住院、慢性病门诊报销比例达到90%。实行贫困慢性病患者“一卡通”报销、大病患者县内“一站式”结算和县外医保综合报销“一站式”服务。全年累计报销医药费2.83万人次、1186万元。金融扶贫、健康扶贫两项工作走在省、市前列，成为我县脱贫攻坚的特色亮点。

集中力量啃“硬骨头”。按照“三年任务两年完”的要求，全力实施总投资2.8亿元的9个集中安置项目，惠及66个自然村、1339户、3766口贫困人口，同步搬迁非贫困户329户、1114人，主体工程已全部完成，2016年810名搬迁对象已全部入住。对标“两不愁三保障”和贫困村、贫困户退出标准，全面启动农村“四好”公路建设项目，规划建设总里程900公里，完成9个村的公路硬化改造工程；实施温泉、大南沟2个35千伏输变电增容改造和7个村的电网改造；实施贫困户危房改造506户。加快实施安全饮水工程、文化活动场所、卫生室达标建设，今年脱贫的17个村全部完成建设任务。

二、优化产业结构，厚植发展基础，加快促进县域经济转型升级

县域经济全面复苏，增长速度趋于合理。2017年，全县地区生产总值完成55.12亿元，同比增长6.8%，稳步进入合理增长区间，人均地区生产总值达到4.4万元。规模以上工业增加值实现49.4亿元，增长7%；实现销售产值136亿元，同比增长57.9%；县级公共预算收入实现6.35亿元，同比增长37.1%，社会消费品零售总额实现8.18亿元，增长6.8%。

产业结构逐步优化，产业体系基本成型。重点实施5个投资亿元以上的项目，累计完成固定资产投资15.5亿元。信发300万吨氧化铝项目完成技改，兴华科技90万吨二期55万吨铝基新材料项目建成投运，道尔铝业超导除铁设备投入

运行。总投资300亿元的伊电集团铝型材项目取得实质性进展。晟安5万吨铝硅合金项目完成前期工作。中电投棋盘山一期5万KW风电项目基本建成。“一煤独大”的产业格局根本扭转,铝工业对全县经济的贡献率达到70%左右,“煤电铝材”一体化产业体系初步形成。

发展动能不断增强,发展方式持续转换。编制全县铝工业发展规划,组建行业协会,与太原理工大学等多家科研机构开展技术协作,建立铝基新材料研发中心和技术培训基地。按照“五规合一”的要求,完善“一区两园”经济技术开发区功能布局,规划面积10.65平方公里,通过省级专家论证,进入审批程序。加强与上级部门和中铝、晋能等企业集团对接,组团参加“煤博会”“农博会”等招商推介,完成签约40.7亿元。引进中国网库集团建立产业互联网平台,主打特色农业品牌,以单品直通的方式助推我县特色农产品走出交口、走向全国。

三、坚持民生优先,回应社会关切,不断提高人民群众的获得感

社会各项事业全面进步。与吕梁教育学院、太原师院附中开展深度合作,教育教学质量稳步提升,高考二本B类达线361人,比历史最好时期净增124人,一本达线率突破百人,创历史新高。全面落实贫困学生资助、高中免费、雨露计划、学生营养餐等教育扶贫各项政策,全县无一例因贫辍学现象发生。大力推进城乡医疗卫生一体化改革,县医院集团挂牌成立,实现人财物管理运行“六统一”;落实医疗服务“十免”政策,开展“双签约”服务,医疗卫生服务能力明显提升。深入开展文化惠民工程,加强基层文化基础建设,开展文明户评选表彰活动,不断提升人民群众精神文化生活水平。

社会保障体系不断健全。符合条件的1704名贫困人口全部享受农村低保,实现贫困线、低保线“两线合一”。197名五保对象、238名重度残疾人、26名孤儿等困难群体生活补贴全部落实,在县城温馨花园规划建设100张床位的标准化敬老院,建成日间照料中心9个。1376套保障性住房分配到户。城乡医保参保率、贫困人口养老保险参保率、适龄儿童入园率均达100%。

市政基础建设取得突破。启动实施“五城同创”,铺开总投资48亿元的30余项市政重点工程项目。创新政府和社会资本合作PPP模式,实施南山生态综合治理及南山河两岸综合治理、地下综合管廊项目,总投资14.7亿元,已全面开工建设。争取农发行授信10亿元(已到位2.8亿元),推开广武庄、后峪、水头等9个棚户区改造项目。运用市场化机制,盘活中心商贸区“双子楼”项目,已具备运营条件;教育培训中心、东征文化广场相继投用,迎宾北苑、南苑回迁房交付使用,文化“三馆一院”、妇幼保健院、公共卫生检测中心等项目基本完成。积极推动基础设施建设,与华瑞世纪集团、山西建筑工程公司就汾石高速项目达成合作意向,通过省级论证评审;与山西水投公司达成总投资10亿元的中部引黄工程县域小水网建设协议;桃红坡220KV变电站线路建设完成方案审批和招投标。

生态环境质量明显改善。全年累计投资2亿元,加大11户重点企业技术改造,全部实现达标排放。投入2100余万元,聘请省、市环保专家现场指导,对历年来形成的露天堆放煤矸石进行了集中治理。加快露天采矿复垦治理力度,聘请省环科院编制复垦治理方案。实行复垦治理保证金制度,对不按要求治理的企业,聘请第三方山西大地集团实施治理。各露天矿区累计完成土地复垦2.5万亩。全县二级以上优良天数318天,优良率达87%,居全市前列。

安全稳定形势持续好转。严格落实政府、企业安全生产两个主体责任,全面加强重点行业领域隐患排查整治,全年未发生生产安全事故。加强和创新社会治理,高标准推进县、乡、村三级综治中心建设,深入开展“打黑除恶”“治爆缉枪”等严打专项行动,投资2150万元实施“雪亮工程”,立体化、网格化、信息化防控体系进一步健全。深入开展“特殊疑难信访问题集中攻坚”和“重点信访问题源头化解”活动,研究出台问题化解18条意见,化解办结无头案、钉子案、骨头案等145件。

全面深化改革扎实推进。县委改革领导小组定期研究改革事项,细化分解10个方面66类182项改革任务,出台一批改革方案,形成了一批可复制可推广的改革经验。其中,监察体制改革、工会改革、食用菌产业发展、综治中心建设、医疗集团改革等得到省、市领导充分肯定,提升了交口的知名度和影响力。

四、强化党建立县,扛起主体责任,推动全面从严治党向纵深发展

以“三基建设”为重点,基层党建全面加强。一是压实党建责任。坚持书记抓、抓书记,健全完善县、乡、村三级基层党建责任体系。对照年初市委下达的11个方面19项党建工作任务,建立工作台账,实行对账销号。二是完善组织设置。设立28个县直机关党组、122个党支部,6个社区党支部。组建教育系统党委、医疗集团党委,设置非公企业党委、社会组织综合党委,设置82个非公经济党组织、9个社会组织党组织,实现党的组织和党的工作“两个全覆盖”。三是夯实基础保障。投入1500余万元,重点推进石口乡、康城镇“八有”“五小”工程建设,实施18个村级组织活动场所提升工程。工作运行经费提高到乡镇每年70万元、村级组织20.4万元、社区13万元,村“两委”主干人均岗位报酬达到1.5万元,每个党支部活动经费2000元。四是搞好“两委”换届。严格选人用人标准,严密规范程序,严明换届纪律,完成全部95个村和6个社区“两委”换届,新任“两委”班子年龄结构、知识结构、整体素质明显改善。

以正风肃纪为导向,高压态势保持震慑。全面推进监察体制改革。选举产生县监察委员会并挂牌运行,人员转隶和工作融合顺利推进。设置13个县纪委监委派驻纪检监察组,向7个乡镇派驻14名乡镇监察员,实现监察全覆盖。全力抓好巡察整改。认真组织巡视巡察整改自行“回头看”,全力配

合市委第二巡察组进驻我县开展巡察。充分发挥巡察利剑作用,分3轮对4个乡镇、18个单位开展县级巡察,发现并整改问题121个。强化执纪问责。全年立查违反中央"八项规定"精神案件10起16人,处置问题线索476件,给予党纪政纪处分208人;立查群众身边不正之风和腐败问题108件、108人;查办涉及扶贫领域问题线索45件,处理64人。正确运用"四种形态",第一时间咬耳扯袖,开展谈话提醒195人次,给予纪律轻处分的人数占到总数的84.9%,推动形成风清气正的发展环境。

交口县委按时召开党管武装述职会,不断加强爱国统一战线工作,组织党外人士同步开展"同心同行、学跟共进"主题教育活动,组织全县29户规模以上企业参与"百企百村"结对帮扶行动,助推打赢脱贫攻坚。深入推进群团改革,紧紧围绕增强"政治性、先进性、群众性",切实解决好代表谁、联系谁、服务谁的问题,扩大群团组织的吸引力、影响力。深入推进"法治交口"建设,全面推行党委政府和部门聘请法律顾问制度。大力推进司法责任制改革,法检两院办案质量、办案效率明显提升,促进了公正司法和社会公平正义。

(王计军)

附:中共交口县委书记、副书记、常委名单

书　记:霍慧文

副书记:乔劲松　宋志江

常　委:刘青平　刘明山　杜茂林　刘雁斌　周筱莉(女)　高　峰

中共柳林县委工作概况

县委书记　郝继平

2017年是柳林县发展进程中具有重大意义的一年,也是平稳而不平凡的一年。在省委、市委的坚强领导下,县委深入学习贯彻党的十九大精神,全面贯彻落实习近平新时代中国特色社会主义思想和习总书记视察山西重要讲话精神,紧紧围绕县委八届二次、三次全会提出的打赢脱贫攻坚战、推进"三县共建"的既定目标任务,在全县广大干部群众的共同努力下,脱贫攻坚成效显著、经济发展由"疲"转"兴"、民生事业蓬勃发展、党的建设持续加强,全县经济社会各项事业均取得可喜成绩,先后荣获中国最具投资潜力特色魅力示范县、义务教育基本均衡县、农村集体"三资"管理示范县、省级创建无邪教达标县等40项国家、省、市级荣誉。

(一)坚持对标推进,脱贫摘帽顺利完成。县委始终按照"抓党建、促脱贫"的工作思路,严格对标对表贫困户退出5项指标、贫困村退出13项指标和贫困县退出14项指标,不断加强脱贫攻坚组织领导,层层压实脱贫责任,充分发挥"三支队伍"驻村帮扶和5000余名干部结对帮扶作用,扎实开展了春季行动、夏季攻势、秋季会战、冬季对标"四大战役",精准实施了生态扶贫、产业扶贫、金融扶贫、企业帮扶、政策兜底"五大行动",顺利完成了脱贫摘帽任务。2014年到2017年累计退出51个贫困村,10154户31395名贫困人口。其中,2017年退出24个贫困村2788户8614人。目前,已退出的贫困村和贫困人口各项指标全部达标,基本公共服务和基础设施建设均接近或高于全省平均水平,并通过第三方评估验收,符合退出标准。

(二)着力提质转型,经济指标增长强劲。主要指标三年来整体上第一次由负转正,一些指标甚至超出了预期。2017年,全县地区生产总值预计完成175亿元,同比增长24%;公共财政预算收入完成24.07亿元,同比增长125.01%;规模以上工业增加值预计完成136.2亿元,同比增长28.1%;城镇常住居民可支配收入预计完成30176元,同比增长6.2%;农村常住居民可支配收入预计完成11322元,同比增长7%。全县原煤产量达3176万吨,同比增长3.88%;洗精煤产量达2337万吨,同比增长10.49%。县属各煤炭企业继续保持与宝钢、武钢、太钢、包钢、邯钢、美锦等大型企业的稳定合作。森泽氧化铝(三期)项目竣工,中南铁路孟门战略装车点建成。全年招商引资成果丰硕,共签约涵盖多个领域的17个项目,总投资达137亿元。中关村能源与安全柳林科技园、能源与环境院士工作站落户柳林,这是我县在更高平台上促进转型创新的重要成果。开展了6个方面47项改革工作,确定PPP项目14个;8亿元的企业债券获得国务院批准;实施了县乡医疗卫生机构一体化改革。联盛重整工作有序进行,新组建的晋柳公司首次股东大会顺利召开,企业生产经营稳定。

(三)增进民生福祉,社会事业蓬勃发展。教育、医疗投入力度不断加大,城乡居民各项政策性保障继续保持全市最高水平。全年共推进实施了44个农村校舍改造项目,维修改造了42所有安全隐患的学校。庙湾小学建设完成,开工新建2所村级幼儿园,并启动了城东小学、上青龙村幼儿园和龙门会村幼儿园建设项目。累计投入4280万元用于县乡医疗机构管护;总投资4.5亿元的新医院主体工程全面封顶,2018年投用;投入110余万元的城乡居民"一站式"结算系统全面完成,彻底解决了群众报销难的问题;大力推进"1+1+1"家庭医生签约服务模式,全县因病致贫、因病返贫人群实现了100%签约;全部药物实行"零差率"销售;基本医保参合率稳定在95%以上,健康档案建档率88.9%,各类疫苗接种率均在95%以上。积极促进县域文化繁荣,"十三五"文化产业发展规划编制完成;完成了县图书馆网站、县移动图书馆、县图书馆微信公众平台建设;新建成县图书馆图书流通站5个,安装移动数字图书借阅机5台;深入开展了"传承好家风、争创文明户"活动,共评选出县级文明户230户,乡级文明户779户。307国道城区段改线、新医院建设、城区热电联产、明清街历史文化街区改造等民生项目进展顺利。全面推进燃煤锅炉改造,扎实开展了城乡环境卫生整治,31项中央、省环保督查发现问题全部整改,大气、水、土壤污染防治成效显著。严厉打击了非法违法安全生产行为,始终保持了打黑除恶高压态势,持续加强了信访稳定工作,群众安全感、幸福感明显增强。

(四)全面从严治党,党的建设不断加强。县委主要领导自觉把抓基层党建作为自己的首责主业,紧紧抓实抓牢,先后15次主持召开县委常委会议,专题研究部署党建工作,先后约谈县委常委和乡镇、机关党组织书记78人次,传导党建压力,靠实党建责任。先后57次深入一线走访调研,与干部群众交流谈心,听取意见建议。全面落实了抓党建"一岗双责"制度,实行了基层党委书记抓基层党建工作"三清单"制度。开展了"定、亮、评、挂"活动,全县选树了柳林镇党委"11342"党建牵引工程、陈家湾乡下寺头村"党员活动日、村民议事日、群众文化日""三日"活动制度、三交镇高家焉村"村社一体、共建共享"等一批各具特色的党建品牌。实施"抓点带面,提档升级"工程,在全县各领域党组织中确定了各类示范点160个,依照分管和所包乡镇,全部由县级党员领导干部直接帮扶联系,并签订了"抓点带面"工作清单。县级党员领导干部驻村蹲点全程参与指导示范点建设,形成了齐抓共管的良好局面。全年,我县农村、机关、学校、非公经济和社会组织等各领域党建工作齐头并进,较圆满的完成了各项工作任务。全面推行了党组织书记讲党课制度,组织学习习总书记系列讲话和视察山西重要讲话精神研讨会1312次。"三基建设"不断强化,基层组织战斗堡垒作用明显增强。257个行政村党组织换届全部完成,村委会换届完成256个。开展了"正风肃纪"检查460余次,查处案件27件;监察委员会正式组建挂牌,派驻纪检监察机构实现了全覆盖;开展了3轮巡察工作,全县各级纪检监察机关共立案179件,结案179件,党政纪处分180人。

(薛　东)

附:中共柳林县委书记、副书记、常委名单

书　记:郝继平

副书记:刘惠民　刘建国

常　委:贾殿林　兰彦生　张海文　贺柱才　刘缠喜　朱德贵　邢海华(女)

中共中阳县委工作概况

县委书记　乔晓峰

2017年,中阳县认真学习贯彻习近平新时代中国特色社会主义思想和习总书记视察山西重要讲话精神,全面落实省委"一个指引、两手硬"重大思路和要求,抓党建、领脱贫、保稳定、促发展,全力推进"大生态大发展大民生"战略,改革发展稳定和党的建设各项工作不断取得新成效。

一、深入学习贯彻党的十九大和习总书记视察山西重要讲话精神

始终保持用党的创新理论武装头脑的高度自觉,在融会贯通、学以致用、全面覆盖上下功夫。坚持县委中心组引领示范,全年组织学习24次,带动全县党员干部坚定理想信念,树牢"四个意识",在思想上政治上行动上同以习近平同志为核心的党中央保持高度一致。

习总书记视察山西后,迅速掀起学习热潮。深刻领会、认真落实总书记提出的总体要求和五项重大任务,先后召开常委会、全县干部大会和县委十五届五次全会,组织制定了《关于深入学习贯彻习总书记视察山西重要讲话精神的实施方案》《推进"五个全面"攻坚深度贫困工作方案》。深入开展习总书记讲话精神"五进"活动,7个宣讲团深入基层巡回宣讲,248名驻村工作队员与群众面对面宣讲,分层级举办经验交流会,推动习总书记视察山西重要讲话精神落地见效。

党的十九大召开以后,围绕"学通弄懂做实",县委中心组带头先学一步、学深一步,先后集中学习5次。两次召开常委会进行专题研究,在全县铺开大学习、大宣讲、大培训、大调研、大落实"五大活动"。分层级组建县委干部宣讲团、理论宣讲队、基层宣传队三支力量深入开展宣讲。全县围绕脱贫摘帽,开展农村千人千场宣讲,累计已达582场,覆盖率73.7%,受众9.2万人次。

二、坚持以脱贫攻坚统揽经济社会发展全局,决战决胜脱贫摘帽

深入贯彻落实习总书记扶贫开发重要战略思想,坚持问题导向,下足"绣花"功夫,接续开展"春季行动""夏季攻势"

“秋季会战”“冬季对标”四个战役，努力实现脱贫工作务实、过程扎实、结果真实。

一是坚持精准方略，探索形成精准扶贫精准脱贫工作体系。我县的“四位一体、六大举措、八个一批”体系较好地解决了帮扶机制、工作重点、脱贫路径问题。“四位一体”，统筹各级帮扶力量，实现了领导包联、单位包村、干部联户、企业帮扶所有贫困村、贫困户全覆盖。“六大举措”，突出精准施策，逐步形成“增收、减支、补短、扬长、挖潜、提升”六方面具体措施，趟出一条中阳特色的脱贫路子。“八个一批”，形成5+3脱贫路径，特别是就地转移劳动力、资产收益、社会帮扶这“三个一批”，进一步发挥了北航、省委统战部等帮扶单位和我县自身的林业生态、工业企业等优势，通过3X+4145、金融贷款等模式实现了产业扶贫直接间接全覆盖，着力在一个战场打赢两场战役，确保了脱贫攻坚靶向施策、成效精准。

二是强化责任担当，有力有效推动全县脱贫摘帽。县委、政府坚决扛起主体责任，统筹做好进度安排、项目落地、资金使用、人力调配等各项工作，先后召开15次全县性大会安排推进、83次专题会议研究解决问题。落实一把手“双签”责任书制度，层层压实责任，强化军令状意识。建立了分级议事、现场办公等五项制度，白天都到一线干、晚上研究怎么办。对照“两不愁、三保障”标准，开展4次精准再识别，强化动态管理；对照致贫原因，逐户问诊、因户施策，健全完善“一户一档三卡”，做到底子清、措施实；对照退出标准，由市县19个对口部门、140余名机关干部，并聘请山西农大进行自查评估，找准差距和短板，提高“三率一度”水平，精准扣好“每一粒扣子”。统筹整合财政涉农资金1.9亿元，发放金融贷款1.8亿元，带动其他投资7.7亿元，所有资金到村到户到项目。加强扶贫领域不正之风和腐败问题专项治理，加大监督执纪问责力度，全年立查扶贫领域案件43起，追责问责68人。全县党员干部在脱贫攻坚实践中激发出来的担当攻坚的精神、干事创业的状态、严谨细实的作风，受到市委市政府和省委督导组的肯定和赞扬，正在转化为推动中阳大发展的强劲动力。

三是严格标准程序，以超常之举务求高质量退出。逐月确定工作主题，狠抓项目推进、资金筹集、政策兑现、对标提升；成立12个专项工作组，实施党建引领、易地搬迁等“十大行动”，强化政策、资金、人力“三大保障”；248名干部每周5天4夜专职驻村，打造零距离的扶贫队伍；组建36人的督查局，一线抓、抓一线，找问题、促整改；组织乡镇和部门两条线同步自查验收，组建7个“三人小组”，挨村挨户“过筛子”，全方位盘点政策兑现、措施落实、帮扶成效、群众满意度和退出指标完成情况，确保脱贫质量和成色。我县脱贫工作的做法和成效，人民日报、新华网、央视《新闻联播》等新闻媒体，多次从不同角度进行了报道。

三、坚持把发展作为第一要务，全力推进县域经济转型升级

地区生产总值完成66.5亿元，同比增长7%；规模以上工业增加值52.2亿元，增长8%；固定资产投资24亿元，增长3.1%；一般公共预算收入6.34亿元，增长68.8%；社会消费品零售总额13.89亿元，增长5.2%；城镇居民人均可支配收入21459元，增长6.3%；农民人均可支配收入6655元，增长7.2%。

始终把工业作为转型发展的主战场，切实推进煤化行业链条化发展、钢铁行业创新化发展。中钢公司90万吨焦化干熄焦建设项目，投资1.8亿元，已具备主体锅炉安装条件。80兆瓦余气发电项目设备安装已到位。总投资6000万元的2×200m2烧结机烟气脱硫项目建成投运。与北航共建的技术研发中心，正在引领中钢创新驱动、转型升级。与吕梁航电新能源合作金属磁粉及电子元件项目，已注册成立公司，迈出向现代装备制造发展的关键一步。加快热电、风电、光伏发电“三电并举”步伐，华润新能源12万千瓦、上海远景5万千瓦风电，东旭2万千瓦光伏发电建设顺利推进。始终把农业作为转型发展的重要组成部分，突出特色、打造品牌，“321”主导产业初具规模，中药材、食用菌、肉牛、肉驴等新兴产业逐步壮大、功能农业正在形成。积极发展壮大电商，通过终端消费需求倒逼农产品提质增效，倒逼农业供给侧结构性改革。始终把战略性新兴产业作为转型发展的突破口，突出中阳剪纸这张亮丽名片，融合红色文化、自然美景、林业生态优势，着力打造文化旅游开发区。与北航合作共建的中汇科技孵化器已有12家企业入驻，成功申报省级“双创”空间。电子商务产业园仓储中心基本建成，正在构建乡村服务网络。落实国发42号文件，研究制定未来十年转型发展规划和措施。大力推进投融资体制改革，先后召开两次常委扩大会，专题研究重大基础设施建设、重点民生工程PPP项目。投资30亿元的东过境公路控制性工程隧道部分4个工作面累计超过1900米，征地拆迁全面铺开。投资2.6亿元的17条路网提质改造工程，已完成投资6100万元，建成7个贫困村5条公路。不断创优招商环境，推动构建亲清新型政商关系，打造“六最”营商环境，对全县40户重点企业开展干部包联服务，加大对涉企涉恶违法犯罪打击力度，有力保障了企业正常生产秩序。招商、引资对接项目30余个，落地亿元以上项目13个，总投资85.6亿。完善党委联系服务专家制度，县委常委直接联系服务20名专家。

四、坚持以人民为中心的发展思想，切实保障和改善民生

盯住民生做实事，努力让群众的生活更有质量。坚持把教育事业放在优先发展的位置，深入巩固义务教育均衡发展成果，推动城乡一体化发展，中考成绩全市第二，高考二本以上达线659人，8名学子考入清华、北大。坚持把就业作为最大的民生，不断提高就业质量和人民收入水平，着力构建中钢就业、煤矿就业、多渠道就业、财政保障的大就业格局。坚持完善社会保障体系，全县城乡居民基本养老、基本医疗保险参保人数分别达7.11万人、11.35万人，实现“两线合一”，农村低保提高到3500元。所有持证残疾人每人每年增加补贴600元。统筹易地搬迁、危房改造、采煤沉陷区治理和棚户

区改造,群众住房安全进一步保障。深入推进健康中阳建设,建成融合基本医保、民政救助、商业保险等多系统为一体的先诊疗后付费"一站式"结算平台和建档立卡贫困人口慢性病"一卡通",组建了医疗集团,深化医联体合作,有效提高卫生医疗服务能力。不断改善人居环境,全面铺开"五城联创"、"特色镇"创建、"十村示范、百村整治",引深开展"清扫干净、摆放整齐、形成常态"城乡环境大清理、秩序大整治。投入2.8亿元,实施水、电、路、网等6项脱贫摘帽基础设施和公共服务达标项目,自主实施村级党建活动阵地、红白理事会、自然村路灯和村容村貌整体提升4个项目。投资3.5亿元的西过境公路主线顺利通车,经过全力争取,成功将东、西过境公路连接线项目纳入呼北高速离隰段一体实施,推进交通大循环。以环保督察为契机,扎实开展环境保护大排查、大整治,对大气、水、土壤污染进行集中治理。全年城区空气质量二级以上天数258天,同比增加71天。有力推进全面深化改革,坚持"三个三"制度,监察体制、供热体制、城乡环卫一体化政府购买服务、涉农资金整合等改革效果日益显现,河长制实现全覆盖。全力维护社会和谐稳定,安全生产形势持续好转。建成县乡村三级综治中心,一级视频监控探头率先全覆盖,深入开展"1+8+2"专项行动,群众安全感、满意度稳步提升。严格执行县级领导定期接访和包案化解机制,加大重点领域信访问题专项治理力度,总体形势平稳可控。

五、深化落实主体责任,推进全面从严治党向纵深发展

先后召开26次常委会、7次党建工作领导小组会,研究部署党建工作。专题听取县人大常委会、政府、政协和法检两院党组履行主体责任汇报,书记与常委、常委与分管部门负责人多次开展谈话,推动主体责任压紧压实。

扎实推进"两学一做"学习教育常态化制度化和维护核心见诸行动主题教育,县委常委带头,各级书记讲党课750余次,7000余名党员参加总书记视察山西讲话精神知识测试,3.2万名党员群众参加"两学一做"知识竞答。规范组织生活、村干部坐班、调阅党建记录、"问题墙、回音壁""主题党日"等制度。开展农村"共产党员户"挂牌和定岗承诺活动。采取"三抓一树一结合"举措,全面加强"三基建设"。抓投入,累计投入5200多万元,完善了乡镇"八有"、农村"六个一",落实了乡镇干部工作生活补贴,提高乡村运转经费和农村干部工资,扶持27个村发展壮大集体经济,集体收益全部"破零",5万元以上的占78.2%。抓培训,对370多名党组织书记、642名"两委"成员进行了轮训,累计培训干部4600余人次、群众3.5万人次。与北航签定协议,组织50名干部进京培训,百余名干部赴兰考、延安学习。抓提升,28名县级党员干部包联打造党建示范点,18个软弱涣散党组织得到整顿转化。农村"两委"换届率先完成,15名本土优秀人才回村任职。非公经济和社会组织党的工作实现全覆盖。"一目录三手册"制定完成,机关效能及各领域基础工作有了新提升。紧紧结合脱贫攻坚,在农村党组织开展选树脱贫攻坚、基层党建、产业发展、美丽乡村、信访稳定"五面红旗"活动,在机关党组织开展"做承诺、树形象、立标杆"活动,有效激发了党组织的战斗堡垒作用和党员队伍的先锋模范作用。

加强对反腐败工作的统一领导,全面落实"施工图",书记当好"施工队长",赋予乡镇纪委监察职能,实现派驻纪检监察组全覆盖,监察体制改革试点工作顺利推进,制度优势正在转化为治理效能。加大涉纪信访积案化解力度,着力减少腐败存量,遏制腐败增量。全年立查案件79起,党纪政务处分110人。把握运用监督执纪"四种形态",其中第一种形态221人次,占总人次的66.2%。发挥巡察利剑作用,先后对3个乡镇和28个县直单位开展3轮巡察。加大问责力度,对63名党员领导干部进行问责,4个党组织因脱贫攻坚不力被问责,失责必问、问责必严成为常态。出台《关于进一步贯彻落实中央八项规定精神的实施细则》,严肃查处违反中央八项规定精神问题,持续纠治"四风"。突出重要时间节点,开展6轮次明察暗访,查处问题17起、处理30人,传递了"越往后执纪越严、处理越重"的强烈信号。

稳步推进民主法治。严格落实十五届县委全会、常委会等四个工作规则,不断提高推进县委班子建设规范化制度化水平。注重发挥统揽全局、协调各方的政治核心作用,支持人大、政府、政协、法院、检察院按照各自职能积极履职。强化党外知识分子、新的社会阶层人士统战工作。加强对工青妇等群团工作的领导,支持他们依法依章开展工作,党联系群众的桥梁纽带作用有效发挥。积极推进军民融合发展。深入开展"七五"普法,不断推进法治中阳建设。

(姚通川)

附:中共中阳县委书记、副书记、常委名单

书　记:乔晓峰

副书记:田安平　孙燕飞(女)　郝忠亮(挂职)
张云虎(3月离职,挂职)
王润平(3月任职,挂职)

常　委:吴蝉有　靳　钧　任建中　姚文郁　薛有宁
张艳斌(12月离职)　张成虎(12月任职)

中共离石区委工作概况

区委书记 常书铭

2017年是迎接党的十九大胜利召开的重要一年，也是离石脱贫攻坚的决战之年、转型发展的关键之年、全面从严治党的深化之年。一年来，区委认真学习宣传党的十九大精神、习近平总书记系列重要讲话精神特别是视察山西时的讲话精神，深入贯彻省委"一个指引，两手硬"的重大思路和要求，按照市委突出"六个坚持"、实现"六新目标"的总体部署，深入实施"双先双区"战略，突出抓好"三件大事"，区域经济稳中向好，社会事业稳步推进，党的建设全面加强，各项事业呈现新气象、新局面。

一、脱贫攻坚再战再胜，民生福祉持续增进

（一）脱贫攻坚迈出新步伐。全区建档立卡贫困村退出53个，贫困人口减少7606人，93个贫困村基本实现"五有"（村有产业、有带动企业、有合作社，贫困户有项目、有劳动能力的有技能）目标。易地扶贫搬迁与房地产"去库存"相结合，加快推进安置点建设，坚决啃下易地扶贫搬迁这块"硬骨头"。扎实开展生态脱贫"五个一批"工程，完成营造林6.3万亩，退耕还林6万亩，经济林提质增效工程共涉及核桃林提质增效7.4万亩，完成通道绿化工程7918亩。乡村旅游扶贫工程，以打造"美丽乡村离石游"为抓手，统筹整合水利、环保等9个部门资金4.5亿元，大力发展乡村旅游，共接待游客102余万人次，实现旅游收入2.6亿元。扎实推进技能培训就业工程，完成"吕梁山护工"培训1690人，帮助867名贫困群众实现"一人就业，全家脱贫"。通过大力发展贫困村光伏电站，实施"四位一体、6+1"模式，加大财政投入和扶贫资金整合使用力度，增强了光伏、金融扶贫对贫困群众增收的带动作用。大力实施扶贫公路、安全饮水、危房改造等基础设施建设，推动农村生产生活条件持续改善。

（二）教育文化事业取得新进展。优先发展教育事业，扭住"一年大起步、二年见成效、三年大提升"工作目标，通过新建改扩建、购买和小区配套"三个一批"，着力补齐学前教育短板；通过实施"县管校聘"改革、城区学校扩容、组建教学联盟体等方式，持续推动义务教育均衡发展；通过强化德育教育、推行教学改革、深化特色创建、加强两支队伍建设等措施，教育教学水平稳步提升。文化事业蓬勃发展，一批优秀文艺作品在全国各大期刊发表，文艺领域呈现出百花齐放的良好势头。

（三）医疗卫生事业发展实现新跨越。区乡医疗卫生机构一体化改革稳步推进，以离石区人民医院为龙头，成立离石区医疗集团，对区域内医疗资源进行整合，实行统一管理。药品实现"零差率"销售，"看病贵"问题进一步缓解。深入推进流动人口基本公共卫生计生服务动态监测，基本公共卫生服务项目全面加强，居民健康档案基本达到全覆盖。

（四）社会保障工作得到加强。城乡最低生活保障实现动态管理下的差额救助、分类施保，加快推进农村低保制度和扶贫开发政策的有效衔接，对符合农村低保条件的贫困户，全部实行差额救助、分类施保，实现了低保线和贫困线"两线合一"。2017年度城乡低保款已全额发放到位，农村低保款全年共发放1410万元，城市低保款发放1486.7471万元。医疗救助和临时救助力度不断加大，发放医疗救助金213万元，临时救助最低金额从原来的200元提高至500元，最高救助金额从原来的5000元提高至10000元，全年临时救助1101人，总金额166.522万元。

（五）城乡基础设施持续改善。大力实施城区供热全覆盖工程，总投资6.9亿元，新增供热面积951万平方米，17821户，市区供热面积突破2300万平方米。铺开总投资9亿元的刘家庄沟、枣林沟、刘家湾沟黑臭水体整治工程，项目进展顺利。小东川湿地公园总投资25307万元，项目设计、勘测、环评、可研全部办结，前期准备工作已基本就绪。

二、转型发展迈出新步，经济实力不断增强

2017年地区生产总值完成813938万元，增速6.4%；社会消费品零售总额完成713114万元，增速6.32%；城镇居民人均可支配收入完成28035元，增速6.4%；农民人均纯收入完成5907元，增速7.9%；规模以上工业增加值完成185514万元，增速7.2%；固定资产投资完成556758万元，增速30.7%；一般公共预算收入完成96389万元，增速20.32%。

（一）大数据产业蓬勃发展。按照市委、市政府"云集吕梁"战略部署，华为云服务大数据中心项目进展顺利，数据迁移工作有序展开，华唐集团、软通动力等知名企业相继签约落户。

（二）新能源、新材料产业加快推进。晋能热电联产项目建成投运，云顶山、薛公岭等风电项目进展顺利、山西中磁浩源软磁电杆项目、山西中包凌云石基纤维纸、石基壁纸项目取得重大进展，战略牵动作用日益突显。

（三）创业创新步伐加快。双创政策体系初步构建，双创环境日益优化，双创群众逐渐壮大，双创理念深入人心，双创项目方兴未艾，已涌现出华为企业云山西大数据中心等4户科技企业、山西晶旭新能源有限公司等5户创新企业、中小企业创业服务中心等3户省级众创空间、昌园文化创意创业基地等3家省市级中小企业创业基地以及山西大万源众创空间省级科技孵化器。离石区成功入选全省首批12个省级

大众创业万众创新示范基地,已经搭建和正在搭建的创业创新平台达到了12个,入驻双创企业102家,创业团队74家,在双创平台的就业人数达到1500余人。

三、"三基建设"全面加强,党建水平整体提升

(一)思想政治建设持续加强。深入推进"两学一做"学习教育常态化制度化,开展维护核心见诸行动主题教育,通过强化中心组学习、三级书记带头讲党课、办好离石大讲坛、宣传贯彻党的十九大精神、习总书记视察山西重要讲话精神以及省市党代会精神,全区广大党员干部政治意识、大局意识、核心意识、看齐意识进一步强化,各级干部在推进全面深化改革、脱贫攻坚、环境保护、意识形态等重大工作中主动性和积极性进一步提升。

(二)"三基建设"扎实推进。一年来,区委把"三基建设"作为强基固本、凝神聚魂的重要抓手,创新实施"三基建设"十大重点项目,推动基层组织全面加强,基础工作全面进步,基本能力全面提升。一是以"党建示范点"建设为突破口,全面加强基层组织建设。二是以"九化"为标准,全面夯实基础工作。三是以区乡两级党校为主要阵地,全面提升干部基本能力。

(三)作风建设驰而不息。坚持经常抓、抓经常,紧盯无视中央八项规定精神、潜入地下大吃大喝、分批次大操大办等老问题,密切关注"四风"隐形、变异的新动向,查处党员干部10人。通过完善监督举报机制、创新检查办法、建立点名通报制度、从严查处等措施,对"四风"问题持续发力。在全区形成了强力震慑,释放执纪必严强烈信号。坚持扎紧制度笼子,构建长效机制,把纠正"四风"的要求融入新形势下党内政治生活若干准则、廉洁自律准则,不断健全作风建设制度体系。

(四)惩治腐败高压态势持续保持。2017年全区各级纪检监察机关共立案查结61件,党政纪处分61人,移送司法机关1人,发挥了震慑和警示作用。准确把握运用"四种形态",在重典治乱、猛药去疴的同时,更加注重挺纪在前、抓早抓小,建立区级领导干部"廉政谈话薄"和"一清单五制度"工作机制,防病于未萌、治病于初期。选举产生区监察委员会并挂牌运行,整合了分散力量,扩大了监察范围,实现了对所有行使公权力的公职人员监察全覆盖。加大问责力度,对20余名党风廉政建设主体责任落实不力的党组织负责人进行了严肃问题,开展谈话101人,其中诫勉谈话34人。持续加强干部廉政教育和警示教育,高标准打造高家沟高级军事会议旧址纪念馆和林迈可、李效黎纪念馆,被省市有关部门列为党员干部教育基地。

(闫志伟)

附:中共离石区委书记、副书记、常委名单

书　记: 常书铭(12月离职)

副书记: 吕文平　李　军

常　委: 游福海　白　鹤　杨顺平　吕文清　李晓钦(女)　王月亮　张瑞春

中共方山县委工作概况

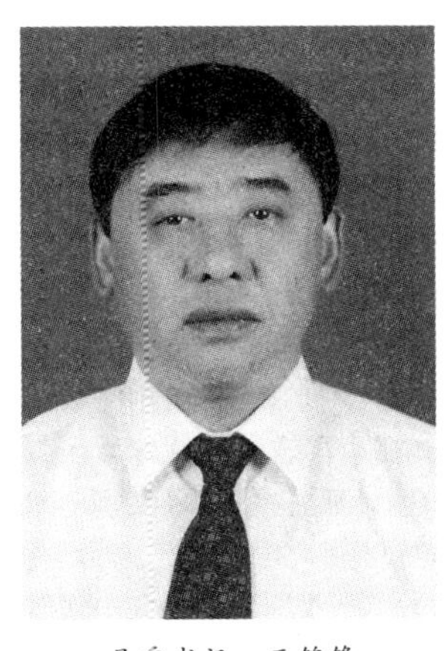

县委书记　王锦锋

2017年,方山县委、县政府坚持以习近平新时代中国特色社会主义思想为指导,全面贯彻党的十九大精神和习总书记视察山西重要讲话精神,按照省委"一个指引、两手硬"和市委"六个坚持""六新目标"的重大思路和要求,坚持以脱贫攻坚为统揽,全力推进经济社会发展各项工作,较好地完成了十届人大二次会议确定的目标任务。

县域经济平稳增长。全年地区生产总值完成35.8亿元,增幅11.4%;规模以上工业增加值完成25.1亿元,增幅15.4%;固定资产投资完成10.8亿元,增幅22.2%;财政收入完成11.8亿元,增幅57.6%;公共财政预算收入完成4.1亿元,增幅31.7%;社会消费品零售总额完成9.66亿元,增幅6%;城乡居民人均可支配收入分别完成20195元、4461元,增幅分别为5.8%、7.7%。

脱贫攻坚扎实推进。按照"8+1"脱贫攻坚思路,压茬推进"春季行动""夏季攻势""秋季会战""冬季对标",实现贫困村退出64个,减贫5901户15208人。农村基础设施建设:按照"县监管、乡统筹、村实施"思路,全面实施总投资2.6亿元的农村基础设施建设"10+1"工程,完成总工程量的70%。惠民政策落实:全面落实教育、卫计、民政等各项惠民政策,累计发放惠民资金2.56亿元。产业扶贫:县财政向169个行政村每村注入产业发展资金10万元,按照"一村一品一主体""五有"标准,201个特色产业项目扎实推进。光伏扶贫:新建光伏电站48.53兆瓦,装机总容量68.15兆瓦的光伏电站全部并网,结算收益347万元分配到68个贫困村。易地搬迁:2016年易地扶贫搬迁人口597户2580人入住,2017年易地扶贫搬迁项目完成工程量的60%;完成整自然村拆除复垦7个村。生态扶贫:采取"合作社+贫困户"方式,投资3.65亿元完成吕梁机场周边二期绿化、新一轮退耕还林、高速通道绿化等生态建设工程7.06万亩,累计使用扶贫造林专业合作社226支次,惠及贫困劳力6306人,人均增收约8280元。其他方面:全年向1868户贫困户发放扶贫小额贴息贷款9547万元;完成教育扶贫、"雨露计划"贫困生资助1271人,新型职业农民培训等各类技能创业培训1086人;完成护工护理培训7批833名,就业527人;全县机关干部及社会各界捐款1406万元,实现农村人口慈善慰问全覆盖。

产业转型步伐加快。煤铝材:霍州煤电木瓜、店坪矿和汇丰新星、金晖凯川、金晖瑞隆顺利通过了安全生产标准化验收;汇丰新星、金晖瑞隆煤水平延伸项目正式投产;庞泉工贸矿山机械厂技改扩建项目建成投运。新能源:国电马坊48兆瓦风电项目一期工程、马坊20兆瓦光伏发电农业综合项目一期工程并网发电。文化旅游:全年实现旅游收入30.3亿元;全县旅游总规通过市级评审,方山县生态文化旅游开发区完成可研编制和市级评审,"圪洞沟-北武当-骨脊山-庞泉沟"循环旅游公路完成可研编制。招商引资:引进深圳中苋,流转土地种植苋草2500亩,建成年产10万吨饲料加工厂1座;与北京易诚蓝天合作,完成"煤改电"公益性单位16个2.4万平方米;与山西文旅和北京东方园林达成初步合作意向,以北武当山5A级景区创建为龙头推进全域旅游开发。

基础设施全面加强。按照"多规合一"思路,编制完成县城总体规划和城区控制性详细规划,通过省级专家评审。县城垃圾处理厂、公共体育场改扩建、水质提升及峪口镇污水处理厂项目全面完工,东一区、东二区棚改项目开工建设,方圆大道项目四项审批手续办结。全力推进吕梁新区方山安置区建设,累计完成拆迁4107户、驻镇企事业单位20处,建成安置楼23栋3746套,分配安置房1675套;大武小学开工建设,市政配套基础设施项目及大武医院启动了招投标程序。

生态环境不断优化。严格落实国家环保部督查整改要求,排查梳理并整改完成8个方面环境突出问题48项。实施环境保护"十大重点工程",煤矿矿井水提标改造、加油站双层罐改造、畜禽粪污设施建设、医疗废物规范化处置、洗煤厂封闭煤棚建设等工程圆满完成。扎实推进大气污染防治攻坚行动,通过散煤管控、扬尘管控、工业企业错峰生产三项措施,全年优良天数244天,稳定达到国家二级标准,综合指数位居全市第2。

民生福祉持续增加。农村低保线提标到3300元/年,实现"两线合一";新建农村老年人日间照料中心5所;总投资5006万元的社会福利院养护楼项目开工建设。全县教育总体规划通过市级评审,全县中小学校长竞聘、中小学及幼儿园核编定岗圆满完成,义务教育"改薄"扫尾工程和新高中建设项目一期工程基本完工。全县7个乡镇卫生院全部实行基本药物零差率销售,城乡居民医疗保险参合率稳定在95%以上;完成健康扶贫"双签约"2775户,签约率97%;深化医药卫生体制改革,整合县乡两级医疗机构组建成立方山县医疗集团。实施城区集中供热扩面工程,新建换热站14个,投运100吨锅炉1台,新增供热面积106万平方米,覆盖城区居民8700户。

安全稳定持续向好。严格落实安全生产责任制,全县安全生产形势总体平稳,未发生各类较大以上安全生产事故。深入开展"重点信访问题源头化解""信访突出问题大整治"等专项活动,完成省市交办疑难案件143件,化解141件,化解率98.6%。深入开展"打黑除恶",全年共摸排黑恶线索74条,打掉恶势力团伙4个,侦破涉恶案件15起,打击各类"恶霸"74人;持续引深"平安方山"创建,启动实施"雪亮工程"试点工作,社会治安防控水平有效提升。同时,民族宗教、国防教育、人民防空、气象、妇女儿童、老龄、残疾人、地方志、红十字、档案等各项工作全面进步。

(刘林林)

附:中共方山县委书记、副书记、常委名单

书　记:王锦锋

副书记:李滥涛　闫斌胜　贾俊敏　侯新明(挂职)

常　委:闫建新　任志勇　高文祥　雒雪梅　秦　鑫　朱兴星

中共临县县委工作概况

县委书记　张建国

2017年,全县上下高举习近平新时代中国特色社会主义思想伟大旗帜,坚持以习总书记视察山西重要讲话精神为指引,深入贯彻落实省委"一个指引、两手硬"重大思路和要求,深入贯彻落实市委"六个坚持、六新目标"总体要求,特别是深入贯彻落实省委骆惠宁书记在临县驻村调研提出的抓好"五项重点工作"的要求,坚持以脱贫攻坚统揽经济社会发展全局,围绕脱贫摘帽目标和"六新临县"建设,狠抓党的十九大精神的学习宣传贯彻,狠抓攻坚深度贫困各项超常规举措的落地见效,狠抓干部作风纪律贯穿始终,努力提升县域发展水平、党的建设水平,全县脱贫攻坚和改革发展稳定取得了较好的成效。

一年来,全县脱贫攻坚工作中央电视台新闻联播三次作了报道。全省"践行总书记讲话、深化脱贫攻坚"现场推进会临县是主要的观摩现场。"四好农村路"建设接受了中宣部、交通部组织的中央级媒体的集中采访报道。生态扶贫工作先后迎接了全国林业扶贫现场会、全省扶贫攻坚造林专业合作社现场推进会的观摩。金融扶贫工作迎接了中国农业发展银行支持深度贫困地区脱贫攻坚现场会。财政涉农资金整合工作国家财政部以简报的形式对临县经验进行了专门介绍推广。易地扶贫搬迁工作在全省"践行习总书记视察山西重要讲话精神抓党建促脱贫攻坚暨深度贫困村整体搬迁"现场推进会进行了交流发言。多项工作取得了显著成绩。

一、全面发力攻坚深度贫困,脱贫攻坚再战再胜

制定了《关于"四聚焦四确保"攻克深度贫困堡垒的实施

方案》,从聚焦深度贫困县、深度贫困乡镇、深度贫困村、深度贫困群体四个层面,狠抓各项超常规举措的落地见效。88个贫困村退出、3.5万贫困人口脱贫,贫困发生率由2016年末的21.11%下降为2017年末的15.38%。

(一)重点工作取得了突破性进展。连续开展脱贫攻坚"春季行动""夏季攻势""秋季会战""冬季对标",确保了重点工作高位推动、持续发力。全年完成造林34.92万亩,为2016年(7.21万亩)的4.84倍,接近"十二五"期间全县造林面积(37.65万亩)的总和。完成2016年4个乡镇集中安置点、6个城区去库存安置点的搬迁入住。2017年8个集中安置点,主体结构全部竣工,2个安置点分房到户并具备入住条件。完成护理护工培训3217人,输出就业2516人。完成贫困劳力驾驶员培训2176人。完成2016年16.1兆瓦35个光伏电站的并网发电并开始收益分配,开工建设2017年65.65兆瓦77个电站。完成小额扶贫贷款5870户2.9亿多元,投放量居全省、全市前列,为2016年2200万元的13倍。财政涉农资金整合规模达到7.85亿元,为2016年1.24亿元的6.3倍。

(二)攻坚难题得到有效破解。围绕破解产业扶贫难题,实施红枣、核桃干果经济林提质增效21万亩,发展食用菌菌棒加工种植1000万棒,引进落地北京大伟嘉50万头生猪生态养殖、上海云月特色农业暨休闲食品产业园等10个扶贫合作项目。围绕破解整村搬迁难题,在城庄镇率先实施了整村搬迁试点,在统筹解决"七个问题"上进行了整体探索。围绕破解支出型贫困难题,全面实施"三保险""三救助",基本解决农村建档立卡贫困人口因病致贫问题。围绕破解老年贫困群体脱贫难题,在2016年开展家风建设的基础上,2017年实现了低保线与扶贫线"两线合一",实施了"156金融资产收益增收计划",铺开了扶贫孝心基金工程。

(三)攻坚责任与合力进一步强化。县级领导带头,白天在脱贫一线指导协调,晚上在办公室处理日常事务。严格落实"两包三到"精准帮扶联动制,充分发挥省市县"三支队伍"的骨干作用,建立了县级包乡镇领导常态化督查指导、脱贫村小分队精准化"对标到户"等工作机制。与孝义市试点实施了"十大结对帮扶项目"。开展了"情系家乡·精准扶贫·争做贡献""百企帮百村""聚集深度贫困·爱心慈善捐助"等系列活动,汇聚了攻坚深度贫困的强大合力。

二、统筹推进经济社会发展,"六新临县"建设提标提速

(一)经济发展实现由"疲"转"兴"。省市重点项目完成投资27.86亿元,完成率为109.98%。全县原煤产量735.2万吨、精煤产量232.1万吨,同比分别增长6.07%、44.6%,工业企业利润实现了由负转正。全县地区生产总值完成55.04亿元,同比增长14.2%,增速排名全市第三;固定资产投资完成27.8亿元,同比增长8.7%;规模以上工业增加值完成20亿元,同比增长28.7%,增速排名全市第二;社会消费品零售总额完成44.57亿元,同比增长6.2%;服务业增加值完成27亿元,同比增长9.9%;一般公共预算收入完成6.32亿元,同比增长57.04%,增速排名全市第四。城镇居民、农村居民人均可支配收入分别为17204元、4971元,同比分别增长6.4%、11.8%。

(二)重点改革和民主法治建设扎实推进。持续深化行政审批制度改革。继续深化医改工作,组建了临县医疗集团。完成碛口景区机制体制改革。完成农村土地承包经营权确权登记工作。推动五个示范试点县建设(商务部电子商务进农村综合示范县、全省保险业精准扶贫示范县、全省涉农财政资金整合示范县、全省林业资产收益扶贫试点县、全省劳务输出"员工制"管理试点县)取得初步成效。争取临县成为全国健康扶贫试点县、全省农村生活垃圾治理试点县。进一步增强风险意识,强化底线思维,安全生产、信访稳定,社会治安综合治理扎实开展,依法治县工作和司法体制改革全面推进。支持人大、政协及人民团体依法依章程履行职能,积极推进军地融合,团县委、工商联换届顺利完成。

(三)城乡基础和民生事业进一步改善。完成省道218—高级中学道路拓宽工程、新国道太克线二期主体工程,打通西纵高速公路连接线。完成64.54公里县道改造路基工程。城区引水工程投入使用。高标准实施城区、白文至碛口道路沿线村庄、高速路出入口、外环口等重要地段,曜头、城庄、南圪垛等重点村庄的环境卫生整治和绿化美化工程。大力度推进城区生活污水处理厂提标改造、煤矿企业废水提标改造工程,城乡垃圾填埋、湫水河垃圾整治、煤改电、煤改气项目。精准化实现88个整村脱贫村水电路网、卫生室、文化场所等6项基础设施和公共服务设施的达标。超额完成就业创业目标任务,城镇登记失业率控制在2.8%以内。"全面改薄"完成投资2.3亿元,义务教育办学条件进一步改善,通过了国家义务教育均衡发展县评估验收。完成1281套廉(公)租房分配工作。完成棚户区改造融资10.69亿元,到位5.3亿元。全县"十三五"期间存量危房、土窑洞改造14412户,开工率100%、竣工率86%。成功举办中国·碛口第二届"枣儿红了"红枣旅游文化节、第三届"青塘粽叶香"民俗文化节。歌舞剧《山里娃》荣获杏花奖。

三、从严落实管党治党责任,基层基础更强更牢

(一)思想建党全面加强。旗帜鲜明讲政治,坚持把学习贯彻党的十九大精神、习总书记视察山西重要讲话精神作为首要政治任务,组建"10+1"宣讲团队,实现宣讲全覆盖、精神入人心。扎实开展"维护核心、见诸行动"主题教育,推进"两学一做"学习教育常态化制度化,全县党员干部"四个意识"更加牢固、"四个自信"更加坚定。完成中共中央后委、中共中央西北局、陕甘宁晋绥联防军旧址的修缮及部分布展工作,命名6处县级爱国主义教育基地,挖掘4条红色临县精神,开展8项家风建设活动,教育党员干部在攻坚深度贫困中主动担当、勇于作为,教育广大群众立脱贫之志、感扶贫之恩,推动新时代吕梁精神焕发新的活力。

(二)"三基"水平不断提升。全年投入8600多万元,用于

“三基建设”。开展乡镇“五小”建设、“八有”工程,村级活动场所新建、改扩建、“六个一”建设。顺利完成农村(社区)“两委”换届工作。特别是围绕基本能力提升,分批组织县四大班子领导、县直单位负责人、乡镇书记在中国人民大学就脱贫攻坚与县域经济发展进行了专题培训。围绕建强基层组织,省市县三级214名机关干部到23个乡镇挂职,为118个行政村引回本土人才120名。

(三)从严治党深入推进。全面落实“两个责任”,全力推进监察体制改革试点工作,选举产生了县监委班子成员。完成县直机关派驻纪检监察“全覆盖”改革和乡镇监察工作的延伸拓展。开展了县内第二轮、第三轮、第四轮巡察,持续巩固正风反腐的高压态势。开展了扶贫领域不正之风和腐败问题专项治理,形成了强大震慑效应,营造了风清气正的干事创业环境。

县委常委会高度重视加强和改进自身建设。在对党绝对忠诚上作表率,牢固树立“四个意识”,增强“四个自信”,在思想上政治上行动上同以习近平同志为核心的党中央保持高度一致。在执行民主集中制上作表率,认真遵守县委工作规则,坚持四大班子联席会议制度,严肃认真开展党内政治生活,进一步增强了班子创造力、凝聚力、战斗力。在真抓实干上作表率,爱岗敬业、夙夜在公、以上率下,团结带领全县党员干部群众撸起袖子加油干,有力推动了各项工作落实。在廉洁自律上作表率,认真落实领导干部廉洁从政各项规定,严格执行中央八项规定精神,自觉接受监督,以实际行动立好标杆、做好示范。

(高翠峰)

附:中共临县县委书记、副书记、常委名单

书　记:张建国

副书记:李双会　李　琦　杨大涛(6月离职,挂职)
邹彩莲(女,6月任职,挂职)
李俊有(挂职)

常　委:王　勇(5月任职,挂职)　王少利　杜侯平
高泽荣　白旭平　李考玉　任文珍
王桂秀(女)　李志英

中共石楼县委工作概况

县委书记　油晓峰

2017年,在市委的坚强领导下,石楼县委以习近平新时代中国特色社会主义思想为指引,认真学习贯彻落实习总书记系列重要讲话精神特别是视察山西重要讲话精神,按照省委、市委的安排部署,团结带领全县各级党组织和党员干部群众,埋头苦干、锐意尽取,各项工作呈现出难中有为、稳中有进的良好局面。全县地区生产总值预计完成9.1亿元,同比增长3.4%;规模以上工业增加值预计完成1180万元,同比增长6.7%;一般公共预算收入预计完成4353万元,同比增长51.35%;社会消费品零售总额预计完成3.2亿元,同比增长6.8%;城镇居民人均可支配收入预计达到1.38万元,同比增长6.5%。特别是两项指标增速居全市第一:固定资产投资完成8.2亿元,增速55.2%;全县农村居民人均可支配收入预计达到3150元,同比增长9.5%。

一、坚持用习近平新时代中国特色社会主义思想武装头脑、推动工作

积极推进“两学一做”学习教育常态化制度化、开展维护核心见诸行动主题教育,县委常委班子以上率下,县委中心组坚持每月一次集中学,每季一次交流讨论学。通过县委党代会、全县干部会议、主题党课、党校培训、“领头雁”培训等形式,充分利用县有线电视台、石楼时讯、微石楼等新闻媒体开设专栏,推动学习不断引向深入,延伸到基层。习总书记视察山西后,县委按照省委十一届四次全会和市委四届三次全会精神,研究出台《关于深入学习贯彻习总书记视察山西重要讲话精神的实施方案》和《全力实施“三五工程”攻坚深度贫困行动方案》两个方案,形成了全县深入学习贯彻落实习总书记视察山西重要讲话精神的33项和全力实施“三五工程”攻坚深度贫困的15项目标任务。党的十九大召开之后,举办了3期全县科级干部学习贯彻党的十九大精神党校专题轮训班,培训县管干部500名。组建10个宣讲团分赴各乡镇、农村和社区开展宣讲近千场,受教育党员群众8万人。特别是全面贯彻落实省委十一届五次全会精神,积极开展大宣讲、大调研、大培训、抓落实活动,县级领导干部领题深入不同领域、不同行业,带头开展宣讲、调研活动,推动全县形成

学习宣传贯彻党的十九大精神的浓厚氛围,确保了党的十九大精神落地石楼。

二、全力攻坚深度贫困,实现脱贫攻坚再战再捷

积极践行习总书记扶贫开发战略思想,牢固树立"打不赢脱贫攻坚战,就对不起这块红色土地"理念,坚决扛起攻坚深度贫困责任,按照市委安排部署,扎实推进"春季行动""夏季攻势""秋季会战""冬季对标",精心编制《全力攻坚深度贫困"三五工程"方案》,形成了"1+N"脱贫攻坚聚焦聚力措施体系。

(一)减贫任务成效明显

实现了22个贫困村退出、3319户10250口贫困人口脱贫,比年初9000人的脱贫计划,超额完成1250口人,超额比例达到14%。全县以力争上游的信心,先后两次迎接了省政府和国务院第三方评估考核验收,实现了脱贫攻坚的再战再捷。

(二)创新脱贫模式攻坚

探索实践了五大攻坚深度贫困新模式。一是党建助脱贫新模式。实施"责任实起来""党旗飘起来""喇叭响起来""支部强起来""党员动起来""村集体富起来"六项举措,推动了村级党员阵地升级改造、无线广播所有行政村全覆盖、一线党员干部工作状态极大改观,党建与脱贫共振出了新变化,受到了市委的表扬;骆惠宁书记在石楼调研期间,也对石楼县挖掘弘扬"梁宝"精神,抓党建促脱贫攻坚工作给予了高度肯定。二是治山"增绿"脱贫新模式。积极践行"两山"理念,实施了退耕还林工程11万亩,完成了红枣核桃经济林提质增效4.4万亩,发展了以油牡丹、单季槐为主的特色林业产业,形成曹穆流域生态经济型5000亩综合治理点,成立了57个造林合作社,1000户贫困人口3900人参与全县林业工程建设。一次性聘任护林员1003名,建档立卡贫困户898名,占比达到89.5%,每人每年补助6000元以上。三是治沟"增收"脱贫新模式。全力发展沟域经济,以农牧结合、农林结合、循环发展、多元化为导向,推动一二三产融合发展,实施了3个县级示范点,9个乡级生态沟域经济示范点,辐射带动群众治理大小沟域100余条,72个村有了林业产业,3000余户贫困户参与治沟增加收入。四是培训就业脱贫新模式。精心打造黄河岸边的"青岛村",在青岛外出务工人数达到2500余人,形成了黄河岸边的"青岛村"劳务品牌。开展7期822人参加的"吕梁山护工"培训,并按照市委要求,两次在全市大会上作了典型发言;开展"石楼技工"培训,向京东集团和北方汽修输送100余人。开展了劳务输出"员工制"试点工作,完善用工单位、贫困户、中介机构联结机制,进一步输通贫困户就业渠道。五是住房保障脱贫新模式。切实解决居住在危险土窑洞中的贫困户住房安全问题,完成了3045户的土窑洞改造任务,成为了全省土窑洞改造试点县,龙交乡甘河村作为农村危险土窑洞改造试点村,第一批完成了20户贫困家庭危险土窑洞改造,全省农村危险土窑洞改造片区现场会在我县召开,为全省土窑洞改造树立了典型,积累了经验。

(三)实施"三五工程"精准发力

一是推进五大重点。生态建设脱贫,统筹"治山治水治沟",实现了治山"增绿"和治沟"增效"脱贫新模式,贫困户同时参与并享受了2到3个生态工程效益。易地扶贫搬迁脱贫,推进105个整自然村搬迁,2016年度搬迁户全部分房到户,2017年度的落实了安置点。"三个一"现代农业产业脱贫,"一县一业"实施"善农、金鸡、银狐"三个产业计划,"一村一品一主体"吸收5834户贫困户15325人参与。"一户一策"对3000余户贫困户特色种植、养殖给予补贴。光伏扶贫工程脱贫,2016年度的18个电站并网发电,620户贫困户受益,2017年规划建设村级光伏扶贫电站13个。外出就业脱贫,对当年跨省外出务工的贫困劳动力每人800元交通补贴,县财政对连续4个月以上外出务工的贫困户进行奖励,有效刺激了贫困户转移就业脱贫。

二是补齐五个短板。健康扶贫,"一站式结算"服务运行,成立了医疗集团,构建了乡镇卫生院、县人民医院、汾阳医院"三位一体"的诊疗体系;投入251.032万元为贫困户交纳大病保险费用并减免了新农合个人筹资,健康扶贫双签约4468人。教育扶贫,推进"全面改薄",通过国家义务教育均衡发展验收,落实十二项教育扶贫政策,资助865名贫困学前儿童和农村义务教育阶段142名学生;968名贫困高中生免除了学费;对176名贫困大学生给予补助。兜底扶贫,农村低保"两线合一",每人每月统一提标达到3228元,五保户每人每年提标达到4000元。基础设施建设,实施饮水安全工程89处覆盖行政村50个,需通动力电的贫困村实现应通尽通,2017年22个脱贫村水泥路全覆盖,2016年、2017年脱贫村互联网全覆盖。城乡统筹发展,创建省级卫生县城,提升对外形象和投资环境。制定天然气、风电等项目带动贫困村贫困户脱贫机制,实施全县域文旅融合发展,推进脱贫与强县有机统一。

三是强化五个保障。加强"三基"建设,围绕"三基"建设,通过积极探索党建助脱贫新模式,推动基层组织全面加强、基础工作全面进步、基本能力全面提升。推进精准帮扶,深化推行"54321"结对帮扶,坚持"六个帮扶",落实"两包三到"要求,贫困村非贫困村单位驻村帮扶全覆盖,积极争取和配合团中央、省、市、汾阳市四级帮扶单位,累计直接投入各类资金1477.1万元,参与帮扶项目136个,受益贫困人口6115人。帮助引进各类项目资金6500余万元,实施项目121个,受益贫困人口8698人。加大资金投入,55%的财政资金集中用于脱贫攻坚,保持了财政扶贫投入总量和增幅"双增长"。最大限度地撬动金融资金,累计发放扶贫小额信贷1.27亿元,带动贫困户2647户。最大力度统筹整合各类涉农资金3.8亿元,比2016年增长了160.27%。项目安排最优先脱贫攻坚,共实施攻坚深度贫困项目279个。激发内生动力,开展了槐花节、美食节、招商引资会等特色产业推介宣传和"推进移风易俗、树立文明乡风"活动,实施"传承好家风、争当文明户"行动,全面激发群众的内生动力。强化责任担当,每月召开一次脱贫攻坚工作例会,每季度召开一次推进会,县委

书记积极履行主体责任，组织召开16次县委常委会专题讨论研究脱贫攻坚工作，带头调研走访了全县9个乡镇的67个村委，进户200多户，一线解决了共性和个性问题100多个，有效推动形成了层层抓落实的脱贫攻坚责任体系。5个脱贫攻坚督导组完成四轮督查，自查整改各类问题104条。全面整改落实市委巡察组和省市扶贫领域专项检查组反馈问题，加大扶贫领域监督执纪问责力度，共查处扶贫领域违纪问题48件，处分57人，其中科级干部5人，确保了责任压力的有效传导。

三、狠抓全面深化改革，经济社会发展活力明显增强

不断创新完善体制机制，积极拓展改革广度和深度，重要领域和关键环节改革取得突破性进展，社会发展活力和创新活力得到了增强。

一是谋划部署有章法。坚持"四个亲自"和"三个三"工作法，组织领导小组主动做好统筹协调和服务保障，把抓落实摆在重要位置，全年共召开8次改革领导小组会议，认真学习贯彻中央和省、市委各项改革决策部署，深入调研谋划重点领域和关键环节改革，持续推动落实5个方面46项具体改革事项。完成了"三合一"机构整合，调整了县改革领导小组及办公室，由县委副书记任改革办主任，配备了改革办专职副主任并落实了3个人员编制，改革力量有效增强。

二是统筹推进有重点。全力实施了监察体制改革试点工作，认真按照中央、省、市要求，县委书记自觉当好"施工队长"，亲自协调、统筹做好了方案制定、人员转隶、思想引导、机构设置、职能定位、办公场所落实、资产整合、线索处置等各类工作。先后5次召开常委会，4次领导小组办公会议，2次动员部署会议，3次试点工作推进会，配齐配强了县纪委监委工作力量，实现了派驻纪检监察机构全覆盖，促进了乡镇监察体制改革的延伸拓展，圆满完成了监察体制改革试点工作。扎实推进农业供给侧改革，实施了"一县一业""一村一品一主体""一户一策"为重点的农业特色产业工程，实现了县有主导、村有主体、户有产业的现代农业产业结构新格局；加快工业经济转型，推进天然气、光伏、风电等清洁能源开发，天然气项目已具备了年产15亿方，日产450万方生产能力。同时，全面完成了"煤改气"、户籍改革、均衡教育、河长制、垃圾分类处理、商事制度、安全生产领域等一批涉及民生的改革事项，完成了县乡工会、团县委、县妇联等群团组织的改革工作。

三是工作开展有亮点。财政涉农资金整合取得历史性突破，统筹整合了农业、水利、林业、扶贫、财政等23个部门乡镇共53项各类涉农资金3.8亿元。合作造林模式得到推广介绍，认真践行"绿水青山就是金山银山"理念，全县成立了57家造林专业合作社，实施了退耕还林工程11万亩，发展特色林业产业面积5000亩，造林合作社有效联结贫困户脱贫的模式被《山西改革信息》进行了推广介绍。项目投工投劳机制得到创新，组织农村以工代赈劳务工程队8个，带动贫困户100余户、贫困人口300余人实现增收；创新探索扶贫资产性收益机制。通过首期光伏发电并网运行、义牒镇褚家峪村与大象集团合作建设运营养猪场，贫困户得到了收益分红。

四、着力保障改善民生，社会事业发展水平稳步提升

牢固树立以人民为中心的发展思想，扎实推进以需求为导向的民生工作，注重城乡一体，不断提升群众的获得感。

一是城乡环境不断改善。把创建省级卫生县城作为建设美丽石楼的首要任务，县财政投入3000余万元给予倾斜支持，单项工作投入超过2016年全县财政收入总额。结合市委部署的"五城联创"和"十镇百村"美丽乡村建设，全县上下各级各部门整体联动、共同用力，积极开展市政基础建设、环境保护综合整治、城乡环境卫生整治等各项工作，顺利通过了省级卫生城市的验收，城乡面貌得到了全面改善。汾石高速公路石楼段选址工作有了重大进展，预计2018年上半年可开工建设。"四好农村路建设"(2017-2020)总体规划完成批复，2017年完成了56公里的脱贫攻坚路建设任务。

二是基本公共服务体系不断健全。全力促进基本公共服务均等化，努力实现发展成果全县人民共享。城乡义务学校布局规划进一步合理，高考成绩连续十年位居全市山区九县前列，3名学生分别被清华、北大录取，90多名考生被"985""211"名校录取，教育教学质量得到全面提升；累计投入环境保护资金1.5亿元，县城集中供暖覆盖率达到了80%以上，屈产河水环境有效治理，污水处理厂运行恢复正常；县人民医院新住院大楼、县中医院投入使用；文化基础设施不断完善，县体育场、全民健身活动中心开工建设，县美术馆、文化馆项目积极推进，9个农村文化活动广场示范点建设工程全面完成。构建起"村村响"大喇叭、"户户通"电视、乡镇文化站、文化活动室、农家书屋、农村宣传文化员"六位一体"的农村宣传文化阵地及平台，人民群众的文化生活更加丰富。石楼成为全省首家大喇叭行政村全覆盖的县份，打通了农村信息服务的"最后一公里"。

三是社会管理体系不断完善。法治石楼建设，县委中心组多次学习研究法治工作，积极推行了党委法律顾问、公职律师等制度，县委、县政府率先聘请了律师，全县34个县直单位聘请了法律顾问或公职律师。成立了县法学会，印制了法治宣传读本。社会治安综合治理工作，持续深化"打黑除恶"专项行动，建成并投入运行县乡村三级调解机构134个，建立了专业性、行业性调解组织14个，完善了诉调、检调、公调、政调、访调的对接机制，雪亮工程进展顺利，综治中心建设排在全市前列，社会秩序实现了良好维护，成为2017年度省级"平安县"。信访维稳工作，圆满完成了重要节点全县社会大局的安全稳定。是全市唯一在2016、2017两年实现"无进京越级上访、无大规模集体上访、无因信访问题引发的极端恶性事件和舆论负面炒作"的"三无"目标的县份。

四是意识形态工作不断强化。维护网络舆论安全，严格落实"三带头""三亲自"，成立了意识形态工作领导小组和工

作细则,组织县委常委会召开专题会议3次研究意识形态工作,亲自过问处理了负面舆情7起,全县完成政治类有害信息举报9000余条,位居全市第一,受到了市委网络安全和信息化领导小组的通报表扬。深化主题宣传,紧扣党的十九大精神,充分发挥“一个平台,两支队伍”的作用,拍摄了反映农村破除陈规陋习题材的微电影《彩礼》,电影《吕梁汉子》在中央电视台电影频道首播。“千人千场”巡回宣讲、“学习宣传贯彻党的十九大精神”主题手工艺术大赛、书画展、摄影展等活动的开展,为喜迎十九大、学习宣传贯彻十九大营造了浓厚的氛围。推动主流媒体融合发展,形成了全县“两台、一报、两网站、两平台”主流媒体融合发展格局,县新闻办外宣发稿全市名列前茅,县广播电视台外宣发稿全市综合排名第3,内宣外宣工作取得历史最好成绩。

五、加强全面从严治党,政治生态环境建设持续向好

纵深推进全面从严治党,全面加强党风廉政建设,以永远在路上的执着推动政治生态不断净化持续向好,全县广大党员干部呈现出干事创业良好精神状态。

一是认真落实管党治党主体责任。县委书记认真履行党建第一责任人职责,始终把党建工作摆在重中之重的位置,县委常委会召开6次会议专题研究基层党建工作,细化基层党建工作清单,明确了23大类97项具体任务,研究制定基层党建工作的实施意见和办法规定8个。特别是全面落实市委巡察整改要求,对30项具体问题进行了及时整改,扎实推动了“三基”建设、党建助脱贫攻坚等工作任务的落实。

二是全面推进“三基”建设。通过积极探索党建助脱贫新模式,不断推动基层组织全面加强、基础工作全面进步、基本能力全面提升。克服深度贫困县财力薄弱的客观实际,投入了1500余万元“三基”建设经费,投入占财政比例之高居全市之首。按照“六个一”目标,打造了10个示范点,完成了17个2017年脱贫村、51个无阵地或危旧狭小活动场所和9个乡镇“五小”建设,聘用了134名贫困户为宣传文化员。强化党员干部教育,突出以“吕梁精神”“东征精神”“梁宝精神”为内核的党员干部教育,命名了留村毛泽东路居、梁宝事迹展览馆、龙交文化园为全县首批党员干部教育基地。累计举办培训班27期,培训党员干部达2971余人,村“两委”主干、第一书记、农村党员普遍进行轮训。加大乡村两级经费投入,每个乡镇补助10万推进乡镇干部周转房建设。村级运转经费平均达到9万元,县管党费专项列支经费27万元用于支持贫困村开展脱贫攻坚和党的活动,村“两委”主干岗位报酬基数普调20%。夯实基层基础,统筹推进村“两委”换届,全县134个行政村撤并为119个,采取回引、选派、优选等途径,配强村支部力量;积极开展了“破零”行动“八条路径”和10种模式,97个村集体“破零”,其中集体经济收益1万元以上达到59个,占“破零”村的一半以上。

三是持之以恒正风反腐。锲而不舍落实中央八项规定精神,紧盯元旦、春节、清明、五一等重要节日纠正四风问题,发现违反中央八项规定线索20条,查处违反中央八项规定精神7起,处理7人。深入开展扶贫、环保、信访“三大领域”监督执纪问责,把“四种形态”贯穿始终,全年受理举报件238件,处置问题线索253件,立案100件,结案95件,处分人数94人。中纪委网站对县纪委“四听四说推进基层党风廉政建设”工作进行了报道。国务院新闻办《中国报道》对县纪委“弘扬红船精神 传承红色基因”主题党日活动进行了报道。

四是着力营造干事创业良好氛围。深入贯彻新时期好干部的选用标准,结合部分缺职岗位,全年平级调整干部31人,提任34人。其中:第一书记提拔9人,下乡工作队员提拔1人,占比1/3,树立了在脱贫攻坚一线选人用人的鲜明导向。制定了《石楼县脱贫攻坚挂职干部管理办法》《关于做好选派干部在乡镇挂职帮助工作的通知》,选派6名科级干部派驻县扶贫部门进行挂职锻炼,抽调10名科级干部成立全县脱贫攻坚督导组、深化改革督导组在督导检查实践中进行锻炼。选派45名干部到乡镇挂职帮助工作,让干部到脱贫攻坚一线锤炼成长、提升能力。

五是用力巡察反馈整改落实工作。严格按照“六个对照”,对自查梳理出的10个方面21个问题,以及市委巡察二组巡察反馈四个方面的14项30个具体整改项目,在规定时间内全部整改完成,县委常委班子召开了落实巡察整改专题民主生活会,对整改落实情况进行了全面总结。充分发挥巡察利剑作用,县委全年开展了两轮巡查,坚持边巡察移交边整改落实,对巡察发现的问题,做到及时准确反馈意见,提出整改建议。督促被巡察单位党组织在真解决问题上下功夫,在立行立改、从快从严上下功夫,切实通过巡察推动全县保持了风清气正的政治生态。

(学 鹏)

附:中共石楼县委书记、副书记、常委名单

书 记:油晓峰
副书记:陈 浩 田文军
常 委:闫玉萍(女) 张建峰 赵林泉 薛志胜 马恒文 闫建军

中共岚县县委工作概况

县委书记　高奇英

2017 年，在省委、市委的正确领导下，以习近平总书记系列重要讲话精神为指引，认真贯彻落实中央、省委和市委的各项要求部署，以脱贫攻坚统揽经济社会发展全局，突出抓好“三件大事”，克难奋进，砥砺前行，全县各项工作顺利推进，经济社会保持了良好发展势头。

一、党的建设全面加强

政治意识更加坚定。县委常委会旗帜鲜明讲政治，始终在思想上拥戴核心、政治上维护核心、行动上紧跟核心，时刻同以习近平同志为核心的党中央保持高度一致，不断用习近平新时代中国特色社会主义思想武装头脑、指导实践、推动工作。理论武装更加自觉，把推进“两学一做”学习教育常态化制度化、开展维护核心见诸行动主题教育作为重大政治任务和加强党性教育的重要内容，在真“学”实“做”上深化拓展，县委常委会组织集中学习讨论 28 次，县委常委班子集中学习 17 次、交流 52 人次，维护核心的思想自觉、政治自觉、行动自觉不断增强。宗旨观念显著增强，深入学习宣传贯彻党的十九大精神，开展万人万场大宣讲，扎实开展弘扬“红船精神”主题党日活动，广大党员“四个意识”明显增强，党组织的凝聚力战斗力明显提高。

政治生态持续向好。严格执行民主集中制，进一步完善领导班子议事规则和决策程序，带头落实“三重一大”事项集体决策制度，严格贯彻执行中央八项规定，持续整治“四风”。党内生活严肃规范，认真贯彻执行《党章》和“三会一课”制度，严格执行常委会成员双重组织生活记录报告制度，民主生活会勇于揭短亮丑，深挖思想根源，严肃整改落实。干部选用风清气正，认真落实《干部选拔任用条例》，规范干部选任程序，全年共调整干部 130 人，提拔使用 19 人，平调交流正科级干部 6 名，社会反响良好。

“三基”建设全面推进。县委把“三基”建设作为补短板、克难点的强基固本工程，突出重点，强化举措，全力实施了“七大工程”。党建责任层层压实，完成了 23 个软弱涣散基层党组织的整顿任务。创新壮大村级集体经济发展模式，全县 133 个集体经济空壳村实现了“破零”。投入 1300 余万元完成乡镇“五小”、“八有”建设任务，基层组织阵地整体提档升级。加强干部经常性教育培训，全年举办各类干部培训 6 期 12000 余人次，干部能力素质有了较大提高。严肃换届纪律，全县农村(社区)“两委”换届圆满完成，社会各界反响良好。

党风廉政建设全面强化。严格落实党风廉政建设主体责任，常委班子成员带头述职述廉，报告个人重大事项，自觉接受组织监督。监察机制不断健全，扎实推进监察体制改革试点工作，高标准完成转隶挂牌，开展纪检监察组派驻工作，实现纪检监察组全覆盖。“两个责任”履行到位，常委班子成员进一步压实责任，指导督促分管部门和联系乡镇党风廉政建设工作，坚持谈心谈话，累计开展廉政谈话 275 人次。惩治腐败保持高压态势，立查案件 113 件，处理处分党员干部 120 人，其中科级干部 18 人。充分发挥巡察工作“利剑”作用，完成三轮巡察工作，发现问题线索 237 条，做到了有腐必反。

二、转型发展初见成效

经济发展态势稳中向好。圆满完成年度既定的目标任务，经济稳中提质、稳中增效，发展质量和效益进一步提高。全年地区生产总值完成 33 亿元，同比增长 0.1 %；社会消费品零售总额完成 11.6 亿元，同比增长 5.9 %；规模以上工业增加值完成 21.8 亿元，总量同比增加 5.91 亿元；固定资产投资完成 15.13 亿元，同比增长 5.4%；城镇居民人均可支配收入完成 19213 元，同比增长 6.1%；农村居民人均可支配收入完成 5064 元，同比增长 8%；全县公共财政预算收入完成 4.007 亿元，同比增长 23.5%。

产业结构日趋合理。产业转型和新兴产业培育发展步伐加快。传统产业提质转型，继亨铸造 20 万吨矿渣棉保温材料形成规模性生产，佳昌汽配 5 万吨矿渣棉生产线试车成功，传统产业转型升级，废弃资源利用迈上新的台阶。新兴产业蓬勃发展，新材料园区电感绕线项目、绿缘锦环保科技有限公司聚乙烯超分子成型项目完成生产线改装。大力发展风力发电、光伏发电等新兴产业，30MW 集中式和 4MW 村级分布式光伏扶贫项目全部并网发电。旅游产业大放异彩，按照“主导产业 + 旅游 + 文化 + 互联网”融合发展模式，举办“中国·岚县土豆花开”第三届旅游文化月，将马铃薯产业与生态旅游、特色餐饮、红色遗迹、非遗项目等县域旅游要素深度融合，接待游客 27.4 万人，拉动经济增长近 2.5 亿元，成为新的经济增长点。招商引资成效喜人，签约招商引资项目 17 个，签约资金 44.36 亿元，完成率 103%，落地资金 22.57 亿元，完成率 150%。

深化改革扎实推进。出台了《中共岚县县委全面深化改革领导小组 2017 年工作要点及责任分工》，确定了 6 个方面 61 项具体改革目标任务。改革成果亮点纷呈，购买式造林、购买式管护、林业资产收益、先诊疗后付费一站式结算、农村宣传员制度等一大批改革事项得到中央、省、市领导的肯定。改革经验全面推广，6 月份习近平总书记在视察山西时对购买式造林给予充分肯定，并要求坚持下去，全国全省予以推广，这是对县委莫大的鼓励，要持之以恒抓出成效。省委书记骆惠宁、市委书记李正印对农村宣传员制度作出肯定批示，并在吕梁市全面推广。8 月份全省产业扶贫现场会在我县召开,学习推广岚县一二三产融合发展,培育壮大马铃薯产业,助推农民脱贫增收的经验做法。9月份全国林业扶贫造林专业合作社现场会上岚县作了典型发言,四川、河北、云南等省市多次组织相关部门来我县参观学习,岚县对外形象和影响力不断提升。

民生事业大幅改善。教育医疗全面提质,统筹推进学前教育、义务教育、高中教育和职业教育,总投资2亿元的12轨制职教中心建成投用。加快医疗体制改革,成立了岚县医疗集团,整合全县医疗资源,实现有限资源的优化配置,基本公共卫生服务能力不断提升。环境质量显著改善,标本兼治整改落实中央、省、市环保督察交办问题,大力开展环境保护综合整治攻坚行动,认真落实"河长制",加快污水管网改造,岚河曲立断面水质明显好转。超额完成煤改电、煤改气任务,新增集中供热面积30万平方米,全年城区空气优良天数达235天,空气质量排名全市前列。

社会管理不断强化。信访形势持续好转,完善村务民意排查解决机制,畅通民意诉求渠道。严格落实领导接访、"五包一"稳控和领导包案制度。平安创建扎实推进,推行机关聘用律师和"一村一法律顾问"制度,扎实开展"七五"普法工作,全民法治意识进一步增强。投资2473万余元的"天眼雪亮"工程建成,实现了监控全覆盖,管控无死角。持续开展"打黑除恶"专项行动,群众安全感和满意度大幅度提升。安全生产形势稳步好转,强化安全生产监管,严格落实安全责任,全年未发生安全生产责任事故。

三、脱贫攻坚再战再胜

县委始终把脱贫攻坚作为首要政治任务和第一民生工程,坚持精准扶贫、精准脱贫基本方略,攻坚克难,脱贫攻坚实现再战再胜。

脱贫机制不断完善。责任全面夯实,调整充实了县脱贫攻坚机构,设立了脱贫攻坚指挥部,落实了县级领导脱贫攻坚主体责任,形成了指挥协调、监督落实、县乡村三级联动的全方位、立体化脱贫攻坚领导责任体系,层层签订脱贫攻坚"军令状",脱贫攻坚责任进一步夯实。帮扶更加有力,推行县级领导包村、科级干部包户全覆盖,"四支力量"帮扶全覆盖,发挥领导干部的带头示范作用。实施"双培双带"工程,实施"人才回归"工程,吸引240名本土优秀人才回乡就业、创业或任职,村级党组织的凝聚力和农村党员干部的带富能力不断提升。

脱贫举措更加扎实。资金投入持续增长,全年安排扶贫资金5750万元,整合各类涉农项目资金1.87亿元用于脱贫攻坚。产业扶贫精准发力,全力实施马铃薯产业减贫工程,种植面积稳定在33万亩以上,完成"四品一标"认证,荣获"百强农产品区域公用品牌"称号,年提供农民人均纯收入2330元,带动8000余名贫困人口实现稳定脱贫。同时,小杂粮、生态养殖、生态育苗等辅助产业全面发展,产业带富效益不断提升。生态扶贫效益突显,102个扶贫攻坚造林专业合作社承接13.87万亩造林任务,带动5155名贫困人口累计增收2000万元。依托生态旅游,规范新建农家乐42户,户均增收5000元以上。政策红利不断释放,先诊疗后付费"一站式结算"全覆盖,为贫困人口办理大病补充保险、意外伤害保险,对因病致贫人口开展"四个一批"兜底保障,报销比例达90%以上。全力推进易地移民搬迁,1061户3313人分房到户。内生动力不断激发,通过典型带动、教育培训,群众自我脱贫意识显著增强,脱贫技能不断提升,完成护理护工培训1013人,实现就业496人,完成农民工职业技能培训2450人,劳动力转移2486人。

脱贫成效更加显著。一年来县委以脱贫攻坚统揽全局,咬定目标,加压奋进,以上率下,砥砺前行,通过产业扶贫稳增收,健康扶贫保重点,政策扶贫兜底线,教育培训提技能,易地搬迁拔穷根,生态扶贫可持续等一系列政策举措,全年实现35个贫困村退出,4909户14511名贫困人口脱贫,贫困发生率下降至13.6%,贫困人口实现脱贫不返贫,致富有保障,脱贫攻坚工作再创佳绩。

此外,统战、人武、工会、团委、妇联、残联、科协、老干部、关心下一代等工作都取得了新成效,人民幸福指数、安全指数全面提升,全县呈现政治安定、经济健康、社会稳定的良好局面。

(程保安)

附:中共岚县县委书记、副书记、常委名单

书　记:高奇英(女)

副书记:乔　云　刘大鹏
郭翔玲(女,6月离职,挂职)
侯振全(6月任职,挂职)　赵秀龙(挂职)

常　委:范发宾(5月任职,挂职)　成　林　秦　峰
石建新　张鹏耀(9月离职)
马金彪(9月任职)　李雪峰　刘彦文

中共兴县县委工作概况

县委书记　梁志锋

2017年是贯彻落实十九大精神的关键之年，也是攻坚深度贫困决战全面小康的重要一年。一年来，在市委、市政府的坚强领导下，县四大班子团结带领全县干部群众，埋头苦干，奋力攻坚，积极应对各种困难考验，各项工作取得了新进展、新成效。

一、主要经济指标完成情况

2017年预计完成地区生产总值77亿元，增长8%;完成财政总收入42.93亿元，增长129.23%；一般公共预算收入13.33亿元，增长87.26%；城镇居民人均可支配收入18056元，增长5.4%;预计农村居民人均可支配收入4275元，增长6.7%。

二、重点工程项目进展情况

2017年兴县省市重点工程项目共12个，总投资约88.5亿元。

山西吕梁轻合金科技循环产业基地一期年产50万吨轻合金项目。总投资41亿元，近期可通电投产。

兴县蔡家崖煤炭集运铁路专用线项目。总投资8.8亿元，已建成通车。

山西豫能兴鹤铁路联运有限公司兴县铁路煤炭集运专用线项目。总投资15.9亿元，项目立项、土地预审、环评、选址已办结，正在建设中。

兴县肖家洼专用线。总投资12.5亿元，已建成通车。

兴县北山过境公路。总投资5.3亿元，项目立项、土地预审、环评、选址已办结，部分征地拆迁已完成，实施方案初稿已完成。

兴县人民医院迁建项目。门诊医技楼、住院楼、感染病楼和办公楼已全部封顶，电梯、消防、暖通等专业工程正在安装施工，预计2018年底投入使用。

兴县城区可视山体绿化工程。一期工程已完成整地13518亩，栽植7200亩;二期园林景观工程已开工建设。

九龙物流园区项目。总投资4.5亿元，各项准备工作正在有序推进。

兴县瓦塘电解铝厂公路工程。总投资0.81亿元，路基已全部完成，隧道已贯通，初步具备通车条件。

兴县蔚汾河张家圪埚段河道综合治理工程。总投资1.66亿元，项目立项、土地、环评、选址已办结，2018年5月建成并投入使用。

兴县蔚汾镇石盘头村棚户区改造项目五期工程。总投资0.91亿元，项目立项、土地、环评、选址已办结，正在实施地基工程。

兴县城西城中村改造项目。总投资0.49亿元，项目立项、土地、环评、选址已办结，正在建设。

三、脱贫攻坚工作情况

产业扶贫方面。按照“一主五辅”的现代特色农业产业发展思路，着力构建以小杂粮为主导，畜牧养殖、食用菌、马铃薯、中药材、经济林为补充的农业产业体系。县财政安排4000余万奖补资金，扶持特色农业产业发展。全县建设绿色杂粮基地7万亩、有机杂粮基地5000亩、绿色谷子种子基地1000亩。发展畜牧养殖专业合作社95个，县财政对吸收农户20户以上、贫困户不少于70%的专业合作社，每个补贴20万元。发展食用菌600万棒，县财政给予贫困户每棒补贴3元。种植白术、甘草、黄芪、桔梗、地黄、苦参、柴胡等山西道地中药材20000亩，结合上级补助，县财政对贫困户每亩补助400元，非贫困户每亩补助200元。种植马铃薯15万亩，建设一级种薯繁育基地5524亩，县财政每亩补助350元。新栽植钙果、构树、玉露香梨、核桃等经济林10万亩，全部采用大苗栽植，3年左右可全部受益。

易地搬迁方面。坚持把易地扶贫搬迁作为解决深度贫困的重要举措，2017年规划搬迁贫困人口4297人、一般农户935人，涉及整自然村搬迁村105个。4297名贫困群众，全部在新建的10个集中安置点和县敬老院集中安置。

生态脱贫方面。2017年规划造林27.14万亩，采取“贫困户参与、专业合作社造林、议标实施”的方式，所有退耕还林工程全部由能人大户带头，组建专业合作社，由所涉乡镇以议标形式实施。全县累计组建271个造林专业合作社，合作社成员6233人，其中贫困人口4720人。全县共完成造林20万亩，有217个合作社参与造林，参与的贫困劳力有6532人，人均可增收3000余元。组建了54支经济林管护专业队，324名贫困劳力参与管护，人均年收入5000余元;在贫困人口中聘用护林员749人，人均年收入6000余元;发放1.1375亿元退耕还林补助资金，涉及贫困户6008户18378人，人均补助性收入2160元;积极探索林业资产性收益办法，由山西孙嘉淦农业生物科技有限公司建立钙果种植基地，共流转土地1300亩，涉及贫困户140户334人，每亩可带动收入1300余元。通过林业生态建设工程，今年全县有4700余名贫困群众稳定脱贫。

光伏扶贫方面。2017年规划建设村级电站191个，总规模60.3兆瓦，地面集中式电站1个30兆瓦，共覆盖贫困人口 10252 户 32796 人,已开工 7 个。同时,积极探索收益分配机制,已结算 160.12 万元,首次分配 106.2 万元。

就业培训方面。2017 年培训护工 1193 人,就业 587 人。在太原建立兴县籍"吕梁山护工"实训基地,已投入运营。积极开拓西部就业市场,计划在东胜成立西部就业工作站,在神木、东胜成立吕梁山护工联络部,为所有建档立卡贫困户中有劳动能力和务工需求的贫困人口提供就业服务。同时,充分挖掘就业潜力,与驻兴企业建立用工合作关系,安排 1280 人到驻兴国有企业就业,优先为当地农民提供临时性岗位 565 个。

基础设施方面。围绕改善农村生产生活条件,特别是围绕贫困提升工程,统筹推进贫困村路、水、电、网等基础设施建设,重点打通制约深度贫困人口生产生活"最后一公里"。2017 年实施道路改建项目 24 个 126.19 公里、实施安全饮水工程 150 个、改造维修农村文化活动中心 11 个、新建改造村级卫生室 104 个、建成移动基站 37 座、手机信号新覆盖行政村 70 个、互联网新覆盖行政村 63 个。

合力帮扶方面。深化"三支力量"帮扶,26 名县级干部带头包扶贫困村、贫困户;全县派驻驻村工作队 171 支,其中省队 7 支、市队 27 支、县队 137 支;选派第一书记 307 人。全县 235 个贫困村都成立了脱贫攻坚一线攻坚组,攻坚组成员由第一书记、乡镇包村干部、1 名工作队员组成,攻坚组成员与原单位脱钩,实行每周五天四夜在村工作,不脱贫不撤离、不脱贫不回城。实施了"十企帮十村结对帮扶""三晋巾帼"脱贫工程,开展了各类助学活动和献爱心活动,实行千名干部挂牌帮扶万户贫困户,县乡村干部及企业管理人员 5000 余人与全县所有贫困户结对帮扶,不脱贫不脱钩,形成全社会广泛参与的大扶贫格局。成立兴县慈善总会,开展了助推脱贫攻坚万人签名行动和聚焦深度贫困爱心慈善捐助文艺晚会,积极发动企业、社会团体、爱心人士等参与到慈善事业中来,有效助推脱贫攻坚。

四、农业农村工作情况

农业产业发展方面。杂粮产业。全县杂粮种植面积 60 万亩,其中建设无公害杂粮基地 12 万亩、绿色杂粮基地 7 万亩、有机杂粮基地 5000 亩、绿色谷子种子基地 1000 亩。食用菌产业。全年制作菌棒 450 万菌棒棒,已发放到农户,通过采取"公司 + 合作社 + 基地 + 农户"和"公司 + 农户"两种模式,农户种植的香菇由公司全部订单回收。畜牧产业。全年改良黄牛 4300 头,完成退耕还草 20000 亩,发展牛、羊、猪、鸡规模养殖合作社 95 个。中药材产业。发展白术、甘草、黄芪等多年生中药材 19503 亩,打造山西地道中药材品牌。马铃薯产业。全县种植马铃薯 15 万亩,其中建设无公害马铃薯 30000 亩、绿色马铃薯 20000 亩。休闲农业和乡村旅游。以高家村镇赵家川口"兴县晋丰农业生态科技园"为主,发展休闲农业和乡村旅游。

水利工作方面。完成农村饮水安全工程 81 处。完成水土流失治理面积 10.75 万亩,农田实灌面积任务完成 8.22 万亩。建设完成了总长度 1800 米蔚汾河蔡家崖段蓄水工程。开展岚漪河兴县段河道治理工程,完成新筑河堤 4270 米、新建场内道路 5km。

五、社会民生事业全面发展

教育方面。全面改造薄弱学校,顺利通过了国家验收,有效推进全县义务教育均衡发展。对建档立卡贫困高中生免学费、免书费,每生每年补助生活费 2000 元;对高考达线的贫困生,一本补助 6000 元,二本补助 2000 元。2017 年,全县高考达二本以上 555 人,较去年有了较大的增长。

卫生方面。成立兴县医疗集团,完成 2 个乡镇卫生院改扩建、212 个村卫生室新(改)建工程,对预脱贫的 64 个村卫生室进行了标准化建设。公开招聘卫生专业技术人才 87 名。推进家庭医生签约服务,建立家庭医生服务团队 384 个,与 114000 余人签订了服务协议。同时,严格落实了"三保险、三救助",开通"一站式服务"平台,完善双向转诊机制。

社会保障方面。在原有基础上,对 6283 名城市低保对象、30312 名农村低保对象,每人每月分别增加 20 元、25 元;救助孤儿 141 人 100 余万元,救助农村患大病困难群众 678 人 200 余万元;共救助城市患大病困难群众 85 人 50 余万元;发放临时救济款 20 余万元、救助款 80 余万元。启动县综合福利服务中心扩建、县养老院建设工作。新建 10 个老年人日间照料中心、5 个"农村留守儿童之家",完成危房改造 6612 户。

基础设施建设方面。新建和改造城市道路 8.5 公里、城市供水管网 10.5 公里、雨水管网 7 公里、供气管网 10 公里、供热管网 4.5 公里、污水管网 5.5 公里,新增城市集中供热面积 9.3 万平方米,新增绿化面积 234.86 万平方米,完成垃圾处理场等级评定。完成农村清洁取暖"煤改气" 1768 户。侯家沟至山头段、河儿上至肖家洼段公路改造工程,路基路面工程基本完成。

六、红色旅游工作情况

编制完成《兴县旅游发展总体规划》《兴县晋绥边区首府旅游区创 4A 级提升规划》《兴县黑茶山旅游景区创 4A 级提升规划》,组建兴县旅游开发总公司和黑茶山景区旅游服务有限公司。完成北坡晋绥分局初步布展、晋绥风情街一期工程和 5 处省保单位的保护碑树立工作;高家村晋绥日报社旧址修缮项目、吕梁兴县北齐长城加固抢险修缮项目完成招投标,正在开展工程前期工作;西北农民银行(洪涛印刷厂)旧址修缮工程完成了招投标程序,施工队已进驻场地。晋绥边区首府旅游区、黑茶山景区旅游交通标识牌完成设计;完成东会乡庄上村、小坪头村和交楼申乡张家圪台村 3 个乡村旅游扶贫项目,已移交项目所在村集体管理运营。举办了首届"红色兴县"旅游文化季。

七、安全稳定工作情况

信访稳定方面。坚持领导干部定期接访制度,注重源头预防和矛盾排查化解,持续加力积案化解和领导包案。进一步加大"双向责任"追究力度,有效地规范了信访秩序。

政法综治方面。深入开展"打黑除恶"专项斗争,破获刑事案件277起;集中开展"黄赌毒"专项整治行动,查处治安案件818起。

安全生产方面。组织开展安全生产法律法规宣传教育,1.5万余名群众接受了安全生产教育。培训安全监管执法人员16人次,企业主要负责人、安全管理人员、特种作业人员及一般从业人员284人次。深入开展安全生产大检查大排查专项行动,出动督查检查组35个165人次,检查企业103家,排查隐患129项,整改117项。

八、党建工作情况

"两学一做"学习教育方面。县委常委班子带头开展专题学习讨论、带头讲党课、带头参加双重组织生活会、带头查找问题、带头整改落实,全县党员干部思想观念大提升、工作作风大改进、精神状态大转变。深入开展了"践行总书记山西调研讲话、接受革命传统教育""党员先锋行""亮身份、做承诺、当先锋、树形象"等活动,党员的政治意识、大局意识、核心意识、看齐意识显著增强。

干部队伍建设方面。利用"兴县发展讲坛",分层分批培训党务干部、县直机关党组织书记、村"两委"主干、党员3000余人次。结合学习贯彻党的十九大精神,分四期对全县科级干部进行轮训。加大对干部的研判力度,准确把握干部队伍现状,全县调整干部53人,其中提拔3人,平调38人,免职12人。抓好"百人计划",县选派80名优秀干部到乡镇开展为期2年的挂职锻炼。认真抓好后备干部队伍建设,通过严把严格程序,初步建立了100-150人的后备干部人才库。

基层组织建设方面。突出抓好"三基"建设,围绕"五个好"标准,打造党建示范点65个。开展了村级组织活动场所建设全覆盖工作,新建维修村级阵地188个。实施了村集体经济破零工程,376个行政村实现破零219个。开展了后进党组织集中整顿工作,整顿32个,撤换支部书记11人。启动了本土人才回引工程,遴选103名本地优秀大学生到村挂职村党支部书记或村委主任助理,待遇按县最低工资标准每月1420元执行。对市委、县委、乡镇党委评为"五个好"村党组织书记,连续或累计任职6年以上的,分别给予每月2500元、2000元、1500元的生活补助。严格落实村级组织运转经费,村"两委"干部平均待遇增长到9000元左右。

九、党风廉政建设工作情况

从严落实"两个责任"。制定出台了《落实党风廉政建设主体责任的实施意见》和《落实党风廉政建设监督责任的实施意见》,落实了牵头单位和责任人,县委班子及班子成员制定了主体责任清单。建立健全了"签字背书"、廉政谈话提醒、请示报告、约谈、廉政档案、"三述"报告等制度。对26名重点部门、重点岗位上的党员领导干部进行了廉政提醒谈话,对6名因案件查办工作不力乡镇的党委书记、纪委书记进行了约谈。

大力狠抓作风建设。以落实中央"八项规定"和整治"四风"为重点,扎实推进作风建设,实现了明察暗访常态化。全县28名县级领导干部、509名乡科级干部和4852名普通干部背书签字,作出拒收礼金、红包的承诺。收集整理了20余种党员领导干部应知应会的规章制度、禁令要求,编印成册,分发全县党员领导干部。

推进监察体制改革。2017年3月9日兴县监察委员会正式成立,监督调查处置工作正式运转。县监察委员会在"融合与建制"过程中,监察委员会内设部门与人员与纪委共用,分工不分家。建立执纪监督、执纪审查、案件审理相互协调、相互制约的工作机制,实行执纪监督与执纪审查部门分设,形成了协调高效的全新工作格局。

发挥巡察利剑作用。积极开展巡察工作,巡察发现的问题线索已全部移交处置,被巡察单位针对巡察发现的问题正在积极整改,认真处置了市巡察组移交的79件问题线索。

保持正风反腐高压态势。严肃查处违反中央八项规定和"四风"问题,全县共查处18件,处理21人。不断加大案件查办力度,县乡纪检监察机关立案91件,党政纪处分118人。

(刘　斌)

附:中共兴县县委书记、副书记、常委名单

书　记:梁志锋

副书记:刘世庆　高　鹏　白小丹(6月离职,挂职)　曹晨明(挂职)

常　委:刘晓春　刘　云　石　磊　张新春　刘平则　宋兴丽(女)　冷树义

中共晋中市委工作概况

市委书记 胡玉亭

2017年,在中央和省委的正确领导下,晋中市委深入学习贯彻党的十九大精神、习近平新时代中国特色社会主义思想和习总书记视察山西重要讲话精神,坚决落实省委“一个指引、两手硬”思路要求,全面打响苦干三年全面挺进全省第一方阵的“晋中战役”,推动党和人民事业在晋中取得新进展新成效。

一、学用讲话引领发展新境界

把学用习近平新时代中国特色社会主义思想作为根本性任务,摆在首要位置来抓。习总书记的最新讲话和重要论述,市委常委会都第一时间传达,市委中心组都要带头开展学习,全年传达学习34次。特别是习总书记视察山西以来,把习总书记视察山西的重要讲话精神作为学用讲话的重中之重,召开2次常委会会议、3次常委扩大会、1次全市干部大会、1次市委全会传达学习、研究部署、推进落实;出台关于学习贯彻习总书记视察山西重要讲话精神和在深度贫困地区脱贫攻坚座谈会上重要讲话精神“两个实施方案”,把重要讲话精神晋中化、具体化,推动学习贯彻不断深入,推动重点工作落地见效。

突出“维护核心、见诸行动”主题,深入推进“两学一做”学习教育常态化制度化。先后召开学用习总书记系列讲话经验交流会、《习近平总书记的成长之路》《习近平的七年知青岁月》学习研讨会、党的十九大精神研讨会等。在市委的带头示范引领和持续深入推动下,全市各级党组织和党员干部对系列重要讲话的信仰不断增强,“四个意识”更加牢固,维护核心、践行讲话行动更加自觉有效。晋中参与“两学一做”网上竞答人数全省第一。

党的十九大召开以后,把学习宣传贯彻十九大精神作为当前首要政治任务。先后召开市委常委会、常委扩大会、中心组扩大专题学习会、市委四届五次全会进行系统安排,形成“一通知四方案”总体部署,宣传、宣讲、培训、调研等工作有序开展,学习宣传贯彻持续推向高潮。贯彻省委部署,扎实开展市县两级干部大调研活动,切实解决了一批实际问题,形成了一批高质量调研成果。

二、经济转型发展开创新局面

一是党对经济工作的领导进一步加强。建立常委会动态和定期研究经济工作制度,每月听取市政府党组经济运行情况书面报告,每季度专题研究经济形势,分阶段指导、研究、推进经济工作,党对经济工作的领导形成机制、进一步加强。市政府每月中旬召开重点项目现场调度会,每月下旬召开经济分析研判会议,每两月召开一次项目集中开工活动,有力推进了全市经济稳步向好。全面挺进全省第一方阵基本达到预期。全市固定资产投资绝对额全省第二,城镇常住居民人均可支配收入第三,一般公共预算收入、规模以上工业增加值均居第四,地区生产总值、农村常住居民人均可支配收入均居第六。

二是供给侧结构性改革持续深化。去产能“取舍”结合,积极推进60万吨以下煤矿减量重组工作,大力提升工业产品档次,扩大有效供给。去库存扎实有效,全市商品房库存55万平方米,消化周期为4个月。去杠杆稳步推进,政银企对接实现常态化,新增2户企业新三板挂牌。降成本成效明显,规上工业企业每百元主营业务收入成本同比降低3.8元。补短板力度加大,财政民生支出增长13.2%,高于全省5.4个百分点,占全部支出比重82.8%。

三是产业转型成效明显。制定扶持转型项目和优势企业“2+5”政策体系,引导激励、扶优扶强。传统产业改造稳步推进。工业技改投资翻番。民间投资占总投资比重65%,高于省5.4个百分点。安泰销售收入突破百亿,规上企业净增52户。新兴产业增长步伐加快。装备制造业增加值增长28.3%,高于省14.4个百分点。吉利轿车整车生产突破10万辆,东方希望铝形成200万吨氢氧化铝生产能力,分别拉动全市工业增加值增长1.9和2.3个百分点。榆社超大型煤层气田的发现将极大优化晋中能源产业结构。旅游总收入突破800亿,接待游客近8000万人次,均居全省第一,承办全省旅发大会,获评“中国最具影响力文化旅游城市”。奥特莱斯、万达广场等开启多样化新型商业模式,中鼎物流园开行多式联运和中欧班列,第三产业增加值对GDP增长贡献率达63%。现代农业提档升级,国家现代农业示范区加快推进,功能农业发展迅速,特色农业占比提高到75%。

四是创新驱动态势良好。深化科技管理体制改革,加快“大学城”转型“科学城”。新认定高新技术企业16家,省级以上众创空间、科技企业孵化器、重点实验室和工程技术研究中心新增数均列全省前三,中国增材制造(3D打印)产业推进示范基地平台正式运营。

五是全力打造开放新高地。刷新开放理念,开放公共服务领域,大力推行PPP模式,31个项目投入228亿元,财政与社会投入比1:15,晋中被评为“全国开展PPP创新工作重点城市”。开放合作方式,采取融资租赁式用地、特许经营权拍卖等,建成百草坡森林植物园等一批大型服务业项目。开放优质资源配置,市场化模式引进华侨城、故宫博物院嫁接平遥古城;乔家大院完成股份制改造,实现我省文旅产业新三板上市“零”突破。主办第五届中蒙俄“万里茶道”市长峰会,举办“发现晋中、爱上晋中”系列推介活动。

三、重点领域改革实现新突破

改革体制逐步完善。建强改革“指挥部”,调整充实深改领导组,创设改革组长专题会,全省率先实现政研室、综改办、改革办“三合一”。推行市领导分工负责制,党政主要负责同志亲力亲为抓改革,市委书记、市长领办主抓30项改革,其他市级领导分领域抓改革,为各级党政“一把手”作出表率。健全工作机制,出台“一规则、五细则、三办法”,明确研究、决策、推进、督察、评价、验收实施流程,社会听证、专家咨询、专项督察、第三方评估有序推进。

重点改革纵深推进。市县承担的68项国省级改革试点、市委部署的49项改革全部完成年度任务,一些领域的改革发展走在全省前列,一些改革进入全国第一方阵,省委对我市改革工作给予充分肯定。监察体制改革成效显现,实现了乡镇(街道)监察全覆盖及市县两级党和国家机关派驻监察全覆盖,实现了对所有行使公权力公职人员的监察全覆盖,实现了党对反腐败工作的领导由“结果领导”到“全过程领导”的转变,制度优势正在转化为治理效能,“1+1>2”的效应显著。中央政治局常委、中央纪委书记赵乐际同志到晋中视察调研,对晋中的探索实践给予了高度评价。山西转型综改示范区晋中开发区落实“三化三制”要求,172项市级行政管理事项全部授权到位,32项社会事务全部剥离,810人分流安置全部完成;以晋中开发区为龙头打造“1+10”联合体,6个省级以上开发区承接了全市新兴产业80%以上的新开工项目,贡献了一半的新兴产业产值。山西农谷“一城三园五区”规划建设雏形初显,争取到现代农业科技创新中心等3个国家级试点,中国农村改革论坛会址落地农谷,“一年见雏形”目标基本实现。营商环境打造晋中样板,全省率先开展企业投资项目无审批管理试点;率先成立企业(项目)服务中心,实行驻企帮办、精准帮扶、增效计酬;率先实现“政务大厅”转型“市民之家”。全市各类市场主体和注册资本分别同比增长14%和22.4%;规上企业主营业务收入增长39.7%,利税总额增加119亿元。

四、民主法治建设迈出新步伐

加强民主政治建设。支持市人大及其常委会依法履行职权,通过了《晋中市电梯安全条例》和《晋中市禁止燃放烟花爆竹规定》两部实体性法规,专项督查县乡人大工作,集中视察政府性投资重点工程,备案审查“一府两院”规范性文件,执法检查环保等相关法律的执行。支持政协在推进协商民主上发挥重要作用,市政协围绕加快创建国家全域旅游示范区、转型综改示范区晋中开发区建设、山西农谷建设等问题,运用专题议政性常委会议、专题协商会、季度协商座谈会等形式,推进协商民主广泛多层制度化发展。制定政党协商实施办法,健全知情明政、考察调研、工作联系、协商反馈四项机制,坚持“双月座谈会”制度,政党协商水平明显提高、成果不断显现。出台市总工会、团市委、市妇联、市科协改革方案,群团改革稳步推进。推动军民融合发展,支持部队全面停止有偿服务。

深化法治晋中建设。出台专项考核办法,建立实绩档案,压实党政主要负责人第一责任。建立法律顾问制度和合法性审查制度,在全省率先实现党政机关法律顾问全覆盖。法治政府建设持续深化,司法体制改革全面推开,司法办案质效明显提高。晋中市被中央政法委确定为政法队伍建设调研联系点。开展国家级行政综合执法体制改革试点工作,中央编办对我市做法给予肯定。

五、思想文化建设得到新加强

一是落实党委意识形态工作责任制和意识形态工作“书记抓”“抓书记”工程。完善领导机构,制定实施细则,建立分析研判等机制,把意识形态工作纳入目标责任考核、党建工作和市委巡察范围。提升管网治网用网水平,推出“约谈+培训+拓展”自媒体管理模式。加强舆论引导,建立健全信息发布和政策解读机制。

二是培育践行社会主义核心价值观。推进“四城联创”,开展文明单位、文明村镇等“五大创建”活动,弘扬革命精神,传承红色基因,深挖晋商大院家风家训“家”文化资源,开展“最美晋中人”推荐评选工作。

三是推动文化繁荣兴盛。出台《提升文化软实力加快文化强市建设的实施意见》,发掘晋商文化内涵,加强文艺创作,推出新编晋剧《暖冬》等一批文艺精品,国家公共文化服务体系示范区创建通过文化部中期督查。成功举办锦绣百草坡炫彩灯光展、晋中市文旅融合北京推介周等活动,首届平遥国际电影展成为第5个获得国家批准的国际电影展,晋华1919项目修缮竣工。文化产业总量和占比均居全省第二,已成为全市潜力最大的战略支柱产业。省级左权生态文化旅游开发区获批。环中国自行车一级赛事、越野e族、全运会群众项目柔力球等高水平赛事落户晋中。

六、民生社会事业有了新发展

一是实现脱贫攻坚再战再胜。把脱贫攻坚作为第一民生工程,坚持“以户为基”攻坚“本质脱贫”,按照抓重点、攻难点、夯基础、补短板、奔小康的总体部署,扎实推进20个专项行动。市级扶贫财政投入总量、增幅均居全省第一;小额贷款近双倍完成任务,完成率全省第一;易地扶贫取得重大突破,有近万人搬迁入住或具备搬迁条件;精准帮扶工作走在全省前列;生态建设、文化旅游与脱贫攻坚深度融合,为全省趟出新路;“坚守底线、拉高标线,以户为基、本质脱贫”的晋中经验在全省推广。全年有6.9万名贫困人口脱贫、239个贫困村退出,昔阳县作为全省首批全市首个摘帽县,已顺利通过考核验收。

二是增加优质公共服务供给。深化创业型城市(县)创建工作,城镇登记失业率控制在2.3%。持续实施“百亿市政重点工程”,太原晋中城际铁路2号线试验段基本完成,蕴华街改造等7条道路全部竣工通车。“三馆一院一宫”陆续投用,10个城中村整村拆除基本完成。教育总体水平位居全国第一方阵,义务教育均衡发展成为全国典型,全省首家推行中小学校长职级制改革。城乡居民医保制度实现“六统一”,首批实现跨省异地就医直接结算。县乡医疗卫生机构一体化改革、公立医院综合改革实现全覆盖,分级诊疗制度建设加快推进。

三是维护社会和谐稳定。深化平安晋中建设,建立党委书记议稳制度,狠抓信访维稳工作。被中央综治委授予“全国社会治安综合治理优秀市”称号。全面落实安全生产责任制,深入推进安全风险分级管控和隐患排查治理双重预防机制创建,扎实开展以“反三违”为重点的安全生产大检查,各类生产事故明显下降。

七、生态文明建设取得新成效

一是大力推进生态建设。积极创建省级林业生态市,造林35万亩,林木绿化率提高1.5个百分点。全省深化集体林权制度改革座谈会在我市召开,晋中“一个战场”同时打好生态治理和脱贫攻坚“两个攻坚战”的经验做法全省推广。加快推进大小水网工程建设,实施汾河流域生态修复工程建设,加大潇河流域综合治理力度,建立健全河长制体制机制。

二是持续改善生态环境质量。以前所未有的力度打响环保治理攻坚战,突出秋冬季大气污染治理特别是燃煤污染控制,建立完善统筹协调、专项督查、二氧化硫管控问责、联合执法、有奖举报等机制,全市淘汰燃煤锅炉645台,取缔“散乱污”企业491家,煤改气11.8万户,严峻的环保形势初步好转。在市城区105平方公里开展了“燃煤清零”为重点的减排攻坚战,半年时间投资12亿元,区域锅炉热源厂由14座整合为5座,热源整合1200万平方米;对30个城中村、38个社区实行热源替代,新建改造管网700公里,新增集中供热700万平方米,城区供热模式发生了历史性变革。市城区空气质量全年好于上年,秋冬季好于全年,空气质量指数退出全省后三位,秋冬季二氧化硫均值退出全省末位、重污染天气减少16天。

三是开展“拆违治乱提质”攻坚行动。拆除违建400多万平米,腾退土地700多万平米,“拆、治、建、管”并举,城乡面貌极大改观,城市吸引力大为增强,人民群众获得感和满意度明显提升。

八、全面从严治党呈现新气象

坚定扛起管党治党主体责任。作出推进全面从严治党的决定,建立领导干部落实主体责任工作台账和记实制度,逐级签字背书压实责任。对各级党组织主体责任落实情况开展专项督查,问责14个党组织、57名干部。推进市县巡察,开展三轮巡察,前两轮发现问题线索159件。开展巡视巡察整改自行“回头看”,制定指导性整改任务清单,将整改落实落细。

持续推进正风肃纪反腐。落实习总书记关于进一步纠正“四风”、加强作风建设的重要指示,持之以恒反“四风”,出台贯彻中央八项规定精神实施办法,查处违反中央八项规定问题56件。坚定不移惩腐败,与上年同期相比各项纪律审查数据均大幅上升,运用“四种形态”中第一、二种形态处理人次占到93.3%,第三种形态占到4.6%,第四种形态占到2.1%。严肃查处发生在群众身边的不正之风和腐败问题。开展以“五查五治”为内容的扶贫领域突出问题专项整治“清风行动”,被人民网和国家行政学院评为全国创新社会治理最佳案例之一。

着力建设高素质专业化干部队伍。实行县委书记“承诺制”、县长任期目标责任制、部门“一把手”业绩台账制,强化正负激励、绩效管理。竞争性选拔目标化培养30名副处级后备干部,通过清华大学封闭培训、江浙挂职锻炼、兼职晋中市乡镇党委副书记三个阶段历练后,已提拔到改革发展一线使用。严格考核激励,合理容错,能上能下,全市已“下”71名干部。全省率先出台深化人才发展体制机制改革实施意见,改革人才评价制度,推动人才流动制度改革。在中联部“中国共产党的故事——全面从严治党”宣介会上,晋中的探索实践受到专题推介。

全面加强“三基建设”。明确96项具体任务,拉出清单,明确责任,狠抓推进。率先建立“三基建设”投入保障机制,市县财政新增3.76亿元配套资金,乡村工作条件显著改善。圆满完成村(社区)“两委”换届,建立12个市级干部教育培训现场教学基地,建成大寨干部学院。紧盯抓党建促脱贫,从严抓好“三支队伍”管理,整顿软弱涣散后进村党组织,全市有集体经济收入的村达到90.5%。非公经济组织、社会组织党组织覆盖率分别达到92.4%和86.02%。

(李中华)

附:中共晋中市委书记、副书记、常委名单

书　记:胡玉亭

副书记:王　成　苗　伟(4月离职)

尹乃明(5月任职)

常　委:宋文斌(2月离职)　丁利军(2月任职)

王建林　王建忠　唐立浩　任秀红(女)

王　兵　贡　琦　孙宪春(9月离职)

许杰真(12月任职)

中共榆次区委工作概况

区委书记 张祖祁

榆次区下辖6镇4乡、9个街道办事处和1个社管处，279个行政村、71个社区。现有基层党组织1300个，其中党委58个，党总支（支部）1242个，党员31546名。

2017年，在省委、市委的坚强领导下，区委深入学习贯彻党的十九大精神和习近平新时代中国特色社会主义思想，坚持以习近平总书记系列重要讲话精神特别是视察山西重要讲话精神统揽经济社会发展全局，紧紧围绕省委“一个指引、两手硬”和市委“两个全面”战略目标，团结带领全区广大党员干部群众攻坚克难、奋勇拼搏，全力推动经济社会和党的建设各项事业健康有序发展，奋力实现了“勇当全市排头兵、挺进全省前十强”的良好开局。

一、坚持把习近平总书记系列重要讲话精神作为根本指引，旗帜鲜明讲政治

区委坚持以学用讲话精神引领全局，先后组织召开24次区委理论中心组专题学习会，深入学习习近平总书记系列重要讲话特别是视察山西重要讲话和“7.26”重要讲话、党的十九大报告等重要讲话精神，切实在领会实质和抓好落实上下功夫，进一步增强“四个意识”，坚定“四个自信”。扎实推进“两学一做”学习教育常态化、制度化，认真开展“维护核心、见诸行动”主题教育，在电视、报纸、网站等媒体开设学习专栏，先后开展总书记视察山西重要讲话精神“六知六学六进”主题学习宣讲、“理论学习100天”、“学党章、准则、条例”知识竞赛和“学理论、见行动——我为十九大献礼”征文等活动，不断扩大学习广度、增强学习深度，有力推动了总书记系列重要讲话精神入脑入心。围绕迎接党的十九大胜利召开，组织开展了“砥砺奋进的五年”“喜迎十九大”“城乡新变化”等主题宣传活动，全面展示了党的十八大以来全区各条战线、各项事业取得的辉煌成就，进一步激发了全区人民维护核心、投身发展的干劲和热情。党的十九大胜利召开后，区委把学习宣传贯彻工作作为首要政治任务，先后召开2次常委会和1次常委扩大会专题研究，下发了学习宣传贯彻《通知》，区委常委带头学习交流，带队深入基层讲党课、作宣讲报告，副处级以上领导围绕学习宣传贯彻十九大精神，结合工作实际，集中开展了为期一个月的大调研，区委组织对全区719名副科级以上干部进行了十九大精神专题集中轮训，各级党委（党组）中心组集中学习350余次，先后开展各类宣讲2200余场，持续在全区掀起学习宣传贯彻热潮，实现了党的十九大精神全覆盖。

二、坚持把提升领导经济工作水平作为基本功，全区经济持续向好

区委始终坚持稳中求进总基调，全面贯彻新发展理念，积极应对经济下行压力，全区各项指标完成：地区生产总值269.8亿元，增长5.1%；规模以上工业增加值50.51亿元，增长0.1%；固定资产投资174.7亿元，增长23%；社会消费品零售总额192.1亿元，增长7.1%；一般公共预算收入18.43亿元，增长4.7%；城镇常住居民人均可支配收入32972元，增长7%；农村常住居民人均可支配收入16608元，增长6.3%，七项指标全部实现正增长，地区生产总值、固定资产投资、社会消费品零售总额、一般公共预算收入、城乡居民收入总量均位列全市第一、进入全省十强。区委注重发挥有效投资的支撑作用，狠抓项目建设和招商引资，全年开复工27项重点工程，累计完成投资103.48亿元，娃哈哈、万达、官道巷等一批项目竣工运营，总投资210多亿的东方时尚驾校、梦想汽车小镇、新能源汽车核心零件等重大项目成功签约。统筹三次产业转型升级，工业运行质量平稳向好，全区规模工业企业实现利税14.5亿元，同比增长68.5%，紧抓转型综改示范区建设机遇，在装备制造、医药食品、冶金、环保节能、电子信息、新材料等产业上加强配套服务和链条延伸，为全区工业经济转型升级奠定了坚实基础；都市休闲农业提质增效，粮、菜、果、牧产业化水平不断提升，得天缘、金粮、德御等龙头企业不断壮大，农产品加工销售收入达50亿元，农业与旅游、教育、文化、康养等加速融合，休闲农业综合收入达到1.8亿元；现代服务业稳步发展，万达、奥特莱斯盛大开业，电子商务众创平台发展壮大，景区景点体制机制改革取得阶段性成效，成功举办了第十届榆次文化旅游节，旅游经济总量全市第一。通过努力，全区三次产业比例优化为6.9:33.4:59.7，产业结构更趋合理。

三、坚持把改革创新作为不竭动力，发展动能更加强劲

区委坚持把改革创新摆在发展全局的核心位置，以改革破解难题，以创新厚植优势。下大力气抓好全面深化改革，榆次液压创新型产业集群建设、新型农民培育、农村农民住房财产权抵押贷款3项国家级试点任务和城乡土地增减挂钩省级试点任务全面完成，区委确定的35项改革任务取得明显成效，安宁街道龙湖社区创新社区管理新模式成为全市典型。积极推进政府机构改革，原文化局和文物旅游局合并，成立了文化旅游发展委员会，实现了文化旅游产业的高度融合、相互促进。全面承接开发区社会管理职能，成立使赵社会事务管理中心，实现人、财、物按时移交，保障了综改示范区晋中开发区顺利启动挂牌。推动城市执法体制改革，按时完

成晋中市城市管理综合执法支队整体划转工作,实现重心下移、执法下沉。坚持创新驱动发展战略,全年申报科技项目42项,新增5个市级企业技术中心,投入科技研发资金2900万元,产业科技支撑不断强化。积极破解项目建设融资难题,深化同农发行的战略合作,全年融资41亿元,融资额度全省第一;"拆违治乱提质"攻坚行动,为城中村改造和重点工程建设节约资金18—20亿元;引入PPP模式实施"四好农村路"项目,有效推动了农村基础设施建设。农村土地确权在全省首批完成农业部数据汇交工作,10个乡镇全部建成土地承包权交易所。率先启动无审批试点,探索实施了承诺后联合审查、事中监管服务、竣工后联合审验的审批制度,营商环境进一步优化。改革创新思维的不断强化,各项任务的扎实推进,保证了榆次在区域竞争中始终保持主动。

四、坚持把统筹城乡发展作为重要基础,环境面貌深刻变化

区委坚持以加强基础配套、改善人居环境为抓手,全力推动城乡统筹发展。深化"市区共建,造福榆次"理念,积极配合蕴华街改造、龙城大街东延、龙湖街东延、城际轨道车辆段等市政重点工程建设,城中村改造取得突破性进展,基本完成了源涡、聂村、南沟、小东关、寇村5个整村拆迁任务,完成签约院落3963个,签约率98.09%。全年共完成征地6753.13亩、拆迁305万平方米,拆迁量达到"十二五"时期的2.1倍。深入推进"拆违治乱提质"城乡环境大整治攻坚行动,拆除违建8000余处、104.1万平方米,腾退土地121.2万平方米,攻克了一大批违建顽疾,打造了御景华府、安居小区、轻机厂宿舍和乌金山镇后沟村、张庆乡演武村、修文镇东白村、东赵乡石羊坂村等一批样板小区、美丽乡村。加快生态文明建设,全力配合完成中央和省环保督察工作,全面推行河长制,对潇河、黑河、涧河河道进行了治理,扎实开展秋冬季大气污染防治攻坚行动,完成了四环以内23个村、44个社区近400万平方米集中供热和34个村10800户煤改气工程,城区"禁煤、禁炮"取得明显成效,年减少燃煤20万吨,加大造林绿化力度,森林覆盖率达到22.1%,全区环境质量明显提升。

五、坚持以人民为中心的发展思想,民生福祉不断改善

区委始终坚持把全区人民群众对美好生活的向往作为奋斗目标,持续加大民生工作力度。协调推进精准扶贫,坚持"六帮一"模式和"五个精准"措施,实施帮扶项目86个,投入帮扶资金1400余万元,协调贷款210万元,首批6个相对贫困村基础设施全部完成,产业发展逐步完善,保证了农民持续增收。立足义务教育优质均衡发展,深化校际教育联合体办学改革,完成寇村学校一期主体工程,区实验小学、潇河湾小学、郭家堡小学新改扩建工程加速推进。持续深化医疗卫生体制改革,公立医院药品加成全面取消,组建榆次区医疗集团,不断完善分级诊疗和基本公共卫生服务体系,进一步推动优质医疗卫生资源下沉。社会保险扩面和基金征缴有力推进,按时完成了社会保险各项改革任务。城镇登记失业率控制在0.99%,就业形势保持稳定。牢牢把握意识形态主动权,深入推进社会主义核心价值观建设,引深开展了"培育好家风,传承好家训"主题活动和"文明创建提质"攻坚行动,深入实施"人人信守、个个行动"工程,弘扬主旋律、传播正能量,全社会对核心价值观的认同感进一步增强。深入推进法治建设,成立了区委法治建设领导小组,强化责任落实,深入推进"七五"普法,积极开展"法律六进"活动,法律顾问实现了全覆盖。积极推进平安创建,社会治安综合治理工作受到全省表彰,安全生产形势持续好转,群众来区上访量下降四成,保障了全区社会和谐稳定,人民群众的幸福感和满意度明显提升。

六、坚持把民主政治建设作为重要抓手,发展合力持续增进

区委常委会始终发挥"总揽全局、协调各方"的领导核心作用,严格执行民主集中制,坚持重大问题集体讨论、集体决定,先后召开33次区委常委会议,研究了107个议题,分别就学用总书记讲话精神、全面从严治党、"两学一做""维护核心、见诸行动"、迎接和学习宣传贯彻党的十九大精神、"三基"建设、基层"两委"换届、项目建设、全面深化改革、拆违治乱提质、环境保护、城中村改造、社会治理、信访维稳、民生事业、接受市委巡察、监察体制改革以及人事任免等重大问题作出决定和部署,决策的科学化、民主化水平明显提升。进一步加强和改进对人大、政协工作领导,积极支持人大、政协开展工作。高度重视统一战线工作,积极探索工商联(商会)向基层延伸,深入开展干部入企帮扶,着力构建"亲""清"新型政商关系。加强对各民主党派管理和服务,大力推进政党协商,民族、宗教、非公经济人士、侨务、对台和新社会阶层人士工作得到加强。党管武装和民兵预备役工作得到加强,国防后备力量建设创新发展。扎实推进群团改革,配齐了区乡两级群团组织挂(兼)职干部,在潇河湾社区探索推进群团综合服务岗,联系群众的桥梁纽带作用有效发挥。

七、坚持把全面从严治党作为根本保障,政治生态持续好转

区委坚持把全面从严治党主体责任扛在肩上,不断强化政治自觉和责任担当,加强和规范党内政治生活,听取了区人大、区政府、区政协、区法院、区检察院党组管党治党工作情况汇报,深入开展纪律作风百日大整顿,层层压实从严管党治党的责任和压力,对17名落实党风廉政建设责任制不力的领导干部实施了责任追究。不断加强"三基"建设,严格执行"三会一课"和主题党日等制度,建立了党员组织生活档案,农村选派第一书记和派驻下乡扶贫工作队,所有行政村集体经济全部"破零",社区阵地建设全部达标,解决社区活动场所53个、1.1万平方米,依托网格组建了小区楼院党小组,非公经济和社会组织选派党建指导员,有效扭转了基层组织虚化、弱化、边缘化现象。依托各类线上线下平台,实现

了党员教育培训全覆盖、常态化。全区所有农村(社区)全部按时完成了“两委”换届。坚持党管干部原则,把好干部标准落到实处,全年调整干部12批278人次,抽调选派237名优秀干部到重点工程、拆违治乱提质、入企帮扶、信访维稳一线工作,有效盘活了干部资源、激发了干部活力。驰而不息正风肃纪,规范运用监督执纪“四种形态”推动反腐败斗争,处置问题线索492件,谈话函询248人次,立案161件,处分145人,其中移送司法2人。积极稳妥推进监察体制改革试点,实现了对全区168个单位日常监督,派驻乡镇、街道和区直部门监察员、监察员助理全部到位。充分发挥巡察利剑作用,深入开展巡视巡察发现问题自行整改“回头看”,区乡两级完成整改1530项,对市委巡察反馈的9条意见25个问题进行了认真整改,区委二轮巡察9个单位,对民政资金进行专项巡察,同时营造了良好政治生态。

(李世明)

附:中共榆次区委书记、副书记、常委名单

书　记:张祖祁

副书记:张　鹏　李鹏飞(4月离职)
冀　杰(4月任职)

常　委:邢如彪　李　军　卢永红　巨维宏
魏　栋(4月任职)　马志宏　孙立忠
刘文香(女)

中共太谷县委工作概况

县委书记　王怀民

2017年,在省委、市委的坚强领导下,太谷县委深入学习贯彻党的十九大精神、习近平新时代中国特色社会主义思想和习总书记视察山西重要讲话精神,坚决落实省委“一个指引、两手硬”重大思路和要求、市委“两个全面”战略部署,团结带领全县人民,干字当头、实字托底,全面打响了“拼三年、三突破、进三位”的太谷战役,全县各项事业和党的建设都取得了新进展新成效。

一、坚持以习近平新时代中国特色社会主义思想为指引,牢牢把握正确政治方向

坚持学以致用、以用促学,着力形成学用习近平新时代中国特色社会主义思想大格局。县委深入开展政治、经济形势教育,引导党员干部深刻认识山西发生的显著变化,根本在于以习近平同志为核心的党中央的坚强领导,在于有习近平新时代中国特色社会主义思想的正确指引。县委充分发挥县委中心组示范带动作用,通过持续跟进学习、深化理解,切实增强对重要思想的真诚信仰。县委认真学习习总书记视察山西重要讲话精神,连续召开县委常委会、常委扩大会、县委全会传达学习,并制定出台《关于深入学习贯彻习近平总书记视察山西重要讲话精神的实施意见》,全面推动讲话精神落地生根。我们坚决贯彻省委、市委决策部署,把“维护核心、见诸行动”主题教育,作为推动“两学一做”学习教育常态化制度化的鲜明主题,主持召开学用系列重要讲话精神经验交流会,教育引导广大党员干部自觉把维护核心、紧跟核心体现到行动上,融入到工作中,通过县委持续推动部署、示范引领带动,全县各级干部“四个意识”明显增强。

党的十九大召开之后,县委对学用习近平新时代中国特色社会主义思想第一时间作出安排部署。先后召开县委常委会、县委中心组专题学习会、县委常委扩大会,对全县学习贯彻落实活动作出安排,形成了“一通知四方案”总体部署,通过组织干部轮训、层层开展宣讲、深入宣传报道和推动干部大调研等形式,在全县迅速兴起学习宣传贯彻热潮,目前对党的十九大精神的学习已转入常态化制度化阶段。

二、认真践行五大发展理念,奋力开创经济转型发展新局面

坚定不移推进两大省级战略。紧扣“两高地一平台”总体定位,全力推进山西农谷建设。以组织架构、规划编制、政策体系、平台建设为主的顶层设计基本完成,基础设施和重大项目建设加快推进。先后争取到国家现代农业产业园、国家现代农业产业科技创新中心等6个国家级项目,成功举办山西农博会农谷现场展示区系列活动,山西农谷品牌的知名度、影响力进一步提升。大力推进开发区改革创新,水秀工业园和胡村玛钢园经过整合,升级为省级经济技术开发区。“三化三制”改革全面铺开,注册成立了新晋元企业管理服务公司。按照“整体外包、特许经营”等形式,规划启动了小微企业园建设。目前开发区入园企业52家,总产值达到13.4亿元,同比增长46.8%。

以项目突破集聚转型发展后劲。牢固树立“项目为王”的理念,全面聚焦聚力聚神项目建设。持续开展大招商、招大商活动,先后引进乐华城·国际欢乐度假区、山东智慧能源、新昌集团奥莱城等一批大体量转型项目,恒达集团与中车集团签订战略合作协议,提前三个月完成市定招商引资任务。狠抓重大项目攻坚,常态化开展干部入企服务,积极试行企业投资项目承诺制,全面打造“六最”营商环境,以农产品交易中心、广誉远国药、众德天禾为代表的一批具有战略牵引作用的重大项目加快实施,发展后劲不断累积。

加快推进产业转型升级步伐。大力提升传统产业,坚持用环保倒逼的办法,以壮士断腕的决心对128家玛钢铸造企

业进行提标改造升级,累计投入环保、技改资金近10亿元。大力弘扬"工匠精神",着力打造"百年老店",以广誉远为代表的传统中医药产业通过延伸产业链、提升价值链焕发生机,上缴税金同比增长16%,达到1.19亿元。积极培育壮大战略性新兴产业,以孟母文化养生健康城为代表的健康养老产业,以山西文化产业园为代表的新兴文旅产业突破发展、加快集聚。大力推进大众创业、万众创新,去年全年新增发明专利申请量54件,市场主体3870家,各类科技孵化器、众创空间、创业基地数量均居于全市前列。

三、狠抓重点领域和关键环节改革,着力形成全面深化改革的新态势

强化改革工作领导。县委先后召开11次常委会、深改领导小组会对事关全县发展的重点领域和关键环节改革进行研究部署,谋划启动了40项重点改革事项。认真践行"四个亲自"工作要求,全力当好"施工队长",县委书记、县长领办主抓的改革达29项。积极推行县领导分工负责制、改革台账动态管理、改革容错纠错机制等制度,推动部分改革走在了全市、全省前列,形成了"允许改革有失误、但不允许不改革"的鲜明导向。

纵深推进重点改革。山西农谷管委会挂牌运行,政产学研用融合发展,番茄小镇、三农小镇起步建设,"一城三园五区"雏形初现。太谷经济技术开发区正式获批,"三化三制"改革全面铺开。监察体制改革成效显现,县监委组建、挂牌、转隶工作如期完成,建制工作有序推进,"纪法"衔接不断深化,乡镇监察改革试点和派驻纪检监察改革全面推开,实现对所有行使公权力的公职人员监察全覆盖,制度优势正在转化为治理效能。投融资体制改革纵深推进,全县各级干部运用市场化手段推动发展的意识明显增强,组建山西农谷建设投资有限公司、山西农谷建设投资有限公司等融资平台,启动实施总投资29亿元12个PPP项目,与山西煤炭清洁能源利用公司合作,设立了200亿元的发展基金。此外,太谷县撤县设区、城市执法体制、农村集体产权制度等改革也在稳步推进,改革在推动发展中的作用更加凸显。

四、充分发挥县委总揽全局协调各方作用,全面推进民主法治建设

大力发展社会主义民主政治。积极支持县人大及其常委会依法行使职权,县人大紧紧围绕经济转型和民生改善重大事项广泛开展调研督察,依法审查批准了农谷园区道路及配套设施按PPP模式完成的决定。加强和改进党对政协工作的领导,出台《关于加强政协工作的实施意见》,县政协认真履行职能,积极建言献策,形成了5篇高质量视察调研报告。巩固和发展最广泛的爱国统一战线,制定出台县委与党外代表人士协商座谈会制度和县级党政领导干部与党外人士联谊交友制度。探索团结联系归侨新途径,在全市首家成立县级欧美同学会。群团改革稳步推进,圆满完成县工会换届。

深入推进法治太谷建设。加强党对法治工作领导,出台《太谷县创建"省级法制示范县"实施方案》,以法治建设倒逼法治责任落实,进一步提高依法执政、依法行政水平。大力推行法律顾问制度和公职律师制度,率先实现党政机关法律顾问全覆盖。司法责任制改革稳步推进,办案质效明显提高。积极创新社会治理,着力构建自治、法治、德治相结合的乡村治理体系,农村治理法治化工作走在了全市前列。

五、扎实做好宣传思想文化工作,大力营造向上向善的社会氛围

切实维护意识形态安全。研究制定《党委意识形态工作责任制实施办法》,对意识形态工作进行专项督查,进一步压实各级党委(党组)主体责任。坚持党管媒体原则和正面宣传为主不动摇,积极推动传统媒体与新兴媒体融合发展,搭建了以太谷宣传为载体的融媒体矩阵,扩大了传播半径。加强互联网内容建设和管理,注重舆论引导,适时调温管控,为全县和谐稳定提供了良好网络环境。

着力提升文化软实力。以国家公共文化服务体系示范区创建为引领,不断深化图书馆文化馆总分馆制改革实践,全面提升服务效能。充分挖掘太谷县丰富的文化资源,大力发展文化产业和文化创意产业,着力打造新的经济增长极。积极培育和践行社会主义核心价值观,开展了"最美太谷人"评选活动。全面推进文明单位、美丽乡村创建工作,去年全县新增县级以上文明村(社区)55个。

六、全力保障和改善民生,不断增强人民群众的获得感和幸福感

坚决打赢脱贫攻坚战。紧盯"本质脱贫"目标,突出以户为基、精准施策,持续推进8大工程20个专项行动。制定出台驻村干部帮扶考核管理办法,常态化开展督察巡察,三支队伍作用进一步发挥。立足三年任务两年完成,全力攻克易地搬迁难点,9个安置点主体工程基本完工。县乡村三年产业扶贫发展规划编制完成,"五洁净、六要六有"全面推进。2136名贫困人口实现脱贫、庞庄村摘帽。

大力发展民生社会事业。始终把促进就业和增加居民收入作为最大民生,城镇居民和农民人均可支配收入绝对额继续保持全省领先。深入推进义务教育办学模式、县域义务教育优质均衡发展两大改革试点,教育整体水平稳居全省第一方阵。县乡医疗一体化改革成效明显,分级诊疗制度加快推进,医疗服务水平进一步提升。积极推进社保体制改革,城乡居民医疗保险并轨运行,跨省异地就医实现直接结算。

全力维护社会和谐稳定。牢固树立总体国家安全观,认真落实党委书记议稳制度,全力保障十九大安全。深入开展"信访突出问题大整治",狠抓源头性基础性问题解决,一些多年积累的矛盾得到有效化解。严格落实党政同责、一岗双责,深入开展安全隐患大排查大整治,全县各类生产经营性事故明显下降,安全生产形势持续稳定好转。

七、坚定不移推进生态文明建设，美丽太谷建设迈出坚实步伐

全面加强环境污染防治。强力推进大气、水和土壤污染防治“三大战役”、“十大工程”。累计完成清洁煤替换2854户、煤改气13053户、新增集中供热面积71万平方米。持续引深铁腕治污行动，对27家未完成提标升级的玛钢铸造企业采取限电停电措施，对50户淘汰类“散乱污”企业依法给予取缔。畜禽粪污处理和资源化利用工作全面启动，第二污水处理厂开工建设。中央、省市环保督察交办群众反应问题办结137件，督察组反馈问题正在抓紧整改。

纵深推进“拆治提”攻坚行动。坚持拆字当头、全民动员，经过8个多月的集中攻坚、连续奋战，共拆除违建31.3万平方米，腾退土地面积56万平方米，山西农大小吃一条街、西苑菜市场等一些多年来形成的城市乱象得到有效治理，108国道、太太路、县城核心区等重点路段、重点区域得到明显提升。“拆治提”不仅拆出了公平和正义，治出了清风和正气，提出了靓丽和舒心，而且极大锤炼了干部、提升了人民群众的获得感和满意度。

八、坚定不移推进全面从严治党向纵深发展，积极构建良好政治生态

坚决扛起全面从严治党责任。县委先后28次研究全面从严治党有关工作，围绕政治建设、领导班子和干部队伍建设、巡察、基层党建等重点任务作出安排部署。切实提高政治站位，层层压实责任，坚决抓好市委巡察反馈问题整改。深入贯彻落实十八届六中全会精神，以解决问题为突破口和主抓手，组织开展了巡视巡察整改自行“回头看”，整改问题657项。坚持以常态化问责倒逼责任落实，先后有25名党员领导干部因落实“两个责任”不力被问责。

着力建设高素质专业化干部队伍。树立正确的选人用人导向，按照好干部标准选拔任用干部。强化对年轻干部的培养和使用，选派有五年以上工作经历、第一学历为全日制本科的70名年轻干部充实到山西农谷、经济开发区等转型综改主战场。启动实施定向式、目标化选拔培养年轻干部机制，在全县年轻干部中竞争性选拔16名副科级后备干部。认真落实省委、市委正向激励和合理容错办法，在全县进一步形成了想作为、敢作为、善作为的良好风尚。

持续推动“三基建设”全面进步。牢固树立人往基层走、钱往基层投、政策往基层倾斜的鲜明导向，制定出台了加强“三基建设”实施方案，确定了全县87项重点任务。坚持重心下移，把农村党组织建设作为重中之重，全面强化政治功能，圆满完成农村社区“两委”换届。坚持保障下倾，县财政用于基层党建经费达到2164万元，乡村两级干部待遇、补助得到有效落实，新改扩建村级组织活动场所80个，188个村实现村集体经济破零。“一目录三手册”全部完成。

始终保持正风反腐高压态势。制定出台《关于进一步贯彻落实中央八项规定精神的实施细则》，坚决纠正形式主义、官僚主义等“四风”问题。严格落实政治巡察要求，启动本届县委三轮巡察，共发现处理问题线索161件。坚持零容忍惩治腐败，去年全县纪检监察机关共立案111件，结案105件，给予党政纪处分105人。实践用好“四种形态”，更加注重抓早抓小，2017年以来运用第一、二种形态处理党员干部占到“四种形态”的94%，基本形成了严惩极少数，管住大多数的管党治党新常态。

（吴玉峰）

附：中共太谷县委书记、副书记、常委名单

书　记：王怀民

副书记：刘　伟　刘进文

常　委：王　鹏　石小冬　郭玉锁　蒋　勇　池丽萍(女)　郗效军　王迎庆

中共祁县县委工作概况

县委书记　吴文胜

2017年，祁县县委深入学习贯彻党的十九大精神、习近平新时代中国特色社会主义思想和习近平视察山西重要讲话精神，坚决落实省委“一个指引、两手硬”重大思路要求和市委“两个全面”任务部署，统筹推进“五位一体”总体布局、协调推进“四个全面”战略布局，团结带领全县党员干部群众，锐意进取、奋力攻坚，加快建设美丽文明、无煤有为新祁县，“挺进晋中方阵第二梯队”三年行动实现良好开局。

一、认真学好用好讲话精神，始终在思想上政治上行动上拥戴核心、维护核心、服从核心、紧跟核心

坚持把学用习总书记系列重要讲话精神摆在首位。特别是习总书记视察山西以来，县委把总书记视察山西重要讲话精神作为重中之重，召开常委会、中心组学习会、干部大会和县委全会传达学习、研究部署、推进落实；出台学习贯彻总书记视察山西重要讲话精神和在深度贫困地区脱贫攻坚座谈会上重要讲话精神“两个实施方案”，狠抓学以致用解决问题，把重要讲话精神在祁县落实落细落到位。

坚持把“两学一做”学习教育作为基础性工程常态化制度化推进。创新开展“忠诚干净担当”专题教育，先后召开学

用习总书记系列讲话、《习近平总书记的成长之路》《习近平的七年知青岁月》学习交流会,组织"两学一做"网上竞答情况排名全市前列,全县各级党组织和党员干部对系列讲话的信仰不断增强,"四个意识"更加牢固,维护核心、践行讲话行动更加自觉有效。

坚持把学习宣传贯彻十九大精神作为首要政治任务。严格"学懂弄通做实"标准,县级领导干部带头深入所联系乡镇、农村和分管单位、帮扶企业开展领学、解读、宣讲,扎实推动领导干部轮训、大调研、微调研等系列活动,确保十九大精神入脑入心、家喻户晓。

二、坚定不移深入推进全面从严治党,努力实现党内政治生态持久的风清气正

进一步压实管党治党政治责任。全面完善县委全会、常委会、书记专题会议工作规则和维护党中央集中统一领导的规定等重要制度,大力推进严肃党内政治生活、严格党内监督工作。坚持县乡村三级书记座谈例会制度,县委常委带头深入各联系乡镇、分管单位,面对面、手把手指导党建;对履行"两个责任"不力的5名领导干部进行问责。认真整改落实市委巡察反馈意见,100%完成移交问题线索处置;开展3轮县委巡察,发现并处置问题线索72条。

进一步巩固正风肃纪高压态势。严防"四风"反弹,狠抓中央八项规定精神的进一步贯彻落实,全年查处违反中央八项规定精神问题6起7人,严肃问责4名履责不力的相关责任人。以零容忍态度惩治腐败,立案审查114件,处分违纪党员干部99人,移送司法机关4人,成功追逃1人,没收上缴违纪款270余万元。综合运用监督执纪"四种形态",第一、二种形态占到92%,结构性特征基本形成。全要素试用调查措施,共使用8项344人次,其中留置1人。扶贫领域突出问题专项整治"清风行动"中,排查出相关问题线索11件,给予党纪处分7人、组织处理11人、移送司法机关1人。

进一步加强高素质专业化干部队伍建设。坚持把"看工作首先看党建、看干部首先看党性、看作风首先看党风"贯穿干部考核评价始终,调整干部4批152人,其中,提拔56名、平调72名、免职24名。坚持"三个一线""三件实事"工作机制,选派11名干部双向挂职、7名教育系统骨干目标化培养、40名干部挂职乡镇帮助工作。

进一步提升"三基建设"整体水平。部署5方面98项具体任务,财政投入3100余万元。打造命名"红五星"农村党组织31个,选派64名市县机关年轻优秀干部、25名村"第一书记"加强基层党建力量;选派20名专职党建指导员加强非公党建,受到省委骆惠宁书记肯定;出台落实"三会一课"、民主评议党员等6个实施细则,得到全市推广;81.7%的农村集体经济"破零"。大力推行"十管十有十落实"、"26+X"村级自治、管理、服务规则,系统梳理建设"三手册一平台"。打造四大党员干部教育基地,分类开展五大培训。开展基层党建"晒成果"集中观摩,县委常委和科级党务干部参加,全县上下抓"三基"的氛围和效果更加突出。

三、坚持全面深化改革,重点领域和关键环节改革取得突破性进展

始终把抓改革作为重大政治责任,切实加强对全面深化改革的领导。县四套班子正职全部进入深改领导小组,实现县委办、深改办、综改办"三办合一";定期召开县委深改领导小组会议;落实县领导分工负责制,贯彻"三个三"抓改革方法。建立完善工作机制,出台"一规则、五细则、三办法",实施改革台账动态管理、改革任务定期分析统计、全程记实以及"三督三察",扎实有效推进各项改革。

坚持突出重点、以点带面,各领域改革全面发力、纵深推进。全年部署的6大领域84项改革任务完成80项,完成率达95%。一些重点领域和关键环节的改革取得突破性进展。国家监察体制改革试点工作的做法和经验得到了中央政治局常委、中纪委书记赵乐际视察调研肯定。国家农产品目标价格保险改革,补贴比例达90%,农民参与积极性高涨。涉农建设性资金累计整合财政资金10.8亿,撬动金融资金12.7亿,带动社会资本13亿,得到农业部评估组认可。司法体制改革、县乡医疗卫生机构一体化改革、省级"双创基地示范县"创建、乔家景区"两权分离"改革等重点领域改革走在了全省前列,国资国企改革、探索实行PPP模式等改革成效显著。

四、践行新发展理念,经济转型发展质量和效益不断提升

对经济工作的领导进一步加强。落实县委常委会动态和定期研究经济工作制度,有效强化经济运行调度,重点推进打造1个平台、用好2张名片、实施3个PPP项目、建设4个产业集聚区,总投资242亿、年度计划投资57亿的87个省市县重点项目稳步推进。大力优化营商环境,部署推动九大专项行动,开展干部入企帮扶,严厉打击阻挠干扰企业正常生产经营秩序的行为。

特色产业转型提质增效。传统产业振兴提速。"祁玻集团"运行良好,产品成功入围"一带一路"国际合作高峰论坛、金砖国家峰会等国际盛会。总投资45亿的百万吨碳素新材料产业园即将开工建设。年产10万吨红星白酒产业园项目达成合作协议。现代农业发展势头强劲。6大类24项指标全面增长,粮改饲、粮改经2.7万亩,规模化、标准化养殖比率超过70%,产业化龙头企业销售收入突破29亿,成为山西省农产品质量安全县。全域旅游发展加快。总投资30亿的乔家景区综合开发项目稳步推进,乔家大院登陆纽约时代广场纳斯达克大屏幕,乔旅公司成为全省旅游板块第一家上市企业。渠家大院文化旅游区晋升国家4A景区、千朝谷成为山西省休闲农业和乡村旅游示范点。全年主要景区接待游客突破300万人,门票收入同比增长25%。

开放型经济持续发展壮大。开发区"三化三制"等体制机制改革和整合、扩区、调规加速实施,"一区多园"大园区格局引领产业集聚。玻璃电商和电子商务产业园获得省级众创空间认定,以国新能源、福诺欧含氟新材料等为主导的新型产

业日渐兴起。成功举办北京招商引资推介、晋商晋才共促家乡发展等3场专题招商,全年通过省、市会审的签约项目21个、总投资125.1亿,当年签约项目、往年签约项目的开工数和资金到位数排名全市中上游。

五、加强民主法治建设,安定团结的政治局面持续巩固

民主政治建设持续加强。把人大监督、重大事项决定和人事任免工作纳入党委决策和落实体系;推动落实"两化四有",集中视察政府"十件实事"、脱贫攻坚、生态建设等重点工程。支持和保证政协履行职能。进一步健全人民政协知情明政机制,把政协协商作为重要环节纳入决策程序;全年开展政协常委会各类协商12次,提案办复率达100%。重视和加强统战、群团、武装等工作。建立完善政党协商机制,群团改革全面实施,协助民革支部、民盟支部和侨联完成换届,成功创建全国"五好"县级工商联,侨联工作获得省级表彰。支持部队全面停止有偿服务,武装工作获得军委国防动员部表彰。

法治祁县建设全面深化。全面推行法治工作实绩档案、中心组学法、年度述法等制度;实现党政机关法律顾问全覆盖;实施"六六创安""十安联创"等项目,率先在全市实现县乡村三级综治中心全覆盖;"三台联动""多方联调"的矛盾纠纷调解体系进一步完善。2013—2016铁路护路联防工作获得省级表彰,检察院和法院、公安局交警大队分别获得国家级和省级表彰。

六、牢牢掌握意识形态工作领导权,引领凝聚继续前进的正能量

认真履行意识形态工作责任制。把意识形态工作纳入党建工作总盘子,开展定期研判。县委中心组学习带头向"集中研讨"转变。把互联网作为意识形态工作的重中之重,完善实施了"3+2"舆情应急处置机制。加强舆论引导,完善信息发布机制,形成广播、电视、微信公众号同步报道的融媒体新格局。

以坚定的文化自信推动文化繁荣发展。培育和践行社会主义核心价值观,深入推进文明单位、文明家庭等"五大创建"活动和首届"最美祁县人"评选,乔家大院民俗博物馆荣获第五届全国文明单位称号。挖掘和研究祁县优秀历史文化,建立晋商"万里茶道"路径研讨暨山西财大晋商研究科研合作基地,《乔家大院》(第二部)《祁县民俗》《合盛元票号》等书籍出版。加快提升公共服务能力,图书馆通过全国公共图书馆第六次评估,文化馆达到国家三级馆标准。发展壮大文化产业,建立文产项目库,重点谋划和推动总投资147.6亿的36项文产项目,新培育29名玻璃器皿工匠。

七、落实以人民为中心的发展思想,民生保障水平持续提高

把脱贫攻坚作为第一民生工程。深入推进八大攻坚工程20个专项行动,做实"以户为基、本质脱贫",做到"双落实一达标"。年度扶贫资金增长1421万元。聚焦解决深度贫困,发放扶贫小额贷款2957万元,每户增收3000元。聚焦破解"支出型贫困",发放各类教育资助金67.2万元,惠及贫困学生1003个;落实"三保险、三救助"政策,追补诊疗住院费用4.6万元,919名重度残疾人享受护理补贴27.5万元。聚焦扶贫先扶志、扶智,推行"订单辣椒""爱心小米""富民梨""扶贫菜"等产业扶贫模式,惠及贫困户2022户4496人。全年完成2709名贫困人口脱贫和北岗头村摘帽任务。

全面推进各项民生事业。财政民生支出同比增长近15个百分点,占全部支出比重83.15%。总投资3亿的民办靖烨双语学校启动建设,祁县第一所大学——山西医科大学晋祠学院建成开学。职中、六中项目等政府十件实事稳步推进、逐一落实。新增就业3300多人,城镇登记失业率控制在2.28%。建成保障性住房653套,改造农村危房263户。祁县医疗集团组建运营,覆盖城乡的社会保障体系不断完善,2013—2017年度卫计局创建"平安医院"工作表现突出,获得国家级表彰。全面落实安全生产责任制,安全生产形势稳定好转,防震减灾工作获得省级表彰。

八、坚持人与自然和谐共生,生态文明建设成效显著

以系统工程思路推进生态保护修复。加快"生态宜居美县""文化旅游名县"建设。系统化布局"一心、两廊、三带、五区"的生态空间格局,全面推行"河长制",重点推进汾河中游生态修复带、乌马河流域的生态修复保护,投资3000万欧元的昌源河国家湿地公园生态修复保护工程全面铺开。全年完成造林1万余亩、四旁植树90.6万株。

以超常举措加强环境保护。强化领导干部生态环境损害责任追究。中央、省环保督察组交办我县群众反映问题全部办结。部署推进大气、水和土壤污染防治"三大战役十大工程"。深入开展"散煤清洁治理",铺设中压燃气管网25.5公里、"煤改气"完成8000余户,新增集中供热面积61.5万平方米,低硫煤置换完成2650吨,全面淘汰"散乱污"企业。新建东观污水处理厂,完成二支退拓宽改造和城镇中水回用及污水管网19.7公里。

全力打响"拆违治乱提质"城乡环境大整治攻坚战。拆除违建30.5万平方米,腾退土地44.3万平方米。实施环卫市场化、执法集中化、提质目标化、服务园区化"四化"治乱提质,祁县的城乡面貌有了极大改观。

(张俊鑫　杨庆霖)

附:中共祁县县委书记、副书记、常委名单

书　记:吴文胜

副书记:冯耀黎　李军荣(女)

常　委:闫锡忠(6月离职)　张　鑫　游海波

王　辉　许学林　常许雁(女)　杨秀龙

郭　虎(12月任职)

中共平遥县委工作概况

县委书记 武晓花

2017年全县基层党组织共有918个，其中:党委22个，总支45个，支部851个。党组32个，党组性质的党委2个。全县共有党员24624名，其中农村党员12939名，占52.5%；女党员5462名，占22.2%。建国前老党员88名。

2017年，县委班子深入学习贯彻习近平总书记视察山西重要讲话精神，认真贯彻落实省委“一个指引、两手硬”和市委“两个全面”重大决策部署，围绕“立足三个瞄准，奋力进位争先”三年行动计划和建设“大美古城”，小康平遥，国际旅游城市五年奋斗蓝图，坚定政治站位，奋力攻坚克难，各项工作迈出新步伐、实现新突破。

扎实推进“两学一做”学习教育常态化、制度化，开展“维护核心、见诸行动”主题教育，全面加强党的建设

作为全省“两学一做”学习教育常态化制度化示范点，平遥县委坚持高点定标、统筹谋划，按照“示范带动、规范提高、分类指导、整体推进”的思路，做示范，走前列，高起点开局、高标准开展、高质量推进。

在凝聚共识上见行动。一是狠抓十九大精神学习。启动“党的十九大精神”主题党日学习周，县委书记主讲，县领导领讲、宣讲团跟进，开展差异化、精准化大宣讲大培训。二是积极组织参与全省竞答活动。拓展利用“新媒体”学习教育平台，全县各级党组织层层有力发动，党员领导干部率先垂范，基层群众踊跃参与。三是狠抓规定动作落实。聚焦“六个好”“六项措施”和“8+5”规定动作，分专题开展习总书记视察山西重要讲话精神、7.26 重要讲话精神、“一文两书” 等专题学习研讨。“七一”期间，举办“喜迎十九大，奋力争先锋”党建成就展；围绕“三个讲清”，开展“三级书记”讲党课；扎实开展“六个对照”回头看；创建日升昌票号晋商文化教育基地、彭坡头村抗日民主政府纪念馆教育基地。

在建强支部上见行动。牢固树立党的一切工作到支部的鲜明导向，把抓实支部建设作为推进“两学一做”学习教育常态化制度化的基本依托。一是“五个一”创建激活支部活力。每年拿出 200 万元对达到创建标准的村每村奖励 3 万元，培育了一批先进基层党组织、转化了一批软弱涣散党组织、打造了一批集体经济破零示范党组织、建设了一批美丽乡村、创建了一批法治化治理先进村。二是“三化”纪实严肃支部组织生活。编印了《平遥县基层党建“三化”管理加强“三基建设”工作手册》，出台“三会一课”“三纪实”制度，建立“10+X”模式，让基层党组织和广大党务工作者行有准则、动有依据、做有规范。三是“党日”活动提升支部组织力。全面推行“主题党日”活动制度，每月一主题、每月一重点，搭建党员政治学习的阵地、思想交流的平台、党性锻炼的熔炉。

在发挥作用上见行动。不断深化“四诺四比一争优”“党员先锋行”主题实践活动，分类分层推进，强化行动自觉。在脱贫攻坚上，实行村村“联建”、机关“扶建”、企业“助建”、党员“包建”的“四建”模式，把优势力量凝聚到基层一线，把组织优势转变为脱贫帮扶优势。在重点工作上，全县各级党组织和广大党员把打好“拆违治乱提质”、环境保护等工作作为开展“两学一做”学习教育的生动实践。

切实强化领导班子建设。树立正确导向，精准科学选人。县委制定出台《平遥县支持干部改革创新担当作为合理容错纠错实施办法(试行)》，努力营造为负责的干部负责、为担当的干部担当的良好环境，调动和保护干部干事创业的积极性。制定《关于在“拆违治乱提质”城乡环境大整治攻坚行动中激励干部担当作为干事创业的实施办法》，着力在一线发现、培养、使用干部。认真落实《晋中市推进领导干部能上能下实施办法(试行)》规定，重点在“能下”上下功夫，疏通干部“下”的渠道。严格标准程序，严防“带病提拔”。着眼能力提升，持续加强后备干部队伍建设。突出综合能力提升，坚持把年轻后备干部的培训纳入全县干部教育培训总体计划。积极搭建平台，加强年轻干部一线锻炼。坚持真管真严，完善干部管理监督体系。

把加强“三基建设”作为基层党建工作的重中之重，出台《实施方案》，量化分解 99 项任务，坚持“一月一例会、一月一小结、一月一报告、一月一提醒的工作运行机制，挂图作战，县级领导领办，项目化推进、台账式管理，圆满完成市委确定的 14 项重点任务。

强化基层组织。坚持将加强党的领导、严把程序、严肃换届纪律和营造浓厚宣传氛围贯穿换届工作全过程，以选好选成不出事为标准圆满完成“两委”换届工作。落实全国城市、国有企业、非公企业等基层党建重要会议精神，理顺了非公经济组织和社会组织工委，不断扩大“两个覆盖”。制定《关于加强全县中小学校、民办学校党的建设工作的实施意见》，完成全县 2.4 万余名党员信息采集工作，在乡镇街道分别成立了 17 个党员服务中心党支部，对 1300 余名人才市场流动党员根据居住地进行了分流管理。

强化基层保障。拿出 1000 万元进行集体经济破零专项扶持，农村“两委”主干报酬达到农民人均可支配收入的 2 倍(2.2 万元)，乡镇运转经费(100 万元)和村均运转经费(11.5 万元)均高于全市的标准。“三基建设”经费保障、农村集体经济“破零”、社区场所达标实现了 3 个 100%。全县 17 个乡镇

街道,86个县直机关单位完成“一目录三手册”编制。采取分批次分类别分专题,持续推进“大规模培训干部、大幅度提高干部素质”工程。分层分批对各领域基层党务干部开展专题辅导。

强化阵地建设。以达标升级为重点,全面实施活动场所“清零工程”。近年来,共筹资3100余万元,新建和改扩建农村活动场所162个(新建96个,改扩建66个),占总村数的59%。投入1200万元,对全县16个社区活动场所进行200平米达标升级,投资规模、建设力度创历史之最,彻底扭转了平遥活动场所落后的面貌。

强化监督执纪问责,推进全面从严治党

以深化国家监察体制改革试点为“龙头”,高点定标、实点发力,深入推进全县党风廉政建设和反腐败斗争,党内政治生活气象更新,全县党内政治生态持续好转。

健全责任传导体系,管党治党政治责任进一步压紧夯实。县委带头履行管党治党主体责任,先后主持召开11次县委常委会专题研究党风廉政建设和反腐败工作,作出管党治党批示89次,批准谈话函询、初步核实、立案审查、处分决定等57人次。在全县各乡镇(街道)和县直单位中创新推行“共性+个性”责任清单,发放《党员领导干部全面从严治党履责记录本》。对拟提拔任用的7批次107名党员干部作出党风廉政意见回复。对落实“两个责任”不力的1个乡镇党委、23名党员干部严肃问责。

坚决扛起政治责任,试点工作取得重要阶段性成果。县委坚决扛起主责,县委书记当好“施工队长”,强化领导,全力推动;县纪委担牢专责,协同相关部门,按图施工、精细施工,高质高效推进改革试点工作。转隶开局顺利,2017年3月10日,县监察委员会如期挂牌,提前圆满完成第一阶段任务。建章立制深化,认真学习并严格执行“4个一”制度,创新编印“六图、六清单”,执纪监督、执纪审查、案件审理实现“三分离”,并在实践中不断完善。县委政法委统筹法、检、公、司四部门严格执行“1+4”十项制度体系,为监察机关与执法司法机关相互衔接、相互制衡提供了基本保证。创新探索引深,实现了乡镇(街道)监察全覆盖和县级党和国家机关派驻监察全覆盖。通过改革,党对反腐败工作的统一领导全面加强,实现了由“结果领导”到“全过程领导”的转变;对行使公权力公职人员进行建档立卡,监督对象基本实现全覆盖;监察权规范高效运行,共使用查询、鉴定、留置等7种调查措施273人次,完成全市县级第一例留置案件、第一例县级移送案提级审理;正风反腐全面提升,纪法、法法顺畅衔接,移送检察机关审查起诉2件2人,制度优势逐步转化为治理效能,“1+1>2”的目标初步显现,

驰而不息纠正“四风”,推动中央八项规定精神落地生根。县委带头出台《关于进一步贯彻落实中央八项规定精神的实施细则》,先后开展明察暗访5轮,检查单位、饭店、停车场331个,对19个单位存在的问题责令限期整改。立案查处违反中央八项规定精神和“四风”问题案件9件,处分9人。召开全县警示教育大会,对两起违反中央八项规定精神和纪律作风典型问题以及环保履职不力处理情况进行了通报。对发生违反中央八项规定精神和“四风”问题的1个乡镇党委、10名党员干部严格问责。

深入推进标本兼治,反腐败斗争压倒性态势巩固发展。全年共受理信访举报413件(次),同比增长86%;立案136件,同比增长30.8%;结案111件,同比增长9.9%;处分109人,同比增长12.4%,其中处分乡科级干部20人,同比增长185.7%。查处侵害群众身边不正之风和腐败问题39件,处分39人;查处扶贫领域违纪案件5件,处分5人,问责3人。在全市率先出台《关于实践监督执纪“四种形态”推进全面从严治党的实施意见(试行)》,全年充分运用“四种形态”处理375人次,同比增长79.2%,其中第一种形态处理267人次,占71.2%,第二种形态处理87人次,占23.2%。举办“学党章党规、树清廉新风”知识竞赛活动,加快建设小察院廉政教育基地,在县电视台播出“家风养廉大家谈”电视栏目12期,打造廉政公益广告、微电影作品14部,荣获市纪委监委奖项和获奖数量均名列全市前茅。

持续深化政治巡察,全面从严治党的利剑作用有效发挥。配齐配强巡察组长、工作人员和专业人员“三库”。制定出台《县委巡察工作流程(试行)》等规范性文件。开展2轮巡察,对3个乡镇和6个县直单位进行巡察,第一轮巡察共发现问题线索65件。扎实开展巡视巡察发现问题整改自行“回头看”,全县整改问题1164个,整改率达到96.1%。

践行新发展理念,努力破解各种难题,有力推动全县经济社会发展

县委紧紧围绕年初确定的“四个坚持、四个以”工作目标,践行新发展理念,努力破解各种难题,全县“立足三个瞄准,奋力进位争先”,坚持“供改”和“综改”工作主线,以改革创新为动力,以项目建设为支撑,全力促进经济稳步向好,为建设“大美古城,小康平遥,国际旅游城市”奠定坚实基础。地区生产总值全年完成116.5亿元,同比增长4.6%;规模以上工业增加值完成33.5亿元,同比增长0.5%;固定资产投资完成40.9亿元,同比下降15.9%;社会消费品零售总额完成62.7亿元,较去年同期增长6.5%;一般公共预算收入完成4.9亿元,较去年同期增长8.13%;城镇常住居民人均可支配收入完成28478元,较去年同期增长6.2%;农村常住居民人均可支配收入完成11548元;较去年同期增长增长6.1%。

经济运行稳中向好,结构调整更加优化。经济增长稳,2017年全年GDP总量完成116.5亿元,创出历史新高。物价水平稳,居民消费价格、商品零售价格、农业生产资料价格与上年持平,为经济平稳发展创造了很好的条件。消费市场稳,社会消费品零售总额实现62.7亿元,住宿业、餐饮业营业额均实现了两位数的增长。就业形势稳,新增城镇就业人数、转移农村劳动力人数都超过5000人以上,增幅都在20%以上。民生投入稳,民生投入占到公共财政预算支出的68.91%,比上年又提高了5.71个百分点,有力保障了各项民生事业的

发展。

平遥县三大产业构成比例调整为11.42:37.34:51.24,第三产业比例明显上升,实现增加值59.7亿元,同比增长8.5%,对经济的贡献率达93.6%,拉动GDP增长4.3个百分点,全县的产业结构正在发生积极变化.工业经济新增长点不断涌现,新的增长动能加快形成。过夜游客占比达到20%,提高了5个百分点,过夜游客数量的增加直接带来游客人均消费的提升,旅游发展的层级和服务水平在不断提高。

发展动能持续集聚,经济效益显著提升。新的增长动力加快形成,不断蓄积力量。动力源自高新企业,2017年,我县高新技术企业数达到5户,其中2户入选国家高新技术企业,1户入选省级众创空间。动力源自环保倒逼,高耗能、散乱污企业逐步被淘汰,促进铸造企业生产工艺创新升级,36户铸造企业涅槃重生。动力源自招商引资,引进了一批国字号、省字号的合作伙伴,项目签约额度、签约项目开工率、到位资金等4项指标位居全市前列。动力源自市场主体,致力于打造“六最”营商环境,市场主体更具活力,新注册企业达643户,与去年同比实现翻番。

从农业上看,全县76万亩耕地中,干鲜果面积占比达39.6%,总产超过25万吨,再创历史新高。去年通过种植色素辣椒调整产业结构,亩均收入由原来的500元增长到现在的3000元以上,农民调产的积极性大幅提高。从工业上看,去年全县累计供电量首次突破10亿元大关,工业用电量增幅明显,同比上升25%,尤其是铸造行业供电量同比增长122%。通过环保倒逼,铸造企业加快转型升级步伐,36户铸造企业市场占有率占到了全省的80%,煤炭产业在全年平均销价同比增长75%的基础上,实现了销售收入同比增长32%。深入推进“三去一降一补”,商品住房库存消化周期基本控制在16个月以内,政府对土地供应规模和时序的科学管控成效显著。从金融上看,贷款余额高于存款余额17.5个百分点,存贷比超过40%,有力支撑和推进了经济健康发展。从旅游上看,“又见平遥”门票收入比2016年净增1882万元,突破亿元大关,在全国演艺系列中名列前茅,省内龙头地位持续巩固。

脱贫攻坚成效明显,民生实事深入人心。牢记习近平总书记的嘱托,不断推进全县脱贫攻坚工作。出台15项适合平遥的特色政策,村村联建、机关扶建、企业助建、党员包建的“四建”模式汇聚起脱贫攻坚的整体合力,“政银企农”四方联动共赢的金融扶贫成为亮点,南城村与昌源庄村结对帮扶“共享式扶贫”的做法赢得省委脱贫攻坚督导组的充分肯定,8个贫困村、4642名贫困人口实现本质脱贫。

下大力气启动并完成了涉及56个村8万人口的宁杜香退水渠整治工程,解决了困扰河西村民多年的“烦心事”。围绕物业管理,开展专项集中整治、收费专项督查等工作,着力解决小区业主集中反映的“操心事”。一大批民生实事扎实推进,人民群众有了更多的获得感和幸福感。

改革红利不断释放,生态环境持续改善。六大领域42项改革任务纵深推进。《平遥古城保护条例》修订立法工作取得实质性进展,创新推进旅游体制“1+3”改革,探索实行“两权分离”,引进深圳华侨城集团对古城景区从管理和运营上整体提质。

“三大战役”“十大工程”顺利实施,全年污染综合指数等多项指标实现下降,去年秋冬季以来,全县空气综合质量指数、PM 2.5下降比例位居全市第一,SO2平均浓度下降比例位居全市第二。“拆治提”攻坚行动稳步推进,全县共拆腾面积23.04万平方米,天面、街面、店面和立面四项工程高标准实施,集中精力拆除了群众反映强烈的火车站、108国道等重点区域的违建,解决了一批多年来一直想解决而没有解决的问题,涌现出了一批美丽乡村示范村,中期考核名列全市第三。

(全 卿)

附:中共平遥县委书记、副书记、常委名单

书　记:武晓花(女)

副书记:石　勇　牛起虎

常　委:张贵青(女,4月离职)　毕新荣　杨晓隆　李成海(9月离职)　齐宏亮　王　虎　刘向东　赵凌中(12月任职)　李英伟　高庆林(4月任职)

中共介休市委工作概况

市委书记 丁雪钦

2017年,介休市共有基层党组织1086个,其中党(工)委30个、党总支77个、党支部979个。共有党员22263名。

2017年,介休市委在省委和晋中市委的坚强领导下,深入学习贯彻习近平新时代中国特色社会主义思想和党的十九大精神,坚决贯彻落实省委“一个指引、两手硬”重大思路和要求、晋中市委“全面挺进全省第一方阵”发展目标,围绕实现“振兴崛起、城乡美丽、生活富足、人民幸福”,全面推进全市经济、政治、文化、社会、生态文明建设,各项工作取得新的突破。

一、旗帜鲜明讲政治

市委坚持把习近平总书记系列重要讲话作为各项工作的指引,一年来,先后召开6次常委会议、11次市委中心组学习,重点对习总书记最新讲话和重要论述进行学习传达、研究部署、推进落实。习近平总书记视察山西后,研究出台了关于学习贯彻习总书记视察山西重要讲话精神和在深度贫困地区脱贫攻坚座谈会上重要讲话精神两个《实施方案》，进一步把讲话精神介休化、具体化，推动学习贯彻不断深入。特别是党的十九大召开后，市委把学习贯彻习近平新时代中国特色社会主义思想和党的十九大精神作为首要政治任务，形成“一通知四方案”总体部署，四大班子带头深入农村社区、田间地头、厂矿车间宣讲220余场，受众2.6万余人；开设科级干部、基层干部、“两委”干部等培训班，推动党员干部集中轮训全覆盖；制作宣传牌、宣传栏1000余个，采取专题、专栏、专访等手段，营造了浓厚的宣传氛围；开展干部大调研，在进村入户、走访群众的基础上，明确了2018年的经济盘子、民生实事、乡村振兴等重点工作思路，把学习贯彻习近平新时代中国特色社会主义思想引向深入，推动党的十九大精神在介休落地生根。

二、聚精会神谋发展

市委牢牢把握发展大局，有效破解经济运行中出现的新情况、新问题，实现了经济的持续稳步发展。2017年，全市地区生产总值完成181.2亿元，同比增长9.8%；规模以上工业增加值完成91.1亿元，同比增长19%；固定资产投资完成52亿元；社会消费品零售总额完成95.6亿元，同比增长6.1%；公共财政预算收入完成12.9亿元，同比增长20.5%；城、乡居民人均可支配收入实现32734元、13073元，同比增长6.8%、6%。一是坚持项目带动。71个省、晋中市级重点工程完成投资22.5亿元，崇光电厂、亿联五金商贸城、国能中电、张壁古堡等一批转型项目加速建设，凯嘉煤层气发电、新学道金泉书院、大西高铁转体桥、人民医院改造等一批项目建设完成并投入使用，秸秆生物质综合利用、10万吨聚甲醛等10个项目完成签约。二是加快提升工业。推动昌盛130万吨、茂胜120万吨两个大机焦项目建设；规划安泰300万吨两个焦化一体产业化工项目；崇光低热值煤发电项目加快建设，博创纳米工业园一期建成投产，安晟泡沫陶瓷打开市场，新兴工业得到长足发展。三是发展现代农业。新种植药材4000亩、新增蛋禽饲养量60万只、新增核桃林5000亩、改造低效核桃林6000亩，8个煤矿实施3000亩荒山绿化，海能集团新上万亩绵黄芪种植，特色农业步入发展快车道。四是大力发展旅游。张壁古堡、虹霁寺分别申报5A级和4A级景区，天峻山旅游基础设施入选省财政厅PPP示范库，打造了10个乡村旅游示范村。2017年，共接待游客1076.5万人次，同比增长19.8%；旅游综合收入126.2亿元，同比增长19.2%。

三、合力攻坚优环境

市委牢固树立绿水青山就是金山银山的理念，狠抓生态文明建设和环境保护，城乡环境面貌大为改观。一是开展拆违治乱提质攻坚行动。拆除违建3026处，面积29.16万平方米，腾退土地53.25万平方米；清理积存垃圾70万方，治理煤矸石固体废物20万方；整治各类门头牌匾2000余块，电线电缆规范入地8公里；投资3000余万元对10个老旧小区进行了全面改造，2.4万余名群众直接受益；通过降低路沿石、拆除机关单位围墙新增停车位7000余个，新建改造停车场30个；完成北坛东路、定阳路改造，打通经五路、经十路等4条断头路；投资1440余万元，对9条国省县主干道通道绿化298.3公里；在全市攻坚行动中期考核中，名列第一，获得奖金1000万元。二是推进污染防治攻坚战。完成焦化、砖瓦窑、碳素、洗煤等重点行业环保提标改造，取缔“散乱污”企业71户，淘汰燃煤锅炉400余台，实施3万余户居民“以气代煤”工程；建立三级河长制度，开展清河专项行动，完成74户畜禽粪污治理，开工4条黑臭水体治理和3个农村污水治理项目；完成土壤污染治理调查，形成土壤污染防治方案。积极配合中央、省、晋中环保督察，通过环保督察整改，党政同责、齐抓共管的环保治理格局基本形成。三是实施六大营造林工程。投资2800余万元推进荒山绿化、乡村绿化、湿地植被恢复、通道绿化提质等六大营造林工程，全市绿化率达到33.96%。

四、坚定不移保民生

市委始终把人民对美好生活的向往作为奋斗目标，财政用于民生的支出从2016年的18.2亿元增加到2017年的19.14亿元，增强了人民群众的获得感、幸福感和安全感。一是办好民生实事。实施“3232”便民工程，新建30个停车场、20个街心绿园、30个公共厕所、200个廉租摊位；投资5000万元实施“一乡一实事”工程和农村“六个一”工程；免费公交、免费活动室、免费停车场、免费图书馆、免费博物馆、贫困人口免费医疗等一批免费工程全面推出；民生大院、大众食堂、群众文化活动阅览室、图书馆等一批民生工程投入使用。二是发展民生事业。引进民间资本和优质教育资源，兴办两所高水平民办学校，高考万人达线比在晋中进步3个位次。实施医疗一体化改革，组建介休医疗集团，改造升级人民医院，迁建中医院。公共汽车站及公交枢纽完成各项前期准备，城市公交线路达到6条。完成各类就业创业培训1655人次，新增城镇就业人数4769人。扎实开展铁腕打非、大排查、大整治等专项行动，关闭非法违法企业39户，全年未发生较大以上安全生产事故。三是建设平安介休。启动“天眼”“地网”“雪亮”三大工程，强化人民调解工作，加强“第一道防线”建设，不断创新“群防群治”新模式，扎实推进“七五”普法，为平安建设注入无穷活力。

五、创新突破抓改革

市委认真落实上级全面深化改革要求，大胆实践、强力推进，在重点领域实现新突破，多项改革走在省、市前列。创新开发区发展，开发区承载了73户重点企业、半数以上的工业产值和税收，近期管委会将正式挂牌，迎来新的发展阶段。抓住成为全省6个财政省直管县(市)之一的有利契机，推动预结算改革，提升财政资金运转效率和使用效益。率先完成城市执法体制改革，构建起了城乡一体、三勤合一的城市管理新模式。设立民生事务保障服务中心，开通24小时民生热线，群众“四供”问题在第一时间答复和处置。组建市委市政府督查落实办公室,有力推动全市重点工作落实;完成城区环卫市场化改革,实现了运管分离。

六、创先争优促文明

市委牢牢掌握意识形态工作的领导权、主动权,进一步压实各级党委(党组)意识形态工作的主体责任。一是文明城市成功创建。开展了氛围营造、市政基础设施提升、公共交通服务、农贸市场规范管理等“十大专项行动”,介休市跻身省级文明城市行列,城关、义安获省级文明乡镇称号。二是社风民风持续向好。连续举办两届“介休好人”评选活动,一大批好人得到重奖、受到尊重。青年志愿者协会、蓝天救援队等公益组织成为城市靓丽风景。介休健康扶贫团队成为“感动山西”20 个候选人之一。三是文化宣传有声有色。组建新闻网络信息中心,围绕“讲好介休故事,树好介休形象”,不断延伸正面宣传触角,2017 年上级主流媒体刊发刊播我市正面新闻报道数量大幅增加。同时,加强对文艺创作的引导,《绵山文艺》《文化介休》《焦裕禄》《忠诚》等一批优秀文艺作品集中推出。

七、民主法治聚合力

市委定期听取市人大常委会、市政府、市政协和市法院、检察院党组的工作汇报,针对性提出意见,在党的领导下,法治、德治、自治“三治合一”又有新进展。支持市人大及其常委会依法履行职权,依法对“一府两院”工作进行审议,对全市经济运行、财政预算、体制改革、项目建设、社会事业进行监督审查。认真办理代表议案 114 件,办结率 95.6%。支持政协、统战、群团履行职能、开展工作,审查立案的 97 件提案全部办复,办复率 100%,切实发挥了政协协调关系、汇聚力量、建言献策、服务大局的作用。推动“企业家之家”建设,重大决策部署及时与各民主党派、工商联、无党派人士通报协商。出台市总工会、团市委、妇联改革方案,群团改革稳步推进。

八、固本强基强党建

市委坚持党要管党、从严治党,坚定不移推进全面从严治党向纵深发展。一是坚定扛起管党治党主体责任。2017 年,市委常委会共专题研究党风廉政建设工作 15 次,制定出台了《介休市领导干部落实党风廉政建设主体责任全程记实制度》,对领导干部履行管党治党政治责任的情况实施全程留痕记录,推动主体责任落地生根。二是扎实推进“两学一做”常态化制度化。坚持以上率下,带头抓好经常性学习、带头做合格党员、带头严格党的组织生活制度,做到了学在前、做在前。全市各级党组织共开展学习研讨 5700 多次,讲党课 2700 余堂次。将“拆违治乱提质”、农村“六个一”、乡村振兴等中心工作作为践行“两学一做”的主战场,常委班子带头包村包路包项目,全市各级党组织和广大党员一线攻坚克难,党员干部形象、素质在一线得到全面展现和提升。三是着力打造高素质干部队伍。牢固树立以德为先和担当、实干的用人导向,2017 年,共调整干部 10 次,涉及 247 人,256 个村(社区)完成党组织换届,一批工作中有能力、作风上过得硬、群众信得过的干部走上了领导岗位。四是始终保持正风肃纪高压态势。全年共开展廉政教育谈话 5869 人次,提醒谈话 541 人次,信访谈话 62 人次,诫勉谈话 103 件;给予党纪政务轻处分 79 人;给予党纪政务重处分 31 人;移送司法机关 3 人,留置 1 人。

(刘婷婷)

附:中共介休市委书记、副书记、常委名单

书　记: 丁雪钦

副书记: 张　驰　郭建雄(4 月任职)
苟富杰(4 月离职)

常　委: 韩　亮　周元源(4 月任职)
郭建雄(4 月离职)　刘世宏　李克虎
董建伟　李俊萍(女)　李　宏

中共灵石县委工作概况

县委书记　段燕翔

灵石县共有基层党组织 917 个,其中党(工)委 36 个,党总支 59 个,党支部 822 个。共有党员 15981 名。

2017 年,在市委、市政府的坚强领导下,县委深入学习贯彻习近平新时代中国特色社会主义思想和习总书记视察山西重要讲话精神,坚决落实省委“一个指引、两手硬”重大思路和市委“全面挺进全省第一方阵”部署要求,全力推动“两个率先”战略,进一步巩固和发展了良好工作态势,经济社会各项事业实现了健康有序发展。

一、坚持举旗定向,学好用好习近平新时代中国特色社会主义思想

县委始终保持用习总书记重要思想武装头脑的高度自觉,持续作出部署,不断落实新举措,推动全县形成学用习近平新时代中国特色社会主义思想的浓厚氛围,让十九大精神在灵石落地生根、开花结果。党的十九大召开前,县委就深入贯彻落实省委、市委要求,坚持把学用习总书记系列重要讲话精神摆在首位。抓好县委中心组学习,坚持全面系统、不断深化,坚持学深悟透、真信笃用,充分发挥示范带动作用。认真学习贯彻习总书记视察山西时的重要讲话精神,连续召开

全县干部大会、县委常委会议、县委常委(扩大)会议、县委中心组学习会议,不断把学习贯彻引向深入。结合推进“两学一做”学习教育常态化制度化,扎实开展“维护核心见诸行动”主题教育,着力搭建党员干部学习、活动、服务、制度“四个平台”,引导广大党员干部自觉把维护核心落实到行动上、融入到工作中。

党的十九大召开后,坚持把学习宣传贯彻党的十九大精神作为当前和今后一个时期的重大政治任务和工作主题,持续不断在学深弄懂做实上下功夫。县委对学用习近平新时代中国特色社会主义思想及时进行安排部署;第一时间组织县委中心组重点对十九大报告、新修订的《党章》以及省、市相关会议精神等内容进行深入学习,全年共组织县委中心组学习 17 次。通过组建宣讲团宣讲、邀请专家授课、开展科级干部轮训等方式,推动党的十九大精神和习总书记视察山西重要讲话精神进企业、进农村、进机关、进校园、进社区、进军营、进网络。

二、理直气壮狠抓发展第一要务,全面提升经济发展的质量和效益

一是加强党对经济工作的领导。县委始终把发展作为第一要务,担当实干,主动作为,集中精力抓好各项任务落实。县委坚持常委会定期研究经济工作、非公经济人士定期恳谈、四大班子领导直接联系企业“三项工作机制”,实施精准服务,找准症结,强化举措,经济发展稳中有进、稳中向好,主要经济指标达到近年来最好水平。地区生产总值完成 226.2 亿元,同比增长 8%,增量达到 47 亿元,是前五年增量总和的近三倍。规模以上工业增加值完成 128.3 亿元,同比增长 8.7%。一般公共预算收入完成 16.1 亿元,同比增长 43.3%。社会消费品零售总额完成 75.6 亿元,同比增长 5.8%。城镇常住居民人均可支配收入完成 35366 元,同比增长 6%;农村常住居民人均可支配收入完成 16052 元,同比增长 6.5%。各项指标继续领先全市。在全省各县(不含区)中,7 项主要经济指标预计 6 项位列前十;在全省同类县中,综合考核评价可望名列前茅。

二是持续深化供给侧改革。坚决去产能,制定、落实了煤炭企业去产能方案;有效去库存,消化房地产库存 612 套、面积 8.2 万平方米;稳步去杠杆,严格落实金融支持实体经济发展的各项政策措施,政银企对接实现常态化;多方降成本,全县规上工业企业每百元主营业务收入成本同比减少 5.48 元;着力补短板,加快提升公共服务,财政民生支出达到 17 亿元,增长 18.9%,占全部支出的 85.4%。

三是坚定不移推动转型发展。全县第三产业增加值增长 7.8%,增速同比提高 2.4 个百分点。投资结构更加合理,非煤产业投资比重达到 84.9%,新兴产业投资比重达到 29.5%。高技术产业实现“破零”。紧紧围绕转型升级这条主线,启动实施煤电铝材一体化产业园建设,7 户煤炭企业资源减量重组整合稳步实施,东方希望 200 万吨氢氧化铝生产线达产达效,二期 200 万吨生产线启动建设;启光低热值煤发电项目具备返送电条件;亨泰荣和金属压铸件项目二期 10 万吨生产线正式上马,扬帆碳素超高功率石墨电极项目快速推进。不断优化农业产业结构,补齐“三农”短板,大力发展核桃、规模养殖、设施蔬菜、中药材等特色农业,核桃产量达到 1200 万公斤,肉、蛋、奶产量超过 5 万吨,设施蔬菜面积扩大到 6500 亩,中药材种植面积达到 6000 亩,年销售收入 500 万元以上农产品加工企业销售收入完成 3.5 亿元。同时,以晋中创建国家全域旅游示范区为契机,加快重点旅游项目建设,促进旅游管理、营销、业态全面升级。静升古镇王家大院 5A 景区创建全面铺开,晋中南旅游集散中心开工建设,少林资寿文化园、金山森林休闲度假区等项目扎实推进,旅游经济效益凸显,全年接待游客 1188 万人次,旅游综合收入达到 110 亿元,实现了“千万百亿”的目标。

三、坚定不移深化改革创新,全面激发转型发展的动力和活力

始终把抓改革作为重大政治责任,加强对改革工作的领导,不断加大改革落实力度,扩大改革受益面,以过硬作风谋划推进改革。全年县委全面深化改革领导小组共召开会议 15 次,审议通过 28 项改革文件。县委书记、县长带头抓 27 项改革,各级领导干部认真践行“四个亲自”要求,亲力亲为抓改革,扑下身子抓落实,全力当好“施工队长”。建立完善了抓改革“一规则三办法五细则”工作机制,强化督察和考核,在全县形成允许改革有失误、不允许不改革的鲜明导向。坚持用好改革关键一招,38 项重点改革完成年度任务,一些重要领域和关键环节取得突破性进展。开发区改革创新发展,可研报告通过省级评审。深化“放管服效”改革,推进相对集中行政许可权试点,组建了行政审批局,首批 7 个部门、32 项行政许可事项入驻办理。在全省率先启动矿山废弃物第三方标准化治理,编制完成煤矸石综合利用规划,依托天聚鑫源公司实施试点治理。民生领域改革进展顺利,医疗、教育、文化、社会保障等改革加快步伐。统筹推进社会治安综合治理、司法体制改革、涉法涉诉信访改革等重点事项改革,出台了一系列惠民利民的制度措施。

四、加强民主政治建设,保持安定团结的政治局面

一是加强党对人大和政协工作的领导。县委常委会集中听取县人大常委会、县政协党组工作汇报,研究批准县人大及其常委会《关于加强县乡人大工作和建设的实施意见》和《政协灵石县委员会 2017 年度协商工作计划》。支持和保证县人大及其常委会依法履行职责,共听取审议“一府两院”专项工作报告 18 项,提出审议意见 19 条,任免地方国家机关工作人员 47 人次,组织宪法宣誓仪式 21 次。重视和支持县政协聚焦全县中心任务、重大部署履行职能、开展工作,重点围绕县城规划和发展、洗煤产业等工作开展协商议政,围绕林业执法、社区矫正工作等组织委员进行视察监督。支持政协加大提案督办力度,使政协提案办理取得新突破,提案答

复率达到100%,进一步展现了协商民主的生机和活力。

二是注重抓好统战和群团工作。强化党对统战工作的集中统一领导,牢牢把握大团结大联合的主题,加强同各民主党派和无党派人士团结合作,支持民主党派、工商联及党外代表人士更好履行职能。县工商联被评为"全国五好工商联"。深入开展统战工作大调研活动,积极研究破解制约民营企业发展的突出问题。深入贯彻党的宗教工作方针,积极引导信教群众思想认识与社会主义核心价值观相适应。出台群团工作改革方案,圆满完成县总工会、团县委、县妇联换届工作,支持群团组织依照法律和章程独立自主开展工作。深入推进国防动员和后备力量建设,积极谋划推动军民融合深度发展,军政军民团结的大好局面进一步巩固。

三是持续深化法治灵石建设。认真贯彻《党政主要负责人履行推进法治建设第一责任人职责规定》要求,将法治建设纳入年度工作计划,成立全县普法依法治理工作小组,全面实施"七五"普法规划,提高各级干部运用法治思维和法治方式的能力,形成决策依法、遇事找法、解决问题用法的良好法治环境。全面落实法律顾问制度,为全县党委系统十个部门聘请了法律顾问,确保了法律顾问工作的规范、有效运行。深入开展法治宣传教育,不断深化"法律六进"活动,引导推动各类社会组织、社会力量开展经常性、特色化的法治宣传教育,着力打造共建共治共享的社会治理新格局。

五、严格履行意识形态工作责任制,凝聚砥砺前行的正能量

一是抓牢意识形态工作领导权。落实意识形态工作责任制,调整县委意识形态工作领导小组,把意识形态工作纳入对乡镇和县直部门的考核范围,将意识形态工作责任落实作为党建工作和巡察工作的重要内容,督促各级党委(党组)落实主体责任。加强对各级各类意识形态阵地管理,开展全县互联网信息内容安全专项检查,关闭网站6家,移送公安部门违法网站3家,重点约谈8家公众号。加强和改进网络舆情管控工作,在全省率先开创"30310"舆情处置应对工作法。在"灵石发布"微信公众号开设辟谣专栏,开通灵石114网络惠民平台。

二是推进舆论宣传争先进位。坚持党管媒体原则和正面宣传为主不动摇,围绕灵石建设成就、重点项目、景区、品牌,加强对内对外宣传和网络宣传,凝聚全县干部群众共同奋斗的正能量和精气神。山西日报等省市主流平面媒体发表稿件450余篇,部分被中国网、中国经济网等网络媒体转载。不断加强阵地建设和队伍建设,县委宣传部与山西日报报业集团发展导报社成功签约合作创办《灵石》报,重新认定并充实了新闻发言人、评论员队伍。践行社会主义核心价值观,持续开展中国好人、山西好人和第六届山西道德模范推荐工作。加强精神文明创建,高分通过省级文明县城复检验收,并被省文明委推荐为2018—2020年创建周期全国文明城市提名城市。县第二小学被评为第一届全国文明学校,煤气化公司被评为2015—2017年度全国文明单位,坛镇乡被评为省级"文明村镇"。

三是推动文化事业文化产业大发展。继续深化文化体制改革,王家大院、资寿寺景区体制机制改革全面完成,顺利通过省旅发委的验收。创建国家公共文化服务体系示范区工作扎实推进,以"四馆一院三中心"为龙头的县级公共文化服务设施全部实现高效、便捷、有序运行。组织了第八届灵石县文化旅游月活动。文艺精品创作呈现新气象,本土长篇小说《王家大院》《静升王》创作出版并完成首发。

六、切实保障和改善民生,维护社会和谐稳定

一是打好精准脱贫攻坚战。把脱贫攻坚作为第一民生,紧盯"两不愁、三保障"脱贫目标,坚持精准方略、下足"绣花"功夫。把握非贫困县县情特征,大胆探索,走出"四个+"扶贫路子,经验做法被省、市多次刊发。制定出台了产业精准扶贫、创新小额信贷、易地扶贫搬迁等实施意见或办法,进一步促进政策落地生效。深入开展扶贫领域不正之风和腐败问题专项治理,确保脱贫"成色"。脱贫攻坚再战再胜,脱贫1046户、2258人,易地扶贫搬迁410户、1079人,接受了国务院脱贫攻坚第三方评估组的验收,综合各方面的反馈情况,评估效果不错,较好地完成了相关任务。

二是统筹抓好民生事业发展。城乡教育一体化改革取得突破性进展,校长职级制改革走在全市前列,高考质量综合考核全市排名第一。坚持积极的就业政策,促进创业带动就业,全县城镇新增就业2700人,安置下岗失业人员681人,困难人员再就业238人,转移农村劳动力3600人,创业带动就业878人。城镇登记失业率控制在2.21%。深化医药卫生体制改革,县乡医疗卫生机构一体化改革成效明显,组建县级医疗集团并挂牌,医改六统一、医保打包付费和信息化工作正在有序推进。全县机关事业单位养老保险制度入轨运行。投资5亿元完成22项基础设施建设工程。集中办好事关群众切身利益的具体实事,民生实事亮点纷呈,"十件实事"全部兑现,183项"微民生"工程全部完工;县城三座人行过街天桥和周宿村人行天桥建成投用,夏木线——国道108连接线工程和夏门桥新建工程投入运行,使多年的拥堵状况得到缓解;市下达保障性安居工程建设目标任务提前完成,静升河综合治理工程快速推进,静升新区路网日益完善。

三是全力维护社会安全稳定。牢固树立总体国家安全观,深入推进社会治安综合治理创新,继续保持"打黑除恶"高压态势,推进"雪亮工程"建设,扎实开展安全生产大检查、"反三违"等安全检查,坚决做到"三个坚决防止""三个决不发生",安全生产形势总体平稳,全年未发生较大以上安全事故。深入开展"重点信访问题源头化解暨信访突出问题大整治"活动,信访秩序明显好转。

七、践行绿色发展理念,深入推进生态文明建设

一是大力推进生态建设。不断加大生态投入,积极推进造林绿化,新造生态林1.67万亩,义务植树93.4万株,全县

林木绿化率达到60%,县域生态环境得到大幅改观。加快推进大小水网工程建设,实施汾河流域生态修复工程建设,加强民生水利工程建设,建立健全河长制体制机制。

二是持续改善生态环境质量。以中央、省、市环保督察为契机,抓好重点领域污染综合治理,打好蓝天保卫战、水污染防治攻坚战和土壤污染防治攻坚战"三大战役",实施改善环境质量"十大工程"。抓住"压煤、治污、管车、降尘"关键环节,大力防治大气污染,深入开展"散煤清洁治理",县城区划定"禁煤区",完成3个片区集中供热管网建设,新增集中供热2000余户。投资3500万元完成10691户"煤改气"工程。引深"铁腕治污"专项行动,取缔30家"散乱污"企业。推进水污染防治重点工程,投资2亿元搬迁汾河流域68户污染企业,投资5000余万元建成4座乡镇污水处理厂,投资2200万元完成了汾河沿线16个村的农村环境连片整治工程。强化土壤污染防治,全面落实国家"土十条"和省、市土壤防治工作要求,开展了危废规范化管理工作,建立危险废物污染防治责任制度和申报制度。中央、省环保督察组交办我县的78件群众反映问题全部办结。扎实做好企业错峰生产、燃煤锅炉取缔、散煤管控、重污染天气应对等工作,区域环境不断好转,秋冬季以来全县二氧化硫均值同比下降42%,重污染天气同比下降50%。

三是扎实推进"拆违治乱提质"攻坚行动。以巩固国家卫生县城、国家园林县城创建成果为重点,全面打响拆违治乱提质攻坚战,拆除违建面积32.3万平方米,腾退土地面积70.1万平方米。同时,按照"一线四区"工作重点,谋划实施了总投资7.5亿元的一批提质工程。"拆、治、建、管"并举,让灵石的城市面貌有了极大改观,让城市的吸引力大为增强,解决了许多历史遗留问题,化解了群众心中的积怨,办成了许多长期想办而没有办成的大事。在这场攻坚战中,各级领导干部以上率下、亲力亲为、带头实干,密切了干群关系,凝聚了党心民心,锤炼了各级干部,改善了工作作风,激发了全体干部干事创业热情,群众的幸福感和获得感大大提升。

八、全面加强党的建设,构建从严治党新常态

一是始终把全面从严治党摆在突出位置,坚定扛起管党治党主体责任。县委常委会研究党风廉政建设和反腐败工作13次,专门听取了县纪委监委、人大、政府、政协、法院、检察院党组管党治党情况汇报。认真落实十八届六中全会精神,严肃党内政治生活,强化党内监督,县委常委带头学习习近平新时代中国特色社会主义思想,带头讲党课,牢固树立"四个意识",增强"四个自信",站稳政治立场,不折不扣落实省委、市委重大决策部署。稳妥推进监察体制改革试点工作,组建了县监察委员会,高效完成了乡镇监察全覆盖任务。积极推进县级派驻监督全覆盖。同时,以"三提升"工程培训和轮岗轮训为抓手,持续加强纪检监察干部队伍建设。深入落实巡视巡察工作新要求,扎实开展了两轮常规巡察和一轮专项巡察,共移交问题线索124件。认真开展巡视巡察发现问题整改自行"回头看"工作,全县各级党组织共梳理汇总任务清单1760项,问题清单1887项,整改清单2806项,责任清单1774项,修订完善各类制度1075项。

二是继续巩固惩贪肃纪高压态势,有力推动党风政风持续好转。抓好"四风"问题不反弹,出台了《关于进一步贯彻落实中央八项规定精神实施细则》,在全县开展党风政风监督检查"三延伸"工作,实现对全县各单位落实"八项规定"精神和纠正"四风"情况监督检查全覆盖。聚焦扶贫领域、城乡环境整治、环保督查、信访稳定等工作重点,严肃查处发生在群众身边的不正之风和腐败问题。县纪委监委共处置问题线索483件,其中谈话函询处置问题线索279件,立案116件,结案115件。处分115人,移送司法机关2人,留置1人。深入开展县级领导干部大调研,解决问题200余个,形成调研报告30余篇,有力促进了党风政风进一步好转。

三是着力建设高素质专业化、既干净又干事干部队伍。创新选用机制,严格考核激励,出台《支持干部改革创新担当作为合理容错纠错实施办法(试行)》《灵石县推进领导干部能上能下实施办法(试行)》,让有为的有位、让不为的挪位、让想为的能为、让该为的必为。认真落实好干部标准,提出"六个重视选用",即:重视选用政治上忠诚、能打开工作局面、敢于担当、工作实绩突出、群众公认度高、能够守得住底线的干部,全年研究人事任免13次,调整干部504人次。调整中严格执行干部选拔任用政策规定,并结合了近四年的考核结果。紧盯"关键少数",持续抓好领导干部能力建设,新建县委党校投入使用,王家大院、东方希望晋中铝业公司两个市级干部现场教学基地挂牌,深入挖掘高地原红色教育资源,形成了完备的干部教育培训体系。

四是全面加强"三基建设"。研究提出96项具体工作任务,拉出任务清单,明确责任分工,狠抓推进落实,县财政投入6913万元予以保障,组织96名机关干部到基层挂职,分领域召开"五个党建推进会",39个软弱涣散基层党组织全部转化升级。圆满完成286个行政村和36个社区的"两委"换届选举工作,并全部选出了村务监督委员会。圆满完成了村集体经济破零、非公经济和社会组织党组织建设、社区活动场所达标"四个全覆盖"的目标。

(武　林)

附:中共灵石县委书记、副书记、常委名单

书　记:段燕翔

副书记:刘　旋　张李虎

常　委:傅艳红(女)　胡金良　杜占生　晋和平　吴学意　苏晋华　杨根俊

中共榆社县委工作概况

县委书记 张英杰

2017年，榆社县共有基层党组织556个，其中党(工)委22个，党总支16个，党支部518个。2017年新发展党员230人，截止年底，全县共有党员11055人，其中：女性2550人，占23.1%，农村党员6169名，占55.8%.

2017年，中共榆社县委坚持以习近平新时代中国特色社会主义思想为指引，认真贯彻落实中共十九大精神和中央、省委、市委各项决策部署，紧紧围绕“争先进位、如期摘帽、全面小康”三大目标，深入实施“生态立县、农业富县、工业强县、旅游靓县、人才兴县”五大战略，着力抓落实、稳增长、惠民生，集中精力打好改革创新和脱贫攻坚两场战役，统筹做好稳增长、抓改革、调结构、惠民生、防风险各项工作。主动创先争优，全力攻坚克难。进一步推进从严治党、党风廉政建设，充分发挥党建工作政治引领、凝心聚力、服务群众、推动发展的核心作用，全县经济稳步向好，脱贫攻坚成效明显，拆违之乱提质扎实有效开展，各项工作呈现争先进位良好态势。

经济发展稳中有进。2017年，全县地区生产总值完成31.03亿元，同比增长8.9%；规模以上工业增力值9.61亿元，同比增长9.6%；公共财政预算收入完成2.36亿元，同比增长20%；社会固定资产投资完成14.26亿元，同比增长6.7%，城镇常住居民人均可支配收入预计完成21421元，同比增长7%；农村常住居民可支配收入预计完成5209元，同比增长11%。

特色农业增产增效。坚持围绕脱贫攻坚工作，大力发展现代农业，调整产业结构，落实惠民政策，坚持质量兴农、绿色兴农、品牌兴农。大力实施《榆社县推进“一村一品一立体”产业脱贫实施方案》，重点实施“八大产业十个一”工程。依托五福公司、新疆西琳鸟公司等企业，带动谷子产业发展全年种植面积达到10万亩；依托农民合作社，全年拱棚蔬菜种植面积1万亩、大棚种植面积1万亩；主要分布在箕城、社城、西马、北寨4个乡镇50余个村，种植小杂粮7.27万亩，粮食播种面积22.72万亩，粮食总产量8.45万吨，中药材种植面积1.54万亩，依托退耕还林项目，重点培育“玉露香梨”5089亩，扎实推进特色产业扶贫工作的顺利开展。

工业经济加快转型。加快推进工业企业转型升级，积极构建产业群发展新格局。重点实施榆化公司5万吨烧碱、6万吨聚氯乙烯、原料药二期，乾晋公司氯乙酸甲酯，时限基础化工、精细化工双提升、双增强。广生公司100亿粒植物胶囊扩建、广华源公司1万吨药用高阻隔包装材料、晋胶公司阿胶功能食品扩建、天生公司阿胶饮片及系列功能食品开发等项目。同步延伸中药材种植、养驴产业，继续扩张榆社阿胶、高端胶囊两大医药用品，全力打造华北地区最大的医药产业大县。坚持“产业链”发展思路，先后实施PVC型材，管材及聚合氯化铝、氯化钙、DHPPA、四氯苯酐、氯乙酸原料等重点项目；医药产业大力发展中药材种植、养殖产业，先后实施100亿粒高端植物胶囊6000吨中成药技改项目。阿胶产品成功打入香港、泰国等地。华能榆社电厂农光互补项目被列为省重点项目；榆化原料项目、美岳高档文化用纸项目、华能榆社电厂超低排放项目3个项目被列为省经信委转型项目榆化原料药项目、山西原生肽公司500吨小分子核桃肽项目被列为市级优质转型项目。

城建文化教育社会各项事业蓬勃发展。拓展县城发展空间，优化区域路网结构，进一步提高通行能力，实施漳源大道北延工程，东升街综合改造工程，坂坡桥加宽改造工程，工业园区路网建设工程。大力推进生态治理，提升城市品位，打造了生态景观廊道，建立景观钢坝一座。同时，进一步加快文化旅游产业，打造5A级风景区，景观大道云簇驿、无动力水上运动中心等工程竣工投用。全县接待游客129.364万人次，同比增长30.04%，完成旅游收入10.69亿元，同比增长30.21%。开展独特化石文化、箕子文化景点景区和梨花节、“采摘节”等主题活动。组织开展了“2017年中国国际公路自行车赛事”，“云竹湖垂钓节”“晋胶杯”发现最美榆社徒步等体育活动，同年，被评为全国群众体育工作先进县，云簇镇被国家体育总局评为首批运动休闲特色小镇。

重点实施浊漳河北源生态湿地公园工程。紧紧抓住“拆违治乱提质”城乡环境大整治，精心打造“美丽榆社、山水福地、宜居新城”。共拆除违章建筑1911处、31.7万平方米，腾退土地85.6万平方米；投资6352万元的8项市政重点工程全部完工，城市新增绿化面积26.68万平方米，美化临街建筑立面6082万平方米。榆洪线、东郭线10公里农村四好公路“示范路”建设获得晋中市级好评。教育工作取得新进展，榆社一中改造校园网设备、广播系统、新建校园电视台等，通过晋中市标准化普通高中评估验收。榆社职中电工与自动化技术实训基地投入使用。榆社二中新建录播教室，为7所村子教室点接入FTTH,全面实现宽带网络“校校通”。参加高考1187名，二本B类以上达线总数为595人，比去年增长65人；中考达成创历史新高。同年6月，选入全省“国培计划”项目县，享有一系列省及重点支持的优惠和专项经费。率先实现晋中市义务教育阶段学生“营养餐改善计划”全覆盖。

特色文化产品“太行木雕。”同宇公司田园综合体项目。郝北镇刺绣，岚峪乡扶贫模式，云簇湖开发，榆社古建以及旋余沟村、柳滩村、泥河掌村脱贫典型多次被中央电视台、山西电视台《人民日报》《山西日报》进行报道。新建的文体活动中心馆举行开馆仪式，县体育运动中心、文化馆、图书馆、非遗展馆搬入新馆。县、乡、村三级公共文化服务网络逐步完善，全民法治观念进一步增加社会治安和谐稳定。

一、推动党建主体责任落实，加强党员队伍建设

2017年，为了进一步建立健全"书记抓、抓书记"责任机制，县乡、村三级党组织书记签订党建工作目标责任书和脱贫攻坚责任书。出台了《关于在基层党建工作中实行精细化、项目化、绩效化管理考核的实施办法》，完善配套了11个针对性、操作性、实用性强的制度机制。出台了榆社县《关于在推进"两学一做"学习教育常态化制度化中加强"三基建设"的实施方案》，制定了25条93项具体任务。整顿了26个农村涣散党组织，调整9名村"两委"主干；选派151名市县优秀党员干部担任农村第一书记，72名优秀年轻干部到乡镇挂职，56名大学生村官实现了流转。足额发放"三基建设"资金1735.02万元，用于乡镇(社区)运转经费、党建经费、乡镇周转房建设、乡镇人员定期体检和伙食补助等。为村"两委"主干发放报酬9418元；全县非公经济组织和社会组织党的组织和工作覆盖率均达到100%。进一步加强党员队伍建设和管理。出台了《榆社县发展党员工作制度》，顺利完成了全县党员信息采集及录入系统工作；高标准建设党员档案室；出台了《榆社县党费收缴制度》。12月10日，全县农村(社区)"两委"换届选举工作圆满完成，并于12月12日和14日，对新任村(社区)"两委"主干进行了专题培训。共选出"两委"班子成员1669名。

二、创新开展"三创"活动，带动农村经济建设

2017年县委出台了《关于开展"农民工还乡创业、能人返乡创业、退休干部回乡创业"活动的实施意见》，着力优化投资环境，积极搭建平台，吸引外出成功人士回乡创业。各类返乡能人345名，百万以上项目13个，总投资达到10.5亿元。组织帮扶群众成立农民专业合作社、小型企业等各类涉农项目135个，带动全县发展设施蔬菜9000多亩，发展小杂粮3万多亩，发展中药材8700余亩，发展"玉露香"梨5000多亩，发展笨鸡养殖200万只，为全县农村人口提供3000余个劳动就业岗位，全面推动了农村经济的发展。回乡创业的人员，86人当选为村书记，74人选为村委主任，总额的62.9%。

三、扎实推进监察体制改革试点工作

2017年在晋中市纪委监委领导下，继续稳步推进转隶开局。同年3月6日，成立榆社县监察委员会，县委成立领导小组，紧紧围绕深度融合，将"素质提升·五抓五融合"细化为十五个一专项活动。通过半月集中学习、机关廉政文化建设、知识竞赛、重温入党誓词、缅怀革命先烈等系列主题活动，促进了干部队伍思想、理念、人员、工作融合。同时，严格执行市纪委监委"4个一"工作制度。进一步完善县、乡纪委监委机关执纪监督监察工作试行办法等，实行执纪监督和执纪审查"前后台"分设，执纪监督，审查调查，监查分开，案审分离。形成了以案管室为中枢的执纪监督监察工作体系，以试点评估和案件评查为抓手，按照《晋中市深化监察体制改革试点工作评估方案》对自查、评估发现的12个问题，细分为29个立行立改目标和长坚持的工作任务，建立了问题清单、责任清单、整改清单，明确评查中指出的问题，全面提升试点工作质量。共配备乡镇监察员、助理监察员45名，设立派驻纪检监察机构13个，对全县84个部门和单位实现监督全覆盖。对行使公权力的公职人员监察全覆盖，有效细化"六类监察对象"标准，监察对象共3072人，其中非党员886人，增长32.41%，全县共建立各类谈话室17间、谈话场所管理进一步规范；全年使用调查措施8种394次，留置移送1人，县直单位监察体制改革顺利推进，进一步推动了党内政治生态风清气正的局面。

（杨玉文　常彩萍）

附：中共榆社县委书记、副书记、常委名单

书　记：张英杰

副书记：韩　军　郭晓红

常　委：柳扣兔　武晋杰　王晓峰(女)　赵凌中(12月离职)　李卫华　王卫东(12月任职)　鲜大虎

中共左权县委工作概况

县委书记　王　兵

2017年是左权县经济社会转型发展、稳步推进的重要一年，也是脱贫攻坚承上启下、全面突破的关键一年。县委认真贯彻省委"一个指引、两手硬"重大思路和市委"两个全面"部署要求，紧紧围绕"全力晋位上台阶，全面脱贫奔小康"目标，团结带领全县人民攻坚克难、埋头苦干，推动各项工作取得了新进步、创造了新业绩。

一、坚持以十九大精神为指引，努力提高思想政治站位，自身建设成效明显

一年来，县委班子始终向以习近平同志为核心的党中央

看齐,在思想上政治上行动上与中央、省委、市委保持高度一致,自觉用习近平新时代中国特色社会主义思想来武装头脑、指导实践。

一是旗帜鲜明讲政治。把学习宣传贯彻党的十九大精神作为首要政治任务,先后召开了常委会议、四套班子会议多次进行学习交流,并在县委十七届三次全会上对学习宣传贯彻党的十九大精神作出全面安排部署。精心组织了多形式、分层次的20期轮训,全县1300多名干部参与了集中轮训,实现了县管干部、后备干部和农村"两委"主干的全覆盖。同时,还组织开展十九大精神巡回宣讲40多场次,学习贯彻十九大精神热潮在全县形成。

二是常态长效抓学习。扎实推进"两学一做"学习教育常态化制度化,深入开展维护核心、见诸行动主题教育,县委班子开展中心组学习15次,认真传达习总书记讲话精神和重要论述,先后召开"增强'四个意识',以实际行动维护核心"、学习习总书记视察山西重要讲话精神等专题研讨会,班子成员每人联系2个基层党支部,深入联系点讲党课,指导学习教育。在县委班子的带头示范和持续推动下,全县556个基层党组织、12967名党员参加了学习讨论,各基层党组织年内普遍学习达12次。

三是不折不扣重落实。为达到学以致用、以用促学的效果,全县广泛开展了大调研活动,县四套班子领导围绕相关课题领题调研,形成了调研报告19份,各乡镇、各单位主要负责人共完成调研报告200余份。组织开展"党员先锋行"主题实践活动,各行业、各领域的12支党员先锋队、100名先锋标兵、7328名党员干部奋战在拆违一线、项目一线、脱贫一线,思想政治教育融入日常、形成常态。

二、坚持以转型发展为方向,坚决落实省市决策部署,县域经济稳中向好

一年来,县委坚定不移推进转型发展,以质量变革、效率变革、动力变革为引领,不断增强县域经济发展创新力和竞争力。

一是经济发展质量更高,经济运行更加稳健。全年全县完成地区生产总值52.6亿元,同比增长6.5%;规模以上工业增加值18.1亿元,增长5.5%;固定资产投资51.98亿元,增长18.9%;社会消费品零售总额15.3亿元,增长6.8%;一般公共预算收入4.56亿元,增长0.4%;城镇居民人均可支配收入25369元,增长7.1%;农村居民人均可支配收入5257元,增长10.8%。工业转型加速,中晋太行100万吨焦化、30万吨还原铁等项目开工建设,东方希望新材料有限公司240万吨氧化铝项目落户左权;功能农业壮大,核桃种植总面积达36.5万亩,杂粮种植达7.8万亩,打造了6个市级精品庄园和9个经典采摘园;旅游产业做强,发展全域旅游,左权生态文化旅游开发区成功获批,全县旅游综合收入达29.69亿元。

二是改革步伐更加铿锵,发展动力更足更强。以改革促转型,坚决推进供给侧结构性改革,全面落实"三去一降一补"重点任务,全年消化商品房库存811套,累计为企业减轻税负约3600万元,完成民生及社会公益事业支出15.15亿元,占全县支出比重86.42%。以改革助脱贫,坚持把改革创新贯穿于脱贫攻坚全过程,积极探索精准扶贫、精准脱贫新路,林业建设带动脱贫、生态旅游助力脱贫、"以户为基,双落实一达标"等一批创新做法,在全省全市推广。以改革激活力,全年部署54项改革任务已全部完成。生态旅游体制改革、校长职级制改革、医疗卫生机构一体化改革等一批改革项目全面落实,为全县经济社会发展注入新的活力和动力。

三是区域发展更加协调,生态环境更优更美。统筹城乡发展,实施辽阳街改造和清漳河县城段整治等工程,启动了县城规划区城中村改造工作;铺开新一轮"八普及一创建"工程,污水处理、安全饮水等成为改善村民生产生活条件的主抓手;实施"四好农村路"建设,完工交通项目91项,建设里程373.8公里。推进生态建设,实施造林绿化、退耕还林、生态庄园等六大工程,打造了辽州森林公园、白堠万亩水源涵养林工程等生态屏障,全年累计营造林10.04万亩;落实水资源开发利用控制、用水效率控制、水功能区限制纳污"三条红线",全面推行"河长制"管理。狠抓环境保护,持续打好大气、水、土壤污染防治三大战役,全县环境空气质量综合指数5.3,优良天数达274天;坚决完成督察反馈意见整改,中央和省环保督察组交办案件全部办结。全力推进"拆违治乱提质",采取"随手拍""五步工作法"等有效举措,城乡环境整治取得突破进展,累计拆除违章建筑32.3万平方米,腾退土地61.9万平方米,打造精品乡镇5个,精品文化村64个,喷绘精品文化墙607处,建设绿化小景点18处,从根本上解决了乡村"脏乱差"、城市"堵梗阻"难题,城乡环境面貌得到全面改观和提升。

四是社会事业更加繁荣,民生保障更显普惠。推进文化建设,改善县、乡、村公共文化服务基础设施,县级两馆建设全面达标,乡村两级文化服务中心建设全面完成;成功举办辽州社火节、太行民歌会等重大文化节庆活动,群众文化活动蓬勃发展。改善社会事业,提升教育教学质量,高考、中考双双挺进全市第一方阵,高考综合考核位居全市第三;落实"3710"行动计划,新增就业岗位2281人,城乡居民医疗保险基本完成"三保合一";推动医疗资源优化组合,左权县医疗集团挂牌成立;保障困难村民住房安全,完成农村危房改造263户。加强社会治理,严格落实信访工作"四定五包""一岗双责"责任,全县信访工作持续保持平稳态势;全面落实安全生产责任制,试点开展安全风险分级管控和隐患排查治理双重预防机制工作,全县安全生产形势稳步向好。

三、坚持以本质脱贫为目标,加快推进脱贫攻坚步伐,顺利实现再战再胜

打赢脱贫攻坚战是县委向全县人民作出的庄严承诺,更是必须完成的硬任务。2017年,县委始终把脱贫攻坚作为第一民生工程和头等大事,聚焦精准扶贫、精准脱贫,以绣花功夫打好"组合拳",全年53个贫困村退出,15038人脱贫。

一是坚持以户为基,精准落实帮扶措施。紧紧抓住"户"

这个脱贫的最基本单元,以《精准脱贫手册》为载体,把政策、项目、资金、资源要素全部向户聚集,“一竿子插到户”。推进项目到户,将贫困人口全部对接到项目,细化任务158项,建立脱贫攻坚项目库,入库项目1414个;推进产业扶贫到户,全年新栽植核桃1万亩,新发展杂粮1.8万亩、设施蔬菜2000亩、中药材3.5万亩,并网发电村级光伏扶贫电站35座、屋顶光伏电站1565座;推进金融扶贫到户,累计为4620个贫困户发放贷款2亿元。同时,通过林业产业、生态扶贫等措施带动贫困群众实现稳定增收。

二是狠抓队伍管理,形成脱贫工作合力。设立26个专项行动小组,县四套班子领导全部包乡包村包户,层层签订脱贫攻坚责任状、承诺书,省、市、县三级158个单位、7328名党员干部、130名工作队长、139名“第一书记”全部驻村帮扶,实现贫困村、贫困户帮扶全覆盖。特别是县委充分发挥核心引领作用,统筹全县所有部门围绕脱贫布局工作,发动组织、纪检、宣传、政法、统战等党口部门和人大、政协全部参与其中,形成了齐参与、共促进的脱贫攻坚大格局。

三是提高脱贫标线,确保脱贫质量成色。把“五洁净”“六要六有”达标工程与拆违治乱提质相结合,与美丽乡村建设相结合,与农村环境整治相结合,建管并重,有序推进,对全县贫困户坚持因户施策、逐户研究的办法,细化标准要求,制定达标“负面清单”,有效解决贫困户院墙内的问题,确保高质量脱贫、高标准过线。已为全县贫困户房屋修缮375户、粉刷墙壁629户、更换玻璃纱窗618户、添置电视和电话71户,“五洁净”“六要六有”达标率达到95%,贫困群众的获得感和满意度得到极大提升。

四是推进易地搬迁,全力攻克脱贫难点。按照“三年任务两年完成”要求,开工红土墒、东沟二期、东长义、易居苑小区4个集中安置点建设,可安置贫困群众1772户、4886人。统筹解决好“人、钱、地、房、树、村、稳”七方面问题,实行搬迁户“双签”日报告工作制度,完成贫困户“双签”3370人,完成率82.9%。分类落实后续帮扶工作,对于有劳动能力的搬迁群众,采取加大技能培训、帮扶发展产业和提供就业岗位三种措施确保他们有事干、能增收;对丧失劳动能力的搬迁群众,实行政策性保障兜底,通过落实各项惠民政策和完善社会保障救助制度,确保他们能脱贫、不回流。

五是强化社会保障,夯实兜底脱贫基石。强化最低生活保障,农村低保标准提高到3240元/人/年,顺利实现“两线合一”;构建“以国家免、奖、助、贷、补为主,企业、社会团体、爱心人士资助为辅”的多位一体教育救助体系,资助建档立卡贫困学生7510人次,资助金额496.825万元;开展健康扶贫“双签约”服务,签约1960户、2712人,开展贫困妇女“两癌”免费检查1万余人;实施“三保险、三救助”医疗帮扶,全县50595人建档立卡贫困人口医保参保缴费全部免费;特别是把光伏产业作为兜底扶贫产业,对全县凡未达到脱贫标准线的,按需补差,确保脱贫路上不落一户、不丢一人,全部实现兜底脱贫。

四、坚持以党的领导为核心,纵深推进全面从严治党,党建水平持续提升

一年来,县委着力落实抓党建主体责任,从严从细管党治党,不断推动全面从严治党向纵深发展,全县党建水平全面提升。

一是“三基建设”全面过硬。培育基层党组织示范点30个,整顿软弱涣散农村党组织20个,农村党组织换届全部完成,基层组织进一步加强;乡镇运转经费平均下拨74.4万元,超出上级要求近10万元,村级、社区运转经费全部足额落实到位,认真落实“13710”督办制度,效能建设不断加强,基础工作进一步夯实;开展大讲堂11期,专题讲座52期,“送教下乡”巡回宣讲120余场,基层党支部书记培训556人,支部开展学习交流3000余次,领导干部带头讲党课1900余次,真正做到了全方位、多角度、全覆盖,促使干部基本能力进一步提升。

二是舆论引导全面加强。面对新形势、新变化,出台《网络意识形态考核管理办法和实施细则》,制定《左权县新闻宣传沟通考核暂行办法》,召开首届新媒体管理工作座谈会,组建新闻评论员队伍,切实把好舆论导向,提升引导能力。同时,积极参加第十三届深圳文博会、山西省第三届文博会、北京文旅推介会等,顺利完成第二批村综合文化服务中心示范村“七个一”工程,主办了纪念太行抗日根据地创建80周年研讨会,太行人民抗战研究院在左权县挂牌成立。

三是法治建设全面推进。以“六六创安”提质增效工程为载体,进一步提升维护社会政治稳定能力,不断完善矛盾纠纷多元化解机制,重点推进了交警、国土等重点行业调解组织建设,全面加强了法院诉调对接工作机制建设,调解成功率达90%以上,调解协议兑现率达96%,县矛调中心被评为全国社会治安综合治理先进集体;健全立体化社会治安防控体系,全力夯实“七网覆盖工程”,深入开展“雪亮工程”基层创建示范活动,全面推进公共安全视频监控城乡一体化建设;持续保持严打高压态势,共破获案件320起,抓获各类逃犯71名,查处治安案件1030起,为全县经济社会发展提供了安全稳定的社会环境。

四是民主建设全面进步。加强和改善党对人大工作的领导,县人大及其常委会认真履行法定职权,坚持用制度管人、管事、管权,进一步提高了依法履职的能力和决策水平;大力支持政协工作,充分保障政协履行职能,荣获省2015—2017年度反映社情民意信息工作先进单位,提案办复率达100%,促成了一批民生问题的有效解决;巩固发展统一战线优势,实施凝心、聚力、促转型等“六大行动”,县工商联荣获全国“五好”县级工商联称号;严格落实战备训练,圆满完成征兵任务,党管武装工作得到新加强;助推科技下乡活动,设立爱心驿站,成立青年企业家协会,吸纳更多优秀妇女参与妇联工作,群团工作实现大提升。

五、坚持以正风肃纪为抓手，不断加强党风廉政建设，政治生态风清气正

一年来，县委坚持突出重点，狠抓关键，从严执纪，注重长效，不断把全县党风廉政建设和反腐败工作引向深入，推动党风政风持续好转。

一是深化监察体制改革。按照转隶开局、平稳过渡、逐步深化原则，依法有序推进监察体制改革试点工作，配齐配强领导班子，科学设置内设机构，顺利完成人员转隶，全面完成了整合全县反腐力量的任务，实现了党对反腐败工作的集中统一领导，实现了对所有行使公权力的公职人员监察全覆盖。监委成立以来，通过采取谈话、询问、讯问等措施，对全县党员干部形成了有力震慑，党对反腐败工作的领导全面加强，真正起到了“1+1>2”的显著效应。

二是持续狠刹“四风”。紧盯节假日等重要节点，聚焦“关键少数”，把纠正“四风”往深里抓、实里做，不断加强纪检、财政、审计等部门协同配合，持续健全完善立体监督体系，切实增强查纠“四风”问题的针对性和实效性。先后组织明察暗访6轮，累计派出督查组23个，发现财务管理不规范、制度建设不完善等问题线索43件，处置问题线索17件，督促被检查单位整改26件，保持了狠刹“四风”的高压态势。

三是推进巡察工作。完成首轮常规巡察暨专项巡察，发现共性问题58个，问题线索11个，并启动了县委第二轮常规巡察。同时，扎实开展巡视巡察发现问题整改自行“回头看”，共梳理整改任务50项，细化整改措施96项，先后出台制度21项，确保按期整改、全面整改，一件不落、见底清零。

四是强化执纪审查。坚持动真格、出重拳，以“零容忍”态度坚决惩治腐败，加大执纪审查力度，共接受信访举报72件(次)；处置反映问题线索433件，立案148件，结案131件，党纪政务处分128人，挽回经济损失88.04万元。

五是践行“四种形态”。创新建立“以案说纪、以案施教、以案促改”典型案件通报制度，先后2次组织专场会议，通过通报案情、现身说法、指明症结、讲清方法，有效提升了案件治本功能和震慑效果。这种以案说纪的形式已在全县各级各部门推广运用。同时，综合运用批评教育、组织处理等有效手段开展监督执纪，采取第一、二种形态处理的人员占到92.99%，基本形成了严惩极少数、管住大多数的新常态。

六是严查“微腐”“蝇贪”。创新设计“九查九问、三到三访”精准监督模式，深入开展扶贫领域突出问题专项整治“清风行动”，紧盯村党支部书记、村委会主任等利益“小团体”，深入整治基层贪污侵占、吃拿卡要、虚报冒领等突出问题，实行班子成员联系督导乡镇制度，重点对突出问题等进行专项整治，发现并处置问题线索11个。

严格执行中央“八项规定”精神和领导干部廉洁从政各项要求，坚持抓好班子、带好队伍、做好表率，始终把党风廉政建设主体责任记在心上、扛在肩上、抓在手上。一是带头发扬民主作风。始终坚持民主集中制，认真落实《县委常委会工作规则》《县委书记专题会议工作规则》等，严格按照集体领导、民主集中、个别酝酿、会议决定原则，对事关全县发展的重大决策、重要工作部署、重大项目安排等都由常委会集体研究决定，科学、民主、依法决策水平不断提升。二是带头强化责任担当。始终牢记习总书记“大有作为”的指示精神，认真贯彻省委“五个倡导、五个反对”要求，以抓铁有痕、踏石留印的干事劲头，推动各项决策部署落地落实，各项工作走在全市乃至全省前列。三是带头严守清正廉洁。始终坚持挺纪在前，严格执行廉洁自律各项规定，管好亲属及身边工作人员，自觉接受纪委监督和群众监督，为全县党员领导干部作出了表率。

(张俊平　李　花)

附：中共左权县委书记、副书记、常委名单

书　记：王　兵

副书记：赵宏钟　王宏昌

常　委：李左红　刘二萍　张海荣(4月离职)　李学文　史彦忠(9月任职)　孟玲珑　史泽生

中共和顺县委工作概况

县委书记　孙永胜

2017年，在市委的正确领导下，县委班子深入学习贯彻十九大精神和习近平总书记系列重要讲话精神，特别是视察山西重要讲话精神，按照省委“一个指引、两手硬”重大思路和市委“两个全面”战略部署，牢固树立“和民心、顺民意”的理念，突出“围绕一条主线、打造两张名片、三年整体脱贫”的目标，团结带领全县党员干部群众，不忘初心、牢记使命，团结拼搏、砥砺奋进，全县经济、政治、文化、社会、生态文明和党的建设取得了新发展。

一、坚持以党的十九大精神开路领航，持续将学习贯彻工作引向深入

(一)用十九大精神武装头脑。充分发挥各级党委(党组)理论学习中心组的示范带动作用，持续开展专题学习和集中轮训，推动广大党员干部深入学习领会、全面准确掌握十九大提出的新思想、新判断、新部署。按照“学懂弄通做实”的要求，突出以讲促学、以考促学、以赛促学、以干促学，县委常委

及其他县级领导带头深入所联系乡镇、农村和分管单位、帮扶企业开展领学、解读、宣讲。组织开展“百团大宣讲”、科级领导干部轮训等,扎实推动宣传、宣讲和领导干部大调研、微调研等系列活动,确保十九大精神入脑入心、家喻户晓。

(二)用十九大精神谋划发展。全面对标十九大提出的新思想新理念新战略,系统分析和顺发展的历史、现状和未来,准确把握发展的阶段性特征,找准自身优势和短板,找准在全市大局中的定位,调整发展标杆、校准发展方向。紧密结合实际,组织全县干部深入开展调查研究,广泛汇聚各方智慧,进一步丰富完善经济社会发展的思路举措。特别是针对脱贫攻坚战略举措,提出了决战一年、实现全县整体脱贫的总体目标。

(三)用十九大精神推动实践。按照“五位一体”总体布局的重大部署,紧紧抓牢发展这个第一要务,突出经济建设这个根本、政治建设这个保证、文化建设这个灵魂、社会建设这个条件、生态文明建设这个基础,认真践行新发展理念,加快建设现代化经济体系,推动经济转型升级、迈上更高水平,推动各项工作落地见效。

二、坚持发展第一要务,开辟经济社会发展新境界

(一)经济综合实力实现新提高。坚持党对经济工作的领导,牢牢把握经济工作的主动权,坚持稳中求进工作总基调,经济保持中高速增长。全年完成地区生产总值52.8亿元,增幅-2.7%;规模以上工业增加值19亿元,增幅-30%;固定资产投资36.3亿元,增幅20.3%;社会消费品零售总额15.4亿元,增幅6.7%;公共财政预算收入4.7亿元,增幅9.3%;城镇常住居民人均可支配收入23658元,增幅7.2%;农村常住居民人均可支配收入6258元,增幅11%。

(二)脱贫攻坚成效呈现新亮点。按照“六个精准”“五个一批”要求,以村为体、以户为基、以人为本,扎实推进“四季战役”“五大行动”“八大工程”,55个贫困村、14132口贫困人口稳定脱贫。突出精准帮扶,精心绘制了贫困精准识别图、产业精准分布图、脱贫攻坚责任图等“五张图”。突出精准施策,构建了“一二三”脱贫攻坚总体框架,先后出台了《2017年度脱贫攻坚行动计划》《2017年特色农业产业扶贫实施办法》等政策措施。同时,围绕脱贫标准,在教育扶贫、健康扶贫、危房和危险土窑洞改造、低保扩面等方面持续发力,不断提升贫困群众的满意度。突出产业覆盖,围绕特色种养、经济林、光伏、乡村旅游、电子商务等产业,总投资2.01亿元,实施产业项目548个,覆盖全县12895户33960人,预计人均稳定增收3000元左右。全县173个贫困村均有脱贫产业,79个贫困村有带动企业,占贫困村的60.1%,130个贫困村组建专业合作社145个。突出惠民利民,坚持“三年任务两年建设一次完成”的思路,在41个150口人以下的村实施易地扶贫搬迁,涉及贫困户1364户3611人,同步搬迁474户1262人。推进健康扶贫“双签约”,因病致贫、因病返贫人员签约率100%,家庭医生签约率65.2%。

(三)经济转型开创新局面。坚持把培育非煤新兴产业作为县域经济转型升级的突破口,投资5.5亿元,实施山西依风20万千瓦风力发电项目建设。投资3.5亿元的35兆瓦光伏扶贫电站和10个村级光伏扶贫电站并网发电。制定了《和顺经济技术开发区总体规划》,已上报省市审批。持续推进农业供给侧结构性改革,调减玉米种植面积0.89万亩,新增设施蔬菜面积0.1万亩,粮经比6.8:3.2。开展“国家良好农业规范认证示范县”创建工作,13个企业申报了GAP和有机认证,涉及20多个品种,出口韩国紫苏籽29.97吨,实现了农产品出口创汇零的突破;第三产业快速发展,组建了文旅委,全年接待游客168万人次,实现旅游综合收入14.6亿元。全力推进电子商务快速发展,电商创业园建成投用,完成销售收入6800万元。预计第三产业增加值完成14.2亿元。全年共实施重点项目83个,总投资112.91亿元,当年计划投资50亿元。已开工72个,开工率86.7%;完成投资38.6亿元,投资完成率77.2%。大力实施精准招商,县级领导干部带队外出招商,上报会审通过和签约项目14个,引资137.7亿元,完成率114.75%;落地开工项目6个,开工率42.9%;累计资金到位18.9亿元,占到总任务的105.2%。预算总投资19.2亿元,实施城建重点工程项目20项,城市规划展示馆布展工程、热源厂维修改造项目、县城停车场及综合市场建设等工程竣工运行。

(四)宣传思想文化集聚新力量。加强舆论引导,建立健全信息发布机制,聚焦党的十九大精神、转型综改、脱贫攻坚、拆违治乱提质、文化旅游、民生事业、党风廉政建设等,推动理论宣讲和政策解读全覆盖,形成广播、电视、报纸、微信公众号同步报道的融媒体新格局。组织开展“优秀家训和家风故事”评选和表彰活动,深入推进文明单位、文明村镇等“五大创建”活动、志愿服务活动和“最美人物”推荐评选工作。成功举办“两节一赛”“两节文化活动”“端午踏青登高活动”“爱情诗歌创作采风”等文化活动,推出现代晋剧《壮志酬》等一批优秀文艺作品。实施文化精准扶贫暖心行动、乡镇综合文化站改造提升和功能拓展工程,建立文化产业项目库,把太行刺绣、凤台小戏、七夕乞巧、夫子岭弦腔等民间艺术和民间工艺推向市场。

(五)民生福祉有了新提升。坚持财政支出向民生倾斜,民生改善投资8.6亿元,同比增长18.28%。优先发展教育事业,投资2589万元,继续实施“雨露计划”,落实义务教育“两免一补”和营养改善计划、高中阶段免除学费等政策。投资120万元,为20所义务教育阶段寄宿制学校配置饮水设备。推进思源实验学校宿舍楼、教学楼建设,义务教育向优质均衡发展。全力推进“健康和顺”建设,分级医疗制度建设加快推进。新增城镇就业2471人,创业带动就业769人,城镇失业人员再就业657人,就业困难人员就业151人,转移农村劳动力2410人。同时,坚持安全生产党政同责,加强对重点行业领域,特别是食品、药品安全监管,确保老百姓“舌尖上”的安全。

(六)法治建设取得新进步。县委、县政府高度重视法治

工作,将法治建设作为"一把手"工程来抓,纳入各级领导干部和领导班子年终政绩目标责任考核,形成了纵向到底、横向到边的责任体系。完善了重大行政决策程序制度,对涉及民生工程,严格执行法定决策程序。加快社会治安防控体系建设,扎实推进"雪亮工程""红袖标工程""堡垒工程",依法打击和惩治黄赌毒黑拐骗等违法犯罪活动,切实维护人民群众生命财产安全。深化依法分类处理信访诉求工作,矛盾纠纷多元化解、综治责任制、基层社会治理和风险隐患大排查大整治四项重点工作成效明显。

(七)生态文明建设取得新突破。倾力打造"和顺生态"名片,造林5.5万亩,"山西省华北豹栖息地保护院士工作站"挂牌成立。全面推进环境保护"三大战役、十项工程";推进秋冬季大气污染防治,坚持"四化"管理,全力取缔建成区燃煤锅炉,"煤改气"3084户,县城环境空气质量二级以上天数216天,同比增加20天。加强民生水利工程建设,建立健全河长制体制机制。全力打响"拆违治乱提质"城乡环境大整治攻坚战,总投资1.47亿元,拆除违建1185处、面积27.57万㎡,腾退土地71.58万㎡,打造了44个样板示范村、121个标准村,对县城区主街道进行全方位整治。推进"路长制""街长制""每周五卫生大扫除""倒逼责任"等工作机制,和顺的城乡面貌有了极大改观。

三、坚持全面从严治党,党内政治生态展现新气象

(一)坚定扛起管党治党政治责任。县委常委会20次研究全面从严治党有关工作,围绕政治建设、基层党建、正风肃纪、干部队伍等重点任务,作出安排部署,实施重大举措。认真开展巡视巡察反馈意见整改落实"回头看",不折不扣整改落实市委巡察反馈意见,100%完成移交问题线索处置;对6个乡镇和12个县直单位进行县级巡察,发现和整改问题152个。

(二)全面加强领导班子和干部队伍建设。落实省市支持干部改革创新担当作为合理容错纠错和推进领导干部能上能下的实施办法,调整干部9批72人。立足精管严纪实考,出台了《积分制管理办法》,加强对帮扶单位、驻村工作队的管理。实施"五大"培训工程,在北京大学和上海复旦大学分别举办了科级干部综合能力提升培训班、企业经营管理人才暨非公党建干部能力提升培训班。坚持党管人才原则,有6人入选市委第六届联系高级专家、1人入选晋中市第二批"551计划"引进高层次创新创业人才。

(三)进一步提升"三基建设"整体水平。深入推进"两学一做"学习教育常态化制度化,打造了9个市级示范点、27个县级示范点。积极探索"党建+"模式,将党总支建在产业链上、项目上,在李阳镇成立了石勒沟联合党总支,该党总支发展经验《合作社里更红火》在《人民日报》头版刊发。整顿提升29个软弱涣散后进村党支部。农村"两委"换届全部完成;实现227个农村集体经济"破零"。提前实现非公经济和社会组织党的组织和党的工作"双百"目标。选树11位连续任职30年以上的村党支部书记作为典型,制作成专题片,发挥示范引领作用。

(王　燕)

附:中共和顺县委书记、副书记、常委名单

书　记:孙永胜
副书记:马海军　任拥东
常　委:赵文军　王雪琴　赵江波　周永东　陈卫国
袁瑞军　关祥坤(2月离职,挂职)
贾海涛(2月任职)

中共昔阳县委工作概况

县委书记　王根元

2017年,中共昔阳县委坚决贯彻中央、省、市各项决策部署,在市委、市政府的坚强领导下,团结带领昔阳人民,坚持以习近平新时代中国特色社会主义思想为指引,认真贯彻落实省市重大战略部署,积极应对挑战,主动攻坚克难,大力推动动能转换,奠定了昔阳县经济社会振兴崛起的坚实基础。以脱贫攻坚统揽经济社会发展全局,推动全县各项事业朝着建成小康昔阳目标不断前进。

2017年,昔阳县全面打赢脱贫攻坚硬仗,顺利通过省级第三方评估验收,在率先脱贫摘帽上交出了"昔阳答卷";昔阳县着力加快经济技术开发区建设,工业产业有效集聚,成为转型发展新引擎;深入开展以"五抓五提升"为主的"拆违治乱提质"城乡环境大整治行动,城市管理"十集中"走在全市前列;稳步推进6大类51项改革,四梁八柱的改革框架全面形成;依托大寨国际旅行社,提标改造大寨干部学院,创造了工程建设的"昔阳速度"和干部培训的"昔阳样板";持续改善民生民利,人民群众幸福感、获得感显著增强。一年来,昔阳县获评"四好农村路全国示范县",蝉联"省级文明县城",成为首批"省级食品安全示范县"、"全市深化医药卫生体制改革工作优秀县";大寨镇被评为"国家园林乡镇",乐平镇被评为"省级卫生乡镇"。

一、经济运行不断向好

地区生产总值完成72.5亿元,同比增长5.3%;规模以上工业增加值完成31.5亿元,同比增长2.9%;社会消费品零

售总额完成27亿元,同比增长7.1%;一般公共预算收入完成57038万元,同比增长9.5%;城乡居民人均可支配收入完成24174元、8587元,同比增长6.4%、10.9%。总体看,经济总量有效增长,三产融合步伐加快,财政运行更加稳健,农民收入大幅提高,开创了"全市争上游,东山创一流"的良好局面。

二、脱贫攻坚再战再胜

昔阳县坚持以脱贫攻坚统揽经济社会发展全局,以县为战、以村为体、以户为基,靶向发力、精准施策,县、乡、村三级干部和市工作队沉到一线,驻村帮扶;特色农业、劳务就业、电商创业、光伏产业、旅游新业、生态林业等"八大路径"齐头并进,持续增收;普惠政策、特惠政策、优惠政策"三策"统筹,提升保障;基础设施、公共服务不断完善,筑牢根基;"326"脱贫工作法、"六个倾斜"、"十个全覆盖"和"双示范双达标"等脱贫模式树立样板,创出特色。2017年,昔阳县脱贫7889户、15341人,退出91个贫困村,贫困发生率降到了省定标准之内,县退出14项指标全面完成。

三、产业转型步伐加快

新型工业势头强劲。"煤电气化"四大产业稳步发展,新能源、新材料、生物医药、节能环保等新兴产业不断涌现。北京科莱固废处理、石家庄尚太锂离子电池负极材料、济南陆美斯新型蓄光材料等新型项目成功引进、顺利落地,皋落风电一期、大寨药业饮片厂、鼎丰瓦斯发电等一批转型项目按期开工,扎实推进。特色农业发展迅速。"菜果猪菌药"规模发展、多元发展、链式发展,"金谷阳光"成为国际商标,昔阳小米、双孢菇、压饼、香核桃、鸟接茶被认定为国家地理标志产品;继续扶持食用菌产地冷储、冷链配送、干鲜品等多环节加工,引进了处置农畜废弃物的有机肥项目,多链缔结、闭合循环的发展格局正在形成。全域旅游不断推进。2017年,昔阳县结合旅游体制改革,积极探索全域旅游新模式,先后成功举办了全国柔力球之乡健身展示活动、2017"昔阳安顺杯"山西大寨中国汽车场地越野锦标赛、环中国国际公路自行车开场赛、中国·大寨"长寿·读者杯"门球挑战赛等4场国家级赛事,吸引全国300余家新闻媒体跟踪报道,"山水昔阳、户外天堂"的旅游品牌走出了山西、走向了全国。旅游产业已成为支撑县域经济发展的新引擎。全年接待游客254.8万人(次),同比增长25.4%,旅游综合收入22.1亿元,同比增长26.5%。

四、发展后劲持续增强

园区建设扩规上档。在阳煤化工园区的基础上,规划了20平方公里的经济技术开发区,完成了"五规合一"、组建了平台运营公司、建设了办公场所、完善了基础设施、落地了新型项目,现已入驻企业5家,总产值达32亿元。基础设施更加完善。昔阳县坚持软件与硬件同步提质,建设与管理创优创先,大力度投入4.4亿元,全面实施市政工程161项,新建沾岭路、延伸朝阳街、拓宽城壕街,实现微循环,形成了15分钟"城市生活圈";筑绿园、修公园、建游园,人均绿地面积达到了14.45平方米;改造棚户区、建设新小区、规划新校区,城市布局更加优化;提质改造免费公厕、安装现代艺术灯景、塑造德孝铁艺街景、架设松溪跨河天桥、打造智慧城管和智慧水务,市政功能更加完善,县城品位不断提升。实施60处农村饮水安全工程和维修养护工程,饮水安全达标率达到99.7%。投资2188万元改造提升农村电网,县域内全部通了动力电。优化升级36个贫困村互联网信号,互联网覆盖率达97.8%。2017年,昔阳县投入2.2亿元,改造提升乡村公路81条,彻底改写了昔阳县道路缺桥少涵、路窄弯急、坑洼不平的历史,荣获了"四好农村路"全国示范县称号。道路通则百业兴。全县38个淘宝店、25个便民点、59个村邮站、108个物流网,以路为线,连线成网,加速了物流大融通,全年快递收寄量达38万件,外销产品20多亿元。昔阳县的大路网正在成为大开放、大融通、大发展的"快车道"。"四横八纵"的城市路网格局全面形成,昔阳县建制村通硬化路和通客车率实现"双百"目标。实施"煤改气"工程,改造11659户,完成市定任务的145.7%。营商环境全面优化。深入推进"放管服效接"改革,成立了服务企业办公室,积极试行企业投资项目承诺制,大力推进"双随机、一公开",全面实行"准入即营"制度和部门公开承诺制,"一站式"服务更加便捷,"六最"营商环境更趋优化。

五、重大改革释放红利

2017年,中共昔阳县委始终把深化51项改革作为实现振兴崛起的关键一招。县乡医疗卫生机构一体化改革起点高、见效快,获全市医改工作优秀县荣誉称号。农村土地确权情况复杂、难度大,通过技术攻坚、精细作业,基础工作全市领先。率先在全市完成高中校长职级制改革,两所高中实现统一管理,"专家治校、教育家办学"的路子越走越宽。通过社会投资土地开发,用1个亿的政府投入,撬动了10个亿的社会资金,5年造地近4万亩。2017年,继续推进土地开发,新造耕地5246亩。昔阳县经验不仅受到了上级领导的充分认可,而且写入了《山西省土地整治条例》,昔阳县被国土资源部确定为部厅共建点。51项改革的纵深推进,为振兴崛起注入了新活力,释放了新红利。

六、民生福祉大幅提升

昔阳县把填好民生账单作为最大政绩,一件接着一件办,一年接着一年干,更好满足人民群众对美好生活的新需求。2017年,昔阳县投入民生资金达14.9亿元,占财政总支出的84.83%。居民人均可支配收入增幅全市第一,城乡居民储蓄存款突破百亿元,再创历史新高。2017年,就新增家用轿车近2000辆。群众享受服务更多了,76项政策惠及了贫困群众,5300余人享受了"双签约"服务,4052名学生接受了教育资助,特别是粮食产量增收、特色产业增效、畜禽养殖增利,农村群众鼓起了"钱袋子"。群众拥有了新幸福,改造农村危房,新增城市住房,人居环境不断优化;城乡老人提高了养老金,县城新建了图书馆、文化馆,农村提升了卫生室、活动室等"九个一"便民服务工程,在全省人民群众安全感和满意度测评中连续多年名列前茅,荣获了全省首批食品安全示范县称号。教育事业稳步发展。投资5479万元实施中小学校、幼儿园校舍改造工程,新城学校建成使用,完成高中校长职级制改革,高考成绩继续保持领先。医疗改革不断深化。组建了昔阳医疗集团,促进了一体化管理,降低了管理运行和服务成本;医养结合走出新路,全省幸福家庭创建现场会在昔阳县召开。文化事业持续进步。深入开展国家公共文化服务体系示范区创建工作,盘活资源,提标改造,县文化馆、图书馆开放运营,公共文化服务水平跃升全市上游。生态环境质量不断改善。昔阳县把生态指标作为振兴崛起的标准线,作为建成小康昔阳的目标线,企业、城市、农村环境一体整治,大气、土壤、水污染治理一体统筹。先后完成造林1.85万亩,实施"三大战役"污染防治项目226项,有力推进三大矿区生态综合治理。2017年昔阳县的优良天数达276天,连续3年全市排名第一,SO_2浓度控标连续5年全市领先,县城和乡镇饮用水源地、省市河流考核断面全部达到考核标准。万元地区生产总值综合能耗和化学需氧量、氨氮、氮氧化物排放量等六项指标均完成或超额完成市定目标。住房保障更加全面有力。建成保障性住房256套,改造农村危房1360户,易地搬迁768户2145人。社会大局和谐稳定。安全生产形势总体平稳,政府法律顾问制度和突发公共事件应急机制不断完善,"雪亮工程"持续推进,信访突出问题有效化解,全省社会治安综合治理满意度测评继续保持省市前列。

七、党的建设成效显著

中共昔阳县委始终把加强党的建设摆在首位,以永远在路上的恒心和韧劲,坚持从严治党不放松,加强基层党建不停步,以"135"党建工程为牵引,率先在全市完成了农村"两委"换届工作,率先在全省对任职满三十年的农村离任村主干提高了生活补贴标准,高标准建成了大寨干部学院,筹资4200余万元全力保障"三基建设",组织高规格培训6批次,先后调整干部7批224人次,监察体制改革成效初显,党内正气上升,社会风气上扬,更加激发起干部群众蓬勃向前的巨大热情和创造活力,推动各项工作取得了新进步。

(刘利国)

附:中共昔阳县委书记、副书记、常委名单

书　记: 王根元

副书记: 许利伟　郭丰慧

常　委: 李　军　郭春林　马建军(9月离职)　张扣生(9月任职)　李怀仁　赵海斌　柴颖则　张月清(女)

中共寿阳县委工作概况

县委书记　郝鹏鸿

2017年,中共寿阳县委坚持以习近平新时代中国特色社会主义思想和习近平总书记视察山西重要讲话精神为指导,遵循省委一个指引、两手硬的思路要求,落实市委全面挺进全省第一方阵的总体部署,聚焦"一率先"、"五领先"、"双进位"的奋斗目标,充分发挥总揽全局、协调各方的领导核心作用,团结带领全县上下咬定目标不放松、奋发有为不懈怠,推动寿阳各项事业实现新发展、取得新成绩。

一、坚决维护核心,坚定政治站位,坚持用习近平新时代中国特色社会主义思想武装头脑、指导实践

深入学习贯彻习近平总书记系列重要讲话精神和省、市党代会精神。围绕两学一做学教主题、习总书记系列讲话精神课题、省、市党代会精神,全年组织县委中心组学习22次,举行"一月一讲"13次,对重大理论问题进行集体学习,开展各级党组织书记培训51期次。常委班子带头开展巡视巡察自行回头看,查摆问题46项,制定整改措施124条,整改全部完成。县委常委会带动全县各级党组织和全体党员,始终在思想上拥戴核心、政治上维护核心、行动上紧跟核心。

认真落实习近平总书记视察山西重要讲话精神。深刻理解习近平总书记对我省政治生态由"乱"转"治"、经济发展由"疲"转"兴"的科学判断,先后召开3次常委会、1次县委中心组学习会、1次全委会、1次全县干部大会进行学习贯彻。结合我县实际,制定出台《关于深入学习贯彻习总书记视察山西重要讲话精神的实施方案》,列出28条具体措施;出台《关于深入学习贯彻习总书记在深度贫困地区脱贫攻坚座谈会上重要讲话精神全力攻坚深度贫困的实施方案》,列出19条具体措施,把习总书记对山西的指示要求寿阳化、具体化,不断推动重点工作取得新成效。

把学习宣传贯彻党的十九大精神作为首要政治任务和头等大事。常委班子带头深入乡镇、部门和贫困村开展宣讲,组建十九大精神理论宣讲团分赴基层党组织开展宣讲,邀请省市党建理论专家举办2场党的十九大精神报告会;围绕十九大精神的寿阳实践集中开展大讨论;县处级领导和乡镇、

部门主要负责人深入基层一线开展调查研究,形成调研成果100余篇,进一步掀起学习宣传贯彻党的十九大精神热潮。

二、坚持全面从严治党,党的建设取得新成效

把全面从严治党作为重大政治任务,坚定不移落实管党治党主体责任。坚决落实十八届六中全会精神,切实增强党内政治生活的政治性、时代性、原则性、战斗性。强化党内监督,常委班子带头履行一岗双责,对3名管党治党责任缺失、监督缺位的党员干部进行问责。完成十三届县委两轮巡察,扎实推进第三轮巡察,发现问题线索181件,完成整改140件,移交问题线索54件,办结25件。对全县各级党组织巡视巡察发现问题全面开展回头看,查找问题1064个,整改1041个,由"乱"转"治"的政治生态基础得到进一步巩固。

不断巩固反腐高压态势,有力推动党风政风进一步好转。查处违反中央八项规定精神和"四风"问题9件,给予党纪政务处分7人,组织处理5人。先后开展扶贫领域突出问题专项整治清风行动和乡村脱贫攻坚专项督查两个行动,全县立案137件,结案130件,处分125人,其中党纪处分100人、政务处分30人,撤职以上重处分20人、移送3人。召开全县领导干部警示教育大会,通报3起典型违纪违法案件。注重挺纪在前、抓早抓小,纪律审查474人,第一、二种形态占到96%。

建设高素质专业化干部队伍,全面加强领导班子和干部队伍建设。坚持好干部标准,把握正确用人导向,调整干部11批次、252人,干部结构进一步优化;推进干部能上能下,今年全县"下"了18名干部;加大对年轻干部的培养力度,建立260人的科级后备干部数据库。全面加强三基建设,研究提出95项具体工作任务;选派115名干部到乡镇挂职帮助工作,轮换38名第一书记到村任职;新增投入1371万元保障基层运转,乡村工作经费全面达到省市标准;167个村实现集体经济破零,破零面超过80%,20个后进支部实现转化升级;圆满完成206个行政村和8个社区两委换届工作,社会组织和非公经济组织覆盖率分别达到100%和91.8%。党组织作用进一步发挥,又办成387件群众利益保障实事。

严格落实意识形态工作责任制,牢牢掌握意识形态工作的领导权和主动权。将意识形态工作纳入党建工作责任制、年度综合考核和县委巡察范围,建立县委常委会定期督查和分析研判工作机制。成功举办"砥砺奋进看寿阳"大型媒体采风活动,寿阳对外形象持续提升。不断加强依法管网治网水平,开展互联网信息安全六大行动,网情突发事件应对和处置能力显著提升。积极培育和践行社会主义核心价值观,任果林荣登中国好人榜,安永义荣获第六届山西省道德模范荣誉称号,举办第二届"寿阳好人"评选,有序推进省级文明县城创建。深入挖掘文化资源,举办大型文化活动53场次,实现行政村综合文化服务中心、体育健身场地建设、文化下乡全覆盖,人民幸福感进一步提高。

毫不动摇坚持和完善党的领导,不断加强民主法治建设。认真贯彻《中国共产党地方委员会工作条例》,定期听取县人大、县政府、县政协、县法检两院党组工作汇报,针对性提出指导意见,领导核心作用充分发挥。坚持和完善人民代表大会制度,支持县人大及其常委会听取和审议专项工作报告28项,作出决议、决定14项,任免国家机关工作人员10(人)次,实现乡镇人大代表联系点全覆盖。县工商联荣获全国五好县级工商联荣誉。积极推进群团工作实现新突破,圆满完成县总工会换届。推行法律顾问和公职律师制度,实现党政机关、企事业单位法律顾问全覆盖。综治办、维稳办、网格办、矛排办实现合署办公,综治能力进一步提升。

三、坚决贯彻省委、市委重大决策部署,着力提升治县理政能力水平

切实加强和改进党对经济工作的领导。县委常委会主动引领经济发展新常态,坚持重大经济事项常委会定期研究,7次召开常委会议,专题研究PPP项目建设、财税工作、环保工作等11项重大经济事项。全年地区生产总值完成108.9亿元,增长4.6%;规模以上工业增加值完成47.3亿元,增长2.8%;固定资产投资完成62.3亿元,增长9.5%;社会消费品零售总额完成28.2亿元,增长6.3%;一般公共预算收入完成8.2亿元,增长34.6%;城镇居民人均可支配收入完成32563元,增长6%;农村居民人均可支配收入完成12568元,增长6.2%。七大主要经济指标同步稳定增长,绝对额全部达到或超过挺进全省第一方阵年度目标任务,GDP顺利实现过百亿目标,主要经济指标绝对额位列全市前列。

坚定不移推动转型发展。紧紧抓住全省资源型经济转型发展的重大政策机遇,不断加强项目精细化管理,完善项目服务与管理约束双重机制。全年81个县级重点项目中,转型项目30个,同比增长15.4%。围绕全省能源革命排头兵示范县的战略目标,全力推进新能源产业发展,1GW光伏发电应用领跑项目获准列入2017年国家光伏应用领跑基地,成为全国第二、全市唯一,全县新能源电力项目发展到16个,总装机容量突破1600MW。以农业供给侧结构性改革为抓手,突出功能特色,新建2个农业科技创新与集成示范基地;率先建立县级玉米产业化指导中心,初步构建了以寿阳为中心,辐射周边4县区、联通国内12个省市的玉米流通集散基地。第三产业继续保持良好发展势头,增速快于第一、第二产业,旅游总收入和游客接待量增幅居全市前列。

全面推进深化改革,充分激发创新活力。不断提升改革落实力度,年初确定的6个领域、46项改革任务全面完成县级层面任务。监察体制改革扎实推进,顺利完成监察委员会组建挂牌和人员转隶,处置问题线索97件,1+1>2的改革目标初步显现,乡村监督监察实现全覆盖。政府投融资体制改革持续深化,分别与山西煤炭清洁利用投资有限公司、山西国信投资集团有限公司合作设立PPP子基金、寿阳县光伏发电应用领跑基地建设产业基金,积极筹备山西省金融助推县域经济发展论坛。人民医院、社会综合福利中心、汽车客运中心、城市公交站基础建设PPP项目加快推进,市政道路、地下综合管廊及配套设施建设PPP项目入选国家第三批示

范项目。全面深化医药卫生体制改革,健全完善分级诊疗制度,组建成立寿阳县医疗集团。8 项自选改革任务取得实质性突破,在全省率先建立了公安、两税联合征管税收机制,推行数字化源头管控措施,实现税收 8.14 亿元,占税收总额 33.8%。试点推行林木(果)权确权颁证抵押贷款,685 亩玉露香梨、核桃经济林果取得贷款 100 余万元。粮食流通体制改革、综治中心"四办合一"创新模式取得突破。

扎实推进脱贫攻坚,人民生活明显改善。坚持把脱贫攻坚作为改善民生的首要任务,精准实施教育、医疗、住房、社保扶贫政策措施。全年安排扶贫产业 12 个,实施水、电、路等基础设施项目 61 个,带动贫困户人均增收 2000 元,9000 余名贫困人口生活质量得到根本改善,全县 11 个贫困村摘帽,3617 名贫困人口脱贫。全域推进"拆违治乱提质"城乡环境大整治,样板村、重点村建设持续发力,城乡面貌发生巨大变化。

(李文娟)

附:中共寿阳县委书记、副书记、常委名单

书　记: 郝鹏鸿

副书记: 史　洁(女)　陈德刚

常　委: 张峻德　任　钦　范亮珍　陈志强　赵　弘　李　雪(女)　牛继文

中共阳泉市委工作概况

市委书记　陈永奇

2017 年,在省委的坚强领导下,中共阳泉市委高举中国特色社会主义伟大旗帜,深入学习贯彻习近平新时代中国特色社会主义思想,认真学习贯彻习总书记视察山西重要讲话精神,统筹推进"五位一体"总体布局,协调推进"四个全面"战略布局,按照省委"一个指引、两手硬"思路要求,团结带领全市广大党员干部群众,攻坚克难,锐意创新,各项事业都取得了新进展新成效。

一、深入学习贯彻习近平新时代中国特色社会主义思想,牢牢把握正确的政治方向

坚持把学习贯彻习近平新时代中国特色社会主义思想作为首要政治任务,以开展"两学一做"学习教育常态化制度化、维护核心见诸行动主题教育为载体,深入学习,努力掌握其科学内涵、精神实质、核心要义和实践要求及蕴含其中的马克思主义立场、观点、方法。以上率下深入学。市委常委班子带头,采取多种形式,深入学习习近平新时代中国特色社会主义思想,认真学习贯彻习总书记视察山西重要讲话精神。十九大召开后,落实"学懂、弄通、做实"要求,第一时间组织市委中心组学习,市委常委、副市长逐字逐句逐段学习领会十九大报告,结合分管工作谈认识思考、讲贯彻措施。市委常委包县区、副市长包领域,督导学习贯彻工作,全市迅速掀起了学习宣传贯彻热潮。全面覆盖广泛学。研究制定《关于认真学习宣传贯彻党的十九大精神的通知》《任务分解和工作方案》。召开市委十二届四次全会,对全市学习宣传贯彻工作作出全面部署。举办了学习交流会,组织了专题知识竞赛。建立市、县、乡、村四级宣讲网络体系,开展进企业、进农村、进机关、进校园、进社区、进军营、进网络"七进大宣讲",实现宣讲全覆盖。学以致用推动学。出台《关于深入学习贯彻习总书记视察山西重要讲话精神,落实省委两个 <实施意见> 的实施办法》,落实习总书记对山西工作提出的总体要求及五项重大任务。以十九大精神为指导,进一步完善思路,提出"三个率先""三个优化"的工作要求,抓重点、补短板、强弱项,推动各项事业取得新进展。通过持续深入学习宣传贯彻,进一步提高了政治站位,树牢了"四个意识",增强了"四个自信"。与此同时,认真贯彻《中国共产党地方委员会工作条例》,坚持总揽全局、协调各方,充分履行把方向、管大局、作决策、促落实职责,定期听取市人大、市政府、市政协和市法院、市检察院党组的汇报并提出指导意见,把党的领导体现到各领域各方面,确保习近平新时代中国特色社会主义思想在阳泉落地生根、开花结果,确保中央大政方针和省委决策部署在阳泉得到全面有效贯彻落实。

二、以重点领域改革为突破,带动全面深化改革

市委坚持把抓改革作为重大政治责任,配齐配强力量,实行政研、深改、综改"三合一",增设改革发展研究中心,建立和完善抓改革工作机制,突出重点领域改革,年初部署的 50 项 160 条重要改革任务有效推进。

国企国资改革不断深化。按照"五个一批"思路,制定了总体方案和"1+7"政策体系;稳步推进"退城进园、搬迁改制"、特许经营权改革和商贸流通企业民营化改革,扎实开展"僵尸企业"处置工作;在全省率先完成市级党政机关与所办企业脱钩改革,厂办大集体改革走在全省前列;城镇集体联社和供销社所属企业改革全面启动。

投融资体制改革步伐加快。完善城市商业银行法人治理结构。电力体制改革逐步深入,13 户企业、2 户售电公司参与直供电交易。同时,致力打造"六最"营商环境,不断深化"放管服效"改革,向开发区下放和授予行政职权事项 511 项;将"13710"工作制度拓展到全市各系统各环节。

监察体制改革试点工作取得实效。全省首家完成市县两级监委组建挂牌,较早制定出台《工作制度》,市县两级执纪

监督与执纪审查部门有效分离，工作机制初步建成，12 种调查措施全要素、全部规范使用，市县两级监委移送审查起诉案件实现全覆盖。全省首家完成市纪委监委派驻机构全覆盖。着眼延伸拓展和常态化、制度化、长效化，出台《进一步深化监察体制改革试点工作方案》，全面完成县一级纪委监委派驻机构全覆盖改革和乡镇监察试点工作。权威高效的制度优势正转化为治理效能。

开发区改革创新发展深入推进。制定了《阳泉市开发区改革创新发展实施方案》，确立了"一体两翼"总体布局，阳泉经济技术开发区扩区获省政府批复实施，平定经济技术开发区挂牌运行，盂县经济技术开发区完成专家评审。积极推动并完成"三化三制"改革，赋予市开发区用人和机构设置自主权，人员分流安置工作圆满完成。打造平台 12 平方公里，全年签约项目 48 个，计划总投资 128.58 亿元，落地项目 25 个，计划总投资 44.23 亿元。

行政区划不合理问题有效破解。矿区托管郊区 18 个村，城区成建制托管郊区 1 个镇共 14 个村，有效破解了城矿区发展空间狭窄、有天没地问题。同时积极稳妥推进行政区划调整工作。

招商引资成效明显。开展加快招商引资项目落地等 9 大专项行动，主要领导率团赴北京、河南、珠三角、太原等地招商合作，在京举办了"晋商晋才回乡创业创新，泉心泉意共促阳泉发展"招商引资暨产业发展恳谈会。全市招商引资签约项目 141 个，总投资 530 亿元，超额完成省市目标任务。同时，大力实施创新驱动战略，深入推进"十大创新行动"，出台《阳泉市创新驱动奖补政策十四条》，培育了 1 家国家级 B 类科技企业孵化器和 2 家国家级众创空间、6 家省级科技孵化器和 11 家省级众创空间，"双创"氛围更加浓厚。

继续推行市直部门季度对口向省直厅局汇报制度，争取各类资金 8.98 亿元，有力地推动了经济社会发展。

三、着力推进转型发展，促进经济发展由"疲"转"兴"

深入贯彻新发展理念，坚持稳中求进工作总基调，将深化供改与综改有机结合，认真落实国发 42 号文件精神和省《行动计划》，出台《行动方案》，确定 26 项重点任务。进一步加强和改进对经济工作的领导，实行市委常委包保县区、市委常委及副市长联系民营企业、市级领导包保重点项目等措施，牢牢掌握经济工作主动权，推动全市经济平稳健康发展。全市主要经济指标发生积极变化，好于同期、好于预期，速度、效益、结构、动能同步改善，呈现出稳中向好、结构向优态势。2017 年，全市地区生产总值 672 亿元，同比增长 6.3%；规模以上工业增加值 217 亿元，增长 5.5%；一般公共预算收入 50 亿元，增长 21.1%，排全省第 5 位；全社会固定资产投资 245.7 亿元，增长 6.6%，排全省第 4 位；社会消费品零售总额 325 亿元，增长 6.1%；城镇常住居民人均可支配收入 29581 元，增长 6.4%；农村常住居民人均可支配收入 12963 元，增长 6.5%。

落实"三去一降一补"五大任务。坚决去产能，全年关闭矿井 3 座，去产能 210 万吨，先进产能占比达到 64%。有效去库存，全市可售商品房库存去化周期缩短为 11.6 个月，处于合理区间。稳步去杠杆，引导金融机构帮助企业置换债务，对煤炭企业实行债转股，有效降低企业负债率，全市金融机构不良贷款率下降到 4.12%。多方降成本，累计减轻企业负担 3.53 亿元。着力补短板，加快提升公共服务、基础设施、创新发展、资源环境等支撑能力。

拓展完善"去减煤炭、优化电力、扩大煤化、做强装备、创新冶金、重组耐材、做大旅游、突出信息、加强物流""36 字"调产思路，加快发展新兴产业，进一步聚焦四大转型方向，即：以百度为依托发展大数据、智能物联网等信息产业；以与优秀团队合作打造娘子关旅游景区为龙头发展文化旅游业；以建设阳泉国际陆港为牵引发展现代物流业；以满足家庭社会需求为出发点积极发展健康养老业。布局了一批转型项目：投资 47 亿元的百度云计算中心稳定运行并不断扩大应用领域，已有 7.5 万台服务器稳定运行，2018 年将扩容到 16 万台；光伏领跑者计划一期 100 万千瓦项目并网发电，正谋划启动二期项目。煤制乙二醇一期 20 万吨项目建成投产，二期 30 万吨乙二醇联产 5 万吨乙醇酸项目抓紧筹备。具有世界领先水平的中兴环能煤层气制备纳米洋葱碳项目实现吨级量产。山西(阳泉)国际陆港集团注册成立。煤炭产业占比进一步下降，服务业增速高于 GDP 增速。

推动城乡统筹迈出新步伐。坚持城乡一体、绿色发展，推进规划布局、产业发展、基础设施建设、公共服务、制度安排、生态建设和环境保护等一体化，制定了《实施方案》，建设省级城乡统筹示范区。高度重视"三农"工作，粮食生产再获丰收，总产量达到 2.6 亿公斤。以"三带三园"为重点推进农业供给侧结构性改革。土地确权工作走在全省前列。娘子关镇被列入省级特色小城镇重点培育名单，4 个村获得"中国美丽休闲乡村"称号，11 个村成为省级美丽宜居示范村。

四、坚持以人民为中心的发展思想，不断增进民生福祉

始终把人民放在心中最高位置，优先保障民生投入，民生支出占公共财政支出比例达到 78.77%。城镇新增就业 22007 人、转移农村劳动力就业 10049 人。义务教育均衡发展成果进一步巩固，阳泉职业技术学院新校区主体工程完工，启动职业教育资源整合工作。公立医院综合改革全面推开，县乡医疗卫生机构一体化改革成效明显，城乡居民基本医保制度实现并轨，全民全覆盖的医保体系基本建成。全市农村老年人日间照料中心覆盖率达到 49.1%，服务对象正向留守儿童、妇女拓展。加大保障性安居工程建设力度，建成保障房 12766 套，完成省定目标的 141.8%。

继续下大力推进了一批事关人民群众切身利益的重大工程。阳大铁路完成站前工程总量的 71%，有望 2018 年底通车。积极争取上级支持，启动国道 207、307 线市区段绕城改线工程、中环快速路项目建设；生态新城建设重大工程全面

推进。以“六区六道”为重点，开展了城乡环境集中整治行动，城乡面貌焕然一新。

安全生产形势继续好转，全市各类安全生产事故死亡人数比上年下降16.13%，比“十二五”时期年平均数下降72%；杜绝了较大及以上事故；煤炭百万吨死亡率连续两年保持为零。开展平安阳泉建设，社会保持和谐稳定。以“四铁”要求狠抓生态环保工作，全面抓好中央环保督察等反馈问题整改，空气质量综合指数在全省排第6位，比上年前移三个位次，PM2.5在“2+26”通道城市中排第4位。脱贫攻坚实现再战再胜，全市贫困发生率已由建档立卡初期的4.1%下降到0.56%，全年完成47个贫困村退出、8978人脱贫，为2018年在全省率先实现整体脱贫奠定坚实基础。

五、扎实推进民主政治建设和意识形态工作，凝聚起奋力前行的正能量

支持人大及其常委会依法履行职能，出台了首部地方性法规《阳泉市立法条例》，启动了道路交通安全管理条例和城市绿化条例立法工作，在全省率先完成县乡人大机构建设任务。大力支持人民政协履行职能、开展工作。加强新的社会阶层人士队伍建设。积极做好民族宗教、对台、侨务工作，圆满完成工青妇改革。大力支持国防和军队改革，推进军民融合深度发展。全面加强法治阳泉建设，落实党政机关法律顾问和公职律师制度。

认真履行意识形态工作责任制，牢牢掌握意识形态领导权管理权话语权。舆情信息工作全省排名第一，全国名列前茅。围绕迎接、学习、宣传、贯彻党的十九大这一主线开展系列主题宣传活动。积极培育践行社会主义核心价值观，推进省级文明城市创建工作，社会文明程度不断提升。文化事业和文化产业繁荣发展。体育事业蓬勃发展，荣获“全国群众体育先进”称号，我市体育健儿在第13届全运会上获得2金3银，位居全省前列。

六、推进全面从严治党，构筑风清气正的政治生态

牢牢扛起管党治党主体责任，按照“巩固、深化、提高”方针，以永远在路上的恒心和韧劲，推动全面从严治党向纵深发展。

政治生态持续向好。严格执行《准则》《条例》，严肃党内政治生活。严格落实“四对照”“三清单”“一制度”要求，扎实推进巡视整改自行“回头看”，全面肃清市县原主要负责人流毒影响。制定了加强党内政治文化建设的八项措施。健全完善了对“一把手”实施监督的有效机制。认真贯彻落实《问责条例》，全年追责问责党组织30个、领导干部42人。

持续推进正风肃纪反腐。修订完善《关于进一步贯彻落实中央八项规定精神的实施细则》，全年立查违反中央八项规定精神、“四风”问题案件58件、95人。准确把握运用“四种形态”，始终保持惩治腐败的高压态势，全市各级纪检监察机关主要指标实现了“一下降四增长”。深入推进扶贫领域不正之风和腐败问题专项治理，全年立查扶贫领域案件42件，分两批点名道姓通报曝光11起典型案件。首家实现市县巡察机构、编制、人员、工作“四到位”，开展了三轮巡察，向被巡察县区、有关单位移交问题线索441件，巡察成果得到有效运用。

全面加强领导班子和干部队伍建设。坚持党管干部原则，把握正确用人导向，紧紧围绕转型发展的需求和干部队伍建设的实际，坚持标准，严密程序，深化改革，严肃纪律，干部选任的科学化水平进一步提高，全年共研究讨论干部14个批次，371人，其中提拔52人，平职调整234人，安置军转干部1人，免职84人，圆满完成了市人大、市政府、市政协换届工作，一批信念坚定、实绩突出、作风过硬、群众信任的好干部走上领导岗位，实现了“四个好”目标。坚持“三抓三看”，推行“德考”系统，加大对年轻干部、女干部和党外干部的培养力度。全面落实我市出台的《鼓励干部改革创新激励干部干事创业容错纠错实施办法(试行)》，褒奖勤勉苦干实绩突出的干部，支持大胆改革创新的干部，做到不廉洁的干部不能用，不干事的干部也不能用。开展“双对双创”行动，继续开展“热爱阳泉、心系阳泉、发展阳泉”宣传教育，调动各方积极性。全市干部队伍的作风和精神面貌发生了明显变化，营造出人心思进、人心思干的良好局面。

大力加强“三基建设”。以“五大提升工程”升级版为抓手，全面推进“三基建设”，推动基层组织全面过硬全面进步。多方筹集经费，改善乡镇干部工作生活条件，省定重大牵引性任务全面完成，村级组织运转经费等达到省定标准。专门设置科目，将党建经费纳入财政预算。全面推行“三四五六”工作法，推广“六议两公开”工作法和“联村党委”模式，因地制宜推行“民事代办”。村(社区)党组织、社区居民委员会换届全部完成。

(郑方毅)

附：中共阳泉市委书记、副书记、常委名单

书　记：陈永奇

副书记：董一兵(12月离职)　雷健坤(女，12月任职)
王旭明(2月离职)
李云峰(5月任职，12月离职)
巩　成(12月任职)

常　委：杨永生(2月离职)　巩　成(12月调职)
马爱锋(2月任职)　吴纪平　任建华
田桂明　王铁梅(女)　杨自明
梁志勇(7月任职，12月离职)
张其光(12月任职)　郭卫东(12月任职)

中共阳泉市城区区委工作概况

区委书记 张 晋

2017年，在省委省政府、市委市政府的坚强领导下，城区区委坚持以习近平新时代中国特色社会主义思想为指引，认真落实党的十九大精神和习总书记视察山西重要讲话精神，统筹推进"五位一体"总体布局，协调推进"四个全面"战略布局，大力实施"四大战略"，朝着建设生态、智慧、宜业、宜居幸福城区的目标，在风险挑战中强力攻坚，在把握大势中谋篇布局，在保持定力中精准发力，在破解难题中狠抓落实，全区干部干事激情高涨，群众创业用心用力，经济发展势头强劲，政治生态风清气正，社会治理成效显著，各项事业都取得了突破性的新成果、新变化，开启了城区转型发展的新征程，迈出了决胜全面建成小康社会新步伐。

一、深学习、理思路，学以致用取得新成效

坚持把学习宣传贯彻党的十九大精神作为头等大事，常委会带头采取多种形式、从多个层面引深学用活动，教育引导党员干部树牢"四个意识"，增强"四个自信"，始终在思想上、政治上、行动上与以习近平同志为核心的党中央保持高度一致。把"维护核心、见诸行动"主题教育作为深入推进"两学一做"学习教育常态化制度化的有效载体，在全区开展"学党章、遵党章"主题教育月活动和党员先锋行"8+X"活动；举办全区新任科级干部培训主体班、学习贯彻党的十九大精神科级干部轮训班，井冈山理想信念党性教育培训班，引导广大党员干部自觉把维护核心落实到行动上、融入到工作中。坚持学以致用，出台《关于深入学习贯彻习总书记视察山西重要讲话精神和省委两个〈实施意见〉、市委〈实施办法〉的实施方案》，开展了县处级以上干部大调研活动，把学习成果转化为推动我区转型发展的生动实践，集思广益、扬长避短，进一步坚定了实施"四大战略"，加快转型升级，努力实现"两个持久"，建设生态、智慧、宜业、宜居的幸福城区的信心和决心。全区上下紧紧围绕这一思路，改革创新、攻坚克难，政治生态由"乱"转"治"，经济发展由"疲"转"兴"，在全面建成小康社会征程中体现了城区担当、展现了城区作为、彰显了城区精神、交上了城区答卷。

二、深改革、扩开放，动力活力得到新增强

坚持把抓改革作为重大政治责任，确定了8大领域32项改革要点71项改革任务，主要负责同志带头，按照省委"三个三"基本方法，跟踪推进、督促落实，当好"施工队长"，以钉钉子精神抓好改革任务的落实，各项改革打造了新亮点。"实验区"建设亮点频现。构建了"56510"城乡社区协商机制，城乡社区协商实现程序化、制度化、规范化。在全市率先推行社区减负增效。社区公共服务综合信息平台试运行，提升了社区服务的信息化、智能化水平。全面推进城乡统筹示范区建设，消除托管区域社区治理空白点，实现社区服务全覆盖，形成了以"围绕核心、多方参与、三社联动"为主题的"四治四化"阳泉城区模式，作为全省唯一的第三批"全国社区治理和服务创新实验区"顺利通过民政部中期评估，为中西部欠发达地区树立了模板，做出了示范，跻身"全国社区治理和服务创新实验区" 的先进行列，《中国社区报》《山西日报》等媒体多次报道推广。拓展发展空间取得突破。坚持"平稳衔接、加强融合、推动工作、力争上游"的工作思路，深入调研、加强沟通，全面打响综合执法攻坚战，建立区级领导包村工作制度和周汇报、周清单制度，扎实推进了义井镇整建制行政托管工作的平稳交接。按照以人为本的城乡融合发展思路，重新划分学区和派出所片区，方便了群众就近上学、看病、办理户籍关系等，实现了管理和服务的有机统一。投融资体制改革步伐加快。设立扶持中小微企业发展专项资金、加工贸易产业专项资金和产业集聚区建设专项资金，积极开展"助保贷"业务，累计为41户企业提供增信贷款7180万元，进一步缓解了中小企业融资难问题。致力打造"六最"营商环境，不断深化"放管服效"改革，扎实推进"减证便民"专项行动，进一步强化权责清单动态管理，审批服务实现了"两集中，两到位"。

三、调结构、促转型，综合实力迈上新台阶

深入贯彻新发展理念，认真落实国发42号文件精神和省《行动计划》、市《行动方案》，强化转型定力，全面加强对经济工作的领导，实行区级领导包街道、乡镇、重点项目等措施，牢牢掌握经济工作主导权，推进全区经济工作取得了新进展、呈现了新态势，主要经济指标全线飘红，在全市位次总体前移，不断由"跟跑"向"并跑"甚至"领跑"转变。加快产业集聚创新。传统服务业提档升级，滨河商贸集聚区、下站商业集聚区的全市商业中心地位进一步强化；大唐(阳泉)369云工厂孵化基地建设步伐进一步加快，目前已孵化引进4家科技型企业；智慧物流业大力发展，阳泉国际商旅陆港项目选址完成，白羊墅公铁联运物流园项目顺利推进；投资3000余万元建设河下汽车商城，众泰、江淮、猎豹等品牌4S店入驻，二手车市场开业运营。加快产业结构调优。一产从无到有，三次产业结构比重为0.1:15.1:84.8。产业层次不断提升，实现规模工业产值11.9亿元，增长68.4%，其中非煤产值占比34.1%。服务业增加值完成164.7亿元，同比增长10%，三产

纳税额占到全区财政总收入的79.8%。"双创"氛围日渐浓厚，创新活力进一步激发，2家企业通过省级高新技术企业认定。强化项目引领转型。参加了第十届中博会、山西招商引资(珠三角)招商推介会和"晋商晋才回乡创业创新，泉心泉意共促阳泉发展"主题招商活动，签约22个项目，签约项目落地16个，实现资金到位14.14亿元。盘活"僵尸企业"存量资产，将城区汽贸公司闲置厂房改建成大唐（阳泉)369云工厂，将区物资公司办公场所免费提供给阳泉恒天易开公司开展项目运营。健康养老产业蓬勃发展，医养结合、社区养老、居家养老等新模式不断涌现。旅游业从无到有，建成了全省首家文化众创空间——城区启点文化众创空间，填补了这项工作空白。重点项目开建率达75%，完成投资15.5亿元，同比增长7.0%，位列全市第二。扎实推进农业现代化。推进农业供给侧结构性改革，提升农业信息化水平，利用阳泉市农业信息网，调整农产品供应。大力发展城郊农业、功能农业等新业态，"无农药残毒放心菜"、瀑里养鸡场、白羊墅龙飞鸡场等设施性农业、养殖业和农副产品加工业加快发展。

四、把方向、聚合力，依法治区走出新路子

始终坚持党的领导、人民当家做主、依法治国有机统一，大力支持人大及其常委会依法履行监督职能，拓宽发挥代表作用渠道，人大监督的针对性、实效性和权威性不断提高。充分发挥社会主义协商民主重要作用，把政协协商作为重要环节纳入决策程序，支持政协开展专题协商、对口协商和提案办理协商，形成了共商大计、共谋发展的浓厚氛围。加强政党协商，充分发挥民主监督作用，持续加强党外代表人士队伍建设，构建了大统战工作格局。积极做好宗教、对台、侨务工作。加强新形势下党管武装工作，大力支持国防和军队改革，推进居民融合深度发展。全面加强法治城区建设，党政机关法律顾问和公职律师制度全面落实。认真落实意识形态工作责任制，紧紧围绕为十九大胜利召开营造良好舆论环境这一主线，开展了"喜迎十九大"主题系列宣传文化活动，弘扬主旋律、传播正能量。成立区委网络安全和信息化领导小组，出台了关于完善网络舆情监测分析处置的实施办法，加强了网络舆情监管。以培育和践行社会主义核心价值观为主线，有序推进文明创建系列活动，小阳泉南社区入选第五届"全国文明单位"，小河村继续保留"全国文明村"荣誉称号，又被评为"全省楹联村"，小北沟社区和兴隆街社区被评为2017年山西省"优秀志愿服务社区"，北大街小学入选第一届全国文明校园，义家亲社会组织获得中国青年志愿服务公益创意赛全国赛铜奖。城区公安分局党委委员、刑侦大队大队长张亚杰荣获"全国公安百佳刑警"称号。

五、补短板、惠民生，群众福祉获得新改善

始终把民生改善作为一切工作的出发点和落脚点，全区民生支出占一般公共预算支出比例达80.45%。新增城镇就业2530人，下岗失业人员再就业1305人。城镇居民人均可支配收入完成30686元，同比增长6.5%。教育教学成绩继续保持全市领先。"健康城区"建设扎实推进，城区医疗集团挂牌成立，基本公共卫生服务均等化水平不断提高。全民全覆盖的社保体系基本建成。平安城区建设扎实推进，安全生产形势持续好转，社会保持和谐稳定，被命名为省级平安区。文化惠民扎实推进，成功举办阳泉城区毽球(全国)邀请赛、阳泉城区第二届体育舞蹈全国公开赛、山西(评梅故里)楹联文化艺术节暨2017年阳泉市城区小河文化旅游周等。环境治理初显成效。环境治理攻坚强力推进，全年累计投入5429万元，取缔"散乱污"企业28家，淘汰20蒸吨以下燃煤锅炉51台，完成清洁取暖9513户，全面推行河长制，开展黑臭水体治理。中央环保督察组、环保部交办问题全部办结，PM2.5、二氧化硫、优良天数和空气质量综合指数各项指标在全市县区排名前移。突出"一景一路六村"整治重点，扎实开展城乡环境综合整治，环境脏乱差情况得到全面改观。绿色发展理念和环境保护意识明显增强。

六、转作风、抓重点，管党治党取得新突破

牢牢扛起管党治党主体责任，按照"巩固深化提高"方针，以永远在路上的恒心和韧劲，推进全面从严治党向纵深发展，全区政治生态由"乱"转"治"并呈现出持久风清气正的良好态势。监察体制改革取得实效。"转隶"工作如期完成，进一步推动人员、机构、职能深度融合。健全了全区党员和公职人员、社区和行政村行使公权力人员基础信息数据库；摸清了全区各部门的权力运行清单、工作流程和廉政风险点；建立了科级干部的廉政档案，为精准监督执纪、调查处置奠定了扎实的基础。监委内部"纪法"衔接、监委与执法司法机关"执法"协调顺畅，制度优势不断转化为治理效能。派驻机构全覆盖和乡镇(街道)监察试点工作按期完成，全面从严治党进一步向基层延伸。政治生态持续向好。切实做好巡视整改自行"回头看"和市委巡察反馈意见整改工作，全面肃清区委原主要负责人流毒影响。出台了《关于严格党的组织生活制度的实施意见》等制度，区委常委带头执行，党内政治生活更加规范、更加严肃。正风肃纪反腐持续推进。修订完善《关于进一步贯彻落实中央八项规定精神的实施办法》，加强监督执纪问责，严防"四风"反弹。设立巡察办，组建巡察组，对3个单位开展了十届区委首轮政治巡察。用好监督执纪"四种形态"，严格落实"一案双查"，全年共立案20件，结案17件，给予党纪政务处分20人；查处民生领域违规违纪问题2件，给予党纪政务处分4人。队伍建设不断加强。建立完善了科学有效、务实管用的干部考核评价、选拔任用管理监督机制，注重在"三个一线"历练干部，加强考核结果运用，一大批表现突出、群众认可、担当作为的干部被交流调整、提拔重用。党政机关超职数配备干部全部消化，进一步优化了干部队伍结构，提振了干事创业的精神。"三基建设"全面加强。在全市率先完成村(社区)"两委"换届工作，选优配强了基层工作力量，在全市率先成立非公经济和社会组织工委，率先成立非公企业党委，实现了"两个全覆盖"。实施了党政领导干部、基层干部能力提升和企事业管理人员创新"三大工程"，全区干

部队伍能力素质显著提高。

(叶瑞平)

附:中共阳泉市城区区委书记、副书记、常委名单

书　记:张　晋

副书记:王晓丽(女)　任时杰

常　委:胡秀毅　赵建军　路晓明　田　青(5月离职)　高　玮　宁文鑫(5月任职)　王文玉　温敏芬(女)

中共阳泉市矿区区委工作概况

区委书记　梁志勇

2017年,区委常委会高举中国特色社会主义伟大旗帜,深入学习贯彻党的十九大精神和习近平新时代中国特色社会主义思想,认真落实习近平总书记视察山西重要讲话精神,统筹推进"五位一体"总体布局,协调推进"四个全面"战略布局,按照省委"一个指引、两手硬"重大思路和要求,紧扣市委"三个率先""四大定位"目标,大力推进"四区"建设,团结带领全区党员干部群众,不忘初心、砥砺前行,锐意进取、开拓创新,推动矿区各项事业取得新进展新成效。

一、提高政治站位,按照"学懂、弄通、做实"要求,推动学习党的十九大精神不断引向深入

矿区区委牢固树立"四个意识",坚定"四个自信",自觉在思想上拥戴核心、政治上维护核心、行动上紧跟核心,坚持把学习十九大精神和习近平新时代中国特色社会主义思想作为当前和今后一个时期的首要政治任务,第一时间学习宣传,第一时间安排部署,第一时间贯彻落实,营造全区学习十九大精神和习近平新时代中国特色社会主义思想的浓厚氛围。

十九大召开前,区委专题研究迎接十九大宣传工作。重视媒体的宣传作用,在《阳泉日报》刊登专版《"企地融合 城乡统筹 社会协调、共驻共建谱写'四区建设'新篇章"》,全面报道了矿区在党的十八大以来经济社会发展取得的成就。在《新矿区》报开设系列专栏、专版《奋进的五年》《喜迎十九大》《深入学习贯彻习近平总书记"7.26"重要讲话精神、迎接党的十九大》《砥砺奋进的五年》,着力宣传辉煌成就,增进全区干部群众的自豪感和自信心。

召开专题会议安排部署学习宣传贯彻党的十九大精神工作,制定下发《矿区区委关于认真学习宣传贯彻党的十九大精神的通知》等一些列文件,推动党的十九大精神进企业、进农村、进机关、进校园、进社区、进网络。区委常委以上率下,牢牢把握在"学懂、弄通、做实"上下功夫的要求,不断推动全区学习宣传贯彻党的十九大精神工作往实里走、往深里走。召开4次区委常委会、3次区委理论中心组(扩大)学习会,专题学习研讨十九大精神,举行4次干部教育论坛,开展高校"百千万"师生面对面宣讲行动。

组织区四套班子领导到狮脑山百团大战纪念碑前进行"不忘初心坚定理念信念、勇于担当履行崇高使命"集体重温入党誓词活动。与大调研工作紧密结合,全区领导干部紧紧围绕十九大精神的学习宣传,就群众关心的问题面对面解答,心贴心交流,累计召开各类座谈会95次,宣2017年,区委常委会高举中国特色社会主义伟大旗帜,深入学习贯彻党的十九大精神和习近平新时代中国特色社会主义思想,认真落实习近平总书记视察山西重要讲话精神,统筹推进"五位一体"总体布局,协调推进"四个全面"战略布局,按照省委"一个指引、两手硬"重大思路和要求,紧扣市委"三个率先""四大定位"目标,大力推进"四区"建设,团结带领全区党员干部群众,不忘初心、砥砺前行,锐意进取、开拓创新,推动矿区各项事业取得新进展新成效。

二、加强党对经济工作的领导,推动经济由"疲"转"兴",转型发展稳中向好

区委召开九届三次、四次全会和经济工作会议对全区经济工作进行安排、部署、分析、推进,区委听取经济工作部门的工作汇报,就经济运行、财政收入、园区建设和转型发展等进行研究部署,经济由"疲"转"兴",转型发展稳中向好。

一是经济运行稳步增长。2017年,全区经济运行持续上扬,步入合理运行区间。地区生产总值从2016年第三季度起降幅逐步收窄,完成省市确定的"下半年好于上半年"目标任务,2017年持续稳步回升,全年实现116.1亿元,同比增长4.3%,增速较上年同期提高5.3个百分点,增幅居全市第三。规上工业增加值回暖微增,全年完成78.2亿元,同比增长3.8%,增幅居全市第四。一般公共预算收入增长由负转正,全年完成2.6亿元,同比增长16.2%,增幅居全市第二。全社会固定资产投资增速逐步提升,全年完成33.8亿元,同比增长7.2%,增幅居全市第一。

二是质量效益不断提升。企业效益保持增长并持续向好,规上工业企业全年实现利税8.5亿元,同比增长32.8%。独立工矿区改造搬迁、采煤沉陷区治理等投资项目类别更加丰富。全社会消费品零售总额完成26.6亿元,同比增长8.9%,增幅居全市第二。城镇居民人均可支配收入稳步提高,全年达到30249元,增长6.5%,同比增加1846元,群众获得感和幸福感明显增强。

三是三产比重逐步提升。第三产业实现增加值31亿元,同比增长5.6%,占GDP比重由过去的十分之一左右提升到

近三分之一,连续两年保持了稳定。战略性新兴产业发展初具规模,全年实现增加值7.4亿元,占全区规上工业增加值的9.5%,成为全市战略性新兴产业发展的重要支撑力量。

四是新旧动能加快转换。新主体、新业态、新模式加速成长。全区培育"小升规"企业2家,新增各类市场主体1057户,同比增长10%。旅游业焕发新活力,银圆山庄景区体制机制改革全面完成,石泼水农业观光园项目一期工程完工。创新能力不断提升,培育和壮大民营科技企业11家,高新技术企业5家,申报农业科技示范基地7家。R&D(研究与试验发展)经费投入强度全省第五,有效发明专利达56件,全市第一。"产学研"技术研发团队实现全覆盖,国家、省、市技术中心达19家。

三、坚持全面深化改革,重点领域和关键环节改革取得新成效,发展活力得到增强

区委坚持把深化改革作为重大政治责任、推动发展第一动力,着力推进各项改革,一些重要领域和关键环节的改革取得突破性进展。

一是重点领域改革取得进展。纪检监察体制改革试点扎实推进。加强党对反腐败工作的集中统一领导,推进国家监察体制改革,完成监委机构组建和人员转隶;成立7个纪检组,实现纪检监察派驻全覆盖和对所有行使公权力公职人员的监督。行政托管工作平稳有序。成立领导组,研究解决托管中存在的问题,确保平稳过渡;建立农委,加强对农村各项工作的指导;开展调查研究,制定农村发展规划;完成农村换届选举工作。

二是各领域改革全面推进。认真研究国发42号文件精神,紧扣6大重点任务,提出170条改革举措,推进矿区资源型经济转型发展。推进"放管服效"改革,开展"五证合一、一照一码"登记制度改革。积极推进医药卫生体制改革。巩固取消药品加成的改革成果,建立分级诊疗制度;实施县乡医疗机构一体化改革,成立阳泉市矿区医疗集团;开展家庭医生签约服务和健康扶贫"双签约"活动。户籍制度五项重点改革全部实施。全面建立"河长制"。智慧城市试点建设工作继续走在全市前列。

四、深入推进平安法治矿区建设,全面加强社会治理,全区社会平安稳定

区委坚持将平安法治矿区建设作为维护社会秩序安定有序的重要抓手,统筹推进依法执政、依法行政,统筹推进法治政府、法治社会建设,统筹推进严格执法、公正司法、全民守法。通过一系列举措,增强了全区人民群众的安全感。

一是法制宣传教育不断引深。深入贯彻落实中央关于全面依法治国各项决策部署,党政主要负责同志认真履行法治建设第一责任人的职责,扎实推进法治矿区建设。一批法治建设示范单位、示范学校、示范街道的示范引领作用效果明显。深入推进"七五普法",落实法律顾问和公职律师制度,"掌上公共法律平台"投入使用。公民法制意识、社会法治环境有了新的提高。

二是社会平安稳定。牢固树立总体安全观,切实担负起维护社会和谐稳定的坚定使命。坚持不懈狠抓安全生产,辖区工矿商贸生产安全事故数为零,安全生产形势持续稳定。牢牢织密平安网络,开展打黑除恶、飓风扫毒等严打行动。做好社区矫正工作,重新违法犯罪率低于全国平均水平。继续开展"防风险、解纠纷、促发展矛盾纠纷排查化解"活动。发挥好平安服务社、平安驿站、平安守望岗和平安志愿者队伍的作用,群防群治平安服务活动成效显著。建成了区级综治中心和38个社区综治中心。建立特殊群众服务机制,社区戒毒(康复)工作实现全覆盖。平安创建活动扎实有效,全区社会治安形势明显好转,刑事治安案件实现"双下降",成为全市唯一"无命案"县区。建立起"阳光信访""责任信访""法治信访"相结合的信访矛盾化解模式,持续推动全区信访秩序明显好转。

五、坚定不移推动全面从严治党向纵深发展,政治生态进一步风清气正

矿区牢固树立全面从严治党永远在路上的恒心和韧劲,扎实推进党的政治建设、思想建设、组织建设、作风建设、纪律建设,把制度建设贯穿其中,深入推进反腐败斗争,进一步推动全面从严治党向纵深发展,努力实现党内政治生态持久的风清气正。

一是深入开展学习教育和主题教育,不断推动从严治党向基层延伸。作为全省"两学一做"学习教育常态化制度化示范点,区委着力在深学、实做、督导上下功夫,驰而不息推动学习教育取得实效。带头深学在前,以常委会、中心组学习会为载体,采取集中学习、专题辅导、系列培训等方式,第一时间传达、学习、研究、落实中央、省市委精神,做到先学、真学、深学、实学,学习紧跟、认识紧跟、行动紧跟。带头实做在前,扎实开展"维护核心、见诸行动"主题教育,按照"六个坚持"的基本原则,围绕"六个好"的工作目标,区四套班子成员带头践行"四个合格"标准,带头"亮身份、践承诺、作表率",带头开展"党代表集中接待月"活动。带头督导在前,对学习教育和主题教育进行全方位督查,有效推动学习教育、主题教育和基层党建工作有力有序有效开展。成立了"红梅党代表工作室"等4个先进模范人物工作室,培树了党的十九大代表任红梅等一批优秀党员。

二是扎实推进"三基建设",不断夯实党的执政基础。以基层组织建设为重点,先后从机关选拔青年干部21人充实到街道领导班子,从街道选拔26人交流到机关,推动"全科型"干部队伍建设。建立容错纠错机制,鼓励勇于改革创新的干部干事创业。严格按照"三重三不唯"标准,严格干部选拔任用。结合社区(村)两委换届工作,一批优秀干部充实到基层一线。以精细化基础工作为重点,细化了"三基建设"83项重点工作任务,并建立了督导落实工作体系。推行基层党支部标准化建设,规范了七个方面的设置标准,构建了覆盖全领域的基层组织工作体系,建立了"三目录一手册",基本构

建起了横向到边、纵向到底的制度工作体系,有力推动了全区基层组织全面过硬。以提升基本能力为重点,举办六期“干部教育论坛”、两期“井冈山党性修养培训班、社区干部轮训班、党支部书记能力提升班,培训人员达1400余人次。

三是坚持目标导向,全面加强党内监督。对党的领导弱化、党的建设缺失、全面从严治党不力、“两个责任”落实不到位的党员干部和党组织进行严肃追责问责,倒逼党员干部唤醒责任意识、激发担当精神、履职尽责到位,推动管党治党从宽松软走向严实硬。在上年度落实党风廉政建设责任制考核中,对4个单位因所属人员违纪受到党政纪处分实行“一票否决”;对落实“两个责任”不到位的1个党组织,1名党工委书记进行了问责,对落实环保责任不到位,监管缺失的14名党员干部和1个单位进行了严肃问责。

四是坚持问题导向,强化监督执纪问责。制定出台《关于贯彻落实中央八项规定精神实施细则》,继续整治“四风”,开展监督检查12次;处置违反中央八项规定精神、“四风”问题线索3件,给予党政纪处分2人,组织处理2人;受理信访举报69件;处置问题线索76件,立案查处违纪违法案件15件,给予党纪政务处分15人。区监委成立以来,审查职务犯罪案件1件2人,依法送司法机关。积极探索“小微权力”规范运行机制,加强“小微权力”预防腐败体系建设,虎尾沟社区试点工作取得成效。

五是切实发挥“利剑”震慑作用,强化政治巡察。区委高度重视巡察工作,矿区巡察机构实现了机构、人员、经费、办公场所“四到位”。巡察工作聚焦政治定位,围绕“三大问题”,查找政治偏差,彰显“利剑”震慑作用。开展了两轮常规巡察和一次“机动式”专项巡察。按照省市安排部署,认真开展巡视整改自行“回头看”,各项整改措施落实到位。按照市委巡察工作要求,全力做好市委第一巡察组对矿区开展巡察“回头看”及延伸巡察工作。

(韩　璐)

附:中共阳泉市矿区区委书记、副书记、常委名单

书　记:梁志勇

副书记:刘乙佑　冉志伟(6月离职)

樊志红(6月任职)

常　委:杨志强　雷永平　王　洪　王富明

李丽新(女)　王　涛

中共阳泉市郊区区委工作概况

区委书记　王明厚

2017年,在省、市委的坚强领导下,郊区区委团结带领全区广大干部群众,深入贯彻落实党的十八大、十八届三中、四中、五中、六中全会和党的十九大精神,学习贯彻习近平总书记系列重要讲话精神,认真落实省委“一个指引、两手硬”的重大思路和要求及市委“四个定位”“三个率先”战略部署,着力走好转型升级、新型城镇化建设、基层社会治理创新“三条路”,率先实现城乡统筹示范区,全区经济社会各项事业都取得了新成绩。

一是认真学习、深刻领会习近平新时代中国特色社会主义思想,牢牢把握正确的政治方向。郊区区委坚持把学习宣传贯彻党的十九大精神特别是习近平新时代中国特色社会主义思想作为首要政治任务,按照“学懂、弄通、做实”的要求,深刻领会其重大意义、丰富内涵和精神实质,切实用习近平新时代中国特色社会主义思想武装头脑、指导实践、推动工作。去年以来,围绕喜迎十九大、学习宣传贯彻十九大精神,认真开展“两学一做”学习教育常态化制度化、维护核心见诸行动主题教育,及时传达学习习总书记视察山西重要讲话精神,贯彻落实习总书记对山西工作提出的总体要求和五项重大任务。党的十九大召开之后,迅速对全区学用习近平新时代中国特色社会主义思想进行安排部署;组织召开区委常委会、理论中心组学习会进行专题学习。区四套班子领导坚持以上率下,深入各乡镇、区直部门以及重点工程项目一线,累计调研435次,召开座谈会329次,宣讲党的十九大精神159次,解决问题101个。通过深入学习,广大党员干部牢固树立了“四个意识”,坚定了“四个自信”,增强了学习贯彻党的十九大精神的思想自觉和行动自觉。

2017年,在省、市委的坚强领导下,郊区区委团结带领全区广大干部群众,深入贯彻落实党的十八大、十八届三中、四中、五中、六 二是全面深化改革取得突破。坚持把抓改革作为重大政治责任,认真践行习近平总书记提出的“四个亲自”要求、省委骆惠宁书记提出的“三个三”具体方法及山西经济落后但改革决不能落后的要求,抓好改革任务落地。监察体制改革进展顺利,区监察委员会按时挂牌成立,实现了机构、编制、人员、工作“四到位”,呈现出转隶基础扎实、融合效果良好、改革成效显现的局面;区纪委监委派驻12个纪检监察组,实现对区一级党和国家机关监督监察全覆盖;开展乡镇监察试点工作,7个乡镇全部配备监察员。采取“PPP”模式,引导社会资本投资基础设施领域,总投资11.98亿元的G239改线和总投资4.6亿元的水务一体化两个项目已完成“两评一案”,其中G239改线项目正在进行勘察设计,已开始社会资本方招标。加大政府购买公共服务力度,环卫管理市场化成效显著。创新体制机制,积极探索整合铝粘土资源的有效途径,并在西南舁乡开展试点。设立了全市首家国地税联合办税服务大厅,为纳税人提供了快捷优质服务。招商引资取得实效,共引进百万元以上经济技术合作项目23项,协议利用外资136.1亿元,完成市下达任务的129.6%。郊区被评为“2016年度山西经济环境创优县区”,成为全省获此殊荣的5个县区之一。

三是转型升级稳步推进。深入贯彻新发展理念,坚持稳中求进工作总基调,推动全区产业转型升级。2017年,全区主要经济指标好于预期,进入合理区间。全区生产总值完成77.24亿元,增长7.1%;公共财政预算收入完成3.84亿元,完成市任务的123.84%;规模以上工业增加值完成18.88亿元,增长9.61%;固定资产投资完成32.32亿元,增长6.2%;社会消费品零售总额完成18.3亿元,增长9.26%。大力发展城郊农业。全年建成温室大棚260亩,新发展果园1707亩,中药材3150亩;千亩坪万亩农业产业园起步良好,被列入我省第一批20家现代农业产业园,目前已入驻5家企业;土地确权工作顺利通过国家农业部验收,成为全省第二个数据汇交初检合格的县区;流转土地4615亩、激发了农业生产活力;农村集体产权制度改革有序推进,郊区列入全省改革试点县区。推动传统产业优化升级。深化供给侧结构性改革,推进“三去一降一补”,鸿泰煤业完成回收;煤炭行业稳步向好,区属煤矿完成产量增长41.3%。耐火产业振兴工作顺利起步,贤亨、林里、明鑫耐火联合重组取得实效,研发的新能源锂离子匣体工具砖试产成功;华岭耐火与中钢集团签订战略合作意向;全区耐火产量增长4.1%,税收增长62.3%。建材产业形势喜人,冀东水泥达产达效,泰耀工贸氧化钙和制砂生产线项目主体完工,星火金源氧化钙项目一期工程当年建成投产。电力产业发展迅速,西上庄2×66万千瓦低热值煤电项目累计完成投资20亿元;“光伏领跑者”项目、青岛昌盛光伏项目实现并网发电;北京宣力风电、三峡新能源风电、荣光垃圾发电项目有序推进。区域发电总量达到107.4万千瓦,新的电力产业业态初步形成。国新能源压缩天然气项目建成并投产,博润废旧沥青路面回收利用项目基本建成。积极培育三产服务业。李荫路沿线4S店集群初具规模,销售总额占到全市的85%;中旭智慧医养中心项目准备就绪;新发展乡村旅游点26个,接待游客106万人次,郊区被评为省级休闲农业与乡村旅游示范县区;5家旅游景区全部完成改制,与深圳长河、北京采一公司签署合作协议,加快了翠枫山、关王庙的开发保护进程;桃林沟果蔬交易市场主体全部完工,桃河民俗文化园、悦洋水上世界等项目投入运营。全力以赴抓好开发区建设。经过主动争取,郊区和市经济技术开发区共同打造80平方公里的国家级经济技术开发区,其中60平方公里在郊区。在巩固发展白泉工业园和杨家庄工业园的基础上,集中精力打造荫营工业园。目前已形成平台1600余亩,园区路形成路基2公里,投资2.5亿元的中庸科创空心微珠项目落户园区,圆满完成市政府“112”任务(打造平台1500亩,引进1个投资亿元以上企业,建设2公里路网)。同时,按照市委、市政府安排部署,积极做好开发区社会管理职能的承接工作。

四是新型城镇化步伐不断加快。加快生态新城建设。漾泉大道、平阳街、宁波北路、洪城路北延等重点项目进展良好,总建筑面积40.59万平方米的甄家庄、冯家庄等城中村改造项目圆满完成,1946户2515人入住新楼;总建筑面积128万平方米的大西庄、魏家峪、桃坡、余积粮沟、石马沟、三泉等城中村改造项目顺利推进,将有5569户12500余人住进楼房,城乡统筹步伐进一步加快。加快荫营镇区建设。扎实推进水电气暖基础设施改建、景观绿化、大型车辆分流等工作,进一步完善了城市功能。启动荫营东区、南区规划,下荫营、老虎沟等城中村改造项目有序实施。加快美丽宜居乡村建设。着力实施完善提质、农民安居、环境整治、宜居示范等四大工程,坡头、咀子上等4个村创建成为市级美丽宜居示范村,固庄村成为省级美丽宜居示范村,汉河沟村被列入“2018年省级美丽宜居乡村试点”,桃林沟村获得“全国最美休闲乡村”称号。深入推进“创卫”工作。以创卫为统领,因地制宜,不断提升城乡管理水平。重点围绕307复线、义白路、李荫路等路段及5个高速路口开展环境集中整治;全面推行“河长制”,集中财力用于河道清障、垃圾清理、河道违章建筑整治及管网改造,重点对荫营镇区环境卫生、车辆停放、占道经营、河道垃圾进行整治,荫营镇区面貌发生了明显改观。

五是基层社会治理创新初见成效。加快社区建设步伐。成立郊区社区办事处,新设立4个城市社区和15个农村社区服务中心,圆满完成了社区“两委”换届选举,为郊区承接市经济技术开发区社会职能打下了基础,积累了经验。固庄村被民政部确定为首批全国农村幸福社区建设示范单位。深入开展乡村秩序整治。开展了为期6个月的整顿软弱涣散村级组织、开展村霸问题集中整治、加强农村基层党风廉政建设、严肃基层党内政治生活、强化舆论宣传教育五大专项行动,19个软弱涣散村得到整顿并销号,3件4人次“村霸”被严肃处理,立案的38个案件全部结案,乡村环境明显优化。大力加强“三基建设”。全年“三基建设”经费达到3784万元,比2016年增加2706万元,乡镇和村级组织年均运转经费、村主干基本报酬等各项指标均已达到省市规定标准;桃林沟村与大南庄村成功实现跨乡镇并村,组织共建、强弱互补的工作模式取得突破;顺利完成村“两委”换届工作,开展了村干部任前履职承诺和任前培训;完善推广农村“六议两公开”决策机制、联村党委、民事代办工作机制、“13710”工作督办制度,工作作风明显改善;坚持举办“领头雁”培训班、新任科级干部暨优秀年轻干部培训班,干部基本能力得到提升;郊区成为阳泉市唯一的省级扶持农村集体经济发展试点县区,全市“三基建设”现场会在郊区召开,全区29个无集体经济收入村全部“破零”。

六是坚守五项底线工作。脱贫攻坚实现再战再胜。始终把脱贫攻坚作为最大的民生工程,加强“三支队伍”管理,认真落实产业扶贫、易地搬迁、金融扶贫等政策措施,圆满完成6村509户1144人的脱贫任务。各项工作创先争优,先后承办了全市的集体经济破零攻坚座谈会、健康扶贫“双签约”现场会和“百企帮百村”精准扶贫现场推进会。安全生产形势持续好转。全年共开展各类安全生产专项大检查行动11次,累计出动检查人员13214人次,排查安全隐患、违法违规行为9482条,全区煤矿、非煤矿山、危险化学品、冶金工贸、建设施工等行业实现零死亡、双下降。始终保持打击私挖滥采高压态势,出动执法人员6500人次,查扣设备90台件,行政立案6起,刑事案件移交司法机关1起,有力维护了全区正常的矿业生产秩序。高度重视信访稳定工作。深入开展信访问题源头化解专项活动,25个“骨头案”已处理到位。圆满完成了十九大期间的信访维稳工作。认真开展“平安郊区”建设,严厉打击违法犯罪,治安形势持续好转。郊区再次被省综治委命名为“省级平安县区”,成为全市唯一连续四年获得该荣誉的县区。拆迁扫障稳步推进。全力以赴推进阳大铁路、生态新城等重点工程拆迁扫障工作,总拆迁面积达16.3万平方米,为省、市重点工程顺利实施奠定了坚实基础;合力攻克难点,搁置7年的韩庄大桥顺利通车,彻底消除了这一路段的安全隐患;经过积极争取,207国道绕城改线工程重新启动。生态环保全面加强。认真组织开展“铁腕治污”“利剑斩污”、“散乱污”等专项整治行动,220家“散乱污”企业按要求完成整治;办理回复中央、环保部和省督察组反馈交办问题866件,温河老窑水、桃林沟矸石山、汉河沟土壤治理等工程有序推进;通过环保倒逼,推动企业加快技术改造,提高产品档次;完成高速及国省道绿化36公里,面积1.5万亩。环境保护“4+2”约束性指标全部超额完成任务,全区二级以上优良天数227天,优良率62.2%,空气质量综合指数6.26,全市排名第二。

七是社会事业全面进步。坚持以民生为重,加大民生投入力度,全年民生支出10.04亿元,比去年增长11.58%,占公共财政预算支出的71.64%;城镇居民人均可支配收入完成25103元,增长6.6%;农村居民人均可支配收入完成13674元,增长6.7%。加快科技孵化器平台建设,万新科技被认定为省级孵化器,全区专利申请量达229件,发明专利申请量118件。落实教育优先发展战略,4所幼儿园新(改扩)建工程全部完工并投入使用,义务教育“六率”得到巩固提升。公共文化体育服务能力全面加强,区文化局被评为“全国群众体育先进单位”。区医疗集团挂牌成立,医疗体制改革稳步推进,4个乡镇卫生院入围全国最满意的乡镇卫生院。切实保障和改善民生,社会救助体系进一步完善,发放各类救助、救济资金6124.9万元,惠及近3.5万名群众。坚持就业优先战略,城镇新增就业人员3460人,转移农村劳动力3228人,失业人员再就业1843人。不断扩大社保覆盖面,城乡居民养老保险和基本医疗保险参保人数分别达到120802人、146704人。加大保障性安居工程建设力度,新开工建设5882套。全年完成农村危房改造241户,农民群众居住条件进一步改善。扎实推进清洁取暖工程,改造户数达到10425户,完成市下达任务的103.61%,确保群众清洁取暖。

八是全面从严治党深入推进。政治生态持续向好。坚决执行《准则》《条例》,严肃党内政治生活;认真贯彻落实《问责条例》,以问责倒逼责任落实,全年共追责问责领导干部94人、党组织7个;扎实开展农村党组织“1234”系列活动,制定了农村党员干部“八不准”,严格纪律约束,规范党员行为。正风肃纪持续推进。制订完善《关于进一步贯彻落实中央八项规定精神的实施细则》,驰而不息狠刹“四风”;合理运用“四种形态”,持续保持惩治腐败的高压态势;出台了《关于进一步加强涉农惠民领域政策资金廉洁运行的指导意见》,切实加大对涉农惠民领域的微腐败监督力度,问责党组织2个、处分领导干部12人。扎实推进市委巡察组反馈意见的整改工作,24个问题已有18个整改到位,其余6个需长期坚持;开展了区委第二轮巡察,共发现8个被巡察单位3大类68个问题。牢牢掌握意识形态工作的领导权。严格落实党委(党组)意识形态工作责任制要求,坚持正确舆论导向和价值取向,扎实推进宣传思想文化工作;《人民日报》“浇树要浇根 扶贫先扶‘心’”、《山西日报》专版“阳泉郊区打造产业集聚区 积蓄发展新动能”等报道全面展现了郊区发展成果;开展了“山西好人”“阳泉好人”、道德模范评选,形成了弘扬社会主义核心价值观的浓厚氛围;成立区网信办,制定网络舆情应急处置预案,做好24小时舆情监测。干部队伍建设全面加强。树立正确用人导向,坚持在转型发展和农村基层一线识别培养干部,先后调整干部4批次167人,其中提拔71人,一大批德才兼备的干部在工作岗位发挥了重要作用。

(石　鹏)

附:中共阳泉市郊区区委书记、副书记、常委名单

书　记:王明厚

副书记:武建功　孙　毅

常　委:田进勇　郗文保　梁海昌　张斌武

梁　敏(女)　宁文鑫(5月离职)

中共平定县委工作概况

县委书记 申 济

2017年,平定县委深入学习贯彻党的十九大精神和习近平总书记视察山西重要讲话精神,贯彻落实中央大政方针和省市各项决策部署,面对严峻复杂的经济形势和繁重的改革发展任务,团结带领全县广大干部群众,撸起袖子加油干,扑下身子抓落实,全县经济社会各项事业全面发展,重点领域改革扎实推进,经济、政治、文化、社会、生态文明和党的建设各项工作都呈现出新的面貌,实现了新的发展,不少工作取得突破,亮点纷呈。开发区建设、脱贫攻坚等工作进入全省第一方阵,平定县在全省相关会议上作了书面或发言交流。城市面貌焕然一新,全年拆迁面积达到52.3万平方米,是2015年、2016年两年拆迁量的6倍,游园和绿化面积分别新增3万平方米、8万平方米。生态环境明显改善,冬季清洁取暖改造超额完成市定任务。坚定不移推动全面从严治党,圆满完成村"两委"换届,"三基"建设不断加强,各项制度不断健全,党的建设取得了新的成效。同时,平定县先后成为全国交通运输一体化试点县、全国电商进农村示范县、全省"四好"农村路示范县、全省县乡医疗卫生机构一体化改革试点县、全省撤并行政村试点县等各级试点。全县在群众体育、防震减灾、乡镇卫生院建设、文明村镇建设、农家书屋建设等方面获得了一批国家级荣誉。

2017年,平定县委坚持总揽全局、协调各方,充分履行把方向、管大局、定大事、创环境、抓落实职责,把党的领导体现到各领域各方面,特别是深入学习贯彻党的十九大和习总书记视察山西重要讲话精神,全力推动党中央和省委、市委各项决策部署在全县全面正确有效贯彻落实。

一、把学习贯彻习近平新时代中国特色社会主义思想和党的十九大精神摆在首位,牢牢把握正确的政治方向

深刻学习领会、全面贯彻落实习近平新时代中国特色社会主义思想和党的十九大精神。在十九大开幕当天,及时组织学习讨论大会报告,对学习宣传贯彻党的十九大精神作出动员部署。按照习总书记提出的"学懂、弄通、做实"要求,以"八个一"系列活动和"省市县万名干部大调研"活动为抓手,迅速在全县掀起学习宣传贯彻热潮。县委中心组开展学习讨论19次,各级领导带头深入基层宣讲440余次,调查研究645次,各类新闻媒体组织专题专栏、主题采访,精心开展形式多样的宣传。在对标党的十九大作出的战略部署、认真调研的基础上,提出了2018年工作的目标任务和思路举措。

同时,精心组织推进"两学一做"学习教育常态化制度化、开展维护核心见诸行动主题教育。各级党组织开展"三会一课"1800余次、"党员先锋行"实践活动1300余次、主题党日活动750余次。县委十四届五次、七次全会分别对贯彻习总书记视察山西重要讲话和党的十九大精神作出全面部署。举办深入学习贯彻习总书记重要思想经验交流会,推动学以致用、以用促学,形成浓厚氛围。

二、狠抓发展第一要务,推动经济平稳健康发展

2017年在经济形势复杂、环保压力加大,特别是进入第三季度,大批企业停产限产,工业增加值直线下滑的困难情况下,全县经济实现了稳中有进。

一是经济总量首次突破百亿元大关,发展站在了新的起点上。地区生产总值达到100.05亿元,增长3.4%;财政总收入7.85亿元,增长9.7%,其中一般公共预算收入3.97亿元,增长9.3%;全社会固定资产投资61.09亿元,增长6.6%;社会消费品零售总额36亿元,增长5.5%;规模以上工业增加值37.48亿元,比上年净增2.35亿元;城乡居民人均可支配收入分别达到27259元、12427元,增长6.1%和6.5%。

二是进一步摆脱对煤炭的依赖,产业转型迈出坚实步伐。一产方面,粮食总产量达到9.44万吨,杂粮、薯类、设施蔬菜种植面积和肉、蛋、奶产量持续增长,农林牧渔业增加值达到4.48亿元,增长5.9%;新型农业经营主体加快发展,"513"农产品加工龙头企业达到12家,规上农产品加工企业销售收入达到11.24亿元;新认证"三品一标"企业6家,荣获全省农业农村工作先进县和农产品质量安全县称号。二产方面,新发展工业项目21个,完成投资31.36亿元,增长36.35%;非煤工业加快发展,非煤产业增加值达到24.74亿元,煤炭产业占比进一步降低到33.98%;新兴产业发展势头良好,阳煤平定化工乙二醇(一期)投产试运行。紫砂产业有效破题,规模稳步扩大。强化科技创新,新发展高新技术企业2家,长青公司"利用煤矸石制备陶粒支撑剂"通过省级重大科技专项初评,引进恒赫科贸无人机项目,智能管控科技产品研发生产取得突破。三产方面,娘子关景区和红岩岭自然风景区升级为3A级景区,娘子关景区圆满承办全省第二季《人说山西好风光》阳泉主场竞演活动。全县接待游客55.5万人(次),综合收入8757万元,增长168%;电子商务进农村"1922"示范工程顺利实施,电商交易额达到3.35亿元,增长59.52%;市农产品批发市场主体竣工,天津自贸区阳泉津贸进口直营中心落户平定县,第三产业增加值达到41.41亿元,增长5.3%。

三是重点工程和项目建设有力推进。全年确定100个重点项目,其中新建项目59个,总投资101.2亿元,82个项目

开工,18个项目正在办理前期手续,完成投资43.82亿元。19个省市重点工程项目进展顺利,其中列入省重点工程项目5个,完成投资22.45亿元。山西天元绿环再生资源回收处理综合利用项目基本完工。山西贝特瑞年产3万吨高端人造石墨生产线建设项目开工,光伏领跑者和东方新能源光伏发电项目并网发电。

三、以重点领域和关键环节为突破,各项改革成效显现

县委始终把抓改革作为重大政治责任,加强对改革工作的领导和推进落实,承接中央和国家有关部门的改革试点工作、2017年各项改革任务全部完成。

一是平定经济技术开发区成功获批省级开发区。"三化三制"改革扎实推进,园区打造平台达到3000亩,其中2017年新造1800亩;建设道路4公里,引进项目10个,"121"工作任务全面完成,一批重大转型项目布局落地。平定县"削峰填谷"造平台的做法得到省委、省政府的充分肯定,作为唯一的县区代表在全省大会上作了交流发言。

二是供给侧结构性改革不断深化。退出煤炭产能150万吨,商品房去库存1910套;全年争取上级资源枯竭型地区财政转移支付、采煤沉陷区治理、棚户区改造以及省级技改专项扶持资金等共计2.6亿元,占到阳泉市总量的近三分之一,落实各项减税降费政策,为企业减负8374.95万元。

三是监察体制改革试点走在阳泉市前列。第一家成立了县级监察委员会,率先完成转隶组建、挂牌运行,制定了第一部县(区)工作规程;第一家采取留置措施查处案件。纪委监委派驻机构实现全覆盖,县级巡察机构、编制、人员、工作做到"四到位"。

四是优化营商环境,市场主体增长速度和总量创历史新高。开展八大专项行动,开发区首批签订了承诺制项目8个。深化"放管服效"改革,行政审批时限缩减60%以上,工商登记前置审批减少到29项。推进省级中小微企业创业创新基地示范县建设,全面激发"双创"活力,新登记中小微企业2847户,总数达到1.69万户。民间投资达到34.99亿元,增长35.9%;民营企业实现营业收入63.3亿元,增加12.2%,利税2.51亿元,增加19.5%。

五是对外开放迈出新步伐。招商引资力度和质量明显提升,签约外来投资项目21个,签约额130.33亿元,招商引资项目落地取得可喜成绩。外贸进出口总额1.57亿元,增长73.4%,其中出口额达到1.04亿元,增长172.5%。

农村土地确权登记、撤并行政村试点、县乡医疗卫生机构一体化、娘子关和冠山旅游景区体制机制改革顺利完成。县医疗集团成立运行。城市综合行政执法体制改革、供销社综合改革、农信社改制等改革有序推进。

四、扎实推进民主政治建设和意识形态工作,凝聚起奋力前行的正能量

坚持和完善人民代表大会制度,支持人大及其常委会依法履行职能。听取和审议"一府两院"工作报告23项,依法作出决议3项、决定6项。加强县乡人大建设,理顺县人大及其常委会机构设置,为各乡镇人大配备1名专职人员。强化人大监督工作,研究制定了加强全县乡镇人大工作和建设的《实施意见》,以及监督司法工作等方面的制度机制。认真办理落实代表议案建议。

坚持和完善党领导的多党合作和政治协商制度。把政治协商作为重要环节纳入决策程序,制定出台了《关于加强人民政协协商民主建设的实施意见》。围绕项目建设、开发区建设、民营经济发展等全县重点工作开展各类协商12次。组织委员进行专项视察,强化对130件委员提案和6件重点提案的督办。

巩固和发展最广泛的爱国统一战线,切实加强与各民主党派、工商联和无党派人士的团结合作。注重党外代表人士队伍建设。积极做好民族、宗教、侨务和对台工作。召开全县宗教工作会议,提出加强新形势下宗教工作的具体意见。加强和改进党的群团工作,圆满完成工青妇群团改革和换届工作;坚持党管武装,积极支持驻地部队建设,推进军民融合深度发展。

扎实推进法治平定建设,深入开展法制宣传教育,支持法院、检察院依法履行职责。健全权力运行制约和监督体系,加强党内监督、民主监督、法律监督、舆论监督。落实党政机关法律顾问和公职律师制度。加强政法队伍建设,推进司法体制改革,执法司法公信力进一步增强。进一步健全完善村民自治和基层民主建设有关制度,提升工作水平。

强化意识形态工作责任制,坚持抓责任、抓阵地、抓应急处置,建立分析研判常态化机制,牢牢掌握意识形态领导权管理权话语权。围绕学习宣传贯彻十九大这条主线,围绕全县中心工作,开展形式多样的主题宣传;加大外宣力度,中央和省级媒体刊发平定县正面新闻报道199篇次,对外展示了平定新形象。强化风险防范意识,实现了重大舆情零发生的预期目标。

积极培育和践行社会主义核心价值观,深入推进精神文明创建活动,冶西镇保持全国文明村镇称号,冠山镇宋家庄、东回镇前黄安两个村荣获第五届全国文明村。举办平定县第四届道德模范和第三届"平定好人"评选表彰,王玥荣获第六届全国道德模范提名奖,耿黑眼家庭当选2017年全国"最美家庭"。培育壮大文化产业,推进陶瓷、刻花瓷、紫砂、砂器产业园等重点产业和项目建设。实施文化重点工程,加强典籍文物、传统村落等方面的整理、保护和传承。张宏亮、张文亮兄弟双双入选第五批国家级非遗传承人名单。

五、坚持以人民为中心的发展思想,着力保障和改善民生

坚持民生优先,在财力紧张的情况下,千方百计向民生领域倾斜,支出占比达到82.23%。下大力解决突出问题,进一步筑牢工作底线。

一是解决了一批多年来想解决而未解决的民生难题。就

业、社保、养老等各项社会事业全面进步,特别是城建、教育、卫生等领域,一批全县人民关注、长期没有解决的民生难题取得突破性进展。全年城镇新增就业3912人,城镇登记失业率控制在3.47%。全民参保登记扎实推进,城乡低保、农村五保提标升级,新建20个农村老年人日间照料中心。采煤沉陷区搬迁安置18个村全面开工,完成棚户区改造4210套。70所农村学校完成"煤改电"并正常供暖。高考二本以上达线人数居阳泉市县区第一。"安全教育平台"管理模式在全省进行推广。

二是有力推进融合发展,城乡面貌焕然一新。完成市政基础设施投资2.75亿元,对主要街道和场所进行了全面改造,全年县城内新建改造城市道路14.7公里,新增供热、供气管网26公里、29.2公里,停车场、过街天桥、绿地、小游园等市政设施建设取得明显成效。阳泉汽车客运南站投入试运行。全年投资3.8亿元,新建改造县乡道路328公里。投资1.5亿元全面开展城乡环境卫生集中整治,县城蝉联省级卫生县城称号,镇村两级基本实现市级环境卫生达标全覆盖,娘子关镇获评省级特色小镇,甘泉井和鹊山村获得山西省美丽乡村建设专项补助,美丽乡村建设迈出新步伐。

三是底线工作进一步筑牢。脱贫攻坚方面,坚持以习总书记扶贫开发重要战略思想为指引,强化组织领导,坚持问题导向,贯彻精准方略,健全完善工作推进和责任落实机制,易地搬迁、产业扶贫、档案管理等工作取得明显成效。2017年脱贫2176户4579人,20个贫困村整村退出,贫困发生率由4.79%降至0.58%。信访维稳方面,开展了重点信访问题源头化解专项行动,有效化解了一批"骨头案"、重点案、积案。省委常委、政法委书记商黎光同志专门给县委书记申济同志写信,对平定县的工作给予肯定和表扬。安全工作方面,生产经营性和非生产经营性事故起数、死亡人数均实现"双下降",杜绝了较大及以上安全生产事故。生态环保方面,以前所未有的决心和力度抓整改,中央环保督察组和环保部"2+26"通道城市督查交办的近200个问题得到有效整改;对103家"散乱污"企业和县城建成区51台燃煤锅炉依法全部拆除或关停;完成冬季清洁取暖改造9285户,超任务1193户。全年二级以上天数234天,同比增加26天。全面实行"河长制",投入1.7亿元,完成367处水毁堤防修复和南川河生态环境综合治理(一期)工程;治理水土流失4.19万亩,完成造林1.59万亩。

六、坚定不移推动全面从严治党,进一步构建风清气正的政治生态

切实把全面从严治党、狠抓基层党建摆在突出位置,全县政治生态持续净化好转,为改革发展稳定提供了坚强保证。

一是强化压力传导,层层压实管党治党主体责任。县委着眼新的形势任务,把党风廉政建设和反腐败斗争主体责任扛在肩上、抓在手上,强化政治担当,从严管党治党。在县纪委十四届二次全会上,对全面从严治党作出16项部署。县委常委会23次研究全面从严治党有关工作,对党风廉政建设、巡视巡察、扶贫问责办法等重要事项进行部署。强化压力传导,严肃追究"两个责任"落实不力的领导干部12案6人,问责党组织9个。

二是持续推进正风肃纪反腐,政治生态持续净化。始终绷紧落实中央八项规定精神这根弦,驰而不息纠正"四风"。出台平定县进一步贯彻落实中央八项规定的《实施细则》和县级领导干部从严执行10条纪律要求。坚决支持和保障县纪委监委查办案件,重点聚焦扶贫、环保等领域,加大对不作为、慢作为问责力度,坚决查处群众身边的不正之风和腐败问题。2017年立案查处案件99件,同比增长45.6%,给予党纪政务处分113人,同比增长15.3%,其中给予撤职以上重处分40人,占处分人数的35.4%,纪律审查的数量和质量实现了"双提升"。严肃党内政治生活,扎实推进巡视整改自行"回头看",全面彻底肃清腐败案件流毒影响。部署开展了2次常规巡察、2次"机动式"巡察、1次扶贫领域专项巡察,移交问题线索31件,初步发挥了震慑作用。在县委的引领带动下,全县各级党组织落细落小落实管党治党政治责任,推动政治生态持续好转,呈现出持久风清气正的态势。

三是全面加强领导班子和干部队伍建设,干部干事创业的精气神明显提升。按照政治过硬、本领高强的"好干部"标准选人用人,严把"党风廉政意见回复关",坚决防止"带病提拔";坚持人岗相适、以事择人,选优配强各级领导班子,努力建设高素质专业化干部队伍,结合县直单位干部调整,共选拔调整干部214人次;建立容错纠错机制,旗帜鲜明为担当作为的干部撑腰鼓劲;加大对年轻干部、女干部和党外干部的培养力度,培育后备干部450人。

四是突出基层基础,"三基建设"水平全面提升。2017年43项重点任务全面完成。新成立4个联村党组织,总数达到13个。圆满完成了村(社区)"两委"换届和行政村整合撤并省级试点任务。新增财政支出910万元用于"三基建设"。完成了15个村级活动场所新建和改扩建。全县各级各部门全部制定了"一目录三手册"。分批分类对农村、机关等11600多名党政领导、基层干部、企事业管理人员、专业技术人才等开展了集中轮训和通用能力、专业能力培训。

(李　鑫)

附:中共平定县委书记、副书记、常委名单

书　记:申　济

副书记:韩加政　李海民

常　委:赵文骥　郭满仓　王卫东　李有义
秦建国(10月离职)　王玉卿(女)
梁宝元

中共盂县县委工作概况

县委书记　李云峰

2017年,在省委、市委的正确领导下,中共盂县县委深入学习贯彻十九大精神,以习近平新时代中国特色社会主义思想为指导,紧紧围绕省委"一个指引两手硬"重大思路和要求,团结带领全县党员干部群众,用非常之力、恒久之功,抓项目、抓改革、抓落实、抓作风、抓党建和反腐败工作,全县改革发展稳定和党的建设等各项工作均呈现出蓬勃发展的良好局面。

一、始终坚持把握正确政治方向,用习近平新时代中国特色社会主义思想武装全县头脑

认真学习贯彻党的十九大精神。坚持把学习宣传贯彻落实好党的十九大精神及习近平新时代中国特色社会主义思想作为首要政治任务,县委常委班子带头学习十九大精神、中央省市系列会议精神、领导重要讲话精神共12次,中心组集体学习17次。大力开展十九大精神进企业、进农村、进机关、进校园、进社区活动,县四套班子领导带头深入基层宣讲50余次;组建14支宣讲小分队深入全县32个党工委开展宣讲。967个基层支部抓好"三会一课"平台学习,集中发放报告解读、党章辅导等资料4万余册,107个驻村帮扶干部和60名"第一书记"走家入户、送学到田间地头。借村支"两委"换届之际,全县14个乡镇443个行政村和10个社区在换届前认真学习十九大精神,领会乡村振兴新战略新要求,切实做到用十九大精神鼓干劲、解难题、促工作、谋发展。深入推进"两学一做"学习教育常态化制度化。认真开展"两学一做"学习教育常态化制度化和"维护核心见诸行动"主题教育,制定"两学一做"任务清单,坚持突出实效和特色,制定了学习清单、讨论清单、任务清单、落实清单,明确28个重点学习篇目,细化学习讨论内容。举行"喜迎十九大?健步跟党走"活动,组织知识竞赛,深入学习习总书记重要思想,用实际行动坚定信念、维护核心。坚持以点带面在各领域培树"两学一做"常态化制度化示范点63个。在党员干部中开展"一带头三榜样"活动,在群众中开展"四好三光荣"活动,在全县农村开展"亮明身份、不忘初心"活动,9576个"农村党员户"挂牌亮身份。通过一系列的学习教育和实践活动,全县党员干部进一步增强了"四个意识",树立了"四个自信",做到了始终在政治立场、政治方向、政治原则、政治道路上同以习近平同志为核心的党中央保持高度一致。

二、始终坚持旗帜鲜明引领转型,综合施策推动转型,促进全县经济发展由"疲"转"兴"

深入贯彻新发展理念,坚持稳中求进工作总基调,将深化供改与综改有机结合,进一步加强和改进党委对经济工作的领导,牢牢掌握经济工作主动权,推动全县经济平稳健康发展。以煤为基构建综合能源体系。努力打造煤炭产业升级版,重点在去产能、减产量、增洗配、重营销和建设改造提升技术先进、生产安全、回采率高的现代化矿井方面下功夫;着力从煤以外寻找战略支撑点,总投资72.6亿元的山西裕光煤电盂县电厂2×100万千瓦发电项目已顺利开工建设;总投资13亿元的中广核120兆瓦风电并网发电;包括光伏领跑者在内的总投资50多亿元的615兆瓦光伏发电已经并网发电;扬德15兆瓦煤层气发电项目已经发电运营,力宇瓦斯45兆瓦发电项目正在建设中。盂县以煤炭为支柱产业,以火电、风电、光电、煤层气发电等资源综合利用和能源梯级利用的现代循环经济产业体系初步成形。围绕非煤产业加快园区建设。将开发区建设作为盂县转型发展的主战场。按照"三化三制"的要求,及时出台了包括机构设置、人员配置、绩效薪酬、经费运转等内涵要素的两个文件,理顺了开发区机制体制,激发了内生动力;下大力对盂县东兰村进行了整体搬迁安置,使水神山路贯穿了开发区南北全境,连通了盂县南高速出口和阳泉北高铁站,形成了开发区南北通畅的区位优势;积极探索市场化运行路子,截至2017年底,中岚电子信息产业园PPP合作项目已正式录入PPP项目库,有两个亿元以上项目已在园区开工,此外,还有12家省内外企业达成入驻意向。围绕现代服务业狠抓全域旅游。把"全域旅游"发展作为县域经济转型升级的重要抓手,提出"一年搞规划、二年打基础、三年见成效、五年大变样"的发展思路,力争到2020年把旅游做成全县的支柱产业。通过抓旅游资源的普查和规划、抓重点突破、抓自主发展、抓"旅游+"和"互联网+"、抓体制机制改革,盂县旅游事业步入良性发展轨道,全域旅游对县域经济的拉动作用愈发明显。以国庆黄金周为例,2015年黄金周游客接待量为6.7万人次,2016年达到10万余人次,2017年猛增到21万余人次,同比增长113.6%,全域旅游所释放的红利正在被更多行业和广大群众所共同分享。围绕现代特色农业狠抓产业体系构建。紧紧围绕十九大提出的乡村振兴战略,科学规划农业产业,积极调整农业结构,培育特色主导产业,大力发展现代特色农业,形成了盂县北部以种植核桃,西部以种植小杂粮、食用菌和中药材,东部以种植红薯、设施蔬菜,南部以城郊型农业为主的现代农业产业带。康泰来、谷味天等一批龙头企业不断发展壮大,趟出了一条农业与二三产业融合发展的路子。

三、始终坚持以人民为中心的发展思想,抓改革促发展惠民生

努力打造改革亮点。按照省委骆书记提出的“发展相对滞后,但改革决不能落后”的要求和“努力跻身全国第一方阵”的目标,结合盂县实际,对照国家、省、市改革任务,按照“三个三”要求和方法,逐一开列清单,细化完善改革方案。坚持党政主要领导以上率下狠抓落实,推出了一批具有实践意义和盂县特色的改革任务。特别是开发区改革、医联体改革和教育改革成为了亮点、创造了经验、形成了实效。如,积极推动县人民医院与省人民医院合作成立医疗联合体,老百姓“看病难、看病贵”问题得到有效改善;与山西传媒学院、山西工程技术学院签订了战略合作协议,产教融合、校企合作模式正在形成。挂图作战推进18项重点工程。从盂县未来的发展考虑,确立了18项对盂县经济社会发展具有战略意义和重大影响的重点工程项目,每周召开挂图作战会议,全年共召开41次,研究解决存在问题,督促指导工作进度,现场进行办公,各项工程推进顺利,文化中心、高城山路、新建中医院、李宾山路、水神山路、龙华口水库等一批工程项目顺利完工。扎实做好“底线”工作。牢固树立总体安全观,以实施全国遏制重特大事故试点为契机,坚持从零开始、向零奋斗,如履如临全面做好各行业、各领域安全工作;持续开展环境治理攻坚行动,重点开展了“小散乱污”企业取缔、燃煤锅炉拆改、煤矿及洗煤场露天煤堆封闭、道路及建筑工地扬尘治理、环保部督查交办问题整改等工作,推进县域生态环境不断改善;坚持把脱贫攻坚当成重大的政治任务和民生工程,强化组织领导、优化资源配置、下足“绣花”功夫,深入开展扶贫领域监督执纪问责,2017年共减贫人口1295户、2980人,整村脱贫贫困村21个,圆满完成了年度减贫任务;全力做好党的十九大期间安保维稳工作,全面筑牢“六大体系”,进一步做实“六项工作”,实现了省委提出的“三个坚决防止”、“三个不发生”的目标任务,通过建立完善工作机制、变革信访工作理念、强化工作责任落实,依靠改革走出了信访困境,实现了全县的政治安全社会稳定。狠抓营商环境优化。努力打造“六最”营商环境,实行审批流程再造,形成了“一章管审批,最多跑两次”的审批流程;出台了《企业投资项目试行承诺制无审批管理办法》《承接加工贸易产业优惠政策》《招商引资奖励办法》等一系列优惠政策;积极构建“亲”“清”政商关系,四套班子领导以上率下,带领有关部门深入企业、帮扶企业,急企业之所急、想企业之所想,增强了企业家干事创业的信心。

四、始终坚持全面从严管党治党,确保了政治生态持续向好

坚持一手抓党的建设,一手抓正风反腐,有破有立,破立并举,全县政治生态持续好转。全面加强领导班子和干部队伍建设。在干部选拔过程中注重在急、难、险、重的第一线识别干部。2017年以来,选拔重用40岁以下科级干部15名,占提拔总数的40%,其中35岁以下11名,极大改善了科级干部队伍年龄结构。始终坚持党的领导、人民当家作主、依法治国有机统一,支持人大及其常委会、人民政协履行职能、开展工作,积极做好民族宗教、对台、侨务工作,工青妇改革顺利推进,加强新形势下党管武装工作,推进军民融合深度发展。持续推进正风肃纪反腐。进一步扎紧制度的笼子,修订完善《关于进一步贯彻落实中央八项规定精神的实施细则》,驰而不息纠正“四风”,查处八项规定案件14案14人,集中通报曝光1次。准确运用监督执纪“四种形态”,持续保持高压态势,全年共廉政谈话421人次,使一些处于“亚健康”状态的党员干部受到教育和警醒;处置问题线索425件,立案101件,结案99件;给予党纪政务处分141人,形成惩治腐败的强大舆论氛围。监察体制改革试点工作顺利推进,全面完成纪委监委派驻机构全覆盖和乡镇监察试点工作。启动新一轮县委巡察工作,深入开展扶贫领域、民生领域和矿产资源领域等专项整治,严查群众身边的不正之风和腐败问题,切实发挥好“巡察利剑”作用。大力加强“三基建设”。按照省委“三基”建设和市委“五大提升工程”升级版要求,确定了22条98项工作任务,形成了有盂县特色的“三基建设”方案。特别是加大“三基建设”投入,拿出2800余万元用于“三基建设”,乡镇经费由2016年的33万元提高到63万元,14个乡镇的“五小”建设全部达标;投入1011万元用于乡镇工作人员岗位补贴,村主干报酬由2016年1.5万元提高到2.45万元;增强农村党组织的造血功能,实现集体经济“破零”417个村,占行政村数的94%,超额完成市委下达的任务。村支“两委”换届工作顺利完成。在2017年村支“两委”换届中,坚持以全面加强农村干部队伍建设,选优配强农村“两委”班子,为决胜小康建设、实施乡村振兴战略提供组织保障和人才支持为目标,超前谋划、科学安排,严格标准、强化程序,加强监督,完善制度,确保了全县村(社区)“两委”换届工作圆满完成。涉及换届的443个行政村、10个社区全部完成换届。建立健全长效工作机制。相继出台18项重点工程每周挂图作战制度、信访和城乡环境卫生综合整治工作双周会议制度、例会制度、周报制度、“七必看七必问七必查”制度、包保制度以及重大事项集体议事决策机制等一系列长效工作机制,从根本上管住了长远;专门成立了“五个专项”协调推进小组,积极调动和发挥县四套班子的作用,促进了全县各项工作的落实。

(闫建国)

附:中共盂县县委书记、副书记、常委名单

书　记:李云峰

副书记:孔禄泉　李宏革

常　委:刘淑英(女)　刘计平　王会平　刘志军　王　浩　高建琴　王建华

中共长治市委工作概况

市委书记 席小军

2017年，长治市委深入学习贯彻习近平新时代中国特色社会主义思想和习总书记视察山西重要讲话精神，按照省委“一个指引、两手硬”重大思路和要求，围绕如期实现脱贫攻坚和全面建成小康社会“两个目标”和“打造山西重增长极、建设省域副中心城市”的工作要求，坚持总揽全局、协调各方，团结带领全市上下，攻坚克难，锐意创新，召开了十一届三次全会，就贯彻落实十九大精神、习总书记视察山西重要讲话精神作出安排部署；召开44次常委会、研究158个议题，加强对全局性工作和重点工作的推进力度，确保中央大政方针和省委决策部署在长治全面正确有效的贯彻落实，进一步推动全市各项工作取得新进展新成效。

一、深入学习宣传贯彻党的十九大精神和习近平新时代中国特色社会主义思想，牢牢把握政治方向

扎实推进“两学一做”学习教育常态化制度化，将维护核心、见诸行动主题教育作为鲜明主题，按照“做实一门功课、抓好六个重点、扭住一个关键”的总体思路，建立了工作提醒卡、重点任务挂图作战、党建工作清单管理等一系列制度举措，领导带头、示范带动的党建工作格局逐步形成，忠诚核心、拥戴核心的思想政治基础更加牢固。

习总书记视察山西之后，市委相继召开常委会议、十一届三次全会及时传达，采取多种形式，深入落实习总书记重要讲话精神，及时制定出台了《中共长治市委关于贯彻落实省委〈关于深入学习贯彻习总书记视察山西重要讲话精神的实施意见〉2017-2018年行动计划》《中共长治市委关于贯彻落实省委〈关于深入学习贯彻习总书记在深度贫困地区脱贫攻坚座谈会上重要讲话精神的实施意见〉2017-2018年行动计划》，为推进全市各项工作明确了时间表、路线图、任务书。党的十九大召开后，市委中心组通过集中学、举办各类培训班、派出宣讲团、组织宣传队等行之有效的方式方法，统筹安排部署十九大精神学习宣讲活动，努力做到把十九大精神学懂弄通。以转型发展、脱贫攻坚、环境保护、安全稳定为重点，结合长治实际，下功夫实抓，动真碰硬实干，推动中央和省委省政府重大决策部署贯彻到位，努力做到把学习贯彻十九大精神做实。

二、全力稳增长、促转型，综合实力明显增强

市委按照中央和省委要求，深入贯彻新发展理念，坚持稳中求进工作总基调，科学合理确定发展目标、重点任务和重大举措，坚持每季度专题研究经济形势，牢牢把握主动权，经济发展质量和效益显著提升。全年GDP增长7%，经济总量达到1477.5亿元，增量超过200亿元；一般公共预算收入增长34.26%，增收33.8亿元；规模以上工业企业利润大幅增长，效益明显提高；经济结构进一步优化，服务业增长7.2%，占GDP比重稳步提高，高技术产业、新兴产业稳步增长，全市经济增长重回合理区间，呈现良好态势。

以成功创建“上党中药材”中国特色农产品优势区、全国休闲农业和乡村旅游示范市、全省绿色有机旱作农业示范区为标志，推动长治市农业供给侧结构性改革迈出新步伐；以获批国家首批“老工业城市和资源型城市产业转型升级示范区”为标志，推动长治市转型发展上升为国家区域协调发展的一个重要抓点；以入选全省唯一的全市域“国家光伏发电技术领跑基地”为标志，推动长治市新兴产业发展进入一个新阶段；以成功电动汽车量产上市为标志，长治市的装备制造上了一个新水平；以潞安180项目于去年年底成功打通全部工艺流程正式出油为标志，推动长治市传统产业的转型升级迈上一个新台阶。

积极推进全省首家民营经济试点市建设，民营经济综合排名全省第一、加快民营经济发展深改指标考核全省第一、新增规上工业企业数全省第一，民营经济发展走在全省最前列。

三、积极破难题、激活力，改革开放深入推进

市委始终把抓改革作为一项重大政治责任，按照“破困局、解难题、清障碍、除顽疾、化风险”的总体思路，争当改革的促进派和实干家，扭住关键、精准发力，敢于向积存多年的顽瘴痼疾开刀，以改革破解发展难题，以改革推动转型发展。年初部署的50类150余项重大改革任务有力有序推进，一批重要领域和关键环节改革取得突破性进展。采取“一企一策”措施推进22户市属国有企业改革，136户挂靠企业全部与主管部门脱钩，市属37户国有企业完成公司制改制，为产业转型升级腾出了新的发展空间。强力推进开发区建设，重点在理顺体制机制、“三化三制”改革上下功夫，全市24个园区整合为13个开发区，高新区等5个开发区获省政府批准，扩区和新设数量全省最多，而且在较短时间内吸引了一些大企业、大集团落户，成为

名副其实的转型发展新高地。具有历史意义、战略意义的区划调整将成为现实，为我市全面转型、深度转型、长远转型打下了坚实基础。电力体制、财税、金融、土地、集体林权等改革稳步推进，农村土地承包经营权登记颁证工作全面完成，潞城市作为全国29个首批农村集体产权制度改革试点之一，圆满完成试点任务，得到农业部充分肯定。大力推动创新驱动，启动长治市创新型城市创建工作，加快推进技术成果和知识产权交易，实施科技重点攻关项目，全市新技术、新工艺、新装备对工业增加值的贡献率达到45.1%，被中国产学研合作促进会确定为“中国产学研合作创新示范区”。致力打造“六最”营商环境，推行“多证合一”，持续开展固定资产投资项目联审联批，试行企业投资项目承诺制、实行无审批管理，投资项目在线申报数量3500个，为全省第一。在全省率先组建旅游警察支队和旅游巡回法庭，重点旅游景区实现管理权、经营权“两权分离”。组建长治市城市管理综合行政执法局，城市管理水平得到全方位提升。拥有长丰、长锻、长轴、东山国际等“双创”载体43家（国家级1家，省级19家），城区、高新区成为首批省级“双创”示范基地，高新区科技孵化器被认定为国家级科技孵化器,“双创”工作的集群效应正在显现。去年9月，李克强总理视察长治唯美诺“双创”基地，对我市“双创”工作给予充分肯定。

始终强化谁开放得早、开放得快、谁就发展得好、发展得快这一理念,坚持以开放促改革、以开放促转型,着力培育开放发展新优势,全方位、宽领域开放发展的新格局正在形成。成功举办长治首届潞商潞才大会、第三届长治制造展销推介周、首届长治农合发展博览周,组织企业参加“东盟博览会”“亚欧博览会”“南亚博览会”及“广交会”“高交会”等重点展会,进一步扩大长治影响力和知名度。把区位优势、资源优势转化为发展优势、产业优势，签约项目数、落地项目数、开工项目数均列全省第一，创造了招商引资“长治模式”和“长治速度”。立讯精密电子、壶关众智服装等项目，当年签约、当年落地、当年开工、当年投产，创造了我市重点项目落地速度新纪录。沁源县、长治县入选中国最具投资潜力特色魅力示范县。

四、加强民主法治建设，社会治理水平稳步提升

把人大立法、监督和重大事项决定工作纳入党委决策和落实体系，全力支持人大及其常委会依法履行职能。召开市委人大工作会议，制定出台《关于进一步加强和改进新形势下人大工作的实施意见》，推动人大工作作出系统谋划和总体部署。市人大及其常委会注重加强立法、监督、代表选举工作，审议批准我市区划调整方案，出台了我市首部地方性法规《长治市地方立法条例》，起草制定了《长治市禁止燃放烟花爆竹的规定（草案）》《长治市辛安泉饮用水水源地保护条例(草案)》和《长治市城市管理综合执法条例(草案)》,第一部实体法规《长治市辛安泉饮用水水源地保护条例》已经市人大常委会第七次会议审议通过，报省人大批准后实施，立法的引领和推动作用明显增强。

注重发挥社会主义协商民主的重要作用，把政治协商作为重要环节纳入决策程序，制定出台《关于加强人民政协协商民主建设的实施意见》，大力支持政协开展好政治协商、民主监督、参政议政各项工作。市政协围绕供给侧结构性改革、转型综改、开发区建设、脱贫攻坚、“五道五治”、大气污染防治等重点课题，开展大型协商活动14次，组织委员视察调研68次，形成调研报告36篇，提出意见建议512条，展现了协商民主的生机和活力。

深入贯彻中央、省委统一战线工作会议精神和统一战线工作条例，重大决策部署和重要人事安排及时与各民主党派、工商联、无党派人士通报协商。召开全市民族宗教工作会议，制定《关于加强和改进新形势下民族宗教工作的实施办法》，经常性会商研判全市民族宗教领域安全稳定形势，有力促进了全市民族和睦、社会和谐。出台加强新形势下高校统战工作和新的社会阶层人士统战工作两个实施意见，着力加强党外知识分子、新的社会阶层人士统战工作。

出台市总工会、团市委、市妇联、市侨联、市科协改革方案，指导团市委、市侨联顺利完成换届，群团改革态势良好，党联系群众的桥梁纽带作用有效发挥。

扎实推进法治长治和平安长治建设，努力营造良好的法治环境和稳定的社会环境。司法体制改革经验在全省推广，政治督察试点工作得到省委政法委肯定，省委常委、政法委书记商黎光作出专门批示，《中央政法动态》刊登长治做法，我市被确定为全省政治督察试点市。创新社会治理，按照省综治委部署，我市的综治中心标准化建设走在全省前列，成为全省的示范市之一，我市的“雪亮工程”建设在主城区范围的主要路段和重点部位监控覆盖率达到100%，我市的多元化解矛盾纠纷工作，从组织架构到经费保障有较大提升，维稳的第一道防线作用发挥明显。深入实施打黑除恶专项治理，全面构建立体化社会治安防控体系，8个县（市、区）被命名为省级平安县，襄垣县被确定为省级法治创建示范县，人民群众安全感和满意度保持全省前列。坚守“三个坚决防止”和“三个确保不发生”，全市信访形势总体平稳可控。

五、强化舆论宣传引导，坚定文化自信，文化强市建设取得新成效

在全省较早研究出台意识形态领域7大阵地8个管理办法，制定出台意识形态领域形势分析研判机制，完善了24小时预警和响应机制，针对群众关心的社会热点问题举办了26场新闻发布会，有效引导了社会舆论。精心组织“砥砺奋进的五年”主题宣传和“讲好长治故事”系列活动，在中央媒体和省级媒体刊播稿件487篇和2369篇。《长治日报》荣获“中国地市党报品牌影响力十强”,《长治日报》十九大宣传报道和全媒体融合中央控制室获得中国报业“融

合传播优秀作品奖”和“创新项目奖”，舆论引导的影响力进一步扩大。选树“三好”(好人物、好家庭、好团队)典型2000多名，12人入选感动长治人物、6人入选瞬间感动人物，4人入围“感动山西人物”候选人名单，全市涌现出中国好人、山西道德模范、山西美德少年等省级以上先进典型20人，我市再次蝉联“全国文明城市”称号。依托太行干部学院、八路军太行纪念馆等教育基地开展红色教育。文艺作品不断涌现，创作了以廉政为主题的戏曲电影《母亲》、以脱贫攻坚为主题的上党落子《第一书记》等一批优秀剧目，曲艺作品《起乳名儿》获中国人口文化奖和全国十大名票节目奖,《小米县长》《十七棵松》等三部作品参加中部六省优秀曲艺节目展演。文化产业不断发展，组织堆锦、彩塑等特色文化产品参展深圳文博会、省文博会，获奖数量和质量在全省名列前茅，3家企业在山西“文化旅游板”上市，文化育人、文化塑城的功能和作用进一步彰显，长治人民的文化自信更加坚定。

六、聚焦脱贫攻坚，强化“三农”工作，农业供给侧改革迈出新步伐

认真贯彻习总书记在深度贫困地区脱贫攻坚座谈会上的重要讲话精神，始终把脱贫攻坚作为“硬骨头”来啃，下足“绣花”功夫，层层压实帮扶责任，建立“五帮联动”精准帮扶机制；抓住本质、找准症结、理清思路，提出“健康为本、教育为基、就业为重、产业为要”的总体思路，探索推进了“龙头带村、能人带户、两头激励、共同致富”的产业扶贫新模式。通过抓“一村一品一主体”特色产业发展，形成了中药材、油用牡丹、小杂粮等八大特色农业主导产业，光伏、电商、乡村旅游成为带领贫困户增收的重要依托。通过抓就业培训，打造了“沁县保姆”“壶关泥瓦匠”“武乡挖掘机”多个劳务品牌，并与天津市、昆山市、南通市建立起跨省劳务输出合作关系，在昆山建立长治市长三角劳务输出服务站，使贫困人口真正实现“一人就业、全家脱贫”，从根本上解决了贫困家庭脱贫问题。通过“六环联动”易地扶贫搬迁，投资3亿元的111个易地搬迁集中安置点全部开工。去年安排市级财政专项扶贫资金1.63亿元，为291个贫困村提供产业引导资金。“五位一体”金融扶贫小额信贷完成7.61亿元，超出年度任务63.7%。完成了291个贫困村的有序退出、75295人口的稳定脱贫任务，沁源县的脱贫摘帽14项指标全部达标，正在进行第三方评估检查。长治脱贫攻坚工作继续走在全省前列，全国产业扶贫现场会、全省产业扶贫到村到户现场观摩会、全省资产收益扶贫试点现场会先后在长治召开，经验被广泛推广。

扎实推进“三农”工作，农业供给侧结构性改革稳步推进。粮食总产量16.31亿公斤，粮食单产达454.6公斤，均创历史新高；按照“稳粮食、扩蔬果、发展中药材”的思路，大力调产优化种植结构，粮食和经济作物生产能力全省领先；培育壮大长子浩润等一批出口潜力企业，市级以上农业龙头企业达到141家，农产品加工业发展进入全省第一方阵；农业品牌建设实现新突破，沁州黄小米入选全国百强农产品区域公用品牌，太行有机小米入选全省首批特色农产品优势区。统筹发展乡村旅游，休闲农业和乡村旅游营业收入达13.8亿元，年接待游客520万人次。

七、坚持办实事、惠民生，不断致力于提升人民福祉

牢记习总书记“我们党干革命、搞建设、抓改革，都是为了让人民过上幸福生活”的要求，始终以人民为中心，坚决兑现对人民群众的承诺，持续提升就业、教育、医疗、养老等保障水平。全年民生支出199.15亿元，占到了全市一般公共预算支出总额的83.21%，习总书记强调的12项重大民生工程全面铺开，省政府部署的6件民生实事扎实推进。把就业摆在优先位置，促进就业创业，全面落实国家各项保障就业政策，认真做好去产能职工安置工作，全市新增就业4.25万人，完成年度任务的121%，城镇登记失业率低于省控目标。千方百计增加城乡居民收入，城镇居民人均可支配收入、农村居民人均可支配收入分别增长6.7%、7%。推动教育均衡发展，职教园区建设扎实推进，主城区8所新（改、扩）建项目学校主体建设基本完工，长子县、长治县通过义务教育发展基本均衡县验收。积极深化医药卫生体制改革，县乡医疗卫生机构一体化改革实现全覆盖，我市被列为山西省城市公立医院综合改革示范市。全市五险参保比例扩大，基金支撑能力增强，79个农村老年人日间照料中心投入使用。

下大力气推动城市建设，太焦高铁、长临高速、机场改扩建、国道207、208、309过境段改线等重大基础设施项目加快建设，中心城区辐射带动能力进一步增强。一大批市政道路、过街天桥、铁路立交桥、城市管网、背街小巷等市政基础设施工程开工建设或建成运行，“三环八纵十二横”路网框架基本形成。“三河一渠”综合治理工程即将全面竣工，“三馆一区”全面开工，申村水库引水入市工程、太行公园改造升级工程全面完工，集中完成了4个村庄的拆迁。加大棚户区改造、采煤沉陷区搬迁安置、城中村改造等保障性安居工程建设力度，重点民生工程建设有序推进。常态化开展安全生产大检查、专项督查，安全生产事故起数和死亡人数继续保持“双下降”态势。

八、突出抓治理、防污染，生态建设不断进步

坚持以环保倒逼转型，横下一条心，宁可牺牲点GDP，也要把环保指标提上来，绝不以牺牲环境为代价换取一时的经济增长，环保约束性指标基本实现预期目标。重拳出击防治大气污染，取缔“散乱污”企业1086家，429家企业停产，77家企业限产。邀请环保部“一市一策”跟踪研究团队开展大气污染成因分析，因地制宜、因城施策，主城区禁燃禁放、冬季清洁取暖改造、工业企业错峰生产、

淘汰燃煤锅炉、防控治理扬尘、控制机动车尾气排放等多措并举、多管齐下，确保进入取暖季后空气质量稳定好转，各项监测指标同比下降，在2+26通道城市中排名靠前，是近几年来空气质量最好的一个冬季，市环保局荣获“全国环境保护系统先进集体”荣誉称号。

狠抓水生态保护修复，形成全面推行河长制总体格局，“两河”“四源”治理工作全面启动。顺利通过国家卫生城市、国家园林城市复检验收，全市森林覆盖率达到30.92%，排名全省第三。划定2890平方公里生态保护区，为子孙后代留住“绿色家底”，成为全国绿化模范城市和全省唯一获得全国国土绿化突出贡献单位的城市。

九、“五道五治”纵深推进，城乡面貌有了较大变化

以违建清零为突破，“五治”联动、“拆、整、建、管”一体推进，依法依规拆除违建3.32万处、830万平方米，腾退土地2.42万亩，治出了有序发展，治出了优美生态，治出了风清气正，治出了舒心生活，并直接或间接推动了全市环境保护、城市建设、脱贫攻坚、乡村旅游和产业发展各项工作，整治工作得到了社会各界和广大群众的充分肯定。以打好“建护坡、修水渠、治便道”攻坚战为抓手，持续推动“五道五治”向纵深发展，把影响道路安全、易发生水土流失的地域和路段作为重点，规划先行、科学设计，加快进度、确保质量，全市裸坡、裸地得到有效治理。以长效机制建设为目标，逐步建立完善了市、县、乡（镇）、村四级联动的道路环境长效管护机制，确保整治问题不反弹、不回潮。全省农村环境整治现场会在长治召开，“五道五治”做法被广泛推广。

十、抓党建、带队伍，正风反腐从严治党引向深入

把抓好党建作为最大政绩，摆到更加突出位置，坚定扛起管党治党主体责任，制定出台加强“三基建设”行动方案和“1+3”配套文件，“三基建设”44项重点任务全面完成。“一年早知道”工作法得到中组部充分认可，“三步四循环”工作法在全省学习交流。围绕加强“三基建设”和巡视巡察整改自行“回头看”，梳理出3批52项整改任务，集中时间全部整改到位。投入5.2亿元用于基层基础保障工作，新建改建村级活动场所460个，市县两级投入全部达到或超过省定标准。村“两委”班子换届工作圆满完成，选派1094名干部、1189名第一书记到乡镇挂职、驻村帮扶，全市村集体经济破零率达到93%。在非公和社会组织中开展“百日攻坚”行动，新组建党组织1052个，覆盖率跃居全省前列。经省委组织部推荐，我市被中组部确定为城市基层党建示范市。

把端正用人导向、选优配强干部作为推动长治转型发展的关键一招，坚持“看敬业、看苦干、看担当、看实效”的用人导向，全年调整配备市管干部16批497人；严格落实党建工作责任制，提醒66人、函询41人、诫勉13人。圆满完成市人大、市政府、市政协换届工作。制定出台《激励干部担当作为干事创业的实施办法》《支持干部改革创新、合理容错的实施意见》，旗帜鲜明为敢于担当、踏实做事、不谋私利的干部撑腰鼓劲。扎实开展干部教育培训，太行干部学院成为目前全省最具特色的干部学院。深入推进人才强市战略，制定出台《深化人才发展体制机制改革实施意见》《引进高层次人才暂行办法》等政策，统筹建设“十类”人才信息库，实施“高端紧缺人才候鸟”“潞才回巢”“蓝领人才倍增”三项工程，吸引了6000余名有志青年、高端人才来长治投资兴业。

按照中央绘制的蓝图和省委的部署，下足“绣花功夫”，当好“施工队长”，先后三次制定印发《实施方案》，扎实有序推进监察体制改革试点工作。全面完成转隶任务，市本级和13个县（市、区）监察委员会如期组建挂牌；优化机构设置，加强培训教育，建立纪委监委内控机制，推进反腐败理念、思路、流程全面深度融合；制定市县两级纪委监委“4个一”工作制度，全面落实“1+4”十项制度体系，全要素试用12种调查措施，纪法、法法实现顺畅高效衔接；抓好改革试点拓展延伸，全面完成县级派驻机构和146个乡镇（街道）全覆盖工作任务。我市监察体制改革试点工作取得阶段性重大成效，并顺利通过省改革试点工作小组评估验收。

坚决扛起管党治党责任，实行党风廉政建设“一月一报告、一季一分析、半年一研判”工作机制，推动党对反腐败斗争的集中统一领导由“结果领导”转变为“过程领导”。进一步压实各级党委主体责任，对24个落实不力的党组织、264名党员干部进行严肃问责。突出政治定位，深入开展市县两级党委巡察工作，市委先后三轮对32个党组织开展了巡察，实现了对县级党委巡察的全覆盖，对市直党组织的巡察覆盖面达到15%，巡察的尖兵利剑作用得到有效发挥。坚持以上率下狠刹“四风”，制定了《长治市关于进一步贯彻落实中央八项规定精神实施细则》，干部队伍作风进一步转实转好，发展环境进一步优化。始终保持惩治腐败高压态势，处分1826人，给予组织处理2118人，进一步扎紧了不能腐的牢笼，构筑了不想腐的堤坝。

（翟　睿）

附：中共长治市委书记、副书记、常委名单

书　记：席小军

副书记：卢建明（12月离职）　郭康锋（2月离职）
梁克昌（6月任职，12月离职）
杨勤荣（12月任职）

常　委：潘贤掌（8月离职）　姚　逊　马　彪
密国林　刘卓良　孙刘琳（女）　吴小华
王　震（2月任职）　胡　勇（8月任职）

中共长治市城区区委工作概况

区委书记　胡　勇

2017年以来，长治城区全面贯彻习总书记治国理政新理念新思想新战略，主动引领和把握经济发展新常态，厚优势、抓重点、强弱项、补短板，全区经济社会发展呈现稳中有进的良好态势。2017年，全区地区生产总值完成229.37亿元，增长8.3%。规模以上工业增加值完成17.24亿元,同比增长11.8%。社会消费品零售总额预计完成348.49亿，增长7%。城镇居民人均可支配收入完成31944元，增长6.7%。地方财政收入完成10.16亿元，一般公共预算收入完成4.86亿元，增长5.9%。全年共获得市级以上荣誉33 项，其中省级以上荣誉13项。

一是深入学习贯彻党的十九大精神，全面加强党建工作。扎实推进“两学一做”常态化制度化、开展维护核心见诸行动主题教育。以“两创新一规范”全面加强“三基建设”，加强软弱涣散党组织整顿，形成了英雄中路街道“书记工作室”、广场东社区“一米阳光”、东山国际“创客12345”等一批党建品牌。

二是扎实推进项目建设，涉企服务全面加强。14个省市重点工程项目加速推进，涉企服务全面加强，招商引资成果显著。贝贝能源互联网产业园、华夏斯坦福国际学校等14 个项目成功签约。17个入企服务小组开展一对一入企帮扶，积极解决企业直供电、唯美诺科技园用地等问题。易淘电商信息产业园被评为省级“众创空间”，唯美诺成为园中园发展的新范式，通过科技部国家级众创空间备案，获得“省级中小微企业创业基地”称号、省级示范“众创空间”试点。9月4日受到亲临视察的国务院总理李克强“汇集众小、方成众大”的高度评价。东山国际楼宇型“双创”基地被评为山西省中小企业创业基地，潞安合力工程技术研究中心通过市级认定。军民融合加快推进，成功创建全省首家国家级“新型工业化军民结合产业示范基地”。

三是坚持善作善成，全面深化改革。出台《2017年改革工作要点及责任分工》，先后召开8次深改小组会议专题研究23项改革事项。综合行政执法改革、环卫一体化改革、食品安全监管改革、大数据社会治理、河长制、医药卫生体制、“放管服”等各项改革红利持续释放，效应逐步显现。长治城区在全省首推行综合行政执法改革，组建综合行政执法队伍，率先将400余名综合执法人员全部下沉到街道，实现执法力量聚焦，执法重心下移。组建综合执法平台，对7大领域40项行政事项实行相对集中处罚，实行“一次执法、全面体检”。

四是加快城市建设,精细化管理提档升级。城中村改造破冰前行，附城、马坊头实现整村拆除，为全区城改工作打开了突破口。城市建设加快推进，“三河一渠”基本完工，“五道五治”成效突出。“三河一渠”治理总投资8.9亿元，开挖回填土石方260万立方米，建设橡胶坝14座，跌水堰23座，桥梁16座，河道和景观工程全部完成、全线通水，形成景观水面35万平方米，淮海公园、长子门公园建成开放。拆除各类违建2406处、68.2万平方米，腾退土地2479亩，违建顽疾得到根治。首批10个标准化惠民市场启动建设，“十分钟便民服务圈”更加完善，“两场”建设全面启动。

五是创新社会治理，提升服务水平。扎实推动“放管服”改革，“两单两图” 编制完成并向社会公布，新建政务大厅273事项入驻。深入推进大数据社会治理改革，创新推进基层自治共建共享，全面推行“三社联动”社区治理新模式，搭建起基层社会治理“微循环”体系。大力推进网格化、信息化建设，全区社会治安形势持续向好。北石槽村开展“两打击一规范”行动，根除村情乱象，重点打击侵害村集体利益违法行为、打击非访闹访违法行为，规范村民自治、民主决策机制，使该村由全区管理最乱、民心最散的后进村“蜕变”为人心思进、风清气正的先进村。

六是着力改善民生，提升群众幸福感。全年民生支出占到全区一般公共预算支出82.2%，群众获得感、幸福感、安全感得到新提升。启动“智慧校园”建设，成立民办教育协会，教育公平均衡进一步彰显，着力夯实教育基础设施，扩大学位供给，投资近6000万元的长子门小学改扩建一期和上南街小学新建北教学楼项目主体完工，新华小学等4 所学校改扩建项目有序推进。启动医药卫生一体化改革，积极促进医联体共建模式初步构建，荣获全市唯一的“全国慢病综合防控示范区”和“全国基层中医药工作先进单位”称号，医疗集团挂牌成立，区属所有社区卫生服务机构与市三级医院形成医疗联合体实现全覆盖，医养结合扎实推进。文旅事业亮点纷呈，公共文化服务体系进一步健全，长轴1945创意文化产业园改造完工，本土非遗品牌及文创企业加快入驻，山西抗日五专署、刘伯承工厂遗址保护修缮项目即将竣工，军工文化小镇建设顺利推进，举办“大美长治、品质城区”文化艺术节活动，各类文体展演达200余场。城镇新增就业3120人，创业带动就业1320人。4 家民办老年公寓、20家老年人日间照料中心陆续落成，区图书馆新馆工程基本完成，塔岭山全民健身对外开放，“大美长治·品质城区”文化艺术节成功举行、“彩塑文化之旅”线路开通，文化惠民工程让市民们有了更多的获得感。

七是持续环保攻坚，彰显宜居城市魅力。持续推进大气污染整治，抢进度、抓安全、保稳定、禁燃煤，全面完成78个村(社区)26728户冬季清洁取暖工程。强力推进“四退城”，153家废品收购站、30家石材加工点、21家屠宰户、131家畜禽养殖户全部清理“退城”，103家“散乱污”企业全部取缔，168家企业挥发性有机物治理全部达标，1937家餐饮单位全部安装油烟净化设施，1037辆黄标车治理任务全面完成。全区在建工地按照“六个百分百”严密监管，80多家建筑工地扬尘治理达标，244万平米裸地全部覆盖，清洗房屋楼顶、人行便道1670万余平米，扬尘治理成效明显。辖区内工业企业燃煤锅炉全部清零。入冬以来，主城区PM2.5同比下降24.42%，主城区空气质量得到明显改善。

（任郁君）

附：中共长治市城区区委书记、副书记、常委名单

书　记：李国强（7月离职）　胡　勇（7月任职）

副书记：杨　隽　崔云峰

常　委：王　敏（女）　任国华　李　峰　李　飞　吴志刚　董有忠　张俊杰　王　辉

中共长治市郊区区委工作概况

区委书记　金所军

2017年，在长治市委的坚强领导下，郊区区委团结带领广大干部群众，坚持以习近平新时代中国特色社会主义思想为指引，深入学习贯彻党的十九大精神和习近平总书记视察山西重要讲话精神，认真贯彻中央和省、市各项决策部署，创新思路，担当作为，攻坚克难，砥砺奋进，圆满完成年初确定的目标任务，促进了经济由“疲”转“兴”，社会全面进步，开创了全区经济社会发展新局面。

一、综合实力持续增强

地区生产总值完成161.62亿元，总量全市第4；规模以上工业增加值完成96.83亿元，总量全市第5；固定资产投资完成72.89亿元，总量全市第3；社会消费品零售总额完成51.63亿元，总量全市第2；地方财政收入完成12.95亿元，总量全市第五；城乡居民两个收入分别达到37261元和17296元，总量均为全市第一、全省前茅，各项经济指标增幅保持在合理区间，25项区域经济转型升级指标基本完成。

二、产业结构更趋优化

三次产业比重日趋合理。由1.9∶65.2∶32.9调整为1.86∶62.74∶35.40，第三产业比重提升2.5个百分点，增速平稳较快、占比稳健提高，弥补了工业转型发展换档期对我区的不利影响。工业内部结构更加优化。非煤产业增加值占比达到42.75%，提升7.1个百分点，其中装备制造业提升0.31个百分点，煤炭行业占比下降至57.25%。郊区转型发展的趋势性、转折性、标志性变化明显增多，呈现出稳中有进、稳中向好、好中提质的态势。

三、改革创新彰显活力

坚持把供改和综改作为经济工作的主线，对40家企业进行技改升级，对3家焦化“僵尸企业”淘汰拆除，新增6家规上企业和10家“四上”商贸类企业。“三去一降一补”改革任务全面完成，农业供给侧结构性改革扎实推进，完成了国有林场、医疗卫生体制、新农合与城镇居民医保并轨等重大改革任务，农村土地确权、文化旅游体制机制等重大改革事项走在全市前列。科技创新综合指标名列省市前茅，国家级高新技术企业达到8家，省级民营科技企业达到22家、“专精特新”企业达到11家，澳瑞特健身器材荣获国家驰名商标，霍家工业公司跨入全省民营企业100强和民营企业制造业20强，海鸥小微企业创业基地成功入选“国家级众创空间”，发展动力活力不断增强。

四、引资上项喜结硕果

深入开展“创优环境年”活动，扎实推进优化营商环境“1+8”专项行动和打击“五霸”及宗族恶势力专项行动，全面推行“13710”工作机制，发展环境进一步优化。开工建设了万达广场、霍家1万吨聚苯硫醚和2万吨对二氯苯、漳电2×100万千瓦“上大压小”等一批转型项目。全力服务保障省市落地我区的太焦高铁、“三馆一园”、208国道拓宽改造等15项重点工程建设，按要求按进度完成了征迁任务。加大招商引资力度，全年共签约项目28个，签约总额275.78亿元，完成率134.53%；到位资金63.6亿元，完成率127.2%，两项考核指标均排名全市第一；开工建设18个项目，开工率64.28%，为推进全区转型发展奠定了坚实基础。

五、城乡发展统筹推进

城中村改造取得历史性突破。城改融资到位资金25.9亿元，成功与恒大集团和碧桂园公司等世界500强企业合作签约，稳步推进城中村改造工作，湛上、米家庄、小神和梁家庄4个村基本实现整村拆除。“五道五治”扎实有效。共拆除违建1613处、96.03万平方米，腾出土地2639亩。全面完成了建护坡、治便道、修排水渠三项任务。以28个“五村联创”示范村为带动，实施了农村饮水安全、街道亮化、卫生厕所试点改造、文化活动场所建设等“四大工程”，创建省市区三级美丽宜居示范村13个。城乡基础设施短板不断补齐。加大水电气热和通讯光纤等管网建设，全面完成6条背街小巷改造扫尾工程、10个村的污水管网建设和4大项33处重点水利工程，实施了6条县乡村道路改造和2条旅游公路建设。

六、生态文明成效显著

坚持新发展理念，以“四铁”要求和壮士断腕的决心，坚决打赢环保攻坚战。中央环保督察反馈问题全部整改到位，取缔改造“散乱污”企业156家，完成了92个村、1个社区、37933户冬季清洁取暖改造和燃煤锅炉整治、黄标车淘汰任务，全面实施了“河长制”，黄碾人工湿地主体基本完工，造林绿化2300亩，建设森林村庄2个、生态园林村18个，全区生态环境明显改善。

七、民生保障更加有力

民生投入力度加大，全区公共财政民生支出达到9.31亿元，占到一般预算支出的82%。扎实推进中央12项重大民生工程，按要求完成了省市6件民生实事和区8件民生实事。体育北路学校主体完工，12所农村学校实现资源优化重组；区医疗集团成立运行，新建郊区医院复工建设进展顺利，37家村级卫生场所改造完成；城镇新增就业2700人，社会保障水平进一步提高；安全稳定形势持续稳定好转，人民群众的获得感、幸福感、安全感明显增强。

八、党的建设全面加强

扎实推进“两学一做”学习教育常态化制度化，深入开展“维护核心、见诸行动”主题教育和“牢记殷切教导、忠诚履职尽责，争做‘四讲四有’合格党员”活动，掀起学习贯彻党的十九大精神和习近平总书记视察山西重要讲话精神热潮，全区各级班子政治素质不断提升、工作作风进一步转变。全面压实从严治党责任，建立基层党组织书记“双向述职述廉”和“四述”制度。全面加强“三基建设”，52项任务全部完成，“书记晒项目”活动、人社局党总支“温暖人社”、关村党总支“一年早知道”党建工作品牌受到中组部和省市委充分肯定。全面加强干部队伍建设，严格落实好干部标准，建立完善选人用人机制，形成风清气正用人导向。全面落实“两个责任”，全力推进监察体制改革试点工作，扎实开展区委第三轮巡察，驰而不息纠正“四风”，保持正风反腐高压态势，全面从严治党持续向纵深推进，全区政治生态得到全面优化。

民主政治建设和统战宗教、政法综治、宣传文化、军民融合、法治建设等工作均取得明显成效。一年来，郊区先后荣获全国计划生育优质服务先进区、全国义务教育发展基本均衡县（市、区）、全省社会治安综合治理先进集体等30多项市级以上荣誉称号。

（王丽芳）

附：中共长治市郊区区委书记、副书记、常委名单

书　记：金所军　（8月离职，市委常委胡勇8月主持工作）

副书记：张晋伟　李维祥

常　委：王咏刚　刘　忠　赵晓花（女，6月离职）
何庆红　高绍奎（11月离职）
王红霞（女）　张宏伟　乐华兵（11月任职）

中共长治县委工作概况

县委书记　王现敏

一、重点工作完成情况

（一）省下达任务完成情况

土地确权试点工作圆满完成省市要求95%以上的任务目标，数据库建设通过农业部初验。

（二）市委、市政府交办任务、重要指标完成情况

1、重要指标完成情况：地方财政收入完成19.2亿元，增速53.4%；地区生产总值完成173.2亿元，增速9.6%；工业增加值完成109.7亿元，增速14.6%；社会消费品零售总额完成32.2亿元，增速8.5%，城镇居民人均可支配收入30131元，增速6.3%，农村居民人均可支配收入16017元，增速7.2%。一般公共预算收入稳居全市第一、位列全省第九。

2、市委、市政府交办任务完成情况

产业转型方面：1-11月，开发区入区企业40家，经营收入完成70亿元；开发区投资强度长治经开区250万/亩、上党经开区90万/亩；煤炭工业占比降低率1%；战略性新兴产业增加值占工业增加值比重3.5%；高技术产业增加值占工业增加值比重3.5%；高新技术企业数5个；规上工业企业净增4个；年收入500万元以上农产品加工企业销售收入1.65亿元，同比增3.1%；旅游总收入1.68亿元，同比增27%；工业投资15.3亿元，增速43%；基础设施投资14.3亿元，增速-20%；其他投资增长17.5亿元，增速-15%。

创新驱动方面：1-11月，工业企业和经费投入强度1.4%；发明专利申请量23件；每万人口发明专利拥有量1.6件；科技支出占一般公共预算支出比重1.22%。

资源环境方面：1-11月，空气质量优良天数比例73.3%；PM2.5年均浓度同比上升20.8%；达到或优于Ⅲ类水体比例100%；劣Ⅴ类水体比例为0；万元规上工业增加值能耗0.73，降幅5.1%（1-10月）；用水总量控制在3160万立方米；万元地

区生产总值用水量降低率2.5%;耕地保护率80.5%;违法用地率7.5%。

增长质量方面:1-11月,农林牧渔业增加值增长3.9%;工业增加值增长14%;建筑业增加值增长11.2%;服务业增加值增长5.4%;一般公共预算收入增长41.49%;城镇居民人均可支配收入增长6.4%;农村居民人均可支配收入增长7%;工业企业实现利税增长268.98%。脱贫攻坚方面:贫困人口脱贫3100人。

(三)举办或承办的重大活动情况

1、1月13日-23日,成功举办太行山农产品物流园第二届年货采购节及2017年长治市名优特农产品展销会,节日期间每天园内客流量接近4万人,日交易量600多吨,日交易额500多万元。

2、7月23日,长治振东国际马拉松大赛在本县举办,共有来自肯尼亚、埃塞俄比亚、乌干达等国家和26个省市的5000余人参加比赛。

3、7月29日,振兴新区成功承办第十届全国大学生村官论坛。

4、9月23日-27日,太行山农产品物流园成功承办“长治首届农合博览周”,1000余种优质农产品集中亮相,现场销售额100余万元,极大带动了园区市场消费和影响力。

(四)取得的荣誉

1、1月,振兴村获评“中国十佳小康村”。

2、9月28日,“国家卫生县城”高标准通过省级验收。

3、11月7日-8日“全国义务教育基本均衡县”高标准通过国家级验收。

4、11月,南宋乡东掌村获评第五届“全国文明村镇”。

5、11月,振兴村获评“2017年度中国乡村休闲旅游示范奖”。

二、亮点工作或创新性工作情况

(一)党建方面

1、全面推行每月7日主题“党日”活动,“三会一课”制度更加本土化、规范化。

2、创新县委中心组学习方式,通过“查、看、问、考”,真正使全县干部学以致用、学用相长。

3、推行领导小组负责制,每个重要工作和重点项目由一个领导小组全程负责、全权负责,做到权力明确、责任明确、任务明确。

4、注重人才培育与使用,面向全国高薪聘请开发区主任等职业经理人,加强对青年干部特别是“211”“985”等名校毕业生的培养和教育,召开座谈会3次。

(二)转型发展方面

1、积极组建长治经开区与上党经开区“两艘经济转型航母”。经开区整合改制基本完成,机构、人员、编制以及“三化三制”等工作顺利推进,新入驻转型企业10余家,预计年产值可达30亿元。

2、特色小镇经济成为发展新引擎,深度挖掘自然、人文、红色资源,引进社会资本、专业团队,特色小镇建设稳步推进,康养小镇与“三生”小镇的建设规划通过评审,体育小镇项目通过“两评价一方案”,总投资12.9亿元的荫城古镇项目开工建设,农合小镇成功承办“长治首届农合博览周”,已有200多家农业专业合作社入驻,形成了集聚效应。

3、招商引资取得新突破,实施专业招商、以商招商、委托招商,在北京、深圳、珠海等发达地区和沿海城市开展活动107次;积极探索招商机构“三化三制”改革,组建“招商项目落地服务中心”,实现项目全程跟踪、贴身服务。全县完成签约项目38个,总投资219亿元,其中已落地项目26个,总投资173.3亿元,开工项目23个,总投资124亿元。

(三)项目建设方面

全年共实施重点项目95个,总投资190.63亿元,开工50个,总投资150.16亿元,其中省市重点项目9个,总投资70.3亿元。重点转型项目有:

1、振东集团中医药文化产业园、抗肿瘤药物、软胶囊生产等系列项目正加紧建设,医药产品进入欧美市场,继振东制药创业板上市后,振东五和、振东医护积极争取上市。

2、成功集团5款车型进入国家工信部新能源汽车推荐目录,加入中国邮政新能源物流车行列,出口沙特阿拉伯等14个国家,海外销售突破5000辆。

3、日盛达集团计划新上2条日熔量1000吨超白压延玻璃生产线和年产500兆瓦太阳能光伏电池组件项目,6项技术获得国家发明专利,入选全省“专精特新”中小企业名单。

4、通环能自主研发的燃煤电厂烟气污染物高效脱除技术及装备通过了山西省科技重大专项验收,产品销往长治、晋城以及山东等地;自主研发的生物质直燃锅炉供暖技术投入运营,年消耗秸秆量2880吨,实现减少二氧化碳排放量约3600吨。

5、山西中德铝业上马年产20万吨工业铝项目和汽车轻量化零部件项目,生产的新能源汽车零部件和智能交通工具轮毂,主要供应北汽股份、小米控股纳恩博公司、法国欧朗、摩拜单车等大中型企业,产品供不应求。

6、山西天健浤邦建工重装有限公司年产8万吨钢结构生产项目一期工程完工,主要生产轻型、重型网架、桥梁以及装配式钢结构,与清华厂、淮海厂合作,该项目全面建成后,年产值可达4亿元,税收6000万元。

7、捷成数控进军军民融合领域,与长治清华机械厂合作生产立体车库,年产值可达5000多万元,成为本县军民融合的典范,并带动淮海、惠丰等周边军工企业的民品项目落户开发区。

8、潞安安易对标国际体系标准和高端制造产业,与世界五百强企业厦门ABB开关有限公司合作生产中压开关柜,产品主要供应煤矿、电力、高铁等行业,项目总投资5000万元,当年引进,当年开工,当年运营。

9、鑫凯越电商物流项目当月引进、当月投产、当月达效,现有阿里巴巴、京东等5家大型电商企业入驻,日收派量1.5万件,“双十一”期间达到7万件,日交易额达3000万元,项目全部达效后将新增就业岗位3000个。

10、华奥制衣项目计划投资1000万元,8月份开始试运营,生产的成衣销往俄罗斯、乌克兰等东欧国家,正式运转后可提供500多个就业岗位。

11、雅瑞地毯项目与德国对豪机械制造有限公司开展深度合作,举办地毯织造结构设计培训中国现场会,结合"一带一路"产品拓展到陕西、甘肃、新疆等西北市场。

12、南莎姆葡萄酒项目总投资3.6亿元,已完成投资9000万元,正式投产后一期葡萄酒年产量达150吨,带动2000户农民从事葡萄种植,提供就业岗位500余个。

(四)体制机制改革方面

1、深化机构改革,合并新闻中心、县广电中心成立全媒体中心,成立综合执法局;撤销县委政府接待中心,成立城改办;成立信义产业园区管委会,对信义等4个村行使社会管理职能。

2、深化旅游体制改革,组建黎都文旅产业发展公司,实行国有旅游景区所有权、管理权和经营权分离。推出乡村休闲游、民俗文化游、观光娱乐游等旅游联票机制。

3、深化金融体制改革,成立PPP管理中心、太行山农产品物流有限公司、黎都资产公司等投融资专业公司,设立产业发展基金、"创新券",破解企业融资难问题,吸引、引导社会资本和金融资本投资新兴产业。

4、深化教育体制改革,建立"政府主导、社会参与、公建民办"办学机制,引入民间资本参与学前教育,7所幼儿园已经全部建成投入使用;引进长治医学院合作办校,400名师生入驻教育园区;引进冯恩洪教育团队,推行基础教育走班制,打造"中国好课堂";全面推行"县管校聘",义务教育均衡工作通过国家验收。

5、深化医疗体制改革,通过PPP模式重新启动县大医院建设,组建医疗集团,与长治医学院合作办医,引入先进经营管理团队,全力打造长治医学院附属医院,推动市县乡村医疗机构一体化。

6、推行政府购买服务,聘请或雇用社会力量从事基层环卫、文化、地灾监测、护林防火等工作,采取委托代建加政府购买服务模式加快民生大厦、中医院等基础设施建设。

7、设立专业机构,运用PPP模式,实施货币化安置,加快城中村改造。

8、推行财政资金竞争性使用,在"五道五治"行动中,对各乡镇按工作成效排名划拨资金,最多相差3倍以上。

9、推进县城内环卫体制改革,建立主干道保洁机制,实行政府协调、企业认领、分段包干,18家涉煤企业投资近700万元,购置了19辆道路清扫车辆,专人专管、定时定责。

10、建立煤改气、煤改电合力攻坚机制,县级成立领导组,乡村两级成立实施组,科级干部、后备干部成立协调组,煤矿企业成立帮扶组,两办成立督查组,形成分层推进、政企联动攻坚态势。

11、在全省首家推出"上一份大病医疗保险、出一份户容改善补贴、发一份外出务工奖补"三项精准扶贫举措。

三、常规性工作情况

(一)煤炭行业提质增效。预计全年可生产原煤2390万吨左右,去产能65万吨。

(二)现代农业稳中向好。太行山农产品物流园区完成交易量45万吨,交易额24.8亿元。小杂粮电商交易项目运行良好,潞卓集团现代农业产业融合发展项目加紧建设。

(三)民生事业全面发展。中、高考再创佳绩,名列全市前茅;城镇登记失业率低于市政府控制指标1.29个百分点;公共卫生医疗服务不断优化;农村日间照料中心数量达到28家,社会化养老项目加快建设。

(四)脱贫攻坚扎实推进。综合实施金融、就业、光伏、教育、电商、文化等扶贫举措,3100人稳定脱贫。

(五)文化事业蓬勃发展。建成12家乡镇村图书馆分馆,开展送戏下乡、文化惠民"活动300余次,推出一大批文艺精品,《傻女婿》《合磨》等进入全国第十八届"群星奖"、山西省"杏花奖"决赛,在首届长治文化节上获得9项大奖。

(六)环境治理成效显著。"五道五治"共拆违建3098处、74万平方米,腾退土地238万平方米。大气污染防治取缔"散乱污"企业210家,淘汰黄标车411辆,淘汰改造燃煤锅炉18台;"煤改电、煤改气"改气17475户,改电339户,集中供热66户;严格划定"禁煤区""禁燃区";加大对焚烧秸秆行为打击力度,行政拘留61人;加大人居环境集中整治力度,在全县开展保洁清洗行动。4个土地塌陷村治理搬迁工程已建成28万平方米。

(七)党的建设全面加强。深入开展习总书记系列重要讲话和十九大精神宣讲活动20余场,县处级领导讲专题党课40余次,基层党组织书记讲专题党课1000余次。整顿软弱涣散农村党支部24个,非公经济组织覆盖率达到83%,社会组织覆盖率达到84%。农村两委换届稳步推进。在全县开展2轮巡察,党政纪处分144人。

(李伟峰)

附:中共长治县委书记、副书记、常委名单

书　记: 裴少飞(10月离职)　王现敏(10月任职)

副书记: 段尧刚

常　委: 张芬芬(女)　秦玉琪(11月离职)　陈文广　李　瑜　李文斌　张延节　秦彦伟

中共潞城市委工作概况

市委书记　李文兵

2017年，市委常委会以学习贯彻落实党的十九大精神和习总书记视察山西重要讲话精神为主线，按照省委“一个指引、两手硬”的重大思路和要求、长治市委如期实现“两个目标”的决策部署，团结带领干部群众，紧紧围绕“推进两个优化、实现二次崛起”的发展思路，统筹推进经济、政治、文化、社会、生态文明建设和党的建设，全市呈现出经济快速增长、改革蹄疾步稳、民生持续改善、社会和谐稳定的良好态势。

一年来，市委坚持总揽全局、协调各方，把方向、管大局、做决策、促落实，召开六届三次全会，审议通过《中共潞城市委全会工作规则》，市委工作制度进一步完善。召开常委会议34次，研究议题124个，加强对全局性工作和重点工作的谋划、推进、落实，中央大政方针和省委、长治市委决策部署得到有效贯彻落实。

(一)看齐紧跟核心，把牢政治方向，提高政治站位。市委常委会坚持把学习贯彻党的十九大精神，特别是习近平新时代中国特色社会主义思想、习总书记视察山西重要讲话精神作为首要政治任务，引领干部群众坚定不移在思想上政治上行动上同以习近平同志为核心的党中央保持高度一致，坚定不移用习近平新时代中国特色社会主义思想武装头脑、指导实践、推动发展。市委中心组立规范、作示范，严格落实“一周双学”制度，带头深入开展党的十九大精神交流研讨，带头深入基层讲党课，形成了“层层推动抓学习，步步紧跟党中央”的学用新思想大格局。选派理论骨干组建17个宣讲团，深入开展“党的十九大精神进基层”主题宣讲活动，全方位、多角度宣传解读讲话精神，推动十九大精神进机关、进农村、进企业、进学校、进社区，实现了学习宣传全覆盖。举办市管干部学习贯彻党的十九大精神专题研讨班，推动全市党员干部在深入理解、延伸拓展、推动工作上下功夫，确保了党的十九大精神在潞城落地生根。

(二)突出优化结构，加快三三发展，夯实转型基础。市委常委会切实加强对经济工作的领导，坚持以提高发展质量为中心，认真落实供给侧结构性改革各项部署，明确提出一产增效、二产升级、三产占半的“三三发展”思路，推动经济实现稳步向好、稳中有进，地区生产总值完成105.8亿元，同比增长10%，在长治市排名第3位，较2016年前移6位；规模以上工业增加值完成68.1亿元，增幅16.35%，排名第2位，前移7位；固定资产投资按新口径统计完成63.2亿元，增幅9.2%，排名第4位，前移3位；社会消费品零售总额完成16.6亿元，增幅8.3%，排名第2位，前移6位；地方财政收入完成70762万元，增幅14.12%，排名第8位，前移2位；城镇居民人均可支配收入27693元，增幅7.4%，排名第4位，前移6位；农村居民人均可支配收入13089元，增幅7.3%，排名第6位，前移4位。

一是现代农业提质增效。按照保一块、活一块、增一块的思路，出台了《推进农业产业结构调整促进农业提质增效的意见》，农业调产2.2万亩，较上年增长一倍；大葱、旱地西红柿等特色种植巩固在5万亩左右；嘉禾聚醋业3万吨老陈醋、智康核桃深加工等项目建成投产，“三品一标”认证产品11个，农产品加工龙头企业销售收入完成10.72亿元，增长6.2%。

二是工业经济加快转型。按照稳住一块做支撑、接续一块促转型、新增一块谋升级的思路，出台了《推进实体经济发展的若干措施》，大力推进传统优势产业提质工程和战略性新兴产业培育工程。传统产业提质增效，泰山石膏装饰板、兴宝余热发电等项目建成。新材料产业加快发展，潞宝10万吨己内酰胺、潞安3万吨氯蜡等项目建成投产，潞宝己内酰胺聚合切片、高能硫铵颗粒等项目加快实施。战略性新兴产业势头良好，兴宝高温超导薄膜项目在上海世贸区研发，潞泰达电气设备、盛洋能源光伏发电等项目建成投产，昂生生物制药、铱格斯曼平流层卫星地面放飞实验基地等项目加快建设。战略性新兴产业增加值占工业增加值比重达10.7%，在传统产业增幅较大的情况下，战略性新兴产业增加值增长了1.46%。

三是三产服务业快速发展。按照商贸流通打基础、文化旅游聚人气、总部经济站前沿的思路，成立了现代服务业发展中心，召开了推进服务业发展大会，出台了《加快现代服务业发展的实施意见》，从土地、资金、税收等方面制定了15项优惠政策。制定了《加快推进现代物流业发展的实施意见》，编制了“一枝四叶、一网四核”智慧物流园规划，潞泰通无车承运人项目建成，潞安煤销40万吨储煤仓项目开工。成立了旅游发展公司和旅游协会，完成旅游集散中心规划、选址、立项等工作，开通了潞城至天津快客、潞城至北京旅游专列，全年完成旅游收入24.9亿元，增长22%。依托企联大厦发展总部经济，中路物联、华夏同创等企业在潞城设立总部并开展业务。服务业增加值增幅达8.2%。

四是项目建设和招商引资强势推进。深入开展“项目攻坚年”活动，全年实施重点项目132个，总投资276.2亿元。瞄准京津冀、长三角、珠三角，深入开展小分队招商、专题招商、驻点招商，在杭州、上海等地举办招商引资推介会5次，签约项目41个，签约额150亿元、开工率46%、资金到位42.76亿元，招商引资的3项指标超额完成年度任务。

(三)软硬结合加力，创优发展环境，集聚发展优势。市委常委会坚持“环境既是发展条件，也是发展成果”的理念，出台了《贯彻落实全省优化营商环境会议精神推进"全面创优发展环境年"活动实施方案》,掀起一场破立并举、系统全面的"环境革命"。

在硬环境方面:

一是以棚改为突破推进城乡一体化。启动棚户区改造,699户居民和29家公建单位房屋拆除基本完成,回迁安置楼开工建设。主城区扩容提质步伐加快,西华路南延及站前街建成通车,城际线与207国道平交路口改造全面完成,潞南污水处理厂建成运行,热力网扩建如期完工,新增供热面积69万平方米,主城区集中供热总面积达到370万平方米。农村4个集中供水工程和61个村饮水改造提质工程顺利实施,新建供气管网35公里,新通天然气24个村,农村基础设施进一步完善。

二是以铁腕治污和"五道五治"为抓手深化环境治理。深入开展大气污染综合治理攻坚行动,黄标车淘汰任务全面完成,282家"小散乱污"企业全部关停;实施禁煤禁燃,煤炭燃料"清零"任务完成,8649户清洁取暖改造基本完成;推动重点企业提标改造,王曲电厂废水零排放等环保工程投入使用,PM2.5、SO_2等指标大幅下降。深入开展"五道五治",提出了"三清、三包、三步走"的具体举措,拆违3190处98.2万平方米,腾退土地3400多亩,出台农村土地管理、垃圾处理、河道整治、植被绿化、农村改厕等指导性意见,长效机制初步建立,城乡环境有效改善。

三是以国道改线为契机改善交通状况。编制了《潞城市公路网总体规划》,搭建"四纵四横"城乡交通路网总体框架。207、309国道过境段改线工程顺利推进,战备路、2条旅游公路、慢行绿道、309国道与太长路连接线、潞宝与长襄快速路连接线等道路建设加快推进,道路交通状况得到改善。

四是以保护生命泉为重点实施养水增绿。辛安泉泉源出露区生态修复工程全面完成,"河长制"改革有序推进,境内8条河流治理规划加快编制。大力推进造林绿化,新增造林面积1.4万亩,森林覆盖率达24%,林木覆盖率达25.18%。建成区新增绿化面积13.12万平方米,绿化覆盖率达45%。

在软环境方面:

一是以深化"放管服效"改革为手段优化政务环境。对接落实省、长治市简政放权政策,取消行政审批事项86项,承接下放审批事项81项。出台《小微企业助保金贷款管理办法》《支持加工贸易产业转移若干政策措施》《金融支持交通运输企业贷款贴息办法》等优惠政策,对自主出口企业按比例补贴运输费,对交通运输企业贷款及担保予以支持,企业效益大幅增长,7家小微企业实现了"小升规"。

二是以风清气正为导向优化服务环境。大力推进入企服务常态化,认真梳理、限期办结对企承诺事项,为天脊集团、潞宝集团等企业申报了大用户直供电和自备电厂发电,为潞圣选煤、华润水泥等企业办理了规划和征占林地手续,为23所中小学校办理了用地手续,妥善解决了天脊精细化工等4家企业遗留问题,全市形成了服务企业、服务发展的良好导向和氛围。

三是以尚德崇仁为核心优化人文环境。以社会主义核心价值观为导向,切实加强社会公德、职业道德、家庭美德、个人品德教育,弘扬了主旋律,汇聚了正能量。扎实推进文明创建全域覆盖、提质增效,涌现出省级以上文明单位7个、长治市级文明单位28个,翟树斌入围2017"感动山西"十大人物候选名单;举办第五届道德模范暨第一届文明家庭评选活动,对10名道德模范、40个文明家庭进行了隆重表彰。深入推进文化惠民工程,全年送戏下乡350场、送电影2808场、送图书1万余册,全市202个村实现了文化活动室和农家书屋全覆盖。

四是以开放包容为目标优化人才环境。认真落实《引进高层次人才暂行办法》,大力营造尊重知识、爱惜人才、开放包容的用人环境,引进高层次人才、急需紧缺人才、行业领军人才和专业拔尖人才。制定了《优秀人才选拔管理办法》,组织50余名企业经营管理人员到复旦大学接受综合能力提升专题培训,企业家队伍素质有效提升。

五是以公平公正为要求优化法治环境。积极支持人大、政府、政协和审判、检察机关及人民团体依照法律独立负责、协调一致开展工作,巩固和发展最广泛的爱国统一战线,形成了生动活泼、安定团结的政治局面。深入推进"七五"普法,加大法治宣传教育力度,建立了法律顾问、公职律师制度,运用法治思维和法治方式推进改革发展。着力加强人民调解工作和法律援助工作,社会法治化建设水平整体提升。

六是以安全稳定为前提优化社会环境。认真落实总体安全观,大力推行安全生产挂牌责任制,深化重点领域打非治违和危化安全攻坚行动,启动"智慧安监"信息化平台建设,全市工矿商贸行业安全生产无事故。全面加强和创新社会治理,深入开展社会风险隐患大排查、社会治安重点整治、禁毒大会战和"净潞"行动,严厉打击各类违法犯罪行为。推进市乡村三级综治中心标准化建设,大力实施"雪亮工程",治安防控体系进一步健全。畅通群众诉求渠道,坚持四套班子领导每天接访,妥善解决了一大批信访积案,维护了社会和谐稳定。

(四)加大改革力度,集聚发展要素,激发发展活力。市委常委会坚持把深化改革作为第一动力,制定改革要点,建立改革台账,以改革破解发展难题、集聚发展要素、释放发展活力。

一是农村产权制度改革全省全国领先。农村土地确权全面完成,合同签字率达98%,超过省定95%的目标。195个村完成集体资产股份权能改革,完成率达96%,《人民日报》等国家级媒体对我市农村产权制度改革进行了专题报道,长治市政府召开新闻发布会宣传了潞城改革经验。供销社实施土地托管,建设惠农中心,领办参办专业合作社,探索"互联网+供销社"模式,综合改革取得重大突破,打造了可复制可推广的"潞城样本",荣获"全国供销合作社系统先进集体"称号。今年1月12日,我市供销社作为全省唯一一家代表,在全国供销社系统劳模代表座谈会上交流了改革经验,汪洋副总理亲自主持座谈会,接见了我市供销联社主任郭玉林同志。

二是国企国资改革深入推进。出台了《关于深化国企国资改革的实施意见》,全市6家市属国有企业完成脱钩改革任务,经信、住建、粮食系统所属企业完成公司制改革,驻潞央企、省属企业全部签订了"三供一业"分离移交协议。

三是经开区改革稳步实施。经开区"三化三制"方案通过评审,总体规划、产业发展规划和经济发展规划编制完成,产业布局、基础设施、项目建设同步跟进,入驻企业22家,在建和筹建项目34个,完成经营收入111.5亿元,投资强度每亩301万元,各项经济指标超额完成。按照省委、省政府和长治市委、市政府的要求,目前我市正在进行全省首家民营经济主导、公司化运作的经开区改革尝试,改革方案正在制定之中。

四是金融改革实现突破。搭建融资平台,为棚改融资8.9亿元,为四中操场融资1400万元,采取融资租赁形式解决了89所义务教育学校均衡发展工程资金问题。探索PPP投融资模式,15个项目列入全省PPP项目储备库,入库数量全省排名第九。加快引进金融机构,长治银行落户潞城。支持财兴融资担保公司增资扩股,注册资本金增至1亿元,单笔贷款担保能力达1000万元,总担保额达10亿元。鼓励永腾建材通过债转股方式解决资金困难。

五是科技改革创新取得重大进展。实施创新驱动发展战略,建立了中关村天合科技成果转化中心潞城分中心,为企业提供科技成果转化及项目孵化服务。长治市煤化工产业研究院落户潞宝园区,促进了科技与产业深度融合。

此外,医疗卫生、土地管理、户籍管理、社区管理、社会保障等各项改革全面深化,进一步激发了经济社会发展的内生动力和创造活力。

(五)坚持以人民为中心,大力改善民生,统筹各项事业。

市委常委会牢固树立和落实以人民为中心的发展思想,把更多公共资源投向与群众息息相关的民生事业上,习总书记强调的12项重大民生工程全面铺开,省政府部署的6件民生实事扎实推进,年初向全市人民承诺的饮水安全工程、农贸市场建设、城乡道路建设、集中供热管网扩建等10件实事,大部分已圆满完成,个别周期较长的项目正在积极推进。

一是加快教育均衡发展。四中操场、实验中学操场建成投入使用,一中图书科技楼、实验中学附属小学教学楼、实验小学教学楼、实验小学运动场、育才小学运动场正加紧建设,10所农村寄宿制学校的141个标准化建设项目全部完工,8个"全面改薄"建设项目基本完工。

二是提升卫生服务水平。深化医疗机构一体化改革,组建了医疗集团。完善了分级诊疗转诊登记制度和药品采购机制,基本药物采购工作名列长治前茅。实施乡村卫生所标准化覆盖工程,全市6个乡镇卫生院和2个社区服务中心全部达标,村级卫生所达标182个。

三是不断完善保障体系。新增城镇就业3268人,失业再就业459人,转移农村劳动力2641人。低保、五保标准全面提升,安康养护中心和4所农村日间照料中心投入使用,老年公寓楼主体完工,203套公租房分发到户,完成地灾治理搬迁148户、农村危房改造80户。

四是奋力推进脱贫攻坚。出台了《建档立卡贫困户帮扶措施60条》,着力在"健康为本、教育为基、就业为重、产业为要、金融为翼、保障为底"六大举措上精准发力。通过"龙头带村、能人带户"产业扶贫模式,大力发展特色种植和规模养殖,带动贫困户实现增收;通过就业培训、激励奖补、政府购买服务等方式,引导有劳动能力的贫困人口实现转移就业;实施"五位一体"金融扶持模式,金融扶贫贷款7137.5万元,全省排名第二;强化教育、健康、社保等兜底扶持,2500人的稳定脱贫任务顺利完成,贫困发生率由2.2%降至0.7%。

(六)加强党的建设,履行从严治党主责,强化政治保证。市委常委会牢牢把握党要管党、从严治党主线,认真履行党建主体责任,党建科学化水平全面提升。

一是实施"双创双提",强化"三基建设"。依托土地确权、股份权能改革,采取10种模式发展集体经济,在争取省财政资金1000万元的基础上,市财政配套100万元,积极推进村级集体经济发展试点工作,56个村实现了集体经济"破零"。乡村两级运转经费、乡镇工作人员补贴、农村"两委"主干基本报酬按照省定标准落实到位,乡镇干部周转房加快建设,21个村级组织活动场所提档升级。扎实开展"百日攻坚"行动,非公和社会组织党组织覆盖率分别达到88.8%和91.6%。风清气正完成农村"两委"换届。择优选派45名优秀干部到乡镇挂职,选派18名优秀干部到农村担任"第一书记",举办3期农村"领头雁"培训班和32期农村支部书记大讲堂。大力推行"两创新一规范"和"三步四循环"工作法,创新实施"3+X"主题党日工作法,基层组织、基础工作、基本能力全面加强。

二是严格干部选任,强化教育管理。坚持新时期好干部"20字标准",严格履行程序、全面考察审查,动态调整干部172人次,形成了鲜明的选人用人导向。组织处级干部和正科级单位负责人到浙江大学开展专题培训,通过"请进来""走出去""专题训"等多种方式,搭建起了全方位多角度立体式的干部培训体系。出台了《科级领导班子和领导干部精准考核暂行办法》,精准评价干部实绩。创新年度目标责任制考核办法,实行排序测评法,对参与考核的9个乡镇办事处、80个市直机关的所有科级干部进行综合考量,依次排序,分出名次,真正体现了考核的精准性。建立健全了容错机制、问责机制、考评机制和激励机制,全市初步形成了干事创业的浓厚氛围。

三是狠抓工作落实,强化作风建设。创新开展"五项行动月"和"九三三"行动,围绕年度任务,按照时间节点,每月确定五项重点工作,环环相扣、步步紧跟、项项落实,确保全年目标任务顺利完成。深入开展巡路巡查和大调研活动,党员干部人往一线走、身往基层沉,一批制约发展、涉及群众切身利益的问题得到有效解决。

四是压实两个责任,强化执纪问责。围绕"清单明责、督促尽责、常态问责"三个关键环节,压实党风廉政建设"两个责任"。出台《关于进一步贯彻落实中央八项规定精神的实施细则》,查处违规案件9起,处理责任人21名。稳步推进监察体制改革试点工作,实现了对公职人员监察全覆盖。对18个单位党组织开展巡察,推动从严治党向基层延伸。开展扶贫领域不正之风监督检查，查处群众身边的腐败问题43件。支持纪委监委加大查办案件力度，处置反映问题线索598件，其中谈话函询464件，立案146件，结案145件，组织处理7人，党纪政纪处分145人，移送司法机关3人，营造了正风反腐的高压态势。

（郑学斌）

附：中共潞城市委书记、副书记、常委名单

书　记：李文兵

副书记：秦苏良　张维斌(6月离职)

常　委：柴　哲　翟　勇　王　斌　牛红宇　曹　枫　李　煜（4月任职）　赵增强（11月离职）　闫小龙（6月任职）

中共屯留县委工作概况

县委书记　马先明

屯留县委下辖基层党组织687个，其中党委29个，党总支16个，党支部642个。共有党员13167名。

2017年，屯留县委深入学习贯彻党的十九大精神、习近平新时代中国特色社会主义思想和习总书记视察山西重要讲话精神，认真贯彻落实中央和省委、市委决策部署，紧紧围绕县十三次党代会提出的“坚持‘四化推进’、突出‘四个着力’、高质量全面建成小康屯留”的工作思路，团结带领全县广大干部群众，对表对标，苦干实干，推动全县各项工作取得新进展、新成效。全年先后迎接了全省采煤沉陷区地质环境治理、全市农业标准化暨绿色有机农业发展、综治中心标准化建设等省市现场会；荣获“2013—2016年度全国群众体育先进单位”“山西省社会治安综合治理先进集体”等国家和省市表彰。

一、旗帜鲜明讲政治，深入学习宣传贯彻党的十九大精神和习近平新时代中国特色社会主义思想

一年来，县委班子始终坚持把学习贯彻党的十九大精神特别是习近平新时代中国特色社会主义思想作为首要政治任务，在深入理解、延伸拓展、推动工作上下功夫，力求做到学深悟透、以知促行。以推进“两学一做”学习教育常态化制度化、开展维护核心见诸行动主题教育为契机，着力提升学用习总书记系列重要讲话精神新境界。坚持“学”上深化，“做”上拓展、“改”上从严，全年共召开县委理论中心组会议41次，开展专题研讨4次，举办全县学以致用报告会、学用习总书记系列重要讲话精神交流会2次，“四个意识”进一步增强，“四个自信”进一步坚定，忠诚核心、拥戴核心、维护核心、紧跟核心的思想政治基础更加牢固。以习总书记视察山西重要讲话精神为遵循，着力开辟屯留经济社会发展新路径。通过集中学习、专家讲座、专题培训等多种形式，认真学习贯彻习总书记视察山西重要讲话精神，进一步找准坐标定位，完善工作思路，及时制定出台了《中共屯留县委关于贯彻落实省委〈关于深入学习贯彻习总书记视察山西重要讲话精神的实施意见〉2017-2018年落实方案》《中共屯留县委关于贯彻落实省委〈关于深入学习贯彻习总书记在深度贫困地区脱贫攻坚座谈会上重要讲话精神的实施意见〉2017—2018年落实方案》，明确了各项工作的时间表、路线图、任务书。以习近平新时代中国特色社会主义思想为指引，把党的十九大精神贯穿落实到各项工作中。按照“学懂、弄通、做实”的要求，统筹安排部署十九大精神学习宣讲活动，组建了宣讲团，派出了小分队，发放了学习资料，组织了知识竞赛，把十九大精神送进了千家万户。把学习贯彻十九大精神与推动产业转型、县城建设、民生改善、社会稳定、“四风”整治、环境创优等重点工作结合起来，组织开展“干部大调研”，有力地推动了各项工作，促进了中央和省委、市委重大决策部署在屯留落地生根。

二、聚精会神谋发展，县域经济转型实现新突破

县委深入贯彻新发展理念，紧紧抓住市场倒逼机制，大力推进供给侧结构性改革，坚定不移走转型发展之路，县域经济发展质量和效益不断提升，7项主要经济指标全部完成年度目标任务，扭转了连续两年负增长的局面，其中地区生产总值完成109.8亿元，同比增长9.7%，增幅排名全市第四；规模以上工业增加值完成72.37亿元，同比增长15.75%，增幅排名全市第三；固定资产投资完成45.76亿元，按新口径统计，增长10.8%，增幅排名全市第一；地方财政收入完成10.91亿元，同比增长68.58%，增幅排名全市第三；社会消费品零售总额完成16.82亿元，同比增长7.7%，增幅排名全市第五；城镇居民人均可支配收入达到25699元，同比增长7.6%，增幅排名全市第三；农村居民人均可支配收入达到14725元，同比增长7.7%，增幅排名全市第四。我们坚持以开发区建设引领转型，按照“整合改制扩区调规”的要求，组建成立屯留经济技术开发区，实施“三化三制”，理顺体制机制，落实机构人员，成为全市获批省级开发区的3个县之一。我们坚持以项目建设支撑转型，大力推进总投资374.45亿元、总数量107个的重点项目建设，太重榆液高性能液压产品、太行润滑油年产10万吨

全系列润滑油、潞安精蜡年产6万吨合成蜡、振东开元芪蛭通络胶囊等一批转型重点项目建成投产或试生产，成为新的经济增长点。我们坚持以招商引资助推转型，制定出台招商引资十条优惠政策，创新招商举措，优化营商环境，全年共签约引进项目27个，总投资121.19亿元，其中落地开工15个，瑞赛格再生资源利用、智华牡丹籽制油、优巴农业豆制品加工等一批项目实现了当年签约、当年开工、当年建成。我们扎实开展“五帮五包”活动，县级领导和重点部门干部结对帮扶64个企业，帮助企业解决困难100余个，长清生物、火凤凰包衣等企业脱困取得重要进展。我们以“一园三基地”建设为抓手，大力推进农业供给侧结构性改革，投入财政资金2000万元，新发展尖椒1.3万亩，优质核桃1万亩，广东大广10万头仔猪、富康源50万只蛋鸡、大象生猪育肥等3个大型规模养殖企业成功落地，润邦田园、嘉鸣科技园、石泉葫芦山庄等13个绿色农业观光园区初具规模。

三、坚定不移抓改革，发展活力得到新增强

县委坚持把抓改革作为重要政治责任，认真落实省委“三个三”工作法，梳理改革事项，明确改革任务，建立改革台账，制定《2017年全面深化改革要点》，实行县级领导分工负责制，将各项任务逐一分解压实到县四套班子和乡镇、县直部门头上。组建县委政策研究室，加挂县委改革办和综改办牌子，实现了机构、编制、人员、经费“四到位”。特别是坚持问题导向目标导向为民导向，紧盯重点任务，扭住关键环节，对症施策，精准发力，以改革之力破困局、解难题、清障碍、除顽疾、化风险，推动一批重点改革任务落地见效。积极推进国企国资改革，多次召开协调推进会，完成清产核资24家，资产评估3家。加快土地确权改革，286个村完成土地承包合同签订任务，达到97.61%；数据汇交完成280个村，完成率95.56%，完成情况名列全市前列。积极对接上级政策，争取资金支持，我县被国家农业部确定为合作社国家项目直报县，被省农业厅确定为农业生产托管服务试点县、秸秆综合利用试点县。着力抓好河长制改革，建立河长制办公室和水政监察大队、护河员“一办两队伍”，形成了县、乡、村三级河长制体系。加大项目融资改革步伐，搭建起20亿融资担保平台，争取到棚户区改造和农村道路建设资金8.2亿元。规划实施7个PPP项目，其中4个项目落地，PPP落地数量位居全市前列。推进城乡环卫体制改革，把县住建局城乡卫生管理监督站和县爱卫办职能整合起来，组建城乡环境卫生管理中心，乡村成立了环境卫生中心（站），在235个村推行了垃圾不落地管理。加快推进医疗一体化改革，组建公立医院管理委员会，成立屯留县医疗集团，推动了优质医疗资源向基层覆盖。深化城乡公交一体化改革，在开通县城公交的基础上，对1路、2路公交线路进行优化改线，进一步方便了群众出行。

四、民主法治聚合力，社会治理开创新局面

县委始终坚持党的领导、人民当家作主、依法治国有机统一，扎实推进社会主义民主政治建设，进一步巩固发展民主团结、生动活泼、安定和谐的政治局面。县委常委会专门听取县人大、县政府、县政协和县法院、县检察院党组的汇报，专题研究群团改革事项，支持人武部建设，把党的领导体现到全领域、各方面。大力支持县人大及其常委会依法审议决定重大事项、开展重点工作监督和做好人事任免工作，2017年听取“一府两院”专项工作报告21个，开展视察调研11项，对5部法律实施情况开展执法检查，对4个部门开展工作评议。注重发挥社会主义协商民主的重要作用，大力支持政协开展政治协商、民主监督、参政议政各项工作，县政协围绕推进“一园三基地”建设、棚户区改造、“五道五治”、脱贫攻坚和教育卫生等重点工作，开展视察调研20多次，提出提案50多条。全面落实党的民族宗教政策，密切与工商联、各人民团体及各界人士的联系协作，积极做好晋商晋才回归创新创业工作，构建起县委统一领导的大统战工作格局。扎实推进群团组织改革，顺利完成工商联、工会、妇联换届，有效发挥了共青团、残联、科协等群团组织作用。加强党管武装工作，推动军民融合、双拥共建，县人武部被省军区表彰为“安全管理先进单位”。扎实开展安全隐患排查整治，强化对煤矿、交通等重点行业领域的安全监管，对证照不全、不具备安全生产条件、存在安全隐患的15家企业依法关停取缔，全县安全生产形势总体平稳。建立完善“四包六强化”信访责任制，解决了一批重点领域矛盾纠纷。扎实推进法治屯留平安屯留建设，持续开展打击“黄赌毒”“黑拐枪”等专项行动，群众安全感和满意度调查名列全省前十位。高标准建成了1个县级综治中心和5个试点乡镇、11个试点村综治中心，我县推进三级综治中心标准化建设工作在全省综治中心建设视频调度推进会上进行了汇报演示。

五、凝心铸魂增自信，建设文化强县取得新成效

县委把抓好意识形态工作作为一项极端重要的工作，扎扎实实做好思想、舆论、文化各项工作，凝聚促进改革发展、维护社会稳定的正能量。认真落实意识形态责任制，先后召开4次县委常委会研究解决意识形态领域的重大问题，召开3次县委中心组专题学习《党委（党组）网络意识形态工作责任制实施细则》等有关文件，配齐配强了宣传系统各单位的领导班子，制定出台了《关于进一步规范和改进新闻报道的实施办法》《屯留县公共事件舆情处置流程与管理制度》《关于加强党政机关微信工作群及其它互联网群组管理的通知》和《屯留县机关干部使用微信十严禁》等规章制度，规范了敏感事项报道和工作微信群管理，处置可能引起影响的舆情6起。大力弘扬社会主义核心价值观，建设“好人文化墙”，开展选树“好人榜”、“乡贤榜”活动，进一步

推动乡村文明建设和移风易俗工作，营造了崇德向善、孝亲敬老的社会风尚，涌现出了“全国卫生计生系统劳动模范”乡村医生李拴州、“中国好人”优秀人民警察翟树斌秦龙、山西省道德模范提名奖获得者孙有山、长治市首届当代乡贤秦全保等先进典型。深入推进精神文明创建，顺利通过国家卫生县城复审，成功创建省级文明县城，麟绛镇南街村被中央文明委表彰为全国文明村镇，老爷山景区被批准为国家3A级景区，岗上村抗大一分校旧址被命名为“山西省党史教育基地”和“山西省国防教育基地”。不断丰富群众文化生活，采取多种形式“送文化”“种文化”、“赛文化”，组织了首届农民舞蹈大赛、消夏文艺晚会等文化活动，开展了戏曲精品进校园活动，举办了文化骨干和基层文化工作者专题培训，承办了全国越野锦标赛、全国青年篮球锦标赛等一批高等级体育赛事。

六、坚持不懈惠民生，群众获得感有了新增加

县委始终坚持以人民为中心的发展思想，主动顺应人民群众新期待，加大民生投入，办好民生实事，人民群众的获得感和幸福感进一步增加。坚持精准扶贫精准脱贫基本方略，完善干部帮扶机制，强化责任落实、政策落实、工作落实，统筹抓好产业扶贫、移民扶贫、金融扶贫、健康扶贫、兜底扶贫，发展户用光伏1000户，实施易地搬迁141户253人，发放扶贫贷款3600余万元，916户、2000名建档立卡贫困群众如期脱贫，贫困发生率降为1.5%。积极回应群众关切，以前所未有的力度推进棚户区改造，制定出台县城房屋征收与补偿办法，建立指挥部工作机制，妥善做好政策宣传兑现和群众安置工作，完成1224户、21.52万平方米的拆迁任务，10月6日三个片区改造项目已开工。持续加大文化、教育、基础设施等民生领域财政投入，总投资1.4亿元的麟绛中心小学、一中教学图书楼、二中小学部教学楼和旭光幼儿园等4个中小学校项目开工建设；总投资1.3亿元的东环路改扩建工程主线基本通车，总投资1.25亿元的农村“四好”公路完成68公里，总投资3.6亿元、全长45.18公里的老爷山旅游公路路基成形；总长21.44公里的县城供热管网二期和总长22.8公里的康庄工业园区供热管网建成使用。

七、综合施策抓环保，生态文明建设迈出新步伐

县委牢固树立绿水青山就是金山银山的理念，把生态文明融入经济社会发展全过程，全力推进美丽屯留建设，人居环境不断改善。大力推进环境卫生整治，扎实开展“五道五治”专项行动，坚持“拆整建管”一体推进，累计拆除各类违建72.26万平方米，腾退土地2666余亩，打造美丽特色乡村84个。坚持“四铁”举措抓环保，集中开展秋冬季大气污染防治，取缔“散乱污”企业87家，依法关停2家污染严重的焦化企业，完成2个乡镇18个村7758户“以气代煤”工程，实行县城建成区禁放烟花爆竹，10月1日至年底，我县未发生重污染天气，二氧化硫浓度、空气质量优良天数均达到市下达目标要求。全面完成3个乡镇8个村1.2万亩采煤沉陷区土地治理工程。持续推进造林绿化，按照“山上建体系、丘陵建基地、平原抓提升、村庄上水平”的要求，完成人工造林1.4125万亩，封山育林0.8万亩，完成5条国、省、县道总长76公里绿化提档工程。全县森林覆盖率达到21%，县城绿化覆盖率达到45.15%，绿地率达到40.54%，人均公园绿地面积达到11.8平方米。

八、履行主责抓党建，政治生态呈现新气象

县委始终把抓好党建作为最大政绩，切实扛起管党治党主体责任，层层传导压力，进一步巩固良好政治生态。全面加强“三基”建设，投资1200余万元修缮改造危旧狭小村级活动场所117个，新增预算941万元将社区和农村运转经费提高到12万元和9万元；落实乡镇干部工作补贴，按标准兑现农村（社区）干部岗位报酬；建设乡镇周转房，实现宿办分离；对36个软弱涣散党组织集中整顿；113个无集体经济收入村全部实现破零；圆满完成农村党组织和村民委员会换届工作；社会组织和非公企业党组织组建率分别达到81%、83.3%，促进了基层组织全面加强。县乡机关推行“一图四册三公开”，规范了基础工作。坚持学习提升、培训提高、参观提学、锻炼提质“四提”并重，完善县乡机关政策业务学习制度，组织干部外出考察学习20余次，培训各级干部5000余人次，遴选58名县直单位后备干部到乡镇挂职锻炼，22人兼任了村第一书记，促进了基本能力提升。树立“敢于担当、攻坚克难、真抓实干”的鲜明用人导向，调整提拔干部12批282人，其中对同一岗位任职五年以上的22名县直单位主要负责人进行了轮岗，对同一岗位任职十年以上的89名副职进行了交流。扎实开展巡视巡察整改自行“回头看”工作，市委梳理出的3批52项整改任务全部按期整改完成。持续深化“七不”作风问题专项整治，严格落实重点任务清单制、重点工作排队通报制等改进作风推进落实六项机制，问责干部41人次，有力推动了重点工作的落实。扎实推进监察体制改革试点工作，协调解决纪委监委机关、派驻11个纪检监察组办公场所选址及建设、人员转隶等重大问题，选调37名干部充实到纪委监委，确保了改革试点顺畅有序推进、不断深化融合，实现了公权力监督全覆盖。出台贯彻落实中央八项规定精神实施细则，紧盯时间节点和“四风”隐形变异问题，快查快结，严肃处理，共查处11起违反中央八项规定精神问题，处理20人，其中科级干部7人。从严落实“两个责任”，综合运用“四种形态”，谈话函询382人，党纪政务处分141人。加大县级巡察工作力度，开展了两轮县级常规巡察和1次专项巡察，推动了全面从严治党向基层延伸。

（韩长江　张海军）

附：中共屯留县委书记、副书记、常委名单

书　记：马先明

副书记：翟卫华（女）　杨志飞

常　委：逯　江　段联刚　原书玲

焦彦平（11月离职）　柳建勋

贾钢辉（1月任职）

中共长子县委工作概况

县委书记　李国强

2017年是长子发展史上极不平凡的一年。一年来，在省市委的坚强领导下，县委、县政府团结带领全县广大干部群众，深入贯彻习近平新时代中国特色社会主义思想，撸起袖子加油干，开拓创新勇争先，经济社会发展取得丰硕成果。

一年来，我们始终坚持以经济建设为中心，经济总量再攀新高。代表县域综合实力的七项主要指标圆满完成市下达任务。其中，地区生产总值、工业增加值、城镇居民人均可支配收入分别完成145.2亿元、100.6亿元、2.8万元，增幅均位列全市第一；公共财政预算收入完成15. 3亿元，增幅位列全市第二，县域综合实力稳居全市第一方阵，经济大县地位更加稳固。

一年来，我们始终致力于高质量发展，产业转型蹄疾步稳。总投资20亿元的温氏生猪一体化养殖项目，历经艰辛，扬帆起航，为我县打造现代农业强县注入强劲动力。高河电厂退出停缓建目录，煤电一体化迈出实质性步伐；煤层气产业方兴未艾，气化长子稳步推进；远景一期10万千瓦风电项目即将运行，朗晴10万千瓦风电指标已经核准，禾能生物质发电二期前期工作准备就绪，新能源产业异军突起。

一年来，我们始终把提升品质作为重点，城市建设亮点纷呈。相继完成南北大街及地下综合管廊、环会堂道路及周边环境整治工程；建成开放同新广场、规划展览馆、三大节点公园；加快推进北大街、南大街、东大街等城中村改造项目；高品质打造丹朱大街、南北大街亮化、绿化、美化工程，城市建设取得令人瞩目的新成就。

一年来，我们始终秉承“绿水青山就是金山银山”理念，人居环境日益改善。坚持“拆整建管”并举，全力推进“五道五治”，积极开展闲置凋敝宅基地整治盘活利用工作，被列为全省试点县份。坚决向环境违法行为“开刀”，全县“散乱污”企业彻底整治，10蒸吨以下经营性燃煤锅炉全部取缔；县城建成区和林区61个村禁止燃放烟花爆竹、燃煤旺火和露天烧烤首战告捷；“以气代煤”全面完成，全年二级以上优良天数212天，综合污染指数位居全市第三。

一年来，我们始终坚定文化自信，千年古县“美誉度”与日俱增。深入开展文明创建，成功入选全国文明城市提名榜单。大力推进公共文化服务体系建设，提档升级村级、社区文化活动场所；创作《连翘情》《大爱无悔》等一批精品文艺作品；成功举办“中国传统雕塑传承与复兴学术论坛”“全国炎黄文化论坛暨第五届中部六省炎黄文化论坛”，荣获全国首批100名“千年古县”荣誉称号。长子历史之悠久、文化之厚重、山川之秀美，为越来越多的人所称道。

一年来，我们始终践行以人民为中心的发展思想，民生福祉持续增进。脱贫攻坚再战再胜，全年1970户4491人稳定脱贫。新东方红小学、鹿谷小学高标准建成并投入使用；义务教育均衡发展以全省第一的佳绩通过国家验收。全县医疗集团正式组建，优质医疗资源不断下沉。积极开展“重点信访问题源头化解”专项行动，深入推进“雪亮工程”，严厉打击“黄赌毒”，安全生产“双下降”，人民群众获得感幸福感安全感明显增强。

一年来，我们始终把党的建设摆在重中之重的位置，从严治党纵深推进。牢牢把握新时代党的建设总要求，全面加强“三基建设”，圆满完成村（社区）“两委”换届，基层基础不断夯实。深化监察体制改革，全面完成乡镇监察试点和派驻机构全覆盖。深入贯彻总书记纠治“四风”重要批示精神，大力倡导“六不六要”，持续推进干部作风进一步转变，着力打造风清气正的政治生态。

一年来，相继有全省农村环境集中整治现场会、全省闲置凋敝宅基地整治盘活利用现场会、中国传统雕塑传承与复兴学术论坛、全国炎黄文化论坛暨中部六省炎黄文化论坛等省级以上现场会在我县成功举办，先后荣获或被授予“全国首批农村生活垃圾分类和资源化利用示范县”“全省闲置凋敝宅基地整治盘活利用试点县”“省级农产品质量安全县”“全省第二批县乡医疗卫生机构一体化改革试点县”“全国文明城市提名城市”等荣誉称号。

（罗　森）

附：中共长子县委书记、副书记、常委名单

书　记：王　震（8月离职）　李国强（8月任职）

副书记：赵永进　王旭琴(女)

常　委：元文波　王育红　李卫东　吴　斌

闫小龙（11月离职）　王　斌（11月离职）

王志宏　宋晓明（11月任职）

中共壶关县委工作概况

县委书记　李全心

2017年，中共壶关县委坚持以习近平新时代中国特色社会主义思想为指引，深入学习贯彻党的十九大和习近平总书记视察山西重要讲话精神，紧紧围绕省委、市委决策部署，团结带领全县干部群众，开拓创新，真抓实干，攻坚克难，砥砺奋进，圆满完成各项目标任务，全县经济社会保持稳中向好的发展态势。2017年，全县地区生产总值54.07亿元，增长9.4%；规上工业增加值增长14.24%；固定资产投资增长10.4%；一般公共预算收入达到18978万元；社会消费品零售总额增长7.6%；城镇居民人均可支配收入达到22022元，增长6.8%；农村居民人均可支配收入达到5804元，增长10.7%。

一是政治生态风清气正。坚持把学习贯彻党的十九大精神，特别是习近平新时代中国特色社会主义思想作为首要政治任务，着力在学懂、弄通、做实上下功夫，推动全县上下学用结合开创新境界。推进“两学一做”学习教育常态化制度化，深入开展“维护核心、见诸行动”主题教育，牢固树立“四个意识”和“四个自信”，全县党员干部紧跟核心、忠诚核心、拥戴核心的思想政治基础更加牢固。习总书记视察山西之后，特别是党的十九大召开之后，县委制定出台学习贯彻意见，统筹安排党的十九大精神宣讲活动，在全县迅速掀起学习宣传热潮。全面加强“三基建设”，累计投资1200余万元用于乡村基础建设，乡镇、村、社区运转经费达到省定标准，所有村实现集体经济破零；完善“三会一课”制度，实施“3+5”模块化党日活动，党内政治生活质量大大提升；严肃换届纪律，扎实推进农村“两委”换届，122名优秀本土人才进入村“两委”班子；坚持正确用人导向，建立一线考察干部工作机制，一批敢担当敢创新敢作为的优秀干部得到提拔重用。持续推进正风肃纪，制定贯彻落实中央八项规定精神《实施细则》，持之以恒纠正“四风”；深化监察体制改革，县监委会正式挂牌，10个纪检监察组全部派驻，实现了乡镇监察试点和县直部门派驻机构全覆盖、公权力监察全覆盖，“1+1>2”的总体效果初步显现；扎实开展巡视巡察整改自行“回头看”，部署开展县委两轮巡察、三轮重点工作专项巡察，对照市委三批问题清单共查找问题33个并全部整改；准确把握运用“四种形态”，严惩各种腐败行为，立查各类案件173件，谈话函询418人次，给予党纪处分184人，政务处分26人，党的建设全面加强，巩固了风清气正的政治生态。

二是脱贫攻坚再战再胜。2017年，有80个村7720户18700名建档立卡贫困人口如期脱贫，圆满完成年度脱贫任务，顺利通过国务院脱贫成效省际交叉考核、中央财政扶贫资金第三方绩效考核和省脱贫成效第三方评估，脱贫攻坚满意度测评市际交叉检查位列全省三个100%的县之一。特别是9月4日，国务院总理李克强亲临壶关县五龙山乡程庄村视察调研，对壶关县的脱贫攻坚、健康扶贫、医改等工作给予充分肯定。创新产业扶贫机制，重点发展光伏发电、旱地西红柿、花卉种植、中药材、食用菌等十大产业，形成“村村有主导产业、户户有脱贫项目、人人有增收门路”的产业扶贫新格局。在全省率先启动“五位一体”金融扶贫，共发放小额贷款1.04亿元，受益贫困户2231户。大力推广“经营主体+集体经济组织+贫困户”的8种资产收益模式，实现了资源变资产、资金变股金、农民变股东和贫困群众增收、村集体经济破零、经营主体增效的“三变”“三赢”目标，全省推广壶关县经验做法。扎实推进移民搬迁，总投资6000余万元的9个集中安置点全部完工，可安置618户1900人，通过房地产去库存集中安置329户1070人。创新出台贫困群众创业就业奖补、孝老敬亲奖补政策，兑现落实健康扶贫、教育扶贫、就业扶贫、生态扶贫、兜底扶贫等惠民政策，有效解决当下脱贫、代际贫困、因病致贫等问题。大力实施贫困村提升工程，集中开展“四容四貌”整治，34个村57.1公里村级道路、72个村安全饮水、13个村动力电、44个村级文化广场、11个村级文化活动室、93个卫生室和1254户农村危房改造工程全部完成，贫困村基础设施和公共服务明显改善。

三是产业转型取得突破。中钢特材、晋通磁材、潞安光伏等转型项目投产达效，壶化集团荣获山西省功勋企业，大圣牌电雷管荣获山西名牌产品。制定出台《招商引资15条优惠政策》，成功举办北京招商项目推介会，先后到珠三角、张家港、安徽等地招商引资，签约引进众智纺织、新大象养殖等15个转型项目，签约金额97.87亿元。开发区建设稳步推进，配齐了领导班子，扩区规划得到省级批准，一批项目入驻园区。壶关旱地西红柿获得国家地理标志证明商标，正式进驻北京新发地市场，“郭国芳”商标认定为中国驰名商标，郭国芳牌羊汤、九牛寨牌酸牛奶荣获山西名牌产品，紫团公司入围全省民营企业100强，壶关县成为省级出口食品（食用菌）农产品质量安全示范区。《全域旅游规划》顺利通过市级评审，大峡谷景区先后在太原、北京举办推介会，全省旅发大会电视竞演节目《人说山西好风光》在八泉峡成功录制，旅游厕所革命被央视报道，大峡谷景区被评为国家国土资源科普基地、山西名牌产品、山西省文明景区，太行欢乐谷正式对外开放，凤凰山庄被评为全国休闲农业和乡村旅游四星级企业。2017年，太行山大峡谷景区实现营业收入1.11亿元，首次突破亿元大关。

四是城乡面貌焕然一新。坚持把改变城乡面貌作为回应群众关切的重大民生工程，确定2017年为“大干城建年”，县四套班子领导牵头四个拆迁片区，带领县乡村三级干部，分片作战，合力攻坚，累计拆迁面积30多万平米、2000多户，拆迁力度之大，创历史之最。同时，聘请清华大学、同济大学和省城乡设计院等专业团队进行了规划设计，发布招商公告引进了开发企业，农发行长治分行和壶关客户服务组为壶关县城市建设融资2.1亿元，“两路三街”PPP项目正式通过审核进入省级项目库。大力推进城市建设，总投资7610余万元，完成外环路污水管网建设、团结街拓宽改造、树人街拓宽改造、洁城污水中水回用等项目，县城垃圾填埋场投入使用。强化城市执法，规范建设秩序、土地秩序、市场秩序，倡导文明行为，全国文明县城、省级文明县城顺利通过复查验收。全力推进“五道五治”，累计拆除各类违建1777处、28万平米，腾退土地324亩。统筹推进美丽乡村建设，全力打造72个美丽宜居示范村。

五是深化改革蹄疾步稳。医疗体制改革方面，作为长治市唯一的县乡医疗卫生机构一体化改革试点县，全省首家组建成立医疗集团，省人大常委会副主任卫小春参加揭牌仪式。旅游体制改革方面，在全省首家挂牌成立旅游警察大队、旅游法庭、旅游检察室，走出了一条“1+3”旅游体制改革新路子，配套成立太行山大峡谷景区综治中心、旅游调解委员会。创优发展环境方面，深入推进“放管服效”改革，扎实开展“全面创优发展环境年”活动和“干部入企服务”活动，全面落实首问负责、联审联批、“13710”限时办结制度。同时，统筹推进了开发区改革、国企国资改革、国有林场改革、群团改革等任务。

六是民生福祉持续增加。统筹推进教育、卫生、交通、就业、社保等社会事业，投资1.5亿元的壶关一中初中部奠基开工，投资3430万元的农村中小学改造提升项目顺利推进，连续四年实施“52132”中高考奖励政策，累计发放尊师重教奖金1719万元，二本B类以上录取人数达到524人，实现了本土学子考入北大“零”突破；投资8000万元的县人民医院住院楼开工兴建，投资3000万元的县中医院医技楼建成投用，投资1075万元的基层卫生院业务用房及周转宿舍项目全部完工；加强就业培训，培训贫困人口1767人，帮助就业5060人；大力开展送戏下乡、送影下乡、图书下乡活动，壶关鼓书《师徒交锋》、壶关秧歌《醋缘》参加全市展演，全国青年女子篮球锦标赛、中国女子篮球联赛在壶关举办；农村“四好公路”建设里程达到145公里。取缔“散乱污”企业41家，实行企业限产、错峰生产，主城区禁止燃放烟花爆竹，冬季清洁取暖“煤改电、煤改气”攻坚战取得阶段性成效，空气质量明显好转。全面落实安全生产责任制，全年没有发生重大安全生产事故。深入推进“平安壶关”“法治壶关”建设，严厉打击毒品犯罪、“两抢一盗”等违法行为。改革信访体制，重视百姓诉求，信访总量稳中有降。

2017年，先后有全省资产收益扶贫试点现场会、全省产业扶贫到村到户长治现场观摩会、全市深度贫困村整体搬迁暨土地确权推进会等在壶关县召开和观摩，先后荣获全省唯一的“全国森林旅游示范县”、全国电子商务进农村综合示范县、全国十佳休闲生态旅游城市、全省休闲农业与乡村旅游示范县、省级平安县等荣誉称号，连续四年入选“中国百佳深呼吸小城”。鹅屋乡邮递员赵月芳被推选为党的十九大代表，黄山乡“一棵心”种植合作社理事长宋勇兵被表彰为“全国农业劳动模范”，刘寨村支部书记程玉珍、大河村支部书记王文周荣获全省脱贫攻坚“奋进奖”。

（王林茂）

附：中共壶关县委书记、副书记、常委名单

书　记：李全心

副书记：崔江华　孙　伟

常　委：张月飞　秦元忠　郭太国　毛晨霞（女）　郭　伟　郭亚哲　张　文（5月离职）

中共平顺县委工作概况

县委书记　吴小华

中共平顺县委下设14个基层党委，29个党组，32个党总支，553个党支部，共有党员10616名。

一、强化理论学习，把牢政治方向

扎实推进“两学一做”学习教育常态化制度化，深入开展“维护核心、见诸行动”主题教育。坚持把迎接党的十九大胜利召开，学习宣传贯彻党的十九大精神，特别是习近平新时代中国特色社会主义思想作为首要政治任务，着力在学深悟透、延伸拓展、学以致用、全面覆盖上下功夫。县委相继召开常委会、理论中心组学习会、全县干部大会，及时传达、深刻领会了党的十九大和习近平总书记视察山西重要讲话精神，及时下发了学习通知，出台了《关于学习贯彻习总书记视察山西重要讲话精神的实施方案》和《攻坚深度贫困实施方案》，在掀起了学习宣传贯彻落实高潮，教育引导党员干部进一步强化了“四个意识”，坚定了“四个自信”，在思想上政治上行动上同以习近平同志为核心的党中央保持了高度一致，拥戴核心、跟从核心、维护核心的思想政治基础更加牢固。

二、聚焦脱贫攻坚，牢抓发展要务

(一)全力以赴脱贫攻坚。坚持以脱贫攻坚统领经济社会发展全局,认真落实习总书记视察山西重要讲话精神,奋力打造中药材、新能源、旅游三大脱贫产业,深入实施产业扶贫、易地搬迁、生态扶贫、教育扶贫、技能培训、金融扶贫"六大工程",加快补齐住房、饮水、通电、通讯、交通等民生短板。2017年,全县共投入财政专项扶贫资金1.18亿元,统筹整合涉农资金4.33亿元,精准实施扶贫项目672个,其中605个项目已见成效,惠及3.6万多贫困群众;先后迎接了全国产业扶贫现场会和全省产业扶贫到村到户现场会在平顺召开,中药材产业扶贫入选全国产业扶贫十大范例,并在全国推广。2017年度省定70个村、13800人的脱贫任务圆满完成,脱贫村基本公共服务领域主要指标全面达标,脱贫人口全部实现"两不愁、三保障",成功迎接了省脱贫工作成效考核第三方评估,在全省国定贫困县市级交叉满意度检查中名列前茅,脱贫攻坚实现再战再胜。

(二)稳步提升综合实力。牢抓发展第一要务,2017年实施的60个重点项目,共完成投资14.2亿元,新签约项目7个,到位资金16亿元,特别是太子龙服饰项目,实现当年落地、当年开工、当年投产,创造了重点项目建设新纪录。2017年全县地区生产总值完成22.6亿元,同比增长9%;规模以上工业增加值累计完成7.6亿元,同比增长13.63%;固定资产投资完成22.2亿元,同比增长7.3%;社会消费品零售总额完成9.4亿元,同比增长7.4%;地方财政收入突破亿元大关,累计完成1.1亿元,同比增长12.32%;城镇常住居民人均可支配收入完成22122元,同比增长7%;农村常住居民人均可支配收入完成5934元,同比增长9%。各项指标圆满完成市定目标任务,多项指标增速高于全市平均水平。

(三)着力打造主导产业。进一步创优发展环境、加大招商力度,加快培育壮大旅游、新能源、中药材加工、装备制造等新兴产业,产业布局不断优化。

一是全域化发展旅游产业。咬定全域旅游建设目标,全力推动产业融合、要素融合、文旅融合、产品类型融合,全地域、整年度、多类型旅游产品体系逐步建立,旅游产业辐射带动能力稳步增强。通天峡景区成功创建国家4A级景区,"冰雪嘉年华"冬季旅游项目将淡季变旺季,受到省旅发委高度赞誉,央视多套节目进行了跟踪报道;长春欧亚集团投资开发的神龙湾旅游综合体项目推进迅速,一期工程全部完工,2018年正式营业后将达到4A级景区标准;太行古韵公司对太行水乡景区3个景点的股权收购和提档升级全面完成,辐射带动能力进一步增强;80个村被列为全国乡村旅游扶贫重点村,11个村被列入中国传统古村落名录,西沟、岳家寨、西井山等一批乡村旅游示范村蓬勃发展,乡村旅游成为带动群众增收的重要渠道。平顺先后获得全国休闲农业与乡村旅游示范县、全国十佳生态休闲旅游城市、全国避暑休闲百佳县、中国全域旅游魅力指数排行榜区县级前20名等荣誉称号,入选首批"国家全域旅游示范区"和"国家中医药健康旅游示范区"创建县,成功承办了全省三大旅游板块(太行片区)开发推进会。2017年,全县累计接待游客306.68万人次,同比增长13%,综合收入达到22.35亿元,同比增长14%。

二是全链条发展中药材产业。围绕建设"全国生态建设示范区"目标,倾力打造"药草飘香"富民产业。充分发挥振东集团等龙头企业的带动作用,采取"公司+农户+合作社+基地"模式,着力推动优势特色农业规模化经营、全链条发展。振东集团50万亩中药材基地建设全面完成,振东中药材产业园成为全国中药材仓储物流基地之一、全国连翘生产和储存标准示范基地。出台《平顺县支持贫困户产业发展奖补办法(试行)》,对种植党参、黄芩等草本中药材的贫困户每亩补贴200元,种植连翘等木本中草药每亩补贴100元,持续加大了产业扶持力度。2017年全县中药材总面积达到54.56万亩,中药材总收入达到2.16亿元,农民人均药材收入1600余元。成功召开了首届中国中药材物流基地现场观摩暨药材直供会,现场交易额达到2亿元,在全国叫响了平顺道地药材品牌。

三是全方位发展新能源产业。依托自身丰厚的资源禀赋,采取户用屋顶光伏系统、村级扶贫电站、集中式扶贫电站和光伏企业带动四种模式,全方位推进新能源产业发展壮大。大唐79.5MW风电项目和漳泽电力一期30MW光伏发电项目并网发电,广东明阳一期49MW风电项目开工建设,全县新能源装机总容量达到111.44MW。累计建成村级电站47座,规模2.9816MW,带动42个村集体经济破零,981户贫困户实现收益分红;户用光伏系统达到93套,带动87户贫困户年增收3000余元。250MW"领跑者"项目、潞安集团30MW和150个村的光伏扶贫项目批准建设,项目建成后,全县新能源装机总量位居全市前列。

(四)精心呵护生态环境。2017年,全县共完成营造林4.3275万亩,创建市级森林村庄4个,生态乡镇1个。全面落实河长制,对全县流域面积50平方公里以上的9条主要河流开展集中整治,确保了河道畅通、水质达标。全面开展大气污染防治行动,集中开展整治厂区环境和提标改造工业企业污染防治设施,共清理取缔"小乱散污"企业23家,主要约束性指标全面完成。全县二级以上天数达到276天,环境空气质量综合指数排名全市第一。

(五)加快补齐交通短板。坚持把交通建设作为加快转型发展、决胜脱贫攻坚的先导工程,积极突破瓶颈制约。国道341线规划上马,新修旅游公路150多公里,高标准完成县乡道和村通水泥(油)路提质工程,全县公路通车总里程达到1243.3公里,公路密度达到95.2公里/百平方公里。全面铺开全国城乡交通运输一体化试点工作,新能源充电站、50辆纯电动公交车投入使用,交通出行条件更加方便快捷。

(六)积极改善民生福祉。坚持教育优先发展战略,"全面改薄"工程稳步推进,各阶段教育质量全面提升,教育信息化建设走在全市前列,网络化、数字化、个性化、终身化的教育体系初步构建;扎实推进医药卫生体制改革,医疗集团正式组建,县乡村三级医疗机构改扩建工程高标准完成,分级诊疗制度全面实施,群众就医条件进一步提升;积极推进新型城镇化建设,长江支队纪念园、紫东家园、强弱电入地等一批城镇化项目投入使用,县城综合承载能力不断增强;扎实推进美丽乡村建设,争取美丽乡村建设资金1000万元,城乡环境明显改善。

(七)全力保障社会稳定。牢固树立总体安全观,严格落实"党政同责、一岗双责、失职追责",深入开展"打非治违""反三违"等专项行动,全县工矿商贸企业实现安全生产零事故,安全生产形势持续稳定向好。坚持县级领导坐班接访和主动下访,扎实开展风险隐患大排查大整治,圆满完成全国"两会"、"一带一路"国家合作高峰论坛、党的十九大等重要会议和活动的安保维稳任务。虹梯关公安检查站被省公安厅记集体二等功。

三、勇担主体责任,全面从严治党

(一)扎实推进"三基建设"。全年共拨付经费3756.9万元,"三基建设"市定45项重点任务和12项铺开任务全部完成。延伸实施"三带九联"以党建促脱贫模式,"村村联建"促脱贫模式被《经济日报(内参)》刊登,并被国务院扶贫办定为全国100个扶贫典型案例之一,"城乡联建友好支部拔穷根"模式通过《晋组信息》向全省推广。出台《落实"三会一课"制度实施意见》《开展"5+X"主题党日活动的通知》《农村基层党组织"三步四循环"工作法流程图》,各级党组织党内政治生活更加规范、有序、有力。

(二)树立担当作为用人导向。坚持将脱贫攻坚作为考验、选拔、使用干部的主战场,2017年从脱贫攻坚一线调整提拔的干部总人数占提拔重用总人数的92%,脱贫一线选拔干部的用人导向更加鲜明。贯彻落实《激励干部担当作为干事创业实施办法》《支持干部改革创新、合理容错实施意见》,旗帜鲜明为敢于担当、踏实做事、不谋私利的干部撑腰鼓劲。出台《驻村帮扶干部管理办法》《驻村第一书记管理办法》《平顺县县级领导干部包联乡(镇)工作实施方案》,形成了用制度管人管事的长效机制。

(三)严格履行"两个责任"。按照"无禁区、全覆盖、零容忍"要求,始终保持正风反腐高压态势。扎实推进监察体制改革,人员转隶、机构成立、"两个推开"等各项工作圆满完成,"纪法衔接、法法协调"制度基本建立,"1+1>2"的制度效能初步显现。把握运用"四种形态",谈话函询数量大幅攀升,成为执纪问责主要形式。驰而不息纠正"四风"。坚决反对腐败,全年立案102件,处分干部110人。充分发挥巡视巡察利剑作用,县级第二轮、第三轮巡察扎实推进,巡视巡察整改自行"回头看"问题任务全部整改完成,政治生态持续优化。

(张文凯)

附:中共平顺县委书记、副书记、常委名单

书　记: 吴小华

副书记: 秦　军　刘林松

常　委: 安拴平　宋立刚　桑爱斌　申庆斌　刘沁梅(女)　方进勇

中共黎城县委工作概况

县委书记　杨红旗

2017年以来,县委、县政府以习近平新时代中国特色社会主义思想为引领,紧紧围绕省委"一个指引、两手硬"重大思路和市委"打造山西重要增长极、建设省域副中心城市"目标要求,大力倡导"课题式三合一"工作法,团结和带领全县广大干部群众,主动适应新常态,积极应对新挑战,统筹推进经济、政治、文化、社会和生态文明建设,全面加强党的建设,全县呈现出经济平稳增长、生态文明和谐、民生持续改善、政治生态清明的良好局面。

一、奋进接力调结构、转方式,经济转型更加稳健

经初步统计,2017年全县地区生产总值完成30.9亿元,较去年增长2.4%;规模以上工业增加值完成8.46亿元;全社会固定资产投资完成29.03亿元,较去年增长8.9%;社会消费品零售总额达到14.3亿元,较去年增长6.7%;一般公共财政预算收入1.6亿元,较去年增长0.36%;城镇居民人均可支配收入完成18075元,较去年增长6.6%;农村居民人均可支配收入完成8289元,较去年增长6.4%。

(一)招商引资成效显著。将2017年确定为"招商引资年",紧抓国家政策机遇,加大项目争取力度,持续扩大投资规模,切实发挥了项目投资拉动的主导作用。2017年全县推进重点项目109个,总投资140.24亿元。其中,省市重点项目7个,投资9.31亿元,累计完成投资7.63亿元,完成82%,为转型发展奠定了基础。一是建立"黎商黎才"招商数据库。积极与黎城籍在外人才对接联系,开展以亲招商活动,取得较好成绩。二是实行季度集中推介签约制度。每季度召开一次项目集中签约和推介会,共签约项目30个,总投资84.03亿元;开工项目23个,总投资35.4亿元。三是实行县处级领导包联项目制度。项目从洽谈、签约、落地实行领导包联,重点破解项目落地过程中土地、环保、规划等手续办理审批难度大、时间周期长等问题,为项目落地提供"保姆式"服务,着力营造"六最"营商环境。

(二)新兴产业初具规模。新能源方面,利用长治市成功申报国家能源局光伏发电技术建设领跑基地项目机会,大力

发展光伏发电项目。协鑫集团一期30兆瓦光伏发电项目投产以来,运行良好,2018年可以达效。在此基础上,引进太原重工、远景能源等国有企业,在我县实施风能开发利用。引进北控集团,大力发展分布式风电项目,目前正在办理各项前期手续。新材料方面,大力实施粉末冶金橡塑磁粉、聚英科技1万吨镁合金及提纯等项目,新材料产业形成一定规模;物流运输方面,以华驰物流为引领的千万吨级铁路物流园区初见端倪,以白龙、昌隆、华通三大运输企业为龙头的千万吨级公路物流园区基本成形。出台了《创优营商环境支持物流企业发展实施意见》,29家汽运公司目前重型货运车保有量达到1000余辆。2017年,物流产业税收达到4495万元,较去年增长98.54%,区位交通优势正逐步转化为经济发展新优势。

(三)现代农业持续壮大。一是发展休闲观光农业。以绿色生态、民俗文化、休闲旅游、传统村落为特点,发展了上下桂花西瓜葡萄、孔家峧红色文化等不同类型的旅游村。成功创建省级休闲农业与乡村旅游示范县,培育了同安水果、海丰梨业、康禾桑果等一批现代农业示范基地,发展家庭农场124家,农民合作社总数达到833家,带动15800户农民增收。二是推进农业龙头项目。加快实施振东集团30万亩道地中药材种植与加工、丰鑫生态园核桃种植与深加工、汇禾源农产品循环深加工等重点农业项目,提升农业综合效益。三是壮大特色产业。依托自然生态条件,成功申报山西省现代农业园,大力发展核桃加工、小杂粮、道地中药材、水果种植等产业,三皇小米、食为天小麦加工、烟子芍药等一批特色农产品走向市场。加快"三品一标"农产品认证,38个农产品通过认证,面积6.8万亩。

(四)文化旅游稳步提升。以黄崖洞风景名胜区创建5A级景区为引领,初步搭建全域旅游发展框架。投资9868万元,实施了杨岐山、白岩寺、龙洞景区等农村旅游公路建设,建设规模86公里;投资3400余万元,完成四方山景区和洗耳河景区旅游服务配套设施建设。利用社会资本,投资7000余万元建设壶山温泉项目,成为我县又一张旅游名片。举办第5届"中国黎城太行红山国际自行车骑游文化活动",召开太原、邯郸、长治等旅游推介会,进一步提升了黎城文化旅游产业知名度。

(五)改革红利持续释放。始终把改革作为激发社会活力、增强发展动力、共享发展成果的重要手段,着力破除体制机制障碍,全力推进经济管理、行政管理和社会治理等领域50项重点改革任务。开发区改革,编制26.3平方公里开发区总体规划、产业规划和可行性研究报告。2017年5月31日开发区筹委会正式挂牌,11月13日通过省级专家评审。目前入园企业32个,开发区正逐步成为黎城转型发展的主战场。国企改革,对32家国有企业找准改制"瓶颈",投入110余万元对金属镁厂、碳化硅厂的遗留突出问题进行了解决,积极推进波涛泵业依法破产,妥善安置职工。融资体制改革,主动谋划建立涵盖环保、教育、市政等民生板块为重点的PPP项目库,2017年我县规划PPP项目11个,总投资35.8亿元,受到省市书面表彰。商事制度改革,实现全程电子化的网上注册登记和"十七证合一",新发展各类市场主体1126户。农村综合改革,农村土地承包经营权确权工作完成公示村(居)占全县总村(居)的98%,各项数据顺利通过省市质检,超额完成省政府下达目标任务;稳步推进国有林场改革,将国有林场纳入公益一类事业单位管理,东阳关和南委泉两个林场全年扩大森林管护面积5000亩;河长制改革走在全市前列。医疗卫生体制改革,被列为全省县乡医疗卫生机构一体化改革第二批试点县,挂牌组建了医疗集团,改革工作有序推进。一批制约发展、群众关注的问题得到实实在在解决,改革红利更多、更普遍、更广泛惠及人民群众。

二、持之以恒办实事、惠民生,人民生活更加幸福

始终坚持以人民为中心的发展理念,把解决民生问题作为一切工作的出发点和落脚点,最大限度地促进各种资源向民生倾斜,民生领域支出占财政总支出的77.29%。

(一)全力开展脱贫攻坚。坚持把精准扶贫、精准脱贫作为改善民生、凝聚人心的关键所在,致力建产业、带队伍、树信心,全县脱贫攻坚工作取得了新成效。一是聚焦责任落实,强化督查问责。实行县委书记、县长"双组长"制,充实脱贫攻坚指挥部力量,明确各单位职责。全县254个村(居)全部落实帮扶单位,村村建立帮扶工作队、驻村工作队,选派第一书记35名。制定《黎城县脱贫攻坚帮扶问责办法》,以问责推动工作落实。二是聚焦产业发展,注重脱贫实效。与长子方兴公司达成战略性协议,投资1千余万元,实施了土鸡、生猪养殖和春秋拱棚、日光温室大棚等项目,项目收益的60%用于贫困户分红,20%用于村集体收入,其余20%用于合作社。投资500万元,实施中药材种植、优质小麦种植、特色种养殖、光伏发电等项目,解决非贫困村扶贫产业乏力难题。三是聚焦精准施策,保障扶贫效果。易地搬迁对154名贫困群众和36名同步搬迁人口进行安置;教育扶贫解决了700余户贫困家庭学生上学难问题;生态扶贫,通过退耕还林、组建造林合作社、公益林管护等措施,带动790名贫困户脱贫增收;健康扶贫,实行"先诊疗后付费""一站式结算"等机制,积极落实"三保险三救助"政策和家庭签约医生服务;就业扶贫,通过劳务输出和就近就地开发岗位,帮助274名贫困人口实现就业;金融扶贫,发放贷款3280万元,带动695户贫困户增收致富;旅游扶贫,实施乡村文化旅游项目,撬动景区沿线5个乡镇17个村58户农家乐发展,带动110余名贫困人口就业增收;政策兜底,通过医疗救助、城乡低保、五保、社会保障等,惠及2800余贫困人口。通过精准施策,顺利完成全年2500名贫困人口脱贫、8个贫困村"摘帽"任务。

(二)统筹推进社会事业。教育事业健康发展,投入8400余万元实施了古城中学办公楼、教学楼、一中综合楼等教育项目建设。投资1500余万元,对东关小学、北坊小学等进行改扩建。投入3000余万元,为义务教育学校装备电脑、图书、教学仪器等。医疗卫生条件逐步改善,投入3000万元,实施了中医院门诊急诊住院综合楼项目。投资1100余万元,实施了妇

幼保健院、平头卫生院、柏峪卫生院业务用房项目，医疗条件进一步改善。文化体育事业加快发展，投入1600余万元，实施了文化馆、图书馆、全民健身活动中心等项目建设。投入2500余万元，对长宁大庙等国保单位进行维修。免费送戏下乡238场次、送公益电影下乡3000余场次。道路交通持续改善，结合“四好农村路”建设，积极改善农村路网条件。投资2989.5万元，启动程家山—赵店公路改建工程。投资2369万元，为全县8个贫困村改建通村道路、产业发展基地道路。社会保障有序推进，全年新开工棚户区、城中村改造242套。完成15所农村日间照料中心建设。农村低保标准、集中供养标准、分散供养标准分别提高到3330元、7000元、4300元。

(三)着力推进环境治理。牢固树立和践行“绿水青山就是金山银山”的发展理念，着力形成节约资源和保护环境的空间格局、产业结构、生产方式、生活方式。大力推进“五道五治”建设，通过“五治”联动、“拆、整、建、管”一体推进，累计投资1.32亿元，依法依规拆除违建3464处、60.35万平方米，腾退土地1488亩，治出了干净整洁，治出了舒心生活，治出了有序发展，治出了风清气正，得到社会各界和广大群众的充分肯定。全力抓好大气污染防治，建立县处级领导包保重点企业、规上企业和环保监管巡查制度。打响大气污染综合治理攻坚战，划定禁煤区两个；财政出资1000余万元，对1347户居民实施煤改气工作；取缔50家“散乱污”，停产整治25家企业，拆除81台燃煤锅炉。持续提升生态绿化水平，大力实施太行山国家重点防护林、通道两侧荒山绿化、重要水源地绿化等工程、完成造林绿化和经济林建设4.67万亩，新增绿地面积20万平米，全县生态环境明显改善。

(四)全力维护安全稳定。始终把加强社会治理、维护社会稳定作为压倒性的政治任务，修订完善了县级领导干部日常接访制度。创新实行了安全生产“三个五”和安全隐患“三三查”机制，共消除各类安全隐患7292条。全面开展“平安黎城”和文明创建活动，投资510万元建设平安城市“雪亮工程”，群众的安全感进一步增强。

三、不忘初心强思想、夯基础，管党治党更加严实

始终坚持党对一切工作的领导，全面落实从严治党主体责任，推动管党治党从宽松软走向严紧硬，各级组织和党员干部队伍的理想信念、工作作风、执政能力和廉洁自律水平显著提升，党风政风和政治生态进一步向善向好，全面从严治党呈现新气象。

(一)思想建设持续加强。坚持把思想建设作为基础性建设抓紧抓好，积极开展大宣讲大调研大督导活动，县包联乡镇领导和县委宣讲团10支队伍深入基层宣讲党的十九大精神140余场次。县委理论学习中心组坚持每周学习制度，全年共召开理论中心组学习会议39次，重点学习篇目120余篇。深入开展学习教育和主题教育。全县559个基层党组织严格按照时间节点推进。建立了学习教育和主题教育县级领导干部联系点。全县党员干部群众通过“1234”工作法，确保学习教育和主题教育取得实效。

(二)阵地建设不断巩固。牢牢掌握意识形态工作领导权，注重在传统阵地上求突破，在新兴阵地上重管理。面向大众，创办《黎侯周讯》，全力打造群众喜闻乐见的公共生活平台和论坛，整合和引导社会舆论，打造宣传黎城经济社会发展的媒体主阵地；面向党员领导干部，创办《县政治理·学习与交流》内刊，搭建干部思想交流平台，凝聚全县发展力量，破解改革创新难题，提升县政治理现代化水平。同时，健全互联网管理和新闻发言人制度，加强对互联网、微信、微博等新兴媒体的管理和运用。

(三)用人导向更加鲜明。树立“德才兼备、以德为先、以廉为基”的用人导向，建立干部举报机构，完善12380电话、短信、网络举报平台，实现省市县互联互通，干部监督举报工作日渐规范。结合“三基建设”和巡视巡察整改自行“回头看”，清理规范借调人员52名。加大提醒函询诫勉力度，探索开展“一把手”列席诫勉并点评制度，共诫勉21人。深入开展“一倒查六整治”，甄别处理不廉洁、乱作为干部34人，调整不适宜担任现职干部16人。同时，注重把长期扎根基层一线，在艰苦地区和复杂环境下心系群众、埋头苦干、实绩突出的干部纳入组织视野，制定《关于在“脱贫攻坚、五道五治”主战场上发现、储备、培养、跟踪、选用后备干部的实施办法》，掌握使用敢担当、善作为干部51人，培养储备各类后备干部139人。

(四)干部素质全面提升。制定干部能力提升3年计划，打出了提升干部综合素质“请进来、走出去、课题式”组合拳。一是请进来。邀请省内外专家举办“一周一主题”讲座14期，培训各级干部3500余人次；二是走出去。一方面有针对性地分期分批组织干部外出跟班学习，另一方面针对重点工作、重点任务组织“小分队”式外出参观考察学习，首批选派56名优秀干部到河北涉县跟班学习，取得良好效果。三是课题式。由县领导领题，1名科级干部召集，3—4名干部组成一个课题组。按照“课题研究—项目招商—成果落地”“三合一”模式，把各项工作任务课题化、项目化、具体化。目前精选的29个课题全面启动，以此引领全县各项事业加快发展。

(五)基层党建扎实推进。对照“三基建设”2017年需要完成的56项任务和铺开的12项任务，坚持问题导向，采取“五化”措施，着力补齐工作短板。下拨各项党建工作经费287万元，解决了党建经费保障不足问题；制定“三步四循环”“一图一簿”，印制了《农村基层党建工作台账》，开展“5+X”主题党日活动、解决组织生活制度不规范问题；圆满完成村（社区）“两委”换届工作，从致富带头人、农村专业合作社负责人、乡土人才、退伍军人中选任党组织书记75名，乡镇下派党组织书记6名，解决“人难选、选人难”问题；集中推进“百日攻坚”行动，非公和社会组织党组织覆盖率分别达到90.4%和81%，解决党组织覆盖率不高的问题；为2016、2017年新建和改扩建71个村级组织活动场所下拨建设补助资金192万元，解决村级组织活动场所不能正常使用问题；拨款500万元作为引导资金，完成142个村集体经济“破零”工作，破零率达到94%，解决村集体经济薄弱问题。

(六)正风肃纪驰而不息。以钉钉子精神把作风建设往深里抓、宽里抓、实里做，紧盯元旦、春节等重要时间节点，狠抓“四风”新动向、新表现。扎实推进巡视巡察整改自行“回头看”和县级巡察工作，市委要求限期完成的3批52项和我县主动延伸查找的10方面整改任务，全部如期完成整改；县级第一轮、第二轮巡察已全部完成，第三轮巡察正在推进。2017年，全县共查处违反中央八项规定精神和“四风”案件11件，党纪政务处分12人，组织处理1人。“礼金红包上交专户”收缴违纪款45.41万元。及时回应社会关切，先后立案查处涉毒案件107件，处分107人。始终保持惩治腐败的高压态势，2017年，共处置问题线索485件，处分205人，其中乡科级干部34人、一般干部13人。全面从严治党向基层延伸的效果明显增强，监察体制改革“1+1>2”的效果得到初步显现。

(岳琛琛)

附：中共黎城县委书记、副书记、常委名单

书　记：郜双庆（3月离职）　杨红旗（7月任职）

副书记：牛晨霞（女）　郭卫斌

常　委：张晓明　魏振东　任江鸿　田晓赋　杨学武　岳保国　叶振东（4月任职，挂职）

中共襄垣县委工作概况

县委书记　胡三虎

2017年，中共襄垣县委在省委、市委坚强领导下，按照省委“一个指引、两手硬”的重大思路和市委的总体要求，观大势、谋全局、抓大事，团结带领全县广大党员干部群众，心往一处想、劲往一处使，大干苦干，攻坚克难，全县经济社会发展呈现出蓬勃向上的良好局面。

主要经济指标

2017年，全县地区生产总值完成183.5亿元，增长8.9%；工业增加值完成126.25亿元，增长10.82%；固定资产投资完成75.98亿元；地方财政收入完成16.23亿元，增长18.4%；社会消费品零售总额完成28.86亿元，增长7.5%；城镇居民人均可支配收入完成33935元，增长7.1%；农村居民人均可支配收入完成14610元，增长7.1%。从总量上看，地区生产总值、工业增加值、固定资产投资、财政收入等主要指标位居全市第一、第二，为全市经济增长继续做出重大贡献，襄垣工业大县、经济大县的地位进一步得到巩固。

政治生态

2017年，始终把抓好党建作为最大政绩，推动全面从严治党向基层延伸、向纵深发展。主体责任更加紧实。深入开展“维护核心、见诸行动”主题教育，扎实推进“两学一做”学习教育常态化制度化；广泛开展“十个一”主题实践活动，掀起了学习贯彻十九大精神的高潮；扎实推进监察体制试点改革，成立了全国首家县级监察委员会，实现了乡镇和县直部门监察全覆盖。巡视巡察“回头看”整改任务全面完成，党风廉政综合考评名列全市第一。“三基建设”全面加强。坚持“人往基层走、钱往基层投、政策往基层倾斜”，选派第一书记、驻村工作队、挂职干部到乡村帮扶。财政用于党建的投入达到8237万元，乡镇“五小”工程、周转房和村级活动场所改造全面完成。依托光伏发电等产业，126个集体经济收入万元以下村平均增收2万元，全县323个行政村全部实现集体经济“破零”。农村(社区)“两委”换届在全市率先圆满完成。民主法制不断强化。全力支持人大及其常委会依法履行职能，大力支持政协开展政治协商、民主监督、参政议政各项工作。认真研究群团改革事项，支持人民武装建设，把党的领导体现在全领域、各方面。稳步推进司法体制改革，加大省级法治示范县创建力度，扎实推进法治襄垣建设，努力营造良好的法治环境。正风肃纪持续推进。牢固树立“四个意识”，严格执行八项规定，开展明查暗访、专项检查500余次，查处违反中央八项规定精神案件8起66人。积极运用监督执纪“四种形态”，坚持抓早抓小，分门别类“治病救人”，腐败存量大幅减少、增量有效遏制，共处置问题线索464件（次），同比下降6.4%，给予撤职以下轻处分78人、撤职以上重处分75人。严惩极少数、严管大多数的治理格局逐步形成，全县上下风清气正、政通人和，政治生态实现由“乱”转“治”。

干部士气

2017年，坚持正确的用人导向，按照“信念坚定、为民服务、勤政务实、敢于担当、清正廉洁”的“20字”好干部标准，调整科级干部14批247人，调出了新干劲、新气象和新的精气神。特别是在“五道五治”这场攻坚战中，全县各级干部都得到了锤炼，经受了考验，增长了才干，无论是县直部门、国有企业，还是乡镇农村，都涌现出了一批能干事、会干事、干成事的好干部，全县上下人心思干、人心思进，形成了你追我赶、你赶我超，百舸争流、千帆竞发的喜人局面。

宣传文化

2017年，始终把意识形态工作作为一项极端重要的任务紧紧抓在手上，统筹推进思想、舆论、文化等各项工作，为全县发展凝聚了强大正能量。创造性采用“新闻发布+采风”模式，举办了全县2017年20项重点工程竣工新闻发布会，受到媒体的广泛好评。严格执行党委（党组）意识形态工作责任制，确保了意识形态领域可管可控。采取日常监控和突发事件重点监控相结合的办法，对网上舆情进行24小时不间断监控，发现负面舆情及时上报和处置。实施公共文化服务提档升级工程，农村体育健身场所、农家书屋实现全覆盖，农村数字电视覆盖率达到95%以上。加强文化服务供给，组织开展了送戏下乡、非遗进校园、戏曲进校园等一系列主题文化活动，满足了群众的公共文化需求。积极推进第三批乡村文化记忆工程，完善了西营、下良、王村三个乡村文化记忆展览馆建设。《法显》《豫让与襄子》等一批文艺精品获得省市多个奖项。大力培育和践行社会主义核心价值观，在古韩中街、襄子广场规划建设了社会主义核心价值观一条街和主题广场；在古韩镇栗家岭村建设了“家风苑”；在善福乡郄家烟村建设了“好人广场”，受到省、市领导的高度评价。

重大项目

2017年，按照“转型上高端、延伸抓循环”的思路，扎实推进了一批以煤化工为主的重大项目建设。全省的转型标杆项目潞安180去年底产出“第一桶油”；全省规模最大的聚氯乙烯生产企业瑞恒化工，去年底产出“第一袋米”（聚氯乙烯树脂粉）和“第一袋面”（烧碱）；投资45亿的乙二醇项目也在紧锣密鼓推进，预计2018年6月底正式投产，届时将产出“第一桶酒”（乙二醇）；山力铂纳、奥鹏轮毂、恒昌元电池、襄子老粗布、丰煜照明等企业进一步发展壮大，呈现出了煤与非煤齐头并进、国有民营比翼齐飞的良好态势；全力支持国家重点项目太焦高铁建设，在全线创造了重视力度最大、抵垫资金最多、拆迁速度最快、安置回迁最好、配套建设最全“五个之最”，受到省、市领导和大西高铁建设者的高度评价和广泛赞誉；农业产业化加快推进，林盛果业“晋襄林盛”梨出口美国，实现了全市水果出口零突破，极大提升了我县特色水果品牌的知名度和美誉度；以侯堡镇安沟村、西营镇花豹拐村为代表的农村电商平台悄然兴起，为农民增收注入了新鲜血液。

城市建设

2017年，继续坚持“五化同步、建管并重”，继续把主要精力集中在“半拉子”工程上。对襄子广场、森林公园、新二中周边等20多处近10万平米地块进行补植补种，县城绿化覆盖率达到35%；供水供气管网改造顺利完成；供热二期管网配套全面完工，把党和政府的温暖送到了千家万户；和美苑一期672套经济适用房全部分配入住，二期600套公共租赁性住房全部分配到户；投资2380万元新增公共自行车1000辆，新设站点50处，实现了居民“绿色骑行”全覆盖；坚持既要“面子”，又要“里子”，新华书店巷、南新西巷等5条县城背街小巷改造全部完成，极大地方便了群众出行；古韩大道完成了绿化、亮化，真正成为了一条迎宾大道；东湖公园亮化、绿化、美化进一步提档升级。

民生福祉

2017年，瞄准“出县一级路，到乡二级路，进村三级路，入户水泥路”的目标，大干交通，改造县乡公路100多公里，完成自然村出行难、行政村畅返不畅道路280公里，新建农村旅游路2条15公里，新安装农村候车亭49个，交通工作综合排名全市第一，被列为“全省四好农村公路示范县”和“全省交通运输综合服务一体化试点县”，受到了省交通厅充分肯定，并获得奖补资金4500万元；坚持教育优先发展，师资队伍全面加强，素质教育、均衡教育扎实推进，教育教学质量稳步提升，山西机电职业技术学院襄垣校区建设加快推进，可望今年秋季正式招生；积极推进县乡医疗机构一体化改革，组建了医疗集团，改造了3个乡镇卫生院，完成33个村卫生所标准化建设。特别是投资1300多万元的县医院介入导管室建成投用，实现了与北京阜外医院远程联合会诊，让广大心脏病患者“足不出县”就能享受到首都优质的医疗资源，极大地减轻了患者的精神负担和经济负担；持续加大脱贫攻坚力度，1200名建档立卡贫困人口实现脱贫，贫困户的户容户貌、贫困人口的精神面貌均发生了翻天覆地的变化。每年每户资产收益3500元、光伏发电收益2000元的真金白银，实实在在地落入了贫困户的腰包。

生态环境

2017年，严格按照中央和省、市要求，铁腕治污、高限处罚、严查严办，取缔散乱污企业75个，责令限产停产55家，立案查处环境违法案件76起，共处罚款890余万元。特别是在大气环境综合整治上，实施工业企业错峰生产，取缔了县城所有的燃煤锅炉，各乡镇办公场所全部采用了空气能+电能供暖；积极响应省市号召，推行主城区机动车限号限行和禁止燃放烟花爆竹两大举措，大打了一场漂亮的秋冬季大气污染防治攻坚战。积极推行河长制，我县的做法受到水利部和省市的高度肯定。在“五道五治”这场战役中，按照省市统一部署，共拆除违建50万平米，栽植树木30万余株，砌筑护坡挡墙5万立方，清理垃圾200多万吨。制定了城乡环境卫生一体化长效管理办法，坚持一个干部干到底、一把尺子量到底、一把扫帚扫到底，强力推进了城乡环境卫生一体化进程。开展了“百户洁净家庭”评选活动，起到了“一带十、十带百、百带千家万户”的巨大辐射带动作用。经过一年多的奋战，城乡面貌发生了明显变化，农村人居环境得到显著改善，基本实现了“路路可看、村村可进、户户可入”的目标。全省农村人居环境集中整治现场会、全市“五道五治”现场会在我县召开，会议之后，全省所有县区和省外20余个县区纷纷前来参观学习，对我县的做法给予了高度评价和广泛赞誉。

社会大局

2017年，严格落实“党政同责、一岗双责”，以“四铁”精神狠抓安全生产，紧紧抓住煤矿和危化两个重点，紧紧扭住消除隐患这个“牛鼻子”，充分发挥瓦斯和防治水“两个办事处”的作用，充分发挥危化专家会诊排查作用，确保了煤矿和危化企业的安全生产，全县安全生产形势持续稳定好转，全年未发生较大以上安全事故。坚持依法解决问题，减少信访存量，遏制信访增量，全县信访流量大幅下降。深入开展社会治安专项整治行动，始终保持禁毒高压态势，广泛开展了十里长街游行等一系列禁毒宣传教育活动，建设了禁毒主题公园，禁毒教育基地建成投用，襄垣县的禁毒工作受到国家、省、市禁毒办的充分肯定。

改革创新

2017年，按照“破困局、解难题、清障碍、除顽疾、化风险”的思路，扎实推进了开发区、财税体制、国资国企、投融资体制、县乡医疗一体化、土地确权、集体产权制度、社会保障、公共文化服务等各项改革，为全县发展注入了不竭动力。

（李　凯）

附：中共襄垣县委书记、副书记、常委名单

书　记： 张志刚（9月离职）　胡三虎（9月任职）

副书记： 孙泽强

常　委： 桑爱平　贺思宇　李智越　王振力　贯林波　边军强　杜建伟

中共武乡县委工作概况

县委书记　胡　坚

2017年，武乡县委认真学习贯彻党的十九大精神特别是习总书记视察山西重要讲话精神，全面落实省委、市委各项决策部署，坚持以脱贫攻坚为统领，全力推进产业转型、项目建设、生态环保等“八大工程”，弘扬太行精神、奋力迎难而上，全县经济社会持续健康发展。

一、提高政治站位，加强党性锤炼，坚持用习近平新时代中国特色社会主义思想武装头脑

县委始终把政治建设摆在首位，把学习宣传贯彻党的十九大精神作为首要政治任务，加强理论武装，强化党性锤炼，提高政治站位，保持政治定力，坚决维护核心、拥戴核心、紧跟核心，坚决维护党中央权威和集中统一领导，始终在政治立场、政治方向、政治原则和政治道路上同习近平同志为核心的党中央保持高度一致。一是强化学思践悟。认真落实习总书记“在学懂、弄通、做实上下功夫”重要指示精神，以建设“两学一做”学习教育常态化制度化示范点为抓手，围绕开展维护核心、见诸行动主题教育，县委理论学习中心组坚持周二、周四学习制度，集中学习31次，认真学习党的十九大精神、习总书记视察山西重要讲话精神、《习近平总书记的成长之路》《习近平的七年知青岁月》《弘扬红船精神、走在时代前列》等篇目86篇，组织开展学用习总书记系列重要讲话交流研讨会、“百名宣讲员、千场报告会”活动以及“重温入党誓词、缅怀革命先烈”主题党日活动，举办科级干部学习党的十九大精神专题轮训班5期515人，县处级领导干部带头深入一线宣讲97场次。二是弘扬太行精神。认真学习贯彻习总书记视察武乡提出的“四个始终保持”重要指示精神，把弘扬红色文化、传承红色基因与加强党性教育、加强党内政治文化建设相结合，进一步坚定老区党员干部听党话、跟党走的理想信念。特别是抢抓我县被确定为全省党性教育基地的机遇，举全县之力建设太行干部学院，2017年6月27日正式挂牌以来共开展培训150余期，学员突破万人。

二、下足绣花功夫，攻克深度贫困，脱贫攻坚实现再战再胜

认真贯彻落实习总书记在深度贫困地区脱贫攻坚座谈会上提出的“八条要求”，牢固树立“打不赢脱贫攻坚战，就对不起这块红色土地”的理念，按照市委“健康为本、教育为基、就业为重、产业为要”的基本思路，制定出台10项精准扶贫政策，精准推进“一村一品一主体”、特色产业扶贫、电商扶贫等脱贫举措，脱贫攻坚实现再战再胜。在电商精准扶贫上，着力打造“整村微店”“一店带多户”“扶贫创客小院”模式，建立村级电商服务站233个，发展网店、微店6562家，网络销售农产品9353万元，直接带动2318户贫困户6954人人均增收1000元以上，全省电子商务进农村综合示范暨电商扶贫工作现场会在我县召开，全省“千企帮千村”产业扶贫项目观摩暨“重走万里茶路”晋商回乡上党行活动在我县举行，我县先后3次在全国、全省电商精准扶贫座谈会和现场会上作了交流发言，央视财经频道“厉害了我的国·中国电商扶贫行动”第十站走进武乡县岭头村进行现场直播。在党建促脱贫上，大力推行“党建+特色产业”“党建+电商扶贫”“党建+美丽乡村”“党建+驻村帮扶”等模式，充分发挥了党建引领作用。2017年，全县共有4317户11800名贫困人口顺利脱贫，75个贫困村

退出，贫困发生率从2016年的14.75%降到6.75%。

三、贯彻新发展理念，加快三次产业转型升级，全力推动经济持续健康发展

县委始终坚持对经济工作的领导，紧紧围绕省委“三大目标定位”和市委“打造山西重要增长极、建设省域副中心城市、建设老工业城市和资源型城市转型升级示范区”部署要求，抢抓国发42号文件政策机遇，全面落实省《实施方案》和市《行动计划》，大力实施创新驱动、转型升级战略，全县经济发展总体健康平稳。2017年，地区生产总值完成57.4亿元，增长6.4%；规模以上工业增加值完成28.4亿元，增长3.03%；固定资产投资完成18.6亿元，增长6.2%；地方财政收入完成3.6亿元，增长6.86%；社会消费品零售总额完成14.34亿元，增长7.2%；城镇居民人均可支配收入完成22574元，增长7.2%；农民人均纯收入达到6593元，增长10.8%。特色农业发展方面，坚持特色种植、规模养殖、农产品深加工“三轮驱动”，扎实推进农业供给侧结构性改革，特色杂粮种植面积达到15.9万亩，新建5500亩道地中药材规范化种植基地，新发展430亩设施蔬菜（食用菌）和1800亩露地蔬菜，建成9个标准化规模养殖小区，创立了“武乡小米”区域公共品牌，并正式通过国家农产品地理标志认证。新兴产业培育发展方面，坚持以深化“供改”和“综改”为主线，武乡经济技术开发区管委会正式挂牌；山东信发、中国五矿、王家峪煤业集团增资扩股全面完成；关闭退出太行王家峪、庄底煤业120万吨产能；兴源钙业硅基复合材料、山予钙业纳米碳酸钙、潞安50MW光伏发电等新材料新能源项目扎实推进。文化旅游产业发展方面，扎实推进国家全域旅游示范区建设，太行龙湖养老公寓、红色旅游路二期扎实推进，建设石盘泉之头、故县五村等旅游乡村12个，成功举办第七届八路军文化旅游节，荣获全国首批“中国红色地标”荣誉称号。2017年全县共接待游客466.89万人次，同比增长29.5%，旅游综合收入达到42.66亿元，同比增长25.32%。

四、以造福人民为最大政绩，全面提升群众的获得感、幸福感和安全感

认真践行以人民为中心的发展思想，以增进民生福祉为根本目的，狠抓教育、卫生、社会保障、基础设施建设等民生工程，完成5所幼儿园改扩建、16所农村寄宿制学校标准化建设和28所寄宿制学校厕所和浴室改造，全县学前三年毛入园率达到90%。投资144.4万元为151个贫困村卫生室配备设施设备，县中医院门诊住院楼项目主体完工。建成老年人日间照料中心13个，武乡县社会福利服务中心老年公寓主体完工。“四好农村路”、饮水安全巩固提升等工程有序推进。扎实推进城市建设，新区道路、城建环保北段棚户区改造、上城移民小区、中医院门诊楼、和平广场停车场顺利开工建设，太焦高铁连接线、糠醛厂棚户区改造、丰州北路、红旗路改造、农村垃圾集中治理有序推进。认真贯彻落实总体国家安全观，从严落实“党政同责、一岗双责”，把维护党的十九大期间安全稳定作为重要政治任务，深入开展安全生产大检查大整治和信访稳定“大排查、大化解、大接访、大下访、大攻坚”专项行动。全县安全生产形势总体好转。

认真落实习总书记“亲力亲为抓改革、扑下身子抓落实”重要指示精神，严格按照省委“三个三”基本要求和基本方法，扎实推进全面深化改革。监察体制、国企国资、供销社综合、医疗卫生体制、旅游体制、农村土地确权登记颁证、深化群团改革等各项改革扎实推进。

认真贯彻落实习总书记“绿水青山就是金山银山”的生态文明建设理念，从严狠抓环保整治，纵深推进“五道五治”，持续推进兴水、造林、治污战略。全面落实河长制和湖长制，广志水库主体完工；关河水库供水东干线工程顺利开工。全县完成营造林3.7万亩，森林覆盖率达到25.8%。中央环保督察组、环保部“2+26”大气污染防治强化督查组交办我县113件环保问题，已全部整改完成。

五、认真履行主责首责全责，推动全面从严治党向纵深发展

认真贯彻落实习全面从严治党要求，坚决扛牢全面主责、首责、全责。一是从严履行主体责任。县委坚持每月听取1次党建工作汇报，县委常委会28次专题研究党建工作。县委书记胡坚先后48次深入基层开展党建调研，协调解决实际问题67个。层层压实扛牢责任，严格落实县级领导包联乡镇和分管部门抓党建责任制，同时严格履行意识形态领域主体责任，定期听取意识形态工作汇报4次。二是全面加强“三基建设”。认真落实省委“8+5”要求和“25条措施”，扎实推进“两学一做”学习教育常态化制度化示范点建设，创建3个市级示范点和40个县级示范点。坚持“学、创、提、争”四步工作法，持续引深“1+5”包联整顿、“星级创建”活动、党务村务“两面公开墙”等创新举措，整顿软弱涣散党组织37个，291个村集体经济收入实现“破零”，撤并行政村55个，328个村“两委”换届圆满完成，农村党建工作经费、乡土人才回归创业、农村“两委”主干待遇报酬、乡镇干部周转房等全部落实到位。对照市委“三批整改任务”，梳理问题42个，自查问题23个，全部整改到位。三是持续深化党风廉政建设。坚持标本兼治，正确把握运用“四种形态”，严格落实中央八项规定精神，进一步强化正风肃纪，驰而不息狠刹“四风”。扎实开展巡视巡察整改自行“回头看”工作，梳理问题36个，制定整改措施140项，全部整改落实到位。深入开展扶贫领域不正之风专项治理，查处违纪违法案件26件，组织处理和党政纪处分41人，移交司法起诉1人。加大涉纪信访案件化解力度，32件涉纪信访重点案件已办结27件，处理违反中央八项规定精神案件14件16人。顺利完成对9个乡镇25个县直单位三轮巡察，覆盖率35.4%。2017年，共立案100件，结案102件（含2016年结余案件2件），给予党纪政务处分137人，同比增长22.12%，其中处分科级干部22人，构建了风清气正的良好政治生态。

（赵广军）

附：中共武乡县委书记、副书记、常委名单

书　记：胡　坚

副书记：阎新平　刘英魁（5月离职，挂职）

顾昭明（5月任职，挂职）　路晓波

常　委：王淑英（女）　李军印　王书文

刘水源（11月离职）

张志鹏（11月离职，挂职）　元海波

吕志刚　刘钢平　贾志军（11月任职）

中共沁县县委工作概况

县委书记　卢展明

2017年，沁县县委坚持以习近平新时代中国特色社会主义思想为指引，深入学习贯彻党的十九大精神和习总书记视察山西重要讲话精神，全面落实省市各项决策部署，紧跟核心，聚力攻坚，全县经济社会发展取得新进展新成效。

一、发展质量明显提升

主要经济指标平稳增长。地区生产总值完成25.0774亿元，同比增长7.1%；规模以上工业增加值全年完成28120.2万元，同比增长14.39%；固定资产投资全年完成15.9793亿元，同比增长6.3%；社会商品零售总额全年完成10.5125亿元，同比增长6.9%；城镇居民人均可支配收入全年完成18835元，同比增长7.7%；农村居民人均可支配收入全年完成6046元，同比增长7%；地方财政收入完成1.0271亿元，同比增长9.71%。

项目建设成效显著。全县确定65个重点工程项目，累计投资20.3亿元。谋划包装沁县污水处理厂提标改造、沁县垃圾处理厂、县城至太焦高铁快速通道等8个PPP项目，总投资25.99亿元。其中6个项目均已通过省市审定，纳入长治市政府和社会资本合作项目储备库。

招商引资取得新突破。新引进签约项目28个，签约金额105.4亿元，完成市下达任务75亿元的140.5%，完成率全市排名第三。落地开工项目17个；全年招商引资到位资金11.75亿元，完成市下达任务11亿元的106.8%。

特色产业迈向高端。成功创建长治首个国家级出口食品农产品质量安全示范区，沁州黄小米入选全国百强农产品区域公用品牌，进入《2017中国好粮油企业产品名录（第一批）》，全省仅有三家。沁州黄小米产业发展成效先后登上央视新闻频道、朝闻天下、财经频道、央视十套《文明密码》，叫响中国名米品牌；沁园春矿泉水获得“全国质量检验稳定合格产品”“全国质量信得过产品”称号，并通过欧盟CE体系标准认证。沁园春矿泉水公司获得“全国产品和服务质量诚信示范企业”。

全域旅游创建提速。牛寺乡走马岭村申报为山西省休闲农业和乡村旅游示范点，208国道至南涅水石刻馆和208国道至玉华山旅游公路顺利推进，环湖旅游路开工建设，水城旅游步入快速发展阶段。

二、“三农”基础更加坚实

推进农业供给侧结构性改革。农村土地确权登记工作全面完成，土地“书面流转”31637亩，农民专业合作社1190家，家庭农场49家，全县有机认证面积30万亩。

推进脱贫攻坚。强力推进精准扶贫。一是创新实施“五种三养”特色产业扶贫（“五种”即沁州黄谷子、酿酒高粱、蔬菜、中药材、油用牡丹种植，“三养”即肉鸡、生猪、肉牛三项养殖）。全县沁州黄谷子种植10万亩，带动4000户贫困户，户均增收750元；高粱种植5万亩，带动1164户贫困户，户均增收1625元；蔬菜种植12000亩，带动相关贫困户户均增收3万元；中药材种植3万亩，带动3120户贫困户，户均增收560元；肉鸡、生猪、肉牛三项养殖年出栏新增460万头（只），分别可带动2488户贫困户户均增收6000元、3600元、3660元；种植油用牡丹3.6万亩（潞安集团已和农户签订种植合同），辐射带动贫困户9273户，三年后每亩可增收3000元以上。二是在全市率先探索实施肉鸡养殖“1558+”金融扶贫模式（“1”为一年扶持1000个贫困户；第一个“5”为5年时间；第二个“5”为每户贷款5万元；“8”为金和生公司按贷款的5万元给予贫困户的固定比率资产年收益8%，即4000元；“+”为政府扶贫给予的贴息部分2000多元也由贫困户享有）。全县肉鸡出栏量1450万只，每个贷资入企贫困户每年可增收6000多元。小额信贷7860万元，为推动金融扶贫提供沁县范式。三是按照深度贫困人口每人配套产业发展资金0.5万元的标准，财政专项列支688.5万元用于脱贫产业发展；基础设施、公共服务设施建设县财政保证11个深度贫困村通电、通水、通路、通网。四是建立化解“支出型贫困”长效机制。扶贫切块资金用于为贫困户上缴大病补充保险和人身意外伤害保险（每人28元），实现全覆盖。57个村3531户10008人达到退出标准，接受省级第三方评估和省市督查考核，并对退出贫困村的患大病贫困人口实行免费住院治疗。特别是，省政府给予沁县与国定贫困县同等的扶贫优惠政策，为圆满实现脱贫摘帽提供重要保障。

三、民生保障显著增强

坚持优先发展教育。争取资金1亿多元，对60所学校实施“全面改薄”项目，对17所学校进行寄宿制标准化建设。高考本科以上达线560人，为历史上最高一年。2017年山西省教学成果奖评选中，县教科局获特等奖，县实验中学获二等奖。

坚持做好就业创业工作。城镇新增就业1796人，农村剩余劳动力转移3100人，建档立卡贫困劳动力培训完成全年任务的156%。

全面推进健康沁县建设。沁县医疗集团挂牌成立,基本药物制度实现全覆盖,城乡居民医疗保险参合率99%。沁县被中国城市环境卫生协会授予 “沁县创新环卫城乡一体化银质奖”;被省政府、省卫计委评为“2016年新一轮计划生育优质服务县”“省级妇幼健康优质服务示范县”称号;沁县连续14 年荣获“省级卫生县城”称号;

协调推进城乡建设。融资7.4亿元,推进城南保障房、西湖美景、旧城改造、垃圾处理等城市基础设施建设,县城垃圾填埋场投入使用,县城主干道新建工程完成立项。沁县申报为2017 年美丽乡村建设县,其中绿色村庄申报50个,传统村落7 个。

纵深开展“五道五治”。在省道南沁线松村乡沁武交界、太长高速连接线次村乡沁襄交界、省道南沁线沁沁交界、208国道新店镇沁襄交界出口,实行“建护坡、修水渠、治便道”综合治理;打造沁县现代农业产业开发区、沁州黄、阏与之战和农耕文化景观; 全县306个行政村设立石头村名标识牌;将“五道五治”、“四好农村路”建设、脱贫攻坚结合起来,开工建设74 个项目144.272公里,其中,完成脱贫村“四好农村路”项目52 个73.5公里;投资1.5亿元,实施208国道至玉华山森林景区旅游公路和208国道至南涅水石刻馆旅游公路建设项目;以PPP模式融资建设环湖旅游公路、沁县至太焦高铁武乡西站一级公路项目开工建设。全县“五道五治”累计拆违2103 处54.5万平方米,腾退土地90.2万平方米,建护坡4.8万立方米,修水渠8.4万立方米,治便道12.8万立方米,城乡面貌焕然一新。

四、生态优势愈发彰显

县城环境空气质量PM2.5年均浓度为52微克/立方米,县城环境空气质量二级及以上天数268天, 优良天数比例为73.95%;高位推进“蓝天保卫战”,动用全县十余辆洒水车,每天三次对县城街巷道和临街门店区域进行清扫冲洗。用雾炮车对县城重点工程施工等区域进行不间断作业;强力推进“三个清零”,主城区内56台燃煤锅炉全部淘汰清零,县域内25 家“散乱污”企业全部按照“两断三清”标准予以取缔,29台黄标车及老旧车辆淘汰清零;在主城区和各重点区域禁止燃放烟花爆竹,空气质量显著改善,全市排名第二;投资3800万元山西襄矿集团沁县华安焦化有限公司环保提标升级改造工程全面完工。投资6500万元建设全封闭堆煤场完工;投资955 万元的县城南关、育才、北关社区生活污水管网改造项目全面启动;投资1218万元对漳河、迎春河、浊漳河、下曲峪河道提档升级;新增县城集中供热面积63万平方米;推进省级园林县城建设, 县城绿化覆盖率、绿地率分别46.8%、39.5%。全县完成造林绿化4.56万亩,森林覆盖率排名全市第三。“北方水城、美丽沁州”的生态优势得到拓展和提升。

五、党建取得新进步

干部素质提升。抽调15人组成5个督导组对全县115个单位开展督导,通报批评干部19名;为县委办、县纪委监委、人社局、总工会等10个县直单位和定昌镇、册村镇等10个乡镇调整配备领导干部45名;完成14名市人大代表候选人初步人选、9 名市政协委员的推荐考察、县监察委员会主任、市人大代表选举和工会换届工作; 与26名调整提拔干部、84名试用期满干部和38名新录用干部开展专题谈心谈话; 有6名干部因实绩突出、敢于担当被提拔为乡镇党委书记,16名党员领导干部因工作不力、履职不到位受到组织处理;对违反回避制度的4名干部调整岗位、35名拟提拔干部进行严格审查;对13 名在“五道五治”工作中落实不力的干部进行提醒谈话、对驻村帮扶措施不力、落实脱贫攻坚不力的66名干部进行提醒谈话、5名干部进行诫勉谈话;对在同一岗位任职满5年、满8 年的科级单位领导干部进行轮岗交流,交流比例78.4%。

“三基”水平提高。采取县处级领导、乡镇包片领导、驻村工作队的三方包联制集中整顿30个软弱涣散农村党支部、1 个社区党支部和3个换届存在较大困难的重点难点村;全县305 个农村党支部、6个社区党支部全部完成换届工作;全面推行 “411党建考评机制”“一单一卡一表”制度,沁县《一单一卡一表 强化组织生活实效》案例被推荐为全省维护核心见诸行动主题教育典型; 联合联通公司对288个具备改造升级的党员干部现代远程教育站点进行改造升级;《沁县“三突出”确保第一书记履职》经验做法在全省组织部长会上交流,《中国组织人事报》刊登沁县经验做法。

六、纪检监察取得新成效

监察体制改革稳步推进。 严格落实省纪委提出不增加机构,不增加职数,不增加编制的要求,全面完成编制和人员划转。转隶后县纪委增设2个执纪审查(调查)室,副科建制,其中执纪监督与执纪审查科室设置比例为2:1。出台《沁县纪委监委执纪监督监察工作制度》《沁县纪委监委审查措施使用规范》等配套制度;推开乡镇监察试点,13个乡镇任命26名监察员;推开派驻机构工作。撤销22个派驻纪检组,设置9个县纪委监委派驻纪检监察组和1个派出纪工委。

从严治党向纵深发展。 2017年3月4日, 沁县监察委员会成立。党的纪律检查委员会、监察委员会合署办公,履行党的纪律检查和国家监察两项职责。共受理各级各类涉纪信访举报件156件,检举控告量146件次。其中上级纪委交转118件(中纪委交转20件, 省纪委监委交转48件, 市纪委监委交转50件), 占受理量的75.6%, 其他部门转办1件, 占受理量的0.6%, 本级自收37件,占受理量的23.7%;运用“四种形态”共处置反映问题线索437件。全年共有41名党员领导干部、2个党组织被追责问责, 其中批评教育3人, 责令书面检查14人、2 个党组织,通报批评3人,诫勉4人,给予党政纪处分15案26 人。涉及科级干部24名;开展明查暗访12次,在节假日累计开展监督检查196次,检查单位183个、车辆1600余辆、饭店63 家、旅游景点3个、大型超市2个,发现违规线索21个,查处违反中央“八项规定”案件10起,给予党纪政纪处分10人;10 个督查组已经走访155个贫困村1182户贫困户,检查项目103 个,累计上报134个,其中涉及项目资金42个,政策落地

54个，领导责任5个，干部作风33个，已经整改107个(其中移交县纪委监委线索11个)整改率80%。另外省委督导抽查组反馈问题5个，全部整改到位。共建立扶贫领域问题线索台账33件，已经办结21件(了结3件，查实18件)，给予党政纪处分16人，其中警告4人，严重警告8人，撤销党内职务2人，留党察看一年、行政撤职1人，开除党籍1人。共查处并上报群众身边的腐败问题22案，给予党政纪处分25人。

七、精神文明取得新进展

舆论引导能力显著提升。“智慧沁县”手机台总访问量4902707次，同比去年增加58%，注册用户总量15497名，使用用户总量为46619；沁县新闻中心开通沁州新闻网、沁州新闻电子报、沁州新闻微信平台，进入“一报三网”新时代；在《山西日报》《山西经济报》《前进》《山西政协报》《山西农民报》《山西科技报》《长治日报》《上党晚报》等上级主流媒体刊发各类稿件320多篇，在新华网、人民网、搜狐、新浪、黄河网、山西新闻网等各大网站刊发、转登各类稿件1800多篇次，在长治电视台《长治新闻》发稿100余条，在山西电视台发稿5条，在中央电视台发稿5条；组建19个党委、工、青、妇等党群组织的60人的网评队伍。累计完成各类网评任务5000余条。监测上报政治类有害信息100余条。处置各类舆情事件10余起。

群众文明素养提升。建立核心价值观主题公园2个，在全县设立120余幅善行义举榜；10人获“长治市首届当代乡贤”，9人入选“长治美德少年”，陈鹏远入选“山西美德少年”，赵雪莲获“山西省十大孝星”、长治市第五届道德模范，郭爱梅获“十大孝星”提名，李旭峰获“见义勇为”中国好人称号，并获得“第六届全国道德模范”提名奖；开展环境整治志愿服务12次，工青妇志愿服务16次；在县城主要街道、公共场所和乡镇、村文化广场、文化墙分别张贴“图说我们的价值观”和“讲文明、树新风、弃陋习、塑形象”公益宣传广告1000余幅，在全县设立“善行义举榜、当代乡贤榜、家风家训榜、沁州好人榜”200多幅；评选表彰县级文明单位21个、文明乡镇6个、文明社区2个、文明景区3个、文明家庭18个、最美志愿者20名、最佳志愿服务项目4个、最佳志愿服务社区1个、最美志愿服务团体10个。新增国家级文明村1个，新创省级文明标兵单位1个、省级文明单位1个、省级文明乡镇1个。沁县荣获“省级文明县城”称号。

文化强县建设取得新进展。举办“山西沁州书会展演”活动，创作三弦书作品《十七棵松》，受邀参加全省首届文化艺术节和安徽举办的中部六省曲艺展演，并再次入选群星奖选拔赛；南涅水石刻馆被授予“中央美术学院等中国十大美术名校的美术写生基地”；继续对文化馆综合馆进行改造，新建非遗展厅、书画展厅、音乐教室等。电影院对楼顶，窗户，外墙顶层，浮雕，外墙，前挑沿进行维修，装饰并全部白化，安装LED灯管亮化。争取资金60万元，30万元为农家书屋购置图书，30万元为村级文化活动场所购置一台高品质音响。“扫黄打非”信息录入150多条，居全市各县区前列，获得“长治市扫黄打非先进集体”称号；“沁州黄米醋”“沁州书会”“柳仙庙的故事”入选省级非遗名录。

八、巡视巡察扎实开展

政治巡察向纵深发展。对6个乡镇和19个县直单位开展巡察，乡镇覆盖率69%，县直单位覆盖率为26%。巡察中，共张贴巡察公告243份，组织测评和问卷调查25次，召开座谈会32次，接待来访群众39批次，发现问题275个，问题线索187件。

突出巡前准备。组织全体巡察干部认真学习习近平总书记系列重要讲话精神、《习近平关于巡视工作论述摘编》《习近平关于全面从严治党论述摘编》、“两准则”“四条例”和其他党内法规；全面收集纪检监察、审计、组织人事、财政、信访等部门对被巡察单位有关情况和问题反映，及时在报纸、网络上公布巡察公告，设立专用举报信箱，开通信访举报专用电话，安排专人定点接访；落实“五账管理”办法(报账、交账、转账、查账、销账)，规范线索管理、移交、反馈、归档相关制度。制定巡察工作回避制度、巡察工作人员执行公务十不准、巡察工作保密制度等15项制度。

聚焦问题导向。把“党的领导弱化、党的建设缺失、全面从严治党不力”等方面存在问题作为巡察重点，紧盯“重点人、重点事、重点问题”，优先安排对经济活动多、专项经费多、扶贫资金使用多、群众较为关注的部门和单位开展巡察；盯住“弱缺不”问题(即：党的领导弱化、党的建设缺失、全面从严治党不力)和“损脱微”问题(侵占挪用、克扣惠民资金尤其是扶贫资金等损害群众切身利益的问题，不作为、乱作为、妄作为、胡作为等脱离群众的问题，雁过拔毛、村霸等微腐败、微权力问题)。

强化问题整改。严格对巡察发现问题线索进行分类和处理，建立问题线索清单和问题反馈台账；坚持党政领导双签收制度，准确、规范移交巡察发现的问题线索，传导责任压力；把回应群众期盼，增强群众获得感和受益感作为巡察工作的重要目标，加强问题整改力度；结合巡视巡察整改“回头看”，派出三轮督查组对各单位的问题整改情况进行督导检查。

九、综合治理取得新突破

综治工作规范化。依托县级新建档案馆，投资200余万元建成县级综治中心，13个乡镇设立综治机构，70多个单位全部聘用专职律师；采用PPP合作模式引进社会资本，投资3800万元，在县城市政道路、建筑物制高点及县境内国省道、主要交通要道路口安装高清探头设施设备490多路；健全联动应急处置工作机制，有公安、消防、武警专职巡逻巡警队员80余名，有农村治保队、民调会、巡逻队队员1300多名；县公安局投资230多万元，完成执法办案场所精细化升级改造工程；县检察院“互联网+阳光检察”工程，被省市检察机关肯定和推广；沁县连续五年被省综治委命名为“省级平安县”。

(禹耀忠)

附：中共沁县县委书记、副书记、常委名单

书　记：卢展明

副书记：张宏伟　郭爱斌
常　委：郗淑芳　冯　华（女）　田耀德　张东文
李　炜　陆　盛（5月离职）
高乐武（11月任职）

中共沁源县委工作概况

县委书记　金所军

2017年，中共沁源县委始终坚持以习近平新时代中国特色社会主义思想和党的十九大精神为引领，坚决贯彻落实中央、省委、市委各项决策部署，团结带领全县干部群众，以脱贫攻坚统领经济社会发展全局，凝聚各方力量，聚焦重点领域，全力攻坚克难，大干苦干实干，各项工作均取得了新的进展，全县经济社会发展呈现出稳中有进、多点突破、亮点纷呈、整体提升的良好态势。

一、脱贫攻坚再战再胜

坚决扛起脱贫摘帽这一历史重任，以脱贫攻坚统领经济社会发展全局，赴兰考和先进县区参观学习，先后召开动员大会、誓师大会，分战区作战，分片区竞赛，全面激发攻坚活力。全年共投入资金1.84亿元，重点实施产业、健康、教育、住房、金融等“十大工程”。投资5066万元启动实施了我县有史以来规模最大的农村危房改造。通过提供护林员、护河员、保洁员等公益事业岗位和企业就业岗位等方式解决2400多名贫困人口就业。开设“绿色沁源大讲堂”和“绿色沁源乡村小夜校”，讲政策育新风，有效激发贫困户内生动力。227名工作队长、139名第一书记和乡镇干部、党员队伍奋战在脱贫第一线，涌现出了李飞等一批信念坚定、对党忠诚、勤政务实、业绩突出的先进典型。目前，贫困村紫红村已按程序完成退出，贫困县退出14项指标全部达到标准要求，已完成市级初审和省第三方评估组检查核查。

二、经济指标创历史新高

经济运行稳中有进、稳中向优。2017年，全县地区生产总值完成136.3亿元，增长10.3%；规模以上工业增加值完成103.98亿元，增长15.55%，首次突破百亿元大关；固定资产投资完成50.16亿元，增长7.8%；社会消费品零售总额完成25.25亿元，增长8.1%；财政总收入完成30.44亿元，增长85.4%，首次突破30亿元大关；公共财政预算收入完成11.04亿元，增长75.1%；城镇居民人均可支配收入完成32507元，增长6.8%；农村居民人均可支配收入完成13714元，增长7.6%。各项指标均处于历史最好时期，全县经济运行整体呈现企稳向好、转兴转优的良好态势。

三、产业提质成效显现

认真贯彻落实国发42号文件精神，以“减”“优”“绿”为抓手，着力推进矿井技术改造升级和常源焦化、鑫能煤业等一批技改项目加快实施。借力“中国制造2025”和“工业4.0”，在沁新集团50万吨精密铸造产业项目汽车零部件铸造产品的基础上，积极对接高铁部件市场需求，引进高铁部件铸造技术，装备制造产业发展迈出了新的步伐；抓住新能源新材料政策契机，投产运行国电太岳山风电、联鸿光伏发电等新兴产业项目，实施了沁新锂电池负极材料、昌源宝珠砂铸造材料、通洲综合煤化工等一批新能源新材料项目，战略性新兴产业规模逐渐发展壮大；依托县域得天独厚的中药材资源和独具特色的农产品资源，围绕“一廊一带一园”打造六大绿色农业产业板块，坚持种植、加工、销售一体化原则，重点实施了太岳金豆豆公司豆制品加工、新康源公司万亩中药材抚育种植、兆丰源设施蔬菜等特色产业项目，县域多元经济发展特色格局渐显雏形。全年招商引资签约资金140.1亿元。灵空山康养特色小镇、琴泉山森林特色小镇创建工作全面展开，成功创建省级休闲农业和乡村旅游示范县。

四、城乡面貌大为改观

启动棚户区、城中村改造前期准备工作。投资2.13亿元提质改造108条186公里乡村道路，省道松罗至上滩段改建工程进入招投标阶段，国道上滩至新店上段完成水毁路面抢复工程，黎霍高速公路工程前期工作进展顺利。全力攻坚“五道五治”，累计拆违786处38.7万平方米，建护坡6.08万立方米，修水渠4.39万立方米，治便道16.21万平方米，县城实行“垃圾不落地”，乡村实行“垃圾进箱”集中清运，城乡人居环境不断提档，品位不断提质。编制完成“国际慢城”规划，打造了沁河体育健身慢廊和内河慢道，充分挖掘绿色生态、历史文化等比较优势，有机整合旅游资源，融合康养、体育、文化等元素，有机贯通景区景点，一体打造县城乡村，实现旅游业全域共建、全域共融、全域共享。

五、改革创新不断深化

全面深化监察体制改革，县监察委员会组建挂牌，向县一级党和国家机关派驻10个纪检监察组，14个乡镇设立了纪检监察员，对全县行使公权力公职人员的监督实现了全覆盖。狠抓重点领域改革，经济开发区建设有序推进，15家企业全部与所属党政机关脱钩，企业市场登记实现“十七证合一”，县域17条河流、3座水库全部设立县乡村三级河长，县医疗集团正式组建挂牌，司法体制改革试点工作全面推行，全县27个责任单位全部建立“一单两库一细则”，形成了同步受理、并联办理、限时办结、信息共享的审批工作模式，深化改革迈出坚实步伐。

六、生态环境持续改善

启动“保护绿色家园沁源在行动”全民活动，深入开展“铁腕治污”、秋冬季大气污染综合治理攻坚战等专项行动，实施环保提标改造企业5家，依法清理取缔“散乱污”企业27家。严格实行重点企业错峰生产、“双治理”等，大气污染、扬尘污染有效遏制。划定沁河源头生态功能区749平方千米，景凤水源涵养区湿地修复和龙凤河上游植被恢复工程稳步推进。

七、文化事业繁荣发展

深入践行社会主义核心价值观，建立完善“一约四会”“一墙三榜”，文明乡村创建全域推进。扎实开展“六风塑好人”传承教育工程，着力选树一批道德模范和当代乡贤，营造了尊贤尚贤的社会氛围。实施“文化惠民”工程，组织开展书画展、民俗剪纸展、摄影展等活动，开展送电影下乡3048场、送戏下乡200余场，城乡精神文明创建活动空前活跃。

八、社会事业协调并进

深化实施第二轮教育质量提升工程，扎实推进山大附中对口帮扶沁源一中工程，各级各类学校教育教学质量稳步提升。县人民医院、县中医院、县二院与省人民医院、省心血管病医院、省针灸医院等多家知名医院组建医联体。实施强化企业安全生产主体责任12项制度，完成5800余个生产经营单位安全生产挂牌，圆满完成十九大等重大活动期间的安全维稳任务，全县安全稳定形势持续好转。

九、党的建设全面加强

扎实推进“两学一做”学习教育常态化制度化和维护核心、见诸行动主题教育活动，全方位、多角度、深层次推动党的十九大精神入脑入心。对照“三基建设”和巡视巡察整改自行“回头看”限期完成的3批52项问题，修订完善14 项规章制度。全面完成14个乡镇“五小”工程、13个乡镇周转房、56个村级活动场所建设。着眼于高素质干部队伍建设，在全省率先争取与中央党校签约“两高下基层”干部培训项目。圆满完成村（社区）“两委”换届，一批懂农业、爱农村、爱农民的党员群众选进了村“两委”班子。严格落实“两个责任”，不断深化《县委提醒工作制度》和《县委书记“提醒卡”制度》，始终保持惩治腐败和狠刹“四风”高压态势。认真整改落实市委巡察反馈意见，扎实开展县委巡察工作。与此同时，大力推进民主法制建设，深入开展“七五”普法，人大、政协职能充分发挥，统战、武装、群团、民族宗教等工作成绩显著。

沁源县再次获评“中国最具投资潜力中小城市百强县”“中国深呼吸小城100佳”，被评为“中国最具投资潜力特色魅力示范县”“中国避暑休闲百佳县”，成功蝉联“省级文明县城”荣誉称号。

（裴艳飞）

附：中共沁源县委书记、副书记、常委名单

书　记：李丁夫(8月离职)　金所军（8月任职）

副书记：连树斌　申秀琴（女）

常　委：张文波　马验习　王宇红　黄贵河　胡亚明　尚高明（4月离职）

中共晋城市委工作概况

市委书记　张志川

2017年，中共晋城市委坚持高举中国特色社会主义伟大旗帜，深入学习贯彻习近平新时代中国特色社会主义思想，认真落实习总书记视察山西重要讲话精神，统筹推进“五位一体”总体布局，协调推进“四个全面”战略布局，按照省委“一个指引、两手硬”思路和要求，团结带领全市党员干部群众，扎实推进改革发展稳定和党的建设各项工作，全市呈现出经济持续向好、改革深入推进、社会和谐稳定、政治风清气正的良好局面。

一、认真学习践行习近平新时代中国特色社会主义思想，坚决贯彻落实中央和省委重大决策部署

围绕迎接和学习宣传贯彻党的十九大这条主线，把学用习近平新时代中国特色社会主义思想作为首要政治任务，多次组织召开市委常委（扩大）会议、中心组会议、全市领导干部大会、经验交流研讨会议进行集中学习、专题研讨，推动各级党组织和广大党员干部在融会贯通、学以致用、全面覆盖上狠下功夫。树牢“四个意识”，坚定“四个自信”，自觉把忠诚核心、拥戴核心、维护核心、紧跟核心融入血脉、植入灵魂，始终在思想上政治上行动上同以习近平同志为核心的党中央保持高度一致。对中央大

政方针和省委决策部署第一时间传达学习、第一时间研究贯彻、第一时间推动落实。特别是把学习贯彻习总书记视察山西重要讲话精神同推进“两学一做”学习教育常态化制度化、开展维护核心见诸行动主题教育结合起来，推动学用习近平新时代中国特色社会主义思想不断向广度和深度拓展，开辟了全市各项事业新境界。党的十九大后，把学习宣传贯彻十九大精神作为重大政治任务和工作主题，举办了5期市管干部研讨班，举行了13场宣讲报告会，推动了十九大精神进企业、进机关、进农村、进校园、进社区、进网络。在全市组织开展大学习、大调研、大落实，980余名县处级以上领导干部形成调研报告740余篇，帮助基层解决实际问题1600余个。

二、坚定不移贯彻新发展理念，努力走出转型发展新路径

坚持用新发展理念统领发展全局，全面实施创新驱动战略，全力做好稳增长、促改革、调结构、惠民生、防风险各项工作，转型发展形成强劲态势，全市经济企稳回升、稳步向好。2017年，全市生产总值完成1151.5亿元，增长6.1%；规模以上工业增加值完成468.6亿元，增长5.5%；固定资产投资完成430.7亿元，增长6.3%；社会消费品零售总额完成415.0亿元，增长7.5%；外贸进出口总额完成46.8亿元，增长17.6%；一般公共预算收入完成101.4亿元，增长13.5%；城镇居民人均可支配收入完成30142元，增长6.8%；农村居民人均可支配收入完成12511元，增长7.5%。

加快推进转型发展。坚持在创新驱动中推进产业转型，努力走出一条产业优、质量高、效益好、可持续的发展新路。围绕传统产业改造，重点推进了44个工业转型项目，南村绿色智能铸造创新产业园开工建设，兰花己内酰胺项目投产运行，晋煤华昱高硫煤洁净利用项目即将试车。以沁水煤层气总部基地建设为重点，加快煤层气集输总站、国家煤层气质检中心、煤层气交易中心建设，积极探索能源革命新路径。围绕新兴产业培育，设立总规模50亿的产业转型升级发展基金，编制了《高端装备制造业发展规划》，富士康摩拜单车、新型节能电采暖设备等项目投产，清慧5000万件轨道交通材料、中船重工海装风电总装维护基地、绿洲智能化纺织品等7个项目快速推进，开发区“双创”基地、富士康纳米光机电研发中心、国家智能铸造产业创新晋城中心等三大服务平台建设进展顺利。围绕重点工程建设，高沁高速建成通车，太焦高铁项目全面推进，阳蟒高速加快建设，太行一号国家风景道开工建设。253项省市重点工程完成投资269.3亿元。围绕科技创新成果转化利用，省级以上众创平台达到10家，省级创业基地达到17家。围绕金融服务实体经济，发展多层次资本市场，建立银企常态化对接机制，推进晋煤集团100亿的市场化债转股，通过“助保贷”“聚力贷”等融资模式为企业发放贷款20.29亿。

强力推进重点领域改革。认真贯彻落实国发42号文件精神，坚持把供改和综改结合起来，注重抓好减量置换和减量重组，持续提高先进产能占比，关闭退出5座矿井、去产能725万吨，煤炭行业坚定走“减”“优”“绿”之路。严格执行省政府“减负60条”和“工业19条”等政策，取消和停征41项行政事业性收费，为企业减轻经济负担10亿元。深入推进6大类43项改革任务，在全省首家制定了《建设“资源型经济转型发展金融改革创新试验区”总体方案》。深化国企国资改革，组建市国有资本投资运营公司，市属43户企业完成国有资本划转。率先推进企业投资项目试行承诺制、实行无审批管理试点工作。加快开发区改革创新，晋城经济开发区“三化三制”改革基本到位，高平经济开发区获批成立。推进市县监察体制改革试点，市县监委组建运行，纪检派驻机构改革全面完成。推进县乡医疗卫生机构一体化改革，各县（市、区）全部成立了医疗集团，《人民日报》等20余家主流媒体集中报道了我市改革经验。泽州农地入市改革试点受到国土资源部充分肯定。完成不动产登记改革，省国土资源厅确定我市为全省唯一的规范化建设试点。

积极构建对外开放新格局。我市列入中原城市群发展规划核心发展区，全方位加强与中原经济区的互联互通、人文交流、项目合作。积极对接“一带一路”，持续扩大与京津冀、长三角、珠三角等经济发达区域产业的对接与合作。加大招商引资力度，全面打造“六最”营商环境。成功举办第二届海峡两岸炎帝文化旅游招商系列活动、第四届太行山文化旅游节。全市签约项目97个，总投资754.35亿元。

三、坚定不移推进文化建设和依法治市，努力汇聚团结奋斗新合力

不断巩固宣传思想文化阵地。牢牢掌握意识形态工作领导权和主动权，坚持不懈用党的理论创新成果武装头脑、指导实践。巩固壮大主流思想舆论，《人民日报》、中央电视台等媒体推出我市报道240多篇。培育和践行社会主义核心价值观，文明城市创建工作进入全国前20名，16家单位被表彰为全国文明村镇、全国文明单位、全国文明校园，创下历史最好成绩。创作了《太行娘亲》《一代名相陈廷敬》等文艺精品。

切实加强民主法治建设。坚持和完善人民代表大会制度，召开推进县乡人大建设会议，出台《关于加强县乡人大工作和建设的实施意见》，县乡人大机构建设得到加强；制定了我市首部实体法《晋城市公共交通条例》。发挥社会主义协商民主重要作用，出台《关于加强人民政协民主监督的意见》《关于完善工作机制加强人民政协协商民主建设的意见》，支持政协履行职能、开展工作。加强统一战线工作，圆满完成市工商联、市侨联和各民主党派换届工作。持续推进法治晋城、平安晋城建设，公共安全感和执法满意度连续五年名列全省第一。狠抓信访维稳，认真做好信访稳定工作，圆满实现“三个坚决防止、三个不发生”目标。

四、坚定不移保障和改善民生，努力提升群众幸福新指数

强力推进脱贫攻坚。把脱贫攻坚作为第一民生，坚持精准方略、拿出“绣花”功夫，先后召开全市脱贫攻坚工作会议和2次脱贫攻坚领导小组会议，深入实施八大工程20项行动，采取市县乡村书记“双签”责任书、3个脱贫攻坚督导组常年开展督查巡查、统筹整合专项扶贫资金、在扶贫领域开展不正之风和腐败问题专项治理等一系列举措，落实帮扶措施，确保脱贫“成色”。落实产业扶贫资金2000万元，安排项目55个，97个脱贫村实现产业全覆盖；完成易地扶贫搬迁10575人，规划建设了28个集中安置点；为建档立卡贫困人口和农村低保人口购买大病医疗商业补充保险；积极探索特困户集中供养，集中供养人员达2006人，我市经验做法在全省得到推广。陵川、沁水两个贫困县14项退出指标全部达标，并接受了省级评估考核，73个贫困村退出、3.15万贫困人口脱贫，贫困发生率将由实施精准扶贫之初的5.3%降至0.7%。

全面推进城乡一体化发展。按照拓展、改造、提质、传承的思路，启动了美丽晋城战略规划编制。文博路、太岳街、207国道晋城过境段建成通车，陵沁路西北环改线工程、中原街改造及综合管廊项目具备开工条件，新建改建了一批供水、供气、供热等城市基础设施，中心城市的综合承载力和辐射带动力显著提升。编制完成了《晋城市新型城镇化发展规划》，荣获“全省搬迁安置先进市”。加快培育特色小镇步伐，向省政府申报新型城镇化试点乡镇8家、特色小镇7家。全面推进“三农”工作，夏粮生产成为第二个历史丰收年，新上农业产业化龙头企业43个，举办了首届现代农业交易博览会。加快发展农旅一体，全市“农家乐”达上千家。扎实推进改善城乡人居环境“四大工程”，创建了6个省级、20个市级美丽宜居示范村和2个美丽宜居示范村集中连片示范区。

扎实推进生态文明建设。牢记“绿水青山就是金山银山”的理念，持续推进环境攻坚、造林绿化、节能减排三大工程，全方位、全领域、全过程开展生态环境保护。全力完成中央、省委环保督察反馈问题整改任务，向我市反馈的14项一级整改任务顺利推进，移交的31批255件环境问题按期全部办结。全力打好污染防治“三大战役”，全面推行“河长制”，深入开展“铁腕治污”行动，严把建设项目环保准入关，全市环境质量进一步改善。大力推进造林绿化和环城生态圈建设，建成了白马寺山至吴王山绿道；全力推进7项园林重点工程建设，陵川、沁水加快“国家园林县城”创建步伐。

大力发展民生社会事业。新改建15所幼儿园，稳步推进义务教育一体化改革；启动高中办学条件标准化行动，北大、清华录取人数创历史新高；晋城市旅游职业教育集团挂牌成立。加快医疗卫生事业发展，城市公立医院改革有序推进，市人民医院易址扩建项目前期加快实施。推进充分就业工程，城镇新增就业人数超额完成年度目标，城镇登记失业率控制在1.74%以内，城乡居民各项社会保险全面完成年度目标。大力发展体育事业，成功举办了晋城市第六届运动会。高度重视安全生产工作，持续开展安全生产专项整治、隐患排查治理、打非治违活动，各类安全事故明显下降，安全生产态势持续向好。

五、坚定不移推动全面从严治党向纵深发展，努力构建风清气正的政治生态

2017年底，全市下辖基层党组织7997个，其中党委219个，党总支457个，党支部7321个。党员150265名，其中农村党员57818名。我们坚决贯彻落实全面从严治党政治责任，努力实现政治生态持久的风清气正。

坚定扛起管党治党主体责任。市委常委会15次研究全面从严治党有关工作，围绕政治建设、巡视巡察、“三基建设”、正风肃纪、干部队伍等重点任务作出安排部署。抓住“关键少数”，抓实基层支部，“两学一做”学习教育常态化制度化不断深入。出台《关于加强党内政治文化建设的意见》，发展积极健康的党内政治文化。专题听取市人大、市政府、市政协和法检两院党组工作汇报。狠抓十八届六中全会精神的贯彻落实，通过组织学习《准则》《条例》，连续举办5期市管干部研讨班。以解决问题为突破口和主抓手，开展巡视巡察整改自行“回头看”，制定“五对照”“三清单一制度”办法，查找整改问题1390个。建立健全明责督责问责制度，对履职不力的37个党组织、28名党员干部进行追责。

全面加强纪律建设。在全市开展警示教育月活动，166个单位、5527名党员干部接受廉政教育。严格实行提醒谈话纪实制度，为906名处级以上干部发放提醒谈话记录册。驰而不息反对“四风”，出台《关于进一步贯彻落实中央八项规定精神的实施细则》，查处违反中央八项规定精神问题50起、处理67人，对11起典型问题进行了公开通报。持续深化市县政治巡察，四轮市县两级共巡察党组织149个，发现和处置问题1267个、线索1726个。全力整治基层“微腐败”，共处理违纪人员834人，给予党纪政务处分518人、组织处理346人、移送司法机关35人。

建设高素质专业化干部队伍。把严格管理和关心信任干部统一起来，全面加强领导班子和干部队伍建设。坚持好干部标准，把握正确用人导向，以调整补充市直单位领导班子为抓手，调整处级干部365人次。加大干部教育培训力度，实施处级干部、后备干部、年轻干部、农村干部等各类专题培训，举办14期干部素质提升工程专题讲座。推动落实干部能上能下、改革创新合理容错、激励干部担当作为三个办法，激发了干事创业的精气神。探索干部队伍建设常态化监督机制，随机和重点抽查490名领导干部个人事项报告，启动了党政主要领导干部和国有企业领导人员经济责任审计工作。

深入推进“三基建设”。出台25条措施，今年重点抓的

13项任务取得明显成效。围绕基层组织建设，实施村级集体经济“破零加零”计划，612个零收入村全部“破零”，2197个村“破零达万”，1136个村达到5万元以上。圆满完成村“两委”换届，222个软弱涣散村级组织整顿转化。推行“补齐短板、晋位升级”党建工程，四分之一的社区活动场所实现了提档升级。围绕基础工作夯实，梳理规范各级各部门工作职能，建立“三手册一平台”，推动重心下移、力量下沉、保障下倾，进一步提升规范化水平。围绕基本能力提升，持续开展“领头雁”培训和“双强双带”冬训，保障农村主干报酬达到省定标准，推动建立“副职保底”报酬机制，形成大抓基层、抓实基层的浓厚氛围。

（李　超）

附：中共晋城市委书记、副书记、常委名单

书　记：张九萍（女，12月离职）

　　　　张志川（12月任职）

副书记：武宏文（9月离职）　刘　锋（9月任职）

　　　　曾庆勇

常　委：赵沂旸　焦光善　那志茂　卫明喜

　　　　王晋峰　石云峰　张利锋（11月任职）

　　　　荆俊明（12月任职）

　　　　杨勤荣（2月任职，11月离职）

　　　　马学林（9月离职）

中共晋城市城区区委工作概况

区委书记　王学忠

2017年，中共晋城市城区区委坚持以习近平新时代中国特色社会主义思想为指引，深入学习贯彻党的十九大和习总书记视察山西重要讲话精神，认真落实省委“一个指引、两手硬”的重大思路和要求以及市委“一争三快两率先”战略部署，坚持统揽全局、协调各方，全力以赴“实现率先发展、打造首善城区”，奋力推动全区经济社会各项事业迈上了新台阶。

一、严格履行“党要管党、从严治党”责任，全面推进党的建设伟大工程

（一）坚持用习近平新时代中国特色社会主义思想武装头脑，牢牢把握正确政治方向。党的十九大召开前，区委持续推动习总书记系列重要讲话精神的学习贯彻，认真落实习总书记视察山西重要讲话精神，扎实开展“两学一做”学习教育常态化制度化和维护核心、见诸行动主题教育；党的十九大召开后，区委把学懂弄通做实十九大精神作为首要政治任务，全区各级各部门坚持以习近平新时代中国特色社会主义思想为指引，把十九大精神贯彻落实到决胜全面建成小康社会的伟大事业中，贯彻落实到加快“五个城区”建设的具体实践中。

（二）认真履行意识形态工作主体责任，不断提升宣传思想文化工作水平。区委将意识形态工作纳入年度目标责任考核，定期分析研判意识形态领域形势，充分发挥主流媒体作用，加强“一网两微”媒体平台建设；深入实施文化惠民工程，加强文化遗产保护与传承；举全区之力打响全国文明城市迎检攻坚战，为全市文明城市创建首次进入全国前20名作出了贡献。

（三）坚定不移推进全面从严治党，不断构筑山清水秀的政治生态。区委坚决扛起从严治党主体责任，强力推进党风廉政建设和反腐败斗争。制定落实《关于党内政治文化建设的实施意见》，开展“树清廉家风，建廉洁家庭”活动；深入推进监察体制改革试点工作，区监察委员会组建挂牌，纪检监察联组派驻按时完成；制定实施《八届区委五年巡察工作规划》，共完成3轮巡察，覆盖8个镇（办）和16家区直单位；坚持重拳惩治腐败，全年立案51件，结案46件，给予党纪政纪处分43人（重处分14人）。

（四）扎实推进“三基建设”，坚决夯实党的执政基础。基层组织方面，稳步推进全区146个村（社区）“两委”圆满完成换届工作；初步构建起“12368”智慧党建综合服务体系，在全省城市基层党建工作经验交流座谈会上进行了典型发言；探索实行非公和社会组织工作新机制；创新离退休干部党组织设置，全市离退休干部党组织工作现场会在城区召开。基础工作方面，制定基础工作达标指导意见，初步编制“一目录三手册”；坚持“四个导向”，全面加强干部队伍建设，出台了推进干部“能上能下、激励干事、合理容错”三个办法，分4批次调整干部213人，实现了人岗相适；建立各级党组织书记领办党建重点任务制度、季度交叉检查制度、半年巡回观摩制度；制定了党建工作规范化意见，编印了党建业务工作操作手册；实行村（社区）“两委”主干“基本岗位报酬+激励报酬”新模式。基本能力方面，扎实推进素质提升工程，分层次、分类别、分领域开展各类培训160期，覆盖3万余人次。

（五）加强民主法治建设，汇聚强大合力。坚持和完善人民代表大会制度。支持人大及其常委会依法履行职能，设立财经、法制两个专门委员会，完善“一室五委”调整设置，配备和充实基层工作人员。充分发挥社会主义协商民主重要作用。支持政协履行职能，激发协商民主的生机活力；坚持党对统一战线的领导，深入开展统一战线“助力转型攻坚”五大行动；深化群团组织改革取得积极进展。推进综治平安和法治建设。大力推进“综治中心+网格化+信息化”建设，开展“双

打双除”专项行动。同时,党管武装工作不断加强。

二、扎实推进“五个城区”建设,全力实现经济社会发展稳步向好

区委积极践行新发展理念,加快“五个城区”建设,持续巩固和扩大经济社会发展的良好态势。2017年,全区GDP完成268.1亿元,增长6.5%;固定资产投资完成133.1亿元,增长6.1%;规模以上工业增加值完成46.7亿元,增长5.1%;社会消费品零售总额完成220.4亿元,增长7.7%;公共财政预算收入完成7.5亿元,下降15.3%;城镇常住居民人均可支配收入完成32147元,增长6.6%。

(一)聚焦产业转型,活力城区建设取得新成效

突出发展现代服务业。凤展购物广场、兰花国际广场、电子商务产业园等龙头项目对经济拉动作用明显;大华时代广场二期、怀覃里商业步行街、富鑫广场等一批重点项目有序推进;“安康苑”医养结合一体化项目作为我区第一个PPP项目,取得积极进展。全年服务业增加值完成186.1亿元,同比增长7.9%,对经济增长的贡献率为79.1%,拉动经济增长5.2个百分点。

大力发展新型工业。北石店工业园区纳入市开发区“一区三园”范畴,海斯制药冻干粉针车间和新华线缆35kv交联电力电缆两个市重点转型项目进展顺利,凤凰实业高强度结构壁钢管开发、恒光热力市区西北片热力管网建设等项目有序推进,规模以上工业增加值实现触底回升。

加快发展现代农业。以“十大农业园区”为抓手,大力发展城郊型创意高效农业,司徒小镇主打乡村特色旅游、民俗文化独树一帜,景熙农业园城市海景水上乐园二期开业运营,黑龙潭文化园完成主体,构建形成“住在市区、游在周边、宜居宜业”的生动局面。

(二)勇于攻坚克难,宜居城区建设呈现新面貌

全力以赴推进城市建设。统筹推进西北片区改造、北石店新区开发、城中村改造和市政重点工程建设,全区15项重点城建道路工程和21项配合全市城建重点项目成效突出。城中村改造全年新增批准项目2个,新增开工项目4个,完成投资17.23亿元。

多措并举促进城乡统筹。以北石店镇国家级新型城镇化试点建设为重点,促进产城融合、城乡一体、社会事业全面发展;积极推进全域旅游,努力打造全市旅游大本营;深化农业供给侧结构性改革,不断完善现代农业服务体系。

全面改善城乡人居环境。以文明城市创建为总抓手,集中开展城乡环境卫生整治;“双违”专项整治行动取得明显成效。

(三)树牢“两山”理念,生态城区建设得到新加强

大力推进生态工程建设。在巩固提升“三山三河一场”生态治理工程基础上,完成了白马寺山至吴王山15公里绿道建设;增建市区3块绿地;10条黑臭水体整治工程基本完工。

深入实施生态环境治理。围绕“治气”,集中开展大气污染防治攻坚行动,全面推进“禁煤区”建设,解决了建成区外10427户居民冬季清洁取暖问题;围绕“治水”,划定水源地保护区,寺底污水处理站建设扎实推进;围绕“治土”,制定出台《晋城市城区土壤污染防治2017年行动计划》,矿山生态环境调查工作取得初步成果。

坚决取缔“散乱污”企业。紧密结合“铁腕治污”行动,严格按照“两断三清”标准对列入取缔类的208家企业全部进行了取缔。

扎实做好环保督察整改。中央环保督察组交办问题23批51件,已全部办结,查处各类环境违法案件5件;环保部强化督查组交办案件282件,完成整改264件。

(四)深化改革开放,开放城区建设迈出新步伐

坚定不移深化改革。统筹推进“供改”和“综改”,深化医疗机构一体化改革,组建具有独立法人资格的城区医疗集团;全面推行河长制,在全区构建形成了区、镇(办)、村(社区)三级河长制体系;积极配合全市开发区改革,新成立开发区街道办事处,接管9个村(社区)行政和社会管理职能;大力推进村(社区)集体产权制度改革试点,取得初步进展。

扎实推进招商引资。组织参加第十届中国中部投资贸易博览会和“山西品牌中华行”、“山西品牌丝路行”活动,组团赴合肥、北京、重庆、贵阳等地开展招商对接,举办了“城区招商引资对接(昆山)恳谈会”和“城区招商引资(晋商晋才)推介会”等重大招商活动,同中电智云、华谊兄弟星剧场等一批项目达成合作意向。全年招商引资签约项目17个,总投资314.8亿元。

大力创优营商环境。围绕打造“六最”营商环境目标,强力推进“1+9”专项行动。

(五)坚持民生优先,幸福城区建设实现新发展

稳步推进民生事业。书院小学今年投入使用,东王台小学、北石店中心幼儿园、花园小学正在加快推进,教育改革有序开展。实现城镇新增就业6897人,转移农村劳动力2788人,城镇登记失业率控制在1.2%以内。市二院新建住院楼、区卫生监督所投入使用,北石店中心卫生院加快建设。积极推进城乡居民基本医保制度并轨,开始试行医保异地结算。推动文化馆、图书馆免费开放,全民健身中心、程颢书院、怀覃会馆等工程有序推进。

全力维护安全稳定。持续开展安全生产隐患大排查大整治,共排查整改隐患7489条;加大信访工作力度,严格落实“五包一”责任,省交办的43件信访问题化解了41件,化解率达95.3%。

(王亚飞)

附:中共晋城市城区区委书记、副书记、常委名单

书　记:王学忠

副书记:王文全　李晓峰

常　委:王　丽(女,11月离职)　郭天德　申军生　赵宏斌　范永星　马晋平　郑　泽(12月任职)　冯新根　尚东方

中共泽州县委工作概况

县委书记 高喜全

泽州县委下辖基层党组织1262个,其中党委27个,党总支80个,党支部1155个。共有党员25953名,其中,女党员4137名。

2017年,泽州县委、县政府团结带领全县人民,深入学习贯彻党的十九大精神和习总书记治国理政新理念新思想新战略,认真落实省市一系列重大决策部署,一手抓发展第一要务,一手抓党建第一责任,实现了经济转型态势强劲和政治生态风清气正的同频共振。2017年底,全县生产总值完成252.6亿元,在全省119个县(市、区)排第12位,在全省96个县(市)排第2位;规模以上工业增加值完成126.7亿元,排全市第一;一般公共预算收入首次突破15亿大关,达到15.3亿元,同比增收2.89亿元,增速比上年提高15.5个百分点,总量在全省96个县(市)排第4位,总量和增速均位居全市第一;城镇和农村居民人均可支配收入同比增长6.6%和7.2%,增速均高于全省平均水平;荣获"全国第一批畜牧业绿色发展示范县""国家级妇幼健康优质服务示范县""山西省首批食品安全示范县";以实际行动展现了大县的担当,提升了发展的气场,增强了跨越的底气。

一、锲而不舍上项目,趟出转型发展新路径

贯彻落实新发展理念,大力实施"两带四板块""四化"同步推进转型发展战略,产业转型在泽州大地一路高歌猛进。坚持以项目建设助力转型,全年共实施重大转型项目13个。从年初清慧三期打响项目会战第一枪,到年中南村绿色智能铸造创新产业园、中国青年城、华电风电等项目强力推进,再到年底华昱煤制油、金驹段河瓦斯发电等项目基本建成,季季有奠基,月月有开工,天天有进度。坚持以创新驱动引领转型。完善政银企常态化对接机制,破解企业融资难、融资贵。组建四大公司搭建项目运作平台。新增创业实体企业436家,新增就业岗位5230个。4家民营企业荣获"山西省著名商标",3家企业入选山西民企100强。发明专利拥有量和申请量分别达到29件和62件,均创历史新高。坚持以环保整治倒逼转型。坚决扛起生态文明建设的政治责任,累计投资13.25亿元用于提标提质改造,先后对403家重点工业企业进行9轮次排查整治,倒逼企业转型升级,顺利通过了中央环保督察、环保部强化督查巡查"党考""国考",全年二级以上天数达到208天,与上年持平。2017年,煤炭产业增加值占工业增加值比重由上年的67.3%下降到66.2%;税收和非税收入比重由去年的57::43调整为70:30。

二、蹄疾步稳抓改革,集聚决胜小康新动能

切实把改革创新的精神融入于思想,付诸于行动,制定了16项改革方案,出台了27个改革类文件,着力推动改革创新的举措落地生根。以先行先试的勇气狠抓各项试点改革,探索了"四联四动""一清三化"的新型城镇化模式,巴公镇荣膺"国家级特色小镇",农地入市面积排全国第三,赢得了全省采煤沉陷区综合治理现场会在我县召开,县纪检监察派驻机构和乡镇监察员设置改革全面完成。以克难攻坚的决心狠抓重点领域和关键环节的改革,"供改"与"综改"互促互进,25家县属国企完成改制,20家中小企业在省股权交易中心成功挂牌,环卫体制改革实现乡镇全覆盖,履职评估扎实推进,县医疗集团组建运行,"河长制"全面建立,户籍、财政、税收、司法等改革步伐加快。以登高望远的胸襟狠抓对外开放,在北京成功举办了"引科技成果激民间资本促转型发展"座谈会和"泽商泽才"回乡创业创新恳谈会,全年招商引资项目落地36个,投资总额70.68亿元,改革开放正在成为泽州振兴崛起的活力之源。

三、全省首创搞竞演,奏响全域旅游新乐章

满怀担当干事的热情,谋前人未谋之事,走前人未走之路,首开全省之先河举办《谁不说俺泽州好》魅力乡镇电视竞演,2月份投票比拼、拉开序幕,3月份登台亮相、各显神通,5月份复赛角逐、花落三家,9月份巅峰对决、摘金夺冠,一时间,泽州蜚声大江南北,名震南麓太行。在此带动下,各乡镇干群联手,聚焦"古韵泽州·全域旅游",季季有主题、月月有节庆、乡乡有活动、村村有行动,各类文化旅游活动一浪高过一浪,将"不甘人后、勇争第一"的泽州精神表现得淋漓尽致。致力于全县域规划、全产业融合、全品牌培塑、全要素提升,丹河湿地公园二期、山里泉磨滩大景区等一批文化旅游项目开工建设;大阳古镇新春迎客、人气爆棚;珏山、山里泉、聚寿山3家景区完成改制,受到省旅发委督导检查组的充分肯定。2017年,全县接待游客达到1030.75万人次,同比增长24.79%;旅游总收入达到94.51亿元,同比增长24.68%,实现了从"挖煤炼铁"到"挖文兴旅"的重大转变。

四、精准脱贫打硬仗,绘就民生改善新画卷

在精准脱贫中,用过硬的作风选过硬的人、打过硬的仗,易地搬迁分房到户784户2551人,全年减贫2078户5222人。加快城乡融合发展,巴公镇与清大文产规划设计研究院合作的装备制造特色小镇融建联合体项目顺利签约,山西凤泽岭旅游文化有限公司拟投资60亿元建设南岭乡特色

小镇旅游项目，金村新区规划建设的6条道路和4个公建项目加快前期，太岳街、滨川路、崇实街等城建工程稳步推进，丹河湿地公园入选全国试点，全县城镇化率提高到46.8%，森林覆盖率达到36.84%，绿化率达到50.56%。牢固树立以人民为中心的发展思想，深入开展环境集中整治和“双违”专项整治，解决了1.54万人的饮水安全，建设乡村公路安全生命防护工程697.3公里，煤层气用户占到全县的36.2%，集中供热惠及群众3万余户，“一元惠民票价”公交车覆盖335个行政村，巴公镇东四义村荣获“全省健康村镇试点”，教育、卫生、文化、社保等各项社会事业成绩显著，依法治县取得长足进展。始终牢记抓稳定就是抓发展，安全生产创近年来最好水平，平安泽州建设再创佳绩。

五、从严治党再加压，营造风清气正新氛围

结合“两学一做”学习教育常态化制度化和“维护核心、见诸行动”主题教育，深入学习党章党规、习近平新时代中国特色社会主义思想、党的十九大和习总书记视察山西重要讲话精神，引导广大党员干部树牢“四个意识”，坚定“四个自信”，严肃政治生活。按照“8563”工作思路，强化“三基建设”，590个行政村集体经济破零达万，村均运转经费提高到9万元，农村主干岗位报酬平均达到26258元，农村“两委”换届圆满完成，撤并行政村40个，“并村简干”工作赢得省委组织部充分肯定。坚持民主团结促和谐，巩固发展爱国统一战线，完成了民革、民进、农工、九三学社4个民主党派和工商联换届。强化党管武装，县人武部被省政府、省军区表彰为“先进人武部”。以党建带群建，工会、共青团、妇联、科协、关工委、文联、残联、慈善等群团组织，桥梁纽带作用进一步发挥。顺利完成老促会、老体协、红十字会、慈善协会换届。党史工作受省表彰，全市唯此一家。坚持正风肃纪常态化，充分发挥巡察利剑作用，给予党政纪处分122人，进一步杜绝了腐败滋生蔓延。坚持在征地拆迁的第一线识别干部，在脱贫攻坚的主战场检阅干部，在环保整治的最前沿使用干部，德才兼备、崇尚实干的选人用人导向深入人心。一次性补交了机关事业单位历年欠缴的养老保险和职业年金，年度目标责任考核奖金实现翻番发放，极大地调动了全县各级干部干事创业的热情。牢牢把握意识形态领导权、管理权、话语权，县财政局荣获“全国文明单位”，巴公镇南山村荣获“全国文明村镇”。

(刘宽利　郝　萌)

附：中共泽州县委书记、副书记、常委名单

书　记： 赵新年(5月离职)　高喜全（9月任职）

副书记： 席学武

常　委： 霍丽丽（女，12月离职）　李仲明　张建中　刘泽宇（12月任职）　李韶华　张韶华　安旭敏　陈志忠　张庆民（挂职）　闫晋中

中共高平市委工作概况

市委书记　范兆森

中共高平市委下辖33个基层党（工）委，其中乡（镇、街道）党（工）委16个，机关事业单位（部门）党委8个，企业党委3个，非公企业和社会组织党委2个，市直机关事业单位工委4个。共有42个党组、66个党总支（含村级党总支23个）、1097个党支部。党员总数为26239名，其中农村党员14782名。

2017年，是高平发展不平凡的一年，奋力开创新局的一年。2017年，高平市委以习近平新时代中国特色社会主义思想为指引，深入贯彻落实省委、晋城市委重大部署和要求，围绕“两件大事、两个率先”发展战略，坚定不移推进转型，坚定不移深化改革，坚定不移加强党的建设，高平翻开了新的一页。

(一)牢牢把握正确政治方向，形成学用习近平新时代中国特色社会主义思想的新格局。

办好高平的事情，最根本的是认真学习贯彻习近平新时代中国特色社会主义思想，这是管根本、管方向的。一年来，我们把坚定不移维护习总书记在全党的核心地位作为第一位的政治要求，坚定自觉用习近平新时代中国特色社会主义思想武装头脑、指导实践，坚持用实际成效衡量学用效果，引导全市党员干部群众更加自觉地拥戴核心、维护核心、紧跟核心。我们是一直学过来的，也是紧密结合正在做的事情一直用过来的。市委举办专题学习，组织专题研讨，谋划发展思路、推进改革创新、落实民生实事，都要系统梳理重温习总书记相关重要论述，一一对表，为的就是要把方向搞对头，始终坚持正确方向。

(二)抓住重点领域和关键环节，形成坚定不移深化改革的新态势。

高平发展的差距，实质上是改革的差距。一年来，我们始终把改革作为重大政治责任，当好“施工队长”，围绕落实省委“三个三”改革工作基本要求和方法，全面铺开6个方面39项改革事项。“5+1”重点改革，跻身“全省第一方阵”。开发区改革创新，不等不靠，先干起来，申报、规划、招商同步进行，晋城首家获批省级经济技术开发区。医卫机构一体化改革，领跑全省，“医生下乡、病人回乡”的“高平模式”在全国推广；供销社改革，“帮农民种地、助农民增收、为群众服务”被全省

推广；一年时间，医卫机构一体化和供销社两项改革相继走上了全国领奖台。国企国资、相对集中行政许可权、行政综合执法改革走在全省前列，一批群众关注的改革事项交出了满意"答卷"。

（三）推动经济由"疲"转"兴"，形成坚定不移推进转型的新局面。

高平不转型没有出路，转的慢就要落后。我们深入贯彻新发展理念，加强和改进党对经济工作的领导，全力推进"打造一个新引擎，稳定一个基本面，强化两个驱动力"，全市转型发展呈现出稳中有进、稳中向好、好中提质的态势。持续深化供给侧结构性改革，大力推进"三去一降一补"，煤炭这一基本面扭亏转盈，科兴集团实现利税12.3亿元。现代农业正在向"生猪、蔬菜、丝绸、黄梨"四条产业链延伸集聚。凯永集团新增规模40万头，与深圳微众投行合作，积极筹备上市。华夏天润和金田农业，由卖产品向卖技术、卖服务、卖设施、卖模式扩展。海诺科技公司，已成为比亚迪材料供应商，正在与奇瑞、北汽洽谈合作。新长征动力汽车锂电池投入生产。

全年固定资产投入69.3亿元，GDP连续2年越过200亿元门槛；一般公共预算收入14.8亿元，晋城市排第二；民营经济增加值全省排第五，12家企业挂牌上市，数量全省第一。

一年内，大家齐心协力拿回了7块省级以上金字招牌：国家农业可持续发展试验示范区、国家畜牧业绿色发展示范县、全国电子商务进农村综合示范县、全省首批中小微企业创业创新基地示范县、全省首批大众创业万众创新示范基地、全省财政奖补美丽乡村建设试点县、省级出口食品农产品质量安全示范区，这是一手需要打好的政策好牌。第二届海峡两岸神农炎帝文化旅游招商系列活动成功举办，炎帝陵成为"海峡两岸交流基地""中国华侨国际文化交流基地"，神农镇成功入选第二批全国特色小镇。

（四）集中精力解决一个个民生难题，在践行"以人民为中心"的思想上有了新作为。

落实以人民为中心的思想，就是要从解决群众最关心、最现实的利益问题入手。一年来，我们坚持优先保障民生，稳步推进脱贫攻坚、安全饮水、供暖供气、环境治理、旧城改造等重点民生工程，解决了一批多年来想了、喊了、盼了而长期没有解决的难题。

全年一般公共预算支出的86.5%用于保障和改善民生。10个贫困村脱贫摘帽，7859人脱贫。革命老区圪台村367户老乡，祖祖辈辈散居在10个自然村33平方公里的山沟里，去年在镇里有了温暖的新家。全市365个村安全饮水、污水治理提上日程，首批100个村完成前期。丹河湿地建成投运，小东仓河污水得到治理。城市集中供气新增2500余户，集中供热新增160万平方米，城市第三水厂建设快速推进。高沁高速、神农北路、精卫南路、金峰大道、锦华街实现通车。南城"棚户区"改造，3个月时间完成拆迁任务。东城竹园小区，11年未解决的"出行难"问题，得到了解决。

（五）坚定不移加强党的建设，形成了风清气正、心齐劲足的新气象。

历史的包袱要放下，但付出的代价更不能忘记。一年来，我们坚定扛起管党治党主体责任，警惕"减减压、松口气、歇歇脚"心态，推动全面从严治党向纵深发展。构建"大党建"工作格局，推进"三大硬仗""两项创建"，"三个一方"的根扎了下去，"三个能行"的劲鼓了起来。通过"一单两制"抓落实，"一纲十目"187个重点项目，完成投资52亿元，完成率104%。推行"两不见面、两不跑腿"代办制，为基层代办事项1.9万件，开展"只来一次，立等即办"服务，为群众办事5.2万件。

常委会在抓好根本性工作和重点工作的同时，统筹推进了其他各方面工作。定期听取市人大、市政府、市政协党组的汇报，针对性提出指导意见；坚决抓好信访维稳、意识形态、党管武装等各项工作；充分发挥工会、共青团、妇联等人民团体作用等等，党领导的各项事业均取得了积极成效。

（王　冬）

附：中共高平市委书记、副书记、常委名单

书　记：范兆森

副书记：邹树琦　原　健

常　委：曹广全（12月任职）
常先勤（女，12月离职）
朱慧杰　上官建红　牛晓明　郜红宁
张晋文　郜培法　焦华军

中共阳城县委工作概况

县委书记　窦三马

中共阳城县委辖党组50个，基层党委35个，工委4个，党总支78个，支部1139个，全县共有党员25803名。

2017年，中共阳城县委高举中国特色社会主义伟大旗帜，深入学习贯彻习近平新时代中国特色社会主义思想，认真落实习总书记视察山西重要讲话精神，紧紧围绕中央、省委、市委决策部署和县十三届二次党代会目标任务，深入实施"田园城市、美丽乡村、产城融合、城乡一体"发展战略，团结带领广大党员干部群众，保持锐意改革势头，凝聚攻坚克难合力，推动全县党的建设和各项事业取得新进展新成效。

一、坚持学好用好习近平新时代中国特色社会主义思想，坚决贯彻落实中央、省委、市委重大决策部署

紧紧围绕迎接和学习宣传贯彻党的十九大这条主线，坚持用习近平新时代中国特色社会主义思想管根本、管方向，树牢“四个意识”，强化“四个自信”，更加自觉坚定地忠诚核心、拥戴核心、维护核心、紧跟核心，始终在政治立场、政治方向、政治原则、政治道路上同以习近平同志为核心的党中央保持高度一致。党的十九大召开前，对中央大政方针和省委、市委决策部署做到及时传达学习、及时研究贯彻、及时推动落实。特别是突出把学用习总书记重要思想摆在首位，充分发挥县委中心组示范带动作用，坚持周五定期学习、微信平台互动、专题交流研讨，努力做到学深悟透、真信笃用；扎实推进“两学一做”学习教育常态化制度化、开展维护核心见诸行动主题教育，促进各级党组织和广大党员干部融会贯通、学以致用、全面覆盖；深入学习贯彻习总书记视察山西重要讲话精神，制定出台“一个决定、两个意见”，推动讲话精神在阳城落地生根、开花结果；组织开展学用讲话精神交流会，总结经验做法，提高政治站位，使学用过程成为维护核心、对标看齐的过程，党性洗礼、能力加油的过程，把握大局、导航定向的过程。党的十九大召开后，把学习宣传贯彻十九大精神作为重大政治任务和工作主题，自觉以习近平新时代中国特色社会主义思想为统领，持续在“学懂、弄通、做实”上下功夫，组织开展“大学习、大宣讲、大调研、大行动”，举办14期专题培训班，举行140多场宣讲报告会，县乡领导干部形成调研报告550余篇，帮助基层解决实际问题2100余个，持续推动十九大精神进机关、进企业、进农村、进学校、进社区、进网络。

二、牢牢把握经济工作主动权，着力走出转型发展新路径

聚焦发展全域旅游。召开全域旅游发展推进大会，出台《创建国家全域旅游示范区的实施意见》和《2017年全域旅游推进计划》，正在编制《全域旅游总体规划》，着力构建旅游发展新格局。突出精品景点打造，析城山景区实现简易开业，横邵路、南门路建成投用；中国农业公园建设正式启动，近76公里标准化循环道路全线贯通，融入景观廊道、园林小品的沿线彩色林带加快实施。主攻休闲农业、乡村旅游发展，金月花溪、薰衣草庄园、古硒农场、沙啦啦农庄等一批农旅、文旅创意项目竞相涌现，精品民宿、农家乐渐成规模，乡村特色节庆活动精彩纷呈，乡村游已成为支撑旅游经济的一大亮点和最大卖点。加快推进文旅、体旅融合，成功举办首届中国“一带一路”与古丝绸之路重要货源地旅游发展论坛、第二届中国阳城国际徒步大会和“农业嘉年华”，“人说山西好风光”栏目走进皇城，“悠然阳城、康养胜地”旅游品牌逐步叫响。2017年，接待游客975万人次，实现旅游综合收入91.15亿元，我县跻身中国全域旅游魅力指数排行榜20强。聚力推进能源革命，着眼“产煤不见煤”，引导县内煤企与“优煤易购”网络销售平台合作，通过“互联网+”模式，将优质无烟煤精洗细选、品牌包装后像“卖面粉”一样销往京津冀等18个省市，实现了“好煤有好价”。着眼“产煤不烧煤”，推进“气化阳城”战略，11个乡镇的8万余户居民，工业园区的15家企业、640家商铺用上煤层气；实施城乡集中供热工程，县城和北留、润城两个乡镇的3.5万户居民实现集中供热，城乡供热面积达到560万平米。这两项工程，不仅使群众生产生活方式发生了革命性变化，同时也保护了阳城的碧水蓝天。着眼“产煤少卖煤”，坚决落实国家去产能各项政策，累计去产能、减产量近400多万吨；放大优势无烟煤品牌效应，加大煤转化、煤转电力度，拉长煤炭产业链条，提高煤炭附加值。着眼“产煤不靠煤”，实施新一轮“百村光伏”工程，启动2个风力发电项目，建成4座小水电站和1个生物质电站，初步建立起太阳能、水能、风能、生物质能等多元清洁能源供给体系。聚集改革开放合力，树立“改革决不能落后”理念，强力推进重点领域和关键环节改革。召开19次深改领导组会议，加大改革落实力度，提高改革整体效能。深化国资国企改革，组建国有资本投资运营公司和国有资产管理运营公司，重组文化旅游投资有限公司，调整完善阳泰集团股权结构，完成5个企业公司化改制，促进国有资本保值增值。加快开发区改革创新，落实“三化三制”要求，出台《阳城经济技术开发区建设实施方案》，碲化镉太阳能、征弘食品、瑞亚力羊血清等转型项目相继入园，“一区三园”发展格局基本形成，正在积极申报省级开发区。推进“放管服效”改革，调整政府部门权力事项87项，建立投资项目在线审批监管平台，努力打造“六最”营商环境。推进监察体制改革试点，“转隶”工作顺利完成，县监委如期组建，纪法、法法有序衔接，纪检派驻机构全部到位，制度优势正在转化为治理效能。坚持登高望远、眼睛向外，全面提升对外开放水平。把“中原经济圈和城市群”作为战略支点，围绕产业转型、园区发展、旅游开发实施精准高效招商。组织开展“邀老乡、回故乡、建家乡”创业创新活动，邀请在外阳城籍晋商晋才回乡建言献策。组团参加中博会、厦洽会、山西（晋城）投资贸易洽谈会，举办多场招商引资北京推荐会。全年完成签约项目28个，投资额245.1亿元；开工项目28个，投资额156.4亿元；实际到位资金66.4亿元。

三、加快推进城乡一体化发展，着力构建宜居幸福新家园

全力实施“田园城市、美丽乡村、产城融合、城乡一体”发展战略，高品位打造田园城市。全面启动濩泽古城保护和开发利用工程，持续开展县城交通环境整治，“四馆一院”和城市综合管廊、雨污分流改造等PPP项目成功奠基，部分公共停车场建成投用，核心板块支撑更加有力；

开工建设八甲口快速通道，启动莫基阳蟒高速县城连接线，加快建设滨河路至演礼园区连接线，快捷通道连接更为高效；以陶瓷工业园区为支撑、各种陶瓷为特色的陶瓷风情小镇完成规划设计，优美小镇点缀更具魅力；围绕田园道路，加快推进周边绿化、田园驿站、休闲农庄、景观小品等节点建设，田园农业衬托更显活力。高标准建设美丽乡村。按照“科学规划布局美、村容整洁环境美、创业增收生活美、乡风文明身心美”的目标要求，深入推进宜居示范、农民安居、环境整治、完善提质四大工程，巩固提升磨董公路产业景观带沿线和北留润城、蟒河、东冶、横河连片区建设，开展5个特色旅游乡镇、10个特色旅游村、60个特色乡村旅游客栈创建。特别是突出就业增收，在巩固发展蚕桑产业的同时，积极建设小杂粮、食用菌、干水果、中药材和种养殖基地，大力发展智慧农业、旅游农业、光伏农业、循环农业、功能农业和电商农业，有效推动“四美”乡村建设。大力度完善基础设施。持续实施六大“圆梦”年度计划，阳蟒高速进展顺利，通用机场、北留高速互通、晋阳高速八车道改造等项目前期加快，阳杨线改造、太行一号国家风景道具备开工条件，畅通出行梦渐行渐近。张峰一干一期扎实推进，西北干渠前期有序开展，人畜安全饮水工程持续实施，重点水源地保护和综合开发利用全面加强，安全用水梦不再遥远。随着“气化阳城”和城乡集中供热工程的推进实施，“数字阳城”“智慧阳城”的快速发展，城乡联动、共建共享的公共服务网络加快形成，集中供气、集中供暖、信息生活都将逐步“梦想成真”。

四、不断加强思想文化和民主政治建设，着力汇聚奋力前行新合力

认真贯彻中国共产党地方委员会工作条例。毫不动摇坚持和完善党的领导，定期听取县人大、县政府、县政协和县法院、县检察院党组工作汇报，安排各党（工）委书记围绕基层党建、经济工作、意识形态、安全环保、维护稳定、脱贫攻坚、党风廉政进行述职，加强党管武装工作和国防后备力量建设，不断把党的领导体现在各领域、各方面。全面落实意识形态工作责任制。坚持不懈用党的理论创新成果武装头脑、指导实践，建立意识形态9项工作机制和6类管理制度，用工程化、项目化的方式推动意识形态工作落实。壮大主流思想舆论，先后在《人民日报》《山西日报》等主流媒体推送刊发《阳城全域旅游助推乡村振兴》《能源革命的阳城实践》等200余篇报道。培育和践行社会主义核心价值体系和核心价值观，引深“家庭家教家风”建设，弘扬“新乡贤”文化，80家单位、25户家庭、13名“好人”受到市级以上表彰，涌现出第六届全国道德模范候选人栗红莲等一批新时代道德楷模，在全社会唱响正气歌、传递正能量。不断巩固安定团结的政治局面。坚持和完善人民代表大会制度，出台《关于加强县乡人大工作和建设的实施意见》，县乡人大机关建设得到加强。扎实开展“五进五访”“千名代表访万户”等活动，树立人大代表的良好形象。发挥社会主义协商民主重要作用，支持政协围绕国企改革、全域旅游、古城复兴等重点问题开展协商议政、积极建言献策。加强统一战线工作，强化新形势下的宗教工作，圆满完成工商联换届工作。出台县委《群团工作改革方案》以及总工会、妇联《改革实施方案》，提出团县委《改革实施意见》，顺利完成县总工会换届工作，党联系群众的桥梁纽带作用有效发挥。加快法治阳城建设，持续扩大基层民主，扎实开展“七五”普法教育，推行“谁执法谁普法”责任制，巩固发展了团结奋进的生动局面。

五、持续保障和改善民生，着力增进人民群众新福祉

强力推进脱贫攻坚。突出把脱贫攻坚作为第一民生，坚持精准方略，狠下“绣花”功夫，多次召开全县脱贫攻坚推进会，带着责任、用情用力、从严从实进行誓师动员、精准部署、推动落实。深入实施“八大工程、20项行动”，结合实际持续推进地方扶贫措施，扎实开展“一企帮扶一村”产业扶贫行动，集中开展扶贫领域不正之风和腐败问题专项整治，努力确保脱贫“成色”。全力打好易地扶贫搬迁硬仗，7个集中安置点开工率、双签率均达100%，780人分房入住、1461人抽房到户，占到总搬迁任务的86.2%。制定《包村领导、驻村工作队和农村第一书记管理制度》，确保“三支队伍”“两包三到”落实到位，全年新退出4个贫困村、1730户、4004名贫困人口，贫困发生率由实施精准扶贫之初的3.67%降至0.67%。大力加强生态建设。不断强化“两山”理念，统筹推进环境攻坚、造林绿化、节能减排三大工程，全方位、全领域、全过程开展生态环境保护。认真实行最严格的生态环境保护制度，以中央和环保部督察为契机，全面落实工业企业错峰生产与运输，扎实开展环境保护大排查大整治活动，取缔“散乱污”企业73家，完成重点治理企业62家。顺应百姓需求推进冬季清洁供暖改造，优先保障乡村学校、卫生院、敬老院等民生重点领域，完成改造任务2.4万户。全力打好污染防治三大战役，全面推行三级河长制，深入开展“铁腕治污”行动，全年空气质量优良天数达到284天。全力发展民生事业。扎实抓好高校毕业生、城镇“零就业”家庭、农村转移劳动力、退役军人等群体创业就业工作，健全完善城乡居民保障体系，全面落实福利、救助、优抚、慈善政策，扎实推进基本养老、最低生活保障和农村“五保”供养制度。统筹推进学前教育、义务教育、高中教育、职业教育健康发展，成功入选“国培计划”项目县。稳妥推进县乡医疗卫生机构一体化试点改革，基本药物制度全面落实，医疗集团正式挂牌运行。完善基本住房保障制度，加强采煤沉陷区综合治理，稳步推进移民搬迁工程。严格落实安全生产责任，集中开展安全隐患排查整治；全力推行责任信访、法治信访和阳光信访；全面加强综合治理，突出综治中心建设，“平安阳城”卓有成效，社会大局持续稳定。

六、坚定推动全面从严治党向纵深发展，着力巩固风清气正的政治生态

坚决扛起主体责任。县委常委会31次研究全面从严治党有关工作，围绕政治建设、县乡巡察、“三基建设”、正风肃纪、干部队伍等重点任务，实施重大举措，作出安排部署。全面贯彻《准则》《条例》，从严落实县委常委“双重”生活会制度，推动全县1285个基层党组织“党员活动日”、“三会一课”、民主议事正常高效开展。以解决问题为突破口和主抓手，认真开展巡视巡察整改自行“回头看”，制定“六对照”、“三清单一制度”，推动十八届六中全会精神落地见效。全面加强纪律建设。驰而不息纠正四风，出台《关于进一步贯彻落实中央八项规定的实施办法》，持续开展专项治理，下发整改督办函40份、涉及单位28个，查处违反中央八项规定精神案件2起，处分党员干部4人。准确把握运用“四种形态”，更加注重挺纪在前、抓早抓小，全县以第一种形态批评教育、谈话函询162人次，占比64.5%，第二种形态纪律轻处分、组织调整47人次，占比18.7%。深化县乡政治巡察，实施三轮常规巡察和一轮环保专项巡察，覆盖20个县直单位和4个乡镇，发现问题181个、线索188条。全力整治基层“微腐败”，共立案75件，结案82件，给予党纪政纪处分83人次，移送司法机关处理5人。精心打造干部队伍。按照“好干部”标准，坚持德才兼备，以补充调整县直单位领导班子为抓手，分批次对公安、教育、人大、纪检监察、医疗卫生等系统干部选优配齐，共涉及科级干部252人次，其中提拔81人、平调94人、免职77人。选派136名优秀年青干部到乡镇挂职帮助工作。坚持严管与厚爱相统一，制定出台新任科级干部、股级干部、村干部监督管理“三个办法”，探索建立支持干部改革创新合理容错、激励干部担当作为干事创业、推进领导干部能上能下“三个机制”，为担当者担当，对负责者负责，不断激发干部谋事干事成事的精气神。扎实推进“三基”建设。制定出台《推进“两学一做”学习教育常态化制度化中加强“三基建设”的实施方案》和《工作要点及分工》。围绕建强基层组织，统筹抓好机关、国企、非公经济和社会组织等领域党建工作，大力实施基层党组织扩面提质计划、村集体经济“破零”计划和“并村联建”计划，在全省率先完成村组撤并任务，在全市率先完成农村“两委”换届选举。围绕做实基础工作，全面落实乡镇“五小”改造、周转房建设、乡镇干部生活补贴经费，深入拓展三级联述联评联考等制度，建立党组织书记抓基层党建问题、任务、责任“三个清单”，全面推行首问负责制、限时办结制、AB岗制、服务承诺制和离岗告示制，切实提高服务群众的水平和能力。围绕提升基本能力，实施干部教育“五大工程”，举办“支部书记讲故事”“支部书记论坛”，建立“党员空中活动室”，出台机关事业单位干部通用基本能力标准、训练大纲和评价标准，形成大抓基层、抓实基层的良好氛围。

（冯李鹏）

附：中共阳城县委书记、副书记、常委名单

书　记：窦三马

副书记：史小林　杨晓雷

常　委：宋丽云（女）　原天信　杨德培　白继军　张　沁　刘　洋　王学谦

中共陵川县委工作概况

县委书记　胡晓刚

2017年，陵川县委高举中国特色社会主义伟大旗帜，深入学习贯彻习近平新时代中国特色社会主义思想，紧紧围绕“11613”发展战略，坚持以脱贫攻坚统揽经济社会发展全局，全县呈现出经济持续向好、改革深入推进、社会和谐稳定、政治风清气正的良好局面。

一、深入学习宣传贯彻习近平新时代中国特色社会主义思想，坚决贯彻落实中央和省委、市委决策部署

县委紧紧围绕迎接和学习宣传贯彻党的十九大这条主线，把学用习近平新时代中国特色社会主义思想作为首要政治任务，推动各级党组织和广大党员干部在融会贯通、学以致用、全面覆盖上狠下功夫。树牢“四个意识”，坚定“四个自信”，自觉把忠诚核心、拥戴核心、维护核心、紧跟核心融入血脉、植入灵魂，始终在思想上政治上行动上同以习近平同志为核心的党中央保持高度一致。党的十九大召开前，我们把学习贯彻习总书记视察山西重要讲话精神同推进“两学一做”学习教育常态化制度化，开展维护核心见诸行动主题教育结合起来，坚持领导带头与分层推进相结合，12万名党员群众踊跃参与“两学一做”知识竞答，“立足岗位作表率、服务发展当先锋”，成为全县党员的普遍共识。党的十九大召开后，把学习宣传贯彻十九大精神作为重大政治任务和工作主题，及时召开全县干部大会传达贯彻，吹响了全县学习宣传贯彻十九大精神的“集结号”，推动了十九大精神进企业、进机关、进农村、进校园、进社区、进网络，迅速掀起学习宣传热潮。

二、坚持以脱贫攻坚统揽经济社会发展全局，坚决摘掉贫困帽，打赢脱贫攻坚硬仗

县委坚持把脱贫攻坚作为重大的政治任务、最大的民

生工程和难得的发展机遇，通过组建“指挥部”、签订“军令状”、用好“指挥棒”、挂起“作战图”、配强“突击队”、建起“云平台”、倾力增投入、严控风险点，我县贫困面貌发生了根本性改变。

精准打好产业扶贫硬仗。坚持把产业扶贫作为脱贫攻坚的首要任务，以“一村一品一主体”为抓手，以“四个全覆盖”为着力点，以“五大特色产业+光伏+电子商务”为基本路径，实施产业扶贫项目286个，将全县所有有劳动能力的贫困户纳入了产业脱贫体系之中，实现了村村有项目、户户有产业。

精准打好移民搬迁硬仗。我们坚持不惜代价，超常推进，精准分类，因户施策，沙上头、阳光移民小区两个安置点，潞城、西河底两个特困移民敬老院，浙水、南边等16个小型集中安置点全部建成，1547户、4074名贫困群众挪出了穷窝，生产生活条件发生根本性转变。

精准打好基础设施建设硬仗。我们本着缺什么补什么的原则，新建、改造乡村公路232公里，62个村的安全饮水问题得到解决，对东部山区小水电自供区18个贫困村供电设施进行了改造，7个贫困村实现了宽带网络覆盖，对130个农村卫生室进行新建和改扩建，贫困村基础设施和公共服务的水平得到显著提升。

精准打好教育扶贫硬仗。始终做到“扶志”与“扶智”相结合，阻断贫困代际传递，对2814名贫困劳动力进行就业培训，转移输出贫困劳动力3500余人，实现了转移就业一人，稳定脱贫一户。建立完善贫困户子女从学前教育到高等教育的资助体系，650名贫困学生在中职中技以上学校接受到了更好的教育。

精准打好兜底保障硬仗。全面提高低保、五保标准，实现应保尽保，以“三保险、三救助、双签约”为核心的健康扶贫政策全面落地。为全县3836户因病致贫返贫的贫困户实施了签约服务，为2884名重大疾病和慢性病患者落实救治措施。发放医疗救助、特困对象救助、贫困残疾人救助资金1400万元，救助困难群众1.15万人次。

三、认真践行新发展理念，聚力改革发展任务，开创转型发展新局面

县委认真贯彻落实新发展理念，切实加强党委对经济工作的领导，全力做好稳增长、促改革、调结构、惠民生、防风险各项工作，促进了经济社会平稳健康发展。

大力发展特色农业。以推进农业供给侧结构性改革为主线，稳步提升特色种植、规模健康养殖、道地中药材、绿色林产品基地规模和档次，建成“一村一品”专业村140个，市级现代农业示范园区18个。

积极培育新型工业。大力推进产业转型升级，中电投风力发电、骅磊盛纳米新材料、晟特恒采矿工程机械制造、兰花太行中药材饮品等一批重大转型项目落地陵川，为我县转型发展积蓄了后劲。不断加强电子商务进农村综合示范县建设，全县电商交易额达到1.39亿元，在商务部中期绩效评估验收中全省排名第一。

培育壮大旅游服务业。坚持“全域旅游、全景陵川”发展定位，加快推进旅游重点项目，完成投资1.75亿元，创建国家全域旅游示范县工作全面启动，高标准编制了4个乡镇、30个村的乡村旅游整治规划和2个民俗村的开发规划，全域旅游标准化建设扎实推进。密集举办全国摄影大赛、电视艺术精英大赛等一系列艺术节庆活动，积极参与省内外各类宣传推介活动，陵川旅游的知名度和影响力不断提升。全年累计接待游客450万人次，旅游总收入达到16.48亿元，同比增长11.4%、24.6%。

四、积极推进民主法治建设，切实加强宣传思想文化工作，凝心聚力助推县域发展

深入推进社会主义民主政治建设。坚持和完善人民代表大会制度，支持和保证人大及其常委会依法履行职能。发挥社会主义协商民主重要作用，积极支持政协依照章程履行职责、开展工作。认真贯彻落实党的民族宗教政策、对台政策以及侨务政策，切实加强新形势下工商联和党外干部队伍建设工作。

大力加强宣传思想文化工作。坚持党管意识形态不放松，压实工作责任制，将意识形态工作单列为重要考核指标。完成了省级文明县城提名申报工作。积极培育和践行社会主义核心价值观，广泛开展“陵川好人”和德孝模范评选推荐活动，郑新娟家庭荣获全国“最美家庭”荣誉称号。

深入推进法治陵川、平安陵川建设。坚持把维护政治稳定放在首位，筑牢国家安全人民防线，严厉打击各种违法犯罪，大力推进多元调解，教育稳控重点人员，扎实做好重要节点维稳安保工作，确保了全县社会大局持续和谐稳定。2017年我县连续4年被省综治委命名为“省级平安县”，群众安全感和执法满意度连续5年排在全省前10位。

五、着力保障和改善民生，营造良好环境，人民群众生活水平进一步提升

城乡一体协调发展。持之以恒加强基础设施建设，磨河水库投入运行，饮水提升改造工程解决了2.5万人的饮水安全问题。太行一号国家风景道开工建设，礼夺公路改造工程全部完工。供电、供热、供气、通讯持续扩面，群众生产生活更加优质便利。建设美丽宜居家园成效明显，县城框架进一步拉大。

民生改善持续推进。优先发展教育事业，高质量完成创建国家“义务教育发展基本均衡县”任务。医疗基础设施建设不断完善，卫生人才队伍进一步建强壮大。健全完善社保体系，“四险两金”水平逐步提高，农村低保五保再次提标。高度重视困难群众住房条件改善，完成农村危房改造743户。城镇登记失业率为1.75%，低于控制目标。

发展底色持续厚植。认真践行“绿水青山就是金山银山”发展理念，坚持增绿和保护并重，大力实施太行山绿化、交通沿线荒山绿化等绿化工程，“国家园林县城”创建步

伐明显加快。打响蓝天、碧水、净土三场保卫战，中央环保督察组转办问题全部结案，整改工作积极有序开展。我县国家生态保护与建设示范区在国家发改委中期评估中排名全省第一。连续四年荣登全国百佳深呼吸小城榜。

六、坚持党要管党、全面从严治党，以政治生态持久的风清气正凝聚干事创业的正能量

坚决扛起管党治党主体责任。抓住“关键少数”，抓实基层支部，“两学一做”学习教育常态化制度化不断深入，党内政治生活进一步规范、政治文化更加积极健康、政治生态持久风清气正。全面把握深化监察体制改革试点工作的总体要求和目标任务,加强组织领导,改革试点工作扎实推进。以解决问题为突破口和主抓手，开展巡视巡察整改自行“回头看”。

强化干部纪律建设。驰而不息反对“四风”，出台《进一步贯彻落实中央八项规定精神实施细则》。持续深化政治巡察，县委前三轮巡察顺利完成，第四轮巡察有序开展。聚焦扶贫领域不正之风和腐败问题，健全完善“一图一表五台账”制度，扩展监督范围，严格资金监管，开展专项督导。

着力推动“三基建设”。把“三基建设”作为打造“党建创优先进县”的有力抓手，通过“三资”优势撬动、产业项目带动、集体创业推动、政策扶持联动“四轮驱动”模式，消除201个集体经济“空壳村”。积极探索党建创新路径，涌现出丈河片区联合党总支、摩卡电商联合党支部等一批联建攻坚典型。

建设高素质专业化干部队伍。树立正确用人导向，严格执行干部选任十项程序，狠抓四个关键环节，严格落实“四必”要求，完善改进“六查”办法，创新干部管理机制。充分发挥考核导向引领作用，结合年度考核，开展非定向推荐科级后备干部工作，建立了科级后备干部和优秀年轻干部信息库。

（张晋峰）

附：中共陵川县委书记、副书记、常委名单

书　记：胡晓刚

副书记：任彩虹（女）　任小广

常　委：霍晋斌　王立新　原红芳　徐　浩　毋胜利
郭马军　杨建伟

中共沁水县委工作概况

县委书记　原光辉

一年来，沁水县委认真学习贯彻党的十九大精神和习近平新时代中国特色社会主义思想，紧紧围绕省委、市委重大决策部署，科学确立并全面实施“一个统领、三五支撑”总思路，奋力攻坚克难，锐意改革创新，全县上下呈现出经济发展、民生改善、干事创业、和谐稳定的良好局面。

一、认真学习宣传贯彻党的十九大精神，用习近平新时代中国特色社会主义思想武装头脑

县委紧扣迎接学习宣传贯彻党的十九大这条主线，把学用习近平新时代中国特色社会主义思想作为首要政治任务，全年贯穿推进“两学一做”学习教育常态化制度化，开展“维护核心、见诸行动”主题教育，及时召开县委十三届四次全会，对学习贯彻习总书记视察山西重要讲话精神进行安排部署，多次召开县委常委扩大会议、县委中心组会议、全县干部大会和专题交流研讨会进行集中学习，对全县600余名科级干部分批集中轮训，县处级以上领导干部深入基层宣讲70余场次，广大党员干部积极开展形式多样的学习宣传活动，推动党的十九大精神进村入户、入脑入心。对中央大政方针和省委、市委决策部署，自觉做到第一时间传达学习、第一时间研究贯彻、第一时间推动落实，进一步提升了全县领导干部的“四个意识”。围绕“贯彻十九大、迈进新时代、开启新征程、争创新业绩”这一主题，组织开展系列大调研活动，科级以上干部人人领题调研，面向社会开展主题征文和“我最想办的一件事”民意征集，召开了高质量的调研成果交流会，进一步找准了发展方位，明确了发展路径，完善了发展思路，增强了发展信心。

二、坚定不移贯彻新发展理念，全县改革发展稳定各项工作开创新局面

县委坚持以新发展理念引领沁水发展新征程，牢牢抓住转型升级这个主攻方向，统筹推进稳增长、促改革、调

结构、惠民生、防风险各项工作，发展的质量和效益稳步提高，经济稳步向好的态势不断巩固。2017年，全县地区生产总值完成189.9亿元，增长5.5%；规模以上工业增加值完成104.3亿元，增长4%；固定资产投资完成56.7亿元，增长6%；社会消费品零售总额完成24.1亿元，增长7.6%；一般公共预算收入完成12.7亿元，增长8.8%；城镇居民人均可支配收入完成26761元，增长7.8%；农村居民人均可支配收入完成10985元，增长8.8%。

一是聚焦“五大产业”抓转型。煤炭产业持续优化。继续深化煤炭供给侧结构性改革，加快大型骨干矿井建设，降低企业运行成本，延长产业链条，持续扩大有效供给。全县原煤产量2702万吨，增长12.5%。煤层气产业不断壮大。围绕打造“全国煤层气产业化示范基地”，大力发展煤层气抽采、液化、压缩、发电等产业，提高就地转化率。全年完成抽采32亿方、液化76.5万吨、压缩1.6亿方，分别增长9.3%、68.5%、3.2%。旅游产业破题加速。依托丰富的古堡、人文、生态资源优势，围绕“千年古县、如画沁水”这一品牌，成功举办了首届赵树理文化旅游嘉年华系列活动，为全域旅游发展注入了生机和活力。全年旅游综合收入达61.5亿元。现代农业扩规上档。以农业供给侧结构性改革为主线，围绕设施蔬菜、苗木花卉、食用菌、肉鸡、肉羊、养蜂“六大特色产业”，持续提升产业规模，推动特色农产品规模化、标准化、品牌化。全县设施蔬菜达6500亩；苗木花卉达3.2万亩；羊出栏达21.7万只，存栏28.8万只；肉鸡出栏达719万只；蜂存栏达4.54万箱，被确定为蜂蜜省级现代农业产业园。现代服务业提质增效。把电子商务、健康养老、金融服务、现代物流作为重点方向，积极拓展与阿里巴巴、淘宝、京东的合作空间，杏河商业带即将投用，全民健身中心成功运营，养老园区正在招商，农信社改制工作取得阶段性成效。

二是深化改革开放促发展。牢固树立“改革决不能落后”的理念，稳步推进重点领域改革。监察体制改革试点工作取得显著成效，县监委组建运行，纪检派驻机构改革全面完成；省级开发区申报工作提前一年通过省开发区领导组论证评审；国资国企改革制定完成总体方案，金鑫化工厂注销改制试点工作顺利完成；旅游景区体制机制改革走在省市前列，引进高新普惠，对历山景区完成控股收购，对柳氏民居景区拟扩大投资规模，引进东方园林对湘峪三都古城全面开发；医疗卫生机构一体化改革完成集团挂牌、班子组建等工作，“六统一”等改革任务加快推进。强力推进国家和省级改革试点。柿庄镇应郭村成功入选第七批全国一村一品示范村镇，全省农产品质量安全县、全省健康扶贫工程示范县、全省扶持村集体经济试点县等八个省级试点工作成效明显，努力跻身改革“第一方阵”。加大招商引资力度。立足沁水优势，重点围绕装备制造、煤层气综合利用等上下游产业开展招商工作，引导回乡人员投资兴业，用好用活国有资本、民间资本，支持本地企业发展引进配套关联产业。加快推动政府职能转变，深化“放管服效”改革，全面打造“六最”营商环境。全年招商引资项目落地13个，投资总额77.24亿元。

三是抓好安全环保兜底线。严格落实安全和环保工作“党政同责”“一岗双责”，牢固树立总体安全观，持续开展安全生产专项整治、隐患排查治理、打非治违活动，各类安全事故明显下降，全年安全生产形势平稳向好。牢固树立“绿水青山就是金山银山”的发展理念，集中打好大气、水、土壤污染防治三大战役，全力抓好环保督察整改任务，组织开展“铁腕治污”和秋冬季大气污染综合治理攻坚行动，加快建设县域H型大水网连通工程，全面推行河长制，着力解决畜禽养殖污染难题，实现了全县病死畜禽无害化处理全覆盖。全年二级以上优良天数达312天，稳居全市第一，荣获“全国十佳生态文明城市”称号。

四是发展各项事业惠民生。坚持教育优先发展，继续实施十五年免费教育政策，全力推行义务教育寄宿生营养餐全覆盖。积极开展国家卫生县城创建，稳步推进医药卫生体制综合改革，扎实推进家庭医生签约服务，城乡居民基本医疗保险参保率为99.75%，居全市前列。健全完善社会保障体系，实现城镇新增就业5049人，创业带动就业1406人，转移农村劳动力4196人。重视抓好民生工程，积极推进城乡建设，集中开展城乡环境卫生和村容村貌大整治，人居环境不断改善。

三、集全县之力打好精准脱贫攻坚战，争当全省首批脱贫摘帽先进县

县委始终坚持以习近平总书记扶贫开发重要战略思想为指引，站在政治的高度抓扶贫，坚持以脱贫攻坚统领经济社会发展全局，树牢目标导向、问题导向，坚持精准方略、先难后易、机制创新、工作到户、压实责任、党建保障，下最大的决心、配最强的力量、定最优的政策，瞄准最难啃的硬骨头持续发力，努力实现脱贫攻坚再战再胜。狠抓责任落实，认真执行书记、县长双组长负责制，全面激发县、乡、村三级书记的主导作用，注重发挥第一书记、驻村帮扶工作队、包村干部三支队伍的帮扶作用，全力推进八大工程20个专项行动，实行挂图作战，下足“绣花”功夫，落实精准方略，确保脱贫成色。狠抓易地搬迁，确定搬迁对象1333户3304人，集中安置1262户3057人，全部分房到户。兴建乡村两级8个“幸福大院”，解决了五保户、低保户和深度贫困人口500户654人的移民和养老问题。狠抓产业扶贫，重点扶持杂粮、蔬菜、林药、畜牧、旅游、光伏、电商等脱贫支柱产业，投入1.3亿元实施产业扶贫项目152个，带动贫困户1825户。狠抓农村集体经济“破零”，投入扶持资金2000万元，所有零收入村全部“破零”，集体经济收入5万元以上的村达到72%。农村资产经营管理中心的做法得到财政部和省财政厅的高度认可。到2017年底，全县28个贫困村按程序全部退出，贫困发生率降至0.83%，贫困县退出14项指标全部完成，贫困县摘帽通过初审。

四、深入推进党的建设“五大工程”，努力构建风清气正的政治生态

县委全面贯彻落实习近平总书记“党要管党、从严治党”的方针，坚决扛起全面从严治党主体责任，牢固树立党的一切工作到支部的鲜明导向，推动全面从严治党向基层延伸、向纵深发展。

一是全面加强“三基建设”。研究出台“三基建设”方案，制定出台11个配套文件，梳理明确103条任务清单。在农村基层党建方面，进一步完善“一梁三柱”工作机制，研究制定了加强农村党支部书记队伍建设的10条意见，在农村党支部书记职业化管理上进行了积极探索，圆满完成了农村“两委”换届；在机关党建方面，建立“一个载体、五型创建”工作机制，促进党建工作与业务工作深度融合；在非公经济和社会组织党建方面，建立“五抓五提升”的工作机制，充分发挥党员在非公经济发展中的示范作用。

二是树好选人用人导向。始终坚持“好干部”标准，适时对乡镇和县直单位班子分批补充调整，全年提拔干部155名，平调241名，免职70名。加大从农村党支部书记和第一书记中选拔干部力度，9名优秀第一书记得到提拔或重用。推动落实《推进领导干部能上能下实施办法（试行）》《激励干部担当作为干事创业实施办法(试行)》《支持干部改革创新合理容错实施办法(试行)》三个办法，激发了各级干部干事创业的精气神。

三是持之以恒正风肃纪。坚持作风建设永远在路上，驰而不息纠正“四风”，制定出台《关于进一步贯彻落实中央八项规定精神的实施细则》。紧盯全年重要节点，严肃查处“四风”隐形变异问题，累计开展监督检查260余次。聚焦脱贫攻坚、环境保护、农村换届等重点工作开展执纪问责，持续释放强化担当、履职尽责、失职问责的强烈信号。全面加强巡察工作，出台了巡察工作五年规划，先后开展四轮巡察，发现处置问题99个，形成了强力震慑。积极运用监督执纪“四种形态”，处置问题线索195件，给予党纪政务处分59人，反腐败斗争压倒性态势持续巩固。

四是深入推进“三项创建”。“法治沁水”创建方面，全面压实法治建设工作责任，深入开展“七五”普法工作，积极推进司法体制改革，着力加强公共法律服务体系建设，落实县委法律顾问制度，实现一村（社区）一法律顾问全覆盖。加强综治中心标准化建设，建立多部门融合、多功能一体的县级指挥平台。2017年度群众安全感满意度全省排名第二，连续两年荣获“省级平安县”。“德行沁水”创建方面，认真落实意识形态工作责任制，牢牢把握意识形态工作主动权，全面实施居民素质提升、优秀文化传承、网络空间清朗、社会诚信建设、培树沁水好人“五大行动”，成功入围“全国县级文明城市提名资格城市”，郑村镇和郑庄镇河头村荣获“全国文明村镇”称号。“同心沁水”创建方面，制定了《关于加强新的社会阶层人士统战工作的实施细则》，积极为各民主党派、工商联、无党派人士和人民团体发挥作用搭建平台，组织召开民营经济座谈会，不断加强企业家队伍建设，为全县转型发展凝聚强大合力。县工商联被命名为2017年度“全国县级五好工商联”，县总工会被评为“全省十佳县总工会”。

（茹松枝）

附：中共沁水县委书记、副书记、常委名单

书　记：原光辉

副书记：侯贵宝　高俊霞（女）

常　委：霍卫星　申连太　张瑞忠　张海芳　武小雅（女）　李咏锋　窦书瑾

中共临汾市委工作概况

市委书记　岳普煜

2017年，临汾市委深入学习贯彻习近平新时代中国特色社会主义思想，按照省委“一个指引、两手硬”重大思路和要求，团结带领全市党员干部群众，大力实施“345”战略，真抓实干，攻坚克难，全市改革发展稳定和党的建设各项事业都取得了新的成绩。

一、坚持把学好用好习近平新时代中国特色社会主义思想作为根本任务，牢牢把握正确方向

市委始终保持用习近平总书记重要思想武装头脑的高度自觉，把学好用好习近平新时代中国特色社会主义思想作为长期的、根本的政治任务，始终坚持用这一思想指导和衡量全市经济社会发展和党的建设各项工作。一是强化理论武装。把学好用好习近平总书记重要思想摆在首位，按照省委“融会贯通、学以致用、全面覆盖”的要求，持续进行部署推动，教育和引导广大干部深入系统、原原本本学习，不断增强引领发展、推动改革、维护稳定的能力和本领。每逢总书记发表重要讲话，都及时召开市委常委会、市委专题会议、全市干部大会，认真传达学习，深刻领会精神，做到对讲话真诚信仰、真心践行。习总书记视察山西之后，第一时间学习领会、贯彻落实，出台《关于深入学习贯彻习近平总书记视察山西重要讲话精神的实施方案》《关于深入学习贯彻习近平总书

记在深度贫困地区脱贫攻坚座谈会上重要讲话精神的实施方案》，推动重点工作取得新成效。二是维护核心地位。坚决维护以习近平同志为核心的党中央权威和集中统一领导，做到思想上拥戴核心、政治上维护核心、行动上紧跟核心，教育引导广大党员干部切实增强政治意识、大局意识、核心意识、看齐意识。在全市各级党组织深入开展维护核心、见诸行动主题教育，通过主题教育，广大党员干部进一步深刻认识到，习近平总书记为我们掌舵是十八大以来取得巨大成就的根本原因，更是今后克难制胜的根本保证，能够自觉把维护总书记核心地位作为最大的政治、最大的大局，能够自觉把维护核心落实到行动上、融入到工作中。三是坚决贯彻落实。在谋划重要工作、作出重要决策时，都要按照总书记相关重要论述，主动对表，认真对照，结合实际形成思路举措。党的十九大召开后，市委对学用习近平新时代中国特色社会主义思想及时进行安排，精心组织领导，加强学习宣传，迅速掀起学习贯彻十九大精神的热潮。先后召开常委扩大会议、市委中心组会议、市委全会，对学用习近平新时代中国特色社会主义思想提出明确要求，进行安排部署。组织对全市县级干部进行6轮集中培训，确保把十九大精神学懂、弄通、做实。

二、坚定不移贯彻新发展理念，推动转型发展开创新局面

深入贯彻新发展理念，始终保持转型发展的高度自觉和战略定力，统筹推进稳增长、调结构、增动能各项工作，主要经济指标稳步回升，发生积极变化，步入合理增长区间。一是确保增长。切实加强和改进对经济工作的领导，大力帮扶实体经济，市四大班子成员带头包联重点企业，建立完善服务企业部门联席会议制度，推进干部入企服务常态化。扎实推进"三去一降一补"，压减钢铁产能170万吨、煤炭产能420万吨，完成全年目标任务。加大项目建设工作力度，23项省级重点项目开复工21项，完成投资59.3亿元；237项市级重点项目开复工225项，完成投资223亿元。大力推进特色农业产业发展，全市发展设施蔬菜29.5万亩、水果203万亩、中药材204万亩。粮食生产再获丰收，全年总产量达52.12亿斤。2017年，全市GDP完成1320.1亿元，同比增长5.5%；规模以上工业增加值同比增长1%；固定资产投资同比增长6.9%；社会消费品零售总额同比增长7.2%；公共财政预算收入同比增长12.9%；城镇与农村常住居民人均可支配收入同比增长6.5%、6.6%。二是推动转型。加快产业转型升级步伐，深入贯彻国发42号和晋发49号文件精神，制定《临汾市进一步深化改革促进资源型经济转型发展行动计划》。加快构建"4+6+N"现代工业体系，改造提升煤焦冶电四大传统产业，培育壮大现代煤化工、现代装备制造、新能源、新材料、新医药、节能环保六大新兴产业，大力发展N个前沿产业。全市战略性新兴产业增加值占工业增加值比重达到4.3%，高于省定目标任务。大力发展旅游产业，旅游总收入完成487.49亿元、同比增长30%。全面加强招商引资工作，出台招商引资重点产业指导目录和《临汾市招商引资优惠政策》。坚持招商引资"一月一主题"，先后在广州、天津、杭州、合肥、福州、深圳等地举办自主招商大会15次，共签约项目306个、2146.6亿元，落地项目148个、700.5亿元，各项指标均提前完成省定任务。三是狠抓改革。市委常委会、市政府常务会议、市深化改革领导小组会议先后40余次研究改革事项。按照"四个亲自"和"三个三"的要求，实行改革工作市级领导分工负责制，主要负责同志直接抓关键领域改革，市委书记直接抓13项重大改革，市长直接抓18项，其他市领导抓好各自分管领域的改革。监察体制改革、群团改革走在全省前列；开发区、旅游体制机制、国企国资、医疗卫生体制、农业水价综合改革、环境保护监测督察管理体制、社会信用体系建设等改革事项正在扎实推进。四是扩大开放。以开放推进转型发展，深度融入国家"一带一路"重大战略，加强与天津港、威海港、日照港的对接合作，努力构建内陆地区对外开放新高地。大力开展优化营商环境"1+9"专项行动，深入推进企业投资项目试行承诺制实行无审批管理试点工作，着力打造"六最"营商环境。开通中欧班列，已开行4趟，运输货物5050吨，为"临汾制造"走向欧洲、走向世界搭建了重要平台。积极拓展对外贸易，2017年，全市进出口额完成16.6亿元，同比增长34.48%，增幅位居全省第一。

三、坚持人民至上的价值追求，切实做好民生改善和安全稳定各项工作

坚持以人民为中心的发展思想，进一步保障和改善民生，不断满足人民日益增长的美好生活需要。一是大力发展民生事业。扎实推进义务教育均衡发展。全面推进城乡居民医保制度整合，不断提高社会保险待遇水平。保障性安居工程进展顺利，棚户区住房改造和货币化安置超额完成省定任务。2017年，全市民生支出累计完成270.7亿元，同比增长4%。二是不断推进环保治理。扎实推进工业企业深度治理、散煤专项整治、扬尘污染防治等"八大工程"，部署环保"秋冬防"，市四大班子领导带队每月至少督查两次，有力推动工作开展。举办2017临汾国际大气污染防治技术展览会暨中国大气环境绿色发展高峰论坛，取得良好效果。市区环境空气综合质量指数由1月份的18.84下降至12月份的10.13；SO_2浓度由1月份的311μg/m³下降至12月份的115μg/m³。市区空气综合质量指数和SO_2、PM2.5、PM10浓度降幅均为全省第一。加强水土污染防治，全面启动饮用水水源地规范化建设、采煤沉陷区治理修复等工程，全市地表水考核的8个断面，优良水体比例为12.5%，达到省考核要求。2017年12月29日，环保部解除了对临汾的环境限批。三是全力实施脱贫攻坚。市县乡三级全部实行责任制"双签"，形成四级书记抓脱贫的责任体系。组建163支519人的市级驻村帮扶队伍，增派131名第一书记，实现662个建档立卡贫困村派驻"全覆盖"。统筹推进省脱贫攻坚八大工程二十项行动和市十大扶贫工程，开展千名纪检干部下基层专项行动，狠抓扶贫领域不正之风和腐败问题专项治理，完成"吉县、乡宁、安泽3个贫困县摘帽，全市204个贫困村退出，7.4万贫困人口脱

贫,侯马市现有贫困人口全部脱贫”的目标任务,实现再战再胜。四是坚决抓好安全生产。牢固树立“总体安全观”,认真落实省委“三个坚决防止”要求,严格落实安全责任、安全监管“两个全覆盖”,始终保持“打非治违”高压态势,全面抓好各行业、各领域安全生产工作,安全生产形势持续稳定好转,全市工矿企业连续8年没有发生重特大事故。五是切实维护社会稳定。深入开展“重点信访问题源头化解”专项行动,大走访工作全部完成。建立完善矛盾纠纷多元化解体系,组织动员各方面力量参与矛盾纠纷化解,落实矛盾纠纷多元化解责任,保障群众合法权益。深入开展严打整治专项行动,全市刑事案件同比下降18.87%。着力抓好社会治安综合治理,努力创建平安临汾,维护社会大局稳定。临汾被确定为全省唯一的法治创建示范市。

四、加快临汾民主法治建设,为改革发展创造良好社会环境

坚持和完善人民代表大会制度,加强对人大工作的领导,支持人大及其常委会依法履行职责,人大监督的针对性、实效性和权威性不断提高。支持人大加强立法工作,完成了《临汾市地方立法条例》《临汾市燃煤污染防治规定》等5部地方性法规的制定工作。支持政协在推进协商民主上发挥重要作用,政协委员就法治临汾、生态农业、加强“三基”建设、改善民生、文化事业、水资源保护与开发利用等经济社会发展重大问题进行调研视察,切实发挥了协调关系、汇聚力量、建言献策、服务大局的作用。巩固和发展最广泛的爱国统一战线,加强同各民主党派和无党派人士的合作共事,强化党外知识分子、新的社会阶层人士统战工作,团结各方力量助推临汾发展。扎实推进法治临汾建设,推进依法决策,深化政务公开,强化行政监督,法治政府建设成效明显。启动“七五”普法工作,不断扩大法治宣传覆盖面和影响力。稳步推进司法体制改革,大力推进阳光司法,促进司法公开公正。扎实推动法治临汾建设各项工作,出台《党政主要负责人履行推进法治建设第一责任人职责规定》,在全市推行法律顾问和公职律师制度。加快推进市县乡村四级综治中心建设,推动数据共享和深度运用,不断提高社会治理社会化、法治化、智能化、专业化水平。

五、全面履行从严管党治党主体责任,着力构建良好政治生态

坚决贯彻省委“巩固、深化、提高”的方针,聚焦主责主业,持续加压发力,狠抓工作落实,党的建设各项工作取得新的成效。一是扎实推进“两学一做”学习教育常态化制度化,开展维护核心、见诸行动主题教育。市委常委班子带头研读党章党规、学用系列讲话、落实《准则》要求,在全市形成以上率下、整体联动的总体效应。在全省率先出台《关于深入推进“两学一做”学习教育常态化制度化示范点建设的指导意见》,重点打造2个省级、46个市级、556个县级示范点。研究出台《关于加强党内政治文化建设的实施意见》,设立省级党史教育基地8处,建立市级党性教育基地1处,县级党性教育基地16处,全市各级党员干部坚定了理想信念,提高了党性修养,提升了政治定力,增强了学习贯彻习近平新时代中国特色社会主义思想的思想自觉和行动自觉。二是深入推进党风廉政建设。学习贯彻十八届中央纪委七次全会、省纪委十一届二次全会精神,切实强化管党治党主体责任,持续保持惩治腐败高压态势,认真落实责任清单、工作约谈、党委巡察、监督提醒、深化“四述”等办法,推动主体责任向基层延伸。完成市县第二轮、第三轮巡察,第四轮巡察工作已经启动。积极稳妥推进监察体制改革试点工作,在全省率先选举产生市级监察委员会,按时完成17个县市区监委组建挂牌,推动市县两级反腐力量有机整合、深度融合,开展乡镇监察体制改革试点工作,赋予乡镇纪检干部监察员身份和必要权限,为全省提供了经验,基本实现对行使公权力的公职人员监察全覆盖。修订完善《关于进一步贯彻落实中央八项规定精神的实施办法》,持之以恒纠正“四风”。全市纪检监察机关共立案1930件,给予党政纪处分1842人,运用“四种形态”处理党员干部5224人次。三是认真履行意识形态工作责任制。将意识形态工作纳入全市工作大局、党建工作责任制、年度目标责任考核体系和市委巡察范围,成立了市委意识形态工作领导小组、网络安全和信息化领导小组,制定《意识形态工作责任制实施细则》,定期对思想理论动态、网络舆情动态、社会舆情动态进行分析研判。围绕迎接学习宣传贯彻党的十九大,开展“砥砺奋进的五年”“喜迎十九大”“十九大时光”等一系列重大主题宣传。大力弘扬红色文化,围绕“战争年代临汾革命传统和优良作风”专题,组织编著了《凝沙聚力砥砺前行》专著和《追寻初心攻坚致远》论文专集。四是着力加强干部队伍建设。深刻汲取中央环保督察时发生的部分干部违纪问题的教训,在全市开展“讲政治、知敬畏、守规矩”专项治理活动,全市各级党员干部的作风进一步好转。出台《关于进一步加强县市区党政领导班子思想政治建设的意见》,对换届后市管领导班子运行情况进行“回头看”,依据分析研判结果调整市管干部201人次,用人导向更加鲜明,干部选任更加精准。出台《关于进一步加强和改进干部教育培训工作的意见》,共培训各级干部20.78万人次;选派182名干部赴经济发达地区挂职锻炼,选派23名后备干部到信访和扶贫部门墩苗成长。从严干部日常监管,综合运用提醒、函询、诫勉等方式对479名领导干部进行组织处理,其中提醒280名、函询94名、诫勉105名。五是全面加强“三基建设”。出台《关于在推进“两学一做”学习教育常态化制度化中加强“三基建设”的实施方案》,着力构建重心下移、力量下沉、保障下倾的工作机制。设立3000万元专项资金,通过以奖代补方式整合撬动各类资金资源投人“三基建设”。完成167个村级组织活动场所新建和改扩建任务。大力发展壮大村级集体经济,收入达5万元以上的村达到48.6%。新改建乡镇干部周转房3008套,提升“五小”建设水平,乡镇干部工作生活条件明显提高。非公经济组织和社会组织党组织覆盖率分别达到89.94%和88.16%,较2016年底分别提升16.06和28.78个

百分点。六是积极营造担当作为氛围。出台《激励干部担当作为干事创业办法（试行）》《支持干部改革创新合理容错办法（试行）》，旗帜鲜明为敢于担当、踏实做事、不谋私利的干部撑腰鼓劲。大力实施人才发展战略，贯彻落实省委实施意见，出台《关于深化人才发展体制机制改革的实施细则》，着力解决人才队伍建设难题，为推进转型升级、创新驱动发展提供更好人才支撑。

六、大力加强班子自身建设，提高引领经济社会发展的能力

2017年，市委班子坚持把加强自身建设摆在首要位置，坚持以上率下、率先垂范，努力为全市各级党组织和广大党员干部树好标杆、作好表率。牢固树立"四个意识"，自觉与以习近平同志为核心的党中央保持高度一致，不折不扣贯彻落实党中央决策部署。健全完善工作机制，出台了《市委常委会工作规则(修订)》《市委常委日常工作运行机制(试行)》，推进了常委会工作规范化、制度化。先后召开39次市委常委会、2次市委全会，组织中心组学习21次，谋划重大思路、部署重大改革、推出重大举措，努力为全市改革发展把好方向、管好大局、作好决策。大力弘扬"严"和"实"的精神，坚持严格自律，保持清正廉洁，大兴务实之风，自觉接受同级纪委监督和人民群众监督，市委班子的凝聚力、战斗力不断增强。

（陈波轶）

附：中共临汾市委书记、副书记、常委名单

书　记： 岳普煜

副书记： 刘予强　雷健坤(女，12月离职)
李云峰(12月任职)

常　委： 张建平　张晓永(12月离职)
周计伟(12月任职)　王振宇(11月离职)
王振富　李新春（2月离职）　李朝旗
陈　纲　郭行杰　刘文华(2月任职)
常　青(12月任职)

中共尧都区委工作概况

区委书记　陈　纲

2017年，中共尧都区委在省委、市委的坚强领导下，坚持以习近平新时代中国特色社会主义思想为指引，深入学习贯彻党的十九大精神，按照省委"一个指引、两手硬"工作思路要求、市委"345"发展战略，紧紧围绕"五个尧都"奋斗目标，深入实施"136"工作举措，团结带领全区党员干部群众，凝心聚力，苦干实干，全区经济社会发展呈现出稳中有进、整体提升的良好势头，各项事业取得新成效、新进展。2017年辖区生产总值累计完成283亿元，社会消费品零售总额完成256.2亿元，固定资产投资完成115亿元，公共财政预算收入完成12.04亿元，各项主要经济指标四年来首次实现全部增长，全区发展实现了由"疲"转"兴"的重大转折。

一、深入学习贯彻党的十九大精神，坚决维护以习近平同志为核心的党中央权威和集中统一领导

尧都区委紧跟新时代、新形势、新任务，坚持把学习党的十九大精神和习近平新时代中国特色社会主义思想作为首要政治任务，坚决把维护党中央权威和集中统一领导作为第一位政治要求。一是坚定正确政治方向。通过组织中心组学习、参加党校集中轮训、聘请专家授课等方式，切实学懂弄通做实党的十九大精神和习近平新时代中国特色社会主义思想，牢固树立"四个意识"，增强"四个自信"，在思想上拥戴核心、政治上维护核心、行动上紧跟核心，始终与党中央保持高度一致。二是带头抓好理论学习。先后召开12次区委中心组学习会，着力在"融会贯通、学以致用"上下功夫，动员全区广大干部群众以习近平新时代中国特色社会主义思想为行动指南，凝聚起推动尧都改革发展的强大合力。三是牢牢抓实主题教育。深入推进"两学一做"学习教育常态化制度化，扎实开展"维护核心、见诸行动"主题教育，持续引深"讲政治、知敬畏、守规矩"专项治理活动，组织党员干部赴延安接受革命精神再教育，专题部署了"五个严查"，进一步加强了党性锻炼，坚定了理想信念。

二、聚焦重点任务抓落实，全面深化改革向纵深发展

尧都区委坚持把改革置于全区工作的首要位置，认真落实"四个亲自"要求，全力抓好各项改革工作。一是建强机制。全年共召开区委全面深化改革领导小组会议6次，出台了区委全面深化改革工作要点及责任分工，明确了6方面37项改革要点任务，并建立了改革台帐，完善了推动改革领导分工负责制，书记抓10项重大改革，区长抓11项重大改革，在机制上保证了改革工作落地见效。二是重点突破。国家监察体制改革试点成效显现，监察委员会如期挂牌。深化开发区体制机制改革，成立了尧都高新技术产业开发区筹委会，确定了"一园三区"总体规划。深化医药卫生体制改革，全面取消公立医院及卫生服务机构药品加成。深化"河长制"改革，汾河、涝河等19条河流确立区乡村三级河长209名。深化旅游景区体制机制改革，成立了尧帝旅游景区管委会和帝尧旅游文化发展有限公司。深化群团改革，在组织、机构、服务上全面优化和加强，整体工作走在全市前列。

三、聚焦转型升级增动力，经济社会发展稳步向好

尧都区委坚持把转型升级作为建设现代化产业体系的基础和内核，转变经济发展方式、优化经济结构、转换发展动力，全面提升区域竞争力。

一是全面加快产业结构调整。坚持以优化调整产业结构为重点，全面构筑现代产业体系。农业基础持续巩固。全力加快"五大基地"建设，新增设施蔬菜2000亩、优质水果1585亩，粮食总产量达到23.2万吨。建成核桃产业示范园186个，启动北席葡萄、李家庄鲜桃等10个高标准示范园区建设。实施了仙洞沟水库、涝洰河灌区节水配套改造等项目，建成高标准农田2.5万亩。工业崛起步伐加快。按照市委构建"4+6+N"现代工业体系的部署，全面加快尧都工业园区建设，亨瑞达制药、金风科技风电装备制造等项目入园落地。积极培育新经济增长点，启动了大阳绿色精密铸造园区建设。黑猫清洁能源、烯谷能源等转型项目按计划稳步推进。现代服务业快速发展。启动了尧都云商产业园建设，华门新天地云商城、新百汇网上商城成功上线，京东商城正式入驻兴荣物流园区。环城商贸圈加快建设，新百汇商业广场投入运营，华夏国际商贸城开工建设。文旅产业蓬勃发展，仙洞沟景区提升工程、尧陵景区祭祀大殿项目加快实施，2018尧都文化旅游节筹备工作进展顺利。

二是持续推进项目建设。区委狠抓项目建设不放松，三批项目先后集中开工，项目建设力度空前。东城建设稳步实施。"五纵五横"骨干路网工程全面启动，临纺路路面工程完工，阳光街、枣林街、尧贤街北延道路工程启动实施；东城医院道路、东王路、赵下路等道路工程立项、环评、土地等手续全部办结；尧都区人民医院装修和配套工程基本完成。市级重点工程快速推进。尧都区承担22个市级重点项目的征地拆迁和4个项目的建设任务，目前，完成征地拆迁1800余亩；迎春街南延、体育街南延、广宣街游园工程全面铺开；万通社区、翟庄棚改项目全面启动。涝洰河生态工程进展顺利。启动实施了润州园、尧乡园和栖霞园工程，涝洰河—汾河贯通工程开工建设，机场大道尧都区段、苇塘环路等道路工程已经完工，跨涝河、洰河两座桥梁工程按进度推进。

三是大力实施招商引资。在全市率先举办了杭州招商引资推介会，先后赴北京、上海、广州等地开展13次招商活动，签约项目19个，签约金额达1160亿元。创新融资模式，加快融资步伐，争取到国家、省、市财政性资金30亿元，特别是总投资160亿元的13个棚改项目，通过与国开行合作，已争取政策性贷款124亿元。

四、聚焦民生改善补短板，群众生活更有保障

尧都区委始终坚持以人民为中心的发展思想，努力让发展成果更多更公平惠及人民群众。一是民生保障持续改善。紧扣"五好"目标，努力让人民群众有更多获得感和幸福感。社会事业全面进步。在教育方面，探索推行集团化办学模式，实施了义务教育均衡达标和"三优"创建工程。在医疗卫生方面，实施区乡医疗机构一体化改革，组建了以区人民医院为龙头的尧都区医疗集团，加大家庭医生签约服务力度，已签约36.1万户。在扩大就业方面，成功举办2017企业人才招聘会，提供就业岗位7800个，签订就业协议2460人，转移农村劳动力3100人。民生底线坚决兜牢。全面落实《尧都区保障民生社会救助办法》和领导包联孤儿制度，对95名孤儿进行认养包联，全区四类困难家庭全部纳入政府兜底保障范围。成功举办2017年捐资助学活动，筹集善款400多万元，资助贫困学生完成学业。完成城乡居民医保机构及制度整合，开通跨省异地就医直接结算业务，有效解决了群众异地看病结算难题。脱贫攻坚精准推进。按照"六个精准"要求，拨付特色农业产业扶贫资金626万元，实施村级光伏扶贫项目2个，实施"五位一体"小额信贷政策惠及贫困户1097户、贫困人口3058人。

二是环境保护全力推动。出台《尧都区环境保护工作职责规定(试行)》，建立了"六位一体"工作机制和区级领导包联机制，全面推行环境保护"网格化"监管制度，形成了人人参与、齐抓共管的工作格局。生态污染治理重拳出击。在整治煤烟污染上，先后投资1.8亿元，配发洁净焦和兰炭18.2万吨；收缴散煤、劣质煤6万吨；取缔不合格煤焦销售点41处，淘汰大中型燃煤锅炉1000余台；对31家重点工业企业和82家其他涉气企业进行了深度治理，集中整治"散乱污"企业173家。清洁取暖改造全力实施。经过全区上下6个多月的连续奋战，累计完成投资16亿元，186个行政村、43个社区的改造工程；赵下热源厂"煤改气"工程竣工点火，160个村(社区)、185个企事业单位清洁取暖运行启动。环境卫生整治全面开展。先后开展了环境卫生百日综合整治和城乡环境集中整治行动，清理垃圾150万方，处理残垣断壁7.6万平米，粉刷墙壁1600万平米，城乡环境面貌持续改观。

五、聚焦社会治理抓创新,社会环境安定有序

一手抓突出问题排查整治,一手抓理念、机制、方法创新,努力开创"平安尧都"建设新局面。一是信访工作平稳可控。坚持把解决信访突出问题作为重要工作来抓,充分发挥信访"三级网络"作用,健全完善"五项制度",全力抓好源头治理和信访处置。深入开展"重点信访问题源头化解"专项行动和"大走访"活动,了解诉求、解决问题,有效防范了风险隐患。二是安全生产稳步向好。严格落实"党政同责、一岗双责",扎实开展安全生产大检查和专项整治行动,加大安全隐患排查力度,完成了17000余家企业安全生产责任制挂牌,安全生产形势持续向好。三是社会治理纵深推进。深入开展社会稳定风险隐患大排查大整治、"打黑除恶"专项斗争等专项行动,保持了社会大局和谐稳定。积极开展"八安联创"活动,全面深化"网格化"服务管理,全力推进"雪亮工程"建设,启动实施三级综治中心标准化建设,社会治安防控体系进一步完善。

六、聚焦主责主业抓党建,执政基础更加牢固

聚焦主责主业,持续加压发力,狠抓工作落实,党的建设各项工作取得新的成效。一是深入推进党风廉政建设。切实强化管党治党主体责任,努力构建作风建设长效机制。今年以来,区纪检监察机关共立查案件194件,给予党纪政务处分170人。严格落实"五个严禁""五个严查",开展专项督查6轮349次,给予党纪政务处分31人,组织处理40人、约谈30人,对15起违反中央八项规定和"四风"问题的相关责任人进行了问责。同时,制定出台了《尧都区党员干部容错纠错机制实施办法(试行)》,旗帜鲜明为敢于担当、踏实做事、不谋私利的干部撑腰鼓劲。二是从严强化干部队伍建设。坚持学在先、做在前,围绕抵制十种不良风气,围绕打造尧都铁军,带头讲专题党课,带头开好民主生活会,带头过好组织生活,持续巩固尧都良好的政治生态。牢固树立"有为才有位、有位更要有为"的导向,选拔在重点工程、征地拆迁、信访维稳、环境整治等方面表现突出的干部,实现了干部选用的最优配置。三是全面加强"三基建设"。在巩固基层组织上,全力实施"人才"回归,农村(社区)"两委"换届有序推进;充分发挥基层党组织的领导和带动作用,建立329个非公企业和社会组织党组织,探索成立了10个街道综合党委。在夯实基础工作上,出台《尧都区城乡网格化管理实施方案》,组建成立"一中心、两平台",创新设置四级网格2462个,实现服务网络全覆盖。在提升基本能力上,分批开展农村(社区)"两委"主干、党务干部和37名农村第一书记集中培训;举办领导干部能力提升"大讲堂"10期,培训干部2380人次。

(王志宇)

附:中共尧都区委书记、副书记、常委名单

书　记:陈　纲

副书记:杨保春　王　润

常　委:栗俊昌　李青彦　乔永生　郭云平
张青山　郭忠义　丁国刚　薛向阳

中共侯马市委工作概况

市委书记　王煦杰

2017年,在省委、临汾市委的坚强领导下,侯马市委认真学习贯彻党十九大精神,以习近平新时代中国特色社会主义思想为指引,把握省委"一个指引、两手硬"重大思路和要求,全面落实临汾市"345"发展战略和"12345"工作思路,围绕我市"五大兴市战略",创新实干,担当作为,各项工作取得新的发展成效。

一、深入学习贯彻习近平新时代中国特色社会主义思想,切实保持政治定力,把牢正确政治方向

坚定维护核心。牢固树立"四个意识",始终在思想上政治上行动上同党中央保持高度一致。扎实开展"维护核心、见诸行动"主题教育。夯实理论根基。充分发挥市委中心组的示范带动作用,共开展23次集中学习和8轮交流研讨,撰写形成一批新的理论认识成果。抓好宣传贯彻。把学习宣传贯彻党的十九大精神与习总书记视察山西重要讲话精神有机结合;与推进"五大兴市战略",建设"四个侯马",做好当前各项工作有机结合;与深入开展"两学一做"学习教育常态化制度化建设有机结合。

二、坚持以全面深化改革为引领,在加快重点领域和关键环节的政策试点中不断激发创新活力、汇聚发展动能

坚持"四个亲自"和"三个三"具体方法抓改革,对上级部署任务进行梳理,建立了改革台账。4个国家级改革试点工作取得阶段性突破。服务业综合改革试点,先后发出四趟中欧班列,与"一带一路"连接。综合保税区申建工作已上升至国家层面,将成为山西省唯一设在县级市的综合保税区。振通电子商务产业园快递转运中心仓库建成投用,以中通、圆通为代表的现代物流配送平台成功入驻。国家新型城镇化改革试点,强力推进城乡"六个全覆盖"工程。集中供热全覆盖、农村垃圾集中处理、生活污水综合利用和天然气全覆盖工程

全面铺开,自来水全覆盖和“健康侯马·云平台项目”加紧推进。18个村完成了供热管网建设并顺利接上市政大暖。下平望农村生活污水综合利用试点成效明显,其先进经验做法得到省环保厅和临汾市委、市政府高度肯定,在临汾市推广。推进循环交通体系建设,北环路西工程全线贯通,一批路网工程全面铺开,108国道改线成功获批。2017年10月,侯马被评为全国新型城镇化质量百强县(市)。返乡农民工创业试点,培育了北方轻工城创业孵化基地、“创客空间”大学生创业孵化基地、普罗旺斯返乡农民工创业园区等返乡人员创业基地。返乡创业人数达到563人,吸纳就业1830人。全国健康城市试点,打造市乡村医疗卫生服务一体化,组建公立医院管委会,建立基本公共卫生服务集团。

市监察、教育体制改革,县乡医疗卫生机构一体化改革试点、中小微企业创业创新基地示范县、政务服务中心国家标准化试点等领域深改工作也取得积极成效。

三、坚定不移贯彻新发展理念,紧牵项目建设“牛鼻子”,努力培植新的经济增长点

强力推进项目建设。开展“项目提速年”活动,全市66个重点项目中,40个开复工建设,17个项目竣工投产。总投资4.8亿元的汤荣公司生产线建成投产;总投资16.8亿元的怡之福医养中心主体工程完工;总投资61.4亿元年的精矿综合回收项目已重新立项;总投资8亿元的方略陆港集团洋货码头项目主体完工;总投资17.4亿元的浍河生态修复综合治理项目获得省农发行6亿元授信融资贷款,做好开工准备。

大力开展精准招商。与美国洛杉矶郡核桃市签署了《缔结友好城市意向书》。全力实施创新驱动转型升级和“东融南承西联北拓”战略,组织干部赴发达地区考察对接项目。成功举办上海招商引资推介会和北京重要客商恳谈会,签约重大项目13个,协议总投资29.2亿元。总投资6.5亿元的益通天然气扩产项目和投资1.2亿元的北方创信新型防水材料等项目已开工建设,总投资10亿元的正大制管项目和总投资4.1亿元的紫金山风电项目已成功落地。省经投集团15亿元的装配式工厂与示范园区项目正进行征地拆迁。

着力优化营商环境。出台优化营商环境专项行动方案以及加快招商引资项目落地等专项行动方案,努力打造“六最”投资营商环境。企业投资项目试行承诺制,无审批管理工作已经全面推开。

扎实做好环保治理。从源头管控,杜绝污染企业上马,推动模范铸造等企业退城入园;量化管控扬尘治理,推进绿色交通,137台纯电动公交车全部投入运营;加快推进清洁取暖“全覆盖”工程;出台六项制度推进“河长制”,河长制办公室正式挂牌运行;深入落实临汾市周边重点区域PM2.5和二氧化硫管控20条措施。优良天数全年达284天(一级天数22天),占监测总天数77.8%,高于考核值72.4%。

全市地区生产总值完成103.6亿元,同比增长6.9%;一般公共预算收入完成4.09亿元,完成临汾市定任务103.4%;规模以上工业增加值(含开发区)完成12.46亿元;固定资产投资总额(不含开发区)完成28.97亿元,同比增长25.7%,高出临汾平均增速18.8%;社会消费品零售总额完成87.44亿元,同比增长7.3%;城镇、农村居民人均可支配收入分别达到27294元、14073元,均增长6%以上。其它约束性指标也都达到序时进度。

四、坚持以人民为中心的发展思想不动摇,全力推进脱贫攻坚和民生保障各项工作,不断提升人民群众幸福感满意度

全市建档立卡的贫困人口全部完成脱贫程序,顺利通过了临汾市级验收。全市学校基建项目顺利通过国家义务教育均衡发展检查验收。侯马二中易地建设项目进展顺利。公立医院全面取消药品加成工作有序推进,公共医疗普惠服务体系日益完善,市人民医院异地扩建项目加速实施。

与温商财团签订晋国遗址文旅小镇建设项目战略合作协议,紫金山旅游开发、台骀庙张氏文化园等文旅项目招商推介进展顺利。现代蒲剧《樱桃花开》作为全省唯一入选的地方戏赴京参加会演,广受赞誉。

以“为党的十九大胜利召开营造良好环境”为主线,坚守“三个绝不发生”底线。保持信访工作“平稳可控、持续向好”态势;保持安全生产良好态势。深入开展“打黑除恶”“亮剑行动”和“1+8”系列专项行动,社会大局和谐稳定。

五、切实加强民主法治建设,最大限度凝聚奋进力量,营造良好社会环境

市委出台《关于加强市、乡(办)人大工作和建设的意见》。市人大常委会共督办代表建议议案95件。市政协开展12次专题调研,编发《社情民意》218期。巩固发展爱国统一战线,群团工作改革态势良好。坚持党管武装原则,完善军地齐抓共管国防后备力量建设机制,巩固发展军政军民团结局面。坚持把法治建设摆到更加突出的位置,依法执政更加规范科学透明。

六、坚持党要管党、从严治党,主动抓稳扛牢主体责任,着力维护风清气正的良好政治生态

深入落实主体责任。市委常委会研究落实从严治党主体责任、巡视巡察整改、监察体制改革等工作16次。班子成员细化工作责任落实;召开了乡(办)党(工)委推进全面从严治党、落实党风廉政建设“两个责任”情况汇报会暨书记约谈会和市委常委会成员、五大党组负责人管党治党、落实党风廉政建设主体责任情况汇报暨书记约谈会;围绕彭真同志诞辰115周年开展了系列纪念活动,强化党性教育和革命传统教育。

扎实开展主题教育。在“维护核心、见诸行动”主题教育中,班子成员以普通党员身份主动参加所在支部各项活动,带头讲党课11人次,带头深入包联指导点56人次,广泛征

求意见建议,认真开展批评和自我批评。

全面加强“三基建设”。实施“三基提标年”活动,在基层组织上,实现乡、村、社区和非公组织经费“四个达标”;农村换届工作按时完成;13个社区场所提档升级任务全面完成;机关在职党员报到服务经常化,窗口单位服务群众扁平化;非公经济组织和社会组织,党的工作覆盖率均达到100%。在基础工作上,农村、社区、机关、非公和社会组织、党务干部队伍建设五个领域开展“党建5+”主题活动。在基本能力上,围绕学习贯彻党的十九大和习总书记视察山西重要讲话精神,举办各项专题研修和拓展培训,提升党员干部素质。

筑牢意识形态领域防线。常委会牢牢掌握工作的领导权、话语权、主动权。以“为党的十九大胜利召开营造良好舆论环境”为主线,做强主流舆论。全年在临汾市级以上媒体刊发稿件197篇(件),其中国家级10篇,省部级64篇。

严格规范干部选拔任用。从严规范干部选用程序,解决领导班子不健全和干部队伍结构不合理等问题。全年调整干部46人次。严格落实“凡提四必”和“六查”要求,没出现违反干部工作政策法规和超职数配备情况。

正风反腐持续深入推进。完成全市监察体制改革任务,实现人员“转隶”和办公搬迁。完成县级纪委监委派驻机构和乡(办)监察员的全覆盖工作任务。组织开展了巡视巡察整改自行“回头看”;细化完善贯彻落实中央八项规定精神实施细则,紧盯“四风”新变种;始终对腐败“零容忍”,维护我市政治生态。

市委班子始终把加强自身建设作为重要任务,加强学习研究,带头维护核心,不折不扣贯彻落实党中央、省委、临汾市委决策部署,永葆共产党人的政治本色。

(邱 君 郑 岐)

附:中共侯马市委书记、副书记、常委名单

书 记:王煦杰

副书记:段慧刚 秦海玉

常 委:张瑜庆(8月任职) 刘俊贤 李俊胜 郝爱民 张清江 李睿煜(8月离职) 李会平 卢正中

中共霍州市委工作概况

市委书记 崔山原

霍州市位于山西省中南部,临汾市北端,总面积765平方公里,下辖3个乡、4个镇、5个街道办,199个行政村(居),24个社区,总人口30余万。全市共有党员14588名,其中女党员3279名,预备党员186名,基层党委12个,街道党工委5个,市直工委1个,非公经济组织和社会组织工委1个,基层党总支41个,基层党支部651个。其中乡镇党委7个,街道党工委5个,党总支11个,党支部282个,共有党员8640名,建制村中有党组织213个,农村党员6987名;市直党委3个,党总支29个,党支部247个,共有党员5371名;非公有党委2个,党支部67个,党员440名;社会组织有党总支1个,党支部55个,党员137名。

2017年,市委坚持“党要管党、从严治党”的方针,严格落实“两个责任”,以“两学一做”学习教育常态化制度化、“维护核心见诸行动”主题教育为统领,以“三基建设”为抓手,全面加强领导班子、干部队伍、基层组织、队伍建设,并结合实际,着力在学懂、弄通、做实上下功夫,使十九大精神在霍州落地开花结果。

一、党建工作稳步推进

扎实开展了学习习近平总书记视察山西重要讲话精神集中培训、“七一”党员干部授课、基层党组织书记党课赛讲、以及全省开展万名干部大调研等活动,坚定不移转变工作作风,筑牢领导班子根基。以“五个一+”主题党日、“双亮双评双考”、送党到基层、“三联三定一争创”活动为主要载体,并选派47名优秀年轻干部赴江、浙、皖三省进行挂职锻炼,提振党员干部信心,增强干部队伍活力。坚持把解决突出问题作为突破口,督促落实“三会一课”,并提出规范支部建设的30条意见,整改各基层党组织查摆问题1632个,统一印制派发“六簿一册”,实现了基层组织规范化管理。成立12个联络督导小组,围绕“8+5”重点任务,制定了涉及6个方面38项任务的督导工作台账,一年来,先后组织开展4轮督导,限期整改发现的问题,对党员干部队伍起到了震慑、鼓励的作用。同时,圆满完成了197个村党组织的换届选举任务,全面加强党的建设。

二、三基建设成效显著

确定实施了27项重点任务，拨付专项资金3193万元。在全市将各类党务政务大数据进行有效整合，建立了微信平台和触摸查询系统，实现了全市便民服务“一张网”；在乡镇(街道)建立了便民服务中心，全面整合党建、卫计、民政、残联、国土等基层站所职能，高效快捷服务群众；在农村(社区)完成160个村的便民服务站建设，为百姓办理具体事务。高标准打造了公安局、前进社区和非公党群服务中心等全省一流的党建先进典型，省内数十家单位前来参观学习，树立了新时代的“霍州形象”。

三、党风廉政建设全面加强

集中力量开展党风廉政建设首轮巡察和侵害群众利益不正之风及扶贫领域专项巡察，严肃查处发生在群众身边的不正之风和腐败问题，高质量完成了监察体制改革。认真履行监督职责，处分处理34人次；扎实推进监察体制改革，全年处置各类问题线索329次、183件；市委巡查工作领导小组完成了、三轮巡查工作，发现共性问题60个，问题线索55件，通过专项治理、跟踪督导、严格问责，发挥巡查监督的“利剑”作用。严肃处置“四风”问题35人，综合运用“四种形态”处置238人，全面加强党风廉政建设。

四、经济社会全面发展

市委团结带领全市各级党组织、全体党员干部群众，统筹推进经济、政治、文化、社会、生态文明等各项事业发展，全市呈现出经济平稳运行、产业优化升级、改革推进有序、民生持续改善、社会和谐稳定、生态治理有力的良好局面。

一是产业升级步伐加快。一产方面，“一园五基地”建设初具规模，西张垣现代农业生态示范园中药材基地种植各类中药材130亩；干鲜果基地发展苹果4万亩、核桃3万亩；规模养殖基地新增各类养殖企业60个；小杂粮种植面积达到4万亩；文冠果基地累计种植面积已达到8000亩。二产方面，省级经济技术开发区筹建工作有序推进。投资2.6亿元的亿能新能源电动车制造项目投入生产，可年产电动汽车1.8万辆，实现产值6.3亿元。投资15亿元的华得宇光伏发电项目，一期工程6月底已并网发电，预计三期工程建成后年发电量达3亿度，实现产值近亿元。三产方面，全域旅游示范区创建工作扎实推进，霍州署、七里峪、陶唐峪等精品旅游景点深度开发，贾村娲皇庙、许村传统古村落、梁衡文化村、千佛崖、悬泉山、油盆峪等一批旅游景点逐步兴起，“全景霍州、全域旅游”初具雏形。旅游景区体制机制改革深入推进，设立了20亿元文化旅游产业投资发展基金，成立了霍州市文化旅游发展有限公司，可融资12亿元助力文化旅游产业发展。同时，州署文化产业示范园、南街农贸市场等一批大型商贸中心投入运营，乐村淘网络、固德网络等电商平台和联源、顺丰、申通等一批物流企业入驻霍州，商贸服务业发展活力增强。成功举办了2017“临杭盟商·尧风霍然”发展论坛暨招商引资推介会，签约资金达36.32亿元，与苏州盈创3D建筑打印、温州申欧新能源汽车、北京网库集团、华夏幸福产业投资基金等企业达成投资落地意向，招商引资成果丰硕。

二是民生事业全面发展。脱贫攻坚成效显著，建成扶贫光伏电站950千瓦，发展扶贫生态林5600余亩，安置贫困人口就业62人，发放“五位一体”扶贫贷款600万元，资助贫困大学生42人，完成了全年1800人脱贫任务，贫困群众增收渠道不断扩宽，脱贫攻坚战果逐步显现。社会事业全面进步，圣佛小学主体完工、市二中运动场投入使用、公办幼儿园进展顺利，办学条件进一步改善，霍州市被确立为临汾市唯一的义务教育学校管理标准省级试点县。公立医院改革有序推进，霍州市医疗集团挂牌成立，基本药物制度全面落实。文体活动蓬勃发展，投资2亿元的全民健身中心正式开工。城乡养老、医疗、失业、工伤等社会保险的覆盖面和保障标准进一步提高，社会保障体系不断健全。高度重视创业就业，公开招聘110余名事业单位人员，全部充实基层一线，积极拓展就业渠道，全年新增就业人员4600余人。社会救助制度更加完善，低保线、贫困线“两线合一”工作稳步实施，儿童福利院项目主体完工，爱心助学共收到捐助善款128余万元，救助学生4069名。建成各类保障性住房205套，落实保障性住房开工任务500套，有力地改善了困难群众的居住条件。城市面貌焕然一新，纬三路、经十路、迎宾南路、桥西街改造、红崖堡紫薇园、赵家庄人行天桥等项目竣工投入使用，城市污水管网配套、垃圾处理厂改造、辛置南矿区污水处理厂等项目全部完工，橡胶厂棚户区改造、州署文化产业园还迁楼、阳光首府等项目进展顺利，城市功能不断完善。围绕“建好、管好、护好、运营好”公路的目标，先后投入5.18亿元用于公路建设、管护，城乡路网进一步优化。

三是发展环境持续优化。狠抓安全生产，深入开展安全生产大排查大整治活动，排查生产经营单位1328家，关闭取缔24家，彻底整治各类安全隐患1300余条，杜绝了重特大事故的发生。推行信访“三三”工作机制，探索化解信访问题四种办法，聘请5名法律顾问接访，妥善处置了一些矛盾纠纷，信访事项化解率大幅攀升。加强综合治理，持续推进全国平安县市创建，开展了打击“两抢一盗”、整治民爆物品、维护交通治安秩序等专项行动，圆满完成了十九大维稳安保任务，营造了和谐稳定的社会环境。

四是生态建设成效显著。牢固树立“绿水青山就是金山银山”的理念，加大资金投入，推进铁腕治污、项目治污、科学治污，掀起了生态文明建设新高潮。强力整治城乡环境，深入开展了城乡垃圾清理、市容环境整治、食品加工作坊“煤改气”、土小散乱污企业专项整治、燃煤锅炉清洁能源置换、研石山高标准治理等系列专项行动，环境违法案件查处率达到100%。扎实推进工业企业深度治理，完成了兆光、国电燃煤发电机组超低排放改造；启动了团柏矿管状运煤走廊、辛置矿管状皮带运矸系统和霍候一级路全天候监控系统。加快生态修复，实施了汾河、南涧河、对竹河生态综合治理和绿化造林工程,全年新增绿化造林面积 1.12 万亩。加大环保基础建设,投资 3.3 亿元新建换热站 51 座,新增集中供热面积 450 万平方;投资 900 余万元对城区直排汾河的 4 处污水口进行处理;投资 3800 余万元,启动了朝阳污水处理厂二期建设,确保建成区污水收集率达到 100%。尤其是中央、省市环保督导发现的问题,我们不推不靠,积极作为,严格标准,扎实整改,推动全市生态环境质量持续向好。

五是深化改革稳步推进。制定了《霍州市全面深化改革领导小组 2017 年工作要点》,明确了六大领域 40 类 57 项工作任务,建立了全市改革任务"总台账"和市级领导各自"分台帐",明确了牵头单位和进度表,确保各项改革任务稳步推进、落到实处。不断深化"放管服"改革,承接行政审批事项 9 项,取消行政审批事项 4 项;认真落实"五证合一、一照一码""两证整合"等改革措施,经济发展环境进一步优化。持续深化农村综合改革,全面完成了监察体制改革、城市执法体系改革、司法体制改革、群团工作改革等重点任务,保证了党中央和省市决策部署落地见效。

(薛忠华)

附:中共霍州市委书记、副书记、常委名单

书　记:崔山原

副书记:黄晓君(女)　高雅铭

常　委:刘国平　李　峰　牛福生　郭宏生　田晋川　程　军　郭丽华(女)　田　辉(9 月离职)

中共曲沃县委工作概况

县委书记　郭惠勇

2017 年,在省委、市委的正确领导下,曲沃县委坚持以习近平新时代中国特色社会主义思想为指导,认真贯彻落实党的十九大及中央、省、市重要会议精神,团结带领全县广大党员和干部群众,戮力同心、真抓实干,大力实施"三大战略",加快建设"三大基地",持续推进"551011"工程,全县经济建设、政治建设、文化建设、社会建设、生态文明建设和党的建设都取得了新进展、新成效。

一、全县党组织概况

曲沃县共有 588 个基层党组织,其中,18 个党委,33 个党总支,537 个基层党支部。共有党员 12474 人,其中,党政机关党员 2001 名,国有企事业单位党员 1831 名,农民党员 6045 名,非公企业党员 387 名,离退休人员 1192 名,其他职业 1018 名。

二、党建工作水平全面提升

2017 年,中共曲沃县委认真贯彻落实中央、省委、市委全面从严治党部署要求,始终坚持以更加科学、更加严密、更加有效的思路举措,推动全面从严治党向纵深发展,以永远在路上的恒心和韧劲,持续加压发力,狠抓工作落实,党的建设各项工作取得卓越成效。在思想政治建设上,扎实开展"两学一做"学习教育常态化制度化和维护核心、见诸行动主题教育,县四大班子领导带头研读党章党规、学用系列讲话,起到了良好的示范带动作用,全年组织开展县委中心组集中学习 13 次、交流研讨 5 次,集中轮训科级干部 25 场次、5000 余人次;在省委组织开展的"两学一做"六轮知识竞答中,全县共 15000 余人参加竞赛,参与人数与党员人数占比位居全市第一。总书记视察山西后,县委及时召开县乡村三级干部大会,对学习贯彻落实总书记视察山西重要讲话精神进行了详细的安排部署。十九大召开后,坚持把学习宣传贯彻党的十九大精神作为首要政治任务,及时组织召开县委常委会议、县委中心组会议和县委十四届六次全会,对全县学习宣传贯彻十九大精神进行了全面的安排部署;通过在县委党校开设学习贯彻党的十九大精神轮训班,对全县 450 名县管领导干部进行了分批轮训;在县电视台、今日曲沃报等新闻媒体开辟专栏,精心策划、深刻解读党的十九大精神,在全县全面掀起了学习宣传贯彻十九大精神的热潮。在加强"三基"建设上,全面完成全县农村(社区)"两委"换届选举工作;研究制定了加大投入、充实力量、制定规范、强化督查等"十个一"的推进措施;注重阵地建设,投资 3483 万元,新建了高标准的县委党校;深挖红色资源,投入 1200 万元建成并开放了石桥堡抗战红色堡垒党性教育延伸教学基地;在"六区四园"景区建设中,向涉及到的 16 个村拨付项目建设资金 5700 余万元,为有关村通过集体土地和景区景点建设投入入股旅游开发公司的方式壮大村集体经济开辟了新路径,全县集体经济收入 5 万元以上的村达到 74 个;严格落实党建工作经费保障,乡村两级按标准足额拨付经费 1082 万元,按标准将农村"两委"主干报酬提高到 26280 元,改造乡镇干部周转房 49 间,全面改善提升了乡村干部工作生活条件。在强化干部管理选任上,制定出台了《曲沃县激励干部担当作为干事创业实施细则(试行)》和《曲沃县支持干部改革创新合理容错实施办法(试行)》,在全县上下营造出了担当作为、狠抓落实的良好氛围。稳妥有序地开展了县直工作部门和事业单位科级领导干部的调整配备工作,调整干部 111 人,其中平级调整 39 人,提拔任职和非领导职务转任领导职务 36 人,同职级转任重要岗位 5 人,免职 31 人,用人导向更加鲜明、干部选任更加精准。不断加大年轻干部的培育力度,选拔 27 名年轻优秀干部赴江苏句容、如皋及山东蓬莱、东平等地挂职锻炼,选派16名县直机关优秀年轻干部到农村担任第一书记,选派56名优秀年轻干部到乡镇挂职历练,选派12名后备干部到信访和扶贫部门墩苗成长,选派百余名干部到全域旅游16个景区驻点工作,使全县广大干部尤其是年轻干部的履职能力得到有效提升。在党风廉政建设上,坚持把落实党风廉政建设主体责任作为一项重大政治任务,深入推进了监察体制改革各项工作,扎实开展了巡视巡察整改"回头看"专项活动;持之以恒纠正"四风",研究制定了《曲沃县关于进一步贯彻落实中央八项规定精神的实施办法》;全力支持和保障纪委监委排除干扰、消除阻力、放胆办案,全年共查结案件105件,给予党纪政务处分105人,其中:党纪处分73人,政务处分39人,党纪政务双重处分7人,重处分18人,科级干部14人,形成了强大震慑。在民主政治建设上,全力支持县人大及其常委会依法履行职责、支持县政协在推进协商民主上发挥重要作用,县人大和县政协围绕"五城联创"、重点项目建设、全域旅游发展、"120大会战"、工业转型、农业发展、民生改善等事关经济社会发展大局的重点问题,先后组织开展人大代表视察28次、开展委员专项视察26次,有力地促进全县经济社会发展。持续加强了统一战线工作,工青妇等人民团体发挥出更加积极的作用。坚持党管武装原则,巩固和发展了军政军民团结的良好局面。

三、经济社会各项事业实现跨越式发展

2017年,曲沃县委坚持按照省委"一个指引、两手硬"重大思路和市委"345"战略部署,深入实施"产业强县、城建靓县、文化立县"发展战略,加快建设"全省千万吨级优特钢生产基地、全国现代农业示范基地、全国晋文化研究开发基地",延伸拓展以"建设工业五大园区、狠抓农业五大重点、推进城建十大系统工程、打造一条覆盖全县域的晋文化旅游线路、每年实施一批民生项目"为内容的"551011"工程,全县经济社会保持了持续健康发展的良好势头。全县全年地区生产总值完成97.96亿元,同比增长7%;规模以上工业增加值完成35.58亿元,同比增长2%;固定资产投资完成40.2亿元,同比增长30.8%;公共财政收入完成2.58亿元,同比增长3.2%。城镇居民人均可支配收入达到30506元,同比增长7.3%;农村居民人均可支配收入达到14133元,同比增长7.6%,全县经济社会呈现出稳中有进、稳中向好的发展态势。在重点项目建设上,严格实行"双月一汇报、半年一小结、年底观摩交总账"项目推进机制、四大班子领导包联项目责任制和项目进展情况微信日报制,有力地推动了各项重点项目的加快建设。当年确定的总投资达196亿元的45个县级重点项目开工建设43个,开工率96%;列入市级重点的总投资31.7亿元的15个项目全部开工,开工率100%。同时,不断加大招商引资力度,全年共签订项目23个,投资达175.59亿元。圆满承办了临汾市(晋都曲沃)招商引资推介会,来自全国各地200余名客商齐聚曲沃,我县共签约重大转型项目6个,投资总额达到54亿元,待全部落地建设后,我县的发展动力和转型活力必将得到进一步增强。在五城联创活动中,着眼持续提升县域影响力和吸引力,增强全民自信心和凝聚力,在全县全面掀起了创建国家卫生县城、国家全域旅游示范区和省级园林县城、省级文明县城、省级环保模范城市的工作热潮,营造出了"全民参与、全民共创"的浓厚氛围,取得了较为显著的阶段性成效。其中,省级文明县城创建工作已顺利通过省文明委的考核验收,并被推荐为国家文明城市创建单位。在工业经济发展上,紧紧围绕五大工业园区的梯次化建设,持续推进传统产业改造升级、新兴产业培育壮大,取得明显的工作成效。传统产业改造升级方面,坚持以千万吨级优特钢工业园区为主战场,持续加大对企业融资、项目占地、手续办理等方面的协调帮扶力度,通才公司80MW高温超高压煤气高效综合利用发电、优特钢提标改造和杭氧乾鼎气体空分等产业链条延伸和节能环保项目相继建成投产,涉及2座1860立方高炉、2座150吨转炉、170万吨焦化的一批产能置换项目正在加紧开展前期工作,开春后将投入建设。"2017年中国民营企业500强"全省共有5家企业上榜,我县的立恒公司和通才公司占据其中两席。新兴产业培育壮大方面,依托三星新型工业园区,先后引进了江峰、嘉丰两个水晶工艺制品加工项目和佑俊永磁材料产业园、同丰精密制造等项目,目前已有75台水晶研磨机投入生产、52台永磁加工机安装调试。同时,积极开展经济技术开发区筹建工作,完成31平方公里边界勘定,先期调整建设用地6600亩,编制可研报告并参加省开发区建设领导组评审,待省政府批复后,即可全面启动建设。在农业经济发展上,依托我县被确定为全国现代农业示范区这一优势,深入实施了晋之源八大系列农业园区扩容提质工程。其中,晋之源曲村现代农业示范园区高标准完成了省级设施蔬菜实验示范基地建设项目,晋之源北董大蒜园区改进了种植技术、引进了富硒大蒜新品种,大幅提高了农产品品质;晋之源里村红提葡萄园区储量达4000吨的果品冷藏保鲜库投入使用,晋之源杨谈精品水果园区积极探索推广了"农户+互联网+客户"营销模式,为实现农民收益最大化开辟了新渠道;晋之源太子滩现代农业示范园区采用"公司+农户"模式实施了农光互补项目,晋之源高显汾河滩涂循环农业园区菌菇类农产品进一步扩大了出口量,有效地带动了周边农民群众的发家致富。我县被命名为"国家级出口食品农产品质量安全示范区"、"山西省农产品质量安全示范县"。在全域旅游发展上,坚持"全景曲沃、全域旅游、全员参与、全民共享、全面发展"理念,围绕"6411"总体布局,先后组织开展了六区四园景区建设90天春季大会战和120天秋季大会战,高标准建设了景明诗经山水风景区、诗经故里田园综合体景区、晋都民俗风情园、磨盘岭西海古村落、晋国博物馆旅游区、曲村古镇景区、桥山黄帝部落暨古驿站、石桥堡红色旅游区、朝阳沟旅游景区、太子滩温泉度假区、荷塘月色景区、晋殿悬冰景区和晋园、申园、绛园、顾园等16个特色旅游景区,其中,晋国博物馆被评为国家4A级景区,晋园、春秋晋国城被评为国家3A级景区,诗经山水田园综合体景区被评为2A级景区,隆重举办了首届全域旅游晋都行——六区四园文化旅游系列活

动月，使我县的全域旅游一举实现了从无到有、从有到优的历史性转变，曲沃正以昂扬向上的姿态，跑步进入全域旅游新时代。在城乡统筹发展上，坚持“一城三区”发展思路，围绕东城新区建设、中心城区改造和西城新区招商，投资2.2亿元加快推进了城区集中供热和绛山路翻修改造等工程，投资700余万元高标准实施了城区楼体和主干路美化亮化工程、完成了府东府西街成语典故石雕和景观灯安装，极大地提升了县城的文化气息、扮靓了县城夜景。按照“宜游宜居”目标，积极推进了镇村建设，曲村镇被住建部评定为“全国特色小镇”、被省政府授予“历史文化名镇”，北董乡被国家农业部评为“全国一村一品示范乡镇”，全县省、市级美丽宜居示范村达到10个。在民生改善上，坚持每年兴办一批惠民实事和项目的工作思路，持续加大了投入力度。扎实推进脱贫攻坚，1002名贫困人口稳定脱贫。大力实施义务教育阶段学校校舍改造、校园整治等工程，新招聘教师95名，顺利通过国家义务教育发展基本均衡县验收。积极推进县乡医疗卫生机构一体化改革，组建成立县医疗集团。持续扩大社会保障覆盖范围，养老保险、医疗保险、城乡低保等社保制度健康运行。扎实开展安全生产风险隐患排查整治，全面加强社会治安综合治理，积极化解各类矛盾纠纷，人民群众的安全感、满意度显著增强，全县呈现出社会和谐稳定、人民安居乐业的良好局面。

(祁　磊)

附：中共曲沃县委书记、副书记、常委名单

书　记：郭惠勇

副书记：吴　滨　尚　彬

常　委：焦宏文　高剑云(女)　石前进　李晓龙　王克勤　朱志方　杜　斌

中共翼城县委工作概况

县委书记　杨春权

2017年，在中央和省委、市委的正确领导下，县委认真学习贯彻党的十九大和习近平总书记系列重要讲话精神，坚决落实省委“一个指引、两手硬”重大思路要求和市委“345”战略部署，团结带领广大干部群众，大力实施“1155”发展战略，扎实推进产业转型升级，持续推动经济稳步向好，全面从严管党治党，着力构建良好政治生态，全县各项事业均取得了新的进展和扎实成效。

一、准确把握全面从严治党新要求，坚定不移构建良好政治生态

坚决贯彻落实新时代党的建设要求，毫不动摇坚持和加强党的全面领导，始终把严的要求贯穿到管党治党全过程，强力推进党的建设各项任务落实。一是从严加强思想政治建设。坚持把学习宣传贯彻党的十九大和习近平总书记系列重要讲话精神作为首要政治任务，扎实推进“两学一做”学习教育常态化制度化和“维护核心、见诸行动”主题教育，深入开展“讲政治、知敬畏、守规矩”专项治理活动，教育引导广大党员干部增强“四个意识”，提高政治站位，严守纪律规矩。坚持思想建党与制度建党紧密结合，制定出台了《关于进一步加强领导班子思想政治建设的意见》，深入落实“六抓”措施，县乡领导班子换届成果得到进一步巩固和深化。通过举办“翼城大讲堂”、乡科级主体培训班，开展专题研修培训，组织年轻干部挂职锻炼等多种有效举措，持续提升各级党员干部能力素质，全县上下干事创业的热情进一步高涨、思想进一步解放、理念进一步创新。二是从严加强意识形态建设。将意识形态工作纳入落实党建工作责任制、干部考核管理和执行党的纪律的监督检查范围，以迎接宣传贯彻党的十九大为主线，认真组织开展了“砥砺奋进的五年”“寄语十九大、盛赞新时代”等一系列主题宣传，《人民日报》、中央电视台、新华网等中央新闻媒体多次刊发刊播我县正面新闻报道，进一步树立了良好形象，唱响了翼城声音，为开创翼城经济社会发展新局面营造了浓厚的舆论氛围。三是从严加强党风廉政建设。坚决扛起管党治党主体责任，认真落实责任清单、工作约谈、监督提醒、深化“四述”等办法，层层传导压力，推动主体责任向基层延伸。坚持以壮士断腕的决心严惩腐败，全力减“存量”，遏“增量”，全年共处置问题线索533件，立案133件，结案119件，处分党员干部117人次，准确把握运用“四种形态”，处理纪检监察对象383人次，达到了抓早打小、解决问题、保护和教育干部的效果。深入推进县乡巡察工作，严格制定了巡察五年规划和年度计划，巡察工作迈上了制度化、规范化、长效化轨道。深入贯彻落实习近平总书记关于进一步纠正“四风”、加强作风建设的重要批示精神，严格按照省委、市委文件要求，结合翼城实际，制定出台了《关于进一步贯彻落实中央八项规定精神的实施办法》，深入扎实开展“四风”问题专项整治，“四风”顽疾得到持续有效遏制。四是从严加强“三基建设”。严肃纪律、严明程序、严格要求推进农村社区“两委”换届，对22个软弱涣散村进行了整顿转化，23个村级活动场所和6个社区改扩建任务顺利完成，87个农村集体经济达到了5万元以上，基层党支部和党员活动信息管理平台、党员联户“十联十无”制度等一批典型经验做法在全县得到有效推广和应用，党的基层基础更加坚实牢固。扎实推进基础工作达标，进一步明确了乡镇、部门的机构职能、岗位责任、管理制度，基础工作水平明显提升。继续深入开展农村(社区)“领头雁”集中培训，举办“三基建设”与基层治理

专题讲座,组织乡镇基层干部赴省经干院和右玉干部学院进行"三基建设"专题培训,广大党员干部基本能力持续增强。五是从严加强干部队伍建设。全面推行《工作日志》制度,采取每月一查、随时抽查的方式,确保制度有效落实。坚持严管和厚爱结合、激励和约束并重,制定出台了《激励干部担当作为干事创业实施细则(试行)》和《支持干部改革创新合理容错实施细则(试行)》,旗帜鲜明地为担当者担当,为干事者撑腰,在全县营造了鼓励创新、宽容失误的良好干事创业氛围。

二、认真践行新发展理念,坚定不移走好转型发展之路

坚持稳中求进总基调,始终保持转型发展的高度自觉和战略定力,全力推动经济稳步向好,实现了"一月比一月好、下半年好于上半年"目标。2017年,全县生产总值完成76.3亿元,同比增长3.9%;规模以上工业增加值完成16.5亿元,绝对额同比增加2亿元;固定资产投资完成24.9亿元;社会消费品零售总额完成43.6亿元,同比增长7?%;城镇常住居民人均可支配收入达到28732元,同比增长7%;农村常住居民人均可支配收入达到10942元,同比增长6.5%;全县公共预算财政收入完成2.98亿元,超额完成年度目标任务,全县经济总体呈现出稳中向好、稳中有进的态势。一是党对经济工作的领导持续加强。定期组织召开县委常委会听取经济工作汇报,分析形势、查找问题、提出对策,牢牢掌握主动权。认真落实县四套班子领导定点包联帮扶企业制度,扎实推动干部入企服务常态化,全县工业生产总体趋稳,规上企业经营效益有所好转,制约传统主导产业长远发展的瓶颈问题逐步攻坚突破。二是产业转型升级迈出坚实步伐。紧紧抓住市场、改革、环境资源"三个倒逼"形成的历史机遇,全力走出翼城转型发展新路径。在工业提质上,下大力气提升传统工业发展质量和效益,加快整合煤矿复工复产,晋煤晟泰青洼和石丘煤业两座整合煤矿顺利投产运行。翼钢公司二轧线技改项目、春雷公司铜合金板带材生产线技改项目有序运营,无锡腾达公司3万吨专用铜合金棒材项目即将投产,工业转型取得了新进展。在农业增效上,粮食总产稳步提升,新发展5个千亩现代农业示范园,建设了10个苹果标准化技术示范园,实施了2000亩核桃经济林提质增效工程,大力推进富硒苹果、富硒蔬菜和特色谷子示范园建设,新发展连翘2.3万亩,全县连翘总面积达到30余万亩,实施了苹果有机肥替代化肥示范县、秸秆还田、农田水利和农业机械化等一批项目,扎实开展"农产品品牌建设年"活动,现代农业建设取得了扎实成效。在第三产业上,深入开展"便民减证"专项行动,新注册登记三产类市场主体1630户,市场活力和发展动力持续增强。积极引导涉农电商发展,深入开展创业技能培训,涉农电商队伍不断壮大,2017年全县电商销售额达2000余万元,大众创业、万众创新的氛围更加浓厚。三是项目建设和招商引资实现了新突破。坚持把项目建设作为经济工作的重要抓手,强化责任落实,加大协调力度,全力确保项目顺利推进。2017年重点实施的20项市级重点项目全部开工,累计完成投资16.02亿元,完成投资比例达到82.58%。坚持把招商引资作为一号工程,通过聘请招商大使、组建小分队、成立太原商会、举办主题活动等多种有效举措,全面优化营商环境,先后赴上海、广州、福建、深圳等地开展精准招商,共签约项目20个,签约总投资达59.05亿元,其中投资20亿元的香港甲阳集团中空纤维膜项目征地工作已完成,高铁和电气化铁路专用铜合金棒材、万亩有机小米种植等5个项目成功落地并开工建设。

三、努力将文化旅游打造成战略性支柱产业,坚定不移推进全域旅游发展

严格按照市委文化强市决策部署,在制定规划、项目建设、宣传造势、推动融合等方面下硬功、求实效,全力推动文化旅游产业发展壮大。一是坚持规划先行。聘请北京博雅方略集团到我县进行考察调研,在广泛征求各界意见的基础上,高标准编制完成了《翼城县全域旅游发展规划》,明确了全域旅游发展的总体思路和框架结构。二是坚持项目带动。将文化旅游项目建设作为重要抓手,克难攻坚、推进落实,投资1.7亿元全长42.6公里的全省第一条农村旅游公路——舜王坪旅游公路建成通车,投资1.3亿元的武池乔泽庙至南梁故城遗址旅游路主路基工程已完成,投资10.6亿元的河上功德山旅游开发、佛爷山、古绵山景区建设等各项重点项目扎实推进,文化旅游项目建设取得了阶段性显著成效,为推进全域旅游发展提供了有力支撑。三是坚持宣传开拓。采取开展主题活动、招商引资、对接洽谈等多种方式,广泛宣传我县厚重的文化底蕴和丰富的旅游资源。深入挖掘、精心提炼翼城文化特色,在全县10个乡镇先后举办了一系列各具特色、精彩纷呈的文化旅游节庆活动,呈现出"乡乡有节庆、月月有活动"的喜人态势,全域旅游"共建共享"理念获得了人民群众高度认同。四是坚持融合发展。按照"文化提升旅游、旅游传播文化"的工作思路,大力实施"乡村文化记忆工程",古桃园村、曹公村被列入中国传统村落,隆化尧都、史伯、南撖和西阎古桃园、曹公、撖庄等6个村入选山西历史文化名村镇,正在全力申报国家级历史文化名镇名村。不断加大对尧文化、晋文化、霸国文化等特色文化的挖掘和宣传力度,努力振兴凤头鞋、尧都砂器等传统工艺,积极推进翼城花鼓、浑身板等非遗项目赴太原、上海等地展演,翼城文化软实力和影响力大幅提升,形成了文化旅游互促互进、互融互赢的良好发展态势。

四、始终坚持以人民为中心的价值追求,坚定不移保障和改善民生

牢牢秉持"民生连着民心、民心大于天"的工作理念,坚持民生投入只增不减,全力解决涉及人民群众切身利益的突出问题。一是精准发力推进脱贫攻坚。认真落实"双签"责任制,精准落实光伏扶贫、产业扶贫、金融扶贫等各项措施,足额拨付教育扶贫、贫困人口大病救助保险等各类资金,不断加大工作团和工作队帮扶力度,累计投入帮扶资金400余万

元用于民生工程、项目扶持、慰问救助。2017年全县403户1329名贫困人口实现脱贫,6个贫困村摘帽,圆满完成了年度目标任务。二是持之以恒改善生态环境。按照“全面、系统、精准”治污的工作思路,以超常规举措扎实推进铁腕控硫治污行动和生态治理攻坚“八大工程”,对20家工业企业进行了深度治理,取缔关停36家“散乱污”企业,对138家燃煤锅炉进行了全面整治,完成了3000户居民“煤改气”,全力推动空气质量稳步好转。同时,城西防洪排水二期工程全面完成,污水处理厂设备提标改造和托管运营有序推进,县城生活垃圾清扫保洁收集和垃圾无害化项目投入运行,城乡环境百日综合整治和城乡环境集中整治深入开展,南梁、隆化美丽乡村连片建设稳步实施,城乡人居环境得到有力提升。三是坚持不懈发展民生事业。扎实推进教育、医疗、就业、养老、社会保障等各项民生事业,特别是聚焦人民群众最关心、最直接、最现实的利益问题,咬紧牙关实施了一批重大民生工程和项目,投资2.29亿元的城区集中供热一期工程全面完成,投资1.2亿元的城镇饮水卫生安全工程建成通水,投资3.7亿元的县医院迁建和投资6400万元的中医院住院楼项目开工建设,生活垃圾清扫保洁收集、县城街道“亮化”工程顺利完成,廉租房配套设施建设、残疾人托养服务中心、老年人日间照料中心等一批惠民工程扎实推进,真正以实实在在的工作成效回应了群众关切。四是全力以赴维护和谐稳定。牢固树立“总体安全观”,坚决落实“三个坚决防止”要求,认真实行党政班子轮流接访制度,深入开展重点信访问题源头化解专项行动和信访问题大整治活动,及时将各类不稳定因素消除在萌芽状态。认真落实“党政同责、一岗双责”,扎实推进安全生产大检查,及时堵塞安全漏洞,实现了安全生产事故和死亡人数“双下降”,保持了重特大安全生产事故“零发生”的良好态势。深入开展法治示范县创建工作,建立了法律顾问和公职律师制度,实现了法律顾问全覆盖。持续深入开展法治宣传教育,中央电视台《法治中国》专题片称“翼城是中国普法的缩影”,翼城县司法局被中央综治委授予“全国社会治安综合治理先进集体”。扎实推进“平安翼城”建设,深入开展“深化打黑除恶、优化营商环境”等一系列活动,有效维护了社会大局稳定。

(尉海虹)

附:中共翼城县委书记、副书记、常委名单

书　记:杨春权

副书记:高永贤　解　湧

常　委:董　玲(女)　许拥军　熊伟星
牛永福(2月离职)
张朝阳(2月任职,4月离职)　郑　磊
赖兴国　郭　亮(8月任职)

中共浮山县委工作概况

县委书记　史全喜

2017年,浮山县委坚持以习近平新时代中国特色社会主义思想为指导,认真贯彻落实省委“一个指引、两手硬”思路要求和市委“345”发展战略,凝心聚力、真抓实干,全力推动经济发展向持续健康的新轨道迈进,全县各项工作都取得了新进展新进步,一批事关浮山战略全局和长远发展的大事要事开局破题,一些过去想做而没有做成的事情正在梦想成真。重点项目在攻坚克难中取得突破。积极创新思路办法,破解融资难题,2017年争取国家和省、市各类扶持资金21.8亿元,位居全市前列,推动一批战略项目取得了重大突破。总投资12.4亿的长临高速浮山连接线完成前期工作春节后即将开工建设,总投资3.8亿元的丞相河大桥完成地下工程和140根桩基的建设,总投资2亿元的新浮山中学完成可研批复、用地预审、选址规划、环评批复等各项前期主要工作,总投资7800万元的3条旅游公路两条建成通车、一条完成路基工程,总投资3.16亿元的引沁入汾浮山供水工程完成隧洞开挖17000米、混凝土衬砌6000米,威盛达通新型防火建材及仓储物流、晋盛新型建筑材料、神农西红柿蘑菇酱生产线、振强有机醋生态示范基地等转型项目陆续投产试产,首届印象田园乡村文化旅游节成功举办,为县域经济发展积蓄了力量、夯实了基础。脱贫攻坚在持续发力中纵深推进。坚持把脱贫攻坚作为头等大事和头号工程,出台实施《浮山县干部驻村帮扶工作行动方案》《浮山县脱贫攻坚问责办法》,深入挖掘和用足用好扶贫政策,整合资金1.84亿元,实施了65个扶贫项目,对505户贫困户实施易地扶贫搬迁,支持贫困户养殖牛羊猪鸡等牲畜10.2万余头(只)、种植蔬菜药材等9000余亩,为61个贫困村和200户贫困户安装光伏发电,走在了全市前列,确保了贫困户稳定脱贫、持续增收。积极推行“政府+银行+龙头企业+贫困户”的“四位一体”金融扶贫模式,全面完成78个贫困村基础设施改造各项前期工作,创新建立脱贫攻坚综合信息平台、健康扶贫“一站式”结算平台,得到省、市领导和各级部门的高度评价,中央和省市主流媒体进行了宣传报道。认真落实抓党建促脱贫工作要求,为县扶贫开发中心和9个乡镇分别选配扶贫干部16名,共派出100个驻村帮扶工作队、364名驻村帮扶干部、

87名第一书记驻村帮扶，有力保障了脱贫攻坚各项工作扎实推进。城乡环境在铁腕整治中明显改善。坚决落实中央和环保部、省市环保督察整改任务，扎实推进“八大工程”，严格环保执法和追责问责，全县环境质量日趋好转。深入开展创建国家卫生县城、环境卫生百日综合整治、城乡环境集中整治等环境治理行动，城乡面貌得到明显改善。民生事业在加大投入中全面发展。始终坚持以人民为中心的发展思想，持续推进民生事业和民生工程，县第二幼儿园、农村教师周转宿舍、槐埝乡卫生院及周转宿舍、公共体育场田径跑道和足球场、农村危房改造等民生工程进展顺利，城市公交补贴、贫困人口健康保障、新农合“一站式”综合服务等民生实事惠及大众，人民群众获得感、幸福感不断提升。稳定大局在综合治理中得到巩固。牢固树立“总体安全观”，严格落实安全责任、安全监管“两个全覆盖”，狠抓各行业、各领域的安全生产工作，妥善处置应对“4.1”爆炸事件，加大排查整治各类信访问题的力度，加强和创新社会治理，高度重视网上舆论引导监管工作，顺利完成了全国“两会”、党的十九大等重大活动和重要时间节点的维稳工作任务，全县社会大局安定有序。干部队伍在工作实践中经受砺练。坚持在基层一线和工作实践中锤炼干部、发现干部、使用干部，先后10批次提拔和调整干部119人，是前三年调整干部总人数的两倍。出台鼓励干部干事创业和容错纠错“两个办法”激励干部干事创业，实行副科级以上干部工作日志制度倒逼干部履职尽责，各级干部在项目建设、环境整治、脱贫攻坚、安全维稳等艰巨繁重的任务中展现了务实作风、体现了责任担当，干部队伍活力进一步增强。

2017年，全县地区生产总值达到47.33亿元，同比增长4.8%；财政总收入达到1.41亿元，同比增长2.3%；公共财政预算收入达到7381万元，同比下降18.4%；规模以上工业增加值达到8.8亿元，同比增长0.4%；固定资产投资达到15.54亿元，同比下降12.3%；社会消费品零售总额达到9.18亿元，同比增长6.7%；城镇常住居民人均可支配收入达到28488元，同比增长6.8%；农村常住居民人均可支配收入达到86.1元，同比增长7.1%。

（张祥亮）

附：中共浮山县委书记、副书记、常委名单

书　记： 史全喜

副书记： 廉海平　任吉龙

常　委： 李学良　赵顺兆　刘云生　高学忠　尹明星　单维启

中共襄汾县委工作概况

县委书记　刘　浩

2017年，县委紧紧围绕省委“一个指引、两手硬”重大思路和要求、市委“345”发展战略，按照全县“一二三四”工作思路，真抓实干，攻坚克难，推动全县党建工作和经济、政治、文化、社会、生态文明建设都取得新进展。

一、全面履行从严治党主体责任，党内政治生态持续好转

县委坚持党要管党、全面从严治党，聚焦主责主业，狠抓工作落实，党的建设各项工作取得新成效。

一是把党的政治建设摆在首位。坚持把学习宣传贯彻习近平新时代中国特色社会主义思想和党的十九大精神，作为首要政治任务，教育引导广大党员干部树牢“四个意识”，坚定“四个自信”，做到“四个服从”。围绕贯彻落实中央、省市决策部署，61次召开县委常委会议、县四套班子联席会，研究部署重大问题和重点工作，努力使上级决策与襄汾实际紧密结合、落地生根。

二是思想建设成效显著。扎实推进“两学一做”学习教育常态化制度化，开展“维护核心、见诸行动”主题教育、“讲政治、知敬畏、守规矩”专项治理活动，全县党员干部的政治意识、规矩意识明显增强。举办党的十九大精神轮训班、干部大讲堂，进一步提升了学习型党组织建设水平。扎实做好意识形态和新闻宣传工作，为各项工作提供了强大精神动力和理论支持。

三是干部队伍建设不断优化。根据班子建设需要，调整科级干部46名，进一步优化了干部队伍结构。扎实开展“好班子、好班长、好成员、好骨干”推荐评选活动，发现掌握了一批优秀后备干部。出台激励干部担当作为干事创业、支持干部改革创新合理容错两个“实施办法”，激发了广大干部干事创业的积极性和创造性。

四是组织建设持续加强。坚持把三基建设作为重要抓手，持续抓好“党日活动3+2”，全面推行“三簿一册一台账”管理，进一步强化了基层组织的政治功能。投入5000万元，保障乡村工作运转经费；投入600余万元，改善社区办公条件；足

额兑现农村和社区主干岗位报酬。选派优秀年轻干部到乡村挂职锻炼,组织各级干部赴青海互助县、陕西袁家村观摩学习,进一步提升了广大党员干部抓党建、促发展的能力。

五是作风建设明显改进。结合我县实际,制定出台了《关于进一步贯彻落实中央八项规定精神的实施细则》。认真贯彻落实习总书记关于进一步纠正“四风”、加强作风建设的重要批示精神,开展公务用车、三公经费专项检查,抓好日常监督检查,共查处“四风”案件15起,党纪政务处分15人。认真贯彻落实习总书记大兴调查研究之风重要指示精神,深入开展“大调研”活动,让群众切实感受到党员干部作风转变的实际成效。

六是纪律建设全面加强。深入开展扶贫领域不正之风和腐败问题专项治理,共查处扶贫领域问题线索35件,党纪政务处分28人,责任追究12人,形成惩治腐败高压态势。科学运用监督执纪“四种形态”,共约谈提醒、诫勉谈话、警示、通报等组织处理140人,处置问题线索412件,立案171件,党纪政务处分172人,做到了抓早抓小。认真做好监察体制改革试点各项工作,实现了对所有行使公权力的公职人员监察全覆盖。按照市委“三查两评”要求,认真开展巡视巡察整改自行“回头看”,制定了“三清单一制度一报告”;深入推进县委巡察工作,完成2轮常规巡察、7次专项巡察,为经济社会发展提供了坚强纪律保证。

二、坚持不懈调结构、转方式,县域经济持续健康发展

深入学习贯彻习近平新时代中国特色社会主义经济思想,坚持稳中求进工作总基调,以供给侧结构性改革为主线,主动适应经济发展新常态,统筹推进稳增长、调结构、增动能各项工作,努力推动县域经济高质量发展。

一是现代农业基地建设稳步推进。以农业供给侧结构性改革为主线,按照“规模化、产业化、品牌化”发展思路,加快推进现代农业基地建设。生产条件进一步优化。实施了节水重点县、禹门口东扩襄汾支线渠系等重点水利工程,为农业发展奠定了坚实基础。发展布局进一步优化。建成2个高标准农田,新发展中药材6万亩、蔬菜12万亩,全县中药材总产值达3.3亿元,蔬菜总产值达9.5亿元。巩固扩大全省“生猪养殖示范县”成果,全县生猪存栏达到31.7万头、羊存栏21万头、家禽存栏300万只,各类养殖场达到225个。产品结构进一步优化。大力发展功能农业和功能食品,加快药食同源产品开发,实现农业从“吃饭产业”向“健康产业”转变。狠抓农业休闲示范点建设,成功申报国家级田园综合体,推动休闲农业与乡村旅游协同发展。生产经营体系进一步优化。支持农业龙头企业做大做强,3家企业成功报批省农业产业化龙头企业。鼓励企业加入电商平台,促进了全县农副产品销售。

二是新型工业强县建设负重前行。按照“减量化、精细化、规模化、园区化、循环化”发展思路,加快新旧动能转换,全县工业经济实现平稳运行。提升传统产业。大力实施产品结构调整、装备水平提升、产业整合重组“三大工程”,进一步延长了产业链条,促进了产品结构调整。培育新兴产业。加快推进新兴产业项目建设,努力为县域经济发展增添新的动能。充分发挥铸造产业改造提升工作领导组作用,整合提升铸造产业,着力打造生态铸造、绿色铸造基地。积极破解难题。创新融资模式,为3家企业协调解决担保贷款1.12亿元;搭建银企平台,促成企业贷款1.8亿元,有效破解企业融资难、融资贵的问题。

三是帝尧文化之都建设全面发力。按照“发展大旅游、拓展大市场、培育大产业”的工作思路,大力实施“一轴一带六线八景区”工程,强力推进帝尧文化之都建设。文化旅游业深入推进。陶寺遗址发掘在世界考古论坛获得“重大考古研究成果奖”;陶寺遗址入选第三批国家考古遗址公园立项名单;完成陶寺遗址博物馆征地、立项、陈展和《陶寺遗址公园一期2017—2020年建设方案》评审编制,陶寺遗址旅游公路部分路段实现通车。完成燕村荷花园特色客栈、晋南美食风情街等项目建设,对汾城古镇、丁村旅游景区进行了规划策划。全年共接待旅游人数241万人次,同比增长26.5%。文化产业不断壮大。成立文化创意产业发展领导组,全面摸排全县文化企业运行情况,依托开发区现代服务产业园,着力打造国内具有领先优势的产业文化小镇、晋陕豫地区最具规模的手工技艺传承创新基地、临汾市最具特色的南城花园。文化事业蓬勃发展。举办了非物质文化遗产展示展演、“晋襄酥”烧饼创业技能大赛等节庆活动,提升了襄汾知名度和文化软实力。

四是宜居宜业新区建设成效明显。按照全市“一城三区”和“百里汾河生态经济带”建设战略部署,统筹抓好县城、经济开发区、集镇和美丽乡村建设,宜居宜业新区建设取得新成效。县城建设加快推进。以创建“国家级卫生县城”和“省级文明创建工作先进县”为目标,城市面貌焕然一新。河东文体广场完成可研设计、建设工程规划,北大街改造工程实现阶段性通车。开发区建设扎实推进。成立了开发区筹备委员会,规划建设了27.45平方公里的经济技术开发区,编制完成可研报告,“五规合一”总体规划加紧编制;焦化产业被省里列入500万吨级焦化产业集聚区。集镇建设步伐加快,美丽乡村建设成效明显,全县农村人居环境明显改善。

三、社会事业取得长足发展,社会治理水平明显提高

坚持以人民为中心的发展思想,财政支出的75%投入民生领域,广大人民群众的获得感、幸福感、安全感持续增强。教育均衡验收顺利通过,普通高考再获丰收,医疗集团挂牌成立,就业再就业更加充分,社保投入持续增加,人民群众的生活更加殷实、更有保障、更可持续。脱贫攻坚队伍更加壮大、责任更加明确、发力更加精准,一个贫困村整体退出,全县脱贫647户1573人。牢固树立总体安全观,安全生产的基础不断夯实,正在向本质安全转变。探索运用专项工作法等新思路新机制,妥善化解涉军信访等重点问题,依法依规治

理社会的能力和水平明显提升。认真贯彻落实“大气十条”“水十条”“土十条”,深入开展“铁腕治污行动”,投资26亿元,对18个行业162家企业796个点位进行了深度治理;对9个乡镇70个村和183个行政事业单位实施清洁供暖改造,面积达到330万平米,总投资超过6亿元;对“散乱污”企业全部按照“两断三清”标准关停。完成人工造林1.85万亩、封山育林6000亩,林木覆盖率达到33.5%。

四、民主政治建设不断加强,法治襄汾建设深入推进

支持县人大及其常委会深入开展执法检查、代表视察等工作,加强对“一府两院”的监督。支持县政协积极开展专题视察调研、提案督办等工作,促进了政协职能的有效发挥。加强同民主党派、工商联、无党派人士的团结合作,巩固和发展了最广泛的统一战线。充分发挥工会、妇联、共青团等群团组织的桥梁和纽带作用,联系群众、服务群众的水平不断提高。坚持党管武装,支持驻襄部队建设,双拥共建工作取得新成绩。启动“七五”普法工作,认真落实法律顾问制度,积极推进阳光司法和阳光检务,着力解决执法司法不规范、不公正问题;大力推进公共法律服务体系建设,为群众提供“一站式”法律服务;深化“平安襄汾”建设,社会治安形势持续好转。

(王　博)

附:中共襄汾县委书记、副书记、常委名单

书　记:刘　浩

副书记:乔飞鸿　李青雁(女)

常　委:亢大勇　曹　佩　杨建廷　杜许堂　傅德明　张连昌　曹丽娟(女)

中共洪洞县委工作概况

县委书记　郑步电

2017年,洪洞县上下坚持以习近平新时代中国特色社会主义思想为指引,认真贯彻省、市决策部署,以“保优夺魁”为目标,全力实施“五大战略”,经济保持了稳定向好的良好态势,全年生产总值完成170.27亿元,同比增长1.4%;规模以上工业增加值完成43.6亿元,同比增长15.6%;一般公共预算收入完成7.17亿元,同比增长8.7%;社会消费品零售总额完成60.52亿元,同比增长7.4%;固定资产投资完成67.78亿元,同比增长3.9%;城镇居民人均可支配收入完成26229元,同比增长6.6%;农村居民人均可支配收入预计完成11178元,同比增长6.8%。

转型步伐明显加快。以项目建设为抓手,全面深化供给侧改革,大力推进结构调整,产业结构进一步优化。农业方面,粮食再获丰收,全年产粮8.8亿斤,其中水地小麦最高单产711.5公斤,再次刷新全省记录;夯实农田水利基础,完成1万亩高标准农田建设,新增、改善灌溉面积3万亩;设施蔬菜规模达2万余亩,发展中药材6000亩、油用牡丹3000亩、富硒小麦2000亩、果树2000亩,全年造林1.1万亩,植树210万株。畜禽养殖规模不断扩大,古原盛牧万头肉牛繁育基地建设进展顺利;农产品加工产业化程度进一步提高,付西1800吨食用菌和南垣1万吨红薯制品项目竣工投产;狠抓优质农产品提档升级,成功创建为省级农产品质量安全县。工业方面,完成同煤洪崖煤业、陆合万安煤业2个煤矿的基建工程,全年原煤产量达到913.7万吨;华翔JDH一期、临汾液化调峰储备集散中心投入生产;山焦焦炉煤气余热回收利用、太化重苯加氢、山焦干熄焦、山焦100万吨甲醇、正和锁胚等项目进展顺利;洪洞经济技术开发区成为全市首家获省政府正式批复的开发区。同时,积极参与各类招商引资推介活动,成功承办了2017山西省临汾市创新开发区发展(广州)招商引资推介会,全年共引进项目23个,签约投资额150亿元,东方园林环保循环经济、凌达节能压缩机零部件等项目顺利落地。第三产业方面,大槐树5A级景区创建工作顺利通过国家旅游局评估验收,明代县衙修复工程主体完工,广胜寺景区拓展改造工程有序推进;成功举办大槐树文化节、三月三、三月十八、汾河牡丹旅游节等一系列民间节庆活动,投资1300余万元的广胜寺抢救性文物保护工程基本完成,《赵城金藏》回归广胜寺,文化影响力进一步扩大;大力推进文化惠民工程,开展送戏下乡200场,建成了全市首家乡村文化记忆展示馆。全年接待游客800余万人次,门票收入8700余万元;商贸物流等服务业繁荣发展,恒富旅游集散中心项目投入运营,鸿泰60万吨物流中转库投入运营,大运重卡4S店、晋源泉酒店主体完工,第三产业在国民经济中所占比重提高2.7个百分点。

脱贫攻坚扎实推进。按照“六个精准”要求,以精准之策、决胜之势,强力推进脱贫攻坚。投资2300万元,在南铁沟和后山头两个贫困村实施了防洪堤坝修缮、农田水利设施建设、村道硬化等一系列扶贫工程;深入推进产业扶贫,在全县确定了16家特色农业扶贫企业,累计发放奖补资金340余万元;稳步实施金融扶贫,累计发放贫困户贷款5680万元;改造贫困户危房64户,健康扶贫“双签约”1171人。驻村帮扶成效明显,第一书记累计筹集各类资金1000余万元,引进扶贫项目40余个,修缮公路6000余米,铺设管道、水渠2万余米;驻村帮扶工作队落实扶贫项目153个,落实帮扶资金1200余万元。南铁沟、后山头两个贫困村顺利摘帽,全年脱贫3810人,圆满完成市下达脱贫任务。

环保攻坚成效明显。全力实施生态环境综合治理，筹资3.5亿元，提前完成了大槐树、甘亭、曲亭、淹底4个乡镇、70个村、3.2万余户居民的煤改气工程；对全县97家工业企业实施深度治理；关停取缔176家“散乱污”企业；规划建设了29家标准化煤炭销售点；完成全县行政事业单位、经营性场所1090台燃煤锅炉的清洁能源改造；完成赵城、广胜寺两个乡镇污水处理厂建设，解决了沿汾洪洞段7个污水口直排问题；对县城建成区和重点区域55家餐饮业进行了油烟净化改造；完成全县33家加油站地下油罐防渗改造；加大道路交通、施工工地的二次扬尘治理，严控PM10不超标。特别是我们把城乡环境卫生整治作为生态环境治理攻坚的基础性工作，先后开展了三轮集中整治行动，全市城乡环境卫生整治现场会在我县召开。县域空气质量二级以上天数达到247天，其中一级天数20天，优良率67.7%，县域空气质量得到进一步改善。

基础设施日趋完善。持续加大城市基础设施建设力度，重点实施了总投资8.5亿元的城市建设工程项目，其中涧河蓄水美化工程如期完工，涧河南岸景观道路已基本具备通车条件，河西新区主干道路完成水稳层铺设，县城供水改扩建工程完成水厂土建和输水管网建设，洪洞——临汾城际电动公交线路开通运行。

民生保障全面加强。始终坚持以人民为中心的发展理念，不断加大民生投入。教育方面，合理调整教育布局，义务教育阶段公办学校由281所整合为178所，教学点由27个调整为101个；投资3亿余元，实施了235所学校、34万平方米的校舍建设项目，购置教育设施设备23类、30多万件；279所学校全部完成了清洁能源改造。学校布局得到进一步优化，教育教学基础得到进一步夯实，顺利通过了义务教育发展基本均衡县国家级评估认定。同时，新英学校教学楼项目投入使用，筹划启动了洪洞二中新校区建设项目前期工作；高考二本以上达线2010人，达线率36.8%，达线人数、达线率实现双突破。医疗卫生方面，稳步推进县乡医疗卫生一体化改革，医疗集团挂牌成立，县级医院所有药品实现零差率销售，省级健康县城创建工作全面启动，进一步方便了人民群众看病就医。社会保障方面，全年发放城乡低保和各类救助金1.02亿元，改造农村危房114户，采煤沉陷区搬迁安置845户，分配各类保障性住房62套，全年新增就业5452人，转移农村劳动力8871人，社保覆盖面不断扩大。惠民实事全部落实，涧河美化一期工程建成蓄水；集中供暖价格保持全市最低价；公开招录教师390名；完成职业技术农民培训1453人，培育模式获得“全国十佳”；综合检验检测中心主体完工，成功创建成为省级食品安全示范县。同时，“五类困难家庭学生”资助、65岁以上老人免费乘坐公交车、80岁以上老人生活补助等惠民实事全部落实到位。

社会大局和谐稳定。认真贯彻落实中央、省、市关于加强安全生产的各项决策部署，严格落实“一岗双责”，深入开展安全生产大检查、“百日攻坚”、“反三违”等一系列专项整治，全县安全生产基础得到进一步夯实。加强和创新社会管理，扎实开展“云端2017”、打击“黄赌毒”等专项行动，社会治安防控体系得到进一步强化。同时，认真落实县级领导信访接待日制度，有效化解各类矛盾纠纷，经济社会大局和谐稳定。

（曹　月）

附：中共洪洞县委书记、副书记、常委名单

书　记： 郑步电

副书记： 解高民　赵双宝

常　委： 任俊杰　樊如荣（女）　张晓晖　周希斌　高　涛（女）　刘春林　程永伦　王　欣

中共安泽县委工作概况

县委书记　李　强

2017年，安泽县委、县政府深入学习贯彻习近平新时代中国特色社会主义思想，全面落实省委“一个指引、两手硬”的重大思路和要求，按照市委、市政府“345”发展战略和“12345”工作思路，强化政治担当、自加压力作为，统筹推进党的建设，全力打响绿色生态这一王牌，着力打好国卫创建、脱贫摘帽、产业转型、城建提质“四场”硬仗，加快建设山水田园城、精品旅游县，奋力实现安泽全面振兴、绿色崛起，全县始终保持大局稳定、经济发展、社会和谐、人民安康的良好局面。

县地区生产总值完成46.3亿元，增长1.5%；规模以上工业增加值完成29亿元；固定资产投资累计完成23亿元，同比增长6.2%；社会消费品零售总额完成9.7亿元，同比增长6.8%；财政总收入完成12.1亿元，同比增长79.3%；公共财政收入完成4.1亿元，同比增长36%，提前165天完成全年任务。城镇居民人均可支配收入预计完成26833元，比上年同期增长6.5%；农村居民人均可支配收入预计完成9010元，比上年同期增长8.1%。

项目建设：扎实推进转型标杆项目建设，耀阳光电200MW/年光伏组件生产线项目投产达效；永鑫千吨甲醇制丙烯分子筛催化剂项目完成可研等前期工作，省发改委已备案；投资3.17亿元的马壁东年产4亿方煤层气项目加快推进，总投资达4.8亿元的安泽南等三大区块近900平方公里煤层气探矿权已经成功招标，即将全部进入勘查期。全力加快省级经济技术开发区建设，安泽县省级经济技术开发区评审已原则通过。

工业建设：坚决落实“三去一降一补”重点任务，持续推进传统煤焦产业提能升级。2017年,全县生产原煤454.8万吨、洗精煤93万吨、焦炭198万吨。

三农工作:积极推进玉米、生态畜牧养殖链条循环发展,产业的规模持续壮大,质量效益全面提升。山西大象集团成功入驻,成为辐射晋东南地区的唯一种猪基地。以连翘为主的中药材产业进展顺利,在北京人民大会堂成功举办"安泽连翘产业助力精准扶贫推介会",我县被授予"中国森林生态药材连翘种植基地"殊荣,安徽井泉药业等知名药企成功落地,"安泽连翘品牌"全面打响。

生态旅游:全力打好"黄花、荀子、红叶"三张牌,持续加大旅游基础建设,实现了乡镇旅游景点全覆盖。持续打造"山水太行 休闲安泽"旅游品牌,中央七台《相约》栏目在黄花岭景区成功录制。全年共接待游客176万人次,同比增长46.7%,旅游综合收入达4.3亿元,同比增长38.7 %,安泽全域旅游迈进了新时代。

城乡建设:全力推进"国卫"创建和环境集中整治,大力实施"八大工程",累计拆除危旧建筑7.5万余平米,清理垃圾6.3万余立方。全力推进城建提质,大力实施县城集中供热、步行街改造、城南城北两个集贸市场等基础设施建设,城市功能全面提升。全面推进农村环境卫生整治,大力实施冀氏、马壁乡镇创卫工程,扎实推进美丽乡村建设,城乡环境面貌焕然一新。

民生改善:着力提升教育水平。深入推进"三优"工程,县一中与晋城一中对接合作,教育教学质量显著提升。着力提升社会保障水平。持续深化社会保障制度改革,机关事业单位养老保险制度改革稳步入轨运行,城乡居民养老保险参保人数完成市定年度任务。创新养老模式,府城红叶康养中心、改建的一批农村老年人日间照料中心投入使用,社会保障更加有力。着力提升医疗卫生水平。完成县人民医院医技门诊综合大楼和县中医医院住院楼建设项目主体工程,山西省心血管病医院安泽分院挂牌成立,继续实施"四免一降"惠民措施,居民健康档案建档率达85%,公共卫生服务均等化成效明显。着力提升公共文化服务水平。大力开展消夏晚会、书香安泽等20多项丰富多彩的文化主题活动,全县公共文化服务水平不断提高。深入挖掘安泽红色文化,3个作品参加全市"好基地讲好故事"活动,取得优异成绩。杜村太岳革命旧址、革命烈士陵园均被批准纳入全市"红色护照"主题活动承接基地,太岳行署旧址等被列为省级爱国主义教育基地。

社会管理:狠抓安全生产责任落实,持续深化重点行业领域专项治理整顿,大力开展社会稳定风险隐患大排查大整治行动,全力构建立体化治安防控体系,扎实推进"雪亮工程",基本实现"天眼"全覆盖;推进国安实体化建设,县国安办成功挂牌;圆满完成重大节点安保工作,狠抓信访问题源头预防和专项治理,群众幸福感、满意度连续两年排名全省第一;第三次获得全国平安建设先进县称号,被中央综治委授予政法综治领域最高荣誉——长安杯,成为山西省自建国以来唯一获此殊荣的县,受到了习近平总书记等中央领导同志的亲切接见。

党的建设:毫不动摇坚持和完善党的领导,统筹推进党的建设,锻造各项事业的坚强领导核心。突出凝心聚力,狠抓思想建设。扎实推进"两学一做"学习教育常态化制度化、维护核心见诸行动主题教育活动,严格对照省委"8+5"工作任务,编发四本"工作手册",印发三本工作指导手册,分行业分领域打造34个示范点。从严党内政治生活,先后出台党员活动日制度、规范"三会一课"制度、科级干部有关情况报告等文件。精心打造了一批红色教育基地,多种形式讲好"安泽故事",全面加强党内政治文化建设。突出加油鼓劲,狠抓意识形态工作。定期分析研判意识形态领域形势,积极策划"喜迎十九大"系列主题宣传活动,广泛进行正面宣传,在新华社、网易新闻客户端、省级以上报刊刊发各类报道145篇,被中央、省、市电视台采用电视新闻60余条。2名"安泽好人"入选临汾市第四届十大道德模范楷模。通过举办"太行山水全域旅游"安徽合肥招商推介会、"喜迎十九大 太行山水杯"三市十一县篮球邀请赛、"晋城微媒摄影人走进安泽"等活动,全面聚合了安泽发展正能量。坚持从严治吏,狠抓队伍建设。全面贯彻落实《党政领导干部选拔任用工作条例》,严格落实好干部标准,分三批调整配备56名科级干部,优化了干部队伍结构。持续举办干部大学堂、"领头雁" 培训等各类培训50余期,培训干部2.3万余人次;选派22名优秀年轻干部赴肥东县挂职锻炼,选派35名年轻干部赴乡镇挂职帮助工作。严格落实提醒、组织约谈等监督管理制度,全县在职科级干部完成个人与家庭有关情况报告,建立健全"八小时之外"监督管理办法,将从严贯穿于干部监督管理全过程。着力固本强基,狠抓组织建设。积极开展撤村并组试点工作,完成撤并销号村数2个;高标准完成城墙岭、清华园两个社区活动场所1000平米的提档升级任务。非公企业和社会组织盖率达100%。农村党组织换届全面完成,为每村选配1–2名村级组织员,协助村"两委"工作。每个村党建经费平均达到12.98万元。6个乡镇293套干部周转房近期将投入使用。全县102个行政村集体经济全部破5万。坚持从严从实,狠抓党风廉政建设。坚决扛起主体责任,先后21次研究党风廉政工作,定期听取纪委工作报告和案件查办情况汇报,推进全面从严治党向纵深发展。抓紧扛牢主体责任,"六责"压实"两个责任",推动主体责任向基层延伸。深入开展教育、卫计、扶贫领域专项巡察,启动了第三轮巡察工作。修订完善《关于进一步贯彻落实中央八项规定精神的实施细则》,开通"荀乡四风举报"微信平台,认真践行"四种形态",2017年,全县纪检监察机关共立案114件,给予党纪政务处分107人,运用"四种形态"处理党员干部409人次,有腐必反、有贪必肃的震慑效应持续强化。

(尚 凯)

附:中共安泽县委书记、副书记、常委名单

书 记:李 强

副书记:牛庆国 郭婷慧(女)

常 委:李峻石 魏书亮 连忠武 晋红峰 张曙光 张红山

中共古县县委工作概况

县委书记　郝献民

2017年,在省委、市委的坚强领导下,古县县委深入学习贯彻习近平新时代中国特色社会主义思想和党的十九大精神,认真贯彻落实习总书记视察山西重要讲话精神,按照省委"一个指引、两手硬"思路和要求及市委"345"发展战略,团结带领全县党员干部群众,办大事、补短板,抓项目、植优势,惠民生、增福祉,强党建、夯根基,全县各项事业取得新突破。全年地区生产总值完成47.7亿元,增长6.5%;规模以上工业增加值完成24亿元,增长3.4%;固定资产投资完成18.2亿元;社会消费品零售总额完成10.7亿元,增长7.2%;城镇居民和农村居民人均可支配收入预计为29589元、9664元,分别增长6.1%、6.6%。

一、不断提高政治站位,切实用习近平新时代中国特色社会主义思想武装头脑

习近平新时代中国特色社会主义思想是最锐利的思想武器、最科学的行动指南、最根本的工作遵循。把学好用好系列重要讲话作为根本任务。以推进"两学一做"学习教育常态化制度化、开展维护核心见诸行动主题教育为契机,充分发挥县委中心组示范带动作用,重点学习了习近平总书记系列重要讲话精神及中央、省、市各项决策部署精神,全年共学习32次、内容180多项,始终保持学用习总书记系列重要讲话武装头脑的高度自觉,进一步树牢"四个意识",坚决维护以习近平同志为核心的党中央权威,始终在思想上政治上行动上同以习近平同志为核心的党中央保持高度一致。深入学习贯彻习总书记视察山西时的重要讲话精神。先后召开县委常委会、县委中心组集体学习会议、全县三部大会进行认真传达学习,并组织全县各级党组织进行了深入交流研讨。特别是对标省委两个《实施意见》,结合我县实际制定贯彻落实方案,细化了七个方面42项任务,逐一明确责任领导、牵头单位,切实把习总书记视察山西重要讲话精神转化成推动发展的实际行动。持续掀起学习宣传贯彻党的十九大精神的热潮。按照习总书记"学懂、弄通、做实"的要求,召开县委十届三次全会进行传达学习、安排部署,举行学习贯彻党的十九大精神市委宣讲团报告会,组织开展3期科级干部集中轮训班,特别是以领导干部带头宣讲党的十九大精神为契机,以省委大调研活动为抓手,在全县开展大宣讲大调研大督查大整改活动,由县委常委挂帅深入乡村宣讲党的十九大精神,推动年度目标任务完成,谋划明年工作思路,确保把党的十九大确定的大政方针、发展方略和部署要求在古县落到实处。

二、突出发展第一要务,聚焦"四件大事"抓重点补短板强弱项

面对严峻的经济下行压力,坚持以习近平新时代中国特色社会主义思想为指引,全面贯彻中央、省市委经济工作会议精神,主动适应经济新常态,深入贯彻新发展理念,坚持稳中求进工作总基调,以办好"四件大事"为突破,以滚动实施百项工程为抓手,统筹推进稳增长、促转型、调结构、抓改革、惠民生、防风险等各项工作,主要经济指标全面回升,经济运行质量持续改善,保持了稳中有进、稳中向好态势。着力办好"兴煤力保增长" 大事。深入贯彻国发42号和晋发49号文件,统筹做好煤和非煤两篇"大文章",不断加快产业转型升级步伐。持续深化煤炭供给侧结构性改革,把经济开发区建设作为突破口,把发展现代煤化工作为主攻方向,加大招商引资引智力度,不断延伸产业链条。全年去产能关闭矿井3座,淘汰产能330万吨;新增生产矿井3座,联合试运转矿井1座,建成现代化安全高效矿井1座;推进实施正泰120万吨6米顶装焦炉技改、利达1亿标方液化天然气和90蒸吨干熄焦等现代煤化工项目。同时,持续发展非煤产业,成功举办第十届"天下第一牡丹"文化旅游节,大力推进古鑫铝矿30万吨低品位铝土矿综合利用项目,华润新能源19.5兆瓦南垣风力发电项目、光之源10兆瓦屋顶分布式光伏发电项目并网运行。着力办好"修路打通瓶颈"大事。把破解交通制约瓶颈作为最大的民生实事、发展大事,着力实施"连接高速公路、提升主要干线、改造乡村道路"三大工程。经过近两年的努力,总投资7.6亿元的长临高速古县连接线(县城至旧县段)工程全面进入开工建设阶段。古县牡丹景区至洪洞大槐树景区(县城至洪洞108国道)旅游公路完成工程可行性报告编制及环评、水保各项前期准备工作。《古县"四好农村路"建设规划(2017--2020)》正在编制可研报告。相继完成2条县乡公路改造工程,实施全长69.5公里的农村公路安全生命防护工程。着力办好"治污改善环境"大事。牢固树立"绿水青山就是金山银山"的理念,成立县委政府生态环境治理攻坚总指挥部,建立完善环境保护工作职责规定,全面实施企业污染及道路车辆抛洒扬尘治理、城北及涧河工业园区拆违搬迁创新提质、创建国家卫生乡镇、城市规划区违法违规建设整治及综合管理等四大工程,4家焦化企业脱硫脱硝、熄焦水处理、料场全封闭等治理工程全部完成,实施清洁取暖改造430户,治理餐饮油烟单位249家,新投运纯电动公交车20辆。全面推行河长制。完成人工造林1.58万亩,森林覆盖率达41.7%。着力办好"扶贫致富乡亲"大事。坚持以脱贫攻坚统揽经济社会发展大局,严格落实"双签"责任制和"54321"干部精准帮扶机制,建立干部精准帮扶监督执纪问责"三个全覆盖"工作机制,层层压实帮扶责任。特别是围绕

八大工程二十个专项行动，制定《2017年脱贫攻坚行动计划》,大力推进特色种植、养殖、光伏发电、电子商务、乡村旅游五大脱贫产业。核桃产量约在1000万公斤以上,总产值约1.8亿元;在7个乡镇各建设一座标准化生猪养殖小区,已吸收贫困户367户共入股1834万元参与分红;在38个贫困村发展100千瓦光伏扶贫电站项目,15个建成并网运营;35个贫困村建设了电商网点。同时,23个易地扶贫搬迁集中安置点主体工程全部完工,涉及贫困户332户1065人。生态补偿脱贫工程惠及贫困户4000余户,收益583.5万元。社会保障兜底工程惠及贫困人口3560人次，享受补贴1000余万元。教育扶贫惠及贫困学生2664人次,发放补助288.3万元。特别是顺利完成国家省际交叉考核、省第三方评估等迎检工作。如期完成19个村、1565户、5001口人的年度脱贫任务,贫困发生率降至历史新低9.3%。

三、持续深化改革创新,不断激发县域经济社会发展的内生动力和活力

认真贯彻中央和省委深改领导小组会议精神,按照省委"三个三"抓改革具体方法,对表中央部署和省、市确定的各项改革任务，建立了党政班子领导亲力亲为抓改革工作台账,其中,县委书记直接抓9项重大改革,县长直接抓12项改革,带头当好"施工队长",有力推动改革任务落地见效。深入贯彻全省开发区改革创新发展会议精神,着力打造以涧河工业园区和三合牡丹产业园区为重点的"一区两园"经济技术开发区。深化监察体制改革,按时完成了县监委组建挂牌、深度融合、评估验收和乡镇监察试点工作,实现了对所有行使公权力的公职人员监察全覆盖;进一步加强纪委监委派驻机构建设,配强机构和人员力量,更好发挥"派"的权威和"驻"的优势。深化司法体制改革,完成了员额制法官和检察官遴选、审判检察团队建设和配套制度完善等工作,司法责任制进一步落实。深化医药卫生体制改革,在全市率先组建了以县级医院为龙头、以乡镇卫生院为骨干的县人民医院集团,全面推行县乡医疗机构一体化服务,极大方便了群众看病就医。深化群团工作改革,在7个乡镇全部建立群众工作部,切实去"四化"增"三性",受到全国妇联党组书记、副主席、书记处第一书记宋秀岩的充分肯定。深化旅游文化体制改革,县文化和旅游发展委员会获批,旅游景区体制机制改革"两权分离"按期完成。深化城市社区治理体制改革,推进"村改居"工作,将原有的4个社区和4个城中村重新划分组建为6个社区居民委员会,彻底解决了城市建设管理长期存在的村、居交叉重叠导致的基层组织管理体制不顺、组织弱化的问题。市场监管体制改革、低碳城市试点等其他领域改革也在有序推进。

四、坚持民生优先导向,不断增强人民的获得感幸福感安全感

不断加大对民生事业的投入力度,着力在发展中补齐民生短板、促进社会公平正义,在幼有所育、学有所教、劳有所得、病有所医、老有所养、住有所居、弱有所扶上不断取得新进展。基础设施逐步完善。完成了县城村镇体系、县域乡村建设等8项规划。城市集中供热二期工程顺利完工,县城建成区清洁取暖面积140万平米,供热率达90%。涧河北路拓宽改造、岳阳路续建工程顺利竣工。实施了城市供水改造、污水处理厂一期技改二期扩容及主管网维修工程。教育事业稳步发展。统筹推进城乡义务教育一体化,招聘农村特岗教师42名,城北幼儿园主体完工,北平、旧县、郭店幼儿园投入使用。古县一中顺利通过市级标准化验收。持续开展"爱心助学·精准扶贫"活动,受益学生335名。文化事业积极推进。广泛开展送戏下乡、农村数字电影、"乡里乡亲大联欢"等文化惠民下基层活动,石壁乡新建1处乡村记忆馆。卫生体系更加健全。县乡医疗卫生机构一体化改革深入推进,分级诊疗体系不断完善,全年开展巡回诊疗12次。古县县城和石壁乡被省爱卫会列为首批健康县城、健康乡镇建设试点。民生保障逐步加强。城镇居民医保和新农合整合到位。城乡居民养老保险在全市率先实现社会收缴和发放。采煤沉陷区治理搬迁安置三期工程全部开工。基本建成保障性住房100套,分配公租房136套。完成农村无害化改厕1070座。文明创建扎实推进。积极创建全国县级文明城市,大力开展创文"十大行动",扎实推进文明单位、文明村镇、文明社区、文明校园、文明家庭"五大创建"活动,组建了53支志愿服务队伍发动万余市民广泛开展志愿服务活动,形成了人人关心创建、支持创建、参与创建的生动局面。安全形势总体稳定。牢固树立"总体国家安全观",以防控社会稳定风险、公共安全风险、网络安全风险为着力点,深入推进平安古县建设。严格落实安全责任、安全监管"两个全覆盖",始终保持"打非治违"高压态势,全面抓好各行业、各领域的安全生产工作,全县未发生重特大事故。深入开展"重点信访问题源头化解"专项行动,深化安全稳定风险隐患大排查大整治,一批影响社会安全稳定的矛盾问题得到解决,圆满完成党的十九大安保任务。

五、加快民主法治建设,为改革发展创造良好社会环境

坚持党的领导、人民当家做主和依法治国的有机统一,定期听取县人大、县政府、县政协和县法院、县检察院党组的汇报,针对性提出指导意见,走中国特色社会主义政治发展道路。坚持和完善人民代表大会制度,支持人大及其常委会依法履行职能，召开会议专门研究加强县乡人大工作和建设。发挥社会主义协商民主重要作用,大力支持政协履行职能、开展工作。进一步巩固和发展最广泛的爱国统一战线,圆满完成县工商联换届,成功创建全国县级五好工商联,开展了全县民营企业走访调研活动。认真落实党政主要负责人履行推进法治建设第一责任人的职责,严格落实法治建设"党政同责、一岗双责",把法治建设纳入经济社会发展和党的建设总体布局,提升法治古县建设水平。特别是牢牢抓住我市被确定为全省唯一法治创建示范市的机遇,以开展"法治示范五建"活动为抓手,打造法治示范建设古县样板。注重社会

治理创新，全面构建立体化社会治安防控体系，有效开展法律援助，全面提升综合治理水平，平安古县建设顺利推进。

六、坚持从严管党治党，不断营造风清气正干事创业氛围

牢固树立“抓好党建是最大政绩”的理念，坚决贯彻省委“巩固、深化、提高”的方针，层层压实“两个责任”，不断提高党建工作水平。全面加强“三基建设”。聚焦基层组织，足额发放“三基”建设资金，在6个乡镇建设了基层干部周转房，为4个社区调剂购置办公场所，新建和修缮28个村级组织活动场所。聚焦基础工作，按照标准化、规范化、流程化管理的要求，指导268家单位完成“一目录三手册”编制。特别是将基层党建与精准扶贫紧密结合，选派46名优秀党员干部担任农村第一书记，56名优秀年轻干部到乡镇挂职，基层力量得到进一步充实。聚焦基本能力，量身定做“培训菜单”，举办了13期主题培训班，组织开展了党政机关事业单位人员通用基本能力测评考试，干部基本能力得到明显提升。持续加强党风廉政建设。坚定把“两个责任”扛在肩上，寸步不让严纠“四风”，毫不手软严惩腐败，推动主体责任向基层延伸。按照“六个对照”要求，扎实开展巡视巡察自行整改“回头看”工作，建立了“三清单一制度”。按进度完成市委第四巡察组巡察反馈意见整改落实工作，配齐配强县委巡察办及巡察组人员力量，采取“一拖三”方式派出2个巡察组对7个单位党组织进行专项巡察、1个巡察组对第一轮被巡察的3个乡镇进行专项检查。严守中央八项规定精神，制定《关于进一步贯彻落实中央八项规定精神的实施办法》，严肃查处群众身边特别是扶贫领域的不正之风和腐败问题，综合运用“四种形态”，发现一起，查处一起，坚持无禁区、全覆盖、零容忍，释放“越往后执纪越严”的强烈信号。坚持党管意识形态。以“两个巩固”为根本出发点和落脚点，认真履行意识形态工作责任制，成立县委意识形态工作领导小组，严格落实党委书记第一责任、分管领导直接责任和班子成员“一岗双责”，县委书记带头抓重要理论的阐发、重要报道的把关、重要舆情的处置，牢牢把握意识形态工作领导权、管理权、话语权。着力加强干部队伍建设。把激发干部干事创业作为基本出发点，出台了激励干部担当作为干事创业办法和支持干部改革创新合理容错纠错“两个办法”实施细则，注重在“四件大事”、百项工程的一线发现使用干部，大力实施后备干部和年轻干部挂职“双百”工程。特别是坚持把干部综合研判作为干部选任的“先手棋”来下，先后对7个乡镇11个县直单位120余名班子成员开展分析研判，对80名干部进行“六查”，处理不廉洁乱作为干部19名，掌握使用敢担当善作为干部35名。

一年来，县委班子坚持把加强自身建设摆在重要位置，牢固树立“四个意识”，自觉与以习近平同志为核心的党中央保持高度一致，不折不扣贯彻落实党中央和省委、市委决策部署。坚持民主集中制，制定完善县委议事决策制度，自觉在党和国家工作大局中谋划重大思路、部署重大改革、推出重大举措。坚持“常委县长担主责、人大政协献良策、部门乡镇勇作为、干部群众齐上阵”，自觉接受同级纪委监督和人民群众监督，努力做到让党放心、人民信赖。

(尚立春)

附：中共古县县委书记、副书记、常委名单

书　记：郝献民

副书记：刘舒华(女)　常立智

常　委：李荣强　牛永福(2月任职)　吴晓芳(女)　元福明　韩东军　任　臻　张朝阳(2月离职)

中共汾西县委工作概况

县委书记　任天顺

汾西县位于山西省中南部，临汾市北部，吕梁山南麓，汾河西岸，因地处汾河以西，故名汾西。全县国土面积880平方公里，耕地面积39万亩。下辖8个乡镇，120个行政村，6个社区，484个自然村，总人口14.8万人，其中农业人口12.97万人。汾西是革命老区，贫困山区，全县建档立卡贫困人口10721户31800人，贫困发生率24.5%。汾西属典型的黄土高原残垣沟壑区，以山地、丘陵为主，地表水十分缺乏，是以旱作农业为主的山区农业县，全县有稳产高产沟坝地6.3万亩，为发展畜牧养殖奠定了良好基础。汾西境内矿产资源丰富，主要矿藏有煤、铝钒土、石膏、铁等，煤炭资源地质储量16.6亿吨，铝土矿15亿吨，石膏矿10亿吨，硫铁矿4.8亿吨，铁矿2.1亿吨。汾西北齐置县，至今已有1400年历史，文化底蕴深厚，有国家级文物保护单位师家沟清代民居等。

汾西县共有基层党组织326个。其中：乡镇区党委9个，党总支7个，县乡直属机关、事业单位党支部125个，农村党支部120个，社区党支部6个，企业党支部42个，新社会组织党支部17个。全县共有党员8076名，其中，女党员1573名，在岗职工党员2534名，农村党员4825名，35岁以下的党员1656名。

2017年，汾西县委深入学习贯彻习近平新时代中国特色社会主义思想，认真落实省委“一个指引、两手硬”的重大思路和市委“345”战略部署，团结带领全县党员干部群众，强力推进“1133”发展战略，全县党的建设和经济社会发展取得新进展、新成效。

(一)坚定正确政治方向，深入学习贯彻习近平新时代中

国特色社会主义思想。始终保持学用总书记系列重要讲话精神的高度自觉,持续部署推动,深化学思践悟。总书记视察山西后,第一时间进行了学习传达,编印了学习导图,举办了深入学习贯彻总书记重要讲话精神和治国理政新理念新思想新战略经验交流会,学以致用、解决问题,不断把学用总书记系列重要讲话精神引向深入。坚决维护以习近平同志为核心的党中央权威,明确提出在思想上拥戴核心、政治上维护核心、行动上紧跟核心,教育引导党员干部增强"四个意识",坚决维护党中央权威,坚决维护习近平总书记的核心地位。十九大召开后,迅速组织了县委中心组学习,召开县委常委扩大会、县委十三届四次全会,对学习贯彻习近平新时代中国特色社会主义思想进行安排部署,在全县兴起学习贯彻十九大精神的热潮。县委谋划工作、作出部署,都按照总书记的重要论述,主动对标,认真对照,结合实际形成思路举措,以实际行动推动习近平新时代中国特色社会主义思想在汾西落地见效、深入人心。

(二)坚持党对一切工作的领导,推动形成改革发展的强大合力。认真贯彻《中国共产党地方委员会工作条例》,充分发挥县委总揽全局、协调各方的作用,把党的领导体现到各领域各方面。落实全面深化改革"三个三""四个亲自"的工作要求,梳理汇总改革事项38项,书记县长直接抓关键领域改革,其他县级领导负责分管领域改革,有力推动了各项改革任务落实。坚持和完善人民代表大会制度,支持人大及其常委会依法履行职责,听取审议"一府两院"工作报告11项,开展执法检查2次、作出决议决定11项,依法任免人员26人。坚持和完善中国共产党领导的多党合作和政治协商制度,支持人民政协开展工作,组织政协委员就经济社会发展重大工作进行调研视察,切实发挥了协调关系、汇聚力量、建言献策、服务大局的作用。创新统战工作方式方法,加强与各民主党派和无党派人士合作共事,积极做好对台侨务工作,加强民族宗教工作,支持工青妇等人民团体积极发挥作用。扎实推进法治汾西建设,加快转变政府职能,推进依法决策,深化政务公开;开展执法司法规范化建设年活动和"十个一"法治宣传活动,不断扩大法治宣传覆盖面和影响力。牢牢把握意识形态工作主动权,开办"砥砺奋进的五年""脱贫攻坚在行动"等新闻栏目,广泛开展主题宣传活动;组建"汾西网信"工作群,密切关注舆情,回应网民关切。

(三)坚持新发展理念,积极推进经济稳步向好。深入贯彻新发展理念,统筹推进稳增长、调结构、惠民生各项工作。2017年,全县生产总值完成24.9亿元,同比增长9.4%;规模以上工业增加值完成6.1亿元,同比增长3.2%;固定资产投资完成20.3亿元,同比增长24.8%;社会消费品零售总额完成12.6亿元,同比增长7.3%;城镇居民人均可支配收入完成25351元,同比增长7.5%;农村居民人均可支配收入完成3783元,同比增长12.1%;一般公共预算收入完成6988万元,同比增长6%。

专项行动精准发力,脱贫攻坚扎实推进。瞄准"五有"目标,建立"四定"机制,发展"一村一品一主体"产业扶贫项目97个,初步实现了"村村有产业、户户有项目、人人有帮扶"目标,成功举办全市特色产业扶贫观摩培训会。统筹三年任务,一次性规划新建9个移民搬迁集中安置点,建筑总面积11.8万平米,主体工程全部完工,搬迁入住进展顺利。光伏产业成为精准扶贫的新亮点,装机总容量达到172兆瓦。汾西荣膺全国首批光伏扶贫试点县、全国电子商务综合示范县。全年减贫8145人、整村脱贫27个村,脱贫攻坚再战再胜。

安全稳定持续向好,社会事业长足进步。引深打击非法采矿专项整治,扎实开展"两排查一整治"、信访积案集中清理、打黑除恶、"六项整治"等专项行动,圆满完成维稳任务。落实了总投资1.42亿元的10个方面37件利民为民实事,顺利通过国家义务教育均衡县验收,城市配套、农村设施、优抚助残、社会保障等工作全面进步。

"六城联创"引深推进,城市建设步伐加快。全面启动"六城联创"工作,深入开展城乡环境综合整治,探索建立了部门联动、网格监管、"垃圾不落地"等常态化管理机制,成功创建市级文明县城。东大街、士贞路改造如期完工,永安小区廉租房配套、汽车客运站等城建项目顺利竣工,投资6亿元的汾西新中学、汾西大医院PPP项目落地实施。

重大项目有效实施,发展动能正在积聚。投资145亿元的其亚铝业项目完成采空区灌浆、农户搬迁等工作,进入场平阶段;投资9.7亿元的酸铁联产项目取得省政府协议出让硫铁矿探矿权的批复,即将进入招拍挂出让程序;投资7000余万元的北掌水库完成坝体封顶;投资1700余万元的府麻线、麻寺线公路竣工通车;历经10年不懈努力,投资2.7亿元的桃临线木瓜沟至府底段改建工程全面开工,全县人民盼望多年的梦想变为现实。

特色农业稳步发展,产业基础更加坚实。大力发展特色扶贫产业,采取"公司运营、园区管理、农户入股"的模式,新建23个肉鸡大棚;实现首单肉鸡产品出口阿富汗,特色产品在进军国际市场、融入"一带一路"战略上取得实质性进展。新建核桃经济林1.3万亩,发展玉露香梨5000亩、扁桃栽植2万亩、栽桑养蚕2000亩、优质小杂粮5万亩、黄粉虫1.2万平米、食用菌栽培双孢菇6万平米、香菇20万棒。

旅游产业彰显活力,文化生活异彩纷呈。投资1230万元,实施了师家沟文物修缮二期、师家沟古建筑全保护利用设施和姑射山真武祠保护修缮工程。实施文化产业与旅游产业深度融合战略,文化产业增加值达到6300余万元。开展了第二届"十大道德模范"评选表彰活动,赢得社会各界一致赞誉。大力开展社火节、艺术灯展、消夏晚会、文化"三下乡"等活动,极大满足了人民群众多样化的文化需求。

(四)全面从严管党治党,着力构建良好政治生态。秉持"巩固、深化、提高"的方针,聚焦主责主业,持续加压发力,统筹推进党的思想建设、组织建设、作风建设、纪律建设和制度建设,推动全面从严治党向纵深发展。

突出思想建党,抓实"两学一做"。把学用总书记系列重要讲话精神贯穿学习教育、主题教育始终,编印学习读本6000余册,县委中心组专题学习13次,四大班子讲党课52

次。开展千名干部进百村入万户大宣讲大调研大走访活动,推动十九大精神进农村、进社区、进机关、进企业、进学校。推行主题党日制度,逐月下发通知,主题引导、专题研讨,推动党内政治生活融入日常、抓在经常。在脱贫攻坚、重点工程一线设置功能性党小组233个,为其亚铝业、北掌水库、桃临线改造等重大项目推进和特色产业发展提供了坚强保障。在农村、社区、"两新"组织中开展双促进双服务双覆盖示范党组织创建,打造了瓦窑圪塔、府南社区、洪昌公司等一批党建示范点。

突出基层基础,加强"三基建设"。实施"基层组织增实力、基础工作见实效、基本能力出实招"三大工程、开展20项行动、落实63项重点任务,制定了乡镇、农村、机关、社区、"两新"组织5个质量标准体系,分类制定干部通用基本能力标准,分层建立《干部基本能力提升档案》。120个村集体经济收入达到万元以上,85个村突破5万元。拨付"三基建设"经费1800万元;投资695万元,新建改建乡镇周转房109间2725平米;按高于农民人均可支配收入3倍的标准兑现了"两委"主干报酬。圆满完成村(社区)"两委"换届。在全县30个中心村和3个社区建立农村扶智扶志讲习所和新时代讲习所,得到省委组织部部长充分肯定。举办"领头雁""抓党建强三基促脱贫""汾西大讲堂" 等各类培训28期3600余人次,选派干部外出"取经"8批64人次。举办了县委党校培训基地揭牌暨中青年科级干部主体培训班开班仪式,全县党员干部教育培训迈上新台阶。

突出队伍管理,助力脱贫攻坚。坚持严管与厚爱结合、激励和约束并重,出台鼓励干部干事创业和容错纠错"两个细则",激励干部担当作为、干事创业。选派40名年轻干部到乡镇挂职帮忙工作,选派驻村工作队98支,第一书记、副书记98人,工作队员310名,基层一线力量得到加强。实施人才回归工程,开展"创业带富"行动,178名能人党员牵头成立合作经济组织和专业合作社,有效带动了"一村一品一主体"产业发展。扎实开展"扶贫活动月"、"政策兑现月"等行动,县乡村三级干部进村入户,开展送十九大精神、送政策、送科技等"七送"活动,提升了群众满意度。制定驻村干部巡查考评工作方案,建立"335"工作机制,巡查考评结果与干部年度考核、选拔任用挂钩,对10名第一书记和14名驻村队员采取了召回调整措施。

突出主体责任,狠抓廉政建设。切实强化管党治党主体责任,认真落实责任清单、工作约谈、党委巡察、监督提醒、深化"四述"等办法,持续传导压力,推动全面从严治党向基层延伸。坚持把严明政治纪律和政治规矩放在首位,严肃党内政治生活,以"全面肃清流毒影响"为主题召开了县委常委班子反思剖析会,彻底肃清流毒影响。深入开展扶贫领域不正之风和腐败问题专项治理,跟踪监督资金8.39亿元,清理纠正资金112.9万元,追缴资金24.5万元。健全完善巡察工作机制,开展了市县第二轮交叉专项巡察和第三轮县委巡察工作,发现和移交问题线索54件。扎实开展巡视巡察整改"回头看",制定了"三清单一制度",较好完成各项整改任务落实。探索整治"四风"问题联动协作机制,查办"四风"问题线索11件,党政纪处分10人。加大案件查办力度,立案84件,结案79件,党政纪处分79人,其中科级干部14案14人。

(陈华伟)

附:中共汾西县委书记、副书记、常委名单

书　记: 任天顺

副书记: 张安文　杨晓舟

常　委: 梁秋菊(女)　赵志红　武耀忠　丁春明　周勇军　宋大鹏

中共蒲县县委工作概况

县委书记　薛凤奎

2017年,在省委、省政府、市委、市政府的正确领导下,坚持以习近平新时代中国特色社会主义思想为指引,认真学习贯彻党的十九大精神和习总书记视察山西重要讲话精神,深入贯彻省委"一个指引、两手硬"重大思路要求和市委"345"战略部署、市政府"12345"工作思路,团结带领全县干部群众,奋力攻坚、真抓实干,经济社会发展和党的建设各项事业取得了长足进步。

一、深入学习贯彻习近平新时代中国特色社会主义思想,牢牢把握正确方向

坚持把学习宣传贯彻习近平新时代中国特色社会主义思想和党的十九大精神作为首要政治任务,结合"两学一做"学习教育常态化制度化和开展维护核心、见诸行动主题教育,着力加强全县各级领导干部的思想政治建设,建立了"五个一"机制,县四套班子成员每个月参加1次专题学习、每半个月参加1次中心组学习研讨、每月参加1次支部活动、深入示范点指导1次工作、讲1次党课,带头学深悟透做实。全年共组织县委中心组学习15次,组织科级以上干部理论考试3次,开展理论宣讲42场,全县各级干部的政治素质、思想理论水平不断提升。坚持理论联系实际,深入开展"大调研"活动,全县28名县级干部领题调研共计568天次,形成调研报告27份,深入基层一线解决实际问题56个;特别是深入开展脱贫攻坚"大调研、大起底、大会诊、大会战"活动,县级包联干部带队现场办公,逐村逐户把脉会诊、破解难题,进一步理清了工作思路和任务举措,以实际行动推进习近平

新时代中国特色社会主义思想在我县落地生根。

二、坚定不移贯彻新发展理念,扎实推进“六大攻坚”

围绕全县“463”总体思路目标,以“十大民生工程”、87项重点项目、“三城联创”为抓手,引深“六大攻坚”,统筹推进经济社会各项事业协调发展。全年地区生产总值完成73.2亿元,增长4%;规模以上工业增加值完成54.94亿元,增长1.3%;一般公共财政预算收入完成7.27亿元,增长2.19%;固定资产投资完成17.89亿元;社会消费品零售总额完成8.42亿元,增长8%。预计城镇居民可支配收入完成25852元,增长6.6%;农民人均纯收入完成8437元,增长7.2%。

(一)脱贫摘帽赢得新战果。建立了“两月一观摩、一月一汇报、一季度一考核”的工作推进机制,全面压实“三包五到”精准帮扶责任。围绕富民产业、转移就业、易地搬迁、教育救助、生态补偿、社保兜底“六大工程”多点发力、成效显著。以天津宝迪生猪养殖和山西茂州肉牛产业扶贫项目为引领,“龙头企业+合作社+基地带农户”产业精准扶贫模式得到有效推广。全县27个贫困村实现扶贫产业和带动主体全覆盖。2016、2017年上级下达我县961人的易地扶贫搬迁计划指标全部落实到户。19家造林合作社带动732个贫困户2050人稳定脱贫,人均收入5600元。拨付教育扶贫资金1797万元,继续实施15年免费教育和中小学生“蛋奶”工程,贫困生人均每年减免费用4345元。为1.3万建档立卡贫困人口购买大病医疗补充保险和意外伤害保险149万元。建档立卡贫困人口和计划生育特殊家庭签约服务率达到100%。实施医疗救助566人202.6万元。累计发放产业扶贫贷款10936万元,带动贫困户609户,小额扶贫贷款1030户4147万元。全年完成10个贫困村摘帽、1570户4818人脱贫任务。

(二)产业转型开启新征程。坚持高质量发展的根本要求,着力构建现代产业体系。打造新型煤炭基地。24座煤矿复工复产17座,全年生产原煤1374万吨、精煤725万吨,销售精煤720万吨;全县涉煤企业标准化信息平台竣工投用。推进战略转型项目。投资17亿元的肖家沟现代物流园区煤炭集运站项目已与山煤集团签订协议,即将开工建设。新型建材园区装备制造、江苏润晶光电和远景能源、太原重工、湖南博发等风电项目正在积极推进。加快农业产业升级。核桃、马铃薯“两个十万亩”持续提质增效。总投资12亿元的天津宝迪百万头生猪养殖项目落地,华北单体规模最大的西坪垣2万头母猪繁育基地即将建成投产,新增育肥基地15个,全县生猪存栏3.5万头;总投资2亿元的山西茂洲5万头晋南黄牛产业化项目签约落地,克城生态牧场完成建设,新增标准化肉牛养殖基地6个,全县牛存栏达1.7万头。全县无公害认证面积新增2.9万亩。成功入选全国首批“农业可持续发展试验示范区”。被列为“晋陕甘宁蒙”五省区构树产业示范基地县。培育文化旅游产业。举办首届“蒲伊杯”杞柳编织创业技能大赛,山西卫视新闻频道和山西经济资讯频道专题报道。规划建设总投资11.7亿元的东岳庙景区、旅游集散中心、蒲园生态园、特色小镇等项目,打造临汾西山休闲避暑度假胜地。

(三)城乡建设展开新画卷。聚焦创建国家卫生城镇、国家园林县城、省级文明县城目标,统筹加快21项城建重点工程。由书记、县长挂帅,县级领导联片包户,攻坚旧城棚户区改造,涉及119户的昌平东街棚户区改造一期,已拆除118户;蒲伊南街贯通工程73户完成拆迁、开始施工,广大群众翘首期盼的旧城改造开始破题。北街休闲广场建成投用;档案馆主体完工;东关综合商贸中心和停车场工程主体完工。总投资5亿元、全长30.6公里的西气东输改线工程全线贯通,消除了蒲县境内输气管线周边的安全隐患,保障了群众生命财产安全。霍永高速连接线和翠屏山景区旅游公路,路基贯通。四沟水库达到蓄水要求;刁口水库主体大坝完成工程量的70%;小农水工程新增灌溉面积2.5万亩。完成农村饮水安全工程34处、农网改造34公里,建成移动网络基站189个。

(四)生态环境得到新提升。牢固树立“绿水青山就是金山银山”的理念,紧抓西山片区国家主体功能区试点建设机遇,实施造林绿化3.88万亩、水土流失治理4.8万亩。启动昕水河人工湿地建设,加强饮用水源地保护和地下水污染防治,10家煤矿企业矿井水深度治理完成提标改造。完成采煤沉陷区治理集中安置120户;签订货币补偿安置协议738户,支付资金6480.316万元;农村地质灾害治理搬迁任务全部完成。狠抓大气污染防治,完成工业企业治理33家、煤矿企业“原煤不落地”清洁改造12家,安装营业性餐饮店油烟净化设施174家。县城集中供热提标改造竣工投用,城区集中供热率达到90%。城区二级以上天数315天。中央督察组和市环保局移交转办的案件,处理率和满意率均达到100%。

(五)民生改善取得新成效。年初向全县人民承诺的“十大民生工程”全面兑现落实。新增城镇就业1277人,转移农村劳动力1835人。高考二本B类以上达线279人,全市山区十县文理科状元均在蒲县。蒲县代表临汾市在山西省第三期学前教育行动部署会上做典型交流发言。国家三类城市语言文字评估工作顺利通过省市级评估验收。完成大型历史剧《讲道台》编排工作,免费送戏下乡204场、到村文艺演出35场、电影下乡进校1314场,农村文化信息资源共享、数字电视改造工程全面竣工。完成27个贫困村卫生室改造,成功申报国家级、省级群众满意乡镇卫生院各1所、省级群众满意村卫生室12所。家庭医生、重点人群签约服务覆盖率分别达到67%、85%。昕水湾棚户区改造还迁安置房一期安置到位;保障性住房三期3栋竣工、3栋主体完工。引深安全生产隐患大排查大整治,安全事故起数下降8.7%。全市安全生产现场会、全市农村道路交通安全“两站两员”工作现场会在蒲县召开。开展“重点信访问题源头化解”专项行动,严厉打击违法犯罪,群众安全感满意度不断提升。

(六)改革开放实现新突破。制定出台了改革工作要点,6个方面、37大项改革任务全部分解到县级领导。深化“放管服效”改革,承接行政职权事项9项、取消11项,设立县长热线和“13710”电子督办工作平台,实现了工作效率和服务质量双提升。推进商事制度改革,全年颁发“多证合一”营业执照267家。出台《旅游管理体制机制改革方案》,推进景区所有权和经营权分离。深化医药卫生体制改革,蒲县人民医院集团挂牌运营。较好地完成了群团改革各项任务,县妇联系统改革成功经验在全市推广。引深创新驱动战略,成立开发区筹委会,申报建设省级现代农业产业开发区。举办首届“迎老乡、回故乡、建家乡”恳谈会和“蒲县籍大学生交流座谈会”,柔性引进急需的农业专家5名,面向全国高薪聘请名医5名,补充引进名师10名,评定县委联系高级专家19名。发掘培育发明专利8项,超额完成省定目标。全市人才工作推进会和农业高级论坛在蒲县召开。加大招商引资力度,全年共签约项目12个,签约资金124.1亿元。

三、认真履行管党治党主体责任,不断提升全面从严治党水平

坚决贯彻省委、市委“巩固、深化、提高”的方针,坚决扛起全面从严治党主体责任,坚定不移推动从严治党向纵深发展。

一是扛稳抓牢主责主业。有效运用学习教育、述职约谈、调研指导等综合措施,层层压实首责主责和“一岗双责”。坚持党建工作例会制度,及时研究推进基层党建工作。严格落实班子成员包抓联系点、示范点和廉政谈话、书记述职等制度,开展干部任前廉政谈话71人次,集体约谈12次、400余人。将“两学一做”和“三基”示范点纳入党建述评考,建立工作台账,定期调度、观摩、督查。围绕党建工作和主体责任落实共问责追责党员干部117人次。

二是着力加强“三基”建设。加大保障,预算500万元用于“三基”建设、300万元用于人才发展;列支923万元,保障基层组织运转,扶持村集体产业发展;建成人才周转房30套。建强组织,引深“规范建设年”活动,建成示范性活动场所7个、党性教育基地1个。非公企业和社会组织党组织覆盖率分别达到89%、100%;夯实力量,选拔调整乡科级干部4批70名,选派乡镇挂职干部45名,增派农村第一书记19名;圆满完成农村(社区)“两委”换届选举。提升能力,围绕扶贫、党务、人才和农村工作赴上海、贵州、杭州等地开展专题培训8期,全年累计培训干部5000余人次。抓实工作,紧贴全县“六大攻坚”,开展“党建+”和“主题党日+”活动,创建脱贫攻坚党员示范户300多个,协调项目资金740余万元,解决矛盾纠纷350余件。

三是持续引深党风廉政建设。稳步推进监察体制改革,完成了蒲县监察委员会组建和乡镇监察试点工作,实现了对监察对象的监督全覆盖。扎实开展巡视巡察整改自行“回头看”,查找出的22条问题全部整改完成,梳理出的41个问题线索全部包案到人、限时办结。充分发挥巡察工作“尖兵”作用,督促6个被巡察单位整改共性问题55条、个性问题69条。保持狠刹“四风”的高压态势,查处“四风”案件15起,党政纪处理31人,追究单位主体责任3人,全部通报曝光。引深扶贫领域不正之风和腐败问题专项治理,梳理汇总的93项整改类问题全部整改,8件违纪违法类问题已办结6件。严格执行集中处置问题线索会议制度及“五账”工作法,坚持用好“四种形态”,从严执纪审查,全年共处置问题线索191件,查结170件,查办案件71件,给予党政纪处分69人。

四是不断强化干部作风。围绕干部日常管理,严格执行领导干部诫勉谈话制度、离任经济责任审计制度、请销假和外出报备制度,建立了第一书记百分制考评和积分制管理制度。围绕效能提升,推行限时办结、首问负责、服务承诺、AB岗、一次性告知、离岗告示和“13710”工作督办等制度。围绕项目建设,建立了服务企业联席会议制度,落实县级领导包联重点工程责任和“四个一”项目建设工作机制;班子带头践行“三个三分之一”工作法,有力地促进了项目签约落地。围绕扶贫帮扶,严明驻村工作纪律,制定了《职责任务表》,每月开展1轮专项督查,共约谈问责51人次。围绕干部考核,建立了安全生产+信访稳定+党风廉政建设+个性化指标的“3+X”责任考核体系,创新推行ABC等次评定法,比学赶超、干事创业的氛围日益浓厚。

五是全面深化民主法治。支持人大及其常委会依法履行职责。支持和保障人民政协积极有效开展工作。创新推进党外知识分子、新的社会阶层人士统战工作。成立了县委法治建设领导小组和县委法治办,落实政府法律顾问制度,完成首批员额法官、检察官遴选工作,加强执法司法规范化建设,有效促进了公平正义和社会稳定。坚持党管武装原则,完善军地齐抓共管国防后备力量建设机制,持续巩固发展军政军民团结的良好局面。

(张 阳)

附:中共蒲县县委书记、副书记、常委名单

书 记:薛凤奎

副书记:赵志慧 吴吉红

常 委:李有红 宋蒲刚 崔文学 张宁红 黄生宁 刘俊绒(女)

中共乡宁县委工作概况

县委书记　樊洪平

乡宁县辖10个乡镇、181个村委、1113个自然村，共有494个基层党组织，其中15个基层党委(10个乡镇党委)，9533名党员。2017年，中共乡宁县委深入学习贯彻党的十九大精神和习近平总书记视察山西重要讲话精神，全面落实省市委重大决策部署，团结带领全县党员干部群众，抓重点、补短板、强弱项，不断巩固和发展2016年以来的良好工作态势，党的建设和经济社会各项事业取得了新进展、新突破、新成效。

一、学习贯彻习近平新时代中国特色社会主义思想，切实用新思想统揽经济社会发展全局

坚持把迎接学习贯彻党的十九大精神作为全年工作的一条主线，扎实推进习近平新时代中国特色社会主义思想学用工作，力求学懂弄通做实。

一是在学懂上下功夫，切实让习近平新时代中国特色社会主义思想入脑入心。县委中心组以上率下，集体学习21次，举办“干部大讲堂”12期，中心组成员撰写心得体会90余篇，深入包联乡镇、分管部门讲党课“全覆盖”，在读原著、学原文、悟原理上做好示范；各级党组织主动看齐，开展学用交流1000余场次，在学而思、思而信、信而行上对标落实，全县党员干部在学思践悟中坚定了理想信念、提高了政治站位、明确了前进方向。党的十九大召开后对学用工作及时安排部署，精心组织领导，加强学习宣传，迅速掀起学习贯彻热潮。

二是在弄通上做文章，真正用习近平新时代中国特色社会主义思想理清思路。县委班子带头开展交流研讨6次，举办深入学习贯彻习近平总书记重要讲话精神和治国理政新理念新思想新战略经验交流会，推动学用结合、学以致用，加快形成符合新思想要求、符合乡宁实际的政策举措。研究出台《关于深入学习贯彻习近平总书记视察山西重要讲话精神的实施方案》等文件，进一步理清了发展思路，提升了工作成效。

三是在做实上出真招，努力把习近平新时代中国特色社会主义思想落地生根。县委班子成员以身作则、率先垂范，坚持重大事项亲自部署、工作方案亲自把关、关键环节亲自协调、落实情况亲自督查，带头把习近平新时代中国特色社会主义思想转化为具有乡宁特点的具体实践。各级各部门牢树全县一盘棋思想，按照县委的顶层设计，结合自身的工作实际，将目标任务细化量化具体化，各项工作都有亮点、有特色、有创新。

二、认真落实管党治党政治责任，着力推动全面从严治党向纵深发展

“打铁必须自身硬”。县委不断强化问题导向，持续保持政治定力，先后36次研究管党治党有关工作，全力推动全面从严治党向基层延伸、向纵深发展。

一是突出抓好“两个教育”，严肃党内政治生活。县委班子坚持学在先、做在前，4个市级示范点、32个县级示范点以及乡镇县直“党建窗口”层层示范带动，形成了以上率下、整体联动的总体效应。推行“主题党日+”制度，确保“三会一课”制度有效落实。七一期间，组织开展共产党员赛讲活动、党建工作成果展等系列活动，进一步激发了党员活力。

二是从严落实“两个责任”，构建良好政治生态。监察体制改革试点工作全面完成，反腐败力量实现深度融合。坚持抓早抓小抓苗头，高频率开展警示教育、廉政教育、约谈教育，引导党员干部自觉把政治纪律和政治规矩挺在前面。组织开展“讲知守”专项治理活动，持之以恒纠正“四风”，违反八项规定和“四风”问题案件数量逐年递减。扎实推进巡察工作，配齐配强县委巡察办班子及巡察专员，完成两轮巡察，第四轮巡察全面启动，巡察“利剑”作用有效发挥。始终保持惩治腐败的高压态势，严格把握监督执纪“四种形态”，形成并保持了反腐败斗争压倒性态势。

三是对标“三基建设”要求，全面加强基层党建。从21个方面100项具体任务入手，着力解决“三不”问题。全面推行基层党建“五化”管理模式，扎实做好农村“两委”换届工作，投入3800余万元，足额落实基层党建工作经费，完成乡镇周转房建设，新建3个社区活动场所，不断提升基层党建规范化水平。大力发展壮大村级集体经济，年收入5万元以上的村超过40%。组织开展基础工作达标活动，认真做好基础工作目录流程编写工作，全面推行八项工作制度，各项工作高效推进。同时突出政治标准，牢树基层导向，调整交流干部57人，下派挂职干部81人，启动实施“1155”战略储备工程，出台领导班子思想政治建设二十条意见和激励干部担当干事、合理容错两个办法，最大限度调动党员干部的干事创业激情。

三、紧紧聚焦省定贫困县摘帽，全力决战决胜脱贫攻坚硬仗

作为全市要率先脱贫摘帽的三个县之一，县委坚持以脱贫攻坚统领经济社会发展全局，全力打好打赢脱贫攻坚硬仗。

一抓党建统领促脱贫。县委定期分析研判，及时拍板定调，解决重大问题不过夜。常委会成员按照排名顺序和工作任务从重到轻依次包联乡镇脱贫工作，研究出台《关于抓党建促脱贫攻坚工作的实施意见》《脱贫攻坚干部履职考核办

法》，召开充分发挥乡村两级组织作用决战决胜脱贫攻坚工作会议，组建6个由副县级领导干部任组长的督查考核指导组，一月一考核，一次一通报，以考核促落实，以问责促履责。

二抓精准帮扶促脱贫。切实加强对乡镇干部、驻村工作队、第一书记和帮扶干部的管理，采取督查、暗访、夜间查岗等方式，确保他们住下去、干起来。组织各级干部“全覆盖”进村入户，核查信息、宣讲政策、帮助发展产业、健全档案资料，群众对扶贫政策、扶贫成效的知晓度和满意度明显提高。注重调动社会扶贫力量，6个国有企业、41家民营企业和6个社会组织，积极投入脱贫攻坚，发挥了应有的作用。

三抓产业培育促脱贫。县财政拿出3200余万元对贫困户实施和带动10户以上贫困户的新型经营主体以及非贫户发展种植养殖特色产业进行财政补助，扶持发展特色种植业3万余亩、养殖业22万余头(只)。注入1400余万元风险补偿金，撬动县内各金融机构针对产业项目共发放小额信贷近1.7亿元。多渠道增加贫困群众的务工机会和收入，农民群众和贫困户持续增收有了保障。

四抓基础提升促脱贫。投入4亿多元，扎实推进“基础提升”工程，实施村组道路284条470公里、硬化街巷245万平方米、水利扶贫工程344处、网络工程37个、村级卫生室89个、乡村两级电商扶贫物流服务和快递服务点21个，并对全县所有行政村的文体设施进行了配备。投入3亿多元，实施了2428户、8569人的易地搬迁工作。这些扶贫工程项目建成后，全县自然村全通水泥路，入户街巷全硬化，通讯网络全覆盖，群众饮用水全达标，全县农民的生产生活条件极大改善。截止目前，贫困县退出的14项指标全部完成，贫困县退出评估检查核查顺利完成，脱贫摘帽胜利在望。

四、牢固树立新发展理念，奋力开创经济社会各项事业新局面

全面加强党对经济工作的领导，贯彻落实新发展理念，适应把握引领经济发展新常态，统筹做好稳增长、促改革、调结构、惠民生、防风险各项工作，经济运行的质量和效益明显提高。2017年，全县地区生产总值首次突破百亿大关，达到100.94亿元，同比增长10.7%；城镇居民人均可支配收入完成28246元，同比增长7.6%；农民人均可支配收入完成9548元，同比增长9.2%；财政总收入完成39.97亿元，同比增长95.55%；公共财政预算收入完成12.62亿元，同比增长41.55%。

一是推进改革全面深化。坚持发展导向、问题导向、民生导向，坚持全面发力、多点突破、纵深推进，不断提升改革的广度和深度。旅游景区管理和经营机制不断创新，云丘山与山西文旅集团股权合作项目顺利推进。医疗卫生体制改革稳步推进，县医疗集团挂牌运营。群团改革四大工程高效实施，群团组织的活跃度和广大群众的满意度明显提升。集体林权制度改革、商事登记制度改革、全面推行河长制等事项成效显著，环保监测督察体制改革、国资国企改革、生态文明改革等事项扎实推进，改革的力度持续加强，改革的“红利”持续释放。

二是经济转型态势强劲。扎实推进煤炭供给侧结构性改革，加快整合矿井改扩建步伐，燕家河煤业实现联合试运转。积极培育和发展战略性新兴产业，特别是以全域旅游为抓手，编制完成全域旅游发展规划(2017-2025)，全面启动云丘山5A级景区创建工作，协助市政府开展《人说山西好风光》第二季电视竞演节目录制工作，开工建设胡村至云丘山旅游公路，积极推进通用机场和黄土高原葡萄酒特色小镇建设。扎实做好开发区建设，规划面积59平方公里的“一区三园”正在加紧办理土地利用总体规划调整。承办2017临汾(太原)招商引资推介暨县域形象展示会，全年招商引资产业项目13个，签约总额122亿元，为县域经济发展注入了新动能。

三是“三农”工作提质增效。持续加强经济林示范园建设，建成有机农产品7000亩、无公害核桃基地3.1万亩，示范带动30万亩经济林科学管护。以云丘山与台湾颐禾园有机农园合作为契机，打造与国际标准接轨的有机杂粮、蔬菜产销基地，扶持新大象养猪、欣隆养牛、山水养羊等规模发展。大力推进农业科技创新，强化新型职业农民培训，建立农业科技试验示范基地4个，培育科技示范户810户，培训农民1.5万余人，农民增收致富能力不断增强。

四是城乡建设提标上档。启动国家卫生城镇创建工作，接续开展环境卫生综合整治和城乡环境集中整治两个“百日整治”活动，城乡人居环境大为改善。加大基础设施建设，投资4.7亿元实施滨河北路续建、民俗广场、鄂河河道综合治理等17项市政重点工程，投资13.4亿元推进面积26.8万平米的四个棚户区城中村改造拆迁工作。坚持“铁腕治污”，深入开展生态环境治理攻坚行动，有序推进工业企业深度治理、清洁取暖改造等八大工程，严格网格监管，严查违法案件，治污工作取得明显成效。

五是民生福祉大为改善。县级层面确定实施的45项重点工程、10件惠民实事，年度投资30多亿元，采取领导主管、定期调度、现场办公等措施强势推动。同时大力推进社会事业发展，顺利推进新城区小学建设项目，巩固提升国家义务教育基本均衡县创建成果，高考达二本B类线以上总人数791人，职业教育对口高考达本科线297人，均创历史新高。新医院建成并投入使用，农村卫生室改造提升全面完成，城乡医生素质提升工程成效显著。成立劳动者维权中心，县城社会福利服务中心启动运行，光华敬老院抓紧筹建，城乡低保按标施保，大病救助不断完善，人民群众幸福指数不断攀升。

六是安全稳定持续向好。牢树“总体安全观”，认真落实“四铁”要求，健全完善“党政同责、一岗双责、尽职免责、失职追责”责任体系，持续开展重点行业领域安全隐患大排查大整治，建立台账，挂图作战，对账销号，全县安全生产形势总体平稳。全力抓好信访维稳工作，统筹推进“重点信访问题源头化解”专项行动、矛盾纠纷排查化解、特殊疑难信访问题集中攻坚，着力消除稳定风险隐患，从根本上维护全县大局稳定。

与此同时，民主法治建设水平不断提升，宣传思想文化工作成效明显，人民武装工作切实加强，县委各部门和工青妇等群团组织作用有效发挥，各项事业都取得长足进步，年度目标任务顺利完成。

(乔鹏龙)

附：中共乡宁县委书记、副书记、常委名单

书　记：樊洪平

副书记：杨建军　冯小宁

常　委：刘建平　周晓文　高国荣　郭玉龙　任国栋　闫　鹏　安　娜(女)

中共吉县县委工作概况

县委书记　郝忠祥

吉县共有乡镇党委8个，县直党委(总支)24个，党支部259个，党员6418名。

2017年，吉县县委深入学习贯彻习近平新时代中国特色社会主义思想，认真落实习总书记视察山西重要讲话精神，紧紧围绕省委“一个指引、两手硬”重大思路要求和市委“345”战略部署，团结带领全县干部群众，不忘初心，牢记使命，聚焦决胜脱贫攻坚，大力实施“1236”发展战略，全力谱写“吉县新篇章”，开创“吉县新局面”。

一、坚持“一个指引”，全面推进学用习近平新时代中国特色社会主义思想开辟新境界，走出“吉县路径”

坚持以习近平新时代中国特色社会主义思想为指引，始终用党的十九大精神和习近平新时代中国特色社会主义思想武装头脑，指导决策部署，衡量工作成效，确保真诚信仰，真心践行。一是学深精神，彰显政治自觉。通过县委中心组学习、全县干部大会、宣讲报告会等形式，传达学习，做到学深学懂，入脑入心。开展学习研讨，县级领导带头撰写发言提纲，交流体会，分享感悟，推动党的十九大精神在全县人人学用，蔚然成风。二是提高站位，维护政治核心。按照省委、市委统一部署，深入开展“维护核心、见诸行动”主题教育，引导广大党员干部增强“四个意识”，坚定“四个自信”，始终把维护习总书记核心地位作为最大的政治，坚决维护党中央权威和集中统一领导。三是躬身践行，把牢政治方向。对表习近平新时代中国特色社会主义思想，对标省委十一届五次全会精神和市委四届三次全会精神，突出在“学懂、弄通、做实”上下足功夫，着力锻造“忠诚、干净、担当”干部队伍，推动党的十九大精神和中央、省、市部署要求，转变成为推进“1236”战略的生动实践和实际成效。

二、坚持“两条主线”，全面推进“从严治党和脱贫攻坚”取得新成效，交好“吉县答卷”

坚持目标导向，突出“两条主线”，抓好党建促脱贫，检验党建看脱贫，为率先实现脱贫摘帽，构建良好政治生态。

第一，全面从严治党得到新加强，进一步构建海晏河清的政治生态。县委常委会坚持“巩固、深化、提高”方针，全力抓主业，履主责。一是围绕“强三基”夯基石。制定了《“三基建设”实施方案》，扎实推进“两学一做”学习教育常态化、制度化，开展了“五亮一争”常态化建设，圆满完成农村(社区)“两委”换届选举，加大对基层资金的保障力度，开办农村支部书记培训班，举办干部大讲堂、专题培训班等，全面提升“三基建设”水平。二是围绕党建工作目标明责任。召开书记专题会、常委会、党建领导小组会，对党建工作明任务，细职责，定计划。召开书记抓基层党建“面对面”述评会，全面推行“定查评”工作法，对党建工作定标杆、抓推进、促落实。印发《关于落实意识形态工作责任制的意见》，将意识形态工作纳入党建工作责任制。三是围绕“两个责任”严治党。全面落实监察体制改革试点工作任务，研究制定了《关于进一步贯彻落实中央八项规定精神的实施细则》，扎紧制度“笼子”。积极推行干部激励机制和容错机制，认真践行省委“五倡导、五反对”，启动了第三轮巡察工作，认真落实责任清单，开展工作约谈，加强监督提醒，加大扶贫领域不正之风和腐败问题专项治理力度，全力构建良好政治生态。

第二，打赢脱贫攻坚战发起了“总冲锋”，进一步增强决战决胜的信心决心。坚持以脱贫攻坚统揽经济社会发展全局，下足“绣花”功夫，集中力量攻坚。2014至2015年，实现减贫4654户14176人，贫困村脱贫退出10个；2016年，实现减贫2374户6766人，贫困村退出22个；2017年实现减贫3092户7415人，贫困村脱贫退出29个。2017年底，全县61个贫困村全部公示退出，剩余建档立卡贫困人口126户290人，贫困发生率降至0.32%。一是精准组织，精准推动。召开县委常委会、脱贫攻坚专题会、誓师会和推进会，对脱贫攻坚工作进行全面部署推进；县委常委和副县长分别担任8个乡镇第一书记和工作队长，指导脱贫；人大、政协分别成立县级脱贫攻坚督导组，督促落实；成立4个脱贫攻坚督查组，督促各级帮扶干部，全力帮扶，合力攻坚。二是精准施策，精准投入。深入实施“五个一批”“六个精准”和“十大扶贫工程”。坚持以苹果产业为依仗，带动8万果农增收，人均果品收入上万元，三年累计带动2.3万余果农脱了贫，致了富。发展花椒、核桃等特色种植6.5万亩，带动脱贫6500余人。依托光伏扶贫、旅游扶贫、产业扶贫等项目，发展壮大农村集体经济。全面做好金融扶贫、教育扶贫、健康扶贫等工作，深入实施易地扶贫搬迁、基础设施改善工程,出台《财政扶贫专项资金管理办法》,严格实行“一组五制”扶贫资金使用机制,确保各级财政专项扶贫资金全部投向精准,落地生根。三是精准帮扶,精准脱贫。组织各级帮扶干部,吸纳新招录事业人员100人,坚持“五天四夜”,结对帮扶。派出13支攻坚小分队,进驻重点难点村,加强帮扶力量。大力弘扬“敢吃苦、敢较真、敢碰硬”的“吉县脱贫攻坚精神”,深入开展“帮困解难送温暖”大走访活动,以真付出凝聚人心,以真情感激发斗志。组织开展“五个一百”评选表彰活动,编印《一村一故事》,扶德,扶智,扶志。严格对照贫困户、贫困村、贫困县退出指标,逐项审核,公示公告,做到进出有序,脱贫有据。脱贫攻坚顺利通过省、市“考核验收”。

三、坚持“三色品牌”,全面推进产业兴、人民富、生态美迈上新台阶,创出“吉县特色”

立足资源优势,聚焦产业特色,全力把“三色品牌”打造成脱贫致富的依仗产业、富民强县的主导产业。一是聚焦提质升级,做优“红色苹果”。坚持供给需求双向发力,指导创建“三大体系”,强化“三大保障”,持续推进“五化五提升”,实施减密间伐1.3万亩,有机转换2.8万亩,线上线下大力宣传推介,开辟营销新渠道,拓展海外新市场,支持发展深加工,苹果成为了吉县农民脱贫的“主要依仗”,致富的“主导产业”,成功出口美国、澳大利亚等国家。二是聚焦生态文明,做美“绿色生态”。坚持“绿水青山就是金山银山”理念,严守资源消耗上限、环境质量底线、生态保护红线,大力开展生态环境综合治理攻坚行动。完成造林绿化6.39万亩,新一轮退耕还林1.3万亩;全面落实“河长制”,推进“五水”同治,实施城区河道污水管网铺设工程,启动州川河人工湿地项目;严把企业入口关,大力发展绿色产业和新能源产业,实施“八大工程”,新建三个热源点,新增集中供热面积28万平方米,二级以上天数达320天,绿色天然成为了吉县的“底色”。三是聚焦全域旅游,做强“黄色壶口”。紧抓入选“国家全域旅游示范区”有利契机,舞龙头,推进壶口景区体制机制改革,举办“壶口文化旅游节”,加快5A级创建。抖龙身,推进人祖山景区4A级创建,建成吉县旅游集散中心,集中打造全县旅游大循环圈、壶口和人祖山两个旅游小循环圈。摆龙尾,依托壶口、人祖山景区,大力发展乡村旅游,打造了4个乡村旅游点,举办了“果花映秀·探春吉州”果花节和“扬壶口精神·展吉县风采”文化旅游系列活动。2017年,壶口景区共接待游客128万人次,门票收入8095万元;乡村旅游共接待游客16万余人次,经营收入360多万元,综合收入2600余万元。

四、坚持“六大突破”,全面推进经济稳步向好实现新目标,加快“吉县步伐”

坚持“发展是第一要务”不放松,持续推动经济发展稳中有进,稳中有为。2017年,全县地区生产总值完成22.06亿元,同比增长8.3%;固定资产投资完成15.38亿元,同比增长8.4%;一般公共财政预算收入1.175亿元,同比增长5.98%;城镇居民人均可支配收入19919元,同比增长7.8%;农村居民人均可支配收入5211元,同比增长11.8%。各项重点工作都跨上了新台阶,实现了新突破。一是突出“引”,项目引进落地实现了新突破。扎实推进“双十”项目实事和40项建设项目,打造“六最”营商环境,深入推进全民招商,突出专业招商、园区招商、产业链招商,成功举办“黄河壶口文化旅游招商系列活动”,签约8个项目,总投资43亿元。二是突出“育”,文化兴县活县实现了新突破。大力支持文化产业发展,不断加快“文明吉县”建设步伐;扎实开展文化惠民活动,旗帜鲜明地推动移风易俗;继续引深志愿服务活动,凝聚向上向善力量,弘扬健康文明风尚;实施“平阳记忆”文化工程,举办“歌唱黄河”艺术周活动,央视春节特别节目《美丽中国唱起来》在壶口景区成功录制。三是突出“新”,工业快速崛起实现了新突破。积极落实桑峨工业园区煤基地建设,全面加强煤矿企业安全生产运营。大力发展光伏、生物质、风力等新能源产业,2×6兆瓦生物质发电站建成投产,40兆瓦分布式光伏电站并网发电,5万千瓦风力发电项目开工建设,“气化吉县”加快推进。2017年,共生产原煤160万吨,煤层气3.23亿方。高度重视黄河古贤水利枢纽工程前期工作。四是突出“提”,城建夯实基础实现了新突破。统筹规划、建设、管理“三大环节”,东扩新城,西改老城,开展“美丽宜居示范村”创建活动,实施了农村人居环境“完善提质、农民安居、环境整治、宜居示范”“四大工程”,协调推进旅游县城建设,城乡综合实力、整体功能及人居环境得到进一步改善。五是突出“实”,民生持续改善实现了新突破。抓住人民群众最关心最直接最现实的利益问题,努力在幼有所育、学有所教、劳有所得、病有所医、老有所养、住有所居、弱有所扶上不断取得新进展,医疗卫生体制改革稳步推进,吉县医疗集团挂牌成立,民生投入达8.03亿元,群众幸福指数进一步提升。六是突出“责”,依法规范管理实现了新突破。严格落实省政府“13710”工作法,进一步提高行政效率和服务质量。扎实推进“法治吉县”建设,开展“七五普法”教育,落实安全生产党政同责“五个全覆盖”,以“平安创建”为核心,开展了“迎接十九大、全警保平安”1+8专项行动全力维护社会安全和谐稳定。

(丁春刚　蔡惠忠)

附:中共吉县县委书记、副书记、常委名单

书　记:郝忠祥

副书记:崔绍民　孔凡春(4月任职,挂职)
韩　睿(8月离职)　赵松强(8月任职)

常　委:王志宏　樊宜群　陈东楷　王小华
高启巍　李桂萍(女)

中共大宁县委工作概况

县委书记　王金龙

大宁县地处吕梁山南端、黄河的东岸、临汾西北部,总面积967平方公里,现辖2镇4乡、84个行政村,总人口6.9万,农业人口5.2万,是国家扶贫开发工作重点县,全省十个深度贫困县之一,在全国主体功能规划中为限制开发的国家生态建设区。2017年,大宁县委在省委、市委的坚强领导下,大宁县委以习近平新时代中国特色社会主义思想为指引,深入贯彻党的十九大精神,坚决落实省委"一个指引、两手硬"重大思路和要求以及市委"345"发展战略、市政府"12345"工作思路,坚持以脱贫攻坚统揽经济社会发展全域全局,坚持以"党建引领、改革创新、产业支撑、技工推动、生态保障"五位一体路径攻坚深度贫困,有力地推动全县各项工作取得新进展、新成效。

一、从严履行管党治党职责,全力抓好党的建设各项工作

中国共产党大宁县地方组织共有7个党委,19个党总支,228个党支部,党员4609名。一年来,我们始终坚持以党的建设为龙头,认真落实主体责任,始终以严的标准、严的措施、严的纪律管党治党。

(一)坚持正确方向。县委以高度的政治自觉,坚持用习近平新时代中国特色社会主义思想武装头脑、坚定信念、把握方向、指导决策、衡量成效。县委中心组集中学习19次,对习总书记视察山西重要讲话、7.26重要讲话、十九大报告等进行了封闭学习、研讨交流。带动基层党组织,深学细研、深刻领会,共撰写交流体会和调研文章500余篇,引导广大党员干部切实增强"四个意识",与中央、省委、市委保持思想统一、行动一致,坚定维护党的领导核心,在攻坚深度贫困上勠力同心,同频共振。

(二)突出理论武装。深入推进"两学一做"学习教育常态化制度化、维护核心见诸行动主题教育,开展了"一学双亮一帮带"(学习贺星龙,亮身份、亮服务,帮带贫困户)活动,召开了脱贫攻坚专题组织生活会,举办了深入学习贯彻习近平总书记重要讲话精神和治国理政新理念新思想新战略经验交流会,全面开展党的十九精神宣讲宣传,聘请省委、市委党校教授就十九大精神、习总书记视察山西讲话精神进行了专题讲座,对360多名科级干部进行党的十九大精神轮训,举办6期脱贫、党建、党风廉政"三位一体"培训,1期青年后备干部主体培训、6期"领头雁"培训,开展党员技工比武,引领脱贫攻坚的能力得到全面提升。

(三)夯实基层基础。牢固树立党的一切工作到支部的鲜明导向,利用太德乡桃花节,在田间地头设立会场启动"三基建设",对84个村和3个社区活动场所提档升级,严格执行"三会一课"制度,坚持每月"4+x"党日活动,规范组织生活"奏国歌、重温入党誓词(或汇报入党历程)、观看警示教育片、通报问题、开展批评与自我批评、奏国际歌"六个"规定动作"。选派30名后备干部到乡镇挂职锻炼,全额下拨"三基"建设等项经费2131万元,建设乡镇周转房3323平方米,建立干部驻村精准帮扶"1354"管理机制,平稳完成"两委"换届,实施非公和社会组织党建规范化建设,村集体经济收入5万元以上的村达到40%,为脱贫攻坚提供坚强组织保障。

(四)从严监督管理。县委先后召开党风廉政建设大会、扶贫领域不正之风专项治理会等会议,安排部署工作,全面推进党风廉政建设责任的落实。建立了党风廉政建设主体责任清单管理制度,严格落实日常监督提醒约谈制度,完成了监察体制改革,加强县委巡察机构建设,开展了十二届县委第三轮巡察,启动第四轮巡察,实现政治巡察制度化。充分运用监督执纪"四种形态",处置问题线索170件,立结案33件,处置干部137人次。尤其是突出抓好扶贫领域监督执纪问责工作,给予党政纪处分10人(免职1人),诫勉12人,移送2人,为脱贫攻坚提供了坚强的政治和纪律保证。

(五)加强法治建设。注重加强县委对人大、政府、政协工作的领导,支持人大代表视察和调研4次,政协委员专项视察活动9次。切实加强法治"三基"建设,深入推进公正司法,完善了审判流程公开、裁判文书公开、执行信息公开平台,部门聘请法律顾问实现了全覆盖;全面加强社会治安综合治理工作,加快县乡村三级综治中心建设,持续开展打黑除恶、打击盗抢骗侵财和电信网络违法犯罪等专项行动,坚决抓好安全稳定工作,全县生产安全事故同比下降50%,信访案件有效化解,社会法治化水平有效提高。

二、全力加快富民强县步伐,县域经济稳步发展

我们始终把加快发展作为富民强县的第一要务,充分发挥县委班子总揽全局、协调各方的核心作用,注重处理好稳增长和调结构、当前和长远的关系,推动县域经济稳步发展。

(一)经济实力持续增强。2017年,全县生产总值完成5.87亿元,同比增长10.5%,全市排名第二;全社会固定资产投资完成11.897亿元,同比增长66.8%,全市排名第一;海关出口总额完成44万元,同比增长327.09%,全市排名第一;社会消费品零售总额完成3.38亿元,同比增长6.6%;一般公共预算收入完成3303万元,同比增长6.51%;财政总收入完成6585万元,同比增长12.16%;规模以上工业增加值完成

1422.8万元，同比增长0.6%；城镇居民人均可支配收入完成18533元，同比增长6.0%；农村居民人均可支配收入完成3303元，同比增长13.7%，全市排名第一。

(二)特色农业形成规模。贯彻习总书记“坚持走有机旱作农业的路子”的重要指示，全面深化农业供给侧结构性改革，提出创建“有机大宁”目标，落实“五有”产业政策，大力培育苹果、蔬菜、小杂粮等特色产业。成功创建大宁县出口水果质量安全示范区，建成高标准出口水果示范园6个，实施经济林提质增效9000亩，发放农业特惠补贴157.5万元用于支持中药材、小杂粮、薯类等特色农业。同时，全面加快“有机大宁”创建步伐，台湾、日本有机农业专家和企业先后来我县考察调研，初步达成合作意向。启动了“有机大宁·振兴乡村”行动，动员全县干部群众利用“冬闲”时间，通过秸秆堆沤有机肥、深耕涵养土地等方式，加强农田基本建设，推进有机大宁、脱贫攻坚、环境治理深度融合。

(三)新型工业实现突破。全面深化商事制度改革，着力打造“六最”营商环境，引进实施了总投资11.35亿元的新大象集团百万头生猪养殖、总投资1.37亿元的隆泰集团现代农业花卉双创示范园区、总投资4亿元的鸿锐集团一次性防护手套、投资8000万元的同城光电等项目，为大宁振兴崛起奠定了坚实的基础。建成20兆瓦扶贫光伏电站，实现贫困村光伏电站全覆盖。实施了煤层气LNG液化项目，完成投资8000万元，中石油煤层气立体勘探开发项目，完成投资1.5亿元。

(四)生态建设勇闯新路。大力实施购买式造林，完成造林5.31万亩，带动1339户4030人脱贫；聘用生态护林员223人，带动223户669人脱贫；在道路养护、小流域治理、卫生保洁等方面推行政府购买服务，带动233户400人脱贫；县财政从今年起，每年出资150万元，率先设立脱贫攻坚生态效益补偿专项基金，以每亩每年5元的标准给予生态效益补偿，巩固造林成果，支持稳定脱贫；开展林业资产性收益扶贫试点，有2个合作社与221户群众签订入股合作协议，涉及建档立卡贫困户130户；着手探索开发和销售生态扶贫林业碳汇和光伏扶贫碳汇，盘活碳汇功能，增加群众收入。2017年生态脱贫1562户4699人，占全县贫困户5189户14137人的33%，2018年8.16万亩生态建设和保护任务将可带动2088户、6264人实现脱贫，占全县贫困人口的52%，实现生态建设和脱贫攻坚的深度融合。

三、全力推进社会事业发展，群众幸福指数有了新提升

县委坚持以人民为中心的发展理念，从解决群众最关心最直接最现实的利益问题入手，不断满足人民日益增长的美好生活需要，使人民获得感、幸福感更加充实、更有保障、更可持续。

(一)全力打造“大宁技工”品牌。设立“大宁技工新时代讲习所”，进行农村交通和水利工程施工、养护培训，为全面深化农村改革，提升脱贫技能奠定了坚实的基础。依托新大象集团百万头生猪养殖、隆泰集团现代农业花卉双创示范园、鸿锐集团医用手套、治诚科技、鑫辉电子等企业，组织贫困劳动力赴石家庄、太原等地，实地培训一次性手套生产与检测、花卉培育、光敏电阻、蜂鸣器生产、手机摄像头研磨等工种，同时，协调鑫辉电子和治诚科技生产线下乡，1000余名贫困劳动力实现就地就业，致力打造“大宁技工”品牌，成功地让贫困人口能够在家门口有工作、有钱赚。

(二)全力做好民生保障。以办好人民满意的教育为目标，继续实行从学前教育到高中阶段的十五年免费教育，稳步推进义务教育学生营养改善计划，实现了学前教育免费全覆盖和普通高中教育免学费、免住宿费、免教材费三个全覆盖，共投入资金396万元，惠及全县4592名学生及598名幼儿；严格执行建档立卡贫困家庭学生资助政策，共资助学生600人；实施大学生生源地贷款818.4万元，惠及学生1280人；高度关注群众看病难、看病贵问题，加快推进山西医科大学第一医院大宁分院建设，全力打造西山“一流区域医疗中心”，完成了床位批复、征地、环评等前期工作；继续落实贫困户新农合参合费用补贴、住院补贴、大病保险报销、免普通门诊挂号费等政策，探索实施“先诊疗、后付费”一站式服务工作，突出落实“三保障、三救助”政策，大病救助1641人，妇女“两癌”筛查1680人，贫困户健康扶贫“双签约”率达到100%，有效缓解了因病致贫返贫和贫困固化、代际传递问题。切实保障贫困群众的生活问题，城市和农村低保标准分别提高到每人每年5400元和3340元，实现了“两线合一”，全面落实了困难残疾人、高龄老年人生活补贴和特困人员救助供养制度，县财政投入119万元为全县贫困人口办理了大病保险。

(三)全力提高生活质量。整合资金31259万元用于脱贫攻坚，资金整合与支出圆满完成任务。新建移民安置点12个，改造乡村公路131公里，实施安全饮水工程45处。扎实开展了城乡环境卫生集中整治，实施了生活垃圾处理场渗滤液处理工程、污水处理厂尾水深度治理工程，建成垃圾中转站2个，完成了1000户煤改气煤改电改造，新增集中供热面积24万平方米，空气质量稳定达到国家二级标准以上，集中式饮用水源地水质达标率100%。实施了公租房三期工程和政府大楼、档案馆大楼、天桥亮化工程，启动了小冯新区供热、供水管网扩建工程，完成了狗头山至罗曲线二期县级公路改造，实施了曹家庄小流域综合治理。围绕迎接宣传贯彻党的十九大主线，积极培育和践行社会主义核心价值观，举办了元宵节社火汇演、广场文化消夏月、桃花节等文化活动，扎实开展全民健身活动，文化惠民不断深化。

(四)全力保障安全稳定。按照“党政同责、一岗双责、失职追责”的要求，扎实开展了安全生产大排查大整治专项行动，全面抓好各行业、各领域的安全生产工作。严格落实信访工作责任制及领导接访、下访和包案制度，深入开展“重点信访问题源头化解”专项行动，顺利完成了重大活动和重要时间节点的信访维稳工作任务，37件信访案件得到妥善办理，结案率达到85%。加强“平安大宁”建设，持续开展打黑除恶、打击盗抢骗多发性侵财和电信网络新型违法犯罪等一系列专项行动，社会安全感满意度达到90%以上。

四、坚持以改革创新为动力，跨越发展有了新动能

常委会遵照习总书记“实践发展永无止境，解放思想永无止境，改革开放也永无止境，停顿和倒退没有出路”的指示，不断加强对改革工作的领导力度，强化党政主要领导及班子成员的主责、首责、全责，按照“四个亲自”的要求，坚持“三个三”抓改革工作基本要求和方法，先行先试、勇闯新路，以改革促创新、以创新推动脱贫。成立了由县委书记为组长、县长为第一副组长的大宁县全面深化改革领导小组，出台了《大宁县2017年全面深化改革工作要点》，明确了7大类35项重点改革任务。县委召开调度协调会4次，全县改革推进会1次，专题研究推进改革事项。主要负责同志切实履行抓改革的责任，亲自抓关键领域改革，制定了书记和县长抓改革台账，确定主抓的9项13个具体改革任务，有力推动了改革任务的落实。

(一)实施了生态文明体制改革综合试验。制定了《大宁县关于开展生态文明体制改革综合试验的实施方案》，以“山水林田河统一规划、垣峁沟坡川统一治理”的思路，扎实推进生态治理、环境整治、河长制、城乡建设，构建新能源工业体系，发展旅游业，培育和繁荣生态文化等9大类40项改革。目前，40项改革工作接近完成年度任务的有19项，完成80%的9项，符合序时进度的8项，正在做前期准备的4项。

(二)创新探索农村改革。贯彻落实省委骆惠宁书记视察大宁期间提出的“修建村间道路、小型饮水工程等应更多吸收群众参与，既为农民解决生产生活困难，又使他们在这一过程中增收”的指示，按照“加强领导，深化改革，村社一体，股份合作，村民自治”的思路，用“一切工作到支部、一切资源到农户，群众的事情群众办，公平正义群众创”的办法，在7个村开展“提高农民市场化组织程度、造林护林营林、农村道路建设和养护、农村水利工程建设管护”四项改革试点，进一步构建新时代农村社会主义市场经济体制，实现乡村振兴。目前，改革已全面启动，曲峨镇山庄村、道教村通过“党支部＋合作社＋贫困户”、“党支部＋企业＋合作社＋贫困户”模式，把农民组织起来，抱团发展，首批贫困户拿到了股权证和第一次分红。

(三)着力深化重点领域和关键环节改革。坚持发展导向、问题导向、民生导向，突出重点、以点带面，统筹推进“五位一体”和党的建设等各领域改革，呈现出全面发力、多点突破、纵深推进的生动局面。经济体制改革方面，重点推进供给侧结构性改革、投融资体制改革、“放管服效”改革、财税金融体制改革，有力有度有效落实“三去一降一补”重点任务，持续推进简政放权、放管结合，保留县本级行政审批项目102项，大力推行PPP(政府与社会资本合作)模式，开展政银企对接，持续抓好农村集体三资管理，完成了11163户承包户和16.6万亩承包地的确权工作。民主法制改革方面，制定了《县人大及其常委会对完善人大代表联系人民群众制度的实施意见》《大宁县加强和改进人民政协民主监督的实施意见》《大宁县加强政党协商的实施意见》等文件。社会体制改革方面，制定了《大宁县关于推进司法体制和工作机制改革方案》，细化了法院、检察院和公安机关工作职能；完成了机关事业单位养老保险制度改革入轨运行，城乡居民医保与新农合并轨，省内异地就医即时结算全部开通。文化体制改革方面，全面加强公共文化服务体系建设和媒体融合发展，完成了对全县机关单位微信公众号的集中备案管理和新媒体中心建设工作。教育卫生体制改革方面，坚持对内整合、对外融合，成立“山西医科大学第一医院大宁分院”、“大宁一中和襄汾中学教育联合体”，组建了大宁县人民医院集团，对全县19所农村小学进行教育资源整合，设置寄宿制小学8所，推进城乡教育均衡发展。群团改革方面，实施了细胞激活、凝心聚力、示范引领、群众满意“四大工程”，在乡镇成立群众工作部，建立了群团干部直接联系群众制度，构建了“互联网＋群团服务”模式，切实去“四化”、增“三性”，群团组织的活跃度和群众的满意度有了新提升。

(杨东明)

附：中共大宁县委书记、副书记、常委名单

书　记：王金龙

副书记：樊　宇　李永升

常　委：赵晨伟　武艳娟(女)　贺晓东　任鹏伟
张振荣　刘照舫　张少杰(7月离职，挂职)
陈　洁(4月任职，8月离职，挂职)
李润民(8月任职，挂职)
薛晓东(9月任职，挂职)

中共隰县县委工作概况

县委书记　李亚丽

2017年，在省委、市委的正确领导下，县委全面贯彻党的十八大和十九大精神，深入学习习近平新时代中国特色社会主义思想，认真落实习近平总书记视察山西重要讲话精神，按照省委“一个指引、两手硬”的重大思路要求和市委“345”发展战略，团结带领广大干部群众大力实施“123”工作方略，扎实推进“十项重点工作”，全县经济、政治、文化、社会、生态文明建设和党的建设都取得了新的成效。全年主要经济指标完成情况：全县地区生产总值完成16.07亿元，同比增长7.8%；全社会固定资产投资完成7.5亿元；公共财政预算收入完成7489万元；社会消费品零售总额完成10.39亿元，同比增长7.1%；城镇常住居民人均可支配收入完成22390元，同比增长6.3%；农村常住居民人均可支配收入完成5688元，同比

增长 10.9%。

中共隰县县委，共有党组 34 个，基层党组织 291 个，其中党(工)委 20 个，党总支 11 个，党支部 260 个。全县共有党员 6044 名。

一、深入学习贯彻习近平新时代中国特色社会主义思想，牢牢把握正确方向

县委坚持把学习贯彻习近平新时代中国特色社会主义思想作为重大政治任务和做好工作的根本遵循，始终保持用习总书记重要思想武装头脑的高度自觉，领会精髓实质、把握核心要义、上下联动提升，推动全县形成学用习近平新时代中国特色社会主义思想的大格局。坚持把党的政治建设摆在首位，教育广大党员干部切实增强“四个意识”、坚定“四个自信”，坚决维护习近平总书记全党的核心、党中央的核心地位，坚决维护党中央权威和集中统一领导。坚持把学用习总书记重要思想作为根本任务，结合推进“两学一做”学习教育常态化制度化，深入开展了维护核心、见诸行动主题教育，举办了学习贯彻习总书记重要思想经验交流会，引导广大党员干部真学真懂、真信真用。坚持用习总书记重要思想谋划和推动工作，县委在谋划重要工作、做出重要决策时，都要按照总书记相关重要论述，主动对表，认真对照，结合实际形成思路举措。习总书记视察山西之后，县委在第一时间学习领会和抓好落实，出台了《关于深入学习贯彻习总书记视察山西重要讲话精神的实施意见》和《隰县聚焦深度贫困集中力量脱贫攻坚的实施意见》，推动重点工作取得新成效。党的十九大召开后，县委对学用习近平新时代中国特色社会主义思想及时进行安排，精心组织领导，加强学习宣传，深刻领会精神，迅速掀起学习贯彻十九大精神的热潮。

二、聚焦精准扶贫、精准脱贫基本方略，脱贫攻坚再战再胜

一是细化顶层设计，明确脱贫路径。精心制定出台“1 个工作方案、10 个专项行动计划、20 项实施细则”，分级明晰工作推进路线图，分类列出脱贫任务书和时间表，层层分解目标任务到乡到村到户到人。针对省、市督查反馈和我县督查发现的问题，制定了《问题整改台账》、《目标任务推进台账》，分乡镇、分部门下发了整改问题清单，明确整改时限、措施和责任人，逐条逐项整改提升。

二是创新工作机制，凝聚攻坚合力。健全组织体系。在成立脱贫攻坚领导组和覆盖 8 个乡镇指导组的基础上，组建 20 个专项扶贫领导小组，县委常委带头包联乡镇、四大班子牵头行业和特色产业扶贫，分类指导、精准推进。健全帮扶体系。县直单位、“三支队伍”覆盖全县 97 个行政村，层层签订脱贫攻坚帮扶责任书；切实强化驻村工作队组织管理，调整不称职驻村工作队员 30 名，进一步充实帮扶力量，队长全部由单位副职担任，队员由股级干部、后备干部和年轻干部担任。健全督查考核机制。成立脱贫攻坚领导组督查局，对 8 个乡镇和行业扶贫部门进行常态化、不定期督导检查；组织开展了“百日进百村入万户”脱贫攻坚行动，开展全面核查整改，推动结对帮扶工作精准落实。研究出台《脱贫成效考核和干部驻村帮扶考核工作方案》，自上而下开展全面考核，突出扶贫一线用人导向，强化督查考核结果运用，全年调整召回工作不力帮扶干部 30 人，追责问责 10 人，在扶贫一线提拔重用干部占到提拔总数的 60%，推荐优秀后备干部占到 70%。

三是精准脱贫工程，确保脱贫实效。坚持把项目向贫困村倾斜、资金向贫困村聚集，县本级财政投入扶贫资金 1587.44 万元，增长率达到 58.74%，统筹整合各类财政涉农资金 3.27 亿元，发放金融扶贫贷款 1.02 亿元，为脱贫攻坚各项工作有序开展提供了坚强的资金保障。扎实推进产业扶贫、生态扶贫、教育扶贫、健康扶贫、易地搬迁扶贫、政策兜底脱贫等重点工程精准到村到户到人，圆满完成 21 个村、8000 口人脱贫任务，贫困发生率由 23.8%下降到 9.6%。

三、坚定不移贯彻新发展理念，经济发展迈上新台阶

一是突出标准引领，主导产业提质增效。按照农业供给侧结构性改革要求，加快推进玉露香产业标准化生产、品牌化建设和全产业链发展，玉露香梨总面积发展到 23 万亩，挂果面积 4.3 万亩，产量 3000 万斤，产值达 1.2 亿元。着力推动标准化生产，制定了玉露香梨生产技术规程和质量等级标准，建起 35 座标准化示范园，取得玉露香梨有机产品认证证书，成功获批玉露香梨生态原产地产品保护示范区，成为全省首批。着力推动品牌化建设，启动实施《隰县玉露香梨区域公用品牌发展战略规划》，完成地理标志商标注册，推出了区域公用品牌，举办了第七届“玉露香梨花节”和第二届“隰县玉露香梨”采摘节暨网络文化节。着力构建全产业链体系，山西好乐佳食品有限公司 2000 吨真空冷冻食品及 1 万吨鲜榨果汁生产线开工建设，国新润泽农业开发公司投资 1 亿元的数字化果业基地项目投入运营，玉露香主导产业链条逐步延伸。

二是聚力园区建设，打造新兴产业集群。规划设计 100 平方公里的现代农业产业开发区，好乐佳、国新润泽、福富民、野里垣、金土地等多家农字号龙头企业已入驻，签约引进山西西子集团紫荆山综合旅游开发项目，辐射带动晋西商贸物流、农产品深加工和新能源等产业园区建设。2017 年，启动实施 85 个重点项目，完成投资 20.41 亿元。

三是坚持融合发展，文化旅游亮点频现。以全国第二批全域旅游示范区建设为契机，打造了电商创业街，成功获批全国电子商务进农村综合示范县，成立了隰县电子商务进农村综合示范公共服务中心，带动创业就业 5000 余人；大力发展文化、教育、健康、休闲、养老等幸福产业，推动生活性服务业向便利化、精细化、品质化发展，三次产业的发展潜能初步释放。

四、坚持全面深化改革，发展活力不断增强

加强党对改革工作的领导，梳理深化改革任务 8 类 131 项，制定了《全面深化改革领导小组 2017 年工作要点》。国家、省、市布局改革试点工作推进有序。编制了《隰县生态主

体功能区实施方案》,并已通过国家发改委批复,正在制定《生态主体功能区规划》;选定万通农牧专业合作社、南唐户垣博鳌玉露香公司和国新润泽公司作为林业资产收益的实施主体,采取联营、代耕、土地流转三种形式经营发展,吸收133户403人参与林业资产收益工作,全省林业资产收益试点推进会在我县召开;组建了县医院医疗集团,全面实行药品零销售,差额部分由县财政全额承担。市定个性改革任务进展顺利。制定出台了《脱贫攻坚引领、示范、达标“三类村”创建工作方案》,扎实开展建档立卡系统外贫困人口摸底试点工作,创新财政专项扶贫资金管理使用机制;围绕梨果产业机制创新,确定了9个目标、15项工作任务,建立了玉露香梨标准管理周年历,对玉露香梨农产品质量安全溯源农事信息进行录入;围绕宣传思想文化机制创新,完成了新增爱国主义教育基地“决死二纵队司令部义泉旧址”和“小西天景区”申报工作,建立微信公众平台,扩大微信、微博辐射作用,实现线上线下“两个舆论”的联通互动,同频共振。监察体制改革试点工作运行良好。按照转隶开局、平稳过渡、逐步深化、规范高效的思路,稳妥推进改革试点各项工作,按进度挂牌成立隰县监察委员会,修订完善27项制度规定,基本实现了对行使公权力的公职人员监察全覆盖,改革试点的制度优势已经开始转化为反腐败工作的治理效能。

五、认真履行意识形态工作职责,凝聚奋力前行正能量

一是牢牢把握意识形态工作主动权。成立了县委意识形态工作领导组、网络安全和信息化领导小组,将意识形态工作纳入全县年度目标责任考核范畴,制定出台《关于进一步贯彻落实党委(党组)意识形态工作责任制实施办法》,建立了意识形态定期研判上报通报、汇报述职报告、监督检查和督查考核等工作制度,确保掌握领导权管理权话语权。全面加强网络舆情信息研判和应对,加大不良信息的发现处置力度。在县电视台开设“砥砺奋进的五年”和“精准扶贫”宣传专栏,举办“喜迎十九大、共筑小康梦”主题文化活动,制作了《凝心聚力脱贫攻坚》《晋西明珠美丽隰县》等专题片,全面展示十八大以来我县在经济社会发展中取得的成就和业绩,进一步讲好隰县故事,激发正能量、弘扬主旋律。

二是培育践行社会主义核心价值观。出台了《践行社会主义核心价值观,巩固提升“中国好人县”品牌实施方案》、《推进社会主义核心价值观,打造“中国好人县”示范点建设的指导意见》和《关于在全县开展倡导绿色生活、反对铺张浪费、推进移风易俗活动的实施方案》,在全县开展了“文明单位”、“星级文明户”、“诚信示范店”、“感动隰县十大人物”、“十好文明家庭”等评选活动,在8个乡镇8个行政村实施了“好人村”示范点建设,进一步弘扬了崇德向善的新风气。

三是切实加快文化强县建设步伐。建成8个村级综合文化服务示范中心,组织开展了文化“四下乡”、民俗文化节、“我要上春晚”等文化活动,举办“非物质文化遗产”创意文化作品展,挖掘整理隰县名人传记、历史故事和红色记忆,收集整理民间艺人资料和民俗作品,创作了“圆梦隰州”主题蒲剧,出版了《隰州记忆》《革命武装在隰县》等书籍,进一步提升了人民群众的文化获得感。

六、切实保障和改善民生,全力维护社会和谐稳定

一是城乡面貌显著改善。启动建设生活垃圾运转站、黄家沟棚户区改造、太和路改扩建(二期)、南大街南延、智慧城市等重点民生工程;投资9400万元,新建改造了城市道路和供水、供气、供热管网;完成162公里农村公路建设项目;深入开展国家卫生城镇创建和城乡环境卫生整治,制定了《实施方案》和任务分解表,出台了一系列行业卫生保洁标准,启动了城市品质提升“十大行动”,扩展延伸了城市绿化空间,切实解决了乱搭乱建、乱停乱放、占道经营、小广告等城市顽疾,城乡环境面貌得到优化。

二是民生事业持续加强。大力实施“全面改薄”工程,全国义务教育发展基本均衡县通过国家评估验收;与西安高新区建立幼小初高学段一对一教育战略联盟,打造了午城士成中学,新建了龙泉小学;切实加大校长队伍选调和教师队伍培训力度,深入推进名校、名师、名校长“三名”工程建设,完善城镇教师支援农村教育工作制度,缩小校际办学差距,进一步提升教育教学质量,高考二本以上达线103人,达线率24.4%,比去年提高9.2%;优质生源稳定率明显提高,小升初外流率降到3%以下,初升高优质生源巩固率达到91.25%。进一步深化医疗卫生体制改革,加快分级诊疗制度建设,启动实施二级医院对口支援卫生院项目,群众看病难、看病贵问题得到初步解决。全县养老、医疗、失业、工伤、生育五项保险参保总人数达到18.13万人次,五项保险征缴支付总额达到3.89亿元;全民参保登记10.86万人次,实现社保全覆盖;城镇登记失业率控制在4%以内。

三是社会环境和谐稳定。牢固树立“总体安全观”,开展集中安全生产大检查和打非治违专项行动100余次,对11名责任人追责问责,全县安全生产形势持续好转。严格执行领导包案责任制和信访工作责任追究制,将“重点信访问题集中攻坚”专项活动延展深化至年底,推动信访工作逐步步入法治化轨道。全面推行“123”社会治理联动机制,实行24小时武装巡逻,群众安全感明显增强。以严打整治为龙头,依法严惩各类违法犯罪活动,继续保持打黑除恶高压态势,共破获各类刑事案件136起,为经济社会持续健康发展营造了良好社会环境。

七、加强民主法治建设,营造改革发展的良好社会环境

坚持和完善人民代表大会制度,加强对人大工作的领导,支持人大及其常委会依法履行职责。县人大及其常委会围绕事关经济社会发展大局重点问题,先后开展视察调研11次,形成调研报告14篇;按进度完成“一室五委”调整设置;听取并审议县人民政府工作报告12个,审议批准县人民

政府提请项目建设、融资的议案7个,人大监督的针对性、实效性和权威性不断提高。坚持和完善中国共产党领导的多党合作和政治协商制度,大力支持政协履行职能、开展工作。县政协围绕“三基建设”、产业发展、民生改善等重点课题,组织调研11次,形成调研报告11篇,提出意见建议40余条;利用社情民意和政协提案两个载体,积极建言献策,为促进全县经济社会发展做出了积极贡献。巩固和发展最广泛的爱国统一战线,加强同各民主党派和无党派人士团结合作,积极落实党的民族宗教政策,充分发挥工会、妇联、团委等群团组织桥梁纽带作用。扎实推进法治隰县建设,成立了法治建设领导组,制定出台《法治隰县建设重要举措工作规划(2016–2020年)》《2017年法治隰县建设工作要点》和《2017年度法治隰县建设目标责任考核实施办法》,聘请了法律顾问,创办《法治经纬》电视普法栏目,开通运行法治隰县微信公众号,启动开展首届“十佳法治人物”评选活动,法治隰县建设迈出坚实步伐。坚持党管武装原则,不断完善军地齐抓共管建设机制,巩固发展军政军民团结的良好局面。

八、践行绿色发展理念,着力提高广大群众生态福祉

加强对生态文明建设的领导。完善环境保护工作职责规定,形成了党委重视、部门齐抓共管的“大环保”格局。自上而下建立了组织领导、党政会商、部门协同、区域联动、工作调度、预警提示等工作机制。党政主要领导带头领办环保案件,推动环保问题全面整改。实施重大生态修复和建设工程。大力推进天然林保护、“三北”防护林、退耕还林等重点林业生态工程,启动实施阳德垣梨花景区绿化工程,完成退耕还林4.5万亩,造林绿化5万亩。加大环境治理力度。持续狠抓大气污染防治,扎实开展道路扬尘、餐饮油烟、露天焚烧、机动车污染和燃煤项目源头控制五项治理行动,我县空气质量优良天数达到312天,占全年比例的85.48%,空气质量综合指数全市排名第二;全面推行“河长制”,制定水污染防治计划实施细则,深化污染物排放总量控制,取缔污染水环境的“十小”企业,开展集中式饮用水水源地环境保护,实施人工湿地生态修复工程,目前,一期工程紫川河午城段已完工,二期工程东川河段及紫川河中段(曹城)正在筹建,有效改善了地表水环境质量。

九、全面从严管党治党,逐步实现党内政治生态持久风清气正

一是坚持党对一切工作的领导。县委牢固树立“四个意识”,自觉在思想上政治上行动上同党中央保持高度一致,先后召开27次县委常委会,就脱贫攻坚、深化改革、产业发展、民生改善、民主法治、生态建设、社会稳定等方面研究议题74个,谋划重大思路、部署重大改革、推出重大举措,将党的领导贯穿到各条战线和经济社会发展全过程,党的领导得到全面加强。

二是不断加强思想政治建设。扎实推进“两学一做”学习教育常态化制度化,深入开展“维护核心、见诸行动”主题教育,县委常委坚持学在先、做在前,围绕习近平总书记系列重要讲话精神和治国理政新理念新思想新战略,特别是习近平总书记视察山西和在省部级主要领导干部专题研讨班上的重要讲话精神,以及《习近平总书记的成长之路》和《习近平的七年知青岁月》等内容组织集中学习11次,专题研讨7次,讲党课18次,撰写调研报告9篇,牢固确立了习近平新时代中国特色社会主义思想的指导地位。

三是坚决扛起从严治党主体责任。县委认真履行全面从严治党主体责任,召开14次常委会专题研究全面从严治党有关工作,下发了《关于进一步做好建立和落实党风廉政建设责任清单工作的通知》,规范全县各级党组织主体责任1592条,监督责任632条,发现问题35条,提出整改措施45条,建立起横向到边、纵向到底、以上率下、层层落实的主体责任体系。

四是深入推进正风肃纪反腐。全年共处置问题线索236件,立案119件,给予党纪政务处分120人次,其中重处分11人;查处“四风”及违反“八项规定”精神问题线索40起,处理48人;特别是加强扶贫领域监督执纪问责,建账登记扶贫领域问题线索43件,办结30件,给予党纪政务处分39人,全县风清气正的政治生态得到巩固。

五是着力强化教育管理。树立鲜明用人导向,制定了《隰县县管领导干部选拔任用和管理监督实施意见》和《隰县科级干部任免工作规程(试行)》,建立完善了一般干部和科级干部信息库,严格执行干部鼓励激励和容错免责“两个办法”。创新教育培训方式,围绕党政领导干部、基层党员干部、专业技术人才能力提升,构建“341”干部培训机制,先后举办精准扶贫、集体经济、电子商务、乡村旅游等各类培训58期,培训人数达1.6万余人次。在《隰州先锋》微信公众号开辟《空中课堂》专栏,开通实时学习微平台,丰富党员干部学习内容,提升履职担当能力。严格日常考核管理,健全《县管干部问责追责办法》和《县管干部个人有关事项报告实施办法》,充分发挥日常谈话、任职谈话、诫勉谈话的“预警作用”,随时掌握干部在思想和工作方面出现的问题。

六是全面加强“三基建设”。研究出台《关于在推进“两学一做”学习教育常态化制度化中加强“三基建设”的实施方案》,确定了19项84条工作任务,做到共性问题与个性问题同时发力,治标与治本协同推进,着力构建重心下移、力量下沉、保障下倾的工作机制。以村“两委”换届为契机,启动农村优秀人才“回归工程”,选优配强带头人队伍。新建改扩建村级活动场所27个,乡镇周转房6个,3个社区活动场所全面提档升级,完成18个软弱涣散党组织整顿。村集体经济进一步壮大,56个村达到5万元以上,41个村突破1万元。严格落实“定查评”工作法,完成服务发展大事、服务民生实事、服务群众难事1270余件。在农村推行支部星级化管理、“三会一监三公开”民主治理、“四库两推两考”发展党员推优制等创新制度,进一步提升农村党组织的管理服务水平。将党建工作经费纳入县财政预算,严格按照标准兑现农村(社区)

"两委"主干基本报酬,逐步提高乡镇工作人员岗位补贴,进一步增强了基层干部抓党建的活力和动力。

(侯文辉)

附:中共隰县县委书记、副书记、常委名单

书　记:李亚丽(女)

副书记:王晓斌　赵松强(8月离职)

李睿煜(8月任职)

常　委:黄海华　马健民　马兰明　王志华

李令武　杨海林

中共永和县委工作概况

县委书记　加天山

2017年,永和县委认真贯彻落实党的十八大、十八届三中、四中、五中、六中、七中全会、十九大、习近平总书记系列重要讲话精神和视察山西重要讲话精神,紧紧围绕省委"一个指引、两手硬"思路和要求,按照市委"345"发展战略部署,坚持以脱贫攻坚统揽经济社会全局,主动适应新常态,持续实施"四大战略、八项重点",保持战略定力,撸起袖子加油干,推动全县经济社会稳步向好发展,呈现出开创性、标志性变化。2017年,全县地区生产总值完成8.3亿元,同比增长4.2%,因为受灾农业减产,全县地区生产总值也保持了4.2%的增速;社会消费品零售总额完成4.86亿元,同比增长6.8%;规模以上工业增加值累计完成6695万元,同比增长15.6%;全年固定资产投资改革新口径预计10.9亿元,过渡性口径比较增速65.7%;财政收入完成2.36亿元,同比增长49.67%;公共财政收入完成10103万元,同比增长32.43%;城镇居民人均可支配收入预计完成20528元,同比增长6%;农村居民人均可支配收入预计完成3479元,同比增长8%。

一、坚决扛起管党治党的政治责任,全力推动党建工作

永和县委始终坚持抓党建是最大政绩的理念,聚焦主业,不断强化基层党组织领导核心和战斗堡垒作用,为坚决打赢脱贫攻坚战、促进全县经济社会发展提供坚强的组织保证。围绕学习十九大抓党建,着力提升政治站位。党的十九大召开后,县委把学习宣传贯彻党的十九大精神作为当前和今后首要政治任务,在全县上下迅速形成了大学习、大调研、大落实热潮;围绕"三基建设"抓党建,强化基层组织基础。围绕省委加强"三基"建设要求,经县委常委、四大班子联席会议2次研究,县委全委会表决通过,制定出既符合省市要求,又符合永和实际的《实施方案》,全力推进"三基建设";围绕党风廉政抓党建,构建良好政治生态。紧扣从严治党主线,聚焦"两个责任"落实,全面深入推进正风反腐工作,为全县经济社会发展提供坚强的纪律保障。

二、坚定践行新发展理念,推动县域经济实现新突破

按照习总书记治国理政新理念新思想新战略要求,以深化供给侧改革为重点,切实推动转型发展,持续实施"四大战略、八项重点",推进县域经济平稳向好发展。

(一)持续推进"林果富民、生态立县"战略。投资300万元,实施经济林管护2万亩。投资160万元,实施核桃干果经济林提质增效精准扶贫项目。鼓励红枣主产区兴办红枣加工企业,在雨季之前收购未熟透的硬枣,加工成马牙枣和紫晶枣,着力破解红枣裂果霉变的问题。如南庄乡宏兴红枣加工合作社,2017年已加工20万斤,加工后红枣每斤增值0.5元,远销太原、西安、广东等地,与原产枣价格低、无人问津形成鲜明对比。继续与山西传媒学院对接,推出"永和乾坤湾""喜和合"等区域公共品牌,开发新产品4个系列16个品种,设计新包装28个。

(二)持续实施"转型发展、工业强县"战略。我县从2006年开始了天然气的勘探开发,已探明储量约为900亿立方米,可开采量为630亿立方米。2017年,在现有气层以下,又发现新的储气层,初步勘测储量约600亿方以上。现已累计投资27.54亿元,完成了钻气井123口,投入生产井73口,完成管线铺设85KM。投资6.5亿元,完成31口井的钻探、压裂试气及集气站建设项目。投资6.2亿元,实施管线铺设、加压站建设等。截止11月底,天然气产业贡献地方税收14332.7万元,占财政总收入的59.85%。

(三)持续实施"文化引领、旅游兴县"战略。投资7292万元,实施了"东征—阴德河"与"西后峪—奇奇里"2条景区旅游公路拓宽改造、游客接待中心等基础设施项目,其中"东征—阴德河"旅游公路全长6.516公里,"西后峪—奇奇里"全长7.29公里,现已建成并投入使用,实现了红军东征纪念馆、黄河蛇曲地质博物馆、乾坤湾与县道之间的互联互通。与广州龙浩集团、江苏芜湖途居汽车露营地管理有限公司达成了合作意向,计划实施通用机场建设项目和露营地建设项目,推动旅游产业提档升级。成功举办了槐花文化旅游节暨槐花扶贫活动,举办了红枣、苹果采摘节等大型宣传推介活动,推动永和的知名度得到进一步提升,2017提游客人数已达到15.2万人,同比增长24.39%,有效推动了脱贫攻坚。

(四)持续实施"以德为先、依法治县"战略。没有德治支撑的法治,是没有根基的。在思想道德建设方面,以挖掘和整理永和精神为主线,用永和精神感染人、鼓舞人、激励人。坚

持“以人为本、以文化人”的理念,继续落实好干部政德、公民公德、学生品德“三德教育”,继续抓好精神文明“五大创建”活动,扎实推进“书香永和”建设,“永和好人”评选,“好基地讲好故事”比赛等活动,不断提高全社会道德水准和文明风尚。在依法治县方面,出台了《关于全面推进“法治永和”建设的实施意见》,确定了7个方面40项工作任务。积极探索电子政务、网上审批、网上交易。对全县25个窗口单位的275项项目进行了审查审核,压缩16项目审批办结时限。继续深入开展法治下乡活动,加强法律援助工作,强化社会治安综合治理,全面落实安全生产和信访工作责任,城乡社会和谐稳定。

三、坚决打好创卫硬仗,建设宜居宜业特色山城

2017年,永和县从改善城市基础设施、开展专项治理、强化人居环境等方面入手,推进“创卫”工作有序进行。

在改善城市基础设施方面,投资1.56亿元,大力实施市政基础建设项目,市政基础设施建设已基本完成,街道敞亮,秩序井然,实现了旧貌换新颜;在开展专项整治方面,组建城市管理综合执法大队,强化了城市管理力度。坚持每天不间断巡逻,动真碰硬治违建,纠正违规修建157处。坚持“零容忍”的态度抓校园周边,取缔校园周边小商小贩40余个。坚持常态化管理,抓好市场整治,对文化广场、青少年活动中心及沿街占道经营、夜间烧烤等进行集中整治、跟踪管理等,形成长效;在提升人居环境质量方面,实施“蓝天、碧水、畅通”三大工程。蓝天工程。取缔城区10整顿以下35台燃煤锅炉,对春源供热公司20整顿燃煤锅炉实施“煤改气”改造工程,对109家餐饮服务行业安装了油烟净化器,达到全覆盖,取缔城区9家售煤点。碧水工程。加大对城区饮用水源地的保护力度,取缔搬迁了东峪沟水源地保护区内养殖场10个,加大河道污染综合整治力度,取缔沿河排污口100余个,完成450米污水支管安装工程及132米主管连接工程。畅通工程。定时、定点对早点、夜市、水果、蔬菜、修理等流动小摊贩管理,集中整治城区车辆乱停乱放、随意调头、车不入位等违规行为。

四、落实精准方略,脱贫攻坚实现再战再胜

永和县2014年脱贫992户3210人,2015年脱贫1034户3297人,2016年脱贫摘帽13个村528户1560人,2017年以来,县委紧盯15个贫困村摘帽,3000口人的脱贫任务,进一步理清了思路,强化了措施,确保脱贫攻坚各项工作稳步推进。

(一)构建了合力攻坚的大格局。组建工作体系,县委书记、县长共同指挥,县党政班子成员全部为副指挥长,集中党政班子力量抓脱贫攻坚,组建了8个工作组,并针对易地扶贫搬迁、产业扶贫、光伏扶贫等26项重点工作,成立了26个工作小组,形成了高效运行的指挥体系。夯实责任体系,县级领导落实领导责任,包联全县78个贫困村,一包三年;工作队、第一书记落实帮扶责任,为包联贫困村制定了《五年发展规划》,2017年筹措资金9800多万元,在乡村道路改造、规模养殖、特色种植等方面做了大量卓有成效的工作;乡村两级落实主体责任,对照脱贫攻坚问题、任务、责任“三清单”,落实“时间倒排、任务倒逼、责任倒追”的工作机制。构建社会帮扶体系,成立了太原永和商会,数十位企业家“回故乡、建故乡”,已初步达成合作意向86个。兄弟县市积极结对帮扶。临汾尧都区、临汾开发区与永和结对帮扶,从技术培训、产业发展、销售市场、劳务输出、融资担保等5个方面全力帮扶,为永和县脱贫攻坚注入活力。引导社会各界倾力帮扶。国内各大媒体、书法协会、摄影家协会等对我县脱贫攻坚倾力帮扶。在吸引社会力量帮扶作出了突出贡献的是奇奇里村,该村以“三件事”推动了社会力量帮扶。推出了一首歌。以第一书记郭若桥工作为题材的《我在奇奇里》,入选了2017年春晚候选歌曲,使永和的知名度大幅提升;开展了“枣树认领”。全国1001位知名摄影家成为该村的“荣誉枣农”,筹集认领12万元。在该村的带动下全县认领枣树、核桃树3600余株,认领金额达到43万元,惠及3000余户贫困户;打造了全国第一个黄河岸畔的“摄影村”。中国摄影家协会在奇奇里创建“摄影村”,吸引更多的游客到奇奇里观光旅游,开创了摄影艺术助推精准扶贫的先河。奇奇里村依托红枣树认领,“摄影村”等吸引游客2万多人次,人均收入达到7000元左右,实现了高质量脱贫。通过组建工作体系,落实责任体系,构建社会帮扶体系,在“三大体系”的推动下,我县逐步形成了“大扶贫”格局。

(二)打出了脱贫增收的“组合拳”。针对贫困户致贫原因精准发力,实施脱贫攻坚“十大工程”。在产业扶贫方面,县财政整合资金2667万元,实施了红枣、核桃、苹果、小杂粮、养牛、养鸡等21个扶贫项目,实现了传统产业与新型产业的优势互补。在易地扶贫搬迁方面,8个安置点全部竣工,2016、2017年搬迁任务全部完成,搬迁贫困人口1961人,同步搬迁61人;在生态扶贫方面,成立36个造林专业合作社,组织1140名贫困人口参与生态建设,户均年增收1.2万元;325名贫困人口被聘为护林员,户均年增收8000元左右,在光伏扶贫方面,投资1.9万元,实施79个村每村两个100KW村级光伏电站和2225户户用光伏电站建设,现已完成25个村级电站与1523户户用电站安装并网。工程全部完成后,可保证我县4911户贫困户稳定增收3000—5000元。在旅游扶贫方面,实施东征村等美丽乡村建设,新发展农家乐70户,已运行34户,按集体与个户2:8分成,户均增收1.2万元;在电商扶贫方面,成立了电子商务企业联盟,注册了专卖永和农副产品的“各街网”,推出了“吕梁山货”区域公共品牌和“乾坤湾”、“喜和合”县域公共品牌;在教育扶贫方面,与蒲县宏源煤业集团责任有限公司达成协议,对2017至2020年录取的所有二本B类以上建档立卡贫困生进行资助。2017年,该企业共资助大学生15名69600元,并对考入运城职业技术学院的学生,资助大专全部学费。2017年教育方面共计资助156.7万元,受益建档立卡贫困人口2291人;在健康扶贫方面,落实健康扶贫政策,落实“三保险”“三救助”政策(“三保

险”即:基本医保、大病保险和补充医保),实施“健康暖心”工程,开展健康教育“五个一”活动。即:送一封关于免费服务项目的公开信、送一本健康素养知识读本、制作一面健康素养宣传墙、举办一场健康知识讲座、开展一次流动人口宣传服务活动;在保险扶贫方面,2016年起为全县所有贫困户购买了意外伤害扶贫保险、大病医疗补充扶贫保险、人身综合保险。贫困人口意外身故,除居民意外伤害赔偿金6万元外,还可得意外伤害扶贫保险赔偿金8万元,有效遏制了贫困户因病致贫返贫现象。投保金额422万元,为全县2146户贫困户枣农购买一份红枣保险,当红枣受灾后,赔偿金最高可得1000元/亩,确保枣农能获得稳定收入。不断加大城乡低保、城乡医疗救助等政策保障力度,县级领导、乡镇书记和县直单位“一把手”结对帮扶,为126名孤寡老人和30名孤儿解决实际问题。

五、全面深化改革,有序推进试点工作

坚持试点探索与整体推进并举,抓住重点、全面发力,确保重点改革事项有序推进。

一是扎实推进了医药卫生体制改革。以县人民医院为龙头,县中医医院和7个乡镇卫生院为成员,组建永和县医疗集团,实现了医疗集团的行政、人员、资金、业务、绩效、药品“六统一”管理;二是扎实推进家庭医生签约试点改革。组建了7个医疗团队和7个乡村干部团队共346人,开展健康扶贫“双签约”服务活动。印制《永和县健康扶贫政策宣传手册》,引进“智能家庭医生”信息技术平台,把“互联网+”及时应用于家庭医生签约服务中;三是扎实推进旅游景区体制改革。整合红军东征永和纪念馆、黄河蛇曲国家地质公园管理处、黄河乾坤湾风景名胜区管理中心等相关机构人员编制,成立永和县乾坤湾景区管理委员会,作为政府派出机构,统一行使管理权。成立永和县乾坤湾文化旅游集团有限责任公司,对全县文化旅游资源进行开发建设和运营管理。四是扎实推进监察体制改革。永和县于2016年11月成立深化监察体制改革试点工作领导小组,由县委书记任组长。研究出台了《永和县开展监察体制改革工作实施方案》,协调解决了办公场所短缺问题,划转县检察院7名政法编制、2名干部到监委,实现了精简高效。监察委员会于2017年3月16日正式挂牌运行,监察对象由1734人,增加为3140人,实现了全覆盖;五是扎实推进河长制改革。划分了省、县、乡三级河长制区域,设立了县乡两级河长,县委书记、县长担任总河长,省级河黄河永和段由总河长由县长担任,其余9条14段,分别设立县、乡分段河长;六是扎实推进群团组织改革。团县委选拔6名优秀青年任兼职副书记,采取联合建团的方式,在79个村委,组建52个联合团支部;县妇联配备7名兼职副主席,7个乡镇配备了4名兼职副主席,79个村委配备了79名主席;县工会为112个县直单位工全配备了主席。在县党务办事大厅增设群团服务窗口,开设了“临汾市永和县妇女联合会”微信公众平台等。

(郭　强)

附:中共永和县委书记、副书记、常委名单

书　记:加天山

副书记:范洋平　胡小濛(1月任职,挂职)
武京运(4月离职,挂职)
康　勇(4月任职,挂职)　郝　巍

常　委:王卫成　刘元福　马　健　边广恩　白永明
张淑明

中共运城市委工作概况

市委书记　刘志宏

2017年,市委深入学习贯彻党的十九大精神,学习贯彻习近平新时代中国特色社会主义思想和习近平总书记视察山西重要讲话精神,坚决贯彻省委“一个指引、两手硬”思路和要求,以“改革抢先机,发展站前列,各项工作创一流”为总要求,以“走进新时代,建设大运城”为总抓手,在努力实现党内政治生态持久的风清气正上下功夫、见实效,在努力实现经济转型发展持久的强劲态势上下功夫、见实效,在改革发展稳定和党的建设等各项工作上谋新篇、开新局,推动各项事业发展取得了一系列新进展新成效。全年地区生产总值完成1336.1亿元,增长7%,总量全省第三、增速第四;规模以上工业增加值完成302.7亿元,增长8.9%、增速全省第三;固定资产投资完成616.1亿元,增长6.1%,总量全省第三;一般公共预算收入完成67.1亿元,增长13.5%;社会消费品零售额完成752.8亿元,增长6.8%,总量全省第二;外贸出口总额完成25.6亿元,增长19.4%,总量全省第二、增速第三;城镇居民人均可支配收入增长6.5%,增速全省第五;农村居民人均可支配收入增长6.7%。主要经济指标全面完成省定考核任务,基本实现了“增长保持中高速、全省排位保持中上游”的目标,达到近年来的最好水平,经济发展呈现出稳中有进、稳中向好、稳中向优的良好态势。

一、坚持把学用习近平新时代中国特色社会主义思想作为最大的政治任务

始终旗帜鲜明讲政治,坚持用习近平新时代中国特色社会主义思想武装头脑、指导实践、推动工作,坚决在思想上拥戴核心、政治上维护核心、行动上紧跟核心。一是深入开展山

西政治形势和经济形势教育,引导党员干部群众深刻认识山西的显著变化,根本在于以习近平同志为核心的党中央的坚强领导,在于习近平新时代中国特色社会主义思想的正确指引。二是充分发挥市委中心组示范带动作用,通过集体学习、专题讲座、交流研讨等形式,持续跟进学习、深化理解,切实增强对重要思想的真诚信仰、真心践行。各级党委(党组)中心组学习6432次,基层党支部组织集中学习74851次。三是认真学习习近平总书记视察山西重要讲话精神,连续召开市委常委(扩大)会、市委中心组(扩大)学习会、全市干部大会,用最短时间将重要讲话精神传达到基层一线和干部群众中。召开市委四届三次全会,审议通过了《关于深入学习贯彻习总书记视察山西重要讲话精神的行动方案》,从8个方面提出28条具体意见,推动学习宣传贯彻向纵深发展。四是把"维护核心、见诸行动"主题教育作为深入推进"两学一做"学习教育常态化制度化的有效载体,深入扎实地抓好县以上党组织八个环节和基层党支部五个环节工作,广泛深入地开展"四大讲、四增强"活动,覆盖党员干部群众50多万人次。全市党员干部"四个意识"特别是核心意识、看齐意识进一步增强,对重要思想的信仰进一步坚定。五是党的十九大召开后,先后召开两次市委常委(扩大)会议、领导干部大会和市委四届四次全会,对学习宣传贯彻党的十九大精神作出全面部署,持续兴起学习宣传贯彻十九大精神的热潮。通过学习研讨、组建"千人宣讲团"、领导干部集中宣讲、邀请知名专家学者开办"干部理论教育讲座"、举办"市管县处级领导干部集中轮训班"、开展全市"金点子"征集活动等多种形式深化学习贯彻,达到了进一步武装思想、统一思想、解放思想的目的。

二、确立"走进新时代,建设大运城"总体构想,不断提升市域经济发展的整体协调性和核心竞争力

深入贯彻中央发展新理念,着眼解决农业农村经济大而不强、工业经济大而不强、经济规模大而不强、人口大市大而不强等问题,集思广益、科学论证,确立"走进新时代,建设大运城"总体构想。通过实施以"盐临夏"核心区和黄河经济带、汾河经济带、涑水河经济带、峨嵋岭经济带、中条山经济带为主要内容的"一区五带"发展布局,构建"一主三副七个大县城71个建制镇"城镇化格局,充分调动和发挥市政府及其职能部门统筹发展的积极性,县一级竞相发展的内在积极性,市城区率先发展、辐射带动的积极性,不断提升市域经济发展的整体性、协调性和核心竞争力,努力推动"小运城"向"大运城"转变,行署体制向市政府体制转变,农业大市向现代化城市转变。紧紧围绕省委建设"示范区""排头兵""新高地"三大目标,结合运城实际,深入研究谋划,明确了"走进新时代,建设大运城"的三个战略任务,即:走出无煤少煤市经济转型发展的路子、内陆地区对外开放的路子、传统农业地区新型工业化与城镇化融合发展的路子,力争经过三至五年的努力,使农业现代化成为运城最大的亮点、先进制造业成为运城最大的特色、对外开放新格局成为运城最大的优势。临猗、夏县撤县设区、"盐临夏"一体化道路交通规划加快推进,新一轮《城市总体规划》修编工作已启动实施,聘请国家发改委宏观经济研究院编制的"一区五带"系统性规划初步完成,启动实施总投资108亿元的44个城镇化项目,大运城建设有序推进。

三、坚持以"转型综改、创新驱动"为统领,努力走出无煤少煤市经济转型发展新路子

以建设现代化经济体系为目标,把发展的着力点放在实体经济上,大力实施"三个发展计划",努力推动高质量发展。实施振兴工业企业的"龙腾虎跃"转型发展计划。建立"龙虎榜"培育企业名单,强力推动涉及170个工业项目的"千亿行动",通过政策扶持、资金奖励、记功表彰、领导包联等十大具体措施,促进产品更新换代、产业转型升级、企业做大做强。2017年有大运汽车、山西建龙等2家企业年销售收入首次突破百亿,中铝新材料、阳光集团超90亿元,高义钢铁销售收入超80亿元。29家"虎榜"培育企业销售收入超过10亿。86户"龙虎榜"培育企业累计完成工业总产值1305亿元,同比增长43.8%,占全市规上工业总产值的77.9%。战略性新兴产业完成增加值35.4亿元、同比增长7.1%左右,占工业增加值的比重达到11.7%,比去年增长了0.7个百分点。制造业完成增加值230亿元,占规上工业增加值比重达到76%,对经济增长的贡献率不断提高。新签约的招商引资项目中,新兴产业项目占87%。实施支持小微企业创新创业的"群星灿烂"育苗计划。建立登记目录,成立服务机构,完善系统性扶持政策,推动小手工、小作坊、小制造、小加工、小食品等小微企业从家庭院落走进创业基地健康成长。建成22个省级中小企业"双创"基地,孵化中小微企业3491户。净增"小升规"企业20户,超省定目标9户。新增4家新三板挂牌企业,累计达到13家,名列全省第二。企业创新能力进一步增强,院士工作站达到7家,博士后科研工作站6个,国家级企业技术中心达到4家,省级达到35家,高新技术企业新增18家、达到95家。实施关心关爱在外务工人员的"凤还巢"计划。开展"万人转移就业、千凤还巢创业、百商返乡兴业、十大劳务品牌"四大工程,构建市县乡村四级网络。服务全市58.8万在外务工人员,吸引3900余名在外本土人才回归。2142名回归人才进入村党组织班子,547人在换届中当选村党组织书记,占到总数的1/5。

加快建设现代农业强市。坚持以推进农业供给侧结构性改革为主线,以发展功能农业为引领,积极培育现代农业新业态,粮果菜畜和农产品加工五大主导产业全面发展。全年粮食总产30.9亿公斤,单产创历史新高。农产品加工销售收入预计增长12.4%。以建设省级优质农产品出口平台为突破,加快农产品标准化生产、检验检疫、出口贸易营销"三大体系"建设,启动实施建设100万亩标准化生产基地、培育100家果品出口加工企业、年出口果品达到100万吨"三个100"计划,大力发展外向型农业,淬炼运城农业品牌,带动运城农业转型升级。全市水果出口量、总货值、退(免)税额分别是上年的229.6%、260%、300%,实现了"三个翻番"。国家级

出口食品农产品质量安全示范区达到7个,全省第一。成功举办第二届山西(运城)国际果品交易博览会,签约129个项目,总金额近125亿元,集中展出国内外2000多种苹果展品和100余种特色名优果品,推出"运城苹果"区域公用品牌,使果交会由过去单纯的果品展销会办成了国际有影响、国内一流的果业博览会。突出"四治六化一创",大力开展农村环境集中整治,减少污染面积45万余平方米,农村环境面貌明显改善。大力实施"改水、改路、改能、改房、改厕"五改,推动"四好文明卫生家庭建设",加快建设社会主义新农村。

培育壮大现代服务业。围绕铝镁合金、装备制造、新型化工、农产品加工等优势产业着力,培育一批与之相配套的研发设计、物流配送、管理咨询等服务产业。着力优化金融生态环境,积极发展地方新型金融组织,培育多层次资本市场。金融业占GDP比重为7.3%,已成为全市支柱产业之一。大力发展文化旅游产业,将大活动、大制作与大景区有机结合,紧盯"旅游目的地"做文章,引进大企业、大集团对重点旅游景区进行整体开发,打造具有国际影响力的旅游目的地,持续扩大运城文化旅游的影响力。全年接待游客数量和旅游总收入分别增长26%和28.1%。文化产业增加值占地区生产总值的比重位居全省前列。

四、迈大改革开放步子,进一步增强发展的动力和活力

牢固树立"改革决不能落后"的理念,按照省委"三个三"基本方法,建立健全党政主要负责同志抓改革台账,突出抓好十大重点改革事项,带动全市改革工作呈现出全面发力、多点突破、纵深推进的生动局面。监察体制改革试点工作成功通过检验评估,实现了对所有行使公权力的公职人员监察全覆盖。人民日报对我市的做法进行了专门报道。5个省级开发区成功获批,"三化三制"改革步伐加快。出台人才发展体制机制改革、引进高端人才两个文件,在全省率先实施博士服务团计划。全面打造"六最"营商环境,企业投资项目承诺制和无审批管理试点工作顺利推进。承担行政职能事业单位改革被列为全国试点。公立医疗机构全面施行"两票制"改革。13家重点旅游景区全部实现"两权"分离。抢抓"国发42号"文件政策机遇,《运城市国家新型铝镁合金产业基地建设实施方案》通过专家评审。我市列入省年度目标责任考核的推进开发区改革创新发展、公立医院综合改革、深化考试招生制度综合改革、积极推进排污许可证制度改革、探索区域合作发展新模式等五项改革任务全面完成。

立足打造山西对外开放的桥头堡和南大门的定位,树立品牌意识,从具体事情抓起,集中打好"自然禀赋、历史文化、现代农业、产业特色、人口大市、教育强市、特色医疗"等七张牌,全面提升运城对外开放的知名度和吸引力,着力构建内陆地区对外开放的"新高地"。运城航空口岸实现临时开放,先后开通直飞香港和泰国曼谷、芭提雅的国际航班,进出港超2.5万人次,运城机场旅客吞吐量突破144万人次,增长75%。山西自由贸易试验区运城片区申报进展顺利。国家质检总局建设的出口农产品检验检疫公共平台,即将投入使用。全市新增出口备案企业105个、总数达到637个,进出口商品1600余种,进出口总额稳居全省第二。招商引资到位资金468亿元,完成省定任务的147%。

五、着力改善和保障民生,不断增强人民群众的获得感和幸福感

一是强力推进脱贫攻坚。以精准理念为基本方略,以解决深度贫困为突破口,以产业扶贫为重点,扎实推进脱贫攻坚。贫困村产业发展规划已全部制定,产业覆盖率超过90%。规划的111个易地扶贫搬迁集中安置点全部开工,年度建设的57个安置点,竣工52个,超额完成省定目标任务。建档立卡农村贫困劳动力免费职业培训完成全年任务的162.4%。制定出台《加强干部驻村帮扶工作六项措施》,建立"黑红名单"制度,督促驻村干部带上铺盖卷"全脱产、全日制、吃住在村"。完成228个贫困村退出、7.8万人脱贫任务,夏县、闻喜实现脱贫摘帽。二是大力发展社会事业。紧紧抓住人民群众最关心最直接最现实的利益问题,大力发展社会事业。全年财政资金用于民生领域的支出占一般公共预算82.4%。把教育事业发展放在优先位置,中心城区投资5.7亿元新建7所中小学幼儿园,有效缓解了上学难问题;以增强高中教育竞争力为牵引,带动基础教育教学水平整体提高,高考达线人数和达线率位居全省前列。城镇登记失业率2.26%,转移农村劳动力6.76万人,各类职业培训共计18.3万人。城乡居民医疗保险顺利并轨,提前完成全民参保登记计划。新增集中供热面积740万平方米,市城区集中供热二期工程、市民服务中心、文化艺术中心扎实推进。"五城同创"扎实推进,被授予全省唯一"食品安全示范城市"称号。省市11件民生实事全面推进,建档立卡农村贫困劳动力职业培训、农村老年人日间照料中心建设等8件民生实事提前完成。三是扎实推进生态文明建设。坚持把生态环境建设作为最大的战略资源来培育,以中央、省环保督察为契机,强力推进大气、水、土壤污染防治,集中打好秋冬季大气污染防治攻坚战,实施耕地土壤治理修复试点项目,着力改善环境质量。植树造林12万亩,完成省定任务。全面落实河长责任制,统筹推进黄河、汾河、涑水河、中条山、峨嵋岭、盐湖、伍姓湖、圣天湖等八大生态系统保护修复。四是全力维护社会和谐稳定。坚决落实省委"三个坚决防止"的要求,统筹抓好政治安全、经济安全、社会安全、网络安全等安全工作。开展"信访突出问题大整治"活动,狠抓源头性基础性问题解决。全力做好安保维稳工作,刑事案件发案同比下降22.34%,治安案件同比下降11.54%,群众安全感不断提升。严格落实安全生产党政同责,深入开展安全隐患大排查、大整治,各类生产经营性事故同比下降19.7%,安全生产形势持续稳定好转。

六、扎实做好宣传思想工作,不断提升运城文化的穿透力和影响力

一是把意识形态工作作为一项极端重要的工作,严格落

实意识形态工作主体责任，在全省率先出台《进一步加强全市意识形态阵地管理办法》。深入推进网上舆论环境专项整治，加强对重点部位、重点人员、重点时间段的监测，牢牢掌握意识形态工作的领导权、管理权、话语权。二是坚持党管媒体原则，发挥主流媒体舆论阵地作用，加大对新兴媒体管控力度，做大做强正面宣传，广泛凝聚建设大运城的精神力量，获得全省重大题材新闻报道组织工作优秀奖。三是梳理提炼“人类远古文化、农耕源头文化、黄河根祖文化、宗教信仰文化、河东民俗文化、红色革命文化”六大文化类别，打造优秀传统文化传承发展示范区。四是积极培育社会主义核心价值观，加强精神文明建设，大力弘扬运城“耕读传家、崇文尚礼、吃苦耐劳、勤俭持家、包容友善、勤奋进取”等优良传统和良好民风，提高全社会文明程度，被表彰为第五届全国未成年人思想道德建设工作先进城市。芮城县95岁的孙银聪成为全省唯一的第六届全国孝老爱亲道德模范。

七、加强民主政治建设，巩固发展安定团结的政治局面

定期听取市人大、市政府、市政协、市法检两院党组工作汇报，针对性提出指导意见，研究群团工作，支持国防和军队改革建设，统揽全局、协调各方的领导核心作用充分发挥。坚持和完善人民代表大会制度，出台《关于推进县乡人大工作和建设的实施意见》《关于对国家机关工作人员任期监督的实施意见》，稳步推进地方立法工作，全省人大预算联网监督工作推进会在我市召开。大力支持人民政协履行职能，指导制定《关于加强人民政协民主监督的实施意见》、《关于加强政协协商民主建设的实施意见》，293件立案提案全部办复，民主监督和协商民主建设两大改革任务顺利推进。巩固和发展最广泛的爱国统一战线。高质量承办中国城市友好商会会长会议、关公文化“走出去”等活动。宗教工作破解难点专项行动有效开展。群团工作扎实推进，圆满完成团市委换届。市首届青联正式成立。支持驻运部队全面停止有偿服务，军民融合发展取得新突破。加强党对法治工作的领导，全面落实司法责任制，科学立法、严格执法、公正司法、全民守法深入推进，在全省率先实现党政机关、企事业单位法律顾问全覆盖。加快“法治运城”建设，深入开展“七五”法治宣传教育，全社会法治氛围更加浓厚。

八、坚定不移扛起全面从严治党责任，全面构建良好政治生态

始终把坚持和加强党的全面领导作为党的建设的首要任务，围绕“党的建设走在全市各项工作的前面、运城党的建设走在全省的前列”的“两个走在前”目标要求，坚定不移全面从严治党。一是狠抓全面从严治党责任落实。市委常委会28次研究全面从严治党工作。出台《关于实施预防腐败“免疫工程”全面构建良好政治生态的意见》，作出12项具体部署。召开专题会议，听取各常委履行“一岗双责”情况汇报，进一步拧紧螺丝、上紧发条。组织开展全面从严治党主体责任落实情况专项督查，对178名“两个责任”落实不力的党员干部进行严肃问责，强化压力传导、促进责任落实。二是持续推进正风肃纪反腐。运用“四种形态”处理3905人次。纪检监察机关立案、结案、处分人数分别增长42.66%、30.85%、22.74%。查处违反中央八项规定精神案件137件，严肃处理275人。深化市县巡察，着力解决群众身边的不正之风和腐败问题。扎实开展“中梗阻”治理。部署开展扶贫领域不正之风和腐败问题专项治理，查处各类违规违纪人员244人。积极开展巡视整改“回头看”，整改率达到93%。在全省率先完成了市县两级纪检监察派驻机构全覆盖，并向乡村延伸。三是严肃党内政治生活。召开市委常委会肃清严重腐败案件流毒影响警示教育会，向全社会释放了市委新班子旗帜鲜明讲政治，“推动发展毫不动摇、正风肃纪毫不含糊”的强烈信号。深入挖掘弘扬闻喜裴氏家训、夏县司马光家规等廉政文化资源的时代价值，传承弘扬红色革命基因，涵养正气充盈的党内政治文化。四是树立正确选人用人导向。建立长期看干部，在关键时刻看干部，从日常生活中看干部，从群众口碑中看干部，用发展变化的辩证观点看干部“五看”选拔识别干部工作机制，营造干事创业的优良环境，把好干部选出来用起来。提出选人用人的政治导向、实干导向、事业导向、基层导向、潜力导向，对那些缺乏忠诚、阳奉阴违的干部坚决不用，对那些缺乏激情的干部坚决不用，对那些缺乏责任心的干部坚决不用，对那些缺乏落实精神的干部坚决不用。选人用人风清气正，社会反响良好。五是加强干部队伍作风建设。严格落实“五倡导、五反对”要求，着力解决新时期干部队伍中存在的思想松劲、以清廉掩盖不作为、联系群众不密切、形式主义官僚主义、学习不深入等五个方面的作风问题，形成想作为、敢作为、善作为的良好风尚。深入开展“万名干部大调研”活动，形成了一批高质量的调研报告。建立健全末位分析解剖制、重点工作承诺制、重大事项报告制等三项制度，引导各级干部在狠抓落实中比境界、比贡献、比作风。出台《党员干部澄清保护实施办法》，全力支持和保护改革创新，营造了干事创业的良好氛围。六是扎实开展“三基建设”。制定出台《关于加强“三基建设”的实施方案》，配套出台《三年行动计划》，部署开展十大专项行动。严格落实基层党建主体责任，召开抓基层党建工作专项述职会。全面完成322个软弱涣散农村党组织整顿工作。村级组织换届全部完成。国企、学校、医院、非公和社会组织等其他领域党建工作同步推进。在全省率先开展“普通党员进党校”活动，培训5.5万人。市县两级财政投入“三基建设”资金4.5亿元，比前三年的总和都多。村集体经济全部“破零”。市县两级配套乡镇“五小”建设资金全部到位，确立了重心下移、力量下沉、保障下倾的导向。

（石军芳　卢校伟）

附：中共运城市委书记、副书记、常委名单

书　记：王宇燕(女，5月离职)　刘志宏(5月任职)

副书记：陈振亮(5月离职)　朱　鹏

王瑞宝(7月任职)

常　委：荆青莲(女，10月离职)　王瑞宝　李曾贵
鞠　振(7月任职)　常社教　齐海斌
邓雁平　陈　杰　王志峰
乔登州(12月任职)

中共盐湖区委工作概况

区委书记　王吉敏

2017年，中共运城市盐湖区委高举中国特色社会主义伟大旗帜，以学习宣传贯彻党的十九大精神为工作主线，深入学习贯彻习近平新时代中国特色社会主义思想，认真落实习总书记视察山西重要讲话精神，按照省委“一个指引、两手硬”的重大思路和要求，围绕“走进新时代，建设大运城”，全力抓党建、促改革、稳经济、强治理、惠民生，团结带领全区党员干部主动谋事、务实干事、真诚共事、勇于成事，推动全区经济社会稳步发展，各项事业有序推进，幸福盐湖建设迈上了新台阶。

一、抓好党建正党风，塑造党在新时代的新形象

盐湖区委以党建为统领，筑好基层战斗堡垒，发挥先锋模范作用，先后召开常委会30次，强力推进党的政治性建设这一根本性建设和各项重点工作，确保中央和省委、市委的决策部署有效贯彻落实。

一是坚持高举旗帜，在学懂弄通做实上下功夫，全面深入学习贯彻十九大精神。认真落实省委、市委安排部署，迅速掀起学习贯彻十九大精神热潮。引深“七学七进”活动，特邀中央党校党建部主任张志明作专题讲座；区四大班子领导深入基层讲党课30余次；412名宣讲员深入基层宣讲180余场次；通过微信推送、“口袋书”、大喇叭、小广播等方式，全方位、全天候、全视角宣传十九大。

二是坚持从严从实，在落实主体责任上下功夫，推动管党治党向纵深发展。制定实施《盐湖区落实全面从严治党责任实施细则(试行)》，构建“四责四化”机制，压实各级党组织负责人管党治党的主体责任，开辟从严治党的“盐湖路径”。强化正风肃纪，实践运用“四种形态”，注重抓早抓小；开展3轮巡察，发挥利剑作用；严肃查处违反中央八项规定问题，坚决遏制“四风”。区委书记带头开展谈心谈话，并深入314个村，与党支部书记面对面交流座谈；坚持下管一级，将村“两委”主干纳入干部管理范围；坚持政治标准，圆满完成村(社区)“两委”换届工作。

三是坚持以上率下，在严肃党内政治生活上下功夫，推进“两学一做”学习教育常态化制度化。突出“四大讲四增强”，深化“两学一做”学习教育。严肃党内政治生活，区委领导带头以普通党员身份参加所在支部民主生活会。结合“三级议事例会”制度，乡村两级党组织在每月11日、21日开展主题党日活动。将中心组学习、专题党课、主题党日活动搬到上王牛庄、龙居西张耿等红色教育基地、廉政教育基地和德孝文化苑，增强了全区广大党员干部“不忘初心、牢记使命”的思想自觉和行动自觉。

四是坚持强基固本，在加强“三基建设”上下功夫，着力提升基层组织凝聚力和战斗力。树立“一切工作到支部、一切工作靠支部”的鲜明导向，抓紧抓实“三基建设”，明确了22个方面100项重点任务，扎实开展10+2专项行动，让基层党组织在推进工作上有力度，在动真碰硬上有锐度，在服务群众上有温度。狠抓城市党建，112个社区办公场所全部达标；在职党员到社区报到率达到98%；组织优秀社区干部赴北京海淀挂职培训。健全完善了教育培训、选人用人、考核激励、关心关爱干部、合理容错纠错等五项工作机制，为敢担当的干部担当，为敢负责的干部负责，进一步激发全区广大党员干部干事创业的热情。

二、落实改革举措，持续激活高质量发展的新动力

围绕中央、省委、市委深化改革的总体要求和战略目标，盐湖区委坚持以深改为动力，以综改为牵引，用解放思想打开转型综改试验新天地，用先行先试擦亮转型综改试验这个金字招牌，建立完善了深化改革事项领导分工负责制，全区各领域改革多点突破、纵深推进，各项改革任务落到了实处。一是强力推进两项国家级改革试点工作。加大农村一二三产融合发展，双季槐产业融合发展示范园被确定为首批“国家农村产业融合发展示范园”；扎实开展农村承包土地的经营权抵押贷款工作，完善区农村产权交易平台服务功能，开展“一站式”办理，使土地确权登记有序推进。

二是强力推进监察体制改革成效初显。在转隶人员数量多、压力大的情况下，实现了改革平稳过渡。3月21日，区监察委员会正式挂牌成立，实现对行使公权力公职人员监察全覆盖，案件查办数量位居全市第一。

三是强力推进开发区改革。盐湖工业园区整合扩区进展顺利；“三化三制”改革，取得实质性突破，全面完成园区管委会干部聘任工作；高新技术产业开发区，正在积极申报，得到了国家科技部等部委的青睐。

四是强力推进投融资改革。建立完善PPP有效推进机制，3个项目录入财政部PPP综合信息管理平台项目库；恒舜通公司及其下设子公司稳步做大做强，多元化融资能力进一步增强；政信担保能力不断提升，政银企对接合作加强，更好地帮助企业翻越“融资”高山。

五是强力推进县乡医疗卫生机构一体化改革。在被确定为全省首批县乡医疗卫生机构一体化改革试点单位之后，坚持以人民健康为中心，以重心下移、资源下沉为导向，组建医疗集团，建立管办新体制；实行“人员、行政、财务、业务、绩效、药械”六统一，健全运行新机制；组建家庭医生签约团队，重建就医新格局，实现了基层服务能力、医疗服务量、群众满意度“三提升”。

三、加强党对经济工作的领导，实现经济新常态的新升级

面对经济发展新常态，盐湖区委坚持定期举行经济工作会议，分析研判形势，科学制定措施，严格督促落实。2017年初，区委决策出台了现代服务业、实体经济和全域旅游三个发展推进计划，作为推动经济发展的主路径，并强力实施。经过努力，全年地区生产总值完成246.1亿元，增长7%；财政总收入完成25.96亿元，增长3%；城镇常住居民可支配收入完成29432元，同比增长6.6%；农村常住居民可支配收入11379元，同比增长7.0%。

一是夯实经济基础，着力发展实体经济。积极贯彻国发42号文件精神，围绕振兴实体经济，实施工业经济发展“512”计划（积极培育5个产值有望达到10亿元以上的企业，10个产值有望达到5亿元以上的企业，20个产值有望达到1亿元以上的企业），博鸣木业和同天翔有色金属两家企业，突破10亿元产值，进入全市虎榜企业；组织“五小企业”产品展销，给予“五小企业”政策倾斜和资金扶持，促进全区“五小企业”持续健康发展。

二是立足区位优势，着力发展现代服务业。在市城区重点发展消费驱动型经济，抓好传统商贸业改造提升，植入新的商业业态和现代服务业，构建充满活力、业态多元、富有效率的现代服务业体系。

三是顺应发展趋势，着力发展全域旅游。成功举办了关公国际旅游节、“花之海·俏运城”美丽乡村游系列活动；全面开展乡村旅游，促进生态农业、休闲农业提档升级，打造“关公故里·幸福盐湖”旅游品牌。

四是优化营商环境，着力发展人才强区。制定了《运城市盐湖区2017年开展优化营商环境专项行动工作方案》，在全市率先试行企业投资项目承诺制、实行无审批管理，扎实开展“1+8”专项行动，打造“六最”营商环境。成立了盐湖智库、院士工作站，发挥智囊作用，给力重大经济社会发展决策和重大项目决策。举办北京、上海招商引智恳谈会，与北京市海淀区万寿路街道签定友好区街合作协议，成立盐湖区驻京党支部，加强与在外高端人才、优秀企业家沟通对接，吸引盐商盐才、运商运才回乡创业。

四、提升社会治理水平和治理能力，在实现幸福盐湖的新征程上展现新作为

进入新时代，盐湖区委牢牢坚持以人民为中心的发展思想，不断提高保障和改善民生水平，加强和创新社会治理，使人民获得感、幸福感、安全感更加充实、更有保障、更可持续。

一是坚持民生优先，让全区老百姓都绽开幸福生活的笑颜。盐湖区高度重视发展基础教育，出台了《关于整合优质教育资源，优化中小学校布局的意见》，推进新老校、幼普教、区域间均衡发展；在全区实现梦想课程全覆盖。建立了以盐湖区人民医院为龙头的医疗集团，实现了优质资源向基层下沉。积极推进养老事业发展，各种养老机构达到181家，5000多位老人在这里颐养天年。全力推进市城区小街小巷改造治理，182条破损严重、基础设施不完善的小街小巷全部得到改造。扎实推进脱贫攻坚行动，实现产业扶持、教育扶贫、健康扶贫、危房改造、金融扶贫、社保兜底各项扶贫政策精准对接，3400名贫困人口如期脱贫。

二是坚持挖掘优秀传统文化时代价值，开展舜帝德孝文化、关公忠义文化传承实践系列活动。精心打造了爱国主义文化、红色文化、舜帝德孝文化、关公忠义文化和廉政文化五大特色文化教育基地，推动农村“六位一体”德孝文化苑和城市社区“五位一体”幸福大院建设，党风政风进一步净化，社风民风进一步改善。积极挖掘新乡贤文化，成立了盐湖区新乡贤理事会，让新乡贤成为推进盐湖德治的重要力量。

三是坚持建设法治盐湖，在全区形成良好的法治环境和稳定的社会环境。扎实开展“七五”普法工作，建立“一村一警一律师”工作格局，大力推进“两会一队”建设，夯实基层综治中心建设，抓实法律援助品牌创建工作。深入开展社会治理“大起底、大排查、大调解、大处置”活动，一大批矛盾纠纷和信访案件得到有效化解，全区安全生产和治安形势持续稳定好转。构建了“区—乡镇(街道)—城乡社区—住户”四级联动网格精细化治理机制，实现了“小网格拉动大治理，小和谐促进大平安”。

四是坚持环境卫生集中整治，促进生产生活方式转变。深入开展环保治理、安全生产、城乡环境整治“三合一”攻坚行动，推动全区安全环保工作持续好转，城乡环境卫生明显改观。集中整治城乡环境卫生，注重长效管理，以政府购买服务方式，从根本上解决农村“脏乱差”问题，实现了全区城乡园环卫工作一体化全覆盖。扎实推进植树造林工作。先后完成五大廊道园林绿化工程，共计栽植各类苗木219.7万株。平川区绿化网带基本形成，乡村面貌明显改善。全区森林覆盖率稳步提升，生态发展持续加快。

（颜秉甲）

附：中共盐湖区委书记、副书记、常委名单

书　记： 王吉敏

副书记： 李　哲　钟立伟　张永生(1月离职，挂职)

常　委： 董稷强　任　刚　薛学农　孟满堂　苏引萍(女)　李俊龙　张　军　齐全中

中共永济市委工作概况

市委书记　徐志英

永济市有党总支31个，党支部807个，截止2017年底共有党员18099名，其中2017年新发展党员275名。2017年，在省委省政府和运城市委市政府的坚强领导下，我们深入学习贯彻习近平总书记视察山西重要讲话精神，贯彻落实省委"一个指引、两手硬"思路和要求，以"走进新时代，建设大运城"为总抓手，按照"改革抢先机，发展站前列，各项工作创一流"总要求，团结带领全市干部群众，强力推进"工业崛起、农业转型、旅游突围、城建提升、开放带动"五大战略，加快建设"四基地一名城"。

一、党建情况

一是"两学一做"学习教育和主题教育活动扎实开展。坚持把领导带头作为推动活动开展的基本方法，带头开展集中学习20余次，讲党课135场次，撰写心得体会、理论文章230余篇。召开了全市推进"两学一做"学习教育常态化制度化、开展维护核心见诸行动主题教育动员大会，制定下发了《实施方案》，成立了市委维护核心见诸行动主题教育办公室，设立了综合组、宣传组、联络组三个工作小组，建立了月提醒、月督查、月汇报、月例会制度，先后下发工作任务提醒卡12期，开展专题督查6次，查找问题213个，整改到位197个。十九大召开后，中心组开展十九大精神专题学习交流3次，县级领导干部每人宣讲十九大精神都在2次以上，带动基层各级党组织书记宣讲730余次；341名基层理论宣讲员深入基层一线，开展宣讲620余场次。

二是基层党建工作不断推进。始终把党建工作放在首位，市委先后4次召开常委会议，专题研究基层党建工作。坚持"书记抓、抓书记"，先后约谈镇(街道)党(工)委书记11次，层层传导压力，压实工作责任，在全市形成了各级书记聚精会神抓党建的良好工作格局。聚焦机关党建"灯下黑"和"两张皮"问题，明确了机关党建的总体思路、目标任务、责任落实4大方面24个具体工作要求，为市委党总支、政府党总支、住建局党总支、财政局党总支等19家单位配备了专职副书记，占市直机关77家党(总)支部的25%。以打造"双强六好"社区党支部为目标，加强活动阵地建设，全市22个社区，办公活动场所面积均达到200平米以上，其中500平米以上的社区11个。

三是"三基建设"工作全面落实。制定出台《实施方案》，确定了22个方面98项重点任务，配套出台《三年行动计划》，部署开展年度十大专项行动。坚持重心下移，把农村党组织建设作为重中之重，突出政治功能，全面完成26个软弱涣散农村党组织转化工作。村(社区)党组织换届100%圆满完成。坚持力量下沉，选派55名年轻机关干部到乡镇挂职锻炼，县级领导和市委工作部门主要负责同志兼任党建示范点村"第一书记"，着力培养和建设一支懂农业、爱农村、爱农民的干部队伍。坚持保障下倾。市财政用于基层党建经费达到9114万元，同比增长126%。投资996.4万元的镇(街道)"五小设施"建设和干部周转房建设已基本结束，新建、改扩建村级组织活动场所14个，基层干部吃住保障、待遇补助等得到有效落实。投入1124万元，在全市选取了10个村开展农村集体经济发展试点工作。

二、经济社会发展情况

2017年，全市生产总值完成131.6亿元，同比增长7.0%；规模以上工业增加值完成28.2亿元，同比增长8.2%；一般公共预算收入完成4.1681亿元，同比增长3%；固定资产投资完成57.2亿元，同比增长6.4%；社会消费品零售总额完成62.2亿元，同比增长7.3%；城镇居民人均可支配收入27975元，同比增长6.1%；农村居民人均可支配收入12385元，同比增长6.4%。

一是壮大主攻产业，力促工业崛起。坚持把三大主攻产业作为支撑市域经济发展的龙头。将41个重点工业项目全部纳入"13710"电子督办系统，强力推进项目建设。组织华圣铝业申报省级"两化"融合试点，实施了总投资8500万元的华圣铝业电解槽节能降耗技术改造等项目，扎实推进"龙腾虎跃"转型计划。狠抓"五小"企业发展，设立了中小微企业专项扶持资金300万元；充分利用闲置土地、旧库房、旧厂房，新建、改(扩)建小微企业创业基地4个，先后新孵化晋诚机电、天宇金燕等优势企业60余家，大力实施"群星灿烂"育苗计划。特别是整合铝深加工园区和机电装备制造园区，成功申报设立省级经济技术开发区。全市共签约项目19个，总投资123.7亿元；实际到位资金33.6亿元。

二是发展现代农业，加快农业转型。以深化农业供给侧结构性改革为主线，加快推进农业转型。大力实施凡谷归真现代农业示范园、河东葫芦文化艺术庄园等农旅融合项目，走出了一条集休闲、观光、采摘、乡村旅游于一体的农业发展新模式；全力推进"凤还巢"计划，积极与永济籍人士创办的西安金花集团、张家口众智纺织等企业对接；成立永济市在外经营餐饮业转型发展领导组和促进会，多途径增加农民收入。全年农产品加工企业销售收入达到84.65亿元；流转土地24.8万亩，发展绿色蔬菜8.5万亩，特色干鲜果38万余亩，中药材、油料等其他经济作物10万余亩，粮经比达到了1:1.1；农民实用技术培训10万人次。今年，我市粮食总产量

4.22 亿公斤。

三是突出文旅融合，助力旅游突围。以创建国家“全域旅游示范区”为抓手，充分挖掘地域文化资源，着力抓好以旅游业为龙头的第三产业供给侧改革。重组了鹳雀楼旅游集团有限公司，全面完成了国有景区体制改革。与陕西华山旅游集团签订了战略合作框架协议，协商启动了“大华山区域水上旅游观光”项目。实施了神潭大峡谷三期工程、五老峰高空玻璃吊桥、尧王洞天休闲旅游观光等一批重点项目。并发展观光农业示范园 8 个，特色采摘基地 12 个，乡村客栈和“农家乐”58 家。成功举办了鹳雀楼千人旗袍秀、五老峰登山节、普救寺爱情文化节等特色活动，特别是央视《中国影像方志·永济篇》及《人说山西好风光》第二季电视竞演等节目的成功播出，进一步提升了我市的知名度和影响力。2017 年全市共接待游客 605 万人次，同比增长 15%；门票收入 9996 万元，同比增长 20%。

四是统筹城乡发展，优化人居环境。以“五城同创”为抓手，加强城市精细化管理，努力完善城市功能，提升城市品位，成功创建国家园林城市。先后完成电机大街污水处理厂建设、舜都大道南段路灯改造、富强街中段路灯安装和 6 条小街小巷综合整治任务；体育馆建设、四镇垃圾中转站建设、赵杏高速桥拓宽改造、大西高铁引道等工程正在积极开展设计、招标等前期工作；取缔了名吃步行街夜市等马路菜市；拆除了 25 处侵占人行道、有碍市容观瞻的“硬骨头”建筑。认真贯彻中央环保督察、省委省政府环保督察要求，中央环保督察组转办的 14 件案件全部办结，省委省政府环保督察组交办的 17 件环保类问题全部处理完毕。扎实推进煤改气、煤改电、散煤市场整顿工作，大大减少废气排放，全年空气质量二级以上天数达 292 天。

五是持续改善民生，巩固大局稳定。以产业扶贫为重点，严格落实联动帮扶机制，大力实施“八大工程”，脱贫攻坚工作深入开展。全面推进分级诊疗制度，家庭医生签约覆盖率 65.5%，重点人群签约覆盖率 79.5%；积极开展文化馆图书馆总分馆制改革和文化专项资金使用机制改革；重视发展职业教育，积极推进中等职业教育免费全覆盖工程，全年为两所职业学校 2352 名学生补助学费 588 万元；不断扩大城乡就业，全市城镇新增就业 4157 人，失业人员实现再就业 941 人；积极开展清欠转业志愿兵(士官)欠薪欠保工作，有关企业拖欠的工资、医疗保险费、养老保险费全部落实到位；切实解决了一批群众关注的热点难点问题。同时扎实推进食品、非煤矿山、道路交通、消防、等重点行业、重点领域安全专项整治；积极化解信访积案，严厉打击各类违法犯罪活动，为促进经济发展创造了和谐稳定的社会环境。2017 年被中央综治委授予“全国平安建设先进县市”荣誉称号。

(李凤佳)

附：中共永济市委书记、副书记、常委名单

书　记：徐志英

副书记：孙中全　付　刚

常　委：王　霞(女)　卫增辉　孙　斌　张千里　吕安斌　赵建红　王文选

中共河津市委工作概况

市委书记　鞠　振

2017 年，在省委和运城市委的坚强领导下，河津市委团结带领广大干群，深入学习贯彻习近平新时代中国特色社会主义思想和党的十九大精神，按照省委“一个指引、两手硬”和运城市委“改革抢先机，发展站前列，各项工作创一流”总要求，坚持“党建统领、五转一新”总体思路，以“走进新时代、建设大运城，勠力促转型、打造副中心”为总抓手，改革创新，埋头苦干，全力打造“两河强市、中原名城、华夏铝都、开放高地”。全年完成 GDP205.55 亿元，比上年增长 6.8%；财政总收入 31.06 亿元，增长 74.3%；一般公共预算收入 11.78 亿元，增长 55.3%；规模以上工业增加值 80.85 亿元，增长 6.1%；社会消费品零售总额 78.13 亿元，增长 5.3%；城镇居民人均可支配收入 27211 元，增长 5.9%；农村居民人均可支配收入 12736 元，增长 6.2%，呈现出稳中有进、稳中向好、稳中向优的良好态势。

一、党建统领，从严治党，政治生态海晏河清

牢固树立“抓好党建是最大政绩”的理念，不断提高党建质量，确保党的建设走在各项工作前列、河津党建走在运城前列。学习贯彻党的十九大精神和习近平新时代中国特色社会主义思想方面，习近平总书记视察山西后，市委连续召开市委常委会、市委中心组学习会、市委六届四次全会，深刻领会习总书记对山西工作提出的总体要求和五项重大任务；出台《关于深入学习贯彻习总书记视察山西重要讲话精神的行动方案》，从 8 个方面提出了 26 条具体实施意见，推动学习宣传贯彻不断向纵深发展。坚持把“维护核心、见诸行动”主题教育作为深入推进“两学一做”学习教育常态化制度化的鲜明主题，突出“四大讲、四增强”，市委中心组集体学习 18 次，专题研讨 2 次，各基层党组织全部按要求开展了专题讨论。党的十九大召开后，我们先后召开市委中心组学习会、市委常委会、全市干部大会，对学习宣传贯彻工作进行全面动员部署。邀请国内和全省一流专家学者开设专题讲座，开展“党的十九大精神进基层”宣讲活动 500 余场次，受众 13 万

人,推动党的十九大精神和习近平新时代中国特色社会主义思想在河津落地生根、开花结果。干部队伍建设方面,贯彻落实新时期好干部标准、省委"五倡导五反对"和运城市委"五看"要求,鲜明树立"政治过硬、能力过硬、作风过硬、廉洁过硬"用人导向,出台河津市《党政领导班子和领导干部考核工作实施细则》《关于加强领导干部道德建设的意见》等制度,干部日常监督管理进一步加强。"三基"建设方面,在全省率先完成村(社区)"两委"换届工作;148个行政村集体经济全部"破零",运城集体收入100万元以上的30个村中,河津占19个;开展"百千万"素质提升工程,干部队伍整体素质全面提升。完成9个乡镇(街道)"五小"设施和干部周转房建设,乡镇、农村和社区工作经费平均达到60万元、10万元和11万元。全市所有单位编制完成基础工作目录、工作流程图等,全面推行限时办结制、首问负责制、"13710"工作督办等制度。集中培训150名科级干部、300余名农村(社区)"两委"主干和5000余名党员。党风廉政建设和反腐败斗争方面,严格落实"两个责任",认真履行"一岗双责",保持反腐高压态势,全年共立案239件,结案219件,给予党纪政务处分210人,严查群众身边扶贫领域案件4件,处理违纪人员12人。开展为期两个月的干部纪律作风大整顿,查处违反中央八项规定精神案件4起,给予党纪政务处分6人。加大巡察工作力度,对4个乡镇19个市直单位进行巡察,对12个村进行专项巡察,发现各类问题436个,形成有力震慑。圆满完成纪检监察派驻监督全覆盖试点工作,为运城乃至全省提供了可复制可借鉴的实践经验,全面打造海晏河清的政治生态。

二、紧扣主线,调优结构,转型升级步伐加快

紧扣资源型城市转型发展主线,向实体经济聚焦发力,努力走出一条产业优、质量高、效益好、可持续的发展新路。工业发展上,坚持"一纲二化三集四为"的工作思路,大力实施"三个发展计划",全力推动新旧动能接续转换。中铝山西新材料、阳光集团产值双双接近百亿大关,7家企业跨进"虎榜";发展五小企业291户,新增"小升规"企业8户,批复"专精特新"企业2户;建立"凤还巢"创业孵化基地1处、商会5家,返乡创业8人,总投资5.2亿元。制定招商地图,开展集群招商,签约项目14个、总金额134.9亿元。特别是总投资13亿元的中铝1+3热轧连铸项目落户河津,将极大地带动我市铝工业集群发展。农业发展上,赵家庄乡高标准农田建设、瓜峪水库主体工程等全面完工,全市粮食总产量1.94亿公斤,再创历史新高。新建3个高科技现代水果示范园,干鲜果经济林达7.8万亩,农业生产条件全面改善,农民增收渠道进一步拓宽。三产发展上,与日照港签定战略合作协议,王家岭铁路专用线和蒙华连接线项目正在积极对接。灰陶琉璃园区加快建设,薛仁贵故里景区完成修建性详细规划,"春潮花海、龙门之约"等活动成功举办,新增电商企业3家,现代服务业水平不断提高。

三、深化改革,扩大开放,发展活力不断增强

深化改革方面,6方面38项改革任务有序推进,河津经济技术开发区批复设立;制定落实国发42号文件行动计划,确定45项任务99条推进举措。深入推进监察体制改革,"转隶"工作全面完成,在运城市率先挂牌成立河津市监察委员会。企业投资项目承诺制和无审批管理试点工作顺利推进,分级诊疗、放管服效等各项改革工作取得突破性进展。扩大开放方面,聘请中国建筑科学研究院作城市发展战略规划,邀请国务院发展研究中心、清华大学专家对城市发展把脉会诊,确定了城市形象标识。组织优秀人才和企业家到江苏协鑫大学和港澳培训交流,签订两个国际友城协议,在全省率先设立"一带一路"办公室和区域经济合作办公室,设立河津驻德国、澳大利亚商务代表处,2017年进出口总额增速排名运城第一。

四、高端规划,建管并举,城乡发展深度融合

紧紧围绕打造"运城副中心城市"目标,秉承"立足两河、民生为本、环境引领、文化铸魂"的理念,坚持"双修双提",全面提升宜居宜业宜游品质。城市建设方面,加快城乡总体规划等编制工作。启动4.14万m²的8个棚户区改造项目,投资5亿元的热电联产集中供热项目基本完工,新增供热面积120万m²。开展城市环境集中整治、违法建设整治、扬尘治理百日大会战等专项行动,新增城市绿地面积14.4万m²,城市面貌焕然一新,被省政府命名为"省级园林城市"。农村建设方面,总投资10亿元的新农村住宅小区及棚户区改造项目扎实推进,总投资1.8亿元的54个村生活污水治理、电网改造等工程加快实施。扎实开展"七道七治"农村环境集中整治,打造省市县美丽宜居示范村11个,农村人居环境全面改善。

五、保障民生,补齐短板,人民生活持续改善

坚决打好脱贫攻坚战,书记、市长带头包联8个省市重点贫困村,组建100支市直帮扶工作队,完成脱贫240户807人。总投资9500万元的"全面改薄"土建工程、河津中学改扩建和职业中学维修改造项目进展顺利,全面启动山西师大、山大附中教育帮扶,积极筹划总投资2.64亿元的3所高标准小学、初中新建工程,下大力气补齐教育发展短板。国家基本药物制度实现全覆盖,僧楼、小梁等4个中心卫生院通过省级"群众满意乡镇卫生院"评审,157个村级卫生室全部达到标准化建设要求,家庭医生服务签约6.96万户23.8万余人。转移农村劳动力5859人,新增就业4521人,城镇登记失业率控制在1.89%以内。投资5000万元的高家湾敬老院项目基本完工,农村老年人日间照料中心达到56家,各项社会保障标准持续提高。完成送戏下乡222场,电影下乡1776场,群众的幸福感和获得感更加充实、更有保障、更可持续。

六、统筹协调,创新治理,社会大局和谐稳定

坚持"摸清底数、关口前移,协同发力、有效应对,压实责

任、强化督导”的信访工作思路,狠抓源头性基础性问题解决。2017 年共接待群众信访事项 343 批 693 人次,受理 111 件,到期办结率 98%。深入组织开展“三打一整治”等专项行动,群众安全感进一步增强。扎实抓好环保部约谈、中央环保督察交办、省委省政府环保督察交办的 49 个问题的整改工作,深入开展“百日大会战”等专项行动,取缔“散乱污”企业 153 家,查封企业 87 家。累计投入 16 亿元,持续推进电力、钢铁、焦化等行业提标改造。设立三级河长,全面铺开黄河、汾河河道整治工程。完成植树造林 1.5 万亩,森林覆盖率实现 28.6%。持续开展一月一行业专项整治,聘请省市专家,对全市企业把脉会诊,全年未发生重特大安全事故。

(石　峰)

附：中共河津市委书记、副书记、常委名单

书　记：胡　宝(7 月离职)　鞠　振(7 月任职)

副书记：赵建喜　董　耿

常　委：侯鹏程　邵建设(4 月离职)　李希平　李　雯(女)　武安军　黄永平　尚勤学(4 月任职)　吕武荣

中共闻喜县委工作概况

县委书记　张汪尤

全县共有 13 个乡镇,343 个行政村,总人口 41.7 万人。基层党组织 903 个(基层党委 30 个,总支 38 个,支部 835 个),党员 17953 名。2017 年,闻喜县委在省市委的正确领导下,深入学习贯彻习近平新时代中国特色社会主义思想,认真落实习近平总书记视察山西重要讲话精神,统筹推进“五位一体”总体布局,协调推进“四个全面”战略布局,深入实施省委“一个指引、两手硬”重大思路和市委“三句话”总体要求,以绝对忠诚诠释责任担当、以精诚团结凝聚发展合力、以超常付出干好闻喜事业,经受住各种风险挑战,完成了各项目标任务,巩固和发展了上一年的良好态势,办成了一批打基础、利长远的大事要事,推动全县各项事业取得新进展新成效。全年地区生产总值完成 95.4 亿元,增长 13.3%;规模以上工业增加值完成 37.7 亿元,增长 32.8%;社会消费品零售总额完成 45.5 亿元,增长 7.4%;财政总收入完成 5.38 亿元,增长 23.7%;城镇居民人均可支配收入完成 27573 元,增长 7.2%;农村居民人均可支配收入完成 9332 元,增长 8%。主要经济指标均位居全市前列,特别是地区生产总值、规模以上工业增加值、社会消费品零售总额增速位居全市第一,圆满完成市委提出的实现中高速增长目标,呈现出质量提升、速度加快的良好态势。

一、始终把学用习近平新时代中国特色社会主义思想作为根本任务,增强落实中央、省市委决策部署的自觉性和坚定性

坚持把学习贯彻习近平新时代中国特色社会主义思想和十九大精神作为重大政治任务,通过召开常委会会议、常委扩大会议和中心组学习等方式,围绕习近平总书记视察山西重要讲话精神、省委十一届五次全会和市委四届四次全会精神等进行深入学习和认真讨论;成立县委宣讲团,在全县 13 个乡镇党委、10 个系统党委和社区党委开展集中宣讲活动,使中央和省市委精神家喻户晓、深入人心。扎实推进“两学一做”学习教育常态化制度化、维护核心见诸行动主题教育和“四大讲、四增强”活动,引导党员干部自觉把维护核心落实到行动上、融入到工作中,开展“学习语、见行动”主题活动,出台两个《行动计划》,提出八项重点工作,不断把学习贯彻引向深入。

二、坚定不移推动全面从严治党向纵深发展,着力构建海晏河清的政治生态

一是狠抓全面从严治党责任落实。全年查处违反中央八项规定精神问题 8 案 14 人,公车私用、大操大办、奢靡浪费等歪风顽疾得到有效治理。坚定不移强化执纪审查,全县纪检监察机关共处置问题线索 395 件,立案审查 196 件,结案 150 件,给予党纪政纪处分 150 人,其中乡科级干部 21 人。深入推进县委巡察,实现涉农单位、所有乡镇全覆盖,发现问题 277 个,立案查处 23 件、处分 35 人。二是加强干部队伍建设。全年研究决定任免干部 8 次,涉及干部 111 人次,平职调整 56 人,免职 21 人,提拔任职 34 人,一批讲奉献、有本事、靠得住的优秀干部挑起了发展重担。聚力党性提升,引深“两个教育”,规范“三会一课”、每月 5 日主题党日制度落实,引导广大党员干部树牢“四个意识”。注重源头建设,强化干部日常管理监督;注重日常研判,建立了后备干部库;认真落实职务与职级并行制度,打破了干部成长的“天花板”;出台《党员干部澄清保护实施办法》,为敢负责的干部负责,为敢担当的干部担当。三是夯实基层组织建设基础。制定出台《实施方案》,确定 22 个方面 99 项重点任务,扎实开展“树标杆,作示范”年度十个专项行动。完成 34 个软弱涣散农村党组织整顿工作,选聘农村名誉书记 28 名,农村“两委”换届圆满完成。选派 114 名年轻干部到乡镇基层一线挂职锻炼,充分发挥帮扶工作队、第一书记、包村干部、“两委”主干、农村党员 5 支队伍作用,助力全县脱贫摘帽。投入资金 5100 余万元,在全市首家高标准统一规划、统一建设乡镇干部周转房,“五小”建设实现全覆盖。

三、以提升发展质量和效益为中心，开创转型发展新局面

一是实施“转型综改、创新驱动”战略。中西部精品钢基地建设稳步推进，金属镁深加工率突破30%，山西建龙年销售收入突破百亿元，成为全市首批“龙榜”企业，瑞格、象丰农牧成为全市首批“虎榜”企业。创办孵化小微企业243家，培育“小升规”企业3家，新兴产业投资比重增加到85%。设立闻喜县外出务工管理服务中心，完成职业技能培训483人。二是大力推进现代农业发展。设施蔬菜集中连片项目建设完成，新建蔬菜钢架大棚160亩，经济作物比重增加到48%。畜牧业产值突破24亿元，迈入全省畜牧养殖先进县行列，农副产品企业发展到139家，全年实现销售收入13.8亿元，增长15%。三是统筹推进城乡协调发展。城镇化率增加到48.5%，推进新城区开发、同城化发展、开发区建设和老城区提档升级，城市道路、集中供水供热等一批工程扎实推进。制定实施集镇水电路气讯专项规划和产业发展规划，河底等乡镇完成64公里燃气管网铺设工程，全县集镇常住人口突破8万人，建成区面积达到23平方公里，东镇全国特色小城镇建设得到省建设厅批复。完成农村公路改建37公里、绿色村庄气化56个、土地增减挂钩500亩，美丽乡村建设初显成效。四是深入实施文化强县。依托县域特色文化设计打造了10条主题文化街，结合“美丽乡村”建设统一规划绘制了弘扬社会主义核心价值观文化墙。出台《传承裴氏文化实施方案》，扎实开展“家国情怀、世代传承”中国(闻喜)家风家教主题文化系列活动，获得“中国家风家教文化之乡”荣誉称号。343个行政村文化活动场所设施配套到位，送戏送电影进学校、进乡村4578场；中长期旅游总体规划编制基本完成，文物保护修缮工程顺利实施，旅游总收入达到9.1亿元，增长27.6%。

四、坚持法治引领、依法治县，坚定不移推进民主政治和法治闻喜建设

一是人大工作得到新提高。深入落实省市委加强县乡人大建设会议精神，推进县乡人大工作；首次对法官和检察官开展了履职评议，提高了监督实效；支持人大常委会对《安全生产法》等法律法规进行执法检查，对文化中心建设等进行监督；支持代表发挥主体作用，促进代表依法履职，146件代表建议全部办结。二是政协工作取得新成效。出台加强人民政协民主监督和协商民主建设两个《实施意见》，首次采用“两步走”督办重点提案，145件提案全部办复；创新委员履职载体，建立“委员之家”13个。三是统战工作实现新进展。坚持党对统战工作的领导，积极搭建新生代青年企业家、党外知识分子、党外领导干部和新社会阶层人士统战工作平台，同党外代表人士合作共事机制得到完善。四是依法治县取得新突破。扎实开展法治专项攻坚和法治创建活动，加强普法阵地建设，扎实开展“七五”普法、宪法宣传日活动，领导干部带头学法、用法、述法，全社会法治意识和法治观念进一步增强。

五、坚持民生优先、共享发展，坚定不移提升人民群众幸福指数

一是坚决打赢脱贫攻坚战。努力打好精准扶贫“组合拳”，做到四个“千方百计”，特别是把易地扶贫搬迁作为脱贫攻坚“头号工程”，坚持“三定三落实一公开”，严格执行搬迁贫困户自筹资金不超过1万元的红线政策，确定集中安置点9个，中心村安置点7个，发放财政资金1.6亿元，帮助1041户4169名贫困人口挪出“穷窝”。二是大力实施利民惠民项目。高考两大类达线678人，西街示范小学被授予全国首个“中国楹联希望小学”，闻喜中学与康杰中学签订合作办学协议。开发公益性岗257个、见习岗77个，数量超过之前数年总和，城镇新增就业4215人，城镇登记失业率控制在1.13%左右。新建、改建标准化卫生室102个，家庭医生签约25.4万人。45所农村日间照料中心投入使用，新农合补偿参合农民60.7万人次，发放补偿金1.2亿元，覆盖城乡的社会保障体系更加完善。三是社会管理体系持续健全。落实重点人员“五包一”教育稳控措施，信访总量进一步下降，信访案件办结率达到100%，圆满完成重大活动、敏感节点期间的信访维稳工作。开展“迎接十九大、全警保平安”和“打黑除恶”、打击非法传销等专项行动，破获各类刑事案件129起，查处治安案件731起，“两抢一盗”案件和其他违法犯罪活动明显减少。开展安全生产大检查、食品安全百日整治等专项活动，加强对危险化学品车辆、学生接送车、客运车辆等重点车辆的管理，排查整治重点领域、重点行业安全隐患425条，全县安全生产形势保持总体稳定。

六、坚持生态建设、创优环境，坚定不移建设宜居宜业美丽家园

一是实施大气、水、土壤污染防治三项行动计划，严格“控煤、治污、管车、降尘”，划定环城路范围内为高污染燃料禁燃区。二是全面落实污染减排责任制，工业固废利用率达到85%以上，大气、水六项减排指标预计可完成年初目标任务。三是推进环保督察整改工作，建立完善县级干部领办、包办重点环保工程项目和重点环保问题长效机制，重点开展“铁腕治污”、五个专项治理集中攻坚行动，形成常态化工作机制，省督察组交办的14件群众举报环境问题线索全部办结。四是扎实开展“四治六化一创”农村环境整治，集中解决“脏、乱、差、污、绿”问题，农村人居环境明显改善。五是开展美丽乡村和“园林单位、园林学校、园林企业”创建活动，城乡景致更加美丽，生活环境更加宜居。

(杨　青　杜　霄)

附：中共闻喜县委书记、副书记、常委名单

书　记：张汪尤

副书记：黄亚平(女)　秦志洲

贠晨昱(9月离职，挂职)

荆富功(9月任职，挂职)

常　委：王海生　王学智　韩小青　吴引群
　　　　冯向泽　张文豪　丁文玲(女)

中共临猗县委工作概况

县委书记　于鹏飞

2017年，临猗县坚持以习近平新时代中国特色社会主义思想为指引，深入学习贯彻习近平总书记视察山西重要讲话精神，按照省委“一个指引、两手硬”的思路和要求，坚定贯彻落实市委“改革抢先机，发展站前列，各项工作创一流”的总要求，以“走进新时代，融入大运城，建设新临猗”为总抓手，团结带领全县党员干部群众奋力推进绿色、和谐、智慧、美丽临猗建设，各项事业取得一系列新进展新成效。

一、深入学用习近平新时代中国特色社会主义思想，牢牢把握正确的政治方向

宣传学习贯彻党的十九大精神，广泛宣传省委十一届五次全会、市委三届四次全会精神，把宣讲习近平总书记系列重要讲话精神同“四大讲、四增强”相结合，同推进“两学一做”学习教育常态化制度化、开展维护核心见诸行动主题教育相结合，全县党员干部进一步增强了“四个意识”，坚定了“四个自信”。精心开展“万名干部大调研”活动，认真贯彻落实习总书记关于大兴调查研究之风的重要指示，进一步用党的十九大精神指导实践、谋划工作。

二、加快转型升级步伐，着力提升县域经济发展的质量和效益

坚持把方向、谋全局、定思路、干实事，不断提升县域经济发展质量和效益。

(一)坚持创新驱动，激活经济发展新动力。加快重点项目建设步伐。实行“一个项目、一位领导、一套班子、一抓到底”的工作机制，对81个重点项目逐一分解、定期研判，及时解决存在的问题。全县重点项目新开工56个，完成投资22.5亿元。大力推进招商引资。在西安、安徽、北京等城市举办了一系列招商推介活动，新签约项目21个，总投资103.55亿元，到位资金31.68亿元。稳步推进开发区改革。成立了开发区改革筹委会，编制完成“三规划一报告”和“三制三化”改革方案，加速构建“一区四园”大格局。

(二)落实“三个发展计划”，助力工业企业做大做强。全力推动产业转型升级，结合临猗实际制定了《工业企业“三一二”发展计划》《发展“五小企业”创新创业计划》《在外务工人员关心关爱计划》，召开了全县振兴实体经济推进会，推动全县经济工作进一步深入。豪钢锻造公司成功在“新三板”挂牌；完成小微企业孵化任务251家，“小升规”企业2家；建立了“凤还巢”计划“三账三制”，完成了摸底统计工作，先后在西安和北京举办了“诚邀凤还巢”招商推介活动和“新乡贤”在京人士座谈会。

(三)坚持精做农业，加快农业发展质量提升。推广科学种植，大力实施“三改三减两推广”，完成果树间伐面积5万亩，建设闫家庄2万亩有机肥代替化肥连片示范区。宣传果品品牌，在北京新发地农产品批发市场成功举办临猗县第六届果品文化节，参加第五届中国(山西)特色农产品交易博览会，代表运城举办了运城·临猗水果主题推介会，累计签订购销合同14.9亿元。在央视、高铁等高端平台多层次、全方位地宣传临猗果品。做好农业规划，规划了农副产品加工园，完成了编制工作。规划了5个县级产地批发市场，完善了农产品市场网络。“农业＋旅游”实现新突破，三管镇杏花节、银杏节被央视新闻联播报道，为宣传美丽临猗增添了浓墨重彩的一笔。

(四)积极融入大运城建设，提升城镇化水平。扎实推进撤县设区工作，引进晋运联通公交公司，开通两条运临公交线路，加快两地融合发展；通过PPP模式引进社会资本1.6亿元，实施城区街道改造8个市政基础设施项目。新增道路绿化13.6公里，提档升级12.5公里，城市绿化标准进一步提升。开展“四治六化一创”农村环境集中整治攻坚行动，制定“三五”工作法，农村环境治理进一步提升，在全市农村环境集中整治现场观摩推进会上被评为第一。投资4200万元打造28个美丽宜居示范村，引领全县美丽宜居乡村建设再上新台阶。

(五)抓好深化改革各项任务，激发强大发展动力。着重抓好国家、省、市安排的改革任务，全面部署6个方面35项重大改革任务。在市级试点公立医院改革上，作为全国县级公立医院改革首批试点县和全市深化综改“示范区”，通过支付方式改革，解决了贫困户因病致贫问题，实现了贫困户家庭看病17.33万元以下“零付费”，国务院医改领导小组简报专题刊登了临猗县改革经验。

三、加强民主政治建设，着力汇聚推动发展的强大合力

坚定不移走中国特色社会主义政治发展道路，不断巩固和发展民主团结、政通人和、生动活泼的政治局面。一是坚持和完善人民代表大会制度，健全县乡人大机构，支持和保证人大依法行使监督权、决定权、任免权。支持县人大及其常委会围绕全县重点项目、重点工作开展视察调研、依法进行监督，人大推动中心工作作用得到有效发挥。二是坚持和完善中国共产党领导的多党合作和政治协商制度，大力支持人民政协履行职能，注重提案和社情民意工作实效，2017年共征

集政协提案190件,反映社情民意100余条。认真履行党管武装工作职责,大力推进军民融合深度发展,实现了经济社会发展与武装工作同频共振、互相促进。三是法治临猗建设扎实推进。深入推进依法行政,用制度规范公正文明执法。深入推进司法体制改革,全面落实司法责任制。大力构建公共法律服务体系,全面推行党政机关法律顾问和企业法律顾问制度。深入开展"七五"法治宣传系列教育活动,使全县法治氛围更加浓厚。

四、持续增进民生福祉,保持全县大局和谐稳定

紧紧抓住全县人民最关心最直接最现实的利益问题,在黄河臂弯里绘就58万临猗人民安定祥和、幸福美好的生活画卷。一是加快推进脱贫攻坚。利用异地搬迁政策优势,在14个乡镇建设16个五保户集中供养点,安置了1061名五保老人。实施"一村一品一主体"产业脱贫,带动1200余户贫困人口增收脱贫。为贫困户子女发放教育补助资金400万元,解决贫困户信用贷款5170余万元,完成医疗"双签约"服务3408户8626人,完成了3954人的年度脱贫任务。二是扎实推进民生事业。坚持教育优先,打造学前教育亮点,推动基础教育提升,增强高中阶段教育竞争力,高考达线率增长4.4%,中考成绩稳居全市前茅。全面落实就业政策,新增就业人数4661人。提前完成全民参保登记计划,入库完成率达到118.06%。建档立卡农村贫困劳动力职业培训、"三下乡"活动等10件民生实事有序推进,城乡居民幸福感不断提升。三是持续改善生态环境。先后开展11项环境整治专项行动,严查重处环境违法行为。聚焦薄弱环节,强化问题整改,中央环保部督查交办的19个案件全部办结。深化农村面源污染防治,深入推进大气污染防治蓝天行动,认真实施土壤污染防治行动计划,推动环境质量进一步改善。四是深入推进平安临猗建设。深入开展"信访突出问题大整治"行动,依法合理解决一大批信访积案,保证了社会大局和谐稳定。深入开展安全隐患大排查、大整治,安全生产形势持续稳定好转。

五、认真落实管党治党政治责任,全面推进党的建设走在前列

县委按照市委党建"两个走在前"要求,坚持加强和改进党的建设,深入推进反腐败斗争,努力构建良好政治生态。

(一)坚持全面从严治党,不断净化政治生态。严肃党内政治生活。认真落实"三会一课"、民主生活会等制度,坚决贯彻执行民主集中制,进一步增强工作部署的统筹性、针对性和指导性。狠抓全面从严治党责任落实。县委认真履行主体责任,强化督导问责。领导干部认真履行"一岗双责",对分管领域党员干部累计谈话500余人次,推动责任落到实处。不断加大问责力度,共问责"两个责任"落实不力案件13起,给予党政处分1人,诫勉谈话2人,通报批评18人。持之以恒正风肃纪。充分运用"四种形态",加大执纪问责力度,共立查案件225件,给予党纪政纪处分190人,撤职以上重处分27人,移送司法机关3人;坚决查处违反中央八项规定精神案件8件,严肃处理12人,有效防止"四风"反弹回潮。充分发挥巡察"利剑"作用,着力解决群众身边的不正之风和腐败问题。

(二)强化组织建设,提升党组织的战斗堡垒作用。坚持重心下移。全面加强"三基建设",确定了23个方面102项重点任务,配套出台《三年行动计划》,部署开展年度"十大专项行动"。全面完成39个软弱涣散农村党组织整顿工作和375个行政村的"两委"换届工作。国企、学校、医院、非公和社会组织等其他领域党建工作同步推进。坚持力量下沉。选派112名市县年轻机关干部到乡镇挂职锻炼,进一步充实乡镇工作力量。在全市率先开展"普通党员进党校"活动,培训5430人。坚持保障下倾。累计落实基层党建经费7300万元,14个乡镇全部完成"五小"建设任务,新建、改扩建村级组织活动场所26个。全县375个行政村农村集体经济全部实现"破零",其中5万元以上村数达到132个。

(三)坚持"好干部"标准,加强干部队伍建设。严格落实省委"不廉洁的干部不能用、不干事的干部也不能用"的要求,贯彻落实市委"五看"选拔识别干部工作机制,紧扣临猗经济社会发展需求,培养选拔具有较强的专业能力和专业精神的好干部。大力推进激励干部担当作为、改革创新合理容错"两个办法"贯彻落实,关心爱护基层干部,最大限度调动干部干事创业积极性。

(史中惠)

附:中共临猗县委书记、副书记、常委名单

书　记:赵惠民(8月涉嫌严重违纪接受组织调查,11月双开)

于鹏飞(11月任职)

副书记:李　明　景莉莉(女)

常　委:裴良豪　贾玉明　高　力　李　立　余　敏　任朝阳　李晓波　邓成伟

中共稷山县委工作概况

县委书记　廉广锋

2017年，在中央和省委、市委的正确领导下，稷山县委深入学习贯彻党的十九大精神，深入学习贯彻习近平新时代中国特色社会主义思想和习近平总书记视察山西重要讲话精神，按照省委"一个指引、两手硬"思路要求和市委"改革抢先机，发展站前列，各项工作创一流"总要求，团结带领全县干部群众，全力推进改革发展稳定和党的建设等各项工作。全县上下政通人和、人心思干、风清气正的良好局面进一步巩固，经济发展稳中有进、稳中向好、稳中向优的良好态势进一步呈现。

全年地区生产总值完成82.02亿元，增长6.0%；财政总收入完成4.55亿元，增长14.1%；一般公共预算收入首次突破2亿元，增长16.3%；规模以上工业增加值完成18.67亿元，增长6.0%；固定资产投资完成44.1亿元，增长24%；外贸进出口总额完成11亿元，增长14.3%；社会消费品零售总额完成31亿元，增长7.4%；城镇居民人均可支配收入完成25261元，增长6.4%；农村居民人均可支配收入完成10282元，增长76.5%。9项主要经济指标全部稳步增长，尤其是固定资产投资增速全市排名第三，社会消费品零售总额完成全市排名第一，事关县情民生的财政总收入、一般公共预算收入两项财政指标增幅均超过10%，更比较直观的反映出了这一良好态势。

一、深入学用习近平新时代中国特色社会主义思想，牢牢把握正确的政治方向

县委旗帜鲜明讲政治，坚持用习近平新时代中国特色社会主义思想武装头脑、指导实践、推动工作。县委持续推进学用习近平总书记系列讲话进基层，县委中心组带头学、各级班子深入学、"后稷讲坛"专题学、"村官讲习所"层层学。7月份，稷山县在市委学用习近平总书记系列讲话学习交流会上作典型发言。县委把"四大讲、四增强"贯穿"两学一做"学习教育常态化制度化、维护核心见诸行动主题教育全过程，全县党员干部"四个意识"特别是核心意识、看齐意识进一步增强。县委精心安排部署，在全县掀起学习党的十九大精神热潮。先后两次召开常委(扩大)会议、全县领导干部大会和县委十三届四次全会深入学习，扎实开展了"十九大精神大宣讲、大培训、大调研、大落实"系列活动，推动学习贯彻党的十九大精神往深里走、往实里走、往心里走，达到了武装思想、统一思想、解放思想的目的。县委紧跟中央省市节拍，相继出台了《贯彻落实习近平总书记视察山西讲话精神的行动方案》《落实骆惠宁书记运城调研讲话精神责任分解意见》，以及具体落实市委四届三次全会精神的"龙腾虎跃"、"群星灿烂"、"凤还巢"三个发展计划等工作方案，并全力推进，确保了中央省市各项决策部署在稷山不折不扣贯彻落实。

二、加快转型升级步伐，县域经济发展的质量和效益进一步提升

县委坚持一张蓝图绘到底，咬定加快推进"四基地一名城"建设目标，以"三个发展计划"为抓手，以"一产提品质创品牌、二产促升级增效益、三产挖潜力壮规模"为路径，持续狠抓产业升级，持续狠抓项目建设，有效促进了县域经济健康持续发展。坚持把"三个发展计划"作为加快县域经济发展的总抓手，壮大实体经济，加快转型升级。大力实施"龙腾虎跃"计划，制定出台奖励支持、金融支持、财政支持、环境支持、项目支持等10项倾斜政策，促进骨干企业做大做强。东方资源、永东化工、永祥煤焦、铭福钢铁、阳煤泉稷、晋龙集团六家虎榜培育企业总体效益良好。其中东方资源2017年实现销售收入28.57亿元，永东化工实现销售收入19.23亿元。大力实施"群星灿烂"计划，组建了稷山县中小微企业服务联盟和小微企业服务站，积极引导企业向"专精特新"目标迈进。累计为全县中小微企业融资3607万元。翟店园区被确定为山西省首批小微企业"双创"示范基地。大力实施"凤还巢"计划，建立了在外务工保障体系、特色产业发展推进体系、返乡创业平台体系。2017年全县城镇新增就业4802人，转移劳动力5000余人。在贵州省召开了晋商晋才助力稷山发展(贵阳)恳谈会。县委坚持把农业生产农民增收牢牢抓在手上，紧扣一产提品质创品牌，推进特色富民产业加快发展。全县粮食总产达2.4亿公斤。稷山县板枣生产系统入选第四批中国重要农业文化遗产。蛋鸡存栏数量达到1350万只，晋龙集团西位300万只蛋鸡养殖基地一期项目建成投产，科技含量世界最高。小阳村"晋楂稷"牌富硒山楂在运城果博会摇响。上李村菇尔康食用菌菌棒出口韩国。县委坚持工业强县不动摇，紧扣二产促升级增效益，推进新型工业化全面提升。东方资源新投资13亿元的48万吨岩棉制品项目三条生产线投产，进一步延伸了产业链条，原来需要集中处理的废弃矿渣变废为宝，将全部利用。永东化工新投资3.7亿元的30万吨煤焦油深加工、联产8万吨炭黑和18MW炭黑尾气发电项目进展顺利，产能将实现翻番。中电投投资5.08亿元的50MW光伏发电项目并网发电。天圣制药口服固体制剂生产线竣工，年产值将达到两亿元。县委坚持优化经济结构不松懈，紧扣三产挖潜力壮规模，推动文化旅游产业开篇起航。大佛文化园建设有序推进，标志性景观之一的稷山塔主体工程完工过半。太阳坞堆金银器工艺品现身"一带一路"高峰论坛故宫"非物质文化遗产"展区。

三、坚持抓改革促开放，县域经济发展动力和活力进一步激发

县委班子和党政主要负责同志亲力亲为抓改革，扑下身子抓落实，先后三次召开深化改革领导小组会议，大力推进6方面29项重点改革任务，省级经济技术开发区可研通过专家评审，农田水利设施产权制度改革通过省级验收，监察体制改革试点工作受到省纪委主要领导好评，新筹建的山西稷山农村商业银行股份有限公司运行良好，党建制度改革扎实推进。县四大班子领导先后24次到北京、上海、厦门等13个省市对接洽谈项目。招商引资到位资金、落地项目全部超额完成任务。组织代表团到斯里兰卡开展文化商贸交流活动，与乌沃省莫讷勒格勒县签订了友好城市意向书。

四、扎实做好宣传思想工作，稷山文化的影响力进一步扩大

县委严格落实意识形态工作主体责任，研究制定出台了《进一步加强全县意识形态阵地管理办法》，加大对各类媒体管控力度，牢牢掌握意识形态工作的领导权、管理权、话语权。积极营造全县上下干事创业的浓厚氛围，举办了党的十八大以来稷山县辉煌成就展，开办了各类学习宣传党的十九大精神专栏，对实施“三个发展计划”等重点工作进行跟踪报道、典型宣传。大力弘扬社会主义核心价值观，通过核心价值观进校园、开展志愿服务、设立善行义举榜、公益广告宣传等方式，让核心价值观随处可见、深入人心。广泛开展群众文化活动，着力打造文艺精品力作，《党的女儿》代表运城市参加全省首届文化艺术节戏剧展演，主演席武英荣获“杏花奖”。“五谷香自稷山来”荣获全市“我有拿手戏”群众汇演一等奖。蒲剧电影《枣儿谣》正式开拍。

五、坚持发扬民主，社会主义民主政治和法治建设进一步加强

县委坚持党对一切工作的领导，定期听取县人大、县政府、县政协、法检两院党组工作汇报，提出指导意见，研究群团工作，支持国防和军队改革建设，统揽全局、协调各方的领导核心作用充分发挥。大力支持人大及其常委会依法行使职权，更好发挥人大代表作用。年中组织人大代表对政府工作特别是项目建设完成情况进行了视察监督，年底对政府组成部门2017年的工作开展了监督评议。大力支持政协和统战部门履行职能，积极推动协商民主凝聚智慧力量。充分发挥政协人才荟萃、联系广泛的优势，强力推进大佛文化园项目建设和西社园区居民搬迁区建设，取得良好成效。统战部门积极与社会各界人士沟通联系，凝聚起加快推进“四基地一名城”建设的强大合力。切实加强党对法治稷山建设的领导，积极探索和创新社会治理新模式。县、乡、村、组四级矛排网络实现快速分流、无缝对接，公共安全视频监控联网应用走在全市前列。加大政法队伍建设力度，涌现出了“全国百佳刑警”李同斌、“全国模范人民调解员”权小黑等一批先进工作者。

六、持续增进民生福祉，全县和谐稳定大局进一步巩固

县委坚持把人民对美好生活的向往作为奋斗目标，着力解决人民群众反映强烈的突出问题，更加注重保障基本民生，持续增进民生福祉。强力推进脱贫攻坚，投入资金960余万元，在20个贫困村发展核桃、花椒、双季槐等干果经济林6000亩，对所有贫困村基础设施进行了改造提升。全年1000人的脱贫任务高质量完成。全面加快城乡建设，深入开展“四治六化”城乡环境卫生集中整治，干群合力共建美好家园。省级文明县城顺利通过复评验收，翟店镇被评为全国第二批特色小镇，7个省级美丽乡村试点村产业发展、环境改善，受到省主管部门好评。着力改善生态环境，投资1.28亿元的汾河生态修复稷山段项目全面开工。中央和省环保督察组交办环保类问题全部处理完毕。大气污染、水污染和土壤污染防治工作有序开展，煤改气、煤改电、散煤市场整顿工作扎实推进。完成造林面积9000余亩。汾河出境断面水质控制达到省市考核要求，空气质量二级以上良好天气超过考核指标。突出抓好民生事业，财政资金用于民生领域支出达到11亿元。顺利通过国务院和省市全国义务教育发展基本均衡县验收，验收分值在全省全市都是最高。2017年高考二本B类以上达线人数832人。妇幼院综合大楼建设顺利。日间照料中心建设运营走到了全市前列，代表运城市接受全省观摩。认真抓好各方面安全工作，积极开展平安稷山建设，深入细致做好信访维稳，重拳打击经济犯罪，党政同责狠抓安全生产，和谐稳定局面不断巩固。稷山县作为运城唯一的县份成功入选首批“山西省食品安全示范县”，贺天才副省长用“稷山出彩”对此作出高度评价。

七、突出基层基础，全面从严治党成效进一步显现

县委坚定不移扛起全面从严治党责任，按照市委党建工作“两个走在前”总要求，坚决做到守土有责、守土尽责，不断提高党的建设质量和水平。组织建设从严。紧盯“三基建设”，县财政投入资金1353万元。整顿软弱涣散党组织32个，村级集体经济全部“破零”，村(社区)“两委”换届圆满完成，七个乡镇“五小”高标准运行，20个贫困村活动场所全面提档升级，培育“三基建设”示范点46个。选人用人从严。深刻理解市委提出的选用干部“五看机制”，严把调整动议、组织推荐、人选考察、讨论决定、任前公示等关键关口，重实绩、重基层、重品行、重公认，全年调整干部6批178人，提拔使用第一书记9名，一批优秀年轻干部走上重要工作岗位，一些不作为、不担当的干部腾出了“板凳”。纪律作风从严。深入开展干部纪律作风大整顿，对9起违反中央八项规定精神典型案件点名道姓公开曝光。积极践行“四种形态”，“咬耳扯袖、红脸出汗”成为常态。全年立查案件227件，处分各类违纪人员200人，对45名落实“两个责任”不力的党员干部严肃问责。工作落实从严。召开万名党员建功誓师大会，大力开展“三问

四比”大讨论大竞赛，并严格落实岗位目标责任制考核，营造了全县党员干部对党忠诚、干事创业的浓厚氛围。

（范志侠）

附：中共稷山县委书记、副书记、常委名单

书　记：廉广锋

副书记：吴　宣　尚国桦

常　委：赵永刚　费克仁　王纪峰　姜存师　王德谋　张寒梅（女）　代本忠

中共芮城县委工作概况

县委书记　董旭光

一、经济社会发展情况

2017 年，县域经济发展在下行压力下保持“稳中有进”良好态势。全县地区生产总值完成 82.22 亿元，可比增长 6.5%；财政总收入完成 6.58 亿元，同比下降 4%；一般公共财政预算收入完成 3.22 亿元，同比下降 1.2%；规模以上工业增加值完成 15.98 亿元，可比增长 18.4%；固定资产投资完成额 53.25 亿元，同比增长 42.4%；社会消费品零售总额完成 34.93 亿元，同比增长 7.2%；城镇居民人均可支配收入完成 27487 元，同比增长 5.8%；农村居民人均可支配收入完成 10404 元，同比增长 6.1%；县内外贸进出口总额完成 3781 万元，同比下降 58.1%。各项节能减排和环境保护约束性指标全面完成，基本上达到了市委“两个保持”的目标要求。

转型升级展现强劲发展后劲。全年招商引资项目 28 个，总投资 105.56 亿元，招商引资签约项目 14 个，总投资 80.9 亿元，圆满完成市定目标任务。新能源产业持续壮大。光伏领跑技术基地一期建设项目，作为全市新投产的 7 个重点项目中最大的一个项目，仅用 9 个月时间，在全国八大基地中率先实现全容量并网发电，创造了“芮城速度”，彰显了“芮城精神”。北京源创翔润风力发电项目前期手续进展顺利。随着北京财富立方风力发电二期项目的加快实施，芮城光伏领跑技术基地二期项目开工建设，2020 年全县新能源发电装机容量可望突破 200 万千瓦时，成为“十三五”时期县域经济社会转型发展的又一支柱产业。新材料产业发展提速加力。立足南星芮城分公司 PPE 产品的供给侧优势，加快发展新材料产业集群。县委主要领导先后 2 次带队赴江苏南通星辰总部，千方百计克服制度上的困难，“央企入晋”1 万吨 PPE 扩产改造项目顺利实施，并于 11 月 28 日正式投产，为延伸新材料产业链条奠定了坚实基础。先后 4 次南下，与广东、上海、深圳等地塑料协会、高分子材料协会进行对接，吸引国内 PPE 下游新材料生产企业来芮投资兴业，延伸产业链条，产生集聚效益。3 家下游企业已经落户，新材料产业正在成为芮城经济发展的强力引擎。

产业实力持续增强。工业经济乘势而上。在聚焦医药及医药包装产业集群发展基础上，抢占先机，开辟了新能源、新材料两个发展新领域，以现代医药、新能源、新材料为支柱的中高端现代产业体系大格局初步构建，经济发展的动力、后劲持续增强。现代农业发展加快。全年粮食总产量 3.414 亿公斤，连续七年荣获“全国产粮大县”称号。农业供给侧结构性改革深入推进，以温氏畜牧、天之润枣业为引领的龙头企业带动作用显著增强，芮城苹果、芮城葡萄喜获“生态原产地产品保护证书”，苹果出口 23 个国家和地区，连续四年出口量位居全省第一，农产品品牌优势不断增强。文化旅游产业扬帆奋进。全年全县接待游客 504.2 万人次，同比增长 38%，实现旅游总收入 41.29 亿元，同比增长 30.01%。作为全省县级唯一入选县，荣获全国休闲农业和乡村旅游示范县。圣天湖景区荣膺 4A 级景区，被确定为“国家体育旅游示范基地”创建单位，并成功入选全国首批“运动休闲特色小镇”，西侯度遗址被确定为“第二届全国青年运动会”圣火采集地。成功举办了 CCTV7 美丽乡村快乐行走进芮城、永乐宫上巳文化节暨“花之海 俏运城”美丽乡村游等丰富多彩的旅游文化活动，进一步扩大了芮城的知名度和影响力。

全面深化改革纵深推进。承接中央、省、市改革顺利推进，10 个重大改革事项强力推进，市定考核芮城县 5 项改革任务全面完成，国家生态文明先行示范区建设、监察体制改革等一些改革创新工作走在全市、全省前列。开发区改革创新稳步推进，为风陵渡经济开发区与县域经济互利共赢、融合发展奠定了坚实基础。特别是抢抓国家推动通用航空大发展的战略机遇，积极作为，通用机场场址正式获批，再一次彰显了县委政府抢抓发展先机推动发展的魄力和攻坚克难的坚强意志力。

民生福祉不断提升。坚持财力向民生倾斜，全年财政民生支出 15.2 亿元，占一般预算支出的 81.8%。坚持把脱贫攻坚作为第一民生工程牢牢抓在手上，坚持精准方略，下足“绣花”功夫，圆满完成了 3 个贫困村和 1208 户 2980 人的年度脱贫攻坚任务。全县 17 个贫困村联村光伏电站建设前期准备工作已经就绪，即将开工建设，将为解决贫困村集体经济“破零”和深度贫困人口持续稳定增收发挥重要作用。统筹做好就业、教育、医疗、卫生等各方面工作，不断增进民生福祉。城乡低保实现应保尽保。全县城镇新增就业 4992 人，超额完成全年任务；城镇登记失业率控制在 1.74%以内。创新社会治理，积极开展矛盾纠纷排查化解及重点信访问题源头化解等专项攻坚行动，社会大局和谐稳定。

生态优势持续巩固。国家生态文明先行示范区验收的

49 项指标任务,已基本完成 41 项,8 项指标完成了阶段性目标,79 项重点项目有序推进。承担的探索建立环境信息公开制度、探索水资源产权制度和用途管制制度 2 个国家重点课题,取得重大成果。配合环保督察,狠抓整改,中央、省交办的 35 案 42 起案件全部办结完毕。扎实开展“铁腕治污”等环保专项行动,先后共查处环境问题 168 个。全年空气质量二级以上优良天数 297 天,空气质量综合指数稳居全市第一。

二、党的建设情况

严格落实全面从严治党政治责任。坚定维护以习近平同志为核心的党中央权威和集中统一领导,全面加强政治建设、思想建设、组织建设、作风建设、纪律建设,把制度建设贯穿其中,坚守责任担当。先后 24 次召开县委常委会议、书记专题会议,对全面从严治党工作部署推进。带头履行主体责任,严格落实“一岗双责”,层层分解任务,传导工作压力。班子成员普遍对其分管范围内的单位一把手进行了提醒谈话,对相关责任人约谈共计 88 人次,带动各级党组织履行主体责任的行动自觉进一步强化。2017 年,全县共有 60 名党员领导干部因落实责任不力被追责,其中,单位“一把手”31 人。

全面加强基层党建。先后召开 9 次基层党建工作会议专题研究基层党建,破解村级集体经济薄弱、“三会一课”虚化、老党员作用难发挥、村“两委”“一肩挑”比例低等难题 26 个。在全市率先开展了党的十九大精神理论培训周活动,对 658 名科级干部和 1600 余名党员实现了政治武装。紧抓“三基建设”,把建强基层组织放在首位,协调解决各类问题 37 个,172 个村全部实现集体经济“破零”,2017 年“三基建设”47 项重点任务全部完成。在全省首先成立非公企业党委,小微企业、个体工商户、专业市场“小个专”党建联盟。

驰而不息加强作风建设。制定了《关于贯彻落实中央八项规定精神实施细则》,加强整治力度。2017 年,全县共查处违反八项规定案件 4 起,给予党纪政务处分 8 人,诫勉谈话 20 人,批评教育 1 人,通报批评 2 人。认真传达贯彻习近平总书记关于进一步纠正“四风”、加强作风建设的重要指示精神,深入查找“四风”突出问题的新表现,采取过硬措施,坚决加以整改。

持续保持反腐败的高压态势。2017 年,共处置反映问题线索 443 件,给予党纪政务处分 221 人,移送司法机关 3 人。立查“群腐”案件 118 件,给予党纪政务处分 118 人次。完成了 5 个县直单位 7 个乡镇及 14 个行政村的巡察工作,发现各类问题线索 70 件,给予党纪政务处分 2 人,移送司法机关 1 人。

从严从实抓好干部选任管理工作。认真贯彻落实“好干部标准”、市委“五看”用人导向和“四个坚决不能用”的工作要求,全年调整干部 10 批次 185 人,进一步激发了干部干事创业积极性。健全完善干部监督体制机制,制定出台《关于对县管领导干部进行提醒、函询和诫勉的实施办法》,让每一名党员干部时刻感受到组织就在身边,监督就在眼前。召开了全县人才工作大会,命名表彰各类人才 206 名,引进高学历及紧缺人才 20 名,进一步营造出各类人才服务县域经济发展的浓厚氛围。

(王　钊)

附：中共芮城县委书记、副书记、常委名单

书　记：董旭光

副书记：张建军　安　奇

常　委：仇红学　赵自成　王红梅(女,2 月离职)
张应征(3 月任职)　宁华文　李跃刚
杨建庭　贠林安

中共绛县县委工作概况

县委书记　王宏伟

2017 年以来,绛县县委深入学习贯彻习近平新时代中国特色社会主义思想,以习近平总书记系列重要讲话特别是视察山西重要讲话精神为指引,认真落实省委“一个指引、两手硬、两个持久”和市委“改革抢先机,发展站前列,各项工作创一流”的思路和要求,团结带领全县党员干部群众,以“两乡五区”建设为总抓手,砥砺奋进,不断拼搏,推动全县各项事业稳步发展。

一、旗帜鲜明讲政治,坚持以习近平新时代中国特色社会主义思想武装全党

认真学习党的十九大和习近平总书记视察山西讲话精神,切实增强对习近平新时代中国特色社会主义思想的真心践行。大力推进“两学一做”学习教育常态化制度化和维护核心、见诸行动主题教育,先后组织干部赴夏县堆云洞、焦裕禄干部学院和延安干部学院进行实地学习,全县党员干部的“四个意识”进一步增强。

二、切实加强党对经济工作的领导,全力推动经济转型发展

立足“涑水河经济带”和“中条山经济带”区位优势,坚定不移抓项目,全面铺开总投资 209 亿元的“五个十”重点工程,招商引资项目到位资金 25.21 亿元,超额完成市下任务。全力以赴抓工业,制定出台了“龙腾虎跃、群星灿烂、凤还巢”三个发展计划,在陈村镇规划建设了高标准的“双创”孵化园区,亚新科国际铸造、中设华晋铸造、明迈特铁合金等优势企业规模不断壮大、产品市场占有率稳步提升,华北最大、国际

一流的铸造和机械加工基地初现端倪。持之以恒抓农业，在全县规划建设现代农业示范园区33个、重点项目10个，创建绛县山楂、绛县樱桃两个区域公用品牌，荣获国家级出口食品农产品质量安全示范区。不遗余力推进文化旅游，大力建设“春赏花、夏漂流、秋赏叶、冬滑雪”的绛县全域旅游，先后组织开展了首届樱桃文化节、东华山登山节、山楂赏花节，带动休闲农业、观光农业，全国樱桃之乡和绛老长寿之乡的影响力不断扩大。

2017年全年，地区生产总值完成58.39亿元，同比增长7.2%；规模以上工业增加值完成14.1亿元，同比增长8.3%；固定资产投资完成28.04亿元，同比增长1.1%；社会消费品零售总额完成25.38亿元，同比增长5.1%；城镇居民人均可支配收入完成24614元，同比增长6.2%；农村居民人均可支配收入完成8990元，同比增长6.7%；财政总收入完成2.62亿元，同比增长9.9%；公共财政收入完成1.22亿元，同比增长12.9%；外贸出口总额完成1.38亿元，同比增长23.91%。

三、坚定不移推进全面从严治党，努力营造风清气正的政治生态

坚持责任落实从严。县委常委积极与分管领域干部开展日常谈话，及时咬耳扯袖，传导压力。出台了《关于实施预防腐败“免疫工程”全面构建良好政治生态的意见》《加强领导班子和领导干部日常了解和综合分析研判的办法》等一系列制度。坚持“三基”建设从严。千方百计、因地制宜地推进村级集体经济，确定的11个省级试点村和4个县级试点村成功带动全县所有行政村集体经济“破零”。顺利完成了撤并行政村试点工作，全县行政村总数由205个减少到189个。对全县500余名基层党组织书记和基层党务干部进行了“三基建设”专题培训。开展了千名党员进党校活动，对全县所有党员进行了拉网式培训。坚持队伍建设从严。出台了《推进领导干部能上能下实施细则》《激励干部担当作为干事创业实施细则》。坚持作风建设从严。完成了纪检监察体制改革，实现了反腐败工作全面覆盖。严肃查处违反中央八项规定精神案件9件，严肃处理15人，有效防止“四风”反弹回潮。扎实开展“中梗阻”治理，严密部署开展扶贫领域不正之风和腐败问题专项治理，深入开展巡视整改自行“回头看”，持续保持了反腐败的高压态势。

四、着力推进全面深化改革，充分释放县域经济活力

县委、县政府主要领导和各位县委常委当好改革的“施工队长”，多次召开专题会议研究部署重点改革事项，推动了全县改革向纵深推进。开发区改革全面破题，领导班子任期制、全员岗位聘任制、绩效工资制“三制改革”全面完成。河长制改革有效实施，设置总河长、县级河长、乡镇河长、村级河长104人。医疗卫生机构一体化改革扎实推进，组建了绛县医疗集团，整合了医疗资源，提升了医疗水平，人民群众就医就诊更加方便。国有林场改革全面完成，“绛县国营烟庄林场”改革为“绛县国有林场”，完成了内部改革、编制核减等一系列任务。“放管服效”改革切实深化，开展了减证便民专项行动，形成了《县本级行政审批事项前置申请材料清单》。稳步推进“双随机一公开”，监管工作实现全覆盖，营造出了优质、高效、便捷的政务环境。“十大改革”全面铺开。确定并实施了盘活壮大民营企业、中信机电公司（541）驻绛各厂整合重组、中信机电公司（541）驻绛各厂与所处镇村融合式发展、政策研究部门与外宣部门机构整合、农业园区建设、破解中小企业融资难、医疗体制改革、贫困户大病医疗补充保险与意外伤害保险、农村产权制度改革、三网融合、军工旅游等11项改革事项，全面释放了改革红利，增添了发展动力，激发起干事活力。

五、落细落实意识形态工作，切实增强社会正能量

牢牢掌握意识形态工作的领导权、管理权、话语权，发挥主流媒体舆论阵地作用。编纂出版了《走进天下第一县——绛县》等一系列优秀作品。举办了第6届消夏文化周。民俗舞蹈《红溜溜的灯》亮相2016年央视农民春晚，舞蹈《扫街》被推送至国家文化部，参加了第十七届中国群星奖，名列舞蹈类第一名。积极推进楹联文化的普及，荣获“中国楹联文化县”称号。开展了文明村镇、文明家庭、小康文明村、省级文明县城先进县等一系列创建活动，在全社会形成了良好社会风尚。陈村镇的裴玉兰家庭被评为2017年“全国最美家庭”。

六、持续保障和改善民生，着力增进人民福祉

千方百计推进教育发展，开工了新建绛中、实验三小，修缮了幼儿园一园，新建了高标准的二园，有效缓解了幼儿入学难。2017年，县高考二本达线率从2016年的17%跨越到30%，增幅位居全市第一，荣获全市高中教学质量进步县称号。带着感情抓好社会事业，积极推进城乡一体化医疗改革，实施了5所乡镇卫生院综合改造，启动了县医院增容扩建工程。城乡居民医疗保险实现并轨，完成了全民参保登记计划。着力推进脱贫攻坚，大力推进涉及8个乡镇、23个村4257人的易地搬迁工作，设立了百万扶贫救助基金，有效防止了因病致贫、因病返贫。进一步健全全民共建共治共享的社会治理格局，深入开展“信访突出问题大整治”。全力做好党的十九大安保维稳工作，刑事案件、治安案件大幅下降。大力度改善人居环境，实施了总投资1.55亿元的“一横三纵”街道改造工程。开工了城东尧晋文化广场。实施了集中供热二期工程。深入推进农村环境卫生集中整治。坚定不移地践行绿色发展理念，对全县所有采矿企业进行了全面整顿。完成了《涑水河流域生态修复规划》审批，启动了续鲁峪河绛县段综合整治工程和沸泉泉域保护工程。完成园林村绿化34个，栽植各类树木35万株。2017年，全县二级以上空气质量天数达到254天，空气质量综合排队位居全市前列，城市集中供水水源地水质达标率100%。

（刘剑翔）

附：中共绛县县委书记、副书记、常委名单

书　记：王宏伟

副书记：薛玉马　丁　格(女)

常　委：李明爱(女,4月离职)　孙　晓　解伟龙
　　　　陈　军　葛　凯　董宏运　薛俊辉

中共万荣县委工作概况

县委书记　杜中伟

万荣县共有24个党委、9个党总支、634个党支部，16594名党员，占全县人口总数的3.69%。其中农村党支部274个，党员10994名，占党员总数的66.25%。2017年新发展党员260名。

2017年，在省委的正确领导下，县委认真学习贯彻习近平新时代中国特色社会主义思想和党的十九大精神，认真落实省委“一个指引、两手硬”思路和要求，坚持全县“三个五”总体思路，真抓实干、攻坚克难，推动万荣各项事业取得新进展、新成效。

一、认真履行全面从严治党主体责任，努力实现党内政治生态持久的风清气正

一是旗帜鲜明讲政治，坚持用习近平新时代中国特色社会主义思想和党的十九大精神武装思想、统一思想、解放思想。深入推进“两学一做”学习教育常态化制度化，扎实开展“维护核心、见诸行动”主题教育和“四大讲四增强”活动，全面兴起学习宣传贯彻党的十九大精神热潮。县级干部带头进农村、机关、企业宣讲100多场次，邀请十九大代表原贵生、中央党校教授戴焰军等作专题辅导，开展“新时代万荣老百姓想什么、缺什么、盼什么”专题大调研，分5批对县乡村三级干部进行了十九大精神大轮训，举办学用习总书记重要思想交流会、“一文一书”专题研讨会，依托县党员干部理想信念教育基地认真开展党性教育，使全县党员干部持续加深了对十九大精神的理解领悟，持续加深了对习总书记的情感认同和崇敬爱戴。坚持运用新理念新思想新战略审视谋划经济社会发展各项目标任务，进一步充实完善了“三个五”总体思路，明确了“一个目标、两个重点、三条路径”和“在峨嵋岭经济带振兴崛起、在黄河经济带率先崛起”等战略安排，推动学用习近平新时代中国特色社会主义思想不断往深里走、往实里走、往心里走。

二是更加自觉地把党建工作放在心上、拿在手上，摆上重要位置，实施“三单三卡”“八簿九制”等十大党建工程。开展了“学习十九大，牢记新使命”等系列主题党日活动。3000余名普通党员走进党校接受教育。“五有”激励关怀帮扶机制受到省市领导充分肯定。全县274个行政村集体经济全部“破零”。

三是坚持重心下移、力量下沉、保障下倾，全面加强“三基建设”。制定《县乡村加强“三基建设”实施细则》。基层组织建设上，把农村党组织建设作为重中之重，圆满完成“两委”换届，86名本土人才担任主干，乡镇“五小”建设进展顺利。基础工作建设着力解决工作粗放问题，确定5大类29个方面内容标准。基本能力建设着眼新时代新要求，组织干部外出学习，开展专题培训。“三基建设”完成年度“树标杆，做示范”10项牵引性任务。

四是落实好干部标准，加强教育、管理和培养，着力打造忠诚干净担当干部队伍。认真执行《党政领导干部选拔任用工作条例》等干部工作政策法规，注重在“三个发展计划”、“四治六化一创”、脱贫攻坚等重点工作一线发现干部、培养干部、选拔干部。制定“考核排名结果运用、党员干部澄清保护”等实施办法，激发干部队伍活力。持之以恒正风肃纪，全面推进监察体制改革，常态化开展政治巡察，创新实施了“五个一”预防腐败“免疫工程”，全县党员干部队伍正气充盈、务实重干，作风建设成效转化为现实生产力和高效战斗力。

二、牢固树立新发展理念，坚持稳中求进总基调，全力提升万荣经济发展总量、质量和效益

一是向实体经济聚焦发力，大力实施“三个发展计划”。“龙腾虎跃”计划上，7家“虎榜”培育企业健康发展，亿元产值企业达到12家，工业利税增长7.8%。“群星灿烂”计划上，聚焦苹果产业发展打造中小微企业方阵。全县新增中小微企业238户。围绕实施“凤还巢”计划，建立县乡村“三级服务网络”，在北京、太原、上海等地召开7次恳谈宣介会，签约了一批项目，为12位万荣籍在外人士颁发了“发展顾问”聘书，不断汇聚起“关心万荣发展，助力万荣发展，参与万荣发展”的强大正能量。

二是坚定不移地把项目建设作为经济工作的主抓手。坚持年初承诺、年中检查、年底交账工作机制，坚持四套班子包联项目、一抓到底、负责到底的责任体系，坚持围绕重点工程项目优化环境、加强督查，年度47个重点项目进展顺利，招商引资完成市定任务的138%，带动9项主要经济指标平稳增长。

三是把建设“新型工业县、优质果业县、特色旅游县、美丽城乡、文化名县”作为经济发展的重中之重，促进了全县经济平稳健康发展。“新型工业县”建设上，与中国建筑科学研究院、北京建筑大学等科研院校合作，加强关键技术攻关。全县高新技术企业达到11家。成功创建“省级出口混凝土外加剂产品质量安全示范区”“山西省混凝土外加剂产学研基

地”,进一步擦亮了“中国建筑防水之乡”品牌。“优质果业县”建设上,争取到“国家农村产业融合发展示范园”“国家农业可持续发展试验示范区”“山西省休闲农业和乡村旅游示范县”等创建工作,启动了“3+10”出口水果示范片区建设。全年农产品出口1.5万吨。“万荣苹果”荣获国家级“生态原产地保护产品”。新发展香菇700万棒,被评为“山西省食用菌(香菇)产业示范县”。“特色旅游县”建设上,启动实施全域旅游4A级核心景区建设,精心举办了“畅游后土·果海笑城”14项乡村游活动,全县新增5个市级乡村旅游示范点,旅游接待量、综合收入实现“双提升”。美丽城乡建设上,8条县城街路建设全部竣工,总长6公里的南环路进一步拉大了县城框架;占地100亩的县文化体育中心一期完工,县城文化品位不断提升;总投资4亿元的县委党校和城东生态公园等项目高标准完成设计,即将开工。以4个特色小镇、14个美丽乡村示范点建设为引领,深入推进“四治六化一创”,有力推动了乡村基础设施和环境面貌大改善。“文化名县”建设上,举办后土文化研讨会、王通思想学术文化交流会。大型廉政历史剧《铁汉公薛瑄》在全省首届艺术节上展演,同名兼政电视纪录片荣获中国纪录片学院奖。李家大院被确定为“中国华侨国际文化交流基地”。全县新创建3个“全国文明单位”、8个“省级文明先进集体”,里望乡乔薛村薛淑爱入选“中国好人榜”。

三、坚持把脱贫攻坚作为第一民生工程,圆满完成年度脱贫任务

坚持以脱贫攻坚统揽经济社会发展全局,落实精准方略,集中力量攻坚,全面完成年度20个贫困村、11400人脱贫任务,贫困发生率由6%下降至2%。《山西日报》《山西经济日报》《运城日报》分别在头版头条报道了县脱贫攻坚经验做法。

一是瞄准小康村标准,强化贫困村基础设施建设。共实施项目275个,总投资5000多万元,已建成260项。

二是出台3项特殊兜底政策,有力解决贫困户就业务工、子女教育、生活保障问题。3项政策,即《万荣县建档立卡贫困户公益岗位就业实施方案》《贫困高中生课本费、生活费补助实施方案》《特困人员供养工作实施方案》,筑牢脱贫攻坚的硬支撑。坚持“一户一策、一人一法”,让400多名特困群众“两不愁三保障”。

三是全力推进深度贫困自然村易地搬迁。完成年度174户700人的贫困人口搬迁任务。启动西解村易地扶贫搬迁集中安置点建设工作,可安置160户600余人。

四是大力培育“一村一品一主体”。引导贫困群众新发展苹果1400亩、玉露香梨310亩、干果经济林4830亩;设施蔬菜500亩、油牡丹270亩,畜牧养殖5290头(只),不断增强贫困群众自我发展能力,夯实稳定脱贫基础。

五是按照“村里挣钱和外出务工”相结合的思路,积极推动劳务输出。村里挣钱主要打好“农业服务”牌,引导贫困群众疏花疏果、就近打工8300余人次,人均增收2000余元。外出务工主要打好“防水建材”牌,帮助群众到防水建材企业就业600余人。实施“有劳动能力的贫困户技能培训全覆盖工程”,培训贫困群众1355人,激发了贫困群众的内生动力。

四、坚持以人民为中心的发展思想,不断提高保障和改善民生水平,加强和创新社会治理

一是大力发展社会事业。把教育事业发展放在优先位置,高考六大类达线首次突破千人。职业教育朝着产教融合、校企合作方向发展。示范初中投入使用,示范小学、六一幼儿园开工建设,“全面改薄”项目完工。全面落实就业政策,城镇新增就业人数3952人,城镇登记失业率1.43%。推进健康万荣建设,改建3个乡镇卫生院,积极推进“星级村卫生室”建设。加强社会保障体系建设,全民参保按期完成,入户登记率达到99.58%。

二是扎实推进生态文明建设。中央环保督察组反馈的4个方面13条意见和7件群众举报环境问题线索全部办结,省环保督察组交办的15起环保类问题全部调查处理完毕。严格“控煤、治污、管车、降尘”,取缔“小散乱污”企业527家。认真落实“河长制”,推动汾河水质稳定达标。植树造林8500亩,全县森林覆盖率达到35.6%。积极推进“煤改气”工程,节能降耗约束性指标全面完成。

三是不断加强和创新社会治理。深入推进法治万荣建设,“七五”普法工作全面铺开,实施“优环境促发展法律护航行动”,扎实推进以司法责任制为核心的4项改革,营造公正规范的法治环境。坚持把“三个坚决防止”“三个决不发生”作为底线,创新实施“七网”联动工程,深入开展“信访突出问题大整治”。安全生产形势持续稳定好转,连续6年被评为“安全生产工作先进县”。

在抓好以上工作的同时,坚持把抓改革作为重大政治责任,认真落实“三个三”抓改革的基本方法,推动各项共性改革和试点改革按进度和要求落实;坚持党的领导、人民当家作主、依法治国有机统一,加强民主政治建设,定期听取县人大、政府、政协、法院、检察院党组工作汇报;有序推进群团改革工作;促进军民融合式发展迈上新的台阶;推动科技、体育、档案、残联、老干部、老龄等工作开展,全县保持和发展了生动活泼、安定团结的政治局面。

2017年,全县地区生产总值完成66.83亿元,同比增长5.0%。财政总收入完成34763万元,同比增加6.3%。一般公共预算收入完成15598万元,同比增长6.0%。规模以上工业增加值完成6.3亿元,同比增长3.5%。固定资产投资完成39.35亿元,同比增长8.1%。社会消费品零售总额完成34.15亿元,同比增长7.0%。城镇居民人均可支配收入完成24145元,同比增长7.0%。农村居民人均可支配收入完成8842元,同比增长7.7%。

(卫晋生 黄黎阳)

附:中共万荣县委书记、副书记、常委名单

书　记:杜中伟

副书记：李永辉　谢　澎(9月离职)

常　委：李　峰　李耀宗　李建民　李鹏凯　尉艳梅(女)　陈小光　韩德峰

中共垣曲县委工作概况

县委书记　杨彦康

2017年，县委领导班子深入学习贯彻党的十九大和习近平新时代中国特色社会主义思想，全面贯彻习近平总书记视察山西重要讲话精神，认真落实省委“一个指引，两手硬”的思路和要求，围绕“走进新时代，建设大运城”工作部署，以党的建设为龙头，以脱贫攻坚为统领，以生态建设为引领，加快推进“六三战略”，各项工作取得了新进展新成绩。全年全县地区生产总值完成56.7亿元，增长7.5%；规上工业增加值完成22.8亿元，增长8.3%；固定资产投资完成41.9亿元，增长25.9%；社会消费品零售总额完成25.6亿元，增长7%；财政总收入完成5.6亿元，增长45.3%；一般公共预算收入完成2.38亿元，增长26.5%；城镇居民人均可支配收入完成24896元，增长6.9%；农村居民人均可支配收入完成6722元，增长7.8%。

一、牢牢把握政治方向，全面贯彻落实中央、省、市各项决策部署

县委坚持把学用习近平新时代中国特色社会主义思想摆在首要位置，充分发挥县委中心组示范带动作用，通过集体学习、专题讲座、交流研讨等形式，持续跟进学习、全面深化理解。一是认真学习贯彻习总书记视察山西重要讲话精神，连续召开县委常委会、县委中心组会议、全县干部大会，用最快的时间将重要讲话精神传达到基层一线和干部群众中。召开了县委十四届五次全会，审议通过了《关于深入学习贯彻习总书记视察山西重要讲话精神的行动方案》，从7个方面提出30条具体意见，不断把学习贯彻引向纵深。二是认真传达学习党的十九大精神，通过组织学习研讨、集中宣讲、干部调研等多种形式，迅速掀起了学习宣传贯彻十九大精神热潮。召开了县委十四届六次全会，对全县深入学习宣传贯彻党的十九大精神作出全面部署，对全县经济转型、改革开放、民生改善、全面从严治党等各项工作提出了明确要求，抓住了重点、明确了核心、突出了关键。三是认真学习省委骆惠宁书记在运城调研重要讲话精神，出台了《关于贯彻落实省委骆惠宁书记在运城视察调研重要讲话精神重点任务的工作方案》，把任务细化分解到各个单位，强化督查抓好落实。四是广泛深入学习市委“5.25”常委扩大会议精神，召开县委常委(扩大)会议，深刻领会“改革抢先机，发展站前列，各项工作创一流”“四个着力”“两个走在前”等重大部署，形成了6方面具体落实举措，确保市委决策部署落到实处。

二、推动全面从严治党，构建风清气正政治生态

县委班子认真落实党的十九大提出的党的建设总要求，定期听取县人大、县政府、县政协、县法检两院党组管党治党工作情况汇报，针对性提出指导意见，把党的领导体现到各领域各方面。突出抓好政治建设，强力推进“两学一做”学习教育常态化制度化省级示范点建设，建立了县级领导包联制度，在全县确定各级示范点28个，深入开展了“五大主题实践活动”，将“四大讲、四增强”贯穿维护核心、见诸行动主题教育全过程，围绕“河东儿女学‘习语’，看齐紧跟见行动”，在全县掀起学习“一文一书”热潮，筑牢了维护核心、看齐紧跟的思想基础。全市“两个教育”和三基建设现场会在我县召开。切实强化“三基”建设，圆满完成村(社区)两委换届；创新开展基层党建“百日攻坚、争创一流”行动，11个乡镇“五小”设施投入使用，19个软弱涣散党组织转化升级，57个村级活动场所进行了提档升级，5个城市社区活动场所面积平均达到1000平方米以上，村级集体经济收入实现全“破零”；创新开展农村党员“挂牌亮承诺”、机关党员“挂牌亮职责”、窗口单位党员“挂牌亮服务”活动；创新开展服务型党组织建设，在全县推广了蒲掌乡“546”党建工作法。2017年“三基建设”县级经费4589.4万元，比上年增加435%。加强干部队伍建设，认真落实好干部标准和市委“五看”选拔识别干部工作机制，严格执行干部选任相关制度规定，坚决做到出于公心、人岗相适、严格程序、风清气正，突出政治标准，选用牢固树立“四个意识”，能够贯彻县委、县政府工作要求的好干部，树立了“客观评价干部、从严管理干部、公道使用干部、热情保护干部”的选人用人导向，干部结构进一步优化，队伍梯次进一步合理。出台了激励干部担当作为、支持干部改革创新合理容错等实施办法，努力建设高素质专业化干部队伍。加强党的全面领导。依托县委党校、老年大学等六大阵地，进一步营造了健康向上的舆论氛围；扎实开展“汇聚发展正能量，画出最大同心圆”活动，基层统战文化建设走在全市前列；以打造法治垣曲、平安垣曲为抓手，强化法治宣传，创新社会治理，全县社会大局和谐稳定；国防教育、专武干部进出、基础设施建设等走在全市前列；以党建带群建促团建，群团组织作用得到充分发挥，非公和社会党组织全覆盖有序推进。持之以恒正风肃纪，进一步推进廉政文化、日常谈话、巡视巡察三个全覆盖，制定出台了《关于预防党员干部违反“六大纪律”日常谈话实施办法》，各级党组织共开展日常谈话8151人次。认真落实习总书记关于“反四风”批示精神，全年共开展专项

督查14次，立案查处违反中央八项规定精神案件12件,给予党政纪处分14人。全年共立案审查各类违纪案件243件，给予党政纪处分225人。

三、统筹推进六三战略,县域实力明显增强

县委班子切实加强对经济工作的领导,实施“三个发展计划”。围绕工业企业“五五五”发展计划,中条山有色金属公司登上了全市企业发展“龙榜”,金世家陶瓷、国泰矿业和五龙集团登上了全市“虎榜”,同时将中电投垣曲新能源、刚玉陶粒、宁夏远高矿业作为“旗舰”企业,重点进行培育。大力实施“小微企业”培育计划,全县小微企业达到1678家,实现小升规2家。围绕外出务工人员关心关爱计划,已招录引进研究生以上高学历人才27人。工业挖潜升级。金世家陶瓷产销两旺,中条山陶瓷正在建设,中条山铜深加工、抽水蓄能发电等项目加快推进。成立了工业园区开发建设有限公司,创新投融资体制,采取“量身订做”标准化厂房,实现了企业“拎包入住”,设立省级开发区可行性报告目前已通过省、市评审。农业提质增效。核桃经济林面积达到26万亩,水果、蔬菜、中药材等特色产业不断巩固,农业生产条件不断改善,打响了“帝舜故里、农耕之源”农产品品牌。旅游全域发展。加快推进全景垣曲、全域旅游建设,全年造林面积4981亩,森林覆盖率达到52%。亳清河全流域生态环境综合治理、古城国家湿地公园、城郊森林公园建设扎实推进,“桃花节”“荷花节”“消夏周”等乡村旅游体验方兴未艾。城乡功能提档。城区集中供热项目运行良好,垃圾分类处理全部实现了回收利用,城乡环境集中整治成效显著，特色集镇和美丽乡村建设亮点频出。中心广场、亳清河旅游路、长毛路、闰垣高速连接线投入使用,新望旅游路、垣渑高速、公共体育场及全民健身中心开工建设,基础设施日益完善,城乡面貌不断改善。生态文明建设。不断强化“管行业必须管环保,管地域必须管环保”改革举措,成立了构建生态保护大格局领导小组。不断加大环境污染综合治理,中央环保督察组反馈交办的13件共性问题已全部整改到位。大力开展“举一反三”大排查活动,认真进行环境信访“回头看”,农村环境集中整治突出“四治六化一创”,集中解决“脏、乱、差、污、绿”问题,农村环境面貌明显改善。

四、努力增进民生福祉,不断提升群众幸福指数

县委班子始终坚持以人民为中心的发展思想,决战脱贫攻坚。以脱贫攻坚统领经济社会发展,先后召开35次专题会议研究部署脱贫工作，八大工程二十个专项行动扎实推进,实现了驻村干部“全脱产、全日制、吃住在村”,率先选派30名机关优秀干部下乡挂职。率先启动农村“厕所革命”,创新开展党员干部创业扶贫暨一线带富工程，确定了首批46名创业人员,共创办新型经营组织39个。全年退出贫困村29个,脱贫7800人。优先发展教育。城北幼儿园、城东小学和幼儿园全面投入使用,高考二本达线人数保持千人以上。提升医疗水平。加快推进医药卫生体制改革,中医院综合楼和妇幼保健服务大楼正在建设,县、乡、村医疗服务网络达到国家标准。维护社会稳定。全面加强社会治理,深入开展“信访突出问题大整治”,着力解决城乡建设、劳动社保等领域突出问题。严格落实安全生产责任体系,全年未发生重大安全事故。同时,殡仪馆、贫困劳动力职业培训、日间照料中心建设等民生实事提前完成,就业、社保、养老等民生事业全面进步,人民安全感和满意度明显提升。

五、推进全面深化改革,不断提升开放水平

县委班子围绕习总书记“四个亲自抓改革”、省委骆惠宁书记“三个三抓改革方法”和市委“改革抢先机”的要求,调整了县委全面深化改革领导小组,县委改革办人员、编制全部到位,2017年全县36类174项改革任务全部分解到16位县级党政领导,进一步细化明确了抓改革责任分工。坚持以点带面、重点突破,重点领域和关键环节十大改革任务扎实推进。监察体制改革“转隶”“建制”全面完成,成功通过检验评估,实现了对所有行使公权力的公职人员监察全覆盖。医药卫生体制改革稳步推进，垣曲县医疗集团已经挂牌成立,家庭医生签约重点人群服务率达到了76%,建档立卡贫困人口签约服务率达到了100%,“小病在基层、大病进医院、康复回基层”的分级诊疗机制已经建立。“放管服效”改革不断深化,先后清理取消行政职权事项49项,承接上级下放审批权限3项。承担行政职能事业单位改革试点涉及的61个单位,总量减少9个。及时梳理核查各单位权责清单,目前共保留的权力清单2585项。持续推进商事制度改革,工商登记前置审批事项改为后置审批或取消占到87%,“三证合一”全面实现,“多证合一”和市场主体登记全程电子化积极推进,先后清理市场主体“僵尸户”2134户。标准化学校建设、现代学校管理、集团化办学改革稳步推进,基本实现了县域义务教育均衡发展和城乡基本公共教育服务均等化。

坚持因地制宜,突出亮点,特色改革举措创新实施,研究出台了《垣曲县招商引资优惠政策》《垣曲县招商引资考核办法》,围绕铜镁深加工、陶瓷建材、农产品加工和文化旅游等产业,大力开展驻点招商、小分队招商、产业链配套招商、以商招商、委托招商和网络招商。全年招商引资到位资金28.86亿元,完成率131%。

(闫　斐)

附：中共垣曲县委书记、副书记、常委名单

书　记： 杨彦康

副书记： 麻军泽　尚玉良　张红杰(6月任职)

常　委： 李　鹏　马海强　杨可隆　王　坚
程岩勤　杨春霞(女)　卫　鹏

中共夏县县委工作概况

县委书记　张宏志

2017 年,中共夏县县委深入学习贯彻党的十九大精神,坚持以习近平新时代中国特色社会主义思想为指导,以习总书记视察山西重要讲话精神为动力,认真落实省委"一个指引、两手硬"重大思路和要求、市委"改革抢先机,发展站前列,各项工作创一流"总要求,坚持"全面从严强党建、凝心聚力谋发展、千方百计惠民生、以上率下抓落实",奋力攻坚克难,锐意改革创新,各项工作迈上新台阶。

一、坚持全面从严强党建,为县域经济社会发展提供坚强政治保障

一是全面加强"三基建设",努力实现基层组织全面加强、基础工作全面进步、基本能力全面提升。新建非公和社会组织党支部 84 个,覆盖率达到 97%以上;建立党建微信群 693 个和微信平台 18 个,全面推广"掌心"党建和"五微"党建经验。落实市委"凤还巢"计划,135 名本土人才进入"两委"班子,27 人当选为主干,完成农村(社区)"两委"换届工作。规范升级强基础。修订完善《关于贯彻落实中央八项规定的实施细则》等 18 项党建制度,严格执行限时办结制度和首问负责制、服务承诺制、"13710"工作督办等制度,基础工作进一步规范。建立了"三会一课"和党日活动制度,建立每月 15 日主题党日制度,把党日活动开到田间地头、开到项目一线、开到脱贫攻坚主战场。发挥请进来讲、派出去学、沉下去练、送出去挂、实干中验"五位一体"干部大学堂作用,培训 7000 余人次;下派 106 名年轻干部到乡镇挂职历练;选派 160 名科级以上干部到红旗渠、焦裕禄、太行干部学院体验学习;开展"五大主题实践",引深"三亮三比"主题活动,全县 1.4 万名党员评星定级、竞"星"赶超,争做时代先锋;开展"万名党员进党校",县委党校、乡镇党校、农村党员夜校三级联动,实现党员培训全覆盖。

二是坚持正确用人导向,严格用人标准,全面加强领导班子和干部队伍建设。严格落实省委"不廉洁的干部不能用、不干事的干部也不能用"的要求,完善"五看"选拔识别干部机制,分 6 批调整干部 231 人,其中平调 130 人,提拔 72 人,在脱贫攻坚一线提拔副科级干部 19 名,干部选任导向鲜明、风清气正,在全县营造了奋发有为、干事创业的好环境。加强企业人才服务平台建设,在 29 个重点企业中建立人才服务工作站。

三是积极落实"两个责任",深入推进党风廉政建设和反腐败斗争。在全县开展"好家风涵养好作风"专题廉政警示双月活动,通过开通"夏禹清风"微信公众号,举办《廉政故事》专栏、建立廉政文化墙、建设家风家规教育基地、邀请专家作专题辅导等活动,在全县营造了思廉、保廉、促廉的良好社会氛围。按照转隶开局、平稳过渡、逐步深化的要求,有序推进监察体制改革。严格按照五类标准处置问题线索,精准运用"四种形态",始终保持惩治腐败的高压态势。全年,全县纪检监察机关运用监督执纪"四种形态"448 人次,立案 223 件,结案 213 件,给予党纪、政务处分 193 人,其中撤职以上重处分 19 人,涉及科级干部 31 人,移送司法机关 1 人。

二、坚持创新发展理念,转型发展不断开创新局面

一是坚持创新体制机制,重点领域改革取得积极进展。制定了《中共夏县县委全面深化改革领导小组 2017 年工作要点及责任分工》,确定 6 大类 37 项改革任务,研究出台《夏县推进重点领域十四项改革任务工作方案》,进一步聚焦重点领域改革。深化"放管服效"改革和商事制度改革,取消下放行政审批事项 34 项,削减工商登记 314 项。全面推进机关事业养老保险制度,登记入库率 98%;实施全民参保计划,登记入库率 97.46%。推进县乡医疗卫生机构一体化改革,建立夏县医疗集团。深入开展贫困户"因病致贫、因病返贫""双签约"服务,签约率达 100%;实行城乡居民医疗保险并轨,登记入库率达到 98.1%。稳妥推进农村综合改革,完成农村土地确权登记颁证数据汇交任务,县乡两级农村产权交易市场全部建成,农村产权制度改革迈出实质性步伐。

二是聚焦实体经济,推动产业转型升级。实施"龙腾虎跃""群星灿烂""凤还巢"三个发展计划,格瑞特酒业进入全市"虎榜"培育企业,运力化工荣登县级虎榜,净增 1 家规上企业,全县规上企业达到 21 家。农副产品加工方面,格瑞特酒业、田源果汁通过食品安全管理和控制体系认证。年销售 500 万元以上的农产品加工企业销售收入完成 12.4 亿元,增长 17.5%。生物医药方面,佳能达华禹被认定为市级企业技术中心,晋新双鹤药业新增 9 个生产品种,引进瑞芝生物灵芝加工,生物医药产业初具雏形。装备制造方面,晨丰交通专用汽车生产线通过工信部审核和 ccc 质量认证并投入运行,拥有了挂车制造自主品牌。威龙公司新建动车制动盘生产线完工投产。宇达雕塑和天立电缆成为山西省名牌产品,天立电缆被命名为全省"专精特新"中小企业,安瑞风机和金星镁业荣获"省级高新技术企业称号"。新能源方面,华电风电并网发电。天润风电三期项目即将完工,四期项目启动实施。泗交、北大里两座光伏电站开始运营,1 万千瓦集中式光伏电站已启动实施。经济发展呈现出稳中向好的良好态势。

三是围绕建设现代农业强县,扎实做好"三农"工作。围绕七大特色产业板块,编制了《现代农业发展规划》和《城郊农业

发展方案》,先后完成了葡萄酒、绿茶、西瓜、花椒等6个农产品“三品一标”认证,“咱老家”黑木耳在中国(山西)特色农博会上被授予全省首批功能农产品品牌。“格瑞特”“夏乐”“夏鲜”等一批农产品在全国打开了市场。顺利通过全省农产品质量安全县验收,被省政府命名为“山西省农产品质量安全县”。投入3000余万元用于农村环境集中整治,取得了明显效果。村级集体经济收入全部破零。

四是突出人文优势,强力推进文化旅游产业。聘请北京大地风景旅游设计公司编制全域旅游规划。由山投晋旅集团投资10亿元的祁家河景区开发项目已列入省重点推进项目。以田园风光、人文风貌、产业特色为主线,以宇达文化、格瑞特庄园、高山绿茶等为载体,在文旅、农旅等融合发展方面不断实践和探索,取得了明显成效。积极参加“丝路旅游·舞动中华”旅游促销宣传活动、黄河金三角旅游博览会、第三届山西文博会,扩大旅游知名度,提升旅游竞争力。全年累计接待游客254.05万人次,增长25.97%,旅游综合收入20.6亿元,增长27.16%。

五是坚持绿色发展理念,生态文明建设扎实推进。完成50公里通道增景增色、16个园林村提档升级、城市道路高标准绿化、5000亩荒山造林、2000亩林地植被恢复等五大绿化工程。顺利通过国家林业局对夏县森林资源保护管理专项巡查验收。埝掌镇林业站被评为“全国标准化林业工作站”。坚决打好污染防治攻坚战,深入开展“铁腕治污”,整改各类问题126件。落实“控煤、治污、管车、降尘”重要举措,完成煤改气、煤改电任务1908户。全面落实“河长制”,确立全县16条主要河道名录,建立县乡村三级河长体系。全年二级以上天数280天,优良率达76.7%。

六是聚焦脱贫摘帽,脱贫攻坚取得阶段性成效。把脱贫攻坚作为政治任务、民生工程、品质工程、道德工程来抓,创新产业发展“三个六”机制和易地搬迁“三三机制”,深入开展“四好卫生家庭”创建、“三心行动”。小额扶贫贷款和整合扶贫项目资金达到3.25亿元,集中用于贫困村基础设施、产业园区等461个扶贫项目建设,新发展特色产业面积16293亩,为贫困村日间照料中心各增加运行经费2万元。实施总投资3.19亿元的瑶峰等六乡镇易地扶贫搬迁项目,1720户6855人实现易地搬迁,99个贫困村9004户贫困户31589人脱贫退出,贫困发生率降至0.84%。

三、坚持以人民为中心,群众的获得感幸福感不断提升

全年民生投入达到15亿元,占一般公共预算支出84%,同比增长13.6%。一是教育事业负重赶超。顺利通过国家义务教育均衡县评估验收。中小学改薄工程全面完工。实验中学迁建工程主体完工。“三名”工程创建扎实开展,夏中加盟康中效果初显,全县高考二本达线率同比增加9个百分点,达到23.5%。素质教育成效明显,夏县中学的楹联教育、示范二小的社团活动、城关中心校的艺术教育等蓬勃开展;尤其是新建路小学等五所特色学校的足球运动,领跑全省、屡获殊荣。二是社会保障事业更加有力。全县城镇新增就业3570人,城镇失业人员再就业925人,转移农村劳动力5044人,帮助困难群体就业270人,救助困难群众1005人。三是“健康夏县”建设有序推进。荣获“全国中医药工作先进县”称号。夏县医疗集团挂牌成立,水头、胡张乡镇卫生院综合楼主体完工。全县99个贫困村新建改建标准化卫生室全部投入使用。四是城乡面貌明显改善。“六城同创”扎实推进,顺利通过“省级卫生城市”验收。城市功能不断完善,林荫路东延绿化亮化、临夏线县城段、恒达怡景苑棚户区改造等相继完工。完成了16个美丽宜居新农村建设。城乡环境集中整治工作持续推进,整合资金5000万元,以“一拆五治六化一创”为抓手,拆除违章建筑9.5万平方米,建设文化墙5.2万余平方米。全市“农村卫生家庭”创建现场会在夏县举行,夏县的“五美三新”创建经验受到一致好评。五是精神文明建设成果丰硕。广泛开展社会主义核心价值观宣传教育,开展“道德模范”评比选树活动,确定“新乡贤”100名,推出道德模范180余人。县国税局等6家单位被命名为全国和全省文明单位。埝掌镇被评为“省级文明村镇”,庙前、埝掌、泗交、裴介等11个乡镇和村被评为市级文明乡村。六是文化体育事业蓬勃开展。开展了“春节戏剧展演”“我有拿手戏”“我是舞王”“文化寻源夏县行”等系列活动,丰富了人民群众的文化生活。成功承办全市青少年足球联赛。参加省残奥会,获得5金2银1铜的优异成绩。七是民生实事基本完成。夏县至运城101、102公交在全市率先开通运行、小街小巷改造、新建农村社区老年人日间照料中心、免费法律咨询实现全覆盖等十件民生实事基本完成,人民群众生活地更加幸福美满。

(郭志超)

附:中共夏县县委书记、副书记、常委名单

书　记:张宏志

副书记:樊双全　苏丽红(女)　袁卫廷(挂职)

常　委:张高学　杨云英(女)　管云学　贺学敏　秦晓军　柴照明　卫永锋

中共平陆县委工作概况

县委书记　郭　宏

平陆县地处晋、秦、豫黄河“金三角”地带，南临黄河，北依中条，是山西的南大门。下辖6镇4乡，228个行政村，268164人，国土面积1173.5平方公里。共有10个乡镇党委，2个工委，2个系统党委，31个党组，25个党总支，591个党支部，14409名党员，占全县总人口5.37%，其中2017年度新发展党员184名。2017年，县委领导班子深入学习贯彻习近平新时代中国特色社会主义思想，深入学习贯彻习近平总书记视察山西重要讲话精神，认真贯彻落实省委“一个指引、两手硬”重大思路和要求以及市委“改革抢先机、发展站前列、各项工作创一流”的总要求，统筹推进“五位一体”总体布局，协调推进“四个全面”战略布局，团结带领全县广大党员干部群众，奋力攻坚克难，锐意改革创新，经济、政治、文化、社会、生态文明建设等各项事业取得了一系列新进展新成效。县委坚持和加强党的全面领导，召开33次常委会，研究了88个重要议题，加大对重大决策和重点工作的推进力度，确保中央大政方针和省委、市委各项决策部署在平陆得到不折不扣地贯彻落实。

一、旗帜鲜明维护核心，切实提升政治站位，坚持把学用习近平新时代中国特色社会主义思想作为最大的政治任务

县委始终坚持旗帜鲜明讲政治，在思想上拥戴核心、政治上维护核心、行动上紧跟核心，坚持用习近平新时代中国特色社会主义思想武装头脑、指导实践、推动工作。党的十九大召开前，17次组织召开中心组学习会学用习近平总书记系列重要讲话精神。召开县委十四届三次全会，审议通过了《关于深入学习贯彻习总书记视察山西重要讲话精神的行动方案》。党的十九大召开后，下发了《关于全面贯彻<中共中央关于认真学习宣传贯彻党的十九大精神的决定>的通知》，召开县委十四届四次全会，对学习宣传贯彻党的十九大精神作出详细安排部署，奋力谱写新时代中国特色社会主义的平陆篇章。

二、深入实施脱贫攻坚，严格落实精准方略，为决胜全面建成小康社会奠定坚实基础

县委始终把脱贫攻坚作为重大政治任务和第一民生工程，坚决扛起主体责任，先后10余次主持召开全县脱贫攻坚工作推进会，进行部署落实。确立了“县西玉露香、县东干果林、沿河大棚菜、美丽乡村游、技能大培训”的扶贫布局，帮助贫困户发展玉露香梨2.1万亩，干果经济林1.3万亩。9个易地搬迁集中安置点中3个已竣工，其余6个安置点预计2018年10月全部完工。严格落实各项惠民政策，教育扶贫，全年发放各类教育扶贫补助资金累计达到672.6万元。健康扶贫，为全县26358名建档立卡贫困人口建立了电子健康档案，建档率达98%。社保扶贫，实现了社会保障和扶贫标准“两线合一”，建立增长机制，年提高幅度不低于6%。残疾人帮扶，全年享受重度残疾人护理补贴的建档立卡贫困户998人，已发放补贴35.93万元。建立“黑红名单”制度，持续强化问责，召回第一书记1名，将2个帮扶单位移交市纪委进行问责。通过严肃追责问责，倒逼责任落实，省市下达的退出34个贫困村、脱贫10031人的目标任务圆满完成。

三、始终强化引领能力，着力聚焦实体经济，努力培育全县经济新的增长点，形成新动能

县委进一步加强和改进对经济工作的领导，坚持每季度研究分析经济形势，提出经济工作的阶段性思路和要求，牢牢掌握经济工作的主动权。主要经济指标呈现出稳中有进、稳中向好、稳中向优的良好态势。地区生产总值完成425487万元，同比增长7%；规模以上工业增加值完成111308万元，同比增长9.9%；固定资产投资完成340594万元，同比增长9.2%；社会消费品零售总额完成295047万元，同比增长7%；外贸进出口总额完成36709万元；城镇居民人均可支配收入完成22832元，同比增长7.3%；农村居民人均可支配收入完成6894元，同比增长10.8%；财政总收入完成58769万元，同比增长67.3%；一般公共预算收入完成25670万元，同比增长29.3%，圆满完成了市委、市政府年初下达的各项目标任务。大力实施“三个计划”，狠抓重点项目建设，45个重点项目完成投资15.43亿元。复晟铝业被工信部列入国家智能制造试点示范企业，获得省“两化”融合示范企业认定，市级企业技术中心认定；新环橡塑制品有限公司获得省“两化”融合示范企业认定。始终把解决好“三农”问题作为重中之重，完成农产品加工销售6.8亿元。果品出口美国、澳大利亚等26个国家，年出口量达3.2万吨。大力开展“四治六化一创”专项行动，集中解决农村“五堆”乱象，圆满完成省、市美丽宜居示范村建设工作，农村人居环境明显改善，人民群众高度称赞。

四、全面持续深化改革，努力提升开放水平，不断增强经济发展的动力和活力

县委始终把抓改革作为重大政治责任，制订了《中共平陆县委全面深化改革领导小组2017年工作要点及责任分工》，提出了六大领域29项改革任务。党政主要负责同志分别主动认领了各自的改革任务。狠抓参与市委目标责任考核的五项改革任务，带动全县改革工作全面发力、多点突破、纵深推进，改革对经济建设的推动作用进一步增强。积极探索

与三门峡市建立跨区域合作发展机制，多方沟通协调实现了公交车对开，一体化发展进程进一步加快。6支小分队共外出招商21次，新签约项目15个，到位资金22.07亿元，圆满完成年度目标任务。

五、巩固发展统一战线，致力加强民主政治，进一步维护安定团结的政治局面

县委认真贯彻《中国共产党地方委员会工作条例》，定期听取县人大、县政府、县政协、县法检两院党组工作汇报，及时研究群团工作，支持国防和军队改革建设。支持县人大及其常委会依法行使职权，充分发挥社会主义民主协商重要作用。积极支持各民主党派开展活动，推动民主党派组织不断健全。召开党管武装会议，支持驻平部队参与地方建设、救灾维稳等各项工作，军民融合发展取得新突破。注重发挥法治的引领和推动作用，带头做到依法、科学、民主决策，自觉运用法治思维和法治方式深化改革、推动发展、化解矛盾、维护稳定。支持和保障司法体制改革有序推进，确保法院、检察院依法独立行使职权，司法公信力有效提升。

六、高度重视意识形态，牢牢把握舆论导向，进一步凝聚起助推经济发展的强大正能量

县委严格落实意识形态工作主体责任，牢牢掌握意识形态工作的领导权、管理权、话语权。始终坚持党管媒体原则，积极发挥主流媒体舆论阵地作用，加大对新型媒体管控力度，做大做强正面宣传。立足平陆丰富的文化资源，以坚定的文化自信推动文化繁荣发展。积极培育和践行社会主义核心价值观，被评为省级文明县城。“群星舞蹈队”代表山西参加“2017全民共舞与全运同行”全国广场舞总决赛荣获第5名。县乡村三级公共文化服务设施进一步巩固完善，新文化馆预计2018年底投入使用。

七、大力保障改善民生，不断创新社会治理，努力提升人民群众的获得感和幸福感

县委始终把人民对美好生活的向往作为奋斗目标，着力保障和改善民生，新建县直初中和县直幼儿园于9月份顺利投入使用，新人民医院已试运营。全力维护和谐稳定，深入开展“平安平陆”创建，严厉打击违法犯罪，群众安全感进一步提升。高度重视安全生产，全年安全生产事故起数、死亡人数控制在市委、市政府下达的指标范围内。着力创新社会治理，全民共建共治共享的社会治理格局逐步构建。加大环保整治力度，对中央和省委督导反馈我县的2个问题和14个交办案件认真进行了整改和处理销号。

八、坚持全面从严治党，持续推进六大建设，不断提高党的执政能力和领导水平

县委始终以全面从严治党永远在路上的坚定决心，坚持问题导向，保持战略定力，不断推动全面从严治党向纵深发展。坚决扛起主体责任。常委会9次研究全面从严治党有关工作，共查处“两个责任”落实不力4案8人，给予党纪政务处分4人。不断夯实基层基础。村(社区)“两委”换届圆满完成，28个软弱涣散基层党组织实现整顿转化，228个村全部实现了集体经济“破零”；全面加强乡镇“五小”建设；实施“十百千万”教育培训工程，培训党员干部2534人次。树立正确选人用人导向。共调整干部9批73人次，实现了组织满意、社会满意、群众满意。创新提出干部一线锻炼的思路，通过“六个一线”多元化培养墩苗历练后备干部。保持反腐高压态势。坚决纠正各类损害群众利益的行为，县纪委全年给予给予党纪政务处分232人，移送司法4人。驰而不息纠正“四风”，查处违反中央八项规定案件5案12人。三轮巡察实现了乡镇全覆盖，立案14件，处分14人。聚焦扶贫领域不正之风开展专项整治，立查案件12起，给予党政纪处分21人。准确把握运用“四种形态”，共处理377人(次)，其中第一种形态214人(次)，占比56.8%，第二种形态135人(次)，占比35.8%，第三种形态19人(次)，占比5%，第四种形态9人(次)，占比2.3%。

(赵怀亮)

附：中共平陆县委书记、副书记、常委名单

书　记：郭　宏

副书记：李　旸　翟纪亭　杨全平(5月任职)

常　委：李怀并　段毅平　关　红(女)　孟　力　裴向红　吴宏伟　肖四军

中共新绛县委工作概况

县委书记　李玉林

新绛，古称绛州，位于山西省西南部，运城市北端，总面积597.18平方公里，耕地53万亩，辖8镇1乡，220个行政村，34万人(其中农业人口29万)。全县共有26个基层党(工)委、20个基层党总支、531个基层党支部、12795名党员。2017年是党的十九大胜利召开之年，也是全县上下凝心聚力、奋力开创新局的一年。一年来，新绛县委深入学习贯彻党的十九大精神和习近平新时代中国特色社会主义思想，严格按照省委“一个指引、两手硬”思路和要求，紧紧围绕“两个持久”奋进目标，认真落实“走进新时代、建设大运城”决策部署，按照“改革抢先机，发展站前列，各项工作创一流”的总要求，以党的建设为统领，加快建设“三个新绛”，扎实做好“五篇文章”，改革发

展稳定各项工作都取得了新进展。全县主要经济指标整体向好,其中财政总收入完成7.18亿元,同比增长104.4%;一般公共预算收入完成3.1亿元,同比增长79.2%,两项指标均达到历史最高,经济发展稳中向好的态势不断巩固。

一、认真学习宣传贯彻党的十九大精神,坚决落实中央、省、市各项决策部署

坚持把学习宣传贯彻党的十九大精神作为当前和今后一个时期的重大政治任务和工作主题,按照习总书记“学懂、弄通、做实”的要求,充分发挥县委理论学习中心组示范带动作用,持续跟进学习,准确把握习近平新时代中国特色社会主义思想的核心要义和丰富内涵。一是精心组织部署,先后召开3次常委(扩大)会议、全县领导干部大会和县委十三届四次全会,学习领会十九大精神,安排部署贯彻落实举措。二是抓好宣传宣讲,县级领导带头到包联乡镇和分管单位宣讲72次;举办了“干部理论教育讲座”,邀请国家级专家学者授课,建立常态化学习机制;对全县840名股级以上干部进行了集中轮训;组建了6个宣讲组,深入基层宣讲360余场,举办了21场基层文艺巡演。三是注重学以致用,按照“推进当前工作、谋划明年思路、转变工作作风、提高工作本领”要求,县处级领导、乡镇党政正职和县直科级单位负责人扎实开展干部大调研活动。县处级领导干部累计调研480天,宣讲十九大精神90次,解决实际问题55件,形成调研报告37篇。

把学习宣传贯彻党的十九大精神与落实中央、省、市决策部署结合起来,制定了学习贯彻习近平总书记视察山西和骆惠宁书记视察调研运城重要讲话精神的行动方案,坚决落实5·25市委常委(扩大)会议、市委四届三次、四次全会和市委刘书记调研新绛指示精神,进一步提高了政治站位、明确了努力方向,确保中央、省、市各项决策部署在新绛得到全面落实。

二、自觉践行新发展理念,加快县域经济转型步伐

聚焦实体经济,大力推进“三个发展计划”。认真落实全市推进实体经济转型发展大会精神,立足汾河经济带功能定位,制定了“三个发展计划”实施方案,成立了3个领导组,均由县长担任组长。骨干企业争上龙虎榜。高义钢铁年产值达到79.5亿元,同比增长20.4%,争取2018年登上“龙榜”;中信焦化、中信鑫泰、高义煤化3家企业年产值均超过10亿元,成功登上“虎榜”。实施完成了总投资2.2亿元的高义钢铁年产120万吨碱性球团、投资9800万元的3万立方制氧等项目。启动高义钢铁投资4.1亿元年产160万吨850mm优特带钢生产线技改项目,引进了天地合金属制品有限公司年产70万吨精品镀锌板带、镀锌钢管项目。积极申报省级经济技术开发区,可研报告已通过省商务厅评审。“五小企业”发展站前列。建设了瑞富达、浩源等10个“双创”基地,建立了县级小微企业服务站和两个乡镇服务站。县财政安排500万元开展了“助保贷”业务,安排300余万元用于标准化厂房租赁补贴、人才引进培养等。2017年9月,新绛县被评为省级中小微企业创业创新基地示范县;12月14日,全市“五小企业”创业创新现场会在我县召开。“凤还巢”计划见行动。一是开展“迎老乡、共创业”活动,在上海、北京召开了新绛籍在外人士座谈会,多次邀请苏州商会、重庆商会来新绛考察;二是开展“心连心、勤服务”活动,成立了在外务工人员服务中心,建立了数据库,设立了新绛在并务工人员党支部和服务站,组织农民工职业技能等各类培训7000余人次。

紧扣“三大任务”,加快建设现代农业强县。深入推进农业供给侧结构性改革。突出设施蔬菜和优质油桃两大特色,瑞恒蔬菜精品示范园一期工程已完工,建成万安油桃出口标准示范园,油桃出口到俄罗斯、阿联酋。牧原牧业年出栏130万头生猪养殖项目,完成2个规模养殖场和无害化处理中心建设。千方百计促进农民增收。有序推进农村土地承包经营权确权工作,加快培育新型经营主体,大力引导农民外出务工,不断拓宽农民增收渠道。全年农村居民人均可支配收入预计达到10945元,同比增长7%。全力推进社会主义新农村建设。以“四治六化一创”和“冬季行动”为抓手,持续开展农村环境集中整治,农村“五改”扎实推进,农村生产生活条件全面改善。

立足资源优势,大力发展文化旅游。加快实施绛州州府核心景区建设,启动实施县文化馆、图书馆建设;积极发展文化产业,澄泥砚文化产业园推进顺利正在布展。受邀参加第十五届香港鼓乐节,成功举办桃花观光节、第六届城隍庙会。2017年全县旅游收入同比增长28%,接待人数同比增长25.56%。

强化辐射带动,加快发展商贸物流。汾河湾市场升级改造项目已完成封顶,西曲蔬菜批发市场、汾河湾基础设施建设项目稳步实施。加快与互联网融合发展,全县共成立20家电子商务企业,其中“乐村淘”已建成电商体验店148家。

坚持科学规划,持续提升城镇化水平。成立了规划委员会,启动了县城总规和3个专项规划修编工作。投资1.4亿元的棚户区改造已完成360户搬迁工作,投资4.6亿元的汾河城区段生态治理PPP项目顺利推进。汾河湾天然气管网建设、桥南路道路升级改造等基础设施工程加快实施。扎实开展“五城同创”,我县成功创建“山西省文明县城”,顺利通过省级卫生县城复检。

三、扎实推进生态文明建设,绿色新绛建设步伐加快

牢固树立绿色发展理念,在生态环保领域累计投入1.4亿元,中央环保督察组、省委省政府第四环保督察组交办的34个案件全部办结。成功处置“1·18”粗苯货车坠河引发的环保突发事件,受到环保部和省政府肯定。认真落实河长制,实现了三级河长全覆盖;严格落实“332”工作机制,取缔了浍河上游的4个造纸厂,启动实施2个污水处理厂和9个农村污水处理站建设,全部建成后将彻底解决沿汾河、浍河生活污水和工业点源污染问题;鼓堆泉域复流已纳入山西省“十

三五”规划,可研报告已通过专家评审。加快推进植树造林,完成了三北防护林建设、天然林保护和退耕还林任务;设计完成环城林带建设规划方案,1.2公里东环城绿化带和108国道通道绿化提档升级工程正在进行。

四、全面深化改革创新,不断激发动力活力

按照“改革抢先机”的工作要求,始终把抓改革作为重大政治责任,先后召开6次常委会、3次深改组会安排部署改革工作,年初确定的6方面43项改革任务扎实有序推进。教育领域改革中,制定了《关于建立中小学教师工作激励机制的意见(试行)》,充分体现多劳多得、优绩优酬,有效调动教师队伍积极性。农村承包土地的经营权抵押贷款试点中,努力打造“政、银、担”共担风险的新型担保模式,全县贷款余额2300余万元。金融体制机制改革中,成立了金融服务中心和融霖国有资产担保投资公司,不断创新和完善支持县域实体经济发展的金融服务体系。监察体制改革中,成立了监察委员会,新设立13个派驻机构,实现了纪委监委派驻机构全覆盖。扎实开展乡镇监察体制改革试点工作,授予9个乡镇18名纪检专干国家监察专员身份。出台《关于农村基层公权力运行制约监督的办法(试行)》,赋予180个村务监督委员会主任村级监察联络员身份,逐步实现对农村基层行使公权力人员监察全覆盖。12月27日,全市乡镇监察体制改革试点工作推进会在新绛县召开。

五、坚持以人民为中心的发展理念,群众获得感持续增强

2017年县财政民生支出11.38亿元,占全年一般预算总支出的83.8%。坚决打赢脱贫攻坚战。坚持精准方略,下足绣花功夫,建立和完善产业扶贫、金融扶贫与深度贫困人口增收的利益直接联结机制,印发了《新绛县加强干部驻村帮扶工作六项措施》,深入开展扶贫领域不正之风和腐败问题专项治理,1个省定贫困村摘帽、835户3213人脱贫任务圆满完成。教育事业稳步推进。全县高考二本以上达线人数2656人,达线率62%,23名学子被北大、清华、香港中文等一流大学录取。医疗改革成效明显。全力推进县乡医疗卫生机构一体化试点改革,县域内就诊率达83.2%。县中医院于7月底实现整体搬迁。社会保障扎实有效。五大社会保险参保率达到95.2%,新建了10个农村老年人日间照料中心,完成了640户农村困难家庭危房改造任务。加强和创新社会治理。严格落实“党政同责、一岗双责”,安全生产形势稳定,全年没有发生一起生产经营性事故;持续深化“一村一警”,全年刑事案件同比下降35%。

六、民主法治建设不断加强,维护安定团结的政治局面

积极支持人大、政协依法履行职责,出台了《关于加强县乡人大工作和建设的实施意见》和《关于加强人民政协民主监督的实施意见》。积极推进多党合作、民族宗教、非公经济等领域的统战工作,稳步实施群团改革,加强党管武装工作,积极推进军民融合发展。

全面推进法治新绛建设,落实法律顾问和公职律师制度,9个乡镇、57个单位完成法律顾问聘用工作。深化司法体制改革,完成了19名入额法官、11名入额检察官单独职务序列等级评定工作。深入开展“七五”普法,全社会法治氛围更加浓厚。

七、全面从严管党治党,努力提升新时代党的建设水平

坚定扛起全面从严治党主体责任,制定出台了《关于进一步落实主体责任和监督责任推进谈心提醒常态化的实施细则》《对受处分(处理)党员干部谈心激励制度(试行)》,使谈心谈话更加规范。2017年,县委常委开展谈心谈话118人次,各级党组织开展谈心谈话1438次。

坚持把政治建设摆在首位。坚决维护党中央权威和集中统一领导,教育引导全县党员干部坚定执行党的政治路线,严格遵守党的政治纪律和政治规矩,时刻与以习近平同志为核心的党中央保持绝对一致。持续加强思想建设。扎实开展“两学一做”学习教育常态化制度化、维护核心见诸行动主题教育,对照省委“8+5”工作要求,把“四大讲四增强”贯穿始终,把“一文一书”作为重要教材,党员干部“四个意识”明显增强。坚决落实意识形态工作责任制,常委会专题研究意识形态工作7次。切实加强干部队伍建设。牢牢把握好干部标准,落实市委“五看”精准识别干部方法,树立“五个鲜明导向”,共调整干部163人,其中乡镇党政正职9人,县直单位一把手38人。全面加强“三基建设”。围绕实施“十加二专项行动”,强化重心下移、力量下沉、保障下倾“三个明确导向”。县级财政共投入“三基建设”经费1325万元,同比增长59.83%,乡镇“五小”设施、干部周转房建设、村级集体经济“破零”任务全部完成。农村(社区)“两委”换届工作圆满结束。持之以恒正风肃纪。全年共立案282件,同比增长64.3%,结案272件,同比增长52.8%。实践运用“四种形态”,今年批评教育、谈话函询254人次,占48%;纪律轻处分、组织调整241人次,占46%。驰而不息纠“四风”,修订了《新绛县贯彻落实中央八项规定精神实施细则》,共查处违反八项规定案件18案26人。深入推进县委巡察,共完成三轮巡察,覆盖全县36个基层党组织。

(刘　宏)

附:中共新绛县委书记、副书记、常委名单

书　记:李玉林

副书记:解　芳(女)　赵高堂

常　委:仪天亮　姚文生　王军胜　闫世杰　孙　飞　许朝庆　李建峰

人　　物

一、年度调任山西的省军级领导简历

吴汉圣

吴汉圣

吴汉圣，男，汉族，1963年4月生，山东临朐人，1985年7月参加工作，1984年6月加入中国共产党。大学学历，学士学位。

1981.09–1985.07　吉林工业大学热能动力工程系内燃机专业学习

1985.07–1990.05　机械部科技情报所(机械工业出版社)干部、人事处干部科副科长、团委副书记

1990.05–1991.04　机械部团委常委、科技情报所团委书记(副处级)

1991.04–1994.02　中央国家机关工委组织部组织处助理调研员(其间:1991.08–1993.12中央党校函授学院经济管理专业在职大学学习)

1994.02–1994.10　中央国家机关工委组织部组织处副处长

1994.10–1997.09　新华社澳门分社人事部（组织部）副处长、办公厅副处级秘书

1997.09–1997.11　中央国家机关工委组织部组织处副处长

1997.11–2000.08　中央国家机关工委组织部干部处处长

2000.08–2003.09　中央国家机关工委组织部副部长

2003.09–2007.12　中央国家机关工委统战(群工)部部长、工会联合会常务副主席(其间:2006.11–2007.01中央党校地厅级干部进修班学习)

2007.12–2009.06　中央国家机关工委组织部第一副部长、纪工委委员

2009.06–2009.11　中央国家机关工委组织部部长、纪工委委员

2009.11–2010.11　中央国家机关工委委员、组织部部长，纪工委委员(其间:2010.03–2010.07中央党校中青年干部培训班学习)

2010.11–2013.01　辽宁省沈阳市副市长

2013.01–2013.02　辽宁省沈阳市委常委

2013.02–2014.09　辽宁省沈阳市委常委、组织部部长

2014.09–2016.04　辽宁省营口市委书记

2016.04–2016.05　辽宁省委常委、营口市委书记

2016.05–2016.08　辽宁省委常委、秘书长，省直属机关工委书记,营口市委书记

2016.08–2017.03　辽宁省委常委、秘书长，省直属机关工委书记

2017.03–2017.04　山西省委常委

2017.04–　　　　山西省委常委、组织部部长，省委党校校长（兼）

商黎光

商黎光

商黎光，男，汉族，1963年11月生，河北巨鹿人，1981年9月参加工作，1984年6月加入中国中产党，中央党校在职研究生学历，新加坡南洋理工大学工商管理专业硕士学位。

1981.09- 1984.03 河北省平乡县统计局统计员

1984.03-1987.10 河北省平乡县审计局副局长（其间：1984.09- 1986.07 河北省邢台地委党校大专培训班学习）

1987.10-1989.06 河北省邢台地区纪委副科级干部、副科级检查员

1989.06-1990.10 河北省邢台地区纪委研究室副主任（正科级）

1990.10-1992.11 河北省纪委办公室主任科员

1992.11-1994.04 河北省纪委办公室副处级纪检监察员

1994.04-1997.03 河北省纪委办公厅秘书处副处长

1997.03-1998.03 河北省纪委正处级纪检监察员

1998.03-1999.03 河北省纪委宣传教育室副主任(正处级)（其间:1995.09-1998.09中央党校函授学院经济管理专业学习）

1999.03-2003.04 河北省纪委宣传教育室主任（2001.08明确为副厅级）

2003.04-2003.10 河北省纪委常委

2003.10-2006.11 河北省纪委常委、秘书长（其间：2005.03-2006.11新加坡南洋理工大学南洋商学院高级管理人员工商管理专业学习，获高级管理人员工商管理硕士学位）

2006.11-2010.11 河北省纪委副书记(其间：2004.09-2007.07中央党校在职研究生班法学专业学习)

2010.11-2013.03 河北省纪委常务副书记

2013.03-2014.09 河北省秦皇岛市委副书记、代市长、市长

2014.09-2016.11 河北省沧州市委书记

2016.11-2017.05 河北省委常委、秘书长

2017.05-2017.06 山西省委常委

2017.06- 山西省委常委、政法委书记

邹小平

邹小平

邹小平，男，汉族，山东蓬莱人，1979年4月加入中国共产党，大学学历。

2017.03- 山西省军区司令员

二、年度调离山西的省级领导简历

孙绍骋

孙绍骋

孙绍骋,男,汉族,1960年7月生,山东海阳人,1984年7月参加工作,1986年5月加入中国共产党,在职研究生学历,法学博士学位。

1980.08-1984.07 山东大学中文系汉语言文学专业学习

1984.07-1987.04 民政部救灾救济司救灾处干部

1987.04-1989.03 民政部救灾救济司救灾处科员

1989.03-1992.03 民政部救灾救济司救灾处主任科员

1992.03-1994.08 民政部救灾救济司救灾处副处长

1994.08-1996.03 民政部救灾救济司一处处长

1996.03-1999.03 民政部救灾救济司副司长

1999.03-2001.06 民政部优抚安置局副局长(其间:2000.03-2000.07 中央党校地厅级干部进修班学习)

2001.06-2009.04 民政部优抚安置局局长(1998.09-2002.07 北京大学国际关系学院科学社会主义与国际共产主义运动专业学习,获法学博士学位;2007.03-2008.01 中央党校一年制中青年干部培训班学习)

2009.04-2009.09 民政部副部长、党组成员

2009.09-2012.08 民政部副部长、党组成员,全国双拥工作领导小组副组长、办公室主任,中央精神文明建设指导委员会委员(2010.12 免),国家国防动员委员会委员(2011.11任,其间:2012.03-2012.06 国防大学国防研究班学习)

2012.08-2013.06 山东省副省长,国家国防动员委员会委员

2013.06-2014.09 山东省副省长

2014.09-2016.11 山西省委常委、统战部部长

2016.11-2017.02 山西省委常委、省政府副省长、党组成员

2017.02 任民政部党组副书记

十九届中央委员

王伟中

王伟中

王伟中,男,汉族,1962年3月生,山西朔州人,1987年4月参加工作,1983年10月加入中国共产党,研究生学历,管理学博士学位。

1979.09-1984.09 清华大学水利工程系水资源工程专业学习

1984.09-1987.04 水利电力部水利水电科学研究院水资源研究所工程水文及水资源专业硕士研究生

1987.04-1988.07 水利电力部水资源办公室干部

1988.07-1991.08 水利部水资源司规划处干部、主任科员(其间:1990.01-1991.08 借调国家科委社会发展科技司工作)

1991.08-1992.05 国家科委社会发展科技司资源环境处主任科员

1992.05-1994.08 国家科委社会发展科技司综合资源处副处长

1994.08-1998.07 国家科委社会发展科技司生态环境处处长(其间:1995.03-1995.12 在美国能源部国家气候变化研究办公室做客座分析家)

1998.07-1999.03 科学技术部中国 21 世纪议程管理中心和生命科学技术发展中心代主任(正处级)

1999.03-2001.12 科学技术部中国 21 世纪议程管理中心和生命科学技术发展中心主任(副局级)

2001.12-2006.03 科学技术部中国 21 世纪议程管理中心主任(正局级,其间:2004.02-2006.02 挂职任云南省昭通市委常委、副市长)

2006.03-2010.04 科学技术部条件财务司、科研条件与

财务司司长（1999.05-2006.07 清华大学公共管理学院管理科学与工程专业学习，获管理学博士学位，2008.03-2008.07 中央党校中青年干部培训一班学习）

2010.04-2014.09 科学技术部副部长、党组成员（其间：2012.08-2012.12 在哈佛大学肯尼迪政府学院做高级研究员）

2014.09-2015.08 山西省委常委、秘书长

2015.08-2016.10 山西省委常委、秘书长，省直机关工委书记(兼）

2016.10-2016.11 山西省委常委、秘书长，省直机关工委书记(兼），太原市委书记。

2016.11—2017.04 山西省委常委、太原市委书记

2017.04 任广东省委常委、深圳市委书记

盛茂林

盛茂林

盛茂林，男，汉族，1960 年1月生，湖北黄石人，1975 年3月参加工作，1981年12月加入中国共产党。中央党校大学学历。

1975.03- 1976.08 湖南省郴县知青

1976.08- 1986.12 核工业部711矿钻探队工人、团总支书记、矿团委副书记、书记（其间:1984.09-1986.07湖南省广播电视大学郴州分校干部专修科学习）

1986.12-1989.04 核工业部711矿党委委员、团委书记、办公室主任、政工办主任

1989.04-1991.06 共青团湖南省郴州地委副书记

1991.06-1991.11 共青团湖南省郴州地委书记

1991.11-1995.01 共青团湖南省委事业发展部部长、青少年发展基金会秘书长(其间:1993.02-1995.01挂职任湖南省郴州市资兴市委副书记)

1995.01- 1998.07 湖南省郴州市资兴市委书记(1994.07-1996.06中国社会科学院研究生院财贸经济系商业经济专业研究生课程班学习，1995.09-1996.07中央党校一年制中青年干部培训班学习)

1998.07-2000.04 湖南省郴州市委常委、资兴市委书记

2000.04-2003.02 湖南省郴州市委副书记

2003.02-2004.05 湖南省计划生育委员会主任、党组书记

2004.05-2007.04 湖南省邵阳市委书记(其间:2004.08-2006.12中央党校函授学院法律专业学习);

2007.04-2010.01 湖南省委组织部常务副部长

2010.01-2012.01 湖南省政府秘书长、办公厅主任

2012.01-2014.08 湖南省副省长

2014.08-2016.11 山西省委常委、组织部部长

2016.11-2017.03 山西省委常委（4月离任组织部部长、省委党校校长）

2017.03任天津市委常委、组织部部长

王清宪

王清宪

王清宪，男，汉族，1963 年 7 月生，河北永年人，1983 年 7 月参加工作，1986 年 8 月加入中国共产党，研究生学历，经济学博士学位。

1979.09-1983.07 南开大学哲学系哲学专业学习

1983.07-1987.09 黑龙江日报社记者

1987.09-1990.07 中国社会科学院研究生院新闻系新闻业务专业硕士研究生

1990.07-1996.05 人民日报社经济部编辑、主任记者

1996.05-2000.01 中国改革报社副总编辑（副司级）

2000.01-2004.09 中国信息报社总编辑（其间：2000.09-2003.07 中国社会科学院研究生院政府政策与公共管理系国民经济专业学习，获经济学博士学位）

2004.09-2006.02 山西省政府副秘书长、研究室主任

2006.02-2008.01 山西省委宣传部常务副部长

2008.01–2008.04 山西省政府党组成员，省政府办公厅党组书记，省政府应急办主任

2008.04–2011.01 山西省政府秘书长、党组成员，省政府办公厅党组书记，省政府应急办主任

2011.01–2011.04 晋城市委副书记、代市长

2011.04–2013.02 晋城市委副书记、市长（其间：2012.03–2012.07 中央党校中青年干部培训一班学习）

2013.02–2013.03 运城市委副书记、代市长

2013.03–2016.05 运城市委副书记、市长（其间：2014.06–2015.07 主持市委工作）

2016.05–2016.11 吕梁市委书记

2016.11–2017.11 山西省委常委、宣传部部长

2017.11 任山东省委常委、宣传部部长

十二届全国人大代表，十一届山西省委委员、常委，中共十九大代表

三、年度省内职务调整的省级领导简历

骆惠宁

骆惠宁

骆惠宁，男，汉族，1954年10月生，浙江义乌人，1970年9月参加工作，1982年3月加入中国共产党，在职研究生学历，经济学博士学位。

1970.09–1971.10 安徽省马鞍山市郊区知青

1971.10–1972.11 安徽省马鞍山钢铁公司第二炼钢厂工人

1972.11–1978.10 安徽省马鞍山钢铁公司第二炼钢厂团委干事

1978.10–1982.08 安徽大学经济系政治经济学专业学习

1982.08–1985.05 安徽省政府办公厅正科级秘书

1985.05–1993.03 安徽省外经贸委引进处副处长，技术进出口处副处长、处长（其间：1988.09–1989.09 安徽大学外语系进修；1991.09–1992.06 安徽省委党校进修班学习）

1993.03–1995.04 安徽省外经贸委副主任、省外经贸厅副厅长

1995.04–1997.01 安徽省政府副秘书长、办公厅主任

1997.01–1998.02 安徽省政府秘书长

1998.02–1999.10 安徽省巢湖地委书记

1999.10–1999.12 安徽省委宣传部部长

1999.12–2003.04 安徽省委常委、宣传部部长（1999.09–2002.01 中国科技大学商学院管理科学与工程专业在职研究生学习，获管理学硕士学位）

2003.04–2004.12 青海省委副书记（2000.09–2003.07 中国人民大学经济学院政治经济学专业在职研究生学习，获经济学博士学位）

2004.12–2010.01 青海省委副书记、省委党校校长（兼）

2010.01–2013.03 青海省委副书记、省长

2013.03–2013.04 青海省委书记

2013.04–2016.06 青海省委书记、省人大常委会主任

2016.06–2017.01 山西省委书记

2017.01– 山西省委书记，省人大常委会主任、党组书记

十七届中央候补委员，十八、十九届中央委员，中共十六大、十七大、十八大、十九大代表，十一届、十二届全国人大代表

黄晓薇

黄晓薇

黄晓薇，女，汉族，1961年5月生，辽宁海城人，1983年8月参加工作，1983年6月加入中国共产党，大学学历，工学学士学位。

1979.09–1983.08 东北工学院物理系物理师资专业学习

1983.08–1995.10 辽宁省营口市纪委办公室干部、调研室科级检查员、党风管理室副主任、党风廉政建设室副主任

1995.10–1996.03 辽宁省营口市纪委党风廉政建设室主任（副处级）

1996.03–1998.05 辽宁省营口市站前区区委常委、区纪委书记

1998.05–2000.07 中央纪委办公厅信息处干部，副处级检查员、监察员，副处长

2000.07–2002.08 中央纪委办公厅信息处正处级检查员、监察员兼副处长

2002.08–2003.06 中央纪委办公厅综合处正处级检查员、监察员兼副处长

2003.06–2003.11 中央纪委办公厅综合处处长

2003.11–2007.11 中央纪委第七纪检监察室副主任

2007.11–2012.10 中央纪委第七纪检监察室主任

2012.10–2012.11 监察部副部长，中央纪委第七纪检监察室主任

2012.11–2013.05 中央纪委常委,监察部副部长，中央纪委第七纪检监察室主任

2013.05–2014.09 中央纪委常委，监察部副部长（其间：2013.05–2013.07 中央党校省部级干部进修班学习）

2014.09–2016.09 中央纪委常委，山西省委常委、省纪委书记

2016.09–2016.11 山西省委副书记

2016.11–2017.06 山西省委副书记、政法委书记

2017.06– 山西省委副书记

十九届中央候补委员，十八届中央纪委委员，中共十九大代表

任建华

任建华

任建华，男，汉族，1957年7月生，河南辉县人，1982年8月参加工作，1984年9月加入中国共产党，大学学历，法学学士学位。

1978.09–1982.08 郑州大学政治系政治专业学习

1982.08–1984.12 河南省洛阳市人民警察学校教师

1984.12–1985.07 河南省洛阳市人民警察学校政治理论教研室副主任

1985.07–1990.03 河南省洛阳市委组织部青年干部科副主任干事（其间：1988.07–1990.03挂职任河南省洛阳市汽车修配总厂副厂长）

1990.03–1994.06 河南省洛阳市委组织部青年干部科科长、办公室主任

1994.06–1996.05 河南省洛阳市政府办公室副主任、党组成员

1996.05–1999.04 河南省栾川县委副书记、县长

1999.04–2001.09 河南省栾川县委书记（其间：1999.09–1999.12河南省委党校第25期中青年干部培训班学习）

2001.09–2002.07 河南省新乡市委常委、统战部部长

2002.07–2003.04 河南省纪委干部管理室主任（副厅级）

2003.04–2006.04 河南省纪委常委、干部管理室主任

2006.04–2008.05 中央纪委干部室副主任

2008.05–2011.06 中央纪委干部室正局级纪律检查员、监察专员、副主任

2011.06–2015.07 中央纪委信访室主任

2015.07–2016.09 中央纪委驻国家发改委纪检组组长，国家发改委党组成员

2016.09–2017.01 山西省委常委、省纪委书记

2017.01– 山西省委常委、省纪委书记，省监察委员会主任

罗清宇

罗清宇

罗清宇，男，汉族，1963年10月生，山西原平人，1986年7月参加工作，1986年6月加入中国共产党，大学学历，工学硕士学位。

1982.09-1986.07 太原工业大学土木建筑系给排水专业学习

1986.07-1988.03 忻州地区建筑工程总公司组织干部科干事、技术员、项目负责人

1988.03-1993.03 忻州地区建筑工程总公司四分公司经理

1993.03-1995.04 忻州地区建筑工程总公司总经理、党委委员(其间：1994.12-1995.04 借调太旧高速公路建设总指挥部任指挥助理)

1995.04-1995.09 太旧高速公路建设总指挥部副指挥

1995.09-1996.02 太旧高速公路管理局党委第一副书记(正处级)

1996.02-1998.10 太旧高速公路管理局党委书记(其间：1996.06-1998.06 兼任原太高速公路建设总指挥部副总指挥)

1998.10-2000.07 省高速公路管理局党委书记(其间：1998.11-1999.08 兼任原平至大同高速公路建设指挥部总指挥；1997.04-1999.03 中国社会科学院研究生院财贸经济系财政学专业学习)

2000.07-2001.02 省高速公路管理局党委书记，太旧高速公路管理有限责任公司董事长

2001.02-2001.06 省高速公路管理局局长，太旧高速公路管理有限责任公司董事长

2001.06-2004.09 省文物局副局长、党组成员、总工程师，山西博物院筹建处主任(1998.09-2002.05 太原理工大学市政工程专业学习，获工学硕士学位)

2004.09-2008.03 省政府副秘书长、办公厅党组成员(其间：2006.03-2006.07 中央党校第5期半年制中青年干部培训班学习)

2008.03-2008.09 省政府副秘书长、办公厅党组成员，省无线电管理委员会常务副主任(正厅级，其间：2008.05-2008.08 省援川建房指挥部总指挥)

2008.09-2009.05 临汾市委副书记、代市长

2009.05-2012.01 临汾市委副书记、市长

2012.01-2016.03 临汾市委书记

2016.03-2016.05 山西省副省长，临汾市委书记

2016.05-2016.11 山西省副省长

2016.11-2016.12 山西省委常委、省委秘书长、副省长

2016.12-2017.04 山西省委常委、省委秘书长

2017.04-2017.06 山西省委常委、省委秘书长，太原市委书记

2017.06- 山西省委常委、太原市委书记

中共十八大代表，十届、十一届山西省委委员

王　赋

王　赋

王赋，男，汉族，1962年3月生，山西浑源人，1986年8月参加工作，1985年4月加入中国共产党，研究生学历，经济学硕士、公共管理硕士学位。

1980.09-1984.08 中国人民大学计划统计系统计学专业学习

1984.08-1986.08 中国人民大学统计学专业硕士研究生

1986.08-1988.08 国家物价领导小组办公室干部

1988.08-1991.10 国务院物价委员会办公室副处长

1991.10-1993.10 国家物价局农产品价格司综合处副处长

1993.10-1995.12 国家计委市场与价格调控司价格计划规划处副处长

1995.12-1999.02 国家计委价格调控司综合处处长(1994.12-1997.09挂职任四川省广元市市长助理，苍溪县委副书记、副县长)

1999.02-2000.06 山西省体改委副主任、党组成员

2000.06-2001.01 运城市行署副专员

2001.01-2004.03 运城市副市长

2004.03-2009.12 山西省发改委副主任、党组成员(其间：2005.03-2006.01新加坡南洋理工大学公共管理专业学

习，获公共管理硕士学位）

2009.12–2010.05 山西省发改委副主任、党组副书记

2010.05–2012.01 山西省发改委副主任、党组副书记，省援疆工作前方指挥部总指挥（正厅长级，2010.08挂职任新疆昌吉州委副书记）

2012.01–2012.03 山西省发改委副主任、党组书记，省援疆工作前方指挥部总指挥、新疆昌吉州委副书记

2012.03–2016.12 山西省发改委主任、党组书记，省转型综改办主任，省援疆工作前方指挥部总指挥、新疆昌吉州委副书记（2013.03免）

2016.12–2017.05 山西副省长，省发改委主任、党组书记，省转型综改办主任

2017.05–2017.06 山西省副省长

2017.06–2017.07 山西省委常委、省委秘书长，副省长，省直机关工委书记（兼）

2017.07– 山西省委常委、省委秘书长，省直机关工委书记（兼）

十二届全国人大代表

胡苏平

胡苏平

胡苏平，女，汉族，1956年8月生，山西五台人，1974年2月参加工作，1975年4月加入中国共产党，在职研究生学历，管理学博士学位。

1974.02–1976.12 忻县播明公社知青

1976.12–1979.09 太原工学院电子系半导体器件专业学习

1979.09–1984.07 太原工学院电子系分团委副书记、政治辅导员

1984.07–1988.08 太原工业大学团委副书记

1988.08–1990.07 太原工业大学计算机系副主任

1990.07–1992.12 太原工业大学计算机系党总支书记

1992.12–1994.11 太原工业大学党委副书记（其间：1993.09–1994.07中央党校中青年干部培训班学习）

1994.11–1998.05 山西省国防科工委党委副书记（1993.09–1996.01中央党校经济管理专业学习）

1998.05–2001.01 山西省国防科工委党委书记

2001.01–2004.02 太原市委副书记

2004.02–2004.04 运城市委副书记、代市长

2004.04–2005.12 运城市委副书记、市长（2002.04–2005.11南京航空航天大学管理科学与工程专业学习，获管理学博士学位）

2005.12–2008.12 山西省副省长

2008.12–2009.01 山西省委常委、宣传部部长，副省长

2009.01–2016.11 山西省委常委、宣传部部长

2016.11–2017.01 山西省人大常委会党组副书记

2017.01– 山西省人大常委会副主任、党组副书记

十一届、十二届全国人大代表

王建明

王建明

王建明，男，汉族，1962年12月生，福建漳州人，1983年11月加入中国共产党，1984年8月参加工作，在职研究生学历，法学博士学位，二级大检察官。

1980.09–1984.08 厦门大学法律系法学专业学习

1984.08–1992.11 最高人民检察院监所检察厅干部（其间:1984.08–1986.03湖北省蒲圻县人民检察院锻炼；1986.03–1986.09湖北省武汉市人民检察院锻炼）

1992.11–1995.08 最高人民检察院监所检察厅劳改检察处副处长

1995.08–1995.12 最高人民检察院监所检察厅监狱（劳改）检察处处长

1995.12–1997.05 最高人民检察院监所检察厅厅长助理、监狱（劳改）检察处处长

1997.05–1997.09 最高人民检察院监所检察厅厅长助理

1997.09–1999.04 最高人民检察院监所检察厅副厅长

1999.04–2000.09 最高人民检察院审查批捕厅副厅长

2000.09–2001.04 最高人民检察院侦查监督厅副厅长

2001.04-2004.05 最高人民检察院反贪污贿赂总局副局长（正厅级）

2004.05-2005.04 最高人民检察院反贪污贿赂总局局长

2005.04-2007.11 最高人民检察院检委会委员、反贪污贿赂总局局长（2004.09-2007.07中国政法大学刑事司法学院诉讼法学专业学习，获法学博士学位）

2007.11-2009.07 最高人民检察院检委会副部级专职委员、反贪污贿赂总局局长

2009.07-2010.02 山西省人民检察院代检察长、党组书记

2010.02-2011.11 山西省人民检察院检察长、党组书记

2011.11-2012.01 山西省委常委、政法委书记，省人民检察院检察长、党组书记

2012.01-2016.11 山西省委常委、政法委书记

2016.11-2017.01 山西省政协党组副书记

2017.01- 山西省政协副主席、党组副书记

刘 杰

刘 杰

刘杰，男，汉族，1956年10月生，山东高青人，1970年12月参加工作，1976年5月加入中国共产党，中央党校大学学历。

1970.12-1977.03 中国人民解放军81296部队服役

1977.03-1978.05 山东省章丘县邮电局职工

1978.05-1984.08 山东省章丘县公安局内勤、治安股股长

1984.08-1986.07 山东省济南市人民警察学校公安专业学习

1986.07-1988.06 山东省章丘县公安局秘书科科长

1988.06-1991.10 山东省章丘县公安局副政委

1991.10-1994.11 山东省章丘县公安局局长、党组书记（1990.10-1992.06山东公安专科学校公安管理专业学习）

1994.11-1995.11 山东省章丘市公安局局长、党委书记

1995.11-1998.05 山东省章丘市委常委、政法委书记，市公安局局长、党委书记

1998.05-2001.07 山东省济南市公安局副局长、党委委员

2001.07-2003.06 山东省济南市公安局副局长、党委副书记、巡视员（1999.08-2001.12中央党校经济管理专业学习）

2003.06-2003.10 山东省临沂市公安局局长（副厅级）、党委书记

2003.10-2008.02 山东省临沂市副市长，市公安局局长、党委书记

2008.02-2011.05山东省济南市副市级干部，市公安局局长、党委书记

2011.05-2011.06 山东省济南市委常委，市公安局局长、党委书记

2011.06-2011.12 山东省济南市委常委、政法委书记，市公安局局长、党委书记

2011.12-2012.06 山东省济南市委常委、政法委书记

2012.06-2012.07 山西省省长助理、省政府党组成员，省公安厅党委书记

2012.07-2014.12 山西省省长助理、省政府党组成员，省公安厅厅长、党委书记

2014.12-2017.01 山西省副省长、省政府党组成员，省公安厅厅长、党委书记

2017.01- 山西省人大常委会副主任、党组成员，省公安厅厅长（至2017年3月）、党委书记（至2017年2月）

十二届全国人大代表

四、年度升任省级领导简历

贺天才

贺天才

贺天才，男，汉族，1963年5月生，山西晋城人，1983年8月参加工作，1998年10月加入中国共产党，在职研究生学历，工学博士学位。

1979.09–1983.07 山西矿业学院机电系煤矿机械化专业学习

1983.08–1988.08 山西省晋城矿务局机电处技术员

1988.08–1993.10 山西省晋城矿务局租赁站工程师（其间：1989.03–1991.07 中国矿业大学北京研究生部企业管理系企业管理工程专业在职研究生班学习）

1993.10–1996.10 山西省晋城矿务局机电处处长助理、副处长

1996.10–2001.02 山西晋城煤业集团王台铺矿副矿长

2001.02–2002.02 山西晋城煤业集团西区建设中心副主任（正处级）

2002.02–2004.11 山西晋城煤业集团寺河矿矿长

2004.11–2005.12 山西晋城无烟煤矿业集团总工程师

2005.12–2006.12 山西晋城无烟煤矿业集团董事、总工程师

2006.12–2009.08 山西晋城无烟煤矿业集团董事、党委常委、总工程师（2005.05–2009.06中国矿业大学机械系机械设计及理论专业在职研究生学习，获工学博士学位）

2009.08–2009.09 山西省煤炭厅党组成员，煤炭工业太原设计研究院党委书记

2009.09–2011.02 山西省煤炭厅党组成员，煤炭工业太原设计研究院院长、党委书记

2011.02–2011.03 山西省科技厅党组书记

2011.03–2013.12 山西省科技厅厅长、党组书记

2013.12–2014.01 山西晋城无烟煤矿业集团党委书记

2014.01–2017.06 山西晋城无烟煤矿业集团董事长、党委书记，太原煤气化集团公司董事长

2017.06–2017.07 山西省政府党组成员

2017.07– 山西省副省长，省政府党组成员

邱水平

邱水平

邱水平，男，汉族，1962年6月生，江西南丰人，1983年8月参加工作，1983年4月加入中国共产党，研究生学历，法学硕士学位。

1979.09–1983.08 北京大学法律系法律专业学习

1983.08–1985.08 江西大学法律系教师

1985.08–1988.07 北京大学法律系法学理论专业硕士研究生

1988.07–1990.09 北京大学法律系教师

1990.09–1991.09 北京大学团委副书记

1991.09–1996.09 北京大学团委书记、学生工作部部长（其间：1995.10–1996.09英国赫德福特大学访问学者）

1996.09–1997.10 北京市朝阳区区长助理

1997.10–1999.04 北京市朝阳区副区长、区体改委主任

1999.04–2001.11 北京市朝阳区副区长、区招商服务中心主任

2001.11–2002.01 北京市朝阳区副区长

2002.01–2002.06 北京市朝阳区副区长、北京商务中心区管委会主任

2002.06–2003.04 北京市朝阳区副区长、北京商务中心区管委会主任、开发建设有限责任公司董事长

2003.04–2006.05 北京市投资促进局（北京市外商投资服务中心）局长、党委副书记

2006.05–2006.12 北京市平谷区委副书记、代区长

2006.12–2010.02 北京市平谷区委副书记、区长

2010.02–2013.02 北京市平谷区委书记

2013.02–2013.12 北京市委副秘书长、政法委常务副书记

2013.12–2014.12 北京市委副秘书长、政法委常务副书记，市国家安全局党委书记

2014.12–2017.01 北京市委副秘书长、政法委常务副书记

2017.01– 山西省高级人民法院院长、党组书记

五、年度离职的省级领导简历

牛仁亮

牛仁亮

牛仁亮，男，汉族，1953年5月生，山西万荣人，1984年12月加入中国共产党，1977年10月参加工作，研究生学历，经济学博士学位。

1974.10–1977.10 山西师范学院学习

1977.10–1980.10 山西省万荣县里望中学教师

1980.10–1985.09 山西师范学院(大学)马列教研室教师（其间：1982.03–1983.02，福建师范大学《资本论》研讨班学习）

1985.09–1988.09 山西师范大学马列所政治经济学专业硕士研究生

1988.09–1991.08 中国社科院研究生院经济系政治经济学专业博士研究生

1991.08–1994.12 中央办公厅秘书局正处级调研员

1994.12–1995.11 南方证券有限公司工作，发展研究部总经理

1995.11–1997.07 南方证券有限公司沈阳分公司总经理、党委书记（副厅级）

1997.07–1997.10 南方证券有限公司党委副书记

1997.10–1999.02 南方证券有限公司党委副书记、天津分公司总经理（正厅级）

1999.02–1999.08 山西省委副秘书长（正厅级）

1999.08–2000.05 山西省委副秘书长、政策研究室主任

2000.05–2002.07 山西省发展计划委员会主任、党组书记

2002.07–2013.01 山西省副省长

2013.01–2017.01 山西省人大常委会副主任

2017.01，离任

中共十六大代表，八届、九届、十届山西省委委员

左世忠

左世忠

左世忠，男，汉族，1953年7月生，山西原平人，1974年9月加入中国共产党，1968年10月参加工作，中央党校研究生学历，二级大法官。

1968.10–1977.03 山西省左云县小京庄公社插队、左云县手工业联社工人、县工业局干事、解放军38军334团战士

1977.03–1990.05 山西省左云县公安局干警、左云县委政法委办公室主任、左云县人民法院院长

1990.05–2003.03 山西省雁北地区中级人民法院常务副院长、大同市中级人民法院院长、山西省高级人民法院副院长

2003.03–2007.02 山西省高级人民法院常务副院长、党组副书记（正厅级）

2007.02–2017.01 山西省高级人民法院院长、党组书记

2017.01，离任

九届、十届山西省委委员，八届省纪委委员

六、年度逝世的原省军级领导生平

阮泊生

阮泊生

中国共产党的优秀党员，山西省人大常委会原主任、党组书记阮泊生同志，因病医治无效，于2017年2月2日9时42分在太原逝世，享年101岁。

阮泊生同志1916年6月出生于河北省蔚县。1932年2月参加革命工作，1933年2月加入中国共产党。参加工作后曾领导蔚县三区党的工作，历任灵丘县下关区工作队员、上寨区委书记，蔚县县委宣传部长兼二区区委书记，晋察冀第一分区地委秘书，雁北浑源、广灵、应县中心县委组织部长，浑源县委组织部长，西北局机要秘书、机要科长、秘书处长，察哈尔省平西地委组织部长、副书记。新中国成立初期，任河北省通县地委书记、天津地委书记；1952年9月后任河北省委常委、秘书长，省政府副主席、副省长兼省委农工部长；1959年2月后任吉林省委书记处书记、常务书记；1968年3月后任吉林省革委会副主任，省委书记（当时设有第一书记）；1979年8月后任山西省委书记（当时设有第一书记），省人大常委会主任、党组书记；1983年4月后任山西省人大常委会主任、党组书记；1995年12月中央批准离休。

阮泊生同志是中国共产党第七、八、九、十、十一、十二、十三次全国代表大会代表，第九届、十届中央候补委员，第十一届中央委员，第五、六、七届全国人大代表。

阮泊生同志早年受抗日救亡思想影响，积极投身民族解放斗争。抗日战争时期，深入宣传党的政策和爱国抗日主张，开办训练班，积极发展党员，充分调动广大农民群众的革命积极性，为巩固发展和保卫晋察冀抗日根据地发挥了积极作用，1945年4月作为晋察冀代表团成员出席了党的七大。解放战争时期，依靠和发动群众，积极推进土改工作；认真开展整党运动，使基层党组织在思想上、政治上和组织上得到了提高；领导地方支前工作，动员群众救灾度荒、发展生产和参军参战等，有力地支援了前线战场，为迎接新中国解放作出了积极贡献。

1949年8月任通县地委书记后，着力恢复党的各级组织，组建新的人民政权机构，保障社会秩序安定。担任天津地委书记期间，主持开展了反贪污、反浪费、反官僚主义运动，积极肃清资产阶级腐化思想。任河北省委秘书长期间，深入基层开展调查研究工作，积极协助省委处理日常工作，很好地发挥了参谋助手和综合协调作用。任河北省政府副主席、副省长兼省委农工部长期间，狠抓农业生产的恢复和发展，积极推动农业合作化运动，大力进行农田水利建设，有力地促进了全省国民经济发展。在密云水库修建期间，协助中央做好库区选址、移民搬迁、水库建设等工作，为水库按期建成作出了重要贡献。

任吉林省委书记处书记、常务书记期间，坚持从实际出发，大力抓好农业生产，深入基层调查研究，亲自试种新品种，努力改进和提高农业生产技术，加强农田基本建设，推动多种经营全面发展，着力改善农业生产条件，认真贯彻执行中央“调整、巩固、充实、提高”方针，有效克服了自然灾害造成的困难局面，使全省农村经济重新走上健康发展轨道。担任吉林省革委会副主任、省委书记（当时设有第一书记）期间，按照中央部署，认真抓好各项经济政策的落实，推动全省经济呈现健康发展势头。

“文化大革命”期间，他始终坚定不渝地对党和社会主义事业充满信心，保持了一名共产党人的坚强党性和崇高气节。

党的十一届三中全会后，坚决拥护党的政治路线和思想路线，认真贯彻落实党的各项方针政策，致力于推动改革开放事业。担任山西省委书记（当时设有第一书记）、省人大常委会主任后，认真贯彻中央大政方针，积极参加省委集体领导，自觉维护省委的权威和班子的团结。坚持人大工作为改革发展稳定大局服务，勇于开拓、锐意创新，为坚持和完善人民代表大会制度、推进山西民主法治建设做了大量开创性工作，积累了宝贵经验。注重结合省情实际，把握新时期人大工作的特点和规律，积极探索地方人大常委会工作方法，尽职尽责行使好宪法和法律赋予的职权，主持审议了《山西省各级人民代表大会选举实施细则》《山西省水资源管理条例》《山西省市、县、区人民代表大会组织通则（试行）》《山西省人民代表大会代表视察办法》等具有深远影响的地方性法规，有力地推动了山西省社会主义民主法制建设。

退出领导岗位后，他始终坚持学习，关心党和人民的事业，关注全省改革开放和现代化建设，积极参加各项力所能及的活动，主动建言献策，贡献余热。

阮泊生同志参加革命工作半个多世纪以来，始终坚信马克思列宁主义，坚信中国共产党领导，矢志献身共产主义伟大事业。无论是在革命战争年代，还是在和平建设时期，他都能够坚决拥护和贯彻执行党的路线方针政策，在思想上、政治上、行动上自觉同党中央保持高度一致。他坚持原则，依法办事，公道正派，作风民主。他勤思好学，开拓创新，始终把党的事业和人民的利益放在首位。他始终牢记全心全意为人民服务的宗旨，坚持党的群众路线，经常深入基层调查研究，时时以群众利益为重，处处为百姓疾苦着想。他克己奉公，顾全大局，平易近人，以身作则，始终保持共产党员和人民公仆的本色。他对家属子女和身边工作人员要求严格，在广大干部群众中树立了良好形象。

阮泊生同志的一生，是忠诚革命事业的一生，是全心全意为人民服务的一生，是为共产主义事业鞠躬尽瘁的一生。他对党对人民无限忠诚，把毕生的精力献给了民族独立、人民解放和社会主义现代化建设的伟大事业，赢得了人民群众的信任和爱戴。他虽然离开了我们，但他矢志不渝的坚强党性、无私奉献的为民情怀、严谨务实的工作作风和严于律己的道德品质永远值得我们学习和怀念，他的革命精神和高风亮节永存！

阮泊生同志永远活在我们心中！

（转自《山西日报》）

刘泽民

刘泽民

中国共产党的优秀党员，十一届全国政协人口资源环境委员会副主任，山西省政协原主席刘泽民同志，因病医治无效，于2017年2月27日7时50分逝世，享年73岁。

刘泽民同志1944年7月出生于山西省临县，1960年12月加入中国共产党，1960年7月参加工作。先后在临县岐道公社、县农业局、县革委会生产组办公室工作，历任临县三交区委副书记、县委常委兼县委办公室主任、县委副书记、县革委会副主任、县长，孝义县委副书记、县长，方山县委书记，1985年12月任吕梁地委副书记、行署专员，1988年2月任吕梁地委书记。1990年2月任朔州市委书记。1992年7月任山西省副省长，1995年2月任省委常委、副省长，1996年2月任省委副书记（1996年7月至2000年3月兼任省委党校校长），2003年1月任省政协主席。2008年3月任十一届全国政协人口资源环境委员会副主任。2013年7月退休。

刘泽民同志是中国共产党第十四、十五、十六、十七次全国代表大会代表，中国共产党第十四届、十五届、十六届中央委员会候补委员，第十届、十一届全国政协委员。

刘泽民同志从青少年时代起就热爱祖国，热爱人民，热爱共产党，刻苦学习，追求进步。

担任县级主要领导期间，认真贯彻落实党的十一届三中全会精神，结合当地实际，积极推行家庭联产承包责任制，狠抓工农业生产，为促进县域经济发展、维护社会稳定做了大量卓有成效的工作。担任吕梁行署、地委主要领导期间，坚持从实际出发，按照“分类指导、梯度发展”原则，积极推进东部深度开发、中部重点开发、南北次开发，加快吕梁山区经济发展。主持完成了孝柳铁路、柳林电厂、离柳矿区的规划立项等前期工作，为地方工业发展打下坚实基础。积极推广农工商一体化发展模式，大力发展植树造林和农田基本建设，不断增强农业发展后劲。加强吕梁城乡建设，使城乡面貌发生巨大变化。

担任朔州市委书记期间，坚决贯彻执行中央和省委的大政方针，注重加强党的建设，主持召开了中国共产党朔州市第一次代表大会，提出建设全国最大的煤都、电都、奶都的发展目标，确立了“三年打基础，五年大发展，十年上水平”的决策部署。积极引深经济体制改革，大力推进企业二轮承包工作。出台系列优惠政策，努力改善投资环境，推动对外开放迈出坚实步伐，为建设“塞外明珠”奠定坚实基础。坚持“两个文明”一起抓，完善充实各项廉政制度，持续治理“三乱”、整顿执法队伍并取得显著成效。农村社会教育工作经验在全省得到推广。

担任副省长期间，全力抓好分管工作。组织省劳动系统在全国率先推行职工养老、失业、医疗等社会保险制度，建立了省、地、县、乡劳动力市场网络。顺利完成全省工资改革、公务员过渡和省级机构改革。主持制定搞好国有企业的重大措施，在推动国有企业改革发展上取得了积极成效。坚持抓基层、抓队伍，开展专项斗争，有效推动了全省社会治安持续好转。协调相关部门对山西旅游发展做出战略性规划，为推动旅游产业成为经济转型重点产业奠定了基础。

担任省委副书记期间，认真贯彻中央的大政方针，自觉维护省委权威和班子团结。狠抓基层组织建设，深入开展学理论、学党章“双学”活动，组织了全省近万名处级以上干部的理论培训，有效提升了党员干部的思想素质和基层党组织的战斗力。认真贯彻干部任用条例，坚持正确用人导向，积极推进干部交流，大力加强各级领导班子建设和干部队伍建设，为全省各项事业发展提供坚强的组织保证。重视党校建设，加强党校工作，促进党校办学质量和水平的提高。主持制定《中共山西省委关于加强统一战线工作的若干意见》等一系列重要文件，建立和健全了党委加强统战工作的长效机制。着力调整农业产业结构，实施"种草养畜、旱作节水、农产品加工、搬迁移民"四大增收工程，为推动全省农村经济发展作出了重要贡献。

担任省政协主席期间，始终坚持中国共产党领导的多党合作和政治协商制度，认真贯彻落实中央和省委关于政协工作的部署和要求，继承和发扬历届政协的好经验、好传统，切实履行好政协三大职能，出台《关于进一步加强新时期人民政协工作的决定》，全面加强和改善党对政协工作的领导。始终坚持围绕中心、服务大局，紧扣省委、省政府的重大战略部署和人民群众关心的重点问题，精心选题，组织政协委员深入调查研究，进行科学论证，积极建言献策。始终坚持团结和民主两大主题，广泛调动一切积极因素，为构建和谐山西贡献力量。始终高度重视政协自身建设，着力完善政协履职制度体系，加强基层政协工作制度化、程序化建设，开创了政协工作新局面。

担任第十一届全国政协人口资源环境委员会副主任期间，始终关注山西改革发展，积极履行职责，向党中央、国务院提出《支持山西转型发展》《加强山西环境保护》《免除农业税费》等20多项提案，得到党中央、国务院的高度重视，为推进山西发展发挥了积极作用。

刘泽民同志勤于学习，善于思考，既重视和加强理论研究，又重视深入基层一线调查研究，注重理论和实践相结合，著有《社会主义本质论研究》《社会主义市场经济理论及实践探索》《地方政协工作探索》《新阶段"三农"问题研究》《耕耘集》等著作。

退休后，他仍然坚持学习，关注党和人民的事业，关心全省改革开放和现代化建设，积极参加各项力所能及的活动，积极献计献策，贡献余热。

刘泽民同志参加工作半个多世纪以来，始终坚定对马克思主义的信仰，坚信中国共产党领导，坚定中国特色社会主义信念，矢志献身共产主义伟大事业。他坚决贯彻执行党的理论和路线方针政策，在思想上政治上行动上自觉同党中央保持高度一致。他坚持原则，实事求是，公道正派，知人善任。他追求真理，开拓创新，始终把党的事业和人民的利益放在首位。他求真务实，作风扎实，经常深入基层调查研究，全省各地都留下了他的足迹。他牢记全心全意为人民服务的宗旨，坚持群众路线，密切联系群众，时时处处为百姓着想。他勤政为民，廉洁奉公，生活朴素，平易近人，对家属子女和身边工作人员要求严格，始终保持共产党员和人民公仆的本色，在广大干部群众中树立了良好形象。

刘泽民同志的一生，是全心全意为人民服务的一生，是为共产主义事业鞠躬尽瘁的一生。他对党对人民无限忠诚，品德高尚，工作勤奋，政绩显著，把毕生的精力献给了社会主义现代化建设的伟大事业，赢得了群众的信任和爱戴。刘泽民同志虽然离开了我们，但他的一生永远值得我们怀念。他的高尚品格和为民情怀永远值得我们学习，他的革命精神和高风亮节永存！

刘泽民同志永远活在我们心中！

（转自《山西日报》）

彭少逸

彭少逸

彭少逸，男，江苏溧阳人，1917年11月生，1947年赴美留学，1949年回国，1949年5月参加革命工作。中国科学院院士、中国科学院山西煤炭化学研究所研究员、博士生导师、中国科学院山西煤炭化学研究所名誉所长。兼任《燃料化学学报》主编。彭少逸研究员是我国石油化学、色谱和多相催化等研究领域的学术带头人。1990年至1997年曾任山西省人大常委会副主任。2017年5月6日去世。

（省委老干部局供稿）

刘 波

刘 波

中国共产党优秀党员,九三学社社员,政协第七届山西省委员会副主席,九三学社第五、六届山西省委员会主委,山西大学教授刘波同志,因病于2017年7月13日15时16分在太原去世,享年90岁。

刘波同志1927年3月生,北京市人,1956年12月加入九三学社,1980年9月加入中国共产党。1952年大学毕业后参加工作,先后在汾阳中学、山西师范学院、山西大学任教,1978年8月晋升教授。1989年11月任九三学社山西省主委,1993年1月任山西省政协副主席、九三学社山西省主委。是第八、九届全国政协委员,九三学社第七至十届中央委员,第五、六届山西省政协常委。

刘波同志是海内外享有盛誉的真菌学家。在神秘无穷、色彩斑斓的真菌世界里,探索、奋斗了五十多个春秋,取得了重大科研成果,在国内外真菌学界获得了很高的赞誉。他与合作者共同发现真菌新属4个,新种和新变种115个,填补了世界真菌领域的空白。在国内外出版真菌学专著24部,发表论文151篇,共400多万字。他对药用真菌的研究成果被广泛应用,先后获得多项国家级和省级科研成果奖,被授予全国先进工作者称号,享受国务院特殊津贴。

刘波同志任省政协副主席和九三学社山西省主委期间,始终坚持中国共产党领导的多党合作和政治协商制度,积极传播社会主义先进文化,认真履行政治协商、民主监督、参政议政职能,围绕中心,服务大局,紧扣教育、科技、文化和医疗卫生事业中的重要问题组织开展调查研究,提出了很多具有针对性的对策建议。同时深入农村特别是贫困地区开展科技咨询、社会服务,为科技兴农、科技扶贫作出了贡献。

刘波同志退休后,一如既往地关心全省改革开放、建设发展,继续奉献余热,积极参加各项力所能及的工作。患病期间,他不屈不挠地同病魔抗争,表现出永不言败的精神。

刘波同志的一生,始终忠于党、忠于人民,对中国特色社会主义事业充满信心。他政治立场坚定,具有较强的政治敏锐性和政治鉴别力,在大是大非面前头脑清醒,始终与党中央保持一致。他勤奋好学,实事求是,具有较高的领导艺术和较强的亲和力。他重视教育,以其自身独特的人格魅力,影响了一代又一代学生。他公道正派、胸怀坦荡,关心同志、爱护干部。他恪尽职守,作风扎实,坚持理论联系实际,经常深入基层调查研究,赢得了干部群众的尊敬和好评。他传承优良家风,廉洁奉公、严于律己,始终保持了共产党员的政治本色。

刘波同志的一生,是忠诚革命事业的一生,全心全意为人民服务的一生。他品格高尚,勤奋工作,把毕生的精力献给了高等教育、科学研究和多党合作事业。他虽然离开了我们,但他的高尚品质和优良作风永存!

刘波同志永远活在我们心中!

(转自《山西日报》)

王绣锦

王绣锦

中国共产党的优秀党员,山西省政协原副主席、省委统战部原部长王绣锦同志(享受省长级医疗待遇),因病医治无效,于2017年7月25日0时11分在太原逝世,享年103岁。

王绣锦同志1915年6月出生于山西省沁县,1937年12月参加工作,1939年2月加入中国共产党,历任中华民族解放先锋队沁县县队部宣传部长,沁县青年救国会干事、常委,晋东南青年救国会常委、军事体育部长,省青年救国总会筹委会委员,太岳青年救国会组织部长、一地委青委书记,岳北农会主席、工农青妇联合会代主席、太岳区党委办秘书。1949年9月后任省委政研室科长、副主任,省委互助合作委秘书长。1953年1月后任省委农村工作部副部长、部长,1957年3月兼任洪洞县委第一书记。1958年12月任省委副秘书长。1960年11月任晋中地委书记。1965年8月任省委常委。"文化大革命"期间受到冲击。1970年8月后任忻县地委副书记、书记。1975年11月任晋东南地委书记。1977年11月任省委常委、太原市委第一书记。1982年10月任省政协副主席、省委统战部部长。1986年5月不再担任省政协副主席，1995年12月离休。

王绣锦同志是中国共产党第十二次全国代表大会代表，第五届全国人民代表大会代表，政协第六届、七届全国委员会委员。

王绣锦同志早年受进步思想影响，关心国家前途和命运，追求光明，投身革命。抗日战争爆发后，毅然中断在山西工业专科学校的学业，加入抗日救国队伍，积极宣传党的政策和爱国抗日主张，广泛发动群众开展抗日救亡运动，不断扩大党的影响和群众基础。解放战争期间，受岳北地委委派，在沁县帮助县委工作，参与领导新区的反奸清算和全县的土地改革运动，激发了广大群众发展生产、建设解放区的积极性。广泛动员群众参军参战，有力地支援了前线战场，为迎接新中国解放作出了积极贡献。

新中国成立后，在省委政研室、省委农工部工作期间，坚持从实际出发，积极开展调查研究，大力开展农业生产互助合作，推动全省有计划地发展农业生产合作社，为促进全省农业经济恢复做了大量卓有成效的工作。兼任洪洞县委第一书记期间，发动和依靠群众，积极开展农田水利建设，不断增强农业发展后劲，主持完成全县“三渠三库”建设工作，引水灌溉3个县532个村庄87万亩土地，为当地农业生产发展打下坚实基础。担任省委副秘书长期间，协助省委处理日常工作，较好地发挥了参谋助手作用。

任晋中地委书记期间，坚决执行中央对国民经济“调整、巩固、充实、提高”八字方针，立足晋中实情，积极探索、总结治山治水、改变农村生产条件的新经验，选树和推广了大寨先进典型，对扭转晋中国民经济困难局面和加强工农业生产发挥了重要作用。任忻县地委书记期间，重视工农业生产，建成全省首座年产1亿米钨钼丝灯泡材料厂和全省重点化工项目原平化肥厂，为忻州摆脱贫困作出了积极贡献。注重培养选拔优秀青年干部，为推动各项事业发展提供坚强的组织保证。任晋东南地委书记期间，面对复杂形势，沉着镇定，从容应对，积极维护领导班子团结；在全区开展了农村党的基本路线教育活动，加强和完善党对农村工作的领导，推动农村经济发展，维护社会稳定，不断巩固农村社会主义阵地。

任省委常委、太原市委第一书记期间，坚决支持“实践是检验真理的唯一标准”大讨论，妥善解决历史遗留问题。党的十一届三中全会后，坚决拥护党的政治路线和思想路线，认真贯彻落实党的各项方针政策，增强干部团结，促进全市稳定。坚持以经济建设为中心，积极推广实行多种形式的农业生产责任制，在工矿企业进行扩大企业自主权试点，普遍恢复了城乡农贸市场和集市交易，推动全市经济呈现健康发展势头。

任省政协副主席期间，始终坚持中国共产党领导的多党合作和政治协商制度，坚持围绕中心，服务大局，积极发挥政协政治协商、民主监督、参政议政职能作用。深入调查研究，就高校发展和粮食战略等问题提出系列建议，为推动我省政协事业和小康社会建设作出了积极贡献。任省委统战部部长期间，积极落实中央各项统战政策，在推动和帮助各民主党派及有关团体的自身建设，加强统战理论、政策研究和宣传教育，加强统战干部队伍建设等方面，做了大量扎实细致有效的工作，为山西统一战线的全面发展奠定了良好基础。

退出领导岗位后，他仍然坚持学习，关注党和人民的事业，关心全省改革开放和现代化建设，积极参加各项力所能及的活动，积极献计献策，贡献余热。

王绣锦同志参加工作半个多世纪以来，始终坚定对马克思主义的信仰，坚信中国共产党领导，坚定中国特色社会主义信念，矢志献身共产主义伟大事业。他坚决贯彻执行党的理论和路线方针政策，在思想上政治上行动上自觉同党中央保持高度一致。他坚持原则，作风民主，公道正派，知人善任。他追求真理，开拓创新，始终把党的事业和人民的利益放在首位。他牢记全心全意为人民服务的宗旨，坚持群众路线，密切联系群众，时时处处为百姓着想。他勤政为民，廉洁奉公，生活朴素，平易近人，对家属子女和身边工作人员要求严格，始终保持共产党员和人民公仆的本色，在广大干部群众中树立了良好形象。

王绣锦同志的一生，是忠诚革命事业的一生，是全心全意为人民服务的一生，是为共产主义事业鞠躬尽瘁的一生。他对党对人民无限忠诚，品德高尚，工作勤奋，政绩显著，把毕生的精力献给了民族独立、人民解放和社会主义现代化建设的伟大事业，赢得了群众的信任和爱戴。王绣锦同志虽然离开了我们，但他的一生永远值得我们怀念。他的高尚品格和为民情怀永远值得我们学习，他的革命精神和高风亮节永存！

王绣锦同志永远活在我们心中！

（转自《山西日报》）

李布德

李布德

李布德，男，四川营山人，1919年9月生，1933年9月参加中国工农红军。参加过著名的百团大战、平津战役、太原战役，战功赫赫。历任红军军部文书、译电组长；八路军第四纵队特务连指导员、挺进队政委，冀热察挺进军直属队党总支书记、营教导员、七团政治处组织股长、团党总支书记，北山支队、平北支队政委，冀察军区第13军分区20团政委兼张家口城防司令部政委；华北第2纵队5旅14团、15团政委，5旅政治部副主任、主任、旅政委，中国人民解放军67军199师政委。1951年参加中国人民志愿军入朝作战，任志愿军67 军201师政委，68军202师政委，68军政治部副主任、主任。回国后，历任解放军68军政治部主任、副政委，内长山要塞区政委，68军政委，山西省军区政委、省军区党委书记、省委常委。1955年被授予中国人民解放军少将军衔。曾被授予三级八一勋章、二级独立自由勋章、二级解放勋章、一级红星功勋荣誉章。离休。2017年12月13日去世。

（省委老干部局供稿）

七、人事变动

省　委

2月16日　中央决定免去孙绍骋山西省委常委、委员职务
3月23日　中央决定吴汉圣任山西省委委员、常委职务
3月23日　中央决定免去盛茂林山西省委常委、委员职务
3月31日　中央决定免去王伟中山西省委常委、委员职务
5月25日　中央决定商黎光任山西省委委员、常委职务
6月1日　中央决定王赋任省委常委
6月26日　王赋任省委秘书长
6月26日　免去罗清宇省委秘书长职务
11月16日　中央决定免去王清宪山西省委常委、委员职务

省人大常委会

1月9日　骆惠宁任省人大常委会党组书记
1月9日　免去王儒林省人大常委会党组书记职务
1月9日　刘杰任省人大常委会党组成员
1月9日　邓永明、杨竞赛、宋新柱、张铁锁、秦良玉、袁升德、郭贵仁、谢海不再担任省人大常委会委员职务
1月18日　牛仁亮退休
1月20日　免去牛仁亮省人大常委会党组副书记职务
2月23日　袁振旭任省人大常委会机关党组成员
5月25日　张世文任省人大常委会机关党组成员
7月4日　张世文任省人大常委会副秘书长
7月4日　免去刘钢山西省人大常委会副秘书长职务
7月23日　王春光任省人大常委会办公厅副巡视员

省人大常委会工作机构

1月9日　邓永明不再担任省人大法制委员会主任委员职务
1月11日　冯改朵任山西省人大常委会农村工作委员会主任
1月11日　郭新民任山西省人大常委会城乡建设环境保护工作委员会副主任
1月11日　李高山任山西省人大常委会人事代表工作委员会副主任
1月11日　免去郭贵仁山西省人大内务司法委员会副主任委员职务
1月11日　免去袁升德山西省人大常委会教育科学文化卫生工作委员会副主任职务
1月11日　免去杨竞赛山西省人大常委会人事代表工作委员会副主任职务
1月11日　免去秦良玉山西省人大常委会民族宗教侨务外事工作委员会副主任职务
1月18日　免去赵建平山西省人大常委会民族宗教侨务外事工作委员会副主任职务
2月22日　蔡汾湘任山西省人大常委会法制工作委员会主任
2月23日　免去周计伟省人大常委会机关党组成员职务
3月30日　胡苏平任山西省第十二届人民代表大会常务委员会代表资格审查委员会主任委员
3月30日　冯改朵、赵建平（法制委）、蔡汾湘任山西省第十二届人民代表大会常务委员会代表资格审查委员会委员

3月30日 免去牛仁亮山西省第十二届人民代表大会常务委员会代表资格审查委员会主任委员职务
3月30日 免去邓永明、杨竞赛、谢海山西省第十二届人民代表大会常务委员会代表资格审查委员会委员职务
4月21日 杨竞赛退休
5月15日 免去李远程山西省人大常委会城乡建设环境保护工作委员会副主任职务
5月15日 免去王铁选山西省人大常委会人事代表工作委员会副主任职务
5月15日 免去胡东省人大常委会城乡建设环境保护工作委员会副巡视员职务，退休
5月24日 成斌、刘晓东试用期满，考核合格，同意正式任职
5月25日 王晓明任省人大法制工作委员会巡视员
5月25日 郭忠烈任省人大内务司法委员会巡视员
7月4日 刘钢任山西省人大常委会农村工作委员会副主任
7月4日 免去王晓明山西省人大法制工作委员会副主任委员职务
7月4日 免去郭忠烈山西省人大内务司法委员会副主任委员职务
7月4日 免去张世文山西省人大常委会法制工作委员会副主任职务
7月10日 免去郑金龙省人大常委会研究室副巡视员职务，退休
7月10日 邓永明退休
8月2日 卢晓中任山西省人大常委会预算工作委员会主任
8月2日 梁若皓任山西省人大常委会研究室主任
8月2日 赵贵义任山西省人大常委会法制工作委员会副主任
8月2日 郭艳成任山西省人大常委会农村工作委员会副主任
12月1日 免去荣彤山西省人大财政经济委员会副主任委员职务
12月26日 郧敬文任省人大内务司法委员会巡视员
12月26日 祁玉林任省人大常委会农村工作委员会巡视员
12月26日 魏晓鹏任省人大常委会农村工作委员会副巡视员
12月26日 连慧峰任省人大常委会预算工作委员会副巡视员

省政府

1月9日 免去刘杰省政府党组成员职务
4月22日 免去孙绍骋省政府党组成员职务
6月26日 贺天才任省政府党组成员
6月26日 免去王赋省政府党组成员职务
7月4日 贺天才任山西省副省长
7月4日 免去王赋山西省副省长职务
12月26日 免去闫晨曦省政府副秘书长职务

省政协

1月9日 冯改朵、刘致远、安华、杜建荣、李福龙、张广慧、张并生不再担任省政协常委职务

省政协工作机构

1月9日 免去王建国省政协民族和宗教委员会巡视员职务
2月23日 免去傅银瑜省政协社会法制委员会巡视员职务，退休
3月8日 赵胜利、韩培方、郑丽君等3名试用期满，考核合格，同意正式任职
4月22日 郭玉玺任省政协机关党组成员
5月15日 曹惠斌任省政协经济委员会巡视员
7月23日 李建民、曹保平任省政协办公厅副巡视员
11月27日 免去曹惠斌省政协经济委员会巡视员职务
11月27日 李维靖、王丽梅试用期满，考核合格，同意正式任职
12月26日 刘跃忠任省政协办公厅副巡视员
12月26日 赵光国任省政协党组成员、省政协机关党组书记
12月26日 免去阎根生省政协党组成员、省政协机关党组书记职务，退休

省纪委监委

1月18日 陈学东、郝权、孟萧任山西省监察委员会副主任
1月18日 何青、王帅红、王成禹、孙京民、王海林、荣奋刚任山西省监察委员会委员
2月23日 免去范晋昌省纪委宣传部副厅长级部长职务
2月23日 周计伟任省纪委党风政风监督室副厅长级室主任
2月23日 免去丁利军省纪委第六纪检监察室副厅长级室主任职务
2月23日 免去谷达平省纪委副厅级检查员职务，退休
4月21日 因新中退休
4月22日 师旭明任省纪委副厅长级干部（试用期一年）
4月22日 张秀山、朱小平、梁晓旭、刘剑锋任省纪委副厅长级干部（试用期一年）
4月22日 免去王正德省纪委副厅级检查员职务，退休
5月15日 郭征宇任省纪委正厅级检查员
5月15日 李文慧任省纪委正厅级检查员
5月15日 师秀峰、毛瑛、柴文龙、王跃平任省纪委副厅级检查员
5月24日 孟贵芳、傅锐、杨宏、乔杰、石德轩试用期满，考核合格，同意正式任职

7月10日　游炜任省纪委正厅级检查员
9月22日　免去高建国省纪委正厅级检查员职务，退休
9月22日　免去马海洋省纪委副厅级检查员职务，退休
9月22日　免去师秀峰省纪委副厅级检查员职务
11月27日　李吉山任省纪委正厅级检查员
11月27日　徐德峰任省纪委监委副厅长级干部
11月27日　董军民、王领拽、韩向宇、李晓玲、李峰、王建业、张柏波、曹晓亮任省纪委监委副厅长级干部（试用期一年）
11月27日　免去梁晓旭省纪委副厅长级干部职务
11月27日　免去赵润喜、杨新明省纪委副厅级检查员职务，退休
11月27日　免去乔杰省纪委副厅长级干部职务
12月26日　免去周计伟省纪委副厅长级干部职务

省纪委监委派驻机构

2月23日　袁振旭任省纪委驻省人大常委会机关纪检组组长
2月23日　吴刚任省纪委驻省司法厅纪检组组长
2月23日　免去周计伟省纪委驻省人大常委会机关纪检组组长职务
4月22日　免去苏治英省纪委派驻机构副厅级检查员职务，退休
5月15日　王贵军、吴民一、董京晖任省纪委派驻机构副厅级检查员
7月10日　免去张勇省纪委驻省高级人民法院纪检组组长职务，退休
7月10日　谷明任省纪委驻省环境保护厅纪检组组长，免去其省纪委驻省安全生产监督管理局纪检组组长职务
7月10日　免去游炜省纪委驻省环保厅纪检组组长职务
7月10日　王岳红任省纪委驻省安全生产监督管理局纪检组组长职务
9月20日　李国敏试用期满，考核合格，同意正式任职
9月23日　免去高建国省纪委驻省政府国有资产监督管理委员会纪检组组长职务
11月27日　乔杰任省纪委驻省高级人民法院纪检监察组组长
11月27日　王斗留任省纪委驻省政府国有资产监督管理委员会纪检监察组组长（试用期一年）
12月26日　免去李秀林省纪委驻省科学技术厅纪检组组长职务，退休

省高级人民法院

1月9日　邱水平任省高级人民法院党组书记
1月9日　免去左世忠省高级人民法院党组书记职务
1月9日　免去唐正平太原铁路运输中级法院党组成员职务
1月18日　左世忠退休
2月23日　免去蔚新旺省高级人民法院党组成员职务
3月30日　赵凯、郑淑灵、张秀红、程庆华、张瑞明、穆丽峰、王国平、马云跃、徐立军、秦颖、郭宁、邓高原、王清芳、刘栋梁、任悦、魏晓俊、张建军、李振华、刘涌、孟静涛、范丽娜、许文杰、张晋荣、张虎、孙成宇、王世明、姚利屏、郭军学、文劼任山西省高级人民法院审判员
3月30日　免去王桂萍、高耀山西省高级人民法院审判员职务
3月30日　免去唐正平太原铁路运输中级法院副院长、审判委员会委员职务
5月15日　免去张继荣省高级人民法院审判委员会专职委员职务，退休
5月25日　关中翔任省高级人民法院审判委员会专职委员，免去其太原铁路运输中级法院党组书记职务
5月25日　许文海任太原铁路运输中级法院党组书记（副厅长级）
7月4日　关中翔任山西省高级人民法院审判委员会委员、审判员
7月4日　方建霞任山西省高级人民法院行政审判庭庭长
7月4日　许文海任太原铁路运输中级法院院长
7月4日　任命华山为太原铁路运输中级法院刑事审判第二庭庭长
7月4日　免去吴秋霞、张炜山西省高级人民法院副院长、审判委员会委员职务
7月4日　免去张继荣山西省高级人民法院审判委员会委员、审判员职务
7月4日　免去方建霞山西省高级人民法院行政审判庭副庭长职务
7月4日　免去张继平山西省高级人民法院审判员职务
7月4日　免去关中翔太原铁路运输中级法院院长职务
7月4日　免去张勇山西省高级人民法院审判委员会委员、审判员职务
7月10日　翟瑞卿任省高级人民法院党组成员
7月10日　丁毅任省高级人民法院党组成员、执行局局长（副厅长级）
7月10日　免去原占斌省高级人民法院信访局局长职务
7月10日　免去张勇省高级人民法院党组成员职务
8月2日　方剑锋任省高级人民法院副院长
8月2日　翟瑞卿任省高级人民法院副院长、审判委员会委员、审判员
9月22日　杨霄任省高级人民法院政治部主任（试用期一年）、党组成员
9月22日　葛郅博任省高级人民法院信访局局长(副厅长级)，免去其省高级人民法院审务督察局局长职务
9月22日　魏晋忠任省高级人民法院审务督察局局长（副

厅长级，试用期一年）

9月22日　袁振民任省高级人民法院巡视员，免去其省高级人民法院政治部主任、党组成员职务

9月22日　郭翠萍、李瑞荣任省高级人民法院副巡视员

9月22日　免去龚景华省高级人民法院案件审判管理局局长职务

9月22日　免去吴秋霞省高级人民法院巡视员职务，退休

9月22日　免去李新民省高级人民法院副巡视员职务，退休

9月29日　丁毅任山西省高级人民法院审判委员会委员、审判员

11月27日　乔杰任省高级人民法院党组成员

11月27日　邓一峰任省高级人民法院案件审判管理局局长（副厅长级，试用期一年）

11月27日　免去张炜省高级人民法院巡视员职务，退休

12月1日　葛郅博、李强、刘群任山西省高级人民法院审判员

12月1日　赵亚体任太原铁路运输中级法院院长

12月1日　免去王文娅山西省高级人民法院副院长、审判委员会委员职务

12月1日　免去袁振民山西省高级人民法院审判委员会委员职务

12月1日　免去周太生山西省高级人民法院审判委员会委员、刑事审判第一庭庭长、审判员职务

12月1日　免去龚景华、原占斌、李新民、王春生山西省高级人民法院审判员职务

省人民检察院

1月9日　免去贾文声省人民检察院副巡视员职务，退休

1月9日　免去王海林省人民检察院党组成员职务

3月30日　高波、王翀、张巨新、王国鹏、王继红、王惠瑛、李纪敏、张虎生、王晋斌、齐向荣、侯美春、金京海、董新宇、闫红花、石全鹿、段卫红、李颖媛、郭雁宏、黄佳姝、张忠东、刘晓青、李学峰、马慧贤、郭建军、张汉华、杨慧侠、崔书寰、刘艳芳任山西省人民检察院检察员

3月30日　张正萍、钟英华、许彩虹任太原西峪地区人民检察院检察员

3月30日　李鑫任太原铁路运输检察院检察员

3月30日　免去贾文声、贾瑞波、王广颖、冯晋蓉山西省人民检察院检察员职务

3月30日　免去李凤英太原西峪地区人民检察院检察员职务

3月30日　免去张春旺临汾铁路运输检察院检察员职务

3月30日　批准任命王廉允为阳泉市人民检察院检察长

3月30日　批准任命赵雅清为长治市人民检察院检察长

4月22日　免去周有声省人民检察院太原铁路运输检察分院副巡视员职务，退休

5月14日　姚江华任省人民检察院太原铁路运输检察分院党组成员

5月14日　免去孙保平省人民检察院太原铁路运输检察分院党组成员职务

5月15日　马红彬任省人民检察院检察委员会专职委员（试用期一年）

5月15日　曹雪峰任省人民检察院检务督察局局长（副厅长级，试用期一年）

5月15日　南世勤任省人民检察院公诉局局长（副厅长级，试用期一年）

5月15日　袁震任省人民检察院案件管理中心主任（副厅长级，试用期一年）

5月15日　白立平、张鑫任省人民检察院副巡视员

5月15日　孙保平任省人民检察院太原铁路运输检察分院副巡视员

5月19日　免去魏福臣、张建勇、刘建国山西省人民检察院太原铁路运输分院检察委员会委员职务

5月19日　免去周有声山西省人民检察院太原铁路运输分院检察委员会委员、检察员职务

5月19日　免去宋新春太原铁路运输检察院检察委员会委员职务

5月19日　免去韩延瑞太原铁路运输检察院检察员职务

5月19日　免去李金凉、李强、刘新远大同铁路运输检察院检察委员会委员职务

5月19日　免去史亚军大同铁路运输检察院检察员职务

5月19日　免去孙永进临汾铁路运输检察院检察委员会委员职务

5月19日　免去武爱生山西省太原西峪地区人民检察院检察委员会委员、检察员职务

5月19日　免去潘创福、何新亮山西省永济董村地区人民检察院检察委员会委员、检察员职务

5月19日　批准任命宁建新为太原市人民检察院检察长

5月19日　批准任命段运生为大同市人民检察院检察长

5月19日　批准免去宁建新吕梁市人民检察院检察长职务

7月4日　马红彬任山西省人民检察院检察委员会委员

7月4日　姚江华任山西省人民检察院太原铁路运输分院副检察长、检察委员会委员

7月4日　赵明春任山西省人民检察院太原铁路运输分院副检察长

7月4日　免去姚江华山西省永济董村地区人民检察院检察长职务

7月4日　免去张利全山西省太原西峪地区人民检察院副检察长、检察委员会委员职务

7月10日　免去魏福臣省人民检察院太原铁路运输分院党组成员职务

8月2日　南世勤、苏春华、宋晋民、王稼瑶、丁国军任山西省人民检察院检察委员会委员

9月22日　苑涛任省人民检察院党组成员
9月22日　李彦任省人民检察院刑事执行检察局局长（副厅长级，试用期一年）
9月22日　严奴国任省人民检察院巡视员，免去其省人民检察院党组成员职务
9月22日　胡克勤任省人民检察院巡视员，免去其省人民检察院党组成员职务
9月22日　免去马红彬省人民检察院检察委员会专职委员职务
9月22日　免去霍永宁省人民检察院检察委员会专职委员职务，退休
9月29日　免去常锐、赵吉保山西省人民检察院检察员职务
12月1日　任命王文娅、范涛为山西省人民检察院副检察长、检察委员会委员
12月1日　乔慧峰任山西省人民检察院太原铁路运输分院检察委员会委员
12月1日　吕全宝任太原铁路运输检察院副检察长
12月1日　赵莉燕任大同铁路运输检察院副检察长
12月1日　许建林任临汾铁路运输检察院副检察长、检察委员会委员
12月1日　董士忠任临汾铁路运输检察院副检察长
12月1日　免去严奴国、有克勤山西省人民检察院副检察长职务
12月1日　免去霍永宁、马红彬山西省人民检察院检察委员会委员、检察员职务
12月1日　免去张润梅、裴木山西省人民检察院检察员职务
12月1日　免去毛小莉山西省人民检察院太原铁路运输分院检察委员会委员职务
12月1日　免去陈蒲山西省人民检察院太原铁路运输分院检察员职务
12月1日　免去段苏华太原铁路运输检察院副检察长、检察委员会委员职务
12月1日　免去黄建华大同铁路运输检察院检察长职务
12月26日　免去张志云省人民检察院副巡视员职务，退休

省委工作部门和派出机构

1月9日　免去韩道亮省委办公厅副巡视员职务
1月9日　邱水平任省委政法委员会委员
1月9日　免去左世忠省委政法委员会委员职务
2月22日　省委宣传部袁升德退休
2月22日　杨景海任省委政法委员会委员
2月22日　免去刘杰、袁振旭省委政法委员会委员职务
2月23日　免去王文英省委办公厅巡视员职务，退休
2月23日　免去宋涛省委办公厅副厅级督查专员职务
2月23日　张三忠任省委宣传部副巡视员
2月23日　免去袁振旭省委政法委员会政治部主任职务
2月23日　宋文斌任省委巡视组副组长
3月8日　省委办公厅宋惠民试用期满，考核合格，同意正式任职
4月1日　吴汉圣任省委组织部部长
4月1日　免去盛茂林省委组织部部长职务
4月21日　省编办刘传旺退休
4月22日　免去周晋华省委组织部副巡视员职务，退休
4月22日　免去胡志兰省委宣传部副巡视员职务，退休
4月22日　苗伟任省委政法委员会副书记、省社会治安综合治理委员会办公室主任（正厅长级）
4月22日　刘永生任省委政法委员会副书记、省委法治建设领导小组办公室主任（兼），免去其省社会治安综合治理委员会办公室副主任职务
4月22日　免去闫喜春省委法治建设领导小组办公室主任
4月22日　免去魏爱军省委政策研究室副巡视员职务
4月22日　魏爱军任省直属机关工作委员会副书记
4月22日　余国琦任省直属机关工作委员会副书记（试用期一年）
4月22日　省直属机关工作委员会王铁选退休
5月15日　邓惠旗任省委办公厅副厅级督查专员（试用期一年）
5月15日　史晨鸣、赵锁成任省委办公厅副巡视员
5月15日　陈建萍、李书生任省委组织部副巡视员
5月15日　王福忠、杨宏伟任省委政法委员会副巡视员
5月15日　贺高明、裴根长任省委政策研究室副巡视员
5月15日　段元记任省直属机关工作委员会副巡视员
5月24日　省委办公厅郝永明试用期满，考核合格，同意正式任职
5月24日　省委组织部张志刚、赵永胜试用期满，考核合格，同意正式任职
5月24日　省委巡视办郝点亮试用期满，考核合格，同意正式任职
5月24日　省委巡视组路露、钟占荣、曹天胜试用期满，考核合格，同意正式任职
5月25日　免去刘英魁省委宣传部副部长职务
6月11日　商黎光任省委政法委员会书记
6月11日　免去黄晓薇省委政法委员会书记职务
6月26日　王赋兼任省直属机关工作委员会书记
6月26日　免去罗清宇省直属机关工作委员会书记职务
7月10日　免去张瑞省委办公厅副厅级督查专员职务
7月10日　郭健任省委宣传部副部长（正厅长级），任省委网络安全和信息化领导小组办公室（省互联网信息办公室）主任
7月10日　赵雁峰任省委统一战线工作部副部长（正厅长级）
7月10日　免去张云虎省委统一战线工作部副巡视员职务，退休
7月10日　郝点亮任省委巡视办副主任，免去其省委巡视办副厅长级巡视专员职务

7 月10日　刘精瑛任省委巡视组副组长，免去其省委巡视办副主任职务
7 月23日　张志刚任省委组织部部务委员
7 月23日　张羽任省委宣传部副部长兼省对外宣传办公室（省政府新闻办公室）主任（试用期一年）
7 月23日　王利波任省委全面深化改革领导小组常务副主任、省国家资源型经济转型综合配套改革试验区工作领导组办公室主任
7 月23日　加年丰、刘东光任省委政策研究室（省委全面深化改革领导小组办公室、省国家资源型经济转型综合配套改革试验区工作领导组办公室）副主任
7 月23日　张荣章、任凯任省委政策研究室（省委全面深化改革领导小组办公室、省国家资源型经济转型综合配套改革试验区工作领导组办公室）副主任（试用期到2018年2月）
7 月23日　免去梁若皓省委政策研究室副主任职务
9 月20日　省委组织部赵忠保试用期满，考核合格，同意正式任职
9 月20日　龚景华、王锁成任省委政法委员会委员
9 月22日　毛益民任省委保密委员会常务副主任（正厅长级）
9 月22日　任兔平任省密码工作领导小组专职副组长（正厅长级）
9 月22日　宋红波任省委信息综合室（省社情民意办公室）主任（副厅长级，试用期一年）
9 月22日　员鸿琛任省委办公厅副巡视员
9 月22日　免去赵永胜省年度目标责任考核领导小组办公室专职副主任职务
9 月22日　免去景广学省委信息综合室主任职务
9 月22日　朱新才任省委网络安全和信息化领导小组办公室（省互联网信息办公室）主任
9 月22日　免去郭健省委网络安全和信息化领导小组办公室（省互联网信息办公室）主任职务
9 月22日　荆青莲任省委统一战线工作部巡视员
9 月22日　免去孙建军省委统一战线工作部副巡视员职务，退休
9 月22日　龚景华任省委政法委员会政治部主任（副厅长级）
9 月22日　王锁成任省社会治安综合治理委员会办公室副主任（副厅长级，试用期一年）
9 月22日　张吉祥任省机构编制委员会办公室副巡视员
9 月22日　师秀峰任省委巡视组副厅级检查员
11 月27日　宋燕卫任省委办公厅副厅级督查专员（试用期一年）
11 月27日　崔海峰、王犖奎任省委办公厅副巡视员
11 月27日　辛艾艾任省年度目标责任考核领导小组办公室专职副主任（副厅长级，试用期一年）
11 月27日　省委组织部张其光试用期满，考核合格，同意正式任职
11 月27日　免去王清宪省委宣传部部长职务
11 月27日　王志文任省委宣传部副巡视员
11 月27日　免去张云泽省委统一战线工作部副部长职务
11 月27日　梁荣任省非公经济组织和社会组织工作委员会副书记（兼）
11 月27日　卫国任省委政法委委员
11 月27日　免去姚鸿波省委政法委委员、省社会治安综合治理委员会办公室副主任职务
11 月27日　免去王福忠省委政法委员会副巡视员职务，退休
11 月27日　贺宏任省委巡视办副厅长级巡视专员（试用期一年）
11 月27日　任在刚任省委巡视组组长（正厅长级）
12 月26日　免去冯征省委副秘书长职务
12 月26日　卢建明任省委组织部副部长
12 月26日　免去白秀平省委组织部副部长职务
12 月26日　张晓永任省委组织部部务委员
12 月26日　免去赵忠保省委组织部部务委员职务
12 月26日　免去张其光省委人才工作领导小组办公室主任职务
12 月26日　免去李定武省委组织部巡视员职务，退休
12 月26日　刘海芸任省委统一战线工作部副部长
12 月26日　免去王云龙省委统一战线工作部副部长职务
12 月26日　罗民任省委巡视组组长（正厅长级）

省委部门管理机构

1 月9日　免去郭世卿省委老干部局巡视员职务，退休
1 月9日　免去张建成省委老干部局副巡视员职务，退休
1 月9日　免去冯征省委防范和处理邪教问题领导小组办公室主任职务
2 月22日　免去侯新建省委机要局（省国家密码管理局）密码督查专员职务，退休
2 月23日　蔚新旺任省委防范和处理邪教问题领导小组办公室副主任
3 月8日　省委老干部局杨文生试用期满，考核合格，同意正式任职
3 月8日　省委保密办（省国家保密局）姚宇轫试用期满，考核合格，同意正式任职
4 月21日　免去梁淑娟省委台湾工作办公室（省政府台湾事务办公室）副主任职务
4 月22日　姚云刚任省委省政府信访局副局长，免去其省委省政府信访局督查专员职务
4 月22日　免去赵培明省委省政府信访局副局长职务，退休
5 月15日　李苏娥任省委老干部局副巡视员
5 月24日　省委省政府信访局郝钦新试用期满，考核合格，同意任用

5月24日　宋英民任省委台湾工作办公室（省政府台湾事务办公室）副主任（试用期一年）
5月24日　免去刘可宏省委台湾工作办公室（省政府台湾事务办公室）副主任职务
5月24日　免去杨忠省委机要局（省国家密码管理局）副局长职务
5月24日　杨忠任省委机要局（省国家密码管理局）副巡视员
5月24日　刘可宏任省委台湾工作办公室（省政府台湾事务办公室）副巡视员
9月20日　省委省政府信访局郭泽兵试用期满，考核合格，同意正式任职
9月22日　免去郑兰珍省委老干部局巡视员职务，退休
9月22日　吴伟任省委台湾工作办公室（省政府台湾事务办公室）主任（副厅长级）
9月22日　免去黄进明省委台湾工作办公室（省政府台湾事务办公室）主任职务，退休
9月22日　景广学任省委机要局（省国家密码管理局）局长
9月22日　免去任兔平省委机要局（省国家密码管理局）局长职务
11月27日　梁克昌任省委省政府信访局局长
11月27日　侯永霞任省委省政府信访局督查专员（副厅长级，试用期一年）
11月27日　免去李体柱省委省政府信访局局长职务
11月27日　王文光、刘晨辉任省委老干部局副巡视员
11月27日　省委老干部局王小丽试用期满，考核合格，同意正式任职
11月27日　免去李树林省委老干部局副巡视员职务，退休
11月27日　卫国任省委防范和处理邪教问题领导小组办公室主任
11月27日　高国俊任省委防范和处理邪教问题领导小组办公室巡视员，免去其省委防范和处理邪教问题领导小组办公室副主任职务
11月27日　李全顺任省委保密办（省国家保密局）副巡视员，免去其省委保密办（省国家保密局）副主任（副局长）职务
11月27日　康焕玉任省委保密办（省国家保密局）副主任（副局长）（试用期一年）

省政府组成部门

1月9日　张文栋任省政府办公厅党组副书记
1月9日　姜四清任省发展和改革委员会党组副书记
1月9日　吴俊清任省教育厅党组书记、省高校工委书记
1月9日　免去张文栋省教育厅党组书记、省高校工委书记职务
1月9日　张新伟任省科学技术厅党组书记
1月9日　免去边智慧省公安厅党委委员职务
1月9日　免去贾继武省公安厅党委委员职务
1月9日　张志川任省交通运输厅党组书记
1月9日　免去常光明省林业厅党组成员职务
1月9日　免去赵银邦省文化厅党组成员职务
1月9日　省卫生和计划生育委员会冯立忠试用期满，考核合格，同意正式任职
1月9日　武绍忠任省政府外事侨务办公室党组书记
1月9日　免去张志川省政府外事侨务办公室党组书记职务
1月18日　吴俊清任省教育厅厅长
1月18日　张志川任省交通运输厅厅长
1月18日　免去张文栋山西省教育厅厅长职务
1月18日　免去张志川山西省政府外事侨务办公室主任职务
1月20日　姚少峰任省发展和改革委员会党组成员
1月20日　免去姚少峰省住房和城乡建设厅党组成员职务
2月22日　省国土资源厅武耀文、袁同锁试用期满，考核合格，同意任职
2月22日　省交通运输厅王晋试用期满，考核合格，同意任职
2月22日　谢红任省科学技术厅厅长
2月22日　武绍忠任省政府外事侨务办公室主任
2月23日　张金旺任山西转型综合改革示范区党工委书记
2月23日　尤天栓任山西转型综合改革示范区党工委副书记
2月23日　杨景海任省公安厅党委书记
2月23日　免去刘杰省公安厅党委书记职务
2月23日　吴刚任省司法厅党委委员
3月8日　省司法厅张科试用期满，考核合格，同意正式任职
3月8日　省政府外事侨务办郝文杰试用期满，考核合格，同意正式任职
3月30日　杨景海任省公安厅厅长
3月30日　免去刘杰山西省公安厅厅长职务
4月21日　省发展和改革委员会李福龙退休
4月21日　省人力资源和社会保障厅张健退休
4月21日　省审计厅南春林、王银燕试用期满，考核合格，同意正式任职
4月22日　姜四清任省发展和改革委员会党组书记
4月22日　免去王赋省发展和改革委员会党组书记职务
4月22日　李永平任省发展和改革委员会党组副书记
4月22日　马运侠任省经济和信息化委员会党组成员
4月22日　省经济和信息化委员会刘致远退休
4月22日　吴海亮任省人力资源和社会保障厅党组成员
4月22日　张继平任省环境保护厅党组成员
4月22日　梁淑娟任省政府外事侨务办公室党组成员
5月14日　省发展和改革委员会李肇伟试用期满，考核合格，同意正式任职
5月14日　省交通运输厅李贵顺试用期满，考核合格，同意正式任职

5月14日 省水利厅龚孟建试用期满、考核合格，同意正式任职
5月14日 省煤炭工业厅武玉祥试用期满，考核合格，同意正式任职
5月15日 冯翠红任省政府办公厅副巡视员
5月15日 免去王云省教育厅党组成员职务
5月15日 免去郭奇鸣省公安厅党委委员职务
5月15日 免去杨建勇省卫生和计划生育委员会党组成员职务
5月15日 免去牛建明省煤炭工业厅党组成员职务
5月19日 姜四清任山西省发展和改革委员会主任
5月19日 免去王赋省发展和改革委员会主任职务
5月24日 省政府办公厅丁纪岗、王炤坤试用期满，考核合格，同意正式任职
5月25日 武福玉任省水利厅党组成员
5月25日 郭建文任省委农村工作领导小组办公室副主任
7月10日 孙海潮任省政府办公厅党组成员
7月10日 免去王文保省政府办公厅党组成员职务
7月10日 免去胡景善省发展和改革委员会党组成员职务
7月10日 省国家安全厅李如林退休
7月10日 张瑞任省民政厅党组成员
7月10日 谷明任省环境保护厅党组成员
7月10日 免去游炜省环境保护厅党组成员职务
7月23日 常乃军任省高校工委副书记（正厅长级）、省教育厅党组成员
7月23日 免去张俊龙省高校工委副书记（正厅长级）、省教育厅党组成员职务
7月23日 郝文杰任省政府外事侨务办公室党组成员
7月23日 张源任省政府外事侨务办公室党组成员
7月23日 免去鞠振省政府外事侨务办公室党组成员职务
7月23日 闫文泉任省煤炭工业厅党组成员
9月20日 马润生、郭丙福、陈立峰任省公安厅党委委员
9月22日 省政府办公厅巨宪华退休
9月22日 免去刘锋省发展和改革委员会党组成员职务
9月22日 阳军任省经济和信息化委员会党组成员
9月22日 赵永胜任省公安厅政治部主任
9月22日 免去安占功省公安厅政治部主任职务
9月22日 戎劲光、杨通顺、赵永胜任省公安厅党委委员
9月22日 免去段绪忠、安占功省公安厅党委委员职务
9月22日 省公安厅段绪忠、安占功、秦富明退休
9月22日 张峻任省人力资源和社会保障厅党组成员
9月22日 周建春任省国土资源厅党组书记
9月22日 免去许大纯省国土资源厅党组书记职务
9月22日 免去赵志杰省委农村工作领导小组办公室副主任、省农业厅党组成员职务
9月22日 免去王进仁省委农村工作领导小组办公室专职副主任、省农业厅党组成员职务
9月29日 周建春任山西省国土资源厅厅长
9月29日 免去许大纯山西省国土资源厅厅长职务
11月4日 免去袁清茂省交通运输厅党组成员职务
11月27日 张红良任省政府办公厅党组成员
11月27日 免去刘德政省政府办公厅党组成员职务
11月27日 免去郭立省政府办公厅党组成员职务
11月27日 李肇伟任省发展和改革委员会党组成员
11月27日 省经济和信息化委员会卢秋生、张占祥试用期满，考核合格，同意正式任职
11月27日 免去张卓玉省教育厅党组成员职务
11月27日 赵丽华任省教育厅党组成员
11月27日 省科技厅李敏、牛青山、张克军试用期满，考核合格，同意正式任职
11月27日 省公安厅裴相试用期满，考核合格，同意正式任职
11月27日 马慧健任省司法厅政治部主任、党委委员
11月27日 免去高向新省财政厅党组成员职务
11月27日 免去彭东晓省国土资源厅党组成员职务
11月27日 省交通运输厅王四小试用期满，考核合格，同意正式任职
11月27日 王晋任省交通运输厅党组成员
11月27日 省农业厅吴志宏、张和平、姚继广试用期满，考核合格，同意正式任职
11月27日 省林业厅尹福建、黄守孝、赵富试用期满，考核合格，同意正式任职
11月27日 省审计厅张红谱、李建国试用期满，考核合格，同意正式任职
11月27日 秦杰任省政府外事侨务办公室党组成员
12月26日 翟振新任省政府办公厅党组副书记
12月26日 王延峰任省政府办公厅党组成员
12月26日 免去闫晨曦省政府办公厅党组成员职务
12月26日 免去梁敬华省政府办公厅党组成员职务
12月26日 李晓波任省经济和信息化委员会党组书记
12月26日 免去张华龙省经济和信息化委员会党组书记职务
12月26日 免去李秀林省科技厅党组成员职务
12月26日 曾涛任省司法厅党委委员
12月26日 免去王化清省司法厅党委委员职务
12月26日 陈向阳任省财政厅党组成员
12月26日 卢建明任省人力资源和社会保障厅党组书记
12月26日 免去白秀平省人力资源和社会保障厅党组书记职务
12月26日 免去刘海芸省人力资源和社会保障厅党组成员职务
12月26日 董一兵任省环境保护厅党组书记
12月26日 免去郭长青省环境保护厅党组书记职务
12月26日 王立业任省住房和城乡建设厅党组书记
12月26日 免去李栋梁省住房和城乡建设厅党组书记职务
12月26日 闫晨曦任省交通运输厅党组书记
12月26日 免去张志川省交通运输厅党组书记职务

12月26日 段新源任省交通运输厅党组成员
12月26日 常书铭任省水利厅党组书记
12月26日 免去潘军峰省水利厅党组书记职务
12月26日 韩春霖任省商务厅党组书记
12月26日 免去孙跃进省商务厅党组书记职务

省政府直属特设机构

1月9日 王一新任省政府国有资产监督管理委员会党委书记（兼）
1月9日 郭保民任省政府国有资产监督管理委员会党委副书记
1月9日 免去朱晓明省政府国有资产监督管理委员会党委书记职务
4月22日 免去李天太省政府国有资产监督管理委员会党委副书记职务
5月15日 韩珍堂任省政府国有资产监督管理委员会党委委员
9月22日 免去高建国省政府国有资产监督管理委员会党委委员职务
9月22日 免去刘峰省政府国有资产监督管理委员会党委委员职务
11月27日 王斗留任省政府国有资产监督管理委员会党委委员
11月27日 省政府国有资产监督管理委员会温波试用期满，考核合格，同意正式任职

省政府直属机构

1月9日 免去王建武省文物局党组书记职务
1月9日 免去黄继忠省文物局党组成员职务，不再保留行政级别
1月9日 免去郭保民省政府金融工作办公室党组书记职务
2月23日 免去马爱锋省地方税务局党组成员职务
2月23日 免去薛愿兵省粮食局党组成员职务
3月8日 省宗教事务局（省民族事务委员会）滕德刚试用期满，考核合格，同意正式任职
3月8日 省人防办薄文杰试用期满，考核合格，同意正式任职
4月21日 省统计局王德才试用期满，考核合格，同意正式任职
4月21日 省食品药品监督管理局王德立试用期满，考核合格，同意正式任职
4月22日 张岐云任省质量技术监督局党组书记
4月22日 免去常高才省质量技术监督局党组书记职务
4月22日 刘伟任山西转型综合改革示范区纪工委书记
5月14日 省地方税务局李晋芳试用期满，考核合格，同意正式任职
5月15日 免去尹乃明省质量技术监督局党组成员职务
5月15日 范波涛任省宗教事务局（省民族事务委员会）党组成员
5月15日 免去郭征宇省宗教事务局（省民族事务委员会）党组成员职务
5月24日 省宗教事务局（省民族事务委员会）白源试用期满，考核合格，同意正式任职
5月25日 李俊文任省体育局党组成员
7月10日 免去戎晓峰省新闻出版广电局（省版权局）副巡视员职务，退休
7月10日 省体育局王福试用期满，考核合格，同意正式任职
7月10日 王岳红任省安全生产监督管理局党组成员
7月10日 免去谷明省安全生产监督管理局党组成员职务
7月10日 免去段维华省宗教事务局（省民族事务委员会）副巡视员职务，退休
7月10日 雷建国任省文物局党组书记
7月10日 竟晖任省政府金融工作办公室党组书记
7月10日 免去张炯玮省政府金融工作党组成员职务
7月23日 潘贤掌任省地方税务局党组书记
7月23日 免去卢晓中省地方税务局党组书记职务
7月23日 免去刘建光省地方税务局党组成员职务
7月23日 免去薛荣省新闻出版广电局（省版权局）党组成员职务
7月23日 韩华雄任省粮食局党组成员
9月20日 省安全生产监督管理局邓维元试用期满，考核合格，同意正式任职
9月22日 免去牛建华省安全生产监督管理局党组成员职务
9月22日 程书林任省文物局党组成员
9月22日 张元成任省文物局党组成员
9月22日 潘跃飞、王晓千任省政府金融工作办公室党组成员
11月27日 省工商行政管理局武小勤试用期满，考核合格，同意正式任职
11月27日 夏祯任省新闻出版广电局(省版权局)党组成员
11月27日 省统计局杨文章退休
11月27日 赵曙光任省文物局党组成员
11月27日 省粮食局宋林根试用期满，考核合格，同意正式任职
11月27日 张钧任省政府法制办公室党组成员
12月26日 司新山任省地方税务局党组成员
12月26日 张九萍任省工商行政管理局党组书记
12月26日 免去董岩省工商行政管理局党组书记职务
12月26日 赵晓春任省体育局党组书记，
12月26日 免去苏亚君省体育局党组书记职务

12 月26日　张晓东任省统计局党组书记
12 月26日　曹力民任省统计局党组成员
12 月26日　免去翟振新省统计局党组书记
12 月26日　薛军正任省安全生产监督管理局党组书记
12 月26日　免去霍红义省安全生产监督管理局党组书记
12 月26日　王云龙任省粮食局党组书记
12 月26日　免去丁文禄省粮食局党组书记职务
12 月26日　霍红义任省人民防空办公室党组书记
12 月26日　免去孙群省人民防空办公室党组书记职务
12 月26日　翟振新任省政府法制办公室党组书记
12 月26日　免去王卫星省政府法制办公室党组书记职务
12 月26日　冯征任省食品药品监督管理局党组书记
12 月26日　免去赵光国省食品药品监督管理局党组书记

省政府部门管理机构

1 月9日　郭丙福任省公安厅交通管理局（交通警察总队）党委书记
1 月9日　免去贾继武省公安厅交通管理局（交通警察总队）党委书记职务
4 月22日　明确省扶贫开发办公室刘志杰为正厅长级
5 月15日　龚孟建任省扶贫开发办公室党组成员
5 月24日　免去李章贺省国防科学技术工业党委副书记职务
5 月24日　免去王树峰省国防科学技术工业党委副书记职务
7 月20日　吴泽兵任省国防科技工业党委副书记（试用期一年）
7 月20日　张慧雄任省国防科技工业党委委员
7 月20日　免去闫龙江省中小企业局党组成员职务
9 月20日　免去高建公省监狱管理局党委委员职务
9 月20日　省扶贫开发办公室张玉宏试用期满，考核合格，同意正式任职
9 月20日　免去杨有才、张亚云省公安厅交通管理局（交通警察总队）党委委员职务
9 月22日　免去牛柱珍省政府机关事务管理局党组成员
11 月27日　范志民任省监狱管理局党委委员
11 月27日　免去高奇省监狱管理局党委委员职务
11 月27日　省政府机关事务管理局高晋红试用期满，考核合格，同意正式任职
11 月27日　省公安厅交通管理局（交通警察总队）武小彪试用期满，考核合格，同意正式任职
11 月27日　免去马玉川省公安厅交通管理局（交通警察总队）政委、党委副书记职务，退休
12 月25日　免去祁晓虎省政府机关事务管理局党组成员职务

省直属事业单位

1 月9日　省委党史办张铁锁退休
1 月9日　煤炭工业太原设计研究院赵民试用期满，考核合格，同意正式任职
1 月9日　李秋柱任省公共资源交易中心（省政务服务中心）党组书记
1 月9日　免去樊颖省民航机场集团公司（管理局）党委副书记职务，退休
1 月9日　免去姚建忠省农业机械发展中心（省农机局）党组成员职务
1 月9日　省农业机械发展中心（省农机局）王五明、张建中、张本源试用期满，考核合格，同意正式任职
1 月9日　韩道亮任省接待办公室主任
1 月9日　省人民医院李耀平试用期满，考核合格，同意正式任职
1 月9日　山西医科大学第一医院赵龙凤退休
2 月22日　省测绘地理信息局裴彦明、李晓红试用期满，考核合格，同意正式任职
2 月22日　省农业科学院刘惠民退休
2 月23日　免去王保国省档案局（档案馆）党组成员
2 月23日　董仙桃任煤炭工业太原设计研究院党委副书记
2 月23日　免去潘海燕省地质勘查局党委委员
3 月8日　刘春、郭建昇任山西医科大学第一医院党委委员
3 月8日　赵斌任山西医科大学第二医院党委委员
3 月8日　李学文任山西大医院（山西医学科学院）党委委员
3 月8日　乔威民任省人民医院党委委员，免去其山西大医院（山西医学科学院）党委委员职务
4 月1日　吴汉圣任省委党校校长（兼）
4 月1日　免去盛茂林省委党校校长职务
4 月21日　省地方志办公室李茂盛退休
4 月21日　省地质勘查局王润福试用期满，考核合格，同意正式任职
4 月21日　省投资促进局武亮试用期满，考核合格，同意正式任职
4 月21日　免去张兴顺省公路局党委委员职务
4 月21日　免去周文全省公路局党委委员职务
4 月21日　省属地方金融类企业监事会张永胜试用期满，考核合格，同意正式任职
4 月22日　席永明任山西日报报业集团副社长
4 月22日　免去邢亚静省农业科学院党委副书记、委员职务，退休
4 月22日　侯广章任省社会科学院党组成员
4 月22日　免去李祥熙山西社会主义学院副院长、党委委员职务，退休
4 月22日　卫继周任省公共资源交易中心（省政务服务中心）党组成员，免去其省地质勘查局党委委员职务
4 月22日　张继宏任中国煤炭博物馆党委书记

4月22日　免去李希海中国煤炭博物馆党委书记职务
5月14日　省级政府采购中心穆恩科试用期满，考核合格，同意正式任职
5月15日　王建军任省委党校副校长（试用期一年）、校委委员
5月15日　江荣任省地质勘查局党委委员
5月24日　闫宝明、刘学军任省接待办公室副主任（试用期一年）
5月25日　刘英魁任山西广播电视台党委委员、书记
5月25日　免去郭健山西广播电视台党委书记
5月25日　张学彦、张胤彬任省煤炭地质局党委委员
5月25日　王渊任中国（太原）煤炭交易中心党组成员
5月25日　免去武福玉省禹门口水利工程管理局党委书记职务
7月10日　免去郭健山西广播电视台党委委员职务
7月10日　王炤坤任省政府发展研究中心(省政府研究室）党组成员
7月10日　免去王岳红省政府发展研究中心（省政府研究室）党组成员职务
7月10日　樊秀清任省档案局（省档案馆）党组成员
7月10日　免去邢利民省档案局(省档案馆)党组成员职务
7月10日　免去李汝德山西医科大学第二医院党委书记、委员职务
7月20日　免去徐建国省直机关党校校委委员职务，免去其省直机关党校副校长职务
7月20日　张宁任省禹门口水利工程管理局党委副书记
7月23日　薛荣任省委党史办公室主任
7月23日　免去于若洁省委党史办公室主任职务
7月23日　张强、李晋陵任省农业科学院党委委员
7月23日　徐建国任省直机关党校副巡视员
7月23日　王振海任省煤炭基本建设局党组书记
7月23日　常建忠任省禹门口水利工程管理局党委书记
7月23日　胡钢成任省高速公路管理局党委书记（副厅长级)
9月20日　山西日报报业集团张巨霖、张占鹰试用期满，考核合格，同意正式任职
9月20日　免去李铁山省公路局党委副书记职务，退休
9月20日　杨建民、韩中文任省招生考试管理中心党组成员
9月20日　韩秀云任省接待办公室副主任
9月20日　省级政府采购中心申志纯试用期满，考核合格，同意正式任职
9月20日　吴旭东任山西医科大学第一医院党委委员、副书记
9月20日　山西医科大学第二医院李保试用期满，考核合格，同意正式任职
9月20日　张桓虎任山西医科大学第二医院党委委员
9月20日　王军喜任山西大医院（山西医学科学院）党委委员、副书记
9月22日　免去张宁山西日报报业集团党委委员、副社长职务，退休
9月22日　省公共资源交易中心（省政务服务中心）杨晋生退休
9月22日　王进仁任省农业机械发展中心（省农机局）党组书记
9月22日　免去左义河省农业机械发展中心（省农机局）党组书记职务
9月22日　张元成任山西博物院党委书记
11月27日　省委党校（山西行政学院）薛勇民试用期满，考核合格，同意正式任职
11月27日　省社会科学院高春平试用期满，考核合格，同意正式任职
11月27日　李兴武任省煤炭地质局党委副书记
11月27日　彭东晓任省地质勘查局党委书记
11月27日　免去翁金明省地质勘查局党委书记职务
11月27日　赵丽华任省招生考试管理中心党组书记
11月27日　免去马骏省招生考试管理中心党组书记职务
11月27日　徐钧任山西医科大学第二医院党委委员、书记
11月27日　省社会保险局孔宪江试用期满，考核合格，同意正式任职
12月25日　免去刘越泽山西医科大学第二医院党委副书记、委员职务
12月26日　梁敬华任省政府发展研究中心（省政府研究室）党组书记
12月26日　免去李劲华省政府发展研究中心（省政府研究室）党组书记职务
12月26日　免去王雷平省委党史办公室副巡视员职务，退休

驻外办事处

12月25日　曲志鹏任省政府驻天津办事处党组成员
12月25日　李亚军任省政府驻上海办事处党组成员
12月25日　杨晓珍任省政府驻广州办事处党组成员
12月25日　王红健任省政府驻广州办事处党组成员
12月26日　刘亚林任省政府驻广州办事处党组书记
12月26日　韩侠任省政府驻上海办事处党组书记

高等院校

1月9日　山西大学秦良玉退休
1月9日　太原理工大学黄庆学试用期满，考核合格，同意正式任职
1月9日　免去吴俊清太原理工大学党委书记、常委、委员职务
1月9日　山西财经大学薛文治退休

1月9日　山西师范大学闫桂琴退休
1月9日　太原科技大学张飞退休
1月9日　免去陈忠义长治医学院党委委员职务
1月9日　梁永平任运城学院党委委员、书记
1月9日　姚纪欢任运城学院党委书记
1月9日　免去崔克勇运城学院党委书记、委员职务
1月9日　免去梁晋才运城学院党委委员职务
1月9日　免去史德源山西经济管理干部学院党委副书记、委员职务，退休
1月9日　免去任树琴省政法管理干部学院党委委员职务
1月9日　免去胡尔雅山西药科职业学院党委委员职务
1月9日　山西戏剧职业学院谢玉辉试用期满，考核合格，同意正式任职
2月22日　山西财经大学刘维奇试用期满，考核合格，同意正式任职
2月22日　山西师范大学卫建国试用期满，考核合格，同意正式任职
2月22日　免去景国栋山西水利职业技术学院党委委员职务
2月22日　朔州职业技术学院李俊退休
2月23日　山西传媒学院郝本廉退休
2月23日　免去吴建设太原学院党委副书记、委员职务，退休
2月23日　免去任玉平太原学院党委书记、委员职务
2月23日　免去杨勇阳泉师范高等专科学校党委书记职务
3月8日　山西师范大学原战勇退休
3月8日　周巧红任省财政税务专科学校党委委员、副书记
3月8日　张俊平任省财政税务专科学校党委委员、纪委书记
3月8日　李锦元、冯东元任省财政税务专科学校党委委员
3月8日　免去胡忠爱省财政税务专科学校副校长职务
3月8日　王海英任省政法管理干部学院党委副书记
3月8日　杨军、王宝荷任省政法管理干部学院党委委员
3月8日　免去段江涛省政法管理干部学院党委副书记、委员、纪委书记职务
3月8日　免去晋睿省政法管理干部学院党委委员职务
3月8日　邹本贵任山西药科职业学院党委副书记
3月8日　贺聪明任山西药科职业学院党委委员、纪委书记
3月8日　陕荣善、王仙芝、贾建斌任山西药科职业学院党委委员
3月8日　岳建民任山西艺术职业学院党委副书记
3月8日　武绍宏、康凤任山西艺术职业学院党委委员
3月8日　白继中任山西水利职业技术学院党委委员、副书记
3月8日　李军任山西水利职业技术学院党委委员、纪委书记
3月8日　杨志辉、卢智峰任山西水利职业技术学院党委委员
3月8日　免去张龙改山西水利职业技术学院党委委员职务
3月8日　马联合任山西管理职业学院党委副书记
3月8日　李强任山西管理职业学院党委委员、纪委书记
3月8日　宋沧任山西管理职业学院党委委员
3月8日　闫建辉任山西青年职业学院党委委员、纪委书记，免去其山西管理职业学院党委委员职务
3月8日　免去李兵义山西青年职业学院纪委书记职务
3月8日　安乐强任山西警官职业学院党委委员、副书记
3月8日　张晋永任山西警官职业学院党委委员、纪委书记
3月8日　郑登峰、李麦祥任山西警官职业学院党委委员
3月8日　免去张智山西警官职业学院党委副书记、委员、纪委书记职务
3月8日　卫建杰、徐波任山西国际商务职业学院党委委员
3月8日　王计堂任山西煤炭职业技术学院党委委员
3月8日　免去王晓鸣山西煤炭职业技术学院党委委员职务
4月21日　山西大学倪生唐退休
4月21日　山西广播电视大学刘发威退休
4月21日　山西能源学院郝建功退休
4月21日　山西财经大学孙建中、刘中朝退休
4月21日　长治学院茹文明试用期满，考核合格，同意正式任职
4月22日　免去秦国杰临汾职业技术学院党委书记职务
4月22日　免去冯向先长治医学院党委副书记、委员职务，退休
4月22日　山西传媒学院李远程退休
4月22日　山西广播电视大学李全贵退休
4月22日　付遵师任临汾职业技术学院党委书记
5月14日　山西能源学院尚瑾退休
5月14日　山西煤炭职业技术学院王晓鸣退休
5月15日　周富国任吕梁学院党委书记
5月15日　免去闫保平吕梁学院党委书记、委员职务
5月15日　张春有任山西能源学院党委委员、副书记，免去其吕梁学院党委委员、纪委书记职务
5月25日　吴玉程任太原理工大学党委委员、常委、书记
5月25日　张芳萍任长治医学院党委委员、副书记
5月25日　胡春香、王金胜任长治医学院党委委员
5月25日　免去李富德长治医学院党委副书记、委员职务
5月25日　张宇敏任运城学院党委委员、纪委书记
5月25日　刘自强任吕梁学院党委委员、副书记，免去其运城学院党委委员、纪委书记职务
5月25日　免去田晓东吕梁学院党委副书记、委员职务
5月25日　免去宋红山西工程技术学院党委委员职务
5月25日　杜锋任山西能源学院党委委员、纪委书记
5月25日　孙光辉、孟文俊任山西能源学院党委委员
5月25日　免去许文海山西警官职业学院党委副书记、委员职务
5月25日　王振林、郑捧柱任山西工程技术学院党委委员
5月25日　张毓德任朔州师范高等专科学校党委书记
7月10日　周小计任山西大学党委委员、常委
7月10日　张建胜任太原理工大学党委委员、常委

7月10日　钟若愚任山西财经大学党委委员、常委
7月10日　张宏任山西医科大学党委委员
7月10日　孟秀祥任山西农业大学党委委员、常委
7月10日　王建华任山西师范大学党委委员、常委
7月10日　免去邢金龙太原学院党委委员职务
7月10日　山西经济管理干部学院武东升试用期满，考核合格，同意正式任职
7月10日　山西林业职业技术学院卢桂宾试用期满，考核合格，同意正式任职
7月10日　吕梁教育学院赵清明试用期满，考核合格，同意正式任职
7月10日　朔州职业技术学院王茂兴试用期满，考核合格，同意正式任职
7月20日　霍玉玲任省政法管理干部学院党委委员、纪委书记
7月20日　吕安峥任山西建筑职业技术学院党委委员
7月20日　沈宝荣任山西交通职业学院党委委员、纪委书记
7月20日　马山堂任山西艺术职业学院党委委员、纪委书记
7月20日　牟友丰任山西国际商务职业学院党委委员、纪委书记
7月20日　吴宾任山西戏剧职业学院党委委员、纪委书记
7月23日　张俊龙任山西医科大学党委委员、书记
7月23日　免去李凤岐山西医科大学党委书记、委员职务
7月23日　李东光任中北大学党委委员、常委
7月23日　段志光任山西中医药大学党委委员、书记，免去其山西医科大学党委副书记、委员职务
7月23日　马存根任山西大同大学党委委员、常委、书记，免去其山西中医药大学党委书记、委员职务
7月23日　免去常乃军山西大同大学党委书记、常委、委员职务
7月23日　薛耀文任运城学院党委委员、副书记，免去其山西师范大学党委副书记、常委、委员职务
7月23日　岳新风任吕梁学院党委委员、纪委书记
7月23日　康晓红任太原学院党委委员、副书记
7月23日　孙华东任太原学院党委委员
7月23日　免去张子荣太原学院党委副书记、委员职务
7月23日　免去蔡耀群太原学院党委副书记、委员职务
7月23日　李大公任太原学院党委委员、书记，免去其晋中学院党委副书记、委员职务
7月23日　李喜春任山西警察学院党委委员、书记
7月23日　马民英任山西警察学院党委委员、纪委书记，
7月23日　闫龙江、任向东、尉安俊任山西警察学院党委委员
7月23日　李亚尼任山西警察学院党委委员、副书记，免去其省政法管理干部学院党委副书记、委员职务
7月23日　荆存柱任阳泉职业技术学院党委书记
9月20日　山西大学殷杰、韩勇鸿、程芳琴、张天才试用期满，考核合格，同意正式任职
9月20日　太原理工大学吴斗庆、树学峰、梁卫国、李明试用期满，考核合格，同意正式任职
9月20日　山西财经大学杨俊青试用期满，考核合格，同意正式任职
9月20日　山西医科大学解军、张辉试用期满，考核合格，同意正式任职
9月20日　山西农业大学杨武德、赵水民试用期满，考核合格，同意正式任职
9月20日　山西师范大学王云、许小红、车文明试用期满，考核合格，同意正式任职
9月20日　太原科技大学邓学成、刘翠荣、谢刚试用期满，考核合格，同意正式任职
9月20日　中北大学雷锋斌、赵贵哲、潘晋孝试用期满，考核合格，同意正式任职
9月20日　山西中医药大学闫敬来试用期满，考核合格，同意正式任职
9月20日　太原师范学院王敬泽退休
9月20日　山西大同大学冯锋、姚丽英试用期满，考核合格，同意正式任职
9月20日　长治学院赵巨涛、史晓东、李强试用期满，考核合格，同意正式任职
9月20日　长治学院皇甫志芳退休
9月20日　太原工业学院吴跃焕、梁玉蓉试用期满，考核合格，同意正式任职
9月20日　山西传媒学院郭卫东、王红叶试用期满，考核合格，同意正式任职
9月20日　山西工程技术学院宋红退休
9月20日　山西工程技术学院姜俊兵试用期满，考核合格，同意正式任职
9月20日　山西能源学院常建忠试用期满，考核合格，同意正式任职
9月20日　山西广播电视大学李忱试用期满，考核合格，同意正式任职
9月20日　省财政税务专科学校胡忠爱退休
9月20日　山西青年职业学院李志权试用期满，考核合格，同意正式任职
9月20日　省政法管理干部学院段江涛退休
9月20日　山西煤炭职业技术学院宋军试用期满，考核合格，同意正式任职
9月20日　山西工程职业技术学院秦华伟试用期满，考核合格，同意正式任职
9月20日　山西职业技术学院雷承锋试用期满，考核合格，同意正式任职
9月20日　长治职业技术学院卫崇文试用期满，考核合格，同意正式任职
9月20日　太原旅游职业学院马兆兴试用期满，考核合格，同意正式任职
9月20日　吕梁职业技术学院刘俊珍试用期满，考核合格，

同意正式任职
11月27日　郝勇东任山西师范大学党委副书记
11月27日　王枝茂任太原科技大学党委委员、常委，免去其山西轻工职业技术学院党委书记职务
11月27日　萧芬芬任太原科技大学党委委员、常委、纪委书记
11月27日　靳秀荣任太原科技大学党委常委
11月27日　免去徐德峰太原科技大学党委常委、委员、纪委书记职务
11月27日　山西中医药大学李青山、郗慧琴试用期满，考核合格，同意正式任职
11月27日　郑金平任长治医学院党委委员、常委
11月27日　免去武有祯长治医学院党委常委、委员职务
11月27日　太原师范学院赵怡试用期满，考核合格，同意正式任职
11月27日　乔永生任忻州师范学院党委副书记，免去其忻州师范学院纪委书记职务
11月27日　郝鹏飞任忻州师范学院党委委员、纪委书记
11月27日　李丹、张文玉任忻州师范学院党委委员
11月27日　忻州师范学院王秋生退休
11月27日　山西大同大学翟大彤试用期满，考核合格，同意正式任职
11月27日　运城学院贺正云、黄解宇试用期满，考核合格，同意正式任职
11月27日　李山岗、张存伟任晋中学院党委委员
11月27日　吕梁学院冀建峰试用期满，考核合格，同意正式任职
11月27日　免去杨迎平吕梁学院党委副书记、委员职务
11月27日　山西传媒学院梁云阶退休
11月27日　马皖东任太原学院党委委员、副书记
11月27日　姜海任山西广播电视大学党委副书记
11月27日　吴斌任山西广播电视大学党委委员
11月27日　免去刘祁杰山西广播电视大学党委委员职务
11月27日　山西警察学院苏天照试用期满，考核合格，同意正式任职
11月27日　山西职工医学院张波试用期满，考核合格，同意正式任职
11月27日　张永前任山西警官职业学院党委委员、副书记，免去其山西交通职业技术学院党委委员职务
11月27日　单红龙任山西艺术职业学院党委副书记
11月27日　免去朱天燕山西体育职业学院党委副书记、委员职务
11月27日　山西医科大学汾阳学院孟小平试用期满，考核合格，同意正式任职
11月27日　王爱民任山西国际商务职业学院党委委员、副书记
11月27日　岳高社任山西轻工职业技术学院党委书记
12月25日　山西中医药大学周晓明退休
12月25日　长治医学院李富德退休
12月25日　忻州师范学院张美富退休

群团组织

1月9日　省文联宋新柱退休
1月9日　免去杨占平省作家协会巡视员职务
1月9日　省残联郭贵仁退休
1月9日　免去杨秀芳省归国华侨联合会副巡视员职务，退休
1月9日　郭立任山西省红十字会党组书记
1月9日　闫喜春任省法学会党组书记
2月22日　免去吴刚省法学会党组成员职务
2月23日　省供销社高璋退休
3月8日　省贸促会吴伟试用期满，考核合格，同意正式任职
4月22日　免去李亮军省总工会党组成员职务
4月22日　免去侯炜华省总工会副巡视员职务，退休
4月22日　王玉花任省妇女联合会党组成员
4月22日　免去王义升省供销合作社联合社党组成员职务
5月15日　李忠贵任省总工会副巡视员
5月15日　王德贵任省科学技术协会巡视员，免去其省科学技术协会党组成员职务
7月10日　黄巍任共青团山西省委员会书记、党组书记
7月10日　免去赵雁峰共青团山西省委员会书记、党组书记职务
7月10日　邢利民任省工商业联合会党组成员
7月10日　李剑英任省工商业联合会党组成员
7月10日　免去郎宝山省工商业联合会党组成员职务
7月10日　免去樊秀清省工商业联合会党组成员、省非公经济组织和社会组织工作委员会副书记职务
7月10日　赵淑芊任省残疾人联合会党组成员，免去其省工商业联合会党组成员职务
7月10日　张锐锋任省作家协会党组副书记
7月23日　王兴旺任省总工会巡视员，免去其省总工会党组成员职务
7月23日　刘建光任省供销合作社联合社党组成员
9月20日　省科协杨伟民退休
9月20日　张志龙、陈斯平任省归国华侨联合会党组成员
9月20日　樊彩萍、梁志华任省台湾同胞联谊会党组成员
9月20日　免去周志文省台湾同胞联谊会党组成员职务
9月20日　李晓静任省红十字会党组成员
9月22日　免去吴伟中国国际贸易促进委员会山西省委员会党组成员职务
11月27日　谭立新任省总工会党组成员
11月27日　苏涛任共青团山西省委员会副书记、党组成员
11月27日　赵静任共青团山西省委员会副书记、党组成员

11月27日　周鹏任共青团山西省委员会副书记、党组成员

11月27日　吴兴任共青团山西省委员会副书记（挂职）、党组成员

11月27日　免去马皖东、刘娟共青团山西省委员会副书记、党组成员职务

11月27日　丁国栋任省少先队工作委员会主任（副厅长级，试用期一年）、团省委党组成员

11月27日　免去马慧健省少先队工作委员会主任、团省委党组成员职务

11月27日　陈晓红任中国国际贸易促进委员会山西省委员会党组成员

11月27日　陈蕾任省归国华侨联合会副巡视员

11月27日　李德增任省归国华侨联合会党组成员

11月27日　梁志华任省台湾同胞联谊会副巡视员

11月27日　马俊任省法学会党组成员

12月26日　免去王立业省总工会党组书记职务

12月26日　石跃峰任省文学艺术界联合会巡视员，免去其省文学艺术界联合会党组副书记职务

12月26日　陈平任省供销合作社联合社副巡视员

12月26日　郑红任省红十字会党组书记

12月26日　免去郭立省红十字会党组书记职务

民主党派

5月15日　任衍钢任民进山西省委员会机关巡视员

12月26日　免去王喜华农工党山西省委员会机关副巡视员职务，退休

12月26日　刘本旺、高新文明确为正厅长级

12月26日　李润、白德恭、米效东、杜宏瑞、马兢建明确为副厅长级，试用期一年

省管国有企业

1月9日　晋能集团王建设退休

1月9日　免去郭晋普山西国信投资集团有限公司专职党委副书记职务

2月8日　郝强任晋商银行股份有限公司党委委员

2月22日　山西国信投资集团有限公司张广慧退休

2月23日　韩良会任山西国信投资集团有限公司专职党委副书记

4月22日　李亮军任省农村信用社联合社纪委书记、党委委员

6月26日　免去贺天才山西晋城无烟煤矿业集团有限责任公司党委书记职务

7月10日　李鸿双任山西晋城无烟煤矿业集团有限公司党委书记，免去其山西晋城无烟煤矿业集团有限公司总经理职务

7月10日　王俊飚任省国有资本投资运营有限公司党委书记，免去其山西金融投资控股集团有限公司党委副书记职务

7月10日　张炯玮任山西金融投资控股集团有限公司党委书记

7月10日　免去孙海潮山西金融投资控股集团有限公司党委书记职务

7月10日　王文保任山西省文化旅游投资控股集团有限公司党委书记

7月10日　免去李鸿飞省农村信用社联合社党委委员

9月22日　免去方健晋商银行股份有限公司党委委员职务

9月22日　免去邓国帅山西出版集团有限责任公司党委副书记、委员职务

11月4日　袁清茂任山西交通控股集团有限公司党委书记

11月27日　曹阳任山西国际能源集团有限公司党委书记

11月27日　免去郭明山西国际能源集团有限公司党委书记职务

11月27日　免去郭钛星山西国际能源集团有限公司总经理职务，退休

11月27日　高向新任山西金融投资控股集团有限公司党委副书记

11月27日　张科职任省农村信用社联合社党委委员

11月27日　邢亮喜任省农村信用社联合社党委副书记

11月27日　王忠泽任省农村信用社联合社专职党委副书记

11月27日　免去王再升省农村信用社联合社党委副书记职务，退休

11月27日　高计亮任晋商银行股份有限公司党委委员

11月27日　丁建勤任山西广电信息网络（集团）有限责任公司专职党委副书记

11月27日　赵文华任山西广电信息网络（集团）有限责任公司党委副书记

11月27日　李虹蔚任山西广播电视传媒（集团）有限责任公司专职党委副书记

11月27日　高巍任山西广播电视传媒（集团）有限责任公司党委副书记

11月27日　贾斌任山西影视(集团)有限责任公司党委副书记

11月27日　丁泽兴任山西影视（集团）有限责任公司专职党委副书记

11月27日　郭耀宏任山西演艺（集团）有限责任公司专职党委副书记

11月27日　崔明光任山西演艺（集团）有限责任公司党委副书记

11月27日　李伟任山西日报传媒（集团）有限责任公司党委委员、书记

11月27日　郝枢波任山西日报传媒（集团）有限责任公司党委委员、副书记

11月27日　王良、来惠平、侯百管任山西日报传媒（集团）有限责任公司党委委员

12月26日　高祥明任太原钢铁（集团）有限公司党委书记

12月26日　免去李晓波太原钢铁（集团）有限公司党委书

记职务
12月26日 郝孝义任山西航空产业集团有限公司党委书记

各 市

太原市

2月23日 李新春任太原市委委员、常委、组织部部长
2月23日 魏民任太原市委常委
2月23日 刘鹓任太原市委常委
2月23日 免去张明星太原市委常委职务
2月23日 免去刘文华太原市委常委、委员职务
2月23日 免去车建华太原市小店区委书记职务
2月23日 免去韩良会清徐县委书记职务
2月23日 周茂玉不再担任太原市人民检察院检察长职务
2月23日 免去尤天栓太原经济技术开发区党工委书记职务
2月23日 免去胡志峰太原高新技术开发区党工委书记职务
2月23日 免去赵瑞雪太原高新技术产业开发区管委会主任职务
4月6日 罗清宇任太原市委委员、常委、书记
4月6日 免去王伟中太原市委书记、常委、委员职务
4月21日 免去刘伟太原市纪委副书记职务，其不再担任太原市监察委员会副主任职务
7月10日 张璐任太原市委委员、常委（挂职，期限二年）
7月10日 免去梁争平太原市人大常委会副主任职务
7月20日 免去刘振华太原市纪委副书记职务，其不再担任太原市监察委员会副主任职务
7月23日 刘振华任太原市委委员，小店区委书记
7月23日 杨俊民任太原市万柏林区委书记
7月23日 王琳玉任清徐县委书记
7月23日 免去常青太原市万柏林区委书记职务
9月22日 荣彤退休
11月27日 杨万生、魏福臣任太原市纪委副书记
11月27日 赵晋虎不再担任太原市迎泽区人民法院院长职务
11月27日 免去任在刚太原市委副书记、常委、委员职务
11月27日 刘剑、毛志鸣退休
12月26日 李新春任太原市委副书记
12月26日 赵忠保任太原市委委员、常委、组织部部长
12月26日 免去常青太原市委委员职务，其不再担任太原市人大常委会副主任职务
12月26日 免去陈向阳太原市委委员职务，其不再担任太原市副市长职务

大同市

1月9日 马斌退休
2月22日 姚生平退休
2月23日 宋涛任大同市委委员、常委、组织部部长
2月23日 薛明耀任大同市委常委，免去其大同市南郊区委书记职务
2月23日 免去赵向东、郜向华大同市委常委职务
2月23日 刘振国任大同市委常委
2月23日 杨勤荣不再担任大同市副市长职务，免去其大同市委常委、委员职务
5月15日 荆虎任大同经济技术开发区管委会主任
5月15日 免去雷雪峰大同经济技术开发区管委会主任职务
7月10日 冯苏京任大同市委委员、常委(挂职，期限二年)
7月23日 任希杰任大同市南郊区委书记
7月23日 苏智任左云县委书记
7月23日 免去胡勇大同市委委员和左云县委书记职务
9月22日 武宏文任大同市委委员、常委、副书记
9月22日 马彦平不再担任大同市市长职务，免去其大同市委副书记、常委、委员职务
9月22日 免去孙利仁大同市委常委、委员职务
11月27日 姚鸿波任大同市委委员、常委
11月27日 梁晓旭任大同市委委员、常委和市纪委书记
11月27日 免去卫国大同市委常委、委员职务
11月27日 朱晓东不再担任大同市监察委员会主任职务，免去其大同市委常委、委员和市纪委书记职务
12月26日 穆国新任大同市委委员、常委
12月26日 免去高键大同市委副书记、常委、委员职务

朔州市

5月15日 陈振亮任朔州市委委员、常委、副书记
5月15日 刘志宏不再担任朔州市市长职务，免去其朔州市委副书记、常委、委员职务
5月15日 免去吴会明朔州经济技术开发区党工委书记职务，退休
11月27日 左中伟退休
12月26日 高键任朔州市委委员、常委、副书记
12月26日 免去郑红朔州市委副书记、常委、委员职务
12月26日 陈振亮任朔州市委书记
12月26日 免去王安庞朔州市委书记、常委、委员职务

忻州市

1月9日 王炳升退休
2月22日 贾玉文退休
2月23日 王珍任忻州市委副书记，免去其忻州市纪委书记职务
2月23日 范晋昌任忻州市委委员、常委和市纪委书记
5月15日 赵新年任忻州市委委员、常委
5月15日 免去范波涛忻州市委常委、委员职务

7月10日　刘婷芳任忻州市委常委，免去其忻州经济开发区管委会主任职务
9月20日　张高栋退休
9月22日　免去阮全进忻州市委常委、委员职务
11月27日　朱晓东任忻州市委委员、常委、副书记
11月27日　免去王珍忻州市委副书记、常委职务
11月27日　贾雪峰不再担任忻州市人大常委会主任职务，免去其忻州市委委员职务
11月27日　罗荣华、张建平、梁洁、武德退休
12月26日　刘瑞生任忻州市委委员、常委

吕梁市

2月23日　郭震威任吕梁市委委员、常委（挂职，期限二年）
2月23日　宁建新不再担任吕梁市人民检察院检察长职务
7月10日　尉文龙任吕梁市委委员
7月10日　张广勇任吕梁市委副书记
7月10日　李建国任吕梁市委常委
7月10日　免去雷建国吕梁市委副书记、常委、委员职务
7月10日　免去竟晖吕梁市委常委、委员职务
7月10日　张广勇、竟晖不再担任吕梁市副市长职务
12月26日　梁志勇任吕梁市委委员、常委，离石区委书记
12月26日　免去常书铭吕梁市委常委、委员和离石区委书记职务

晋中市

2月22日　郑琪文退休
2月23日　丁利军任晋中市委委员、常委和市纪委书记
2月23日　免去宋文斌晋中市委常委、委员和市纪委书记职务
2月23日　免去赵春雷晋中经济开发区党工委书记职务
2月23日　免去温毓诚晋中经济开发区管委会主任职务，退休
3月15日　史书贤退休
4月21日　秦太明退休
4月22日　仝清雷任晋中经济技术开发区管委会主任
5月15日　尹乃明任晋中市委委员、常委、副书记（保留正厅长级）
7月10日　尚金华、游树林退休
9月20日　李非忠退休
9月22日　周建任晋中市委委员
9月22日　免去孙宪春晋中市委常委、委员职务
9月22日　免去戎劲光晋中市委委员职务，不再担任晋中市副市长、公安局局长职务
11月27日　孙光堂退休
11月27日　荣贵不再担任晋中市人大常委会副主任职务
11月27日　王书红不再担任晋中市政协副主席职务
12月26日　许杰真任晋中市委委员、常委

阳泉市

1月9日　免去要真阳泉经济技术开发区党工委书记职务，退休
2月23日　马爱锋任阳泉市委委员、常委
2月23日　免去王旭明阳泉市委副书记、常委职务
2月23日　免去杨永生阳泉市委常委职务
2月23日　董仙桃不再担任阳泉市副市长职务
5月15日　李云峰任阳泉市委副书记
7月23日　梁志勇任阳泉市委常委
9月20日　免去朱刚阳泉市纪委副书记和市监察委员会副主任职务
11月27日　贾建胜不再担任盂县人民检察院检察长职务
11月27日　李顺宽、曹凯民、许文珍退休
12月26日　雷健坤任阳泉市委委员、常委、副书记
12月26日　巩成任阳泉市委副书记
12月26日　张其光任阳泉市委委员、常委，盂县县委书记
12月26日　郭卫东任阳泉市委委员、常委
12月26日　张志先任阳泉市矿区区委书记
12月26日　免去董一兵阳泉市委副书记、常委、委员职务，不再担任阳泉市市长职务
12月26日　免去李云峰阳泉市委副书记、常委、委员和盂县县委书记职务
12月26日　免去梁志勇阳泉市委常委、委员和矿区区委书记职务

长治市

2月23日　王震任长治市委常委
2月23日　免去郭康锋长治市委副书记、常委职务
2月23日　免去郝双庆黎城县委书记职务
5月15日　梁克昌任长治市委副书记
7月10日　原占斌任长治市委委员
7月10日　丁毅不再担任长治市中级人民法院院长职务，免去其长治市委委员职务
7月10日　王玉圣退休
7月23日　胡勇任长治市委委员、常委，城区区委书记
7月23日　李国强任长子县委书记，免去其长治市城区区委书记职务
7月23日　金所军任沁源县委书记，免去其长治市郊区区委书记职务
7月23日　杨红旗任长治市委委员，黎城县委书记
7月23日　免去潘贤掌长治市委常委、委员职务，其不再担任长治市副市长职务
7月23日　免去王震长子县委书记职务
7月23日　免去李丁夫长治市委委员和沁源县委书记职务

9月22日 成文碧任长治市委委员
9月22日 免去杨通顺长治市委委员，其不再担任长治市副市长、公安局长职务
9月22日 张志刚任长治高新技术开发区管委会主任，免去其襄垣县委书记职务
9月22日 免去张圣长治高新技术产业开发区管委会主任职务
9月22日 胡三虎任襄垣县委书记
9月22日 王现敏任长治县委书记
9月22日 免去裴少飞襄垣县委书记职务
11月27日 杨勤荣任长治市委委员、常委、副书记
11月27日 免去梁克昌长治市委副书记、常委、委员职务
11月27日 关小平退休
12月26日 免去卢建明长治市委副书记、常委、委员职务，不再担任长治市市长职务

晋城市

1月9日 刘爱军、李章宏、王瑞敏退休
2月23日 杨勤荣任晋城市委委员、常委
3月15日 李东明不再担任高平市人民法院院长职务
4月21日 孟福贵、李国继退休
5月14日 马德和、任建宏退休
5月15日 免去赵新年泽州县委书记职务
7月10日 陈改玲退休
9月20日 郭跃峰退休
9月22日 刘锋任晋城市委委员、常委、副书记
9月22日 武宏文不再担任晋城市市长职务，免去其晋城市委副书记、常委、委员职务
9月22日 高喜全任泽州县委书记
11月27日 张利锋任晋城市委常委
11月27日 杨勤荣不再担任晋城市副市长职务，免去其晋城市委常委、委员职务
12月26日 荆俊明任晋城市委委员、常委
12月26日 张志川任晋城市委委员、常委、书记
12月26日 免去张九萍晋城市委书记、常委、委员职务
12月26日 免去曾庆勇晋城市委副书记、常委、委员职务

临汾市

1月9日 谢海、黄翠莲退休
2月23日 刘文华任临汾市委委员、常委、组织部部长
2月23日 免去李新春临汾市委常委、委员和组织部部长职务
4月21日 原学义退休
7月10日 周太生任临汾市委委员
7月10日 翟瑞卿不再担任临汾市中级人民法院院长职务，免去其临汾市委委员职务
9月22日 马红彬任临汾市委委员
9月22日 免去苑涛临汾市委委员职务，其不再担任临汾市人民检察院检察长职务
11月27日 免去王振宇临汾市委常委、委员职务，其不再担任临汾市副市长职务
11月27日 乔成家退休
12月26日 李云峰任临汾市委委员、常委、副书记
12月26日 张翔任临汾市委委员
12月26日 免去雷健坤临汾市委副书记、常委、委员职务
12月26日 周计伟任临汾市委委员、常委和市纪委书记
12月26日 常青任临汾市委委员、常委
12月26日 免去张晓永临汾市委常委、委员和市纪委书记职务，其不再担任临汾市监察委员会主任职务
12月26日 王延峰不再担任临汾市副市长职务，免去其临汾市委委员职务

运城市

2月23日 免去胡宝河津市委书记职务
3月15日 崔克信退休
4月21日 刘冠生退休
5月15日 刘志宏任运城市委委员、常委、书记
5月15日 免去王宇燕运城市委书记、常委、委员职务
5月15日 陈振亮不再担任运城市市长职务，免去其运城市委副书记、常委、委员职务
7月23日 崔元斌任运城市委委员
7月23日 王瑞宝任运城市委副书记，不再担任运城市副市长职务
7月23日 鞠振任运城市委委员、常委，河津市委书记
9月20日 谢爱玲、王正风退休
9月22日 免去赵惠民运城市委委员和临猗县委书记职务
9月22日 免去荆青莲运城市委常委、委员职务
11月27日 乔登州任运城市委常委，不再担任运城市副市长职务
11月27日 于鹏飞任临猗县委书记

其　他

1月9日 明确省援疆前方指挥部副总指挥、临时党委副书记尚有明为副厅长级
1月9日 王宏伟任省援疆前方指挥部临时党委副书记
6月3日 白晓军任省援疆前方指挥部临时党委委员

（本栏目内容由省委组织部、省人大办公厅提供）

大事记

中共山西2017年大事记

1 月

山西省党政代表团到天津学习考察

4日　山西省党政代表团到天津学习考察，并召开山西省·天津市工作交流座谈会。天津市委书记李鸿忠，山西省委书记骆惠宁出席座谈会并讲话。天津市市长王东峰、山西省省长楼阳生分别介绍两省市经济社会发展情况，并在两省市全面深化合作框架协议上签字。在签约仪式上，两省市相关部门分别签署、签订了《山西省人民政府天津市人民政府全面深化合作框架协议》《山西省发改委天津市发改委关于将山西打造成为天津清洁能源供应基地合作协议》《山西省人社厅天津市人社局人才智力合作协议》《山西省农业厅天津市农委关于加强农产品产销合作框架协议》《山西省商务厅天津市商务委合作框架协议》《山西省旅发委天津市旅游局区域旅游合作协议》《山西转型综改示范区天津滨海新区区域合作协议》《山西省交通运输厅天津市交通运输委太原铁路局天津港(集团)有限公司战略合作协议》。座谈会前，还举行了天津在山西投资合作项目签约活动，共签署12项协议，总投资93亿元，涉及精细化工、生物医药、康复养老等领域。

省委召开常委会议

9日　骆惠宁主持召开省委常委会议，深入学习习近平总书记在十八届中央纪委第七次全体会议上的重要讲话，传达十八届中央纪委第七次全体会议精神，传达中央深化国家监察体制改革试点工作领导小组会议精神，研究山西省监察体制改革试点有关工作，讨论政府工作报告等报告。会议审议通过《省纪委省监委职能配置内设机构和人员编制方案(试行)》。会议听取了省"两会"筹备情况的汇报。同意将政府工作报告、省人大常委会工作报告、省政协常委会工作报告、省法院工作报告、省检察院工作报告，分别提请省十二届人大七次会议和省政协十一届五次会议审议。

省委召开常委会议

10日　骆惠宁主持召开省委常委会议，听取省人大常委会党组、省政府党组、省政协党组、省法院党组、省检察院党组工作汇报，传达全国宣传部长会议精神和全国第十次文代会、第九次作代会精神，传达全国党内法规工作会议精神，研究山西省贯彻落实意见。会议同意近期召开全省宣传部长会议和全省党内法规工作会议。

骆惠宁到吕梁市临县调研产业扶贫

11日　骆惠宁到吕梁市临县调研产业扶贫，看望慰问贫困户。调研中，骆惠宁听取了临县脱贫攻坚工作汇报，肯定了2016年四季度以来的进步。骆惠宁强调，要坚持问题导向，总结梳理2016年脱贫攻坚，谋划好2017年工作。要始终把脱贫攻坚摆在突出位置，落实精准扶贫方略，加快易地扶贫搬迁项目建设，全面完成年度攻坚任务。要把脱贫攻坚作为产业转型、发展功能性农业、推进农村全面振兴的重要机遇，大力发展特色种养业，加快推进植树造林、退耕还林，改变生态环境。要夯实领导责任，继续转变作风，坚持在一线解决问题。反对形式主义，不搞"面子工程"，让更多接地气、有特色的产业和项目遍地开花、涌现在村头田边。调研期间，骆惠宁还看望了"刘胡兰英雄民兵班"的战士们。

山西省举行纪念刘胡兰烈士英勇就义70周年大会

12日　山西省纪念刘胡兰烈士英勇就义70周年大会在文水县胡兰镇刘胡兰纪念馆举行。省委常委、常务副省长高建民，省委常委、宣传部长王清宪，省军区政治部主任傅永国出席纪念大会。

中国人民政治协商会议第十一届山西省委员会第五次会议在太原举行

13—17日　中国人民政治协商会议第十一届山西省委员会第五次会议在太原举行。会议期间，骆惠宁、楼阳生等省领导出席会议并参加分组讨论。会议听取并讨论了楼阳生省长所作的政府工作报告，听取并讨论了省高级人民法院工作报告、省人民检察院工作报告以及其他报告，对上述报告表示赞同并提出意见建议。会议审议批准了薛延忠主席代表政协第十一届山西省委员会常务委员会所作的工作报告和王宁副主席代表政协第十一届山西省委员会常务委员会所作的提案工作情况报告。会议补选王建明为政协第十一届山西省委员会副主席，补选马天荣、马皖东、王蕾（女）、王建武、朱晓明、刘国庆为政协第十一届山西省委员会常务委员。

山西省第十二届人民代表大会第七次会议在太原举行

14—18 日 山西省第十二届人民代表大会第七次会议在太原举行。会议审议并表决通过了关于政府工作报告的决议、关于山西省 2016 年国民经济和社会发展计划执行情况与 2017 年国民经济和社会发展计划的决议、关于山西省 2016 年全省和省本级预算执行情况与 2017 年全省和省本级预算的决议、关于省人大常委会工作报告的决议、关于省高级人民法院工作报告的决议和关于省人民检察院工作报告的决议。会议补选骆惠宁为山西省第十二届人民代表大会常务委员会主任，补选胡苏平（女）、刘杰为山西省第十二届人民代表大会常务委员会副主任，补选弓跃、王立业、王守义、王宏、牛社威、冯改朵（女）、闫喜春、李青山、杨增武、张葆（女）、张瑞鹏、蔡汾湘为山西省第十二届人民代表大会常务委员会委员，选举任建华为山西省监察委员会主任，补选邱水平为山西省高级人民法院院长。

汪洋在山西调研脱贫攻坚工作

14 日 国务院副总理、国务院扶贫开发领导小组组长汪洋在山西省长治市武乡县调研脱贫攻坚工作。调研期间，汪洋还与省际交叉考核组和第三方评估组进行座谈，听取对扶贫考核评估工作情况汇报和意见建议。14 日晚，汪洋主持召开座谈会，听取山西省脱贫攻坚工作情况汇报。骆惠宁、楼阳生参加座谈会。汪洋对山西脱贫攻坚进展予以肯定。汪洋强调，贫困地区要牢固树立“四个意识”，切实以脱贫攻坚统揽经济社会发展全局，加大工作落实力度，强化产业和劳务输出扶贫，培育壮大贫困村集体经济，管好用好扶贫资金，加强干部作风建设，激发贫困群众内生动力，加快推进精准脱贫、稳定脱贫。骆惠宁在发言中说，我们一定认真贯彻落实汪洋副总理重要讲话精神，以高度的政治自觉，切实履行主体责任，全力抓好脱贫攻坚。楼阳生汇报了山西省脱贫攻坚有关工作情况。

省委召开常委（扩大）会议

15 日 骆惠宁主持召开省委常委（扩大）会议，认真学习讨论习近平总书记在中央政治局民主生活会上的重要讲话和《中共中央关于中央政治局民主生活会情况的通报》。骆惠宁强调，要把思想和行动统一到习总书记重要讲话精神上来，自觉向习总书记看齐、向党中央看齐、向党的理论和路线方针政策看齐、向党中央决策部署看齐，把具有许多新的历史特点的伟大斗争在山西进行好。与会同志积极发言，交流学习体会。

省政府召开党组（扩大）会议

17 日 楼阳生主持召开省政府党组（扩大）会议，按照 1 月 15 日省委常委（扩大）会议上骆惠宁书记的讲话要求，深入学习习近平总书记在中央政治局民主生活会上的重要讲话精神，研究部署贯彻落实工作措施。

骆惠宁当选省人大常委会主任

18 日 山西省第十二届人民代表大会第七次会议选举骆惠宁为山西省人大常委会主任。

山西省监察委员会成立

同日 山西省十二届人大七次会议选举任建华为山西省监察委员会主任，通过了山西省监察委员会副主任、委员的任命，标志着山西省监察委员会正式成立。

省政府召开安委会全体（扩大）会议

同日 楼阳生主持召开省政府安委会第一次全体（扩大）会议，深入学习贯彻习近平总书记关于总体安全观的战略思想和关于安全生产的重要指示精神，贯彻落实党中央、国务院决策部署，通报 2016 年全省安全生产工作情况，部署 2017 年安全生产工作。

山西省监察委员会召开第一次干部大会

19 日 山西省监察委员会召开第一次干部大会。中央纪委副书记刘金国参加大会并讲话。省委书记、省人大常委会主任、省深化监察体制改革试点工作小组组长骆惠宁出席会议并讲话。骆惠宁对进一步深化监察体制改革试点工作，加强监察委员会干部队伍建设，推进市县监察体制改革试点工作提出要求。

省委召开常委会议

20 日 骆惠宁主持召开省委常委会议，传达贯彻中央政法工作会议、全国统战部长会议、全国组织部长会议精神，传达贯彻中共中央政治局委员、国务院副总理、国务院扶贫开发领导小组组长汪洋同志在晋考察调研讲话精神，研究部署山西省扶贫攻坚工作。会议审议了《省委常委会 2017 年工作要点》《省政协 2017 年度协商工作计划》。

《山西省“十三五”环境保护规划》出台

同日 《山西省“十三五”环境保护规划》出台。《规划》以“绿色发展、重点突出、依法治污、社会共治、深化改革”为基本原则，提出到 2020 年的三项主要指标，第一，环境质量得到阶段性改善；第二，生态环境保护得到加强；第三，环境安全得到基本保障。

省委印发《十一届省委全会工作规则》

21 日 省委印发《十一届省委全会工作规则》。

中共山西省十一届纪委第二次全体会议在太原召开

23 日 中共山西省十一届纪委第二次全体会议在太原召开，骆惠宁在会上作重要讲话。骆惠宁强调，要深刻领会习总书记在中央纪委七次全会上重要讲话和全会精神，充分认清形势，坚持标本兼治，进一步在解决突出问题上下功夫，推动全面从严治党向纵深发展。骆惠宁指出，做好今年纪检监察工作，一要认真贯彻中央六中全会精神，确保《准则》和《条例》有效执行。二要扎实推进监察体制改革试点工作，打造有特色可复制的样板。三要深入落实中央八项规定精神，打好作风建设攻坚战持久战。四要有效运用“四种形态”，扩大反腐败斗争成果。五要推动全面从严治党向基层延伸，维护百姓切身利益。六要加强巡视巡察工作，充分发挥利剑作用。七要加大问责力度，让失责必问成为常态。省委常委、省纪委书记、省监察委员会主任任建华主持会议。

省委办公厅、省政府办公厅印发《关于在全省推行法律顾问制度和公职律师公司律师制度的实施意见》《关于进一步深化文化市场综合执法改革的实施意见》

同日 省委办公厅、省政府办公厅印发《关于在全省推行法律顾问制度和公职律师公司律师制度的实施意见》《关于进一步深化文化市场综合执法改革的实施意见》

省委常委班子召开2016年度民主生活会

23—24日 骆惠宁主持召开省委常委班子2016年度民主生活会。会议以习总书记在中央政治局民主生活会上的重要讲话精神为指引，以学习贯彻党的十八届六中全会精神为主题，围绕"两学一做"学习教育要求，重点对照《准则》《条例》，查找差距不足，进行党性分析，在重大问题上进一步深化认识、强化举措。中央纪委机关、中央组织部派出督导组到会指导，对民主生活会取得的成效给予充分肯定。民主生活会上，通报了2015年度省委常委班子民主生活会整改措施落实情况和2016年度省委常委班子民主生活会征求意见情况。骆惠宁代表省委常委班子进行对照检查，从理想信念、政治纪律和政治规矩、作风、担当作为、组织生活、落实全面从严治党责任等方面查摆了问题和不足，深刻剖析了原因，提出努力方向和整改措施。

2 月

阮泊生同志逝世

2日 中国共产党的优秀党员，山西省人大常委会原主任、党组书记阮泊生同志，因病医治无效，于2017年2月2日9时42分在太原逝世，享年101岁。阮泊生同志逝世后，党和国家领导人习近平、张德江、刘云山、赵乐际、胡锦涛、朱镕基、曾庆红等以不同形式表示哀悼，并对其家属表示亲切慰问。中央组织部及有关省区市以不同方式对阮泊生同志逝世表示深切哀悼和慰问。省委书记、省人大常委会主任骆惠宁，省委副书记、省长楼阳生，省政协主席薛延忠，省委副书记、政法委书记黄晓薇，原省委书记胡富国参加告别仪式。

骆惠宁到晋城调研

3—4日 骆惠宁到晋城市山西兰花科技创业股份有限公司、晋煤集团、中船重工特种设备公司、富士康晋城科技工业园调研。骆惠宁指出，加快转型发展，既要抓新兴产业培育，又要抓传统产业改造升级，包括煤炭产业的结构优化；既要引进和培育新企业，又要支持和依靠现有企业，尤其是要深化国企国资改革，这是决定山西转型前途的关键一招。

楼阳生到山西焦煤集团调研国企改革工作

同日 楼阳生到山西焦煤集团调研国企改革工作。楼阳生实地考察了焦煤集团核心子公司西山煤电集团，详细了解供给侧结构性改革、企业三项制度改革、去产能职工安置等工作；考察了屯兰选煤厂调度中心、洗煤车间，调研精煤洗选工艺、装备、自动化控制等情况；考察了古交电厂和配煤厂。

省委召开市县监察体制改革试点工作推进会

4日 市县监察体制改革试点工作推进会在晋城市召开。省委书记、省深化监察体制改革试点工作小组组长骆惠宁出席会议并讲话。会上，各市汇报了改革试点工作推进情况，省改革试点工作小组办公室对11个市的进展情况进行了点评。会议对推进市县监察体制改革试点工作进一步作出了具体部署。骆惠宁强调，确立问题导向，协调推进市县监察体制改革；坚持标本兼治，持续加强正风反腐工作；切实加强领导，进一步把全省深化监察体制改革试点工作引向深入。

省委全面深化改革领导小组召开会议

8日 骆惠宁主持召开省委全面深化改革领导小组第二十三次会议，审议并原则通过《关于深化人才发展体制机制改革的实施意见》。会议指出，山西实现转型创新发展，必须以一流的标准、一流的政策、一流的工作培育和引进一流的人才。

山西省出台"十三五"综合能源发展规划

11日 《山西省"十三五"综合能源发展规划》发布。《规划》要求重点推进煤炭基地、煤电基地、现代煤化工及煤层气、新能源等基地建设。加快推进能源装备和能源服务基地的配套建设。力争到2020年，全省一次能源生产总量达到8亿吨标煤左右。

中央印发《关于孙绍聘同志职务任免的通知》：孙绍聘同志任民政部党组副书记，免去其山西省委常委、委员职务

16日 中央印发《关于孙绍聘同志职务任免的通知》：孙绍聘同志任民政部党组副书记，免去其山西省委常委、委员职务。

全省农村工作会议召开

20日 全省农村工作会议以电视电话会议形式召开。楼阳生出席并讲话。会议总结2016年全省"三农"工作，分析当前农业农村形势，安排部署2017年农业农村工作。楼阳生要求，各级各部门要把"三农"工作摆在重中之重的位置，创新工作方式方法，提升农村治理水平，广泛动员社会参与，形成深化农业供给侧结构性改革的强大合力，不断开创山西省"三农"工作新局面。会上，晋中市、朔州市、运城市、孝义市和大象集团负责人分别介绍了推进农业供给侧结构性改革的经验做法。楼阳生逐一点评，肯定他们发挥的示范带动作用。

省委中心组举行学习会

同日 省委中心组举行学习会，传达学习习近平总书记在省部级主要领导干部学习贯彻党的十八届六中全会精神专题研讨班上的重要讲话精神，骆惠宁同志主持并讲话。

山西省科学技术协会第八次代表大会在太原开幕

21日 山西省科学技术协会第八次代表大会在太原工人文化宫开幕。骆惠宁出席大会。中国科协党组书记、常务副主席、书记处第一书记尚勇出席大会并讲话。会议的主要任务是审议山西省科协第七届委员会工作报告；审议通过《山西省科协实施〈中国科协章程〉细则》；审议通过《山西省科协事业发展"十三五"规划》，选举产生山西省科协新一届领导机构。会议充分肯定了过去6年特别是党的十八大以来，全省各级科协组织在科技创新和经济建设主战场做出的积极贡献。廉毅敏代表省委作了讲话。

楼阳生到省直部门单位和太原市技校调研“六件民生实事”落实情况

同日 楼阳生到省文化厅、省民政厅、太原市高级技工学校、省康复研究中心和省卫计委调研“六件民生实事”落实情况，并连续召开五个座谈会，听取工作汇报，了解进展情况，研究落实措施。楼阳生强调，要始终坚持以人民为中心的发展思想，立足促进人的全面发展，扎实办好民生实事，切实把党和政府的惠民政策转化为人民群众的获得感和幸福感。

省委召开常委会议

23日 骆惠宁主持召开省委常委会议，审议通过《关于深入推进农业供给侧结构性改革加快培育农业农村发展新动能的实施方案》《关于贯彻〈中国共产党党委（党组）理论学习中心组学习规则〉的实施办法》《省委中心组2017年理论学习计划》《2017年法治山西建设工作要点》，审定省管干部学习贯彻党的十八届六中全会精神专题研讨班《方案》。会议决定，近期举办省管干部学习贯彻党的十八届六中全会精神专题研讨班。

省委全面深化改革领导小组召开会议

同日 骆惠宁主持召开省委全面深化改革领导小组第二十四次会议，审议并原则通过《山西省关于进一步深化医药卫生体制改革的意见》《山西省深化投融资体制改革的实施意见》《山西省公安机关警务辅助人员管理办法》。会议强调，各级领导干部要认真落实省委提出的深化改革攻坚、激发动力活力的要求，树牢用改革解决问题、推动工作的理念，立足实际，对标一流，精准发力，进一步在全省形成改革合力和创新氛围。

省政府召开常务会议

24日 楼阳生主持召开省政府第144次常务会议，会议通过山西省大数据发展规划（2017—2020年）、促进大数据发展应用若干措施和2017年行动计划。会议决定，楼阳生任山西省总河长。

山西转型综合改革示范区党工委管委会正式成立

25日 中国共产党山西转型综合改革示范区工作委员会、山西转型综合改革示范区管理委员会揭牌仪式在太原举行。骆惠宁出席仪式并为示范区党工委、管委会揭牌。楼阳生讲话。王伟中主持会议，王一新宣读中央编办批复和有关任命。示范区作为经济转型升级的新动能引擎，将着力打造成新体制新机制新政策先行先试的配套改革先导区；战略性新兴产业创新发展高地；对内对外全面开放的综合平台；智慧化、低碳化的新型城区；管理规范、廉洁高效的样板区，为全省域转型综改试验发挥示范引领作用。

刘泽民同志逝世

27日 中国共产党的优秀党员，十一届全国政协人口资源环境委员会副主任，山西省政协原主席刘泽民同志，因病医治无效，于2017年2月27日7时50分逝世，享年73岁。党和国家领导人习近平、俞正声、刘云山、赵乐际、胡锦涛、朱镕基、李瑞环、贾庆林、曾庆红、贺国强、杜青林、王刚等以不同形式表示哀悼，并对其家属表示亲切慰问。全国政协办公厅、中央组织部等有关单位分别以不同方式对刘泽民同志逝世表示深切哀悼和慰问。省委书记、省人大常委会主任骆惠宁，省委副书记、省长楼阳生，省政协主席薛延忠，省委副书记、政法委书记黄晓薇，原省委书记胡富国参加告别仪式。

省委办公厅、省政府办公厅印发《关于推动国有文化企业把社会效益放在首位、实现社会效益和经济效益相统一的实施意见》

同日 省委办公厅、省政府办公厅印发《关于推动国有文化企业把社会效益放在首位、实现社会效益和经济效益相统一的实施意见》。

省委举办省管干部学习贯彻党的十八届六中全会精神专题研讨班

27—28日 省委举办省管干部学习贯彻党的十八届六中全会精神专题研讨班。骆惠宁在开班式讲话强调，要站在讲政治的高度，深入学习贯彻习总书记在省部级主要领导干部专题研讨班上的重要讲话精神，抓好领导干部这个“关键少数”，把十八届六中全会精神学深悟透，把《准则》《条例》精准领会，以上率下，进一步推动全面从严治党落到实处。省委副书记、省长楼阳生主持开班式，省委副书记、政法委书记黄晓薇作研讨班总结，省政协主席薛延忠，省委常委，省人大、省政府、省政协负责同志，省法院院长、省检察院检察长出席开班式。省委常委、组织部长盛茂林主持结业式。

全省脱贫攻坚工作会议在太原召开

28日 全省脱贫攻坚工作会议在太原召开。骆惠宁出席会议并讲话。会议分析了当前脱贫攻坚形势。会议指出，2016年全省实现57万贫困人口脱贫，1900个贫困村退出，贫困地区农民人均可支配收入6623元，增幅高出全省平均水平2.4个百分点，脱贫攻坚首战告捷。骆惠宁强调，实现2017年工作目标和要求，一是着力破解产业扶贫不够精准的问题。二是着力破解易地扶贫搬迁力度不大的问题。三是着力破解生态建设与脱贫攻坚结合不紧的问题。四是着力破解转移就业扶贫不足问题。五是着力破解特殊群体的致贫返贫问题。骆惠宁强调，脱贫攻坚是硬任务，必须有硬责任、硬导向、硬措施、硬作风。一要强化领导责任。二要强化资金投入。三要强化部门协同。四要强化社会合力。五要强化基层活力。六要强化任务落实。楼阳生主持会议。盛茂林宣读了《关于表彰2016年全省脱贫攻坚奖的决定》。会议表彰了首批脱贫攻坚奖获得者。

省委印发《中共山西省委群团工作改革方案》

同日 省委印发《中共山西省委群团工作改革方案》。

骆惠宁在太原、晋中两市调研

28—3月1日 骆惠宁到太原市阳曲县、晋中市祁县、山西省电力公司，就“两学一做”学习教育、电力体制改革等工作进行调研。骆惠宁强调，要认真贯彻中央《意见》，推进“两学一做”学习教育常态化制度化，以党的建设的新成效促进各项事业新发展。要深化电力供给侧结构性改革，勇于攻坚克难,争当全国能源革命排头兵,为山西省经济转型升级提供有力支撑。

3 月

骆惠宁、楼阳生分别接受中央电视台、人民日报记者采访

7日 十二届全国人大五次会议期间,山西代表团举行媒体开放日,全国人大代表、省委书记、省人大常委会主任骆惠宁,全国人大代表、省长楼阳生分别接受记者采访。骆惠宁就深化监察体制改革试点工作、推进供给侧结构性改革接受了中央电视台、新华社记者的采访。楼阳生就山西省转型发展和脱贫攻坚分别回答了人民日报和新华网记者的提问。

刘云山参加山西代表团审议

8日 中共中央政治局常委、中央书记处书记刘云山参加十二届全国人大五次会议山西代表团全体会议。山西团代表、中共中央政治局委员、国务院副总理马凯参加审议。刘云山对山西工作给予充分肯定。骆惠宁就贯彻落实刘云山同志重要讲话提出要求。

省委印发《关于深化人才发展体制机制改革的实施意见》

9日 中共山西省委印发《关于深化人才发展体制机制改革的实施意见》。《实施意见》共7个部分31条政策举措,涵盖了人才管理体制和人才培养、引进、评价、激励、流动、保障等工作机制。《实施意见》是山西省首个针对人才发展体制机制改革的综合性文件,在山西省人才工作发展史上具有里程碑式的重大意义。《实施意见》的出台,对构建科学规范、开放包容、运行高效的人才发展治理体系,最大限度激发人才创新创造创业活力,形成山西省具有较强竞争力的人才制度优势将起到重要作用。

省委办公厅印发《共青团山西省委员会改革实施方案》《山西省妇联改革实施方案》

10日 省委办公厅印发《共青团山西省委员会改革实施方案》《山西省妇联改革实施方案》。

晋商晋才回乡创业创新工程启动大会在京举行

16日 晋商晋才回乡创业创新工程启动大会在京举行。骆惠宁出席大会并讲话。楼阳生作主旨推介。大会的主题是"新机遇、新晋商、新发展"。骆惠宁对广大晋商晋才提出三点希望。一要放远眼光,积极投资山西。二要贡献智慧,真情创新山西。三要发挥影响,大力宣传山西。楼阳生围绕培育壮大战略性新兴产业和改造提升传统产业,就数字经济、高端装备制造、新材料、新能源、新能源汽车、节能环保、生物医药、文化旅游、特色现代农业、现代服务业,以及煤基产业和原材料产业绿色清洁高效循环发展等进行了重点推介。大会举行了18个重大项目和战略合作协议签约仪式,总投资额199.65亿元,涵盖人才引进和技术合作、新一代信息技术、新材料、节能环保、文化旅游、现代农业、社会事业等。动员大会前,骆惠宁、楼阳生会见了晋商晋才代表并进行座谈。

省委、省政府在京召开院士专家座谈会

同日 省委、省政府在北京国际会议中心举行以"凝聚智慧 助力发展"为主题的院士专家座谈会。楼阳生主持并讲话。楼阳生强调,山西深化转型综改,离不开院士专家等各类人才的鼎力支持,也为有志之士创业创新搭建了广阔舞台。希望院士专家积极在山西设立院士工作站、研发机构、优势学科和培训基地,把更多的优秀科技成果、研发团队和人才引进山西;联合开展制约产业发展的关键共性技术和核心技术攻关,创造一批对经济社会发展有重大贡献的标志性成果;深入开展战略咨询研究,以科学咨询支撑科学决策、服务转型综改。

省委、省政府印发《"健康山西2030"规划纲要》

17日 省委、省政府印发《"健康山西2030"规划纲要》。《纲要》共计八篇三十章。《纲要》明确:"共建共享、全民健康"是建设健康山西的战略主题。核心是以人民健康为中心,坚持以基层为重点,以改革创新为动力,预防为主,中西医并重,把健康融入所有政策,推行健康生活方式,减少疾病发生,强化早诊断、早治疗、早康复,实现全民健康。

山西省发布区域经济转型升级考评办法

同日 山西省发布《山西省区域经济转型升级考核评价暂行办法》。《办法》在省域、市域和县域三个层面,从产业转型、创新驱动、资源环境和增长质量4个方面,实行区域经济转型升级考核评价。

山西省发布农业供给侧结构性改革实施方案

21日 省委、省政府发布《关于深入推进农业供给侧结构性改革加快培育农业农村发展新动能的实施方案》。《实施方案》围绕调结构、提品质、转方式、促融合、降成本、促改革、补短板等八方面,推出41条政策措施,为山西省当前和今后一个时期的农业供给侧结构性改革指明了方向。

中央印发《关于吴汉圣、盛茂林同志职务任免的通知》:吴汉圣同志任山西省委委员、常委,免去盛茂林同志的山西省委常委、委员职务

23日 中央印发《关于吴汉圣、盛茂林同志职务任免的通知》:吴汉圣同志任山西省委委员、常委,免去盛茂林同志的山西省委常委、委员职务。

楼阳生在临汾市调研环境保护工作

27日 楼阳生在临汾市调研环境保护工作并主持召开座谈会。在临汾市清洁供暖展示厅,楼阳生认真听取该市环境治理八大工程情况介绍。在襄汾县邓庄镇鄢里村,楼阳生考察了整村煤改气工程进展情况。在襄汾县星原集团,楼阳生考察了企业脱硫、脱硝、除尘改造工作。下午,楼阳生主持召开座谈会,与省环保厅、住建厅和临汾、太原、晋中、阳泉、长治、晋城、吕梁等市政府负责人,一起分析当前环保形势,研究污染防治工作措施。楼阳生强调,要深入学习贯彻习近平总书记系列重要讲话精神特别是关于生态文明建设的新理念新思想新要求,牢固树立"绿水青山就是金山银山"的理念,以高度的思想自觉和行动自觉,坚决打赢大气、水、土壤污染防治三大战役,用实实在在的成效促进转型升级、增进人民福祉。

省委办公厅印发《山西省总工会改革实施方案》《中共山西省委党建工作领导小组2017年工作要点》

29日 省委办公厅印发《山西省总工会改革实施方案》《中共山西省委党建工作领导小组2017年工作要点》。

孙绍骋辞去山西省副省长职务

30日 在省十二届人大常委会第三十七次会议第二次全体会议上，孙绍骋辞去山西省副省长职务。

省军区党委十届八次全体(扩大)会议在太原召开

同日 省军区党委十届八次全体(扩大)会议在太原召开，传达学习中央军委、中部战区和军委国防动员部党委扩大会议精神，总结部署年度工作。省委书记、省军区党委第一书记骆惠宁出席并讲话。省军区党委书记、政治委员郭志刚作党委工作报告。省军区副政治委员兼纪委书记喻军作纪委工作报告。会议宣读了受到上级表彰奖励的先进单位和个人、省军区关于立功受奖通令，对先进人武部、先进预备役团以及军事训练与安全稳定工作等年度先进单位和个人进行了表彰。

楼阳生主持召开省电力体制改革领导小组会议

31日 楼阳生主持召开省电力体制改革领导小组第六次会议，听取山西省电力体制改革工作推进情况汇报，讨论通过10个专项试点方案，安排部署下一阶段改革工作。会议讨论通过《燃煤自备电厂建设运营管理办法》《太原西山生态产业区新能源微电网建设试点实施方案》《电力市场建设试点方案》《放开发用电计划实施方案》《电力直接交易实施方案》《跨省跨区电力直接交易实施方案》《电力中长期交易规则》《电力辅助服务市场化建设方案》《可再生能源参与调峰市场实施细则》《可再生能源发电全额保障性收购暨补贴管理办法》等10个方案，进一步明确目标，细化任务，配套措施，加快推进输配电价改革、电力市场建设等八大重点改革任务落地落实。

中央印发《关于王伟中同志免职的通知》：免去王伟中同志的山西省委常委、委员职务

31日 中央印发《关于王伟中同志免职的通知》：免去王伟中同志的山西省委常委、委员职务

省委、省政府印发《山西省关于贯彻落实〈国家创新驱动发展战略纲要〉的实施方案》

同日 省委、省政府印发《山西省关于贯彻落实〈国家创新驱动发展战略纲要〉的实施方案》。

4 月

吴汉圣任省委组织部部长

1日 省委决定：吴汉圣同志任省委组织部部长、省委党校校长(兼)，盛茂林同志不再担任省委组织部部长、省委党校校长职务。

楼阳生调研水利改革发展工作

5日 楼阳生在山西水务投资集团和省黄河万家寨水务集团调研水利改革发展工作。调研期间，楼阳生主持召开了两个座谈会，听取山西省水资源全域化配置和水务企业工作汇报，与省直相关部门一起研究水利改革发展工作。楼阳生强调，要深入学习贯彻习近平总书记系列重要讲话精神特别是关于生态文明建设的新思想新论断新要求，切实践行新发展理念，站在全局和战略的高度，以全域视角、系统思维、改革举措，着力破解水瓶颈、做好水文章，为深化转型综改提供水支撑、强化水保障。

罗清宇任太原市委书记

9日 省委研究决定，王伟中同志不再担任太原市委书记、常委、委员职务，罗清宇同志任太原市委委员、常委、书记。

楼阳生在省属企业调研文化旅游产业发展

10日 楼阳生在晋能集团、省经贸投资控股集团、山西投资集团调研文化旅游产业发展情况。调研期间，楼阳生连续主持召开三个座谈会，听取企业发展文化旅游产业情况汇报，与省旅发委、国资委和企业负责人一起研究深化文化旅游改革发展工作。楼阳生强调，要切实践行新发展理念，按照省第十一次党代会和全省旅游发展大会决策部署，加强顶层设计，统筹资源力量，深化改革创新，做优做强做大经营主体，做实做精做好旅游产品，切实发挥省属企业在文化旅游强省建设中的主力军作用。

省委、省政府印发《山西省深化投融资体制改革的实施意见》

12日 省委、省政府印发《山西省深化投融资体制改革的实施意见》。

山西省出台强农惠农富农新10条

13日 据《山西日报》消息，2017年，山西省在继续执行中央及省里现行各项强农惠农富农政策的基础上，又出台强农惠农富农新10条，安排资金24.34亿元。10项新政具体内容为：1.实施新一轮退耕还林还草工程。2.在国家补助标准的基础上，贫困县范围实施的退耕还林每亩再增加800元，达到2300元；非贫困县范围内实施的退耕还林每亩再增加500元，达到2000元。3.支持山西“农谷”建设。4.支持雁门关农牧交错带示范区建设。5.支持山西国际果品交易出口平台建设。6.发行地方债券2亿元，重点在58个贫困县。7.加快推进食品农产品质量安全建设。8.推进信息进村入户工程。9.支持小麦、玉米种植保险保费补贴标准提高和供销合作社综合改革惠农工程。10.25个供销社综合改革试点县，实施农业社会化服务惠农工程和基层组织建设工程。

省委中心组举行学习会

14日 十一届省委中心组举行第五次学习会议，集中学习习总书记在中央全面深化改革领导小组第三十三次会议上的重要讲话精神。骆惠宁主持会议。骆惠宁强调，各地各部门主要负责同志要切实肩负起抓改革落实的领导责任，亲力亲为抓重大改革事项，确保任务落地见效，不断增强人民群众的改革获得感，以优异成绩迎接党的十九大胜利召开。学习会上，楼阳生、黄晓薇、任建华、罗清宇、张吉福、王清宪作了发言。会议围绕主要负责同志“亲力亲为抓改革、扑下身子抓落实”，提出具体工作措施。一是要建立主要负责同志抓

改革工作台账,省领导带头,投入更多的精力、下更大的气力抓重点改革的突破,对重大改革事项盯住不放,抓出成效。二是要迅速在全省展开改革督察,既督察各地各部门改革工作进展情况,又督察主要负责同志抓改革落实的情况。三是要召开市(厅)主要负责同志抓改革落实推进会,总结经验,查找问题,明确对策。吸收部分县委主要负责人参会,着力打通改革的"最后一公里"。四是要省人大、省政协重点围绕民生领域改革加强调查研究和督促检查,促进形成抓改革的强大合力。中心组成员、固定列席人员、省委改革办负责人参加了学习会议。

省委办公厅、省政府办公厅印发《山西省全面推行河长制度实施方案》

18日 省委办公厅、省政府办公厅印发《山西省全面推行河长制度实施方案》

骆惠宁到临汾调研

18—19日 骆惠宁到临汾侯马市、曲沃县、襄汾县和尧都区进行调研。骆惠宁强调,要用创新的思维、改革的办法破解难题,铁腕治污,倒逼经济转型升级,加强"三基"建设,保障改善民生,以优异成绩迎接党的十九大胜利召开。骆惠宁深入农村、企业、学校、生态工程现场,实地考察改革攻坚和环保整治进展情况,推动重大改革举措落实落地。调研期间,骆惠宁着重就铁腕治污倒逼转型提出三点要求。一要把握正确发展方向。二要以改革推动环境治理。三要加强领导抓环保。19日上午,骆惠宁还主持召开了部分市和企业负责人座谈会,研判一季度经济形势,对下一步工作提出要求。罗清宇陪同调研。

省政府出台"十三五"脱贫攻坚规划

19日 省政府印发《山西省"十三五"脱贫攻坚规划》。《规划》按照约束性和预期性两种类型,细化设计了10项具体规划指标。约束性指标包括贫困县、建档立卡贫困村、建档立卡贫困人口、易地扶贫搬迁人口、建档立卡贫困户危房改造率等5项;预期性指标包括农村贫困居民人均可支配收入增速、农村自来水普及率、义务教育巩固率、贫困户因病致(返)贫户数、贫困村集体年经济收入等5项。《规划》按照精准扶贫精准脱贫基本方略要求,从特色产业扶贫、易地搬迁扶贫、培训就业扶贫、生态补偿脱贫、社会保障兜底、基础设施改善、公共服务提升、社会力量帮扶8个方面实化细化了相关路径和措施,增强贫困地区"造血功能",提高贫困人口增收能力。针对区域性整体贫困问题,《规划》提出坚持生态建设和环境保护并举,以吕梁山、太行山集中连片特困地区为主战场,全面落实规划任务,持续增强吕梁山、太行山发展能力,坚决打赢脱贫攻坚和生态治理"两个攻坚战"。《规划》明确了建立财政扶贫投入增长、完善扶贫开发资源整合、推广脱贫增收利益联结、健全金融精准扶贫服务、落实扶贫开发用地保障、探索资产收益扶贫、强化资金项目监管等7大机制,切实增强脱贫攻坚实效。同时要构建政府、市场、社会协同推进的脱贫攻坚大格局,加强考核问责和第三方评估,确保脱贫成效的真实性。

省委办公厅、省政府办公厅印发《关于实施晋商晋才回乡创业创新工程的意见》

20日 省委办公厅、省政府办公厅印发《关于实施晋商晋才回乡创业创新工程的意见》。

省委召开常委会议

22日上午 骆惠宁主持召开十一届省委18次常委会议。会议分析一季度全省经济形势,研究部署下一步经济工作,听取全省环境保护工作和新一轮援疆工作情况汇报,审议《山西省推进价格机制改革实施方案》。会议充分肯定了一季度全省经济工作。一季度山西省GDP增长6.1%,一般公共预算收入增长12.6%,战略性新兴产业增加值增长14.9%,总量增长,效益改善,结构优化,主要运行指标好于预期,先行指标大幅回升。会议强调,当前山西正处于经济步入合理区间的重要节点,处于创新驱动、转型升级的发力阶段,处于全面走向"大治"的关键时期,越是经济增速加快,越要自觉推动转型发展。一是要旗帜鲜明引领转型。二是要综合施策推动转型。三是要提高标准倒逼转型。四是要创优环境保障转型。会议审议并原则通过《山西省推进价格机制改革实施方案》。

22日下午 骆惠宁主持召开十一届省委19次常委会议,传达学习中央推进"两学一做"学习教育常态化制度化工作座谈会精神,审议《关于开展维护核心、见诸行动主题教育和推进"两学一做"学习教育常态化制度化的实施方案》;传达学习全国宣传部长座谈会、全国创建文明城市工作经验交流会、全国党史研究室主任会议精神,研究我省贯彻落实意见;听取关于网络安全和信息化工作情况汇报,审议《关于加强领导干部互联网条件下工作能力建设的实施意见》。会议审议通过《关于开展维护核心、见诸行动主题教育和推进"两学一做"学习教育常态化制度化的实施方案》。强调指出,维护核心、见诸行动主题教育的总体要求是:围绕迎接十九大胜利召开、学习贯彻十九大精神这条主线,突出以实际行动维护核心、立足岗位践行讲话这个关键,用好宣传崭新成就、解决突出问题、创造一流业绩这个载体,抓住构建良好政治生态、推动经济稳步向好、全面走向"大治"这个落点,与庆祝建党96周年结合起来,引导全省广大党员干部增强"四个意识",坚定"四个自信",确保中央各项决策部署在山西全面正确有效地贯彻执行,以优异成绩迎接党的十九大胜利召开,不断展现山西良好风貌。主要内容:一是领会好确立习近平总书记核心地位的重大意义和实践要求,夯实维护核心的思想根基、增强见诸行动的政治自觉。二是学用好习近平总书记系列重要讲话精神,在讲话指引下有效解决改革发展稳定党建面临的实际问题。三是宣传好党的十八大以来的辉煌成就,增进对党的信赖、对核心的拥戴。四是贯彻好党中央重大决策部署,以实际行动与党中央保持高度一致。五是推进好各项事业发展,把维护核心体现到履职尽责、抓好工作中。六是落实好省委提出的提升工作标准、争创一流业绩的要求,在拼搏进取、追求卓越中展现忠诚担当。维护核心、见诸行动主题教育贯穿全年,大体按三个阶段进行。上半年以学习贯彻党的十八届六中全会精神、认清确立和维护核心的重大意义为主要内容；7月至党的十九大召开前，重点抓好党的十八大以来党和国家巨大成就的学习宣传教育，把学用系列讲话全面提高到新水平；党的十九大召开后，重点抓好大会精神的学习宣传贯彻，持续推动山西省各项工作取得新进步。会议原则同意省委宣传部拟定的《关于加强领导干部互联网条件下工作能力建设的实施意见》。会议同意省委宣传部提出的贯彻全国宣传部长座谈会和全国创建文明城市工作经验交流会精神的意见。会议指出，做好新形势下党史工作，要坚持党史研究的正确方向，推进党史工作与时俱进。深入挖掘山西红色文化资源和新的历史条件下全面从严治党的实践，加强重点课题的研究力量，提升党史研究水平，抓好党史宣传教育，更好发挥党史资政育人的作用。各级党委抓党史研究和宣传要有紧迫感，要为党史事业发展创造良好条件。会议传达了中央关于反腐败国际追逃追赃工作精神。

省委、省政府印发《山西省脱贫攻坚责任制实施细则》

同日 省委办公厅、省政府办公厅印发《山西省脱贫攻坚责任制实施细则》。《细则》明确提出，脱贫攻坚按照中央统筹、省负总责、市县抓落实、乡村组织实施的工作机制，省、市、县三级成立脱贫攻坚领导小组，党政主要负责人任“双组长”；成立专项扶贫领导小组，实行分管扶贫负责人和分管行业负责人“双组长”制，构建责任清晰、各负其责、合力攻坚的责任体系。

省委、省政府印发《山西省推进价格机制改革实施方案》

24日 省委、省政府印发《山西省推进价格机制改革实施方案》。

全省“践行总书记讲话、深化脱贫攻坚”现场推进会在吕梁召开

24—25日 全省“践行总书记讲话、深化脱贫攻坚”现场推进会在吕梁市召开，目的是以习近平总书记3月23日在中央政治局常委会上的重要讲话精神为指引，联系各地工作中存在的问题，进一步提高思想认识，进一步加大整改力度，进一步加强组织领导，推动省委、省政府关于脱贫攻坚的决策部署落到实处，确保今年再战再胜，力争跻身全国第一方阵。骆惠宁出席会议并讲话。楼阳生进一步明确相关政策措施。会议宣读了《关于2016年市级党委政府和贫困县党委政府脱贫工作成效考核情况通报》，组织观看了脱贫攻坚专题片，学习了习近平总书记近期关于扶贫开发重要讲话和相关政策文件，对县委书记、县长进行了政策测试。参会人员对临县朝阳农牧有限公司、临县白文职业护理护工培训基地、兴县电商公共服务中心、兴县蔡家崖乡张家梁村、北坡村生态建设和移民安置工程等进行了观摩。会议就学习践行习近平总书记重要讲话精神，进一步深化脱贫攻坚提出五点要求：一是精神要吃透；二是问题要找准；三是整改要彻底；四是功夫要下足；五是责任要压实。会议进一步明确了8个方面政策措施。一要狠抓产业扶贫，因地制宜发展“一村一品一主体”，通过培育壮大龙头企业，带动贫困群众参与产业链、分享价值链。二要狠抓生态扶贫，采取项目化举措，大力发展造林合作社，把退耕还林、造林绿化、森林保护、经济林增效和林产业发展等工程精准落实到村到人。三要狠抓劳动力转移就业，以考证持证为标准，加强技能培训，打造特色劳务品牌，确保今年完成6万贫困人口免费精准培训、7万劳动力转移就业。四要狠抓健康扶贫，加大政策宣传和落实力度，推动重病、残疾和慢性病人享受大病救治等健康扶贫政策落地，防止因病致贫返贫。五要狠抓资产收益扶贫，以股份合作为抓手，通过要素折股量化实现资产收益，让群众分红得利，推动贫困村集体经济“破零”和发展壮大。六要狠抓贫困村基础设施提升工程，坚持群众缺什么就补什么，着力推动土窑洞等危房改造、垃圾污水治理、村级公路建设、安全饮水改造、村卫生室和薄弱小学提标等任务，切实改善农村生产生活条件。七要狠抓金融扶贫，落实政银企保农“五位一体”机制，扩大扶贫小额信贷覆盖面，提高贫困群众受益面。八要狠抓扶贫资金投入，落实财政扶贫投入总量和增幅“双增长”要求，用好农业扶贫产业发展基金和扶贫周转金；压缩一般性支出，把节约下来的资金用于脱贫攻坚；打破部门藩篱，加大资金统筹整合力度，提高资金使用效益。

山西转型综合改革示范区首批项目奠基开工

27日 山西转型综合改革示范区首批总投资超千亿元的71个项目正式奠基开工。楼阳生讲话并宣布项目开工。仪式结束后，楼阳生到山西东风原野新能源汽车城等项目工地慰问参建企业。奠基仪式前，还举行了第二批入区项目签约仪式，共签约30个项目，投资总额556亿元。

骆惠宁等省领导参加“转作风、走基层、送奖到岗位”五一活动

27—29日 骆惠宁、楼阳生、黄晓薇等省领导参加“转作风、走基层、送奖到岗位”五一活动，深入厂矿企业看望慰问奋战在生产一线的职工，亲手将奖牌奖章奖状颁发给节日仍坚守岗位的获奖代表，代表省委省政府向全省各条战线的劳动者表示节日慰问，向全省劳动模范和先进工作者致以崇高敬意。4月29日，骆惠宁来到太钢集团，看望慰问一线职工，向全省广大职工群众祝贺“五一”国际劳动节。在炼钢一厂，骆惠宁考察了碳钢冶炼作业区、主控室，与电炉甲班的工人兄弟一一握手，送上节日问候，亲手将省“工人先锋号”奖牌颁到职工手中，并站到工人边上与大家合影。4月27日上午，楼阳生深入太重集团冶铸分公司铸钢厂车间，为造型一组组长秦爱华颁发荣誉证书，戴上省“五一”劳动奖章，与班组工人亲切交谈，合影留念。4月27日，黄晓薇来到太原铁路局，亲手送上全国“五一”劳动奖状。在客户服务中心、调度指挥中心，她向基层职工群众和劳模、先进代表致以节日问候。

中共山西省委十一届三次全体会议召开

28日 中国共产党山西省第十一届委员会第三次全体会议在太原召开。会议由省委常委会主持。骆惠宁作重要讲话。会议审议通过了《中共山西省委关于召开中国共产党山西省代表会议的决议》。会议圈选确定了山西省出席党的十九大代表候选人预备人选49名，提交省党代表会议进行正式选举。会议决定，2017年5月召开中国共产党山西省代表会议。会议强调,山西处于关键时期,面临艰巨任务,各级领导干部必须以舍得的精神、豁得出的精神干事创业、攻坚克难。要大力弘扬革命精神和光荣传统,更好把全省党员干部的内生动力激发出来、调动起来,进一步巩固和发展山西来之不易的良好局面,进一步全面走向"大治"。要更加紧密地团结在以习近平同志为核心的党中央周围,全力做好今年各项工作,以优异成绩和良好风貌迎接党的十九大胜利召开。

中央第二环境保护督察组督察山西省工作动员会在太原召开

同日 中央第二环境保护督察组督察山西省工作动员会在太原召开,中央第二环境保护督察组组长杨松、副组长黄润秋就做好督察工作分别作了讲话,山西省委书记骆惠宁作了动员讲话,会议由山西省省长楼阳生主持。根据安排,中央第二环境保护督察组督察进驻时间约1个月左右。

5 月

骆惠宁在太原理工大学参加"五四"活动

3日 骆惠宁在太原理工大学明向校区,就加强和改进高校思想政治工作进行调研,并与大学生们共迎"五四"青年节。骆惠宁在"挑战杯"大学生创新创业大赛活动现场观看冰雪情自动监测系统、仓储油水分离器、机器人、节能车等创新成果。在"清泽心雨"网络教育阵地,骆惠宁观看了网站平台,了解了线上互动交流情况。随后,骆惠宁与理工大学青年马克思主义者培养工程培训班的师生进行了座谈。骆惠宁强调,深入贯彻中央及省委部署,不断加强和改进高校思想政治工作,要坚持社会主义办学方向,把立德树人作为中心环节,坚持全过程全方位育人,把思想政治工作贯穿教育教学全过程,加强教学体系和人才队伍建设,推进高校思想政治工作改革创新。要确立问题导向,进一步解决有关具体问题,使思政教育生动深刻、深入人心,使社会主义核心价值观的主旋律唱得更响,培养更多全面发展的中国特色社会主义合格建设者和可靠接班人。各级党委政府和有关部门要关心青年成长,帮助青年创业,为广大青年施展抱负、建功立业创造良好社会环境。

骆惠宁在忻州吕梁贫困地区驻村调研

5—7日 骆惠宁到临县、兴县、岢岚深度贫困地区,考察易地扶贫搬迁、退耕还林、植树造林、产业扶贫、基层建设,看望贫困群众,在脱贫攻坚一线发现问题,推动解决问题。骆惠宁强调,要认真落实中央及省委脱贫攻坚的决策部署,聚焦深度贫困,强化问题导向,压实领导责任,下足绣花功夫。在吕梁山区,骆惠宁重点考察了向城镇、向中心村安置的移民搬迁模式,了解搬迁项目进展,详细了解搬迁群众是否自愿、土地利用率高不高、新房面积有没有超标、搬迁户是否大额举债、项目资金管理规范不规范等方面的情况。调研期间,骆惠宁指出,基层干部工作辛苦,要从各方面关心他们。基层党组织要带领群众艰苦奋斗,以改革创新精神破解工作难题。调研期间,骆惠宁还自带被褥,住在老乡家。为了尽量减少给老乡添麻烦,他与几名工作人员住在一个窑洞。利用吃饭时间和晚上,骆惠宁与乡亲们、村两委干部深入交谈。离开时,骆惠宁交了伙食费,乡亲们自发聚集到村口送行。罗清宇参加调研。

国务院副总理汪洋在山西出席易地扶贫搬迁工作推进会

8日 国务院副总理汪洋出席在太原召开的部分省份易地扶贫搬迁工作推进会并讲话。汪洋强调,易地扶贫搬迁是脱贫攻坚的标志性重大工程。要认真贯彻落实党中央、国务院决策部署,强化问题导向,坚持精准扶贫、精准脱贫基本方略,因地制宜、因人施策,精心组织、规范管理,扎实稳妥推进搬迁项目建设和后续帮扶等各项工作,确保"搬得出、稳得住、逐步能致富"。省委书记、省人大常委会主任骆惠宁陪同调研,省委副书记、省长楼阳生参加座谈会。会前,汪洋到吕梁市交城县的两个搬迁安置点,了解搬迁项目建设进展情况,详细询问贫困群众搬迁前后生产生活状况,并到交城县现代农业园区调研搬迁后续产业就业帮扶工作。

骆惠宁在太原市检查环保督导整改工作

9日 骆惠宁就汾河南延治理美化三期工程、散煤清洁治理、晋祠宾馆污水直排农田等环保督导整改工作在太原市进行检查。

省委中心组举行(扩大)学习报告会

11日 省委中心组举行(扩大)学习报告会,环保部环境规划院副院长吴舜泽作生态环保专题报告。骆惠宁主持并讲话。吴舜泽从生态环境形势特征、生态产品重大概念、生态文明责任主体、生态环保主要任务四个方面,系统阐述生态文明建设和生态环境保护的基本主线、核心要求。骆惠宁强调,要进一步深化对党中央、国务院生态环保重大决策部署的认识和把握,切实增强贯彻落实的思想自觉、政治自觉和行动自觉,提升解决问题的针对性和有效性。

山西省派团参加第十三届中国(深圳)文博会

同日 为期5天的第十三届中国(深圳)国际文化产业博览交易会在深圳会展中心开幕。中共中央政治局委员、中央书记处书记、中宣部部长刘奇葆参观山西展区。本届深圳文博会,山西展团以"华夏古文明山西好风光"为主题,共呈现四个新亮点:一是展区设计新颖独特、创意味浓,浑然一体,远看犹如一艘扬帆起航的巨轮,象征山西文化产业乘风破浪、砥砺前行。二是凸显文化与科技融合发展最新成果。三是参展产品优中选优。四是借深圳文博会造势,助力山西第三届文博会。此次文博会期间,山西省共有22件文创产品报名参评中国工艺美术文化创意奖。其中有3件获金奖,7件获银奖,4件获铜奖。省委宣传部荣获优秀组织奖,山西展团荣获优秀展示奖。

楼阳生到新疆考察对口援疆工作

13—14日 楼阳生率有关部门负责人赴新疆维吾尔自治区考察调研山西对口援疆工作,看望慰问山西援疆干部人才,深化晋疆两地交流合作。新疆维吾尔自治区党委副书记、自治区主席雪克来提·扎克尔在乌鲁木齐会见楼阳生一行。在疆期间,楼阳生前往昌吉州阜康市、兵团六师五家渠市,看望慰问奋战在援疆一线的山西援疆干部人才代表，与大家一一握手，合影留念。

省委召开常委会议

15日 骆惠宁主持召开十一届省委21次常委会议，听取中央环保督察反馈问题整改工作汇报，审议讨论深化国企国资改革和加强国有企业党的建设、企业投资项目试行承诺制实行无审批管理、开展优化营商环境专项行动、在全省县以上党组织开展巡视整改自行“回头看”等有关文件和工作。会议听取中央环境保护督察反馈问题整改工作情况汇报，对继续做好配合保障中央环境保护督察暨反馈问题整改工作作出了部署。会议审议通过《关于深化国企国资改革的指导意见》《关于在深化国有企业改革中坚持党的领导加强党的建设的实施意见》。会议审议通过《关于山西省企业投资项目试行承诺制实行无审批管理的决定》《关于2017年开展优化营商环境专项行动的工作方案》。会议审议通过《关于在全省县以上党组织中开展巡视整改自行“回头看”的安排意见》。会议还审议通过了《关于完善产权保护制度依法保护产权实施方案》《关于贯彻〈中国共产党问责条例〉实施办法》。

省委召开常委会议

同日 省委书记骆惠宁主持召开十一届省委22次常委会议，研究山西省坚决拥护中央决策部署在服务和对接雄安中加快创新驱动转型升级初步意见、维护金融安全和金融支持实体经济健康发展意见，部署加强政法队伍建设工作、在“两学一做”中加强“三基建设”工作。会议原则通过《关于积极维护金融安全着力防范化解金融风险的指导意见》和《关于金融支持实体经济健康发展的意见》。会议原则通过《关于贯彻中共中央〈关于新形势下加强政法队伍建设的意见〉的实施意见》。会议审议通过《关于在推进“两学一做”学习教育常态化制度化中加强“三基建设”的意见》。

汪洋参观第十届中国中部投资贸易博览会山西展区

17日 第十届中国中部投资贸易博览会主旨论坛暨开幕式在安徽省滨湖国际会展中心举行。中共中央政治局委员、国务院副总理汪洋作主旨演讲并宣布开幕。开幕式前，汪洋参观山西展区，省长楼阳生、副省长王一新和其他中部五省省长、国家有关部委领导陪同参观。山西综合展区位于合肥市滨湖国际会展中心主展馆，重点展示了我省推进供给侧结构性改革、深化转型综改创新驱动、实施产业转型升级“六大工程”的新举措新成效。

省委、省政府印发《关于山西省企业投资项目试行承诺制度实行无审批管理的决定》，省委办公厅、省政府办公厅印发《山西省2017年开展优化营商环境专项行动工作方案》，省委办公厅印发《关于在全省县以上党组织开展巡视整改自行“回头看”的安排意见》

20日 省委、省政府印发《关于山西省企业投资项目试行承诺制度实行无审批管理的决定》，省委办公厅、省政府办公厅印发《山西省2017年开展优化营商环境专项行动工作方案》，省委办公厅印发《关于在全省县以上党组织开展巡视整改自行“回头看”的安排意见》。

省委召开全省改革推进会议

21日 省委召开全省改革推进会议，骆惠宁主持会议并讲话。骆惠宁强调，要把这次会议作为各级领导干部特别是主要负责同志亲力亲为抓改革、抓落实新的出发点，加快重大改革和惠民改革落地落实，推进我省全面深化改革工作跻身全国“第一方阵”。楼阳生、黄晓薇出席会议并讲话。会上，省市(厅)县三级负责同志围绕改革落实面对面进行交流和点评。任建华通报了山西省监察体制改革试点进展情况；高建民、王一新、张复明、王赋分别就分管领域改革进行点评；会议对各级主要负责同志抓改革落实工作提出四项要求：一要把握大局，强化责任；二要亲力亲为，敢于担当；三要善作善成，落地见效；四要统筹协调，形成合力。

2017年央企助力山西转型综改会议暨签约仪式在太原举行

22日 2017年央企助力山西转型综改会议暨签约仪式在太原举行。骆惠宁致辞。国务院国资委副主任、党委委员徐福顺致辞。楼阳生作主旨推介。62家央企负责人出席会议暨签约仪式。骆惠宁强调，山西将完善工作机制，加强项目对接，优化营商环境，做好保障服务，全力支持央企在晋参与转型发展。坚持互信互助互利，共同提高合作质量，不断扩大合作成果。徐福顺在致辞中高度肯定了这次活动。徐福顺说，这是山西省和国务院国资委共商合作、共谋发展的重要举措，也是加强央地合作、协同发展的重要成果，对于更好地推动中央企业做优做强做大，助力山西经济结构战略性调整，具有十分重要的意义。楼阳生在作主旨推介时，围绕转型升级“六大工程”，重点介绍了山西省发展大数据、高端装备制造、新材料、节能环保、特色功能食品、生物医药、文化旅游业、现代服务业以及传统产业改造提升等方面的基础条件、战略方向和重点项目。会上，省政府副秘书长、山西转型综改示范区管委会主任张金旺推介了综改示范区建设情况和招商引资政策方向。中国兵器工业集团公司总经理温刚、中国电子科技集团公司总经理刘烈宏、中国电信集团公司副总经理陈忠岳、中国保利集团公司总经理张振高作主题发言。会后举行了合作签约仪式。王一新代表省政府与中国核工业集团、中国兵器工业集团、中国电子科技集团、中国电信集团、中国联合网络通信集团、中国移动通信集团、华润集团、中国铁道建筑总公司、中国国新控股和中国铁塔10家央企签署了战略合作协议。各市人民政府、山西转型综改示范区及相关企业与中央企业签署协议52个。期间，骆惠宁，楼阳生分别会见了在太原会见了前来出席2017年中央企业助力山西转型综改会议暨签约仪式的国务院国资委副主任徐福顺和62家中央企业负责人，就山西与有关央企的合作深入交流，形成广泛共识。

省委、省政府印发《关于深化国企国资改革的指导意见》，省委办公厅印发《关于在深化国有企业改革中坚持党的领导加强党的建设的实施意见》

同日 省委、省政府印发《关于深化国企国资改革的指导意见》，省委办公厅印发《关于在深化国有企业改革中坚持党的领导加强党的建设的实施意见》。

中国共产党山西省代表会议在太原举行

23日　中国共产党山西省代表会议在太原举行。会议选举产生了43名山西省出席中国共产党第十九次全国代表大会代表。出席省党代表会议的代表由省第十一次党代会代表和省委换届后交流到山西省任职的有关领导同志组成。省党代表会议由省委常委会主持。骆惠宁在第一次全体会议上,对增强"四个意识"、准确把握党的十九大代表条件和结构比例,共同实现选举圆满成功提出要求。吴汉圣作了关于山西省出席党的十九大代表候选人建议人选名单和选举办法的说明,会议表决通过了选举办法和总监票人、监票人人选名单。第二次全体会议上,选举产生了山西省出席党的十九大代表43名,中央提名的代表候选人赵洪祝同志当选。

省委召开常委会议

25日　省委书记骆惠宁主持召开十一届省委24次常委会议,审定《省委常委推进"两学一做"学习教育常态化制度化、开展维护核心见诸行动主题教育工作安排》,带头主动开展以"四个对照"为重点的巡视整改"回头看",研究部署聚焦深度贫困推进脱贫攻坚,审议《山西省党政领导干部生态环境损害责任追究实施细则(试行)》和深化国企国资改革配套文件。会议听取了《关于金道铭等7人严重违纪违法问题及其教训警示》报告。会议审议通过《关于聚焦深度贫困集中力量攻坚的若干意见》。会议决定成立省委脱贫攻坚督导组,6月份开始对11个市各贫困县开展督导工作。会议听取中央环保督察组交办问题整改情况汇报,审议通过《山西省党政领导干部生态环境损害责任追究实施细则(试行)》和取缔"散乱污"企业、工业企业违法排污整治、露天煤矿和非煤矿山开采破坏生态环境百日专项治理整顿、加快推进畜禽粪污处理和资源化等4个专项方案。会议决定成立省委环保督察组,从6月起开展督察工作,年内实现各市督察全覆盖。会议审议通过《省属国有企业发展混合所有制经济的实施意见》《山西省国有企业分离办社会职能的实施意见》《关于在深化国有企业改革中激发企业家活力的指导意见》。会议还研究了其他事项。

中央印发《关于商黎光同志职务任免的通知》:商黎光同志任山西省委委员、常委,免去其河北省委常委、委员职务

同日　中央印发《关于商黎光同志职务任免的通知》:商黎光同志任山西省委委员、常委,免去其河北省委常委、委员职务。

省委印发《关于新形势下加强政法队伍建设的实施意见》,省委、省政府印发《关于完善产权保护制度依法保护产权实施方案》

同日　省委印发《关于新形势下加强政法队伍建设的实施意见》,省委、省政府印发《关于完善产权保护制度依法保护产权实施方案》。

省委、省政府印发《关于加强和改进新形势下高校思想政治工作的实施意见》,省委办公厅、省政府办公厅印发《关于金融支持实体经济健康发展的意见》

26日　省委、省政府印发《关于加强和改进新形势下高校思想政治工作的实施意见》,省委办公厅、省政府办公厅印发《关于金融支持实体经济健康发展的意见》。

省委、省政府印发《关于加强和改进新形势下宗教工作的实施意见》

27日　省委、省政府印发《关于加强和改进新形势下宗教工作的实施意见》。

省委印发《山西省贯彻〈中国共产党问责条例〉实施办法(试行)》

28日　省委印发《山西省贯彻〈中国共产党问责条例〉实施办法(试行)》。

省委、省政府印发《关于积极维护金融安全着力防范化解金融风险的指导意见》

31日　省委、省政府印发《关于积极维护金融安全着力防范化解金融风险的指导意见》。

6　月

中央印发《关于王赋同志任职的通知》:王赋同志任山西省委常委

1日　中央印发《关于王赋同志任职的通知》:王赋同志任山西省委常委。

张春贤在山西调研

2—5日　中共中央政治局委员、中央党的建设工作领导小组副组长、中央新疆工作协调小组副组长张春贤来到山西长治、吕梁等地就农村基层党建工作进行调研。调研中,张春贤还主持召开农村基层党建工作座谈会,听取12位基层党组织负责人关于加强农村基层党建工作的意见建议。

全省七河生态修复工程全面启动

7日　桑干河治理工程在大同县吉家庄村正式开工,全省汾河、桑干河、滹沱河、漳河、沁河、涑水河、大清河七大河流生态修复工程同时启动。楼阳生宣布工程启动开工。楼阳生强调,要深入学习贯彻习近平总书记在中央政治局第四十一次集体学习时的重要讲话精神,切实践行新发展理念,把生态文明建设摆在全局工作的突出地位,以河长制为抓手,多措并举推进河流生态修复,推动形成绿色发展方式和生活方式,实现经济社会发展和生态环境保护协同共进,为人民群众创造良好生产生活环境。省委常委、大同市委书记张吉福主持开工仪式并致辞。

省委召开全面加强"三基建设"和深入开展巡视整改自行"回头看"工作推进会

8日　按照省委部署,全面加强"三基建设"和深入开展巡视整改自行"回头看"工作推进会在太原召开。

会议强调:要教育引导广大党员干部增强"四个意识",始终在思想上、政治上、行动上同以习近平同志为核心的党中央保持一致。要把解决问题、补齐短板贯穿始终,把提升能力、发挥作用贯穿始终,把对标先进、改革创新贯穿始终,推动"三基建设"全面进步全面过硬。要坚持深入查摆问题与坚决立行立改相结合,深刻汲取教训与深入肃清遗毒相结合,突出深挖病灶与健全长效机制相结合，推动巡视整改自行“回头看”工作深入开展。

省委召开常委会议

9日 骆惠宁主持召开十一届省委第27次常委会议，传达深入推进军队和武警部队全面停止有偿服务工作电视电话会议精神，研究山西贯彻落实意见，研究部署推动形成绿色发展方式和生活方式、深化供给侧结构性改革等工作。会议指出，军队和武警部队全面停止有偿服务工作，是党中央、中央军委和习近平总书记着眼强军目标作出的重大战略决策。省直各部门和各级党委、政府要把支持部队全面停止有偿服务工作，作为支持军队改革、促进军民融合、巩固军政军民团结的实际行动，积极配合部队完成这项重大政治任务，切实维护部队和社会两个大局稳定。会议审议通过《山西省水资源全域化配置意见》。会议听取关于全省农村承包地确权登记颁证工作进展情况的汇报，强调要坚持依法依规，细化工作方案，强化组织保障，确保今年基本完成承包地确权登记颁证工作。

省委、省政府印发《关于聚焦深度贫困集中力量攻坚的若干意见》，省委办公厅、省政府办公厅印发《山西省党政领导干部生态环境损害责任追究实施细则》《关于省属国有企业发展混合所有制经济的实施意见》《关于在深化国有企业改革中激发企业家活力的指导意见》

同日 省委、省政府印发《关于聚焦深度贫困集中力量攻坚的若干意见》，省委办公厅、省政府办公厅印发《山西省党政领导干部生态环境损害责任追究实施细则》《关于省属国有企业发展混合所有制经济的实施意见》《关于在深化国有企业改革中激发企业家活力的指导意见》。

省政府出台促进综改示范区创新发展20条

14日 省政府正式发布《关于落实建设山西转型综改示范区实施方案的若干意见》。

习近平在山西视察工作

21—23日 中共中央总书记、国家主席、中央军委主席习近平在山西省吕梁、忻州、太原等地调研。期间，在吕梁兴县蔡家崖，习近平参观了晋绥边区革命纪念馆、晋绥边区政府、晋绥军区司令部旧址，并向晋绥边区革命烈士敬献花篮。参观结束时，习近平同晋绥边区的老战士老同志代表一一握手，亲切交谈，充分肯定他们的贡献，祝他们健康长寿、晚年幸福，并同他们合影留念。21日下午，习近平到忻州市岢岚县赵家洼村、宋家沟新村考察脱贫攻坚工作。22日，习近平到太原重工轨道交通设备有限公司、山西钢科碳材料有限公司视察。视察期间，习近平听取了山西省委和省政府工作汇报，对山西经济社会发展取得的成绩和各项工作给予肯定。23日，习近平在太原市主持召开5省市深度贫困地区脱贫攻坚座谈会，听取脱贫攻坚进展情况汇报，集中研究破解深度贫困之策。座谈会上，山西省委书记骆惠宁、云南省委书记陈豪、西藏自治区党委书记吴英杰、青海省委书记王国生、新疆维吾尔自治区党委书记陈全国参加并提供书面发言，山西吕梁市委书记李正印、江西赣州市委书记李炳军、湖北恩施州委书记李建明、湖南湘西州委书记叶红专、四川凉山州委书记林书成、甘肃定西市委书记唐晓明、河北康保县委书记杜平、内蒙古科尔沁右翼中旗旗委书记白云海、广西都安县委书记陈继勇、陕西山阳县委书记张国瑜、宁夏同心县委书记马洪海等11位深度贫困地区的市州和县旗党委书记代表发言。在听取大家发言后，习近平指出，党的十八大以来，党中央把贫困人口脱贫作为全面建成小康社会的底线任务和标志性指标，在全国范围全面打响了脱贫攻坚战。脱贫攻坚力度之大、规模之广、影响之深，前所未有。现在，各方面都行动起来了，党中央各项决策部署得到较好落实，贫困群众生活水平明显提高，贫困地区面貌明显改善。习近平强调，近年来我们在解决深度贫困问题上有很多成功经验和典型，实践证明只要高度重视、思路对头、措施得力、工作扎实，深度贫困是完全可以战胜的。习近平为此提出8条要求：第一，合理确定脱贫目标。第二，加大投入支持力度。第三，集中优势兵力打攻坚战。第四，区域发展必须围绕精准扶贫发力。第五，加大各方帮扶力度。第六，加大内生动力培育力度。第七，加大组织领导力度。第八，加强检查督查。王沪宁、汪洋、栗战书、周小川参加会议，中央和国家机关有关部门负责同志、有关省区负责同志、有关市州党委书记、有关县旗党委书记参加会议。

省委召开常委(扩大)会议

26日 省委书记骆惠宁主持召开省委常委（扩大）会议，传达学习习近平总书记视察山西重要讲话精神，并就抓好贯彻落实作出部署。骆惠宁强调，习总书记亲临山西视察并发表重要讲话，为全省人民指明了前进方向，在山西发展史上具有重要里程碑意义。习总书记重要讲话对山西经济社会发展取得的成绩和各项工作给予充分肯定，山西各方面建设和发展迈上新征程，山西政治生态已经由“乱”转“治”，山西发展已经由“疲”转“兴”，希望山西党员干部大有作为。骆惠宁强调，学习贯彻习总书记视察山西重要讲话精神，是我省当前和今后一个时期的首要政治任务，也是我们做好各项工作的根本保证。要迅速在全省兴起学习宣传、贯彻落实讲话精神的热潮，切实用讲话精神统一思想、武装头脑、推动工作。一要高举旗帜，把牢正确方向。二要保持清醒，坚持问题导向。三要扎实工作，奋力开创新局。会议决定，近日召开全省干部大会，对学习贯彻习总书记重要讲话精神作出总体安排。七月中旬，召开省委十一届四次全会，审议出台学习贯彻习总书记重要讲话精神的实施意见。

省委召开全省干部大会

29日 省委召开全省干部大会，学习贯彻习总书记视察山西重要讲话精神，对全省学习宣传、贯彻落实习总书记重要讲话精神作出总体部署。骆惠宁作重要讲话。楼阳生主持会议。骆惠宁指出，习总书记亲临山西视察并发表重要讲话，在山西发展史上具有重要里程碑意义。习总书记视察期间，处处体现了对人民群众的深切关怀，倾注了对山西这块红色土地和厚重文化的真挚感情，充分体现了党的领袖对人民的深厚感情。习总书记对山西各项工作给予充分肯定，寄予殷切期望，提出明确要求，极大增强了全省人民奋进信心，进一步增强了全省党员干部履行好使命的政治自觉、思想自觉和行动自觉。骆惠宁强调，习总书记视察山西省发表的重要讲话，政治性思想性指导性极强，内涵十分丰富。我们要认真贯彻落实习总书记对山西工作提出的总体要求和五项重大任务，高举中国特色社会主义伟大旗帜，认真学习贯彻习总书记系列重要讲话精神和治国理政新理念新思想新战略，统筹推进“五位一体”总体布局、协调推进“四个全面”战略布局，坚持稳中求进工作总基调，坚决落实党中央决策部署，紧紧抓住机遇，勇于改革创新，果敢应对挑战，善于攻坚克难，扎扎实实做好改革发展稳定和党的建设各项工作，为党的十九大胜利召开营造良好环境，确保习总书记重要讲话精神在山西落地生根、开花结果。骆惠宁指出，要认真落实习总书记关于扎实转变经济发展方式的指示精神，真正走出一条产业优、质量高、效益好、可持续的发展新路。要认真落实习总书记关于扎实做好“三农”工作的指示精神，以有力的领导、创新的理念、完善的政策、持续的投入，奋力开创“三农”工作新局面。要认真落实习总书记关于扎实推进脱贫攻坚和民生保障的指示精神，推动深度贫困地区脱贫攻坚进入全国第一方阵，保障和改善民生取得新成效。要认真落实习总书记关于扎实推进生态文明建设的指示精神，采取超常规举措，使绿色多起来、山川美起来、生活质量高起来。要认真落实习总书记关于严肃党内政治生活的指示精神，努力实现党内政治生态持久的风清气正。骆惠宁号召，让我们更加紧密地团结在以习近平同志为核心的党中央周围，深入学习贯彻习总书记视察山西重要讲话精神，紧紧抓住机遇，勇于改革创新，果敢应对挑战，善于攻坚克难，团结带领全省干部群众走好新征程、探出新路子、创造新业绩，努力实现党内政治生态持久的风清气正，努力实现经济转型发展持久的强劲态势，进一步把山西的事情办好，以优异成绩迎接党的十九大胜利召开！楼阳生在主持大会时指出，全省上下要把思想和行动统一到习总书记视察山西重要讲话精神上来，按照骆惠宁书记提出的始终高举旗帜、把牢正确方向，时刻保持清醒、坚持问题导向，继续扎实工作、奋力开创新局的部署和要求，进一步抓好学习贯彻落实工作。要学深悟透、融会贯通，深刻领会和全面落实习总书记对山西工作提出的总体要求和五项重大任务。要坚持稳中求进工作总基调，坚定贯彻新发展理念，扎扎实实抓好改革发展稳定和党的建设各项工作，用非常之力、恒久之功确保习总书记提出的各项指示要求在山西落地生根、开花结果，以优异成绩迎接党的十九大胜利召开。

“山西省委的实践——风清气正、奋发有为”主题片在中共中央对外联络部举行的“中国共产党的故事——全面从严治党”专题宣介会精彩展示

30日 中共中央对外联络部“中国共产党的故事——全面从严治党”专题宣介会在北京举行。山西省委以“山西省委的实践——风清气正、奋发有为”为主题，向访华的外国政党政要以及驻华高级外交官、国际组织驻华机构代表等宣介习近平总书记治国理政新理念新思想新战略，展示山西省委落实党中央全面从严治党要求的实践和成效。宣介会上，中联部部长宋涛致辞，省委书记骆惠宁与参会外宾分享了山西省委“风清气正，奋发有为”的精彩故事。

省政府召开常务会议

同日 省长楼阳生主持召开省政府第154次常务会议，研究贯彻落实习近平总书记视察山西重要讲话具体举措，部署山西省参与“一带一路”建设、促进科技成果转移转化、创新政府配置资源方式、清理规范涉企收费、加强困境儿童保障等工作，原则通过《山西省历史文化名城名镇名村保护条例(草案)》。

省委、省政府印发《关于深入推进城市执法体制改革改进城市管理工作的实施意见》

同日 省委、省政府印发《关于深入推进城市执法体制改革改进城市管理工作的实施意见》。

7 月

省委办公厅、省政府办公厅印发《山西省贯彻〈党政主要负责人履行推进法治建设第一责任人职责规定〉实施办法》

3日 省委办公厅、省政府办公厅印发《山西省贯彻〈党政主要负责人履行推进法治建设第一责任人职责规定〉实施办法》。

贺天才任山西省副省长

4日 省十二届人大常委会第三十九次会议召开第三次全体会议，会议决定任命贺天才为山西省副省长，免去王赋的副省长职务。在省人大常委会主任会议的组织下，新任职人员进行了宪法宣誓。

省委召开常委会议

10日 省委书记骆惠宁主持召开十一届省委第31次常委会议，讨论省委关于深入学习贯彻习总书记视察山西重要讲话精神和在深度贫困地区脱贫攻坚座谈会上重要讲话精神两个实施意见，传达中宣部深化文化体制改革座谈会、构建中国特色哲学社会科学工作座谈会精神，研究山西省贯彻落实意见，研究部署加强耕地保护和改进占补平衡工作，全省科协系统深化改革、全省侨联改革等工作。会议讨论了《中共山西省委关于深入学习贯彻习总书记视察山西重要讲话精神的实施意见》《中共山西省委关于深入学习贯彻习总书记在深度贫困地区脱贫攻坚座谈会上重要讲话精神的实施意见》，决定提交省委十一届四次全会审议通过。会议审议通过《关于加强耕地保护和改进占补平衡工作的实施方案》和《山西省科协系统深化改革实施方案》《山西省侨联改革实施方案》。

省委省政府与教育部举行工作会谈

11日 省委省政府与教育部在太原举行工作会谈。骆惠宁主持，楼阳生介绍情况，教育部部长陈宝生出席并讲话。骆惠宁代表省委省政府对陈宝生一行莅晋调研指导表示欢迎，对教育部长期以来对山西工作特别是教育事业发展的关心支持表示感谢。陈宝生表示教育部将在“双一流”建设、高等教育“1331 工程”、义务教育均衡发展等方面，进一步加大对山西的支持力度，共同提升山西教育现代化水平，助力转型综改创新驱动。在晋期间，陈宝生还到山西大学、太原理工大学、山西交通职业技术学院、晋中市高师附校、晋中市中小学示范性综合实践基地进行调研，并与省市有关部门、院校负责人座谈。

中共山西省委十一届四次全体会议召开

12 日 中国共产党山西省第十一届委员会第四次全体会议在太原召开。会议由省委常委会主持。省委书记骆惠宁讲话。会议深入学习贯彻习总书记视察山西重要讲话精神，审议通过《中共山西省委关于深入学习贯彻习总书记视察山西重要讲话精神的实施意见》《中共山西省委关于深入学习贯彻习总书记在深度贫困地区脱贫攻坚座谈会上重要讲话精神的实施意见》。会议就全省需要重视和把握好的重大问题、工作着力点，提出八个方面要求：一是巩固和扩大经济稳步向好态势；二是高起点推进转型综改试验区建设；三是抓紧抓好“三农”工作；四是做好攻坚深度贫困和保障改善民生工作；五是以环保督察整改为契机着力推动绿色发展；六是切实增强改革的责任感和实效性；七是打造内陆地区对外开放新高地；八是努力实现党内政治生态持久的风清气正。会议强调，各地各部门要增强“四个意识”，认真履职尽责，为十九大胜利召开营造良好环境：一要打牢维护核心、看齐紧跟的思想政治基础；二要营造团结奋进、喜迎盛会的舆论氛围；三要构建文明有序、安全稳定的社会环境。《中共山西省委关于深入学习贯彻习总书记视察山西重要讲话精神的实施意见》，共 7 个部分 36 条。实施意见紧紧围绕五项重大任务，坚持问题导向和目标导向相结合、当前工作和长远工作相结合、改革创新和求真务实相结合、重点突破和全面推进相结合，提出贯彻落实意见，强调要在已有工作基础上自我加压，高标准推进事业发展。对每一条贯彻落实意见，都明确了牵头单位和配合单位，压实了工作责任，便于实施与考核。《中共山西省委关于深入学习贯彻习总书记在深度贫困地区脱贫攻坚座谈会上重要讲话精神的实施意见》，分为 4 个部分 21 条，按照习总书记“解决深度贫困，要有深度举措”的指示，决心态度更加坚定明确，政策举措更加倾斜有效，工作保障更加扎实有力，体现了扶贫的政策、资源、力量都向深度贫困地区倾斜集中，通过超常规举措攻克深度贫困堡垒。

省委印发习近平总书记《在山西省考察工作结束时的讲话》

同日 省委印发习近平总书记《在山西省考察工作结束时的讲话》。

省委印发《关于深入学习贯彻习总书记视察山西重要讲话精神的实施意见》《关于深入学习贯彻习总书记在深度贫困地区脱贫攻坚座谈会上重要讲话精神的实施意见》

13 日 省委印发《关于深入学习贯彻习总书记视察山西重要讲话精神的实施意见》《关于深入学习贯彻习总书记在深度贫困地区脱贫攻坚座谈会上重要讲话精神的实施意见》。

省政府召开党组(扩大)会议

14 日 楼阳生主持召开省政府党组(扩大)会议，进一步学习习近平总书记视察山西重要讲话，专题学习贯彻中共山西省委十一届四次全体会议精神，安排部署贯彻落实工作。楼阳生指出：省委十一届四次全会审议通过的《中共山西省委关于深入学习贯彻习总书记视察山西重要讲话精神的实施意见》和《中共山西省委关于深入学习习总书记在深度贫困地区脱贫攻坚座谈会上重要讲话精神的实施意见》，省政府党组和全省政府系统要认真学习、深刻领会，全面抓好贯彻落实。楼阳生要求，要按照省委两个实施意见部署，全面落实总书记对山西的总体要求和五项重大任务，坚决完成攻坚深度贫困硬任务。

骆惠宁在运城调研

19—20 日 骆惠宁到运城市盐湖区、芮城县和永济市进行调研。在盐湖区万亩双季槐基地，骆惠宁仔细了解基地经营模式，察看槐米深加工产品，了解种植双季槐的生产成本与收益。在芮城县三道斜村现代苹果示范园内，骆惠宁察看苹果长势，了解农技推广服务情况。在永济市太宁村，骆惠宁观看了形态各异的葫芦创意产品。骆惠宁在大禹渡扬水工程一级泵站，考察引黄提水灌溉、防汛抗旱措施落实情况，听取全省防汛形势和防汛工作汇报。在亚宝药业集团，骆惠宁察看了公司研发的特色药品和生产线。在中车永济电机公司考察时，骆惠宁希望企业发挥创新优势、龙头效应，进一步融入山西经济转型，带动配套产业集群发展。7 月 20 日下午，骆惠宁主持召开座谈会，听取运城工作汇报。骆惠宁强调，运城是农业大市，做好“三农”工作具有特殊重要意义。要高度自觉地坚持把“三农”工作作为重中之重，在解决“三大任务”方面走在全省前列。一要扎实推进农业供给侧结构性改革。二要扎实推动农民大幅增收。三要扎实推进幸福宜居新农村建设。期间，骆惠宁还主持召开座谈会，与省直有关部门、部分市县党委主要负责同志共同分析经济形势。

省委召开省级党员领导干部会议

21 日 省委召开省级党员领导干部会议，传达贯彻全国金融工作会议精神。骆惠宁主持并讲话。骆惠宁强调指出，习总书记在全国金融工作会议上的重要讲话，站在全局和战略的高度，系统阐述了做好金融工作的指导思想、重大原则和主要任务，为金融工作把脉定调，指明方向，思想深刻、内涵丰富，具有很强的战略性、前瞻性和指导性，我们要认真学习领会。骆惠宁就学习领会全国金融工作会议精神需要把握的重大问题作了扼要阐述。骆惠宁在讲话中对持续深入学习贯彻会议精神作出了安排。指出要适时扩大传达学习范围，各级党委(党组)中心组要围绕会议精神组织学习研讨。各级领导干部要加强金融知识学习，组织有关干部轮训。健全地方金融工作议事协调机制和金融监管机构。培养用好金融人才，优化地方班子结构。把握中央有关精神，制定山西做好金融工作的实施意见。适时召开全省金融工作会议，对学习贯彻落实工作进一步作出全面具体部署。

省委办公厅印发《关于加强新的社会阶层人士统战工作的实施意见》

同日 省委办公厅印发《关于加强新的社会阶层人士统战工作的实施意见》。

省委召开常委会议

23日 骆惠宁主持召开十一届省委第33次常委会议，听取省政府党组关于上半年经济形势的报告，研究部署下半年经济工作，传达全国人大常委会推进县乡人大工作和建设经验交流会、第六次全国对口支援新疆工作会议、中央纪委扶贫领域监督执纪问责工作电视电话会议、第八次全国信访工作会议精神，研究山西省贯彻落实意见。审议《省委设立法律顾问和公职律师工作方案》。会议同意《省委设立法律顾问和公职律师工作方案》。会议充分肯定了上半年全省经济工作。上半年全省地区生产总值增长6.9%，规上工业实现利润349.5亿元(1-5月)，一般公共预算收入增长14.8%，非煤产业增加值对规上工业贡献率达到66.8%，战略性新兴产业增加值增长9%，用电量、货运量等先行指标走势向好，全面呈现出由“疲”转“兴”的发展态势。会议认为，习总书记视察山西时指出，山西政治生态已经由“乱”转“治”，山西发展已经由“疲”转“兴”。这是对山西发展态势和发展阶段的科学判断，也是我们分析和把握当前经济形势的根本遵循。会议指出，分析当前经济形势，关键是要全面准确把握全省经济由“疲”转“兴”的总体态势：一是山西主要经济指标发生了积极变化。二是对转型发展的指导发生了积极变化。三是转型发展的氛围发生了积极变化。会议强调，做好下半年经济工作，要坚持以习总书记视察山西重要讲话精神为指导，全面贯彻省委十一届二次全会暨经济工作会议、四次全会部署，最紧要的是进一步认识“转”的规律，强化“转”的举措，担起“转”的责任，保持转型发展的持久强劲态势。一要进一步保持转型发展的高度自觉和战略定力。二要进一步坚持问题导向长短结合破解转型发展难题。三要进一步狠抓落实推进转型发展各项举措生根开花。

省委召开全面深化改革领导小组会议

25日 省委书记、省委全面深化改革领导小组组长骆惠宁主持召开省委全面深化改革领导小组第三十次会议。会议传达学习了习总书记在中央全面深化改革领导小组第三十七次会议上的重要讲话精神，就贯彻落实工作提出要求。会议还传达了全国司法体制改革推进会精神，研究山西省贯彻落实意见。审议并原则通过《关于建立农村建档立卡贫困人口医疗保障帮扶制度的实施方案》《山西省创新政府配置资源方式实施方案》《关于深化统计管理体制改革提高统计数据真实性的实施意见》。

省委召开常委议军议警会议

26日 省委召开常委议军议警会议。省委书记、省人大常委会主任、省军区党委第一书记骆惠宁主持。会议认真学习贯彻习近平总书记视察驻晋部队重要讲话精神，听取省军区和省武警总队工作汇报，审议《关于深化国防动员改革的意见》。

省委召开省委常委扩大会议学习贯彻习总书记在省部级主要领导干部专题研讨班上的重要讲话精神

30日 骆惠宁主持召开省委常委扩大会议，学习贯彻习总书记在省部级主要领导干部专题研讨班上的重要讲话精神。骆惠宁强调，要把深入学习贯彻习总书记重要讲话精神作为当前首要政治任务，把思想和行动统一到习总书记重要讲话精神上来，牢固树立“四个意识”，切实增强“四个自信”，自觉在思想上政治上行动上同以习近平同志为核心的党中央保持高度一致，奋力走好新征程、探出新路子、创造新业绩，以实际行动决胜全面建成小康社会，以优异成绩迎接党的十九大胜利召开。会议指出，即将召开的党的十九大，是在全面建成小康社会决胜阶段、中国特色社会主义发展关键时期召开的一次十分重要的大会。会议指出，当前，山西正处于发展的关键时期，面临着难得的战略机遇。各地各部门要按照省委十一届四次全会的部署，认真落实省委深入学习贯彻习总书记视察山西重要讲话精神的两个实施意见，把握好8个重大问题和工作着力点，努力实现党内政治生态持久的风清气正，努力实现经济转型发展持久的强劲态势，为十九大胜利召开打牢维护核心、看齐紧跟的思想政治基础，营造团结奋进、喜迎盛会的舆论氛围，构建文明有序、安全稳定的社会环境。要充分调动全省干部群众的积极性创造性，奋力走好新征程、探出新路子、创造新业绩，以实际行动决胜全面建成小康社会，以优异成绩迎接党的十九大胜利召开。

省委中心组举行学习会学习贯彻修改后的中国共产党巡视工作条例和深化国企国资改革主题

同日 十一届省委举行第11次中心组学习会，围绕学习贯彻修改后的中国共产党巡视工作条例和深化国企国资改革主题，骆惠宁主持会议并讲话。就学习贯彻修改后的中国共产党巡视工作条例，骆惠宁强调，要把握新内容、贯彻新要求、取得新成效，推动全面从严治党向纵深发展，努力实现党内政治生态持久的风清气正。就深化国企国资改革，骆惠宁强调，国企国资改革是决定山西转型前途的关键一招，要抓住来之不易的改革局面，掀起改革施工高潮，形成多层次全方位深化国企国资改革态势。学习会上，中央巡视办副局级巡视专员刘华斌、国务院国资委副秘书长彭华岗分别作专题辅导报告。

省委、省政府印发《关于进一步推进山西农垦改革发展的实施意见》《加强耕地保护和改进占补平衡工作的实施意见》

同日 省委、省政府印发《关于进一步推进山西农垦改革发展的实施意见》《加强耕地保护和改进占补平衡工作的实施意见》。

8 月

全省全面推行河长制工作推进会在太原召开

3日 全省全面推行河长制工作推进会在太原召开。省委副书记、省长、省总河长楼阳生出席并讲话。楼阳生强调，要深入贯彻落实习总书记视察山西重要讲话精神，以全面推行河长制为牵引，扎实推进河湖系统保护和水生态环境整体改善，为推进转型发展、全面建成小康社会筑牢生态屏障、夯实生态根基。楼阳生指出，全面推行河长制是以习近平同志为核心的党中央作出的重大决策部署，是加强生态文明建设的重要制度安排。在全面做好各项工作的同时，突出抓好六项重点任务：一是切实抓好中央环保督察反馈问题整改。二是坚决完成水环境保护年度考核目标任务。三是扎实推进城市黑臭水体治理。四是加快推进七河流域生态修复治理工程。五是科学实施水资源全域化配置。六是加强防汛抗旱工作。省级河长，省河长制工作领导组成员单位负责人，市级总河长、副总河长、河长办主任，县级总河长、河长办主任参加会议。会议为期二天，期间水利部建管司负责人应邀到会解读全面推行河长制相关政策，有关专家就河长制政策落地、水资源管理与保护、水环境治理与“一河一策”等进行了专题培训。

山西省文化旅游投资控股集团成立

同日 山西省文化旅游投资控股集团有限公司在太原成立并举行揭牌仪式。楼阳生在成立大会上讲话。楼阳生强调，省文旅集团要坚决服从服务全省转型全局，抓住关键环节，盯紧重点领域，深化改革创新，完善体制机制，尽快取得突破性进展，切实发挥推动我省文化旅游业快速发展的龙头作用和领军作用。省文旅集团是以专业化重组方式，在整合省经贸集团、山投集团资产，晋能集团、能交投集团文化旅游资产以及省直单位相关经营性资产基础上设立的国有独资公司，注册地为山西转型综改示范区。揭牌前，省工商局为山西省文化旅游投资控股集团有限公司颁发了工商营业执照。

骆惠宁在大同调研深度贫困地区脱贫攻坚工作

3—6日 骆惠宁到大同广灵、灵丘、浑源、阳高、天镇等国定贫困县考察调研深度贫困地区脱贫攻坚。骆惠宁强调，要坚持以习总书记视察山西重要讲话精神为指引，全面贯彻省委十一届四次全会作出的部署，聚焦“两个持久”工作目标，加快经济转型步伐，打造内陆地区对外开放新高地，争当能源革命排头兵，扎扎实实做好改革发展稳定和党的建设各项工作，为党的十九大胜利召开营造良好环境。他要求大同把发展非煤现代产业作为主攻方向，在转型发展上取得新突破，争当对外开放和能源革命“尖兵”。8月6日上午，骆惠宁主持召开座谈会，听取大同市和同煤集团工作汇报。骆惠宁对大同市坚决贯彻中央大政方针和省委决策部署，各方面工作取得的新进展新成效给予充分肯定，希望大同市深入贯彻落实省委十一届四次全会精神，坚持以习总书记系列重要讲话精神和视察山西重要讲话为指引，落实好省委制定的两个实施意见，做好当前各项重点工作，为党的十九大胜利召开营造良好环境。骆惠宁对大同做好对外开放工作提出要求。希望把握战略定位，把大同打造成山西对外开放的桥头堡，发挥引领作用。一要不断优化营商环境。二要以开放助推转型。三要用好文化旅游这张开放“名片”。骆惠宁充分肯定同煤集团长期以来为地方发展作出的突出贡献，希望同煤集团深化供给侧结构性改革，带头推进国企改革，加快能源革命和创新发展步伐，为大同经济转型升级作出新贡献。

楼阳生主持召开省政府会议具体部署中央环保督察反馈问题整改工作和下一步环保重点任务等工作

4日 楼阳生主持召开省政府第158次常务会议，具体部署中央环保督察反馈问题整改工作和下一步环保重点任务，研究城乡污水垃圾治理、易地扶贫搬迁和深度贫困自然村整体搬迁等工作。会议决定设立平定、闻喜经济技术开发区，同意侯马、孝义经济开发区扩区。

省委、省政府印发《山西省农村建档立卡贫困人口医疗保障帮扶方案》

6日 省委、省政府印发《山西省农村建档立卡贫困人口医疗保障帮扶方案》。

山西大地环境投资控股有限公司揭牌成立

7日 山西大地环境投资控股有限公司在太原正式揭牌成立，这标志着山西推进国有资本专业化重组、市场化整合、板块化经营又迈出了重要一步。王一新为公司揭牌并讲话。山西大地环境投资控股有限公司是贯彻省委、省政府《关于深化国企国资改革的指导意见》精神，结合《全国土地整治规划》区域整治重点和要求，针对山西省推进开发区建设土地市场需求大、工业固废处置问题多、矿山修复任务重等现状和问题而专门组建成立的国有独资企业，为土地整治、固废处置、矿山修复方面的专业化公司。山西大地公司在整合山投集团、经贸集团、能投集团所属四家公司基础上设立，逐步将省相关部门的土地整治、固废处置、矿山修复经营性资产划入山西大地公司。注册地为山西转型综改示范区。

省委办公厅印发《关于加强地方党史工作的实施意见》

8日 省委办公厅印发《关于加强地方党史工作的实施意见》。

省委办公厅、省政府办公厅印发《山西省创新政府配置资源方式的实施意见》

15日 省委办公厅、省政府办公厅印发《山西省创新政府配置资源方式的实施意见》。

全省“践行习总书记视察山西重要讲话精神抓党建促脱贫攻坚暨深度贫困村整体搬迁”现场推进会在岢岚召开

16日 全省“践行习总书记视察山西重要讲话精神抓党建促脱贫攻坚暨深度贫困村整体搬迁”现场推进会在岢岚召开。楼阳生对抓好党建促脱贫攻坚、易地扶贫搬迁工作落实提出要求。会议传达了骆惠宁书记批示精神，通报了全省易地扶贫搬迁工程进展情况，组织观看了老区脱贫攻坚专题片，学习交流了脱贫攻坚和易地扶贫搬迁经验做法，对兴县、岢岚县抓党建促脱贫和易地扶贫搬迁进行现场观摩。骆惠宁在批示中指出，要加强党的建设、发挥引领作用，坚持精准方略、突出问题导向、运用改革办法、下足绣花功夫，确保山西省攻坚深度贫困各项超常规举措落地见效。骆惠宁对全面把握易地扶贫搬迁“六环联动”、实施“农村本土人才回归工程”、有效解决村级党组织建设面临的新问题提出了具体指导意见。骆惠宁希望组织战线和扶贫战线的同志要带头培育过硬作风,为全面落实省委十一届四次全会部署作出新的贡献。

省委召开常委会议

17日 骆惠宁主持召开十一届省委第36次常委会议,审议山西省贯彻落实中央第二环境保护督察组督察反馈意见整改方案、省委贯彻《中国共产党巡视工作条例》实施办法、关于市县市场监督管理体制改革试点工作的指导意见,传达贯彻全国城市基层党建工作经验交流座谈会精神,研究本省贯彻落实意见。会议审议通过《山西省贯彻落实中央第二环境保护督察组督察反馈意见整改方案》。会议审议通过《关于市县市场监督管理体制改革试点工作的指导意见》。会议审议通过《中共山西省委贯彻〈中国共产党巡视工作条例〉实施办法》。会议同意省委组织部贯彻落实全国城市基层党建工作经验交流座谈会的具体意见。会议审议通过了《省委中心组2017年下半年学习安排》《关于加强县乡人大工作机构建设的若干规定》《关于加强新形势下引进外国人才工作的实施意见》。

省委深化监察体制改革试点暨巡视整改自行"回头看"工作推进会召开

18日 省委深化监察体制改革试点暨巡视整改自行"回头看"工作推进会以电视电话会议形式召开。骆惠宁会前提出要求,监察体制改革试点工作要以集中解决评估中发现的问题为契机和关键,采取积极措施,全面深化改革。巡视整改自行"回头看"要坚持时间服从质量,进度服从效果,专项工作时间延长到9月中旬。黄晓薇出席会议并讲话。省委常委、省纪委书记、省监委主任任建华通报全省深化监察体制改革试点工作分析评估和巡视整改自行"回头看"进展情况。省委常委、省委政法委书记商黎光主持会议。

省委召开常委会议

30日 省委书记骆惠宁主持召开十一届省委第38次常委会议,研究民生方面有关工作,审议通过《关于进一步贯彻落实中央八项规定精神的实施办法》,研究山西省贯彻落实中央群团改革工作座谈会精神的意见,听取太原市大气污染防治工作情况汇报,审议《太原都市区规划(2016-2035年)》等。会议审议通过《关于进一步贯彻落实中央八项规定精神的实施办法》。会议审议并原则批准《太原都市区规划(2016-2035年)》。

省委中心组举行学习会

31日 十一届省委举行第12次中心组学习会,进一步学习领会习总书记在全国金融工作会议上的重要讲话精神,为全省金融工作会议奠定思想基础,骆惠宁主持会议并讲话。骆惠宁在讲话中充分肯定近年来山西省金融工作取得的成效和为经济社会发展作出的贡献,同时指出了存在的问题。骆惠宁强调,要深刻认识到,山西兴,金融要先兴;山西转,金融要先转;山西稳,金融要先稳。要以习总书记关于金融工作的重要战略思想为基本遵循,坚持回归本源、优化结构、强化监管、市场导向的工作原则,坚持服务实体经济、防控金融风险、深化金融改革的工作主题,不断提高做好金融工作的自觉性、主动性、坚定性,推动金融改革发展各项工作始终沿着正确方向前进。骆惠宁强调,要认真履行好地方抓金融职责,确保党中央、国务院重大决策部署落地生根。一是把服务实体经济作为根本目的。二是把防控金融风险作为核心目标。三是把深化金融改革作为根本动力。骆惠宁还对不断加强党对金融工作的领导,加强地方金融机构领导班子建设,加强金融高素质人才队伍建设等提出要求。

9 月

省委印发《贯彻〈中国共产党巡视工作条例〉实施办法》

2日 省委印发《贯彻〈中国共产党巡视工作条例〉实施办法》。

李克强在山西考察工作

4—5日 中共中央政治局常委、国务院总理李克强在山西长治、临汾考察。期间,李克强在潞安集团石圪节煤矿察看了矿井关闭情况,并听取了山西煤炭行业去产能和发展新兴产业进展汇报。李克强还先后到五龙山乡程庄村卫生室、唯美诺创业创新基地考察。5日,李克强到太钢集团临汾钢铁公司、山西临汾华翔集团公司考察。在太钢集团临汾钢铁公司李克强听取了集团淘汰落后产能和山西省推进国有企业改革的汇报。李克强充分肯定山西经济社会发展取得的成绩,希望山西在以习近平同志为核心的党中央坚强领导下,贯彻新发展理念,加大改革创新力度,加快新旧动能转换,促进经济稳定增长和民生不断改善,以优异成绩迎接党的十九大胜利召开。

省委、省政府印发《关于进一步贯彻落实中央八项规定精神的实施办法》,省委办公厅、省政府办公厅印发《关于市场监管体制改革试点工作的指导意见》

5日 省委、省政府印发《关于进一步贯彻落实中央八项规定精神的实施办法》,省委办公厅、省政府办公厅印发《关于市场监管体制改革试点工作的指导意见》。

骆惠宁在山西大学太原理工大学慰问教师

9日 骆惠宁到山西大学、太原理工大学,看望慰问人民教师,向全省广大教师和教育工作者致以崇高敬意和节日问候,并就高校改革发展进行调研。

国务院印发《关于支持山西省进一步深化改革促进资源型经济转型发展的意见》

11日 经李克强总理签批,国务院印发《关于支持山西省进一步深化改革促进资源型经济转型发展的意见》。《意见》共8个方面30项任务,通篇贯穿了以改革促转型的鲜明导向,体现了国家支持,结合了山西实际和需求导向。

全省进一步深化改革促进资源型经济转型发展大会召开

18日 全省进一步深化改革促进资源型经济转型发展大会在太原召开。会议深入贯彻习总书记视察山西重要讲话精神,认真落实李克强总理考察山西提出的要求,对全面实施《国务院关于支持山西省进一步深化改革促进资源型经济转型发展的意见》作出部署。骆惠宁讲话强调,要以习总书记视察山西重要讲话精神为指引,认真贯彻落实党中央国务院重大决策部署，全面实施国发〔2017〕42号文件，紧紧抓住机遇，勇于改革创新，果敢应对挑战，善于攻坚克难，在新的历史起点上，进一步开创全省转型发展新局面。楼阳生主持并对贯彻会议精神提出要求。骆惠宁强调，要认真贯彻落实国务院文件部署要求，用改革创新和先行先试打开转型综改新天地。一要紧扣六大任务这个重点，牢固构建起山西转型发展的四梁八柱。二要放大倾斜政策这个红利，把中央对我省的支持内化为实实在在的转型成果。三要凸显改革创新这条红线，着力破除制约转型发展的体制机制障碍。四要用好解放思想这个法宝，让先行先试成为促进转型的根本方法和不竭动力。山西这片厚重的土地，从来就不乏敢为人先、开拓进取的精神，今天我们要创造以改革促转型的新奇迹。骆惠宁指出，贯彻落实好文件精神，不仅是转型发展的重大机遇，也是对全省各项事业的有力带动。一要强化主体责任，全面加强组织领导。二要强化协调配合，完善上下联动的工作机制。三要强化社会参与，充分激发人民群众的无穷创造力。四要强化宣传研究，形成良好舆论环境和智力支持。五要强化作风建设，确保各项工作扎实推进。骆惠宁强调，转型发展是一场深刻的革命，山西要来一次浴火重生。骆惠宁号召，当前山西已站在以改革促转型的新起点上。让我们更加紧密团结在以习近平同志为核心的党中央周围，深入贯彻习总书记视察山西重要讲话精神，增强"四个意识"，锐意改革创新，狠抓工作落实，以新的精神状态和奋斗姿态走好新的征程，开创山西转型发展光明前景，以优异成绩迎接党的十九大胜利召开。楼阳生在主持大会时指出，各级各部门各单位要以习近平总书记视察山西重要讲话精神为根本遵循，认真贯彻落实李克强总理在山西考察时的重要讲话精神，按照省委省政府决策部署，进一步提高政治站位，切实增强机遇意识、使命意识、责任意识，坚定转型不放松，锐意改革不懈怠，以改革促转型调结构增动能，加快将山西省建设成为创新创业活力充分释放、经济发展内生动力不断增强、新旧动能转换成效显著的资源型经济转型发展示范区。要对照省委十一届二次全会暨经济工作会议和政府工作报告部署，突出抓好重点工作、重点改革、重点工程、重点技改、重点招商等"五重"任务落实，确保圆满完成全年目标任务，加快补齐发展短板，夯实转型发展基础。要严格落实"四铁"要求，坚持不懈抓好安全稳定工作，坚决守住"三条底线"，为深化改革、推动转型提供安全保障，以转型综改的优异成绩迎接党的十九大胜利召开。

省委推进县乡人大建设会议在太原召开

19日　省委推进县乡人大建设会议在太原召开。骆惠宁出席会议并讲话。骆惠宁强调，要坚持以习总书记系列重要讲话精神和治国理政新理念新思想新战略为指引，深入贯彻党中央、全国人大关于加强县乡人大工作和建设的决策部署，坚持问题导向，突出工作重点，在新的起点上推动县乡人大工作与时俱进、完善发展。一要在健全组织机构上下功夫，不断夯实县乡人大工作的基础。二要在增强依法履职的规范性上下功夫，更好发挥基层国家权力机关的作用。三要在加强对下级人大工作指导上下功夫，着力形成县乡人大持续进步的合力。会上，大同市委、晋中市人大、太原市小店区委、孝义市人大、曲沃县北董乡党委、阳城县润城镇人大主要负责同志作了交流发言。

2017山西省旅游发展大会在晋中召开

21日　2017山西省旅游发展大会在晋中召开。楼阳生出席主题大会并讲话。张复明主持，国家旅游局副局长王晓峰讲话。省政府主办的旅游发展大会，是山西省开展旅游大展示大推介大招商的重要平台。通过电视竞演方式，晋中市取得2017山西省旅游发展大会承办权，以"华夏古文明·山西好风光"为主题，举办主题大会和旅游投融资项目洽谈会、旅游推介洽谈会、省旅游发展专家咨询委员会全体会议等活动。在出席主题大会时，楼阳生指出，大力推动文化旅游融合发展，把文化旅游业培育成山西战略性支柱产业，是省委省政府深入贯彻落实习近平总书记视察山西重要讲话精神，横下一条心、培育新动能的重大举措，是推动转型发展、构建多元产业体系的必由之路。要统筹文化功能与旅游价值、文化业态与旅游业态、文化创新与旅游创新，找准文化和旅游融合发展的最佳契合点，在遵守文物法律法规、确保文物安全的前提下，积极稳妥推进文物密集区开放利用，有序推动非遗和演艺进景区，通过科技手段将文化创意元素渗透到旅游产品中，促进文化旅游深度融合。王晓峰在讲话中说，近年来山西旅游业发生巨大变化，成为拉动全国旅游业快速增长的重要区域。要落实党中央、国务院关于旅游业发展的决策部署，从践行新发展理念、推进供给侧结构性改革、全面建成小康社会的高度，进一步谋划推动全域旅游、大众旅游发展，加快把文化旅游业打造成战略性支柱产业。一要抓改革，创造旅游"山西经验"。二要抓融合，释放"旅游+"综合效益。三要抓品牌，唱响"山西好风光"。四要抓管理，健全旅游市场综合监管体系。五要抓建设，打造国际性文化旅游目的地。

省委召开常委会议

22日　骆惠宁主持召开十一届省委第43次常委会议，就深入推进维护核心、见诸行动主题教育，深化监察体制改革试点和国企国资改革等工作进一步作出部署。会议听取了全省维护核心、见诸行动主题教育总体情况及"三基建设"、巡视整改自行"回头看"等重点工作推进情况汇报。会议听取了深化监察体制改革试点工作汇报。会议听取了全省国企国资改革推进情况汇报。

同日　骆惠宁主持召开十一届省委第44次常委会议，传达贯彻中央巡视巡察工作座谈会精神，听取省委第二轮巡视情况汇报，研究纪检监察工作，部署军民融合发展，审议通过《中共山西省委关于完善工作机制加强人民政协协商民主建设的意见》。会议决定成立山西省金融稳定发展工作领导组。

省委印发《关于加强新形势下党的督促检查工作的实施意见》

同日　省委印发《关于加强新形势下党的督促检查工作的实施意见》。

省委办公厅、省政府办公厅印发《关于推进市县国企国资改革的实施意见》

23日 省委办公厅、省政府办公厅印发《关于推进市县国企国资改革的实施意见》。

省委、省政府召开全省中央环保督察反馈意见整改落实动员部署会

25日 省委、省政府召开全省中央环保督察反馈意见整改落实动员部署会,楼阳生出席并讲话。楼阳生强调,要以习总书记视察山西重要讲话精神为根本遵循,坚决贯彻落实党中央、国务院决策部署,按照省委、省政府工作安排和骆惠宁书记"五个强化"要求,以"四铁"精神动真碰硬抓好中央环保督察反馈意见整改,以实实在在的整改成效守护好绿水青山,加快建设美丽山西。

中国共产党山西省军区第十一次代表大会召开

25—27日 中国共产党山西省军区第十一次代表大会在太原召开。在27日召开的省军区十一届党委第一次全体会议上,骆惠宁当选为省军区党委第一书记,郭志刚当选为省军区党委书记,邹小平当选为省军区党委副书记。骆惠宁强调,以这次党代会为标志,省军区改革建设站在了新的起点上,新一届党委肩负着上级党委的信任重托和全区广大官兵的殷切期望。这次党代会审议批准的省军区党委工作报告,是一个好报告,下一步要抓好贯彻落实。

骆惠宁在省政法单位调研

27日 骆惠宁到省法院、省检察院、省司法厅调研,并召开政法工作座谈会。骆惠宁强调,全省政法战线要始终自觉践行习总书记对政法工作的指示精神,把促进公平正义作为核心价值追求,认真履行职责,坚持秉公用权,让人民群众切实感受到公平正义就在身边。

省委、省政府印发《贯彻落实国务院支持山西省进一步深化改革促进资源型经济转型发展意见行动计划》《山西打造全国能源革命排头兵行动方案》,省委办公厅、省政府办公厅印发《山西省贯彻落实中央第二环境保护督察组反馈意见整改方案》

28日 省委、省政府印发《贯彻落实国务院支持山西省进一步深化改革促进资源型经济转型发展意见行动计划》《山西打造全国能源革命排头兵行动方案》,省委办公厅、省政府办公厅印发《山西省贯彻落实中央第二环境保护督察组反馈意见整改方案》。

省委召开深入学习贯彻习总书记系列重要讲话精神和治国理政新理念新思想新战略经验交流会

同日 省委召开深入学习贯彻习总书记系列重要讲话精神和治国理政新理念新思想新战略经验交流会,骆惠宁出席会议并讲话。楼阳生主持会议。骆惠宁从八个方面总结了学用系列重要讲话的重大成效。一是切实加强党的领导,坚定维护党中央的领导权威,不断增强各级党委的领导力、凝聚力和战斗力。二是自觉用新理念引领新常态,以供给侧结构性改革扭转经济下行困局,奋力走出资源型经济转型发展新路。三是打好意识形态工作主动仗,巩固思想上的团结统一,增强战胜一切困难的精神力量。四是大力推进法治建设,构建文明有序、安全稳定的社会环境。五是以铁的手腕加强生态环保工作,加快建设美丽山西。六是牢固树立以人民为中心的发展思想,扎实推进民生事业。七是坚持全面深化改革,塑造对外开放的新形象。八是推动全面从严治党向纵深发展,持续构建风清气正的政治生态。骆惠宁概括解读了省委和全省各级党组织以习总书记系列重要讲话为指导,分析形势任务、形成思路举措、解决突出问题的生动实践,并有针对性地提出了下一步工作的着力点。骆惠宁就在新的历史起点上,开辟学用习总书记系列重要讲话精神和治国理政新理念新思想新战略的新境界提出要求。一要坚持把政治忠诚与理论自觉有机结合起来。二要坚持把领会重大战略部署与掌握立场观点方法有机结合起来。三要坚持把端正学风与转变工作作风有机结合起来。四要坚持把推动事业发展与加强党性修养有机结合起来。五要坚持把以上率下与汲取基层鲜活经验有机结合起来。各级领导干部要真正把自己摆进去,发挥好学用系列重要讲话的引领示范作用。要大力弘扬理论联系实际的优良学风,把学习成效体现在思想政治素养的提升上,体现在改革发展稳定各项工作上,体现在从严管党治党的成效上,努力实现党内政治生态持久的风清气正,努力实现经济转型发展持久的强劲态势,进而推动全省各项事业全面取得新进步。十九大召开后,要按照中央部署,迅速兴起学习宣传贯彻十九大精神的热潮,开辟学用习总书记系列重要讲话精神的新境界。楼阳生在主持会议时指出,省委召开深入学习贯彻习总书记系列重要讲话精神和治国理政新理念新思想新战略经验交流会,具有十分重要的意义。全省各级党组织要迅速组织传达骆惠宁同志讲话精神,细化贯彻举措,实化学用要求,持续在"融会贯通、学以致用、全面覆盖"上下功夫。要进一步总结本地区本单位学用系列重要讲话的做法和成效,挖掘好典型,推广好经验,相互借鉴,不断提高学用系列重要讲话的水平。要及早谋划并切实抓好党的十九大精神的学习宣传贯彻工作。会上,围绕学用系列重要讲话推动事业发展,省纪委监委、省委组织部、省扶贫办、晋中市、太钢集团、山西大学负责同志作了大会发言,省国资委、大同市、忻州市、省转型综改示范区管委会、右玉县、同煤集团作了书面交流。

骆惠宁在省宣传单位调研

29日 骆惠宁到省直宣传文化单位调研。在省委网信办,骆惠宁了解网络舆情有关情况,强调要依法管网治网,大力弘扬正能量,维护网络和信息安全。在山西广播电视台、山西演艺集团、山西日报报业集团,骆惠宁与演播人员、编辑记者亲切交流,了解文艺体制改革、媒体融合发展情况,勉励他们深化改革、深入群众,传播党的声音,表达人民心声,以优秀作品鼓舞人,推出更多有影响的融媒体产品,打造主流媒体和新兴媒体舆论强势,丰富群众精神文化生活。期间,骆惠宁主持召开座谈会,听取今年以来山西省宣传工作及省内媒体融合发展情况汇报,对宣传战线取得的成绩给予充分肯定。骆惠宁强调,要深入学习贯彻习总书记关于宣传思想文化工作的重要讲话精神,牢牢把握正确政治方向和舆论导向,加快推进媒体深度融合创新发展,为走好新征程、探出新路子、创造新业绩提供强大精神力量。

山西省省城各界向烈士纪念碑敬献花篮

30日　骆惠宁、楼阳生、薛延忠、黄晓薇等省党政军领导来到太原市牛驼寨烈士陵园，与省城社会各界代表一起，向烈士纪念碑敬献花篮，深切悼念为新中国成立光荣牺牲的革命先烈。

省委召开厅(市)级以上领导干部大会

同日　省委召开厅(市)级以上领导干部大会，传达贯彻《中共中央关于孙政才严重违纪案审查情况和处理决定的通报》。骆惠宁主持会议并讲话。与会同志一致表示，要把思想和行动统一到党中央精神上来，坚决拥护中央对孙政才严重违纪问题的查处，坚决贯彻落实中央通报精神，坚决在思想上政治上行动上与以习近平同志为核心的党中央保持高度一致。

省委、省政府印发《关于加强实施创新驱动发展战略进一步推进大众创业万众创新深入发展的实施意见》，省委印发《关于完善工作机制加强人民政协协商民主建设的意见》

同日　省委、省政府印发《关于加强实施创新驱动发展战略进一步推进大众创业万众创新深入发展的实施意见》，省委印发《关于完善工作机制加强人民政协协商民主建设的意见》。

10　月

骆惠宁在太原调研民生工作

9日　骆惠宁与部分十九大代表一起到太原市基层，就民生工作进行调研考察。在尖草坪区南下温村，骆惠宁听取了散煤治理、"煤改气""煤改电"汇报，并入户察看取暖设施。随后，骆惠宁到九院沙河黑臭水体治理工程现场，了解太原市"八河"综合治理工程进展情况，强调要把生态环境综合治理作为重要民生工程，让城市更美丽，让群众生活更舒心。在新建的阳曲县首邑国际学校大盂校区，骆惠宁听取太原推进教育均衡发展情况介绍，与来自贫困山村的老师和生活管理人员深入交流。在太原市社保大厦，骆惠宁与前来咨询创业就业政策的大学生亲切交谈，勉励他们用好政策，开拓人生。在北营社区卫生服务中心，骆惠宁了解家庭医生签约服务、医联体建设情况。在亲贤社区养老服务中心，骆惠宁了解养老服务情况。随后，骆惠宁与来自社区、企业、学校、农村的基层党员群众座谈，重温习总书记关于"人民对美好生活的向往，就是我们的奋斗目标"的重要指示，倾听民声，感受民意，听取意见建议。骆惠宁强调，要坚持以人民为中心的发展思想，不断保障和改善民生，加快发展各项社会事业，提高公共服务水平，切实增强人民群众获得感幸福感。

省委办公厅、省政府办公厅印发《关于认真做好第十一届村民委员会换届选举工作的实施意见》

11日　省委办公厅、省政府办公厅印发《关于认真做好第十一届村民委员会换届选举工作的实施意见》。

骆惠宁、楼阳生分别对脱贫攻坚工作作出批示

17日　骆惠宁、楼阳生分别对脱贫攻坚工作作出批示。骆惠宁在批示中指出，当前，脱贫攻坚已经到了攻克深度贫困堡垒的关键阶段。各级各部门要深入学习贯彻习近平总书记扶贫开发重要战略思想，坚持精准扶贫精准脱贫基本方略，不断增强责任感和紧迫感，聚焦深度贫困，发挥制度优势和政治优势，凝心聚力、攻坚克难，切实解决瓶颈制约，着力提高脱贫实效，激发贫困群众内生动力，不断增强自我发展能力，坚决打赢深度贫困地区脱贫攻坚这场硬仗中的硬仗，牢牢把握脱贫攻坚主动权，为全面建成小康社会奠定坚实基础，以优异成绩迎接党的十九大胜利召开！楼阳生在批示中祝贺"10·17"扶贫日活动圆满成功。楼阳生要求，各级各部门要深入学习贯彻习总书记关于脱贫攻坚工作的重要指示，按照省委的决策部署，坚持目标导向、问题导向、责任导向、严实导向，以攻坚深度贫困的重点突破，带动脱贫攻坚的全面提升。党政"一把手"要坚决扛起主体责任，切实把扶贫工作抓在手上，以人一我十的精气神，把省委省政府作出的各项工作安排、各项超常举措落实到位，确保脱贫工作质量成色。要加强扶贫工程、项目、资金的监管，狠抓问题整改，做到既规范又高效，确保脱贫攻坚过程中不发生腐败问题。要进一步加强组织领导，凝聚强大合力，营造浓厚氛围，以更强的责任感、更硬的举措、更大的气力，推动今年脱贫攻坚实现再战再胜，确保在国家扶贫成效考核中取得好成绩。

骆惠宁当选出席十九大山西代表团团长

同日　出席中国共产党第十九次全国代表大会的山西代表团举行全体会议。骆惠宁主持会议。会议推选骆惠宁为山西代表团团长，楼阳生为代表团副团长，黄晓薇为代表团秘书长。全体会议上，传达了习近平总书记在党的十八届七中全会上的重要讲话，酝酿了党的十九大代表资格审查委员会成员和大会主席团成员、秘书长建议名单等。骆惠宁就贯彻落实习近平总书记在党的十八届七中全会上的重要讲话精神，履行好代表职责提出要求。骆惠宁指出，要以习总书记重要讲话为指引，站在政治和全局的高度，体现好党代表的忠诚担当；按照大会统一部署，把握党的历史使命，履行好党代表的神圣职责；严格遵守会议的纪律和规定，始终保持良好会风，展示好党代表的精神风貌。

省委印发《关于进一步加强党委联系服务专家工作的实施意见》

同日　中共山西省委办公厅印发了《关于进一步加强党委联系服务专家工作的实施意见》。《实施意见》要求，各级党委(党组)要加强统一领导，把联系服务专家工作纳入重要议事日程，纳入党的建设和人才工作考核内容。组织部门要发挥牵头抓总作用，加强宏观指导、统筹协调和督促落实。财政部门要将所需工作经费列入年度工作预算，动态调整，足额保障。专家所在单位要认真落实联系服务专家直接责任，建立重大事项报告制度，每年向上级党委报告有关情况。

省委办公厅、省政府办公厅印发《关于加强推进贫困村提升工程的实施意见》

同日　省委办公厅、省政府办公厅印发《关于加强推进贫困村提升工程的实施意见》。

出席党的十九大的山西代表团举行全体会议

18 日 出席党的十九大的山西代表团举行全体会议，认真学习讨论习近平总书记所作的报告。山西团代表、中央书记处书记、十八届中央纪委副书记赵洪祝和代表们一起学习讨论。赵洪祝在参加山西代表团学习讨论时说，完全赞成习近平总书记的报告。山西代表团团长骆惠宁在发言时表示完全拥护和赞同习总书记作的报告。骆惠宁说，报告回答了新时代坚持和发展中国特色社会主义的一系列重大理论和实践问题，是我们党迈进新时代、开启新征程、续写新篇章的政治宣言和行动指南，充分反映了全党全军全国人民的共同心声。报告思想博大精深，内涵十分丰富，标志着我们党对“三大规律”的认识达到新高度，也是21世纪科学社会主义的纲领性文献。骆惠宁说，聆听报告，给人以信仰的感召、方向的指引、进取的力量、胜利的信心。特别是有4点感受很深切。一是习总书记带领我们开创了中国特色社会主义新时代，成为全党全军全国人民高度信赖的领袖。二是习总书记创立新时代中国特色社会主义思想，高扬起了引领中国特色社会主义走向胜利的伟大旗帜。三是习总书记庄严宣示了新时代中国共产党的历史使命，为实现中华民族伟大复兴中国梦指明了方向标和路线图。四是习总书记提出加强党的领导和新时代党的建设总要求及重点任务，阐明了实现新时代历史使命的坚强保障。楼阳生说，我完全赞成、坚决拥护习总书记所作的报告。

十九大期间骆惠宁分别接受人民日报、香港大公报记者采访

19 日 山西代表团团长骆惠宁就山西如何举旗定向、让人们切实感受到习总书记重要思想的真理力量和山西准备如何把握好资源型地区经济转型发展这样的历史机遇分别接受人民日报、香港大公报记者的采访。

十九大期间楼阳生就攻坚深度贫困问题答记者问

同日 山西代表团副团长楼阳生就山西省攻坚深度贫困问题回答了新华社记者的提问。

省委、省政府印发《山西省推进农村集体产权制度改革实施方案》

20 日 省委、省政府印发《山西省推进农村集体产权制度改革实施方案》。

省委召开常委扩大会议

27 日 骆惠宁主持召开省委常委扩大会议，传达学习党的十九大和十九届一中全会精神，研究部署学习宣传贯彻党的十九大精神各项工作。骆惠宁强调，要把学习宣传贯彻十九大精神作为当前和今后的重大政治任务和工作主题，迅速全面兴起学习宣传贯彻党的十九大精神热潮，高举习近平新时代中国特色社会主义思想伟大旗帜，更加紧密地团结在以习近平同志为核心的党中央周围，推动习近平新时代中国特色社会主义思想在三晋大地化为生动实践、在全省人民中成为自觉行动，在新的伟大征程中把全省各项事业发展提升到新水平，奋力谱写新时代中国特色社会主义的山西篇章。骆惠宁指出，党的十九大是在全面建成小康社会决胜阶段、中国特色社会主义进入新时代的关键时期召开的一次十分重要的大会，是一次不忘初心、牢记使命、高举旗帜、团结奋进的大会，在党和国家发展史上具有重大里程碑意义。骆惠宁强调，十九届一中全会选举产生了政治坚定、团结统一、坚强有力、奋发有为的新一届中央领导机构。全会同志一致选举和拥戴习近平同志继续担任中共中央委员会总书记、中央军委主席，反映了全党全军全国人民的共同心愿。会议决定11月6日召开省委十一届五次全体会议，进一步对学习贯彻党的十九大精神作出全面部署。

楼阳生到临汾运城调研

30—31 日 楼阳生到山西临汾、运城两市就学习宣传贯彻党的十九大精神，推动汾河流域生态修复治理等工作进行调研。调研期间，楼阳生主持召开汾河河长制工作现场推进会并讲话。楼阳生强调，要把学习宣传贯彻党的十九大精神作为当前和今后一个时期的首要政治任务，按照中央政治局要求和省委部署，切实在学懂弄通做实上下功夫，真正把十九大的战略部署转化为各级各部门各单位的发展思路、工作举措和具体行动，狠下决心，标本兼治，综合施策，全力抓好汾河流域生态修复治理工程，推动社会主义生态文明观在山西落地生根。

11 月

省政府召开常务会议

2 日 楼阳生主持召开省政府第165次常务会议，深入学习贯彻落实党的十九大精神，分析前三季度全省经济形势，研究加快有机旱作农业发展、支持现代服务业发展、优化税收营商环境等事项。会议通过山西省支持现代服务业发展政策措施(2017年版)，围绕信息服务、科创服务、现代金融、现代物流、现代商贸、旅游休闲等15个行业领域，从财税、金融、土地、人才等方面制定了110条支持措施。会议通过全省税务系统优化税收营商环境服务经济转型发展实施意见，决定在准确把握国家现行税收政策、争取国家支持的基础上，实施28条税收优惠政策，加大对科技研发、创业创新、国企改革、产业升级等领域的支持力度，推动山西省税收营商环境进入全国第一方阵，让纳税人享受到实实在在的政策红利。会议原则通过山西省家庭教育促进条例(草案)，决定提请省人大常委会审议。会议审议了山西省加快构建政策体系培育新型农业经营主体实施意见、从事生产经营活动事业单位改革实施意见、矿业权出让制度改革试点工作方案，通过了山西省防范新生采煤沉陷灾害管理办法(暂行)、晋中市城市总体规划(2016—2030)。

省委中心组举行学习党的十九大精神专题会议

3 日 十一届省委中心组举行第二次学习党的十九大精神专题会议。骆惠宁主持会议。此前，省委中心组第一次专题学习会主要围绕从整体上把握党的十九大精神进行学习。此次学习会，侧重围绕十九大报告关于“五位一体”和党的建设的重大部署进行学习。与会同志联系实际、结合分工交流发言，进一步加深了对十九大精神的理解，提高了用十九大精神更好指导工作的自觉。骆惠宁在主持会议时指出，近日习总书记在中央政治局第一次集体学习时强调，要在学懂上下功夫、在弄通上下功夫、在做实上下功夫，使党的十九大精神成为推动党和国家事业发展的强大思想武器，把党的十九大提出的各项目标任务落到实处。我们要深刻领会、全面把握“学懂、弄通、做实”的重大要求，并体现到学习宣传贯彻党的十九大精神的全过程。骆惠宁指出，十九大精神内涵十分丰富，思想十分深刻。我们要坚持原原本本学原文、原汁原味悟原理，认真研读报告和党章，认真学习习总书记在十九届一中全会上的重要讲话，准确领会十九大精神的思想精髓和核心要义，深刻把握十九大提出的新理念、新论断和确定的新任务、新举措，要多思多想，真正做到学懂悟透，进一步提高马克思主义理论水平。骆惠宁指出，学习宣传贯彻十九大精神，要从政治高度定位，从整体上把握，从大处着眼。

省委召开常委会议

4日 骆惠宁主持召开十一届省委第46次常委会议，讨论通过《中共山西省委关于全面贯彻〈中共中央关于认真学习宣传贯彻党的十九大精神的决定〉的通知》和《学习贯彻党的十九大精神宣讲工作方案》，审议省委常委会向省委十一届五次全会的工作报告，分析前三季度全省经济形势，研究下一步经济工作，部署开展扶贫领域不正之风和腐败问题专项治理，决定开展省市县万名干部大调研。

省委印发《关于全面贯彻〈中共中央关于认真学习宣传贯彻党的十九大精神的决定〉的通知》

同日 省委印发《关于全面贯彻〈中共中央关于认真学习宣传贯彻党的十九大精神的决定〉的通知》。

中共山西省委十一届五次全体会议召开

6—7日 中国共产党山西省第十一届委员会第五次全体会议在太原召开。会议由省委常委会主持，骆惠宁讲话。会议深入学习贯彻党的十九大精神和习总书记在十九届一中全会上的重要讲话精神，进一步对全省学习宣传贯彻党的十九大精神作出全面部署，并就做好当前工作提出要求。会议听取和讨论了骆惠宁受省委常委会委托作的工作报告。会议围绕学习宣传贯彻党的十九大精神，提出七个方面的目标任务。一是深刻把握中国特色社会主义进入新时代的新要求，不断提高在山西坚持和发展新时代中国特色社会主义的水平。二是深刻把握习近平新时代中国特色社会主义思想和基本方略，不断提高广大党员干部的马克思主义理论水平。三是深刻把握决胜全面建成小康社会、开启全面建设社会主义现代化国家新征程的战略安排，不断提高全省社会主义现代化建设水平。四是深刻把握贯彻新发展理念、建设现代化经济体系的重要任务，不断提高资源型经济转型发展水平。五是深刻把握全面深化改革的重大举措，不断提高治理体系和治理能力现代化水平。六是深刻把握坚持以人民为中心的发展思想，不断提高保障和改善民生水平。七是深刻把握坚持和加强党的全面领导、全面推进党的建设新的伟大工程的重要部署，不断提高全面从严治党水平。会议按照党中央统一部署，对做好人大、政府、政协换届工作提出要求。

省委办公厅、省政府办公厅印发《关于开展扶贫领域不正之风和腐败问题专项治理的工作方案》

8日 省委办公厅、省政府办公厅印发《关于开展扶贫领域不正之风和腐败问题专项治理的工作方案》。

中央宣讲团来山西宣讲党的十九大精神

9日 学习贯彻党的十九大精神中央宣讲团报告会在太原举行。中央宣讲团成员、中央政治局委员、中央书记处书记、中央纪律检查委员会副书记、监察部部长杨晓渡作宣讲报告。骆惠宁主持报告会并讲话。杨晓渡着重讲了五个方面的重大认识。第一是要自觉维护习近平总书记在党中央、全党的领袖核心地位；自觉维护以习近平同志为核心的党中央权威和集中统一领导；自觉同以习近平同志为核心的党中央在思想上、政治上、行动上保持高度一致。第二是学习遵循习近平新时代中国特色社会主义思想的特殊重大意义。第三是关于“两个一百年”奋斗目标和“三步走”战略。第四是从经济建设、社会主义民主政治、坚定文化自信、保障改善民生、加强生态文明建设等方面详细阐述了十九大报告中关于中国特色社会主义事业的重大战略部署，既有理论上的概括，又有实践上的指导，具有很强的针对性和感染力。第五是坚定不移推进全面从严治党。骆惠宁在主持报告会时强调，学习宣传贯彻党的十九大精神是当前和今后的重大政治任务和工作主题。全省各级党组织和广大党员干部要按照习总书记提出的“学懂”“弄通”“做实”的要求，紧紧围绕习近平新时代中国特色社会主义思想这个主线，对十九大精神进一步学深悟透、融会贯通，坚决维护习总书记在党中央、在全党的核心地位，坚决维护党中央权威和集中统一领导，坚决在思想上政治上行动上同以习近平同志为核心的党中央保持高度一致，切实把思想和行动统一到党中央决策部署上来。9日下午，杨晓渡还专程前往太原市亲贤社区，深入社区卫生服务站、养老中心、党群服务中心考察，并与基层党员干部群众就学习贯彻党的十九大精神进行面对面的交流。

全国推开国家监察体制改革试点工作动员部署电视电话会议在太原市召开。中共中央政治局常委、中央纪委书记赵乐际出席会议并讲话

11日 经党中央批准，全国推开国家监察体制改革试点工作动员部署电视电话会议在太原市召开。中共中央政治局常委、中央纪委书记赵乐际出席会议并讲话，中共中央政治局委员、中央纪委副书记杨晓渡主持会议。在山西期间，赵乐际在晋中市进行调研，骆惠宁、黄晓薇、任建华、王赋分别陪同调研或参加会议。

省委、省政府印发《关于推进防灾减灾救灾体制制度改革的实施意见》

13日 省委、省政府印发《关于推进防灾减灾救灾体制制度改革的实施意见》。

山西省开展万名干部大调研

15日 省委办公厅、省政府办公厅印发《关于在全省开展万名干部大调研的工作方案》的通知。此次大调研活动要紧紧围绕深入贯彻落实党的十九大精神和习总书记视察山西重要讲话精神,结合自身职责和正在做的事情,对全省经济社会发展中的重大问题开展。《工作方案》指出,调研可结合各自工作实际,采取到基层宣讲十九大精神、召开座谈会、走访联系点、现场办公、驻村蹲点、赴外地学习考察等灵活多样的方式进行。《工作方案》要求,各级干部都要坚持长短结合,坚持目标导向和问题导向,切实把情况搞透、把思路搞准、把举措搞实,拿出高质量的调研成果。各级党委(党组)要充分听取调研情况汇报,经集体研究,形成调查研究的专题报告。报告要有情况、有分析、有对策,突出针对性和可操作性,能解决实际问题,对工作有重要指导作用。各市、省直各部门要在综合分析本地区、本部门、本系统调研情况基础上,对标党的十九大作出的战略部署,以改革创新精神,研究提出明年经济工作的目标举措,充分体现新时代新气象新作为,并形成书面报告。《工作方案》强调,要统筹处理好调查研究与日常工作的关系,力戒形式主义、浅尝辄止,做到"两不误"。调研人员要严格遵守中央八项规定精神,廉洁自律,轻车简从,不搞迎来送往,不搞层层陪同,切实减轻基层负担。

省委召开常委会议

16日 骆惠宁主持召开十一届省委第47次常委会议,讨论通过《中共山西省委关于坚决维护党中央集中统一领导的规定》《关于进一步贯彻落实中央八项规定精神的实施办法》《关于认真学习宣传贯彻〈习近平谈治国理政〉第二卷的通知》,传达赵乐际在山西调研监察体制改革试点时讲话精神和全国推开国家监察体制改革试点工作动员部署电视电话会议精神,研究山西省进一步深化监察体制改革试点工作实施方案。会议审议通过《关于加强新形势下优抚安置工作的实施意见》。

骆惠宁主持召开省委全面深化改革领导小组会议

同日 省委书记、省委全面深化改革领导小组组长骆惠宁主持召开省委全面深化改革领导小组第三十三次会议。审议通过《山西省从事生产经营活动事业单位改革的实施意见》《山西省矿业权出让制度改革试点工作方案》和《〈关于完善人大代表联系人民群众制度的实施意见〉的实施办法》。楼阳生出席会议。会议指出,推进从事生产经营活动事业单位改革,是事业单位改革的突破口,对于深化行政管理体制改革、推进治理体系和治理能力现代化也具有积极意义。会议指出,推进矿业权出让制度改革,有利于最大限度发挥市场配置资源的决定性作用,最大限度减少权力寻租空间,对山西这样的资源型省份意义重大。

中央印发《关于王清宪同志职务任免的通知》:王清宪同志任山东省委委员、常委,免去其山西省委常委、委员职务

同日 中央印发《关于王清宪同志职务任免的通知》:王清宪同志任山东省委委员、常委,免去其山西省委常委、委员职务。

省委、省政府印发《关于进一步贯彻落实中央八项规定精神的实施办法》,省委办公厅、省政府办公厅印发《关于深化职称制度改革的实施方案》

17日 省委、省政府印发《关于进一步贯彻落实中央八项规定精神的实施办法》,省委办公厅、省政府办公厅印发《关于深化职称制度改革的实施方案》。

省委印发《关于坚决维护党中央集中统一领导的规定》

18日 省委印发《关于坚决维护党中央集中统一领导的规定》。

骆惠宁在中北大学向大学生宣讲十九大精神

20日 骆惠宁到中北大学,向大学生面对面宣讲十九大精神。骆惠宁强调,青年大学生要以习近平新时代中国特色社会主义思想为指引,认清时代变革,走在新时代前列,在实现中国梦的生动实践中放飞青春梦想,在为人民利益不懈奋斗中书写人生华章。宣讲前,骆惠宁就科技创新做了调研。在超重力化工工程技术研究中心,骆惠宁察看实验装置,了解与企业开展合作情况。在电子测试技术国防科技重点实验室、信息探测与处理省重点实验室,骆惠宁听取新型传感器、在线信息检测、北斗系统位置服务等技术研发、成果应用介绍,观看中北大学大学生创新教育成果展。骆惠宁侧重就中国特色社会主义进入新时代向大学生宣讲了十九大的有关精神,并深情寄语全省大学生要坚定理想信念,增强本领才干,保持拼搏劲头,注重修身养德,走好人生的每一步,勇做时代的弄潮儿。

骆惠宁在沿黄贫困县住村调研

21—23日 骆惠宁到临汾、吕梁沿黄贫困县住村调研。期间,骆惠宁在临县寨上村住村宣讲党的十九大精神,指导脱贫攻坚工作。三天时间里,骆惠宁深入吉县、大宁、永和、石楼和临县山区,了解扶贫工作实情,看望当地干部群众。在三多乡岭头村,骆惠宁实地察看易地扶贫搬迁安置点建设,叮嘱一定要抓好旧村复垦、后续产业发展等工作。在永和二中,骆惠宁考察教育扶贫工作。在石楼县薛家垣村,骆惠宁充分肯定当代"吕梁英雄"——已故村党支部书记梁宝29年带领村民艰苦奋斗、脱贫致富的可贵精神,强调脱贫攻坚必须选好带头人,发挥好村党支部的战斗堡垒作用,抓好党建促脱贫。在扶贫包联县——临县,骆惠宁来到深山坳的寨上村住村调研,这是他一年多第四次来临县,第三次住农家。在寨上村,骆惠宁调研光伏扶贫项目,看望驻村工作队员,了解"三基"建设情况,在房东白运祥家简单用过晚饭,踏着夜色走访贫困户,回到房东家又召集村干、工作队员、村民代表座谈,进一步了解村里的情况,倾听大家的想法。第二天一早,骆惠宁继续走访贫困户,在枣林地与农业专家探讨解决枣裂枣烂的办法,与潞安集团技术人员一起研究土壤条件,商讨种植油用牡丹的可行性。骆惠宁十分关注沿黄山区旅游公路建设。调研中他专门听取相关部门关于沿黄扶贫旅游公路、黄河旅游板块发展规划汇报,指出,加快沿黄地区公路建设是关系脱贫攻坚、生态保护、文化旅游业发展的大事。整体规划有特色有创新,要抓紧组织论证,按程序报批,早日启动实施，为沿黄地区脱贫攻坚、区域发展提供有力支撑。王赋参加调研。

山西交通控股集团有限公司揭牌成立

24日 山西交通控股集团有限公司在太原揭牌成立。楼阳生揭牌并讲话。交控集团注册资本约500亿元，静态资产达4000亿元，居全国交通企业前列，是一个集投融资、勘察设计、施工监理、设施运营和资本运作等于一体的交通全产业链集团。

太原理工大学校长黄庆学当选中国工程院院士

27日 太原理工大学校长黄庆学教授成功当选中国工程院院士。黄庆学主要从事冶金装备设计理论和方法研究，先后主持国家和省部级科研项目30余项，承担国家特大型企业项目40余项，获得授权发明专利30余项，发表SCI、EI收录论文70余篇；曾获国家技术发明二等奖1项、国家科技进步二等奖2项，获“何梁何利基金”科技进步奖；曾获得全国“五一”劳动奖章、百千万人才工程国家级人选、国务院特殊津贴专家、全国优秀科技工作者及山西省劳动模范等荣誉称号。

骆惠宁接见山西省参加第十三届全运会运动员教练员和体育工作者代表

28日 骆惠宁在太原接见山西省参加第十三届全运会运动员、教练员和体育工作者代表。骆惠宁代表省委省政府向获奖选手、向全体运动员和教练员表示热烈祝贺，向所有关心支持山西体育事业发展的各界人士表示衷心感谢。骆惠宁强调，成绩代表过去，梦想成就未来。希望山西体育健儿再接再厉、勤学苦练，进一步发扬超越自己、顽强拼搏精神，不断提升竞技水平，朝着更快、更高、更强的目标迈进。各级体育主管部门要强化使命担当，深入研究问题，用全局的、战略的、市场的眼光推进体育改革，充分激发体育发展的动力与活力。各级党委政府要高度重视体育事业，在资金投入、政策制定、人才培养等方面给予支持，加快体育与文化、旅游、教育、健康、养老等领域深度融合，使体育在提高大众身体素质和健康水平、丰富群众精神文化生活、展示三晋人民风采、推动经济社会发展方面更好发挥重要作用。8月27日至9月8日在天津举行的第十三届全运会上，山西省体育代表团在竞技体育项目上共获得9枚金牌、12枚银牌、14枚铜牌和75个录取名次，总成绩排名全国第15位。

骆惠宁在各民主党派省委走访调研

同日 骆惠宁到各民主党派省委走访调研。骆惠宁强调，要深入学习贯彻中共十九大精神，巩固和发展爱国统一战线，以解决问题为导向，深化合作共事，为把新时代中国特色社会主义在山西坚持和拓展好共同努力奋斗。在各民主党派省委会机关，骆惠宁了解学习贯彻中共十九大精神、参政议政情况，主持召开换届后各民主党派负责人座谈会。民主党派省委会原主委张友君、王宁、周然、刘滇生，民革、民盟、民建、民进、农工党、九三学社省委会新任主委张复明、王维平、薛维梁、卫小春、李思进、李青山等同志先后发言，一致表示紧密团结在以习近平同志为核心的中共中央周围，在中共山西省委领导下，切实履行参政党职能，为推进十九大目标任务在山西落地贡献力量。座谈会上，骆惠宁与民主党派负责人真诚相待，不回避问题，深入交流互动，突出政治和政策引领，别开生面，肝胆相照。与会同志都感受到了一股新风扑面而来，会场始终洋溢着团结、生动、活泼、奋进的气氛。

全省进一步深化监察体制改革试点工作会议召开

30日 全省进一步深化监察体制改革试点工作会议在太原召开。骆惠宁出席会议并强调，要深入贯彻党中央关于在全国推开国家监察体制改革试点工作的部署，在认真总结经验基础上，继续探索，敬终如始地推动我省监察体制改革试点不断向纵深发展，更好担当起先行先试责任。骆惠宁强调，要认真落实《山西省进一步深化监察体制改革试点工作实施方案》，按照“三步走”部署，找准深化改革的发力点，在加强党对反腐败工作的统一领导上求深化，在继续抓好对有关问题的探索实践上求深化，在推进执纪与执法协调衔接、制约制衡上求深化，在推动监察机关全面履行职能职责上求深化，在完善内控机制、加强自身建设上求深化，在解决改革试点发展不平衡问题上求深化，在运用信息化手段提高监察效能上求深化，在学习借鉴、总结提高上求深化。会议以电视电话会议的形式开到市县。黄晓薇主持会议，任建华宣读实施方案，晋中市、平鲁区、永济市纪委监委作了交流发言。省深化监察体制改革试点工作小组成员，省纪委监委班子成员，各派驻纪检监察组、各市县（市、区）、中央驻晋单位纪委书记（纪检组长）在主会场参加会议。

12 月

骆惠宁在省转型综改示范区调研并召开座谈会

4日 骆惠宁到山西省转型综改示范区调研，考察开发区建设情况，并主持召开座谈会。骆惠宁侧重了解项目引进和服务企业情况，还考察了中天信、江铃重汽、中电科新能源等示范区企业。当天下午，骆惠宁主持召开座谈会，听取全省开发区改革创新发展情况汇报，省开发区工作办公室、省转型综改示范区、晋中、临汾、运城开发区和平定县委主要负责人分别发言。骆惠宁指出，人才资源是山西省最紧缺的资源，优秀企业家是人才资源中最重要的资源。要把弘扬企业家精神，建设优秀企业家队伍作为战略任务来抓。对国有企业要注重解决活力问题，对民营企业要注重解决公平问题，对各类企业都要注重营造发展环境。他在讲话中还提出，要在企业家中倡导解放思想、改革创新，倡导坚定信心、转型升级，倡导对标一流、追求卓越，倡导塑造形象、造福社会，激发企业家投身新时代中国特色社会主义事业、促进山西经济转型发展的热情与智慧。骆惠宁强调，要加强宣传引导，在全党全社会形成强有力的弘扬企业家精神的环境氛围，激励更多创业者不断成长为优秀企业家。

省委印发《山西省进一步深化监察体制改革试点工作实施方案》

同日 省委印发《山西省进一步深化监察体制改革试点

工作实施方案》。

省委中心组举行(扩大)学习报告会

5日 十一届省委举行第17次中心组(扩大)学习报告会。骆惠宁主持报告会并讲话。会议邀请中国科学院党组书记、院长白春礼作了题为《新一轮科技革命与产业变革》的专题报告。报告会以电视电话会议的形式开到市一级。报告会上,白春礼结合贯彻落实党的十九大精神,深刻领会习近平新时代中国特色社会主义思想的丰富内涵和精神实质,特别是党中央、国务院关于科技创新的重大部署,深入浅出地介绍了世界科技革命、产业革命的发展规律和新科技革命、产业变革的趋势特征。骆惠宁对白春礼的报告给予高度评价。骆惠宁说,我们能否以新一轮科技革命和产业变革来引领山西创新发展呢?结论是肯定的!因为科技革命和产业变革并不隔世和遥远,并不都是科学家们的事。这种变革不仅体现在科学家的前沿研究过程中,也体现在重大科技成果的转化和运用中,体现在新业态新企业新产品的诞生中,体现在老百姓可感知的新需求中。当然,以科技革命和产业变革引领山西转型发展,我们有很多工作要做,还需要更加关注科技前沿,追踪科技攻关的最新成果,准确把握科技成果转化的时机;还需要更加关注市场需求,深刻了解各领域领军企业的发展状况,科学做好新上项目的论证;还需要更加重视营造发展环境,为创新发展提供体制、政策、融资和人才等支撑。骆惠宁指出,以新一轮科技革命和产业变革引领山西创新发展,要十分注意把握科技创新"跨界融通"的特征,推动科技创新与实体经济、现代金融、人力资源协同发展,加速数字经济与实体经济深度融合,大力培育中高端消费、绿色低碳、共享经济、现代供应链、人力资本服务等新增长点。骆惠宁强调,全省各级领导干部、各类企业家、各位科技工作者都要进一步加强学习,以追求新知为荣、以当"新科盲"为耻,以善于创新为荣、以固步自封为耻。我们要全面加强与中科院的合作。要紧盯变革趋势,抢抓战略机遇,主动对标一流,高效实施创新驱动发展战略,正确构建现代化产业体系,走出一条具有山西特色的资源型经济转型发展的新路。省委常委,省人大、省政府、省政协负责同志和省法检两长,有关负责同志,部分民营企业代表在省主会场参加会议。

骆惠宁在吉利汽车生产基地调研并主持召开企业家座谈会

7日 骆惠宁到晋中市吉利汽车生产基地调研,并主持召开企业家座谈会。在吉利新能源汽车产业园,骆惠宁考察生产车间,了解企业科研、生产和销售等情况。随后,骆惠宁主持召开企业家座谈会,就制定省委省政府贯彻落实中央关于营造企业家健康成长环境弘扬优秀企业家精神更好发挥企业家作用的意见的若干措施,听取意见建议。14家国有企业、民营企业负责人分别发言。骆惠宁强调,要制定政策、优化环境、鼓励支持,引导全省企业家适应新时代要求,主动对标一流,在转型发展中更好发挥主体作用,不断作出新的贡献。

骆惠宁接见全省社会治安综合治理表彰大会代表

8日 骆惠宁在太原接见了出席全省社会治安综合治理表彰大会的代表。骆惠宁代表省委向受表彰的先进集体和先进个人表示热烈祝贺,向全省综治战线的同志们表示亲切慰问。骆惠宁强调,各级党委政府要把加强和创新社会治理摆在突出位置,健全党委领导、政府负责、社会协同、公众参与、法治保障的社会治理体制,关心爱护综治战线广大干部职工,让他们更好履行促一方发展、保一方平安的政治责任。新时代呼唤新作为,我们要共同努力。楼阳生、黄晓薇等省领导参加接见。

省政府办公厅印发《山西省支持科技创新的若干政策》

同日 省政府办公厅印发《山西省支持科技创新的若干政策》。《政策》明确山西省每年将拿出重金,以奖励、后补助、股权投资和债权投入等多种形式,重点支持科技研发、成果转化、企业孵化产业化、创新服务体系建设、知识产权创造保护。

省委召开常委会议

13日 骆惠宁主持召开十一届省委第49次常委会议,传达贯彻习总书记关于进一步纠正"四风"、加强作风建设的重要指示,学习习总书记撰写的《弘扬"红船精神"走在时代前列》一文,传达贯彻"弘扬'红船精神'座谈会"精神,审议《山西省转型项目建设年(2018)行动方案》,对举办县处级以上领导干部学习贯彻习近平新时代中国特色社会主义思想和党的十九大精神学习班作出部署。会议批准省委组织部《关于举办县处级以上领导干部学习贯彻习近平新时代中国特色社会主义思想和党的十九大精神学习班的方案》。指出,要紧紧围绕习近平新时代中国特色社会主义思想这个灵魂和主线抓好学习轮训,结合学习贯彻习总书记视察山西重要讲话精神,着力提高党员领导干部的马克思主义理论水平,把学习成效体现到全面加强党的领导和促进经济社会发展各项工作上。

省委、省政府、省军区印发《关于加强新形势下优抚安置工作的实施意见》

14日 省委、省政府、省军区印发《关于加强新形势下优抚安置工作的实施意见》。

省委办公厅、省政府办公厅印发《关于深化律师制度改革的实施意见》

15日 省委办公厅、省政府办公厅印发《关于深化律师制度改革的实施意见》。

省委召开常委扩大会议

21日 省委召开常委扩大会议,传达学习中央经济工作会议精神,就抓好贯彻落实作出部署。骆惠宁就学习领会和贯彻落实中央经济工作会议精神提出五点要求:一要深刻领会把握习近平新时代中国特色社会主义经济思想,坚持正确方向、坚定发展信心;二要深刻领会把握新时代我国经济发展特征,扎实践行高质量发展这个根本要求;三要深刻领会把握中央关于明年经济工作的总体要求和政策导向,确保全省经济工作开好局、起好步。要准确把握中央对经济工作指导的重大要求和重大创新,坚持稳中求进工作总基调,认真落实好中央各项政策措施,加强政策协同,激发市场主体的积极性和创造力,为山西转型发展注入新的活力和动力;

四要深刻领会把握明年改革发展重点任务，推动全省各项事业取得重大进展；五要深刻领会把握坚持和加强党对经济工作的领导，牢牢把握经济工作的主动权。会议决定，2018 年 1 月上旬召开省委经济工作会议，对贯彻落实中央经济工作会议精神作出全面部署。

共青团山西省第十五届委员会第一次全体会议召开

26 日 共青团山西省第十五届委员会第一次全体会议在太原召开。黄晓薇出席并讲话。会议选举产生第十五届团省委常委和书记、副书记，黄巍当选团省委书记。

省委召开常委会议

同日 骆惠宁主持召开十一届省委第 51 次常委会议，认真学习贯彻习总书记在寻乌扶贫调研报告上的重要批示，传达贯彻中宣部、中组部、教育部党组召开的加强和改进高校思想政治工作座谈会精神，研究 2018 年全省经济工作主要目标和重大举措，讨论构建内陆地区对外开放新高地和营造企业家健康成长环境政策措施，听取全省万名干部大调研情况汇报。会议研究了 2018 年全省经济社会发展主要预期指标、重大举措和财政收支安排。会议审议通过《山西构建内陆地区对外开放新高地实施意见》。会议审议通过《关于营造企业家健康成长环境弘扬优秀企业家精神更好发挥企业家作用的有关措施》。会议决定近期召开全省企业家大会。

中共山西省委召开党外人士座谈会

27 日 中共山西省委召开党外人士座谈会，听取各民主党派省委会、省工商联负责人和无党派人士代表对当前经济形势和明年经济工作的意见建议。骆惠宁主持会议并讲话。骆惠宁强调，要坚持以习近平新时代中国特色社会主义经济思想为指引，认真贯彻中央经济工作会议精神，把高质量发展的根本要求贯穿始终，坚持稳中求进工作总基调，打好防范化解重大风险、脱贫攻坚、污染防治三大攻坚战，长短结合谋划好明年和未来五年发展。省领导楼阳生、黄晓薇、薛延忠、高建民、廉毅敏出席。会前，受省委委托，省委常委、秘书长王赋向党外人士通报了今年全省经济运行情况和省委常委会关于明年经济工作的总体考虑。座谈会上，民革省委会主委张复明、民盟省委会主委王维平、民建省委会主委薛维梁、民进省委会主委卫小春、农工党省委会主委李思进、九三学社省委会主委李青山、省工商联主席李武章、无党派人士代表谢红，围绕贯彻落实中央经济工作会议精神和省委部署要求，做好明年经济工作先后发言。大家充分肯定全省经济发展由“疲”转“兴”的重大成就，高度评价省委梳理总结的转型发展宝贵经验，完全赞成省委关于当前经济形势的分析和明年经济工作的主要目标和重大举措，并分别就区域协调发展、科技成果转化、固废综合利用、加快旅游发展、焦化产业转型、中药材产业发展、狠抓政策落地、激发创新活力等提出意见建议。在认真听取发言后，骆惠宁指出，今年以来，在中共中央的正确领导下，省委坚持以习近平新时代中国特色社会主义思想为指引，深入学习贯彻十九大精神和习总书记视察山西重要讲话精神，坚持新发展理念，进一步加强和改进党对经济工作的领导，推动全省经济由“疲”转“兴”，转型综改呈现强劲态势。骆惠宁指出，明年是贯彻十九大精神的开局之年，是山西转型发展的关键一年，也是很多重要时间节点交汇的一年，做好明年经济工作意义重大。骆惠宁围绕进一步提高参政议政质量，对各民主党派、工商联和无党派人士提出三点希望。一要立足自身比较优势，聚焦若干重点方向，进行长期深入的研究；二要组建专业化调研团队，提高建言献策的针对性有效性；三要广泛汲取所联系群众的意见，汇聚党派集体的智慧，更好地为全省中心工作服务。他要求省委统战部牵头，进一步从沟通、转办、反馈、评价等环节建立经常性制度化工作机制，为各民主党派、工商联、无党派人士参政议政和民主监督创造良好条件。

省委办公厅、省政府办公厅印发《关于加快构建政策体系培育新型农业经营主体的实施意见》

同日 省委办公厅、省政府办公厅印发《关于加快构建政策体系培育新型农业经营主体的实施意见》。

省委办公厅、省政府办公厅印发《山西省转型项目建设年（2018）行动方案》《关于中华优秀传统文化传承发展工程的实施意见》《关于加强和改进中华文化走出去工作的实施意见》《关于金融支持实体经济健康发展的意见》

29 日 省委办公厅、省政府办公厅印发《山西省转型项目建设年（2018）行动方案》《关于中华优秀传统文化传承发展工程的实施意见》《关于加强和改进中华文化走出去工作的实施意见》《关于金融支持实体经济健康发展的意见》。

省委、省政府印发《关于积极维护金融安全着力防范化解金融风险的指导意见》《山西构建内陆地区对外开放新高地实施意见》

30 日 省委、省政府印发《关于积极维护金融安全着力防范化解金融风险的指导意见》《山西构建内陆地区对外开放新高地实施意见》。

（成晓明）

附 录

山西省2017年国民经济和社会发展情况

2017年，全省上下坚持以习近平新时代中国特色社会主义思想为指引，坚决贯彻落实习总书记视察山西重要讲话精神，践行新发展理念，坚持稳中求进工作总基调，坚持把深化供给侧结构性改革与深化转型综改试验区建设紧密结合，积极实施创新驱动、转型升级战略，全省经济发展由“疲”转“兴”，经济增长步入合理区间，各项社会事业发展取得显著成绩，全面建成小康社会迈出崭新步伐。

一、综 合

据2017年人口抽样调查，年末全省常住人口3702.35万人，比上年末增加20.71万人。全年全省出生人口40.83万人，人口出生率11.06‰；死亡人口20.12万人，死亡率5.45‰；自然增长率5.61‰。

初步核算，全年全省地区生产总值14973.5亿元，按可比价格计算，比上年增长7.0%。其中，第一产业增加值777.9亿元，增长3.0%，占生产总值的比重为5.2%；第二产业增加值6181.8亿元，增长6.5%，占生产总值的比重为41.3%；第三产业增加值8013.9亿元，增长7.8%，占生产总值的比重为53.5%。

人均地区生产总值40557元，按2017年平均汇率计算为6007美元。

全年全省一般公共预算收入1866.8亿元，增长19.9%。税收收入1397.2亿元，增长34.8%。在税收收入中，汽车制造业税收增长2.7倍，专用设备制造业税收增长51.7%，通用设备制造业税收增长28.3%，软件和信息技术服务业税收增长19.6%。

全年全省一般公共预算支出3756.7亿元，增长9.6%。其中，教育、医疗卫生、社会保障和就业、住房保障、公共交通运输、节能环保、城乡社区事务等民生支出3058.8亿元，增长7.8%。

全省居民消费价格比上年上涨1.1%，其中，食品价格(不含烟酒)下降2.0%。商品零售价格上涨1.3%。固定资产投资价格上涨6.3%。工业生产者出厂价格上涨19.4%，其中，生产资料价格上涨20.9%，生活资料价格上涨1.2%。工业生产者购进价格上涨15.2%。农业生产资料价格上涨2.2%。

全年全省城镇新增就业51.8万人。转移农村劳动力40.2万人。年末城镇登记失业率3.4%。

二、农 业

全年全省农作物种植面积3721.4千公顷，比上年增加0.6千公顷。其中，粮食种植面积3204.4千公顷，减少37.0千公顷；油料种植面积113.5千公顷，减少1.2千公顷；中草药材种植面积69.4千公顷，增加28.3千公顷；蔬菜种植面积266.6千公顷，增加9.6千公顷。在粮食种植面积中，玉米种植面积1577.8千公顷，减少47.0千公顷；小麦种植面积668.8 千公顷，减少4.1千公顷。果园面积362.2千公顷，增加6.4千公顷。

全年全省粮食产量1299.9万吨，减少18.6万吨，减产1.4%。其中，夏粮278.9万吨，增产1.4%；秋粮1021.0万吨，减产2.2%。

全年全省完成造林面积312.0千公顷，增长17.0%。

全年全省猪牛羊肉总产量68.1万吨，下降3.9%。其中，猪肉产量54.7万吨，下降5.0%；牛肉产量5.9万吨，下降0.1%；羊肉产量7.6万吨，增长1.7%。牛奶产量93.6万吨，下降1.6%。禽蛋产量79.9万吨，下降10.3%。水产品产量5.3万吨，增长1.5%。年末生猪存栏544.1万头，生猪出栏702.8万头。

全年全省机械耕地面积2733.2千公顷，增长0.7%；机械播种面积2617.0千公顷，增长0.4%；机械收获面积1854.6千公顷，增长1.4%。全年全省农机化经营总收入90.6亿元。

三、工业和建筑业

全年全省规模以上工业增加值增长7.0%，其中，煤炭工业增加值增长3.6%，非煤工业增加值增长9.7%。规模以上工业中，战略性新兴产业增长10.0%，占规模以上工业增加值的比重为9.0%。其中，新能源汽车产业增长1.8倍，高端装备制造业增长47.6%，新材料产业增长8.6%，生物产业增长11.1%。

年末全省发电装机容量8072.7万千瓦，比上年末增长5.7%。其中，火电装机容量6366.5万千瓦，增长0.6%；并网风电装机容量871.6万千瓦，增长13.1%；并网太阳能发电装机容量590.4万千瓦，增长98.9%；水电装机容量244.2万千瓦，增长0.1%。

全年全省规模以上工业企业实现主营业务收入17725.3亿元，增长25.7%。其中，能源工业实现主营业务收入10359.6亿元，增长30.4%；材料与化学工业实现4342.0亿元，增长24.1%；消费品工业实现988.2亿元，增长0.1%；装备制造业实现1972.0亿元，增长22.0%；其他工业实现63.5亿元，增长13.2%。

全年全省规模以上工业实现利税2175.8亿元，增长1.3倍；实现利润1024.5亿元，增长3.5倍，其中，国有控股企业实现利润430.4亿元。规模以上工业企业每百元主营业务收入中的成本为80.56元，下降4.05元。

全年全省建筑业增加值1019.8亿元，增长4.1%。资质以上建筑企业总产值3566.6亿元，增长7.5%，共签订合同额8589.3亿元，增长15.3%。房屋建筑施工面积15861.8万平方米，增长8.5%，竣工面积3552.6万平方米，增长5.9%。资质以上建筑企业共2809家，其中，特级企业8家，增加2家，一级企业168 家，增加4家。

四、能　源

全年全省一次能源生产折标准煤6.6亿吨，增长4.6%；二次能源生产折标准煤5.0亿吨，增长5.9%。

全年向省外输送电力774.9亿千瓦时，增长8.6%。

全年全省全社会用电总量1990.6亿千瓦时。其中，第一产业用电41.1亿千瓦时，占全社会用电量的比重为2.1%；第二产业用电1566.7亿千瓦时，占全社会用电量的比重为78.7%，其中，工业用电1545.2亿千瓦时；第三产业用电200.3亿千瓦时，占全社会用电量的比重为10.1%；城乡居民生活用电182.5亿千瓦时，占全社会用电量的比重为9.2%。其中，计算机服务和软件业用电量增长49.0%，交通运输设备制造业用电量增长33.5%。

五、固定资产投资

全年全省全社会固定资产投资（新口径，下同）6140.9亿元，增长6.3%。其中，固定资产投资（不含跨省、农户，下同）5722.2亿元，增长6.3%。

在固定资产投资中，高技术投资229.0亿元，增长17.2%。基础设施投资1095.2亿元，增长7.2%。国有及国有控股投资2235.9 亿元，增长3.3%；民间投资3408.9亿元，增长7.8%。

分登记注册类型看，内资企业和个体经营投资5598.1亿元，增长6.2%；外商及港澳台商企业投资12.4亿元，增长12.8%。

分产业看，第一产业投资509.1亿元，增长0.8%；第二产业投资2104.6亿元，增长3.3%；第三产业投资3108.5亿元，增长9.9%。

全省工业投资（含第三产业中开采辅助活动和金属制品、机械和设备修理业）2112.2亿元，增长3.1%。其中，煤炭工业投资374.9亿元，下降8.6%，非煤工业投资1737.3亿元，增长6.0%；传统产业（煤炭、焦炭、冶金、电力）投资合计1120.1亿元，下降9.8%，非传统产业投资合计992.1亿元，增长22.9%。

全年全省房地产开发投资1166.3亿元，下降27.0%。其中，住宅投资846.4亿元，下降25.8%；商业营业用房投资147.8亿元，下降32.0%。

六、国内贸易

全年全省社会消费品零售总额6918.1亿元，增长6.8%。按经营地统计，城镇消费品零售额5643.6亿元，增长6.8%；乡村消费品零售额1274.5亿元，增长6.6%。按消费形态统计，商品零售额6291.5亿元，增长6.6%；餐饮收入额626.5亿元，增长8.8%。

全年全省限额以上单位消费品零售额2418.6亿元，增长3.3%。其中，限额以上批发零售业单位网上零售额40.6亿元，增长27.9%，占限额以上零售额的比重为1.7%。

全年全省新登记市场主体387942户，增长17.6%。其中，服务业新登记市场主体39632户，增长18.8%。全年全省市场主体数量增长7.4%。

七、对外经济

全年全省海关进出口总额1161.9亿元，增长5.6%。其中，进口额471.5亿元，增长6.0%；出口额690.3亿元，增长5.3%。

全年出口煤炭3.0万吨，增长1.3倍；出口焦炭20.5万吨，下降15.8%；出口镁及其制品4.3万吨，下降13.5%；出口钢材133.2万吨，下降6.3%，其中，不锈钢96.0万吨，增长20.1%。出口机电产品468.5亿元，下降2.3%；出口高新技术产品400.7亿元，下降3.6%。

全年进口铁矿砂504.0万吨，下降42.6%，进口金额20.5亿元，下降33.1%；进口机电产品282.7亿元，增长9.8%。

全年全省新设立外商直接投资企业48家。按全口径统计实际使用外商直接投资金额16.9亿美元，下降27.5%。

全年全省对外经济合作新签合同额10.5亿美元，增长3.7

倍,完成营业额7.1亿美元,增长3.8%。

八、交通、邮电和旅游

年末全省公路线路里程14.3万公里，其中，高速公路5335公里。民用航空航线211条。

年末全省民用汽车保有量595.4万辆（包括三轮汽车和低速货车3.4万辆），比上年末增长12.2%，其中，私人汽车537.0万辆，增长12.6%。本年新注册汽车73.9万辆，增长6.2%。年末轿车保有量369.9万辆,增长12.3%,其中,私人轿车351.4万辆,增长12.8%。

全年全省完成邮电业务总量655.4亿元,增长69.5%。其中,邮政行业业务总量72.4亿元,增长27.3%;电信业务总量583.0亿元，增长78.0%。年末移动电话用户3647.9万户,其中,4G移动电话用户2583.3万户。

全省宽带接入用户872.9万户,增长16.8%。

全年全省商业住宿设施接待入境过夜游客67.0万人次,接待国内旅游者5.6亿人次,分别增长6.4%和26.5%;旅游外汇收入3.5亿美元,增长10.3%;国内旅游收入5338.6亿元,增长26.3%;旅游总收入5360.2亿元,增长26.2%。

九、金　融

年末全省金融机构本外币各项存款余额32844.9亿元,比年初增加1975.8亿元，比年初增长6.4%。各项贷款余额22573.8亿元,比年初增加2217.3亿元,比年初增长10.9%。

年末全省农村金融合作机构(农村信用社、农村合作银行、农村商业银行)人民币存款余额7069.1亿元,比年初增加738.8亿元,比年初增长11.7%;人民币贷款余额4123.8亿元,比年初增加396.6亿元,比年初增长10.6%。

年末全省共有上市公司38家。全省辖区证券市场各类证券成交额42166亿元,增长20.6%。其中,股票成交额18575.8亿元,下降9.9%;基金成交额1031.9亿元,增长59.5%;债券成交额20935.2亿元,增长93.2%。年末投资者资金账户累计开户数234.2万户,增长13.0%。

全年全省保费收入823.9亿元,增长17.6%。其中,寿险业务保费收入536.1亿元，增长17.7%；健康险业务保费收入79.8亿元,增长33.3%;意外险业务保费收入13.9亿元,增长24.5%;财产险业务保费收入194.1亿元,增长11.5%。全年支付各类赔款及给付261.1亿元,增长9.3%。

十、教育和科学技术

年末全省共有幼儿园6937所，小学5646所，普通初中1835所,普通高中505所,中等职业教育学校535所,普通高等学校80所，成人高等学校11所。全省学前教育毛入园率89.1%，小学学龄儿童净入学率99.9%，高中阶段毛入学率94.2%,高等教育毛入学率46.6%。

全年全省专利申请量20697件,增长3.3%。其中,发明专利申请量7379件。全省专利授权量11311件,增长12.4%。其中,发明专利授权量2382件,下降1.2%。全年新登记科技成果560项。获得国家科学技术奖3项。国家级企业技术中心26家,省级企业技术中心270家。按照国家高新技术企业认定办法,年末累计高新技术企业1117家。全年全省省级及以上众创空间达到184家。

全省40个经济开发区(包括高新区、生态文化旅游区),全年区内税收收入256.6亿元,增长33.2%;企业主营业务收入7476.5亿元,增长17.4%。

年末全省共有省、市、县产品质量监督检验和计量检定技术机构126个,国家检测中心9个。全年监督抽查了4631家企业16类169种9994批次的产品和商品。全年强制检定计量器具142万台件。

全省有气象台站109个，开展电话天气自动答询的台站24个。全省气象系统开展人工影响天气业务的单位158个,防雹、增雨累计受益面积为全省域内,增雨量31.1亿立方米。全省有天气预报服务Intel网站1个,卫星云图接收站14个。

年末全省有专业综合地震台站10个,省级地震台网中心1个,省级数字测震地震台网1个。全年全省发生M3.0—M3.9级地震3次,最大震级M3.3级。

十一、文化、卫生和体育

年末全省共有文化馆131个,文化站1409个(其中,乡镇综合文化站1196个),农村文化活动场所2.8万个。专业艺术表演团体148个。公共图书馆128个。出版报纸60种(不含高校校报)19.6亿份,各类杂志201种、2244.4万册,各类图书出版3608种、9721万册。广播电视台114座,电视台2座,中短波转播发射台15座,调频转播发射台119座,一百瓦以上电视转播发射台145座。广播人口覆盖率98.8%，电视人口覆盖率99.6%,有线电视用户471.1万户。

年末全省共有卫生机构(含诊所、村卫生室)4.25万个,床位19.26万张。卫生防疫、防治机构134个,妇幼保健院(所、站)135个。全省卫生机构共有卫生技术人员23.26万人。卫生院卫生技术人员2.23万人,其中,农村乡镇卫生院卫生技术人员2.03万人。社区卫生服务中心(站)卫生技术人员1.12万人,防疫、防治卫生技术人员0.34万人,妇幼保健(所、站)卫生技术人员0.73万人。

年末全省有体育场101个,体育馆96个。全年我省运动员在国内外重大比赛中获金、银、铜牌分别为69枚、66枚和81枚(包括非奥运项目比赛)。全年全省销售中国体育彩票34.9亿元,增长50.0%。

十二、人民生活和社会保障

全年全省城镇居民人均可支配收入29132元,增长6.5%,城镇居民人均消费支出18404元,增长8.3%;农村居民人均可支配收入10788元，增长7.0%，农村居民人均消费支出8424元，增长4.9%。按全省居民五等份收入分组，城镇低收入组人均可支配收入11877元，增长8.8%；农村低收入组人均可支配收入3873元，增长15.5%。城镇居民家庭恩格尔系数（即居民家庭食品消费支出占家庭消费支出的比重）23.1%，农村居民家庭恩格尔系数27.4%。

年末全省参加城镇职工基本养老保险795.7万人，比上年末增加36.4万人；参加城乡居民基本养老保险1554.2万人，增加4.6万人；参加城镇职工基本医疗保险666.3万人，增加6.4万人；全省实现城乡居民基本医疗制度整合并轨，参加城乡居民基本医疗保险2552.6万人；参加失业保险420.6万人，增加5.4万人；参加工伤保险584.1万人，增加8.1万人；参加生育保险465.2万人，增加6.7万人。

全年得到城市最低生活保障救济人数46万人，全年共发放城市最低保障资金20.1亿元。14.7万人纳入农村五保供养。

年末全省城镇有各种社区服务设施6068个，其中，综合性社区服务中心648个。各类收养性单位床位数56397张，收养人数31596人。国家抚恤、补助各类优抚对象18.2万人。全年销售福利彩票44亿元，筹集社会福利资金12.8亿元，接受社会捐赠款2633.6万元。

十三、资源、环境和安全生产

年末全省大型水库蓄水量11.5亿立方米。

年末全省森林面积321.1万公顷，森林覆盖率20.5%。

按《环境空气质量指数（AQI）技术规定（试行）（HJ633-2012）》评价，11个地级城市环境空气达标天数范围在128-301 天之间。

黄河、海河流域山西段共监测100个断面，达到Ⅲ类以上（包括Ⅰ、Ⅱ、Ⅲ类）水质标准的断面占56.0%，达到Ⅳ类水质标准的断面占14.0%，达到Ⅴ类水质标准的断面占7.0%，劣Ⅴ类水质标准的断面占23.0%。

全年全省各类自然灾害造成直接经济损失56.8亿元，减少47.6%；农作物受灾面积102.7万公顷，增加26.5%，其中，绝收面积18.9万公顷，增加1.5倍。

全年全省共发生各类生产经营性事故1326起，下降18.4%；死亡1215人，下降15.0%。全年全省煤炭百万吨死亡率为0.073。

太原市2017年国民经济和社会发展情况

2017年，市委、市政府团结带领全市人民，以习近平新时代中国特色社会主义思想为指引，认真贯彻落实党的十九大精神和习近平总书记视察山西重要讲话精神，按照“两个走在前列”的目标要求，坚持稳中求进工作总基调，坚持以提高发展质量和效益为中心，全面实施创新驱动、转型升级战略，全市经济稳中有进、稳中向好、好中提质，城市建设管理力度加大，人民生活水平稳步提高，各项社会事业不断进步，为奋力谱写文明开放富裕美丽太原新篇章奠定了坚实基础。

一、综　　合

人口：据2017年人口抽样调查，年末全市常住人口437.97万人，比上年末增加3.53万人。其中：城镇人口370.97万人，增加3.65万人；乡村人口67.00万人，减少0.12万人。城镇化率84.70%，比上年提高0.15个百分点。男性人口222.41万人，女性人口215.56万人，性别比为103.17：100。

全年出生人口5.28万人，人口出生率12.10‰；死亡人口1.75万人，死亡率4.01‰；自然增长率8.09‰。

经济增长：初步核算，全市实现地区生产总值（GDP）3382.18亿元，比上年增长7.5%。其中：第一产业增加值40.82亿元，增长3.0%；第二产业增加值1271.42亿元，增长7.0%；第三产业增加值2069.94亿元，增长7.9%。第三产业中，交通运输、仓储和邮政业增加值173.88亿元，增长13.6%；批发零售和住宿餐饮业增加值467.23亿元，增长1.2%；金融业增加值475.96亿元，增长4.9%；房地产业增加值187.31亿元，增长9.3%；营利性服务业增加值424.50亿元，增长18.6%；非营利性服务业增加值339.28亿元，增长6.5%。

人均地区生产总值77536元，比上年增长6.7%，按2017年平均汇率计算达到11484美元。

财政：全市一般公共预算收入311.85亿元，比上年增长10.3%。其中：税收收入247.93亿元，增长12.5%。产业结构：三次产业比重为1.2%、37.6%、61.2%，分别拉动经济增长0.04、2.62和4.84个百分点。与上年相比，第一产业比重下降0.1个百分点，第二产业比重提高1.5个百分点，第三产业比重下降1.4个百分点。

全年一般公共预算支出479.06亿元，比上年增长13.0%。其中教育、医疗卫生、社会保障和就业、住房保障、交通运输、节能环保、城乡社区事务等民生支出389.96亿元，增长12.2%，占全市一般公共预算支出的81.4%。

物价：居民消费价格比上年上涨1.8%。其中：食品价格下降1.3%，非食品价格上涨2.5%；消费品价格上涨0.3%，服务价格上涨4.1%。商品零售价格总水平上涨1.7%。工业生产者出厂价格上涨14.1%。工业生产者购进价格上涨16.6%。

就业：城镇新增就业9.99万人，其中创业带动就业2.39万人。4.60万名下岗失业人员实现再就业，其中就业困难人员再就业1.16万人。年末城镇登记失业率3.41%。

二、农　　业

种植面积：全年农作物种植面积94.80千公顷，比上年减少3.32千公顷。粮食种植面积71.34千公顷，比上年减少

2.09千公顷。其中：夏粮种植面积0.07千公顷，秋粮种植面积71.27千公顷。蔬菜种植面积19.48千公顷，药材种植面积2.24千公顷。

造林:全年造林面积11.81千公顷。零星植树1340万株。新增育苗面积0.80千公顷。

畜禽及水产品产量:年末大牲畜存栏3.91万头,猪出栏43.23万头。肉类产量5.49万吨,禽蛋产量3.43万吨,牛奶产量10.60万吨。水产品养殖面积1.14千公顷,水产品产量2693吨。

农机及化肥施用:年末全市农业机械总动力43.67万千瓦。全年农用化肥施用量(折纯)28281吨。

三、工业和建筑业

工业:规模以上工业增加值631.23亿元，比上年增长9.0%。其中:中央企业增加值76.03亿元,下降1.1%;省属企业增加值260.29亿元，增长16.4%；市属及以下企业增加值294.91亿元,增长8.1%。

占全市规模以上工业增加值86.8%的十大行业中，增加值比上年增长的有7个。

战略性新兴产业增加值91.40亿元,增长14.0%,占全市规模以上工业增加值的14.5%。高技术产业增加值64.50亿元,增长11.1%,占全市规模以上工业增加值的10.2%。

非传统产业增加值383.34亿元,增长9.5%,占全市规模以上工业增加值的60.7%。其中:装备制造业增加值263.95亿元,增长17.6%,占全市规模以上工业增加值的41.8%。

传统产业增加值247.88亿元,增长8.4%,占全市规模以上工业增加值的39.3%。其中：煤炭开采和洗选业增加值增长19.1%，黑色金属冶炼及压延加工业增加值增长7.6%,电力、热力生产和供应业增加值下降2.2%,石油加工和炼焦业增加值下降4.3%。

规模以上工业主营业务收入2772.46亿元，增长19.6%。利润总额81.41亿元,增长18.3倍。利税总额217.49亿元,增长123.8%。规模以上工业企业每百元主营业务收入中的成本85.42元,下降1.80元。

建筑业:具有建筑业资质等级的总承包和专业承包建筑业企业总产值2440.53亿元,增长4.5%。建筑业企业房屋建筑施工面积10773.25万平方米,竣工面积1882.43万平方米。

四、能　源

能源生产:全市一次能源生产折标准煤2026.55万吨,比上年下降0.7%；二次能源生产折标准煤3736.81万吨，下降2.3%。

用电:全年全社会用电量270.55亿千瓦时,增长7.9%。其中:农业用电2.07亿千瓦时,增长6.5%;工业用电(含电厂自用电)173.25亿千瓦时,增长7.3%,其中:占工业用电量69.9%的煤炭、炼焦、化工、建材、冶金、电力等高耗能行业用电量124.41亿千瓦时，增长12.0%；建筑业用电4.29亿千瓦时,增长9.7%;第三产业用电47.42亿千瓦时,增长11.2%;城乡居民生活用电36.44亿千瓦时,增长6.7%。

五、固定资产投资

固定资产投资:全年固定资产投资（新口径，下同）964.86亿元,比上年增长6.8%。其中:中央项目投资66.51亿元,增长58.3%;省属项目投资117.82亿元,增长13.4%;市属及以下项目投资780.53亿元,增长3.0%。

分产业看,第一产业投资8.37亿元,下降61.6%;第二产业投资135.69亿元,下降13.0%。其中:工业投资134.49亿元,下降13.2%;第三产业投资820.80亿元,增长15.1%。城市基础设施建设投资239.52亿元。三次产业投资比重为0.8%、14.1%和85.1%。

分经济类型看,国有投资522.80亿元,增长14.1%;非国有投资442.06亿元,下降0.7%,其中:民间投资425.89亿元,下降0.9%。

全年在建固定资产投资项目615个。其中:5亿元以上项目144个,完成投资335.79亿元,占全市固定资产投资的比重为34.8%;10亿元以上项目82个,完成投资279.30亿元,占全市固定资产投资的比重为28.9%。

房地产开发:全年房地产开发投资478.14亿元。住宅投资335.25亿元,其中:90平方米以下住房投资81.43亿元,占住宅投资的比重为24.3%;商业营业用房投资41.15亿元。全年商品房竣工面积434.43万平方米,商品房销售额710.16亿元。

六、国内贸易

消费品零售:全年社会消费品零售总额1767.82亿元,比上年增长6.1%。其中:城镇消费品零售额1698.00亿元,增长6.2%;乡村消费品零售额69.82亿元,增长3.8%。

限额以上贸易企业零售额946.49亿元，比上年增长2.0%,占社会消费品零售总额的53.5%。限额以上批发零售业企业通过互联网实现商品零售额27.27亿元,增长42.8%。

七、对外经济

进出口贸易:全年外贸进出口总额915.25亿元,比上年增长4.1%。其中：出口额572.16亿元，增长4.1%；进口额343.09亿元,增长4.0%。

出口商品中，不锈钢材、机电产品分别为114.72亿元、421.32亿元,占出口额的93.7%。煤炭、焦炭、金属镁分别为0.39亿元、1.05亿元、4.19亿元,占出口额的1.0%。

有贸易往来的国家和地区172个。年进出口额在千万元以上的国家和地区79个,比上年减少2个。

招商引资:全年新设立外商投资企业19家。实际利用外商直接投资额1.07亿美元,下降76.8%。

八、交通、邮电和旅游

交通运输：年末全市公路线路里程累计达到7449公里，其中高速公路287公里。公路密度106.6公里/百平方公里。太原地区铁路客运量2756.30万人次，增长4.3%；铁路货运量3415.35万吨，增长0.3%。航空客运量1240.11万人次，增长25.9%；航空货运量4.84万吨，下降1.4%。

年末全市民用汽车保有量143.63万辆，比上年末增长12.9%，其中私人汽车129.46万辆，增长13.2%。本年新注册汽车18.47万辆，下降0.1%。年末轿车保有量90.03万辆，增长12.1%，其中私人轿车84.28万辆，增长12.1%；本年新注册轿车10.04万辆，下降14.0%。

邮电：全年邮电业务总量143.04亿元，比上年增长39.0%，其中：邮政业务总量8.33亿元，增长24.3%；电信业务总量134.71亿元，增长40.1%。年末市话到达73.74万户。农话到达2.97万户。移动电话用户742.72万户，其中：3G、4G移动电话用户分别为34.84万户和567.65万户。全市固定及移动电话用户总数达到819.43万户。每百人拥有电话187部，其中：固定电话和移动电话普及率分别达到18部/百人和170部/百人。计算机互联网用户141.44万户，其中：宽带网用户138.85万户。

旅游：全市接待海内外游客6780.72万人次，比上年增长19.2%。其中：国内游客6757.77万人次，增长19.3%；海外游客22.95万人次，增长4.5%。海外游客中：外国人16.21万人次，香港同胞3.76万人次，澳门同胞0.44万人次，台湾同胞2.53万人次。全年旅游总收入821.88亿元，增长20.2%。其中：国内旅游收入815.72亿元，增长20.2%；旅游外汇收入1.00亿美元，增长18.4%。

九、金融和保险

金融：年末全市金融机构本外币各项存款余额11925.96亿元，比年初增长3.7%；本外币各项贷款余额11444.80亿元，增长12.0%。人民币各项存款余额11621.28亿元，增长5.0%，其中：个人储蓄存款余额3756.68亿元，增长2.6%。人民币各项贷款余额11340.29亿元，增长12.2%，人民币贷款中，中长期贷款余额7881.35亿元，增长17.5%；短期贷款余额2844.11亿元，增长0.9%。

年末上市公司19家，其中：主板16家，中小板2家，创业板1家。“新三板”挂牌企业达到48家。

保险：全年原保险保费收入234.10亿元，增长6.3%。其中：寿险业务保费收入152.54亿元，增长1.1%；健康险业务保费收入19.73亿元，增长25.9%；意外伤害险业务保费收入5.40亿元，增长23.8%；财产险业务保费收入56.43亿元，增长14.5%。

支付原保险赔款及给付57.18亿元，增长5.1%。其中：寿险业务给付26.83亿元，下降0.6%；健康险业务赔款及给付4.82亿元，增长27.2%；意外伤害险业务赔款1.54亿元，增长29.0%；财产险业务赔款23.98亿元，增长7.1%。

十、城市建设

基础设施建设：市政道桥工程开工建设44项，总里程102公里，坞城中路改造、环湖北路建设等23个项目已完工，东峰路北延、西铭路建设、蒙山大街建设、双塔南路改造4个项目基本完工，通车里程47.83公里；地铁2号线完成10个车站主体结构，1号、3号线完成前期工作；二青会场馆建设顺利推进，所有项目已进入建设阶段，其中滨河体育中心改造、旅游职业学院排球馆、国际体育文化交流中心建设已进入结构施工阶段；列入年度改造计划的36个村全部启动拆除工作，26个村基本完成整村拆除，拆除建筑面积739万平米，启动安置房建设2.4万套。

年末城镇天然气供气总量11.51亿立方米。集中供热率100%，集中供热面积2.07亿平方米。年末城市公交运营车辆2252辆，其中：公共汽车2146辆，电车106辆。公交运营线路网长度3351公里，年客运量3.84亿人次。公共自行车服务点1284个，累计投放自行车4.1万辆。

城市绿化：迎泽公园提升改造、晋源新区体育公园等10项工程已经竣工并对市民免费开放；晋阳湖景区、太原植物园、太山龙泉寺景区、明太原县城护城河公园等12项工程开工建设。全市共有综合性公园46个，专类公园11个，带状公园6个，街头游园253个，社区游园53个，街旁绿地194块。建成区绿化覆盖面积达到14767公顷，园林绿地面积13013公顷，公园绿地面积4384.8公顷。建成区绿化覆盖率42.19%，绿地率37.18%，人均公园绿地面积12.18平方米。

十一、教育和科学技术

教育：年末共有普通高等院校44所（其中高职院校23所），成人高等学校8所，中等职业教育学校57所，普通高中88所，普通初中132所，小学441所，幼儿园727所。

全市学前三年毛入园率95.6%；小学学龄儿童入学率，初中生入学率、巩固率均达到国家标准。2017年高考一本、二本达线率和录取率在全省稳居前列。

科学技术：全年技术市场登记技术合同1665项，成交金额105.49亿元。拥有国家级技术中心11家，省级技术中心101家。截止年末累计建成省级及以上重点实验室和工程技术研究中心128个、科技企业26个、众创空间88个，拥有院士工作站54个。年末累计认定高新技术企业626家。2个技术项目荣获国家科技进步二等奖。全年发明专利申请量3743件、授权量1714件，有效发明专利拥有量7360件。

年末转型综改示范区共有入区企业9460家，营业收入3200亿元。

十二、文化、卫生和体育

文化:年末全市共有各类专业院团及具备规模的民营艺术表演团体21个。群艺文化馆12个,博物馆14个。公共图书馆12个,馆藏图书741.76万册。改扩建后的太原市图书馆跻身全国一流图书馆行列,赢得"网红图书馆"美誉。国家综合档案馆12个,馆藏档案资料171.01万卷(件、册)。广播节目11套,电视节目16套。有线广播电视用户135.10万户,其中数字电视用户131.06万户。广播人口覆盖率99.9%,电视人口覆盖率100%。新创晋剧《高君宇与石评梅》《关公》,移植、改编、恢复《窦娥冤》《赵氏孤儿》等130余部传统剧目。晋剧《于成龙》《关公》分别入选2017年度国家艺术基金滚动资助项目和大型舞台艺术创作资助项目,参与创作的电视连续剧《于成龙》荣获中宣部"五个一工程奖"。年末列入国家级非物质文化遗产保护项目17项、省级保护项目83项、市级保护项目135项。

卫生:年末共有卫生机构2779个(不含村卫生室),医疗床位38318张。每千人拥有医疗床位8.8张。各类卫生技术人员57348人,其中:执业(包括执业助理)医师21476人,注册护士27660人。每千人拥有医生4.9人。建成国家级慢性病综合防控示范区,成立全省首个中医药院士工作站,成为全国艾滋病综合防治示范区。

体育:全年太原运动员在国内外大赛中,获得21枚金牌、23枚银牌、19枚铜牌,55个第四至第八名。成功举办市十一届运动会暨第六届全民健身节;承办省运会场地自行车、体操、蹦床项目赛事和全国小轮车冠军赛。"太原国际马拉松赛、龙城龙舟赛、篮球城市、汾河体育健身长廊"成为有影响力的城市体育名片。全年销售中国体育彩票10.76亿元,稳居全省第一。

十三、人民生活和社会保障

人民生活:全年居民人均可支配收入28935元,比上年增长6.5%。按常住地分,城镇居民人均可支配收入31469元,增长6.2%,城镇居民人均消费支出18234元,增长8.7%;农村居民人均可支配收入15595元,增长6.9%,农村居民人均消费支出11546元,增长5.6%。城乡居民收入比为2.02∶1,比上年缩小0.01个百分点。

社会保障:全市企业职工参加养老保险88.28万人,参加城镇职工基本医疗保险147.75万人,参加城乡居民基本医疗保险201.49万人,参加失业保险93.80万人,参加工伤保险103.35万人,参加生育保险98.83万人。年末城市低保覆盖人口2.58万人,农村低保覆盖人口3.99万人,3932人纳入农村五保供养,全年发放最低保障资金3.46亿元。

全市各类收养类单位39个,床位7375张,收养5068人。临时救助1.88万人次。年内新建城乡日间照料中心87个。

十四、环境保护和安全生产

环境质量:全年市区空气质量二级以上天数175天,达标比率为47.9%。空气污染综合指数7.79%。集中式饮用水源地水质达标率保持100%,地表水国家和省考核断面水质优良比例为44.4%。市区区域环境噪声年均值53.2分贝、交通噪声年均值67.8分贝。全年PM2.5达标268天,达标比率为75.3%。

气温降水:全年平均气温10.6℃,降水量530.9mm。地下水水位平均上升1.6米。全社会用水量7.78亿立方米,其中:生活用水2.75亿立方米,农业灌溉用水1.85亿立方米,工业生产用水2.34亿立方米,生态用水0.34亿立方米。

安全生产:全年各类安全生产事故发生数比上年下降9.9%。其中:商贸制造业、建筑业事故起数分别下降11.1%、66.7%。未发生重特大生产安全事故。

大同市2017年国民经济和社会发展情况

2017年,全市上下在大同市委、市政府的坚强领导下,以习近平新时代中国特色社会主义思想为统领,认真贯彻落实党的十九大精神以及习近平总书记视察山西重要讲话精神,按照省委、省政府各项决策和部署,坚持深化供给侧结构性改革和加快资源型经济转型步伐,努力破解发展难题,积极应对风险挑战,全市经济发展呈现出趋稳回升、稳中有进、稳中向好的积极态势。转型升级不断推进,民生保障持续增强,生态环境显著改善,文化旅游发展繁荣,社会事业全面进步。

一、综　　合

初步核算,全年全市地区生产总值实现1121.8亿元,按可比价格计算,比上年增长6.5%。其中,第一产业增加值62.5亿元,增长3.5%;第二产业增加值413.2亿元,增长5.7%;第三产业增加值646.1亿元,增长7.4%。第一产业增加值占地区生产总值的比重为5.6%,第二产业增加值比重为36.8%,第三产业增加值比重为57.6%。全市人均地区生产总值32687元,比上年增长6.0%。

全年居民消费价格比上年上涨1.3%。其中,食品烟酒类价格下降1.5%;衣着类上涨1.8%;居住类上涨0.2%;教育文化用品及娱乐类上涨3.2%;医疗保健类上涨13.6%;生活用品及服务类下降0.9%;交通通信类持平;其他用品及服务类上涨4.3%。全年商品零售价格比上年上涨2.1%。工业生产者出厂价格比上年上涨9.9%。

全年全市城镇新增就业人员4.60万人。转移农村劳动力2.51万人。年末城镇登记失业率3.2%。

二、农　　业

全年全市农作物总播种面积311.70千公顷，比上年减少1.03千公顷。其中，粮食作物播种面积270.69千公顷，减少6.44千公顷。在粮食作物播种面积中，秋粮播种面积270.69千公顷，减少6.44千公顷。全市油料作物种植面积16.42千公顷，比上年减少0.51千公顷；蔬菜面积16.15千公顷，比上年增加2.53千公顷；饲草作物种植面积4.30千公顷，比上年增加2.23千公顷。

全年全市粮食总产量114.62万吨，比上年增加1.96万吨，增长1.7%。其中，秋粮产量114.62万吨，增长1.7%。

全年全市生猪出栏103.8万头，比上年增长1.4%；牛出栏8.6万头，增长7.1%；羊出栏196.8万只，增长10.7%；家禽出栏395.3万只，增长9.7%。年末猪存栏66.1万头，比上年增长9.1%；牛存栏18.8万头，增长4.9%；羊存栏217.3万只，增长7.8%。全市肉类总产量15.0万吨，比上年增长3.1%。其中，猪羊肉产量12.8万吨，增长2.7%。牛奶产量26.8万吨，增长8.3%。禽蛋产量6.8万吨，增长18.3%。

全年全市农业机械总动力（不包括农用运输车动力）96.39万千瓦。机械耕地面积233.32千公顷，增长4.4%；机械播种面积187.89千公顷，机械收获面积95.82千公顷，分别增长3.1%和11.7%。农村用电量3.85亿千瓦小时，比上年增长5.6%；化肥施用量23.73万吨，比上年减少8.9%。

三、工业、建筑业

初步统计，全年全市规模以上工业企业工业增加值比上年增长5.7%。

全年全市规模以上工业企业实现主营业务收入1645.6亿元，比上年下降7.6%。实现利税118.2亿元，比上年增长87.4%。其中，国有控股工业企业实现利税100.6亿元，增长95.3%。实现利润38.4亿元，比上年增长221.5%。其中，国有控股工业企业实现利润28.2亿元，增长374.8%。

全年全市建筑业增加值83.4亿元，比上年增长6.2%。全市具有建筑业资质等级的总承包和专业承包建筑业企业完成建筑业总产值161.9亿元，比上年增长24.2%。房屋建筑施工面积771.8万平方米，增长30.2%；房屋竣工面积288.2万平方米，下降1.2%。

四、能　　源

全年全市一次能源生产折标准煤0.6亿吨，比上年下降11.4%；二次能源生产折标准煤0.4亿吨，下降5.3%。

全年外输电力289.6亿千瓦时，比上年增长17.5%，外输电量占发电量比重为67.0%。全社会用电量142.9亿千瓦时，比上年增长8.1%。其中，第一产业用电量2.5亿千瓦时，下降13.5%；第二产业用电量106.6亿千瓦时，增长7.5%；第三产业用电量17.9亿千瓦时，增长13.9%；居民生活用电量15.9亿千瓦时，增长4.9%。

五、固定资产投资

全年全市全社会固定资产投资(新口径,下同)完成489.3亿元，增长7.0%。其中，国有经济单位投资177.8亿元，增长48.7%；民间投资311.4亿元，下降6.5%。分产业看，第一产业投资79.1亿元，下降37.5%；第二产业投资164.4亿元，下降2.6%；第三产业投资245.8亿元，增长39.1%。在第二产业中，工业投资162.1亿元，下降3.8%。

全年全市房地产开发投资111.4亿元，比上年下降33.6%。其中，住宅投资79.2亿元，下降29.6%。全年全市房地产开发施工面积1577.2万平方米，比上年下降0.8%。其中，住宅施工面积944.8万平方米，增长1.6%。房屋竣工面积369.1万平方米，增长28.1%。其中，住宅竣工面积245.7万平方米，增长40.5%。商品房屋销售面积200.6万平方米，增长39.9%。

全年全市固定资产投资施工项目1258个。其中，新开工931个。全部建成投产项目499个（不含房地产）。新增固定资产366.3亿元。

六、国内贸易

全年全市社会消费品零售总额654.5亿元，比上年增长7.5%。按经营地统计，城镇消费品零售额543.8亿元，增长7.4%；乡村消费品零售额110.7亿元，增长8.0%。按行业统计，全年全市批发业零售额54.5亿元，增长5.5%；零售业零售额520.3亿元，增长7.7%；住宿和餐饮业零售额79.7亿元，增长7.5%。

全年全市限额以上批发零售贸易企业零售额中，服装鞋帽、针、纺织品类增长5.0%；石油及制品类增长4.7%；汽车类增长12.1%。

七、对外经济

全年全市海关进出口总额246386万元，比上年增长4.3%。其中，出口182182万元，下降6.2%；进口64204万元，增长52.6%。

全年全市新批外商投资企业3家。实际利用外资17013万美元，比上年下降15.4%。

八、交通、邮电和旅游

全年全市公路通车里程12637公里。其中，高速公路549公里。全市公路密度89.6公里/百平方公里。民用航空航线15条。

年末全市民用车辆保有量67.3万辆，比上年增长10.6%。其中，新注册汽车6.3万辆，下降16.0%；个人汽车55.8万辆，增长11.6%。年末载客小型车保有量49.7万辆，比上年增长13.7%。其中，个人载客小型车48.0万辆，增长14.1%。年末轿车保有量34.3万辆，比上年增长13.0%。其中，个人轿车33.3万辆，增长13.3%。

全年全市完成邮电业务总量37.6亿元，比上年增长40.7%。其中，电信业务总量33.7亿元，增长44.9%；邮政业务总量3.9亿元，增长12.1%。年末全市固定及移动电话用户426.48万户。其中，固定电话用户33.49万户；移动电话用户392.99万户。在移动电话用户中，4G用户达到189.43万户，比上年增长45.9%。全市计算机互联网络用户72.05万户，比上年增长35.5%。全市邮政局所146个，邮路总长度3718公里。订销报纸3728万份，增长0.8%；订销杂志152万份，下降9.5%；国内函件63万件，增长1.6%。国内包裹90万件，增长125.0%。

全年全市旅游总收入483.1亿元，比上年增长33.0%。其中，国内旅游收入480.3亿元，增长33.2%。全年全市接待国内游客5383.7万人次，比上年增长33.2%；接待入境海外游客7.38万人次，比上年增长5.9%；旅游外汇收入4285万美元，比上年增长6.5%。

九、财政、金融和保险

全年全市一般公共财政预算收入108.28亿元，比上年增长21.8%。税收收入72.88亿元，增长10.1%，其中，国内增值税增长44.1%；企业所得税增长5.9%；个人所得税增长27.0%；资源税增长77.6%。

全年全市一般公共财政预算支出325.45亿元，比上年增长12.5%。其中，教育支出增长0.9%；文化体育与传媒支出增长4.9%；社会保障与就业支出增长8.4%；医疗卫生支出增长20.1%；节能环保支出增长11.2%；城乡社区事务支出增长15.0%；住房保障支出下降4.4%。

年末全市金融机构各项存款余额2695.97亿元，比年初增加66.89亿元，比年初增长2.5%。年末全市金融机构各项贷款余额1244.04亿元，比年初增加18.33亿元，比年初增长1.5%。

年末全市共有注册保险机构38家。全年全市保费收入66.42亿元，比上年增长15.2%。其中，寿险业务保费收入47.53亿元，增长24.7%；财产险业务保费收入18.89亿元，下降1.3%。全年全市累计支付各类保险赔款及给付24.49亿元，同比增长14.7%。其中，寿险业务给付11.24亿元，增长10.3%；财产险业务赔款12.18亿元，同比增长21.0%。

十、科学技术和教育

全年全市共完成国家申请专利1521件。其中，发明专利441件，实用新型专利984件，外观设计专利96件。全市共获得国家授权专利849件。其中，发明专利88件，实用新型专利691件，外观设计专利70件，有效发明专利拥有量512件。省级以上重点实验室和工程技术研究中心7家。年末高新技术企业总数达到35家。

全市中等职业教育招生人数7557人，在校生人数22598人。其中，职业高中招生4872人，在校生人数15449人。全市基础教育招生人数11.71万人，在校生人数41.86万人。其中，初中中学招生人数3.14万人，在校生人数8.80万人；普通高中招生数2.02万人，在校生数6.10万人。

年末全市产品质量监督检验技术机构16个。全年监督抽查206家企业4类64种226批次的产品和商品。全年完成强制检定计量器具8.48万台件。全市有气象台站8个。开展121电话天气自动答询的台站8个。开展人工影响天气业务的单位8个。防雹、增雨累计收益面积1.4万平方公里，增雨量0.6亿立方米。全市有卫星云图接收站8个。全年全市降水量386.1毫米，年平均气温8.1摄氏度，无霜期149天。

十一、文化、卫生和体育

全年全市共有文化馆12个，艺术表演团体14个，公共图书馆13个，博物馆2个，档案馆13个。全市共有广播电视台11座，中波发射台1座，微波站8座，有线电视网10个。广播人口覆盖率99.13%，电视人口覆盖率达99.57%，有线电视用户38.6户，数字电视用户33.5户。

全年全市共有卫生机构(含诊所、村卫生室)3265个，床位20633张。其中，医院143个，卫生院146个，社区卫生服务中心(站)125个；疾病预防控制中心13个；妇幼保健院15个。年末，全市卫生机构共有卫生技术人员22107人。其中，执业医师和执业助理医师9464人，注册护士8771人；疾病预防控制中心卫生技术人员346人；妇幼保健卫生技术人员311人；农村乡镇卫生院卫生技术人员1051人。

全市在全国第十三届运动会中，取得3枚金牌、2枚银牌、3枚铜牌。在省运会资格赛中全市共获得107枚金牌。成功承办了第十五届省运会资格赛的篮球、射箭、武术套路、武术散打、自行车(公路)、自行车(山地)六项比赛。全市组织了全民健身活动150多项。大同市环古城健步走活动被国家体育总局和国家旅游局评为国家体育旅游精品赛事。成功举办了大同市国际半程马拉松赛、大同火山地形越野挑战赛、全国青少年体育舞蹈锦标赛、大同国际骑游大会等赛事。

十二、环境保护和安全生产

全年全市二级以上良好天数304天，空气质量综合指数5.31。

全年全市主城区新增供热面积320万平方米，实际集中供热面积6160万平方米，燃煤锅炉集中供热面积28万平方米，城市集中供热率达99.7%。天然气用户72万户，城市气化率99%。城市供水管网833公里，城市日供水能力62万立方米，城市供水普及率99.6%，水质合格率100%；市本级污水处理厂共处理生活污水7300万立方米，污水处理率93%；中水回用2000万立方米，中水回用率27%。市区日处理生活垃圾

1096吨，城市生活垃圾无害化处理率99.0%。

全年全市建成区新增绿化面积144万平方米。城市建成区绿化覆盖率、绿地率、人均公园绿地分别达到41.79%、37.67%和15.36平方米/人。

全年全市共完成造林面积34.54千公顷。其中，人工造林完成29.54千公顷。

全年全市发生各类生产经营性事故和死亡人数比上年同期分别下降37.3%和31.5%。

十三、人口、人民生活和社会保障

据2017年人口抽样调查，年末全市常住人口为344.24万人，比上年末增加2.05万人。全年全市出生人口4.09万人，人口出生率为11.92‰；死亡人口2.04万人，死亡率为5.96‰；自然增长率为5.96‰。

全年全市居民人均可支配收入19895元，增长7.0%。按常住地分，城镇居民人均可支配收入27981元，增长6.5%；城镇居民人均消费支出12776元，增长8.4%。农村居民人均可支配收入8862元，增长7.9%；农村居民人均消费支出6814元，增长8.3%。城镇居民家庭恩格尔系数(即居民家庭食品消费支出占家庭消费支出的比重)28.5%，农村居民家庭恩格尔系数32.1%。

全年全市企业养老保险参保职工人数57.3万人。城乡居民基本养老保险参保人数109.1万人，城镇基本医疗保险参保人数129.1，失业保险参保人数45.0万人，工伤保险参保人数43.0万人，生育保险参保人数43.9万人。全年全市纳入城市最低生活保障的居民5.29万户，共10.74万人，发放城市低保资金4.38亿元；纳入农村最低生活保障的居民13.42万户，共16.85万人，发放农村低保资金4.23亿元。

年末提供住宿的社会服务机构72个，床位8983张，收养救助5461人。全市建立各种社区服务设施809个。其中，综合性社区服务中心174个。全年销售社会福利彩票4.33亿元，筹集社会福利资金3620万元。

朔州市2017年国民经济和社会发展情况

2017年，全市上下在市委、市政府的坚强领导下，以习近平新时代中国特色社会主义思想为指引，认真学习贯彻党的十九大和习近平总书记视察山西重要讲话精神，坚定不移贯彻新发展理念，大力弘扬右玉精神，统筹推进稳增长、促改革、调结构、惠民生、防风险各项工作，紧扣推进“两大任务”走出“五条新路”总体部署，积极实施创新驱动、转型升级战略，攻坚克难、开拓进取，全市经济社会发展取得新成就，为全面建成小康社会奠定了坚实基础。

一、综　　合

据2017年人口抽样调查，年末全市常住人口177.6万人，比上年末增加0.79万人。全年全市出生人口1.73万人，人口出生率9.75‰；死亡人口0.94万人，死亡率5.3‰；自然增长率4.45‰。

初步核算，全年全市生产总值980.2亿元，按可比价格计算，比上年增长7.3%。其中，第一产业增加值56.2亿元，增长2.7%，占生产总值比重5.7%；第二产业增加值400.6亿元，增长6.3%，占生产总值比重40.9%；第三产业增加值523.5亿元，增长8.9%，占生产总值比重53.4%。

人均地区生产总值55316元，按2017年平均汇率计算为8193美元。

全年全市一般公共预算收入73.22亿元，增长49.06%。税收收入56.06亿元，增长48.42%，其中增值税、营业税、企业所得税、个人所得税、资源税和城建税共计完成税收47.63亿元，增长55.08%。一般公共预算支出141.72亿元，增长11.01%。其中，教育、医疗卫生、社会保障和就业、住房保障、公共交通运输、节能环保、城乡社区事务等13类民生支出112.18亿元，增长11.98%。

全年居民消费价格总水平比上年上涨1.1%，其中，食品价格下降0.2%。商品零售价格上涨1.6%。工业生产者出厂价格上涨15%，其中生产资料价格上涨16.3%，生活资料价格上涨0.5%。工业生产者购进价格上涨4%。

二、农　　业

全年全市农作物种植面积333.9千公顷，比上年增加5.9千公顷。其中，粮食种植面积268.8千公顷，增加3.6千公顷；蔬菜及食用菌种植面积13.4千公顷，减少0.9千公顷；油料种植面积30.1千公顷，增加3.7千公顷。在粮食种植面积中，玉米种植面积157.8千公顷，增加3.5千公顷。

全年粮食产量131.3万吨，增加4.3万吨，增长3.4%。其中，夏粮1.2万吨，减产28.2%；秋粮130.1万吨，增产3.8%。

全年全市肉类总产量9.4万吨，增长3.7%。其中，猪肉产量3.05万吨，增长19.6%；羊肉产量5.2万吨，下降4.9%。牛奶产量45.27万吨，下降8.7%。禽蛋产量3.06万吨，增长19.1%。

全年生猪出栏30.75万头，存栏23.62万头；牛出栏5.48万头，存栏16.6万头；羊出栏298.08万只，存栏165.45万只。

年末全市农业机械总动力125.22万千瓦，比上年末下降13.2%。机械耕地面积28.12万公顷，机械播种面积23.87万公顷，机械收获面积16.70万公顷，分别比上年下降1.6%、1.8%和10.3%。

三、工业和建筑业

全年全市规模以上工业增加值增长6.3%，其中，煤炭行业增长5.2%,非煤行业增长8.6%。规模以上工业中,战略性新兴产业增长10.3%,占全市规模以上工业增加值的比重为1.5%。

全年全市规模以上工业企业实现主营业务收入908.5亿元,比上年增长28.1%。其中,煤炭行业实现主营业务收入674.8亿元,增长37.0%;电力、热力生产和供应业实现98.7亿元,增长11.0%。

全年全市规模以上工业企业实现利税175.9亿元,比上年增长57.3%;实现利润87.0亿元,比上年增长85.1%。

全年全市建筑业实现增加值28.7亿元,增长6.1%。资质以上建筑企业总产值59.8亿元,增长7.1%,共签订合同额68.9亿元,增长4.4%。房屋建筑施工面积120.7万平方米,增长11.6%,竣工面积32.9万平方米,下降36.9%。资质以上建筑企业共136家,其中一级企业6家。

四、能　　源

全年全市一次能源生产折标准煤1.08亿吨(原煤折标系数采用0.7143),下降0.92%;二次能源生产折标准煤0.9亿吨,增长8.43%。

全年全市全社会用电总量102.97亿千瓦时。其中,第一产业用电2.03亿千瓦时,占全社会用电量1.97%;第二产业用电83.19亿千瓦时,占80.79%,其中工业用电82.55亿千瓦时;第三产业用电8.77亿千瓦时,占全社会用电量8.51%;城乡居民生活用电4.53亿千瓦时,占全社会用电量4.4%。

五、固定资产投资

全年全市完成固定资产投资(新口径,下同)214.2亿元,增长3.1%。

在固定资产投资中,高技术产业投资8.7亿元,下降41.2%;基础设施投资260.6亿元,下降55.9%;国有及国有控股投资71.9亿元,下降12.8%;民间投资140.4亿元,增长18%。

分产业看,第一产业投资24.7亿元,下降9.4%;第二产业投资97.3亿元,下降0.5%;第三产业投资92.2亿元,增长11.5%。

全年全市社会消费品零售总额311.7亿元,增长7.1%。按经营地统计,城镇消费品零售额222.1亿元,增长7.0%;乡村消费品零售额89.6亿元,增长7.1%。按消费形态统计,商品零售额272.5亿元,增长7.1%;餐饮收入额39.2亿元,增长7.2%。

全年房地产开发投资21.5亿元,下降23.3%。其中,住宅投资15.8亿元,下降22.9%;商业营业用房投资3.9亿元,下降23.4%。

六、贸　　易

全年全市社会消费品零售总额311.7亿元,增长7.1%。按经营地统计,城镇消费品零售额222.1亿元,增长7.0%;乡村消费品零售额89.6亿元,增长7.1%。按消费形态统计,商品零售额272.5亿元,增长7.1%;餐饮收入额39.2亿元,增长7.2%。

全年全市海关进出口总额53704万元,增长1.8%。其中,进口额26677万元,下降5.1%;出口额27027万元,增长9.8%。

七、交通、邮电和旅游

年末全市公路通车里程达到10210.9公里。其中,高速公路388.7公里,普通干线公路812.8里,农村公路9009.4公里。

年末全市民用汽车保有量20.1万辆(包括三轮汽车和低速货车),比上年末增长8.9%,其中汽车16.6万辆,增长14.1%。

全年全市完成邮电业务总量11.40亿元,比上年下降1.3%。其中,邮政业务总量1.2亿元,增长0.5%;电信业务总量10.2亿元,比上年下降1.5%。年末移动电话用户189.5万户,比上年增加13.4万户。其中4G移动电话用户74.9万户(不包括联通数据)。全市宽带接入用户30.3万户,比上年增加5.2万户。

全年全市接待国内旅游者2213.99万人次,增长28.9%。国内旅游收入203.79亿元,增长26.92%。旅游总收入203.9亿元,增长26.9%。海外旅游接待6706人次,同比增长4.7%;海外旅游创汇228.82万美元,同比增长4.5%。

八、金　　融

年末全市金融机构本外币各项存款余额1381.1亿元,比年初增加85.2亿元,增长6.6%。各项贷款余额623.8亿元,比年初增加46.4亿元,增长8%。

年末全市农村金融合作机构(农村信用社、农村合作银行、农村商业银行)人民币存款余额342.2亿元,比年初增加30.2亿元,增长9.68%;人民币贷款余额236.1亿元,比年初增加25.8亿元,增长12.3%。

全年全市保费收入23.6亿元,比上年增长27.6 %。其中,寿险业务保费收入14.9 亿元,增长32.4 %;健康险业务保费收入1.28亿元,增长54.3%;意外伤害险保费收入0.29亿元,增长45.7%;财产险业务保费收入8.7亿元,增长 18.4%。全年保险业赔款和给付支出8.33亿元,增长2.5%。其中,寿险业务给付支出4.31亿元,下降2.8%;财产险业务赔款4.02亿元,增长10%。

九、教育和科学技术

全年全市中等职业教育学校共招生0.78万人,在校学生达到2.19万人;普通高中共招生1.6万人,在校学生达到4.87万人;初中共招生2.58万人,在校学生达到7.47万人。

全年全市共受理各项专利申请401件,比上年增长27.7%。全市技术市场共签订技术合同7份,成交金额16590万元。全年全市共取得省级以上3项科技成果。

年末全市有气象台站6个。全市气象系统开展人工影响天气业务的单位7个，全市有卫星云图接收站1个。

年末全市有专业综合地震台站2个，全年小震活动8次，最大震级2.6级。

十、文化、卫生和体育

年末全市共有国有艺术表演团体8个，文化馆7个。广播电台4座，电视台3座。有线电视用户16.97万户。广播人口覆盖率100%，电视人口覆盖率100%。全市共有公共图书馆7个，馆藏图书64.5万册。

年末全市共有卫生机构(含乡村诊所)2148个，其中妇幼保健院(所、站)7个。全市卫生机构共有床位8003张；卫生技术人员10383人。

年末全市拥有群众健身辅导中心、站点615个，体育指导员3320人，全年举办体育比赛活动81次。全年全市销售中国体育彩票11532万元。

十一、人民生活和社会保障

全年居民人均可支配收入21581元，增长7.3%。按常住地分，城镇居民人均可支配收入30989元，增长6.9%，城镇居民人均消费支出13172元，增长-8.3%；农村居民人均可支配收入12305元，增长7.2%，农村居民人均消费支出7759元，增长0.8%。城镇占调查总户数20%的低收入家庭人均可支配收入12137元，增长8.6%；农村占人口20%的低收入者收入4412元，增长15.98%。城镇居民家庭恩格尔系数(即居民家庭食品消费支出占家庭消费支出的比重)25.5%，农村居民家庭恩格尔系数31.4%。

年末参加城镇职工基本养老保险人数达27.5万人，比上年增加0.6万人；参加城乡居民基本养老保险90.1万人，增加0.2万人；参加失业保险18.3万人，人数与上年基本持平；参加工伤保险18.9万人，比上年增加0.2万人；参加生育保险18.1万人，人数与上年基本持平。基本医疗保险人数136.4万人，比上年增加0.3万人。

全年全市纳入城市最低生活保障的居民4.4万人，比上年减少0.3万人，发放城市低保资金1.9亿元，发放资金比上年增加0.1亿元；纳入农村最低生活保障的居民8.2万人，比上年增加0.4万人，发放农村低保资金2.4亿元，发放资金比上年增加0.3亿元。

十二、资源、环境和安全生产

全年市区(不包括平鲁区，下同)空气质量二级以上天数242天，比上年减少5天，大气综合污染指数为5.90，比上年下降8.7%。

全年市区污水处理率达到98.63%，比上年提高0.03个百分点；城市生活垃圾无害化处理率达到100%；集中供热面积2896.7万平方米，比上年增加246.7万平方米。集中供热普及率达到91.64%，提高1.5个百分点。

全年全市共发生各类安全生产事故19起，比上年减少6起，下降24%；死亡39人，比上年增加10人，上升34.5%。其中，道路交通发生事故13起，比上年减少7起，下降35.0%；死亡23人，增加2人，上升9.5%。

忻州市2017年国民经济和社会发展情况

2017年，全市上下坚持以习近平新时代中国特色社会主义思想为指导，深入学习贯彻党的十九大精神和习近平总书记视察山西重要讲话精神，按照省委"一个指引、两手硬"的重大思路和要求，坚持稳中求进工作总基调，全面贯彻新时代发展理念，认真实施"1661"发展战略，主动适应经济发展新常态，坚定推进供给侧结构性改革，产业转型有了新突破，人民生活有了新改善，社会经济发展呈现稳中向好发展态势，为实现全面脱贫、全面小康奠定了坚实的基础。

一、综　　合

据2017年人口抽样调查，年末全市常住人口316.7万人，比上年末增加1.1万人。全年全市出生人口3.2万人，人口出生率10.2‰；死亡人口2.1万人，死亡率6.6‰；自然增长率3.6‰。

初步核算，全年全市生产总值874.5亿元，按可比价格计算，比上年增长6.7%。其中，第一产业增加值65.4亿元，增长3.4%，占生产总值的比重7.5%；第二产业增加值430.3亿元，增长6.6%，占生产总值的比重49.2%；第三产业增加值378.8亿元，增长7.5%，占生产总值的比重43.3%。

人均地区生产总值27665元，按2017年平均汇率计算为4099美元。

全年全市一般公共预算收入73.3亿元，增长5.8%。税收收入46.4亿元，增长25.4%，其中，增值税(含改征增值税)、营业税、企业所得税、个人所得税、资源税和城市维护建设税共计完成税收37.6亿元，增长24.5%。在税收收入中(总收入口径)，汽车制造业税收增长8.5倍，专用设备制造业税收下降9.9%，通用设备制造业税收增长41.4%；软件和信息技术服务业税收增长76.0%，卫生和社会工作税收增长2.9%。

一般公共预算支出290.7亿元，增长17.4%。其中，教育、医疗卫生、社会保障和就业、住房保障、公共交通运输、节能环保、城乡社区事物等民生支出235.4亿元，增长18.2%，民生支出占全市一般公共预算支出的比重为80.9%。

全年全市居民消费价格比上年上涨0.7%，其中，食品烟酒下降1.4%。商品零售价格下降0.2%。工业生产者出厂价格上涨38.6%，其中，生产资料价格上涨39.7%，生活资料价格下降0.3%。工业生产者购进价格上涨33.2%。

全年全市城镇新增就业3.8万人。转移农村劳动力4.0万人。年末城镇登记失业率3.7%。

二、农　业

全年全市农作物种植面积457.9千公顷，比上年减少8.7千公顷。其中，粮食种植面积408.1千公顷，减少15.5千公顷；蔬菜种植面积17.3千公顷，增加6.1千公顷；油料种植面积19.3千公顷，减少4.7千公顷。在粮食种植面积中，玉米种植面积209.3千公顷，减少24.3千公顷；小麦种植面积0.5千公顷，增加0.4千公顷。果园面积17.2千公顷，减少0.6千公顷。

全年全市粮食产量183.2万吨，增加6.5万吨，增产3.7%。其中，夏粮0.3万吨，增产301.2%；秋粮182.9万吨，增产3.6%。

全年全市完成造林面积57千公顷，增长21%。

全年全市猪牛羊肉总产量11.7万吨，增长2.7%。其中，猪肉产量6.1万吨，增长3.1%；牛肉产量0.9万吨，增长8.9%；羊肉产量4.7万吨，增长1.0%。牛奶产量6.2万吨，增长5.9%。禽蛋产量7.7万吨，减少2.0%。水产品产量0.3万吨，增长1.0%。年末生猪存栏46.7万头，生猪出栏66.2万头。

年末全市农业机械总动力149.1万千瓦。机械耕地面积338.4千公顷，增长5.4%；机械播种面积322.6千公顷，增长1%；机械收获面积183.2千公顷，增长5%。全市农机化经营总收入10.8亿元，增长5%。

三、工业和建筑业

全年全市规模以上工业增加值增长6.5%。其中，战略性新兴产业增加值增长6.7%，占规模以上工业增加值的比重为4.9%。在战略性新兴产业中，高端装备制造业增长14.8%，新材料产业增长70.9%，节能环保产业下降11.1%，生物产业下降3.6%。

全年全市规模以上工业企业实现主营业务收入677.5亿元，增长32.8%。其中，能源工业实现主营业务收入349.5亿元，增长70.4%；材料与化学工业实现241.4亿元，增长22.1%；消费品工业实现13.6亿元，增长15.3%；装备制造业实现71.3亿元，增长5.8%；其他工业实现1.6亿元，与去年持平。

全年全市规模以上工业实现利税100.5亿元，增长95.5%；实现利润47.3亿元，其中，国有控股企业实现利润27.4亿元。规模以上工业企业每百元主营业务收入中的成本77.9元，下降3.5元。

全年全市建筑业实现增加值49.5亿元，增长7.6%。具有建筑业资质等级的总承包和专业承包建筑业企业实现利润2.1亿元，下降11.8%。

四、能　源

全年全市一次能源生产折标准煤5286.3万吨，增长13.0%；二次能源生产折标准煤2225.2万吨，增长21.5%。

全年全市全社会用电总量105.8亿千瓦小时。其中，第一产业用电2.4亿千瓦小时，占全社会用电量的比重2.3%；第二产业用电66.3亿千瓦小时，占全社会用电量的比重62.7%，其中工业用电64.2亿千瓦小时；第三产业用电25.6亿千瓦小时，占全社会用电量的比重24.2%；城乡居民生活用电11.5亿千瓦小时，占全社会用电量的比重10.9%。

五、固定资产投资

全年全市固定资产投资(新口径，下同)449.9亿元，增长6.5%。其中，高技术投资完成8.4亿元，下降40.5%；基础设施投资完成74.7亿元，下降10.1%；国有及国有控股投资148.6亿元，增长5%；民间投资297.9亿元，增长7.0%。

分登记注册类型看，内资企业和个体经营投资445.7亿元，增长6.7%；外商及港澳台商企业投资4.2亿元，下降9.1%。

分产业看，第一产业投资71.1亿元，增长14.6%；第二产业投资189.5亿元，下降2.6%；第三产业投资189.2亿元，增长14.2%。

全市工业投资（含第三产业中开采辅助活动和金属制品、机械和设备修理业）189.6亿元，下降2.5%。其中，煤炭工业投资39.5亿元，增长46%，非煤产业投资150.1亿元，下降10.4%；传统产业(煤炭、焦炭、冶金、电力)投资合计102.6亿元，增长75.7%，非传统产业投资合计87亿元，下降36.1%。

全年全市在建固定资产投资项目1266个。其中，亿元以上项目363个，计划总投资1826.4亿元，完成投资281.3亿元。

全年全市房地产开发投资33.2亿元，下降24.7%。其中，住宅投资24.6亿元，下降14.0%；商业营业用房投资4.3亿元，下降60.1%。

六、国内贸易

全年全市社会消费品零售总额361.5亿元，增长7%。按经营地统计，城镇消费品零售额252.3亿元，增长6.7%；乡村消费品零售额109.3亿元，增长7.7%。按消费形态统计，商品零售额313.1亿元，增长6.8%；餐饮收入额48.4亿元，增长8.2%。

全年全市限额以上单位消费品零售额116.4亿元，下降0.7%。其中，限额以上批发零售业单位网上零售额70万元，下降30.4%。

全年全市新登记市场主体同比下降4.0%，全年全市市场主体数量同比增长17.5%。全年全市共拥有省级众创空间7家。

七、对外经济

全年全市海关进出口总额20598万美元，增长12.9%。其中，进口额701万美元，增长278.2%；出口额19897万美元，增长10.2%。

全年出口镁及其制品469吨，增长5.9%；出口钢材

7.3 万吨，增长11.0 %。出口机电产品16222万美元，增长15.8%；出口高新技术产品118 万美元，下降24.4%。

全年进口机电产品7万美元，下降78.5%。

全年全市新设立外商直接投资企业1家；按全口径统计实际使用外商直接投资金额4344.2万美元，增长30.8%。

八、交通、邮电和旅游

年末全市公路线路里程17462公里，其中高速公路822公里。

年末全市民用汽车保有量33.1万辆（包括三轮汽车和低速货车0.3万辆），比上年末增长10.7%，其中私人汽车29.2万辆，增长11.0%。本年新注册汽车4.3万辆，增长9.5%。年末轿车保有量18.7万辆，增长11.4%，其中私人轿车17.9万辆，增长12.0%。

全年全市完成邮电业务总量20.6亿元。其中，邮政业务总量3.6亿元；电信业务总量17.0亿元。年末移动电话用户295.1万户，其中，3G移动电话用户24.9万户，4G移动电话用户170.9万户。全市宽带接入用户50.9万户。

全年全市商业住宿设施接待入境过夜游客58318人次，接待国内旅游者4214.3万人次，分别增长6.6%和23.6%；旅游外汇收入1963.7万美元，增长7.4%；国内旅游收入407.1亿元，增长24.7%；旅游总收入408.3亿元，增长24.7%。

九、金　　融

年末全市金融机构本外币各项存款余额1961.9亿元，比年初增加176.8亿元，比年初增长9.9%。各项贷款余额826.4亿元，比年初增加49.1亿元，增长6.3%。

年末全市农村金融合作机构（农村信用社、农村合作银行、农村商业银行）人民币存款余额602.1亿元，比年初增加53.5亿元，比年初增长9.8%；人民币贷款余额330.8亿元，比年初增加15.2亿元，增长4.8%。

全年全市保费收入46.4亿元，增长17.4%。其中，寿险业务保费收入31.5亿元，增长16.0%；健康险业务保费收入3.6亿元，增长77.7%；意外险业务保费收入0.7亿元，增长35.6%；财产险业务保费收入10.6亿元，增长8.0%。全年支付各类赔款及给付23.1 亿元，增长72.1%。

十、教育和科学技术

年末全市共有幼儿园470所，小学461所，普通初中217所，普通高中36所，中等职业教育学校52所，普通高等学校2所。全市学前教育毛入园率88%，小学学龄儿童净入学率99.9%，高中阶段毛入学率93%。

全年全市专利申请量681件，增长26.3%；其中发明专利申请量208件，增长34.2%。全市专利授权量341件，增长6.9%；其中发明专利授权量49件，下降10.9%。

全年新登记科技成果2项。获得山西省科学技术奖二等奖1 项。省级及以上企业技术中心 15 家。按照国家高新技术企业认定办法，年末累计高新技术企业28家。

全市2个经济开发区，全年区内税收收入9.0亿元，同比增长46.0%；企业主营业务收入157.1亿元，增长22.2%。

年末全市共有市、县产品质量监督检验和计量检定技术机构15个，国家检测中心1个。全年监督抽查了100家企业2类13 种100批次的产品和商品。全年完成强制检定计量器具44594 台件。

全市有气象台站16个，开展电话天气自动答询的台站16个。全市气象系统开展人工影响天气业务的单位16个，防雹、增雨累计受益面积为全市区域内，增雨量1.5亿立方米。全市有天气预报服务网站1个，卫星云图接收站1个。

年末全市有专业地震台站7个，市级地震台网中心1个。全年全市发生M1.0–M1.9级地震14次，最大震级1.8级。全市全年发生M2.0–2.9级地震1次，最大震级2.3级。

十一、文化、卫生和体育

年末全市共有群众艺术馆1个，文化馆14个，美术馆3个，文化站185个（其中：乡镇综合文化站185个），农村文化活动场所4393个。专业艺术表演团体15个。公共图书馆14个。出版报纸1种（不含高校校报）3.2万份，杂志1种、5100万册，各类图书1020种、141.8万册。广播电视台14座，调频电视转播发射台17座，一百瓦以上调频电视转播发射台17座。广播人口覆盖率99.9%，电视人口覆盖率99.1%，有限电视用户10.3万户（不包括忻府区）。

年末全市共有卫生机构（含诊所、村卫生室）5256个，实有床位12546张。卫生防疫机构15个，妇幼保健计划生育服务中心15个。全市卫生机构共有卫生技术人员14018人。卫生院卫生技术人员2239人；其中，乡镇卫生院卫生技术人员2014人。社区卫生服务中心（站）卫生技术人员266人；防疫卫生技术人员345人，妇幼保健计划生育卫生技术人员639人。

全市 15个县（市、区、管委会）开展了新型农村合作医疗，有 201.8万农民参加了合作医疗。

全市有体育场15个，体育馆10个。全年我市运动员在国内外重大比赛中获金、银、铜牌分别为10枚、12枚和16枚（包括非奥运项目比赛）。全年全市销售中国体育彩票1.4亿元，增长33%。

十二、人民生活和社会保障

全年全市城镇居民人均可支配收入26536元，增长6.2%，城镇居民人均消费支出13169元，增长8.3%；农村居民人均可支配收入7588元，增长8.0%，农村居民人均消费支出6883元，增长3.5%。按全市居民五等份收入分组，城镇低收入组人均可支配收入9527元，增长9.4%；农村低收入组人均可支配收入2277 元，增长16.5%。城镇居民家庭恩格尔系数（即居民家庭食品消费支出占家庭消费支出的比重)24.7%,农村居民家庭恩格尔系数35.3 %。

年末参加城镇职工基本养老保险42.8万人,比上年末增加0.8万人;参加城乡居民基本养老保险 160.0万人;参加城镇基本医疗保险 40.7万人,增加0.1万人;参加失业保险20.8万人;参加工伤保险23.4万人,增加0.9万人;参加生育保险25.7万人,增加0.6万人。

全年得到城市最低生活保障救济人数7.2万人,全年共发放城市最低保障资金2.8亿元。2.5万人纳入农村五保供养。

年末全市城镇有各种社区服务设施137个,其中,综合性社区服务中心4个。各类收养性单位床位数3784张,收养人数2112 人。国家抚恤、补助各类优抚对象1.7万人。全年销售福利彩票2.3亿元,筹集社会福利资金6738.3万元,接受社会捐赠款553.1万元。

十三、资源、环境和安全生产

年末全市8座中型水库蓄水总量1923.6万立方米。

年末全市森林面积42.7万公顷,森林覆盖率18.4%。

按《环境空气质量指数(AQI)技术规定(试行)(HJ633-2012)》评价,14个县级城市环境空气达标天数范围在213-360 天之间。

黄河、海河流域忻州段共监测5个断面,达到Ⅲ类以上(包括Ⅰ、Ⅱ、Ⅲ类)水质标准的断面占60%,达到Ⅳ类水质标准的断面占20%,劣Ⅴ类水质标准的断面占20%。

全年全市各类自然灾害造成直接经济损失7.6亿元,下降4.6%;农作物受灾面积14.4万公顷,增长0.2%,其中,绝收面积1.9万公顷,增长57.7%。

全年全市共发生各类生产经营性事故307起,下降21.3%;死亡93人,下降5.1%。全年全市煤炭百万吨死亡率为0.0272。

吕梁市2017年国民经济和社会发展情况

2017年,吕梁市委、市政府团结带领全市人民坚持以习近平新时代中国特色社会主义思想为指引,深入学习贯彻落实党的十九大精神,按照省委“一个指引、两手硬”的重大思路和要求,全力推进供给侧结构性改革,全面实施创新驱动、转型升级战略,统筹稳增长、促改革、调结构、惠民生、防风险各项工作,全市经济社会发展取得显著成就,各项社会事业取得明显进步,全面建成小康社会迈出坚实步伐。

一、综　　合

据2017年人口抽样调查,年末全市常住人口387.89万人,比上年末增加2.4万人,增长0.62%。全年全市出生人口4.3万人,人口出生率11.12‰;死亡人口1.9万人,死亡率4.91‰;自然增长率6.21‰。

初步核算,全年全市生产总值1310.3亿元,按可比价计算,比上年增长9.2%。其中,第一产业增加值56.9亿元,增长3.1%,占生产总值的比重4.3%;第二产业增加值825.3亿元,增长11%,占生产总值的比重63%;第三产业增加值428.1亿元,增长7.6%,占生产总值的比重32.7%。

人均地区生产总值33886元,按2017年平均汇率计算为5019 美元。

全年全市一般公共预算收入138.8亿元,增长54.6%。其中,税收收入112.9亿元,增收47.4亿元,增长72.5%。分税种看,增值税、企业所得税、个人所得税和资源税共完成91.6亿元,同比增长88.5%,增收43亿元,增长88.5%。

全年全市一般公共预算支出315亿元,增长14.2%。其中,财政民生支出259.9亿元,增长14.7%,占一般公共预算支出比重达82.5%。其中,教育支出64.1亿元,增长7%;文化体育和传媒支出5.6亿元,增长11.9%;社会保障和就业支出39.3亿元,增长3.6%;医疗卫生支出35.3亿元,增长10.6%;节能环保支出14.3亿元,增长80.7%;住房保障支出11.6亿元,下降2.4%。

全市居民消费价格比上年上涨0.2%,其中,食品价格下降3.4%。商品零售价格上涨0.6%。工业生产者出厂价格上涨34.2%,其中生产资料价格上涨37.2%,生活资料价格下降4.5%。工业生产者购进价格上涨16.6%。农业生产资料价格下降1.1%。

二、农　　业

全年全市农作物种植面积372.4千公顷,比上年减少13.2千公顷。其中,粮食种植面积340.6千公顷,减少10.9千公顷;油料种植面积15.6千公顷,减少4.8千公顷;棉花种植面积0.05千公顷,减少0.01千公顷。在粮食种植面积中,玉米种植面积174.6千公顷,减少2.7千公顷;小麦种植面积1.73千公顷,减少0.01千公顷。

全年粮食产量99.4万吨,减少12.2万吨,下降10.9%。其中,夏粮0.5万吨,减产13.6%;秋粮98.9万吨,下降10.9%。

全年完成造林79.4千公顷,增长107.7%。

全年全市猪牛羊肉总产量9.3万吨,增长6.1%。其中,猪肉产量6.4万吨,增长9.4%;牛肉产量1.7万吨,增长4.9%;羊肉产量1.1万吨,下降8.2%。年末生猪存栏65.9万头,生猪出栏79.5万头。牛奶产量2.7万吨,下降2.3%。禽蛋产量9.2万吨,下降3.9%。水产品产量0.17万吨,下降3%。

年末全市农业机械总动力115.1万千瓦,下降20.2%。机械耕地面积263.6千公顷，增长7.6%；机械播种面积200.8千公顷，机械收获面积128千公顷，分别增长1.1%和5.1%。全市农机化经营总收入6.6亿元，增长6.5%。

三、工业和建筑业

年末全市规模以上工业企业451家，增加3家。全年规模以上工业增加值增长11.3%。

规模以上工业企业实现主营业务收入2239.1亿元，同比增长49.8%。其中，煤炭、冶金、焦炭、食品、化学、建材、装备制造、电力和医药等九大主要行业分别实现主营业务收入979.2亿元、478.7亿元、318.9亿元、258.7亿元、64.1亿元、45.6亿元、41.2亿、40.1亿元和3.4亿元；分别增长63.2%、50.7%、74.1%、5%、59.6%、20.3%、51%、31.1%和37.6%；

规模以上工业实现利税383.4亿元，同比增长261.7%；实现利润195.9亿元，同比增长44.6倍。

四、能　源

全年全市一次能源生产折标准煤8306.9万吨，增长13.1%；二次能源生产折标准煤11646.6万吨，上升6.4%。

全年全市全社会用电总量166.6亿千瓦小时。其中，第一产业用电2.8亿千瓦小时，占全社会用电量的比重1.7%；第二产业用电132.1亿千瓦小时，占全社会用电量的比重79.3%，其中工业用电130.3亿千瓦小时；第三产业用电14.7亿千瓦小时，占全社会用电量的比重8.9%；城乡居民生活用电16.9亿千瓦小时，占全社会用电量的比重10.1%。

五、固定资产投资

全年全市固定资产投资（新口径）426.7亿元，增长6.2%。

在固定资产投资（不含跨市、农户）中，国有及国有控股投资181亿元，增长22.2%；民间投资235.9亿元，下降5%。

分登记注册类型看，内资企业和个体经营投资416.4亿元，增长6.9%；外商及港澳台商企业投资10.3亿元，增长16.3%。

分产业看，第一产业投资31亿元，增长8.5%；第二产业投资229.7亿元，下降8.9%；第三产业投资166亿元，增长37%。

全市工业投资229.9亿元，下降8.8%。其中，煤炭工业投资29.9亿元，下降48.5%，非煤产业投资200亿元，增长3.1%；传统产业（煤炭、焦炭、冶金、电力）投资合计159.9亿元，增长2.6%，非传统产业投资合计70亿元，下降27.3%。

全年全市在建固定资产投资项目598个。其中，亿元以上项目192个，计划总投资158.9亿元，完成投资385.7亿元。

全年房地产开发投资38.8亿元，下降45%。其中，住宅投资32.4亿元，下降39.8%；商业营业用房投资4.6亿元，52.7%。

六、国内贸易

全年全市社会消费品零售总额461.6亿元，增长6.4%。按经营地统计，城镇消费品零售额355.4亿元，增长6.6%；乡村消费品零售额106.2亿元，增长5.7%。按消费形态统计，商品零售额404.8亿元，增长6.4%；餐饮收入56.8亿元，增长6.3%。

全年全市限额以上社会消费品零售额80亿元，增长2.8%。限额以上行业中，批发业1.3亿元，增长31.3%；零售业74.6亿元，增长3.8%；住宿业0.6万元，增长33.6%；餐饮业3.6亿元，下降21.8%。

七、对外经济

全年全市海关进出口总额2.5亿美元，下降12.8%。其中，进口额0.7亿美元，下降44.2%；出口额1.8亿美元，增长12.9%。

全年出口钢材0.8万吨，下降60.6%。出口机电产品0.16亿美元，下降59.3%；出口高新技术产品0.13亿美元，下降56.9%。

全年进口机电产品0.03亿美元，下降86.7%。

八、交通、邮电和旅游

全年全市民航旅客运输量27.6万人，同比增长29%；货物运输量4.3万吨，同比增长111.2%。

年末全市民用汽车保有量35.3万辆（包括三轮汽车和低速货车2674辆），比上年末增长10.4%；其中，私人汽车31.1万辆，增长9.9%。本年新注册汽车4.3万辆，增长27.4%。年末轿车保有量22.3万辆，增长10.1%；其中私人轿车21万辆，增长10.6%。

全年全市邮政企业和快递服务企业业务总量5亿元，增长34.1%。其中，邮政业务总量2.7亿元，增长21.8%。

全市快递服务企业业务量1129.1万件，增长40.4%；业务收入1.5亿元，增长46.2%。其中，同城业务量248.9万件，增长111.9%；异地业务量879.9万件，同比增长28.2%；国际/港澳台业务量累计完成0.35万件，同比增长178.4%。

全年全市商业住宿设施接待入境过夜游客0.6万人次，接待国内旅游者4569.9万人次，分别增长7.25%和32.7%；旅游外汇收入227.4万美元，增长6.3%；国内旅游收入389.1亿元，增长32.9%；旅游总收入389.2亿元，增长32.9%。

九、金融、保险

年末全市金融机构本外币各项存款余额2018.6亿元，比年初增加207.5亿元，比年初增长11.5%。各项贷款余额1035.8亿元，比年初增加84.9亿元，比年初增长8.9%。

全年全市保费收入49亿元,增长13.4%。其中,财产险保费收入11.2亿元,增长4.7%;寿险保费收入37亿元,增长17.5%;意外险保费收入7713.4万元,增长12%;健康险保费收入6.6亿元,增长8.2%。

十、教育和科学技术

年末全市共有幼儿园727所,增加17所;小学575所,减少1所;普通初中247所,增加3所;普通高中41所,减少3所;中等职业学校19所;普通高等学校1所。全市学前三年毛入园率92.63%,小学学龄儿童净入学率98.95%,高中阶段毛入学率95.1%。

全年全市新设立外商直接投资企业5家;按全口径统计实际使用外商直接投资金额0.12亿美元。

全市5个经济开发区(包括高新区)入区企业419家,其中500强投资企业4家。区内税收收入51.6亿元,增长38%;企业主营业务收入760.9亿元,增长44%。

全年全市专利申请量与授权量分别为749件和422件,分别增长15.6%和3.7%;其中发明专利申请量179件,增长55.6%。全年新登记科技成果1项。市级企业技术中心10家。按照国家高新技术企业认定办法,年末累计高新技术企业26家。

年末全市共有市、县产品质量监督检验和计量检定技术机构36个。监督抽查了291家企业5类6种348批次的产品和商品。全年完成强制检定计量器具55767台件。

全市有气象台站14个,全市开展电话天气自动答询的台站1个。全市气象系统开展人工影响天气业务的单位13个,防雹、增雨累计受益面积6280平方公里,增雨量0.4亿立方米。全市卫星云图接收站1个。

全市有专业综合地震台站2个,市级地震台网中心1个。全年最大震级M2.7级。

十一、文化、卫生和体育

年末全市共有文化馆14个,文化站162个(其中,乡镇综合文化站148个),农村文化活动场所3118个。全市共有专业艺术表演团体11个,公共图书馆14个。全年全市报纸出版1种(不含高校校报)、3万份。年末全市共有广播电视台21座,电视台4座,调频、电视转播发射台13座,一百瓦以上调频、电视转播发射台7座。广播人口覆盖率95.58%,电视人口覆盖率93.02%,有线电视用户26.4万户。

年末全市共有卫生机构(含诊所、村卫生室) 4691个,床位1.3万张。卫生防疫、防治机构14个,妇幼保健院(所、站)14个。全市卫生机构共有卫生技术人员1.6万人;卫生院卫生技术员3183人,社区卫生服务中心(站)卫生技术人员775人,其中农村乡镇卫生院3006人;防疫、防治卫生技术员332人,妇幼保健(所、站)卫生技术人员648人。全市13个县(市、区)开展了新型农村合作医疗工作,有271.41万农民参加了合作医疗。

全年全市有体育场7个,体育馆4个。全年我市运动员在国内外重大比赛中获金、银、铜牌分别为29枚、21枚和31枚(包括非奥运项目比赛)。全市销售中国体育彩票3.36亿元,增长54.8%。

十二、人民生活和社会保障

全年居民人均可支配收入15554元,增长7.8%。按常住地分,城镇居民人均可支配收入25704元,增长6.3%;农村居民人均可支配收入8232元,增长7.7%%。城镇占调查总户数20%的低收入家庭人均可支配收入8392元,增长8.4%;农村占人口20%的低收入者收入2846元,增长15%。

年末参加城镇职工基本养老保险39.3万人,增加3.12万人;参加城乡居民社会养老保险187.14万人,增加2.45万人;参加城镇基本医疗保险78.57万人,减少5.8万人;参加失业保险31.95万人,减少0.18万人;参加工伤保险37.89万人,减少0.13万人;参加生育保险33.6万人,基本与上年持平。

全年得到城市最低生活保障救济人数4.5万人,全年共发放城市最低保障资金1.88亿元。2.03万人纳入农村特困,250人纳入城市特困。

年末全市城镇有各种社区服务设施219个,其中综合性社区服务中心219个,各类收养性单位床位数3829张,收养人数1593人,国家抚恤、补助各类优抚对象2.01万人。全年销售福利彩票3.28亿元,筹集社会福利资金1.18亿元,接受社会捐赠款650万元。

十三、脱贫攻坚、环境和安全生产

全市扎实推进"春季行动"、"夏季攻势"、"秋季会战"、"冬季对标"行动,全年445个贫困村退出,14.8万贫困人口减贫,3个非贫困县整体退出,2个贫困县摘帽。

按《环境空气质量指数(AQI)技术规定(试行)(HJ633-2012)》评价,市区优良天气数达到246天,比上年减少41天,全省排名第二;环境空气质量综合指数7.04,全省排名第五。

全年全市未发生重大以上事故,安全生产形势总体平稳。

晋中市2017年国民经济和社会发展情况

2017年,全市上下坚持稳中求进总基调,全面落实新发展理念,坚持深化供给侧改革与深化转型综改试验区建设有机结合,坚持以提高发展质量和效益为中心,以新动能转换、新产业壮大、新业态培育、新模式创新为抓手,全面实施"四大战略",突出"八项重点"工作,全市经济发展稳中向好,社会事业全面进步,人民生活水平不断提高。

一、综　　合

据2017年人口抽样调查，年末全市常住人口3365597人，比上年末增加16859人。全年全市出生人口36569人，人口出生率10.89‰；死亡人口19710人，死亡率5.87‰；自然增长率5.02‰。

初步核算，全年全市地区生产总值1284.9亿元，比上年增长6.0%。其中，第一产业增加值111.4亿元，增长2.9%，占生产总值的比重8.7%；第二产业增加值595.2亿元，增长4.4%，占生产总值的比重46.3%；第三产业增加值578.3亿元，增长8.1%，占生产总值的比重45.0%。

人均地区生产总值38274元，按2017年平均汇率计算为5682 美元。

全年全市一般公共预算收入118.1亿元，比上年增长17.1%。税收收入81.8亿元，增长35.0%，其中国内增值税、资源税、企业所得税、个人所得税和城市维护建设税、房产税共计完成税收64.6亿元，增长69.2%。

全年全市一般公共预算支出278.9亿元，增长12.8%。其中，用于民生的支出231.0亿元，增长13.2%，占一般公共预算支出的82.8%。在民生支出中，节能环保支出增长77.4%、农林水支出增长24.7%、城乡社区事务支出增长16.8%、住房保障支出增长14.4%、医疗卫生与计划生育支出增长3.4%、社会保障和就业支出增长2.7%。

全年市区居民消费价格比上年上涨1.7%，其中，食品烟酒类价格下降0.4%。市区商品零售价格上涨2.4%。全市工业生产者出厂价格上涨35.5%，其中，生产资料价格上涨38.9%，生活资料价格下降1.3%。工业生产者购进价格上涨19.8%。农业生产资料价格上涨0.5%。

全年全市城镇新增就业4.2万人。年末城镇登记失业率2.36%。

二、农　　业

全年全市农作物种植面积299.6千公顷，比上年减少2.4千公顷。其中，粮食种植面积252.2千公顷，减少4.6千公顷；蔬菜种植面积39.3千公顷，增加0.3千公顷；油料种植面积1.9千公顷；棉花种植面积8.3公顷。在粮食种植面积中，玉米种植面积211.1千公顷，减少4.1千公顷；小麦种植面积6.1千公顷，与上年持平。果园面积31.2千公顷，增加0.6千公顷。

全年粮食产量176.1万吨，减少8.4万吨，减产4.5%。其中，夏粮2.8万吨，增产4.3%；秋粮173.3万吨，减产4.7%。

全年全市完成造林面积12.5千公顷，增长25.0%。

全年全市肉类总产量22.6万吨，比上年增长6.6%。其中，猪肉产量12.1万吨，增长3.4%；牛肉产量2.1万吨，增长16.7%；羊肉产量1.9万吨，增长5.6%；禽肉产量6.3万吨，增长8.6%。牛奶产量14.3万吨，与上年持平。禽蛋产量16.7万吨，增长3.7%。水产品产量3625吨，增长6.9%。

年末全市农业机械总动力161.1万千瓦，下降16.7%。机械耕地面积267.3千公顷，下降1.4%；机械播种面积249.2千公顷，下降1.9%；机械收获面积147.7千公顷，增长2.6%。全年全市农机化经营总收入15.8亿元，比上年增长4.6%。

三、工业和建筑业

年末全市规模以上工业法人企业523家，比上年增加22家。全年规模以上工业增加值完成477.3亿元，增长4.3%。其中，战略性新兴产业增加值完成20.0亿元，增长6.2%，占比4.2%。在战略性新兴产业中，高端装备制造业增长44.0%，新能源产业增长31.7%，新材料产业增长16.8%，生物产业增长4.4%。

全年全市规模以上工业企业原煤产量7288.6万吨，比上年下降4.6%；发电量192.3亿千瓦时，下降4.4%；焦炭产量1160.7万吨，增长1.7%；粗钢产量215.1万吨，增长29.7%；氧化铝173.3万吨，增长233.9%；汽车产量86252辆，增长633.4%；新能源汽车和光伏电池从无到有，分别生产10988辆、17210 千瓦。

全年全市规模以上工业企业实现主营业务收入1586.9亿元，比上年增长39.7%。其中，煤炭行业、焦炭行业、机械行业、冶金行业、非金属矿制品业、化工行业、电力行业和医药行业分别实现主营业务收入749.4亿元、214.7亿元、158.7亿元、127.6亿元、77.9亿元、67.5亿元、50.0亿元和27.7亿元，分别增长56.1%、67.2%、72.1%、7.6%、10.0%、22.3%、3.8%和12.1%；食品行业实现主营业务收入77.4亿元，下降6.0%。

全年全市规模以上工业实现利税148.1亿元，增长409.2%；实现利润57.3亿元，增加79.5亿元。其中，国有控股企业实现利润7.2亿元。规模以上工业企业每百元主营业务收入中的成本83.3元，下降3.0元。

全年全市建筑业增加值82.9亿元，增长4.2%。资质以上建筑企业总产值241.2亿元，增长7.8%，共签订合同额551.5亿元，增长20.5%。房屋建筑施工面积634.2万平方米，增长2.0%，竣工面积144.1万平方米，下降8.9%。资质以上建筑企业共216家，其中，一级企业7家。

四、能　　源

全年全市全社会用电总量175.06亿千瓦小时。其中，第一产业用电4.58亿千瓦小时，占全社会用电量的比重2.6%；第二产业用电135.84亿千瓦小时，占全社会用电量的比重77.6%，其中工业用电133.66亿千瓦小时；第三产业用电17.77亿千瓦小时，占全社会用电量的比重10.2%；城乡居民生活用电16.87亿千瓦小时，占全社会用电量的比重9.6%。

五、固定资产投资

全年全市固定资产投资（新口径，下同）641.2亿元，增长

6.0%。

在固定资产投资中,基础设施投资完成128.3亿元,增长10.8%。国有及国有控股投资164亿元,增长13.9%。民间投资417 亿元,增长4.1%。

分登记注册类型看,内资企业投资609.7亿元,增长4.9%;外商及港澳台商企业投资13.1亿元,增长17%;个体经营投资18.4亿元,增长45.9%。

分产业看,第一产业投资61.8亿元,下降10.0%;第二产业投资219.7亿元,增长15.5 %;第三产业投资359.7亿元,增长7.8%。

全市工业投资217.9亿元,增长15.0%。其中,煤炭工业投资49.6亿元,增长7%,非煤产业投资168.3亿元,增长17.6 %;传统产业(煤炭、焦炭、冶金、电力)投资合计118.8亿元,增长29.9%,非传统产业投资合计99.1亿元,增长1.1%。

全年全市在建固定资产投资项目1685个。其中,亿元以上项目443个,计划总投资2630.6亿元,完成投资398.7亿元。

全年全市房地产开发投资116.0亿元,下降35.2%。其中,住宅投资75.5亿元,下降33.6%。

六、国内贸易

全年全市社会消费品零售总额607.3亿元,增长6.7%。按经营地统计,城镇消费品零售额389.3亿元,增长7.0%;乡村消费品零售额218.0亿元,增长6.2%。按消费形态统计,商品零售额562.5亿元,增长6.6%;餐饮收入额44.8亿元,增长7.3%。

全年全市限额以上单位消费品零售额185.3亿元,增长3.0%。其中,限额以上批发零售业单位网上零售额3.9亿元,增长21.3%,占限额以上零售额比重2.1%。

全年全市新登记市场主体41205户,增长30.9%。

七、对外经济

全年全市海关进出口总额176086万元,比上年增长26.8%。其中,出口额138847万元,增长16.0%;进口额37239万元,增长94.8%。

全年出口焦炭5.1万吨,比上年下降40.9%,出口金额8882 万元,增长26.2%;出口钢铁管配件1.1万吨,下降10.4%,出口金额11828万元,下降3.8%;出口鲜、干水果及坚果9394 吨,下降30.7%,出口金额5502万元,下降32.0%;出口陶瓷7034吨,增长107.7%,出口金额7540万元,增长147.2%;出口角钢及型钢3.3万吨,下降33.8%,出口金额11662万元,下降10.2%;出口玻璃器皿8119吨,下降9.6%,出口金额18076 万元,增长4.6%;出口电器及电子产品26054万元,增长159.6%;出口高新技术产品707万元,下降67.6%。

全年新签项目(合同)数4个;合同利用外资项目投资总额12400 万美元,下降4.4%;当年实际使用外资金额38595万美元,增长1.9%。

八、交通、邮电和旅游

年末全市公路通车里程16024.7公里,比上年增加36.5公里,增长0.2%;其中高速公路625.0公里。

年末全市民用汽车保有量57.7万辆(包括三轮汽车和低速货车2996辆),比上年末增长9.7%,其中私人汽车51.9万辆,增长10.9%。本年新注册汽车6.7万辆,增长15.5%。年末轿车保有量35.5万辆,增长10.1%,其中私人轿车34.2万辆,增长10.0%。

全年全市完成邮电业务总量35.5亿元。其中,邮政业务总量4.9亿元,电信业务总量30.7亿元。邮政业全年完成邮政函件业务77.3万件,国内普通包裹业务4.7万件,国内标准快递业务量1326.5万件。全年全市固定电话用户年末达到26.3万户。年末移动电话用户331.0万户。其中,3G移动电话用户15.9万户,4G移动电话用户260.5万户。年末全市固定及移动电话用户总数达到357.3万户。全市宽带接入用户71.9万户,手机互联网上网人数286.8万人。

全年全市接待入境旅游者24.47万人次,增长7.7%。其中,外国人15.71万人次,增长8.08%,港澳台8.75万人次,增长7.2%;接待国内旅游者7927.6万人次,增长25.1%。旅游外汇收入13137.1万美元,增长8.3%,国内旅游收入815.60亿元,增长25.3%,旅游总收入823.72亿元,增长25.2%。

九、金　融

年末全市金融机构本外币各项存款余额2571.6亿元,比年初增加205.5亿元,增长8.7%。各项贷款余额1580.0亿元,比年初增加200.1亿元,增长14.5%。

全年全市保费收入72.4亿元,比上年增长26.6%。其中,财产险业务保费收入16.7亿元,增长12.2%;寿险业务保费收入50.4亿元,增长19.4%。全年支付各类赔款及给付8.9亿元,下降48.6%。

十、教育和科学技术

年末全市普通高等学校17所,普通中学232所,小学673所,幼儿园589所。

全年全市专利申请受理量为1832件,其中发明专利申请受理量为428件。全年全市专利授权量为978件,有效发明专利拥有量509件。按照国家高新技术企业认定办法,年末累计认定高新技术产业企业92家,比上年增加8家,高新技术企业销售额达84.6亿元。全市省级以上重点实验室和工程(技术)研究中心总数20家,省级众创空间15家。

十一、文化、卫生和体育

年末全市共有群众艺术馆、文化馆12个,艺术表演团58

个，公共图书馆11个。年末全市公共图书馆图书总藏量达1711千册。文物保护单位1034个，剧院（影剧院）29个。年末全市共有电视台11座，广播电台节目11套。有线电视用户32.4万户。广播节目综合人口覆盖率98.52%，电视节目综合人口覆盖率99.72%。

年末全市共有卫生机构（含诊所和村卫生室）3783个。其中，医院106个，妇幼保健院（所、站）12个，疾病预防控制中心（防疫站）12个。全市卫生机构共有床位15815张，其中，医院床位11656张，卫生院床位3370张。全市卫生机构共有卫生技术人员18247人，其中，执业（助理）医师7129人，注册护士7632人。

年末全市拥有各级体育机关12个，体育运动学校1个，体育场2个，体育馆13个。全市共有二级运动员205人，二级裁判员292人。全市体育电脑彩票销售点310个，全年销售中国体育彩票21300万元。

十二、人民生活和社会保障

全年居民人均可支配收入21128元，增长6.8%。按常住地分，城镇常住居民人均可支配收入30927元，增长6.1%；农村常住居民人均可支配收入12297元，增长6.7%。城镇占调查总户数20%的低收入家庭人均可支配收入12417元，增长8.1%；农村占调查总户数20%的低收入者收入3677元，增长16.1%。全年居民人均消费支出10999元，增长6.3%。按常住地分，城镇居民人均消费支出15052元，增长7.2%；农村居民人均消费支出8097元，增长4.7%。城镇居民家庭恩格尔系数（即居民家庭食品消费支出占家庭消费支出的比重）27.6%，农村居民家庭恩格尔系数27.7%。

年末参加城镇职工基本养老保险42.6万人。参加城乡居民社会养老保险154.6万人，增加0.25万人。参加城镇职工医疗保险54.7万人，增加0.4万人。完成城乡居民基本医疗制度整合并轨，参加城乡居民基本医疗保险306.7万人。参加失业保险32.2万人，减少685人。参加工伤保险38.7万人，增加506人。参加生育保险36.0万人，增加1.6万人。

全年全市纳入城市最低生活保障的居民11140人；纳入农村最低生活保障的居民56862人；纳入农村五保供养17138人。全年共有发放城乡最低保障资金15612万元。

年末全市共有各类提供住宿的社会服务机构71个。其中，老年人与残疾人服务机构56个，提供住宿的社会服务机构床位数6109张。全年全市共有福利彩票销售点327个，福利彩票销售收入31152万元。

十三、资源、环境和安全生产

年末全市森林面积253.6千公顷。全市自然保护区总数5个，自然保护区面积97.8千公顷，占全市国土面积的6.0%。

按照《环境空气质量标准》（GB3095-2012）中规定的六项污染物评价，2017年全市环境空气优良天数范围在106-276天之间，其中市城区183天；环境空气综合污染指数范围在5.3-10.74之间，其中市城区为7.68。

全年全市河流监测的11个断面中，达到Ⅲ类以上（包括Ⅰ、Ⅱ、Ⅲ类）水质标准的断面7个，占监测断面总数的63.6%；劣Ⅴ类水质标准的断面3个，占监测断面总数的27.27%。

年末全市污水处理厂集中处理率96.98%。全市生活垃圾无害化处理率100%。建成区绿化覆盖率达到35.84%。

全年全市安全生产事故死亡192人，煤炭生产安全事故死亡人数20人。全市亿元GDP生产安全事故死亡率0.1549；煤炭生产百万吨死亡率为0.42；特种设备万台死亡率为0。

阳泉市2017年国民经济和社会发展情况

2017年，全市深入贯彻落实党的十九大精神和习近平总书记视察山西重要讲话精神，全面落实省委、省政府一系列战略部署，着力完善实施“36”字调产思路，坚持稳中求进工作总基调，坚持供改和综改相结合，推动经济提质增效、优化升级。全市经济运行稳中有进、稳中向好、好于预期，经济总量稳步增加，财政收入较快增长，人民生活水平进一步提高，社会保持和谐稳定，全市经济社会发展取得新成就。

一、综　　合

初步核算，全市全年实现地区生产总值672亿元，按可比价计算，增长6.3%。其中，第一产业完成增加值10.4亿元，增长3.0%；第二产业完成增加值320.4亿元，增长5.6%；第三产业完成增加值341.2亿元，增长7.1%；三次产业构成由2016年1.7:48.0:50.3调整为1.5:47.7:50.8。人均地区生产总值47790元，按2017年平均汇率计算为7078美元。

据2017年人口变动抽样调查，年末全市常住人口为140.88万人，比上年末增加0.52万人。全市全年出生人口1.33万人，人口出生率为9.46‰，比上年提高0.59个千分点；死亡人口0.81万人，死亡率为5.74‰，比上年提高0.66个千分点；自然增长率为3.72‰，比上年下降0.07个千分点。

从城乡结构看，全市城镇常住人口95.18万人，比上年末增加1.6万人，农村常住人口45.7万人；城镇化率为67.56%，比上年提高0.88个百分点，居全省第二位。

全年居民消费价格同比上涨1.4%，其中食品价格下降0.9%。商品零售价格上涨0.8%。工业生产者出厂价格上涨8.1%，其中生产资料价格上涨7.7%，生活资料价格上涨7.7%。工业生产者购进价格上涨14.8%。

全年全市城镇新增就业25326人。转移农村劳动力11626人。年末城镇登记失业率3.11%，低于省定4.2%的控制目标。

二、农　业

全年农作物种植面积5.5万公顷,下降1.5%。其中粮食种植面积5.3万公顷,下降2.5%;油料种植面积123.5公顷,增长32.4%。在粮食种植面积中,玉米种植面积4.5万公顷,下降3.4%。

全年肉类总产量2.1万吨,增长5.1%。其中,猪肉产量1.6万吨,增长4.7%;牛肉产量0.04万吨,增长70.2%;羊肉产量0.1万吨,增长17.4%。牛奶产量0.6万吨,下降18.2%。禽蛋产量3.3万吨,下降2.2%。水产品产量701吨,增长12.8%。

全年完成造林面积3.7千公顷,增长21.1%;其中,人工造林面积3.3千公顷,增长18.8%。荒山荒地造林面积3.3千公顷。

年末全市农业机械总动力33.1万千瓦,下降21.5%。机械耕地面积4.2万公顷,下降0.7%;机械播种面积4.4万公顷,机械收获面积1.7万公顷,分别比上年增长1.1%和0.8%。全市农机化经营总收入达到2.1亿元,增长5.0%。

三、工业和建筑业

全市规模以上工业企业达到123个,实现工业增加值217亿元,增长5.5%。

规模以上工业企业原煤产量5132.6万吨,增长1.1%。洗煤2388.1万吨,下降29.9%;电力125.5亿千瓦时,增长27.7%。

全年规模以上工业企业实现主营业务收入739.1亿元,增长21.3%;实现利税40.1亿元,增长91%;其中,实现利润总额-16.4亿元,同比多盈利1.8亿元;实现税金56.5亿元,增长44.1%。企业“两项资金”占用144.7亿元,下降9.7%,其中,应收账款118.1亿元,下降14.3%;产成品26.6亿元,增长18.8%。亏损企业54家,亏损面为43.9%;亏损额34.1亿元,增长30.7%。

全年建筑业实现增加值50.8亿元,增长6.2%。具有建筑业资质等级的总承包和专业承包建筑业企业实现利润总额0.3亿元,下降83.9%;上缴税金4.6亿元,增长96.7%。

四、固定资产投资

全年全社会固定资产投资(新口径,下同)完成245.7亿元,同口径比较,增长6.6%。其中,第一产业投资3.0亿元,下降88.8%;第二产业投资149.7亿元,增长51.3%;第三产业投资93.0亿元,下降11%。按登记注册类型分,国有经济控股投资147.9亿元,增长29.4%。按主要行业分,工业投资149.7亿元,增长51.3%;基础设施投资36.1亿元,下降24.9%;其他投资59.9亿元,下降28.2%。

全年固定资产投资建成投产(不含房地产)项目193个,项目建成投产率为53.0%;新增固定资产106.6亿元,固定资产交付使用率为49.5%。

全年房地产开发投资30.3亿元,下降52.7%。按工程用途分,商品住宅投资23.3亿元,下降55.1%;商业营业用房投资3.4亿元,下降46.8%。

全年保障性住房建设实际完成投资41.6亿元,开工新建各类保障性住房16924套,基本建成保障性住房及棚户区改造住房12776套。

五、能　源

全年一次能源生产折标准煤3788.8万吨,增长0.7%,二次能源生产折标准煤277.81万吨,增长18.6%。

初步核算,全年全社会能源消费总量859.51万吨标准煤,比上年增长2.87%;万元地区生产总值能耗1.3130吨标准煤,下降3.21%。全年规上工业综合能源消费量折标准煤565.88万吨,上升0.7%。主要耗能工业企业单位产品能源消耗有:吨原煤生产综合能耗6.27千克标准煤/吨,下降10.6%;炼焦工序单位能耗147.74千克标准煤/吨,下降3.6%;电厂火力发电标准煤耗300.47克标准煤/千瓦时,上升0.4%;单位氧化铝综合能耗422.14千克标准煤/吨,上升3.0%。

全年全市全社会用电总量82.9亿千瓦时,增长16.5%。其中,第一产业用电0.6亿千瓦时,增长8.3%;第二产业用电66.9亿千瓦时,增长18.1%,其中工业用电66.4亿千瓦时,增长18.0%;第三产业用电9.3亿千瓦时,增长14.3%;城乡居民生活用电6.1亿千瓦时,增长4.4%。一、二、三产及城乡居民生活用电占全社会用电量比重分别为0.8%、79.6%、11.4%、8.2%。

六、国内贸易

全年社会消费品零售总额完成325.0亿元,增长6.1%。其中,城镇消费品零售额293.2亿元,增长5.9%;乡村消费品零售额31.8亿元,增长8.2%。

七、对外经济

全年海关进出口总额12336万美元,下降6.6%,其中,出口额8630万美元,下降13.4%,进口额3706万美元,增长14.3%。

全年全市新设立外商直接投资企业2家;按全口径统计实际使用外商直接投资金额11501万美元,下降63.1%。

八、交通、邮电和旅游

全年交通运输、仓储和邮政业实现增加值50亿元,增长12.1%。公路线路年末里程5660.4公里,比上年末增加2.2公里。全年铁路货运量4497.1万吨,增长3.7%,铁路客运量264万人,增长1.3%。

全市民用汽车保有量达到21.7万辆(包括三轮汽车和低速货车),增长9.9%,其中私人汽车19万辆,增长11.3%。轿车保有量13.4万辆，增长10.9%，其中私人轿车12.6万辆，增长11.7%。

全年完成邮电业务总量16.2亿元。其中，邮政业务总量2.3亿元，增长26.7%；电信业务总量13.9亿元。移动电话用户达到142.2万户，下降3.4%，其中4G移动电话用户年末达79.8万户。全市互联网接入用户达到47万户，增长26.3%。

按照旅游统计口径计算，全年全市旅游总收入达到283.93亿元，增长25.8%；星级宾馆达到10个，旅行社37个，A级旅游景区(点)11个。

九、财政、金融和保险

全年一般公共预算收入完成50亿元，增长21.1%。其中，税收收入37.9亿元，增长38.5%，国内增值税、营业税、企业所得税、个人所得税、资源税和城建税共计完成税收30.9亿元，分别增长76.9%、下降99.0%、增长175.8%、增长56.0%、增长65.7%和增长19.3%。

一般公共预算支出105.8亿元，增长10.5%。其中，农林水事务支出下降1.2%，教育支出增长4.6%，社会保障和就业支出增长18.8%，医疗卫生与计划生育支出增长1.3%，节能环保支出增长21.4%，文化体育与传媒支出增长1.8%，城乡社区支出增长8.9%，公共安全支出增长1.0%。

全市金融机构本外币各项存款余额1484.6亿元，比年初增长8.5%。各项贷款余额884.7亿元，比年初增长19.1%。

全年保费收入31.66亿元，增长6.9%。其中，寿险业务保费收入20.27亿元，下降0.4%；健康险和意外伤害险业务保费收入3.32亿元，增长41.3%；财产险业务保费收入8.07亿元，增长16.8%。支付各类赔款及给付13.85亿元，增长0.58%。其中，寿险业务给付7.15亿元，增长3.9%；健康险和意外伤害险业务赔款及给付1.33亿元，增长33.0%；财产险业务赔款5.37亿元，下降9.1%。

十、教育和科学技术

年末全市普通高等学校2所，全年农民实用技术培训6.7万人次。

全年全市专利申请量为1107件，减少21.6%，其中发明专利申请量为439件，增长7.6%；全市专利授权量为360件，减少5.7%，其中发明专利授权量为18件，减少21.7%。

全年共取得市级以上科研成果41项，其中市级37项，省级4 项。全年共签订各类技术合同154项，技术合同成交总额2.5亿元。全年新登记科技成果26项。获得省级科学技术奖4项。国家认定企业技术中心1家，省级企业技术中心10家，市级企业技术中心30家。全市高新技术企业达到42家。

十一、文化、卫生和体育

全市共有群众艺术馆、文化馆6个、艺术表演团体6个、公共图书馆6个。年末有线电视用户33.2万户。全年共发行《阳泉日报》621万份。

年末全市共有卫生机构(含诊所、村卫生室)1548个，编制床位6957张。妇幼保健院(所、站)6个。全市卫生机构共有卫生技术人员10162人。

我市运动员在国内外重大比赛中获金、银、铜牌分别为36 枚、33枚和53枚(包括非奥运项目比赛)。全市销售体育彩票1.18亿元，比上年翻了近一番。

十二、人民生活和社会保障

全市城镇常住居民人均可支配收入29581元，增长6.4%。农村常住居民人均可支配收入12963元，增长6.5%。

城镇占调查总户数20%的低收入户人均可支配收入10052 元，增长8.2%；农村占调查总户数20%的低收入户收入5553 元，增长14.8%。

年末参加城镇职工基本养老保险31.09万人，比上年增加2.23万人；参加城乡居民养老保险44.09万人，比上年增加0.03万人；城镇职工基本医疗保险参保38.60万人，城乡居民基本医疗保险参保81.56万人；参加工伤保险26万人，比上年增加0.22万人；参加失业保险25.12万人，与上年持平；参加生育保险24.67万人，比上年增加0.09万人。

全市三区两县的最低工资标准：城区、矿区、郊区为1700元，平定县、盂县为1500元，均比上年提高80元。

全市全年共有城市最低生活保障对象3.43万人，比上年减少999人，农村最低生活保障对象4.08万人，比上年增加217 人，0.63万人纳入农村五保供养，全年共发放最低保障资金2.45亿元。比上年增加0.24亿元。

年末全市共有救助站3个。共有各类提供住宿的社会服务机构28个，养老服务机构床位数1995张，各类福利院床位数350 张，收养102人。城镇各种社区服务设施576个，其中综合性社区服务中心90个。全年销售福利彩票1.99亿元，接收社会捐赠款10万元。

十三、资源、环境和安全生产

2017年林地面积达13.0万公顷，全市森林覆盖率达28.5%。

2017年，市区大气环境质量达标天数193天，达标天数比例54.8%，PM2.5平均浓度61微克/立方米，同比下降3.2%；PM10 平均浓度116微克/立方米，同比下降11.5%；空气质量综合指数7.28，同比下降4.6%，在全省11个地市中排名第六。

全年各类自然灾害造成直接经济损失6916.74万元；农作物受灾面积1.07万公顷，其中，绝收0.11万公顷。

全年共发生生产安全事故24起，与上年持平；死亡26人，减少5人，下降16.13%。全市全年煤炭百万吨死亡率为0。

长治市2017年国民经济和社会发展情况

2017年,全市上下在市委、市政府的坚强领导下,坚持以习近平新时代中国特色社会主义思想为指引,深入贯彻习总书记视察山西重要讲话精神,全面落实省委"一个指引、两手硬"重大思路和要求,认真践行新发展理念,坚持稳中求进工作总基调,深入推进供给侧结构性改革,全力实施创新驱动、转型升级战略,统筹做好稳增长、促改革、调结构、惠民生、防风险各项工作,全市经济增长步入合理区间,各项社会事业发展取得显著成绩,全面建成小康社会迈出崭新步伐。

一、综　　合

初步核算,全年全市生产总值1477.5亿元,比上年增长7.0%。其中,第一产业增加值62.8亿元,增长3.1%,占生产总值的比重为4.2%;第二产业增加值793.4亿元,增长7.2%,占生产总值的比重为53.7%;第三产业增加值621.3亿元,增长7.2%,占生产总值的比重为42.1%。第三产业中,金融保险业增加值92.6亿元,增长8.3%;交通运输、仓储和邮政业增加值86.3亿元,增长8.0%;房地产业增加值94.2亿元,增长7.3%。

人均地区生产总值42887元,按2017年平均汇率计算为6352 美元。

全年全市公共财政预算收入132.3亿元,增长34.3%。税收收入102.9亿元,增长58.0%,其中国内增值税、营业税、企业所得税、个人所得税、资源税和城建税共计完成税收88.0亿元,增长67.9%。公共财政预算支出268.5亿元,增长14.8%。其中农林水事务支出增长5.7%,社会保障和就业支出增长6.9%,医疗卫生支出增长6.8%,文化体育与传媒支出增长15.7%,节能环保支出增长33.0%。

居民消费价格比上年上涨1.5%,其中,食品烟酒价格下降1.3%。商品零售价格上涨0.9%。工业生产者出厂价格上涨13.2%;工业生产者购进价格上涨22.1%。

全年全市城镇新增就业4.5万人。转移农村劳动力4.6万人。年末城镇登记失业率1.98%。

二、农　　业

全年全市粮食种植面积239.2千公顷,比上年减少3.7千公顷;油料种植面积3.6千公顷,比上年增加1.0千公顷;棉花种植面积0.01千公顷,比上年减少0.02千公顷。在粮食种植面积中,玉米种植面积201.8千公顷,比上年减少3.7千公顷;小麦种植面积5.1千公顷,比上年减少0.4千公顷。

全年粮食产量163.1万吨,比上年增加1.4万吨,增产0.9%。其中,夏粮2.6万吨,减产0.9%;秋粮160.5万吨,增产0.9%。

全年全市猪牛羊肉总产量9.1万吨,比上年增长3.5%。其中,猪肉产量7.8万吨,增长2.0%;牛肉产量0.5万吨,增长17.4%;羊肉产量0.8万吨,增长11.1%。年末生猪存栏62.4万头,生猪出栏100.9万头。牛奶产量1.64万吨,下降7.1%。禽蛋产量13.7万吨,下降0.9%。

三、工业和建筑业

年末全市规模以上工业企业319家。全年全市规模以上工业增加值增长7.4%。

规模以上工业企业原煤产量1.1亿吨,增长3.4%;发电量287.1亿千瓦时,增长5.1%;焦炭产量1329.9万吨,下降3.5%;钢材产量448.5万吨,下降9.5%。

规模以上工业企业实现主营业务收入1730.1亿元,增长34.9%。其中,煤炭、焦炭、冶金和电力工业分别实现主营业务收入842.4亿元、265.4亿元、172.4亿元和82.8亿元,分别增长34.5%、75.1%、79.6%和9.2%;化学、非金属矿物制品、装备制造和医药工业分别实现主营业务收入95.2亿元、32.4亿元、73.4亿元、35.3亿元,分别增长34.5%、4.8%、8.4%和1.0%。

规模以上工业实现利税341.9亿元,增长119.8%;实现利润189.8亿元,增长194.5%。

全年全市建筑业实现增加值58.7亿元,比上年增长6.5%。

四、固定资产投资

按新口径统计,全年固定资产投资614.2亿元,增长6.4%。其中,国有及国有控股投资205.0亿元,增长29.3%。

分产业看,第一产业投资64.6亿元,下降33.0%;第二产业投资258.3亿元,增长4.5%;第三产业投资291.3亿元,增长15.3%。在第二产业中,工业投资257.9亿元,增长3.9%。其中,煤炭工业投资56.9亿元,增长26.3%。

全年全市在建固定资产投资项目1176个。其中,5亿元以上项目77个,计划总投资1658.5亿元,完成投资167.5亿元。

全年房地产开发投资72.3亿元,增长6.6%。其中,住宅投资51.3亿元,增长5.8%;办公楼投资2.2亿元,增长43.4%;商业营业用房投资10.5亿元,增长45.1%。

五、国内贸易

全年全市社会消费品零售总额607.8亿元,增长7.3%。其中,城镇消费品零售额492.9亿元,增长7.2%;乡村消费品零售额114.9亿元,增长7.6%。

六、对外经济

全年全市进出口总额52369万元,下降2.6%。其中,进口额26519万元，下降24.1%；出口额25850万元，增长37.0%。

全年全市新设立外商直接投资企业4家；实际利用外商直接投资38469.7万美元，下降19.0%。

七、交通、邮电和旅游

年末全市公路线路里程11797.3公里，其中高速公路338.6公里。

年末全市民用汽车保有量48.9万辆（包括三轮汽车和低速货车0.39万辆），比上年末增长9.4%，其中私人汽车44.3万辆，增长10.1%。本年新注册汽车5.8万辆，增长10.6%。年末轿车保有量30.0万辆，比上年末增长9.5%，其中私人轿车28.4万辆，增长10.4%。

按新口径统计，全年全市完成邮电业务总量46.3亿元。其中，邮政业务总量4.7亿元；电信业务总量41.6亿元。年末移动电话用户达到325.8万户，其中，3G移动电话用户达到10.4万户，4G移动电话用户达到235.8万户。全市互联网接入用户66.6万户，其中，新增互联网用户13.5万户。

全年全市商业住宿设施接待入境过夜游客2.7万人次，接待国内旅游者4808.4万人次，分别增长5.7%和28.2%；旅游外汇收入1620.4万美元，国内旅游收入460.2亿元，旅游总收入461.2亿元，分别增长3.8%、25.0%和25.0%。

八、金　　融

年末全市金融机构本外币各项存款余额2390.4亿元，比年初增加268.3亿元，比年初增长12.6%。各项贷款余额1357.1亿元，增加160.3亿元，比年初增长13.4%。

全年全市保费收入65.0亿元，增长29.8%。其中，寿险业务保费收入41.7亿元，增长35.0%；健康和意外险业务保费收入7.5亿元，增长35.6%；财产险业务保费收入2.7亿元，增长27.3%；车险业务保费收入13.1亿元，增长13.7%。全年支付各类赔款及给付20.2亿元，增长11.0%。其中，寿险业务保费赔付10.9亿元，增长18.1%；健康和意外险业务保费赔付1.7亿元，增长119.8%；财产险业务保费赔付0.8亿元，增长0.9%；车险业务保费赔付6.7亿元，下降8.5%。

九、教育和科学技术

年末全市普通高等学校5所；中等职业学校49所；普通高中51 所；初中157所，小学525所。

全年专利申请量与授权量分别为1147件和627件。全年全市共签订各类技术合同69项，技术合同成交总额3.8亿元。

年末全市共有产品质量检验机构1个。全年对71户企业实施了产品认证，对7种产品进行了监督抽查。全市共有法定计量技术机构19个，全年完成强制检定计量器具11.96万台件。

十、文化、卫生和体育

年末全市共有艺术表演团体19个，文化馆14个，公共图书馆14个，公共图书馆藏书量198万册。全市广播电台13座，电视台18座，广播、电视综合人口覆盖率分别达到99.78%和99.75%，年末全市有线电视用户达到49.0万户，其中接收数字信号用户38.0万户。

年末全市共有医疗卫生机构4642个，其中医院、卫生院246 个，妇幼保健机构15个，疾病预防控制中心14个，卫生监督机构14个。病床位17555张，其中医院、卫生院13524张。卫生技术人员22135人，其中医生8252人，注册护士8737人，药剂人员987人。乡镇卫生院132个，床位2808张，乡村医生和卫生技术人员7310人。全市新型农村合作医疗参合率98.2%。

全年全市运动员在各类体育比赛中获得世界冠军1个，全国冠军12个，全省冠军73个。

十一、人口、人民生活和社会保障

年末全市总人口为345.5万人，比上年末增加2.0万人。全年全市出生人口4.0万人，人口出生率为11.69‰；死亡人口2.1万人，死亡率为6.01‰；自然增长率为5.68‰。性别比（女=100）为104.63。

全年城镇常住居民人均可支配收入30060元，比上年增长7.0%；农村常住居民人均可支配收入12705元，比上年增长7.1%。城镇居民家庭恩格尔系数（即居民家庭食品消费支出占家庭消费支出的比重）25.4%，农村居民家庭恩格尔系数35.2%。

年末参加基本养老保险208.35万人，其中企业职工46.80万人，参加新型农村社会养老保险138.14万人；参加城镇职工基本医疗保险60.74万人；参加城乡居民基本医疗保险244.65万人；参加失业保险41.57万人；参加工伤保险57.13万人，其中农民工24.82万人；参加生育保险43.92万人。

全年全市纳入城市最低生活保障的居民3.0万人，发放城市低保资金1.2亿元；纳入农村最低生活保障的居民10.8万人，发放农村低保资金2.5亿元。

年末全市各类福利院床位数11176张，收养5127人。城镇各种社区服务设施360个。全年销售社会福利彩票2.4亿元，接收社会捐赠款71万元。

十二、城市建设、资源、环境

年末城市交通运营车辆1260辆，其中市区公共汽车537辆。出租汽车3201辆，其中市区出租车1801辆。市区有公园4座，总面积127公顷。全年市区供水总量9424万吨，人均日生活用水量125.52升。全年液化气供气总量4160吨，天然气供应量7296.58万立方米，其中生活用天然气3163.95万立方米。燃气普及率96.5%，比上年增长2.8个百分点。市区集中供热面积4450万平方米,其中住宅供热面积3680万平方米。市区污水处理能力27.5万吨/日,全年污水处理量8036.95万吨。生活垃圾年清运量23.4万吨。

年末全市森林面积442.3千公顷,森林覆盖率31.7%。本年度检查验收合格造林面积21千公顷。全市有自然保护区2个,面积46.9千公顷,占全市总面积的3.4%。

年末全市大中型水库蓄水总量2.67亿立方米,比上年增长6.8%。全年总用水量5.29亿立方米。其中,生活用水1.11亿立方米。

全市达Ⅲ类水质标准的断面比例88.2%。城市集中式饮用水源地辛安泉水质达标率达到100%。

晋城市2017年国民经济和社会发展情况

2017年,全市上下坚持以习近平新时代中国特色社会主义思想为指引,按照省委"一个指引、两手硬"工作思路和要求,努力践行新发展理念,结构调整深入推进,转型升级势头强劲,民生保障持续改善,经济运行的积极因素不断累积,经济增长总体平稳。

一、综　合

初步核算,全年全市生产总值1151.5亿元,按可比价格计算,比上年增长6.1%。其中,第一产业增加值50.7亿元,增长1.3%,占生产总值的比重为4.4%;第二产业增加值618.9亿元,增长5.1%,占生产总值的比重为53.7%;第三产业增加值481.9亿元,增长8.0%,占生产总值的比重为41.9%。第三产业中,金融保险业增加值75.2亿元,增长8.0%;交通运输、仓储和邮政业增加值85.4亿元,增长12.0%;批发和零售业增加值65.0亿元,增长3.0%;住宿和餐饮业增加值32.9亿元,增长6.4%;营利性服务业增加值50.0亿元,增长9.6%。人均地区生产总值49487元,按2017年平均汇率计算为7326美元。

全年全市财政总收入216.0亿元,增长27.8%。其中,增值税98.8亿元,增长71.7%;企业所得税30.2亿元,增长18.3%;个人所得税6.9亿元,增长21.0%;资源税33.8亿元,增长78.5%。一般公共预算收入101.4亿元,增长13.5%。其中,税收收入75.0亿元,增长35.7%。一般公共预算支出178.7亿元,增长3.4%。其中,科学技术支出增长34.0%,教育支出增长0.4%,农林水事务支出增长0.6%,社会保障和就业支出增长5.5%,文化体育与传媒支出下降8.1%,医疗卫生和计划生育支出增长5.1%,节能保护支出增长19.0%。

居民消费价格比上年上涨0.6%。工业生产者出厂价格上涨23.4%,工业生产者购进价格上涨20.9%。

全年全市城镇新增就业4.52万人。年末城镇登记失业率1.74%。

二、农　业

全年全市农作物种植面积173.5千公顷,减少6.8千公顷。其中,粮食种植面积162.6千公顷,减少6.4千公顷;油料种植面积2.3千公顷,增加0.2千公顷;棉花种植面积0.1千公顷,减少0.05千公顷。在粮食种植面积中,玉米种植面积85.6千公顷,减少2.6千公顷;小麦种植面积42.2千公顷,减少0.9千公顷。

全年粮食产量83.6万吨,减少6.4万吨,下降7.2%。其中,夏粮20.7万吨,增长12.0%;秋粮62.9万吨,下降12.1%。

全年完成造林面积0.8千公顷,下降55.7%。其中,经济林面积0.08千公顷,下降86.7%。全年木材产量7602立方米,增长4.8%。

全年全市肉类总产量16.2万吨,下降2.1%。全年猪牛羊肉总产量14.0万吨,下降5.1%。其中,猪肉产量13.3万吨,下降4.7%;牛肉产量0.1万吨,下降42.3%;羊肉产量0.6万吨,下降5.1%。年末生猪存栏95.9万头,下降6.9%;生猪出栏178.9万头,下降4.9%。牛奶产量0.05万吨,下降18.1%;禽蛋产量8.5万吨,增长2.5%;水产品产量0.2万吨,下降3.8%。

全年全市设施蔬菜产量9.7万吨,下降12.0%;食用菌1.1万吨,下降13.6%;蚕茧0.2万吨,下降23.0%;蜂蜜0.2万吨,下降13.0%;药材0.8万吨,增长9.2%。

年末全市农业机械总动力58.6万千瓦,下降46.6%。机械耕地面积141.1千公顷,下降4.4%;机械播种面积124.2千公顷,下降3.9%;机械收获面积92.9千公顷,下降2.5%。全市农机化经营总收入5.3亿元,增长7.8%。

三、工业和建筑业

年末全市规模以上工业企业242家。全年规模以上工业增加值比上年增长5.5%。

全年全社会原煤产量9462万吨,增长2.9%;规模以上工业发电238亿千瓦时,增长5.3%;水泥232万吨,增长20.1%;农用化肥(折纯)234万吨,下降9.8%;焦炭50.0万吨,增长50.3%;钢材350万吨,下降1.3%;生铁408万吨,下降2.2%。

全年规模以上工业企业实现主营业务收入1335.6亿元,增长41.1%。其中,煤炭、冶铸、装备制造、化工、电力和煤层气开采六大行业分别实现主营业务收入733.8亿元、149.6亿元、147.3亿元、103.2亿元、77.3亿元和62.7亿元,分别增长58.5%、40.5%、19.0%、26.1%、7.1%和33.1%;建材、医药、炼焦和食品制造工业分别实现主营业务收入16.8亿元、7.4亿元、3.9亿元和1.7亿元,分别增长31.7%、52.8%、34.2%和34.6%。

规模以上工业实现利税260.0亿元,增长94.8%;实现利润134.3亿元,增长152.8%。

年末全市具有资质等级的总承包和专业承包建筑业企业113家,完成总产值56.3亿元,增长0.3%;房屋施工面积

352.8万平方米，下降6.2%；签订合同额134.3亿元，增长12.5%。

四、固定资产投资

全年全市固定资产投资（新口径）完成430.7亿元，同口径增长6.3%。其中，国有及国有控股投资161.2亿元，增长20.1%；港澳台及外商投资26.3亿元，下降12.1%；民间投资243.5亿元，下降15.4%。

在固定资产投资中，第一产业投资31.3亿元，下降26.1%；第二产业投资172.3亿元，增长12.7%；第三产业投资227.1亿元，下降2.5%。在第二产业中，工业投资172.1亿元，增长13.1%。

全年全市在库项目1002个。其中，5亿元以上项目64个，计划总投资1189.1亿元，本年完成投资132.4亿元，占全市固定资产投资的比重为30.7%。

全年房地产开发投资70.9亿元，下降11.8%。其中，住宅投资55.8亿元，下降5.3%；商业营业用房投资8.5亿元，下降22.9%。

全年房屋新开工面积158.9万平方米，下降12.1%。其中，住宅新开工面积123.3万平方米，下降1.6%。商品房销售面积140.3万平方米，增长7.4%。其中，住宅销售面积134.8万平方米，增长6.4%。商品房销售额65.6亿元，增长8.8%。其中，住宅销售额62.3亿元，增长7.1%。房地产开发企业土地购置面积21.0万平方米，下降7.8%。房地产开发企业本年实际到位资金64.9亿元，下降9.4%。其中，国内贷款下降9.3%，自筹资金下降14.0%，其他资金下降5.9%。

五、能　　源

全年全市一次能源生产折标准煤7166.0万吨，增长2.4%；二次能源生产折标准煤3006.5万吨，增长6.0%。

全年全市向省外运输煤炭6154.8万吨，下降0.96%，外运煤炭占原煤产量67.24%。向省外输送电力175.7亿千瓦小时，增长8.6%，外输电量占发电量的72.1%。

全年全市全社会用电总量192.5亿千瓦小时。其中，第一产业用电1.7亿千瓦小时，占全社会用电量的0.9%；第二产业用电171.1亿千瓦小时，占全社会用电量的88.9%，其中，工业用电170.0亿千瓦小时；第三产业用电10.7亿千瓦小时，占全社会用电量的5.6%；城乡居民生活用电9.0亿千瓦小时，占全社会用电量的4.7%。

六、国内贸易

全年全市社会消费品零售总额415.0亿元，增长7.5%。按经营地统计，城镇消费品零售额352.5亿元，增长7.0%；乡村消费品零售额62.5亿元，增长10.0%。

七、对外经济

全年全市海关进出口总额46.8亿元，增长17.6%。其中，进口额34.2亿元，增长18.3%；出口额12.6亿元，增长15.7%。

全年出口煤炭22万元，下降75.4%；出口钢材2.2亿元，下降1.2%；出口机电产品10.4亿元，增长19.5%；出口高新技术产品3.8亿元，增长22.5%；出口电器及电子产品6.1亿元，增长20.4%；出口计算机及通信技术产品2.5亿元，增长45.0%。

全年进口铁矿砂13.4亿元，下降12.9%；进口机电产品15.6亿元，增长45.3%；进口集成电路4.1亿元，下降6.0%；进口机械设备4.5亿元，增长198.0%；进口电子技术产品5.0亿元，下降5.8%；进口计算机集成制造技术产品3.5亿元，增长296.3%。

全年全市按全口径统计实际使用外商直接投资金额20048 万美元，增长11.4%。

八、交通、邮电和旅游

年末全市公路线路里程9325.6公里。其中，高速公路388.6公里。

年末全市民用汽车保有量40.3万辆（包括三轮汽车和低速货车0.3万辆），比上年末增长10.8%。其中，私人汽车36.7万辆，增长11.6%。本年新注册汽车4.3万辆，下降1.6%。年末轿车保有量27.1万辆，增长11.0%。其中，私人轿车25.9万辆，增长11.6%。

全年全市完成邮电业务总量33.1亿元。其中，邮政业务总量1.4亿元；电信业务总量31.7亿元。年末移动电话用户249.2万户，全市宽带接入用户56.3万户。

年末全市共有A级景区20个。其中，5A级景区1个，4A级景区7个，3A级景区11个，2A级景区1个。共有星级饭店18家。其中，五星级2家、四星级10家、三星级5家、二星级1家。全年全市接待海外旅游者13706人次，接待国内旅游者4848.32万人次，分别增长6.92%和24.79%；旅游外汇收入768.66万美元，国内旅游收入444.08亿元，旅游总收入444.56亿元，分别增长7.66%、24.66%和24.66%。

九、金融、证券和保险

年末全市金融机构本外币各项存款余额2068.1亿元，比年初增加106.9亿元，增长5.5%。各项贷款余额1222.8亿元，比年初增加131.0亿元，增长12.0%。

年末全市农村金融合作机构（农村信用社、农村合作银行、农村商业银行）人民币贷款余额200.5亿元，比年初增加24.3亿元，增长13.8%；人民币存款余额501.3亿元，比年初增加49.3亿元，比年初增长10.9%。

年末全市共有证券营业部6家，从业人员90人。累计资金开户数145967户，银证转入资金52.1亿元，下降13.1%，新增资产总额2.2亿元。全年营业收入0.39亿元，下降30.4%；利润总额0.09亿元,下降50.4%。

全年全市保费收入46.3亿元,增长21.0%。其中,寿险业务保费收入28.2亿元,增长22.0%;财产险业务保费收入12.4亿元,增长8.2%。

十、教育和科学技术

年末全市普通高等学校1所,独立设置的成人高等学校1所。高中阶段毛入学率95.88%。

全年全市组织实施各类科技项目72项(省级30项、市级42项)。在省级项目中,列入重点研发一般项目3项,重点研发重点项目1项,成果转化项目3项,农村技术承包项目22项,平台基地专项项目1项。全年全市技术市场交易成交333项,交易额10.12亿元;有效发明专利拥有量414件;省级科技成果鉴定2项;新认定国家级众创空间1家,新备案国家级星创天地1家,新认定国家高新技术企业10个,新认定省级众创空间5个,新认定省民营科技企业8个。截止2017年末,全市拥有国家级星创天地2个,国家级众创空间1个,国家级重点实验室1个,省级众创空间9个,省级及以上重点实验室和省级工程技术研究中心3个,省级科技企业孵化器1家,省级民营科技企业46个,省级科普基地11个,省级创新型企业11个,省级创新型试点企业2个,省级农业科技园区2个,省级星火示范基地3个。

十一、文化、卫生和体育

年末全市共有艺术表演团体10个,新创作首演剧目2个;演出场次3270场,演出收入1892万元;全市共有艺术表演场馆4个,群众艺术馆1个,文化馆6个,美术馆2个,公共图书馆7个,总藏书130万册。

年末全市共有各级医疗卫生机构3128个,其中妇幼保健院(所、站)7个。医院和卫生院床位11.3千张,卫生专业技术人员1.29万人,每千人拥有病床5.1张,每千人拥有医生数2.3人。村卫生室覆盖率100%、县乡村三级医疗机构达标率均为100%。全年各县(市、区)的儿童“五苗”全程接种率以乡镇为单位均达到了90%以上。碘盐覆盖率达到97.78%,合格碘盐食用率达到90.84%,各种地方病得到了有效控制。全市乡镇卫生监督站覆盖率达到100%。

年末全市拥有各级各类体育场馆6215个,中小学体育锻炼标准达标人数达223623人。全年我市运动员在省级以上重大比赛中获金、银、铜牌分别为65枚、67枚和68枚(包括非奥运项目比赛)。全市销售中国体育彩票2.8亿元,增长59.2%。

十二、人口、人民生活和社会保障

据2017年人口抽样调查,年末全市常住人口为233.30万人,比上年末增加1.22万人。全年全市出生人口2.39万人,人口出生率为10.26‰;死亡人口1.17万人,死亡率为5.03‰;自然增长率为5.23‰。出生人口性别比为102.33(以女性人口为100)。

全年居民人均可支配收入22039元,增长7.1%。按常住地分,城镇居民人均可支配收入30142元,增长6.8%,城镇居民人均消费支出18158元,增长4.6%;农村居民人均可支配收入12511元,增长7.5%,农村居民人均消费支出9278元,下降0.2%。按全市居民五等份收入分组,城镇低收入组人均可支配收入12204元,增长8.8%;农村低收入组人均可支配收入5426元,增长15.3%。城镇居民家庭恩格尔系数(即居民家庭食品消费支出占家庭消费支出的比重)21.5%,农村居民家庭恩格尔系数23.2%。

年末参加城镇职工基本养老保险44.8万人,比上年末增加2.6万人;参加新型农村社会养老保险110.5万人,减少0.1万人;参加城镇职工基本医疗保险41.4万人;参加城乡居民基本医疗保险166.0万人,其中参加城镇居民基本医疗保险22.4万人,参加农村居民基本医疗保险143.6万人;参加失业保险30.6万人,增加0.3万人;参加工伤保险48.3万人,增加0.3万人,其中,农民工18.0万人,减少1.1万人;参加生育保险33.0万人,增加1.6万人。

年末城镇低保人数11273人,减少1857人;农村低保人数42473人,增加935人;农村特困人员救助供养6896人;民政部门资助参加基本医疗保险57021人。优抚对象15162人,享受定期抚恤501人,享受定期补助13143人。全年共发放最低保障资金2.5亿元。全市提供住宿的社会服务机构37个,床位数2877张,年收养救助人数1775人。全市社区养老机构和设施521个。福利彩票发行单位1个。全年直接接收捐赠款95.9万元,受益1787人次。

十三、资源、环境和安全生产

全市有自然保护区5个,自然保护区面积达到14.6万公顷。

全年市区环境空气质量二级以上天数达到166天。其中,一级天数11天。空气综合污染指数为7.78,较上年增长5.85%。

城市污水处理率达到95.0%;城市生活垃圾无害化处理率达到100%;全市集中供热普及率达到90.0%。

年末全市共发生各类生产安全事故170起,事故死亡104人。亿元GDP生产安全事故死亡率0.0903,煤矿百万吨死亡率0.064。

临汾市2017年国民经济和社会发展情况

2017年,全市上下坚持以习近平新时代中国特色社会主义思想为指引,坚决贯彻落实习总书记系列重要讲话和视察山西重要讲话精神,紧紧围绕市委、市政府对经济工作的安排部署,按照“345”发展战略和“12345”工作思路,坚持稳中求进工作总基调,坚持新发展理念,以供改和综改为主线,统筹推进稳增长、促改革、调结构、惠民生、防风险各项工作,全市经济运行稳中向好,经济增长步入合理区间,各项社会事业发展取得显著成绩,全面建成小康社会迈出崭新步伐。

一、综　　合

初步核算,全年全市地区生产总值1320.1亿元,比上年增长5.5%。其中,第一产业增加值94.7亿元,增长3.1%,占生产总值的比重为7.2%;第二产业增加值611.2亿元,增长3.0%,占生产总值的比重为46.3%;第三产业增加值614.2亿元,增长8.6%,占生产总值的比重为46.5%。第三产业中,房地产业增加值66.6亿元,增长5.2%;批发和零售业增加值81.0亿元,增长4.8%;交通运输、仓储和邮政业增加值97.5亿元,增长11.2%。

人均地区生产总值29534元,按2017年平均汇率计算为4372 美元。

据2017年人口抽样调查,年末全市常住人口448.15万人,比上年末增加2.35万人。全年全市出生人口4.77万人,人口出生率为10.68‰;死亡人口2.42万人,死亡率为5.42‰;自然增长率为5.26‰。人口性别比为103.18。

全年全市城镇新增就业5.31万人。转移农村劳动力5.75万人。年末城镇登记失业率2.93%,控制在4.2%的目标范围之内。

全市居民消费价格比上年上涨0.4%,其中,食品价格下降2.8%。工业生产者出厂价格上涨28.3%,其中,生产资料价格上涨28.9%,生活资料价格下降0.8%。工业生产者购进价格上涨22.4%。

供给侧结构性改革扎实推进。2017年,全市压减钢铁产能170 万吨、煤炭产能420万吨;工业产成品存货比上年下降11.4%;商品房去库存消化周期缩短3.4个月;工业企业资产负债率降低2.9个百分点;工业企业每百元主营业务收入成本减少6.7元;基础设施投资完成130.4亿元,下降0.9%。其中,生态保护和环境治理投资完成20.9亿元,增长1.36倍;电力、热力燃气及水的生产和供应业投资完成90.6亿元,增长1.25倍。

新动能新产业新业态加快成长。2017年,全市代表新动能的工业战略性新兴产业、装备制造业、高技术产业增加值分别增长55.1%、63.9%、46.3%,对全市工业经济增长的拉动分别为:1.8、2.1和0.3个百分点。全市战略性新兴产业完成投资263.8亿元,增长13.1%。其中,新能源产业增长1.2倍;新材料产业增长78.7%;新能源汽车增长2.4倍。高技术产业投资完成33.9亿元,增长38.4%,其中,高技术服务业投资增长53.4%。全市限额以上批发零售业通过互联网实现商品零售额1.3亿元,增长51.9%。

发展质量效益明显提高。2017年,全市一般公共预算收入97.1亿元,比上年增长12.9%。其中,税收收入71.8亿元,增长43.0%,占一般公共预算收入的比重达到74.0%,比上年同期提高15.6个百分点。2017年,全市规模以上工业企业实现主营业务收入1545.8亿元,增长23.4%;实现利润107.9亿元,增加111亿元,为2011年以来最好水平。全市工业企业主营业务收入利润率达到7%,提高7.2个百分点。

全年全市一般公共预算支出335亿元,增长7.2%。其中,科学技术支出增长76.6%,节能环保支出增长19.0%,农林水事务支出增长18.7%,交通运输支出增长8.5%,社会保障就业支出增长7.5%,医疗卫生支出增长5.7%。

二、农　　业

全年全市农作物种植面积543.68千公顷,比上年减少9.47千公顷,下降1.7%。其中,粮食种植面积500.20千公顷,减少12.33千公顷;油料种植面积8.05千公顷,增加1.57千公顷;棉花种植面积0.13千公顷,减少0.07千公顷。在粮食种植面积中,玉米种植面积259.0千公顷,增加0.66千公顷;小麦种植面积196.82千公顷,减少13.03千公顷。

全年全市粮食产量260.6万吨,比上年减产2.7%。其中,夏粮99.4万吨,减产3.4%;秋粮161.3万吨,减产2.3%。

全年全市完成造林40.86千公顷。其中,经济林面积18.02千公顷。全年木材产量27356立方米,下降0.9%。

全年全市猪牛羊肉总产量12.2万吨,比上年增长3.5%。其中,猪肉产量10.6万吨,增长3.2%;牛肉产量0.6万吨,增长14.2%;羊肉产量0.9万吨,增长1.6%。年末生猪存栏92.3万头,生猪出栏128.6万头。牛奶产量3.9万吨,增长0.6%。禽蛋产量12.8万吨,增长2.6%。水产品产量0.7万吨,下降1.8%。

年末全市农业机械总动力199.9万千瓦,比上年下降19.5%。机械耕地面积364.35千公顷,下降1.2%,机械播种面积427.38千公顷,增长0.4%,机械收获面积347.71千公顷,下降0.6%。全市农机化经营总收入达到9.23亿元,增长6.9%。

三、工业和建筑业

2017年末全市规模以上工业企业361家。全年全市规模以上工业增加值比上年增长1.0%。

全年全市规模以上工业企业原煤产量6322.0万吨,增长

14.9%;发电量204.9亿千瓦时,增长4.6%;焦炭产量1452.1万吨,下降14.0%;钢材产量1138.0万吨,下降5.2%。

全年全市规模以上工业企业实现主营业务收入1545.84亿元,增长23.4%。其中,煤炭、钢铁、焦炭和电力工业分别实现主营业务收入595.7亿元、423.7亿元、298.5亿元和52.5亿元,分别增长36.4%、9.5%、38.7%和14.9%;装备制造、建材和医药分别实现主营业务收入59.8亿元、13.7亿元和6.2亿元,分别增长21.2%、27.7%和18.6%;化学和食品工业分别实现主营业务收入39.7亿元和9.7亿元,分别下降23.8%和15.7%。

全年全市规模以上工业实现利税209.98亿元,增长308.3%;实现利润107.85亿元,增加110.99亿元。

全年全市建筑业实现增加值85.3亿元,比上年增长8.6%。

四、固定资产投资

全年全市固定资产投资(新口径,下同)完成578.9亿元,增长6.9%。

从三次产业看,第一产业投资完成44.8亿元,下降10.5%;第二产业投资完成230.4亿元,增长11.0 %;第三产业投资完成303.7亿元,增长2.5%。工业投资完成230.6亿元,增长9.7%;工业技改投资完成103.6亿元,增长1.7倍。

在固定资产投资(不含跨市、农户)中,民间投资完成368.1亿元,下降0.6%;高技术产业投资完成33.9亿元,增长38.4%。

全年全市在建固定资产投资项目1294个。其中,亿元以上项目173个,计划总投资1049.4亿元,完成投资213.2亿元。

全年全市房地产开发投资103.1亿元,增长5.8%。其中,住宅投资77.8亿元,增长14.1%;商业营业用房投资15.1亿元,下降21.2%。

五、能　源

全年全市一次能源生产折标准煤4518.73万吨,增长14.97%,二次能源生产折标准煤5528.24万吨,下降19.01%。

全年全市向省外运输煤炭1087.62万吨,增长47.9%,外运煤炭占煤炭产量的10.1%。

全年全市能源工业投资完成145.75亿元。其中,煤炭工业投资39.99亿元,增长95.9%;电力工业投资66.53亿元,增长155.8%;焦化工业投资8.61亿元,增长251%。

全年全市全社会用电总量173.62亿千瓦时。其中,第一产业用电4.7亿千瓦时,占全部用电量的2.71%;第二产业用电127.75亿千瓦时,占全部用电量的73.58%,其中,工业用电126.21亿千瓦时;第三产业用电19.54亿千瓦时,占全部用电量的11.25%;城乡居民用电21.63亿千瓦时,占全部用电量的12.46%。

六、国内贸易

全年全市社会消费品零售总额653.1亿元,增长7.2%。按经营地统计,城镇消费品零售额520.4亿元,增长7.0%;乡村消费品零售额132.7亿元,增长7.8%。按消费形态统计,商品零售额597.7亿元,增长6.8%;餐饮收入额55.4亿元,增长11.8%。

七、对外经济

全年全市海关进出口总额16.67亿元,增长34.5%。其中,进口额5.60亿元,增长53.4%;出口额11.07亿元,增长26.6%。

全年全市出口机电产品90029万元,增长32.9%。

全年全市进口机电产品1471万元,增长344.5%;进口铁矿砂50307万元,增长79.1%。

全年全市新设立外商直接投资企业1家;按全口径统计实际使用外商直接投资金额17808万美元,比上年增长7.2%。全年全市外商对内投资额7414万美元。

八、交通、邮电

年末全市公路通车里程18787公里,其中,高速公路518公里,与上年末持平。

年末全市民用汽车保有量59.2万辆,比上年末增长15.6%,其中,私人汽车53.7万辆,增长14.7%。本年新注册汽车8.0万辆,增长19.4%。年末轿车保有量38.2万辆,比上年末增长14.0%,其中,私人轿车36.6万辆,增长14.6%。

全年全市完成邮电业务总量57.9亿元,增长19.5%。其中,邮政业务总量3.4亿元,增长15.8%;电信业务总量54.5亿元,增长19.8%。年末全市固定电话23.7万部,增加2.9万部,增长13.7%;新增移动电话用户3.9万户,年末达到415.1万户,其中,3G、4G移动电话用户达到384.7万户。移动电话普及率92.9部/百人。年末全市宽带接入用户93.7万户,增长17.6%

全年全市接待海外旅游者4.1万人次,接待国内旅游者5251.37万人次,分别增长6.5%和30.5%;旅游外汇收入1685.57万美元,增长6.1%;国内旅游收入482.93亿元,增长30.2%。旅游总收入484.49亿元,增长30.0%。

九、金　融

年末全市金融机构本外币各项存款余额2313.72亿元,比年初增加174.71亿元,比年初增长8.2%。各项贷款余额1259.82亿元,比年初增加75.66亿元,比年初增长6.4%。

年末城乡居民储蓄存款余额1630.4亿元,比年初增长8.1%。

年末全市农村合作金融机构(农村信用社、农村合作银行、农村商业银行)人民币贷款余额578.48亿元,比年初增加

22.66亿元，比年初增长4.1%；人民币存款余额941.12亿元，比年初增加59.6亿元，比年初增长6.8%。

年末全市共有上市公司2家。全市辖区证券市场各类证券成交额997.34亿元，比上年下降31.6%。年末投资者资金账户累计开户数26.64万户，比上年末增长17.2%。

全年全市保费收入84.95亿元，增长28.3%。其中，寿险业务保费收入66.70亿元，增长30.8%；财产险业务保费收入18.25亿元，增长19.8%。健康险业务保费收入9.64亿元；意外险业务保费收入1.13亿元。

十、教育和科学技术

年末全市高等院校5所。新建16所公办幼儿园，其中，新建农村公办幼儿园12所，学前教育毛入园率达到91%。

全年全市发明专利申请量达821件，比上年增长30.9%。发明专利拥有量500件，每万人发明专利拥有量达到1.12件。

全市监督抽查了187家企业14类产品和商品。全市共有法定（授权）计量技术机构22个，全年完成强制检定计量器具27.57万台（件）。

全市有气象台（站）17个，开展12121电话天气自动答询台1个。气象系统开展人工影响天气业务的单位17个，防雹、增雨受益覆盖面积2万平方公里。卫星云图接收站17个。

全市有专业综合地震台站1个，市级地震台网中心1个，数字测震地震台网1个，数字测震子台7个。

十一、文化、卫生和体育

年末全市共有文化馆18个，博物馆14个，艺术表演团体17个。广播电视台19座。广播人口覆盖率98.15%，电视人口覆盖率99.44%。全市共有公共图书馆17个，档案馆24个。目前有13个县级图书馆和10个文化馆达到国家三级标准以上。

实施文化精品战略，文化品牌活动扎实开展。举办了“我们的节日·春节”主题系列活动，第十二届广场文化消夏月和第五届“梨花奖”广场舞大赛。“周末剧场”“儿童剧场”相继启动，成为深受市民喜爱的品牌文化活动，“周末剧场”演出55场，接待观众4.2万余人次，“儿童剧场”演出14场，接待观众7500余人次。央视春节特别节目《美丽中国唱起来》主会场在汾河生态公园、分会场在壶口瀑布顺利录制。为参加首届山西艺术节，我市推出了《老鹳窝》《河魂》《樱桃花开》《红色绝唱》《洪洞好人》《大山村医》等一批新创剧目，荣获7个奖项。眉户剧《雷雨》《父亲》参加中国秦腔优秀剧目会演反响强烈。我市的非遗走进上海大世界“城市舞台”，让上海市民和外国游客亲身体验和感受到临汾丰富多彩的传统文化底蕴，省级非物质文化遗产项目新增22项，居全省领先。

年末全市共有卫生机构（含诊所、村卫生室）4856家，其中，妇幼保健院（所、站）18家。全市卫生机构共有床位2.07万张，其中，医院床位1.61万张，卫生院床位3972张。卫生技术人员2.49万人。

在山西省第十五届运动会2017年资格赛上，我市体育代表团共参加15个项目，获得金牌26枚、银牌38枚、铜牌48枚，总分1367.5分。全年销售体育彩票3.13亿元，比上年增长49.8%。

十二、人民生活和社会保障

全年全市居民人均可支配收入18764元，比上年增长7.6%。其中，城镇常住居民人均可支配收入28873元，增长6.6%；农村常住居民人均可支配收入10742元，增长7.4%。居民人均消费性支出10827元，比上年增长7.9%。其中，城镇居民人均消费性支出14665元，增长9.5%；农村居民人均生活消费支出8157元，增长6.4%。按全市居民五等份收入分组，城镇低收入组人均可支配收入13203元，增长9.1%；农村低收入组人均可支配收入3996元，增长15.5%。居民家庭恩格尔系数（即居民家庭食品消费支出占家庭消费支出的比重）25.2%。其中，城镇为23.3%，农村为26.9%。

年末全市参加基本养老保险的人数为255.68万人，比上年末增加3.58万人；参加城乡居民基本养老保险的人数为195.60万人，增加1.14万人；参加基本医疗保险的人数为395.55万人；参加失业保险的人数为34.7万人，增加428人；参加工伤保险的人数为51.05万人，增加0.22万人，其中，农民工23.72万人，增加0.21万人；参加生育保险的人数为39.70万人，减少532人。

2017年全市纳入城市最低生活保障的居民4.74万人，发放城市低保资金22727.5万元，比上年减少531.8万元；纳入农村最低生活保障的居民7.85万人，发放农村低保资金25799.4万元，比上年增加2374.9万元。

年末全市各类收养性单位床位数5796张，收养人数2445人。城镇建立各种社区服务机构406个。全年销售社会福利彩票4.32亿元，直接接收社会捐赠款75.6万元。

年末市区建成区新增绿化面积12.14万平方米，绿化覆盖率到达到38.4%，人均公共绿地面积10.53平方米。全市建成区新增绿化面积168.41万平方米，绿化覆盖率到达到36.5%，人均公共绿地面积9.85平方米。人均道路面积达到14.63平方米。

十三、资源、环境和安全生产

年末耕地保有量759.3万亩。年末全市7座中型水库，蓄水总量4542万立方米。全市年平均降水量566.3毫米，较上年增加23.6毫米。

年末全市森林面积970万亩，森林覆盖率31.9%；全市已建成自然保护区3个，自然保护区面积62.66万亩，占全市国土面积的2.1%。

全年市区空气质量好于二级以上天数128天。地表水达到Ⅲ类水体的比例为12.5%，劣Ⅴ类水体的比例为37.5%。市区PM2.5浓度均值为83微克/立方米。

年末全市城市污水处理率92.98%,比上年提高了2.36个百分点;市区城市生活垃圾无害化处理率连续6年达到100%;全市集中供热普及率93.08%,提高了4.96个百分点。

全年森林火灾受害率控制在0.4‰以内,达到了国家和省要求的标准。林业有害生物成灾率0.3‰,严格控制在省要求的3.8‰以下。

全年共发生生产经营性安全事故158起,死亡166人,为省控制指标的83%。亿元GDP生产安全事故死亡率为0.1257,比省下达年度控制指标(0.1515)低0.0258。全市地方监管煤矿百万吨死亡率为0.088。

运城市2017年国民经济和社会发展情况

2017年市委、市政府带领全市上下,认真学习贯彻党的十九大精神,深入领会把握习近平新时代中国特色社会主义精神实质,紧紧围绕“大运城”战略构想,以“改革抢先机、发展站前列、各项工作创一流”的总要求,撸起袖子鼓足干劲,向实体经济聚焦发力,大力实施“三大发展计划”,深入推进供给侧结构性改革,不断加强新动能,全市经济稳中有进、稳中向好,转型发展成效显现,民生福祉持续改善,社会事业全面发展。

一、综　　合

经济增长:初步核算,全年全市生产总值1336.1亿元,按可比价格计算,比上年增长7.0%。其中:第一产业增加值213.1亿元,增长3.7%;第二产业增加值486.8亿元,增长8.1%;第三产业增加值636.2亿元,增长7.2%。第三产业中,交通运输、仓储和邮政业108.2亿元,增长12.2%;批发和零售业103亿元,增长3.0%;金融业80.9亿元,增长7.7%;房地产业53.6亿元,增长8.3%。三次产业构成由上年的16.4∶36.6∶47.0,调整为16.0∶36.4∶47.6。

民营经济增加值900.9亿元,占全市地区生产总值的比重达67.4%。

人均地区生产总值25112元,比上年增长6.4%,按2017年平均汇率计算为3719美元。

人口:据2017年人口抽样调查,年末全市常住人口为533.6万人,比上年末增加3.1万人。男女性别比为103.74(女性为100)。全年出生人口6.05万人,出生率为11.38‰;死亡人口2.97万人,死亡率为5.58‰;自然增长率为5.80‰。常住人口城镇化率达到48.94%,比上年提高1.29个百分点。

就业:全年全市城镇新增就业人员59491人,转移农村劳动力79178人,城镇下岗失业人员再就业16023人,就业困难人员实现就业4684人。年末城镇登记失业率2.26%,比上年末下降0.58个百分点。

价格:全年居民消费价格比上年上涨0.6%。其中,食品烟酒价格上涨0.6%,生活用品及服务上涨0.9%。商品零售价格比上年上涨1.2%。工业生产者出厂价格上涨18.5%,其中,生产资料价格上涨21.3%,生活资料价格上涨0.9%。工业生产者购进价格上涨8.6%。

财政:全年全市财政总收入完成129.6亿元,增长22.2%。一般公共预算收入完成67.1亿元,增长13.5%。其中,税收收入完成47.6亿元,增长22.1%;非税收入完成19.5亿元,下降3.0%。全年一般公共预算支出303亿元,增长5.3%。

二、农　　业

农业产值:初步测算,2017年全市农林牧渔业总产值完成432.6亿元,按可比价格计算,同比增长3.5%。农林牧渔业增加值完成228.3亿元,增长3.4%。其中,农业178.6亿元,增长3.1%;林业2.4亿元,下降4.2%;牧业31.1亿元,增长7.0%;渔业1.3亿元,增长7.2%;农林牧渔服务业14.9亿元,增长0.8%。

农作物种植面积:全年农作物种植面积708.3千公顷,比上年下降1.9%。粮食种植面积599.4千公顷,下降3.6%。其中,夏粮294.1千公顷,下降5.9%;秋粮305.3千公顷,下降1.4%(玉米271.3千公顷,下降3.0%);棉花种植面积5.8千公顷,下降12.8%;油料种植面积14.8千公顷,增长24.4%;蔬菜种植面积55.7千公顷,增长2.2%;果园面积180.6千公顷,增长5.9%,其中,苹果园面积89.3千公顷,增长2.1%。

农产品产量:全年粮食总产量30.9亿公斤,比上年减少1.2亿公斤,下降3.9%。其中,小麦15.1亿公斤,减产0.3亿公斤,下降1.9 %;秋粮15.8亿公斤,减产0.9亿公斤,下降5.7%。

畜禽及水产品产量:全年肉类总产量18.6万吨,增长5.7%。其中,猪肉产量13.0万吨,增长8.2%;牛肉产量0.4万吨,增长19.3%;羊肉产量1.1万吨,增长4.7%;禽肉产量4.1万吨,下降4.3%。禽蛋产量27.3万吨,增长3.6%;奶类产量4.4万吨,下降10.9%。水产品产量2.6万吨,增长3.6%。

林业生产:全市当年造林面积9217公顷。其中,荒山荒地造林面积8017公顷。年末全市拥有森林面积45.6万公顷,森林覆盖率29.1%。

农业机械:年末全市农业机械总动力246.5万千瓦,比上年下降38.1%。机械耕地面积48.3万公顷,机械播种面积51.9万公顷,机械收获面积51.0万公顷。全年农机化经营总收入11.7亿元,同比下降8.7%。

三、工业和建筑业

工业:全年全部工业增加值382.3亿元,比上年增长8.7%。规模以上工业增加值302.7亿元,增长8.9%。其中,制造业增加值230亿元,增长9.5%,占规上工业增加值比重为

76.0%。规模以上工业中，战略性新兴产业增加值35.4亿元，增长7.1%。其中，节能环保产业增长23.4%，新一代信息技术产业增长21.1%，新材料产业增长15.0%，新能源汽车产业增长11.8%。全年规模以上工业产品销售率为97.4%。

在规模以上工业中，分经济类型看，国有企业增加值2.9亿元，同比增长85.8%；集体企业3.5亿元，增长24.4%；股份制企业286.7亿元，增长8.4%；外商及港澳台商投资企业6.6亿元，增长8.1%。分企业规模看，大型企业增加值149.4亿元，增长22.3%，中型企业78.7亿元，增长7.8%；小型企业70.3亿元，下降15.6%；微型企业4.4亿元，增长90.7%。

全市规模以上工业中，七大传统行业实现增加值193.3亿元，同比增长12.6%。26个非传统行业实现增加值109.4亿元，同比增长4.2%。从新行业分类看，材料与化学工业实现增加值137.7亿元，同比增长12.2%，拉动全市规上工业增长5.4个百分点。其中，钢铁工业占全市规上工业比重达19.4%，同比增长24.8%。装备制造业实现增加值36.2亿元，同比增长28.8%，拉动规上工业增长3.4个百分点。其中，汽车制造增长43.0%，重型装备制造制造增长11.5%。能源工业实现增加值84.5亿元，同比增长8.4%，拉动工业增长1.9个百分点。其中，炼焦增长16.6%，电力增长13.5%，煤炭增长2.4%。消费品工业实现增加值41.4亿元，同比下降12.7%。其中，食品下降17.9%，医药下降8.8%，纺织下降7.2%。

全年全市规模以上工业主营业务收入1666.4亿元，比上年增长30.8%；实现利税120.3亿元，增长69.9%；实现利润71.6亿元，增长87.8%。其中，黑色金属冶炼和压延加工业实现利润27.9亿元，增长4.7倍；石油加工炼焦业14.1亿元，增长4.3倍；汽车制造业6.0亿元，下降25.2%；农副食品加工业3.4亿元，下降21.2%。全年规模以上工业企业每百元主营业务收入中的成本为86.6元，比上年下降1.75元。年末规模以上工业企业资产负债率为70.3%。

建筑业：全年全市建筑业实现增加值107.1亿元，比上年增长6.0%。资质以上建筑企业总产值139亿元，增长8.9%，共签订合同额192.4亿元，增长13.2%。资质以上建筑企业共185家，其中，一级企业12家。

四、固定资产投资

固定资产投资：全年全市固定资产投资（新口径，下同）616.1亿元，同比增长6.1%。其中，民间投资462.9亿元，同比下降0.4%，占全市投资比重75.1%。在固定资产投资中，第一产业投资89.2亿元，同比下降7.1%；第二产业投资268.5亿元，增长13.2%；第三产业投资258.4亿元，增长4.4%，其中基础设施投资78亿元，下降4.9%。

房地产开发：全年全市房地产开发投资90.6亿元，比上年下降22.1%。其中，住宅投资75.4亿元，下降14.7%。年末商品房待售面积179.8万平方米，比上年末减少51.8万平方米。年末商品住宅待售面积112.8万平方米，比上年末减少49.9万平方米。

五、国内贸易

全年全市社会消费品零售总额752.8亿元，比上年增长6.8%。按规模统计，限额以上消费品零售额317.2亿元，增长3.8%；限额以下消费品零售额435.6亿元，增长9.2%。按经营地统计，城镇消费品零售额595亿元，增长6.4%；乡村消费品零售额157.8亿元，增长8.3%。

在限额以上企业商品零售额中，粮油、食品类零售额比上年增长18.3%，烟酒类下降0.2%，服装、鞋帽、针纺织品类增长5.0%，化妆品类增长1.2%，金银珠宝类增长21.0%，日用品类增长5.1%，家用电器和音像器材类增长4.7%，中西药品类增长15.7%，家具类增长11.3%，建筑及装潢材料类增长2.5%，石油及制品类增长9.8%，汽车类下降5.8%。

六、对外经济

进出口贸易：全年全市货物进出口总额90.8亿元，比上年增长12.5%（以美元计价为13.4亿美元，增长9.8%）。其中，进口65.2亿元，增长10.0%（以美元计价为9.6亿美元，增长7.5%）；出口25.6亿元，增长19.4%（以美元计价为3.8亿美元，增长16.4%）。对"一带一路"沿线国家进出口总额22.2亿元，增长77.6%。其中，出口10.7亿元，增长14.4%；进口11.5亿元，增长263.6%。

全年进口铜矿砂39.5亿元，增长32.2%；进口锰矿砂7.7亿元，下降0.1%；进口铬矿砂3.8亿元，下降38.6%。全年出口机电产品5.9亿元，增长23.1%；出口农产品1.8亿元，增长31.8%；出口玻璃制品1.5亿元，增长46.3%；出口纺织物5.4亿元，下降7.5%。

从进出口商品地区看，在拉丁美洲实现进出口总额30.6亿元，下降0.4%；亚洲23.1亿元，增长68.2%；非洲12.3亿元，增长2.5%；欧洲10亿元，增长65.3%；北美洲8.7亿元，下降38.3%；大洋洲6亿元，增长49.9%。

利用外资：全年全市合同利用外资总额13964万美元，实际利用外资6985万美元。当年新设立外商直接投资企业4家。

七、交通、邮电和旅游

交通运输：年末全市公路通车里程16091公里，其中，国道1247公里，省道695公里，县道2619公里，乡、村道及专用道11529公里；高速公路601公里。全市公路密度113.4公里/百平方公里。公路客运量2761万人，比上年下降5.5%；公路货运量15567万吨，比上年增长15.9%。公路旅客运输周转量13.7亿人公里，比上年下降5.4%；公路货物运输周转量378亿吨公里，比上年增长15.9%。

截止年末运城机场共开通了运城—北京、上海、广州、深圳、成都、天津、昆明、海口、长沙、乌鲁木齐、杭州、南京、厦门、三亚、哈尔滨、重庆、沈阳、大连、桂林、贵阳、青岛、银川、珠海、香港、芭提雅等25个国内外城市,共19条航线。全年民航旅客运输量144.5万人,比上年增长71.2%;货运量0.3万吨,同比持平。全年飞机起降总架次为32264架次,增长50.8%;有航线架次为12412架次,增长56.5%。

年末全市民用车辆拥有量107.9万辆,比上年末增加10.2%。民用汽车保有量达到75.4万辆(包括三轮汽车和低速货车0.1万辆),比上年末增长14.4%。其中,私人汽车68万辆,增长14.6%。本年新注册汽车10.3万辆,比上年下降0.2%。年末轿车保有量45.7万辆,比上年增长15.7%,其中私人轿车45.7万辆,增长16.0%。年末摩托车保有量22万辆,比上年末增长24.7%。年末拖拉机保有量7.8万辆,比上年末下降36.2%。

邮电: 全年全市邮电业务总量106.7亿元,比上年增长21.2%。其中,邮政业务总量9.4亿元,增长45.5%;电信业务总量97.3亿元,增长19.2%。邮政业全年完成邮政函件业务152.5万件,包裹业务7万件,快递业务量2709.2万件。年末固定及移动电话用户总数达到552.9万户,比上年末增加55.2万户。其中,固定电话29.6万户,移动电话523.3万户。在移动电话用户中,4G用户355.1万户。电话普及率达到103.6部/百人。其中,固定电话和移动电话普及率分别达到5.5部/百人和98.1部/百人。全市宽带接入用户达到113万户,增长12.2%。

旅游: 全年接待国内游客6704.2万人次,增长26.0%。接待入境游客33651人次,增长5.7%。其中,外国人9279人次,增长6.6%;香港同胞8755人次,增长5.5%;澳门同胞5795人次,增长5.2%;台湾同胞9822人次,增长5.4%。全年旅游总收入556.5亿元,增长28.1%。其中,国内旅游收入555.9亿元,增长28.1%;旅游外汇收入979.9万美元,增长7.2%。

八、金融、证券和保险

金融: 年末全部金融机构本外币各项存款余额2027.4亿元,比年初增长7.4%,其中人民币各项存款余额2022.8亿元,比年初增长7.5%。全部金融机构本外币各项贷款余额1095.9亿元,比年初增长8.2%,其中人民币各项贷款余额1094.4亿元,比年初增长8.4%。

年末农村金融机构(农村信用社、农商银行、村镇银行)人民币贷款余额446.7亿元,比年初增长6.8%。

证券: 全年全市证券市场各类证券成交额1037.6亿元,比上年增长5.1%。其中股票成交额795.5亿元,基金成交额201.1亿元,债券成交额0.9亿元。年末投资者资金账户开户总数21.4万户。

保险: 年末全市共有保险公司41家,全年保费收入100.8亿元,比上年增长29.4%。其中,财产险保费收入22.9亿元,增长12.2%;人身险保费收入77.9亿元,增长35.6%。全年支付各类赔款及给付31.3亿元,增长28.0%。

九、人民生活和社会保障

人民生活: 全年全市居民人均可支配收入17153元,同比增长7.2%。居民人均消费支出9564元,同比增长4.6%。按常住地分,城镇居民人均可支配收入27302元,增长6.5%,城镇居民人均消费支出12327元,增长8.1%;农村居民人均可支配收入9992元,增长6.7%,农村居民人均消费支出7730元,增长2.9%。城镇占调查总户数20%的低收入家庭人均可支配收入8872元,增长9.7%;农村占调查总户数20%的低收入家庭人均可支配收入3126元,增长16.3%。

社会保障: 年末全市参加城镇职工基本养老保险56.5万人,参加城乡居民社会养老保险281.9万人,参加城镇职工基本医疗保险49.7万人,参加城乡居民基本医疗保险420.9万人,参加失业保险33.9万人,参加工伤保险67.1万人,参加生育保险40.4万人。

十、教育、科学技术、文化和体育

教育: 全年全市普通高等院校招生17009人,在校生55342人,毕业生16567人。各类中等职业学校招生14641人,在校生43354人,毕业生14137人。普通高中招生31775人,在校生103256人,毕业生37980人。初中招生49330人,在校生150639人,毕业生52817人。普通小学招生51526人,在校生290873人,毕业生48578人。特殊教育招生230人,在校生1331人,毕业生258人。在园幼儿数178859人。

科学技术: 全年全市受理专利申请1926件,比上年增长12.2%。其中,受理发明专利申请489件,比上年减少0.4%。全市授予专利权1037件,增长8.9%。其中,授予发明专利权108件。全年有15个项目列入国家、省各类科技计划,获得项目研究资金258万元。

年末全市共有产品质量监督检验机构3个,省授权行业建立的检验所(站)1个。全年共监督抽查了155家企业5类、11种、271批次的产品和商品。完成强制检定计量器具22767台件。

全市有国家基本气象观测站3个,国家一般气象观测站10个。气象咨询服务12121电话线路120路。全市气象系统开展人工影响天气业务单位13个,防雹、增雨受益覆盖面积0.5万平方公里,增雨量3.1亿立方米。全市有卫星云图接收站1个。全年平均气温14.4℃,年平均总降水量531.2毫米,平均总日照时数2088小时。

全市有专业综合地震台(站)1个,市级地震台网中心1个,数字测震台网1个,数字测震子台4个,县级地震监测台(站)13个。全年小震活动95次,其中3级以上地震1次,最大震级3.9级。

文化: 年末全市共有艺术表演团体17个,群众艺术馆1个,文化馆13个。公共图书馆13个,馆藏图书169.6万册。博物馆23个,档案馆14个。市级以上重点文物保护单位273处,其中国家级90处,省级79处,市级104处。拥有广播电视台13座,有线电视用户53.7万户。广播人口覆盖率99.5%,电视人口覆盖率99.5%。全年送戏下乡演出2877场,公益电影放映4.2万场,《枣儿谣》《黄土情》分别获得全省戏曲“杏花奖”优秀剧目奖和全省广场舞大赛优秀展演节目奖;命名、授牌了“河东花灯传习所”等16个非物质文化遗产传习所；开设了《砥砺奋进的五年》《喜迎十九大》等一批富有影响力的栏目。

体育：全年全市运动员在省级重大比赛项目中获得金牌33枚、银牌30枚、铜牌34枚。全年销售中国体育彩票3.9亿元，比上年增长38.1%。

十一、卫生和社会服务

卫生：年末全市共有医疗卫生机构5435个。其中医院269个，卫生院183个，社区卫生服务中心（站）94个，诊所（卫生所、医务室）1285个，村卫生室3527个，疾病预防控制中心14个，卫生监督所（中心）14个。卫生技术人员28859人，其中执业医师和执业助理医师11583人，注册护士11322人。医疗卫生机构床位31491张，其中医院22414张，卫生院7528张。

社会服务：年末全市共有各类提供住宿的社会服务机构80个，床位7182张。其中，老年人与残疾人服务机构73个，床位6903张。年末共有社区服务中心118个，社区服务站137个。年末共有1.5万人纳入城市居民最低生活保障，发放城市低保资金1.7亿元；11.3万人纳入农村居民最低生活保障，发放农村低保资金3.1亿元。1.2万人享受农村特困人员救助供养。全年销售社会福利彩票4.3亿元。

十二、资源、环境和安全生产

资源：年末全市耕地保有量494326.7公顷。全年国有建设用地供应总量1031.8公顷。其中，工矿仓储用地182.3公顷，房地产用地176.2公顷，商业服务用地33.7公顷，基础设施等其它用地639.6公顷。

全年全市水资源总量13.3亿立方米，全年总用水量16.3亿立方米，同比下降3.1%，其中，生活用水1.9亿立方米，工业用水1.1亿立方米，农业用水13.4亿立方米。

全市拥有省级自然保护区1个，自然保护区面积达8.7万公顷。

环境：黄河、汾河流域运城段共监测11个断面。其中，达到Ⅲ类以上水质标准的断面4个，达到Ⅳ类水质标准的断面2个。

全年中心城市空气质量二级以上（含二级）天数为161天。

年末全市公园面积1539.8公顷，比上年增长2.2%。绿地面积6923.5公顷，增长5.0%。城市建成区绿化覆盖率达38.5%。

全年中心城市污水处理率达93.5%；城市生活垃圾无害化处理率达到100%；集中供热普及率达到90.4%；城市燃气普及率达90.8%。

能耗：初步核算，全年全市规模以上工业能源消费1893.4万吨标准煤，比上年增长17.0%。原煤消费增长14.3%，洗精煤消费增长26.6%，焦炭消费增长73.8%，电力消费增长12.6%。全年全市万元地区生产总值能耗增长1.71%，规模以上工业增加值能耗增长7.27%。

全年全社会用电总量300.2亿千瓦时。其中，第一产业用电16.0亿千瓦时，占全部用电量5.3%；第二产业用电237.9亿千瓦时，占全部用电量79.2%，其中，工业用电234.6亿千瓦时；第三产业用电17.0亿千瓦时，占全部用电量5.7%；城乡居民用电29.3亿千瓦时，占全部用电量9.8%。

安全生产：全年全市共发生各类生产经营性事故53起，比上年下降19.7%；死亡57人，下降12.3%。其中：商贸制造业发生事故5起，死亡6人；交通运输和仓储业发生事故39起，死亡42人；建筑业发生事故4起，死亡4人；其他行业发生事故5起，死亡5人。农林牧渔业、采矿业未发生伤亡事故。

图书在版编目（CIP）数据

中共山西年鉴.2018 / 中共山西省委主办，中共山西省委党史办公室编. --北京：中央文献出版社，2018.10

ISBN 978-7-5073-4675-6

Ⅰ.①中… Ⅱ.①中… ②中… Ⅲ.①中国共产党-工作-山西-2018-年鉴 Ⅳ.①D235.25-54

中国版本图书馆CIP数据核字（2018）第234939号

书　　名：中共山西年鉴（2018）

主　　办：中共山西省委
编　　者：中共山西省委党史办公室
责任编辑：韩　冰
出版发行：中央文献出版社
社　　址：北京市西四北大街前毛家湾1号
邮　　编：100017
网　　址：www.zywxpress.com
销售热线：63097018　66183303　66513569
经　　销：新华书店
印　　刷：山西省煤炭地质制图印务中心
开　　本：1/16
字　　数：2416 千字
印　　张：60.5
版　　次：2018年10月第1版
印　　次：2018年10月第1次印刷

ISBN 978-7-5073-4675-6
定　　价：380.00元